Kommentar

zum

Bürgerlichen Gesetzbuche

für das deutsche Reich

nebst Einführungsgesetz.

In Gemeinschaft mit

Dr. Theodor Löwenfeld,
Univ.-Professor und Rechtsanwalt in München

Philipp Mayring,
k. Oberlandesgerichtsrath in München

Karl Kober,
k. Landgerichtsrath in München

Dr. Theodor Engelmann,
k. Landgerichtsrath in München

Dr. Felix Herzfelder,
Rechtsanwalt in München

Joseph Wagner,
k. Oberlandesg.-Rath u. Landtagsabgeordn. in Augsburg

herausgegeben von

kgl. Geheimen Rath

Dr. Julius v. Staudinger,
k. Senatspräsident a. D. in München.

Zweiter Band.

Recht der Schuldverhältnisse.

München.
J. Schweitzer Verlag (Arthur Sellier).
1901.

Dr. F. P. Datterer & Cie., G. m. b. H., München.

Inhaltsübersicht
zum zweiten Bande.

Zweites Buch.
Recht der Schuldverhältnisse.

Recht der Schuldverhältnisse.

Allgemeine Bestimmungen.

Erläutert

von

Philipp Mayring.

Zweites Buch.

Recht der Schuldverhältnisse.

Vorbemerkungen.

Das „Recht der Schuldverhältnisse" entspricht dem Obligationenrechte des gemeinen Rechts.

I. Eintheilung. In den ersten sechs Abschnitten des zweiten Buches sind die allgemeinen Lehren des Rechtes der Schuldverhältnisse zusammengestellt, d. h. jene Rechtssätze, welche allen Schuldverhältnissen oder doch größeren Gruppen derselben gemeinsam sind. Der siebente Abschnitt enthält in 25 Titeln die besonderen Vorschriften für die einzelnen Arten von Schuldverhältnissen.

II. Das Bürgerliche Gesetzbuch gibt keine Begriffsbestimmung des Schuldverhältnisses. Die Aufstellung einer solchen wurde der Wissenschaft überlassen.

Von den allgemeinen Grundsätzen, welche sich aus den Vorschriften des B.G.B. für das Recht der Schuldverhältnisse ergeben, sind hier folgende hervorzuheben:

1. Das Schuldverhältniß begründet Rechte und Verbindlichkeiten nur zwischen den Personen, welche durch dasselbe in rechtliche Beziehung zu einander getreten sind, d. i. zwischen dem Gläubiger und dem Schuldner. Gegen dritte, außerhalb des Schuldverhältnisses stehende Personen äußert dasselbe keinerlei rechtliche Wirkung.

Insbesondere hat das schon von der neueren gemeinrechtlichen Theorie und Praxis verworfene Recht zur Sache — jus ad rem — (Dernburg, Pand. Bd. 2 § 3 Note 10) keine Anerkennung gefunden. Der Gläubiger, welcher kraft eines Schuldverhältnisses die Leistung eines bestimmten Gegenstandes fordern kann, hat also keinen Anspruch gegenüber einem Dritten, welcher denselben Gegenstand erworben hat, auch wenn der Dritte bei dem Erwerbe das entgegenstehende Recht des Gläubigers gekannt hat. Wegen eines etwaigen Schadens, den er durch den Vertragsbruch des Schuldners erleidet, steht ihm nur ein Ersatzanspruch gegen seinen Schuldner zu.

2. Während dingliche Rechte nur in dem Umfange und nur mit dem Inhalte begründet werden können, welcher vom Gesetze anerkannt wird, gilt für das Gebiet der Schuldverhältnisse das Prinzip der vollen Vertragsfreiheit. Die Vertragschließenden können nach ihrem Belieben jedes Thun und Unterlassen zum Gegenstand eines Schuldverhältnisses machen und auch die vom Gesetz an gewisse Handlungen und Thatbestände regelmäßig geknüpften rechtlichen Folgen nach ihrem Ermessen — allerdings mit nur obligatorischer Wirkung — abweichend regeln, soweit nicht das Gesetz durch zwingende Vorschriften die Parteiwillkür ausgeschlossen hat. Solche zwingende Vorschriften enthalten z. B. die §§ 134, 138, 225, 310, 312, 400 B.G.B.

3. Im gemeinen Rechte bestand darüber Streit, ob es zum Wesen einer Obligation gehöre, daß die vereinbarte Leistung einen Vermögenswerth für den Gläubiger habe. (Für das Erforderniß des Vermögenswerthes Dernburg, Pand. Bd. 2 § 1 Note 6, § 17, dagegen Windscheid, Pand. Bd. 1 § 250 Note 3.)

Das B.G.B. hat eine Bestimmung, durch welche diese Frage direkt entschieden würde, nicht aufgestellt. Da nun im Rechte der Schuldverhältnisse (s. o. Nr. 2) grundsätzlich die volle Vertragsfreiheit anerkannt ist, so muß beim Mangel einer entgegenstehenden Gesetzesbestimmung angenommen werden, daß nach dem B.G.B. auch Schuldverhältnisse über Leistungen ohne

Vermögenswerth begründet werden können. Wie die Motive (M. II, 3), die Protokolle der zweiten Kommission (P. I, 280, 281 und 620) und die Denkschrift (D. 39) ersehen lassen, war dies auch die Ansicht der Gesetzesredaktoren. Man ging davon aus, daß es der neueren Rechtsentwicklung und den Bedürfnissen des Lebens widersprechen würde, wenn man solchen Schuldverhältnissen, bei denen ein vermögensrechtliches Interesse des Gläubigers an der Leistung nicht vorliege, schlechthin die rechtliche Wirksamkeit versagen wollte. Freilich darf hieraus nicht gefolgert werden, daß durch jedes ernstlich gemeinte Versprechen einer Handlung oder Unterlassung immer auch ein Schuldverhältniß begründet werde. Vielmehr bestehen gewisse Schranken, welche sich theils aus der Natur des Privatrechts, theils aus allgemeinen gesetzlichen Bestimmungen ergeben:

a) Der Wille, sich rechtlich zu verpflichten, d. i. der Wille, dem Gläubiger einen erforderlichen Falls mit staatlicher Hilfe erzwingbaren Anspruch einzuräumen, muß mit Sicherheit erkennbar sein.
b) Die Uebernahme der Verbindlichkeit darf nicht gegen das Gesetz oder die guten Sitten verstoßen. Unter Umständen kann schon in der Begründung einer Rechtspflicht zu einer Leistung, welche man unter anständigen Leuten nur von dem freien Willen des Anderen erwartet, ein gegen die guten Sitten verstoßender Eingriff in die persönliche Freiheit des Versprechenden gefunden werden (P. I, 281).
c) Der Geltendmachung solcher Ansprüche, denen eine bloße Laune zu Grunde liegt, wird häufig auch das Chikaneverbot des § 226 mit Erfolg entgegengesetzt werden können.

Demnach werden beispielsweise die Zusage des ersten Tanzes auf einem Balle, das dem Arzte gegebene Versprechen, nicht mehr zu rauchen, niemals ein Schuldverhältniß begründen. Dagegen darf unbedenklich ein rechtswirksames Schuldverhältniß angenommen werden, wenn sich Jemand seinem Nachbarn gegenüber ernstlich verpflichtet, für gewisse Stunden das Singen oder Musiziren zu unterlassen, oder wenn Jemand einem Andern gegenüber die Verpflichtung eingeht, einem gefangenen Thiere die Freiheit zu schenken. Jedenfalls hat das B.G.B. durch die Nichtaufnahme des Erfordernisses des Vermögenswerthes den praktischen Vortheil geschaffen, daß einem chikanösen Schuldner die Möglichkeit entzogen ist, die Geltendmachung eines Anspruches durch den Einwand des mangelnden Vermögensinteresses zu erschweren.

Die Erzwingung von Leistungen ohne Vermögenswerth wird ermöglicht durch die §§ 888, 890 C.P.O. n. Nr. Auch kann sich der Gläubiger durch Vereinbarung einer Vertragsstrafe nach §§ 399 ff. B.G.B. die Leistung sichern.

In den Fällen, in welchen die Leistung auf Grund der §§ 888, 890 C.P.O. n. Nr. nicht erzwingbar ist (z. B. wenn die Handlung nicht ausschließlich vom Willen des Schuldners abhängt), oder wenn die verspätete Leistung für den Gläubiger kein Interesse hat, bildet die Vertragsstrafe das einzige Schutzmittel des Gläubigers, da wegen eines Schadens, der nicht Vermögensschaden ist, nach § 253 B.G.B. eine Geldentschädigung nur in den durch das Gesetz bestimmten Fällen gefordert werden kann.

4. Nach dem B.G.B. sind grundsätzlich alle Schuldverhältnisse klagbar. Ueber die sog. Naturalobligation (Dernburg, Pand. Bd. 2 § 4) enthält das B.G.B. keine Bestimmungen. Nur insoferne erkennt das B.G.B. auch Schuldverhältnisse mit beschränkter rechtlicher Wirkung an, als es:

a) in der Verjährung nicht eine vollständige Aufhebung des Schuldverhältnisses erblickt (§§ 222, 223);
b) bei einzelnen als unverbindlich bezeichneten Verträgen mit Rücksicht auf eine bestehende sittliche Pflicht oder auf ein Gebot des Anstandes oder aus anderen die Rückforderung des Geleisteten ausschließt, z. B. beim Versprechen eines Mäklerlohnes für die Ehevermittlung (§ 656), bei Spiel und Wette (§ 762), ferner in den Fällen des § 814 letzter Halbsatz.

III. Die in den ersten sechs Abschnitten enthaltenen allgemeinen Bestimmungen des zweiten Buches gelten auch für diejenigen Schuldverhältnisse, welche aus sachenrechtlichen, familienrechtlichen und erbrechtlichen Verhältnissen entstanden und im Sachenrechte, Familienrechte und Erbrechte geregelt sind. Jene finden ferner ergänzende Anwendung auch auf die auf einem dinglichen Rechte beruhenden und einem dinglich Berechtigten als solchem zustehenden Ansprüche auf eine Leistung, soweit sich nicht aus den für diese Ansprüche geltenden besonderen Bestimmungen des Sachenrechts eine Abweichung ergibt.

IV. Von Wichtigkeit ist ferner die Unterscheidung zwischen kausalen (individuell charakterisirten) und abstrakten (reinen) Verträgen. Zwar finden sich im B.G.B. hierüber keine besonderen Regeln. Doch ergibt sich die Unterscheidung aus verschiedenen Bestimmungen des B.GB., insbesondere aus seinen Vorschriften über die ungerechtfertigte Bereicherung (§§ 814 ff.).

Bei den kausalen Verträgen bildet der Zweck der vermögensrechtlichen Zuwendung (auch Rechtsgrund, Bestimmungsgrund, obligatorische causa genannt) einen wesentlichen Bestandtheil des Rechtsgeschäfts. Die Rechtsbeständigkeit des kausalen Vertrags ist dadurch bedingt, daß der in den Verträgen aufgenommene Zweck der Zuwendung sich verwirklicht.

Bei den abstrakten Verträgen dagegen wird vom Zwecke der Zuwendung ganz abgesehen (abstrahirt). Sie sind rechtsbeständig und wirksam, auch wenn der von den Vertragschließenden vorausgesetzte Rechtsgrund nicht vorhanden oder ungiltig war, oder wenn die Vertragschließenden verschiedene Rechtsgründe vorausgesetzt haben. Selbstverständlich muß jedoch die Einigung der Vertragschließenden über die vereinbarte Rechtsänderung in rechtsgiltiger Weise zu Stande gekommen sein; es müssen also — abgesehen vom Rechtsgrund — alle sonstigen gesetzlichen Erfordernisse des Vertrages vorliegen. Daraus ergibt sich, daß der abstrakte Vertrag wegen eines Mangels im Rechtsgrunde niemals nichtig oder anfechtbar sein kann. Dem Geschädigten steht hiewegen nur ein persönlicher Anspruch auf Rückgängigmachung der Wirkungen des abstrakten Vertrages nach den Vorschriften über die ungerechtfertigte Bereicherung (§§ 812 ff.) zu. Wollen die Vertragschließenden dem Rechtsgrund eine Wirkung für den abstrakten Vertrag beilegen (was bei allen abstrakten Verträgen mit Ausnahme des Wechsels zulässig ist), so können sie dies nur dadurch erreichen, daß sie den Rechtsgrund als Bedingung in den Vertrag aufnehmen.

Ueber kausale und abstrakte Rechtsgeschäfte s. Dernburg, Pand. Bd. 1 § 95; Windscheid, Pand. Bd. 2 §§ 318, 319; Planck, Vorbem. IX [2] zum dritten Abschnitt des ersten Buchs S. 147.

Im Gebiete der Schuldverhältnisse werden folgende Rechtsgeschäfte als abstrakte Verträge behandelt: der Erlaß (§ 397), die Abtretung (§ 398), die Schuldübernahme (§ 414), das Schuldversprechen (§ 780), das Schuldanerkenntniß (§ 781), die Annahme der Anweisung (§ 784), die Schuldverschreibung auf den Inhaber (§ 793).

V. Der siebente Abschnitt enthält keineswegs eine erschöpfende Aufzählung aller derjenigen Arten von Schuldverhältnissen, welche das B.G.B. als zuläßig erachtet. Nach dem Prinzip der Vertragsfreiheit können die Parteien auch andere als die in diesem Abschnitte behandelten Schuldverhältnisse begründen. Soweit das Gesetz für solche Geschäfte keine unmittelbar anwendbaren Normen gibt, müssen in Ermangelung einer speziellen Regelung durch die Vertragschließenden die für verwandte Schuldverhältnisse geltenden Bestimmungen analog angewendet werden.

Die Aufstellung besonderer Normen über den Trödelvertrag (Dernburg, Pand. Bd. 2 § 120; Windscheid, Pand. Bd. 2 § 383; B.L.R. IV cap. 12 § 4) und über den Garantievertrag (Dernburg, Pand. Bd. 2 § 118) wurde vom B.G.B. für überflüssig erachtet (M. II, 516—518, 658).

VI. Eine Reihe von Rechtsverhältnissen, welche dem Obligationenrechte angehören, hat außerhalb des B.G.B. ihre Regelung gefunden, entweder durch besondere Reichsgesetze (so das Handels- und Wechselrecht, das Anfechtungsrecht u. s. w.) oder durch die Landesgesetzgebung (s. hierüber den dritten Abschnitt des Einf.G.).

VII. Uebergangsbestimmungen für die vor dem Inkrafttreten des B.G.B. entstandenen Schuldverhältnisse geben die Art. 170—179 E.G.

Erster Abschnitt.

Inhalt der Schuldverhältnisse.

Erster Titel.

Verpflichtung zur Leistung.

§ 241.

Kraft des Schuldverhältnisses ist der Gläubiger berechtigt, von dem Schuldner eine Leistung zu fordern. Die Leistung kann auch in einem Unterlassen bestehen.

E. I, 206; II, 205; III, 235.

1. Das Schuldverhältniß verschafft dem Gläubiger kein absolutes, gegen Jedermann wirksames Recht, sondern nur ein persönliches Forderungsrecht gegen seinen Schuldner (s. Vorbem. II, 1).

2. Das aus dem Schuldverhältnisse entspringende Recht des Gläubigers fällt unter den weiteren Begriff des Anspruchs nach § 194 und unterliegt deßhalb der Verjährung.

3. Daß die geschuldete Leistung einen Vermögenswerth habe, wird nicht erfordert (s. Vorbem. II, 3).

4. „Unterlassen" umfaßt auch das Dulden, da Dulden begrifflich nichts Anderes ist, als das Unterlassen des Widerstandes gegen eine fremde Einwirkung.

§ 242.

Der Schuldner ist verpflichtet, die Leistung so zu bewirken, wie Treu und Glauben mit Rücksicht auf die Verkehrssitte es erfordern.

E. I, 224 Abs. 1; II, 206; III, 236.

In vorstehendem Satze ist ein sittlich-rechtliches Prinzip zum Ausdruck gebracht, welches berufen und geeignet ist, den Rechtsverkehr in Schuldverhältnissen zu beherrschen. Dabei kommen zwei Grundbegriffe in Zusammenwirken: „Treu und Glauben" und „Verkehrssitte".

1. Die Vorschrift des § 242 gilt für alle Schuldverhältnisse, ohne Rücksicht, ob sie auf Rechtsgeschäften oder unmittelbar auf dem Gesetze beruhen. Sie bezieht sich jedoch nur auf die Art und Weise, wie der Schuldner die Leistung zu bewirken hat (D. 39; P. I, 623—625, 302, 303). Die ergänzenden Normen über den Inhalt der Leistung enthalten die §§ 133 und 157, allerdings nur für die rechtsgeschäftlichen Schuldverhältnisse. Bei den unmittelbar auf gesetzlicher Vorschrift beruhenden muß durch die Auslegung des Gesetzes gefunden werden, ob eine Verpflichtung entstanden ist und welche.

2. § 242 spricht zwar nur von der Verpflichtung des Schuldners. Seine Vorschrift wirkt aber auch auf die Berechtigung des Gläubigers zurück, weil dieser selbstverständlich nur verlangen kann, daß die Leistung in der Weise bewirkt werde, wie der Schuldner sie zu bewirken verpflichtet ist, und weil der Gläubiger nach §§ 293 und 294 in Verzug geräth, wenn er die Leistung nicht annimmt, welche ihm so, wie sie zu bewirken ist, thatsächlich angeboten wird.

3. „Treu und Glauben mit Rücksicht auf die Verkehrssitte." In diesem Punkte ist vor Allem jeweilig festzustellen, was im einzelnen Falle Treu und Glauben fordern. Bei dieser Feststellung aber wird die Verkehrssitte in Berücksichtigung gezogen. Die Anforderungen von Treu und Glauben sind also bei der Auslegung in erster Linie zu beachten (P. I, 625).

4. Für die nach Handelsrecht zu beurtheilenden Rechtsgeschäfte gibt eine entsprechende besondere Vorschrift § 358 H.G.B.

§ 243.

Wer eine nur der Gattung nach bestimmte Sache schuldet, hat eine Sache von mittlerer Art und Güte zu leisten.

Hat der Schuldner das zur Leistung einer solchen Sache seinerseits Erforderliche gethan, so beschränkt sich das Schuldverhältniß auf diese Sache.

E. I, 213, 214; II, 207; III, 237.

1. § 243 bezieht sich nur auf Sachen (vgl. § 279, welcher von einem nur der Gattung nach bestimmten geschuldeten Gegenstande spricht). Für die seltenen Fälle, in denen eine nur der Gattung nach bestimmte Handlung den Gegenstand des Schuldverhältnisses bildet, ist der zu erforschende Wille der Vertragstheile maßgebend.

2. „Der Gattung nach bestimmt" ist nicht gleichbedeutend mit „vertretbar" im Sinne des § 91. Vertretbare Sachen können als Spezies geschuldet sein (z. B. bestimmte Geldstücke) und umgekehrt können Sachen, welche im Verkehre nicht nach Zahl, Maß oder Gewicht bestimmt zu werden pflegen, für ein spezielles Rechtsgeschäft nur nach Gattung und Art in Betracht kommen (z. B. Pferde bei einem Lieferungsvertrage über eine Anzahl von Wagen- oder Reitpferden eines gewissen Schlages). Ob das Eine oder das Andere der Fall ist, darüber entscheidet der Wille der Vertragschließenden.

3. Auf die sogenannten gemischt generischen Schuldverhältnisse ist § 243 seinem Wortlaute nach nicht anwendbar. Wenn ein Pferd aus einem bestimmten Gestüte, ein Schaf aus einer bestimmten Heerde, zehn Schäffel Roggen aus einem bestimmten Roggenspeicher geschuldet werden, so ist die zu leistende Sache nicht „nur der Gattung nach",

sondern zugleich auch nach der Spezies bezeichnet, aus welcher sie entnommen werden muß. In der Regel wird angenommen werden dürfen, daß die Parteien, welche eine individuelle Menge bestimmt bezeichnet haben, aus welcher zu leisten ist, auch einen Werth darauf legen, daß die Leistung gerade aus *dieser* Menge erfolgt. Regelmäßig finden daher auf Schuldverhältnisse dieser Art nicht die Bestimmungen des § 243, mithin auch nicht jene des § 279, sondern die Vorschriften über das *Wahlschuldverhältniß* (§§ 262—265) Anwendung. Gegen eine chikanöse Vornahme der Wahl ist der Gläubiger geschützt durch die §§ 157 und 242. Nur dann, wenn als Wille der Vertragschließenden zweifellos erhellt, daß die Hinzufügung des konkreten Vorrathes lediglich zu dem Zwecke geschehen ist, um die Gattung näher zu bezeichnen, gestattet § 133 die Anwendung des § 243 auch auf solche Schuldverhältnisse. In letzteren Fällen ist der Schuldner nicht gebunden, gerade aus dem bezeichneten Vorrathe zu leisten. Er leistet vielmehr ordnungsmäßig, wenn er überhaupt Sachen derselben Gattung von gleichem Werthe in mittlerer Art und Güte leistet. A. M. Planck, Anm. 2 zu § 243: „*Regelmäßig* wird anzunehmen sein, daß nur eine speziellere Bezeichnung der Gattung beabsichtigt ist und daß daher die Vorschriften des § 243 zur Anwendung kommen." Ebenso wie hier Oertmann, Komm. Anm. 1 zu § 243.

4. *Zu Absatz 2: Beschränkung des Schuldverhältnisses auf eine bestimmte Sache* (Umwandlung der Genusschuld in eine Speziesschuld, Konzentration, Konkretisirung, Spezialisirung des Schuldverhältnisses). Gegenstand der *Leistung* kann immer nur eine individuell bestimmte Sache sein. Jedes Schuldverhältniß muß sich daher in einem gewissen Zeitpunkte auf eine bestimmte Sache beschränken.

a) *Zeitpunkt des Eintritts der Beschränkung.* Im gemeinen Rechte bestand Streit darüber, ob die Konzentration schon dann eintrete, wenn der Schuldner die zu liefernde individuelle Sache ausgeschieden, oder wenn er dem Gläubiger die Ausscheidung angezeigt, oder erst dann, wenn er wirklich geleistet hat (Windscheid, Pand. Bd. 2 § 255 Note 20 und § 390 Note 8). Das B.G.B. hat die Streitfrage im Sinne der letztgedachten Ansicht — der sog. Lieferungstheorie — entschieden, jedoch mit der Modifikation, daß die Beschränkung des Schuldverhältnisses schon dann eintritt, *wenn der Schuldner das zur Leistung einer obligationsmäßigen Sache seinerseits Erforderliche gethan hat.* Vorausgesetzt wird hienach,

α) daß der Schuldner die *ihm obliegenden Erfüllungshandlungen vollständig vorgenommen hat.* Wann diesem Erfordernisse genügt ist, ergibt sich aus dem Inhalte des Schuldverhältnisses. Stets tritt die Konzentration ein, sobald der Schuldner dem Gläubiger die Sachen in einer Weise angeboten hat, daß der Letztere durch die Nichtannahme in Verzug geräth (§§ 293, 294, 300 Abs. 2), unter Umständen aber auch schon in einem *früheren* Zeitpunkte, z. B. im Falle des § 447 schon dann, wenn der Verkäufer die verkaufte Sache dem Spediteur, dem Frachtführer oder der sonst zur Ausführung der Versendung bestimmten Person oder Anstalt ausgeliefert hat, da im letzteren Falle der Schuldner schon mit der Auslieferung das zur Bewirkung der Leistung seinerseits Erforderliche gethan hat;

β) daß die gelieferte Sache dem Erfordernisse des Abs. 1 entspricht, also mindestens *von mittlerer Art und Güte* ist. Die Konzentration tritt aber auch ein, wenn eine Sache von *besserer* als mittlerer Qualität geliefert wird, vorausgesetzt, daß hiedurch die Gegenleistung nicht alterirt wird. Wird eine schlechtere Sache geliefert, so erfolgt keine Konzentration. Der Anspruch auf Leistung einer Sache von mittlerer Art und Güte bleibt daher bestehen. Vgl. §§ 480, 491, 493, 524 Abs. 2.

Die Konzentration hat — abweichend vom Wahlschuldverhältnisse § 263 Abs. 2 — *keine rückwirkende Kraft;* sie wirkt erst von dem Zeitpunkte an, in welchem der Schuldner das zur Erfüllung seinerseits Erforderliche gethan hat.

b) *Wirkungen.* Sobald die oben unter a, α u. β aufgeführten Voraussetzungen erfüllt sind, verwandelt sich die bisherige Genusschuld in eine Speziesschuld. Hieraus folgt:

α) Da von diesem Zeitpunkt an der geschuldete Gegenstand nicht mehr „nur der Gattung nach", sondern *individuell* bestimmt ist, kann § 279 keine Anwendung mehr finden. Wird also dem Schuldner vom Eintritte der Konzentration an die Leistung der bestimmten Sache ohne sein Verschulden unmöglich, so wird er von der Verpflichtung zur

Leistung frei, auch wenn die Leistung aus der Gattung noch möglich ist (§ 275).

β) Mit dem Augenblicke der Konzentration erwirbt der Gläubiger ein unwiderrufliches Recht auf die bestimmte Sache mit der Wirkung, daß er die Leistung einer anderen derselben Gattung angehörenden Sache zurückweisen darf, auch wenn dieselbe von ordnungsmäßiger Beschaffenheit ist. Dieses Recht steht dem Gläubiger auch zu, wenn er durch die Nichtannahme der ordnungsmäßig angebotenen Sache in Verzug gekommen ist. Er kann, wenn ihm später der Schuldner statt der ursprünglich gelieferten Sache eine andere Sache von gleicher Art und Güte anbietet, diese zurückweisen und darauf bestehen, daß ihm die ursprünglich angebotene Sache geliefert wird.

Bei dem klaren Wortlaute des § 243 Abs. 2 wird man eine Ausnahme von diesem Satze blos für diejenigen Fälle zulassen können, in welchen das Verlangen des Gläubigers auf Lieferung gerade dieser Sache gegen Treu und Glauben verstoßen würde (§§ 157 und 242) bezw. wenn die Ausübung des dem Gläubiger an sich zustehenden Rechtes, die Annahme zu verweigern, nur den Zweck haben kann, dem Schuldner Schaden zuzufügen, wenn also die Rechtsausübung nach § 226 unzulässig ist. Ob eine dieser Voraussetzungen vorliegt, ist nach den besonderen Umständen des einzelnen Falles zu beurtheilen. So wird z. B. der Käufer, welcher durch das Angebot der Sache in Verzug gerathen ist, die Annahme verweigern dürfen, wenn ihm nachträglich eine andere Sache der gleichen Gattung von mittlerer Art und Güte, jedoch von minder gutem Aussehen angeboten wird. Dagegen wird er nicht unter allen Umständen darauf bestehen können, daß ihm der Verkäufer gerade jene Waare liefert, welche derselbe dem Spediteur zur Absendung an den Käufer schon ausgeliefert hatte (§ 447), vor der Ankunft bei dem Käufer aber wieder zurückgenommen hat. In Folge der eingetretenen Konzentration (s. Anm. 4a α) steht ihm zwar an sich dieses Recht zu. Allein der Käufer wird, wenn die angebotene neue Waare vertragsmäßig und der früheren vollkommen gleichwerthig ist, sich auf den Schutz der §§ 226 bezw. 157 berufen können.

Das Gleiche gilt, wenn der Gläubiger unter Berufung auf die eingetretene Konzentration verlangen wollte, daß ihm die nämlichen Geldstücke geliefert werden, welche ihm zur Zahlung angeboten waren und durch deren Nichtannahme er in Verzug gekommen ist.

Im Ergebnisse hiemit übereinstimmend Planck, Anm. 4; Oertmann, Komm. Anm. 5b; Schollmayer, Komm. Anm. 6c zu § 243; Cosack, Bd. 1 S. 296c; vgl. auch P. I, 287—289.

5. Für das Handelsrecht enthält die dem Abs. 1 § 243 entsprechende Bestimmung § 360 H.G.B.

§ 244.

Ist eine in ausländischer Währung ausgedrückte Geldschuld im Inlande zu zahlen, so kann die Zahlung in Reichswährung erfolgen, es sei denn, daß Zahlung in ausländischer Währung ausdrücklich bedungen ist.

Die Umrechnung erfolgt nach dem Kurswerthe, der zur Zeit der Zahlung für den Zahlungsort maßgebend ist.

E. I, 215; II, 208; III, 238.

1. Geldschuld ist die Verbindlichkeit, eine Geldsumme zu bezahlen (M. II, 12).

2. § 244 gilt nur für die im Inlande zahlbaren Geldschulden. Für die im Auslande zu bezahlenden sind die Normen des internationalen Privatrechts maßgebend.

3. Ist die geschuldete Geldsumme in ausländischer Währung ausgedrückt, so steht es regelmäßig im Belieben des Schuldners, ob er in dieser Währung oder in Reichswährung bezahlen will. Der Gläubiger kann sich jedoch ausbedingen, daß die Zahlung in ausländischer Währung erfolgen müsse. Ein hierauf gerichteter Wille der Vertragschließenden bedarf einer ausdrücklichen Erklärung. Wer sich auf eine solche Verabredung beruft, hat dieselbe zu beweisen. Zufolge des Prinzips der Vertragsfreiheit ist auch eine Vereinbarung des Inhalts zulässig, daß eine in Reichswährung ausgedrückte, im Inlande zahlbare Geldschuld in ausländischer Währung zu bezahlen sei.

4. Reichswährung. Hierüber s. Reichsmünzgesetz v. 9. Juli 1873 (R.G.Bl. S. 233), ferner das Reichsgesetz, betr. die Ausgabe von Reichskassenscheinen v. 30. April 1874 § 5 (R.G.Bl. S. 41) und das Reichsbankgesetz v. 14. März 1875 § 2 (R.G.Bl. S. 177).

5. Die Bezeichnung „maßgebend für den Zahlungsort" deckt auch den Fall, daß zur Zahlungszeit am Zahlungsorte kein Kurs besteht. In diesem Falle ist der Kurs desjenigen Börsen- oder Handelsplatzes zu Grunde zu legen, zu dessen Bereich der Zahlungsort gehört.

§ 245.

Ist eine Geldschuld in einer bestimmten Münzsorte zu zahlen, die sich zur Zeit der Zahlung nicht mehr im Umlaufe befindet, so ist die Zahlung so zu leisten, wie wenn die Münzsorte nicht bestimmt wäre.

E. I, 216; II, 209; III, 239.

1. Soweit nicht ein Verbotsgesetz (s. Art. 13 u. 14 des Reichsmünzgesetzes vom 9. Juli 1873) entgegensteht, ist eine rechtsgeschäftliche Bestimmung des Inhalts, daß eine geschuldete Geldsumme in einer bestimmten Münzsorte zu zahlen sei, zulässig. Sie verpflichtet den Schuldner, die Zahlung in der vereinbarten Münzsorte zu bewirken. Befindet sich die bedungene Münzsorte zur Zahlungszeit nicht mehr im Umlaufe, so würde bei dem Vorliegen der Voraussetzungen des § 275 der Schuldner an sich regelmäßig von der Verpflichtung zur Leistung wegen unverschuldeter Unmöglichkeit der letzteren frei werden. Vgl. § 279. § 245 bestimmt jedoch, dem muthmaßlichen Willen der Parteien entsprechend, daß in diesem Falle die Zahlung so zu leisten sein soll, wie wenn eine Münzsorte nicht bestimmt wäre. Wurde z. B. vereinbart, daß eine Schuld von 3000 Mk. am 1. Januar 1920 in Thalern zu zahlen sei und sind Thaler an diesem Tage nicht mehr in Umlauf, so sind 3000 Mk. in Reichswährung zu leisten.

2. Voraussetzung des § 245 ist, daß eine Geldschuld vorliegt (s. Anm. 1 zu § 244). Nicht hieher gehören also die Fälle, in denen die Forderung unmittelbar auf eine Anzahl von Stücken einer bestimmten Münzsorte z. B. auf die Lieferung von 10 Friedrichsdors gerichtet ist. Hier liegt eine reine Genusschuld vor, welche nach § 243 mit § 279 zu beurtheilen ist. Ebensowenig findet § 245 Anwendung, wenn einzelne Münzen als individuelle Sachen, z. B. drei im Laden eines Händlers befindliche Georgithaler, geschuldet werden. In diesem Falle handelt es sich um eine gewöhnliche Speziesschuld, für welche die allgemeinen gesetzlichen Bestimmungen gelten.

§ 246.

Ist eine Schuld nach Gesetz oder Rechtsgeschäft zu verzinsen, so sind vier vom Hundert für das Jahr zu entrichten, sofern nicht ein Anderes bestimmt ist.

E. I, 217; II, 210; III, 240.

1. Die Verpflichtung, eine Schuld zu verzinsen, versteht sich nicht von selbst. Sie muß entweder durch Rechtsgeschäft oder durch eine besondere gesetzliche Vorschrift oder durch Urtheilsspruch begründet sein.

a) Durch Rechtsgeschäft: Hier wird in der Regel auch die Höhe des Zinssatzes bestimmt sein; alsdann ist — vorbehaltlich der Vorschrift des § 247 — der vereinbarte Zinssatz maßgebend. Wurde über die Höhe der Zinsen nichts vereinbart, so sind vier Prozent zu entrichten.

b) Durch besondere Gesetzesvorschrift: Solche Vorschriften enthalten für das Recht der Schuldverhältnisse die §§ 256, 288, 291, 347, 452, 641, 668, 675, 698, 820 Abs. 2, 849, für Handelsgeschäfte die §§ 353—355 H.G.B. Der regelmäßige Zinssatz beträgt hier vier Prozent, soferne nicht ein Anderes bestimmt ist. Eine andere Bestimmung enthalten:

α) H.G.B. § 352. Fünf Prozent für Handelsforderungen.

β) W.O. Art. 50 und 51. Sechs Prozent für die Regreßansprüche des Wechselinhabers und des Indossanten.

Vgl. hieher auch die §§ 288, 291 B.G.B.

c) Durch Urtheilsspruch: Auf diese Zinsen erstreckt sich § 246 nicht. Hiefür gelten vielmehr folgende besondere Bestimmungen:

α) Zinsen können nur auf Antrag zugesprochen werden; § 308 C.P.O. n. Nr.

β) Der Zinssatz muß im Urtheil ausdrücklich bestimmt sein. Enthält das Urtheil keinen Ausspruch über die Höhe der zuerkannten Zinsen, so tritt nicht der gesetzliche Zinssatz des § 246 ein; vielmehr muß Ergänzung des Urtheils nach § 221 C.P.O. n. Nr. beantragt oder, wenn die Frist des Abs. 2 bereits abgelaufen ist, eine neue Klage wegen des Zinsanspruches gestellt werden.

2. Als Fälligkeitstermin gilt für rechtsgeschäftliche Zinsen mangels einer besonderen Verabredung der wiederkehrende Jahrestag der Schuldbegründung („Hundert für das Jahr"; vgl. auch § 608).

3. Nach dem B.G.B. können Nebenansprüche unabhängig vom Hauptanspruche selbständig geltend gemacht werden. Dies gilt auch für Zinsen jeder Art. Die selbständige Einforderung der Zinsen ist also auch nach der Erfüllung des Hauptanspruches zulässig. Die Frage, ob darin, daß der Gläubiger das Kapital ohne Zinsen erhoben oder bei Empfang des Kapitals ohne Zinsen vorbehaltlos eine Quittung ertheilt hat, ein Verzicht auf die Zinsen zu erblicken ist, muß nach den Umständen des einzelnen Falles beantwortet werden.

4. Verjährung der Zinsen.
a) Ansprüche auf Rückstände von Zinsen verjähren in vier Jahren: § 197.
b) Rechtskräftig festgestellte, zur Zeit der Erlassung des Urtheils bereits fällige Zinsen verjähren in dreißig Jahren, künftig fällig werdende in vier Jahren: § 218.
c) Wegen verjährter rückständiger Zinsen kann der Gläubiger, ungeachtet des Bestehens einer Hypothek oder eines Pfandrechtes, keine Befriedigung aus dem verhafteten Gegenstande suchen: § 223.
d) Mit dem Hauptanspruche verjährt der Anspruch auf die Zinsen, auch wenn die für letzteren Anspruch geltende besondere Verjährung noch nicht vollendet ist: § 224.

5. Während des Konkursverfahrens ist der Zinsenlauf gehemmt: §§ 62, 63 K.O.

6. Uebergangsbestimmung. Nach Art. 170 E.G. bleiben für ein Schuldverhältniß, das vor dem Inkrafttreten des B.G.B. entstanden ist, die bisherigen Gesetze maßgebend. Die Höhe der gesetzlichen Zinsen aus einem vor dem 1. Januar 1900 entstandenen Schuldverhältnisse würde daher nach dem Bundesgesetze vom 14. November 1867 (B.G.Bl. S. 159) bezw. für Bayern nach dem Ges. v. 5. Dez. 1867 (G.B.Bl. S. 249) zu bemessen sein. Für Bayern bringt jedoch das Gesetz über die durch die Einführung des B.G.B. veranlaßten Uebergangsvorschriften, Art. 3, eine eigene Bestimmung dahin: „Sind in einem zur Zeit des Inkrafttretens des B.G.B. bestehenden Rechtsverhältnisse für eine spätere Zeit Verzugszinsen oder andere gesetzliche Zinsen zu entrichten, so können, soweit sich der Zinssatz nach den Vorschriften der Landesgesetze bestimmt, nicht mehr als vier vom Hundert für das Jahr verlangt werden." Hiedurch wird das Recht des Gläubigers, höhere Zinsen zu verlangen, wenn er hiezu aus einem anderen Rechtsgrunde berechtigt ist, nicht berührt (vgl. § 288 Abs. 1).

Ist durch Rechtsgeschäft nur die Verzinslichkeit der Schuld ohne Bestimmung über die Höhe des Zinsfußes festgesetzt, so verbleibt es zufolge Art. 170 E.G. für die vor dem 1. Januar 1900 entstandenen Schuldverhältnisse bei den bisherigen Vorschriften.

7. Die gemeinrechtliche (für Bayern schon durch Art. 2 des Gesetzes vom 5. Dez. 1867 aufgehobene) Vorschrift, daß die rückständigen Zinsen in ihrem Gesammtbetrage das Kapital nicht übersteigen, ultra alterum tantum nicht hinausgehen dürfen, ist dem B.G.B. unbekannt; ebenso das Vorrecht der Minderjährigen und des Fiskus, daß ihre Forderungen von der Fälligkeit an auch ohne Mahnung zu verzinsen sind. Dagegen ist die Bestimmung, daß der Käufer den nicht gestundeten Kaufpreis von dem Zeitpunkt an zu verzinsen hat, von welchem ihm die Nutzungen zukommen, auch in das B.G.B. aufgenommen worden. § 452.

§ 247.

Ist ein höherer Zinssatz als sechs vom Hundert für das Jahr vereinbart, so kann der Schuldner nach dem Ablaufe von sechs Monaten das Kapital unter Einhaltung einer Kündigungsfrist von sechs Monaten kündigen. Das Kündigungsrecht kann nicht durch Vertrag ausgeschlossen oder beschränkt werden.

Diese Vorschriften gelten nicht für Schuldverschreibungen auf den Inhaber.

E. I, 358 Abs. 1; II, 211; III, 241.

1. Zinsen können durch Vertrag in jeder Höhe bedungen werden. Der Parteiwillkür sind in der Bestimmung der Höhe der Zinsen keine weiteren Beschränkungen auferlegt als die folgenden:

a) das Verbot des Wuchers § 138 Abs. 2. Ob in diesem Falle das ganze Rechtsgeschäft oder nur die Vereinbarung über die Höhe des Zinsfußes nichtig ist, bestimmt sich nach § 139;

b) das Kündigungsrecht des Schuldners nach § 247;

c) das Verbot einer im voraus getroffenen Vereinbarung von Zinseszinsen: § 248.

2. Amortisationsquoten sind keine Zinsen, bleiben daher bei der Berechnung des Zinssatzes außer Betracht.

3. Die Vorschriften des Abs. 1 sind nur zu Gunsten des Schuldners aufgestellt. Ist also eine kürzere Kündigungsfrist vereinbart worden, so hat es hiebei sein Bewenden.

4. Die Kündigung ist zulässig nach Ablauf von sechs Monaten von dem Zeitpunkt an, seit welchem die vereinbarten höheren Zinsen laufen. Ebenso Schollmayer, Anm. zu § 247, dagegen Oertmann, Anm. 3 zu § 247 „von der Hingabe des Geldes an".

5. Ueber Schuldverschreibungen auf den Inhaber siehe §§ 793 ff.

6. Das Kündigungsrecht des Abs. 1 gilt mangels einer entgegenstehenden Bestimmung des H.G.B. auch für Handelsgeschäfte.

7. Die Vorschrift des § 247 entspricht dem § 2 des durch Art. 39 E.G. aufgehobenen Bundesges. v. 14. Nov. 1867 über die vertragsmäßigen Zinsen. Das bayr. Ges. v. 5. Dez. 1867 enthält eine solche Bestimmung nicht.

§ 248.

Eine im voraus getroffene Vereinbarung, daß fällige Zinsen wieder Zinsen tragen sollen, ist nichtig.

Sparkassen, Kreditanstalten und Inhaber von Bankgeschäften können im voraus vereinbaren, daß nicht erhobene Zinsen von Einlagen als neue verzinsliche Einlagen gelten sollen. Kreditanstalten, die berechtigt sind, für den Betrag der von ihnen gewährten Darlehen verzinsliche Schuldverschreibungen auf den Inhaber auszugeben, können sich bei solchen Darlehen die Verzinsung rückständiger Zinsen im voraus versprechen lassen.

E. I, 358 Abs. 2; II, 212; III, 242.

1. Nur die im voraus getroffene Abrede, daß fällige Zinsen wieder Zinsen tragen sollen, ist — abgesehen von den in Abs. 2 gemachten Ausnahmen — nichtig. Nach dem Eintritte des Fälligkeitstermines kann die Verzinslichkeit der rückständigen Zinsen wirksam vereinbart werden. Dies gilt sowohl für vertragsmäßige, als für Verzugszinsen (§ 289).

2. Für die Höhe der nach § 248 zulässigen Zinseszinsen sind die §§ 246, 247 maßgebend.

3. Ohne besondere Vereinbarung haben auch die in Satz 2 des Abs. 2 bezeichneten Kreditanstalten keinen Anspruch auf die Verzinsung rückständiger Zinsen, da die Bestimmung des § 289, daß von Zinsen Verzugszinsen nicht zu entrichten sind, ganz allgemein gilt.

4. Ueber die Verzinsung von Ueberschüssen im Kontokurrentverkehr s. § 355 H.G.B.

§ 249.

Wer zum Schadensersatze verpflichtet ist, hat den Zustand herzustellen, der bestehen würde, wenn der zum Ersatze verpflichtende Umstand nicht eingetreten wäre. Ist wegen Verletzung einer Person oder wegen Beschädigung einer Sache Schadensersatz zu leisten, so kann der Gläubiger statt der Herstellung den dazu erforderlichen Geldbetrag verlangen.

E. I, 219; II, 213 Abs. 1; III, 243.

1. Voraussetzung des Ersatzanspruchs. Wer einen Schaden erlitten hat, kann dessen Ersatz von einem Dritten nur dann verlangen, wenn ein besonderer Grund hiefür vorliegt, sei es, daß der Dritte durch Rechtsgeschäft die Verpflichtung zum Schadens-

ersatz übernommen hat, wie beim Versicherungsvertrage, sei es, daß das Gesetz unmittelbar an gewisse Thatbestände die Verpflichtung eines Dritten zum Schadensersatze knüpft. Bestimmungen der letzteren Art enthält das B.G.B. in großer Anzahl (z. B. §§ 31, 42 Abs. 2, 122, 160, 179, 228, 231 u. s. w.). Solche Bestimmungen finden sich auch in den aufrecht erhaltenen Landesgesetzen (s. Art. 105—109 E.G.), sowie in den neben dem B.G.B. geltenden Reichsgesetzen z. B. im R.G. betr. die Verbindlichkeit zum Schadensersatze für die bei dem Betriebe von Eisenbahnen, Bergwerken u. s. w. herbeigeführten Tödtungen und Körperverletzungen vom 7. Juni 1871 in der Fassung des Art. 42 E.G., in der C.P.O. § 89, 302 Abs. 4, 600 Abs. 2, 717 Abs. 2, 945 n. Nr. u. s. w.

In allen diesen Fällen finden die in den §§ 249—254 aufgestellten Grundsätze Anwendung, soweit nicht die betreffenden Gesetze besondere Vorschriften geben.

2. Kausalzusammenhang. Der Anspruch auf Ersatz eines zugegangenen Schadens ist ferner bedingt dadurch, daß ein ursächlicher Zusammenhang besteht zwischen dem eingetretenen Schaden und der Handlung bezw. Unterlassung, auf welche der Anspruch gegründet wird. Die Frage, ob ein solcher Zusammenhang anzunehmen ist, beantwortet sich im einzelnen Falle nach den vorliegenden Umständen. Das B.G.B. gibt hierüber keine Regeln; es unterscheidet insbesondere nicht zwischen unmittelbarem und mittelbarem Schaden. Demnach kann auch jener Schaden ersetzt verlangt werden, welcher nicht ausschließlich und nicht unmittelbar durch den zum Ersatze verpflichtenden Umstand, sondern erst durch das Hinzutreten anderer Ereignisse verursacht worden ist. Freilich muß immer der ursächliche Zusammenhang sich feststellen lassen.

Die Beweislast anlangend, hat zwar der Regel nach der Beschädigte die zum Ersatze verpflichtenden Thatsachen, den Eintritt, den Umfang des Schadens und den ursächlichen Zusammenhang zu beweisen. Allein § 287 C.P.O. n. Nr. gibt dem richterlichen Ermessen für die Beantwortung aller dieser Fragen den weitesten Spielraum. Der Richter kann ohne jede Hemmung durch Beweisregeln oder Beweisanerbieten darüber entscheiden, nicht blos, ob ein Schaden entstanden ist und wie hoch sich derselbe beläuft, sondern auch, ob ein ursächlicher Zusammenhang zwischen Schaden und Verschulden besteht (R.G.E. X S. 64).

Bezüglich des mitwirkenden Verschuldens des Beschädigten s. § 254.

3. Art der Ersatzleistung.

a) Satz 1 des § 249 stellt das leitende Prinzip des B.G.B. für die Art und den Umfang des Schadensersatzes auf und zwar dahin: Durch die Ersatzleistung soll der Beschädigte wirthschaftlich in dieselbe Vermögenslage gebracht werden, welche bestehen würde, wenn der zum Ersatze verpflichtende Umstand und die hiedurch bewirkte Aenderung der Lage des Beschädigten nicht eingetreten wäre (M. II, 19). Das B.G.B. geht davon aus, daß dieser Zweck der Regel nach am besten erreicht wird durch die Naturalrestitution. Nur bei Verletzung einer Person oder Beschädigung einer Sache ist es in das Belieben des Gläubigers gestellt, ob er die Naturalrestitution oder den Geldbetrag verlangen will, welcher für ihn (nicht für den Schuldner) zur Herstellung des unbeschädigten Zustandes nothwendig ist. Diese Bestimmung rechtfertigt sich durch die billige Rücksicht auf den Gläubiger, welchem nicht zugemuthet werden kann, eine Einwirkung des Schuldners oder der von ihm gewählten Mittelsperson auf seine Person oder sein Eigenthum zu dulden und sich nachträglich mit dem Schuldner darüber auseinanderzusetzen, ob die Herstellung gelungen und als Ersatzleistung anzunehmen ist.

b) Eine Naturalrestitution ist nur dann bewirkt, wenn derselbe Zustand hergestellt wird, welcher ohne den zum Ersatze verpflichtenden Umstand bestehen würde, wenn also z. B. die widerrechtlich weggenommene Sache zurückgewährt, die durch ein Delikt veranlaßte Rechtsänderung durch Wiederherstellung des früheren Zustandes wieder beseitigt wird. Regelmäßig wird es auch als Naturalrestitution zu erachten sein, wenn als Ersatz für die Beschädigung einer vertretbaren Sache (§ 91) eine andere Sache von derselben Art und Güte gewährt wird, es sei denn, daß der Gläubiger gerade an der beschädigten, individuellen Sache ein besonderes Interesse hat. Ebenso Oertmann, Note 2 zu § 249; a. M. Planck, Anm. 2c Abs. 1 und P. I, 296, welche in dem Ersatz einer beschädigten vertretbaren Sache durch eine andere Sache derselben Art überhaupt keine Naturalherstellung sehen. Ob durch die Ausbesserung einer beschädigten Sache der frühere Zustand wiederhergestellt werden kann, hängt von den Umständen des einzelnen Falles ab.

c) Die Leistung des in Satz 2 bezeichneten Geldbetrages tritt an die Stelle der Naturalherstellung. Es kann also der Gläubiger neben diesem Betrage eine weitere Geldentschädigung nach § 251 verlangen, wenn die Herstellung nur theilweise möglich oder zur Entschädigung des Gläubigers nicht genügend war.

4. Da die Schadensausgleichung in erster Linie durch Naturalherstellung zu erfolgen hat, kann in geeigneten Fällen der Erfolg, welchen der durch arglistige Täuschung oder widerrechtlich durch Drohung Geschädigte mit der Anfechtungsklage des § 123 erzielen will, auch durch die Schadensersatzklage erreicht werden. Dies ist insoferne von Bedeutung, als die Anfechtungsklage schon nach Ablauf eines Jahres ausgeschlossen ist (§ 124), während für die Schadensersatzklage die regelmäßige Verjährungsfrist von dreißig Jahren läuft (§ 195). Allerdings ist hiebei zu berücksichtigen, daß die Anfechtungsklage dinglich wirkt, dem Herstellungsanspruche aber nur eine obligatorische Wirkung gegenüber dem Ersatzpflichtigen zukommt.

5. Das in Satz 2 dem Gläubiger eingeräumte Recht, statt der Herstellung den dazu erforderlichen Geldbetrag zu verlangen, ist nur eine facultas alternativa des Gläubigers. Die Bestimmungen über das Wahlschuldverhältniß (§§ 262—265) finden daher keine Anwendung. S. Anm. 1 zu § 262. Der Gläubiger kann bis zur wirklich erfolgten Befriedigung sich darüber erklären, welche Art der Ersatzleistung er beanspruche. Er kann auch bis zu diesem Zeitpunkt von der bereits getroffenen Wahl wieder abgehen. Geschieht dies aus bloßer Chikane, so werden die Bestimmungen der §§ 226 und 826 anwendbar. Hat der Gläubiger, wozu er auch in diesem Falle berechtigt ist, eine Frist gemäß § 250 gesetzt, so ist mit dem fruchtlosen Ablaufe der Frist sein Anspruch auf Herstellung ausgeschlossen; s. Anm. 3 u. 4 zu § 250.

§ 250.

Der Gläubiger kann dem Ersatzpflichtigen zur Herstellung eine angemessene Frist mit der Erklärung bestimmen, daß er die Herstellung nach dem Ablaufe der Frist ablehne. Nach dem Ablaufe der Frist kann der Gläubiger den Ersatz in Geld verlangen, wenn nicht die Herstellung rechtzeitig erfolgt; der Anspruch auf die Herstellung ist ausgeschlossen.

E. II, 213 Abs. 3; III, 244.

1. Zweck des § 250. Zufolge § 251 muß sich der Gläubiger mit der Geldentschädigung begnügen, soweit die Herstellung nicht möglich oder zur Entschädigung nicht genügend, oder wenn die Herstellung nur mit unverhältnißmäßigen Aufwendungen möglich ist. Ob einer dieser Fälle gegeben ist, wird nicht selten zweifelhaft sein. Damit nun der Gläubiger durch diese Ungewißheit nicht geschädigt und die ihm gebührende Ersatzleistung nicht ungemessen verzögert werde, ist ihm im § 250 die Befugniß eingeräumt, dem Ersatzpflichtigen eine angemessene Frist zur Herstellung zu setzen mit der Wirkung, daß nach fruchtlosem Ablaufe der Frist die Entschädigung in Geld zu erfolgen hat.

2. Die Fristbestimmung ist ein einseitiges empfangsbedürftiges Rechtsgeschäft, auf welches die §§ 130—132 Anwendung finden.

3. Mit dem Ablaufe der Frist (nicht schon mit der Fristbestimmung, auch nicht erst mit dem wirklichen Verlangen der Geldentschädigung) ist der Anspruch auf die Herstellung ausgeschlossen. Nach dem Fristablaufe kann also einerseits der Gläubiger nicht mehr die Herstellung verlangen, andererseits der Schuldner den Gläubiger ohne dessen Einwilligung nicht mehr durch Naturalherstellung entschädigen.

4. Angemessen ist die bestimmte Frist, wenn sie nach den vorliegenden Umständen zur ordnungsmäßigen Bewirkung der Herstellung ausreichend ist.

Der Gläubiger ist an die von ihm selbst gesetzte Frist immer gebunden. Hat er die Frist weiter erstreckt, als erforderlich war, so hat jedenfalls der Schuldner das Recht, bis zum Ablaufe der Frist die Herstellung zu bewirken; hat Jener die Frist zu kurz bemessen, so erlischt zwar mit ihrem Ablaufe für den Gläubiger der Anspruch auf Herstellung, auf Seite des Schuldners aber muß in diesem Falle die Herstellung, welche derselbe von der Fristbestimmung an ohne schuldhaftes Zögern bewirkt hat, trotz des Ablaufes der Frist noch als rechtzeitig erfolgt angesehen werden. Ebenso Cosack, Bd. 1 S. 348. A. M. Planck, Anm. 2 zu § 250: „Unter rechtzeitiger Leistung ist nur eine solche zu verstehen, die vor dem Ablaufe der Frist erfolgt . . ., ist die gesetzte Frist nicht angemessen, so ist die Fristbestimmung als unwirksam zu betrachten.“ Hienach würde auch der Gläubiger nach dem Ablaufe der von ihm selbst gesetzten Frist die Annahme der Geldentschädigung unter Berufung darauf, daß die Frist keine angemessene war und deßhalb als nicht gesetzt zu gelten habe, verweigern dürfen. Dies kann die Absicht des

Gesetzes nicht sein. Auch wäre es eine unbillige Härte gegen den Ersatzpflichtigen, welcher, darauf bauend, daß der Gläubiger sich an seine Erklärung gebunden erachte, vielleicht eine sich ihm während des Laufes der Frist bietende günstige Gelegenheit zur Herstellung hat vorübergehen lassen, weil er gewillt war, mit dem Ablaufe der Frist die Geldentschädigung zu leisten.

Noch in verschiedenen anderen Fällen räumt das B.G.B. einem Vertragstheile das Recht ein, dem anderen Theil eine angemessene Frist zur Bewirkung einer Leistung oder zur Abgabe einer Erklärung zu bestimmen mit der Folge des Eintretens eines Rechtsnachtheils für den Fall der Versäumung der Frist (z. B. §§ 264 Abs. 2, 283, 326, 344, 355). In allen diesen Fällen ist das Erforderniß der Angemessenheit der Frist in gleichem Sinne auszulegen.

Eine ähnliche Bestimmung enthielt auch der nunmehr durch § 326 B.G.B. ersetzte Art. 356 des früheren H.G.B., daß nämlich der nichtsäumige Kontrahent, wenn er Schadensersatz wegen Nichterfüllung fordern oder von dem Vertrage abgehen wollte, dem andern Theil eine den Umständen angemessene Frist zur Nachholung des Versäumten zu gewähren hatte. Vgl. hierüber Staub, Komm. z. H.G.B. §§ 19 und 20 zu Art. 356.

5. Beweislast. Der Gläubiger hat zu beweisen, daß er die Frist mit der Ablehnungserklärung gesetzt hat und daß die Frist eine angemessene war. Der Schuldner muß beweisen, daß er innerhalb der gesetzten Frist oder, wenn die Frist zu kurz bemessen war, ohne Verzug innerhalb einer von der Fristbestimmung an laufenden angemessenen Frist die Herstellung bewirkt hat.

§ 251.

Soweit die Herstellung nicht möglich oder zur Entschädigung des Gläubigers nicht genügend ist, hat der Ersatzpflichtige den Gläubiger in Geld zu entschädigen.

Der Ersatzpflichtige kann den Gläubiger in Geld entschädigen, wenn die Herstellung nur mit unverhältnißmäßigen Aufwendungen möglich ist.

E. I, 219, II, 213, III, 245.

1. Bei theilweiser Unmöglichkeit der Herstellung kann der Berechtigte für den möglichen Theil die Herstellung, für den nicht möglichen Theil den entsprechenden Geldbetrag fordern, wie auch umgekehrt der Ersatzpflichtige in derselben Weise seiner Ersatzpflicht genügen kann.

2. Von dem in § 249 aufgestellten Prinzip, daß der Schadensersatz durch Naturalherstellung zu leisten ist, sind zwei Ausnahmen gemacht:

a) zu Gunsten des Gläubigers, insofern als diesem bei Verletzung einer Person oder Beschädigung einer Sache die Herstellung nicht aufgedrungen werden kann; § 249 Satz 2;

b) zu Gunsten des Schuldners, insofern dieser den Gläubiger in Geld entschädigen kann, wenn die Herstellung nur mit unverhältnißmäßigen Aufwendungen möglich ist; § 251 Abs. 2.

Außerdem kommt natürlich die Verpflichtung zur Naturalherstellung stets in Wegfall, soweit letztere nicht möglich oder wenn sie gesetzlich unzulässig ist.

3. Darüber, ob die Herstellung ganz oder theilweise unmöglich, wie weit sie zur Entschädigung des Gläubigers nicht genügend, und ob sie nur mit unverhältnißmäßigen Aufwendungen möglich ist, entscheidet das freie richterliche Ermessen gemäß § 287 C.P.O. n. F.

4. Bei Beantwortung der Frage, ob die Herstellung den erforderlichen Aufwand lohnt, wird auch ein berechtigtes Affektionsinteresse des Geschädigten berücksichtigt werden müssen (Jakubezky, Bem. S. 54).

§ 252.

Der zu ersetzende Schaden umfaßt auch den entgangenen Gewinn. Als entgangen gilt der Gewinn, welcher nach dem gewöhnlichen Laufe der Dinge oder nach den besonderen Umständen, insbesondere nach den getroffenen Anstalten und Vorkehrungen, mit Wahrscheinlichkeit erwartet werden konnte.

E I, 218, II, 214, 215, III, 246.

§ 252 handelt von dem Umfange der Schadensersatzpflicht.

1. Verhältniß zum bisherigen Rechte.

a) Während nach gem. Rechte bei der actio legis Aquiliae ohne Rücksicht auf den Grad des Verschuldens (in lege Aquilia et levissima culpa venit) immer der volle Schaden mit dem entgangenen Gewinn ersetzt werden muß, haben mehrere Kodifikationen, so insbesondere das P.L.R. Thl. I Tit. 6 §§ 10 ff., den Umfang der Entschädigung nach dem größeren oder geringeren Grade des Versehens abgestuft. Das B.G.B. hat sich der zweifellos richtigeren gemeinrechtlichen Auffassung angeschlossen, jedoch mit einigen durch die Billigkeit gebotenen Einschränkungen. Vgl. §§ 254, 702, 827, 828.

b) Eine Maximalgrenze der Entschädigung, wie solche die bekannte lex un. Cod. 7, 47 aufstellte, daß die Interesseforderung nicht über das Doppelte des Werthes der beschädigten Sache festgesetzt werden durfte (Dernburg, Pand. Bd. 2 § 45 N. 17), kennt das B.G.B. nicht.

2. Zweck der Bestimmungen des § 252. Satz 1 ergibt sich als nothwendige Folge des in § 249 ausgesprochenen Grundsatzes des B.G.B., daß die Schadensersatzleistung in der Herstellung jener Vermögenslage besteht, welche ohne den zum Ersatze verpflichtenden Umstand vorhanden wäre, da eben diese Vermögenslage nur dann hergestellt wird, wenn dem Geschädigten nicht blos die positive Vermögenseinbuße (damnum emergens), sondern auch der entgangene Gewinn (lucrum cessans) erstattet wird. Ersteres wird als selbstverständlich vom B.G.B. nicht ausdrücklich hervorgehoben.

Die Feststellung des entgangenen Gewinns bietet in der Praxis häufig Schwierigkeiten, weil hiebei nicht nur in Berücksichtigung gezogen werden muß, wie sich die äußeren Umstände ohne das Dazwischentreten des schädigenden Ereignisses gestaltet haben würden, sondern auch zu prüfen ist, ob der Geschädigte gerade jene Handlungen vorgenommen haben würde, welche zur Erzielung des Gewinnes erforderlich waren. Einen Weg zur Beseitigung dieser Schwierigkeiten bietet § 287 C.P.O. n. Nr., welcher die Entscheidung der Frage, ob ein Schaden (einschließlich des entgangenen Gewinnes) entstanden ist und wie hoch sich derselbe beläuft, dem freien richterlichen Ermessen anheim gibt.

Wie in den M. II, 18 bemerkt ist, soll durch die Bestimmung des Satzes 2 dem Richter eine Anweisung gegeben werden für die Anwendung des § 287 C.P.O. n. Nr. auf jene Fälle, in denen die Feststellung eines Gewinnentgangs in Frage kommt.

So wenig Satz 1 eine Erweiterung des oben erwähnten Grundsatzes über die Schadensausgleichung enthält, ebensowenig enthält Satz 2 eine Einschränkung desselben. Er gibt lediglich dem Richter eine Anleitung für die Berechnung des entgangenen Gewinns. Einer solchen Anleitung bedarf es nicht in den Fällen, in welchen mit Sicherheit festgestellt werden kann, daß ein Gewinn überhaupt nicht entgangen ist, auch nicht in jenen Fällen, in welchen der entgangene Gewinn sich mit Bestimmtheit berechnen läßt. Wenn es dagegen zweifelhaft ist, ob ein Gewinn überhaupt gemacht worden wäre, oder wie hoch sich derselbe belaufen haben würde, dann soll der Richter einerseits nicht wegen mangelnder Gewißheit des Gewinnes den Ersatzanspruch abweisen, anderseits aber auch nicht mit einer bloßen Möglichkeit des Gewinnes sich begnügen, er soll vielmehr eine nach den Umständen zu bemessende Wahrscheinlichkeit fordern (M. II, 18).

Daraus ergeben sich nachstehende wichtige Folgerungen:

a) Läßt sich mit Sicherheit feststellen, daß ein Gewinn nicht gemacht worden wäre, so kann ein Ersatz für entgangenen Gewinn auch nicht beansprucht werden, weil sonst der Berechtigte durch die Ersatzleistung in eine günstigere Vermögenslage versetzt würde, als wenn das schädigende Ereigniß überhaupt nicht eingetreten wäre.

b) Kann der entgangene Gewinn mit Bestimmtheit ziffermäßig festgestellt werden, so hat es hiebei sein Bewenden, da durch den Ersatz des ziffermäßig festgestellten Betrages die Herstellung der vom Gesetze gewollten Vermögenslage des Geschädigten geschaffen werden kann.

c) Nur wenn keiner dieser beiden Fälle vorliegt, ist Raum für die Anwendung des Satzes 2.

d) Es ist ohne alle Bedeutung, ob der Ersatzpflichtige vorhersehen konnte oder nicht, daß überhaupt ein Gewinn bezw. ein Gewinn dieser Art oder in dieser Höhe entgehen würde. Ebenso D. 44: „Die Schadensersatzpflicht umfaßt den gesammten Vermögensschaden, sowohl die erlittene Vermögenseinbuße als den entgangenen Gewinn. Auch für die nicht vorauszusehenden Folgen seines Verhaltens hat der Ersatzpflichtige zu haften.“ In demselben Sinne R.T.K. 56. A. M. Planck in Anm. 2 zu § 252, welcher die Bedeutung dieses Satzes dahin auffaßt, „daß das Entgehen eines Gewinnes, auch wenn feststeht, daß derselbe wirklich entgangen ist, nur dann berücksichtigt werden solle, wenn er in dem Zeitpunkt, in welchem der zum Schadensersatz verpflichtende Umstand eintrat, nach den in Satz 2 bezeichneten Umständen mit Wahrscheinlichkeit erwartet werden konnte". Planck stützt seine Ansicht auf die geschichtliche Entwickelung des § 252 insbesondere auf die Fassung des E. I § 218 Abs. 2: „Als entgangener Gewinn kommt nur derjenige in Betracht, welcher nach dem gewöhnlichen Laufe ..... erwartet werden konnte." Allein abgesehen davon, daß das Wort „nur" in den Text des B.G.B. nicht aufgenommen worden ist, läßt sich nach der Begründung der M. II, 18 die Fassung des § 218 Abs. 2 auch folgendermaßen erklären: Als entgangener Gewinn kommt nur derjenige in Betracht, welcher ..... (zum Mindesten) mit Wahrscheinlichkeit erwartet werden konnte, nicht schon jeder Gewinn, der möglicherweise hätte gezogen werden können.

3. Maßgebender Zeitpunkt für die Berechnung. Da die Schadensersatzleistung in der Herstellung des Zustandes besteht, welcher ohne den zum Ersatze verpflichtenden Umstand gegenwärtig vorhanden sein würde, und auf die Vorhersehbarkeit des Schadens nichts ankommt, so ist, wenn nicht besondere Umstände die Zugrundelegung eines früheren Termines rechtfertigen, für die Feststellung des Schadensersatzanspruches ebenso wie bei allen anderen Ansprüchen als maßgebender Zeitpunkt die der Urtheilsfällung vorausgehende Schlußverhandlung anzusehen. Dies gilt sowohl für die positive Vermögenseinbuße (vgl. Anm. 1 zu § 290) als für den entgangenen Gewinn.

a) Steht in diesem Zeitpunkte fest, daß ein Gewinn nicht gezogen worden wäre, so ist der Anspruch abzuweisen.

b) Steht zu dieser Zeit der entgangene Gewinn ziffermäßig fest, so ist der festgestellte Betrag zuzusprechen.

c) Ist es in diesem Zeitpunkte zweifelhaft, ob überhaupt ein Gewinn entgangen ist, so muß sich der Richter die Frage vorlegen: Welchen Gewinn würde der Beschädigte ohne das Dazwischentreten des zum Ersatze verpflichtenden Umstandes nach dem gewöhnlichen Laufe der Dinge oder nach den (heute bekannten) besonderen Umständen, insbesondere nach den getroffenen Anstalten und Vorkehrungen wahrscheinlich gemacht haben? Als Zeitpunkt, in welchem diese Wahrscheinlichkeit begründet sein muß, ist gleichfalls die Zeit der Urtheilsfällung anzunehmen. Ausnahmsweise kann die Zugrundelegung eines früheren Termins gerechtfertigt sein: Hat z. B. der Ersatzpflichtige dem Beschädigten vorher die Ersatzleistung thatsächlich angeboten, so ist bei Entscheidung der Frage, ob die angebotene Ersatzleistung eine vollständige war, und die Nichtannahme den Berechtigten in Verzug gesetzt hat, von dem Zeitpunkte des thatsächlichen Angebotes aus zu beurtheilen, welcher Gewinn damals mit Wahrscheinlichkeit erwartet werden konnte. Der Schuldner ist von seiner Ersatzverbindlichkeit befreit, wenn er den hienach sich berechnenden Betrag ordnungsmäßig hinterlegt hat (§ 378).

Diese Auffassung steht im Einklange sowohl mit dem Wortlaute des Gesetzes, als auch mit dem Sinne, welchen die Motive der Bestimmung unterstellen (s. Anm. 2). Sie entspricht auch am besten dem vom Gesetze anerkannten Prinzipe der vollen Schadensausgleichung. Dagegen Planck, Anm. 2: „In welchem Zeitpunkte die Erwartung des Gewinnes begründet sein müßte, ist nicht ausdrücklich bestimmt; nach dem Grunde und Zwecke der Vorschrift wird derjenige Zeitpunkt als maßgebend anzusehen sein, in welchem der zum Schadensersatze verpflichtende Umstand eingetreten ist."

4. Selbstverständlich ist ein Gewinn, durch dessen Erwerb der Geschädigte gegen ein gesetzliches Verbot oder gegen die guten Sitten verstoßen haben würde, von der Berücksichtigung ausgeschlossen.

5. Compensatio lucri cum damno Die Beantwortung der Frage, ob sich der Beschädigte den ihm durch den schädigenden Umstand zugegangenen Vortheil bei der Berechnung des Schadens anrechnen lassen muß, ist der Wissenschaft und Praxis überlassen. Nach richtiger Ansicht wird das Gesammtergebniß für die Vermögenslage des Beschädigten der Berechnung zu Grunde gelegt werden müssen (vgl. Dernburg, Pand. Bd. 2 § 45 Ziff. 1; Windscheid, Pand. Bd. 2 § 258 Ziff. 1 Note 4; M. II, 19). Jedoch muß feststehen, daß es gerade der zum Schadensersatze verpflichtende Umstand war, welcher auch den Vortheil verursacht hat. Die Frage, ob Schaden und Vortheil auf einen und denselben thatsächlichen Umstand zurückzuführen sind, ist in jedem einzelnen Falle konkret zu entscheiden. (S. Seuffert, Arch. XXXIV Nr. 23.) Wie in der bisherigen Praxis (vgl. R.G.E. X S. 50), so wird auch künftighin für die Aufrechenbarkeit des Vortheils erfordert

werden müssen, daß derselbe in Folge des schädigenden Umstandes ohne besondere weitere Voraussetzungen nach dem natürlichen Laufe der Dinge eingetreten und nicht zugleich durch eine selbständige, von dem beschädigenden Ereignisse unabhängige Ursache bewirkt worden ist.

§ 253.

Wegen eines Schadens, der nicht Vermögensschaden ist, kann Entschädigung in Geld nur in den durch das Gesetz bestimmten Fällen gefordert werden.

E. I, 221; II, 216; III, 247.

1. Für immateriellen Schaden wird in der Regel eine Entschädigung in Geld nicht gewährt. Es besteht nur der Anspruch auf Naturalherstellung, soweit diese möglich ist.

Fälle, in denen ausnahmsweise eine Geldentschädigung auch wegen eines nicht vermögensrechtlichen Schadens zugelassen ist, enthalten die §§ 847 und 1300.

Verbindet sich mit einer Vermögensbeschädigung zugleich eine Verletzung idealer Interessen, so ist der Ersatz des sog. Affektionsinteresses ausgeschlossen. Vgl. jedoch Anm. 3 zu § 251.

Zu erwähnen ist hier auch die Vorschrift des § 343, daß bei der Frage der Herabsetzung einer übermäßigen Vertragsstrafe jedes berechtigte Interesse, nicht blos das Vermögensinteresse in Betracht zu ziehen ist.

2. Die Bestimmungen des Strafgesetzbuchs über die Buße und die reichsgesetzlichen Vorschriften über den Schutz des geistigen Eigenthums werden durch § 253 nicht berührt (M. II, 23).

§ 254.

Hat bei der Entstehung des Schadens ein Verschulden des Beschädigten mitgewirkt, so hängt die Verpflichtung zum Ersatze sowie der Umfang des zu leistenden Ersatzes von den Umständen, insbesondere davon ab, inwieweit der Schaden vorwiegend von dem einen oder dem anderen Theile verursacht worden ist.

Dies gilt auch dann, wenn sich das Verschulden des Beschädigten darauf beschränkt, daß er unterlassen hat, den Schuldner auf die Gefahr eines ungewöhnlich hohen Schadens aufmerksam zu machen, die der Schuldner weder kannte noch kennen mußte, oder daß er unterlassen hat, den Schaden abzuwenden oder zu mindern. Die Vorschrift des § 278 findet entsprechende Anwendung.

E. I, 222; II, 217; III, 248.

1. Nach gemeinem Recht war streitig, welchen Einfluß ein mitwirkendes Verschulden des Beschädigten auf dessen Schadensersatzanspruch habe. Von den Einen wurde behauptet, der Schädiger habe keinen Ersatz zu gewähren, wenn der Nachtheil von dem Benachtheiligten durch gehörige Sorgfalt hätte abgewendet werden können; nur, wenn Arglist den Grund der Ersatzpflicht bilde, bleibe der Anspruch des Benachtheiligten bestehen. (So Windscheid, Pand. Bd. 2 § 258 Note 18.) Die andere Meinung (Dernburg, Pand. Bd. 2 § 45 Nr. 3) ging dahin, dem Beschädigten sei der Ersatzanspruch zu versagen, „wenn er die in seiner Hand liegenden, durch die Umstände offensichtlich gebotenen Vorkehrungen zur Abwendung des Schadens versäumt oder ihn gar absichtlich vergrößert habe".

Das B.G.B. stellt in allen Fällen, in denen ein Schadensersatzanspruch in Frage kommt, gleichviel, ob dolose oder culpose Beschädigung vorliegt, ob sich der Anspruch auf eine unerlaubte Handlung oder auf die Nichterfüllung einer Verbindlichkeit, auf eine Gesetzesbestimmung oder auf eine besondere Vereinbarung gründet, die Abwägung der Folgen bei konkurrirendem Verschulden des Beschädigten dem richterlichen Ermessen nach Maßgabe des § 254 anheim, soweit nicht für bestimmte Verhältnisse im Gesetze selbst eine abweichende Vorschrift gegeben ist, so z. B. in § 307.

2. Da das B.G.B. zwischen mittelbarem und unmittelbarem Schaden nicht unterscheidet (s. Anm. 3 zu § 249), ist es in der Regel ohne Bedeutung, ob der vom Schuldner zu vertretende Umstand die alleinige Ursache des Schadens ist, oder ob noch andere Umstände als mitwirkend hinzugetreten sind. Wenn aber ein Verschulden des Beschädigten selbst (Vorsatz oder Fahrlässigkeit) die mitwirkende Ursache für die Entstehung des Schadens war, so soll der Richter nach den Umständen abwägen, ob eine Verpflichtung zum Ersatze

überhaupt vorliegt und in welchem Umfang Ersatz zu leisten ist. Hiebei soll er insbesondere berücksichtigen, welcher der Theile den Schaden vorwiegend verursacht hat, d. h. welchem Theile die Hauptursache des Schadens zur Last fällt. Nicht die Schwere des beiderseitigen Verschuldens, sondern das Kausalverhältniß soll vorzugsweise maßgebend sein (P. I, 300). Liegt die Ursache des Schadens vorwiegend auf Seite des Beschädigten, so kann der Richter den Ersatzanspruch entweder ganz verneinen oder denselben herabsetzen. Liegt sie dagegen vorwiegend auf Seite des Ersatzpflichtigen, so kann er das mitwirkende Verschulden des Beschädigten entweder ganz außer Betracht lassen, oder dem Anspruche nur zum Theile stattgeben.

3. Das Verschulden des Beschädigten muß bei der Entstehung des Schadens mitgewirkt haben, d. h. in ursächlichem Zusammenhange mit dem entstandenen Schaden stehen. War dasselbe ohne Einfluß auf die Entstehung des Schadens, so findet Abs. 1 des § 254 keine Anwendung.

4. Die Bestimmung des § 254 Abs. 1, welche ganz allgemein von „Verschulden" spricht, wird hienach auch da anwendbar, wo der Beschädigte den Schaden vorsätzlich vergrößert hat; s. § 276.

5. Auch in den Fällen des Abs. 2 muß ein Verschulden des Beschädigten vorliegen. Es wird also vorausgesetzt, daß der Beschädigte selbst die Gefahr eines ungewöhnlich hohen Schadens kannte oder doch kennen mußte, und daß die Unterlassung der Hinweisung auf die Gefahr bezw. die Unterlassung der Abwendung oder Minderung des Schadens ihm als Verschulden (§ 276) anzurechnen ist. Z. B. der Fahrgast unterläßt es fahrlässiger Weise, den Droschkenkutscher auf die ungewöhnlich nachtheiligen Folgen eines nicht rechtzeitigen Eintreffens aufmerksam zu machen. Vgl. hieher auch § 429 Abs. 2 H.G.B. und § 702 B.G.B. Ist der Beschädigte verpflichtet, zur Minderung der Folgen einer erlittenen Verletzung sich einer Operation zu unterziehen? Nach dem Gesagten hängt die Entscheidung davon ab, ob nach den besonderen Umständen des einzelnen Falles dem Verletzten die Unterlassung der Operation als Verschulden zur Last gelegt werden kann. Vgl. Endemann, Die Rechtswirkungen der Ablehnung einer Operation, Berlin 1893, und Seufferts Arch. XLVI Nr. 189.

6, Eine Verpflichtung, auf die Gefahr hinzuweisen, besteht nur „dem Schuldner" gegenüber, also innerhalb eines vorliegenden Schuldverhältnisses; die Pflicht, den Schaden abzuwenden oder zu mindern, hat der Beschädigte auch gegenüber jedem dritten Schädiger.

7. Zufolge des Schlußsatzes des Abs. 2 hat der Beschädigte in den hier aufgeführten Fällen auch das Verschulden seines gesetzlichen Vertreters, sowie derjenigen Personen, deren er sich zur Erfüllung seiner Verbindlichkeit bedient, als eigenes Verschulden zu vertreten (§ 278). Hienach muß beispielsweise der Verletzte das Verschulden des von ihm zugezogenen Arztes vertreten, der die zur Heilung erforderlichen Mittel verabsäumt hat. Im Sinne des Abs. 2 ist es eine Verbindlichkeit des Verletzten, durch Zuziehung eines Arztes den Schaden der Verletzung zu mindern; zur Erfüllung dieser Verbindlichkeit bedient er sich des Arztes.

8. Was unter „Verschulden" zu verstehen ist, bestimmt § 276, welcher wiederum auf die §§ 827, 828 verweist. Hieraus ergibt sich, daß nach § 254 auch ein mitwirkendes Verschulden der in den §§ 827, 828 bezeichneten Personen (Jugendlicher u. s. w.) zu berücksichtigen ist, soweit eine solche Person nach den Bestimmungen der §§ 827, 828 für ihr Verschulden verantwortlich ist (s. Anm. III zu § 276).

9. Die Vorschriften des § 254 greifen zufolge § 846 auch Platz, wenn in den Fällen der §§ 844 und 845 bei Tödtung, Verletzung oder Freiheitsentziehung eine dritte Person schadensersatzberechtigt ist und bei der Entstehung des Schadens, den diese Person erleidet, ein Verschulden des unmittelbar Verletzten mitgewirkt hat.

§ 255.

Wer für den Verlust einer Sache oder eines Rechtes Schadensersatz zu leisten hat, ist zum Ersatze nur gegen Abtretung der Ansprüche verpflichtet, die dem Ersatzberechtigten auf Grund des Eigenthums an der Sache oder auf Grund des Rechtes gegen Dritte zustehen.

E. I, 223, II, 218, III, 249

1. Zweck der Vorschrift. Die Schadensersatzleistung soll für den Beschädigten eine Bereicherung herbeiführen. Eine solche würde aber eintreten, wenn der Beschädigte

neben dem erhaltenen Schadensersatz auch seine Ansprüche gegen Dritte behalten und mit Erfolg geltend machen würde.

2. Der Anspruch auf Abtretung steht demjenigen, welcher für den Verlust einer Sache oder eines Rechtes Schadensersatz zu leisten hat, in jedem Falle zu, gleichviel, auf welchem Grunde seine Ersatzpflicht beruht.

3. Während nach dem E. I § 223 die Ansprüche des Entschädigten gegen Dritte kraft Gesetzes auf den Ersatzleistenden übergingen, gewährt das B.G.B. dem Ersatzpflichtigen nur einen Anspruch auf Abtretung. Letztere hat Zug um Zug gegen die Ersatzleistung zu erfolgen. Dem Ersatzpflichtigen steht wegen dieses Anspruchs ein Zurückbehaltungsrecht zu. Macht er dieses gegenüber der Klage auf Ersatzleistung geltend, so ist er zur Ersatzleistung gegen Abtretung zu verurtheilen (§§ 273, 274).

Die Abtretung erfolgt durch Vertrag zwischen dem Gläubiger und dem Ersatzpflichtigen gemäß §§ 398 und 413.

4. Wenn der Verpflichtete Ersatz geleistet hat, ohne sich die Ansprüche abtreten zu lassen, so kann er die Abtretung auch nachträglich verlangen. Daraus, daß die Abtretung und die Ersatzleistung Zug um Zug zu erfolgen haben, folgt nur, daß kein Theil vorzuleisten braucht. Ein Grund, weßhalb der freiwillig Vorleistende mit seinem Anspruche ausgeschlossen sein sollte, läßt sich nicht denken. Ebenso Planck, Anm. 1 Abs. 3; Oertmann, Anm. 3; A. M. Schollmayer, Anm. 4.

Hat der Entschädigte nach dem Empfange der Ersatzleistung die Sache oder das Recht zurückerlangt, so kann der Entschädigende nach § 812 Abs. 2 die gänzliche oder theilweise Herausgabe des geleisteten Ersatzes aus dem Gesichtspunkte der ungerechtfertigten Bereicherung verlangen.

5. Wenn der Beschädigte nur theilweisen Ersatz des Schadens verlangt, ist er zur Abtretung seiner Ansprüche nur soweit verpflichtet, als ihm Ersatz geleistet wird. Einigt er sich mit dem Ersatzpflichtigen dahin, daß er diesem gegen Leistung eines theilweisen Ersatzes seinen ganzen Anspruch gegen den Dritten abtritt, so kann der Dritte, wenn er von dem Entschädigenden belangt wird, daraus, daß dieser nicht vollen Ersatz geleistet hat, keinen Einwand herleiten (P. I, 301 fg.).

6. Dem Verlust eines Rechtes ist es gleich zu achten, wenn dem Anspruche aus dem Recht eine peremtorische Einrede entgegensteht, oder wenn das Recht aus einem anderen Grunde werthlos geworden ist (Planck, Anm. 2 zu § 255).

§ 256.

Wer zum Ersatze von Aufwendungen verpflichtet ist, hat den aufgewendeten Betrag oder, wenn andere Gegenstände als Geld aufgewendet worden sind, den als Ersatz ihres Werthes zu zahlenden Betrag von der Zeit der Aufwendung an zu verzinsen. Sind Aufwendungen auf einen Gegenstand gemacht worden, der dem Ersatzpflichtigen herauszugeben ist, so sind Zinsen für die Zeit, für welche dem Ersatzberechtigten die Nutzungen oder die Früchte des Gegenstandes ohne Vergütung verbleiben, nicht zu entrichten.

1. § 256 ist erst von der Reichstagskommission eingesetzt worden.

Der Bestimmung liegt folgender Gedanke zu Grunde: Wer Ersatz von Aufwendungen zu verlangen berechtigt ist, kann auch die Verzinsung des aufgewendeten Betrages oder des zu ersetzenden Werthes der aufgewendeten Gegenstände fordern, weil der Betrag dieser Zinsen dem Ersatzberechtigten verloren geht, also als mitaufgewendet erscheint (R.T.K. 57, 58).

2. Das B.G.B. spricht sowohl von „Aufwendungen" (z. B. § 526) als von „Verwendungen" (z. B. § 450), deren Ersatz verlangt werden kann. Eine Definition der beiden Begriffe wird nicht gegeben (M. III, 30, 411). Der Begriff der Aufwendungen als der weitere umfaßt auch die Verwendungen.

3. Zum Ersatze von Aufwendungen kann Jemand verpflichtet sein durch Vereinbarung (vgl. § 652 Abs. 2) oder auf Grund gesetzlicher Vorschrift. Das B.G.B. stellt in zahlreichen Fällen eine Verpflichtung zum Ersatze von Aufwendungen oder Verwendungen auf, so in den §§ 304, 347, 450, 467, 500, 526, 538, 547, 581, 601, 633, 670, 683, 693, 850, 951, 970, 994 fg., 1049, 1216, 1390, 1648, 1835, 1978, 1991, 2022, 2124, 2125, 2185, 2381.

4. Soweit Aufwendungen nur in einem beschränkten Umfange zu erstatten sind (z. B. § 500), ist selbstverständlich die Zinsverbindlichkeit auf den wirklich zu erstattenden Betrag beschränkt.

5. Die Verzinslichkeit beginnt mit dem Tage der Aufwendung. Der Zinsfuß bestimmt sich nach § 246.

6. Die Vorschrift des Satzes 2 entspricht der Billigkeit. Der Ersatzberechtigte, welchem die Nutzungen des herauszugebenden Gegenstandes zukommen (z. B. der Nießbraucher § 1049), hat in der Regel in den von ihm gezogenen Nutzungen und Früchten einen ausreichenden Ersatz für die Zinsen, welche der aufgewendete Geldbetrag ihm gebracht haben würde. Dies trifft nicht zu, wenn der Ersatzberechtigte für die Nutzungen und Früchte eine Vergütung leisten muß; in letzterem Falle kann er deßhalb für die Zeit, für welche die Vergütung zu leisten ist, auch die Zinsen des aufgewendeten Betrages verlangen.

Ueber den Begriff Nutzungen und Früchte s. §§ 100 u. 99.

§ 257.

Wer berechtigt ist, Ersatz für Aufwendungen zu verlangen, die er für einen bestimmten Zweck macht, kann, wenn er für diesen Zweck eine Verbindlichkeit eingeht, Befreiung von der Verbindlichkeit verlangen. Ist die Verbindlichkeit noch nicht fällig, so kann ihm der Ersatzpflichtige, statt ihn zu befreien, Sicherheit leisten.

E. I, 595 Abs. 3, 621 Abs. 2; II, 601 Abs. 2, 633, 1289 Abs. 1 Satz 2, 1997 Abs. 2 Satz 3; III, 250.

1. Im E. I war eine dem § 257 entsprechende Bestimmung nur für die Verbindlichkeit des Beauftragten und des Verwahrers gegeben (I, 595 Abs. 3 und § 621 Abs. 2). Im E. II kam hiezu die vom Ehemann zum Zwecke der Verwaltung des eingebrachten Gutes (II, § 1289 Abs. 1 Satz 2) und die vom Vorerben zum Zwecke der Erhaltung von Erbschaftsgegenständen (II, § 1997 Abs. 2 Satz 3) eingegangene Verbindlichkeit.

Erst durch E. III wurde der Anspruch auf Befreiung von der eingegangenen Verbindlichkeit auf alle Fälle ausgedehnt, in welchen Jemand Ersatz für die von ihm zu einem bestimmten Zwecke gemachten Aufwendungen fordern kann.

2. Der Berechtigte kann nicht den zur Tilgung seiner Verbindlichkeit erforderlichen Geldbetrag, sondern nur Befreiung von der eingegangenen Verbindlichkeit fordern. Dem Ersatzpflichtigen bleibt es überlassen, auf welche Weise er die Befreiung bewirken will, ob durch Erfüllung (§§ 362 fg.), durch Schuldübernahme (§ 414) oder auf andere Weise.

3. Solange die eingegangene Verbindlichkeit noch nicht fällig ist, steht dem Ersatzpflichtigen die facultas alternativa (s. Anm. 1 zu § 262) zu, statt der Befreiung von der Verbindlichkeit Sicherheit nach den Bestimmungen der §§ 232—240 zu leisten. Ist die Verbindlichkeit einmal fällig geworden, so kann der Ersatzpflicht nur mehr durch Befreiung genügt werden.

Die Sicherheit muß dem Berechtigten geleistet werden, nicht dem Gläubiger des letzteren.

§ 258.

Wer berechtigt ist, von einer Sache, die er einem Anderen herauszugeben hat, eine Einrichtung wegzunehmen, hat im Falle der Wegnahme die Sache auf seine Kosten in den vorigen Stand zu setzen. Erlangt der Andere den Besitz der Sache, so ist er verpflichtet, die Wegnahme der Einrichtung zu gestatten; er kann die Gestattung verweigern, bis ihm für den mit der Wegnahme verbundenen Schaden Sicherheit geleistet wird.

E. I, 479 Abs. 3, 514 Abs. 2, 553 Abs. 2, 936 Abs. 3, 1010 Abs. 1, 1815; II, 435 Abs. 2, 491 Abs. 2 Satz 2, 3, 541 Abs. 2 Satz 2, 910 Abs. 1 Satz 2, 959 Satz 3, 1125, 1998 Satz 3; III, 251.

1. Nach dem B.G.B. steht das Recht, von einer herauszugebenden Sache eine Einrichtung wegzunehmen (jus tollendi) zu: dem Wiederverkäufer (§ 500 Satz 2), dem Miether (§ 547 Abs. 2 Satz 2), dem Pächter (§ 581 Abs. 2), dem Entleiher (§ 601 Abs. 2 Satz 2), dem Nießbraucher (§ 1049 Abs. 2), dem Wohnungsberechtigten (§ 1093), dem Pfandgläubiger (§ 1216) und dem Vorerben (§ 2125).

2. Solange derjenige, welcher die Sache herauszugeben hat, sich im Besitze derselben befindet, kann er, soweit die Wegnahme überhaupt statthaft ist, die Einrichtung

ohne Zustimmung des Anderen wegnehmen, muß aber im Falle der Wegnahme die Sache in dem Stande herausgeben, in welchem sie sich vor der Herstellung der Einrichtung befunden hat. Diesen Stand hat er auf seine Kosten herzustellen. Nach dem Grunde der Bestimmung wird die Herstellung des vorigen Standes nicht sofort mit der Wegnahme, sondern erst mit der Herausgabe der Sache erfolgen müssen (M. II, 395).

3. Hat der Andere den Besitz der Sache erlangt — gleichviel ob mit oder ohne den Willen des zur Wegnahme Berechtigten — so bedarf der Berechtigte zur Wegnahme der Einwilligung des Anderen, welche ihm jedoch nicht verweigert werden darf, wenn er dem Anderen für den mit der Wegnahme verbundenen Schaden Sicherheit leistet. Die Sicherheitsleistung erfolgt nach §§ 232 fg.

4. Die Vorschriften des § 258 Satz 1 und 2 finden auch Anwendung auf die Berechtigung des Besitzers, eine mit der herauszugebenden Sache verbundene andere Sache abzutrennen und sich anzueignen (§ 997 Abs. 1 Satz 2).

§ 259.

Wer verpflichtet ist, über eine mit Einnahmen oder Ausgaben verbundene Verwaltung Rechenschaft abzulegen, hat dem Berechtigten eine die geordnete Zusammenstellung der Einnahmen oder der Ausgaben enthaltende Rechnung mitzutheilen und, soweit Belege ertheilt zu werden pflegen, Belege vorzulegen.

Besteht Grund zu der Annahme, daß die in der Rechnung enthaltenen Angaben über die Einnahmen nicht mit der erforderlichen Sorgfalt gemacht worden sind, so hat der Verpflichtete auf Verlangen den Offenbarungseid dahin zu leisten:

daß er nach bestem Wissen die Einnahmen so vollständig angegeben habe, als er dazu im Stande sei.

In Angelegenheiten von geringer Bedeutung besteht eine Verpflichtung zur Leistung des Offenbarungseids nicht.

E. I, 591 Satz 2; II, 698; III, 252.

1. Das B.G.B. legt in einer Reihe von Fällen eine Verpflichtung zur Rechenschaftsablegung auf, so in den §§ 27, 40, 86 dem Vorstand eines Vereins oder einer Stiftung, in den §§ 666 und 675 dem Beauftragten, in § 681 dem Geschäftsführer ohne Auftrag, in § 713 dem geschäftsführenden Gesellschafter, in § 740 den übrigen Gesellschaftern dem ausscheidenden gegenüber, in § 1214 dem antichretischen Pfandgläubiger, in den §§ 1421, 1546 Abs. 3, 1550 dem Ehemanne gegenüber der Ehefrau, in den §§ 1681, 1686 dem Inhaber der elterlichen Gewalt, in den §§ 1890, 1897, 1915 dem Vormund und dem Pfleger, in den §§ 1978, 1991 dem Erben gegenüber den Nachlaßgläubigern, in § 2130 dem Vorerben und in § 2218 Abs. 1 dem Testamentsvollstrecker.

§ 259 bestimmt, in welcher Weise diese Verpflichtung zu erfüllen ist, wenn die Rechenschaft abgelegt werden muß über eine Verwaltung, welche mit Einnahmen und Ausgaben oder nur mit Einnahmen oder nur mit Ausgaben verbunden ist. Zur Rechenschaftsablegung gehört hier die Rechnungslegung (M. II, 537, 538; D., 45). Der Verpflichtete hat dem Berechtigten eine Rechnung mitzutheilen, d. h. auszuhändigen, in welcher die Einnahmen bezw. auch die Ausgaben geordnet zusammengestellt sind.

Belege hat er nur insoweit vorzulegen, als deren Ertheilung im Verkehr üblich ist, also beispielsweise nicht über Trinkgelder, Droschkenfahrten u. dgl.

Bisweilen stellt das B.G.B. unmittelbar eine Verpflichtung zur Rechnungslegung auf, so in § 1667 für den Vater bei Gefährdung des Kindesvermögens, in § 2218 Abs. 2 für den Testamentsvollstrecker. Auch in diesen Fällen sind die Vorschriften des § 259 maßgebend für die Art und Weise, wie die Verpflichtung zu erfüllen ist. Vgl. Anm. 3b zu § 1667.

2. Genügt die mitgetheilte Rechnung den Anforderungen nach Satz 1 nicht, so kann der Berechtigte auf die Vorlegung einer entsprechenden anderen Rechnung oder auf Ergänzung der Rechnung und Vorlage der Belege klagen und die Zwangsvollstreckung nach § 887 C.P.O. n. Nr. betreiben.

3. Verpflichtung zur Leistung des Offenbarungseides.

a) Voraussetzung: Es muß die Annahme begründet sein, daß die in der Rechnung enthaltenen Angaben über die Einnahmen nicht mit der erforderlichen Sorgfalt gemacht sind. Daß ein Grund zu dieser Annahme besteht, muß der Berechtigte, welcher die Eidesleistung verlangt, beweisen. Mangelhafte Angaben über die gemachten Ausgaben oder Unvollständigkeit der vorgelegten Belege berechtigen nicht zum Verlangen des Offenbarungseides, sondern nur zur Klage auf Ergänzung (s. Anm. 3).

b) Der Eid ist nur auf Verlangen des Gläubigers zu leisten.

c) Ueber das zuständige Gericht, Verfahren und Kosten der Eidesabnahme s. § 261.

d) In Angelegenheiten von geringer Bedeutung unterbleibt die Eidesleistung. Ob eine solche Angelegenheit vorliegt, ist nach den Umständen des Falles vom Gerichte zu beurtheilen.

4. Wird mit der Klage auf Rechnungslegung oder auf Vorlegung eines Vermögensverzeichnisses oder auf Leistung des Offenbarungseides die Klage auf Herausgabe desjenigen verbunden, was der Beklagte aus dem zu Grunde liegenden Rechtsverhältniß schuldet, so kann die bestimmte Angabe der Leistungen, welche der Kläger beansprucht, vorbehalten werden, bis die Rechnung mitgetheilt, das Vermögensverzeichniß vorgelegt oder der Eid geleistet ist (§ 254 C.P.O. n. Nr.). In diesem Falle erfolgt die Entscheidung über die Verpflichtung zur Rechnungslegung, Vorlegung des Verzeichnisses bezw. Eidesleistung durch Theilurtheil (§ 301 C.P.O. n. Nr.).

§ 260.

Wer verpflichtet ist, einen Inbegriff von Gegenständen herauszugeben oder über den Bestand eines solchen Inbegriffs Auskunft zu ertheilen, hat dem Berechtigten ein Verzeichniß des Bestandes vorzulegen.

Besteht Grund zu der Annahme, daß das Verzeichniß nicht mit der erforderlichen Sorgfalt aufgestellt worden ist, so hat der Verpflichtete auf Verlangen den Offenbarungseid dahin zu leisten:

daß er nach bestem Wissen den Bestand so vollständig angegeben habe, als er dazu im Stande sei.

Die Vorschrift des § 259 Abs. 3 findet Anwendung.

E. I, 777 Abs. 1; II, 699; III, 253.

1. Unter einem „Inbegriff von Gegenständen" im Sinne des § 260 ist nicht nur die früher sog. Sachgesammtheit (Heerde, Bibliothek, Gutsinventar u. s. w.) zu verstehen, sondern jede Mehrheit von Gegenständen (Sachen und Rechten), bei welcher der Berechtigte nach der Natur des in Frage stehenden Rechtsverhältnisses nicht in der Lage ist, die einzelnen Gegenstände zu bezeichnen (D. 46).

2. Eine Verpflichtung zur Herausgabe eines Inbegriffs von Gegenständen ist im B.G.B. ausgesprochen z. B. in den §§ 1421, 1546, 1550, 1667, 1681, 1686, 1890, 1897, 1915, 2130; eine Verpflichtung zur Auskunftsertheilung über den Bestand eines solchen Inbegriffs z. B. in den §§ 1374, 1525, 1550, 1891, 2011, 2012, 2027, 2127, 2314, 2362.

3. Wie in den Fällen des § 259 (s. Anm. 4 a) kann auch hier der Offenbarungseid nur dann verlangt werden, wenn der Antragsteller Umstände darthut, aus denen zu schließen ist, daß der Verpflichtete bei der Herstellung des Verzeichnisses nicht die erforderliche Sorgfalt angewendet habe.

4. Ein Anspruch des Berechtigten auf Zuziehung bei der Aufnahme des Verzeichnisses, auf Ermittelung des Werthes der Gegenstände, auf behördliche oder notarielle Aufnahme des Verzeichnisses besteht, abgesehen vom Falle des § 2314, nicht.

5. Die Vorschriften der §§ 260, 261 finden auch entsprechende Anwendung auf die Verpflichtung des Miterben, den übrigen Erben Auskunft über die Zuwendungen zu ertheilen, die er nach den §§ 2050—2053 zur Ausgleichung zu bringen hat.

6. Ueber die Verbindung der Klage auf Vorlegung des Verzeichnisses oder auf Leistung des Offenbarungseides mit der Klage auf Herausgabe s. § 254 C.P.O. n. Nr.; über das Verfahren und die Kosten der Eidesabnahme § 261 B.G.B.

§ 261.

Der Offenbarungseid ist, sofern er nicht vor dem Prozeßgerichte zu leisten ist, vor dem Amtsgerichte des Ortes zu leisten, an welchem die Verpflichtung zur

Rechnungslegung oder zur Vorlegung des Verzeichnisses zu erfüllen ist. Hat der Verpflichtete seinen Wohnsitz oder seinen Aufenthalt im Inlande, so kann er den Eid vor dem Amtsgerichte des Wohnsitzes oder des Aufenthaltsorts leisten.

Das Gericht kann eine den Umständen entsprechende Aenderung der Eidesnorm beschließen.

Die Kosten der Abnahme des Eides hat derjenige zu tragen, welcher die Leistung des Eides verlangt.

E. I, 777 Abs. 2 Satz 1; II, 700; III, 254.

Auch der nach § 259 u. 260 B.G.B. zu leistende Offenbarungseid kann nur vor dem Gerichte geleistet werden.

1. Gibt der Verpflichtete dem Verlangen der Eidesleistung freiwillig statt, so ist zur Eidesabnahme das Amtsgericht des Ortes zuständig, an welchem die Verpflichtung zur Rechnungslegung oder zur Vorlegung des Verzeichnisses zu erfüllen ist. Zur Erleichterung des Eidespflichtigen ist demselben, sofern er seinen Wohnsitz oder seinen Aufenthalt im Inlande hat, gestattet, den Eid vor dem Amtsgerichte seines Wohnsitzes oder Aufenthaltsortes zu leisten. Die Bestimmung des Termins zur Eidesleistung kann sowohl von dem Berechtigten als von dem anderen Theile beantragt werden. Zum Termine sind beide Theile von Amtswegen zu laden. Die Anwesenheit des Gläubigers im Eidestermine ist nicht erforderlich. Für das Verfahren bei der Abnahme des Eides sind die Vorschriften der §§ 478—484 C.P.O. n. Nr. maßgebend (§§ 163, 79, 15 F.G.).

2. Ist dagegen eine Verurtheilung des Verpflichteten zur Leistung des Offenbarungseides vorausgegangen, so hat die Eidesleistung vor dem Prozeßgericht erster Instanz zu erfolgen. Ueber das Verfahren s. § 889 C.P.O. n. Nr.

3. Die Eidesnorm ist die in den §§ 259 u. 260 bestimmte. Jedoch kann das zuständige Gericht, sei es das Prozeßgericht oder das sonst nach § 261 zuständige Amtsgericht, soferne die Umstände eine Aenderung dieser Norm angezeigt erscheinen lassen, die Eidesnorm entsprechend abändern.

4. Die Kosten der Abnahme des Eides fallen demjenigen zur Last, der die Eidesleistung verlangt, ohne Unterschied, ob die Eidesleistung vor dem Prozeßgerichte oder einem anderen Gerichte erfolgt. Unter die Kosten der Abnahme des Eides fallen selbstverständlich jene Kosten nicht, welche durch die unbegründete Weigerung des Eidespflichtigen verursacht sind, und über welche nach den Vorschriften der §§ 91 fg. C.P.O. n. Nr. zu erkennen ist. Oertmann, Anm. 3: „Die Kosten der Eidesabnahme nach vorgängigem Urtheil treffen den Schuldner nach allgemeinen Regeln des Zwangsvollstreckungsrechts“. Dies scheint mit dem klaren Wortlaute des Abs. 3 nicht vereinbar.

5. Der (durch Art. 166 Nr. XVI des bayr. Ausf.Ges. z. B.G.B. aufgehobene) Art. 85 des bayr. Ausf.Ges. z. R.C.P.O. u. K.O. v. 23. Februar 1879 enthielt eine dem § 260 entsprechende Bestimmung, jedoch mit der Einschränkung, daß von Ascendenten weder ihre Abkömmlinge, noch deren Vormünder oder Pfleger einen Offenbarungseid verlangen können.

Das B.G.B. kennt eine solche Beschränkung der Eidespflicht nicht.

§ 262.

Werden mehrere Leistungen in der Weise geschuldet, daß nur die eine oder die andere zu bewirken ist, so steht das Wahlrecht im Zweifel dem Schuldner zu.

E. I, 207; II, 219; III. 255.

1. §§ 262—265 behandeln das sog. alternative Schuldverhältniß. Ein solches ist nach dem B.G.B. dann vorhanden, wenn mehrere Leistungen in der Weise geschuldet werden, daß nur die eine oder die andere zu bewirken ist. Hiebei wird nicht erfordert, daß die mehreren geschuldeten Leistungen sich durch die Verschiedenheit des unmittelbaren Leistungsgegenstandes unterscheiden. Die Verschiedenheit kann sich auch auf die Modalitäten der Leistung beziehen. So kann ein alternatives Schuldverhältniß auch dann vorliegen, wenn derselbe Gegenstand wahlweise mit verschiedenem Leistungsorte oder mit verschiedener Leistungszeit geschuldet wird. Die mehreren Leistungen sind sämmtlich von Anfang an in obligatione. Hiedurch unterscheidet sich das alternative Schuldverhältniß von den Fällen der sog. facultas alternativa. In letzteren wird nur eine einzige Leistung geschuldet, der Schuldner kann sich aber auch durch Bewirkung einer anderen Leistung befreien (facultas alternativa des Schuldners z. B. § 251 Abs. 2).

Der Gläubiger kann statt der einen geschuldeten Leistung eine andere Leistung verlangen (facultas alternativa des Gläubigers z. B. § 249 Satz 2, § 340).

2. Im Zweifel steht das Wahlrecht dem Schuldner zu. Die Bestimmung ist Auslegungsregel; sie kommt nicht zur Anwendung, wenn ein anderer Wille der Parteien aus den Umständen zu entnehmen ist.

Durch Rechtsgeschäft kann das Wahlrecht auch einem Dritten eingeräumt werden; alsdann werden die §§ 317—319 anwendbar.

Das Wahlrecht ist kein höchst persönliches Recht, sondern geht auf die Rechtsnachfolger des Wahlberechtigten über, kann also im Falle der Schuldübernahme (§§ 414, 415) von dem neuen Schuldner und gegenüber dem neuen Schuldner, im Falle der Forderungsabtretung (§ 398) von dem neuen Gläubiger und gegenüber demselben ausgeübt werden.

§ 263.

Die Wahl erfolgt durch Erklärung gegenüber dem anderen Theile.

Die gewählte Leistung gilt als die von Anfang an allein geschuldete.

E. I, 208, 209; II, 220; III, 256.

1. Gemeinrechtlich war bestritten, ob schon durch die Erklärung des Wahlberechtigten oder erst durch die wirkliche Leistung das Schuldverhältniß auf die eine der mehreren Leistungen beschränkt werde (s. Windscheid, Pand. Bd. 2 S. 255 Nr. 9; Dernburg, Pand. Bd. 2 § 27 zu Note 7 und 8). Das B.L.R. Thl. IV cap. I § 15 Ziff. 2 gestattet dem Schuldner die Wahl „bis zu Auslieferung".

Das B.G.B. hat im Anschlusse an die Mehrheit der neueren Kodifikationen bestimmt, daß schon mit der Erklärung der Wahl das Schuldverhältniß sich auf die gewählte Leistung konzentrire.

2. Form der Wahl. Die Wahl erfolgt durch Erklärung gegenüber dem anderen Theile. Die Erklärung ist ein einseitiges, empfangsbedürftiges Rechtsgeschäft (§§ 130—132). Sie kann ohne Einwilligung des Gegners nicht widerrufen werden. Die im E. I und II enthaltene ausdrückliche Bestimmung der Unwiderruflichkeit, wurde als selbstverständlich gestrichen. Das Wahlrecht kann, wie jede Willenserklärung, für welche eine bestimmte Form nicht vorgeschrieben ist, auch durch schlüssige Handlungen bethätigt werden, z. B. durch gänzliche oder theilweise Bewirkung oder Annahme einer der geschuldeten Leistungen oder durch gerichtliche Geltendmachung, wobei natürlich vorausgesetzt wird, daß der Wahlberechtigte in Kenntniß seines Wahlrechts handelt.

3. Bei einer Mehrheit von Personen auf der Wahlberechtigten- oder auf der Gegnerseite ist, soferne sich nicht aus dem Schuldverhältnisse ein Anderes ergibt, die Wahl nur wirksam, wenn sie von allen Wahlberechtigten und gegenüber allen Gegnern erklärt wird. Ebenso Planck, Anm. 3 zu § 263.

Für das Gesammtschuldverhältniß ergibt sich aus den §§ 425 Abs. 1 und 429 Abs. 3, daß die Ausübung der Wahl nur für und gegen denjenigen Gesammtschuldner bezw. Gesammtgläubiger wirkt, von welchem und gegen welchen sie erklärt wurde, soweit nicht aus dem Schuldverhältnisse ein Anderes hervorgeht. A. M. Schollmayer, Anm. 3 zu § 263, welcher zwischen den verschiedenen Arten der Betheiligung der mehreren Personen am Schuldverhältnisse unterscheidet.

4. Abs. 2. Die getroffene Wahl wirkt auf den Zeitpunkt der Entstehung des Schuldverhältnisses zurück.

§ 264.

Nimmt der wahlberechtigte Schuldner die Wahl nicht vor dem Beginne der Zwangsvollstreckung vor, so kann der Gläubiger die Zwangsvollstreckung nach seiner Wahl auf die eine oder auf die andere Leistung richten; der Schuldner kann sich jedoch, solange nicht der Gläubiger die gewählte Leistung ganz oder zum Theil empfangen hat, durch eine der übrigen Leistungen von seiner Verbindlichkeit befreien.

Ist der wahlberechtigte Gläubiger im Verzuge, so kann der Schuldner ihn unter Bestimmung einer angemessenen Frist zur Vornahme der Wahl auffordern. Mit dem Ablaufe der Frist geht das Wahlrecht auf den Schuldner über, wenn nicht der Gläubiger rechtzeitig die Wahl vornimmt.

E. I, 210; II, 221; III, 257.

1. Durch den Verzug des Schuldners (Abs. 1) geht dessen Wahlrecht noch nicht verloren. Der Gläubiger muß alternativ klagen und das Urtheil muß auf alternative Leistung ergehen. Auf Grund dieses Urtheils kann der Gläubiger die Zwangsvollstreckung nach seiner Wahl auf die eine oder die andere der Leistungen richten. Bis zum Beginne der Zwangsvollstreckung hat der Schuldner noch das uneingeschränkte Wahlrecht. Von da ab hat er zwar das Recht auf die Ausübung der Wahl durch Erklärung (§ 263 Abs. 1) verwirkt, kann sich aber noch bis zu dem Zeitpunkt, in welchem der Gläubiger die von ihm gewählte Leistung ganz oder theilweise empfangen hat, durch thatsächliche Bewirkung einer der übrigen Leistungen von seiner Verbindlichkeit befreien. Gepfändetes Geld gilt schon mit der Wegnahme durch den Gerichtsvollzieher als vom Gläubiger empfangen. § 815 Abs. 3 C.P.O. n. Nr.

2. Beweislast. Der Schuldner, welcher der Zwangsvollstreckung den Einwand entgegensetzt, daß er eine andere der geschuldeten Leistungen vor dem Beginne der Zwangsvollstreckung gewählt habe, ist für die eingewendete Behauptung beweispflichtig (s. Planck, Anm. 2 Abs. 2; Schollmayer, Anm. 1 zu § 264).

Dagegen trifft, wenn der Schuldner nach dem Beginne der Zwangsvollstreckung sich durch eine der übrigen Leistungen befreien will, den die Annahme verweigernden Gläubiger die Beweislast, daß er die von ihm gewählte Leistung schon ganz oder theilweise empfangen habe.

3. Abs. 2 regelt den Fall, wenn der wahlberechtigte Gläubiger sich im Annahmeverzuge befindet, wenn also der Schuldner sämmtliche der mehreren geschuldeten Leistungen dem Gläubiger angeboten und dieser keine angenommen hat (§§ 293 ff.). In diesem Falle kann der Schuldner den Gläubiger unter Bestimmung einer angemessenen Frist zur Vornahme der Wahl auffordern. Mit dem Ablaufe der Frist geht das Wahlrecht auf den Schuldner über, wenn nicht der Gläubiger rechtzeitig die Wahl vornimmt.

Rechtzeitig kann die Wahl auch noch nach dem Ablaufe der Frist vorgenommen werden, wenn die Frist keine angemessene war (s. Anm. 4 zu § 250). Ebenso Cosack, Bd. 1 § 84 S. 293. A. M. Planck, Anm. 2 zu § 250.

Kann die Aufforderung zur Wahl mit dem Angebote der Leistung verbunden werden? Die Frage wird bejaht von Cosack, Bd. 1 § 84 S. 292; Schollmayer, Anm. 2 zu § 264, verneint von Planck, Anm. 3b, Oertmann, Anm. 3 zu § 264. Letztere Ansicht dürfte den Vorzug verdienen, da nach der klaren Sprache des Gesetzes die Berechtigung des Schuldners zur Aufforderung davon abhängig ist, daß der Gläubiger sich bereits im Verzuge befindet, eine vor dem Eintritte des Gläubigerverzugs vorgenommene Aufforderung also unwirksam ist.

§ 265.

Ist eine der Leistungen von Anfang an unmöglich oder wird sie später unmöglich, so beschränkt sich das Schuldverhältniß auf die übrigen Leistungen. Die Beschränkung tritt nicht ein, wenn die Leistung in Folge eines Umstandes unmöglich wird, den der nicht wahlberechtigte Theil zu vertreten hat.

E. I, 211; II, 222; III, 258.

Das Gesetz behandelt hier die Folgen der Unmöglichkeit der Leistung beim alternativen Schuldverhältnisse:

I. Unmöglichkeit von Anfang an:

1. Sämmtliche Leistungen sind von Anfang an unmöglich. Dann ist der ganze Vertrag nichtig. § 306.

2. Eine oder einige der mehreren Leistungen sind von Anfang an unmöglich, dann beschränkt sich das Schuldverhältniß auf die übrigen noch möglichen Leistungen.

In beiden Fällen ist derjenige Vertragschließende, welcher die Unmöglichkeit kannte oder kennen mußte, dem anderen Theile nach Maßgabe des § 307 zum Ersatze des negativen Interesses verpflichtet.

II. Später (nach der Entstehung des Schuldverhältnisses) eintretende Unmöglichkeit.

1. Wenn der Schuldner wahlberechtigt ist:

a) Die Leistung ist in Folge eines vom Gläubiger zu vertretenden Umstandes unmöglich geworden. Die Beschränkung tritt nicht ein, dem Schuldner verbleibt sein Wahlrecht, er kann die unmögliche Leistung wählen und wird alsdann gemäß § 275 von der Verpflichtung zur Leistung frei oder er kann eine der übrigen, noch möglichen Leistungen wählen.

b) Die Leistung wird aus irgend einem anderen Grunde (Zufall, Verschulden eines Dritten oder in Folge eines vom Schuldner zu vertretenden Umstandes) unmöglich; dann beschränkt sich das Schuldverhältniß auf die noch möglichen Leistungen.

2. Wenn der Gläubiger wahlberechtigt ist:

a) Die Leistung ist in Folge eines vom Schuldner zu vertretenden Umstandes unmöglich geworden. Die Beschränkung tritt nicht ein. Der Gläubiger kann jede der mehreren Leistungen wählen und, falls er sich für die unmöglich gewordene Leistung entscheidet, gemäß § 280 vom Schuldner Ersatz des durch die Nichterfüllung der unmöglichen Leistung entstehenden Schadens verlangen.

b) Die Leistung ist aus einem anderen Grunde unmöglich geworden. Das Schuldverhältniß beschränkt sich auf die noch möglichen Leistungen.

III. Sobald das Schuldverhältniß sich auf eine einzige Leistung konzentrirt hat, liegt nur mehr ein einfaches Schuldverhältniß vor. Wird also von mehreren wahlweise geschuldeten Leistungen auch die letzte, auf welche das Schuldverhältniß sich beschränkt hat, unmöglich, so sind die Folgen dieser Unmöglichkeit so zu beurtheilen, als ob das Schuldverhältniß nur eine einzige Leistung und zwar die letzte zum Gegenstande gehabt hätte.

IV. Werden sämmtliche Leistungen nach der Entstehung des Schuldverhältnisses gleichzeitig unmöglich, z. B. sämmtliche der wahlweise zu leistenden Sachen gehen in einem Brande zu Grunde, so kann natürlich eine Beschränkung nicht eintreten. Es wird alsdann zu unterscheiden sein:

1. Ist die Unmöglichkeit in Folge eines vom Schuldner zu vertretenden Umstandes eingetreten, so hat der Schuldner dem Gläubiger den durch die Nichterfüllung entstehenden Schaden zu ersetzen (§ 280) und zwar

a) wenn er selbst das Wahlrecht hatte, für eine der mehreren Leistungen nach seiner Wahl;

b) wenn der Gläubiger das Wahlrecht hatte, nach dessen Wahl.

2. Ist die Unmöglichkeit die Folge eines vom Schuldner nicht zu vertretenden Umstandes, so wird der Schuldner von der Verpflichtung zur Leistung frei. § 275.

V. Bei theilweiser Unmöglichkeit gilt das Gleiche, jedoch mit den aus §§ 139, 307 Abs. 2, 280 Abs. 2 sich ergebenden Modifikationen.

VI. Durch die vorstehend aufgeführten Wirkungen der Unmöglichkeit wird selbstverständlich der Anspruch des in seinem Wahlrechte beeinträchtigten Theiles, von dem anderen Theile oder von einem Dritten Schadensersatz auf Grund der §§ 823 ff. oder aus einem anderen Rechtsgrunde zu verlangen, nicht berührt.

VII. Die Vorschriften des § 265 sind dispositiver Natur, finden also nur insoweit Anwendung, als die Vertragstheile nicht rechtsgeschäftlich eine andere Bestimmung getroffen haben (M. II, 9; P. I, 284).

§ 266.

Der Schuldner ist zu Theilleistungen nicht berechtigt.

E. I, 228; II, 223; III, 259.

1. Bisheriges Recht.

a) Abgesehen von einzelnen Ausnahmen konnte auch nach Gem. Rechte der Gläubiger zur Annahme von Theilleistungen nicht genöthigt werden (s. Dernburg, Pand. Bd. 2 § 55 Note 7; Windscheid, Pand. Bd. 2 § 342 Ziff. 2). Ebenso nach B.L.R. Thl. IV cap. 14 § 8.

b) Ein beneficium competentiae (Windscheid, Pand. Bd. 2 §§ 267, 268; Dernburg, Pand. Bd. 2 § 15; Art. 81 des B. Ausf.Ges. z. R.C.P.O. und K.O. mit B.G.O. cap. XVIII § 10 Nr. 1, 2, 6) kennt das B.G.B. nicht.

Unberührt bleibt die Bestimmung des § 53 der VII. Beilage z. Bayr. Verf.Urk. über die beschränkte Haftung des Fideikommißbesitzers für Allodialschulden und über die dem Fideikommißbesitzer vorbehaltene Kompetenz. Jakubezky, Bem. S. 56.

c) Die Befugniß des Gerichts, dem Schuldner bei der Verurtheilung Zahlungsfristen zu gewähren, ist schon durch § 14 Nr. 4 des E.G. zur C.P.O. beseitigt worden und hat auch in das B.G.B. keinen Eingang gefunden.

2. Standpunkt des B.G.B. Das B.G.B. stellt als Regel auf, daß der Schuldner zu Theilleistungen nicht berechtigt ist. Der Gläubiger braucht hienach Theilleistungen auch

dann nicht anzunehmen, wenn der Gegenstand der Leistung ein theilbarer ist und die Annahme seinem Interesse nicht widerstreitet. Eine Einschränkung kann dieses Recht des Gläubigers allerdings durch die zufolge § 157 gebotene Rücksichtnahme auf Treu und Glauben bezw. durch das Verbot des § 226 erleiden (ebenso Oertmann, Anm. 1b; Schollmayer, Anm. 1 zu § 266.

3. Ist es Theilleistung, wenn dem Gläubiger, welcher außer dem Hauptgegenstande noch Nebenleistungen zu fordern hat nur die Hauptsache oder nur die Nebenleistungen angeboten werden? Die Frage ist zu bejahen, wenn der Anspruch auf die Hauptleistung auf dem nämlichen Schuldgrunde beruht, wie jener auf die Nebenleistungen, mithin nur ein einheitlicher Anspruch vorliegt, welcher beide Leistungen umfaßt. Dies ist der Fall bei den Verzugszinsen und Kosten. Das Recht auf vertragsmäßige Zinsen dagegen beruht auf einem besonderen Schuldgrunde, dem Zinsversprechen, und bildet daher einen selbständigen Anspruch. Der Gläubiger ist deßhalb nicht berechtigt, die Hauptsache, welche ihm ohne die fälligen vertragsmäßigen Zinsen angeboten wird, als Theilleistung zurückzuweisen. Ebenso M. II, 87; Planck, Anm. 1 zu § 367. Nimmt der Gläubiger — sei es freiwillig, sei es, weil er hiezu verpflichtet ist — einen zur Tilgung seiner Gesammtforderung nicht ausreichenden Betrag an, so bestimmt sich die Anrechnung desselben auf Haupt- und Nebensache nach § 367.

4. Ausnahmen. Der Gläubiger muß sich Theilleistungen gefallen lassen:

a) Wenn die Erfüllung in Theilleistungen ausdrücklich oder stillschweigend vereinbart ist. Ein solcher Wille der Vertragschließenden kann sich auch aus dem Inhalte des Schuldverhältnisses ergeben. Die Bestimmung des § 266 läßt als Dispositiv-Vorschrift eine abweichende Regelung durch Parteiwillkür zu.

b) Bei der Aufrechnung. Der Schuldner kann eine ihm gegen seinen Gläubiger zustehende Forderung gegen eine höhere Forderung des Gläubigers aufrechnen und bringt hiedurch letztere Forderung in dem Theilbetrage zum Erlöschen, in welchem sie durch die Forderung des Schuldners gedeckt wird (§ 387, 389).

c) Bei der Erlassung eines Theilurtheils (§ 301 C.P.O. n. Nr.; s. Planck, Anm. zu § 266; Schollmayer, Anm. 2).

d) Bei einer nur theilweise zur Befriedigung des Gläubigers führenden Zwangsvollstreckung.

e) Im Falle des § 420. Sind mehrere Schuldner oder mehrere Gläubiger vorhanden, so ist, wenn die geschuldete Leistung eine theilbare ist, im Zweifel jeder Schuldner nur zu einem Kopftheile verpflichtet und jeder Gläubiger nur zu einem gleichen Theile berechtigt.

f) Nach Art. 38 W.O. darf der Inhaber eines Wechsels eine ihm angebotene Theilzahlung nicht zurückweisen.

5. Ist bei einem gegenseitigen Vertrage von einer Seite theilweise geleistet oder die Theilleistung angenommen worden, so kann die Gegenleistung zufolge § 320 Abs. 2 insoweit nicht verweigert werden, als die Verweigerung gegen Treu und Glauben verstoßen würde.

6. Ueber die Wirkungen der theilweisen Unmöglichkeit der geschuldeten Leistung s. § 280 Abs. 2 und bei gegenseitigen Verträgen §§ 323, 325.

7. Durch Vertrag kann die Verbindlichkeit des Schuldners in id quod facere potest beschränkt werden. Für die Auslegung eines solchen Vertrages ist der aus den Umständen sich ergebende Wille der Vertragschließenden entscheidend. Eine besondere Bestimmung enthält das B.G.B. hierüber nicht (M. II, 34).

§ 267.

Hat der Schuldner nicht in Person zu leisten, so kann auch ein Dritter die Leistung bewirken. Die Einwilligung des Schuldners ist nicht erforderlich.

Der Gläubiger kann die Leistung ablehnen, wenn der Schuldner widerspricht.

E. I, 227; II, 224; III, 260.

1. In Uebereinstimmung mit dem Gem. Rechte (Windscheid, Pand. Bd. 2 § 342 Ziff. 4; Dernburg, Pand. Bd. 2 § 55 Ziff. 2) und auch mit dem Bayr. L.R. (Thl. IV cap. 14 § 3) bestimmt das B.G.B. daß, soferne der Schuldner nicht in Person zu leisten hat, auch ein Dritter für ihn die Leistung bewirken kann.

2. Ob der Schuldner in Person zu leisten hat, bestimmt sich nach dem erklärten oder zu vermuthenden Vertragswillen. Für den Dienstvertrag (§ 613), den Auftrag

(§ 664) und die Verwahrung (§ 691) bestimmt das Gesetz, daß im Zweifel der Schuldner persönlich leisten müsse. Dies gilt zufolge § 713 auch für die Verpflichtungen der geschäftsführenden Gesellschafter, soweit sich nicht aus dem Gesellschaftsverhältniß ein Anderes ergibt.

3. Abgesehen von diesen besonderen Fällen kommt der Gläubiger in Verzug, wenn er die Leistung nicht annimmt, welche ihm von einem Dritten so, wie sie der Schuldner zu bewirken hätte, thatsächlich angeboten wird. §§ 293, 294.

4. Der Schuldner kann Widerspruch dagegen erheben, daß ein Dritter für ihn die Leistung bewirkt.

a) Für die Widerspruchserklärung ist eine bestimmte Form nicht vorgeschrieben; es wird auch nicht erfordert, daß sie gerade dem Gläubiger gegenüber erfolgt.

b) Der Widerspruch des Schuldners wendet von dem Gläubiger, welcher die von einem Dritten angebotene Leistung ablehnt, die Verzugsfolgen ab. Nimmt der Gläubiger die Leistung an, so wird der Schuldner, ungeachtet seines Widerspruchs, von seiner Verbindlichkeit befreit, da nach § 362 das Schuldverhältniß erlischt, wenn die geschuldete Leistung (gleichviel ob durch den Schuldner oder durch einen Dritten) an den Gläubiger bewirkt wird.

5. Der Dritte kann für den Schuldner nur die Leistung bewirken, nicht dessen Schuld durch Hinterlegung oder Aufrechnung tilgen. Wo das B.G.B. eine Befriedigung durch Hinterlegung oder durch Aufrechnung zuläßt, ist dies im Gesetze ausdrücklich hervorgehoben. (S. die §§ 268, 1142 u. a.) Das Hinterlegungsrecht ist nur dem Schuldner eingeräumt (§ 372). Die Aufrechnung setzt voraus, daß der Aufrechnende und der andere Theil einander Leistungen schulden. Ebenso Planck, Anm. 4; Schollmayer, Anm. 5. A. M. bezüglich der Hinterlegung die M. II, 98.

Bietet der Dritte eine andere als die geschuldete Leistung an Erfüllungsstatt an, so hängt es vom Belieben des Gläubigers ab, ob er die Leistung annehmen will. Nimmt er die angebotene Leistung als Erfüllung an, so treten die gleichen Wirkungen ein, wie wenn der Dritte die geschuldete Leistung bewirkt hätte. § 364.

6. Ob und welche Regreßansprüche dem leistenden Dritten gegenüber dem befreiten Schuldner erwachsen, ist nach dem zwischen dem Dritten und dem Schuldner bestehenden Rechtsverhältnisse zu beurtheilen. In der Regel wird ein Auftragsverhältniß (§§ 662 fg.) oder eine Geschäftsführung ohne Auftrag (§§ 677 fg.) vorliegen.

Ist durch die Leistung eine Schenkung an den Schuldner beabsichtigt, so findet § 516 Abs. 2 Anwendung.

Ein Anspruch auf Abtretung der Forderung gegen Bewirkung der Leistung steht dem Dritten nicht zu.

7. § 267 hat zur selbstverständlichen Voraussetzung, daß der Dritte in der Absicht leistet, die Verbindlichkeit des Schuldners zu erfüllen, also dessen Schuld zu tilgen. Eine Leistung, die in anderer Absicht erfolgt, etwa um die Forderung gegen den Schuldner zu erwerben, fällt nicht unter die Bestimmung des § 267.

§ 268.

Betreibt der Gläubiger die Zwangsvollstreckung in einen dem Schuldner gehörenden Gegenstand, so ist Jeder, der Gefahr läuft, durch die Zwangsvollstreckung ein Recht an dem Gegenstande zu verlieren, berechtigt, den Gläubiger zu befriedigen. Das gleiche Recht steht dem Besitzer einer Sache zu, wenn er Gefahr läuft, durch die Zwangsvollstreckung den Besitz zu verlieren.

Die Befriedigung kann auch durch Hinterlegung oder durch Aufrechnung erfolgen.

Soweit der Dritte den Gläubiger befriedigt, geht die Forderung auf ihn über. Der Uebergang kann nicht zum Nachtheile des Gläubigers geltend gemacht werden.

E. III, 261.

Der vom Ablösungsrechte handelnde § 268 ist erst durch den Justizausschuß des Bundesrathes hinzugefügt worden.

1. Voraussetzungen.

a) Zwangsvollstreckung in einen dem Schuldner gehörigen Gegenstand. Gehört der Gegenstand nicht dem Schuldner, so kann der durch eine Zwangsvollstreckung gefährdete Dritte Klage nach § 771 C.P.O. n. Nr. erheben.

Nicht erforderlich ist, daß die Zwangsvollstreckung unmittelbar in die dem Schuldner gehörige Sache betrieben wird; § 268 findet auch Anwendung, wenn der Gläubiger die Zwangsvollstreckung in den Anspruch des Schuldners auf Herausgabe, z. B. in den dem Schuldner gegen den Besitzer zustehenden Eigenthumsanspruch betreibt.

Für diese Auffassung spricht die Absicht des Gesetzes, welche offenbar dahin geht, dem Dritten sein Recht bezw. den Besitz zu erhalten, soweit dies ohne Nachtheil für den Gläubiger geschehen kann. Im Zweifel wird deßhalb die Vorschrift zu Gunsten des Dritten ausgelegt werden dürfen, soferne nur die Auslegung dem Gläubiger nicht nachtheilig ist. Ebenso Planck, Anm. 3 b; a. M. Schollmayer, Anm. 2 b zu § 268.

b) Dem Dritten muß ein Recht an dem Gegenstande der Zwangsvollstreckung zustehen. Recht an einem Gegenstande ist nach der Sprache des B.G.B. nur ein dingliches Recht. Ein obligatorischer Anspruch eines Dritten auf den Gegenstand der Zwangsvollstreckung findet den Schutz des § 268 blos dann, wenn der Dritte im Besitze der Sache ist (Satz 2 Abs. 1). Keinen Unterschied macht es, ob der Besitz ein unmittelbarer oder ein mittelbarer (§ 868) ist. Das Recht des § 268 steht also auch dem Pächter und dem Miether zu, wenn derselbe Gefahr läuft, durch die Zwangsvollstreckung den Besitz der Sache zu verlieren.

c) Es muß Gefahr bestehen, daß der Dritte durch die Zwangsvollstreckung das Recht verlieren werde.

Dies trifft zu bei denjenigen Rechten, welche dem Rechte des die Zwangsvollstreckung betreibenden Gläubigers im Range gleichstehen oder nachgehen (s. Zwangsversteigerungsges. vom 24. März 1897 §§ 44, 52, 91 und B.G.B. §§ 1242 Abs. 2, 1257, 1273).

Das Recht des § 268 steht nur demjenigen zu, der „Gefahr läuft", ist also ausgeschlossen, wenn das Recht oder der Besitz bereits verloren ist.

2. Bei dem Vorliegen der unter Nr. 1 aufgeführten Voraussetzungen hat der Dritte das Recht, den Gläubiger an Stelle des Schuldners zu befriedigen. Der Schuldner hat kein Widerspruchsrecht, der Gläubiger darf die Befriedigung nicht ablehnen. Die Befriedigung erfolgt regelmäßig durch Bewirkung der geschuldeten Leistung. Sie kann auch durch Hinterlegung (§§ 372 fg.) oder durch Aufrechnung (§§ 387 fg.) erfolgen (Abs. 2), durch Hingabe an Zahlungsstatt blos dann, wenn der Gläubiger die andere Leistung an Erfüllungsstatt annimmt (§ 364).

Betreibt der Gläubiger nur wegen eines Theiles seines Guthabens die Zwangsvollstreckung, so steht dem Dritten das Befriedigungsrecht nur in Ansehung dieses Theiles zu.

3. Wirkungen. Bis zu dem Betrage, in welchem der Dritte den Gläubiger befriedigt, geht die Forderung im Momente der Befriedigung kraft Gesetzes auf ihn über.

Mit der Forderung gehen auch die Hypotheken oder Pfandrechte, die für sie bestehen, sowie die Rechte aus einer für sie bestellten Bürgschaft auf den Dritten über (§§ 412 und 401).

4. Der Uebergang kann nicht zum Nachtheile des Gläubigers geltend gemacht werden. Die gleiche Bestimmung findet sich wieder in den §§ 426, 774, 1607, 1709. Vgl. auch §§ 1150, 1225, 1249. Die Bedeutung des Satzes ist folgende:

Ohne das Dazwischentreten des Dritten würde der Gläubiger, wie er annehmen darf, im Zwangsvollstreckungsverfahren seine Befriedigung durch den Schuldner gefunden haben. Damit würde die Forderung sammt ihren Nebenrechten in dem Umfange, in welchem sie nunmehr auf den Dritten übergegangen ist, erloschen sein. Die Billigkeit verlangt deßhalb, daß diese Forderung niemals mehr zum Schaden des Gläubigers geltend gemacht werde. So darf der Dritte im Konkurse über das Vermögen des Schuldners seine Befriedigung aus der Konkursmasse erst dann suchen, wenn der Gläubiger wegen seiner anderen ihm gegen denselben Schuldner zustehenden Forderungen befriedigt ist. Ist mit der Forderung ein Pfandrecht übergegangen und steht dem Gläubiger wegen einer anderen Forderung ein Pfandrecht an dem nämlichen Gegenstande zu, so darf die Forderung des Gläubigers durch das Pfandrecht des Dritten nicht beeinträchtigt werden, die Forderung des Gläubigers geht im Range jener des Dritten vor. Soweit dieser den Gläubiger nicht beeinträchtigt, ist er in der Geltendmachung der auf ihn übergegangenen Forderung in keiner Weise behindert. Vgl. Schollmayer, Anm. 5; Planck, Anm. 7; Oertmann, Anm. 5 zu § 268 und Anm. 5 zu § 426; Cosack Bd. I S. 377; M. II, 170, 674; III, 693, 816.

Beweislast. Der Gläubiger, welcher die Unzulässigkeit der Geltendmachung behauptet, muß beweisen, daß die Geltendmachung zu seinem Nachtheile erfolgt.

5. Wird die Zwangsvollstreckung in ein Grundstück betrieben, so kann der Dritte noch nach dem Beginne der Zwangsversteigerung die einstweilige Einstellung des Ver-

fahrens herbeiführen und auf diese Weise die Veräußerung des Grundstücks abwenden, wenn er den zur Befriedigung des Gläubigers und zur Deckung der Kosten erforderlichen Betrag an das Gericht zahlt. § 75 Zwangsverst.Ges.

6. Für Bayern bestimmt das Gesetz über die durch die Einführung des B.G.B. veranlaßten Uebergangsvorschriften, Art. 39, daß die Vorschriften des § 268 auch Anwendung finden sollen, wenn sich der frühere Eigenthümer eines Grundstücks zur Sicherung einer Forderung den Rückfall des Eigenthums vorbehalten hat und auf Grund dieses Vorbehalts die Rückübertragung des Eigenthums verlangt.

§ 269.

Ist ein Ort für die Leistung weder bestimmt noch aus den Umständen, insbesondere aus der Natur des Schuldverhältnisses, zu entnehmen, so hat die Leistung an dem Orte zu erfolgen, an welchem der Schuldner zur Zeit der Entstehung des Schuldverhältnisses seinen Wohnsitz hatte.

Ist die Verbindlichkeit im Gewerbebetriebe des Schuldners entstanden, so tritt, wenn der Schuldner seine gewerbliche Niederlassung an einem anderen Orte hatte, der Ort der Niederlassung an die Stelle des Wohnsitzes.

Aus dem Umstand allein, daß der Schuldner die Kosten der Versendung übernommen hat, ist nicht zu entnehmen, daß der Ort, nach welchem die Versendung zu erfolgen hat, der Leistungsort sein soll.

E. I, 229, 230 Abs. 1; II, 225; III, 263.

I. **Leistungsort.** Den Ort, an welchem der Schuldner die Leistung zu **bewirken**, der **Gläubiger** dieselbe anzunehmen hat, bezeichnet das B.G.B. als „Leistungsort". Eine Verbindlichkeit ist nur dann gehörig erfüllt, wenn die Leistung an diesem Orte erfolgt. Für die Feststellung des Leistungsortes gibt das B.G.B. nachstehende Vorschriften:

1. An erster Stelle entscheidet eine allenfallsige **Bestimmung** des Leistungsortes, sei es, daß sie durch das **Gesetz**, sei es, daß sie durch **Rechtsgeschäft** getroffen ist.

Durch Gesetz ist in einzelnen Fällen der Leistungsort ausdrücklich bestimmt, z. B. in den §§ 697 und 700 für die Rückgabe von hinterlegten Sachen, im § 811 für die Vorlegung von Sachen, im § 1194 für die Zahlung des Kapitals und der Zinsen einer Grundschuld.

Sind durch Rechtsgeschäft **mehrere** Orte als Leistungsorte benannt, so ist zu prüfen, ob die Benennung kumulativ oder alternativ gemeint ist. In ersterem Falle kann an jedem der benannten Orte geleistet werden, in letzterem Falle liegt eine Alternativobligation vor. (S. Anm. 1 zu § 262).

2. Ist der Leistungsort weder durch Gesetz noch durch Rechtsgeschäft bestimmt, so muß zunächst aus den **Umständen**, insbesondere aus der **Natur des Schuldverhältnisses** ermittelt werden, welcher Ort als Leistungsort anzusehen ist.

Zu den Umständen in diesem Sinne gehört vor Allem die **Beschaffenheit** der Leistung, aus welcher sich der Leistungsort zuweilen zweifellos feststellen läßt, z. B. wenn es sich um die Bearbeitung eines Grundstückes handelt.

An dieser Stelle kommt auch der **muthmaßliche Wille** der Betheiligten zur Berücksichtigung. Die II. Komm. erachtete die noch im E. I, § 229 enthaltene **ausdrückliche** Hervorhebung dieses Auslegungsbehelfes für überflüssig, weil der muthmaßliche Wille auch nur etwas sei, was aus den Umständen sich ergebe (P. I, 306).

Die Prüfung der vorliegenden Umstände ist an besondere Regeln nicht gebunden; nur darf aus der Thatsache **allein**, daß der Schuldner die Kosten der Versendung übernommen hat, nicht gefolgert werden, daß der Ort nach welchem die Versendung zu erfolgen hat, der Leistungsort sein soll (Abs. 3).

Liegt also nichts Weiteres vor als diese einzige Thatsache, so entscheidet der Wohnsitz bezw. die gewerbliche Niederlassung des Schuldners (s. Anm. 3).

3. Erst wenn die in vorstehender Reihenfolge vorgenommene Prüfung zu einem Ergebnisse nicht geführt hat, ist als **Leistungsort derjenige Ort** anzusehen, an welchem der Schuldner zur Zeit der Entstehung des Schuldverhältnisses seinen **Wohnsitz** hatte.

a) Ueber Wohnsitz s. §§ 7—11. Hat der Schuldner an mehreren Orten seinen Wohnsitz (§ 7 Abs. 2), so kommen die Bestimmungen über die alternativen Schuldverhältnisse §§ 262—265 zu Anwendung.

b) Maßgebend ist der Wohnsitz, welchen der Schuldner zur Zeit der Entstehung des Schuldverhältnisses hatte. Eine nachträgliche Aenderung des Wohnsitzes bleibt für den Leistungsort ohne Einfluß.

Das Schuldverhältniß entsteht:

α) wenn es unmittelbar auf Gesetz beruht, in dem Zeitpunkte, in welchem die Thatsachen vorliegen, an deren Vorhandensein das Gesetz die Verpflichtung des Schuldners knüpft;

β) wenn es durch Rechtsgeschäft begründet wird, sobald der nach § 305 erforderliche Vertrag zu Stande gekommen ist, d. h. mit der Annahme des Antrags (s. § 151).

Hatte der Schuldner zu der in Frage kommenden Zeit überhaupt keinen Wohnsitz, so wird in der Regel aus den Umständen der Leistungsort zu entnehmen sein. Ist dies nicht der Fall, so ist der dermalige Aufenthaltsort des Schuldners als Leistungsort anzusehen.

4. An Stelle des Wohnsitzes des Schuldners kommt der Ort der gewerblichen Niederlassung desselben als Leistungsort in Betracht unter der Voraussetzung:

a) daß es sich um eine Verbindlichkeit handelt, welche im Gewerbebetriebe des Schuldners entstanden ist,

b) daß der Schuldner seine gewerbliche Niederlassung zur Zeit der Entstehung des Schuldverhältnisses an einem anderen Orte hatte, als an seinem damaligen Wohnsitze.

Treffen diese beiden Voraussetzungen oder eine derselben nicht zu, so gilt als Leistungsort der Wohnsitz des Schuldners zur Zeit der Entstehung des Schuldverhältnisses, soferne nicht nach der vorstehenden Reihenfolge ein anderer Leistungsort sich ergibt.

Innerhalb der ganzen Reihenfolge sind bei Ermittelung des Leistungsortes die Anforderung von Treu und Glauben, sowie die Verkehrssitte gemäß § 242 in Berücksichtigung zu ziehen.

II. Die Beweislast anlangend hat derjenige, welcher sich darauf beruft, daß ein anderer Ort als der Wohnsitz des Schuldners zur Zeit der Entstehung des Schuldverhältnisses der Leistungsort sei, das Vorliegen der Umstände zu beweisen, welche seine Behauptung rechtfertigen. Dies ergibt sich — wenn auch die Fassung des Paragraphen dagegen zu sprechen scheint — aus der Absicht des Gesetzes, welche offenbar dahin geht, daß mangels anderer Anhaltspunkte der regelmäßige Leistungsort der Ort des Wohnsitzes sein soll. (Planck, Anm. 1.)

III. Ueber den Gerichtsstand des Erfüllungsortes s. § 29 C.P.O. n. Nr. Auch wenn in einem anderen Gerichtsstande des Schuldners die Klage auf Leistung erhoben wird, kann nur die Erfüllung am Leistungsorte verlangt werden.

IV. Durch die §§ 269 und 270 sind die Art. 324 und 325 des früheren H.G.B. entbehrlich geworden und deßhalb in das neue H.G.B. nicht aufgenommen.

§ 270.

Geld hat der Schuldner im Zweifel auf seine Gefahr und seine Kosten dem Gläubiger an dessen Wohnsitz zu übermitteln.

Ist die Forderung im Gewerbebetriebe des Gläubigers entstanden, so tritt, wenn der Gläubiger seine gewerbliche Niederlassung an einem anderen Orte hat, der Ort der Niederlassung an die Stelle des Wohnsitzes.

Erhöhen sich in Folge einer nach der Entstehung des Schuldverhältnisses eintretenden Aenderung des Wohnsitzes oder der gewerblichen Niederlassung des Gläubigers die Kosten oder die Gefahr der Uebermittelung, so hat der Gläubiger im ersteren Falle die Mehrkosten, im letzteren Falle die Gefahr zu tragen.

Die Vorschriften über den Leistungsort bleiben unberührt.

E. I, 230 Abs 2, II, 226, III, 263.

1. Tragweite der Vorschrift. Wie in Abs. 4 ausdrücklich hervorgehoben ist, werden durch die Bestimmungen des § 270 die Vorschriften über den Leistungsort nicht berührt. Für die Ermittelung des Leistungsortes sind also auch bei Geldschulden (§ 244) die Regeln des § 269 maßgebend. Hienach wird durch die Vorschriften des § 270

kein Gerichtsstand des Erfüllungsortes am Wohnsitze des Gläubigers (§ 29 C.P.O. n. Nr.) begründet.

2. Abs. 1 gibt nur eine Auslegungsregel:

Geldschulden sind im Zweifel Bringschulden. Soferne nicht das Gesetz etwas Anderes bestimmt, oder ein abweichender Wille der Parteien aus den Umständen zu entnehmen ist, muß geschuldetes Geld der Schuldner auf seine Gefahr und Kosten dem Gläubiger an dessen Wohnsitz bezw. beim Vorliegen der Voraussetzungen des Abs. 2 an den Ort der gewerblichen Niederlassung desselben übermitteln.

3. Entscheidend ist der Wohnsitz bezw. der Ort der Niederlassung des Gläubigers zur Zeit der Uebermittelung. Hat sich in der Zeit zwischen der Entstehung des Schuldverhältnisses (s. Anm. 3b zu § 269) und der Uebermittelung der Wohnsitz oder der Ort der Niederlassung des Gläubigers geändert und erhöhen sich infolge dieser Aenderung die Kosten der Uebermittelung, so hat der Gläubiger die Mehrkosten zu tragen. Hat sich die Gefahr erhöht, so hat der Gläubiger die Gefahr allein zu tragen, da eine Theilung der Gefahr etwa nach dem Verhältnisse der Entfernung nicht angängig ist.

4. Die Beweislast für die Erhöhung der Kosten und der Gefahr trifft den Schuldner.

5. Zufolge Art. 92 E.G. bleiben die landesgesetzlichen Vorschriften, nach welchen Zahlungen aus öffentlichen Kassen an der Kassa in Empfang zu nehmen sind, unberührt. Auf Grund dieses Vorbehaltes bestimmt Art. 11 des bayr. Ausf.G. z. B.G.B., daß Zahlungen aus öffentlichen Kassen, soweit nicht ein Anderes bestimmt ist, an der Kasse in Empfang zu nehmen sind, welche die Zahlung zu leisten hat.

§ 271.

Ist eine Zeit für die Leistung weder bestimmt noch aus den Umständen zu entnehmen, so kann der Gläubiger die Leistung sofort verlangen, der Schuldner sie sofort bewirken.

Ist eine Zeit bestimmt, so ist im Zweifel anzunehmen, daß der Gläubiger die Leistung nicht vor dieser Zeit verlangen, der Schuldner aber sie vorher bewirken kann.

E. I, 231; II, 227; III, 264.

1. Wie der Leistungsort, so kann auch die Zeit, zu welcher die geschuldete Leistung zu bewirken ist, bestimmt sein und zwar:

a) durch gesetzliche Vorschrift.

Das B.G.B. gibt Bestimmungen über die Zeit der Leistung in zahlreichen Fällen, z. B. in den §§ 551 (Miethe), 604 (Leihe), 608, 609 (Darlehen), 614 (Dienstvertrag), 641 (Werkvertrag), 695, 696, 699 (Verwahrung), 721 (Gesellschaft), 760 (Leibrente), 1612, 1710 (Unterhaltsgewährung).

b) durch rechtsgeschäftliche Festsetzung.

Ist die getroffene Bestimmung ungenau, z. B. „in einigen Tagen, Wochen" u. dgl., so sind zur Erforschung der gewollten Leistungszeit die vorliegenden Umstände des einzelnen Falles heranzuziehen. Das Gleiche gilt, wenn die Zeit der Leistung dem Belieben des Schuldners überlassen ist. Eine Auslegungsvorschrift, daß in solchem Falle die Leistung nicht zu Lebzeiten des Schuldners von diesem, sondern erst nach seinem Tode von dessen Erben gefordert werden könne (wie solche beispielsweise das B.L.R. Thl. IV cap. 14 § 9 Ziff. 4 gab), stellt das B.G.B. nicht auf. Unter Umständen kann die Prüfung des Einzelfalles zu dem gleichen Ergebnisse führen. Mitunter wird auch beim Vorliegen einer derartigen Bestimmung die Leistungspflicht selbst in Zweifel zu ziehen sein (M. II, 39).

2. Die Zeit der Leistung kann aus den Umständen zu entnehmen sein. Zu den Umständen gehören auch hier (wie nach § 269) die Natur des Schuldverhältnisses, die Beschaffenheit der Leistung und der muthmaßliche Wille der Betheiligten (s. Anm. I² zu § 269). So kann sich aus der Beschaffenheit der Leistung ergeben, daß dem Schuldner eine gewisse Zeit zur Vorbereitung oder zur Vollendung der Leistung, dem Gläubiger ein gewisser Zeitraum für die Vorbereitung der Annahme gelassen werden muß.

3. Für den Fall, daß die Zeit der Leistung weder bestimmt ist, noch aus den Umständen entnommen werden kann, gilt die Regel, daß die Leistung sofort d. h. sogleich mit der Entstehung des Schuldverhältnisses fällig sein soll.

a) Ueber den Zeitpunkt der Entstehung des Schuldverhältnisses s. Anm. I 3 b zu § 269.

b) Für die Beweislast gilt das Gleiche wie nach § 269 (s. Anm. II).

c) Der Schuldner kommt jedoch, wenn nicht die Zeit der Leistung nach dem Kalender bestimmt ist, erst durch die Mahnung in Verzug (§ 284).

Besondere Vorschriften darüber, daß dem Schuldner ein modicum tempus zur Bewirkung der Leistung gelassen werden müsse (z. B. nach A.L.R. Th. IV cap. 14 § 9 Ziff. 2 eine vierzehntägige Zahlungsfrist), sind durch die Bestimmungen des B.G.B. über Treu und Glauben und über die Berücksichtigung der Verkehrssitte (§§ 242, 157) entbehrlich. Aus letzteren Bestimmungen ergibt sich auch, daß die Leistung nicht zu unpassender Zeit erfolgen darf. Für Handelsgeschäfte schreibt § 358 H.G.B. ausdrücklich vor, daß die Leistung nur während der gewöhnlichen Geschäftszeit bewirkt und gefordert werden kann.

4. Ueber die Bedeutung einer Vereinbarung der Leistung genau zu einer festbestimmten Zeit oder innerhalb einer festbestimmten Frist s. § 361.

5. Abs. 2 entspricht dem Satze des gem. Rechts diei adjectio pro reo est (Dernburg, Pand. Bd. 2 § 34 Ziff. 3). Eine Bestimmung der Leistungszeit gilt im Zweifel zu Gunsten des Schuldners. Dieser kann die Leistung vor der bestimmten Zeit bewirken, der Gläubiger kann sie aber nicht vorher verlangen. Abs. 2 gibt nur eine Auslegungsregel. Etwas Abweichendes kann sich aus dem Gesetze selbst (z. B. §§ 695, 696) bezw. aus dem erklärten oder den Umständen zu entnehmenden Willen der Parteien ergeben. So wird der Schuldner eine verzinsliche Schuld in der Regel nicht vor dem bestimmten Termine zurückzahlen dürfen.

§ 272.

Bezahlt der Schuldner eine unverzinsliche Schuld vor der Fälligkeit, so ist er zu einem Abzuge wegen der Zwischenzinsen nicht berechtigt.

E. I, 232; II, 229; III, 266.

1. Wann eine Forderung fällig ist, ergibt sich aus Abs. 1 § 271. Erfüllt der Schuldner vor dem Fälligkeitstermin, sei es, daß er auf Grund des Abs. 2 § 271 hiezu berechtigt oder daß der Gläubiger mit einer vorzeitigen Bezahlung einverstanden ist, so darf Jener, wenn die Schuld unverzinslich ist, keinen Abzug wegen der Zwischenzinsen machen.

Bei einer verzinslichen Schuld hört mit dem Augenblicke der Zahlung die Verzinsung auf. Von einem Abzuge von Zwischenzinsen kann deshalb hier keine Rede sein.

In der Regel wird der Gläubiger ein Interesse daran haben, daß ihm eine verzinsliche Schuld nicht vor der Fälligkeit bezahlt wird. Bei Bestimmung einer Leistungszeit für eine verzinsliche Schuld wird sich der Schuldner deshalb auf die Auslegungsregel des Abs. 2 § 271 nur dann berufen können, wenn das Interesse des Gläubigers nicht entgegensteht. (S. Anm. 5 zu § 271.)

2. Hat der Schuldner eine betagte Verbindlichkeit in der irrthümlichen Annahme ihrer Fälligkeit vorzeitig erfüllt, so kann er das Geleistete weder zurückfordern noch die Erstattung von Zwischenzinsen verlangen. § 813 Abs. 2.

3. Wo das B.G.B. aus besonderen Gründen den Abzug von Zwischenzinsen zuläßt, wie in den §§ 1133, 1217, hat es im Anschlusse an den früheren § 58, nunmehr § 65 K.O. für die Berechnung der Zwischenzinsen die Hoffmann'sche Methode angenommen:

Wenn A den vollen Betrag der Forderung, X den gesuchten Betrag, Z die Zahl der Jahre bis zur Fälligkeit bezeichnet und der gesetzliche Zinsfuß zu vier Prozent angenommen wird, ist die Formel für die Berechnung:

$$A = X + \frac{4 \times z}{100}$$

§ 273.

Hat der Schuldner aus demselben rechtlichen Verhältniß, auf dem seine Verpflichtung beruht, einen fälligen Anspruch gegen den Gläubiger, so kann er, sofern nicht aus dem Schuldverhältnisse sich ein Anderes ergiebt, die geschuldete

Leistung verweigern, bis die ihm gebührende Leistung bewirkt wird (Zurückbehaltungsrecht).

Wer zur Herausgabe eines Gegenstandes verpflichtet ist, hat das gleiche Recht, wenn ihm ein fälliger Anspruch wegen Verwendungen auf den Gegenstand oder wegen eines ihm durch diesen verursachten Schadens zusteht, es sei denn, daß er den Gegenstand durch eine vorsätzlich begangene unerlaubte Handlung erlangt hat.

Der Gläubiger kann die Ausübung des Zurückbehaltungsrechts durch Sicherheitsleistung abwenden. Die Sicherheitsleistung durch Bürgen ist ausgeschlossen.

E. I, 233, 234 Satz 2, 3, 235; II, 230; III, 267.

I. Wesen und Wirkung des Zurückbehaltungsrechts.

1. Der Schuldner kann die geschuldete Leistung verweigern, bis die ihm vom Gläubiger geschuldete Leistung bewirkt ist. Dem Zurückhaltungsberechtigten steht also eine verzögerliche Einrede zu. Die Verjährung des Anspruchs des Gläubigers wird jedoch durch diese Einrede nicht gehemmt (s. § 202 Abs. 2).

Ob der Schuldner, welcher ohne Kenntniß seines Zurückhaltungsrechtes vorgeleistet hat, berechtigt ist, das Geleistete zurückzufordern, bestimmt sich nach den allgemeinen Vorschriften über die ungerechtfertigte Bereicherung. Darauf allein, daß ohne Kenntniß des Zurückbehaltungsrechtes geleistet wurde, kann der Anspruch auf Rückgewährung nicht gestützt werden. § 813 Abs. 1 gilt nur für Ansprüche, denen eine zerstörliche Einrede entgegenstand.

2. Nicht bloß fremde Sachen, auch die eigenen Sachen des Schuldners, zu deren Herausgabe derselbe verpflichtet ist, sowie Rechte und Handlungen, die er zu verschaffen oder vorzunehmen hat, können zurückbehalten werden.

Selbst Unterlassungen können Gegenstand des Zurückbehaltungsrechtes sein. (Vgl. P. I 312; Oertmann, Anm. 2; Schollmeyer, Anm. 2 b zu § 273.)

3. Das Zurückbehaltungsrecht ist vorzugsweise ein Sicherungs- und Zwangsmittel, nicht Mittel zur Deckung und Befriedigung (M. II, 42). Der Schuldner darf deshalb die ganze Leistung zurückhalten, nicht bloß einen seinem Anspruche gegen den Gläubiger entsprechenden Theil. Eine ihm hieraus etwa drohende Benachtheiligung kann der Gläubiger durch Sicherheitsleistung abwenden (Abs. 3). A. M. Schollmeyer, Anm. 1 b.

Anders allerdings bei Verpflichtungen aus gegenseitigen Verträgen. S. hierüber § 320.

4. Auch wegen eines verjährten Anspruchs kann das Zurückbehaltungsrecht ausgeübt werden, da die Verjährung den Anspruch nicht aufhebt. S. § 222. Ebenso Schollmeyer Anm. 2 a.

5. Das Zurückbehaltungsrecht kann auch gegenüber dem Cessionar des Gläubigers geltend gemacht werden, wenn es schon zur Zeit der Abtretung gegen den Gläubiger begründet war. Dies dürfte sich mit Bestimmtheit aus § 404 ergeben. Die gegentheilige, von Schollmeyer, Anm. 1 a zu § 273, vertretene Ansicht würde dahin führen, daß der Gläubiger einfach seinen Anspruch abzutreten brauchte, um das Zurückbehaltungsrecht seines Schuldners zu beseitigen.

6. Das Zurückbehaltungsrecht ist nicht von Amtswegen zu berücksichtigen. Es muß im Wege der Einrede von dem Berechtigten geltend gemacht werden.

II. Durch § 273 wird dem Schuldner ein Zurückbehaltungsrecht in drei Fällen zugestanden:

1. Wegen eines fälligen konnexen Gegenanspruchs gegen den Gläubiger. Voraussetzungen sind also:

a) Fälligkeit des Gegenanspruchs (s. § 271). Liquidität wird nicht erfordert, auch nicht Gleichartigkeit der geschuldeten Gegenstände; letztere ist nur ein Erforderniß für die Aufrechenbarkeit. (Vgl. § 387.)

b) Konnexität der beiden Ansprüche. Der Gegenanspruch muß „aus demselben rechtlichen Verhältnisse" entstanden sein, auf welchem die Verpflichtung des Schuldners beruht. Was hierunter zu verstehen ist, wird im B.G.B. nicht näher erläutert. Nach M. II, 41 ist dem hier aufgestellten Erfordernisse genügt, wenn ein solcher gesetzlicher oder natürlicher Zusammenhang zwischen den beiderseitigen Ansprüchen vorliegt, daß die einseitige

Geltendmachung des Anspruchs ohne Rücksicht auf den dem anderen Theile zustehenden Gegenanspruch als ein Verstoß gegen Treu und Glauben erscheinen würde. (Vgl. R.G.E. XIV S. 233.)

c) die Ausübung des Zurückbehaltungsrechtes ist ausgeschlossen, wenn sich aus dem Schuldverhältnisse ergibt, daß der Schuldner seine Leistung nicht zurückhalten darf, wenn also die Verpflichtung des Schuldners zur Vorleistung entweder vereinbart ist oder aus der Natur des Schuldverhältnisses hervorgeht. In einzelnen Fällen ist das Zurückbehaltungsrecht durch gesetzliche Vorschrift ausgeschlossen, z. B. in den Fällen der §§ 175, 556 Abs. 2.

2. Wegen gemachter Verwendungen auf einen herauszugebenden Gegenstand. Konnexität wird hier nicht erfordert. Unter „Herausgabe" ist sowohl die Zurückgabe einer fremden Sache als die Uebergabe der eigenen Sache (Tradition) zu verstehen.

a) Auch der Anspruch wegen der Verwendungen muß fällig sein.

b) Ob einem zur Herausgabe Verpflichteten ein Anspruch auf Ersatz für Verwendungen zusteht und in welchem Umfange, darüber gibt das B.G.B. besondere Vorschriften bei den einschlägigen Rechtsverhältnissen. Vgl. die §§ 304, 347, 450, 500, 547, 592, 601, 850, 970, 999.

c) Ausgeschlossen ist das Zurückbehaltungsrecht, wenn der Herausgabepflichtige den Gegenstand durch eine vorsätzliche unerlaubte Handlung (§ 823 ff.) erlangt hat. Daß der Gegenstand auf solche Weise erlangt wurde, hat der Gläubiger zu beweisen, welcher das Zurückbehaltungsrecht bestreitet.

3. Wegen eines durch den herauszugebenden Gegenstand dem Herausgabepflichtigen verursachten Schadens. Wie bei dem Anspruch auf Ersatz von Verwendungen ist auch hier der Beschädigte vorleistungspflichtig, wenn er den Gegenstand durch eine vorsätzliche unerlaubte Handlung erlangt hat.

III. Die Sicherheitsleistung, welche den Bestimmungen der §§ 232 ff. gemäß zu bewirken ist, soll dem Schuldner eine Gewähr dafür bieten, daß er trotz der Aufgabe seines Zurückbehaltungsrechtes die ihm gebührende Leistung erhält. Nach dem Werthe der letzteren ist deshalb die Höhe der Sicherheit zu bemessen. Der Schlußsatz des Abs. 3 beruht auf dem Gedanken, daß die Stellung eines Bürgen, welche an sich eine zulässige Art der Sicherheitsleistung bilden würde (§ 232 Abs. 2), in der Regel eine schwächere Deckung gewährt als die Realsicherheit, welche in der zurückbehaltenen Leistung liegt.

IV. Das kaufmännische Zurückbehaltungsrecht ist geregelt in den §§ 369—372 H.G.B.

§ 274.

Gegenüber der Klage des Gläubigers hat die Geltendmachung des Zurückbehaltungsrechts nur die Wirkung, daß der Schuldner zur Leistung gegen Empfang der ihm gebührenden Leistung (Erfüllung Zug um Zug) zu verurtheilen ist.

Auf Grund einer solchen Verurtheilung kann der Gläubiger seinen Anspruch ohne Bewirkung der ihm obliegenden Leistung im Wege der Zwangsvollstreckung verfolgen, wenn der Schuldner im Verzuge der Annahme ist.

E. I, 234 S. 1; II, 231; III. 268.

1. § 274 handelt von der Wirkung des Zurückbehaltungsrechts gegenüber der Klage des Gläubigers. Die Geltendmachung des Zurückbehaltungsrechts Seitens des beklagten Schuldners hat nicht, wie andere verzögerliche Einreden des Beklagten, die Abweisung der Klage zur Folge, sie bewirkt vielmehr nur, daß der Schuldner zur Erfüllung Zug um Zug verurtheilt wird.

2. Die Vollstreckung eines solchen Urtheils ist in den §§ 726 Abs. 2, 756, 765 C.P.O. n. Nr. geregelt.

Eine besondere Bestimmung über die Zwangsvollstreckung gibt Abs. 2 für den Fall, daß der Schuldner im Verzuge der Annahme ist. Hier soll der Gläubiger auf Grund einer Verurtheilung zur Leistung Zug um Zug die Vollstreckung gerade so betreiben können, wie wenn er die dem Schuldner gebührende Leistung thatsächlich bewirkt hätte.

Ueber den Annahmeverzug s. § 293 ff. Insbesondere ist von Bedeutung die Bestimmung des § 298, wonach der Retentionsberechtigte auch dann in Verzug geräth, wenn er zwar zur Annahme der ihm gebührenden Leistung bereit ist, die mit dem Angebote der Leistung Zug um Zug verlangte Gegenleistung aber seinerseits nicht anbietet.

3. Der Ausdruck „Erfüllung Zug um Zug" kehrt in anderen Stellen des Gesetzes wieder (§§ 322, 348).

In Abs. 1 wird erklärt, was hierunter zu verstehen ist: Zur Erfüllung Zug um Zug ist verpflichtet, wer eine Leistung nur gegen Empfang einer ihm gebührenden Gegenleistung zu bewirken hat. Ein gleichzeitiges Bewirken der beiderseitigen Leistungen ist im praktischen Leben häufig nicht durchführbar. In diesem Falle sind für die Art und Weise, wie Leistungen Zug um Zug zu bewirken sind, zufolge § 242 die Anforderungen von Treu und Glauben sowie die Verkehrssitte maßgebend.

Vorbemerkungen zu den §§ 275—283.

Bei Beantwortung der Frage, welchen Einfluß die Unmöglichkeit der Leistung auf das Schuldverhältniß äußert, ist zu unterscheiden, ob die Unmöglichkeit eine objektive oder eine subjektive ist, ferner ob sie schon bei der Entstehung des Schuldverhältnisses vorhanden war oder erst nachträglich eingetreten ist.

I. Objektive Unmöglichkeit. Wo das B.G.B. von einer „unmöglichen Leistung" oder von „Unmöglichkeit der Leistung" spricht, versteht es hierunter die objektive Unmöglichkeit.

Objektiv unmöglich ist eine Leistung, wenn sie für Jedermann — einerlei, ob aus thatsächlichen oder aus rechtlichen Gründen — unmöglich ist. (Mommsen, Die Unmöglichkeit der Leistung S. 5: „jene Unmöglichkeit, welche in dem Gegenstande des Schuldverhältnisses ihren Grund hat").

1. Die objektive Unmöglichkeit ist von Anfang an vorhanden. Für diesen Fall bestimmt § 306: Ein auf eine unmögliche Leistung gerichteter Vertrag ist nichtig. Diese Bestimmung gilt selbstverständlich auch für das einseitige Versprechen in den Fällen, in welchen durch ein solches ein Schuldverhältniß begründet werden kann (vgl. § 305). Daß kraft Gesetzes ein Schuldverhältniß entstehen könnte, welches zu einer objektiv unmöglichen Leistung verpflichtet, ist ausgeschlossen.

Eine Ausnahme von der Bestimmung des § 306 enthält § 308: Die Unmöglichkeit steht der Gültigkeit des Vertrags nicht entgegen, wenn sie gehoben werden kann und der Vertrag für den Fall geschlossen ist, daß die Leistung späterhin möglich wird.

Wer bei der Schließung eines nach § 306 nichtigen Vertrags die Unmöglichkeit der Leistung kennt oder kennen muß, ist dem anderen Theile zum Ersatze des negativen Interesses gemäß § 307 verpflichtet.

2. Die objektive Unmöglichkeit ist erst nach der Entstehung des Schuldverhältnisses eingetreten. In diesem Falle wird

a) der Schuldner von der Verpflichtung zur Leistung frei, soweit er den Umstand, welcher die Unmöglichkeit bewirkt hat, nicht zu vertreten hat (§ 275 Abs. 1).

b) Soweit der Schuldner diesen Umstand vertreten muß, hat er dem Gläubiger den durch die Nichterfüllung entstehenden Schaden zu ersetzen (§ 280).

c) Während seines Verzugs ist der Schuldner auch für eine durch Zufall eintretende Unmöglichkeit der Leistung nach Maßgabe des § 287 verantwortlich.

d) Ohne Rücksicht darauf, ob ihn ein Verschulden trifft oder nicht, hat der Schuldner dem Gläubiger auf dessen Verlangen das als Ersatz für den geschuldeten Gegenstand Empfangene herauszugeben oder den erlangten Ersatzanspruch abzutreten (§ 281).

II. Subjektive Unmöglichkeit. Die subjektive Unmöglichkeit bezeichnet das B.G.B. mit dem Ausdruck „Unvermögen des Schuldners zur Leistung".

Subjektiv unmöglich ist eine Leistung, wenn sie zwar objektiv möglich ist, jedoch vom Schuldner nicht bewirkt werden kann. (Mommsen a. a. O. S. 5: „deren Grund in den rein persönlichen Verhältnissen des Schuldners oder in dessen Verhältniß zum Gegenstande des Schuldverhältnisses liegt."

Gehört es nach dem Willen der Vertragschließenden zum Wesen der Leistung, daß sie durch den Schuldner in Person bewirkt wird, so begründet das Unvermögen des Schuldners zugleich eine objektive Unmöglichkeit, weil es für Jedermann unmöglich ist, die geschuldete Leistung, welche eben darin besteht, daß der Schuldner persönlich leistet, zu bewirken. In diesem Falle treten also die weitergehenden Wirkungen der objektiven Unmöglichkeit ein.

1. War die subjektive Unmöglichkeit schon bei der Entstehung des Schuldverhältnisses vorhanden, so ist sie auf den Rechtsbestand desselben ohne Einfluß. Der Schuldner kann trotz der bestehenden subjektiven Unmöglichkeit auf die Leistung verklagt und zur Leistung verurtheilt werden. Auf Grund des erwirkten Urtheils kann der Gläubiger vom verurtheilten Schuldner Schadensersatz wegen Nichterfüllung nach Maßgabe des 283 verlangen.

2. Die subjektive Unmöglichkeit, welche erst nach der Entstehung des Schuldverhältnisses eintritt, steht der nachträglich eingetretenen objektiven Unmöglichkeit gleich (§ 275 Abs. 2) und zwar nicht bloß in Ansehung der befreienden Wirkung nach § 275 Abs. 1, sondern schlechthin. Es gelten also die Vorschriften der §§ 280—283, 287 und der §§ 323—325 über die Unmöglichkeit der Leistung auch für das nachträglich eintretende Unvermögen des Schuldners zur Leistung. (Vgl. P. I, 321; E. II, 235; Planck, Anm. 1 zu § 280 und § 281; Anm. 3 zu § 283). Ebenso gilt das in Anm. I Ziff. 2 Gesagte auch für die nachträglich eintretende subjektive Unmöglichkeit.

3. Nur in Einem Falle ist die nachträglich eintretende subjektive Unmöglichkeit der objektiven nicht gleichgestellt: wenn nämlich der geschuldete Gegenstand nur der Gattung nach bestimmt ist. Alsdann hat der Schuldner, solange die Leistung aus der Gattung möglich ist, sein Unvermögen zur Leistung auch dann zu vertreten, wenn ihm ein Verschulden nicht zur Last fällt. Der Schuldner wird also nicht befreit, solange die Leistung aus der Gattung überhaupt möglich ist (§ 279).

III. Bezüglich der Wirkungen der Unmöglichkeit bei gegenseitigen Verträgen enthalten besondere Bestimmungen die §§ 323—325 (s. d. Anm. zu diesen Paragraphen).

§ 275.

Der Schuldner wird von der Verpflichtung zur Leistung frei, soweit die Leistung in Folge eines nach der Entstehung des Schuldverhältnisses eintretenden Umstandes, den er nicht zu vertreten hat, unmöglich wird.

Einer nach der Entstehung des Schuldverhältnisses eintretenden Unmöglichkeit steht das nachträglich eintretende Unvermögen des Schuldners zur Leistung gleich.

E. I, 237; II, 232, 235 S. 1; III, 269.

1. Ueber den Begriff der Unmöglichkeit und deren Wirkungen im Allgemeinen s. d. Vorbem. zu den §§ 275—283.

2. § 275 handelt von der nach Entstehung des Schuldverhältnisses eintretenden Unmöglichkeit und zwar Abs. 1 von der objektiven, Abs. 2 von der subjektiven.

3. Die subjektive Unmöglichkeit, weche gehoben werden kann, steht, solange sie nicht thatsächlich gehoben ist, in ihren rechtlichen Wirkungen der dauernden Unmöglichkeit gleich, da die Ausnahmebestimmung des § 308 selbstverständlich nur auf die objektive Unmöglichkeit anwendbar ist; durch die subjektive Unmöglichkeit wird die Entstehung des Schuldverhältnisses überhaupt nicht gehindert (s. Vorbem. zu den §§ 275 bis 283 II, 1). Natürlich wird von einem „Unvermögen" des Schuldners dann nicht gesprochen werden können, wenn dasselbe durch solche Ereignisse gehoben werden kann, welche ausschließlich vom Willen des Schuldners abhängig sind. Anders wenn zur Beseitigung des gegenwärtig bestehenden Unvermögens noch Handlungen vorgenommen werden müssen, welche vom Willen eines Dritten abhängen. In letzterem Falle ist das Unvermögen erst dann aufgehoben, wenn die Handlungen vorgenommen sind. So ist z. B. der Verkäufer einer individuell bestimmten Sache unvermögend, die aus dem Kaufvertrage geschuldete Leistung zu bewirken, wenn er weder Eigenthümer noch Besitzer der Sache ist, da nach § 433 die Leistung des Verkäufers darin besteht, daß er dem Käufer die verkaufte Sache übergibt und das Eigenthum an der Sache verschafft. Der Umstand, daß die Sache verkäuflich ist, und der Verkäufer die nöthigen Geldmittel zum Erwerbe derselben besitzt, ändert an dem Unvermögen des Verkäufers nichts; denn es hängt immer noch vom Willen des gegenwärtigen Eigenthümers ab, ob er gerade dem Verkäufer die Sache ablassen will. Handelt es sich dagegen um eine gattungsmäßig bestimmte Sache, welche im freien Verkehr von überallher beschafft werden kann, so liegt ein Unvermögen des Verkäufers nicht vor, wenn dieser die zum Erwerbe erforderlichen Mittel besitzt. Ebenso Planck, Anm. 3 Abs. 2 zu § 275. Dagegen vertritt Cosack, Bd. I S. 335, die Ansicht, auch beim Verkauf einer individuell bestimmten fremden Sache sei ein Unvermögen nicht vorhanden, soferne nur die Sache verkäuflich und der Verkäufer hinreichend bemittelt ist, dieselbe zu erwerben; das Unvermögen des Verkäufers trete erst in dem Zeitpunkt ein, in welchem derselbe, etwa in Folge von Verarmung, die Mittel verliert, die Sache zu erwerben und dem Käufer zu liefern.

4. Die Befreiung tritt nur soweit ein, als die Leistung in Folge eines vom Schuldner nicht zu vertretenden Umstandes unmöglich wird, bei theilweiser Unmöglichkeit also nur theilweise Befreiung, bei zeitweiser Unmöglichkeit nur zeitweise Befreiung.

Während der Dauer der zeitweisen Befreiung kommt der Schuldner nicht in Verzug (s. § 285).

5. Bei einseitigen Verträgen hat der befreite Schuldner gegenüber dem Gläubiger keine andere Verpflichtung als die in § 281 aufgestellte; bezüglich der gegenseitigen Verträge s. §§ 323, 324.

6. Ueber den Zeitpunkt der Entstehung des Schuldverhältnisses s. Anm. I, 3 b zu § 269.

7. Welche Umstände der Schuldner zu vertreten hat, bestimmen die §§ 276—279.

8. Für Gattungsschulden gilt die Sonderbestimmung des § 279.

§ 276.

Der Schuldner hat, sofern nicht ein Anderes bestimmt ist, Vorsatz und Fahrlässigkeit zu vertreten. Fahrlässig handelt, wer die im Verkehr erforderliche Sorgfalt außer Acht läßt. Die Vorschriften der §§ 827, 828 finden Anwendung.

Die Haftung wegen Vorsatzes kann dem Schuldner nicht im voraus erlassen werden.

E. I, 144 Abs. 1; 224 Abs. 1 S. 2, 3, 225; II, 233 Abs. 1, 3; III, 270.

I. Vorsatz, Fahrlässigkeit, Zufall.

Nur der Begriff der Fahrlässigkeit wird vom B.G.B. definirt. Eine Begriffsbestimmung von Vorsatz und Zufall wird nicht gegeben.

1. Nach den Motiven ist unter Vorsatz zu verstehen „die auf die Vornahme einer Handlung oder die Herbeiführung eines Erfolges gerichtete Willensbestimmung". Vorsätzlich ist gleichbedeutend mit „wissentlich und willentlich" (M. I, 280).

Vorsatz im Sinne des § 276 ist sohin das bewußte Wollen einer rechtswidrigen Handlung oder eines rechtswidrigen Erfolges. Vgl. hierüber Cosack, Bd. 1 S. 235, und Planck, Vorbem. zum Ersten Buch S. 37.

2. Bei der Fahrlässigkeit unterscheidet das B.G.B. drei Grade:

a) Fahrlässigkeit schlechthin. Diese wird in § 276 Abs. 1 S. 2 definirt als die Außerachtlassung der im Verkehr erforderlichen Sorgfalt.

Im E. I § 144 lautete die Definition: „Fahrlässigkeit liegt vor, wenn nicht die Sorgfalt eines ordentlichen Hausvaters angewendet wird".

Durch die gegenwärtige, auf einem Beschlusse der II. Komm. (P. I, 187) beruhende Fassung wird dem Mißverständnisse vorgebeugt, als ob die Fahrlässigkeit nach der sittlichen Pflicht eines ordentlichen Hausvaters zu beurtheilen wäre.

Der Maßstab ist ein objektiver wie im gem. Recht. (Vgl. Jakubezky, Bem. S. 35: „Im bürgerlichen Zusammenleben muß jeder für ein mittleres Maß von Tüchtigkeit einstehen, auf die Untersuchung der geistigen Beanlagung des Schädigers kann der Geschädigte nicht verwiesen werden".) Es kommt also nicht darauf an, welches Maß von Sorgfalt nach der Charakteranlage des Schuldners von diesem erwartet werden darf, sondern darauf, welche Sorgfalt von einem normalen Menschen in Rechtsverhältnissen der vorliegenden Art im Verkehr erfordert wird.

Hiedurch wird jedoch die Würdigung individueller Momente nicht schlechthin ausgeschlossen:

α) Besteht das Verschulden darin, daß der Schuldner einer ihm vertragsmäßig obliegenden Verbindlichkeit zuwiderhandelt, so erfordern die hier geltenden Grundsätze von Treu und Glauben (§ 157), daß bei der Prüfung der Frage, ob im konkreten Falle der Schuldner fahrlässig gehandelt hat, auch individuelle Eigenschaften desselben, z. B. seine Kräfte, Fertigkeiten, Kenntnisse und dergl., eine billige Berücksichtigung finden.

β) Bei deliktischem Verschulden sind nur die in den §§ 827, 828 hervorgehobenen individuellen Eigenschaften des Schädigenden zu berücksichtigen. S. Anm. III.

b) Grobe Fahrlässigkeit, welche dann vorliegt, wenn die im Verkehr erforderliche Sorgfalt in besonders schwerer Weise verletzt wird. (M. I, 280; P. I, 187.)

Der gemeinrechtliche Satz, daß die grobe Fahrlässigkeit dem dolus gleichstehe (Dernburg, Pand. Bd. 2 § 36 Nr. 2), gilt für das B.G.B. nicht. Die Haftung wegen grober Fahrlässigkeit kann also dem Schuldner im voraus erlassen werden.

c) Die individuelle Fahrlässigkeit (culpa in concreto), d. i. die Außerachtlassung der Sorgfalt, welche Jemand in eigenen Angelegenheiten anzuwenden pflegt. Hierüber s. § 277.

Die Unterart der culpa levissima, das „geringe Versehen" des Pr.L.R., kennt das B.G.B. nicht.

3. Zufall im civilrechtlichen Sinne liegt dann vor, wenn eine Haftung des Schuldners weder durch Gesetz noch durch Rechtsgeschäft begründet ist. (Vgl. die Fassung des § 287 u. M. II, 45). Ebenso Mommsen, die Unmöglichkeit der Leistung S. 232: „Zufall ist ein Ereigniß, in Betreff dessen dem Schuldner kein von ihm zu vertretendes Verschulden zur Last fällt".

II. Die Bestimmung, daß der Schuldner Vorsatz und Fahrlässigkeit zu vertreten habe, ist nur eine dispositive. Durch Gesetz wie durch Parteiwillen kann die Haftung des Schuldners erweitert oder eingeschränkt werden. Nur die Haftung wegen Vorsatzes kann dem Schuldner nicht im voraus erlassen werden (s. Anm. IV).

Durch Gesetz ist die Haftung des Schuldners eingeschränkt:

a) auf Vorsatz und grobe Fahrlässigkeit in den Fällen der §§ 300 Abs. 1, 521, 599, 680, 968;

b) auf die Sorgfalt, welche der Schuldner in eigenen Angelegenheiten anzuwenden pflegt, in den Fällen der §§ 690, 708, 1359, 1664, 2131.

Durch Gesetz ist die Haftung erweitert in den Fällen der §§ 279, 287 Satz 2, 678, 701, 702, 848.

III. Die Vorschriften der §§ 827, 828 gelten, wie ihre Stellung unter dem Titel „Unerlaubte Handlungen" anzeigt, an sich nur für das deliktische Verschulden. Zufolge § 276 Abs. 1 S. 3 sollen dieselben auch Anwendung finden auf das Verschulden, welches dem Schuldner in Ansehung seiner Verpflichtung zur Leistung zur Last fällt. Wenn also bei dem Schuldner die Voraussetzungen vorliegen, unter denen nach den §§ 827, 828 seine Verantwortlichkeit für ein deliktisches Verschulden ausgeschlossen ist, so braucht er auch ein ihm bei Erfüllung vertragsmäßiger Verbindlichkeiten zur Last fallendes Verschulden nicht zu vertreten.

Das Gleiche gilt von der Herabminderung der Verantwortlichkeit. Der sinnlos Betrunkene, welcher durch eigene Schuld in den Zustand der Trunkenheit gerathen ist, hat hienach sein vorsätzliches, obligationsmäßiges Verschulden nur so zu vertreten, als wenn ihm Fahrlässigkeit zur Last fiele. § 827 S. 2.

Dagegen kann derjenige, dessen eigenes Verschulden nach den §§ 827, 828 ausgeschlossen ist, für ein Verschulden seines gesetzlichen Vertreters haftbar sein. Hierüber s. § 278.

Für die Feststellung, daß ein vom Schuldner zu vertretendes Verschulden vorliegt, genügt es also nicht, daß dem Schuldner Vorsatz oder Fahrlässigkeit zur Last fällt, es darf auch die Verantwortlichkeit desselben nicht durch die Vorschriften der §§ 827, 828 ausgeschlossen sein.

IV. Wie im gem. Recht (l. 23 D. de R. J. 50, 17) kann auch nach B.G.B. die Haftung wegen Vorsatzes dem Schuldner nicht im voraus erlassen werden. Die nachträgliche Erlassung der aus einem vorsätzlichen Verschulden entstandenen Ansprüche ist statthaft. Ebenso ist zulässig die Erlassung der Haftung wegen Vorsatzes der in § 278 bezeichneten Personen (s. § 278 S. 2).

Ist durch Vereinbarung die Haftung wegen Vorsatzes unzulässiger Weise ausgeschlossen worden, so hat dies die Nichtigkeit des ganzen Rechtsgeschäfts zur Folge, wenn nicht anzunehmen ist, daß die Parteien das Rechtsgeschäft auch ohne die fragliche Vereinbarung vorgenommen haben würden (§ 139). In der Mehrzahl der Fälle wird letztere Annahme begründet sein.

§ 277.

Wer nur für diejenige Sorgfalt einzustehen hat, welche er in eigenen Angelegenheiten anzuwenden pflegt, ist von der Haftung wegen grober Fahrlässigkeit nicht befreit.

E. I, 145; II, 233 Abs. 2; III, 271.

In allen Fällen, wo das B.G.B. von einer Haftung für diejenige Sorgfalt spricht, welche man in eigenen Angelegenheiten anzuwenden pflegt, wird dies mit den Worten ausgedrückt, daß der Schuldner „nur" für diese Sorgfalt einzustehen habe. (Vgl. die §§ 277, 690, 708, 1359, 1664, 2131.) Die Haftung für die Sorgfalt in eigenen Angelegenheiten wird also gegenüber der regelmäßigen Haftung des § 276 als eine eingeschränkte betrachtet. Wer in seinen eigenen Angelegenheiten eine höhere als die im Verkehr erforderliche Sorgfalt anzuwenden pflegt, hat für diese Sorgfalt nicht einzustehen.

Wendet der Schuldner ein, daß er in seinen eigenen Angelegenheiten nur ein geringeres Maß von Sorgfalt beobachte, so muß er dies beweisen, hat aber im Falle des Gelingens des Beweises nur für das geringere Maß von Sorgfalt einzustehen.

Stets aber haftet er wegen grober Fahrlässigkeit. Grob fahrlässig handelt, wer die im Verkehr erforderliche Sorgfalt in besonders schwerer Weise außer Acht läßt. (Vgl. d. Anm. I u. II zu § 276.)

§ 278.

Der Schuldner hat ein Verschulden seines gesetzlichen Vertreters und der Personen, deren er sich zur Erfüllung seiner Verbindlichkeit bedient, in gleichem Umfange zu vertreten wie eigenes Verschulden. Die Vorschrift des § 276 Abs. 2 findet keine Anwendung.

E. I, 224 Abs. 2; II, 234; III, 272.

I. Voraussetzungen des § 278:

1. Ein Verschulden in Ansehung der Erfüllung einer Verbindlichkeit des Schuldners, d. h. ein Verschulden, welches zur Wirkung hat, daß die dem Schuldner aus einem bestehenden Schuldverhältnisse obliegende Verpflichtung nicht oder nicht gehörig erfüllt wird.

Auf ein Verschulden beim Abschlusse eines Vertrages bezieht sich die Vorschrift des § 278 nicht, ebensowenig auf ein deliktisches Verschulden. Dies zeigt sowohl der Wortlaut des Paragraphen als seine Stellung unter dem Titel „Verpflichtung zur Leistung".

a) Wenn der gesetzliche Vertreter oder ein rechtsgeschäftlicher Vertreter beim Abschluß eines Vertrages für den Schuldner thätig wird, so richtet sich die Haftung des Letzteren für die Handlungen des Vertreters nach den Vorschriften über die Vertretung (§ 164 ff.).

b) Eine Haftung des Vertretenen für Delikte des gesetzlichen Vertreters (z. B. des Vormundes) ist dem B.G.B. unbekannt. Näheres über die Haftung für fremde Delikte im 25. Titel über die unerlaubten Handlungen §§ 823 ff.

c) Besondere Bestimmungen enthält das B.G.B. über die Haftung juristischer Personen für den von ihren Vertretern einem Anderen zugefügten Schaden in den §§ 31, 86, 89 Abs. 1.

Ueber die Haftung des Staates, der Gemeinden oder anderer Kommunalverbände für einen von ihren Beamten in Ausübung der diesen anvertrauten öffentlichen Gewalt zugefügten Schaden s. Art. 77 E.G., hierzu Art. 60 und 61 Bayr. A.G. Ueber die Haftung der Beamten für die von ihnen angenommenen Stellvertreter und Gehilfen s. Art. 78 E.G.

2. Ein Verschulden

a) des gesetzlichen Vertreters des Schuldners. Als solcher kommt in Betracht: Der Inhaber der elterlichen Gewalt (§ 1626 ff.), der Vormund (§§ 1793 ff., 1896, 1897), der Pfleger (§§ 1909 ff.), der Beistand (§ 1693). Die Stellung eines gesetzlichen Vertreters hat auch der Vorstand eines Vereins (§ 26) oder einer Stiftung (§ 86);

b) einer anderen Person, deren sich der Schuldner befugterweise zur Erfüllung seiner Verbindlichkeit bedient.

War der Schuldner zur Verwendung fremder Personen überhaupt nicht berechtigt, so liegt ein Verschulden desselben schon darin, daß er sich fremder Personen zur Erfüllung bediente. Er hat deshalb für alle Folgen dieses seines Verschuldens einzustehen, nicht bloß für ein etwaiges Verschulden der unbefugt zugezogenen Personen.

Selbstverständlich hat der Schuldner, wenn ihm bei der Auswahl, Ueberwachung oder Anleitung der berechtigterweise zugezogenen Personen ein Verschulden zur Last fällt, dieses Verschulden als eigenes zu vertreten

Die Bestimmung des § 278 geht jedoch weiter und erklärt den Schuldner, auch wenn ihm ein solches Verschulden nicht zur Last fällt, als haftbar für das kontraktliche Verschulden der zur Erfüllung seiner Verbindlichkeit verwendeten Personen.

Der Ausdruck „sich zur Erfüllung bedienen" darf nach dem Zwecke der Bestimmung nicht zu eng ausgelegt werden. So wird anzunehmen sein, daß der Schuldner sich auch jener Personen zur Erfüllung bedient, denen er nach der Entstehung des Schuldverhältnisses die geschuldete Sache berechtigter Weise zur Aufbewahrung oder zum Gebrauche überläßt. Wird durch ein Verschulden dieser Personen die Leistung bezw. gehörige Leistung der Sache unmöglich, so haftet der Schuldner. (Vgl. Planck, Anm. 2 zu § 278.)

3. Ein Verschulden der unter Nr. 2a und b aufgeführten Personen.

Was unter Verschulden zu verstehen ist, erklärt § 276. Da hier die §§ 827, 828 für anwendbar erklärt werden, so ergibt sich, daß auch der Schuldner für seinen gesetzlichen Vertreter bezw. für die von ihm zur Erfüllung befugter Weise zugezogenen Hilfspersonen auf Grund des § 278 nicht haftet, sofern die Verantwortlichkeit dieser Personen für ihr Verschulden nach den Vorschriften der §§ 827, 828 ausgeschlossen ist. Ist z. B. der gesetzliche Vertreter des Schuldners in Geisteskrankheit verfallen und hat in diesem (seine freie Willensbestimmung ausschließenden) Zustande die Unmöglichkeit einer Leistung verschuldet, so haftet der Schuldner wegen dieses Verschuldens nicht (vgl. M. II, 30 nnd Anm. III zu § 276). Ebenso wie hier Cosack, Bd. I S. 242. Anders wird diese Bestimmung aufgefaßt von Buchka, S. 67, und von Schollmeyer, Anm. zu S. 278, indeß wohl mit Unrecht, denn nicht die „Handlungen" des gesetzlichen Vertreters ꝛc. hat der Schuldner nach §§ 278 zu vertreten, sondern das „Verschulden". Freilich wird hier stets darauf zu achten sein, ob nicht ein eigenes Verschulden des Schuldners wegen culpa in eligendo vorliegt.

II. Umfang der Haftung des Schuldners:

Der Schuldner hat das Verschulden der unter Nr. 2a und b aufgeführten Personen in gleichem Umfange wie eigenes Verschulden zu vertreten. Ist er persönlich für Fahrlässigkeit schlechthin haftbar, so haftet er dafür, daß diese Personen die im Verkehr erforderliche Sorgfalt aufwenden; hat er nur für die Sorgfalt in eigenen Angelegenheiten einzustehen, so ist er nur dafür verantwortlich, daß die gedachten Personen nicht weniger sorgfältig handeln, als er selbst in seinen eigenen Angelegenheiten zu handeln pflegt.

III. Die Haftung wegen Vorsatzes der Hilfspersonen kann dem Schuldner im voraus erlassen werden (§ 278 Schlußsatz).

IV. Die Vorschriften des § 278 finden keine Anwendung auf den Beauftragten, wenn ihm die Uebertragung der Ausführung des Auftrages an einen Dritten gestattet ist; in diesem Falle hat der Beauftragte nur ein ihm bei der Uebertragung zur Last fallendes Verschulden zu vertreten. Für das Verschulden eines Gehilfen dagegen ist er nach § 278 verantwortlich (§ 664 Abs. 1). Das Gleiche gilt für den Verwahrer, welchem die Hinterlegung bei einem Dritten gestattet ist (§ 691).

V. Die Bestimmungen des § 278 haben auch zwingende Geltung für das der Landesgesetzgebung vorbehaltene Gesinderecht. Art. 95 Abs. 2 E.G.

§ 279.

Ist der geschuldete Gegenstand nur der Gattung nach bestimmt, so hat der Schuldner, solange die Leistung aus der Gattung möglich ist, sein Unvermögen zur Leistung auch dann zu vertreten, wenn ihm ein Verschulden nicht zur Last fällt.

E. I, 237 Abs. 2; II, 235 S. 2; III 273.

1. Die Bestimmung des § 279 hat nur Bedeutung für die nachträglich eintretende subjektive Unmöglichkeit. Ein schon bei der Entstehung des Schuldverhältnisses vorhandenes Unvermögen zur Leistung hat der Schuldner stets zu vertreten (s. Vorbem. zu den §§ 275—283 II, 1), das nachträglich eingetretene nur dann, wenn ihn ein Verschulden trifft (§ 275 Abs. 2).

Von letzterer Regel stellt § 279 eine Ausnahme auf für den Fall, daß der geschuldete Gegenstand nur der Gattung nach, wozu vor allem auch Geld gehört, bestimmt ist. Hier soll der Schuldner nur durch die ohne sein Verschulden eingetretene objektive Unmöglichkeit, wenn nämlich die Leistung aus der Gattung überhaupt ohne sein Verschulden unmöglich geworden ist, befreit werden.

2. § 279 bezieht sich im Gegensatz zu § 243 auch auf unkörperliche Gegenstände, z. B. auf nur der Gattung nach bestimmte Handlungen. Zu letzteren werden auch solche Leistungen zu rechnen sein, welche in der Aufwendung von Geldmitteln zu einem bestimmten Zwecke bestehen. (Vgl. Planck, Anm. 2 zu § 279.)

3. Sobald die Gattungsschuld gemäß § 243 Abs. 2 sich in eine Speziesschuld umgewandelt hat, ist die Anwendung des § 279 ausgeschlossen. S. § 243 Anm. 4 b α.

§ 280.

Soweit die Leistung in Folge eines von dem Schuldner zu vertretenden Umstandes unmöglich wird, hat der Schuldner dem Gläubiger den durch die Nichterfüllung entstehenden Schaden zu ersetzen.

Im Falle theilweiser Unmöglichkeit kann der Gläubiger unter Ablehnung des noch möglichen Theiles der Leistung Schadensersatz wegen Nichterfüllung der ganzen Verbindlichkeit verlangen, wenn die theilweise Erfüllung für ihn kein Interesse hat. Die für das vertragsmäßige Rücktrittsrecht geltenden Vorschriften der §§ 346 bis 356 finden entsprechende Anwendung.

E. I, 240 Abs. 1, 242; II, 236; III, 274.

§ 280 handelt vom Schadensersatzanspruche des Gläubigers wegen einer vom Schuldner zu vertretenden Unmöglichkeit der Leistung.

1. Voraussetzungen:

a) Eine nach der Entstehung des Schuldverhältnisses eintretende objektive oder subjektive Unmöglichkeit.

§ 280 spricht zwar nur von der objektiven Unmöglichkeit; letzterer ist jedoch durch § 275 Abs. 2 das nachträglich eintretende Unvermögen des Schuldners zur Leistung gleichgestellt. (Vgl. Vorbem. II und P. I, 321.)

b) Die Unmöglichkeit muß die Folge eines vom Schuldner zu vertretenden Umstandes sein. Welche Umstände der Schuldner zu vertreten hat, bestimmen die §§ 276—279.

2. Umfang des Ersatzanspruches:

a) Der Schuldner hat dem Gläubiger den Schaden zu ersetzen, der durch die Nichterfüllung entsteht. Ueber die Schadensersatzleistung s. die §§ 249 ff.

Bei der objektiven Unmöglichkeit kann sich der Anspruch nur auf Geldentschädigung richten (§ 251); bezüglich der subjektiven Unmöglichkeit s. Vorbem. II.

Der Schaden ist nur soweit zu ersetzen, als die Leistung unmöglich wird.

Bei nur vorübergehender Unmöglichkeit finden die Vorschriften über den Verzug (§ 286 ff.) Anwendung. Befindet sich der Gläubiger darüber in Ungewißheit, ob die Unmöglichkeit eine dauernde oder nur eine zeitweilige ist, so kann er nach § 283 gegen den Schuldner vorgehen.

b) Besondere Bestimmungen gelten für die theilweise Unmöglichkeit.

Ist die Leistung zum Theil unmöglich geworden, so erfüllt der Schuldner die ihm obliegende Verbindlichkeit dadurch, daß er dem Gläubiger den möglich gebliebenen Theil und gleichzeitig Schadensersatz wegen der unmöglich gewordenen Leistung anbietet. Dem Gläubiger ist jedoch durch die Bestimmung des § 280 Abs. 2 das Recht eingeräumt, unter Ablehnung des noch möglichen Theiles Schadensersatz wegen Nichterfüllung der ganzen Verbindlichkeit zu verlangen, wenn die theilweise Leistung für ihn kein Interesse hat. Letzteres muß der Gläubiger beweisen. Die Frage, ob kein Interesse mehr besteht, ist mit Rücksicht auf die persönlichen Verhältnisse des Gläubigers zu entscheiden.

Ist die Leistung zu der Zeit bereits theilweise bewirkt, in welcher die Leistung des übrigen Theiles unmöglich wird, so finden die Bestimmungen des Abs. 2 bloß dann Anwendung, wenn der Gläubiger die Theilleistung nur vorläufig unter dem Vorbehalte der Ergänzung angenommen hat.

Hat dagegen der Gläubiger einen Theil einer theilbaren Leistung endgiltig angenommen, so besteht das Schuldverhältniß nur mehr für den noch ausstehenden Theil der Leistung. Wird die Leistung dieses Theiles in Folge eines vom Schuldner zu vertretenden Umstandes unmöglich, so muß der Schuldner dem Gläubiger den durch die Nichtleistung dieses Theiles entstehenden Schaden ersetzen. Das Recht der Ablehnung gemäß Abs. 2 aber steht dem Gläubiger nicht zu (P. I, 320).

3. Die Vorschriften der §§ 346—356 über das vertragsmäßige Rücktrittsrecht finden entsprechende Anwendung.

Die Erklärung, daß der noch mögliche Theil abgelehnt und wegen Nichterfüllung der ganzen Verbindlichkeit Schadensersatz verlangt werde, kann wirksam nur dem Schuldner gegenüber erfolgen (§ 349).

Der Gläubiger, welcher von dem ihm nach § 280 Abs. 2 zustehenden Rechte Gebrauch macht, ist verpflichtet, die empfangene Theilleistung zurückzugewähren (§ 346). Das Recht des Gläubigers wird nicht dadurch ausgeschlossen, daß der durch die Theilleistung empfangene Gegenstand durch Zufall untergegangen ist (§ 350). Im Uebrigen s. die §§ 346—356.

4. Ueber die Folgen der von einem der Vertragschließenden zu vertretenden gänzlichen oder theilweisen Unmöglichkeit bei gegenseitigen Verträgen s. die §§ 324—327.

§ 281.

Erlangt der Schuldner in Folge des Umstandes, welcher die Leistung unmöglich macht, für den geschuldeten Gegenstand einen Ersatz oder einen Ersatzanspruch, so kann der Gläubiger Herausgabe des als Ersatz Empfangenen oder Abtretung des Ersatzanspruchs verlangen.

Hat der Gläubiger Anspruch auf Schadensersatz wegen Nichterfüllung, so mindert sich, wenn er von dem im Abs. 1 bestimmten Rechte Gebrauch macht, die ihm zu leistende Entschädigung um den Werth des erlangten Ersatzes oder Ersatzanspruchs.

E. I, 238 Abs. 1; II, 237; III, 275.

1. Der Anspruch nach § 281 Abs. 1 steht dem Gläubiger in jedem Falle zu, in welchem die geschuldete Leistung nachträglich, objektiv oder subjektiv, unmöglich wird, gleichviel, ob die Unmöglichkeit durch den Schuldner verschuldet ist oder nicht. Daß sich die Vorschrift des § 281 nur auf die nachträglich eingetretene Unmöglichkeit bezieht, ergibt sich bezüglich der objektiven Unmöglichkeit schon aus den §§ 306 und 307, für die subjektive Unmöglichkeit aus dem Umstande, daß § 281 nur von einer „unmöglichen Leistung", also von einer objektiven Unmöglichkeit spricht, und daß der letzteren das Unvermögen des Schuldners zur Leistung nur dann gleichgestellt ist, wenn es nachträglich eingetreten ist. (§ 275 Abs. 2.)

Ebenso Planck, Anm. 5; Schollmeyer, Anm. 2b zu § 281. A.M. Cosack, Bd. I S. 333, 2c, welcher die Vorschrift des § 281 auch auf eine von Anfang an vorhandene subjektive Unmöglichkeit für anwendbar erklärt.

2. Der Ersatz oder Ersatzanspruch muß „in Folge" des Umstandes erlangt sein, welcher die Leistung unmöglich macht. Daß dieser Umstand die ausschließliche Ursache der Ersatzleistung war, wird nicht verlangt. Es gehören also auch hieher die Fälle, in denen der Schuldner einen Ersatz aus einem Versicherungsvertrage erlangt. Die häufigsten Fälle der Anwendbarkeit des § 281 sind jene, in denen von einem Dritten, welcher durch eine unerlaubte Handlung den geschuldeten Gegenstand entzogen oder zerstört hat, Ersatz geleistet wird.

3. § 281 findet auch Anwendung, wenn in einem von einer aufschiebenden Bedingung oder von einem Anfangstermin abhängigen Schuldverhältnisse die Leistung vor dem Eintritte der Bedingung oder des Termins unmöglich geworden ist. (Vgl. E. I, 238 Abs. 2 u. P. I, 316.)

4. Abs. 2. Hat der Schuldner das Unmöglichwerden der Leistung zu vertreten, so steht dem Gläubiger der Anspruch auf Schadensersatz nach Maßgabe des § 280 zu. Neben diesem Anspruche kann er auch das ihm nach § 281 Abs. 1 eingeräumte Recht geltend machen. Thut er dies, so muß er sich den Werth des erlangten Ersatzes oder Ersatzanspruches auf die Schadensersatzleistung anrechnen lassen. Maßgebend ist der gemeine Werth des erlangten Gegenstandes oder Anspruchs im Zeitpunkte der Abtretung.

5. Bezüglich der gegenseitigen Verträge s. § 323 Abs. 2.

§ 282.

Ist streitig, ob die Unmöglichkeit der Leistung die Folge eines von dem Schuldner zu vertretenden Umstandes ist, so trifft die Beweislast den Schuldner.

E. I, 239; II, 238; III, 276.

1. Ist streitig, ob der Schuldner die Unmöglichkeit zu vertreten hat, so trifft die Beweislast immer den Schuldner, gleichviel, ob der Gläubiger auf Erfüllung oder auf Schadensersatz wegen Nichterfüllung klagt.

Gegenüber der Erfüllungsklage des Gläubigers muß der Schuldner, welcher sich auf seine Befreiung wegen Unmöglichkeit der Leistung beruft, außerdem noch die eingetretene Unmöglichkeit der Leistung beweisen.

Klagt dagegen der Gläubiger auf Schadensersatz wegen Nichterfüllung (§ 280), so obliegt der Beweis der Unmöglichkeit dem Gläubiger. Diesen Beweis kann er dadurch umgehen, daß er ohne Rücksicht auf eine etwa eingetretene thatsächliche Unmöglichkeit den Schuldner zunächst auf Erfüllung verklagt und auf Grund des erwirkten rechtskräftigen Urtheils gemäß § 283 gegen den Schuldner vorgeht.

2. Die Entscheidung der Frage, ob der Schuldner den ihm obliegenden Beweis erbracht hat, unterliegt der freien richterlichen Beweiswürdigung. Von der Aufstellung besonderer Beweisregeln hat das B.G.B. abgesehen. (M. II, 48, 49.)

3. Die Beweisvorschrift des § 282 gilt auch für die Fälle einer nachträglich eingetretenen subjektiven Unmöglichkeit (s. Vorbem. II, 2).

§ 283.

Ist der Schuldner rechtskräftig verurtheilt, so kann der Gläubiger ihm zur Bewirkung der Leistung eine angemessene Frist mit der Erklärung bestimmen, daß er die Annahme der Leistung nach dem Ablaufe der Frist ablehne. Nach dem Ablaufe der Frist kann der Gläubiger Schadensersatz wegen Nichterfüllung verlangen, soweit nicht die Leistung rechtzeitig bewirkt wird; der Anspruch auf Erfüllung ist ausgeschlossen. Die Verpflichtung zum Schadensersatze tritt nicht ein, wenn die Leistung in Folge eines Umstandes unmöglich wird, den der Schuldner nicht zu vertreten hat.

Wird die Leistung bis zum Ablaufe der Frist nur theilweise nicht bewirkt, so steht dem Gläubiger auch das im § 280 Abs. 2 bestimmte Recht zu.

E. I, 243; II, 239 Abs. 1 Satz 1, 3 Abs. 2; III, 277.

1. Bedeutung der Vorschrift. Die Regelung der Voraussetzungen, unter welchen von dem Anspruch auf Erfüllung zur Forderung des Schadensersatzes übergegangen werden kann, gehört dem materiellen Rechte an (vgl. § 893 C.P.O. n. Nr. und M. z. C.P.O. S. 445). Eine solche materiellrechtliche Bestimmung gibt § 283. Ohne diese Vorschrift könnte der Gläubiger Schadensersatz wegen Nichterfüllung erst dann fordern, wenn die Unmöglichkeit der Leistung erwiesen oder das im dritten Abschnitte des 8. Buches der C.P.O. vorgezeichnete Zwangsvollstreckungsverfahren erschöpft ist. Zur Abschneidung dieses weitläufigen Verfahrens dient die Vorschrift des § 283. Sie kommt dem Gläubiger nicht bloß zu statten gegenüber einem Schuldner, welcher böswillig eine mögliche Leistung verweigert, sondern auch im Falle eines schon bei der Entstehung des Schuldverhältnisses vorhandenen Unvermögens zur Leistung, da letzteres auf die Verpflichtung des Schuldners zur Leistung ohne Einfluß ist (s. Vorbem. zu den §§ 275—283 Anm. II), endlich auch im Falle einer nachträglich eingetretenen objektiven oder subjektiven Unmöglichkeit, wenn der Beweis der Unmöglichkeit für den Gläubiger mit Schwierigkeiten verknüpft ist.

2. Vorausgesetzt wird eine rechtskräftige Verurtheilung des Schuldners. Ein vorläufig vollstreckbares Urtheil genügt nicht. Beim Vorliegen dieser Voraussetzung kann der Gläubiger, ohne zur Zwangsvollstreckung schreiten zu müssen, dem Schuldner eine angemessene Frist mit der Erklärung bestimmen, daß er nach dem Ablaufe der Frist die Leistung nicht mehr annehme. Näheres über die Fristbestimmung und deren Wirkungen in den Anm. 2—5 z. § 250.

3. Satz 3 des Abs. 1 bezieht sich nur auf solche Fälle, in denen nach der rechtskräftigen Verurtheilung, jedoch vor dem Ablaufe der Frist, die Leistung dauernd

unmöglich geworden ist. Eine vor der rechtskräftigen Verurtheilung eingetretene Unmöglichkeit, zu erfüllen, kann zufolge § 767 Abs. 2 C.P.O. n. Nr. nicht in Betracht kommen, die erst nach dem Ablaufe der Frist eingetretene aus dem Grunde nicht, weil mit dem Fristablaufe an die Stelle der Pflicht zur Erfüllung die Schadensersatzpflicht getreten ist. Eine vorübergehende, wenn auch unverschuldete Verhinderung des Schuldners, während des Laufes der Frist seine Verbindlichkeit zu erfüllen, befreit denselben nicht von der Verpflichtung, mit dem Ablaufe der Frist Schadensersatz zu leisten. (P. I, 322.)

4. Der Gläubiger, welcher den Schuldner auf Erfüllung verklagt, kann verlangen, daß die Frist, mit deren Ablaufe der Schadensersatzanspruch eintritt, im Urtheil bestimmt werde. § 255 C.P.O. n. Nr.

5. Dem Schuldner, welcher auf Grund des § 283 dem Gläubiger Schadensersatz zu leisten hat, steht der Anspruch auf Abtretung nach § 255 zu.

§ 284.

Leistet der Schuldner auf eine Mahnung des Gläubigers nicht, die nach dem Eintritte der Fälligkeit erfolgt, so kommt er durch die Mahnung in Verzug. Der Mahnung steht die Erhebung der Klage auf die Leistung sowie die Zustellung eines Zahlungsbefehls im Mahnverfahren gleich.

Ist für die Leistung eine Zeit nach dem Kalender bestimmt, so kommt der Schuldner ohne Mahnung in Verzug, wenn er nicht zu der bestimmten Zeit leistet. Das Gleiche gilt, wenn der Leistung eine Kündigung vorauszugehen hat und die Zeit für die Leistung in der Weise bestimmt ist, daß sie sich von der Kündigung ab nach dem Kalender berechnen läßt.

E. I, 245; II, 240; III, 278.

Im Anschlusse an die Unmöglichkeit der Leistung wird in den §§ 284—290 der Verzug des Schuldners behandelt.

Ist die geschuldete Leistung in einer bestimmten Richtung, nämlich in Ansehung der Zeit, zu welcher erfüllt werden sollte, unmöglich geworden, wenn der Schuldner zur gehörigen Zeit (s. § 271) nicht leistete, so hat die Folge dieser Unmöglichkeit der Schuldner, sofern ihm Verzug zur Last fällt, nach Maßgabe der Bestimmungen der §§ 286—290 zu vertreten.

I. Voraussetzungen des Verzugs:

1. Eingetretene Fälligkeit des Anspruchs. Vgl. hierüber § 271. Fälligkeit im Sinne des § 284 liegt jedoch nicht vor, solange dem Schuldner eine civilrechtliche Einrede gegen den Anspruch zusteht, da von einem Verzuge des Schuldners nicht die Rede sein kann, solange der Schuldner die Leistung zu verweigern berechtigt ist.

Eine Mahnung, welche ergeht, solange die Forderung gestundet oder die bedungene Kündigung noch nicht erfolgt ist, ist wirkungslos. Ueber die Mahnung eines Vertreters oder gegenüber einem Vertreter s. § 180.

Die Mahnung bewirkt nicht unmittelbar die Aenderung oder Aufhebung eines Rechtes. Sie ist deshalb keine Verfügung im Sinne des B.G.B.

2. Mahnung ist die nach dem Eintritte der Fälligkeit an den Schuldner gerichtete Aufforderung des Gläubigers, die Leistung zu bewirken. In der bloßen Uebersendung einer Rechnung ist, sofern sich nicht aus den Umständen (z. B. aus der Sendung wiederholter Rechnung) ein Anderes ergibt, eine Mahnung nicht zu erblicken.

a) Die Mahnung ist eine gegenüber einem Anderen abzugebende Willenserklärung, also ein einseitiges empfangsbedürftiges Rechtsgeschäft, auf welches die §§ 130—132 Anwendung finden. Ueber die Fälle, in denen die Mahnung von einer geschäftsunfähigen oder in der Geschäftsfähigkeit beschränkten Person ausgeht oder an eine solche Person gerichtet ist, s. die §§ 105, 111, 131.

Bei unbekanntem Aufenthalte des Schuldners kann die Mahnung im Wege der öffentlichen Zustellung erfolgen. § 132.

Besondere Vorschriften über die Form der Mahnung sind nicht gegeben.

b) Der Inhalt der Mahnung bestimmt sich nach dem Inhalte des Schuldverhältnisses. Aus der Mahnung muß mit Bestimmtheit hervorgehen, daß der Gläubiger die Bewirkung der geschuldeten Leistung verlangt.

α) Die Frage, ob durch eine Zuvielforderung der Schuldner in Verzug gesetzt wird, ist im Gesetze nicht beantwortet. In der Regel wird sie zu bejahen sein, namentlich dann, wenn anzunehmen ist, daß der Schuldner auch einer auf den geschuldeten Betrag beschränkten Mahnung keine Folge geleistet haben würde. Vgl. R.G.E. IX S. 141; S.A. Bd. XXXII Nr. 309.

β) Eine eventuelle oder bedingte Mahnung entbehrt der erforderlichen Bestimmtheit und ist deshalb wirkungslos (M. II, 58).

γ) Die Mahnung auf eine Leistung, welche der Schuldner nur Zug um Zug gegen eine Gegenleistung des Gläubigers zu bewirken hat, ist wirksam, auch wenn der Gläubiger sich nicht vorher oder gleichzeitig mit der Mahnung zur Bewirkung der Gegenleistung erboten hat. Der Gläubiger, welcher den Schuldner mahnt, erbietet sich stillschweigend mit der Mahnung zu der von ihm selbst geschuldeten Gegenleistung. Der Schuldner muß die Leistung gegen die Gegenleistung bewirken oder anbieten. Thut er dies, so kommt er nicht in Verzug (§ 294). Vielmehr geräth der Gläubiger in Verzug, wenn er nicht seinerseits die Gegenleistung anbietet (§ 298).

Das Gleiche gilt, wenn der Schuldner nur gegen Aushändigung einer Urkunde zur Leistung verpflichtet ist (§§ 410, 497), oder wenn der Gläubiger gegen Empfang der Leistung eine Quittung zu ertheilen hat. In letzterem Falle muß jedoch die Ertheilung der Quittung verlangt werden (§ 368).

c) Ist zur Leistung eine Mitwirkung des Gläubigers erforderlich, so geräth der Schuldner trotz der Mahnung nicht in Verzug, solange der Gläubiger die ihm obliegende Handlung nicht vornimmt und der Schuldner aus diesem Grunde die Leistung nicht bewirken kann.

Bei einer Holschuld wird also der Schuldner nur dann in Verzug gesetzt, wenn der Gläubiger sich zur Empfangnahme am Leistungsorte einfindet.

d) Zeit der Mahnung. Die Mahnung kann wirksam erst nach eingetretener Fälligkeit des Anspruches erfolgen. S. Anm. I. Der Schuldner kommt nicht in Verzug, wenn er, nachdem ihm die Mahnung zugegangen, ohne schuldhaftes Zögern die Leistung bewirkt. Verzögert er schuldhafter Weise die Leistung, so gilt der Verzug schon als im Zeitpunkte der Mahnung eingetreten. (Vgl. Planck, Anm. 7a zu § 284). Im Uebrigen enthält das B.G.B. keine besonderen Vorschriften über Zeit und Ort der Mahnung. Die Mahnung ist als solche wirksam, auch wenn nicht opportuno tempore et loco gemahnt wurde.

e) Der Mahnung gleich steht die Erhebung der Klage auf Verurtheilung zur Leistung, nicht aber die Feststellungsklage nach § 256 C.P.O. n. Nr., auch nicht die einredeweise Geltendmachung des Anspruches (M. I, 363); dagegen hat die Erhebung einer auf die Leistung gerichteten Widerklage (§ 33 C.P.O.) die Wirkungen der Mahnung. Diese Wirkungen treten zufolge § 281 C.P.O. n. Nr. mit dem Zeitpunkte ein, in welchem die Widerklage in der Verhandlung erhoben wird.

f) Der gemeinrechtliche, in der Theorie bestrittene, in der neueren Praxis jedoch durchgängig anerkannte Satz dies interpellat pro homine (s. Dernburg, Pand. Bd. 2 § 40 Note 14) ist durch Abs. 2 des § 284 auch in das B.G.B. aufgenommen und zwar für alle Fälle ohne Unterscheidung, ob die Zeitbestimmung durch Rechtsgeschäft, Gesetz oder Urtheil festgesetzt ist. Jedoch muß die Leistungszeit nach dem Kalender bestimmt sein, oder, wenn eine Kündigung vorherzugehen hat, von der Kündigung ab sich nach dem Kalender berechnen lassen. Ist dies der Fall, so kommt der Schuldner zur bestimmten Zeit ohne Mahnung in Verzug, wenn er nicht leistet.

Wenn jedoch die Beifügung einer kalendermäßigen Leistungszeit nach dem erklärten oder anzunehmenden Willen der Parteien nur die Bedeutung haben soll, daß der Gläubiger nicht vor der bestimmten Zeit fordern darf, so kommt selbstverständlich der Schuldner nur durch Mahnung in Verzug.

g) Die gemeinrechtliche mora ex re, wonach der Deliktsschuldner im Falle widerrechtlicher Entziehung eines Gegenstandes von der Entziehung ab auch ohne Mahnung als im Verzug befindlich angesehen wird (Dernburg, Pand. Bd. 2 § 40a), ist im B.G.B. nicht anerkannt. Vgl. jedoch die §§ 848, 849.

3. Eine weitere gesetzliche Voraussetzung des Schuldnerverzugs ist, daß die Leistung in Folge eines Umstandes unterbleibt, den der Schuldner zu vertreten hat, s. § 285.

II. Beendigung des Verzugs, purgatio morae (vgl. E. I § 253 P. I, 328). Der Verzug wird beendigt:

1. dadurch, daß der Schuldner die Leistung, so wie sie sich durch den Verzug gestaltet hat, also mit dem Ersatze des Schadens ꝛc., bewirkt oder ordnungsmäßig anbietet.

Bewirkt der Schuldner bloß die ursprünglich geschuldete Leistung ohne Schadensersatz, so liegt eine Theilleistung vor, welche der Gläubiger nach § 266 nicht anzunehmen braucht. Ob in der vorbehaltlosen Annahme ein Verzicht auf den Schadensersatz zu erblicken ist, muß nach den Umständen des Falles beurtheilt werden. Zu vermuthen ist ein solcher Verzicht nicht. Vgl. S.A. LIV Nr. 143.

2. Daß durch Vereinbarung zwischen dem Gläubiger und dem Schuldner die Folgen des Verzuges sowohl für die Vergangenheit als für die Zukunft ausgeschlossen werden können, folgt aus dem Prinzip der Vertragsfreiheit.

3. Regelmäßig wird der Verzug, wenigstens für die Zukunft, auch dadurch beendigt, daß der Gläubiger dem Schuldner eine Frist zur Leistung bewilligt. Indessen lassen sich Fälle denken, in denen der Gläubiger die Stundung nur unter der Bedingung gewährt, daß die Wirkungen des Verzuges auch für die Zukunft fortbestehen sollen.

Ob durch die Bewilligung einer Stundung Verzugswirkungen für die Vergangenheit aufgehoben werden, ist Thatfrage.

§ 285.

Der Schuldner kommt nicht in Verzug, solange die Leistung in Folge eines Umstandes unterbleibt, den er nicht zu vertreten hat.

E. I, 246; II, 241; III, 279.

1. Die gemeinrechtliche Streitfrage, ob für den Verzug ein Verschulden des Schuldners erfordert wird (Dernburg, Pand. Bd. 2 § 40 Note 15), hat das B.G.B. in bejahendem Sinne entschieden. Der Verzug des Schuldners hat stets zur Voraussetzung, daß das Unterbleiben der Leistung durch einen Umstand verursacht wurde, welchen der Schuldner zu vertreten hat.

2. Beweislast. Der Gläubiger hat nur die Fälligkeit seines Anspruches, und, soweit Mahnung erforderlich, auch die nach dem Eintritte der Fälligkeit erfolgte Mahnung zu beweisen, um den Verzug des Schuldners darzuthun. Dem Schuldner dagegen obliegt der Beweis, daß er die Leistung ordnungsmäßig bewirkt oder angeboten habe, bezw. daß die Leistung in Folge eines Umstandes unterblieben ist, den er nicht zu vertreten hat.

3. Was der Schuldner vertreten muß, bestimmen die §§ 276—279.

Mangel an Zahlungsmitteln, wenn auch unverschuldeter, schützt zufolge § 279 den Schuldner niemals vor den Folgen des Verzugs, wohl aber ein entschuldbarer Irrthum in Ansehung des Schuldverhältnisses; ein Zweifel des Schuldners über seine Verbindlichkeit nur insofern, als darin ein entschuldbarer Irrthum zu erblicken ist (M II, 60/61). Sobald der Irrthum bezw. der Zweifel des Schuldners gehoben oder ein sonstiger zeitweiliger Entschuldigungsgrund weggefallen ist, treten die Verzugsfolgen von selbst ein, ohne daß es einer Wiederholung der geschehenen Mahnung bedürfte. Dies ergibt sich aus dem Wortlaute des § 285 „Kommt nicht in Verzug, solange . . . .“

§ 286.

Der Schuldner hat dem Gläubiger den durch den Verzug entstehenden Schaden zu ersetzen.

Hat die Leistung in Folge des Verzugs für den Gläubiger kein Interesse, so kann dieser unter Ablehnung der Leistung Schadensersatz wegen Nichterfüllung verlangen. Die für das vertragsmäßige Rücktrittsrecht geltenden Vorschriften der §§ 346 bis 356 finden entsprechende Anwendung.

E. I, 247, II, 242. III, 280.

Das B.G.B. hat, davon ausgehend, daß der Verzug des Schuldners eine von letzterem zu vertretende theilweise Unmöglichkeit der Leistung herbeiführt, nämlich die

Unmöglichkeit der Erfüllung in Ansehung der Zeit, zu welcher die Leistung zu bewirken war (s. M. II, 56 u. Anm. zu § 284) in § 286 die Ersatzverbindlichkeit des im Verzuge befindlichen Schuldners in derselben Weise geregelt, wie in § 280 die Ersatzpflicht des Schuldners im Falle der von ihm zu vertretenden Unmöglichkeit der Leistung überhaupt.

1. Der Schuldner hat dem Gläubiger den Schaden zu ersetzen, der durch den Verzug entstanden ist. Für die Art und den Umfang der Ersatzleistung sind die Bestimmungen der §§ 249—255 maßgebend. Darüber, ob durch den Verzug ein Schaden überhaupt entstanden ist und wie hoch sich derselbe beläuft, entscheidet das Gericht nach freier Ueberzeugung (§ 287 C.P.O. n. Nr.).

2. Abs. 2. Der Gläubiger, welcher unter Ablehnung der verspäteten Leistung Schadensersatz wegen Nichterfüllung verlangt, muß beweisen, daß die verspätete Leistung für ihn kein Interesse hat. Die Geltendmachung des in Abs. 2 dem Gläubiger eingeräumten Rechtes ist in das Belieben des Gläubigers gestellt. Dieser kann daher, soweit nicht § 226 entgegensteht, auch wenn die Leistung für ihn kein Interesse mehr hat, auf der Erfüllung bestehen, so z. B. wenn ein Dritter an der verspäteten Lieferung Interesse hat.

Die Vorschriften des Abs. 2 finden auch Anwendung, wenn der Schuldner nur mit einem Theile der Leistung in Verzug ist. Die entsprechende Anwendbarkeit, der §§ 346—356 ist hier insbesondere von Bedeutung, wenn der Gläubiger bereits einen Theil der Leistung empfangen hat und den noch ausstehenden Theil auf Grund des ihm nach Abs. 2 zustehenden Rechtes ablehnt. Vgl. hierüber die Anm. zu § 280.

3. Ueber die Folgen des Schuldner-Verzuges bei gegenseitigen Verträgen s. § 326.

§ 287.

Der Schuldner hat während des Verzugs jede Fahrlässigkeit zu vertreten. Er ist auch für die während des Verzugs durch Zufall eintretende Unmöglichkeit der Leistung verantwortlich, es sei denn, daß der Schaden auch bei rechtzeitiger Leistung eingetreten sein würde.

E. I, 250, 251; II, 243; III, 281.

Die Vorschriften des § 287 schließen sich an die herrschende gemeinrechtliche Lehre von der perpetuatio obligationis an (Windscheid, Pand. Bd. 2 § 280; Dernburg, Pand. Bd. 2 § 41).

1. Satz 1. Der Schuldner hat von Beginn des Verzuges bis zu dessen Beendigung jede Fahrlässigkeit zu vertreten, auch wenn er vor Eintritt des Verzuges nur für grobe Fahrlässigkeit oder nur für die Sorgfalt in eigenen Angelegenheiten haftbar war.

2. Satz 2. Der Schuldner haftet auch für die während des Verzuges durch Zufall eintretende Unmöglichkeit der Leistung. Die Haftung fällt nur dann weg, wenn der Schaden den Gläubiger auch bei rechtzeitiger Leistung getroffen haben würde. Letzteres muß der Schuldner beweisen.

a) Nach E. I § 251 war der Schuldner nur dann befreit, wenn er beweisen konnte, daß eben derselbe Zufall, welcher die Leistung unmöglich gemacht hat, auch bei rechtzeitiger Leistung den Schaden zur Folge gehabt haben würde. Die Beschränkung hat die II. Komm. zu Gunsten des Schuldners fallen lassen. (P. I, 328). Wenn z. B. nach Eintritt des Verzuges des Schuldners der von diesem zu liefernde Gegenstand durch Brand zu Grunde ging und der Schuldner beweist, daß auch bei rechtzeitiger Leistung dem Gläubiger der Gegenstand innerhalb derselben Zeit auf andere Weise, etwa durch Hochwasser, ohne Ersatzanspruch zu Grunde gegangen wäre, so wird er von der Haftung frei.

b) Der weitere Zufall würde den Nachtheil für den Gläubiger allerdings nur dann zur Folge haben, wenn der Gläubiger den rechtzeitig gelieferten Gegenstand bis dahin behalten haben würde. Nach der Fassung des § 287 trifft die Beweislast für die Einrede, daß der Schaden auch bei rechtzeitiger Lieferung eingetreten sein würde, ausschließlich den Schuldner. Damit ist auch die alte Streitfrage, ob der Gläubiger beweisen muß, daß er früher veräußert haben würde, oder ob dem Schuldner der Beweis obliegt, daß der Gläubiger behalten haben würde (vgl. Windscheid, Pand. Bd. 2 § 280 Note 14, und Dernburg, Pand. Bd. 2 § 41 Note 2), zu Ungunsten des Schuldners entschieden. (Ebenso Planck, Anm. 2 Abs. 1; Schollmeyer

Anm. 26; Fischer-Henle, Anm. 2, A. M. Meisner, Nr. 2; Kuhlenbeck, Nr. 2; einen mittleren Standpunkt nimmt Oertmann ein, Anm. 2 zu § 286.) Gegenüber der Schwierigkeit dieser Beweisführung gibt § 287 C.P.O. u. Nr. dem Richter die Möglichkeit, dem praktischen Bedürfnisse gerecht zu werden.

c) Der Nachtheil darf den Gläubiger nicht erst nach der Entstehung des Schadensersatzanspruchs gegen den Schuldner getroffen haben. Wenn also in dem oben angeführten Beispiele das Hochwasser erst nach dem Brande eingetreten ist, würde sich der Schuldner hierauf nicht berufen können. Der einmal entstandene Ersatzanspruch wird durch einen späteren Zufall nicht mehr berührt (P. I, 328).

d) Die Bestimmung des Satzes 2 gilt nicht bloß, wenn die Leistung überhaupt unmöglich geworden, sondern auch wenn die gehörige Leistung unmöglich geworden ist, z. B. bei einer durch Zufall eingetretenen Verschlechterung des Leistungsgegenstandes. Der Verschlechterung wird die Entwerthung des Gegenstandes durch eine nach dem Beginn des Verzugs eingetretene Preisminderung gleichzustellen sein. Auch hier wird der Schuldner beweisen müssen, daß der Gläubiger den Gegenstand behalten haben würde. (Ebenso Schollmeyer, Anm. 1 zu § 286; Oertmann, Anm. 5 zu § 287. A. M. M. II, 65.)

§ 288.

Eine Geldschuld ist während des Verzugs mit vier vom Hundert für das Jahr zu verzinsen. Kann der Gläubiger aus einem anderen Rechtsgrunde höhere Zinsen verlangen, so sind diese fortzuentrichten.

Die Geltendmachung eines weiteren Schadens ist nicht ausgeschlossen.

E. I, 248; II, 244; III, 282.

1. In Uebereinstimmung mit dem bisherigen Rechte (vgl. Windscheid, Pand. Bd. 2 § 280 Nr. 1; Dernburg, Pand. Bd. 2 § 41 Nr. 3; § 3 B.G. vom 14. Nov. 1867 und Art. 3 Bayr. Ges. vom 5. Dez. 1867) bestimmt § 288, daß der Schuldner einer Geldschuld Verzugszinsen zu entrichten hat. Nur der Zinssatz ist für die Verzugszinsen von 5% auf 4% herabgesetzt. Bei beiderseitigen Handelsgeschäften beträgt nach § 352 H.G.B. der Zinssatz auch für Verzugszinsen 5%.

2. Der Anspruch auf die vierprozentigen Verzugszinsen steht dem Gläubiger in allen Fällen zu, ohne daß er eine Zinseneinbuße oder einen sonstigen Schaden nachzuweisen hat, also auch dann, wenn die Geldschuld vor dem Verzuge zu einem geringeren Zinssatze verzinslich oder unverzinslich war.

3. Der Schenker braucht Verzugszinsen nicht zu entrichten (§ 522).

4. Zufolge § 197 unterliegen die Ansprüche auf rückständige Zinsen ohne Unterscheidung des Entstehungsgrundes, mithin auch die Ansprüche auf rückständige Verzugszinsen, der vierjährigen Verjährung.

5. Die Geltendmachung eines den Betrag der vierprozentigen Verzugszinsen übersteigenden Schadens ist dem Gläubiger unbenommen, jedoch trifft ihn in Ansehung dieses Schadens die Beweislast.

§ 289.

Von Zinsen sind Verzugszinsen nicht zu entrichten. Das Recht des Gläubigers auf Ersatz des durch den Verzug entstehenden Schadens bleibt unberührt.

E. I, 249; II, 245; III, 283.

1. Von Zinsen, gleichviel ob dieselben gesetzliche oder rechtsgeschäftliche Zinsen sind, sind Verzugszinsen nicht zu entrichten. Das Interesse des Gläubigers ist hinreichend geschützt dadurch, daß er in allen Fällen die Erstattung des ihm durch den Verzug erweislich zugegangenen gesammten Schadens fordern kann. Im Uebrigen s. d. Anm. zu § 248.

2. Ueber den Zinsanspruch im Kontokurrentverkehr mit einem Kaufmanne s. § 355 H.G.B.

§ 290.

Ist der Schuldner zum Ersatze des Werthes eines Gegenstandes verpflichtet, der während des Verzugs untergegangen ist oder aus einem während des Verzugs eingetretenen Grunde nicht herausgegeben werden kann, so kann der Gläubiger Zinsen des zu ersetzenden Betrags von dem Zeitpunkt an verlangen, welcher der Bestimmung des Werthes zu Grunde gelegt wird. Das Gleiche gilt, wenn der Schuldner zum Ersatze der Minderung des Werthes eines während des Verzugs verschlechterten Gegenstandes verpflichtet ist.

E. I, 252; II, 246; III, 284.

1. Die Verpflichtung des Schuldners zum Ersatze des Werthes eines Gegenstandes, welcher während des Verzuges untergegangen ist oder aus einem während des Verzuges eingetretenen Grunde nicht herausgegeben werden kann, bezw. zum Ersatze der Minderung des Werthes eines während des Verzuges verschlechterten Gegenstandes bestimmt sich nach den §§ 286, 287. Hiernach ist der im Verzuge befindliche Schuldner, abgesehen von der Ausnahmebestimmung in Satz 2 des § 287, regelmäßig zum Werthsersatze verpflichtet.

2. Maßgebender Zeitpunkt für die Werthsermittelung. Der Werth des zu ersetzenden Gegenstandes bezw. der Minderwerth des verschlechterten Gegenstandes kann vom Eintritte des Verzugs bis zur wirklichen Ersatzleistung sich ändern. Welcher Zeitpunkt ist nun für die Berechnung des Werthes maßgebend?

E. I bestimmte in § 240 Abs. 2, entscheidend sei der Ort und die Zeit, in welcher der Schuldner zu leisten verpflichtet war: der Werth einer späteren Zeit könne vom Gläubiger nur dann geltend gemacht werden, wenn nach den Umständen anzunehmen sei, daß der Schaden des Gläubigers in der Entziehung des höheren Werthes bestehe. Diese Bestimmung wurde von der II. Komm. gestrichen, weil sich begründete Bedenken dagegen erheben ließen (P. 319). Die Regelung des maßgebenden Zeitpunktes bleibt sohin der richterlichen Würdigung nach § 287 C.P.O. n. Nr. überlassen. Die richtige Entscheidung wird sich im Einzelfalle unschwer finden lassen, wenn von dem für den Schadensersatz leitenden Grundsatze ausgegangen wird, daß der Gläubiger durch die Ersatzleistung in diejenige Vermögenslage gebracht werden soll, in welcher er sich ohne den Eintritt des zum Ersatze verpflichtenden Umstandes befinden würde. In der Regel wird der Zeitpunkt der Urtheilsfällung entscheidend sein. Vergl. Anm. 3 zu § 252.

3. Beginn des Zinsenlaufs. Die Vorschrift des § 290 beruht auf einem Beschlusse der Reichstagskommission. In der E. I, II, III war ausgesprochen, daß der Gläubiger Zinsen des zu ersetzenden Betrages von der Zeit an beanspruchen könne, zu welcher der Schuldner mit der Leistung in Verzug gekommen ist. Die Reichstagskommission hielt diese Bestimmung für unbillig in solchen Fällen, in welchen zwischen dem Eintritt des Verzuges und dem der Werthsermittelung zu Grunde gelegten Zeitpunkte ein längerer Zeitraum in Mitte liege, und erachtete letzteren Zeitpunkt für entscheidend (s. R.T.K. S. 58). Der Zinsfuß beträgt 4% (§ 246).

§ 291.

Eine Geldschuld hat der Schuldner von dem Eintritte der Rechtshängigkeit an zu verzinsen, auch wenn er nicht im Verzug ist; wird die Schuld erst später fällig, so ist sie von der Fälligkeit an zu verzinsen. Die Vorschriften des § 288 Abs. 1 und des § 289 Satz 1 finden entsprechende Anwendung.

E. II, 247; III, 285.

1. § 291 handelt von den sogenannten Prozeßzinsen. Nach dem gemeinen Gewohnheitsrecht konnte der Gläubiger von der Rechtshängigkeit an Prozeßzinsen aus der eingeklagten Summe verlangen (Dernburg, Pand. Bd. 1 § 154 N. 19, Bd. 2 § 29 N. 12). E. I enthielt eine solche Bestimmung nicht. Die allgemeinen Vorschriften über den Verzug (§ 288) wurden für ausreichend erachtet (M. II, S. 55). Erst von der II. Komm. wurde aus Gründen der Billigkeit und Zweckmäßigkeit die Bestimmung in das B.G.B. aufgenommen (P. I, 323, 324).

Die Bestimmung ist von Bedeutung nur für jene Fälle, in welchen das Rechtshängigmachen des Anspruches (§§ 263, 281, 693 C.P.O. n. Nr.) den Schuldner nicht in

Verzug bringt. Dies trifft zu, wenn der Schuldner sich in Ansehung des Schuldverhältnisses in einem entschuldbaren Irrthum befindet (s. Anm. 3 zu § 285) oder wenn der Anspruch beim Eintritt der Rechtshängigkeit noch nicht fällig ist, da in § 284 Abs. 1 Fälligkeit des Anspruchs vorausgesetzt wird. In ersterem Falle sind die Prozeßzinsen von Eintritt der Rechtshängigkeit, in letzterem von der Fälligkeit an zu entrichten.

Ist der Schuldner durch die Erhebung der Klage in Verzug gerathen (§ 284 Abs. 1 S. 2), so ergibt sich seine Verpflichtung, die eingeklagte Schuld von der Rechtshängigkeit an zu verzinsen, schon aus der allgemeinen Vorschrift des § 288.

Ist der Schuldner schon vor der Rechtshängigkeit im Verzug, so beginnt die Zinsverbindlichkeit selbstverständlich mit dem Momente des Verzugs (§ 288).

2. Der Zinsfuß beträgt 4%, auch wenn die Geldschuld auf Grund des Schuldverhältnisses geringer verzinslich oder unverzinslich war; kann der Gläubiger aus einem anderen Rechtsgrunde höhere Zinsen verlangen, so sind diese fort zu entrichten (§ 288 Abs. 1 S. 2); Verzugszinsen sind von diesen Zinsen nicht zu entrichten (§ 289 S. 1).

Für die Geltendmachung eines weiteren Schadens nach § 288 Abs. 2 wird stets Verzug des Schuldners vorausgesetzt.

3. Die Prozeßzinsen des § 291 sind keine Verzugszinsen. Sie müssen daher auch vom Schenker entrichtet werden (s. § 522).

4. Ueber den Begriff der Geldschuld s. Anm. 1 zu § 245.

§ 292.

Hat der Schuldner einen bestimmten Gegenstand herauszugeben, so bestimmt sich von dem Eintritte der Rechtshängigkeit an der Anspruch des Gläubigers auf Schadensersatz wegen Verschlechterung, Unterganges oder einer aus einem anderen Grunde eintretenden Unmöglichkeit der Herausgabe nach den Vorschriften, welche für das Verhältniß zwischen dem Eigenthümer und dem Besitzer von dem Eintritte der Rechtshängigkeit des Eigenthumsanspruchs an gelten, soweit nicht aus dem Schuldverhältniß oder dem Verzuge des Schuldners sich zu Gunsten des Gläubigers ein Anderes ergiebt.

Das Gleiche gilt von dem Anspruche des Gläubigers auf Herausgabe oder Vergütung von Nutzungen und von dem Anspruche des Schuldners auf Ersatz von Verwendungen.

E. I, 244; II, 248; III, 286.

1. Grund der Bestimmung. Durch die Klageerhebung wird zwar nicht immer ein Verzug des Beklagten begründet (s. Anm. 1 zu § 291), allein der Beklagte verzögert, auch wenn er in bester Ueberzeugung den Prozeß führt, durch die Prozeßführung die Befriedigung des klägerischen Anspruches. Er muß sich vom Prozeßbeginn an die Möglichkeit vorhalten, daß der Anspruch des Klägers als begründet anerkannt werden kann. Deshalb hat er das Streitobjekt, sofern es ein bestimmter Gegenstand (species) ist, mit aller Sorgfalt zu behandeln und muß sich von Streitbeginn an als Verwahrer und Verwalter fremden Gutes betrachten. Auf dieser Erwägung beruht die Vorschrift des § 292 (M. I, 362 und II, 55).

2. Voraussetzung ist, daß ein bestimmter Gegenstand, d. i. eine Species herauszugeben ist. Für Gattungsschulden ist § 243 maßgebend. Unter Herausgabe ist sowohl die Zurückgabe (Restitution) als die Uebergabe (Tradition) zu verstehen. Dagegen ist die Vorschrift nicht anwendbar, wenn es sich um die Verpflichtung des Schuldners zur Vorlegung einer Sache oder Urkunde nach §§ 809, 810 handelt. (M. II, 56.)

3. Die Vorschrift ist eine subsidiäre und nur zu Gunsten des Gläubigers gegeben. Sie bezeichnet das Mindestmaß dessen, was der Gläubiger vom Schuldner gesetzlich beanspruchen kann. Eine weitergehende Haftung des Schuldners, die sich aus dem Schuldverhältnisse oder aus dem Verzuge des Schuldners ergibt, wird hiedurch nicht berührt. Daß durch Rechtsgeschäft die nach § 292 begründete gesetzliche Verpflichtung des Schuldners nicht nur erweitert, sondern auch eingeschränkt werden kann, ist nach dem für das Obligationenrecht anerkannten Prinzip der Vertragsfreiheit selbstverständlich.

4. Die Anwendung der Vorschriften, welche für das Verhältniß zwischen dem Eigenthümer und dem Besitzer von dem Eintritte der Rechtshängigkeit des Eigenthumsanspruchs an gelten, auf die durch § 292 getroffenen Fälle ergibt Folgendes:

a) Der Schuldner ist von dem Eintritte der Rechtshängigkeit an dem Gläubiger für den Schaden verantwortlich, der dadurch entsteht, daß in Folge seines Verschuldens der herauszugebende Gegenstand verschlechtert wird, untergeht oder aus einem anderen Grunde von ihm nicht herausgegeben werden kann (§ 989).

b) Der Schuldner hat dem Gläubiger die Nutzungen herauszugeben, die er nach dem Eintritte der Rechtshängigkeit zieht, und ist, soweit er schuldhafter Weise nach diesem Zeitpunkte Nutzungen nicht gezogen hat, die er nach den Regeln einer ordnungsmäßigen Wirthschaft hätte ziehen können, dem Gläubiger zum Ersatze verpflichtet (§ 987).

c) Macht der Schuldner nach dem Eintritte der Rechtshängigkeit nothwendige Verwendungen auf den herauszugebenden Gegenstand oder Aufwendungen zur Bestreitung von Lasten des Gegenstandes, so bestimmt sich die Ersatzpflicht des Gläubigers nach den Vorschriften über die Geschäftsführung ohne Auftrag (§ 994 Abs. 2 u. 995). Ist ein landwirthschaftliches Grundstück herauszugeben, so findet § 998 Anwendung. Auch die §§ 1000—1003 sind entsprechend anwendbar.

Zweiter Titel.

Verzug des Gläubigers.

§ 293.

Der Gläubiger kommt in Verzug, wenn er die ihm angebotene Leistung nicht annimmt.

E. I, 254, II. 249, III, 287.

Die §§ 293—299 regeln die Voraussetzungen, die §§ 300—304 die Wirkungen des Gläubigerverzugs.

1. Abweichend von der herrschenden gemeinrechtlichen Lehre (s. Windscheid, Pand. Bd. 2 § 345 Anm. 8, Dernburg, Pand. Bd. 2 § 43 Nr. 10) wird nach dem B.G.B. für den Verzug des Gläubigers ein Verschulden des Letzteren nicht erfordert. Vielmehr kommt der Gläubiger schon durch die bloße Thatsache in Verzug, daß er die ihm ordnungsmäßig angebotene Leistung nicht annimmt. Ein passives Verhalten des Gläubigers genügt. Verweigerung der Annahme wird nicht verlangt. Der Gläubiger kann sich, abgesehen von dem besonderen Falle des § 299, auch nicht durch den Nachweis entschuldigen, daß er durch äußere Zufälle an der Annahme verhindert war.

2. Auch ein Dritter kann dem Gläubiger mit der Wirkung des Annahmeverzuges die Leistung anbieten, es sei denn, daß der Schuldner in Person zu leisten hat, oder daß der Schuldner der Leistung des Dritten widerspricht. Dagegen bedarf es einer Einwilligung des Schuldners nicht, um den Annahmeverzug herbeizuführen, s. Anm. 3 und 4 zu § 267.

3. Eine Pflicht des Gläubigers zur Annahme besteht nicht. Der Gläubiger kann also nicht auf Annahme der Leistung verklagt werden.
Sonderbestimmungen enthalten die §§ 433 und 640 über die Abnahmepflicht des Käufers einer Sache bezw. des Bestellers eines Werkes.

4. Beweislast. Der Schuldner hat im Bestreitungsfalle zu beweisen, daß dem Gläubiger die Leistung ordnungsmäßig angeboten und von demselben nicht angenommen wurde.

5. Ueber die Beendigung des Verzuges gibt das B.G.B. keine ausdrückliche Bestimmung. Die Vorschrift in E. I § 262, daß der Verzug des Gläubigers für die Zukunft mit dem Zeitpunkte aufhöre, in dem der Gläubiger das Versäumte nachholt und sich zum Ersatze der durch den Verzug erwachsenen Mehraufwendungen bereit erklärt hat, wurde von der II. Komm. als entbehrlich gestrichen (s. M. II, 77 und P. I, 333). Aus den allgemeinen Regeln des B.G.B. über den Verzug ergibt sich, daß der Gläubigerverzug beendigt wird:

a) im Falle des § 294 dadurch, daß der Gläubiger sich dem Schuldner gegenüber zur Annahme bereit erklärt,

b) in den Fällen der §§ 295, 296 dadurch, daß der Gläubiger die ihm obliegende Handlung vornimmt. Jedoch braucht der Schuldner, wenn ihm nach § 304 ein Anspruch auf Ersatz der Mehraufwendungen zusteht, zufolge Abs. 2 des § 273 die Leistung nur Zug um Zug gegen Leistung des Ersatzes anzubieten. Der Gläubiger geräth alsdann von neuem in Verzug, wenn er den verlangten Ersatz nicht anbietet (§ 298).

Daß die Wirkungen des Annahmeverzuges sowohl für die Vergangenheit wie für die Zukunft durch Vereinbarung der Parteien aufgehoben werden können, ist nach dem Prinzip der Vertragsfreiheit selbstverständlich.

§ 294.

Die Leistung muß dem Gläubiger so, wie sie zu bewirken ist, thatsächlich angeboten werden.

E. I, 255, Abs. 1, II, 250, III, 288.

§ 294 handelt von dem regelmäßigen Falle, in welchem der Gläubiger, um das Bewirken der Leistung zu ermöglichen, keine weitere Thätigkeit vorzunehmen hat, als daß er die ihm angebotene Leistung annimmt.

In diesem Falle muß der Schuldner (bezw. der Dritte), um den Gläubiger in Verzug zu setzen, diesem die Leistung

a) inhaltlich so, wie sie zu bewirken ist, insbesondere vollständig (§ 266),
b) am gehörigen Orte (§ 269),
c) zur rechten Zeit (§ 271),
d) nicht bloß wörtlich, sondern thatsächlich (§ 294),

anbieten.

Hiebei ist zufolge § 242 erforderlich, daß das Angebot nach Inhalt, Zeit und Ort so erfolgt, wie Treu und Glauben mit Rücksicht auf die Verkehrssitte es erfordern.

Ist ein Gegenstand zu leisten, so hat der Schuldner diesen dem Gläubiger zur Empfangnahme vorzulegen; ist eine Handlung zu leisten, so muß der Schuldner zu deren Vornahme — erforderlichen Falles gehörig ausgerüstet — am Leistungsorte sich einfinden.

§ 295.

Ein wörtliches Angebot des Schuldners genügt, wenn der Gläubiger ihm erklärt hat, daß er die Leistung nicht annehmen werde, oder wenn zur Bewirkung der Leistung eine Handlung des Gläubigers erforderlich ist, insbesondere wenn der Gläubiger die geschuldete Sache abzuholen hat. Dem Angebote der Leistung steht die Aufforderung an den Gläubiger gleich, die erforderliche Handlung vorzunehmen.

E. I, 255 Abs. 2, 3 Satz 1; II, 251 Abs. 1; III, 289.

1. Von der in § 294 aufgestellten Regel, daß die Leistung thatsächlich angeboten werden muß, um den Gläubiger in Verzug zu setzen, werden in § 295 im Anschlusse an das gemeine Recht (Dernburg, Pand. Bd. 2 § 43 Note 7, und Windscheid, Pand. Bd. 2 § 345 Note 5) zwei Ausnahmen gemacht. Es soll nämlich ein wörtliches Angebot genügen:

a) wenn der Gläubiger dem Schuldner (in bestimmter Weise) erklärt hat, daß er die Leistung nicht annehmen werde;
b) wenn zur Bewirkung der Leistung eine Handlung des Gläubigers erforderlich ist. Außer dem im Gesetze besonders hervorgehobenen Falle der Holschuld gehören hieher auch die Fälle, in welchen bei einem alternativen Schuldverhältnisse das Wahlrecht dem Gläubiger zusteht (s. § 264 Anm. 3), ferner die Fälle, in denen die Leistung von einer vorgängigen Klarstellung der Schuld durch den Gläubiger abhängt (vgl. B.E. VII S. 313), oder wenn der Gläubiger die Art und Weise der Erfüllung oder die nähere Beschreibung des Leistungsgegenstandes vorher zu bestimmen hat, z. B. beim sogenannten Spezifikationskaufe (§ 375 H.G.B.; R.O.H.G. XV R. 45).

Keinen Unterschied macht es, ob die Handlung des Gläubigers vorhergehen oder ob der Gläubiger gleichzeitig mit dem Schuldner in Thätigkeit treten muß, damit die Leistung perfekt werden kann. Hat in letzterem Falle, um die gleichzeitige Thätigkeit zu ermöglichen, der Schuldner selbst vorher in irgend einer Weise thätig zu werden, so muß selbstverständlich rücksichtlich dieser Thätigkeit des Schuldners ein thatsächliches Angebot vorausgehen (M. II, 71).

Die gleiche Wirkung, wie ein wörtliches Angebot, hat in den unter b aufgeführten Fällen die an den Gläubiger gerichtete Aufforderung, die Handlung vorzunehmen. Wenn jedoch der Schuldner mit der Aufforderung einen anderen Zweck verfolgt, als den, seiner Leistungspflicht zu genügen, so kann die Aufforderung natürlich einem wörtlichen Angebote der Leistung nicht gleichgeachtet werden. Der Gegenbeweis, daß die Aufforderung einen anderen Zweck hatte, steht dem Gläubiger offen.

2. Gibt der Gläubiger auf das wörtliche Angebot des Schuldners die Erklärung ab, daß er die Leistung jetzt annehmen werde, oder nimmt er auf das wörtliche Angebot bezw. auf die Aufforderung des Schuldners die erforderliche Handlung vor, so hat nunmehr der Schuldner thatsächlich anzubieten.

3. Die Erklärung des Gläubigers, daß er die Leistung nicht annehmen werde, das wörtliche Angebot und die Aufforderung des Schuldners, die erforderliche Handlung vorzunehmen, sind einseitige, empfangsbedürftige Willenserklärungen, auf welche die §§ 130—132 Anwendung finden. Es kann also insbesondere das wörtliche Angebot sowie die Aufforderung an den Gläubiger bei unbekanntem Aufenthalte des Letzteren im Wege der öffentlichen Zustellung gemäß § 132 erfolgen.

4. § 295 spricht nur vom wörtlichen Angebote des Schuldners. Einem Dritten, welcher für den Schuldner die Leistung anbietet (§ 267), steht die Vergünstigung des § 295 nicht zu. Dem Gläubiger kann nicht zugemuthet werden, sich wegen der von seiner Seite zur Ausführung der Leistung erforderlichen Handlungen mit dem Dritten statt des Schuldners einzulassen (P. I, 329).

5. Um den Gläubiger durch ein wörtliches Angebot oder durch die in Satz 2 erwähnte Aufforderung in Verzug zu setzen, ist ferner erforderlich, daß der Schuldner zur Zeit des Angebotes bezw. der Aufforderung im Stande ist, die Leistung zu bewirken (§ 297).

§ 296.

Ist für die von dem Gläubiger vorzunehmende Handlung eine Zeit nach dem Kalender bestimmt, so bedarf es des Angebots nur, wenn der Gläubiger die Handlung rechtzeitig vornimmt. Das Gleiche gilt, wenn der Handlung eine Kündigung vorauszugehen hat und die Zeit für die Handlung in der Weise bestimmt ist, daß sie sich von der Kündigung ab nach dem Kalender berechnen läßt.

E. I, 255 Abs. 3 Satz 2; II, 251 Abs. 2; III, 290.

1. Die Bestimmung des § 296 entspricht der Bestimmung des § 284 Abs. 2.

Wenn in den Fällen des § 295 für die vom Gläubiger vorzunehmende Handlung eine Zeit kalendermäßig bestimmt ist, so bedarf es weder eines wörtlichen Angebotes der Leistung noch einer Aufforderung an den Gläubiger, die Handlung vorzunehmen. Der Gläubiger geräth ohne Weiteres zu der bestimmten Zeit in Verzug, wenn er die Handlung nicht rechtzeitig vornimmt. Ebenso für das gem. R. Windscheid, Pand. Bd. 2 § 345 Note 4b. Nimmt der Gläubiger die Handlung rechtzeitig vor, so hat nach der Regel des § 294 der Schuldner thatsächlich anzubieten, es sei denn, daß der Gläubiger mit oder nach der Vornahme der Handlung dem Schuldner erklärt, daß er die Leistung nicht annehmen werde. Dagegen scheint Schollmeyer in Anm. b γ zu § 296 die Ansicht zu vertreten, daß in den Fällen des § 296 bei rechtzeitiger Vornahme der Handlung durch den Gläubiger stets das wörtliche Angebot des Schuldners genüge.

Die Bestimmung des § 296 ist insbesondere von praktischer Bedeutung bei Inhaber- und Orderpapieren, für deren Vorzeigung eine nach dem Kalender berechenbare Zeit bestimmt ist.

2. Wie in § 295 wird auch hier vorausgesetzt, daß der Schuldner im Stande ist, die Leistung zu bewirken s. § 297.

§ 297.

Der Gläubiger kommt nicht in Verzug, wenn der Schuldner zur Zeit des Angebots oder im Falle des § 296 zu der für die Handlung des Gläubigers bestimmten Zeit außer Stande ist, die Leistung zu bewirken.

E. I, 255 Abs. 3 Satz 2; II, 251 Abs. 3; III, 291.

1. Reelles Leistungsvermögen.

Um den Gläubiger in Verzug zu setzen, ist in allen Fällen erforderlich, daß der Schuldner auch im Stande ist, die Leistung zu bewirken. Das Leistungsvermögen des Schuldners muß vorhanden sein im Zeitpunkte des thatsächlichen oder wörtlichen Angebots, im Falle des § 295 Satz 2 im Zeitpunkte der Aufforderung und in den Fällen des § 296 zu der kalendermäßig bestimmten Zeit.

2. Beweislast. Das Leistungsvermögen des Schuldners wird vermuthet. Der Gläubiger, welcher geltend macht, daß der Schuldner zu der in Frage kommenden Zeit außer Stande war, zu leisten, hat den Beweis hiefür zu erbringen.

Die Note 1 bei Fischer-Henle zu § 297, daß der Schuldner den Beweis des reellen Leistungsvermögens zu führen habe, stützt sich offenbar auf E. I § 255, welcher von der II. Komm. unter Umkehrung der Beweislast abgeändert wurde (P. I, 329).

§ 298.

Ist der Schuldner nur gegen eine Leistung des Gläubigers zu leisten verpflichtet, so kommt der Gläubiger in Verzug, wenn er zwar die angebotene Leistung anzunehmen bereit ist, die verlangte Gegenleistung aber nicht anbietet.

E. I, 256; II, 252; II, 292.

1. Die Bestimmung des § 298 hat zur Voraussetzung:

a) daß der Schuldner nur gegen eine Leistung des Gläubigers zu leisten verpflichtet ist. Dies ist der Fall nicht bloß bei Verpflichtungen aus gegenseitigen Verträgen (§ 320), sondern bei allen Verpflichtungen, welche Zug um Zug zu erfüllen sind. Selbstverständlich muß § 298 erst recht auch für jene Fälle anwendbar sein, in denen der Gläubiger vorzuleisten hat. (M. II, 73);

b) daß der Schuldner die ihm gebührende Gegenleistung bezw. die Vorleistung des Gläubigers verlangt;

c) auf Seite des Gläubigers, daß dieser die verlangte Gegenleistung anzubieten unterläßt. Einer Verweigerung der Gegenleistung bedarf es nicht; ein bloß passives Verhalten des Gläubigers, das „Nichtanbieten", genügt.

2. Wirkungen:

a) der Schuldner, welcher in Folge des Nichtanbietens der verlangten Gegenleistung die ihm selbst obliegende und gehörig angebotene Leistung nicht bewirkt, geräth nicht in Verzug, bis der Gläubiger die Gegenleistung anbietet, da der Annahmeverzug des Gläubigers den Leistungsverzug des Schuldners in Bezug auf dieselbe Leistung ausschließt.

b) Der Gläubiger kommt in Annahmeverzug ohne Rücksicht, ob ihn ein Verschulden trifft oder nicht (s. Anm. 1 zu § 293); dagegen geräth er durch das Nichtanbieten der Gegenleistung nicht schlechthin in Leistungsverzug (mora solvendi), vielmehr steht ihm als Schuldner der Gegenleistung gemäß § 285 der Beweis offen, daß die ihm obliegende Gegenleistung in Folge eines Umstandes unterblieben ist, den er nicht zu vertreten hat, z. B. in Folge eines entschuldbaren Irrthums.

§ 299.

Ist die Leistungszeit nicht bestimmt oder ist der Schuldner berechtigt, vor der bestimmten Zeit zu leisten, so kommt der Gläubiger nicht dadurch in Verzug, daß er vorübergehend an der Annahme der angebotenen Leistung verhindert ist, es sei denn, daß der Schuldner ihm die Leistung eine angemessene Zeit vorher angekündigt hat.

E. II, 253; III, 253.

1. Grund der Bestimmung. § 299, welcher eine Ausnahme von der Regel aufstellt, daß der Verzug des Gläubigers ohne jedes Verschulden des letzteren eintritt, ist mit Rücksicht auf die Bestimmung des § 271 von der II. Komm. angenommen worden. Zufolge § 271 kann der Schuldner, wenn eine Zeit für die Leistung weder

bestimmt noch aus den Umständen zu entnehmen ist, die Leistung sofort bewirken, und, wenn eine Zeit bestimmt ist, im Zweifel die Leistung vorher bewirken.

Die II. Komm. ging davon aus, daß in diesen Fällen, in welchen die Leistung während eines längeren Zeitraumes bewirkt werden könne, der Schuldner sich vorübergehende Behinderungen des Gläubigers gefallen lassen müsse; es könne nicht verlangt werden, daß in den gedachten Fällen der Gläubiger jeden Augenblick zur Empfangnahme der Leistung bereit sei. Komme es dem Schuldner darauf an, gerade in einem bestimmten Zeitpunkte zu leisten, so solle er seine Absicht dem Gläubiger eine angemessene Zeit vorher mittheilen. (P. I, 329.)

2. Vorausgesetzt wird, daß der Gläubiger zur Zeit des Angebots an der Annahme verhindert und die Verhinderung nur eine vorübergehende, keine dauernde ist. Ob diese Voraussetzungen vorliegen, ist nach den Umständen des einzelnen Falles zu beurtheilen.

3. Beweislast. Der Gläubiger hat seine vorübergehende Verhinderung zu beweisen, der Schuldner die rechtzeitige Ankündigung der Leistung.

4. Die Ankündigung ist ein einseitiges empfangsbedürftiges Rechtsgeschäft (§§ 130—132). Sie muß stets vom Schuldner ausgehen. Die Ankündigung eines Dritten, welcher die Leistung bewirken will, braucht der Gläubiger nicht zu beachten. Dies ergibt schon der Wortlaut des § 299 und auch der Grundgedanke des § 267, wonach ein Dritter bloß zum Bewirken bezw. zum thatsächlichen Anbieten der Leistung befugt ist.

§ 300.

Der Schuldner hat während des Verzugs des Gläubigers nur Vorsatz und grobe Fahrlässigkeit zu vertreten.

Wird eine nur der Gattung nach bestimmte Sache geschuldet, so geht die Gefahr mit dem Zeitpunkt auf den Gläubiger über, in welchem er dadurch in Verzug kommt, daß er die angebotene Sache nicht annimmt.

E. I, 257; II, 254; III, 294.

1. Wirkung des Gläubigerverzuges auf die Haftung des Schuldners. Durch den Verzug des Gläubigers wird der Schuldner, abgesehen von jenen Fällen, in welchen durch den Annahmeverzug die Leistung überhaupt unmöglich geworden ist (§ 275), von der Verpflichtung nicht befreit. Doch hat der Gläubigerverzug ebenso wie im gemeinen Rechte (Dernburg, Pand. Bd. 2 § 43 Nr. 3a, und Windscheid, Pand. Bd. 2 § 346 Nr. 1) die Folge, daß der Schuldner während des Verzuges nur für Vorsatz und für grobe Fahrlässigkeit haftet, auch wenn er vorher in weiterem Umfange haftbar war.

Diese Abschwächung der Haftung des Schuldners tritt nach der Fassung des § 300 Abs. 1 abweichend von E. I 257 (s. Mot. II, S. 74) ganz allgemein ein, mag es sich um einen in den Händen des Schuldners befindlichen, dem Gläubiger zu gewährenden Gegenstand handeln oder um eine Handlung, welche der Schuldner in Erfüllung seiner fortdauernden Verpflichtung vorzunehmen hat. Ebenso Planck, Anm. 2 zu § 300.

2. Uebergang der Gefahr bei Gattungsschulden.

Zufolge § 275 wird bei Schuldverhältnissen, welche auf die Leistung eines bestimmten Gegenstandes (einer species) gerichtet sind, im Falle einer nachträglich eintretenden zufälligen Unmöglichkeit der Schuldner von der Verpflichtung zur Leistung frei; der Gläubiger verliert mithin den Anspruch auf die Leistung, er kann auch das Interesse nicht fordern. In diesem Sinne trägt also bei Speziesobligationen schon von der Entstehung des Schuldverhältnisses an die Gefahr der Gläubiger.

Für Gattungsschuldverhältnisse bestimmt § 279, daß, solange die Leistung aus der Gattung überhaupt möglich ist, der Schuldner auch sein unverschuldetes Unvermögen zur Leistung zu vertreten hat. Da nun nach § 243 Abs. 2 mit dem Zeitpunkt, in welchem der Schuldner das zur Leistung seinerseits Erforderliche gethan hat, die Gattungsschuld sich in eine Speziesschuld verwandelt, so spricht § 300 Abs. 2 nur eine selbstverständliche Folgerung der §§ 275 und 243 aus; denn der Schuldner, welcher dem Gläubiger die zur Erfüllung bestimmte Sache in solcher Weise anbietet, daß der Gläubiger durch deren Nichtannahme in Verzug geräth, hat das zur Leistung seinerseits Erforderliche gethan. Damit hat sich das Schuldverhältniß auf die angebotene Sache konzentrirt, es liegt nunmehr eine Speziesschuld vor, bei welcher die Gefahr schon nach § 275 den Gläubiger trifft. Ueber die besondern Wirkungen des Annahmeverzugs bei gegenseitigen Verträgen s. § 324 Abs. 2.

Der Uebergang der Gefahr ist dadurch bedingt, daß der Gläubiger „die angebotene Sache nicht annimmt." Der Schuldner hat also eine bestimmte Sache auszuscheiden und diese dem Gläubiger thatsächlich oder in den Fällen des § 295 wörtlich anzubieten. Wo es eines Angebotes überhaupt nicht bedarf, um den Gläubiger in Verzug zu setzen (s. § 295 Satz 2 und 296), da kommt der Gläubiger zwar ohne das Angebot der Leistung in Verzug, allein die Gefahr bleibt bei dem Schuldner.

3. Geld, Werthpapiere, sonstige Urkunden und Kostbarkeiten kann der Schuldner im Falle des Annahmeverzuges für den Gläubiger hinterlegen (§ 372), bewegliche Sachen, welche sich zur Hinterlegung nicht eignen, kann er versteigern lassen (§ 383). Ueber weitere Wirkungen des Gläubigerverzuges auf das Schuldverhältniß s. die §§ 264 Abs. 2, 274 Abs. 2, 322, 324, 424, 429, 615, 642, 644.

§ 301.

Von einer verzinslichen Geldschuld hat der Schuldner während des Verzugs des Gläubigers Zinsen nicht zu entrichten.

E. I, 259; II, 255; III, 295.

1. Während nach gem. R. die Zinsverbindlichkeit des Schuldners durch den Annahmeverzug des Gläubigers nicht berührt wurde (Dernburg, Pand. Bd. 2 § 43 Note 11, Windscheid, Pand. Bd. 2 § 346 Nr. 4), bestimmt das B.G.B., daß von einer verzinslichen Geldschuld, mag die Zinspflicht auf Gesetz oder auf Rechtsgeschäft beruhen, der Schuldner während des Verzuges des Gläubigers Zinsen nicht zu entrichten hat. Hiebei macht es keinen Unterschied, ob der Schuldner thatsächlich Zinsen gezogen hat oder nicht.

Die in den Motiven (M. II, 75) ausgesprochene Ansicht, daß in ersterem Falle auf die Verpflichtung des Schuldners zum Ersatze der thatsächlich gezogenen Zinsen die Vorschrift des § 302 über den Ersatz der Nutzungen zur Anwendung komme, dürfte sich mit der bestimmten Fassung des § 301 nicht vereinbaren lassen. Ebenso Planck, Anm. zu § 301. Die Befreiung des Schuldners von der Zinsverbindlichkeit tritt auch dann ein, wenn derselbe die dem Gläubiger aus dem Schuldverhältnisse obliegende Gegenleistung empfangen hat, z. B. im Falle des § 452, wo dem Schuldner als Käufer die Nutzungen der gekauften Sache gebühren (P. I, 332).

2. Daß der Schuldner während des Gläubigerverzugs keine Verzugszinsen zu entrichten braucht, ist selbstverständlich, da der Annahmeverzug des Gläubigers den Leistungsverzug des Schuldners hinsichtlich derselben Leistung ausschließt.

§ 302.

Hat der Schuldner die Nutzungen eines Gegenstandes herauszugeben oder zu ersetzen, so beschränkt sich seine Verpflichtung während des Verzugs des Gläubigers auf die Nutzungen, welche er zieht.

E. I, 258; II, 256; III, 296.

1. Ob der Schuldner zur Herausgabe oder zum Ersatze der Nutzungen eines Gegenstandes verpflichtet ist, bestimmt sich nach dem Inhalte des konkreten Schuldverhältnisses. Besteht hienach eine solche Verpflichtung des Schuldners, so beschränkt sich dieselbe während des Verzugs des Gläubigers auf jene Nutzungen, welche der Schuldner thatsächlich gezogen hat. In Ansehung dieser Nutzungen haftet er für Vorsatz und grobe Fahrlässigkeit. Dagegen ist nicht zu untersuchen, ob der Schuldner aus Vorsatz oder grober Fahrlässigkeit es unterlassen hat, Nutzungen zu ziehen. Das B.G.B. steht auf dem Standpunkte, daß der Schuldner vom Eintritt des Gläubigerverzuges an zur Ziehung von Nutzungen im Interesse des Gläubigers nicht mehr verpflichtet ist (s. M. II, 75). Eine nicht bestehende Verpflichtung kann aber durch Vorsatz oder Fahrlässigkeit nicht verletzt werden.

2. Ueber den Begriff der Nutzungen s. § 100.

§ 303.

Ist der Schuldner zur Herausgabe eines Grundstücks verpflichtet, so kann er nach dem Eintritte des Verzugs des Gläubigers den Besitz aufgeben. Das

Aufgeben muß dem Gläubiger vorher angedroht werden, es sei denn, daß die Androhung unthunlich ist.

E. II, 257; III, 297.

1. Nach gemeinem Recht war der Schuldner vom Eintritt des Gläubigerverzuges an berechtigt, den geschuldeten Gegenstand preiszugeben, sofern ihm andere dem Gläubiger weniger nachtheilige Mittel nicht zu Gebote standen (s. Dernburg, Pand. Bd. 2 § 43 Note 13, Windscheid, Pand. Bd. 2 § 346 Note 6).

Das P.L.R. Th. IV cap. 14 § 15 Nr. 16 verweist den Schuldner auf die gerichtliche Hinterlegung.

Das B.G.B. kennt bei beweglichen Sachen ein Preisgebungsrecht des Schuldners nicht. Der Schuldner kann sich durch Hinterlegung der geschuldeten Sache (§ 372) oder, wenn die Sache sich zur Hinterlegung nicht eignet, durch öffentliche Versteigerung derselben und Hinterlegung des Erlöses (§ 383) von seiner Verbindlichkeit befreien.

Diese Behelfe stehen jedoch dem Schuldner nicht zur Seite, wenn ein Grundstück den Leistungsgegenstand bildet. Aus Billigkeitsgründen wurde deshalb von der II. Komm. die Bestimmung des § 303 aufgenommen, „weil dem Schuldner nicht zugemuthet werden könne, Unkosten aufzuwenden und sich vielleicht sogar in der Wahl des Aufenthaltsortes eine Beschränkung aufzuerlegen, um den Besitz für den säumigen Gläubiger zu bewahren" (P. I, 332).

2. Der Schuldner ist nur zum Aufgeben des Besitzes, d. i. der thatsächlichen Gewalt (§ 856), berechtigt, nicht zum Aufgeben des Eigenthums (§ 928).

3. Androhung. Das Aufgeben muß dem Gläubiger vorher angedroht werden. Die Androhung ist ein einseitiges empfangsbedürftiges Rechtsgeschäft (§§ 130—132). Treu und Glauben erfordern, daß die Androhung so zeitig erfolgt, daß der Gläubiger noch im Stande ist, den Besitz zu übernehmen.

Unthunlich ist die Androhung, wenn sie mit einem Aufwand an Kosten, Mühe oder Zeit verknüpft sein würde, welcher dem Schuldner billiger Weise nicht zugemuthet werden kann. Dies darf in der Regel angenommen werden, wenn der mit einem erheblichen Zeitaufwande verbundene Weg der öffentlichen Zustellung der Androhung gewählt werden müßte (§ 132 Abs. 2).

Den Beweis der Unthunlichkeit hat der Schuldner zu liefern, welcher die Androhung unterlassen hat. Hat der Schuldner den Besitz aufgegeben ohne die erforderliche Androhung, so wird er gemäß § 280 dem Gläubiger schadensersatzpflichtig, soweit er in Folge der Besitzaufgabe unvermögend geworden ist, zu leisten. Er haftet jedoch zufolge § 300 nur, wenn er aus Vorsatz oder grober Fahrlässigkeit die Androhung unterlassen hat.

§ 304.

Der Schuldner kann im Falle des Verzugs des Gläubigers Ersatz der Mehraufwendungen verlangen, die er für das erfolglose Angebot sowie für die Aufbewahrung und Erhaltung des geschuldeten Gegenstandes machen mußte.

E. I, 261; II, 258; III, 298.

1. Für den Annahmeverzug wird ein Verschulden des Gläubigers nicht vorausgesetzt. Es rechtfertigt sich deshalb auch nicht eine dem § 286 entsprechende Bestimmung, daß der Gläubiger dem Schuldner den durch den Annahmeverzug verursachten Schaden zu ersetzen habe. Nur in den Fällen, in welchen eine Abnahmepflicht des Gläubigers gesetzlich ausgesprochen ist (§ 433 Abs. 2 u. § 640), wo sich also der Annahmeverzug zugleich als Leistungsverzug darstellt, ist der Gläubiger aus seiner mora solvendi dem Schuldner zum Schadensersatze nach § 286 Abs. 1 verpflichtet.

In allen anderen Fällen des Annahmeverzugs beschränkt sich die Ersatzpflicht des Gläubigers auf die erforderlichen Mehraufwendungen für das erfolglose Angebot, für die Aufbewahrung und Erhaltung des geschuldeten Gegenstandes.

Nur dasjenige, was der Schuldner nothwendigerweise aufgewendet, und was er mehr aufgewendet hat, als er ohne den Annahmeverzug aufgewendet haben würde, kann er ersetzt verlangen.

2. Der Anspruch ist selbständig klagbar; auch hat der Schuldner wegen desselben nach § 273 ein Zurückbehaltungsrecht.

Der Anspruch bleibt bestehen, auch wenn der Gläubiger nachträglich auf sein Forderungsrecht verzichtet oder der Leistungsgegenstand später untergegangen ist.

Wegen der Verpflichtung des Gläubigers, den aufgewendeten Mehrbetrag zu verzinsen und den Schuldner von einer zu diesem Zweck eingegangenen Verbindlichkeit zu befreien s. §§ 256 u. 257.

Zweiter Abschnitt.
Schuldverhältnisse aus Verträgen.
Erster Titel.
Begründung. Inhalt des Vertrags.

§ 305.

Zur Begründung eines Schuldverhältnisses durch Rechtsgeschäft sowie zur Aenderung des Inhalts eines Schuldverhältnisses ist ein Vertrag zwischen den Betheiligten erforderlich, soweit nicht das Gesetz ein Anderes vorschreibt.

E. I, 342; II, 310; III, 299.

1. Das B.G.B. gibt keine Definition des Begriffes „Vertrag". Aus den §§ 145, 146, 151 geht jedoch soviel hervor, daß zum Vertrag immer ein Anbieten von einer Seite und ein Annehmen von der andern Seite, also eine übereinstimmende Willenserklärung der sich gegenüber stehenden Betheiligten erforderlich ist. Näheres hierüber im Ersten Buche, 3. Abschn. 3. Tit.

§ 305 bringt demnach zum Ausdruck, daß, soweit nicht das Gesetz ein Anderes vorschreibt, eine einseitige Willenserklärung nicht geeignet ist, ein Schuldverhältniß zu begründen oder den Inhalt eines solchen zu ändern, daß hiezu vielmehr stets eine ausdrückliche oder stillschweigende Annahmeerklärung der anderen an dem Schuldverhältnisse betheiligten Partei nothwendig ist.

Es wurde für angezeigt erachtet, dies im Gesetz ausdrücklich hervorzuheben, um hiedurch der Schlußfolgerung entgegenzutreten, daß das B.G.B. den in der neueren Theorie vertretenen Satz von der allgemeinen Verbindlichkeit des einseitigen Schuldversprechens (s. Windscheid, Pand. Bd. 2 § 304 Note 12) anerkannt habe (M. II, 175).

2. Die Streitfrage, ob die Verbindlichkeiten aus § 82 (Stiftung), § 657 ff. (Auslobung), § 793 ff. (Schuldverschreibungen auf den Inhaber) in einem einseitigen Versprechen oder in einem Vertrage ihren Grund haben (vgl. M. II, 175, P. I, 447, Jakubezky, Bem. zu §§ 342, 343, Windscheid, Pand. Bd. 2 § 304 Note 11), kann hier unentschieden gelassen werden. Für die Praxis genügt die Bestimmung, daß durch Rechtsgeschäfte, welche sich nicht als Verträge darstellen, nur in den vom Gesetz besonders bestimmten Fällen ein Schuldverhältniß begründet bezw. der Inhalt eines solchen geändert werden kann, und daß, wie als selbstverständlich angenommen werden darf, auf solche Rechtsgeschäfte die Grundsätze über die Verträge entsprechend anwendbar sind.

3. Ueber die bindende Kraft des Vertragsantrags s. d. §§ 145 ff.

4. Für das Erlöschen der Schuldverhältnisse werden besondere Bestimmungen im dritten Abschnitte (§§ 372—397) gegeben.

§ 306.

Ein auf eine unmögliche Leistung gerichteter Vertrag ist nichtig.

E. I, 344; II, 259 Abs. 1; III, 300.

1. Der auf eine unmögliche Leistung gerichtete Vertrag ist nichtig. Vorausgesetzt wird hiebei

a) daß die Unmöglichkeit schon bei Eingehung des Vertrages vorhanden ist. Die Wirkungen einer nachträglich eintretenden Unmöglichkeit der Leistung sind in § 275 geregelt,

b) daß die Leistung objektiv unmöglich ist, gleichviel, ob aus thatsächlichen oder aus rechtlichen Gründen. Ein vor oder bei Eingehung des Vertrages vorhandenes subjektives Unvermögen des Versprechenden ist auf die Gültigkeit des Vertrags ohne Einfluß. S. Vorbem. zu den §§ 275—283. Für den Fall, daß die Unmöglichkeit gehoben werden kann, kommt § 308 zur Anwendung.

2. Bei einer theilweisen Unmöglichkeit der Leistung ist der ganze Vertrag nichtig, wenn nicht anzunehmen ist, daß der Vertrag auch ohne den nichtigen Theil geschlossen worden sein würde (§ 139).

3. Ein Vertrag ist auch nichtig, wenn er auf eine Leistung gerichtet ist, die gegen ein gesetzliches Verbot oder gegen die guten Sitten verstößt. Dies ergibt sich schon aus den §§ 134 u. 138. Vgl. auch § 309.

4. Durch die Vorschrift des § 306 wird die Gültigkeit eines Garantieversprechens nicht berührt, durch welches jemand die Haftung dafür übernimmt, daß eine objektiv unmögliche Leistung möglich sei. Unter Umständen kann eine stillschweigende Garantieübernahme schon in der bewußten Eingehung eines auf eine unmögliche Leistung gerichteten Vertrages gefunden werden. In diesen Fällen haftet der Versprechende nicht bloß für das negative Interesse n. § 307, sondern für das Erfüllungsinteresse. (Vgl. P. I, 448—450.)

5. Einschränkungen des in § 306 aufgestellten Satzes enthalten § 437 (Haftung des Verkäufers einer nicht bestehenden Forderung) und § 459 (Gewährleistungspflicht des Verkäufers wegen einer ausdrücklich zugesicherten, aber in Wirklichkeit nicht vorhandenen und nicht zu beschaffenden Eigenschaft der verkauften Sache).

6. In den Fällen, in welchen ausnahmsweise ein Schuldverhältniß auch durch ein einseitiges Versprechen begründet werden kann (s. Anm. 2 zu § 305), findet die Vorschrift des § 306 auch auf das einseitige Versprechen Anwendung.

Daß kraft Gesetzes ein auf eine unmögliche Leistung gerichtetes Schuldverhältniß begründet werden könnte, ist als ausgeschlossen zu erachten (M. II, 178).

§ 307.

Wer bei der Schließung eines Vertrags, der auf eine unmögliche Leistung gerichtet ist, die Unmöglichkeit der Leistung kennt oder kennen muß, ist zum Ersatze des Schadens verpflichtet, den der andere Theil dadurch erleidet, daß er auf die Gültigkeit des Vertrags vertraut, jedoch nicht über den Betrag des Interesses hinaus, welches der andere Theil an der Gültigkeit des Vertrags hat. Die Ersatzpflicht tritt nicht ein, wenn der andere Theil die Unmöglichkeit kennt oder kennen muß.

Diese Vorschriften finden entsprechende Anwendung, wenn die Leistung nur theilweise unmöglich und der Vertrag in Ansehung des möglichen Theiles gültig ist oder wenn eine von mehreren wahlweise versprochenen Leistungen unmöglich ist.

E. I, 345; II, 259 Abs. 2 u. 3; III, 301.

1. Zur Begründung des in § 307 bezeichneten Ersatzanspruchs wird vorausgesetzt, daß der Vertrag auf eine objektiv unmögliche Leistung gerichtet (s. § 306) und daß die Kenntniß oder fahrlässige Nichtkenntniß der Unmöglichkeit beim Abschlusse des Vertrages vorhanden war.

2. Der Ersatzanspruch beschränkt sich auf das sogenannte negative Interesse. Der haftbare Theil hat also beispielsweise dem anderen Theile jene Aufwendungen zu erstatten, welche dieser im Vertrauen darauf, daß ein gültiger Vertrag zustandegekommen sei, gemacht hat. Würde indessen der Vermögensvortheil, den der andere Theil im Falle der Gültigkeit des Vertrages gehabt hätte, geringer sein als der Betrag der Aufwendungen, so wäre nur der erstere geringere Betrag zu erstatten. Näheres in den Anm. zu § 122.

3. Jeder Vertragstheil kann den Anspruch erheben, sowohl der die unmögliche Leistung Versprechende als der Versprechensempfänger, vorausgesetzt, daß den Gegner ein Verschulden trifft, nämlich die Kenntniß oder schuldhafte Nichtkenntniß der Unmöglichkeit, während er selbst von einem solchen Verschulden frei ist (vgl. M. II, 179, P. I, 452).

4. Die Ersatzpflicht tritt nicht ein, wenn auch der andere Theil die Unmöglichkeit kannte oder kennen mußte (Abs. 1 S. 2). Das Gesetz stellt hier das „Kennenmüssen" dem „Kennen" völlig gleich. Eine Ersatzpflicht besteht hienach auch dann nicht, wenn der eine Theil die Unmöglichkeit kennt, während bei dem anderen nur ein fahrlässiges Nichtkennen vorliegt. A. M. Oertmann, Anm. 4 zu § 307, welche zum Ausschlusse des Ersatzanspruches ein äquivalentes Verschulden fordert.

Der Ersatzanspruch ist nicht begründet, wenn keiner der Vertragschließenden die Unmöglichkeit kannte oder kennen mußte.

5. Bei theilweiser Unmöglichkeit der Leistung ist der Vertrag zum möglichen Theile gültig, wenn anzunehmen ist, daß er auch ohne den unmöglichen Theil abgeschlossen worden sein würde (§ 139). In diesem Falle ist der Schaden zu ersetzen, den der andere Theil dadurch erleidet, daß er auf die Gültigkeit auch des unmöglichen Theiles baute. Ist dagegen der ganze Vertrag nichtig, so kommt Abs. 1 zur Anwendung.

6. Bei wahlweise versprochenen Leistungen beschränkt sich nach § 265 das Schuldverhältniß auf die möglichen Leistungen. Der verantwortliche Theil muß dem anderen den Schaden ersetzen, welchen dieser dadurch erfährt, daß er auf die Giltigkeit sämmtlicher wahlweise versprochenen Leistungen vertraut hat.

7. Rechtliche Natur des Anspruchs. Die Frage, ob die Haftung nach § 307 eine Haftung aus Delikt oder wegen Verletzung rechtsgeschäftlicher Pflichten ist, ist von Bedeutung für die Verjährung des Anspruchs. Sie ist im Gesetze nicht ausdrücklich entschieden (M. II, 179), allein nach der Stellung der Bestimmung im Abschnitte „Schuldverhältnisse aus Verträgen" wird angenommen werden dürfen, daß die Verletzung rechtsgeschäftlicher Pflichten den Grund der Haftung bildet. Der Anspruch unterliegt also der ordentlichen dreißigjährigen Verjährung (§ 195), nicht der kürzeren des § 852. Ebenso Fischer-Henle, Note 1, Planck, Anm. 4, Oertmann, Anm. 7c, Schollmeyer, Anm. 3 zu § 307.

8. Beweislast. Der die Entschädigung Fordernde hat den Nachweis zu führen, daß der andere Theil die Unmöglichkeit kannte oder kennen mußte. Der die Ersatzpflicht Bestreitende kann sich dann durch den Nachweis befreien, daß auch der andere Theil die Unmöglichkeit kannte oder kennen mußte (P. I, 451).

§ 308.

Die Unmöglichkeit der Leistung steht der Gültigkeit des Vertrags nicht entgegen, wenn die Unmöglichkeit gehoben werden kann und der Vertrag für den Fall geschlossen ist, daß die Leistung möglich wird.

Wird eine unmögliche Leistung unter einer anderen aufschiebenden Bedingung oder unter Bestimmung eines Anfangstermins versprochen, so ist der Vertrag gültig, wenn die Unmöglichkeit vor dem Eintritte der Bedingung oder des Termins gehoben wird.

E I, 346; II, 260; III, 302.

1. Abs. 1. Die Bestimmung des § 306 gilt an sich auch dann, wenn die Unmöglichkeit nur eine vorübergehende ist. In diesem Falle kann nun die Absicht der Vertragschließenden dahin gehen, der Vertrag solle nur für den Fall geschlossen sein, daß die Leistung späterhin möglich wird. Ist diese Absicht vorhanden, so nimmt das B.G.B. einen durch die Beseitigung der Unmöglichkeit aufschiebend bedingten gültigen Vertrag an.

Eine Vermuthung dafür, daß der Vertrag im Zweifel als für den Fall der Beseitigung der Unmöglichkeit geschlossen anzusehen sei, spricht das Gesetz nicht aus. Es kommt auf die Prüfung des einzelnen Falles an, doch wird in der Regel nach Treu und Glauben eine solche Absicht der Parteien anzunehmen sein. Haben die Parteien in Unkenntniß der vorhandenen Unmöglichkeit die Leistung beim Vertragsabschlusse für eine sofort mögliche gehalten, so fehlt es an der Voraussetzung, daß der Vertrag für den Fall des Möglichwerdens der Leistung geschlossen wurde; es kommt alsdann nicht § 308, sondern § 306 bezw. § 307 zur Anwendung.

2. Abs. 2. Wenn eine unmögliche Leistung unter der aufschiebenden Bedingung versprochen wird, daß die Leistung möglich wird, so ist der Vertrag zufolge Abs. 1 sofort gültig, soferne die Unmöglichkeit eine nur vorübergehende ist.

Wird dagegen eine unmögliche Leistung unter einer anderen aufschiebenden Bedingung oder unter Bestimmung eines Anfangstermins versprochen, so hängt die Gültigkeit des Vertrages noch davon ab, daß die Unmöglichkeit vor dem Eintritte der Bedingung oder des Termins beseitigt wird. Wird die Unmöglichkeit vor diesem Zeitpunkte gehoben, dann bleibt der Vertrag gültig, auch wenn im Zeitpunkte des Eintritts des Termins oder der Bedingung die Unmöglichkeit wieder vorhanden ist. Dies ist insbesondere wichtig wegen der Haftung für eine verschuldete nachträgliche Unmöglichkeit (§§ 275, 280).

Tritt die Bedingung oder der Anfangstermin ein, bevor die Unmöglichkeit beseitigt wurde, so ist der Vertrag nichtig.

3. Die Vorschriften des § 308 finden auch entsprechende Anwendung auf ein Vermächtniß, das auf eine zur Zeit des Erbfalls unmögliche Leistung gerichtet ist (§ 2171).

§ 309.

Verstößt ein Vertrag gegen ein gesetzliches Verbot, so finden die Vorschriften der §§ 307, 308 entsprechende Anwendung.

E. I, 347; II, 261; III, 303.

1. Ein Vertrag, welcher gegen ein gesetzliches Verbot verstößt, ist nichtig, wenn sich nicht aus dem Gesetz etwas Anderes ergibt (§ 134).

Gegen ein gesetzliches Verbot verstößt sowohl ein Vertrag, welcher auf eine durch Gesetz verbotene Leistung gerichtet, als ein Vertrag, dessen Schließung durch Gesetz verboten ist. (Vgl. die Fassung des inhaltlich unverändert angenommenen § 347 E. I und die Anm. zu § 134.)

2. Die entsprechende Anwendung der §§ 307, 308 auf solche Verträge führt zu folgendem Ergebnisse:

a) Wer bei der Schließung des Vertrages das gesetzliche Verbot kannte oder kennen mußte, ist dem anderen Theile zum Ersatze des negativen Interesses verpflichtet, es sei denn, daß auch der Andere das Verbot kannte oder kennen mußte.

Diese Bestimmung wird allerdings nur von geringer praktischer Bedeutung sein, da in der Regel auf Seiten eines Jeden der Vertragschließenden in Ansehung des gesetzlichen Verbots ein unentschuldbarer Rechtsirrthum vorliegen und deshalb eine Ersatzpflicht ausgeschlossen sein wird.

Verstößt nur ein Theil des Vertrages gegen ein gesetzliches Verbot, so bestimmt sich nach § 139, ob der Vertrag ganz oder theilweise nichtig ist. Ist eine von mehreren wahlweise versprochenen Leistungen nichtig, weil sie gegen ein gesetzliches Verbot verstößt, so muß im Falle der Beschränkung auf die übrigen Leistungen der Schuldige dem andern Theil den Schaden ersetzen, den dieser dadurch erleidet, daß er auf die Gültigkeit des Vertrages mit der Möglichkeit sämmtlicher wahlweise versprochenen Leistungen vertraut hat.

b) Das gesetzliche Verbot steht der Gültigkeit nicht entgegen, wenn der Vertrag für den Fall geschlossen ist, daß es aufgehoben wird.

Wird ein gegen ein gesetzliches Verbot verstoßender Vertrag unter einer anderen aufschiebenden Bedingung oder unter der Bestimmung eines Anfangstermins geschlossen, so ist der Vertrag gültig, wenn das Verbot vor dem Eintritt der Bedingung oder des Termins aufgehoben wird.

3. Auf Verträge, welche gegen die guten Sitten verstoßen, finden die §§ 307 u. 308 keine Anwendung. Verträge dieser Art sind schlechthin nichtig (§ 138) und berechtigen niemals zu einem Anspruche auf das negative Interesse.

Ob ein Vertrag gegen die guten Sitten verstößt, muß stets nach dem Zeitpunkte des Vertragsschlusses beurtheilt werden.

4. Auf ein Vermächtniß, das gegen ein zur Zeit des Erbfalles bestehendes gesetzliches Verbot verstößt, ist § 308 entsprechend anwendbar (§ 2171).

§ 310.

Ein Vertrag, durch den sich der eine Theil verpflichtet, sein künftiges Vermögen oder einen Bruchtheil seines künftigen Vermögens zu übertragen oder mit einem Nießbrauche zu belasten, ist nichtig.

E. I, 350 Abs. 1; II, 262; III, 304.

1. Nach gemeinem Rechte ist die Schenkung des künftigen Vermögens zulässig (Dernburg, Pand. Bd. 2 § 106 Anm. 7, Windscheid, Pand. Bd. 2 § 368 Anm. 8 u. 9), desgleichen ein das künftige Vermögen umfassender Gesellschaftsvertrag (Windscheid, Pand. 2 § 405 Anm. 2 u. 3, Dernburg Pand. Bd. 2 § 124 Anm. 7 u. 8; ebenso P.L.R. Th. IV cap. 8 § 1 Nr. 2 u. 3).

2. Das B.G.B. dagegen erklärt jeden Vertrag, durch welchen sich der eine Theil verpflichtet, sein künftiges Vermögen oder einen Bruchtheil desselben zu übertragen oder mit einem Nießbrauche zu belasten, für nichtig.

Die Gründe dieser Bestimmung liegen auf wirthschaftlichem Gebiete. Es soll Jedermann seine wirthschaftliche Freiheit erhalten bleiben, insbesondere soll verhütet werden, daß jemand sich gewissermaßen seiner Erwerbsfähigkeit begebe und dadurch allen Antrieb zum Erwerbe verliere. Bei dem auf Uebertragung eines Bruchtheiles des künftigen Vermögens gerichteten Vertrage besteht das weitere Bedenken, daß die Zulassung solcher Rechtsgeschäfte in der Praxis zu unabsehbaren Verwickelungen führen würde. (Vgl. M. II, 186/187, P. I, 458.)

3. Das Verbot erstreckt sich auch auf solche Verträge, durch welche jemand gegen das Versprechen einer Gegenleistung (Leibrente, Versorgung und dgl.) sein künftiges Vermögen ganz oder theilweise zu übertragen oder mit einem Nießbrauche zu belasten sich verpflichtet.

4. Erbverträge (§ 2274 ff.) sowie Eheverträge über die eheliche Gütergemeinschaft (§ 1432, §§ 1437 ff.) werden durch die Vorschrift des § 310 selbstverständlich nicht berührt. (M. II, 187.)

§ 311.

Ein Vertrag, durch den sich der eine Theil verpflichtet, sein gegenwärtiges Vermögen oder einen Bruchtheil seines gegenwärtigen Vermögens zu übertragen oder mit einem Nießbrauche zu belasten, bedarf der gerichtlichen oder notariellen Beurkundung.

E. I, 350 Abs. 2; II, 263; III, 305.

1. Der obligatorische Vertrag, durch welchen sich der eine Theil verpflichtet, sein gegenwärtiges Vermögen oder einen Bruchtheil desselben zu übertragen oder mit einem Nießbrauche zu belasten, bedarf der gerichtlichen oder notariellen Beurkundung. Zum Vollzuge der Vermögensübertragung sind noch die gesetzlich vorgeschriebenen besonderen Uebertragungsakte bezüglich der einzelnen Vermögensgegenstände erforderlich (Uebergabe, Auflassung, Uebertragung der Forderungen und sonstigen Rechte, Bestellung des Nießbrauchs an den einzelnen Gegenständen nach § 1085 u. s. w.).

2. Der Vertrag bedarf der gerichtlichen oder notariellen Beurkundung: bei einem Vertrage, durch welchen sich jemand schenkungsweise verpflichtet, also nicht bloß das Versprechen des Schenkers, sondern auch die Annahmeerklärung des Beschenkten.

3. Ueber die Form der gerichtlichen oder notariellen Beurkundung s. § 128 und Art. 141 E.G. In Bayern sind zufolge Art. 167, I, B.A.G. z. B.G.B. u. Art. 1 Not.Ges. zur Beurkundung ausschließlich die Notare zuständig.

4. Wegen der Schuldenhaftung bei der Vermögensübertragung s. § 419, bei der Bestellung eines Nießbrauchs §§ 1086 ff.

5. Nach § 139 ist zu beurtheilen, ob ein Vertrag, durch welchen eine Verpflichtung, das gegenwärtige und künftige Vermögen zu übertragen oder mit einem Nießbrauche zu belasten, im Ganzen oder nur, soweit er das künftige Vermögen betrifft, nichtig ist.

§ 312.

Ein Vertrag über den Nachlaß eines noch lebenden Dritten ist nichtig. Das Gleiche gilt von einem Vertrag über den Pflichttheil oder ein Vermächtniß aus dem Nachlaß eines noch lebenden Dritten.

Diese Vorschriften finden keine Anwendung auf einen Vertrag, der unter künftigen gesetzlichen Erben über den gesetzlichen Erbtheil oder den Pflichttheil eines von ihnen geschlossen wird. Ein solcher Vertrag bedarf der gerichtlichen oder notariellen Beurkundung.

E. I, 349; II, 264; III, 306.

I. Abs. 1. Verträge über den Nachlaß eines noch lebenden Dritten sind nichtig.

1. Nach der herrschenden gemeinrechtlichen Ansicht sind Verträge über die Erbschaft eines noch lebenden Dritten ungültig, falls nicht der Dritte seine Zustimmung gibt. (Vgl. Windscheid, Pand. Bd. 3 § 529 Note 4, Dernburg, Pand. Bd. 3 § 127 Nr. 2. R.G.E. Bd. IV S. 125.)

Das B.L.R. Thl. III cap. 11 § 1 erkennt Vergleiche und Gedinge über die künftige Erbschaft einer noch lebenden Person auch ohne die Zustimmung der letzteren als gültig an.

2. Das B.G.B. geht von der Anschauung aus, daß Verträge über den Nachlaß eines noch lebenden Dritten sowohl aus sittlichen als aus volkswirthschaftlichen Gründen zu mißbilligen seien (M. II, 184), und erklärt dieselben — abgesehen von der Ausnahme in § 312 Abs. 2 — schlechthin für nichtig und zwar

a) ohne Rücksicht darauf, ob der Dritte seine Zustimmung ertheilt oder nicht. Bei vorhandenem Einverständnisse des Dritten kann allerdings der durch einen solchen Vertrag bezweckte Erfolg auf einem Umwege praktisch erreicht werden, indem zunächst der Veräußerer mit dem künftigen Erblasser einen Erbverzichtsvertrag (§§ 2346 ff.), sodann der Erblasser mit dem Erbschaftserwerber einen Erbvertrag (§§ 2274 ff.), endlich der Erbschaftserwerber mit dem Veräußerer einen obligatorischen Vertrag über den Erbverzicht und die zu gewährende Abfindung abschließt (M. II, 185).

b) Nicht bloß Verträge über den Nachlaß, auch Verträge über einen Bruchtheil des Nachlasses (vgl. E. I, 349 mit P. I, 456), über den Pflichttheil und über ein Vermächtniß sind nichtig, weil in allen diesen Fällen die gleiche ratio vorliegt.

c) Auch Verträge über den Nachlaß eines unbestimmten Dritten. Es ist daher beispielsweise nicht zulässig, daß jemand, der auszuwandern beabsichtigt, einen Abtretungsvertrag über alle ihm etwa künftig anfallenden Erbschaften abschließt (M. II, 186, P. I, 456).

d) Das Verbot trifft jeden obligatorischen Vertrag über die Erbschaft, mag er auf die Veräußerung oder auf eine andere Verfügung über den Nachlaß (den Pflichttheil oder das Vermächtniß) gerichtet sein.

3. Gültig ist dagegen

a) ein Vertrag, der nur einzelne Nachlaßgegenstände betrifft,

b) ein nach dem Tode des Dritten, aber vor dem Erbschaftsanfalle geschlossener Vertrag, da es sich hier nicht um den Nachlaß eines Lebenden handelt,

c) aus dem gleichen Grunde zufolge der gesetzlichen Vermuthung des § 18 ein Vertrag über den Nachlaß eines für todt Erklärten.

Der Erbschaftskauf nach § 2371 setzt eine bereits angefallene Erbschaft voraus und gehört deshalb nicht hieher.

II. Abs. 2. Verträge unter künftigen gesetzlichen Erben.

1. Die Bestimmung des Abs. 2 wurde von der II. Komm. aufgenommen, weil unter Umständen für einen an einer zukünftigen Erbschaft Betheiligten ein praktisches Bedürfniß vorhanden sei, sich mit seinen Mitbetheiligten über den ihm anfallenden Erbtheil abzufinden, insbesondere bei beabsichtigter Auswanderung. Der Ausweg des Erbvertrags kann hier wenigstens in solchen Fällen nicht gewählt werden, in denen die Zuziehung des Erblassers wegen dessen Geisteskrankheit oder Verschollenheit unthunlich ist.

2. Vorausgesetzt wird,

a) daß beide Vertragschließende künftige gesetzliche Erben (§ 1924 ff.) sind. Daß es gerade die nächsten gesetzlichen Erben sind, wird nicht erfordert;

b) daß der Vertrag über den gesetzlichen Erbtheil oder den Pflichttheil (§§ 2303 ff.) eines der Vertragschließenden geschlossen wird.

Die Wirksamkeit des Vertrages ist dadurch bedingt, daß die Vertragschließenden in der That gesetzliche Erben werden.

3. Ueber die Form der Beurkundung s. Anm. 3 zu § 311.

§ 313.

Ein Vertrag, durch den sich der eine Theil verpflichtet, das Eigenthum an einem Grundstücke zu übertragen, bedarf der gerichtlichen oder notariellen Beurkundung. Eine ohne Beobachtung dieser Form geschlossener Vertrag wird seinem ganzen Inhalte nach gültig, wenn die Auflassung und die Eintragung in das Grundbuch erfolgen.

E. I, 351; II, 265; III, 307

1. § 313 handelt von dem sogenannten obligatorischen Immobiliarvertrage. Das B.G.B. schließt sich hier an Art. 14 d. B.Not.G. v. 10. Nov. 1861 an, unterscheidet sich von diesem jedoch dadurch, daß nur die Verträge über die Uebertragung des Eigenthums, nicht auch die obligatorischen Verträge über andere dingliche Rechte an Grundstücken unter den Beurkundungszwang gestellt sind, und daß eine Heilung der Nichtigkeit zugelassen wird.

2. Die Gründe, welche dazu geführt haben, für den obligatorischen Immobiliarvertrag die gerichtliche oder notarielle Beurkundung bei Strafe der Nichtigkeit vorzuschreiben, sind in den M. II, 189/190, P. I, 460/461 u. D. 47 ausführlich dargelegt. Sie laufen im Wesentlichen dahin zusammen, daß durch den Beurkundungszwang einerseits die Parteien von übereilten Verträgen abgehalten werden, und daß andererseits eine Gewähr dafür geboten wird, daß der Wille der Vertragschließenden richtig und vollständig zum Ausdruck gelangt.

3. Nur der obligatorische Vertrag, durch welchen sich der eine Vertragschließende zur Uebertragung des Eigenthums an einem Grundstück verpflichtet, ist an die Formvorschrift des § 313 gebunden.

Auf obligatorische Verträge zur Begründung, Uebertragung oder Belastung eines andern Rechtes an einem Grundstücke (z. B. auf eine Verpflichtung zur Bestellung oder Uebertragung von Hypotheken, Grund- und Rentenschulden) erstreckt sich die Vorschrift nicht. Dagegen fällt der obligatorische Vertrag auf Begründung und Uebertragung des Erbbaurechts zufolge § 1017 gleichfalls unter die Vorschrift des § 313 (P. I, 464).

4. Der ohne Einhaltung der vorgeschriebenen Form abgeschlossene Vertrag ist schlechthin nichtig, begründet also weder einen Anspruch auf Nachholung der Form, noch auf Mitwirkung zur Auflassung.

5. Heilung der Nichtigkeit. Durch die nachfolgende Auflassung und die Eintragung in das Grundbuch wird der Vertrag seinem ganzen Inhalte nach gültig. Die Auflassung hat, sobald auf Grund derselben die Eintragung im Grundbuch erfolgt ist, die Wirkung einer Bestätigung des nichtigen Vertrages durch die Vertragschließenden. (§§ 141 Abs. 2, s. Planck, Anm. 2.)

Ueber die Auflassung und Eintragung im Grundbuche s. §§ 873, 925.

a) Der Vertrag wird auch in Ansehung aller von den Parteien neben oder nach dem Vertrage mündlich oder schriftlich getroffenen Nebenabreden gültig. Dies gilt auch dann, wenn der Hauptvertrag formgerecht geschlossen, die Nebenverabredungen aber formlos getroffen wurden (P. I, 463). Damit wird eine Frage befriedigend gelöst, die bisher der Praxis viele Schwierigkeiten bereitete.

b) Jedoch nur der Mangel der Form wird geheilt, auf sonstige Mängel, welche die Gültigkeit des obligatorischen Vertrages beeinflussen, wie Nichtigkeit und Anfechtbarkeit wegen vorliegender Willensmängel, wegen Verstoßes gegen die guten Sitten u. dgl. äußert die nachfolgende Auflassung und Eintragung keine Wirkung.

c) Hat der Vertrag die Uebertragung des Eigenthums an mehreren Grundstücken zum Gegenstand und erfolgt nur bei einem Theile derselben die Auflassung und Eintragung, so bestimmt sich nach § 139, ob bezüglich letzterer Grundstücke der Vertrag Gültigkeit erlangt. Bei dem Tauschvertrage muß die Eigenthumsübertragung von beiden Theilen bewirkt sein. S. Jakubezky, Bem. S. 80.

d) Eine Frist, innerhalb welcher die Auflassung und Eintragung nachfolgen muß, ist nicht vorgeschrieben.

6. Form. Ueber die gerichtliche oder notarielle Beurkundung s. § 128 u. Art. 141, 142 E.G.

Der Vertrag nach § 313 kann an jedem Orte des deutschen Reichs auch über ein in einem anderen Bundesstaate gelegenes Grundstück errichtet werden. Maßgebend für die Form sind die Vorschriften des Ortes der Errichtung, wobei jedoch zu beachten ist, daß Art. 142 besondere landesgesetzliche Vorschriften nur in Ansehung der in dem betreffenden Bundesstaate liegenden Grundstücke zuläßt. Betrifft z. B. der Vertrag nach § 313 ein in Bayern gelegenes Grundstück, so kann derselbe auch in einem anderen Bundesstaate nur vor Gericht oder vor dem Notare gültig beurkundet werden.

Für Bayern gelten folgende Bestimmungen:

a) Art. 1 des B.Not.G. v. 9. Juni 1899 u. Art. 167 Nr. I des bayr. A.G. z. B.G.B., wonach zur Beurkundung des Vertrages nach § 313 ausschließlich die Notare zuständig sind.

b) Art. 12 des bayr. A.G. z. Gr.B.O.: „Das Grundbuchamt soll die Erklärung der Auflassung nur entgegennehmen, wenn die nach § 313 B.G.B. erforderliche Urkunde vorgelegt wird. Dasselbe gilt für die Notare. Der Vorlegung der Urkunde steht die Aufnahme durch den Notar gleich."

c) Während der Uebergangszeit bis zur Anlegung des Grundbuches verbleibt es zufolge Art. 189 E.G. u. Art. 132 Not.G. v. 9. Juni 1899 bei den bisherigen Bestimmungen des Art. 14 B.Not.G. v. 10. Nov. 1861 und des Art. 219 A.G. z. C.P.O. u. K.O. v. 23. Febr. 1879.

§ 314.

Verpflichtet sich Jemand zur Veräußerung oder Belastung einer Sache, so erstreckt sich die Verpflichtung im Zweifel auch auf das Zubehör der Sache.

E. I, 790; II, 265a; III, 308.

1. § 314 gibt eine Auslegungsregel: Im Zweifel erstreckt sich die Verpflichtung zur Veräußerung oder Belastung einer Sache auch auf das Zubehör der Sache.

Als Zubehör sind im Zweifel jene Sachen zu erachten, welche die Zubehöreigenschaft im Zeitpunkte des Vertragsabschlusses haben (P. III, 20/21). Aus dem erklärten oder den Umständen zu entnehmenden Willen der Vertragschließenden kann sich ergeben, daß das Zubehör von der Verpflichtung ausgenommen, dann auch, daß ein anderer Zeitpunkt als der des Vertragschlusses für die Beurtheilung der Zubehöreigenschaft maßgebend sein soll.

2. „Sachen" sind nur körperliche Gegenstände (§ 90). Ueber den Begriff „Zubehör" s. §§ 97, 98.

3. Die Auslegungsregel des § 314 gilt nur für den obligatorischen Vertrag. Durch diesen erwirbt der Berechtigte selbstverständlich nur einen obligatorischen Anspruch auf das Zubehör.

Ueber den Erwerb des Eigenthums am Zubehör s. §§ 926, 929.

4. Das Vermächtniß einer Sache erstreckt sich im Zweifel auf das zur Zeit des Erbanfalls vorhandene Zubehör (§ 2164).

§ 315.

Soll die Leistung durch einen der Vertragschließenden bestimmt werden, so ist im Zweifel anzunehmen, daß die Bestimmung nach billigem Ermessen zu treffen ist.

Die Bestimmung erfolgt durch Erklärung gegenüber dem anderen Theile.

Soll die Bestimmung nach billigem Ermessen erfolgen, so ist die getroffene Bestimmung für den anderen Theil nur verbindlich, wenn sie der Billigkeit entspricht. Entspricht sie nicht der Billigkeit, so wird die Bestimmung durch Urtheil getroffen; das Gleiche gilt, wenn die Bestimmung verzögert wird.

E. I, 353; II, 266; III, 309.

1. Nach dem Prinzip der Vertragsfreiheit steht nichts im Wege, daß die Vertragschließenden vereinbaren, die Leistung solle durch einen von ihnen, den Gläubiger oder den Schuldner, bestimmt werden, sei es nach freiem Belieben desselben oder nach seinem billigen Ermessen.

2. Die Bestimmung nach freiem Belieben hat nach doppelter Richtung ihre Schranken. Würde die Bestimmung der Leistung ganz und gar der Willkür des Schuldners anheimgegeben, so würde es an einem wesentlichen Erfordernisse eines Schuldverhältnisses, an der Gebundenheit des Schuldners fehlen; andererseits würde es gegen die guten Sitten verstoßen, wenn das Maß der Leistung völlig der Willkür des Gläubigers überlassen würde. Innerhalb dieser Grenzen kann eine Vereinbarung des Inhalts, daß die Bestimmung der Leistung nach dem freien Belieben eines der Vertragschließenden erfolgen solle, in gültiger Weise getroffen werden. In diesem Falle wird regelmäßig anzunehmen sein, daß der Vertrag unter der aufschiebenden Bedingung, daß die Bestimmung durch den berechtigten Vertragschließenden erfolge, geschlossen wurde. Jedoch wird in allen Fällen, wo die Bestimmung der Leistung „dem Belieben" eines der Vertragstheile anheim gestellt ist, nach den Grundsätzen von Treu und Glauben unter

Berücksichtigung der Verkehrssitte zu prüfen sein, ob nicht eine Bestimmung nach billigem Ermessen dem wahren Willen der Parteien entspricht (§§ 133, 157).

Ueber die verschiedenen Ansichten s. Planck, Anm. 5, Oertmann, Anm. 4 b, Schollmeyer Anm. 4 c zu § 315, Cosack, Bd. I S. 295 d.

3. Bestimmung nach billigem Ermessen. Dem vermuthlichen Parteiwillen entsprechend stellt das B.G.B. in § 315 Abs. 1 für Vereinbarungen des Inhalts, daß die Bestimmung durch einen der Vertragschließenden erfolgen soll, die Auslegungsregel auf, daß die Bestimmung nach billigem Ermessen zu treffen ist.

a) Die Bestimmung der Leistung ist ein einseitiges empfangsbedürftiges Rechtsgeschäft (§§ 130—132); ist sie einmal getroffen, so kann sie nicht einseitig widerrufen werden.

b) Der bestimmungsberechtigte Vertragstheil ist dem anderen gegenüber verpflichtet, die Bestimmung zu treffen. Verzögert er die Bestimmung d. h. unterläßt er es, innerhalb der vereinbarten oder in Ermangelung einer Vereinbarung innerhalb einer angemessenen Zeit, die Leistung zu bestimmen — gleichviel ob verschuldet oder unverschuldet — so kann der andere Vertragstheil im Wege der Klage die Bestimmung durch Urtheil verlangen.

c) Entspricht die getroffene Bestimmung nicht der Billigkeit, so ist sie zwar für denjenigen, welcher sie getroffen hat, verbindlich, allein der andere Theil braucht sie nicht anzuerkennen. Auf die Klage des einen oder des anderen Kontrahenten erfolgt alsdann die Bestimmung durch Urtheil.

d) Die Vorschriften des Abs. 3 beziehen sich nur auf die in Anm. 3 erwähnten Fälle; für die Bestimmung nach freiem Belieben gilt das in Anm. 2 Gesagte.

§ 316.

Ist der Umfang der für eine Leistung versprochenen Gegenleistung nicht bestimmt, so steht die Bestimmung im Zweifel demjenigen Theile zu, welcher die Gegenleistung zu fordern hat.

E. I, 354; II, 267; III, 310.

1. Bei gegenseitigen Verträgen kommt es im Verkehre nicht selten vor, daß zwar eine Gegenleistung ausdrücklich oder stillschweigend bedungen, der Umfang derselben aber nicht bestimmt wird. Für solche Fälle stellt § 316 die Auslegungsregel auf, daß im Zweifel der Gläubiger der Gegenleistung deren Umfang zu bestimmen habe.

Ergänzend kommt hiezu die weitere Auslegungsregel des § 315, daß der Gläubiger die Bestimmung nach billigem Ermessen zu treffen hat.

Die Bestimmung ist ein einseitiges empfangsbedürftiges Rechtsgeschäft (§§ 130—132). Hat sie nach billigem Ermessen zu erfolgen, was im Zweifel anzunehmen ist (§ 315 Abs. 1), so finden die Vorschriften des § 315 Abs. 3 Anwendung.

2. Wo für die Gegenleistung ein objektiver Maßstab, wie ein Marktpreis, Börsenpreis, ortsüblicher Preis oder eine Taxe besteht, wird regelmäßig als stillschweigender Parteiwille anzusehen sein, daß die Gegenleistung nach diesem objektiven Maßstabe zu erfolgen habe. Läßt der letztere einen Spielraum zwischen einem Mindest- und einem Höchstbetrage, so ist zufolge §§ 316 mit 315 im Zweifel der Gläubiger der Leistung berechtigt, innerhalb dieses Spielraumes die Bestimmung nach billigem Ermessen zu treffen.

Für den Dienst-, Werk- und Mäklervertrag ist durch die §§ 612, 632, 653 ausdrücklich vorgeschrieben, daß, wenn die Höhe der zu leistenden Vergütung nicht bestimmt ist, bei dem Bestehen einer Taxe die taxmäßige Vergütung, in Ermangelung einer Taxe die übliche Vergütung als vereinbart anzusehen ist. Hier findet § 316 nur Anwendung, wenn entweder eine Taxe oder eine übliche Vergütung nicht besteht oder wenn diese einen Spielraum gewähren.

§ 317.

Ist die Bestimmung der Leistung einem Dritten überlassen, so ist im Zweifel anzunehmen, daß sie nach billigem Ermessen zu treffen ist.

Soll die Bestimmung durch mehrere Dritte erfolgen, so ist im Zweifel Uebereinstimmung aller erforderlich; soll eine Summe bestimmt werden, so ist, wenn verschiedene Summen bestimmt werden, im Zweifel die Durchschnittssumme maßgebend.

E. I, 355; II, 268; III, 311.

1. Die Vertragschließenden können die Bestimmung der Leistung auch einem Dritten überlassen und zwar entweder dem billigen Ermessen eines Dritten oder seinem freien Belieben. Im Zweifel ist ersteres anzunehmen. Ueber letzteren Fall s. § 319 Abs. 2. Ausnahme § 93 Abs. 1 Rechtsanw.=Geb.=O.

2. Solange die Parteien über die Person des Dritten sich noch nicht geeinigt haben, fehlt es an einem wesentlichen Erfordernisse des Vertrags und ist deshalb der Vertrag im Zweifel als nicht geschlossen anzusehen (§ 154).

3. Die Auslegungsregeln des Abs. 2 gelten sowohl, wenn die Bestimmung nach dem freien Belieben mehrerer Dritter, als wenn sie nach dem billigen Ermessen derselben erfolgen soll. Ist die erforderliche Uebereinstimmung der mehreren Dritten nicht zu erzielen, sei es, weil sie sich nicht einigen können oder weil einer von ihnen die Bestimmung nicht treffen kann (z. B. wegen Krankheit, Abwesenheit), oder nicht treffen will, so ist zu unterscheiden, ob das billige Ermessen oder das freie Belieben der mehreren Dritten entscheiden soll. Ersteren Falls kommt § 319 Abs. 1 S. 2, letzteren Falls § 319 Abs. 2 zur Anwendung.

4. Ist eine Summe durch mehrere Dritte zu bestimmen, so ist im Zweifel die Durchschnittssumme maßgebend. Ein offenbar unbilliges Ergebniß kann zufolge § 319 Abs. 1 durch Urtheil korrigirt werden.

§ 318.

Die einem Dritten überlassene Bestimmung der Leistung erfolgt durch Erklärung gegenüber einem der Vertragschließenden.

Die Anfechtung der getroffenen Bestimmung wegen Irrthums, Drohung oder arglistiger Täuschung steht nur den Vertragschließenden zu; Anfechtungsgegner ist der andere Theil. Die Anfechtung muß unverzüglich erfolgen, nachdem der Anfechtungsberechtigte von dem Anfechtungsgrunde Kenntniß erlangt hat. Sie ist ausgeschlossen, wenn dreißig Jahre verstrichen sind, nachdem die Bestimmung getroffen worden ist.

E. I, 356; II, 269; III, 312.

1. Auch die Bestimmung des Dritten ist ein einseitiges empfangsbedürftiges Rechtsgeschäft, auf welches die §§ 130—132 Anwendung finden. Sie ist ebenso wie die von einem der Vertragschließenden getroffene Bestimmung unwiderruflich.

Es ist erforderlich, aber auch genügend, daß sie einem der Vertragschließenden gegenüber getroffen wird.

Der Dritte hat die Bestimmung in Person zu treffen. (M. II, 194.)

2. Anfechtung der Bestimmung. Nach den Vorschriften der §§ 119, 123 steht das Recht, eine Willenserklärung wegen Irrthums, arglistiger Täuschung oder Drohung anzufechten, nur demjenigen zu, der die Willenserklärung abgegeben hat. Hier jedoch, wo der Dritte an der Anfechtung seiner Bestimmung kein oder höchstens ein ideales Interesse hat, versagt ihm das Gesetz das Anfechtungsrecht und räumt dasselbe ausschließlich den Vertragschließenden ein.

Anfechtungsgegner ist stets der andere Vertragschließende.

Die Anfechtung muß in allen Fällen unverzüglich nach Erlangung der Kenntniß vom Anfechtungsgrunde erfolgen. Die einjährige Frist des § 124 Abs. 1 steht den Anfechtungsberechtigten hier nicht zu.

§ 319.

Soll der Dritte die Leistung nach billigem Ermessen bestimmen, so ist die getroffene Bestimmung für die Vertragschließenden nicht verbindlich, wenn sie offenbar unbillig ist. Die Bestimmung erfolgt in diesem Falle durch Urtheil; das Gleiche gilt, wenn der Dritte die Bestimmung nicht treffen kann oder will oder wenn er sie verzögert.

Soll der Dritte die Bestimmung nach freiem Belieben treffen, so ist der Vertrag unwirksam, wenn der Dritte die Bestimmung nicht treffen kann oder will oder wenn er sie verzögert.

E. I, 357; II, 270; III, 313.

1. Bestimmung durch den Dritten nach billigem Ermessen (Abs. 1). Soll die Bestimmung der Leistung durch einen der Vertragschließenden nach billigem Ermessen erfolgen, so ist die getroffene Bestimmung für den andern Theil nur verbindlich, wenn sie der Billigkeit entspricht (§ 315 Abs. 3). Derjenige, welcher sich darauf beruft, daß die Bestimmung für den anderen Theil verbindlich sei, muß daher die Billigkeit beweisen.

Anders, wenn ein Dritter die Leistung nach billigem Ermessen bestimmen soll. Hier muß derjenige, welcher die getroffene Bestimmung nicht anerkennt, beweisen, daß sie „offenbar unbillig" ist. Der Grund dieser Vorschrift liegt in Folgendem: Die von dem Dritten getroffene Bestimmung soll regelmäßig die Vertragschließenden binden. Die Ersetzung derselben durch Urtheil soll die Ausnahme sein. Es wird deshalb nicht nur die Beweislast zu Ungunsten des die Bestimmung Bemängelnden umgekehrt, sondern auch der Nachweis offenbarer Unbilligkeit verlangt. Letzterer Ausdruck ist der l 79 D pro socio 17, 2 entnommen: „Unde si Nervae arbitrium ita pravum est, ut manifesta iniquitas ejus appareat, corrigi potest per judicium bonae fidei (P. I, 469). Als „offenbar unbillig" wird hienach eine Bestimmung anzusehen sein, deren Unbilligkeit von Jedermann oder doch wenigstens von jedem Sachkundigen zweifellos als solche erkannt wird. Damit wird indessen nicht gesagt, daß die Unbilligkeit sich ohne jede Beweisführung ergeben müsse; nur wird im Zweifel der Richter sich stets für die Aufrechthaltung der Bestimmung zu entscheiden haben. Vgl. § 2048.

2. Bestimmung durch den Dritten nach freiem Belieben (Abs. 2). Zufolge der Auslegungsregel des § 317 Abs. 1 bedarf es einer ausdrücklichen oder stillschweigenden Erklärung der Parteien, wenn ein Bestimmungsrecht des Dritten nach seinem freien Belieben angenommen werden soll. Ist ein hierauf gerichteter Parteiwille ausdrücklich erklärt oder aus den Umständen zu entnehmen, so ist die Bestimmung des Dritten für beide Theile verbindlich, soferne sie nur nicht gegen die guten Sitten oder gegen ein gesetzliches Verbot verstößt. Will oder kann der Dritte die Bestimmung nicht treffen oder verzögert er dieselbe, so ist der Vertrag unwirksam. Es kann also hier nicht, wie im Falle des § 315 Abs. 3 bezw. § 319 Abs. 1, die Bestimmung des Dritten durch Urtheil ersetzt werden, vielmehr ist die Wirksamkeit des Vertrags dadurch aufschiebend bedingt, daß der Dritte die Bestimmung ohne Verzögerung trifft. Das Gleiche gilt, wenn die Bestimmung dem freien Belieben mehrerer Dritter anheimgestellt ist und diese die Bestimmung nicht treffen können oder wollen oder dieselbe verzögern oder wenn die für die Verbindlichkeit erforderliche Uebereinstimmung der mehreren Dritten nicht zu erzielen ist. S. Anm. 3 zu § 317.

Zweiter Titel.

Gegenseitiger Vertrag.

§ 320.

Wer aus einem gegenseitigen Vertrage verpflichtet ist, kann die ihm obliegende Leistung bis zur Bewirkung der Gegenleistung verweigern, es sei denn, daß er vorzuleisten verpflichtet ist. Hat die Leistung an Mehrere zu erfolgen, so kann dem Einzelnen der ihm gebührende Theil bis zur Bewirkung der ganzen Gegenleistung verweigert werden. Die Vorschrift des § 273 Abs. 3 findet keine Anwendung.

Ist von der einen Seite theilweise geleistet worden, so kann die Gegenleistung insoweit nicht verweigert werden, als die Verweigerung nach den Umständen, insbesondere wegen verhältnißmäßiger Geringfügigkeit des rückständigen Theiles, gegen Treu und Glauben verstoßen würde.

E. I, 362, 363, 364; II, 271; III, 314.

1. Begriff. Gegenseitiger Vertrag im Sinne dieses Titels ist nur der sogenannte vollkommen zweiseitige (synallagmatische) Vertrag, zu dessen Wesen es gehört, daß beide Theile berechtigt und verpflichtet werden, daß Versprechen einer Leistung gegen Versprechen einer Gegenleistung ausgetauscht wird, wie beim Kauf-, Mieth-, Gesellschafts-Vertrage. (Vgl. Dernburg, Pand. Bd. 2 § 20; Windscheid, Pand. Bd. 2 §§ 320, 321.)

Die sog. unvollkommen zweiseitigen Verträge, bei denen eine Verpflichtung des berechtigten Theiles zu einer Leistung an den anderen Theil zwar nicht ausgeschlossen, jedoch für den Vertrag nicht wesentlich ist (z. B. Auftrag, Verwahrungsvertrag), fallen nicht unter die Bestimmungen des vorliegenden Titels. Auf die etwaigen Gegenansprüche des Schuldners aus Verträgen der letzteren Art finden die Vorschriften der §§ 273, 274 Anwendung.

2. Die Erfüllung des gegenseitigen Vertrags ist vom B.G.B. im Anschlusse an die herrschende gemeinrechtliche Lehre in der Weise geregelt, daß jeder Theil die ihm gebührende Leistung selbständig einfordern kann. Der Anspruch auf die Leistung ist nicht dadurch bedingt, daß der Fordernde selbst die von ihm geschuldete Gegenleistung bewirkt oder anbietet. Dagegen ist der andere Theil, sofern er nicht vorzuleisten hat, berechtigt, die geschuldete Leistung solange zu verweigern, bis die Gegenleistung bewirkt wird. Es steht ihm gegenüber dem Anspruche des Fordernden eine verzögerliche Einrede zu, die Einrede des nicht erfüllten Vertrags.

Näheres über die klageweise Geltendmachung der Ansprüche aus einem gegenseitigen Vertrage s. in den Anm. zu § 322.

a) Die Leistung darf nur solange verweigert werden, bis die Gegenleistung bewirkt wird, nicht bis die Gegenleistung bewirkt ist. Letzteres wäre Vorleistung. Hierüber in Anm. 4. Vgl. auch § 273 Abs. 1.

b) Die Einrede des nicht erfüllten Vertrags steht dem anderen Theile auch zu, wenn sich derselbe in Ansehung der ihm gebührenden Gegenleistung im Verzug der Annahme befindet. Zu den Folgen des Annahmeverzuges, welche in den §§ 293—304 aufgezählt sind, gehört die Verwirkung dieser Einrede nicht. Vgl. jedoch Anm. 3 zu § 322.

c) Die Einrede kann nicht bloß im Falle gänzlichen Ausbleibens der Gegenleistung, sondern auch dann geltend gemacht werden, wenn und solange die Gegenleistung nur unvollständig oder mangelhaft bewirkt wird — exceptio non rite adimpleti contractus (M. II, 202/203).

d) Vom Zurückbehaltungsrechte nach § 273 unterscheidet sich die Einrede des nicht erfüllten Vertrags dadurch, daß sie nicht durch Sicherheitsleistung beseitigt werden kann. § 320 Abs. 1 S. 3, § 273 Abs. 3.

3. Leistung an Mehrere. Sind bei einem auf eine theilbare Leistung gerichteten Schuldverhältnisse mehrere Gläubiger oder mehrere Schuldner betheiligt, so ist im Zweifel jeder Gläubiger zu einem gleichen Antheile berechtigt, jeder Schuldner zu einem gleichen Antheile verpflichtet (§ 420). Zufolge dieser Auslegungsregel würde beim gegenseitigen Vertrage der Einzelne den ihm gebührenden Theil der Leistung gegen Bewirkung des auf ihn entfallenden Theiles der Gegenleistung verlangen können. Das B.G.B. bestimmt jedoch, der regelmäßigen Absicht der Parteien entsprechend, daß dem Einzelnen der ihm gebührende Theil der Leistung bis zur Bewirkung der ganzen Gegenleistung verweigert werden kann.

Für die Fälle, in welchen die Mehreren eine untheilbare Leistung schulden oder sich durch Vertrag gemeinschaftlich zu einer theilbaren Leistung verpflichtet haben, ergibt sich letztere Vorschrift schon aus den §§ 431 u. 427, da die Mehreren hier als Gesammtschuldner haften, jeder von ihnen also die ganze Gegenleistung zu bewirken verpflichtet ist (§ 421). Die Vorschrift des § 320 Abs. 1 Satz 2 hat daher nur Bedeutung für jene Fälle, in welchen eine antheilmäßige Verpflichtung der mehreren Schuldner einer theilbaren Leistung vereinbart ist. Eine Vereinbarung dieses Inhalts ist bei dem Charakter der Vorschrift des § 427 als Auslegungsregel zulässig.

Haben z. B. A und B unter Ausschluß der Gesammtschuldnerhaftung von C 100 Zentner einer Waare um 1000 Mk. gekauft, so kann, wenn A gegen Zahlung von 500 Mk. den auf ihn entfallenden Theil von 50 Zentnern von C verlangt, dieser dem A die 50 Zentner verweigern, bis die vollen 1000 Mk. gezahlt werden.

Umgekehrt darf A die Zahlung der von ihm geschuldeten 500 Mk. nicht verweigern, wenn er von C auf diesen Betrag unter Anbietung der ihm gebührenden 50 Zentner belangt wird. Dies ergibt sich aus § 420 und aus dem Wortlaute des § 320. A.M. Schollmeyer, Anm. 2.

Die Vorschrift des Abs. 1 Satz 2 gilt nicht bloß dann, wenn Zug um Zug zu erfüllen ist, sondern auch, wenn derjenige, welcher antheilmäßige Leistung verlangt, vorzuleisten hat. Wenn dagegen derjenige, welcher auf antheilmäßige Leistung in Anspruch genommen wird — also im oben angeführten Beispiele C — vorleisten muß, so ergibt sich schon aus seiner vertragsmäßigen Verpflichtung, daß er mit der von ihm geschuldeten Leistung weder ganz noch theilweise zurückhalten darf (M. II, 202).

4. Die Vorschriften des § 320 Abs. 1 sind dispositiver Natur:

a) Die Parteien können vereinbaren, daß der eine Theil mit der von ihm geschuldeten Leistung vorausgehen muß.
Gesetzlich ist eine Vorleistungspflicht aufgestellt in den §§ 551, 614, 641.

b) Durch Vertrag kann bestimmt werden, daß jeder Einzelne den ihm gebührenden Theil der Leistung gegen antheilmäßige Gegenleistung zu erhalten hat.

5. Die Vorschrift des Satzes 3 Abs. 1 bezieht sich sowohl auf Satz 1 als auf Satz 2. Das Recht, dem Einzelnen den ihm gebührenden Theil zu verweigern, kann also nicht dadurch abgewendet werden, daß der Einzelne wegen der ganzen Gegenleistung Sicherheit leistet.

6. Theilweise Leistung. Die Bestimmung des Abs. 2 ist von der II. Komm. beigesetzt worden mit der Begründung, daß es unter Umständen den Grundsätzen von Treu und Glauben widerspreche, wenn der Gläubiger, trotzdem er einen Theil der ihm gebührenden Leistung empfangen hat, wegen des Ausbleibens des noch übrigen Theiles der Leistung seinerseits die Gegenleistung vollständig verweigere (P. I, 633).

Die Frage, ob und inwieweit die Verweigerung der Gegenleistung gegen Treu und Glauben verstößt, ist nach Lage des einzelnen Falles zu beantworten. Hiebei sind alle vorliegenden Umstände, nicht bloß die verhältnißmäßige Geringfügigkeit des rückständigen Theiles der Leistung, zu berücksichtigen. Ein Verstoß gegen Treu und Glauben ist nach P. I, 635 nicht anzunehmen, wenn der Käufer die ganze Gegenleistung aus dem Grunde verweigert, weil der Verkäufer, obwohl er vollständig in der Lage wäre, sofort den Rest des Kaufgegenstandes zu liefern, dies nur aus bösem Willen oder aus Nachlässigkeit unterläßt. Die Vorschrift soll nicht dem bösen Willen oder der Nachlässigkeit eines Vertragstheiles Vorschub leisten, sondern nur der Chikane vorbeugen. Diesem Zwecke entsprechend wird als theilweise Leistung im Sinne des § 320 Abs. 2 nicht bloß die quantitativ unvollständige Leistung zu verstehen sein, sondern unter Umständen auch eine mangelhafte Leistung, vorausgesetzt allerdings, daß die Mängel solche sind, welche durch Vervollständigung der Leistung gehoben werden können, z. B. mangelhafter Anstrich einzelner Theile einer gelieferten Maschine. Ebenso Planck, Anm. 4, Schollmeyer, Anm. 3, Oertmann, Anm. 7b zu § 320; A.M. Cosack, Bd. 1 S. 301.

7. Wird der eine oder der andere der Vertragschließenden von Mehreren beerbt, so kommen die §§ 2038—2040 zur Anwendung.

8. Ueber das Recht des Konkursverwalters, an Stelle des Gemeinschuldners den gegenseitigen Vertrag zu erfüllen und die Erfüllung von dem anderen Theile zu verlangen s. § 17 K.O.

§ 321.

Wer aus einem gegenseitigen Vertrage vorzuleisten verpflichtet ist, kann, wenn nach dem Abschlusse des Vertrags in den Vermögensverhältnissen des anderen Theiles eine wesentliche Verschlechterung eintritt, durch die der Anspruch auf die Gegenleistung gefährdet wird, die ihm obliegende Leistung verweigern, bis die Gegenleistung bewirkt oder Sicherheit für sie geleistet wird.

E. II, 272; III, 315.

1. Die Vorschrift des § 321 verdankt ihre Aufnahme in das Gesetz einem Beschlusse der II. Komm. (P. I, 631/632). Sie enthält eine auf Billigkeitsgründen beruhende eingeschränkte Anerkennung der clausula rebus sic stantibus. (Vgl. Windscheid, Pand. Bd. 1 § 98 Ziff. 5; Förster-Eccius, P.L.R. § 87 I a; B.L.R. Thl. IV cap. 15 § 12 Nr. 3.)

Eine ähnliche Vorschrift gibt § 610 zu Gunsten desjenigen, der die Hingabe eines Darlehens versprochen hat.

2. Voraussetzungen:

a) Es ist gleichgültig, ob die Vorleistungspflicht auf Gesetz oder auf Vertrag beruht. S. Anm. 4a zu § 320.

b) Die eingetretene Verschlechterung in den Vermögensverhältnissen des anderen Theiles muß wesentlich und derart sein, daß hiedurch die Erfüllung der Gegenleistung gefährdet wird.

c) Die Verschlechterung muß nach dem Abschlusse des Vertrags eingetreten sein. Bestand die den Anspruch auf die Gegenleistung gefährdende Vermögenslage des anderen Theiles schon zur Zeit der Schließung des Vertrags, so findet § 321 keine Anwendung, auch dann nicht, wenn dem Vorleistungspflichtigen die Vermögenslage des Anderen ohne sein Verschulden unbekannt geblieben ist. Im Falle arglistiger Täuschung steht ihm das Anfechtungsrecht nach § 123 zu.

3. Beim Vorliegen der erwähnten Voraussetzungen kann der Vorleistungspflichtige die ihm obliegende Leistung bis zur Bewirkung der Gegenleistung verweigern, wie wenn eine Vorleistungspflicht nicht bestünde. Nur kann der andere Theil die Vorleistung dadurch erzwingen, daß er wegen der ihm obliegenden Gegenleistung Sicherheit gemäß §§ 232 ff. leistet.

§ 322.

Erhebt aus einem gegenseitigen Vertrage der eine Theil Klage auf die ihm geschuldete Leistung, so hat die Geltendmachung des dem anderen Theile zustehenden Rechts, die Leistung bis zur Bewirkung der Gegenleistung zu verweigern, nur die Wirkung, daß der andere Theil zur Erfüllung Zug um Zug zu verurtheilen ist.

Hat der klagende Theil vorzuleisten, so kann er, wenn der andere Theil im Verzuge der Annahme ist, auf Leistung nach Empfang der Gegenleistung klagen.

Auf die Zwangsvollstreckung findet die Vorschrift des § 274 Abs. 2 Anwendung.

E. I, 365, 366; II, 273; III, 316.

1. Wer aus einem gegenseitigen Vertrage berechtigt ist, kann die Klage auf die ihm geschuldete Leistung erheben. Die Behauptung, daß er die ihm obliegende Gegenleistung bewirkt oder angeboten habe, bezw. daß er zur Bewirkung bereit sei, gehört nicht zum Klagegrunde. Die Erlassung eines Versäumnißurtheils auf eine Klage, welche diese Behauptung nicht enthält, ist daher zulässig (§ 331 Abs. 2 C.P.O. n. Nr.).

Macht der Beklagte die ihm zufolge § 320 zustehende Einrede des nicht erfüllten Vertrags geltend, so muß der Kläger beweisen, daß er erfüllt habe, wenn er die unbedingte Verurtheilung erwirken will. Erbringt der Kläger diesen Beweis nicht, so erfolgt nicht Abweisung der Klage, sondern Verurtheilung des Beklagten zur Erfüllung Zug um Zug, d. h. gegen Empfang der dem Beklagten gebührenden Gegenleistung (§ 274 Abs. 1). Hat dagegen der Beklagte eine ihm als Erfüllung der Gegenleistung angebotene Leistung als Erfüllung angenommen, so trifft die Beweislast den Beklagten, wenn er diese Leistung deshalb nicht als Erfüllung gelten lassen will, weil sie eine andere als die geschuldete Gegenleistung oder weil sie unvollständig gewesen sei (§ 363).

Wird Klage im Urkundenprozesse erhoben, so gehört die Behauptung, daß die Gegenleistung bewirkt oder angeboten sei, nicht zu jenen Thatsachen, welche durch Urkunden bewiesen werden müssen (§ 592 C.P.O. n. Nr.).

2. Anders, wenn aus dem Klagevorbringen erhellt, daß der klagende Theil nach Gesetz oder vertragsmäßig vorzuleisten hat.

Hier ist zur Begründung der Klage erforderlich, daß der Kläger behauptet, er habe die ihm obliegende Leistung bewirkt oder in solcher Weise angeboten, daß der Beklagte sich im Verzug der Annahme befinde. Dies ergibt sich klar aus dem Wesen der Vorleistungspflicht und aus der Fassung des § 322 Abs. 2. Ebenso Planck, Anm. 1 zu § 322; A.M. Schollmeyer, Anm. 2 zu § 322.

Freilich, wenn aus der Klage nichts über die Vorleistungspflicht des Klägers ersichtlich wäre, könnte Versäumnißurtheil gegen den Schuldner erlassen werden, da nach der Regel des § 320 nur Verpflichtung zur Leistung Zug um Zug anzunehmen ist. Den Einwand, daß der Kläger vorleistungspflichtig sei, hat der Schuldner zu beweisen. Erbringt er diesen Beweis, so erfolgt die Abweisung der Klage, wenn nicht der Gläubiger beweist, daß er bereits vorgeleistet hat oder daß der Schuldner sich im Verzug der Annahme befindet. Hat der Kläger vorgeleistet, so erfolgt unbedingte Verurtheilung des Schuldners zur Leistung. Befindet sich der Schuldner im Annahmeverzug, so tritt Verurtheilung auf Leistung nach Empfang der Gegenleistung ein. Zur Begründung der Klage auf unbedingte Leistung ist daher hier erforderlich die Behauptung der bewirkten Vorleistung, zur Begründung der Klage auf Leistung nach Empfang der Gegenleistung die Behauptung des Annahmeverzugs des Schuldners.

3. Abs. 3. Mag der Schuldner zur Erfüllung Zug um Zug oder zur Leistung nach Empfang der Gegenleistung verurtheilt worden sein, in beiden Fällen kann der Kläger auf Grund einer solchen Verurtheilung seinen Anspruch ohne Bewirkung der ihm obliegenden Leistung im Wege der Zwangsvollstreckung verfolgen, wenn der Schuldner sich im Verzug der Annahme befindet, was bei der Verurtheilung zur Leistung nach Empfang der Gegenleistung ohnehin gesetzliche Voraussetzung ist (§ 274 Abs. 2). Ebenso Planck, Anm. 3 zu § 322.

Für die Ertheilung der vollstreckbaren Ausfertigung und für die Vollstreckung durch den Gerichtsvollzieher bezw. durch das Vollstreckungsgericht finden bei der Verurtheilung zur Leistung Zug um Zug die §§ 726 Abs. 2, 756, 765 C.P.O. n. Nr. Anwendung.

Die Verurtheilung zur Leistung nach Empfang der Gegenleistung hat zur gesetzlichen Voraussetzung, daß der Schuldner im Verzug der Annahme ist. Der Beweis der letzteren Thatsache ist hier stets durch eine öffentliche Urkunde, nämlich durch das Urtheil selbst, geführt. Die Zwangsvollstreckung gemäß § 274 Abs. 2 kann deshalb ohne Weiteres durchgeführt werden.

§ 323.

Wird die aus einem gegenseitigen Vertrage dem einen Theile obliegende Leistung in Folge eines Umstandes unmöglich, den weder er noch der andere Theil zu vertreten hat, so verliert er den Anspruch auf die Gegenleistung; bei theilweiser Unmöglichkeit mindert sich die Gegenleistung nach Maßgabe der §§ 472, 473.

Verlangt der andere Theil nach § 281 Herausgabe des für den geschuldeten Gegenstand erlangten Ersatzes oder Abtretung des Ersatzanspruchs, so bleibt er zur Gegenleistung verpflichtet; diese mindert sich jedoch nach Maßgabe der §§ 472, 473 insoweit, als der Werth des Ersatzes oder des Ersatzanspruchs hinter dem Werthe der geschuldeten Leistung zurückbleibt.

Soweit die nach diesen Vorschriften nicht geschuldete Gegenleistung bewirkt ist, kann das Geleistete nach den Vorschriften über die Herausgabe einer ungerechtfertigten Bereicherung zurückgefordert werden.

E. I. 368 Abs. 1, 3; II, 274; III, 317.

1. § 323 behandelt die Folgen einer zufällig, d. h. ohne Verschulden eines der Vertragschließenden, eingetretenen Unmöglichkeit der Leistung beim gegenseitigen Vertrage.

Gemäß § 275 wird derjenige, welcher einen individuell bestimmten Gegenstand schuldet, von der Verpflichtung zur Leistung frei, wenn die Leistung ohne sein Verschulden unmöglich wird. Dies gilt auch beim gegenseitigen Vertrage, jedoch verliert hier zufolge § 323 der befreite Schuldner den Anspruch auf die Gegenleistung, es sei denn, daß die Unmöglichkeit vom andern Theile, d. i. vom Gläubiger zu vertreten ist. (Hierüber in § 324.)

Diese Bestimmung des § 323 enthält eine wichtige Aenderung gegenüber dem gemeinen Rechte. Hier galt bei den auf eine Veräußerung gerichteten gegenseitigen Verträgen der Satz „periculum est emtoris", d. h. der Erwerber blieb zur Gegenleistung verpflichtet, auch wenn er infolge der Befreiung des Veräußerers wegen zufällig eingetretener Unmöglichkeit die Leistung nicht erhielt. (Windscheid, Pand. Bd. 2 § 321 Nr. 3; Dernburg, Pand. Bd. 2 § 20 Nr. 1.) Ebenso für den Kaufvertrag das P.L.R. Thl. IV cap. 3 § 11.

Besondere Bestimmungen über das Tragen der Gefahr gibt das B.G.B. für den Kaufvertrag in den §§ 446, 447, 451, für den Pachtvertrag in § 588, für den Dienstvertrag in § 616, für den Werkvertrag in § 644.

2. Ueber die vom Schuldner zu vertretenden Umstände s. §§ 276—279 u. 300, über die vom Gläubiger zu vertretenden Anm. 2 zu § 324.

3. Ist der geschuldete Gegenstand nur der Gattung nach bestimmt, so hat der Schuldner, solange die Leistung aus der Gattung möglich ist, sein Unvermögen zur Leistung stets zu vertreten (§ 279). Auf Gattungsschuldverhältnisse kann § 323 also nur Anwendung finden, wenn die Leistung aus der Gattung überhaupt unmöglich geworden ist.

4. Wird die Leistung theilweise unmöglich, so tritt Minderung der Gegenleistung nach Maßgabe der §§ 472, 473 ein, d. h. die Gegenleistung ist in dem Verhältnisse herabzusetzen, in welchem zur Zeit des Vertragsabschlusses der Werth der ganzen Leistung zum Werthe der möglich gebliebenen Leistung gestanden haben würde. Würde z. B. zu diesem Zeitpunkte der Werth der ganzen Leistung 1600, der möglich gebliebenen Theilleistung 1200 betragen haben, und beläuft sich die vereinbarte Gegenleistung auf 2000, so ist letztere im Verhältnisse von 1600 : 1200 = 4 : 3, d. i. auf 1500 herabzusetzen. Näheres in den Anm. zu den §§ 472 u. 473.

5. Nach der Bestimmung des § 281 kann der Gläubiger, wenn der Schuldner in Folge des Umstandes, welcher die Leistung unmöglich macht, für den geschuldeten Gegenstand einen Ersatz oder Ersatzanspruch erlangt, z. B. in Folge einer unerlaubten Handlung eines Dritten oder auf Grund eines Versicherungsvertrags, die Herausgabe des als Ersatz Empfangenen oder Abtretung des Ersatzanspruchs verlangen. Macht der Gläubiger von diesem Rechte Gebrauch, so ist die volle Gegenleistung zu bewirken, wenn der Werth des Ersatzanspruchs höher als die Gegenleistung oder gleich hoch ist. Insoweit jedoch ersterer hinter der Gegenleistung zurückbleibt, mindert sich diese nach Maßgabe der §§ 472, 473; z. B. der Verkäufer erhält für das verendete Pferd, das er um 2000 verkauft hat, 1200 Versicherungssumme; war das Pferd zur Zeit des Kaufabschlusses 2400 werth, so erhält der Käufer in dem Ersatz von 1200 die Hälfte des Werthes der geschuldeten Leistung, seine Gegenleistung mindert sich daher ebenfalls auf die Hälfte, d. i. auf 1000.

6. Die Beweislast in den Fällen des § 323 ergibt sich aus dem Zusammenhalte dieses Paragraphen mit den §§ 324 u. 325. Während in § 324 bestimmt wird, welche Folgen eintreten, wenn der Gläubiger die Unmöglichkeit zu vertreten hat, und in § 325 die Wirkungen der durch den Schuldner verschuldeten Unmöglichkeit der Leistung geregelt werden, bestimmt § 323, welche Folgen eintreten, wenn weder ein Verschulden des Gläubigers noch ein Verschulden des Schuldners bewiesen ist. Es hat also in den Fällen des § 323 der auf die Gegenleistung belangte Gläubiger der unmöglich gewordenen Leistung, wenn er seine Befreiung von der Gegenleistung geltend macht, lediglich zu beweisen, daß die Leistung unmöglich geworden ist. Macht er Minderung wegen theilweiser Unmöglichkeit geltend, so muß er beweisen, daß die Gegenleistung theilweise unmöglich geworden ist, ferner daß die von ihm geltend gemachte Minderung nach der Vorschrift des § 323 berechnet ist. Er muß also nachweisen, welchen Werth die ganze Leistung und welchen Werth der möglich gebliebene Theil der Leistung zur Zeit des Vertragsabschlusses hatten. Ebenso Planck, Anm. 1 u. 2 zu § 323.

Wird dagegen der Schuldner auf die Leistung belangt, so muß dieser nicht bloß den Beweis der Unmöglichkeit, sondern zufolge § 282 noch den weiteren Beweis liefern, daß die Unmöglichkeit von ihm nicht zu vertreten ist.

7. Hat der Schuldner die ihm nach § 323 nicht zukommende Gegenleistung ganz oder theilweise erhalten, so kann der Gläubiger das Geleistete nach den Vorschriften über die Herausgabe einer ungerechtfertigten Bereicherung (§§ 812 ff.) zurückfordern.

8. Zwar ist in § 323 ebenso wie in den §§ 324 u. 325 nur von einem Unmöglichwerden der Leistung die Rede, also nach der Sprache des B.G.B. von der objektiven Unmöglichkeit; da es sich hier aber nur um die nachträglich eintretende Unmöglichkeit handelt und bei nachträglichem Eintreten objektive und subjektive Unmöglichkeit gleichgestellt sind (§ 275 Abs. 2), so gelten die Vorschriften der §§ 323—325 auch für die nachträglich eintretende subjektive Unmöglichkeit. Vgl. Vorbem. II, 2 zu den §§ 275—283. Ebenso Oertmann, Anm. 4, Schollmeyer, Anm. 1 zu § 323. Die gegentheilige Ansicht würde in den Fällen des § 323 zu dem sonderbaren Ergebnisse führen, daß der Schuldner des Anspruchs auf die Gegenleistung verlustig würde, wenn die Leistung nicht bloß für ihn, sondern für jedermann unmöglich wird, dagegen den Anspruch behalten würde, wenn die Unmöglichkeit bloß in seiner Person ihren Grund hat.

§ 324.

Wird die aus einem gegenseitigen Vertrage dem einen Theile obliegende Leistung in Folge eines Umstandes, den der andere Theil zu vertreten hat, unmöglich, so behält er den Anspruch auf die Gegenleistung. Er muß sich jedoch dasjenige anrechnen lassen, was er in Folge der Befreiung von der Leistung erspart oder durch anderweitige Verwendung seiner Arbeitskraft erwirbt oder zu erwerben böswillig unterläßt.

Das Gleiche gilt, wenn die dem einen Theile obliegende Leistung in Folge eines von ihm nicht zu vertretenden Umstandes zu einer Zeit unmöglich wird, zu welcher der andere Theil im Verzuge der Annahme ist.

E. I, 368 Abs 2; II, 275; III, 318.

1. § 324 regelt jene Fälle, in denen der Gläubiger der unmöglich gewordenen Leistung die Unmöglichkeit zu vertreten hat. Der Schuldner behält hier den Anspruch auf die Gegenleistung. Er wird, wenn die Unmöglichkeit von ihm nicht zu vertreten ist, gemäß § 275 von der Leistung befreit, ist aber berechtigt, die Gegenleistung zu fordern, wie wenn er erfüllt hätte.

2. Wann der Schuldner die Unmöglichkeit der Leistung zu vertreten hat, bestimmt sich nach den Vorschriften der §§ 276—279. Eine entsprechende allgemeine Vorschrift besteht für den Gläubiger als solchen nicht. Der Gläubiger hat das Unmöglichwerden der Leistung des Schuldners nur dann zu vertreten, wenn er die Unmöglichkeit dadurch verschuldet, daß er einer ihm nach dem bestimmten Schuldverhältnisse gesetzlich oder vertragsmäßig obliegenden Verbindlichkeit zuwiderhandelt oder wenn er durch eine von ihm begangene unerlaubte Handlung (§§ 823 ff.) die Unmöglichkeit herbeiführt.
Ueber die Haftung des Gläubigers während des Annahmeverzugs s. Anm. 5.

3. Beim Vorliegen der Voraussetzungen des § 324 behält der Schuldner den Anspruch auf die Gegenleistung. Darüber hinaus wird ein Schadensersatzanspruch des Schuldners gegen den Gläubiger durch den Umstand allein, daß der Gläubiger die Unmöglichkeit der Leistung zu vertreten hat, nicht begründet (§ 280 gilt nicht für den Gläubiger). Wohl aber kann eine Schadensersatzpflicht des Gläubigers aus anderen Gründen, z. B. infolge einer unerlaubten Handlung (§ 823), entstehen.

4. Wenn die Unmöglichkeit von beiden Theilen verschuldet ist, so sind weder die Voraussetzungen des § 323 noch jene des § 275 gegeben. Die Verbindlichkeit des Schuldners zur Leistung bleibt also bestehen und es greift die Vorschrift des § 280 Platz: der Schuldner hat, soweit die Leistung in Folge eines von ihm zu vertretenden Umstandes unmöglich wird, dem Gläubiger den durch die Nichterfüllung entstehenden Schaden zu ersetzen. Da jedoch hier ein bei der Entstehung des Schadens mitwirkendes Verschulden des Beschädigten vorliegt, bestimmt sich die Verpflichtung des Schuldners zum Schadensersatze und der Umfang der Ersatzleistung nach § 254.

5. Abs. 2. Zufolge § 300 Abs. 1 hat der Schuldner während des Annahmeverzugs des Gläubigers nur Vorsatz und grobe Fahrlässigkeit zu vertreten. Der Schuldner wird also, soweit andere Umstände (z. B. gewöhnliche Fahrlässigkeit des Schuldners, Zufall oder Verschulden des Gläubigers) während des Annahmeverzugs die Unmöglichkeit herbeiführen, von der Verpflichtung zur Leistung befreit (§ 275), er behält aber auch gemäß § 324 Abs. 2 in allen diesen Fällen den Anspruch auf die Gegenleistung.

6. Der Schuldner, welcher die Gegenleistung nach den Bestimmungen des § 324 Abs. 1 Satz 1 oder Abs. 2 erhält, muß sich auf dieselbe anrechnen lassen:

a) was er in Folge seiner Befreiung von der Leistung erspart, z. B. Aufwendungen, welche er auf die Bewirkung der Leistung noch hätte machen müssen;

b) was er dadurch erwirbt, daß er seine freigewordene Arbeitskraft anderweit verwendet;

c) was ihm dadurch entgeht, daß er böswillig seine freigewordene Arbeitskraft nicht verwendet. Böswilligkeit wird erfordert, d. h. die Absicht, dem Gläubiger zu schaden, fahrlässige Unterlassung bildet keinen Grund für die Anrechnung. „Hat der Schuldner gerechte Gründe gehabt, eine ihm gebotene Arbeitsgelegenheit auszuschlagen, so kann von Böswilligkeit keine Rede sein; besondere Anstrengungen, anderweitig Arbeit zu erhalten, werden ihm nicht auferlegt. Nur wenn er ohne gerechten Grund die ihm vom Gläubiger oder von anderer Seite gebotene Arbeitsgelegenheit böswillig ausschlägt, muß er sich den dadurch entgangenen Lohn anrechnen lassen." R.T.K.B. S. 59/60.

Der Schuldner muß sich das Ersparte rc. „anrechnen lassen", d. h. der Gläubiger hat nur ein Recht des Abzugs, nicht einen selbständigen Anspruch auf Bezahlung des anrechenbaren Betrags. Ist ohne Abzug geleistet worden, so treten die Bestimmungen der §§ 812 ff. in Wirksamkeit. Besteht die Gegenleistung nicht in Geld, so wird der Gläubiger die Anrechnung in analoger Anwendung der §§ 337 und 273 in der Weise vollziehen können, daß er die Gegenleistung nur gegen Erstattung des anzurechnenden Betrags bewirkt. Ebenso Oertmann, Anm. 4; A.M. Planck, Anm. 2, welcher die Vorschriften des § 473 für entsprechend anwendbar erklärt.

7. Beweislast. Der Schuldner, welcher bei vorliegender Unmöglichkeit der Leistung die Gegenleistung verlangt, muß beweisen, daß die Unmöglichkeit durch den Gläubiger verschuldet ist. Der Gläubiger, welcher auf die Gegenleistung gemäß § 324 Abs. 1 Satz 2 anrechnet, ist bezüglich seiner Berechtigung zum Abzug und des Umfangs derselben beweispflichtig.

8. § 324 gilt sowohl für die objektive als für die subjektive Unmöglichkeit. S. Anm. 8 zu § 323.

§ 325.

Wird die aus einem gegenseitigen Vertrage dem einen Theile obliegende Leistung in Folge eines Umstandes, den er zu vertreten hat, unmöglich, so kann der andere Theil Schadensersatz wegen Nichterfüllung verlangen oder von dem Vertrage zurücktreten. Bei theilweiser Unmöglichkeit ist er, wenn die theilweise Erfüllung des Vertrags für ihn kein Interesse hat, berechtigt, Schadensersatz wegen Nichterfüllung der ganzen Verbindlichkeit nach Maßgabe des § 280 Abs. 2 zu verlangen oder von dem ganzen Vertrage zurückzutreten. Statt des Anspruchs auf Schadensersatz und des Rücktrittsrechts kann er auch die für den Fall des § 323 bestimmten Rechte geltend machen.

Das Gleiche gilt in dem Falle des § 283, wenn nicht die Leistung bis zum Ablaufe der Frist bewirkt wird oder wenn sie zu dieser Zeit theilweise nicht bewirkt ist.

E. I, 369 Abs. 1 u. 2; II, 276; III, 319.

§ 325 regelt die Fälle, in denen derjenige Theil, welcher die Leistung schuldet — der Schuldner — die Unmöglichkeit der Leistung zu vertreten hat.

1. Bei gänzlicher Unmöglichkeit der Leistung kann der andere Theil, d. i. der Gläubiger, nach seiner Wahl folgende Rechte geltend machen:

a) Der Gläubiger kann Schadensersatz wegen Nichterfüllung verlangen. In diesem Falle bleibt die Verpflichtung der beiden Theile aus dem gegenseitigen Vertrage bestehen. Nur kann der Gläubiger statt der Erfüllung gemäß § 280 Ersatz des durch die Nichterfüllung entstandenen Schadens fordern. Die Schadensersatzleistung, welche bei Unmöglichkeit der Leistung selbstverständlich nicht durch Naturalherstellung, sondern nur durch Entschädigung in Geld erfolgen kann (§ 251), braucht der Schuldner nur Zug um Zug gegen die Gegenleistung zu bewirken. Besteht auch die Gegenleistung in Geld, so hat der Schuldner, wenn von einer Seite aufgerechnet wird, nur den Betrag zu leisten, um welchen die Schadensersatzforderung die Gegenleistung übersteigt. Sind die geschuldeten Gegenstände ungleichartig, z. B. beim Tauschvertrage, so muß der Gläubiger, wenn er die Schadensersatzforderung verlangt, Zug um Zug den von ihm geschuldeten Gegenstand in natura leisten, da in diesem Fall eine Aufrechnung unzulässig ist (§ 387). Ebenso Planck, Anm. 1a, Schollmeyer, Anm. 2, Oertmann, Anm. 1a zu § 325. Dagegen Cosack, Bd. I S. 336: „Der Gläubiger braucht die ihm obliegende Gegenleistung nicht als Gegengabe zu bieten, aber muß natürlich das, was er durch Unterlassung der Gegenleistung erspart, von seiner Ersatzforderung abrechnen".

b) Der Gläubiger kann vom Vertrage zurücktreten. Auf das Rücktrittsrecht finden zufolge § 327 die für das vertragsmäßige Rücktrittsrecht geltenden Vorschriften der §§ 346—356 entsprechende Anwendung.

c) Er kann die in § 323 dem Gläubiger eingeräumten Rechte geltend machen, d. h.

α) die Gegenleistung verweigern,

β) gemäß § 281 die Herausgabe des für den geschuldeten Gegenstand erlangten Ersatzes oder die Abtretung des Ersatzanspruchs verlangen, bleibt aber dann zur Gegenleistung verpflichtet, welche sich bei unzureichendem Ersatze nach Maßgabe der §§ 472, 473 mindert,

γ) nach den Vorschriften über die ungerechtfertigte Bereicherung (§§ 812 ff.) die von ihm nicht geschuldete Leistung, soweit er dieselbe bewirkt hat, zurückfordern.

2. Bei theilweiser Unmöglichkeit der Leistung kann der Gläubiger

a) den möglich gebliebenen Theil verlangen und Schadensersatz wegen Nichterfüllung des unmöglich gewordenen Theiles. In diesem Falle bleibt er zur ganzen Gegenleistung verpflichtet;

b) den möglich gebliebenen Theil fordern und wegen des unmöglich gewordenen vom Vertrage zurücktreten;

c) den möglich gebliebenen Theil verlangen und wegen des unmöglich gewordenen die in § 323 dem Gläubiger eingeräumten Rechte geltend machen;

d) wenn die theilweise Erfüllung des Vertrags für ihn kein Interesse hat, kann der Gläubiger unter Ablehnung des noch möglichen Theiles entweder Schadensersatz wegen Nichterfüllung der ganzen Verbindlichkeit gemäß § 280 Abs. 2 verlangen oder vom ganzen Vertrage zurücktreten oder hinsichtlich des ganzen Vertrags die in § 323 bestimmten Rechte geltend machen.

Zur Geltendmachung der in Anm. 2d aufgeführten Rechte ist der Gläubiger zwar berechtigt, jedoch nicht verpflichtet; er kann statt derselben auch die unter Anm. 2a, b u. c aufgeführten Rechte ausüben, soweit er nur nicht gegen § 226 verstößt.

Der Gläubiger, welcher sich darauf beruft, daß die theilweise Erfüllung für ihn kein Interesse habe, ist hiefür beweispflichtig. Entscheidend ist der Zeitpunkt der Geltendmachung des Anspruchs.

3. Unter den in den Anm. 1 u. 2 aufgeführten Rechten hat der Gläubiger die freie Wahl; jedoch die gleichzeitige Geltendmachung derselben neben einander ist ausgeschlossen.

Hat sich der Kläger für die Ausübung des Rücktrittsrechts entschieden, so erfolgt der Rücktritt durch die Erklärung des Gläubigers gegenüber dem anderen Theile (§ 349). Diese Erklärung ist unwiderruflich (s. Anm. zu § 349). Die Frage, ob der Gläubiger auch gebunden ist, wenn er eines der anderen ihm nach § 325 zustehenden Rechte gewählt hat, oder ob ihm in diesem Fall ein jus variandi zusteht, ist im Gesetze nicht entschieden. Sie wird im Einzelfalle nach den Grundsätzen von Treu und Glauben beantwortet werden müssen. Vgl. Planck, Anm. 1c und Anm. 2, Schollmeyer, Anm. 5 zu § 325.

4. In Abs. 2 wird der thatsächlichen vom Schuldner verschuldeten Unmöglichkeit die sogenannte fiktive Unmöglichkeit des § 283 gleichgestellt. Ist nämlich der Schuldner rechtskräftig zur Leistung verurtheilt, so kann ihm der Gläubiger zur Bewirkung der Leistung eine angemessene Frist mit der Erklärung bestimmen, daß er die Annahme der Leistung nach dem Ablaufe der Frist ablehne. Nach dem Ablaufe der Frist kann der Gläubiger die in § 325 Abs. 1 bestimmten Rechte geltend machen, wenn nicht die Leistung bis zum Ablaufe der Frist bewirkt wird oder wenn sie zu dieser Zeit theilweise nicht bewirkt ist. Auch die Vorschrift des § 283 Abs. 1 Satz 3 findet hieher Anwendung, d. h. die Folgen einer vom Schuldner zu vertretenden Unmöglichkeit treten nicht ein, wenn die Leistung zwischen der rechtskräftigen Verurtheilung und dem Ablaufe der Frist infolge eines Umstandes dauernd unmöglich wird, den der Schuldner nicht zu vertreten hat. Vgl. Anm. 3 zu § 283.

Der Kläger kann schon in der auf die Erfüllung gerichteten Klage verlangen, daß die Frist, mit deren Ablauf ihm das Recht auf Schadensersatz oder auf Rücktritt vom Vertrage zusteht, im Urtheile bestimmt werde. § 255 C.P.O. n. Nr.

5. Die Bestimmungen des § 325 gelten sowohl im Falle der nachträglich eintretenden objektiven als der nachträglich eintretenden subjektiven Unmöglichkeit (s. Anm. 10 zu § 323), ferner zufolge § 325 Abs. 2 auch im Fall einer schon bei Entstehung des Schuldverhältnisses vorhandenen subjektiven Unmöglichkeit (s. Vorbem. II, 1 zu den §§ 275—283).

6. Unter welchen Voraussetzungen der Schuldner die Unmöglichkeit zu vertreten hat, ergibt sich aus den §§ 276—279.

Ist streitig, ob die Unmöglichkeit die Folge eines vom Schuldner zu vertretenden Umstandes ist, so trifft nach § 282 die Beweislast den Schuldner.

7. Das Rücktrittsrecht nach § 325 Abs. 2 und § 326 wird versagt

a) dem Verkäufer, welcher den Vertrag erfüllt und den Kaufpreis gestundet hat, § 454.

b) nach Art. 42 d. bayr. A.G. z. B.G.B. dem aus einem Leibgedingsvertrage Berechtigten gegenüber dem Verpflichteten, welcher mit der Bewirkung einer ihm obliegenden Leistung im Rückstand ist.

§ 326.

Ist bei einem gegenseitigen Vertrage der eine Theil mit der ihm obliegenden Leistung im Verzuge, so kann ihm der andere Theil zur Bewirkung der Leistung eine angemessene Frist mit der Erklärung bestimmen, daß er die Annahme der Leistung nach dem Ablaufe der Frist ablehne. Nach dem Ablaufe der Frist ist er berechtigt, Schadensersatz wegen Nichterfüllung zu verlangen oder von dem Vertrage zurückzutreten, wenn nicht die Leistung rechtzeitig erfolgt ist; der Anspruch auf Erfüllung ist ausgeschlossen. Wird die Leistung bis zum Ablaufe der Frist theilweise nicht bewirkt, so findet die Vorschrift des § 325 Abs. 1 Satz 2 entsprechende Anwendung.

Hat die Erfüllung des Vertrags in Folge des Verzugs für den anderen Theil kein Interesse, so stehen ihm die im Abs. 1 bezeichneten Rechte zu, ohne daß es der Bestimmung einer Frist bedarf.

E. I, 369 Abs. 2; II, 277; III, 320.

§ 326 handelt von den Wirkungen des Schuldnerverzugs beim gegenseitigen Vertrage.

I. Nach den allgemeinen Vorschriften über den Leistungsverzug (§§ 284 ff.) kann der Gläubiger, wenn der Schuldner in den Verzug gerathen ist,

neben der Leistung Ersatz des durch den Verzug entstandenen Schadens verlangen (§ 286 Abs. 1).

Dieses Recht steht dem Gläubiger selbstverständlich auch beim gegenseitigen Vertrage zu. Dagegen tritt bei letzterem Vertrag an die Stelle des durch § 286 Abs. 2 dem Gläubiger eingeräumten Rechtes, unter Ablehnung der Leistung Schadensersatz wegen Nichterfüllung zu verlangen, die Vorschrift des § 326 Abs. 2 (s. unten Anm. II 2 a).

II. Bei einem gegenseitigen Vertrage werden dem Gläubiger durch § 326 im Falle des Schuldnerverzugs noch folgende weitere Rechte eingeräumt:

1. Der Gläubiger kann dem im Verzuge befindlichen Schuldner zur Bewirkung der Leistung eine angemessene Frist mit der Erklärung bestimmen, daß er die Annahme der Leistung nach dem Ablaufe der Frist ablehne, und nach fruchtlosem Ablaufe der Frist entweder

a) Schadensersatz wegen Nichterfüllung verlangen — ohne Rücksicht darauf, ob die Erfüllung für ihn noch ein Interesse hat oder nicht (vgl. Anm. II 2), — oder

b) vom Vertrage zurücktreten;

c) wenn die Leistung bis zum Ablaufe der Frist theilweise nicht bewirkt ist, soferne die theilweise Erfüllung für ihn kein Interesse hat, entweder

α) Schadensersatz wegen Nichterfüllung der ganzen Verbindlichkeit nach Maßgabe des § 280 Abs. 2 verlangen (s. Anm. 2 u. 3 zu § 280) oder

β) vom ganzen Vertrage zurücktreten.

Besteht ein Interesse des Gläubigers an der theilweisen Erfüllung, so steht ihm das Recht, Schadensersatz wegen Nichterfüllung zu verlangen oder den Rücktritt vom Vertrage zu erklären, nur in Ansehung der noch ausstehenden Theilleistung zu.

2. Abs. 2. Wenn die Erfüllung des Vertrags — d. i. die Leistung des Schuldners gegen Empfang der Gegenleistung des Gläubigers — für den Gläubiger kein Interesse hat, so kann dieser ohne Bestimmung einer Frist (vgl. Anm. II, 1)

a) Schadensersatz wegen Nichterfüllung verlangen,
b) vom Vertrage zurücktreten.

III. Ueber die Fristbestimmung und deren Wirkungen s. Anm. 2—4 zu § 250.

IV. Auf das Rücktrittsrecht finden die Vorschriften der §§ 346—356 entsprechende Anwendung (§ 327).

V. Ueber den Ausschluß des Rücktrittsrechts beim Kauf- und Leibgedings-Vertrage s. Anm. 7 zu § 325.

Zusammenstellung.

Die Wirkungen der Unmöglichkeit und des Verzugs beim gegenseitigen Vertrage nach den Bestimmungen der §§ 323—326.

I. § 323. Unmöglichkeit durch Zufall (weder von dem einen noch vom anderen Theile verschuldet):

a) der Schuldner wird befreit (§ 275), verliert aber den Anspruch auf die Gegenleistung,
b) bei theilweiser Unmöglichkeit mindert sich der Anspruch des Schuldners auf die Gegenleistung nach §§ 472, 473,
c) verlangt der Gläubiger Ersatz nach § 281, so bleibt er zur Gegenleistung verpflichtet, jedoch gemindert gemäß §§ 472, 473, soweit der Werth des Ersatzes geringer ist als der Werth der geschuldeten Leistung,
d) die nicht geschuldete, aber bereits bewirkte Gegenleistung kann kondizirt werden nach den Bestimmungen der §§ 812 ff.

II. § 324. Unmöglichkeit verschuldet vom Gläubiger und Annahmeverzug:

a) der Schuldner wird befreit (§ 275), behält aber den Anspruch auf die Gegenleistung,
b) an der Gegenleistung muß er sich anrechnen lassen, was er in Folge der Befreiung erspart oder durch anderweitige Verwendung seiner Arbeitskraft erwirbt oder zu erwerben böswillig unterläßt,
c) die Unmöglichkeit, welche während des Annahmeverzugs eintritt, gilt als durch den Gläubiger verschuldet, wenn nicht der Schuldner die Unmöglichkeit zu vertreten hat.

III. § 325. Unmöglichkeit verschuldet vom Schuldner:

a) der Gläubiger kann Schadensersatz wegen Nichterfüllung verlangen,
b) der Gläubiger kann vom Vertrage zurücktreten,
c) er kann die in § 323 unter a, b, c, d aufgeführten Rechte geltend machen,
d) bei theilweiser Unmöglichkeit kann er, wenn er kein Interesse an der theilweisen Erfüllung hat, Schadensersatz wegen Nichterfüllung der ganzen Verbindlichkeit verlangen oder vom ganzen Vertrage zurücktreten,
e) die fiktive Unmöglichkeit nach § 283 steht der vom Schuldner verschuldeten thatsächlichen Unmöglichkeit gleich.

IV. § 326. Verzug des Schuldners:

Der Gläubiger kann

a) Erfüllung und zugleich Ersatz des durch den Verzug entstandenen Schadens verlangen (§ 286 Abs. 1),
b) dem Schuldner eine angemessene Frist zur Leistung setzen und nach deren fruchtlosem Ablaufe
   α) Schadensersatz wegen Nichterfüllung verlangen,
   β) vom Vertrage zurücktreten,
   γ) bei theilweiser Unmöglichkeit, wenn die theilweise Erfüllung für ihn kein Interesse hat, unter Ablehnung der möglich gebliebenen Leistung Schadensersatz wegen Nichterfüllung der ganzen Verbindlichkeit verlangen oder vom ganzen Vertrage zurücktreten,
c) wenn die Erfüllung des Vertrags für ihn kein Interesse hat, kann er, ohne dem Schuldner eine Frist zu bestimmen,
   α) Schadensersatz wegen Nichterfüllung verlangen,
   β) vom Vertrage zurücktreten.

§ 327.

Auf das in den §§ 325, 326 bestimmte Rücktrittsrecht finden die für das vertragsmäßige Rücktrittsrecht geltenden Vorschriften der §§ 346 bis 356 entsprechende Anwendung. Erfolgt der Rücktritt wegen eines Umstandes, den der andere Theil nicht zu vertreten hat, so haftet dieser nur nach den Vorschriften über die Herausgabe einer ungerechtfertigten Bereicherung.

E. I, 361 Abs. 2, 369 Abs. 3; II, 279; III, 321.

1. Auf das gesetzliche Rücktrittsrecht der §§ 325 u. 326 sind die für das vertragsmäßige Rücktrittsrecht geltenden Bestimmungen der §§ 346—356 entsprechend anzuwenden; daher sind

a) die Parteien, wenn der Rücktritt erfolgt, verpflichtet, einander die empfangenen Leistungen zurückzugewähren (§§ 346, 347), jedoch mit der in Anm. 2 erwähnten Beschränkung.

b) Der Rücktritt erfolgt durch Erklärung gegenüber dem anderen Theile (§ 349); dem Berechtigten kann vom anderen Theile für die Ausübung eine angemessene Frist bestimmt werden. Das Rücktrittsrecht erlischt, wenn nicht der Rücktritt vor dem Ablaufe der Frist erklärt wird (§ 355).

c) Sind auf der einen oder anderen Seite Mehrere betheiligt, so kann das Rücktrittsrecht nur von Allen und gegen Alle ausgeübt werden; erlischt das Rücktrittsrecht für einen der Berechtigten, so erlischt es auch für die übrigen (§ 356).

2. Zu Satz 2. Im Falle des § 325 Abs. 1 und beim Schuldnerverzuge nach § 326 erfolgt der Rücktritt stets wegen eines Umstandes, den der andere Theil zu vertreten hat, nur im Falle des § 325 Abs. 2 kann eine Berechtigung des Gläubigers zum Rücktritt entstehen, ohne daß dem anderen Theil ein Verschulden zur Last fällt, wenn nämlich in der Zeit zwischen der Verurtheilung und dem Ablaufe der Frist die Erfüllung in Folge eines Umstandes, den der Schuldner nicht zu vertreten hat, vorübergehend unmöglich wird (vgl. Anm. 3 zu § 283). Erfolgt in letzterem Falle der Rücktritt vom Vertrag, so hat der Schuldner die empfangene Leistung nur nach Maßgabe der Vorschriften über die Herausgabe einer ungerechtfertigten Bereicherung (§ 818) zurückzugewähren.

Dritter Titel.

Versprechen der Leistung an einen Dritten.

§ 328.

Durch Vertrag kann eine Leistung an einen Dritten mit der Wirkung bedungen werden, daß der Dritte unmittelbar das Recht erwirbt, die Leistung zu fordern.

In Ermangelung einer besonderen Bestimmung ist aus den Umständen, insbesondere aus dem Zwecke des Vertrags, zu entnehmen, ob der Dritte das Recht erwerben, ob das Recht des Dritten sofort oder nur unter gewissen Voraussetzungen entstehen und ob den Vertragschließenden die Befugniß vorbehalten sein soll, das Recht des Dritten ohne dessen Zustimmung aufzuheben oder zu ändern.

E. I, 412 Abs. 1, 413, 414; II, 280; III, 322.

1. Auch nach gemeinem Rechte wird ein Vertrag, durch welchen eine Leistung an einen am Vertrage nicht betheiligten Dritten ausbedungen wird, als rechtsverbindlich anerkannt. Bestritten ist jedoch, unter welchen Voraussetzungen der Dritte aus einem solchen Vertrag ein Forderungsrecht gegen den Versprechenden erwirbt. Nach der einen Ansicht ist hiezu eine Mitwirkung des Dritten durch Annahme oder Beitritt erforderlich. Dies ist auch der Standpunkt des P.L.R. Thl. IV cap. 1 § 13, welches Stipulationen auf Leistungen an Dritte nur insoweit für gültig erklärt, als dieselben „ihnen nützlich sein mögen und nach der Hand von ihnen ratifizirt oder angenommen werden". Nach der anderen Ansicht erwirbt der Dritte unmittelbar ein selbständiges Forderungsrecht

aus dem Vertrage, soferne dies durch den Vertrag bezweckt war. (Vgl. Dernburg, Pand. Bd. 2 § 18, Windscheid, Pand. Bd. 2 § 316 und § 316a.)

Das B.G.B. hat sich der letzteren Meinung angeschlossen und läßt grundsätzlich Verträge auf Leistung an einen Dritten mit der Wirkung zu, daß der Dritte unmittelbar — ohne Annahme- oder Beitrittserklärung — das Recht erwirbt, die Leistung zu fordern (§ 328 Abs. 1).

2. Jedoch nicht in allen Fällen erwirbt der Dritte durch den Vertrag, in welchem eine Leistung an ihn bedungen wird, sofort ein unentziehbares Recht auf die Leistung, vielmehr ist stets im Einzelfalle zu prüfen,

a) ob der Dritte das Recht erwerben oder ob nur der Versprechensempfänger forderungsberechtigt sein soll,

b) ob das Recht des Dritten sofort oder nur unter gewissen Voraussetzungen entstehen soll, z. B. beim Gutsübergabevertrag unter der Voraussetzung, daß die Uebergabe vollzogen wird,

c) ob den Vertragschließenden die Befugniß vorbehalten sein soll, das Recht des Dritten ohne dessen Zustimmung aufzuheben oder zu ändern.

Für die Beantwortung aller dieser Fragen ist in erster Linie maßgebend eine von den Vertragschließenden etwa getroffene Bestimmung. Wo eine solche nicht vorliegt, muß die Entscheidung aus den vorhandenen Umständen, insbesondere aus dem Zwecke des Vertrags gefunden werden, d. h. aus dem Zwecke, welcher die Vertragschließenden oder denjenigen von ihnen, dessen Interesse maßgebend war, bestimmt hat, die Leistung an den Dritten zu vereinbaren. (Jacubezky, Bem. S. 101.) Läßt sich auch aus den Umständen nicht feststellen, daß der Dritte das Recht erwerben sollte, so wird angenommen werden müssen, daß es nur dem Versprechensempfänger zusteht, da der Dritte, welcher das Recht geltend macht, den Erwerb desselben im Bestreitungsfalle erweisen muß. Ebenso Cosack, Bd. 1 S. 330; Oertmann, Anm. 7 zu § 328.

Für einige häufig vorkommende Arten von Verträgen gibt das B.G.B. in den §§ 329—331 bestimmte Auslegungsregeln. Hierüber s. die Anm. zu diesen Paragraphen.

3. Einer besonderen Form bedarf der zu Gunsten eines Dritten geschlossene Vertrag als solcher nicht (P. I, 769). Die Frage, ob für die Beobachtung der Form nur das Verhältniß unter den Vertragschließenden oder auch das Verhältniß zu dem Dritten zu berücksichtigen ist, wird im Gesetze nicht beantwortet (M. II, 270). Grundsätzlich wird der Ansicht Oertmanns (Anm. 1 zu § 328) beizupflichten sein, daß für den etwaigen Formzwang nur die causa des Versprechens dem Empfänger gegenüber maßgebend ist. Haben jedoch die Vertragschließenden, lediglich um die gesetzlichen Formvorschriften zu umgehen, ein dem Formzwang unterworfenes Rechtsgeschäft in die Form eines von ihnen nicht wirklich gewollten Vertrags zu Gunsten eines Dritten eingekleidet, so finden die §§ 117, 140, 125 Anwendung. (Vgl. Entsch. d. R.G. in Civils. Bd. 10 S. 280.)

Nach Planck (Anm. 4) bestimmt sich „nach dem Inhalte des Vertrags", ob derselbe an eine bestimmte Form gebunden ist.

§ 329.

Verpflichtet sich in einem Vertrage der eine Theil zur Befriedigung eines Gläubigers des anderen Theiles, ohne die Schuld zu übernehmen, so ist im Zweifel nicht anzunehmen, daß der Gläubiger unmittelbar das Recht erwerben soll, die Befriedigung von ihm zu fordern.

E. I, 318 Abs. 1; II, 281; III, 323.

Hat jemand durch Vertrag mit einem Anderen vereinbart, daß er dessen Schuld an einen Dritten übernehme, so kommen die Bestimmungen des § 415 über die Schuldübernahme zur Anwendung. Ging dagegen die Vereinbarung nur dahin, daß der eine Vertragschließende den Gläubiger des andern Theiles befriedige, ohne daß hiebei — ausdrücklich oder stillschweigend — auch die Uebernahme der Schuld durch den Versprechenden ausbedungen wurde, so liegt eine sogenannte Erfüllungsübernahme vor (vgl. E. I, 318 Abs. 1). Für letztere stellt dem regelmäßigen Willen der Vertragschließenden entsprechend § 329 die Auslegungsregel auf, daß der Gläubiger ein unmittelbares Recht auf Befriedigung gegen den Versprechenden nicht erwirbt. Wohl aber hat der Versprechensempfänger gegen den Versprechenden den Anspruch, daß dieser den Gläubiger des ersteren rechtzeitig befriedige. Vgl. § 415 Abs. 3.

§ 330.

Wird in einem Lebensversicherungs- oder einem Leibrentenvertrage die Zahlung der Versicherungssumme oder der Leibrente an einen Dritten bedungen, so ist im Zweifel anzunehmen, daß der Dritte unmittelbar das Recht erwerben soll, die Leistung zu fordern. Das Gleiche gilt, wenn bei einer unentgeltlichen Zuwendung dem Bedachten eine Leistung an einen Dritten auferlegt oder bei einer Vermögens- oder Gutsübernahme von dem Uebernehmer eine Leistung an einen Dritten zum Zwecke der Abfindung versprochen wird.

E. II, 282; III, 324.

Die Auslegungsregeln des § 330 waren schon in der bisherigen gemeinrechtlichen Theorie und Praxis anerkannt. (S. Dernburg, Pand. Bd. 2 § 18 Nr. 2a u. b, Windscheid, Pand. Bd. 2 § 316 Note 15 und die dort angeführten Entscheidungen.)

Es werden hier vier Fälle aufgeführt, in welchen im Zweifel ein unmittelbarer Erwerb des Rechtes durch den Dritten anzunehmen ist:

a) wenn in einem Lebensversicherungsvertrage die Zahlung der Versicherungssumme an einen Dritten vereinbart wird. Nach Art. 75 E.G. bleiben die landesgesetzlichen Vorschriften, welche dem Versicherungsrechte angehören, soweit nicht in dem B.G.B. besondere Bestimmungen getroffen sind, unberührt. Zu den besonderen Bestimmungen, welche der Abänderung durch Landesrecht entzogen sind, gehört auch die gegenwärtige Auslegungsregel;

b) wenn in einem Leibrentenvertrage die Zahlung der Leibrente an einen Dritten bedungen wird. Ueber die Leibrente enthält das B.G.B. Bestimmungen in den §§ 759—761;

c) wenn bei einer unentgeltlichen Zuwendung dem Bedachten eine Leistung an einen Dritten auferlegt wird. S. hierüber die §§ 525—527;

d) wenn bei einer Vermögens- oder Gutsübernahme von dem Uebernehmer eine Leistung an einen Dritten zum Zwecke der Abfindung verspracheu wird. Vgl. Art. 96 E.G. und die Art. 32—48 bayrisches A.G.

Mit welchem Zeitpunkte der Dritte das Recht erwerben soll, muß aus den Umständen des Falles entnommen werden. Für den Lebensversicherungsvertrag gibt in dieser Richtung eine besondere Vorschrift der § 331.

§ 331.

Soll die Leistung an den Dritten nach dem Tode desjenigen erfolgen, welchem sie versprochen wird, so erwirbt der Dritte das Recht auf die Leistung im Zweifel mit dem Tode des Versprechensempfängers.

Stirbt der Versprechensempfänger vor der Geburt des Dritten, so kann das Versprechen, an den Dritten zu leisten, nur dann noch aufgehoben oder geändert werden, wenn die Befugniß dazu vorbehalten worden ist.

E. II, 283; III, 325.

1. In Abs. 1 des § 331 wird eine Auslegungsregel gegeben für die Feststellung des Zeitpunktes, in welchem der Dritte das Recht auf die Leistung erwirbt. Die Regel gilt nur für jene Fälle, in denen die Leistung vertragsgemäß nach dem Tode des Versprechensempfängers zu bewirken ist. In allen anderen Fällen kommt die allgemeine Vorschrift des § 328 Abs. 2 zur Anwendung, daß in Ermangelung einer besonderen Bestimmung die Umstände, insbesondere der Zweck des Vertrags für den Zeitpunkt des Rechtserwerbs durch den Dritten maßgebend sind.

In den erstgedachten Fällen ist im Zweifel anzunehmen, daß der Dritte das Recht auf die Leistung mit dem Tode des Versprechensempfängers erwirbt. Vorher hat im Zweifel der Dritte überhaupt kein Recht, auch nicht etwa ein durch den Tod des Versprechensempfängers bedingtes Recht. Stirbt also der Dritte vor dem Versprechensempfänger, so ist kein Recht vorhanden, das auf die Erben des Dritten übergehen könnte (P. I, 760). Letztere sind daher, soferne nicht ein anderer Wille der Vertragschließenden erklärt oder den Umständen zu entnehmen ist, nicht befugt, einen Anspruch gegen den Versprechenden zu erheben. Diese Bestimmung ist von besonderer Bedeutung für die Lebensversicherungsverträge.

Welche rechtliche Folgen für das Verhältniß der Vertragschließenden zu einander eintreten, wenn der Dritte vor dem Versprechensempfänger stirbt, muß aus dem Inhalte des Vertrags ermittelt werden. Eine allgemeine Regel läßt sich wohl kaum aufstellen. Vgl. Planck, Anm. 1 zu § 331.

2. Abs. 2. Ist der Dritte zur Zeit des Todes des Versprechensempfängers noch nicht geboren, so kann der Rechtserwerb für ersteren mit dem Zeitpunkte des Todes nicht eintreten, weil dem noch nicht Geborenen die Fähigkeit mangelt, Rechte zu erwerben. (S. Anm. III c zu § 1.) Ohne eine besondere Gesetzesbestimmung könnte daher der Ungeborene durch eine Abmachung zwischen dem Versprechenden und den Erben des Versprechensempfängers der ihm von letzterem zugedachten Vermögenszuwendung verlustig werden. Da aber eine solche Abmachung in der Regel den Absichten des Versprechensempfängers zuwiderlaufen würde, so wird in Abs. 2 des § 333 die dispositive Vorschrift gegeben, daß nach dem Tode des Versprechensempfängers das Versprechen zu Gunsten eines noch ungeborenen Dritten weder aufgehoben noch geändert werden kann, es sei denn, daß die Befugniß hiezu vorbehalten worden ist. (P. I, 766.)

Die Aufnahme einer den Vorschriften der §§ 2162 u. 2163 entsprechenden Bestimmung, daß das Versprechen unwirksam werden solle, wenn seit dem Tode des Versprechensempfängers 30 Jahre verstrichen sind und der Dritte noch nicht empfangen ist, wurde von der II. Komm. abgelehnt, weil ein Bedürfniß für eine solche Beschränkung in der Praxis nicht hervorgetreten sei. (P. I, 767.)

§ 332.

Hat sich der Versprechensempfänger die Befugniß vorbehalten, ohne Zustimmung des Versprechenden an die Stelle des in dem Vertrage bezeichneten Dritten einen Anderen zu setzen, so kann dies im Zweifel auch in einer Verfügung von Todeswegen geschehen.

E. II, 284; III, 326.

1. Auch die Bestimmung des § 332 hat als Auslegungsregel nur soweit Geltung, als nicht ein anderer Wille der Vertragschließenden erhellt. Letztere können vereinbaren sowohl, daß die Bestimmung eines anderen Dritten in einer letztwilligen Verfügung ausgeschlossen sein solle, als auch, daß jede einseitige Erklärung, nicht bloß die in einer Verfügung von Todeswegen erfolgte, für die Bestimmung genügen solle.

2. Der Zweck der Vorschrift, welche auf einem Beschlusse der II. Komm. beruht, ist nach P. I, 759, 760 ein doppelter:

a) Die Bestimmung eines anderen Dritten an Stelle des im Vertrage benannten enthält eine Aenderung des geschlossenen Vertrags. Regelmäßig wird für die Rechtswirksamkeit einer solchen Aenderung, auch wo sie nach dem Vertrage statthaft ist, eine Erklärung gegenüber dem anderen Vertragschließenden erfordert werden müssen. Durch § 332 wird nun festgestellt, daß von letzterem Erfordernisse dann abgesehen werden kann, wenn die Bestimmung in einer Verfügung von Todeswegen getroffen wird. Auf andere Fälle kann die Auslegungsregel des § 332 nicht ausgedehnt werden. Ebenso Planck, Anm. zu § 332.

b) Hat sich in einem Lebensversicherungsvertrage der Versicherungsnehmer das Recht vorbehalten, einseitig an Stelle des in der Police benannten Berechtigten einen anderen Berechtigten zu setzen, und macht er von diesem Rechte in einer Verfügung von Todeswegen Gebrauch, so kann Streit darüber entstehen, ob der im Versicherungsvertrag oder der in der letztwilligen Verfügung Benannte zur Erhebung der Versicherungssumme berechtigt ist. § 332 entscheidet diesen Streit dem muthmaßlichen Willen der Vertragschließenden und der Billigkeit entsprechend dahin, daß im Zweifel der späteren letztwilligen Verfügung der Vorzug vor der Bestimmung im Versicherungsvertrage einzuräumen sei.

3. Vorausgesetzt wird, daß der Versprechensempfänger sich die Befugniß vorbehalten hat, ohne Zustimmung des anderen Vertragstheils die Bestimmung zu treffen. Ohne einen solchen Vorbehalt kann selbstverständlich die Einsetzung eines anderen Dritten an Stelle des ursprünglichen nur mit Einwilligung des Versprechenden erfolgen.

§ 333.

Weist der Dritte das aus dem Vertrag erworbene Recht dem Versprechenden gegenüber zurück, so gilt das Recht als nicht erworben.

E. I, 415; II, 285; III, 327.

1. Nach dem in § 328 anerkannten Prinzip kann der Dritte das Forderungsrecht ohne sein Zuthun und ohne seine Mitwirkung erwerben. Da ihm nun ein Recht gegen seinen Willen nicht aufgedrängt werden kann, so wird dem Dritten in § 333 die Befugniß eingeräumt, das erworbene Recht zurückzuweisen mit der Wirkung, daß das Verhältniß rechtlich so anzusehen ist, als ob er das Recht niemals erworben hätte.

2. Vorausgesetzt wird, daß der Dritte das Recht bereits erworben hat. Gibt der Dritte vor dem Erwerbe des Rechtes eine Ablehnungserklärung ab, so ist nach den allgemeinen Vorschriften und aus dem Inhalte des Vertrags festzustellen, welche Wirkungen einer solchen Erklärung zukommen.

3. Ebenso ist aus dem Inhalte des Vertrags zu ermitteln, welche Folgen die Zurückweisung für das Verhältniß der Vertragschließenden zu einander hat, ob der Versprechensempfänger in Folge der Ausschlagung das Recht für sich fordern, ob er einen Anderen an die Stelle des ablehnenden Dritten setzen darf, oder ob die Leistungspflicht des Versprechenden überhaupt erlischt (P. I, 767, 768).

4. Die Zurückweisung ist ein einseitiges, empfangsbedürftiges Rechtsgeschäft (§§ 130—132). Sie muß dem Versprechenden gegenüber erklärt werden, die Erklärung gegenüber dem Versprechensempfänger ist nicht erforderlich.

5. Hat der Dritte das Recht einmal angenommen — sei es durch Erklärung gegenüber dem Versprechenden, sei es durch schlüssige Handlungen —, so hat er das Recht der Zurückweisung verwirkt. Ebenso Planck, Anm. 3; Oertmann, Anm. 2; Schollmeyer, Anm. 1

§ 334.

Einwendungen aus dem Vertrage stehen dem Versprechenden auch gegenüber dem Dritten zu.

E. I, 416; II, 286; III, 328.

1. Wenn auch der Dritte ein selbständiges, nicht vom Versprechensempfänger hergeleitetes Recht auf die Leistung hat, so beruht doch sein Recht auf dem zwischen dem Versprechenden und dem Empfänger geschlossenen Vertrage. Folgerichtig bestimmt deßhalb § 334, daß Einwendungen aus dem Vertrage dem Versprechenden auch gegenüber dem Dritten zustehen.

2. Unter Einwendungen sind nach der Sprache des B.G.B. nicht bloß die Einreden im engeren civilrechtlichen Sinne, sondern auch alle prozessualen Einreden, also auch die Berufung auf rechtshindernde und rechtszerstörende Thatsachen zu verstehen.

3. Nur Einwendungen, welche im Vertrage selbst ihren Grund haben, kann der Versprechende dem Dritten entgegensetzen, nicht auch andere Einwendungen, welche ihm gegen die Person des Versprechensempfängers zustehen.

a) Ist der Vertrag nichtig oder wird er beim Vorliegen eines gesetzlichen Anfechtungsgrundes angefochten (§ 142), so kann aus einem solchen nichtigen Vertrag auch ein Dritter kein Recht erwerben. Bildet arglistige Täuschung den Anfechtungsgrund, so kann der Vertrag auch dem Dritten gegenüber, welcher das Recht unmittelbar erworben hat, angefochten werden, wenn dieser die Täuschung kannte oder kennen mußte (§ 123 Abs. 2 Satz 2).

b) Auch die Einrede des nicht erfüllten Vertrags beim gegenseitigen Vertrage (§ 320) ist eine Einwendung aus dem Vertrage, welche dem Dritten gegenüber geltend gemacht werden kann. So ist z. B. bei Lebensversicherungsverträgen der Versicherer berechtigt, die Bezahlung der Versicherungssumme dem Dritten ganz oder zu einem verhältnißmäßigen Theilbetrage (§ 320 Abs. 2) zu verweigern, bis die rückständige, vom Versicherungsnehmer geschuldete Prämie entrichtet wird. Auf die Klage des Dritten wird der Versprechende, welcher diese Einrede entgegensetzt, zur Erfüllung Zug um Zug verurtheilt. (§ 322 Abs. 1.)

c) Rücktritt eines der Vertragschließenden vom Vertrage.

α) Wird bei einem gegenseitigen Vertrage die dem Versprechensempfänger obliegende Leistung in Folge eines von ihm zu vertretenden Umstandes unmöglich, so kann nach § 325 der Versprechende Schadensersatz wegen Nichterfüllung verlangen oder vom Vertrage zurücktreten. Diese beiden Einwendungen kann der Versprechende auch dem Dritten gegenüber geltend machen. Ebenso Planck, Anm. 2 Abs. 2, Oertmann, Anm. 1 zu § 334.

β) Tritt dagegen der Versprechensempfänger gemäß § 325 wegen der vom Versprechenden zu vertretenden Unmöglichkeit vom Vertrage zurück, so wird hiedurch das Recht des Dritten, vom Versprechenden die Leistung bezw. Schadensersatz zu fordern nicht berührt, da es mit dem Zwecke des Vertrags nicht vereinbar wäre, das Recht des Dritten aus dem Grunde aufzuheben, weil der Versprechende seiner vertragsmäßigen Verpflichtung nicht nachkommt. Ebenso Planck, Anm. 3, zu § 335. Oertmann, Anm. 4 zu § 335 spricht für diesen Fall dem Versprechensempfänger das Rücktrittsrecht überhaupt ab. A. M. Schollmeyer, Anm. 1b zu § 335.

Das Verhältniß der Vertragschließenden zu einander bestimmt sich im Falle des Rücktritts nach §§ 346 ff.

4. Aufrechnung. Die Leistung wird, sobald der Dritte das Recht erworben hat, dem Dritten geschuldet. Es ergibt sich daher schon aus § 387, daß der Versprechende nicht mit einer ihm gegen den Versprechensempfänger zustehenden Forderung gegen die Forderung des Dritten aufrechnen kann. (P. I, 769.) Dagegen ist selbstverständlich die Aufrechnung mit solchen Forderungen zulässig, die dem Versprechenden gegen den Dritten selbst zustehen.

5. Die Vorschrift des § 334 ist eine dispositive, was im E. I (§ 416) ausdrücklich hervorgehoben war. (Vgl. P. I, 768, 769.)

§ 335.

Der Versprechensempfänger kann, sofern nicht ein anderer Wille der Vertragschließenden anzunehmen ist, die Leistung an den Dritten auch dann fordern, wenn diesem das Recht auf die Leistung zusteht.

E. I, 412 Abs. 2; II, 287; III, 329.

1. In der Regel hat derjenige, welcher sich durch Vertrag eine Leistung an einen Dritten hat versprechen lassen, auch ein Interesse daran, daß die Leistung an den Dritten erfolgt, sei es, daß er durch den Vertrag eine Fürsorge für den Dritten bethätigen, sei es, daß er sich von einer eigenen Verbindlichkeit gegen den Dritten befreien will.

In § 335 wird deßhalb die Auslegungsregel aufgestellt, daß der Versprechensempfänger, soferne nicht ein anderer Wille der Vertragschließenden anzunehmen ist, die Leistung an den Dritten auch dann fordern kann, wenn dem Dritten das Recht auf die Leistung zusteht. Dies entspricht auch der bisherigen gemeinrechtlichen Doktrin und Praxis. (Windscheid, Pand. Bd. 2 § 316 Note 1; Entsch. d. R.G. Bd. 21 S. 190, 191.)

2. Die Erben des Versprechensempfängers sind nicht diejenigen, welche die Leistung an den Dritten ausbedungen haben. Bei ihnen besteht keine Vermuthung dafür, daß sie ein eigenes Interesse an dieser Leistung haben. Regelmäßig wird daher bei Lebensversicherungsverträgen ein Recht der Erben des Versicherungsnehmers auf die Zahlung der Versicherungssumme an den Dritten ausgeschlossen sein. Ebenso P. I, 756; D. 50.

3. Die Beweislast dafür, daß ein gegentheiliger Wille anzunehmen ist, trifft den Versprechenden, welcher das Forderungsrecht des Empfängers bestreitet.

4. Solange der Dritte das Recht noch nicht erworben hat, kann nur der Versprechensempfänger die Gläubigerrechte ausüben. Dies ist von Wichtigkeit im Falle des Konkurses über das Vermögen des Versprechenden.

5. Wird die dem Versprechenden obliegende Leistung durch einen von ihm zu vertretenden Umstand unmöglich, so kann jedenfalls der Dritte, welcher das Recht erworben hat, als Gläubiger den durch die Nichterfüllung entstehenden Schaden ersetzt verlangen (§ 280), aber auch dem Versprechensempfänger wird in diesem Falle ein Ersatzanspruch zugebilligt werden müssen, jedoch nur ein Anspruch auf Ersatz seines eigenen Schadens. Ebenso Planck, Anm. 3; Oertmann, Anm. 4 zu § 335.

Vierter Titel.

Draufgabe. Vertragsstrafe.

§ 336.

Wird bei der Eingehung eines Vertrags etwas als Draufgabe gegeben, so gilt dies als Zeichen des Abschlusses des Vertrags.

Die Draufgabe gilt im Zweifel nicht als Reugeld.

E. I, 417; II, 288; III, 330.

1. Die §§ 336—338 handeln von der Draufgabe, welche bei Eingehung eines Vertrags gegeben wird, von der sogenannten arrha pacto perfecto data.

Wie im gemeinen Rechte (Dernburg, Pand. Bd. 2 § 12; Windscheid, Pand. Bd. 2 § 325) ist diese auch nach B.G.B. nur ein Zeichen des Vertragsabschlusses (arrha confirmatoria). Ebenso nach B.L.R. Thl. IV cap. 1 § 11 Nr. 1. Sie ist nicht, wie das Handgeld des deutschen Rechtes, ein Mittel des Vertragsschlusses. Der Vertrag kommt zu Stande, wenn die Voraussetzungen der §§ 151 u. 154 vorliegen, gleichviel ob eine Draufgabe gegeben wurde oder nicht. Aber auch nach Leistung einer Draufgabe ist der Gegenbeweis zulässig, daß der Vertrag Mangels der erforderlichen Einigung der Parteien nicht zu Stande gekommen ist.

Statt des Ausdruckes „Draufgabe“ kommen auch die Bezeichnungen Angeld, Arrha, Dinggeld, Draufgeld, Haftgeld, Handgeld, Weinkauf u. a. vor.

2. Allerdings kann die Draufgabe auch den Charakter eines Reugeldes (arrha poenitentialis) haben, wenn die — ausdrückliche oder stillschweigende — Absicht der Vertragschließenden darauf gerichtet ist, daß der einseitige Rücktritt vom Vertrage gegen Verlust der hingegebenen oder gegen Rückgabe der empfangenen Draufgabe gestattet sein soll. Im Zweifel ist dies aber nicht anzunehmen. Wer sich darauf beruft, daß die Draufgabe Reugeld sei, muß einen hierauf gerichteten Willen der Vertragschließenden beweisen.

Bei der Feststellung, was als Parteiwille anzunehmen sei, kann auch ein etwa bestehender Ortsgebrauch oder die Ortssitte in Berücksichtigung gezogen werden (P. I, 773).

Ueber den Vorbehalt des Rücktritts gegen Zahlung eines Reugeldes s. § 359.

3. Durch die Hingabe der Draufgabe wird der Empfänger Eigenthümer der letzteren. Er begeht also durch den Verbrauch derselben keine Unterschlagung im Sinne des § 246 St.G.B. Der dem Geber nach §§ 337, 338 zustehende Anspruch auf Rückgabe ist nur ein obligatorischer.

4. Am häufigsten kommt die Draufgabe vor bei der Gesindemiethe, deren Regelung zufolge Art. 95 E.G. dem Landesrechte vorbehalten ist. Soweit in letzterem besondere Bestimmungen über die Draufgabe nicht getroffen sind, gelten auch für die Gesindemiethe die §§ 336—338.

Durch das bayrische A.G. haben die Bestimmungen des § 336 keine Abänderung erfahren, wohl aber jene der §§ 337 u. 338.

6. Die Draufgabe, welche mit Rücksicht auf einen erst abzuschließenden Vertrag gegeben wird, die sog. arrha pacto imperfecto data, wird im B.G.B. nicht geregelt (M. II, 273), für die rechtliche Beurtheilung derselben ist der aus den Umständen des Einzelfalles zu ermittelnde Wille der Vertragschließenden maßgebend.

§ 337.

Die Draufgabe ist im Zweifel auf die von dem Geber geschuldete Leistung anzurechnen oder, wenn dies nicht geschehen kann, bei der Erfüllung des Vertrags zurückzugeben.

Wird der Vertrag wiederaufgehoben, so ist die Draufgabe zurückzugeben.

E. I, 418; II, 289; III, 331.

1. Soferne nicht ein anderer Wille der Vertragschließenden anzunehmen ist, wird die Draufgabe nicht als Zugabe zu der geschuldeten Leistung, sondern als Vorschuß auf dieselbe angesehen. Sie ist deßhalb bei der Erfüllung des Vertrages auf die vom Geber geschuldete Leistung anzurechnen oder, wenn dies nicht geschehen kann, weil Gegenstand

der Draufgabe und Gegenstand der Leistung nicht gleichartig sind, zurückzugeben. Auch hier kann ein entgegenstehender Ortsgebrauch als Auslegungsbehelf für die Erforschung des Parteiwillens berücksichtigt werden. Vgl. Anm. 2 zu § 336.

2. Abs. 2. Wird der Vertrag wieder aufgehoben, sei es ohne Verschulden eines der Vertragschließenden, sei es aus Verschulden des Empfängers der Draufgabe, so ist die Draufgabe zurückzugeben. Nur wenn der Geber die Wiederaufhebung des Vertrags verschuldet hat, darf der Empfänger die Draufgabe behalten (§ 338 Satz 1). Die Verpflichtung zur Zurückgabe tritt mit der Wiederaufhebung des Vertrags ohne Weiteres ein.

Uebrigens ist die Vorschrift des Abs. 2, wie sich schon aus § 336 Abs. 2 ergibt, keine zwingende. Die Parteien können z. B. vereinbaren, daß im Falle der von keinem Vertragstheile verschuldeten Wiederaufhebung die Draufgabe dem Empfänger verbleiben soll.

3. Die Nichtigkeit des Vertrags hat gemäß § 139 regelmäßig auch die Nichtigkeit des die Draufgabe betreffenden Nebenvertrags zur Folge. Der Empfänger ist in diesem Falle nach § 812 verpflichtet, die erhaltene Draufgabe herauszugeben. Beruht jedoch die Nichtigkeit auf einem Verstoße gegen ein gesetzliches Verbot (§ 134) oder gegen die guten Sitten (§ 138), und fällt dieser Verstoß nicht nur dem Empfänger, sondern auch dem Geber der Draufgabe zur Last, so ist zufolge § 817 die Rückforderung ausgeschlossen. (Vgl. B. I, 774.)

4. Für das Gesinderecht bestimmt das bayrische A.G. z. B.G.B. in Art. 18 abweichend von der Auslegungsregel des § 337 Abs. 1, daß das Draufgeld im Zweifel nicht vom Lohn abgezogen werden darf.

§ 338.

Wird die von dem Geber geschuldete Leistung in Folge eines Umstandes, den er zu vertreten hat, unmöglich oder verschuldet der Geber die Wiederaufhebung des Vertrags, so ist der Empfänger berechtigt, die Draufgabe zu behalten. Verlangt der Empfänger Schadensersatz wegen Nichterfüllung, so ist die Draufgabe im Zweifel anzurechnen oder, wenn dies nicht geschehen kann, bei der Leistung des Schadensersatzes zurückzugeben.

E. I, 419; II, 290; III, 332.

1. In zwei Fällen trifft den Geber der Draufgabe die Strafe, daß er den Anspruch auf Zurückgabe der Draufgabe verliert:

a) Wenn die von dem Geber geschuldete Leistung in Folge eines Umstandes unmöglich wird, den der Geber zu vertreten hat.

Dem Empfänger bleibt es in diesem Falle selbstverständlich auch unbenommen, gemäß §§ 280 u. 325 Schadensersatz wegen Nichterfüllung zu verlangen. Macht er von letzterem Rechte Gebrauch, so muß er im Zweifel, wie auf die vom Geber geschuldete Leistung (§ 337 Abs. 1), so auf die an deren Stelle tretende Entschädigung sich die Draufgabe anrechnen lassen oder, wenn dies wegen Ungleichartigkeit der Leistungen nicht geschehen kann, die Draufgabe zurückgeben. § 338 Satz 2. Vgl. dagegen für das Gesinderecht Anm. 5.

Welche Umstände der Geber als Schuldner der Leistung zu vertreten hat, bestimmt sich nach den §§ 276—279.

b) Wenn der Geber die Wiederaufhebung des Vertrags verschuldet. Dies ist z. B. der Fall, wenn der Empfänger wegen Verzugs des Gebers nach Maßgabe des § 326 vom Vertrage zurücktritt. Dagegen muß der Empfänger die Draufgabe zurückgeben, wenn er auf Grund der §§ 360 u. 361 vom Vertrage zurücktritt, ohne daß ein Verschulden des Gebers oder eine vom Geber zu vertretende Unmöglichkeit vorliegt. S. § 360 Anm. 2 § 361 Anm. 1c u. 2d.

2. Wird der Vertrag in Folge eines Umstandes, den keiner der Vertragstheile oder den der Empfänger allein zu vertreten hat, wieder aufgehoben, so ist nach der allgemeinen Bestimmung des § 337 Abs. 2 die Draufgabe zurückzugeben. S. Anm. 2 zu § 337.

3. Wenn der Empfänger die Unmöglichkeit der von ihm geschuldeten Leistung verschuldet, so hat derselbe zufolge § 280 dem Geber den durch die Nichterfüllung entstehenden Schaden zu ersetzen. Regelmäßig wird er also mindestens die vom Geber geleistete Draufgabe zurückzuerstatten haben. Hiedurch wird seine Verpflichtung, einen weitergehenden Schaden zu vergüten, nicht berührt. Dagegen verfällt er beim Vertragsbruche nicht, wie nach gemeinem Rechte (Dernburg, Pand. Bd. 2 § 12 Note 3) der Strafe, den doppelten Betrag der Draufgabe erstatten zu müssen.

Beim gegenseitigen Vertrage kann der Geber, statt Schadensersatz wegen Nichterfüllung zu verlangen, vom Vertrage zurücktreten (§ 325). Macht der Geber vom Rücktrittsrechte Gebrauch, so ist ihm die Draufgabe gemäß § 337 Abs. 2 zurückzugeben. S. Anm. 2.

4. Die Aufnahme einer dem § 343 entsprechenden Bestimmung über die richterliche Ermäßigung einer unverhältnißmäßig hohen Draufgabe wurde von der II. Komm. abgelehnt. Zur Rechtfertigung einer solchen Bestimmung war geltend gemacht worden, daß die Vorschriften, durch welche die Vertragsstrafe beschränkt werde, umgangen werden könnten, wenn Derjenige, welcher eine unverhältnißmäßig hohe Summe als Draufgabe empfangen habe, diese wegen einer vom Geber verschuldeten Nichterfüllung des Vertrags behalten dürfe. Die Mehrheit der Kommission war dagegen der Ansicht, die Rechtsprechung werde in einem solchen Falle, auch wenn die Vertragschließenden die Bezeichnung „Draufgabe“ wählen, nicht verkennen, daß es sich thatsächlich um eine Vertragsstrafe handle und das Verhältniß nicht aus dem Gesichtspunkte der Draufgabe, sondern aus dem der Vertragsstrafe beurtheilen (P. I, 775).

5. Für das Gesinderecht bestimmt Art. 18 des bayrischen A.G. z. B.G.B. entgegen der Auslegungsregel des § 338 Satz 2, daß die Dienstherrschaft, wenn sie im Falle der Auflösung des Dienstverhältnisses zum Schadensersatze verpflichtet ist, die Draufgabe auf den von ihr zu ersetzenden Schaden nicht anrechnen kann.

§. 339.

Verspricht der Schuldner dem Gläubiger für den Fall, daß er seine Verbindlichkeit nicht oder nicht in gehöriger Weise erfüllt, die Zahlung einer Geldsumme als Strafe, so ist die Strafe verwirkt, wenn er in Verzug kommt. Besteht die geschuldete Leistung in einem Unterlassen, so tritt die Verwirkung mit der Zuwiderhandlung ein.

E. I, 422; II, 291; III, 333.

Die §§ 339—345 handeln von der Vertragsstrafe (Konventionalstrafe).

1. Die Vertragsstrafe hat eine doppelte Funktion. Einerseits ist sie ein Zwangsmittel, um den Schuldner zur gehörigen Erfüllung seiner Verbindlichkeit anzuhalten, was besonders von Wichtigkeit ist für Schuldverhältnisse, bei denen die geschuldete Leistung einen Vermögenswerth nicht hat (vgl. Vorbem. zum 2. Buche II 3). Andererseits erleichtert und sichert sie dem Gläubiger die Geltendmachung seiner Schadensersatzforderung wegen Nichterfüllung oder nicht gehöriger Erfüllung der versprochenen Leistung (M. II, 275).

2. Sie ist nicht beschränkt auf vertragsmäßige Verbindlichkeiten, ihre Vereinbarung ist zulässig bei Verbindlichkeiten jeder Art. So kann z. B. auch für die Erfüllung einer gesetzlichen Alimentationspflicht eine Vertragsstrafe ausbedungen werden. Die Vereinbarung kann nicht nur bei der Eingehung der Verbindlichkeit, sie kann auch nachträglich getroffen werden.

Daß auch eine andere Leistung als eine Geldsumme als Vertragsstrafe versprochen werden kann, darüber s. § 342.

3. Die Vertragsstrafe setzt das Bestehen einer anderweitigen Verbindlichkeit auf Seiten des Versprechenden voraus („seine Verbindlichkeit“). Bestand eine solche Verbindlichkeit, ist sie aber erloschen, bevor die Vertragsstrafe verwirkt war, so kann eine Verwirkung nicht mehr eintreten.

Selbstverständlich kann eine Vertragsstrafe nicht verwirkt werden, wenn der Gläubiger der Leistung die Unmöglichkeit der Erfüllung verschuldet hat. Ebenso wenig kann die Verwirkung eintreten, solange der Gläubiger sich im Annahmeverzuge befindet, da der Annahmeverzug des Gläubigers den die Voraussetzung für die Verwirkung bildenden Verzug des Schuldners ausschließt. (P. I, 787. Vgl. Anm. 2 zu § 301.)

4. Die Verpflichtung zur Zahlung der Vertragsstrafe tritt mit dem Verzuge des Schuldners ein. Es wird also stets ein Verschulden des Schuldners vorausgesetzt (§ 285), nur wenn die geschuldete Leistung in einem Unterlassen besteht, wird schon durch die Zuwiderhandlung die Strafe verwirkt, auch wenn den Zuwiderhandelnden ein Verschulden nicht trifft. Letztere Bestimmung ist übrigens nur dispositiver Natur (M. II, 278). Es kann das Versprechen einer Vertragsstrafe nach dem Willen der Vertragschließenden auch den Charakter einer Garantieübernahme haben, in welchem Falle ein Verschulden des Schuldners für die Verwirkung nicht erfordert wird, wie auch umgekehrt vereinbart werden kann, daß bei Unterlassungen für die Verwirkung ein Verschulden des Zuwiderhandelnden vorausgesetzt werde.

5. Zufolge des Prinzips der Vertragsfreiheit kann auch ohne Rücksicht auf das Bestehen einer Verbindlichkeit eine Leistung für den Fall versprochen werden, daß der Leistende eine Handlung vornimmt oder unterläßt. In diesem Falle liegt jedoch keine Vertragsstrafe im Sinne der §§ 339 ff., sondern ein bedingtes Versprechen vor, auf welches die §§ 158 ff. Anwendung finden. (P. I, 786 B. Vgl. jedoch § 343 Abs. 2 und § 344.)

6. Das für eine Forderung bestellte Pfand haftet auch für die Vertragsstrafen. § 1210.

Das Versprechen einer Strafe für den Fall, daß die Eingehung einer Ehe unterbleibt, ist nichtig. (§ 1297.)

Im Konkursverfahren werden die Vertragsstrafen mit der Kapitalsforderung an derselben Stelle angesetzt. (§ 62 Nr. 2 K.O.)

7. Vorschriften über die Vertragsstrafen enthalten ferner die §§ 75 Abs. 2, 212 Abs. 2, 218 Abs. 2, 348, 351 H.G.B. und § 4 Abs. 1 R.G. über die Abzahlungsgeschäfte vom 16. Mai 1894 (R.G.Bl. S. 450).

§. 340.

Hat der Schuldner die Strafe für den Fall versprochen, daß er seine Verbindlichkeit nicht erfüllt, so kann der Gläubiger die verwirkte Strafe statt der Erfüllung verlangen. Erklärt der Gläubiger dem Schuldner, daß er die Strafe verlange, so ist der Anspruch auf Erfüllung ausgeschlossen.

Steht dem Gläubiger ein Anspruch auf Schadensersatz wegen Nichterfüllung zu, so kann er die verwirkte Strafe als Mindestbetrag des Schadens verlangen. Die Geltendmachung eines weiteren Schadens ist nicht ausgeschlossen.

E. I, 420; II, 292; III, 334.

I. Ist die Vertragsstrafe für den Fall der Nichterfüllung versprochen, so kann der Gläubiger nur entweder die Erfüllung oder die Strafe fordern. (§ 340.) Wenn dagegen die Strafe nur für den Fall der nicht gehörigen Erfüllung versprochen wurde, so kann der Gläubiger beides, Erfüllung und Strafe, verlangen. (§ 341.)

II. Ist die Strafe für den Fall der Nichterfüllung versprochen und hat der Schuldner durch seinen Verzug oder durch die Zuwiderhandlung die Strafe verwirkt (§ 339), so kann

1. in allen Fällen der Gläubiger nach seinem Belieben statt der Erfüllung die verwirkte Strafe verlangen. Es ist dies kein Wahlschuldverhältniß nach §§ 262 bis 265 mit Wahlberechtigung des Gläubigers, sondern nur eine facultas alternativa des letzteren (P. I, 776; Jacubezky, Bem. S. 107).

a) Dem Schuldner steht nicht das Recht zu, dem Gläubiger gemäß § 264 Abs. 2 eine Frist zur Vornahme der Wahl zu setzen.

b) Der Gläubiger, welcher nach Verwirkung der Vertragsstrafe die Erfüllung verlangt hat, kann, solange die Erfüllung nicht bewirkt ist, von diesem Verlangen wieder abgehen und die Strafe fordern.

Hat dagegen der Gläubiger durch Erklärung gegenüber dem Schuldner einmal die Strafe verlangt, so soll sein Anspruch auf Erfüllung zufolge der Bestimmung des § 340 Abs. 1 Satz 2 unwiderruflich ausgeschlossen sein.

Die Erklärung ist ein einseitiges empfangsbedürftiges Rechtsgeschäft (§§ 130—132).

2. In den Fällen, in welchen dem Gläubiger ein Schadensersatzanspruch wegen Nichterfüllung zusteht (§§ 280, 283, 286 Abs. 2, 325, 326), kann derselbe stets die verwirkte Strafe als Mindestbetrag des Schadens verlangen. Er kann aber auch den Anspruch auf Ersatz eines über den Betrag der Strafe hinausgehenden Schadens geltend

machen. Letztere Bestimmung, welche auf einem Beschlusse der II. Komm. beruht (P. I, 776), gilt jedoch nicht, wenn als Strafe eine andere Leistung als die Zahlung einer Geldsumme vereinbart ist (s. § 342).

Für das Vorhandensein eines den Betrag der Strafe übersteigenden Schadens ist der Gläubiger allerdings beweispflichtig, während er die Strafe mit ihrer Verwirkung ohne Rücksicht auf die Erweislichkeit eines Schadens und auf die Höhe des letzteren verlangen kann.

Wählt der Gläubiger in den Fällen der §§ 325 u. 326 statt des Schadensersatzes wegen Nichterfüllung den Rücktritt, so ist der Anspruch auf die Strafe ausgeschlossen, weil durch die Erklärung des Rücktritts die Hauptverbindlichkeit erlischt (s. Anm. 1 zu § 346), und das Erlöschen der Hauptverbindlichkeit auch das Erlöschen des auf die Strafe gerichteten Nebenvertrags zur Folge hat. Vgl. M. II, 276; Planck, Anm. 3; Schollmeyer, Anm. 3 zu § 340.

III. Theilweise Erfüllung ist keine „Nichterfüllung", sondern „nicht gehörige" Erfüllung (s. § 341). Nur wenn dem Gläubiger gemäß §§ 280 Abs. 2, 325, 326 ein Schadensersatzanspruch wegen Nichterfüllung der ganzen Verbindlichkeit aus dem Grunde zusteht, weil die theilweise Erfüllung für ihn kein Interesse hat, kommt Abs. 2 des § 340 zur Anwendung, vorausgesetzt, daß die Vertragsstrafe für den Fall der Nichterfüllung versprochen ist. Der Gläubiger, welcher die Strafe verlangt, muß in diesem Falle die empfangene Theilleistung zufolge der alsdann Anwendung findenden Vorschriften über das vertragsmäßige Rücktrittsrecht zurückgewähren. Vgl. § 346.

IV. Auch die Bestimmungen des § 340 sind dispositiver Natur. Die Vertragschließenden können nicht nur die Bedingungen, unter welchen die Verpflichtung des Schuldners zur Bezahlung der Vertragsstrafe eintreten soll, sondern auch die Folgen der Verwirkung der Strafe nach ihrem Belieben festsetzen. Durch Parteivereinbarung kann z. B. bestimmt werden, daß im Falle der Verwirkung nur die Strafe zu leisten und der Anspruch auf Erfüllung gänzlich ausgeschlossen ist.

V. Für das Verhältniß zwischen dem Handlungsgehülfen und dem Prinzipal gibt eine von der Regel des § 340 abweichende zwingende Vorschrift der § 75 Abs. 2 H.G.B.

Hat nämlich der Handlungsgehülfe für den Fall, daß er die in einer Vereinbarung der in § 74 H.G.B. bezeichneten Art übernommene Verpflichtung nicht erfüllt, eine Strafe versprochen, so kann der Prinzipal nur die verwirkte Strafe verlangen; der Anspruch auf Erfüllung oder auf Ersatz eines weiteren Schadens ist ausgeschlossen.

§ 341.

Hat der Schuldner die Strafe für den Fall versprochen, daß er seine Verbindlichkeit nicht in gehöriger Weise, insbesondere nicht zu der bestimmten Zeit, erfüllt, so kann der Gläubiger die verwirkte Strafe neben der Erfüllung verlangen.

Steht dem Gläubiger ein Anspruch auf Schadensersatz wegen der nicht gehörigen Erfüllung zu, so finden die Vorschriften des § 340 Abs. 2 Anwendung.

Nimmt der Gläubiger die Erfüllung an, so kann er die Strafe nur verlangen, wenn er sich das Recht dazu bei der Annahme vorbehält.

E. I, 421; II, 293; III, 335.

1. In § 340 wird als Grundsatz aufgestellt, daß der Gläubiger nicht beides nebeneinander erhalten soll, die Leistung, deren Erfüllung durch die Vertragsstrafe gesichert werden wollte, und die Vertragsstrafe. Die Bestimmung des § 341 bildet nur scheinbar eine Durchbrechung dieses Prinzips. Der Gläubiger, der die gehörige Erfüllung erst nachträglich erhält, hat eben dasjenige nicht erhalten, was er sich durch die Vertragsstrafe sichern wollte, nämlich die gehörige Erfüllung zur rechten Zeit. Er kann deßhalb im Verwirkungsfalle die bedungene Strafe neben der Erfüllung verlangen. Damit erklärt sich auch die Bestimmung des Abs. 2 (s. Anm. 5).

Die Bestimmung des § 341 ist ebenso wie jene des § 340 dispositiver Natur. Die Parteien können auch bei einer nach § 341 ausbedungenen Vertragsstrafe vereinbaren, daß der Gläubiger im Falle der Verwirkung nur entweder die Erfüllung oder die Strafe (wie nach § 340) oder daß der Gläubiger die Erfüllung überhaupt nicht mehr, sondern nur die Strafe solle fordern dürfen.

2. § 341 setzt voraus, daß die Strafe nur für den Fall versprochen ist, daß der Schuldner seine Verbindlichkeit nicht in gehöriger Weise erfüllt. Eine nicht gehörige

Erfüllung liegt vor, wenn die Leistung nicht zur rechten Zeit, nicht am rechten Orte oder nach Qualität oder Quantität mangelhaft bewirkt wird. Also auch die theilweise Erfüllung fällt — abgesehen von dem in Anm. III zu § 340 erwähnten Falle — unter den Begriff der nicht gehörigen Erfüllung.

3. Ist die Strafe nur für einen einzelnen bestimmten Fall der nicht gehörigen Erfüllung, z. B. nur für die nicht rechtzeitige Erfüllung versprochen, so kann sie auch nur für diesen Fall verwirkt werden. Auf andere, nicht unter das Strafversprechen gestellte Fälle der nicht gehörigen Erfüllung sind die allgemeinen Vorschriften anzuwenden. (M. II, 277.)

4. Auch in den Fällen des § 341 wird die Strafe mit dem Verzuge des Schuldners, eventuell mit der Zuwiderhandlung verwirkt (§ 339).

5. Steht dem Gläubiger ein Anspruch auf Schadensersatz wegen der nicht gehörigen Erfüllung zu, so wird das Interesse des Gläubigers an der gehörigen Erfüllung durch die Schadensersatzleistung gedeckt. Wenn der Gläubiger neben dem Schadensersatze noch die Strafe fordern könnte, würde er eine dem muthmaßlichen Parteiwillen nicht entsprechende Bereicherung erfahren. In Anerkennung des in Anm. 1 erwähnten Prinzips schreibt deßhalb Abs. 2 die entsprechende Anwendung der Vorschriften des § 340 Abs. 2 vor, d. h. der Gläubiger kann die verwirkte Strafe als Mindestbetrag seines Schadens verlangen, er kann auch den ihm über den Betrag der Strafe hinaus erweislich zugegangenen Schaden seinem vollen Umfange nach geltend machen. (Vgl. Anm. II, 2 zu § 340.) Allein der Anspruch auf die Strafe neben dem vollen Schadensersatz ist ausgeschlossen.

6. In der vorbehaltlosen Annahme der Erfüllung erblickt das Gesetz einen Verzicht des Gläubigers auf die Strafe. Der Gläubiger, welcher sich den Anspruch auf die Strafe wahren will, muß bei der Annahme seinen hierauf gerichteten Willen ausdrücklich erklären.

Der Vorbehalt muß bei der Annahme erklärt werden. Ein vorher gemachter Vorbehalt dürfte nach dem klaren Wortlaute der Bestimmung nicht genügen. A. M. Fischer-Henle, Anm. 2. Den Vorbehalt muß der Gläubiger beweisen, wenn er nach der Annahme der Erfüllung die Strafe verlangt.

E. I enthielt im Satz 3 des § 421 die Bestimmung, daß ungeachtet der vorbehaltlosen Annahme dem Gläubiger das Recht auf die Strafe gewahrt bleibe, „wenn der Gläubiger bei Annahme der Hauptleistung von seinem Rechte auf die Strafleistung oder von dem Eintritte der Voraussetzungen desselben nicht unterrichtet war". Die II. Komm. hat diese Bestimmung gestrichen, weil sie es für unzuträglich erachtete, jedesmal über die Frage der Kenntniß des Gläubigers eine Untersuchung anstellen zu lassen (P. I, 779).

7. Durch die vorbehaltlose Annahme verliert der Gläubiger nur das Recht auf die Strafe, nicht dagegen einen etwaigen Anspruch auf Schadensersatz.

8. Selbstverständlich wird durch die Vorschrift des Abs. 3 nicht das Recht des Gläubigers berührt, die Annahmehandlung selbst anzufechten, wenn für diese ein gesetzlicher Anfechtungsgrund (Irrthum, arglistige Täuschung, Drohung) vorhanden ist. Ist die Annahme anfechtbar und wird sie angefochten, so liegt überhaupt keine rechtlich wirksame Annahme der Erfüllung vor. Ebenso Oertmann, Anm. 3 zu § 341.

§ 342.

Wird als Strafe eine andere Leistung als die Zahlung einer Geldsumme versprochen, so finden die Vorschriften der §§ 339 bis 341 Anwendung; der Anspruch auf Schadensersatz ist ausgeschlossen, wenn der Gläubiger die Strafe verlangt.

E. II, 294; III, 336.

Als Vertragsstrafe können auch andere Leistungen als die Zahlung einer Geldsumme versprochen werden. Es gelten alsdann ebenso wie für das Versprechen einer Geldsumme die Bestimmungen der §§ 339—341, jedoch mit folgender Einschränkung: Steht dem Gläubiger ein Schadensersatzanspruch zu, so ist, wenn er statt des Schadensersatzes die Strafe verlangt, hiemit der Anspruch des Gläubigers auf Ersatz des ihm über den Werthsbetrag der Strafe hinaus zugegangenen Schadens unwiderruflich ausgeschlossen. Er muß sich mit der Strafleistung als Ersatz für die Nichterfüllung oder nicht gehörige Erfüllung der Verbindlichkeit begnügen. § 340 Abs. 2 Satz 2 findet also auf diese Art der Vertragsstrafen keine Anwendung. Dagegen ist es dem Gläubiger, wenn er Schadensersatz verlangt hat, und der Schuldner diesem Verlangen nicht nachkommt, unbenommen, nachträglich statt des Schadensersatzes die Strafe zu verlangen.

Das Verlangen der Strafe ist auch hier, wie in § 340 Abs. 1 Satz 2, ein einseitiges empfangsbedürftiges Rechtsgeschäft (§§ 130—132).

Ueber die Ermäßigung der Vertragsstrafe nach § 342 s. Anm. 7 zu § 343.

§ 343.

Ist eine verwirkte Strafe unverhältnißmäßig hoch, so kann sie auf Antrag des Schuldners durch Urtheil auf den angemessenen Betrag herabgesetzt werden. Bei der Beurtheilung der Angemessenheit ist jedes berechtigte Interesse des Gläubigers, nicht blos das Vermögensinteresse, in Betracht zu ziehen. Nach der Entrichtung der Strafe ist die Herabsetzung ausgeschlossen.

Das Gleiche gilt auch außer den Fällen der §§ 339, 342, wenn Jemand eine Strafe für den Fall verspricht, daß er eine Handlung vornimmt oder unterläßt.

E. II, 295; III, 337.

1. Im E. I war die Vertragsstrafe keiner Beschränkung unterworfen (M. II, 278). Erst die II. Komm. hat, um einer mißbräuchlichen Ausnützung der Vertragsstrafe gegenüber dem wirthschaftlich schwächeren und unkundigen Schuldner vorzubeugen, das richterliche Ermäßigungsrecht aufgenommen (P. I, 780—786, s. auch D. 50, 51).

2. Die Prüfung, ob eine verwirkte Strafe unverhältnißmäßig hoch sei, ist dem freien richterlichen Ermessen anheimgegeben.

Maßgebender Zeitpunkt für die Schätzung der zulässigen Höhe der Strafe wird regelmäßig die Zeit der Urtheilsfällung sein. Ebenso Planck, Anm. 2; Schollmeyer, Anm. 2c. Bei Ausübung des Ermäßigungsrechtes soll der Richter alle ihm erheblich erscheinenden Momente, insbesondere das Interesse des Gläubigers zu den verschiedenen in Betracht kommenden Zeiten (Zeitpunkt der Vereinbarung, der Verwirkung, der Geltendmachung der Strafe, der Urtheilsfällung), die Höhe des möglichen und des wirklichen Schadens, die wirthschaftliche Lage der Vertragschließenden, den Grad des Verschuldens auf Seite des Schuldners, berücksichtigen (P. I, 785).

3. Gegen eine Gefährdung seiner berechtigten Interessen ist der Gläubiger in mehrfacher Richtung geschützt:

a) Die Herabsetzung tritt nur auf Antrag des Schuldners ein.
b) Der Schuldner muß beweisen, daß die Strafe übermäßig hoch ist. Gelingt ihm dieser Beweis nicht, so hat es bei der vereinbarten Strafe sein Bewenden.
c) Die Ermäßigung kann nur durch Urtheil ausgesprochen werden.
d) Bei der Festsetzung des angemessenen Betrages hat der Richter nicht bloß ein vermögensrechtliches Interesse des Gläubigers, sondern jedes berechtigte Interesse, also auch ein etwaiges Affektionsinteresse, in Betracht zu ziehen. (Abs. 1 Satz 2.) Letztere Bestimmung ist von besonderer Bedeutung für Schuldverhältnisse, welche auf eine Leistung ohne Vermögenswerth gerichtet sind, bei denen die Erzwingung der Leistung sehr häufig nur durch Vereinbarung einer Vertragsstrafe ermöglicht wird. S. Vorbem. II, 3 zum zweiten Buche.

   Auf bloße Launen des Gläubigers ist allerdings keine Rücksicht zu nehmen.
e) Die einmal entrichtete Strafe kann nicht mehr herabgesetzt werden.

   Diese Bestimmung findet sich auch in § 4 Abs. 1 des R.G. über die Abzahlungsgeschäfte vom 16. Mai 1894 (R.G.Bl. S. 450).

   Im Falle theilweiser Entrichtung der Strafe ist eine Ermäßigung des bereits geleisteten Betrages ausgeschlossen. Der noch ausstehende Betrag kann durch Urtheil ganz oder theilweise erlassen werden.

4. Der Antrag auf Herabsetzung muß im Wege der Klage oder Widerklage gestellt werden, da nur auf eine Klage ein Urtheil erlassen werden kann. Geltendmachung der übermäßigen Höhe mittels Einwendungen im Prozesse dürfte nicht genügen, da § 343 einen auf Herabsetzung gerichteten Antrag verlangt; arg. e contr. die Fassung des § 315 Abs. 3 Satz 2 und des § 319 Abs. 1 Satz 2, wo die Worte „auf Antrag des Schuldners“ fehlen. Ebenso Schollmeyer, Anm. 2c; a. M. Oertmann, Anm. 3a zu § 343.

Die Klage kann erst erhoben werden, wenn die Strafe verwirkt ist. Eine vorherige Feststellungsklage ist unzulässig, auch wenn die sonstigen Voraussetzungen einer solchen Klage vorliegen. Zuständig für die Klage ist das Gericht des Wohnsitzes des Gläubigers (§§ 12 u. 13 C.P.O. n. Nr.), sowie das Gericht des Ortes, an welchem das Versprechen der Vertragsstrafe zu erfüllen ist (§ 29 C.P.O. n. Nr.).

5. Keine Anwendung finden die Vorschriften des § 343, wenn das Strafversprechen gegen ein gesetzliches Verbot (§ 134) oder gegen die guten Sitten verstößt (§ 138), z. B. wegen Wuchers. In diesen Fällen ist das Strafversprechen seinem ganzen Umfange nach nichtig. Die etwa gezahlte Strafe kann nach den Bestimmungen über die ungerechtfertigte Bereicherung zurückgefordert werden.

6. Abs. 2. Vertragsstrafen setzen das Bestehen einer Verbindlichkeit voraus. Wenn Jemand ohne eine bestehende Verbindlichkeit eine Strafe für den Fall verspricht, daß er eine Handlung vornimmt oder unterläßt, so liegt ein bedingtes Versprechen vor, welches nicht nach den Bestimmungen über die Vertragsstrafe sondern nach den allgemeinen Vorschriften über bedingte Rechtsgeschäfte zu beurtheilen ist. Vgl. die Anm. 3 u. 5 zu § 339.

Um nun zu verhüten, daß auf dem Wege einer solchen Vereinbarung die durch das richterliche Ermäßigungsrecht verfolgten Zwecke vereitelt werden, ist in § 343 Abs. 2 bestimmt, daß die in Abs. 1 enthaltenen Vorschriften — aber nur diese, nicht auch die Vorschriften der §§ 339—342 — auch dann zur Anwendung kommen sollen, wenn Jemand ohne eine bestehende Verbindlichkeit eine Strafe für den Fall verspricht, daß er eine Handlung vornimmt oder unterläßt.

7. § 343 gilt, wie nicht bloß seine Stellung hinter § 342, sondern insbesondere auch Abs. 2 des § 343 erkennen läßt, auch für jene Vertragsstrafen, welche nicht eine Geldsumme, sondern eine andere Leistung zum Gegenstande haben. Läßt in einem solchen Falle die Leistung ihrer Natur nach eine Herabsetzung nicht zu, z. B. wo als Strafe eine Spezies versprochen wurde, so kann der Richter auf Antrag einen angemessenen Geldbetrag als Strafe zusprechen. A. M. Schollmeyer, Anm. 1 zu § 343, welcher in dem hier gedachten Falle eine Ermäßigung für unzulässig erklärt.

8. Für das Handelsrecht bestimmt § 348 H.G.B.: „Eine Vertragsstrafe, die von einem Kaufmann im Betriebe seines Handelsgewerbes versprochen ist, kann nicht auf Grund der Vorschriften des § 343 B.G.B. herabgesetzt werden". Hat jedoch ein Handlungsgehülfe für den Fall, daß er die in einer Vereinbarung nach § 74 H.G.B. übernommene Verpflichtung nicht erfüllt, eine Strafe versprochen, so ist zufolge § 75 Abs. 2 Satz 2 H.G.B. eine richterliche Ermäßigung der Strafe zulässig. Ebenso ist das richterliche Ermäßigungsrecht durch § 351 H.G.B. aufrecht erhalten für die Verbindlichkeiten der in § 4 H.G.B. bezeichneten Gewerbetreibenden.

9. Das Bundesgesetz vom 14. November 1867 über die vertragsmäßigen Zinsen (B.G.Bl. S. 159), welches in § 1 die Konventionalstrafe der freien Vereinbarung ohne Einschränkung überließ, ist durch Art. 39 E.G. aufgehoben.

Ebenso ist das bayrische Gesetz vom 5. Dezember 1867, die Abänderung der gesetzlichen Bestimmungen über die Zinsen betr. (G. u. V.Bl. 1866/69 S. 249), welches in Art. 1 alle Beschränkungen der Höhe derjenigen Konventionalstrafen beseitigt hatte, die statt der Zinsen für den Fall der zur bestimmten Zeit nicht erfolgenden Leistung bedungen wurden, aufgehoben durch Art. 175 Ziff. 19 bayrisches A.G. z. B.G.B., so daß nunmehr auch Vertragsstrafen dieser Art dem richterlichen Ermäßigungsrechte unterliegen, soferne sie nicht von einem Kaufmann im Betriebe seines Handelsgewerbes versprochen sind.

§ 344.

Erklärt das Gesetz das Versprechen einer Leistung für unwirksam, so ist auch die für den Fall der Nichterfüllung des Versprechens getroffene Vereinbarung einer Strafe unwirksam, selbst wenn die Parteien die Unwirksamkeit des Versprechens gekannt haben.

E. I, 424; II, 296; III, 338.

1. Das Versprechen einer Vertragsstrafe als Rechtsgeschäft für sich betrachtet, unterliegt selbstverständlich den allgemeinen gesetzlichen Bestimmungen über die Nichtigkeit und Anfechtbarkeit der Rechtsgeschäfte.

Unabhängig von diesen allgemeinen Bestimmungen gibt § 344 eine besondere Vorschrift, die in der accessorischen Natur der Vertragsstrafe ihren Grund hat. Der Zweck, welchen das Gesetz durch die Nichtigerklärung bestimmter Rechtsgeschäfte verfolgt, würde vereitelt werden, wenn das für den Fall der Nichterfüllung der für nichtig erklärten Verbindlichkeit vereinbarte Strafversprechen als wirsam anerkannt würde. (M. I, 218.) Die Erfüllung eines vom Gesetze für nichtig erklärten Versprechens soll auch nicht indirekt durch eine Vertragsstrafe erzwungen werden können. (M. II, 279.)

§ 344 bestimmt deßhalb, daß in allen Fällen, in welchen das Gesetz das Versprechen der Hauptleistung für unwirksam erklärt, auch die für den Fall der Nichterfüllung der Hauptleistung getroffene Vereinbarung einer Strafe unwirksam sein soll. Hiebei macht es keinen Unterschied, ob die Vertragschließenden die Unwirksamkeit des Hauptversprechens gekannt haben oder nicht. Das B.G.B. geht hier weiter, als das gemeine Recht. Letzteres erklärte in den Fällen, in welchen der Versprechende die Ungültigkeit der Hauptverbindlichkeit kannte, das Strafversprechen nur dann für ungültig, wenn durch dasselbe ein unerlaubter Zweck durchgesetzt werden wollte (Windscheid, Pand. Bd. 2 § 286 Note 3).

2. Voraussetzung der Anwendbarkeit des § 344 ist, daß durch Gesetz das Versprechen der Hauptleistung für unwirksam erklärt wird. Hieher gehören die Fälle, in denen das Versprechen der Hauptleistung wegen Verstoßes gegen ein gesetzliches Verbot (§ 134), wegen Verstoßes gegen die guten Sitten (§ 138), wegen Nichteinhaltung der gesetzlich oder rechtsgeschäftlich bestimmten Form (§§ 125, 311, 313) oder durch eine besondere gesetzliche Bestimmung (z. B. §§ 312, 656, 762, 763) für nichtig oder für unverbindlich erklärt wird. Ueber die Anfechtbarkeit s. Anm. 5.

3. Unter Umständen kann in einem Strafversprechen eine Bestätigung des nichtigen Hauptvertrags zu erblicken sein (§ 141). Ist dies der Fall, so ist mit dem Strafversprechen ein wirksamer Hauptvertrag zu Stande gekommen. Die Voraussetzungen des § 344 sind alsdann nicht mehr gegeben.

4. Die Vorschrift des § 344 setzt das Versprechen einer Hauptleistung voraus, findet also keine Anwendung auf die Fälle des § 343 Abs. 2. In letzteren Fällen liegt ein aufschiebend bedingtes Versprechen vor (s. Anm. 6 zu § 343). Verstößt die Vornahme oder Unterlassung der Handlung gegen ein gesetzliches Verbot oder gegen die guten Sitten, so ist das Versprechen der Strafe schon auf Grund der §§ 134 u. 138 nichtig.

5. Anfechtbarkeit (P. I, 787).

a) Ist das Versprechen der Strafleistung aus einem gesetzlichen Anfechtungsgrund anfechtbar (wegen Irrthums, Drohung oder arglistiger Täuschung), so unterliegt es der selbständigen Anfechtung, mag der Hauptvertrag rechtsbeständig oder anfechtbar sein.

b) Ist das Strafversprechen an sich gültig, das Hauptversprechen aber anfechtbar, so ist Folgendes zu bemerken:

α) Wird der Hauptvertrag angefochten, so ist derselbe gemäß § 142 als von Anfang an nichtig anzusehen, das Strafversprechen daher unwirksam (s. Anm. 1 u. 2).

β) Unterläßt der Versprechende die Anfechtung des Hauptvertrags, so bleibt auch das Strafversprechen wirksam.

γ) Hat der Versprechende das Strafversprechen in Kenntniß der Anfechtbarkeit des Hauptvertrags abgegeben, so ist hierin ein Verzicht auf die Anfechtung des Hauptvertrags zu erblicken (§ 144).

6. Nichtig ist das Versprechen einer Strafe für den Fall, daß die Eingehung der Ehe unterbleibt. § 1297 Abs. 2.

§ 345.

Bestreitet der Schuldner die Verwirkung der Strafe, weil er seine Verbindlichkeit erfüllt habe, so hat er die Erfüllung zu beweisen, sofern nicht die geschuldete Leistung in einem Unterlassen besteht.

E. I, 425; II, 297; III, 339.

1. Die Vorschrift des § 345 regelt die Beweislast. Der Gläubiger, welcher die Vertragsstrafe einfordert, hat zufolge § 339 zu beweisen:

a) das Versprechen der Strafleistung,

b) den Verzug des Schuldners in Ansehung der Hauptleistung, also die Fälligkeit der letzteren und erforderlichen Falls die erfolgte Mahnung. Der Schuldner kann sich gemäß § 285 vertheidigen. (Vgl. 285 Anm. 2.) Wendet er gegenüber der Strafforderung ein, daß er erfüllt habe, so obliegt ihm der Beweis der Erfüllung. Nur wenn die geschuldete Leistung in einem Unterlassen besteht, muß der Gläubiger die Zuwiderhandlung beweisen. (Vgl. P. VI, 384.)

2. § 345 gilt sowohl für die Nichterfüllung überhaupt als für die nicht gehörige Erfüllung. In beiden Fällen trifft jedoch die Beweislast zufolge § 363 den Gläubiger, wenn dieser eine ihm als Erfüllung angebotene Leistung als Erfüllung angenommen hat und die angenommene Leistung aus den in § 363 angeführten Gründen nicht als Erfüllung gelten lassen will.

3. Macht der Gläubiger einen über den Betrag der Strafe hinausgehenden Schadensersatz geltend, so muß er die Entstehung und die Höhe des behaupteten Schadens beweisen.

Ueber die Beweislast bei der Annahme ohne Vorbehalt s. Anm. 6 zu § 341.

Fünfter Titel.

Rücktritt.

Vorbemerkungen.

Der fünfte Titel regelt den durch Vertrag vorbehaltenen Rücktritt von einem Vertrage. Seine Bestimmungen sind durch besondere gesetzliche Vorschriften aber auch ganz oder theilweise für anwendbar erklärt: auf das gesetzliche Rücktrittsrecht des Gläubigers beim gegenseitigen Vertrag in den Fällen der §§ 325, 326 (s. § 327); auf das Recht des Gläubigers, in den Fällen der §§ 280 Abs. 2 und 286 Abs. 2 Schadensersatz zu verlangen; ferner auf die Wandelung beim Kaufe (§ 467) und beim Werkvertrage (§§ 634 u. 636).

Der Rücktritt von einem Verlöbnisse wird in den §§ 1298—1300, 1302, der Rücktritt von einem Erbvertrage in den §§ 2293 ff. besonders behandelt.

Das Rücktrittsrecht ist, soferne nicht eine gegentheilige Vereinbarung vorliegt, kein höchstpersönliches Recht. Es kann also übertragen und vererbt werden. (M. II, 280.)

Der Vorbehalt des Rücktritts begründet kein Recht, von einem Anderen ein Thun oder ein Unterlassen zu verlangen. Er ist demnach kein Anspruch im Sinne des § 194. Das vertragsmäßige Rücktrittsrecht ist deshalb unverjährbar. Dagegen unterliegen die aus dem vollzogenen Rücktritt entstandenen Verbindlichkeiten der Verjährung. Ueber die zeitliche Begrenzung seiner Ausübung s. § 355.

Zu unterscheiden vom Rücktritte sind die Kündigung (§§ 247, 542, 544, 553 ff., 564 ff., 569, 595 ff., 605, 609, 620 ff., 649, 671, 712, 723 ff.) und der Widerruf (§§ 81, 109, 130, 168, 178, 530, 610, 658, 671, 790). Für die Kündigung und den Widerruf gelten die an den einschlägigen Stellen des Gesetzes aufgeführten besonderen Bestimmungen, nicht jene des fünften Titels. Vgl. jedoch über die entsprechende Anwendbarkeit des § 347 bei der Kündigung eines Mieth- oder Pachtverhältnisses die §§ 543 Abs. 2, 555, 581 Abs. 2 und bei der Kündigung eines Dienstverhältnisses § 628.

§. 346.

Hat sich in einem Vertrag ein Theil den Rücktritt vorbehalten, so sind die Parteien, wenn der Rücktritt erfolgt, verpflichtet, einander die empfangenen Leistungen zurückzugewähren. Für geleistete Dienste sowie für die Ueberlassung der Benutzung einer Sache ist der Werth zu vergüten oder, falls in dem Vertrag eine Gegenleistung in Geld bestimmt ist, diese zu entrichten.

E. I, 427 Abs. 1, 2; II, 298 Abs. 1; III, 340.

1. Die Erklärung des Rücktritts hat nach § 346 folgende Wirkungen:

a) Das bisherige Schuldverhältniß erlischt ipso jure. Anders E. I § 427 wo der Rücktritt nur eine civilrechtliche Einrede gewährt. Vgl. P. VI, 158 und Planck, Vorbem. 2a zu diesem Titel.

Zur Wiederherstellung des durch den Rücktritt aufgehobenen Schuldverhältnisses ist daher ein neuer Vertrag unter Wiederholung der etwa erforderlichen Formen nothwendig.

b) Mit der Rücktrittserklärung entsteht ein neues Schuldverhältniß zwischen den Vertragschließenden des Inhalts, daß diese verpflichtet sind, die auf Grund des alten Schuldverhältnisses empfangenen Leistungen einander zurückzugewähren.

2. Die gesetzlichen Wirkungen der Rücktrittserklärung sind jedoch nicht diejenigen des Eintritts einer auflösenden Bedingung (§ 158 Abs. 2). Es tritt nicht der frühere Rechtszustand ohne Weiteres wieder ein. Nur das obligatorische Schuldverhältniß erlischt, die auf Grund desselben vorgenommenen dinglichen Geschäfte bleiben bestehen. Hat z. B. der eine Theil dem anderen auf Grund des Vertrags Eigenthum übertragen, so fällt das Eigenthum nicht von selbst an den ersteren zurück. Dieser hat nur einen obligatorischen Anspruch gegen den anderen Theil auf Rückübertragung. Das Gleiche gilt von einer abgetretenen Forderung.

3. Nur die Vertragschließenden sind einander obligatorisch zur Rückgewährung verpflichtet. Rechte dritter Personen, welche etwa an der Wirksamkeit des Vertrags betheiligt sind, werden durch den Rücktritt nicht berührt. Gegen einen dritten Erwerber, selbst wenn dieser in Kenntniß des Rücktrittsrechtes den geschuldeten Gegenstand erworben hat, stehen dem Rücktrittsberechtigten keinerlei Ansprüche zu (M. II, 281; D. 52).

4. Nur die empfangenen Leistungen sind zurückzugewähren, ein Anspruch auf Ersatz des sog. negativen Vertragsinteresses (vgl. Anm. 2 zu § 307) wird durch den Rücktritt nicht begründet. Dagegen fällt unter die Rückgewährung empfangener Leistungen auch die Befreiung von einer Verbindlichkeit, welche der andere Theil zur Erfüllung des Vertrags übernommen hat. (M. II, 281.)

5. Die Zurückgewährung erfolgt nicht nach den Grundsätzen über die Herausgabe einer ungerechtfertigten Bereicherung, sondern nach Maßgabe der §§ 346 ff.

6. Nach dem Prinzip der Vertragsfreiheit können die Parteien durch Vereinbarung die Wirkungen des vorbehaltenen Rücktritts auch abweichend von den Bestimmungen dieses Titels regeln. Sie können insbesondere vereinbaren, daß die Erklärung des Rücktritts die Wirkungen des Eintritts einer auflösenden Bedingung haben solle. Vgl. Anm. 2. Ebenso ist den Parteien unbenommen, die in § 346 aufgestellte Verpflichtung zur Rückgewährung der empfangenen Leistungen durch Vertrag schon im Voraus auszuschließen oder zu beschränken. (R.T.K.Ber. S. 60). Anders bei den Abzahlungsgeschäften. (Vgl. § 1 und § 2 des R.G., betreffend die Abz.-Gesch., vom 16. Mai 1894.)

7. Zu Abs. 2. Geleistete Dienste können nicht in natura zurückgewährt werden, ebenso wenig die Ueberlassung der Benutzung einer Sache. Ist in dem aufgehobenen Vertrage für die geleisteten Dienste oder für die Ueberlassung der Benutzung eine Gegenleistung in Geld vereinbart, so ist diese zu vergüten, andernfalls ist der gemeine Werth zu ersetzen, welchen die geleisteten Dienste zur Zeit der Leistung, die Benutzung der Sache zur Zeit der Ueberlassung gehabt haben. (Vgl. M. II, 21, III, 30, P. VI, 159.)

§. 347.

Der Anspruch auf Schadensersatz wegen Verschlechterung, Unterganges oder einer aus einem anderen Grunde eintretenden Unmöglichkeit der Herausgabe bestimmt sich im Falle des Rücktritts von dem Empfange der Leistung an nach den Vorschriften, welche für das Verhältniß zwischen dem Eigenthümer und dem Besitzer von dem Eintritte der Rechtshängigkeit des Eigenthumsanspruchs an gelten. Das Gleiche gilt von dem Anspruch auf Herausgabe oder Vergütung von Nutzungen und von dem Anspruch auf Ersatz von Verwendungen. Eine Geldsumme ist von der Zeit des Empfanges an zu verzinsen.

E. I, 427 Abs. 2 u. 3; II, 298 Abs. 2; III, 341.

1 Wie in Anm. 3 zu § 346 bemerkt wurde, entstehen durch den Rücktritt nur obligatorische Beziehungen zwischen den Vertragschließenden. Die Bestimmungen des § 347 gelten also nur für das Verhältniß der Vertragschließenden unter einander, nicht gegenüber Dritten.

2. Wer aus einem Vertrage, den er unter dem Vorbehalte des Rücktritts abgeschlossen hat, eine Leistung empfängt, muß mit der Möglichkeit rechnen, daß der Rücktritt erklärt wird, und daß er dann die empfangene Leistung zurückzugewähren hat. Er befindet sich also vom Empfange der Leistung an in einer ähnlichen Lage wie der Besitzer gegen=

über dem Eigenthümer vom Eintritte der Rechtshängigkeit des Eigenthumsanspruchs an (D. 52). Das B.G.B. läßt deßhalb die für das Verhältniß zwischen letzteren geltenden Vorschriften Anwendung finden auf die Verpflichtung des Empfängers zum Schadensersatze, zur Herausgabe oder Vergütung von Nutzungen und zum Ersatze von Verwendungen. (Vgl. § 292.) Die Anwendung dieser Vorschriften auf die Rückgewährpflicht des Empfängers führt zu folgendem Ergebnisse:

a) Der Empfänger der Leistung ist vom Empfange (nicht erst von der Erklärung des Rücktrittes) an dem anderen Theile für den Schaden verantwortlich, der dadurch entsteht, daß in Folge seines Verschuldens (§§ 276 ff.) der zurückzugewährende Gegenstand verschlechtert wird, untergeht oder aus einem anderen Grunde von ihm nicht zurückgewährt werden kann (§ 989).

b) Der Empfänger hat dem anderen Theile die Nutzungen herauszugeben, die er nach dem Empfange gezogen hat, und ist, soweit ihm ein Verschulden zur Last fällt, dem anderen Theile zum Ersatze verpflichtet, wenn er nach dem Empfange Nutzungen nicht gezogen hat, die er nach den Regeln einer ordnungsmäßigen Wirthschaft hätte ziehen können (§ 987).

c) Macht der Empfänger nach dem Empfange nothwendige Verwendungen, so bestimmt sich die Verpflichtung des anderen Theiles zum Ersatze derselben nach den Vorschriften über die Geschäftsführung ohne Auftrag (§§ 994 Abs. 2, 683 ff.) Ueber den Begriff der Nutzungen s. § 100, über den Anspruch auf Ersatz von Verwendungen die §§ 256, 257.

§ 348.

Die sich aus dem Rücktritt ergebenden Verpflichtungen der Parteien sind Zug um Zug zu erfüllen. Die Vorschriften der §§ 320, 322 finden entsprechende Anwendung.

E. I, 428; II, 299; III, 342.

1. Durch den Rücktritt wird zufolge § 346 eine obligatorische Verpflichtung der Vertragschließenden zur gegenseitigen Rückgewährung der empfangenen Leistungen begründet. Das Verhältniß der Vertragschließenden zu einander ist hienach ein ähnliches, als wenn dieselben in einem gegenseitigen Vertrage (§ 320) die Rückgewährung vereinbart hätten. Dieser Auffassung entspricht die Vorschrift des § 348, daß die aus dem Rücktritte sich ergebenden Verpflichtungen der Parteien Zug um Zug (§ 274) zu erfüllen und daß die Vorschriften der §§ 320, 322 entsprechend anwendbar sind. Vgl. die Anm. zu den §§ 320 u. 322.

2. Welche Verpflichtungen sich aus dem Rücktritte für die Parteien ergeben, ist in den §§ 346 u. 347 bestimmt.

3. Auf die Zwangsvollstreckung finden § 274 Abs. 2 B.G.B., §§ 726 Abs. 2, 756, 765 C.P.O. n. Nr. Anwendung.

§ 349.

Der Rücktritt erfolgt durch Erklärung gegenüber dem anderen Theile.

E. I, 426; II, 300; III, 343.

Die Rücktrittserklärung ist ein einseitiges, empfangsbedürftiges Rechtsgeschäft (§§ 130—132). Ueber den Rücktritt einer in der Geschäftsfähigkeit beschränkten Person s. § 111.

Mit der Abgabe der Erklärung gegenüber dem anderen Theil ist der Rücktritt vollzogen, eine Annahme Seitens des anderen Theiles ist nicht erforderlich.

Die einmal abgegebene Erklärung kann nicht widerrufen werden. Im E. I 426 Abs. 2 war dies ausdrücklich bestimmt (vgl. M. II, 280). Die II. Komm. hat diese Bestimmung als überflüssig gestrichen, weil es sich von selbst verstehe, daß die durch die Erklärung einmal eingetretene Rechtswirkung (Erlöschen des Schuldverhältnisses und Verpflichtung zur Rückgewährung) durch einseitigen Widerruf nicht wieder rückgängig gemacht werden könne (P. VI, 153).

§ 350.

Der Rücktritt wird nicht dadurch ausgeschlossen, daß der Gegenstand, welchen der Berechtigte empfangen hat, durch Zufall untergegangen ist.

E. I, 429; II, 301; III, 344.

1. Die Bestimmung des § 350 entspricht den Grundsätzen des gemeinen Rechtes bezüglich der Wandelungsklage. (Dernburg, Pand. Bd. 2 § 101 1c und Windscheid, Pand. Bd. 2 § 394 Note 5, 12).

2. Der Gegenstand, welchen der Berechtigte empfangen hat, ist durch Zufall untergegangen, wenn der Umstand, welcher den Untergang bewirkt hat, vom Berechtigten nicht zu vertreten ist (vgl. Anm. 3 zu § 276).

3. Wenn schon der zufällige gänzliche Untergang des empfangenen Gegenstandes den Rücktritt nicht ausschließt, so versteht es sich von selbst, daß noch weniger der zufällige theilweise Untergang oder eine zufällige Verschlechterung den Rücktritt ausschließen kann.

4. Der Berechtigte, welcher den zufällig untergegangenen Gegenstand nicht herausgeben kann, wird zufolge § 275 von seiner Verpflichtung zur Herausgabe desselben befreit, behält aber nach § 346 den ihm zustehenden Anspruch auf Zurückgewährung der von ihm gemachten Gegenleistung, da durch § 348 Satz 2 nur die Vorschriften der §§ 320 u. 322, nicht auch jene des § 323 für anwendbar erklärt sind. Demgemäß tritt bei zufälligem theilweise Untergang oder bei zufälliger Verschlechterung auch keine Minderung der Gegenleistung ein.

5. Auch diese Bestimmung ist dispositiver Natur (P. I, 791). Durch Vereinbarung kann die Zulässigkeit des Rücktrittes auch von der Bedingung abhängig gemacht werden, daß der Berechtigte den empfangenen Gegenstand in unversehrtem Zustande zurückgewährt.

§ 351.

Der Rücktritt ist ausgeschlossen, wenn der Berechtigte eine wesentliche Verschlechterung, den Untergang oder die anderweitige Unmöglichkeit der Herausgabe des empfangenen Gegenstandes verschuldet hat. Der Untergang eines erheblichen Theiles steht einer wesentlichen Verschlechterung des Gegenstandes, das von dem Berechtigten nach § 278 zu vertretende Verschulden eines Anderen steht dem eigenen Verschulden des Berechtigten gleich.

E. I, 430 Nr. 1; II, 302 Nr. 1; III, 345.

1. Zufolge § 347 mit § 989 (s. Anm. 2a zu § 347) ist, wenn der Rücktritt erfolgt, vom Empfange der Leistung an jeder Theil dem anderen für den Schaden verantwortlich, der dadurch entsteht, daß in Folge seines Verschuldens der empfangene Gegenstand verschlechtert wird, untergeht oder aus einem anderen Grunde von ihm nicht zurückgegeben werden kann. Ist der Rücktrittsberechtigte derjenige, welcher den Schaden verschuldet hat, so verliert er das Rücktrittsrecht. Der Verlust tritt jedoch im Falle der verschuldeten Verschlechterung nur dann ein, wenn die Verschlechterung eine wesentliche ist, im Falle des verschuldeten Unterganges nicht bloß, wenn der ganze Gegenstand, sondern schon, wenn ein erheblicher Theil desselben untergegangen ist.

2. Ist die (vom Berechtigten verschuldete) wesentliche Verschlechterung ꝛc. erst nach der Erklärung des Rücktritts eingetreten, so wird — abgesehen von dem Falle des § 354 — der erklärte Rücktritt nicht unwirksam. Der Gegner des Rücktrittsberechtigten hat lediglich den Anspruch auf Schadensersatz nach Maßgabe des § 347.

3. Ob die Verschlechterung eine wesentliche, ob der untergegangene Theil ein erheblicher ist, ist eine nach den Umständen des Falles zu beurtheilende Thatfrage, bei deren Prüfung nach dem Zwecke der Bestimmung hauptsächlich das Interesse des Gegners des Rücktrittsberechtigten zu berücksichtigen ist.

4. Ueber die Haftung des Rücktrittsberechtigten für das Verschulden dritter Personen s. die Anm. zu § 278. Insbesondere ist auch hier zu bemerken, daß zur „Erfüllung der Verbindlichkeit" im Sinne des § 278 auch die Verpflichtung des Rücktrittsberechtigten gehört, den möglicherweise herauszugebenden Gegenstand vor der Verschlechterung oder dem Untergange zu bewahren, und daß deßhalb der Berechtigte auch für das Verschulden einer Person haftet, deren er sich zur Erfüllung dieser seiner Bewahrungspflicht bedient. Eine solche Person ist, wie in P. VI, 161, 163 u. 154, 155 ausgeführt wird, nicht bloß derjenige, welchen der Verpflichtete mit der Bewahrung beauftragt, sondern jeder, dem der Berechtigte den Gegenstand durch ein, wenn auch zunächst auf einen anderen Zweck gerichtetes, Rechtsgeschäft anvertraut. Wenn z. B. der Rücktrittsberechtigte die empfangene Sache verliehen

oder vermiethet und der Entleiher oder der Miether den Untergang der Sache verschuldet hat, so ist der Rücktritt ausgeschlossen. Dagegen haftet der Rücktrittsberechtigte nicht für das Verschulden solcher Personen, denen er nur die Möglichkeit der Einwirkung eingeräumt hat, z. B. für ein Verschulden seiner Gäste.

5. Eine anderweitige Regelung durch Vereinbarung der Parteien ist zulässig, soweit nicht das gesetzliche Verbot des § 276 Abs. 2 entgegensteht.

§ 352.

Der Rücktritt ist ausgeschlossen, wenn der Berechtigte die empfangene Sache durch Verarbeitung oder Umbildung in eine Sache anderer Art umgestaltet hat.

E. I, 430 Nr. 3; II, 302 Nr. 2; III, 346.

1. Das Verhältniß des Werthes der Verarbeitung oder Umbildung zum Werthe des Stoffes (s. § 950) ist hier ohne Einfluß. Der Rücktritt ist ausgeschlossen, auch wenn der Werth der Verarbeitung oder der Umbildung erheblich geringer ist als der Werth des Stoffes, soferne nur die Umgestaltung in eine Sache anderer Art vorliegt.

2. Dem Zwecke der Bestimmung entsprechend wird der Umgestaltung durch den Berechtigten der Fall gleichgestellt werden müssen, daß ein Dritter, welchem der Berechtigte die Sache zur Bewahrung anvertraut hatte (verschuldet oder unverschuldet), die Umgestaltung vorgenommen hat. (P. VI, 163 und Anm. 4 zu § 351.)

3. Ebenso ist der Rücktritt ausgeschlossen, wenn die Umgestaltung zwar nicht die ganze empfangene Sache, aber einen erheblichen Theil derselben betroffen hat. (P. I, 175.) Wurde nur ein unerheblicher Theil umgestaltet, so ist der Rücktritt zulässig, der Zurücktretende aber nach Maßgabe des § 347 schadensersatzpflichtig.

4. Die Wandelung ist im Falle der Umgestaltung nicht ausgeschlossen, wenn der Mangel sich erst bei der Umgestaltung gezeigt hat. § 467. Vgl. auch § 487 Abs. 2.

5. Die Vorschrift hat dispositiven Charakter. Die Parteien können vereinbaren, daß trotz Umgestaltung der Rücktritt statthaft sein soll.

§ 353.

Hat der Berechtigte den empfangenen Gegenstand oder einen erheblichen Theil des Gegenstandes veräußert oder mit dem Rechte eines Dritten belastet, so ist der Rücktritt ausgeschlossen, wenn bei demjenigen, welcher den Gegenstand in Folge der Verfügung erlangt hat, die Voraussetzungen des § 351 oder des § 352 eingetreten sind.

Einer Verfügung des Berechtigten steht eine Verfügung gleich, die im Wege der Zwangsvollstreckung oder der Arrestvollziehung oder durch den Konkursverwalter erfolgt.

E. I, 430; II, 303; III, 347.

1. Durch die Veräußerung des empfangenen Gegenstandes oder durch die Belastung desselben mit dem Rechte eines Dritten wird der Rücktritt nicht ausgeschlossen (Anm. 2 zu § 354 und P. VI, 161). Der Berechtigte kann bis zu dem Zeitpunkt, in welchem er seine Verpflichtung zur Rückgewährung erfüllen muß, den veräußerten Gegenstand zurückerwerben, er kann bis dahin das dingliche Recht wieder beseitigen. Geräth er mit der Erfüllung seiner Verbindlichkeit zur Rückgewährung in Verzug, so kann der andere Theil nach § 354 gegen ihn vorgehen.

Hat jedoch ein Dritter, welcher in Folge der Veräußerung oder der Belastung mit einem dinglichen Rechte den Gegenstand oder einen erheblichen Theil des Gegenstandes erlangt hat, eine wesentliche Verschlechterung, den Untergang oder die anderweitige Unmöglichkeit der Herausgabe des empfangenen Gegenstandes verschuldetet (§ 351) oder hat er die empfangene Sache durch Verarbeitung oder Umbildung in eine Sache anderer Art umgestaltet (§ 352), so soll der Rücktritt ebenso ausgeschlossen sein, als wenn beim Berechtigten selbst diese Voraussetzungen eingetreten wären. Die Bestimmung bezieht sich nicht bloß auf den unmittelbaren Erwerber, sie findet auch dann Anwendung, wenn erst bei einem Anderen, welcher mittelbar in Folge der Verfügung des Berechtigten den Gegenstand erlangt hat, die Voraussetzungen des § 351 oder des § 352 eingetreten sind.

Die Vorschrift war als Ergänzung der §§ 351 u. 352 aus dem Grunde veranlaßt, weil es immerhin zweifelhaft ist, ob in den hier aufgeführten Fällen der Rücktrittsberechtigte schon nach § 278 für die Handlungen des Dritten einzustehen hat.

2. Der Rücktritt ist auch ausgeschlossen, wenn im Wege der Zwangsvollstreckung oder der Arrestvollziehung gegen den Berechtigten oder im Konkurs über das Vermögen des Letzteren durch den Konkursverwalter über den empfangenen Gegenstand verfügt wird, und bei demjenigen, welcher in Folge der Verfügung den Gegenstand erlangt hat, die Voraussetzungen des § 351 oder des § 352 eingetreten sind. Diese Bestimmung beruht auf dem im B.G.B. mehrfach anerkannten Grundsatze (§§ 135, 161, 184, 499), daß der Verfügung einer Person eine Verfügung gleichgestellt wird, welche aus dem Rechte dieser Person erfolgt. (M. I, 213; P. VI, 133.)

3. Abweichende Regelung durch Vereinbarung der Parteien ist zulässig.

§ 354.

Kommt der Berechtigte mit der Rückgewähr des empfangenen Gegenstandes oder eines erheblichen Theiles des Gegenstandes in Verzug, so kann ihm der andere Theil eine angemessene Frist mit der Erklärung bestimmen, daß er die Annahme nach dem Ablaufe der Frist ablehne. Der Rücktritt wird unwirksam, wenn nicht die Rückgewähr vor dem Ablaufe der Frist erfolgt.

E. III, 348.

1. Wie schon in Anm. 1 zu § 348 erwähnt wurde, wird durch den Rücktritt ein ähnliches Verhältniß zwischen den Vertragschließenden begründet, als wenn diese in einem gegenseitigen Vertrage die Rückgewähr vereinbart hätten. Diesem Gedanken entspricht die von der II. Komm. bei der Revision des E. II aufgenommene Vorschrift des § 354, welche sich an jene des § 326 anlehnt. (Vgl. P. VI, 161, 384.)

2. Vorausgesetzt wird in § 354, daß der Rücktritt in zulässiger Weise erklärt worden ist. Ist der Rücktritt aus einem der in den §§ 351—353 aufgeführten Gründe ausgeschlossen, so kann § 354 überhaupt nicht zur Anwendung kommen.

Seine häufigste Anwendung wird § 354 finden im Falle der Veräußerung des empfangenen Gegenstandes durch den Rücktrittsberechtigten. Die Veräußerung bewirkt keine objektive Unmöglichkeit der Herausgabe (welche zufolge § 351 den Rücktritt ausschließen würde), sondern nur ein subjektives Unvermögen des Berechtigten, wenn dieser den veräußerten Gegenstand nicht mehr besitzt. Die Verpflichtung des Berechtigten zur Herausgabe entsteht erst mit der Rücktrittserklärung. Das Unvermögen, welches in diesem Zeitpunkte schon vorhanden war, ist also kein nachträglich entstandenes im Sinne des § 275 Abs. 2 und steht deßhalb der objektiven Unmöglichkeit nicht gleich. (Vgl. Vorbem. II zu den §§ 275—283.) Die Erklärung des Rücktritts wird daher durch die Veräußerung nicht ausgeschlossen, der andere Theil aber kann zufolge § 354 dem Berechtigten, wenn dieser mit der Rückgewährung des empfangenen Gegenstandes oder eines erheblichen Theiles des Gegenstandes in Verzug geräth, eine angemessene Frist mit der Erklärung bestimmen, daß er die Annahme nach dem Ablaufe der Frist ablehne. Erfolgt die Rückgewähr nicht innerhalb der Frist, so wird der Rücktritt unwirksam.

3. Das Recht nach § 354 steht dem anderen Theil erst zu, wenn der Berechtigte mit der Rückgewähr in Verzug kommt. Es wird also erfordert, daß der Berechtigte durch den anderen Theil zur Rückgewähr gemahnt wurde (§ 284), und daß die Rückgewähr in Folge eines Umstandes unterbleibt, welchen der Berechtigte zu vertreten hat (§ 285). Den Umstand, daß er den empfangenen Gegenstand veräußert hat, muß der Berechtigte, welcher den Rücktritt erklärt, stets vertreten. Dies ergibt sich schon aus dem Zusammenhalte des § 354 mit der Vorschrift des § 353. Es ist kein Grund abzusehen, warum der Rücktritt ausgeschlossen sein soll, wenn der Dritte, welcher den Gegenstand in Folge der Veräußerung erlangt hat, den Untergang des Gegenstandes verschuldet hat, der Rücktritt aber gegen den Willen des anderen Theils wirksam sein sollte, wenn der Dritte den Gegenstand zwar unversehrt bewahrt hat, denselben aber nicht mehr herausgibt. Ebenso Planck, Anm. 1. A. M. Schollmeyer, Anm. 2a zu § 354.

4. Der Verzug muß in Ansehung der Rückgewähr des empfangenen Gegenstandes oder eines erheblichen Theiles desselben bestehen. Auf

einen Verzug anderer Art — etwa hinsichtlich der Vergütung für geleistete Dienste (§ 346 Satz 2) oder des zu leistenden Schadensersatzes (§ 347) — können die Bestimmungen des § 354 nicht erstreckt werden.

5. Ueber die Fristbestimmung s. die Anm. zu § 250. Ist die Frist zu kurz bemessen, so kann der Berechtigte innerhalb einer vom Zeitpunkte der Fristbestimmung an laufenden angemessenen Frist die Rückgewähr bewirken.

6. Mit dem Ablaufe der Frist sind die Wirkungen des Rücktritts kraft Gesetzes aufgehoben, d. h. es erlischt von selbst die Obligation auf gegenseitige Rückgewähr der empfangenen Leistungen, und die Rechte und Verpflichtungen aus dem Vertrage treten wieder in Kraft, wie wenn der Rücktritt nicht erklärt worden wäre.

§ 355.

Ist für die Ausübung des Rücktrittsrechts eine Frist nicht vereinbart, so kann dem Berechtigten von dem anderen Theile für die Ausübung eine angemessene Frist bestimmt werden. Das Rücktrittsrecht erlischt, wenn nicht der Rücktritt vor dem Ablaufe der Frist erklärt wird.

E. I, 432; II, 304; III, 349.

1. Da das Rücktrittsrecht der Verjährung nicht unterliegt (s. Vorbem. zu diesem Titel), würde in allen Fällen, in denen eine Frist für die Ausübung des Rechtes nicht vereinbart wurde, der andere Theil sich in einer dauernden Ungewißheit darüber befinden, ob der Berechtigte von seinem Rechte Gebrauch machen wird oder nicht. Die Bestimmung des § 355 ermöglicht es ihm, eine alsbaldige Entscheidung herbeizuführen.

Ueber die Fristbestimmung s. Anm. zu § 250. Ueber die Berechnung der Frist s. die Auslegungsvorschriften der §§ 187—193.

2. Wurde eine Frist für den Rücktritt vereinbart, so ist diese maßgebend. Von welchem Zeitpunkt an der Lauf einer vereinbarten Frist beginnt, muß durch Auslegung des Parteiwillens ermittelt werden.

3. Ist der Rücktritt von einer Bedingung abhängig (z. B. in den Fällen des § 357), so kann die Bestimmung der Frist nicht vor dem Eintritte der Bedingung erfolgen. (P. I, 796.)

4. Das Rücktrittsrecht kann selbstverständlich auch durch vertragsmäßigen Verzicht erlöschen. Ob ein solcher Verzicht schon darin zu erblicken ist, daß der Berechtigte in Kenntniß seines Rücktrittsrechtes und des Eintritts der Voraussetzungen desselben den Vertrag theilweise erfüllt oder die Erfüllung theilweise annimmt, bleibt der Auslegung des einzelnen Falles überlassen. Vgl. E. I § 431 und P. I, 796.

§ 356.

Sind bei einem Vertrag auf der einen oder der anderen Seite Mehrere betheiligt, so kann das Rücktrittsrecht nur von allen und gegen alle ausgeübt werden. Erlischt das Rücktrittsrecht für einen der Berechtigten, so erlischt es auch für die übrigen.

E. I, 433; II, 305; III, 350.

Die Bestimmungen des § 356 gelten für alle Fälle, in denen auf der einen oder auf der anderen Seite Mehrere betheiligt sind, also auch dann, wenn die geschuldete Leistung theilbar ist und wenn die mehreren Betheiligten nicht Gesammtgläubiger bezw. nicht Gesammtschuldner sind. (Vgl. M. II, 284.)

Sie sind nicht zwingender Natur, die Parteien können eine andere Regelung vereinbaren.

§ 357.

Hat sich der eine Theil den Rücktritt für den Fall vorbehalten, daß der andere Theil seine Verbindlichkeit nicht erfüllt, so ist der Rücktritt unwirksam, wenn der andere Theil sich von der Verbindlichkeit durch Aufrechnung befreien konnte und unverzüglich nach dem Rücktritte die Aufrechnung erklärt.

E. II, 306, III, 352.

In dem in § 357 gedachten Falle hätte der Rücktritt überhaupt nicht erklärt werden können, wenn der Gegner des Rücktrittsberechtigten vor der Rücktrittserklärung durch Aufrechnung seine Verbindlichkeit aus dem Vertrage zum Erlöschen gebracht hätte (§ 387, § 389). Dadurch, daß der Berechtigte ihm mit der Rücktrittserklärung zuvorgekommen ist, soll der andere Theil keinen Nachtheil erleiden. Das Gesetz betrachtet deßhalb den Rücktritt als nicht erfolgt („der Rücktritt ist unwirksam"), wenn der andere Theil unverzüglich (§ 121) nach dem Rücktritte die Aufrechnung erklärt (§ 388).

Voraussetzung ist hiebei, daß der Rücktritt für den Fall vorbehalten wurde, daß der andere Theil seine Verbindlichkeit nicht erfüllt, und daß der andere Theil sich vor der Rücktrittserklärung durch Aufrechnung von seiner Verbindlichkeit hätte befreien können.

§ 358.

Hat sich der eine Theil den Rücktritt für den Fall vorbehalten, daß der andere Theil seine Verbindlichkeit nicht erfüllt, und bestreitet dieser die Zulässigkeit des erklärten Rücktritts, weil er erfüllt habe, so hat er die Erfüllung zu beweisen, sofern nicht die geschuldete Leistung in einem Unterlassen besteht.

E. I, 434, II, 307, III, 353.

1. E. I enthielt in § 434 Abs. 1 die Bestimmung, daß der Vertragschließende, welcher auf Grund des Vorbehalts des Rücktrittsrechtes vom Vertrage zurücktritt, diesen Vorbehalt zu beweisen habe. Die Bestimmung wurde von der II. Komm. gestrichen, es ist daher die Entscheidung über die Beweispflicht in dieser Richtung nunmehr der freien richterlichen Würdigung anheimgestellt (P. I, 797). Allerdings wird die Frage der Beweislast vom Richter regelmäßig im Sinne der aufgehobenen Bestimmung des E. I zu beantworten sein. Vgl. Planck, Anm. 2 zu § 358.

Ueber den Standpunkt der bisherigen Praxis in dieser Frage s. Gaupp, Komm. z. C.P.O. Anm. II zu § 262 ä. Nr. (§ 289 n. Nr.), und Seuffert, Komm. z. C.P.O. Anm. 2 zu § 262 ä. Nr.

2. Nur für einen bestimmten Fall des Rücktritts gibt § 358 eine Vorschrift über die Beweislast. Wenn nämlich ein Vertragschließender sich den Rücktritt für den Fall vorbehalten hat, daß der andere Theil seine Verbindlichkeit nicht erfüllt und letzterer die Zulässigkeit des erklärten Rücktritts aus dem Grunde bestreitet, weil er erfüllt habe, dann hat der andere Theil die Erfüllung zu beweisen. Besteht dagegen die Verbindlichkeit in einem Unterlassen, so obliegt der Beweis der Zuwiderhandlung dem Zurücktretenden. Ist die Zulässigkeit des Rücktritts aus irgend einem anderen Grunde bestritten, z. B. weil der Rücktrittsvorbehalt überhaupt widersprochen wird, so gilt für die Beweislast das unter Anm. 1 Gesagte.

§ 359.

Ist der Rücktritt gegen Zahlung eines Reugeldes vorbehalten, so ist der Rücktritt unwirksam, wenn das Reugeld nicht vor oder bei der Erklärung entrichtet wird und der andere Theil aus diesem Grunde die Erklärung unverzüglich zurückweist. Die Erklärung ist jedoch wirksam, wenn das Reugeld unverzüglich nach der Zurückweisung entrichtet wird.

E. I, 435; II, 308; III, 354.

1. Hat sich Jemand den Rücktritt gegen Zahlung eines Reugeldes vorbehalten, so ist der Rücktritt (abweichend von E. I, 435) wirksam, auch wenn das Reugeld weder vor noch bei der Erklärung des Rücktritts entrichtet wurde. Der Rücktritt gilt jedoch als nicht erklärt, wenn der andere Theil die Rücktrittserklärung wegen mangelnder Zahlung des Reugeldes unverzüglich (§ 121) zurückweist. Thut er dies, so hat der Berechtigte immer noch die Möglichkeit, durch unverzügliche Entrichtung des Reugeldes den Rücktritt als rechtswirksam aufrecht zu erhalten. (P. I, 798.)

Eine ähnliche Regelung ist für einseitige Rechtsgeschäfte in § 111 Satz 2 und § 174 Satz 1 getroffen.

2. Das Recht des anderen Theils, das Reugeld nachträglich zu fordern, wird selbstverständlich dadurch nicht berührt, daß derselbe es unterläßt, die Rücktrittserklärung zurückzuweisen.

3. Das Reugeld kann in einem Geldbetrag oder in einem anderen Gegenstande bestehen.

4. Auch bei der arrha poenitentialis können die Bestimmungen des § 359 Anwendung finden, wenn nämlich dem einen Vertragschließenden der Rücktritt gegen Rückgabe der empfangenen Draufgabe verstattet ist (s. Anm. 2 zu § 336). Ebenso Oertmann, Anm. 1 zu § 359. A. M. Schollmeyer, Anm. 1 zu § 359.

5. Beweislast. Derjenige, welcher sich auf die Wirksamkeit des Rücktritts beruft, muß beweisen, daß das Reugeld vor oder bei der Erklärung des Rücktritts oder unverzüglich nach der Zurückweisung entrichtet wurde. Ebenso Planck, Anm. 2, Oertmann, Anm. 3. Dagegen Schollmeyer, Anm. 3 unter Berufung auf die Fassung des § 359.

6. Die Vorschrift ist dispositiver Natur.

§ 360.

Ist ein Vertrag mit dem Vorbehalte geschlossen, daß der Schuldner seiner Rechte aus dem Vertrage verlustig sein soll, wenn er seine Verbindlichkeit nicht erfüllt, so ist der Gläubiger bei dem Eintritte dieses Falles zum Rücktritte von dem Vertrage berechtigt.

E. I, 436; II, 309; III, 355.

1. § 360 behandelt den sogenannten Vorbehalt der Rechtsverwirkung (lex commissoria s. Dernburg, Pand. Bd. 2 § 95, Windscheid, Pand. Bd. 2 § 323).

Wenn ein Vertrag mit dem Vorbehalte geschlossen wurde, daß der Schuldner für den Fall der Nichterfüllung seiner Verbindlichkeit seiner Rechte aus dem Vertrag — und zwar aller seiner Rechte, nicht bloß der Rechte für die Zukunft — verlustig sein soll, so hat dieser Vorbehalt (Verwirkungsklausel) nicht die Wirkung, daß der Rechtsverlust ohne Weiteres mit der Nichterfüllung der Verbindlichkeit eintritt, vielmehr soll die Nichterfüllung dem Gläubiger nur zum Rücktritte vom Vertrage berechtigen. (P. I, 799.) Der Gläubiger kann selbstverständlich auch auf der Erfüllung des Vertrages bestehen. Macht er vom Rücktrittsrechte Gebrauch, so finden auf den Rücktritt die Bestimmungen der §§ 346 ff. Anwendung.

2. „Bei dem Eintritte dieses Falles", d. h. wenn die Voraussetzungen eingetreten sind, unter welchen nach dem Willen der Vertragschließenden der Schuldner seiner Rechte aus dem Vertrage verlustig sein soll. Ob hierunter lediglich die Nichterfüllung oder auch die nicht gehörige Erfüllung zu verstehen ist, ob schon die bloße Thatsache der Nichterfüllung genügt, oder ob die Voraussetzungen des Schuldnerverzuges (§§ 284, 285) vorliegen müssen, bleibt der Auslegung des einzelnen Falles vorbehalten. (M. II, 285, 286; R.T.K. 60, 61.)

3. Ging die Vereinbarung der Vertragschließenden dahin, daß der Schuldner nur seiner Rechte für die Zukunft verlustig sein solle, so ergibt sich schon aus der getroffenen Vereinbarung, daß ein Rücktritt des Gläubigers, welcher zufolge § 346 die beiderseitigen Rechte aus dem Vertrag auch für die Vergangenheit aufheben würde, ausgeschlossen ist. Die Folgen der Verwirkung sind in diesem Falle nach dem zu erforschenden Willen der Vertragschließenden zu bestimmen.

4. Die Bestimmung ist dispositiv. Für die Abzahlungsgeschäfte dagegen gibt eine entsprechende zwingende Vorschrift § 1 des R.G. vom 16. Mai 1894 (R.G.Bl. S. 450).

§ 361.

Ist in einem gegenseitigen Vertrage vereinbart, daß die Leistung des einen Theiles genau zu einer festbestimmten Zeit oder innerhalb einer festbestimmten Frist bewirkt werden soll, so ist im Zweifel anzunehmen, daß der andere Theil zum Rücktritte berechtigt sein soll, wenn die Leistung nicht zu der bestimmten Zeit oder innerhalb der bestimmten Frist erfolgt.

E. I, 361; II, 278; III, 351.

§ 361 gibt eine Auslegungsregel für das sogenannte Fixgeschäft.

1. Voraussetzungen des § 361:

a) Ein gegenseitiger Vertrag (s. § 320 Anm. 1). Für andere Verträge gilt die Auslegungsregel des § 361 nicht. (P. I, 626.)

b) Eine Vereinbarung der Vertragschließenden, daß die Leistung des einen Theils genau zu einer fest bestimmten Zeit oder innerhalb einer fest bestimmten Frist zu bewirken sei.

α) Der gewollte Zeitpunkt oder äußerste Termin der Leistung muß in einer jedes weitere Ermessen ausschließenden Weise genau festgestellt sein. Vgl. Staub, § 1, 2, 4 zu Art. 357 H.G.B. (jetzt § 376), Thöl, Handelsrecht § 281.

β) Die pünktliche Einhaltung des Zeitpunktes bezw. der Frist der Leistung muß von den Vertragschließenden als wesentliche Vertragsbestimmung gesetzt sein.

Fehlt es an einem dieser beiden Erfordernisse, so greift nicht die Auslegungsregel des § 361 Platz, vielmehr ist alsdann der Rücktritt nur nach Maßgabe der allgemeinen Vorschriften über die gegenseitigen Verträge (§ 324, 325) statthaft.

c) Ausbleiben der Leistung zu der bestimmten Zeit oder innerhalb der bestimmten Frist. Ein Verzug des Leistungspflichtigen (§§ 284, 285) braucht nicht vorzuliegen. Es genügt die Thatsache, daß die Leistung zu der bedungenen Zeit nicht erfolgt ist.

2. Wirkungen:

a) Der nicht säumige Theil ist im Zweifel berechtigt, vom Vertrage zurückzutreten. Auf den Rücktritt finden die Vorschriften der §§ 346 ff. Anwendung. Der säumige Theil kann also dem Berechtigten gemäß § 355 eine angemessene Frist für die Ausübung des Rücktrittsrechtes mit der Wirkung bestimmen, daß das Rücktrittsrecht erlischt, wenn nicht der Rücktritt vor dem Ablaufe der Frist erklärt wird.

Macht der Berechtigte von seinem Rücktrittsrechte Gebrauch, so kann er nur die sich aus dem Rücktritt ergebenden Rechte geltend machen, ein Anspruch auf Ersatz seines Interesses steht ihm neben dem Rücktrittsrechte nicht zu.

b) Der Wille der Vertragschließenden entscheidet darüber, ob der nicht säumige Theil beim Vorliegen der Voraussetzungen des § 361 statt vom Vertrage zurückzutreten, auch die nachträgliche Erfüllung soll verlangen können. Im Zweifel wird dem Gläubiger dieses Recht zustehen, soferne nicht das Unterbleiben der Leistung zu der bestimmten Zeit die Erfüllung überhaupt unmöglich macht (s. Anm. 2d).

Beim handelsrechtlichen Fixgeschäfte (§ 376 H.G.B.) kann der Gläubiger die nachträgliche Erfüllung nur beanspruchen, wenn er sofort nach dem Ablaufe der Zeit oder der Frist dem Gegner anzeigt, daß er auf Erfüllung bestehe.

c) Befindet sich der säumige Theil im Verzuge, so steht dem anderen Theile statt des Rücktrittsrechtes auch das Recht auf Schadensersatz gemäß § 326 zu.

d) Ist die Zeit der Leistung für die Erfüllung des Vertrages derart wesentlich, daß die Versäumung des Termins oder der Frist die Leistung überhaupt unmöglich macht, z. B. Lieferung einer Dekoration für ein bestimmtes Fest, so kommen die allgemeinen Vorschriften über die Unmöglichkeit der Leistung beim gegenseitigen Vertrage (§§ 323, 324, 325) zur Anwendung.

3. Die Vorschrift des § 361 ist eine Auslegungsregel. Ergibt sich aus den Umständen, daß die Parteien im Falle der Nichteinhaltung der Leistungszeit ein Rücktrittsrecht des Gläubigers nicht gewollt haben, so ist der Rücktritt des Gläubigers nur auf Grund der allgemeinen gesetzlichen Vorschriften über die gegenseitigen Verträge (§§ 325 326) zulässig.

Aus dem Charakter der Vorschrift als Auslegungsregel ergibt sich auch, daß dem Gläubiger das Rücktrittsrecht dann nicht zusteht, wenn er selbst das Unterbleiben der Leistung verschuldet hat, da anzunehmen ist, daß die Parteien für diesen Fall dem schuldigen Theil ein Rücktrittsrecht nicht einräumen wollten.

Dritter Abschnitt.

Erlöschen der Schuldverhältnisse.

Vorbemerkungen.

I. Im dritten Abschnitte des zweiten Buches werden als Gründe, welche das Erlöschen eines Schuldverhältnisses bewirken, aufgeführt: die Erfüllung, die Hinterlegung, die Aufrechnung und der Erlaß.

Die genannten vier Gründe bewirken, daß das Schuldverhältniß ipso jure erlischt (M. II, 78), d. h. sie bringen dasselbe ohne Weiteres unmittelbar zum Erlöschen im Gegensatze zu der zerstörlichen Einrede (z. B. der Einrede der Verjährung § 222), welche dem Schuldner nur die Befugniß gewährt, die Leistung zu verweigern, das Schuldverhältniß selbst aber fortbestehen läßt.

II. Außer diesen vier Gründen kennt das B.G.B. noch weitere ipso jure wirkende Erlöschungsgründe, so den Eintritt einer auflösenden Bedingung (§ 158 Abs. 2) und den Eintritt eines Endtermins (§ 163). Diese Gründe sind wegen ihrer über das Gebiet der Schuldverhältnisse hinausreichenden Geltung nicht hier, sondern im Allgemeinen Theile behandelt.

Auch die Vereinigung von Forderung und Verbindlichkeit in derselben Person (confusio) bewirkt nach dem B.G.B., soweit nicht im Gesetze selbst Ausnahmen aufgestellt werden, ipso jure das Erlöschen des Schuldverhältnisses.

§ 291 des E. I, in welchem dieser Satz ausdrücklich ausgesprochen war, wurde in der II. Komm. gestrichen, weil die Regel des § 291, soweit sie richtig sei, sich aus dem Wesen der Obligation von selbst ergebe und überdies aus den im Gesetz enthaltenen Ausnahmen sich unschwer ableiten lasse. (P. I, 376.)

Besondere Bestimmungen über die Vereinigung von Berechtigung und Verpflichtung in einer Person enthalten die §§ 425, 429, 889, 1063, 1177, 1256, 1976, 1991, 2143, 2175, 2377.

III. Durch den Tod des Gläubigers oder des Schuldners dagegen erlischt das Schuldverhältniß nicht, es müßte denn ein Anderes entweder aus der Natur des Schuldverhältnisses sich ergeben oder gesetzlich oder rechtsgeschäftlich bestimmt sein. Auch diese im § 292 E. I noch enthaltene Bestimmung hat die II. Komm. als selbstverständlich gestrichen. (P. I, 377.)

IV. Ueber die Wirkungen des Rücktritts vom Vertrage s. Anm. 1 zu § 346.

V. Verschiedene andere, vom gemeinen Rechte anerkannte Erlöschungsgründe werden vom B.G.B. stillschweigend übergangen:

1. Die Novation (vgl. Dernburg, Pand. Bd. 2 § 59, § 60, Windscheid, Pand. Bd. 2 §§ 353—356, B.L.R. Thl. IV c 15 § 4). Die Gründe, aus denen die gesetzliche Regelung des Instituts der Novation für entbehrlich erachtet wurde, sind nach M. II, 78 folgende:

Dem Bedürfnisse, welches zu der mittels Wechsels des Gläubigers oder des Schuldners sich vollziehenden Novation geführt habe, werde im Wesentlichen durch die Vorschriften über die Uebertragung der Forderung (§§ 398 ff.) und über die Schuldübernahme (§§ 414 ff., vgl. M. II, 143) gedient. Allerdings bleibe hienach die bisherige Schuld unter Fortdauer der Zulässigkeit aller bisher gegen sie statthaften Einreden bestehen, während bei der Novation ein Anderes gelte. Aber auch diese Wirkungen der Novation könnten durch Schließung eines neuen Vertrages herbeigeführt werden, inhaltlich dessen ein Dritter Gläubiger oder Schuldner sein und die Forderung aus dem neuen Schuldverhältnisse sich nicht mit Einreden aus dem alten bekämpfen lassen solle. Ein derartiger Vertrag würde als abstraktes Schuldversprechen den Vorschriften der §§ 780, 782 unterliegen.

Soweit eine Novation ohne Personenwechsel in Frage komme, so stehe nach dem Prinzipe der Vertragsfreiheit und der Formfreiheit der Verträge dem Abschluß eines Vertrages, wodurch die bisherige Verbindlichkeit durch eine andere zwischen denselben Personen ersetzt werde, kein Hinderniß im Wege. Vgl. § 364 Abs. 2 u. § 607 Abs. 2.

1. Daß durch entgegengesetzten Vertrag (contrarius consensus s. Dernburg, Pand. Bd. 2 § 102 Anm. 1; Windscheid, Pand. Bd. 2 § 357 Note 5; B.L.R. Thl. IV cap. 15 § 11 Nr. 1) auch nach B.G.B. ein Schuldverhältniß zum Erlöschen gebracht werden kann, versteht sich nach der für das Gebiet der Schuldverhältnisse geltenden Vertragsfreiheit von

selbst. Ueber die Verpflichtung, das aus dem alten Vertrag etwa bereits Empfangene zurückzuerstatten, entscheidet der im neuen Vertrage zum Ausdrucke gelangte oder aus den Umständen zu ermittelnde Parteiwille. S. M. II, 79, 80.

3. Concursus causarum lucrativarum (Dernburg, Pand. Bd. 2 § 68; Windscheid, Pand. Bd. 2 § 343a Note 6; P.L.R. Thl. IV cap. 15 § 14 Nr. 1; Mommsen, Beitr. zum Obligationenrecht Bd. 1 S. 255 ff.).

Die M. II, 80 bemerken hiezu, die richtige Entscheidung werde sich im einzelnen Falle an der Hand der Vorschriften über den Einfluß des Eintrittes der objektiven Unmöglichkeit der Leistung (§ 275) oder im Wege der Auslegung des Gesetzes oder des Parteiwillens von selbst ergeben. Besondere Auslegungsvorschriften gibt das B.G.B. nicht.

4. Die Unmöglichkeit der Leistung als Erlöschungsgrund ist in den §§ 275, 323—325 geregelt.

5. Der Wegfall des Interesses des Gläubigers an der Leistung, welcher schon nach der herrschenden gemeinrechtlichen Lehre nicht als Aufhebungsgrund anerkannt war (Windscheid, Pand. Bd. 2 § 361 Note 3), bildet auch nach dem B.G.B. keinen Erlöschungsgrund Für das B.G.B. kommt insbesondere in Betracht, daß ein vermögensrechtliches Interesse für die Gültigkeit eines Schuldverhältnisses nicht erfordert wird (s. Vorbem. II 3 zum zweiten Buche). Andererseits ist hier die Vorschrift des § 226 zu beachten, wonach die Ausübung des Rechtes des Gläubigers unzulässig ist, soferne sie nur den Zweck haben kann, einem Anderen Schaden zuzufügen. (Vgl. M. I, 274, 275.)

VI. Die Verjährung des Anspruchs bewirkt nicht die Aufhebung des Schuldverhältnisses, sondern gewährt nur dem Schuldner eine zerstörliche Einrede. § 222.

Erster Titel.

Erfüllung.

§ 362.

Das Schuldverhältniß erlischt, wenn die geschuldete Leistung an den Gläubiger bewirkt wird.

Wird an einen Dritten zum Zwecke der Erfüllung geleistet, so finden die Vorschriften des § 185 Anwendung.

E. I, 263, 266; II, 311; III, 356.

Der natürliche Grund des Erlöschens des Schuldverhältnisses ist die Erfüllung.

1. Erfüllung liegt vor, „wenn die geschuldete Leistung an den Gläubiger bewirkt wird", d. h. wenn dasjenige, was nach dem Inhalte des Schuldverhältnisses zu leisten ist, so, wie es geleistet werden muß, also insbesondere auch zur rechten Zeit und am rechten Ort, an den Gläubiger geleistet wird. Theilweise Leistung, sofern sie vom Gläubiger angenommen werden muß oder freiwillig angenommen wird (s. § 266), bringt das Schuldverhältniß auch nur theilweise zum Erlöschen. Unter welchen Voraussetzungen statt des Schuldners ein Dritter die Leistung bewirken kann, ist in den §§ 267, 268 bestimmt.

2. In der Wissenschaft besteht darüber Streit, ob zur Erfüllung ein Erfüllungsvertrag erforderlich ist, ob also der Wille des Schuldners, die Leistung zum Zwecke der Erfüllung zu bewirken, mit einem auf Seiten des Gläubigers vorhandenen Willen, die Leistung als die vom Schuldner gewollte Erfüllung anzunehmen, zusammentreffen muß, damit die Leistung als Erfüllung wirke. (Vgl. Windscheid, Pand. Bd. 2 § 342 Note 3a, § 343 Note 2b.) Das B.G.B. hat die Entscheidung dieser Streitfrage Mangels eines praktischen Bedürfnisses der Wissenschaft überlassen. M. II, 81. Für die Praxis dürfte Folgendes zu beachten sein:

Auf Seiten des Schuldners muß, wenn die Leistung als Erfüllung wirken soll, zweifellos der Wille vorhanden sein, die Leistung zum Zwecke der Erfüllung vorzunehmen, da außerdem nicht wohl von einem „Bewirken der geschuldeten Leistung" gesprochen werden kann.

Auf Seiten des Gläubigers ist ein Erfüllungsvertrag jedenfalls dann nicht erforderlich, wenn die geschuldete Leistung nach dem Inhalte des Schuldverhältnisses ohne jede Mitwirkung des Gläubigers bewirkt werden kann, z. B. bei der Ausführung eines Auftrags. In den Fällen dagegen, in welchen zum Bewirken der Leistung eine Annahme des Gläubigers nothwendig ist, wird auch der ausdrückliche oder stillschweigende Wille des

Gläubigers verlangt werden müssen, die Leistung als Erfüllung anzunehmen. Dies schon wegen der aus der Annahme für den Gläubiger entstehenden nachtheiligen Folgen, z. B. im Falle des § 341 Abs. 3. Ebenso Planck, Anm. 2 zu § 362.

3. Die Annahme einer Leistung als Erfüllung durch den Annahmeberechtigten bewirkt, daß das Forderungsrecht des Gläubigers unmittelbar aufgehoben wird. Das B.G.B. behandelt daher die Annahme der Leistung als Verfügung über einen Gegenstand. S. Anm. 5.

4. Für die Wirkungen der von einem geschäftsunfähigen oder in der Geschäftsfähigkeit beschränkten Schuldner gemachten Leistung bezw. der an einen geschäftsunfähigen oder in der Geschäftsfähigkeit beschränkten Gläubiger gemachten Leistung gelten die allgemeinen Grundsätze der §§ 104 ff.

5. Abs. 2. Daß der Schuldner statt an den Gläubiger auch an dessen Vertreter bezw. an denjenigen, welcher nach dem Inhalte des Vertrags zur Annahme der Leistung ermächtigt ist, die Leistung bewirken kann, bedarf keiner weiteren Begründung. Nimmt dagegen ein Dritter, bei welchem diese Voraussetzungen nicht zutreffen, die an ihn zum Zwecke der Erfüllung bewirkte Leistung als Erfüllung an, so ist der Fall gegeben, daß ein Nichtberechtigter über das Forderungsrecht des Gläubigers eine Verfügung trifft. S. Anm. 3. Es finden deßhalb die Vorschriften des § 185 Anwendung, d. h. das Schuldverhältniß erlischt nur, wenn der Gläubiger in die Leistung an den Dritten einwilligt, wenn er dieselbe genehmigt oder wenn der Dritte das Forderungsrecht des Gläubigers erwirbt oder wenn der Dritte vom Gläubiger beerbt wird und letzterer für die Nachlaßverbindlichkeiten unbeschränkt haftet. Vgl. P. I, 334, 335. Ueber den Zeitpunkt des Erlöschens s. die Anm. zu § 185.

§ 363.

Hat der Gläubiger eine ihm als Erfüllung angebotene Leistung als Erfüllung angenommen, so trifft ihn die Beweislast, wenn er die Leistung deshalb nicht als Erfüllung gelten lassen will, weil sie eine andere als die geschuldete Leistung oder weil sie unvollständig gewesen sei.

E I, 367; II, 312; III, 357

1. § 363 gibt lediglich eine Bestimmung über die Beweislast. Die Frage, ob in der Annahme einer mangelhaften Leistung als Erfüllung ein Verzicht auf die Geltendmachung der Mängel zu erblicken ist, wird durch § 363 nicht berührt. Die Vorschrift des § 363 gilt für Verbindlichkeiten jeder Art, nicht bloß, wie die entsprechende Bestimmung des E. I, 367, für die gegenseitigen Verträge.

2. Nach der Fassung des § 362 hat der Schuldner, welcher sich darauf beruft, daß das Schuldverhältniß durch Erfüllung erloschen sei, zu beweisen, daß die Leistung, so wie sie geschuldet war, an den Gläubiger bewirkt worden ist. Für den Fall aber, daß der Gläubiger eine ihm als Erfüllung angebotene Leistung als Erfüllung angenommen hat, stellt § 363 dem Bedürfnisse des Verkehrslebens entsprechend (M. II, 204) eine Umkehrung der regelmäßigen Beweislast auf, insoferne als nunmehr den Gläubiger die Beweislast trifft, wenn er hinterher einwendet, die Leistung sei deßhalb nicht Erfüllung, weil sie eine andere als die geschuldete Leistung oder weil sie unvollständig sei.

In § 363 wird nicht ausdrücklich hervorgehoben, daß die Beweislast den Gläubiger auch im Falle der nachträglichen Einwendung einer mangelhaften Leistung treffen soll. Unzweifelhaft ist dies aber die Absicht des Gesetzes, wie aus der Entstehungsgeschichte des § 363 klar hervorgeht. (M. II, 204, 205, P. I, 637). Man scheint bei der Fassung des Paragraphen von der Ansicht ausgegangen zu sein, daß eine mangelhafte Leistung sich stets je nach der Beschaffenheit der Mängel entweder unter den Begriff „eine andere als die geschuldete Leistung" oder unter den Begriff „unvollständige Leistung" unterstellen lassen werde. § 363 ist also dahin auszulegen, daß auch bei nachträglich eingewendeter Mangelhaftigkeit der als Erfüllung angenommenen Leistung den Gläubiger die Beweislast trifft. Ebenso Planck, Anm. 1 u. 2 zu § 363.

3. Ob eine Leistung als Erfüllung angenommen wurde, ist aus den Umständen des einzelnen Falles zu beurtheilen. Eine an bestimmte Thatsachen (wie etwa an die Unterlassung eines Vorbehaltes bei der Annahme) sich anknüpfende gesetzliche Vermuthung für die Annahme als Erfüllung hat das B.G.B. nicht aufgestellt. (P. I, 637.)

Es ist also auch einer vorbehaltlos angenommenen Leistung gegenüber der Einwand zulässig, daß sie nicht als Erfüllung angenommen worden sei, wie umgekehrt ungeachtet eines gemachten Vorbehaltes Annahme als Erfüllung vorliegen kann.

4. Die Umkehrung der Beweislast knüpft sich an die bloße Thatsache der Annahme als Erfüllung. Beim Vorliegen dieser Thatsache trifft den Gläubiger die Beweislast auch dann, wenn er bei der Annahme gar nicht in der Lage war, die Beschaffenheit der Leistung zu untersuchen. Der Gläubiger soll die Leistung eben nicht als Erfüllung annehmen, bevor er die erforderliche Untersuchung vorgenommen hat. (M. II, 205.) Hiedurch wird das Recht des Gläubigers, die Annahme selbst anzufechten, nicht berührt (s. Anm. 8 zu § 341). Nur hat der Gläubiger in diesem Falle das Vorhandensein eines gesetzlichen Anfechtungsgrundes zu beweisen.

5. Besondere Vorschriften bezüglich der Annahme einer mangelhaften Sache sind gegeben für den Kaufvertrag in § 464 B.G.B., für den Handelskauf in §§ 377, 378 H.G.B.

§ 364.

Das Schuldverhältniß erlischt, wenn der Gläubiger eine andere als die geschuldete Leistung an Erfüllungsstatt annimmt.

Uebernimmt der Schuldner zum Zwecke der Befriedigung des Gläubigers diesem gegenüber eine neue Verbindlichkeit, so ist im Zweifel nicht anzunehmen, daß er die Verbindlichkeit an Erfüllungsstatt übernimmt.

E. I, 264; II, 313; III, 358.

1. So wenig der Gläubiger eine andere als die geschuldete Leistung fordern kann, ebenso wenig kann ihm eine andere Leistung vom Schuldner als Erfüllung aufgezwungen werden. Ein beneficium dationis in solutum (s. Dernburg, Pand. Bd. 2 § 58 Note 8, Windscheid, Pand. Bd. 2 § 342 Note 12) kennt das B.G.B. nicht.

Dagegen ist es dem Gläubiger unbenommen, eine andere Leistung, welche ihm vom Schuldner oder von einem Dritten (§ 267) an Stelle der geschuldeten als Erfüllung angeboten wird, an Erfüllungsstatt anzunehmen. Jede Leistung, welche Gegenstand eines Schuldverhältnisses sein kann, kann auch an Erfüllungsstatt gegeben werden.

2. Die Annahme an Erfüllungsstatt hat die gleiche Wirkung wie die Erfüllung, d. h. das Schuldverhältniß erlischt durch die Annahme von selbst. S. Vorbem. I zu diesem Abschnitte.

Auch die Vorschriften über die Herausgabe einer ungerechtfertigten Bereicherung (§§ 812 ff.) finden zutreffenden Falls auf die Leistung an Erfüllungsstatt in gleicher Weise Anwendung wie auf die Leistung des ursprünglich geschuldeten Gegenstandes. (M. II, 82.)

3. Abs. 2. Im Verkehrsleben kommt es nicht selten vor, daß der Schuldner zum Zwecke der Befriedigung seines Gläubigers diesem gegenüber eine neue Verbindlichkeit, insbesondere eine Wechselverbindlichkeit — übernimmt. Hiebei kann die Absicht der Vertragschließenden entweder dahin gehen, daß die neue Verbindlichkeit an die Stelle der alten treten und letztere durch die Uebernahme der neuen Verbindlichkeit getilgt sein soll — Uebernahme an Erfüllungsstatt —, oder daß das alte Schuldverhältniß neben der neuen Verbindlichkeit fortbestehen, der Gläubiger aber berechtigt sein soll, aus der neuen Verbindlichkeit seine Befriedigung zu suchen — Uebernahme Erfüllungshalber —. Nach der Auslegungsregel des § 364 Abs. 2 ist im Zweifel nur Uebernahme Erfüllungshalber anzunehmen.

Diese Auslegungsregel gilt indessen nur für die Uebernahme der neuen Verbindlichkeit durch den Schuldner selbst, nicht für die Uebernahme durch einen Dritten. In letzterem Fall ist die Auslegung des Parteiwillens an keine Regeln gebunden.

4. Welche Rechte und Verbindlichkeiten aus einer Uebernahme Erfüllungshalber für die Vertragschließenden begründet werden, bestimmt sich nach dem Inhalte der getroffenen Vereinbarung. Regelmäßig wird von den Parteien gewollt sein, daß der Gläubiger nicht nur berechtigt, sondern auch verpflichtet sein soll, zunächst durch Einziehung der neuen Forderung seine Befriedigung zu suchen, und daß derselbe erst beim Mißlingen dieses Versuchs befugt sein soll, auf die ursprüngliche Forderung soll zurückzugreifen.

Ueber den häufigsten Fall, die Hingabe eines Wechsels Zahlungshalber s. Staub, Komm. z. W.O. Art. 83 §§ 25—32.

§ 365.

Wird eine Sache, eine Forderung gegen einen Dritten oder ein anderes Recht an Erfüllungsstatt gegeben, so hat der Schuldner wegen eines Mangels im

Rechte oder wegen eines Mangels der Sache in gleicher Weise wie ein Verkäufer Gewähr zu leisten.

E. I, 265; II, 314; III, 359.

1. Nach der herrschenden gemeinrechtlichen Lehre (Dernburg, Pand. Bd. 2 § 58 Note 7, Windscheid, Pand. Bd. 2 § 342 Note 14) konnte der Gläubiger im Falle der Entwehrung des an Erfüllungsstatt gegebenen Gegenstandes nach seinem Belieben entweder auf die ursprüngliche Forderung zurückgreifen oder vom Schuldner sein Entwehrungsinteresse fordern.

Nach B.G.B. ist durch die Annahme an Erfüllungsstatt das Schuldverhältniß bleibend erloschen; der Gläubiger kann vom Schuldner wegen eines Mangels im Rechte oder wegen eines Mangels der Sache nur wie ein Käufer vom Verkäufer Gewährleistung verlangen. Ebenso die bayrische G.O. v. 1753 Kap. XVIII § 11.

2. Ueber die Mängel im Rechte, wegen deren der Verkäufer Gewähr zu leisten hat, s. d. §§ 434—444, über die Haftung für eine an Erfüllungsstatt gegebene Forderung gegen einen Dritten insbesondere die §§ 437, 438, über die Gewährleistung wegen Mängel der Sache die §§ 459—492.

Verlangt der Gläubiger hienach die Wandelung oder tritt er gemäß § 440 von dem Vertrage, durch welchen er die Leistung an Erfüllungsstatt angenommen hat, zurück, so kann zwar das durch die Annahme erloschene Schuldverhältniß nicht mehr aufleben, der Schuldner aber wird dem Gläubiger nach § 346 obligatorisch verpflichtet, das alte Schuldverhältniß mit allen seinen Nebenrechten (Pfandrecht, Bürgschaft) für den Gläubiger wiederherzustellen, und hat, falls er hiezu außer Stande ist, dem Gläubiger Schadensersatz zu leisten. Bei der Minderung ist in Anwendung des § 473 der Werth der ursprünglich geschuldeten Leistung zur Zeit der Annahme an Erfüllungsstatt in Geld zu schätzen und vom Schuldner der nach § 472 sich berechnende Betrag zu vergüten.

Vgl. Planck, Anm. 2, Oertmann, Anm. 2 b zu § 365.

3. Nach § 835 Abs. 2 C.P.O. n. Nr. ist der Gläubiger, welchem eine gepfändete Geldforderung an Zahlungsstatt zum Nennwerth überwiesen ist, wegen seiner Forderung an den Schuldner nur, soweit die ihm überwiesene Forderung besteht, als befriedigt anzusehen. Diese Bestimmung wird durch § 365 B.G.B. nicht berührt (s. M. II, 83).

4. Der Anspruch auf Gewährleistung steht dem Gläubiger auch dann zu, wenn nicht der Schuldner selbst, sondern ein Dritter die Sache, Forderung ꝛc. an Erfüllungsstatt gegeben hat. Hier entsteht die im Gesetze nicht entschiedene Frage (s. M. II, 84), wer in diesem Falle Gewähr zu leisten hat, der Dritte oder der Schuldner? Da die Annahme an Erfüllungsstatt in das Belieben des Gläubigers gestellt ist (s. § 364), und letzterer trotz Widerspruchs des Schuldners die Leistung an Erfüllungsstatt annehmen darf, so kann die Gewährleistungspflicht nicht den Schuldner, sondern nur den Dritten treffen, es müßte denn die Haftung des Schuldners für die Leistung des Dritten durch besondere Umstände begründet sein. Ebenso Planck, Anm. 4, und Oertmann, Anm. 3 zu § 365.

5. Der Fall, daß der Schuldner dem Gläubiger gegenüber eine neue Verbindlichkeit an Erfüllungsstatt übernimmt (s. § 364), wird durch § 365 nicht getroffen. Der Schuldner haftet in diesem Falle aus der neuen Verbindlichkeit nach den allgemeinen Grundsätzen.

§ 366.

Ist der Schuldner dem Gläubiger aus mehreren Schuldverhältnissen zu gleichartigen Leistungen verpflichtet und reicht das von ihm Geleistete nicht zur Tilgung sämmtlicher Schulden aus, so wird diejenige Schuld getilgt, welche er bei der Leistung bestimmt.

Trifft der Schuldner keine Bestimmung, so wird zunächst die fällige Schuld, unter mehreren fälligen Schulden diejenige, welche dem Gläubiger geringere Sicherheit bietet, unter mehreren gleich sicheren die dem Schuldner lästigere, unter mehreren gleich lästigen die ältere Schuld und bei gleichem Alter jede Schuld verhältnißmäßig getilgt.

E. I, 267; II, 315; III, 360.

1. Das B.G.B. bestimmt die Reihenfolge, in welcher mehrere Schuldverhältnisse mit gleichartigen Leistungsgegenständen, insbesondere Geldschulden, durch eine zur Tilgung sämmtlicher Schulden nicht ausreichende Leistung getilgt werden.

Selbstverständlich wird hiedurch das Recht des Gläubigers, eine Theilleistung zurückzuweisen (s. § 266), nicht berührt.

a) An erster Stelle ist maßgebend eine Bestimmung, welche der Schuldner bei der Leistung trifft. Die Bestimmung bedarf nicht der ausdrücklichen Erklärung, sie kann auch aus den Umständen erhellen, z. B. wenn die vom Schuldner gezahlte Summe ihrem Betrage nach genau mit einer der mehreren Forderungen übereinstimmt. (Vgl. Seuff. Arch. LIV Nr. 146.)

Der Gläubiger hat kein Widerspruchsrecht. Nimmt er die Leistung an unter der Erklärung, auf eine andere Schuld anrechnen zu wollen, so erlischt trotz seines Widerspruchs die vom Schuldner bei der Leistung bezeichnete Schuld. Lehnt der Gläubiger die im Uebrigen ordnungsmäßige Leistung nur aus dem Grunde ab, weil er mit der Bestimmung des Schuldners nicht einverstanden ist, so geräth er in Ansehung der vom Schuldner bezeichneten Forderung in Annahmeverzug (§ 293). Ein Bestimmungsrecht des Gläubigers, wie solches unmittelbar nach dem Bestimmungsrechte des Schuldners vom gemeinen Rechte anerkannt war (Dernburg, Pand. Bd. 2 § 55 Ziff. 4b, Windscheid, Pand. Bd. 2 § 343), ist dem B.G.B. fremd.

Allerdings können die Parteien auch im Wege der Vereinbarung bestimmen, in welcher Reihenfolge die Tilgung erfolgen soll. Bestimmt aber der Schuldner entgegen der getroffenen Vereinbarung bei der Leistung eine andere Schuld, so wird nicht die der Vereinbarung entsprechende, sondern die vom Schuldner bezeichnete Schuld getilgt, letzterer wird jedoch dem Gläubiger schadensersatzpflichtig. Ebenso Planck, Anm. 1, Oertmann, Anm. 1 zu § 366. Der Gläubiger geräth in diesem Falle nicht in Annahmeverzug, wenn er die Leistung deßhalb zurückweist, weil zufolge der getroffenen Vereinbarung vorerst eine andere Schuld zu tilgen ist. § 294.

Unter Umständen kann eine Bestimmung, welche der Gläubiger beim Empfange der Leistung dem Schuldner gegenüber getroffen und bei welcher der Schuldner sich beruhigt hat, als Vereinbarung über die Tilgung zu betrachten sein. M. II, 87, 88.

b) In Ermangelung einer Bestimmung des Schuldners wird zunächst die fällige Schuld vor der nicht fälligen getilgt.

Ueber die Fälligkeit s. die §§ 271 u. 284.

c) Von mehreren fälligen Schulden diejenige, welche dem Gläubiger geringere Sicherheit bietet. Dies ist z. B. der Fall bei einer Forderung, deren Verjährung nahe bevorsteht. Daß das B.G.B. eine Sicherheit durch Bürgen im Zweifel für geringer erachtet als die Sicherheit durch Verpfändung, ergibt sich aus § 232 Abs. 2 und aus § 273 Abs. 3 Satz 2.

d) Bei gleicher Sicherheit die dem Schuldner lästigere, z. B. die höher verzinsliche, die Wechselschuld, die urtheilsmäßige Schuld.

e) Die ältere, d. i. die früher entstandene Schuld.

Liegt gar keine dieser Voraussetzungen vor, so soll die Leistung auf alle Schuldposten verhältnißmäßig angerechnet werden.

2. Die Vorschriften des § 366 haben auch Geltung für den Fall, daß ein Dritter für den Schuldner leistet, ohne die Schuld zu bezeichnen, welche getilgt werden soll. Das Ablehnungsrecht des Gläubigers (§ 267 Abs. 2) wird hiedurch nicht berührt.

Desgleichen sind die Bestimmungen des § 366 entsprechend anwendbar auf eine Leistung, welche durch Hinterlegung oder im Wege der Zwangsvollstreckung erfolgt. Vgl. M. II, 88; Planck, Anm. 4 zu § 366.

Bezüglich der Aufrechnung s. § 396 Abs. 1.

3. Beweislast. Ist das Bestehen mehrerer Forderungen gegen den Schuldner erwiesen, so muß der Schuldner beweisen, daß seine Leistung zufolge Vereinbarung oder gemäß der gesetzlichen Vorschriften gerade auf die eingeklagte Forderung anzurechnen sei. Vgl. Entsch. O.G.H. Bd. 10 S. 243.

§ 367.

Hat der Schuldner außer der Hauptleistung Zinsen und Kosten zu entrichten, so wird eine zur Tilgung der ganzen Schuld nicht ausreichende Leistung zunächst auf die Kosten, dann auf die Zinsen und zuletzt auf die Hauptleistung angerechnet.

Bestimmt der Schuldner eine andere Anrechnung, so kann der Gläubiger die Annahme der Leistung ablehnen.

E. I, 268; II, 316; III, 361.

1. Die Reihenfolge der Anrechnung in § 367 entspricht jener des § 48 K.O. Bestimmt der Schuldner eine andere Anrechnung, so tritt nicht entgegen dem Willen des Schuldners die Tilgung in der Reihenfolge des § 367 Abs. 1 kraft Gesetzes ein, der Gläubiger kann jedoch die Annahme der Leistung ablehnen, ohne in Verzug zu gerathen.

2. Durch die Vorschriften des § 367 wird das Recht des Gläubigers, eine zur Tilgung der ganzen Schuld nicht ausreichende Leistung als Theilleistung überhaupt abzulehnen, nicht berührt. Vgl. hierüber die Anm. 3 u. 4 zu § 266.

3. Die Vorschriften des § 367 sind dispositiv. Vereinbaren die Parteien eine andere Reihenfolge, so hat es bei der vereinbarten Anrechnung sein Bewenden.

4. § 367 findet auch Anwendung auf die Leistung durch einen Dritten (§ 267), ferner auf die Hinterlegung und auf die Leistung im Wege der Zwangsvollstreckung. Nur ist bei letzterer ein Bestimmungsrecht des Schuldners ausgeschlossen, die Vorschrift des Abs. 2 § 367 also nicht anwendbar. Vgl. M. II, 88.

Für die Aufrechnung ist die entsprechende Anwendbarkeit des § 367 ausdrücklich anerkannt in § 396 Abs. 2.

§ 368.

Der Gläubiger hat gegen Empfang der Leistung auf Verlangen ein schriftliches Empfangsbekenntniß (Quittung) zu ertheilen. Hat der Schuldner ein rechtliches Interesse, daß die Quittung in anderer Form ertheilt wird, so kann er die Ertheilung in dieser Form verlangen.

E. I, 269; II, 317; III, 362.

1. Begriffsbestimmung und Inhalt der Quittung. Die Quittung ist das schriftliche Bekenntniß des Gläubigers über den Empfang der Leistung. Eine Bestimmung darüber, was die Quittung enthalten muß, gibt das Gesetz nicht. Allein aus ihrem Zwecke, dem Schuldner als Bescheinigung über die bewirkte Leistung zu dienen, wird gefolgert werden dürfen, daß sie das Schuldverhältniß, auf welches die Leistung sich bezieht, ferner Gegenstand, Ort und Zeit der Leistung mit hinreichender Deutlichkeit erkennen lassen muß.

2. Form. Für die Quittung ist schriftliche Form vorgeschrieben. Zufolge § 126 muß sie also vom Aussteller eigenhändig durch Namensunterschrift oder mittelst gerichtlich oder notariell beglaubigten Handzeichens unterzeichnet werden. Die Herstellung der Unterschrift des Gläubigers im Wege der mechanischen Vervielfältigung entspricht dieser Anforderung nicht. Der Schuldner kann eine Quittung mit solcher Unterschrift zurückweisen. (P. I, 339.)

Zu Satz 2. Ertheilung der Quittung in öffentlicher oder öffentlich beglaubigter Form kann z. B. beansprucht werden in den Fällen der §§ 1144, 1167 B.G.B., § 29 G.O.

3. Rechtliche Bedeutung. In der Wissenschaft besteht Streit darüber, ob die Quittung nur Beweismittel ist oder ob sie stets auch einen Anerkennungsvertrag über die Tilgung des Schuldverhältnisses enthält. (Vgl. Dernburg, Pand. Bd. 2 § 54, Windscheid, Pand. Bd. 2 §§ 412a, 412b.)

Die Quittung, auf deren Ertheilung der Schuldner gegen Bewirkung der Leistung gemäß § 368 einen Anspruch hat, ist lediglich ein Beweismittel, welches durch Gegenbeweis entkräftet werden kann. Sie liefert vorbehaltlich des Gegenbeweises den Beweis, daß der Gläubiger die Leistung empfangen hat. Ist die Quittung in Erwartung einer künftigen Leistung im Voraus ausgestellt worden, so ist zu ihrer Entkräftung der Nachweis erforderlich, daß auch nachträglich die Leistung nicht erfolgt ist. Daß die Quittung im Sinne des § 368 nur die Bedeutung eines Beweismittels hat, dürfte sowohl aus der Entstehungsgeschichte des § 368 (M. II, 166, P. I, 337, 339) als auch aus Satz 2 des § 371 hervorgehen, wo zwischen der Ertheilung einer Quittung und dem Abschlusse eines Anerkennungsvertrages unterschieden wird. Allerdings kann unter Umständen in der Ertheilung einer Quittung auch ein das Nichtbestehen der Forderung feststellender Anerkennungsvertrag oder ein Erlaßvertrag (s. § 397) zu erblicken sein, so z. B. wenn die Quittung in Kenntniß der nicht oder nicht vollständig erfolgten Leistung und auch ohne die Erwartung einer weiteren künftigen Leistung ertheilt worden ist. Diese Bedeutung kommt der Quittungsertheilung jedoch nur dann zu, wenn sich ein hierauf gerichteter Parteiwille aus den Umständen des Einzelfalles feststellen läßt.

Ebenso wie hier Oertmann, Anm. 5. Vgl. Windscheid, Pand. § 412b Nr. 3, ferner die eingehenden, allerdings von dem hier Vorgetragenen abweichenden Ausführungen bei Planck, Anm. 5 zu § 368.

4. Anspruch des Schuldners auf die Quittung.

a) Die Verpflichtung des Gläubigers zur Quittungsertheilung erstreckt sich auf Leistungen jeder Art, auch auf Baarzahlungen, bei denen nach der Verkehrssitte die Ertheilung von Quittungen nicht üblich ist, wie bei den täglichen Einkäufen für den Haushalt. Auch hier kann der Schuldner ein Interesse an der Quittungsertheilung haben, wenn er z. B. genöthigt ist, sich zu den Einkäufen eines nicht zuverlässigen Dienstboten zu bedienen. (P. I, 339.)

b) Die Quittung ist nur auf Verlangen des Schuldners auszustellen, der Gläubiger braucht sich nicht unaufgefordert zur Quittungsertheilung zu erbieten.

c) Die Quittung ist gegen Empfang der Leistung, also Zug um Zug zu ertheilen (§ 274). Der Schuldner kann die Leistung zurückbehalten, bis ihm die Quittung ertheilt wird (§ 273.) Der Gläubiger, welcher die ihm angebotene Leistung anzunehmen bereit ist, die verlangte Quittung aber nicht ertheilt, kommt in Annahmeverzug (§ 298).

Der Anspruch des Schuldners auf die Quittung geht selbstverständlich dadurch nicht verloren, daß der Schuldner ohne Quittung geleistet hat, es kann auch nachträglich auf Ertheilung der Quittung geklagt werden. Ebenso Planck, Anm. 2, Oertmann, Anm. 2 zu § 368.

Auch über eine Theilleistung, soferne der Gläubiger zur Annahme einer solchen verpflichtet ist oder die Theilleistung freiwillig annimmt (s. § 266), ist dem Schuldner auf Verlangen Quittung zu ertheilen. (Vgl. § 757 C.P.O. n. Nr., Art. 39 W.O.)

d) Die Vorschrift des § 368 Satz 1 lautet ganz allgemein, sie findet daher auch Anwendung, wenn nicht der Schuldner selbst, sondern ein Dritter die Leistung bewirkt (§ 267). Das Gleiche gilt von Satz 2, welcher nur eine Vorschrift bezüglich der Form der zu ertheilenden Quittung gibt.

5. Die prozeßrechtlichen Vorschriften der §§ 415—419 C.P.O. n. Nr. über die Beweiskraft der Urkunden überhaupt haben selbstverständlich auch für die Quittung Geltung.

Die Beweiskraft einer Quittung ist an den Ablauf einer Zeitfrist nicht gebunden. § 17 E.G. z. C.P.O.

§ 369.

Die Kosten der Quittung hat der Schuldner zu tragen und vorzuschießen, sofern nicht aus dem zwischen ihm und dem Gläubiger bestehenden Rechtsverhältnisse sich ein Anderes ergiebt.

Treten in Folge einer Uebertragung der Forderung oder im Wege der Erbfolge an die Stelle des ursprünglichen Gläubigers mehrere Gläubiger, so fallen die Mehrkosten den Gläubigern zur Last.

E. I, 270; II, 318; III, 363.

1. Die Ertheilung der Quittung erfolgt im Interesse des Schuldners. Regelmäßig hat daher der Schuldner die Kosten der Quittung zu tragen und vorzuschießen, es müßte denn ein Anderes vereinbart sein oder sonst sich aus dem zwischen dem Gläubiger und dem Schuldner bestehenden Rechtsverhältniß ergeben. So wird bei einem Schuldverhältnisse, das ausschließlich im Interesse des Gläubigers eingegangen ist, wie z. B. bei der unentgeltlichen Verwahrung (§ 690) sich aus der Natur des Schuldverhältnisses ergeben, daß die Kosten der Quittung dem Gläubiger zur Last fallen.

Als Kosten der Quittung kommen beispielsweise die etwaigen Auslagen für die Uebersendung der Quittung, für eine öffentliche Beglaubigung derselben rc. in Betracht.

2. Landesgesetzliche Bestimmungen, wonach staatliche Gebühren für Quittungen über Diensteinkünfte von Beamten rc. vom Gläubiger zu tragen sind, werden als dem öffentlichen Rechte angehörend durch das B.G.B. nicht berührt (M. II, 90).

3. Die Bestimmung des Abs. 2 wurde erst von der II. Komm. aus Billigkeitsgründen beigesetzt, weil die hier erwähnten Mehrkosten durch Umstände verursacht sind, welche auf der Gläubigerseite eingetreten und von dem Willen des Schuldners unabhängig sind. (P. I, 340.)

Der Schuldner hat in den Fällen des Abs. 2 jedem Gläubiger einen verhältnißmäßigen Theil jener Kosten zu erstatten, welche die Quittung des ursprünglichen Gläubigers verursacht haben würde.

Die Ansicht Fischer-Henles, Anm. 2 zu § 369, daß bei Theilübertragungen der Abs. 2 nicht anwendbar scheine, dürfte nach dem Wortlaut und dem Grunde der Bestimmung nicht haltbar sein. Ebenso wie hier Oertmann, Anm. 4, und Planck, Anm. 4.

§ 370.

Der Ueberbringer einer Quittung gilt als ermächtigt, die Leistung zu empfangen, sofern nicht die dem Leistenden bekannten Umstände der Annahme einer solchen Ermächtigung entgegenstehen.

E. II, 319; III, 364.

1. Die erst von der II. Komm. aufgenommene Bestimmung des § 370 entspricht dem aufgehobenen Art. 296 des früheren H.G.B. Sie geht von dem Gedanken aus, daß die Gefahr eines allenfallsigen Mißbrauches der Quittung durch einen unberechtigten Dritten der Aussteller der Quittung zu tragen habe. (P. I, 341.)

2. Der Gläubiger, welcher die Empfangsberechtigung des Ueberbringers der Quittung bestreitet, hat zu beweisen, daß dem Schuldner bezw. dem leistenden Dritten Umstände bekannt waren, welche der Annahme einer Ermächtigung des Ueberbringers zum Empfange der Leistung entgegenstehen. Kann er diesen Beweis nicht erbringen, so muß er die an den Ueberbringer gemachte Leistung als Erfüllung gelten lassen. Das Kennenmüssen ist hier dem Kennen nicht gleichgestellt.

Der Ueberbringer gilt nur als ermächtigt, die in der Quittung bezeichnete Leistung zu empfangen, nicht auch, eine andere Leistung an Erfüllungsstatt anzunehmen oder Nachlässe zu bewilligen.

§ 371.

Ist über die Forderung ein Schuldschein ausgestellt worden, so kann der Schuldner neben der Quittung Rückgabe des Schuldscheins verlangen. Behauptet der Gläubiger, zur Rückgabe außer Stande zu sein, so kann der Schuldner das öffentlich beglaubigte Anerkenntniß verlangen, daß die Schuld erloschen sei.

E. I, 271; II, 320; III, 365.

1. Die Rückgabe des Schuldscheins kann neben der Quittung verlangt werden. Sie muß ebenso wie die Ertheilung der Quittung Zug um Zug gegen Empfang der Leistung (§§ 274, 273) erfolgen. Auch der Schuldschein ist nur auf Verlangen des Schuldners zurückzugeben. Vgl. Anm. 4b und c zu § 368.

Der Schuldner, welcher die Rückgabe verlangt, hat im Bestreitungsfalle zu beweisen, daß ein Schuldschein ausgestellt wurde.

Soweit das Gesetz dem Gläubiger die Verpflichtung auferlegt, dem Leistenden gegen die Befriedigung noch weitere Urkunden zu verabfolgen (§§ 1144, 1150, 1167), kommen diese Vorschriften neben derjenigen des § 371 bezw. an deren Stelle zur Anwendung.

2. Die im gemeinen Rechte und in verschiedenen Kodifikationen aufgestellten Rechtsvermuthungen für die Erfüllung, welche sich an die Rückgabe, Durchstreichung, absichtliche Vernichtung der Schuldurkunden u. dgl. knüpfen (Dernburg, Pand. Bd. 2 § 54 Note 16, Windscheid, Pand. Bd. 2 § 344 Note 4, B.L.R. Thl. IV cap. 14 § 13), sind in das B.G.B. nicht aufgenommen worden, weil für solche Bestimmungen bei dem nunmehr anerkannten Prinzip der freien richterlichen Beweiswürdigung ein Bedürfniß nicht mehr besteht. (M. II, 91.)

3. Der Gläubiger, welcher behauptet, zur Rückgabe des Schuldscheins außer Stande zu sein, muß auf Verlangen des Schuldners mit diesem einen Anerkennungsvertrag über das Erlöschen des Schuldverhältnisses (§ 397 Abs. 2) abschließen und seine Anerkennungserklärung öffentlich beglaubigen lassen. Ueber die öffentliche Beglaubigung s. § 129 und Art. 141 E.G.

Auch die Erklärung dieses Anerkenntnisses muß Zug um Zug gegen Empfang der Leistung erfolgen, da sie an die Stelle der Ertheilung der Quittung tritt.

Neben dem Anerkenntnisse kann eine Quittung nicht verlangt werden, weil der Zweck der letzteren schon durch das Anerkenntniß erfüllt wird. P. I, 341.

Daß die Kosten des Anerkenntnisses der Gläubiger zu tragen habe, war in E. I, 271 S. 2 ausdrücklich bestimmt; die II. Komm. hat diesen Satz als selbstverständlich gestrichen. (P. I, 342.)

4. Die Aufstellung in P. I, 341, daß der Schuldner mit dem Anerkenntniß an Stelle der Rückgabe des Schuldscheins sich begnügen müsse, wenn der Gläubiger behauptet, zur Rückgabe des Schuldscheins außer Stande zu sein, steht nicht im Einklange mit der Fassung des § 371. Zufolge Satz 1 des § 371 ist der Gläubiger verpflichtet, dem Schuldner (neben der Quittung) den ausgestellten Schuldschein zurückzugeben. Von dieser Verpflichtung wird er nur befreit, durch den Nachweis, daß die Rückgabe in Folge eines von ihm nicht zu vertretenden Umstandes unmöglich geworden ist (§§ 275, 282), nicht aber schon dadurch, daß er sein Unvermögen zur Rückgabe einfach behauptet. In letzterem Falle kann nach Satz 2 § 371 der Schuldner ein öffentlich beglaubigtes Anerkenntniß an Stelle der Rückgabe des Schuldscheins verlangen; daß er sich aber mit dem Anerkenntnisse begnügen müsse, kommt im Gesetze nicht zum Ausdruck. Ebenso Planck, Anm. 2 zu § 371. Gegenüber einer etwaigen Chikane des Schuldners könnte sich der Gläubiger auf § 226 berufen.

5. Das Recht auf Rückgabe des Schuldscheins bezw. auf das öffentlich beglaubigte Anerkenntniß steht nur dem Schuldner, nicht auch einem leistenden Dritten, dem Ersteren aber auch dann zu, wenn ein Dritter an seiner Stelle die Leistung bewirkt.

Zweiter Titel.

Hinterlegung.

Vorbemerkungen.

1. Die Vorschriften dieses Titels beziehen sich nur auf jene Hinterlegung, welche die Befreiung des Schuldners von seiner Verbindlichkeit bezweckt.

Auf eine zu anderen Zwecken, z. B. zur Sicherheitsleistung (§§ 232 ff.), erfolgende Hinterlegung finden die Vorschriften dieses Titels keine Anwendung. Ebensowenig werden durch diese Vorschriften die Bestimmungen der Prozeßgesetze berührt, insoweit durch die letzteren eine Hinterlegung angeordnet oder nachgelassen oder die Wirkung einer solchen Hinterlegung geregelt wird. M. II, 91, 92.

2. Ein Recht der Preisgabe einer geschuldeten beweglichen oder unbeweglichen Sache an Stelle der Hinterlegung kennt das B.G.B. — abgesehen von dem Rechte des Schuldners, den Besitz eines Grundstücks im Falle des § 303 aufzugeben — nicht.

3. Ueber die der Landesgesetzgebung vorbehaltene Befugniß zur Erlassung besonderer Bestimmungen über die Hinterlegung s. die Art. 144—146 E.G. und die Anm. hiezu.

4. Ueber die öffentliche Hinterlegung nach bisherigem gemeinen Rechte s. Dernburg, Pand. Bd. 2 § 61, Windscheid, Pand. Bd. 2 § 347, ferner B.L.R. Th. IV cap. 14 §§ 15, 16.

§ 372.

Geld, Werthpapiere und sonstige Urkunden sowie Kostbarkeiten kann der Schuldner bei einer dazu bestimmten öffentlichen Stelle für den Gläubiger hinterlegen, wenn der Gläubiger im Verzuge der Annahme ist. Das Gleiche gilt, wenn der Schuldner aus einem anderen in der Person des Gläubigers liegenden Grunde oder in Folge einer nicht auf Fahrlässigkeit beruhenden Ungewißheit über die Person des Gläubigers seine Verbindlichkeit nicht oder nicht mit Sicherheit erfüllen kann.

E. I, 272 Abs. 1; II, 321; III, 366.

I. Voraussetzungen der Hinterlegung. Die Hinterlegung ist statthaft:

1. Wenn der Gläubiger sich im Verzuge der Annahme befindet (§ 293 ff.), ohne Rücksicht darauf, ob hiedurch dem Schuldner die Erfüllung unmöglich wird oder nicht.

2. Wenn der Schuldner seine Verbindlichkeit nicht oder nicht mit Sicherheit erfüllen kann

a) wegen eines in der Person des Gläubigers liegenden anderen Grundes (als wegen Annahmeverzugs), z. B. wenn die Forderung im Arrestwege gepfändet ist, im Falle des § 845 C.P.O. n. Nr., ferner wenn der Gläubiger verschollen, geschäftsunfähig, in der Geschäftsfähigkeit beschränkt und ohne gesetzlichen Vertreter ist,

b) wegen einer nicht auf Fahrlässigkeit beruhenden Ungewißheit des Schuldners über die Person des Gläubigers, z. B. im Falle der Rechtsnachfolge. Ob die Ungewißheit des Schuldners auf Fahrlässigkeit beruht, ist eine an der Hand der Bestimmungen der §§ 276 ff. zu entscheidende Thatfrage. Hieher gehört auch der häufige Fall, daß der Schuldner darüber sich in Ungewißheit befindet, an welchen von mehreren um das Forderungsrecht streitenden Gläubigern er zahlen darf. In der Regel wird diese Ungewißheit dem Schuldner nicht als Fahrlässigkeit angerechnet werden können und deßhalb einen rechtmäßigen Hinterlegungsgrund bilden.

Ein Verschulden des Gläubigers wird nicht vorausgesetzt.

Das Vorhandensein der Voraussetzungen für die Hinterlegung hat im Bestreitungsfalle der Schuldner zu beweisen.

II. Gegenstand der Hinterlegung können sein Geld, Werthpapiere, sonstige Urkunden aller Art (auch Handelsbücher) und Kostbarkeiten.

Auch andere bewegliche Sachen gehören hieher, soweit die Hinterlegungsstelle solche zufolge landesgesetzlicher Bestimmung anzunehmen hat. S. Art. 146 E.G. und die Anm. hiezu. Für Bayern ist ein Bedürfniß, die Hinterlegungsstellen zur Annahme von anderen Sachen anzuweisen, nicht anerkannt worden. S. Mot. z. Entw. eines Gesetzes, die durch die Einführung des B.G.B. veranlaßten Aenderungen der seit 1818 erlassenen Gesetze betr. S. 56, und die bayrische Hinterl.O. vom 18. Dezember 1899 (J.M.Bl. S. 1057 ff.).

Werden bewegliche Sachen geschuldet, welche nicht hinterlegungsfähig sind, so kann der Schuldner nach den Bestimmungen der §§ 383—386 verfahren. Wo diese Bestimmungen nicht anwendbar sind oder wenn die Voraussetzungen der Hinterlegung bei einer geschuldeten unbeweglichen Sache zutreffen, bleibt — abgesehen von der Vorschrift des § 303 — dem Schuldner unter Umständen noch der Ausweg, die Einleitung einer Vormundschaft, Pflegschaft, Nachlaßpflegschaft zu erwirken oder bei streitigen Rechtsverhältnissen im Wege der einstweiligen Verfügung (§ 938 Abs. 2 C.P.O. n. Nr.) die Aufstellung eines Sequesters zu beantragen. (M. II 94, 95.)

III. Ort der Hinterlegung. Hinterlegt werden kann nur an einer zur Hinterlegung bestimmten öffentlichen Stelle. Näheres in § 374.

IV. Berechtigt zur Hinterlegung ist nur der Schuldner. Einem Dritten steht ein Recht, den Gläubiger durch Hinterlegung zu befriedigen, nur in den durch das Gesetz besonders bestimmten Fällen (z. B. § 268 Abs. 2, § 1142 Abs. 2) zu. Vgl. Anm. 5 zu § 267. Ebenso Oertmann, Vorbem. 2 zu diesem Titel, Planck, Anm. 3 zu § 372. A. M., allerdings ohne Begründung, M. II, 98.

Die Hinterlegung durch einen Gesammtschuldner wirkt auch für die übrigen Schuldner (§ 422), die Hinterlegung für einen Gesammtgläubiger auch gegen die übrigen Gläubiger (§ 422 Abs. 3).

Die Hinterlegung muß für den Gläubiger erfolgen. Sie ist deßhalb auch dem Gläubiger unverzüglich anzuzeigen. (§ 374 Abs. 2.)

Die Hinterlegung ist ein Recht des Schuldners; nur in einzelnen im Gesetze besonders bestimmten Fällen kann der Gläubiger die Hinterlegung fordern (s. z. B. die §§ 432, 660, 1077, 1281).

V. Die Wirkungen der Hinterlegung sind geregelt in den §§ 378 u. 379.

VI. Ueber das Hinterlegungsrecht des Verkäufers einer Waare bei Annahmeverzug des Käufers nach Handelsrecht s. H.G.B. §§ 373, 374.

§. 373.

Ist der Schuldner nur gegen eine Leistung des Gläubigers zu leisten verpflichtet, so kann er das Recht des Gläubigers zum Empfange der hinterlegten Sache von der Bewirkung der Gegenleistung abhängig machen.

E. II 322; III, 367

1. Die Bestimmung des § 373 beruht auf dem Gedanken, daß der Schuldner in seinem Rechte auf eine Zug um Zug zu bewirkende Gegenleistung des Gläubigers nicht dadurch eine Beeinträchtigung erleiden soll, daß er von dem ihm gesetzlich zustehenden Hinterlegungsrechte Gebrauch macht. (M. II, 96, 97; P. I, 346, 347.)

2. Ist in dem hier gedachten Falle zum Nachweise der Empfangsberechtigung des Gläubigers eine Erklärung des Schuldners erforderlich, so kann der Gläubiger die Abgabe derselben nach Maßgabe des § 380 verlangen.

3. Für Bayern bestimmt die Hinterlegungsordnung vom 18. Dezember 1899 in § 14 Abs. 2, daß der Hinterleger, welcher das Recht des Gläubigers zum Empfange von der Bewirkung einer Gegenleistung abhängig macht, dies unter der Bezeichnung der Gegenleistung in der Hinterlegungserklärung anzugeben habe, ferner in § 24, daß im Falle der Abhängigmachung zum Nachweise der Empfangsberechtigung die Einwilligung des Schuldners erforderlich sei.

§ 374.

Die Hinterlegung hat bei der Hinterlegungsstelle des Leistungsorts zu erfolgen; hinterlegt der Schuldner bei einer anderen Stelle, so hat er dem Gläubiger den daraus entstehenden Schaden zu ersetzen.

Der Schuldner hat dem Gläubiger die Hinterlegung unverzüglich anzuzeigen; im Falle der Unterlassung ist er zum Schadensersatze verpflichtet. Die Anzeige darf unterbleiben, wenn sie unthunlich ist.

E. I, 273 Abs. 1, II, 323; III, 368.

1. Die Errichtung öffentlicher Hinterlegungsstellen sowie die Abgrenzung der örtlichen und sachlichen Zuständigkeit dieser Stellen ist der Landesgesetzgebung überlassen.

Vgl. die Anm. zu den Art. 144 u. 145 E.G. Für Bayern Art. 167 Nr. XXII A.G. z. B.G.B. und die Hinterl.O. vom 18. Dezember 1899. (J.M.Bl. S. 1057 ff.)

2. Die Hinterlegung muß bei der für den Leistungsort zuständigen Hinterlegungsstelle erfolgen. Hinterlegt der Schuldner bei einer anderen Stelle, so treten zwar, soferne überhaupt bei einer landesgesetzlich anerkannten Hinterlegungsstelle hinterlegt wurde, die gesetzlichen Wirkungen der Hinterlegung (§§ 378, 379) ebenso ein, als wenn bei der zuständigen Stelle hinterlegt worden wäre, allein der Schuldner hat dem Gläubiger den Schaden zu ersetzen, der diesem daraus entsteht, daß nicht bei der zuständigen Stelle hinterlegt worden ist, z. B. die etwaigen Mehrkosten der Erhebung.

Ueber den Leistungsort s. § 269, über den Schadensersatz die §§ 249 ff.

3. Der Schuldner muß dem Gläubiger die Hinterlegung unverzüglich (§ 121) anzeigen. Die Anzeige ist ein einseitiges, empfangsbedürftiges Rechtsgeschäft (§§ 130—132). Durch die Unterlassung oder Verzögerung der Anzeige werden die gesetzlichen Wirkungen der Hinterlegung (§§ 378, 379) nicht berührt, der Schuldner aber wird zum Schadensersatze verpflichtet.

Die bayrische Hinterl.O. erklärt in § 22 die Hinterlegungsstelle auf Antrag des Schuldners für verpflichtet und, falls der Schuldner nicht binnen 3 Monaten nach Aufforderung den Nachweis der Erstattung der Anzeige bringt, auch ohne Antrag für ermächtigt, die Anzeige im Namen des Schuldners zu bewirken.

Als unthunlich wird eine Anzeige in der Regel dann zu erachten sein, wenn sie nur im Wege der öffentlichen Zustellung erfolgen könnte (s. § 132 Abs. 2, ferner Anm. 3 zu § 303, M. II, 98).

Erfolgt die Hinterlegung wegen Ungewißheit des Schuldners darüber, wer von Mehreren der Berechtigte ist, so ist die Anzeige, soweit thunlich, an alle dem Schuldner bekannten Forderungsprätendenten zu erstatten.

§ 375.

Ist die hinterlegte Sache der Hinterlegungsstelle durch die Post übersendet worden, so wirkt die Hinterlegung auf die Zeit der Aufgabe der Sache zur Post zurück.

E. II, 324; III, 369.

Die Bestimmung des § 375 ist nicht dahin aufzufassen, daß die Uebersendung der zu hinterlegenden Sache auf die Gefahr des Gläubigers geht. Die Hinterlegung muß vielmehr thatsächlich erfolgt, d. h. die zu hinterlegende Sache muß bei der Hinterlegungsstelle angelangt und von dieser angenommen sein, wenn die Wirkungen der Hinterlegung (§§ 378, 379) überhaupt eintreten sollen. (P. I, 360, 361.) Sind diese Voraussetzungen erfüllt, so werden die Wirkungen der Hinterlegung auf den Zeitpunkt der Aufgabe zur Post zurückverlegt. Dies gilt auch dann, wenn die zu hinterlegende Sache einer anderen Hinterlegungsstelle als jener des Leistungsorts übersendet worden ist. S. Anm. 2 zu § 374.

§ 376.

Der Schuldner hat das Recht, die hinterlegte Sache zurückzunehmen.

Die Rücknahme ist ausgeschlossen:

1. wenn der Schuldner der Hinterlegungsstelle erklärt, daß er auf das Recht zur Rücknahme verzichte;
2. wenn der Gläubiger der Hinterlegungsstelle die Annahme erklärt;
3. wenn der Hinterlegungsstelle ein zwischen dem Gläubiger und dem Schuldner ergangenes rechtskräftiges Urtheil vorgelegt wird, das die Hinterlegung für rechtmäßig erklärt.

E. I, 274, II, 325; III, 370.

I. Da die Wirkungen der Hinterlegung verschieden sind, je nachdem das Recht des Schuldners zur Rücknahme der hinterlegten Sache ausgeschlossen ist oder nicht (s. d. §§ 378 u. 379), so verlangt die Rechtssicherheit, daß gesetzlich festgestellt wird, unter welchen Voraussetzungen der Schuldner die von ihm hinterlegte Sache wieder zurücknehmen kann und bis zu welchem Zeitpunkte.

§ 376 spricht in Abs. 1 als Regel aus, daß dem Schuldner das Recht der Rücknahme der hinterlegten Sache zusteht.

Ausgeschlossen ist die Rücknahme nur in den drei in Abs. 2 aufgeführten Fällen:

1. Wenn der Schuldner auf die Rücknahme verzichtet.

   a) Der Verzicht muß der Hinterlegungsstelle gegenüber erklärt werden, eine Erklärung gegenüber dem Gläubiger hat nicht den Ausschluß des Rücknahmerechts zur Folge. Die Erklärung ist ein einseitiges, empfangsbedürftiges Rechtsgeschäft, welches einer Behörde gegenüber vorzunehmen ist. (§ 130 Abs. 3.)

   b) Die Erklärung kann sowohl bei der Hinterlegung als auch nachträglich abgegeben werden. In beiden Fällen tritt die befreiende Wirkung der Hinterlegung gemäß § 378 mit dem Zeitpunkte der Hinterlegung ein.

   c) Trotz Verzichtes ist der Schuldner zur Rücknahme berechtigt kraft ausdrücklicher Gesetzesbestimmung in den Fällen der §§ 382 u. 1171 Abs. 3.

2. Wenn der Gläubiger die Annahme erklärt. Auch diese Erklärung kann mit der Wirkung des Ausschlusses nur der Hinterlegungsstelle gegenüber abgegeben werden. (Im Uebrigen s. Anm. 1 a.)

Die Erklärung bedarf keiner bestimmten Form. In dem an die Hinterlegungsstelle gerichteten Antrag auf Herausgabe liegt die stillschweigende Erklärung der Annahme.

3. Wenn der Hinterlegungsstelle ein zwischen dem Gläubiger und dem Schuldner ergangenes rechtskräftiges Urtheil vorgelegt wird, das die Hinterlegung für rechtmäßig erklärt. Die Rücknahme ist in diesem Falle mit dem Zeitpunkt ausgeschlossen, in welchem das rechtskräftige Urtheil der Hinterlegungsstelle vorgelegt wird. Eine bestimmte Form der Vorlage (z. B. Zustellung) ist nicht vorgeschrieben.

II. § 376 handelt nur von dem einseitigen Rücknahmerechte des Schuldners. Daß der Schuldner mit Einwilligung des Gläubigers auch nach dem Ausschlusse des Rücknahmerechtes die hinterlegte Sache zurücknehmen kann, ist nach dem Prinzipe der Vertragsfreiheit selbstverständlich. Für die Hinterlegungsstelle ist ein derartiges Uebereinkommen der Parteien verbindlich. (Vgl. bayrische Hinterl.O. § 27 Nr. 1.) Die Wirkungen desselben für das Verhältniß der Parteien zu einander sind nach dem der Vereinbarung zu Grunde liegenden Willen der Vertragschließenden zu beurtheilen, wobei allerdings zu beachten ist, daß das ursprüngliche Schuldverhältniß mit seinen Nebenrechten durch die Hinterlegung mit dem Ausschlusse des Rücknahmerechtes ipso jure erloschen ist (s. § 378).

III. Hat der Schuldner mit Rücksicht auf ein in Wirklichkeit nicht zu Recht bestehendes Schuldverhältniß für einen vermeintlichen Gläubiger unter Verzicht auf das Recht der Rücknahme hinterlegt, so kann er auf Grund der Bestimmungen über die ungerechtfertigte Bereicherung (§ 812 ff.) die Einwilligung des vermeintlichen Gläubigers in die Rücknahme verlangen. Dasselbe gilt auch im Falle des § 75 C.P.O. n. Nr., wenn keinem der streitenden Gläubiger, zu deren Gunsten der verklagte Schuldner unter Verzicht auf das Recht zur Rücknahme hinterlegt hat, der hinterlegte Betrag zugesprochen wird. Ein Recht auf Zurücknahme ohne Einwilligung der Gläubiger, für welche hinterlegt wurde, wird hier dem Schuldner im Hinblick auf § 376 Abs. 2 Nr. 1 nicht zugestanden werden können.

Ebenso Planck, Anm. 4 zu § 376. Vgl. Struckmann und Koch, Komm. z. C.P.O. Anm. 2 zu § 75 n. Nr.

§ 377.

Das Recht zur Rücknahme ist der Pfändung nicht unterworfen.

Wird über das Vermögen des Schuldners der Konkurs eröffnet, so kann während des Konkurses das Recht zur Rücknahme auch nicht von dem Schuldner ausgeübt werden.

E. I, 277, II, 326; III, 371

1. Dem Schuldner steht zufolge § 376 bis zu dem Zeitpunkt, in welchem eine der in Abs. 2 des § 376 aufgeführten Voraussetzungen eingetreten ist, das Recht zur Rücknahme der hinterlegten Sache zu. Dieses Recht würde als Vermögensrecht der Pfändung durch die Gläubiger des Schuldners unterliegen. Aus Gründen der Zweckmäßigkeit und Billigkeit bestimmt jedoch das Gesetz, daß das Recht zur Rücknahme der Pfändung nicht unterworfen sein soll. (P. I, 353.) Die Unpfändbarkeit hat gemäß § 1 K.O. zur Folge, daß das Recht nicht in die Konkursmasse fällt, also vom Konkursverwalter nicht ausgeübt werden kann.

Aber auch dem Schuldner, welcher an sich über das nicht zur Konkursmasse gehörige Recht frei verfügen könnte, ist durch die Bestimmung des Abs. 2 § 377 für die Dauer des Konkurses die Ausübung des Rücknahmerechtes entzogen. Dagegen kann derselbe während des Konkurses auf die Rücknahme wirksam verzichten und andererseits der Gläubiger während des Konkurses über das Vermögen des Schuldners die Ausschließung der Rücknahme durch die Annahmeerklärung herbeiführen.

Das Recht zur Rücknahme kann zufolge § 400 auch nicht abgetreten werden.

Dagegen ist selbstverständlich das Recht des Gläubigers auf die hinterlegte Sache pfändbar und übertragbar.

2. Wenn die hinterlegte Sache schon nicht zur Konkursmasse gezogen werden kann, solange dem Schuldner noch das Recht der Rücknahme zusteht, so versteht sich von selbst, daß sie noch weniger in die Konkursmasse fallen kann, wenn das Rücknahmerecht des Schuldners schon vor der Konkurseröffnung ausgeschlossen war oder während des Konkurses ausgeschlossen wird. (S. P. I, 354; Planck, Anm. 4)

3. Die Vorschriften über die Anfechtung von Rechtshandlungen des Schuldners (R.G. vom 21. Juli 1879 in der Fassung vom 20. Mai 1898, R.G.Bl. S. 709 und §§ 29—42 K.O.) werden durch die Bestimmungen des § 377 nicht berührt.

§ 378.

Ist die Rücknahme der hinterlegten Sache ausgeschlossen, so wird der Schuldner durch die Hinterlegung von seiner Verbindlichkeit in gleicher Weise befreit, wie wenn er zur Zeit der Hinterlegung an den Gläubiger geleistet hätte.

E. I, 272 Abs. 2, II, 327 Abs. 1, III, 372.

1. Die §§ 378 u. 379 regeln die Wirkungen der Hinterlegung. Diese Wirkungen treten jedoch nur ein, wenn die Hinterlegung eine rechtmäßige, d. h. wenn einer der in § 372 aufgeführten Hinterlegungsgründe vorhanden oder der Gläubiger die Hinterlegung zu fordern berechtigt ist (s. Anm. IV zu § 372). Ueber die Wirkungen der un=

rechtmäßigen Hinterlegung s. Anm. 3. Hinsichtlich der Wirkungen der Hinterlegung ist zu unterscheiden, ob das Recht zur Rücknahme ausgeschlossen ist (§ 376 Abs. 2) oder nicht. Erstenfalls bestimmen sich die Wirkungen nach § 378, in letzterem Falle nach § 379.

Wenn die Rücknahme ausgeschlossen ist, wird der Schuldner durch die Hinterlegung von seiner Verbindlichkeit in gleicher Weise befreit, wie wenn er zur Zeit der Hinterlegung an den Gläubiger geleistet hätte.

a) Das Schuldverhältniß erlischt also ipso jure. Mit der Forderung erlischt auch das etwa für dieselbe bestellte Pfandrecht (§ 1252), der Bürge wird frei (§ 767 Satz 1).

Eine Zug um Zug zu bewirkende Gegenleistung des Gläubigers kann der Schuldner mit dem Ausschlusse der Rücknahme ohne Weiteres einfordern.

b) Die Befreiung ist eine endgiltige, auch wenn der Schuldner die hinterlegte Sache später, z. B. in Folge eines Versehens der Hinterlegungsstelle, zurückerhält. In letzterem Falle kann der Gläubiger — abgesehen von dem ihm etwa aus einer unerlaubten Handlung zustehenden Schadensersatzanspruch — die Herausgabe der vom Schuldner zurückerlangten Sache nach den Bestimmungen über die ungerechtfertigte Bereicherung verlangen. Vgl. auch § 382.

c) Die Befreiung tritt zwar erst mit dem Ausschlusse der Rücknahme ein, ihre Wirkungen aber werden auf den Zeitpunkt der Hinterlegung zurückverlegt.

d) Die Hinterlegung eines Theiles der geschuldeten Sache wirkt nur wie eine Theilleistung. Hierüber s. § 266 und § 362 Anm. 1.

2. Außer der in Anm. 1 aufgeführten Wirkung hat die Hinterlegung noch die weitere Wirkung, daß der Gläubiger zur Empfangnahme der hinterlegten Sache berechtigt wird. Diese Wirkung ergibt sich als selbstverständlich schon daraus, daß die Hinterlegung „für den Gläubiger" erfolgt (§ 372); sie ist aber auch wenigstens indirekt im Gesetze zum Ausdrucke gebracht, nämlich in § 373, welcher ein unbedingtes Recht des Gläubigers zum Empfange der hinterlegten Sache als die regelmäßige Wirkung der Hinterlegung voraussetzt, ferner in § 382, wo von dem Rechte des Gläubigers auf den hinterlegten Betrag gesprochen wird.

3. Wirkungen der unrechtmäßigen Hinterlegung. Der Schuldner erwirbt durch eine unrechtmäßige Hinterlegung nicht die in den §§ 378 u. 379 aufgeführten Vortheile.

a) Solange die Rücknahme noch nicht ausgeschlossen ist, kann der Schuldner ungehindert die hinterlegte Sache zurücknehmen.

b) Ist die Rücknahme ausgeschlossen, so ist zu unterscheiden:

α) Der Gläubiger nimmt die hinterlegte Sache als Erfüllung an. Dann kann zwar nicht die Wirkung des § 378 eintreten, weil für diese eine rechtmäßige Hinterlegung vorausgesetzt wird, wohl aber liegt in diesem Falle Erfüllung im Sinne der §§ 362 ff. vor. Das Schuldverhältniß erlischt also nicht mit dem Zeitpunkte der Hinterlegung, sondern mit dem Zeitpunkte der Annahme.

β) Der Gläubiger verweigert die Annahme. Dann kann der Schuldner von ihm die Einwilligung in die Rücknahme auf Grund des § 812 verlangen, da einerseits der Gläubiger auf Kosten des Schuldners das Recht auf die hinterlegte Sache (§ 382) erlangt hat, andererseits der vom Schuldner mit der Hinterlegung bezweckte Erfolg nicht eintritt.

§ 379.

Ist die Rücknahme der hinterlegten Sache nicht ausgeschlossen, so kann der Schuldner den Gläubiger auf die hinterlegte Sache verweisen.

Solange die Sache hinterlegt ist, trägt der Gläubiger die Gefahr und ist der Schuldner nicht verpflichtet, Zinsen zu zahlen oder Ersatz für nicht gezogene Nutzungen u leisten.

Nimmt der Schuldner die hinterlegte Sache zurück, so gilt die Hinterlegung als nicht erfolgt.

E. I, 275, 276; II, 327 Abs. 2; III, 373.

1. In der Zeit von der Hinterlegung bis zum Ausschlusse des Rücknahmerechtes (§ 376 Abs. 2) besteht das Schuldverhältniß mit den zu seiner Verstärkung dienenden Nebenrechten (Pfandrecht, Bürgschaft) fort. Eine Vertragsstrafe kann allerdings während der Dauer der Hinterlegung nicht verwirkt werden, weil für die Verwirkung der Vertragsstrafe Verzug des Schuldners vorausgesetzt wird und der Schuldner solange nicht in Verzug geräth, als er dem Anspruche des Gläubigers eine Einrede entgegensetzen kann (s. unten lit. a und § 284 Anm. I, 1, ferner P. I, 353).

Die Vortheile, welche die Hinterlegung während der Schwebe des Rücknahmerechtes dem Schuldner bringt, sind — vorausgesetzt, daß eine rechtmäßige Hinterlegung vorliegt (s. § 378 Anm. 1), — folgende:

a) Der Geltendmachung des Anspruchs durch den Gläubiger kann der Schuldner die Einrede entgegensetzen, daß er hinterlegt habe (§ 379 Abs. 1). Er kann also während dieser Zeit nicht in Leistungsverzug gerathen (§ 284 Anm. I, 1), eine Vertragsstrafe kann von ihm nicht verwirkt werden. (§ 339 Anm. 4).

   Diese Einrede kann auch vom Bürgen (§ 768) und vom Verpfänder § 1211) geltend gemacht werden.

b) Solange die Sache hinterlegt ist, trägt der Gläubiger die Gefahr.

c) Der Schuldner braucht während der Dauer der Hinterlegung keine Zinsen zu bezahlen und keinen Ersatz für nicht gezogene Nutzungen (§ 100) zu leisten (§ 379 Abs. 2).

2. Nimmt der Schuldner die hinterlegte Sache zurück, — gleichgültig, aus welchem Grunde, — so ist das Verhältniß so zu beurtheilen, als ob überhaupt nicht hinterlegt worden wäre (§ 379 Abs. 3). Es gelten also die in § 379 Abs. 1 u. 2 aufgeführten Wirkungen, soferne sie lediglich in Folge der Hinterlegung und nicht schon aus anderen Gründen, etwa wegen Annahmeverzugs des Gläubigers (§§ 300 ff.) eingetreten sind, als nicht eingetreten.

§ 380.

Soweit nach den für die Hinterlegungsstelle geltenden Bestimmungen zum Nachweise der Empfangsberechtigung des Gläubigers eine diese Berechtigung anerkennende Erklärung des Schuldners erforderlich oder genügend ist, kann der Gläubiger von dem Schuldner die Abgabe der Erklärung unter denselben Voraussetzungen verlangen, unter denen er die Leistung zu fordern berechtigt sein würde, wenn die Hinterlegung nicht erfolgt wäre.

E. II, 328; III, 374.

1. Zufolge Art. 145 E.G. können die Landesgesetze den Nachweis der Empfangsberechtigung des Gläubigers regeln. Sie können insbesondere bestimmen, daß zum Nachweise der Empfangsberechtigung eine diese Berechtigung anerkennende Erklärung des Schuldners erforderlich oder genügend sein soll. Liegt eine solche landesgesetzliche Bestimmung vor, so kann der Gläubiger vom Schuldner die Abgabe dieser Erklärung unter denselben Voraussetzungen verlangen, unter denen er ohne die Hinterlegung die Leistung fordern könnte. Ist z. B. der Gläubiger zu einer Gegenleistung Zug um Zug verpflichtet, so kann er nur Zug um Zug gegen die von ihm geschuldete Leistung die Abgabe der Erklärung fordern. §§ 320, 322.

Verlangt die Hinterlegungsstelle eine bestimmte Form für die Erklärung, so muß die Erklärung in dieser Form ertheilt werden.

Die Kosten der Erklärung fallen als Kosten der Hinterlegung dem Gläubiger zur Last, es sei denn, daß der Schuldner die hinterlegte Sache zurücknimmt. § 381.

Ueber die Verurtheilung des Schuldners zur Abgabe der Erklärung s. § 894 C.P.O. n. Nr.

2. § 380 findet auch Anwendung, wenn das Recht des Schuldners zur Rücknahme noch nicht ausgeschlossen ist. Von Bedeutung ist dies dann, wenn der Gläubiger die Rechtmäßigkeit der Hinterlegung bestreitet. Der Gläubiger, welcher sich, wenn die

Hinterlegung für rechtmäßig erklärt wird, nur an die hinterlegte Sache halten kann, soll das Recht haben, schon in dem Prozesse über die Rechtmäßigkeit der Hinterlegung die erforderliche Erklärung für den Fall zu verlangen, daß die Rechtmäßigkeit festgestellt wird. (P. I, 355, 356.)

3. Für Bayern bestimmt § 24 der Hinterl.O. vom 18. Dezember 1899, daß in den Fällen, in welchen das Recht des Gläubigers zum Empfange der vom Schuldner hinterlegten Sache von der Bewirkung einer Gegenleistung abhängig gemacht ist, zum Nachweise der Emfangsberechtigung des Gläubigers die Einwilligung des Schuldners erforderlich ist.

§ 381.

Die Kosten der Hinterlegung fallen dem Gläubiger zur Last, sofern nicht der Schuldner die hinterlegte Sache zurücknimmt.

E. I, 279 Satz 1; II, 329; III, 375.

1. Die durch die (rechtmäßige) Hinterlegung verursachten Kosten fallen dem Gläubiger zur Last und zwar auch dann, wenn die Hinterlegung aus dem Grund erfolgt ist, weil der Schuldner sich in entschuldbarer Ungewißheit über die Person des Gläubigers befunden hat. (P. I, 359.)

Zu den Kosten der Hinterlegung gehören auch die Kosten einer vom Schuldner nach § 380 abzugebenden Erklärung. S. Anm. 1 zu § 380.

2. War die Hinterlegung nicht rechtmäßig, so hat der Schuldner selbstverständlich keinen Anspruch gegen den Gläubiger auf Ersatz der Hinterlegungskosten.

Ebensowenig steht dem Schuldner ein Anspruch auf Ersatz der Kosten gegen den Gläubiger zu, wenn er die hinterlegte Sache zurücknimmt, da in diesem Falle die Hinterlegung als nicht erfolgt angesehen wird. (§ 379 Abs. 3.)

§ 382.

Das Recht des Gläubigers auf den hinterlegten Betrag erlischt mit dem Ablaufe von dreißig Jahren nach dem Empfange der Anzeige von der Hinterlegung, wenn nicht der Gläubiger sich vorher bei der Hinterlegungsstelle meldet; der Schuldner ist zur Rücknahme berechtigt, auch wenn er auf das Recht zur Rücknahme verzichtet hat.

E. III, 376.

1. Ohne die Hinterlegung würde der Anspruch des Gläubigers auf die Leistung jedenfalls der dreißigjährigen Verjährung unterliegen (§§ 194, 195). Der Schuldner soll durch die Hinterlegung nicht der Aussicht verlustig gehen, seiner Verbindlichkeit durch Verjährung ledig zu werden. Entsprechend der Vorschrift des § 1171 Abs. 3 und § 1269 Satz 3 wird deßhalb „aus Gründen der materiellen Gerechtigkeit" (vgl. P. VI, 165 und P. III, 619) in § 382 bestimmt, daß das Recht des Gläubigers auf den hinterlegten Betrag mit dem Ablaufe von dreißig Jahren vom Empfange der Hinterlegungsanzeige (§ 374 Abs. 2) an erlischt, wenn nicht der Gläubiger sich vorher bei der Hinterlegungsstelle meldet. Die Wirkung des Zeitablaufes ist hier also eine weiter gehende als bei der Verjährung, welch letztere nur eine zerstörliche Einrede gewährt. (§ 222.)

2. Nach dem Zwecke der Bestimmung wird unter dem „hinterlegten Betrag" nicht nur ein hinterlegter Geldbetrag, sondern die hinterlegte Sache überhaupt zu verstehen sein. (P. IV, 165.) Die Bezeichnung „Betrag" ist wohl nur gewählt, um auch die Fälle des § 383 sowie jene Fälle zu decken, in denen zufolge einer auf Grund des Art. 145 E.G. getroffenen landesgesetzlichen Bestimmung die hinterlegten Gelder oder Werthpapiere gegen die Verpflichtung zur Rückerstattung in das Eigenthum des Fiskus oder der als Hinterlegungsstelle bestimmten Anstalt übergegangen sind.

3. Die Frist läuft von dem Zeitpunkt an, in welchem der Gläubiger die Anzeige von der Hinterlegung empfangen hat. Ohne die Erstattung der Anzeige kommt also die Frist nicht in Lauf, selbst dann nicht, wenn der Schuldner die Anzeige nach § 374 Abs. 2 S. 2 unterlassen durfte. In diesem Falle muß der Schuldner, um die Frist in Lauf zu bringen, die Zustellung der Anzeige gemäß § 132 Abs. 2 bewirken.

Ueber die Berechnung der Frist s. §§ 187, 188.

4. Durch die Vorschriften des § 382 werden die in den §§ 378 u. 379 aufgeführten Wirkungen der Hinterlegung nicht berührt. Ist also im Zeitpunkte des Erlöschens des Rechtes des Gläubigers das Rücknahmerecht des Schuldners ausgeschlossen, so wird die befreiende Wirkung der Hinterlegung (§ 378) durch die Rücknahme nach § 382 nicht aufgehoben; der Schuldner bleibt trotz der Rücknahme befreit, wie wenn er im Zeitpunkte der Hinterlegung geleistet hätte.

War dagegen das Rücknahmerecht noch nicht ausgeschlossen, so bewirkt die Rücknahme, auch wenn sie auf Grund des § 382 geschieht, daß die Hinterlegung als nicht erfolgt gilt (§ 379 Abs. 3). Alsdann ist der Schuldner zwar nicht befreit, allein regelmäßig wird er dem Anspruche des Gläubigers auf die Leistung die Einrede der Verjährung (§ 222) entgegensetzen können. Soweit die Hinterlegung eine Hemmung (§ 202 Abs. 1) oder eine Unterbrechung (§ 208) der Verjährung bewirkt hat, gelten diese Wirkungen in Folge der Rücknahme als nicht eingetreten. § 379 Abs. 3.

A. M. in Anm. 3 zu § 382 Oertmann, welcher in den Fällen des § 382 stets eine Befreiung des Schuldners annimmt.

5. Durch Art. 145 E.G. ist der Landesgesetzgebung die Befugniß eingeräumt, zu bestimmen, daß der Anspruch des Hinterlegers auf Rückerstattung mit dem Ablauf einer gewissen Zeit oder unter sonstigen Voraussetzungen zu Gunsten des Fiskus oder der Hinterlegungsanstalt erlischt. In den Fällen des § 382 muß jedoch dem Hinterleger die Rücknahme des hinterlegten Betrages mindestens während eines Jahres von dem Zeitpunkt an gestattet werden, mit welchem das Recht des Gläubigers auf den hinterlegten Betrag erlischt. S. die Anm. zu Art. 145 E.G. Für Bayern Hinterl.O. vom 18. Dezember 1899 §§ 33, 37—39, 52.

§ 383.

Ist die geschuldete bewegliche Sache zur Hinterlegung nicht geeignet, so kann der Schuldner sie im Falle des Verzugs des Gläubigers am Leistungsorte versteigern lassen und den Erlös hinterlegen. Das Gleiche gilt in den Fällen des § 372 Satz 2, wenn der Verderb der Sache zu besorgen oder die Aufbewahrung mit unverhältnißmäßigen Kosten verbunden ist.

Ist von der Versteigerung am Leistungsort ein angemessener Erfolg nicht zu erwarten, so ist die Sache an einem geeigneten anderen Orte zu versteigern.

Die Versteigerung hat durch einen für den Versteigerungsort bestellten Gerichtsvollzieher oder zu Versteigerungen befugten anderen Beamten oder öffentlich angestellten Versteigerer öffentlich zu erfolgen (öffentliche Versteigerung). Zeit und Ort der Versteigerung sind unter allgemeiner Bezeichnung der Sache öffentlich bekannt zu machen.

E. I, 278 Abs. 1 S. 1; II, 330 Abs. 1; III, 377.

1. Die §§ 383—386 sind nur anwendbar auf bewegliche Sachen, welche (nach § 372 bezw. nach den auf Grund des Art. 146 E.G erlassenen landesgesetzlichen Bestimmungen) zur Hinterlegung nicht geeignet sind. Vgl. hierüber Anm. II zu § 372 und die Anm. zu Art. 146 E.G.

Wie zu verfahren ist, wenn die Voraussetzungen der Hinterlegung bei einer unbeweglichen Sache zutreffen, darüber s. § 303 und Anm. II zu § 372.

2. Das Versteigerungsrecht steht dem Schuldner stets zu, wenn der Annahmeverzug des Gläubigers den Hinterlegungsgrund bildet. Liegt dagegen einer der in Satz 2 des § 372 aufgeführten Hinterlegungsgründe vor, so ist der Schuldner zur Versteigerung nur dann berechtigt, wenn der Verderb der Sache zu besorgen oder die Aufbewahrung mit unverhältnißmäßigen Kosten verbunden ist.

3. Die Versteigerung muß am Leistungsorte vorgenommen werden (s. Anm. I zu § 269). Ist von der Versteigerung an diesem Orte ein angemessener Erfolg nicht zu erwarten, so muß an einem anderen geeigneten Orte versteigert werden.

Die Beobachtung dieser Vorschriften ist wesentlich für die Rechtmäßigkeit der Hinterlegung (s. Anm. 7).

4. Die Veräußerung muß — abgesehen vom Falle des § 385 — im Wege öffentlicher Versteigerung erfolgen.

Mit dem technischen Ausdrucke „öffentliche Versteigerung", welcher wiederkehrt in den §§ 461, 489, 935, 966, 979, 1219, 1235, bezeichnet das B.G.B. eine Versteigerung, welche

a) öffentlich, d. h. unter Zulassung allgemeiner Betheiligung,

b) durch eine der in Abs. 3 aufgeführten zuständigen Personen vorgenommen wird. Diese Personen sind:

α) jeder für den Versteigerungsort bestellte Gerichtsvollzieher;

β) ein zu Versteigerungen befugter anderer Beamter;
In Bayern sind zufolge Art. 2 Nr. 3 des Not.Ges. vom 9. Juni 1899 die Notare für die Vornahme von öffentlichen Versteigerungen zuständig.

γ) ein öffentlich angestellter Versteigerer. Die Anstellung erfolgt nach den landesrechtlichen Bestimmungen. S. Landmann, Gew.O. Note 7 zu § 36.

Ueber die Versteigerung s. § 156. Bei der Versteigerung können sowohl der Gläubiger als der Schuldner mitbieten.

5. Ferner wird für die nach § 382 vorzunehmende Versteigerung vorgeschrieben, daß Zeit und Ort derselben unter allgemeiner Bezeichnung der Sache öffentlich bekannt zu machen sind.

6. Liegen die Voraussetzungen des Abs. 1 § 383 vor, und ist die Versteigerung unter Beobachtung der in Abs. 2 u. 3 gegebenen Vorschriften erfolgt, so hat die Hinterlegung des Erlöses die gleiche Wirkung, wie wenn die versteigerte Sache selbst hinterlegt worden wäre. Die Bestimmungen der §§ 372—382 finden Anwendung.

Die Wirkungen der §§ 378 u. 379 treten nicht schon mit der Versteigerung, sondern erst mit der Hinterlegung des Erlöses ein.

Der Schuldner ist berechtigt, durch Hinterlegung des Versteigerungserlöses oder, wenn nach der Versteigerung die Voraussetzungen der Hinterlegung (§ 372) weggefallen sind, durch Ausantwortung des Erlöses an den Gläubiger sich zu befreien, dagegen ist er zur Hinterlegung nicht verpflichtet (der Schuldner „kann" hinterlegen). Vgl. M. II, 103. Der Schuldner kann daher, wenn er die versteigerte Sache vor der Hinterlegung des Erlöses wieder erworben hat, sich auch durch die Leistung der Sache befreien.

7. Die Wirkungen der Hinterlegung treten überhaupt nicht ein, wenn entweder die Voraussetzungen des Abs. 1 nicht gegeben waren, oder wenn eine der Vorschriften der Abs. 2 u. 3 verletzt wurde, wenn also z. B. die versteigerte Sache auf Grund landesgesetzlicher Bestimmung zur Hinterlegung geeignet oder in den Fällen des § 372 Satz 2 der Verderb derselben nicht zu besorgen war, oder wenn am Leistungsorte versteigert wurde, obwohl von der Versteigerung an diesem Ort ein angemessener Erfolg nicht zu erwarten war, oder wenn Zeit und Ort der Versteigerung nicht öffentlich bekannt gemacht wurden ꝛc.

In allen diesen Fällen ist die Hinterlegung nicht als rechtmäßige anzusehen und hat daher nicht die Wirkungen der §§ 378 u. 379. Vgl. die Anm. 1 u. 3 zu § 378. Ebenso Planck, Anm. 3. A. M. Oertmann, Anm. 3, welcher bei Nichteinhaltung der Vorschriften über den Ort der Versteigerung dem Gläubiger nur einen Schadensersatzanspruch nach Analogie der §§ 374 Abs. 1 und § 1236 mit § 1243 einräumen will. Gegen die Ansicht Oertmanns spricht einmal der Umstand, daß das B.G.B. die Fälle, in welchen der Gläubiger auf den Schadensersatzanspruch beschränkt wird, ausdrücklich hervorhebt (s. § 374 Abs. 1 u. 2, § 384 Abs. 2, § 391 Abs. 1, § 1220 Abs. 2), andererseits die Erwägung, daß mit der Hinterlegung des Erlöses unter Verzicht auf das Rücknahmerecht nicht bloß die Forderung gegen den Schuldner erlischt, sondern auch Pfänder und Bürgen frei werden (s. Anm. 1a zu § 378). Es wäre eine Unbilligkeit, den Gläubiger auf die Geltendmachung seines Schadens gegen den vielleicht zahlungsunfähigen Schuldner zu verweisen, wenn der Letztere durch leichtfertige Versteigerung an einem andern als dem Leistungsort einen unverhältnißmäßig geringen Erlös erzielt und hinterlegt hat.

§ 384.

Die Versteigerung ist erst zulässig, nachdem sie dem Gläubiger angedroht worden ist; die Androhung darf unterbleiben, wenn die Sache dem Verderb ausgesetzt und mit dem Aufschube der Versteigerung Gefahr verbunden ist.

Der Schuldner hat den Gläubiger von der Versteigerung unverzüglich zu benachrichtigen; im Falle der Unterlassung ist er zum Schadensersatze verpflichtet.

Die Androhung und die Benachrichtigung dürfen unterbleiben, wenn sie unthunlich sind.

E. I, 278 Abs. 1 S. 2 u. 3, Abs. 2; II, 330 Abs. 2; III, 378.

1. Die Versteigerung muß dem Gläubiger vorher angedroht werden. Die Androhung muß so zeitig erfolgen, daß der Gläubiger die Versteigerung noch abwenden kann. Die Androhung ist ein einseitiges empfangsbedürftiges Rechtsgeschäft (§§ 130—132). Sie darf nur in den zwei im Gesetze selbst aufgeführten Fällen unterbleiben:

a) wenn die Sache dem Verderb ausgesetzt und in Folge dessen mit dem Aufschube der Versteigerung Gefahr verbunden,

b) wenn die Androhung unthunlich ist. Als unthunlich wird die Androhung immer zu erachten sein, wenn ihre Zustellung nach den für die öffentliche Zustellung einer Ladung geltenden Vorschriften der C.P.O. erfolgen müßte. (§ 132 Abs. 2.) Vgl. M. II, 102.

Daß einer dieser zwei Ausnahmefälle vorliegt, muß der Schuldner, welcher die Androhung unterlassen hat, beweisen.

Die ohne rechtfertigenden Grund unterlassene Androhung hat zur Folge, daß die Wirkungen der §§ 378 u. 379 nicht eintreten.

2. Der Schuldner muß den Gläubiger von der stattgehabten Versteigerung unverzüglich (ohne schuldhaftes Zögern § 121) benachrichtigen.

Die Benachrichtigung darf nur unterlassen werden, wenn sie unthunlich ist (s. Anm. 1 c). Im Bestreitungsfalle obliegt dem Schuldner der Beweis, daß die Benachrichtigung erfolgt ist oder daß sie unthunlich war.

Ihre Unterlassung hat nicht die Unwirksamkeit der Hinterlegung, sondern nur die Verpflichtung des Schuldners zum Schadensersatze (§§ 249 ff.) zur Folge.

§ 385.

Hat die Sache einen Börsen- oder Marktpreis, so kann der Schuldner den Verkauf aus freier Hand durch einen zu solchen Verkäufen öffentlich ermächtigten Handelsmäkler oder durch eine zur öffentlichen Versteigerung befugte Person zum laufenden Preise bewirken.

E. III, 379.

1. Wenn die Sache einen Börsen- oder Marktpreis hat, kann der Schuldner statt der öffentlichen Versteigerung den freihändigen Verkauf derselben nach § 385 bewirken. Der Letztere tritt an die Stelle der Versteigerung, es finden daher auch auf ihn die Vorschriften der §§ 383 u. 384 Anwendung. Der Verkauf ist also nur statthaft, wenn die geschuldete bewegliche Sache zur Hinterlegung nicht geeignet oder wenn in den Fällen des § 372 Satz 2 der Verderb der Sache zu besorgen oder die Aufbewahrung mit unverhältnißmäßigen Kosten verbunden ist (§ 383 Abs. 1). Der Verkauf muß am Leistungsort oder, wenn an diesem Ort ein angemessener Erfolg nicht zu erwarten ist, an einem anderen geeigneten Orte vorgenommen werden (§ 383 Abs. 2). Androhung und Benachrichtigung müssen gemäß § 384 erfolgen,

Die Nichtbeobachtung dieser Vorschriften zieht die Unwirksamkeit der Hinterlegung nach sich; die Unterlassung oder Verzögerung der Benachrichtigung verpflichtet den Schuldner zum Schadensersatze.

2. Vorausgesetzt wird, daß die Sache einen Börsen- oder Marktpreis hat und zwar an dem nach § 383 Abs. 2 zu wählenden Verkaufsort. Unter Börsen- und Marktpreis ist nach Entsch. d. R.G. Bd. 34 S. 121 derjenige Preis zu verstehen, „welcher sich aus der Vergleichung der über die betreffende Waare an dem Börsen- oder Marktplatze zur fraglichen Zeit geschlossenen größeren Zahl von Geschäften ergibt. Als dieser Preis gilt zunächst derjenige, welcher nach den örtlichen Einrichtungen des betreffenden Handelsplatzes als solcher festgestellt wird, wobei nicht bloß amtliche, sondern auch außeramtliche Feststellungen in Betracht kommen, wenn sie nur auf einer festen, anerkannten Einrichtung beruhen". (Ebenso P. II, 57, 58. Vgl. auch Entsch. d. R.O.H.G. Bd. 2 S. 194 und Art. 343, nunmehr § 373 H.G.B., ferner die aufgehobenen Art. 311 u. 353 H.G.B.)

3. „Laufender Preis“ ist der Börsen- oder Marktpreis, welcher am Tage des Verkaufs am Verkaufsorte für die Sache durchschnittlich bezahlt wird. (Entsch. d. R.O.H.G Bd. 8 S. 100.)

4. Der Verkauf kann nur ausgeführt werden:

a) durch einen zu solchen Verkäufen öffentlich ermächtigten Handelsmäkler. Die öffentliche Ermächtigung erfolgt nach Landesrecht. Für Bayern bestimmt § 6 der Verordnung vom 24. Dezember 1899 (G.V.Bl. S. 1230), daß die öffentliche Ermächtigung, deren Handelsmäkler zu gewissen Verkäufen oder Käufen bedürfen, vom Staatsministerium des Innern im Benehmen mit dem Staatsministerium der Justiz zu ertheilen ist.

Zufolge § 34 des Börsengesetzes vom 22. Juni 1896 in der Fassung des Art. 14 E.G. z. H.G.B. vom 10. Mai 1897 sind die Kursmakler zur Vornahme von Verkäufen und Käufen befugt, die durch einen dazu öffentlich ermächtigten Handelsmakler zu bewirken sind. Der Kursmakler ist also schon kraft Gesetzes zur Vornahme des freihändigen Verkaufs nach § 385 zuständig, der Handelsmakler nur, wenn er dazu öffentlich ermächtigt ist.

b) durch eine zur öffentlichen Versteigerung befugte Person. Es sind dies die in § 383 Abs. 3 Satz 1 bezeichneten Personen. S. Anm. 4 b zu § 383.

Der Verkauf einer Sache, die keinen Börsen- oder Marktpreis hat, der Verkauf unter dem laufenden Preise oder durch eine unzuständige Person macht die Hinterlegung unwirksam.

§ 386.

Die Kosten der Versteigerung oder des nach § 385 erfolgten Verkaufs fallen dem Gläubiger zur Last, sofern nicht der Schuldner den hinterlegten Erlös zurücknimmt.

E. I, 279; II, 330 Abs. 3; III, 380.

Vgl. die Anm. zu § 381.

Dritter Titel.

Aufrechnung.

§ 387.

Schulden zwei Personen einander Leistungen, die ihrem Gegenstande nach gleichartig sind, so kann jeder Theil seine Forderung gegen die Forderung des anderen Theiles aufrechnen, sobald er die ihm gebührende Leistung fordern und die ihm obliegende Leistung bewirken kann.

E. I, 281 Abs. 1; II, 331; III, 381.

I. Ueber den Aufrechnungsvertrag (Dernburg, Pand. Bd. 2 § 62 Note 3; Windscheid, Pand. Bd. 2 § 351 Nr. 2) enthält das B.G.B. keine Vorschriften (M. II, 104). Nach dem Prinzip der Vertragsfreiheit können zweifellos zwei Personen rechtswirksam vereinbaren, daß eine Forderung des einen Vertragschließenden durch eine Gegenforderung des anderen Theiles ausgeglichen sein soll, ohne Rücksicht darauf, ob die in den §§ 387 ff. aufgeführten Voraussetzungen der Aufrechnung vorliegen. Die Wirkungen eines solchen Vertrages bestimmen sich nach dem Inhalte der getroffenen Vereinbarung. Im Zweifel wird ein gegenseitiger Erlaßvertrag anzunehmen sein. (Windscheid, § 351 Note 2c; Planck, Vorbem. 1 zu diesem Titel.)

II. Der gegenwärtige Titel handelt nur von dem einem Schuldner kraft Gesetzes zustehenden einseitigen Rechte der Aufrechnung. Im § 387 werden die Voraussetzungen dieses Aufrechnungsrechtes aufgeführt:

1. Die zur Aufrechnung zu bringenden Forderungen müssen zwischen denselben Personen bestehen, d. h. der Schuldner der einen Forderung muß Gläubiger der anderen Forderung sein.

Ein Dritter, auch wenn er für den Schuldner wirksam leisten darf (§ 267), kann das Erlöschen des Schuldverhältnisses im Wege der Aufrechnung nur in den durch das Gesetz besonders bestimmten Fällen (§§ 268, 1142, 1224, 1249) bewirken. Vgl. V. I, 362.

Ueber das Recht des Schuldners, nach der Abtretung der Forderung eine ihm gegen den bisherigen Gläubiger zustehende Forderung auch dem neuen Gläubiger gegenüber aufzurechnen, s. § 406.

Ueber die Aufrechnung eines Gesammtschuldners oder Gesammtgläubigers und über die Aufrechnung gegenüber einem solchen s. §§ 422, 429.

Der belangte Bürge kann eine dem Hauptschuldner gegen den Gläubiger zustehende Forderung nicht aufrechnen; er darf jedoch nach § 770 Abs. 2 die Befriedigung des Gläubigers verweigern, solange sich der Letztere durch Aufrechnung gegen eine fällige Forderung des Hauptschuldners befriedigen kann.

2. Die geschuldeten Leistungen müssen ihrem Gegenstande nach gleichartig sein.

a) Die geschuldeten Sachen müssen vertretbare (§ 91) sein. Individuell bestimmte Sachen können nicht gegen einander aufgerechnet werden, ebensowenig Handlungen, bei denen es auf die persönliche Leistung ankommt. Dagegen wird die Aufrechenbarkeit zweier Forderungen dadurch nicht ausgeschlossen, daß die eine verzinslich, die andere unverzinslich ist.

b) Es genügt, wenn die Gleichartigkeit im Zeitpunkte der Aufrechnung vorhanden ist. So kann z. B. eine ursprünglich auf Herstellung gerichtete Schadensersatzforderung gegen eine Geldforderung aufgerechnet werden, wenn erstere im Zeitpunkte der Aufrechnungserklärung in eine Forderung auf Geldentschädigung umgewandelt ist (s. § 250).

c) Daß die beiden Forderungen auf demselben Rechtsgrunde beruhen, wird nicht erfordert. Ueber die prozessualen Wirkungen bei dem Mangel eines rechtlichen Zusammenhanges der beiden Forderungen s. Anm. V.

d) Ebensowenig ist erforderlich, daß die beiden Forderungen gleich hoch sind. Bei der Aufrechnung muß sich der Gläubiger auch eine Theilleistung gefallen lassen. S. Anm. 4 zu § 266.

e) Auch die Liquidität der aufzurechnenden Forderungen bildet kein materiellrechtliches Erforderniß, unbeschadet der unten in Anm. V erwähnten prozessualen Bestimmungen.

Ueber die Aufrechnung von Forderungen, denen eine Einrede entgegensteht, s. § 390.

3. Die Forderung, mit welcher aufgerechnet werden will, muß rechtlich erzwingbar sein — „sobald er die ihm gebührende Leistung fordern kann" —. Mit Forderungen aus einer Ehevermittlung (§ 656 Abs. 1 Satz 1), mit Forderungen aus Spiel und Wette (§§ 762—764) kann nicht aufgerechnet werden.

4. Die Aufrechnung ist stattbaft von dem Zeitpunkt an, in welchem der Aufrechnende die ihm geschuldete Leistung fordern und die ihm obliegende Leistung bewirken kann (s. § 271). Ist der Schuldner zufolge der Auslegungsregel des § 271 Abs. 2 berechtigt, vor der bestimmten Zeit zu leisten, so kann er gegen die befristete Forderung seines Gläubigers eine ihm selbst gegen diese zustehende fällige Forderung auch schon vor dem Eintritte der bestimmten Zeit aufrechnen. Durch eine aus Gefälligkeit gewährte Nachsicht (Gnadenfrist) wird für keinen Theil die Aufrechnungsbefugniß aufgehoben oder hinausgeschoben. M. II, 105.

III. Die Aufrechnung ist ein Recht des Schuldners. Es steht in seinem freien Belieben, ob er von der Aufrechnungsbefugniß Gebrauch machen will. Eine dem Schuldner nachtheilige Rechtsvermuthung aus der Unterlassung der Aufrechnung gegenüber einer eingeklagten Forderung (vgl. A.L.R. Thl. IV cap. 14 § 13 Nr. 4) stellt das B.G.B. nicht auf.

Selbstverständlich kann die Aufrechnung auch durch Vertrag ausgeschlossen werden.

IV. Beweislast. Das Vorhandensein der Voraussetzungen der Aufrechnung muß derjenige beweisen, der die Aufrechnung geltend macht.

V. Prozessuale Bestimmungen. Bei dem Mangel eines rechtlichen Zusammenhanges zwischen der Klageforderung und der aufgerechneten Gegenforderung kann das Gericht anordnen, daß über die Klage und über die Aufrechnung getrennt verhandelt werde (§ 145 Abs. 3 C.P.O. n. Nr.), und kann, wenn nur die Klageforderung zur Entscheidung reif ist, diese unter Vorbehalt der Entscheidung über die Aufrechnung treffen (§ 302 C.P.O. n. Nr). Die Entscheidung, daß die aufgerechnete Gegenforderung nicht besteht, ist bis zur Höhe des Betrages, für welchen die Aufrechnung geltend gemacht worden ist, der Rechtskraft fähig (§ 322 Abs. 2 C.P.O. n. Nr.). Ueber die Geltendmachung der Aufrechnung in der Berufungsinstanz s. § 529 Abs. 3 C.P.O. n. Nr.

VI. Ueber die Aufrechnung im Konkurse s. die §§ 21 Abs. 2, 53—56, 199 K.O. und Art. 10 E.G. z. K.O.

§ 388.

Die Aufrechnung erfolgt durch Erklärung gegenüber dem anderen Theile. Die Erklärung ist unwirksam, wenn sie unter einer Bedingung oder einer Zeitbestimmung abgegeben wird.

E. I, 282, II, 332; III, 382.

In § 388 wird bestimmt, in welcher Weise die Aufrechnung zu erfolgen hat:

1. Die Aufrechnung muß dem anderen Theile gegenüber erklärt werden.

a) Die Erklärung ist ein einseitiges empfangsbedürftiges Rechtsgeschäft. Es finden daher die Vorschriften der §§ 130—132 und im Falle der Erklärung der Aufrechnung durch einen Vertreter die §§ 174, 180 Anwendung.

b) Ueber den Inhalt der Erklärung wird keine Vorschrift gegeben. Unerläßlich ist jedoch schon mit Rücksicht auf die Prüfung der Zulässigkeit der Aufrechnung, daß die Erklärung die Forderungen bestimmt bezeichnet, welche durch die Aufrechnung getilgt werden sollen. Ueber die Reihenfolge der Tilgung beim Vorhandensein mehrerer Forderungen s. § 396.

c) Die Aufrechnung bringt ein bestehendes Recht unmittelbar zum Erlöschen. Sie ist sohin eine Verfügung im Sinne des B.G.B.

d) Die Erklärung, daß aufgerechnet werde, kann, wie jede andere Willenserklärung, sowohl außergerichtlich als in einem anhängigen Rechtsstreit abgegeben werden.

Umfaßt die Prozeßvollmacht zugleich die Befugniß zur Aufrechnung bezw. zur Entgegennahme der Aufrechnungserklärung?

Die Frage wird im Hinblick auf die viel weitergehenden Befugnisse des Prozeßbevollmächtigten nach § 81 C.P.O. n. Nr. zu bejahen sein, wenn es sich um eine Aufrechnung handelt, welche in einem anhängigen Rechtsstreite zur Beseitigung eines erhobenen Anspruchs, sei es an erster Stelle, sei es nur eventuell, erklärt wird. Ebenso Gaupp, Komm. z. C.P.O. Anm. IIb; Struckmann u. Koch, Anm. 2 zu § 81 C.P.O. n. Nr. A. M. Planck, Anm. 1 zu § 388 B.G.B., und Petersen, Note 6 zu § 81 C.P.O. n. Nr.

2. Die Erklärung der Aufrechnung ist unwirksam, wenn sie unter einer Bedingung oder einer Zeitbestimmung abgegeben wird.

(Ueber Bedingung und Zeitbestimmung s. die §§ 158—163.) Diese Bestimmung ist im Interesse des Gläubigers gegeben, welcher nicht durch eine bedingte oder betagte Aufrechnungserklärung nach dem Belieben des Aufrechnenden auf unbestimmte Zeit gebunden sein soll. (P. I, 365, 366.) Hiedurch ist jedoch eine eventuelle Aufrechnung im Prozesse keineswegs ausgeschlossen.

Dem Schuldner bleibt es vielmehr unbenommen, den erhobenen Anspruch an erster Stelle mit rechtsvernichtenden, rechtshindernden Thatsachen oder durch Vorschützen einer civilrechtlichen Einrede zu bekämpfen und nur eventuell die Aufrechnung zu erklären. (Vgl. M. II, 108 und die Begründung in P. I, 224 zu den §§ 209 u. 215 über die Geltendmachung der Aufrechnung im Prozesse.)

a) Soferne der Schuldner an erster Stelle rechtsvernichtende oder rechtshindernde Thatsachen eingewendet hat, kann die Zulässigkeit einer eventuellen Aufrechnung durch die Vorschrift des § 388 Satz 2 überhaupt nicht in Frage gestellt werden. Erweisen sich nämlich die an erster Stelle vorgebrachten Einwendungen des Schuldners begründet, so ist keine Forderung vorhanden, gegen welche aufgerechnet werden könnte. Der Schuldner hat also in diesem Falle die Aufrechnungserklärung nicht von einer Bedingung abhängig gemacht, sondern seiner Erklärung nur den selbstverständlichen Zusatz beigefügt, daß er aufrechnen wolle, wenn eine Forderung vorhanden sei, gegen welche er aufrechnen könne. (Vgl. M. II, 108.)

b) Für den Fall dagegen, daß der Schuldner dem Anspruch in erster Linie civilrechtliche Einreden im eigentlichen Sinne, z. B. die Einrede der Verjährung, der Stundung, entgegensetzt, ist allerdings die Begründung in den M. II, 108 nicht zutreffend. Hier besteht eine (wenn auch mit einer Einrede behaftete) Forderung, gegen welche aufgerechnet werden kann. Allein auch hier liegt eine bedingte oder betagte Aufrechnungserklärung nicht vor. Wer aufrechnet für den Fall, daß keine Thatsachen vorhanden sind, welche eine Einrede gegen den Anspruch des Gegners begründen, macht die Aufrechnung nicht von einem künftigen ungewissen Ereigniß abhängig. Vielmehr liegt hier nur eine sog. conditio in praeteritum vel in praesens collata vor, welche vom B.G.B. als eigentliche Bedingung nicht anerkannt ist. Vgl. die Anm. zu den §§ 158—163.

Ergibt sich, daß die für die prinzipale Einrede zur Begründung dienenden Thatsachen wirklich vorliegen, so gilt die Aufrechnung als nicht erklärt, im gegentheiligen Falle ist die Aufrechnung als unbedingt erklärt und als sofort wirksam anzusehen.

Uebrigens treffen hier auch die oben angegebenen Gründe nicht zu, welche zur Aufnahme der Bestimmung des § 388 Satz 2 geführt haben. Der Gläubiger ist durch die eventuelle Aufrechnung im Prozesse nicht auf unbestimmte Zeit nach dem Belieben des Aufrechnenden gebunden, sondern nur solange bis die Entscheidung über die prinzipalen Einreden im Rechtsstreit erfolgt ist.

Vgl. Stölzel, Schulung f. d. civ. Praxis II. Theil. Zur Lehre von der Eventualaufrechnung S. 140 ff.; Planck, Anm. 2 zu § 388 und Anm. 3 zu § 390; Oertmann, Anm. 2 zu § 388, welche sich übereinstimmend für die Zulässigkeit der Eventualaufrechnung im Prozesse aussprechen.

Anders dagegen, wenn eine Aufrechnung außerhalb eines Prozesses in der Weise erklärt würde, daß sie nur wirksam sein solle, wenn der Forderung, gegen welche aufgerechnet wird, eine Einrede nicht entgegensteht. Hier würde der Gläubiger allerdings auf unbestimmte Zeit nach dem Belieben des Schuldners gebunden sein, und deßhalb wird man in analoger Anwendung des § 388 Satz 2, obwohl auch hier eine eigentliche Bedingung nicht vorliegt, eine solche Aufrechnung für unwirksam erachten müssen. Ebenso Planck, Anm. 3 zu § 390.

§ 389.

Die Aufrechnung bewirkt, daß die Forderungen, soweit sie sich decken, als in dem Zeitpunkt erloschen gelten, in welchem sie zur Aufrechnung geeignet einander gegenübergetreten sind.

E. I, 283; II, 333; III, 383.

In § 389 wird die Wirkung der Aufrechnung behandelt. Die Erklärung der Aufrechnung bewirkt, daß die beiden sich gegenüber stehenden Forderungen in dem sich deckenden Betrage als ipso jure erloschen gelten und zwar als erloschen schon in dem Zeitpunkte, in welchem sie zur Aufrechnung geeignet einander gegenübergetreten sind.

1. Solange die Aufrechnung nicht erklärt ist, werden die beiden Forderungen dadurch, daß sie sich aufrechenbar gegenüber stehen, nicht berührt. Die vereinbarten und vertragsmäßigen Zinsen aus beiden Forderungen laufen weiter, jede Partei geräth in Ansehung ihrer Schuld durch Verzögerung der Erfüllung in Verzug, die bedungene Vertragsstrafe wird im Falle des Verzuges verwirkt, wie wenn eine Gegenforderung nicht bestände.

Das Recht, aufzurechnen, begründet keine Einrede. Der Schuldner kann also, wenn er in Unkenntniß seines Aufrechnungsrechtes geleistet hat, nicht etwa auf Grund der §§ 812 u. 813 das Geleistete zurückfordern und nachträglich aufrechnen. Er ist vielmehr darauf angewiesen, seine nicht aufgerechnete Forderung anderweitig geltend zu machen. Ebenso Planck, Anm. 3 zu § 389. Die entgegenstehende Ansicht Oertmanns in Anm. 1 zu § 389 dürfte nach dem B.G.B., welches nur Wirkungen der erklärten Aufrechnung kennt, nicht haltbar sein.

2. Wird die Aufrechnung erklärt, so gelten die beiden Forderungen, soweit sie sich decken, als erloschen.

a) Der Schuldner, welcher nach der Erklärung der Aufrechnung die Leistung bewirkt, kann die Herausgabe des Geleisteten auf Grund der §§ 812 ff. wegen ungerechtfertigter Bereicherung verlangen.

b) Eine replica compensationis (s. Dernburg, Pand. Bd. 2 § 64 Nr. 3; Windscheid, Pand. Bd. 2 § 849 Noten 21—25) ist nach dem B.G.B. ausgeschlossen, da gegen eine erloschene Forderung nicht aufgerechnet werden kann. Der Gläubiger, welcher nur einen Theil seiner Forderung oder von mehreren ihm gegen den Schuldner zustehenden Forderungen nur eine einklagt, kann die im Rechtsstreit ihm gegenüber erfolgte Aufrechnung nicht durch die Replik beseitigen, daß er die Gegenforderung des Schuldners auf den nicht eingeklagten Theil seiner Forderung oder auf die nicht eingeklagte Forderung aufrechnen wolle. Er kann sich der Aufrechnung des Beklagten gegenüber replicando höchstens darauf berufen, daß ein entgegenstehender Aufrechnungsvertrag (s. Anm. 1 zu § 387) vorliege, oder daß er selbst schon vor der Aufrechnungserklärung des Beklagten durch Aufrechnung der nicht eingeklagten Forderung bezw. des nicht eingeklagten Theiles der Forderung die aufgerechnete Gegenforderung des Beklagten getilgt habe.

c) Mit einer Forderung oder gegen eine Forderung, welche in Folge Rücktritts vom Vertrag erloschen ist (s. § 346 Anm. 1 a), kann nicht aufgerechnet werden. Ausnahme bei unverzüglicher Erklärung der Aufrechnung in § 357.

3. Die Forderungen erlöschen in dem Betrage, zu welchem sie sich decken. Dem Gläubiger kann also im Wege der Aufrechnung entgegen der Vorschrift des § 266 eine Theilleistung aufgenöthigt werden (s. Anm. 4 b zu § 266). Nur muß der Schuldner seine ganze Forderung zur Aufrechnung verwenden. Es ist ihm nicht gestattet, mit einem Theile seiner Forderung gegen eine höhere Forderung des Gläubigers aufzurechnen.

4. Die Aufrechnung wirkt auf den (aus § 387 sich ergebenden) Zeitpunkt zurück, in welchem die beiden Forderungen zur Aufrechnung geeignet einander gegenüber getreten sind. Die Verpflichtung, Zinsen zu zahlen, gilt bezüglich beider Forderungen als schon in diesem Zeitpunkte weggefallen, ein nach diesem Zeitpunkt eingetretener Verzug gilt als nicht eingetreten, eine nach dem gedachten Zeitpunkte verwirkte Vertragsstrafe als nicht verwirkt. Soweit der Schuldner auf Grund einer hienach in Wegfall gekommenen Verpflichtung in der Zwischenzeit Zinsen gezahlt, Schaden wegen Verzugs ersetzt oder eine Vertragsstrafe entrichtet hat, kann er das Geleistete nach den Bestimmungen der §§ 812 ff. zurückfordern.

5. Aufrechnung gegen einen durch Urtheil festgestellten Anspruch (§ 767 C.P.O. n. Nr.). Eine Aufrechnung, die nach dem Schlusse der mündlichen Verhandlung erklärt wird, kann auch dann noch geltend gemacht werden, wenn die Aufrechnung schon während des Prozesses hätte erklärt werden können. Der Grund, auf welchem die Einwendung der Aufrechnung beruht, ist nach dem B.G.B. nicht die Möglichkeit aufzurechnen, sondern die Erklärung der Aufrechnung. Ebenso Planck, Anm. 3 Abs. 3 zu § 389, und Struckmann und Koch, Komm. z. C.P.O., Anm. 4 zu § 767 n. Nr.

§ 390.

Eine Forderung, der eine Einrede entgegensteht, kann nicht aufgerechnet werden. Die Verjährung schließt die Aufrechnung nicht aus, wenn die verjährte Forderung zu der Zeit, zu welcher sie gegen die andere Forderung aufgerechnet werden konnte, noch nicht verjährt war.

E I, 281 Abs 2, II, 334; III, 384.

1. Eine Forderung, der eine Einrede entgegensteht (gleichviel, ob eine zerstörliche oder nur eine verzögerliche), kann nicht aufgerechnet werden. Dieser Grundsatz wird nur durchbrochen zu Gunsten der verjährten Forderung. Die Aufrechnung einer solchen Forderung ist trotz der nach § 222 ihr entgegenstehenden zerstörlichen Einreden zulässig, wenn die Forderung zu der Zeit, zu welcher sie gegen die andere Forderung aufgerechnet werden konnte, noch nicht verjährt war. Diese Ausnahmebestimmung ist von der II. Komm. aus Gründen der Billigkeit und Zweckmäßigkeit aufgenommen worden. Vgl. P. I, 362—364.

2. § 390 besagt nur, daß eine Forderung, welcher eine Einrede entgegensteht, nicht aufgerechnet werden kann, nicht aber, daß gegen eine solche Forderung die Aufrechnung unzulässig sei. Da der Schuldner zweifellos eine Forderung, welcher er eine Einrede entgegensetzen könnte, durch Leistung tilgen kann und nach § 387 die Aufrechnung zulässig ist, sobald der Schuldner die ihm obliegende Leistung bewirken kann, so muß derselbe auch berechtigt sein, gegen eine solche Forderung aufzurechnen.

Ist die Einrede eine zerstörliche, so kann der Schuldner nach den Vorschriften über die Herausgabe einer ungerechtfertigten Bereicherung (§§ 812, 813) vom Gläubiger die Wiederherstellung seiner durch die Aufrechnung erloschenen Forderung verlangen. Er kann die Wiederherstellung nicht verlangen, wenn er das Entgegenstehen der Einrede gekannt oder wenn er durch die Aufrechnung einer sittlichen Pflicht oder einer auf den Anstand zu nehmenden Rücksicht entsprochen hat (§ 814).

3. Ueber die eventuelle Aufrechnung gegen eine Forderung für den Fall, daß der letzteren nicht eine Einrede entgegensteht, s. Anm. 2 zu § 388.

§ 391.

Die Aufrechnung wird nicht dadurch ausgeschlossen, daß für die Forderungen verschiedene Leistungs- oder Ablieferungsorte bestehen. Der aufrechnende Theil hat jedoch den Schaden zu ersetzen, den der andere Theil dadurch erleidet, daß er in Folge der Aufrechnung die Leistung nicht an dem bestimmten Orte erhält oder bewirken kann.

Ist vereinbart, daß die Leistung zu einer bestimmten Zeit an einem bestimmten Orte erfolgen soll, so ist im Zweifel anzunehmen, daß die Aufrechnung einer Forderung, für die ein anderer Leistungsort besteht, ausgeschlossen sein soll.

E. I, 285; II, 335; III, 385.

1. In § 387 wird für die Aufrechenbarkeit der Forderungen verlangt, daß dieselben ihrem Gegenstande nach gleichartig sind. Besteht die Ungleichartigkeit lediglich darin, daß für die Forderungen verschiedene Leistungs- oder Ablieferungsorte vorhanden sind, so soll hiedurch die Aufrechnung nicht ausgeschlossen sein.

Ueber den Leistungsort s. § 269. Ein vom Leistungsorte verschiedener Ablieferungsort kann insbesondere in Betracht kommen bei Geldschulden. S. § 270 Abs. 1 u. 4.

2. Der Gläubiger kann dadurch, daß er in Folge der Aufrechnung die ihm gebührende Leistung nicht am Leistungs- oder Ablieferungsorte erhält, einen Schaden erleiden. Diesen Schaden muß ihm der aufrechnende Theil ersetzen, und zwar umfaßt die Schadensersatzpflicht nach der Fassung des § 391 den gesammten dem anderen Theile entstandenen Schaden nach Maßgabe der §§ 249 ff., nicht etwa bloß die verursachten Transportkosten. Hat also beispielsweise der andere Theil einem Dritten gegenüber eine Vertragsstrafe deßhalb verwirkt, weil er in Folge der Aufrechnung nicht im Stande war, den mit dem Dritten geschlossenen Vertrag zu erfüllen, so wird ihm der aufrechnende Theil, soferne nur der ursächliche Zusammenhang feststeht, auch die verwirkte Vertragsstrafe zu vergüten haben. Ebenso Planck, Anm. 2 zu § 391. Vgl. P. I, 372, 373.

Die Bestimmung des § 391 Abs. 1 entspricht auch dem bisher geltenden Rechte. (Vgl. Windscheid, Pand. Bd. 2 § 350 Nr. 3, und Entsch. d. R.G. Bd. 11 S. 303.)

3. Abs. 2. Nur wenn der Gläubiger sich die Leistung zu einer bestimmten Zeit an einem bestimmten Orte ausbedungen hat, soll im Zweifel angenommen werden, daß gegen seine Forderung eine Forderung, für welche ein anderer Leistungsort besteht, nicht aufgerechnet werden darf. Diese Vorschrift hat nur den Charakter einer Auslegungsregel. Ist ein anderer Wille der Parteien erklärt oder aus den Umständen zu entnehmen, so verbleibt es bei der allgemeinen Vorschrift des Abs. 1.

§ 392.

Durch die Beschlagnahme einer Forderung wird die Aufrechnung einer dem Schuldner gegen den Gläubiger zustehenden Forderung nur dann ausgeschlossen, wenn der Schuldner seine Forderung nach der Beschlagnahme erworben hat oder wenn seine Forderung erst nach der Beschlagnahme und später als die in Beschlag genommene Forderung fällig geworden ist.

E. I, 286; II, 336; III, 386.

1. Ueber die Beschlagnahme einer Forderung s. die §§ 829, 843, 930, 936 C.P.O. n. Nr.

Die Beschlagnahme gilt als bewirkt im Zeitpunkte der Zustellung des Pfändungsbeschlusses an den Drittschuldner. § 829 Abs. 3 C.P.O. n. Nr. Maßgebend ist der Zeitpunkt der Zustellung und nicht der Zeitpunkt, in welchem der Drittschuldner thatsächlich (z. B. im Falle einer Ersatzzustellung) Kenntniß von der Beschlagnahme erlangt hat. Vgl. M. I, 214; M. II, 111, 112; P. I, 373: Struckmann und Koch, Komm. z. C.P.O. § 829 n. Nr. Anm. 6, ferner die analogen Bestimmungen der §§ 406 u. 575 B.G.B.

2. In § 392 wird als Regel aufgestellt, daß der Drittschuldner auch nach der Zustellung des Beschlagnahmebeschlusses, soferne die sonstigen Voraussetzungen der Aufrechnung vorliegen, seine eigene Forderung gegen die beschlagnahmte Forderung seines Gläubigers noch aufrechnen kann. Nur in zwei Fällen ist die Aufrechnung nach diesem Zeitpunkt ausgeschlossen:

a) wenn der Drittschuldner seine Forderung erst nach der Zustellung des Pfändungsbeschlusses erworben hat. Hiebei ist zu bemerken, daß eine aufschiebend bedingte Forderung erst erworben wird mit dem Eintritte der Bedingung;

b) wenn der Drittschuldner die Forderung zwar vor der Beschlagnahme erworben hat, seine Forderung aber erst nach der Zustellung des Beschlagnahmebeschlusses und später als die beschlagnahmte Gegenforderung seines Gläubigers fällig geworden ist. Ist die Forderung des Drittschuldners später als die beschlagnahmte Forderung, aber vor der Zustellung des Beschlagnahmebeschlusses fällig geworden, so ist die Aufrechnung zulässig. Ebenso, wenn die Forderung des Drittschuldners zwar nach der Zustellung des Beschlagnahmebeschlusses aber vor der beschlagnahmten Forderung oder gleichzeitig mit dieser fällig geworden ist. Die Bestimmung unter b ist erst von der II. Komm. beigefügt worden, welche hiebei von der Erwägung ausging, dem Schuldner könne nicht gestattet werden, sich das Recht zur Aufrechnung dadurch zu verschaffen, daß er die ihm obliegende Erfüllung der gepfändeten Forderung bis zur Fälligkeit seiner Gegenforderung verzögere. P. I, 374.

§ 393.

Gegen eine Forderung aus einer vorsätzlich begangenen unerlaubten Handlung ist die Aufrechnung nicht zulässig.

E. I, 287; II, 337, III, 387

1. Die gemeinrechtliche Bestimmung, daß eine Aufrechnung nicht stattfindet gegenüber der Forderung aus widerrechtlicher Aneignung fremden Besitzes (Dernburg, Pand. Bd. 2 § 63 Note 12; Windscheid, Pand. Bd. 2 § 350 Note 25), ist durch das B.G.B. dahin erweitert worden, daß gegenüber allen Forderungen aus einer vorsätzlich begangenen unerlaubten Handlung die Aufrechnung unzulässig ist. Vgl. M. II, 112 und die verwandte Bestimmung des § 273 Abs. 2 bezüglich des Zurückbehaltungsrechtes. Ueber den Begriff der unerlaubten Handlung s. den 25. Titel dieses Buches (§§ 823 ff.).

2. Dagegen ist gegenüber der Forderung auf Rückgabe einer in Verwahrung gegebenen Sache (§§ 688 ff.) abweichend vom gemeinen Rechte (Dernburg, Pand. Bd. 2 § 63 Nr. 13, Windscheid, Pand. Bd. 2 § 350 Nr. 24) und vom P.L.R. (Thl. IV cap. 15 § 1 Nr. 10) die Aufrechnung statthaft, wenn sonst die gesetzlichen Voraussetzungen der Aufrechnung (s. Anm. II zu § 387) vorhanden sind.

§ 394.

Soweit eine Forderung der Pfändung nicht unterworfen ist, findet die Aufrechnung gegen die Forderung nicht statt. Gegen die aus Kranken-, Hülfs- oder Sterbekassen, insbesondere aus Knappschaftskassen und Kassen der Knappschaftsvereine, zu beziehenden Hebungen können jedoch geschuldete Beiträge aufgerechnet werden.

E. I, 288; II, 338; III, 388.

1. In E. I. § 288 war bestimmt, daß die Aufrechnung gegen die im § 749 (nun § 850) C.P.O. bezeichneten Forderungen insoweit nicht stattfinde, als diese Forderungen der Pfändung nicht unterworfen sind.

Die II. Komm. hat diese Vorschrift verallgemeinert und die Aufrechnung gegenüber allen unpfändbaren Forderungen (P. I, 375), also auch gegenüber den in § 850 C.P.O. n. Nr. nicht namentlich aufgeführten Forderungen ausgeschlossen.

Bestimmungen über die Unpfändbarkeit von Forderungen enthalten außer den §§ 850—852 C.P.O. n. Nr.: das R.G. vom 7. April 1876 Art. 8 und vom 1. Juni 1884 über die eingeschriebenen Hülfskassen § 10, das R.G. vom 15. Juni 1883 und vom 10. April 1892, betr. die Krankenversicherung der Arbeiter, § 56, die Gew.O. vom 1. Juli 1883 § 100 c, R.G. vom 6. Juli 1884, betr. die Unfallversicherung, § 68, R.G. vom 28. Mai 1885 über die Ausdehnung der Unfall= und Krankenversicherung, § 1, R.G. vom 5. Mai 1886, betr. die Unfall= und Krankenversicherung § 73, R.G. vom 17. Juni 1887, betr. die Fürsorge für die Wittwen und Waisen von Angehörigen des Reichsheeres u. s. w., § 19, R.G. vom 11. Juli 1887, betr. die Unfallversicherung der bei Bauten beschäftigten Personen, § 38, R.G. vom 13. Juli 1887, betr. die Unfallversicherung der Seeleute, § 76, R.G. vom 22. Juni 1889, betr. die Invaliditäts= und Altersversicherung, § 40, R.G. vom 22. Mai 1893, betr. einige Abänderungen und Ergänzungen der Militärpensionsgesetze u. s. w., Art. 18, R.G. vom 14. Januar 1894, betr. die Gewährung von Unterstützungen an Invaliden, § 2, R.G. vom 20. Mai 1898, betr. die Entschädigung der im Wiederaufnahmeverfahren freigesprochenen Personen, § 5 Ziff. 4.

2. Nur soweit eine Forderung der Pfändung nicht unterliegt, findet gegen dieselbe keine Aufrechnung statt. Ist also eine Forderung nur zum Theile der Pfändung entzogen (s. § 850 Abs. 2 u. 3 C.P.O.), so kann gegen den pfändbaren Theil aufgerechnet werden.

3. Zu Satz 2. Nach § 850 Abs. 1 Nr. 4 C.P.O. sind die aus Kranken=, Hülfs= oder Sterbekassen, insbesondere aus Knappschaftskassen und Kassen der Knappschaftsvereine zu beziehenden Hebungen unpfändbar. Gegen diese Hebungen wird jedoch durch Satz 2 des § 394 die Aufrechnung geschuldeter Beiträge zugelassen.

4. Besondere Bestimmungen über die Beschränkung oder Ausschließung der Aufrechnung enthalten ferner die §§ 406, 417, 479, 490, 575, 719, 1125, 1442, 2040 B.G.B. sowie § 22 Abs. 3 des R.G. vom 1. Mai 1889, betreffend die Erwerbs= und Wirthschaftsgenossenschaften und § 221 H.G.B.

5. Nach Art. 80 u. 81 E.G. können die Landesgesetze die Aufrechnung gegen Ansprüche der Beamten, Geistlichen, der Lehrer an öffentlichen Unterrichtsanstalten sowie die Aufrechnung gegen die Ansprüche der Hinterbliebenen dieser Personen auf Besoldung, Wartegeld, Ruhegehalt, Wittwen= und Waisengelder abweichend von der Vorschrift des § 394 zulassen.

Auf Grund dieser Vorschrift bestimmt Art. 12 des bayerischen A.G. zum B.G.B.: Gegen die Ansprüche der Hof=, Staats= und Gemeindebeamten, öffentlichen Diener und Geistlichen auf Gehalt oder Pension können Ansprüche aus dem Amts= oder Dienstverhältnisse sowie die von dem Gehalt oder der Pension zu entrichtenden Steuern oder Umlagen unbeschränkt aufgerechnet werden.

Für die Ansprüche der Hinterbliebenen der im Abs. 1 bezeichneten Bediensteten auf Wittwen= und Waisenbezüge gilt das Gleiche in Ansehung der von den Bezügen zu entrichtenden Steuern oder Umlagen. Die Wittwen= und Waisenbezüge können weder abgetreten noch verpfändet werden.

Auf die Bezüge der Angehörigen des Heeres und deren Wittwen und Waisen finden diese Vorschriften keine Anwendung. (In Ansehung der letztgenannten Bezüge verbleibt es mit Rücksicht auf den Bündnißvertrag vom 23. November 1870 bei den reichsgesetzlichen Vorschriften.)

6. Auf Grund des in Art. 95 E.G. bezüglich des Gesinderechtes gemachten Vorbehaltes bestimmt Art. 21 des bayerischen A.G. zum B.G.B., daß die Dienstherrschaft ihre Entschädigungsansprüche wegen einer auf Vorsatz oder grober Fahrlässigkeit beruhenden Verletzung der dem Dienstboten obliegenden Verpflichtungen gegen dessen Lohnforderung unbeschränkt aufrechnen kann.

§. 395.

Gegen eine Forderung des Reichs oder eines Bundesstaats sowie gegen eine Forderung einer Gemeinde oder eines anderen Kommunalverbandes ist die Aufrechnung nur zulässig, wenn die Leistung an dieselbe Kasse zu erfolgen hat, aus der die Forderung des Aufrechnenden zu berichtigen ist.

E. I, 289; II, 339; III, 389.

1. Bezüglich der Staatskassen war die Vorschrift des § 395 schon bisher geltendes Recht. (Vgl. Windscheid, Pand. Bd. 2 § 350 Note 17; P.L.R. Thl. IV cap. 15 § 1 Nr. 3.) Sie beruht auf Gründen administrativer Zweckmäßigkeit, um nicht Verwirrungen im öffentlichen Kassen- und Rechnungswesen entstehen zu lassen. Die gleichen Gründe haben dazu geführt, die Vorschrift auch auf die Kassen der Gemeinden und anderer Kommunalverbände auszudehnen. Unter den „anderen Kommunalverbänden" sind nach Art. 77 E.G. die Provinzial-, Kreis-, Amts-(Bezirks-, Distrikts-)Verbände zu verstehen.

2. Die Beschränkung der Aufrechnung hat nur statt gegen eine Forderung des Reichs rc. rc., nicht aber umgekehrt. So kann z. B. eine Kasse des Reichs eine ihr gegen eine Privatperson zustehende Forderung auch gegen eine Forderung der letzteren an eine andere Kasse des Reichs aufrechnen. Vgl. S. A. Bd. 1. Nr. 203.

§ 396.

Hat der eine oder der andere Theil mehrere zur Aufrechnung geeignete Forderungen, so kann der aufrechnende Theil die Forderungen bestimmen, die gegen einander aufgerechnet werden sollen. Wird die Aufrechnung ohne eine solche Bestimmung erklärt oder widerspricht der andere Theil unverzüglich, so findet die Vorschrift des § 366 Abs. 2 entsprechende Anwendung.

Schuldet der aufrechnende Theil dem anderen Theile außer der Hauptleistung Zinsen und Kosten, so finden die Vorschriften des § 367 entsprechende Anwendung.

E. I, 284; II, 340; III, 390.

1. Beim Vorhandensein einer Mehrheit von aufrechenbaren Forderungen auf der einen oder auf der anderen Seite kann der Aufrechnende bestimmen, mit welcher Forderung und gegen welche Forderung aufgerechnet werden soll. Die Bestimmung muß zugleich mit der Aufrechnung erfolgen (arg. Satz 2 des § 396 Abs. 1) und in derselben Weise wie diese durch Erklärung gegenüber dem anderen Theile. (§ 388, M. II, 110.)

Der andere Theil kann der vom Aufrechnenden getroffenen Bestimmung widersprechen, nur muß der Widerspruch unverzüglich (§ 121) erklärt werden. Das erst von den II. Komm. in das B.G.B. eingeführte Widerspruchsrecht des Gläubigers soll den letzterer hauptsächlich dagegen schützen, daß ihm der Aufrechnende durch die Wahl einer jüngeren Forderung die Möglichkeit entzieht, eine verjährte Forderung, deren Aufrechnung nach § 390 Satz 2 zulässig wäre, zur Aufrechnung zu verwenden. P. I, 369, P. VI, 166, 167.

2. Widerspricht der andere Theil ohne Verzug oder unterläßt der aufrechnende Theil bei der Aufrechnungserklärung die Bestimmung der Forderungen, so findet die Vorschrift des § 366 Abs. 2 entsprechende Anwendung:

Von den mehreren Forderungen des anderen Theiles wird also zunächst die fällige Forderung, dann die dem anderen Theile geringere Sicherheit bietende, dann die dem Aufrechnenden lästigere, dann die ältere, event. werden alle Forderungen verhältnißmäßig durch die Aufrechnung getilgt.

Diese Reihenfolge der Tilgung tritt im Falle rechtzeitigen Widerspruchs trotz gegentheiliger Bestimmung des Aufrechnenden kraft Gesetzes ein.

3. Hat auch der aufrechnende Theil mehrere aufrechenbare Forderungen, so steht die Bestimmung darüber, welche von diesen Forderungen er zum Aufrechnen verwenden will, seinem freien Belieben anheim. Die Aufrechnung ist ein gesetzliches Recht des Schuldners. Der andere Theil kann der vom Aufrechnenden hierüber getroffenen Bestimmung nicht widersprechen. Trifft der Aufrechnende keine Bestimmung, so sind die Vorschriften des § 366 Abs. 2 auch maßgebend für die Reihenfolge, in welcher die Forderungen des aufrechnenden Theiles zur Aufrechnung kommen. Hiebei können jedoch nur solche Forderungen des Aufrechnenden berücksichtigt werden, bezüglich welcher aus der Aufrechnungserklärung hervorgeht, daß der Aufrechnende sie zur Aufrechnung verwenden wollte.

4. Schuldet der Aufrechnende dem anderen Theile außer der Hauptleistung Zinsen und Kosten, so werden durch die Aufrechnung zunächst die Kosten, dann die Zinsen und zuletzt die Hauptleistung getilgt. Bestimmt der Aufrechnende eine andere Reihenfolge, so kann der andere Theil die Aufrechnung ablehnen. Im Ablehnungsfalle ist die Aufrechnung als nicht erfolgt anzusehen. (§ 367 Abs. 1 u. 2.)

Vierter Titel.

Erlaß.

§ 397.

Das Schuldverhältniß erlischt, wenn der Gläubiger dem Schuldner durch Vertrag die Schuld erläßt.

Das Gleiche gilt, wenn der Gläubiger durch Vertrag mit dem Schuldner anerkennt, daß das Schuldverhältniß nicht bestehe.

E. I, 290; II, 341; III, 391.

1. In § 397 werden zwei weitere Gründe aufgeführt, welche das Schuldverhältniß ipso jure zum Erlöschen bringen: Der Erlaß (Abs. 1) und der sog. negative Schuldanerkennungsvertrag (Abs. 2). In beiden Fällen ist ein Vertrag erforderlich, um das Erlöschen des Schuldverhältnisses zu bewirken. Der einseitige, vom Schuldner nicht (vertragsmäßig) angenommene Verzicht des Gläubigers bringt diese Wirkung ebensowenig hervor, wie die einseitige Anerkennung des Gläubigers, daß das Schuldverhältniß nicht bestehe.

2. Der Erlaßvertrag ist ein abstraktes Rechtsgeschäft (s. Vorbem. IV zu diesem Buche). Im E. I § 290 war dies ausdrücklich ausgesprochen. In der zweiten Lesung wurde die hierauf bezügliche Bestimmung gestrichen, „weil dieselbe nur retrospektive Bedeutung habe und neben den Vorschriften über die ungerechtfertigte Bereicherung entbehrlich sei" (P. I, 376). Wegen eines Mangels im Rechtsgrunde hat also der Gläubiger nur einen persönlichen Anspruch gegen den Schuldner auf Wiederherstellung des durch den Erlaß erloschenen Schuldverhältnisses nach den Vorschriften über die ungerechtfertigte Bereicherung (§§ 812 ff.). Vgl. M. II, 115, 116 und Anm. 6.

3. Der Erlaßvertrag ist an eine bestimmte Form nicht gebunden. Vollzieht sich in ihm eine Schenkung, so ist gerichtliche oder notarielle Beurkundung (§ 518) nicht erforderlich, weil der Erlaß sich als die Bewirkung der schenkungsweise zugewendeten Leistung darstellt (§ 518 Abs. 2).

4. Bei theilweisem Erlaß erlischt das Schuldverhältniß nur theilweise. Ueber den Erlaßvertrag zwischen dem Gläubiger und einem Gesammtschuldner bezw. zwischen dem Schuldner und einem Gesammtgläubiger s. die §§ 423 u. 429 Abs. 3.

5. Wird der Erlaßvertrag von Jemand geschlossen, der zur Verfügung über die Forderung nicht berechtigt ist, so finden die Vorschriften des § 185 Anwendung.

6. Das in den Anm. 2 mit 5 Gesagte gilt auch für den negativen Schuldanerkennungsvertrag. Auch dieser ist ein abstraktes Rechtsgeschäft, ebenso wie der positive Anerkennungsvertrag. (Vgl. § 781; M. II, 115; P. II, 511, 696—699.)

Bezüglich der Anwendbarkeit der Vorschriften über die ungerechtfertigte Bereicherung ist hier insbesondere zu bemerken:

Beim Abschluß eines negativen Schuldanerkennungsvertrages kann beabsichtigt sein, das Nichtbestehen eines Schuldverhältnisses festzustellen, ohne Rücksicht darauf, ob thatsächlich die Schuld besteht oder nicht. Es kann aber auch die Absicht der Vertragschließenden darauf gerichtet sein, die wirkliche Rechtslage festzustellen, wenn nämlich der Vertrag in der ausdrücklich oder stillschweigend erklärten Voraussetzung geschlossen wird, daß die als nicht bestehend anerkannte Schuld in Wirklichkeit nicht bestehe. Erweist sich diese Voraussetzung als unzutreffend, so sind die Bedingungen gegeben, unter denen nach § 812 Abs. 1 Satz 2 die Herausgabe wegen ungerechtfertigter Bereicherung verlangt werden kann: Die durch den Vertrag erfolgte Anerkennung des nicht bestehenden Schuldverhältnisses gilt zufolge § 812 Abs. 2 als Leistung. Der mit dieser Leistung nach dem Inhalte des Vertrages bezweckte Erfolg, nämlich die Feststellung der wirklichen Rechtslage, ist nicht eingetreten. Der Schuldner, welcher durch die Anerkennung auf Kosten des Gläubigers die Befreiung von seiner Verbindlichkeit erlangt hat, hat das Erlangte an den Gläubiger herauszugeben, d. h. er muß das erloschene Schuldverhältniß wieder herstellen.

Ob die eine oder die andere Absicht der Vertragschließenden anzunehmen ist, ist eine aus den Umständen des Falles zu beurtheilende Thatfrage.

Ueber den negativen Schuldanerkennungsvertrag zwischen Gläubiger und Schuldner beim behaupteten Verluste des Schuldscheines s. Anm. 3 zu § 371.

7. Auch in der Ertheilung einer Quittung kann unter Umständen ein Erlaßvertrag oder ein negativer Schuldanerkennungsvertrag zu erblicken sein. Vgl. Anm. 3 Abs. 3 zu § 368.

Vierter Abschnitt.

Uebertragung der Forderung.

Vorbemerkungen.

Das B.G.B. hat der modernen Rechtsentwicklung folgend das Prinzip der Sondernachfolge in die Forderung anerkannt. (M. II, 118, D. 53.) Eine Forderung kann (ohne Mitwirkung des Schuldners) auf einen neuen Gläubiger in der Weise übertragen werden, daß der bisherige Gläubiger aufhört, Gläubiger zu sein, und derjenige, auf welchen die Forderung übertragen wird, an seine Stelle als Gläubiger tritt.

Die Uebertragung kann erfolgen.

1. durch Vertrag zwischen dem bisherigen Gläubiger und dem neuen Gläubiger (Abtretung). Von der Abtretung handeln die §§ 398—411;

2. unmittelbar durch gesetzliche Vorschrift (Uebertragung kraft Gesetzes). § 412;

3. durch eine gerichtliche Anordnung. Die Bestimmungen über diese Art der Uebertragung finden sich in der C.P.O. S. die §§ 828 ff. C.P.O. n. Nr.

Die Verpflichtung des abtretenden Gläubigers zur Gewährleistung gründet sich nicht auf die Uebertragung, sondern auf das derselben zu Grunde liegende obligatorische Verhältniß. Die Bestimmungen hierüber sind deßhalb unter die Allgemeinen Vorschriften über den Kauf (§§ 437, 438, 445) aufgenommen worden. P. I, 386.

§ 398.

Eine Forderung kann von dem Gläubiger durch Vertrag mit einem Anderen auf diesen übertragen werden (Abtretung). Mit dem Abschlusse des Vertrags tritt der neue Gläubiger an die Stelle des bisherigen Gläubigers.

E. I, 293, 294 Abs. 1, 2; II, 342; III, 392

1. Zur rechtsgeschäftlichen Uebertragung einer Forderung auf einen neuen Gläubiger (Abtretung) ist ein Vertrag erforderlich. Eine einseitige Abtretungserklärung kann die Uebertragung der Forderung nicht bewirken.

Mit dem Abschlusse des Vertrages (§§ 151, 152) zwischen dem bisherigen Gläubiger und dem neuen Gläubiger geht die Forderung auf letzteren über. Einer Einwilligung oder Mitwirkung des Schuldners bedarf es nicht.

Auch eine Anzeige an den Schuldner ist für die Rechtswirksamkeit der Uebertragung — sei es gegenüber dem Schuldner, sei es gegenüber einem Dritten — nicht erforderlich. Der Schuldner ist gegen etwaige Nachtheile, die ihm aus der Unterlassung einer Anzeige entstehen können, ausreichend geschützt durch die Vorschriften der §§ 406—411.

2. Alle Forderungen aus Schuldverhältnissen sind nach der uneingeschränkten Bestimmung des § 398 Satz 1 übertragbar, soweit nicht im Gesetze selbst Ausnahmen gemacht sind. Ueber diese Ausnahmen s. §§ 399, 400. Also auch Nebenforderungen können selbständig ohne die Hauptforderung übertragen werden. Ebenso M. II, 121. — A. M. Oertmann, Anm. 2 b zu § 399.

Die Abtretung ist übrigens nicht beschränkt auf Forderungen aus Schuldverhältnissen, auch Ansprüche aus dinglichen Rechten (§§ 255, 870, 931), erbrechtliche Ansprüche z. B. der Erbschaftsanspruch (§ 2018), der Pflichttheilsanspruch (§ 2317) und andere Rechte sind übertragbar. S. § 413.

3. Der Abtretungsvertrag ist ebenso wie der Erlaßvertrag ein abstraktes, von seinem Rechtsgrund in Ansehung seiner Wirksamkeit unabhängiges Rechtsgeschäft. S. Vorbem. IV zum zweiten Buche und M. II, 120.

4. Der Abtretungsvertrag bewirkt unmittelbar den Verlust der Forderung für den bisherigen Gläubiger und den Erwerb derselben durch den neuen Gläubiger. Er ist sohin eine Verfügung im Sinne des B.G.B. Wird eine Forderung von Jemand abgetreten, der zur Verfügung über die Forderung nicht berechtigt ist, so kommen die Vorschriften des § 185 zur Anwendung.

5. Der Abtretungsvertrag ist formfrei, soweit nicht im Gesetze selbst für die Abtretung gewisser Forderungen bestimmte Formen vorgeschrieben sind, wie z. B. für die Uebertragung des gesetzlichen Erbtheils oder Pflichttheils in § 312 Abs. 2 Satz 2, für die Uebertragung von Hypothekforderungen in § 1154.

Auf die schenkungsweise Abtretung einer Forderung findet die Formvorschrift des § 518 Abs. 1 keine Anwendung, da die Abtretung nicht Versprechen der Leistung, sondern Bewirkung derselben ist.

6. Bezüglich der auf den Inhaber ausgestellten Staatsschuldverschreibungen, welche auf den Namen des Gläubigers umgeschrieben sind, wird in Art. 53, 55, 57 des bayrischen A.G. z. B.G.B. bestimmt, daß die Uebertragung derselben der Staatskasse gegenüber erst mit der Umschreibung wirksam wird. Hiedurch wird jedoch nur die Wirksamkeit der Uebertragung gegenüber der Staatskasse berührt, im Uebrigen genügt zur rechtswirksamen Uebertragung der formlose Abtretungsvertrag in Verbindung mit der Uebergabe der Schuldurkunde. Die Vorschriften der Art. 53, 55 sind zufolge Art. 57 des erwähnten Gesetzes auch entsprechend anwendbar auf Schuldverschreibungen, die von einer dem bayerischen Staate angehörenden Körperschaft, Stiftung oder Anstalt des öffentlichen Rechtes ausgestellt sind.

§ 399.

Eine Forderung kann nicht abgetreten werden, wenn die Leistung an einen anderen als den ursprünglichen Gläubiger nicht ohne Veränderung ihres Inhalts erfolgen kann oder wenn die Abtretung durch Vereinbarung mit dem Schuldner ausgeschlossen ist.

E. I, 295; II, 343; III, 393.

1. Unübertragbar ist zufolge § 399 eine Forderung:

a) wenn an einen anderen als den ursprünglichen Gläubiger ohne Veränderung des Inhaltes der Leistung nicht geleistet werden kann. Ob diese Voraussetzung vorliegt, ist aus den Umständen des Einzelfalles zu beantworten. Für gewisse Ansprüche gibt das Gesetz selbst besondere Bestimmungen. So wird im Zweifel für unübertragbar erklärt in § 613 der Anspruch auf die vereinbarten Dienste beim Dienstvertrage. Vgl. auch die Bestimmungen über die Ausschließung der Uebertragung in den §§ 514, 664, 717, 719, 847, 1092, 1153 Abs. 2, 1300 Abs. 2, 1427 Abs. 2 S. 3, 1585 Abs. 1 S. 2, 1623, 1658.

Im E. I § 295 waren ferner als unübertragbar bezeichnet „Forderungen, welche von einer nicht übertragbaren Eigenschaft des Gläubigers abhängen“. Hierunter sollten „Mitgliedschaftsrechte“ verstanden sein. Die II. Komm. hat diesen Satz gestrichen, weil er sich aus der gegenwärtigen Fassung des Paragraphen von selbst ergebe. Vgl. P. I, 384.

Die Forderung ist ferner unübertragbar nach § 399:

b) wenn der Schuldner durch Vertrag mit dem ursprünglichen Gläubiger die Abtretung ausgeschlossen hat, was sowohl bei der Begründung der Forderung als auch nachträglich geschehen kann.

Letztere Vorschrift, welche allerdings eine Durchbrechung des in § 137 aufgestellten Prinzips enthält, verdankt ihre Aufnahme in das Gesetz einem Beschlusse der II. Komm. Es wurde hiebei insbesondere an die in den Statuten vieler Versicherungsgesellschaften vorkommenden Bestimmungen über die Unübertragbarkeit des Versicherungsanspruchs und an die in den Reglements der Eisenbahnen 2c. sich findende Ausschließung der Uebertragbarkeit der Rückfahrts=, Rundreise= und Abonnementskarten gedacht. (P. I, 384. Vgl. auch § 405 Anm. II.) Die Gefahr, daß ein böswilliger Schuldner diese Bestimmung dazu mißbrauchen werde, die ihm zustehenden Forderungen dem Zugriffe seiner Gläubiger zu entziehen, wird beseitigt durch die unten in Anm. 3 erwähnte Vorschrift des § 851 Abs. 2 C.P.O. n. Nr., welche gemäß § 1 K.O. auch für das Konkursverfahren wirkt.

2. Die Uebertragung einer nach § 399 unübertragbaren Forderung ist rechtlich unwirksam nicht bloß für die Vertragschließenden, sondern auch jedem Dritten gegenüber. Vgl. jedoch § 405 Anm. II.

3. Die Bestimmung des § 399, welche zunächst nur von der Abtretung einer Forderung, d. i. von der Uebertragung durch Vertrag spricht, findet zufolge § 412 auch entsprechende Anwendung auf die Uebertragung einer Forderung kraft Gesetzes.

§ 400.

Eine Forderung kann nicht abgetreten werden, soweit sie der Pfändung nicht unterworfen ist.

E. I, 296 Abs. 1; II, 344, III, 394.

1. Die Bestimmung, daß eine Forderung nicht abgetreten werden kann, soweit sie der Pfändung nicht unterworfen ist, entspricht jener des § 394 über die Ausschließung der Aufrechnung gegen eine unpfändbare Forderung. Welche Forderungen der Pfändung nicht unterworfen sind; darüber s. Anm. 1 zu § 394. Auch das Recht zur Rücknahme der hinterlegten Sache ist nach § 377 Abs. 1 unpfändbar und deßhalb auch unübertragbar. S. Anm. 1 zu § 377.

2. Eine Forderung kann, soweit sie unpfändbar ist, zufolge § 412 auch nicht kraft Gesetzes auf einen Anderen übergehen.

Bezüglich der Ueberweisung durch gerichtliche Anordnung bestimmt § 851 Abs. 1 C.P.O. n. Nr., daß eine Forderung in Ermangelung besonderer Vorschriften der Pfändung (also auch der Ueberweisung, da diese stets eine Pfändung der Forderung zur Voraussetzung hat) nur insoweit unterworfen ist, als die Forderung übertragbar ist.

Für die Uebertragung durch gerichtliche Anordnung ist § 851 Abs. 2 n. Nr. der C.P.O. maßgebend, wonach eine nach § 399 B.G.B. nicht übertragbare Forderung insoweit gepfändet und zur Einziehung überwiesen werden kann, als der geschuldete Gegenstand der Pfändung unterworfen ist.

3. Ist eine Forderung nur zum Theile der Pfändung entzogen (s. § 850 Abs. 1 Nr. 3, Abs. 2 u. 3 C.P.O. n. Nr.), so ist der pfändbare Theil übertragbar.

4. Ein unveräußerliches Recht ist nach § 857 Abs. 3 C.P.O. n. Nr. in Ermangelung besonderer Vorschriften insoweit pfändbar, als die Ausübung einem Anderen überlassen werden kann. S. Anm. 2 zu § 413.

5. Soweit ein Recht nicht übertragbar ist, kann auch ein Pfandrecht an dem Rechte nicht bestellt werden. § 1274 Abs. 2.

6. Ueber die den Landesgesetzen vorbehaltene Beschränkung der Uebertragbarkeit der Ansprüche von Beamten auf Besoldung rc. s. Art. 81 E.G.

§ 401.

Mit der abgetretenen Forderung gehen die Hypotheken oder Pfandrechte, die für sie bestehen, sowie die Rechte aus einer für sie bestellten Bürgschaft auf den neuen Gläubiger über.

Ein mit der Forderung für den Fall der Zwangsvollstreckung oder des Konkurses verbundenes Vorzugsrecht kann auch der neue Gläubiger geltend machen.

E. I, 297; II, 345; III, 395.

1. Die Bestimmung, daß mit der abgetretenen Forderung die Hypotheken oder Pfandrechte, die für die Forderung bestehen, sowie die Rechte aus einer für die Forderung bestellten Bürgschaft auf den neuen Gläubiger übergehen, ergibt sich aus der accessorischen Natur dieser Rechte. Sie entspricht auch dem bisherigen Rechte. (Vgl. Dernburg, Pand. Bd. 2 § 51 Nr. 2; Windscheid, Pand. Bd. 2 § 332 Nr. 2.)

Die Bestimmung ist übrigens dispositiv. M. II, 124. Nur für Hypothekforderungen gibt § 1153 Abs. 2 die zwingende Vorschrift, daß die Forderung nicht ohne die Hypothek und die Hypothek nicht ohne die Forderung übertragen werden kann. Bei der Sicherungshypothek (Maximalhypothek: § 1190) dagegen, bei welcher die Forderung nach den für die Uebertragung von Forderungen geltenden allgemeinen Vorschriften übertragen werden kann, ist der Uebergang der Hypothek ausgeschlossen, wenn die Forderung nach diesen Vorschriften übertragen wird. § 1190 Abs. 4.

Das Pfandrecht kann nicht ohne die Forderung übertragen werden (§ 1250 Abs. 1 Satz 2), wohl aber umgekehrt die Forderung ohne das Pfandrecht. Wird bei der Uebertragung der Forderung der Uebergang des Pfandrechtes ausgeschlossen, so erlischt das Pfandrecht (§ 1250 Abs. 2). S. Anm. II zu § 1250.

Der neue Pfandgläubiger kann vom bisherigen Pfandgläubiger die Herausgabe des Pfandes verlangen. § 1251. Bezüglich der gerichtlichen Ueberweisung einer durch ein Pfandrecht an einer beweglichen Sache gesicherten Forderung s. § 838 C.P.O. n. Nr.

2. Der Anspruch aus dem Versprechen einer Vertragsstrafe gehört zum Inhalte des Schuldverhältnisses, welches durch die Vereinbarung der Strafe eine besondere Gestaltung erhält (P. I, 422). Er geht stets mit der Hauptforderung auf den neuen Gläubiger über. Ist dagegen eine nach § 341 versprochene Vertragsstrafe einmal verwirkt, so ist das Recht auf dieselbe ein selbständiger Anspruch neben dem Hauptanspruche geworden und geht mit dem letzteren bloß dann auf den neuen Gläubiger über, wenn ein hierauf gerichteter Wille der Vertragschließenden erklärt oder anzunehmen ist. Dies gilt auch von dem Anspruch auf (gesetzliche wie vertragsmäßige) Zinsen und von sonstigen Nebenforderungen. Eine allgemeine Auslegungsregel gibt das B.G.B. nicht. (M. II, 125. Ebenso Planck, Anm. 1 zu § 401. Dagegen spricht Endemann, Bd. 1 Anm. 2 zu § 152, das Recht auf die Nebenforderungen regelmäßig dem neuen Gläubiger zu.)

3. Abs. 2 entscheidet eine Streitfrage des bisherigen Rechtes. (Vgl. Dernburg, Pand. Bd. 2 § 51 Note 6; Windscheid, Pand. Bd. 2 § 332 Nr. 2), und zwar nicht bloß für die Konkursvorrechte, sondern auch für die mit der Forderung für den Fall der Zwangsvollstreckung verbundenen Vorzugsrechte. Wird z. B. eine der in § 61 K.O. aufgeführten bevorrechtigten Forderungen übertragen, so gilt die Rangordnung des § 61 auch für den neuen Gläubiger. Anders bei der Schuldübernahme (s. § 418 Abs. 2).

4. Sowohl die Vorschrift des Abs. 1 als jene des Abs. 2 finden gemäß § 412 auch Anwendung auf die Uebertragung kraft Gesetzes.

5. Die Rechte des neuen Gläubigers aus einer Ueberweisung durch gerichtliche Anordnung sind geregelt in der C.P.O. §§ 830, 836—838 n. Nr.

§ 402.

Der bisherige Gläubiger ist verpflichtet, dem neuen Gläubiger die zur Geltendmachung der Forderung nöthige Auskunft zu ertheilen und ihm die zum Beweise der Forderung dienenden Urkunden, soweit sie sich in seinem Besitze befinden, auszuliefern.

E. I, 301; II, 346 Satz 1; III, 396.

1. Die in § 402 dem bisherigen Gläubiger auferlegten Verpflichtungen knüpfen sich an die Uebertragung, nicht an den dieser zu Grunde liegenden obligatorischen Rechtsgrund. Die Pflicht zur Auskunftsertheilung erstreckt sich nicht weiter als zur Geltendmachung der Forderung nöthig ist, die zum Beweise der Forderungen dienenden Urkunden dagegen hat der bisherige Gläubiger, soweit er dieselben besitzt, schlechthin dem neuen Gläubiger auszuliefern d. i. herauszugeben.

Wenn nicht die ganze Forderung, sondern nur ein Theil derselben übertragen wird, während für die ganze Forderung nur eine Urkunde ausgestellt ist, so kann der neue Gläubiger die Herausgabe der Urkunde nur gegen die Verpflichtung zur Rückgabe nach gemachtem Gebrauche verlangen. Vgl. Entsch. d. R.G. XXI S. 368. Soferne der neue Gläubiger die Forderung auch unter Benutzung eines öffentlich beglaubigten Auszuges aus der Urkunde geltend machen kann, wird er sich nach Analogie des § 444 Satz 2 mit einem solchen Auszuge begnügen müssen. Die auf die Ertheilung desselben erwachsenden Kosten hat, wenn nichts Anderes vereinbart ist, der bisherige Gläubiger auf Grund seiner Auslieferungspflicht zu tragen.

Das Gleiche gilt, wenn eine einzige Urkunde über mehrere Forderungen errichtet worden ist.

2. Die Bestimmung findet nach § 412 auch Anwendung auf die Uebertragung kraft Gesetzes und zufolge § 836 Abs. 3 C.P.O. n. Nr. auch auf die gerichtlich überwiesene Forderung.

§ 403.

Der bisherige Gläubiger hat dem neuen Gläubiger auf Verlangen eine öffentlich beglaubigte Urkunde über die Abtretung auszustellen. Die Kosten hat der neue Gläubiger zu tragen und vorzuschießen.

E. I, 301; II, 346 Satz 2; III, 397.

1. Ueber den Begriff der öffentlich beglaubigten Urkunde s. § 129, über die Zuständigkeit zur öffentlichen Beglaubigung die Anm. 2 u. 3 zu Art. 141 E.G.

2. Der neue Gläubiger hat die Kosten vorzuschießen. Er kann also nicht Ausstellung Zug um Zug gegen Bezahlung der Kosten verlangen, muß vielmehr seinerseits vorleisten, sofern nicht ein Anderes vereinbart ist.

3. Die Vorschrift des § 403 findet gemäß § 412 auch entsprechende Anwendung, wenn die Uebertragung unmittelbar kraft Gesetzes erfolgt ist. Die Urkunde muß die Anerkennung des bisherigen Gläubigers enthalten, daß seine Forderung kraft Gesetzes auf den neuen Gläubiger übergegangen ist. Vgl. M. II, 128.

Bei der Uebertragung durch gerichtliche Anordnung bedarf es einer solchen Urkunde nicht, weil hier der neue Gläubiger schon durch den Ueberweisungsbeschluß legitimirt ist.

§ 404.

Der Schuldner kann dem neuen Gläubiger die Einwendungen entgegensetzen, die zur Zeit der Abtretung der Forderung gegen den bisherigen Gläubiger begründet waren.

E. I, 302, II, 347; III, 398.

1. Die schon bisher in der Gesetzgebung und Praxis allgemein anerkannte Bestimmung des § 404 ergibt sich gleichfalls aus dem Prinzipe der Sondernachfolge in der Forderung.

Höchstpersönliche Einreden, welche unmittelbar auf Gesetzesvorschrift beruhen, kennt das B.G.B. nicht. Dagegen ist nach dem Prinzipe der Vertragsfreiheit die Begründung solcher Einreden durch Parteivereinbarung nicht ausgeschlossen. So kann z. B. eine Stundung auf bestimmte Zeit mit der Maßgabe vereinbart werden, daß die Stundungseinrede einem anderen als dem ursprünglichen Gläubiger gegenüber nicht geltend gemacht werden dürfe. In diesem Fall entscheidet der Inhalt der getroffenen Vereinbarung darüber, ob die Einrede dem neuen Gläubiger entgegengesetzt werden kann. (P. I, 388.)

2. Unter Einwendungen sind nach der Sprache des B.G.B. sowohl die Einreden im civilrechtlichen Sinne z. B. die Einrede des nicht erfüllten Vertrags (§ 320), als auch die auf rechtshindernde oder rechtsvernichtende Thatsachen gegründeten Einwendungen zu verstehen. Als Einwendung im Sinne des § 404 wird auch die Einrede des Schuldners erachtet werden müssen, daß er die abgetretene Forderung nur Zug um Zug gegen die Bewirkung einer ihm gebührenden Leistung zu erfüllen brauche. Es kann deßhalb der Schuldner ein zur Zeit der Abtretung begründetes Zurückbehaltungsrecht auch dem neuen Gläubiger entgegensetzen. (S. Anm. 5 zu § 273.)

3. Die Einwendungen müssen zur Zeit der Abtretung begründet sein. Hiedurch sind keineswegs alle Einwendungen ausgeschlossen, welche sich auf Thatsachen gründen, die erst später eingetreten sind. Es wird nur erfordert, daß der Rechtsgrund, auf welchem die Einwendungen beruhen, schon zur Zeit der Abtretung bestanden hat, mögen auch die Thatsachen, in Folge deren er wirksam wird, erst nach der Abtretung eingetreten sein. So kann z. B. der Schuldner dem neuen Gläubiger gegenüber einwenden, daß ihm die Gegenleistung des alten Gläubigers nach der Abtretung entwehrt worden oder daß nach der Abtretung eine auflösende Bedingung eingetreten ist, unter welcher die Forderung schon im Zeitpunkte der Abtretung stand. (P. I, 388; M. II, 129.)

4. Einwendungen, welche gegen den neuen Gläubiger begründet sind, kann der Schuldner selbstverständlich diesem unbeschränkt entgegensetzen. Unbenommen sind dem Schuldner ferner alle Einwendungen gegen die Sachlegitimation des neuen Gläubigers, also Einwendungen, welche die Gültigkeit des Uebertragungsaktes betreffen. Hieher gehört der häufig vorkommende Einwand, daß die Abtretung nur zum Schein erfolgt und deßhalb gemäß § 117 nichtig sei. Mit diesem Einwande kann der Schuldner aber nur dann durchdringen, wenn er nachweist, daß der Abtretungsakt selbst simulirt sei. Der Nachweis einer Vereinbarung zwischen dem bisherigen und dem neuen Gläubiger, daß der letztere dem Schuldner und Dritten gegenüber als Gläubiger gelten, dem bisherigen Gläubiger aber zur Herausgabe des vom Schuldner Geleisteten verpflichtet sein solle, genügt zur Begründung dieses Einwandes nicht. (M. II, 130).

5. Die Vorschrift des § 404 gilt auch für die Uebertragung kraft Gesetzes (§ 412), ebenso für die Uebertragung durch gerichtliche Anordnung, da die dem Schuldner zustehenden Rechte nicht dadurch verkürzt werden können, daß gegen seinen Gläubiger eine Zwangsvollstreckung betrieben wird.

§ 405.

Hat der Schuldner eine Urkunde über die Schuld ausgestellt, so kann er sich, wenn die Forderung unter Vorlegung der Urkunde abgetreten wird, dem neuen Gläubiger gegenüber nicht darauf berufen, daß die Eingehung oder Anerkennung des Schuldverhältnisses nur zum Schein erfolgt oder daß die Abtretung durch Vereinbarung mit dem ursprünglichen Gläubiger ausgeschlossen sei, es sei denn, daß der neue Gläubiger bei der Abtretung den Sachverhalt kannte oder kennen mußte.

E. II, 348; III, 399.

I. Beruht die abgetretene Forderung auf einem Scheingeschäfte, so ist sie nach § 117 nichtig. Der Einwand der Nichtigkeit kann zufolge der allgemeinen Bestimmung des § 404 auch dem neuen Gläubiger entgegengesetzt werden (Anm. 2 zu § 404). Die Regel des § 404 hat jedoch eine Einschränkung erhalten durch die von der II. Komm. aufgenommene Vorschrift des § 405 für den Fall, daß der Schuldner eine Urkunde über die Schuld ausgestellt hat und daß die Forderung unter Vorlegung der Urkunde abgetreten wird. In diesem Falle soll der Schuldner dafür einstehen, daß das Vertrauen des Erwerbers der Forderung auf die urkundliche Erklärung des Schuldners nicht getäuscht werde. (P. I, 390.) Er soll sich dem neuen Gläubiger gegenüber nicht darauf berufen dürfen, daß die Eingehung oder Anerkennung des Schuldverhältnisses nur zum Schein erfolgt sei.

1. Voraussetzung ist:

a) daß die Urkunde bei der Abtretung vorgelegt wird. Eine vorhergehende oder nachträgliche Vorlage hat die Wirkung des § 405 nicht. Nur dann, wenn die Urkunde im Zusammenhange mit dem Abtretungsakte vorgelegt wird, soll das Vertrauen des neuen Gläubigers auf die Ernstlichkeit des beurkundeten Vertrags geschützt werden:

b) daß der neue Gläubiger beim Erwerbe der Forderung in gutem Glauben war. Hat der neue Gläubiger bei der Abtretung den Sachverhalt gekannt oder kennen müssen (§ 122 Abs. 2), so ist ihm gegenüber der Einwand des Scheingeschäfts zulässig.

2. Nur der Einwand, daß die Eingehung oder die Anerkennung des Schuldverhältnisses zum Schein erfolgt sei, ist ausgeschlossen. Die Zulässigkeit aller anderen Einwendungen, gleichviel, ob sie aus der Urkunde ersichtlich sind oder nicht – abgesehen von dem in Anm. II behandelten Einwande der Unübertragbarkeit — bestimmt sich nach der Regel des § 404.

3. Weitere Abtretung der Forderung an einen dritten Gläubiger. Nach der Fassung des § 405 ist der Einwand des Scheingeschäfts demjenigen neuen Gläubiger gegenüber ausgeschlossen, bei welchem die Voraussetzungen des § 405 (Abtretung unter Vorlegung der Urkunde und guter Glaube beim Erwerbe der Forderung) zutreffen. Es schadet ihm nicht, wenn diese Voraussetzungen bei einem früheren Erwerber der Forderung, von welchem er seine Rechte herleitet, nicht vorhanden waren. Ebenso Oertmann, Anm. 3. Andererseits wird er sich aber auch nicht darauf berufen können, daß bei seinem Rechtsvorgänger die Voraussetzungen des § 405 vorliegen, wenn er selbst beim Erwerb der Forderung deren Nichtigkeit oder Unübertragbarkeit kannte. Die Ausführung in P. I, 391 trifft auf die gegenwärtige Fassung des § 405 nicht zu, weil die Worte „und seinen Rechtsnachfolgern" in das Gesetz nicht aufgenommen sind. A. M. Planck, Anm. 4 zu § 405.

II. Nach § 399 kann die Abtretung einer Forderung durch Vereinbarung zwischen dem Gläubiger und dem Schuldner mit Wirkung gegenüber jedem Dritten ausgeschlossen werden. (S. Anm. 2 zu § 399.) Auf eine solche Vereinbarung kann sich der Schuldner nicht berufen, wenn die Abtretung unter Vorlegung einer von ihm über das Schuldverhältniß ausgestellten Urkunde erfolgt. Da hiebei vorausgesetzt wird, daß der neue Gläubiger die der Abtretung entgegenstehende Vereinbarung im Zeitpunkte der Abtretung weder kannte noch kennen mußte, so kann der Schuldner sich gegen eine vertragswidrige Abtretung dadurch schützen, daß er die Vereinbarung der Nichtübertragbarkeit in die Urkunde aufnehmen bezw. bei nachträglicher Vereinbarung auf derselben vermerken läßt (P. VI, 167, 168).

Im Uebrigen gilt auch hier das oben in Anm. I, 1 u. 3 Gesagte.

§ 406.

Der Schuldner kann eine ihm gegen den bisherigen Gläubiger zustehende Forderung auch dem neuen Gläubiger gegenüber aufrechnen, es sei denn, daß er bei dem Erwerbe der Forderung von der Abtretung Kenntniß hatte oder daß die Forderung erst nach der Erlangung der Kenntniß und später als die abgetretene Forderung fällig geworden ist.

E. I, 303 II, 349, III, 400.

1. Da der neue Gläubiger mit dem Abschlusse des Abtretungsvertrags an Stelle des bisherigen Gläubigers in das Schuldverhältniß eintritt (§ 398 Abs. 2), so kann der Schuldner jedenfalls dem neuen Gläubiger gegenüber die ihm gegen diesen zustehenden Forderungen, soweit sie gesetzlich aufrechenbar sind, aufrechnen (§ 387).

2. Der Schuldner kann aber auch dem neuen Gläubiger gegenüber nach § 406 jene Forderungen aufrechnen, die ihm gegen den bisherigen Gläubiger zustehen. Ausgenommen sind nur:

a) Forderungen, die der Schuldner erst erworben hat, als er die Abtretung bereits kannte. Kennenmüssen (§ 122 Abs. 2) steht hier dem Kennen nicht gleich.

b) Forderungen, die dem Schuldner zwar schon vor erlangter Kenntniß von der Abtretung zustanden, die aber erst nach Erlangung der Kenntniß und später als die abgetretene Forderung fällig geworden sind.

Diese Bestimmung des § 406 entspricht vollständig jener des § 392 über die Aufrechnung gegen eine beschlagnahmte Forderung, nur mit dem Abmaße, daß hier statt des Zeitpunktes der Beschlagnahme der Zeitpunkt der erlangten Kenntniß von der Abtretung entscheidet. (Vgl. die Anm. zu § 392.) Auf welche Weise der Schuldner die Kenntniß von der Abtretung erlangt hat, ist gleichgültig. Es ist nicht nothwendig, daß ihm die Abtretung durch den neuen Gläubiger oder durch den bisherigen Gläubiger angezeigt wurde. Für den neuen Gläubiger wird es allerdings rathsam sein, sich durch unverzügliche Anzeige der Abtretung an den Schuldner gegen die ihm durch die Bestimmungen der §§ 406—408 drohenden Nachtheile zu schützen.

3. Im Fall einer mehrfachen Uebertragung kann der Schuldner unter den gleichen Voraussetzungen einem späteren Gläubiger gegenüber auch mit einer ihm gegen einen Zwischengläubiger zustehenden Forderung aufrechnen. (M. II, 131.)

4. Die Haftung des bisherigen Gläubigers gegenüber dem neuen Gläubiger bei wirksam erfolgter Aufrechnung bestimmt sich nach dem zwischen diesen beiden bestehenden obligatorischen Verhältnisse. (S. Vorbem. zu diesem Abschnitte.)

5. Die Beweislast für das Vorhandensein der in § 406 aufgeführten, die Aufrechnung ausschließenden Thatsachen trifft den neuen Gläubiger.

6. Die Vorschriften der §§ 406, 408 sind auch entsprechend anwendbar in den Fällen der §§ 720, 2019 Abs. 2, 2111 Abs. 1.

7. § 406 gilt auch für die Uebertragung kraft Gesetzes (§ 412). Für die Zulässigkeit der Aufrechnung gegenüber einem Gläubiger, welchem die Forderung durch gerichtliche Anordnung überwiesen wurde, ist § 392 maßgebend, da die gerichtliche Ueberweisung einer Forderung stets eine Beschlagnahme zur Voraussetzung hat.

§ 407.

Der neue Gläubiger muß eine Leistung, die der Schuldner nach der Abtretung an den bisherigen Gläubiger bewirkt, sowie jedes Rechtsgeschäft, das nach der Abtretung zwischen dem Schuldner und dem bisherigen Gläubiger in Ansehung der Forderung vorgenommen wird, gegen sich gelten lassen, es sei denn, daß der Schuldner die Abtretung bei der Leistung oder der Vornahme des Rechtsgeschäfts kennt.

Ist in einem nach der Abtretung zwischen dem Schuldner und dem bisherigen Gläubiger anhängig gewordenen Rechtsstreit ein rechtskräftiges Urtheil über die Forderung ergangen, so muß der neue Gläubiger das Urtheil gegen sich gelten lassen, es sei denn, daß der Schuldner die Abtretung bei dem Eintritte der Rechtshängigkeit gekannt hat.

E. I, 304; II, 350; III, 401.

1. Solange der Schuldner die Abtretung nicht kennt, kann er ohne Gefahr an den bisherigen Gläubiger leisten und jedes Rechtsgeschäft in Ansehung der Forderung wirksam mit dem bisherigen Gläubiger vornehmen. Der neue Gläubiger muß die Leistung und das vorgenommene Rechtsgeschäft trotz der inmitten liegenden Abtretung gegen sich gelten lassen. Als Rechtsgeschäfte in Ansehung der Forderung kommen beispielsweise in Betracht: ein Erlaßvertrag, eine Aufrechnungserklärung des Schuldners oder des bisherigen Gläubigers, eine Stundung, Mahnung, Kündigung. Auch eine Handlung, durch welche der Schuldner den bisherigen Gläubiger in Annahmeverzug setzt, wirkt gegen den neuen Gläubiger. Der letztere geräth ohne Weiteres in Annahmeverzug. (M. II, 133.)

2. Auch die Bestimmung des Abs. 2 bezweckt wie jene des Abs. 1 den Schutz des gutgläubigen Schuldners, welcher sich, ohne von der Abtretung Kenntniß zu haben, mit dem bisherigen Gläubiger eingelassen hat. Hiezu ist Folgendes zu bemerken:

a) Ist der Rechtsstreit schon vor der Abtretung rechtshängig geworden, so hat die Abtretung auf den Prozeß keinen Einfluß. Der neue Gläubiger ist nicht berechtigt, ohne Zustimmung des Schuldners den Prozeß als Hauptpartei an Stelle des bisherigen Gläubigers zu übernehmen oder eine Hauptintervention zu erheben. Tritt der neue Gläubiger als Nebenintervenient auf, so findet § 69 C.P.O. n. Nr. keine Anwendung. (§ 265 C.P.O. n. Nr.) Das rechtskräftige Urtheil wirkt auch für und gegen den neuen Gläubiger. (§ 325 C.P.O. n. Nr.)

b) Ist nach der Abtretung ein Rechtsstreit zwischen dem Schuldner und dem bisherigen Gläubiger über die abgetretene Forderung rechtshängig geworden, so ist zu unterscheiden, ob der Schuldner beim Eintritte der Rechtshängigkeit die Abtretung gekannt hat oder nicht.

α) Hat der Schuldner die Abtretung nicht gekannt, so muß der neue Gläubiger das über die Forderung ergangene rechtskräftige Urtheil gegen sich gelten lassen. (§ 407 Abs. 2.)

β) Hat der Schuldner die Abtretung gekannt, so kann er sich gegen etwaige Ansprüche des neuen Gläubigers dadurch schützen, daß er die Sachlegitimation des bisherigen Gläubigers bestreitet und nach §§ 72 ff. C.P.O. n. Nr. dem neuen Gläubiger den Streit verkündet. Tritt der letztere in den Streit ein, so kommt § 75 C.P.O. n. Nr. zur Anwendung. Tritt der neue Gläubiger nicht in den Streit ein, so erübrigt dem Schuldner noch das Recht der Hinterlegung, sofern er sich in entschuldbarer Ungewißheit darüber befindet, wer der berechtigte Gläubiger ist. (S. Anm. 2 b zu § 372.)

Die unter β aufgeführten Befugnisse stehen dem Schuldner selbstverständlich auch dann zu, wenn derselbe von der Abtretung erst nach dem Eintritte der Rechtshängigkeit Kenntniß erlangt hat. Der Schuldner hat also in diesem Falle die Wahl, ob er den Prozeß mit dem bisherigen Gläubiger durchführen und sich dem neuen Gläubiger gegenüber kraft der Bestimmung des § 407 Abs. 2 auf das Urtheil berufen oder ob er von den unter β aufgeführten Befugnissen Gebrauch machen will.

c) Der neue Gläubiger kann, wenn der Rechtsstreit erst nach der Abtretung rechtshängig geworden ist (ohne Unterschied, ob der Schuldner beim Eintritte der Rechtshängigkeit die Abtretung gekannt hat oder nicht), bis zur rechtskräftigen Entscheidung des Rechtsstreites die Hauptintervention erheben (§ 64 C.P.O. n. Nr.). Er kann auch dem Schuldner als Nebenintervenient beitreten (§ 66 C.P.O. n. Nr.). Beides dürfte nach der Fassung des § 407 Abs. 2 nicht zu bezweifeln sein. Hier ist lediglich bestimmt, daß der neue Gläubiger das Urtheil gegen sich gelten lassen muß; daß auch im Uebrigen die Abtretung gerade so zu behandeln sei, als wäre sie schon vor dem Eintritte der Rechtshängigkeit erfolgt (vgl. § 265 Abs. 2 u. 3 C.P.O. n. Nr.), kann aus § 407 Abs. 2 nicht gefolgert werden. Ebenso Planck, Anm. 2 zu § 407 mit Nachtrag S. 21, Oertmann, Anm. 2a zu § 407.

Sowohl zur Hauptintervention als zur Nebenintervention ist der neue Gläubiger zwar befugt aber nicht verpflichtet. Es ist ihm unbenommen auch ohne Rücksicht auf den anhängigen Rechtsstreit seinerseits den Schuldner einzuklagen.

3. Den Beweis, daß der Schuldner bei der Abtretung, bei der Vornahme des Rechtsgeschäfts, beim Eintritte der Rechtshängigkeit die Abtretung gekannt habe, muß der neue Gläubiger führen, welcher die Leistung, das Rechtsgeschäft, das Urtheil nicht gegen sich gelten lassen will.

Zu erweisen ist, daß der Schuldner sichere Kenntniß von der Abtretung hatte. Ein Kennenmüssen (§ 122 Abs. 2) genügt nicht. Auf welche Weise der Schuldner die Kenntniß erlangt hat, ist gleichgültig. S. Anm. 2 zu § 406 a. E.

4. Für die etwaigen Ersatzansprüche des neuen Gläubigers gegen den bisherigen Gläubiger ist das zwischen diesen Beiden bestehende obligatorische Verhältniß maßgebend. S. die Vorbem. zu diesem Abschnitte. Unter Umständen ist eine Haftung des bisherigen Gläubigers aus einer unerlaubten Handlung (§§ 823 ff.) event. wegen ungerechtfertigter Bereicherung (§ 816) begründet.

5. § 407 ist auch entsprechend anwendbar auf die Uebertragung kraft Gesetzes (§ 412), dagegen nicht auf die Ueberweisung durch gerichtliche Anordnung. Bei letzterer gilt die Uebertragung der Forderung als im Zeitpunkte der Zustellung des Ueberweisungsbeschlusses an den Drittschuldner erfolgt (§ 835 Abs. 3 mit § 829 Abs. 3 C.P.O. n. Nr.). Der Zeitpunkt, in welchem der Schuldner thatsächlich Kenntniß von der Ueberweisung erlangt hat, ist ohne Bedeutung. Vgl. Anm. 1 zu § 392.

§ 408.

Wird eine abgetretene Forderung von dem bisherigen Gläubiger nochmals an einen Dritten abgetreten, so finden, wenn der Schuldner an den Dritten leistet oder wenn zwischen dem Schuldner und dem Dritten ein Rechtsgeschäft vorgenommen oder ein Rechtsstreit anhängig wird, zu Gunsten des Schuldners die Vorschriften des § 407 dem früheren Erwerber gegenüber entsprechende Anwendung.

Das Gleiche gilt, wenn die bereits abgetretene Forderung durch gerichtlichen Beschluß einem Dritten überwiesen wird oder wenn der bisherige Gläubiger dem Dritten gegenüber anerkennt, daß die bereits abgetretene Forderung kraft Gesetzes auf den Dritten übergegangen sei.

E. I, 305; II, 351; III, 402.

1. Der ursprüngliche Gläubiger hat schon durch die erste Abtretung seine Forderung verloren (s. § 389). Eine Forderung, welche er nicht mehr hat, kann er nicht durch eine nochmalige Abtretung auf einen Dritten übertragen. Zum Schutze des Schuldners, welcher sich, ohne von der früheren Uebertragung Kenntniß zu haben, mit dem Dritten eingelassen hat, sollen jedoch die Vorschriften des § 407 entsprechende Anwendung finden, d. h. der frühere Erwerber muß gegen sich gelten lassen:

a) eine Leistung, welche der Schuldner nach der nochmaligen Abtretung an den Dritten bewirkt,
b) ein Rechtsgeschäft, das nach der nochmaligen Abtretung zwischen dem Schuldner und dem Dritten in Ansehung der Forderung vorgenommen wird (vgl. Anm. 1 zu § 407),
c) ein rechtskräftiges Urtheil, welches in einem nach der nochmaligen Abtretung zwischen dem Schuldner und dem Dritten anhängig gewordenen Rechtsstreit über die Forderung ergangen ist.

Vorausgesetzt wird hiebei, daß der Schuldner bei der Leistung ꝛc. die frühere Abtretung nicht gekannt hat.

2. Abs. 2. Die Lage ist die gleiche, wenn die nochmalige Uebertragung einer bereits abgetretenen Forderung an einen Dritten nicht durch Abtretung (Vertrag mit dem Dritten), sondern durch gerichtliche Ueberweisung (§ 835 C.P.O. n. Nr.) erfolgt oder wenn der bisherige Gläubiger einem Dritten gegenüber anerkennt, daß die von ihm bereits abgetretene Forderung kraft Gesetzes auf den Dritten übergegangen sei. Es finden deßhalb auch in diesen beiden Fällen die Vorschriften des § 407 entsprechende Anwendung. Selbstverständlich wird auch hier guter Glaube des Schuldners vorausgesetzt. Für die Anerkennung gegenüber dem Dritten ist eine besondere Form nicht vorgeschrieben, sie kann auch mündlich erfolgen.

3. Der frühere Erwerber muß die Leistung rc. nur zu Gunsten des Schuldners gegen sich gelten lassen. Der Anspruch wegen ungerechtfertigter Bereicherung nach § 816 gegen den Dritten (im Fall einer unentgeltlichen Verfügung z. B. eines schenkungsweisen Erlasses auch gegen den Schuldner) bleibt dem früheren Erwerber unbenommen.

Wegen der Ansprüche des früheren Erwerbers gegen den ursprünglichen Gläubiger s. Anm. 4 zu § 407.

4. Die Beweislast bestimmt sich ebenso wie in § 407. (S. dort Anm. 3.)

5. Die Vorschriften des § 408 finden auch Anwendung, wenn die erstmalige Uebertragung nicht durch Abtretung sondern kraft Gesetzes erfolgt ist (s. § 412), dagegen nicht, wenn die erstmalige Uebertragung auf gerichtlicher Ueberweisung beruhte, weil in letzterem Falle vom Gesetze präsumirt wird, daß der Schuldner durch die Zustellung des Ueberweisungsbeschlusses von der Uebertragung Kenntniß erlangt hat und damit sein guter Glaube ausgeschlossen ist. (S. Anm. 4 zu § 407.)

§ 409.

Zeigt der Gläubiger dem Schuldner an, daß er die Forderung abgetreten habe, so muß er dem Schuldner gegenüber die angezeigte Abtretung gegen sich gelten lassen, auch wenn sie nicht erfolgt oder nicht wirksam ist. Der Anzeige steht es gleich, wenn der Gläubiger eine Urkunde über die Abtretung dem in der Urkunde bezeichneten neuen Gläubiger ausgestellt hat und dieser sie dem Schuldner vorlegt.

Die Anzeige kann nur mit Zustimmung desjenigen zurückgenommen werden, welcher als der neue Gläubiger bezeichnet worden ist.

E. I, 306; II, 352, III, 403.

1. Die Anzeige ist ein einseitiges empfangsbedürftiges Rechtsgeschäft (§§ 130—132) gegenüber dem Schuldner. Sie bedarf keiner besonderen Form und kann sowohl mündlich als schriftlich erfolgen.

2. Die ordnungsmäßig bewirkte Anzeige des Gläubigers hat zur Folge, daß dieser dem Schuldner gegenüber die angezeigte Abtretung gegen sich gelten lassen muß auch wenn die Abtretung in Wirklichkeit nicht erfolgt oder wenn sie unwirksam (nichtig oder anfechtbar und angefochten) ist.

Das Gesetz legt hiebei (abweichend von den Bestimmungen der §§ 405—408) der Kenntniß des Schuldners von dem wahren Sachverhalte keine Bedeutung bei. Der anzeigende Gläubiger muß also selbst dann die mitgetheilte Abtretung gegen sich gelten lassen, wenn der Schuldner gewußt hat, daß die Abtretung nicht erfolgt oder unwirksam ist. (M. II. 135 fg.; P. I, 395.) In diesem Fall ist natürlich der Schuldner nicht verpflichtet, sich mit dem in der Anzeige benannten Gläubiger einzulassen. Es ist ihm vielmehr unbenommen, dessen Sachlegitimation zu bestreiten.

3. Die Anzeige muß von dem wirklichen Gläubiger ausgehen. Ein Gläubiger, welcher die Forderung durch eine frühere Abtretung bereits verloren hat, kann eine Anzeige mit der in § 409 bezeichneten Wirkung überhaupt nicht machen. Wenn also im Falle nochmaliger Uebertragung die Anzeige von dem gewesenen Gläubiger ausgeht, so kann nur § 408, nicht § 409 zur Anwendung kommen. Es kann nicht die Absicht des Gesetzes sein, auf Kosten des an der Anzeige unbetheiligten wirklichen Berechtigten den Schuldner zu schützen, wenn dieser an einen Andern als an den ihm bekannten wirklichen Berechtigten geleistet hat. (Ebenso im Ergebnisse M. II, 138 und mit zutreffender Begründung Oertmann, Anm. 5 zu § 409. A. A. Planck, Anm. 5, welcher die Bestimmungen des § 409 auch in dem Falle des § 408 für entsprechend anwendbar erklärt. Den Ausführungen Plancks ist entgegenzuhalten, daß derjenige, welcher seine Forderung abgetreten hat, nicht mehr „Gläubiger" und deßhalb zu einer Anzeige nach § 409 nicht mehr legitimirt ist.)

4. Abs. 1 Satz 2. Der Anzeige ist die Vorlegung einer vom Gläubiger über die Abtretung ausgestellten Urkunde an den Schuldner gleichgestellt. In der Urkunde muß das Abtretungsgeschäft aufgeführt und der neue Gläubiger bezeichnet sein. Erfordert wird ferner, daß der neue Gläubiger die Urkunde dem Schuldner vorlegt. Die Vorlegung durch den bisherigen Gläubiger hat übrigens die gleiche Wirkung, weil in ihr eine Anzeige im Sinne des § 409 Abs. 1 Satz 1 zu erblicken ist. Die Vor=

legung durch einen Dritten genügt nicht. Im Uebrigen gilt von der Vorlegung der Urkunde das in den Anm. 2 u. 3 über die Anzeige Gesagte.

5. Abs. 2. Zurücknahme der Anzeige. Die weittragenden Wirkungen, welche die Anzeige gegen den bisherigen Gläubiger äußert (s. Anm. 2), rechtfertigen die Zulassung einer Zurücknahme der Anzeige. Mit der Zurücknahme hören die Wirkungen der Anzeige für die Zukunft auf. (Ebenso Planck, Anm. 4 zu § 409.) Andererseits wirkt die Anzeige auch zu Gunsten des neuen Gläubigers, insofern als der Schuldner nach Empfang der Anzeige ohne jede Gefahr an den neuen Gläubiger leisten kann und deßhalb eher zur Leistung an diesen bereit sein wird, als wenn eine Anzeige nicht vorliegen würde. Eine schriftliche Anzeige gewährt dem neuen Gläubiger überdieß zufolge § 410 Abs. 2 den Vortheil, daß ihm der Schuldner auch ohne die Aushändigung einer Abtretungsurkunde des bisherigen Gläubigers zur Leistung verpflichtet ist. In § 409 Abs. 2 wird deßhalb bestimmt, daß die Anzeige nur mit Zustimmung desjenigen zurückgenommen werden kann, welcher als der neue Gläubiger bezeichnet worden ist. Diese Bestimmung bezieht sich nicht bloß auf die unmittelbare Anzeige sondern auch auf die mittelbar durch Vorlegung der Urkunde (Abs. 1 Satz 2) bewirkte Anzeige. Auf die Zustimmung finden die §§ 182—184 Anwendung.

6. Besteht die Abtretung nicht zu Recht, so kann der bisherige Gläubiger von dem in der Anzeige bezeichneten nach den Vorschriften über die Herausgabe einer ungerechtfertigten Bereicherung (§§ 812 ff.) die Zustimmung zur Zurücknahme verlangen. (Vgl. Anm. III zu § 376.) Gegebenen Falls kann er sich auch durch Erwirkung einer einstweiligen Verfügung nach § 935 C.P.O. n. Nr. gegen die Gefahr eines Mißbrauchs der Anzeige schützen. P. I, 399.

7. Zufolge § 412 finden die Bestimmungen des § 409 auch entsprechende Anwendung auf die Uebertragung kraft Gesetzes.

Für die Uebertragung durch gerichtliche Anordnung bestimmt § 836 Abs. 2 C.P.O., daß der Ueberweisungsbeschluß, auch wenn er mit Unrecht erlassen ist, zu Gunsten des Drittschuldners dem Schuldner gegenüber solange als rechtsbeständig gilt, bis er aufgehoben wird und die Aufhebung zur Kenntniß des Drittschuldners gelangt.

§ 410.

Der Schuldner ist dem neuen Gläubiger gegenüber zur Leistung nur gegen Aushändigung einer von dem bisherigen Gläubiger über die Abtretung ausgestellten Urkunde verpflichtet. Eine Kündigung oder eine Mahnung des neuen Gläubigers ist unwirksam, wenn sie ohne Vorlegung einer solchen Urkunde erfolgt und der Schuldner sie aus diesem Grunde unverzüglich zurückweist.

Diese Vorschriften finden keine Anwendung, wenn der bisherige Gläubiger dem Schuldner die Abtretung schriftlich angezeigt hat.

E. I, 308; II, 353; III, 404.

1. Der Vorschrift des § 410 liegt der Gedanke zu Grunde, daß der Schuldner solange nicht an den neuen Gläubiger zu leisten braucht, bis ihm der urkundliche Nachweis darüber verschafft wird, daß die von ihm an den neuen Gläubiger bewirkte Leistung nach der Bestimmung des § 409 auch dem bisherigen Gläubiger gegenüber wirksam ist (P. I, 397). Dieser Nachweis wird dem Schuldner beschafft:

a) durch die Aushändigung einer vom bisherigen Gläubiger über die Abtretung ausgestellten Urkunde (s. Anm. 4 zu § 409). Die Urkunde muß dem Schuldner ausgehändigt, nicht bloß vorgelegt werden. Die Aushändigung hat Zug um Zug gegen die Leistung zu erfolgen. (§ 274.) Nach der Fassung des § 410 ist es dem neuen Gläubiger nicht verstattet, durch Sicherheitsleistung die Ausübung des dem Schuldner in Ansehung der Leistung zustehenden Zurückbehaltungsrechtes abzuwenden. (§ 273 Abs. 3.) Der Schuldner, welcher „nur gegen die Aushändigung der Urkunde" zu leisten hat, braucht eben nicht gegen Sicherheitsleistung die Leistung zu bewirken. Die Bestimmungen des § 274 dagegen sind, da es sich um eine Verpflichtung zur Leistung Zug um Zug handelt, anwendbar. Ebenso Planck, Anm. 3, Oertmann, Anm. 2 zu § 410.

b) durch eine schriftliche Anzeige des bisherigen Gläubigers über die Abtretung bezw. über den Uebergang kraft Gesetzes. Hier wird weitergehend als in § 409 schriftliche Anzeige erfordert, weil es sich um die Beschaffung eines Nachweises für den Schuldner handelt.

Ueber die schriftliche Form s. § 126. Oeffentliche Beglaubigung der Anzeige oder Urkunde wird nicht erfordert. Der Schuldner kann auch nicht (wie in § 368 Satz 2 hinsichtlich der Quittung bestimmt ist) die Ertheilung der Anzeige oder Urkunde in einer besonderen Form verlangen. P. I, 397.

2. Die Vorschrift des Satzes 2 Abs. 1 entspricht jener des § 174. Die Zurückweisung der Kündigung oder Mahnung muß ohne schuldhaftes Zögern (§ 121) geschehen. Zugleich muß der Schuldner dem neuen Gläubiger zu erkennen geben, daß er die Kündigung bezw. Mahnung gerade wegen der unterlassenen Vorlegung der Urkunde zurückweise. Die Zurückweisung ist unzulässig, wenn der bisherige Gläubiger dem Schuldner vorher die Abtretung schriftlich angezeigt hat (§ 410 Abs. 2).

Die Beweislast anlangend hat der neue Gläubiger, welcher sich auf die Kündigung oder Mahnung beruft, zu beweisen, daß er wirksam gekündigt oder gemahnt, also bei der Mahnung oder Kündigung die Urkunde vorgelegt hat bezw. daß zu diesem Zeitpunkte dem Schuldner eine schriftliche Anzeige des bisherigen Gläubigers schon zugegangen war. Ebenso Planck, Anm. 5.

3. Will der neue Gläubiger eine auf ihn übergegangene Forderung klageweise geltend machen, so muß er vor der Erhebung der Klage dem Schuldner den Uebergang mittheilen und auf Verlangen nachweisen, widrigenfalls ihm die Prozeßkosten insoweit zur Last fallen, als sie dadurch entstanden sind, daß der verklagte Schuldner durch die Unterlassung der Mittheilung oder des Nachweises veranlaßt worden ist, den Anspruch zu bestreiten. (§ 94 C.P.O. n. Nr.)

Soweit der Schuldner den Anspruch noch mit anderen nicht stichhaltigen Gründen bekämpft hat, erfolgt seine Verurtheilung in die Kosten nach den allgemeinen Vorschriften.

4. § 410 gilt auch für die Uebertragung kraft Gesetzes. Statt der Abtretungsurkunde ist hier eine den gesetzlichen Uebergang der Forderung anerkennende Urkunde auszuhändigen.

Auf die gerichtliche Ueberweisung der Forderung findet § 410 keine Anwendung, weil die Anzeige bezw. Aushändigung der Urkunde durch die Zustellung des Ueberweisungsbeschlusses ersetzt wird (§ 836 Abs. 1 C.P.O. n. Nr.).

§ 411.

Tritt eine Militärperson, ein Beamter, ein Geistlicher oder ein Lehrer an einer öffentlichen Unterrichtsanstalt den übertragbaren Theil des Diensteinkommens, des Wartegeldes oder des Ruhegehalts ab, so ist die auszahlende Kasse durch Aushändigung einer von dem bisherigen Gläubiger ausgestellten, öffentlich beglaubigten Urkunde von der Abtretung zu benachrichtigen. Bis zur Benachrichtigung gilt die Abtretung als der Kasse nicht bekannt.

E. I, 311; II, 354; III, 405.

1. Die Vorschrift dient nur dem Zwecke, die Kassenbeamten sicher zu stellen und eine geordnete Kassenführung aufrecht zu erhalten. (M. II, 140; P. I, 404.) Sie schließt sich an die Vorschriften des § 6 Abs. 2 des Reichsbeamtengesetzes vom 31. März 1873 und des § 45 Abs. 2 des Reichsmilitärgesetzes vom 2. Mai 1874 an. Letztere Bestimmungen sind durch § 411 überflüssig geworden und deßhalb durch Art. 43 u. 45 E.G. aufgehoben.

2. Ueber den Begriff der Militärpersonen s. Reichsmilitärgesetz vom 2. Mai 1874 § 38, Militärstrafgesetzbuch vom 20. Juni 1872 § 4 und B.G.B. § 9.

Unter Beamten sind nur öffentliche Beamte verstanden nach Maßgabe des öffentlichen Reichs- oder Landesrechtes.

3. Welcher Theil des Diensteinkommens u. s. w. übertragbar ist, bestimmt sich nach § 850 C.P.O. n. Nr. mit § 400 B.G.B.

4. Ueber die öffentliche Beglaubigung, welche hier gesetzlich vorgeschrieben ist, s. § 129 und die Anm. 2 u. 3 zu Art 141 E.G.

5. Es wird nicht erfordert, daß gerade der bisherige Gläubiger die Kasse benachrichtigt. Die Benachrichtigung kann auch vom neuen Gläubiger unter Beifügung der öffentlich beglaubigten Abtretungsurkunde vorgenommen werden. (Vgl. P. I, 404.)

6. Die Bestimmung des § 411 Satz 2 darf nicht dahin verstanden werden, als ob durch die in Satz 1 vorgeschriebene Benachrichtigung die Gültigkeit der Abtretung be-

dingt wäre. Die Abtretung ist auch ohne diese Benachrichtigung wirksam, und die auszahlende Kasse kann die ihr anderweitig bekannt gewordene Abtretung, wie jeder andere Schuldner, berücksichtigen.

Die Unterlassung der Benachrichtigung hat nach der gedachten Bestimmung lediglich zur Folge, daß die auszahlende Kasse sich auf die dem gutgläubigen Schuldner in den §§ 406—408 eingeräumten Vortheile auch dann berufen kann, wenn sie etwa auf anderem Wege von der Abtretung Kenntniß erhalten haben sollte. Die Wirkungen, welche die §§ 406—408 an die Kenntniß des Schuldners knüpfen, treten erst mit der vorschriftsmäßigen Benachrichtigung ein.

7. Auf die Uebertragung kraft Gesetzes findet § 411 keine Anwendung (s. § 412). Für den etwaigen Fall, daß ein Gehalts- oder Pensionstheil kraft Gesetzes auf einen Andern übergehen sollte, ist die öffentliche Kasse jedem andern Schuldner gleichgestellt. Für die Ueberweisung durch gerichtliche Anordnung genügt statt der Benachrichtigung nach § 411 die Zustellung des Ueberweisungsbeschlusses an die auszahlende Kasse (§ 836 Abs. 1 C.P.O. n. Nr.)

§ 412.

Auf die Uebertragung einer Forderung kraft Gesetzes finden die Vorschriften der §§ 399 bis 404, 406 bis 410 entsprechende Anwendung.

E. I, 293—297, 301—306, 308; II, 355; III, 406.

1. Das B.G.B. kennt zahlreiche Fälle, in denen eine Forderung kraft Gesetzes auf einen neuen Gläubiger übergeht. S. z. B. die §§ 268 Abs. 3, 426 Abs. 2, 774 Abs. 1, 1143 Abs. 1, 1225, 1249, 1438, 1519 Abs. 2, 1549, 1607 Abs. 2, 1709 Abs. 2.

2. Die Bestimmungen des vierten Abschnitts über die Uebertragung der Forderung finden zufolge § 412 auch auf die Uebertragung kraft Gesetzes Anwendung mit Ausnahme der §§ 398, 405 u. 411. Die Ausschließung der Anwendbarkeit in den Fällen der §§ 398 u. 405 ergibt sich von selbst aus dem Inhalte dieser Paragraphen; für den wohl nur seltenen Fall, daß ein Gehalts- oder Pensionstheil eines Beamten ꝛc. kraft Gesetzes auf einen Andern übergehen sollte, genügen die allgemeinen Vorschriften.

§ 413.

Die Vorschriften über die Uebertragung von Forderungen finden auf die Uebertragung anderer Rechte entsprechende Anwendung, soweit nicht das Gesetz ein Anderes vorschreibt.

E. I, 312; II, 356; III, 407.

1. Die Bestimmungen der §§ 399—412, welche ihrem Wortlaute nach sich nur auf die Uebertragung von Forderungen beziehen, werden durch § 413 ausgedehnt auf die Uebertragung aller Rechte.

Diese Vorschrift ist nicht bloß von Bedeutung für die Uebertragung dinglicher, familienrechtlicher oder erbrechtlicher Ansprüche (s. Anm. 2 zu § 398), sondern insbesondere auch für die Uebertragung solcher Rechte, welche nicht im B.G.B. selbst, sondern in den neben demselben bestehenden Spezialgesetzen geregelt sind. S. z. B.: § 3 R.G. vom 11. Juni 1870, betreffend das Urheberrecht an Schriftstücken; § 2 R.G. vom 9. Januar 1876, betreffend das Urheberrecht an Werken der bildenden Künste; § 7 R.G. vom 10. Januar 1876, betreffend den Schutz der Photographieen; § 3 R.G. vom 11. Januar 1876, betreffend das Urheberrecht an Mustern und Modellen; § 6, § 19 Abs. 2 des Reichspatentgesetzes vom 7. April 1891.

Soweit nicht das B.G.B. oder die diese Rechte regelnden Spezialgesetze (vgl. Art. 2 E.G.) besondere Vorschriften geben, gelten für die Uebertragung aller dieser Rechte — insbesondere hinsichtlich der Form und der Wirkung der Uebertragung — die Bestimmungen der §§ 399—412 B.G.B. (M. II, 141.)

2. Die im E. I § 312 S. 2 enthaltene Bestimmung, daß ein unveräußerliches Recht in Ermangelung besonderer Vorschriften insoweit der Pfändung unterworfen ist, als die Ausübung einem Andern überlassen werden kann, ist als Abs. 3 des § 857 n. Nr. in die C.P.O. aufgenommen worden.

Fünfter Abschnitt.

Schuldübernahme.

Vorbemerkungen:

Das B.G.B. erkennt, wie eine Sondernachfolge in die Forderung (s. die Vorbem. zum vierten Abschnitte), so auch eine Sondernachfolge in die Schuld mit der Wirkung an, daß in das seinem Wesen nach bestehen bleibende Schuldverhältniß an die Stelle des alten Schuldners ein neuer Schuldner eintritt — Schuldübernahme —.

Während aber die der Uebertragung der Forderung auf den Gläubiger unabhängig von dem Willen des Schuldners sich vollzieht, ist die Schuldübernahme nur wirksam, wenn der Gläubiger, in dessen berechtigte Interessen durch einen Wechsel in der Person des Schuldners möglicher Weise einschneidend eingriffen wird, zu der Schuldübernahme seine Zustimmung gibt. Vgl. M. II, 143.

Die Schuldübernahme kann erfolgen entweder durch einen Vertrag zwischen dem Gläubiger und dem Uebernehmer (§ 414) oder durch einen Vertrag zwischen dem Schuldner und dem Uebernehmer (§ 415). In ersterem Falle bedarf es natürlich einer besonderen Zustimmungserklärung des Gläubigers nicht, weil dieser sein Einverständniß mit der Schuldübernahme schon durch den Vertragsabschluß zum Ausdrucke bringt; in letzterem Falle ist die Wirksamkeit der Schuldübernahme dadurch bedingt, daß der Gläubiger seine Genehmigung ertheilt. S. Anm. zu § 415.

Eine Zustimmung (im Sinne des § 182) des bisherigen Schuldners ist zur Wirksamkeit der Schuldübernahme niemals erforderlich.

§ 414.

Eine Schuld kann von einem Dritten durch Vertrag mit dem Gläubiger in der Weise übernommen werden, daß der Dritte an die Stelle des bisherigen Schuldners tritt.

E. I, 314; II, 357; III, 408

§ 414 handelt von der Schuldübernahme, welche zwischen dem Gläubiger und dem Uebernehmer vereinbart wird.

1. Bei dieser Art der Schuldübernahme wird mit dem Abschlusse des Vertrags der bisherige Schuldner ohne Weiteres von seiner Verbindlichkeit befreit und der Uebernehmer tritt an seine Stelle als Schuldner. Ob der bisherige Schuldner mit der Schuldübernahme einverstanden ist oder nicht, ist gänzlich belanglos.

2. Der Schuldübernahmevertrag ist ebenso wie der Erlaßvertrag und die Abtretung ein abstraktes Rechtsgeschäft, in seiner Wirksamkeit unabhängig von seinem Rechtsgrunde (s. Vorbem. IV zum zweiten Buche). Er ist an eine bestimmte Form nicht gebunden.

3. Die Schuldübernahme ist bei allen Schuldverhältnissen zulässig. Einer dem § 399 entsprechenden Einschränkung bedarf es für die Schuldübernahme nicht, weil bei dieser stets die Zustimmung des Gläubigers erforderlich ist. Dem Gläubiger, der zufolge § 364 eine andere als die geschuldete Leistung an Erfüllungsstatt annehmen kann, muß es auch unbenommen sein, eine Schuldübernahme selbst in solchen Fällen zu vereinbaren oder zu genehmigen, in welchen die Leistung durch einen anderen als den ursprünglichen Schuldner nicht ohne Veränderung ihres Inhalts erfolgen kann.

4. Ob die übernommene Schuld sich auf die Hauptleistung beschränkt oder ob auch die Nebenleistungen (Zinsen, Kosten) mit übernommen werden, ist eine jeweils für den einzelnen Fall zu entscheidende Thatfrage. Vgl. M. II, 146 und Anm. 2 zu § 401.

§ 415.

Wird die Schuldübernahme von dem Dritten mit dem Schuldner vereinbart, so hängt ihre Wirksamkeit von der Genehmigung des Gläubigers ab. Die Genehmigung kann erst erfolgen, wenn der Schuldner oder der Dritte dem Gläubiger die Schuldübernahme mitgetheilt hat. Bis zur Genehmigung können die Parteien den Vertrag ändern oder aufheben.

Wird die Genehmigung verweigert, so gilt die Schuldübernahme als nicht erfolgt. Fordert der Schuldner oder der Dritte den Gläubiger unter Bestimmung einer Frist zur Erklärung über die Genehmigung auf, so kann die Genehmigung nur bis zum Ablaufe der Frist erklärt werden; wird sie nicht erklärt, so gilt sie als verweigert.

Solange nicht der Gläubiger die Genehmigung ertheilt hat, ist im Zweifel der Uebernehmer dem Schuldner gegenüber verpflichtet, den Gläubiger rechtzeitig zu befriedigen. Das Gleiche gilt, wenn der Gläubiger die Genehmigung verweigert.

E. I, 315; II, 358; III, 409.

§ 415 regelt die Schuldübernahme, welche zwischen dem Schuldner und dem Uebernehmer vereinbart wird. S. M. II, 144, 145, und P. I, 405—412.

1. Das B.G.B. behandelt den Schuldübernahmevertrag, welchen der Schuldner mit dem Uebernehmer schließt, wie die Verfügung eines Nichtberechtigten über ein Forderungsrecht des Gläubigers und bestimmt deßhalb in Anlehnung an die Vorschrift des § 185, daß die Schuldübernahme, d. h. der Uebergang der Schuld von dem bisherigen Schuldner auf den Uebernehmer erst wirksam wird, wenn der Gläubiger den Vertrag genehmigt. Nur tritt hier noch die weitere Bestimmung hinzu, daß der Gläubiger den Vertrag erst dann genehmigen kann, wenn ihm der Schuldner oder der Uebernehmer die Schuldübernahme mitgetheilt hat. S. Anm. 5.

2. Wird die Genehmigung ertheilt, so sind die Wirkungen des Vertrages die gleichen wie bei dem zwischen dem Gläubiger und dem Uebernehmer geschlossenen Vertrage. S. Anm. 1 zu § 414.

Die Genehmigung wirkt auf den Zeitpunkt des Abschlusses des Uebernahmevertrages zurück, soweit nicht ein Anderes bestimmt ist (§ 184).

3. Solange die Genehmigung noch nicht ertheilt ist, hat der zwischen dem Schuldner und dem Uebernehmer geschlossene Uebernahmevertrag eine doppelte Wirkung:

a) Der Uebernehmer wird durch den Vertrag objektiv gebunden in der Weise, daß er, sobald die Genehmigung des Gläubigers erfolgt, an Stelle des bisherigen Schuldners in das Schuldverhältniß eintritt. Zugleich wird

b) der Uebernehmer dem bisherigen Schuldner obligatorisch verpflichtet, den Gläubiger rechtzeitig, d. i. mit dem Eintritte der Fälligkeit der Forderung (§ 271), zu befriedigen. Letztere Wirkung kommt dem Vertrage jedoch nur im Zweifel zu, sofern also nicht ein anderer Wille der Vertragschließenden erklärt oder aus den Umständen zu entnehmen ist. So kann z. B. von den Vertragschließenden gewollt sein, daß im Falle der Verweigerung der Genehmigung auch die obligatorische Gebundenheit des Uebernehmers wegfallen soll. Eine Verpflichtung des Uebernehmers, dem bisherigen Schuldner die Genehmigung des Gläubigers zu verschaffen, wird durch den Vertrag nicht begründet.

4. Da die Genehmigung nur im Interesse des Gläubigers erfordert wird, ist nach Analogie des § 185, welcher für die Behandlung des Schuldübernahmevertrages zum Vorbild gedient hat (s. P. I, 411), anzunehmen, daß auch eine vor dem Vertragsabschlusse oder gleichzeitig mit diesem ertheilte Einwilligung des Gläubigers die sofortige volle Wirksamkeit der Schuldübernahme herbeiführt. Ebenso M. II, 145 und Planck, Anm. 1 Abs. 2 zu § 415. Allerdings kann die Einwilligung bis zum Abschlusse des Vertrages widerrufen werden (§ 183).

5. Die Genehmigung kann erst erfolgen, wenn einer der Vertragschließenden, der Schuldner oder der Uebernehmer, dem Gläubiger die Schuldübernahme mitgetheilt hat. Als Grund dieser Vorschrift wird in M. II, 144 angegeben, dem Gläubiger solle nicht das Recht beigelegt werden, durch eine von den Vertragschließenden gar nicht veranlaßte Genehmigung in das zwischen ihnen beredete Vertragsverhältniß einzugreifen und ihrem Rechte zur nachträglichen Aufhebung oder Aenderung des Vertrages zu präjudiziren. Auch könnten die Vertragschließenden durch das uneingeschränkte Zugriffsrecht des Gläubigers in große Ungelegenheit gerathen, wenn sie in Unkenntniß von der ertheilten Genehmigung den Vertrag unter sich wieder aufheben oder ändern würden.

6. Bis zur Genehmigung können die Parteien den Vertrag ändern oder aufheben. Die Aenderung oder Aufhebung kann aber nur durch den über-

einstimmenden Willen beider Vertragschließenden bewirkt werden. Der einseitige Rücktritt eines derselben ist unwirksam.

7. Jeder der Vertragschließenden hat das Recht, den Gläubiger unter Bestimmung einer Frist zur Erklärung über die Genehmigung aufzufordern. Für die Frist ist eine bestimmte Zeit nicht vorgeschrieben, sie braucht auch nicht angemessen zu sein, die Bemessung derselben ist ganz dem Belieben des Auffordernden anheimgegeben.

Mit dem Ablaufe der Frist gilt die Genehmigung als verweigert, wenn sie nicht innerhalb der Frist ertheilt wurde.

Wenn sowohl der Schuldner als der Uebernehmer den Gläubiger aufgefordert und hiebei verschiedene Fristen gesetzt haben, so entscheidet die zuerst ablaufende Frist, weil jedem der beiden Auffordernden das selbständige Recht darauf zusteht, daß sich innerhalb der von ihm gesetzten Frist entscheide, ob die Genehmigung ertheilt oder verweigert ist.

8. Wird die Genehmigung verweigert, so gilt die Schuldübernahme als nicht erfolgt. Die objektive Gebundenheit (s. Anm. 3a) des Uebernehmers ist demnach nicht mehr vorhanden, es kann also ohne einen neuen Uebernahmevertrag nicht mehr die Wirkung eintreten, daß der Uebernehmer an Stelle des Schuldners tritt. Es ist ein neuer Vertragsabschluß erforderlich, wenn der Gläubiger wiederholt zur Erklärung über die einmal verweigerte Genehmigung aufgefordert werden will. (P. I, 412.)

Dagegen bleibt die obligatorische Verpflichtung des Uebernehmers (s. Anm. 3b) zufolge § 415 Abs. 3 Satz 2 im Zweifel bestehen.

9. Die Mittheilung der Schuldübernahme, die Aufforderung zur Erklärung der Genehmigung, die Ertheilung oder Verweigerung der Genehmigung sind einseitige empfangsbedürftige Rechtsgeschäfte (§§ 130—132). Die Ertheilung oder Verweigerung der Genehmigung kann jedem Theile gegenüber erklärt werden, gleichviel ob die Mittheilung bezw. Aufforderung von dem einen oder von dem andern der Vertragschließenden ausgegangen ist. (§ 182 Abs. 1.)

10. Auch der zwischen dem Schuldner und dem Uebernehmer abgeschlossene Vertrag ist ein abstrakter und formfrei wie der Vertrag zwischen dem Gläubiger und dem Uebernehmer. S. Anm. 2 zu § 414.

11. Der Vertrag nach § 415 ist wohl zu unterscheiden von dem in § 329 geregelten Vertrage zwischen dem Schuldner und einem Dritten, durch welchen der Dritte sich zur Befriedigung des Gläubigers verpflichtet, ohne die Schuld zu übernehmen, der sog. Erfüllungsübernahme. Durch letzteren Vertrag wird der Schuldner niemals befreit. Regelmäßig wird durch denselben nur die in Anm. 3b erwähnte obligatorische Verpflichtung des Dritten gegenüber dem Schuldner begründet. Allerdings kann auch, sofern der Wille der Vertragschließenden darauf gerichtet ist, dem Gläubiger unmittelbar das Recht erworben werden, von dem Dritten — neben dem Schuldner — die Befriedigung zu fordern. Im Zweifel ist Letzteres jedoch nicht anzunehmen. S. §§ 329 u. 328.

§ 416.

Uebernimmt der Erwerber eines Grundstücks durch Vertrag mit dem Veräußerer eine Schuld des Veräußerers, für die eine Hypothek an dem Grundstücke besteht, so kann der Gläubiger die Schuldübernahme nur genehmigen, wenn der Veräußerer sie ihm mittheilt. Sind seit dem Empfange der Mittheilung sechs Monate verstrichen, so gilt die Genehmigung als ertheilt, wenn nicht der Gläubiger sie dem Veräußerer gegenüber vorher verweigert hat; die Vorschrift des § 415 Abs. 2 Satz 2 findet keine Anwendung.

Die Mittheilung des Veräußerers kann erst erfolgen, wenn der Erwerber als Eigenthümer im Grundbuch eingetragen ist. Sie muß schriftlich geschehen und den Hinweis enthalten, daß der Uebernehmer an die Stelle des bisherigen Schuldners tritt, wenn nicht der Gläubiger die Verweigerung innerhalb der sechs Monate erklärt.

Der Veräußerer hat auf Verlangen des Erwerbers dem Gläubiger die Schuldübernahme mitzutheilen. Sobald die Ertheilung oder Verweigerung der Genehmigung feststeht, hat der Veräußerer den Erwerber zu benachrichtigen.

E I, 318 Abs. 2, II, 359, III, 410.

I. Die Bestimmungen des § 416, welche im Wesentlichen mit jenen des (durch Art. 175 Nr. 30 des bayrischen A.G. z. B.G.B. aufgehobenen) bayrischen Ges. vom 29. Mai 1886 Art. 1 Nr. 2 (bayrisches Gesetz- u. V.Bl. S. 226) übereinstimmen, verfolgen den Zweck, dem Veräußerer die Befreiung von der persönlichen Haftung für die bei der Veräußerung von dem Erwerber übernommenen Hypotheken zu erleichtern (P. I, 414) und die persönliche Schuld möglichst mit dem Eigenthum an dem für die Schuld verhafteten Grundstück in der Person des Erwerbers zu vereinigen. (D., 56).

Sie gelten nicht für die Schuldübernahme durch Vertrag zwischen dem Gläubiger und dem Dritten. Uebernimmt der Erwerber des Grundstückes durch Vertrag mit dem Hypothekgläubiger die Schuld, so findet § 414 Anwendung, d. h. mit dem Vertragsabschlusse tritt der Erwerber als persönlicher Schuldner an die Stelle des befreiten bisherigen Schuldners. Für die Wirkungen in Ansehung der Hypothek ist § 418 maßgebend.

Die Bestimmungen des § 416 treffen vielmehr nur die in § 415 behandelte Schuldübernahme durch Vertrag zwischen dem Schuldner und dem Dritten. Da es sich in § 416 um einen Spezialfall des § 415 handelt, finden die Bestimmungen des § 415 soweit Anwendung, als nicht § 416 etwas Besonderes vorschreibt: die Wirksamkeit der Uebernahme hängt also von der Genehmigung des Gläubigers ab. Bis zur Genehmigung können die Parteien den Vertrag ändern oder aufheben. Wird die Genehmigung verweigert, so gilt die Schuldübernahme als nicht erfolgt. Solange die Genehmigung nicht ertheilt ist und ebenso wenn die Genehmigung verweigert wird, ist im Zweifel der Uebernehmer dem Schuldner gegenüber verpflichtet, den Gläubiger rechtzeitig zu befriedigen.

II. Die besonderen Vorschriften des § 416 sind folgende:

1. In Ansehung der Mittheilung:

a) Der Gläubiger kann die Uebernahme nur genehmigen, wenn der Veräußerer, also der bisherige Schuldner, sie ihm mittheilt.

b) Der Veräußerer kann die Mittheilung erst machen, wenn der Erwerber als Eigenthümer im Grundbuch eingetragen ist.

c) Die Mittheilung kann nur schriftlich (§ 126) erfolgen und muß den ausdrücklichen Hinweis auf die gesetzliche Folge enthalten, daß der Uebernehmer an die Stelle des bisherigen Schuldners tritt, wenn nicht der Gläubiger innerhalb sechs Monaten von der Mittheilung an die Verweigerung erklärt.

Eine Mittheilung, welche den unter a, b und c aufgeführten zwingenden Vorschriften des Gesetzes nicht entspricht, kann also als Mittheilung im Sinne des § 416 überhaupt nicht erachtet werden. Auf eine solche Mittheilung hin kann weder die Genehmigung des Gläubigers erfolgen noch die Rechtsfolge des Abs. 1 Satz 2 sich verwirklichen. (Im Wesentlichen ebenso Planck in Anm. 1a und d, zum Theil jedoch abweichend bezüglich der Formvorschriften unter c in Anm. 1e zu § 416.)

d) Der Veräußerer muß auf Verlangen des Erwerbers dem Gläubiger die Schuldübernahme mittheilen. Kommt der Veräußerer dieser im Interesse des Erwerbers gegebenen Vorschrift nicht nach, so wird er dem letzteren schadensersatzpflichtig (P. I, 417, 418).

e) Die Vorschrift des § 415 Abs. 2 Satz 2 findet keine Anwendung, d. h. weder der Schuldner noch der Erwerber des Grundstückes kann dem Gläubiger eine Frist zur Erklärung mit der Wirkung bestimmen, daß die Genehmigung, wenn sie nicht innerhalb der Frist erklärt wird, als verweigert gilt.

2. Hat der Gläubiger seit dem Empfang (§§ 130—132) der Mittheilung sechs Monate verstreichen lassen, ohne die Genehmigung dem Veräußerer gegenüber zu verweigern, so gilt die Genehmigung mit dem Ablaufe der sechsmonatigen Frist als ertheilt. Ueber die rückwirkende Kraft der Genehmigung s. Anm. 2 zu § 415. Die Verweigerung dem Erwerber gegenüber ist wirkungslos, desgleichen auch eine etwa vor dem Ablaufe der Frist dem Erwerber gegenüber erklärte Genehmigung.

Letzteres wird schon aus dem Schlußsatze des § 416 gefolgert werden dürfen, in welchem nur der Veräußerer als zur Benachrichtigung verpflichtet erklärt wird, weil eben nur ihm gegenüber die Ertheilung oder Verweigerung der Genehmigung festgestellt wird. Diese Auffassung entspricht auch am besten dem Interesse des Veräußerers, dessen Schutz die Bestimmungen des § 416 vorzugsweise bezwecken. (Ebenso D. 56: „Nur der Erklärung (der Genehmigung oder Verweigerung), welche dem Schuldner (Veräußerer) gegenüber erfolgt, kommt rechtliche Bedeutung zu," ferner Oertmann, Anm. 1a zu § 416. A. M. Planck, Anm. 1b, bezüglich der Ertheilung der Genehmigung. Diese soll nach Planck auch dem Erwerber gegenüber wirksam erklärt werden können.)

3. Sobald die Genehmigung ausdrücklich verweigert oder ertheilt oder die Genehmigung durch den Ablauf der sechsmonatigen Frist festgestellt ist, hat der Veräußerer den Erwerber unaufgefordert zu benachrichtigen. Die Unterlassung verpflichtet ihn gegenüber dem Erwerber zum Schadensersatze.

III. Besondere Bestimmungen zu Gunsten des Veräußerers, welcher in Folge der Verweigerung der Genehmigung dem Gläubiger verhaftet bleibt, enthalten die §§ 1164—1167.

IV. § 416 findet keine Anwendung auf die Grundschuld und Rentenschuld (P. I, 418). Uebernimmt also der Erwerber durch Vertrag mit dem Veräußerer eine Grundschuld oder Rentenschuld, in Ansehung welcher dem Veräußerer eine persönliche Verbindlichkeit obliegt, so hat es bei den allgemeinen Bestimmungen des § 415 sein Bewenden.

V. Für die Uebergangszeit bis zur Anlegung des Grundbuchs ist zu bemerken, daß die Bestimmungen des § 416 nicht unter Art. 189 E.G. fallen und daher sofort mit dem Inkrafttreten des B.G.B. Geltung haben. Nur für die Mittheilung des Veräußerers, welche nach § 416 Abs. 2 Satz 1 erst erfolgen kann, wenn der Erwerber als Eigenthümer in das Grundbuch eingetragen ist, entscheidet statt des Zeitpunktes der Eintragung im Grundbuche der Zeitpunkt, in welchem das Eigenthum nach den bisherigen Gesetzen auf den Erwerber übergegangen ist. (Vgl. Art. 189 E.G., Art. 175 Nr. 30, Art. 177 bayrisches A.G. z. B.G.B. und die Verh. der K. d. Abg. des bayrischen Landtags 1898/99 Beil. Bd. 20 Abth. II, 35. Prot. d. Just.-Ges.-Aussch. S. 595, abgedr. in Becher, Mat. Abth. VII S. 167.)

§ 417.

Der Uebernehmer kann dem Gläubiger die Einwendungen entgegensetzen, welche sich aus dem Rechtsverhältnisse zwischen dem Gläubiger und dem bisherigen Schuldner ergeben. Eine dem bisherigen Schuldner zustehende Forderung kann er nicht aufrechnen.

Aus dem der Schuldübernahme zu Grunde liegenden Rechtsverhältnisse zwischen dem Uebernehmer und dem bisherigen Schuldner kann der Uebernehmer dem Gläubiger gegenüber Einwendungen nicht herleiten.

E. I, 316; II, 360; III, 411.

Bei der Schuldübernahme sind folgende rechtliche Beziehungen zu unterscheiden:

I. Der abstrakte Schuldübernahmevertrag. Die auf diesem Vertrage beruhenden Einwendungen (Nichtigkeit, Anfechtbarkeit des Vertrages) kann der Uebernehmer dem Gläubiger stets entgegensetzen, mag er den Vertrag mit dem Gläubiger selbst oder mit dem bisherigen Schuldner geschlossen haben.

II. Das dem Schuldübernahmevertrage zu Grunde liegende obligatorische Kausalgeschäft. (Auf dieses bezieht sich Abs. 2 des § 417.)

1. Einwendungen, welche aus diesem Geschäfte dem Uebernehmer gegen den bisherigen Schuldner zustehen, kann er dem Gläubiger nicht entgegensetzen (§ 417 Abs. 2). Hat z. B. der Uebernehmer sich dem bisherigen Schuldner gegenüber gegen eine Gegenleistung zur Schuldübernahme verpflichtet und steht dem Uebernehmer aus dieser Vereinbarung die Einrede des nicht erfüllten Vertrages gegen den bisherigen Schuldner zu, so kann er diese Einrede dem Gläubiger gegenüber nicht geltend machen, gleichviel ob der Schuldübernahmevertrag zwischen ihm und dem bisherigen Schuldner (§ 415) oder zwischen ihm und dem Gläubiger (§ 414) geschlossen worden ist.

Muß hienach der Uebernehmer an den Gläubiger eine Leistung machen, auf welche der Schuldner ihm gegenüber kein Recht hat, so kann er vom Schuldner Erstattung des Geleisteten wegen ungerechtfertigter Bereicherung nach den Bestimmungen der §§ 812 ff. verlangen. (P. I, 421.)

2. Ist die Schuldübernahme durch Vertrag zwischen dem Gläubiger und dem Uebernehmer vereinbart, so können dem Uebernehmer aus dem Kausalgeschäfte auch Einwendungen gegen den Gläubiger zustehen. Diese kann er dem Gläubiger gegenüber unbehindert geltend machen. Hiebei ist jedoch zu beachten, daß der Schuldübernahmevertrag ein abstraktes Rechtsgeschäft ist, daß also durch einen Mangel im Rechtsgrunde die Wirksamkeit des Schuldübernahmevertrages nicht berührt wird. Wegen eines solchen Mangels hat der Uebernehmer nur einen persönlichen Anspruch gegen den Gläubiger auf Wiederaufhebung der Schuldübernahme.

III. Das Schuldverhältniß zwischen dem Gläubiger und dem bisherigen Schuldner, in welches der Uebernehmer als neuer Schuldner eintritt.

1. Einwendungen, welche aus diesem Schuldverhältnisse dem bisherigen Schuldner gegen den Gläubiger zustehen, z. B. die Einrede der Stundung, des nicht erfüllten Vertrages, den Einwand der Tilgung durch Erfüllung, kann auch der Uebernehmer dem Gläubiger entgegensetzen. (§ 417 Abs. 1 S. 1.) Ebenso kann er sich dem Gläubiger gegenüber darauf berufen, daß das Schuldverhältniß durch eine von dem bisherigen Schuldner vor der Schuldübernahme vollzogene Aufrechnung erloschen sei. Dagegen kann er nicht mit einer dem bisherigen Schuldner gegen den Gläubiger zustehenden Forderung aufrechnen. (§ 417 Abs. 1 Satz 2.) Will der bisherige Schuldner dem Uebernehmer die Aufrechnung einer solchen Forderung ermöglichen, so muß er die Forderung zuvor durch einen besonderen Abtretungsvertrag auf den Uebernehmer übertragen.

IV. Daß der Uebernehmer alle Einwendungen, welche ihm selbst gegen den Gläubiger zustehen, diesem gegenüber geltend machen, daß er insbesondere auch mit einer ihm gegen den Gläubiger zustehenden Forderung aufrechnen kann, ist selbstverständlich.

§ 418.

In Folge der Schuldübernahme erlöschen die für die Forderung bestellten Bürgschaften und Pfandrechte. Besteht für die Forderung eine Hypothek, so tritt das Gleiche ein, wie wenn der Gläubiger auf die Hypothek verzichtet. Diese Vorschriften finden keine Anwendung, wenn der Bürge oder derjenige, welchem der verhaftete Gegenstand zur Zeit der Schuldübernahme gehört, in diese einwilligt.

Ein mit der Forderung für den Fall des Konkurses verbundenes Vorzugsrecht kann nicht im Konkurs über das Vermögen des Uebernehmers geltend gemacht werden.

E. I, 317; II, 361; III, 412.

1. Aus dem Prinzipe der Sondernachfolge in die Schuld (s. Vorbem. zu diesem Abschnitte) würde sich folgerichtig ergeben, daß die für die Forderung bestehenden Bürgschaften und Pfandrechte durch die Schuldübernahme nicht berührt werden. Da jedoch bei Bestellung einer Bürgschaft oder eines Pfandrechtes der Besteller in der Regel ein entscheidendes Gewicht auf die Person des Schuldners legt, so entspricht es der Billigkeit, daß in Folge der Schuldübernahme, welche sich ohne die Einwilligung des Bürgen oder Pfandeigenthümers vollzieht, die für die Forderung rechtsgeschäftlich bestellten Bürgschaften und Pfandrechte erlöschen (M. II, 147, P. I, 423/424). Die Vereinbarung einer Vertragsstrafe bleibt als zum Inhalte des Schuldverhältnisses gehörig bestehen. (P. I, 422.)

2. Die bestellten Bürgschaften und Pfandrechte bleiben bestehen, wenn der Bürge oder derjenige, welchem der verhaftete Gegenstand zur Zeit der Schuldübernahme gehört, in diese einwilligt. (§ 418 Abs. 1 Satz 3.) Die Einwilligung muß also vom Bürgen oder von demjenigen erklärt werden, welchem der verhaftete Gegenstand zur Zeit der Schuldübernahme gehört. Dies kann der Schuldner, der Schuldübernehmer oder auch ein Dritter sein.

Ist der Schuldübernehmer der Eigenthümer, so ist in dem Abschlusse des Uebernahmevertrags seine Einwilligung zu erblicken. Das Gleiche gilt, wenn bei dem zwischen dem Schuldner und dem Uebernehmer geschlossenen Vertrage der Schuldner Eigenthümer ist, von der Einwilligung des Schuldners.

Einwilligung ist erforderlich, also vorherige Zustimmung (§ 183). Die nachträgliche Zustimmung (Genehmigung) ist ausgeschlossen, weil mit der wirksamen Schuldübernahme Bürgschaften und Pfandrechte von selbst erlöschen.

3. Die Vorschrift des Abs. 1 beschränkt sich auf die bestellten Bürgschaften und Pfandrechte. Gesetzliche Bürgschaften und Pfandrechte bleiben auch ohne Einwilligung des Bürgen oder Pfandeigenthümers bestehen.

4. Besteht zur Zeit der Schuldübernahme für die Forderung eine Hypothek, so tritt das Gleiche ein, wie wenn der Gläubiger auf die Hypothek verzichtet hätte. Die Hypothek erlischt also nicht, sondern wird vom Eigenthümer des Grundstücks erworben (§ 1168 Abs. 1). Nur im Falle des Bestehens einer Gesammthypothek bewirkt der Verzicht des Gläubigers auf die Hypothek an einem der Grundstücke das Erlöschen der Hypothek an diesem Grundstücke (§ 1175 Abs. 1 Satz 2; P. I, 424).

Die Hypothek bleibt bestehen, wenn derjenige, welcher zur Zeit der Schuldübernahme Eigenthümer des Grundstücks ist, in die Schuldübernahme einwilligt.

5. Die Rangordnung der Gläubiger im Konkurs ist durch das Gesetz (§ 61 K.O.) mit zwingender Wirkung bestimmt. In diese Rangordnung kann der Gemeinschuldner nicht willkürlich eingreifen, indem er in den Kreis der bevorrechtigten Forderungen Ansprüche aufnimmt, deren Entstehung mit seinen persönlichen und wirthschaftlichen Verhältnissen in keiner Weise zusammenhängt (M. II, 147; P. I, 425). In § 418 Abs. 2 wird deßhalb bestimmt, daß ein für den Fall des Konkurses mit der Forderung verbundenes Vorzugsrecht im Konkurs über das Vermögen des Uebernehmers nicht geltend gemacht werden kann. Die abweichende Bestimmung in § 401 Abs. 2 für die Uebertragung der Forderung erklärt sich daraus, daß letztere die Rangordnung der Gläubiger unberührt läßt.

§ 419.

Uebernimmt Jemand durch Vertrag das Vermögen eines Anderen, so können dessen Gläubiger, unbeschadet der Fortdauer der Haftung des bisherigen Schuldners, von dem Abschlusse des Vertrags an ihre zu dieser Zeit bestehenden Ansprüche auch gegen den Uebernehmer geltend machen.

Die Haftung des Uebernehmers beschränkt sich auf den Bestand des übernommenen Vermögens und die ihm aus dem Vertrage zustehenden Ansprüche. Beruft sich der Uebernehmer auf die Beschränkung seiner Haftung, so finden die für die Haftung des Erben geltenden Vorschriften der §§ 1990, 1991 entsprechende Anwendung.

Die Haftung des Uebernehmers kann nicht durch Vereinbarung zwischen ihm und dem bisherigen Schuldner ausgeschlossen oder beschränkt werden.

E. I, 319; II, 362; III, 413.

1. Nach § 311 kann Jemand durch gerichtlich oder notariell beurkundeten Vertrag sich rechtswirksam verpflichten, sein ganzes gegenwärtiges Vermögen oder einen Bruchtheil desselben auf einen Anderen zu übertragen. Im Falle des Abschlusses eines solchen Vertrages erheischt jedoch das Interesse der Gläubiger des Uebertragenden besondere Schutzmaßregeln. Diese werden in § 419 gegeben:

a) Der Uebertragende bleibt wie bisher seinen Gläubigern für seine Schulden verhaftet. Mit dem Abschlusse des Vertrages aber haftet auch der Uebernehmer neben dem Uebertragenden als Gesammtschuldner (s. § 421 und Anm. 2c zu § 425) für die zur Zeit des Abschlusses des Vertrages bestehenden Ansprüche der Gläubiger. Die Haftung des Uebernehmers tritt kraft Gesetzes ein und kann durch Vereinbarung zwischen dem Uebernehmer und dem bisherigen Schuldner weder ausgeschlossen noch beschränkt werden. Eine Ausschließung oder Beschränkung der Haftung des Uebernehmers durch Vertrag zwischen dem Uebernehmer und einem Gläubiger ist selbstverständlich zulässig.

   Die Wirkungen einer etwa nach §§ 414 u. 415 vereinbarten Schuldübernahme werden durch die Vorschriften des § 419 nicht berührt. Der Uebertragende wird also in Ansehung solcher Schulden befreit, bezüglich welcher der Vermögensübernehmer einen besonderen Schuldübernahmevertrag nach § 414 mit dem Gläubiger oder nach § 415 mit dem Uebertragenden unter Genehmigung des Gläubigers abschließt.

b) Der Uebernehmer haftet den Gläubigern nur mit dem von ihm übernommenen Vermögen und mit den ihm aus dem Vertrage zustehenden Ansprüchen. Beruft sich der Uebernehmer auf die Beschränkung seiner Haftung, so finden die für die Haftung des Erben geltenden Vorschriften der §§ 1990, 1991 entsprechende Anwendung.

α) § 1990. Der Uebernehmer kann die Befriedigung eines Gläubigers des bisherigen Schuldners (des Uebertragenden) insoweit verweigern, als der Bestand des übernommenen Vermögens und die dem Uebernehmer aus dem Uebernahmevertrage gegen den bisherigen Schuldner zustehenden Ansprüche nicht ausreichen. — Den Beweis der Unzulänglichkeit des Vermögens muß der Uebernehmer führen. —

Verweigert der Uebernehmer die Befriedigung eines Gläubigers, so hat er das übernommene Vermögen und die Ansprüche zum Zwecke der Befriedigung des Gläubigers im Wege der Zwangsvollstreckung herauszugeben. Ein etwa nach Befriedigung des Gläubigers und Deckung der Zwangsvollstreckungskosten verbleibender Ueberschuß gebührt dem Uebernehmer.

β) § 1991. Macht der Uebernehmer von dem ihm nach § 1990 zustehenden Rechte Gebrauch, so finden auf seine Verantwortlichkeit und den Ersatz seiner Aufwendungen die §§ 1978, 1979 Anwendung. Der Uebernehmer ist also den Gläubigern für die bisherige Verwaltung des übernommenen Vermögens verantwortlich, wie wenn er vom Abschlusse des Uebernahmevertrags an die Verwaltung für sie als Beauftragter (§§ 666—668) zu führen gehabt hätte. Aufwendungen sind ihm aus dem Vermögen zu ersetzen, soweit er nach den Vorschriften über den Auftrag (§ 670) Ersatz verlangen könnte (§ 1978).

Die Berichtigung einer zu dem Vermögen gehörigen Verbindlichkeit durch den Uebernehmer müssen die Gläubiger als für Rechnung des Vermögens erfolgt gelten lassen, wenn der Uebernehmer den Umständen nach annehmen durfte, daß das Vermögen zur Berichtigung aller Verbindlichkeiten ausreiche (§ 1979).

Die in Folge der Vermögensübernahme durch Vereinigung von Recht und Verbindlichkeit oder von Recht und Belastung erloschenen Rechtsverhältnisse gelten im Verhältnisse zwischen dem Gläubiger und dem Uebernehmer als nicht erloschen. Die rechtskräftige Verurtheilung des Uebernehmers zur Befriedigung eines Gläubigers wirkt einem anderen Gläubiger gegenüber wie die Befriedigung.

2. Die Vorschriften des § 419 finden auch Anwendung, wenn der Uebertragende einzelne Vermögensgegenstände für sich zurückbehält oder wenn nur ein Bruchtheil des Vermögens übertragen wird. (P. I, 428, 430.)

3. Bezüglich der Uebernahme eines Handelsgeschäftes s. § 25 H.G.B.

4. Ueber die Ertheilung einer vollstreckbaren Urtheilsausfertigung gegen den Uebernehmer s. § 729 Abs. 1 C.P.O. n. Nr.

Sechster Abschnitt.

Mehrheit von Schuldnern und Gläubigern.

Vorbemerkungen.

Ist bei einem Schuldverhältnisse eine Mehrheit von Personen auf der Gläubiger- oder auf der Schuldnerseite oder auf beiden Seiten vorhanden, so unterscheidet der sechste Abschnitt des zweiten Buches folgende Arten der Betheiligung der mehreren Personen am Schuldverhältnisse:

I. Verpflichtung und Berechtigung zu gleichen Antheilen. (§ 420.) Jeder Schuldner ist nur zu einem gleichen Antheile verpflichtet, jeder Gläubiger zu einem gleichen Antheile berechtigt. Diese Art der Betheiligung bildet ebenso wie im gemeinen Rechte (Dernburg, Pand. Bd. 2 § 71 Note 9, Windscheid, Pand. Bd. 2 § 292) und im B.L.R. (Thl. IV cap. 1 § 21 Nr. 6) die Regel, wenn die geschuldete Leistung eine theilbare ist. Das Nähere s. in den Anm. zu § 420

II. Verpflichtung als Gesammtschuldner und Berechtigung als Gesammtgläubiger. Der Ausdruck „Gesammtschuldverhältniß" wird im B.G.B. vermieden. (Vgl. P I, 433, und Jak. Bem. S. 72 zu E. I, 321.)

1. Verpflichtung als Gesammtschuldner (sog. passives Gesammtschuldverhältniß), wenn die mehreren Schuldner die Leistung in der Weise schulden, daß jeder die ganze Leistung zu bewirken verpflichtet, der Gläubiger aber die Leistung nur einmal zu fordern berechtigt ist. Von diesem Verhältnisse handeln die §§ 421—427.

Die Gesammtschuldner-Verpflichtung wird begründet:

a) durch einen Vertrag, in welchem diese Art der Verpflichtung besonders vereinbart wird. Eine solche Vereinbarung wird stets anzunehmen sein, wenn die Vertragschließenden einen der in der bisherigen Praxis üblichen Ausdrücke wie „sammt und sonders", „Alle für Einen und Einer für Alle", „zu ungetheilter Hand", „solidarisch", „korreal" ꝛc. gebrauchen;

b) auch ohne eine besondere Vereinbarung, wenn sich Mehrere durch Vertrag gemeinschaftlich zu einer theilbaren Leistung verpflichten, zufolge der Auslegungsregel des § 427;

c) stets kraft Gesetzes, wenn Mehrere eine untheilbare Leistung schulden, § 431;

d) außerdem noch in einer Reihe von Fällen zufolge besonderer gesetzlicher Vorschrift, z. B. in den Fällen der §§ 42, 53, 54, 86, 89, 769, 840, 1108, 1388, 1459, 1480, 1530, 1546, 1833, 2058, 2219 B.G.B.

Vgl. hieher auch § 100 Abs. 4 C.P.O. n. Nr. bezüglich der Haftung für die Kostenerstattung. Ueber die Haftung mehrerer Wechselverpflichteter s. die Art. 49 u 81 W O.

2. Berechtigung als Gesammtgläubiger (sog. aktives Gesammtschuldverhältniß), wenn Mehrere eine Leistung in der Weise zu fordern berechtigt sind, daß jeder die ganze Leistung fordern kann, der Schuldner aber die Leistung nur einmal zu bewirken verpflichtet ist. Hievon handeln §§ 428—430.

Diese Art der Berechtigung tritt ein

a) kraft Gesetzes in einem einzigen Falle, nämlich gemäß § 2151 Abs. 3 B G.B,

b) sonst nur auf Grund einer von den Vertragschließenden getroffenen Vereinbarung. (Vgl. oben unter 1 a.)

Das gemeine Recht unterschied im Gesammtschuldverhältnisse noch zwischen Korreal- und Solidar-Obligation (Dernburg, Pand. Bd. 2 §§ 71—75; Windscheid, Pand. Bd. 2 §§ 292—298). Diese ihrem Wesen nach sehr bestrittene Unterscheidung hat das B.G.B. fallen lassen und das Gesammtschuldverhältniß im vorliegenden Abschnitt einheitlich geregelt.

III. Gemeinsame Berechtigung bei Untheilbarkeit der geschuldeten Leistung. § 432. Haben Mehrere eine untheilbare Leistung zu fordern, so kann, soferne sie nicht kraft Gesetzes oder durch Rechtsgeschäft Gesammtgläubiger sind, der Schuldner nur an alle Gläubiger gemeinschaftlich leisten und jeder Gläubiger nur die Leistung an alle fordern. Das Nähere s. in den Anm. zu § 432

Außerdem kennt das B.G.B. noch andere Formen der Betheiligung einer Mehrheit von Berechtigten oder Verpflichteten an einem Rechtsverhältnisse, so z. B. bei der Gesellschaft, §§ 705 ff., bei der Gemeinschaft, §§ 741 ff., bei der allgemeinen Gütergemeinschaft, § 1472, und bei der Erbengemeinschaft, §§ 2038, 2040 u. s. w. Diese Formen fallen jedoch nicht unter die Bestimmungen des gegenwärtigen Abschnittes. Sie unterliegen vielmehr den an den einschlägigen Stellen des B.G.B. für sie gegebenen besonderen Regeln.

§ 420.

Schulden Mehrere eine theilbare Leistung oder haben Mehrere eine theilbare Leistung zu fordern, so ist im Zweifel jeder Schuldner nur zu einem gleichen Antheile verpflichtet, jeder Gläubiger nur zu einem gleichen Antheile berechtigt.

E. I, 320; II, 363; III, 414

1. § 420 stellt eine Auslegungsregel auf für den Fall, daß mehrere Verpflichtete eine theilbare Leistung schulden oder mehrere Berechtigte eine theilbare Leistung zu fordern haben. Für diesen Fall soll im Zweifel jeder Schuldner zu einem gleichen Theile verpflichtet, jeder Gläubiger zu einem gleichen Theile berechtigt sein. Diese Theilung nach Kopftheilen tritt nicht ein, wenn ein abweichender Wille der Vertragschließenden erklärt oder aus den Umständen zu entnehmen ist. Haben die Parteien eine Verpflichtung als Gesammtschuldner oder eine Berechtigung als Gesammtgläubiger oder eine andere Theilung als nach gleichen Theilen gewollt, so ist an erster Stelle der Parteiwille maßgebend.

2. Die Bestimmung der Begriffe „theilbare" und „untheilbare" Leistung überläßt das B.G.B. der Rechtswissenschaft (M. II, 172, 173). Einen Anhalt für die Unterscheidung gewährt die Vorschrift des § 752 über die Zulässigkeit der Naturaltheilung eines gemeinschaftlichen Gegenstandes bei der Aufhebung der Gemeinschaft. In entsprechender Anwendung dieser Vorschrift wird eine Leistung als theilbar zu bezeichnen sein, wenn sie ohne Verminderung ihres Werthes in gleichartige, der Zahl der Betheiligten entsprechende Theilleistungen zerlegt werden kann. (Ebenso die gemeinrechtliche Lehre: Dernburg, Pand. Bd. 2 § 24; Windscheid, Pand. Bd. 2 § 253.)

a) Die einzelnen Theilleistungen müssen gleichartig mit der Gesammtleistung sein, sie dürfen sich also von letzterer nur quantitativ unterscheiden;

b) der Werth der einzelnen Theilleistung darf durch die Theilung nicht unverhältnißmäßig gemindert werden, d. h. die Summe der Theilleistungen muß im Werthe der Gesammtleistung gleich sein.

Theilbar ist eine Leistung, wenn sie die Verschaffung eines Rechtes zum Gegenstande hat, das sich in ideelle Antheile — nach der Sprache des B.G.B. in „Bruchtheile" (§ 741) — zerlegen läßt, z. B. die Verschaffung des Eigenthums (§ 1008). Untheilbar ist regelmäßig eine Leistung, welche in einem Thun besteht. Denkbar ist jedoch, daß nach Maß oder Zeit bestimmbare Handarbeiten eine theilbare Leistung bilden.

Als eine untheilbare Leistung wird vom B.G.B. die Herausgabe einer Sache behandelt. § 432 mit § 1011. Vgl. Planck, Anm. 2 zu § 420.

3. Die wichtigste Ausnahme von der Regel des § 420 bildet die erst von der II. Komm. aufgenommene Bestimmung des § 427, daß Mehrere, welche sich durch Vertrag gemeinschaftlich zu einer Leistung verpflichtet haben, im Zweifel als Gesammtschuldner haften, auch wenn die Leistung theilbar ist.

Ueber andere Fälle, in denen das Gesetz ohne Rücksicht auf die Theilbarkeit der Leistung Gesammtschuldnerhaftung anordnet, s. die Vorbem. zu diesem Abschnitte II, 1 d.

4. Der innere Zusammenhang der einzelnen Theilverpflichtungen und Theilberechtigungen äußert sich noch in der Vorschrift des § 320 Abs. 1 Satz 2, daß beim gegenseitigen Vertrage dem einzelnen von mehreren Berechtigten der ihm gebührende Theil bis zur Bewirkung der ganzen Gegenleistung verweigert werden kann. Vgl. Anm. 3 zu § 320.

Auch können die mehreren Berechtigten und Verpflichteten zufolge § 59 C.P.O. n. Nr. als Streitgenossen gemeinschaftlich klagen und verklagt werden.

§ 421.

Schulden Mehrere eine Leistung in der Weise, daß jeder die ganze Leistung zu bewirken verpflichtet, der Gläubiger aber die Leistung nur einmal zu fordern berechtigt ist (Gesammtschuldner), so kann der Gläubiger die Leistung nach seinem Belieben von jedem der Schuldner ganz oder zu einem Theile fordern. Bis zur Bewirkung der ganzen Leistung bleiben sämmtliche Schuldner verpflichtet.

E. I, 321 Abs. 1, 324; II, 364; III, 415.

1. Mit dem Ausdrucke „Gesammtschuldner" bezeichnet das B.G.B. mehrere Personen, welche eine Leistung in der Weise schulden, daß zwar jeder von ihnen die ganze Leistung zu bewirken verpflichtet, der Gläubiger aber die Leistung nur einmal zu fordern berechtigt ist. Eine solche Gesammtschuldner-Verpflichtung kann sowohl durch Rechtsgeschäft als kraft gesetzlicher Vorschrift entstehen. S. Vorbem. II, 1 zu diesem Abschnitte.

2. Die Haftung der mehreren Schuldner als Gesammtschuldner soll dem Gläubiger eine größere Sicherheit gewähren und eine raschere und einfachere Verfolgung seines Rechtes ermöglichen. Der Erreichung dieses Zweckes dienen die Bestimmungen des § 421, daß der Gläubiger die Leistung nach seinem Belieben von jedem der Schuldner ganz oder zu einem Theile fordern kann, und daß bis zur Bewirkung der ganzen Leistung sämmtliche Schuldner verpflichtet bleiben. Hieraus folgt:

a) Die Einrede der Theilung (vgl. Dernburg, Pand. Bd. 2 § 73 Note 3, Windscheid, Pand. Bd. 2 § 293 Note 6), welche übrigens nach Entsch. d. R.G. Bd. 12 S. 219 schon durch die C.P.O. beseitigt wurde, ist ausgeschlossen.

b) Der Gläubiger kann nach seiner Wahl einen der Gesammtschuldner oder einige oder alle auf das Ganze oder auf einen beliebigen Theil belangen. Die einmal getroffene Wahl bindet ihn nicht, er kann mit der Inanspruchnahme der Gesammtschuldner nach seinem freien Belieben wechseln und zwar bis zur Bewirkung der ganzen Leistung, also selbst dann noch, wenn er schon die Zwangsvollstreckung gegen einen Schuldner begonnen hat. Vgl. jedoch die §§ 422 u. 423.

Die in der gemeinrechtlichen Theorie (s. Windscheid, Pand. Bd. 2 § 293 Note 1) vertretene Auffassung, als ob das Gesammtschuldverhältniß ein Wahlschuldverhältniß sei (s. die §§ 262—265), wird vom B.G.B. nicht anerkannt. P. I, 435.

3. Ein (passives oder aktives) Gesammtschuldverhältniß wird auch dadurch nicht ausgeschlossen, daß der eine Gesammtschuldner oder Gesammtgläubiger schlechthin, der andere unter einer Bedingung oder Zeitbestimmung oder jeder unter einer anderen Bedingung oder Zeitbestimmung verpflichtet oder berechtigt ist. Im E. I, 322 Abs. 1 war dies ausdrücklich ausgesprochen. Die Bestimmung wurde von der II. Komm. als selbstverständlich gestrichen. P. I, 433.

4. Die Gesammtschuldner sind Streitgenossen nach § 59 C.P.O. n. Nr., jedoch nicht nothwendige Streitgenossen im Sinne des § 62 C.P.O. n. Nr. Vgl. Gaupp, Komm. z. C.P.O. Anm. II, 1 a zu § 62 n. Nr.

Wird über das Vermögen mehrerer Gesammtschuldner oder eines von mehreren Gesammtschuldnern das Konkursverfahren eröffnet, so kann der Gläubiger bis zu seiner vollen Befriedigung in jedem Verfahren den Betrag geltend machen, den er zur Zeit der Eröffnung des Verfahrens zu fordern hatte. (§ 68 K.O.)

§ 422.

Die Erfüllung durch einen Gesammtschuldner wirkt auch für die übrigen Schuldner. Das Gleiche gilt von der Leistung an Erfüllungsstatt, der Hinterlegung und der Aufrechnung.

Eine Forderung, die einem Gesammtschuldner zusteht, kann nicht von den übrigen Schuldnern aufgerechnet werden.

E. I, 329—331; II, 365; III, 416.

1. In den §§ 422—424 sind diejenigen Thatsachen aufgeführt, welche für alle Gesammtschuldner wirken, auch wenn sie nur in der Person eines Gesammtschuldners eingetreten sind — die sog. objektiv wirksamen Thatsachen —. Ueber die bloß subjektiv wirksamen Thatsachen s. § 425.

2. Voran steht als objektiv wirksame Thatsache die Erfüllung. Da der Gläubiger die Leistung nur einmal zu fordern berechtigt ist (§ 421), so müssen durch die Erfüllung Seitens eines Gesammtschuldners auch die übrigen Schuldner befreit werden. Soweit der Gläubiger eine Theilleistung (freiwillig oder auf Grund einer bestehenden Verpflichtung) annimmt (s. die Anm. zu § 266), tritt Befreiung aller Schuldner hinsichtlich des von einem Gesammtschuldner geleisteten Theilbetrages ein.

Auch die Erfüllung durch einen Dritten, soferne dieser an Stelle eines Gesammtschuldners die Leistung zu bewirken berechtigt ist (§ 267), hat nach den allgemeinen Grundsätzen über die Bewirkung der Leistung die gleiche Wirkung wie die Erfüllung durch einen Gesammtschuldner.

3. Der Erfüllung sind durch die Bestimmung des Satz 2 Abs. 1 gleichgestellt die anderen Rechtsgeschäfte, welche das Schuldverhältniß ipso jure zum Erlöschen bringen:

a) die Leistung an Erfüllungsstatt (§§ 364, 365);

b) die Hinterlegung (§§ 372 ff.), und zwar können sich die Gesammtschuldner nicht bloß auf die Wirkung nach § 378, sondern auch, solange das Recht zur Rücknahme nicht ausgeschlossen ist, auf die Wirkungen nach § 379 berufen;

c) die Aufrechnung (§§ 387 ff.). Freilich kann ein Gesammtschuldner nur mit seiner eigenen Forderung, nicht mit derjenigen eines anderen Gesammtschuldners, gegen die Forderung des Gläubigers aufrechnen. Mit Rücksicht auf die zum Theil abweichenden Bestimmungen des bisherigen Rechtes (vgl. Dernburg, Pand. Bd. 2 § 73 Note 10; Windscheid, Pand. Bd. 2 § 295 Note 2, § 350 Note 19) ist dies in § 422 Abs. 2 ausdrücklich ausgesprochen worden. Hat jedoch einer der Gesammtschuldner die Aufrechnung mit einer ihm zustehenden Forderung erklärt, so wirkt die vollzogene Aufrechnung befreiend für alle Gesammtschuldner.

Nur für den Erlaß gibt § 423 eine Sonderbestimmung.

4. Ueber das Recht des Gesammtschuldners, welcher durch eine gemäß § 422 bewirkte Leistung die übrigen Gesammtschuldner befreit hat, von Letzteren Ausgleichung zu verlangen, s. § 426.

§ 423.

Ein zwischen dem Gläubiger und einem Gesammtschuldner vereinbarter Erlaß wirkt auch für die übrigen Schuldner, wenn die Vertragschließenden das ganze Schuldverhältniß aufheben wollten.

E. I, 332; II, 366, III, 417.

1. Unter „Erlaß" wird in § 423 nicht bloß der Erlaßvertrag nach § 397 Abs. 1, sondern auch der in § 397 Abs. 2 behandelte negative Schuldanerkenntnißvertrag verstanden. Der Erlaß ist objektiv wirksam nur, wenn der Wille derjenigen Vertragstheile, welche den Erlaß vereinbart haben, darauf gerichtet war, das ganze Schuldverhältniß aufzuheben. Der Wille der Vertragschließenden braucht nicht ausdrücklich erklärt zu werden. Es genügt, wenn er aus den Umständen zu entnehmen ist.

Das „ganze Schuldverhältniß" bedeutet hier „das Schuldverhältniß allen Schuldnern gegenüber", sei es zum ganzen Betrag oder zu einem Theilbetrage. P. I, 435, 436.

Nach der Fassung des § 423 muß derjenige, welcher sich auf die Aufhebung des ganzen Schuldverhältnisses beruft, einen hierauf gerichteten Willen der Vertragschließenden beweisen.

Ueber die Ausgleichungspflicht beim Erlasse s. § 426 Anm. 5.

2. Der Vergleich zwischen dem Gläubiger und einem Gesammtschuldner wirkt,

a) soweit er sich als Erfüllung oder als eine Leistung an Erfüllungsstatt darstellt, nach § 422 objektiv.

b) Enthält der Vergleich einen Erlaß verbunden mit einem Erfüllungsversprechen, so finden die Bestimmungen über den Erlaß Anwendung, jedoch mit dem selbstverständlichen Abmaße, daß die übrigen Gesammtschuldner, wenn sie sich auf den Erlaß berufen, auch das im Vergleich enthaltene Erfüllungsversprechen gegen sich gelten lassen müssen.

Durch einen Zwangsvergleich im Konkursverfahren werden die Rechte der Gläubiger gegen Mitschuldner des Gemeinschuldners, also gegen diejenigen, welche mit ihm als Gesammtschuldner haften, nicht berührt. § 193 K.O.

3. Schuldübernahme. Nach dem in § 425 zum Ausdrucke gelangten Prinzipe der Unabhängigkeit und Selbständigkeit der Einzelverpflichtungen der Gesammtschuldner (s. Anm. 1 zu § 425) muß derjenige Gesammtschuldner, welcher sich auf die objektive Wirkung einer Thatsache beruft, beweisen, daß dieser Thatsache entweder kraft Gesetzes oder nach dem Willen der Vertragschließenden objektive Wirkung zukommt. In Ermangelung eines solchen Nachweises ist nur subjektive Wirksamkeit anzunehmen. Dies gilt auch für die Schuldübernahme, gleichviel ob sie nach § 414 oder nach § 415 vereinbart ist. Planck dagegen in Abs. 3 der Anm. zu § 423 und ebenso, wie es scheint, auch Oertmann in Anm. 5a zu § 423 nehmen bei der zwischen dem Gläubiger und dem Uebernehmer nach § 414 vereinbarten Schuldübernahme regelmäßig objektive Wirksamkeit an.

a) Bei der Schuldübernahme durch Vertrag zwischen dem Gläubiger und einem Dritten (§ 414) kann der Gläubiger selbstverständlich den Uebernehmer an Stelle aller Gesammtschuldner annehmen. Ist ein hierauf gerichteter Wille der Vertragschließenden unbestritten oder erweislich vorhanden, so werden durch die Uebernahme alle Gesammtschuldner befreit.

b) Die Uebernahme durch Vertrag zwischen einem Gesammtschuldner und dem Uebernehmer (§ 415) begründet an sich nur eine Sondernachfolge des letzteren in die Schuld des vertragschließenden Gesammtschuldners. Indessen kann auch hier der Gläubiger den Vertrag in dem Sinne genehmigen, daß der Uebernehmer an die Stelle aller Gesammtschuldner tritt. In diesem Falle liegt ein nach § 423 für alle Gesammtschuldner wirksamer Erlaß vor. (P. I, 436.)

§ 424.

Der Verzug des Gläubigers gegenüber einem Gesammtschuldner wirkt auch für die übrigen Schuldner.

E. I, 326 Abs. 2; II, 367; III, 418

1. Die Vorschrift des § 424 beruht auf einem Beschlusse der II. Komm. E. I hatte in § 326 Abs. 2 die Bestimmung: „Das Anbieten der Leistung von Seiten eines Gesammtschuldners wirkt nicht für die übrigen Gesammtschuldner." Für die von der II. Komm. beschlossene Aenderung war die Erwägung maßgebend, daß nach der im Leben überwiegend herrschenden Anschauung das Anbieten der Leistung ebenso für alle Schuldner wirken müsse, wie die Leistung selbst. Weise der Gläubiger die Leistung eines Schuldners zurück, so bestehe für die übrigen Schuldner keine Veranlassung, ihrerseits zur Bewirkung der Leistung weitere Schritte zu thun. Die Folgen des Annahmeverzugs, insbesondere bezüglich der Minderung der Haftung, müßten daher billigerweise auch ihnen zu Gute kommen. (P. I, 436.)

2. Wirkung des Annahmeverzugs. Hat ein Gesammtschuldner dem Gläubiger die Leistung in einer Weise angeboten, daß der Letztere in den Verzug der Annahme geräth (s. die §§ 293—299), so können auch die übrigen Gesammtschuldner für sich die Vortheile geltend machen, welche das Gesetz dem Schuldner während des Annahmeverzugs einräumt (s. die §§ 300—304, 372, 383, 385).

3. Beendigung des Annahmeverzugs. Ist der Gläubiger auch nur einem Gesammtschuldner gegenüber im Verzuge, so bestehen die Wirkungen des Verzugs (s. Anm. 2 a. E.) gegenüber allen Schuldnern. Diese Wirkungen kann der Gläubiger nur dadurch aufheben, daß er demjenigen Schuldner gegenüber, der ihn in Annahmeverzug gesetzt hat, die Annahmebereitschaft erklärt (s. Anm. 5 zu § 293). Denn nur diesem Schuldner gegenüber ist der Gläubiger im Verzuge, während die übrigen Schuldner sich lediglich auf die Wirkungen des Verzugs berufen können. Würde der Gläubiger sich einem anderen Schuldner gegenüber zur Annahme bereit erklären, so wäre diese Erklärung den übrigen Schuldnern gegenüber zufolge § 425 unwirksam. Der Verzug gegenüber dem ersten Gesammtschuldner kann aber durch eine ihm gegenüber unwirksame Erklärung nicht beendet werden. Gemäß § 424 würden daher die Wirkungen des Verzugs gegenüber allen Gesammtschuldnern fortbestehen.

Hat aber der Gläubiger die Beendigung des Verzugs durch ordnungsmäßige Erklärung (s. Anm. 5 zu § 293) gegenüber demjenigen Gesammtschuldner, der ihn in Verzug gebracht hat, herbeigeführt, so sind keine Verzugswirkungen mehr vorhanden, auf welche sich die anderen Gesammtschuldner berufen könnten. A. M. Planck in Anm. 1 zu § 424, welcher die Wirkungen des Verzugs nur gegenüber demjenigen Gesammtschuldner wegfallen läßt, welchem gegenüber sich der Gläubiger zur Annahme bereit erklärt hat. Oertmann dagegen in Anm. 2 zu § 424 läßt den Verzug gegenüber allen Schuldnern aufhören, wenn der Gläubiger nachträglich irgend einem der Schuldner, gleichviel welchem, die Annahmebereitschaft erklärt.

§ 425.

Andere als die in den §§ 422 bis 424 bezeichneten Thatsachen wirken, soweit sich nicht aus dem Schuldverhältniß ein Anderes ergiebt, nur für und gegen den Gesammtschuldner, in dessen Person sie eintreten.

Dies gilt insbesondere von der Kündigung, dem Verzuge, dem Verschulden, von der Unmöglichkeit der Leistung in der Person eines Gesammtschuldners, von der Verjährung, deren Unterbrechung und Hemmung, von der Vereinigung der Forderung mit der Schuld und von dem rechtskräftigen Urtheile.

E. I, 325, 326 Abs. 2; 327, 333—336; II, 368; III, 419.

1. In der Fassung des § 425 kommt zum Ausdrucke, daß das B.G.B. im Prinzipe den Einzelverpflichtungen der zu einem Gesammtschuldverhältnisse verbundenen Schuldner einen selbständigen und unabhängigen Charakter beilegt. (P. I, 437.)

Es wird nämlich hier als Regel aufgestellt, daß solche Thatsachen, welche nur in der Person eines Gesammtschuldners eintreten, auch nur für und gegen diesen Gesammtschuldner wirken.

2. Diese Regel erleidet — abgesehen von den Ausnahmen der §§ 422—424 — eine Einschränkung, soweit sich aus dem Schuldverhältniß ein Anderes ergibt.

a) Daß die Parteien den Kreis der objektiv wirkenden Thatsachen durch besondere Vertragsbestimmung beliebig erweitern und auch einschränken können, erhellt aus dem Prinzipe der Vertragsfreiheit. Durch eine solche vertragsmäßige Erweiterung oder Einschränkung wird die rechtliche Natur des Schuldverhältnisses als Gesammtschuldverhältniß nicht berührt. Das Schuldverhältniß bleibt Gesammtschuldverhältniß, soferne nur die in § 421 aufgeführten wesentlichen Merkmale des letzteren vorhanden sind.

b) Aber auch ohne daß eine ausdrückliche Vertragsbestimmung vorliegt, kann es nach dem Inhalte des Schuldverhältnisses gerechtfertigt sein, die Wirkungen anderer als der in den §§ 422—424 aufgeführten Thatsachen auf alle Gesammtschuldner zu erstrecken. Hierüber hat der Richter unter Würdigung des mit dem Gesammtschuldverhältniß angestrebten Zweckes an der Hand des einzelnen Falles zu entscheiden. P. I, 438.

c) Im Falle des nach § 419 begründeten Gesammtschuldverhältnisses (s. Anm. 1a zu § 419) ergibt sich aus § 417, daß der neben dem bisherigen Schuldner als Gesammtschuldner haftende Vermögensübernehmer dem Gläubiger auch alle Einwendungen entgegensetzen darf, welche sich aus dem Rechtsverhältnisse zwischen dem Gläubiger und dem bisherigen Schuldner ergeben. Oertmann in den Vorbem. 5a, β zu diesem Abschnitte will deßhalb (wohl mit Unrecht, und auch gegen Planck, Anm. 1 zu § 419) im Falle des § 419 überhaupt kein Gesammtschuldverhältniß annehmen.

3. Abs. 2 gibt eine beispielsweise Aufzählung der praktisch wichtigsten nach der Regel des Abs. 1 nur subjektiv wirkenden Thatsachen:

a) Kündigung. Durch die Kündigung, die von einem Gesammtschuldner ausgeht oder an einen Gesammtschuldner gerichtet ist, wird nur dessen Verbindlichkeit fällig. Dagegen wirkt selbstverständlich die Kündigung auch für die übrigen Gesammtschuldner, wenn der kündigende Gesammtschuldner in Vertretung der anderen Schuldner gehandelt hat. (§ 164.)

b) Verzug. Durch die Mahnung kommt nur derjenige Schuldner in Verzug, an welchen die Mahnung ergangen ist. Die Folgen des Leistungsverzugs (§§ 286—290) treten nur auf Seite jenes Schuldners ein, der in Verzug gerathen ist.

Sind die Voraussetzungen des Leistungsverzugs (§ 284) bei sämmtlichen Schuldnern vorhanden und kommt ein einzelner Gesammtschuldner aus dem Grunde nicht in Verzug, weil er das Unterbleiben der Leistung nicht zu vertreten hat (§ 285), so hat dies auf den Verzug der übrigen Schuldner keinen Einfluß.

c) Verschulden (§§ 276—279). Das B.G.B. folgt hier der allgemeinen Regel, daß für ein Verschulden nur derjenige haftet, dem das Verschulden zur Last fällt. M. II, 159.

d) Unmöglichkeit der Leistung. Vgl. die Vorbem. zu den §§ 275—283.

α) Die objektive Unmöglichkeit. Ist die Unmöglichkeit von keinem der Gesammtschuldner zu vertreten, so werden sie alle von der Verpflichtung zur Leistung frei. (§ 275 Abs. 1.) Hat nur ein Gesammtschuldner die Unmöglichkeit zu vertreten, so gilt für die anderen die Unmöglichkeit als eine zufällige. Während der erstere nach §§ 280, 325 dem Gläubiger haftbar ist, werden die Anderen von der Verpflichtung zur Leistung befreit (§ 275 Abs. 1, § 323).

β) Die subjektive Unmöglichkeit. Ist ein Gesammtschuldner unvermögend geworden, die geschuldete Leistung zu bewirken, so wird hiedurch die Verpflichtung der übrigen Gesammtschuldner nicht berührt. Derjenige Gesammtschuldner, in dessen Person das Unvermögen zur Leistung eingetreten ist, wird von der Verpflichtung frei, wenn er sein Unvermögen nicht zu vertreten hat (§ 275 Abs. 2), anderenfalls haftet er dem Gläubiger nach Maßgabe der §§ 280, 325.

e) Verjährung (§§ 194 ff.). Da der eine Gesammtschuldner bedingt oder betagt, der andere unbedingt oder unbetagt haften kann (s. Anm. 3 zu § 421), so ist es möglich, daß gegen den einen Schuldner die Verjährungszeit früher abläuft, als gegen den anderen. (§ 198.) Hievon abgesehen kann auch in Folge der bloß persönlichen Wirkung der Unterbrechung und Hemmung der Verjährung der Ablauf der Verjährungsfrist für die verschiedenen Schuldner ein verschiedener sein. Ist der Anspruch in der Richtung gegen einen Gesammtschuldner verjährt, so bleibt dies ohne Einfluß auf die Verpflichtung der übrigen.

Deßgleichen wirken auch die Unterbrechung (§§ 208—217) und die Hemmung (§§ 202—204) der Verjährung nur zu Gunsten desjenigen Schuldners, auf dessen Seite ihre Voraussetzungen vorliegen. (Ebenso der durch Art. 8 Nr. 2 des E.G. zum H.G.B. aufgehobene Art. 80 der W.O.)

Indessen ist, wie oben in Anm. 2a bereits bemerkt wurde, eine Vereinbarung des Inhalts zulässig, daß die Unterbrechung der Verjährung durch die Klagerhebung gegen einen Gesammtschuldner für alle Gesammtschuldner wirksam sein soll.

f) Vereinigung der Forderung mit der Schuld. Der Grund, weßhalb die Vereinigung von Forderung und Schuld in derselben Person die Aufhebung des Schuldverhältnisses bewirkt (s. Vorbem. II zum dritten Abschnitte des zweiten Buches), liegt darin, daß Niemand sein eigener Gläubiger oder Schuldner sein kann. Dieser Grund trifft auf die übrigen Gesammtschuldner nicht zu. Die Wirkung der Vereinigung wird deßhalb vom Gesetz auf denjenigen Gesammtschuldner beschränkt, in dessen Person sie erfolgt ist.

Die unter den Gesammtschuldnern etwa bestehende Ausgleichungspflicht (s. § 426) wird durch die Vereinigung nicht berührt. Der Gesammtschuldner, in dessen Person die Vereinigung eingetreten ist, bleibt für den ihn treffenden Antheil ausgleichungspflichtig. Er muß also, wenn er die übrigen Gesammtschuldner auf Ausgleichung belangt, diesen Antheil an der Gesammtschuld in Abzug bringen. Beträgt z. B. die Schuld dreier Gesammtschuldner 3000 Mk., so kann der Gesammtschuldner, welcher den Gläubiger beerbt hat — den Regelfall des § 426 Abs. 1 Satz 1 angenommen — als Ausgleichung von den zwei anderen Schuldnern nur 2000 Mk. verlangen. (Vgl. M. II, 166.)

g) Rechtskräftiges Urtheil. Daß das zu Gunsten eines Gesammtschuldners oder gegen einen Gesammtschuldner ergangene rechtskräftige Urtheil nicht für und gegen die übrigen Gesammtschuldner wirkt, ergibt sich schon aus § 325 C.P.O. n. Fr.

Allerdings können die Parteien bei Begründung des Gesammtschuldverhältnisses — jedoch wegen der öffentlichrechtlichen Natur des Urtheils nur mit rein obligatorischer, nicht mit dinglicher Wirkung — verabreden, daß das gegenüber dem einen Gesammtschuldner ergehende freisprechende Urtheil auch die Befreiung der übrigen Schuldner zur Folge haben soll. (P. I, 439. S. auch oben Anm. 2.)

§ 426.

Die Gesammtschuldner sind im Verhältnisse zu einander zu gleichen Antheilen verpflichtet, soweit nicht ein Anderes bestimmt ist. Kann von einem Gesammtschuldner der auf ihn entfallende Beitrag nicht erlangt werden, so ist der Ausfall von den übrigen zur Ausgleichung verpflichteten Schuldnern zu tragen.

Soweit ein Gesammtschuldner den Gläubiger befriedigt und von den übrigen Schuldnern Ausgleichung verlangen kann, geht die Forderung des Gläubigers gegen die übrigen Schuldner auf ihn über. Der Uebergang kann nicht zum Nachtheile des Gläubigers geltend gemacht werden.

E. I, 337; II, 369; III, 420.

§ 426 regelt das Verhältniß der Gesammtschuldner zu einander.

1. Die Bestimmung des Satzes 1 Abs. 1, daß die Gesammtschuldner im Verhältnisse zu einander zu gleichen Antheilen verpflichtet sind, hat eine doppelte Bedeutung: Sie besagt nicht bloß, daß dem Gesammtschuldner, welcher die Leistung bewirkt hat, ein Anspruch gegen die übrigen Schuldner zusteht auf Ersatz je eines Kopftheiles. Es geht auch aus ihr hervor, daß die mehreren Gesammtschuldner in Ermangelung einer gegentheiligen Bestimmung als in einem inneren Schuldverhältnisse stehend anzusehen sind, welches sie verpflichtet, so zu handeln, daß es überhaupt nicht zu einem Rückgriffe kommt. Ist nach dem inneren Verhältnisse die Leistung nur von einem oder einigen Schuldnern zu bewirken, so haben die nicht Leistungspflichtigen gegen die anderen auch einen Anspruch darauf, daß sie vor dem Anspruche des Gläubigers bewahrt werden. (M. II, 169, 170.)

2. Die Bestimmung ist dispositiver Natur. Sie hat nur soweit Geltung, als nicht eine abweichende Regelung des Verhältnisses der Gesammtschuldner zu einander durch das Gesetz bestimmt oder rechtsgeschäftlich vereinbart ist.

Eine abweichende gesetzliche Regelung enthalten die §§ 840 Abs. 3, 841, 1833 Abs. 2 Satz 2.

Durch Rechtsgeschäft kann bestimmt werden, daß einzelne Gesammtschuldner gar nicht zur Ausgleichung verpflichtet sein sollen oder auch daß eine andere Ausgleichung als nach Kopftheilen stattfinden soll.

3. Der Anspruch auf Ausgleichung ist nicht davon abhängig, daß der Gesammtschuldner mehr als seinen Antheil an der ganzen Schuld geleistet hat. Ist z. B. eine Gesammtschuld in Raten zu berichtigen, so kann derjenige Gesammtschuldner, welcher eine Rate geleistet hat, auch dann Ausgleichung verlangen, wenn die Rate einen geringeren Betrag beziffert, als nach dem Inhalte des Schuldverhältnisses auf ihn entfallen würde. Das Gleiche gilt, wenn ein Gesammtschuldner eine Theilzahlung geleistet hat. Einen praktischen Werth hat der Ausgleichungsanspruch in diesem Falle freilich nur dann, wenn die übrigen Gesammtschuldner weniger geleistet haben, weil sie andernfalls durch Aufrechnung den Ausgleichungsanspruch beseitigen können.

4. Daß die Ausgleichungspflicht der Gesammtschuldner unter einander nicht durch Thatsachen beeinflußt werden kann, welche nur das Verhältniß der Gesammtschuldner zum Gläubiger betreffen, mögen diese Thatsachen objektiv oder nur subjektiv wirksam sein, ist selbstverständlich. Es bleibt also z. B. auch derjenige Gesammtschuldner, welchem gegenüber die Forderung verjährt ist, den übrigen Schuldnern zur Ausgleichung verpflichtet.

5. Ausgleichungspflicht beim Erlasse. (§ 423.)

a) Wenn durch den Erlaß das ganze Schuldverhältniß aufgehoben, also allen Schuldnern die Schuld erlassen werden wollte, so kann von einer Ausgleichung unter den Schuldnern keine Rede sein. Der vertragschließende Schuldner, welcher zur Befriedigung des Gläubigers nichts geleistet hat, kann auch keine Ausgleichung beanspruchen und die übrigen Gesammtschuldner können vom Gläubiger überhaupt nicht belangt werden.

b) Hat dagegen der Erlaß nur die Ausscheidung des vertragschließenden Gesammtschuldners bezweckt, so wird hiedurch die Ausgleichungspflicht des letzteren gegenüber seinen Mitschuldnern nicht berührt. Allerdings können die Vertragschließenden auch vereinbaren, dem ausscheidenden Schuldner solle durch den Erlaß eine Zuwendung in der Weise gemacht werden, daß er von seinen Mitschuldnern wegen des ihn treffenden ausgleichungspflichtigen Antheils nicht in Anspruch genommen werden dürfe. Solchenfalls ist zwar der Gläubiger zufolge § 425 mit § 421 nicht behindert, von einem anderen Gesammtschuldner die ganze Leistung zu fordern; er wird jedoch jenem Gesammtschuldner, welchem er den Erlaß bewilligt hat, ersatzpflichtig, wenn er von einem anderen Gesammtschuldner das Ganze beigetrieben hat und Letzterer sich an dem ersten Gesammtschuldner erholt. Eine Ersatzpflicht des Gläubigers in diesem Sinne ist indessen nur dann anzunehmen, wenn ein hierauf gerichteter Wille der Vertragschließenden ausdrücklich oder stillschweigend erklärt ist. (Vgl. M. II, 165.)

6. Wenn von einem Gesammtschuldner der auf ihn entfallende Beitrag nicht erlangt werden kann, z. B. wegen Zahlungsunfähigkeit desselben, so ist der Ausfall von den übrigen zur Ausgleichung verpflichteten Schuldnern (einschließlich desjenigen, welcher die Leistung bewirkt hat) zu tragen und zwar in dem Verhältnisse, in welchem sie ausgleichungspflichtig sind, in der Regel also zu gleichen Antheilen.

7. E. I § 338 enthielt im Anschluß an das gemeine Recht (Dernburg, Pand. Bd. 2 § 75 Note 7; Windscheid, Pand. Bd. 2 § 298 Note 12) die Bestimmung, daß demjenigen, welcher aus einer vorsätzlich begangenen widerrechtlichen Handlung als Gesammtschuldner schadensersatzpflichtig geworden ist, ein Ausgleichungsanspruch gegen die übrigen Gesammtschuldner nicht zustehe. Die II. Komm. hat diese Bestimmung gestrichen, mit der Begründung, daß es der modernen Rechtsanschauung nicht entspreche, gerade denjenigen Gesammtschuldner, welcher sich bemüht habe, die Folgen seiner widerrechtlichen Handlung durch Leistung des Schadensersatzes nach Kräften zu beseitigen, gegenüber den anderen Gesammtschuldnern, bei welchen dieses löbliche Bestreben nicht hervorgetreten sei, zu benachtheiligen. (P. I, 440.)

8. Soweit ein Gesammtschuldner den Gläubiger befriedigt und von den übrigen Schuldnern Ausgleichung verlangen kann, geht die Forderung des Gläubigers gegen die übrigen Schuldner auf ihn über

a) Nur die wirkliche Befriedigung des Gläubigers (Erfüllung, Leistung an Erfüllungsstatt, Hinterlegung, Aufrechnung) bewirkt den Uebergang der Forderung, nicht etwa ein schenkungsweiser Erlaß. S. oben Anm. 5a.

Bei der Hingabe an Erfüllungsstatt kann der Schuldner seinem Ausgleichungsanspruche nur den Werth des Hingegebenen, keinesfalls aber mehr als den Werth der geschuldeten Leistung zu Grunde legen.

b) Der Uebergang der Forderung ist ferner davon abhängig, daß der Schuldner einen Anspruch auf Ausgleichung hat. Nach der Fassung des § 426 Abs. 1 Satz 1 muß der auf Ausgleichung belangte Schuldner, welcher den Ausgleichungsanspruch bestreitet, beweisen, daß durch gesetzliche Vorschrift oder durch Rechtsgeschäft die Ausgleichung ausgeschlossen ist.

c) Die Forderung geht kraft Gesetzes auf den Gesammtschuldner über, welcher den Gläubiger befriedigt hat, und zwar in dem Betrage, in welchem er die Ausgleichung verlangen kann. Mit der Forderung gehen auch die für sie bestehenden Hypotheken und Pfandrechte, sowie die Rechte aus einer für sie bestellten Bürgschaft auf den ausgleichungsberechtigten Gesammtschuldner über. Ebenso kann der letztere ein mit der Forderung für den Fall der Zwangsvollstreckung oder des Konkurses verbundenes Vorzugsrecht geltend machen. Dies ergibt sich aus § 401 mit § 412.

Der Uebergang kann nicht zum Nachtheile des Gläubigers geltend gemacht werden, d. h. dem Gläubiger gegenüber gilt die Forderung als erloschen, soweit durch ihre Geltendmachung für ihn ein Nachtheil entstehen würde. Vgl. Anm. 4 zu § 268.

9. Bezüglich der Mitbürgen bestimmt § 774 Abs. 2, daß diese einander nur nach § 426 haften.

§ 427.

Verpflichten sich Mehrere durch Vertrag gemeinschaftlich zu einer theilbaren Leistung, so haften sie im Zweifel als Gesammtschuldner.

E. II, 370; III, 421.

1. Nach dem gemeinen Rechte wurde durch die gemeinsame Eingehung einer vertragsmäßigen Verbindlichkeit in der Regel nur eine getheilte Haftung begründet. Zur Begründung einer Korrealobligation durch Vertrag war die ausdrückliche oder stillschweigende Erklärung erforderlich, daß die Obligation für alle Kontrahenten ungetheilt bestehen solle (Dernburg, Pand. Bd. 2 § 71 Note 7 u. 8; Windscheid, Pand. Bd. 2 § 297 Note 2). Ebenso P.L.R. Thl. IV cap. 1 § 21 Nr. 6.

Dies war auch noch der Standpunkt des E. I. (Vgl. M. II, 156.) Erst die II. Komm. hat im Anschluß an den aufgehobenen Art. 280 des früheren H.G.B. und an das P.L.R. Thl. I Tit. 5 §§ 424, 425 die Auslegungsregel aufgestellt, daß im Zweifel gesammtschuldnerische Haftung eintritt, wenn mehrere sich durch Vertrag gemeinschaftlich zu einer theilbaren Leistung verpflichten. (P. I, 430—432.)

2. Der Begriff der gemeinschaftlichen Verpflichtung setzt ein doppeltes voraus:

a) daß die mehreren Schuldner sich zu einer und derselben Leistung verpflichtet haben;

b) daß sie sich neben einander verpflichtet haben. Eine gemeinschaftliche Verpflichtung liegt nicht vor, wenn die Verpflichtung des einen an die Stelle der Verpflichtung des anderen tritt, wie bei der Schuldübernahme, oder wenn die Verpflichtung des einen Schuldners nur eine subsidiäre ist, wie bei der Bürgschaft.

Dagegen wird nicht erfordert, daß die mehreren Schuldner die Verpflichtung gleichzeitig, in einem und demselben Vertrage übernommen haben.

Die Auslegungsregel des § 427 findet also auch Anwendung, wenn in getrennten Verträgen die gemeinschaftliche Verpflichtung übernommen wurde. P. I, 432. A. A. Oertmann Anm. 1 zu § 427.

3. Vorausgesetzt wird eine durch Vertrag übernommene Verpflichtung, z. B. A und B verpflichten sich, dem C eine Summe zu schenken, als Darlehen zu geben oder eine als Darlehen empfangene Summe zurückzubezahlen. Liegt keine vertragsmäßig übernommene Verpflichtung vor, so greift die Vermuthung des § 427 nicht Platz, z. B. bei einer Verpflichtung aus der gemeinschaftlichen Annahme einer zu Unrecht geleisteten Zahlung. (Vgl. Entsch. d. R.O.H.G. Bd. 24 S. 12.) Dagegen gilt die Bestimmung des § 427 auch für solche Fälle, in welchen die gemeinschaftliche Verpflichtung durch ein einseitiges Rechtsgeschäft begründet worden ist, z. B. bei einer gemeinschaftlichen Auslobung. (S. Anm. 2 zu § 305.)

4. Die Bestimmung gilt als Auslegungsregel nur, soweit nicht ein anderer Wille der Vertragschließenden erklärt oder aus den Umständen zu entnehmen ist.

5. Für das Verhältniß der Gesammtschuldner zu einander ist § 426 maßgebend.

6. Für das aktive Gesammtschuldverhältniß stellt das B.G.B. eine dem § 427 entsprechende Auslegungsregel nicht auf.

7. Haben sich mehrere durch Vertrag zu einer untheilbaren Leistung verpflichtet, so haften sie schon nach der allgemeinen Regel des § 431 als Gesammtschuldner.

8. Bezüglich der Haftung der Mitbürgen s. § 769.

§ 428.

Sind Mehrere eine Leistung in der Weise zu fordern berechtigt, daß jeder die ganze Leistung fordern kann, der Schuldner aber die Leistung nur einmal zu bewirken verpflichtet ist (Gesammtgläubiger), so kann der Schuldner nach seinem Belieben an jeden der Gläubiger leisten. Dies gilt auch dann, wenn einer der Gläubiger bereits Klage auf die Leistung erhoben hat.

E. I, 321 Abs. 1, 323; II, 371 Abs. 1, III, 422.

1. Die §§ 428—430 handeln von dem sogenannten aktiven Gesammtschuldverhältnisse. Ein solches liegt nach § 428 vor, wenn Mehrere eine Leistung in der Weise zu fordern berechtigt sind, daß jeder die ganze Leistung fordern kann, der Schuldner aber die Leistung nur einmal zu bewirken verpflichtet ist.

Ueber die Entstehung desselben s. die Vorbem. II, 2 zu diesem Abschnitte.

2. Jeder Gesammtgläubiger kann die ganze Leistung fordern und zwar für sich allein ohne Mitwirkung oder Zustimmung der anderen Gesammtgläubiger.

Auch der Umstand, daß einer der Gläubiger bereits Klage auf die Leistung erhoben hat (§§ 253, 281, 693 C.P.O. n. Nr.) schließt die Geltendmachung des Anspruchs durch einen anderen Gesammtgläubiger nicht aus. — Anders das gemeine Recht (Dernburg, Pand. Bd. 2 § 74 Note 1; Windscheid, Pand. Bd. 2 § 296 Note 1) und das P.L.R. Thl. IV cap. 1 § 22 Nr. 1, welche das Präventionsprinzip anerkennen.

Hienach besteht allerdings die Möglichkeit, daß der Schuldner gleichzeitig in getrennten Prozessen von mehreren Gesammtgläubigern auf das Ganze belangt wird. Er kann in diesem Falle zwar die Einrede der Rechtshängigkeit nicht geltend machen, allein er ist in der Lage, durch Zahlung an einen der Gläubiger oder durch Hinterlegung, wenn deren Voraussetzungen gegeben sind, sich zu befreien. Unterläßt er dies, so muß er wohl gewärtigen, daß mehrere Gesammtgläubiger, welche je einen gesonderten Vollstreckungstitel gegen ihn erwirkt haben, gleichzeitig die Vollstreckung wegen derselben Leistung gegen ihn betreiben. Alsdann steht ihm, wenn er nach der rechtskräftigen Verurtheilung an einen der Gläubiger geleistet hat, noch der Weg offen, Einwendungen nach § 767 C.P.O. n. Nr. zu erheben.

Ebensowenig wie durch die Klagerhebung werden die übrigen Gesammtgläubiger durch ein von dem Schuldner einem der Gesammtgläubiger gegenüber abgegebenes Erfüllungsversprechen ausgeschlossen. (Vgl. M. II, 158; P. I, 442.)

3. Andererseits kann auch der Schuldner nach seinem Belieben an jeden der Gläubiger leisten. Eine Theilleistung braucht nach § 266 kein Gläubiger anzunehmen. Hat jedoch ein Gesammtgläubiger freiwillig oder auf Grund einer bestehenden Verpflichtung eine Theilleistung angenommen, so ist der Schuldner in Ansehung des geleisteten Theilbetrages von seiner Verpflichtung befreit. Den geschuldeten Restbetrag kann er nach seinem Belieben auch an jeden anderen Gesammtgläubiger leisten.

Auch nach Erhebung der Klage durch einen Gesammtgläubiger kann der Schuldner noch an jeden der Gläubiger nach seiner Wahl die Leistung bewirken. Ebenso, wenn er einem der Gläubiger bereits ein Erfüllungsversprechen abgegeben hat. S. Anm. 2 E.

4. Ueber das Verhältniß der Gesammtgläubiger zu einander s. § 430.

§ 429.

Der Verzug eines Gesammtgläubigers wirkt auch gegen die übrigen Gläubiger.

Vereinigen sich Forderung und Schuld in der Person eines Gesammtgläubigers, so erlöschen die Rechte der übrigen Gläubiger gegen den Schuldner.

Im Uebrigen finden die Vorschriften der §§ 422, 423, 425 entsprechende Anwendung. Insbesondere bleiben, wenn ein Gesammtgläubiger seine Forderung auf einen Anderen überträgt, die Rechte der übrigen Gläubiger unberührt.

E. I, 325, 326 Abs. 1, 327—336; II, 371 Abs. 2—4; III, 423.

Zwei Thatsachen, welchen beim passiven Gesammtschuldverhältnisse nur subjektive Wirkung zukommt, wirken beim aktiven Gesammtschuldverhältniß objektiv, nämlich der Verzug eines Gesammtgläubigers und die Vereinigung von Forderung und Schuld in der Person eines Gesammtgläubigers. Im Uebrigen herrscht zwischen dem aktiven und dem passiven Gesammtschuldverhältnisse hinsichtlich der Wirkungen volle Uebereinstimmung.

I. Objektiv wirken:

1. Der Annahmeverzug eines Gesammtgläubigers. Im E. I, 326 Abs. 1 war demselben nur subjektive Wirkung beigelegt. Die Aenderung beruht auf einem Beschlusse der II. Komm. Man nahm an, wenn es beim passiven Gesammtschuldverhältnisse der Anschauung des praktischen Lebens entspreche, das Anbieten der Leistung zu Gunsten des Schuldners ebenso wirken zu lassen wie die Leistung selbst, so müsse dies auch für das aktive Gesammtschuldverhältniß Geltung haben. S. Anm. 1 zu § 424 und P. I, 442.

Ob ein Verzicht auf die Verzugsfolgen anzunehmen ist, wenn der Schuldner, nachdem er einen Gesammtgläubiger durch erfolgloses Anbieten der Leistung in Verzug gesetzt hat, einem anderen Gesammtgläubiger die Leistung anbietet, ist eine nach den Umständen des Falles zu entscheidende Thatfrage. P. I, 442.

2. Die Vereinigung von Forderung und Schuld in der Person eines Gesammtgläubigers. Anders noch E. I, 333. Die jetzige Bestimmung beruht auf folgender Erwägung: Das Recht des Schuldners, nach seinem Belieben an jeden Gläubiger zu leisten, darf durch die Vereinigung nicht beeinträchtigt werden. Da der Schuldner auch den Gläubiger, in dessen Rechte er durch die Vereinigung eingetreten ist, als zum Empfange der Leistung berechtigt betrachten darf, so kann er seine Befreiung durch Leistung an sich selbst herbeiführen. Mit dem Eintritte der Vereinigung wird die Leistung als bewirkt angesehen und erlöschen daher mit diesem Zeitpunkte die Rechte der übrigen Gläubiger, wie wenn der Schuldner an einen der Gläubiger wirklich geleistet hätte. P. I, 443.

Diese Wirkung tritt auch dann ein, wenn ein Gesammtgläubiger durch Abtretung der Forderung an den Schuldner die Vereinigung willkürlich herbeigeführt hat. (S. Anm. II, 7.) Die Ausgleichungsansprüche der einzelnen Gesammtgläubiger unter einander (§ 430) werden durch die Vereinigung nicht berührt. (Vgl. Anm. 4 zu § 426.)

3. Die Erfüllung an einen Gesammtgläubiger tilgt die Forderung aller Gläubiger. Wurde eine Theilzahlung geleistet, so bleiben bezüglich der Restforderung alle Gesammtgläubiger berechtigt. (Vgl. Anm. 3 zu § 428.)

4. Der Erfüllung steht gleich die Leistung an Erfüllungsstatt (§ 364). Selbstverständlich kann die objektive Wirkung einer Leistung an Erfüllungsstatt durch Vereinbarung ausgeschlossen werden und unter Umständen kann die Ausschließung im konkreten Falle auch stillschweigend ausgesprochen sein. Die Einschränkung des § 425 „soweit nicht ein Anderes bestimmt ist“ gilt auch hier. (Vgl. M. II, 162 u. Anm. 2 zu § 425.)

5. Die Hinterlegung. Der Schuldner kann hinterlegen, auch wenn nur einem Gläubiger gegenüber die Voraussetzungen der Hinterlegung (§ 372) vorliegen. Durch die rechtmäßige Hinterlegung für einen der Gläubiger wird der Schuldner auch den übrigen Gläubigern gegenüber befreit (§ 378). Auch auf die Wirkungen des § 379 kann sich der Schuldner berufen. Jedoch kann er nach Treu und Glauben auf die hinterlegte Sache nur denjenigen Gesammtgläubiger verweisen, für welchen er hinterlegt hat. (Ebenso Planck, Anm. 1 zu § 429.)

6. Die Aufrechnung. Aufrechnen kann der Schuldner nur demjenigen Gläubiger gegenüber, gegen welchen ihm eine Forderung zusteht. Die diesem gegenüber erklärte Aufrechnung aber tilgt die Forderung aller Gesammtgläubiger. (§§ 388, 389.)

7. Der Erlaß. Dieser wirkt allerdings objektiv nur, wenn die Aufhebung des Schuldverhältnisses allen Gesammtgläubigern gegenüber gewollt war. (Vgl. die Anm. zu § 423 und unten Anm. III.)

II. Subjektiv wirken alle anderen Thatsachen (zufolge § 429 Abs. 3 Satz 1 mit § 425). Insbesondere kommt

1. die Mahnung und Kündigung eines Gesammtgläubigers den übrigen Gläubigern nicht zu Statten, soferne nicht der betreffende Gesammtgläubiger zugleich als bevollmächtigter Vertreter der übrigen Gläubiger gehandelt hat. Ebensowenig können sich auf die Kündigung und Mahnung gegenüber einem Gesammtgläubiger die übrigen Gläubiger berufen.

2. Der Leistungsverzug des Schuldners einem Gläubiger gegenüber wirkt nur für diesen Gläubiger (s. d. § 284—290). Bewirkt der Schuldner nach dem Eintritte des Verzuges die ursprünglich geschuldete Leistung an einen anderen Gläubiger, so wird er von der Hauptverbindlichkeit gegenüber allen Gläubigern frei. Für die Differenz, um welche sich in Folge des Verzuges seine Verbindlichkeit erweitert hat, bleibt er nur jenem Gläubiger verhaftet, welchem gegenüber er in Verzug gerathen ist.

3. Für das Verschulden gilt die allgemeine Regel, daß jeder Gläubiger nur sein eigenes Verschulden zu vertreten hat.

4. Die Unmöglichkeit der Leistung (§ 275), welche nur einem Gläubiger gegenüber eingetreten ist, z. B. wenn dieser nachträglich den geschuldeten Gegenstand anderweitig erlangt hat, wirkt nur diesem Gläubiger gegenüber.

5. Die Verjährung, Hemmung und Unterbrechung der Verjährung des Anspruchs eines Gesammtgläubigers wirken nicht gegen und nicht für die übrigen Gläubiger (§§ 194 ff., 208 ff., 202—204).

6. Das rechtskräftige Urtheil. Wird ein Gesammtgläubiger rechtskräftig abgewiesen, so ist damit nur ausgesprochen, daß dieser Gläubiger die Leistung von dem Schuldner nicht zu fordern hat. Das Verhältniß der übrigen Gläubiger zu dem Schuldner und das Verhältniß der Gesammtgläubiger zu einander wird durch das Urtheil nicht berührt. Das Gleiche gilt, wenn einem Gesammtgläubiger der Anspruch zugesprochen wird. (Vgl. § 325 C.P.O. n. Nr.)

7. Die Uebertragung der Forderung eines Gesammtgläubigers. Ein Gesammtgläubiger kann, wie jeder Gläubiger, seine Forderung auf einen Anderen übertragen. Daß durch die Uebertragung die Rechte der übrigen Gläubiger nicht berührt werden, ist wohl selbstverständlich. Die Bestimmung des § 429 Abs. 3 Satz 2 wurde jedoch ausdrücklich aufgenommen, um der Schlußfolgerung vorzubeugen, als ob die von einem Gläubiger vorgenommene Abtretung der Forderung gegen die übrigen Gläubiger ebenso wirken könne, wie ein mit dem Schuldner von einem der Gläubiger abgeschlossener Erlaßvertrag. (P. I, 443, 444.) Dem einzelnen Gesammtgläubiger soll es versagt sein, über die Rechte seiner Mitgläubiger dadurch zu verfügen, daß er seine Forderung auf einen Anderen als neuen Gläubiger überträgt. (M. II, 161.) Wenn aber eine Vereinigung von Forderung und Schuld dadurch herbeigeführt wird, daß ein Gesammtgläubiger seine Forderung auf den Schuldner überträgt, so erlöschen hiedurch die Rechte der übrigen Gläubiger gegen den Schuldner. (Ebenso Oertmann, Anm. 1b zu § 429.)

Was für die Uebertragung der Forderung gilt, gilt auch für den Uebergang kraft Gesetzes (§ 412) und für die Ueberweisung der Forderung durch gerichtliche Anordnung.

III. Der Vergleich. Soweit derselbe eine Erfüllung oder Leistung an Erfüllungsstatt enthält, sind die hiefür geltenden Vorschriften, soweit ein theilweiser Erlaß vorliegt, die Vorschriften über den Erlaß anwendbar. Nur muß, wenn mit dem Erlaß ein Erfüllungsversprechen verbunden ist, der Schuldner, der sich einem anderen Gläubiger gegenüber auf den Erlaß beruft, wegen der Untrennbarkeit des Inhalts des Vergleichs auch das im Vergleich enthaltene Erfüllungsversprechen gegen sich gelten lassen; andererseits aber kann er nicht verlangen, daß der andere Gesammtgläubiger sonstige Leistungen bewirke, welche derjenige Gesammtgläubiger, mit welchem der Vergleich abgeschlossen wurde, übernommen hat. (M. II, 166.)

IV. Durch die Verweisung auf § 425 ist anerkannt, daß auch solchen Thatsachen, welche regelmäßig nur subjektiv wirken, eine objektive Wirkung zukommt, wenn sich letzteres aus dem Schuldverhältnisse ergibt. (S. Anm. 2a und b zu § 425.)

§ 430.

Die Gesammtgläubiger sind im Verhältnisse zu einander zu gleichen Antheilen berechtigt, soweit nicht ein Anderes bestimmt ist.

E. I, 337 Abs. 1; II, 372; III, 424.

§ 430 handelt von dem Verhältnisse der Gesammtgläubiger zu einander. Vgl. die entsprechenden Vorschriften des § 426 für die Gesammtschuldner.

1. In der Regel wird unter den Gesammtgläubigern eine Gemeinschaft bestehen und alsdann aus dem der Gemeinschaft zu Grunde liegenden Rechtsverhältnisse das Maß der Antheilsberechtigung der einzelnen Gläubiger sich ergeben. Ist dies nicht der Fall, so ist im Zweifel Berechtigung zu gleichen Antheilen anzunehmen. Es muß also derjenige Gesammtgläubiger, an welchen die Leistung bewirkt worden ist, den anderen

Gesammtgläubigern den ihren Antheilen entsprechenden Theil des Empfangenen herausgeben oder erstatten. Die gleiche Verpflichtung tritt für ihn ein, wenn das Schuldverhältniß den übrigen Gesammtgläubigern gegenüber dadurch erlischt, daß er eine Leistung an Erfüllungsstatt annimmt oder dem Schuldner einen Erlaß bewilligt oder eine Schuldübernahme vereinbart oder genehmigt oder wenn eine Vereinigung von Forderung und Schuld in seiner Person eintritt. In allen diesen Fällen ist er in demselben Umfange ausgleichungspflichtig, wie wenn er die geschuldete Leistung empfangen hätte, mag er auch einen geringeren Werth an Erfüllungsstatt angenommen oder die Forderung schenkungsweise erlassen haben.

Selbstverständlich kann durch rechtsgeschäftliche Bestimmung die Ausgleichungspflicht der Gesammtgläubiger unter einander auch vollständig ausgeschlossen sein.

S. auch die Auslegungsregel des § 2151 Abs. 3 Satz 3.

2. Ueberträgt ein Gesammtgläubiger seine Forderung auf einen Anderen, so tritt der letztere an seine Stelle als Gesammtgläubiger in das Schuldverhältniß ein (§ 398 Satz 2). Bewirkt also der Schuldner an den neuen Gläubiger die Leistung, so erlischt hiedurch das Schuldverhältniß allen Gläubigern gegenüber. Das Gleiche gilt von einer Leistung an Erfüllungsstatt, dem Erlaß ꝛc.

Selbstverständlich kann die Verpflichtung eines Gesammtgläubigers gegenüber den anderen Gesammtgläubigern dadurch nicht berührt werden, daß der erstere sein Forderungsrecht gegen den Schuldner auf einen Dritten überträgt. Seine Ausgleichungspflicht den anderen Gläubigern gegenüber bleibt in demselben Umfange fortbestehen, wie wenn er noch Gesammtgläubiger wäre. Er ist deßhalb, wenn die Leistung, Leistung an Erfüllungsstatt ꝛc. an den neuen Gläubiger bewirkt wird, geradeso ausgleichungspflichtig, als ob an ihn selbst geleistet worden wäre.

Ebenso wie die Uebertragung der Forderung ist der Uebergang kraft Gesetzes (§ 412) und auch die Ueberweisung durch gerichtliche Anordnung zu beurtheilen.

Gegen den neuen Gläubiger steht den übrigen Gesammtgläubigern ein Ausgleichungsanspruch nicht zu.

§ 431.

Schulden Mehrere eine untheilbare Leistung, so haften sie als Gesammtschuldner.

E. I, 340, II, 373; III, 425.

1. Schulden Mehrere eine theilbare Leistung, so sind sie im Zweifel zu gleichen Antheilen verpflichtet (§ 420). Als Gesammtschuldner haften sie nur dann, wenn sie sich durch Vertrag gemeinschaftlich zu der Leistung verpflichtet haben (§ 427).

Wenn dagegen Mehrere eine untheilbare Leistung schulden, so haften sie stets als Gesammtschuldner. Ebenso das gemeine Recht (Dernburg, Pand. Bd. 2 § 24 Nr. 2b; Windscheid, Pand. Bd. 2 § 299 Note 7). Das Verhältniß der mehreren Schuldner unter sich und zwischen dem Gläubiger bestimmt sich nach den Vorschriften der §§ 421—426.

2. Die Haftung der mehreren Schuldner als Gesammtschuldner bleibt auch dann fortbestehen, wenn an die Stelle der ursprünglich geschuldeten untheilbaren Leistung späterhin eine theilbare Leistung tritt, z. B. eine Verpflichtung zum Schadensersatz in Folge verschuldeter Unmöglichkeit der Leistung. (P. I, 445, 446.)

Im gemeinen Rechte bestand über diese Frage Streit. Die eine Meinung (vertreten von Dernburg, Pand. Bd. 2 § 24 Note 7) ging dahin, daß hier Theilung unter die mehreren Schuldner einzutreten habe. So auch nach E. I, 341. Dagegen übereinstimmend mit dem B.G.B. Windscheid, Pand. Bd. 2 § 299 Note 7.

3. Ueber den Begriff der theilbaren und untheilbaren Leistung s. Anm. 2 zu § 420.

4. Haben mehrere Schuldner sich zu einer untheilbaren Leistung in der Weise verpflichtet, daß jeder von ihnen nur eine Mitwirkung bestimmter Art übernommen hat, so findet § 431 keine Anwendung. Vielmehr haftet, soferne nicht ein Anderes bestimmt ist, jeder Schuldner bloß für die von ihm übernommene Mitwirkung. (M. II, 173; Windscheid, Pand. Bd. 2 § 300 Note 1.)

§ 432.

Haben Mehrere eine untheilbare Leistung zu fordern, so kann, sofern sie nicht Gesammtgläubiger sind, der Schuldner nur an alle gemeinschaftlich leisten und jeder Gläubiger nur die Leistung an alle fordern. Jeder Gläubiger kann verlangen, daß der Schuldner die geschuldete Sache für alle Gläubiger hinterlegt oder, wenn sie sich nicht zur Hinterlegung eignet, an einen gerichtlich zu bestellenden Verwahrer abliefert.

Im Uebrigen wirkt eine Thatsache, die nur in der Person eines der Gläubiger eintritt, nicht für und gegen die übrigen Gläubiger.

E. I, 339; II, 374; III, 426.

I. Wenn Mehrere eine untheilbare Leistung schulden, so sind sie kraft Gesetzes Gesammtschuldner (§ 431). Haben dagegen mehrere eine untheilbare Leistung zu fordern, so sind sie Gesammtgläubiger nur, wenn ein solches Verhältniß rechtsgeschäftlich oder gesetzlich bestimmt ist. Soferne sie nicht Gesammtgläubiger sind, gelten für sie die Vorschriften des § 432:

1. Der Schuldner kann nur an alle Gläubiger gemeinschaftlich leisten. Er wird dadurch nicht von seiner Verbindlichkeit befreit, daß er an einen der Gläubiger die Leistung bewirkt, es sei denn, daß dieser von allen anderen Gläubigern zur Empfangnahme der Leistung ermächtigt war. S. auch unten Anm. 4.

2. Jeder Gläubiger kann nur fordern, daß der Schuldner an alle leistet. Einerseits kann also ein einzelner Gläubiger nicht verlangen, daß der Schuldner an ihn oder an einen der anderen Gläubiger leistet, andererseits ist es aber auch nicht nothwendig, daß sämmtliche Gläubiger zum Fordern der Leistung zusammenwirken. (M. II, 172.) Jeder Gläubiger kann Klage erheben auf Verurtheilung des Schuldners zur Leistung an alle. Freilich wirkt das rechtskräftige Urtheil nicht für und nicht gegen die anderen Gläubiger. (S. unten Anm. 4.)

E. I enthielt in § 339 Abs. 1 Satz 2 die Bestimmung: „Ist das Schuldverhältniß von der Art, daß durch die Leistung an einen Gläubiger auch die übrigen befriedigt werden, so ist jeder Gläubiger zur Forderung der ganzen Leistung berechtigt." Gedacht war hier z. B. an die Herstellung eines allen Gläubigern dienenden Werkes. Die II. Komm. hat diesen Satz als selbstverständlich gestrichen. (P. I, 446.) In der That leistet in einem solchen Falle der Schuldner, wenn er die Leistung überhaupt bewirkt, der Natur der Sache nach an alle Gläubiger. Es verlangt deshalb auch der Gläubiger, wenn er z. B. die Herstellung des allen Gläubigern dienenden Werkes verlangt, nichts Anderes als die Leistung an alle.

3. Besteht die Leistung in der Herausgabe einer Sache (§ 90), so könnte ein einzelner Gläubiger die Bewirkung der Leistung dadurch böswillig vereiteln, daß er seine Mitwirkung zur Empfangnahme verweigert. Den hieraus den übrigen Gläubigern drohenden Nachtheilen soll durch die von der II. Komm. aufgenommene Bestimmung des Abs. 1 Satz 2 vorgebeugt werden. (P. I, 446.) Es wird in dieser Bestimmung jedem Gläubiger die Befugniß eingeräumt, zu verlangen, daß der Schuldner die geschuldete Sache für alle Gläubiger hinterlegt oder, wenn sie sich nicht zur Hinterlegung eignet, an einen gerichtlich zu bestellenden Verwahrer abliefert.

a) Die Hinterlegung kann jeder Gläubiger verlangen, auch wenn die gesetzlichen Voraussetzungen einer solchen (§ 372) nicht vorliegen.

Kommt der Schuldner dem Verlangen des Gläubigers nach, so treten für ihn die Wirkungen einer rechtmäßigen Hinterlegung (§§ 378, 379) gegenüber allen Gläubigern ein.

Ohne Aufforderung durch einen Gläubiger ist der Schuldner zur Hinterlegung bloß beim Vorhandensein der gesetzlichen Voraussetzungen berechtigt. Beim Annahmeverzug auch nur eines Gläubigers steht dem Schuldner das Recht zur Hinterlegung nach § 372 Satz 2 zu. (Ebenso Planck, Anm. 2 zu § 432.)

b) Wenn die geschuldete Sache zur Hinterlegung nicht geeignet ist, kann jeder Gläubiger verlangen, daß der Schuldner dieselbe an einen gerichtlich zu bestellenden Verwahrer abliefert. Durch die Ablieferung an den Verwahrer wird der Schuldner ebenso befreit, wie wenn er an alle gemeinschaftlich geleistet hätte. Indessen wird hier immer die Aufforderung durch einen der Gläubiger vorausgesetzt. Wird eine solche nicht an den Schuldner gerichtet, so erübrigt ihm für den Fall, daß er sich durch Hinterlegung befreien will, nur das Verfahren nach § 383.

Für die Bestellung des Verwahrers und die Festsetzung einer etwaigen Vergütung desselben ist das Amtsgericht zuständig, in dessen Bezirk die Sache sich befindet. (§ 165 F.G.)

4. Befreiend für den Schuldner gegenüber allen Gläubigern wirken also nur:

a) die an alle Gläubiger gemeinschaftlich bewirkte Leistung;

b) die für alle Gläubiger erfolgte Hinterlegung, wenn der Schuldner von einem Gläubiger hiezu aufgefordert wurde oder die gesetzlichen Voraussetzungen der Hinterlegung vorliegen;

c) die Ablieferung der Sache an einen gerichtlich bestellten Verwahrer, wenn die Sache sich zur Hinterlegung nicht eignet und der Schuldner von einem der Gläubiger zur Ablieferung aufgefordert worden ist.

Alle übrigen Thatsachen, die nur in der Person eines der Gläubiger eintreten, wirken nur für und gegen diesen Gläubiger, auch wenn sie für und gegen einen Gesammtgläubiger objektiv wirken würden. Dies muß angesichts der klaren Bestimmung des § 432 Abs. 2 auch für den Annahmeverzug des Gläubigers gelten. (Ebenso Planck, Anm. 2 u. 3 zu § 432; Oertmann, Anm. 3 zu § 432. Dagegen lassen Cosack, § 119 Note 14, und ebenso P. I, 446 den Annahmeverzug eines Gläubigers gegen alle Gläubiger wirken.)

5) Die Sonderbestimmungen des § 432 haben ausschließlich ihren Grund in der Untheilbarkeit der Leistung. Fällt diese weg (z. B. wenn an die Stelle der untheilbaren Leistung ein Werthsersatz oder Schadensersatz tritt), so tritt wieder die Regel des § 420 in Kraft, wonach im Zweifel jeder der Gläubiger nur einen gleichen Theil zu fordern berechtigt ist.

II. Eine mit § 432 Abs. 1 übereinstimmende Vorschrift wird in § 2039 für das Verhältniß zwischen mehreren Miterben und dem Schuldner eines zum Nachlasse gehörigen Anspruchs gegeben. Vgl. auch die Bestimmung des § 1079 bezüglich des Nießbrauches.

Einzelne Schuldverhältnisse.

Erläutert

von

Dr. Julius von Staudinger,

Karl Kober

und Dr. Theodor Engelmann.

(Im Einzelnen ist der Name des betreffenden Bearbeiters bei jedem Titel angegeben.)

Siebenter Abschnitt.

Einzelne Schuldverhältnisse.

Einleitung.

(Von Dr. J. v. Staudinger.)

1. In nicht weniger als 25 Titeln behandelt der 7. Abschnitt des II. Buches des B.G.B. eine ganze Reihe einzelner Schuldverhältnisse, wie sie aus der unserem zweiten Bande vorangestellten Inhaltsübersicht zu entnehmen sind

Ihrem inneren Wesen nach sind es theils Schuldverhältnisse aus Verträgen, theils solche aus unerlaubten Handlungen. Die in der Doktrin des gemeinen Rechtes üblich gewesene weitere Ausscheidung von Schuldverhältnissen aus vertragsähnlichen und deliktsverwandten Beziehungen (obligationes ex quasi contractu und quasi delicto) findet sich dogmatisch nicht wieder vor. In diese Kategorieen bisher eingereihte Verbindlichkeiten sind im B.G.B. zwar naturgemäß auch wieder behandelt, aber nicht als eigene Kategorieen von Schuldverhältnissen. Sie sind einfach den vorhin bezeichneten Kategorieen an- und eingefügt. So z. B die Verbindlichkeiten wegen ungerechtfertigter Bereicherung, aus der Geschäftsführung ohne Auftrag, aus dem Einstürzen eines Gebäudes oder sonstigen Werkes. (B.G.B. §§ 677 fg., 812 fg., 836 fg.) Auch anderen Orts findet sich Aehnliches eingeschaltet. (Vgl. z. B. B.G.B. § 908 über den gefahrdrohenden Zustand eines Gebäudes oder anderen Werkes.)

2. Die lange Reihe verschiedenartiger Schuldverhältnisse, welche das B.G.B. in diesem 7. Abschnitte regelt, ist nicht abschließender Natur. Das Behandelte stellt nur eine große Anzahl von Grundtypen dar, wie sie im alltäglichen Rechtsleben am häufigsten vorkommen. Diesen können noch gar viele andere Schuldverhältnisse angereiht werden. Es finden sich solche vor Allem

a) im B.G.B. selbst an anderen Stellen behandelt und zwar sowohl im Familienrechte (Ansprüche zwischen Ehegatten, Eltern und Kindern, sonstigen Verwandten, gegen Vormünder 2c.), im Sachenrechte (z. B. Grund-, Hypothek- und Rentenschuldverhältnisse), im Erbrechte (Haftungen des Erben 2c.). Weiter ergeben sich besondere Arten von Schuldverhältnissen auch

b) aus dem Handelsgesetzbuche (z. B. Handelskauf) und anderen speziellen Reichsgesetzen (beispielsweise Ansprüche aus den Urheberrechten verschiedener Art, aus dem Reichshaftpflichtgesetze), wie nicht minder

c) aus neben dem B.G.B. noch in Geltung stehenden Landesgesetzen (wie dem Landesgesinderechte, den landesrechtlichen Bestimmungen über den Leibgedingsvertrag). Dazu kommen noch

d) die verschiedenen sonstigen Vertragsverhältnisse, welche nach dem herrschenden Grundsatze der Vertragsfreiheit von den betheiligten Parteien selbst ihren Rechtsbedürfnissen entsprechend aufgestellt und ausgestaltet werden können. Das B.G.B. spricht ja auch in der überschriftlichen Bezeichnung des Abschnitts nur von „einzelnen Schuldverhältnissen" und nicht von „den einzelnen Schuldverhältnissen". (S. auch M. II, 321.) Diese Vermehrungsfähigkeit ist freilich nicht schrankenlos. (Vgl. die gelegentliche Bem. in M. II, 320.) Sachliche Grenzen sind darin namentlich schon im Allgemeinen gezogen durch B.G.B. §§ 134, 138 mit ihren Bestimmungen zur Wahrung der guten Sitte und der gesetzlichen Verbote. Auch was zur Umgehung eines gesetzlichen Verbotes oder einer gesetzlichen Präceptivvorschrift dienen soll und dient, erscheint damit von selbst ausgeschlossen.

3. Auch innerhalb des Sonderbereichs der einzelnen Vertragstypen gilt der Grundsatz der Vertragsfreiheit der Betheiligten, soweit nicht die Eigenschaft einer Gesetzes-

bestimmung als einer zwingenden Rechtsnorm im Gegensatze zu den nachgiebigen, d. h. durch Vertrag abänderbaren Gesetzesvorschriften hindernd im Wege steht. Welche Vorschriften zwingender Natur sind und welche nicht, läßt sich im Allgemeinen nicht fixiren. Es muß die Einzelvorschrift ins Auge gefaßt werden nach ihrem Wortlaute („muß", „soll", „kann" u. s. w.), nach ihrem Charakter, ihrem Sinn, ihrer Zweckbestimmung. Vorschriften, welche bestimmt sind, große gesetzgeberische Prinzipien zu verwirklichen, den Rücksichten auf die öffentlichen Interessen Rechnung zu tragen, rechtliche Mißstände zu beheben, sind im Zweifel als mit zwingender Wirkung ausgestattet anzusehen.

4. Besondere Literatur über Schuldverhältnisse: Schollmeyer, das Recht der einzelnen Schuldverhältnisse im B.G.B., Berlin 1897; Meißner, das Recht der Schuldverhältnisse, Berlin 1897; Oertmann, Recht der Schuldverhältnisse 1899.

Erster Titel.

Kauf. Tausch.

(Erläutert von Dr. J. v. Staudinger.)

Vorbemerkungen.

I. Den Begriff des „Kaufs" behandelt das B.G.B. im Wesentlichen in dem bisher im Rechtsleben üblichen Sinne. Der Kaufvertrag dient als zweiseitiges Rechtsgeschäft dem individuellen Werthsumsatz in Sachen oder Rechten gegen Geld. Findet dieser Umsatz wiederum gegen andere Sachen oder gegen andere Rechte statt, so liegt Tausch vor.

Den Tausch behandelt das B.G.B. in demselben Abschnitte mit dem Kaufe, weil es beide Rechtsgeschäfte den gleichen Vorschriften unterstellt. Deßhalb erledigt es auch den Tausch nur mit dem knappen Anhängeparagraphen 515.

II. Die in dem 7. Abschnitte unter Titel 1 B.G.B. enthaltenen Vorschriften über den Kauf (§§ 433—514) gliedern sich in drei Unterabschnitte, nämlich: I. Allgemeine Vorschriften, §§ 433 bis 458; II. Gewährleistung wegen Mängel der Sache, §§ 459 bis 493; III. besondere Arten des Kaufs, nämlich Kauf nach Probe und Kauf auf Probe, §§ 494 bis 496, Wiederkauf, §§ 497 bis 503, Vorkauf §§ 504 bis 514. Hiemit sind übrigens die Gesammtbestimmungen über den Kauf noch nicht abgeschlossen. Denn vor Allem scheidet das B.G.B.

1. die besonderen Vorschriften über den Erbschaftskauf aus dem zweiten Buch aus und stellt sie am Schlusse des fünften Buches (Erbrecht) ein mit den §§ 2371 bis 2385. Weiter sind:

2. auch noch sonstige Spezialbestimmungen des B.G.B. heranzuziehen, wie z. B. die Formvorschriften der §§ 311, 312, 313, insoferne sie Kaufverträge über das gegenwärtige Vermögen des Verkäufers, über den gesetzlichen Erbtheil oder den Pflichttheil unter gesetzlichen Erben, und ganz besonders über Grundstücke mitberühren.

Vornehmlich kommt aber in Betracht, daß

3. auch das Handelsgesetzbuch in den §§ 373 bis 382 eine Reihe von Spezialbestimmungen über den Handelskauf aufgestellt hat.

„Handelskauf" ist ein bestimmter, abgeschlossener Begriff. Derselbe ist nicht gleichbedeutend mit „Kauf als Handelsgeschäft", sondern enger. Ebendeßhalb fallen darunter und unter jene §§ 373 bis 382 auch nicht schlechthin alle Käufe, welche sich als Handelsgeschäfte darstellen, sondern nur solche, welche eine bestimmte charakteristische Beschaffenheit haben, die eben den Begriff des „Handelskaufs" begründet und deckt.

Als besondere Merkmale des Handelskaufs bezeichnet Gareis (Handausgabe des H.G.B. vom 10. Mai 1897, 2. Aufl. S. 343) in zutreffender Weise, daß:

a) mindestens einer der beiden vertragschließenden Theile Kaufmann sein, weiter
b) der Kauf oder Verkauf entweder zum Betriebe des Handelsgeschäfts des ihn abschließenden Kaufmanns gehören oder wenigstens im Betriebe des Handelsgewerbes von diesem Kaufmann abgeschlossen sein, dann
c) der Gegenstand des Kaufs entweder in einer Waare oder in einem Werthpapiere bestehen

muß. Näheres erörtert Gareis a. a. O.*)

---

*) Ueber eine besondere Art von Handelskauf: den Bierlieferungsvertrag zwischen Bräuer und Wirth s. E.G. z. H.G.B. Art. 18, bayrisches A.G. z. B.G.B. vom 9. Juni 1899 Art. 13, 14.

Soweit nun die handelsrechtlichen Sonderbestimmungen für den Handelskauf reichen, kommen in erster Linie diese, im Uebrigen die allgemeinen Regeln des B.G.B. über den Kaufvertrag zur Anwendung.

I. Allgemeine Bestimmungen.

§ 433.

Durch den Kaufvertrag wird der Verkäufer einer Sache verpflichtet, dem Käufer die Sache zu übergeben und das Eigenthum an der Sache zu verschaffen. Der Verkäufer eines Rechtes ist verpflichtet, dem Käufer das Recht zu verschaffen und, wenn das Recht zum Besitz einer Sache berechtigt, die Sache zu übergeben.

Der Käufer ist verpflichtet, dem Verkäufer den vereinbarten Kaufpreis zu zahlen und die gekaufte Sache abzunehmen.

E. I, 459; II, 375; III, 427.

An die Spitze der Bestimmungen über „einzelne Schuldverhältnisse" stellt das B.G.B. den Kauf als dasjenige zweiseitige Rechtsgeschäft, welches im Rechtsverkehre nach den Bedürfnissen des täglichen Lebens in allen Volksschichten gewiß das häufigste ist, sich fort und fort in tausenderlei Gestaltungen vollzieht. Die bezüglichen Rechtsvorgänge sind zunächst beherrscht durch die in den §§ 433 bis 458 vorangestellten

1. „Allgemeinen Vorschriften". Diese sind maßgebend für alle thatsächlich oder rechtlich verschiedenen Arten des Kaufs, wenn und soweit sich darüber nicht Spezialbestimmungen vorfinden und diese eingreifen. Es gilt dies namentlich auch für den sog. Lieferungskauf (M. II, 319; H.G.B. 5381 Abs. 2). Wie in M. II, 320 eigens erörtert wird, ist nach den allgemeinen Rechtsnormen (je nach dem Parteiwillen: Cosack, Lehrb. 2. Aufl. S. 393 fg.) auch zu beurtheilen der sog. Hoffnungskauf (emtio spei sowohl, wie emtio rei speratae; Windscheid, Pand. § 385). „Das juristische Wesen dieser Verträge als gewagter Geschäfte bedingt aber auch die Anwendung anderer Rechtsnormen, worüber allgemeine durchgreifende Bestimmungen nicht angängig sind." (M. II, 320.) Die Beziehungen zum Werklieferungsvertrage sind zu erörtern bei § 651. (Ueber eine Frage in Ansehung des sog. Handkaufs s. nachher Nr. 9.)

2. In dem gegenwärtigen, nur von den Schuldverhältnissen handelnden Abschnitte wird nur die obligatorische Seite des Rechtsvorganges, die gegenseitige Bindung und der Inbegriff der Rechte und Pflichten des Verkäufers und Käufers behandelt. Die dingliche Wirkung, welche nach der rechtlichen Beschaffenheit des Kaufgeschäfts im Allgemeinen und im Einzelfall erzielt werden soll, ist zugleich beherrscht durch jene anderen Rechtsnormen, welche das B.G.B. für dingliche Rechtsvorgänge aufstellt. Vgl. nachher Nr. 8.

3. Grunderforderniß des Kaufvertrags ist nach der obligatorischen Seite die Einigung der beiden Theile über Kaufsgegenstand und Kaufspreis (Leistung und Gegenleistung). Daß auch für den Kaufvertrag die allgemeinen Vorschriften über Willenserklärungen und Verträge, insbesondere diejenigen der §§ 145 bis 147 sowie auch der §§ 130 fg. maßgebend sind, ist selbstverständlich. Wichtig davon sind hieher vornehmlich die Grundsätze über Anträge und deren Annahme.

4. Die Beobachtung einer besonderen Form ist für das obligatorische Rechtsgeschäft beim Kaufvertrag im Allgemeinen nicht vorgeschrieben. Ausnahmsweise wird gerichtliche oder notarielle (in Bayern notarielle) Beurkundung durch Spezialbestimmungen vorgeschrieben für Kaufverträge über:

a) das gegenwärtige Vermögen des Verkäufers nach § 311;
b) den gesetzlichen Erbtheil oder den Pflichttheil unter künftigen gesetzlichen Erben nach § 312;
c) den besonderen Erbschaftskauf nach § 2371;
d) Grundstücke nach § 313.

Etwaige Formvorschriften für Erzielung einer bestimmten dinglichen Rechtswirkung können natürlich ebenfalls einschlägig werden.

5. Als Gegenstände des Kaufvertrags bezeichnet

a) das Gesetz allgemein sowohl Sachen als Rechte. Voraussetzung ist immer, daß solche von Seite des Verkäufers rechtlich übertragbar sind. (Cosack a. a. O. I, 394.) Was nicht in dieser Art übertragbar ist, ist auch nicht verkäuflich. (Vgl. z. B. §§ 1059, 1092 B.G.B.) Daß aber der Kaufgegenstand von Seite des Käufers weiter übertragbar ist, wird im Prinzipe nicht erfordert. Es kann deßhalb z. B. auch ein Nießbrauchsrecht oder ein nach § 1092 B.G.B. persönlich beschränktes Wohnungsrecht käuflich erworben werden, wenn dadurch ein solches Recht nur in der Person des Käufers begründet werden soll.

Auch Sachen und Rechte Dritter (nicht aber eigene Sachen des Käufers: Windscheid*), Pand. § 385) können mit obligatorischer Wirkung zwischen den am Kaufvertrage betheiligten Parteien Gegenstand desselben sein. Sache des Verkäufers ist es dann eben, die dingliche Wirkung gegenüber dem Dritten herbeizuführen. Weiter können sowohl bereits vorhandene als erst künftig entstehende Sachen, bereits bestehende wie erst neu zu begründende Rechte Kaufsgegenstände sein. Wegen des Kaufes mit Wahlberechtigung vgl. B.G.B. § 262 fg.

Im Einzelnen sei noch Folgendes bemerkt:

Sachen: Der Ausdruck steht hier im Vollumfange des Rechtsbegriffs. (B.G.B. § 90 fg.) Er umfaßt daher namentlich sowohl bewegliche als unbewegliche Sachen jeder Art. Die Sache kann auch bloß generisch bestimmt sein (Windscheid, Pand. § 386). Selbst Geld kann Gegenstand des Kaufs werden, wenn es nicht als Werthmesser, sondern als Waare in Betracht kommt (Windscheid, Pand. § 385). Werden beim Geldwechsler Geldmünzen gegen einander umgesetzt, so nimmt Oertmann, Recht der Schuldverhältnisse S. 124, Tausch an, beim Umsatz von Geld gegen Banknoten oder ausländische Münzen (das P.L.R. Thl. IV cap. 3 § 3 sprach von „Schatzgeld, Medaillen und älteren Münzen") aber Kauf. Praktisch ist diese Frage nicht von Erheblichkeit. Zu den Sachen mit ihren Bestandtheilen (B.G.B. § 93 fg.) gehört beim Verkaufe nach B.G.B. § 314 im Zweifel auch deren Zubehör. (Vgl. P.L.R. Thl. IV cap. 3 § 13.) Früchte, welche nicht mehr als wesentliche Bestandtheile eines Grundstücks (§ 94) in Betracht kommen, können in diesem Fall und für einen solchen Fall selbstständig verkauft werden (s. oben). Für den Verkauf einer nur der Gattung nach bestimmten Sache ist B.G.B. § 243 einschlägig.

Rechte: An dieser Stelle ist der Begriff in weitem Sinne zu verstehen. Vor allem fallen darunter Rechte an Sachen, wie insbesondere Hypothek-, Grundschuld- und Rentenschuldberechtigungen, Erbbaurechte, Grunddienstbarkeiten, reale Gewerbeberechtigungen, soweit sie noch bestehen (z. B. Apotheken, Wirthschaften), u. s. w., ebenso Rechte an anderen Werthen, wie Urheberrechte, Patentrechte, Marken- und Musterrechte 2c. Aber auch Forderungen sind hieher einzubeziehen. Das Kausalgeschäft für eine Cession kann Kauf sein. Es ergibt sich Ersteres schon klar aus dem B.G.B. selbst, § 437, ist übrigens auch in M. II, 317 eigens hervorgehoben.

b) Nicht ausgeschlossen ist, daß durch Parteiwillen auch noch andere Werthe einem Kaufvertrag unterstellt werden. (S. oben S. 173 Einleitung Nr. 2 d.) In P. II, 51 sind in dieser Hinsicht besonders namhaft gemacht die „Befreiung von einer dinglichen oder persönlichen Last (Windscheid, Pand. § 385), ein Geheimniß, eine Kundschaft und was sonst als sog. industrielles Eigenthum als Gegenstand eines Rechtes behandelt wird". Man kann deßfalls auch z. B. erwähnen besondere Fabrikationsmethoden u. dgl. (Windscheid-Kipp, Pand. Bd. 2 S. 586.) Nicht aber können „Arbeiten" Gegenstand eines Kaufs sein (§§ 611 fg., 631 fg.). Der so häufige Verkauf eines „Geschäfts" verbindet in der Regel Werthe jener Art mit Sachen oder Rechten im gewöhnlichen Sinne.

Nach P. II, 51 wurde in der II Komm. die Möglichkeit eines „Kaufs" solcher Werthe anerkannt, aber von besonderen Vorschriften für derartige Fälle abgesehen, „weil dasjenige, was in denselben dem Verkäufer obliege, sich aus dem Inhalte des Vertrages unter Berücksichtigung von Treu und Glauben und allenfalls der Verkehrssitte von selbst ergebe". Bei solcher Rechtslage empfiehlt es sich, bei Kaufverträgen der ebenbezeichneten Art, und zwar sowohl bei mündlichem Abschlusse wie auch bei etwaiger Beurkundung derselben, der Klarstellung der Verpflichtungsverhältnisse besondere Bedachtnahme zuzuwenden.

Daß die Parteien ein Rechtsgeschäft mit „Kauf" benennen, ist für sich allein für die rechtliche Annahme eines wirklichen Kaufvertrages noch nicht entscheidend. (Windscheid-Kipp, Pand. Bd. 2 S. 588.)

*) Dieses Werk wird im Nachfolgenden nach der von Prof. Kipp in Erlangen besorgten 8. Aufl. citirt.

6. Kaufpreis. Begriffsgemäß muß dieser in Geld bestimmt werden (M. II, 320 fg.). Nur dann kann das Rechtsgeschäft als Kauf gelten, namentlich da, wo nach Gesetz oder besonderen rechtsgeschäftlichen Bestimmungen für die Anwendbarkeit anderer Rechtsnormen die Existenz gerade eines „Kaufs" vorausgesetzt wird. Dieses betonend, verweisen M. II, 321 beispielsweise auf den Fall eines Vorkaufsrechtes, sowie auf Verhältnisse bei Familienfideikommissen.

Nicht ausgeschlossen erscheint, daß neben der Geldleistung auch noch Leistungen anderer Art bei Bestimmung des Kaufpreises vereinbart werden. Im E. I § 460 war dies eigens ausgesprochen. In der II. Komm. wurde die Bestimmung als selbstverständlich und überflüssig gestrichen. Nicht in Geld bestehende Leistungen jener Art kommen namentlich in Gestalt der sog. Austragsreichnisse überaus häufig vor. (Vgl. E.G. z. B.G.B. Art. 96; bayrisches A.G. Art. 32 fg.) Die rechtliche Natur des Kaufvertrages wird dadurch nicht berührt, ebensowenig aber dadurch, daß bei der Berichtigung des festgesetzten Geldpreises oder im Anschlag auf denselben der an und für sich begründeten Geldleistung andere Leistungen unterstellt werden, z. B. die Uebernahme einer Schuldverbindlichkeit des Verkäufers durch den Käufer oder die Hingabe eines Werthes an Zahlungsstatt. (S. schon B.L.R. Thl. IV cap. 3 § 5 Nr. 3.)

Die Höhe des Kaufpreises unterliegt ganz der freien Vereinbarung. Ein Recht, den Kauf nachträglich wegen übermäßigen Kaufpreises (sog. Verletzung über die Hälfte, laesio ultra dimidium, laesio enormis des gemeinen Rechtes) zu beanstanden, ist im B.G.B. nicht mehr anerkannt. (Von Gesichtspunkten, wie z. B. den in § 138 B.G.B. verwirklichten, natürlich abgesehen.) Es steht dies im Einklange mit den neueren Rechtsanschauungen und der Richtung neuerer Gesetze (sächsisches G.B. § 864; bayrisches Gesetz vom 10. November 1851). „Im Falle eines Betruges genügen die deßfalls zustehenden Rechtsmittel." (M. II, 321.)

Wegen der Bestimmungen des Preises nach dem „Marktpreis" vgl. § 453 B.G.B. (Kauf zu angemessenem Preis: vgl. Windscheid, Pand. § 386.) Bezüglich Verzinsung des Kaufpreises s. § 452 B.G.B.

Die Verabredung des Kaufpreises durch die Parteien selbst kann sowohl ausdrücklich als stillschweigend (letzteres als präsumtive oder fictive Preisfestsetzung nach Gareis-Fuchsberger zu Art. 338 H.G.B. ä. F.) geschehen. Bei vielen, vielen Einkäufen, wie sie im Tagesleben vorkommen, bildet letzteres sogar die Regel, so z. B. wenn man sich Brod, ein Glas Bier, eine Flasche Wein oder Essen nach der Karte u. s. w. kauft. In anderen Fällen wird vom Käufer schon beim Vertragsbegehren überhaupt gar nicht nach dem Preise des Kaufgegenstandes gefragt und lautlos derjenige Preis bezahlt, den der Verkäufer bei Hingabe der Waare begehrt. In solchen Fällen ist der vom Verkäufer selbst frei zu bestimmende Preis im Voraus stillschweigend angenommen. (Vgl. dazu B.G.B. § 315). Daß die Bestimmung des Kaufpreises auch durch einen Dritten zulässigerweise erfolgen kann und wie sich dann die Rechtsverhältnisse gestalten, ergeben §§ 317—319 B.G.B.

7. Bezüglich der gegenseitigen Verpflichtungen der Kaufstheile gibt das B.G.B. in obigem § 433 die grundlegenden Vorschriften für die im Gesetz angenommenen Normalfälle. Wegen der den Vertragsbereich nach Parteiwillen ausdehnenden Fälle s. oben Nr. 5 b.

8. Die Verpflichtungen des Verkäufers sind im § 433 Abs. 1 B.G.B. im Grundsatze fixirt und zwar dahin, daß durch den Kaufvertrag als obligatorisches Rechtsgeschäft der Verkäufer:

a) beim Verkauf einer Sache dem Käufer diese Sache zu übergeben und daran das Eigenthum zu verschaffen hat,

b) beim Verkauf eines Rechtes dieses dem Käufer zu verschaffen und, wenn dasselbe zum Besitz einer Sache berechtigt, diese Sache zu übergeben hat.

Zu a. Durch die Uebergabe der Sache ist der Käufer in die thatsächliche Herrschaft über den Kaufsgegenstand zu versetzen. Dieser Verpflichtung ist in Fällen, in denen der Kauf durch einen vom Käufer dazu Beauftragten oder Ermächtigten, z. B. einen Dienstboten, abgeschlossen wird, selbstverständlich auch schon genügt, wenn die Uebergabe an diese Person erfolgt ist.

Die Pflicht zur Uebergabe hat von selbst auch die Verbindlichkeit des Verkäufers im Gefolge, bis zur Uebergabe die Kaufssache in entsprechend sorgfältiger Obhut zu behalten oder in solche zu nehmen (M. II, 318). Bloßes Aufgeben der Sache wäre keine Uebergabe. Durch die Verschaffung des Eigenthums an der Sache soll der Käufer daran jene rechtliche Vollherrschaft erlangen, wie solche durch den im B.G.B. aufgestellten Eigenthumsbegriff begründet wird. Daß vom Gesetze, der deutschen

Rechtsanschauung und der heutigen Verkehrsauffassung entsprechend, Eigenthum auf Seite des Käufers geschaffen werden soll, steht im absichtlichen Gegensatze zu der römischrechtlichen Doktrin, welche aus dem Kaufvertrage nur die abgeblaßte Verpflichtung des Verkäufers ableitete, dem Käufer das habere licere (den ungestörten Genuß des Kaufsgegenstandes) zu gewähren. Der gesetzliche Ausdruck: „verschaffen" läßt ein Doppeltes erkennen, nämlich einmal, daß durch den obligatorischen Kaufvertrag für sich allein noch kein Eigenthumsübergang herbeigeführt wird, sondern dazu auch noch alle jene Erfordernisse kommen müssen, welche nach dem B.G.B zur Entstehung von Eigenthum als dinglicher Rechtswirkung nothwendig sind, und zum Andern, daß der Verkäufer seinerseits verbunden ist, alle diejenigen rechtlichen Schritte zu thun, Erklärungen abzugeben und Handlungen vorzunehmen, welche zur Herbeiführung jener dinglichen Rechtswirkung gesetzlich erforderlich werden. (Verschaffungsprinzip; M. II, 213, 317). Bei beweglichen Sachen genügt dazu die nach Maßgabe des § 929 B.G.B. qualifizirte Uebertragung. Beim Verkaufe von Grundstücken kommen noch besonders die Vorschriften des § 873 B.G.B. über den dinglichen Vertrag, dann diejenigen über die Auflassung und Eintragung im Grundbuch in Betracht. Zur Herbeiführung der letzteren hat der Verkäufer, soweit nöthig, mitzuwirken. Ist er selbst noch nicht als Eigenthümer im Grundbuch eingetragen, so hat er diese ihn legitimirende Eintragung nachträglich erst zu erwirken. Die Kosten solcher Verschaffungsakte hat im Prinzip der Verkäufer zu tragen (D. 58). Theilweise fallen sie aber auch dem Käufer zur Last. Näheres s. in § 448, 449.

Die Verbindlichkeit zur Eigenthumsverschaffung wird dem Verkäufer, was die Beurtheilung richtiger Erfüllung derselben anlangt, wesentlich erleichtert für bewegliche Sachen durch das wichtige Prinzip der §§ 932 fg. B.G.B. („Hand muß Hand wahren") und für unbewegliche Sachen durch den Grundsatz des öffentlichen Glaubens des Grundbuchs. Eine Bestimmung dahin (wie nach römischem Rechte; vgl. B.L.R. Thl. III, cap. 3 § 10), daß eigenthümlicher Erwerb der Kaufssache nur eintritt, wenn der Kaufpreis gezahlt oder geborgt ist (gesetzlicher Eigenthumsvorbehalt) findet sich im B.G.B. nicht mehr vor. (M. II, 319; III 336.)

Ueber einen vertragsmäßigen Eigenthumsvorbehalt (pactum reservati dominii) s. § 455 sowie Bd. 3 S. 82 dieses Komm.

Ueber einzelne weitere Verbindlichkeiten des Verkäufers s. die §§ 434 fg., in Sonderheit über dessen Gewährleistungspflichten die §§ 440 fg., 459 fg.

Zu b Der Verkäufer hat dem Käufer das Recht so zu verschaffen, wie es einerseits dem Inhalte des obligatorischen Vertrages und andererseits dem rechtlichen Begriff und dem rechtlichen Umfange der konkreten Berechtigung entspricht. „Verschaffen" steht hier im gleichen Sinne, wie bezüglich der Eigenthumsverschaffung beim Sachkauf. Auch beim Rechtskaufe gibt es Fälle, wo die Einigung der Parteien über den Rechtsübergang für diesen selbst genügt (z. B. Kauf einer gewöhnlichen Forderung), aber auch andere Fälle, wo besondere „Verschaffungsakte" nothwendig werden (z. B. bei Rechten an Grundstücken). Zu solchen Verschaffungsakten kann auch die Uebergabe einer Sache gehören, wenn zur Ausübung des fraglichen Rechtes an derselben deren Uebergabe erforderlich und deßhalb der Rechtsträger auch zum Besitze der Sache berechtigt ist. Dies ist z. B. der Fall beim Erbbaurechte, beim Nießbrauch 2c.

9. Unter den Verpflichtungen des Käufers, welche § 433 Abs. 2 im Allgemeinen kennzeichnet, spielt die Hauptrolle die Zahlung des Kaufpreises, so wie er vereinbart ist. In Ansehung der Modalitäten der Zahlung greifen die bezüglichen allgemeinen Vorschriften ein (§§ 242 fg.), soweit nicht bindende anderweitige Vereinbarungen getroffen sind. Im Grundsatz ist der Kaufpreis bei Uebergabe des Kaufsgegenstands Zug um Zug zu leisten. Darin vollziehen sich aber verschiedenartige Modifikationen, ebenso durch besondere Parteidisposition, wie auch schon durch die innere Natur einzelner Kaufsformen (Baar-, Kredit-, Pränumerationskäufe). Die bezüglichen Fälle gehören übrigens vornehmlich dem Gebiete des Handelskaufs an. Darüber, ob die Uebersendung einer Waare gegen Nachnahme als eine Erfüllung Zug um Zug aufzufassen ist, s. Gareis-Fuchsberger zu H.G.B. Art. 342 ä. F. Die überwiegende Meinung ging bisher dahin, daß ohne bezügliche Vereinbarung die Erhebung des Kaufpreises durch Nachnahme nicht statthaft ist. (S. namentlich Entsch. d. O.H.G. XIII, 187.) Ueber Verzinsung des Kaufpreises vgl. § 452.

Für die Beweislast in Bezug auf die stattgehabte Zahlung des Kaufpreises gelten auch hier die bezüglichen allgemeinen Grundsätze. Demgemäß liegt der Beweis der Zahlung im Streitfalle dem dieselbe behauptenden Käufer ob. Angeregt wurde nun namentlich von Bähr (Kr. V.J.S. Bd. 30 S. 386 fg.; ZG. II, 225), ob nicht bei der Sonderbeschaffenheit des sog. Handkaufs (auch Realkauf genannt), bei welchem schon begrifflich Zug um Zug der Kaufsgegenstand geleistet und sofort auch bezahlt wird, für diesen Vertragstypus als einen eigenen bei späterer Behauptung des Verkäufers, die Zahlung sei in Wirklichkeit nicht erfolgt, diesem Letzteren der Beweis der Nichtzahlung auferlegt werden müsse.

Ueber diese Anregung und einen dieselbe verfolgenden Antrag ist die II. Komm. in Verhandlung getreten. (P. II, 54 fg.) Die theoretische Frage, ob eigentlich „der Handkauf ein obligatorischer Verkauf sei, blieb offen". (Wörtlich P. II, 56.) Eine Bestimmung über Aenderung der Beweislast aber wurde nicht beschlossen. Man hatte mit Recht offenbar dagegen erhebliche Bedenken. Und doch wäre gewiß bei der tiefen Bedeutung einer Beweislastverschiebung jener Art eine ausdrückliche Gesetzesbestimmung in irgendwelcher Gestalt nothwendig gewesen, wenn dergleichen sollte angenommen werden dürfen. (Auf gleichem Standpunkte, wie hier, steht auch Oertmann, S. 153 fg.) Es wäre eine solche auch etwas Eigenthümliches insoferne, als in dem Augenblicke, wo dem Käufer der Kaufsgegenstand übergeben wird, ohne daß er zahlt, im Grunde genommen auch begrifflich gar kein Handkauf mehr vorliegen würde und damit wieder die Beweisregel geltend gemacht werden könnte. Auch wäre überhaupt die Grenzlinie zwischen Handkauf und Nichthandkauf in vielen Fällen schwer zu ziehen. Daß übrigens der Punkt so wenig praktische Bedeutung habe, wie Planck, Bd. 2 S. 226, behauptet, dürfte allerdings nicht zutreffen. Denn die Fälle, daß in fraglicher Art nachträglich von Verkäufern Nichtzahlung behauptet wird, sind doch gar nicht selten und kommen namentlich in der Gestalt vor, daß behauptet wird, es hätten zu Baareinkäufen ausgeschickte Dienstboten in Wirklichkeit auf Borg entnommen. Dagegen muß sich eben der Dienstherr anderweitig sichern. Bei geringen Beträgen kommt es ohnehin nicht leicht zur Klage und bei erheblicheren kann ja nach B.G.B. § 368 Anspruch auf eine Quittung erhoben werden. In vielen Geschäften erhält auch der Käufer, namentlich bei Zahlung an einer besonderen Kassa, einen Berechnungszettel (oder auch bei Registrirapparaten an der Kassa eine den bezahlten Kaufpreis anzeigende Marke), welcher in Streitfällen bei dem prozeßordnungsmäßigen Grundsatze freier Beweiswürdigung, auf den in P. II, 55 mit Recht hingewiesen wird, nicht ohne Bedeutung sein kann, freilich aber meist weggeworfen wird.

10. Als eine besondere Verpflichtung des Käufers, welche sich aber naturgemäß nur auf den Fall des Kaufes einer Sache bezieht, bezeichnet Abs. 2 § 433 die Pflicht der Abnahme des Kaufgegenstands. (S. deßfalls Laband, civ. Archiv Bd. 74 S. 304 fg.) Der Begriff „Abnahme" ist nicht identisch mit „Annahme". Ersterer bekommt seine Hauptbedeutung beim Werkvertrage (B.G.B. § 640) und ist dort näher zu besprechen. Die Abnahmeverpflichtung (vgl. P.L.R. Thl. I Tit. 11 § 215) hat einen selbstständigen Charakter und ist selbstständig einklagbar und vollstreckbar. Ueber die Gründe, welche zur Anerkennung dieser besonderen Verpflichtung führten, vgl. Z.G. II, 226, 227; P. II, 52 fg. Sie dient unter Anderem dazu, den Verkäufer der Verpflichtung zu längerer Obhut über die Sache zu entheben und wenn letztere einen größeren Lagerraum beansprucht, diesen wieder für Anderes verfügbar zu machen (z. B. einen Lagerplatz für Steine, Holz, Getreide, Kohlen u. dgl.). In P. II, 53 ist auch angedeutet, daß, wenn von Seite des Käufers der Abnahmepflicht nicht oder nicht rechtzeitig entsprochen wird, dieses den Verkäufer zu einem Schadensersatzanspruche berechtigen kann. Uebrigens setzt die Abnahmepflicht voraus, daß die vom Verkäufer zur Vertragserfüllung dargebotene Sache dem Vertrag entsprechend ist (M. II, 318).

11. Ort und Zeit der beiderseitigen Leistungen bemessen sich nach den einschlägigen allgemeinen Vorschriften. (Vgl. B.G.B. §§ 269, 270, 271; M. II, 318.)

§ 434.

Der Verkäufer ist verpflichtet, dem Käufer den verkauften Gegenstand frei von Rechten zu verschaffen, die von Dritten gegen den Käufer geltend gemacht werden können.

E. I, 371; II, 376; III, 428.

1. Durch die im § 434 enthaltene, auf Kaufsgegenstände jeder Art sich beziehende Vorschrift wird gesetzlich und grundsätzlich dasjenige festgelegt, was bisher schon, namentlich bei Verträgen über den Kauf von Grundstücken, gewöhnlich eigens bedungen und beurkundet worden ist. Eine derartige Vereinbarung ist also, soweit die Tragweite des § 434 reicht, nicht mehr nothwendig. Umgekehrt kann aber durch den Vertrag im Wege des Parteiwillens eine Ausnahme von der Regel des § 434 begründet werden. Solches findet besonders bei Grundstückskäufen häufig in der Weise statt, daß eine Belastung des Kaufsgegenstandes von dem Käufer eigens als fortbestehend übernommen wird, sei es in Anrechnung auf den Kaufpreis (z. B. Hypotheken-, Grund- oder Rentenschulden) oder im Wege sonstiger Berücksichtigung bei Festsetzung des Kaufpreises. Derartige Verabredungen bei Grundstückskäufen werden übrigens von der Formvorschrift des § 313 als die Sache selbst ergreifende und den Kaufgegenstand näher bestimmende Nebensatzungen zweifellos mitgetroffen.

2. Der gesetzliche Grundsatz des § 434 ist an sich schrankenlos. (M. II, 228.) Er umfaßt alle solche Rechte Dritter, welche zum Nachtheile des Käufers einen sog. Mangel im Rechte begründen würden, also vor Allem:

a) die dinglichen Rechte am Kaufsgegenstande, wie z. B. Pfandrechte, Hypotheken, Grundschulden, Rentenschulden, insbesondere auch Grunddienstbarkeiten, mögen diese im Grundbuch eingetragen sein oder nicht (M. II, 214). Dabei ist aber auch § 435 Abs. 1 zu berücksichtigen. Derartigen Rechten sind auch grundbücherliche Vormerkungen zur Sicherung des Anspruchs darauf gleich zu achten. (Ergibt sich auch aus § 439 Abs. 2; Planck, Komm. Bd. 2 S. 228.) Weiter gehören hieher auch

b) obligatorische Ansprüche, soweit sie mit Rücksicht auf den Kaufsgegenstand gegen den Käufer geltend gemacht werden können. Solcher Art sind z. B. auch Mieth- und Pachtrechte. (D. 58.) In dieser Hinsicht greift aber der Grundsatz des § 571 und § 581 (Kauf bricht nicht Miethe) modifizirend ein.

Zu vergleichen sind hieher übrigens auch die Bestimmungen der C.P.O. § 806 u. Nr. über Veräußerung auf Grund einer Pfändung, deßgleichen § 56 des R.G. über die Zwangsversteigerung v. 24. März 1897.

3. Nicht hieher gehören diejenigen gesetzlichen Eigenthumsbeschränkungen, welche sich als eine Umgrenzung des Inhalts des Eigenthumsinhalts darstellen. Von dieser Art sind z. B. die bei Grundstückskäufen nicht selten wichtig werdenden Beschränkungen aus dem Gesichtspunkte des Nachbarrechtes. Vgl. B.G.B. § 905 fg.; bayrisches A.G. z. B.G.B. Art. 62 fg.

4. Wie schon der Wortlaut des § 434 ergibt, greift auch hier das sog. Verschaffungsprinzip Platz. Der Verkäufer hat daher seinerseits auch in dieser Hinsicht alles dasjenige zu thun, was zur Herstellung des durch § 434 vorgezeichneten Rechtszustandes nothwendig ist (D. 58), soweit nicht durch Vertrag (s. oben Nr. 1) etwas Anderes begründet wird.

Diese Verpflichtung tritt übrigens nicht etwa erst dann ein, wenn eine Geltendmachung von Rechten fraglicher Art Seitens eines Dritten schon stattgefunden hat. Nach dem bestimmten Ausdrucke des Gesetzes genügt vielmehr schon der Umstand, daß solche Rechte von Dritten überhaupt geltend gemacht werden können.

§ 435.

Der Verkäufer eines Grundstücks oder eines Rechtes an einem Grundstück ist verpflichtet, im Grundbuch eingetragene Rechte, die nicht bestehen, auf seine Kosten zur Löschung zu bringen, wenn sie im Falle ihres Bestehens das dem Käufer zu verschaffende Recht beeinträchtigen würden.

Das Gleiche gilt bei dem Verkauf eines Schiffes oder eines Rechtes an einem Schiffe für die im Schiffsregister eingetragenen Rechte.

E. II, 377; III, 429.

Die vorliegende Bestimmung geht weiter als die des vorigen Paragraphen. Letztere betrifft, soweit im Grundbuch eingetragene Rechte in Frage kommen, solche Rechte, welche wirklich bestehen. § 435 behandelt aber zunächst nur Rechte, welche zwar eingetragen sind, gleichwohl aber nicht bestehen, sei es, daß sie überhaupt nicht zur Existenz kamen oder schon erloschen sind. Das Gesetz geht nach D. 58 davon aus, daß auch durch solche unrichtige Einträge die Interessen des Käufers geschädigt sein können, insoferne sie ihn behindern mögen, seinen Zwecken entsprechend über den Kaufsgegenstand beliebig zu verfügen. Deßhalb ist dem Verkäufer die im § 435 bezeichnete Verpflichtung auferlegt, welche er auf seine eigenen Kosten zu erfüllen hat. § 435 bietet übrigens auch dann einen Behelf, wenn der wirkliche rechtliche Bestand von Rechten fraglicher Art zweifelhaft ist, dem Käufer aber der bezügliche Beweis unmöglich oder doch schwer werden würde (Oertmann, S. 158).

§ 436.

Der Verkäufer eines Grundstücks haftet nicht für die Freiheit des Grundstücks von öffentlichen Abgaben und von anderen öffentlichen Lasten, die zur Eintragung in das Grundbuch nicht geeignet sind.

E. I, 372; II, 378; III, 430.

Vorstehende Bestimmung enthält eine dem bisherigen Rechte entsprechende, den § 434 auf das entsprechende Maß zurückführende Umgrenzung, welche dazu bestimmt und dienlich ist, etwaige zuweit gehende Folgerungen aus § 434 abzuschneiden. Das Bestehen solcher öffentlicher Lasten ist ja ohnehin meist wenigstens im Allgemeinen bekannt oder vorauszusetzen.

1. Der Begriff „öffentliche Abgaben" und „öffentliche Lasten" bemißt sich nach dem Landesrechte, welches in dieser Hinsicht meistens, aber nicht nothwendig öffentlich-rechtlichen Charakters sein wird. Es gibt auch „öffentliche Abgaben" und andere „öffentliche Lasten", welche privatrechtlichen Ursprungs sind, z. B. in Bayern bestimmte Arten von Bodenzinsen. Hierzulande gehören unter obige Begriffe namentlich die Grund- und Haussteuern, Gemeinde-, Distrikts- und Kreisumlagen (für Grundstücke), einschlägigen Falles auch die Besitzveränderungsgebührenäquivalente u. s. w.

2. Die Gesetzesstelle spricht nur von Lasten auf Grundstücken. Rechte an Grundstücken werden auch hier den Grundstücken selbst gleichzustellen sein. (Ebenso Oertmann, S. 158 fg.)

3. Rückständige Reichnisse aus der Zeit vor Erwerb der Kaufsache können den Käufer nicht belasten (Planck a. a. O. S. 229; Oertmann, S. 158).

§ 437.

Der Verkäufer einer Forderung oder eines sonstigen Rechtes haftet für den rechtlichen Bestand der Forderung oder des Rechtes.

Der Verkäufer eines Werthpapiers haftet auch dafür, daß es nicht zum Zwecke der Kraftloserklärung aufgeboten ist.

E. I, 298; II, 379; III, 431.

1. Liegt Verkauf einer Forderung oder eines sonstigen Rechtes vor (z. B. eines Urheber- oder Patentrechtes; auch eines zum Mindesten der Ausübung nach übertragbaren dinglichen Rechtes an fremder Sache), so entsteht die Frage, ob und in welchem Umfange der Verkäufer in Ansehung des Kaufsgegenstands dem Käufer haftet, wenn die dem Verkäufer obliegende Verpflichtung zur Verschaffung der Forderung oder des sonstigen Rechtes für den Käufer nicht zur Erlangung desjenigen führt, was er nach dem obligatorischen Kaufvertrage zu beanspruchen hat. Der Regelung jener Frage unterstellt das B.G.B. die Grundauffassung, daß erstere nach dem Gesichtspunkte der Gewährleistung für einen Mangel im Rechte zu gestalten und nicht etwa bloß nach den Grundsätzen über Unmöglichkeit der Leistung einer nicht bestehenden Sache zu beurtheilen sei (D. 58. Aehnlich Planck, Bd. 2 S. 229).

2. Bezüglich jenes Mangels im Rechte unterscheidet (wie schon die Doctrin des gemeinen Rechtes) das B.G.B. in den §§ 437 u. 438 zwischen dem Falle der Haftung für den Bestand der Forderung oder des Rechtes (nomen verum) und dem anderen Falle der Haftung für die sog. Güte der Forderung ꝛc., d. h. die Einbringlichkeit mit Rücksicht auf die Zahlungsfähigkeit des Schuldners (nomen bonum). Für den rechtlichen Bestand haftet der Verkäufer und zwar kraft Gesetzes nach § 437 Abs. 1. Für die sog. Güte der Forderung besteht keine gesetzliche Haftung des Verkäufers.

In beiden Fällen kann übrigens durch den Parteiwillen im Wege einer Vereinbarung das Verhältniß auch geändert werden. Es kann die Haftung für den rechtlichen Bestand ausgeschlossen oder gemindert (vgl. deßfalls aber auch B.G.B. § 443) und auch eine Haftung für Zahlungsfähigkeit des Schuldners eigens begründet werden. Ob das eine oder andere der Fall ist, erscheint als eine beweisbedürftige Thatfrage, wie jede andere auch. Planck, Bd. 2 S. 229 Erl. 1, schreibt in dieser Hinsicht: „Ist der Kaufpreis geringer, als der Nennwerth der verkauften Forderung und ist die Preisbestimmung mit Rücksicht auf die Unsicherheit des rechtlichen Bestandes der Forderung erfolgt, so wird regelmäßig als stillschweigend vereinbart anzusehen sein, daß der Verkäufer für den Bestand der Forderung nicht haften solle." Letztere Annahme kann im Einzelfalle zutreffend sein. Die Behauptung aber, daß solches regelmäßig (mag man dieses Wort im einen oder anderen Sinne gebrauchen) als stillschweigend vereinbart zu erachten sei, scheint praktisch denn doch zu weit zu gehen.

3. Die Haftung wegen Nichtbestandes der Forderung oder des sonstigen Rechtes bezieht sich gleichmäßig sowohl auf den Fall, daß Forderung oder Recht aus einem thatsächlichen oder rechtlichen Grunde nicht entstanden war, wie auf den andern, daß Eines oder das Andere bereits wieder erloschen oder durch Einrede entkräftbar ist (M. II, 126).

Die Haftung für den Nichtbestand begründet die Verpflichtung zum Ersatze des vollen positiven Schadens nach B.G.B. § 252 (M. II, 126) und ist (abweichend von P.L.R. Thl. I Tit. 11 § 422 fg.) nicht etwa beschränkt auf die Höhe der Valuta, welche der Käufer als Kaufpreis bezahlt hat. (M. II, 126; vgl. auch Oertmann, S. 159.)

4. Ob Bestand oder Nichtbestand der Forderung oder des sonstigen Rechtes vorliegt, ist nach den Verhältnissen im Zeitpunkte des Abschlusses des obligatorischen Kaufvertrags zu beurtheilen. Für diesen Zeitpunkt besteht unbeschränkte Haftbarkeit des Verkäufers bei Nichtbestand der Forderung 2c. Von da ab bis zur wirklichen Erfüllung des Vertrags wird jene Haftbarkeit modifizirt durch den nunmehr möglicher Weise in Betracht kommenden Gesichtspunkt einer nachträglich eintretenden Unmöglichkeit der Leistung nach Maßgabe der §§ 275, 323 B.G.B. (In diesem Sinne auch Planck, Bd. 2 S. 229 fg.)

Mit Oertmann, S. 159, ist übrigens hieher auch der Fall zu beziehen, daß nach dem Kaufsabschluß in Folge Anfechtung 2c. eine auf die Zeit des Kaufsabschlusses rückzubeziehende Nichtigkeitserklärung desselben erfolgt, deren Grund schon zur Zeit der Veräußerung bestand.

5. Als Werthpapiere im Sinne des § 437 Abs. 2 kommen namentlich Schuldverschreibungen auf den Inhaber, Wechsel, Orderpapiere und Urkunden von der im H.G.B. n. F. § 363 aufgeführten Art in Betracht. (Vgl. auch B.G.B. § 799; C.P.O. §§ 1003 fg. n. Nr.)

Im Allgemeinen kommen für Werthpapiere die Grundsätze des § 437 Abs. 1 ebenfalls in Betracht. Der zweite Absatz des § 437 erstreckt diese Haftung aber „auch" auf den dortselbst bezeichneten besonderen Fall. Denn „der Käufer ist hier in ähnlicher Lage, wie der Käufer eines dem Verkäufer nicht zustehenden Rechtes, sofern er Gefahr läuft, des Rechtes aus dem Papiere verlustig zu werden. Nach der Auffassung des Verkehrs ist dem Käufer eines Werthpapiers nicht zuzumuthen, daß er sich darüber vergewissere, ob gegen dasselbe ein Aufgebotsverfahren schwebt. Vielmehr darf er sich darauf verlassen, daß der Verkäufer die bis zum Vertragsschluß eingetretenen, das Papier berührenden Vorgänge seinerseits verfolgt hat" (D. 58; P. I, 655.)

Für die Beurtheilung maßgebender Zeitpunkt ist auch hier der des Abschlusses des Kaufvertrags. Vorauszusetzen ist selbstverständlich, daß in diesem Zeitpunkte noch keine rechtskräftige Kraftloserklärung vorliegt, andererseits aber doch auch, daß bereits eine hierauf abzielende gerichtliche Handlung und eine Veröffentlichung derselben vorliegt. Denn erst durch Letztere wird nahezu regelmäßig der Verkäufer Kenntniß von dem Verfahren erlangen. (Planck, Bd. 2 S. 230.)

Liegt eine vor oder bei Einleitung des Aufgebotsverfahrens gerichtlich verfügte Zahlungssperre (C.P.O. § 1019 n. Nr.) vor, so ergibt sich, da diese ein Veräußerungsverbot zu Gunsten des Antragstellers enthält, die Haftung des Verkäufers schon aus B.G.B. § 434. (D. 58.)

§ 438.

Uebernimmt der Verkäufer einer Forderung die Haftung für die Zahlungsfähigkeit des Schuldners, so ist die Haftung im Zweifel nur auf die Zahlungsfähigkeit zur Zeit der Abtretung zu beziehen.

E. I, 299, II, 388; III, 432.

1. Vgl. die Bem. zu § 437 Nr. 2. Für den Fall einer bei dem Verkauf einer Forderung vertragsmäßig übernommenen Haftung für die Zahlungsfähigkeit des Schuldners gibt § 438 eine Auslegungsregel. Diese schließt sich den bestehenden Rechtsnormen im P.L.R. Thl. I Tit. 11 § 431 und code civil Art. 1395 an.

2. Wie jene Haftungsübernahme rechtlich zu konstruiren sei, ob z. B. als eine Bürgschaftsübernahme oder wie sonst, richtet sich auch nach dem zu ermittelnden Parteiwillen. (M. II, 127.)

3. Die Zeit des Rechtsgeschäfts der Abtretung gilt im Zweifel als maßgebend (§ 398 fg.), also nicht z. B. der Zeitpunkt der Abtretungsanzeige (§ 409).

4. Hat der Verkäufer dem Erwerber der Forderung die Zahlungsunfähigkeit des Schuldners arglistig verschwiegen, so sind für die Haftpflicht die allgemeinen Vorschriften über betrügerische Rechtshandlungen einschlägig.

§ 439.

Der Verkäufer hat einen Mangel im Rechte nicht zu vertreten, wenn der Käufer den Mangel bei dem Abschlusse des Kaufes kennt.

Eine Hypothek, eine Grundschuld, eine Rentenschuld oder ein Pfandrecht hat der Verkäufer zu beseitigen, auch wenn der Käufer die Belastung kennt. Das Gleiche gilt von einer Vormerkung zur Sicherung des Anspruchs auf Bestellung eines dieser Rechte.

E. I, 373; II, 381; III, 433.

1. Zu Abs. 1. Die in den vorausgehenden §§ 433 fg. begründete Haftungsverpflichtung des Veräußerers wegen eines Mangels im Rechte tritt (abgesehen von § 439 Abs. 2) in allen bezüglichen, so oder so gearteten Fällen nicht ein, soferne der Käufer den bezüglichen Mangel selbst gekannt hat. Im Einzelnen kennzeichnet sich diese Vorschrift näher, wie folgt:

a) Die Gesetzesvorschrift bezieht sich nur auf die im Gesetze begründete Haftungspflicht, nicht auch auf eine vertragsmäßige Zusicherung, nach deren Inhalte dann die Haftung zu beurtheilen ist. (M. II, 316.)

b) Der im § 439 vorgesehene Befreiungsgrund wirkt ebenso, wenn das Recht am Kaufsgegenstande zur Zeit des Vertragsabschlusses in der Person des Verkäufers nicht bestand, wie wenn im Sinne des § 434 Rechte Dritter bestehen oder nicht bestehende Rechte der im § 435 erwähnten Art eingetragen sind oder einer der Haftungsfälle des § 437 vorliegt.

c) „Im Falle der Kenntniß des Erwerbers ist dessen Verzicht auf die Haftung oder die Annahme begründet, daß er die aus dem Rechte des Dritten ihm drohende Gefahr übernehmen wolle." (M. II, 215.) Ebendeßhalb wirkt haftungsbefreiend nur die wirkliche Kenntniß des Käufers, nicht aber schon die auf einem Verschulden desselben beruhende Unkenntniß (M. II, 216). Mit Recht erachten die M. a. a. O. eine Gleichstellung von Kenntniß und verschuldeter Unkenntniß schon durch die Auskunftspflicht nach § 444 als ausgeschlossen. (Windscheid, Pand. § 391; sächsisches G.B. § 944; code civil Art. 1599, 1620.)

d) Die Kenntniß des Mangels auf Seite des Käufers wirkt haftungsbefreiend für den Verkäufer nur dann, wenn jene Kenntniß schon beim Abschlusse des Kaufes bestand. Erlangt der Käufer die Kenntniß erst später, so kann nur in Frage kommen, ob nicht etwa ein Verzicht auf die Geltendmachung des Mangels dann vorliegt, wenn gleichwohl der Käufer den Kaufsgegenstand angenommen hat. (Oertmann, S. 161.)

e) In M. II, 316 ist eigens des Falles gedacht, daß beide Vertragschließende den Vertrag wissentlich und ausdrücklich über die Sache oder das Recht eines Dritten abschlossen. (P.L.R. Thl. I Tit. 11 § 139.) Es hängt dann die Entscheidung von der Beurtheilung des gegebenen Falles bezüglich der Frage ab, ob ein Verzicht auf die Haftungspflicht von Seite des Käufers gegeben sei oder nicht — vorausgesetzt überhaupt, daß nicht der Vertrag wegen Verstoßes gegen die guten Sitten nichtig ist.

f) Woher der Käufer die fragliche Kenntniß erlangte, ob vom Verkäufer selbst oder irgendwie von einem Dritten, begründet keinen Unterschied (M. II, 215).

g) Den fraglichen Befreiungsgrund hat, wenn ihn der Verkäufer geltend macht, dieser zu beweisen. „Ist ein Recht, für dessen Fehlen der Veräußerer zu haften hat, im Grundbuch eingetragen, so kommt diese Eintragung vielleicht für den Beweis der Kenntniß des Erwerbers in Betracht; sie (d. h. allein!) liefert aber diesen Beweis ebensowenig, wie sie von der Führung des Beweises befreit." So M. II, 215. S. auch P. I, 659 fg., woselbst näher erörtert ist, daß sich die Auskunftspflicht des Verkäufers nach § 444 auch auf die im Grundbuch enthaltenen Eintragungen beziehe, welche dem Käufer gegenüber nicht als notorisch gelten dürften. Der Verkäufer sei auch nicht zu der Annahme berechtigt, daß der Käufer den Inhalt des Grundbuchs kenne 2c.

2. Zu Abs. 2. M. II, 216 betonen, daß diese Bestimmung vorgezeichnet ist durch die heutige herrschende Verkehrssitte, wonach die Rechte des Erwerbers durch die Kenntniß von Hypotheken, Grundschulden 2c. und Pfandrechten nicht berührt werden (P.L.R. Thl. I Tit. 11 § 184 fg.). Es bleibt also in dieser Hinsicht bei dem Grundsatze des § 434. Vgl. die dortigen Bemerkungen.

§ 440.

Erfüllt der Verkäufer die ihm nach den §§ 433 bis 437, 439 obliegenden Verpflichtungen nicht, so bestimmen sich die Rechte des Käufers nach den Vorschriften der §§ 320 bis 327.

Ist eine bewegliche Sache verkauft und dem Käufer zum Zwecke der Eigenthumsübertragung übergeben worden, so kann der Käufer wegen des Rechtes eines Dritten, das zum Besitze der Sache berechtigt, Schadensersatz wegen Nichterfüllung nur verlangen, wenn er die Sache dem Dritten mit Rücksicht auf dessen Recht herausgegeben hat oder sie dem Verkäufer zurückgewährt oder wenn die Sache untergegangen ist.

Der Herausgabe der Sache an den Dritten steht es gleich, wenn der Dritte den Käufer oder dieser den Dritten beerbt oder wenn der Käufer das Recht des Dritten anderweit erwirbt oder den Dritten abfindet.

Steht dem Käufer ein Anspruch auf Herausgabe gegen einen Anderen zu, so genügt an Stelle der Rückgewähr die Abtretung des Anspruchs.

E. I, 374, 375, 376; II, 382; III, 434.

Während die §§ 433 bis 439 die Hauptnormen für die Frage enthalten, ob und inwieweit den Verkäufer im Grundsatz eine Haftbarkeit für einen Mangel im Rechte trifft, regelt § 440 die Rechtsfolgen, welche entstehen, wenn eine solche Haftbarkeit im gegebenen Fall aus dem einen oder anderen Grunde vorliegt oder wenn der Verkäufer überhaupt seine Verpflichtungen aus dem Kaufe, wie sie ihm nach dem Gesetz obliegen oder besonders bedungen sind (vgl. § 433 und Bem. dazu) nicht erfüllt. In dieser Hinsicht enthält § 440 im Abs. 1 die maßgebende allgemeine Vorschrift, während die Abs. 2 bis 4 § 440 und § 441 spezielle Punkte betreffen.

I. Die allgemeine Vorschrift des Abs. 1, welche den § 438 (vertragsmäßige Haftung für die Zahlungsfähigkeit des Schuldners bei Verkauf einer Forderung) außer Betracht läßt, verweist einfach auf jene Grundbestimmungen, welche die §§ 320 bis 327 für gegenseitige Verträge, zu denen ja auch der Kauf gehört, aufgestellt haben. Vgl. Erläuterungen zu §§ 320 fg.

Im Einzelnen sei Folgendes bemerkt:

1. Der allgemeinste und nächstliegende Rechtsbehelf für den Käufer ist die gegen den Verkäufer gerichtete Kontraktsklage auf Vertragserfüllung, d. h. auf Erfüllung der dem Letzteren nach § 432 Abs. 1 obliegenden Verpflichtungen und der etwa damit verknüpften Nebenverbindlichkeiten. Insbesondere hat dieser Klage gegenüber der Verkäufer für die Rechtsverschaffung einzustehen, so wie sie kraft des obligatorischen Vertrags ihm obliegt. (§ 433). Wendet der Verkäufer ein, daß er zur Rechtsverschaffung oder auch zur Uebergabe der verkauften Sache aus einem thatsächlichen oder rechtlichen Grunde nicht im Stande sei, so hat er diese Lage gleichwohl rechtlich zu vertreten, wenn sie schon zur Zeit des Kaufsabschlusses so gegeben war. (S. auch nachher Nr. 3; Planck, Komm. Bd. 2 S. 232.) Ist jenes Unvermögen erst nach dem Kaufsabschluß eingetreten, so kommen die Grundsätze über nachträgliche Unmöglichkeit der Leistung nach B.G.B. § 323 fg. in Betracht, wobei es wiederum darauf ankommt, ob und in welcher Art jene Unmöglichkeit etwa mit einem Umstande zusammenhängt, den einer oder der andere der beiden Theile, oder auch beide zu vertreten haben. Vgl. B.G.B. §§ 323, 324, 325 Abs. 1, 275, 280. Da die Rechtsverschaffung vielfach nur einen Theil der Leistung des Verkäufers bildet (M. II, 216; anders z. B. im Falle des § 437 Abs. 1), so werden, wenn die Sache also liegt, auch die Grundsätze über theilweise Unmöglichkeit der Leistung anwendbar.

2. Verlangt umgekehrt der Verkäufer von dem Käufer Vertragserfüllung, insbesondere Zahlung des Kaufspreises, ehevor der Verkäufer seine Verbindlichkeiten, insbesondere diejenige zur Rechtsverschaffung erfüllt hat, so steht dem Käufer gemäß § 323 B.G.B. die Einrede des nicht erfüllten Vertrags (exceptio non adimpleti contractus) zu, mittelst welcher er seine Leistung bis zur Bewirkung der Gegenleistung des Käufers verweigern kann. Liegt ein Mangel im Rechte vor, zufolge dessen das Eigenthum oder sonstige Recht nicht so, wie der Verkäufer aus dem Vertrage die Verpflichtung hat, verschafft wird, so besteht jenes Verweigerungsrecht

auch dann, wenn den übrigen Erfordernissen, von welchen der Erwerb des zu verschaffenden Rechts abhängt, genügt, insbesondere z. B. der dingliche Vertrag erfolgt, die Sache übergeben, die Auflassung vollzogen ist (M. II, 216). Vorausgesetzt ist, daß dem Käufer nicht im gegebenen Falle die Pflicht einer Vorleistung (§§ 320, 321, 323) auferlegt ist. An sich ist aber die Verpflichtung zu einer solchen im Wesen des Kaufvertrags nicht begründet. Zu berücksichtigen ist weiter auch hier der § 322, in dessen Abs. 1 insbesondere bestimmt ist, es habe bei einem gegenseitigen Vertrage jene Verweigerung der Leistung (hier Seitens des Käufers) bis zur Bewirkung der Gegenleistung nur die Wirkung, daß der andere Theil zur Erfüllung Zug um Zug zu verurtheilen ist. Endlich ist auch noch auf § 320 Abs. 2 hinzuweisen, wonach, wenn von der einen Seite theilweise geleistet worden ist, die Gegenleistung insoweit nicht verweigert werden kann, als die Verweigerung nach den Umständen, insbesondere wegen verhältnißmäßiger Geringfügigkeit des nicht geleisteten Theiles (z. B. Nichtbeseitigung einer ganz unbedeutenden Grunddienstbarkeit; s. P. I, 657 fg.), gegen Treu und Glauben verstoßen würde. Dies gilt auch hieher. Vgl. ferner die Bem. zu §§ 320 fg.

3. Als weitere Rechtsbehelfe bieten sich dem Käufer im Falle des § 440 Abs. 1 unter Umständen dar: der Anspruch auf Schadensersatz und der Rücktritt vom Vertrage. Diese beiden Rechtsbehelfe stehen im alternativen Verhältnisse. Die Geltendmachung des Einen schließt den Anderen aus.

a) Die Frage, unter welchen Voraussetzungen ein Schadensersatzanspruch oder der Rücktritt geltend gemacht werden kann, bemißt sich nach den näheren Vorschriften der §§ 325, 326. (Vgl. Bem. dazu.) Von diesen Gesetzesstellen behandelt § 325 hieher bezüglich zunächst den Fall, wenn dem Verkäufer die ihm obliegende Leistung aus einem von ihm zu vertretenden Umstand unmöglich wird, also z. B. wenn er selbst den Mangel im Rechte am Kaufsgegenstande durch eine Belastung desselben herbeigeführt hat. Hier kann dann der Käufer Schadensersatz (vgl. §§ 249 fg.) begehren, (s. auch schon § 280) oder vom Vertrag überhaupt zurücktreten. Die im § 325 weiter geregelte Frage über die alternative Geltendmachung jener Befugnisse des Käufers im Falle nur theilweiser Unmöglichkeit der Leistung durch den Verkäufer führt auf die Unterscheidung zurück, ob die nur theilweise Erfüllung für den Käufer noch ein Interesse hat oder nicht. Näheres hierüber, sowie über die Geltendmachung der im § 323 bestimmten Rechte statt des Schadensersatzanspruchs und des Rücktritts s. in § 325 und den Bem. dazu. Ebendaselbst s. auch über die Ausdehnung auf den Fall des § 283 (rechtskräftige Verurtheilung zur Leistung).

§ 326 bestimmt weiter über die Voraussetzungen der Geltendmachung eines Schadensersatzanspruchs oder des Rücktritts vom Vertrage, wenn der Verkäufer mit seiner Leistung im Verzug ist. Näheres in und zu § 326. Auch hieher gilt bezüglich des in den §§ 323 bis 326 begründeten Schadensersatzanspruchs oder Rücktritts dasselbe, wie es oben unter Nr. 2 S. 184 hinsichtlich des Rechtes zur Verweigerung der Gegenleistung für den Fall dargelegt wurde, daß abgesehen von dem bezüglichen Mangel im Rechte im Uebrigen Seitens des Verkäufers das ihm Obliegende zur Vertragserfüllung geschehen ist. (Vgl. E. I § 374; M. II, 218; P. I, 660 fg.)

b) Ueber eine ausnahmsweise Ausschließung des Rücktrittsrechtes bestimmt B.G.B. § 454.

c) Das Erforderniß einer vorgängigen Entwehrung (Eviktion) der verkauften Sache besteht im Grundsatze nicht mehr. Ueber diesen vom gemeinen Rechte (vgl. auch P.L.R. Thl. I Tit. 5 § 317, Tit. 11 § 135, 136, 143; sächsisches G.B. § 930 fg.; Cod. civ. Art. 1626) abweichenden Standpunkt des B.G.B. enthalten P. I, 662 fg. eingehende Erörterungen. Dabei sind aber doch auch die nachfolgenden Absätze 2 bis 4 des § 440 in Betracht zu ziehen, welche in Ansehung beweglicher Sachen den Anspruch auf Schadensersatz modifiziren.

d) Ueber Bemessung von Art und Höhe des Schadensersatzes vgl. § 249 fg.

e) Ueber den maßgebenden Zeitpunkt für die Schadensbemessung hatte E. I § 377 Abs. 2 eine eigene Bestimmung, welche übrigens theilweise mit dem Eviktionserfordernisse nach E. I § 374 (s. oben) zusammenhing (vgl. Windscheid, Pand. Bd. 2 § 391 bei Anm. 34). In der II. Komm. wurde dieselbe gestrichen. Die Frage erscheint hiemit hier als eine offene.

II. Die in § 440 Abs. 2 bis 4 und § 441 enthaltenen Spezialbestimmungen beziehen sich lediglich auf bewegliche Sachen. Sie begründen in Bezug auf das Verlangen von Schadensersatz für Nichterfüllung wegen eines Mangels im Rechte in Folge Anspruchs eines Dritten auf die verkaufte und übergebene Sache gewisse Beschränkungen. Diese sollen „verhüten, daß der Käufer eine Entschädigung wegen des Rechtsmangels erhält und gleichzeitig im Genusse der Sache bleibt". (D. 60.) Von diesem Gesichtspunkt ausgehend macht das B.G.B. in §§ 440 Abs. 2 fg. für Fälle fraglicher Art — es sei nochmals betont: nur in Bezug auf verkaufte und zu Eigenthum nach § 929 Satz 1 oder 2 (Planck, a. a. O. S. 233) übergebene bewegliche Sachen — die Schadensersatzklage gegen den Verkäufer davon abhängig, daß entweder

a) der Käufer die Sache einem Dritten mit Rücksicht auf dessen Recht daran herausgegeben hat oder daß
b) der Käufer die Sache dem Verkäufer zurückgewährt hat, oder daß
c) die Sache selbst untergegangen ist,

also jener Doppelerfolg so oder so nicht eintreten kann. In diesen Vorschriften äußert sich noch ein ausnahmsweiser Anklang an das römischrechtliche Eviktionsprinzip. Vollauf beibehalten ist dieses aber auch hier nicht (Cosack, Lehrb. S. 414 fg.; Oertmann, S. 163). Im Einzelnen ist dabei Folgendes kurz zu bemerken:

Zu a. Die Sache muß dem Dritten mit Rücksicht auf dessen Recht vom Käufer herausgegeben sein. Ob die Herausgabe gutwillig oder erst in Folge Verurtheilung dazu erfolgte, gilt gleich.

Bestreitet im ersteren Falle der Verkäufer, daß dem Dritten wirklich das fragliche Recht an der Sache zustand, so hat der Käufer seine deßfallsige Behauptung eben mit Beweis zu vertreten. (§ 442.) Es kann dies dem Käufer unter Umständen nahelegen, von einer gutwilligen Herausgabe abzustehen.

Fand die Herausgabe in Folge Verurtheilung statt, so kommt ein solcher Beweis in Wegfall, wenn der Verkäufer das Urtheil nach C.P.O. §§ 75, 68 gegen sich gelten lassen muß, weil eine Streitverkündung (Zulässigkeit: C.P.O. § 72) an ihn stattgefunden hatte. Diese Letztere hat aber hieher bezüglich nur Rechtsfolgen in Bezug auf den Beweis. Voraussetzung für die Zulässigkeit des Schadensersatzanspruchs selbst ist sie aber nach B.G.B. § 440 Abs. 2 keineswegs. (Ebenso Planck, Komm. Bd. 2 S. 233.) Der Herausgabe der Sache an den Dritten gleichgestellte Fälle dreifacher Art bezeichnet § 440 in Abs. 3.

Zu b. Der Rückgewähr der Sache an den Verkäufer setzt Abs. 4 die Abtretung des käuferischen Anspruchs auf Herausgabe der Sache gegen einen Dritten gleich. Danach, auf welchem Rechtsgrunde dieser Herausgabeanspruch besteht, wird im § 440 Abs. 4 kein Unterschied gemacht.

Zu c. Bei Untergang der Sache ist vorauszusetzen, daß dieser nicht vom Käufer selbst verschuldet ist und Letzterer sich dadurch nicht selbst in die Lage versetzt hat, die Sache dem Verkäufer nicht rückgewähren zu können. Wäre dies der Fall, so würde B.G.B. § 254 über die Konkurrenz von Verschulden des Beschädigten mit einschlägig.

§ 441.

Die Vorschriften des § 440 Abs. 2 bis 4 gelten auch dann, wenn ein Recht an einer beweglichen Sache verkauft ist, das zum Besitze der Sache berechtigt.

E. I, 374; II, 382; III, 435.

Vgl. die Erörterungen zu § 440, insbesondere unter Nr. II. Oertmann, S. 165, rechnet hieher namentlich die venditionis causa stattgehabte Neubestellung des dinglichen Nießbrauchsrechtes an einer beweglichen Sache, aber auch die kaufsweise Uebertragung der bloßen Ausübung eines solchen Nießbrauchs.

§ 442.

Bestreitet der Verkäufer den vom Käufer geltend gemachten Mangel im Rechte, so hat der Käufer den Mangel zu beweisen.

E. I, 379; II, 383; III, 436.

Diese Vorschrift ist eine allgemeine. Sie gilt in allen Fällen, in welchen Seitens des Käufers aus einem Mangel im Rechte des Verkäufers eine Berechtigung abgeleitet wird, also nicht bloß, wenn es sich etwa um Schadensersatz handelt, sondern auch z. B. wenn ein Rücktritt vom Vertrage bethätigt oder die Gegenleistung des Käufers verweigert wird (vgl. Bem. zu § 433), deßgleichen bei Geltendmachung des Anspruchs aus § 434. (M. II, S. 223.) Die Regel des § 442 ist auch unbeeinflußt davon, ob ein Dritter schon sein Recht geltend gemacht hat, oder davon, „ob der dingliche Vertrag schon zu dem obligatorischen hinzugetreten oder noch ausständig ist“ (M. II, 233).

§ 443.

Eine Vereinbarung, durch welche die nach den §§ 433 bis 437, 439 bis 442 wegen eines Mangels im Rechte dem Verkäufer obliegende Verpflichtung zur Gewährleistung erlassen oder beschränkt wird, ist nichtig, wenn der Verkäufer den Mangel arglistig verschweigt.

E. I, 380, II, 384; III, 437.

Die Gesetzesstelle enthält vor Allem eine Bestätigung des Satzes, daß Abmäßigungen der Gewährleistungspflicht des Verkäufers im Vertragswege im Allgemeinen zulässig sind. „Die sämmtlichen Vorschriften über die Gewährleistung des veräußerten Rechtes sind dispositiv.“ (M. II, 223.) Dieser allgemeine Grundsatz erhält jedoch durch § 443 im Anschluß an bestehendes Recht (Windscheid, Pand. § 391 Note 38; P.L.R. Thl. I Tit. 5 § 348, Tit. 11 § 137, 138; sächsisches G.B. § 947; Code civil Art. 1627, 1628) eine wesentliche Modifikation für den — aber auch nur für diesen — eigens bezeichneten Fall des arglistigen (d. h. mit eigener Kenntniß des Mangels und im Bewußtsein einer bestehenden Unkenntniß davon auf Seite des Käufers) Verschweigens durch den Verkäufer (M. II, 223; vgl. auch P.L.R. Thl. I Tit. 11 §§ 137, 138).

§ 444.

Der Verkäufer ist verpflichtet, dem Käufer über die den verkauften Gegenstand betreffenden rechtlichen Verhältnisse, insbesondere im Falle des Verkaufs eines Grundstücks über die Grenzen, Gerechtsame und Lasten, die nöthige Auskunft zu ertheilen und ihm die zum Beweise des Rechtes dienenden Urkunden, soweit sie sich in seinem Besitze befinden, auszuliefern. Erstreckt sich der Inhalt einer solchen Urkunde auch auf andere Angelegenheiten, so ist der Verkäufer nur zur Ertheilung eines öffentlich beglaubigten Auszugs verpflichtet.

E. I, 462; II, 385; III, 438.

§ 344 umfaßt eine doppelte Verpflichtung, nämlich die der Auskunftsertheilung und die der Urkundenauslieferung Seitens des Verkäufers. Sie beziehen sich auf alle Arten von Käufen. Beide Verpflichtungen stehen auch selbständig neben einander. Sie entspringen als Vertragspflichten unmittelbar aus dem Kaufe (M. II, 322), d. h. aus dem schon abgeschlossenen Vertrage. Die besondere Bestimmung des § 444 enthält daher keine Vorschriften schon für das Unterhandlungsstadium, ehe noch der Vertrag abgeschlossen ist. Wie weit hier schon eine Verpflichtung zur Wahrheit in den Mittheilungen besteht, bemißt sich nach den einschlägigen allgemeinen Rechtsgrundsätzen. Dies ist von Bedeutung namentlich bezüglich jener in Städten so häufig vorkommenden Fälle, in denen Wohnhäuser mit Zugrundelegung der Mietherträgnisse bei der Preisbestimmung gekauft werden.

1. Auskunftsertheilung. Die Vorschrift bezieht sich auf alle rechtlichen Verhältnisse, mögen sie dinglicher oder obligatorischer Natur, Berechtigungen oder Belastungen sein. Von dieser Auskunftspflicht ist der Verkäufer dadurch nicht enthoben, daß über Dieses oder Jenes Einträge im Grundbuche bestehen. (Vgl. oben Bem. zu § 439 Nr. 1 f.)

Von Bedeutung ist wegen der §§ 571 fg., 581 namentlich auch die Auskunft über Mieth- und Pachtverhältnisse.

Die Erfüllung der Auskunftspflicht kann unmittelbar im Wege der selbständigen Klage und Zwangsvollstreckung (C.P.O. § 888 n. Nr.) erzwungen und mittelbar nach Maßgabe der §§ 440 Abs. 1 mit 320 fg. erzielt werden. Für den Kauf von Forderungen vgl. auch die Parallelvorschrift des § 402 B.G.B.

2. Urkundenauslieferung. Diese Auslieferung ist in der Regel in Gestalt der Urschriften der Urkunden zu vollziehen. Nur in dem besonderen Falle, welchen der letzte Satz des § 444 bezeichnet, kann ausnahmsweise nur ein öffentlich beglaubigter Auszug begehrt

werden. Letztere Einschränkung entstammt der II. Komm. (P. II, 58). Denn „nicht selten werde, zumal bei Grundsstücksverkäufen, der Verkäufer ein gerechtfertigtes Interesse daran haben, die Originalurkunden in seiner Hand zu behalten, z. B. wenn die Urkunde (Testament rc.) noch einen anderen den Käufer nichts angehenden Inhalt habe, wenn sie auch auf andere Grundstücke sich beziehe oder zwar nur ein Grundstück betreffe, von diesem aber nur eine Parzelle verkauft werde u. s. w." (vgl. auch P.L.R. Thl. I Tit. 2 §§ 62, 63, Tit. 11 § 79). Daneben besteht auch noch das Recht zur Einsicht der Urschrift der Urkunde nach § 810 B.G.B. (P. II, 58.)

Auch hier geht dem Gegenstande nach der Anspruch auf Urkunden aller Art, soferne sie sich nur überhaupt auf die rechtlichen Verhältnisse in Ansehung des Kaufsgegenstandes beziehen, also nicht etwa lediglich auf solche Urkunden, welche zum Beweise gerade des Eigenthums oder des sonst erworbenen Rechtes dienen (Planck, Komm. Bd. 2 S. 235).

Für den Fall des Kaufes einer Forderung s. auch B.G.B. §§ 402, 952 Abs. 1, 985.

§ 445.

Die Vorschriften der §§ 433 bis 444 finden auf andere Verträge, die auf Veräußerung oder Belastung eines Gegenstandes gegen Entgelt gerichtet sind, entsprechende Anwendung.

E. II, 386; III, 439.

1. Wenn diese weittragende Bestimmung hier mitten unter den Vorschriften über den Kauf Stelle gefunden hat, so liegt der Grund dafür darin, daß jene Rechtsnormen, welche jetzt speziell für den Kauf in B.G.B. § 432 bis 444 enthalten sind, im E. I in weiter greifender Form unter den allgemeinen Vorschriften über Schuldverhältnisse gestanden hatten. Die II. Komm. hat sie an ihre jetzige Stelle versetzt und zwar hauptsächlich aus dem praktischen Grunde, weil die bezüglichen Verhältnisse im Leben hauptsächlich beim Kaufe vorkämen. Nach diesem Verfahren gebot sich die Einstellung des jetzigen § 445 von selbst.

2. Die Gesetzesstelle spricht nur von Verträgen, bezieht sich also nicht auch auf gesetzlich gebotene Veräußerungen, z. B. im Wege einer Zwangsenteignung. Immerhin kommt es oft vor, daß Objekte, welche der Zwangsenteignung verfallen würden, an den Expropriationsberechtigten im Wege gütlichen Uebereinkommens, also im Vertragswege, veräußert werden. In solchen Fällen kann die Anwendbarkeit des § 445 doch wohl keinem Zweifel unterliegen.

3. Die vorgesehene entsprechende Anwendung bezieht sich nur auf andere entgeltliche Verträge, mögen übrigens diese obligatorischer oder dinglicher Natur sein. Für unentgeltliche Veräußerungen rc. bestehen eigene Normen bei bestimmten Einzelfällen, z. B. vgl. bezüglich der Schenkung § 523, bezüglich der väterlichen oder mütterlichen Ausstattung § 1624.

Auch fallen unter § 445 nur solche anderweitige Verträge, welche auf Veräußerung oder Belastung eines Gegenstandes gerichtet sind.

§ 446.

Mit der Uebergabe der verkauften Sache geht die Gefahr des zufälligen Unterganges und einer zufälligen Verschlechterung auf den Käufer über. Von der Uebergabe an gebühren dem Käufer die Nutzungen und trägt er die Lasten der Sache.

Wird der Käufer eines Grundstücks vor der Uebergabe als Eigenthümer in das Grundbuch eingetragen, so treten diese Wirkungen mit der Eintragung ein.

E. I, 463; II, 358; III, 441.

Im § 446 sind zwei an sich verschiedene Fragen behandelt: Die Frage der Gefahrtragung beim Sachkaufe (dazu auch § 447) und die Frage des Uebergangs von Nutzungen und Lasten.

I. Gefahrtragung. Der Uebergang der sog. Gefahr der Sache auf den Käufer ist in den §§ 446, 447 in zweierlei Gestalt ins Auge gefaßt, nämlich als Gestaltung der Rechtslage bei unmittelbarer Uebergabe der Kaufssache (§ 446) und bei Versendung derselben an einen anderen Ort (§ 447).

1. Grundsätzlicher Standpunkt. Wie in M. II, 205 fg., 322 fg. des Näheren erörtert ist, beruht das B.G.B. in der hier fraglichen Richtung auf dem deutschrechtlichen Grundsatze (s. auch P.L.R. Thl. I Tit. 5 §§ 364 fg., Tit. 11 § 95, 100), daß bei den gegenseitigen Verträgen und speziell beim Kaufvertrage der Schuldner, d. h. hier der Verkäufer, bis zur Erfüllung die Gefahr zu tragen habe. Dadurch hat der Gesetzgeber prinzipiell mit jener Auffassung gebrochen, welche im römischen Rechte durchgeführt und von da aus auch in verschiedene deutsche Partikulargesetzgebungen (s. z. B. P.L.R. Thl. IV cap. 3 § 11; württembergisches L.R. Thl. II Tit. 9 §§ 24 fg.) übergegangen war — mit jenem Satze nämlich, daß (Sonderfälle ausgenommen) bei den auf Veräußerung gerichteten Verträgen die Gefahr schon mit dem Vertragsabschlusse auf den daraus Berechtigten, insbesondere den Käufer, übergehe. Jener in den Mot. dargelegte grundsätzliche Standpunkt des B.G.B. offenbart sich deutlich in den Vorschriften der §§ 446, 447 in Bezug auf die Tragung der Gefahr beim Sachkaufe (gleichviel, ob Spezies- oder Genuskauf: Windscheid-Kipp, Pand. Bd. 2 S. 624; ebendaselbst s. auch über die Gefahrtragung bei alternativem Kaufe, wofür zunächst §§ 262 fg. einschlägig sind. Vgl. die Bem. dazu oben S. 23). Nur vom Sachkaufe handeln die beiden Gesetzesstellen. (S. aber auch § 451!) In anderen Richtungen ist bei analogen Fragen auf die Grundsätze von der Unmöglichkeit der Leistung, namentlich der dem Vertragsabschlusse nachfolgenden, zurückzugehen. (S. besonders § 323.) Den Schwerpunkt hinsichtlich des Uebergangs der Gefahrtragung auf den Käufer legt die Regel des § 446 Abs. 1 wortdeutlich auf die Uebergabe der verkauften Sache an den Käufer (oder auch dessen Vertreter) als auf einen Akt der Vertragserfüllung und zwar auf einen solchen, der dem Käufer die thatsächliche Vollherrschaft über die Sache gewährt und wenigstens bei beweglichen Sachen in der Regel auch zu sofortigem Uebergange des Eigenthums führt (vgl. §§ 929, 932, 933, 935). Auf diese Weise beachtet das Gesetz ein leicht erkennbares Vorkommniß, wodurch eine Reihe von Zweifelsfragen abgeschnitten sind. Von jener maßgebenden Bedeutung des Uebergabeaktes sieht § 446 nach Abs. 2 nur in etwas ab für den Fall des Kaufes eines Grundstücks, wenn schon vor der Uebergabe des Kaufsgegenstandes die Eintragung des Käufers als Eigenthümer im Grundbuche, sohin in dieser anderen Gestalt ebenfalls ein Akt der Vertragserfüllung, stattgefunden hat. Hier sollen dieselben Wirkungen in Ansehung der Gefahrtragung schon mit der Eintragung eintreten, weil, wie in M. II, 323 fg. näher erörtert ist, es der Natur der Sache, dem Wesen des Kaufvertrages und regelmäßig auch dem Parteiwillen widersprechen würde, den Käufer, nachdem er zufolge der Eintragung Eigenthümer des Grundstücks geworden ist und damit die rechtliche Vollherrschaft über dasselbe erlangt hat (daraus folgert Oertmann, S. 168, das Prinzip, daß die Rechtsverschaffung überhaupt das regelmäßig Entscheidende sei!?), gleichwohl noch von dem Tragen der Gefahr zu befreien, bis auch die thatsächliche Uebergabe erfolgt sein würde. (S. auch P. II, 60 fg.; D. 60 fg.) Der Mangel einer solchen Uebergabe nach geschehener Eintragung wird übrigens praktisch nicht oft bestehen.

Betont ist auch in M. II, 324, daß die im B.G.B. § 446, 447 gegebene Regelung nicht zwingender Natur ist, sondern einer abweichenden Bestimmung nach Parteiwillen Raum gibt.

2. Im Einzelnen ist Folgendes zu beachten:

a) § 446 spricht nur von der Gefahr des zufälligen Untergangs oder der zufälligen Verschlechterung der übergebenen verkauften Sache. Was hier „zufällig" bedeutet, ergibt sich aus der grundlegenden allgemeinen Vorschrift des § 323 B.G.B. Der Ausdruck bezeichnet einen Umstand, den weder der eine noch der andere Theil, weder der Verkäufer noch der Käufer zu vertreten hat. Liegt Zufälligkeit in diesem Sinne vor, so bewirkt der Uebergang der Gefahr auf den Käufer, daß dieser durch den nach jenem Uebergang eingetretenen kritischen Umstand von der Verpflichtung zur Gegenleistung nicht befreit wird. Ist der Umstand vor dem Zeitpunkte des Gefahrübergangs eingetreten, so bemißt sich die Rechtslage nach den allgemeinen Grundsätzen über die Unmöglichkeit der Leistung (s. insbesondere § 323). Die gewöhnlichen Grundsätze greifen auch dann ein, wenn den kritischen Umstand einer der beiden Theile zu vertreten hat. (Vgl. § 325.) Sonderbestimmungen für den Kauf liegen in dieser Hinsicht nicht vor.

b) Für den Bereich des § 446 kommen nur körperlicher Untergang oder körperliche Verschlechterung der Sache in Betracht. Tritt ein Mangel im Rechte ein, so bestimmen sich die Rechtsverhältnisse nach den darauf bezüglichen Gesetzesvorschriften. (Vgl. §§ 334 fg., insbesondere § 440 und Bem.)

c) In Hinsicht auf den Gegenstand erstreckt sich § 446 sowohl auf bewegliche, als auf unbewegliche Sachen. Für letztere enthält aber Abs. 2 die schon erwähnte Sonderbestimmung, welche übrigens auch aus dem gleichen Grundgesichtspunkt abgeleitet ist (s. oben unter Nr. I, 1).

d) Der Begriff: „Uebergabe der Sache" ist hier im gleichen Sinne zu verstehen, wie in den §§ 929, 433. Insbesondere fällt auch hier die im § 929 Satz 2 berührte sog. brevi manu traditio darunter.

Der körperlichen Uebergabe setzen Cosack, Lehrb. S. 400, und Oertmann, S. 168, auch gleich das constitutum possessorium sowie die Abtretung des Anspruchs auf Herausgabe der Sache Seitens eines Dritten. Im ersteren Punkte kann man beistimmen. Die zweite Gleichstellung erscheint bedenklich.

e) Der Zeitpunkt des Gefahrübergangs ist für die Regel derjenige der Uebergabe. Ein früherer Zeitpunkt ergibt sich:

α) nach § 446 Abs. 2 bei Grundstücken;

β) nach § 447 bei bestimmten Versendungen;

γ) bei Annahmeverzug in Bezug auf eine nur der Gattung nach bestimmte Sache gemäß § 300 Abs. 2 (über andere Verzugsfälle vgl. § 326);

δ) beim Erbschaftskaufe nach § 2380.

Daß auch durch Parteiwillen (Vereinbarung) der maßgebende Zeitpunkt so oder so verschoben werden kann, ist selbstverständlich.

f) Zu dem Falle des zweiten Absatzes ist schon in M. II, 323 die Frage aufgeworfen, wie es sich nun bezüglich der Gefahrhaftung verhalten solle, wenn der Verkäufer A einen Doppelverkauf vornimmt in der Art, daß er das Grundstück Einem B übergibt, einem Anderen C später aufläßt? Dergleichen wird wohl kaum häufig vorkommen. Man kann es daher begreifen, wenn man die Möglichkeit einer solchen Schwierigkeit nicht für genügend erachtete, um das im Abs. 1 ausgesprochene an sich richtige Prinzip zu opfern. Schollmayer, die einzelnen Schuldverhältnisse S. 8 fg., meint, daß der Gläubiger A doppelte Zahlung des Kaufpreises verlangen könnte, Planck, Komm. Bd. 2 S. 237, läßt Klage auf Zahlung des Kaufpreises nur gegen C durchdringen, und schützt den B nach § 440 durch den Anspruch auf Schadensersatz wegen Nichterfüllung oder Rücktritt vom Vertrage. Diese Planck'sche Auffassung ist doch wohl die richtigere. (S. auch Cosack, S. 421, und Oertmann, S. 170, welche modifizirt ähnliche Auffassungen vertreten.)

3. Ueber den Gefahrübergang bei (aufschiebend oder auflösend) bedingten Kaufverträgen liegen keine ausdrücklichen Sondervorschriften vor. (S. hierüber die Bem. in M. II, 324.) Die Verhältnisse sind daher wiederum nach den einschlägigen allgemeinen Gesichtspunkten, insbesondere nach den grundlegenden Vorschriften der §§ 158, 159 zu beurtheilen. (Näher erörtert bei Planck a. a. O. S. 237; vgl. auch P. II, 62.)

4. Hinsichtlich der Nichtaufnahme besonderer Bestimmungen für den sog. Kauf in Bausch und Bogen vgl. die Erörterung in M. II, 324.

II. Ebenfalls von der Uebergabe an hat der Käufer dem Verkäufer gegenüber (Planck, S. 238) das Recht, die Nutzungen zu beziehen, und die Pflicht, die Lasten zu tragen. Es gilt dies im Prinzipe von beweglichen wie von unbeweglichen Sachen. Im Falle des Abs. 2 aber ist der ebendaselbst bezeichnete Zeitpunkt maßgebend, soferne nicht gegenüber der bloß dispositiven Gesetzesvorschrift die Umstände auf einen anderen Parteiwillen hindeuten. (P. II, 60 fg.)

Den Begriff: „Nutzungen" bestimmt B.G.B. § 100. Ueber Fruchtvertheilung vgl. § 101.

Hinzugekommene wesentliche Bestandtheile der Sache gehören von vorneherein nicht unter den Begriff der Nutzungen. Sie folgen schon vom Kaufsabschluß an dem Kaufsgegenstande. Bei unwesentlichen Bestandtheilen und Pertinenzen kommt es auf den Parteiwillen an. (So mit Recht Oertmann, S. 169).

Unter den Lasten sind sowohl die privat- wie die öffentlich-rechtlichen zu verstehen, soweit sie auf der Sache als solcher ruhen oder aus dem Eigenthume daran sich ableiten. Ueber Lastenvertheilung s. B.G.B. § 103. Wie sich in zeitlicher Hinsicht das Verhältniß zu dritten Berechtigten gestaltet, ist für die Beziehung unter den Kaufsparteien nicht maßgebend. (Oertmann, S. 169.) Vgl. hieher auch § 451.

§ 447.

Versendet der Verkäufer auf Verlangen des Käufers die verkaufte Sache nach einem anderen Orte als dem Erfüllungsorte, so geht die Gefahr auf den Käufer über, sobald der Verkäufer die Sache dem Spediteur, dem Frachtführer oder der sonst zur Ausführung der Versendung bestimmten Person oder Anstalt ausgeliefert hat.

Hat der Käufer eine besondere Anweisung über die Art der Versendung ertheilt und weicht der Verkäufer ohne dringenden Grund von der Anweisung ab, so ist der Verkäufer dem Käufer für den daraus entstehenden Schaden verantwortlich.

E. I, 465; II, 388; III, 441.

1. § 447, dessen Inhalt dem früheren Art. 345 Abs. 1 des H.G.B. ä. F. verallgemeinernd nachgebildet ist (M. II, 326 fg.), begründet eine Ausnahme von der Regel des § 446 hinsichtlich der Tragung der Gefahr. Bezüglich der Nutzungen und Lasten verbleibt es auch im Falle des § 447 bei dem Grundsatze des § 446 Abs. 1 Satz 2. (M. II, 328.)

2. Die vorliegende den Zeitpunkt des Gefahrübergangs verschiebende Ausnahmebestimmung bezieht sich nur auf den besonderen Fall, daß eine verkaufte Sache (s. aber auch § 451) vom Verkäufer auf Verlangen des Käufers an einen anderen Ort, als den vertragsmäßigen oder gesetzlichen Erfüllungsort (vgl. B.G.B. § 269; sog. Distancesendung) versendet wird. (Dieser Erfüllungsort als solcher wird als schon feststehend gedacht und durch die Bestimmung des § 447 nicht berührt.) In anderen Versendungsfällen verbleibt es bei der Regel des § 446, und zwar sowohl bei Sendungen an den Erfüllungsort, wie bei solchen innerhalb desselben. (M. II, 327; bei Großstädten kann unter Umständen auch nur ein bestimmter Stadttheil als Erfüllungsort in Betracht kommen.) Bei solchen Sendungen ist ebenfalls die Uebergabe der Kaufssache (natürlich beweglichen!) maßgebend, gleichviel, ob sie schon der Versendung vorausgegangen ist oder erst durch Letztere bewerkstelligt werden soll. Ob der eine oder andere dieser Fälle vorliegt, bemißt sich nach den Umständen. Kauft z. B. Jemand bei seinem Cigarrenlieferanten am Platze in laufender Rechnung ein Tausend Cigarren gewöhnter Sorte mit der Bestimmung, die Waare solle ihm ins Haus geliefert werden, so wird man annehmen dürfen, die Uebergabe werde erst durch die Ablieferung bewirkt. Ein anderer Fall wäre aber beispielsweise folgender: Eine Dame kauft bei ihrer Putzmacherin einen neuen Hut, übernimmt und zahlt ihn sofort. Die Putzmacherin erbietet sich aber, der Käuferin den Hut ins Haus zu senden. Hier erscheint die Uebergabe als schon im Laden vollzogen. Die Gefahr ist damit auf die Käuferin übergegangen, wenn etwa der Hut auf dem Sendungswege ins Haus durch Regen verdorben wird. Die Sendung war nur eine Gefälligkeit oder auch, wenn man so will, ein nachträgliches Handeln aus Auftrag. Allerdings ist dabei vorauszusetzen, daß nicht etwa der absendende Verkäufer ein Verschulden seines Bediensteten zu vertreten hat. Dies wäre aber ein Sonderpunkt, der mit dem Kauf als solchem nichts zu thun hat.

3. Die Bestimmung des § 447 setzt, wie erwähnt, voraus, daß die Versendung auf Verlangen des Käufers geschah. Dieses Verlangen braucht nicht schlechthin ein ausdrückliches zu sein. Es kann sich auch schon aus den Umständen ergeben. Nur wenn ein Verlangen vorliegt, hat sich der Käufer die zu seinen Ungunsten sich vollziehende Verschiebung des Gefahrübergangs gefallen zu lassen. Insbesondere also dann nicht, wenn eine sog. Bringschuld vorliegt und der Verkäufer sich derselben aus eigenem Entschlusse durch Uebersendung entledigt.

4. Eine gesetzliche Verpflichtung, auf jenes Verlangen des Käufers einzugehen, besteht für den Verkäufer nicht. Uebernimmt er aber die fragliche Versendung, so vollzieht er damit eine Nebenbestimmung des Kaufvertrags selbst (M. II, 327; Fischer-Henle zu § 447 Nr. 1).

5. Nicht erforderlich ist, daß die Versendung gerade an die Person des Käufers erfolgt. § 447 wird auch anwendbar, wenn die Versendung auf Anweisung des Käufers an einen Dritten erfolgt (P. II, 67).

6. Die Wirkung der Auslieferung der Sache an die im § 447 Abs. 1 bezeichnete Person oder Anstalt erstreckt sich nach dem klaren Wortlaut und Sinne des Gesetzes nur auf den Gefahrübergang, nicht aber auf sonstige Rechtsbeziehungen zwischen Verkäufer und Käufer oder sonstige Rechtswirkungen einer thatsächlichen Uebergabe, z. B. in Ansehung der Eigenthumsübertragung. Daß insbesondere in jener Auslieferung an einen Spediteur selbst schon immer auch eine Tradition an den Käufer sich vollziehe, lassen M. II, 327 durchaus nicht gelten. Wäre dies der Fall, so hätte es ja eigentlich der Sonderbestimmung des § 447 auch gar nicht bedurft. Vgl. darüber, sowie namentlich auch über die Vermittlung von Post und Eisenbahn diesen Komm. Bd. 3 S. 80.

7. Zu den im § 447 Abs. 1 bezeichneten Personen und Anstalten gehört nämlich auch die Post und Eisenbahn. Daß der Verkäufer selbst die Person oder Anstalt zur Versendung ausgewählt hat, ist an sich gleichgültig, soferne nicht der im Abs. 2 vorgesehene besondere Fall vorliegt, daß der Käufer über die Art der Versendung eine besondere Anweisung gegeben hat. Eine vom Verkäufer beliebte Abweichung hievon ändert aber nichts am Uebergange der Gefahr gemäß Abs. 1, sondern begründet nur einen Anspruch auf etwaigen Schadensersatz, wenn die hiezu erforderlichen Voraussetzungen vorliegen und der Verkäufer von der empfangenen Anweisung ohne dringenden Grund abgewichen ist. Diese Fassung des Gesetzes erscheint enger und strenger, als die des § 665 B.G.B. Der Schaden, welcher zu ersetzen ist, muß übrigens gerade durch die unbegründete Abweichung von der Anweisung („daraus") entstanden sein.

8. Wie in M. II, 328 eigens erwähnt wird, wird dem Käufer durch die Sonderbestimmung des § 447 über die Transportgefahr an seinen sonstigen Rechtszuständigkeiten nichts benommen, insbesondere auch der Einwand nicht ausgeschlossen, daß die auf dem Transport untergegangene oder beschädigte Sache dieses Schicksal erlitten habe durch einen Mangel der Sache selbst, den der Versender zu vertreten habe, oder auch durch ein dem Versender zur Last fallendes Verschulden desselben, wie z. B. durch Absendung während einer ihm bekannten Verkehrsstockung (Entsch. d. O.H.G. XIII, 355).

9. Bemerkt sei noch, daß sich die Bestimmungen des § 447 sowohl auf den Specieskauf, wie auch auf den Genuskauf beziehen (M. II, 328; Planck a. a. O. S. 238 fg.).

10. Abweichende Vereinbarungen sind natürlich maßgebend.

§ 448.

Die Kosten der Uebergabe der verkauften Sache, insbesondere die Kosten des Messens und Wägens, fallen dem Verkäufer, die Kosten der Abnahme und der Versendung der Sache nach einem anderen Orte als dem Erfüllungsorte fallen dem Käufer zur Last.

Ist ein Recht verkauft, so fallen die Kosten der Begründung oder Uebertragung des Rechtes dem Verkäufer zur Last.

E. I, 466; II, 390; III, 442.

1. Wie in M. II, 328 erörtert ist, enthält die Bestimmung des § 448 nur die Anwendung eines allgemeinen Prinzips auf den Kaufvertrag, des Grundsatzes nämlich, daß wer zu einer Leistung verpflichtet ist, auch dasjenige zu bestreiten hat, was erforderlich ist, um die Leistung zu bewirken. Bei dem dispositiven Charakter der Vorschrift ist natürlich vorausgesetzt, daß von den Vertragsparteien nicht andere Vereinbarungen getroffen wurden.

2. Daß die Kosten der Versendung von der hier ins Auge gefaßten Art den Käufer treffen müssen, wenn er selbst eine solche Versendung verlangt (§ 447), ist in der Natur der Sache begründet.

Zu den Kosten der Versendung gehören auch die Kosten der durch diese Versendung bedingten Verpackung (vgl. Art. 351 des älteren H.G.B.).

3. Zu den in Abs. 2 ins Auge gefaßten Kosten gehören insbesondere auch Gerichtskosten und sonstige Staatsgebühren, Notariatsgebühren u. dgl., es müßte denn sein, daß z. B. eine Beurkundung rechtlich nicht nothwendig war, sondern nur vom Käufer eigens gewünscht wurde.

4. Ueber Kosten beim Verkauf eines Grundstücks s. die Sondervorschriften im nächsten Paragraphen.

§ 449.

Der Käufer eines Grundstücks hat die Kosten der Auflassung und der Eintragung, der Käufer eines Rechtes an einem Grundstücke hat die Kosten der zur Begründung oder Uebertragung des Rechtes nöthigen Eintragung in das Grundbuch, mit Einschluß der Kosten der zu der Eintragung erforderlichen Erklärungen, zu tragen. Dem Käufer fallen in beiden Fällen auch die Kosten der Beurkundung des Kaufes zur Last.

E. I, 406; II, 390; III, 443.

1. „Diese Vorschriften entsprechen mindestens in Ansehung des Verkaufs von Grundstücken einer weitverbreiteten Verkehrssitte. Ihre Ausdehnung auf die Fälle des Verkaufs eines Rechtes an einer unbeweglichen Sache ist durch die Konsequenz und die Rücksicht auf die Harmonie des Gesetzes bedingt. Entgegenstehende Vereinbarungen sind selbstverständlich auch hier vorbehalten." So M. II, 328.

2. Die hier gegebenen Bestimmungen beziehen sich nur auf das Verhältniß der Vertragsparteien zu einander. In diesem Verhältnisse fallen auch die Kosten an Staatsgebühren, Stempeln u. s. w. darunter. Wie sich aber formell die Zahlungspflicht gegenüber der Staatskasse, dem amtirenden Notar 2c. gestaltet, bemißt sich nach den einschlägigen Kosten- und Gebührengesetzen (P. II, 69; s. auch Planck a. a. O. II S. 239. Vgl. ferner Art. 49 des bayr. Notariatsgesetzes v. 9. Juni 1899).

3. Was die „Kosten der Eintragung" betrifft, so sind hier (vgl. E. I § 466) nur die Kosten für den durch den Kauf bezweckten Eigenthumsübergang selbst gemeint, nicht aber Kosten, welche dadurch erwachsen, daß der Verkäufer, um seinen Verpflichtungen zur Verschaffung freien Eigenthums (§ 433, 434 fg.) entsprechen zu können, etwa noch anderweitige Eintragungen zur Bereinigung von Anständen zu veranlassen hat.

4. Der Schlußsatz verpflichtet den Käufer, wie zu den Lasten des dinglichen Vertrags, auch zu denen der Beurkundung des obligatorischen Vertrags. Ob diese Beurkundung gesetzlich nothwendig war, wie nach § 313, oder nicht, ist hier kraft der in jenem Schlußsatz enthaltenen Sonderbestimmung unerheblich.

§ 450.

Ist vor der Uebergabe der verkauften Sache die Gefahr auf den Käufer übergegangen und macht der Verkäufer vor der Uebergabe Verwendungen auf die Sache, die nach dem Uebergange der Gefahr nothwendig geworden sind, so kann er von dem Käufer Ersatz verlangen, wie wenn der Käufer ihn mit der Verwaltung der Sache beauftragt hätte.

Die Verpflichtung des Käufers zum Ersatze sonstiger Verwendungen bestimmt sich nach den Vorschriften über die Geschäftsführung ohne Auftrag.

E. I, 464; II, 389; III, 444

1. Daß der Verkäufer, solange er in Ansehung der Kaufssache noch die Gefahr trägt, deßhalb zugleich die Nutzungen und Lasten hat (§ 446), auch die nothwendigen Verwendungen auf die Sache ohne Ersatzanspruch (ebenso Planck a. a. O. S. 240 Erl. Nr. 1, 2; vgl. dazu P. II, 66) zu bestreiten hat, ergibt sich schon aus dem Wesen des Kaufvertrags. Es folgt insbesondere aus der Pflicht des Verkäufers, die Sache behufs der ihm obliegenden Uebergabe und Eigenthumsverschaffung zu verwahren und zu erhalten. Umgekehrt fallen solche Verwendungen auf Seite des Verkäufers dann von selbst weg, wenn die Gefahrtragung durch Uebergabe der Sache (§ 446) auf den Käufer übergegangen ist. Eben darum kommt nur noch in Frage, wie sich die Rechtslage in Ansehung von Verwendungen Seitens des Käufers gestaltet, wenn solche nothwendig und gemacht werden, nachdem die Gefahrtragung kraft Verabredung oder Gesetzesvorschrift (M. II, 325) auf den Käufer übergegangen, aber ehevor die Uebergabe der verkauften Sache erfolgt ist. (Vgl. Bem. zu § 446 Nr. 2e; wegen des Falles des § 300 s. aber § 304.) Diesen Fall allein behandelt der § 450 Abs. 1, welcher dafür aus Billigkeitsgründen (M. II, 325; P. II, 66) eine Sonderbestimmung zu Gunsten des Verkäufers trifft. Bei diesem Charakter der Bestimmung darf sie selbstverständlich nicht ausdehnend ausgelegt werden.

2. Bei Betrachtung des § 450 ergibt sich vor Allem die Frage, ob denn in einem Falle vorwürfiger Art dem Verkäufer eine Rechtspflicht obliegt, Verwendungen wirklich zu machen? Ausgesprochen ist eine solche Verpflichtung im Gesetze nicht. Gleichwohl folgt schon aus dem, was oben unter Nr. 1 über des Verkäufers Pflicht zur Erhaltung der Sache bis zur Uebergabe erörtert wurde, auch die Verbindlichkeit, Verwendungen auf die Sache zu besorgen, wenn und soweit dieselben zur Erfüllung jener Pflicht nach dem Uebergange der Gefahr nothwendig geworden sind. Nur geht dies eben vom Zeitpunkte des Uebergangs der Gefahr an auf Rechnung des Käufers. Denn dieser ist verbunden, beim Gegebensein der gekennzeichneten Voraussetzungen nach § 450 Abs. 1 Ersatz zu leisten und zwar für alle nothwendigen Verwendungen. (S. auch nachher Nr. 4.) In der II. Komm. wurden als nothwendige Verwendungen übrigens nur die zur Erhaltung der Sache und nicht auch die zur Hebung der Nutzungen dienlichen bezeichnet.

Der Verkäufer wird in Ansehung der nothwendigen Verwendungen nach ausdrücklicher Gesetzesvorschrift eben so betrachtet, als ob ihn der Käufer mit der Verwaltung beauftragt hätte.

3. Die Beifügung des zweiten Absatzes hat hauptsächlich die Bedeutung, daß die Annahme ausgeschlossen werden soll, als ob außer dem Falle der nothwendigen Auslagen nach Abs. 1 niemals eine Vergütung von Verwendungen beansprucht werden könnte. (M. II, 326.) Eine solche kann vielmehr unter Umständen auch bezüglich der bloß nützlichen Verwendungen (§ 683) gefordert werden, aber nur nach Maßgabe der Vorschriften über die Geschäftsführung ohne Auftrag. Uebrigens kann dabei auch zu Gunsten des Verkäufers der Gesichtspunkt einer ungerechtfertigten Bereicherung des Käufers in Betracht kommen. (§ 684.)

4. Der in Abs. 1 in Bezug genommene Standpunkt der „Verwaltung der Sache aus Auftrag" führt praktisch hauptsächlich zur Anwendung der §§ 665, 666, 669, 670 B.G.B. und zwar zunächst bezüglich Gebundenheit an die Weisungen des Käufers oder Abweichung des Käufers davon, bezüglich Benachrichtigung des Käufers, Auskunftsertheilung und Rechenschaftsablage an denselben, und bezüglich Vorschußleistung Seitens des Käufers. Von besonderer Bedeutung ist der § 670, wonach auch schon solche Aufwendungen als nothwendige betrachtet werden können, „welche der Verkäufer den Umständen nach für erforderlich halten darf". (So auch Planck, Erl. 1 d zu § 450. A. M. Oertmann, S. 174.)

5. Von den im Abs. 2 erwähnten Rechtsgrundsätzen über die „Geschäftsführung ohne Auftrag" (§§ 667 fg.) sind hieher besonders zu betonen die §§ 678, 679, 681, 683, 684, 685, soferne sie namentlich die Frage regeln, unter welchen Voraussetzungen eine Geschäftsführung ohne Auftrag im rechtlichen Sinn überhaupt eintreten darf, sowie ob und inwieweit ein Ersatz von Aufwendungen des Geschäftsführers (in der hier fraglichen Hinsicht des Verkäufers) Platz greift.

6. Ueber die Frage eines Zurückbehaltungsrechtes des Verkäufers vgl. §§ 273, 274.

§ 451.

Ist ein Recht an einer Sache verkauft, das zum Besitze der Sache berechtigt, so finden die Vorschriften der §§ 446 bis 450 entsprechende Anwendung.

E. I, 463; III, 445.

Entspricht den Schlußworten in B.G.B. § 433 Abs. 1.

§ 452.

Der Käufer ist verpflichtet, den Kaufpreis von dem Zeitpunkt an zu verzinsen, von welchem an die Nutzungen des gekauften Gegenstandes ihm gebühren, sofern nicht der Kaufpreis gestundet ist.

E. I, 467; III, 446.

1. Der jetzige § 452 stammt aus E. I § 467. In der II. Komm. war die Vorschrift gestrichen worden. (P. II, 69.) In dem beim Reichstage vorgelegten E. III kehrte sie als § 446 wieder.

2. Die schon im gemeinen Rechte (Windscheid, Pand. § 389), wie auch in verschiedenen deutschen Partikularrechten (P.L.R. Thl. I Tit. 11 §§ 109 fg., 227; sächsisches G.B. § 1095; Code civil Art. 1652) behandelte Frage, ob, unter welchen Voraussetzungen und von welchem Zeitpunkt an der Käufer aus dem von ihm noch nicht berichtigten Kaufpreise Zinsen bezahlen muß, bemißt sich gemäß dem B.G.B. in erster Linie nach den ausdrücklich oder stillschweigend geschehenen Vereinbarungen der Parteien. Bei Feststellung und Beurtheilung des Parteiwillens kommt, wie schon in M. II, 329 durch Verweisung auf E. I §§ 73, 359 mit Recht betont ist, namentlich auch die Verkehrssitte (B.G.B. § 157) in Betracht und zwar ganz besonders für den Kleinverkehr im täglichen Leben. (Vgl. deßfalls P. II, 69. S. auch R.T.K. 38.)

3. Soweit keine Vereinbarung, sei es nach positiver oder negativer Richtung, einschlägig ist, wird die Gesetzesvorschrift des § 452 wirksam. Dieselbe greift Platz, gleichviel, in welchem Gegenstande das Kaufsobjekt besteht. Sie unterscheidet aber, ob der Kaufpreis gestundet ist oder nicht.

a) Liegt Stundung des Kaufpreises vor, so besteht für den Käufer keine gesetzliche Verpflichtung zur Verzinsung. (M. II, 329.) Nach der Fassung des § 452 („gestundet ist") erscheint aber erforderlich, daß die Stundung schon eingetreten ist, ehevor der für die Zinspflicht nach § 452 maßgebende Zeitpunkt gegeben war. Trat die Stundung erst später ein, so fragt es sich eben, wie die Bewilligung der Stundung im gegebenen Falle thatsächlich aufzufassen ist, ob damit auch eine Befreiung von der Zinspflicht gewährt werden wollte oder nicht.

b) Liegt keine Stundung vor, so tritt von dem im § 452 bezeichneten Zeitpunkt an für den Käufer die Verpflichtung zur Zinszahlung aus dem rückständigen Kaufpreise kraft des Gesetzes ein. Darüber, ob diese gesetzliche Zinspflicht auch von selbst eingreift, wenn eine gewährte Stundungsfrist ohne Zahlung abgelaufen ist, enthält das Gesetz keine besondere Bestimmung. Ist bereits Verzug oder Rechtshängigkeit vorhanden, so kommen natürlich die dafür geltenden Sonderbestimmungen der §§ 288, 291 B.G.B. in Betracht. Anderenfalls wäre jene Frage doch wohl zu verneinen, wenn nicht aus der Art und den Umständen der Gewährung der Stundung etwas Anderes sich ergeben sollte. (Auf gleichem Standpunkte steht Planck a. a. O. S. 241.)

Als maßgebend für den Eintritt der Verzinsungspflicht ist im § 452 derjenige Zeitpunkt bezeichnet, von welchem an dem Käufer die Nutzungen des Kaufgegenstandes gebühren. (Vgl. §§ 446, 451.) Ob er sie wirklich zieht, ist belanglos. Der Begriff „Nutzungen" steht auch hier im allgemeinen Sinne des § 100 und ist also nicht beschränkt auf „Früchte" (§ 101). Jener Zeitpunkt gilt auch, gleichviel ob die verkaufte Sache (bewegliche oder unbewegliche) überhaupt Früchte (natürliche oder rechtliche) trägt und ob bejahenden Falles gerade in die Verzinsungsperiode ein Fruchtgenuß fällt.

4. Die Thatsache allein, daß bei einem Immobiliarkauf der Käufer schon als Eigenthümer im Grundbuch eingetragen ist, entbindet ihn nicht von der Zinspflicht. Vgl. Entsch. d. R.G. in S.A. Bd. 37. Nr. 21 S. 34.

5. Ueber die Höhe der gesetzlichen Zinsen vgl. B.G.B. § 246; H.G.B. § 352 n. Nr.

6. Sonderbestimmung in H.G.B. § 353.

§ 453.

Ist als Kaufpreis der Marktpreis bestimmt, so gilt im Zweifel der für den Erfüllungsort zur Erfüllungszeit maßgebende Marktpreis als vereinbart.

E. I, 461; II, 392; III, 447.

1. Vorstehende Bestimmung ist aus dem Art. 353 H.G.B. ä. F. hervorgegangen und überträgt den ursprünglich nur handelsrechtlichen Inhalt des Letzteren auf den Kauf im Allgemeinen.

Sie stellt, wie M. II, 322 wörtlich erörtern, die „wichtige im Zweifel der Intention der Parteien entsprechende Regel auf, daß, wenn bei einem Kauf ausdrücklich oder stillschweigend der Marktpreis als Kaufpreis bestimmt wird, der Marktpreis des Ortes, an welchem, sowie der Zeit, zu welcher der Verkäufer nach dem Vertrage zu erfüllen hat, als vereinbart anzusehen sei". Vgl. B.G.B. §§ 269 fg.

2. Ueber den Begriff des „Marktpreises" vgl. Entsch. d. O.H.G. II, 194; III, 95. Es ist darunter derjenige Preis zu verstehen, der für eine Sache bestimmter Gattung und Art von durchschnittlicher Güte an dem Handelsplatze, wo sie einen Markt hat, und in dessen Handelsbereiche zu einer bestimmten Zeit im Durchschnitte gewährt wird. So Fischer-Henle zu B.G.B. § 385. Aehnlich auch Planck, S. 242.

Darauf, ob die Waare gerade auf öffentlichem Markte feilgeboten wird oder nicht, kommt nichts an. Entsch. d. O.H.G. II, 194; III, 95; VII, 174; IX, 129.

3. Die Höhe dieses Marktpreises ist von demjenigen, der ihn fordert, nöthigenfalls zu beweisen. M. II, 322. Wird für bestimmte Handelsplätze der Marktpreis (oder Börsenpreis) amtlich festgesetzt, so ist regelmäßig dieser festgesetzte Preis in Betracht zu ziehen. Der Gegenbeweis der Unrichtigkeit jener Feststellung kann nicht ausgeschlossen sein.

4. Abgelehnt wurde als ungeeignet die Bestimmung des sächsischen B.G.B. § 1087, daß der Marktpreis des nächstgelegenen Marktortes als vereinbart zu gelten habe, falls an dem Erfüllungsorte kein Marktpreis bestehe. In diesem Fall erscheint vielmehr der Marktpreis desjenigen Ortes maßgebend, zu dessen Verkehrsbereich der Erfüllungsort thatsächlich gehört. (Ebenso Planck, S. 242.)

5. Der Marktpreis des Erfüllungsorts erscheint übrigens nur dann als maßgebend, wenn nicht der Marktpreis eines dritten Orts eigens vereinbart wurde oder nach den Umständen als vereinbart anzusehen ist. Letzteres kommt im Geschäftsverkehre bekanntlich nicht selten vor.

§ 454.

Hat der Verkäufer den Vertrag erfüllt und den Kaufpreis gestundet, so steht ihm das im § 325 Abs. 2 und im § 326 bestimmte Rücktrittsrecht nicht zu.

E. II, 393; III, 448.

1. Bedeutung der Vorschrift. Zur Erläuterung dieser erst durch die II. Komm. (P. II, 69 fg.) eingestellten Bestimmung sei zunächst rückerinnert an dasjenige, was zu § 440 B.G.B. unter Nr. I, 3 S. 185 über den alternativen Rechtsbehelf des Käufers in Gestalt eines Schadensersatzanspruchs oder eines Rücktrittsrechtes erörtert ist. Jener § 440 führt dabei zurück auf die unter den allgemeinen Vorschriften für Schuldverhältnisse stehenden §§ 325 u. 326 B.G.B. Für einen Theil der in diesen letzteren Bestimmungen behandelten Fälle, nämlich für die des § 325 Abs. 2 und des § 326, B.G.B. trifft nun § 454 für die Rechtsverhältnisse beim Kaufvertrag eine zusätzliche Sonderbestimmung in der Art, daß unter bestimmten Voraussetzungen jene eine Alternative, nämlich das Rücktrittsrecht für die Person des Verkäufers beseitigt wird.

2. Die bezüglichen Fälle sind:

a) nach § 325 Abs. 2 mit § 283, wenn der Käufer rechtskräftig zur Zahlung verurtheilt ist, aber nicht innerhalb einer ihm vom Gegentheile bestimmten Frist zahlt, dann

b) nach den näheren Bestimmungen des § 326, wenn der Käufer mit der Zahlung in Verzug ist.

3. Die Ausschließung des sonst begründeten Rücktrittsrechtes tritt nur auf Seite des Verkäufers und auch hier nur unter bestimmten Voraussetzungen ein, deren Vorhandensein der Käufer nöthigenfalls zu beweisen hat, wenn er sich darauf beruft.

4. Diese Voraussetzungen liegen, wie folgt:

Der Kaufvertrag muß von Seite des Käufers vollständig, durch Uebergabe des Kaufsgegenstands (sowohl auf bewegliche wie auf unbewegliche Sachen erstreckt sich § 454), sowie durch volle Rechtsverschaffung (§ 433) erfüllt sein. Abweichend von Art. 354 H.G.B. ä. F. bestimmt aber B.G.B. § 454 auch noch, daß zur eingetretenen Vertragserfüllung auch noch die Stundung des Kaufpreises Seitens des Verkäufers gekommen sein muß. Man erwog dabei in der II. Komm. (P. II, 71), das aus den §§ 325 Abs. 2, 326 sich ergebende Rücktrittsrecht beruhe auf dem Gedanken, daß bei gegenseitigen Verträgen in der Regel Zug um Zug erfüllt werde oder jedenfalls die Leistung in der Erwartung der Gegenleistung erfolge. Mit der Stundung des Kaufpreises werde aber der innere Zusammenhang zwischen Lieferung und Zahlung gelöst und damit sei es nahegelegt, in der Stundung einen Verzicht auf das Rücktrittsrecht zu erblicken. Im Allgemeinen begründet es keinen Unterschied, ob die Stundung des Kaufpreises (ausdrücklich oder stillschweigend) schon beim Vertragsabschluß oder erst später bewilligt wurde. Nur wenn Stundung erst zu einer Zeit eintrat, zu welcher dem Verkäufer ein Rücktrittsrecht bereits erwachsen war, muß Letzteres als noch weiter zulässig erachtet werden, soferne nicht nach den thatsächlichen Absichten der Parteien die Bewilligung der Stundung zugleich einen Verzicht auf die Fortdauer des Rücktrittsrechtes enthalten sollte. Bei Stundung bloß eines Theils des Kaufpreises ist nach Planck II, S. 234, anzunehmen, daß auch der Rücktritt nur wegen Nichtbezahlung dieses Theils ausgeschlossen ist. Einem einseitigen Vorbehalte des Rücktrittsrechtes von Seite des Verkäufers wäre nach P. II, 71 eine Wirksamkeit wohl nicht beizulegen.

§ 455.

Hat sich der Verkäufer einer beweglichen Sache das Eigenthum bis zur Zahlung des Kaufpreises vorbehalten, so ist im Zweifel anzunehmen, daß die Uebertragung des Eigenthums unter der aufschiebenden Bedingung vollständiger

Zahlung des Kaufpreises erfolgt und daß der Verkäufer zum Rücktritte von dem Vertrage berechtigt ist, wenn der Käufer mit der Zahlung in Verzug kommt.

E. II, 384, III, 449.

I. Entstehung der Vorschrift. Im täglichen Leben kommt es häufig vor, daß die Verkäufer sich, gewöhnlich zur Sicherung ihrer Ansprüche gegen den Käufer, an dem Kaufsgegenstande ihr Eigenthum auf solange vorbehalten, bis der Kaufpreis dafür vollständig bezahlt ist. Ganz gewöhnlich kommt solches vor bei den sog. Abzahlungsgeschäften. In diesem Bereiche hat jene Gepflogenheit auch sozial bedenkliche Erscheinungen zu Tage gebracht, weßhalb bekanntlich das die Abzahlungsgeschäfte betreffende besondere R.G. vom 16. Mai 1894 erging. Dessen § 5 enthält eine hieher bezügliche besondere Bestimmung (s. hiezu Gareis in Bl. f. R.A. Bd. 59 S. 308). Neben dieser Spezialvorschrift, welche durch das B.G.B. nicht aufgehoben wird, und mit allgemeiner Bedeutung über Letztere hinaus eingreifend, steht nun auch noch der § 455 des B.G.B., welchen die II. Komm. einzustellen beschlossen hat. (P. II, 79 fg.) Unter Umständen kann er auch zur Ergänzung des Spezialgesetzes dienen. Der E. I hatte nach M. II, 319 eine solche Bestimmung als unnöthig erachtet. Mit Rücksicht auf die Verkehrsbedürfnisse wurde aber in der II. Komm. eine bezügliche Vorschrift doch als angemessen befunden, wenn auch nur mit dem Charakter einer gesetzlichen Auslegungsregel, welche ihre Wirksamkeit dann zu äußern hat, wenn bei Vereinbarung des Eigenthumsvorbehalts nicht in einer der im § 455 behandelten Richtungen ein anderer Parteiwille erkennbar geworden ist (P. II, 80 fg.).

Ein solcher abweichender Parteiwille kann sich namentlich auch in der Art äußern, daß in Gemäßheit desselben nicht die doppelte Wirkung nach § 455 B.G.B. eintreten, sondern entweder nur die Vindikation des Eigenthums oder zufolge einer kassatorischen Klausel nur die Geltendmachung des Rücktrittsrechtes zulässig sein soll. Zu letzterer Geltendmachung ist ohnehin nach dem klaren Wortlaute des § 455 B.G.B. der rücktrittsberechtigte Verkäufer nur berechtigt, nicht verpflichtet. S. auch Oertmann, S. 177.

II. Das B.G.B. behandelt im § 455 den Eigenthumsvorbehalt nur in Ansehung beweglicher Sachen. In Bezug auf solche geht aber das B.G.B. von der auch klar hervortretenden Anschauung aus, daß ein Eigenthumsvorbehalt an sich nicht unzulässig, wohl aber einer ergänzenden gesetzlichen Regelung bedürftig sei, weil die Parteiverabredungen meist so ungenau und lückenhaft wären, daß Streit und Zweifel die Folge seien. Die Analyse dieser gesetzlichen Regelung führt zu folgenden Sätzen:

1. Vorausgesetzt wird im § 455 thatsächlich:
   a) daß die bewegliche Sache dem Käufer bereits übergeben,
   b) der Kaufpreis aber entweder gar nicht oder doch nur theilweise bezahlt und
   c) bis zur völligen Zahlung desselben vertragsmäßig ein Eigenthumsvorbehalt eingelegt ist.

2. Ein solcher Eigenthumsvorbehalt hat, wenn der Fall des § 455 gegeben, d. h. eine Verbindung beider Klauseln der Gesetzesstelle nach der Auslegungsregel anzunehmen ist, sowohl obligatorische als dingliche Wirkung.
   a) Die obligatorische Wirkung äußert sich darin, daß der Verkäufer das Recht des Rücktritts vom Vertrage hat, sobald der Käufer mit der Zahlung in Verzug kommt (vgl. B.G.B. §§ 284, 285, 346 fg.).
   b) Als dingliche Wirkung aber ergibt sich, daß vorerst trotz der Uebergabe der Sache ein Eigenthumsrecht auf den Käufer nicht übergeht. Das Gesetz behandelt den Vorbehalt als eine aufschiebende Bedingung. Diese wortdeutliche Vorschrift beseitigt den alten Streit, ob eine aufschiebende oder auflösende Bedingung anzunehmen sei. Letztere könnte nach § 455 nur auf Grund einer klaren Parteidisposition angenommen werden. Die Einräumung des Besitzes der Sache läßt aber für sich allein die Annahme einer solchen Parteiabsicht noch nicht zu. Die Auffassung endlich, daß ein Eigenthumsvorbehalt der hier fraglichen Art überhaupt nur ein Pfandrecht an der verkauften Sache auf Seite des Verkäufers für seinen Zahlungsanspruch begründe, ist schon in M. II, 319 abgelehnt und jetzt vollends durch die Konstruktion des Mobiliarpfandrechts im B.G.B. (s. namentlich §§ 1205, 1206) ausgeschlossen.

   Aus jener rechtlichen Natur des Vorbehalts als einer aufschiebenden Bedingung ergibt sich, daß während des Schwebens derselben der Käufer rechtlich behindert ist, Verfügungen über den Gegenstand vorzunehmen, welche ein Eigenthumsrecht daran voraussetzen. Eine privatrechtliche Wirksamkeit derselben ist nur insoweit denkbar, als die Vorschriften über den Schutz des guten Glaubens Dritter solches mit sich bringen (Planck, Komm. Bd. 2 S. 243) oder als ein Fall der Konvalescenz nach B.G.B. § 185 vorliegt.

Die Verbindung der obligatorischen und dinglichen Wirkung führt auch von selbst zu der von Oertmann, S. 177, richtig gezogenen Folgerung, daß in der Geltendmachung der dinglichen Rechte aus dem Eigenthumsvorbehalte noch keineswegs ein Verzicht auf die obligatorischen Ansprüche liegt. Ueber eine weitere Folgerung hieraus in Bezug auf die Unzulässigkeit der käuferischen Ausübung eines Rückbehaltungsrechtes (§ 273) s. Oertmann a. a. O.

II. Den Eigenthumsvorbehalt beim Verkaufe von Grundstücken hat das B.G.B. mit einer Regelung nicht bedacht. Eine dingliche Wirkung kann derselbe auch schlechthin nicht äußern, da die zur Herbeiführung des Eigenthumsübergangs an Grundstücken nach § 925 Abs. 1 nothwendige Auflassung nach Abs. 2 § 925 unter einer Bedingung nicht erfolgen kann.

Denkbar wäre nur die konstruktive Annahme einer bloß obligatorischen Wirkung durch eine aufschiebende Bedingung in der Gestalt, daß bei eingetretenem Verzug in Zahlung des Kaufpreises die Rückübertragung des Eigenthums verlangt werden kann. So Planck a. a. O. S. 243. Gegen dessen Annahme, daß in solchem Falle auch eine Vormerkung zur Sicherung des Anspruchs eingetragen werden könne, ergeben sich weniger Bedenken, als gegen dessen weitere Meinung, man könne der obligatorischen Verabredung etwa auch den Sinn unterlegen, daß der Käufer gehalten sein solle, für die zu sichernde Forderung dem Verkäufer Hypothek zu bestellen. (So auch Oertmann, S. 177.) Jedenfalls ist das unbedingt richtig, was Kober, Bd. 2 S. 75 dieses Komm., schreibt, daß ein Recht des Verkäufers (wie nach § 15 B.H.G.), sich ohne Weiteres eine Hypothek für das rückständige Kaufgeld eintragen zu lassen, nach B.G.B. nicht bestehen könne.

§ 456.

Bei einem Verkauf im Wege der Zwangsvollstreckung dürfen der mit der Vornahme oder Leitung des Verkaufs Beauftragte und die von ihm zugezogenen Gehülfen, mit Einschluß des Protokollführers, den zum Verkaufe gestellten Gegenstand weder für sich persönlich oder durch einen Anderen noch als Vertreter eines Anderen kaufen.

E. I, 468; II, 395; III, 150.

I. Grundstandpunkt. In den §§ 456, 457 setzt das B.G.B. für bestimmte Personen das Verbot fest, sich an bestimmten Käufen in gewisser Art als Käufer zu betheiligen. Der § 458 bestimmt dann weiter die civilrechtlichen Folgen einer Uebertretung dieses Verbots. Zur Erläuterung des Standpunkts, auf welchem Letztere beruhen, bemerken schon M. II, 331 zu dem nahezu gleichlautenden § 468 E. I, daß das hier in Frage stehende Verbot nicht beruht auf der Tendenz einer gesetzlichen persönlichen Beschränkung in Ansehung der Frage, ob und inwieweit mit sich selbst zu kontrahiren statthaft sei. „Es dient vielmehr positiv zum Schutze der bei dem Verkaufe Betheiligten, deren Interessen hier möglicher Weise verschieden sind, sowie zur Garantie für die Unparteilichkeit und Lauterkeit in der Geschäftsführung der Personen, an welche das Verbot gerichtet ist." Dieser Standpunkt offenbart sich auch aus dem Inhalte des § 458. Das B.G.B. schließt sich damit einer Reihe in verschiedenen Bundesstaaten früherhin schon erlassener ähnlicher Verbote an (s. M. II, 330; vgl. z. B. bayrisches A.G. z. C.P.O. Art. 23; bayrische Subhastationsordnung vom 23. Februar 1879 Art. 73). So allgemein aber, wie es z. B. nach P.L.R. Thl. I Tit. 11 § 20 oder Code civil Art. 1596 der Fall gewesen war, ist die Vorschrift nicht gestaltet worden. Sie wurde vielmehr absichtlich eingeschränkt. (Vgl. M. II, 330 fg.) Daß daneben übrigens außerhalb des selbständigen Bereichs der vorwürfigen Spezialbestimmungen das im B.G.B. § 181 enthaltene Verbot des sog. Selbstkontrahirens unberührt bleibt, insbesondere für die von den §§ 456, 457 berührten Personen keine besondere Abschwächung erfährt, ist nicht zu bezweifeln. (Vgl. P. II, 23; s. auch die nicht ganz entschieden Stellung nehmende Bemerkung bei Planck, Nr. 4 zu § 456.)

II. Umgrenzung der Spezialvorschrift im Einzelnen. In erster Reihe behandelt § 456 zunächst Verkäufe im Wege der Zwangsvollstreckung (der nächste Paragraph dann noch andere Fälle). (Vgl. C.P.O. §§ 814—817, 821, 857 u. Nr.) In dieser Richtung ergibt die Gesetzesstelle Folgendes im Einzelnen:

1. Anwendbar ist die Vorschrift sowohl bei zum Zwecke der Zwangsvollstreckung stattfindender Versteigerung (nicht schlechthin auf jede öffentliche Versteigerung; P. II, 76), wie auch bei einem zu gleichem Zwecke stattfindenden Verkauf aus freier Hand. (Vgl. C.P.O. § 821 n. Nr.; M. II, 332.)

2. In Betracht kommt hiebei der Zwangsverkauf sowohl beweglicher als unbeweglicher Sachen, wie auch in anderen Vermögenswerthen bestehender Exekutionsobjekte, namentlich Forderungen. (Oertmann a. a. O. S. 179.)

Daraus, daß eine bezügliche Bestimmung in das Zw.V.G. nicht eigens mehr aufgenommen wurde, läßt sich ein Zweifel (vgl. Planck, II S. 244) in obiger Richtung gewiß nicht ableiten. Der § 456 B.G.B. machte solches eben überflüssig. Vgl. übrigens Zw.V.G. § 71 Abs. 2.

3. Das Verbot richtet sich in persönlicher Hinsicht hier im § 456 vor Allem:

a) gegen denjenigen, der mit Vornahme und Leitung des Verkaufs im Wege der Zwangsvollstreckung betraut ist; also namentlich gegen den Versteigerungsbeamten, Richter, Notar, Gerichtsvollzieher u. s. w. S. deßfalls auch C.P.O. § 825 n. Nr. Wenn die Gesetzesstelle vom Beauftragten spricht, so steht dies auch hier im allgemeinen Sinne des § 753 C.P.O. n. Nr. Es ist damit kein privatrechtlicher Auftrag im Sinne des B.G.B. gemeint. Auch läßt sich daraus nichts für die konstruktionelle Beurtheilung der Stellung der hier genannten Personen folgern (P. II, 76; Planck, II S. 244).

Weiter wird vom Verbot auch betroffen

b) der beim Verkaufsakte funktionirende Protokollführer, sowie auch

c) jeder zugezogene (d. h. zu dem konkreten Rechtsakte: M. II, 331) Gehülfe, z. B. Auktionator, Ausrufer u. dgl. Nicht bezüglich ist das Verbot des § 456 auf den bei der Zwangsvollstreckung betreibenden Theil, sondern lediglich auf die ausführenden Organe (Oertmann, S. 179).

4. Verboten ist den vorbezeichneten Personen bei gedachter Gelegenheit:

a) für sich zu kaufen, desgleichen

b) durch einen Anderen — offen oder versteckt — für sich kaufen zu lassen oder

c) als Vertreter eines Anderen für diesen zu kaufen.

III. Schon in M. II., 331 ist darauf hingewiesen und in der Literatur (Planck, S. 244; Oertmann, S. 179) ist es anerkannt, daß diejenigen anderweitigen Kaufsverbote unberührt bleiben, welche in öffentlichrechtlichen Gesetzesbestimmungen (Reichs- oder Landesgesetzen), namentlich in Disziplinargesetzen für Beamte enthalten sind. Dies entspricht auch durchaus dem prinzipiellen Standpunkte des B.G.B. hinsichtlich des Verhältnisses desselben zum öffentlichen Rechte. Betont sei aber dabei auch, daß Kaufsverbote letzterer Art eben auch nur insoweit als vom B.G.B. unberührt erachtet werden können, als sie öffentlichrechtlicher Natur sind, also insbesondere in ihren rechtlichen Wirkungen auf öffentlichrechtlichem, namentlich disziplinärem Boden sich bewegen, nicht aber in das privatrechtliche Gebiet hinübergreifen. In M. II, 331 wurde deßfalls zunächst bemerkt, daß über die privatrechtlichen Wirkungen von landesrechtlichen Verboten vorbezeichneter Art im Einführungsgesetze zu befinden, d. h. dort Vorbehalt für das Landesrecht einzulegen sei. In Wirklichkeit ist Letzteres nicht geschehen. Es liegt deßhalb nahe, den fraglichen öffentlichrechtlichen Verboten eine privatrechtliche Wirkung überhaupt abzusprechen. Die betreffenden Verträge bleiben unter den Betheiligten privatrechtlich wirksam. (So mit Recht Cosack, Bd. 1 S. 397.)

In Bayern z. B. hatte schon das alte B.L.R. Thl. IV cap. 3 § 2 den „Beamten und Amtsleuten die Erkaufung der in ihrem Amtsdistrikt liegenden Bauerngüter“ verboten. Dieses Verbot ist sicher bereits obsolet und zwar auch privatrechtlich. Denn ganz abgesehen von der Frage, ob es nicht schon längst in der Bestimmung des § 21 der bayrischen IX. Verf.-Beil. aufgegangen ist, ergibt sich die Aufhebung jener Gesetzesstelle jetzt auch schon aus Art. 1 des bayrischen A.G. z. B.G.B. vom 9. Juni 1899. Was aber jenen § 21 der die dienstlichen Verhältnisse der bayrischen Staatsdiener behandelnden IX. Verf.-Beil. betrifft, so bestimmt derselbe, daß dem äußeren Justiz-, Polizei- und Finanzbeamten untersagt sei, in seinem Amtsbezirk eine Gutsrealität zu erwerben. Von vornherein ist diese „Untersagung“ nur auf einen Erwerb aus eigenem Zuthun, nicht aber auf einen solchen von Rechtswegen, insbesondere im Erbgang oder als Vermächtniß, bezogen worden (Pözl, bayrisches Verf.-Recht 4. Aufl. S. 511). Thatsächlich hat man die von einer „Gutsrealität“ sprechende Stelle z. B. auch nicht auf den Kauf eines Wohnhauses oder Gartens angewendet. Endlich ist hiezu schon am 21. August 1818 (Döllinger, Ver.-Samml. Bd. 17 S. 751) eine königliche Deklaration ergangen, welche ein gewisses Minimum von Grundbesitz freistellte. Ueber privatrechtliche Wirkungen ist im § 21 der IX. Verf.-Beil. von jeher nichts enthalten. Sein ganzer Charakter ist rein öffentlichrechtlicher Natur. Es ergibt sich dies namentlich auch aus der sprachlichen Wendung, daß „den Beamten untersagt", also nur persönlich dienstlich benommen sei, gewisse Objekte zu erwerben. In dem einschlägigen Art. 135 des bayrischen A.G. vom 9. Juni 1899 ist an jenem § 21 nichts geändert, ihm namentlich auch keine privatrechtliche Wirkung beigelegt. Gegenüber der Rechtslage nach B.G.B. müßte ihm eine solche auch aus inneren Gründen abgesprochen werden.

§ 457.

Die Vorschrift des § 456 gilt auch bei einem Verkauf außerhalb der Zwangsvollstreckung, wenn der Auftrag zu dem Verkauf auf Grund einer gesetzlichen Vorschrift ertheilt worden ist, die den Auftraggeber ermächtigt, den Gegenstand für Rechnung eines Anderen verkaufen zu lassen, insbesondere in den Fällen des Pfandverkaufs und des in den §§ 383, 385 zugelassenen Verkaufs, sowie bei einem Verkaufe durch den Konkursverwalter.

E. I, 469; II, 395; III, 451.

I. Das Verbot nach § 456 wird hier erstreckt auf bestimmte, d. h. abschließend, nicht bloß beispielgebend bezeichnete andere Fälle und damit auch andere Personen außerhalb der Zwangsvollstreckung. Die leitende Grundanschauung ist hier dieselbe wie im vorigen Paragraphen. (M. II, 332.)

II. Als solche weitere Fälle sind namhaft zu machen:

1. Verkäufe, bei denen der Auftrag zu dem Verkauf auf Grund einer gesetzlichen (reichs- oder landesrechtlichen) Vorschrift ertheilt worden ist, die den Auftraggeber ermächtigt, den Gegenstand für Rechnung eines Anderen verkaufen zu lassen;

2. Verkäufe durch den Konkursverwalter.

Zu 1. Hier erwähnt das Gesetz selbst als typische Beispiele:

a) den Pfandverkauf (B.G.B. §§ 1228 fg., 1219, 1221, 1235; H.G.B. § 368);
b) die Versteigerung einer zur Hinterlegung nicht geeigneten beweglichen Sache im Wege der Selbsthilfe nach B.G.B. § 385;
c) den freihändigen Verkauf einer solchen Sache mit Börsen- oder Marktpreis nach B.G.B. § 385.

Weiter sind aber beispielsweise noch anzureihen:

d) der handelsrechtliche Selbsthilfeverkauf (H.G.B. § 373 nebst §§ 290, 376, 379, 388, 391, 437, 440);
e) der Verkauf auf Grund des kaufmännischen Zurückbehaltungsrechtes (H.G.B. § 371);
f) die Versteigerung gefundener Sachen (B.G.B. §§ 906, 979, 983);
g) Verkauf behufs Auseinandersetzung einer Gemeinschaft oder der Erbengemeinschaft (B.G.B. §§ 753, 2042).

Zu 2. Bezüglich des Konkursverwalters vgl. K.O. n. Nr. §§ 117 fg., 133, 134. Auch hieher gilt das zu § 456 Anm. II, 3 Bemerkte und zwar speziell auch in Ansehung des Konkursverwalters als Auftraggebers. Führt dieser einen Verkauf selbst aus, so wird § 181 B.G.B. einschlägig. (So auch Planck, S. 245; Oertmann, S. 179.)

§ 458.

Die Wirksamkeit eines den Vorschriften der §§ 456, 457 zuwider erfolgten Kaufes und der Uebertragung des gekauften Gegenstandes hängt von der Zustimmung der bei dem Verkauf als Schuldner, Eigenthümer oder Gläubiger Betheiligten ab. Fordert der Käufer einen Betheiligten zur Erklärung über die

Genehmigung auf, so finden die Vorschriften des § 177 Abs. 2 entsprechende Anwendung.

Wird in Folge der Verweigerung der Genehmigung ein neuer Verkauf vorgenommen, so hat der frühere Käufer für die Kosten des neuen Verkaufs sowie für einen Mindererlös aufzukommen.

E. I, 468, 469, II, 396, III, 452.

1. Behandelt werden hier die Wirkungen einer Zuwiderhandlung gegen die Verbote in den beiden Kategorien von Fällen nach §§ 456 u. 457.

2. Diese Wirkungen erstrecken sich nach dem klaren Wortlaute der Gesetzesstelle sowohl auf den obligatorischen, wie auf den dinglichen Vertrag beim Kaufe. (M. II, 332.)

Die Wirkung besteht aber keineswegs in einer absoluten Nichtigkeit (M. II, 332; P. II, 76). Die Wirksamkeit des verbotswidrigen Kaufs ist vielmehr abhängig gemacht von der Zustimmung der Betheiligten, d. h. der sämmtlichen Betheiligten, mag ihre Betheiligung in ihrer Eigenschaft als Eigenthümer der betreffenden Sache, als Schuldner oder Gläubiger beruhen. (M. II, 322.)

3. Nach der im B.G.B. durchgeführten Bedeutung des Ausdrucks „Zustimmung“ kann diese sowohl sich äußern in einer vorherigen „Einwilligung“ oder nachherigen „Genehmigung“. Ersteren Falles liegt die Sache ohnehin glatt und besteht von vorneherein Rechtsgültigkeit des Kaufs. Dagegen befindet sich bis zur Ertheilung einer nachträglichen Genehmigung die Rechtswirksamkeit des verbotswidrigen Kaufs in Schwebe. Dieser Schwebezustand kann aber beendigt werden nach Maßgabe des § 177 Abs. 2 B.G.B. durch eine Aufforderung des Käufers an denjenigen Betheiligten, um dessen Genehmigung es sich handelt, zur Erklärung über die Genehmigung. Die Erklärung ist hier dem Käufer, d. h. Demjenigen, der den Kauf abgeschlossen hat, gegenüber abzugeben. (Planck, S. 245.) Davon, ob nun die fragliche Genehmigung ertheilt oder verweigert wird, oder als verweigert zu gelten hat (§ 177 Abs. 2 B.G.B.) hängt dann die Rechtswirksamkeit des Kaufs nach obligatorischer und dinglicher Richtung ab.

4. Ein Widerrufsrecht nach B.G.B. § 178 ist hier im § 458 dem Käufer nicht eigens eingeräumt, daher auch nicht wohl anzunehmen. (Ebenso Oertmann, S. 180.)

5. Absatz 2 enthält eine den Verhältnissen angepaßte positive Vorschrift. Ein persönliches Verschulden ist dabei nicht vorauszusetzen (Oertmann, S. 180). Nach § 823 Abs. 2 B.G.B. hat der dem Verbote Zuwiderhandelnde übrigens auch noch den weiteren Schaden zu ersetzen, welcher demjenigen zugeht, zu dessen Schutze die Verbote der §§ 546, 547 bestehen.

II. Gewährleistung wegen Mängel der Sache.

Vorbemerkungen.

1. Während die §§ 434 fg. B.G.B. sich auf die Haftungsverhältnisse bei einem Mangel im Rechte an dem Kaufsgegenstande beziehen, behandeln die §§ 459—493 B.G.B. die Haftung (Gewährleistung) wegen eines Mangels an der Sache, welche den Vertragsgegenstand bildet.

Wie in ersterer Richtung, so hatte auch in letzterer Hinsicht der E. I in den § 381 fg. die bezüglichen Vorschriften nicht bei den besonderen Bestimmungen über den Kauf, sondern unter den allgemeinen Rechtsnormen für Schuldverhältnisse überhaupt eingestellt gehabt. Die II. Komm. hat auch hier (vgl. oben S. 188) die systematische Stellung der bezüglichen Vorschriften geändert, dieselben beim Kaufe, in Ansehung dessen sie ganz besonders praktische Bedeutung gewinnen, eingereiht und dann wiederum die verallgemeinernde Bestimmung des § 493 angefügt. (P. II, 670.)

2. So wie die fraglichen Vorschriften nun im B.G.B. stehen, sind sie nach ihrem Inhalte theils allgemeiner Natur, theils nur auf besondere Käufe bezüglich.

Die allgemeinen Normen sind enthalten in den §§ 459—479, die besonderen Normen in den §§ 480—492 B.G.B. Letztere beziehen sich auf die Gewährleistung bei Gattungssachen, sowie auf die sog. Viehgewährschaft. Erstere gruppiren sich wie folgt:

a) Die Grundsätze über die Haftungsverpflichtung für die Sachmängel finden sich in den §§ 459—461, 468, 476.

b) Die Verwirklichung der Haftungspflicht ist geregelt in den §§ 462 fg. und zwar speziell in Ansehung:

α) des Wandelungsanspruchs in den §§ 462, 464, 465, 466, 467, 468, 469, 470, 471, 474, 475;

β) des Minderungsanspruchs in den §§ 462, 464, 465, 472, 473, 474, 475;

γ) eines Schadensersatzanspruchs in § 463 B.G.B.

c) Eigene Vorschriften sind daneben noch in den §§ 477—479 enthalten über Verjährung, Einreden, Aufrechnung.

3. Die in den nachfolgenden Paragraphen enthaltenen Bestimmungen sind nachgiebiger Natur. Es kann, wie in D. 61 eigens hervorgehoben wurde, durch Vereinbarung die Gewährleistungspflicht des Verkäufers erweitert, erlassen oder beschränkt werden. Eine Ausnahme wird nur begründet durch die zwingende Vorschrift des § 476 B.G.B. Abgesehen hievon kommen Vereinbarungen jener Art in erster Linie zur Wirksamkeit. Die Gesetzesvorschriften greifen in ergänzender Weise ein.

4. Betont ist sowohl in M. II als in D. 61, daß sich zur vorwürfigen Frage gleich anderen Kodifikationen, wie z. B. dem P.L.R. Thl. I Tit. 5 § 317 fg., Tit. 11 § 192 fg., dem sächsischen G.B. § 899 fg., dem Code civil Art. 1625, 1641 fg. (auch das B.L.R. Thl. IV cap. 3 § 23 fg. ist hieher zu nennen), das B.G.B. in der Hauptsache in den Bahnen des gemeinen Rechtes bewegt, in Sonderheit dem römischrechtlichen sog. Aedilicischen Edikte folgt, selbstverständlich bessernd und den jetzigen Zeitverhältnissen sich anpassend. Es darf daraus hieher ganz besonders die Zulässigkeit abgeleitet werden, bei Auslegung und Anwendung wenigstens der vorwürfigen allgemeinen Vorschriften den rechtsgeschichtlichen Grundlagen im gemeinen Rechte nachzugehen. (Vgl. insbesondere Windscheid-Kipp, Pand. § 393 und die dort aufgeführte umfassende Literatur.) Anders liegt allerdings die Sache in Ansehung der Viehgewährschaft. Darüber vgl. Bem. vor § 481 B.G.B.

§ 459.

Der Verkäufer einer Sache haftet dem Käufer dafür, daß sie zu der Zeit, zu welcher die Gefahr auf den Käufer übergeht, nicht mit Fehlern behaftet ist, die den Werth oder die Tauglichkeit zu dem gewöhnlichen oder dem nach dem Vertrage vorausgesetzten Gebrauch aufheben oder mindern. Eine unerhebliche Minderung des Werthes oder der Tauglichkeit kommt nicht in Betracht.

Der Verkäufer haftet auch dafür, daß die Sache zur Zeit des Ueberganges der Gefahr die zugesicherten Eigenschaften hat.

E. I, 381; II, 397; III, 453.

1. Nach dem Grundgedanken, auf welchem die §§ 459 fg. aufgebaut sind, hat der Verkäufer, wenn eine Sache Gegenstand des Kaufs ist, Gewähr dafür zu leisten, daß der Käufer die Kaufsache in derjenigen Beschaffenheit erhält, wie er sie auf Grund seines Kaufs beanspruchen kann. Daraus folgt von selbst die Verpflichtung des Verkäufers zur Haftung für bestimmte Sachmängel.

2. Der Begriff „Sache" steht auch hier in jenem allgemeinen Sinne, wie er in § 90 B.G.B. festgestellt ist. Er umfaßt, wie anderwärts, so auch im Bereiche der §§ 459 fg. sowohl bewegliche als unbewegliche Sachen. Namentlich auch in Bezug auf Gebäude kommen im Rechtsverkehre Sachmängel sehr häufig in Frage.

3. Nach dem Sprachgebrauche des B.G.B. stellt, wie in M. II, 226 betont ist, das Wort „Mangel" den allgemeinsten Begriff dar. Mängel können aber in Doppeltem bestehen, nämlich:

a) im Vorhandensein bestimmter positiver Fehler (§ 459 Abs. 1), d. h. einer vom Normalzustande nachtheilig abweichenden Beschaffenheit, oder auch

b) in dem Nichtbestehen vorausgesetzter besonderer Eigenschaften (§ 459 Abs. 2) einer Sache.

4. Die Haftbarkeit des Verkäufers für Sachmängel in jenem weiteren Sinne beruht ihrem Rechtsgrunde nach entweder auf Gesetz oder auf Parteivereinbarung. Eine gesetzliche Haftung begründet § 459 Abs. 1 in Bezug auf bestimmte Fehler. Von einer Haftung auf Grund von Vereinbarung handelt § 459 Abs. 2 hinsichtlich vorausgesetzter Eigenschaften. Dabei kann natürlich auch im Bereiche des § 459 Abs. 1 die Haftung durch besondere Vereinbarung über die vom Gesetze bezeichnete Grenze hinaus erweitert, wie nicht minder auch eingeschränkt werden. Innerhalb der gesetzlichen Haftungsgrenzen bedarf es aber keines besonderen Haftungsversprechens, keiner besonderen Garantieübernahme.

5. Für die Gewährleistungspflicht des Verkäufers in Bezug auf Fehler (§ 459 Abs. 1) kommt es nicht darauf an, wodurch dieselben entstanden sind, insbesondere ob sie der Verkäufer selbst verschuldet hat. (M. II 224.) Der Gewährgrund liegt allein schon in der Thatsache der Behaftung der Sache mit physischen (faktischen) Fehlern relevanter Art. Ohne Belang ist es eben deßhalb auch für die Haftpflicht an und für sich, ob der Verkäufer selbst das Vorhandensein des Fehlers gekannt hat. Nur wenn die Kenntniß des Verkäufers von einem Mangel sich bis zu arglistigem Verschweigen steigert, äußert sie nach §§ 460, 463, 476, 477, 478, 479 B.G.B. bestimmte Rechtswirkungen. (M. II, 224.)

6. Das Gesetz läßt übrigers im § 459 Abs. 1 nur solche Fehler als Gewährsmängel gelten, die den Werth der Sache oder die Tauglichkeit zu dem gewöhnlichen oder dem nach dem Vertrage vorausgesetzten Gebrauche aufheben oder erheblich mindern.

Unter dem Werthe ist hier, wie sich namentlich aus dem Gegensatze zur anderen gesetzlichen Alternative ergibt, sicher der objektive Verkehrswerth zu verstehen. Eine bloß subjektive Werthschätzung kann bei der Beurtheilung des Haftungsgrunds der Werthsbeeinträchtigung nicht in Betracht kommen, vielmehr höchstens in Gestalt der anderen Alternative oder im Bereiche des zweiten Absatzes.

Die eben erwähnte zweite Alternative behandelt die Beeinträchtignng des Gebrauchswerths. Ebenfalls ganz objektiv ist diese ersichtlich gedacht, wenn das Gesetz vor allem den gewöhnlichen Gebrauch erwähnt, d. h. denjenigen, welcher unter den durchschnittlichen Lebensverhältnissen, auf welche es im konkreten Falle ankommt, allgemein mit Sachen fraglicher Art gemacht zu werden pflegt. (Von „Verkehrssitte" spricht auch hier Cosack, Lehrb. Bd. 1 S. 426.) Auf die rein subjektiven Verhältnisse, Wünsche und Empfindungen des Käufers kommt es hier in diesem Punkte nicht an. Solche subjektive Momente können aber recht wohl mit hereinspielen, wenn und soweit ein „nach dem Vertrage vorausgesetzter Gebrauch" in Frage steht. Freilich ist dabei nicht zureichend bloß diejenige Art und derjenige Umfang des Gebrauchs, wie letzteren einseitig nur der Käufer voraussetzt. Die Voraussetzung muß im Vertrage liegen, also auf einer Willenseinigung beider Theile beruhen. Daß eine solche sowohl ausdrücklich ausgesprochen worden sein, wie auch stillschweigend sich gebildet haben kann, ist an sich nicht zu bezweifeln. Immerhin empfiehlt sich für eine thatsächliche Annahme in letzterer Richtung eine gewisse Vorsicht. Rückschlüsse auf die von den Parteien im Vertrage vorausgesetzte Beschaffenheit bietet übrigens nicht selten auch schon die Preisbestimmung dar, mag diese sehr hoch oder auffallend niedrig sein. (Vgl. Cosack, Lehrb. Bd. 1 § 127 S. 426.)

Endlich muß der Fehler auch von solcher Art und Bedeutung sein, daß er den Werth oder die Gebrauchstauglichkeit entweder gänzlich aufhebt oder doch erheblich mindert. Daß eine unerhebliche solche Minderung keine Gewährschaftspflicht begründet, ist grundsätzlich im Gesetze selbst ausgesprochen. Was aber als erheblich oder unerheblich anzusehen ist, kann als Thatfrage nur im Einzelfalle nach den Umständen bemessen werden (M. II, 227). Die Unerheblichkeit kann übrigens nicht bloß in dem geringen Umfange oder in der geringen sachlichen Tragweite des Fehlers, sondern auch schon darin liegen, daß derselbe hinsichtlich seines zeitlichen Bestandes nicht von Bedeutung ist, vielmehr sicher bald wieder verschwindet oder sich doch mehr und mehr mindert, wie z. B. normalmäßige anfängliche Feuchtigkeit in einem Neubaue. (So zutreffend Oertmann, S. 182; Entsch. d. O.H.G. Bd. 13 S. 235.)

7. Als maßgebenden Zeitpunkt für die Beurtheilung, ob ein die Gewährleistungspflicht begründender Fehler vorliegt, bezeichnet der § 459 Abs. 1 denjenigen, an welchem (nach Gesetz oder Uebereinkommen: D. 61) die Gefahr auf den Käufer übergeht, also nicht schon die Zeit des Vertragsabschlusses. War zu letzterer Zeit der Fehler noch nicht vorhanden, besteht er aber im Zeitpunkte des Gefahrüberganges, so verfällt der Verkäufer beim Vorhandensein der sonstigen Voraussetzungen der Gewährleistungspflicht ohne Rücksicht auf jenen Umstand. Der sonach allein maßgebende Zeitpunkt des Gefahrüberganges aber bemißt sich, soweit die gesetzliche Norm in Frage steht, nach den Vorschriften der §§ 446, 447 B.G.B. Solches gilt sowohl für den Species- wie den Genuskauf (M. II. 225).

8. Zugesicherte Eigenschaften. Nach Abs. 2 begründet ein Mangel hierin ebenfalls eine Haftbarkeit des Verkäufers. Ein Schwergewicht fällt hiebei in das Wort: „zugesichert". Eine solche Zusicherung liegt zweifellos nicht schon darin, daß sich der Verkäufer, lediglich um den Käufer nur zu einem Kaufsabschlusse überhaupt geneigt zu machen, allgemeiner Anpreisungen der Kaufsache und ihrer Qualitäten bedient. (Windscheid-Kipp, Pand. § 393 Note 2). Solches war schon nach gem. Rechte der Fall und ist gegenüber dem Worte „zugesicherten" im § 459 Abs. 2 erst recht festzuhalten.

Die Sache muß so liegen, daß sich annehmen läßt, die vom Verkäufer bethätigte Darlegung einer Eigenschaft sei ernstlich gemeint gewesen (M. II, 225) und gerade auf die bezügliche Versicherung des Verkäufers hin und um der fraglichen Eigenschaft willen (sei es derselben allein oder auch in Verbindung mit anderen) sei der Vertrag abgeschlossen worden. Dies Verhältniß kann ja ganz klar sein, wenn z. B. der Verkäufer eigens eine Garantieübernahme für bestimmte Eigenschaften der Kaufssache erklärt hat, und vollends dann, wenn letzteres vom Käufer ausdrücklich angenommen oder seinerseits förmlich ausbedungen wurde. Die „Zusicherung" einer Eigenschaft kann aber im Sinne des § 459 Abs. 2 auch schon dann gegeben sein, wenn sie vom Käufer auch nur stillschweigend angenommen wird. Der Zusicherung einer bestimmten Eigenschaft kann auch die Zusicherung des Nichtvorhandenseins eines bestimmten Fehlers in der Art gleichzustellen sein, daß § 459 Abs. 2 anzuwenden ist (M. II, 225; Planck, Komm. Bd. 2 S. 247). Windscheid-Kipp, § 393 Note 2, nimmt dazu an, daß auch das Versprechen der Abwesenheit eines Mangels stillschweigend gegeben werden kann. Unter Umständen mag dies zutreffen. Ueberhaupt ist die Beurtheilung der Frage, ob die „Zusicherung" einer Eigenschaft vorliegt, sehr von der Beschaffenheit des Einzelfalles abhängig und ebendeshalb auch nicht immer leicht und einfach.

Als Eigenschaften einer Sache bezeichnen Fischer-Henle, B.G.B. zu § 459 solche Beziehungen der Sache zu anderen Gegenständen oder zu Personen, welche nach den Anschauungen des Verkehrs einen Einfluß auf die Werthschätzung der Sache zu üben pflegen. Nach dieser verallgemeinernden Erklärung wäre es nicht gerade erforderlich, daß die „Eigenschaft" eine körperlich der Kaufssache innewohnende sei. Auch Oertmann (Komm. Bd. 2 S. 183) rechnet hieher noch „sonstige, die Kaufsache berührende Verhältnisse, die geeignet sind, auf den Entschluß des Käufers zum Abschlusse des Geschäfts bestimmend einzuwirken". (S.A. Bd. 40 S. 156.) Für manche Verhältnisse läßt sich dies ja annehmen. Bedenken müssen aber bezüglich des obigen Satzes die von Oertmann angefügten Beispiele erregen. Mit Hinweis auf Entsch. d. R.G. i. S.A. Bd. 48 S. 21 bezeichnet Oertmann als Zusicherungen jener Art: „Angaben des Verkäufers über den Umsatz eines verkauften Geschäfts oder einer Wirthschaft". Aber solche Momente sind doch sicherlich keine Eigenschaften der Sache (Geschäftslokals u. dgl.) im Sinne des § 90 B.G.B., sondern Zustände in einem Gewerbebetriebe. Sie werden allerdings nicht selten zum Gegenstande eines Kaufvertrags, namentlich beim Kaufe eines „Geschäfts" (s. oben S. 176). Dieser fällt aber nicht oder nur theilweise unter den Begriff des Sachkaufes, auf den doch allein die besonderen Rechtsnormen des § 459 sich beziehen (M. II, 225).

Ein verwandter Punkt, der im städtischen Kaufverkehr mit Miethhäusern sehr häufig auftaucht und auch zu Prozessen führt, ist folgender: Es ist vielfach Sitte, als einen mitentscheidenden Faktor für die Bemessung des Kaufpreises für Miethhäuser das daraus zu erzielende Mietherträgniß zu betrachten. Hier stellt es sich nun nicht selten heraus, daß über letzteres der Verkäufer dem Käufer unzutreffende Angaben gemacht und nicht realisirbare Versicherungen gegeben hat, sei es, daß schon das bisherige Mietherträgniß geringer als das voranschlagte gewesen ist oder, daß sich die in Betracht gezogene Möglichkeit, die bisherige Mietheinnahme noch zu erhöhen, nicht verwirklichen läßt. Handelt es sich hier um zugesicherte „Eigenschaften"? Ohne Zweifel dann, wenn der Ausfall an der beiderseits veranschlagten Miethrente seinen Grund hat in sachlichen Verhältnissen am Hause selbst, z. B. weil sich eine Heizbarmachung von Räumen, welche der Verkäufer als angängig bezeichnet hat, aus bautechnischen oder auch baupolizeilichen Gründen nachgerade als unthunlich herausstellt. Ganz gewiß liegt aber keine „Eigenschaft" im Sinne des § 459 Abs. 2 vor, wenn ein Ausfall an der in Sicht gestellten Miethrente sich als Folge allgemeiner Verhältnisse und Konjunkturen im Miethverkehre darstellt. In einem solchen Falle kann dann auch von Anwendung des § 459 Abs. 2 keine Rede sein. Damit soll aber keineswegs gesagt sein, daß nicht auch andere Rechtsbehelfe dem Käufer gegebenen Falles zur Seite stehen könnten, namentlich etwa wegen Betrugs des Verkäufers.

Liegt übrigens die Zusicherung einer Eigenschaft im Sinne des § 459 Abs. 2 wirklich vor, so ist die Haftung des Verkäufers hier nicht bedingt durch Erheblichkeit des Mangels, wie in den Fällen des Abs. 1.

Ueber noch andere Besonderheiten für die Fälle des Abs. 2 s. §§ 460 u. 463. Eine Sonderbestimmung über die Haftung für die Größe eines Grundstücks enthält § 468.

Der maßgebende Zeitpunkt für die Beurtheilung des Vorhandenseins der zugesicherten Eigenschaft ist auch nach Abs. 2 derselbe wie nach Abs. 1.

Nicht unter § 459 Abs. 2 gehört endlich nach M. II, 226 der Fall eines Versprechens, eine bestimmte Eigenschaft einer Sache erst herzustellen.

§ 460.

Der Verkäufer hat einen Mangel der verkauften Sache nicht zu vertreten, wenn der Käufer den Mangel bei dem Abschlusse des Kaufes kennt. Ist dem Käufer ein Mangel der im § 459 Abs. 1 bezeichneten Art in Folge grober Fahrlässigkeit unbekannt geblieben, so haftet der Verkäufer, sofern er nicht die Abwesenheit des Fehlers zugesichert hat, nur, wenn er den Fehler arglistig verschwiegen hat.

E. I, 382; II, 398; III, 484.

1. Grundsatz. Der Käufer kann wegen eines Mangels der verkauften Sache einen Gewährleistungsanspruch selbstverständlich nicht erheben, wenn er das Bestehen gerade dieses Mangels schon bei dem Abschlusse des Kaufvertrags selbst gekannt hat.

Vielfach wird davon gesprochen, der Mangel müsse eben ein „verborgener" sein. (So auch M. II, 224. Vgl. dazu P. I, 672.) Allein der Begriff „verborgen" deckt sich nicht mit dem im § 460 verwendeten anderen Begriffe: „vom Käufer gekannt". Ein Mangel der Sache kann verborgen, d. h. nicht für Jedermann offensichtlich und doch vom Käufer gekannt sein. Umgekehrt kann auch ein Mangel im Allgemeinen offensichtlich und doch vom Käufer nicht gekannt sein. In einem Falle letzterer Art greift die Vorschrift des zweiten Satzes im § 460 ein. (S. nachher Nr. 3.)

Trotz der Kenntniß des Käufers von einem Mangel kann wegen desselben gleichwohl dem Käufer ein Anspruch erwachsen, wenn der Verkäufer die Beseitigung des Mangels eigens versprochen hat. In einem solchen Falle erwächst eben die bezügliche Verpflichtung aus allgemeinen Vertragsgrundsätzen, welche auch für deren Bestand und Umfang maßgebend sind. (Vgl. P. I, 672.)

2. Der im ersten Satze verwendete allgemeine Begriff „Mangel der Sache" (vgl. Bem. 3 zu § 459) umfaßt in Sonderheit auch hier sowohl das Vorhandensein eines Fehlers, wie das Nichtvorhandensein einer zugesicherten Eigenschaft. Anders im nächstfolgenden Satze, welcher sich nur auf „Mängel der im § 459 Abs. 1 bezeichneten Art", also nur auf Fehler, nicht auch auf zugesicherte Eigenschaften bezieht. In ersterer Richtung ist

3. dem „Kennen" des Mangels auf Seite des Käufers auch das „Nichtkennen aus grober Fahrlässigkeit" (vgl. §§ 276, 277) desselben gleichgestellt. (M. II, 224; D. 62.) Ob eine solche grobe Fahrlässigkeit vorliegt, kann nur nach den Umständen bemessen werden. Jene kann möglicher Weise, wenn auch nicht gerade immer, schon darin gefunden werden, daß der Käufer sich die Kaufsache beim Kaufsabschlusse vom Verkäufer nicht zeigen ließ oder, wenn sie ihm gezeigt wurde, ohne jegliche Untersuchung hinnahm. (Cosack, Lehrb. Bd. 1 § 127 S. 457.) Dies gilt namentlich bei Sachen, welche man nach der Verkehrssitte nicht ohne genaue Besichtigung zu kaufen pflegt, wie z. B. Häuser, Kostbarkeiten, Kunstwerke u. s. w., während bei anderen Sachen die Verkehrssitte schlanke Hinnahme mit sich bringt.

Liegt nun ein grobfahrlässiges Nichtkennen vor, so haftet der Verkäufer nach Satz 1 ebenfalls nicht für den fraglichen Fehler, es sei denn, daß in einem solchen Falle der grobfahrlässigen Nichtkenntniß auf Seite des Käufers Ersterer selbst entweder

a) das Nichtvorhandensein des Fehlers (§ 459 Abs. 1) eigens zugesichert oder
b) den Fehler arglistig verschwiegen hätte. Sowohl der Begriff „arglistig", wie der Begriff: „Verschweigen" setzen natürlich voraus, daß der Verkäufer selbst den Fehler gekannt hat. Das Verschweigen muß übrigens zugleich ein arglistiges gewesen sein. Eine solche Arglist liegt jedenfalls dann vor, wenn der Verkäufer bei seinem absichtlichen Schweigen sich bewußt war, daß dem Käufer der Fehler unbekannt ist. (Vgl. auch P. I, 672.)

Daß der Verkäufer auch dann für den Fehler haftet, wenn dieser anfänglich beim Kaufsabschlusse nicht vorhanden, aber nachher durch ein Verschulden des Verkäufers selbst herbeigeführt wurde, ergibt sich schon aus allgemeinen Gesichtspunkten (§§ 276, 325).

4. Den Beweis, daß der Käufer den Mangel gekannt oder den Fehler aus grober Fahrlässigkeit nicht gekannt habe, hat der die Haftung deßhalb ablehnende Verkäufer zu erbringen, das arglistige Verschweigen oder die besondere Zusicherung des Nichtvorhandenseins des Fehlers hat der sich darauf berufende Käufer zu beweisen.

§ 461.

Der Verkäufer hat einen Mangel der verkauften Sache nicht zu vertreten, wenn die Sache auf Grund eines Pfandrechts in öffentlicher Versteigerung unter der Bezeichnung als Pfand verkauft wird.

E. II, 398; III, 465.

1. Durch die erst von der II. Komm. eingestellte Bestimmung wird eine wirkliche Ausnahme von dem Grundsatze des § 459 begründet. Jedenfalls gilt dies in Ansehung der unter Abs. 1 § 459 treffenden Fälle der gesetzlichen Gewährleistungspflicht für Fehler. Ob § 461 auch auf zugesicherte Eigenschaften nach § 459 sich erstreckt, erscheint zweifelhaft. Der allgemeine Wortlaut der Gesetzesstelle mit dem Gebrauche des oben S. 202 dargelegten weiteren Begriffes „Mangel" scheint für die Bejahung zu sprechen. Gleichwohl verneint eine Erstreckung der Haftbarkeit auf zugesicherte Eigenschaften auch in den Fällen des § 461 z. B. Planck, Komm. Bd. 2 S. 249. Oertmann, Komm. S. 185, geht davon aus, daß (was vollständig zutrifft) die Bestimmung des § 461 dispositiver Natur ist, daher durch Uebereinkommen der Parteien etwas Anderes bestimmt werden kann. Jener Schriftsteller betrachtet es nun als Thatfrage im Einzelfalle, ob in der Zusicherung einer Eigenschaft (nach § 459 Abs. 2) auch schon die Uebernahme einer den Haftungsbefreiungsgrund des § 461 ausschließenden vertragsmäßigen Haftung gefunden werden könne und müsse. Dieser Gesichtspunkt erscheint richtig.

2. Die im § 461 im Interesse einer gewissen Rechtssicherheit des Pfandgläubigers vorgesehene Befreiung desselben von der Haftbarkeit für Mängel der von ihm verkauften Pfandsache tritt nur unter drei sich verbindenden Voraussetzungen ein, nämlich daß der Verkauf

a) auf Grund eines bestehenden Pfandrechtes,
b) mit der Bezeichnung der Verkaufssache als Pfand und
c) in öffentlicher Versteigerung geschehen ist. Ein freihändiger Verkauf, wenn er auch in gesetzlich zulässigen Fällen erfolgt ist, hat also die gleiche Wirkung nicht, wenn sie nicht eigens durch besonderes Uebereinkommen vorgesehen sein sollte.

Ueber den Begriff der öffentlichen Versteigerung vgl. oben S. 123. Ueber die Modalitäten beim Mobiliarpfandverkaufe s. B.G.B. § 1235. Auf Mobiliarpfänder erscheint übrigens die Gesetzesstelle nach ihrem Wortlaute nicht beschränkt.

3. Die Haftung des verkaufenden Pfandgläubigers wegen arglistigen Verschweigens erachtet Oertmann, S. 185, als vom § 461 unberührt und zwar „nach der Natur der Sache" und wegen des Grundsatzes der Beobachtung von „Treu und Glauben". Die Frage erscheint zweifelhaft. Aus dem Wortlaute der Gesetzesstelle läßt sich für Oertmanns These jedenfalls nichts entnehmen.

4. Für gewisse Fälle der Zwangsvollstreckung (vgl. ursprünglich E. I § 395, nebst M. II, 237) erhielt § 401 B.G.B. noch eine Erweiterung durch § 806 C.P.O. n. Nr., woselbst bestimmt ist:

„Wird ein Gegenstand auf Grund der Pfändung veräußert, so steht dem Erwerber wegen eines Mangels im Rechte oder wegen eines Mangels der veräußerten Sache ein Anspruch auf Gewährleistung nicht zu."

§ 462.

Wegen eines Mangels, den der Verkäufer nach den Vorschriften der §§ 459, 460 zu vertreten hat, kann der Käufer Rückgängigmachung des Kaufes (Wandelung) oder Herabsetzung des Kaufpreises (Minderung) verlangen.

E. I, 383; II, 399; III, 356.

1. Anschließend an die vorausgehenden Vorschriften über die Grundsätze für die materielle Haftbarkeit wegen eines Mangels der Kaufsache behandelt das Gesetz in den §§ 462, 463, 464 zunächst die Rechtsfolgen eines Mangels im Allgemeinen. Dabei bezeichnet in Sonderheit § 462 bestimmte regelmäßige Rechtsfolgen, dagegen § 463 eine nur in bestimmten Fällen ausnahmsweise eintretende Rechtsfolge.

2. Als eine regelmäßige Rechtsfolge des Bestandes eines Mangels (in dem oben S. 202 dargelegten weiteren Sinne) erscheint vor Allem der mit Klage verfolgbare Anspruch des Käufers auf richtige Vertragserfüllung (P. I, 686). Auch ein

Anspruch desselben aus einem Verschulden des Verkäufers, welch Ersterer nach den allgemeinen einschlägigen Normen zu beurtheilen ist, erscheint denkbar und nicht ausgeschlossen.

Die Hauptrolle auf diesem Gebiete spielen aber theoretisch und praktisch die schon im gemeinen Rechte durchgebildeten besonderen Rechtsbehelfe, welche der § 462 regelmäßig darbietet. Es sind dies

a) der Anspruch auf Rückgängigmachung des Kaufs (Wandelung),

b) der Anspruch auf Minderung des Kaufpreises (Minderung).

Im Begriffe entspricht der Erstere der actio redhibitoria, der Zweite der actio aestimatoria s. quanti minoris des römischen Rechtes.

3. Zur allgemeinen Charakteristik dieser Rechtsbehelfe des § 462 sei nach Maßgabe des B.G.B. Folgendes angedeutet:

a) Vorausgesetzt wird vor Allem das Bestehen eines Mangels im weiteren Sinne des § 459.

b) Die Sachlage muß derartig sein, daß der Verkäufer den Mangel nach Maßgabe der §§ 459, 460 auch zu vertreten hat.

c) Ist letzteres der Fall, so gewährt § 462 dem Käufer zunächst auf obligatorischem Gebiete einen persönlichen Anspruch auf Wandelung oder Minderung. Das B.G.B. läßt diese beiden Rechtsfolgen keineswegs sofort kraft des Gesetzes eintreten, sondern begründet in erster Linie nur Ansprüche, welche der Käufer erst zu verwirklichen hat. Oertmann, S. 186, schreibt: „Die Verbindlichkeit des Käufers bleibt an und für sich voll zu Recht, er kann aber den Verkäufer anhalten, in die Aufhebung oder abmindernde Aenderung des Vertrages zu willigen." Ueber jene Verwirklichung und insbesondere über die weiteren Rechtswirkungen auf dinglichem Gebiete bestimmen die §§ 465, 467 B.G.B. Der Grundstandpunkt des B.G.B. ist dabei der, daß die Verwirklichung der mehrgedachten Rechtsfolgen nicht schon durch eine einseitige Erklärung des Käufers hervorgerufen wird, sondern erst durch ein seinem rechtlich bestehenden und erhobenen Anspruche Genüge leistendes neues Uebereinkommen mit dem Verkäufer (vgl. § 465 und Bem. dazu). Ist ein solches nicht zu erzielen, so muß eben der bestehende Anspruch mit Klage verfolgt werden: der sog. Wandelungsklage oder der sog. Minderungsklage.

d) Das Bestehen eines Anspruchs nach § 462 entspringt unmittelbar aus der Gewährschaftspflicht des Verkäufers. Daher ist bei Erhebung einer der beiden Klagen im Rechtsgrunde nicht nothwendig, erst das Bestehen eines bestimmten Schadens oder eines bestimmten Interesses zu behaupten und zu beweisen. Momente solcher Art können aber bei der Minderungsklage immerhin insoweit in Betracht kommen, als es sich um die Beurtheilung des Umfangs der Preisminderung handelt. (Vgl. § 472.)

e) Beim Vorhandensein der gesetzlichen Voraussetzungen und innerhalb der durch die §§ 459, 460, 461, sowie die Spezialbestimmungen gezogenen Grenzen erstrecken sich die vorbezeichneten Ansprüche auf alle Arten von Mängeln (§ 459 Abs. 1 und Abs. 2).

f) Die im § 462 aufgeführten Rechtsbehelfe stehen in einem Wahlverhältnisse zueinander. In der Regel hat darin der Käufer freibeliebige Wahl. Indessen bestehen in dieser Hinsicht auch einige ausnahmsweise Modifikationen: Nach § 468 ist in gewissen Fällen der Anspruch auf Wandelung nur mit einer Beschränkung eingeräumt und nach § 487 ist bei der Viehgewährschaft der Anspruch auf Minderung überhaupt ausgeschlossen. Eine primäre Kumulirung des Wandelungs- und Minderungsanspruchs ist nicht statthaft. (Schollmeyer, Einz. Schuldverh. S. 16.)

g) Wenn auch nach § 459 die Beurtheilung der Mangelhaftigkeit der Sache nach der Lage des Verhältnisses im Zeitpunkte des Gefahrübergangs sich zu richten hat, so ist daraus doch nicht zu folgern, daß der Käufer nicht schon früher seine Rechte wahren und geltend machen könnte. Selbst nach Verweigerung der Annahme der Sache kann eine solche Geltendmachung noch vorkommen, wie sich deutlich aus § 464 ergibt. (Planck, Komm. II S. 248.)

4. Die Erhebung des Wandelungs- oder Minderungsanspruchs ist weiterhin keineswegs dadurch bedingt, daß der Verkäufer nicht im Stande ist, den Mangel zu beheben. (So auch Planck, S. 249.)

Eine andere Frage ist aber die, ob etwa umgekehrt eine wirkliche nachträgliche Beseitigung oder Besserung des Mangels durch den Verkäufer etwa von Einfluß auf das Rechtsverhältniß ist, d. h. in dem Sinne, daß jene Beseitigung die Erfüllungsklage (s. oben Nr. 2) oder die klagbare Verfolgung der Ansprüche aus §§ 462, 463 ausschließen könnte?

Für das verwandte Gebiet des Werkvertrags finden sich deßfalls in den §§ 633 fg. besondere Bestimmungen. Für den Kauf fehlen solche. Wie ist nun jene Frage zu beurtheilen? Dieselbe hat zwei Richtungen:

a) Ist der Verkäufer berechtigt, eine Nachbesserung (wegen des Ausdrucks vgl. Schollmeyer, Einzelne Schuldverhältnisse S. 15) mit obiger Rechtsfolge für den Käufer noch zu bethätigen und von Letzterem die Zulassung der Nachbesserung seinerseits zu beanspruchen. Im Allgemeinen wird man anerkennen müssen, daß es praktisch für den Käufer durchaus nicht immer gleichgültig ist, ob er nur eine ausgebesserte oder eine schon an sich mangelfreie Sache erhält. Praktisch besehen, wird es daher darauf ankommen, ob der Käufer ein rechtliches Interesse hat, eine erst ausgebesserte Kaufssache abzulehnen oder nicht. Bejahenden Falles muß man ihn für berechtigt erachten, das Nachbesserungsanerbieten abzulehnen und sofort zu den Rechtsbehelfen der §§ 462, 463 sich zu wenden. Verneinenden Falles würde es allerdings gegen den Grundsatz von Treu und Glauben verstoßen, wenn der Käufer die Nachbesserung versagen würde. Insoweit ist dem zuzustimmen, was Planck, Komm. II S. 249, ausführt. (Vgl. M. II, 227, sowie auch Oertmann, S. 187; Cosack, Lehrb. S. 434; Windscheid-Kipp, I S. 654; S. A. Bd. 15 S. 187; Bd. 46 S. 358, Bd. 48 S. 134.)

b) Eine gesetzliche Verpflichtung des Verkäufers, einen Mangel durch Nachbesserung zu beseitigen, ist im B.G.B. beim Kaufe nirgends eigens festgestellt (vgl. Oertmann, S. 187). Sollte eine solche Verpflichtung eigens vertragsmäßig zugesagt sein, so besteht sie natürlich zu Recht. Ebenso kann sie in einem nach dem Kaufsabschluß entstandenen Verschulden ihren Rechtsgrund haben. (Vgl. B.G.B. § 249; so auch Planck, S. 249; vgl. weiter Oertmann, S. 187; Windscheid-Kipp, I S. 654). Schollmeyer a. a. O. erachtet offenbar die Nachbesserungspflicht auch schon als Ausfluß der Vertragserfüllungspflicht. Allein an eine selbständige, lediglich auf Nachbesserung gerichtete Klage des Käufers könnte aus dem Gesichtspunkte der Vertragserfüllung doch wohl nur dann gedacht werden, wenn der Kauf auf eine ganz individuell bestimmte Sache gerichtet war und ebendeßhalb die Leistung einer anderen mangelfreien Sache ausgeschlossen erscheint. Bei einem sog. Genuskauf aber ist in § 480 B.G.B. dem Käufer ausdrücklich das Recht gewahrt, statt Wandelung oder Minderung die Leistung einer anderen mangelfreien Sache zu verlangen. Zum rechtlichen Begehren einer Nachbesserung ist daher auch in solchem Falle für den Käufer kaum je ein praktischer Anlaß gegeben.

Gleichviel, ob und inwieweit man den Verkäufer zu einer vom Käufer begehrten Nachbesserung für verpflichtet erachtet, so erscheint es dem Verkäufer doch sehr häufig von selbst nahegelegt, jenem Begehren, wenn der Mangel abstellbar ist, auch stattzugeben, sofern er sich nicht einer Wandelungs- oder Minderungsklage ausgesetzt sehen will.

§ 463.

Fehlt der verkauften Sache zur Zeit des Kaufes eine zugesicherte Eigenschaft, so kann der Käufer statt der Wandelung oder der Minderung Schadensersatz wegen Nichterfüllung verlangen. Das Gleiche gilt, wenn der Verkäufer einen Fehler arglistig verschwiegen hat.

E. I, 385; II, 400; III, 457.

1. Neben dem Anspruch auf Wandelung oder Minderung gibt § 463 in einer bestimmten Begrenzung auch noch einen klagbaren Anspruch auf Schadensersatz.

2. Dieser weitere Anspruch steht auf Seite des Käufers wiederum im Wahlverhältnisse zu den beiden anderen eben erwähnten Ansprüchen. Schon deßhalb müssen auch dieselben Voraussetzungen für den Anspruch vorliegen, wie für die Wandelung oder Minderung (Planck, S. 249.) Außerdem ist jener Anspruch auch

3. beschränkt auf zwei bestimmte Fälle, nämlich:

a) auf den Fall der stattgehabten Zusicherung einer bestimmten Eigenschaft der Kaufssache (vgl. § 459 Abs. 2, sowie Bem. dazu S. 202 fg.), dann auf den anderen Fall

b) des arglistigen Verschweigens eines Fehlers (§ 459 Abs. 1 und Bem. S. 202; s. auch § 460 S. 205) durch den Verkäufer.

4. Zu betonen ist, daß hier, wenn und soweit es sich um den Schadensersatzanspruch aus § 463 handelt, das Nichtvorhandensein der Eigenschaft oder das Vorhandensein des Fehlers in Betracht kommt für die Zeit des Kaufsabschlusses und nicht für die Zeit des Uebergangs der Gefahr, wie nach § 459. M. II, 229 (vgl. auch P. I, 688) bemerken:

„Die Haftung beschränkt sich auf die Zeit der Schließung des Vertrags. Die Garantie ist nicht in dem ausgedehnten Sinne verstanden, daß die Eigenschaft auch noch zu der Zeit, wo die Gefahr auf den Erwerber übergeht, vorhanden sein müßte. War zur Zeit des Vertragsabschlusses die zugesicherte Eigenschaft vorhanden und fiel sie nachher weg, oder war zu jener Zeit der Mangel nicht vorhanden, trat aber nachher ein, so kann der Veräußerer nicht aus § 463 in Anspruch genommen werden. Es kommt dann in Frage, inwieweit er nach anderen Grundsätzen Veränderungen der Sache zu vertreten hat."

Einen solchen anderen Grundsatz enthält das B.G.B. in § 459, insoferne dort für den Wandelungs- oder Minderungsanspruch der maßgebende Zeitpunkt hinausgeschoben ist. Letzteres kann sich auch aus einem Verschulden des Verkäufers oder aus einem besonderen Uebereinkommen ergeben.

Ueber den Fall eines zur Zeit des Kaufsabschlusses schon vorhandenen, dem Verkäufer bekannt gewesenen und von ihm arglistig verschwiegenen Fehlers vgl. ebenfalls M. II, 229. In einem solchen Falle der Arglist kann auch § 123 B.G.B. einschlägig werden. „Arglistig" wurde nach P. II, 686 (statt bloß wissentlich) hier gesetzt, „um diejenigen Fälle auszuscheiden, in denen der Verkäufer einen Mangel anzugeben unterlassen hat, weil er annahm, daß der andere Theil den Mangel kenne".

5. Der Schadensersatzanspruch aus § 463 ist (natürlich abgesehen von der subjektiven Voraussetzung der Arglist beim Verschweigen) von einem objektiven Verschulden des Verkäufers (d. h. in Ansehung des Bestehens des Mangels) unabhängig (M. II, 228).

6. In einer Bemerkung der M. II, 228 wird angedeutet, daß auch hier die Kenntniß des Käufers von dem Mangel ebenso wie nach § 460 Abs. 1 modifizirend eingreift. (Anerkannt auch bei Planck a. a. O. S. 249.)

7. Der Schadensersatzanspruch aus § 463 erfaßt das volle (positive) Erfüllungsinteresse. (Wiederholt betont in M. II, 229. Vgl. auch Windscheid-Kipp, II S. 654.)

8. In denjenigen Fällen des Bestehens von Mängeln, welche vom § 463 nicht betroffen werden, ist der Käufer auf den Wandelungs- oder Minderungsanspruch beschränkt (M. II, 229) — natürlich abgesehen von der oben S. 206 erwähnten reinen Erfüllungsklage aus dem Vertrag oder der Verschuldensklage.

§ 464.

Nimmt der Käufer eine mangelhafte Sache an, obschon er den Mangel kennt, so stehen ihm die in den §§ 462, 463 bestimmten Ansprüche nur zu, wenn er sich seine Rechte wegen des Mangels bei der Annahme vorbehält.

E. I, 386; II, 401; III, 458.

1. Den grundsätzlichen Standpunkt, von welchem das B.G.B. im § 464 ausgeht, bringen die Mot. zu § 386 des im Wesentlichen gleichlautenden E. I mit folgenden Worten zum Ausdrucke:

„Wenn der Empfänger eine ihm zum Zwecke der Erfüllung angebotene Sache von mangelhafter Beschaffenheit ohne Vorbehalt annimmt, obschon er von den Mängeln unterrichtet ist, so kann in einem solchen Verhalten nur der Verzicht auf Wandelung oder Minderung, bezw. auf Schadensersatz (jetzt §§ 462, 463) gefunden werden. Diese Mängel später noch geltend zu machen, würde gegen Treue und Glauben verstoßen. Das Interesse des Verkehrs erheischt, für den gedachten Fall die nachträgliche Verfolgung jener Rechte positiv auszuschließen.

2. Voraussetzung der Anwendbarkeit des § 464 ist von vorneherein, daß zur Zeit der Annahme der Kaufssache ein nach den sonstigen Rechtsnormen vom Verkäufer zu vertretender Mangel im weiteren Sinne (vgl. S. 202) besteht. Zur Entlastung des Verkäufers von seiner Gewährleistungspflicht müssen dann aber noch zwei weitere verbundene Erfordernisse vorliegen, nämlich:

a) daß der Käufer bei der Annahme den Mangel kennt, und

b) daß er die Annahme vollzieht, ohne sich seine Rechte wegen des Mangels vorzubehalten.

3. Woher oder wodurch der Käufer seine Kenntniß des Mangels erlangt hatte, ist hier gleichgültig. (M. II, 229.)

Das sog. Kennenmüssen, die Seitens des Käufers verschuldete Unkenntniß, ist im § 464 dem wirklichen Kennen nicht gleichgestellt. (M. II, 206.)

Im Allgemeinen legt auch das Bürgerliche Gesetzbuch für seinen Bereich dem Käufer keine Verpflichtung auf, die Kaufssache vor oder nach der Annahme zu untersuchen und von dem Befund eines Mangels dem Verkäufer förmliche Anzeige zu erstatten. (M. II, 230; P. I, 690; Planck, S. 250; Oertmann, S. 189.) Anders beim Handelskaufe nach H.G.B. § 377, sowie in zeitlich modifizirter Weise auch nach B.G.B. § 485 beim sog. Viehkaufe.

Daß eine solche Prüfungs- und Anzeigepflicht auch durch besondere Vereinbarung begründet werden kann, ist nach der dispositiven Natur der Vorschrift des § 464 selbstverständlich.

Die wirklich bethätigte Anzeige hat übrigens doch gewisse gesetzliche Vortheile nach B.G.B. § 478, 479.

4. Der Beweis, daß der Käufer den Mangel zu bestimmter Zeit gekannt und die Sache angenommen hat, liegt dem Verkäufer, der Beweis des nach der Annahme geltend gemachten Mangels (vgl. B.G.B. § 363) sowie des erforderlichen Vorbehalts der Rechte dem Käufer ob.

Ueber Beweisaufnahme zur Sicherung des Beweises vgl. C.P.O. n. F. §§ 485 fg., insbesondere § 488.

5. Annahme. Der Begriff steht hier im gleichen Sinne, wie im § 363 B.G.B. Verschieden sind die Ansichten darüber, ob bei Grundstücken eine Annahme gemäß § 464 schon durch die angenommene sachliche Uebergabe erschöpft oder nur durch die entgegengenommene Auflassung begründet wird. Eine Mittelmeinung (Oertmann, S. 189) geht dahin, daß jeder von jenen Rechtsakten den Begriff der „Annahme" gegeben erscheinen läßt, welcher von Beiden eben gerade der Erste ist. Dem kann beigestimmt werden.

6. Der Vorbehalt muß eingelegt werden bei der Annahme, also nicht erst hinterher, und zwar gegenüber dem Verkäufer (d. h. nicht gerade vor demselben; vgl. § 130 B.G.B.) oder dessen zum Empfange der Willensäußerung legitimirten Stellvertreter (Oertmann, S. 189). Gewöhnlichen Dienstleuten, welchen die Ablieferung des Kaufsgegenstands lediglich als rein körperliche Hantbirung obliegt, fehlt eine solche Legitimation wohl regelmäßig.

7. Eine bestimmte Form ist für den Vorbehalt nicht vorgeschrieben. Letzterer kann ausdrücklich als solcher (mündlich wie schriftlich) ausgesprochen, mit gleichbedeutenden Worten eingelegt und (Oertmann, S. 189) selbst durch konkludente Handlungen zum Ausdrucke gebracht werden. Nur müssen solche konkludente Handlungen von der Art sein, daß sie an der Absicht, Vorbehalt einzulegen, keinen Zweifel bestehen lassen.

8. Spätere Entdeckung des Mangels. Nachdem § 464 für den danach anzunehmenden Verzicht des Käufers (s. oben S. 209) wortklar voraussetzt, daß der Käufer den Mangel der Kaufssache schon bei deren Annahme kannte, so wird man die im § 464 enthaltene gesetzliche Verzichtsaufstellung nicht auch auf den Fall beziehen dürfen, wenn der Käufer den Mangel erst nach Annahme der Sache entdeckt und nicht nachträglich noch Rechtsvorbehalt eingelegt hat. Oertmann, S. 189, ist unter Hinweisung auf Laband, civ. Archiv Bd. 74 S. 35 fg., offenbar geneigt, auch letzteren Fall unter den § 464 zu stellen. Das verbietet aber von vorneherein schon dieses Paragraphen Wortlaut und seine singuläre präjudizirliche Natur. Wenn man von der Nichtsubsumtion jenes Falles unter den § 464 „bedenkliche Konsequenzen" befürchtet, so ließe sich das Gleiche auch vom Gegentheile behaupten. Wo wäre z. B. ein gesetzlicher Anhaltspunkt dafür, wie bald der Käufer seinen nachträglichen Vorbehalt einlegen müßte, wie lange er zuwarten dürfte? Und wie ginge eine solche Sonderfrist für nachträgliche Vorbehaltseinlegung zusammen mit den Verjährungsbestimmungen des § 477? Freilich kann auch bei nachträglicher Entdeckung eines Mangels durch den Käufer ein Verzicht desselben auf seine bezüglichen Rechtsbehelfe, insbesondere auf die Wandelungsklage, vorkommen und zur Entlastung des

Verkäufers dienen. Aber ein Fall des § 464 ist dies nicht. Das Vorkommniß liegt außerhalb seines Bereichs. Der Verzicht kann daher nicht gesetzlich wegen fehlenden Rechtsvorbehalts unterstellt, in gewissem Sinne fingirt (Schollmeyer, Einzelne Schuldverh. S. 15) werden, sondern muß aus besonderen anderen Thatsachen hervorgehen und — darin liegt ein Hauptunterschied — von dem sich darauf berufenden Verkäufer auch bewiesen werden.

Die Frage, ob und inwieweit ein derartiger Verzicht schon aus der Thatsache eines ferneren vorbehaltlosen Gebrauchs der Sache gefolgert werden kann oder muß, ist auch durch Oertmann, S. 189, nicht völlig klargestellt. Man wird sie überhaupt nur nach den Umständen des Einzelfalles beurtheilen können. Näher gerückt erscheint jene Verzichtsannahme schon dann, wenn der Käufer nach Entdeckung des Mangels noch ohne Rechtsvorbehalt über die Sache verfügt, in Sonderheit dieselbe verbraucht. Uebrigens können auch hier Umstände vorliegen, welche die Verzichtsannahme ausschließen, namentlich wenn und weil etwa der Käufer bei seinen Verfügungen nur dem Drange einer zeitlichen oder örtlichen Nothwendigkeit gefolgt ist. Oertmann, S. 189 fg., führt in dieser Hinsicht Beispiele an: Dringlichen Verbrauch minderwerthiger Weine, Medikamente u. s. w.

§ 465.

Die Wandelung oder die Minderung ist vollzogen, wenn sich der Verkäufer auf Verlangen des Käufers mit ihr einverstanden erklärt.

E. I, 384; II, 402; III, 459.

1. Vollziehung der sog. ädilicischen Rechtsbehelfe. Nachdem das B.G.B. in den §§ 459—464 die Zulässigkeit von Wandelung oder Minderung behandelt hat, schreitet es mit dem § 465 vor zu den Rechtsnormen über die Geltendmachung der bezüglichen Rechtsbehelfe. In dieser Hinsicht muß an der Spitze der Satz betont werden, daß diese Geltendmachung ein Recht, nicht aber eine Pflicht des Käufers ist. Dieser kann trotz des Mangels an der Kaufssache den Kaufvertrag gleichwohl gelten lassen und (außergerichtlich wie gerichtlich) zur Erfüllung bringen, wenn es ihm aus rechtlichen oder wirthschaftlichen Gründen zusagt. Jene sog. ädilicischen Rechtsbehelfe gelten darum an sich auch nur für den Käufer und begründen zunächst keine Ansprüche des Verkäufers. Erst dann kommen auf Seite des Letzteren neuerwachsene Ansprüche zur Geltung, wenn nach § 465 die Wandelung oder Minderung „vollzogen" ist. In diesem Worte liegt an dieser Stelle ein eigenartiger Begriff. Durch die „Vollziehung der Wandelung oder Minderung" im Sinne des § 465 wird rechtlich festgestellt, daß Wandelung oder daß Minderung eintritt. „Die Vollziehung der Wandelung ist also — sagt Schollmeyer, Einzelne Schuldverhältnisse S. 16 fg., sehr treffend — nichts Anderes, als das beiderseitige Einverständniß von Käufer und Verkäufer darüber, daß gewandelt werden soll." E. I § 384 mit § 208, 209 hatte, zunächst dabei das käuferische Wahlrecht ins Auge fassend, jene Feststellung schon an eine einseitige, gegenüber dem Verkäufer abgegebene Erklärung des Käufers knüpfen wollen. Die II. Komm. (P. I, 709) verlangte dagegen hiezu auch das Einverständniß des Verkäufers und so entwickelte sich der in das Gesetz übergegangene Standpunkt, daß die sog. „Vollziehung" in einem neuen Uebereinkommen zwischen beiden Theilen beruht (vgl. Windscheid-Kipp, Pand. II S. 656 fg.). Sie erfolgt vor allem nur auf Verlangen des Käufers. Dessen Begehren enthält zweifellos einen neuen Vertragsantrag, auf welchen in Bezug auf Gebundenheit, Ablehnung, Annahme und Widerruf die §§ 145 fg. B.G.B. anwendbar sind. (Vgl. P. I, 709 fg. Annähernd so auch Planck, S. 250.) Erklärt der Verkäufer daraufhin sein Einverständniß, so ist der vom Käufer gewählte und geltend gemachte Anspruch vollzogen.

Bei dem Minderungsanspruche besteht das gesetzlich erforderte Einverständniß natürlich erst dann, wenn die Parteien auch über den Umfang der Herabsetzung des Kaufpreises einig sind.

Eine besondere Form ist für das Verlangen des Käufers, wie für die Einverständnißerklärung des Verkäufers gesetzlich nicht vorgeschrieben.

2. Prozeßführung. Das B.G.B. legt im § 405 als Normalfall offensichtlich denjenigen zu Grund, in welchem ein Einverständniß zwischen Verkäufer und Käufer wirklich erzielt wird. Recht häufig wird dies nicht der Fall sein. Dann ist der Käufer eben auf den Rechtsweg verwiesen, den er mit der Wandelungs- oder Minderungsklage betritt. Das auf eine solche Klage ergehende, auf Wandelung oder Minderung rechtskräftig erkennende Urtheil vertritt dann die Stelle der im § 465 erwähnten Einwilligungserklärung des Verkäufers. (Ebenso Oertmann, S. 191; vgl. P. I, 709 fg.) Dadurch, daß vorher die außergerichtliche Erzielung eines Einverständnisses fruchtlos versucht worden ist, ist übrigens die Klagestellung nicht bedingt.

3. Wahlrecht. Die dem Käufer gesetzlich vergönnte Berechtigung zur Wahl zwischen Wandelungs- und Minderungsanspruch besteht bis zur „Vollziehung", d. h. bis zu dem in § 405 bestimmten Zeitpunkte der Erzielung des Einverständnisses der Parteien (P. I, 709). Bis dahin kann auch der Käufer den einen schon geltend gemachten Anspruch wieder fallen lassen und den anderen dafür erheben (jus variandi). Es gilt dies ohne Unterschied, ob der Käufer zuerst Wandelung oder zuerst Minderung beansprucht hat (P. I. 709). Von jenem Zeitpunkt ab ist dagegen dieses Wahl- und Substituirungsrecht erloschen. Das Uebereinkommen auf die Vollziehung des einen Anspruchs schließt fortab den anderen aus (M. II, 228). Dies gilt selbstverständlich auch gegenüber der Schadensersatzforderung nach § 463. (Ebenso Planck, S. 251.) Das Wahlrecht besteht natürlich auch für die Erhebung der Wandelungs- oder Minderungsklage. Es besteht ferner sachlich auch nach der Erhebung der Klage fort, bis das Urtheil rechtskräftige Entscheidung gebracht hat. Man wird selbst annehmen müssen, daß sachlich, aus civilrechtlichem Gesichtspunkte, noch bis zur Entscheidung der eine Klageanspruch dem anderen substituirt werden könnte. Denn Besonderheiten sind in diesen Punkten vom B.G.B. für den Fall der gerichtlichen Verfolgung der fraglichen Ansprüche nicht vorgesehen. Eine andere Frage ist aber die, wie weit solche Modifikationen des ursprünglich klagbar erhobenen Anspruchs prozessual zulässig sind? Diese Frage ist nach der Civilprozeßordnung zu beantworten, wobei insbesondere die Grundsätze über Aenderung und Zurücknahme der Klage in Betracht kommen (C.P.O. n. Nr. §§ 264, 268 fg., 271 Abs. 1). Unbenommen ist es auch dem beklagten Verkäufer, noch während des Prozesses alle weiteren Eventualitäten dadurch abzuschneiden, daß er nachträglich nach § 465 B.G.B. sein Einverständniß mit dem geltend gemachten Anspruche, dessen „Verlangen" schon in der Erhebung und Fortdauer des Prozesses liegt, erklärt. Dieser ist damit wiederum sofort „vollzogen".

4. Die anderweitigen sachlichen Wirkungen, welche sich aus der Anspruchsvollziehung ergeben, sind bei § 467 näher dargelegt.

§ 466.

Behauptet der Käufer dem Verkäufer gegenüber einen Mangel der Sache, so kann der Verkäufer ihn unter dem Erbieten zur Wandelung und unter Bestimmung einer angemessenen Frist zur Erklärung darüber auffordern, ob er Wandelung verlange. Die Wandelung kann in diesem Falle nur bis zum Ablaufe der Frist verlangt werden.

E. II, 402 Abs. 2; III, 460.

1. In Gestalt des § 466 liegt ein Schutzmittel für den Verkäufer vor (wie es in ähnlicher Gestalt im B.G.B. auch nach anderen Gesetzesstellen vorkommt. (S. z. B. § 634 beim Werkvertrage). Wenn auch nach § 477 B.G.B. für die Ansprüche nach §§ 462, 463 eine kurze Verjährungsfrist vorgesehen ist, so kann doch schon diese unter Umständen zu lang sein, um den sich ergebenden Schwebezustand für den Verkäufer erträglich erscheinen zu lassen. Es kommt dabei namentlich in Betracht, daß der Verkäufer dabei einem Verlust oder einer Verdunkelung von Beweismitteln ausgesetzt, wie auch etwaigen an das Wahlrecht des Käufers sich anknüpfenden Spekulationen desselben preisgegeben sein kann (Schollmeyer a. a. O. S. 16; Oertmann, S. 191).

Das Gesetz ertheilt daher dem Verkäufer in § 466 eine Art von Provokationsrecht, geltend zu machen in Gestalt der Vorsetzung einer Ausschließungsfrist zur Erklärung des Käufers darüber, ob er Wandelung verlange. (Von Minderung ist hier nicht die Rede.)

2. Voraussetzung der Fristbestimmung durch den Verkäufer ist vor Allem:

a) daß der Käufer dem Verkäufer gegenüber einen Mangel der Sache bereits behauptet hat und daß ebendeßhalb
b) der Verkäufer sich sofort zur Wandelung selbst erbietet.

3. Formelle Erfordernisse sind weiterhin:

a) die Aufforderung zu der in § 406 vorgesehenen Erklärung, sowie
b) die Angemessenheit der vorgesetzten Frist. Diese muß den Umständen des Falles, den Aufenthaltsverhältnissen der Betheiligten und anderen billigen Rücksichten für beide Theile Rechnung tragen. Die schließliche Beurtheilung dessen liegt erforderlichen Falles im Ermessen des Richters.

4. Erklärt auf jene Aufforderung hin der Käufer innerhalb der Frist, daß er in der That Wandelung begehre, so liegt, da ja schon ein Erbieten dazu Seitens des Verkäufers vorausgegangen sein muß, Einverständniß im Sinne des § 465 vor. Damit ist wiederum die Wandelung vollzogen. Verneint der Käufer die Frage oder gibt er innerhalb der ihm gesetzten angemessenen Frist gar keine Erklärung ab, so ist wenigstens die Wandelung vom Ablaufe der Frist an ausgeschlossen und der Käufer auf seine sonstigen Rechtszuständigkeiten beschränkt. (So Planck, S. 251.) Ein Minderungsanspruch insbesondere ist nicht ausgeschlossen. (Ebenso Oertmann, S. 191. Anders Schollmeyer, S. 17, aber ohne zutreffende Begründung.)

§ 467.

Auf die Wandelung finden die für das vertragsmäßige Rücktrittsrecht geltenden Vorschriften der §§ 346 bis 348, 350 bis 354, 356 entsprechende Anwendung; im Falle des § 352 ist jedoch die Wandelung nicht ausgeschlossen, wenn der Mangel sich erst bei der Umgestaltung der Sache gezeigt hat. Der Verkäufer hat dem Käufer auch die Vertragskosten zu ersetzen.

E. I, 387; II, 403; III, 461.

I. Wirkungen der vollzogenen Wandelung im Grundsatze. Mit dem nur auf die Wandelung allein sich beziehenden § 467 betritt das B.G.B. in der Stufenreihe: Begründung — Beanspruchung — Vollziehung — Durchführung der Wandelung die letzte Stelle. Der schon aus dem § 462 sich ergebende, leitende Grundgedanke ist in diesem Punkte: Rückgängigmachung des Kaufes in zunächst obligatorischer und folgeweise, wenn bereits dingliche Rechtsfolgen eingetreten sind, auch dinglicher Richtung. Hieraus folgt:

1. Ist der Kaufvertrag noch von keiner Seite erfüllt, so wird einfach das bestandene Rechtsverhältniß des Kaufes mit seinen Rechten und Pflichten für beide Theile durch die Wandelung aufgehoben.

2. Hat von einem der Theile oder von beiden Theilen eine Leistung mit der Kaufssache oder am Kaufpreise stattgefunden, so hat im Grundsatze zufolge der Wandelung einerseits Rückerstattung des Kaufpreises und andererseits Rückgewähr der Kaufssache einzutreten. Jeder Theil soll vom andern Theile wieder in die Lage versetzt werden, wie wenn der Kauf überhaupt nicht abgeschlossen worden wäre. Zu diesem letzteren Zwecke haben auch die erforderlichen dinglich wirkenden Rechtsakte, insbesondere Rückübertragung des Eigenthums durch Uebergabe der Sache, bezw. Rückauflassung zu erfolgen. Zur Geltendmachung von etwaigem Ersatze des Schadens, welcher dem Käufer durch die Mangelhaftigkeit der Sache zuging, ist die Wandelungsklage als solche nicht geeigenschaftet. (Oertmann, S. 193; Planck, S. 252. Darin liegt eine Abweichung des B.G.B. von der neueren Doktrin des gemeinen Rechtes und dem sächsischen G.B. § 913.)

Bei der Ausgestaltung des Verhältnisses im Einzelnen schließt sich das B.G.B. in § 467 enge an die Rechtsnormen über die Ausübung eines (in den bezeichneten Stellen einseitigen) Rücktrittsrechtes an durch Rückverweisung auf zahlreiche, aber nicht alle, der bezüglichen Paragraphen. Hiedurch werden vor Allem noch:

II. Fälle geschaffen, in denen das Wandelungsrecht des Käufers mit Rücksicht auf Anstände, welche sich bei der Rückgewähr ergeben würden, überhaupt ausgeschlossen ist.

1. Während nach § 350 B.G.B. der Anspruch des Käufers auf Wandelung dadurch nicht ausgeschlossen wird, daß die Kaufssache durch Zufall untergegangen ist, kommt nach § 350 jener Wandelungsanspruch in Wegfall, wenn der Käufer vor Vollziehung der Wandelung (§ 405) „eine wesentliche Verschlechterung, den Untergang oder die anderweitige Unmöglichkeit der Herausgabe des empfangenen Gegenstandes verschuldet hat". (Vgl. M. II, 231.) Hiebei steht nach § 351:

a) der Untergang eines erheblichen Theils einer wesentlichen Verschlechterung der Sache, sowie
b) das vom Käufer nach § 278 zu vertretende Verschulden eines Anderen dem eigenen Verschulden des Käufers gleich.

2. Das Wandelungsrecht ist nach § 352 weiter ausgeschlossen, wenn der Käufer die empfangene Sache durch Verarbeitung oder Umbildung in eine Sache anderer Art umgestaltet hat (vgl. § 950). In diesem Punkte fügt jedoch § 467 im Vergleiche mit § 352

eine Einschränkung bei. Die Wandelung ist nämlich nicht ausgeschlossen, wenn der Mangel sich erst bei der Umgestaltung der Sache gezeigt hat.

3. Hat der Käufer die Kaufssache oder einen erheblichen Theil derselben veräußert oder mit dem Rechte eines Dritten belastet, so ist Ersterem ebenfalls die Wandelung versagt, wenn bei demjenigen, welcher den Gegenstand in Folge der Verfügung erlangt hat, die Voraussetzungen des § 351 oder § 352 (vgl. vorstehende Nr. 1 u. 2) eingetreten sind. Einer Verfügung des Käufers selbst steht eine Verfügung gleich, die im Wege der Zwangsvollstreckung oder der Arrestvollziehung oder durch den Konkursverwalter erfolgt (§ 353).

III. Als Einzelheiten für die Rückversetzung der Sach- und Rechtslage in den Stand, wie wenn der Kauf nicht geschlossen worden wäre, sind besonders folgende Punkte namhaft zu machen:

A. Auf Seite des Käufers:

1. Der Käufer hat im Grundsatze, wie schon erwähnt, die empfangene Sache zurückzugewähren (§ 346), ist aber von dieser Pflicht durch nach dem Empfange der Sache eingetretenen zufälligen Untergang der Sache befreit, unbeschadet seines Rechtes, seinen Wandelungsanspruch gleichwohl geltend zu machen (vgl. § 350 und oben II Nr. 1).

2. Hat eine Umgestaltung der Sache unter Umständen stattgefunden, welche eine Wandelung nicht ausschließen, so hat ebenfalls Rückgewähr der Sache und zwar in umgewandelter Gestalt einzutreten (M. II, 231. S. auch Oertmann, S. 193, welcher auch den Gesichtspunkt ungerechtfertigter Bereicherung heranzieht). Sagt letzteres dem Käufer nicht zu, so kann und muß er das Wandelungsbegehren eben bleiben und sich mit dem Minderungsanspruche genügen lassen. Was im Falle einer Herausgabe der Sache trotz geschehener Umgestaltung die Spezifikationskosten betrifft, so sprechen M. II, 232 dem rückgewährenden Käufer unbedingt einen deßfallsigen Ersatzanspruch gegen den Verkäufer zu. Dagegen wenden sich mit Recht Planck, S. 252, und danach auch Oertmann, S. 193, welche einen solchen Kostenerstattungsanspruch nur aus dem Gesichtspunkte stattgehabter Verwendung einräumen. (Vgl. übrigens auch nachher Nr. III, B, 3.)

3. Hat der Käufer:

a) vor Vollziehung der Wandelung eine unwesentliche Verschlechterung der Kaufssache (wegen des Gegensatzes vgl. § 351, sowie oben Nr. II, 1) oder

b) nach der Vollziehung der Wandelung überhaupt eine Verschlechterung oder den Untergang der Sache oder eine anderweitige Unmöglichkeit der Rückgewähr selbst verschuldet, so ist er für den daraus entstandenen Schaden dem Verkäufer ersatzpflichtig. (Vgl. B.G.B. §§ 347, 387; Planck, S. 252.)

4. Ersatz zu leisten ist vom Käufer auch für die von ihm inzwischen gezogenen oder schuldhaft (vgl. B.G.B. § 987) nicht gezogenen Nutzungen (§ 347 Satz 2). Zu bemerken ist noch, daß Schollmeyer, Einzelne Schuldverhältnisse S. 17, nach Vollzug der Wandelung dem Verkäufer keine selbständige Klage auf Durchführung der Wandelung, sondern nur das Recht einer Fristbestimmung nach § 354 geben will. Für diese Einschränkung besteht im Gesetze kein genügender Anhaltspunkt. Dagegen sind auch Oertmann, S. 192; Planck, S. 252.

B. Auf Seite des Verkäufers:

Dieser ist verpflichtet:

1. den Kaufpreis zurückzuzahlen und vom Empfange an in dem gesetzlichen Maße mit 4 vom Hundert zu verzinsen;

2. etwaige auf den Kaufpreis in Anrechnung gekommene Dienstleistungen nach § 346 Satz 2 zu vergüten;

3. die vom Käufer auf die Sache gemachten nothwendigen Verwendungen nach Maßgabe des § 994 und der Grundsätze über die Geschäftsführung ohne Auftrag zu ersetzen (§ 347);

4. die im § 467 erwähnten Vertragskosten dem Käufer zu ersetzen, natürlich wenn und soweit sie von diesem bestritten worden waren (vgl. sächsisches G.B. § 913).

IV. Die Verpflichtungen beider Theile in Bezug auf Rückgewähr sind Zug um Zug zu erfüllen gemäß B.G.B. § 348 mit §§ 320, 322. Anderweitige Verabredungen der Parteien bleiben natürlich vorbehalten.

V. Für den Ort, an welchem die Rückerstattung zu erfolgen hat, bestehen im B.G.B. keine Sondervorschriften. Es kommen daher in dieser Hinsicht die allgemeinen gesetzlichen Vorschriften in Anwendbarkeit.

VI. Sind bei einem Kaufvertrag auf der einen oder anderen Seite Mehrere (sei es als ursprüngliche Kontrahenten oder als Rechtsnachfolger eines solchen) betheiligt, so kann nach § 356 die Wandelung nur von Allen und gegen Alle ausgeübt werden. Erlischt der Wandelungsanspruch für einen der Berechtigten, so erlischt er auch für die Anderen. Einen anderen Grundsatz spricht B.G.B. § 474 in Bezug auf die Minderung aus. (S. dort.) Es läßt letztere für Jeden und gegen Jeden zu. Hat demzufolge nur Einer die Minderung vollzogen, so wird doch nach § 474 Abs. 2 die Wandelung auch für die Anderen als ausgeschlossen zu erachten sein. (So auch Oertmann, S. 193.)

VII. Bei Verzug des Käufers in der Rückgewährung kann (muß aber nicht) Seitens des Verkäufers die im § 354 B.G.B. vorgesehene Aufforderung mit Fristbestimmung und den dortselbst geregelten Wirkungen erfolgen. Durch Fristversäumniß wird die Wandelung wirkungslos und kann auch nicht wiederholt werden. Ob danach auch nachträgliche Minderung ausgeschlossen bleibt? Ausdrückliche Bestimmung darüber fehlt. Planck, S. 253, läßt in solchem Falle den Minderungsanspruch wieder aufleben. Auch Oertmann, S. 193, neigt sich dieser Ansicht zu, nicht mit Unrecht.

VIII. Die von Planck, S. 253, noch besprochene Frage, ob der Anspruch auf Wandelung und auf Rückgewähr nach vollzogener Wandelung in einer Klage verbunden werden kann, ist civilprozessualer Natur und gehört daher eigentlich nicht hieher. Die Frage wird dortselbst bejaht.

§ 468.

Sichert der Verkäufer eines Grundstücks dem Käufer eine bestimmte Größe des Grundstücks zu, so haftet er für die Größe wie für eine zugesicherte Eigenschaft. Der Käufer kann jedoch wegen Mangels der zugesicherten Größe Wandelung nur verlangen, wenn der Mangel so erheblich ist, daß die Erfüllung des Vertrags für den Käufer kein Interesse hat.

E. I, 388; II, 404; III, 463.

1. Die Bestimmung des § 468 hat einen doppelten Zweck. Sie soll vor Allem

a) entscheiden, „in welcher Weise Abmängel an der Größe (am Maße) eines Grundstücks vertreten werden müssen" (M. II, 232),

dann aber auch

b) in dem Umfange der bezüglichen Gewährschaftspflicht eine gewisse ausnahmsweise Einschränkung gegenüber der Regel des § 459 Abs. 2 begründen.

2. Nur auf Grundstücke bezieht sich obige Gesetzesstelle. Ueber die Pflicht zur Vertretung bestimmter Quantitätsverhältnisse bei beweglichen Kaufssachen hat das B.G.B. keine Sondervorschriften erlassen. In dieser Hinsicht bleibt es daher ganz bei den einschlägigen allgemeinen Bestimmungen, insbesondere auch bei denen des § 459 Abs. 1 u. 2. Ob ein Fall des Abs. 1 oder ein solcher des Abs. 2 gegeben ist, also ob in Gestalt eines Quantitätabganges (nach Maß oder Gewicht u. s. w.) ein Fehler im Sinne des § 459 Abs. 1 oder der Mangel einer zugesicherten Eigenschaft zu erblicken sei, muß bei beweglichen Sachen nach den Umständen des Einzelfalles bemessen werden (M. II, 233). Bei Grundstücken wird dies durch den § 468 rechtlich ins Klare gestellt.

3. Eine Angabe des Flächeninhalts von Grundstücken kommt namentlich in den Urkunden über Verkäufe 2c. von solchen in doppelter Art vor, nämlich:

a) lediglich zum Zwecke katastermäßiger näherer Bezeichnung behufs Identitätsfeststellung (z. B. Plan Nr. 436 Wiese 0,35 ha), oder auch

b) zum Zwecke der Feststellung einer Vertragsmodalität, zufolge deren gerade eine bestimmte Flächengröße verkauft wird (z. B. 100 qm).

Im ersteren Falle ist die Angabe des Flächeninhalts für sich allein von vorneherein nicht dazu angethan, dem Verkäufer eine aus sonstigen Gründen nicht bestehende Mängelhaftung aufzuerlegen. Im zweiten Falle kann beim Fehlen am Flächenmaße die Haftung des Verkäufers für den Mangel in Frage kommen. (Vgl. auch sächsisches G.B. § 1097, welchem sich schon E. I § 388 angeschlossen hatte.) Ob die Angabe des Flächenmaßes in dem einen oder anderen Sinne aufzufassen sei, ist Thatfrage im einzelnen Falle. Eine bestimmte Vermuthung oder Auslegungsregel für das Eine oder Andere ist im Gesetze nicht aufgestellt, greift also (abweichend vom gemeinen Rechte: Dernburg, Pand. II § 100) auch nicht Platz (M. II, 333). In der bayrischen Notariatspraxis sind Anstände in diesem Punkte meistens dadurch abgeschnitten worden, daß man eine besondere Nebenbestimmung beim Vertrage beurkundete, wonach die Haftung des Verkäufers für die Richtigkeit des angegebenen Flächenmaßes überhaupt ausgeschlossen wurde.

4. Liegt nun der Fall so, daß angenommen werden muß, es sei eine bestimmte Größe des Grundstücks vertragsmäßig zugesichert worden, so tritt nach § 468 die Haftung

des Verkäufers dafür ein und zwar geradeso, wie für den Mangel einer zugesicherten Eigenschaft (für den Quantitätsmangel wie für einen Qualitätsmangel: Oertmann, S. 194), also im Grundsatz insbesondere nach den Vorschriften der §§ 459 Abs. 2, 462, 463 B.G.B.

5. Der hiedurch begründeten Haftung des Verkäufers steht der Anspruch des Käufers auf Wandelung oder Minderung oder Schadensersatz nach §§ 462, 463 gegenüber. Der Wandelungsanspruch unterliegt aber nach positiver Vorschrift des § 468 einer gewissen Einschränkung.

In den Regelfällen nach § 459 Abs. 2 ist die Haftung des Verkäufers uneingeschränkt nach Art und nach Umfang. Liegt aber ein Mangel an der zugesicherten Größe eines Grundstücks vor, so kann der Rechtsbehelf der Wandelung ausnahmsweise nur dann geltend gemacht werden, wenn der Mangel so erheblich ist, daß die Erfüllung des Vertrags (des Vertrags — nicht gleich: der Sache; Oertmann, S. 194) für den Käufer kein Interesse hat. Entgegengesetzten Falles hat der Käufer unter den Rechtsbehelfen nach §§ 462, 463 nur mehr die Wahl zwischen Minderungs- oder Schadensersatzanspruch.

Der Grund dieser Einschränkung liegt nach M. II, 234 darin, daß die Rückauflösung von Grundstücksverkäufen meist zu großen Weiterungen und Verwicklungen führt.

Ob nun eine Erheblichkeit des Mangels in jenem Sinne vorliegt, bemißt sich natürlich wiederum nach Lage der Verhältnisse im Einzelfalle. Die Beweislast für das Vorhandensein jener gesetzlichen Voraussetzung trifft den Käufer. Das letzte Wort spricht der Richter. In M. II, 234 ist zutreffend darauf hingewiesen, daß wenn auch der Käufer „die genaueste Uebereinstimmung des wirklichen mit dem vertragsmäßig angebenen Flächeninhalte regelmäßig nicht verlangen kann", doch auch Fälle vorkommen, in denen es genau auf das Maß ankommt, wie namentlich beim Verkaufe von Bauplätzen in größeren Städten.

Daß übrigens abgesehen von der eben besprochenen Einschränkung alle anderen Bestimmungen über Mangelhaftung auch im Falle des § 468 B.G.B. zur Anwendung kommen, insbesondere auch die der §§ 460, 464, ist zu allem Ueberfluß in den M. II, 234 eigens betont.

6. In M. II, 234 ist weiterhin auch erörtert, daß das für den Fall des Verkaufs eines Einzelgrundstücks hier Verordnete auch gilt beim Verkauf eines Inbegriffs von Grundstücken. „In einem solchen Falle sind die als ein Ganzes zusammengefaßten Grundstücke für die Anwendung des Gesetzes in der Regel als ein Grundstück anzusehen." Die eben hervorgehobenen Worte beruhigen gegenüber der Doktrin der Motive. Denn die Anwendung des Gesetzes, d. h. des § 468, führt ja zu einer zweckmäßigen und billigen Einschränkung und nicht zur Ausdehnung der Wandelungsklage.

Eine Vorschrift über Abgleichung eines Mindermaßes an einem der Grundstücke gegen ein Mehrmaß an einem anderen (nach Art des Code civil Art. 1623), ist in M. II, 235 abgelehnt. Immerhin ist dortselbst jedoch bemerkt, es stehe nichts im Wege, daß der Richter bei der Preisminderung (§ 472 fg.), wie bei der Erwägung der Frage, ob der Erwerber an der Erfüllung kein Interesse habe, unter Umständen auch bei der Abwägung des Schadensersatzes das über die Zusage hinausgehende höhere Maß der anderen Grundstücke in Anschlag bringt.

§ 469.

Sind von mehreren verkauften Sachen nur einzelne mangelhaft, so kann nur in Ansehung dieser Wandelung verlangt werden, auch wenn ein Gesammtpreis für alle Sachen festgesetzt ist. Sind jedoch die Sachen als zusammengehörend verkauft, so kann jeder Theil verlangen, daß die Wandelung auf alle Sachen erstreckt wird, wenn die mangelhaften Sachen nicht ohne Nachtheil für ihn von den übrigen getrennt werden können.

E. I, 389; II, 406; III, 463.

§ 470.

Die Wandelung wegen eines Mangels der Hauptsache erstreckt sich auch auf die Nebensache. Ist die Nebensache mangelhaft, so kann nur in Ansehung dieser Wandelung verlangt werden.

E. I, 390; II, 406; III, 464.

§ 471.

Findet im Falle des Verkaufs mehrerer Sachen für einen Gesammtpreis die Wandelung nur in Ansehung einzelner Sachen statt, so ist der Gesammtpreis in dem Verhältnisse herabzusetzen, in welchem zur Zeit des Verkaufs der Gesammtwerth der Sachen in mangelfreiem Zustande zu dem Werthe der von der Wandelung nicht betroffenen Sachen gestanden haben würde.

E. I, 391; II, 407; III, 464.

Gemeinsame Bemerkungen zu den §§ 469—471.

In den vorstehenden drei Paragraphen ist in Ansehung der Wandelung noch ein besonderer Punkt behandelt, nämlich die Frage, wie sich die Wandelung, d. h. deren Zulässigkeit und Wirkung gestaltet, wenn mehrere Sachen Gegenstand eines und desselben Kaufvertrags geworden sind und von diesen nur eine oder einzelne mangelbehaftet sind.

I. Zulässigkeit der Wandelung. Das B.G.B. macht hiebei einen Unterschied, je nachdem die mehreren Sachen im Verhältnisse von Haupt- und Nebensache stehen oder nicht. Von ersterem Falle handelt § 470, von letzterem § 469.

1. Zum Falle des § 469. Als Grundsatz spricht hier das Gesetz aus, daß die Wandelung nur je in Ansehung der einzelnen mangelhaften Sache vom Käufer verlangt werden kann. Als Folge ergibt sich daraus zugleich, daß, soweit jener Grundsatz für den Käufer Platz greift, auch der Verkäufer beim Vorhandensein der sonstigen gesetzlichen Voraussetzungen sich die Wandelung in der Beschränkung auf die einzelne mangelhafte Sache gefallen lassen muß. Diese Gestaltung des Wandelungsrechtes tritt im Prinzip ein, gleichviel, ob für die Einzelsachen auch Einzelpreise, oder für Alle insgesammt ein Gesammtpreis festgesetzt wurde. Nach ausdrücklicher Gesetzesvorschrift hindert letzterer Umstand keineswegs die Wandelung in Bezug auf eine einzelne der mehreren Kaufsachen. Im zweiten Falle sieht aber § 469 eine bedeutsame Ausnahme vor, nämlich für den Fall, wenn die mehreren Sachen als zusammengehörend verkauft sind. Wann dies anzunehmen ist, bemißt sich thatsächlich nach den Umständen des Einzelfalles. Liegt aber eine Zusammengehörigkeit im Sinne des § 369 vor, so erhebt sich dieses thatsächliche Moment zur Bedeutung eines Rechtsmoments, insoferne dann auch eine Gesammtwandelung aller zusammengehörenden Einzelsachen in Frage kommen kann. Daß alle Sachen zusammengehören sollen, kann ausdrücklich vereinbart sein. Dann liegt das Verhältniß von vorneherein glatt. Eine solche ausdrückliche Vereinbarung braucht aber nicht nothwendig vorzuliegen. Die Zusammengehörigkeit kann sich auch aus anderen Umständen ergeben.

Die Annahme einer Zusammengehörigkeit in jenem Sinne setzt auch nicht schlechthin voraus, daß eine sog. Gesammtsache (Sachgesammtheit, Inbegriff im dogmatischen Sinne) den Gegenstand des Vertrags bildet oder vollends, daß letzterer als solche Gesammtsache eigens bezeichnet ist, auch nicht, daß für die mehreren Sachen ein Gesammtpreis festgesetzt wurde. Diese Momente können für die Beurtheilung, ob eine Zusammengehörigkeit im Sinne des § 369 vorliegt, mitbestimmend wirken, sind aber nicht von durchaus zwingender Bedeutung (M. II, 235). Das Schwergewicht fällt vielmehr auf den Umstand, ob nach der sich ergebenden Absicht der Kaufsparteien und mit Rücksicht auf ein hervortretendes rechtliches Interesse anzunehmen ist, daß der Vertrag über die mehreren Sachen nur geschlossen wurde, wenn und weil sie sich als Kaufsgegenstand verbinden. Jene zwei Momente, Vertragsabsicht und rechtliches Interesse müssen nach der Darlegung in M. II, 235, welche durch die Schlußworte des § 469 unterstützt und bestätigt wird, zusammentreffen. Als gut bezeichnende Beispiele für eine solche Zusammengehörigkeit führen Fischer-Henle zu § 469 B.G.B. an: den Verkauf eines Viergespanns (als solchen) oder einer aus sich gegenseitig ergänzenden bestimmten Einzelstücken bestehenden Damenschmuckgarnitur.

Liegt nun eine dergestaltete Zusammengehörigkeit der mehreren Kaufssachen vor, so kann wegen eines Mangels in oder an einer Einzelsache Wandelung insgesammt begehrt werden, aber auch nur unter noch einer weiteren Voraussetzung. Diese geht dahin, daß die mangelhafte Sache nicht ohne Nachtheil für denjenigen, welcher die Gesammtwandelung begehrt, von den übrigen getrennt werden könne. Ein solcher Nachtheil kann sowohl darin liegen, daß durch die Trennung z. B. objektiv die Brauchbarkeit der Sachen beeinträchtigt würde, als auch darin, daß für den die Gesammtwandelung Begehrenden subjektiv die Verwendbarkeit des Kaufsgegenstands (etwa auf Seite des Käufers zu dem „von ihm" beim Kaufe verfolgten Zwecke, auf Seite des Verkäufers etwa zu anderweitiger Neuverwerthung) herabgesetzt werden würde.

Der Käufer ist übrigens nicht gezwungen, selbst sofort Anspruch auf Gesammtwandelung zu erheben. Er kann es auch seinerseits beim Begehren einer Einzelwandelung bewenden lassen (vgl. E. I § 389). Dann aber kann auch der Verkäufer verlangen, daß eine Gesammtwandelung stattfinde. Liegt hiefür die entsprechende Voraussetzung vor, d. h. abgesehen von der Zusammengehörigkeit auch noch der gesetzlich erforderte Nachtheil der Trennung in seiner Person, so wäre der Käufer mit seinem Begehren der Einzelwandelung abzuweisen. (In diesem Sinne auch Planck, II S. 254; Oertmann, S. 195.)

Die Beweislast folgt den allgemeinen Regeln. Wer sich auf das Vorhandensein einer Voraussetzung für die ausnahmsweise Gesammtwandelung beruft, hat ersteres auch zu beweisen.

2. Zum Falle des § 470. Liegt das Verhältniß in der Art, daß von den verkauften mehreren Sachen eine als Hauptsache, eine andere als Nebensache anzusehen ist, so greift die, übrigens nur dispositive, Gesetzesvorschrift des § 470 ein, wonach

a) die Wandelung wegen eines Mangels der Hauptsache sich stets auch auf die Nebensache erstreckt, und umgekehrt

b) bei einem Mangel der Nebensache nur in Ansehung dieser die Wandelung verlangt werden kann.

Aus der Fassung des ersten Satzes des § 470 ergibt sich dabei, daß nicht bloß käuferischerseits bei Wandelung in Ansehung der Hauptsache auch solche für die Nebensache verlangt werden kann, sondern daß diese „Erstreckung" nach Gesetzesvorschrift, wenn nicht zwischen den Parteien Anderes frei vereinbart wird, von selbst eintritt, sohin auch vom Verkäufer begehrt werden kann.

Was hier als Haupt- und Nebensache anzusehen ist, wird im Gesetze weder definirt noch auch nur angedeutet (der Begriff: „Hauptsache" findet sich ebenso auch im § 947 Abs. 2 B.G.B.). Es unterliegt daher die Beurtheilung freiem richterlichen Ermessen. Immerhin fragt es sich dann weiter noch, von welchem Standpunkte das richterliche Ermessen auszugehen hat. Fischer-Henle zu § 470 verweist lediglich auf die Verkehrssitte. Daß aber diese nicht allein und schlechthin maßgebend sein kann, betont mit Recht Oertmann, S. 196. Planck, II, 254 betrachtet beispielsweise das Zubehör stets als Nebensache. Gegen die Aufstellung einer solchen starren Regel wendet sich wiederum Oertmann, S. 196. Auch Fischer-Henle zu § 947 Abs. 2 legen der Zubehörseigenschaft keine so weittragende Bedeutung bei. Diese Eigenschaft kann ja immerhin bei freier Beurtheilung der Frage für die Annahme des Begriffes: „Nebensache" von Einfluß sein. Das entscheidende Moment wird aber wohl gewöhnlich in dem Parteiwillen und dem dadurch begründeten Vertragszwecke, sohin weniger in objektiven, als in subjektiven Verhältnissen liegen.

II. Wirkung der Wandelung beim Verkaufe mehrerer Sachen. Keine Besonderheit ergibt sich in dieser Hinsicht, wenn die Wandelung in Ansehung sämmtlicher Kaufssachen vollzogen wird. Dagegen enthält § 470 eine Sondervorschrift für den anderen Fall, daß bei Erstreckung des einen Kaufvertrags auf mehrere Sachen nach § 469 oder § 470 Satz 2 Wandelung nur in Ansehung einzelner Sachen eintritt. Hier bedarf es näherer Normen darüber, wie sich dann die Rechtslage in Ansehung des Kaufpreises gestaltet. Ist dieser für jede Sache einzeln festgesetzt, so versteht es sich nach dem Begriffe der Wandelung von selbst, daß eben der Preis für die konkrete der Wandelung unterstellte Sache nicht gezahlt zu werden braucht, beziehungsweise, wenn schon gezahlt, zurückzuerstatten ist. Wie aber, wenn lediglich ein Gesammtpreis festgesetzt ist? Darauf und nur allein darauf gibt § 471 gesetzlich die Antwort.

In dem letzterwähnten Falle ist der Kaufpreis verhältnißmäßig herabzusetzen und der danach entfallende Betrag nicht zu zahlen, beziehungsweise rückzuvergüten. Der ziffermäßige Umfang der Rückvergütung ergibt sich aber aus dem Verhältnisse, in welchem zur Zeit des Verkaufs der Gesammtwerth der Sachen, wie er sich in mangelfreiem Zustande stellt, zu dem Werthe der von der Wandelung nicht betroffenen Sachen gestanden haben würde.

Zutreffend bezeichnet hienach Oertmann, S. 196, als die drei bekannten Glieder der sich ergebenden Proportion den:

Gesammtpreis (g),

Gesammtwerth aller Sachen in mangelfreiem Stande (g w),

Gesammtwerth der von der Wandelung nicht betroffenen Sachen (m w),

woraus sich dann die Höhe des gesuchten Betrages als das x der Gleichung von selbst findet nach der Formel: $\frac{g}{x} = \frac{gw}{mw}$. Ist also z. B. $g = 10000$, $gw = 8000$, $mw = 2000$, so ergibt sich 8 x = 20000, sohin x = 2500. Aehnliche Formeln s. auch bei Planck, S. 255; Fischer-Henle zu § 470 B.G.B.

§ 472.

Bei der Minderung ist der Kaufpreis in dem Verhältnisse herabzusetzen, in welchem zur Zeit des Verkaufs der Werth der Sache in mangelfreiem Zustande zu dem wirklichen Werthe gestanden haben würde.

Findet im Falle des Verkaufs mehrerer Sachen für einen Gesammtpreis die Minderung nur wegen einzelner Sachen statt, so ist bei der Herabsetzung des Preises der Gesammtwerth aller Sachen zu Grunde zu legen.

E. I, 392; II, 408; III, 466.

1. In ähnlicher Weise wie der vorige § 471 für die dort behandelten besonderen Wandelungsfälle regelt obenstehender § 472 die Preisherabsetzung in Minderungsfällen. Dabei enthält

a) der erste Absatz den allgemeinen Grundsatz für die Bemessung der Preisminderung,
b) der zweite Absatz aber eine Sonderbestimmung für den Fall einer Preisminderung nur in Ansehung einzelner von mehreren um einen Gesammtpreis verkauften Sachen.

Während z. B. der Code civil die Preisminderung lediglich dem Urtheile von Sachverständigen anheimgibt, hat das B.G.B. im § 472 ein festes, sog. relatives, Berechnungsprinzip angenommen nach dem Verhältnisse bestimmter Werthsgrößen zu einander, wie solche eben im § 472 aufgeführt sind. Hiebei ist auch hier stets die Sachlage zur Zeit des Verkaufs zu Grunde zu legen. Demgemäß treffen hier bei der Minderung (anders wie bei der Wandelung) später, d. h. zwischen Kaufsabschluß und Erhebung des Minderungsanspruchs eingetretene, selbst auf Zufall beruhende Verschlechterungen der Sache den Käufer. (Oertmann, S. 197.)

Um denjenigen Betrag, der zufolge jenes verhältnißmäßigen Berechnungsprinzips gefunden wird, mindert sich dann der Anspruch des Verkäufers auf Preiszahlung, beziehungsweise hat Preisreduktion durch Rückzahlung Seitens des Verkäufers einzutreten. „Dieser Anspruch auf Preisminderung ist ein selbständiger und geht deßhalb nicht verloren dadurch, daß der Erwerber die mangelhafte Sache mit noch so großem Gewinne weiter verkauft hat.“ So wörtlich M. II, 276. Der Minderungsanspruch wird ja überhaupt durch Verfügungen des Käufers über die Sache, selbst wenn sie in Kenntniß des Mangels geschahen, nicht beeinflußt.

2. Zu Abs. 1. Auch für die Durchführung dieser Berechnungsart sind schon Formeln aufgestellt. So von Oertmann, S. 197, in folgender Art: Man bezeichne mit p den Kaufpreis, mit mw den zur Zeit des Verkaufs sich ergebenden Werth der Sache in mangelfreiem Zustande, mit ww den wirklichen Werth der Sache im gleichen Zeitpunkte, mit x den gesuchten herabgesetzten Kaufpreis. Ist nun p = 1000; mw = 1200; ww = 900, so ergibt sich x = 750 und zwar nach der Formel: $\frac{1000}{x} = \frac{1200}{900}$, also 9000 = 12 x, somit x = 750. Andere Formeldarstellungen s. bei Planck, II, 255; Fischer-Henle zu § 472.

3. Zu Abs. 2. Dieser entspricht hinsichtlich des behandelten Falles dem Falle des § 471, nur eben hier für die Minderung, statt wie dort für die Wandelung. Auch hier ist vorausgesetzt, daß es sich nur um Minderung einzelner Sachen handelt und ein Gesammtpreis für alle verkauften Sachen festgesetzt ist. Die Proportionsformel ist für die Berechnung der Preisminderung an sich die gleiche, wie im Falle des ersten Absatzes. Die Anwendung der Gleichung modifizirt sich hier nach Abs. 2 nur insoferne, daß als mw und ww der Gesammtwerth einzusetzen ist, den die gekauften Sachen zur Zeit des Verkaufs bei Mangelfreiheit der mangelhaften Sachen gehabt hätten und den sie damals wirklich gehabt haben. (Vgl. auch Oertmann, S. 197; Planck, II S. 255.)

§ 473.

Sind neben dem in Geld festgesetzten Kaufpreise Leistungen bedungen, die nicht vertretbare Sachen zum Gegenstande haben, so sind diese Leistungen in den Fällen der §§ 471, 472 nach dem Werthe zur Zeit des Verkaufs in Geld zu veranschlagen. Die Herabsetzung der Gegenleistung des Käufers erfolgt an dem in Geld festgesetzten Preise; ist dieser geringer als der abzusetzende Betrag, so hat der Verkäufer den überschießenden Betrag dem Käufer zu vergüten.

E. II, 499; III, 462.

1. Zweck der Bestimmung. Die Bemessung des Umfangs der Preisherabsetzung wegen eines Mangels der Kaufssache gestaltet sich etwas schwieriger, wenn der Kaufpreis nicht ausschließlich, wie Regel ist, in Geld, sondern ausnahmsweise außer in Geld auch noch in Nebenleistungen anderer Art bedungen ist. (Vgl. hierüber oben S. 177.) Es gilt dies sowohl für die Fälle des § 471 hinsichtlich der Ausgleichung bei der Wandelung einzelner von mehreren Sachgegenständen des Kaufs, als auch für die Fälle des § 472 hinsichtlich der Preisherabsetzung bei dem erhobenen Minderungsanspruch. Auf diese beiden Fälle bezieht sich die Regelung des § 473, welcher bestimmt:

a) in welcher Weise dabei die nicht in Geld bestehenden Nebenleistungen zu behandeln sind (Satz 1), dann

b) an welcher der verschiedenartigen Leistungen die Herabsetzung zu erfolgen hat.

2. Umfang der Gesetzesvorschrift. Dieselbe spricht zunächst nur von dem Falle, wenn

a) solche Nebenleistungen bedungen sind, welche „nicht vertretbare Sachen zum Gegenstande haben". Sehr mit Recht macht Oertmann, S. 198, darauf aufmerksam, daß dieser Wortlaut nicht völlig klar ist, insoferne das Wort „nicht" sowohl zum Worte „vertretbare", wie zu dem Schlußworte „haben" gezogen werden kann. Der Unterschied ist insoferne von Belang, als bei der ersteren Annahme („nichtvertretbare" Sachen) der Fall, daß als Nebenleistung überhaupt keine Sachen, sondern z. B. Dienste bedungen sind, ganz außer den Bereich der Gesetzesstelle käme, während das Gegentheil der Fall ist, sobald man liest: „Sind Leistungen bedungen, welche vertretbare Sachen nicht zum Gegenstande haben." Mit Recht nimmt Oertmann aus den a. a. O. angeführten Gründen die letztere Lesart an und auch Planck, II S. 255 fg., steht offenbar auf gleichem Standpunkte. Aus P. I, 696 (in der Mitte) ergibt sich übrigens deutlich, daß auch die II. Komm., welche den jetzigen § 473 einstellte, von gleicher Auffassung der verschiedenen Fälle ausging.

b) Handelt es sich also um Nebenleistungen dieser umfänglicheren Art, so findet der ganze § 473 darauf Anwendung. Handelt es sich aber um vertretbare Sachen als Nebenleistung, so kann und muß zwar auch der sich fast ganz von selbst verstehende Inhalt des ersten Satzes des § 473 der Regelung zu Grunde gelegt werden, nicht aber dessen zweiter Satz, der sich offensichtlich nur auf den Fall des ersten Satzes bezieht. (S. nachher Nr. 4.)

3. Art der Regelung, soferne die Nebenleistung in vertretbaren Sachen nicht besteht. In solchem Falle ist zunächst der Werth der Nebenleistung nach freiem Anschlag in Geld zu ermitteln, hiedurch auch der Gesammtpreis in einer Geldsumme festzustellen und auf diese Weise auch klar zu stellen, wie viel die nach § 471 oder § 472 zu vollziehende Preisherabsetzung beträgt. Diese Preisherabsetzung erfolgt dann aber nach Satz 2 nicht an der Nebenleistung, sondern an dem ursprünglich schon in Geld bestimmten Preise. Ist dieser Preis geringer, als der davon abzurechnende Betrag, so ist die Differenz vom Verkäufer zu „vergüten". Damit ist gemeint und gesagt, daß der Verkäufer, wenn der Käufer den Geldbetrag bereits an ihn gezahlt hat, das nach Obigem zu viel Empfangene (neben dem Geldpreise) auch wieder in Geld an den Käufer zurückzuzahlen hat, sowie auch, daß der Verkäufer, falls der Geldtheil des Preises vom Käufer noch nicht gezahlt sein sollte, diese Zahlung überhaupt nicht mehr erhält und noch dazu jene Differenz dem Käufer seinerseits in Geld auszuzahlen hat. Die anderweitige Nebenleistung bleibt unberührt. Ist sie noch nicht geschehen, so kann der Verkäufer deren Bethätigung Zug um Zug gegen seine Minderungsvergütung verlangen (vgl. P. I, 696). Abgelehnt wurde nach P. I, 696, dem Verkäufer das Recht zu geben, seinerseits Wandelung zu verlangen, wenn eine ihn zur Geldleistung nöthigende Minderung beansprucht werde.

4. Art der Regelung bei Nebenleistung vertretbarer Sachen. Schon oben ist angedeutet, daß in diesem Falle zwar ebenfalls der erste, nicht aber der zweite Satz des § 473 Anwendung findet. Was nun aber statt dieses zweiten Satzes? Findet derselbe keine Anwendung, so fällt eben die darin enthaltene Spezialvorschrift weg und dem Käufer bleibt von selbst freie Wahl, ob er die ihm gebührende Preisherabsetzung durch Kürzung am Geldpreise oder an der Nebenleistung verlangen und durchführen will.

In diesem Punkte sind auch Planck, II S. 256, und Oertmann, S. 198, einig. Letzterer aber vertritt dabei die weitere Anschauung, es sei billig, dem Verkäufer, im Falle die Nebenleistung vertretbarer Sachen (außer Geld) an ihn schon geschehen ist, freizustellen, statt Rückvergütung der oben dargestellten Differenz in Geld auch ein nach der Schätzung entsprechendes Quantum der geleisteten vertretbaren Sachen zurückzugeben. Das kann allerdings für ihn billig erscheinen, unter Umständen aber für den Käufer sehr unbillig werden, nämlich besonders dann, wenn Letzterer mit dem zurückzuempfangenden Theilquantum der Fungibilien nichts Entsprechendes mehr anzufangen weiß!

5. Als maßgebender Zeitpunkt für die im § 473 vorgesehene Werthsabschätzung ist in allen einschlägigen Fällen derjenige des Verkaufsabschlusses zu Grunde zu legen.

6. In Anschlag zu bringen ist bei der Abschätzung der Nebenleistung nur deren Werth, nicht aber auch ein dabei noch etwa mitunterlaufendes sonstiges Interesse. (Oertmann, S. 199.)

§ 474.

Sind auf der einen oder der anderen Seite Mehrere betheiligt, so kann von jedem und gegen jeden Minderung verlangt werden.

Mit der Vollziehung der von einem der Käufer verlangten Minderung ist die Wandelung ausgeschlossen.

E. I, 394; II, 410; III, 408.

1. Der Grundsatz, welchen hier der erste Absatz für den Minderungsanspruch aufstellt (vgl. schon sächsisches G.B. § 910), ist absichtlich entgegengesetzt demjenigen, welcher sich für den Wandelungsanspruch aus § 467 mit § 356 Satz 1 ergibt. (M. II, 237.)

2. Der im Abs. 1 sich findende Ausdruck „Mehrere betheiligt" bezieht sich nicht bloß auf den Fall, daß schon von Anfang an Mehrere als Käufer oder Verkäufer am Geschäfte Theil genommen hatten, sondern auch auf den anderen Fall, daß Mehrere als Erben oder andere Gesammtnachfolger an Stelle der ursprünglich Betheiligten getreten sind. (M. II, 237.)

3. Abs. 2 folgt aus § 467 Satz 1 mit § 356 Satz 2 und § 465. Zu betonen ist, daß hier nur von der vollzogenen Minderung die Rede ist (§ 465). Liegt vorerst lediglich die Erhebung eines Minderungsanspruchs vor, so bleibt es auch vorerst bei den allgemeinen Wahlrechtsgrundsätzen (vgl. oben S. 207, sowie auch Bem. zu nächstfolgendem § 475).

§ 475.

Durch die wegen eines Mangels erfolgte Minderung wird das Recht des Käufers, wegen eines anderen Mangels Wandelung oder von neuem Minderung zu verlangen, nicht ausgeschlossen.

E. I, 393; II, 411; III, 469.

1. Grundsätzlicher Standpunkt. Das B.G.B. schließt sich mit dem Inhalte des § 475 im Allgemeinen dem bisherigen gemeinen Rechte und dem sächsischen G.B. § 920 an. Während sich das oben S. 212 Besprochene auf die Frage des Uebergangs von einem Rechtsbehelfe (Wandelung oder Minderung) zum anderen hinsichtlich desselben Mangels bezieht, betrifft § 475 die successive Geltendmachung mehrerer Mängel im Wege des einen oder anderen Rechtsbehelfs oder auch beider.

Daß eine solche successive Geltendmachung von vorneherein nicht ausgeschlossen sein kann, wenn eine Vollziehung (§ 465) der Wandelung oder Minderung überhaupt noch nicht eingetreten ist, erscheint von selbst klar. § 475 stellt aber ausdrücklich noch fest, daß und inwieweit eine successive Geltendmachung auch dann bethätigt werden kann, wenn vorher schon eine Minderung vollzogen und selbst durchgeführt ist. Von dem Falle einer schon vorausgegangenen Wandelung brauchte hier nicht gesprochen zu werden. Denn deren Durchführung schließt ja nach Begriff und Wirkung dieses Rechtsbehelfs eine nochmalige Wandelung oder nachherige Minderung von selbst aus. Vorausgesetzt ist auch bei § 475 die nachträgliche Geltendmachung eines anderen Mangels an derselben

Sache. Läge der andere Mangel an einer anderen mitverkauften Sache vor, so bedürfte es der Sonderbestimmung des § 475 überhaupt nicht.

2. Die successive Geltendmachung des weiteren Mangels stellt § 475 in doppelter Weise anheim, nämlich:

a) als noch weitere Minderung (im Preise), sowie auch
b) als nachträgliches Uebergreifen auf das Begehren der Wandelung.

Der gewährleistungsberechtigte Käufer hat auch darin die Wahl.

3. Nicht erfordert wird — abweichend von E. I, 393 —, daß der Mangel vom Käufer erst nachträglich, d. h. nach Vollzug der ersten Minderung, entdeckt wurde. Planck, II S. 256, sowohl als Oertmann, S. 199, machen aber mit Recht darauf aufmerksam, daß in der Geltendmachung nur eines Mangels von mehreren dem Käufer schon bekannten Mängeln unter Umständen ein Verzicht auf die Geltendmachung des anderen Mangels gefunden werden kann. (Vgl. auch B.G.B. § 242.)

4. Daß bei Durchführung einer gemäß § 475 nachgeholten Wandelung auch eine ausgleichende Mitberücksichtigung der schon vorausgegangenen Preisminderung einzutreten hat, ist selbstverständlich.

Aber auch bei weiterer Preisminderung hat eine Berücksichtigung der schon vorausgegangenen Minderung insoferne zu erfolgen, als bei Berechnung des Umfanges der neuerlichen Preisherabsetzung die schon geschehene mit in Anschlag zu bringen ist. Oertmann, S. 199, sagt: „Bei der aufzustellenden Proportion ist jetzt nicht mehr der Werth der Sache in mangelfreiem Zustande, sondern der Werth unter dem Einflusse nur des ersten abgethanen Mangels gegenüberzustellen demjenigen im jetzigen doppelt mangelhaften Zustande."

5. Der § 475 B.G.B. behandelt nur die civilrechtliche Seite der Frage. Wie sich diese im Prozesse gestaltet, insbesondere inwieweit etwa in der nachträglichen Geltendmachung eines weiteren Anspruchs in demselben schon anhängigen Verfahren eine unstatthafte Klageänderung zu finden sein möchte, ist nach den Prozeßgesetzen zu bemessen. Vgl. C.P.O. §§ 264, 268 fg. n. Nr.

§ 476.

Eine Vereinbarung, durch welche die Verpflichtung des Verkäufers zur Gewährleistung wegen Mängel der Sache erlassen oder beschränkt wird, ist nichtig, wenn der Verkäufer den Mangel arglistig verschweigt.

E. I, 396; II, 412; III, 470.

§ 476 bringt zunächst eine

1. positive Bekräftigung des Prinzips der Vertragsfreiheit auch in Bezug auf die Mängelhaftung zum Ausdruck. Im Grundsatze kann diese Gewährleistungspflicht durch Vertrag sowohl erweitert, als beschränkt und selbst ganz erlassen werden. (Vgl. auch E. I, § 396 und P. I, 701.) Wie in M. II, 238 eigens betont ist, kann auch eine bezügliche Vereinbarung sowohl bei Abschluß des Kaufvertrags, als auch nachher noch und zwar ausdrücklich oder selbst nur stillschweigend getroffen werden. Beigefügt ist aber

2. eine negative Ausnahme durch die dem Inhalte des § 443 entsprechende Bestimmung, wonach eine Vereinbarung, welche dem Verkäufer seine gesetzliche Gewährpflicht nachläßt oder einschränkt, nichtig ist, den Verkäufer also nicht von seiner Haftung befreit, wenn er dem Käufer den bestehenden Mangel arglistig verschwiegen hat. Hiemit ist auch ein förmliches pactum de dolo non praestando der Nichtigkeit überantwortet.

3. Ueber „arglistiges Verschweigen" vgl. oben S. 205. Die Wirkung eines solchen bezieht sich hier sowohl auf das Vorhandensein von Fehlern (§ 459 Abs. 1) als auch auf das Nichtvorhandensein einer zugesicherten Eigenschaft (§ 459 Abs. 2).

4. Wegen der Nichtigkeit vgl. auch B.G.B. §§ 139, 141.

§ 477.

Der Anspruch auf Wandelung oder auf Minderung sowie der Anspruch auf Schadensersatz wegen Mangels einer zugesicherten Eigenschaft verjährt, sofern nicht der Verkäufer den Mangel arglistig verschwiegen hat, bei beweglichen Sachen in sechs Monaten von der Ablieferung, bei Grundstücken in einem Jahre von der Uebergabe an. Die Verjährungsfrist kann durch Vertrag verlängert werden.

Beantragt der Käufer gerichtliche Beweisaufnahme zur Sicherung des Beweises, so wird die Verjährung unterbrochen. Die Unterbrechung dauert bis zur Beendigung des Verfahrens fort. Die Vorschriften des § 211 Abs. 2 und des § 212 finden entsprechende Anwendung.

Die Hemmung oder Unterbrechung der Verjährung eines der im Abs. 1 bezeichneten Ansprüche bewirkt auch die Hemmung oder Unterbrechung der Verjährung der anderen Ansprüche.

E. I, 307; II, 413; III, 471

1. Allgemeiner Standpunkt. Schon im römischen Rechte, wie auch in verschiedenen Partikularrechten (P.L.R. Thl. I Tit. 5 §§ 343 fg.; B.L.R. Thl. IV cap. 3 § 24, 25; sächsisches G.B. § 923; Code civil Art. 1648) waren die sog. aedilicischen Rechtsbehelfe aus praktischen Gründen einer abgekürzten Verjährung unterworfen, wenn auch in verschiedener Weise. Das B.G.B. ist diesem Vorbilde nachgefolgt und zwar deßhalb, „weil die Ermittelung und Feststellung von Qualitätsmängeln nach Verlauf längerer Zeit kaum ausführbar und für den Verkehr die Zulassung des Zurückgreifens auf solche Mängel nach längerer Zeit im höchsten Grade lästig und hemmend ist". (M. II, 238; P. I, 667; D. 63.)

Indem das B.G.B. ebenfalls eine solche zeitliche Einschränkung der durch § 459 Abs. 1 und Abs. 2, sowie durch §§ 462 u. 463 geschaffenen besonderen Rechtsbehelfe vorkehrt, gestaltet es diese Einschränkung als eine eigentliche Verjährung, und nicht als eine Ausschließung (Präklusion), so daß innerhalb der Frist in der Regel auch Klage erhoben werden muß: § 209. (Ueber die Gründe hiefür s. M. II, 238 fg; P. I, 679.) Die dogmatische Grundlage hiefür ist gewonnen worden dadurch, daß in dem B.G.B. jenen Rechtsbehelfen, und zwar auch denen, welche auf Wandelung oder Minderung gerichtet sind, der Charakter eines „Anspruchs" beigelegt wird (M. II, 238 fg; P. I, 671), für welchen dann eben auch die richtige Anspruchsverjährung Platz greift. Liegt aber schon dem allgemeinen Charakter nach eine solche vor, so sind auch im Bereiche des § 477 die allgemeinen Verjährungsvorschriften nach §§ 194 fg. in Anwendung zu bringen, soweit sie nicht nach dem Inhalte der §§ 477, 478, 479 unanwendbar oder abgeändert erscheinen.

2. Gegenstand der Verjährung nach § 477 ist, wie schon angedeutet, der Anspruch auf Wandelung (§ 462), auf Minderung (§ 462), wie auf Schadensersatz (§ 463), und zwar in letzterer Richtung wegen Fehlens einer zugesicherten Eigenschaft, in den ersteren beiden Richtungen sowohl wegen eines Fehlers nach § 459 Abs. 1 als auch wegen Mangels einer zugesicherten Eigenschaft nach § 459 Abs. 2. Unterworfen ist der kurzen Verjährung nach § 477 in Sonderheit der „Anspruch auf" Wandelung oder Minderung, d. h. die Geltendmachung eines dieser Rechtsbehelfe, ehe er im Sinne des § 462 vollzogen ist. Liegt schon Vollziehung vor, so kann nach jener Wortfassung, wie nach dem gesetzgeberischen Grund und der Zweckbestimmung der Gesetzesstelle nur mehr die ordentliche Verjährung in Frage kommen. (S. auch Oertmann, S. 202.) Klar ist es auch nach dem Inhalte des § 477, wie nach der Natur der Rechtsbehelfe, daß der kurzen Verjährung nur die bezeichneten Ansprüche des Käufers unterliegen können, nicht aber Gegenansprüche des Verkäufers, welche erst in Folge der Geltendmachung des käuferischen Anspruchs in Frage kommen, wie z. B. bei der Wandelung der aus der Vollziehung derselben entspringende Anspruch des Verkäufers auf Rückgabe der mangelhaften Sache. Ausgeschlossen ist eigens durch Gesetzesvorschrift die im Interesse des Verkäufers gelegene, kurze Verjährung des § 477 dann, wenn der Verkäufer den Mangel der Sache arglistig verschwiegen hat. Hiedurch kommt zu den schon oben an früheren Stellen besprochenen Rechtsfolgen eines solchen ebenfalls schon (S. 205) gekennzeichneten Vorgangs eine weitere. Das Vorhandensein der Voraussetzung hiefür hat der Käufer zu beweisen.

Uebrigens sei hier eingeschaltet, daß zu diesem Paragraphen in P. I, 705 eigens angedeutet wurde, dem arglistigen Verschweigen stehe auch der Fall gleich, wenn der Verkäufer wider besseres Wissen eine nicht vorhandene Eigenschaft zusichere.

3. Die Verjährungsfrist ist verschieden, je nachdem es sich um eine bewegliche Sache oder um ein Grundstück handelt. Ersteren Falles beträgt sie sechs Monate, letzteren Falles ein Jahr. Wenn hier nur abgestuft ist je nach der Beschaffenheit einer Sache, so ist dies selbstverständlich insoferne, als nach §§ 459, 462,

463 die hier behandelten besonderen Rechtsbehelfe ja überhaupt nur beim Sachkaufe in Frage stehen. Bei Grundstücken kommt es in absichtlicher Abweichung von P.L.R. Thl. I Tit. 5 § 343 (M. II, 239) auch nicht darauf an, ob ein städtisches oder ländliches (landwirthschaftliches) Grundstück in Frage ist. Endlich ist die Frist auch gleich bemessen, mag es sich um Wandelung oder Minderung oder Schadensersatz handeln. (Abweichung z. B. vom P.L.R. Thl. VI cap. 3 §§ 24, 25.)

Abweichend von dem Grundsatze des § 225 Satz 1 können die im § 477 vorgesehenen kurzen Verjährungsfristen durch Vertrag verlängert werden. M. II, 240 sagen: „Die tägliche Erfahrung lehrt, in wie häufigen Fällen, in welchen insbesondere eine rechtzeitige Prüfung der Sache nicht möglich ist, die Verjährungsfrist durch Vertrag in der Form der Bestimmung von mehr oder weniger geräumigen sog. Garantiefristen ausgedehnt wird.“ Dem ist durch Satz 2 Abs. 1 § 477 Rechnung getragen. Dabei ist aber doch in M. II, 241 auch betont, daß es nach den Umständen zu bemessen sei, ob angenommen werden müsse oder dürfe, mit einer solchen längeren Garantiefrist sei auch eine vertragsmäßige Verlängerung der Verjährungsfrist vermeint.

In E. I, § 397 war eigens beigesetzt gewesen: „bis zur ordentlichen Verjährungsfrist“. Im Gesetze fehlen diese Worte und zwar auf Abstrich der II. Komm. Mit Rücksicht hierauf bestehen nunmehr verschiedene Meinungen über die Frage, ob eine vertragsmäßige Fristverlängerung auch über die ordentliche Verjährungsfrist hinaus zulässig sei oder nicht? Planck, II S. 258, bejaht die Frage, Oertmann, S. 202, und Fischer-Henle zu § 477 verneinen sie. Die Verhandlungen der II. Komm. nach P. I, 706 stehen jedenfalls der Planckschen Meinung zur Seite. Immerhin hat Oertmanns Berufung auf den Grundsatz des § 225 auch einen guten Sinn, insoferne man sagen mag, daß nach dem Inhalte des § 477 doch wohl nur eine vertragsmäßige Verlängerung der kurzen Verjährungsfrist des § 477 zugestanden sein kann, nicht aber auch eine vertragsmäßige Verlängerung der ordentlichen Verjährungsfrist, wie sie sich nach der Planckschen Ansicht ergeben würde.

4. Beginn der Verjährung. E. I, § 394 Abs. 2 hatte denselben für alle Fälle auf den Zeitpunkt verlegt, in welchem die Sache an den Erwerber übergeben worden ist. Das Gesetz macht dagegen nach den Beschlüssen der II. Komm. (P. I, 701 fg.) einen Unterschied, je nachdem es sich um eine bewegliche Sache oder um ein Grundstück handelt. Im ersteren Falle ist für den Beginn der Verjährung maßgebend der Zeitpunkt der Ablieferung der beweglichen Sache, im letzteren Falle der Zeitpunkt der Uebergabe des Grundstücks.

a) Hinsichtlich der „Ablieferung“ wurde nach P. I, 702 erwogen:

> „Wenn auch dem Käufer eine Untersuchungspflicht nicht auferlegt worden sei, so empfehle es sich doch, den Beginn der Verjährung an einen Zeitpunkt zu knüpfen, in welchem dem Käufer die Möglichkeit gegeben sei, thatsächlich über die Sache zu verfügen, sie zu untersuchen und etwaige Mängel zu entdecken. Diese Möglichkeit sei mit der Ablieferung gegeben, dagegen nicht in allen Fällen mit der Uebergabe, wobei es sich übrigens von selbst verstehe, daß die Ablieferung an den Käufer in dieser seiner Eigenschaft erfolgt sein müsse und es nicht entscheidend sein könne, wenn der Käufer etwa aus einer sonstigen Veranlassung die Verfügung über die Sache erlangt habe. Ablieferung und Uebergabe würden zwar in der Regel zeitlich zusammenfallen .... beide Momente können aber auch zeitlich auseinanderfallen. .... die Ablieferung könne vor oder nach der Uebergabe vorkommen.

Durch diese Erörterung erscheint zugleich die Bedeutung des mehr auf thatsächlichem Gebiete liegenden Begriffes „Ablieferung“, namentlich auch in seinem absichtlichen Gegensatze zu dem mehr auf dem Rechtsgebiete sich bewegenden Begriffe: „Uebergabe“ ziemlich klar gestellt. Die II. Komm. hat hiebei ausdrücklich auch an den Vorgang des Art. 348, 349 H.G.B. ä. F., sowie an die deßfalls schon früher entwickelte Rechtsprechung (vgl. besonders Entsch. d. R.G. Bd. 5 S. 31) angeknüpft.

Keinem Zweifel kann es unterliegen, daß also auch ein der „Ablieferung“ vorausgehender, der körperlichen Uebergabe nur rechtlich gleichgestellter Vorgang, wie z. B. ein constitutum possessorium (§ 930), eine Abtretung des Eigenthumsanspruchs, die Uebergabe geschäftlicher Papiere, wie eines Lager- und Ladescheines, eines Konnossements, Frachtbriefs rc. (H.G.B. n. F. §§ 424, 450, 647) den Begriff der „Ablieferung“ im Sinne des § 477 nicht ersetzen kann. (So auch Oertmann, S. 201; Planck, II S. 258.) Daß dagegen die sog. brevi manu traditio einer schon im Gewahrsam des Käufers befindlichen beweglichen Sache auch eine „Ablieferung“ in sich schließen kann, ist mit Oertmann, S. 201, nicht zu bezweifeln.

Was die in P. I, 702 fg. erwähnte Ablieferung an den Käufer betrifft, so wird die bezügliche Stelle in P. I, 702 nicht dahin verstanden werden müssen, als ob schlechterdings die Ablieferung an die eigene Person des Käufers und unter sofortiger Mitwirkung desselben geschehen sein müßte. Auch unter anderen Umständen kann „Ablieferung" vorliegen, wenn sie nur zu sofort möglicher Verfügung des Käufers als solchem geschehen ist. (Aehnlich Oertmann, S. 259.)

b) Wegen des Begriffes „Uebergabe" vgl. B.G.B. §§ 433, 446, 929 und die Bem. dazu, namentlich S. 177, 190. Brevi manu traditio muß auch hier der Uebergabe gleichgestellt werden. (Planck, II S. 258; Oertmann, S. 201.) Wegen des constitutum possessorium und der cessio vindicationis spricht sich Planck, II S. 258, hier nicht für Gleichstellung aus. Oertmann, S. 201 scheint eher geneigt dazu. Diese Frage liegt hier ähnlich, wie auf S. 190 bemerkt.

5. Für den Eintritt und Fortgang des Verjährungslaufs ist es ohne Belang, ob der Käufer den Mangel schon gekannt oder später erst entdeckt, dann ob er die Sache geprüft hat oder nicht, ob letzteres die Folge einer Verhinderung war oder wie sonst, ob der Mangel überhaupt erkennbar gewesen ist u. s. w. (M. II, 239; Cosack, Lehrb. II S. 437; Planck, II S. 258; Oertmann, S. 201.) Im Allgemeinen unterliegt der Fortgang der Verjährung nach § 477 ebenfalls den Regeln der §§ 194 fg.

6. Fristberechnung. Vgl. deßfalls B.G.B. §§ 186 fg.

7. Hemmung und Unterbrechung der Verjährungsfrist. Im Allgemeinen sind auch hiefür die allgemeinen Vorschriften der §§ 202 fg., 208 fg. B.G.B. maßgebend, insbesondere hinsichtlich der Voraussetzungen und Wirkungen. In § 477 Abs. 2 u. 3 sind in Bezug auf die darin behandelte kurze Verjährung noch einige Sonderbestimmungen angefügt.

a) Eine Unterbrechung dieser Verjährung tritt hier auch ein durch einen vom Käufer gestellten Antrag auf gerichtliche Beweisaufnahme zur Sicherung des Beweises für einen in Betracht kommenden Mangel im obigen Sinne. Zur Durchführung dieser Bestimmung dient § 488 C.P.O. n. Nr. Daß hiebei hinsichtlich des Eintrittes der Unterbrechung nichts darauf ankommt, welcher der bei Sicherungsbeweisaufnahmen überhaupt zulässigen Beweismittel der Antragsteller sich bedienen will, bemerkt mit Recht Planck, II S. 258.

b) Abs. 3 dehnt den Eintritt und die Wirkung von Hemmung oder Unterbrechung der Verjährung in Ansehung eines der verschiedenen gebotenen Rechtsbehelfe (§§ 462, 463, 480) auch auf die Hemmung oder Unterbrechung der anderen dieser Rechtsbehelfe aus.

8. Besonderheiten über die Verjährung im Bereiche der Viehgewährschaft s. in § 490 B.G.B.

§ 478.

Hat der Käufer den Mangel dem Verkäufer angezeigt oder die Anzeige an ihn abgesendet, bevor der Anspruch auf Wandelung oder auf Minderung verjährt war, so kann er auch nach der Vollendung der Verjährung die Zahlung des Kaufpreises insoweit verweigern, als er auf Grund der Wandelung oder der Minderung dazu berechtigt sein würde. Das Gleiche gilt, wenn der Käufer vor der Vollendung der Verjährung gerichtliche Beweisaufnahme zur Sicherung des Beweises beantragt oder in einem zwischen ihm und einem späteren Erwerber der Sache wegen des Mangels anhängigen Rechtsstreite dem Verkäufer den Streit verkündet hat.

Hat der Verkäufer den Mangel arglistig verschwiegen, so bedarf es der Anzeige oder einer ihr nach Abs. 1 gleichstehenden Handlung nicht.

E. II, 414; III, 472.

1. Allgemeines. Der Anspruch auf Wandelung oder Minderung wegen eines Mangels der Sache kann Seitens des Käufers sowohl im Wege der Klage, wie ver-

mittelst Einrede geltend gemacht werden und zwar in letzterer Art namentlich gegenüber einer Klage des Verkäufers auf Zahlung des Kaufpreises.

Die Geltendmachung mittelst Klage wird wirkungslos nach vollendeter Verjährung, wenn sich der Beklagte darauf beruft (§ 222). An und für sich hätte nach voller Rechtskonsequenz das Gleiche in umgekehrter Richtung für die Geltendmachung mittelst Einrede in Anwendung zu kommen. Nach E. I, § 397 Abs. 2 war diese Konsequenz auch gezogen. Die II. Komm. (P. I, 681, 703) ist jedoch hievon abgegangen und hat nach dem Vorbilde von H.G.B. ä. F. Art. 349 sowie aus den in P. I, 681 erörterten Gründen eine sog. „Perpetuirung der Mängeleinrede" zugelassen.

2. Umfang der Fortdauer der Einrede. Diese Fortdauer der Mängeleinrede gilt von vorneherein nach klarem Wortlaute des § 478 nur gegenüber dem vom Verkäufer erhobenen (nach oben S. 322 der kurzen Verjährung eben nicht unterliegenden) Anspruch auf Zahlung des Kaufpreises. Diese Zahlung kann kraft jener Einrede, wenn sie begründet ist, nach wie vor verweigert werden. Eine solche Verweigerung ist aber nur insoweit rechtswirksam, als der Käufer auf Grund der Wandelung oder Minderung dazu berechtigt sein würde. Demgemäß trägt die Einrede vor Allem nach Vollendung der Verjährung auch nicht weiter als vor dieser Vollendung. Die Einrede kann also auch einen Wandelungsanspruch unter solchen Umständen nicht erst schaffen, unter denen er vorher auch nicht bestanden hatte. Die Einrede berechtigt fernerhin auch in der Summe zur Zahlungsweigerung nicht weiter, als dem Wandelungs- oder Minderungsanspruch entspricht, wenn der Eine oder Andere rechtzeitig erhoben worden wäre.

Prozessuale Besonderheiten bestehen in diesem Punkte nicht. Mit Planck, II S. 259, ist anzunehmen, daß der Käufer, welcher einredeweise den an sich verjährten Anspruch auf Wandelung erhebt, dabei nicht auch gehalten ist, sich zugleich zur Rückgewähr der etwa bereits empfangenen Sache förmlich zu erbieten. Diese Rückgewähr hat natürlich stattzufinden, wenn es in Folge der Einrede nachgerade doch noch zur Wandelung dadurch kommt, daß der Verkäufer auf die Einrede hin die zur Vollziehung der Wandelung nach § 465 erforderte Erklärung seines Einverständnisses abgibt. Der Anspruch auf Rückgewähr der Sache kann noch im selben Prozesse (vgl. C.P.O. § 268 n. Nr.) oder auch nachher mit gesonderter Klage erhoben werden. Daß hier auf Grund der bloßen Einrede nicht auch schon eine Wandelung kraft des Urtheilsspruchs zur Vollziehung kommt, betont im Hinblick auf C.P.O. § 322 n. Nr. mit Recht Planck, II S. 260.

3. Voraussetzungen der Fortdauer der Einrede. Für diese unbegrenzte Fortdauer bestehen nach § 478 Abs. 2 zum Nachtheile des Verkäufers keine besonderen weiteren Voraussetzungen wiederum in dem Falle, wenn der Verkäufer den Mangel arglistig verschwiegen hat. Liegt ein solcher Fall nicht vor, so tritt gemäß Abs. 1 § 478 die in Rede stehende Perpetuirung der Einrede nur dann ein, wenn der Käufer vor Vollendung der Verjährung entweder:

a) dem Verkäufer den Mangel angezeigt oder auch nur die Anzeige an ihn abgesendet hat, oder

b) gerichtliche Beweisaufnahme zur Sicherung des Beweises beantragt hat, oder

c) in einem zwischen ihm und einem späteren Erwerber der Sache anhängigen Rechtsstreite dem Verkäufer den Streit verkündet hat.

Zu a ist zu bemerken, daß die hier vermeinte Anzeige nicht gerade innerhalb bestimmter Zeit vor Ablauf der Verjährungsfrist, vollends auch nicht „unverzüglich nach erfolgter Kenntniß von dem Mangel" erfolgt zu sein braucht. (P. I, 703.)

Es wird auch nicht erfordert, daß mit der Anzeige noch vor Ablauf der Verjährungsfrist eine Erklärung darüber verbunden würde, welche Rechtsfolgen Käufer aus dem Mangel ableite. (P. I, 703.)

Zu b vgl. § 477 Abs. 2 mit § 488 C.P.O. n. Nr.

Zu c s. P. I, 703 nebst C.P.O. § 72 fg. n. Nr.

§ 479.

Der Anspruch auf Schadensersatz kann nach der Vollendung der Verjährung nur aufgerechnet werden, wenn der Käufer vorher eine der im § 478 bezeichneten Handlungen vorgenommen hat. Diese Beschränkung tritt nicht ein, wenn der Verkäufer den Mangel arglistig verschwiegen hat.

E. II, 414; III, 473.

1. Grundstandpunkt. Nach B.G.B. § 390 ist die Aufrechnung einer verjährten Forderung unter einer gewissen dortselbst bezeichneten Voraussetzung freigelassen. § 479 setzt für eine solche Aufrechnung des Anspruchs auf Schadensersatz (vgl. § 463) eine weitere Beschränkung fest.

2. Die hier vorgesehene weitere Beschränkung tritt nicht ein, wenn wiederum jener an verschiedenen Gesetzesstellen ins Auge gefaßte Fall vorliegt, daß der Verkäufer den Mangel absichtlich verschwiegen hat. Ist dies aber nicht der Fall, so soll gleichwohl die Aufrechnung des Schadensersatzanspruchs auch nur unter jenen einschränkenden Voraussetzungen zulässig sein, welche nach anderer Richtung im vorhergehenden Paragraphen aufgestellt sind. (Vgl. Bem. zu § 478.)

3. Das Verhältniß zu § 390 ist sicherlich dahin aufzufassen, daß durch die weitere Beschränkung des § 479 an derjenigen allgemeinen Grundvoraussetzung, welche der § 390 B.G.B. für die Aufrechenbarkeit einer verjährten Forderung überhaupt aufstellt, nichts geändert ist, da es sich hier nicht um eine Erleichterung, sondern um eine zusätzliche Erschwerung handelt. (So auch Oertmann, S. 203. Darin, daß die Frage übrigens ziemlich unpraktisch sein wird, hat derselbe auch Recht.)

§ 480.

Der Käufer einer nur der Gattung nach bestimmten Sache kann statt der Wandelung oder der Minderung verlangen, daß ihm an Stelle der mangelhaften Sache eine mangelfreie geliefert wird. Auf diesen Anspruch finden die für die Wandelung geltenden Vorschriften der §§ 464 bis 466, des § 467 Satz 1 und der §§ 469, 470, 474 bis 479 entsprechende Anwendung.

Fehlt der Sache zu der Zeit, zu welcher die Gefahr auf den Käufer übergeht, eine zugesicherte Eigenschaft oder hat der Verkäufer einen Fehler arglistig verschwiegen, so kann der Käufer statt der Wandelung, der Minderung oder der Lieferung einer mangelfreien Sache Schadensersatz wegen Nichterfüllung verlangen.

E. I, 398; II, 415; III, 474.

1. § 480 behandelt die Mängelhaftung beim Kaufe vertretbarer Sachen (sog. Genuskauf). Auf diesem Gebiete bewegt sich die Gesetzesstelle nach doppelter Richtung:

a) Sie erledigt in bejahendem Sinne die für das gemeine Recht alte Streitfrage, ob auch beim Genuskaufe die sog. aedilicischen Rechtsbehelfe in Anwendung gebracht werden können. (M. II, 241; D. 65.)

b) Sie gibt dem Käufer noch einen weiteren, auf den Fall des Genuskaufes beschränkten Rechtsbehelf in Gestalt des Anspruches auf Lieferung einer anderen mangelfreien Sache.

2. Indem das B.G.B. die gewöhnlichen Rechtsbehelfe der Wandelung oder Minderung auch hieher für anwendbar erklärt, stützt sich das Gesetzbuch gegenüber einer bisher schwankenden Doktrin (vgl. Dernburg, Pand. II § 101; Windscheid-Kipp, Pand. II § 394; Dernburg preußisches Recht 2 Bd. 2 § 145) hauptsächlich auf die Ergebnisse der seitherigen überwiegenden Praxis im Gebiete des gemeinen, preußischen und französischen Rechtes. (Vgl. M. II, 241; Entsch. d. R.O.H.G. Bd. 5 Nr. 55, Bd. 6 Nr. 62; Entsch. d. R.G. Bd. 3 Nr. 26, Bd. 4 Nr. 26, Bd. 6 Nr. 53, Bd. 12 Nr. 19; S.A. XXVI Nr. 231, 232; XXVII Nr. 15, 17, 219; Goldschmidts Zeitschr. f. Handelsrecht Bd. 19 S. 98 fg.) Denselben Standpunkt hatte auch schon das sächsische G.B. §§ 900, 909 eingenommen.

Dem Käufer ist hiemit freigestellt, sich auch beim Genuskaufe (d. h. nach Windscheid-Kipp, I S. 663 dann, wenn das Gelieferte an sich im Allgemeinen die Eigenschaften der bedungenen Gattung hat) nach seiner Wahl des Wandelungsanspruchs oder des Minderungsanspruchs zu bedienen. Thut er das Eine oder Andere hievon, so gelten auch hieher dieselben näheren Vorschriften, wie sie für diese Rechtsbehelfe beim Specieskauf gelten. Denn die Rechtslage kann dann so angesehen werden, als ob „durch die, wenn schon mangelhafte, Lieferung eine Konzentration des generisch bestimmten Geschäfts auf die gelieferte Species eingetreten sei". (Wörtlich nach Oertmann, S. 204.)

3. Der vorhin unter Nr. 1 b erwähnte besondere Rechtsbehelf des Anspruchs auf Lieferung einer anderen Sache beruht auf der konstruktiven Anschauung, daß Verkäufer durch die Leistung einer mangelhaften Sache seiner Pflicht zur

Leistung einer mangelfreien Sache noch nicht genügt habe und deßhalb bei der Vertretbarkeit des Kaufgegenstands eine richtige Leistung der mangelhaften substituiren müsse. Der Anspruch darauf steht ausschließlich dem Käufer zu, mit anderen Worten: der Verkäufer hat keinen Anspruch darauf, bei seinerseitiger Substituirung einer mangelfreien Leistung deren Annahme vom Käufer zu fordern und dadurch die anderen Rechtsbehelfe in Wegfall zu bringen. (P. I, 713 fg. Ein Abmaß darin könnte höchstens im Anhalte an den Grundsatz des § 226 zugegeben werden. Oertmann, S. 205.) Der Käufer hat wiederum freie Wahl zwischen dem eben besprochenen besonderen Anspruche beim Genuskauf und dem allgemeinen Wandelungs- oder Minderungsanspruche. Wählt er Ersteren, so kommen („statt“: § 480) die anderen Ansprüche in Wegfall. Der Käufer „fordert mit Jenem eben Erfüllung des Vertrags. Nach Maßgabe der allgemeinen Grundsätze kann er daneben auch sein Interesse, insbesondere wegen Verzugs des Veräußerers verlangen“. (So wörtlich M. II, 242; s. auch Planck, II S. 261.) Der Anspruch des Käufers auf Lieferung einer mangelfreien Sache wird dadurch nicht ausgeschlossen, daß der Käufer die mangelbehaftete Sache — selbstverständlich in Unkenntniß des Mangels: § 460 — als Erfüllung angenommen hat. (P. I, 713, 715 fg.)

4. Neben den bisher besprochenen drei Rechtsbehelfen steht elektiv auch noch als vierter der Schadensersatzanspruch unter den Voraussetzungen und nach Maßgabe der §§ 463 fg. Das ist im § 480 Abs. 2 klar ausgesprochen. Eine Besonderheit waltet dabei aber ob hinsichtlich des maßgebenden Zeitpunkts. Während dieser im § 463 für den Specieskauf auf die Zeit des Kaufsabschlusses verlegt ist, erklärt § 480 für die Beurtheilung des Vorhandenseins des Mangels beim Genuskaufe die Zeit als maßgebend, zu welcher die Gefahr auf den Käufer übergeht. Diese Abweichung erachten M. II, 243 als naturnothwendig deßhalb, weil bei dem Vertrag über eine Gattungssache die Bestimmung des zu leistenden Stücks nicht mit der Schließung des Vertrags, sondern mit dem Uebergange der Gefahr zusammenfällt. (Vgl. § 446.)

5. Einzelnes über den Nachlieferungsanspruch. Das B.G.B. behandelt den Nach- und Ersatzlieferungsanspruch (ersterer Ausdruck ist in den Prot. der II. Komm. gebraucht) grundsätzlich analog dem Wandelungsanspruche. Denn diesem Letzteren „steht der Nachlieferungsanspruch auch inhaltlich nahe — schreibt Cosack, Lehrb. I 437 —, da er darauf abzielt, zwar nicht den Kaufvertrag, aber doch die vom Verkäufer zur Erfüllung des Kaufvertrags angebotene Leistung rückgängig zu machen“. (In Windscheid-Kipp, I S. 664, wird das Verhältniß als Wandelung der Sache gegen eine andere Sache bezeichnet.) Demgemäß bezeichnet § 480 auch eine Reihe der vorausgehenden, von der Wandelung handelnden Paragraphen, welche auch auf den Nachlieferungsanspruch entsprechend in Anwendung zu bringen sind. Es sind dies die §§ 464 bis 479, nur mit Ausnahme der §§ 467 Satz 2 (Kostenersatz), 468 (Haftung für zugesicherte Größe eines Grundstücks), 471, 473 (Preisberechnung), welche hieher nicht passen, dann § 472, welcher nur von der Minderung handelt; § 479 bezieht sich nicht eigentlich auf die Wandelung, sondern auf den Schadensersatz statt derselben, also auch hier höchstens auf den nachfolgenden Abs. 2. (Vgl. Planck, II S. 261; Oertmann, S. 205; s. auch Windscheid-Kipp, I S. 664.)

Insbesondere gelten auch hieher, wie bei der Wandelung, die Grundsätze über die Vollziehung des Anspruchs, über das Wahlrecht, über den Einfluß der Kenntniß des Mangels auf Seite des Käufers, sowie arglistiger Verschweigung auf Seite des Verkäufers, über die Gestaltung des Verhältnisses bei Betheiligung Mehrerer, über Verjährung u. s. w.

Vorbemerkungen zu §§ 481 bis 492.

Die Gewährleistung für Mängel der Sache kommt praktisch besonders häufig vor und ist für das Verkehrsleben hervorragend wichtig im Bereiche des Viehhandels (Kauf oder Tausch), als sog. Viehgewährschaft. Rechtsstreitigkeiten entwickeln sich hier oft und erweisen sich nicht selten als auf Seite der Parteien sehr hartnäckig. Auch ergeben sich hiebei manche Schwierigkeiten in Bezug auf die thatsächliche Beurtheilung der Frage, wann Mängel schon vorhanden waren. Das B.G.B. hat deßhalb für diese sog. Viehgewährschaft in den §§ 481 bis 492 eine Reihe von Sonderbestimmungen aufgestellt. Im Allgemeinen wurde hiebei von folgenden Grundsätzen ausgegangen.

1. Im früheren Rechte bestand in den Rechtsnormen für die Viehgewährschaft eine große Mannigfaltigkeit, trotzdem die neueren partikulären Spezialgesetze möglichste Annäherung wenigstens an die territoriellen Nachbarrechte angestrebt hatten Wie namentlich in D. 65 fg. ausgeführt ist, ließen sich in diesen verschiedenen Rechtsnormen drei Gruppen unterscheiden, nämlich:

a) Das römisch-rechtliche System (z. B. in Mecklenburg, Sachsen-Weimar, Oldenburg, Braunschweig, Schwarzburg-Rudolstadt, Schaumburg-Lippe, Lippe-Detmold, preußische Rheinprovinzen, zum Theil in Schleswig-Holstein);

b) das deutsch-rechtliche System (z. B. durchgeführt gewesen in Bayern, Württemberg, Baden, Sachsen-Koburg, Sachsen-Meiningen, Hohenzollern, in dem vormals nassauischen und kurhessischen Lande, in Frankfurt a. M., Elsaß-Lothringen);

c) ein gemischtes System (z. B. nach P.L.R., in Waldeck, etwas anders auch im Königreiche Sachsen, Großherzogthum Hessen, in Hessen-Homburg).

Ihrem inneren Gehalte nach charakterisirt D. 65 diese Systeme kurz wie folgt:

„Nach dem römisch-rechtlichen System unterliegt der Handel mit Hausthieren den gleichen Bestimmungen wie der Kaufvertrag über andere Sachen. Die Haftung des Verkäufers erstreckt sich auf alle verborgenen Mängel, die zu der für die Haftung entscheidenden Zeit erweislich vorhanden gewesen sind, und der Käufer hat die Wahl zwischen dem Rechte auf Wandelung und dem auf Minderung. Nach dem deutsch-rechtlichen Systeme haftet dagegen der Verkäufer kraft Gesetzes nur für gewisse gesetzlich bestimmte Mängel und im Allgemeinen auch für diese nur dann, wenn sie sich innerhalb einer gesetzlich bestimmten Gewährfrist offenbaren. Trifft letztere Voraussetzung zu, so wird bis zum Beweise des Gegentheils angenommen, daß die Mängel schon zur entscheidenden Zeit vorhanden gewesen sind. Dem Käufer steht regelmäßig nur die Wandelungsklage zu. Beide Systeme finden sich zum Theil in der Art miteinander verbunden, daß die Gewährleistung bei einzelnen Thiergattungen, insbesondere bei Pferden und Rindvieh, nach deutsch-rechtlichen, bei den übrigen nach römisch-rechtlichen Grundsätzen geregelt ist. Ein drittes, das gemischte System, hält im Allgemeinen an den Vorschriften des römischen Rechtes fest, stellt aber für die sog. Nachtkrankheiten, d. h. solche Krankheiten, die innerhalb 24 Stunden hervortreten, sowie für gewisse Mängel bestimmter Hausthiere, falls sie sich innerhalb einer gewissen Frist offenbaren, die Vermuthung auf, daß sie bereits zu der entscheidenden Zeit vorhanden gewesen sind"

2. Vom Bürgerlichen Gesetzbuche, gleichwie auch schon von den vorausgegangenen Entwürfen (vgl. auch M. II, 243; D. 66) ist nach eingehenden Verhandlungen (P. I, 718 fg.; R.T.K. S. 39 fg.) das deutsch-rechtliche System angenommen und durchgeführt worden und zwar hauptsächlich deßhalb, weil es die Rechtssicherheit erhöhe und zur Abschneidung von Prozessen diene und weil es überhaupt den Interessen der Landwirthschaft und des Viehhandels, insbesondere denen der Vieh verkaufenden Landwirthe, besser gerecht werde. Bemerkenswerth ist aus Gründen der Gesetzesauslegung namentlich folgende Stelle in D. 66:

„Nach dem römisch-rechtlichen Systeme muß in jedem einzelnen Streitfall auf der Grundlage von Sachverständigengutachten, die sich häufig widersprechen, darüber entschieden werden, ob der vom Käufer gerügte Mangel als ein verborgener und nach Lage der Sache erheblicher anzusehen ist und ob er schon zu der für die Haftung entscheidenden Zeit vorhanden war. Dagegen beschränkt sich nach dem angenommenen Systeme die Beweispflicht des Käufers auf die ungleich leichter festzustellende Thatsache, daß ein Hauptmangel innerhalb der Gewährfrist hervorgetreten ist."

3. Zu unterscheiden ist auch hier zwischen der gesetzlichen und der vertragsmäßigen Gewährleistungspflicht. Eine Regelung der Haftung durch Vertrag ist nicht ausgeschlossen. Insbesondere erscheint auch zulässig eine die gesetzlichen Haftungsgründe oder die Haftungsdauer verstärkende Vereinbarung.

Von den gesetzlichen Gewährleistungspflichten handeln §§ 481—485, 487—491, von vertragsmäßigen Verbindlichkeiten die §§ 486, 492.

4. Die Hauptgrundzüge der gesetzlichen Gewährleistungsverhältnisse lassen sich durch folgende kurze Sätze charakterisiren:

Die besondere Viehgewährschaft des B.G.B. gilt

a) nur für bestimmte Thiergattungen,

b) nur für bestimmte Fehler (sog. Hauptmängel),

c) nur für bestimmte kurze sog. Gewährfristen.

Sie erstreckt sich nur auf Wandelung (nicht auch Minderung) und der hierauf (sowie auch auf Schadensersatz) gerichtete Anspruch unterliegt einer sehr kurzen Verjährung. Sonstiges und Näheres s. zu den nachfolgenden Paragraphen.

5. Literatur. Ueber die Viehgewährschaft des B.G.B. sind schon verschiedene Spezialbearbeitungen erschienen. Genannt seien insbesondere die Handausgabe von Rechtsanwalt Chr. Meisner in Würzburg (J. Schweitzer Verlag, München), die Schrift von Landgerichtsrath Schneider, Rechtsregeln des Viehhandels nach deutschem Gesetze (Verlag C. H. Beck, München), und die Taschenausgaben von Rechtsanwalt Dr. Hans Stölzle in Kempten, zweite

Auflage (Verlag J. Guttentag, Berlin), sowie von A. Babl, Oberamtsrichter in Straubing. zweite Auflage (Verlag von Palm & Enke in Erlangen).

§ 481.

Für den Verkauf von Pferden, Eseln, Mauleseln und Maulthieren, von Rindvieh, Schafen und Schweinen gelten die Vorschriften der §§ 459 bis 467, 469 bis 480 nur insoweit, als sich nicht aus den §§ 482 bis 492 ein Anderes ergiebt.

E. I, 399, II, 416, III, 475.

Der Inhalt dieses § 481 bewegt sich in doppelter Richtung. Einmal ordnet er das Verhältniß der Sondervorschriften über Viehgewährschaft zu den allgemeinen Vorschriften des B.G.B. über die Haftung für Mängel verkaufter Sachen. Zum Andern stellt er fest, auf welche Thiergattungen die besonderen Viehgewährschaftsbestimmungen Anwendung finden.

1. Hinsichtlich der anwendbaren Gesetzesbestimmungen ist Grundsatz, daß in erster Reihe die Sonderbestimmungen der §§ 481 fg. maßgebend sind. Durch diese sind verschiedene jener allgemeinen Vorschriften über Mängelhaftung modifizirt. (Vgl. z. B. §§ 459, 462, 463, 465, 467.) Soweit die Sondervorschriften nicht eingreifen, kommen die allgemeinen Vorschriften jener Art auch auf die Viehgewährschaft zur Anwendung. Von selbst ist inhaltlich unanwendbar § 468. Nicht hieher verwendbar sind auch die §§ 472, 474, 475 und zwar wegen des § 487 Abs. 1. Für das Gebiet des Handelskaufs bestimmt H.G.B. § 382 n. F., daß die Vorschriften der §§ 481 bis 492 B.G.B. durch die Vorschriften des H.G.B. über den Handelskauf (Buch III Abschnitt 3) nicht berührt werden. Jene §§ 481 fg. stehen daher als primär maßgebend auch zu den Vorschriften des H.G.B. über den Handelskauf in analogem Verhältnisse, wie zu den allgemeinen Vorschriften des B.G.B. §§ 459 fg. (Vgl. auch Meisner, Viehgewährschaft S. 7 fg.)

Daß neben und außer den hier in Rede stehenden gesetzlichen Bestimmungen über die Mängelhaftung aus dem Vertrag auch Ansprüche aus einem Delikt in Frage kommen können (vgl. § 823, auch Abs. 2), ist selbstverständlich (Meisner, Viehgewährschaft S. 11).

2. Als Thiergattungen, auf welche allein die besonderen Bestimmungen des B.G.B. §§ 481 fg. sich erstrecken, sind lediglich solche bezeichnet, welche für den Geschäftsverkehr und insbesondere für die Landwirthschaft von besonderer Wichtigkeit sind. Auf andere Thiergattungen finden jene Sonderbestimmungen keine Anwendung, mögen Erstere auch zu den sog. Hausthieren gehören. Also z. B. nicht auf Ziegen (verschiedener Art), Katzen, Hunde (mögen sie auch noch so werthvoll sein), Fische, Geflügel. Für solche Thiergattungen gelten lediglich die allgemeinen Vorschriften der §§ 459 fg.

Gehört ein Thier überhaupt nur zu einer der im § 481 bezeichneten Gattungen, so kommt auf die Zugehörigkeit zu dieser oder jener besonderen Race innerhalb des Gattungsbegriffs für die Anwendbarkeit der Sonderbestimmungen der §§ 481 fg. im Allgemeinen nichts an. Doch kann eine solche Racezugehörigkeit unter dem Gesichtspunkte des Vorhandenseins einer „zugesicherten Eigenschaft" von Belang sein. Ebenso steht es mit der Herkunft des Thieres. Auch der Umstand, wo ein solches gezüchtet oder woher es eingeführt wurde, ist an sich rechtlich gleichgültig, kann aber als „zugesicherte Eigenschaft" in Frage kommen. So z. B. beim Verkauf eines „Trakehner- oder Graditzerhengstes", wenn hiemit dessen örtliche Herkunft bezeichnet sein sollte. Bei vom Auslande eingeführten Thieren ist natürlich vorauszusetzen, daß nach Lage der Rechtsverhältnisse überhaupt das deutsche Recht maßgebend erscheint.

Im Allgemeinen ist endlich auch der Umstand gleichgültig, ob ein Thier der fraglichen Gattungen als ein Schlachtthier, Zuchtthier oder Nutzthier (z. B. Milchvieh, Zugvieh u. s. w.) verkauft oder erkauft wurde. Von Belang kann ein solcher Umstand aber werden in der besonderen Richtung des nächsten § 482 in Bezug auf die zu vertretenden verschiedenen Mängel und die Gewährfristen. Vgl. deßfalls die Bem. zu § 482.

§ 482.

Der Verkäufer hat nur bestimmte Fehler (Hauptmängel) und diese nur dann zu vertreten, wenn sie sich innerhalb bestimmter Fristen (Gewährfristen) zeigen.

Die Hauptmängel und die Gewährfristen werden durch eine mit Zustimmung des Bundesraths zu erlassende Kaiserliche Verordnung bestimmt. Die Bestimmung kann auf demselben Wege ergänzt und abgeändert werden.

E. I, 400; II, 417; III, 476.

I. Gesetzliche Haftungsverhältnisse. § 482 handelt zunächst nur von diesen, d. h. von der Frage, für welche Mängel und innerhalb welchen Zeitraums im Bereiche der besonderen Viehgewährschaft der Verkäufer von Gesetzeswegen zu haften habe. In dieser Hinsicht entwickelt das Gesetz folgende Grundsätze:

1. Der Verkäufer haftet zunächst gesetzlich für „Fehler", d. h. für Mängel im Sinne des § 459 Abs. 1.

2. Diese Haftung erstreckt sich nur auf bestimmte Fehler, die sog. Hauptmängel. Solche hat aber der Verkäufer, sachlich betrachtet, unbeschränkt zu vertreten. Es ist hier nicht erforderlich, daß dabei erst vom Käufer (wie nach der Regel des § 459 Abs. 1) behauptet und bewiesen werde, der vorhandene Fehler sei erheblich und vernichte oder mindere den Werth oder die Tauglichkeit des verkauften Thieres zu dem gewöhnlichen oder nach dem Vertrage vorausgesetzten Gebrauche. Daß dieses der Fall sei, wird schon durch die Qualifikation des Fehlers als eines Hauptmangels vom Gesetze selbst vorausgesetzt und festgestellt, ohne daß Gegenbeweis in diesem Punkte zulässig wäre. (M. II, 252; Oertmann a. a. O. S. 206.)

Andererseits findet bei den im § 481 bezeichneten Thiergattungen für andere Fehler als die festgesetzten Hauptmängel eine gesetzliche Haftung des Verkäufers überhaupt nicht statt. Bei anderen Thiergattungen kommen die Sonderbestimmungen über Viehgewährschaft überhaupt nicht, vielmehr nur die allgemeinen Bestimmungen der §§ 459 fg. in Frage.

3. Auch die Hauptmängel kommen gesetzlich nur dann zur Gewährleistung, wenn sie sich innerhalb einer allgemein festgelegten Gewährfrist „zeigen", d. h. wahrgenommen worden sind. (Näher ausgeführt bei Meisner, Viehgewährschaft S. 15. Dortselbst wird es übrigens nicht für nöthig befunden, daß sofort auch der Charakter des Fehlers als Hauptmangel erkannt wurde.) Ist dies der Fall, so greift die gesetzliche Vermuthung des § 484 ein. Haben sich die Hauptmängel innerhalb der Gewährfrist nicht gezeigt, so ist der Verkäufer von einer Gewährpflicht überhaupt frei. Denn die Gewährfristen beruhen in Bestand und Umfang auf der Erfahrung, daß sich bestimmte Mängel auch innerhalb bestimmter Zeiträume zu zeigen pflegen. (M. II, 252 fg.)

Der klagende Käufer hat zur Substanziirung der Klage demgemäß zu behaupten und auch zu beweisen, daß sich der Fehler innerhalb der Gewährfrist gezeigt habe.

4. Die Arten der Hauptmängel und die Dauer der Gewährfristen sind nicht im B.G.B selbst bestimmt. Letzteres verweist auf die im § 482 bezeichnete Verordnung. Es geschah dies, um den bezüglichen Vorschriften diejenige größere Beweglichkeit zu verschaffen und zu erhalten, welche durch die jeweiligen Verkehrsverhältnisse und auch durch den wechselnden Stand der thierärztlichen Wissenschaft bedingt sein kann.

Die Verordnung ist ergangen am 27. März 1899 (R.G.Bl. S. 219 fg.) und enthält folgende Bestimmungen:

§ 1. Für den Verkauf von Nutz- und Zuchtthieren gelten als Hauptmängel:

I. bei Pferden, Eseln, Mauleseln und Maulthieren

1. Rotz (Wurm) mit einer Gewährfrist von vierzehn Tagen;

2. Dummkoller (Koller, Dummsein) mit einer Gewährfrist von vierzehn Tagen; als Dummkoller ist anzusehen die allmählich oder in Folge der akuten Gehirnwassersucht entstandene unheilbare Krankheit des Gehirns, bei der das Bewußtsein des Pferdes herabgesetzt ist;

3. Dämpfigkeit (Dampf, Hartschlägigkeit, Bauchschlägigkeit) mit einer Gewährfrist von vierzehn Tagen; als Dämpfigkeit ist anzusehen die Athembeschwerde, die durch einen chronischen, unheilbaren Krankheitszustand der Lungen oder des Herzens bewirkt wird;

4. Kehlkopfpfeifen (Pfeiferdampf, Hartschnaufigkeit, Rohren) mit einer Gewährfrist von vierzehn Tagen; als Kehlkopfpfeifen ist anzusehen die durch einen chronischen und unheilbaren Krankheitszustand des Kehlkopfes oder der Luftröhre verursachte und durch ein hörbares Geräusch gekennzeichnete Athemstörung;

5. periodische Augenentzündung (innere Augenentzündung, Mondblindheit) mit einer Gewährfrist von vierzehn Tagen; als periodische Augenentzündung ist anzusehen

die auf inneren Einwirkungen beruhende entzündliche Veränderung an den inneren Organen des Auges;

6. Koppen (Krippensetzen, Aufsetzen, Freikoppen, Luftschnappen, Windschnappen) mit einer Gewährfrist von vierzehn Tagen;

II. bei Rindvieh:

1. tuberkulöse Erkrankung, sofern infolge dieser Erkrankung eine allgemeine Beeinträchtigung des Nährzustandes des Thieres herbeigeführt ist, mit einer Gewährfrist von vierzehn Tagen;

2. Lungenseuche mit einer Gewährfrist von achtundzwanzig Tagen;

III. bei Schafen:

Räude mit einer Gewährfrist von vierzehn Tagen;

IV. bei Schweinen:

1. Rothlauf mit einer Gewährfrist von drei Tagen;

2. Schweineseuche (einschließlich Schweinepest) mit einer Gewährfrist von zehn Tagen.

§ 2. Für den Verkauf solcher Thiere, die alsbald geschlachtet werden sollen und bestimmt sind, als Nahrungsmittel für Menschen zu dienen (Schlachtthiere) gelten als Hauptmängel:

I. bei Pferden, Eseln und Maulthieren

Rotz (Wurm) mit einer Gewährfrist von vierzehn Tagen;

II. bei Rindvieh

tuberkulöse Erkrankung, sofern in Folge dieser Erkrankung mehr als die Hälfte des Schlachtgewichts nicht oder nur unter Beschränkungen als Nahrungsmittel für Menschen geeignet ist, mit einer Gewährfrist von vierzehn Tagen;

III. bei Schafen

allgemeine Wassersucht mit einer Gewährfrist von vierzehn Tagen; als allgemeine Wassersucht ist anzusehen der durch eine innere Erkrankung oder durch ungenügende Ernährung herbeigeführte wassersüchtige Zustand des Fleisches;

IV. bei Schweinen

1. tuberkulöse Erkrankung unter der in Nr. II bezeichneten Voraussetzung mit einer Gewährfrist von vierzehn Tagen;

2. Trichinen mit einer Gewährfrist von vierzehn Tagen;

3. Finnen mit einer Gewährfrist von vierzehn Tagen.

Wie ersichtlich, ist hier in dem Punkte der Hauptmängelliste und der Fristenlänge ein Unterschied gemacht worden zwischen Schlachtthieren und Nutz- oder Zuchtthieren, weil der Verwendungszweck für die Beurtheilung der Bedeutung von Fehlern sehr ins Gewicht fällt. (P. I, 722; Chr. Meisner, Viehgewährschaft S. 112 fg. Vgl. übrigens auch nachher Ziff. II.) Wie schwer dieses Gewicht übrigens ist, erscheint durch die Verordnung selbst unüberschreitbar festgelegt. Ueber die Frage, ob geradezu eine Einigung der Parteien über die Verwendungsart gegeben sein müsse, vgl. Meisner a. a. O. S. 113 fg. Die Frage wird dort verneint und die, wenn auch einseitige Absicht des Käufers als maßgebend betrachtet. Wohl mit Recht!

5. Auch hieher gilt die Vorschrift des § 460 B.G.B. darüber, daß der Verkäufer den Gewährsmangel nicht zu vertreten hat, wenn diesen der Käufer beim Abschlusse des Kaufvertrags gekannt hat oder der Mangel ihm in Folge grober Fahrlässigkeit unbekannt geblieben ist u. s. w. Ueber den hiebei zu beachtenden Unterschied in der Bedeutung der Begriffe „verborgener Mangel" und „unbekannter Mangel" vgl. Bem. 1 zu § 460 S. 205. Daß der Verkäufer etwa nur haftbar wäre, wenn er seinerseits den Hauptmangel gekannt haben sollte, ist durchaus nicht der Fall. Was aber im § 460 auch noch von den Folgen eines arglistigen Verschweigens des Fehlers von Seite des Verkäufers geschrieben steht, gilt hieher ebenfalls, jedoch nur in Ansehung der von vorneherein eine gesetzliche Haftung begründenden Hauptmängel. Bezüglich anderer Mängel kann höchstens eine Haftbarkeit auf Grund einer vom Verkäufer verschuldeten unerlaubten Handlung nach § 823 fg. B.G.B. in Frage kommen, wenn sich das Verschweigen dazu gestaltet hat (z. B. durch Infektion eines Stalles; vgl. M. II, 263; Oertmann, S. 207; Planck, II S. 263).

6. Der Verkäufer steht gesetzlich in einem Haftungsverhältnisse nur zu demjenigen, dem er das Thier verkauft hat. Hat mehrmaliger Verkauf nacheinander stattgehabt, so greift ein sog. Sprungregreß nicht Platz. Für den richtigen Regreßnehmer ist aber zur Begründung seines Anspruchs nicht nothwendig, daß er sich von seinem Nachmann erst hat ausklagen lassen. Ebenso kann jeder regreßberechtigte Zwischenmann gegen

seinen Vormann mindestens Feststellungsklage erheben, wenn er selbst auch noch nicht von seinem Nachmann in Anspruch genommen ist. (Stölzle, Viehkauf 2. Aufl. S. 40.)

II. Gewillkürte Haftungsverhältnisse. Bei der dispositiven Natur der besonderen Viehgewährschaftsnormen ist, wie schon oben Vorbem. Nr. 7 S. 229 angedeutet wurde, die Modifizirung der gesetzlichen Haftungsgrundsätze nicht ausgeschlossen. Insbesondere kann solches vorkommen in Gestalt:

1. einer vertragsmäßigen Verlängerung oder Abkürzung der Gewährleistungsfrist nach § 486;

2. einer vertragsmäßigen Uebernahme der Gewährspflicht auch wegen eines nicht zu den Hauptmängeln gehörenden Fehlers;

3. der Zusicherung einer Eigenschaft des Thieres im Sinne des § 459 Abs. 2.

Ueber die Behandlung der beiden letzteren Fälle vgl. § 492 und Bem. dazu.

Wegen des Begriffs: „zugesichert" s. oben Bem. 8 zu § 459 Abs. 2 S. 203 fg. Daraus erhellt auch, daß „Zusicherung" durchaus nicht immer gleichbedeutend ist mit förmlicher Garantieübernahme. (Vgl. auch Meisner a. a. O. S. 15.)

§ 483.

Die Gewährfrist beginnt mit dem Ablaufe des Tages, an welchem die Gefahr auf den Käufer übergeht.

E. I, 401; II, 418; III, 477

In zeitlicher Hinsicht ist auch hier für die Begründung der Haftung nach dem in § 459 Abs. 1 niedergelegten Grundsatze der Zeitpunkt des Gefahrübergangs maßgebend. Folgerichtig beginnt auch von demselben Zeitpunkt an die gesetzliche Gewährfrist. Wann der Gefahrübergang in Ansehung der Kaufsache stattfindet, ergibt sich aus den §§ 446, 447 B.G.B.

Berechnung der Gewährfrist: s. §§ 187, 188 B.G.B.

§ 484.

Zeigt sich ein Hauptmangel innerhalb der Gewährfrist, so wird vermuthet, daß der Mangel schon zu der Zeit vorhanden gewesen sei, zu welcher die Gefahr auf den Käufer übergegangen ist.

E. I, 402; II, 419; III, 478.

Die Vermuthung des § 488 ist im Interesse des gewährschaftsberechtigten Käufers aufgestellt und enthebt denselben der Nothwendigkeit, seinerseits über die den Gegenstand der Vermuthung bildende Thatsache Beweis zu führen. Andererseits steht aber dem Gewährschaftspflichtigen der Gegenbeweis offen. (Vgl. C.P.O. § 292.) Die Vermuthung erscheint auch dann begründet, wenn sich ergibt, daß der hervorgetretene Fehler auch schon vor Beginn der Gewährfrist vorhanden war (M. II, 253; Planck, II S. 263), selbstverständlich unbeschadet dessen, was sich aus § 460 ergibt. (Vgl. deßfalls Bem. I, 5 zu § 482.)

§ 485.

Der Käufer verliert die ihm wegen des Mangels zustehenden Rechte, wenn er nicht spätestens zwei Tage nach dem Ablaufe der Gewährfrist oder, falls das Thier vor dem Ablaufe der Frist getödtet worden oder sonst verendet ist, nach dem Tode des Thieres den Mangel dem Verkäufer anzeigt oder die Anzeige an ihn absendet oder wegen des Mangels Klage gegen den Verkäufer erhebt oder diesem den Streit verkündet oder gerichtliche Beweisaufnahme zur Sicherung des Beweises beantragt. Der Rechtsverlust tritt nicht ein, wenn der Verkäufer den Mangel arglistig verschwiegen hat.

E. I, 402; II, 420; III, 479.

1. Der § 485 enthält eine der wichtigsten Sondervorschriften für den Bereich der Viehgewährschaft. Er begründet eine besondere Anzeigepflicht des

Käufers gegenüber dem Verkäufer. Wie schon oben S. 210 dargelegt wurde, besteht in der Regel keine Verpflichtung des Käufers, über den hervorgetretenen Mangel der Kaufssache dem Verkäufer binnen bestimmter Frist Mittheilung zu machen. Für das Gebiet der Viehgewährschaft wird ausnahmsweise eine solche Verpflichtung begründet Es steht dies in Zusammenhang mit § 484. Die Anzeige soll den Verkäufer, gegen welchen die Rechtsvermuthung des § 484 wirkt, in die Lage versetzen, rechtzeitig seinen Gegenbeweis vorzubereiten. (M. II, 255.)

2. Eine besondere Form ist für die Anzeige nicht vorgeschrieben. Sie kann mündlich und schriftlich erfolgen. Doch hat der Käufer natürlich darauf Bedacht zu nehmen, daß er die rechtzeitige Erstattung der Anzeige nachzuweisen in der Lage ist.

3. Für die Anzeige läuft eine Ausschlußfrist. Erstere muß nicht gerade immer „sofort" geschehen. Sie muß aber erfolgen innerhalb der Gewährfrist mit Zugabe von zwei Tagen nach Ablauf der letzteren. Ist das Thier innerhalb der Gewährfrist selbst verendet oder getödtet worden (vgl. nachher M. II), so läuft für die Anzeige nicht mehr die volle Gewährfrist, sondern zu dem schon verflossenen Theile der letzteren nur noch die zweitägige Nachfrist vom Tode des Thieres an. Ueber Lauf und Ablauf der Frist s. auch hieher §§ 187, 188.

4. Der geschehenen Anzeige steht gleich:

a) auch schon deren bloße Absendung an den Gewährspflichtigen;

b) die Erhebung der Klage;

c) die Streitverkündung an den Verkäufer;

d) der Antrag auf gerichtliche Beweisaufnahme zur Sicherung des Beweises.

Vgl. auch § 478 und Bem. dazu, dann B. I, 739.

4. Die Rechtsfolge einer Unterlassung der Anzeige (oder der Ersatzhandlungen) hatte E. I § 402 ursprünglich nur darein gelegt, daß Käufer sich auf die Vermuthung des § 484 nicht mehr berufen konnte. Die II. Komm. legte das Hauptgewicht auf die Vermeidung unsicherer Prozesse und beschloß, mit der Unterlassung der Anzeige 2c. den gänzlichen Verlust des Rechtsanspruchs aus dem Mangelbestande zu verknüpfen, zumal da sonst der Käufer bei verspäteter, aber doch noch innerhalb der Verjährungsfrist erstatteter Anzeige immerhin die Einreden aus dem Mangel behalten würde. S. deßfalls § 478 (B. I, S. 737 fg.). So wurde dann auch das Gesetz gestaltet.

5. Arglistiges Verschweigen des Mangels Seitens des Verkäufers wendet auch hier wieder den Rechtsverlust zu Gunsten des Käufers ab.

§ 486.

Die Gewährfrist kann durch Vertrag verlängert oder abgekürzt werden. Die vereinbarte Frist tritt an die Stelle der gesetzlichen Frist.

E. I, 410; II, 421; III, 480.

1. Ein solcher Vertrag folgt hinsichtlich der Form, wie in anderen Richtungen lediglich den allgemeinen Rechtsnormen, namentlich auch bezüglich der Folgen einer gespielten Gefährde. In der R.T.K. (Ber. S. 40) wurde ein Antrag, für die vertragsmäßige Verlängerung oder Verkürzung der Gewährfrist das Erforderniß der Schriftlichkeit aufzustellen, abgelehnt.

2. Was der zweite Satz besagt, gilt speziell auch in der Richtung des § 485. Die dortige Nachfrist zur gesetzlichen Gewährfrist schließt sich dann eben der zu substituirenden Vertragsfrist an.

§ 487.

Der Käufer kann nur Wandelung, nicht Minderung verlangen.

Die Wandelung kann auch in den Fällen der §§ 351 bis 353, insbesondere wenn das Thier geschlachtet ist, verlangt werden; an Stelle der Rückgewähr hat der Käufer den Werth des Thieres zu vergüten. Das Gleiche gilt in anderen Fällen, in denen der Käufer in Folge eines Umstandes, den er zu vertreten hat, insbesondere einer Verfügung über das Thier, außer Stande ist, das Thier zurückzugewähren.

Ist vor der Vollziehung der Wandelung eine unwesentliche Verschlechterung des Thieres in Folge eines von dem Käufer zu vertretenden Umstandes eingetreten, so hat der Käufer die Werthminderung zu vergüten.

Nutzungen hat der Käufer nur insoweit zu ersetzen, als er sie gezogen hat.

E I, 404, II, 422, III, 481

I. Ausschluß der Minderung, Abs. 1. Zu den spezifischen Besonderheiten der Viehgewährschaft im Umfange des § 481 gehört der Ausschluß des Minderungsanspruchs. Das B.G.B. weicht darin namentlich vom altpreußischen Rechte ab, folgt dem älteren deutschen Rechte und im Wesentlichen den Bestimmungen der neueren Gesetzgebungen von Bayern, Sachsen, Württemberg, Baden, Hessen, Sachsen-Meiningen, Sachsen-Coburg-Gotha u. s. w. Die gesetzgeberischen Gründe hiefür sind durchaus praktischer Natur. Man zog in Erwägung die dadurch erzielte Rechtseinfachheit, die Abwendung einer Gefahr des Mißbrauchs der Minderungsklage und die Entbehrlichmachung weitläufiger und bei lebenden Thieren der Natur der Sache nach stets unsicherer Schätzungen. (M. II, 257; P. I, 740.) Beseitigt wird durch § 487 der gesetzliche Minderungsanspruch. Hiemit erscheint es aber nicht auch ausgeschlossen, daß die Parteien vertragsmäßig vereinbaren, der Verkäufer müsse und werde sich eine Preisermäßigung gefallen lassen, wenn sich innerhalb der gesetzlichen oder einer vertragsmäßigen Gewährfrist ein Mangel ergeben sollte, insbesondere einer der sog. Hauptmängel. Eine derartige Verabredung erscheint einfach als eine mit der Kontraktsklage verfolgbare Nebenabrede beim Kaufvertrage, nicht aber als Rechtsgrund für den besonders gearteten Minderungsanspruch im Sinne der §§ 462, 467 B.G.B. mit seinen spezifischen rechtlichen Konsequenzen.

II. Ausgestaltung des Wandelungsanspruchs. Hand in Hand mit der Beschränkung des Käufers auf den Wandelungsanspruch geht andererseits eine gewisse Ausdehnung und Erleichterung dieses Anspruchs. Derselbe kann vor Allem nach § 487 Abs. 2

1. auch in denjenigen Fällen geltend gemacht werden, in welchen nach den in der Regelbestimmung des § 467 in Bezug genommenen §§ 351 bis 353 ein Rücktritt vom Vertrag ausgeschlossen wäre, also namentlich bei wesentlicher Verschlechterung oder Untergang des Thieres, bei verschuldeter Unmöglichkeit der Herausgabe desselben, bei stattgehabter Umgestaltung durch Verarbeitung 2c., sowie bei den in § 353 aufgeführten rechtlichen Verfügungen über den Vertragsgegenstand. Besonders erwähnt wird

2. in diesem Zusammenhang im § 387 vor Allem:

a) der Fall einer Tödtung des Thieres. Sowohl aus § 387, wie auch schon aus § 485, sowie nachfolgend aus § 488 ergibt sich, daß der Wandelungsanspruch im Bereiche der Viehgewährschaft überhaupt durch den eingetretenen Tod des Thieres nicht ausgeschlossen wird. Es gilt dies sowohl für den Fall eines natürlichen Verendens des Thieres (gleichviel ob ihn der Käufer verschuldet hat oder nicht: M. II, 257; s. auch den nächstfolgenden Satz des § 487), als auch für den anderen einer Tödtung desselben durch Menschenhand, z. B. im Wege einer Nothschlachtung oder auch einer wirthschaftlichen Schlachtung, welche dann erst den Mangel zur Offenbarung gebracht hat.

Ueber den Fall der Tödtung eines seuchenkranken oder nur seuchenverdächtigen Thieres und überhaupt über das Verhältniß zu der öffentlich-rechtlichen Seuchengesetzgebung vgl. die Erörterungen in P. I, 736 fg.

b) Nach der Sonderbestimmung im zweiten Satze des § 487 besteht die in dieser Gesetzesstelle vorgesehene erleichterte Wandelungsmöglichkeit auch in allen anderen Fällen, in denen der Käufer in Folge eines Umstandes, den er aus dem einen oder anderen Grunde rechtlich zu vertreten hat, insbesondere einer Verfügung über das Thier (z. B. einer Weiterveräußerung desselben) außer Stande ist, das Thier zurück zu gewähren. Durch die allgemeine Fassung und die Zweckbestimmung der Gesetzesstelle wird namentlich eine Ablehnung der Wandelung Seitens des Verkäufers auf Grund des § 354 mit §§ 467, 481 ausgeschlossen. (Vgl. Planck, II S. 265.)

3. Art der Wandelung. In denjenigen Fällen, in welchen der Käufer auf Grund der Sonderbestimmung im § 487 Abs. 2 die dadurch erleichterte Wandelung betreibt (vgl. dazu Oertmann, S. 259), die Durchführung derselben aber nicht in Gestalt der Rückgewähr des Thieres selbst erfolgen kann, hat der Käufer zur Lösung des Konflikts zwischen dem regelgemäßen Sollen und dem ausnahmemäßigen Nichtkönnen dem Verkäufer „den Werth des Thieres zu vergüten“. Nicht Ersatz des subjektiven Schadens oder Interesse auf Seite des Verkäufers hat einzutreten (P. I, 740 fg.).

sondern Ersatz des objektiven Werthes des Thieres, und zwar dieses Werthes in Bemessung nach dem Zeitpunkt, an welchem die rechtliche Vollziehung der Wandelung stattfand. (Vgl. § 465 und Bem. dazu. Nähere Erörterung s. bei Planck, II S. 265. Ebenso im Allgemeinen Oertmann, S. 209. Abweichende Ansichten entwickelt Stölzle, Viehkauf 2. Aufl. S. 88.) Anzuschlagen ist natürlich nur derjenige Werth, den in jenem Zeitpunkte das Thier trotz des hervorgetretenen Gewährsmangels noch hat oder gehabt haben würde. Dieser wird in der Regel sich niedriger bemessen, als der in Folge der Wandelung vom Verkäufer rückzuvergütende oder nicht mehr zu beanspruchende Kaufpreis. (Es dürfte daher die von Oertmann, S. 209 Nr. 2 a Abs. 2, besprochene Frage der Werthsbemessung im Falle, daß bei vorliegendem Verzuge des Käufers in Erfüllung seiner Wandelungspflicht noch eine Werthserhöhung des Thieres eintreten sollte, kaum von praktischer Bedeutung werden.)

4. Schon nach § 351, welcher im § 487 Abs. 2 in Bezug genommen ist, steht im Grundsatze dem Uebergange des Vertragsgegenstandes eine von dem Empfänger zu vertretende wesentliche Verschlechterung jenes Gegenstandes gleich. Diese Gleichstellung kommt in Folge der erwähnten Bezugnahme auch in dem Bereiche der Sonderbestimmung des § 487 Abs. 2 in Anwendung, wenn sich letztere auch gewissermaßen in entgegengesetzter Richtung, wie § 351, bewegt. Es wird hier auch durch ein solches Verhältniß die Wandelung nicht ausgeschlossen. (So auch Oertmann, S. 209. Zuzustimmen ist demselben auch darin, daß der Verkäufer sich dabei das wesentlich verschlechterte Thier nicht zur Rücknahme aufdrängen zu lassen braucht, sondern Werthersatz nach Maßgabe und im Umfange des § 487 Abs. 2 beanspruchen kann. Das Gegentheil würde zur Unbilligkeit führen.) Für den Fall einer vom Käufer zu vertretenden unwesentlichen Verschlechterung gibt Abs. 3 § 487 wiederum eine Spezialvorschrift. Diese setzt aber voraus, daß die vom Käufer zu vertretende unwesentliche Verschlechterung vor Vollziehung der Wandelung erfolgt ist. In diesem Falle hat der Käufer auch nur die Werthsminderung dem Verkäufer zu vergüten, nicht aber vollen Schadensersatz zu leisten. Daraus ergibt sich zugleich, daß bei solcher unwesentlicher Verschlechterung neben jener abgeschwächten Ersatzleistung auch die Rückgabe und Rücknahme des Thieres einherzugehen hat. Was als Verschlechterung zu betrachten ist, bemißt sich nach den Umständen. Zu berücksichtigen sind außer den körperlichen Verhältnissen am Thiere auch wirthschaftliche Momente, welche für die Beurtheilung der Brauchbarkeit des Thieres von Bedeutung sind. (Oertmann, S. 209, woselbst auch Beispiele aufgeführt sind.)

5. Zu Abs. 4 s. über den Begriff „Nutzungen" § 100. Die Gesetzesstelle begründet für den Käufer eine erleichternde Ausnahme von § 347 mit § 467.

6. Nach M. II, 257; P. I, 741 fg. wurden für den Fall, daß von den in § 481 bezeichneten Thiergattungen eine Heerde, oder bei Zugthieren Paare, Gespanne oder Züge Gegenstand des Kaufes waren, besondere Bestimmungen hieher als entbehrlich erachtet. Es bleibt daher bei den Grundvorschriften der §§ 469 fg. auch für den Sonderbereich der Viehgewährschaft.

III. Ferner greift Anspruch auf Schadensersatz, welcher nach § 463 statt der Wandelung vom Käufer erhoben werden kann, auch im Bereiche der Viehgewährschaft Platz. Es ergibt sich dies schon aus § 481, überdies aber auch ganz deutlich aus § 490.

§ 488.

Der Verkäufer hat im Falle der Wandelung dem Käufer auch die Kosten der Fütterung und Pflege, die Kosten der thierärztlichen Untersuchung und Behandlung sowie die Kosten der nothwendig gewordenen Tödtung und Wegschaffung des Thieres zu ersetzen.

E. I, 405, II, 423; III, 482.

1. An und für sich ist der Wandelungsanspruch (die Wandelungsklage) in seiner spezifischen Gestaltung (abgesehen von § 463) nicht dazu angethan, mittelst desselben außer der Wandelung auch noch Nebenansprüche zu verfolgen. (P. I, 741, 744). Wie weit solche überhaupt Platz greifen können und aus welchen sonstigen rechtlichen Gesichtspunkten sie geltend zu machen wären, bestimmt sich nach allgemeinen Normen. Ein solcher rechtlicher Gesichtspunkt ist z. B. die Geschäftsführung ohne Auftrag, wenn etwa Ersatzposten für Verwendungen des Käufers in Frage kommen. Letzteres ist jedenfalls in den durch § 488 gekennzeichneten Richtungen bei der Wandelung mit fehlerbehafteten Thieren nahezu

regelmäßig der Fall. In praktischer Weise hat daher auch § 488 die darin erwähnten Ersatzposten ausnahmsweise zu einem Gegenstande des Wandelungsanspruchs selbst gestaltet.

2. Als Ausnahmebestimmung ist die Gesetzesstelle einer ausdehnenden Auslegung nicht wohl zugänglich. Es können daher auch z. B. Transportkosten, welche der Käufer beim Erwerbe gehabt hat, in die Bestimmung des § 488 nicht einbezogen werden. Das Gleiche gilt von Kosten für Schutzmaßregeln bei Seuchengefahr. Ein Ersatzanspruch hiefür besteht jedenfalls als Theil des Wandelungsanspruchs nicht, sondern kann nur als selbständiger Schadensersatzanspruch in Frage kommen, wenn und soweit ein solcher gegenüber dem Verkäufer begründet ist. (P. I, 743 fg.)

Was übrigens die Transportkosten betrifft, so sei hier Folgendes eingeschaltet: In der R.T.K. (Ber. S. 40) war beantragt worden, eine besondere Bestimmung dahin einzuschalten: „Der Verkäufer hat das Thier an dem Orte zurückzunehmen, wo es in den Gewahrsam des Käufers gekommen ist.“ Dieser Antrag wurde abgelehnt und zwar unter Anderem deßhalb, weil jener Beisatz dem Käufer die unter Umständen erheblichen Kosten des Rücktransports auferlegen würde.

3. In zeitlicher Hinsicht sind die in Rede stehenden Kosten nach M. II, 260 zu tragen „von der Uebergabe des Thieres an den Erwerber an, ohne Rücksicht auf den Verzug des Veräußerers in Rücknahme des Thieres. Die Kosten treffen denselben in Folge und als Theil seiner gesetzlichen Gewährleistungspflicht, wenn der Vertrag in Folge der Wandelung rückgängig gemacht wird.“

4. Der Käufer ist an sich nicht verpflichtet, aus dem fehlerhaften Thiere zur Aufwiegung seines Kostenersatzanspruchs Nutzungen zu ziehen. Gar oft wird dies sogar durch die Beschaffenheit des Thieres und durch die Rücksicht auf Abwendung der Gefahr einer Verschlimmerung desselben geradezu ausgeschlossen. (M. II, 260.) Hat aber der Käufer thatsächlich Nutzungen gezogen, so muß er sich solche nach dem Grundsatze des § 487 Abs. 4 an- und folgeweise auch gegen seinen Kostenersatzanspruch nach Maßgabe der einschlägigen allgemeinen Rechtsnormen aufrechnen lassen.

§ 489.

Ist über den Anspruch auf Wandelung ein Rechtsstreit anhängig, so ist auf Antrag der einen oder der anderen Partei die öffentliche Versteigerung des Thieres und die Hinterlegung des Erlöses durch einstweilige Verfügung anzuordnen, sobald die Besichtigung des Thieres nicht mehr erforderlich ist.

E. I, 406; II, 424; III, 483.

1. Die Vorschrift des § 489 bezweckt die Verhinderung allzugroßen Anwachsens der im § 488 erwähnten Art von Kosten, bildet also gewissermaßen eine Ergänzung zu § 488. (M. II, 261.)

2. Zuständig zu der hier vorgesehenen Anordnung ist der Prozeßrichter. Er allein ist auch in der Lage, zu beurtheilen, ob noch eine Besichtigung des Thieres erforderlich sein möchte.

3. Voraussetzungen der Maßregel sind nur:

a) die Anhängigkeit eines Rechtsstreits über Wandelung des Thieres und
b) die Stellung eines auf die Maßregel gerichteten Antrags Seitens einer der Parteien.

Ein weiteres Erforderniß im Sinne des § 940 C.P.O. n. Nr. besteht hier nicht. (P. I, 744.) Liegt ein Antrag jener Art vor, so muß die fragliche Anordnung erlassen werden. Die §§ 937, 939, 943, 944 C.P.O. n. Nr. sind auch hieher anwendbar.

4. Die Maßregel selbst besteht ausschließlich in öffentlicher Versteigerung und Hinterlegung des Erlöses. Den Begriff „öffentliche Versteigerung“ bestimmt § 383 Abs. 3. Ueber Hinterlegung vgl. §§ 372 fg. B.G.B.; Art. 144, 145 E.G. z. B.G.B.

5. Der hinterlegte Erlös tritt als Surrogat an die Stelle des strittigen Thieres. Statt der Herausgabe des letzteren in Durchführung der Wandelung trifft daher den Käufer die sachliche Verbindlichkeit, der Herausgabe des Erlöses an den Verkäufer zuzustimmen. Darauf ergeht auch zutreffenden Falles das Urtheil.

§ 490.

Der Anspruch auf Wandelung sowie der Anspruch auf Schadensersatz wegen eines Hauptmangels, dessen Nichtvorhandensein der Verkäufer zugesichert hat verjährt in sechs Wochen von dem Ende der Gewährfrist an. Im Uebrigen bleiben die Vorschriften des § 477 unberührt.

An die Stelle der in den §§ 210, 212, 215 bestimmten Fristen tritt eine Frist von sechs Wochen.

Der Käufer kann auch nach der Verjährung des Anspruchs auf Wandelung die Zahlung des Kaufpreises verweigern. Die Aufrechnung des Anspruchs auf Schadensersatz unterliegt nicht der im § 479 bestimmten Beschränkung.

E. I, 407, II, 435, III, 434.

1. Die Verjährung sowohl des Wandelungsanspruchs wie eines Schadensersatzanspruchs wegen eines Hauptmangels, dessen Nichtvorhandensein der Verkäufer zugesichert hat (vgl. § 463 mit P. I, 748), unterliegt auch bei der Viehgewährschaft im Allgemeinen den Vorschriften des § 477. Vgl. Bem. dazu. Nur in

2. zwei Einzelpunkten bringt § 490 ausnahmliche Sonderbestimmungen für den Bereich des § 481, nämlich hinsichtlich:

a) der Dauer der Verjährungszeit, welche hier noch erheblich weiter abgekürzt ist, und

b) des Anfangs des Verjährungslaufs, welcher nicht schon mit der Ablieferung des Thieres, sondern mit dem Ablaufe der (gesetzlichen oder bedungenen: M. II, 261; P. I, 747) Gewährfrist beginnt. (Vgl. deßfalls Bem. zu § 485.) S. auch § 492 Satz 2.

3. Was im Absatz 2 § 490 als nothwendige Konsequenz der im Absatz 1 getroffenen Bestimmung verfügt ist, bezieht sich auf die Unterbrechung der Verjährung.

4. Der Inhalt des dritten Absatzes Satz 1 geht analog dem § 478. Die formellen Voraussetzungen des § 485 beziehen sich von selbst auch hieher (Ebenso Planck, II, 207; Oertmann, S. 211.) Dieser § 485 führt auch in der Richtung des § 490 Abs. 3 Satz 2 zu im Wesentlichen gleichem Ergebnisse, wie die Beschränkung in § 479 (Oertmann, S. 211.)

§. 491.

Der Käufer eines nur der Gattung nach bestimmten Thieres kann statt der Wandelung verlangen, daß ihm an Stelle des mangelhaften Thieres ein mangelfreies geliefert wird. Auf diesen Anspruch finden die Vorschriften der §§ 488 bis 490 entsprechende Anwendung.

E. I, 408, II, 426, III, 485.

Der hier gewährte weitere Rechtsbehelf entspricht demjenigen des § 480. Vgl. die dortigen Bemerkungen. Das in § 480 Abs. 1 u. 2 Vorgeschriebene gilt gemäß § 481 auch hieher, vorbehaltlich dessen, was in den §§ 488, 489, 490 eigens bestimmt ist.

§ 492.

Uebernimmt der Verkäufer die Gewährleistung wegen eines nicht zu den Hauptmängeln gehörenden Fehlers oder sichert er eine Eigenschaft des Thieres zu, so finden die Vorschriften der §§ 487 bis 491 und, wenn eine Gewährfrist vereinbart wird, auch die Vorschriften der §§ 483 bis 485 entsprechende Anwendung. Die im § 490 bestimmte Verjährung beginnt, wenn eine Gewährfrist nicht vereinbart wird, mit der Ablieferung des Thieres.

E. I, 411; II, 427; III, 486.

1. Wie schon früher zu § 482 Bem. II angedeutet wurde, kann die gesetzliche Haftung für die zu den sog. Hauptmängeln zu rechnenden Fehler durch Vertrag erweitert werden, und zwar insbesondere in der Art, daß die Haftung des Verkäufers

auch auf noch andere, als die ebenbezeichneten Fehler, sowie auf eigens zugesicherte Eigenschaften (vgl. Bem. zu § 459 Abs. 2) erstreckt wird. Für solche Fälle gibt § 492:

2. Anweisung über die rechtliche Behandlung derselben. Es geschieht dies in Gestalt der Verweisung auf vorausgehende Vorschriften für die gesetzliche Haftung zu „entsprechender Anwendung". Bei dieser Verweisung zeigt sich jedoch eine Unterscheidung.

Für eine solche vertragsmäßige Haftung besteht nämlich an und für sich keine Gewährfrist. Eine solche ist im B.G.B. selbst nur für die gesetzliche Haftung vorgesehen. Es kommt nun darauf an, ob im Bereiche der in gedachter Weise vertragsmäßig vorgesehenen erweiterten Haftung auch eine Gewährfrist vereinbart wurde, oder nicht. Im letzteren Falle finden nur die eine Gewährfrist nicht voraussetzenden Vorschriften der §§ 487 bis 491 hieher Anwendung und zwar der § 490 mit der im Schlußsatze des § 492 beigefügten Abmäßigung.

Ist dagegen auch eine Gewährfrist vereinbart, so werden nicht nur jene §§ 487 bis 491, sondern auch die §§ 483, 484, 485 anwendbar. Für die im § 484 behandelte Rechtsvermuthung tritt hiebei der vertragsmäßig zu vertretende anderweitige Mangel an die Stelle eines Hauptmangels. Die fragliche Rechtsvermuthung entfällt aber ganz, wenn die dabei vorausgesetzte Gewährfrist eben nicht vereinbart wurde.

3. Im Geschäftsleben kommt es häufig vor, daß Seitens des Verkäufers versichert wird, er hafte für alle Mängel. E. I § 409 hatte deßfalls für die Viehgewährschaft die Bestimmung vorgeschlagen: „Ein allgemeines Versprechen des Veräußerers, wegen alter Mängel haften zu wollen, ist nur auf die Hauptmängel zu beziehen." (M. II, 263.) Im E. II § 428 hatte der Satz durch die Beifügung der Worte „im Zweifel" schon nur mehr den Charakter einer Auslegungsregel. Im Reichstage wurde sie vollends gestrichen, weil Gefahr bestehe, daß dadurch dem geschäftsgewandteren Verkäufer ein bequemes Mittel gewährt würde, den geschäftsungewandteren Käufer zu benachtheiligen, jene Beschränkung auch der muthmaßlichen Absicht der Parteien zuwiderlaufen könnte. So schon in der Kommission, und dabei blieb es auch in 2. Lesung des Plenums. (R.T.K. S. 40; R.T.St.B. S. 60.) Nach diesen Verhandlungen erscheint die Frage dem richterlichen Ermessen anheim gestellt. Es ist im einzelnen Falle zu prüfen, was die Parteien wirklich gewollt haben. Dabei ist es gewiß richtig, wenn Planck, II S. 268, betont, wie sehr es eben darauf ankomme, ob man es nur mit allgemeinen Anpreisungen zu thun habe, oder mit einer wirklichen ernstlichen Uebernahme einer erweiterten Haftung.

§ 493.

Die Vorschriften über die Verpflichtung des Verkäufers zur Gewährleistung wegen Mängel der Sache finden auf andere Verträge, die auf Veräußerung oder Belastung einer Sache gegen Entgelt gerichtet sind, entsprechende Anwendung.

E. II, 429, III, 490.

Die auf die ganze Paragraphenreihe von 459 bis 492 sich beziehende Bestimmung (Planck, II S. 268, Oertmann, S. 212 mit Recht gegen Endemann, Einf. § 161 Anm. 23) entspricht dem § 445.

III. Besondere Arten des Kaufes.

Vorbemerkungen.

I. Unter dieser Ueberschrift behandelt das B.G.B. in eigener Abtheilung solche Formen des Kaufvertrags, welche durch bestimmte besondere Nebenbestimmungen ein eigenartiges Gepräge erhalten. Aus diesem Gesichtspunkte sind eigens geregelt:

1. der Kauf nach Probe und auf Probe (§§ 494 bis 496);
2. der Wiederkauf (§§ 497 bis 503);
3. der Vorkauf (§§ 504 bis 514).

Der auch mit Sonderbestimmungen ausgestattete Erbschaftskauf ist behandelt im Erbrechte unter §§ 2371 bis 2385.

II. 1. Im E. I §§ 474, 475 (vgl. M. II, 337) waren auch noch besondere Vorschriften aufgenommen gewesen über den „Kauf mit Vorbehalt eines besseren Angebots" (in diem addictio). Die II. Komm. hat nach P. II, 77 diese zwei Paragraphen einfach gestrichen und zwar in der Erwägung, „daß das römisch-rechtliche Institut der addictio in diem im heutigen Rechtsverkehr eine nur mehr untergeordnete Rolle spiele und deßhalb als dem Rechtsleben fremd geworden anzusehen sei. Hiezu komme, daß auch schon die Vorschläge des E. I dem Käufer nicht die dingliche Wirkung und ein Vorkaufsrecht, wie sie nach römischem Rechte mit der addictio in diem verbunden gewesen seien, zu gewähren gedächten". Wenn etwas Aehnliches jetzt erzielt werden will, wie ehedem mit dem fraglichen Rechtsinstitute, so muß eben zur Festsetzung einer Vertragsbedingung oder eines Rücktrittsrechtes gegriffen werden.

2. Wegen des Vorbehalts der Rechtsverwirkung (lex commissoria) beim Kaufe, namentlich eines Rücktritts bei nicht rechtzeitiger Zahlung des Kaufpreises s. die allgemeinen Vorschriften in §§ 346 fg., insbesondere §§ 357, 358, 360, sowie auch § 455.

3. Nicht erwähnt ist im B.G.B. auch der Kauf zur Probe. Für ihn gilt nichts Besonderes. Denn beigefügt ist nur der „Ausdruck eines Beweggrundes" (Oertmann, S. 213) und der Aussicht, daß möglicher Weise noch mehr gekauft werden könnte. Der Kauf des Probegegenstandes ist daher eben auch nur ein gewöhnlicher Kauf.

III. Die Frage, ob und inwieweit die Bestimmungen über den Kauf auch auf die sog. Zwangsenteignung Anwendung finden können und müssen, bemißt sich nach jener Gestaltung des ganzen Rechtsinstituts, welche dem letzteren durch die in Art. 109 vorbehaltene Landesgesetzgebung zugewiesen ist. Wichtig ist die Frage namentlich in der Richtung, ob und inwieweit hier von einer Haftung für Mängel im Rechte oder an der Sache nach Maßgabe der Vorschriften über den Kauf die Rede sein kann.

I. Kauf nach Probe. Kauf auf Probe.

§ 494.

Bei einem Kaufe nach Probe oder nach Muster sind die Eigenschaften der Probe oder des Musters als zugesichert anzusehen.

E. I, 491; II, 430; III, 489.

1. Der Kauf nach Probe oder Muster ist rechtlich ein weder mit einer aufschiebenden, noch mit einer auflösenden Bedingung, also unbedingt abgeschlossenes Rechtsgeschäft. Es liegt nur eine Nebenbestimmung dahin vor, daß die Kaufsache von einer bestimmten Beschaffenheit sein müsse, wie solche durch eine gegebene Probe oder durch ein Muster festgestellt werde. Das B.G.B. konnte sich daher auch hier in § 494 ganz kurz fassen. Im Allgemeinen finden durchaus die regelmäßigen Bestimmungen über den Kauf Anwendung. Das Gesetz hat nur eigens festgelegt, daß bei einem Kaufe fraglicher Art die Eigenschaften der Probe oder des Musters als zugesichert anzusehen sind. Das Verhältniß ist also nach § 459 Abs. 2 und eventuell den damit zusammenhängenden sonstigen Vorschriften über Mängelhaftung zu behandeln.

Mit Recht betont übrigens Oertmann, S. 213, unter Hinweisung auf Entsch. d. O.H.G. Bd. 2 S. 418 fg., daß durch den Parteiwillen und ein dadurch geschaffenes Uebereinkommen die Probemäßigkeit der Waare zu einer förmlichen (aufschiebenden oder auflösenden) Vertragsbedingung erhoben werden kann. Ist dieses geschehen und dadurch in der einen oder anderen Weise der ganze Vertrag von vorneherein in Frage gestellt, so liegt überhaupt kein Kauf nach Probe im Sinne des § 494 B.G.B. vor.

2. In der Behandlung des Kaufs nach Probe folgt das B.G.B. namentlich dem Art. 340 des älteren H.G.B., auch dem § 907 des sächsischen G.B. Es können daher die bisherigen Ergebnisse der Rechtsprechung zu diesen Vorläufern in der Gesetzgebung auch hieher in Bezug genommen werden.

Eigens bemerkt ist in M. II, 333 Folgendes:

> „In Ansehung der Verpflichtung des Käufers, die ihm eingehändigte Probe aufzubewahren und vor Schaden zu behüten, solche im Prozesse vorzulegen, sowie in Ansehung der Beweislast über die Identität der Probe oder über die Probemäßigkeit der Kaufssache im Falle des Verlustes oder der Veränderung der Probe finden sich, meist im Einklange mit den deßfallsigen Erörterungen der Doktrin und Rechtsprechung, in einem Theile der bestehenden Gesetzgebung noch weitere Bestimmungen. Die Aufnahme derartiger Bestimmungen, auch soweit sie zweifellos materiell-rechtlicher Natur sind, ist jedoch überflüssig und wäre andererseits nicht durchaus unbedenklich. Es handelt sich um Fragen, welche feststehen oder für die Entscheidung keine besonderen Schwierigkeiten bieten, deren Lösung aber, soferne sie im Einzelfalle Zweifel erregen kann, der Wissenschaft und Praxis an der Hand der einschlagenden allgemeinen Grundsätze überlassen bleiben muß."

Im Anschluß an diese Ausführung verweisen die M. II, 333 insbesondere auf die Entscheidungen in Seufferts Archiv VII Nr. 304, XXIII Nr. 274, XXIV Nr. 178, XXXI Nr. 325, 326, XXXII Nr. 97, XXXIV Nr. 312.

So ganz überflüssig, wie es in den Motiven vermeint ist, wären aber weitere Gesetzesbestimmungen nach jenen Richtungen denn doch nicht gewesen. Denn die Antworten auf die bezüglichen Fragen sind keineswegs so feststehend und einfach, als dort geltend gemacht wurde, wie in dem Nachfolgenden wenigstens zur Andeutung kommen wird. Nachdem aber einmal die Gesetzgeber des B.G.B. sich, wie in so manchen anderen heiklen Dingen, auch hier auf den bequemen Standpunkt des Unberührtlassens gestellt haben, muß man sich eben damit abfinden.

3. Die Abgabe der Probe selbst Seitens des Verkäufers kann in verschiedener rechtlicher Gestalt vorkommen, nämlich:

a) als selbständiger Verkauf zur Probe (s. oben S. 240) oder
b) als vorläufiger Theil der Hauptleistung selbst, so daß die Probe in diese selbst eingerechnet wird, oder
c) als nicht mit Preis zu belegende Verabreichung eines kleinen Quantums zur bloßen Ansicht, Prüfung und seinerzeitigen Vergleichung (z. B. Musterstückchen von Geweben, Musterdütchen mit Getreidesorten, Mehlen u. dgl., Probefläschchen mit Weinen u. dergl.),
d) als bloße Hingabe zur An- und Einsicht.

Welche dieser und ähnlicher Formen als vorliegend anzunehmen ist, bemißt sich nach den Umständen, insbesondere nach der Beschaffenheit der Probe und der Absicht der Parteien. Danach wird sich meistens einer der Fälle nach c oder auch d ergeben. Eine rechtliche Verpflichtung zur Rückgabe der Probe wird in den Einzelfällen nur dann begründet sein, wenn eine Hingabe nach d erfolgt ist.

Jedenfalls muß übrigens der Empfänger der Probe in der Regel, d. h. immer dann, wenn nicht Beschaffenheit oder Werth derselben in Verbindung mit einer Rückgabepflicht solches ausschließt, als befugt angesehen werden, an der Probe diejenigen Prüfungshandlungen vorzunehmen, welche erforderlich sind, um die Beschaffenheit des Gegenstandes, soweit nöthig, zu ergründen.

4. Probemäßig kann die Waare in doppeltem Sinne sein, nämlich wenn:

a) eine absolute Gleichbeschaffenheit der Waare mit der Probe oder auch nur
b) eine relative Gleichart und Gleichwerthigkeit von Waare und Probe

vorliegt.

Was hievon im Einzelfalle als nothwendig anzunehmen ist, bestimmt sich wiederum nach den Umständen, insbesondere nach dem Willen der Parteien. Dieser Parteiwillen kann in Gestalt einer ausdrücklichen Vereinbarung zu Tage getreten, aber auch stillschweigend, insbesondere durch die Verkehrssitte, welche dem Geschäfte zu Grunde liegt, und durch die Art der Waare bestimmt und begrenzt sein. § 242 B.G.B. bekommt auch hier seine besondere Bedeutung. (Vgl. auch Entsch. d. R.G. Bd. 20 S. 32, 37, Bd. 29 S. 86.)

5. Beweislast. Diese richtet sich, Mangels besonderer Gesetzesvorschriften hierüber, nach den allgemeinen Regeln. Daß ein Kauf nach Probe, also mit der gesetzlich angenommenen Zusicherung abgeschlossen worden oder daß die Vertragserfüllung probemäßig erfolgt sei, hat zu beweisen, wer sich darauf beruft und aus dieser seiner Behauptung Rechte ableitet, also in ersterer Hinsicht gemeinhin der Käufer, in letzterer Richtung der Verkäufer. Bezüglich dieses Grundsatzes besteht im Allgemeinen Uebereinstimmung. (Vgl. Oertmann, S. 213 fg.; s. auch Entsch. d. O.H.G. Bd. 2 S. 179; Bd. 6 S. 337; Bd. 12 S. 7 fg.)

In Einzelnheiten aber bestehen, wie früher, auch jetzt schon wieder Meinungsverschiedenheiten. Die neuere Lehre (Oertmann, S. 214; Staub, Komm. zu Art. 240 des älteren H.G.B.) geht, etwas abweichend von früheren Urtheilen, vor allem dahin, daß die Beweislast für die Behauptung, es sei „nach Probe" abgeschlossen worden, auch den Beweis in sich schließt, nach welcher Probe gekauft wurde. Daß ferner die besondere Beweisvorschrift des § 363 B.G.B. hier ebenfalls einschlägt, ist nicht wohl zu bezweifeln. Ueber einen anderen Fall der Verschiebung der Beweislast s. nachher Ziff. 6. Weiter ist streitig, ob für den Genuskauf andere Beweisverhältnisse als maßgebend zu betrachten seien. (Gegen ältere Rechtssprüche s. Staub a. a. O. und Oertmann a. a. O.)

6. Aufbewahrung und Vorlage der Probe. Beides liegt im Interesse der Beweisführung für beide Theile. Schon die wichtige Erkenntniß dessen bringt für denjenigen, welcher die Probe in Händen hat — was sowohl der Verkäufer, wie der Käufer sein kann —, ganz von selbst die Nothwendigkeit mit sich, so viel als möglich die Probe in gutem Zustande zu erhalten, bis das Rechtsgeschäft abgewickelt oder wenigstens die Probemäßigkeit erwiesen oder auch die Probewidrigkeit beweiskräftig (inner- oder außerhalb des Prozesses) festgestellt ist. Hat der Beweisführer die Probe in Händen, so muß er sie von selbst auch vorlegen. Aber auch der Gegentheil kann dies zur Führung seines Gegenbeweises beanspruchen. Ebenso kann derjenige, welcher die Probe nicht in Händen hat, gleichwohl aber beweispflichtig ist, die Vorlage von seinem Gegner fordern, welcher ihm nicht eigenwillig und gegen Treu und Glauben die Beweisführung unmöglich machen

darf. Aus diesem Grunde nimmt die Doktrin (Oertmann, S. 214; Cosack, Lehrb. I S. 242) an, daß den Käufer auch die Beweislast für die Probemäßigkeit des Kaufsgegenstandes trifft, wenn durch einen von ihm zu vertretenden (also nicht rein kasuellen) Vorgang bei ihm die Probe zur Vernichtung oder Unbrauchbarkeit gekommen ist. Der Beweispflichtige muß in solchem Falle eben seinen Beweis mit anderen Beweismitteln liefern. Dies gilt für den bezüglichen Beweispflichtigen namentlich auch dann, wenn (z. B. in einem Falle nach obiger Bem. 3 c) durch die bestimmungsgemäße Benützung der Probe diese vernichtet, verbraucht oder beschädigt wurde.

§ 495.

Bei einem Kaufe auf Probe oder auf Besicht steht die Billigung des gekauften Gegenstandes im Belieben des Käufers. Der Kauf ist im Zweifel unter der aufschiebenden Bedingung der Billigung geschlossen.

Der Verkäufer ist verpflichtet, dem Käufer die Untersuchung des Gegenstandes zu gestatten.

E. I, 471, 472; II, 431; III, 490.

1. Natur des Rechtsverhältnisses im Allgemeinen. Bei dem wirklichen sog. Kauf auf Probe,*) auf Besicht liegt nicht etwa bloß das Angebot (die Offerte) eines erst abzuschließenden Kaufvertrags vor. Begriffsgemäß wird vorausgesetzt, daß ein schon abgeschlossener Kaufvertrag mit allen Erfordernissen eines solchen (Bestimmung des Kaufsgegenstandes und Preises, Einigung und Bindung der Parteien 2c.) vorliegt, aber abgeschlossen unter einer Bedingung. Die eigenartige Bedingung besteht hier darin, daß die Wirksamkeit des Kaufvertrags nur dann eintritt, wenn der geleistete oder zu leistende Kaufsgegenstand dem Käufer entspricht, seine Billigung findet.

2. Die Bedingung kann an und für sich sowohl aufschiebender als aufhebender Natur sein. (Vgl. Windscheid-Kipp, II § 387.) Ob das Eine oder Andere der Fall sein soll, ist nach dem Standpunkte des B.G.B. zunächst der Bestimmung und Vereinbarung durch die Parteien anheimgestellt. Wurde (ausdrücklich oder nach den Umständen) nichts eigenes vereinbart oder begegnet die Vereinbarung einem Zweifel, so greift die im § 495 Abs. 1 Satz 2 aufgestellte Auslegungsregel ein, daß eine aufschiebende Bedingung der Billigung anzunehmen ist. (S. deßfalls auch Art. 339 des älteren H.G.B.)

3. Billigung oder Nichtbilligung steht nach § 495 Abs. 1 ganz im subjektiven Belieben des Käufers. Mit Recht betont aber Planck, II S. 270, daß es sich doch bei der Billigung oder Nichtbilligung keineswegs um ein ganz uneingeschränktes Wollen oder Nichtwollen des Käufers handelt. Das bereits bestehende Rechtsverhältniß erfordert definitive Feststellung seiner Wirksamkeit. Aus diesem Gesichtspunkte hat das Gesetz die Aeußerung der Billigung oder Nichtbilligung mit einer Fristbestimmung verbunden. Näheres darüber s. beim § 496.

Zutreffend führt Oertmann S. 215 aus, daß jenes subjektive Belieben durch den Vertragswillen der Parteien auch eine Einschränkung auf einen mehr objektiven Standpunkt, insbesondere auf den der Beifallwürdigkeit erfahren kann. Ebenso kann das Mißbilligungsbelieben beschränkt werden auf den gerade gelieferten Gegenstand, so daß auch im Falle der Mißbilligung ein Kaufsgeschäft bestehen bleibt und nur ein anderer Gegenstand zu liefern ist. In diese Kategorie gehört die Bedingung des „Umtausches", wie sie besonders häufig bei Geschenken für Dritte mit Rücksicht auf deren Bedarf oder Geschmack vorkommt.

4. Bis zur Erledigung der Bedingungsfrage sind bereits beide Theile gebunden. Dieser rechtliche Zustand äußert sich besonders auch darin, daß von keiner Partei mehr einseitig eine andere Preisbestimmung getroffen werden kann, und daß dem Käufer ein Präjudiz für Nichterklärung gesetzt ist. E. I § 471 hatte ursprünglich nur eine Bindung des Verkäufers zum Ausdrucke gebracht. Vgl. M. II, 334. Der Standpunkt des Gesetzes ist offenbar ein anderer.

5. Ist durch eine (ausgesprochene oder aus den Umständen zu entnehmende) Billigung des Käufers die aufschiebende Bedingung eingetreten oder eine vereinbarte auflösende

*) Noch heute sehr bemerkenswerth ist die treffliche Abhandlung, welche schon vor Jahrzehnten Goldschmidt im ersten Bande seiner neubegründeten Zeitschrift für Handelsrecht S. 664 fg. veröffentlicht hat.

Bedingung weggefallen, so treten nunmehr alle Wirkungen eines Kaufvertrags ein, insbesondere auch hinsichtlich des Uebergangs der Gefahr in Bezug auf Untergang oder Verschlechterung der Sache auf den Käufer beim aufschiebend bedingten Geschäfte (Planck, II S. 270; Oertmann, S. 215), der Haftung des Verkäufers für Mängel im Rechte und an der Sache u. s. w. (Vgl. M. II, 334.) Wegen Rückwirkung vgl. § 159 B.G.B.

6. Für die Beweislast gelten die gleichen Grundsätze, wie bei anderen bedingten Rechtsgeschäften.

7. Die Zusprechung des Untersuchungsrechtes nach Abs. 2 § 495 schneidet bezügliche Irrungen zwischen den Betheiligten ab. Sie soll namentlich einer chicanösen Vorenthaltung der Probe durch den Verkäufer begegnen, wenn dieser nachgerade Lust oder Interesse verspüren sollte, die Billigung des Käufers ferne zu halten.

Die Ausübung jenes Rechtes ändert natürlich nichts an dem freien Billigungsbelieben des Käufers. Insbesondere ist diese Rechtsausübung auch ohne Präjudiz in der Richtung des § 464 B.G.B. Das Untersuchungsrecht ist selbständig klag- und erzwingbar. (Vgl. C.P.O. § 888.) Aus der Anerkennung eines Rechtes des Käufers auf Untersuchung durch ihn selbst oder für ihn durch beauftragte Dritte folgt, daß auch der Verkäufer sich dasjenige gefallen zu lassen hat, was an dem Kaufsgegenstande selbst etwa im normalen Laufe des Vorgangs durch die Untersuchung geändert werden sollte. Die Kosten der Untersuchung hat der Käufer zu tragen, wenn nichts anderes vereinbart ist oder nach den Umständen als vereinbart anzunehmen sein sollte. Der Käufer hat selbstverständlich den Probegegenstand sorgsam aufzubewahren, soweit solches unbeschadet der Untersuchung thunlich ist. Anormale Beschädigungen &c. des Untersuchungsgegenstandes durch den Käufer oder dessen Beauftragte hat der Käufer nach den Grundsätzen über unerlaubte Handlungen und Entschädigungspflicht zu vertreten, ebenso auch außerhalb des Untersuchungsvorgangs in Bezug auf den bei ihm befindlichen Kaufsgegenstand.

§ 496.

Die Billigung eines auf Probe oder auf Besicht gekauften Gegenstandes kann nur innerhalb der vereinbarten Frist und in Ermangelung einer solchen nur bis zum Ablauf einer dem Käufer von dem Verkäufer bestimmten angemessenen Frist erklärt werden. War die Sache dem Käufer zum Zwecke der Probe oder der Besichtigung übergeben, so gilt sein Schweigen als Billigung.

E. I, 479; II, 492; III, 493.

1. Vorstehende Bestimmung enthält die charakteristische Ergänzung des § 495. Sie folgt dem älteren H.G.B. Art. 339 und sächsischen G.B. § 1104.

2. Die Fristbestimmung kann erfolgt sein, beziehungsweise erfolgen entweder
   a) durch eine ausdrückliche oder auch aus den Umständen, insbesondere mit Rücksicht auf die Verkehrssitte (Planck, II S. 270) zu entnehmende Vereinbarung der Parteien, oder auch Mangels derselben
   b) durch eine nach § 496 zu vollziehende Provokation des Verkäufers.

3. Die Fristsetzung des Verkäufers muß den Käufer den Zweck derselben erkennen lassen, wenn auch nicht gerade eine förmlich stylisirte Aufforderung zur Erklärung zu erfordern ist.

4. Die Bestimmungen des § 496 gelten gleichmäßig, mag die Bedingung nach Vertrag oder Gesetz als aufschiebende oder auflösende zu betrachten sein. Ist ein bloßes Rücktrittsrecht vorbehalten, so greift der analoge § 355 ein.

5. Das Präjudiz, unter welchem die Nichterklärung binnen der Frist (vgl. deßfalls auch § 130 B.G.B.) steht, ist verschieden, je nachdem die Sache dem Käufer eigens zum Zwecke der Probe oder Besichtigung übergeben war oder nicht. Im ersteren Falle gilt die Nichterklärung als Billigung. Im entgegengesetzten Falle ist mittelst arg. a contr. eine stillschweigende Ablehnung anzunehmen. Beides aber nur unter der Voraussetzung, daß bei der dispositiven Natur der Gesetzesvorschrift nicht etwa von den Parteien etwas anderes bestimmt wurde.

2. Wiederkauf.

Vorbemerkungen.

I. Unter der Bezeichnung „Wiederkauf" behandelt das B.G.B. eine weitere beim Kaufe vorkommende Klausel, welche schon dem früheren Rechte bekannt war. (Vgl. für das gemeine

Recht Windscheid-Kipp, Pand. II § 383 S. 599; B.L.R. Thl. IV cap. 4 § 15; P.L.R. Thl. I Tit. 11 §§ 296, 311; sächsisches G.B. §§ 1131, 1134; code civil Art. 1659, 1664.) Das B.G.B. läßt den „Vorbehalt des Wiederkaufs" (§ 497)

1. nur mit obligatorischer Wirkung zu. Die Verschaffung einer dinglichen Wirksamkeit, sohin auch gegen am Vertrage nicht betheiligte Dritte, etwa durch Eintragung im Grundbuche, ist im B.G.B. nicht vorgesehen. „Auch der Umstand, daß der dritte Erwerber das obligatorische Recht des Wiederkaufsberechtigten gekannt hat, gibt dem Berechtigten keinen Anspruch gegen den Dritten, weder einen solchen auf Uebergabe des Gegenstandes, noch auf Schadensersatz." (M. II, 539 fg.) Die Eintragung einer Vormerkung des Wiederkaufsanspruches zur Sicherung desselben erscheint dagegen nach §§ 883 fg. statthaft. (Oertmann, S. 217; Planck, II S. 271; Cosack, Lehrbuch I § 132 S. 458.)

2. Dem Gegenstande nach ist das Wiederkaufsrecht unbeschränkt. Was Gegenstand des Kaufes sein kann, ist auch dem Wiederkaufsrechte unterstellbar.

3. Die Rechtsnatur des Wiederkaufsrechtes hat das B.G.B. nicht näher bestimmt, vielmehr sich darauf beschränkt, in den §§ 497 fg. eine Reihe positiver Rechtsvorschriften im Einzelnen zu geben. Wie nun die theoretische Rechtsauffassung der fraglichen Vertragsklausel im Allgemeinen sich zu gestalten habe, darüber sind die Meinungen bereits sehr getheilt. Man nahm schon an eine Art von Vorvertrag, ein Rücktrittsrecht, ein Recht auf Einlösung oder Rückforderung des Kaufsgegenstandes (so Schollmeyer, Einzelne Schuldverhältnisse S. 23), weiter eine unwiderrufliche Kaufofferte des ersten Verkäufers (Planck, II S. 271), eines bedingten Rückkaufs (Oertmann, S. 217). Letzteres hat noch das Meiste für sich. Vollbefriedigend ist keine dieser Konstruktionen, die eine und andere (z. B. die Planck'sche) ist überhaupt abzulehnen. Uebrigens hat diese ganze Konstruktionsfrage, so sehr sie auch dem Theoretiker zusagen mag, für die Praxis gar wenig Werth, eben weil, wie schon angedeutet, die einzelnen Hauptkonsequenzen gesetzlich festgelegt sind, gleichviel, wie der Theoretiker sich die Grundanschauung zurecht richten mag. Auch findet der „Wiederkauf" im praktischen Rechtsleben keine häufige Anwendung, am meisten noch in einer Gestalt, in welcher er gesetzlich ausgeschlossen oder wenigstens eingeschränkt ist. Diese Gestaltung fällt

4. nicht selten in das Gebiet der Wuchergesetzgebung (St.G.B. § 302a; B.G.B. § 138). Aus diesem und anderem Grunde bestehen auch für die sogenannten Rückkaufshändler besondere gewerberechtliche Vorschriften. Vgl. Gew.O. § 34 Abs. 2 mit Art. 3 Nr. III der Novelle vom 30. Juni 1900 (R.G.Bl. S. 322). S. ferner E.G. z. B.G.B. Art 94. Der Inhalt jenes Art. 3, III berührt auch die civilrechtlichen Verhältnisse.

II. Bezüglich des Kaufs unter Vorbehalt des Wiederverkaufsrechtes schreiben M. II, 342 wörtlich:

> „Dieser ist so selten, daß für das Gesetz kein Anlaß besteht, ihn besonders hervorzuheben. Zudem wird das Geschäft, wenn es vorkommt, meist als Vorbehalt des Neurechtes sich darstellen. Die in der (älteren) Gesetzgebung sich findende Vorschrift, daß vorkommenden Falles auf den Vorbehalt des Wiederverkaufs die Vorschriften über den Vorbehalt des Wiederkaufs Anwendung finden, ist so allgemein und unbestimmt, daß damit schwerlich mehr erreicht wird, als sich von selbst versteht."

Vgl. auch Oertmann, S. 217.

§ 497.

Hat sich der Verkäufer in dem Kaufvertrage das Recht des Wiederkaufs vorbehalten, so kommt der Wiederkauf mit der Erklärung des Verkäufers gegenüber dem Käufer, daß er das Wiederkaufsrecht ausübe, zu Stande. Die Erklärung bedarf nicht der für den Kaufvertrag bestimmten Form.

Der Preis, zu welchem verkauft worden ist, gilt im Zweifel auch für den Wiederkauf.

E. I, 476, 477; II, 433; III, 492.

1. Als positive Regel ergibt sich aus § 497 zunächst der allgemeine Satz: Der Vorbehalt eines Wiederkaufs ist an und für sich civilrechtlich zulässig. Inwieweit etwa ein Defekt aus dem Gesichtspunkte anderer Vorschriften (vgl. Vorbem. I Nr. 4) sich ergibt, bemißt sich nach letzteren.

2. Das Wiederkaufsrecht erfordert die Vereinbarung eines dem ersten Kaufvertrag angefügten ausdrücklichen Vorbehaltes. Hiefür gilt in Ansehung der Form dasselbe Erforderniß (beziehungsweise Nichterforderniß) wie beim

Kaufe selbst. — In der Regel wird der Vorbehalt sofort beim Kaufsabschluß eingelegt. Es ist aber nicht ausgeschlossen, daß er auch nachträglich in besonderem Rechtsgeschäft hergestellt werden kann (vgl. E. I, 476, und M. II, 339. Ebenso Planck, II, 271; Oertmann, S. 218).

3. Das Wiederkaufsrecht ist ein mit dessen Existentwerdung erworbenes selbständiges Recht, daher auch übertragbar und vererblich, soweit nicht anderweitige Vereinbarungen entgegenstehen. (M. II, 341.) Es kann auch Gegenstand der Zwangsvollstreckung und des Konkursverfahrens sein. (Ergibt sich auch aus § 499 Satz 2.)

4. Der Wiederkaufspreis unterliegt zunächst freier Vereinbarung, wie der ursprüngliche Kaufpreis. Als Wiederkaufspreis kann insbesondere auch der Schätzwerth bestimmt werden, den der Gegenstand der Berechtigung zur Zeit des Wiederkaufs hat. Für diesen Fall enthält § 501 eine besondere Bestimmung. Liegt keine Vereinbarung vor oder gibt deren Inhalt Zweifeln Raum, so greift die Auslegungsregel des Abs. 2 § 497 Platz, wonach der Verkaufspreis im Zweifel auch als Wiederkaufspreis gilt.

5. Die Ausübung des Wiederkaufsrechtes erfolgt lediglich durch eine innerhalb der Frist des § 503 B.G.B. abzugebende Erklärung des Verkäufers gegenüber (also schriftlich oder mündlich) dem Käufer dahin, daß Ersterer das Wiederkaufsrecht ausübe. Diese einseitige, empfangsbedürftige Willenserklärung erfordert, auch wenn der Kaufvertrag selbst einer besonderen Form bedurft haben sollte, weder diese noch eine andere besondere Form. Denn die Rechtswirksamkeit der Erklärung, daß das fragliche Recht ausgeübt werden wolle, hat ihre Rechtsgrundlage schon im ersten Kaufvertrage, dessen rechtsförmliche Abschließung natürlich vorauszusetzen ist und hier fortwirkt. Die einfache Thatsache der Abgabe und des Empfanges jener Erklärung, welche unwiderruflich ist (Cosack, Lehrbuch I § 132 S. 457), bringt den Wiederverkauf „zu Stande", d. h. das vorbehaltene Rechtsgeschäft des Wiederverkaufs zur rechtlichen Vollendung, ohne daß es eines weiteren Rückkaufsvertrages bedürfte. Alles dieses vollzieht sich aber nur auf obligatorischem Gebiete, auf welchem sich allein die §§ 497 fg. bewegen. Eine unmittelbare dingliche Wirkung übt die Rückkaufserklärung noch nicht aus. Sie bewirkt also auch keinen unmittelbaren dinglichen Rückfall der bereits vollzogenen Kaufsleistungen (Oertmann, S. 218). Wohl aber erzeugt jene Wiederkaufserklärung des Wiederverkaufs von selbst bestimmte Verpflichtungen des Wiederverkäufers, auch die dingliche Seite des Verhältnisses zu ordnen (vgl. §§ 498, 499).

§ 498.

Der Wiederverkäufer ist verpflichtet, dem Wiederkäufer den gekauften Gegenstand nebst Zubehör herauszugeben.

Hat der Wiederverkäufer vor der Ausübung des Wiederkaufsrechts eine Verschlechterung, den Untergang oder eine aus einem anderen Grunde eingetretene Unmöglichkeit der Herausgabe des gekauften Gegenstandes verschuldet oder den Gegenstand wesentlich verändert, so ist er für den daraus entstehenden Schaden verantwortlich. Ist der Gegenstand ohne Verschulden des Wiederverkäufers verschlechtert oder ist er nur unwesentlich verändert, so kann der Wiederkäufer Minderung des Kaufpreises nicht verlangen.

E. I, 478; II, 434; III, 493.

1. Die aus dem zu Stande gebrachten Wiederkaufe für beide Theile entspringenden obligatorischen Verpflichtungen liegen analog denjenigen, welche das B.G.B. in § 433 dem Verkäufer und Käufer auferlegt. Nur ist natürlich die Parteirolle eine umgekehrte. Eine dieser obligatorischen Verpflichtungen hebt § 498 im Abs. 1 besonders hervor, keineswegs aber in dem Sinne, als ob diese die einzige wäre. Der Grund, warum sie eigens ausgesprochen wurde, erhellt aus den Worten „nebst Zubehör". (Vgl. Planck, II S. 272.)

2. Mit dem Wiederkaufsgegenstande ist vom Käufer und Wiederverkäufer auch das Zubehör des ersteren herauszugeben. Ueber den Begriff des Zubehörs s. §§ 97 fg. Die Herausgabepflicht erstreckt sich auch auf dasjenige Zubehör, welches sich in der Zwischenzeit seit Vereinbarung des Wiederkaufsvorbehalts ergeben hat. (Vgl. E. I, 487.) Denn Abs. 1 § 498 begründet die Pflicht der Herausgabe in demjenigen Zustand, in welchem sich der Kaufsgegenstand zur Zeit des Abschlusses des Wiederverkaufs befindet.

Dies gilt auch dann, wenn dieser Zustand besser ist, als der frühere bei Einlegung des Wiederverkaufsvorbehalts. Wegen Ersatz von Verwendungen s. § 500. (Vgl. B.L.R. Thl. IV cap. 4 § 15.) Auf Nutzungen, welche der Käufer und Wiederverkäufer bereits gezogen hat oder hätte ziehen können, erstreckt sich die Herausgabepflicht nicht, gleichwie andererseits auch der Verkäufer und Wiederkäufer aus dem von ihm zu vergütenden Kaufs-(Wiederkaufs-)preise keine Zinsen zu entrichten hat. (So auch B.L.R. Thl. IV cap. 4 § 15. Vgl. E. I, 478, 479; M. II, 343; P. II, 83 fg., 86.)

3. Im zweiten Absatze wendet sich das Gesetz zur Regelung der Frage, wie sich die Rechtslage zu gestalten habe, wenn in der Zwischenzeit vor Ausübung des Wiederkaufsrechtes der Gegenstand desselben untergegangen ist, verschlechtert wurde oder aus einem anderen Grunde die Unmöglichkeit einer Herausgabe eingetreten ist. Bei Untergang des Gegenstandes oder bei Verschlechterung desselben oder bei sonst eingetretener Unmöglichkeit der Herausgabe kommt es darauf an, ob der Wiederverkäufer das Eingetretene verschuldet hat oder nicht. Ersteren Falles ist der Wiederverkäufer schadensersatzpflichtig. Ging der Gegenstand durch Zufall unter, so ist hiemit das darauf bezügliche Wiederkaufsrecht erloschen. (So auch Planck, II S. 273.) Jene Schadensersatzpflicht greift auch Platz bei vom Wiederverkäufer verschuldeter Verschlechterung. Liegt eine Schuld desselben in diesem Punkte nicht vor, so hat der Wiederkäufer, der ja den Wiederkauf auch unterlassen kann, die kasuelle Verschlechterung zu tragen (P. II, 86). Es steht demselben auch kein Recht zu, eine Minderung des Kaufpreises zu verlangen. (§ 498 Abs. 2 Satz 2.) Dies gilt auch bei nur theilweiser Verschlechterung. (§ 323 Abs. 1 gegen Ende greift eben hieher nicht Platz.) Hat der Wiederverkäufer den Gegenstand verändert, so fragt es sich nach § 498, ob die Veränderung wesentlich oder unwesentlich ist. Bei wesentlicher Veränderung ist der Wiederverkäufer schadensersatzpflichtig und zwar ganz unabhängig davon, ob ihm die Veränderung etwa zum Verschulden anzurechnen ist oder nicht. Bei unwesentlicher Veränderung ist der Wiederkäufer nicht einmal zu einer Minderung des Kaufpreises berechtigt (§ 498.)

4. Für den Fall, daß eine der in § 498 Abs. 2 bezeichneten Thatsachen erst nach Abschluß des Wiederkaufs eingetreten ist, liegt eine Sonderbestimmung nicht vor. Die Rechtsfolgen bemessen sich daher hier nach allgemeinen Grundsätzen. (Vgl. auch E. I § 479 Abs. 1; M. II, 343; P. II, 86.)

5. Vorkommen kann es, aber nur selten vorkommen wird es, daß der Verkäufer und nunmehrige Wiederkäufer seiner Zeit beim Abschlusse des Kaufs als Nebenleistung einen nicht bloß der Gattung nach bestimmten Gegenstand empfangen hat und daß er diesen nun nicht mehr oder nicht mehr unverändert zurückgeben kann. E. I § 479 Abs. 2 wollte für einen solchen Fall die Ausübung des Wiederkaufsrechtes überhaupt ausschließen. Die II. Komm. strich diesen Vorschlag. Erwogen wurde, daß wegen der hier vorliegenden theilweisen Unmöglichkeit der den Wiederkäufer treffenden Rückleistung schon nach allgemeinen Grundsätzen möglicherweise eine Nichtigkeit des Wiederverkaufs anzunehmen sei. (Vgl. § 306.) Uebrigens könne die Sache auch im Sinne der Schlußworte des § 139 gelagert sein (P. II, 87).

§ 499.

Hat der Wiederverkäufer vor der Ausübung des Wiederkaufsrechts über den gekauften Gegenstand verfügt, so ist er verpflichtet, die dadurch begründeten Rechte Dritter zu beseitigen. Einer Verfügung des Wiederverkäufers steht eine Verfügung gleich, die im Wege der Zwangsvollstreckung oder der Arrestvollziehung oder durch den Konkursverwalter erfolgt.

E. I, 478; II, 434; III, 494.

1. Die an den § 434 erinnernde Bestimmung des § 499 beruht auf der Grundanschauung, daß der Käufer und Wiederverkäufer durch eine Verfügung der fraglichen Art in die Wiederkaufsberechtigung effektiv eingreift, daher auch verpflichtet ist, dafür einzustehen, ohne Unterschied, ob ihn dabei ein eigentliches Verschulden trifft oder nicht. Diese Verpflichtung ist auch nicht davon abhängig gemacht, ob der Wiederverkäufer bei der Verfügung den Bestand des Wiederverkaufsrechtes gekannt hat oder nicht. Ebendeßhalb obliegt die Verpflichtung namentlich auch dem Rechtsnachfolger, insbesondere Erben des ursprünglichen Käufers.

2. Gegenstand der Verpflichtung ist zunächst die Beseitigung des der Ausübung des Wiederkaufsrechtes entgegengetretenen Hindernisses. Ergibt sich die Unmöglichkeit dessen, so kann an die Stelle der primären Verpflichtung eine Schadensersatz-

pflicht treten (vgl. des Näheren B.G.B. §§ 283 fg.; §§ 325 fg. nebst Bem. dazu; M. II, 343; P.L.R. Thl. I Tit. II § 298 fg.; sächsisches G.B. §§ 1109, 1132).

3. Zu Satz 2 § 499 vgl. B.G.B. § 353 Abs. 2 nebst Bem.

§ 500.

Der Wiederverkäufer kann für Verwendungen, die er auf den gekauften Gegenstand vor dem Wiederkaufe gemacht hat, insoweit Ersatz verlangen, als der Werth des Gegenstandes durch die Verwendungen erhöht ist. Eine Einrichtung, mit der er die herauszugebende Sache versehen hat, kann er wegnehmen.

E. I, 479; II, 435; III, 495.

1. Ersatz für Verwendungen des Wiederverkäufers auf den Gegenstand des Wiederkaufs behandelt § 500 nur insoweit, als diese Verwendungen vor Ausübung des Wiederkaufsrechtes gemacht wurden. Bezüglich der nachher stattgehabten vgl. B.G.B. § 450.

2. Umfang des Ersatzes. Mit Verwendungen, welche behufs Erhaltung des Wiederverkaufsgegenstandes nothwendig werden, genügt der Käufer und Wiederverkäufer nur einer aus § 498 entspringenden Rechtspflicht. Damit entfällt hiefür ein Ersatzanspruch. (In E. I, 479 war dies eigens ausgesprochen gewesen. Siehe auch M. II, 344. Zu gleichem Ergebniß, aber mit anderer Begründung — gegen Planck, II S. 273 — kommt Oertmann, S. 220.) Für alle anderen als solche nothwendigen Verwendungen gewährt § 500 einen Ersatzanspruch, aber nur in dem in der Gesetzesstelle eigens bezeichneten Umfange. (So auch § 996 B.G.B.) Maßgebend ist dabei die objektive Werthserhöhung des Gegenstandes selbst, nicht die Kostenhöhe für den Wiederverkäufer (Oertmann, S. 220). Zu ersetzen ist nur der Verwendungsaufwand auf die Sache selbst, nicht auch ein Aufwand zum Zweck ihrer Nutzung oder des Fruchtgenusses auf Seite des Käufers. Nach P. II, 88 wurde es als selbstverständlich betrachtet, daß auch Verwendungen zu ersetzen sind, welche erst die Erben des ursprünglichen Käufers gemacht haben. Eine Pflicht des Käufers, dem wiederkaufsberechtigten Verkäufer die Verwendungen jeweilig anzuzeigen, besteht durchaus nicht (P. II, 88).

3. Anschaffungen von Zubehörstücken waren in E. I, 479 den eigentlichen Verwendungen gleichgestellt. Dem Wortlaute nach ging das in das Gesetz nicht über, aber ohne daß die Bestimmung inhaltlich abgelehnt worden wäre.

4. Für die rechnerische Bemessung der Ersatzhöhe ist maßgebend der Zeitpunkt des Abschlusses des Wiederverkaufs. (M. II, 88.) Wegen Verzinsung vgl. B.G.B. § 256.

5. Weiter s. wegen der Verwendungen auch § 257 (Befreiung von Verpflichtungen) und § 273 (Zurückbehaltungsrecht; s. deßfalls auch P. II, 88).

6. Eine Aufrechnung der gezogenen Nutzungen aus dem Gegenstande gegen den Ersatzanspruch für Verwendungen ist rechtlich nicht begründet. Denn jene Nutzungen stehen im Wettschlage mit den Zinsen aus dem Kaufpreise. (M. II, 344.)

7. Das im § 500 Satz 2 gewährte Wegnahmerecht bezieht sich auf alle angefügten „Einrichtungen" (§ 258; s. auch P. II, 87). Bestünde ein Verwendungsersatzanspruch, so entfällt dieser natürlich, sobald das Wegnahmerecht ausgeübt wird. Wegen dieser Ausübung s. Weiteres in B.G.B. § 258.

§ 501.

Ist als Wiederkaufpreis der Schätzungswerth vereinbart, den der gekaufte Gegenstand zur Zeit des Wiederkaufs hat, so ist der Wiederverkäufer für eine Verschlechterung, den Untergang oder die aus einem anderen Grunde eingetretene Unmöglichkeit der Herausgabe des Gegenstandes nicht verantwortlich, der Wiederkäufer zum Ersatze von Verwendungen nicht verpflichtet.

E. I, 480; II, 436; III, 496.

1. Die Gesetzesstelle modifizirt die §§ 498 Abs. 2 und 500 für den Fall, daß der Wiederkaufspreis durch Vereinbarung bestimmt ist nach dem Schätzungswerthe

(nach dem objektiven Werthe), den der Wiederkaufsgegenstand zur Zeit des Wiederkaufs hat.

2. Die Modifikation bewegt sich nach zwei Richtungen, nämlich durch Ausschließung:

a) der Verantwortlichkeit des Wiederverkäufers für den Wiederkaufsgegenstand,

b) des Ersatzanspruches wegen Verwendungen.

3. Die Voraussetzungen hiefür ergeben sich aus dem § 501 von selbst. In obiger Richtung a modifizirt sich die Verantwortlichkeit des Wiederverkäufers nur insoweit, als Untergang oder Verschlechterung des Gegenstandes oder eine sonstige Unmöglichkeit der Herausgabe in Frage steht — nicht aber in Hinsicht auf die im § 498 Abs. 2 behandelte Abänderung des Gegenstandes. Auch § 499 erleidet keine Abmäßigung. (Vgl. deßfalls Planck, II S. 274 mit Oertmann, S. 221. S. auch P. II, 92.) Ebenso gilt das Wegnahmerecht nach § 500 Satz 2 auch für den Fall des § 501.

4. Die Frage, ob auch § 501 sich nur auf Vorkommnisse vor Ausübung des Wiederverkaufs beziehe, bezeichnet Oertmann S. 221 wenigstens dem Wortlaute nach als „nicht zweifelsfrei". Sie ist aber zweifellos zu bejahen, denn § 501 ist ja doch nur ein Anhängsel zu den wortklaren §§ 498 u. 500.

§ 502.

Steht das Wiederkaufsrecht Mehreren gemeinschaftlich zu, so kann es nur im Ganzen ausgeübt werden. Ist es für einen der Berechtigten erloschen oder übt einer von ihnen sein Recht nicht aus, so sind die übrigen berechtigt, das Wiederkaufsrecht im Ganzen auszuüben.

E. II, 480; III, 497.

1. Die Bestimmung des § 502 ist erst im II. Entw. eingestellt worden. M. II, 341 hatten den Inhalt derselben, d. h. wenigstens den ersten Satz des § 502 für selbstverständlich erachtet. Nach P. II, 91 wurde vor Allem die Einstellung des Grundsatzes für angezeigt befunden und zwar hauptsächlich deßhalb, weil man den Käufer und Wiederverkaufsberechtigten doch nicht wohl zum Eintritt in ein Gemeinschaftsverhältniß zwingen könne. Der jetzige zweite Satz war, als er in II. Komm. beantragt wurde, zunächst abgelehnt worden. Er wurde aber später doch noch eingestellt, nachdem das Gleiche auch zu § 513 beim Vorkaufsrechte beschlossen worden war (P. II, 91, 111).

Außer beim Vorkaufsrechte (§ 513) finden sich ähnliche Bestimmungen wie im ersten Satze des § 502 auch beim Rücktrittsrechte (§ 356) und bei der Wandelung (§ 467). Der zweite Satz des § 502 weicht aber von dem Inhalte dieser §§ 356, 467 ab. Derjenige, der sein Wiederkaufsrecht nicht ausübt oder für den es erloschen ist, wird ja eben auch durch die Ausübung des Wiederkaufsrechtes Seitens eines anderen Mitberechtigten in seinen Interessen nicht berührt. (P. II, 91).

Aus den älteren Gesetzgebungen vgl. P.L.R. Thl. I Tit. 11; § 320; sächsisches G.B. § 1135; württembergisches L.R. von 1610 Thl. II, 12 § 3, 4.

2. Ob die mehreren gemeinschaftlich Wiederkaufsberechtigten von Anfang an schon in diesem Verhältnisse gestanden haben, oder letzteres sich erst später, z. B. im Erbgang, ergeben hat, begründet keinen Unterschied.

3. Voraussetzung für die Anwendung des zweiten Satzes ist, daß bei einem der Mitberechtigten entweder das Wiederkaufsrecht erloschen ist oder der Berechtigte dasselbe nicht ausübt.

Die erstere Alternative deutet insbesondere auf § 503 hin. Die zweite Alternative kann hergestellt sein sowohl durch eine ausdrückliche Willenserklärung wie auch durch andere Thatsachen, welche den Willen des Betreffenden, von seinem Rechte keinen Gebrauch zu machen, bestimmt erkennen lassen. Ist die Voraussetzung nach Satz 2 zur Rechtsausübung durch einzelne Mitberechtigte begründet, so muß gleichwohl von diesen die Geltendmachung des Rechtes aufs Ganze erfolgen. Der Geltendmachende hat deßhalb auch seinerseits als Wiederkäufer die Gesammtverpflichtungen eines solchen zu erfüllen.

Das Vorhandensein der einen oder anderen jener Voraussetzungen muß bewiesen werden, und zwar von demjenigen, welcher sich darauf beruft, also von demjenigen anderen Betheiligten, welcher auf Grund des zweiten Satzes des § 502 das Wiederkaufsrecht ausüben will.

4. Die Frage, ob das Wiederkaufsrecht gegenüber mehreren Verpflichteten auch nur gemeinsam ausgeübt werden kann, bespricht Oertmann, S. 222.

Mit Recht betont derselbe, daß eine derartige Beschränkung gesetzlich nicht festgelegt, auch nicht durch eine allgemeine praktische Nothwendigkeit bedingt sei. Daß im Vertragswege aber die Beschränkung herbeigeführt werden kann, unterliegt keinem Zweifel. Letzteres kann sich auch schon aus der Natur des konkreten Rechtsverhältnisses ergeben.

§ 503.

Das Wiederkaufsrecht kann bei Grundstücken nur bis zum Ablaufe von dreißig, bei anderen Gegenständen nur bis zum Ablaufe von drei Jahren nach der Vereinbarung des Vorbehalts ausgeübt werden. Ist für die Ausübung eine Frist bestimmt, so tritt diese an die Stelle der gesetzlichen Frist.

E. II, 438; III, 498.

1. Die II. Komm., welche erst den § 508 eingestellt hat, war der Ansicht, daß unter allen Umständen eine zeitliche Begrenzung für die Ausübung des Wiederkaufsrechtes eintreten müsse. (P. II, 88.) Darauf beruht die Fristbestimmung des § 503. Die hier vorgesehenen Fristen sind die gesetzlichen. Nicht ausgeschlossen ist eine Kürzung oder Erstreckung derselben durch eine Uebereinkunft der Betheiligten. Nicht statthaft erscheint aber eine gänzliche vertragsmäßige Beseitigung jeder Fristsetzung. (Plank, II S. 274; s. auch Cosack, Lehrbuch I § 132 S. 457.) Letzteres würde der vorerwähnten grundsätzlichen Zweckbestimmung des § 503 widersprechen. (Abweichung vom B.L.R. Thl. IV cap. 4 § 15 Nr. 11.)

2. Die Frist nach § 503 ist eine richtige Ausschlußfrist, nicht aber eine Verjährungsfrist. Die Gesetzesvorschriften über Hemmung und Unterbrechung kommen daher auch hieher nicht in Betracht. Der Lauf der Ausschlußfrist für die Geltendmachung des Wiederkaufsrechtes beginnt schon mit der Vereinbarung des Wiederkaufsrechtes, welches eben dadurch einer Versteinerung entrückt werden soll. Etwas anderes als das Recht der Geltendmachung eines Wiederkaufsbegehrens ist der aus dem vollzogenen Wiederkaufe (§ 497) entstandene Anspruch des Wiederkaufsberechtigten. Dieser unterliegt der gesetzlichen eigentlichen Verjährung, vom Abschlusse des Wiederkaufsgeschäftes an beginnend.

3. Vorkauf.

Vorbemerkungen.

I. Einleitendes. Ungleich mehr praktische Bedeutung für das Rechtsleben, als das vorhin behandelte Wiederkaufsrecht hat das sog. Vorkaufsrecht. Dieses war dem älteren Rechte schon weit zurück bekannt, einerseits bereits dem römischen Rechte, namentlich in Gestalt des jus protimisios, andererseits auch nach deutschen Rechtssatzungen, besonders in Gestalt des in Gesetz und Rechtsübung ausgebildeten sog. Retrakts-, Näher-, Einstandsrechtes. An diesen letzteren Rechtsformen haben übrigens neuere Partikulargesetze bereits viel verändert gehabt, so namentlich auch in Bayern nach dem Landtagsabschiede vom 10. November 1861. Im B.G.B. wird das Vorkaufsrecht an zwei Stellen behandelt, nämlich in den §§ 504 fg. und in den §§ 1094 fg., und zwar

a) in § 504 fg. lediglich das Vorkaufsrecht in obligatorischer Gestaltung,

b) in § 1094 das dingliche Vorkaufsrecht an Grundstücken.

Beide Parthien sind wohl auseinanderzuhalten.

II. 1. Begriff. Das Vorkaufsrecht begründet die Berechtigung, denselben Kaufvertrag, welchen der Vorkaufsverpflichtete über den Gegenstand des Vorkaufsrechtes mit einem Dritten abschließt, unter denselben Kaufsbedingungen, wie sie mit dem Dritten verabredet sind, einzugehen. Es wird dabei nicht etwa ein Vertrag mit dem Dritten geschlossen, auch tritt der Vorkaufsberechtigte nicht eigentlich an die Stelle des Dritten. (Erörtert bei Oertmann, S. 225.) Vgl. auch Bem. zu § 205.

2. Dem Rechtsgrunde nach beruht das Vorkaufsrecht entweder auf Gesetz oder auf einem Rechtsgeschäft.

a) Das gesetzliche Vorkaufsrecht hat im älteren Rechte ziemlich viele Anwendungsfälle gehabt. Schon in neueren Partikularrechten sind diese wesentlich abgemindert worden. Im B.G.B. besteht es nur mehr in Gestalt des Vorkaufsrechtes von Miterben nach § 2034 fg. Jenes Vorkaufsrecht der Theilhaber an einer Gemeinschaft, welches letzthin nach bayerischen Rechten noch bestanden hatte, ist beseitigt. Vgl. bayerisches A.G. zum B.G.B. vom 9. Juni 1899 Art. 175 Nr. 17. (S. dazu Henle-Schneider, Erläuterungen des A.G. S. 371.)

b) Das rechtsgeschäftliche Vorkaufsrecht kann zur Entstehung kommen sowohl bei einem und durch einen Kaufvertrag, wie auch selbständig im Wege einer anderen Vereinbarung oder auch vermittelst eines Vermächtnisses. (Schollmeyer, Einzelne Schuldverhältnisse S 24.)

Ueber sonstige landesrechtliche Vorkaufsrechte vgl. E.G. z. B.G.B. Art. 67, 109.

3. Die rechtliche Tragweite des Vorkaufsrechtes kann, wie schon vorhin angedeutet, eine bloß obligatorische oder auch eine dingliche sein. Die obligatorische Gestaltung wirkt nur zwischen dem ursprünglichen Vorkaufsberechtigten (vgl. B.G.B. § 514) und dem Vorkaufsverpflichteten oder dessen Erben, nicht aber gegen einen Dritten, selbst wenn dieser das Vorkaufsrecht gekannt haben sollte. (Planck, Komm. II S. 275.) Die dingliche Gestaltung verleiht Wirksamkeit auch gegen Dritte.

4. Gegenstand des nur obligatorischen Vorkaufsrechtes kann auch dasjenige sein, was überhaupt den Gegenstand eines Kaufs zu bilden vermag. Ein dingliches Vorkaufsrecht kann es nach B.G.B. nur an Grundstücken (oder am Erbbaurechte: § 1017) geben.

3. Der rechtliche Charakter (die juristische Konstruktion) des beim Vorkaufsrechte vorhandenen Verhältnisses unterliegt ganz ähnlichen, verschiedenartigen Beurtheilungen, wie sie schon oben S. 244 beim Wiederkaufsrechte berührt worden sind (vgl. M. II, 346; Schollmeyer, Einzelne Schuldverhältnisse S. 25, 26; Endemann, Einf. § 162; Planck, Komm. II S. 275; Oertmann, S. 223). Für den Praktiker dürfte sich aus gleichem Grunde, wie beim Wiederkaufsrechte, wohl wenig Anlaß bieten, sich in jene Streitfragen der Dogmatiker zu vertiefen.

III. Das obligatorische Vorkaufsrecht nach § 504 fg. hat nach M. II, 345 und der Lehre der Doktrin (Planck, Komm. II S. 275; Oertmann, S. 224; Schollmeyer, Einzelne Schuldverhältnisse; s. Cosack, Lehrb. I § 132; Fischer-Henle zu § 504) zur Voraussetzung, daß zwischen dem Vorkaufsverpflichteten und einem Dritten ein Kaufvertrag abgeschlossen ist. Ein sonstiger Veräußerungsvertrag, wie z. B. eine Schenkung, haben keineswegs dieselbe Wirkung. Insbesondere wird auch angenommen, daß ein bestehendes Vorkaufsrecht einem Tauschgeschäfte gegenüber nicht wirksam ist. S. deßfalls auch Bem. zu § 515. In diesem Punkte ist folgende Stelle in M. II bemerkenswerth:

„Es hängt von der Prüfung des einzelnen Falles ab, ob ein Kaufvertrag abgeschlossen ist. Ist auf Grund eines anderen Vertrages veräußert, so ist das obligatorische Vorkaufsrecht vereitelt, ohne daß deßfalls dem Berechtigten gegen den Verpflichteten ein Anspruch auf Schadensersatz zustände. Gegen den dritten Erwerber wirkt es nicht und gegenüber dem Verpflichteten besteht das obligatorische Vorkaufsrecht eben nur für den Fall des Verkaufes."

IV. Im Grundsatze sind die nachfolgenden Gesetzesbestimmungen dispositiver Natur. (M. II, 345.) S. aber auch § 510 Abs. 2 nebst Bem.

§ 504.

Wer in Ansehung eines Gegenstandes zum Vorkaufe berechtigt ist, kann das Vorkaufsrecht ausüben, sobald der Verpflichtete mit einem Dritten einen Kaufvertrag über den Gegenstand geschlossen hat.

E. I, 481; II, 439; III, 499.

Ohne auch hier in eine Begriffsbestimmung des Vorkaufsrechtes (s. deßhalb oben S. 249) einzutreten, wendet sich das B.G.B. in den §§ 504 fg. sofort zu den Rechtsnormen über die Ausübung des obligatorischen Vorkaufsrechtes, und zwar in § 504 zunächst zu den

1. Voraussetzungen dieser Ausübung. Solche sind theils sachlicher, theils zeitlicher Art. Sachliche Voraussetzungen sind:

a) das Bestehen eines Vorkaufsrechtes, und

b) die Thatsache, daß der Vorkaufsverpflichtete mit einem Dritten über den Gegenstand des Vorkaufsrechtes einen Kaufvertrag (s. dazu Vorbem. Nr. III, sowie P. II, 93 fg.) abgeschlossen hat.

Darüber, welche Rechtsgründe für das Vorhandensein eines Vorkaufsrechtes gegeben sein können, vgl. oben in den Vorbem. Nr. II, 3. Wegen der möglichen Gegenstände eines Vorkaufsrechtes s. ebendaselbst Nr. II, 4.

Der Kaufvertrag mit dem Dritten muß rechtsgültig sein. Bei Nichtigkeit oder erfolgreicher Anfechtung dieses Kaufs ist oder wird auch das Vorkaufsrecht für den gegebenen Fall unwirksam. (Planck, II S. 276; Oertmann, S. 224.)

Auch ein bedingter Kauf berechtigt zur Ausübung des Vorkaufsrechtes, soferne der Vorkaufsberechtigte in die Bedingung eben eintritt. (Gl. A. Oertmann, S. 224.) Ueber eine in gewisser Hinsicht unzulässige Bedingung s. § 506.

2. Zeitliche Voraussetzung ist, daß bereits ein Kaufvertrag mit dem Dritten zum Abschlusse gekommen ist, nicht auch, daß er schon vollzogen wurde. „Sobald" ersteres der Fall ist, kann der Vorkaufsberechtigte zur Ausübung seiner Berechtigung schreiten. Das Schweben von Kaufsunterhandlungen mit dem Dritten gibt ihm diese Berechtigung noch nicht. (M. II, 345; Planck, II, S. 276; Oertmann, S. 224.)

3. Der Vorkaufsberechtigte ist bei gegebenen Voraussetzungen zur Ausübung des Vorkaufsrechtes befugt, aber nicht verpflichtet. Es ist ihm andererseits aber nicht gestattet, den Vorkaufsverpflichteten mit dem Vorkaufe hinzuhalten. Dagegen wendet sich § 510 Abs. 2. Zur Sicherung der Ausübung des Vorkaufsrechtes dient die Vorschrift des § 510 Abs. 1. Das schon begründete Vorkaufsrecht kann dem Berechtigten auch nicht etwa dadurch benommen werden, daß die neuen Kaufsparteien wegen der Ausübung des Vorkaufsrechtes den schon geschlossenen Kaufvertrag wieder aufheben, um jene Ausübung hintanzuhalten.

4. Gestattet ist das Vorkaufsrecht selbst dann, wenn auch nur ein Theil des fraglichen Gegenstandes oder ein ideeller Antheil daran zu weiterem Verkaufe kommt. (M. 224; Planck, II, 276; Oertmann, S. 224.)

5. Ausgeschlossen ist die Ausübung des Vorkaufsrechtes in den Fällen der §§ 507 Satz 2, 511, 512.

§ 505.

Die Ausübung des Vorkaufsrechts erfolgt durch Erklärung gegenüber dem Verpflichteten. Die Erklärung bedarf nicht der für den Kaufvertrag bestimmten Form.

Mit der Ausübung des Vorkaufsrechts kommt der Kauf zwischen dem Berechtigten und dem Verpflichteten unter den Bestimmungen zu Stande, welche der Verpflichtete mit dem Dritten vereinbart hat.

E. I, 482; II, 439; III, 500.

1. Die Ausübung des Vorkaufsrechtes erfolgt ihrer Art nach lediglich durch eine einseitige, empfangsbedürftige Willenserklärung, ganz analog derjenigen beim Wiederkaufe nach § 497 Abs. 1. Dieser letzteren Gesetzesstelle entspricht daher auch inhaltlich der § 505 Abs. 2. Ebendeßhalb sei des Weiteren auf die Bem. zu § 497 unter Nr. 5 S. 245 verwiesen. (Wegen der Erwägungen zur Formfrage vgl. P. II, 99.) Ueber die Befristung der Erklärung vgl. § 510 Abs. 2.

2. Der zweite Absatz des § 505 bezieht sich auf die Wirkungen der Ausübung des Vorkaufsrechtes, d. h. auf diejenigen im Gebiete des obligatorischen Verhältnisses zwischen dem Verkäufer und dem Vorkaufsberechtigten. Zu dem bei Seite geschobenen Dritten steht der Vorkaufsberechtigte in keinem Rechtsverhältniß und kommt auch durch seine Rechtsausübung in kein solches. (M. II, 347.) Zwischen ihm und dem Verkäufer entsteht selbständig der Kauf. (P. II, 100.) Im Uebrigen vgl. die Erörterungen zu § 497 oben S. 245, welcher analoge Bestimmungen enthält.

3. Diejenigen allgemeinen Verpflichtungen, welche beim Kauf überhaupt der Verkäufer hat, greifen auch hier gegenüber dem Vorkäufer Platz (M. II, 347). Der Vorkäufer hat als Kaufpreis der Regel nach dasjenige zu leisten, was der Dritte als Käufer zu leisten gehabt haben würde. (M. II, 347.) Darum wird auch bei Begründung des Vorkaufsrechtes nach regelmäßiger Gestaltung des Verhältnisses noch kein Kaufpreis ausgesetzt. Angesichts der in § 505 Abs. 2 enthaltenen Gesetzesvorschrift ist dies unnöthig, wenn nicht durch Vertrag von vorneherein eventuell etwas Abweichendes festgesetzt werden will, was nicht ausgeschlossen erscheint. Auch bei Ausübung des Vorkaufsrechtes können Sonderabmachungen zwischen dem Verkäufer und dem Vorkäufer noch vorkommen. (M. II, 347.) Die allgemeine Verpflichtung des Verkäufers zur Leistung des Interesses wegen Nichterfüllung des Kaufs kommt auch hier nach allgemeinen Grundsätzen in Betracht. (Eigens bemerkt in M. II, 347.)

§ 506.

Eine Vereinbarung des Verpflichteten mit dem Dritten, durch welche der Kauf von der Nichtausübung des Vorkaufsrechts abhängig gemacht oder dem Verpflichteten für den Fall der Ausübung des Vorkaufsrechts der Rücktritt vorbehalten wird, ist dem Vorkaufsberechtigten gegenüber unwirksam.

E. I, 481; II, 440; III, 501.

Die Vorschrift des § 506 stellt ins Klare, daß auch in einem der in der Gesetzesstelle erwähnten Fälle die Voraussetzungen für die Ausübung des Vorkaufsrechtes als gegeben zu erachten sind (P. II, 97). Sie dient zu einer gewissen Sicherstellung des Vorkaufsberechtigten, auf daß nicht durch Abmachungen fraglicher Art zwischen dem Vorkaufsverpflichteten und dem Dritten einem Vorkaufsberechtigten sein Recht unterbunden werden kann. Ebendarum erstreckt sich auch die hier festgesetzte Rechtsfolge nur auf das Verhältniß zu dem Vorkaufsberechtigten. Diesem gegenüber ist eine Vereinbarung fraglicher Art rechtsunwirksam. Sie ist dagegen nicht schlechthin nichtig, kann vielmehr in Ansehung des Verhältnisses zwischen dem Verkäufer und einem Dritten sogar insofern guten Sinn und Werth haben, als sie dazu bestimmt und dienlich sein kann, den Verkäufer für den Fall der Ausübung eines bestehenden Vorkaufsrechtes eines Schadloshaltungsanspruchs des Dritten zu entheben. Denn das entstehende Verhältniß zwischen dem Verkäufer und dem dritten Käufer für den Fall des Einspringens eines Vorkaufsrechtes haben diese Parteien unter sich auszutragen.

§ 507.

Hat sich der Dritte in dem Vertrage zu einer Nebenleistung verpflichtet, die der Vorkaufsberechtigte zu bewirken außer Stande ist, so hat der Vorkaufsberechtigte statt der Nebenleistung ihren Werth zu entrichten. Läßt sich die Nebenleistung nicht in Geld schätzen, so ist die Ausübung des Vorkaufsrechts ausgeschlossen; die Vereinbarung der Nebenleistung kommt jedoch nicht in Betracht, wenn der Vertrag mit dem Dritten auch ohne sie geschlossen sein würde.

E. I, 484; II, 441; III, 502.

Zur Erläuterung dieser Gesetzesstelle sei zunächst daran rückerinnert, daß beim Kauf (und um diesen handelt es sich nach S. 250 beim Vorkaufsrechte allein) die Gegenleistung des Käufers begriffsgemäß in Geld besteht, andersartige Nebenleistungen indessen nicht ausgeschlossen sind. Vgl. deßfalls S. 175 fg. Liegt nun der Fall vor, daß sich der mehrerwähnte Drittkäufer in seinem Kaufvertrage dem Verkäufer zu einer solchen Nebenleistung verpflichtet hat, so entsteht die Frage, wie sich die Verbindlichkeit dessen gestaltet, welcher ein Vorkaufsrecht hat und ausübt. Die Antwort hierauf gibt § 507. Sie ist beherrscht von verschiedenen Unterscheidungen.

I. Hauptfall: Der Vorkäufer ist im Stande, die gleiche Nebenleistung zu bewirken. Er kann dann das Vorkaufsrecht regelgemäß ausüben, wobei er dann die gleiche Nebenleistung auf sich zu nehmen hat.

II. Hauptfall: Der Vorkäufer ist außer Stande, d. h. befindet sich in der subjektiven Unmöglichkeit, die fragliche Nebenleistung zu übernehmen. In diesem Falle kann die fragliche Nebenleistung, selbst wenn sie objektiv möglich sein sollte, von dem Vorkäufer nicht gefordert und erzwungen werden. Er ist aber auch in diesem Punkte nicht schlechthin von einer Nebenpflicht befreit. Denn es ist weiter zu unterscheiden:

1. Ist die dem Vorkäufer unmögliche Nebenleistung in Geld schätzbar, so hat jener deren Werth in Geld zu entrichten. Dieser Werth tritt an Stelle der Nebenleistung. Er ist wie der Geldpreis in der Regel Zug um Zug zu vergüten. Maßgebend ist der nöthigenfalls durch Schätzung festzustellende Werth, den die Nebenleistung selbst für den Verkäufer zur Erfüllungszeit und am Erfüllungsorte gehabt haben würde. (M. II, 349; P. II, 101, 104; Oertmann, S. 226.) Ein etwa noch weiter gehendes Interesse des Verkäufers braucht nicht vergütet zu werden.

2. Ist die Nebenleistung nicht in Geld schätzbar, so kommt es darauf an, ob anzunehmen ist, daß der Vertrag zwischen dem Verkäufer und dem Dritten

a) auch ohne die Nebenleistung geschlossen worden sein würde, oder
b) nur mit der Nebenleistung zu Stande gekommen ist.

Im Falle a, der hauptsächlich bei nur unbedeutenden Nebenleistungen gegeben sein wird, bleibt die Nebenleistung in Bezug auf die Verpflichtungen des Vorkäufers überhaupt außer Ansatz.

Im Falle b tritt die radikale Rechtsfolge ein, daß das Vorkaufsrecht nach positiver Gesetzesvorschrift überhaupt ausgeschlossen ist, ohne daß der Vorkaufsberechtigte dafür eine Entschädigung zu fordern befugt wäre. Bei dieser Regelung der Verhältnisse wurden nach P. II, 103 zwei leitende Gesichtspunkte im Auge behalten, nämlich daß einerseits der Schutz des Vorkaufsberechtigten nicht überspannt werden dürfe, und andererseits, daß dem Vorkaufsverpflichteten nicht zu gestatten sei, das Vorkaufsrecht willkürlich zu vereiteln. Darin liegen auch Fingerzeige für die praktische Handhabung der Gesetzesvorschrift.

§ 508.

Hat der Dritte den Gegenstand, auf den sich das Vorkaufsrecht bezieht, mit anderen Gegenständen zu einem Gesammtpreise gekauft, so hat der Vorkaufsberechtigte einen verhältnißmäßigen Theil des Gesammtpreises zu entrichten. Der Verpflichtete kann verlangen, daß der Vorkauf auf alle Sachen erstreckt wird, die nicht ohne Nachtheil für ihn getrennt werden können.

E. I, 488; II, 442; III, 503.

Die Bestimmung des § 508, welche an den die Wandelung betreffenden § 471 B.G.B. erinnert, handelt von dem in M. II, 277 sog. Mengekauf (ein in Süddeutschland bisher nicht üblicher, auch nicht voll zutreffender Ausdruck!), nämlich von dem Falle, wenn ein Gegenstand, für welchen ein Vorkaufsrecht besteht, von dem Vorkaufsverpflichteten gemeinsam mit anderen, vom Vorkaufsrechte freien Gegenständen um einen unausgeschiedenen Gesammtpreis verkauft wird. Es ergeben sich dann zwei Fragen, nämlich ob und wie in jenem Falle das Vorkaufsrecht ausgeübt werden kann?

1. In Bezug auf die Frage der Zulässigkeit der Ausübung des Vorkaufsrechtes gegenüber einem sog. Mengekauf entscheidet § 508 B.G.B. eine im gemeinen und preußischen Rechte (P.L.R. Thl. I Tit. 20 § 607) bisher bestandene Streitfrage und zwar nach dem Vorgange des sächsischen G.B. § 1123. Im Grundsatze soll der Vorkaufsberechtigte durch einen Verkauf jener Art an der Ausübung seines Rechtes in Beziehung auf den Gegenstand desselben nicht gehindert werden. Er kann daher die gesonderte vorkaufsweise Ueberlassung des Gegenstandes trotz der verkaufsweisen Verbindung desselben mit anderen Gegenständen verlangen. Der Verpflichtete hat seinerseits für die Regel nicht das Recht, den Eintritt des Vorkäufers in den Gesammtkauf zu begehren. (M. II, 349.) Nur wenn der Verpflichtete geltend zu machen und seinerseits (P. II, 105) zu beweisen in der Lage ist, daß ohne Nachtheil „für ihn", d. h. für den vorkaufsverpflichteten Verkäufer, eine Trennung der Verkaufsgegenstände nicht stattfinden könnte, kann jenes Begehren gestellt werden. Zur Geltendmachung dessen steht dem Verkäufer sowohl eine Einrede gegen das gesonderte Vorkaufsbegehren des Vorkaufsberechtigten zu, als auch eine selbständige Klage „auf Ausdehnung des Vorkaufs" (Planck, II, 278; Oertmann, S. 226). Dem Vorkaufsberechtigten bleibt dann nichts übrig, als eben den Vorkauf auf das Ganze auszudehnen. Die dabei hervortretende Frage, ob nicht der Vorkäufer diese Eventualität durch Verzicht auf sein Vorkaufsrecht abwenden könne, ist zu verneinen, wenn es sich um einen nachträglichen Verzicht handelt, m. a. W. wenn das Vorkaufsrecht bereits nach § 505 ausgeübt und deßhalb schon ein Anspruch aus einem bereits abgeschlossenen Vertrage vorliegt, der einseitig nicht mehr rückgängig gemacht werden kann. (Planck, II S. 278; Oertmann, S. 227.)

2. Wie steht es nun bei einer Absonderung des Vorkaufsgegenstandes mit der Ausscheidung und Höhe des vom Vorkäufer zu zahlenden Preises? § 508 überbürdet ihm kurzweg einen „verhältnißmäßigen Theil des Gesammtpreises". Wie wird aber solch ein Theil ermittelt? Zunächst durch Feststellung des Verhältnisses des Werths des Vorkaufsgegenstandes zum Gesammtwerth aller verkauften Gegenstände. In diesem Verhältniß ist dann auch der Preis zu vertheilen. (Analogie der § 472, 473; eine Formel gibt Oertmann S. 227.)

§ 509.

Ist dem Dritten in dem Vertrage der Kaufpreis gestundet worden, so kann der Vorkaufsberechtigte die Stundung nur in Anspruch nehmen, wenn er für den gestundeten Betrag Sicherheit leistet.

Ist ein Grundstück Gegenstand des Vorkaufs, so bedarf es der Sicherheitsleistung insoweit nicht, als für den gestundeten Kaufpreis die Bestellung einer Hypothek an dem Grundstücke vereinbart oder in Anrechnung auf den Kaufpreis eine Schuld, für die eine Hypothek an dem Grundstücke besteht, übernommen worden ist.

E. II, 443; III, 501.

1. Sicherheitsleistung bei Stundung des Kaufpreises. Die Bestimmung des § 509 ist erst von der II. Komm. in das Gesetz eingestellt worden. Der Inhalt des Abs. 1 setzt eine Ausnahme fest von dem für die Ausübung des Vorkaufsrechtes sonst maßgebenden Grundsatze, daß den Verkäufer dieselben Verpflichtungen treffen, wie sie den Drittkäufer nach dessen Vertrag mit dem Vorkaufsverpflichteten getroffen haben würden. (§ 505 Abs. 2.) Diese Verpflichtungen werden für den in Abs. 1 bezeichneten Fall verstärkt. Bestimmend hiefür waren für die II. Komm. folgende aus P. II, 100 zu entnehmende Erwägungen:

> „Durch die Ausübung des Vorkaufsrechtes dürfe der Vorkaufsverpflichtete nicht in die Gefahr gebracht werden, auf den Kauf an den dritten Kauflustigen verzichten zu müssen, während er andererseits von dem Vorkaufsberechtigten den Kaufpreis nicht erlangen könne. Im Zugestehen eines Vorkaufsrechtes liege noch nicht ohne Weiteres, daß der Verpflichtete den anderen Theil als einen guten und sicheren Schuldner annehmen müsse ...... Die Vermögensumstände des Dritten und des Berechtigten seien nicht regelmäßig die nämlichen. Es erscheine daher im Allgemeinen ohne Würdigung der Sachlage des einzelnen Falles nicht angängig, die Stundung, welche der Verpflichtete dem Dritten gewährt habe, auch dem Vorkaufsberechtigten zu gute kommen zu lassen ...... Zum Schutze des Vorkaufsverpflichteten sei es deßhalb geboten, im Anschluß an das P.L.R. Thl. I Tit. 20 § 621 das Recht des Vorkaufsberechtigten auf die Stundung von einer Sicherheitsleistung abhängig zu machen."

Letzteres ist zu betonen. Denn im Falle, daß der Vorkäufer Sicherheit nicht leisten will oder kann, wird er dadurch seines Vorkaufsrechtes als solchen nicht verlustig, sondern bekommt nur keinen Anspruch auf Stundung des Kaufpreises. Diesen hat er vielmehr bei Realisirung des Vorkaufs Zug um Zug zu leisten. Will er den Kaufpreis gestundet haben, so muß er beweisen, daß er die vom Gesetze geforderte Sicherheit geleistet hat. Selbstverständlich sind andere Vereinbarungen zwischen dem Vorkaufsverpflichteten und dem Vorkäufer zulässig.

Für die Sicherheitsleistung selbst gelten die Vorschriften der §§ 232 fg. B.G.B.

2. An und für sich wäre auch beim Grundstückskaufe die Sicherheit nach Abs. 1 zu leisten. Aber nach Abs. 2 bestehen Einschränkungen für den Fall eines Vorkaufs in Bezug auf Grundstücke. Hier fällt diese Sicherheitsleistung unter einer doppelten (alternativen) Voraussetzung weg, nämlich dann, wenn in dem zwischen dem Vorkaufsverpflichteten und dem Drittkäufer abgeschlossenen Vertrag entweder

a) für den gestundeten Kaufpreis an dem den Gegenstand des Vorkaufs bildenden Grundstücke die Bestellung einer Hypothek vereinbart

oder

b) in Anrechnung auf den Kaufpreis eine an demselben Grundstücke bestehende, mit Hypothek gesicherte Schuld von dem Drittkäufer übernommen

worden ist.

Zu a. Vorausgesetzt wird nur, daß überhaupt für den gestundeten Kaufpreis in dessen Höhe eine Hypothek bestellt wurde. Auf den Grad der dadurch begründeten Sicherheit kommt hier nichts an. Der Verkäufer muß die Hypothekbestellung an dem verkauften Grundstücke vom Vorkäufer ebenso hinnehmen, wie vom Drittkäufer. Ist nur für einen Theil des gestundeten Kaufpreises Hypothek bestellt, so tritt für den anderen nicht hypothekarisch bedeckten Theil die Verpflichtung nach Abs. 1 ein. Ist überhaupt nur ein Theil des Kaufpreises gestundet und für diesen Theil Hypothekbestellung vereinbart, so hat für den übrigen nicht gestundeten Theil des Kaufpreises der Vorkäufer von vornherein Zahlungspflicht Zug um Zug. Die Vereinbarung wegen der Hypothekbestellung begründet übrigens auch zwischen dem Vorkaufsverpflichteten und dem Vorkäufer, welcher das Vorkaufsrecht nach § 505 ausgeübt hat, zunächst nur eine obligatorische Verbindlichkeit.

Nicht zu erfordern ist, daß vom Vorkäufer, schon ehe er seine Rechte aus dem abgeschlossenen Vorkaufe geltend machen könnte, die Hypothekbestellung erfolgt ist. Dies setzt ja ohnehin die schon geschehene Auflassung an den Vorkäufer voraus. Mit Recht bemerkt deßhalb Oertmann S. 227, daß der Verkäufer seinen Anspruch darauf eben nöthigenfalls mit Klage erzwingen muß.

Aehnlich liegt

zu b die Sache in Ansehung der Genehmigung des Gläubigers für die zu bethätigende Schuldübernahme schon nach § 416 B.G.B. In dem hier in Frage stehenden Vorkaufsverhältnisse kommt zum Sicherheitsleistungspunkte nichts darauf an, m. a. W. der Verkäufer kann nicht bis zur Entscheidung über jene Genehmigung dem Vorkäufer die Auflassung verweigern. (So auch Planck, II, 278; Oertmann, S. 227.)

§ 510.

Der Verpflichtete hat dem Vorkaufsberechtigten den Inhalt des mit dem Dritten geschlossenen Vertrags unverzüglich mitzutheilen. Die Mittheilung des Verpflichteten wird durch die Mittheilung des Dritten ersetzt.

Das Vorkaufsrecht kann bei Grundstücken nur bis zum Ablaufe von zwei Monaten, bei anderen Gegenständen nur bis zum Ablaufe einer Woche nach dem Empfange der Mittheilung ausgeübt werden. Ist für die Ausübung eine Frist bestimmt, so tritt diese an die Stelle der gesetzlichen Frist.

E. I, 483, 487; II, 444; III, 505.

In den beiden Absätzen des § 510 verbindet das B.G.B. zwei an sich verschiedenartige Dinge, welche hier nur in losen Zusammenhang gebracht sind.

I. Der erste Absatz begründet eine Anzeigepflicht des Verkäufers gegenüber dem Vorkaufsberechtigten, welche zu des Letzteren Sicherung dient.

Aus dem älteren Rechte s. P.L.R. Thl. I Tit. 20 § 608; sächsisches G.B. § 1119 fg.

1. Diese Anzeigepflicht bezieht sich auf den vom Vorkaufsverpflichteten mit dem Drittkäufer abgeschlossenen Vertrag. Sie erstreckt sich aber nicht etwa bloß auf die Thatsache des Vertragsabschlusses, sondern auch auf den Inhalt des Vertrags. Eine wörtliche Mittheilung des Vertragsinhalts ist zwar nicht vorgeschrieben. Immerhin muß die Mittheilung schon nach ihrer Zweckbestimmung sich auf alle diejenigen Punkte erstrecken, welche für den Vorkaufsberechtigten beim Ermessen der Frage, ob er sein Recht ausüben solle und wolle, von Wichtigkeit sind, also insbesondere das Objekt, die Person des Drittkäufers, den Kaufpreis und sonstige Nebenbestimmungen.

2. Die Mittheilung hat zu erfolgen:

a) ohne Unterschied, auf welchem Rechtsgrunde das Vorkaufsrecht beruht,

b) nach Abschluß des Kaufs mit dem Drittkäufer und zwar dann „unverzüglich“, d. h nach § 121 B.G.B. „ohne schuldhaftes Zögern“.

3. Eine besondere Form ist für die Mittheilung nicht vorgeschrieben. Dieselbe kann daher sowohl mündlich als schriftlich erfolgen. Die §§ 130 bis 132 B.G.B. sind dabei zu beachten.

4. Der Vollzug der Mittheilung ist eine Rechtspflicht des Verkäufers. Ihre Außerachtlassung zieht bestimmte rechtliche Folgen nach sich und zwar in Gestalt:

a) des Nichteintritts des Fristenlaufs nach § 510 Abs. 2,

b) unter Umständen auch eines Schadensersatzanspruchs des Vorkaufsberechtigten (M. II, 348).

Genügt ist dieser Rechtspflicht erst dann, wenn der Vorkaufsberechtigte die abgegebene Mittheilung auch empfangen hat (§ 130). Der möglichen Folgen wegen ist es für den Vorkaufsverpflichteten von Interesse, sich auch Beweismittel für die geschehene und empfangene Mittheilung zu sichern.

5. Die Mittheilung des Vorkäufers selbst wird ersetzt durch eine gleichgeartete Mittheilung des Dritten, d. h. also des Drittkäufers, nicht einer beliebigen dritten Persönlichkeit. Hat der Vorkäufer übrigens auf einem Wege letzterer Art von der Möglichkeit der Ausübung des Vorkaufsrechtes Kenntniß bekommen, letztere aber gleichwohl nicht bethätigt, so kann dies nach § 254 B.G.B. unter Umständen allerdings für die Beurtheilung eines etwaigen Schadensersatzanspruchs von Belang werden.

6. Die Zulässigkeit der Ausübung des Vorkaufsrechtes selbst ist durch den Empfang der Mittheilung nicht bedingt. Jene besteht unabhängig davon.

II. Behufs Herstellung und Erhaltung fester Rechtszustände bedarf das Vorkaufsrecht einer zeitlichen Begrenzung. Diese kann bewirkt werden:

a) in erster Linie durch vertragsmäßige Bestimmung zwischen dem Vorkaufsverpflichteten und Vorkaufsberechtigten;

b) subsidiär wird sie geschaffen durch die Gesetzesvorschriften des § 510 Abs. 2, welche bestimmte Fristen für die Ausübung des Vorkaufsrechtes festsetzen.

1. Die kurzen gesetzlichen Fristen des § 510 Abs. 2, welche dem Vortheile des Vorkaufsverpflichteten dienen, kommen nur dann in Lauf, wenn der Verpflichtete seiner Anzeigepflicht nach § 510 Abs. 1 genügt hat oder wenn der Fall des zweiten Satzes des Abs. 1 vorliegt. Anderenfalls bleibt das Vorkaufsrecht in Kraft bestehen, bis es aus einem anderen gesetzlichen Grunde, z. B. nach § 514 mit dem Tode des Berechtigten oder durch ausdrücklichen Verzicht erlischt. (M. II, 352.)

2. Eine vertragsmäßige Begrenzung kann in zweifacher Gestalt vorkommen, nämlich entweder so:

a) daß das Vorkaufsrecht nach einer bestimmten Zeit erlöschen soll, gleichviel ob inzwischen ein Verkauf vorgekommen ist oder nicht (M. II, 352),

oder so:

b) daß die Parteien eine Ausübungsfrist durch Vertrag für den Fall bestimmt haben, wenn einmal der Vorkaufsverpflichtete einen Verkauf an einen Dritten wirklich abgeschlossen haben sollte.

(Vgl. Windscheid-Kipp, Pand. II § 388 S. 604.)

Im Falle a erlischt das Vorkaufsrecht schon durch den Zeitablauf allein.

Im Falle b tritt nach § 510 Abs. 2 Satz 2 die vereinbarte Frist, namentlich auch wenn sie eine längere ist, an die Stelle der gesetzlichen Frist. Deren Lauf ist also hier ebenfalls durch die geschehene Verkaufsanzeige bedingt.

3. Der Fristenlauf beginnt erst mit dem Empfange der Verkaufsmittheilung auf Seite des Vorkaufsberechtigten. Wegen Berechnung der Fristen s. B.G.B. §§ 187, 188.

4. Die in § 510 Abs. 2 behandelten Fristen sind Ausschluß-(nicht Verjährungs-) fristen (P. II, 112). Sie stehen in Parallele zu denen des vom Wiederkaufsrechte handelnden § 503. (Vgl. daher hieher auch die Bem. zu § 503.)

5. Von dem Beginn und Lauf einer Verjährungsfrist kann beim Vorkaufsrechte nach dessen Auffassung und Konstruktion im B.G.B. überhaupt erst dann, wenn der Berechtigte sein Vorkaufsrecht nach § 505 bereits ausgeübt hat, die Rede sein und dann natürlich auch nur in Bezug auf die dem Vorkäufer aus jener Ausübung entsprungenen Ansprüche. (Planck, Komm. II S. 279; Oertmann, S. 229.)

§ 511.

Das Vorkaufsrecht erstreckt sich im Zweifel nicht auf einen Verkauf, der mit Rücksicht auf ein künftiges Erbrecht an einen gesetzlichen Erben erfolgt.

E. III, 506.

1. Sog. Kindskauf. Der gesetzgeberische Grund für obenstehende Bestimmung liegt hier darin, daß derartige häufig vorkommende, namentlich in Bezug auf Gutsbesitzungen übliche Verträge meistens eine Anticipation des Erbrechtes in sich schliessen. Darum betont auch die Gesetzesstelle: „mit Rücksicht auf ein gesetzliches Erbrecht." Dabei werden dem Käufer zumeist im Preispunkte besondere Vortheile gewährt, auf welche ein Anderer als Vorkäufer keinen Anspruch erheben kann.

2. Nur vom gesetzlichen Erben ist hier die Rede. Daß ein Käufer vielleicht schon als Testamentserbe vom Verkäufer eingesetzt ist, kann hieher um so weniger in Betracht kommen, als ja die Erbenqualität bei der Abänderbarkeit der Testamente überhaupt noch nicht sicher feststeht. Uebrigens begründet nach dem klaren Wortlaute des Gesetzes

auch die Zusicherung einer Erbschaft im Wege des Erbvertrags keinesfalls die Anwendbarkeit des § 511. Andererseits wird dessen einmal geschehene Anwendung nicht etwa nachträglich hinfällig, wenn ein gesetzlicher Erbe diese Eigenschaft später nach dem Verkauf aus einem gesetzlichen Grunde, z. B. durch eine Testamentserrichtung, verloren haben sollte. (Oertmann, S. 229.)

3. Liegen die Verhältnisse so, wie § 511 voraussetzt, so kommt die Ausübung des Vorkaufsrechtes ohne Anspruch auf Entschädigung von selbst in Wegfall.

§ 512.

Das Vorkaufsrecht ist ausgeschlossen, wenn der Verkauf im Wege der Zwangsvollstreckung oder durch den Konkursverwalter erfolgt.

E. I, 485; II, 445; III, 507

1. Grundstandpunkt. In diesem Falle ist das bloß obligatorische Vorkaufsrecht ausgeschlossen, weil eben solche rein obligatorische Verhältnisse nach den im § 512 bezeichneten Richtungen an sich keine Berücksichtigung finden können und weil auch die hier fraglichen Verkäufe überhaupt nicht auf vollfreiem Willen des Vorkaufsverpflichteten beruhen. Nach § 512 findet bei den hievon getroffenen Verkäufen das Vorkaufsrecht, gleichviel was Gegenstand ist, keine Berücksichtigung und die Verkäufe finden so statt, als ob das Vorkaufsrecht überhaupt nicht bestünde. (M. II, 350.) Dem Vorkaufsberechtigten steht auch kein Anspruch auf Entschädigung zu. Gerade darin liegt civilrechtlich der Schwerpunkt der Bestimmung des § 512 (P. II, 108).

2. Nur Verkäufe im Wege der Zwangsvollstreckung, oder im Konkurse durch den Konkursverwalter haben die Wirkung des § 512. Dieselbe kommt aber nicht auch zu den Zwangsverkäufen einer Theilung wegen. (Vgl. § 753; M. II, 350.) Im Bereiche des § 512 ist es aber gleichbedeutend, ob der Verkauf im Wege einer Versteigerung oder freihändig erfolgt. (M. II, 350; P. II, 107 fg.)

3. Abweichendes gilt für das dingliche Vorkaufsrecht an Grundstücken nach B.G.B. § 1098.

§ 513.

Steht das Vorkaufsrecht Mehreren gemeinschaftlich zu, so kann es nur im Ganzen ausgeübt werden. Ist es für einen der Berechtigten erloschen oder übt einer von ihnen sein Recht nicht aus, so sind die übrigen berechtigt, das Vorkaufsrecht im Ganzen auszuüben.

E. II, 446; III, 508.

Entspricht vollständig dem vom Wiederkaufsrechte handelnden § 502. Vgl. daher die dortigen Bemerkungen. (S. auch P. II, 111.)

§ 514.

Das Vorkaufsrecht ist nicht übertragbar und geht nicht auf die Erben des Berechtigten über, sofern nicht ein Anderes bestimmt ist. Ist das Recht auf eine bestimmte Zeit beschränkt, so ist es im Zweifel vererblich.

E. I, 486, 487, II, 447, III, 509.

1. Das hieraus gesprochene Prinzip der Unübertragbarkeit und aktiven Unvererblichkeit des Vorkaufsrechtes, welches der bisherigen, wenigstens überwiegenden Theorie entspricht und auch in der früheren Gesetzgebung schon Vorbilder hat (P.L.R. Thl. I Tit. 20 § 594; sächsisches G.B. § 1127), beruht nach M. II, 351 und P. II, 109 vor Allem auf der Auffassung, daß „das Vorkaufsrecht nur persönlichen Interessen des Berechtigten zu dienen bestimmt ist". Auch dient jenes Prinzip dazu, dem Vorkaufsrechte eine gewisse zeitliche Begrenzung zu geben. Uebrigens ist

2. das Prinzip kein absolut zwingendes. Es tritt nur ein, „wenn nicht ein Anderes bestimmt ist".

3. Ist durch Vertrag das Vorkaufsrecht selbst zeitlich begrenzt, so gilt das Vorkaufsrecht im Zweifel als vererblich, nicht aber auch als sonst übertragbar.

4. Auf der passiven Seite des Vorkaufsverpflichteten geht das Vorkaufsrecht selbstverständlich auch gegen dessen Erben.

5. Uebertragbar wie vererblich nach allgemeinen Grundsätzen ist selbstverständlich dasjenige Recht, welches durch die geschehene Ausübung eines Vorkaufsrechtes bereits entstanden ist (M. II, 351).

IV. Tausch.

§ 515.

Auf den Tausch finden die Vorschriften über den Kauf entsprechende Anwendung.

E. I, 502; II, 462; III, 510.

I. Allgemeines. Sowohl die systematische Stellung der Rechtsnormen über den Tausch, wie auch deren inhaltliche Ausgestaltung sind im B.G.B. recht karg behandelt. In ersterer Hinsicht bildet „der Tausch" nur ein in der Ecke stehendes Anhängsel zum Kauf und in jener zweiten Richtung enthält das B.G.B. lediglich den summarischen Satz des § 515, daß auf den Tausch die Vorschriften über den Kauf entsprechende Anwendung finden. So sehr diese lapidare Einfachheit in gewisser Beziehung imponiren mag, so muß doch vorerst dahingestellt bleiben, ob sie nicht auch dazu angethan sein möchte, Streitfragen zu zeitigen.

II. Begriff des Tausches (vgl. deßfalls Vorbem. I auf Seite 174). In M. II, 366 steht geschrieben: „Der Tausch unterscheidet sich von dem Kaufe dadurch, daß er nicht auf Leistung eines individuellen Werthes gegen Bezahlung eines (Kauf-)Preises, auf den Umsatz eines individuellen Werthes gegen einen anderen individuellen Werth gerichtet ist." Der Schwerpunkt des Begriffes „Tausch" liegt sohin gewissermaßen in einer Negative, nämlich darin, daß gegen den Vertragsgegenstand die anderseitige Leistung nicht mit Geld in seiner Funktion als Werthsmesser (vgl. Bem. b zu § 433 S. 177) abgemacht wird. Dabei ist aber der „Tausch" keineswegs auf den Umsatz von „Sache gegen Sache" (vgl. P.L.R. Thl. I Tit. 11 § 363, 373 fg.; code civil Art. 1702) beschränkt. Auch andere Vermögensbestandtheile, insbesondere Rechte an Sachen und Forderungen, können Gegenstände des Tausches sein und zwar unter sich wie gegen Sachen (M. II, 367; vgl. auch sächsisches G.B. § 1138).

III. Entsprechende Anwendung sollen die Bestimmungen über Kauf auch auf den Tausch finden.

1. Diese übertragende Anwendung muß aber nach zwei Seiten „entsprechend", nämlich nicht bloß mit den Bestimmungen über den Kauf verträglich, sondern mit dem Begriff und der Rechtsnatur des Tausches theoretisch wie namentlich auch praktisch vereinbarlich sein. Als Grundlage hiezu dient der rechtsvergleichende Satz, daß von den Tauschparteien gegenseitig derjenige, welcher eine Leistung gibt, gleich einem Verkäufer, und derjenige, welcher sie empfängt, gleich einem Käufer zu betrachten ist. In E. I § 502 war dies eigens ausgesprochen gewesen. Im Gesetz ist dies nicht mehr der Fall, der Satz war aber in II. Komm. (P. II, 130) nur als überflüssig, nicht aber als unrichtig befunden worden.

2. Geht man ins Einzelne, so werden von den „allgemeinen Vorschriften" über den Kauf auf den Tausch im Ganzen und Großen insbesondere übertragbar erscheinen diejenigen über: Rechtsverschaffung, Uebergabe und Abnahme (§ 433 Abs. 1), die besonderen Pflichten und Haftungen des Verkäufers, insbesondere für Mängel im Rechte (§§ 434 bis 443), Auskunftspflicht (§ 444), Gefahrtragung (§§ 446, 447), Kosten, Verwendungen (§§ 448 bis 451). Besonders wichtig erscheint auch die entsprechende Anwendung der Vorschriften § 459 fg. über Gewährleistung wegen Mängel der Sache, zumal der Bestimmungen für den Viehhandel, der sich nicht selten in Form eines Tausches ohne oder mit Geldaufgabe (dann gemischtes Geschäft) vollzieht. Von den Vorschriften über besondere Arten des Kaufs sind die über Kauf nach oder auf Probe auch auf den Tausch übertragbar. „Wiedertausche" nach Analogie des „Wiederkaufs" sind zwar nicht undenkbar, werden aber doch kaum praktisch vorkommen. Ein „Vortausch", dem „Vorkaufe" zur Seite stehend, muß aber als ausgeschlossen erachtet werden. S. darüber schon oben zu § 504 S. 250. Man erachtet ein solches Rechtsverhältniß als nicht angängig zunächst schon mit Rücksicht auf den Wortlaut des § 504. Der Grund liegt aber

noch tiefer. Beim Vorkaufe muß der Vorkäufer einspringen mit derselben Gegenleistung, wie der Drittkäufer, d. h. mit Geld (wegen anderer Nebenleistungen vgl. § 507). Das ist in thesi dem Vorkäufer möglich. Anders beim Tausche. Hier steht das Gegenobjekt in der Regel allein zu Handen des Gegenkontrahenten, welcher nicht verpflichtet ist, auch zumeist nicht geneigt sein wird, dasselbe einem anderen zur Geltendmachung eines durch die gleiche Leistung bedingten Vorrechtes zur Verfügung zu stellen. Dies trifft immer zu bei Speziesleistungen; zumeist wird es aber auch bei Verpflichtungen zur Leistung vertretbarer Sachen (außer Geld) sich geltend machen.

Zweiter Titel.

Schenkung.

(Erläutert von Dr. J. v. Staudinger.)

Einleitung.

Im Volksleben vollziehen sich Tag für Tag ungezählte Schenkungen, ohne daß sie zu irgend welchen Rechtsfragen Anlaß geben könnten. Insoferne hat die Lehre von der Schenkung auf dem Rechtsgebiete äußerlich keine weitgreifende Bedeutung. Aber diejenigen Rechtsfragen, welche namentlich aus größeren oder mit Nebenumständen verknüpften Schenkungen nicht selten erwachsen, sind dafür innerlich manchmal um so tiefgehender. Ihnen gelten namentlich jene Einzelvorschriften, welche das B.G.B. in den §§ 516—534 in ziemlich eingehender Weise aufstellt.

I. Begriff der Schenkung. Für die Schenkung hat das B.G.B. gewissermaßen ausnahmsweise (P. II, 4) in seinem § 516 eine Begriffsbestimmung gegeben. Es war dies auch angesichts der bisherigen Doktrin und ihrer konstruktionellen Zweifel sehr angezeigt. Daß dabei das B.G.B. einer engeren Auffassung, welche nicht jeden beliebigen Liberalitätsakt unter den Schenkungsbegriff bringt, sich angeschlossen hat, ist bei Oertmann, S. 231, mit Recht betont. Das Nähere s. in den Bem. zu § 516.

Nicht gleichbedeutend ist der Begriff der Schenkung mit dem der Zuwendung. Der letztere ist der weitere. S. auch hierüber Bem. zu § 516.

II. Systematische Stellung. Das B.G.B. hat seinen Vorschriften über die Schenkung ihren Platz unter den Bestimmungen über die Schuldverhältnisse angewiesen. Es faßt überhaupt die Schenkung, anschließend an Doktrinen und Gesetzesbestimmungen, welche schon im älteren Rechte vorfindlich waren,

1. als ein Vertragsverhältniß auf. Daß und inwieferne dies richtig ist, ergibt sich aus dem in § 516 Abs. 1 aufgestellten Erfordernisse der Willensübereinstimmung der aktiv und passiv Betheiligten darüber, daß „die Zuwendung unentgeltlich erfolgen“, in diesem Sinne gegeben und genommen werden solle. (M. II, 286 fg., 288; P. II.) Aus dem älteren Rechte vgl. P.L.R. Thl. I Tit. 11 §§ 1037, 1058, 1059; sächsisches G.B. §§ 1040, 1050, 1052; Code civil Art. 894, 932; Windscheid-Kipp, Pand. II § 365.) Daß übrigens die Ausgangspunkte einer Schenkung auf ganz verschiedenen Gebieten liegen und ihre Wirkungen nach verschiedenen Seiten sich erstrecken können, ist an sich klar. Insbesondere können und werden sogar die Wirkungen einer Schenkung sich zumeist in das sachenrechtliche Gebiet (Begründung von Eigenthum und anderen Rechten an Sachen) erstrecken. Davon handelt aber das B.G.B. in diesem Abschnitte des II. Buches nicht. Es behandelt darin nur

2. obligatorische Beziehungen zwischen Schenker und Beschenkten, insbesondere (abgesehen von den grundlegenden Begriffsmomenten) Verpflichtungen und Einreden des Schenkers, Mängelhaftung, Haftungsfragen in Bezug auf Verschulden und Verzug, ferner die Beifügung einer Auflage, sowie Rückforderung und Widerruf.

3. Eine ganze Reihe spezieller Bestimmungen, welche sich auf Schenkungen beziehen, sind daneben durch fast das ganze B G.B. zerstreut. So sind zu nennen die Bestimmungen über:

a) Rückforderung von Geschenken unter Verlobten (§ 1301);
b) verschiedene einschlägige Verhältnisse auf dem Gebiete des ehelichen Güterrechtes (§§ 1406, 1446, 1453, 1477, 1521, 1551);
c) Widerruf im Falle von Ehescheidung (§ 1584);
d) Schenkungen aus dem Vermögen eines Kindes oder Mündels (§§ 1641, 1804);
e) Schenkungen auf dem Gebiete des Erbrechtes (z. B. §§ 2113, 2205, 2207, 2287, 2288, 2325 fg., 2385).

4. Eine eigene Stellung im Systeme des Gesetzbuchs ist angewiesen:
a) der Schenkung von Todeswegen: § 2301;
b) der Schenkung einer Erbschaft: § 2385 Abs. 2.

III. Unterscheidungen. Die Schenkung kann

A. vor Allem sein:

1. eine unmittelbare Schenkung, welche diese und nur diese als selbständigen Rechtsakt darstellt;

2. eine mittelbare Schenkung, welche mit einem anderen Rechtsgeschäfte verbunden ist (sog. negotium mixtum cum donatione). Nicht jede darin enthaltene freiwillige Zuwendung, nicht jeder einem Anderen auf jene Weise rechtsgeschäftlich gewährte Vermögensvortheil kann und darf aber sofort als Schenkung behandelt werden. In der Zuwendung müssen eben auch die wesentlichen Begriffsmomente der Schenkung (§ 516 Abs. 1) enthalten sein. Eben darum liegt auch nicht in jedem zweiseitigen Vertrage, welcher dem einen Theil einen größeren' Vortheil bringt, als dem anderen, immer sogleich eine Schenkung. Insbesondere hängt es von jenem typischen Erforderniß ab, ob bei zweiseitigen Leistungen der objektive Werthsüberschuß der einen gegenüber der anderen einen Schenkungscharakter an sich trägt. Vielerlei thatsächliche Verhältnisse und namentlich auch Willensmomente können und werden den letzterwähnten Charakter ausschließen. (Vgl. über diesen Punkt auch Oertmann, S. 236, gegen Planck, II S. 285.)

Uebrigens kommt es auch vor, daß die Hereintragung des Begriffes „Schenkung“ in ein anderes Rechtsgeschäft durch positive Gesetzesvorschrift ausgeschlossen oder beschränkt ist. So nach § 1624 B.G.B. in Bezug auf die elterliche Ausstattung eines Kindes.

B. Eine weitere Unterscheidung tritt im B.G.B. noch hervor zwischen

1. der sofort vollzogenen Schenkung (sog. Handgeschenk) und einem

2. vorerst ertheilten Schenkungsversprechen.

Praktisch wird dieser Unterschied insbesondere durch das Formerforderniß, welches B.G.B. § 518 für das Schenkungsversprechen und Analoges aufstellt.

IV. Besonderheiten. An solchen ist Folgendes hervorzuheben:

1. Schenkung eines ganzen Vermögens. Ueber eine solche trifft das B.G.B. keine Sonderbestimmungen. Von allgemeinen Bestimmungen sind namentlich einschlägig die §§ 310, 311, 419.

2. Schenkung einer Erbschaft: vgl. B.G.B. § 2385.

3. Schenkungen unter Ehegatten. Die hierauf bezüglichen gemeinrechtlichen Verbote sind vom B.G.B. beseitigt. Das Gleiche gilt vom

4. Widerruf einer Schenkung wegen nachfolgender Geburt von Kindern.

5. Schenkungen mit einer Auflage sind geregelt in B.G.B. § 525 fg.

6. Der Begriff der sogenannten remuneratorischen Schenkung, welcher früherhin in Gesetz und Rechtsübung (Windscheid-Kipp, Pand. II S. 525 fg.) öfters eine Rolle gespielt hat, ist dem B.G.B. fremd (M. II, 289). Daraus wird gefolgert, daß auf die einschlägigen Verhältnisse nur die allgemeinen Grundsätze von der Schenkung in Anwendung zu bringen sind (Oertmann, S. 233; Planck, Komm. II S. 282). Vorauszusetzen ist hiebei jedoch, daß von vorneherein der Begriff der Schenkung, wie ihn das B.G.B. festsetzt und abgrenzt, gegebenen Falles zutreffend ist und die fragliche Zuwendung (vgl. Bem. I, 1, 2 zu § 516) nicht unter den Gesichtspunkt einer wirklichen Entlohnung fällt. Als Beispiele mögen dienen: Jemand miethet sich bei einem Lohnrößler ein Gefährt. Vereinbart wird ein Miethpreis an den Eigenthümer von Wagen und Pferden nebst einem „Trinkgeld“ an den Kutscher. Letzteres ist hier eine vertragsmäßige Entlohnung geleisteter Dienste, nicht aber eine Schenkung. Anders: Jemand erhält durch den Diener eines Freundes in dessen Auftrag eine angenehme Benachrichtigung. Aus Freude darüber verabfolgt er dem Diener eine mehr oder minder ansehnliche Belohnung. Hier liegt eine reine Schenkung vor. So glatt solche Fälle liegen, so schwierig ist aber doch manchmal in anderen derartigen Fällen die Grenze zwischen Schenkung und Nichtschenkung zu ziehen. Zu Rechtsstreiten gaben schon häufig besonders jene Verhältnisse Anlaß, bei denen Jemand einem Anderen zunächst unentgeltlich, aber in Anhoffung späterer Zuwendungen unter Lebenden oder von Todeswegen diese oder jene Dienste, insbesondere durch Wartung und Pflege leistet, sich aber schließlich in seinen Erwartungen getäuscht sieht oder in denen er sich zunächst für seine Leistungen in Sachwerthen oder Diensten mit allgemein zusichernden Redensarten begnügt, darauf aber späterhin einen Rechtsanspruch auf Entlohnung aufbaut. In solchen Fällen entsteht auch zunächst die Frage, ob und inwieweit auf der einen oder anderen Seite etwa eine Schenkung oder ein Schenkungsversprechen vorliegt, eine Frage, welche gewöhnlich nicht nach Schulregeln, sondern nur nach Gestalt der Umstände entschieden werden kann.

Uebrigens fallen in dasjenige Gebiet, welches bisher von dem wenig sicheren Begriff der remuneratorischen Schenkung erfüllt war, nach dem B.G.B. nunmehr wenigstens zum Theil 7. jene Arten von „Schenkungen, durch die einer sittlichen Pflicht oder einer auf den Anstand zu nehmenden Rücksicht entsprochen wird". Für diese hat § 534 B.G.B. Sonderbestimmungen. Vgl. die dortigen Bem.

V. Ueber Schenkungen zur sog. todten Hand, sowie an Religiose s. E.G. z. B.G.B. Art. 85, 86; für Bayern vgl. dazu A.G. vom 9. Juni 1899 Art. 7—10.

§ 516.

Eine Zuwendung, durch die Jemand aus seinem Vermögen einen Anderen bereichert, ist Schenkung, wenn beide Theile darüber einig sind, daß die Zuwendung unentgeltlich erfolgt.

Ist die Zuwendung ohne den Willen des Anderen erfolgt, so kann ihn der Zuwendende unter Bestimmung einer angemessenen Frist zur Erklärung über die Annahme auffordern. Nach dem Ablaufe der Frist gilt die Schenkung als angenommen, wenn nicht der Andere sie vorher abgelehnt hat. Im Falle der Ablehnung kann die Herausgabe des Zugewendeten nach den Vorschriften über die Herausgabe einer ungerechtfertigten Bereicherung gefordert werden.

E. I, 437, 438; II, 463; III, 511.

I. Begriffsbestimmung der Schenkung. Hiezu dient der erste Absatz des § 516. Wie in M. II, 286 eigens betont ist, schloß sich der Gesetzgeber hiebei an diejenigen Auffassungen an, welche früher schon in fraglicher Hinsicht in der Rechtswissenschaft herrschend geworden waren (Windscheid-Kipp, Pand. II § 365 S. 511 fg.; Dernburg, Pand. II § 106).

Als die Grundlage, auf welcher das B.G.B. die Konstruktion des Schenkungsbegriffes aufbaut, nimmt dasselbe den allgemeinen Begriff der

1. Zuwendung, d. h. einer solchen auf dem Vermögensgebiete. An sich ist dies ein thatsächlicher Vorgang. Dieser wird aber hier zum Rechtsmoment erhoben. Erfordert wird darum auch eine vermögensrechtliche Zuwendung. Im weitesten Umfange läßt sich eine solche Zuwendung bezeichnen als die rechtliche Hingabe eines Vermögensbestandtheils Seitens eines Rechtssubjekts zum Besten eines Anderen. („Vermögensverschiebung" nach P. II, 3.) Hieraus schon ergibt sich, daß von diesem Begriffe der vermögensrechtlichen Zuwendung nicht erfaßt werden die sog. immateriellen Güter (P. II, 1, 3 fg.; Planck, Komm. II S. 282), wie z. B. die Fürsorge für Freiheit und Ehre eines Anderen, für dessen geistige oder körperliche Pflege. Ein diesbezüglicher Aufwand kann als vermögensrechtliche Zuwendung höchstens insoweit in Betracht kommen, als dem damit Bedachten durch die Widmung eine ihm sonst nothwendige Ausgabe erspart wird. Dies ist z. B. der Fall, wenn ein lieber Onkel dem studierenden Neffen die nothwendigen Kollegiengelder bezahlt, nicht aber — wenn er ihm etwa selbst eine Vorlesung hält.

2. Nicht jede Vermögenszuwendung ist übrigens sofort auch als Schenkung im Rechtssinne nach § 516 Abs. 1 B.G.B. zu erachten. Wie schon (S. 259) angedeutet, ist der Schenkungsbegriff ein noch engerer. Die vermögensrechtliche Zuwendung charakterisirt sich nur dann als Schenkung, wenn

a) ein Vermögenswerth aus dem Vermögen des Einen in das Vermögen des Anderen dergestalt übergeht, daß das vorher bestandene Vermögen des Ersteren dadurch verringert, dasjenige des Letzteren dadurch verbessert, er also bereichert wird (M. II, 286), ferner wenn
b) dieser Rechtsvorgang auf Seite des Zuwendenden als ein rechtlich freiwilliger sich darstellt, wenn weiter
c) die Zuwendung unentgeltlich erfolgt, und endlich
d) beide Theile darüber einig sind, daß unentgeltlich gegeben und ebenso genommen werden soll.

Alle diese Erfordernisse müssen für den Schenkungsbegriff vereinigt vorliegen. (M. II, 286 fg.; P. II, 1 fg.)

Im Einzelnen sei des Näheren noch bemerkt:

Eine Zuwendung, welche die Erfordernisse einer Schenkung an sich trägt, kann in den verschiedensten rechtlichen Formen vorkommen. Sie kann insbesondere bestehen in der Begründung neuer Vermögensrechte des Beschenkten durch den Schenker, d. h. mit Mitteln seines Vermögens, oder auch in der Uebertragung schon bestehender Rechte (z. B. Eigenthum und andere dingliche Rechte, Hypotheken und dergl.) von dem Einen auf den Anderen, auch in Einräumung von Vermögensansprüchen auf dem Gebiete der Schuldverhältnisse oder in dem Erlasse von Forderungen, welche dem Zuwendenden gegen den Anderen zustehen.

Unentgeltliche Leistung von Diensten als Schenkung zu betrachten, wird zumeist schon das Erforderniß der Herkunft „aus dem Vermögen“ verhindern. Dies kann aber dann nicht gelten, wenn durch eine Leistung jener Art der Zuwendende sich eines für ihn bestehenden Vermögenswerthes begibt, z. B. wenn er sonst Dienste fraglicher Art berufs- oder gewerbsmäßig gegen Entgelt leistet und um jener unentgeltlichen Leistung willen eine entgeltliche aufgeben muß. (Vgl. Oertmann zu § 517 S. 23 fg.) Eine andere Frage ist dabei natürlich die, ob in dem Empfange der Leistungen auch eine Vermögensbereicherung des Empfängers liegt. Das bemißt sich nach den Umständen. Die Bejahung ist aber nothwendige Voraussetzung für die Annahme einer Schenkung. Letztere ist auch ausgeschlossen, wenn die Zuwendung nicht voll freiwillig geschieht, sondern in Folge einer rechtlichen Nothwendigkeit. (P. II, 4.) Deßhalb kann z. B. die Verabreichung des einem Anderen rechtlich geschuldeten Unterhalts, soweit die Pflicht hiezu reicht, niemals als Schenkung gelten.

Wegen der Frage, ob Schenkung gegeben sein kann in Gestalt von Bürgschaftsleistung oder Pfandbestellung s. zu § 517.

II. Vertragsnatur der Schenkung und insbesondere Annahme derselben.

Wie schon S. 259 angedeutet ist, behandelt das B.G.B. die Schenkung als einen Vertrag. Dieser Standpunkt ist schon in M. II, 286 fg. vertreten und in der II. Komm. neuerdings festgehalten worden (P. II, 6 fg.), auch in die Doktrin übergegangen (Windscheid-Kipp, II S. 512; Oertmann, S. 231; Cosack, Lehrbuch I S. 480; Schollmeyer a. a. O. S. 26).

1. Aus der Vertragsnatur der Schenkung ergibt sich von selbst die Folge, daß auf die Schenkung in subjektiver und objektiver Hinsicht die für Rechtsgeschäfte und speziell für Verträge überhaupt geltenden allgemeinen Vorschriften des Gesetzbuchs in Anwendung zu kommen haben, soweit nicht durch zulässige vertragsmäßige Sonderbestimmungen der Betheiligten oder durch einschlägige gesetzliche Bestimmungen, namentlich diejenigen in den §§ 516 fg. B.G.B., für die Schenkung etwas Besonderes vorgesehen ist. Zu jenen allgemeinen Rechtsgrundsätzen gehört namentlich auch das im § 516 Abs. 1 deutlich ausgesprochene Erforderniß einer Willenseinigung beider Theile darüber, daß die fragliche Zuwendung überhaupt geschehen und daß sie unentgeltlich erfolgen solle und so auch angenommen werde. In letzterem Punkte setzt nun Abs. 2 des § 516 mit einer besonderen Bestimmung ein.

2. Abs. 2 geht davon aus, daß die Zuwendung und die Einigung über deren Unentgeltlichkeit und die unentgeltliche Annahme zeitlich auch auseinanderfallen können. Dies ist insbesondere der Fall, wenn der äußere Schenkungsakt Seitens des Schenkers ohne dessen Willen, oder sogar ohne dessen Wissen erfolgt. (Gewöhnliches Schulbeispiel: Bezahlung der Schuld eines Anderen ohne dessen Vorwissen — kommt aber nicht gerade häufig vor —, gerade wie der von Planck, II S. 283, angezogene Fall des § 814 B.G.B. Eher noch wird der Fall des § 685 praktisch). Nach dem Grundsatze des § 516 Abs. 1 wird zur rechtlichen Vollendung der Schenkung auch hier erfordert, daß jene Einigung erfolgt ist, was natürlich erst nach Kenntnißnahme des Beschenkten von dem Schenkungswillen des Anderen der Fall sein kann. Der die Schenkung realisirende Vorgang kann ja, namentlich einem Dritten gegenüber, bereits geschehen sein. Auch kann bereits eine Bereicherung des Beschenkten vorliegen. Aber der Abschluß der Schenkung als solcher und gegenüber dem Beschenkten tritt doch erst ein mit der zustimmenden Willenserklärung des Letzteren. Immerhin liegt bereits ein gewisser Rechtszustand insoferne vor, als der — sozusagen — Bereicherungsvorgang nach der herrschenden Auffassung (M. II, 289; P. II, 5 fg.; Planck, II S. 283; Oertmann, S. 234) rechtlich betrachtet wird als das Angebot einer Schenkung, an welche der Zuwendende bis zur Entscheidung des Bedachten über Annahme und Ablehnung gebunden sein will. Dem Bedachten soll niemals eine Schenkung aufgedrängt werden, darum steht auch die obenerwähnte Entscheidung in seinem freien Ermessen.

Auf diese Weise entsteht in dem eingangs des Abs. 2 erwähnten Falle ein gewisser Schwebezustand. Das Gesetz muthet aber dem Schenkgeber nicht zu, sich diesem Zustande rechtlicher Ungewißheit für immer oder auch nur für länger ausgesetzt zu sehen. Er kann auf Bereinigung des Verhältnisses gegenüber dem Bedachten dringen und zwar durch Ausübung des ihm im § 516 Abs. 2 gewährten Provokationsrechtes. Dieses letztere hat hier denselben rechtlichen Charakter, wie in anderen Parthien des Gesetzbuchs (vgl. z. B.

die §§ 406, 496 B.G.B.). Eine besondere Formvorschrift besteht hiefür nicht. Nur muß sich natürlich der Schenkgeber eines Beweismittels versichern.

Für die im § 516 Abs. 2 vorgesehene Aufforderung ist die Wirkung gesichert durch das beigefügte Präjudiz, welches für den Fall der Nichterklärung während der Frist vorschreibt, daß die Schenkung als angenommen zu gelten habe. (Ueber die dafür bestimmend gewesenen Gründe s. P. II, 7 fg.) In diesem Punkte jetzt noch mit Endemann, Einf. § 164, und Schollmeyer a. a. O. S. 27 über die Angemessenheit der schon Gesetz gewordenen Vorschrift zu diskutiren, erscheint recht überflüssig. S. übrigens auch Planck, II S. 283; Oertmann, S. 235.

Ganz abgesehen von jener Präjudizirung steht es selbstverständlich dem Bedachten auch frei, auf die Aufforderung hin noch innerhalb der Frist, oder auch schon vor einer Fristsetzung ausdrücklich oder durch konkludente Handlungen seine Ablehnung der Schenkung zum Ausdrucke zu bringen. Liegt in der einen oder anderen Weise eine dem Zuwendenden gegenüber zum Ausdrucke gebrachte Ablehnung der Zuwendung vor, so wird dadurch die Schenkung hinfällig und folgeweise die etwa bereits eingetretene Bereichererung zu einer „ungerechtfertigten". Es muß deßhalb jene eigentlich selbstverständliche Rechtsfolge eintreten, welche der Schlußsatz des § 516 Abs. 2 ausspricht. Beispielsweise hat also der Bedachte den Betrag seiner Schuld an einen Dritten dem Zuwendenden zu vergüten, wie ihn dieser an den Gläubiger bezahlt hat.

3. Beizustimmen ist der Ansicht Plancks, II S. 283, daß auch einer nach dem eben Erörterten noch nicht rechtsvollendeten Schenkung gegenüber bereits alle jene Beschränkungen und Sondervorschriften zur Geltung kommen müssen, welche das Gesetz überhaupt für Schenkungen enthält.

III. Die Beweislast folgt hier den allgemeinen Grundsätzen. Im Falle der obigen Nr. II, 3 liegt der Beweis der rechtzeitig erfolgten Ablehnung demjenigen ob, der sich darauf beruft, z. B. also demjenigen, der die Bereicherung herausfordert. Vgl. auch hieher § 685 B.G.B.

§ 517.

Eine Schenkung liegt nicht vor, wenn Jemand zum Vortheil eines Anderne einen Vermögenserwerb unterläßt oder auf ein angefallenes, noch nicht endgültig erworbenes Recht verzichtet oder eine Erbschaft oder ein Vermächtniß ausschlägt.

E. I, 439; II, 464; III, 512.

1. Vorstehende Gesetzesstelle dient zur einschränkenden Umgrenzung des Schenkungsbegriffs. Was hier bestimmt wird, erscheint als nahezu selbstverständliche Konsequenz des im § 516 gekennzeichneten Grundstandpunktes. Drei Fälle sind es, welche § 517 als vom Schenkungsbegriffe ausgeschlossen bezeichnet, nämlich:

a) die Unterlassung eines Vermögenserwerbs zum Vortheil eines Anderen;

b) der Verzicht auf ein angefallenes, aber noch nicht endgültig erworbenes Recht;

c) die Ausschlagung einer Erbschaft oder eines Vermächtnisses.

In den beiden ersten Fällen fehlt es entschieden an dem für den Schenkungsbegriff erforderlichen Merkmale der Hingabe „aus dem Vermögen", sohin die Zuwendung eines bereits im Vermögen des Zuwendenden als Bestandtheil befindlichen Werthes. Im Falle c käme an sich freilich in Betracht, daß nach dem Systeme des B.G.B. Erbschaft und Vermächtniß vom hiezu Berechtigten sofort mit dem Tode des Erblassers rechtlich von selbst erworben werden. Immerhin ist der Erwerb insoferne noch kein endgültiger, als er noch ausgeschlagen werden kann. Darum hat auch § 517 diesen Fall den beiden anderen gleichgestellt. (M. II, 290.)

Nicht gleichgestellt, sondern als Schenkung zu betrachten ist aber unter den sonstigen Voraussetzungen der Verzicht auf den bereits entstandenen Pflichttheilsanspruch (§ 2317; M. II, 290). Ebenso kann sich als Schenkung darstellen der Verzicht auf nur betagte Rechte, sowie (abweichend vom, übrigens bestrittenen, gemeinen Rechte) auf künftige, noch nicht fällige Zinsen. (M. II, 290; Planck, II, 284; Oertmann, S. 236.)

Wegen der bei Oertmann, S. 236, an dieser Stelle erörterten Frage bezüglich der Schenkungsnatur unentgeltlich geleisteter persönlicher Dienste vgl. oben S. 262.

2. In E. I § 439 war noch eigens ausgesprochen gewesen:

„Eine Bereicherung liegt nicht vor, wenn für ein Recht Sicherheit geleistet wird, selbst wenn ein Anderer als der Verpflichtete die Sicherheit leistet.

Eine Vermögensminderung liegt nicht vor, wenn . . . die für ein Recht bestehende pfandrechtliche oder andere Sicherheit aufgegeben wird."

Nach dem Beschlusse der II. Komm. (P. II, 8) blieben jene Worte aus dem Gesetze weg. Man hat deren Inhalt theils als selbstverständlich, theils auch als nicht zutreffend erachtet, weil es doch Fälle gebe, in denen die Bestellung einer Sicherheit sich in der That als eine Schenkung darstelle, wie z. B. die Bürgschaft oder Pfandbestellung für eine Forderung gegen eine vermögenslose Verlassenschaft. Was die Aufgabe der Sicherheit betrifft, so könne auch unter Umständen darin eine Schenkung gefunden werden. Bedürfe es aber der Inanspruchnahme der Sicherheit nicht, so werde der Berechtigte, da er sein Recht auch ohne die Sicherheit realisiren könne, durch deren Aufgabe nicht ärmer, der bisher Belastete nicht reicher. Da die Mehrzahl der Fälle so liege, so sehe auch der Verkehr in der Freigabe eines Pfandes, in dem Rangrücktritt eines Hypothekgläubigers keine Schenkung. So die Erwägungen der II. Komm. Doktrinär ist die Frage besprochen z. B. bei Oertmann, S. 233 fg.; Planck, II S. 284.

Jedenfalls bietet dieselbe verschiedengeartete Gesichtspunkte dar, je nachdem es sich darum handelt, ob etwa z. B. in einer Pfand- oder Bürgschaftsbestellung eine Schenkung für den Gläubiger oder, wenn die Sicherheitsleistung Seitens eines Dritten erfolgt, eine Schenkung für den Schuldner liegt. Aehnlich verschieden ist der Gesichtspunkt umgekehrt auch bei Aufgabe einer Sicherheit. Bei der sachlichen Beantwortung der Frage wird viel auf die Sachlage im einzelnen Falle und deren Anpassung an den Schenkungsbegriff nach § 516 ankommen. Daß z. B. in einer Pfandbestellung oder Bürgschaftsleistung bei mitbestehendem Verzicht auf den Rückgriff an den Schuldner diesem gegenüber eine Schenkung vorliegen kann, ist zweifellos. Kritischer liegt das Verhältniß gegenüber dem Gläubiger, sowohl was das Moment der Vermögensbereicherung einer- als der Vermögensschmälerung andererseits (wenigstens solange Pfand- oder Bürgschaft noch nicht realisirt sind) betrifft, wie auch was die subjektive Seite bei den Parteien nach ihren Intentionen anlangt.

3. § 517 enthält positive Rechtsnormen und nicht etwa bloß eine Auslegungsregel.

§ 518.

Zur Gültigkeit eines Vertrags, durch den eine Leistung schenkweise versprochen wird, ist die gerichtliche oder notarielle Beurkundung des Versprechens erforderlich. Das Gleiche gilt, wenn ein Schuldversprechen oder Schuldanerkenntniß der in den §§ 780, 781 bezeichneten Art schenkweise ertheilt wird, von dem Versprechen oder der Anerkennungserklärung.

Der Mangel der Form wird durch die Bewirkung der versprochenen Leistung geheilt.

E. I, 440, 441; II, 465; III, 513.

Die §§ 518, 519, 520, 521, 522 enthalten Sonderbestimmungen für das vom B.G.B. wohlausgeschiedene (vgl. S. 260) Schenkungsversprechen. Vor Allem bestehen deßfalls

I. besondere Formvorschriften. Die Frage, ob, inwieweit und unter welchen Voraussetzungen in Bezug auf Schenkungen zur Rechtsgültigkeit derselben die Einhaltung bestimmter Formen nöthig sei, ist im früheren Rechte (im gemeinen Rechte, bayrischen, preußischen, sächsischen, französischen Rechte: M. II, 291 fg.) sehr verschiedenartig behandelt gewesen.

Nach dem B.G.B. besteht die Regel, daß Schenkungen, insbesondere die sofort vollzogenen, ohne Unterschied der Höhe des Betrags oder des Werths, einer besonderen Formbehandlung zu ihrer Gültigkeit nicht bedürfen. In Sonderheit hat das B.G.B. die veraltete sog. „gerichtliche Insinuation" von Schenkungen, wie sie im gemeinen und bayrischen Rechte (im letzteren schließlich sehr modifizirt) gegolten hatte, nicht mehr aufgenommen. Was die Art. 86 u. 87 in Bezug auf den Erwerb zur todten Hand und durch Schenkungen an Religiose vorschreiben, stellt nicht eigentlich Formbestimmungen dar, sondern sachliche Beschränkungen der Kapacität bestimmter Rechtssubjekte.

II. Von jener Regel der Formlosigkeit der Schenkung macht nun § 518 Ausnahmen und zwar zunächst:

1. für das Schenkungsversprechen. Die Gültigkeit desselben erfordert gerichtliche oder notarielle (in Bayern stets notarielle) Beurkundung. Der gesetzgeberische

Grund hiefür liegt nach M. II, 293 in der Absicht der Verhütung übereilter Schenkungsversprechen, der Beseitigung von Zweifeln, ob ein wirkliches Schenkungsversprechen oder nur die Ankündigung der Absicht, schenken zu wollen, vorliegt, weiter der Verhütung einer Umgehung der Vorschriften über die Form letztwilliger Verfügungen und von Schenkungen auf den Todesfall, endlich der Hintanhaltung von Streitigkeiten über angebliche Schenkungen Verstorbener. Diese Beweggründe des Gesetzgebers sind sehr zu betonen. Denn sie geben zugleich praktische Fingerzeige für die Gesetzesanwendung. Zu beachten ist dabei auch, daß die Formvorschrift des § 518 für Schenkungsversprechen jeder Art gilt, ohne Unterscheidung des Gegenstandes oder des Werthbetrags der versprochenen Leistung. Das Formerforderniß gilt namentlich auch für die früher sog. remuneratorischen Schenkungen (vgl. oben S. 260). In diesem Punkte können durch jenes Erforderniß manche Streitigkeiten, wie sie seither des Oefteren vorkamen, für künftig in Wegfall kommen.

Bloße einfache Schriftlichkeit genügt nicht (M. II, 293). Hervorzuheben ist aber, daß die amtliche Beurkundung durch § 518 nur erfordert wird für das Versprechen, nicht aber für die Annahme desselben durch den Beschenkten und somit auch nicht für die Einigung beider Theile (M. II, 293).

Da nur ein Schenkungsversprechen formbedürftig ist, so fällt ein Formerforderniß insbesondere auch weg beim schenkungsweisen sofortigen Erlaß einer Forderung, oder bei schenkungsweiser Abtretung einer Forderung und ähnlichen Rechtsakten, soweit nicht etwa dazu — abgesehen von der Schenkung — ihres sachlichen Inhalts wegen besondere Formen zu erfüllen sind. Aus dem Gesichtspunkte der Schenkung noch allgemeiner, als gemäß § 518, Formerfordernisse aufzustellen, ist nach P. II, 75 fg. in II. Komm. abgelehnt worden. Selbstverständlich ist aber andererseits durch § 518 nichts geändert an denjenigen anderen und weitergehenden Formvorschriften, welche das B.G.B. an sonstigen, auch hieher einschlägigen Gesetzesstellen namentlich in Ansehung des ganzen Rechtsgeschäfts aufstellt, wie z. B. in den Fällen der §§ 311, 313, 2385 (mit § 2371).

2. Die vorstehend besprochenen Formverhältnisse sind durch § 516 Abs. 1 Satz 2 gleichmäßig übertragen auf ein sog. abstraktes Schuldversprechen oder Schuldanerkenntniß im Sinne der §§ 780, 781 B.G.B., wenn ein solches schenkungsweise ertheilt wird. Wie M. II, 294 betonen, betrachtete der Gesetzgeber Rechtsakte jener Art nicht als eine reell schon vollzogene Schenkung, sondern eben auch nur „als ein Versprechen". (Vgl. auch Oertmann, S. 238.)

Beigefügt ist in M. II, 294 (vgl. dazu P. II, 20 fg.) wörtlich nach Folgendes:

> „Die Entscheidung der Frage, ob nicht in gewissen Fällen wegen der besonderen Beschaffenheit des abstrakten Versprechens (z. B. wenn eine Schuldverschreibung auf Inhaber, eine indossable Schuldverschreibung, eine solche in Wechselform, ein Grundschuldbrief, die Annahmeerklärung auf einer Anweisung, ertheilt ist) eine vollzogene Schenkung vorliegt, muß der Wissenschaft und der Praxis überlassen bleiben; es handelt sich dabei im Wesentlichen um die aus der besonderen rechtlichen Natur der betreffenden Urkunden zu ziehenden Konsequenzen".

Die hiemit wiederum angerufene Wissenschaft wandelt in der Frage bereits wieder verschiedene Wege. Planck, II S. 285, folgert aus der abgeschlossenen positiven Natur der Vorschriften in § 518 Abs. 1 (er hätte auch dazusetzen können „aus dem Charakter des Inhalts der Gesetzesstelle als Ausnahmebestimmung)" mit Recht, daß die schenkungsweise Ertheilung von Versprechen in einer jener Formen der Formvorschrift des § 518 Abs. 1 Satz 2 nicht zu unterstellen, mit anderen Worten, daß sie als schon vollzogene Schenkung (vgl. auch Oertmann, S. 238) zu betrachten sei. Anderer Ansicht ist Meisner, Komm. zu § 518. (Vgl. auch P. II, 20; Entsch. d. R.G. Bd. 2 S. 5.)

3. Die Nichteinhaltung der gebotenen Form macht das Schenkungsversprechen rechtlich ungültig.

Diese Ungültigkeit ist aber heilbar und zwar dadurch, daß der Schenker, sei es mit oder ohne Kenntniß von dem Formerforderniß und der Rechtsfolge von dessen Verletzung (so auch Oertmann, S. 238) die versprochene Leistung gleichwohl thatsächlich bewirkt. Damit ist von selbst auch eine Rückforderung der Leistung wegen Formmangels ausgeschlossen.

Gleiches gilt soweit, aber auch nur soweit, als eine theilweise Leistung bewirkt ist (Oertmann, S. 238).

§ 519.

Der Schenker ist berechtigt, die Erfüllung eines schenkweise ertheilten Versprechens zu verweigern, soweit er bei Berücksichtigung seiner sonstigen Verpflichtungen außer Stande ist, das Versprechen zu erfüllen, ohne daß sein standesmäßiger Unterhalt oder die Erfüllung der ihm kraft Gesetzes obliegenden Unterhaltspflichten gefährdet wird.

Treffen die Ansprüche mehrerer Beschenkten zusammen, so geht der früher entstandene Anspruch vor.

E. II, 466; III, 574.

§ 519 verleiht dem Schenker eine besondere materielle Einrede gegenüber den erhobenen Ansprüchen auf Erfüllung eines schenkweise ertheilten Versprechens. Dabei behandelt

I. Abs. 1 die sachliche Ausgestaltung dieser dem beneficium competentiae des gemeinen Rechtes verwandten (aber nicht völlig analogen) Einrede.

1. Allgemeine Bedeutung. Die Gesetzesstelle kam in das B.G.B. erst durch die II. Komm. (P. II, 20 fg.). Sie verwirklicht gewissermaßen ein soziales Prinzip, dahingehend, daß es nicht als zulässig zu erachten sei, Ansprüche aus einem Schenkungsversprechen zum Vortheile des unentgeltlich Bedachten bis zum Ruine des Schenkers zu treiben.

2. Aus diesem Gesichtspunkt erhält der aus dem Versprechen Verpflichtete eine Einrede, eine wirkliche, den Anspruch abmäßigende Einrede. Der Schenker ist berechtigt, nicht aber verpflichtet, sich auf die fraglichen Verhältnisse, wenn sie auch thatsächlich vorliegen, zu berufen. (S. übrigens auch unten bei Nr. II.) Sie können auch bei einer Klage des Anspruchsberechtigten nicht von Amtswegen berücksichtigt werden (Oertmann, S. 239). Einen im Voraus zu leistenden Verzicht des Schenkers für statthaft und rechtswirksam zu erklären, geht übrigens andererseits auch nicht an, da solches der Zweckbestimmung der Gesetzesstelle und ihrer sozialen Tendenz, einen Schutz für den Nothfall zu gewähren, widersprechen würde. (Gl. M. Oertmann, S. 239.)

3. Die Einrede erwächst zunächst gegenüber dem Schenkungsversprechen im Sinne des ersten Satzes des § 518 Abs. 1. Demselben muß aber auch hier gleichgestellt werden das im § 518 Abs. 1 Satz 2 behandelte abstrakte Schuldversprechen und Schuldanerkenntniß.

4. Die Erfüllung der aus solchen Rechtsakten erwachsenden Schenkungsverpflichtungen kann der Schenker verweigern, schon wegen bloßer Gefährdung (nicht etwa nur bei bereits eingetretener Beeinträchtigung)

a) seines eigenen standesgemäßen Unterhalts oder
b) auch seiner gesetzlichen Unterhaltspflichten gegen Dritte.

Das soeben unter b Bemerkte beruht auf einem Beschlusse der Reichstagskomm. (R.T.K. S. 41), durch welche hiemit auch zum Ausdrucke gebracht werden wollte, daß ein Schenkungsversprechen und ihm Gleichgestelltes nicht zu denjenigen Verpflichtungen gerechnet werden dürfe, welche nach § 1603 die Unterhaltspflicht auszuschließen geeignet sind. Letztere geht vielmehr hier vor.

Ueber den Begriff „standesmäßiger Unterhalt“ vgl. B.G.B. § 1610.

Nur von den auf Gesetz, namentlich den auf dem B.G.B. selbst beruhenden Unterhaltspflichten ist hier die Rede. (Insbesondere gegenüber von Ehegatten — auch geschiedenen — und von Verwandten, hier auch in Bezug auf die gesetzlichen Unterhaltspflichten des unehelichen Vaters.) Lediglich auf vertragsgemäßer Einräumung beruhende Unterhaltsverpflichtungen sind zu jenen „sonstigen Verpflichtungen“ zu rechnen, von denen die Gesetzesstelle unmittelbar vorher spricht.

5. Diese „sonstigen Verpflichtungen“ kommen bei Beurtheilung der Frage in Betracht, ob der Schenker wirklich außer Stand ist, das Schenkungsversprechen zu erfüllen. Sie werden hiebei als eine Last veranschlagt, welche dem Schenkungsanspruche vorgeht

6. Den Beweis derjenigen Thatsachen, auf welchen die Statthaftigkeit der Einreden beruht, hat selbstverständlich der Schenker zu führen, wenn er sich der Einrede bedient.

7. Die Wirkung der bewiesenen Einrede ist, daß die Klage aus dem Schenkungsanspruche ganz oder theilweise abgewiesen wird. Mit Oertmann, S. 240, ist dabei aber nicht anzunehmen, daß durch eine solche Klagabweisung der Schenkungsanspruch schlechthin und für alle Zeiten zerstört, förmlich prozessual konsumirt wird. Er wird nur beseitigt, soferne und solange die der Einrede zur Stütze dienenden Thatsachen fortbestehen. Nur muß eben der den Schenkungsanspruch Verfolgende seinerseits den Wegfall jener Thatsachen behaupten und beweisen, wenn er mit einer neuen Klage hervortreten will. Das gehört bei letzterer zum Klagegrunde.

II. Abs. 2 betrifft den Fall des Zusammentreffens von Ansprüchen mehrerer Beschenkten und die dann entstehende Frage, welchem dieser mehreren

Ansprüche ein besseres Recht auf Zubilligung zusteht, mit anderen Worten, welchem der verschiedenen Ansprüche gegenüber die Einrede in erster oder erst späterer Reihe von Wirkung wird.

1. Das Gesetz bezeichnet als „vorgehend den älteren, d. h. früher entstandenen Anspruch". Dabei kommt es aber nicht etwa auf den Zeitpunkt des Schenkungsversprechens, sondern nach dem Wortlaute des Gesetzes auf den Zeitpunkt der Entstehung eines Anspruchs daraus. Die Unterscheidung dessen ist von Bedeutung namentlich bei bedingten oder betagten Schenkungsversprechen.

Ueber das Verhältniß, welches gegenüber dem älteren Anspruch entsteht, wenn der Schenker dem Grundsatze des § 519 Abs. 2 entgegen dem jüngeren gegenüber sich auf die Einrede nicht stützt, besteht eine Streitfrage zwischen einerseits Planck, II S. 286, und andererseits Schollmeyer a. a. O. S. 30 und Oertmann, S. 240. Innerlich richtiger sind wohl die letzteren Meinungen. Einfacher würde sich freilich die Rechtslage nach Planck gestalten.

2. Die Bestimmung in § 519 Abs. 2 beruht ersichtlich auf der Voraussetzung, daß mehrere nicht gleichzeitig entstandene Ansprüche vorliegen.

Wie aber dann, wenn es sich um die Konkurrenz mehrerer gleichzeitig entstandener Ansprüche handelt? Der § 519 Abs. 2 paßt darauf nicht, eine andere Vorschrift aber hat das Gesetz nicht. Der Schenker unterliegt also keiner ihn bindenden Gesetzesanweisung. Mit Schollmeyer, S. 30, muß man ihm zutreffenden Falles eben die Wahl lassen, welchem der mehreren Ansprüche gegenüber er sich der Einrede bedienen will.

III. Eine besondere gesetzliche Vorschrift darüber, wo ein Schenkungsversprechen zu erfüllen sei, hat das B.G.B. nicht. E. I § 446 hatte eine solche ins Auge gefaßt gehabt. Die II. Komm. hat aber den Paragraphen als theils selbstverständlich, theils unzutreffend abgelehnt, wobei es dann auch verblieb (P. II, 30).

§ 520.

Verspricht der Schenker eine in wiederkehrenden Leistungen bestehende Unterstützung, so erlischt die Verbindlichkeit mit seinem Tode, sofern nicht aus dem Versprechen sich ein Anderes ergiebt.

E. I, 447; II, 467; III, 515.

1. § 520 bezieht sich auf:

a) den Fall eines Schenkungsversprechens (vgl. S. 260), dessen Gegenstand

b) eine wiederkehrende Leistung (also z. B. eine Geldrente oder ein fortlaufender Bezug von Lebensmitteln) zum Zwecke einer Unterstützung ist.

In der Regel wird diese Unterstützung die Sicherung oder Ergänzung des Lebensunterhalts des Beschenkten bezielen. Der Unterstützungszweck kann sich aber auch auf anderem Gebiete bewegen, z. B. bei Berichtigung fortlaufender Unterrichtskosten für ein Waisenkind.

2. Die Einschränkung des § 520 ist darauf berechnet, zu große Härten für den Schenker hintanzuhalten, nachdem doch die Absicht eines solchen gemeinhin nur dahin geht und namentlich bei nicht fundirtem Einkommen auch nur dahin gehen kann, bloß bei eigenen Lebzeiten das Versprochene zu gewähren. Von diesem Standpunkt aus ist es dann auch nur konsequent, daß der Schlußvorbehalt im § 520 beigefügt ist. Die Sache liegt demnach so, daß die Nichterstreckung der Leistung über den Tod des Schenkers hinaus die gesetzliche Regel, die Fortentrichtung die Ausnahme bildet, deren Bestehen derjenige zu beweisen hat, welcher sich darauf beruft. Die auf Fortgewährung gerichtete Intention des Schenkers kann eigens wortdeutlich ausgesprochen sein, sich aber auch aus anderen Umständen ergeben, z. B. daraus, daß eine Rente auf einen gewissen Zeitraum (z. B. auf 10 Jahre) oder bis zu einem gewissen Ereignisse (z. B. bis zur Verehelichung) gewährt ist.

3. Auf Seite des Beschenkten ist ohnehin der Anspruch auf die wiederkehrenden Leistungen sinngemäß gemeinhin unvererblich. Für die gegentheilige Annahme müßten bündige besondere Anhaltspunkte vorliegen.

4. Die vorliegende Gesetzesstelle bezieht sich nur auf die Fortgewährung der Leistungen. Bereits fällig gewordene und rückständig gebliebene Leistungen können von den Erben und wider solche geltend gemacht werden.

§ 521.

Der Schenker hat nur Vorsatz und grobe Fahrlässigkeit zu vertreten.

E. I, 442; II, 468; III, 516.

1. Der Inhalt dieser auf die Vermeidung zu großer Strenge gegen den Schenker abzielenden, an P.L.R. Thl. I Tit. 11 § 1076 und sächsisches G.B. § 1055 sich anlehnenden Gesetzesvorschrift bezieht sich namentlich auf den Fall:

a) der Nichterfüllung eines Schenkungsversprechens,

b) der Haftung aus §§ 307, 309 B.G.B.

(Vgl. P. II, 21; Oertmann, S. 247; Planck, II S. 241.)

2. Was für den Schenker gilt, bezieht sich hier auch auf dessen Rechtsnachfolger. (M. II, 296.)

3. Bei der nachgiebigen Natur der Vorschrift kann die Haftung durch Vertrag sowohl verschärft als noch weiter abgemindert, nur nicht in Hinsicht auf Vorsatz gänzlich ausgeschlossen werden (B.G.B. § 276 Abs. 2).

§ 522.

Zur Entrichtung von Verzugszinsen ist der Schenker nicht verpflichtet.

E. I, 445; II, 469; III, 517.

1. Ueber Voraussetzungen und Wirkungen des Verzugs gelten auch für die Schenkung die allgemeinen gesetzlichen Bestimmungen, soweit sich nicht aus § 521 eine Abmäßigung ergibt und auch nicht § 522 einschlägt, welcher übrigens schon im geltenden Rechte (gemeinen Rechte und P.L.R. Thl. I Tit. 11 § 1079) Vorbilder hat. (M. II, 298 fg.)

2. Die Bestimmung des § 522 kommt auch dem Rechtsnachfolger des Schenkers, insbesondere dessen Erben zugute. (M. II, 298. Abweichung von P.L.R. Thl. I Tit. 11 § 1081.)

3. Der Begriff „Verzugszinsen" ist strenge zu nehmen. Darunter fallen nicht auch die sog. „Prozeßzinsen". Solches ist schon betont in M. II, 298 und auch anerkannt bei Planck, II S. 287; Oertmann, S. 241. Bezüglich sonstiger Folgen der Rechtshängigkeit und speziell auch der Schadensersatzpflicht des im Verzuge befindlichen Schuldners gelten auch hieher die einschlägigen allgemeinen Gesetzesbestimmungen. (M. II, 298.)

§ 523.

Verschweigt der Schenker arglistig einen Mangel im Rechte, so ist er verpflichtet, dem Beschenkten den daraus entstehenden Schaden zu ersetzen.

Hatte der Schenker die Leistung eines Gegenstandes versprochen, den er erst erwerben sollte, so kann der Beschenkte wegen eines Mangels im Rechte Schadensersatz wegen Nichterfüllung verlangen, wenn der Mangel dem Schenker bei dem Erwerbe der Sache bekannt gewesen oder in Folge grober Fahrlässigkeit unbekannt geblieben ist. Die für die Gewährleistungspflicht des Verkäufers geltenden Vorschriften des § 433 Abs. 1, der §§ 434 bis 437, des § 440 Abs. 2 bis 4 und der §§ 441 bis 444 finden entsprechende Anwendung.

E. I, 443; II, 470; III, 523.

1. Allgemeines. Der vorstehende und nachfolgende Paragraph beschäftigen sich mit der sog. Mängelhaftung des Schenkers und zwar § 523 mit dessen Gewährleistung für Mängel im Rechte (an dem Schenkungsgegenstande), der § 524 aber mit der Gewährleistung für Mängel an der geschenkten Sache selbst.

Die systematische Grundlage bilden hiebei die Gewährleistungsvorschriften, welche das B.G.B. beim Kaufe namentlich in den §§ 434 fg., 459 fg. aufgebaut hat. Da aber die in den §§ 445, 493 enthaltene Verallgemeinerung jener Vorschriften sich nur auf entgeltliche Verträge erstreckt, so mußten für die Schenkung eigene Bestimmungen getroffen werden.

So wie diese jetzt zunächst in Bezug auf Mängel im Rechte im § 523 stehen, rühren sie von der II. Komm. her (P. II, 25 fg.), welche den E. I § 443 wesentlich abgeändert hat, namentlich in Bezug auf:

2. Unterscheidungen. Während E. I einen Unterschied daraus abgeleitet hatte, ob der Schenker „einen nur der Gattung nach bestimmten Gegenstand zu leisten versprochen hat, knüpft das nun geltende Gesetz an die Unterscheidung an, ob vorliegt:

a) eine vollzogene Schenkung oder ein Schenkungsversprechen, deren oder dessen Gegenstand bereits zum Vermögen des Schenkers gehört hat, oder

b) ob es sich um ein Schenkungsversprechen handelt, dessen Gegenstand der Schenker erst erwerben sollte.

Zu a. Für einen solchen Fall — und zwar gleichviel, ob es sich um einen nur der Gattung nach bestimmten Gegenstand handelt oder ob eine anders geartete Schenkung vorliegt: P. II, 26 fg. — ging die II. Komm. von der grundsätzlichen Anschauung aus, daß man im Prinzipe den Schenker nicht für ein Recht haftbar machen könne, das er selbst nicht habe, daß vielmehr der Schenker sich gewiß nur verpflichten wolle, die Sache so zu gewähren, wie er sie selbst habe. Für die Regel begründet daher auch § 523 für einen Fall solcher Art überhaupt keine Haftbarkeit wegen eines Mangels im Rechte.

Eine Ausnahme hievon spricht aber § 523 im ersten Absatz aus. Hier wird eigens die Arglist mit einer nachtheiligen Rechtsfolge belegt, wie in anderen, auf verwandtem Gebiete sich bewegenden Gesetzesstellen auch schon. Vgl. z. B. B.G.B. §§ 443, 460, 463 nebst Bem. Die Bedeutung des Begriffs: „arglistiges Verschweigen" ist darum auch hier wie dort die gleiche. Eine Gleichstellung von grober Fahrlässigkeit greift übrigens nicht Platz. (Planck, II S. 287.)

Folge des dem Schenker zur Last fallenden arglistigen Verschweigens eines Mangels im Rechte ist des Ersteren Verpflichtung, dem Beschenkten den daraus entstehenden Schaden zu ersetzen. Hierunter ist übrigens, wie sich aus P. II, 27 klar ergibt, nicht das Erfüllungsinteresse zu verstehen und zwar gleichviel, ob es sich um eine bereits vollzogene Schenkung oder um ein vorausgegangenes Schenkungsversprechen handelt. Ersatz zu leisten ist vielmehr nur für das sog. negative Vertragsinteresse, „für denjenigen Schaden, der dem Schenker in Folge der arglistigen Verleitung zur Annahme der Sache daraus erwachsen ist, daß er auf den unanfechtbaren Erwerb der Zuwendung gerechnet habe". Als zutreffende Beispiele erwähnt hier Oertmann, S. 242: Prozeßkosten, kostspielige Aufwendungen auf den Gegenstand, Versäumung anderer fester Erwerbsgelegenheit.

Im Gesetze nicht eigens ausgesprochen, aber eigentlich selbstverständlich ist, daß eine Haftung des Schenkers für einen Mangel im Rechte auch dann anzunehmen ist, wenn und soweit der Schenker in diesem Punkte förmlich eine Garantie übernommen hat. (Oertmann, S. 243.)

Zu b. Auf diesen Fall bezieht sich Abs. 2 § 523. Auch hier, bei dieser Vorschrift, kommt es nicht darauf an, ob der versprochene Gegenstand nur der Gattung nach bestimmt oder sonstwie beschaffen ist. (P. II, 28.) Wenn es heißt: „bei dem Erwerbe der Sache", so wird dies (Oertmann, S. 243; Planck, II S. 288) als ein Redaktionsversehen betrachtet; es soll wie im Eingange heißen: „des Gegenstands".

Die II. Komm. ging für diesen Fall nach P. II, 27 von folgenden Erwägungen für die Andersbehandlung aus: „Der Erwerb erfolge hier im Interesse des Beschenkten. Der Erwerber dürfe daher nicht ganz sorglos zu Werke gehen. Habe er sich vorsätzlich oder grobfahrlässig mit einem Nichtberechtigten eingelassen und in Folge dessen dem Beschenkten das zugestandene Recht überhaupt nicht oder nicht vollständig verschafft, so müsse er wegen Nichterfüllung haften." Demgemäß wurde hier sowohl die subjektive Voraussetzung für die Schadensersatzpflicht weiter gegriffen (vgl. § 521), wie auch der Umfang der letzteren auf das Erfüllungsinteresse ausgedehnt. (Vgl. dazu Oertmann, S. 243, in der dogmatischen Auffassung gegen Planck, II S. 288.) Hiebei sind eine Reihe von Paragraphen, welche vom Kaufe handeln, für entsprechend anwendbar erklärt. So namentlich die §§ 433 Abs. 1, 434—437, welche auf die Verschaffungspflicht und ihren Umfang sich beziehen. In Bezug auf den Schadensersatz greifen auch die Beschränkungen nach §§ 440 Abs. 2—4, 441 Platz. Ebenso sind im Texte des § 523 auch die §§ 442 bis 444 (über Beweislast, vertragsmäßige Regelungen und Auskunftspflicht) erwähnt. Den § 444 betrachtet Planck, II S. 288, als auf Schenkungen überhaupt anwendbar.

Die im § 523 Abs. 2 erwähnte Schadensersatzpflicht schließt den Anspruch auf Beseitigung des Mangels, wenn und wo er besteht, nicht aus (Oertmann, S. 243). Aber auch er erfordert das Vorhandensein der im § 523 Abs. 2 aufgestellten subjektiven Voraussetzungen. Von letzteren sieht übrigens Oertmann a. a. O. ab, soweit es sich um die grundsätzliche Verschaffungspflicht nach § 433 Abs. 1 handelt, d. h. wenn eine solche Verschaffung, welche auch hieher gelte, überhaupt noch möglich ist. Dafür spricht allerdings die Erwähnung des § 443 Abs. 1 im Schlußsatze des § 523. (S. auch Fischer-Henle, 4. Aufl. zu § 523.)

§ 524.

Verschweigt der Schenker arglistig einen Fehler der verschenkten Sache, so ist er verpflichtet, dem Beschenkten den daraus entstehenden Schaden zu ersetzen.

Hatte der Schenker die Leistung einer nur der Gattung nach bestimmten Sache versprochen, die er erst erwerben sollte, so kann der Beschenkte, wenn die geleistete Sache fehlerhaft und der Mangel dem Schenker bei dem Erwerbe der Sache bekannt gewesen oder in Folge grober Fahrlässigkeit unbekannt geblieben ist, verlangen, daß ihm an Stelle der fehlerhaften Sache eine fehlerfreie geliefert wird. Hat der Schenker den Fehler arglistig verschwiegen, so kann der Beschenkte statt der Lieferung einer fehlerfreien Sache Schadensersatz wegen Nichterfüllung verlangen. Auf diese Ansprüche finden die für die Gewährleistung wegen Fehler einer verkauften Sache geltenden Vorschriften entsprechende Anwendung.

E. I, 444; II, 471; III, 519.

1. Vorstehende Bestimmung des § 524 steht nahezu vollständig in Parallele zu § 523, ist auch, soweit § 524 nicht einen abweichenden Inhalt hat, im Wortlaute dem vorigen Paragraphen entsprechend. Aber § 524 bezieht sich nicht auf rechtliche Mängel, sondern auf Mängel an der Sache und zwar nicht auf solche Mängel im weiteren Sinne, sondern, wie schon der Wortlaut des § 523 Abs. 1 und 2 erkennen läßt, auf Fehler im Sinne des § 459 Abs. 1. Vgl. deßfalls die Bem. zu letzterer Gesetzesstelle. (E. I § 444 hatte allgemeiner von Mängeln gesprochen. Vgl. P. II, 28 fg.) Eine Haftung des Schenkers für Mängel im weiteren Sinne, d. h. auch für das Nichtvorhandensein zugesicherter Eigenschaften, könnte doch wohl nur angenommen werden, wenn diese Haftung eigens übernommen ist und nur soweit, als ein derartiges Garantieversprechen sich erstreckt. Vgl. P. II, 29; Oertmann, S. 244. Dieser Schriftsteller hat jedenfalls recht, wenn er betont, daß man hier, bei einer rein lukrativen Zuwendung, nicht sofort jede Zusicherung auch als eine verpflichtende Haftungsübernahme betrachten könne und dürfe.

2. Abs. 1 des § 524 entspricht ganz dem ersten Absatze des § 523. Vgl. daher auch die dortigen Ausführungen. In dem, was § 524 Abs. 1 sagt und nicht sagt, liegt der Ausdruck der Regel bei der Frage. Diese Regel kommt überall zur Anwendung, wo nicht ein Fall vorliegt, welcher unter die Ausnahmebestimmung des zweiten Absatzes in seiner engen Umgrenzung fällt, oder in welchem durch eine erweiternde Parteiverabredung eine ausgedehntere, als die gesetzliche Haftung übernommen worden ist. (M. II, 297 a. E.)

Als ein Hauptbeispiel für die im Abs. 1 begründete Haftung auf das negative Interesse (vgl. P. II, 29) wird gewöhnlich angeführt die Verschenkung eines, wie dem Schenker bekannt, kranken Thieres, um es loszubekommen, unter Verschweigung des Zustandes und demgemäß mit der Folge, daß andere Thiere des Beschenkten dadurch angesteckt werden.

3. Bei der Ausnahmebestimmung des zweiten Absatzes, welche dem Abs. 2 des § 523 ganz ähnlich ist, springen immerhin einige wesentliche Punkte in die Augen.

Vor Allem greift hier jene Unterscheidung ein, welche die II. Komm. für die Rechtsmängelhaftung nach § 523 beseitigt hat. (Vgl. oben S. 269.) Der ganze zweite Absatz bezieht sich auch nur auf den Fall, daß ein Schenkungsversprechen vorliegt, aber auch lediglich auf das Versprechen einer Sache, welche der Schenker erst erwerben solle, und noch dazu einer solchen, welche nur der Gattung nach bestimmt ist. Für diesen Fall setzt hier Abs. 2 unter den gleichen Voraussetzungen, wie der Abs. 2 des § 523 (vgl. Bem. dazu) das Recht des Beschenkten fest, zu verlangen, daß ihm an Stelle der fehlerhaften Sache eine fehlerfreie geliefert wird, also dieselbe Berechtigung, welche § 480 B.G.B. für den Fall eines sog. Genuskaufs einräumt. Wie dort, ist dann auch noch für den Fall arglistigen Verschweigens Seitens des Schenkers dem Beschenkten die weitere Rechtsmöglichkeit gegeben, nach seiner Wahl statt der Nachlieferung Schadensersatz wegen Nichterfüllung (Erfüllungsinteresse) zu verlangen. Vgl. deßfalls Bem. zu § 480, sowie auch § 491.

Mit Planck, II S. 289 ist übrigens anzunehmen, daß der zweite Satz des Abs. 2 § 524 sich nicht bloß auf den Fall bezieht, wenn der Fehler dem Schenker schon beim Erwerbe der Sache bekannt wurde, sondern auch auf den anderen Fall, wenn ihm der Fehler erst später (aber vor Vollzug der Schenkung) bekannt geworden ist.

§ 525.

Wer eine Schenkung unter einer Auflage macht, kann die Vollziehung der Auflage verlangen, wenn er seinerseits geleistet hat.

Liegt die Vollziehung der Auflage im öffentlichen Interesse, so kann nach dem Tode des Schenkers auch die zuständige Behörde die Vollziehung verlangen.

E. I, 448; II, 473; III, 520.

I. Die „Schenkung unter einer Auflage" ist eine Schenkungsart, welche besonders häufig die Erörterung rechtlicher Gesichtspunkte mit sich bringt, in Sonderheit auch Prozesse in Lauf setzt.

An und für sich unterliegt die Schenkung mit Auflage im B.G.B. den allgemeinen Vorschriften über Schenkungen überhaupt. Es gilt dies namentlich auch von den Formvorschriften, sowie von den Bestimmungen über Widerruf u. s. w. (M. II, 306 fg.). In den §§ 525, 526, 527 enthält nun dazu das B.G.B. einige Sonderbestimmungen, welche als solche selbstverständlich in erster Reihe maßgebend sind.

Ueber die Auflagen bei letztwilligen Verfügungen finden sich eigene Vorschriften in B.G.B. §§ 1935, 1940, 1967, 1972 fg., 1980, 1992, 2322 fg. und besonders 2192 fg. Diese sind dortselbst zu erörtern.

II. Begriff der Auflage. Eine gesetzliche Definition fehlt sowohl im allgemeinen Theile des B.G.B., wie auch hier bei der Schenkung. (Anders bei letztwilligen Auflagen: § 1940.) Nach M. II, 299 ging man davon aus, daß sowohl der Ausdruck: „Auflage", wie dessen Bedeutung ebenso eingebürgert und juristisch bekannt sei, als der ganz dementsprechende römisch-rechtliche Begriff des „modus". Die Auflage bei einer Schenkung ist eben eine diesem Rechtsgeschäfte beigefügte Zweckbestimmung, welche eine Rechtsverbindlichkeit zur Erfüllung herstellen soll. Der Charakter dieser Zweckbestimmung ist dabei nicht, wie die „Bedingung", gleichgeartet „einer rechtsgeschäftlichen Nebenerklärung, welche mit der Schenkung selbst in unumstößlichem Zusammenhange steht" (so wörtlich in M. II, 299). Sie hat eine selbständige Bedeutung.

III. Das Anwendungsgebiet solcher Auflagen ist ein sehr breites. Dieselben können vorkommen

1. im Allgemeinen bei Schenkungen jeder Art, seien sie groß oder klein. Es ist nach B.G.B. (anders nach sächsischem G.B. § 1005) auch nicht an dem, daß der Werth der schenkweisen Zuwendung größer sein müßte, als der Werth der Auflage. (M. II, 299.) Es kann selbst der umgekehrte Fall vorliegen. Dies mag besonders vorkommen, wenn die Auflage selbst zum Besten des Beschenkten gereicht. Dieser braucht ja übrigens auch eine so geartete Schenkung mit Auflage ebensowenig anzunehmen, wie irgend eine andere.

2. Die Auflage kann einen Vermögenswerth haben, oder auch nicht, ein Handeln oder ein Unterlassen (Leisten oder Dulden) bezielen. So kann z. B. ebensogut die Leistung einer Rente, wie die Gestattung der Benutzung eines geschenkten Grundstücks zu bestimmten öffentlichen Zwecken, die Vornahme einer gewissen Ehrung, die Annahme eines bestimmten Namens auferlegt werden.

3. Die Auflage kann liegen im Interesse des Schenkers selbst, wie in dem des Beschenkten, aber auch im Interesse Dritter. Letzteres kommt auch in der Gestalt vor, daß die Vollziehung der Auflage „im öffentlichen Interesse" gelegen ist. (B.G.B. § 525 Abs. 2.)

Eine Einschränkung allgemeiner Art greift übrigens bei jeder Schenkungsauflage Platz. Sie darf nicht einem gesetzlichen Verbote, der öffentlichen Ordnung oder den guten Sitten zuwiderlaufen. Im Grunde genommen ist dies selbstverständlich. Es ist aber speziell auch eine positive Rechtsnorm für Rechtsgeschäfte auf bürgerlichem Rechtsgebiete. B.G.B. § 134, 138.

Ob eine Schenkungsauflage im Allgemeinen oder wenigstens als solche — als Bestandtheil eines rein lukrativen Rechtsgeschäfts — den „guten Sitten" zuwiderlaufe, bildet eine Frage des einzelnen Falls. Denn dieser Begriff ist nicht abstrakter Natur. Er ist wandelbar nach Zeit und Ort. In Bezug auf Schenkungsauflagen ist die Frage, ob aus jenem Gesichtspunkte zulässig, schon vielfach in Prozeßstreit gekommen, z. B. in Ansehung der Auflage der Wahl oder Nichtwahl einer bestimmten Berufsart, der Eingehung oder Nichteingehung einer bestimmten Heirath, des Wechsels oder Nichtwechsels des religiösen Glaubensbekenntnisses. Von derartigen Dingen steht jedenfalls dem Widerstreite mit den guten Sitten am nächsten die Auflage eines Religionswechsels gegen Empfang einer Schenkung! Das kann unter Umständen mit Anwendung jenes Begriffs moralisch sogar noch viel zu mild behandelt sein. Immerhin lassen sich über Verhältnisse jener Art abstrakte Lehrsätze nicht aufstellen. Wie so oft kommt auch hier sehr viel auf die zu freier Beurtheilung des Richters stehenden Verhältnisse im einzelnen Falle an. Die Art der Willensrichtung der betheiligten Parteien, der sittliche Gehalt ihres Beweggrundes, das Verhältniß der Auflage zur Schenkung (speziell ihrer Größe) und der Stärkegrad der dadurch bewirkten Beeinflussung des freien Willens sind erhebliche Momente für die Entscheidung.

Widerstreitet eine Auflage einem Verbot oder den guten Sitten u. s. w., so ist zum mindesten diese Auflage selbst nichtig. Streitig ist aber, ob die ganze Schenkung damit hinfällig wird (Dernburg, Pand. I § 118; Oertmann, S. 236). Diese Frage ist ganz sicher zu bejahen, wenn die Verbotswidrigkeit oder Makelhaftigkeit der Auflage sich zugleich, namentlich wegen des integrirenden Verhältnisses der letzteren zum Schenkungszwecke, von selbst dem ganzen Schenkungsakte mittheilt. Läßt sich aber auch dieses nicht behaupten, so kann gleichwohl Nichtigkeit des ganzen Schenkungsgeschäfts anzunehmen sein, schon aus dem Gesichtspunkte des § 139 B.G.B. je nach den Intentionen des Schenkers hinsichtlich der Bedeutung der Auflage im Verhältnisse zum ganzen Rechtsgeschäfte.]

Aehnlich steht es mit der Nichtigkeitsfrage dann, wenn die Erfüllung der Auflage von Anfang an unmöglich war. Ueber den Fall nachträglich eintretender Unmöglichkeit, welche in der Regel den Beschenkten von der Leistung befreit, vgl. Oertmann, S. 246 fg.

IV. Die Rechtsverbindlichkeit der Auflage ist in allen Fällen (gleichviel wer die Erfüllung verlangen kann) bedingt dadurch, daß der Schenker seinerseits die Schenkung bereits durch Leistung vollzogen hat. Ihn trifft die Vorleistungspflicht und eben deßhalb kann ihm auch kein Zurückbehaltungsrecht bis zum Vollzuge der Auflage zustehen. Rechtsverbindlich ist übrigens auch nur die wirkliche Auflage. Mit einer solchen dürfen aber nicht verwechselt werden z. B. Erklärungen, welche sich bloß als nicht verbindlicher Rath, als Wunsch oder Empfehlung oder selbst nur als Angabe des Beweggrundes für eine Schenkung darstellen (M. II, 308).

V. Verpflichtet zur Vollziehung einer Schenkungsauflage ist der Beschenkte oder dessen Rechtsnachfolger.

Berechtigt, die Vollziehung der Auflage zu verlangen, ist in erster Linie der Schenker oder sein Rechtsnachfolger (vgl. Cosack, Lehrb. I § 140 S. 496) und zwar auch dann, wenn die Auflage im Interesse eines Dritten geschehen ist. Ob auch dieser Dritte in eigener Person den Anspruch gegen den Beschenkten geltend machen kann, bemißt sich auch hier (wo ebenfalls gesetzlich ein Vertragsverhältniß angenommen wird; vgl. oben S. 262) nach den Bestimmungen in §§ 328 fg. Nach diesen wird gewiß ein selbständiger Anspruch des Dritten auf Vollziehung der Auflage angenommen werden können, wenn z. B. Jemand (wie es nicht selten vorkommt) einer Gemeinde ein Vermögen schenkt mit der Auflage, aus dessen Erträgnissen einer dritten Person auf deren Lebenszeit eine Rente oder Unterstützung zu zahlen.

Eine besondere Bestimmung in diesem Punkte enthält § 522 in Abs. 2 (wie auch B.G.B. § 2194). In dem hier erwähnten Falle kann auch „die zuständige Behörde“ Vollziehung der Auflage verlangen, stets jedoch erst nach dem Tode des Schenkers. Ueber dessen Kopf weg und etwa selbst wider dessen Willen soll sie sich nicht einmischen können. Als das im Abs. 2 erforderte „öffentliche Interesse“ ist nicht etwa bloß ein solches des Staats zu betrachten. Wie Oertmann, S. 215, betont, können z. B. auch gemeindliche Interessen (solche einer politischen, Kirchen- oder Schulgemeinde, eines Armenverbands rc.) in Betracht kommen. Es wird auch nicht erfordert, daß die Auflage direkt die Förderung des Interesses des Staats oder einer Körperschaft förmlich bezweckt. Es genügt, wenn nur die Auflage wenigstens mittelbar jenes Interesse fördert, sollte auch, z. B. bei Wohlthätigkeitsakten, zunächst ein solcher als zu Gunsten dritter Personen (z. B. der Ortsarmen) geschehen erscheinen.

Als „zuständige Behörde“ betrachtet man im Allgemeinen diejenige, welche überhaupt zur Wahrnehmung von Interessen fraglicher Art kraft ihres Amtes berufen erscheint. Nähere Bestimmungen hierüber enthalten verschiedene Ausführungsgesetze. So z. B. Bayern im A.G. vom 9. Juni 1899 Art. 107 mit § 21 der Zuständigkeitsverordnung, ferner Preußen nach Art. 7 der Verordnung vom 16. November 1899, weiter im Königreich Sachsen, in Baden, Hessen u. s. w.

VI. Als Rechtsbehelfe zur Geltendmachung des Anspruchs auf Vollziehung einer Schenkungsauflage gewährt das B.G.B.

a) die civilrechtliche Klage auf Auflageerfüllung;

b) unter bestimmten Voraussetzungen auch ein Rückforderungsrecht nach Maßgabe des nachfolgenden § 527,

beides gegen den Beschenkten.

§ 526.

Soweit in Folge eines Mangels im Rechte oder eines Mangels der verschenkten Sache der Werth der Zuwendung die Höhe der zur Vollziehung der Auflage erforderlichen Aufwendungen nicht erreicht, ist der Beschenkte berechtigt, die Vollziehung der Auflage zu verweigern, bis der durch den Mangel entstandene Fehlbetrag ausgeglichen wird. Vollzieht der Beschenkte die Auflage ohne Kenntniß des Mangels, so kann er von dem Schenker Ersatz der durch die Vollziehung verursachten Aufwendungen insoweit verlangen, als sie in Folge des Mangels den Werth der Zuwendung übersteigen.

E. I, 448; II, 473, III, 521.

Vorstehender Paragraph behandelt wiederum nur Verhältnisse bei Schenkungen mit einer Auflage und zwar bei Offenbarwerdung von Rechts- oder Sachmängeln am Schenkungsgegenstand.

1. Grundsatz. Was § 526 verfügt, beruht nach M. II, 301 auf Billigkeitsrücksichten gegenüber dem mit einer Auflage beschwerten Beschenkten, der nicht gehalten werden solle, mehr zu leisten, als er bekommt. Liegt übrigens auch ein so gestalteter Fehlbetrag vor, so kommt § 526 doch nur in Anwendbarkeit, wenn der Fehlbetrag Folge eines schon bei der Schenkung vorhanden gewesenen Mangels im Rechte am Gegenstande der Schenkung oder in der Substanz der geschenkten Sache ist.

2. Als Fehlbetrag gilt im Bereiche des § 526 keineswegs der Gesammtbetrag der durch den Mangel verursachten Werthsminderung, sondern nach ausdrücklicher Gesetzesvorschrift derjenige Betrag, um welchen der Werth der Schenkungszuwendung hinter dem Betrage der zur Erfüllung der Auflage erforderlichen Aufwendungen zurückbleibt.

In Ansehung dieses Fehlbetrags ertheilt nun § 526

3. dem Beschenkten zwei verschiedene Rechtsbehelfe, je nach der Sachlage, d. h. je nachdem der Beschenkte die Auflage noch nicht oder bereits vollzogen hat.

a) Ist die Auflage noch nicht vollzogen, so hat der Beschenkte gegenüber dem Verlangen nach Auflageerfüllung eine Einrede, aber eine nur verzögerliche, welche lediglich bis zur Ausgleichung des Fehlbetrags Seitens des Schenkers vorhält.

b) Hat der Beschenkte die Auflage bereits vollzogen, so kommt es zunächst darauf an, ob er den Mangel gekannt hat oder nicht. Ersteren Falles wird die Sache so behandelt, als ob der Beschenkte auf die Geltendmachung eines Anspruchs wegen des Mangels verzichtet hätte. Hat dagegen der Beschenkte den Mangel (d. h. dessen Vorhandensein; nicht erforderlich auch Kenntniß von dem dadurch bedingten Mißverhältnisse) bei Vollziehung der Auflage nicht gekannt, so gibt ihm § 526 eine Ersatzklage gegen den Schenker, für welche außer der im § 526 selbst ausgedrückten Umgrenzung auch die Bestimmungen der §§ 256, 257 maßgebend sind (Oertmann, S. 247). Fahrlässiges Nichtkennen steht dem Kennen hier übrigens nicht gleich. (Vgl. dazu auch die kritischen Ausführungen von Schollmeyer a. a. O. S. 32.)

4. Der Beweis des Mangels und seiner Wirkungen hinsichtlich der Entstehung eines Fehlbetrags trifft den sich darauf berufenden Beschenkten, der Beweis einer Kenntniß des Beschenkten vom Mangel dagegen den Schenker. Beruft sich dieser auf eine von ihm bereits bewerkstelligte oder angebotene Ausgleichung des Fehlbetrags, so hat natürlich auch er dieses zu beweisen.

§ 527.

Unterbleibt die Vollziehung der Auflage, so kann der Schenker die Herausgabe des Geschenkes unter den für das Rücktrittsrecht bei gegenseitigen Verträgen bestimmten Voraussetzungen nach den Vorschriften über die Herausgabe einer ungerechtfertigten Bereicherung insoweit fordern, als das Geschenk zur Vollziehung der Auflage hätte verwendet werden müssen.

Der Anspruch ist ausgeschlossen, wenn ein Dritter berechtigt ist, die Vollziehung der Auflage zu verlangen.

E. II, 474; III, 522.

I. Nach den Beschlüssen der II. Komm. (P. II, 32) gibt das B.G.B. dem Schenker unter bestimmten Einschränkungen ein nach Art der römisch-rechtlichen Kondiktionen gestaltetes Rückforderungsrecht in Ansehung des Geschenks oder wenigstens eines Theils desselben. Grundvoraussetzung ist für die Anwendung des § 527 immer, daß es sich auch hier um eine Schenkung mit einer Auflage handelt und daß diese Auflage nicht zur Vollziehung kommt.

II. Welche Rechtsfolge soll nun diese Nichtvollziehung haben?

1. Die Behandlung dieser Frage im § 527 hat nach P. II, 32 zum Ausgangspunkte die Anschauung, daß die Schenkung in der Regel nicht um der Auflage, sondern um der Bereicherung des Beschenkten willen gemacht werde und daß die Auflage wirthschaftlich zwar die Schenkung beschränke, aber keineswegs als eine eigentliche Gegenleistung für die Zuwendung sich darstelle. (Vgl. über die Bedeutung dessen schon für den Schenkungsbegriff Cosack, Lehrb. I § 140 S. 495.) Demgemäß läßt das B.G.B. auch Fälle offen, in welchen der Beschenkte von der nicht vollzogenen Auflage überhaupt frei wird, während in anderen dem Schenker anheimgestellt ist, statt einer Klage auf Erfüllung der Auflage auch ein Rückforderungsrecht geltend zu machen. Diese Geltendmachung soll übrigens nach P. II, 33 auch ein Mittel bieten, den Beschenkten zur Vollziehung der Auflage anzuhalten. Man betrachtete jenes Recht nach dieser Richtung in II. Komm. als werthvoll besonders deßhalb, weil es den Schenker des sonst bei Klagestellung erforderlichen Nachweises seines Interesses enthebe.

2. Zu betonen ist von vorneherein, daß dieses hier fragliche Rückforderungsrecht nur dem Schenker selbst (oder seinem Rechtsnachfolger), nicht aber auch einem Dritten zusteht, welchem etwa die Auflage zum Vortheile dienen soll.

3. Der Anspruch auf Herausgabe auf Grund des § 527 ist übrigens Kraft dieser Gesetzesstellen (Abs. 2) und der darin auch in Beziehung genommenen §§ 323 fg. B.G.B. ausgeschlossen:

a) wenn ein Dritter (sei es allein oder neben dem Schenker) berechtigt ist, die Vollziehung der Auflage zu verlangen; in solchem Falle ist dann eben Niemand kondiktionsberechtigt (ebenso Oertmann, S. 248);

b) wenn die Vollziehung der Auflage unmöglich wird in Folge eines Umstandes, den keiner der Betheiligten, insbesondere auch nicht der Schenker selbst, zu vertreten hat (§ 323 fg.).

4. Fälle der Statthaftigkeit des Herausgabeanspruchs nach § 527 liegen vor:

a) bei völliger Unmöglichkeit der Auflageerfüllung, wenn erstere auf einem vom Beschenkten zu vertretenden (vgl. auch § 276) Umstande beruht; ebenso

b) bei theilweiser Unmöglichkeit (s. § 325), wenn bei solcher die Auflageerfüllung für den Schenker kein Interesse mehr hätte;

c) bei Verurtheilung des Beschenkten zur Auflageerfüllung, soferne derselbe nach Provokation des Schenkers das Präjudiz nach § 325 Abs. 2 mit § 283 verwirkt hat;

d) bei Verzug des Beschenkten und Erfüllung der Auflage unter den Voraussetzungen des § 326.

5. In Ansehung des Gegenstandes der Herausgabe ist zu betonen, daß die Schenkung nicht unter allen Umständen ganz, sondern immer nur soweit zurückgefordert werden kann, „als das Geschenk zur Vollziehung der Auflage hätte verwendet werden müssen". Dies kann, muß aber nicht (und wird gewöhnlich nicht) das Ganze sein. Wie viel davon zu verwenden gewesen wäre und in welcher Gestalt, ist Thatfrage. Möglicher Weise wäre das Geschenk in seiner individuellen Substanz zu verwenden gewesen,

möglicher Weise auch nur nach seinem Werthe. In dieser Hinsicht läßt sich daher auch eine abstrakte Schulregel (wie sie Oertmann, S. 248, im Auge zu haben scheint) für die Herausgebungsfrage praktisch nicht aufstellen. Maßgebend sind die konkreten Verhältnisse im einzelnen Falle. Unter dem im Eingange des § 527 gebrauchten Ausdrucke „Geschenk“ kann dem Wortlaute nach sowohl dessen Substanz als dessen Werth verstanden werden. Ebenso auch dem Sinne nach und den Regeln der Konditionstheorie sowie dem § 818 B.G.B. entsprechend. Praktisch wird sich daher auch die Frage höchst selten zuspitzen. Ist wie gewöhnlich Geld gegeben, so wird solches auch wieder genommen. Mit vertretbaren anderen Sachen ist es ebenso. Hatte die Schenkung eine Species zum Gegenstande, in der Art, daß sich auf diese und nur auf sie die Auflage bezog, so erstreckt sich auch auf diese die Herausgabepflicht in erster Reihe. Eventuell und zwar namentlich dann, wenn nicht die ganze spezielle Sache für die Auflage zu verwenden war, muß natürlich auch bei der Kondiktion und Restitution auf den Werth zurückgegriffen werden.

6. Hat die Handlung oder Unterlassung, welche den Gegenstand der Auflage bildet, überhaupt keinen Vermögenswerth, erfordert auch nicht eine Vermögensaufwendung, so kommt § 527 objektiv überhaupt nicht in Frage, möglicher Weise aber die gewöhnliche Bereicherungsklage nach § 812 Abs. 1 B.G.B. (Oertmann, S. 248).

§ 528.

Soweit der Schenker nach der Vollziehung der Schenkung außer Stande ist, seinen standesmäßigen Unterhalt zu bestreiten und die ihm seinen Verwandten, seinem Ehegatten oder seinem früheren Ehegatten gegenüber gesetzlich obliegende Unterhaltspflicht zu erfüllen, kann er von dem Beschenkten die Herausgabe des Geschenkes nach den Vorschriften über die Herausgabe einer ungerechtfertigten Bereicherung fordern. Der Beschenkte kann die Herausgabe durch Zahlung des für den Unterhalt erforderlichen Betrags abwenden. Auf die Verpflichtung des Beschenkten finden die Vorschriften des § 760 sowie die für die Unterhaltspflicht der Verwandten geltende Vorschrift des § 1613 und im Falle des Todes des Schenkers auch die Vorschriften des § 1615 entsprechende Anwendung.

Unter mehreren Beschenkten haftet der früher Beschenkte nur insoweit, als der später Beschenkte nicht verpflichtet ist.

E. I, —; II, —; III, —. R.T.K. S. 41.

1. Entstehung. Die §§ 528, 529 wurden erst durch die Reichstagskomm. eingestellt. Der Kommissionsbericht ergibt dazu nahezu nichts Näheres. Im Reichstagsplenum wurden keine Verhandlungen darüber gepflogen. Aehnliche Bestimmungen hatte auch schon das P.L.R. Thl. I Tit. 11 §§ 1123 fg. Der Inhalt der §§ 528, 529 geht aber weiter, namentlich insoferne er

2. dem Schenker nicht bloß, wie P.L.R., einen Alimentationsanspruch, sondern ein wirkliches Konditionsrecht nach den Grundsätzen über ungerechtfertigte Bereicherung verleiht.

3. Zeitliche Voraussetzung des hier gegebenen Rückforderungsrechtes ist, daß die Schenkung schon vollzogen wurde, nicht also etwa nur ein Schenkungsversprechen vorliegt. Jenes muß der Fall sein zu der Zeit, in welcher der Rückforderungsanspruch erhoben werden will. In dem gleichen Zeitpunkte müssen auch die sachlichen Voraussetzungen begründet sein, gleichviel ob sie schon vor oder erst nach Vollziehung der Schenkung entstanden sind oder ihr für die Anwendung des § 528 ausreichendes Gewicht bekommen haben. (A. M. Planck, II, 291; dagegen Oertmann, S. 249.)

4. Sachliche Grundvoraussetzung ist nach dem Gesetze, daß der Schenker einem gewissen Dürftigkeitsgrade verfallen „ist“, gegenüber welchem es eine Ungerechtigkeit wäre, dem Beschenkten die Schenkungsbereicherung vollauf zu belassen.

Wie hoch der Dürftigkeitsgrad sein muß, wie weit eine solche Ungerechtigkeit anzunehmen und wie ihr abzuhelfen ist, wird vom B.G.B. in den §§ 528, 529 näher bestimmt.

Daß die Dürftigkeit gerade durch die Schenkung herbeigeführt worden sei, wird nach dem Gesetzesinhalte nicht gefordert.

5. Die erforderliche Dürftigkeit des Schenkers muß sich so weit erstrecken, daß dieser (bereits und noch) außer Stand ist;

a) seinen standesmäßigen Unterhalt zu bestreiten und
b) die im Gesetze näher bezeichneten ihm obliegenden Unterhaltspflichten zu erfüllen.

Die hier bestehende Copulative muß richtig verstanden werden. Das Rückforderungsrecht soll im Erfolge so weit gehen, bis der Schenker in der Lage ist, in beiden obigen Richtungen das Nöthige zu bestreiten. Eine Rückforderung kann daher im Allgemeinen schon dann eintreten, wenn auch nur in einer jener beiden Richtungen eine Unterhaltsbeeinträchtigung vorliegt. (So auch Oertmann, S. 249.) „Standesmäßiger", nicht bloß „nothdürftiger" Unterhalt gehört zur Kompetenz des Schenkers. Den Begriff des ersteren bestimmt B.G.B. § 1610 Abs. 1.

Wie im § 519 kommen auch hier nur gesetzliche Unterhaltspflichten, nicht auch vertragsmäßig oder letztwillig auferlegte, in Betracht. In anderer Hinsicht weicht aber § 528 von § 519 doch etwas ab. Dort im § 519 sind alle gesetzlichen Unterhaltspflichten umfaßt, also auch die des unehelichen Vaters. Hier im § 528 spricht das Gesetz nur von den Unterhaltsansprüchen bestimmter Personen: der Verwandten (§ 1601), des Ehegatten (§ 1360), des früheren Ehegatten (§§ 1578, 1583). Inbegriffen ist also hier nicht mehr der Schenker als unehelicher Vater, da er nach B.G.B. als kein Verwandter des Kindes gilt. (§ 1589.)

6. Der Konditionsanspruch geht auf Herausgabe des Geschenks vom Beschenkten (oder dessen Erben) an den Schenker, aber nicht schlechthin auf die Herausgabe der ganzen Schenkung, vielmehr nur soweit, als es zur Deckung des im § 528 umgrenzten Anspruchs nothwendig erscheint. Es wird also auch nicht der ganze Schenkungsakt umgestoßen (was sich übrigens auch aus § 529 ergibt). In dieser Hinsicht ist der Standpunkt des B.G.B. ähnlich dem in § 527 eingenommenen. Vgl. daher die dortigen Bemerkungen auch hieher. Insbesondere kommt auch § 818 (über Werthsersatz ꝛc.) hieher zu entsprechender Anwendung.

7. Der Herausgabeanspruch erleidet übrigens dabei noch einige Beschränkungen:

a) Nach den in Anwendung zu bringenden Grundsätzen über ungerechtfertigte Bereicherung (§ 818 Abs. 3) fällt die Verpflichtung zur Herausgabe oder Werthsersetzung weg, wenn der Beschenkte nicht mehr bereichert ist.
b) Nach § 528 Abs. 1 Satz 2 kann (facultas alternativa) der Beschenkte die Herausgabe durch Zahlung des für den Unterhalt der vorher bezeichneten Personen erforderlichen Betrags abwenden. Nicht anzunehmen ist, als ob hier der Beschenkte sofort den ganzen Anspruch ablösen müßte. Er hat aber zeitlich geradeso zu bezahlen, wie der Schenker selbst aktiv einen Unterhaltsanspruch erheben kann oder passiv zu befriedigen hat, also auch nur mittelst der nämlichen Ratenzahlungen.
c) Ergibt sich in Folge jenes Rechtes zur Abwendung der Herausgabe für den Beschenkten die Verpflichtung zur Zahlung einer Rente, dann finden darauf die Bestimmungen des § 760 (über Leibrenten) Anwendung (s. deßfalls Oertmann, S. 249, gegen Planck, II S. 292). Das gleiche Verhältniß gilt bezüglich der im § 528 Abs. 1 Satz 3 für anwendbar erklärten §§ 1613 u. 1615, welche ebenfalls nur auf den Fall des zweiten Satzes zu beziehen sind. Den § 1615 erklärt übrigens § 528 ausdrücklich nur für den Fall des Todes des Schenkers als anwendbar.
d) Berechtigt zur Erhebung des Herausgabeanspruchs und wohl folgerichtig auch zur Einhebung der Surrogatleistungen des Beschenkten ist der Schenker. Nur zu ihm steht der Beschenkte in der hier einschlägigen Rechtsbeziehung.
e) Nicht anzunehmen ist (so richtig Oertmann, S. 250), daß das Rückforderungsrecht wieder auflebe, wenn der Beschenkte mit Zahlung der einmal übernommenen Rente in Verzug kommt, auch nicht, daß diese Rente von selbst erlösche, wenn der Gesammtbetrag der geschehenen Rentenleistungen die Höhe des Geschenkwerths erreicht.

8. Von mehreren Beschenkten ist nach § 528 Abs. 2 der später Beschenkte in vorderer Reihe haftbar. (Vgl. dazu § 529 Abs. 2.)

§ 529.

Der Anspruch auf Herausgabe des Geschenkes ist ausgeschlossen, wenn der Schenker seine Bedürftigkeit vorsätzlich oder durch grobe Fahrlässigkeit herbeigeführt hat oder wenn zur Zeit des Eintritts seiner Bedürftigkeit seit der Leistung des geschenkten Gegenstandes zehn Jahre verstrichen sind.

Das Gleiche gilt, soweit der Beschenkte bei Berücksichtigung seiner sonstigen Verpflichtungen außer Stande ist, das Geschenk herauszugeben, ohne daß sein standesmäßiger Unterhalt oder die Erfüllung der ihm kraft Gesetzes obliegenden Unterhaltspflichten gefährdet wird.

E. I, —; II, —; III, —; R.T.K. S. 41.

Gegenüber der Gestaltung der Verhältnisse, welche nach § 538 der Regel nach eintritt, setzt § 529 drei Ausnahmen:

1. Bei eigenem Verschulden (Vorsatz oder grober Fahrlässigkeit) des Schenkers in Herbeiführung seiner bedürftigen Lage. Was an thatsächlichen Lebenserscheinungen als ein solches Verschulden betrachtet werden könne, ist offen gelassen. Es untersteht also der freien richterlichen Beurtheilung. Sicherlich gehören z. B. hieher Trunksucht, Verschwendung, schlechte Hauswirthschaft, leichtsinnige Spekulationen und dergl.

2. Bei Ablauf der im § 529 Abs. 1 gesetzten Frist seit thatsächlichem Vollzuge der Schenkung, wenn die Frist beim Eintritte der Bedürftigkeit bereits verstrichen ist. Anderenfalls, bei früherem Eintritte der Bedürftigkeit, kann der Rückforderungsanspruch auch nach Ablauf der zehn Jahre noch geltend gemacht werden.

3. Bei eigener Bedürftigkeit des Beschenkten. Die demselben hier gewährte Kompetenz steht nach Voraussetzung und Umfang gleich derjenigen des Schenkers nach § 519 (nicht so nach § 528). Vgl. die dortigen Bem.

So einfach auch in diesen drei Richtungen der § 529 zu sein scheint, so ist er doch bereits Gegenstand einer nicht unwichtigen Meinungsverschiedenheit. Planck nämlich (II, 292) behandelt die drei Vorbehalte des § 529 als eine dem Beschenkten gegenüber dem Rückforderungsanspruche zustehende Einrede. Oertmann, S. 250 erachtet aber die zwei ersten im Abs. 1 § 529 aufgeführten Fälle als solche, welche ipso jure eintreten und der Vorschützung einer Einrede nicht mehr bedürfen. Bezüglich des im Abs. 2 eigens behandelten dritten Falles ist aber Oertmann trotz des Wortlauts („Das Gleiche gilt") doch auch für Annahme einer Einrede und zwar hauptsächlich wegen der Analogie des § 519, sowie auch deßhalb, weil eine Berücksichtigung der Kompetenz von Amtswegen zu Unzuträglichkeiten führen müßte. Letzteres ist unzweifelhaft richtig. Ob aber Oertmanns Ansicht zu den Fällen des Abs. 1 ebenso zutreffend ist, kann doch aus äußeren und inneren Gründen bezweifelt werden. Klar ist die Sache nach der Gesetzesfassung jedenfalls nicht.

§ 530.

Eine Schenkung kann widerrufen werden, wenn sich der Beschenkte durch eine schwere Verfehlung gegen den Schenker oder einen nahen Angehörigen des Schenkers groben Undankes schuldig macht.

Dem Erben des Schenkers steht das Recht des Widerrufs nur zu, wenn der Beschenkte vorsätzlich und widerrechtlich den Schenker getödtet oder am Widerrufe gehindert hat.

E. I, 449, 450; II, 475; III, 523.

Die §§ 530—533, theilweise auch § 534 behandeln den „Widerruf der Schenkung wegen Undanks". Rechtsnormen hierüber waren im positiven Rechte längst bekannt. Solche waren z. B. enthalten im gemeinen Rechte nach L. 10 C. de revoc. donationum, im P.L.R. Thl. I Tit. 11 § 1151 fg.; code civil, Art. 953 fg.; sächsischem G.B. § 1059 fg. Angesichts dieser älteren Vorläufer in der Gesetzgebung konnte sich auch das B.G.B., wie M. II, 302 schreiben, gegenüber dem einschlägigen „überall in den Rechten anerkannten und im heutigen Rechtsbewußtsein wurzelnden Gebote der Ethik nicht indifferent verhalten". Dabei ist übrigens das B.G.B. in gewisser Hinsicht freier vorgegangen, als es vordem geschehen und auch noch im E. I § 449 beabsichtigt gewesen war. Dieser hatte kasuistisch als Widerrufsgründe eine Anzahl bestimmter, auf Seite des Beschenkten sich ereignender Vorkommnisse wider — in den Grundzügen — das Leben, die Gesundheit, die Freiheit, die Ehre und das Vermögen des Schenkers namhaft gemacht. Bemerkenswerth ist daran, daß dies Gesichtspunkte sind, welche in der Hauptsache auch im

Bereiche des § 823 B.G.B. eine Rolle spielen. Die II. Komm. hat übrigens einen derartigen Zwangspaß für die Gesetzesanwendung nicht ausgestellt, sondern absichtlich dem richterlichen Ermessen einen viel freieren Spielraum eingeräumt (P. II, 36). Hienach ist ein Widerruf der Schenkung zwar auch nur wegen Undanks vorgesehen. In dieser Hinsicht sind aber gesetzlich nur einige mehr allgemeine Richtpunkte vorgezeichnet, in deren Bereiche die Beschaffenheit der Einzelfälle richterlich zu würdigen ist. Andere Vorkommnisse, welche nicht im Bereiche des Undanks sich ereignen, sind dagegen als Gründe für einen Schenkungswiderruf nicht anerkannt.

I. Für die Zulässigkeit eines Schenkungswiderrufs begründet es keinen Unterschied, ob eine schon vollzogene Schenkung oder vorerst nur ein Schenkungsversprechen vorliegt, sowie von welcher Art und Beschaffenheit die eine und das andere ist. Selbst remuneratorische Schenkungen sind im Prinzipe nicht ausgeschlossen vom Widerrufe. (Vgl. auch zu § 534.) Eine Ausnahme besteht nur für die im § 534 bezeichneten Schenkungen. Abgesehen also von diesen letzteren, stellt das B.G.B. für den Widerruf drei Haupterfordernisse auf:

1. Es muß Undank vorliegen und zwar auf Seite des Beschenkten in seiner eigenen Person gegenüber der Person des Schenkers in Beziehung auf den Schenkungsakt und dessen Wohlthat. Es genügt also z. B. nicht, daß der Beschenkte, ersichtlich in Beziehung auf einen anderen Akt des Wohlwollens, z. B. Verschaffung einer guten Stellung, derselben Person, welche ihm auch eine Schenkung spendete, mit Undank gelohnt, z. B. diese gerade wegen jener Verschaffung schwer verunglimpft hat, es müßte denn auch die Schenkung mit jenem anderen Akt in Zusammenhang stehen.

Es genügt weiter auch nicht jede Art, Form und Größe von Undank. Das Gesetz erfordert eigens groben Undank. Daß die Beurtheilung dieser Qualität auch einigermaßen beeinflußt wird durch die Beschaffenheit und Bedeutung der Schenkung, ist wohl nicht in Abrede zu stellen.

„Undank" ist kein Rechts-, sondern ein thatsächlicher Begriff. Er ist darum auch bei der Gesetzesanwendung nach den Lebensverhältnissen, der sittlichen Volksanschauung zu beurtheilen, welche letztere nach Zeit und Ort verschieden sein kann.

An sich ist „Undank" eine innere Empfindung, beziehungsweise der Mangel einer solchen. Aus dem Bereiche der Ethik kann er in das Rechtsgebiet nur hinübergreifen, wenn er sich äußerlich, durch eine Handlung oder Unterlassung, bethätigt hat. Dies wird von vorneherein auch hier erfordert, außerdem nach § 539 noch besonders, daß jene äußere Bethätigung Ausdruck gefunden hat in:

2. einer schweren Verfehlung des Beschenkten und zwar zunächst gegen den Schenker selbst. Für die Beurtheilung dieses Erfordernisses geben die in E. I § 449 bezeichnet gewesenen Vorkommnisse gewisse Anhaltspunkte. Die Subsumtion ist aber keineswegs darauf beschränkt (vgl. z. B. das in P. II, 36 erwähnte Beispiel einer widerrechtlichen Herbeiführung einer Entmündigung), noch auch in Fällen jener Art immer geboten. Auch ist keineswegs immer erfordert, daß die Verfehlung stets eine objektiv rechtswidrige war. Sie kann auch auf dem ethischen Gebiet allein, insbesondere auch auf dem der Sittlichkeit im engeren Sinne liegen. Nothwendig ist aber nach dem klaren Wortlaut in subjektiver Hinsicht, daß den Beschenkten in Ansehung der Verfehlung eine „Schuld" trifft. Bei Nothwehr oder Nothstand ist eine solche nicht gegeben, wenn die gesetzlichen Grenzen dieser Begriffe nicht überschritten sind.

3. Die Verfehlung muß gerichtet gewesen sein gegen den Schenker oder auch einen „nahen Angehörigen" desselben. Diese Bezeichnung steht hier nicht im Sinne eines Rechtsbegriffs, sondern in landläufiger Bedeutung. Das B.G.B. hat den Begriff weder näher bestimmt, noch begrenzt. Er unterliegt also arbiträrer Beurtheilung im Einzelfalle. Auf einen bestimmten Verwandtschaftsgrad kommt es nicht an. Auch auf ein Schwägerschafts- oder Pflegeverhältniß kann er anwendbar sein, zumal wenn der Betreffende mit dem Schenker in äußerer Lebensgemeinschaft sich befindet. Die Grenze wird zumeist darin liegen, in welchem Grade das Vorkommniß in der anderen Person des „nahen Angehörigen" auch auf die Person des Schenkers einen äußeren oder inneren Eindruck zu machen, insbesondere auch das Gefühl einer eigenen Kränkung zu erzeugen (P. II, 38) geeignet ist. Von diesem Standpunkt aus ist es auch folgerichtig, wenn Oertmann, S. 251, erfordert, daß dem „Undankbaren" das Verhältniß des Schenkers zu der dritten Person bekannt gewesen sein müßte, wenn ein Widerrufsrecht daraus abgeleitet werden will.

II. Vererblichkeit des Widerrufs? Im Grundsatz ist diese vom Gesetze verneint und zwar auf Seite des Beschenkten wie auf Seite des Schenkers. In ersterer Richtung geht dies hervor aus § 532 Satz 2, in letzterer Hinsicht aus § 530 Abs. 2. An letzterer Stelle sind auch zwei Ausnahmen zugelassen. Eine Beleuchtung des Standpunktes, auf welchem diese Ausnahmen beruhen, s. in P. II, 38.

III. Eine Spezialbestimmung enthält § 1584 über den Widerruf von Schenkungen in Ehescheidungsfällen.

§ 531.

Der Widerruf erfolgt durch Erklärung gegenüber dem Beschenkten.

Ist die Schenkung widerrufen, so kann die Herausgabe des Geschenkes nach den Vorschriften über die Herausgabe einer ungerechtfertigten Bereicherung gefordert werden.

E. I, 449, 452; II, 477; III, 525.

§ 531 behandelt die Frage der Form und der Wirkung eines Schenkungswiderrufs.

1. Form (Abs. 1). Der Widerruf erfordert eine hierauf gerichtete Erklärung. Von Rechtswegen wird eine Schenkung durch Akte des Undanks nicht hinfällig. Die Erklärung hat die Rechtseigenschaft einer einseitigen empfangsbedürftigen Willenserklärung im Sinne der §§ 130 fg. Auszugehen hat sie vom Schenker, oder, wo nach § 530 Abs. 2 zulässig, von dessen Erben. Besondere Formerfordernisse bestehen nicht. Doch hat natürlich der Widerrufende sich der ihm etwa erforderlichen Beweismittel zu versichern. Selbstverständlich kann der Widerruf auch im Wege der Klagestellung erfolgen. (Vgl. übrigens wegen der Kosten C.P.O. § 93 n. Nr.)

2. Wirkung (Abs. 2). Diese äußert sich in der nunmehr eintretenden Hinfälligkeit des ganzen Schenkungsaktes. Für den Beschenkten entfällt damit der Rechtsgrund der an ihn bereits geschehenen Uebertragungen. Die Rechtsfolge dessen ist die auf dem obligatorischen Gebiete sich bewegende (M. II, 304 fg.) Herausgabepflicht, wie solche durch § 531 Abs. 2 verordnet ist. War die Schenkung noch nicht vollzogen, so erlischt die Verbindlichkeit zur Erfüllung. Die Ansprüche, welche der Schenker aus einem vollzogenen rechtsbegründeten Widerrufe bereits erlangt hat, bemessen sich in Bezug auf Uebertragbarkeit, Verzicht, Vererblichkeit, Verjährung nach den allgemeinen Rechtsregeln (Oertmann, S. 252).

§ 532.

Der Widerruf ist ausgeschlossen, wenn der Schenker dem Beschenkten verziehen hat oder wenn seit dem Zeitpunkt, in welchem der Widerrufsberechtigte von dem Eintritte der Voraussetzungen seines Rechtes Kenntniß erlangt hat, ein Jahr verstrichen ist. Nach dem Tode des Beschenkten ist der Widerruf nicht mehr zulässig.

E. I, 451; II, 478; III, 526.

1. Das B.G.B. bezeichnet in § 532 verschiedene Gründe, aus denen ein an sich begründetes Recht zum Widerruf einer Schenkung wegen Undanks wegfallen soll. Sie beziehen sich natürlich nur auf einen erst noch zu vollziehenden Widerruf. Unberührt bleiben aber davon die bereits eingetretenen Rechtsfolgen eines vorher schon vollzogenen rechtsbegründeten Widerrufs, soferne sie nicht aus einem anderen Rechtsgrunde, insbesondere nach M. II, 305 durch einen „Erlaßvertrag" wieder beseitigt werden. Ein solcher ist übrigens wiederum verschieden vom einseitigen Verzichte. (Vgl. Oertmann zu § 533 S. 253.)

Als Wegfallsgründe jener Art bezeichnet § 532 dreierlei Vorgänge, nämlich:

a) Verzeihung des Schenkers für den Beschenkten;

b) Ablauf der gesetzlich bestimmten Frist;

c) Tod des Beschenkten.

In den beiden ersten Fällen geht das Widerrufsrecht nur in Ansehung eines bestimmten dazu berechtigenden Vorkommnisses unter, im dritten Fall ist dasselbe überhaupt verloren.

Zu a. Verzeihung im Sinne des § 532 B.G.B. ist an sich ein rein thatsächlicher Vorgang, dem nur hier, wie an anderen Stellen des B.G.B. (vgl. §§ 1570, 2237, 2343 aus dem Ehescheidungs- und Erbrechte) eine bestimmte Rechtsfolge beigelegt ist. Als bloß thatsächlicher Vorgang braucht die Verzeihung sich nicht in Gestalt eines eigentlichen

Rechtsakts geäußert zu haben. Sie kann daher sowohl in Worten als in Werken geschehen sein, braucht auch nicht einmal gegenüber dem Beschenkten selbst als dem, der sich verfehlt hat, zum Ausdrucke gekommen zu sein, wenn sie nur überhaupt, dem Reiche bloßer innerer Empfindungen sich entringend, äußerlich erkennbar geworden ist (Planck, II S. 294; Oertmann, S. 252). Ist dieses der Fall, so kommt es nicht weiter darauf an, ob der Verzeihung-übende sich dabei auch gerade der in Ansehung eines Schenkungswiderrufs sich ergebenden speziellen Rechtsfolge bewußt gewesen ist.

Die Verzeihung hat sich zu beziehen auf diejenige Verfehlung, aus welcher gerade das Widerrufsrecht abgeleitet wird. Verzeihung des einen Vorgangs präjudizirt nicht den Rechtsfolgen eines anderen, nicht verziehenen Geschehnisses, welches ebenfalls zum Schenkungswiderrufe berechtigt.

Zu b. Eine wie im § 532 vorfindliche Berechtigungsfrist war früher schon im sächsischen G.B. § 1063 und im Code civil Art. 957 enthalten. Sie ist eine Ausschlußfrist und keine Verjährungsfrist. Den Zeitpunkt des Beginns ihres Laufs setzt § 532 selbst fest. Im Falle des § 530 Abs. 2 fällt ihr Beginn auf den Zeitpunkt, an welchem der Widerrufsberechtigte sowohl von dem thatsächlichen Vorgange der bezüglichen Verfehlung, wie auch von seiner entstandenen Erbeneigenschaft Kenntniß bekommen hat.

Im Uebrigen kommen in Ansehung des Fristenlaufs die §§ 186 fg. B.G.B. zur Anwendung.

Zu c. Vgl. hiezu P. II, 39 fg. Ein bereits vor dem Tode des Beschenkten rechtsgemäß vollzogener Widerruf kehrt sich selbstverständlich in seinen Wirkungen auch gegen den Erben des Beschenkten. In der Person des Erben des Beschenkten kann nicht ein eigener Widerrufsgrund zur Entstehung kommen, da er eben nicht der Beschenkte ist. Ebenso kann auch nicht aktiv für die Person des Erben des Schenkers eine eigene Widerrufsberechtigung sich bilden. (Vgl. § 530 Abs. 2.)

2. Zur Frage, wie sich die Rechtsfolgen nach § 532 geltend machen, ergibt sich hier, wenigstens zum Theile, derselbe Zweifel, dessen zu § 529 S. 277 Erwähnung geschah, nämlich ob hier ein Einrederecht begründet wird, oder ob eine unmittelbare, sich von selbst vollziehende rechtszerstörende Wirkung eintritt. Planck, II 294 schweigt sich hier zu § 532 darüber aus. Oertmann, S. 252, argumentirt namentlich aus der gesetzlichen Fassung: „Der Widerruf ist ausgeschlossen" hier ebenfalls im Sinne der vorerwähnten zweiten Auffassung. Ganz zweifellos ist schon dem (übrigens hier anderen) Wortlaute nach diese Oertmannsche Auffassung für den im § 532 Satz 2 vorgesehenen Fall begründet. Dagegen spricht namentlich im ersten Falle, dem der Verzeihung, unterschiedliches auch für die Annahme einer Einrede.

3. Der Beweis der Erlöschungsgründe des § 532 liegt selbstverständlich dem Beschenkten ob. Macht aber der Schenker gegen die Erben des Beschenkten geltend, daß schon bei dessen Lebzeiten Widerruf erfolgt sei, so hat er selbst diese Thatsache zu beweisen. (So richtig Oertmann, S. 253.)

§ 533.

Auf das Widerrufsrecht kann erst verzichtet werden, wenn der Undank dem Widerrufsberechtigten bekannt geworden ist.

E. I, 451; II, 479; III, 523.

1. Der Verzicht ist nicht, wie die Verzeihung (s. zu § 532) ein bloß thatsächlicher Vorgang, sondern ein Rechtsakt, ein Rechtsgeschäft, eine einseitige empfangsbedürftige Willenserklärung. Beide Begriffe sind daher wohl zu unterscheiden. Eine „Verzeihung" steht nur dem Schenker selbst zu, eine Verzichtserklärung z. B. auch seinem Stellvertreter (Cosack, Lehrb. I S. 494).

2. In seiner ebengedachten Eigenschaft und Bedeutung erheischt der Verzicht von selbst das Gegebensein aller derjenigen äußeren und inneren Erfordernisse, welche alle Willenserklärungen dieser Art bedürfen. So auch hier. Durch den § 533 wird nur die Besonderheit begründet, daß ein Vorausverzicht auf den Widerruf wegen eines etwa künftigen Undanks ausgeschlossen wird, ja noch weiter, daß ein Verzicht auf das Widerrufsrecht sogar erst zulässig wird, wenn ein bereits zu Tage getretener Undank dem Widerrufsberechtigten bekannt geworden ist.

Ein Verzicht auf die Rechtsfolge des Undanks, so wie sie noch vor dem Tode des Widerrufsberechtigten bereits zur Begründung gekommen ist, steht natürlich auch den Erben des Schenkers zu.

3. Ueber den zu unterscheidenden Erlaßvertrag s. oben S. 279.

§ 534.

Schenkungen, durch die einer sittlichen Pflicht oder einer auf den Anstand zu nehmenden Rücksicht entsprochen wird, unterliegen nicht der Rückforderung und dem Widerrufe.

E. II, 476, III, 524.

1. In vorbezeichneter Gestalt scheidet das B.G.B. von dem Gesammtgebiete der Schenkungen hier eine eigene Kategorie von solchen ab, welche auch in anderen Theilen des Gesetzbuchs unter der ganz gleichen begrifflichen Beziehung zur Erwähnung kommen und dorten viel mehr, als hier nach § 534, von Bedeutung werden. Dies ist der Fall in Bezug auf die Befugniß zu derartigen Geschenken für den Ehemann ohne Einwilligung der Frau (§ 1416), des Vaters für das Kind (§ 1611), des Vormunds für den Mündel (§ 1804), des Testamentsvollstreckers (§§ 2305, 2307), des Vorerben (§ 2113), dann in Bezug auf den Pflichttheil (§ 2230). Hier im § 534 sind solche Schenkungen besonders gestellt lediglich in der Hinsicht, daß sie nicht

a) dem Widerrufe nach §§ 530—533,

b) der Rückforderung nach §§ 528 fg.

unterliegen. Eine Rückforderung nach § 527 kommt nicht in Betracht, da man Schenkungen fraglicher Art nicht mit einer Auflage belastet.

2. Die im § 534 erwähnten zwei Kriterien stehen im alternativen Verhältnisse zu einander:

a) Als Schenkungen zur Entsprechung einer sittlichen Pflicht erscheinen z. B. Unterhaltsreichnisse an dürftige nahe Angehörige, welche aber keinen rechtlichen Unterhaltsanspruch haben, ferner Gaben zu wohlthätigen Zwecken bei öffentlichen Kalamitäten, in Fällen großer Noth u. dergl.

b) Schenkungen mit Rücksicht auf den Anstand sind die meisten im täglichen Leben sich vollziehenden Gelegenheitsgaben, Weihnachts-, Geburtstags-, Hochzeitsgeschenke und Aehnliches. Zu betonen ist dabei aber: Geschenke. Denn es gibt z. B. auch Weihnachtsgaben, welche überhaupt keine Geschenke sind, sondern vertragsmäßige Entlohnungen, z. B. an Dienstboten und andere Bedienstete, denen ein bestimmtes solches Reichniß im Dienstvertrage versprochen ist.

Bei den „Anstandsschenkungen" spielt die örtliche und standesgemäße Verkehrssitte thatsächlich eine große Rolle und ist auch für die Umgrenzung des Rechtsbegriffs von wesentlichem Einflusse.

3. Die in der ersten Auflage von Fischer-Henle bei § 534 enthaltene Behauptung, daß unter die im § 534 bezeichnete Kategorie von Schenkungen auch die vom B.G.B. nicht eigens erwähnten sog. remuneratorischen Schenkungen gehören, ist in dieser Allgemeinheit nicht richtig, auch in der 4. Aufl. desselben Werkes eingeschränkt. Solche Schenkungen können ja unter § 534 fallen, gehören aber durchaus nicht immer hieher. Denn nicht alle remuneratorischen Schenkungen tragen die in § 534 geforderten Kriterien an sich und die nach § 534 gearteten Schenkungen sind auch nicht stets remuneratorischer Natur. Zutreffend ist in P. II, 37 bemerkt, daß „die Frage, ob bei sog. remuneratorischen Schenkungen der Widerruf stattfinde, nicht allgemein, sondern nur nach den besonderen Umständen des Falles entschieden werden könne. Enthalte eine solche Schenkung neben der Vergütung eine erhebliche Liberalität auf Seiten des Gebers, so bestehe kein Grund, den Widerruf auszuschließen. Diejenigen Fälle dagegen, in welchen die Liberalität im Verhältnisse mit den geleisteten Diensten nur gering sei, werden unter den Begriff der Anstandsgeschenke fallen".

Aehnlich wie mit den remuneratorischen Schenkungen liegt die Sache auch mit den gegenseitigen Schenkungen. Noch in der 4. Aufl. von Fischer-Henle werden dieselben schlechthin dem § 534 unterstellt. Auch dies trifft nicht immer zu, da auch sie durchaus nicht stets den in § 534 erforderten Charakter an sich tragen.

Endlich findet man auch die sog. Trinkgelder hieher erwähnt. Daß dieselben manchmal überhaupt keine Geschenke sind, sondern Entlohnungen geleisteter Dienste, ist schon S. 260 dargethan. Liegt aber auch eine wirkliche Schenkung vor, so ist sie doch auch nicht immer eine solche von der durch § 534 getroffenen Art, manchmal sogar das Gegentheil, üblicher Unfug! Uebrigens kommt praktisch nicht viel auf die Beurtheilung solcher Trinkgelder an. Bei ihnen wird insbesondere nicht leicht Jemand zu einer Rückforderung oder zu einem „Widerrufe wegen Undanks" kommen!

Dritter Titel.

Miethe. Pacht.

Erläutert von Karl Kober.

I. Miethe.

Einleitung.

I. In seinen Grundzügen schließt sich das Miethrecht des B.G.B. an das bisherige Recht an, insbesondere an das P.L.R. Man fügte jedoch auch eine Reihe sozialpolitischer Bestimmungen im Sinne einer besseren Stellung des Miethers ein; vgl. z. B. die §§ 540, 544, 546, 548, insbesondere auch beim Pfandrechte des Vermiethers s. § 559 Satz 2 u. 3, 560. Auch der vom B.G.B. eingeführte Grundsatz: „Kauf bricht nicht Miethe" in seiner näheren Ausgestaltung durch die §§ 571 ff. ist darauf zurückzuführen. Ferner ergeben sich Schranken gegen die Willkür des Vermiethers aus anderen Theilen des Gesetzbuchs; vgl. hieher insbesondere Bem. I, 5 zu § 535. Andererseits aber ist das in der Hauptsache gewahrte Prinzip voller Vertragsfreiheit wieder für die Position des Vermiethers günstig, da ja das Gesetz nur vereinzelte Zwangsvorschriften enthält.

II. Zwischen Miethe und Pacht zieht das Gesetz eine schärfere Grenzlinie, als dies in den bisherigen Rechten meistens der Fall war, was sich schon durch die äußerliche Abscheidung darthut. Vgl. hieher insbesondere Bem. B, I, 3 zu § 535. Im Uebrigen ist die Miethe als das wirthschaftlich wichtigere Schuldverhältniß vorangestellt und werden die Einzelbestimmungen über sie später doch wieder generell für die Pacht als anwendbar erklärt zufolge der vielfachen rechtlichen Uebereinstimmung beider Institute. (§ 581.)

III. Im Allgemeinen sind Miethe und Pacht auch nach dem B.G.B. als bloße Schuldverhältnisse aufzufassen ohne eine generelle dingliche Ausgestaltung. Aber die allgemeine Rechtsstellung des Miethers ist denn doch eine bessere und gesichertere geworden, insbesondere durch den Besitzschutz und den Grundsatz: „Kauf bricht nicht Miethe". Vgl. hieher die Bem. B, I, 8 und IV zu § 535, sowie Bem. I, 4 zu § 571. Ein Eintrag der Miethe und Pacht in das Grundbuch findet nicht statt, s. Bem. B, I, 7 zu § 535.

IV. Der nähere Inhalt der folgenden Paragraphen im Einzelnen läßt sich in Kürze, wie folgt, skizziren: Auf den allgemeinen § 535, welcher die Begriffselemente der Miethe aufstellt (die Bem. hiezu behandeln die allgemeinen Fragen der Miethe), folgt zunächst das Nähere über die Pflichten des Vermiethers und die hieraus für den Miether fließenden Rechte (§§ 536 bis 547), sowie andererseits über die Pflichten des Miethers und die entsprechenden Berechtigungen und Befugnisse des Vermiethers (§§ 548—563). Sodann reihen sich an die Vorschriften über die Kündigung (§§ 564—570), sowie eine Sondervorschrift über die Form bei Miethverträgen (§ 566). Die §§ 571—579 enthalten die Normen über die Beziehungen des neuen Grundstückserwerbers zum Miether bezw. Vermiether. Zum Schluß endlich (§ 580) folgt die allgemeine Aufstellung, daß überall da, wo das Gesetz von Grundstücks-Miethe spricht, ohne Weiteres auch die Miethe von Wohnungen oder ähnlichen Räumen mitzuverstehen sei.

V. Das B.G.B. hat das Miethrecht erschöpfend regeln wollen. Es haben also sämmtliche privatrechtliche Bestimmungen der Landesrechte auf dem Gebiete des Miethrechtes — und zwar gesetzliche, wie gewohnheitsrechtliche — als beseitigt zu gelten, auch wenn das B.G.B über eine einzelne Frage keine Detailbestimmung enthält. Nur Art. 93 des E.G. enthält einen Vorbehalt zu Gunsten des Landes-Miethrechts hinsichtlich der Regelung der sogenannten Räumungsfristen (vgl. Bem. I, 2b zu § 556). Dagegen kommt dem Ortsgebrauch im Sinne einer lokalen Verkehrssitte nach wie vor eine weittragende Bedeutung zu. Vgl. hieher die Bem. B, I, 6 zu § 535, Bem. B, II, 2c zu § 536 und andere.

VI. Stellung zum öffentlichen Rechte: Eine Reihe von Vorschriften in sonstigen Reichsgesetzen berühren das Miethrecht, so insbesondere im G.V.G., in der C.P.O., in der K.O., im Zw.V.G. und auch im Strafgesetzbuche. Des Näheren sind diese Berührungen bei den einzelnen Paragraphen angezeigt.

Andererseits hat auch das landesgesetzliche öffentliche Recht hieher Bezug, insbesondere hinsichtlich Baupolizei und Wohnungspflege. Derartigen polizeilichen Geboten und Verboten bleibt aber ein unmittelbarer Einfluß auf das Miethrecht in engerem Sinne versagt (vgl. Mittelstein, S. 6). Ein spezieller Ansporn für die Wohnungshygiene will § 544 sein. Vgl. Bem. I zu § 544.

VII. Aus der besonderen Literatur zum Miethrechte sind hervorzuheben: Arnold, Die Wohnungsmiethe nach dem B.G.B. (München 1899); Fränkel, Das Mieth- und Pachtrecht (1898); Fuld, Das Miethrecht (1898); Mittelstein, Die Miethe (1900).

VIII. Uebergangsbestimmungen: Diese sind gerade bei der Miethe (und Pacht) von einschneidender Bedeutung. Wegen ihrer Wichtigkeit seien daher hier in Kürze einige Hauptsätze dargestellt (vgl. Art. 171 u. 172 E.G. mit Bem., ferner Habicht, S. 188 ff. u. a., und Mittelstein, S. 324 ff., sowie Bl. f. R.A. Bd. 64 S. 482 ff. und Bd. 65 S. 57 ff.):

1. Im Allgemeinen und insbesondere hinsichtlich der Kündigung können vier Kategorien unterschieden werden:

a) Wurde die Miethe noch unter dem alten Rechte auf bestimmte Zeit (z. B. auf 3 Jahre) geschlossen, so gilt im Allgemeinen für diese ganze vertragsmäßige Zeit das alte Recht fort. Im Einzelnen vgl. Habicht, S. 188—189; Mittelstein, S. 328; Entsch. des R.G. vom 7. Dezember 1898.

b) War auf unbestimmte Zeit (vgl. Bem. I zu § 564) unter den gesetzlichen Bedingungen gemiethet, so gilt das neue Recht von dem ersten Termin ab 1. Januar 1900, auf den nach den bisherigen Rechten die Kündigung an sich zulässig gewesen wäre.

c) Lautet die Miethe auf unbestimmte Zeit, aber mit vertragsmäßiger Bestimmung der Kündigungszeiten, so ist für die Berechnung des ersten kritischen Termins im Sinne des Art. 171 E.G. die vertragsmäßige (nicht die gesetzliche) Kündigungsfrist maßgebend. Von da ab gilt als Grundlage das neue Recht. Soweit aber vertragsmäßige Abmachungen vorliegen, die nicht gegen neue zwingende Rechtssätze verstoßen (wie gerade z. B. vertragsmäßige Kündigungsfristen), gelten diese weiter fort. So Habicht, S. 212; Mittelstein, S. 335; Bl. f. R.A Bd. 65 S. 60; a. M. Fuld, S. 11; Fränkel, S. 105.

d) Ist die Kündigung ungleich vertragsmäßig geregelt (z. B. der Vermiether ist 3 Jahre gebunden, der Miether kann vierteljährlich kündigen), so wird auf jene 3 Jahre für beide Theile das alte Recht fortgelten müssen. Vgl. Habicht, S. 216; Bl. f. R.A. Bd. 65 S. 58.

2. Das außerordentliche Kündigungsrecht des B.G.B. wird von Art. 171 E.G. nicht betroffen. Es gilt also ab 1. Januar 1900. Vgl. Cosack, Lehrb. I S. 481 Zusatz; Mittelstein a. a. O.

3. Hinsichtlich § 544 s. Bem. V zu diesem Paragraphen.

4. Eine bestrittene Frage ist ferner, inwieweit die Vorschriften über das Vermietherpfandrecht (s. §§ 559 ff.) für bereits bestehende Miethen Geltung haben. In Bl. f. R.A. Bd. 65 S. 62 wird die Meinung vertreten, daß das Vermietherpfandrecht als gesetzliches dingliches Recht von Art. 171 gar nicht betroffen werden könne. A. M. Habicht, S. 208, der alle Einzelfragen hiebei erläutert. Vgl. hieher auch Rechtsprechung der Oberlandesgerichte, 1 Jahrg. S. 4 u. 5.

5. Hinsichtlich des Prinzips: „Kauf bricht nicht Miethe" in der Uebergangszeit s. Art. 172 E.G.; Bl. f. R.A. Bd. 65 S. 62 ff.; Habicht, S. 222 ff., und Mittelstein, S. 335 ff. Vgl. ferner hieher die Art. 28 u. 36 des bayerischen A.G. z. G.B.O. und Zw.V.G., sowie die Art. 5 u. 6 des bayerischen Ges., betr. Uebergangsvorschriften.

§ 535.

Durch den Miethvertrag wird der Vermiether verpflichtet, dem Miether den Gebrauch der vermietheten Sache während der Miethzeit zu gewähren. Der Miether ist verpflichtet, dem Vermiether den vereinbarten Miethzins zu entrichten.

E. I, 503, II, 480 Abs. 1; III, 528.

A. § 535 stellt die wesentlichen Erfordernisse des Miethvertrags im Allgemeinen fest, nämlich:

1. Vereinbarungsgemäße Ueberlassung einer Sache zum Gebrauch auf Zeit. (Näheres unter Bem. B, II.)

2. Leistung eines Entgelts für die Ueberlassung. (Näheres unter Bem. III.)

Wenn hierüber — und hinsichtlich der übrigen Punkte, die etwa nach der Erklärung auch nur einer Partei vorher durch Vereinbarung zu regeln sind — Willenseinigung eingetreten ist, gilt der Miethvertrag als geschlossen (vgl. hieher § 154 Abs. 1 und § 155).

Aus dieser allgemeinen Aufstellung ergibt sich, daß insbesondere nicht unter die Miethe fällt:

a) eine bloß einseitige Gebrauchsanmaßung ohne ausdrückliche oder stillschweigende Einwilligung des Vermiethers. Die hieraus entspringende

Entschädigungspflicht ist keine Verpflichtung aus einem Vertrage, sondern wird nach den §§ 823, 848 zu beurtheilen sein. Vgl. hieher übrigens auch die §§ 557, 597.

b) die unentgeltliche Einräumung des Gebrauchs eines Gegenstandes. Ein derartiger Vertrag wäre nach den Grundsätzen einer Schenkung (§§ 516 ff.) rechtlich aufzufassen bezw. als Leihe (§§ 598 ff.);

c) Erbmiethe oder Erbpacht als Vertrag. Vgl. unten Bem. B. II, 2a und § 567.

B. I. Allgemeines über den Miethvertrag.

1. Gegenstand der Miethe:

a) Im Gegensatze zum gemeinen Rechte läßt das B.G.B. eine Miethe nur an Sachen im Sinne des § 90, nicht aber an Rechten zu (M. II, 369, 421). Die vermietheten Sachen können sowohl Grundstücke als bewegliche Sachen sein, wobei in ersterer Beziehung gleich hieher zu bemerken ist, daß gemäß § 580 alle nachfolgenden Vorschriften über die Miethe von Grundstücken auch für die Miethe von Wohnräumen und anderen Räumen gelten sollen. Auch bloße Theile einer unbeweglichen oder beweglichen Sache können vermiethet werden (vgl. § 865), ja auch ein bloßer Platz oder ein Luftraum innerhalb eines Gelasses, z. B. Miethe eines Fensters während eines Festzugs, einer Speicherfläche zum bloßen Hopfentrocknen u. dgl.

b) Nicht ausgeschlossen ist, daß verbrauchbare Sachen unter Umständen Gegenstand einer Miethe werden können z. B. zur vorübergehenden Ausschmückung eines Saales gegen Entgelt. Vgl. Bl. f. R.A. Bd. 63 S. 326. Sollen sie jedoch zugleich verbraucht werden, so liegt nicht mehr Miethe oder Pacht vor, sondern ein Kauf. Es ist also z. B. juristisch unrichtig, von Wassermiethe, Gasmiethe rc. zu sprechen, wenn das Wasser oder Gas rc. zum Verbrauche überlassen wird. Auch hier liegt im Grunde ein Kauf vor, vgl. Bl. f. R.A. Bd. 63 S. 326. Vgl. hieher auch die Bemerkungen zur Pacht in Bem. I zu § 581.

c) Vertretbare Sachen (§ 91) können selbstverständlich vermiethet werden. Von Einfluß wird dieses Moment insbesondere bei der Vertragserfüllung Seitens des Vermiethers. Vgl. die §§ 243, 536, 279 und Bem. IV zu § 536.

d) Auch über Sachen, die dem öffentlichen Gebrauche gewidmet sind, können Miethverträge abgeschlossen werden (z. B. hinsichtlich öffentlicher Straßen und Plätze), jedoch nur insoweit, als dadurch nicht die Bestimmung und der Charakter derselben alterirt wird, z. B. bei der Vermiethung eines Theils eines Marktplatzes hat der Miether nicht das Recht, den bestimmungsgemäßen Gebrauch des zur Abhaltung von Märkten dienenden Platzes durch seine Art der Benutzung zu beeinträchtigen. Vgl. Fuld, Miethrecht S. 23. Bezüglich des Rechtes zur Benutzung eines Platzes in einem dem öffentlichen Gottesdienste gewidmeten Gebäude (z. B. Kirchenstühle) oder auf einer öffentlichen Begräbnißstätte s. Art. 133 E.G.

2. Die Miethe eigener Sachen ist begrifflich nicht ausgeschlossen. Der Eigenthümer kann ein Interesse haben, seine eigene Sache zu miethen, z. B. es steht einem Anderen daran zur Zeit ein das Gebrauchsrecht des Eigenthümers ausschließendes Recht zu, z. B. ein Nießbrauch. Auch die unbewußt erfolgte Miethung der eigenen Sache wird den Vertrag von sich aus nicht nichtig machen, er wird jedoch in solchen Fällen meistens wegen Irrthums (§§ 119, 121) anfechtbar sein. (M. II, 371.)

3. Unterscheidung der Miethe von ähnlichen Verträgen:

a) Unterschied zwischen Miethe und Pacht (vgl. Bl. f. R.A. a. a. O. S. 325 u. 326):

Im Gegensatze zum gemeinen Rechte sind Miethe und Pacht nunmehr begrifflich geschieden und zwar nach zwei Gesichtspunkten:

α) Bezüglich des Vertragsgegenstandes: Die Miethe kann sich nur auf Sachen beziehen (s. oben 2a), die Pacht dagegen kann nicht nur Sachen, sondern auch Rechte zum Gegenstande haben (vgl. Bem. zu § 581);

β) hinsichtlich des Vertragszweckes: Der Miether will und erhält die Sache lediglich zum Gebrauche, der Pächter nicht bloß zum Gebrauche, sondern auch zum Genusse der Früchte, wobei unter Früchte auch die sogenannten bürgerlichen im Sinne des § 99 zu verstehen sind.

Nicht ausschlaggebend ist die Unterscheidung beweglicher und unbeweglicher Sachen, denn man kann auch bewegliche Sachen pachten, z. B. Vieh. Auch der Umstand, ob eine Sache fruchtbringend ist oder nicht, bedingt nicht von sich aus den Unterschied zwischen Miethe und Pacht, denn man kann auch eine fruchtbringende Sache lediglich miethen, z. B. ein Stück Wald nur als Erholungsort.

Bei vielen Sachen wird daher ausschließlich der beiderseits gewollte Vertragszweck den maßgebenden Faktor bilden. Wird die Sache nur zum Gebrauch überlassen, so ist der Vertrag als Miethe zu beurtheilen, wird dagegen auch der Fruchtgenuß nach dem Parteiwillen miteinbezogen, so liegt Pacht vor. Vgl. hiezu noch Bem. zu § 581.

Werden mehrere Sachen durch denselben Vertrag theils zum Gebrauche, theils auch zum Fruchtgenuß überlassen, z. B. eine Wohnung mit Nutzgarten, so kann es mangels besonderer Vertragsbestimmungen unter Umständen zweifelhaft sein, ob Miethe oder Pacht vorliegt. Die Entscheidung wird hier in der Regel davon abhängen, welches Vertragsobjekt als die Hauptsache erscheint. Letzteres gibt dann den Ausschlag, ob die Vorschriften über Miethe oder Pacht anzuwenden sind, z. B. hinsichtlich der Kündigung. Dadurch ist aber nicht ausgeschlossen, daß in einzelnen Beziehungen die gesetzlichen Vorschriften für Miethe und Pacht nebeneinander zur Anwendung kommen, z. B. in obigem Falle (Wohnung mit Garten) für das ganze Verhältniß die Bestimmungen über Miethe, bezüglich der Nutznießung des Gartens dagegen die Vorschriften über Pacht (M. II, 423). Aehnliche Bestimmungen, wie im P.L.R. Thl. I Tit. 21 §§ 260, 261 sind nicht getroffen.

b) Vom Kauf unterscheidet sich die Miethe insbesondere in der beschränkten Dauer der Ueberlassung. Es werden indeß verschiedene Vorschriften aus dem Kauf auch auf die Miethe vom Gesetze selbst angewandt (vgl. z. B. § 543 Abs. 1) oder nach Analogie anzuwenden sein. Vgl. z. B. unten Bem. B, III, 1b. Vgl. ferner hieher Bem. B, I, 1b oben. Bei der Pacht bereitet die Unterscheidung zwischen dieser und einem Kauf oft besondere Schwierigkeiten. Vgl. Bem. I zu § 581.

c) Von der Leihe (§§ 598 ff.) unterscheidet sich die Miethe durch das wesentliche Erforderniß eines Entgelts.

d) Unter Umständen kann auch zweifelhaft werden, ob Miethe oder Werkvertrag (§§ 631 ff., insbesondere § 651) vorliegt, z. B. Aufstellung eines neuen Circus für eine Kunstreitergesellschaft zu deren Benutzung auf Zeit. Vgl. Seuffert, Arch. Bd. 41 Nr. 99.

4. Form des Miethvertrags:

Im Prinzip ist der Miethvertrag an keine Form gebunden. Eine einschneidende Ausnahme besteht jedoch nach § 566 für Miethverträge über ein Grundstück, die für längere Zeit als ein Jahr geschlossen werden. Diese bedürfen der schriftlichen Form; Näheres s. in Bem. zu § 566. Selbstverständlich können aber auch die Parteien selbst bei jedem Miethvertrage Schriftlichkeit zur Bedingung der Vertragsgültigkeit machen. Dann gelten die mündlich getroffenen Vereinbarungen im Zweifel insolange nicht, als nicht die Urkunde errichtet worden ist. Vgl. §§ 154 Abs. 2, 125, 126, 127, 152. Die Errichtung einer Urkunde kann übrigens auch nur des Beweises wegen geschehen.

5. Der nähere Inhalt des Miethvertrags:

Für die nähere Ausgestaltung des Miethvertrags — selbstverständlich müssen stets die wesentlichen Erfordernisse eines solchen (s. oben) vorliegen — besteht im Grundsatze volle Vertragsfreiheit. Die gesetzlichen Vorschriften über die Miethe sind im Allgemeinen (über Zwangsvorschriften s. unten) lediglich dispositiver Natur. Sie kommen nur dann und soweit zur Anwendung, als die Parteien keine besonderen Bestimmungen im Einzelfalle getroffen haben. (Vgl. M. I, 9.)

Bedauerlich freilich bleibt es, wenn diese Vertragsfreiheit Seitens der Vermiether durch gemeinsames Vorgehen (insbesondere durch Formularverträge) zu Ungunsten der Miether dahin ausgebeutet wird, die den Miethern günstigen Bestimmungen des Gesetzbuchs auf dem Vertragswege wieder auszuschließen. Der Miether wird solche Formularverträge genau zu prüfen haben, ehe er sich darauf einläßt, andererseits werden die Miether an den einzelnen Orten bestrebt sein müssen, durch eine Organisation ihrerseits ein wirthschaftliches Gegengewicht zu begründen. Endemann, § 168 S. 753 Anm. 2, empfiehlt, der Richter möge durch die ihm „durch das freie Ermessen" eingeräumte Machtstellung in seinem Bereiche dahin wirken, daß die Achtung vor der wohlerwogenen Ordnung des B.G.B. auch den Formularverträgen gegenüber gewahrt werde. Vgl. hieher auch unten a.

Im Gesetze selbst werden dieser Vertragsfreiheit gewisse Schranken gezogen:

a) Zunächst haben die allgemeinen Einschränkungen für Verträge selbstverständlich auch hieher Bezug, z. B. ein Verstoß gegen ein gesetzliches Verbot (§ 134) und insbesondere gegen die guten Sitten (§ 138). So ist z. B. die Vermiethung einer Wohnung zu unsittlichen Zwecken als gegen die guten Sitten verstoßend nichtig. (Entsch. d. R.G. Bd. 38 S. 199.) Endemann a. a. O. befürwortet hier als den guten Sitten zuwiderlaufend zu erachten: einen Vertrag, soweit sein Inhalt unter Ausbeutung der lokalen Wohnungsnoth dem Miether aufgezwungen wurde, eine Vertragsstrafe, die Miether für den Fall einer Abweichung von den Formularen versprechen mußte, ferner den genossenschaftlichen Zwang, soweit er nicht von einem allgemein anzuerkennenden und zu billigenden Interesse getragen wird (?).

Einzelne Bestimmungen eines an sich gültigen Vertrags können auch dadurch unwirksam sein, weil sie gegen Treu und Glauben verstoßen (vgl. auch unten), indem sie das, was gesetzlich als der Vertragstreue entsprechend anerkannt ist, aus rein egoistischen Gründen aufheben, z. B. die Vereinbarung eines sofortigen Kündigungsrechtes zu Gunsten des Vermiethers wegen geringfügiger, keinen Schaden verursachender oder unverschuldeter und unvermeidlicher (Kinderschreien!) Ursachen. (Endemann a. a. O.)

Hinzuweisen ist ferner in diesem Zusammenhang auf § 276 Abs. 2 (Haftung wegen Vorsatzes kann dem Schuldner nicht im Voraus erlassen werden), dagegen § 278 Abs. 2, ferner auf § 225 (Verbot, die Verjährung auszuschließen oder zu erschweren), sowie darauf, daß gemäß § 134 eine mündliche Vereinbarung, es solle § 566 (Schriftlichkeit s. oben 4) nicht anwendbar sein, wirkungslos bleiben muß.

b) Ferner enthält das Miethrecht selbst — trotz des Prinzips der Vertragsfreiheit im Allgemeinen — einzelne bestimmte Zwangsvorschriften, die durch Vertrag nicht umgangen werden können:

α) § 540: Eine Vereinbarung, daß Vermiether arglistig verschwiegene Mängel der Sache gar nicht oder nur beschränkt zu vertreten habe, ist nichtig. Dieser Rechtssatz wird durch § 541 auch ausgedehnt auf Mängel infolge der Rechte Dritter.

β) Die Rechte des Miethers aus § 544 bei einer gesundheitswidrigen Beschaffenheit der Wohnung.

γ) § 559: Beschränkung des Vermiether=Pfandrechtes auf die nach der Prozeßgesetzgebung der Pfändung unterworfenen Sachen. Desgleichen wird auch die Vorschrift des § 560 S. 2 (Erlöschen des Pfandrechtes unter bestimmten Voraussetzungen) hieher zu zählen sein.

δ) § 567, welcher einer Vereinbarung der Erbmiethe vorbeugend entgegentritt.

Dagegen werden die §§ 571 ff. („Kauf bricht nicht Miethe") nicht hieher zu zählen sein. Vgl. Bem. A, I, 3 zu § 571.

c) Ebenso werden Verbindlichkeiten des Vermiethers oder Miethers, die im öffentlichen Interesse festgelegt sind, nicht durch Vertrag aufgehoben oder beschränkt werden können. S. z. B. §§ 366 Ziff. 8 u. 10, 367 Ziff. 12, 368 Ziff. 4 St.G.B.; Art. 50, 93 des bayerischen P.St.G.B.; insbesondere auch polizeiliche Vorschriften über Straßenpolizei 2c. Vgl. Muntsch, Miethe und Pacht S. 15 ff.

6. Auslegung der Miethverträge:

Hier kommen in erster Reihe die Vorschriften der §§ 157 u. 242 über Treu und Glauben (vgl. auch oben 5) in Betracht.

Hinsichtlich der Ausübung von Vertragsrechten wird ferner das Chikaneverbot des § 226 Einfluß üben können, insbesondere bei der Beurtheilung vertragsmäßiger Kündigungsgründe (s. auch oben unter 5). Vgl. Reichstagsverh. II. und III. Lesung des B.G.B. S. 65 ff. (Ausgabe Guttentag) und Bem. II zu § 553.

Eine ganz besondere Bedeutung wird ferner hier, soweit es sich um Auslegung handelt, beim Mangel besonderer Vereinbarung der Verkehrssitte des jeweiligen Ortes zufallen, z. B. bei der Frage, was als Zubehör einer Wohnung zu gelten hat. Doch wird man sich hüten müssen, den Einfluß einer solchen örtlichen Verkehrssitte zu überspannen. Soweit nämlich eine derartige bisherige Ortssitte als partikulares Gewohnheitsrecht den Bestimmungen, auch den dispositiven, des B.G.B. zuwider=

läuft, kann und darf ihr keine Bedeutung mehr zukommen, z. B. die gesetzlichen Bestimmungen über die Kündigungstermine (§ 565) gelten nunmehr ausnahmslos auch an jenen Orten, wo bisher andere Termine, z. B. nach Zielen, allgemein üblich waren (vgl. Dernburg, Pand. Bd. 1 S. 67). Nur ein allgemeines Gewohnheitsrecht könnte wieder derogiren.

Die Auslegungsregel des gemeinen Rechtes (l. 39 D. 2, 14; l. 21 D. 18, 1; Seuffert, Arch. Bd. 27 Nr. 90, Bd. 39 Nr. 88), daß Miethverträge im Zweifel gegen den Vermiether auszulegen sind, stellt das B.G.B. zwar ausdrücklich nicht auf. Diese Regel wird jedoch gleichwohl insoferne weiter Bedeutung haben, als ihr innerer Grund in gleicher Weise durchschlagend bleibt, nämlich daß zweideutige Stellen in Verträgen zum Nachtheile jener Partei auszulegen sind, welche die Urkunde abfaßte oder abfassen ließ, weil sie sich deutlicher hätte ausdrücken sollen — was meistens auf den Vermiether zutreffen wird.

Schließlich wird auch noch der Auslegungssatz nach wie vor Bedeutung haben, daß im Zweifelsfalle die dem Miether günstigere Auslegung zu bevorzugen ist, da anzunehmen ist, daß dem Miether der freieste Gebrauch der Wohnung gewährt werden wollte. (Arnold, Die Wohnungsmiethe S. 24.)

7. Eine Eintragung des Miethverhältnisses im Grundbuche (wie dies der 20. Juristentag zur Sicherung des Miethers angestrebt hatte — vgl. auch Z.G. II S. 245, 246, VI S. 384) findet nicht statt. Sie würde der obligatorischen Grundnatur der Miethe (vgl. unten 8) zuwiderlaufen und in ihrer Ausführung zu den größten Schwierigkeiten nicht nur in thatsächlicher sondern auch in rechtlicher Beziehung führen, insbesondere wegen der Gefahren eines solchen gegen Dritte generell wirkenden Miethrechtes. (P. II, 163, 164 u. 169 ff.)

Es steht jedoch nichts im Wege, Miethverhältnisse durch besondere Einigung dinglich zu gestalten, nämlich in der Form einer „beschränkten persönlichen Dienstbarkeit" nach Maßgabe des § 1090 (jedoch nur auf die Lebenszeit des Berechtigten — § 1090 Abs. 2) und dadurch die Eintragung im Grundbuche herbeizuführen.

Ueber Schutz des Miethers im Falle der Veräußerung des gemietheten Grundstücks s. §§ 571 ff. und im Falle der Zwangsversteigerung des gemietheten Grundstücks s. §§ 9, 59, sowie 57 Zw.V.G.

8. Rechtliche Natur der Miethe:

Die Miethe ist auch nach dem B.G.B. (in Uebereinstimmung mit dem gemeinen Rechte) kein dingliches Recht, sondern auf obligatorischer Grundlage aufgebaut. Vgl. den grundlegenden Aufsatz von Crome in Jherings Jahrb. Bd. 37 S. 1—76.

Gegen die Annahme einer Dinglichkeit spricht vor Allem: die systematische Stellung der Miethe im Rechte der Schuldverhältnisse, die Nichteintragung derselben im Grundbuche (vgl. oben), sowie der Mangel einer allgemein petitorischen Klage des Miethers gegen Jeden, der ihn in der Ausübung seines Rechtes stört oder behindert. Auch der (im Gegensatze zum gemeinen Rechte) aufgenommene Grundsatz: „Kauf bricht nicht Miethe" (§§ 571 ff.) ist nicht so einschneidender Natur, daß er die obligatorische Basis erschüttern könnte. Er soll lediglich eine singuläre Anomalie aus praktischen Rücksichten sein, wie dies die Protokolle ausdrücklich betonen. Vgl. Bem. B, I, 4 zu § 571 hieher.

II. Die Verpflichtung des Vermiethers zur Gebrauchsgewährung während der Miethzeit im Allgemeinen: (Eine nähere Beleuchtung erhält diese Verpflichtung noch durch § 536, s. Bem. daselbst.)

1. Der Ausdruck „gewähren" ist hier bei Hervorkehrung der Verpflichtung im Allgemeinen (vgl. dagegen § 536) mit Absicht gewählt anstatt der ähnlichen und bisher üblichen (vgl. z. B. P.L.R. I, 21 §§ 258, 259, 272) Ausdrücke überlassen oder übergeben (vgl. M. II, 369 ff.). „Ueberlassen" wäre ein zu enger Begriff, weil die Verpflichtung des Vermiethers nicht nur in einem bloßen Dulden bestehen soll, sondern auch in der Entfaltung einer gewissen positiven Thätigkeit (§§ 536, 534, 541, 545, 546). Die Hervorhebung einer Pflicht zum Uebergeben wäre zum Theil überflüssig, zum Theil aber auch bedenklich, weil in vielen Fällen ein Uebergeben in Wirklichkeit nicht stattfindet, z. B. bei Vermiethung eines Klaviers in einem Gasthaus, also ohne Veränderung seines Standortes.

2. Die Gebrauchsgewährung hat für eine gewisse Zeit (Miethzeit) zu erfolgen:

a) Diese zeitliche Begrenzung des Miethvertrags ist wesentlicher Natur. Eine Miethe oder Pacht auf immerwährende Ueberlassung (Erbmiethe, Erbpacht) muß nach dem B.G.B. (im Gegensatze zum P.L.R. Thl. IV cap. 6 § 15, 3 u. 4) als begrifflich ausgeschlossen erscheinen (M. II, 370, 413). Ein derartiger Vertrag müßte als Kauf erscheinen oder als Begründung eines dinglichen Rechtszustandes (z. B. § 1012). Vgl. hieher die §§ 567, 569. Ueber Aufrechterhaltung bereits bestehender Erbpachtrechte s. Art. 63 E.G. Vgl. auch Art. 96 E.G.

b) Daß die Miethzeit ununterbrochen fortlaufe, ist selbstverständlich nicht nöthig, z. B. Miethe eines Gastzimmers für einen einzelnen Wochentag.

c) Die Hervorhebung der Miethzeit bei dem allgemeinen § 535 deutet darauf hin, daß die Verpflichtung des Vermiethers nicht in einer einmaligen Leistung besteht, sondern sich während der Miethzeit fort und fort erneuert. (M. II, 370 und § 536.)

d) Ist eine bestimmte Miethzeit nicht festgesetzt worden, so kann jeder Theil das Miethverhältniß nach den Vorschriften des § 565 kündigen, s. § 564 Abs. 2.

3. Daß der Vermiether Eigenthümer der vermietheten Sache ist, wird für die Gültigkeit der Miethe nicht verlangt, da sie ja nur auf die Gebrauchsgewährung abzielt, im Gegensatze zum Kaufe. § 433. Das Recht des Vermiethers kommt für den Miether erst näher in Frage, falls er von einem Besserberechtigten im Gebrauche gestört werden sollte (vgl. § 541).

III. Die wesentliche Vertragspflicht des Miethers liegt in der Entrichtung des vereinbarten Miethzinses:

1. Ueber den Miethzins im Allgemeinen ist zu bemerken:

Dieses Entgelt des Miethers muß (im Gegensatze zum römischen Rechte) nicht nothwendig in Geld bestehen, sondern kann auch in einer anderweitigen Gegenleistung liegen (die diesbezügliche Streichung des Wortes Gegenleistung in E. I ist lediglich redaktioneller Natur, P. II, 130). Es wird indessen im letzteren Falle stets zu prüfen bleiben, ob nicht im Grunde ein anderes Vertragsverhältniß vorliegt: Besteht z. B. die Entlohnung eines Hausmeisters in Gewährung von Wohnung, so wird hier für die Regel ein Dienstvertrag gewollt sein. Selbstverständlich können aber auch in solchen Fällen bezüglich der Gebrauchsrechte an der Miethsache die Bestimmungen über die Miethe entsprechende Anwendung finden. (Bl. f. R.A a. a. O. S. 328.)

Wäre die Bestimmung des Zinses im Miethvertrage nicht erfolgt, so würde sie (analog wie beim Kaufe) vom billigen Ermessen des Vermiethers abhängen. (§ 316 und Cosack, S. 457.)

Der Miethzins ist regelmäßig fortlaufend, er kann aber natürlich auch in einer einmaligen Leistung bestehen, z. B. bei der Miethe eines Fensters während eines Festzugs.

2. Haftung für Entrichtung des Miethzinses:

Für die Entrichtung des Miethzinses haftet der Miether, d. h. derjenige, welcher den Miethvertrag abgeschlossen hat, also nicht dritte Personen, selbst wenn diese später die Wohnung mitbenutzt haben sollten.

Mehrere gemeinschaftliche Miether haften nunmehr nach § 427 im Zweifel sammtverbindlich.

Hinsichtlich einer Ehefrau ergibt sich aus dem Gesagten, daß aus der bloßen Thatsache der Mitbenutzung der Wohnung durch eine Ehefrau, die den Miethvertrag nicht persönlich mit abgeschlossen hat, für diese im Allgemeinen keine Haftung für den Miethzins entspringt. Auch nach dem gesetzlichen Güterrechte ist die Beschaffung der Wohnung Sache des Mannes, s. § 1389. Dagegen ergibt sich bei allgemeiner Gütergemeinschaft und Errungenschaftsgemeinschaft eine Mithaftung der Ehefrau nach Maßgabe der §§ 1458 u. 1529. Hat die Ehefrau selbst mitgemiethet, so haftet sie nach Obigem solidarisch. Die Frage, ob eine Ehefrau an sich zur selbständigen Vereinbarung eines Miethvertrags befugt ist, ist unbedingt zu bejahen, da ja die Geschäftsfähigkeit der Ehefrau nicht beschränkt ist. Vgl. Mittelstein, Miethrecht S. 39; anders Fuld, S. 42.

Hinsichtlich Minderjähriger und in der Geschäftsfähigkeit beschränkter Personen kommt Folgendes in Betracht:

a) Nach § 110 gilt auch ein von dem Minderjährigen ohne Zustimmung des gesetzlichen Vertreters abgeschlossener Miethvertrag als von Anfang an wirksam, wenn der Minderjährige die vertragsmäßige Leistung mit Mitteln bewirkt, die ihm zu diesem Zwecke oder zu freier Verfügung von dem gesetzlichen Vertreter oder mit dessen Zustimmung von einem Dritten überlassen worden sind. Hat der Minderjährige demnach die Miethe bezahlt, so kann sie wegen mangelnder Zustimmung des gesetzlichen Vertreters nicht mehr zurückgefordert werden. Vgl. hieher auch § 112.

b) Wichtig für die Praxis ist ferner die Frage, inwieweit dritte Personen für die rückständige Miethe aus dem Miethvertrage Minderjähriger einzustehen haben. Vgl. hieher Fränkel a. a. O. S. 13 ff. und Fuld a. a. O. S. 40 ff.

Maßgebend sind hier zwei Gesichtspunkte, nämlich der Geschäftsführung ohne Auftrag und der Unterhaltspflicht: in ersterer

Hinsicht kommen die §§ 683, 679, 681 in Betracht, in letzterer Beziehung die §§ 1601, 1602, 1610:

α) Ist die Gewährung der Wohnung dem Interesse und dem ausdrücklichen oder anzunehmenden Willen des gesetzlichen Vertreters des Minderjährigen entsprechend, so wird Vermiether den Miethzins auch von dem gesetzlichen Vertreter verlangen können, gerade wie wenn dieser direkt dem Vermiether seine Zustimmung erklärt hätte, was z. B. bei einem Studenten zutrifft, der mit Einwilligung seines gesetzlichen Vertreters die Universität bezieht. Von Einfluß wird aber hier immer die Lebensstellung des minderjährigen Miethers sein. Miethet Letzterer eine seine Verhältnisse übersteigende Wohnung, so wird der gesetzliche Vertreter nur in ersterem Rahmen zu haften haben. Mit Recht hebt jedoch hier Fuld a. a. O. hervor, der Richter solle bei Prüfung der Frage, ob der Vermiether annehmen durfte und konnte, daß die Miethe dem Interesse und dem Willen des Vertreters des Minderjährigen entspräche, keinen übermäßig strengen Maßstab anlegen. Es könne dem Vermiether nicht zugemuthet werden, sich über die Verhältnisse des Minderjährigen vor der Vermiethung in besonders eingehender Weise zu unterrichten, besonders wenn dieser von einem anderen Orte ist. Auch verdiene der gute Glaube des Vermiethers hier Schutz.

β) Liegen die Voraussetzungen einer Geschäftsführung ohne Auftrag nicht vor, so wird Vermiether unter Umständen seine Befriedigung von dem zum Unterhalte des Minderjährigen Verpflichteten verlangen können, soferne die Gewährung der Wohnung an den Miether nothwendig und dringend war. Ist freilich der Unterhaltsberechtigte im Stande, sich selbst Unterhalt in ausreichendem Maße zu verschaffen (er bezieht z. B. ein auskömmliches Gehalt), so hört die Unterhaltspflicht insolange auf (vgl. Fränkel a. a. O.).

3. Die Verpflichtung zur Miethzinsentrichtung beginnt mit dem Tage, an welchem vertragsmäßig das Miethverhältniß zu beginnen hat. Der Tag des wirklichen Einzugs des Miethers ist hierauf ohne Einfluß. Anders wäre die Sachlage, wenn Vermiether seiner Verpflichtung zur Vorleistung in der Gewährung der Miethsache nicht rechtzeitig nachkommt. Vgl. Bem. B, I, 2 zu § 536.

4. Der Miethzins ist an den Vermiether selbst zu entrichten. Ein Dritter muß zum Geldempfange besonders ermächtigt sein (vgl. § 171). Deßhalb ist auch z. B. ein Hausmeister nur in letzterem Falle zum Geldempfange berechtigt. Die Ehefrau kann für die Regel gleichfalls ohne besondere Vollmacht nicht als Zahlungsempfängerin angesehen werden. Für bestimmte Bevölkerungs- und Gesellschaftskreise wird man jedoch mit Fuld a. a. O. S. 121 die Ehefrau auf Grund des ihr nach § 1357 zustehenden Schlüsselrechtes als empfangsberechtigt ansehen dürfen, was insbesondere für die Bezahlung bei der Untermiethe gelten mag.

5. Ueber die Zeit der Miethzinsentrichtung, Ort und Anderes s. § 551 mit Bem.

6. Verschiedenes: Ueber die rechtlichen Folgen einer Pfändung des Miethzinses s. §§ 829, 835, 930 C.P.O., der Verpfändung § 1289, der Hypothekbelastung eines Anwesens auf die Mieth- und Pachtzinse §§ 1123—1125, der Zwangsversteigerung oder Zwangsverwaltung §§ 21, 148, 152 Abs. 2 Zw.V.G., im Falle des Konkurses des Vermiethers vgl. § 21 K.O. Ueber die Rechtswirkung von Vorausverfügungen hinsichtlich des Miethzinses gegenüber dem neuen Erwerber der Miethsache und über Aufrechnungsrecht des Miethers in diesem Falle s. §§ 573 ff. und auch 577.

IV. Ueber die Geltendmachung der gegenseitigen Vertragsrechte im Allgemeinen (vgl. Bl. f. R.A. a. a. O. S. 376):

1. Hiezu dienen den Parteien unter sich die persönlichen Vertragsklagen. Soweit es sich um Ansprüche (§ 194) handelt — keine Ansprüche im gesetzlichen Sinne sind die Rechte aus den §§ 537, 542 (M. II, 376, 378) —, sind diese zum Theil an kurze Verjährungsfristen gebunden. Vgl. in dieser Richtung die §§ 196 Ziff. 2, 197 des allgemeinen Theils, sowie hinsichtlich der Verjährung der Ersatzansprüche die besondere Regelung in § 558. Wenn die Miethsache während der Miethzeit untergeht, wird die Verjährung des Anspruchs des Vermiethers auf Rückgabe mit dem Untergange der Sache beginnen. Vgl. § 198.

2. Der Vermiether hat dritten Personen gegenüber die Klagen, welche aus seinem Rechte an der Miethsache entspringen. Ferner ist ihm durch die besondere Bestimmung des § 556 Abs. 3 nach Beendigung des Miethverhältnisses auch ein unmittel-

barer Anspruch auf Rückgewähr der Sache gegen jeden Dritten eingeräumt, dem der Miether den Gebrauch der Sache überlassen hat.

3. Bei der Person des Miethers ist in der Richtung gegen dritte Personen zu unterscheiden, ob er im Besitze der Miethsache ist oder nicht.

a) Dem besitzenden Miether stehen als unmittelbarem Besitzer (§ 868) alle Schutzmittel eines Besitzers zur Verfügung, s. die §§ 859, 860, 861, 862, 869, ebenso bei beweglichen Sachen der Anspruch aus § 1007. Dagegen ist dem Miether keine allgemeine petitorische Klage eingeräumt gegen Jeden, der ihn in der Ausübung seines Rechtes stört oder behindert. Vgl. oben B, I, 8. Ueber seine Rechtsstellung bei Veräußerung des vermietheten Grundstücks s. §§ 571 ff.

Der Miether kann aber auch, ohne selbständig vorzugehen, von seinem Vermiether den erforderlichen Schutz gegenüber Dritten aus dem Miethverhältnisse verlangen (§§ 541, 545 Abs. 1. 538; M. II, 371 mit § 869).

b) Ist dem Miether der Besitz noch nicht überlassen, so kann er von Dritten aus eigenem Rechte die Ueberlassung der Sache nicht verlangen, also z. B. wenn Vermiether die Miethsache nachträglich einem Anderen eingeräumt hat, nicht von Letzterem klageweise die Sache fordern Eine Ausnahme begründet jedoch § 578 für den Fall einer Veräußerung des Grundstücks gegenüber dem neuen Erwerber, soferne dieser die Erfüllung des Miethvertrags dem Vermiether gegenüber übernommen hat.

V. Uebergangsbestimmungen s. Vorbem. VIII.

§ 536.

Der Vermiether hat die vermiethete Sache dem Miether in einem zu dem vertragsmäßigen Gebrauche geeigneten Zustande zu überlassen und sie während der Miethzeit in diesem Zustande zu erhalten.

E. I, 504; II, 481, III, 529.

A. Im Allgemeinen:

1. § 536 stellt die grundlegende Vertragspflicht des Vermiethers auf, nämlich dem Miether die gemiethete Sache in einem zu dem vertragsmäßigen Gebrauche geeigneten Zustande zu überlassen und diesen Zustand während der Miethzeit fort und fort zu gewährleisten. (In Uebereinstimmung mit dem gemeinen Rechte, B.L.R. und P.L.R.) Vgl. auch § 535.

Als weitere Verpflichtungen des Vermiethers reihen sich an:

a) eine Haftung wegen physischer, also der Miethsache selbst anhängender Mängel, die schon von Anfang an vorhanden sind oder später sich geltend machen: §§ 537, 538, 539, 544, 545;

b) eine Haftung für Mängel im Rechte des Vermiethers: § 541;

c) Tragung der auf der Sache ruhenden Lasten: § 546;

d) eine Ersatzpflicht für Verwendungen des Miethers auf die Miethsache: § 547.

Der allgemeine Gradmesser für Verschuldungen des Vermiethers, seines Vertreters oder seiner Hülfspersonen liegt in den §§ 276, 278.

2. Die rechtliche Bedeutung des § 536 für den Miether besteht hauptsächlich darin, daß dieser, falls der Vermiether seiner prinzipalen Verpflichtung nicht nachkommt, abgesehen von den besonderen Rechtsbehelfen der §§ 537, 538, 542, nach Maßgabe der allgemeinen Grundsätze jederzeit einen Anspruch auf Erfüllung, d. h. eben auf Herstellung eines zum vertragsmäßigen Gebrauche geeigneten Zustandes bezw. auf Schadensersatz wegen Nichterfüllung hat. (M. II, 373.) Dies gilt selbstverständlich auch bezüglich zugesicherter Eigenschaften.

Von besonderer Bedeutung für den Miether im Falle einer derartigen Nichterfüllung Seitens des Vermiethers ist aber § 542 (s. Bem. hiezu).

3. Eine natürliche, vom Gesetze nicht ausdrücklich ausgesprochene Folge des § 536 ist die, daß alle Ausbesserungen, welche zu jenem Zweck im Laufe der Miethe nothwendig werden, mangels besonderer Gegenabrede oder entgegenstehender Verkehrssitte vom Vermiether zu tragen sind. M. a. a. O.

4. Ferner steht hiemit im Zusammenhange, daß nach dem Gesetze Veränderungen und Verschlechterungen der gemietheten Sache, die durch den vertragsmäßigen Gebrauch herbeigeführt werden, der Miether nicht zu vertreten braucht (§ 548).

B. Im Einzelnen:

I. Die Ueberlassung.

1. Begriff. Die Ueberlassung (vgl. auch § 535) der gemietheten Sache besteht in der Verschaffung der thatsächlichen Gebrauchsmöglichkeit, d. h. der ungehinderten Möglichkeit für den Miether, sich die zum Gebrauche nothwendige thatsächliche Gewalt über die Sache unmittelbar verschaffen zu können, vgl. § 854. Ein Mehr (z. B. Ueberbringen des gemietheten Pferdes) braucht der Vermiether nicht zu leisten mangels besonderer Gegenabrede.

Während der Miether die Sache im Gebrauche hat, gilt er als unmittelbarer Besitzer (nicht mehr als ein bloßer detentor), der Vermiether als mittelbarer Besitzer (§ 868). Dem Miether stehen demgemäß auch alle Schutzmittel eines Besitzers zur Verfügung. S. die §§ 859, 860, 861, 862, 869 und auch § 1007; vgl. Bem. B, IV zu § 535.

2. Zeitpunkt der Ueberlassung. Leistung und Gegenleistung erfolgen bei der Miethe nicht Zug um Zug, wie nach der allgemeinen Regel (§ 320). Vielmehr ist die Ueberlassungspflicht des Vermiethers gesetzlich eine Vorleistungspflicht (§ 551 mit § 584). Selbst dann, wenn entgegen der gesetzlichen Bestimmung die Vorauszahlung des Miethzinses von den Parteien vereinbart ist, wird im Zweifel der Vermiether mit jener Ueberlassung vorauszugehen haben. Eine allgemeine Ausnahme s. in § 321.

Der Zeitpunkt der Ueberlassung wird jeweils fest bestimmt werden oder er ist aus den Umständen zu entnehmen. Sind Reparaturen, z. B. bei einer Wohnung, nothwendig, so wird dem Vermiether hiezu eine angemessene Frist zu gewähren sein; vgl. Seuffert, Archiv Bd. 22 S. 231.

Ueber die Folgen nicht rechtzeitiger Ueberlassung s. insbesondere § 542 mit Bem.

3. Gegenstand der Ueberlassung (vgl. Bem. B I, 1 zu § 535). Zu überlassen ist die vermiethete Sache (der Nachdruck liegt auf „vermiethet"), nicht eine andere. Eine Einschränkung dieses Satzes könnte im gegebenen Falle nur aus den §§ 243 Abs. 1 (eine nur der Gattung nach bestimmte Sache) oder § 364 Abs. 1 zu entnehmen sein. Die Sache muß aber auch den ganzen zugesagten Umfang haben (§§ 537 Abs. 2, 580; Bl. f. R.A. a. a. O. S. 330; s. ferner unten II).

Zugleich mit der Hauptsache ist auch das Zubehör zu überlassen. Hierunter fallen nicht nur die zum Gebrauche der Miethsache selbst unentbehrlichen Sachen (z. B. Schlüssel bei einer Wohnung), sondern auch alle jene, die nach der örtlichen Verkehrssitte als mitvermiethet zu erachten sind (§§ 97, 98, 157). So gehören z. B. Winterfenster bei allen besseren Wohnungen zum Miethzubehör, ebenso z. B. bei einer Wohnung, die mit der Zusicherung „aller Bequemlichkeiten" vermiethet wurde, Boden- und Kellerabtheilung sowie Waschgelegenheit. (Arnold a. a. O. S. 33.)

II. Eine besondere Tragweite hinsichtlich der Beschaffenheit der Miethsache kommt dem Begriff „ein zum vertragsmäßigen Gebrauche geeigneter Zustand" zu.

1. Von vornherein ist festzuhalten, daß dieser Zustand der Miethsache nicht nur zur Zeit der Ueberlassung der Miethsache vom Vermiether zu gewähren ist, sondern während der ganzen Dauer der Miethzeit. Vgl. oben Bem. B, I, 2 und Bem. B, II, 1 zu § 535.

2. Die nähere Festlegung jenes Begriffes ist jeweils verschieden nach den Umständen des Einzelfalls. Als allgemeine Richtpunkte lassen sich herausgreifen:

a) der besondere Zweck, zu dem die Sache gemiethet wird. Deßhalb liegt auch das Schwergewicht auf dem Worte „vertragsmäßig". Der Begriff des üblichen oder gewöhnlichen Gebrauchs genügt also allein nicht bei Beurtheilung der Frage, ob der Vermiether seinen Verpflichtungen nachgekommen ist;

b) die besonderen Zusicherungen, die der Vermiether gibt oder gegeben hat. Vgl. § 537 Abs. 2.

c) Von ganz besonderer Bedeutung ist hier der Einfluß der örtlichen Verkehrssitte als Auslegungsmoment, s. Bem. B, I, 6 zu § 535 und zu § 157. Sie wechselt mit der Zeit und ist nach den Einzelverhältnissen wieder verschieden. Z. B. kann die örtliche Verkehrssitte im Einzelfalle bei theueren Wohnungen ganz anderartige Erfordernisse aufstellen, als bei billigeren.

d) In gewisser Beziehung werden auch die jeweiligen Hausordnungen eine Auslegungsquelle bilden können, sofern sie beim Vertragsabschluß als Vertragsbestandtheil ausdrücklich bezeichnet wurden oder wenigstens eine stillschweigende Unterwerfung des Miethers, insbesondere in seinem späteren Verhalten, anzunehmen ist. Vgl. auch unten Bem. V, c und Arnold a. a. O. § 7.

Als allgemein gültige Erfordernisse für eine Miethwohnung lassen sich beispielsweise aufstellen: Ungezieferfreiheit, guter baulicher Zustand, ordentliche Oefen bei Vermiethen einer heizbaren Wohnung 2c.

3. Als Einzelpflichten des Vermiethers bei Wohnungsmiethe lassen sich aus dessen andauernder Gewährleistungspflicht im Sinne des Paragraphen folgern (vgl. Arnold a. a. O. S. 32 ff.):

a) Der Vermiether darf dem Miether während der Dauer des Miethverhältnisses den faktischen Gebrauch der Wohnung im engeren Sinne in keiner Weise schmälern oder durch Dritte schmälern lassen. Er darf also dem Miether z. B. nicht die zur Wohnung gehörige Bodenabtheilung entziehen, selbst wenn Miether diesen Raum bisher unbenutzt gelassen hätte.

b) Er muß den Miether die Wohnung zu dem Zwecke fortgesetzt benutzen lassen, zu dem sie gemiethet wurde. Wurde z. B. eine Wohnung zu Geschäftszwecken ausdrücklich gemiethet, so kann Vermiether, soferne Miether in den gehörigen Schranken bleibt, hieran nichts ändern.

Hier schlägt auch die Frage ein, ob Vermiether, wenn nicht entgegengesetzte Verabredungen bestehen, ein Konkurrenzgeschäft mit jenem des Miethers in dasselbe Haus aufnehmen darf. Im bisherigen Rechte wurde diese Frage vielfach bejaht. Dies wird auch nach dem B.G.B. zutreffen und ist also als Regel anzunehmen, daß der Besitzer eines Ladenhauses, der sich nicht zum Ausschlusse von Konkurrenzgeschäften verpflichtet hat, solche ohne Vertragsbruch aufnehmen kann. Im Einzelfalle kann jedoch unter Umständen ein Handeln gegen Treu und Glauben darin liegen. (So Fuld, S. 80, und Mittelstein, S. 99. A.A. Scherer, Komm., der hier in allen Fällen einen Vertragsbruch erblicken will.)

c) Er hat den vermietheten Raum in einem solchen baulichen Zustande zu erhalten, daß der vertragsmäßige Gebrauch fortgesetzt möglich ist, sofern nicht der Miether selbst die Verschlechterung verschuldete (§ 548). Der Vermiether wird z. B. Fensterscheiben, die aus Feindschaft gegen den Miether eingeworfen sind, auf seine Kosten für die Regel wieder herstellen müssen. (Fischer-Henle zu § 536; vgl. hieher ferner §§ 548 u. 547.)

d) Er hat vom Miether alle Störungen und Beunruhigungen fern zu halten, welche dem Miether den ruhigen Genuß der Wohnung unmöglich machen oder erheblich schmälern würden. (Vgl. indessen § 539.) Er hat also z. B. für Aufrechterhaltung der Ruhe im Hause zu sorgen. Auch Belästigungen durch sog. Luxusbauten, die zur baulichen Erhaltung des Hauses nicht unbedingt nothwendig sind, werden hieher zu rechnen sein. (Vgl. Arnold a. a. O. S. 41 u. 42.) Ferner schlagen Störungen durch sog. Immissionen vom Nachbargebiete (z. B. unangenehme Gerüche, Rauchbelästigung 2c.) hier ein. Aus der Fassung des maßgebenden § 906 ergibt sich in diesem Punkte Zweierlei: Nur der Vermiether (als Eigenthümer) wird gegen den verantwortlichen Verursacher dieser Immissionen vorgehen können. Andererseits wird im Allgemeinen, soweit der Vermiether sich diese Immissionen gefallen lassen muß, sie auch der Miether dulden müssen. (Vgl. Fuld, S. 78 und Bem. zu § 906.) Soweit indessen eine Beeinträchtigung des vertragsmäßigen Gebrauchsrechtes des Miethers im Sinne der §§ 537, 538 vorliegt, wird sich Vermiether regelmäßig nicht darauf berufen dürfen, daß er nichts ändern kann (Mittelstein a. a. O. S. 214 mit Anm. 14).

4. Eine besondere Wichtigkeit wird in der Literatur zum B.G.B. der Frage der Beleuchtungspflicht des Vermiethers beigelegt, d. h. ob der Vermiether gesetzlich verpflichtet ist, den Zugang zur Miethwohnung, Hausflur, Treppen 2c. zu beleuchten.

Die Frage zerfällt, richtig besehen, in zwei rechtlich verschiedene Theile:

a) ob eine solche Verpflichtung auf Grund des Miethvertrags, also dem Miether gegenüber besteht?

b) ob eine derartige Beleuchtungspflicht auch Dritten gegenüber, also ganz allgemein zu statuiren ist?

Zu a: Von vielen Autoren (vgl. Fuld, S. 84 ff.; Fränkel, S. 32 ff.; Oertmann zu § 536 2c.) wird die Meinung vertreten, auf Grund des § 536 müsse nunmehr ganz allgemein und ohne Weiteres eine gesetzliche Beleuchtungspflicht dem Miether gegenüber angenommen werden, hauptsächlich, weil der den vertragsmäßigen Gebrauch gestattende Zustand dies erfordere. Dies geht aber doch zu weit. Fürs Erste ist hervorzuheben, daß der § 536 im Vergleiche zu dem bisher bestehenden Rechte (vgl. insbesondere P.L.R. Thl. I Tit. 21 § 272) im Grunde keine Neuerung bedeutet, so daß die bereits vorhandenen Entscheidungen, die im Allgemeinen auf einem ablehnenden Standpunkte stehen, nach wie vor verwerthbar bleiben. Vgl. insbesondere Entsch. d. R.G. Bd. 33 S. 225, ferner Seuffert, Archiv Bd. 48 Nr. 179 und Bd. 46 Nr. 96; s. auch Staudinger, Vorträge f. Verwaltungsbeamte S. 475 ff.

Zu einem allgemeinen Zustandserforderniß im Sinne des § 536 gehört die Beleuchtung jedenfalls nicht, weil im Allgemeinen die Gebrauchsfähigkeit der Wohnung nicht davon abhängt, eine solche vielmehr für den Miether mehr oder weniger nur eine Annehmlichkeit bildet. Annehmlichkeiten aber braucht im Allgemeinen der Vermiether (mangels besonderer Abrede) nicht zu prästiren.

Bei einer derart weiten Ausdehnung der Beleuchtungspflicht aus § 536 könnte ferner ein Miether folgerichtig fordern, es müsse überhaupt beleuchtet werden, solange für ihn ein Bedürfniß besteht, also z. B. bis er Nachts heimkehrt, was sicherlich zu Unbilligkeiten führen würde.

Eine solch allgemein aufgestellte Pflicht des Vermiethers würde außerdem zu den Verhältnissen auf dem Lande (Staudinger a. a. O. S. 475) gar nicht passen und auch bei Miethverhältnissen in Städten (z. B. in ärmeren Vierteln) vielfach als eine unnöthige Last der Wohnungen (der Vermiether wälzt ja stets ab) empfunden werden, die das Gesetz von sich aus nicht wollen kann.

Es wird vielmehr auch unter der Herrschaft des B.G.B. daran festzuhalten sein, daß eine allgemeine Beleuchtungspflicht des Vermiethers nicht existirt. Es kann sich höchstens in größeren Städten eine diesbezügliche Verkehrssitte ausbilden, was im Einzelfalle zu prüfen bleibt. Regel vielmehr bleibt: Im Verhältnisse zwischen Vermiether und Miether ist die Erleuchtung der Flure und Treppen Sache vertragsmäßiger Abmachung.

Zu b: Die Rechtsbasis ist hier eine ganz andere, nämlich mehr öffentlich-rechtlicher Natur. Es fragt sich, ob eine allgemeine Rechtspflicht des Vermiethers zur Beleuchtung aus verkehrspolizeilichen Rücksichten besteht.

Das Reichsgericht hat hier (vgl. Entsch. des R.G. in Straff. Bd. 14 Nr. 94) als allgemeines Rechtsprinzip den Satz aufgestellt, daß der Eigenthümer, der in Ausnutzung seines Eigenthums in seinem Haus einen öffentlichen Verkehr herstellt (also z. B. durch Aufnahme von Mitbewohnern) Sorge dafür zu tragen habe, daß die Anlage des Hauses Dritten keinen Schaden stifte, und bei Eintritt eines diesbezüglichen Unfalls in Folge Nichtbeleuchtung der im Verkehre benutzten Räume während verkehrsüblicher Zeit den Hausbesitzer auch für strafrechtlich verantwortlich erklärt (§ 230 St.G.B.). Hiebei ist gleichgültig, ob der Unfall gerade den Miether oder eine andere dritte Person trifft.

An dieser Auffassung wird die Praxis wohl festhalten, wenngleich ihre positive Grundlage da, wo eine die Beleuchtung gebietende polizeiliche Vorschrift mangelt, nicht bedenkenfrei ist.

Diese Auffassung ist in gleicher Weise wichtig hinsichtlich einer civilrechtlichen Entschädigungspflicht bei Eintritt eines Unfalls (§§ 823 ff.). Es ist indessen gerade in solchen Fällen sehr häufig ein konkurrirendes Verschulden des Verletzten zu konstatiren (vgl. §§ 254, 846; Seuffert, Archiv Bd. 48 Nr. 30, Bd. 50 Nr. 17).

5. Die Beweislast:

Wenn der Miether die Sache anfangs vorbehaltlos angenommen hat, so trifft ihn die Beweislast, falls er sie später beanstanden will. Dies ergibt sich aus dem allgemeinen § 363.

III. Abnahmepflicht des Miethers:

1. Eine gesetzliche Verpflichtung des Miethers, die vermiethete Sache abzunehmen und thatsächlich in Gebrauch zu nehmen (wie beim Kaufe, § 433 Abs. 2, und beim Werkvertrage, § 640) besteht nicht, nicht einmal bei der Pacht landwirthschaftlicher Grundstücke (M. II, 431). Der Vermiether hat demnach regelmäßig einen klagbaren Anspruch auf Ingebrauchnahme der Sache durch den Miether nicht.

Eine Ausnahme auf Grund der allgemeinen §§ 157, 242 wird zu machen sein, wenn es im Einzelfalle erkennbarer Wille des Vermiethers gewesen bezw. offensichtlich in dessen Interesse von Anfang an gelegen war, daß der Miether die Sache ihrer Zweckbestimmung gemäß in Gebrauch nehme. Vgl. Bl. f. R.A. a. a. O. S. 344 und Kohler, Arch. f. civ. Praxis Bd. 71 S. 397 ff.

Analog wird die Frage zu entscheiden sein, ob sich ein Miether oder Pächter vor Ablauf der Vertragszeit unter Verlassung des Mieth- oder Pachtobjekts einseitig freimachen kann durch Vorausbezahlung des gesammten Zinses.

2. Infolge dieser Sachregelung muß der Vermiether dem Miether die Sache fortgesetzt zur Verfügung halten und darf sie anderweitig nur so verwerthen, daß er dem Miether jeweils sofort auf Verlangen den uneingeschränkten Miethgebrauch gewähren kann. Sein Schutz besteht darin, daß er gleichwohl den Anspruch auf den vollen Miethzins behält. Er muß sich lediglich den Werth der ersparten Aufwendungen aufrechnen lassen, sowie die durch anderweitige Gebrauchsverwerthung erlangten thatsächlichen Vortheile. Vgl. hieher § 552 mit Bem., auch § 554. Wenn der Miether aber endgültig zu

verstehen gegeben (z. B. durch Zurückschicken der Schlüssel), daß er die Miethsache nicht oder nicht mehr wolle, so wird Vermiether in der Verfügung über die Miethsache, vorbehaltlich seiner Entschädigungsansprüche, nicht weiter behindert sein.

IV. Eine Wiederherstellungspflicht, falls die Miethsache durch Zufall ganz oder zum Theil untergegangen ist, besteht für den Vermiether auf Grund des § 536 nicht (übereinstimmend mit dem gemeinen Rechte). Vgl. § 275. Insoferne kann man auch davon sprechen, daß der Vermiether die Gefahr der Sache nicht trägt.

In manchen Fällen wird es indessen schwer sein, die richtige Grenze zu finden zwischen der gesetzlich bestehenden Reparaturpflicht des Vermiethers und der gesetzlich nicht anerkannten Wiederherstellungspflicht. P. II, 130 wollen als Kriterium an die Hand geben, daß eine Wiederherstellung der Regel nach dann zur Erhaltung der Sache gehören wird, wenn sie sich unter Wahrung der Identität der Sache ermöglichen läßt. Das ist aber auch nur ein einzelnes Moment. Mit Sicherheit läßt sich die Sache nur im einzelnen Falle entscheiden, ob nur eine Reparatur oder eine volle Wiederherstellung der Sache gegeben ist, wobei es insbesondere des Abwägens der beiderseitigen Interessen bedarf, und namentlich auch die Dauer des Miethvertrags und der Umfang der erforderlichen Arbeiten zu berücksichtigen sein werden. (Mittelstein a. a. O. S. 96 und ähnlich Oertmann zu § 536.) Bei der Miethe vertretbarer Sachen dagegen wird der Vermiether regelmäßig für Ersatz aufzukommen haben, z. B. tägliche Bereitstellung von Pferden für einen Wagen. (Vgl. Endemann, S. 754 und §§ 279, 243.)

V. Stellung des Vermiethers zur Miethsache trotz der Vermiethung: Es erübrigt noch, kurz zu betrachten, welche Rechte dem Vermiether in Bezug auf die Miethsache verbleiben, trotzdem er sie vermiethet hat und seinen Vermietherpflichten aus § 536 völlig nachkommt:

Im Allgemeinen ist davon auszugehen, daß der Vermiether alle seine Rechte an der Sache ausüben kann, insoweit er damit nicht in die Rechtssphäre des Miethers eingreift.

Im Einzelnen ist hervorzuheben:

1. Er kann die Sache weiter veräußern, ohne an irgend eine Einwilligung des Miethers gebunden zu sein (vgl. §§ 571 ff.). Man wird ihm ferner die Befugniß nicht versagen können, die Miethsache von Zeit zu Zeit zu besichtigen, insbesondere auch vor Ablauf der Miethzeit anderen Miethlustigen die Räumlichkeiten vorzuweisen. Das B.G.B. hat in letzterer Beziehung absichtlich keine näheren Bestimmungen getroffen, da die Verhältnisse verschieden sind je nach Lage des Einzelfalles und der besonderen örtlichen Zustände. Die diesbezüglichen Duldungspflichten des Miethers und Pächters ergeben sich aus der allgemeinen Verpflichtung zu Treu und Glauben. (P. II, 216 u. 252.) Der Miether kann jedoch Einhaltung des richtigen Maßes verlangen, z. B. zu einer Zeit, wo er weniger belästigt wird. Würden sich die Parteien über derartige Punkte nicht einigen können, so hätte Festsetzung durch den Richter zu erfolgen (richterliche Erlaubniß zur Vornahme derartiger Handlungen in bestimmtem Rahmen).

2. Besonders zu betonen ist jedoch, daß das Betreten der Miethwohnung gegen den Willen des Miethers der Regel nach auch für den Vermiether ein strafbarer Hausfriedensbruch (§ 123 St.G.B.) ist. Eine Ausnahme besteht nur, wenn aus besonderen Gründen das subjektive Bewußtsein der Rechtswidrigkeit im Einzelfalle zu verneinen wäre. Vgl. Entsch. d. R.G. in Straff. Bd. 6 S. 14, Bd. 12 S. 133, Bd. 19 S. 298; Rechtsprechung Bd. 3 S. 283 ff.

Dem Vermiether bleibt daher bei diesbezüglicher Weigerung des Miethers nichts anderes übrig, als gerichtliche Hülfe in Anspruch zu nehmen auf Gestattung des Eintritts vorbehaltlich seiner etwaigen Schadensersatzansprüche (Vollstreckung des Urtheils nach § 890 C.P.O., eventuell auch von vorneherein einstweilige Verfügung nach § 940 C.P.O. zulässig). Selbsthülfe durch Erzwingen des Eintritts ist dem Vermiether in dieser Hinsicht also nicht gestattet, auch nicht im Falle des § 561 (s. daselbst Bem.).

3. Hier schlägt auch die Frage ein, ob der Vermiether berechtigt ist, nachträglich Hausordnungen in selbständiger Weise zu erlassen. Im Prinzip ist diese Frage im Hinblick auf die dem Vermiether verbleibende Machtbefugniß über die Sache zu bejahen, er darf jedoch auch hier nicht in bereits begründete gesetzliche oder vertragsmäßige Rechte des Miethers eingreifen. Er darf also z. B. nicht nachträglich vorschreiben, es solle in den Oefen nur Holz, nicht Torf geschürt werden. (Arnold a. a. O. S. 25 fg.; Staudinger a. a. O. S. 472.)

§ 537.

Ist die vermiethete Sache zur Zeit der Ueberlassung an den Miether mit einem Fehler behaftet, der ihre Tauglichkeit zu dem vertragsmäßigen Gebrauch aufhebt oder mindert, oder entsteht im Laufe der Miethe ein solcher Fehler, so ist der Miether für die Zeit, während deren die Tauglichkeit aufgehoben ist, von der Entrichtung des Miethzinses befreit, für die Zeit, während deren die Tauglichkeit gemindert ist, nur zur Entrichtung eines nach den §§ 472, 473 zu bemessenden Theiles des Miethzinses verpflichtet.

Das Gleiche gilt, wenn eine zugesicherte Eigenschaft fehlt oder später wegfällt. Bei der Vermiethung eines Grundstücks steht die Zusicherung einer bestimmten Größe der Zusicherung einer Eigenschaft gleich.

E. I, 505; II, 482; III, 530.

Die §§ 537 ff. bis 546 und 552 handeln (als Gegenstück zu § 536 auf Seite des Vermiethers) von den Rechten des Miethers, falls der Vermiether den Miethvertrag nicht oder nicht richtig bezw. nicht rechtzeitig erfüllt, also insbesondere bei Mängeln (physischen oder rechtlichen) der Miethsache.

I. Im Allgemeinen ist zu dieser ganzen Rechtsparthie hervorzuheben, daß der Miethvertrag selbstverständlich zunächst unter den allgemeinen Normen hinsichtlich der Nichterfüllung eines Vertrags bezw. eines gegenseitigen Vertrags steht. Dies ist insbesondere von Wichtigkeit, soweit die Frage der Möglichkeit und Unmöglichkeit der Erfüllung in Betracht kommt. Auch hier schlagen daher in erster Reihe die allgemeinen Grundsätze über anfängliche, d. h. zur Zeit des Vertragsabschlusses bestehende (vgl. §§ 306—309) und nachfolgende, d. h. zur Zeit der Leistungspflicht bestehende (s. §§ 275, 279, 280 und §§ 323—327) Unmöglichkeit ein, sowie die in diesen Paragraphen enthaltene Unterscheidung zwischen objektiver und subjektiver, zwischen verschuldeter und unverschuldeter Unmöglichkeit der Erfüllung.

Das B.G.B. ist jedoch zum Schutze des Miethers weiter gegangen und hat in den nachfolgenden Paragraphen im Besonderen die Rechte des Miethers hinsichtlich Befreiung von der Gegenleistung bezw. Minderung derselben, bezüglich Schadensersatz und Rücktritt vom Vertrage ausgedehnt und verstärkt.

Das Verhältniß dieser besonderen Rechtssätze zu den vorberührten allgemeinen Rechtsgrundsätzen ist aber nach dem klaren Willen des Gesetzes (vgl. M. II, 375, analog wie im P.L.R. Thl. I Tit. 21 §§ 272, 273, 383—385) derart gedacht, daß, soweit die nachfolgenden Sonderbestimmungen reichen, die entsprechenden allgemeinen Bestimmungen, insbesondere der §§ 323 ff. ausgeschlossen sein sollen. Zum Theil enthalten diese Sondersätze auch geradezu eine ausdrückliche Wiederholung der allgemeinen Normen (vgl. insbesondere die §§ 537, 538, 542, 543 mit den §§ 323, 325, sowie § 552 mit § 324. Vgl. hieher auch Bl. f. R.A. a. a. O. S. 342.)

Zum Zweck einer Uebersicht seien die einzelnen Rechte des Miethers in obigem Sinne hier kurz zusammengestellt:

1. Daß der Miether durchweg und auch während der Miethe einen allgemeinen Anspruch auf Vertragserfüllung, d. h. auf Herstellung des zu dem vertragsmäßigen Gebrauche geeigneten Zustandes der Miethsache hat, wurde bereits zu § 536 hervorgehoben (vgl. besonders Bem. II zu § 536).

Damit allein aber ist dem Miether meistens nicht gedient, weßhalb ihm das Gesetz als weitere Rechte einräumt:

a) auf gänzliche oder theilweise Befreiung von der Entrichtung des Miethzinses während der Andauer des Fehlers der Miethsache, aber gleichwohl unter Fortbenutzung der Miethsache — § 537 (§ 541);
b) einen Anspruch auf Schadensersatz wegen Nichterfüllung bezw. nicht richtiger Erfüllung — § 538 (§ 541), jedoch wohlgemerkt hier nur an Stelle des Anspruchs auf Miethzinsnachlaß unter a (also nicht beide Ansprüche nebeneinander!). Auch decken sich die Voraussetzungen des § 538 nur zum Theile mit jenen des § 537!

2. Ferner ist dem Miether ein besonders gestaltetes Recht zum Rücktritte vom Vertrage wegen nicht richtiger Vertragserfüllung verliehen — ein sog. außerordentliches Kündigungsrecht — §§ 542, 543.

Dieses Recht kann sowohl mit dem Rechte unter a auf Miethzinsnachlaß wie mit jenem unter b auf Schadensersatz zusammentreffen.

II. Einzelheiten zu § 537.

1. Voraussetzungen:

Das Recht des Miethers aus § 537 kann geltend gemacht werden:

a) wenn die Miethsache zur Zeit der Ueberlassung mit einem Fehler (s. Bem. 2) behaftet ist, der ihre Tauglichkeit zu dem vertragsmäßigen Gebrauch aufhebt oder mindert;

b) wenn ein solcher im Laufe der Miethe entsteht;

c) wenn durch das Recht eines Dritten (Rechtsmangel) dem Miether der vertragsmäßige Gebrauch der Sache ganz oder zum Theil entzogen wird. Hierüber s. Näheres zu § 541.

Ob den Vermiether ein Verschulden trifft oder nicht, ist im Rahmen des § 537 ganz gleichgültig (anders bei § 538 und auch § 542). Ueber den Einfluß eines Verschuldens des Miethers s. Bem. 4.

2. Begriff des Fehlers im Sinne des § 537:

Unter Fehler ist hier (und im Falle des § 538, woselbst von einem „Mangel" gesprochen wird) ein derartiger Mangel der Miethsache zu verstehen, der ihre Tauglichkeit zu dem vertragsmäßigen Gebrauch aufhebt oder mindert.

a) Der Nachdruck liegt auch hier (vgl. § 536) auf dem Worte „vertragsmäßig" (M. II, 373, 374; übereinstimmend mit dem gemeinen Rechte, nach welchem die besonderen Bestimmungen des ädilitischen Edikts auf die Miethe keine Anwendung fanden). Der Begriff „Fehler" steht demgemäß in inniger Wechselbeziehung zu der Verpflichtung des Vermiethers aus § 536. Ein Manko in der Erfüllung der Pflichten auf Seite des Vermiethers gegen § 536 erscheint von der Seite des Miethers aus betrachtet als ein Fehler (Mangel) der Miethsache. Es muß daher nicht bloß ein Fehler hierunter fallen, welchen die Miethsache unmittelbar an sich trägt (z. B. Baufälligkeit oder Ungeziefer ꝛc.), sondern auch ein nur mittelbar anklebender, der aber ebenso den durch die Miethe gewollten Zweck vereitelt oder stört, z. B. Belästigung durch übermäßigen Lärm im Haus oder in der Nachbarschaft (vgl. Bem. B, II zu § 536).

b) Dem Fehler der Miethsache soll aber auch gleich gelten, nach ausdrücklicher Vorschrift des Gesetzes in Abs. 2, wenn eine zugesicherte Eigenschaft von Anfang an fehlt oder später im Laufe der Miethe wegfällt (analog wie beim Kaufe, s. § 459 Abs. 2). Dieser Bestimmung liegt der Gedanke zu Grunde, daß eine Eigenschaft der Miethsache, die sich der Miether ausdrücklich zusichern ließ, regelmäßig im Sinne des Vertrags für die Tauglichkeit der Sache auch belangreich sei, selbst wenn sie, nach einem objektiven Maßstabe gemessen, als belanglos erscheinen mag (P. II, 132). (Auch hier besteht übrigens jeweils primär ein Erfüllungsanspruch des Miethers, s. oben A, 2 zu § 536.)

Als zugesicherte Eigenschaft in diesem Sinne gilt bei der Vermiethung eines Grundstücks (vgl. § 580) stets auch die Zusicherung einer bestimmten Größe, z. B. Größe und Anzahl der Wohnräume (analog wie beim Kaufe § 468). Es wird übrigens hier stets Rücksicht zu nehmen sein auf den Willen der Parteien, sowie den örtlichen Sprachgebrauch (M. II, S. 373 ff.).

c) Eine Unterscheidung zwischen erheblichen und unerheblichen Fehlern trifft das Gesetz nicht mehr (im Gegensatze zum gemeinen Rechte, aber in Uebereinstimmung mit dem P.L.R. Thl. I Tit. 21 §§ 272, 273), d. h. ein Mangel, der das unter a und b angegebene Kriterium in sich trägt, gilt eben im Rahmen des Miethvertrags stets als ein erheblicher, selbst wenn er objektiv betrachtet, dies nicht wäre. Von Einfluß wird dagegen der Begriff der Erheblichkeit beim Rücktrittsrechte des Miethers nach § 542. Im Uebrigen wird auch hier bei § 537 (u. 538) unter Umständen die Hervorkehrung eines ganz geringfügigen Mangels gegen die Grundsätze von Treu und Glauben verstoßen können. Vgl. hieher den allgemeinen § 320 Abs. 2.

d) Wann der Fehler entsteht, ist gleichgültig, soferne er nur noch im Laufe der Miethzeit den Gebrauch beeinträchtigt (Oertmann zu § 537 Nr. 3).

3. Inhalt des Rechtes: Das Recht des Miethers besteht in der Befreiung von der Entrichtung des Miethzinses oder in Minderung desselben:

a) Wenn die Gebrauchstauglichkeit der Sache durch den Mangel gänzlich beseitigt ist, so tritt für die Zeit, während welcher die Tauglichkeit wirklich aufgehoben ist, gänzliche Befreiung von der Entrichtung des Miethzinses ein. Diese berechnet sich demgemäß nach der Dauer dieser Zeit im Verhältnisse zu der ganzen Miethzeit oder im Verhältnisse zu dem vertragsmäßigen bezw.

gesetzlichen Zeitabschnitte, der für die Zinsentrichtung ausschlaggebend ist (vgl. § 551).

b) Wenn der Fehler die Tauglichkeit der Sache zwar nicht gänzlich beseitigt, wohl aber mindert, so kann der Miether eine entsprechende Herabsetzung des Miethzinses verlangen (analog mit dem bisherigen Rechte, vgl. l. 9 § 1, l. 19, 6, l. 30 pr. D. 19, 2, Seuffert, Archiv Bd. 40 Nr. 286, P.L.R. Thl. I Tit. 21 § 384). Für die Bemessung dieser Minderung ist einerseits die Zeitdauer des Mangels, andererseits der Grad der Gebrauchsminderung maßgebend und sollen hier die für den Minderungsanspruch beim Kaufe geltenden Vorschriften, die §§ 472, 473, entsprechende Anwendung finden.

Beispiel: Eine Wohnung mit fünf Zimmern ist um 1000 Mk. jährlich vermiethet. Von diesen Zimmern wird eines z. B. wegen Feuchtigkeit für ein Vierteljahr unbenutzbar. Der Miethpreis für die vier gebrauchsfähigen Zimmer würde in diesem Falle jährlich 800 Mk. ausmachen. Der Miethpreis für das Vierteljahr, während dessen die Gebrauchsminderung eintrat, würde für die ganze Wohnung an sich 250 Mk. ausmachen. Es ergibt sich nun folgende Gleichung für die hier zu zahlende Quartalsrate: $x = \frac{250 \cdot 800}{1000} = 200$ d. h. der Miethpreis für das kritische Vierteljahr beträgt diesmal 200 Mk. und nicht 250 Mk., was mit dem Umstande harmonirt, daß $^1/_5$ der Wohnung während dieser Zeit gebrauchsuntauglich war. (Vgl. Fuld, S. 67.)

c) Ist der Miethzins bereits vorausbezahlt, so kann ihn der Miether, insoweit er zur Minderung berechtigt ist, nach Maßgabe der Grundsätze über ungerechtfertigte Bereicherung (§§ 812 ff.) zurückverlangen (M. II, 376). Vgl. hieher auch § 323 Abs. 3 und § 555.

d) Dieses Recht des Miethers auf Minderung hat aber nicht die rechtliche Natur eines besonderen Anspruchs, wie beim Kaufe, sondern es stellt sich als eine von selbst eintretende Abänderung seiner Vertragspflicht dar. Dies hängt mit der besonderen Natur des Miethvertrags zusammen, insbesondere mit der fortdauernden Verpflichtung des Vermiethers, den vertragsmäßigen Gebrauchszustand der Sache fortgesetzt zu gewähren. (Vgl. § 536; M. II, 376.)

Damit steht aber auch im Zusammenhange, daß dieses Recht an keine besondere Verjährungsfrist gebunden ist. (M. II, 376 u. 378, übereinstimmend mit dem gemeinen Rechte; vgl. dagegen § 558.)

4. Dieses Recht des Miethers fällt jedoch wieder weg:

a) bei Kenntniß des Miethers vom Mangel bezw. bei auf grober Fahrlässigkeit beruhender Unkenntniß oder vorbehaltloser Annahme der Miethsache nach Maßgabe des § 539 (s. Bem. hiezu.);

b) nach § 545, wenn der Miether es unterläßt — soferne sich während der Miethe ein Mangel der Miethsache zeigt oder eine nicht vorhergesehene Gefahr droht, oder ein Dritter ein Recht an der Sache sich anmaßt — dem Vermiether hievon unverzüglich Anzeige zu machen und dadurch Vermiether außer Stand gesetzt wird, Abhülfe zu schaffen;

c) wenn der Mangel vom Miether selbst verschuldet ist (z. B. Feuchtigkeit durch Wäschetrocknen im Zimmer ꝛc.). Hier sind zugleich maßgebend die allgemeinen §§ 254 u. 324, ferner ist zu vergleichen § 552.

§ 538.

Ist ein Mangel der im § 537 bezeichneten Art bei dem Abschlusse des Vertrags vorhanden oder entsteht ein solcher Mangel später in Folge eines Umstandes, den der Vermiether zu vertreten hat, oder kommt der Vermiether mit der Beseitigung eines Mangels in Verzug, so kann der Miether, statt die im § 537 bestimmten Rechte geltend zu machen, Schadensersatz wegen Nichterfüllung verlangen.

Im Falle des Verzugs des Vermiethers kann der Miether den Mangel selbst beseitigen und Ersatz der erforderlichen Aufwendungen verlangen.

E. I, 506, 514 Abs. 3; II, 483; III, 531.

I. Allgemeines: Der Paragraph behandelt das Recht des Miethers auf Schadensersatz wegen Nichterfüllung. (Vgl. hieher zunächst die allgemein orientirende Bemerkung zu § 537.) Hieraus ist besonders hervorzukehren:

a) Das Recht auf Schadensersatz steht dem Miether nicht kumulativ neben jenem auf Zinsminderung aus § 537 zu, sondern alternativ. Er kann nur das eine oder das andere von vorneherein wählen. (In den Motiven und E. I kommt dies nur undeutlich zum Ausdruck.)

Der Miether ist an seine Wahl gebunden, wenn er in einer dem Vermiether gegenüber abgegebenen Erklärung eine Alternative bereits gewählt hat (Fränkel, S. 23, und Fuld. S. 69). Der Vermiether andererseits hat kein Recht, zu verlangen, daß Miether sein Wahlrecht ausübe, sondern muß abwarten, wann und wie Miether seine Rechte geltend macht, was sich regelmäßig bei der Klage auf Zahlung des Miethzinses herausstellen wird. (Mittelstein, S. 112.)

b) Dieses Recht kann sowohl bei Fortdauer der Miethe geltend gemacht werden als auch neben der Geltendmachung des außerordentlichen Kündigungsrechtes nach Maßgabe des § 542. Es reicht aber nur für die Zeit bis zur Beendigung des Miethverhältnisses (vgl. Bem. I, 4 zu § 542).

II. Ein Schadensersatzanspruch des Miethers besteht in drei Fällen:

1. wenn ein Mangel der in § 537 bezeichneten Art (s. hierüber Bem. II, 2 zu § 537) bei dem Abschlusse des Vertrags vorhanden ist;

2. wenn ein solcher Mangel nach Vertragsabschluß, also später entsteht in Folge eines Umstandes, den der Vermiether zu vertreten hat;

3. wenn der Vermiether mit der Beseitigung eines Mangels in Verzug kommt.

Zu 1: Das Gesetz geht von der Unterstellung aus, daß der Vermiether eine den vertragsmäßigen Gebrauch des Miethers bedingende Tauglichkeit der Miethsache nicht bloß versprochen, sondern zugleich stillschweigend garantirt hat (M. II, 376), mit anderen Worten: der Vermiether hat als Regel für das Vorhandensein der Gebrauchstauglichkeit der Miethsache im Sinne des § 536 zur Zeit des Vertragsabschlusses völlig einzustehen, gleichviel ob er selbst den Mangel kennt oder nicht und ob ihn hiewegen ein Verschulden trifft oder nicht (anders bei Ziff. 2). Diese stillschweigende Garantiepflicht des Vermiethers ist analog jener des Verkäufers nach §§ 459 ff. aufzufassen (sie ist selbstverständlich nicht zu verwechseln mit einer Unmöglichkeit der Leistung im allgemeinen Sinne des Obligationenrechtes, vgl. Bem. I zu § 537).

(Im gemeinen Rechte war die Frage sehr bestritten, ob der Vermiether wegen der zur Zeit des Vertragsabschlusses bereits vorhandenen Mängel hafte, vgl. l. 19, 1 d. 19, 2. Die neueren Gesetze haben auch diese sozusagen anfängliche Haftung des Vermiethers meistens von einem Verschulden des Vermiethers abhängig gemacht, so z. B. P.L.R. Thl. I Tit. 21 § 273; M. II, 376.)

Dieser Rechtssatz des B.G.B. geht sehr weit: Der Vermiether trägt insbesondere hienach die Gefahr aller geheimen Mängel, z. B. daß sein Haus einen Konstruktionsfehler hat, der zum Einsturze führt, daß der letzte Miether Ungeziefer eingeschleppt hatte, daß das Haus eine fehlerhafte Wasseranlage hat rc. rc. (Mittelstein a. a. O. S. 110).

Zu 2: Auf die Zeit nach dem Vertragsabschluß ist die unter 1 besprochene stillschweigende Garantiepflicht des Vermiethers gesetzlich nicht ausgedehnt. Demgemäß haftet der Vermiether bezüglich der nach dem Vertragsabschluß eintretenden Mängel auf Schadensersatz nur dann und soweit, als diese in Folge eines Umstandes eintreten, den der Vermiether zu vertreten hat.

Als ein solcher Umstand erscheinen vorsätzliche oder fahrlässige Vertragsverletzung des Vermiethers nach dem allgemeinen § 276 oder ein Verschulden seiner Hülfspersonen (z. B. seines Hausmeisters) nach § 278. Auch gehört selbstverständlich ein vertragsmäßiges Garantieversprechen des Vermiethers, für Mängel überhaupt oder besonderer Art haften zu wollen, hieher.

Soweit der kausale Umstand vom Vermiether nicht zu vertreten ist, wird eine Schadensersatzpflicht nicht erzeugt, dagegen kann in solchen Fällen das Recht auf Miethzinsnachlaß nach § 537, das an ein Verschulden des Vermiethers nicht gebunden ist, für den Miether wirksam sein.

Zu 3: Damit Vermiether in Verzug komme hinsichtlich der Beseitigung eines Mangels, muß der Miether ihm den Mangel anzeigen (s. § 545) und ihn zur Beseitigung innerhalb angemessener Frist auffordern. Vgl. die allgemeinen §§ 284 ff. Auch ist erforderlich, daß der Miether die Beseitigung des Mangels gestattet. Würde er die Beseitigung verhindern, so kann er Ersatz des hiedurch erst veranlaßten Schadens nicht mehr verlangen (vgl. §§ 254, 293 u. 300 Abs. 1).

Im Falle des Verzugs des Vermiethers ist dem Miether außerdem eine Art Selbsthülfe gestattet (Abs. 2). Er darf nämlich den Mangel selbst beseitigen und kann dann Ersatz der erforderlichen Aufwendungen verlangen (vgl. §§ 547 u. 558). Die Schranken für dieses selbständige Handeln des Miethers liegen darin, daß es als eine Geschäftsführung ohne Auftrag zu beurtheilen sein wird, vgl. §§ 677 ff. und s. ferner §§ 256, 257.

III. Die Beweislast trifft den Miether, der nicht nur seinen Schaden zu beweisen hat, sondern auch, daß der den Schaden verursachende Mangel wirklich besteht und auch entweder schon zur Zeit des Vertragsabschlusses vorhanden war oder doch, wenn auch nachträglich erst entstanden, vom Vermiether zu vertreten ist bezw. daß dieser sich im Verzuge befindet (Mittelstein, S. 112).

IV. Der Umfang der Schadensersatzpflicht wird durch die allgemeinen §§ 249 ff. bestimmt. Als charakteristische Einzelheiten hinsichtlich der Miethe von Wohnungen sei hier hervorgehoben (Arnold, S. 56 u. 57):

1. Als Ersatzleistungen kommen hier insbesondere in Betracht: Beschädigungen am Mobiliar (z. B. durch Feuchtigkeit eines Zimmers), Kosten für einstweilige Aufbewahrung von Mobiliar des Miethers an einem anderen Orte, Verdienstentgang z. B. bei Miethe zu Geschäftszwecken (vgl. § 252), Entziehung von Aftermiethen (vgl. § 549), Miethzins für eine Interimswohnung, Mehrbetrag des Miethzinses der neu gemietheten Wohnung. Vgl. Arnold a. a. O. S. 60 u. 61.

2. Soweit Miether durch das Verhalten des Vermiethers gezwungen ist, besondere Auslagen zu machen, wird er auf die Interessen des Vermiethers entsprechend Rücksicht zu nehmen haben, soweit es ihm nach Lage des Falls möglich ist.

3. Ein sog. Affektionsinteresse an der alten Wohnung, z. B. wegen der Nähe von Verwandten und Bekannten, ist nach allgemeiner Regel (s. § 249) nicht zu vergüten. Bei Miethen zum Zweck einer Geschäftsausübung wird jedoch die Lage der Miethsache auf den Ersatzanspruch von Einfluß sein.

V. Das Recht auf Schadensersatz kommt in Wegfall in den gleichen Fällen, in denen auch kein Recht auf Miethzinsnachlaß besteht. Es gilt daher Bem. II, 4 zu § 537 in gleicher Weise auch hieher. Ueber einen besonderen Fall beim Verzuge des Vermiethers s. oben unter II, 3.

§ 539.

Kennt der Miether bei dem Abschlusse des Vertrags den Mangel der gemietheten Sache, so stehen ihm die in den §§ 537, 538 bestimmten Rechte nicht zu. Ist dem Miether ein Mangel der im § 537 Abs. 1 bezeichneten Art in Folge grober Fahrlässigkeit unbekannt geblieben oder nimmt er eine mangelhafte Sache an, obschon er den Mangel kennt, so kann er diese Rechte nur unter den Voraussetzungen geltend machen, unter welchen dem Käufer einer mangelhaften Sache nach den §§ 460, 464 Gewähr zu leisten ist.

E. I, 507; II, 484; III, 532.

I. Die Gesetzesstelle behandelt die Ausschließung der Haftung des Vermiethers durch innere Momente auf Seite des Miethers, die sich gewissermaßen auf ein Sichzufriedengeben mit dem vom Vermiether gebotenen Zustande zurückführen lassen.

Während das gemeine Recht die Haftung des Vermiethers wegen eines Mangels der vermietheten Sache nur dann ausschließt, wenn der Miether zur Zeit des Vertragsabschlusses jenen Mangel direkt gekannt hat, stellt das B.G.B. drei derartige Momente auf:

1. direkte Kenntniß des Mangels;
2. Unkenntniß hinsichtlich des Mangels auf Grund grober Fahrlässigkeit;
3. vorbehaltslose Annahme trotz Kenntniß des Mangels.

Zu 1: Die direkte Kenntniß des Mangels (vgl. Bem. II, 2 zu § 537) auf Seite des Miethers hat

a) zur Folge, daß dieser weder das Recht auf Zinsnachlaß (§ 537), noch Schadensersatzansprüche (§ 538) geltend machen kann. Eine einschneidende Ausnahme statuirt jedoch das Gesetz, wie hieher zu bemerken ist, bei Gesundheitsgefährlichkeit der Wohnung nach Maßgabe des § 544.

b) Dieses Rechtsprinzip gilt indessen nur für solche Mängel, welche dem Miether beim Abschlusse des Vertrags bekannt sind, nicht aber hinsichtlich jener, die erst im Laufe der Miethe ruchbar werden. Bezüglich letzterer behält Miether seine vollen Rechte, er muß aber die ihm aufgestoßenen Mängel dem Vermiether gemäß § 545 unverzüglich anzeigen. Ueber die Folgen unterlassener Anzeige s. Abs. 2 des § 545.

c) Eine weitere Ausnahme wird zu machen sein hinsichtlich jener Mängel, deren Beseitigung der Vermiether dem Miether ausdrücklich zugesagt hat, sei es anfangs, sei es später. Das Gesetz schweigt zwar hierüber, allein der Vermiether würde offenbar gegen die allgemeinen Grundsätze von Treu und Glauben verstoßen, wenn er in einem solchen Falle sich zu seiner Entlastung auf Satz 1 berufen wollte. (Ebenso Planck zu § 539.)

Zu 2: Im Gegensatze zum gemeinen Rechte ist dem Miether auch eine Unkenntniß von Mängeln

a) in Folge grober Fahrlässigkeit (s. § 276) von Nachtheil. Dieser besteht hier darin, daß der Miether Rechte auf Zinsnachlaß oder Schadensersatz nur dann geltend machen kann, wenn der Vermiether die Abwesenheit des Fehlers ausdrücklich zugesichert hat, oder wenn Vermiether einen Fehler arglistig verschwiegen hat nach Analogie des § 460 beim Kaufe (vgl. Bem. zu § 460).

b) Besonders hervorzuheben ist, daß sich dieser Rechtssatz nach ausdrücklicher Vorschrift des Gesetzes nur auf Mängel der in Abs. 1 des § 537 bezeichneten Art bezieht, also nicht auf das Fehlen besonders zugesicherter Eigenschaften der Sache (s. Bem. II, 2 b zu § 537). Bezüglich letzterer schadet dem Miether also ein fahrlässiges Unbekanntbleiben nicht.

Zu 3: Eine Annahme der mit einem Mangel behafteten Sache Seitens des Miethers, obwohl er den Mangel kennt, benimmt ihm gleichfalls seine Rechte aus den §§ 537, 538. Behält er sich aber seine Rechte wegen des Mangels bei der Annahme vor, so wahrt er sich dadurch diese Rechte in entsprechender Anwendung des § 464 beim Kaufe Vgl. Bem. hiezu.

II. Besonders hervorzuheben ist ferner, daß sich § 539 nur auf die Rechte des Miethers aus den §§ 537, 538 bezieht. Dagegen bleibt dem Miether auch in den Fällen des § 539 der Erfüllungsanspruch aus § 536 (vgl. Bem. A, 2 hiezu) offen.

Eine Ausnahme wird jedoch dann zu machen sein, wenn etwa den Umständen des Einzelfalls nach anzunehmen ist, daß der Miether von vorneherein mit dem mangelhaften Zustande der Miethsache einverstanden war und er damit diesen Zustand stillschweigend genehmigt hat, denn in einem solchen Falle kann dann nicht mehr von einem vertragswidrigen Zustande gesprochen werden.

In diesem Zusammenhang ist aber weiter darauf hinzuweisen, daß, wenn die Voraussetzungen des § 539 vorliegen, auch das außerordentliche Kündigungsrecht des Miethers im Sinne des § 542 dementsprechend ausgeschlossen wird (s. § 543 mit Bem. 1).

III. Beweislast: Den Beweis der Kenntniß oder der grobfahrlässigen Unkenntniß auf Seite des Miethers wird stets der Vermiether zu führen haben. Dies muß auch hinsichtlich sog. offenkundiger Mängel gelten, d. h. solcher, welche von Jedem bei Besichtigung der Miethsache sofort wahrgenommen werden mußten. Denn das Gesetz stellt eine diesbezügliche Rechtsvermuthung, daß nämlich der Miether solche gekannt haben muß, nicht auf (Fuld a. a. O. S. 71).

Dagegen trifft den Miether die Beweislast, wenn er sich darauf berufen will, daß der Vermiether den Mangel arglistig verschwiegen hat oder daß dieser die Beseitigung des Fehlers zusicherte oder daß er — Miether — sich bei der Annahme seine Rechte ausdrücklich vorbehalten habe.

§ 540.

Eine Vereinbarung, durch welche die Verpflichtung des Vermiethers zur Vertretung von Mängeln der vermietheten Sache erlassen oder beschränkt wird, ist nichtig, wenn der Vermiether den Mangel arglistig verschweigt.

E. I, 507; II, 485; III, 533.

§ 540 enthält eine der Einschränkungen zu Gunsten des Miethers gegenüber dem sonst bei der Miethe herrschenden Prinzipe der Vertragsfreiheit (vgl. Bem. B, I, 5 zu

§ 535). Einen arglistigen Vermiether soll nämlich die volle Mängelhaftung, wie sie das Gesetz aufstellt, treffen trotz aller einschränkenden Vertragsklauseln zu Gunsten des Vermiethers.

Das allgemeine Prinzip für diese Spezialvorschrift ruht in § 276 Abs. 2. Analoge Detailbestimmungen finden sich beim Kaufe (§§ 443, 476) und beim Werkvertrage (§ 636).

1. Die Arglist setzt voraus, daß der Vermiether den Mangel verschwiegen hat in der Absicht, den Miether zu täuschen. Sie wird regelmäßig nicht vorliegen, wenn es sich um einen Mangel handelt, bezüglich dessen der Vermiether annahm bezw. annehmen durfte, daß er auch dem Miether bekannt sei (Fuld a. a. O. S. 70).

2. Den Nachweis arglistigen Verhaltens Seitens des Vermiethers hat der Miether zu führen.

§ 541.

Wird durch das Recht eines Dritten dem Miether der vertragsmäßige Gebrauch der gemietheten Sache ganz oder zum Theil entzogen, so finden die Vorschriften der §§ 537, 538, des § 539 Satz 1 und des § 540 entsprechende Anwendung.

E. I, 508, II, 486; III, 534.

I. Allgemeines:

1. Die Haftung des Vermiethers erstreckt sich auch auf Mängel im Rechte des Vermiethers (sog. juristische Mängel). Eine analoge Behandlung dieser Haftung mit jener wegen physischer Mängel (Sachfehler) ergibt sich rechtlich von selbst. Das Gesetz spricht dies aber zur Vermeidung von Zweifeln in § 541 ausdrücklich aus (M. II, 378 und ferner §§ 542, 543).

2. Da vom Vermiether keineswegs verlangt wird, daß er Eigenthümer der vermietheten Sache ist (auch der Nießbraucher z. B. kann vermiethen, vgl. Bem. B, II, 3 zu § 535), seine Verpflichtung vielmehr nur auf ein ungestörtes Gebrauchsgewähren abzielt, so ergibt sich hieraus bezüglich der Rechte Dritter, die hier in Betracht kommen, Folgendes:

a) Die bloße Thatsache, daß einem Dritten an der Miethsache ein für den Miether an sich nachtheiliges Recht zusteht, kann nicht von Belang sein. Ein Mangel der Miethsache tritt vielmehr nur dann hervor, wenn der Dritte sein Recht auch wirklich geltend macht.

b) Es können nur solche Rechte Dritter hier von Einfluß sein, welche den Miether wirklich stören, d. h. nur solche, welche ihm den vertragsmäßigen Gebrauch der gemietheten Sache ganz oder zum Theil entziehen, z. B. das vermiethete Grundstück ist mit dem Nießbrauch eines Dritten belastet, nicht aber z. B. die Belastung mit einer Hypothek. Vgl. Cosack, S. 459.

c) Andererseits darf der Begriff der „Rechte Dritter" auch nicht zu eng aufgefaßt werden, denn die Pflicht des Vermiethers umfaßt auch den Schutz gegen Angriffe unberechtigter Dritter, z. B. gegen die eigenmächtige Besitzstörung Seitens eines Nachbarn (vgl. Bem. B, II, 3 d zu § 536 und Cosack a. a. O.).

3. Die Rechtsverhältnisse, welche bei der Veräußerung eines vermietheten Grundstücks an einen Dritten eintreten, werden in den §§ 571 ff. (Kauf bricht nicht Miethe) besonders behandelt. Vgl. insbesondere hieher § 577 ff. über die Belastung des vermietheten Grundstücks mit dem Rechte eines Dritten.

II. Die analog anzuwendenden Vorschriften im Einzelnen:

1. § 537: Das Recht auf Zinserlaß bezw. Zinsminderung steht dem Miether zu, wenn die vermiethete Sache zur Zeit der Ueberlassung an den Miether mit dem Rechte eines Dritten behaftet ist, welches ihre Tauglichkeit zu dem vertragsmäßigen Gebrauch aufhebt oder mindert, oder, wenn ein derartiges Recht im Laufe der Miethe hervortritt. Ob den Vermiether deßwegen ein Verschulden trifft, ist hier sowohl für die Zeit des Anfangs der Miethe wie für die Zeit später rechtlich gleichgültig (anders bei 2). Näheres in Bem. zu § 537.

2. § 538: An Stelle der Rechte unter 1 hat Miether auch ein Recht auf Schadensersatz:

a) wenn ein gebrauchstörendes Recht eines Dritten beim Abschlusse des Vertrags bereits vorhanden ist. Ob ein Verschulden des Vermiethers vorliegt, ist gleichgültig, denn es wird auch hier vom Gesetz eine stillschweigende Garantiepflicht des Vermiethers für das Nichtbestehen derartiger Rechte Dritter unterstellt (vgl. Bem. II, 1 zu § 538);

b) wenn ein solches Recht im Laufe der Miethe hervortritt, jedoch hier nur dann, wenn das Recht des Dritten zugleich auf einem vom Vermiether zu vertretenden Umstande beruht (vgl. Bem. II, 2 zu § 538), z. B. Vermiether hat das Recht selbst bestellt oder er hat aus Lässigkeit keinen Widerspruch gegen die Pfändung der gemietheten Sache erhoben, obwohl er hiezu befugt gewesen wäre ꝛc. Ein zur Zeit des Abschlusses des Miethvertrags nur befristet oder bedingt vorhandenes Recht wird bei seinem späteren Hervortreten regelmäßig vom Vermiether zu vertreten sein, da dieser wohl von Anfang an mit seinem Eintritte rechnen mußte. (Vgl. auch unten III.)

Die Verschuldung des Vermiethers als subjektive Voraussetzung der Schadensersatzpflicht des Vermiethers ist hier vom Miether zu beweisen (Fuld, S. 73);

c) wenn der Vermiether mit der Beseitigung des störenden Rechtes in Verzug kommt. Ueber die Voraussetzungen des Verzugs vgl. Bem. II, 3 zu § 538.

Da von der analogen Anwendung Abs. 2 des § 538 nicht ausgeschlossen ist — wonach Miether nach Eintritt des Verzugs auf Seite des Vermiethers den Mangel auch selbst beseitigen und Ersatz der erforderlichen Aufwendungen verlangen darf —, so ergibt sich hier, daß, wenn Vermiether auf die Anzeige im Sinne des § 545 nicht reagirt und überdies Miether wegen Nichterfüllung in Verzug gesetzt wird, der Miether, um sich im Besitz und im Gebrauche der Miethsache zu erhalten, das Recht des Dritten auch abkaufen und die Unkosten dem Vermiether in Rechnung stellen darf. (Crome a. a. O. S. 45.) Da indessen der Miether hier auf die Interessen des Vermiethers gebührend Rücksicht zu nehmen hat (vgl. Bem. II, 3b zu § 538), so wird Miether dabei nur sehr vorsichtig zu Werke gehen können und wohl nur bei geringwerthigeren Rechten Dritter von dieser Eventualität Gebrauch machen dürfen.

3. § 539 Satz 1: Nur die direkte Kenntniß der Rechte des Dritten auf Seite des Miethers (Satz 1) schließt hier die Geltendmachung seiner Rechte aus §§ 537, 538 aus, dagegen schadet eine auf grober Fahrlässigkeit beruhende Unkenntniß dem Miether hier keineswegs. Diese Regelung erklärt sich aus der Gewährleistungspflicht des Vermiethers für sein Vermiethungsrecht.

Auch hier wird aber davon auszugehen sein (vgl. Bem. I, 1c zu § 539), daß, wenn der Vermiether eine besondere Zusage gemacht, insbesondere für das Nichtvorhandensein störender Rechte Dritter garantirt hat, selbst eine Kenntniß des Miethers diesem nicht schaden kann. Denn das Gegentheil würde gegen Treu und Glauben verstoßen.

Die vorbehaltlose Annahme der Miethsache in Kenntniß der Rechte des Dritten wird hier vom Gesetze nicht ausdrücklich als Ausschließungsgrund angezogen (im Gegensatze zu E. I, 508 mit 507). Demnach beseitigt sie im Prinzipe die Rechte des Miethers nicht, bei richtiger Würdigung der Einzelfälle wird sich jedoch häufig das Gegentheil ergeben, da in vielen Fällen ein wirklicher Verzicht des Miethers auf einen Schadensersatz in der vorbehaltlosen Annahme liegen wird.

4. § 540: Die im Prinzipe bei der Miethe herrschende Vertragsfreiheit bringt es mit sich, daß auch die Haftung wegen juristischer Mängel erweitert oder beschränkt werden kann. In letzterer Hinsicht aber ist auch hier eine Vereinbarung, durch welche die Verpflichtung des Vermiethers zur Vertretung juristischer Mängel erlassen oder beschränkt wird, nichtig, wenn der Vermiether den Mangel arglistig verschweigt.

III. Im gemeinen Rechte (vgl. l. 9, 1 D. 19, 2) und in neueren Gesetzen wird der Fall besonders behandelt, daß dem Vermiether das Recht an der vermietheten Sache, in Folge dessen er vermiethet, nur auf Zeit zusteht, das Recht während der Miethzeit erlischt und der Nachfolger das Miethverhältniß nicht fortsetzt. Hier soll ein Recht auf Schadensersatz nur bestehen, wenn der Miether zur Zeit des Vertrags nicht wußte, daß dem Vermiether das Recht nur auf Zeit zustehe. Das B.G.B. hat jedoch von einer besonderen Regelung dieses Falls abgesehen und ist er deßhalb nach den allgemeinen Normen des § 541 zu behandeln. Eine derartige zeitliche Beschränkung gilt demnach zwar als ein Mangel im Rechte des Vermiethers, durch eine Kenntniß des Miethers wird aber auch hier sein Recht auf Schadensersatz wieder beseitigt werden, nur obliegt die Beweislast in Ansehung der Kenntniß des Miethers dem Vermiether und braucht nicht etwa der Miether zu beweisen, daß ihm das Bestehen des Rechtes des Dritten nicht bekannt war. (M. II, 380; Fuld a. a. O. S. 72.)

IV. Durch § 545 Abs. 1 S. 2 wird dem Miether eine besondere Anzeigepflicht auferlegt, wenn sich im Laufe der Miethe ein Dritter ein Recht an der Sache anmaßt. Ueber die eigenen Schutzmittel des Miethers vgl. Bem. IV, 3 zu § 535.

V. Ueber die Natur dieser Rechte des Miethers und deren Verjährung gilt das in Bem. II, 3d zu § 537 Gesagte.

VI. Der Anspruch des Miethers gegenüber dem Vermiether auf Vertragserfüllung besteht natürlich auch hier. Er geht auf Beseitigung der störenden Rechte Dritter, was z. B. bei störenden Immissionen (§ 906) von Wichtigkeit ist (vgl. hieher Bem. II, 3d zu § 536). Ueber das außerordentliche Kündigungsrecht bei Störung durch Rechte Dritter s. § 542 mit Bem. II, 2b.

§ 542.

Wird dem Miether der vertragsmäßige Gebrauch der gemietheten Sache ganz oder zum Theil nicht rechtzeitig gewährt oder wiederentzogen, so kann der Miether ohne Einhaltung einer Kündigungsfrist das Miethverhältniß kündigen. Die Kündigung ist erst zulässig, wenn der Vermiether eine ihm von dem Miether bestimmte angemessene Frist hat verstreichen lassen, ohne Abhülfe zu schaffen. Der Bestimmung einer Frist bedarf es nicht, wenn die Erfüllung des Vertrags in Folge des die Kündigung rechtfertigenden Umstandes für den Miether kein Interesse hat.

Wegen einer unerheblichen Hinderung oder Vorenthaltung des Gebrauchs ist die Kündigung nur zulässig, wenn sie durch ein besonderes Interesse des Miethers gerechtfertigt wird.

Bestreitet der Vermiether die Zulässigkeit der erfolgten Kündigung, weil er den Gebrauch der Sache rechtzeitig gewährt oder vor dem Ablaufe der Frist die Abhülfe bewirkt habe, so trifft ihn die Beweislast.

E. I, 529; II, 487 Abs. 1 u. 2; III, 535.

§ 542 gibt dem Miether unter besonderen Voraussetzungen (s. Bem. II) ein außerordentliches Kündigungsrecht.

I. Allgemeines:

1. Nach den allgemeinen Grundsätzen aus dem Rechte der Schuldverhältnisse würde dem Miether ein Rücktrittsrecht nur in sehr beschränktem Maße zustehen und insbesondere in jenen Fällen versagen, in welchen die Gebrauchsgewährung durch eine nachfolgende unverschuldete Unmöglichkeit nur theilweise ausgeschlossen ist. (Vgl. §§ 139, 323.) Dies würde aber dem praktischen Bedürfnisse des Miethers nicht genügen, weßhalb das Gesetz hier ein besonders ausgestaltetes Rücktrittsrecht aufgestellt hat. (Vgl. Bem. I zu § 537 und M. II, 419.) Schon im gemeinen Rechte (Entsch. d. R.G. Bd. 4 S. 169; B.L.R. Thl. IV cap. 6 § 18 und Anm. 3; Entsch. d. b. O.G.H. Bd. 6 S. 833 ff.) und in den neueren Gesetzgebungen (vgl. P.L.R. Thl. I Tit. 21 §§ 273, 383) wurde für den Miether ein besonderes Rücktrittsrecht vom Vertrage anerkannt.

2. Die Geltendmachung dieses Rechtes erfolgt durch eine außerordentliche Kündigung und bewirkt die sofortige Auflösung des ganzen Vertragsverhältnisses. Die Kündigung erfolgt durch einseitige formlose Erklärung des Miethers (vgl. § 564 mit Bem.). Der Miether ist also nicht etwa auf eine klagweise Geltendmachung angewiesen. Wenn freilich der Vermiether sich nicht damit zufrieden gibt, muß es zum Rechtsstreite kommen.

3. Diese außerordentliche Kündigung kann alle Arten von Mieth- (oder Pacht-) Verträgen berühren ohne Unterschied, ob sie auf bestimmte oder unbestimmte Zeit, mit längeren oder kürzeren Fristen abgeschlossen sind, und gleichviel, ob Miether schon in den Besitz der Miethsache gekommen ist oder nicht.

4. Verhältniß des Paragraphen zu §§ 537 u. 538: Die Geltendmachung dieses außerordentlichen Kündigungsrechtes schließt nicht aus, daß Miether daneben auch seine Rechte aus § 537 (Zinsnachlaß) oder § 538 (Schadensersatz) geltend macht für die Zeit bis zur Beendigung des Miethverhältnisses.

Der Miether kann aber keinen Schadensersatz dafür fordern, daß er in Folge seiner Kündigung die Miethsache entbehrt oder daß er deßhalb, z. B. durch Beschaffung einer neuen Miethsache, Unkosten gehabt hat. Vgl. Mittelstein a. a. O. (a. A. Cosack, S. 466, 4). Maßgebend für diese Ansicht muß insbesondere auch die Stellung des Vermiethers auf der Gegenseite im Falle der außerordentlichen Kündigung Seitens des Vermiethers sein (vgl. Bem. II, 4 zu § 553).

5. Ueber Ausschluß dieses Kündigungsrechtes trotz Vorliegens der nothwendigen Voraussetzungen s. unter Bem. III.

II. Voraussetzungen dieses außerordentlichen Kündigungsrechtes: Das Gesetz stellt eine allgemeine Voraussetzung (A) auf, sowie zwei besondere Voraussetzungen (B und C). Von der Erfüllung der letzteren sieht das Gesetz in bestimmten Ausnahmefällen wieder ab.

A. Die allgemeine Voraussetzung ist gegeben, wenn dem Miether der vertragsmäßige Gebrauch der gemietheten Sache ganz oder zum Theile nicht rechtzeitig gewährt oder wiederentzogen wird:

1. Im Gegensatze zu anderen neueren Gesetzgebungen sieht das Gesetz davon ab, die einzelnen speziellen Fälle oder gewisse Kategorieen von Fällen namentlich aufzuzählen. Es begnügt sich aus Zweckmäßigkeitsgründen mit der Aufstellung eines allgemeinen Prinzips, vgl. M. II, 419. Die tiefere Wurzel dieses Prinzips wird aber darin zu suchen sein, daß eben beim Vorliegen gewisser Verhältnisse nach Treu und Glauben unter Rücksicht auf die Verkehrssitte dem Miether die Fortsetzung des Vertragsverhältnisses nicht zugemuthet werden kann. Dies ist die allgemeine Richtschnur für die Auslegung des Richters im Einzelfalle.

2 Als einzelne Anwendungsfälle dieses Prinzips lassen sich hervorheben (vgl. M. a. a. O.):

a) wenn der Gebrauch der Miethsache durch Mängel derselben aufgehoben oder gemindert wird, z. B. Auftreten von Ratten (vgl. Seuffert, Archiv Bd. 27 Nr. 25), von Ungeziefer, insbesondere z. B. Wanzen (vgl. Seuffert, Archiv Bd. 24 Nr. 29, Bd. 41 Nr. 291), Feuchtigkeit (vgl. Bl. f. R.A. Bd. 38 S. 289 und § 544). Vgl. ferner die allgemeinen Bemerkungen über Mängel in Bem. B, II zu § 536 und Bem. B, II, 2 zu § 537. Selbstverständlich fällt hierunter auch der Mangel einer zugesicherten Eigenschaft, vgl. Bem. B, II, 2 zu § 537. (E. I hatte dies ausdrücklich hervorgehoben. Es muß jedoch auch nach der jetzigen Fassung des Gesetzes gelten, da das Kriterium ja der vertragsmäßige Gebrauch bildet, vgl. Planck, Bem. 4);

b) wenn der Gebrauch der Miethsache durch das Recht eines Dritten ganz oder theilweise entzogen wird (vgl. hieher die Bem. zu § 541 und ferner die §§ 571 ff.);

c) wenn durch Aenderung der Miethsache oder auf andere Weise von Seite des Vermiethers oder eines Dritten der Miethgebrauch gehindert oder geschmälert wird. Hieher gehören insbesondere merkliche Störungen im ruhigen Genusse der Wohnung, z. B. Aufnahme ruhestörender Gewerbe, erhebliche Ruhestörungen durch Mitbewohner des Hauses, Aufnahme von Dirnen in anständigen Häusern 2c. Ferner Entziehung wesentlicher Theile der Wohnung. Ueber Aufnahme eines Konkurrenzgeschäftes vgl. Bem. II, 3b zu § 536;

d) Fälle, in welchen die Miethsache durch Zufall theilweise untergeht. (Ueber völligen Untergang s. Bem. B, IV zu § 536);

c) Fälle, in denen der Vermiether die Einräumung des vertragsmäßigen Gebrauchs mit oder ohne Absicht verzögert oder die ihm obliegenden nothwendigen Ausbesserungen ungeachtet der Aufforderungen nicht vornimmt.

f) Der Umstand, daß die Fortsetzung des Gebrauchs der gemietheten Sache mit einer erheblichen Gefahr für den Miether verbunden ist (vgl. Dernburg, II § 111 Nr. 18, Seuffert, Archiv Bd. 36 Nr. 118), wird nach den Motiven (II, 420) durch das Prinzip an sich nicht gedeckt. Es wird jedoch in der Praxis sehr häufig ein Mangel der Sache (s. oben a) den wirklichen Untergrund der Gefahr bilden. Außerdem wird auch hier die Rücksicht auf Treu und Glauben dem Miether den Rücktritt sehr häufig gestatten, z. B. in dem zur Sommerfrische für Kinder gewählten Dorfe ist eine ansteckende Kinderkrankheit ausgebrochen (vgl. Jacubezky, Bem. S. 133).

Soweit ferner eine Gefährdung der Gesundheit durch die Beschaffenheit der Miethsache selbst zu besorgen ist, schlägt § 544 ein.

3. Besonders hervorzuheben ist, daß es hier für dieses Recht des Miethers durchaus gleichgültig ist, ob die Vorenthaltung oder Wiederentziehung auf einem Verschulden des Vermiethers beruht oder nicht. Auch alle jene Fälle, in welchen die Ursache in rein zufälligen Umständen liegt, werden durch die prinzipielle Vorschrift des Gesetzes in gleicher Weise gedeckt (M. a. a. O.). Ebenso muß der Vermiether dem Miether gegenüber Hindernisse auf Grund obrigkeitlicher Anordnung vertreten, z. B. das vermiethete Wirthschaftslokal wird von der Polizei als nicht entsprechend beanstandet oder Entziehung in Folge einer Expropriation ꝛc. Ueber konkurrirendes Verschulden des Miethers s. unter III.

B. Eine zweite, besondere Voraussetzung ist die Erheblichkeit der Hinderung oder der Vorenthaltung des Gebrauchs.

1. Diese Beschränkung wurde für nöthig gehalten, um einen auf unlauteren Absichten beruhenden Mißbrauch des Rücktrittsrechtes zu verhüten (M. II, 420). Vgl. hieher auch § 226 (Chikaneverbot). Das Rücktrittsrecht ist demnach prinzipiell ausgeschlossen, wenn es sich nur um die Vorenthaltung oder Entziehung eines an sich nicht erheblichen Theiles des Gebrauchs oder während einer an sich nicht erheblichen Zeit handelt, z. B. von der gemietheten Wohnung ist nur ein Zimmer schlecht heizbar oder die Einräumung der Wohnung verzögert sich nur um ganz kurze Zeit ꝛc.

2. Eine gesetzliche Ausnahme (Abs. 2) besteht jedoch dann, wenn die Kündigung durch ein besonderes Interesse des Miethers gerechtfertigt ist d. h. in solchen Fällen soll auch ein nach objektivem Maßstab an sich unerheblicher Hinderungs- oder Störungsgrund als erheblich gelten. Wann dies vorliegt, ist Thatfrage im Einzelfalle. Im Allgemeinen wird man sich jedoch davor hüten müssen, rein subjektiven Verhältnissen des Miethers hier allzusehr Raum zu gewähren (z. B. leichte Nervosität des Miethers), da das dem Miether in § 542 gewährte Recht im Verhältnisse zum Vermiether immerhin ein sehr einschneidendes Gewaltmittel ist. Im Uebrigen wird dieser Ausnahmefall sehr häufig mit dem Ausnahmefall des Abs. 1 Satz 3 (unten C am Schlusse) zusammenfließen (mangelndes Interesse des Miethers an einer weiteren Erfüllung des Vertrags).

Ein besonderes Interesse wird namentlich daraus zu entnehmen sein, daß sich der Miether besondere Eigenschaften der Miethsache ausbedungen hat, z. B. völlige Ruhe der Wohnung (vgl. Mittelstein a. a. O. S. 116).

C. Die dritte, besondere Voraussetzung ist Vorsetzen einer Frist Seitens des Miethers.

1. Die billige Rücksichtnahme auf den Vermiether verlangt es für die Regel, daß der Miether, bevor er von dem Kündigungsrechte Gebrauch macht, dem Vermiether eine angemessene Frist zwecks Abhülfe bestimmt. Mit dieser Fristbestimmung muß zugleich die Aufforderung verknüpft sein, den konkret bezeichneten Mangel abzustellen (P. II, 229).

Der Vermiether hat die sofortige Beseitigung ohne Verzögerung in Angriff zu nehmen und durchzuführen. Jede Hinhaltung Seitens des Vermiethers begründet daher die Ausübung des Kündigungsrechtes, soferne nicht dem Vermiether ein nach § 285 den Verzug ausschließender Umstand zur Seite steht. (M. II a. a. O.)

2. Ausnahmen. In gewissen Fällen bedarf es jedoch ausnahmsweise dieser Fristsetzung Seitens des Miethers überhaupt nicht, nämlich:

a) wenn die Herstellung des vertragsmäßigen Gebrauchs für den Vermiether nach Lage der Sache ein Ding der Unmöglichkeit ist. Hier wäre es widersinnig, dem Miether das Abwarten einer Frist zumuthen zu wollen. Vgl. Oertmann a. a. O.;

b) wenn die Erfüllung des Vertrags gerade in Folge des die Kündigung rechtfertigenden Umstands für den Miether kein Interesse mehr hat (Abs. 1 S. 3). Dies tritt namentlich häufig bei verspäteter Lieferung zu Tage, z. B. ein gemietheter Geschäftsladen wird wegen zu später Fertigstellung für den Miether erst nach einiger Zeit benutzbar. Inzwischen hat sich — vielleicht gerade in Ausnutzung der Verzögerung — ein Konkurrenzgeschäft in unmittelbarer Nähe aufgethan. Zwei Geschäfte jener Art können aber in jener Straße ihr Fortkommen nicht finden. Hier kann Miether vom Vertrag ohne Weiteres zurücktreten;

c) wenn nach Lage des Falls ein Fixgeschäft im Sinne des § 361 in Frage steht. (M. II, 420.)

Hier kann der Miether gleichfalls ohne Weiteres zurücktreten, wenn ihm der Gebrauch nicht rechtzeitig gewährt wird. Z. B. Miethe eines Fuhrwerks für genau bestimmte Zeit.

III. Ausschluß dieses Kündigungsrechtes:
Abgesehen von dem Mangel einer der vorstehend behandelten Voraussetzungen ist das Kündigungsrecht des Miethers vor Allem dann ausgeschlossen, wenn die Gebrauchsunmöglichkeit auf ein Verschulden des Miethers zurückzuführen ist, z. B. der Mangel ist auf eine Beschädigung Seitens des Miethers zurückzuführen, vgl. Bem. II, 4 c zu § 537. (E. I hatte dies in § 529 Abs. 1: „ohne einen vom Miether zu vertretenden Umstand" ausdrücklich hervorgehoben.) Hieher müssen ferner auch lediglich in der Person des Miethers liegende Umstände gerechnet werden, welche die Gebrauchsunmöglichkeit auf Seite des Miethers bedingen, ohne gerade von jenem in Bezug auf das Vertragsverhältniß verschuldet zu sein, z. B. Verbüßung einer Freiheitsstrafe, Ausweisung als Ausländer &c. Vgl. Oertmann zu § 542 Ziff. 2, P.L.R. Thl. I. Tit. 21 § 383 und B.G.B. § 552. Weitere Ausschließungsgründe ergeben sich durch § 543 Abs. 1, s. Bem. hiezu.

IV. Beweislast: Eine besondere Bestimmung über die Beweislast trifft Abs. 3. Hienach soll den Vermiether die Beweispflicht treffen, wenn und soweit er darthun will, daß er den Gebrauch der Sache rechtzeitig gewährt oder vor dem Ablaufe der ihm vom Miether gestellten Frist Abhülfe bewirkt habe.

Die erfolgte Kündigung, sowie das Vorliegen der nothwendigen Voraussetzungen für die Ausübung seines außerordentlichen Kündigungsrechtes (s. oben) hat dagegen der Miether zu beweisen, deßgleichen die Umstände, welche etwa eine gesetzliche Ausnahme von der Erfüllung der besonderen Voraussetzungen begründen (s. oben II, B, 2 und C, 2).

Weitere Einreden des Vermiethers, z. B. Selbstverschulden des Miethers (s. oben III) oder Kenntniß des Mangels (vgl. §§ 539 u. 541 sowie § 543) &c. sind selbstredend von diesem zu beweisen.

§ 543.

Auf das dem Miether nach § 542 zustehende Kündigungsrecht finden die Vorschriften der §§ 539 bis 541 sowie die für die Wandelung bei dem Kaufe geltenden Vorschriften der §§ 469 bis 471 entsprechende Anwendung.

Ist der Miethzins für eine spätere Zeit im voraus entrichtet, so hat ihn der Vermiether nach Maßgabe des § 347 oder, wenn die Kündigung wegen eines Umstandes erfolgt, den er nicht zu vertreten hat, nach den Vorschriften über die Herausgabe einer ungerechtfertigten Bereicherung zurückzuerstatten.

E. I, 530; II, 487 Abs. 3; III, 536.

I. Die entsprechende Anwendung der §§ 539—541 auf das außerordentliche Kündigungsrecht des Miethers im Sinne des § 542 ergibt Folgendes:

1. § 539: In allen jenen Fällen, in welchen der Miether Befreiung vom Miethzinse (§ 537) oder Schadensersatz (§ 538) nicht verlangen kann, ist auch sein außerordentliches Kündigungsrecht ausgeschlossen.

Demgemäß wird es beseitigt:

a) durch die Kenntniß des Miethers von dem Mangel im Zeitpunkte des Vertragsabschlusses (vgl. Bem. I, 1 zu § 539);
b) durch eine auf grober Fahrlässigkeit des Miethers beruhende Unkenntniß, es sei denn, daß der Vermiether die Abwesenheit des Fehlers zugesichert hat oder den Fehler arglistig verschwieg (vgl. Bem. I, 2 zu § 539);
c) durch vorbehaltlose Annahme der gemietheten Sache Seitens des Miethers, der den Mangel kennt. Er kann also auch sein außerordentliches Kündigungsrecht nur durch ausdrücklichen Vorbehalt bei der Annahme wahren. (Vgl. Bem. I, 3 zu § 539.)

2. § 540: Im Prinzipe können auch hinsichtlich des außerordentlichen Kündigungsrechtes des Miethers besondere Abmachungen (z. B. über Einschränkung oder Verzicht) gemacht werden. Die analoge Anwendung des § 540 bringt es aber hier mit sich, daß ein Verzicht auf dieses Kündigungsrecht im Voraus in allen jenen Fällen rechtlich unwirksam ist, in welchen ein solcher Verzicht ein Unterwerfen unter arglistiges Handeln des Vertragsgegners bedeutet; vgl. auch § 278 Abs. 2. Ueber den besonderen Fall bei einer gesundheitsgefährlichen Wohnung s. § 544.

3. § 541: Der das außerordentliche Kündigungsrecht des Miethers begründende Mangel kann selbstverständlich auch das Recht eines Dritten sein (vgl. § 541 mit Bem.).

Eine Kenntniß des Miethers hievon zur Zeit des Vertragsabschlusses schließt auch sein Kündigungsrecht aus, nicht aber hier eine bloß auf grober Fahrlässigkeit beruhende Unkenntniß.

II. Die entsprechende Anwendung der §§ 469—471 hinsichtlich der Wandelung beim Kauf auf das außerordentliche Kündigungsrecht des Miethers bezieht sich auf jene Fälle, in welchen mehrere Sachen zusammen vermiethet wurden.

Hier ist von vorneherein zu unterscheiden, ob diese Sachen zu einander im Verhältnisse von Haupt- und Nebensache stehen oder nicht.

a) Ist dies nicht der Fall, so kann das Rücktrittsrecht der Regel nach nur bezüglich der nicht rechtzeitig übergebenen oder hinsichtlich der dem Gebrauche wieder entzogenen ausgeübt werden. Dies gilt selbst dann, wenn für die Mehrheit ein Gesammtpreis vereinbart wurde (§ 469 Satz 1).

Ausnahmsweise ist jedoch der Miether befugt, in Ansehung aller von dem Vertrage zurückzutreten, wenn eine Trennung der Sachen nicht ohne Nachtheil für den Miether möglich wäre (§ 469 S. 2), z. B. bei der Miethe eines Werkes von mehreren Bänden tritt nach Lieferung der ersteren Bände ein Verzug hinsichtlich der übrigen ein.

b) Bei einem Verhältniß der Sachen von Hauptsache zur Nebensache erstreckt sich eine Kündigung hinsichtlich der Hauptsache auch auf die Nebensache. Ist die Nebensache allein mangelhaft, so kann eine Kündigung nur bezüglich dieser eintreten (§ 470). Bei der Miethe von Wohnungen wird übrigens sehr häufig das unter a erwähnte Ausnahmemoment durchschlagend sein müssen, da hier eine Trennung meistens nicht ohne besonderen Nachtheil für den Miether möglich ist.

c) Findet bei der Miethe mehrerer Sachen eine Kündigung nur hinsichtlich einzelner statt, so ist der Gesammtpreis in dem Verhältnisse herabzusetzen, in welchem zur Zeit des Vertragsschlusses der Gesammtwerth aller Sachen zu dem Werthe der von der Kündigung nicht betroffenen Sachen gestanden haben würde (§ 471).

III. Zu Abs. 2. Wurde der Miethzins bereits vorausbezahlt, so muß dieser dem Miether bei Geltendmachung des außerordentlichen Kündigungsrechtes zurückgewährt werden. Die Zurückzahlung sowie die Vergütung für Zinsen 2c. erfolgt nach denselben Grundsätzen wie bei Geltendmachung eines vertragsmäßig vorbehaltenen Rücktrittsrechtes nach Maßgabe des § 347. Dies soll sich jedoch nur auf die Fälle beziehen, in welchen der Kündigungsgrund auf einen von dem Vermiether zu vertretenden Umstand zurückzuführen ist. Im entgegengesetzten Falle sollen die Vorschriften über ungerechtfertigte Bereicherung (§§ 812 ff.) zur Anwendung gelangen.

§ 544.

Ist eine Wohnung oder ein anderer zum Aufenthalte von Menschen bestimmter Raum so beschaffen, daß die Benutzung mit einer erheblichen Gefährdung der Gesundheit verbunden ist, so kann der Miether das Miethverhältniß ohne Einhaltung einer Kündigungsfrist kündigen, auch wenn er die gefahrbringende Beschaffenheit bei dem Abschlusse des Vertrags gekannt oder auf die Geltendmachung der ihm wegen dieser Beschaffenheit zustehenden Rechte verzichtet hat.

E. II, 488; III, 537.

I. Allgemeines: § 544 will ein wichtiges sozial-politisches Prinzip unterstützen, nämlich die Fürsorge für die Gesundheit des Miethers und seiner Angehörigen. In diesem Sinne ist die Gesetzesstelle theoretisch unter die gesetzlichen Vorschriften über die sogenannten Persönlichkeitsrechte zu subsumiren (vgl. Bl. f. R.A. Bd. 64 S. 219).

Seine praktische Bedeutung soll nach den Protokollen (II, 230—232) nicht nur auf civilrechtlichem Gebiete liegen, sondern er ist zugleich gedacht als Stützpunkt für polizeiliche Maßnahmen (im Interesse der Hygiene) sowie als wirthschaftlicher Druck auf die Vermiether, die Wohnungen besser zu gestalten.

II. § 544 gewährt dem Miether ein außerordentliches Kündigungsrecht (aus einem speziellen Grunde). Insoferne bildet er zwar nur ein Anhängsel zu den allgemeinen §§ 542, 543 über das außerordentliche Kündigungsrecht des Miethers überhaupt, er weist indessen andererseits nachstehende weitreichende Besonderheiten im Vergleiche zu dem allgemeinen Kündigungsrechte aus, die ihm doch wieder eine Ausnahmestellung verleihen.

a) Das Kündigungsrecht aus § 544 ist nicht an die Einhaltung einer Abhülfefrist gebunden, so wenig wie an den Nachweis eines besonderen Interesses. Der Miether kann sofort ausziehen.

b) Es ist hier ganz gleichgültig, ob Miether den Mangel im Sinne des Paragraphen etwa von Anfang an gekannt hat oder nicht. Er kann das außerordentliche Kündigungsrecht stets geltend machen. Man ging hiebei von der Erwägung aus, daß der Miether sehr häufig die Gefahren einer ungesunden Wohnung unterschätzt.

c) § 544 ist eine Zwangsvorschrift. Eine Abrede, daß Miether auf die Geltendmachung der ihm aus § 544 zustehenden Rechte verzichtet, ist rechtlich ohne Belang, der Miether kann gleichwohl von diesen Rechten Gebrauch machen. Nach der Fassung des Gesetzes muß es gleichgültig bleiben, ob ein solcher Verzicht im voraus oder später vereinbart wurde (s. auch unten IV).

III. Voraussetzungen dieses besonderen Kündigungsrechtes:

1. Es muß sich um eine Wohnung oder einen anderen zum Aufenthalte von Menschen bestimmten Raum handeln. Der letztere Beisatz wurde vom Reichstage gemacht (R.T.K. S. 41) mit Rücksicht auf das kaufmännische oder gewerbliche Personal (vgl. hieher auch §§ 618, 619, sowie §§ 124, 128, 133d Gew.O. und §§ 62, 76 H.G.B.). Man dachte dabei an ein Comptoir, einen Laden oder eine gemiethete Werkstätte. Maßgebend ist, daß der Miethraum zum Aufenthalte von Menschen mit längerem Verweilen bestimmt ist, wenn sich dies auch nur z. B. auf gewisse Stunden erstreckt. Ein bloß vorübergehender Aufenthalt, z. B. beim Betreten eines Speichers, genügt also nicht.

2. Der Miethraum muß derart beschaffen sein, daß die Benutzung mit einer erheblichen Gefährdung der Gesundheit verbunden ist.

a) Das Wort „Gefährdung" besagt, daß einerseits die Beschädigung noch nicht eingetreten zu sein braucht, andererseits aber der Eintritt einer Beschädigung immerhin „naheliegend" sein muß, wenn auch nicht schon in allernächster Zeit.

b) Die zu befürchtende Gesundheitsgefährdung muß ferner eine erhebliche sein. Unbedeutende Sanitätswidrigkeiten genügen also nicht.

c) Der Schutz erstreckt sich übrigens nicht bloß auf die Person des Miethers, sondern auch auf seine Familie (z. B. Kinder!) und seine Angestellten (s. oben).

d) Streit besteht darüber, ob der Maßstab hier ein objektiver zu sein hat oder ein subjektiver, der auch auf die speziellen Verhältnisse des einzelnen Miethers Rücksicht nimmt (Planck zu § 544 Bem. 2; Fuld a. a. O. S. 74; Oertmann zu § 544). Der subjektive Standpunkt hat zwar viel sozial Verlockendes, allein das Richtige dürfte im Prinzipe doch die Einhaltung des objektiven Maßstabs sein, d. h. nur jener Miethraum kann als gesundheitsgefährlich hier gelten, dessen Beschaffenheit gegen die allgemeinen wissenschaftlichen Grundsätze der Wohnungs-Hygiene erheblich verstößt. Diese Grundsätze sind indessen nicht für alle Verhältnisse die gleichen. Auf dem platten Lande sind sie z. B. minder scharf, als für dichtbevölkerte Orte! Auch müssen, wenigstens in größeren Städten, die Miethpreise von Einfluß sein. An eine „Herrschaftswohnung" zu hohem Preise werden schließlich auch höhere hygienische Anforderungen im Allgemeinen gestellt werden dürfen. Zudem rückt die fortschreitende Kulturentwicklung die hygienischen Anforderungen auch objektiv für weitere Kreise immer mehr hinauf.

Die Hervorkehrung des subjektiven Standpunkts im engeren Sinne würde eine zu schwankende Rechtsbasis schaffen und schließlich dazu führen, daß der Vermiether ein Gesundheitszeugniß des Miethers und seiner Familie bezw. Angestellten vor dem Vertragsabschlusse verlangen müßte, um sicher zu gehen. Auch darf ein Recht, das so einschneidend für den anderen Vertragstheil wirkt, wie das allgemeine außerordentliche Kündigungsrecht, schon seiner Natur nach nicht zu ausdehnend ausgelegt werden.

c) Die Gefährdung muß schließlich in der Beschaffenheit des Miethraums liegen, nicht außerhalb desselben, z. B. im Nachbarhause. (Vgl. hieher übrigens Bem. II, A, 2f zu § 542.)

IV. Verhältniß zu den §§ 537, 538: Da die gesundheitsgefährdende Beschaffenheit regelmäßig als ein den vertragsmäßigen Gebrauch der Miethsache aufhebender Mangel erscheinen wird, so kann der Miether (analog wie bei dem allgemeinen außerordentlichen Kündigungsrechte nach § 542) auch die Rechte aus § 537 (Zinsnachlaß) oder § 538 (Schadensersatz) nebenher geltend machen. Es wird dies übrigens hier seltener vorkommen, da für die Regel das weitgehende und wenig beschränkte Recht aus § 544 den Interessen des Miethers genügen wird.

Die Ansicht, daß auch ein Verzicht auf Schadensersatz hier ebenso wirkungslos sein müßte, wie der Verzicht auf das Kündigungsrecht (Fuld a. a. O. S. 76), findet in der Fassung des Gesetzes keine Begründung.

Bei wirklich eingetretener Beschädigung der Gesundheit auf Seite des Miethers könnten unter Umständen auch die Voraussetzungen des § 823 zutreffen (vgl. Fuld a. a. O. S. 75), allein in den meisten solcher Fälle wird eigenes Verschulden des Miethers konkurriren, der in der Wohnung blieb, obwohl er die Gefahr kannte oder kennen mußte. (Vgl. § 254.)

V. Uebergang: Da § 544 den Charakter einer unbedingten Zwangsvorschrift haben will, so trat er als solcher auch mit dem 1. Januar 1900 für alle vermietheten Wohnungen oder sonstige zum Aufenthalte von Menschen bestimmten Räume sofort in Kraft und äußert daher auch rückwirkende Kraft (Fuld a. a. O. S. 74 und Habicht, S. 205; a. A. Mittelstein, S. 330).

§ 545.

Zeigt sich im Laufe der Miethe ein Mangel der gemietheten Sache oder wird eine Vorkehrung zum Schutze der Sache gegen eine nicht vorhergesehene Gefahr erforderlich, so hat der Miether dem Vermiether unverzüglich Anzeige zu machen. Das Gleiche gilt, wenn sich ein Dritter ein Recht an der Sache anmaßt.

Unterläßt der Miether die Anzeige, so ist er zum Ersatze des daraus entstehenden Schadens verpflichtet; er ist, soweit der Vermiether in Folge der Unterlassung der Anzeige Abhülfe zu schaffen außer Stande war, nicht berechtigt, die im § 537 bestimmten Rechte geltend zu machen oder nach § 542 Abs. 1 Satz 3 ohne Bestimmung einer Frist zu kündigen oder Schadensersatz wegen Nichterfüllung zu verlangen.

E. I, 519; II, 489; III, 538.

I. Allgemeines: § 545 legt dem Miether gegenüber dem Vermiether eine besondere Anzeigepflicht über bestimmte Zustände und Vorgänge hinsichtlich der Miethsache auf. Diese Vertragspflicht ist aber ihrem inneren Wesen nach keine ausnahmsweise, sondern ein Ausfluß der allgemeinen Pflicht des Miethers zur Obhut der Miethsache während der Miethzeit.

Die allgemeine Pflicht zur Obhut wird vom Gesetz als selbstverständliche Vertragspflicht des Miethers angesehen und deßhalb nicht besonders hervorgehoben, vgl. M. II, 401 und s. unten Bem. V. Von diesem allgemeinen Grundgedanken aus sind auch die bei § 545 auftauchenden Fragen zu lösen. Das Prinzip war übrigens schon im bisherigen Rechte aufgestellt (vgl. l. 11, 2 D. h. t.; Seuffert, Archiv Bd. 36 Nr. 27; Entsch. d. d. O.G.H. Bd. 8 S. 548).

II. Die vom Gesetze geforderte Anzeige ist im Allgemeinen an keine besondere Form gebunden. Sie kann mündlich oder schriftlich erfolgen. Vorgeschrieben ist aber, daß sie unverzüglich, d. h. ohne schuldhaftes Zögern (s. § 121 Abs. 1) zu geschehen habe. Nothwendig wird sie:

1. wenn sich im Laufe der Miethe ein Mangel der gemietheten Sache (Sachfehler) zeigt, z. B. es tritt Feuchtigkeit in der Wohnung hervor. Der Begriff des Mangels ist aber hier zugleich ein weiterer als im Sinne der §§ 537—539. Denn diese Anzeigepflicht wird dem Miether im Hinblick auf seine allgemeine Pflicht zur Obhut (s. oben) auch dann treffen, wenn jener Mangel die Brauchbarkeit für den Miethzweck zunächst nicht beeinträchtigt (vgl. Cosack, S. 465);

2. wenn eine Vorkehrung zum Schutze der Sache gegen eine nicht vorhergesehene Gefahr erforderlich ist, z. B. eine Veränderung auf dem Nachbargebiete (z. B. Abgraben), welche auf das gemiethete Haus einzuwirken droht. Auch hier braucht nicht (wie bei 1) das eigene Interesse des Miethers bedroht zu sein, sondern steht die Rücksicht auf den Vermiether im Vordergrunde:

Hieher wird auch die Verpflichtung des Grundstückmiethers einschlagen, bei Aufgabe des Besitzes den Vermiether rechtzeitig davon zu verständigen, damit nicht, etwa durch Eindringen Unberechtigter, dem Vermiether Schaden erwachse (vgl. l. 13, 7 D. h. t. und Anm. 3 zu P.L.R. Thl. IV cap. 6 § 181 f.). Bei der Miethe beweglicher Sachen wird diese Pflicht mit der Rückgabepflicht (§ 556) zusammenfallen (Bl. f. R.A. Bd. 63 S. 345 Anm.);

3. wenn sich ein Dritter ein Recht an der Sache anmaßt (vgl. § 541 mit Bem.). Welcher Art dieses Recht ist, ist an sich gleichgültig. Maßgebend ist aber auch hier zunächst (wie bei 1 u. 2) der Standpunkt des Vermiethers (s. 1 u. 2), der rechtzeitig auf schädigende Einwirkungen Dritter aufmerksam gemacht werden soll (vgl. auch unten IV, b und § 76 C.P.O.).

III. Die Rechtsfolgen unterlassener Anzeige: Diese sind theils positiver (1), theils negativer Art (2):

1. Der Miether hat dem Vermiether jenen Schaden zu ersetzen, welcher durch die Unterlassung der Anzeige dem Vermiether erwachsen ist. Die Voraussetzung dieses Anspruchs wird Vermiether zu beweisen haben, insbesondere, daß Miether den Mangel gekannt hat, sowie den Kausalzusammenhang zwischen der Unterlassung der Anzeige und der Entstehung des Schadens. Letzterer setzt aber auch voraus, daß Vermiether bei rechtzeitiger Anzeige dem Schaden auch wirklich hätte vorbeugen können (vgl. Fuld a. a. O. S. 102).

2. Der Miether verliert — im Bereiche des hervorgetretenen Mangels bezw. Schadens auf seiner Seite — sein Recht auf Minderung des Miethzinses (nach § 537), sowie sein Recht auf Schadensersatz aus § 538. Sein Recht auf außerordentliche Kündigung nach § 542 büßt er im Prinzipe zwar nicht ein; er verliert jedoch hier die besondere Befugniß des Satz 3 in Abs. 1 des § 542, nämlich ohne die Bestimmung einer Abhülfefrist kündigen zu dürfen.

Diese Rechtsbeschränkung ist übrigens in allen drei Richtungen an die allgemeine Voraussetzung geknüpft, daß der Vermiether gerade in Folge der Unterlassung der Anzeige Abhülfe zu schaffen außer Stande war. Wäre ihm also z. B. im konkreten Falle Abhülfe überhaupt nicht möglich gewesen, so wird auch Miether keine Rechtsverkürzung erleiden dürfen.

3. Es lassen sich aber folgende allgemeine Ausnahmefälle aufstellen, in welchen die Unterlassung einer Anzeige dem Miether überhaupt nicht schaden darf:

a) wenn der Miether physisch oder psychisch außer Stande war, eine derartige Anzeige zu erstatten; vgl. Fuld a. a. O. S. 103;

b) wenn der Vermiether anderweitig, gleichviel auf welche Weise, von dem maßgebenden Zustande oder Vorgange Kenntniß erhalten hat; vgl. M. II, 401. Dies ergibt sich als selbstverständliche Folge des Grundsatzes von Treu und Glauben im Vertragsrechte.

IV. Verhältniß dieser Anzeigepflicht zur Selbsthülfe des Miethers:

1. Im Prinzipe laufen diese Anzeigepflicht und das Recht des Miethers, dem Mangel selbst abzuhelfen, selbständig neben einander. Es braucht also z. B. der Miether mit der Vornahme einer Reparatur an sich nicht abzuwarten, ob Vermiether auf die Anzeige etwas thut oder nicht. Von Einfluß wird jedoch letzteres Moment hinsichtlich des Ersatzes aller nicht nothwendigen Verwendungen (§ 547) und bezüglich eines Verzugs im Sinne des § 538 Abs. 1. Im Uebrigen wird es sich praktisch zur Vermeidung späterer Streitigkeiten für den Miether überhaupt empfehlen, vor Reparaturen die Sache dem Vermiether anzuzeigen und, wenn möglich, eine Zeitspanne zuzuwarten.

2. Gegenüber Rechten Dritter hat Miether (im Gegensatze zum Nießbraucher, § 1065) einen selbständigen Schutz überhaupt nur, soweit es sich um thatsächliche Störungen seines ruhigen Besitzes und Gebrauchs der Miethsache handelt, nämlich sein qualifizirtes Selbsthülferecht aus § 859 und die Ansprüche aus den §§ 869 mit 861, 862, 867 und aus § 1007 (bei beweglichen Sachen). Dagegen steht ihm keine selbständige petitorische Klage gegen Störungen Dritter, die ein Recht behaupten, zu, er ist vielmehr in solchen Fällen ausschließlich auf die Person seines Vermiethers angewiesen (Crome a. a. O. S. 43, 44 u. 46 und Bem. B, IV zu § 535).

3. Eine Verpflichtung des Miethers zur Beseitigung des Mangels oder der drohenden Gefahr durch eigenes Handeln besteht nicht. Eine Unterlassung in dieser

Hinsicht (von Arglist abgesehen) wird eine Schadensersatzpflicht des Miethers nicht begründen können. Andererseits kann aber auch der Miether Schadensersatz vom Vermiether nicht verlangen, wenn es ihm ohne unverhältnißmäßige Kosten möglich gewesen wäre, den Eintritt des Schadens abzuwehren. Vgl. § 254, ferner Mittelstein a. a. O. S. 133 und Seuffert. Archiv Bd. 47 Nr. 184.

V. Bestimmungen über sonstige Pflichten des Miethers, wie z. B. daß der Miether die gemiethete Sache mit der entsprechenden Sorgfalt zu behandeln hat oder daß er von den gemietheten Sachen nur den vertragsmäßigen Gebrauch machen darf, hat das Gesetz als selbstverständlich nicht aufgenommen (M. II, 401; vgl. im Uebrigen hieher die Bem. zu § 550, sowie allgemein die §§ 267 u. 278.)

§ 546.

Die auf der vermietheten Sache ruhenden Lasten hat der Vermiether zu tragen.

E. I, 515; II, 490; III, 539.

1. Eine selbstverständliche Folge aus dem Miethvertrage, der dem Miether nur das Gebrauchsrecht, nicht das Eigenthum verschafft, ist die, daß Vermiether nach wie vor die auf der vermietheten Sache ruhenden Lasten zu tragen hat, gleichviel ob sie privatrechtlicher Art, wie z. B. Hypothekzinsen ꝛc., oder öffentlich-rechtlicher Natur sind, wie z. B. Steuern und sonstige öffentliche Abgaben. (Uebereinstimmend mit dem bisherigen Rechte, vgl. M. II, 395.)

Es bleibt dabei aber stets nach den jeweils einschlägigen Gesetzen und Anordnungen im Einzelnen zu prüfen, ob die Last wirklich nur den Vermiether als den Eigenthümer (oder nach früheren Rechtsbegriffen als eigentlichen „Besitzer") der vermietheten Sache treffen will, oder ob es sich um eine rein persönliche Auflage handelt, die ebenso den Miether treffen kann. An dieser den jeweils einschlägigen Gesetzen oder Anordnungen zu Grunde liegenden Auffassung will selbstverständlich § 546 nichts ändern.

Ist z. B. das Reinigen der Kamine als Pflicht der Hauseigenthümer hingestellt (so in Bayern, vgl. bayrische Subh.O. Art. 108 und Art. 23 des bayrischen A.G. zur G.B.O. und Zw.V.G.), so ist die Bestreitung der Kaminkehrerlöhne öffentliche Last des Vermiethers und kann es dabei nicht in Frage kommen, ob darin Gebrauchs- oder Erhaltungsaufwand gelegen ist. Vgl. Bl. f. R.A. a. a. O. S. 332. (Auch die strafrechtliche Verantwortung für die Instandhaltung und Reinigung der Feuerstätten und Kamine trifft den Eigenthümer des Hauses; s. § 368 Ziff. 4 St.G.B., Stenglein, Zeitschr. Bd. 16 S. 86 und Proebst-Riedel, Komm. zum bayrischen P.St.G.B. zu diesem Paragraphen.)

2. Einen besonderen Streitpunkt bildete hier früher die Einquartierungslast und das Verpflegungswesen von Truppen. Die öffentlich-rechtlichen Quellen hiefür sind nunmehr das B.G. vom 25. Juni 1868 (B.G.Bl. S. 523) mit dem Nachtraggesetz vom 3. August 1878, und die Reichsgesetze vom 13. Juni 1873 (R.G.Bl. S. 129) und 13. Februar 1875 (R.G.Bl. S. 52), vgl. hiezu Instr. vom 31. Dezember 1868 und Kaiserl. Verordnung vom 2. September 1875 und 11. Juli 1878. Hienach treffen die Kriegslasten überhaupt und die Naturalverpflegung von Truppen im Frieden auch den Miether als eine aus dem Unterthanenverbande herrührende Belastung (§§ 1, 4, 7 u. 9 R.G. vom 13. Februar 1875 und §§ 1, 3, 6 u. 7 R.G. vom 13. Juni 1873). Die Quartierleistung dagegen trifft sowohl im Kriege wie im Frieden die Sache selbst. Wird sie jedoch — was sehr häufig geschieht und zulässig ist — durch Gemeindebeschluß allen Gemeindeangehörigen nach Maßgabe ihrer Steuerquote (gegen Entschädigung) überbürdet, so ist sie persönliche Last auch des Miethers geworden (s. §§ 3, 6, 7 u. 9 R.G. vom 12. Juni 1873 und §§ 1, 5 u. 7 B.G. vom 25. Juni 1868 und Instr. vom 31. Dezember 1868, sowie Arnold, Miethrecht S. 44).

3. Legt der Miether Beträge, welche den Vermiether treffen, für diesen aus, so kann er selbstverständlich hiefür Ersatz verlangen (s. §§ 677 ff. und § 547 Abs. 1). In Bayern besteht bei der staatlichen Brandversicherung die Besonderheit, daß im Falle Unvertretenheit und Abwesenheit des Hausbesitzers Brandversicherungsbeiträge unmittelbar von den Miethsleuten erhoben werden können. (Art. 70 u. 75 des bayrischen Brandversicherungsgesetzes vom 3. April 1875.)

4. Es steht selbstverständlich nichts im Wege, daß Vermiether und Miether die Tragung von Lasten unter sich in abweichender Weise besonders regeln. Dies kommt häufig bei der Pacht vor, insbesondere bei sog. Pachtungen in Bausch und Bogen, bei denen der Pächter alle Lasten selbst zu tragen hat. Im letzteren Falle werden aber darunter mangels besonderer Abrede die Hypotheken- und Grundschuldzinsen, sowie die

auf Verträgen beruhenden fortlaufenden Leistungen regelmäßig nicht zu verstehen sein.) diese sind vielmehr auch weiter vom Verpächter zu bestreiten (vgl. P.L.R. Thl. I Tit. 21 § 293 und Förster-Eccius, § 136 Anm. 68).

§ 547.

Der Vermiether ist verpflichtet, dem Miether die auf die Sache gemachten nothwendigen Verwendungen zu ersetzen. Der Miether eines Thieres hat jedoch die Fütterungskosten zu tragen.

Die Verpflichtung des Vermiethers zum Ersatze sonstiger Verwendungen bestimmt sich nach den Vorschriften über die Geschäftsführung ohne Auftrag. Der Miether ist berechtigt, eine Einrichtung, mit der er die Sache versehen hat, wegzunehmen.

E. I, 513, 514 Abs. 1, 2; II, 491; III, 540.

I. § 547 regelt die Ersatzpflicht des Vermiethers hinsichtlich der Verwendungen, welche der Miether auf die Miethsache gemacht hat. Vgl. desfalls auch § 450 beim Kaufe. (Hinsichtlich der Anzeigepflicht des Miethers über entstandene Mängel vgl. hieher § 545 mit Bem.)

A. Es sind hier vier Gesichtspunkte maßgebend:

1. Nothwendige Verwendungen, d. h. ein Aufwand, der für die Erhaltung der Sache nothwendig war, sind dem Miether stets zu ersetzen (Abs. 1 Satz 1). An eine weitere Voraussetzung (z. B. Erfüllung der Grundsätze über Geschäftsführung ohne Auftrag, wie im P.L.R. Thl. I Tit. 21 § 287) ist diese Ersatzpflicht des Vermiethers nicht gebunden (in Uebereinstimmung mit dem gemeinen Rechte L. 55, 1 D. 19, 2), vgl. M. II, 393.

a) Einen Unterschied zwischen großen und kleinen Mängeln (bei Gebäuden zwischen sog. großen und kleinen Baufällen) macht das Gesetz nicht. Es ist aber zurückzuverweisen auf Bem. IV zu § 536, wonach den Vermiether eine Pflicht zur Wiederherstellung der durch Zufall zerstörten Miethsache nicht trifft.

b) Nach besonderer Vorschrift in Abs. 1 Satz 2 gelten die Fütterungskosten eines Thieres bei der Miethe nicht als nothwendige Verwendungen. Sie sind vielmehr vom Miether allein zu tragen.

2. Der Ersatz sonstiger Verwendungen (insbesondere sog. nützlicher) steht (wie im gemeinen Rechte und P.L.R. Thl. IV cap 6 § 8 Nr. 1) unter dem allgemeinen Gesichtspunkte der Geschäftsführung ohne Auftrag, s. §§ 677 ff.

Es ist also stets im Einzelfalle zu prüfen, ob die Ausführung wirklich im Interesse des Vermiethers geschah mit Rücksicht auf dessen wirklichen oder muthmaßlichen Willen. Wenn aber auch theoretisch eine vorherige Genehmigung des Vermiethers nicht erforderlich ist, empfiehlt sich jedenfalls für den Miether aus praktischen Rücksichten zur Vermeidung späterer Streitigkeiten sich, wenn möglich, vorher mit seinem Vermiether ins Benehmen zu setzen. Vgl. Bem. IV, 1 zu § 545.

Ein der Geschäftsführung entgegenstehender Wille des Vermiethers würde nur dann nicht in Betracht kommen, wenn ohne die Geschäftsführung eine Pflicht des Vermiethers, deren Erfüllung im öffentlichen Interesse liegt, nicht rechtzeitig erfüllt worden wäre. Vgl. Bem. 3 zu § 546.

3. Weiter ist hieher § 538 Abs. 2 einschlägig. Kommt nämlich Vermiether mit der Beseitigung von Mängeln im Sinne des § 537 (vgl. Bem. zu § 537) in Verzug, so kann Miether den Mangel selbst beseitigen und Ersatz der erforderlichen Aufwendungen verlangen. Vgl. Bem. II, 3 zu § 538.

4. Hinsichtlich Einrichtungen, mit welcher der Miether die Sache versehen hat (z. B. farbige Fenster statt der gewöhnlichen, eine Badeeinrichtung 2c.), hat der Miether nur ein Wegnahmerecht (jus tollendi — wie im gemeinen Rechte, L. 19, 4 D. 19, 2). Letzteres steht unter den allgemeinen Normen des § 258. Der Miether hat demnach insbesondere den vorigen Stand der Sache auf seine Kosten wiederherzustellen.

B. Außerdem ist bei der Entscheidung der Frage, ob der Vermiether oder der Miether für Verwendungen einzustehen habe, auch auf die besonderen, sei es ausdrücklichen, sei es stillschweigenden Abmachungen Rücksicht zu nehmen. In letzterer Beziehung ist als Auslegungsmittel vor Allem die örtliche Verkehrssitte zu beachten. (Vgl. Bem. B, I, 6 zu § 535 und Bem. II zu § 537, insbesondere Ziff. 4 hinsichtlich der Beleuchtungspflicht.)

II. Bezüglich dieser Ersatzpflicht des Vermiethers sind aber folgende Einschränkungen hervorzuheben (vgl. Bl. f. R.A. a. a. O. S. 331):

1. Mängel, die der Miether durch eigenes Verschulden verursacht hat, braucht Vermiether auf seine Kosten nicht zu beseitigen (vgl. § 254), es müßte denn der Mangel durch die naturgemäße, unvermeidliche Abnutzung bei vertragsmäßigem Gebrauche der Sache entstanden sein (s. § 548).

2. Den sogenannten Gebrauchsaufwand (verschieden vom Erhaltungsaufwande, s. oben I, 1) wird Miether stets allein zu tragen haben. Darunter ist jener Aufwand zu verstehen, welchen der Miether machen muß, um überhaupt die Sache persönlich gebrauchen zu können, z. B. Heizen und Reinigen der Wohnung, Einölen gemietheter Maschinen ꝛc.

3. Bei wesentlicher Verschlechterung der Sache kann unter Umständen § 251 Abs. 2 zur Anwendung kommen. Ueber Schadensersatzpflicht des Vermiethers vgl. hieher § 538 mit Bem.

4. Besondere Vorschriften bestehen in dieser Hinsicht bei der Pacht, nämlich:

a) § 582, wonach der Pächter eines landwirthschaftlichen Grundstücks die gewöhnlichen Ausbesserungen, insbesondere die der Wohn- und Wirthschaftsgebäude, der Wege, Gräben und Einfriedungen auf seine Kosten zu bewirken hat;

b) bei der Grundstückspacht bezüglich der Erhaltung des Inventars, s. §§ 586 bis 589.

III. Die Geltendmachung solcher Ersatzansprüche kann sowohl durch Klage als auch durch Aufrechnung (in letzterer Beziehung vgl. auch §§ 575 u. 577 gegenüber dem neuen Erwerber) erfolgen. Ueber Zurückbehaltungsrecht des Miethers s. § 556 Abs. 2. Ueber die Verjährung dieser Ansprüche vgl. § 558.

§ 548.

Veränderungen oder Verschlechterungen der gemietheten Sache, die durch den vertragsmäßigen Gebrauch herbeigeführt werden, hat der Miether nicht zu vertreten.

E. I, 520; II, 492; III, 541.

§ 548 stellt als Regel auf, daß eine Abnutzung (Veränderung oder Verschlechterung) der gemietheten Sache, soweit sie sich aus dem vertragsmäßigen Gebrauche der Miethsache ergibt, der Miether nicht zu vertreten braucht, da ja im Miethzinse zugleich der Entgelt für diese Abnutzung enthalten ist. Beispiele bei einer Wohnung: Mäßiges Abtreten der Fußböden, allmähliges Ausbrennen der Oefen (aber nicht durch übermäßiges Heizen), mäßiges Einschlagen von Nägeln in den Mauern (vgl. Arnold a. a. O. S. 63).

Der Nachdruck liegt dabei auf dem Worte „vertragsmäßig“, das hier zugleich im Sinne einer ordnungsgemäßen Benutzung der Wohnung zu verstehen ist, welche nicht gegen die allgemeine Vertragspflicht des Miethers zur Obhut der Sache (vgl. § 545 mit Bem.) verstößt. Nicht vertragsmäßig ist z. B. Durchbrennen der Ofenrohre durch übermäßiges Heizen oder Schädigung der Wohnung durch eine offenbar vertragswidrige Benutzung, z. B. Schießen in der Wohnung ꝛc.

2. § 548 enthält keine Zwangsvorschrift. Es kann daher durch Vereinbarung der Parteien die Haftung des Miethers in dieser Hinsicht gesteigert werden, was (leider) sehr häufig durch das wirthschaftliche Uebergewicht der Vermiether veranlaßt wird (vgl. hieher aber auch Bem. B, I, 5 zu § 535).

Besonders häufig ist hier die Formel beliebt, „Miether habe die Wohnung in demselben Zustande, wie übernommen, zurückzugeben“. In diesem Falle haftet Miether auch für die an sich unvermeidliche Abnutzung, soweit sie nicht ganz unbedeutend ist, nicht aber auch, soferne dies nicht ausdrücklich vereinbart wurde, für höhere Gewalt oder sonstigen Zufall. Ebensowenig haftet er in diesem Falle für Verschulden Dritter, die nicht unter seiner Verantwortung stehen. Vgl. Arnold a. a. O.

Eine besonders gesteigerte Haftung in dieser Richtung tritt bei der Pacht ein, vgl. hieher Bem. II, 4 zu § 547.

3. Einem örtlichen Gewohnheitsrechte, welches etwa das direkte Gegentheil von § 548 bestimmt (wie z. B. für Bayern in Augsburg), kann keine Gültigkeit mehr zukommen (vgl. Bem. I, 6 zu § 535), wohl aber kann auch bei dieser Materie eine örtliche Verkehrssitte beachtlich sein, die in einzelnen Richtungen eine besondere Auffassung zu Tage treten läßt. (Vgl. Entsch. d. R.G. Bd. 37 S. 217.)

§ 549.

Der Miether ist ohne die Erlaubniß des Vermiethers nicht berechtigt, den Gebrauch der gemietheten Sache einem Dritten zu überlassen, insbesondere die Sache weiter zu vermiethen. Verweigert der Vermiether die Erlaubniß, so kann der Miether das Miethverhältniß unter Einhaltung der gesetzlichen Frist kündigen, sofern nicht in der Person des Dritten ein wichtiger Grund vorliegt.

Ueberläßt der Miether den Gebrauch einem Dritten, so hat er ein dem Dritten bei dem Gebrauche zur Last fallendes Verschulden zu vertreten, auch wenn der Vermiether die Erlaubniß zur Ueberlassung ertheilt hat.

E. I, 516; II, 493; III, 542.

I. Nach gemeinem Rechte und B.L.R. Thl. IV cap. 6, § 20 Nr. 1 war der Miether im Allgemeinen zur Weitervermiethung (Aftervermiethung) aus eigenem Rechte befugt. Das gleiche Prinzip vertrat auch E. I § 516 (in Uebereinstimmung mit den Rechten der meisten europäischen Staaten). Ueber die Gründe vgl. M. II, 396 und Jacubezky, Bem. S. 125 ff.

Unter dem Einflusse der Kritik ging E. II zu einem gegentheiligen Standpunkte dahin über, daß im Allgemeinen die Zulässigkeit der Unter- oder Aftermiethe an die Einwilligung des Hauptvermiethers zu knüpfen sei. Die Bestimmungsgründe wurden hauptsächlich darin gefunden, daß die Auffassung des Verkehrs in Deutschland nach Maßgabe der üblichen Miethverträge sich diesem Prinzipe mehr zuneige und daß, wie schon bei der Miethe, so auch bei der Untermiethe die Persönlichkeit des Gebrauchenden, selbst innerhalb der vertragsmäßigen Grenzen, eine erhebliche Rolle spiele speziell in der Richtung gegenüber dem Hauptvermiether. Vgl. zum Ganzen P. II, 181 ff.

Als Terminologie empfiehlt sich die in den Mot. hervortretende: Hauptvermiether — Hauptmiether — Untermiether (Aftermiether).

Im Einzelnen ist das leitende Prinzip auf folgende Art ausgestaltet worden:

1. In erster Reihe ist auch hier, da nur eine dispositive Bestimmung vorliegt, die private Vereinbarung maßgebend, d. h. die Parteien können von vorneherein die Untermiethe ausdrücklich (sei es im Allgemeinen oder für einen Einzelfall) zulassen oder ausschließen und dies ist dann die entscheidende Norm.

Soweit Schriftlichkeit des Miethvertrags nothwendig ist (§ 566), wird eine derartige allgemeine Bestimmung auch der schriftlichen Form bedürfen. Vgl. hiezu § 566 mit Bem. und Fuld a. a. O. S. 106.

Ueber die Folgen für den Miether, wenn er in einem solchen Falle vertragswidrig einen Untermiether aufnimmt, s. unten VII, 1 c.

2. Ist keine diesbezügliche Verabredung getroffen, so ist die Erlaubniß des Hauptvermiethers bezüglich der Untermiethe an sich nothwendig (freilich wird auch eine stillschweigende Ermächtigung im Einzelfalle möglich sein). Verweigert der Vermiether ausdrücklich die Erlaubniß, ohne daß in der Person des Dritten ein wichtiger Grund dazu vorliegt, so kommt das Gesetz dem Miether dadurch entgegen, daß dieser solchen Falls vorzeitig unter Einhaltung der gesetzlichen Kündigungsfrist (s. § 565 mit Bem. IV) das Miethverhältniß lösen kann. Liegt dagegen in der Person des Dritten ein wichtiger Grund vor, so muß sich der Miether die Versagung ohne Weiteres gefallen lassen.

Bei der Pacht hingegen bedarf die Verweigerung des Verpächters überhaupt keiner Motivirung, d. h. der Pächter hat ein solches vorzeitiges Kündigungsrecht bei Verweigerung der Unterpacht nicht: s. § 596 Abs. 1.

II. Die Erlaubniß des Vermiethers:

1. Der rechtliche Charakter dieser Erlaubniß des Vermiethers im Sinne des Paragraphen ist streitig. Wichtig ist für die Beurtheilung, daß sich diese Erlaubniß im Grunde doch nur auf das Verhältniß zwischen Hauptvermiether und Hauptmiether beziehen soll und daß der Untermiether zu dem Hauptvermiether keinesfalls in ein Vertragsverhältniß tritt (vgl. unten VIII), wie ja auch der Miethvertrag zwischen Hauptmiether und Untermiether an sich zu seiner rechtlichen Wirksamkeit der vorherigen Zustimmung des Hauptvermiethers im Sinne des B.G.B. nicht bedarf. Aus diesen Gründen wird man daher auch dieser Erlaubniß die streng technische Bedeutung einer Einwilligung im Sinne der §§ 182 ff. absprechen müssen. (Vgl. Planck, Bem. 2 zu § 549: dagegen Endemann, § 169 Anm. 5, und Fischer-Henle.)

2. An eine Form ist die Erlaubnißertheilung nicht gebunden.

3. Die einmal ertheilte Erlaubniß — die freilich nur gegenüber dem bezeichneten Dritten wirkt — wird als unwiderruflich zu gelten haben. Vgl. Arnold a. a. O. S. 92 und Anm. Der Schutz des Hauptvermiethers für die Zukunft ruht in Abs. 2.

III. 1. Die Vorschrift des § 549 bezieht sich im Grundsatze sowohl auf unentgeltliche, wie auf entgeltliche Ueberlassung, welch letztere als Untermiethe schlechthin in der Verkehrsauffassung verstanden wird, ferner sowohl auf Ueberlassung eines Theils der Miethsache, wie auf solche der ganzen Miethsache.

Bei unentgeltlicher Ueberlassung wird aber das Kriterium stets darin liegen, ob wirklich eine Gebrauchsüberlassung im Sinne des § 549 vorliegt. Eine vorübergehende Beherbergung eines Dritten, (z. B. als Besuchsgast) oder die Aufnahme von Verwandten oder Bekannten in den Familienkreis wird daher für die Regel nicht hierunter fallen. In zweifelhaften Fällen hat hier das richterliche Ermessen zu entscheiden. Vgl. hieher auch § 1093 mit Bem.

Die gewerbsmäßige Lagerung fremder Waaren in einem Laden oder Magazin, ebenso wie die entgeltliche Einstellung fremder Thiere in einen Stall kann nicht unter den Begriff Untermiethe fallen. Es kann aber hierin ein vertragswidriger Gebrauch des gemietheten Raumes liegen. (Vgl. Arnold a. a. O. S. 89 Anm. 1.)

2. Soweit ferner der Mitgebrauch der gemietheten Sache durch Dritte (z. B. Familienangehörige, Dienstboten 2c.) zum vertragsmäßigen Gebrauche gehört, findet § 549 überhaupt keine Anwendung. Hinsichtlich der Abgrenzung dieser Fälle von dem Falle einer unzulässigen Gebrauchsüberlassung kommt § 157 in Betracht, insbesondere die Verkehrssitte (Planck, Bem. 2 zu § 549). Hinsichtlich der Schadensersatzpflicht in dieser Beziehung s. unten Nr. VII.

IV. Das Kündigungsrecht, das dem Miether zusteht, wenn der Vermiether die Zulassung der Untermiethe ohne wichtigen Grund aus der Person des Dritten verweigert, ist ein sog. vorzeitiges (zum Unterschiede von einer außerordentlichen Kündigung, wie z. B. bei § 542), gleichviel, auf wie lange der Miethvertrag geschlossen oder welche Kündigungsfrist vereinbart wurde. Der Miether muß dabei die gesetzliche Kündigungsfrist im Sinne des § 565 einhalten, die bei der Grundstücksmiethe ein Kalendervierteljahr ist. Vgl. § 565 Bem. IV.

V. Bestimmte Gründe, welche den Vermiether im Sinne des Abs. 1 Satz 2 zur Verweigerung der Einwilligung in die Untermiethe berechtigen (wie z. B. im P.L.R. „unehrbares oder dem Hause schädliches Gewerbe"), hat das Gesetz nicht aufgestellt, sondern sich mit der Aufstellung des allgemeinen Begriffes „wichtiger Grund" in der Person des Dritten begnügt, d. h. also, es muß ein triftiger, nach den Umständen des Falles die Verweigerung rechtfertigender Grund in den persönlichen Verhältnissen des Untermiethers vorliegen (P. II, 185). Bei der Entscheidung dieser Frage ist demnach dem richterlichen Ermessen ein sehr weiter Spielraum gewährt.

Im Einzelnen wird zu sagen sein (vgl. Arnold a. a. O. S. 91), daß die Person des Untermiethers hinsichtlich der gesellschaftlichen Stellung und sittlichen Aufführung Gewähr dafür bieten muß, daß Vermiether voraussichtlich nicht bloß einen gleich guten Inwohner, wie es der Hauptmiether ist, erhält, sondern auch keine Störung in seiner häuslichen Ordnung zu befürchten hat. Einen zahlungsunfähigen oder voraussichtlich unruhigen Untermiether wird Hauptvermiether daher zurückweisen dürfen, ebenso bei einer schönen Herrschaftswohnung einen Untermiethsmann aus ungebildeten Ständen. Ebensowenig wird er aber auch seinen persönlichen Feind als Untermiether zuzulassen brauchen.

Deßgleichen wird aber auch die Erlaubniß verweigert werden dürfen, wenn aus dem Stande des Dritten sich ergibt, daß er die Wohnung zu einem anderen als dem dem Miether selbst erlaubten Zwecke benutzen werde, z. B. zur Ausübung eines Erwerbsgeschäfts statt zum Wohnen. Bei Ladenmiethen kann auch die Verschiedenartigkeit des Geschäfts in Betracht kommen (vgl. Arnold a. a. O. Anm.).

VI. Der grundlosen Verweigerung muß übrigens auch der Fall gleichstehen, wenn Vermiether — ohne daß dies vorher vertragsmäßig vereinbart war — auf Anfrage des Miethers, der untervermiethen will, erklärt, daß er Untervermiethung überhaupt nicht erlaube. Hier kann die vom Miether in Aussicht genommene Person des Untermiethers überhaupt nicht mehr in Frage kommen, wenn Vermiether rundweg überhaupt keine Untermiethe zulassen will. (Entsch. d. R.G. Bd. 41 S. 247, Bd. 35 S. 315.)

VII. Zu Abs. 2:

1. Der Hauptmiether haftet dem Hauptvermiether gegenüber für jedes Verschulden, das dem Untermiether beim Gebrauche zur Last fällt.

a) Es ist dabei ganz gleichgültig, ob den Hauptmiether hiewegen selbst ein eigenes Verschulden (z. B. Versehen bei der Auswahl) trifft oder nicht. Diese strenge Haftung des Miethers ist durch die Bedürfnisse des Verkehrs geboten und entspricht der allgemeinen Vorschrift des § 278. (M. II, 397.)

b) Diese Haftung des Hauptmiethers besteht auch dann, wenn der Hauptvermiether ausdrücklich die Erlaubniß zur Ueberlassung ertheilt hat.

c) Hat der Miether vertragswidrig (vgl. oben I a) einen Untermiether aufgenommen, so haftet er nach den Mot. a. a. O. auch für den durch Ueberlassung des Gebrauchs an jenen Dritten entstehenden zufälligen Schaden, soferne nicht erhellt, daß der durch diesen Zufall entstandene Schaden auch ohne die Vertragswidrigkeit entstanden sein würde.

2. Hieher schlägt auch die Frage ein, inwieweit Miether für ein Verschulden von Familienangehörigen, Dienstboten, Geschäftsangestellten rc. zu haften habe. Eine Haftung des Miethers wird hier nur insoweit gegeben sein, als jene Personen in Ausübung des ihnen anvertrauten Gebrauchs schuldhaft handeln, z. B. das Dienstmädchen beim Einheizen, beim Fensterputzen rc. Vgl. hieher Mittelstein a. a. O. S. 145; Cosack, I S. 241—242.

VIII. Rechtsverhältniß zwischen Hauptmiether und Untermiether:

1. Das Rechtsverhältniß zwischen Haupt- und Untermiether bildet für sich ein wahres Miethverhältniß. Es finden daher alle Vorschriften über die Miethe auch auf dieses Rechtsverhältniß Anwendung. So ist z. B. der Hauptmiether Gläubiger des Miethzinses dem Untermiether gegenüber. Er hat auch diesem gegenüber ein Pfandrecht nach §§ 559 ff., ebenso wie auch die Vorschriften über Kündigung rc. hieher gleichen Bezug haben.

2. Einen Satz dahin, daß die Untermiethe unmittelbar mit der Beendigung der Hauptmiethe endet, hat das Gesetz absichtlich nicht aufgenommen; vgl. M. II, 397. Thatsächlich endet die Untermiethe hinsichtlich des bisherigen Gegenstandes freilich mit dem Ende der Hauptmiethe (vgl. hieher auch § 556 Abs. 3), aber das obligatorische Recht des Untermiethers gegen den Hauptmiether auf Gebrauchsgewährung endet damit allein (mangels einer besonderen Gegenabrede) nicht. Vielmehr entscheiden, wenn der Hauptmiether nicht mehr im Stande ist, den Gebrauch zu gewähren, die allgemeinen Grundsätze aus dem Rechte der Schuldverhältnisse (M. II, 379).

IX. Rechtsverhältniß zwischen Hauptvermiether und Untermiether:

1. Als Prinzip ist festzuhalten, daß zwischen Hauptvermiether und Untermiether, selbst wenn Ersterer in die Untermiethe ausdrücklich willigte, kein direktes obligatorisches Band entsteht.

Als Hauptfolgerungen dieses Grundsatzes lassen sich anführen:

a) Der Hauptvermiether hat keinen Anspruch auf den vom Untermiether zu zahlenden Zins. Er kann ihn als Befriedigungsmittel nur auf dem allgemeinen Wege heranziehen, der sonst einem Gläubiger gegenüber dem Drittschuldner möglich ist, z. B. durch Anspruchspfändung nach § 829 C.P.O.

b) Der Hauptvermiether hat auch kein Pfandrecht an den vom Untermiether eingebrachten Sachen (vgl. § 569 Bem. IV, 2 a).

c) Wegen eines vom Untermiether beim Gebrauche der Sache verübten Schadens kann Hauptvermiether sich nur an den Hauptmiether halten. Vgl. oben VII.

2. Es sind außerdem dem Hauptvermiether besondere Schutzmittel in der Richtung gegen den Untermiether eingeräumt, abgesehen von der Bestimmung des Abs. 2 (Bem. VI):

a) Der Hauptvermiether hat gemäß § 553 ein außerordentliches Kündigungsrecht, falls der Untermiether trotz Abmahnung des Hauptvermiethers einen vertragswidrigen Gebrauch der Sache fortsetzt, der die Rechte des Hauptvermiethers erheblich verletzt, oder wenn Hauptmiether einem Dritten — ungeachtet einer Abmahnung — den ihm unbefugt überlassenen Gebrauch beläßt.

b) Er hat gemäß § 556 Abs. 3 gegenüber dem Untermiether nach Beendigung der Hauptmiethe ein direktes Klagerecht auf Räumung (Bem. zu § 556).

2. Es muß selbstredend dem Hauptvermiether freistehen — und dies wird auch oft für ihn räthlich sein —, dem Untermiethsvertrag unter Vereinbarung mit dem ersten Miether direkt beizutreten und sich dabei besondere Rechte an dem Miethzinse des Untermiethers oder ein Pfandrecht an dessen Sachen auszubedingen. (Arnold a. a. O. S. 93 Anm. 7.)

4. Behält der Untermiether mit Einwilligung des Hauptvermiethers die Miethsache über die Dauer des Hauptvertrags hinaus (z. B. der Untermiether bleibt

nach Auszug des Hauptmiethers weiter wohnen), so entsteht natürlich ein besonderes direktes Miethverhältniß zwischen Beiden.

X. Abtretung und Pfändung der Miethrechte?

Aus dem allgemeinen § 399, der eine Abtretung verbietet, soweit durch den Wechsel in der Person die dem Vermiether obliegende Leistung ihrem Inhalte nach geändert wird, ergibt sich, daß der Miether im Allgemeinen seine Rechte aus dem Miethvertrage nicht abtreten kann. Aber dies kann nur insoweit gelten, als er den Gebrauch nicht einem Dritten überlassen darf. In anderer Beziehung dagegen (z. B. Cession von Ersatzansprüchen des Miethers) kann der Wechsel in der Person nicht von Einfluß sein.

Soweit der erstere Gesichtspunkt reicht, unterliegt daher das Miethrecht gemäß § 851 C.P.O. auch der Pfändung nicht.

Das Gleiche muß bei der Pacht gelten (§ 749a Abs. 3 des Entw. d. C.P.O., der bestimmte, daß eine Pfändung der Pacht im Wege der Anordnung einer Verwaltung statthaft sei, wurde wieder gestrichen, vgl. § 851 C.P.O. n. Nr. und Verh. d. R.T. 1897/98 Anl. Bd. 3 (S. 2154,) s. Bem. 1b zu § 596.

§ 550.

Macht der Miether von der gemietheten Sache einen vertragswidrigen Gebrauch und setzt er den Gebrauch ungeachtet einer Abmahnung des Vermiethers fort, so kann der Vermiether auf Unterlassung klagen.

E. II, 494; III, 543.

A. Allgemeines: Es ist Pflicht des Miethers, sich beim Gebrauche der Sache in den vertragsmäßigen Grenzen zu halten. Verletzt der Miether diese Verpflichtung durch einen vertragswidrigen Gebrauch, so erwächst dem Vermiether folgende Rechtsstellung:

1. Er kann den Miether abmahnen, d. h. zur Unterlassung des vertragswidrigen Gebrauchs auffordern.

2. Wenn der Miether den vertragswidrigen Gebrauch ungeachtet einer Abmahnung fortsetzt, so kann Vermiether direkt auf Unterlassung klagen.

3. Verletzt dieser fortgesetzte vertragswidrige Gebrauch Rechte des Vermiethers erheblich oder gefährdet Miether die Sache durch Vernachlässigung der dem Miether obliegenden Sorgfalt erheblich, so steht dem Vermiether ein außerordentliches Kündigungsrecht nach Maßgabe des § 553 zu.

4. Selbstverständlich hat Vermiether auch Anspruch auf Schadensersatz, soweit ihm durch ein vertragswidriges Verhalten des Miethers ein Schaden erwachsen ist, nach allgemeinen Grundsätzen (vgl. Mittelstein a. a. O. S. 144).

5. Der Miether hat bei Erfüllung seiner Pflichten nicht nur eigenen Vorsatz und eigene Fahrlässigkeit zu vertreten (§ 276 Abs. 1), sondern auch nach § 278 ein Verschulden seines gesetzlichen Vertreters und der Personen, deren er sich zur Erfüllung seiner Verbindlichkeit bedient, in gleichem Grade zu vertreten, wie eigenes Verschulden. In ersterer Beziehung kommt hauptsächlich die Obhutspflicht des Miethers (§ 545 mit Bem.), in letzterer Beziehung insbesondere § 549 Abs. 2 in Betracht. Vgl. Bem. III, 2 und VII, 2 zu § 549.

Hinsichtlich der Restitutionspflicht im Allgemeinen vgl. §§ 249, 250.

6. Die Beweislast für den Schaden überhaupt trifft zunächst den Vermiether. Der Miether hat seinerseits den Nachweis derjenigen Thatsachen zu liefern, welche erkennen lassen, daß er seine Obhutspflicht nicht verletzt und deßhalb den Schaden nicht zu vertreten habe, z. B. daß die Fenster durch Gewalt von außen eingeschlagen wurden. (Fuld, S. 101.)

7. Daß ein solcher Schadensersatzanspruch erst bei Ende der Mieth- und Pachtzeit geltend gemacht werden könne (so Fuld, S. 99), ist in dieser Allgemeinheit nicht richtig. Der Vermiether kann ein Interesse haben, daß der Schaden sogleich abgestellt werde. Vgl. Mittelstein a. a. O. und Seuffert, Archiv Bd. 46 Nr. 15.

Bei unerlaubten Handlungen des Miethers (§§ 823 ff.) wird sofort Ersatz verlangt werden können (Seuffert, Archiv Bd. 50 Nr. 246).

B. Die Klage auf Unterlassung nach § 550 wegen vertragswidrigen Verhaltens des Miethers:

I. Im Allgemeinen:

1. Diese Klage entspricht einem praktischen Bedürfnisse. Der Vermiether soll mit der Geltendmachung seiner Ansprüche nicht erst auf den Zeitpunkt der Rückgabe

der Miethsache verwiesen sein, sondern schon während der Dauer der Miethe einem vertragswidrigen Gebahren des Miethers mit Erfolg Einhalt gebieten können. (Erst in den E. II wurde diese Klage aufgenommen nach P. II, 187, 188; im gemeinen Rechte war die Zulässigkeit einer solchen Klage sehr zweifelhaft. Seuffert, Archiv Bd. 43 Nr. 15; Bd. 46 Nr. 15, Bd. 48 Nr. 178.)

2. Die rechtliche Natur dieses Anspruchs ist nach P. II, 188 dem negatorischen Anspruche beim Eigenthume (§ 1004) nachgebildet. Jedoch genügt hier die Befürchtung weiterer Störungen im Allgemeinen nicht. Vielmehr wird ganz bestimmt vorausgesetzt, daß der Miether den vertragswidrigen Gebrauch trotz Verbots des Vermiethers fortsetzt. Man wird aber auch ebensogut sagen können, daß dieser Anspruch nichts anderes ist als eine Klage auf Erfüllung des Miethvertrags durch den Miether, der eben zur ordnungsgemäßen Behandlung der Sache durch die Miethe verpflichtet wird, ebenso wie auf der anderen Seite der Miether gegenüber dem Vermiether eine Klage auf Erfüllung hat (vgl. Bem. I zu § 536).

3. Die Klage ist an die vorherige Abmahnung Seitens des Vermiethers und die Fortsetzung des vertragswidrigen Gebrauchs durch den Miether trotz dieser Abmahnung geknüpft als Prozeßvoraussetzung. Dadurch soll verhütet werden, daß nicht wegen jeder Kleinigkeit in dieser Richtung gleich der Klageweg beschritten werde. (Die Frage, ob Miether auf Einhaltung dieser Prozeßvoraussetzung von vorneherein verzichten könne — Fuld a. a. O. S. 98 — dürfte praktisch ohne Bedeutung, im Uebrigen aber eher zu verneinen sein, da sonst der vorhin angegebene Grund wieder illusorisch würde. Dagegen Fuld a. a. O.).

4. Das diesbezügliche Urtheil in diesem Prozeß ist nach § 890 C.P.O. n. Nr. zu vollstrecken. Außerdem ist aber schon vor dem Urtheile der Erlaß einstweiliger Verfügungen möglich gemäß § 940 C.P.O. n. Nr.

II. Bedeutung des hier gebrauchten Ausdrucks „vertragswidriger Gebrauch“:

1. Im Allgemeinen:

a) Für die Tragweite dieses Begriffs sind zunächst maßgebend der Inhalt des Vertrags, die Beschaffenheit der Miethsache und der Zweck, zu welchem sie gemiethet wurde. In besonderer Weise wird auch hier die örtliche Verkehrssitte (vgl. § 157 und Bem. I, 6 zu § 535) ihren Einfluß äußern. Aus dem Worte „vertragswidrig“ ist ferner zu entnehmen, daß ein vertragswidriger Gebrauch aus einem Verschulden des Miethers fließen muß, also nicht zutrifft bei höherer Gewalt oder entschuldbarem Mißverständnisse, wohl aber bei Nachlässigkeit gegenüber den Dienstboten (vgl. oben A, 5).

b) Gleichgültig muß bleiben, ob eine die Sache unmittelbar schädigende Einwirkung vorliegt oder eine Verletzung sonstiger Vertragsinteressen; denn die Pflichten des Miethers beschränken sich ja nicht auf das rein physische Gebiet. Freilich kann aber immer nur ein Verhalten des Miethers innerhalb des Vertragsrahmens in Betracht kommen, also z. B. nicht ein ungebührliches Benehmen desselben außerhalb der Wohnung.

c) Daß der Miether durch seinen vertragswidrigen Gebrauch die seinerzeitige ordnungsgemäße Rückgewähr der Sache gefährde, ist nicht verlangt (P. II, 188). Für erhebliche Verletzung der Rechte des Vermiethers ist diesem ja ohnedies das außerordentliche Kündigungsrecht nach § 553 gewährt. Im Uebrigen ist aber auch hier im Rahmen des § 550 festzuhalten (s. oben I, 3), daß eine Fortsetzung des vertragswidrigen Verhaltens trotz Abmahnung vorliegen muß.

2. Im Einzelnen lassen sich bei der Miethe von Wohnungen und sonstigen Räumen folgende Kategorieen eines vertragswidrigen Gebrauchs hervorheben (vgl. hieher Arnold a. a. O. S. 60 ff. und S. 41 ff.)

a) Direkte Beschädigung oder gefährliche Benutzung der Miethsache.

Als Beispiele mögen gelten: das Abhalten einer größeren Wäsche in der Wohnung selbst, Handlungen, welche Schäden oder Gefährdung des Hauses (z. B. Feuersgefahr) hervorrufen, die Einschleppung von Ungeziefer in die Wohnung Seitens des Miethers (vgl. Seuffert, Archiv Bd. 42 Nr. 291) 2c.

In der bisherigen Rechtsprechung wurde vielfach jeder Eingriff des Miethers in die Substanz der Miethsache kurzweg als ein vertragswidriger Gebrauch angesehen.

Ein derartig strenger Standpunkt geht aber theilweise entschieden zu weit, insofern doch auch dem Miether seinerseits ein berechtigtes Interesse zugesprochen werden muß, sich behaglich und komfortabel in der Wohnung einzurichten, insbesondere bei Wohnungen zu hohen Preisen. Nur darf der Eingriff kein zu einschneidender werden. (A. M. Cosack, S. 465.) So kann z. B. ein nicht übermäßiges Einschlagen von Nägeln, Schrauben, Klammern, eine Befestigung von Beleuchtungskörpern, von Apparaten zu gymnastischen Uebungen oder zu Kinderspielen (Schaukeln z. B.) in bescheidenen Grenzen nicht als vertragswidriger Gebrauch erscheinen. Auch die Anbringung einer anderen Tapete oder ein Bemalen der Zimmer rc. (z. B. die vorhandene Tapete paßt durchaus nicht zu der diesbezüglichen Einrichtung des Miethers) kann an sich in den richtigen Grenzen nicht als unstatthaft bezeichnet werden. (Vgl. auch Seuffert, Archiv Bd. 12 Nr. 22 u. 265.) Nur muß der Miether in allen solchen Fällen damit rechnen, daß der Vermiether beim Auszuge des Miethers die Herstellung des früheren Zustandes verlangen kann und es wird Vermiether daher solche Veranstaltungen von vorneherein verbieten dürfen, wenn er mit Rücksicht auf die Vermögenslage des Miethers begründete Besorgniß hat, ob Miether bei seinem Auszuge den vorigen Zustand wiederherstellen könne. (Vgl. Arnold a. a. O. S. 65 Anm. 7.)

Nach den gleichen Grundsätzen wird auch das Anbringen von Geschäfts- und Firmenschildern, von Nachtglocken rc. zu beurtheilen sein.

Was die Neu-Einrichtung der Gas- oder elektrischen Beleuchtung, sowie von Telephon-Anlagen anbelangt, so bedingen solche Einrichtungen regelmäßig einen derartigen Eingriff in die Miethsache, daß ihre eigenmächtige Herstellung ohne Einwilligung des Vermiethers im Allgemeinen nicht als statthaft erscheinen kann. (A. M. Scherer zu § 550 Ziff. 3, woselbst auch die französische Praxis citirt ist, und theilweise auch Fuld a. a. O. S. 94.) Nach Entsch. d. R.G. Bd. 37 S. 217 soll indessen Vermiether die Anbringung eines Telephons nicht verwehren dürfen, wenn der Geschäftsbetrieb des Miethers die Verwendung dieses Verkehrsmittels als üblich oder nothwendig erscheinen läßt.

Die gänzliche Nichtbenutzung der Miethsache wird regelmäßig nicht als vertragswidrig gelten können. Es sind jedoch Ausnahmsfälle denkbar, vgl. Bem. III zu § 536.

b) Eine Benutzung der Miethsache zu einem anderen Zweck, als zu welchem die Vermiethung erfolgte. Beispiel: Benutzung einer Wohnung als Werkstätte oder als Wirthschaftslokal rc.

Einschlägig ist hier auch die Frage, ob Jemand, der einen Laden zum Betrieb eines bestimmt bezeichneten Geschäfts gemiethet hat, später ein anderes Geschäft oder einen anderen Geschäftszweig darin betreiben darf. Ein solcher Wechsel muß als nicht statthaft erscheinen, wenn das neue Geschäft ein wesentlich anderes ist (z. B. Metzgerei statt Spezereiladen), oder wenn durch die Aenderung eine Belästigung des Vermiethers oder der übrigen Hausbewohner eintritt, z. B. durch unangenehme Gerüche, Lärm rc. Im Einzelfalle kann überdies auch ein besonderes Interesse des Vermiethers gegeben sein, daß gerade das bestimmte ursprüngliche Geschäft weiterbetrieben wird, z. B. in einem Laden wurde seit längerer Zeit dasselbe bestimmte Geschäft betrieben und ist gerade dadurch der Laden zu hoher Preislage gekommen. (Arnold a. a. O. S. 82 Anm. 2.)

c) Ein solches Verhalten des Miethers in der Wohnung, wodurch der Vermiether oder die übrigen Hausbewohner in dem ordnungsgemäßen und ruhigen Genusse ihrer Wohnung gestört werden, z. B. wiederkehrende Ruhestörungen des Miethers im Hause, Halten von bissigen Thieren oder ständig kläffenden Hunden, häufige Verbreitung unangenehmer Gerüche, Inanspruchnahme der gemeinschaftlichen Bequemlichkeiten über Maß und Ziel hinaus rc. Hieher gehört auch die Benutzung der Wohnung zu unehrbaren, insbesondere unsittlichen Zwecken, z. B. Aufnahme von Dirnen. Nur muß sich natürlich das unmoralische Verhalten des Miethers in der Wohnung oder im Hause selbst abspielen (vgl. oben unter II b). Der Einwand, daß Vermiether das Treiben anfangs geduldet oder damit überhaupt einverstanden gewesen sei, wird im Rahmen des § 550 (und auch des § 553) unbehelflich sein, da auf die höheren Interessen der Sittlichkeit nicht verzichtet werden kann. Die Einrede kann aber, wenn bewiesen, von Einfluß sein bezüglich der Schadensersatzpflicht des Miethers, die solchenfalls wegfallen müßte.

III. Besondere Beschränkungen stellt hier das Gesetz für die Grundstückspacht auf:
a) Verbot von Aenderungen in der wirthschaftlichen Bestimmung des Grundstücks nach Maßgabe des § 583.
b) Vorschriften über die Erhaltung des Inventars (§ 588) und insbesondere auch bezüglich der zum Inventar gehörigen Thiere (§ 586 Abs. 2).

IV. In der Richtung gegen den Untermiether ist dem Hauptvermiether die Klage auf Unterlassung eines vertragswidrigen Gebrauchs nicht ausdrücklich gewährt. Man könnte zwar schließen, daß eine solche Ausdehnung nach Analogie zu geschehen habe, insbesondere auch aus der Intention des § 553 abzunehmen sei. (So Oertmann in Bem. 2 zu § 553.) Da aber das Gesetz als Prinzip kein Vertragsverhältniß zwischen Hauptvermiether und Untermiether annimmt, so werden auch Ausnahmen hievon nur da zuzulassen sein, wo das Gesetz solche besonders aufstellt. Hier aber ist dies nicht geschehen.

Selbstverständlich steht der Anspruch aus § 550 dem Hauptmiether gegenüber dem Untermiether zu.

§ 551.

Der Miethzins ist am Ende der Miethzeit zu entrichten. Ist der Miethzins nach Zeitabschnitten bemessen, so ist er nach dem Ablaufe der einzelnen Zeitabschnitte zu entrichten.

Der Miethzins für ein Grundstück ist, sofern er nicht nach kürzeren Zeitabschnitten bemessen ist, nach dem Ablaufe je eines Kalendervierteljahrs am ersten Werktage des folgenden Monats zu entrichten.

E. I, 517; II, 495; III, 544.

§ 551 regelt den Zeitpunkt der Miethzinsentrichtung.

Ueber Miethzins überhaupt, Haftung für den Miethzins und weitere allgemeine Fragen s. Bem. III zu § 535.

I. Nach der allgemeinen gesetzlichen Regel (in Uebereinstimmung mit dem bisherigen Rechte (s. l. 24, 2, 19, 2 D. h. t., B.L.R. Thl. IV cap. 14 § 9 Nr. 1 u. 3, P.L.R. Thl. I Tit. 21 § 297) ist der Miethzins am Ende der Miethzeit zu entrichten, was für alle Arten von Miethverträgen (hinsichtlich beweglicher und unbeweglicher Sachen) gilt. Die Bezahlung des Miethzinses ist also gesetzlich Nachleistung (postnumerando), während die Gewährungspflicht des Vermiethers Vorleistung ist. (Vgl. § 536.)

Da aber § 551 gleichfalls nur eine dispositive Bestimmung enthält, so folgt, daß auch hinsichtlich der Zeit der Miethzinsentrichtung in erster Reihe die Vereinbarung der Parteien entscheidet, wonach z. B. der Miethzins im Voraus zu entrichten sein kann. Bei der Auslegung des Parteiwillens kommt ferner hier dem Ortsgebrauch oder der örtlichen Verkehrssitte (vgl. Bem. B, I, 6 zu § 535) eine besondere Bedeutung zu, was das Gesetz als selbstverständlich nicht eigens hervorhebt. (M. II, 399.)

II. Das Gesetz stellt aber zwei Besonderheiten auf, welche freilich gleichfalls nur dann gelten sollen, wenn die Parteien nicht etwas Anderes vereinbart haben:

1. Ist der Miethzins nach Zeitabschnitten bemessen, so ist er nach Ablauf der einzelnen Zeitabschnitte zu entrichten. Dies entspricht der allgemeinen Verkehrssitte (M. II, 399).

2. Bei der Grundstücksmiethe (s. § 580) ist der Miethzins nach Ablauf je eines Kalendervierteljahres (Quartal) — 1. Januar, 1. April, 1. Juli, 1. Oktober — zu entrichten und zwar am ersten Werktage des folgenden Monats.

Die Vorschrift der Quartalzahlung entspricht gleichfalls der in Deutschland im Allgemeinen bestehenden Verkehrssitte. (M. a. a. O.) Die Bestimmung der Bezahlung am ersten Werktage des folgenden Monats harmonirt mit der allgemeinen Regel in § 193. (E. I, 517 hatte den ersten Monatstag kurzweg bestimmt. Der Antrag in II. Lesung, dem Miether zum Schutze des wirthschaftlich Schwachen eine besondere längere Zahlungsfrist allgemein zu gewähren, wurde aus praktischen Rücksichten abgelehnt; P. II, 186.)

Ist der Miethzins nach kürzeren Zeitabschnitten als einem Vierteljahre zu bezahlen, so kommen für die Berechnung des Zahltermins die Bestimmungen der §§ 187 ff in Betracht.

a) Wenn die Miethe unter dem Kalendervierteljahre beginnt, so ist zunächst der Stückmiethzins für das nicht volle Kalendervierteljahr zu entrichten und nicht etwa die Zahlungszeit bis nach Ablauf der ersten drei Monate zu verlegen. Dies wird vom Gesetz als selbstverständlich nicht besonders hervorgehoben. (M. II, 399.)

b) Auch sonst wird bei vertragsmäßiger Festsetzung im Zweifel die Bemessung nach Kalenderabschnitten, sowie die Fälligkeit am ersten Werktage des folgenden Kalenderabschnitts als gewollt anzunehmen sein (Bl. f. R.A. a. a. O. S. 346 Anm., a. M. zum Theil Fuld a. a. O. S. 115).

3. Eine dritte Besonderheit, welche wegen des Zusammenhangs hier aufzuführen ist, stellt das Gesetz bei der Pacht eines landwirthschaftlichen Grundstücks auf; s. § 584.

III. Der Miethzins ist stets voll zu bezahlen: Theilzahlungen braucht der Vermiether nicht anzunehmen nach der allgemeinen Vorschrift des § 266.

In bestimmten Fällen ist jedoch der Miether berechtigt, Abzüge am Miethzinse zu machen:

1. wegen Mängel der Sache nach Maßgabe des § 537;

2. bei Nichtgebrauch der Miethsache Seitens des Miethers, soweit Vermiether hiedurch Ersparungen oder Vortheile durch anderweitige Verwerthung gehabt hat, vgl. § 552.

3. Einen Pachtzinsnachlaß wegen Mißwachs oder sonstiger Unfälle kennt das Gesetz nicht; s. Bem. zu § 581.

Der Miether hat gegen Bezahlung einen klagbaren Anspruch auf Ausstellung einer Quittung nach Maßgabe des allgemeinen § 368.

IV. Wird die Miethe durch unberechtigten vorzeitigen Auszug des Miethers vor Ablauf der vertragsmäßigen Miethzeit beendigt, so wird, um das Pfandrecht des Vermiethers hintanzuhalten, der für die ganze übrige Miethzeit sich berechnende Miethzins zu entrichten oder Sicherheit zu leisten sein. Dies ergibt sich aus den §§ 551, 559, 562; vgl. Bl. f. R.A. a. a. O. S. 346.

V. Hinsichtlich des Zahlungsortes des Miethzinses gelten, soferne die Parteien nicht etwas Besonderes vereinbart haben, die allgemeinen Vorschriften über den Zahlungsort von Geldschulden in § 270. Demgemäß ist der Geldmiethzins im Zweifel stets Bringschuld. An diesem Charakter der Miethschuld als Bringschuld wird auch dann nichts geändert werden, wenn der Vermiether etwa nach thatsächlicher Uebung (anders bei ausdrücklicher besonderer Vereinbarung) den fälligen Miethzins abholt oder abholen läßt. Es ist dies aber von Einfluß hinsichtlich der Frage eines Verzugs auf Seite des Miethers. Besteht der Miethzins in anderer Gegenleistung als Geld, so ist § 269 zu beachten. Ueber Hinterlegung des Miethzinses vgl. §§ 372 ff.

VI. Von den Zahlungsterminen sind die Kündigungstermine zu unterscheiden, welche in § 565 ihre besondere Regelung finden. Vereinbarungsgemäß können sie freilich zusammenfallen, aber nach dem Gesetze besteht dieser Zusammenhang nicht (nur bezüglich der Grundstücksmiethe besteht jetzt insoferne eine Analogie, als auch vierteljährliche Kündigung nach Kalenderzeit die gesetzliche Regel bildet).

VII. Ueber die Folgen eines Verzugs des Miethers in der Bezahlung des Miethzinses vgl. insbesondere die §§ 554 u. 555.

VIII. Wegen Verjährung des Miethzinses s. §§ 196 Ziff. 6 und § 197.

§ 552.

Der Miether wird von der Entrichtung des Miethzinses nicht dadurch befreit, daß er durch einen in seiner Person liegenden Grund an der Ausübung des ihm zustehenden Gebrauchsrechts verhindert wird. Der Vermiether muß sich jedoch den Werth der ersparten Aufwendungen sowie derjenigen Vortheile anrechnen lassen, welche er aus einer anderweitigen Verwerthung des Gebrauchs erlangt. Solange der Vermiether in Folge der Ueberlassung des Gebrauchs an einen Dritten außer Stande ist, dem Miether den Gebrauch zu gewähren, ist der Miether zur Entrichtung des Miethzinses nicht verpflichtet.

E. I, 518; II, 496; III, 545.

I. Zu Abs. 1: Nach dem allgemeinen § 323 würde der Miether, dem die Ingebrauchnahme der gemietheten Sache unverschuldet unmöglich wird, von der Leistung des Miethzinses befreit werden. Hauptsächlich mit Rücksicht darauf, daß die Verpflichtung des Vermiethers auf der anderen Seite, die lediglich in der Ueberlassung des Gebrauchs besteht, eine Vorleistungspflicht ist (§ 536), bestimmt das Gesetz (in Uebereinstimmung mit den bisher geltenden Rechten; vgl. l. 61, 1 D. 19, 2; P.L.R. Thl. I Tit. 21 § 299; ebenso B.L.R.) hier bei der Miethe ausnahmsweise, daß der Miether von der Entrichtung des Miethzinses nicht befreit wird, wenn er durch einen in seiner Person liegenden Grund an der Ausübung des ihm zustehenden Gebrauchsrechtes verhindert wird. (Daß den Miether seinerseits für die Regel keine Pflicht zur Annahme bezw. zur vertragsmäßigen Benutzung trifft, s. Bem. B, III zu § 536.)

1. Als Beispiele eines solchen in der Person des Miethers liegenden Hinderungsgrundes lassen sich anführen: Krankheit, Verbüßung einer Freiheitsstrafe, Einziehung zum Militär, Aenderung des Domizils (über Versetzung vgl. den besonderen § 570). Auch Fälle, die zugleich eine objektive Unmöglichkeit in sich schließen, werden hieher zu zählen sein, wie z. B. Tod des Miethers (vgl. aber hiezu § 569).

2. Für die rechtliche Beurtheilung wird es gleichgültig sein, ob Miether von Anfang an die gemiethete Sache überhaupt nicht benutzt oder ob erst während des Laufes der Miethe ein derartiger persönlicher Verhinderungsgrund eintritt.

3. Wenn der Miether ohne einen derartigen Grund die Wohnung thatsächlich unbenutzt läßt, so muß das Prinzip des Paragraphen selbstverständlich (a majori ad minus) ebenso gelten, zumal ja die Verpflichtung des Vermiethers lediglich in der Gebrauchsgewährung basirt.

II. Zu Abs. 2 u. 3: Das hier zu Grunde liegende Prinzip geht dahin, daß der Vermiether mit Hülfe des Abs. 1 zwar das haben soll, was er gehabt hätte, wenn der Miether in der Ausübung des Gebrauchsrechtes nicht behindert worden wäre, aber auch nicht mehr als dieses (M. II, 400; übereinstimmend gemeines Recht, Windscheid § 400 Nr. 2, Seuffert, Archiv Bd. 39 Nr. 207).

In Folge dessen muß sich der Vermiether den Werth der ersparten Aufwendungen, sowie derjenigen Vortheile anrechnen lassen, welche er aus einer anderweitigen Verwerthung des Gebrauchs erlangt. (So weit, daß in jeder anderweitigen Gebrauchsverwerthung Seitens des Vermiethers schon an sich eine Nichterfüllung seiner Vorleistungspflicht liege, ist das Gesetz nicht gegangen; M. a. a. O.)

1. Das Gesetz bestimmt nicht näher, welcher Art die ersparten Aufwendungen (indirekt) oder die gewonnenen Vortheile (direkt) sein müssen. Der Natur der Sache nach werden geringfügige Ersparnisse oder Vortheile (z. B. vorübergehendes Aufstellen leicht entfernbarer Mobilien durch den Vermiether in der Wohnung, vorübergehende Benutzung einzelner Räume für sich oder die Seinen, geringfügige Reparaturen Seitens des Vermiethers in der leerstehenden Wohnung; vgl. Seuffert, Archiv Bd. 39 Nr. 207; Arnold a. a. O. S. 74) regelmäßig nicht in Anschlag zu bringen sein. Als maßgebendes Kriterium wird immer zu gelten haben, ob der Vermiether hiedurch nicht seine andauernde Gewährungspflicht verletzt oder mit anderen Worten: ob der Miether trotz jener Verfügungen des Vermiethers gleichwohl von seinem Gebrauchsrechte sogleich Gebrauch machen konnte. Die Vornahme großer Reparaturen z. B. bildet für den Vermiether regelmäßig bereits einen Vortheil.

2. Zum besonderen Schutze des Miethers ist im Abs. 3 bestimmt, daß, solange der Vermiether in Folge der Ueberlassung des Gebrauchs an einen Dritten außer Stande ist, dem Miether den Gebrauch zu gewähren, der Miether zur Entrichtung des Miethzinses nicht verpflichtet ist.

a) Hierunter kann jedoch nur eine solche Ueberlassung verstanden werden, welche den Vermiether außer Stand gesetzt hat, dem Miether den Gebrauch zu gewähren, z. B. wenn er einen nicht zu jeder Zeit lösbaren Miethvertrag mit einem Dritten abgeschlossen hat (M. a. a. O.), also eine endgültige Weitervermiethung Seitens des Vermiethers vorliegt. Liegt diese nicht vor, sondern hat Vermiether z. B. nur unter der Bedingung weiter vermiethet, daß der neue Miether sofort wieder ausziehen muß, sobald der erste Miether sein Recht geltend machen sollte, so wird Letzterer von der Zinszahlung nicht völlig ohne Weiteres befreit. Es kann vielmehr nur Abs. 2 in Betracht kommen.

b) Abs. 3 ist andererseits nicht so aufzufassen, als ob Vermiether unter allen Umständen zur Weitervermiethung berechtigt wäre. Es entscheiden vielmehr die allgemeinen Grundsätze über die Vermietherpflichten. So käme z. B. Vermiether in Haftung für allen Schaden, wenn er ohne Weiteres eine Wohnung weiter vermiethen würde, weil Miether (z. B. in Folge persönlicher Hindernisse) die Miethwohnung nicht gleich zu Beginn der Miethzeit bezogen hat.

3. Eine Pflicht des Vermiethers, die Miethsache anderweitig zu verwerthen, falls Miether von der Miethe keinen Gebrauch macht, besteht aber auch nicht. Daraus und

als Ausfluß des Prinzips des § 549, der die Untermiethe im Allgemeinen von der Erlaubniß des Vermiethers abhängig macht, ergibt sich als weitere Folge, daß der Vermiether im Grundsatze nicht verpflichtet ist, einen vom Miether gestellten Ersatzmiether (sog. Parteistellen) anzunehmen (P. II, 187; dies steht in theilweisem Gegensatze zum gemeinen Rechte, zum B.L.R. und P.L.R. Thl. I Tit. 21 §§ 376, 377). Eine Ausnahme wäre denkbar, wenn auf Seite des Vermiethers ein chikanöses Verhalten (§ 226) nachzuweisen ist (vgl. §§ 324 u. 615 und Oertmann, Bem. 2 a. E. zu § 552).

4. Soweit Vermiether die Sache anderweitig verwerthet, erscheint er regelmäßig nicht als negotiorum gestor des Miethers. Es ist ja meistens sein eigenes Interesse, nämlich sich wenigstens theilweise Deckung zu verschaffen, was ihn dazu veranlaßt (P. II, 186). Er wird daher auch einen etwaigen Mehrgewinn aus der Verwerthung nicht herauszugeben brauchen.

5. Soferne sonstige Verfügungen des Vermiethers dessen fortdauernde Gewährungspflicht vollständig unmöglich machen (wie z. B. wenn er das vermiethete Wohnhaus abreißen oder die Wohnung gänzlich umbauen läßt), muß natürlich auch die Verpflichtung des Miethers zur Miethzinsbezahlung gänzlich in Wegfall kommen. Dies ergibt sich aus allgemeinen Rechtsgrundsätzen.

§ 553.

Der Vermiether kann ohne Einhaltung einer Kündigungsfrist das Miethverhältniß kündigen, wenn der Miether oder derjenige, welchem der Miether den Gebrauch der gemietheten Sache überlassen hat, ungeachtet einer Abmahnung des Vermiethers einen vertragswidrigen Gebrauch der Sache fortsetzt, der die Rechte des Vermiethers in erheblichem Maße verletzt, insbesondere einem Dritten den ihm unbefugt überlassenen Gebrauch beläßt, oder die Sache durch Vernachlässigung der dem Miether obliegenden Sorgfalt erheblich gefährdet.

E. I, 528; II, 497 Abs. 1; III, 546.

I. Allgemeines über das außerordentliche Kündigungsrecht des Vermiethers überhaupt:

1. Das B.G.B. kennt nur zwei gesetzliche (vgl. Bem. 3) Fälle eines außerordentlichen Kündigungsrechtes zu Gunsten des Vermiethers (zu Gunsten des Miethers vgl. §§ 542—544), nämlich:

a) wegen eines erheblichen vertragswidrigen Gebrauchs oder grober Vernachlässigung der Miethsache durch den Miether nach Maßgabe des § 553,

b) wegen Nichtzahlung des Miethzinses im Rahmen des § 554 (s. Bem. hiezu).

Ueber den Fall der Verhinderung des Miethers am Gebrauche der Miethsache s. die besondere Regelung in § 552 und Bem. hiezu.

2. Zu bemerken ist dabei:

a) Die Nothwendigkeit von Bauten oder Reparaturen gibt dem Vermiether im Gegensatze zu den meisten der bisherigen Rechte (vgl. gemeines Recht l. 3 C. 4, 65, B.L.R. Thl. IV cap. 6 § 17 a. E., P.L.R. Thl. I Tit. 21 §§ 363—365) kein Recht zur außerordentlichen Kündigung mehr. Man nahm an, daß eine gegentheilige Norm in den meisten Fällen eine ungerechtfertigte Beeinträchtigung der kontraktlichen Rechte des Miethers in sich schließen würde. (M. II, 418.) Durchaus nothwendige Ausbesserungen muß sich der Miether auch während der Dauer der Miethe gefallen lassen. Soweit ihm hiedurch der vertragsmäßige Gebrauch der Miethsache benommen oder verkürzt wird, hat er Anspruch auf Befreiung oder Minderung des Zinses nach § 537, eventuell ein außerordentliches Kündigungsrecht im Rahmen des § 542.

b) Ebensowenig steht dem Vermiether ein außerordentliches Kündigungsrecht zu, wenn er die Sache zu seinem oder seiner Familie eigenen Gebrauche neuerlich und unvorhergesehener Weise bedarf (wie im gemeinen Rechte und nach B.L.R. Thl. IV cap 6 § 17 Nr. 1).

c) Ueber den Einfluß des Todes des Miethers s. § 569.

d) Ueber die Einwirkung des Konkurses über das Vermögen des Miethers s. die nunmehrigen §§ 17, 19, 20 u. 21 K.O. (unter theilweiser Abänderung des bisherigen Rechtszustandes). Vgl. hiezu P. II, 222—225.

3. Im Hinblick auf die bei der Miethe im Prinzipe herrschende Vertragsfreiheit muß es natürlich den Parteien unbenommen bleiben, besondere Gründe für ein außerordentliches Kündigungsrecht des Vermiethers vertragsmäßig zu vereinbaren, z. B. bei eigenem Bedarfe des Vermiethers.

Sehr häufig freilich benutzen die Vermiether ihr wirthschaftliches Uebergewicht leider dazu, ein sofortiges Exmissionsrecht zu ihren Gunsten aus kleinlichen, rein egoistischen Gründen (z. B. geringfügige Verstöße gegen die Hausordnung, Kinderschreien ꝛc.) dem Miether vertragsmäßig (insbesondere durch Formularverträge) aufzuzwingen. Derartige Bestimmungen eines an sich gültigen Vertrags können unwirksam werden, soferne sie gegen Treu und Glauben verstoßen. Mit Recht hebt Endemann (S. 753 Anm. 3) hervor, daß es Pflicht des Richters sei, mit Hülfe der ihm durch das „freie Ermessen“ eingeräumten Machtstellung dem unnöthig bedrängten Miether hier beizuspringen. Dies war auch der Wille des Reichstags (Sten. Ber. S. 62 u. 63). Vgl. hieher auch die allgemeine Bem. I, 5 zu § 535. Gegen chikanöse Ausnutzung eines außerordentlichen Kündigungsrechtes Seitens des Vermiethers steht dem Miether außerdem § 226 zur Seite.

4. Seinem Wesen nach ist das außerordentliche Kündigungsrecht des Vermiethers nichts Anderes als ein besonders gestalteter Fall des allgemeinen Rechtes zum Rücktritte von einem Vertrag (auf Seite des Miethers vgl. analog § 542 mit Bem. I). S. hieher auch die Bem. zu § 564 über Kündigung überhaupt. Die berechtigte Geltendmachung des außerordentlichen Kündigungsrechtes hat die sofortige Auflösung des Miethvertrags zur Folge (ohne daß es einer Klage bedürfte).

Ueber Schadensersatzansprüche des Vermiethers s. unten II, 4.

II. Das außerordentliche Kündigungsrecht aus § 553:

Die Bestimmung des Paragraphen entspricht im Prinzipe den bestehenden Rechten und ist zum Schutze der Interessen des Vermiethers geboten (vgl. l. 54 § 1 D. 19, 2, l. 3 C. 4, 65; B.L.R. Thl. IV cap 6 § 17 Nr. 3; P.L.R. Thl. I Tit. 21 § 387; code civil Art. 1729, 1735).

Als Voraussetzungen dieses außerordentlichen Kündigungsrechtes bestehen zwei allgemeine:

a) Ein vertragswidriger Gebrauch der Miethsache durch den Miether (Näheres unter 1).

b) Eine vorhergegangene fruchtlose Abmahnung des Vermiethers, analog wie bei § 550; s. Bem. B, I, 3 zu § 550.

1. Was unter vertragswidrigem Gebrauche zu verstehen sei, ist in Bem. B, II zu § 550 des Näheren auseinandergesetzt, s. daselbst.

a) Während jedoch im Rahmen des § 550 ein vertragswidriger Gebrauch überhaupt zur Begründung der Klage auf Unterlassung genügt, folgt hier schon aus der Natur des dem Vermiether in § 553 verliehenen Rechtes als eines sehr scharf einschneidenden Schutzmittels, daß hier nur eine erhebliche Vertragsverletzung die Grundlage bilden darf. Auf Veranlassung des Reichstags (s. Sten. Ber. S. 62 u. 63) bringt das Gesetz dies nunmehr wortdeutlich zum Ausdrucke durch die Einfügung der Worte „in erheblichem Maße“ (verletzt) und „erheblich“ (gefährdet). (E. I—III hatten diese Worte nicht, sie waren jedoch als selbstverständlicher Inhalt gedacht.) Das fortgesetzte ungebührliche Verhalten des Miethers muß also stets in wesentlichem Grade das Vertragsinteresse verletzen, wofür die Vertragsauflösung als entsprechendes Gegenmittel erscheint nach fruchtloser Abmahnung. Selbstverständlich ist aber, daß kein unersetzlicher Schaden zu drohen braucht.

b) Wie das Gesetz hier ausdrücklich hervorhebt (bei § 550 ist dies nicht geschehen, aber wohl als gleichbedeutend gedacht), ist dem vertragswidrigen Gebrauche gleichgestellt eine erhebliche Gefährdung der Sache durch Vernachlässigung der dem Miether obliegenden Sorgfalt (vgl. § 276). Im Prinzipe kann dies auch nichts anderes als eine spezielle Seite eines vertragswidrigen Gebrauchs sein. Als Einzelfälle lassen sich hier hervorheben: Erhebliche Verletzung der Pflicht des Miethers zur Obhut der Miethsache (vgl. Bem. I zu § 545), Einschleppung von Ungeziefer (vgl. Seuffert, Archiv Bd. 42 Nr. 291), unter Umständen auch eine gänzliche Nichtbenutzung. (Vgl. B, II, 2 a a. E. zu § 550, Bem. B, III zu § 536.)

2. Der vertragswidrige Gebrauch bezw. die Vernachlässigung der Sache muß dem Miether zur Schuld angerechnet werden können, so daß also eine objektive Verletzung nicht genügt (wie nach B.L.R. Thl. IV cap. 6 § 4 Nr. 5 und § 11 Nr. 2). Dies wird in P. II, 306 ausdrücklich hervorgehoben (vertragswidrig = subjektiv widerrechtlich). Ist daher z. B. die Verletzung auf höhere Gewalt oder auf ein entschuldbares Mißverständniß über den Umfang der Berechtigung des Miethers zurückzuführen, so genügt dies nicht. Hinsichtlich des Verschuldens Dritter, insbesondere von Dienstboten s. § 278, Bem. III, 2 und VII, 2 zu § 549 und vgl. Bem. A, 5 zu § 550.

a) Das vertragswidrige Verhalten des Miethers muß zudem an sich schon nach dem Sinne des Gesetzes ein andauerndes sein und „fortgesetzt" werden trotz Abmahnung des Vermiethers. Auch daraus ergibt sich das subjektive Moment.

b) Hat der Vermiether den vertragswidrigen Zustand längere Zeit geduldet, so kann auch die Frage entstehen, ob nicht hierin ein Verzicht auf Herstellung des vertragsmäßigen Zustandes zu erblicken ist. Die Entscheidung ist Thatfrage. Vgl. Arnold a. a. O. S. 133 Anm., und auch Seuffert, Archiv Bd. 52 Nr. 153; Entsch. d. R.G. Bd. 38 S. 115.

3. Das Rechtsverhältniß der Untermiethe wird vom Gesetz in doppelter Hinsicht hereingezogen:

a) Es ist ein vertragswidriger Gebrauch der Sache durch den Untermiether jenem des Hauptmiethers hier in seiner Rechtswirkung gleichgestellt, d. h. ein erheblicher vertragswidriger Gebrauch der Miethsache durch den Untermiether berechtigt den Hauptvermiether in gleicher Weise zur Geltendmachung seines außerordentlichen Kündigungsrechtes, wie wenn der Mißbrauch vom Hauptmiether selbst ausginge. Dies muß selbstverständlich auch dann gelten, wenn der Hauptvermiether in die Untermiethe eingewilligt hat.

Der Natur der Sache nach wird es sich aber hier um einen solchen Mißbrauch handeln müssen, der direkt in die Interessensphäre des Hauptvermiethers eingreift. Wenn der Untermiether z. B. die in seinem Zimmer befindlichen Möbel des Hauptmiethers fortgesetzt beschädigt, so liegt hierin wohl für den Hauptmiether ein Grund zur Ausübung des außerordentlichen Kündigungsrechtes, nicht aber für den Hauptvermiether.

Fraglich ist übrigens, ob die hier gleichfalls nothwendige vorherige Ermahnung des Hauptvermiethers an den Hauptmiether oder an den Untermiether zu richten ist. Ersteres dürfte zutreffender erscheinen, da ja der Hauptvermiether nur mit dem Hauptmiether im Vertragsverhältnisse steht und dieser auch für das Verschulden des Untermiethers dem Hauptvermiether gegenüber allgemein einzustehen hat. Vgl. Bem. VII—IX zu § 549; a. M. Oertmann in Bem. 2 zu § 553.

b) Als ein besonderer Fall eines vertragswidrigen Gebrauchs durch den Miether, der den Vermiether zur außerordentlichen Kündigung berechtigt, soll es gelten, wenn der Miether trotz der Abmahnung des Vermiethers einem Dritten den ihm unbefugt überlassenen Gebrauch der Miethsache beläßt. Vgl. Bem. IX, 2 a zu § 549.

4. Schadensersatzansprüche des Vermiethers im Falle der außerordentlichen Kündigung?

Selbstverständlich müssen dem Vermiether alle Schadensersatzansprüche verbleiben, die er bei Vornahme der außerordentlichen Kündigung bereits erworben hat, z. B. aus dem vertragswidrigen Gebrauche der Miethsache durch den Miether. Vgl. hieher Bem. A, 4—7 zu § 550.

Wird die Rückgabe trotz Kündigung verzögert, so kann der Vermiether gemäß § 557 mindestens fortlaufenden Miethzins als Entschädigung verlangen. Vgl. Bem. zu § 557. Ersatz desjenigen Schadens aber, der dem Vermiether durch die vorzeitige Kündigung selbst entsteht (z. B. die betreffende Wohnung bleibt leer stehen), kann dieser nicht verlangen, auch wenn das vertragswidrige Verhalten des Miethers die Kündigung rechtfertigte. Denn einerseits ist die außerordentliche Kündigung immer Sache des freien Willens des Vermiethers, andererseits spricht für diese Auslegung insbesondere die Vorschrift des § 555 B.G.B., wonach der vorausbezahlte Miethzins hier zurückzubezahlen ist. Vgl. Mittelstein, S. 143.

§ 554.

Der Vermiether kann ohne Einhaltung einer Kündigungsfrist das Miethverhältniß kündigen, wenn der Miether für zwei auf einander folgende Termine mit der Entrichtung des Miethzinses oder eines Theiles des Miethzinses im Verzug ist. Die Kündigung ist ausgeschlossen, wenn der Miether den Vermiether befriedigt, bevor sie erfolgt.

Die Kündigung ist unwirksam, wenn sich der Miether von seiner Schuld durch Aufrechnung befreien konnte und unverzüglich nach der Kündigung die Aufrechnung erklärt.

E. I, 528; II, 479 Abs. 1; III, 547.

I. Ein weiteres außerordentliches Kündigungsrecht (vgl. § 553 mit Bem.) erwächst dem Vermiether in Folge Nichtzahlung des Miethzinses Seitens des Miethers.

Dessen Voraussetzungen sind:

1. Der Rückstand zweier auf einander folgender Zinstermine (vgl. § 551): Ob für diese Termine der ganze Miethzins oder nur ein Theil desselben rückständig ist, ist an sich gleichgültig. Es ist jedoch hinsichtlich der Theilrückstände Folgendes zu bemerken: Theilzahlungen braucht Vermiether von vorneherein überhaupt nicht anzunehmen (s. Bem. 3 zu § 551). Nimmt er sie aber an, so wird auch stets zu prüfen sein, ob nicht zugleich darin nach Lage des Falles eine Stundung des Restes und ein Verzicht auf jenes Kündigungsrecht liegt. Bei einer vorbehaltslosen Annahme einer Theilzahlung wird darin im Allgemeinen für die Regel ein solcher Verzicht erblickt werden dürfen (so Fischer-Henle und Oertmann zu § 554).

2. Die bloße Thatsache der Nichtzahlung genügt aber nicht. Vielmehr muß ein Verzug auf Seite des Miethers vorliegen (wie nach B.L.R. Thl. IV cap. 6 § 17 Nr. 4; im gemeinen Rechte war dies bestritten, im P.L.R. machte wenigstens dem Wortlaute nach Thl. I Tit. 21 § 298 das Rücktrittsrecht nicht davon abhängig):

a) Die Voraussetzungen eines Verzugs bestimmen sich nach den allgemeinen §§ 284 ff. Eine Mahnung des Vermiethers ist regelmäßig nicht erforderlich (dies interpellat pro homine § 284 Abs. 2 S. 1), ebensowenig ist dem Miether etwa noch eine besondere Zahlungsfrist nach Eintritt der Fälligkeit zu gewähren (ein diesbezüglicher Antrag wurde aus praktischen Gründen abgelehnt, P. II, 228). Andererseits kann ein Verzug auf Seite des Miethers insolange nicht eintreten, als die Leistung in Folge eines vom Miether nicht zu vertretenden Umstandes unterbleibt bezw. nicht rechtzeitig erfolgt (§ 285), z. B. der an den Vermiether rechtzeitig abgesandte Geldbrief kam verspätet an oder Vermiether ist am Zahltage verreist, ohne einen zum Geldempfange Bevollmächtigten aufgestellt zu haben 2c.

b) Ein solcher Verzug auf Seite des Miethers wird jedoch wieder geheilt, wenn Miether den Vermiether befriedigt, bevor die außerordentliche Kündigung Seitens des Letzteren erfolgt, Abs. 1 S. 2 (in Uebereinstimmung mit dem gemeinen Rechte). In welchem Zeitpunkte die Kündigung als erfolgt zu gelten hat, ist aus § 130 zu entnehmen: sie gilt demnach nicht als erfolgt, wenn vor ihrem Eintreffen bei dem Miether oder gleichzeitig mit demselben der Vermiether den fälligen Zins erhält. Dagegen kann eine nach erfolgter Kündigung bewirkte Zahlung das Kündigungsrecht nicht mehr aufheben.

3. Von Einfluß ist hier weiter die Frage, ob und inwieweit das Bestehen einer Gegenforderung auf Seite des Miethers dieses außerordentliche Kündigungsrecht des Vermiethers aufzuheben vermag.

Das bloße Gegenüberstehen einer Gegenforderung des Miethers (wie im gemeinen Rechte) kann schon nach den allgemeinen Grundsätzen über Aufrechnung das außerordentliche Kündigungsrecht nicht hindern. Es bedarf vielmehr nach § 388 einer diesbezüglichen Erklärung Seitens des Miethers. Das Gesetz trifft aber hier bei der Miethe durch Abs. 2 noch eine besondere Bestimmung:

Der Miether, der sich durch Aufrechnung von seiner Schuld befreien will, muß nämlich, um die Kündigung unwirksam zu machen, die Aufrechnung unverzüglich (d. h. ohne schuldhaftes Zögern, § 121) nach der Kündigung erklären.

Diese Bestimmung bedeutet also gegenüber dem allgemeinen § 389, wonach eine Aufrechnung auch in irgend einem Zeitpunkte nach der Kündigung wirksam wäre, eine Einschränkung. Sie soll die längere Fortdauer eines ungewissen Zustandes verhüten (vgl. Planck, Nr. 3).

Selbstverständlich müssen aber immer auch die allgemeinen Voraussetzungen der Aufrechnung (Gleichartigkeit von Forderung und Gegenforderung, sowie Fälligkeit) vorliegen, wie auch die Gegenforderung des Miethers mindestens so hoch wie jene des Vermiethers sein muß, da ja eine nur theilweise Tilgung das Kündigungsrecht nicht beseitigt.

4. Ob Kautionsstellung den Eintritt des Verzugs aufhält, wird aus dem Kautionsvertrage zu entscheiden sein (Bl. f. R.A. a. a. O. S. 360; Seuffert, Archiv Bd. 12 S. 152).

II. Es steht natürlich auch hier den Parteien frei, hinsichtlich der Folgen einer Nichtzahlung des Miethzinses Seitens des Miethers besondere Vereinbarungen zu treffen. So z. B. wird sehr häufig durch den Druck des Vermiethers vereinbart, daß schon das Schuldigbleiben einer Zinsrate das außerordentliche Kündigungsrecht für den Vermiether begründen soll. (Eine Vereinbarung, die an sich nicht ungültig ist.) Es kann jedoch im Einzelfalle bei besonderer Knebelung des Miethers eine derartige Vereinbarung gegen die guten Sitten verstoßen, die der Richter demgemäß nicht anzuerkennen braucht. Vgl. Bem. B, I, 5 u. 6 zu § 535.

Bei vertragsmäßigen Abmachungen wird auch oft fraglich werden, ob die gesetzliche Vorschrift des Abs. 1 Satz 2 (nachträgliche Befriedigung vor Geltendmachung der Kündigung) als ausgeschlossen zu gelten hat oder nicht. Regelmäßig wird dies nicht der Fall sein, da es Sache des Vermiethers ist, bei Abfassung des Vertrags deutlich zu sein. (Fuld a. a. O. S. 133 und Bem. I, 6 zu § 535.)

§ 555.

Macht der Vermiether von dem ihm nach den §§ 553, 554 zustehenden Kündigungsrechte Gebrauch, so hat er den für eine spätere Zeit im voraus entrichteten Miethzins nach Maßgabe des § 347 zurückzuerstatten.

E. I, 530; II, 497; III, 548.

Diese Gesetzesvorschrift bezweckt, eine ungerechtfertigte Bereicherung des Vermiethers auf Kosten des Miethers zu verhüten. Sie entspricht einerseits dem § 327 Satz 1, andererseits harmonirt sie mit § 543 Abs. 2.

1. Dem Wortlaute nach gilt die Bestimmung nur bei einer außerordentlichen Kündigung aus den §§ 553 u. 554 (im Falle des § 554 kann übrigens die Vorschrift nur dann praktisch werden, wenn Miether einen Theil des rückständigen Miethzinses vorausbezahlt hat!). Das hierin zum Ausdrucke gebrachte allgemeine Prinzip wird aber eine analoge Ausdehnung rechtfertigen bei Geltendmachung eines vertragsmäßigen außerordentlichen Kündigungsrechtes (Oertmann zu § 555).

2. Die Frage, ob § 555 eine Zwangsvorschrift enthält oder durch Vertrag abgeändert bezw. beseitigt werden kann, ist im letzteren Sinne dadurch entschieden, daß ein in der R.T.K. gestellter Antrag, jede entgegenstehende Vereinbarung solle ungültig sein, abgelehnt wurde. Man erwog, daß eine den § 555 aufhebende Vereinbarung durchaus nicht immer verwerflich sei, da eine derartige Vertragsabrede eine Entschädigung des Vermiethers dafür bedeuten kann, daß dieser häufig nicht im Stande ist, alsbald wieder einen Miether zu finden, wenn er unter der Zeit künden mußte (vgl. R.T.K. S. 41 u. 42). Mit Recht hebt aber Oertmann in Bem. 3 zu § 555 hervor, daß eine derartige Gegenabrede, wonach der Vermiether nach Beendigung des Miethverhältnisses den pränumerando bezahlten Miethzins behalten oder den auf die spätere Zeit fallenden gleichwohl noch einfordern darf, materiell nichts anderes als eine Vertragsstrafe bedeutet, auf die demgemäß auch das richterliche Ermäßigungsrecht im Sinne des § 343 Bezug haben kann.

3. Ueber die Frage, ob Vermiether nach dem Gesetz einen besonderen Schadensersatzanspruch auf Grund der außerordentlichen Kündigung hat, vgl. Bem. II, 4 zu § 553.

§ 556.

Der Miether ist verpflichtet, die gemiethete Sache nach der Beendigung des Miethverhältnisses zurückzugeben.

Dem Miether eines Grundstücks steht wegen seiner Ansprüche gegen den Vermiether ein Zurückbehaltungsrecht nicht zu.

Hat der Miether den Gebrauch der Sache einem Dritten überlassen, so kann der Vermiether die Sache nach der Beendigung des Miethverhältnisses auch von dem Dritten zurückfordern.

E. I, 520, II, 498; III, 549.

I. Eine weitere gesetzliche Pflicht des Miethers (vgl. Bem. I zu § 545, 546, 551) liegt darin, die gemiethete Sache nach Beendigung des Miethverhältnisses zurückzugeben (übereinstimmend mit dem gemeinen Rechte, B.L.R. Thl. IV cap. 6 § 10 Nr. 1; P.L.R. Thl. I Tit. 21 §§ 12—14). Sie ergibt sich aus der Natur des Miethverhältnisses. Bei der Miethe von Wohnungen wird die Rückgabe häufig mit dem Namen „Räumung" bezeichnet.

Mehrere gemeinschaftliche Miether haften für die Rückgewähr sammtverbindlich (§§ 427, 431).

1. Wie ist die Miethsache zurückzugeben?

Die Miethsache ist in dem Zustande, wie übergeben, zurückzugeben. Jedoch hat Miether Veränderungen oder Verschlechterungen der gemietheten Sache, die durch den vertragsmäßigen Gebrauch herbeigeführt wurden, nach dem Gesetze nicht zu vertreten. Vgl. § 548 mit Bem.

Die Gefahr des Untergangs und der Verschlechterung der Sache überhaupt, soweit sie nicht vom Miether verschuldet wurde, trägt der Vermiether. Vgl. §§ 275, 280, 276, 278.

Eine Einrichtung, mit der der Miether die Sache versehen hat, darf er wegnehmen gemäß § 547 Abs. 2 Satz 2 und Bem. I, A, 4 zu § 547.

Selbstverständlich ist mit der Sache auch das Zubehör zurückzugeben, z. B. Schlüssel, Winterfenster ꝛc. (Ist der Haus- oder Wohnungsschlüssel verloren gegangen, wird Vermiether Abänderung des Schlosses verlangen können; vgl. Arnold a. a. O. S. 77 Anm. 3.)

Bei der Pacht von Grundstücken ist die Haftung des Pächters hinsichtlich der Rückgewähr besonders erweitert in den §§ 586, 587, 591—594.

Wenn Miether oder Jemand seines Haushalts an einer ansteckenden Krankheit gelitten hat, wird eine entsprechende Rückgewähr der Wohnung auch eine Desinfektion derselben bedingen. (Fuld a. a. O. S. 138; Zeitschrift für französisches Civilrecht Bd. 27 S. 223.) Bei einer Sterbewohnung wird dies aber nicht allgemein zu gelten haben. Vgl. hiezu Seuffert, Archiv Bd. 39 Nr. 298.

2. Wann ist zurückzugeben?

Die Rückgabepflicht entsteht sofort mit dem Tage der Beendigung der Miethe, gleichviel ob das Miethverhältniß durch Zeitablauf oder durch Kündigung irgendwelcher Art (vgl. §§ 564 ff., 542, 553, 554 ꝛc.) endigt.

Das Gesetz hat es vermieden, an dieser Stelle besondere Bestimmungen darüber zu treffen, ob und welche Nachfristen dem Miether zum Umzuge zu gewähren sind. Es lassen sich aber folgende Rechtsnormen zum Schutze des Miethers in dieser Richtung hieher beziehen:

a) Der allgemeine § 193, wonach, wenn das Ende der Miethe auf einen Sonntag oder einen am Leistungsorte staatlich anerkannten allgemeinen Feiertag fällt, die Rückgewähr erst am nächstfolgenden Werktage zu erfolgen braucht.

b) Durch Art. 93 E.G. sind die landesgesetzlichen Vorschriften aufrecht erhalten über die Fristen, bis zu deren Ablauf gemiethete Räume bei Beendigung des Miethverhältnisses zu räumen sind (sog. Räumungsfristen zur polizeilichen Regelung des Wohnungswechsels). Für Bayern kommt in dieser Hinsicht Art. 38 P.St.G.B. in Betracht. (Eine Judikatur über streitige civilrechtliche Miethverhältnisse wird damit den Polizeibehörden nicht eingeräumt. Ebensowenig bezieht sich dieser Artikel auf die Zwangsvollstreckung gerichtlicher Urtheile. Vgl. Staudinger, Vorträge zum B.G.B. S. 481, dann Staudinger, bayrisches P.St.G.B. zu Art. 38; G.V.G. § 13 ff., 23; C.P.O. § 8, 709 und unten d.)

c) Ferner erfordern Treu und Glauben im Miethverhältnisse (vgl. § 242 und Bem. I, 5 u. 6 zu § 535), daß Vermiether Nachsicht übt bei unverschuldeter Verzögerung des Auszugs auf Seite des Miethers. Hieher gehört insbesondere der Fall, daß Miether oder einer seiner Angehörigen schwer erkrankt ist und ohne Gefahr für den Kranken die Räumung nicht erfolgen kann oder daß ein Todesfall die Sistirung des Auszugs erforderlich macht. (Vgl. hieher aus dem bisherigen Rechte Lehmann in

Iherings Jahrb. Bd. 13, 237, B.L.R. Thl. IV cap. 6 § 11 Nr. 2, Windscheid, Pand. § 277.)

Der Miether hat solchenfalls für die Dauer der Vorenthaltung den Miethzins weiter zu bezahlen. Auch die Geltendmachung weiteren Schadens Seitens des Vermiethers ist nicht ausgeschlossen, s. § 557.

Als unverschuldetes Hinderniß auf Seite des Miethers wird es regelmäßig nicht zu erachten sein, wenn die Vorderpartei in der neuen Wohnung nicht auszieht, ebensowenig, wenn Miether behauptet, keine neue Wohnung gefunden zu haben (Arnold a. a. O.).

d) In dem Urtheil auf Räumung kann das Gericht gemäß § 721 C.P.O. auf Antrag des Schuldners eine den Umständen nach angemessene Frist zur Räumung gewähren. Auch finden auf Antrag die Vorschriften der §§ 714 u. 716 C.P.O. entsprechende Anwendung (nach Maßgabe einer vom Reichstage bei der Berathung des B.G.B. gefaßten Resolution, Sten. Ber. Anl. Bd. 3 S. 1971. Jedoch wurde nicht die obligatorische Form „muß“ der Resolution angenommen, sondern, um Chikanen des Miethers zu verhüten, die fakultative „kann“, welches dem Ermessen des Richters nach Verhältniß aller einschlägigen persönlichen, sachlichen und lokalen Verhältnisse freien Spielraum läßt). Vgl. hiezu D. z. C.P.O. S. 102 und Fuld, S. 242 ff.

3. Bei ungerechtfertigter Verweigerung der Rückgabe der Miethsache, insbesondere der Räumung einer Wohnung, geht die Klage des Vermiethers auf zwangsweise Vertreibung (Exmission) des Miethers und auf Ersatz des ganzen durch die verspätete Rückgabe bezw. Räumung dem Vermiether entstandenen Schadens, also nicht bloß auf den fortlaufenden Miethzins. (Cosack, I S. 471 b will hieher auch § 326 B.G.B anwendbar erklären. Dies geht jedoch im Hinblick auf den Rechtscharakter der Miethe zu weit: Mittelstein S. 173; vgl. ferner § 557 mit Bem. hieher.) Ueber die prozessuale Kompetenz s. § 23 Ziff. 2 G.V.G. in der neuen Fassung, sowie § 202 Ziff. 4 a. a. O.

a) Gemäß § 257 C.P.O. n. Nr. hat Vermiether aber auch in den Fällen, in denen die Geltendmachung eines Anspruchs auf Räumung eines Grundstücks, eines Wohnraums oder eines anderen Raums an den Eintritt eines Kalendertages geknüpft ist, die allgemeine Befugniß, Klage auf künftige Räumung zu erheben, was für den Vermiether sehr praktisch ist. Vgl. hieher auch § 259 C.P.O. Die Frage, ob hiefür durchweg das Amtsgericht oder das Landgericht bei einem Streitwerthe von über 300 Mk. (Feststellungsklage) zuständig sei, ist bestritten; für ersteres Mittelstein, S. 175, für letzteres Fuld, S. 156, und aus dem bisherigen Rechte Entsch. d. R.G. Bd. 46 Nr. 128 und Seuffert, Archiv Bd. 48 Nr. 210.

b) Der Miether kann sich selbstverständlich gegen die Klage mit allen ihm nach Lage des Falles zustehenden Einreden schützen, nur das Zurückbehaltungsrecht ist hier eingeschränkt, s. Bem. II.

c) Hinsichtlich der Frage, ob der Miether auch die ihm selbst zu Eigenthum gehörende Miethsache herauszugeben habe, vgl. zunächst Bem. B I, 2 zu § 535. Soweit der Miethvertrag von Anfang an durch das Eigenthum des Miethers ungültig ist, kann der Vermiether natürlich auch keine Rechte aus dem Vertrage herleiten. Hat Miether das Eigenthum während der Dauer der Miethe erlangt, sei es vom Vermiether, sei es von einem Dritten, so muß die Rückgabepflicht gleichfalls fortfallen; dem Miether würde eine exceptio doli zustehen. (M. II, 402.) Anders läge selbstverständlich der Fall, wenn und soweit dem Vermiether ein fortbestehendes, den Eigenthümer ausschließendes Gebrauchsrecht an der Sache zusteht.

II. Zu Abs. 2. Dem Miether steht an sich nach Maßgabe des allgemeinen § 273 wegen seiner fälligen Gegenansprüche gegen den Vermiether ein Zurückbehaltungsrecht zu. Das Gesetz hat aber (E. II, 498 im Gegensatze zu E. I, 520 mit M. II, 402) durch besondere Ausnahmevorschrift in Abs. 2 bei der Miethe und Pacht von Grundstücken dem Miether bezw. Pächter die Ausübung dieses Zurückbehaltungsrechtes versagt, während es dem Miether beweglicher Sachen nach den allgemeinen Normen zusteht. (Diese Versagung des Zurückbehaltungsrechtes bei der Miethe und Pacht von Grundstücken entsprach den Aeußerungen der Kritik, vgl. Z.G. II, 272, VI, 400, 401 und Jacubezky, Bem. S. 127; es wurde zudem erwogen (vgl. P. II, 189), daß die Gegenansprüche des Miethers regelmäßig in keinem Verhältnisse zu der Tragweite eines Zurückbehaltungsrechtes stünden, daß der Miether bezw. Pächter ein solches Recht leicht chikanös ausbeuten könnte und daß jener für die Regel durch den Grundbesitz des Vermiethers bezw. Verpächters an sich hinreichend gesichert sei.)

Zur Sicherung des Pächters eines Grundstücks besteht im Uebrigen ein besonderes gesetzliches Pfandrecht an den in seinen Besitz gelangten Inventarstücken für Forderungen gegen den Verpächter, die sich auf das gepachtete Inventar beziehen; § 590.

Ueber Schutz des Miethers bezw. Pächters im Konkurse des Vermiethers bezw. Verpächters s. §§ 21 u. 59 Nr. 2 K.O. und bei der Zwangsversteigerung des vermietheten bezw. verpachteten Grundstücks s. §§ 21 Abs. 3 u. 152 Abs. 3 ZwVG.

III. Zu Abs. 3. Hiedurch wird dem Vermiether ein unmittelbarer Anspruch gegen den Untermiether oder sonstigen Gebrauchscessionar auf Räumung bezw. Rückgabe der beweglichen oder unbeweglichen Miethsache gewährt (E. II, 498 im Gegensatze zu E. I mit M. II, 397).

1. Die Einführung dieses direkten Rückgewähranspruchs geschah aus praktischen Rücksichten: ohne eine besondere positive Vorschrift würde der Vermiether einen solchen Anspruch nur dann haben, wenn er auf Grund des Eigenthums oder eines anderen dinglichen Rechtes von jedem Inhaber die Herausgabe der Sache verlangen könnte. Andernfalls wäre er auf eine Ueberweisung des Anspruchs des Miethers gegen den Untermiether angewiesen, ein Mittel, das jedoch versagen würde, falls Miether noch nicht befugt wäre, die Rückgabe der Sache von dem Untermiether zu fordern (P. II, 190).

2. Dieser unmittelbare Anspruch erwächst dem Vermiether, sobald das Miethverhältniß zwischen ihm und dem Hauptmiether beendigt ist, auch wenn er in die Untermiethe von Anfang an einwilligte. Hat die Untervermiethung gegen seinen Willen stattgefunden, so kann er einerseits dem Hauptmiether gemäß § 553 ohne Einhaltung einer Kündigungsfrist kündigen, andererseits wird er in diesem Falle auch den Untermiether sofort direkt auf Räumung belangen können.

3. Die rechtliche Konstruktion dieses unmittelbaren Anspruchs soll nach den P. a. a. O. der Wissenschaft überlassen bleiben. Praktisch ist die Frage von Wichtigkeit nur bezüglich der Einreden, die dem Untermiether zu ermöglichen sind. Erwägt man, daß zwischen Vermiether und Untermiether kein kontraktliches Verhältniß besteht (vgl. Bem. IX zu § 549) und daß die Untermiethe einzig und allein in der Hauptmiethe wurzelt, also mit deren Beendigung dem Vermiether gegenüber keinerlei Berechtigung mehr hat, so wird man zu der Anschauung gelangen müssen, daß der Untermiether, der gleichwohl noch die Miethsache fürderhin besitzen will, dem Vermiether widerrechtlich den Besitz gewissermaßen durch verbotene Eigenmacht entzieht. Die Klage wird demgemäß als eine Art Besitzklage aufzufassen sein (vgl. §§ 861, 862, 863 B.G.B.). Die Denkschrift S. 106 sagt unklar, die Klage sei „aus dem Vertrage" des Vermiethers entsprungen, obwohl doch im Prinzipe der Untermiether diesem Vertrage gänzlich ferne steht. Oertmann will eine gesetzliche Schuldübernahme auf Seite des Untermiethers annehmen. Mittelstein, S. 259 schließt sich der Auffassung der Denkschrift an.

4. In Rücksicht darauf, daß für derartige Prozesse des Vermiethers gegen den Untermiether nicht minder das Bedürfniß schleuniger Erledigung besteht, wie bei anderen Miethstreitigkeiten, wurde auch hiefür die Zuständigkeit der Amtsgerichte eingeführt, s. § 23 Ziff. 2 G.V.G. n. F. Ebenso sind diese Streitigkeiten Feriensachen, § 202 Ziff. 4 G.V.G., und die Urtheile auf Antrag vorläufig vollstreckbar, § 709 Ziff. 1 C.P.O. n. F. Vgl. P. II, 193. Auch hier kann übrigens im Rahmen des § 257 C.P.O. schon vor Beendigung des Hauptmiethverhältnisses auf Räumung geklagt werden.

5. Die Frage, ob das gegen den Hauptmiether erstrittene Urtheil ohne Weiteres auch gegen den Untermiether direkt vollstreckbar sei, wird in den P. II, 188 ff. ausdrücklich verneint. (Die diesbezüglichen Anträge wurden insbesondere mit Rücksicht darauf abgelehnt, daß es bei unserem auf der Verhandlungsmaxime aufgebauten Prozeßverfahren eine Forderung der Gerechtigkeit sei, dem Urtheile keine Rechtskraft gegen Dritte beizulegen, abgesehen von § 265 C.P.O.) Der Vermiether kann sich dadurch helfen, daß er von Anfang an den Untermiether zugleich mit dem Hauptmiether verklagt, unter Umständen kann er auch durch Ueberweisung des Räumungsanspruchs des Hauptmiethers gegen den Untermiether (§ 886 C.P.O.) zum Ziele gelangen. Im Uebrigen läßt sich ja auch eine neue direkte Klage gegen den Untermiether schleunig durchführen; s. oben. (P. II, 193.) Hat freilich der Untermiether erst nach Eintritt der Rechtshängigkeit der Sache den Besitz der Miethsache erlangt, so wirkt das rechtskräftige Urtheil auf Räumung gegen den Miether gemäß § 325 C.P.O. auch direkt gegen den Untermiether.

6. Ist Vermiether dem Vertrag über die Untermiethe direkt beigetreten, was auch möglich ist (s. Bem. IX, 3 zu § 549), so hat er auch dem Untermiether gegenüber natürlich einen direkten vertragsmäßigen Rückgewährsanspruch.

IV. Noch ist hervorzuheben, daß mit der Räumung das Recht des Miethers an der Miethsache erloschen ist. Als Folgerung ergibt sich daraus, daß er kein Recht hat, nach seinem Auszuge Plakate an dem früher innegehabten Raume bezüglich seiner neuen Wohnung oder seines neuen Ladens anzubringen (Arnold a. a. O. S. 80). Vor dem Auszuge wird er in mäßiger Weise solche Plakate am Hause anbringen dürfen (einschränkender Arnold a. a. O. Anm. 10).

§ 557.

Giebt der Miether die gemiethete Sache nach der Beendigung des Miethverhältnisses nicht zurück, so kann der Vermiether für die Dauer der Vorenthaltung als Entschädigung den vereinbarten Miethzins verlangen. Die Geltendmachung eines weiteren Schadens ist nicht ausgeschlossen.

E. I, 525; II, 499; III, 550.

Die Bedeutung des § 557 (analog P.L.R. Thl. I Tit. 21 §§ 332—335) liegt darin, daß ein- für allemal

1. ein Mindestbetrag vom Gesetz angesetzt wird für den Anspruch, der dem Vermiether aus einer Fortsetzung des Gebrauchs durch den Miether trotz Beendigung des Miethverhältnisses erwächst. Hiedurch sollen zugleich Streitigkeiten über die Höhe des Anspruchs, den der Vermiether aus dem Klaggrunde einer Schadensersatzpflicht oder einer ungerechtfertigten Bereicherung geltend machen kann, in ebenso einfacher als angemessener Weise abgeschnitten werden (M. II, 415). Dieser Mindestbetrag als Grundnorm ist aber der bereits früher vereinbarte Miethzins nach Verhältniß der Dauer der Vorenthaltung (vgl. hieher auch § 101 Ziff. 2). Im Uebrigen ist für die Anwendung des Paragraphen nicht unbedingte Voraussetzung, daß Miether einen thatsächlichen Nutzen weiter hat, sondern es genügt, wenn er den Vertragsgegenstand der Verfügung des Vermiethers, z. B. durch Zuschließen der Miethwohnung, entzieht (P. II, 258).

2. Die Geltendmachung eines weiteren, d. h. insbesondere höheren Schadens ist nicht ausgeschlossen. Es muß aber solchenfalls

a) die Höhe dieses besonderen Schadens vom Vermiether speziell nachgewiesen werden;

b) die Nichtzurückgabe auf einem nach allgemeinen Grundsätzen vom Miether zu vertretenden Umstande beruhen. Letzteres ist aus Satz 1 indirekt zu schließen, da dort bei der regelmäßigen Grundnorm eine solche Einschränkung vom Gesetze nicht aufgestellt wird. (Oertmann zu § 557.)

3. Selbstverständlich bleibt in den Fällen des § 557 auch stets zu prüfen, ob nicht die Voraussetzungen einer stillschweigenden Verlängerung des Miethverhältnisses im Sinne des § 568 gegeben sind.

§ 558.

Die Ersatzansprüche des Vermiethers wegen Veränderungen oder Verschlechterungen der vermietheten Sache sowie die Ansprüche des Miethers auf Ersatz von Verwendungen oder auf Gestattung der Wegnahme einer Einrichtung verjähren in sechs Monaten.

Die Verjährung der Ersatzansprüche des Vermiethers beginnt mit dem Zeitpunkt, in welchem er die Sache zurückerhält, die Verjährung der Ansprüche des Miethers beginnt mit der Beendigung des Miethverhältnisses.

Mit der Verjährung des Anspruchs des Vermiethers auf Rückgabe der Sache verjähren auch die Ersatzansprüche des Vermiethers.

E. II, 500; III, 551.

§ 558 Abs. 1 u. 2 führt für bestimmte Ansprüche des Vermiethers und Miethers eine kurze Verjährung ein. (Im Gegensatze zu E. I, der von einer derartigen Abkürzung der Verjährung ausdrücklich absah. Vgl. M. II, 378. Auch das gemeine Recht kannte solche kurze Fristen hier nicht, wohl aber die preußische Praxis auf Grund des P.L.R. Thl. I Tit. 5 §§ 343—345.) Der Grund für die Einführung liegt darin, weil Miethe und Pacht vielfache und häufig wechselnde Interessen berühren, die eine rasche Auseinandersetzung der Betheiligten sehr erwünscht machen, zumal auch der Zustand der Miethsache zur kritischen Zeit beim Wechsel der Miether um so schwerer feststellbar erscheint, je mehr Zeit inzwischen verfloß. (P. II, 177.)

Die Besonderheiten betreffen im Uebrigen nur die Dauer der Verjährungsfrist und den Beginn bezw. das Ende der Verjährung, während sonst die allgemeinen Vorschriften über Verjährung gelten. Vgl. insbesondere §§ 186 ff. und 194 ff.

1. Eine solche kurze Verjährungsfrist von sechs Monaten besteht:

a) für Ersatzansprüche des Vermiethers wegen Veränderungen und Verschlechterungen der gemietheten Sache durch den Miether, s. § 548 mit Bem.;

b) für Ansprüche des Miethers auf Ersatz von Verwendungen oder auf Gestattung der Wegnahme einer Einrichtung, s. § 547 und Bem.

Nicht hieher gehören die Ansprüche des Vermiethers aus den §§ 550, 553, 556, welche keine Ersatzansprüche sind, und ebensowenig die Ansprüche des Miethers aus den §§ 538 u. 541, welche keine Verwendungsansprüche sind. Ansprüche des Vermiethers gegen den Miether wegen verschuldeten Untergangs der Sache fallen gleichfalls nicht unter a.

2. Der Beginn der Verjährung wird in Abs. 2 für die Ansprüche des Vermiethers an den Zeitpunkt geknüpft, in welchem der Vermiether die Sache thatsächlich zurückerhält, also nicht an die Beendigung des Miethverhältnisses schlechthin. Der Grund hiefür liegt darin, daß der Vermiether erst mit der Rückgabe in der Lage ist, den Zustand der Miethsache zu prüfen. Die Ansprüche des Miethers dagegen beginnen unmittelbar mit der Beendigung des Miethverhältnisses zu verjähren.

3. Die Vorschrift des Abs. 3 wurzelt in einem analogen Prinzipe mit § 224.

4. Hervorzuheben ist noch, daß sich der Miether ungeachtet einer bereits eingetretenen Verjährung bezüglich der von ihm gemachten Verwendungen durch Aufrechnung mit dem von ihm zu entrichtenden Miethzinse befriedigen kann (P II, 177).

§ 559.

Der Vermiether eines Grundstücks hat für seine Forderungen aus dem Miethverhältniß ein Pfandrecht an den eingebrachten Sachen des Miethers. Für künftige Entschädigungsforderungen und für den Miethzins für eine spätere Zeit als das laufende und das folgende Miethjahr kann das Pfandrecht nicht geltend gemacht werden. Es erstreckt sich nicht auf die der Pfändung nicht unterworfenen Sachen.

E. I, 521 Abs. 1 S. 1, 2, II, 501; III, 552.

I. Allgemeines über das Pfandrecht des Vermiethers.

1. Aelteres Recht. Im gemeinen Rechte hatte der Vermiether wegen seiner Ansprüche aus dem Miethvertrag ein gesetzliches Pfandrecht (analog im P.L.R. Thl. I Tit. 21 § 395, das aber hier eine stillschweigende Verpfändung Seitens des Miethers oder Pächters unterstellte). In Bayern waren durch die §§ 1 u. 3 des bayrischen Hyp.-Ges. grundsätzlich alle gesetzlichen Hypotheken an Mobilien für unzulässig erklärt worden. Dagegen nahmen Doktrin und Praxis übereinstimmend an, daß durch diese Aufhebung des gesetzlichen Pfandrechtes an beweglichen Sachen das persönliche Retentionsrecht des Vermiethers oder Verpächters an den eingebrachten Sachen des Miethers oder Pächters nicht aufgehoben worden sei (Entsch. d. O.G.H. III, 249, VI, 806, VIII, 33). Eine besondere Einschränkung erfuhr dieses Retentionsrecht durch das bayrische Gesetz vom 18. Dezember 1887.

2. In den Erörterungen zum B.G.B. bildete die Frage, ob dem Vermiether überhaupt ein derartiges Privilegium zu gewähren oder ob es vom sozialpolitischen Standpunkt aus gänzlich zu verwerfen sei, einen gewichtigen Streitpunkt (vgl. insbesondere die entgegengesetzten Gutachten auf dem 40. Juristentag, Verh. III S. 152—206 u. 207—260 und ferner auch Jacubezky, Bem. S. 129 ff.).

E. I §§ 521 ff. gewährte dem Vermiether und Verpächter ein gesetzliches Pfandrecht und an diesem Prinzipe hält auch das Gesetzbuch fest. Es ist aber dem Vermiether oder Verpächter eine bevorzugte Stellung vor anderen Gläubigern nur insoweit eingeräumt, als es zu dessen Sicherung unerläßlich ist, und es bestehen insbesondere zum Schutze des

Miethers eine Reihe von Kautelen, die das Recht des Vermiethers in erheblicher Weise einschränken. S. §§ 569 Satz 2 u. 3 und 560—563. Dem Verpächter gegenüber kommen diese Einschränkungen aus agrarpolitischen Gründen theilweise nicht zur Anwendung; s. insbesondere § 585.

3. Hinsichtlich Uebergangsfragen vgl. Vorbem. VIII, 4.

II. Inhalt, Entstehung und Geltendmachung des Pfandrechtes:

1. Das dem Vermiether und Verpächter gewährte Sicherungsmittel ist kein bloßes persönliches Retentionsrecht, sondern ein wirkliches gesetzliches Pfandrecht, auf welches daher gemäß § 1257 im Allgemeinen die Vorschriften über das durch Rechtsgeschäft bestellte Pfandrecht entsprechende Anwendung finden. Es weist aber nach Maßgabe der §§ 559—563 bestimmte Besonderheiten und Anomalien gegenüber dem rechtsgeschäftlich bestellten Pfandrechte auf, die hier in erster Reihe zu berücksichtigen sind. Außerdem werden auch jene pfandrechtlichen Vorschriften im Allgemeinen von der Anwendung ausgeschlossen sein, die einen unmittelbaren Besitz des Pfandes Seitens des Pfandgläubigers unbedingt voraussetzen.

2. Dieses Pfandrecht entsteht unmittelbar mit dem Einbringen der Sachen in den gemietheten Raum, bei Grundstücksfrüchten mit der Trennung der Früchte (§ 101 Ziff. 1). Es ist also nicht an einen rechtsgeschäftlichen Akt geknüpft, sondern an einen rein thatsächlichen Vorgang, P. II, 204. Einer Besitzergreifung an den einzelnen Sachen des Miethers bedarf es nicht, ebensowenig einer ausdrücklichen oder stillschweigenden Verpfändung Seitens des Miethers. (M. II, 404.) Ein Recht auf Einbringung von Sachen hat der Vermiether nicht (vgl. Raatz, die Miethe S. 44).

3. Seinem näheren Inhalte nach schließt dieses Pfandrecht folgende Befugnisse des Vermiethers in sich (Bl. f. R.A. a. a. O. S. 379):

a) das Recht der Zurückbehaltung der eingebrachten Sachen im engeren Sinne, s. § 561 Abs. 1;

b) das Recht der Verfolgung fortgeschaffter Sachen des Miethers, s. § 561 Abs. 2;

c) das Recht der Befriedigung aus jenen Sachen, soweit solche zur Deckung seiner Forderungen nothwendig ist.

Diese Gliederung ist auch typisch für die Geltendmachung des Pfandrechtes: Im Bereiche a ist dem Vermiether ein besonders gestaltetes Recht der Selbsthülfe eingeräumt (§§ 561 Abs. 1 mit 229).

Im Falle b ist ihm eine Klage auf Zurückschaffung bezw., wenn Miether bereits ausgezogen ist, auf Ueberlassung des Besitzes verliehen (§ 561 Abs. 2).

Bezüglich der Befriedigung c untersteht sein Recht den allgemeinen Vorschriften über den Verkauf von Pfandsachen nach Maßgabe der §§ 1228, 1233—1241, 1257; vgl. hieher auch § 1229.

III. Die Person des Pfandgläubigers:

1. Nur dem Vermiether (Verpächter) eines Grundstücks (vgl. § 580) steht dieses Pfandrecht zu, nicht also dem Vermiether beweglicher Sachen. Ueber das Pfandrecht des Gastwirths vgl. § 704 im Besonderen.

2. Bei einer Veräußerung des Grundstücks wird anzunehmen sein, daß der erste Vermiether sein Pfandrecht in Ansehung der aus dem Miethverhältnisse herrührenden Forderungen behält, bezüglich deren nach §§ 571 ff. ein Eintritt des Dritten in die Rechte des Veräußerers nicht stattfindet. Dies trifft insbesondere zu in Betreff der rückständigen, auf die Zeit vor der Eigenthumsübertragung entfallenden Miethzinsen. Vgl. P. II, 210—212 (ein abweichender Antrag wurde abgelehnt).

3. Hieher schlägt auch die Frage ein, ob bei Abtretung (Cession) der mit dem Pfandrechte gesicherten Forderungen des Vermiethers das Pfandrecht des Vermiethers auf den neuen Forderungsberechtigten ohne Weiteres übergeht im Sinne des § 401. Diese Frage dürfte zu bejahen sein, da kein triftiger Grund zu einer besonderen Ausnahme von der allgemeinen Regel des § 401 vorliegt. (Ebenso Oertmann, Bem. 5 zu § 559; a. M. Fuld a. a. O. S. 197.)

IV. Gegenstand des Pfandrechtes:

1. Das Pfandrecht erstreckt sich auf die eingebrachten Sachen des Miethers.

a) Der Begriff „eingebracht" ist der herkömmliche, in Wissenschaft und Praxis festgelegte (vgl. § 41 Ziff. 4 der früheren K.O., P.L.R. Thl. I Tit. 21 § 395). Als eingebracht können nur körperliche Sachen gelten im Sinne des § 90. Nicht hieher gehören z. B. Schuldurkunden, Lebensversicherungspolicen 2c., denn diese sind für die Regel nicht selbständig verpfändbar, sondern nur die durch sie bewiesenen Ansprüche, diese aber sind nicht eingebracht. Inhaberpapiere sind jedoch als selbständige Sachen und somit als verpfändbar zu betrachten. Indossable Papiere (Wechsel ꝛc.) sind nicht in gleichem Maße wie Inhaberpapiere in dem Papiere verkörpert, weßhalb sie dem Pfandrechte nicht unterliegen (Förster-Eccius, Pr.R. Bd. 2 § 136 S. 207 und Anm. 244; Bem. zu § 90 B.G.B.). Auch Geld gehört natürlich hieher.

b) Das Einbringen muß gerade in die gemietheten Räume erfolgt sein und das Miethverhältniß muß natürlich bereits begonnen haben (Fuld a. a. O. S. 181). Gleichgültig ist, ob das Einbringen bei Beginn oder im Laufe der Miethe geschah. Daß die Gegenstände zur Wohnungseinrichtung gehören, ist, wie sich bereits aus a ergibt, nicht nothwendig.

c) Als eingebracht gelten auch Sachen, die nicht andauernd, sondern nur vorübergehend in dem Miethlokale verbleiben sollen, wie z. B. dem Miether zu Eigenthum gehörende Kaufmannswaaren (nicht aber Kommissionswaaren; vgl. unten Bem. 2). Auch fallen unter den Begriff Sachen, welche der Miether erst in der Wohnung selbst anfertigt, gleichviel ob er die Rohprodukte hiezu bereits anfangs mitgebracht oder erst später sich verschafft hat, z. B. ein in der Miethwohnung gemaltes Bild (Fuld a. a. O. S. 180).

d) Eine Einschränkung des Pfandrechtes bezüglich des Werthes der haftenden Gegenstände nach einem Verhältnisse zu den Forderungsbeträgen stellt das Gesetz nicht auf. Es ergibt sich jedoch, abgesehen von der Bestimmung in Satz 3, eine Einschränkung einerseits durch § 560 Satz 2, wonach der Vermiether der Entfernung nicht widersprechen kann, wenn sie in regelmäßigem Betriebe des Geschäftes des Miethers oder den gewöhnlichen Lebensverhältnissen entsprechend erfolgt oder wenn die zurückbleibenden Sachen zur Sicherung des Vermiethers offenbar ausreichen. Andererseits darf Vermiether gemäß § 1230 Satz 2 schließlich nur so viele Pfänder zum Verkaufe bringen, als zu seiner Befriedigung erforderlich sind. Auch ist Abwendung des Pfandrechtes durch Sicherheitsleistung im Rahmen des § 562 möglich.

Ferner schlägt § 777 C.P.O. hieher ein, wonach der Vermiether, wenn er in Ausübung seines Rechtes Sachen des Miethers in Besitz genommen hat, nicht mit weiterer Zwangsvollstreckung gegen den Miether vorgehen darf, soweit er durch den Werth jener Sachen gedeckt ist. Bei Zuwiderhandlung kann der Miether Widerspruch nach § 766 C.P.O. erheben.

e) Bei der Pacht landwirthschaftlicher Grundstücke erstreckt sich das Pfandrecht auch auf die Früchte des Grundstücks, s. § 585 Satz 2.

f) Eine besondere Normirung hat der Begriff „eingebracht" beim Pfandrechte des Gastwirths gefunden, s. §§ 704 mit 701 Abs. 2.

2. Dem Pfandrechte unterliegen einzig und allein die dem Miether gehörenden Sachen.

Das Pfandrecht erstreckt sich daher nicht:

a) auf Sachen des Untermiethers, entsprechend dem Prinzipe, daß zwischen Hauptvermiether und Untermiether an sich kein Vertragsverhältniß besteht. (M. II, 404; D. S. 74 Bem. zu § 549; in Uebereinstimmung mit dem preußischen Rechte, dagegen abweichend vom gemeinen Rechte.) Selbstverständlich aber steht das Pfandrecht dem Hauptmiether in der Richtung gegen den Untermiether in vollem Umfange zu.

b) Ebensowenig erstreckt es sich auf die Sachen der mit dem Miether zusammenwohnenden Ehefrau oder seiner Kinder, zumal das Gesetz auf dem Standpunkte steht, daß dem Ehemann und Vater die Lasten des gemeinsamen Haushalts in erster Reihe zur Last fallen (M. II, 405; P. II, 205, im Gegensatze zur preußischen Praxis).

Eine Ausnahme besteht natürlich, soweit die Ehefrau selbst mit als Miethherin erscheint (vgl. Bem. B, III, 2 zu § 535), außerdem bezüglich der zum ehelichen Gesammtgute gehörigen Sachen. Letzteres kommt in Betracht, wenn zwischen Eheleuten allgemeine Gütergemeinschaft besteht (§§ 1438, 1443 ff., 1459); bei Errungenschaftsgemeinschaft hinsichtlich dessen, was die Ehefrau während der Ehe erworben, also auch während der Ehe mit ihrem Erwerb angeschafft hat (§§ 1519, 1530 ff.); bei der Fahrnißgemeinschaft, soweit nicht die Sachen zu dem eingebrachten Gut in technischem Sinne gehören (§§ 1459, 1550). Von besonderem Einflusse wird hier aber auch zu Gunsten des Vermiethers die Vermuthung des § 1362 (praesumptio Muciana) sein. Vgl. auch unten c fg. Außerdem steht dem Vermiether gegen vertragsmäßige Uebertragungen von Sachen des Miethers an dessen Ehefrau oder Kinder während des Bestehens des Miethverhältnisses ein Anfechtungsrecht nach Maßgabe des R.G. vom 21. Juli 1879 zu.

Die nunmehrige Regelung wird übrigens zur Folge haben, daß der Vermiether zu seiner Sicherung von vorneherein darauf dringt, daß die Ehefrau des Miethers den Miethvertrag gleichfalls mit abschließt als Mitkontrahentin.

c) Ebensowenig werden von dem Pfandrechte die Dritten gehörigen Sachen berührt, welche der Miether eingebracht hat.

Dies ist von besonderer Wichtigkeit hinsichtlich der Wohnungseinrichtung. Es können z. B. Möbelstücke, an welchen sich der Verkäufer das Eigenthum vorbehalten hat oder welche dem Miether lediglich geliehen sind, von dem Pfandrechte nicht ergriffen werden. Hieran kann auch der Umstand nichts ändern, daß jener Dritte mit der Einbringung in die Wohnung einverstanden war.

d) Die Anwendung des Grundsatzes „Hand wahre Hand" (s. § 1207 mit §§ 932, 934, 935) ist hier nach M. II, 405 und P. II, 204 ausdrücklich ausgeschlossen, da sich das Pfandrecht nicht an einen rechtsgeschäftlichen Akt, sondern an einen rein thatsächlichen Vorgang anknüpft (s. oben II, a). Es hilft also dem Vermiether der Umstand nichts, daß er in gutem Glauben die eingebrachten Sachen für Sachen des Miethers gehalten hat.

e) Eine Vermuthung, daß die eingebrachten Sachen ohne Weiteres als Sachen des Miethers gelten sollen, hat das Gesetz gleichfalls nicht aufgestellt (P. II, 205). Selbstverständlich ist aber, daß Vermiether kraft seines Pfandrechtes alle in dem gemietheten Raume befindlichen Sachen des Miethers zunächst im Wege der Selbsthülfe behalten darf, analog wie das Pfändungsrecht des Gerichtsvollziehers in erster Reihe auf alle in Gewahrsam des Schuldners befindlichen Gegenstände sich erstreckt. Vgl. hieher auch § 1362 und oben Bem. 2 b.

f) Auch eine Erklärung des Miethers, Alles sei sein Eigenthum, kann das Pfandrecht des Vermiethers, das sich eben ein- für allemal nur auf die dem Miether gehörenden Sachen erstrecken darf, nicht erweitern, P. a. a. O. Der Miether kann sich solchenfalls eventuell eines strafrechtlich zu ahndenden Betrugs schuldig machen. (Dagegen kann freilich eine rechtsgeschäftliche Verpfändung fremder Sachen bei gleichzeitiger Besitzübertragung die pfandrechtliche Verhaftung derselben nach sich ziehen, s. §§ 1205, 1208.)

V. Es unterliegen aber nicht alle dem Miether gehörigen und von ihm eingebrachten Sachen dem Pfandrechte. Es werden durch besondere Vorschrift in Satz 3 diejenigen Sachen ausgeschlossen, welche nicht gepfändet werden können (nach dem Vorgange verschiedener neuerer Gesetzgebungen; vgl. M. II, 405 und bayrisches Gesetz vom 18. Dezember 1887). Diese Ausnahme entspringt einem sozialen Bedürfnisse. „Es würde inkonsequent sein, ein gesetzliches Pfandrecht in Betreff derjenigen Sachen zuzugestehen, deren Abpfändung aus Gründen der öffentlichen Wohlfahrt und im öffentlichen Interesse gesetzlich verboten ist." (M. a. a. O.)

1. Zu diesen Sachen gehören:

a) die in § 811 C.P.O. aufgeführten Sachen, deren Kreis in der neuen Fassung der C.P.O. aus sozialen Gründen bedeutend erweitert wurde (vgl. D. z. C.P.O. S. 128).

b) Fraglich erscheint, ob auch die in § 812 C.P.O. vermeinten Gegenstände (solche, welche zum gewöhnlichen Hausrathe gehören und im Haushalte des Schuldners gebraucht werden, wenn ohne Weiteres ersichtlich ist, daß durch deren Verwerthung nur ein Erlös erzielt würde, der zu dem Werth außer allem Verhältnisse steht) hieher zu rechnen sind. Diese Gegenstände können zwar gepfändet werden nach dem Wortlaute des Gesetzes, aber sie sollen es nicht, so daß also auch für sie im Grunde ein Pfändungsverbot im weiteren Sinne besteht. Andererseits ist das gesetzgeberische Motiv, aus dem § 812 entsprungen ist, das gleiche, auf welchem § 811 beruht, nämlich ein sozialpolitisches, so daß der in den M. a. a. O. (s. oben) angegebene allgemeine Grund für die Beschränkung des Pfandrechtes in Satz 3 auch hinsichtlich dieser Gegenstände zutrifft (vgl. Jastrow, Archiv für soziale Gesetzgebung Bd. 12 S. 615 ff.; Oertmann, Bem. 2 a. E. zu § 559; dagegen Planck, Bem. 3

zu § 559). Ein weiterer Beleg für diese Auffassung liegt auch in § 1 Abs. 4 K.O.

c) Ferner schlägt hier ein § 20 Gesetz über das Postwesen vom 28. Oktober 1871 (Inventarium der Posthaltereien), ebenso wie auch die in dem Gesetze, betr. die Unzulässigkeit der Pfändung von Eisenbahnfahrbetriebsmitteln, vom 3. Mai 1886 bezeichneten Sachen nicht unter das Pfandrecht fallen. (Anders zum Theil im Konkursverfahren, s. § 1 K.O. Ein Antrag, nur die im Falle des Konkurses nicht zur Masse gehörenden Sachen vom Pfandrechte auszunehmen und somit hier eine völlige Uebereinstimmung mit dem Konkursrechte herbeizuführen, wurde abgelehnt. P. II, 206 u. 207.)

d) Eine besondere Ausnahme besteht bei der Pacht landwirthschaftlicher Grundstücke. Hier ergreift das Pfandrecht des Verpächters gemäß § 585 Satz 2 auch die nach § 811 Ziff. 4 C.P.O. unpfändbaren Gegenstände.

2. Die Vorschrift des Satz 3 ist im öffentlichen Interesse erfolgt, weßhalb anzunehmen ist, daß hierin eine zwingende Rechtsnorm liegt (vgl. Bem. I, 5 zu § 535). Es muß daher auch ein Verzicht des Miethers auf diese Schutzvorschrift als rechtsunwirksam erscheinen.

Etwas anderes ist die Frage, ob nicht der Miether an bestimmten Sachen, die an sich unter die Schutzvorschrift fallen, dem Vermiether durch Rechtsgeschäft ein Pfandrecht bestellen kann nach Maßgabe der §§ 1205 ff. Diese Frage dürfte zu bejahen sein, da ja ein allgemeines Veräußerungsverbot bezüglich solcher Sachen nicht aufgestellt ist und zudem der Miether bei einer freiwilligen Verpfändung zu erkennen gibt, daß die betreffenden Sachen für ihn nicht unentbehrlich sind (analog nach dem bayrischen Gesetz vom 18. Dezember 1887; vgl. Henle, Kommentar hiezu S. 62).

VI. Die durch das Pfandrecht gesicherten Forderungen:

1. Von vorneherein ist hinsichtlich des Umfangs des Pfandrechtes in Betreff der gesicherten Forderungen zu unterscheiden, ob lediglich das Verhältniß zwischen Vermiether und Miether allein in Betracht kommt oder ob Vermiether zugleich mit anderen Gläubigern des Miethers zu konkurriren hat.

An dieser Stelle ist nur vom ersteren Falle zu handeln. Bei der Konkurrenz mit weiteren Gläubigern besteht eine besondere Einschränkung hinsichtlich der Forderungen durch § 563; s. Bem. hiezu, insbesondere Bem. 4 (Konkurs).

2. Grundsätzlich besteht das Pfandrecht für alle Forderungen aus dem Miethverhältniß, aber auch nur für Forderungen, deren Quelle im Miethverhältnisse liegt. Hieher gehört vor Allem die Forderung auf Zahlung des Miethzinses, sowie die verschiedenartigen Entschädigungsforderungen des Vermiethers gegen den Miether auf Grund der Ueberlassung der Miethsache, ferner Kosten des gegen den Miether geführten Räumungsprozesses, Versteigerungskosten. sowie Vertragsstrafen.

Ersatzansprüche für Verköstigung und Verpflegung, welche der Vermiether dem Miether gewährt hat, kann das Pfandrecht nicht schützen, so wenig wie Forderungen für Darlehen oder sonstige Baarauslagen. Wenn aber Forderungen für Verköstigung oder Verpflegung (z. B. für Frühstück, für Beheizung ꝛc.) als ungetrennte Pauschalsumme mit der Miethzinsforderung vereinbart wurden, wie häufig bei der Untermiethe, so dürfte kein Hinderniß bestehen, auch das Pfandrecht ununterschieden auf die vollen Beträge zu erstrecken. (Aehnlich Fuld a. a. O. S. 173.)

3. Das Gesetz statuirt aber von dem Grundsatze, daß das Pfandrecht für alle Forderungen aus dem Miethverhältnisse gelten solle, bestimmte Ausnahmen, auch ohne daß der Vermiether mit anderen Gläubigern konkurrirt (vgl. oben 1), zum Theil aus sozialpolitischen Erwägungen (E. I, 521 kannte diese Einschränkungen noch nicht; vgl. M. II, 406; sie entsprachen den Wünschen der Kritik; vgl. Z.G. II, 276, 277, VI, 410, 411):

a) Für künftige Entschädigungsforderungen kann das Pfandrecht gar nie geltend gemacht werden, also nur für bereits fällige Entschädigungsforderungen.

b) Hinsichtlich künftiger Miethzinsforderungen, also noch nicht fälliger, erstreckt sich das Pfandrecht nur auf die Miethzinse bezüglich des laufenden und des folgenden Miethjahres (nicht zu verwechseln mit Kalenderjahr); der rückständige Miethzins dagegen ist, soweit nicht eine Konkurrenz mit anderen Gläubigern besteht (s. oben 1), seinem vollen Betrage nach durch das Pfandrecht gedeckt.

4. Eine Besonderheit besteht bei der Pacht eines landwirthschaftlichen Grundstücks. Hier kann das Pfandrecht für den gesammten (auch künftigen) Pachtzins geltend gemacht werden (§ 585 Satz 1).

5. Eine besondere Ausdehnung bezüglich der Forderungen hat das Pfandrecht des Gastwirths nach § 704.

VII. Ueber das Pfandrecht des Vermiethers im Konkurse des Miethers s. Bem. 4 zu § 563.

VIII. Das Pfandrecht des Vermiethers genießt auch strafrechtlichen Schutz, wobei — abgesehen von einer eventuellen Anwendung des Betrugsparagraphen — hauptsächlich § 289 St.G.B. in Betracht kommt. Durch diese Strafvorschrift wird nicht nur das sog. Rücken, d. h. das heimliche Ausziehen mit der gesammten Einrichtung getroffen, sondern auch ein allmähliches Verschleppen einzelner Sachen, sowie der offene Auszug unter gewaltsamer Verhinderung des Zurückbehaltungsrechtes (§ 561 Abs. 1). Letzteren Falls können aber auch die Momente einer Erpressung in Frage kommen (Arnold a. a. O. S. 155).

§ 560.

Das Pfandrecht des Vermiethers erlischt mit der Entfernung der Sachen von dem Grundstück, es sei denn, daß die Entfernung ohne Wissen oder unter Widerspruch des Vermiethers erfolgt. Der Vermiether kann der Entfernung nicht widersprechen, wenn sie im regelmäßigen Betriebe des Geschäfts des Miethers oder den gewöhnlichen Lebensverhältnissen entsprechend erfolgt oder wenn die zurückbleibenden Sachen zur Sicherung des Vermiethers offenbar ausreichen.

E. I, 521 Abs. 1 Satz 3, Abs. 2 Satz 1; II, 502; III, 553.

1. Allgemeines: Im gemeinen Rechte war das Fortschaffen der Illaten der Regel nach ohne Einfluß auf das Pfandrecht, soferne nicht aus den Umständen ein ausdrücklicher oder stillschweigender Verzicht des Vermiethers zu entnehmen war. Nach P.L.R. war das Verbleiben der Illaten in der Miethwohnung regelmäßig Voraussetzung für den Fortbestand des Pfandrechtes.

Das B.G.B. schließt sich im Prinzipe dem P.L.R. an. Das Pfandrecht des Vermiethers erlischt im Grundsatze mit der Entfernung der Sachen des Miethers vom Grundstücke, wie sein Entstehen andererseits an den thatsächlichen Vorgang des Einbringens geknüpft ist (§ 559).

Von dieser Regel gibt es aber einschneidende Ausnahmen. Das Pfandrecht erlischt nämlich trotz Entfernung nicht:

a) wenn die Entfernung ohne Wissen des Vermiethers,
b) wenn sie unter Widerspruch des Vermiethers erfolgte.
In bestimmten Fällen darf der Vermiether aber hinwiederum nicht widersprechen (s. unten 3).

Die Rechtsstellung des Vermiethers gegenüber einer fehlerhaften Entfernung im vorigen Sinne wird in § 561 behandelt.

2. Einzelheiten bezüglich obiger Ausnahmen:

a) Zu betonen ist, daß die Entfernung vom Grundstücke das Pfandrecht aufhebt, also bei der Wohnungsmiethe nicht schon die Entfernung aus dem Miethraume allein. Denn es entspricht der Auffassung des Lebens, das Pfandrecht so lange bestehen zu lassen, als die eingebrachten Sachen des Miethers noch im Machtbereiche des Vermiethers sich befinden (P. II, 207).

b) Das Gesetz knüpft die Ausnahme a nicht in beschränkter Weise an ein heimliches Entfernen (wie E. I § 521), sondern jede Entfernung von Miethsachen ohne Wissen des Vermiethers überhaupt, also gleichviel ob die Sachen heimlich oder offenkundiger Weise fortgeschafft wurden, läßt das Pfandrecht nicht erlöschen. (P. II, 207.)

c) Der Widerspruch braucht nicht nothwendig ausdrücklich erklärt zu sein. Er kann auch aus den Umständen hervorgehen, jedoch wird er sich stets auf einen konkreten Fall beziehen müssen. (Oertmann zu § 560.)

Die Beweislast bezüglich der Ausnahmen trifft den Vermiether. (M. II, 408.)

3. In bestimmten Fällen darf indessen der Vermiether einer Entfernung gar nicht widersprechen, selbst wenn ihm bereits fällige Ansprüche zustehen, nämlich:

a) wenn die Entfernung im regelmäßigen Geschäftsbetriebe des Miethers erfolgt, z. B. von Waaren, die zu einem Verkaufsladen gehörten (diese

Beschränkung war schon in der gemeinrechtlichen und preußischen Doktrin und Praxis anerkannt, Entsch. d. R.O.H.G. VI S. 385 ff., 393; M. II, 408);

b) wenn die Entfernung den gewöhnlichen Lebensverhältnissen entspricht, z. B. hinsichtlich Reiseuntensilien bei Antritt einer Reise oder reparaturbedürftiger Sachen, deren Ausbesserung außerhalb des Hauses zu erfolgen hat rc.;

c) wenn die zurückbleibenden Sachen zur Sicherung des Vermiethers offenbar hinreichen. Diese Klausel wurde im Gegensatze zu E. I erst im E. II eingefügt und zwar um deßwillen, weil sonst aus der Untheilbarkeit des Pfandrechtes gefolgert werden könnte, daß der Miether ohne den Willen des Vermiethers keine der eingebrachten Sachen aus den gemietheten Räumen entfernen dürfe, selbst wenn der Werth der zurückgelassenen Sachen zur Sicherheit für die Rechte des Vermiethers ausreiche (P. a. a. O.). Der Nachdruck liegt übrigens hier auf dem Worte „offenbar", d. h. die verbleibenden Sachen müssen einen solchen Werth repräsentiren, daß ohne genauere Prüfung oder Schätzung klar ist, der Vermiether sei durch die zurückbleibenden Sachen noch genügend gesichert.

Die Beweislast hinsichtlich dieser drei Momente trifft den Miether, sobald Vermiether seinerseits den erhobenen Widerspruch dargethan hat.

4. Satz 2 trägt entschieden den Charakter einer Zwangsvorschrift, so daß ein allgemeiner Verzicht auf diese Schutzvorschrift als rechtsunwirksam erscheinen muß (vgl. Bem. B, I, 5 zu § 535.)

5. Die allgemeinen Erlöschungsgründe des Pfandrechtes (s. §§ 1252 ff. mit § 1257) gelten selbstverständlich auch hier. Im Fall einer Weiterveräußerung der mit dem Pfandrechte belasteten Sache schlägt ferner § 936 ein.

§ 561.

Der Vermiether darf die Entfernung der seinem Pfandrecht unterliegenden Sachen, soweit er ihr zu widersprechen berechtigt ist, auch ohne Anrufen des Gerichts verhindern und, wenn der Miether auszieht, die Sachen in seinen Besitz nehmen.

Sind die Sachen ohne Wissen oder unter Widerspruch des Vermiethers entfernt worden, so kann er die Herausgabe zum Zwecke der Zurückschaffung in das Grundstück und, wenn der Miether ausgezogen ist, die Ueberlassung des Besitzes verlangen. Das Pfandrecht erlischt mit dem Ablauf eines Monats, nachdem der Vermiether von der Entfernung der Sachen Kenntniß erlangt hat, wenn nicht der Vermiether diesen Anspruch vorher gerichtlich geltend gemacht hat.

E. I, 521 Abs. 2 Satz 2, Abs. 3; II, 503; III, 554.

I. Abs. 1 gewährt dem Vermiether (entsprechend dem sog. Perklusionsrechte in der Lehre des gemeinen und P.L.R.) zur Sicherung seines Pfandrechtes ein besonders qualifizirtes Recht der Selbsthülfe (vgl. auch § 869).

Diese Selbsthülfe geht weiter, als die allgemein erlaubte Selbsthülfe nach den §§ 229 ff. Sie ist nämlich einerseits nicht an die Voraussetzung geknüpft, daß gerichtliche Hülfe nicht rasch angerufen werden kann, andererseits ist hier auch eine besondere Gefahr auf Verzug nicht erforderlich.

Im Uebrigen hat man es hier nicht mit einem besonderen Rechte neben dem Pfandrechte zu thun, sondern es schließt das Pfandrecht dieses Recht der Selbsthülfe unmittelbar seinem Inhalte nach in sich, weßhalb das Gesetz auch zur Vermeidung von Irrungen eine besondere Benennung mit „Zurückbehaltungsrecht" absichtlich vermeidet (M. II, 409).

Die Machtbefugniß des Vermiethers ist aber von vorneherein eine verschiedene, je nachdem ein wirklicher Auszug des Miethers vorliegt oder nicht.

1. Ohne Auszug des Miethers: Wenn der Miether eine dem Pfandrechte unterliegende Sache entfernen will, so kann der Vermiether, soferne er der Entfernung überhaupt widersprechen kann (§ 560), den Miether unmittelbar an der Entfernung ver-

hindern, d. h. er darf dahin wirken, daß jene Sache auf dem Grundstück, insbesondere in der Wohnung verbleibe. Ein Recht, die Sachen selbst in Besitz zu nehmen, hat der Vermiether in diesem Stadium nicht.

a) Welcher Mittel sich der Vermiether bedienen darf, darüber gibt das Gesetz keine besondere Bestimmung. Das Maß hiefür ergibt sich aus dem allgemeinen § 230 Abs. 1, wonach die Selbsthülfe nicht weiter gehen darf, als zur Abwendung der Gefahr nothwendig ist, d. h. also hier, als zu dem Zwecke nothwendig ist, daß die Sachen auf dem Grundstücke verbleiben. Die hiezu nöthigen Maßregeln werden im Uebrigen verschieden sein je nach Lage des Falles, insbesondere je nach dem Verhalten des Miethers. Die persönliche Freiheit des Miethers selbst wird dabei freilich nicht andauernd verletzt werden dürfen. Wohl aber wird der Vermiether beispielsweise die Hausthüre verschließen dürfen, bis die Sachen wieder zurückgeschafft sind, und er wird auch, ohne sich eines Hausfriedensbruchs schuldig zu machen, die Wohnung des Miethers dabei betreten dürfen, soweit dies nothwendig ist, um die Entfernung zu verhindern oder die Rückschaffung zu bethätigen bezw. zu überwachen (vgl. Fuld, S. 183).

b) Ein Recht, die ohne Wissen bezw. unter Widerspruch weggeschafften Sachen im Wege der sofortigen Nacheile eigenmächtig zurückzuschaffen (vgl. § 859 Abs. 2) wird in den M. II, 409 dem Vermiether abgesprochen. Denn das besondere Recht aus Abs. 1 muß dem Prinzipe nach hinfällig werden, sobald die Sachen von dem Grundstück entfernt sind. Seine Rechtsstellung, im Falle die Sachen bereits aus seinem Machtbereiche sind, ergibt sich aus Abs. 2. Freilich ist nicht ausgeschlossen, daß unter Umständen eine Selbsthülfe durch Nacheile nach Maßgabe des allgemeinen § 229 erlaubt wird.

c) Die Vorschrift des § 231 (Schadensersatzpflicht bei irriger Annahme der Voraussetzungen einer Selbsthülfe) erscheint hinsichtlich der Ausübung dieses Pfandrechtes nicht anwendbar, da § 231 eine Spezialvorschrift ist (ebenso Planck, Bem. 1 zu § 561, und Fuld a. a. O. S. 184). Eine Schadensersatzpflicht des Vermiethers in dieser Hinsicht kann daher nur nach Maßgabe des § 823 erwachsen.

d) Hervorzuheben ist schließlich, daß der Vermiether auch bei Ausübung dieser Selbsthülfe sich nicht an solche Sachen halten darf, die unpfändbar sind oder von denen er bestimmt weiß, daß sie fremdes Eigenthum sind (vgl. § 559). Durch das Vorgeben des Miethers, die Sachen seien fremdes Eigenthum, braucht er sich nicht ohne Weiteres abschrecken zu lassen. Er nimmt aber damit freilich das Risiko auf sich, daß der wirkliche Eigenthümer ihn verklagt (vgl. Bem. IV, 2, c zu § 559; Arnold a. a. O. S. 149).

2. Bei Auszug des Miethers, d. h. wenn der Miether mit unmittelbaren Vorbereitungen zu einem völligen Auszuge begonnen hat:

a) Hier wird die Machtbefugniß des Vermiethers gesteigert. Er darf nämlich solchen Falles die seinem Pfandrechte unterliegenden Sachen direkt in seinen Besitz nehmen, z. B. in seine Wohnung verbringen und unter seinen Verschluß nehmen. Sind die Sachen ohne Wissen und Willen des Vermiethers vom Grundstücke bereits fortgeschafft, so gilt das oben 1 b Gesagte auch hier.

b) Jener Besitz des Vermiethers ist der unmittelbare Besitz des Pfandgläubigers in Gemäßheit der §§ 868 u. 1205. Dem Miether verbleibt der mittelbare Besitz. Auch im Uebrigen steht der Vermiether nunmehr völlig einem Pfandgläubiger gleich, der ein Faustpfand durch Rechtsgeschäft erworben hat. Hervorzuheben ist:

α) Er ist verpflichtet, die Sachen zu verwahren (§§ 1215, 1216). Erwächst ihm hiebei ein unvermeidbarer Aufwand, so hat der Miether solchen zu ersetzen. Hienach entscheidet sich die Frage, ob der Vermiether Lagergeld fordern darf (P. III, 460; Arnold a. a. O. S. 150).

β) Wenn der Vermiether vor dem Verkaufe befriedigt wird, muß er die Sache dem Miether zurückgeben (§ 1223 Abs. 1).

γ) Wird dem Vermiether die Sache weggenommen, so kann er sie auf Grund seines Pfandrechtes zurückverlangen (§§ 1227 mit 1007).

3. Selbstverständlich bleibt, daß dem Vermiether neben diesem Selbsthülferechte (1 u. 2) auch die allgemeine Rechtshülfe offen steht, insbesondere die hier praktischen Wege des Arrestes und der einstweiligen Verfügung (§§ 946 ff. C.P.O.).

II. Abs. 2 gibt dem Vermiether hinsichtlich der seinem Pfandrechte unterliegenden Sachen, die ohne sein Wissen oder unter seinem Widerspruch entfernt worden sind (soweit er überhaupt widersprechen darf, vgl. § 560 Abs. 2), einen Rückschaffungsanspruch, der erforderlichenfalls mit Klage geltend gemacht wird.

Dieser Anspruch geht im Allgemeinen auf Herausgabe der fortgeschafften Sachen. Es wird aber analog, wie bei der Selbsthülfe nach Abs. 1, des Näheren auch hier unterschieden, ob ein Auszug des Miethers bereits stattfand oder nicht:

Fand noch kein Auszug statt, so ist das Endziel die Zurückschaffung der Sachen in das Grundstück.

Ist der Miether aber bereits ausgezogen, so kann Vermiether nunmehr die Ueberlassung des Besitzes verlangen.

1. Seinem Wesen nach steht dieser Anspruch mit den allgemeinen Vorschriften über die Verfolgbarkeit des Pfandrechtes an beweglichen Sachen im Einklange, s. § 1227 mit Bem. (vgl. M. II, 409 und bayrisches Gesetz vom 23. Februar 1879 Art. 200). Seine Nothwendigkeit und seine Eigenart erklärt sich daraus, daß einerseits der Vermiether den Besitz der Pfandsache noch nicht gehabt hat (sonst würde unter Umständen z. B. § 1007 die einfachste Handhabe bilden); andererseits soll aber auch der Vermiether den Besitz der Pfandsache nicht erhalten, solange Miether noch in der Wohnung ist, damit die Rechtslage nicht geändert wird. Es soll vielmehr in diesem Falle nur der frühere thatsächliche Zustand wiederhergestellt werden. Der Anspruch ist also eine Art dinglicher Pfandklage, kein rein persönlicher Anspruch.

2. Aus dieser Natur des Anspruchs folgt, daß derselbe auch gegen den dritten Besitzer der Sachen gerichtet werden kann (vgl. Jacubezky, Bem. S. 129). Daß solchen Falles die Klage zugleich mit gegen den Miether gerichtet wird, wird nicht nothwendig sein, da dies der selbständigen Natur dieses Anspruchs widersprechen würde (eine Ausnahme bestünde selbstverständlich, wenn die Sache im gemeinschaftlichen Besitze des Miethers und des Dritten sich befände).

Der Vermiether wird die Entstehung seines Pfandrechtes und die unbefugte Entfernung zu beweisen haben. Auf Seite des Dritten wird der Besitz der Pfandsache als Passivlegitimation genügen.

Als Einwendungen des Dritten können aber hier insbesondere in Betracht kommen:

α) § 936, soferne dem Dritten die Sache veräußert wurde und er zur maßgebenden Zeit in Ansehung des Rechtes des Vermiethers in gutem Glauben war (dann ist das Pfandrecht erloschen, vgl. Bem. zu § 936);

β) § 1208, falls der Dritte selbst ein Pfandrecht an der Sache erworben hat (z. B. der neue Vermiether), und er in Ansehung des bisherigen Pfandrechtes nicht in bösem Glauben war (hier geht für die Regel das neue Pfandrecht dem älteren vor, s. Bem. zu § 1208).

3. Der Rückschaffungsanspruch ist aber an die Einhaltung einer einmonatigen Erlöschungsfrist geknüpft:

a) Diese Befristung wurde beschlossen (im Gegensatze zu E. I und M. II, 410), weil die Sicherheit des Verkehrs, insbesondere die Rücksicht auf den weiteren Vermiether eine kürzere zeitliche Schranke für das Recht des ersten Vermiethers verlange, wenngleich sie den sonstigen für das Pfandrecht aufgestellten Grundsätzen zuwiderläuft (P. II, 209).

b) Die Erlöschung ist keine Verjährung im technischen Sinne, sondern eine gesetzliche Befristung, die das Recht selbst, nicht bloß einen einzelnen Anspruch, tilgt.

c) Eine weitere Voraussetzung als die thatsächliche Fortschaffung der Sachen, sowie der Ablauf der einmonatigen Frist ist für diese Erlöschung nicht aufgestellt. Der Zeitpunkt für den Beginn der Frist ist aber nicht der Tag der Fortschaffung, sondern jener Tag, an welchem der Vermiether von der Fortschaffung Kenntniß erhalten hat. Kenntniß des Ortes, wohin die Sachen geschafft wurden, ist dabei nicht verlangt (P. a. a. O.).

4. Selbsthülfe ist in dem Stadium des Abs. 2 nicht statthaft (abgesehen von den allgemeinen §§ 229 ff.). Im Nothfall ist Arrest oder einstweilige Verfügung zu erwirken (M. II, 409; D. S. 71), was besonders dann praktisch wird, wenn die Sachen einem Dritten lediglich zur Verwahrung oder zur Fortschaffung an einen anderen Ort übergeben wurden (Fränkel a. a. O. S. 55).

III. Die endgültige Befriedigung des Vermiethers aus den zurückbehaltenen Sachen für seine Forderungen erfolgt durch Verkauf derselben nach den Regeln des

Pfandrechtes, vgl. hieher §§ 1228 ff. Ueber Vereinbarungen einer Befriedigung ohne Versteigerung vgl. § 1229.

IV. Ueber den Fall der Wegnahme der Sachen auf Grund einer Pfändung durch einen anderen Gläubiger s. Bem. 1 zu § 563.

V. Ueber strafrechtlichen Schutz des Vermiether-Pfandrechtes s. Bem. VIII zu § 559.

§ 562.

Der Miether kann die Geltendmachung des Pfandrechts des Vermiethers durch Sicherheitsleistung abwenden; er kann jede einzelne Sache dadurch von dem Pfandrechte befreien, daß er in Höhe ihres Werthes Sicherheit leistet.

E. I, 451 Abs. 4; II, 504; III, 555.

§ 562 gewährt dem Miether die Möglichkeit, auch ohne Befriedigung des Vermiethers durch Sicherheitsleistung die Geltendmachung des Pfandrechtes abzuwenden. Dies ist für den Miether hauptsächlich dann praktisch, wenn es sich um noch nicht fällige oder strittige Ansprüche des Vermiethers (z. B. Entschädigungsansprüche) handelt.

I. Die Sicherheitsleistung kann in doppelter Beziehung erfolgen:

1. Zur Abwendung der Geltendmachung des Pfandrechtes überhaupt: In welcher Höhe hier die Sicherheit zu leisten ist, darüber bestimmt das Gesetz keine Einzelheiten. Es wird anzunehmen sein, daß der zu sichernde Betrag regelmäßig die Summe aller jener Ansprüche ist, für die gemäß § 559 das Pfandrecht besteht. Zweifelhafter wird die Sache, wenn der Werth der dem Pfandrechte unterliegenden Sachen unter dem Betrage der Forderungen steht. Hier ist die Frage, ob gleichwohl eine den Werth der Pfandsachen erreichende Sicherheit genügt oder ob nur eine den Gesammtbetrag der Forderungen erreichende Sicherheit befreiend wirken kann. Es dürfte die erstere Annahme zutreffend sein. Dies ergibt sich einerseits aus der Analogie des im zweiten Halbsatze Bestimmten (b), wonach für jede einzelne Sache entsprechend ihrem Werthe Sicherheit geleistet werden kann, andererseits wird ja dem Vermiether durch das Pfandrecht selbst nie mehr Gewähr geleistet, als der Gesammtwerth der dem Pfandrechte unterliegenden Sachen (Oertmann zu § 562).

2. Es kann aber ebenso auch bezüglich jeder einzelnen dem Pfandrechte unterliegenden Sache in Höhe ihres Werthes zu ihrer Befreiung vom Pfandrechte Sicherheit geleistet werden.

II. Die Mittel, mit denen die Sicherheit zu leisten ist, bestimmen sich nach den allgemeinen §§ 232 ff. Dabei ist hervorzuheben, daß subsidiär (§ 232 Abs. 2) auch durch Stellung eines tauglichen (§ 239) Bürgen Sicherheit geleistet werden kann (E. I § 521 Abs. 4 hatte diese Möglichkeit ausdrücklich ausgeschlossen, E. II dagegen diese Ausnahme wieder gestrichen, da gerade für den kleinen Mann die Stellung eines Bürgen oft das letzte Hilfsmittel bilde. Vgl. P. II, 209—210).

III. Das Anbieten einer ausreichenden Sicherheit muß die Wirkung haben, daß der Vermiether, der jene nicht annimmt, seine Rechte aus § 561 verliert. Eine gleichwohl vom Vermiether geübte Selbsthülfe müßte dann als rechtswidrig erscheinen; vgl. Oertmann a. a. O. Die ausreichende Höhe der angebotenen Sicherheit wird im Streitfalle der Miether zu beweisen haben.

§ 563.

Wird eine dem Pfandrechte des Vermiethers unterliegende Sache für einen anderen Gläubiger gepfändet, so kann diesem gegenüber das Pfandrecht nicht wegen des Miethzinses für eine frühere Zeit als das letzte Jahr vor der Pfändung geltend gemacht werden.

E. I, 521 Abs. 5; II, 505; III, 557.

Widerstreit des Pfandrechtes des Vermiethers mit den Rechten anderer Gläubiger des Miethers an den Pfandsachen:

Das Gesetz streift bezüglich dieser Materie in § 563 nur die Konkurrenz mit einem Pfändungspfandrechte nach Entstehen des Vermietherpfandrechtes. (Näheres Bem. 1.)

Des Zusammenhangs wegen sind aber an dieser Stelle auch folgende anderweitige Fälle eines Widerstreits in obigem Sinne kurz zu betrachten, nämlich:

A. mit einem älteren Pfandrechte, das vor Entstehen des Vermietherpfandrechtes schon bestand (Näh. Bem. II);

B. die Konkurrenz des Vermietherpfandrechtes mit einem rechtsgeschäftlichen oder gesetzlichen Pfandrechte nach dem Entstehen des ersteren (Näh. Bem. III);

C. das Vermietherpfandrecht im Konkurse des Miethers (Näh. Bem. IV).

Eine Besonderheit besteht auch hier hinsichtlich der Pacht eines landwirthschaftlichen Grundstücks (Bem. 4).

I. Gegenüber einem späteren Pfändungspfandrechte:

1. Der Schutz des Pfandrechtes für den Vermiether ist hier ein geringerer, als wenn sein Pfandrecht allein dem Miether gegenüber besteht (vgl. Bem. V zu § 559). Wird nämlich eine dem Pfandrechte des Vermiethers unterliegende Sache für einen anderen Gläubiger gepfändet, so kann diesem gegenüber bezüglich des fälligen Miethzinses das Pfandrecht nur für das letzte Jahr vor der Pfändung geltend gemacht werden. Hinsichtlich der übrigen Ansprüche aber (z. B. bezüglich fälliger Entschädigungsansprüche oder der Miethzinsansprüche für die Zukunft findet keine weitere Einschränkung statt als sie für den Vermiether auch dem Miether allein gegenüber besteht nach Maßgabe des § 559 S. 2, vgl. Bem. V hiezu.

2. Widersprechen kann der Vermiether einer solchen Pfändung nicht (eine Ausnahme bestünde nur, wenn er die Sachen bereits in Ausübung seines Zurückbehaltungsrechtes in seinen Besitz genommen hätte, § 809 C.P.O.). Er hat aber nach § 805 C.P.O. einen Anspruch auf vorzugsweise Befriedigung auf Grund seines älteren Pfandrechtes, jedoch mit der Einschränkung seiner Forderungen nach § 563.

a) Verbleibt aus dem Erlöse nach Befriedigung des Pfandgläubigers und der hier beschränkten Ansprüche des Vermiethers ein Rest, so hat Vermiether nunmehr darauf auch hinsichtlich seiner weiter zurückliegenden fälligen Miethzinsforderungen Anspruch, da dann insoweit der Grund für die Beschränkung weggefallen ist.

b) Sind die Sachen versteigert und der Erlös an den anderen Gläubiger hinausgegeben, so muß dieser Anspruch des Vermiethers überhaupt fortfallen (Entsch. d. R.G. Bd. 13 S. 173; Arnold a. a. O. S. 153).

II. Hinsichtlich älterer Pfandrechte kann in Betracht kommen:

1. das Bestehen eines älteren rechtsgeschäftlichen Pfandrechtes (§ 1206) oder eines älteren Pfändungspfandrechtes;

2. das Fortbestehen eines älteren Vermietherpfandrechtes.

Im Falle 1 hat das jüngere Pfandrecht des Vermiethers den Vorrang, es sei denn, daß dieser zur Zeit der Entstehung seines gesetzlichen Pfandrechtes in Ansehung jenes älteren Rechtes nicht in gutem Glauben war (§§ 1208, 1299 mit 1257).

Im Falle 2 gilt an sich das Gleiche (anderer Ansicht Mittelstein, S. 205, und Biermann, Nr. 2 zu § 1257 B.G.B.). Wenn hier aber der neuere Vermiether durch Veräußerung Besitznachfolger des älteren geworden ist, so wird Ersterer regelmäßig sich nicht auf guten Glauben berufen können, da er sich über den Fortbestand älterer geschützter Ansprüche seines Besitzvorgängers zu erkundigen hat und erkundigen kann. (Arnold a. a. O. S. 152.)

III. Bezüglich einer Konkurrenz mit neueren rechtsgeschäftlichen oder gesetzlichen Pfandrechten ist Folgendes hervorzuheben (vgl. Arnold a. a. O. S. 153):

1. Der Bestellung eines rechtsgeschäftlichen Pfandrechtes Seitens des Miethers für einen Dritten mit der Wirkung der Fortschaffung der Sachen (§ 1205) aus der Wohnung kann der Vermiether widersprechen, soweit er überhaupt einer Fortschaffung widersprechen kann (§ 560). Im Falle einer Bestellung durch Einräumung des Mitbesitzes (§ 1206) müßte trotz Redlichkeit des neueren Pfandgläubigers das ältere Vermietherpfandrecht vorgehen (§ 1208 S. 2 mit Bem. 1 b hiezu).

2. Auch der Fall läßt sich denken, daß nach einer unbefugten Fortschaffung der eingebrachten Sachen vor Erlöschung des Vermietherpfandrechtes ein neues gesetzliches Pfandrecht entsteht, z. B. eines Spediteurs, Frachtführers oder eines neuen Vermiethers. Hier geht wieder das neue Pfandrecht vor, es sei denn, daß dieser Pfandgläubiger zur Zeit des Erwerbes des Pfandrechtes in Ansehung des älteren Pfandrechtes nicht in gutem Glauben war. (A. A. Mittelstein, S. 205.)

IV. Ueber das Vermietherpfandrecht im Konkurse des Miethers sei hier in Kürze auf Folgendes verwiesen:

1. Der Vermiether hat bezüglich der von seinem Pfandrechte ergriffenen Sachen ein Absonderungsrecht gemäß § 49 Ziff. 2 K.O. (Die Realisirung kann der Konkursverwalter in Gemäßheit des § 127 K.O. beschleunigen.)

2. Es besteht hier aber hinsichtlich der durch das Pfandrecht geschützten Forderungen eine mit § 563 harmonirende Einschränkung, insoferne in Ansehung des Miethoder Pachtzinses das Pfandrecht für eine frühere Zeit als das letzte Jahr vor der Eröffnung des Verfahrens nicht geltend gemacht werden kann, § 49 Ziff. 2 K.O. (Hinsichtlich der Zeit nach der Konkurseröffnung s. § 59 K.O.)

V. Bei der Pacht eines landwirthschaftlichen Grundstücks besteht die Besonderheit, daß die Einschränkung des § 563 nicht gilt, s. § 585 S. 1. Damit harmonirt auch die Bestimmung in § 49 Ziff. 2 K.O. a. E.

§ 564.

Das Miethverhältniß endigt mit dem Ablaufe der Zeit, für die es eingegangen ist.

Ist die Miethzeit nicht bestimmt, so kann jeder Theil das Miethverhältniß nach den Vorschriften des § 565 kündigen.

E. I, 522 Abs. 1, 2; II, 506 Abs. 1, 2; III, 557.

Das Gesetz regelt folgende Beendigungsgründe der Miethe im Besonderen:

A. Ablauf der Zeit, § 564 Abs. 1, s. Bem. I.

B. Kündigung, § 564 Abs. 2 mit § 565, s. unten Bem. II.

C. Erlöschen des Rechtes des Vermiethers an der Sache, s. §§ 571 ff.

I. Bezüglich der Beendigung der Miethe durch Zeitablauf ist zu unterscheiden, ob ein Miethverhältniß auf bestimmte Zeit abgeschlossen wurde oder auf unbestimmte Zeit:

1. Bestimmt ist die Miethzeit nicht nur dann, wenn sie nach Kalenderzeit festgelegt ist, sondern auch dann, wenn die Miethe nur zu einem gewissen, zeitlich beschränkten Gebrauch erfolgt (z. B. Miethe eines Zimmers während einer Landtagssession, einer Maschine für die Erntezeit) oder auch dann, wenn das Ende der Miethe an den Eintritt eines gewissen Ereignisses (z. B. Vermiethung auf Lebenszeit) geknüpft ist.

Selbstverständlich ist, daß für die Auslegung der Zeitdauer der örtlichen Verkehrssitte eine besondere Bedeutung zukommen kann, z. B. Miethe eines Zimmers in einem Bade- oder Sommerfrischorte für die „Saison" (vgl. Bem. I, 6 zu § 535).

Ueber Miethverträge „auf so lange Zeit, als die Partei will", s. M. II, 416. Hier ist durch Auslegung im Einzelfalle festzustellen, ob die Parteien lediglich einen Miethvertrag für unbestimmte Zeit beabsichtigten (was wohl die Regel sein wird), oder ob sich wirklich die eine Partei dem Willen der anderen unterwerfen wollte unter Verzicht auf das Recht zur ordentlichen Kündigung. (Vgl. hiezu Arnold a. a. O. S. 122 u. 123.)

Wurde vereinbart, daß der Vertrag eine bestimmte Zahl Jahre, z. B. 4 Jahre, unkündbar und von da ab erst z. B. halbjährlich kündbar sein solle, so liegt zunächst ein auf bestimmte Zeit abgeschlossener Miethvertrag vor, der, wenn die Kündigung unterbleibt, in einen Vertrag auf unbestimmte Zeit übergeht.

Es wird hier regelmäßig die Meinung der Parteien sein, daß erst nach Ablauf der 4 Jahre gekündigt werden könne. (A. A. Arnold, S. 123 Anm. 3.)

2. Unbestimmt ist die Miethzeit dann, wenn aus den Vereinbarungen der Parteien der Zeitpunkt der Beendigung der Miethe weder direkt noch indirekt hervorgeht.

3. Der Unterschied der beiden Arten 1 u. 2 wirkt nun hier, wie folgt, ein:

Jede Miethe auf bestimmte Zeit endigt ohne Weiteres mit dem Ablaufe der Zeit, für welche sie eingegangen wurde. Es ist also hier keine besondere Kündigung nothwendig, um das Ende der Miethzeit herbeizuführen. Dies will Abs. 1 hier außer jeden Zweifel stellen. (M. II, 410.)

Ein Miethverhältniß auf unbestimmte Zeit dagegen endigt erst nach vorausgegangener Kündigung. Dies stellt Abs. 2 klar.

Einen gewissen vermittelnden Standpunkt zwischen diesen Gegensätzen nehmen die Fälle der sog. vorzeitigen Kündigung ein, welche theils zur Lösung von Verträgen auf längere bestimmte Zeit dienen, theils von Verträgen auf unbestimmte Zeit mit vertragsmäßig längeren Kündigungsfristen als die gesetzlichen sind; Näh. s. Bem. IV zu § 565.

II. Die in Abs. 2 vermeinte Kündigung ist die sog. ordentliche Kündigung unter Einhaltung einer bestimmten Kündigungsfrist zur Lösung der auf unbestimmte Zeit abgeschlossenen Mieth- und Pachtverhältnisse.

Zu unterscheiden von dieser ordentlichen Kündigung ist:

a) die außerordentliche Kündigung nach Maßgabe der §§ 542, 553, 554; s. insbesondere Bem. I zu § 542;

b) die sog. vorzeitige Kündigung mit Einhaltung der gesetzlichen Kündigungsfrist (s. oben und Bem. IV zu § 565).

Die ordentliche Kündigung steht jedem Theile zu, nur muß dabei stets die Kündigungsfrist eingehalten werden.

Letztere richtet sich zunächst nach den vertragsmäßigen Vereinbarungen; wurden hierüber aber keine getroffen, so werden die gesetzlichen Fristen (s. § 565 mit Bem.) maßgebend.

Ein Grund für diese ordentliche Kündigung braucht nicht angegeben zu werden.

1. Ihrer rechtlichen Natur nach ist die Kündigung eine einseitige, empfangsbedürftige Willenserklärung, welche daher den allgemeinen gesetzlichen Bestimmungen über Willenserklärungen unterliegt (s. §§ 174, 180, 182, 184, 130, 1404 Abs. 1). Im Sinne des Obligationenrechtes bedeutet die Kündigung nichts anderes als eine Form der Rücktrittserklärung von einem Vertragsverhältnisse.

Der Annahme bedarf eine richtig erklärte Kündigung der Miethe nicht. Letztere bewirkt von selbst die Beendigung des Miethverhältnisses nach Ablauf der Kündigungsfrist. In Folge dessen kann sie aber auch einseitig nicht mehr widerrufen werden, sobald sie zur Kenntniß des anderen Vertragstheils gelangt ist.

2. Einzelheiten:

a) Eine bestimmte Form für die Kündigung schreibt das Gesetz nicht vor, nur muß der bestimmte Kündigungswille aus ihr klar hervorgehen (eine allgemeine Redensart genügt nicht). Ist eine bestimmte Form vertragsmäßig vereinbart, so ist diese natürlich einzuhalten. Wenn aber diese Form nicht beobachtet wurde und diese formlose Kündigung gleichwohl angenommen wurde, so wird die Kündigung doch rechtswirksam (s. § 144).

b) Strittig ist, ob auch eine bedingte Kündigung statthaft ist. In M. II, 413 wird die Wirkungslosigkeit einer bedingten Kündigung als selbstverständlich hingestellt. Hieran dürfte festzuhalten sein. Dabei ist aber freilich hervorzuheben, daß eine solche bedingte Kündigung gleichwohl dann wirksam ist und zwar als vertragsmäßige Beendigung, wenn sie von dem anderen Vertragstheil angenommen wird (s. Hellmann, Vortr. I S. 158, Immerwahr, Die Kündigung § 17). Ueber die verschiedenen Ansichten vgl. hieher Fränkel a. a. O. S. 62; Fuld a. a. O. S. 153; Oertmann, Bem. 2 zu § 564; Thiele, Archiv für civil. Praxis 1889 S. 147; Hellmann, Vortr. I S. 158 und Mittelstein, S. 221.

c) Eine verfrühte Kündigung, d. h. eine Kündigung, welche eine längere Frist als nothwendig beläßt, muß zulässig sein, zumal sie ja im Interesse beider Theile liegt (Fuld, S. 150). Schwieriger ist die Frage, ob und inwieweit eine verspätete Kündigung von Wirksamkeit ist, d. h. ob diese wenigstens auf den nächstfolgenden zulässigen Kündigungstermin zu beziehen ist, ohne daß es einer neuerlichen Kündigung bedarf. Die Entscheidung wird von den konkreten Umständen des Einzelfalls abhängen. Im Allgemeinen aber wird Folgendes zu sagen sein: Wollte der Kündigende auf alle Fälle das Vertragsverhältniß lösen und ist dieser Wille dem anderen Vertragstheil auch genügend erkennbar geworden, so wird die Kündigung ohne Weiteres für den nächstfolgenden zulässigen Kündigungstermin wirksam sein können. Ueber die verschiedenen Ansichten s. Fuld a. a. O. S. 151; Endemann, § 170 Nr. 6; Oertmann zu § 564.

d) Die Kündigung kann auch sogleich erfolgen, d. h. gleichzeitig mit dem rechtlichen Beginne der Miethe, wobei der Einzugstag bei Wohnungen gleichgültig ist. Für den Beginn der Miethe aber, so daß das Miethverhältniß gar nicht zur Entstehung käme, ist die Kündigung nicht statthaft, da dies eine Verweigerung der Vertragserfüllung wäre (Bl. f. R.A. a. a. O. S. 357).

e) Wenn auf der einen oder anderen Seite mehrere Personen Vertragstheile sind, so kann die Kündigung nur von allen oder gegen alle erfolgen. Dies ergibt sich aus § 356 (M. II, 413).

f) Die Beweislast bei der Kündigung trifft nach allgemeinen Grundsätzen denjenigen, der kündigte bezw. Rechte aus der Kündigung ableitet. Bei brieflicher Kündigung ist lediglich der Inhalt des Kündigungsbriefes und die richtige und rechtzeitige Zustellung desselben an den Adressaten zu beweisen. Ob Letzterer den Brief zu lesen beliebte, ist belanglos (Seuffert, Archiv Bd. 42 Nr. 191, 50 Nr. 77, 51 Nr. 19; Arnold a. a. O. S. 127 Anm. 6).

III. Auch eine Steigerung des Miethzinses kann die Beendigung des Miethverhältnisses nach sich ziehen. Denn eine sog. Steigerung mit eventueller Kündigung ist im Grunde ihrer rechtlichen Natur nach nichts anderes als eine unbedingte Kündigung verbunden mit neuem Vertragsantrage.

Wird letzterer abgelehnt, so tritt die Kündigung in volle Wirksamkeit. (Ein bloßes Stillschweigen auf die Steigerung wird im Allgemeinen nicht als Ablehnung gelten können, denn Treu und Glauben werden verlangen, daß Miether die Ablehnung dem Vermiether erklärt, falls er mit der Steigerung nicht einverstanden ist; a. M. Arnold a. a. O. S. 136).

Wird die Steigerung angenommen, so kann sie — außer bei anderweitiger Vereinbarung — nicht schon für das laufende Ziel, sondern erst vom nächsten Ziele ab wirken (Arnold a. a. O. S. 136).

Bei Vermiethung auf bestimmte Zeit ist eine Steigerung vor Ablauf dieser Zeit nicht statthaft, auch wenn etwa die Zahlung des Miethzinses fristenweise erfolgt.

Ebenso ist bei Miethen auf unbestimmte Zeit, wenn der Vermiether vertragsmäßig für eine bestimmte Zeit auf Kündigung verzichtet hat, eine Steigerung für diese Zeit ausgeschlossen. Umgekehrt wird auch aus einem vertragsmäßigen Verzicht auf Steigerung für eine bestimmte Zeitspanne im Zweifel ein Verzicht auf Ausübung der ordentlichen Kündigung für diesen Zeitabschnitt zu entnehmen sein. Bei einer allgemeinen Zusage, nicht zu steigern, wird dagegen nicht ohne Weiteres auf einen Verzicht auf Kündigung zu schließen sein. Vgl. hieher Arnold a. a. O.

IV. Ueber die Pflicht des Miethers, die Besichtigung der Miethsache nach erfolgter Kündigung zu gestatten, s. Bem. B, V, 1 zu § 536.

V. Bei Streitigkeiten über Gültigkeit und Wirkung einer Kündigung ist nunmehr besonders § 257 C.P.O. n. Nr. praktisch, wonach auch Klage auf künftige Räumung erhoben werden kann.

Näheres hierüber s. in Bem. I, 3 a zu § 556. Mit einer derartigen Klage wird auch die Kündigung nochmals verbunden werden können. Die Frage aber, ob eine solche Klage auf künftige Räumung eine Kündigung vollständig ersetzt, wird nach den Umständen des Einzelfalles zu entscheiden sein (vgl. Fuld a. a. O. S. 156).

VI. Ueber die fortdauernde Gültigkeit landesgesetzlicher Räumungsvorschriften s. Art. 93 E.G. mit Bem. und vgl. hieher Bem. I, 2 b zu § 556.

§ 565.

Bei Grundstücken ist die Kündigung nur für den Schluß eines Kalendervierteljahrs zulässig; sie hat spätestens am dritten Werktage des Vierteljahrs zu erfolgen. Ist der Miethzins nach Monaten bemessen, so ist die Kündigung nur für den Schluß eines Kalendermonats zulässig; sie hat spätestens am fünfzehnten des Monats zu erfolgen. Ist der Miethzins nach Wochen bemessen, so ist die Kündigung nur für den Schluß einer Kalenderwoche zulässig; sie hat spätestens am ersten Werktage der Woche zu erfolgen.

Bei beweglichen Sachen hat die Kündigung spätestens am dritten Tage vor dem Tage zu erfolgen, an welchem das Miethverhältniß endigen soll.

Ist der Miethzins für ein Grundstück oder für eine bewegliche Sache nach Tagen bemessen. so ist die Kündigung an jedem Tage für den folgenden Tag zulässig.

Die Vorschriften des Abs. 1 Satz 1, Abs. 2 gelten auch für die Fälle, in denen das Miethverhältniß unter Einhaltung der gesetzlichen Frist vorzeitig gekündigt werden kann.

E. I, 522; II, 506; III, 558.

I. Ueber Kündigung im Allgemeinen und die sich hieran reihenden Rechtsfragen allgemeiner Art s. Bem. II zu § 564.

§ 565 normirt lediglich die gesetzlichen Kündigungsfristen, welche in Wirksamkeit treten sollen, wenn die Fristen im Einzelfalle nicht vertragsmäßig festgelegt sind, und zwar betrifft:

a) Abs. 1 die Kündigungsfristen bei der Miethe von Grundstücken;

b) Abs. 2 jene bei der Miethe beweglicher Sachen;

c) Abs. 3 jene bei einer Miethe von Grundstücken oder beweglicher Sachen nach Tagen;

d) Abs. 4 dehnt die Vorschriften des Abs. 1 Satz 1 und Abs. 2 auf die Fälle der sog. vorzeitigen Kündigung aus.

II. Als allgemeine Bemerkung ist vorher noch Folgendes hervorzuheben:

1. Bei der Regelung der gesetzlichen Kündigungsfristen ist den Zinsterminen ein gewisser Einfluß eingeräumt, so in Abs. 1 Satz 2 u. 3, wie in Abs. 3. Man hat sich aber davor zu hüten, Zinsentrichtungs- und Kündigungstermine im Allgemeinen zu identifiziren. Vgl. Bem. 6 zu § 551.

2. Ob bei lückenhaften Vereinbarungen die gesetzlichen Vorschriften des § 565 anwendbar sind, ist nach den Prot. Auslegungsfrage. Man wird z. B. nicht ohne Weiteres die Vergünstigungen des Abs. 1 als stillschweigend gewollt betrachten dürfen (ebenso Planck, Bem. 1 zu § 565; a. M. Fuld a. a. O. S. 149).

3. Die bisher geltenden ortsüblichen Fristen im Sinne eines örtlichen Gewohnheitsrechtes sind beseitigt. Solche könnten sich neuerdings nur in Form eines allgemeinen Gewohnheitsrechtes bilden. Vgl. Bem. B, I, 6 zu § 535.

4. Diese gesetzlichen Fristen sind durchweg als Kalenderfristen gedacht. Der Beginn der Miethe muß für deren Berechnung außer Ansatz bleiben.

III. Einzelheiten:

1. Zu Abs. 1. Bei der Miethe von Grundstücken (s. § 570) ist hinsichtlich der gesetzlichen Kündigungsfristen von vorneherein zu unterscheiden, ob der Miethzins nach Monaten (Abs. 1 Satz 2) bezw. noch kürzer (s. insbes. Abs. 3) bemessen ist oder ob dieser nach einem längeren Zeitraume zu entrichten ist.

a) In letzterem Falle, worauf sich Abs. 1 bezieht, also z. B. bei einer viertel- oder halbjährlichen Bezahlung des Miethzinses, ist die ordentliche Kündigung nur für den Schluß des Kalendervierteljahres zulässig und hat spätestens am dritten Werktage des angebrochenen Kalendervierteljahres zu erfolgen.

Die allgemeine Regelung einer Kündigung nur nach Kalendervierteljahren in diesem Falle, welche die buntscheckige Verschiedenheit der einzelnen ortsüblichen Zieltage beseitigt (s. oben), ist sehr zu begrüßen. (M. II, 411.)

Die Vergünstigung einer Nachfrist von drei Werktagen wurde erst durch E. III eingefügt (E. I u. II. kannten sie nicht).

b) Bei einer Zinsentrichtung nach Monaten ist die Kündigung nur für den Schluß eines Kalendermonats zulässig. Sie hat spätestens am fünfzehnten des jeweiligen Kalendermonats zu erfolgen (übereinstimmend mit dem P.L.R.).

c) Ist der Miethzins nach Wochen bemessen, so ist die Kündigung nur für den Schluß einer Kalenderwoche zulässig und zwar hat sie spätestens am ersten Werktage der Woche zu erfolgen.

Streit besteht hier, ob als Schluß der Kalenderwoche der Samstag oder der Sonntag zu erachten ist. Nach dem Kalender — und nur dieser kommt hier überhaupt in Betracht (s. oben II, d) und nicht etwa eine Verkehrsauffassung — beginnt die Woche mit dem Sonntag und endigt mit dem Samstag. Es kann also nur der Samstag als Schluß der Woche in Betracht kommen. Daß das Gesetz dies angenommen hat, ergibt sich auch daraus, daß es sagt, die Kündigung hätte spätestens am ersten Werktage (E. I am „Montag" der Woche) zu erfolgen, also damit doch den Sonntag als Beginn der Woche annimmt. Andererseits kann doch auch der Gesetzgeber nicht gewollt haben, daß der letzte Tag der Miethe, der regelmäßig bei derartigen Miethen wohl auch der Auszugstag ist, auf einen Sonntag fällt. (Vgl. hieher auch § 193; a. M. Planck, Bem. 2, a, β.)

2. Bei der Miethe beweglicher Sachen hat als Regel die Kündigung spätestens am dritten Tage vor dem Tage zu erfolgen, an welchem das Miethverhältniß endigen soll.

a) Es müssen also mindestens zwei Tage zwischen Kündigungstag und Endigungstag liegen. Die Fassung des Gesetzes „am dritten Tage vor dem Tage" deutet unbedingt darauf hin, daß bei Berechnung dieser an sich dreitägigen Frist der Kündigungstag selbst nicht mitgezählt werden darf, wenngleich dies in gewissem Sinne disharmonirt mit § 187 Abs. 2.

b) Streit besteht, ob die Kündigungsfrist ausläuft mit dem Beginn oder mit dem Ende des letzten Tages. Als Regel dürfte letzteres anzunehmen sein. Denn einerseits bezeichnet das Gesetz selbst den letzten Tag als denjenigen, an dem das Miethverhältniß endigen soll, worin von selbst also dessen Ablauf vorausgesetzt wird. Andererseits stimmt diese Auffassung auch mit der allgemeinen Regel des § 188 Abs. 1 überein, von der hier abzugehen weder der Wortlaut des Gesetzes veranlaßt noch auch ein besonderer innerer Grund.

Ausnahmsweise mag vielleicht nach einer örtlichen Verkehrssitte in einzelnen Geschäftszweigen eine etwas frühere Stunde als der volle Tagesschluß als Ende des Tages in diesem Sinne gelten, s. Bem. 3.

3. Bei einer Miethe, deren Miethzins sich nach Tagen berechnet, ist die gesetzliche Kündigungsfrist dieselbe, gleichviel ob es sich um eine Miethe von Grundstücken oder beweglichen Sachen handelt.

Hier ist die Kündigung an jedem Tage für den folgenden Tag zulässig.

Auch hier besteht, ähnlich wie bei Abs. 2, eine Meinungsverschiedenheit, nämlich darüber, ob bereits der Kündigungstag, d. h. der Tag, an welchem gekündigt wird, zugleich der letzte Miethstag ist oder erst der darauffolgende.

Nach dem Wortlaute des Gesetzes dürfte es keinem Zweifel unterliegen, daß erst der darauffolgende Tag das Ende der Miethe bedeutet, denn anderenfalls hätte das Gesetz ja gar nicht nöthig gehabt, den folgenden Tag besonders zu betonen. Im Uebrigen handelt es sich hier wieder um eine Frist, die sich nach „Tagen" bemißt, so daß nach der allgemeinen Regel des § 188 das Ende des folgenden Tages noch abzuwarten ist (auch das P.L.R. Thl. I Tit. 21 §§ 342 ff. hatte hier eine Frist von 24 Stunden; a. M. Planck zu § 565).

In einzelnen Geschäftszweigen (z. B. im Hotelbetriebe) oder nach örtlicher Auffassung mag freilich die Verkehrssitte auf die entgegengesetzte Meinung hinauslaufen, d. h. daß noch für denselben Tag gekündigt werden darf. In solchen Fällen läßt sich aber leicht eine stillschweigende Unterwerfung unter eine solche Verkehrssitte auf Seite der Parteien annehmen (Oertmann, Bem. 1 b zu § 565).

IV. Die Vorschriften des Abs. 1 Satz 1 (Kündigung nach Kalendervierteljahr für Grundstücke) und des Abs. 2 (Kündigung auf den drittfolgenden Tag bei der Miethe beweglicher Sachen) sollen auch Geltung haben für die Fälle der sog. vorzeitigen Kündigung unter Einhaltung der gesetzlichen Frist (vgl. oben I c a. E. zu § 564).

Es sind dies die Fälle:

a) § 549 Abs. 1 (Verweigerung der Untermiethe),

b) § 567 (Miethvertrag für eine längere Zeit als dreißig Jahre),

c) § 569 (Tod des Miethers),

d) § 570 (Versetzung des Miethers, der Militärperson, Beamter, Geistlicher oder Lehrer an einer öffentlichen Unterrichtsanstalt ist). Ferner schlagen hier ein aus anderen Gebieten:

e) § 1056 (beim Erlöschen eines Nießbrauchs, wenn die Vermiethung durch den Nießbraucher stattfand), sowie § 19 der K.O. (Kündigung im Konkurse hinsichtlich der Wohnung des Miethers) und § 57 Zw.V.G. (Kündigung des Erstehers eines im Zwangswege versteigerten Anwesens).

V. Bei der Pacht eines Grundstücks oder eines Rechtes gelten hinsichtlich der gesetzlichen Kündigungsfrist die besonderen Vorschriften des § 595.

§ 566.

Ein Miethvertrag über ein Grundstück, der für längere Zeit als ein Jahr geschlossen wird, bedarf der schriftlichen Form. Wird die Form nicht beobachtet, so gilt der Vertrag als für unbestimmte Zeit geschlossen; die Kündigung ist jedoch nicht für eine frühere Zeit als für den Schluß des ersten Jahres zulässig.

E. II, 507; III, 559.

I. Allgemeines:

Bei den verschiedenen Meinungen über die Frage, ob Schriftlichkeit für den Miethvertrag zu fordern ist oder nicht (auch die Kritik hatte sich vielfach für die Schriftlichkeit erklärt), wurde § 566 als eine Art vermittelnder Ausweg im E. II geschaffen. Der Paragraph steht aber außerdem in innigem Zusammenhange mit dem Prinzipe der §§ 571 ff. „Kauf bricht nicht Miethe“: man wollte durch diese Vorschrift auch erreichen, daß der Miethvertrag für die gleiche Zeit und mit demselben Inhalte dem neuen Erwerber gegenüber, wie dem ersten Vermiether gegenüber gelte (P. II, 156). Im Allgemeinen kann nicht verkannt werden, daß die Fassung des Paragraphen keine glückliche ist und zu manchen Zweifeln Anlaß gibt.

II. Inhalt und Tragweite der Vorschrift:

Die Bedeutung des Paragraphen liegt darin, daß ein Miethvertrag über ein Grundstück (s. § 580), der auf längere Zeit als ein Jahr geschlossen wird, nach dem Gesetze der Schriftlichkeit bedarf, mit anderen Worten, für derartige Miethverträge besteht das gesetzliche Verbot der bloßen Mündlichkeit. Dies ist als Grundlage anzunehmen, obgleich das Gesetz hier für den Zuwiderhandlungsfall nicht die vollen Konsequenzen eines verbotswidrigen Handelns zieht, vielmehr auf der anderen Seite doch der verbotswidrigen Mündlichkeit mit gewisser Beschränkung Rechtskraft verleiht. Vgl. Bem. III.

1. Ein Abschluß für längere Zeit als ein Jahr liegt nicht nur dann vor, wenn ausdrücklich auf eine feste Zeit von mehr als einem Jahre kontrahirt ist, sondern auch dann, wenn zwar auf unbestimmte Zeit gemiethet, aber die Kündigungsfrist ausnahmsweise derartig lang bemessen ist, daß das Miethverhältniß nicht mindestens alljährlich aufgelöst werden kann. Auch wird § 566 für die Regel anwendbar sein, wenn die Dauer der Miethe von einem zukünftigen ungewissen Ereigniß abhängig gemacht ist, z. B. auf Lebensdauer oder bis zu einer Versetzung rc. (Vgl. hieher Mittelstein, S. 65.)

2. Ueber den Begriff der Schriftlichkeit s. § 126. Selbstverständlich werden mindestens die wesentlichen Erfordernisse eines Miethvertrags (vgl. § 535) in die schriftliche Form gebracht werden müssen, damit überhaupt von einem gültigen Miethvertrage die Rede sein kann. Ueber Nebenabreden s. Bem. IV. Hinsichtlich eines im Ausland errichteten Miethvertrags über ein inländisches Grundstück s. Art. 11 E.G.

3. Es muß natürlich den Parteien unbenommen bleiben, Schriftlichkeit als Bedingung der Vertragsgiltigkeit (nicht lediglich des Beweises wegen) auch in jenen Fällen zu vereinbaren, in welchen sie nach dem Gesetze nicht erfordert wird, z. B. bei der Miethe beweglicher Sachen. Es gelten dann im Zweifel die mündlich getroffenen Vereinbarungen insolange nicht, als nicht die Urkunde errichtet worden ist, s. § 154 Abs. 2.

4. Eine entgegengesetzte Abmachung der Parteien bei einer unter § 566 fallenden Miethe dahin, daß statt der vom Gesetze verlangten Schriftlichkeit die Mündlichkeit gelten solle, müßte als ein direkter Verstoß gegen das Gesetz gemäß § 134 nichtig sein.

5. § 566 gilt auch für solche Miethen, die an sich als Handelsgeschäfte erscheinen, z. B. Ladenmiethen rc.; vgl. D. z. H.G.B. S. 202 (Art. 317 des alten H.G.B. ist gestrichen).

6. Durch einen formlosen Vorvertrag kann die Vorschrift nicht umgangen werden (M. I S 182; Planck, Nr. 5 zu § 125).

III. Folgen einer Verabsäumung dieser Form:

Die Nichtbeachtung der Form macht hier — im Gegensatze zu § 125 — den Miethvertrag nicht ohne Weiteres nichtig. Vielmehr gilt der Vertrag zunächst einmal als für ein Jahr rechtsgültig abgeschlossen, kann jedoch für den Schluß dieses Jahres — und zwar ist hier offenbar das Vertragsjahr, das sich vom Abschluß des Vertrags an berechnet, und nicht das Kalenderjahr gemeint! — gekündigt werden. Für die weitere Dauer aber, d. h. wenn nicht für den Schluß des Vertragsjahres gekündigt wird, gilt der Vertrag als ein auf unbestimmte Zeit abgeschlossener Miethvertrag und ist also dann nach Maßgabe des § 565 Abs. 1 weiter kündbar. (Ueber die verschiedenen Ansichten vgl. Fränkel, S. 6. Oertmann § 566 Nr. 2; Mittelstein, S. 67 u. 68.)

IV. Mündliche Nebenabreden:

Von Wichtigkeit scheint die Frage, ob und inwieweit hier mündlichen Nebenabreden neben einem schriftlichen Vertrag aus § 566 eine rechtliche Bedeutung zukommt; (vgl. Bem. zu § 125.

1. Nach der Auffassung der Protokolle (P. II, 156) sollen zufolge der allgemeinen rechtlichen Grundsätze mündliche Vereinbarungen, welche sich auf ein die Dauer eines Jahres überschreitendes Miethverhältniß beziehen, Mangels der gesetzlichen Form für alle Betheiligten unverbindlich sein (weil sonst der neue Erwerber der Sache schwer geschädigt werden könnte).

Es werden aber doch Einschränkungen dieser Meinung veranlaßt sein:

a) Wenigstens zwischen Vermiether und Miether können solche mündliche Nebenabreden nicht ohne jede rechtliche Bedeutung sein. Denn der Vermiether würde unbedingt gegen die allgemeinen Grundsätze von Treu und Glauben verstoßen, wenn er etwas von dem Miether verlangen würde, was den mündlichen Abreden zuwiderläuft. Z. B. die Parteien haben nach einiger Zeit eine Herabsetzung des Miethpreises vereinbart, ohne dies schriftlich festzulegen. Hier kann der Vermiether später nicht den früheren höheren Miethzins verlangen, ohne sich einer Verletzung von Treu und Glauben schuldig zu machen. Dem weiteren Erwerber des Grundstücks gegenüber freilich wird sich Miether auf eine solche mündliche Herabsetzung neben dem schriftlichen anders lautenden Vertrage nicht mehr mit Erfolg berufen können, soferne der Erwerber nur den schriftlichen Vertrag kannte; s. Bem. I, 2b zu § 571 und vgl. P. II, 141.

b) Stehen die mündlichen Abreden im Widerspruche mit dem schriftlichen Vertrage, so können sie ebenso zur Auslegung als auch zur Anfechtung des Vertrags (z. B. wegen Irrthums) von wichtigem Einflusse sein.

2. Haben die Parteien die Schriftlichkeit (ohne gesetzliche Nothwendigkeit) vereinbart (s. oben II, c), so wird es in erster Reihe auf den Willen der Parteien ankommen, ob und welche Wirkungen etwaige Beredungen haben sollen, bezüglich deren die vereinbarte Form nicht gewahrt ist. Im Zweifel wird auch hier anzunehmen sein, daß die der schriftlichen Form entbehrenden Abreden regelmäßig noch nicht binden.

§ 567.

Wird ein Miethvertrag für eine längere Zeit als dreißig Jahre geschlossen, so kann nach dreißig Jahren jeder Theil das Miethverhältniß unter Einhaltung der gesetzlichen Frist kündigen. Die Kündigung ist unzulässig, wenn der Vertrag für die Lebenszeit des Vermiethers oder des Miethers geschlossen ist.

E. I, 523; II, 508; III, 560.

Der § 567 wurde aus volkswirthschaftlichen Gründen für erforderlich erachtet, um die Erbmiethe oder ein dieser ähnliches Rechtsverhältniß auszuschließen (M. II, 413; vgl. Bem. I u. II, 2a zu § 535).

1. Zu Satz 1. Wenn ein Miethvertrag für eine längere Zeit als dreißig Jahre geschlossen wurde, so soll das Miethverhältniß nach Ablauf von dreißig Jahren so angesehen werden, als wäre es von da an auf unbestimmte Zeit abgeschlossen. Jeder Vertragstheil kann von diesem Zeitpunkt ab das Miethverhältniß unter Einhaltung der gesetzlichen Frist kündigen (§ 565, insbesondere Abs. 4).

(Eine derartige Kündigung fällt unter die Kategorie der sog. vorzeitigen Kündigung unter Einhaltung der gesetzlichen Frist (Bem. IV zu § 565).

2. Zu Satz 2. Eine Vermiethung auf die Lebenszeit des Vermiethers oder Miethers fällt nicht unter Abs. 1, d. h. der Abschluß eines Miethvertrags auf die Lebenszeit des Vermiethers oder Miethers ist zulässig, ohne daß hier dem einen oder anderen Vertragstheil ein vorzeitiges Kündigungsrecht nach Ablauf von dreißig Jahren vom Gesetz eingeräumt wird. Dadurch wird auf indirektem Wege die strikte Vorschrift des Satz 1 wieder gemildert, was um so wichtiger ist, als bei Miethverträgen auf so lange Zeit es den Parteien in den meisten Fällen nur darum zu thun ist, sich auf Lebenszeit ein- für allemal festgelegte Miethverhältnisse zu schaffen.

Die Ausnahmevorschrift des Satz 2 wird übrigens nur auf physische Personen zu beziehen sein, für juristische Personen gilt Satz 1. Dies ergibt sich einerseits aus dem Wortlaute des Gesetzes, andererseits auch aus inneren Gründen, denn der Zweck des § 567 würde bei einer Ausdehnung des Satz 2 auf juristische Personen wieder vereitelt werden. (Fuld, S. 238.)

3. Als weitere Folge aus § 567 wird ferner zu schließen sein, daß weder der Vermiether noch der Miether einen Miethvertrag abschließen kann, der seine Erben in der Weise binden würde, daß diesen die Befugniß der Kündigung nicht zustehen solle. Vgl. auch § 569.

§ 568.

Wird nach dem Ablaufe der Miethzeit der Gebrauch der Sache von dem Miether fortgesetzt, so gilt das Miethverhältniß als auf unbestimmte Zeit verlängert, sofern nicht der Vermiether oder der Miether seinen entgegenstehenden Willen binnen einer Frist von zwei Wochen dem anderen Theile gegenüber erklärt. Die Frist beginnt für den Miether mit der Fortsetzung des Gebrauchs, für den Vermiether mit dem Zeitpunkt, in welchem er von der Fortsetzung Kenntniß erlangt.

E. I, 524; II, 509; III, 561.

I. Allgemeines:

§ 568 behandelt die sog. Erneuerung des Miethvertrags durch stillschweigende Verlängerung (relocatio tacita).

Nach gemeinem Rechte und B.L.R. (Thl. IV cap. 6 § 19) genügte hiezu die thatsächliche Fortsetzung des bisherigen Miethverhältnisses wie früher. Das P.L.R. (Thl. I Tit. 21 § 326) hatte eine solche Erneuerung von der Voraussetzung abhängig gemacht, daß der Miether den Verlängerungswillen dem Vermiether erklärt und dieser binnen einer gewissen Frist nicht widersprochen hat.

Das B.G.B. schließt sich im Grunde der Auffassung des gemeinen Rechtes an, stellt aber für eine stillschweigende Verlängerung — abgesehen von der Thatsache der wirklichen Fortsetzung — noch die weitere Voraussetzung auf, daß weder der Vermiether noch der Miether binnen einer zweiwöchigen Frist dem anderen Theile seinen entgegenstehenden Willen erklärt. Durch diese Bestimmung einer festen Zeitgrenze glaubte man Streitigkeiten am besten verhüten zu können. (P. II, 218.)

II. Im Einzelnen:

1. Die erste Voraussetzung für die stillschweigende Erneuerung ist die Fortsetzung des Gebrauchs der Sache durch den Miether. Es muß das bisherige Miethverhältniß nach dem Willen des Miethers und unter stillschweigender Einwilligung des Vermiethers thatsächlich fortgesetzt werden.

a) Die Erneuerung kann demnach nicht angenommen werden, wenn aus den Umständen auf ein Fehlen dieses Willens auf der einen oder anderen Seite zu schließen ist, auch wenn äußerlich gleiche Verhältnisse fortbestehen, z. B. der Miether ist unter Zurücklassung seiner Mobilien flüchtig gegangen oder Miether verweigert unbefugt die Wohnungsräumung oder Vermiether behält das Mobiliar des Miethers kraft seines Pfandrechtes zurück.

b) Die Fortbenutzung der Miethsache muß sich auf einige Zeit erstrecken, nicht bloß auf kurze, wie letzteres häufig durch zufällige Umstände eintritt, z. B. durch einen Krankheits- oder Sterbefall. In letzterer Beziehung vgl. hieher § 557 mit Bem.

c) Selbstverständlich muß die thatsächliche Fortsetzung des Miethverhältnisses unter denselben Parteien erfolgen, zwischen welchen der Miethvertrag schon bestand. (Vgl. Seuffert, Archiv Bd. 36 Nr. 117; speziell über ein Wohnenbleiben des Untermiethers s. Bem. IX, 4 zu § 549.)

2. Die zweite Voraussetzung liegt darin, daß weder der Vermiether noch der Miether dem anderen Theile seinen entgegenstehenden, d. h. einen die Annahme einer stillschweigenden Verlängerung ausschließenden Willen innerhalb der gesetzlichen Frist erklärt.

a) Die gesetzliche Frist ist für beide Theile von gleicher Dauer, nämlich zwei Wochen (über die Berechnung s. § 188 Abs. 2). Der Lauf der Frist beginnt jedoch für jeden Theil verschieden (Satz 2): für den Miether mit der Fortsetzung des Gebrauchs, für den Vermiether aber erst mit der Kenntniß von dieser Fortsetzung.

b) Diese Kenntniß des Vermiethers ist hier eine positive Thatsache, steht also nicht dem Kennenmüssen gleich (Fuld a. a. O. S. 145). Den Gegenbeweis, daß Vermiether die Fortsetzung etwa schon früher kannte, als er angibt, wird daher Miether zu führen haben (Fuld a. a. O.).

III. Die Anwendung des Paragraphen ist nicht auf den Fall beschränkt, wenn der Miethvertrag für eine bestimmte Zeit abgeschlossen ist (wie im P.L.R. und nach einer Lehrmeinung im gemeinen Rechte). Er erstreckt sich insbesondere auch auf jene Fälle, in welchen ein nicht auf bestimmte Zeit eingegangenes Miethverhältniß durch Kündigung an sich beendet ist (M. II, 415).

IV. Dauer der Verlängerung:

Während nach B.L.R. (Thl. IV cap. 6 § 19) und einer Lehrmeinung im gemeinen Rechte hinsichtlich der weiteren Dauer des fortgesetzten Miethverhältnisses die ursprünglich vereinbarte Miethzeit wiederum maßgebend war (z. B. eine auf zwei Jahre geschlossene Miethe galt auch auf zwei Jahre verlängert), wird nach dem B.G.B. eine bestimmte Miethzeit überhaupt nicht weiter angenommen, sondern es wird eine Verlängerung des Miethverhältnisses auf unbestimmte Zeit unterschoben, was auch den Intentionen und dem Interesse beider Theile am besten entspricht. Das Miethverhältniß kann sodann ordentlich nur beendigt werden durch Kündigung im Sinne des § 565 (s. § 564 Abs. 2).

V. Im Uebrigen — abgesehen von der Miethzeit (IV) — müssen die Bestimmungen des ursprünglichen Vertrags zwischen Vermiether und Miether fortwirken, insbesondere bezüglich des Miethzinses und des Umfangs der gegenseitigen Rechte und Pflichten.

Dritten gegenüber aber bildet die fortgesetzte Miethe immerhin ein neues Schuldverhältniß. Deßhalb haften z. B. Bürgen und fremde Pfänder, die für richtige Zahlung des Miethzinses bestellt wurden, für die neuerlichen Verbindlichkeiten des Miethers in dieser Richtung nur, wenn jener Dritte mit der Fortsetzung der Miethe und der Aufrechterhaltung seiner Mithaftung sich einverstanden erklärt (Arnold a. a. O. S. 87). Eine vom Miether selbst bestellte Sicherheit muß dagegen in Kraft bleiben.

VI. Eine alte Streitfrage bei der stillschweigenden Erneuerung ist auch die, ob eine solche eintreten kann, wenn bei Ablauf der Miethe einer von beiden Theilen geschäftsunfähig, z. B. geisteskrank geworden ist. Die Frage wird nach dem B.G.B. zu verneinen sein, da in diesem Falle dem betreffenden Theile der Wille im Rechtssinne mangelt, das Vertragsverhältniß fortzusetzen bezw. er gar nicht in der Lage ist, einen entgegenstehenden Willen zur Geltung zu bringen. Anders liegt natürlich die Sache, wenn der Geisteskranke bereits einen gesetzlichen Vertreter hat.

§ 569.

Stirbt der Miether, so ist sowohl der Erbe als der Vermiether berechtigt, das Miethverhältniß unter Einhaltung der gesetzlichen Frist zu kündigen. Die Kündigung kann nur für den ersten Termin erfolgen, für den sie zulässig ist.

E. I, 523; II, 510; III, 562.

I. Allgemeines:

Während im gemeinen Rechte der Tod des Miethers ohne Einfluß auf den Bestand des Miethverhältnisses war, hat das B.G.B. (im Anschluß an das P.L.R. Thl. I Tit. 21 §§ 371, 373, 374) dem Tode des Miethers eine besondere Wirkung auf das Miethverhältniß beigelegt, von der Annahme ausgehend, daß ein solches Ereigniß regelmäßig eine durchgreifende Aenderung in den persönlichen Verhältnissen der Parteien hervorrufe (M. II, 416). Es können nämlich in diesem Falle sowohl der Erbe des Miethers als auch andererseits der Vermiether das Miethverhältniß unter Einhaltung der gesetzlichen Frist kündigen — ein Fall der sog. vorzeitigen Kündigung. Vgl. Bem. IV zu § 565. (Ein Erlöschen des Miethverhältnisses tritt aber, abgesehen von besonderen Vereinbarungen, nicht ein.)

1. Dieses besondere Kündigungsrecht erstreckt sich im Prinzip auf alle Miethverhältnisse, sei es mit bestimmter oder unbestimmter Dauer, auch auf gewerbliche Miethverhältnisse (ein Gegenantrag, hier Sonderbestimmungen zu treffen, wurde abgelehnt), sowie auf Miethen, welche noch nicht vollzogen sind. Praktischen Werth hat es hauptsächlich für jene Fälle, in welchen das Miethverhältniß auf eine bestimmte Zeit eingegangen ist, welche länger ist als die gesetzliche Kündigungsfrist, oder wenn eine längere Kündigungsfrist als die gesetzliche von den Parteien vereinbart wurde.

2. Die einzuhaltende Kündigungsfrist ergibt sich aus § 565 Abs. 4 mit Abs. 1 Satz 1 und Abs. 2 des § 565.

3. Besonders hervorzuheben ist aber (Satz 2), daß diese Kündigung nur für den ersten Termin erfolgen kann, für den sie zulässig ist. Wird dieser versäumt, so läuft das bisherige Miethverhältniß ohne Aenderung fort.

Beispiel: Ein Miethverhältniß ist ab 1. November 1900 auf drei Jahre abgeschlossen worden; am 3. Februar 1901 stirbt der Miether; nun können sowohl die Erben des Miethers, wie der Vermiether vom 1.—3. April 1901 auf den 30. Juni 1901 kündigen.

4. Zu betonen ist, daß nur der Tod des Miethers das hier wirksame Ereigniß ist, dagegen besteht beim Tode des Vermiethers ein derartiges Kündigungsrecht nicht.

Die Erben des Vermiethers, die für diesen in den Vertrag eintreten, haften hinsichtlich der Gebrauchsüberlassung und Gebrauchsgewährung, sowie bezüglich gemeinschaftlich zu vertretender Ersatzforderungen des Miethers als Gesammtschuldner (§ 431). Geht aber eine Beschädigung von Einem allein aus, so ist nur dieser hiefür verantwortlich, außer es beeinflußt seine Handlung die gemeinsam zu vertretende Gebrauchsgewährung M. V S. 530, P. I, 444 ff.; Arnold a. a. O. S. 117). Im Uebrigen bemißt sich das Verhältniß der Miterben untereinander nach dem Erbrechte; vgl. §§ 2032 ff.

II. Sonstige Einzelfragen:

1. Der Paragraph geht von der Voraussetzung aus, daß der Miether eine physische Person ist. Der Fall, daß eine Gesellschaft als besonderes Rechtssubjekt miethete und nun zu existiren aufhört, gehört demgemäß überhaupt nicht hieher. Vgl. Bem. 3.

2. Der Ehefrau des Miethers als solcher ist ein derartiges Kündigungsrecht nicht eingeräumt, soferne sie nicht Erbin ihres Mannes geworden ist. P. II, 221. (Ueber die Gründe gegen ein besonderes Kündigungsrecht der Wittwe s. M. II, 416.)

Ist die Ehefrau aber nach dem Miethvertrage selbst als Mitmietherin zu betrachten (vgl. Bem. B. III, 2 zu § 535), so kann ihre Haftung durch den Tod ihres Mannes an sich nicht berührt werden. (Das Weitere regelt sich nach Bem. 3 u. 4.)

3. Haben mehrere Einzelpersonen zusammen gemiethet und es stirbt in der Folge eine von ihnen, so werden in einem solchen Falle wegen der Untheilbarkeit des Miethverhältnisses (vgl. § 356) die Erben dieses einen Miethers nicht für sich allein kündigen können, sondern die überlebenden Miether und die Erben des einen verstorbenen haben sich unter einander und mit dem Vermiether in Güte über etwaige Abänderungen auseinanderzusetzen. Gelingt eine derartige gütliche Einigung nicht, so muß der Miethvertrag zunächst in seinem vollen Umfange weiterbestehen. (Vgl. Arnold a. a. O. S. 116. Fuld a. a. O. S. 157 will auch den Fall hieher ziehen, daß eine offene Handelsgesellschaft miethete und einer der Gesellschafter stirbt. Dieser Fall gehört aber überhaupt nicht hieher [s. oben 1] und regelt sich im Uebrigen durch die besonderen Bestimmungen der §§ 137 ff. H.G.B.; vgl. Arnold a. a. O. S. 116 Anm. 3.)

4. Treten an die Stelle des bisherigen alleinigen Miethers mehrere Erben, so haften sie für den vertragsmäßigen Gebrauch, wie hinsichtlich der Rückgabe der Wohnung — wegen der Untheilbarkeit der Leistung — als Gesammtschuldner (§ 431, vgl. oben I, 4), deßgleichen regelmäßig für den Miethzins aus der Zeit der gemeinsamen Benutzung (vgl. § 427), aber auch für ältere Rückstände, wenn keine Beschränkung der Erbenhaftung für den Einzelnen eingetreten ist (§§ 2058 ff.).

Diese mehreren Erben des bisherigen einzigen Miethers können aber keine weitergehenden Rechte beanspruchen als sie der Erblasser hatte. Wenn daher die Erben übermäßig zahlreich und nicht die Abkömmlinge des Erblassers sind, so werden sie nicht alle insgesammt die Benutzung der Wohnung beanspruchen können, sondern sich in dieser Richtung mit dem Vermiether, nöthigenfalls unter richterlicher Entscheidung, zu einigen haben, damit Letzterer nicht übermäßig belastet werde (Arnold a. a. O. S. 115. Im Uebrigen wird ja der Vermiether häufig durch Kündigung seinerseits abhelfen können).

5. Ueber Desinfektion der Miethwohnung und etwaige Entschädigungsansprüche vgl. Bem. I, 1 a. E. zu § 556.

III. Die Bestimmungen des § 569 sind nicht zwingender Natur. Es bleibt daher den Parteien unbenommen, hinsichtlich etwaiger Todesfälle besondere Vereinbarungen zu treffen.

IV. Schließlich ist noch besonders hervorzuheben, daß bei einem Pachtvertrag ein derartiges vorzeitiges Kündigungsrecht auf Seite des Verpächters nicht besteht, s. § 596 Abs. 2.

§ 570.

Militärpersonen, Beamte, Geistliche und Lehrer an öffentlichen Unterrichtsanstalten können im Falle der Versetzung nach einem anderen Orte das Miethverhältniß in Ansehung der Räume, welche sie für sich oder ihre Familie an dem bisherigen Garnison- oder Wohnorte gemiethet haben, unter Einhaltung der gesetzlichen Frist kündigen. Die Kündigung kann nur für den ersten Termin erfolgen, für den sie zulässig ist.

E. I, 527, II, 562, III, 563.

I. Allgemeines:

Der Paragraph gewährt den hier aufgeführten Kategorieen von Personen im Falle ihrer Versetzung nach einem anderen Ort in Ansehung solcher Räume, welche sie für sich oder ihre Familie an dem bisherigen Garnison- oder Wohnorte gemiethet haben, ein sog. vorzeitiges Kündigungsrecht (vgl. Bem. IV zu § 565) unter Einhaltung der gesetzlichen Kündigungsfrist (s. § 565 Abs. 4 mit Abs. 1 Satz 1 des § 565).

Diese Kündigung kann indessen nur für den ersten Termin erfolgen, für den sie zulässig ist (wie im Falle des § 569; vgl. das Beispiel in Bem. I, 3 zu § 569).

§ 527 trägt den Charakter eines persönlichen Privilegiums für Angehörige jener Kategorieen und ist in diesem Sinne auszulegen.

(Eine analoge Vorschrift hatte das P.L.R. Thl. I. Tit. 21 §§ 376, 377.)

II. Einzelnes:

1. Der durch § 570 begünstigte Personenkreis ist der gleiche, wie bei § 411: Militärpersonen, Beamte, Geistliche und Lehrer an öffentlichen Unterrichtsanstalten; vgl. daher über diese Begriffe die Bem. zu § 411 (E. I, 527 wollte das Privileg nur Beamten und Militärpersonen gewähren, die Ausdehnung erfolgte in E. II; vgl. P. II, 228).

2. Die Vergünstigung wird nur für den Fall der Versetzung nach einem anderen Orte gewährt.

a) Der Begriff Versetzung ist im Sinne des jeweils einschlägigen Dienst- bezw. Staatsrechtes zu verstehen (eine von den staatlichen Organen im dienstlichen Interesse angeordnete Maßregel). Ob die Versetzung auf Wunsch des Betreffenden oder gegen dessen Willen erfolgt, muß gleichgültig bleiben, vgl. Entsch. d. R.G. Bd. 21 Satz 283 (im Rahmen des P.L.R., aber die Gründe treffen auch für das B.G.B. zu). Es wird deßhalb auch die Berufung von Universitätsprofessoren, wenigstens innerhalb desselben Staates, noch hieher zu zählen sein, da auch hierauf noch der allgemeine Begriff der Versetzung zutrifft, wenngleich nicht zu verkennen ist, daß in diesem Falle keinerlei Zwang geübt werden kann. (Ebenso Oertmann zu § 570; dagegen Fuld a. a. O. S. 161.)

Auch die Berufung in ein anderes Amt unter Wechsel des Dienstherrn wird als eine Versetzung im Sinne des § 570 aufzufassen sein, soferne der Beamte nur in seiner Laufbahn bleibt, denn eine zu strenge Auslegung hat der Gesetzgeber sicher nicht gewollt und würde auch das Anwendungsgebiet dieses Paragraphen zu sehr einschränken. So wird also beispielsweise die Ernennung eines bundesstaatlichen Richters zum Reichsgerichtsrath unter § 570 fallen (vgl. Mittelstein, S. 241; a. A. Oertmann a. a. O.), während bei Uebertritt eines Richterbeamten in den Gemeindedienst § 570 nicht zutreffen wird.

b) Die Vorschrift (als Privileg) darf nicht im Wege der Analogie weiter ausgedehnt werden, z. B. auf die Fälle einer Pensionirung, Geisteskrankheit, strafrechtlichen Verurtheilung rc. (eine Versetzung auf Grund disziplinärer Bestrafung fällt jedoch unter § 570).

c) Für den Fall einer Mobilmachung ist keine besondere Vorschrift (wie im P.L.R. Thl. I Tit. 21 § 378) gegeben. (M. II, 416.) Es kommt darauf an, ob für den Einzelnen durch die Mobilmachung eine Versetzung im Sinne des § 570 eintritt.

3. Der Paragraph bezieht sich nur auf Miethverhältnisse in Ansehung der Räume, welche jene Personen für sich oder ihre Familie an dem bisherigen Garnison- oder Wohnorte gemiethet haben. Der Ausdruck „Räume“ statt „Wohnung“ (E. I, 527) wurde absichtlich eingestellt, weil es häufig vorkommt, daß ein Angehöriger dieser Kategorieen (z. B. ein Offizier) außer der Wohnung auch anderer Räume (z. B. eines Stalles) bedarf und kein Grund besteht, solche Räume von dem Kündigungsrechte des § 570 auszunehmen (P. II, 228).

Zu der „Familie“ gehören selbstverständlich diejenigen Personen nicht, welche zwar mit dem Versetzten nahe verwandt sind, die aber einen selbständigen Haushalt führen (Fuld a. a. O. S. 161).

III. Der § 570 trägt keinen zwingenden Charakter. Es kann daher vertragsmäßig auf diese Vergünstigung verzichtet werden. Vgl. P. II, 227; Staudinger, Vortr. für Verwaltungsbeamte S. 485.

§ 571.

Wird das vermiethete Grundstück nach der Ueberlassung an den Miether von dem Vermiether an einen Dritten veräußert, so tritt der Erwerber an Stelle des Vermiethers in die sich während der Dauer seines Eigenthums aus dem Miethverhältniß ergebenden Rechte und Verpflichtungen ein.

Erfüllt der Erwerber die Verpflichtungen nicht, so haftet der Vermiether für den von dem Erwerber zu ersetzenden Schaden wie ein Bürge, der auf die Einrede der Vorausklage verzichtet hat. Erlangt der Miether von dem Uebergange des Eigenthums durch Mittheilung des Vermiethers Kenntniß, so wird der Vermiether von der Haftung befreit, wenn nicht der Miether das Miethverhältniß für den ersten Termin kündigt, für den die Kündigung zulässig ist.

E. I, 509; II, 563; III, 564.

A. Allgemeines zu §§ 571 ff.:

Die §§ 571—579 stehen unter dem Schlagworte: „Kauf bricht nicht Miethe“.

1. Nach gemeinem Rechte war der Miether dem neuen Erwerber der Miethsache gegenüber nicht geschützt. Letzterer konnte jederzeit sofortige Herausgabe der Sache von ihm verlangen. Dagegen schützte das P.L.R. (Thl. I Tit. 21 §§ 2—5, 358—360) im Allgemeinen den Miether in seinem Rechte für die vertragsmäßige Dauer des Miethverhältnisses. Einen Mittelweg hatte die bayrische Gesetzgebung eingeschlagen (bayrischer Landtagsabschied vom 18. Februar 1871 § 21), wonach der Miether einer unbeweglichen Sache erst nach Kündigung des Erwerbers unter Einhaltung der ortsüblichen Aufkündigungsfrist zur Räumung verpflichtet war.

Die Vorschriften des E. I §§ 509—512 waren im Wesentlichen dem letzteren Wege gefolgt. Die Kritik verlangte jedoch mit Leidenschaftlichkeit die Aufnahme des Satzes „Kauf bricht nicht Miethe“. Vgl. insbesondere die Verhandlungen des 19. u. 20. Juristentags (Verh. II, 229 ff., 312 ff., III S. 35—75, 301—305) und Z.G. II, S. 244; s. ferner hierüber Jacubezky, Bem. S. 120 ff.

Diesem Ansturme konnte die 2. Lesung nicht widerstehen und so ward als leitendes Prinzip der Satz: „Kauf bricht nicht Miethe“ angenommen im Gegensatze zu E. I. Man erwog dabei hauptsächlich, daß insbesondere bei den Miethen in der Geschäftswelt, sowie bei der Pacht von Landgütern und gewerblichen Unternehmungen der Miether für die Dauer der vereinbarten Mieth- oder Pachtzeit gegen Austreibung thunlichst gesichert werden müsse. P. II, 137 ff.

Der Zweck und der Grundgedanke dieses Prinzips besteht aber darin, daß der Miether das ihm nach dem Inhalte des Miethvertrags Geschuldete trotz eines Wechsels in der Person des Eigenthümers der vermietheten Sache von dem Eigenthümer in natura verlangen und nicht auf einen bloßen Entschädigungsanspruch gegenüber dem Vermiether verwiesen werden dürfe; P. II, 140.

2. Wie gleich hier im Allgemeinen (Näheres bei den einzelnen Abschnitten) hervorzuheben ist, ist aber das Anwendungsgebiet dieses Prinzips aus praktischen Erwägungen erheblich eingedämmt worden:

a) Den Schutz dieses Prinzips genießt nur der Miether von Grundstücken in dem weiteren Sinne des § 580. Hinsichtlich beweglicher Sachen s. unten Bem. III.

b) Es wird vorausgesetzt, daß der Miethvertrag bereits in Vollzug gesetzt ist, d. h. daß die Miethsache dem Miether bereits überlassen war (vgl. Bem. B, I, 1), als die Veräußerung stattfand. Ueber den gegentheiligen Fall einer Veräußerung des Grundstücks vor Ueberlassung vgl. § 578 mit Bem.

c) Es muß ferner eine freiwillige Veräußerung des Grundstücks vorliegen; Näheres unten Bem. B, I, 1.

d) Die §§ 571 ff. gelten zunächst nur bei Vermiethung durch den Eigenthümer. Gemäß § 1017 sind sie auch gegenüber dem Erbbauberechtigten anzuwenden.

Aehnliche Sätze, jedoch mit gewissen Einschränkungen, ergeben sich im Falle der Vermiethung durch den Nießbraucher (§ 1056), den Ehegatten (§§ 1423, 1546 Abs. 3, 1550 Abs. 2), den Vater (§ 1663) und den Vorerben (§ 2135) nach Beendigung ihres Nutzungsrechtes. Hinsichtlich Zwangsversteigerung und Konkurs s. unten Bem. B, I, 1.

e) Ist von vorneherein festzuhalten, daß sich die nachfolgenden Rechtssätze überhaupt nur auf jene Fälle beziehen, in welchen der Veräußerer der Sache auch zugleich der Vermiether oder Verpächter ist.

Es scheiden daher alle jene Fälle aus, in welchen nicht der Veräußerer, sondern ein Dritter der Vermiether oder Verpächter ist. In letzteren Fällen kommt es bezüglich der Aufrechterhaltung der Miethe darauf an, ob der Vermiether (als mittelbarer Besitzer) dem Erwerber gegenüber die Herausgabe der Sache verweigern kann (§§ 985, 986 Abs. 1; vgl. Crome, Juristische Natur der Miethe S. 43, 46, 70 und § 545).

3. Eine allgemeine Frage ist auch die, ob die nachfolgenden Bestimmungen zwingendes oder bloß ergänzendes Recht sind. Da weder aus dem Gesetze noch aus den Protokollen genügende Anhaltspunkte dahin entnommen werden können, daß der Grundsatz „Kauf bricht nicht Miethe" unter den Schutz des öffentlichen Rechtes gestellt werden wollte, so muß es den Miethparteien — man mag sagen „leider"! — unbenommen bleiben abweichende Vereinbarungen zu treffen (Fuld, S. 223; Arnold, S. 97).

4. Hinsichtlich des Uebergangs vgl. Vorbem. VIII, 5.

B. Im Einzelnen zu § 571:

I. Abs. 1 stellt folgenden Kardinalsatz auf:

Die freiwillige Veräußerung des vermietheten Grundstücks Seitens des Vermiethers an einen Dritten nach der Ueberlassung an den Miether soll die Wirkung haben, daß dieser dritte Erwerber an Stelle des Vermiethers in die sich während der Dauer seines Eigenthums aus dem Miethverhältniß ergebenden Rechte und Verpflichtungen eintritt.

1. Voraussetzungen der Bestimmung:

Das Rechtsprinzip ist an zwei Voraussetzungen geknüpft:

a) Es muß ein freiwilliger Veräußerungsakt vorliegen;

b) das Grundstück (§ 580) muß dem Miether bereits überlassen sein.

Zu a: Es gehören also nur jene Fälle hieher, in denen der Vermiether selbst freiwillig das Veräußerungsgeschäft vornimmt, d. h. Eigenthum an einen Dritten überträgt, wie insbesondere Kauf, Tausch, Schenkung.

Es gehören dagegen nicht hieher:

α) Besitzwechsel auf Grund Erbrechtes;

β) Veräußerung des Anwesens durch den Eigenthümer, der nicht zugleich Vermiether ist; vgl. oben A, I, 2 e. Ferner bildet

γ) den direkten Gegensatz zur freiwilligen Veräußerung eine zwangsweise Veräußerung. Hier schlagen, soweit es sich um eine Zwangsversteigerung zum Zwecke der Befriedigung der Gläubiger handelt, die besonderen Bestimmungen des Zw.V.G. §§ 9 Ziff. 2, 56, 57, 59, 90 ein. (Einen wesentlichen Unterschied bedingt hier, ob der Zuschlag des Anwesens unter ausdrücklicher Aufrechterhaltung des Mieth- bezw. Pachtverhältnisses erfolgt oder nicht.) Ueber den Einfluß einer Zwangsverwaltung s. §§ 152, 148 Zw.V.G. Hinsichtlich der Uebergangszeit vgl. Art. 5 u. 6 des bayrischen Gesetzes, Uebergangsvorschriften betreffend, und 2c. Art. 28 u. 36 bayrisches A.G. z. G.B.O. und Zw.V.G.

Bezüglich einer freiwillig vorgenommenen Veräußerung Seitens des Konkursverwalters s. § 21 Abs. 3 K.O.

Die zwangsweise Veräußerung zum Zwecke der Aufhebung einer Gemeinschaft (§ 753) dagegen ist ihrem inneren Wesen nach als eine freiwillige Veräußerung durch sämmtliche Theilhaber aufzufassen, weßhalb hierauf die Grundsätze der §§ 571 ff. zur Anwendung kommen (§§ 180 ff. Zw.V.G.).

δ) Innerhalb der dem Landesrechte vorbehaltenen Materien kann ferner eine besondere Regelung hinsichtlich der Einwirkung auf ein bestehendes Miethverhältniß statthaben, so z.B. bei der Expropriation (vgl. für Bayern Art. V Ziff. 3 Gesetz vom 17. November 1837), bei der Flurbereinigung (vgl. Art. 14 bayrisches Gesetz vom 29. Mai 1886), bei der Ablösung von Weiderechten (vgl. Art. 29—32 Gesetz vom 28. Mai 1852); hinsichtlich Vermiethung oder Verpachtung durch den Familienfideikommißbesitzer s. für Bayern § 48 VII. Beil. z. V.U. Hinsichtlich der Expropriation vgl. auch Seuffert, Archiv Bd. 35 Nr. 215.

Wird nur ein Theil des Grundstücks veräußert oder an mehrere Erwerber, so ist bei Nichtvorliegen besonderer Vereinbarungen davon auszugehen, daß die Leistungen auf beiden Seiten im Wesentlichen untheilbar sind. Es kann also nicht partiell gekündigt werden oder Miether einseitig seine Zinspflicht unter die mehreren Erwerber vertheilen. (Aushülfe § 372.) Vgl. Bl. f. R.A. a. a. O. S. 376.

Zu b: Das Gesetz geht hier nur von dem Falle aus, daß dem Miether das Grundstück bereits überlassen ist und dann erst die Veräußerung erfolgt. (Ueber den anderen Fall, daß die Veräußerung geschieht vor der Ueberlassung des vermietheten Grundstücks an den Miether, s. § 578.)

α) Die Ueberlassung des Besitzes an den Miether als Voraussetzung des ihm gewährten Schutzes erfüllt juristisch die Funktion, gegenüber Dritten (vor Allem gegenüber dem Erwerber) den untrüglichen augenscheinlichen Beweis zu liefern, daß der Miethvertrag schon vor der Veräußerung des Grundstücks bestand. Besonders bei nicht schriftlichen oder bestrittenen Miethverträgen ist oft der Einzug des Miethers in das Grundstück der einzige sichere Anhaltspunkt der Priorität des Miethvertrags vor der Veräußerung. So Crome a. a. O. S. 35.

β) Fraglich kann erscheinen, ob hier eine einmalige Ueberlassung genügt oder ob der bereits entstandene Besitz des Miethers zur Zeit der Veräußerung noch fortdauern muß. Im Allgemeinen wird man nach dem Wortlaute des Gesetzes und nach der jener Besitzüberlassung hier innewohnenden Funktion (α) annehmen müssen, daß die einmalige Ueberlassung genügen muß. Das Miethverhältniß wird also z. B. auch auf den Erwerber übergehen, wenn dieser die Wohnung zum Zweck eines Sommeraufenthalts vorübergehend verlassen hat oder wenn er die Wohnung einem Dritten überlassen hat (vgl. Arnold a. a. O. S. 106). Anders aber wird die Sache liegen, wenn der Miether die Wohnung absichtlich ganz aufgegeben hat. Der Schutz des Gesetzes braucht nicht einer Person aufgezwungen zu werden, die ihn thatsächlich gar nicht haben will. In diesem Falle wird daher auch das Miethverhältniß nicht auf den Erwerber übergehen.

(Vgl. über die verschiedenen Ansichten Crome a. a. O. S. 34 bis 35; Planck, Nr. 2; Fuld, S. 208—209; Oertmann, Bem. 1 zu § 571.)

2. Inhalt der Bestimmung:

a) Das ganze bisher zwischen Vermiether und Miether bestandene Vertragsverhältniß (Rechte und Verpflichtungen) geht auf den neuen Erwerber der Miethsache über, obwohl jener diesem bisher völlig fremd gegenüberstand.

α) Dieser Uebergang ist nicht etwa eine bloße Cession, denn es gehen nicht bloß die Forderungsrechte auf den neuen Erwerber über, sondern auch die übrigen dem Vermiether zustehenden Rechte, insbesondere das Recht, vom Vertrage gemäß § 553 zurückzutreten, zu kündigen oder die Untermiethe zu gestatten (P. II, 138).

β) Hinsichtlich der Verpflichtungen ist hier insbesondere hervorzuheben, daß nicht allein die allgemeinen gesetzlichen Verpflichtungen des Vermiethers nunmehr den neuen Erwerber treffen, sondern auch jene des besonderen Falls, welche sich z. B. aus der Zusicherung einer nicht vorhandenen Eigenschaft des Grundstücks (Seitens des bisherigen Vermiethers) ergeben oder aus dem Versprechen, eine nicht vorhandene Einrichtung herzustellen (P. II, 140).

b) Da der ganze Vertrag übergeht, sowohl der schriftliche, wie auch der mündlich abgeschlossene, so müssen den neuen Erwerber an sich auch die späteren Zusätze treffen, nicht bloß der ursprünglich vereinbarte Vertrag.

Ein Schutz des Erwerbers gegen übermäßige Belastungen aus dem Miethvertrag und spätere nicht schriftlich abgefaßte Zusätze liegt darin, daß Miethverträge über Grundstücke von längerer als einjähriger Dauer der schriftlichen Form gemäß § 566 bedürfen, widrigenfalls der Vertrag nach Jahresfrist, wie ein auf unbestimmte Zeit geschlossener, gekündigt werden kann; vgl. Bem. zu § 566. Solche mündliche Nebenabreden aber, von denen der neue Erwerber — und zwar zur Zeit der Eigenthumsübertragung - Kenntniß hatte, wird dieser in jedem Falle voll gegen sich gelten lassen müssen, gleichviel ob er jene Kenntniß durch Mittheilung des Vermiethers oder auf anderem Wege erlangt hat. (P. II, 141.)

Ein weiterer Schutz des Erwerbers ergibt sich übrigens auch aus § 444, wonach dieser gegenüber dem Veräußerer das gewöhnliche Recht auf Auskunft über die Rechtsverhältnisse an dem gekauften Gegenstande gegenüber dem bisherigen Vermiether als Veräußerer hat. Eine Rechtspflicht des Miethers, dem Erwerber Aufschluß über den Inhalt des Miethvertrags zu geben, widrigenfalls der dem Erwerber vom Vermiether mitgetheilte Inhalt gelte, besteht allerdings nicht. (P. II, 15 ff.; Arnold a. a. O. S. 98 Anm. 3.)

c) Dieser Uebergang findet statt kraft Gesetzes und zwar unmittelbar im Momente der Veräußerung, worunter übrigens nicht der bloß obligatorische Kausal-, sondern der dingliche Veräußerungsakt (§§ 873, 925) zu verstehen sein wird.

d) Der Uebergang ist aber auf Seite des Erwerbers zunächst nicht als endgültiger, sondern als transitorischer gedacht; denn er wirkt nur für die Dauer des Eigenthums des Erwerbers und nicht darüber hinaus. Hinsichtlich einer weiteren Veräußerung vgl. § 579.

3. Die weiteren Wirkungen des Rechtsprinzips (vgl. Bl. f. R.A. a. a. O. S. 364):

a) Das Recht der Kündigung besteht von nun ab nur mehr zwischen Miether und Erwerber (vgl. hieher Bem. II, b über Abs. 2 Satz 2).

b) Der Miethzins steht vom Tage des Eigenthumsübergangs ab dem Erwerber zu. Ueber Vorausverfügungen s. § 573. Aeltere Miethzinsrückstände kann der Erwerber aber nicht für sich beitreiben.

c) Soweit die Gebrauchsausübung von einer Zustimmung des Vermiethers abhängt (vgl. § 549 Abs. 1), ist die Person des Erwerbers nunmehr maßgebend, deßgleichen bezüglich der Beseitigung oder Abhaltung von Störungen (§§ 538, 542).

d) Ansprüche und Rechte auf Schadloshaltung aus der Besitzzeit des Vermiethers gehen nicht über, weßhalb der Miether auch die für eine frühere Zeit entstandenen Rechte aus §§ 536, 538 nicht gegen den Erwerber geltend machen kann (z. B. Kürzung des schuldigen Miethzinses). Wenn indessen der schädigende Mangel auch noch in die Besitzzeit des Erwerbers hinüberreicht, so kann der Miether natürlich von Letzterem Beseitigung des Mangels und Schadloshaltung für dessen Besitzzeit verlangen.

e) Die Nichtigkeit des Miethvertrags (s. insbesondere § 566) kann der Erwerber jedenfalls von sich aus geltend machen. Die Anfechtbarkeit wird dagegen nur von dem Vermiether und gegen denselben geltend gemacht werden können (§§ 143 Abs. 2, 121, 123), ausgenommen der Erwerber wäre für den Anfechtungsgrund selbst verantwortlich, in welchem Falle ein Klagerecht gegen ihn begründet wäre (§§ 823, 249; vgl. Arnold a. a. O. S. 100).

f) Von besonderer Wichtigkeit ist, daß der Eigenthümer bezw. Erwerber für die gehörige Erfüllung seiner Pflichten mit seinem ganzen Vermögen haftet, nicht etwa bloß mit dem Grundstücke (wie bei der Reallast, § 1105).

g) Hinsichtlich der Rechte des Erwerbers an einer Sicherheit s. § 572.

4. Rechtliche Natur:

Der Rechtssatz des § 571 bildet eine Anomalie im Systeme des B.G.B., insoferne als hier die aktive und passive Seite eines Schuldverhältnisses gleichzeitig und kraft Gesetzes von der ursprünglichen Vertragspartei auf eine andere Person übertragen wird. Diese Ausnahmsvorschrift wurde lediglich aus praktischen Gründen eingeführt (vgl. oben unter A, 1 und P. II S. 139 ff.).

Aus dem Rechtssatze des Paragraphen wird von verschiedener Seite (vgl. Gerber-Cosack, Deutsches Privatrecht § 208 S. 354; Cosack, S. 468 Nr. 5; Kuhlenbeck, II S. 306 Nr. 2) der Schluß gezogen, daß das Recht des besitzenden Miethers an der Sache ein dingliches Recht geworden ist. Allein überzeugend hat Crome in seinem mehrerwähnten Aufsatze nachgewiesen, daß das Recht des Miethers nicht das ist, was man bisher unter einem dinglichen Rechte verstand, wenn auch Anklänge hieran bestehen. Insbesondere wird dabei auch nicht zu vergessen sein, daß eine Ausnahmevorschrift, wie sie §§ 571 ff. nach P. II S. 139 sein sollen, nicht die Basis für die Beurtheilung des Miethrechtes im Allgemeinen wird abgeben können. Vgl. Bem. B I, 8 zu § 535.

Von anderer Seite wieder wird der vorliegende Rechtssatz nach Art einer Reallast gedeutet. Allein die Aehnlichkeit liegt hier nur nach der obligatorischen, nicht nach der dinglichen Seite vor. Vgl. Crome a. a. O.

II. Fortdauernde Haftung des bisherigen Vermiethers (Abs. 2):

Der bisherige Vermiether scheidet an sich aus dem Miethverhältniß aus. Allein nach zwei Richtungen wirkt gleichwohl das frühere Vertragsverhältniß fort.

1. Selbstverständlich bleiben die aus der Besitzzeit des Vermiethers herrührenden gegenseitigen Ansprüche vollauf bestehen. Vgl. oben unter I, 3 d.

2. Der bisherige Vermiether wird auch für die Zeit nach der Veräußerung nicht ganz frei, vielmehr muß er für den Fall, daß der Erwerber seinen Verpflichtungen nicht genügt und der Miether deßhalb in die Lage kommt, Schadensersatz wegen Nichterfüllung verlangen zu können, wie ein Bürge haften, der auf die Einrede der Vorausklage verzichtet hat, also wie ein Gesammtschuldner, Abs. 2 Satz 1 (P. II, 143). Ueber die Haftung bei mehrmaliger Veräußerung s. § 579.

Hiezu ist aber Folgendes zu bemerken:

a) Nicht jede Nichterfüllung einer Verbindlichkeit Seitens des Erwerbers macht den bisherigen Vermiether in der angegebenen Weise haftbar. Es tritt vielmehr die Haftung nur dann ein, wenn die Voraussetzungen vorliegen, unter welchen der Miether von dem Erwerber Schadensersatz verlangen kann, also insbesondere wenn sich der Erwerber im Verzuge befindet; s. P. II a. a. O.

b) Das Gesetz gibt ferner dem bisherigen Vermiether ein Mittel an die Hand, um die Fortdauer dieser Haftung abzuschneiden (Abs. 2 Satz 2).

Erlangt nämlich der Miether durch eine Mittheilung Seitens des Vermiethers selbst Kenntniß vom Eigenthumsübergange, so wird der Vermiether von der Haftung frei, wenn nicht der Miether das Miethverhältniß für jenen Termin kündigt, für welchen erstmals nach dem Miethvertrag oder in Ermangelung eines solchen nach dem Gesetze (§ 565) die Kündigung zulässig ist. Mit anderen Worten: wenn der Miether auf jene Mittheilung hin für den nächst zulässigen Kündigungstermin kündigt, so haftet der Vermiether weiter bis zum Ablaufe der Kündigungsfrist; wenn aber der Miether trotz jener Mittheilung die Miethe ohne eine solche Kündigung fortsetzt, insbesondere auch, wenn relocatio tacita eingetreten ist, so wird Vermiether von dem versäumten Kündigungstag an von seiner Haftung frei. Für die bis dahin bereits entstandenen Ansprüche aber wird Vermiether gleichwohl forthaften müssen, da ja erst mit der Unterlassung der Kündigung der volle Vertragsübergang perfekt wird und das Gesetz eine befreiende Rückwirkung für die Vergangenheit, wenn wirklich gewollt, zum Ausdrucke hätte bringen müssen (auch die P. II S. 144 sprechen von einem Wegfall „für die Zukunft"). Vgl. Arnold a. a. O. S. 102; Planck zu diesem Paragraphen; dagegen Oertmann.

Ueber die Form dieser Mittheilung schreibt das Gesetz nichts vor. Es dürfte also genügen, wenn der Vermiether dem Erwerber eine Bestätigung über die Eigenthumsübertragung „zur Verständigung der Miether" aushändigt und der Erwerber diese Urkunde den Miethern vorzeigt (P. a. a. O.).

Wenn der Miether aber nicht durch Mittheilung des Vermiethers, sondern von anderer Seite Kenntniß von der Veräußerung erhält, so hat eine Unterlassung der Kündigung nicht die obige Wirkung.

Ueber die Wirkung einer solchen Mittheilung hinsichtlich des Miethzinses s. § 576.

III. Zum Schluß ist noch davon zu handeln, welche Rechtswirkungen eine Veräußerung bei der Miethe beweglicher Sachen nach sich zieht (vgl. Bl. f. R.A. a. a. O. S. 363):

Der Miether kann hier dem Erwerber die Herausgabe der Miethsache für die Dauer der Miethe verweigern und zwar auf Grund der §§ 986 Abs. 2 und 936.

Dieses Recht hängt aber nicht mit einem Uebergange des Miethvertrags auf den Erwerber zusammen, sondern ergibt sich aus dem rechtmäßig erworbenen Besitz an der Miethsache. Der Miethvertrag bleibt hier zwischen dem bisherigen Vermiether, der trotz der Veräußerung der Vermiether bleibt, und dem Miether bestehen. Der Miethzins bleibt an Ersteren zu entrichten und auch die Kündigung ist nur zwischen diesen beiden Personen möglich, solange nicht etwa andere, ein neues Vertragsverhältniß begründende Vereinbarungen eintreten. (Vgl. Gierke, Fahrnißbesitz S. 42 ff.)

Es kann daher der Satz: „Kauf bricht nicht Miethe" für bewegliche Sachen überhaupt nicht Geltung haben.

Was hier bei der Miethe beweglicher Sachen die Einwirkung einer Zwangsveräußerung anbelangt, so ist eine solche gegen den Willen des Miethers entsprechend dem § 809 C.P.O. n. Nr. überhaupt nicht möglich. Willigt der Miether aber ein, so wird darin wohl für die Regel eine freiwillige Besitzaufgabe liegen (vgl. Bl. f. R.A. a. a. O. S. 363 Anm.).

§ 572.

Hat der Miether des veräußerten Grundstücks dem Vermiether für die Erfüllung seiner Verpflichtungen Sicherheit geleistet, so tritt der Erwerber in die dadurch begründeten Rechte ein. Zur Rückgewähr der Sicherheit ist er nur verpflichtet, wenn sie ihm ausgehändigt wird oder wenn er dem Vermiether gegenüber die Verpflichtung zur Rückgewähr übernimmt.

E. II, 564; III, 565.

Der Paragraph behandelt insbesondere die Frage, inwieweit eine Veräußerung des Grundstücks im Sinne des § 571 auf die Rechtsverhältnisse hinsichtlich einer vom Miether dem Vermiether für die Erfüllung seiner Verpflichtungen aus dem Miethvertrage bestellten Sicherheit einwirkt. Einer besonderen Hervorkehrung bedurfte es um deßwillen, weil der Uebergang des Vertragsverhältnisses keine Cession ist (vgl. Bem. A, I, 4 zu § 571) und daher der Uebergang der Rechte aus einer Sicherheit hier nicht mit dem § 401 eine selbstverständliche gesetzliche Folge ist.

1. Der Erwerber tritt hier nach dem Gesetz in die durch die Leistung einer solchen Sicherheit begründeten Rechte ein (Satz 1). Aus diesem Rechtssatz entspringen zwei Folgerungen:

a) Der Erwerber kann von dem Miether nicht die nochmalige Bestellung einer vertragsmäßig zu gewährenden Sicherheit verlangen, auch wenn ihm der bisherige Vermiether als sein Veräußerer die diesem bereits bestellte Sicherheit nicht aushändigt, er kann sich vielmehr deßwegen nur an Letzteren halten.

b) Ebensowenig kann aber andererseits der Miether im Hinblick auf den Besitzwechsel die gestellte Sicherheit vor Beendigung der Miethe von seinem Vermiether zurückverlangen.

2. Eine Verpflichtung zur Rückgewähr der Sicherheit trifft den Erwerber nur in bestimmten Fällen (Satz 2), nämlich:

a) wenn sie ihm Seitens des Vermiethers ausgehändigt wird;

b) wenn der Erwerber sich dem Vermiether gegenüber zur Rückgabe an den Miether besonders verpflichtet hat (vgl. hiezu § 328 und P. II, 261). Außerdem auch

c) wenn der Erwerber sich dem Miether gegenüber für die Rückgabe verbürgt hat (vgl. § 765).

In allen diesen Fällen steht dem Miether ein selbständiger Anspruch auf Rückgabe gegen den Erwerber zu.

§ 573.

Eine Verfügung, die der Vermiether vor dem Uebergange des Eigenthums über den auf die Zeit der Berechtigung des Erwerbers entfallenden Miethzins getroffen hat, ist insoweit wirksam, als sie sich auf den Miethzins für das zur Zeit des Ueberganges des Eigenthums laufende und das folgende Kalendervierteljahr bezieht. Eine Verfügung über den Miethzins für eine spätere Zeit muß der Erwerber gegen sich gelten lassen, wenn er sie zur Zeit des Ueberganges des Eigenthums kennt.

E. II, 565; III, 566.

I. Allgemeines zu den §§ 573—575:

Da im Prinzipe mit dem Tage des Eigenthumserwerbs das ganze Vertragsverhältniß auf den Erwerber übergeht, so sollte folgerichtig von diesem Tage an auch der Miethzins dem Erwerber allein zustehen und alle Vorausverfügungen des Vermiethers, soweit sie in die Besitzzeit des neuen Erwerbers hineinwirken, Letzterem gegenüber unwirksam sein. Es treten hier aber gewisse Einschränkungen ein:

1. Selbstverständlich können die Parteien von vorneherein vereinbaren, daß dem Vermiether oder Dritten noch bestimmte Rechte an dem zukünftigen Miethzinse zustehen sollen. Eine solche Vereinbarung mit der Folge einer Gebundenheit des Erwerbers ist auch anzunehmen, wenn der Vermiether beim Vertragsabschlusse den Erwerber in Kenntniß setzt, daß über den Miethzins schon gewisse Vereinbarungen für eine bestimmte spätere Zeit noch zu Gunsten des Vermiethers oder Dritter bestehen und Erwerber sich damit einverstanden erklärt (Bl. f. R.A. a. a. O. S. 366).

2. Abgesehen hievon trifft aber das Gesetz selbst bestimmte Einschränkungen des allgemeinen Prinzips theils im Interesse des Vermiethers theils des Miethers und weicht damit von dem allgemeinen Satz ab, daß Vorausverfügungen und besondere Rechtsgeschäfte hinsichtlich des Miethzinses den Erwerber nicht binden (P. II, 145 ff.).

Das Gesetz unterscheidet hier:

a) Vorausverfügungen des Vermiethers bezüglich des auf die Zeit der Berechtigung des Erwerbers entfallenden Miethzinses zu Gunsten Dritter (§ 573).

b) Rechtsgeschäfte zwischen Miether und Vermiether in Ansehung der Miethzinsforderung (§ 574).

c) In gewissen Grenzen steht dem Miether hier auch ein Aufrechnungsrecht gegenüber dem Erwerber zu (§ 575).

Die genannten Bestimmungen weisen zum Theil eine gewisse Analogie mit den Vorschriften bei der Forderungsübertragung auf.

Im Allgemeinen ist schließlich noch hervorzuheben, daß auch in diesen gesetzlichen Ausnahmefällen dem Erwerber gleichwohl nach allgemeinen Rechtsgrundsätzen Ersatzansprüche gegenüber dem Vermiether zustehen können.

II. Im Einzelnen zu § 573:

1. Der allgemeine gesetzgeberische Gedanke des Paragraphen liegt darin, daß für den Vermiether Verfügungen über einen Miethzins, dessen Fälligkeit nahe bevorsteht, öfters wirthschaftlich nothwendig sind. Es steht dies im Einklange mit der Vorschrift des § 1124 im Hypothekenrechte; vgl. D. 78.

2. § 573 geht davon aus, daß Vermiether über den auf die Zeit der Berechtigung des Erwerbers entfallenden Miethzins zu Gunsten eines Dritten bereits verfügt hat. Hierunter werden alle Verfügungen im allgemeinen Rechtssinne fallen, also Uebertragungen (s. §§ 398 ff.), Verpfändungen (§§ 1279 ff.), Vermächtnisse. Auch Pfändungen zu Gunsten der Gläubiger des Vermiethers werden hieher gehören; vgl. Oertmann zu § 573.

3. Das Gesetz macht im Einzelnen folgende Unterscheidungen, wobei dem Momente, ob der Erwerber die fragliche Verfügung gekannt hat, eine besondere Bedeutung zukommt:

a) Ist die Verfügung vor dem Eigenthumsübergange — wenn auch erst nach Vertragsabschluß — getroffen worden, ohne daß der Erwerber zur Zeit des Eigenthumsübergangs hievon Kenntniß erhält, so soll sie gleichwohl insoweit wirksam, d. h. vom Erwerber und vom Miether zu beachten sein, als sie sich auf den Miethzins für das zur Zeit des Eigenthumsüberganges laufende und das folgende Kalendervierteljahr (zu unterscheiden von vertragsmäßigen Zeitabschnitten) bezieht (Satz 1).

Selbstverständlich kann sich diesen Falls der Erwerber an den Vermiether wegen Schadensersatz aus dem Verkaufe halten. Vgl. oben I a. E.

Im Uebrigen erwartet das Gesetz eine wesentliche Gefährdung des Erwerbers hauptsächlich um deßwillen nicht, weil dieser meist in der Lage ist, schon bevor er mit dem Vermiether abschließt, sich durch Erkundigung bei dem Miether darüber zu vergewissern, ob eine Vorausverfügung der bezeichneten Art getroffen ist. (D. 78.)

b) Ist die Verfügung vor dem Eigenthumsübergange getroffen worden und kennt sie der Erwerber zur Zeit des Eigenthumserwerbs, so muß sie der Erwerber ohne jede zeitliche Schranke gegen sich gelten lassen.

Zu betonen ist, daß für die hier (nach a u. b) maßgebende Kenntniß bezw. Unkenntniß des Erwerbers der Zeitpunkt der Eigenthumsübertragung der maßgebende ist (vgl. P. II, 146). Woher der Erwerber diese Kenntniß erlangt hat, ist hier (im Gegensatze zu § 571 Abs. 2 Satz 2) gleichgültig.

c) Ist die Verfügung nach dem Eigenthumsübergange getroffen worden, so ist sie unwirksam, denn dem Vermiether steht von da ab keinerlei Verfügungsrecht mehr zu.

§ 574.

Ein Rechtsgeschäft, das zwischen dem Miether und dem Vermiether in Ansehung der Miethzinsforderung vorgenommen wird, insbesondere die Entrichtung des Miethzinses, ist dem Erwerber gegenüber wirksam, soweit es sich nicht auf den Miethzins für eine spätere Zeit als das Kalendervierteljahr, in welchem der Miether von dem Uebergange des Eigenthums Kenntniß erlangt, und das folgende Vierteljahr bezieht. Ein Rechtsgeschäft, das nach dem Uebergange des Eigenthums vorgenommen wird, ist jedoch unwirksam, wenn der Miether bei der Vornahme des Rechtsgeschäfts von dem Uebergange des Eigenthums Kenntniß hat.

E. II, 565, III, 567.

I. Allgemeines (vgl. Bem. I zu § 573):

Der Paragraph behandelt die Frage, ob und inwieweit Rechtsgeschäfte zwischen Miether und Vermiether in Ansehung der Miethzinsforderung auch dem Erwerber gegenüber wirksam sind, soweit sie sich auf den in die Zeit der Berechtigung des Erwerbers entfallenden Miethzins beziehen. Als Beispiele sind hier anzuführen: Erlaß, Stundung, Vorauszahlung des Miethzinses oder besondere Abrechnung, z. B. der Miether hat selbst bauliche Veränderungen an der Miethwohnung vorgenommen und es wurde nur vereinbart, daß als Entgelt so und so viel Miethzins als bereits getilgt gelten soll.

§ 573 betrifft allgemein Verfügungen des Vermiethers hinsichtlich des Miethzinses überhaupt, § 574 speziell Abmachungen zwischen Vermiether und Miether bezüglich des Miethzinses.

Der Miether befindet sich hier in ähnlicher Lage, wie im Falle der Abtretung einer Forderung der Schuldner, der von dieser Abtretung noch keine Kenntniß erlangt hat. Das Gesetz überträgt daher den Inhalt der für diesen Fall geltenden Vorschriften der §§ 406, 407 Abs. 1 auf das hier in Frage stehende Verhältniß des Miethers zum Erwerber (D., 78).

II. Im Einzelnen:

Während bei § 573 ein maßgebendes Kriterium in der Kenntniß des Erwerbers von der Verfügung des Vermiethers zur Zeit der Eigenthumsübertragung liegt, ist hier bei § 574 die Kenntniß des Miethers von dem Uebergange des Eigenthums ein ausschlaggebendes Moment. Woher der Miether diese Kenntniß erhält, ist (analog wie bei § 573) belanglos.

1. Ist das Rechtsgeschäft vor dem Eigenthumsübergange geschlossen worden, so muß es der Erwerber im Allgemeinen gegen sich gelten lassen, jedoch mit einer zeitlichen

Schranke. Es wirkt diesem gegenüber für keine spätere Zeit als für jenes Kalendervierteljahr, in welchem der Miether von dem Uebergange des Eigenthums Kenntniß erlangt und für das nächstfolgende Kalendervierteljahr (Satz 1).

Der Miether kann also unbesorgt bis zur Kenntnißerlangung den fälligen Miethzins an den Vermiether oder im Auftrage des Vermiethers auch an einen Dritten bezahlen. Erst mit der Erlangung der Kenntniß über den Eigenthumsübergang kann er nur mehr insoweit mit Sicherheit zahlen, als es nach dem Voraufgeführten zulässig ist; sonst würde er sich der Gefahr der Doppelzahlung aussetzen. Vgl. hieher übrigens auch § 576.

Wurde auf bestimmte Zeit, z. B. drei Jahre, gegen einen einmaligen vorauszahlbaren Miethzins gemiethet, so entfällt auf den der Zahlung nachfolgenden Zeitraum ein Miethzins überhaupt nicht mehr. In Folge dessen kann auch in einem solchen Falle der spätere Erwerber keinen Miethzins mehr verlangen, so daß § 574 überhaupt nicht anwendbar wird. (Bl. f. R.A. S. 374 Anm.)

2. Ist das Rechtsgeschäft nach dem Eigenthumsübergang geschlossen worden, so ist auch hier die Kenntniß des Miethers vom Uebergange des Eigenthums einschneidend:

a) Hatte der Miether diese Kenntniß bei Abschluß des Rechtsgeschäfts, so ist dieses unwirksam dem Erwerber gegenüber (Satz 2);

b) Hatte der Miether die Kenntniß nicht, so ist das Rechtsgeschäft zwar wirksam, jedoch für keine spätere Zeit als für das Kalendervierteljahr, in welchem der Miether von dem Eigenthumsübergange Kenntniß erhält, und für das folgende Kalendervierteljahr.

3. Es hat daher der Erwerber ein ureigenes Interesse daran, den Miether selbst von dem Eigenthumsübergange baldmöglichst zu verständigen.

§ 575.

Soweit die Entrichtung des Miethzinses an den Vermiether nach § 574 dem Erwerber gegenüber wirksam ist, kann der Miether gegen die Miethzinsforderung des Erwerbers eine ihm gegen den Vermiether zustehende Forderung aufrechnen. Die Aufrechnung ist ausgeschlossen, wenn der Miether die Gegenforderung erworben hat, nachdem er von dem Uebergange des Eigenthums Kenntniß erlangt hat, oder wenn die Gegenforderung erst nach der Erlangung der Kenntniß und später als der Miethzins fällig geworden ist.

E. II, 567; III, 568.

1. Satz 1: Der § 575 gewährt dem Miether — nach Analogie des § 406 bei der Forderungsübertragung — auch ein Aufrechnungsrecht im Rahmen des § 574, d. h.: Steht dem Miether eine Forderung gegen den Vermiether zu, so kann er mit dieser dem neuen Erwerber gegenüber aufrechnen bis zu dem Betrage, den der Miethzins für das zur Zeit der Erlangung der Kenntniß vom Eigenthumsübergange laufende und das nächstfolgende Kalendervierteljahr ausmacht. Auch hier ist also wieder einschneidend erst die Kenntniß des Miethers vom Eigenthumsübergang. Dies Aufrechnungsrecht selbst ist objektiv nicht beschränkt auf Forderungen, die vor dem Eigenthumsübergang entstanden sind, vielmehr ist jene subjektive Grenzlinie maßgebend (vgl. Satz 2). Woher Miether jene Kenntniß erlangt, ist hier gleichfalls belanglos.

2. Satz 2: Die Aufrechnung ist (in Uebereinstimmung mit § 406) ausgeschlossen:

a) wenn der Miether die Gegenforderung erst nach Erlangung der Kenntniß vom Eigenthumsübergang erworben hat,

b) wenn die Gegenforderung erst nach Erlangung dieser Kenntniß und später als der Miethzins fällig geworden ist. Es kommt also nicht bloß auf die Zeit der Entstehung, sondern auch auf die Fälligkeit der aufzurechnenden Forderung an.

Selbstverständlich müssen stets auch die allgemeinen Voraussetzungen einer Aufrechnung nach Maßgabe der §§ 387 u. 390 gegeben sein.

3. Eine Streitfrage besteht darüber, ob die vom Miether aufrechenbare Forderung aus dem Miethverhältnisse herrühren muß oder aber im Rahmen dieses Paragraphen mit jeder Forderung gegen den Vermiether, gleichviel aus welchem Rechtsgrunde, auf-

rechnen darf. Letzteres dürfte zutreffen. Der Wortlaut des Gesetzes spricht gegen eine Einschränkung, insbesondere will das Gesetz in S. 2 die Ausnahmen bestimmt aufzählen. Es hätte also, wenn wirklich gewollt, auch diese Einschränkung unter den Ausnahmen aufführen müssen. Auch besondere innere Gründe erheischen diese Beschränkung nicht, zumal § 575 eine Gleichbehandlung mit dem allgemeinen § 406 anstrebt (P. II, 147; dagegen Fuld a. a. O. S. 215).

§ 576.

Zeigt der Vermiether dem Miether an, daß er das Eigenthum an dem vermietheten Grundstück auf einen Dritten übertragen habe, so muß er in Ansehung der Miethzinsforderung die angezeigte Uebertragung dem Miether gegenüber gegen sich gelten lassen, auch wenn sie nicht erfolgt oder nicht wirksam ist.

Die Anzeige kann nur mit Zustimmung desjenigen zurückgenommen werden, welcher als der neue Eigenthümer bezeichnet worden ist.

E. II, 568, III, 569.

1. § 576 will den Miether — nach Analogie des § 409 Abs. 1 Satz 1 bei der Forderungsübertragung — gegen die Gefahr doppelter Leistung für den Fall schützen, daß er vom Vermiether eine Anzeige erhalten hat, wonach das Eigenthum an dem vermietheten Grundstück auf einen Dritten übertragen wurde. Der Vermiether muß nämlich in diesem Falle in Ansehung der Miethzinsforderung die angezeigte Uebertragung dem Miether gegenüber gegen sich gelten lassen, auch wenn die Uebertragung thatsächlich nicht erfolgt oder rechtlich nicht wirksam ist. Mit anderen Worten: Der Miether kann nach einer solchen Anzeige mit Sicherheit an den benannten Dritten zahlen.

Diese Anzeige kann sogar ohne Zustimmung des Dritten nicht mehr zurückgenommen werden (Abs. 2), in Uebereinstimmung mit § 409 Abs. 2, damit Miether ja geschützt ist.

2. Wenn Miether an den im Grundbuch eingetragenen Erwerber im Vertrauen auf den Grundbuchseintrag zahlt — also ohne daß eine Anzeige des Vermiethers im Sinne des § 576 erging —, so muß ihm der gleiche Schutz, wie nach § 576, auf Grund des § 893 zukommen (P. II, 147; D., 79).

§ 577.

Wird das vermiethete Grundstück nach der Ueberlassung an den Miether von dem Vermiether mit dem Rechte eines Dritten belastet, so finden die Vorschriften der §§ 571 bis 576 entsprechende Anwendung, wenn durch die Ausübung des Rechtes dem Miether der vertragsmäßige Gebrauch entzogen wird. Hat die Ausübung des Rechtes nur eine Beschränkung des Miethers in dem vertragsmäßigen Gebrauche zur Folge, so ist der Dritte dem Miether gegenüber verpflichtet, die Ausübung zu unterlassen, soweit sie den vertragsmäßigen Gebrauch beeinträchtigen würde.

E. I, 510; II, 569; III, 570.

I. Allgemeines:

§ 577 bedeutet einen weiteren Ausbau des den §§ 571—576 zu Grunde liegenden Rechtsprinzips, daß der Miether in seinem Vertragsrechte nicht durch rechtsgeschäftliche Verfügungen des Vermiethers beeinträchtigt werden dürfe, insoferne dieser Schutz hier ausgedehnt wird auf jene Fälle, in denen der Vermiether das Grundstück zwar nicht veräußert, es aber mit einem Rechte zu Gunsten eines Dritten belastet, das in das Gebrauchsrecht des Miethers schädigend oder beengend eingreifen würde. Ohne solchen Schutz wäre zugleich chikanösen Vermiethern oder Verpächtern eine bequeme Handhabe geboten, dem Miether oder Pächter das Verbleiben auf dem Grundstücke zu verleiden; vgl. P. II, 162.

Die praktische Bedeutung des § 577 für den Miether liegt aber in erster Reihe darin, daß ihm hier ein unmittelbarer gesetzlicher Schutz gegen den Dritten gewährt wird. Selbstverständlich kann er aber auch zunächst seine Rechte aus dem Miethvertrage bei einer Beeinträchtigung durch das Recht eines Dritten gegen seinen Vermiether geltend machen; vgl. §§ 541 u. 542.

II. Das Gesetz geht von dem Falle aus, daß das Grundstück dem Miether bereits überlassen ist (über den anderen Fall s. unten III) und unterscheidet weiter, je nachdem das dem Dritten vom Vermiether eingeräumte Recht dem Miether den vertragsmäßigen Gebrauch völlig entzieht (Satz 1) oder nur beschränkt (Satz 2).

1. Wenn die volle Ausübung des dem Dritten eingeräumten Rechtes dem Miether den vertragsmäßigen Gebrauch des gemietheten Grundstücks völlig entziehen würde, so sollen die Vorschriften der §§ 571—576 entsprechende Anwendung finden, d. h. der Dritte darf durch das ihm eingeräumte Recht den Miether keineswegs verdrängen, vielmehr tritt er kraft Gesetzes in gleicher Weise in das Miethverhältniß ein, wie ein Erwerber aus freiwilliger Veräußerung. Als Beispiele für diesen Fall führen die M. die Bestellung eines Nießbrauchs, eines Erbbaurechtes oder eines dinglichen Wohnungsrechtes an.

a) Der Dritte hat demgemäß im Allgemeinen die Rechte und Verpflichtungen wie der Vermiether. Die Ausübung der Vermietherrechte, insbesondere die Einziehung des Miethzinses, bildet dabei den Ersatz dafür, daß der Dritte das ihm wirklich eingeräumte Recht nicht selbst ausüben darf (z. B. Wohnungsrecht). Zugleich treffen ihn aber auch die Vermietherpflichten.

b) Das Gesetz spricht von entsprechender Anwendung der §§ 571—576, also nicht von einer völlig gleichen, denn es ist einerseits möglich, daß das dem Dritten eingeräumte Recht im Einzelfalle schon der thatsächlichen Seite nach (z. B. bei einem Wohnungsrechte) die Person des Vermiethers dem Miether gegenüber nicht völlig verdrängt, andererseits tritt hier durchweg, richtig besehen, der Dritte auch rechtlich nicht völlig an die Stelle des Vermiethers in einer diesen ausschließenden Weise, wie im Falle des § 571, sondern er übt mehr neben dem Vermiether Rechte und Pflichten aus (so Oertmann, § 577; a. M. Planck). Die Richtigkeit dieser Anschauung ergibt sich insbesondere aus der Betrachtung der Eventualität, wenn das Recht des Dritten noch während der Dauer der Miethe wieder wegfällt. Wäre der Dritte an Stelle des Vermiethers in das Miethverhältniß eingetreten, so würde nunmehr das Miethverhältniß in der Luft schweben. Es muß aber hier unbedingt der Vermiether ohne Weiteres wieder völlig in den Vordergrund treten zur Aufrechthaltung des Vertragsverhältnisses. Dies beweist aber auch, daß hier im Grunde das Miethverhältniß von Anfang an zwischen den ursprünglichen Parteien fortbestanden hat und der Dritte neben der Person des nur anscheinend gänzlich zurücktretenden Vermiethers dessen Rechte und Pflichten stellvertretend ausgeübt hat. Um deßwillen wird auch eine Anwendung des Abs. 2 Satz 2 des § 571 hier überhaupt ausgeschlossen sein.

2. Wenn das dem Dritten eingeräumte Recht den Miether in dem vertragsmäßigen Gebrauche nicht völlig verdrängt, sondern nur theilweise beschränkt, so tritt hier der Dritte nicht in den Miethvertrag ein — auch nicht theilweise! —, er ist aber dem Miether gegenüber verpflichtet, die Ausübung zu unterlassen, soweit sie den vertragsmäßigen Gebrauch beeinträchtigen würde: Der Dritte tritt also nur in gewisse Pflichten des Vermiethers aus dem Miethvertrag ein, nicht in dessen Rechte, aber auch nicht in alle Verpflichtungen des Vermiethers, insbesondere nicht in diejenigen zu positiven Leistungen. Der Dritte hat sich im Uebrigen nur so weit in der Ausübung zurückzuhalten, als die Gebrauchssphäre des Miethers reicht (Crome a. a. O. S. 47).

Dieser Fall wird z. B. eintreten bei Bestellung von Grunddienstbarkeiten an dem vermietheten Grundstücke, deren Ausübung den Miether in dem vertragsmäßigen Gebrauche beeinträchtigen würde, z. B. Bestellung einer Wassergerechtigkeit Seitens des Verpächters, wodurch der verpachteten Mühle das zum Betriebe nothwendige Wasser entzogen würde.

3. Wenn das dem Dritten gewährte Recht den Miether weiter nicht stört, so muß er selbstverständlich dasselbe dulden.

III. Wenn zur Zeit der Bestellung eines der vorbezeichneten Rechte das Grundstück dem Miether noch nicht überlassen ist, so hat der Miether die aus § 577 sich für ihn ergebenden Rechte nur dann, wenn der Erwerber (des Rechtes) dem Vermiether gegenüber die Erfüllung des Miethvertrags übernommen hat; s. § 578.

VI. Selbstverständlich kann die Rechtsstellung des Miethers für die Fälle des § 577 durch Vertrag anderweitig geregelt werden.

§ 578.

Hat vor der Ueberlassung des vermietheten Grundstücks an den Miether der Vermiether das Grundstück an einen Dritten veräußert oder mit einem Rechte belastet, durch dessen Ausübung der vertragsmäßige Gebrauch dem Miether entzogen oder beschränkt wird, so gilt das Gleiche wie in den Fällen des § 571 Abs. 1 und des § 577, wenn der Erwerber dem Vermiether gegenüber die Erfüllung der sich aus dem Miethverhältniß ergebenden Verpflichtungen übernommen hat.

E. I, 512; II, 570; III, 571.

§ 578 geht (im Gegensatze zu § 571, vgl. Bem. B, I, 1 b hiezu) von der Voraussetzung aus, daß der Vermiether das Grundstück (hinsichtlich beweglicher Sachen vgl. Bem. B, III zu § 571) an einen Dritten veräußert oder mit Rechten Dritter belastet, die dem Miether den vertragsmäßigen Gebrauch entziehen oder beschränken, bevor das vermiethete Grundstück dem Miether überlassen ist.

1. Als Regel gilt hier das Gegentheil zum Falle des § 571, nämlich der Satz: Kauf bricht Miethe. Der Miether kann sich demgemäß hier nicht aus eigenem Rechte gegen den Willen des neuen Erwerbers den Besitz der Wohnung verschaffen, auch nicht auf Ueberlassung der Wohnung gegen Letzteren klagen, sondern er hat in diesem Falle lediglich einen Entschädigungsanspruch gegen seinen Vermiether wegen Vertragsbruchs nach Maßgabe der §§ 280 u. 325 (D., 77 und Crome a. a. O. S. 33).

Es empfiehlt sich daher für den Miether, falls er befürchtet, sein Vermiether werde ihm durch Weiterveräußerung des Grundstücks den Vollzug des Vertrags vereiteln, sich vorher durch Vereinbarung einer Vertragsstrafe oder durch Erwirkung einer Sicherungshypothek sicher zu stellen. Eine Vormerkung des Miethvertrags ist nicht angängig, da die Miethe nicht unter die in § 883 vermeinten Ansprüche fallen kann.

Diese Regel gilt, wie hervorzuheben ist, nicht bloß für den Fall der Veräußerung des Grundstücks, sondern auch dann, wenn der Vermiether in der Zwischenzeit das vermiethete Grundstück mit dem Rechte eines Dritten im Sinne des § 577 belastet. Der Miether kann auch hier seine Rechte nur gegenüber seinem Vermiether geltend machen. Vgl. hieher die §§ 541 u. 542.

2. Eine gesetzliche Ausnahme tritt jedoch ein, wenn der Erwerber dem Vermiether gegenüber die Erfüllung der sich aus dem Miethverhältniß ergebenden Verpflichtungen ausdrücklich übernommen hat:

a) In diesem Falle tritt der Erwerber, wie im Falle der bereits vollzogenen Miethe (§ 571 Abs. 1), in das Miethverhältniß vollständig ein und es finden die sämmtlichen Bestimmungen der §§ 571 (auch Abs. 2!) bis 578 hieher in gleicher Weise Anwendung.

Ebenso stehen dem Miether gegenüber dem einem Dritten eingeräumten Rechte, das ihn beengt, die vollen Rechte aus § 577 zu, wenn der Erwerber („dieses Rechtes" muß hier ergänzt werden; das Gesetz drückt sich für diesen Fall nicht ganz deutlich aus) dem Vermiether gegenüber die Achtung der dem Miether zukommenden Gebrauchssphäre ausdrücklich versprochen hat.

b) Es wird auch hier, wie im Falle des § 571, kein neuer Miethvertrag geschlossen, vielmehr bleibt der Miether dem Uebernahmevertrage ganz ferne. Der Unterschied im Vergleiche zu § 571 liegt darin, daß hier der Eintritt des Erwerbers in das ganze Miethverhältniß nicht kraft Gesetzes erfolgt, wie bei § 571, sondern zufolge vertragsmäßiger Uebernahme durch den Grundstückserwerber.

Hieraus ergibt sich, was für die rechtliche Konstruktion von Wichtigkeit ist, daß es sich auch im gegebenen Fall um eine anomale Spezialvorschrift handelt, wie bei § 571 (vgl. Bem. B, I, 4 hiezu), also nicht etwa um einen Vertrag zu Gunsten Dritter (Crome a. a. O. S. 39).

3. Eine weitere Ausnahme von der Regel unter 1 wird sich dann ergeben, wenn der Vermiether das Anwesen selbst wieder erwirbt. Hier könnte der Miether da ja die inzwischen eingetretene Besitzänderung eine Aufhebung des Miethvertrags an, sich nicht bewirkt, direkt auf Einräumung des Besitzes an dem gemietheten Grundstücke gegen den Vermiether klagen (Arnold a. a. O. S. 105).

4. Wie schließlich hinzuweisen ist, gilt die Regel des § 578 auch bei einer Zwangsversteigerung des vermietheten Grundstücks, im Falle das Grundstück dem Miether noch nicht überlassen ist. Auch hier hat der Miether kein Recht, vom Ersteher die Erfüllung des Vertrags zu verlangen, es bleibt ihm nur der Rückgriff gegen seinen Vermiether. Eine Ausnahme in Folge einer Vereinbarung im Sinne der Bem. 2 zwischen Vermiether und Ersteher wird hier wohl nicht vorkommen. (Vgl. § 57 Zw.V.G.)

§ 579.

Wird das vermiethete Grundstück von dem Erwerber weiter veräußert oder belastet, so finden die Vorschriften des § 571 Abs. 1 und der §§ 572 bis 578 entsprechende Anwendung. Erfüllt der neue Erwerber die sich aus dem Miethverhältniß ergebenden Verpflichtungen nicht, so haftet der Vermiether dem Miether nach § 571 Abs. 2.

E. II, 571; III, 572.

Der Paragraph behandelt die Einwirkung einer Weiterveräußerung bezw. einer mehrmaligen Veräußerung nach einander auf das Miethverhältniß. Er wurde erst nachträglich eingefügt (P. II, 174).

1. Satz 1 enthält im Grunde nichts anderes als eine selbstverständliche analoge Anwendung des allgemeinen Prinzips der §§ 571 ff. auf den Fall einer mehrmaligen Veräußerung des vermietheten oder verpachteten Grundstücks, die hier der Deutlichkeit halber vom Gesetz ausdrücklich für statthaft erklärt wird (vgl. P. a. a. O.), d. h. jeder nachfolgende Erwerber, gleichviel welcher, tritt für die Dauer seines Eigenthums ohne Weiteres kraft Gesetzes in die sich aus dem Miethverhältniß ergebenden Rechte und Verpflichtungen. In dieser Hinsicht hat also jede Veräußerung in Bezug auf die Miethe dieselben rechtlichen Folgen, wie die erste Veräußerung, und es finden, wie hervorzuheben ist, auf jede weitere Veräußerung nicht bloß § 571 Abs. 1 Anwendung (bezüglich Abs. 2 s. Bem. 2), sondern auch die §§ 572—578, also insbesondere auch hinsichtlich der Wirksamkeit von Vorausverfügungen bezüglich des Miethzinses und der Zulässigkeit von Aufrechnungen.

2. Satz 2 bringt aber für den Fall einer mehrmaligen Veräußerung eine einschneidende Besonderheit, die sich auf Abs. 2 des § 571 bezieht:

Hienach trifft nämlich die in jener Gesetzesstelle (Satz 1) verfügte bürgschaftsähnliche Haftung hinsichtlich des von dem neuen Erwerber dem Miether zu ersetzenden Schadens nur den ersten Vermiether, nicht aber den ersten neuen Erwerber im Verhältnisse zum zweiten und so weiter. Der Miether kann sich demgemäß immer nur an den ersten ursprünglichen Vermiether halten, wenn irgend ein weiterer Erwerber wegen Nichterfüllung der Vermietherpflichten schadensersatzpflichtig wird.

Nur dies allein kann der Sinn des Satzes 2 sein und nicht etwa der, daß in diesem Falle wenigstens der dritte Erwerber als Vermiether im Sinne des § 579 anzusehen sei und hafte (so Fischer-Henle), da das Gesetz gerade hier die drei Personen des Vermiethers, Erwerbers und neuen Erwerbers bestimmt auseinanderhält (übereinstimmend Planck, Oertmann und Fuld).

3. Da im Uebrigen auch der ursprüngliche Vermiether in Gemäßheit des Satzes 2 Abs. 2 des § 571 durch eine Mittheilung von der Veräußerung an den Miether seine Haftung erheblich beschränken kann, falls Miether verbleibt, so ist möglich, daß Miether leicht in Schaden geräth, wenn — was insbesondere bei Neubauten häufig ist — rasch verschiedene Veräußerungen aufeinanderfolgen und die neuen Erwerber zahlungsunfähig sind (Arnold a. a. O. S. 101 Anm. 6).

§ 580.

Die Vorschriften über die Miethe von Grundstücken gelten auch für die Miethe von Wohnräumen und anderen Räumen.

E. III, 573.

Der Paragraph spricht den wichtigen Satz aus, daß alle Vorschriften in den vorstehenden Paragraphen, die sich auf die Miethe von Grundstücken beziehen, ohne

Weiteres (also unmittelbar und nicht bloß in analoger Weise) auch für die Miethe von Wohnräumen und anderen Räumen gelten sollen.

a) Diese Paragraphen sind: 537 Abs. 2 Satz 2, 544, 551 Abs. 2, 556 Abs. 2, 559—563, 565, 566, 571—579.

b) Unter Wohnräumen sind nicht nur Stockwerke, sondern auch einzelne Zimmer zu verstehen.

c) Andere Räume sind sonstige Innentheile von Gebäulichkeiten oder selbständige Nebenräume, gleichviel ob sie zum Aufenthalte von Menschen dienen oder nicht, ohne jedoch Wohnräume in erster Linie zu sein, z. B. Läden, Werkstätten oder andere Arbeitsräume, Speicher, Keller, Stallungen rc. (vgl. ferner die §§ 544 u. 570). Auch Räumlichkeiten im Sinne des § 95 B.G.B. gehören hieher.

d) Von verschiedenen Seiten (so z. B. Cosack, Lehrb. II S. 461) werden auch Innenräume von Mobilien (z. B. die Kajüte eines Schiffes) hieher gezählt. Dies dürfte indessen nicht haltbar erscheinen, da das Gesetz hier offenbar nur Innentheile und Nebenräume von oder als Immobilien bei dieser Gleichstellung wollen kann. Bei gegentheiliger Auffassung würde z. B. bezüglich der Kündigung hinsichtlich des Innenraums einer Mobilie eine andere und längere Kündigungsfrist laufen als für die bewegliche Sache selbst als ganze. Wie soll ferner der Satz „Kauf bricht nicht Miethe" für solche Fälle anwendbar werden, da doch dieses Prinzip für bewegliche Sachen überhaupt ausgeschlossen ist! Vgl. Oertmann zu § 580 und Mittelstein, S. 11.

e) § 580 muß auch für die Pacht gelten, vgl. Bem. V, c zu § 581.

II. Pacht.

Vorbemerkungen.

I. Das B.G.B. scheidet im Prinzipe die Pacht von der Miethe ab als ein selbständiges Rechtsinstitut (vgl. hieher insbesondere Bem. I zu § 581). Da aber in den Einzelbeziehungen eine erhebliche Uebereinstimmung zwischen den Verhältnissen bei der Pacht und der Miethe besteht, so will das Gesetz doch im Allgemeinen sämmtliche Rechtsnormen der Miethe entsprechend auf die Pacht angewendet wissen, soweit sich nicht aus den §§ 582—597 ein Anderes ergibt (Abs. 2 des § 581).

Diese besonderen Vorschriften betreffen:

§§ 582—585, Rechte und Pflichten der Vertragstheile bei der Pacht eines landwirthschaftlichen Grundstücks (vgl. Bem. I zu § 582);

§§ 586—590 die Behandlung des Inventars, das mit einem Grundstücke mitgepachtet wird (vgl. insbesondere Bem. I zu § 586);

§§ 591—594 die Auseinandersetzung nach Beendigung der Pacht eines landwirthschaftlichen Grundstücks bezw. eines Landguts (über letzteren Begriff vgl. Bem. II zu § 593);

§ 595 Kündigung bei unbestimmter Pachtzeit;

§ 596 Unterpacht, Tod des Pächters und Versetzung;

§ 597 Entschädigung bei verspäteter Pachtrückgewähr.

Im Einzelnen sind noch hervorzuheben: § 585 über Pfandrecht des Verpächters, § 590 über Pfandrecht des Pächters, ferner § 592 über Ersatz von Bestellungskosten.

II. Hervorzukehren ist ferner, daß die §§ 587, 588 sich im Allgemeinen an das anlehnen, was man bisher unter dem Eisernviehvertrag verstand, andererseits aber sich auf jedes Inventar (nicht bloß Viehinventar) bei der Pacht eines Grundstücks überhaupt beziehen (s. Bem. 3 zu § 587). Die sog. Viehverstellung hat das Gesetz im Hinblick auf die verschiedene Willensmeinung der Parteien im Einzelfalle, sowie die lokalen Verschiedenheiten nicht geregelt und auch nicht der besonderen landesgesetzlichen Regelung überlassen (s. Bem. 4 zu § 587).

III. Uebergangsbestimmungen s. in Art. 171 u. 172 E.G. und vgl. hieher Vorbem. VIII vor § 535.

§ 581.

Durch den Pachtvertrag wird der Verpächter verpflichtet, dem Pächter den Gebrauch des verpachteten Gegenstandes und den Genuß der Früchte, soweit sie nach den Regeln einer ordnungsmäßigen Wirthschaft als Ertrag anzusehen sind, während der Pachtzeit zu gewähren. Der Pächter ist verpflichtet, dem Verpächter den vereinbarten Pachtzins zu entrichten.

Auf die Pacht finden, soweit sich nicht aus den §§ 582 bis 597 ein Anderes ergiebt, die Vorschriften über die Miethe entsprechende Anwendung.

E. I, 531, 532; II, 521; III, 574.

I. Das Wesen des Pachtvertrags:

Das Wesen des Pachtvertrags wird am besten klar durch eine Gegenüberstellung zur Miethe, zumal das Gesetz die Pacht im Grunde als ein naheverwandtes Rechtsgebilde mit dieser hinstellt (Abs. 2), wenn es auch (im Gegensatze zu bisherigen Rechten, vgl. Bem. B, I, 3 zu § 535) die Unterschiede scharf gezogen haben will. Vgl. zum Ganzen die Bem. zu § 535, insbesondere Bem. B, I Ziff. 3.

1. Gegenstand der Pacht:

Während die Miethe sich nur auf Sachen im strengen Sinne des § 90 beziehen kann, kann sich die Pacht auf Gegenstände jeder Art erstrecken, sowohl körperliche wie unkörperliche. Insbesondere fallen hierunter auch alle Arten von Rechten. Aus der allgemeinen Bezeichnung „Gegenstand" folgt des Weiteren, daß auch reine Naturkräfte, wie z. B. Elektrizität (vgl. aber unten Bem. I, 4 a), gepachtet werden können.

Beispielsweise werden in den Prot. als mögliche Pachtobjekte erwähnt: Erwerbsgeschäfte, Patente, Wassernutzungsrechte, Theater, Gasthöfe. Ferner kommt häufig vor: Pachtung von Jagd- und Fischereirechten, von Dienstbarkeiten, sowohl von Grunddienstbarkeiten, wie auch z. B. beim Nießbrauche (vgl. Bem. 2 zu § 1059). Auch die Verpachtung eines Torfstichs, eines Steinbruchs ꝛc. ist möglich (vgl. aber unten Bem. I, 4 a).

Besonders häufig ist jedoch die Pacht von Grundstücken, insbesondere von landwirthschaftlichen, und von Landgütern (zwei verschiedene Begriffe, vgl. Bem. I zu § 582 und Bem. II zu § 593).

2. Der Pächter erhält nicht nur das Recht auf den Gebrauch des Pachtgegenstandes, wie der Miether, sondern auch das Recht, gewisse Früchte desselben zu beziehen (wie nach P.L.R.).

Was das Gebrauchsrecht des Pächters anbelangt, so ist hier hervorzuheben, daß dieses Recht in selbständiger Weise neben dem Fruchtbezugsrechte besteht, d. h. das B.G.B. hat die Einschränkung (wie z. B. das sächsische G.B.), daß der Pächter nur insoweit zum Gebrauche des Pachtobjekts befugt sein soll, als der Gebrauch speziell zum Fruchtgenuß erforderlich ist, nicht aufgenommen (M. II, 422).

Ueber das Fruchtbezugsrecht des Pächters ist Folgendes hervorzuheben:

a) Der Begriff „Früchte" bestimmt sich nach dem weiten Umfange des § 99: Erzeugnisse und sonstige Ausbeute einer Sache, Erträge eines Rechtes seiner Bestimmung gemäß, insbesondere auch bei einem Rechte auf Gewinnung von Bodenbestandtheilen die gewonnenen Bestandtheile, ferner gehören hieher auch, was besonders zu betonen ist, die Erträge, welche eine Sache oder ein Recht vermöge eines Rechtsverhältnisses gewährt (Abs. 3, sog. civile Früchte).

b) Eine Einschränkung führt das Gesetz hier aber auf. Dem Pächter soll der Genuß der Früchte nur insoweit gewährt sein, als sie nach den Regeln einer ordnungsmäßigen Wirthschaft als Ertrag anzusehen sind. Dieser Zusatz wurde erst vom Reichstage beschlossen (vgl. R.T.K. S. 43). Es soll damit gesagt sein: Der Genuß der Früchte ist auf diejenigen Früchte beschränkt, welche als Ertrag anzusehen sind; Früchte, die einen Theil des Kapitals bilden (wie z. B. die durch Windbruch gefällten Bäume oder der gesammte Inhalt eines Torfstichs) haben dem Verpächter zu verbleiben.

Diese Vorschrift harmonirt mit dem leitenden Gedanken in § 1036 beim Nießbrauche, sowie in den §§ 1383 u. 1525.

Im Uebrigen dürfte aber eine analoge Anwendung des § 1037 Abs. 2 auf das Pachtverhältniß in bescheidenen Grenzen nicht ausgeschlossen erscheinen. (Bl. f. R.A. a. a. O. S. 349.)

Der auf dem Grundstücke gefundene Schatz ist für den Pächter kein Wirthschaftserträgniß. Dieser hat daher auch als solcher hierauf keinen Anspruch; vgl. § 984.

c) Der Eigenthumserwerb des Pächters an den gezogenen Nutzungen richtet sich nach den §§ 956 u. 957 (s. Bem. hiezu): Der Pächter erwirbt hienach das Eigenthum, wenn er im Besitze des Pachtobjekts ist, bereits mit der bloßen Trennung der Erzeugnisse bezw. Bestandtheile. Die hängenden Früchte stehen noch im Eigenthume des Verpächters. An den im Uebermaße gezogenen Früchten wird der Pächter regelmäßig kein Eigenthum erwerben können; eine analoge Bestimmung, wie § 1039 beim Nießbrauche, fehlt hier. Vgl. ferner hieher unten Bem. IV, 2.

3. Trotz dieser Unterscheidung des Gesetzes zwischen Miethe und Pacht wird es im Einzelfalle gleichwohl oft schwierig, beide auseinander zu halten:

In vielen Fällen ist der beiderseits gewollte Vertragszweck das einzige Kriterium: Wird die Sache nur zum Gebrauch überlassen, so liegt Miethe vor; wird aber auch der Fruchtbezug vertragsmäßig mitüberlassen, so ist Pacht gegeben; vgl. Bem. B, I, 3 a zu § 535.

Außerdem sei hier noch auf folgende Einzelheiten hingewiesen:

a) Wenn eine fruchttragende Sache und eine nicht fruchttragende Sache zusammen den Gegenstand des Vertrags bilden (z. B. Wohnhaus und Nutzgarten), so wird es darauf ankommen, was im konkreten Falle nach dem Willen der Parteien als Hauptsache zu gelten hat. (Vgl. Bem. B, I, 3 a zu § 535.)

b) Bei einem Gebäude wird ferner öfter der Unterschied darin liegen, ob dasselbe zu einem bestimmten Gewerbe- oder Fabrikbetriebe bereits eingerichtet ist oder nicht. So wird z. B. die Ueberlassung eines Gasthauses sammt Inventar regelmäßig Pacht sein und nicht Miethe. Wird dagegen ein leeres Haus ohne bisherige Einrichtung oder ohne Inventar überlassen, wenn auch zu einem bestimmten Betriebe, so wird für die Regel Miethe vorliegen und nicht Pacht; denn das leere Lokal als solches kann keinen Ertrag liefern, dies wird vielmehr erst möglich durch die vom Miether beschaffte Einrichtung und persönliche Arbeit desselben. Aehnlich fällt auch z. B. die Ueberlassung von Räumlichkeiten zu Theaterzwecken unter den Begriff Miethe, während ein als Theater eingerichtetes bezw. hergestelltes Gebäude verpachtet wird. (Vgl. Fuld a. a. O. S. 16 ff., auch Staudinger, Vortr. S. 490.)

c) Aus dem Gesagten darf jedoch nicht gefolgert werden, daß die Wohnungsmiethe zur Wohnungspacht wird, wenn Vermiether die Aufnahme von Untermiethern gestattet. Auch hier werden zwar an sich civile Früchte aus der Wohnung gezogen. Allein die Aftervermiethung ist hier nicht beiderseits gewollter Vertragszweck, sondern nur einseitig auf Seite des Miethers. Anders wäre die Sache, wenn ein ganzes Haus nur zum Zwecke der Weitervermiethung entgeltlich überlassen würde; hier läge Verpachtung vor (Bl. f. R.A. a. a. O. S. 326 Anm.).

4. Unterscheidung der Pacht von anderen Verträgen, abgesehen von der Miethe:

Im Allgemeinen ist hervorzuheben, daß die von den Parteien beliebte Bezeichnung (z. B. als Pachtvertrag) nicht immer entscheiden kann. Es muß vielmehr im Zweifelsfalle auf den juristischen Kern des Vertrags eingegangen werden.

a) Besonders häufig entstehen Zweifel, ob im konkreten Falle ein Pacht- oder ein Kaufvertrag vorliegt (analog, wie bei der Miethe, vgl. Bem. B, I, 3 b zu § 535).

Bei verbrauchbaren Sachen (z. B. Wasser, Gas ꝛc.) wird regelmäßig Kauf und nicht Pacht gegeben sein, wenn solche allein den Vertragsgegenstand bilden und nach bestimmten Quantitäten überlassen werden. Freilich ist auch die Pachtung eines Wassernutzungsrechtes möglich. Hier ist aber in Wirklichkeit nicht das Wasser, sondern das Recht Vertragsobjekt (Bl. f. R.A. a. a. O. S. 326 Anm.).

Wenn Bodenbestandtheile, wie z. B. Mineralien, Torf, Lehm ꝛc., den Vertragsgegenstand bilden, wird im Zweifelsfalle zu prüfen sein, ob die Parteien die noch zu gewinnenden Mineralien ꝛc. als künftige bewegliche Sachen gedacht haben und somit diese zum Gegenstand eines Kaufvertrags gemacht werden wollten oder nicht. Maßgebend wird dabei auch sein, ob dem anderen Vertragstheil eine Verfügungsgewalt über die Sache nur behufs der Ausscheidung bezw. Wegführung eingeräumt werden wollte (Kauf) oder aber eine allgemeinere Verfügungsgewalt (z. B. Steine nach freiem Belieben zu brechen). Auch die Bestimmung des Preises, ob nach einzelnen Quantitäten ꝛc., kann von Einfluß sein (Seuffert, Archiv Bd. 48 Nr. 18; Entsch. d. R.G. Bd. 6 S. 6; Bl. f. R.A. a. a. O. S. 327).

Eine moderne Frage ist auch die, ob Verträge über Elektrizität als Kauf- oder Pachtverträge zu gelten haben. Das Entscheidende dürfte im Allgemeinen darin liegen (Bl. f. R.A. a. a. O.), ob man die Elektrizität als einen selbständigen und verbrauchbaren Gegenstand auffaßt — hier wäre Kauf gegeben — oder aber lediglich als Aeußerung (Ausbeute) einer Kraft (analog der thierischen Kraft oder der Kraftleistung von Flüssen, in welchem Falle ein Pachtvertrag vorläge (vgl. Bem. zu § 90; Endemann, S. 227; Entsch. d. R.G. Bd. 29 S. 111). Wenn übrigens ein durch Elektrizität herzustellender Erfolg den Gegenstand des Vertrags bildet (was z. B. gewöhnlich bei der elektrischen Beleuchtung eines Hauses im Anschluß an ein Elektrizitätswerk zutreffen wird), so wird für die Regel ein Werkvertrag im Sinne des § 631 anzunehmen sein.

b) Oefters (insbesondere bei der sog. Theilpacht; vgl. unten III, 2 c) kann auch fraglich werden, ob Pacht oder ein Gesellschaftsvertrag vorliegt.

Der Gesellschaftsvertrag erfordert, daß die Gesellschafter sich gegenseitig verpflichten, die Erreichung eines gemeinsamen Zweckes zu fördern, während bei der Pacht der Pächter den Pachtgegenstand aus eigenen Kräften nutzt und der Verpächter nur einen Theil des vom Pächter allein erzielten Gewinnes erhält. Auch wird zu prüfen sein, ob die Gegenleistung nach Absicht der Parteien wirklich als Pachtzins gemeint ist.

Mehrere Pächter können selbstverständlich unter einander in einem Gesellschaftsverhältnisse stehen, wie z. B. bei der Jagdpacht (das bayrische Jagdgesetz enthält in Art. 12 eine privatrechtliche Bestimmung über das Verhältniß von mehreren Mitpächtern einer Jagd zu einander).

II. Sonstige allgemeine Bemerkungen:

1. Hinsichtlich der Form des Pachtvertrags gilt das Gleiche, wie bei der Miethe. Auch der Pachtvertrag ist an sich an keine Form gebunden, aber, wie bei der Miethe, bedarf ein Pachtvertrag über ein Grundstück, der für längere Zeit als ein Jahr geschlossen wird, der schriftlichen Form (§ 566). Bezüglich der Kündigungsmöglichkeit im Falle der Nichtbeachtung der Form s. § 566 Satz 2 in Verbindung mit § 595. Selbstverständlich können die Parteien in jedem Falle Schriftlichkeit als wesentliche Form vereinbaren. Vgl. Bem. B, I, 4 zu § 535.

2. Der nähere Inhalt des Pachtvertrags:

Auch die Vorschriften über die Pacht sind, wie jene über Miethe, im Prinzipe dispositiver Natur. Sie gelten der Regel nach nur, wenn die Parteien nichts anderes vereinbart haben. Gerade bei der Pacht wird die nähere Ausgestaltung des Vertragsinhalts durch die Parteien entsprechend den verschiedenen Verhältnissen von besonderer Wichtigkeit, vor Allem bei der Uebernahme eines Pachtinventars (vgl. §§ 586, 587 ff.) und hinsichtlich der näheren Art und Weise der Rückgewähr des Pachtgegenstandes (vgl. §§ 589, 591, 593, 594, 597).

Ueber die Schranken dieser Vertragsfreiheit und hinsichtlich der besonderen Zwangsvorschriften bei der Miethe, welche gemäß Abs. 2 auch bei der Pacht entsprechende Anwendung zu finden haben, s. Bem. B, I, 5 zu § 535. Eine Bestimmung im Pachtvertrage, daß der Pächter auf dem Pachtgute stets wohnen müsse, kann der Regel nach nicht als ein vom Rechte verpönter Eingriff in die Willensfreiheit erachtet werden. (Seuffert, Archiv Bd. 42 Nr. 110.)

Ueber Auslegung der Pachtverträge vgl. Bem. B, I, 6 zu § 535 und oben Bem. I, 4.

3. Eine Eintragung der Pacht im Grundbuche findet ebensowenig, wie eine solche bei der Miethe statt. Es ist jedoch möglich, Pachtverhältnisse dinglich zu gestalten (vgl. § 1090) und dadurch die Eintragung im Grundbuche herbeizuführen; vgl. Bem. B, I, 7 zu § 535.

III. Die beiderseitigen Vertragspflichten:

Der gesetzliche Pflichtenkreis des Verpächters und Pächters ist im Allgemeinen der gleiche, wie bei der Miethe (Abs. 2). Im Einzelnen ergeben sich Besonderheiten:

A. Auf Seite des Verpächters:

1. Dieser hat dem Pächter den verpachteten Gegenstand in einem zum vertragsmäßigen Gebrauche geeigneten Zustande zu überlassen und diesen vertragsmäßigen Gebrauch auch fort und fort zu gewähren (vgl. §§ 535, 536), soweit hier nicht besondere Erhaltungspflichten des Pächters selbst (s. §§ 582, 586—589) einschlagen.

Der Verpächter haftet auch für die Richtigkeit der Größe der verpachteten Ländereien. § 537 Abs. 2. Bei vertragsmäßigem Ausschlusse dieser Garantie ist Treu und Glauben zu beachten (Seuffert, Archiv Bd. 37 Nr. 301).

Diese Gewährungspflicht des Verpächters kann auch von Einfluß werden bei erheblichen Wasserschäden. Vgl. unten Bem. B, 3 b.

Eine Wiederherstellungspflicht des Verpächters bei Untergang der Pachtsache besteht aber so wenig, wie bei der Miethe. Vgl. Bem. IV zu §536 (wie schon bisher, s. Seuffert, Archiv Bd. 43 Nr. 16).

2. Er hat die auf der Sache ruhenden Lasten zu tragen (§ 546).

Außerdem kommt bei der Pacht als weitere Pflicht hinzu,

3. dem Pächter den Genuß (das frui licere) der Früchte des Pachtgegenstandes während der Pachtzeit zu gewähren, soweit solche nach den Regeln einer ordnungsmäßigen Wirthschaft als Ertrag des verpachteten Gegenstandes anzusehen sind.

Diese Verpflichtung des Verpächters begreift des Weiteren auch die Pflicht in sich, den von dritter Seite ausgehenden Eingriffen in das Früchteziehungsrecht des Pächters entgegenzutreten. Dies gilt insbesondere auch bei Wildschaden. (Wenn der Verpächter selbst Jagdinhaber bleibt, besteht seine Pflicht, Wildschaden zu verhindern, um so mehr.)

B. Auf Seite des Pächters:

1. Er erhält mit der Uebernahme die Obhut (custodia) über den Pachtgegenstand. Vgl. Bem. I zu § 545.

2. Er hat das Pachtobjekt vertragsmäßig zu gebrauchen (§ 550). Hier schlagen besondere Einschränkungen für die Grundstückspacht ein. Vgl. §§ 583, 586 Abs. 2, 588.

3. Der Pächter hat den vereinbarten Pachtzins zu entrichten (Satz 2). Vgl. hiezu § 535 Bem. B, III.

a) Ueber die Zeit der Entrichtung besteht hier eine besondere Bestimmung für die Pacht eines landwirthschaftlichen Grundstücks gemäß § 584. Im Uebrigen vgl. § 551.

b) Ein Nachlaß am Pachtzinse kann sich ergeben wegen solcher Mängel des Pachtobjekts, für die der Verpächter einzustehen hat. Vgl. §§ 537 u. 541.

Einen Pachtzinsnachlaß wegen Mißwachs oder sonstiger Minderung des Ertrags durch Zufall kennt das B.G.B. (im Gegensatze zum gemeinen Rechte) nicht (auch die landwirthschaftlichen Kreise waren hiemit einverstanden; vgl. Z.G. II, 294; IV, 425—427). Man ging davon aus, es sei Sache des Pächters, solchen Unfällen von vorneherein vorzubeugen durch entsprechende Versicherung (z. B. gegen Hagelschlag). Andererseits sei es auch unbillig, den Verpächter den Nachtheil besonders ungünstiger Jahre mittragen zu lassen, wenn man diesem nicht auch andererseits einen Gewinnantheil bei besonders günstigen Jahren gewähre. (P. II, 238 ff.)

Hinsichtlich Wasserschäden wird in den P. II a. a. O. bemerkt, daß die Gefahr einer Ueberschwemmung, bei welcher das verpachtete Grundstück so lange mit Wasser überdeckt werde, daß die auf demselben stehenden Pflanzungen zu Grunde gehen, den Verpächter zufolge seiner Gewährungspflicht treffe, insoweit als das Grundstück in Folge der Ueberfluthung nicht in gebrauchsfähigem Zustande gewährt werden könne; die Ueberfluthung nehme dem Grundstücke die Tauglichkeit, Tragfläche für die Pflanzung zu sein, nicht bloß für die Zeit, während welcher dasselbe unter Wasser ist, sondern rückwärts bis zu der Zeit, in welcher es mit der Pflanzung bestellt worden ist. (Ebenso Jacubezky, Bem. S. 133.)

Im Einzelfalle wird freilich oft eine Härte für den Pächter sich ergeben, zumal ja für manches Mißgeschick nicht durch Versicherung vorgebeugt werden kann, z. B. Frostschaden bei Obstgärten 2c. Die Prot. drücken die Hoffnung aus, es möge das Anstandsgefühl des Verpächters über Härten hinweghelfen.

Die Ausgleichung von Kriegsschäden bleibt der Sondergesetzgebung überlassen: M. II, 424.

c) Das Gesetz betrachtet es als selbstverständlich und erwähnt es deßhalb nicht ausdrücklich (wie z. B. das P.L.R. Thl. I Tit. 21 §§ 265, 266), daß der Pachtzins auch in einer Quote der von dem Pachtobjekte zu gewinnenden Früchte bestehen kann (sog. Theilpacht, colonia partiaria, M. II, 422). Im Einzelfalle wird jedoch hier zu prüfen sein, ob nicht ein Gesellschaftsverhältniß in Wirklichkeit zu Grunde liege (vgl. oben Bem. I, 4 b).

4. Der Pächter hat weiter die Pflicht, die Pachtsache nach Beendigung der Pacht zurückzugeben. Hinsichtlich dieser Rückgewährspflicht wird die Haftung des Pächters erweitert bei der Pacht von Grundstücken (§§ 586—589), von landwirthschaftlichen Grundstücken (§§ 591—592) und von einem Landgute (§§ 593—594).

5. Außerdem trifft den Pächter die Verpflichtung, bei der Früchteziehung die Regeln einer ordnungsmäßigen Wirthschaft zu beobachten. Vgl. oben I, 2.

IV. Rechtliche Natur der Pacht und die Rechtsstellung des Pächters:

1. Auch die Pacht ist in ihren Grundformen als ein obligatorisches Rechtsverhältniß aufzufassen und zwar aus den gleichen Gründen, wie bei der Miethe. Vgl. hieher die Bem. B, I, 8 und IV zu § 535, sowie B, I, 4 zu § 571; s. auch oben II, 3. Nur soweit das Fruchtbezugsrecht des besitzenden Pächters reicht, läßt sich von einem dinglichen Aneignungsrechte sprechen. Vgl. Stobbe-Lehmann § 130 a. E.

2. Ebenso ist die rechtliche Stellung des Pächters im Allgemeinen obligatorischer Natur. Er genießt aber, wie der Miether, vollen Besitzschutz (§§ 859, 860, 861, 862, 869) als unmittelbarer Besitzer. Vgl. Bem. B, IV zu § 535. Hinsichtlich der Früchte ist seine Position eine besonders gesicherte: vgl. hieher oben Bem. I, 2 c, ferner aus der C.P.O. die §§ 809 (indirekt) und unten § 590 (Pfandrecht an Inventarstücken), insbesondere auch § 21 Abs. 3 und 152 Abs. 2 Zw.V.G.; über Ersatz von Bestellungskosten s. §§ 592 u. 101. Ueber Schutz des Pächters im Falle der Veräußerung des verpachteten Grundstücks s. §§ 571 ff. mit Abs. 2 und im Falle der Zwangsversteigerung § 57 Zw.V.G.; für den Fall des Konkurses des Verpächters s. §§ 19, 20 K.O.

V. Zu Abs. 2.

Die nahe Verwandtschaft zwischen Miethe und Pacht rechtfertigt es (zur Vermeidung von Wiederholungen), allgemein auszusprechen, daß die Vorschriften über die Miethe auf die Pacht entsprechende Anwendung (d. h. immerhin unter Rücksicht auf die besonderen Verhältnisse der Pacht im Einzelfalle) finden sollen, soweit sich nicht aus den nachfolgenden §§ 582—597 ein Anderes ergibt. (Ueber den systematischen Inhalt dieser Paragraphen vgl. Vorbem.)

1. Aus dieser analogen Anwendung seien beispielsweise hervorgehoben:

Die Vorschriften über Haftung des Verpächters wegen Mängel der verpachteten Sache (§§ 537 ff.); Befreiung des Pächters von der Entrichtung des Pachtzinses, wenn und soweit der Verpächter seine Verpflichtung, den verpachteten Gegenstand in einem zum Fruchtgenusse geeigneten Zustande zu gewähren, nicht erfüllt (s. §§ 537, 541 mit §§ 323 Abs. 1, 325 Abs. 1 Satz 3 und vgl. oben Bem. III, B 3 b). Ebenso gelten die an das Prinzip „Kauf bricht nicht Miethe" sich anschließenden Vorschriften der §§ 571 ff. auch für die Pacht 2c.

2. Als abweichende Besonderheiten sind dagegen hervorzukehren:

Die weitergehenden Pflichten des Pächters in §§ 582 u. 586 an Stelle des § 536, die weitere Einschränkung der Unterpacht durch § 596 Abs. 1 (statt § 549 Abs. 1), Bezahlung des jährlichen Pachtzinses, § 584 (statt § 551 Abs. 2), die besondere Rückgewährspflicht bei der Pacht eines landwirthschaftlichen Grundstücks (§§ 591—594) und die Folgen einer Nichtrückgabe überhaupt in § 597 in Analogie zu § 557, das weitergehende Pfandrecht des Verpächters eines landwirthschaftlichen Grundstücks, § 585 (statt §§ 559, 563), die gesetzlichen Kündigungsfristen bei der Pacht, § 595 (an Stelle des § 565), die Beschränkung bezw. Ausschließung des § 569 (Tod des Pächters) und § 570 (Versetzung des Pächters) durch § 596 Abs. 2 u. 3.

3. Als direkt unanwendbar bezeichnet Planck, Bem. 6 zu § 581, die §§ 544 u. 580. Diese Auffassung erscheint aber nicht richtig, denn das Pachtobjekt kann doch auch in einem Gebäude oder einem einzelnen Stockwerke (z. B. Hotel- oder Pensionsbetrieb) bestehen und es ist nicht abzusehen, warum jene Paragraphen als strikte Vorschriften nicht auch für die Pacht gelten sollen. Vgl. Oertmann, Bem. 6 S. 301.

4. Weitere Besonderheiten hinsichtlich der Pacht können sich auch aus dem Landesrechte ergeben: Vgl. z. B. für Bayern die besonderen Vorschriften in Art. 22 des Gesetzes vom 30. März 1850, die Ausübung der Jagd betr.

§ 582.

Der Pächter eines landwirthschaftlichen Grundstücks hat die gewöhnlichen Ausbesserungen, insbesondere die der Wohn- und Wirthschaftsgebäude, der Wege, Gräben und Einfriedigungen, auf seine Kosten zu bewirken.

E. I, 540; II, 522; III, 575.

I. Allgemeines:

Die §§ 582—585 beziehen sich auf die Pacht eines landwirthschaftlichen Grundstücks (ebenso §§ 591 u. 592).

Begriff: Unter landwirthschaftlichen Grundstücken (vgl. §§ 998 u. 1055) sind solche zu verstehen, welche landwirthschaftlichen Zwecken im engeren Sinne dienen, wie z. B. Wiesen, Felder, Nutzgärten 2c., einschließlich der dazu gehörigen Gebäude (daß ein Gebäude dazu gehört, ist aber begrifflich nicht nothwendig). Nicht hieher gehören daher z. B. Wälder. Ob das betreffende Grundstück in einer Land- oder Stadtgemeinde liegt, kann auf den Begriff keinen Einfluß üben. Im Einzelfalle kann auch eine Mischung von landwirthschaftlichen und nicht landwirthschaftlichen Grundstücken in der Hand des gleichen Pächters vereinigt sein. Ein sog. landwirthschaftliches Nebengewerbe, z. B. eine Brennerei, Ziegelei, fällt für sich allein nicht unter diesen Begriff; wenn aber der Betrieb im Ganzen der Landwirthschaft gewidmet ist und ein solches Nebengewerbe wirklich nur nebensächlich geübt wird, ohne den landwirthschaftlichen Haupt-Charakter zu beeinträchtigen, so wird auch der Begriff eines landwirthschaftlichen Grundstücks im Ganzen gewahrt bleiben. (Vgl. Oertmann zu § 582.)

II. Im Einzelnen zu § 582:

1. § 582 bildet eine Einschränkung des analog anzuwendenden § 536, insoferne bei der Pacht eines landwirthschaftlichen Grundstücks bestimmte Ausbesserungspflichten hier nicht den Verpächter, sondern den Pächter auf eigene Kosten treffen. Das Wesen dieser Bestimmung liegt darin, daß der Pächter insoweit nicht bloß, wie der Miether, eine übermäßige Abnutzung hintanhalten, sondern direkt einer Abnutzung überhaupt vorbeugen muß, z. B. durch rechtzeitige Ausbesserung des Stalldaches. Vgl. Cosack, S. 469.

a) Der Begriff der gewöhnlichen Ausbesserungen, welche hier den Pächter treffen, wird vom Gesetz absichtlich nicht nach Einzelheiten festgelegt, um nicht irre zu führen (M. II, 430). Das Gesetz erwähnt nur beispielsweise die Ausbesserung der Wohn- und Wirthschaftsgebäude, der Wege, Gräben und Einfriedigungen.

b) Im Uebrigen gilt selbstverständlich § 536 über die Verpflichtungen des Verpächters auch hieher, was z. B. zur Folge hat, daß die Vornahme außergewöhnlicher Reparaturen (z. B. Ausbesserung von Feuer- und Wasserschäden) den Verpächter trifft. Vgl. auch Bem. III, B, 3 b zu § 581.

2. Zu derartigen gewöhnlichen Ausbesserungen darf der Pächter Mangels besonderer Abmachungen das nothwendige Material nicht dem Grundstücke selbst entnehmen (anders beim Nießbrauche § 1043). Ein diesbezüglicher Antrag wurde als zu bedenklich abgelehnt (P. II, 252, 253). Ein gewisser Ausgleich findet aber dadurch statt, daß auch der Verpächter seinerseits bezüglich der ihn treffenden Reparaturen das Material nicht aus dem Grundstück ohne Einwilligung des Pächters entnehmen darf.

3. Hier kann auch die Frage gestreift werden, ob und wie oft der Verpächter das Grundstück besichtigen darf, um sich von dessen Zustand zu überzeugen. Das Gesetz hat hierüber absichtlich keine besonderen Vorschriften aufgenommen. Vielmehr ist die Frage an der Hand des Einzelfalles nach den Grundsätzen über Treu und Glauben zu entscheiden (P. II, 252), analog wie bei der Miethe. Vgl. Bem. V, zu § 536.

§ 583.

Der Pächter eines landwirthschaftlichen Grundstücks darf nicht ohne die Erlaubniß des Verpächters Aenderungen in der wirthschaftlichen Bestimmung des Grundstücks vornehmen, die auf die Art der Bewirthschaftung über die Pachtzeit hinaus von Einfluß sind.

E. I, 541; II, 523; III, 576.

1. § 583 soll im Grunde nichts anderes bedeuten als eine spezielle Anwendung des allgemeinen Grundsatzes des § 242, d. h. der Pächter hat bei Ausübung seines Rechtes zum Gebrauch und zum Fruchtgenusse jene Grenzen einzuhalten, welche sich aus dem Pachtverhältnisse nach den Grundsätzen über Treu und Glauben mit Rücksicht auf die Verkehrssitte ergeben. (Vgl. auch § 157.)

Hieraus folgt insbesondere, daß der Pächter keine Aenderungen in der wirthschaftlichen Bestimmung des landwirthschaftlichen Grundstücks (vgl. Bem. I zu § 582) vornehmen darf, welche auf die Art der Bewirthschaftung über die Pachtzeit hinaus von Einfluß sind. Mit anderen Worten: Der Pächter darf sein Recht nur so ausüben, daß das landwirthschaftliche Grundstück in seinem bisherigen wirthschaftlichen Bestand erhalten wird. In einer gewissen Wechselbeziehung steht hiezu § 591 hinsichtlich der Rückgewährspflicht.

a) Der nähere Begriff der verbotenen Aenderungen wechselt je nach der Art des bezüglichen Pachtobjekts und des Pachtverhältnisses im Einzelnen. Im Uebrigen können auch Unterlassungen einen derartigen nachtheiligen Einfluß üben. Vgl. unten 3.

b) Die Schranke des § 583 ist aber nur allgemeiner Natur, d. h. der Pächter darf den bisherigen wirthschaftlichen Bestand nur im Allgemeinen nicht verändern, dagegen muß er in der Detailausführung der Fruchtziehung freiere Hand haben, soweit er damit nicht zugleich gegen jene allgemeine Schranke verstößt.

Beispiele: Der Pächter darf auf einem Felde statt des bisherigen Kartoffelbaues den Rübenbau einführen, er wird auch eine schlechte Wiese vorübergehend anbauen dürfen, soferne er sie vor Ablauf der Pacht wieder in eine Wiese verwandelt; dagegen wird er nicht ein einzelnes gepachtetes Feld als Kiesgrube benutzen dürfen. Dauernde Anlagen auf dem Grundstücke, wie Gebäude, Gräben rc., wird er überhaupt nicht erheblich ändern dürfen (Cosack, Lehrb. S. 469).

2. Verletzt der Pächter das Prinzip des § 583, so hat der Verpächter zur Abhülfe zwei Wege:

a) er kann entsprechend dem § 550 auf Unterlassung klagen;

b) er hat, wenn die Voraussetzungen des § 553 vorliegen, ein sofortiges Kündigungsrecht.

Selbstverständlich hat der Verpächter bei Verschulden des Pächters auch Anspruch auf Schadensersatz nach allgemeinen Grundsätzen (s. § 276).

3. Hieher schlägt auch die Frage ein, ob der Pächter positiv verpflichtet ist, den Pachtgegenstand zu benutzen. Hierüber ist Folgendes zu sagen:

Der Verpächter kann im Allgemeinen nach der Natur der Pacht keinen selbstständigen Anspruch darauf haben, daß der Pächter während der Pachtzeit das Grundstück wirklich bewirthschaftet, sowenig wie der Vermiether allgemein verlangen kann, daß der Miether die Sache wirklich benutzt (vgl. Bem. III zu § 536), wenn nicht in der Pacht zugleich ein Dienst- oder Werkvertrag liegt. Der Pächter wird sich auch von der Verpflichtung zur Bewirthschaftung dadurch freimachen können, daß er das Grundstück zurückgibt; vgl. Jacubezky, Bem. S. 133 und P. II, 255.

Soweit aber im Einzelfalle der Pächter bei Fortdauer der Pacht eine derartige Vernachlässigung eintreten läßt, welche voraussichtlich zugleich auf die Art der Bewirthschaftung über die Pachtzeit hinaus von Einfluß ist, kommt § 583 in Betracht, d. h. der Verpächter hat hier die in Bem. 2 besprochenen Rechte. Insoweit harmonirt auch § 583 mit der Vorschrift des § 591, wonach maßgebend ist der Zustand zur Zeit der Rückgabe. Vgl. hieher noch M. II, 430 und P. II, 256.

§ 584.

Ist bei der Pacht eines landwirthschaftlichen Grundstücks der Pachtzins nach Jahren bemessen, so ist er nach dem Ablaufe je eines Pachtjahrs am ersten Werktage des folgenden Jahres zu entrichten.

E. I, 539, II, 524, III, 577.

1. § 584 tritt bei der Pacht eines landwirthschaftlichen Grundstücks (s. Bem. I zu § 582) an Stelle des § 551 Abs. 2 als eine Spezialvorschrift, soweit es sich um eine Pacht nach Jahren handelt. Selbstverständlich liegt auch hier nur eine dispositive Norm vor.

2. Unter Pachtjahr ist nicht nothwendig das Wirthschaftsjahr zu verstehen, vielmehr das von dem Beginne der Pacht an laufende bewegliche Jahr. In den meisten Fällen wird freilich aus praktischen Gründen Pachtjahr und Wirthschaftsjahr zusammenfallen.

3. Im Uebrigen bestimmt sich der Fälligkeitstermin auch für den Pachtzins nach den Normen des § 551. Demnach ist insbesondere der Pachtzins postnumerando zu entrichten. (E. I hatte hier den Abs. 2 des § 517 = 551 direkt ausgeschlossen, E. II hielt es für genügend, die Anwendung für den praktisch wichtigsten Fall, nämlich der Bemessung nach Jahren auszuschließen, ohne im Uebrigen etwas an der entsprechenden Anwendung ändern zu wollen.)

§ 585.

Das Pfandrecht des Verpächters eines landwirthschaftlichen Grundstücks kann für den gesammten Pachtzins geltend gemacht werden und unterliegt nicht der im § 563 bestimmten Beschränkung. Es erstreckt sich auf die Früchte des Grundstücks sowie auf die nach § 715 Nr. 5 der Civilprozeßordnung der Pfändung nicht unterworfenen Sachen.

E. I, 543; II, 525; III, 578.

Der Regel nach deckt sich das Pfandrecht des Verpächters, sowohl, was die Gegenstände desselben, als auch die zu sichernde Forderung, die Selbsthülfe und die Kollision mit anderen Pfandrechten anbelangt, vollständig mit dem Pfandrechte des Vermiethers, wie es in den §§ 559—563 normirt ist. Vgl. Bem. hiezu.

Eine Besonderheit besteht nur bei der Pacht landwirthschaftlicher Grundstücke (s. Bem. I zu § 582). Hier wird das Pfandrecht des Verpächters in doppelter Hinsicht erweitert, insoferne hier bestimmte Beschränkungen des Pfandrechtes in Wegfall kommen:

I. Bezüglich der zu sichernden Forderungen (Satz 1):

1. Das Pfandrecht des Verpächters kann hier im Verhältnisse zum Pächter allein, d. h. ohne daß eine Konkurrenz mit anderen Gläubigern besteht (s. 2), für den gesammten Pachtzins geltend gemacht werden, also auch unbeschränkt für den noch nicht fälligen Pachtzins. Es gilt demnach hier die Beschränkung des § 559 Satz 2, soweit sie sich auf Pachtzinse bezieht, nicht. (Diese Sicherheit hinsichtlich der noch nicht fälligen Pachtzinse gewährte man dem Verpächter, damit er nicht veranlaßt ist, bei vorübergehenden Zahlungsstockungen des Pächters das Pachtverhältniß aufzulösen. P. II, 259.)

2. Es unterliegt hier nicht der in § 563 bestimmten Beschränkung, d. h. bei Konkurrenz mit anderen Pfandgläubigern kann der Verpächter den gesammten rückständigen Pachtzins in Anrechnung bringen, ohne auf den Pachtzins für das unmittelbar letzte Jahr vor der Pfändung beschränkt zu sein.

Ansprüche auf noch nicht fälligen Pachtzins wird Verpächter in diesem Falle auch geltend machen können, da sich die Beschränkung des § 563 überhaupt nur auf fälligen Pachtzins bezieht.

Eine analoge Begünstigung genießt das Pfandrecht des Verpächters eines landwirthschaftlichen Grundstücks im Konkurse des Pächters nach § 49 Ziff. 2 a. E. K.O., insoferne als die Geltendmachung fälliger Pachtzinse auf Rechnung des Pfandrechtes nicht auf das letzte Jahr vor der Konkurseröffnung beschränkt ist.

II. Hinsichtlich des Gegenstands des Pfandrechtes:

Das Pfandrecht des Verpächters erstreckt sich nämlich hier nicht nur auf die eingebrachten Sachen des Pächters (vgl. Bem. IV zu § 559), sondern auch:

1. auf die Früchte des Grundstücks.

Was unter Früchte des Grundstücks zu verstehen ist, ergibt sich aus § 99. Es kann sich aber hier nicht um stehende, sondern nur um die getrennten Früchte handeln; denn einerseits sind stehende Früchte an sich noch im Eigenthume des Verpächters, andererseits werden ja nur jene Sachen dem Pfandrechte des Verpächters unterworfen, welche dem Pächter eigenthümlich gehören (vgl. Bem. IV, 2 zu § 559).

Das Pfandrecht kann hier also erst mit der Trennung der Früchte, aber unmittelbar mit dieser, entstehen. Eine Benachtheiligung des Verpächters kann insoferne nicht eintreten, als ja die stehenden Früchte, die noch im Eigenthume des Verpächters stehen, von einem Gläubiger des Pächters ohnedies nicht gepfändet werden können.

Ein Schutz des Pächters andererseits gegen Pfändungen stehender Früchte auf Betreiben von Gläubigern des Verpächters liegt in den Folgerungen aus § 809 C.P.O., ferner in § 21 Abs. 3 Zw.V.G., außerdem ist hieher auch der Ersatzanspruch des Pächters aus § 592 zu vergleichen.

2. Es erstreckt sich auch auf die nach § 715 Nr. 5 der (früheren) C.P.O. der Pfändung nicht unterworfenen Sachen (übereinstimmend mit Art. 1 des bayrischen Gesetzes vom 18. Dezember 1887). Vgl. hieher § 559 Satz 3. Hierunter sind nunmehr die in § 811 Ziff. 4 C.P.O. n. F. aufgeführten Gegenstände zu verstehen (eine wesentliche materielle Veränderung hat diese Ziffer in der neuen C.P.O. nicht erhalten, so daß über diese Gleichstellung kein Streit entstehen kann): nämlich das zum Wirthschaftsbetriebe erforderliche Geräthe und Vieh nebst dem nöthigen Dünger, sowie die landwirthschaftlichen Erzeugnisse, soweit sie zur Fortführung der Wirthschaft bis zu der Zeit erforderlich

sind, zu welcher gleiche oder ähnliche Erzeugnisse voraussichtlich gewonnen werden. Soweit letztere übrigens aus dem verpachteten Grundstücke selbst vom Pächter gewonnen sind, ergibt sich das Pfandrecht schon aus Ziff. 1.

E. I hatte diese Ausnahme nicht gekannt, sie wurde erst in E. II auf Anregung der Kritik und der landwirthschaftlichen Interessentenkreise (vgl. Z.G. II S. 283, VI S. 416 bis 418 und P. II, 258) eingeführt. Ohne diese Ausnahme müßte nämlich der Verpächter dem den Pachtzins schuldig gebliebenen Pächter, wenn dieser im Begriffe wäre, eine andere Pacht anzutreten, die Mitnahme des Inventars gestatten, wodurch der Verpächter in Schaden käme. (Jacubezky, Bem. S. 134.)

Eine Uebereinstimmung besteht auch mit den konkursrechtlichen Vorschriften, da im Konkurse des Pächters gemäß § 1 Abs. 2 K.O. die in § 811 Ziff. 4 C.P.O. vorgesehenen Beschränkungen nicht zur Anwendung kommen sollen.

III. Ueber das Pfandrecht des Pächters andererseits vgl. § 590.

§ 586.

Wird ein Grundstück sammt Inventar verpachtet, so liegt dem Pächter die Erhaltung der einzelnen Inventarstücke ob.

Der Verpächter ist verpflichtet, Inventarstücke, die in Folge eines von dem Pächter nicht zu vertretenden Umstandes in Abgang kommen, zu ergänzen. Der Pächter hat jedoch den gewöhnlichen Abgang der zu dem Inventar gehörenden Thiere aus den Jungen insoweit zu ersetzen, als dies einer ordnungsmäßigen Wirthschaft entspricht.

E. I, 535; II, 526, III, 579.

I. Allgemeine Bemerkungen zu den §§ 586—589:

1. Diese Paragraphen behandeln sämmtlich die Verpachtung eines Grundstücks mit Inventar. Dabei ist Folgendes hervorzuheben:

a) Die Vorschriften beschränken sich nicht auf die Verpachtung eines landwirthschaftlichen Grundstücks, sondern erstrecken sich auf die Verpachtung von Grundstücken überhaupt, gleichviel zu welchem Pachtzwecke, z. B. eines Gasthauses, einer sonstigen gewerblichen Anlage, einer Mühle rc.

b) Den Begriff des Inventars im Sinne dieser Paragraphen definirt das Gesetz nicht. Es wird darunter allgemein der Inbegriff aller jener beweglichen Sachen zu verstehen sein, welche mit dem wirthschaftlichen Zwecke des Grundstücks in nahem Zusammenhange stehen. Häufig werden die hieher zu zählenden Sachen unter den gesetzlichen Begriff des Zubehörs im Sinne des § 98 fallen, aber nothwendig ist dies begrifflich nicht. Die Auffassung der örtlichen Verkehrssitte wird zur Umgrenzung des Begriffs von wesentlichem Einflusse sein.

2. Was die rechtliche Behandlung des Inventars bei der Pacht von Grundstücken anbetrifft, so ist hier natürlich in erster Linie der Wille der Vertragstheile maßgebend, der bald ausdrücklich hervortritt, bald auch nur aus den näheren Umständen zu entnehmen ist.

Im Allgemeinen lassen sich drei Fälle unterscheiden, welche von vorneherein auseinanderzuhalten sind:

a) Es ist möglich, daß nach dem Willen der Parteien das Inventar überhaupt direkt in das Eigenthum des Pächters übergehen soll.

Dieser Fall scheidet von der näheren Betrachtung hier insoferne aus, als dann in Wirklichkeit ein Kauf des Inventars vorliegt, häufig verbunden mit einem Wiederkaufs- oder Wiederverkaufsrechte der Betheiligten nach Beendigung der Pacht. (Diese Form ist um deßwillen praktisch, weil sie vielen Streitigkeiten vorbeugt und viele komplizirte Rechtsverhältnisse abschneidet.)

Eine Vermuthung, daß die Parteien bei der Verpachtung eines Grundstücks mit Inventar im Zweifel diese Form gewollt haben, stellt das Gesetz nicht auf (sie bestand auch bisher nicht nach der überwiegenden Lehrmeinung im gemeinen Rechte; vgl. Holzschuher, Civilrecht § 298 Ziff. 6). Es muß sich vielmehr ein bestimmter hierauf gerichteter Wille der Parteien nachweisen lassen; denn die Regel ist ja, daß bei der Pacht keinerlei Eigenthum übergeht; vgl. hieher weiter Bem. 2 zu § 587.

b) Das Inventar kann schlechthin verpachtet werden und zwar, ohne daß das Inventar zum Schätzungswerth übernommen wird, mit der Verpflichtung der Rückgewähr zum Schätzungswerthe (der praktisch seltenere Fall).

Von diesem Falle geht § 586 aus. Nähere Einzelheiten s. Bem. II.

c) Das Inventar kann zum Schätzungswerthe verpachtet werden im Sinne der §§ 587—589 (der praktisch häufigste Fall), mit der Verpflichtung der Rückgewähr zum Schätzungswerthe. Hierüber Näheres s. in den Bem. zu § 587.

II. Einzelheiten zu § 586:

Wenn das Inventar schlechthin ohne eine nähere Bestimmung (s. I, b) verpachtet wird, so treten folgende rechtliche Gesichtspunkte hervor:

1. Abs. 1: Der Pächter hat nicht nur die allgemeine Pflicht zur Obhut (vgl. Bem. III, 2a zu § 581), sondern die direkte Erhaltungspflicht der einzelnen Inventarstücke. Es treffen ihn also z. B. auch die Kosten der Unterhaltung dieser Stücke, z. B. Fütterungskosten der Thiere; auch Kurkosten kranker Thiere fallen hierunter. Eine Versicherungspflicht, wie beim Nießbraucher (§ 1045), wird vom Gesetz ausdrücklich nicht ausgesprochen und wird auch dem Pächter aus dem allgemeinen Begriffe der Erhaltung nicht aufzubürden sein, zumal ja auch der Zufall vom Verpächter getragen wird (s. unten 2).

2. Abs. 2 Satz 1: Die Gefahr des Untergangs und die Gefahr der Verschlechterung hinsichtlich der Inventarstücke trägt hier der gesetzlichen Regel nach der Verpächter (im Gegensatze zu § 588 mit § 587). Dieser hat deßhalb auch Inventarstücke, die in Folge eines vom Pächter nicht zu vertretenden Umstandes in Abgang kommen, zu ergänzen. Trägt der Pächter aber an dem Abgange ein Verschulden, so trifft ihn selbst die Ergänzungspflicht nach dem allgemeinen § 548 (arg. e contrario).

3. Abs. 2 Satz 2 enthält eine Ausnahme von Satz 1 des Abs. 2 (Bem. 2). In einem Punkte trifft die Ergänzungspflicht auch hier nicht den Verpächter, sondern den Pächter: Er hat nämlich hinsichtlich des gewöhnlichen Abgangs der zu dem Inventare gehörenden Thiere das lebende Inventar aus den Thierjungen insoweit zu ersetzen, als dies einer ordnungsmäßigen Wirthschaft entspricht.

a) Diese Ergänzungspflicht besteht nur bezüglich des gewöhnlichen Abgangs der Thiere, d. h. wie er im Rahmen einer ordnungsmäßigen Wirthschaft regelmäßig vor sich geht. Außergewöhnliche Abgänge durch besondere Unglücksfälle (z. B. bei Seuche) braucht er nicht zu ersetzen. Bei größeren Pachtungen wird freilich der Verlust einzelner Thiere für die Regel nicht zu dem außergewöhnlichen Abgange gehören.

b) Jene Pflicht ist aber lediglich eine obligatorische. Festzuhalten bleibt, daß das Eigenthum an den jungen Thieren des Nachwuchses gemäß § 956 zunächst der Pächter erwirbt. Es hängt jeweils erst von weiteren Umständen in der Folge ab, ob diese jungen Thiere als Ergänzung des Inventars zu gelten haben oder nicht. Wenn und soweit dieser Ergänzungspflicht in der Folge genügt wird, geht das Eigenthum an den jungen Thieren auf den Verpächter über und zwar durch constitutum possessorium im Sinne des § 930; das hiezu nothwendige besondere Rechtsverhältniß liegt hier bereits in der Pacht selbst vor. (Anders ist die Sach- und Rechtslage im Falle des § 588 Abs. 2, s. Bem. zu § 588.)

Da die Grundlage hier nur eine obligatorische ist, so ist die Rechtslage in Folge dessen immer eine etwas unsichere. Dieser Umstand kann insbesondere bei einem Konkurse des Pächters für den Verpächter unangenehme Folgen haben. Auch aus diesem Grunde sind daher, wenigstens bei größeren Verpachtungen, andere Modalitäten hinsichtlich des Inventars (s. oben I, a u. c) für den Verpächter praktischer.

d) Diese Ausnahme soll übrigens nach den P. II, 244 nur da eintreten, wo der auf dem Grundstücke vorhandene Viehbestand sozusagen als Einheit aufzufassen ist. Sind die auf dem Grundstücke vorhandenen Thiere nicht als einheitliche Inventarstücke anzusehen, so kann Pächter die Thierjungen verkaufen und braucht auf den Umstand, daß eines der Thiere möglicherweise während der Dauer der Pacht verendet, keine Rücksicht weiter zu nehmen.

§ 587.

Uebernimmt der Pächter eines Grundstücks das Inventar zum Schätzungswerthe mit der Verpflichtung, es bei der Beendigung der Pacht zum Schätzungswerthe zurückzugewähren, so gelten die Vorschriften der §§ 588, 589.

E. I, 544; II, 527; III, 580.

1. Zur allgemeinen Orientirung vgl. zunächst hieher Bem. I zu § 586.

Die §§ 587—589 gehen von dem Falle aus, daß dem Pächter eines Grundstücks (vgl. Bem. I, 1 a zu § 586) das Inventar (s. Bem. I, 1 b zu § 586) zum Schätzungswerthe (nach einer Taxe) überlassen wird und zwar mit der Verpflichtung, es bei Beendigung der Pacht zum Schätzungswerthe zurückzugewähren.

a) Diese Verpflichtung der Rückgewähr zum Schätzungswerth ist hier wesentlicher Natur. Fehlt sie, d. h. hat Pächter das Inventar zum Schätzungswerthe schlechthin übernommen, ohne daß jene weitere Bestimmung bezüglich der Rückgewähr zum Schätzungswerth ausdrücklich vereinbart wurde oder wenigstens aus den weiteren Abmachungen und Umständen sicher zu entnehmen ist, so liegt lediglich eine einfache Verpachtung des Inventars im Sinne des § 586 vor ohne die einschneidenden Folgen der §§ 588, 589. Die Schätzung bedeutet solchen Falles nur, eine Grundlage zu gewinnen für den Umfang der nach § 586 bei einem Verschulden des Pächters eintretenden Ersatzpflicht.

b) Der nähere Inhalt einer solchen Verpflichtung ruht darin, daß der Pächter nach Beendigung der Pacht ein dem früher aufgestellten Schätzungswerth entsprechendes Inventar zurückzulassen hat. Nach den Mot. (II, 436) liegt der Kernpunkt einer solchen Abrede nicht darin, daß das vom Pächter seinerzeit zurückgelassene Inventar dem früher übernommenen etwa genau an Stückzahl, Umfang oder Beschaffenheit gleichkomme, sondern darin, daß der Pächter das Inventar in dem Zustand, in welchem er es übernommen hat, wirthschaftsmäßig erhalten hat. Als praktisches Durchschnittsmaß, das in diesem Sinne zu deuten ist, wird aber die bisher oft beliebte Aufstellung, daß der Pächter ein der Zahl, Art und dem Werthe nach übereinstimmendes Inventar zu hinterlassen hat, noch behelflich und nicht so schroff von der Hand zu weisen sein, wie die Mot. wollen.

2. Das Inventar geht bei solchen Verträgen nicht in das Eigenthum des Pächters über, da ja die allgemeine Rechtsgrundlage der Pacht auch hinsichlich des Inventars gilt. Freilich können die Parteien eine solche Folge jederzeit verabreden (was vielfach sehr praktisch ist). Dann liegt jedoch bezüglich des Inventars nicht mehr Pacht, sondern direkt Kauf vor (s. Bem. I, 2 a zu § 586).

Im Einzelfalle kann öfters zweifelhaft erscheinen, ob das Eine oder das Andere anzunehmen ist. Ist der Pächter nach dem Vertrage bloß zur Leistung der Schätzung in Geld nach Beendigung der Pacht verpflichtet, so wird regelmäßig ein Kauf von den Parteien beabsichtigt sein; auch wenn dem Pächter nach dem Vertrage wahlweise Bezahlung in Geld oder Rückerstattung ermöglicht ist, wird eher Eigenthumsübertragung als gewollt anzunehmen sein. Holzschuher, Civilrecht Bd. 2 § 298 S. 867.

3. Die §§ 587, 588 lehnen sich im Allgemeinen an das an, was man bisher unter dem Eisernviehvertrage verstand (vgl. hieher die Lehrbücher des deutschen Privatrechtes, P.L.R. Thl. I Tit. 21 §§ 474—476, Seuffert, Archiv Bd. 7 Nr. 283, Bd. 36 Nr. 116 u. a.). Sie fassen jedoch einerseits den Inhalt einer solchen Uebereinkunft präziser (M. II, 433, 434). Andererseits sind sie in ihrer Anwendung nicht auf das Viehinventar bei landwirthschaftlicher Pacht beschränkt, sondern können bezüglich jedes Inventars bei der Pacht eines Grundstücks überhaupt (s. Bem. I, 1 a zu § 586) in Geltung kommen. (E. I, 544 war noch beschränkt auf die Pacht eines landwirthschaftlichen Grundstücks mit einem zur Benutzung desselben dienenden Inventare; dies ist auch bei Benutzung der M. II, 433 ff. nicht zu vergessen.) Vgl. hieher auch § 1048.

4. Die §§ 587, 588 können auch auf die selbständige Verpachtung einer Viehheerde Anwendung finden.

Im Uebrigen hat das Gesetz die sog. Viehverstellung nicht besonders geregelt und auch nicht einer besonderen landesgesetzlichen Regelung überlassen. Man ging hiebei von der Erwägung aus, daß die Verhältnisse bei der Viehverstellung lokal ganz verschieden seien, daß hier in erster Reihe der Wille der Parteien maßgebend bleiben müsse und daß in diesem Punkte verschiedenartige Rechtsgebilde, d. h. nicht bloß Pachtverhältnisse, je nach Lage der Umstände, zu Tage kommen. M. II, 442 ff.

§ 588.

Der Pächter trägt die Gefahr des zufälligen Unterganges und einer zufälligen Verschlechterung des Inventars. Er kann über die einzelnen Stücke innerhalb der Grenzen einer ordnungsmäßigen Wirthschaft verfügen.

Der Pächter hat das Inventar nach den Regeln einer ordnungsmäßigen Wirthschaft in dem Zustande zu erhalten, in welchem es ihm übergeben wird. Die von ihm angeschafften Stücke werden mit der Einverleibung in das Inventar Eigenthum des Verpächters.

E I, 544; II, 528; III, 581.

§ 588 behandelt die Rechtsverhältnisse hinsichtlich eines Grundstückinventars während der Dauer einer Pacht im Sinne des § 587 (vgl. daher Bem. zu § 587):

1. Abs. 1 Satz 1: Obwohl das Eigenthum an den einzelnen Inventarstücken beim Verpächter bleibt, trifft gleichwohl den Pächter die Gefahr des zufälligen Untergangs, sowie einer zufälligen Verschlechterung. Solches ist eine unmittelbare Folge der Uebereinkunft im Sinne des § 587. (Vgl. P.L.R. Thl. I Tit. 21 §§ 474, 475.) Diese Gefahrtragung besteht natürlich nur während der Dauer der Pacht (E. I hatte dies ausdrücklich ausgesprochen); ein nach dem Ende der Pacht eintretender Zufall in vorigem Sinne ist nach allgemeinen Rechtsgrundsätzen zu beurtheilen, insbesondere nach den Normen über Verzug. Vgl. §§ 287 Satz 2, § 300 Abs. 1.

2. Abs. 1 Satz 2: Der Pächter hat hier das Recht, über die einzelnen Inventarstücke innerhalb der Grenzen einer ordnungsmäßigen Wirthschaft zu verfügen (vgl. Entsch. d. R.G. i. Straff. Bd. 7 Nr. 11 S. 43). Daß er das Recht auf den Gebrauch und die Nutzung des Inventars hat, ergibt sich als selbstverständliche Folge der Pacht.

a) Dieses Verfügungsrecht entspringt einem wirthschaftlichen Bedürfnisse, da der Pächter sonst in der wirthschaftlichen Nutzung des Inventars vielfach gehindert wäre; vgl. M. II, 435.

b) Der Begriff der Verfügung ist an sich ein allgemeiner; die Schranke liegt aber darin, daß die Verfügung nur innerhalb der Schranken einer ordnungsmäßigen Wirthschaft (vgl. §§ 1036, 1039 2c.) erfolgen darf. Hauptsächlich ist darunter der Verkauf von Inventarstücken zu verstehen, z. B. Verkauf von Viehstücken im Herbste, welche nach Lage der Wirthschaft sich nicht zur Ueberwinterung eignen.

c) Die rechtliche Konstruktion dieses Verfügungsrechtes liegt in einer vom Gesetze fingirten, allgemein unwiderruflichen Einwilligung des Verpächters zu derartigen Rechtsakten. Vgl. §§ 183 u. 185 Abs. 1.

3. Abs. 2 Satz 1: Den Pächter trifft nicht bloß die Pflicht, einen etwaigen Minderwerth des Inventars am Ende der Pachtzeit gemäß § 589 Abs. 3 zu ersetzen, sondern er hat auch während der Dauer der Pacht die direkte Verpflichtung, das Inventar nach den Regeln einer ordnungsmäßigen Wirthschaft in dem Zustande zu erhalten, in welchem es ihm übergeben wurde. Auch dies ist eine Folge der Uebereinkunft im Sinne des § 587; denn der Verpächter hat ein dringendes Interesse, daß das Grundstück zu jeder Zeit mit einem zureichenden und angemessenen Inventare versehen ist.

a) Diese Verpflichtung enthält nicht nur das Gebot, abgegangene Stücke zu ersetzen, sondern auch die durch Gebrauch oder Zufall minderwerthig gewordenen Inventarstücke zu verbessern oder zu ersetzen. Andererseits besteht freilich auch nicht immer eine unbedingte Verpflichtung, abgegangene Stücke zu ersetzen, weil möglicher Weise der Pächter vor dem Abgange bereits ein anderes Stück angeschafft oder verbessert hat, das einen Ersatz entbehrlich macht, oder weil in Folge einer zulässigen oder nothwendigen Aenderung in der Bewirthschaftung das eingegangene Stück zwecklos geworden ist; M. II, 435.

b) Diese Verpflichtung besteht nur im Rahmen des Zustandes, wie er zur Zeit der Uebergabe bestand. Soweit der Pächter das Inventar über diesen Rahmen hinaus verbessert oder vermehrt, besteht daher für ihn keine Erhaltungspflicht.

4. Abs. 2 Satz 2: Dem Gesetze hat es aber zum Schutze des Verpächters nicht genügt, eine obligatorische Verpflichtung des Pächters zur Erhaltung des Inventars auf=

zustellen, sondern es sollen die von dem Pächter angeschafften Inventarstücke mit der Einverleibung in das Inventar Eigenthum des Verpächters werden. Diese Regelung erfolgte zugleich auch zum Schutze der Hypothekgläubiger, welchen die in das Eigenthum des Eigenthümers des Grundstücks gelangten Zubehörstücke gemäß § 1120 gleichfalls haften.

a) Die rechtliche Konstruktion dieses Eigenthumserwerbs ist bestritten. Erwägt man, daß das Gesetz es absichtlich vermieden hat, dem Pächter lediglich eine Verpflichtung dahin aufzuerlegen, dem Verpächter das Eigenthum an den neuangeschafften Inventarstücken zu verschaffen, vielmehr einen unmittelbaren Eigenthumserwerb ohne jede weitere Beredung im Sinne hat — auch ohne die Brücke einer brevi manu traditio oder eines constitutum possessorium, was M. II, 436 ausdrücklich zurückweisen —, so kann es keinem Zweifel unterliegen, daß man es hier mit einem Eigenthumserwerb unmittelbar kraft Gesetzes zu thun hat, wie ihn das Gesetz auch in anderen Fällen zuläßt. Vgl. hieher Einl. vor § 929 und die §§ 1048, 1381 u. 1922.

b) Der Eintritt dieses Eigenthumserwerbs hängt aber immer von der thatsächlichen Einverleibung der neuangeschafften Stücke in das Inventar ab, wozu regelmäßig die Einbringung in das Grundstück nöthig sein wird. Vgl. M. a. a. O.

c) Ob die neuen Stücke nur zum Zwecke der Unterhaltung des ursprünglichen Inventars (also im Rahmen des Abs. 1) angeschafft werden oder ob sie darüber hinausgehend zur Vermehrung oder Verbesserung des Inventars beschafft werden, soll aus praktischen Rücksichten hinsichtlich des Eigenthumsüberganges auf den Verpächter im Sinne des Abs. 2 Satz 2 gleichgültig sein; auch Inventarstücke letzterer Art gehen daher mit der thatsächlichen Einverleibung in das Inventar in das Eigenthum des Verpächters über.

Eine Ausgleichung liegt darin, daß einerseits der Pächter, insoweit als die neuangeschafften Stücke zur wirthschaftlichen Erhaltung des Inventars in dem empfangenen Zustand entbehrlich sind, das unbeschränkte Verfügungsrecht über dieselben hat (vgl. M. a. a. O.), sowie, daß andererseits dem Verpächter bei Beendigung der Pacht bezüglich solcher überflüssiger Inventarstücke ein Ablehnungsrecht zusteht. § 589 Abs. 2.

§ 589.

Der Pächter hat das bei der Beendigung der Pacht vorhandene Inventar dem Verpächter zurückzugewähren.

Der Verpächter kann die Uebernahme derjenigen von dem Pächter angeschafften Inventarstücke ablehnen, welche nach den Regeln einer ordnungsmäßigen Wirthschaft für das Grundstück überflüssig oder zu werthvoll sind; mit der Ablehnung geht das Eigenthum an den abgelehnten Stücken auf den Pächter über.

Ist der Gesammtschätzungswerth der übernommenen Stücke höher oder niedriger als der Gesammtschätzungswerth der zurückzugewährenden Stücke, so hat im ersteren Falle der Pächter dem Verpächter, im letzteren Falle der Verpächter dem Pächter den Mehrbetrag zu ersetzen.

E. I, 544; II, 529; III, 582.

1. Abs. 1: Hervorzuheben ist, daß sich die in Abs. 1 ausgesprochene Verpflichtung des Pächters zunächst auf das gesammte, zur Zeit der Beendigung der Pacht vorhandene Inventar erstreckt, also auch auf jene freiwillig eingestellten Stücke, welche der Pächter über den Rahmen der ihm in § 588 Abs. 2 Satz 1 auferlegten Erhaltungspflicht hinaus angeschafft hat; vgl. Bem. 4 zu § 588. Einer Benachtheiligung wird dadurch vorgebeugt, daß einerseits nach Abs. 3 ein Abschätzungsverfahren stattfindet, andererseits der Verpächter gemäß Abs. 2 überflüssige oder zu werthvolle Inventarstücke ablehnen kann.

2. Abs. 2: Dem Verpächter kann und soll nicht angesonnen werden, solche Inventarstücke, welche sich nach den Regeln einer ordnungsmäßigen Wirthschaft bei Berücksichtigung der Verhältnisse des Grundstücks als überflüssig oder als zu werthvoll

erweisen (z. B. der Pächter hat als Arbeitspferd ein werthvolleres Reitpferd eingestellt oder er hat eine landwirthschaftliche Maschine angekauft, wie sie nach Art des Pachtguts viel zu kostspielig ist), auf Anrechnung an der ursprünglichen Schätzungssumme zu übernehmen, wenn schon er gemäß § 588 Abs. 2 Satz 2 zunächst Eigenthum daran erwirbt.

a) Der Verpächter hat deßhalb das Recht, derartige Inventarstücke von vorneherein abzulehnen, so daß diese bei der Abschätzung nach Abs. 3 selbstverständlich nicht weiter in Betracht kommen. Wenn von mehreren Stücken nur ein Theil überflüssig ist, so hat der Verpächter natürlich die Wahl unter den mehreren Stücken; M. II, 438.

α) Diese Ablehnung stellt sich als eine einseitige empfangsbedürftige Willenserklärung im Sinne der §§ 130 ff. dar.

β) Den Beweis, daß die betreffenden Stücke in obigem Sinne überflüssig oder zu werthvoll sind, hat im Streitfalle der Verpächter zu führen. Dabei ist hervorzuheben, daß der Maßstab hiefür ein sachlicher, nicht ein persönlicher ist, denn es heißt „für das „Grundstück" überflüssig oder zu werthvoll".

γ) Mit der begründeten Ablehnung geht das Eigenthum an den abgelehnten Stücken auf den Pächter über. Auch hier wird, wie im Falle des § 588 Abs. 2 Satz 2 (vgl. Bem. 4 hiezu) ein Eigenthumsübergang kraft Gesetzes anzunehmen sein; denn hierauf deuten der Wortlaut des Gesetzes hin, sowie die Mot., welche ausdrücklich einen besonderen Traditionsakt hier vermieden wissen wollen. (Andernfalls hätte ja das Gesetz dem Pächter nur einen Anspruch auf Eigenthumsübertragung bezüglich der abgelehnten Stücke gegeben.) Eine rückwirkende Kraft kann dieser Eigenthumsübergang nach dem Wortlaute des Gesetzes nicht haben.

b) Lehnt der Verpächter solche Stücke nicht ab, so müssen sie selbstverständlich bei dem Abschätzungsverfahren zu Gunsten des Pächters eingestellt werden.

3. Abs. 3: Das Abschätzungsverfahren, das zur Ausgleichung bezüglich der Inventarstücke nach Beendigung der Pacht dient, hat nach dem Gesetz in folgender Weise vor sich zu gehen:

a) Es wird zunächst der Gesammtschätzungswerth der zurückzugewährenden Inventarstücke nach dem Werthe der einzelnen Inventarstücke — ausschließlich der nach Abs. 2 abgelehnten — ermittelt. Dabei ist auszugehen von jenem Werthe, den sie zur Zeit der Rückgabe — unter Berücksichtigung der allgemeinen und besonderen Preislage in diesem Zeitpunkte — darstellen, z. B. wenn die Preise für Vieh allgemein gestiegen sind, sind auch die Viehstücke zu den höheren Werthen anzusetzen. Es kommt also ein Steigen der Preise dem Pächter zu gute, während ihn andererseits ein Sinken der Preise trifft. (Dies entspricht auch der Absicht derartiger Verträge und wirkt im Allgemeinen auch zu Gunsten des rührigen und thätigen Pächters, der auf eine Verbesserung des Inventars gesehen hat.)

Jener Werthziffer, die sich aus Vorigem ergibt, wird der frühere Gesammtschätzungswerth der zu Anfang der Pacht übernommenen Inventarstücke gegenübergestellt und je nach der Differenz dieser beiden Ziffern geht die Abgleichung vor sich.

Ist der ursprüngliche Schätzungswerth höher, so ist dem Verpächter der Mehrbetrag zu ersetzen, ist aber der nunmehrige höher, so kommt dies dem Pächter zu gut.

Da die Preislage zur Zeit der Rückgewähr entscheidet, so kann es vorkommen, daß selbst bei unverändertem Zustande der seinerzeit erhaltenen Inventarstücke den Pächter eine Geldleistung trifft oder ihm zu vergüten ist.

b) Es bleibt selbstverständlich den Parteien unbenommen, einen Modus zu vereinbaren, bei welchem das Sinken oder Steigen der Preise nicht in Anrechnung kommen soll. Im Uebrigen gestaltet sich hiebei die Abrechnung aus verschiedenen Gründen (vgl. M. II, 437) nicht einfacher, sondern im Gegentheil oft schwieriger.

c) Geltendmachung der Ansprüche des Abs. 3: Fällt die Abrechnung zu Gunsten des Verpächters aus, so wird dieser Ersatzanspruch einen Theil seines Rückgabeanspruchs gegenüber dem Pächter bilden. Bei einem Plus zu Gunsten des Pächters ist darauf hinzuweisen, daß diesem wegen seiner Forderungen gegen den Verpächter zwar an dem Grundstücke selbst kein Zurückbehaltungsrecht zusteht (s. § 556 Abs. 2), wohl aber an dem Inventare nach dem allgemeinen § 273; überdies hat der Pächter gemäß § 599 für die Forderungen gegen den Verpächter, die sich auf das mitgepachtete Inventar beziehen, ein Pfandrecht an den in seinen Besitz gelangten Inventarstücken. Vgl. Bem. zu § 590.

§ 590.

Dem Pächter eines Grundstücks steht für die Forderungen gegen den Verpächter, die sich auf das mitgepachtete Inventar beziehen, ein Pfandrecht an den in seinen Besitz gelangten Inventarstücken zu. Auf das Pfandrecht findet die Vorschrift des § 562 Anwendung.

E. I, 536; II, 530; III, 583.

Das Pfandrecht des Pächters an Inventarstücken:

1. Nach dem bisherigen Reichsrechte (§ 41 Ziff. 3 K.O.) war dem Pächter nur für den Fall des Konkurses ein Pfandrecht in Ansehung des in seinem Gewahrsam befindlichen Inventars wegen der Forderungen für dieses eingeräumt worden. Durch § 590 wird dem Pächter nunmehr allgemein ein Pfandrecht an den in seinen Besitz gelangten Inventarstücken gewährt für die Forderungen gegen den Verpächter, die sich auf das mitgepachtete Inventar beziehen. Im Konkurse des Verpächters bleibt es gemäß § 49 Ziff. 2 der neuen K.O. in gleichem Umfange bestehen und gewährt dem Pächter ein Absonderungsrecht.

a) Dieses Pfandrecht ist ein gesetzliches und es finden daher die für das rechtsgeschäftliche Pfand geltenden Normen hierauf entsprechende Anwendung (§ 1257).

Das Pfandrecht besteht aber nur an den in den Besitz des Pächters gelangten Inventarstücken (daß hierunter nur der unmittelbare Besitz zu verstehen ist, dürfte sich aus der Intention dieses Pfandrechtes ergeben). Es entsteht unmittelbar mit der Besitzergreifung des Pächters an jenen bei Beginn oder während der Pacht. Es erlischt an sich nicht mit der Beendigung der Pacht, sondern es muß ein pfandrechtlicher Erlöschungsgrund eintreten, vgl. insbesondere § 1253. (Der Besitzverlust an sich benimmt das Pfandrecht noch nicht. Vgl. Bem. 3 zu § 1227.)

b) Der Zweck dieses Pfandrechtes liegt darin, den Pächter während der Dauer der Pacht vor der Gefahr zu schützen, in Folge von Vindikationsansprüchen Dritter oder in Folge einer von dem Gläubiger des Verpächters erwirkten Pfändung in der Verfügung über das Pachtinventar beeinträchtigt zu werden. Vgl. hieher §§ 1208 u. 1209. Im Uebrigen ist der Pächter auch durch § 809 C.P.O. gegenüber der Pfändung von Inventarstücken geschützt, da er die Herausgabe verweigern kann.

2. Satz 2: Aus der entsprechenden Anwendung des § 562 folgt, daß der Verpächter die Geltendmachung des Pfandrechtes durch Sicherheitsleistung (§§ 232 ff.) ganz abwenden oder wenigstens einzelne Stücke davon befreien kann. Die Sicherheitsleistung kann hier auch durch Bürgen geschehen. Vgl. Bem. zu § 562.

3. Neben dem Pfandrechte steht dem Pächter bezüglich derartiger Inventarstücke auch das allgemeine Zurückbehaltungsrecht aus § 273 zu, an dem Grundstücke selbst dagegen kann es Seitens des Pächters gemäß § 556 Abs. 2 nicht geltend gemacht werden. Eine gewisse Kollision der Rechte ergibt sich hier insoferne, als der Verpächter zwar das Pfandrecht des Pächters durch Stellung eines tauglichen Bürgen abwenden kann (Bem. 2), gegenüber dem allgemeinen Zurückbehaltungsrechte aber eine Sicherheitsleistung durch Bürgen ausdrücklich ausgeschlossen ist. § 273 Abs. 3.

Die Ausübung des Zurückbehaltungsrechtes gewährt also in dieser Beziehung dem Pächter mehr Vortheile als die Geltendmachung des Pfandrechtes (eine Antinomie braucht nicht angenommen zu werden; ebenso Planck, Bem. 3, und Oertmann).

§ 591.

Der Pächter eines landwirthschaftlichen Grundstücks ist verpflichtet, das Grundstück nach der Beendigung der Pacht in dem Zustande zurückzugewähren, der sich bei einer während der Pachtzeit bis zur Rückgewähr fortgesetzten ordnungsmäßigen Bewirthschaftung ergiebt. Dies gilt insbesondere auch für die Bestellung.

E. I, 545; II, 531; III, 584.

I. Der rechtliche Maßstab für die Rückgewähr bei der Pacht eines landwirthschaftlichen Grundstücks (vgl. Bem. I zu § 582) ist ein anderer als bei der Miethe (§ 556).

Es genügt hier nicht, daß der Pächter das Grundstück in dem gleichen wirthschaftlichen Zustande zurückgibt, wie er es empfangen hat (z. B. der Zustand war mangelhaft und der Pächter will es in dem gleichen mangelhaften Zustande zurückgeben). Vielmehr ist hier als Prinzip festzuhalten (vgl. M. II, 440), daß der Pächter das Grundstück während der ganzen Pachtzeit als „guter Hausvater" (bonus paterfamilias) zu bewirthschaften und in demselben Zustande zurückzugewähren hat, wie er objektiv anzunehmen ist, wenn die ganze Pachtzeit über in dieser Weise die Wirthschaft geführt wurde, d. h. eben ordnungsmäßig nach landwirthschaftlichen Regeln. Dieses Resultat allein entspricht der Grundidee des Pachtvertrags und dem volkswirthschaftlichen Interesse.

1. Bei Zugrundelegung dieses Axioms kann es vorkommen, daß der Zustand des Grundstücks zwar weniger gut ist, als er bei Beginn der Pacht war, daß der Pächter aber trotzdem nicht ersatzpflichtig ist, weil er jener obigen Pflicht stets nachgekommen ist. Andererseits hat der Pächter aber auch keine besonderen Vergütungsansprüche, wenn der Zustand nunmehr besser ist, als er zu Anfang war.

2. Unberührt bleiben jedoch Ansprüche des Pächters auf Grund besonderer Verbesserungen, die mit dem allgemeinen wirthschaftlichen Zustande des Grundstücks im Sinne des § 591 in keinem unmittelbaren Zusammenhange stehen. Diese sind nach § 547 (vgl. aber hiezu § 582) zu beurtheilen.

3. Der Grundsatz des § 591 gilt, gleichviel ob das Pachtverhältniß durch Ablauf der Pachtzeit oder auf andere Weise endigt.

II. Der Satz 2, daß obiger Grundsatz auch für die Bestellung gelten solle, weist direkt zurück auf § 583 und will den unmittelbaren Zusammenhang dieser beiden Paragraphen besonders zum Ausdrucke bringen. Ueber die Bedeutung vgl. die zu § 583 gemachten Bemerkungen.

III. Hieher schlägt auch die Frage ein, ob der Pächter Anpflanzungen, insbesondere Bäume, wieder wegnehmen dürfe. Das Gesetz hat eine besondere Regel hieher nicht aufgestellt, diesbezügliche Sonderanträge wurden zurückgewiesen (vgl. hiezu P. II, 259 u. 263 und III, 11). Die Frage ist daher theils nach allgemeinen Regeln, theils aus dem Wesen der Pacht zu lösen.

Von vorneherein ist zu unterscheiden, ob es sich um Anpflanzungen im Sinne einer längeren Dauer handelt, oder bloß um solche zu vorübergehendem Zwecke (vgl. § 95). Letztere (z. B. Baumschulen, Pflanzgärten) wird der Pächter im Allgemeinen, da sie gemäß § 95 nicht in das Eigenthum des Verpächters übergingen, wegnehmen dürfen (so P. III, 11), erstere aber nicht.

Dieser allgemeine Gesichtspunkt wird aber hier nicht allein maßgebend sein dürfen, sondern stets zu unterscheiden sein, ob Pächter die Anpflanzungen im Rahmen der ordnungsmäßigen Bewirthschaftung oder außerhalb desselben vorgenommen hat. Soweit die ordnungsmäßige Wirthschaft Anpflanzungen erforderte, wird Pächter solche auch nicht entfernen, bezw. mitnehmen dürfen, selbst dann nicht, wenn sie zunächst nur zu einem vorübergehenden Zweck eingefügt wurden; denn dies würde gegen das oben unter 1 betonte Prinzip verstoßen, z. B. wenn zu einem landwirthschaftlichen Grundstück ein Pflanzgarten nothwendig gehört, so wird Pächter diesen auch in ordnungsmäßigem Zustande bei dem Grundstücke belassen müssen, wie es für die weitere Bewirthschaftung desselben nothwendig ist. Anpflanzungen aber, welche mit dem Boden festverbunden waren und daher in das Eigenthum des Verpächters übergingen, darf Pächter nicht entfernen. Es verbleibt ihm zu seinem Schutz ein Ersatzanspruch aus § 547.

(Die in den Protokollen aufgeworfene Frage, ob nicht ein Baum auch als eine Einrichtung im Sinne des § 547 Abs. 2 aufgefaßt werden könne, wird zu verneinen sein, da diese Ausdehnung doch zu weit geht.)

§ 592.

Endigt die Pacht eines landwirthschaftlichen Grundstücks im Laufe eines Pachtjahrs, so hat der Verpächter die Kosten, die der Pächter auf die noch nicht getrennten, jedoch nach den Regeln einer ordnungsmäßigen Wirthschaft vor dem Ende des Pachtjahrs zu trennenden Früchte verwendet hat, insoweit zu ersetzen, als sie einer ordnungsmäßigen Wirthschaft entsprechen und den Werth dieser Früchte nicht übersteigen.

E. II, 582; III, 585.

I. Allgemeines:

Der Pächter erwirbt gemäß § 956 die Früchte und sonstige Erzeugnisse der Pachtsache erst mit der Trennung.

In Uebereinstimmung hiemit gebühren ihm bei Beendigung der Pacht Früchte und Erzeugnisse gemäß § 101 Ziff. 1 nur insoweit, als sie bereits während der Dauer der Pacht von der Sache getrennt wurden. Ist eine Trennung noch nicht erfolgt, so muß der Pächter gemäß § 591 das Grundstück mit den noch nicht getrennten Früchten, deren Vorhandensein den Regeln einer ordnungsmäßigen Wirthschaft entspricht, zurückgewähren.

Wenn nun eine Pacht im Laufe eines Pachtjahres endet (z. B. durch den Tod des Pächters; vgl. § 596 Abs. 2), so ergibt sich zu Ungunsten des Pächters eine große Ungerechtigkeit, da dieser einerseits die Kosten für den Anbau bereits ausgegeben, andererseits aber gleichwohl auf die Früchte keinen Anspruch mehr hat. Diesem Mißverhältnisse will § 592 vorbeugen (E. I hatte für diesen Fall auf den Anspruch wegen ungerechtfertigter Bereicherung verwiesen, M. II 440, während beim Nießbrauche für diesen Fall eine besondere Vorschrift gegeben war, nämlich E. I § 1009; man fand es aber in E. II für richtiger, jene Vorschrift beim Nießbrauche hieher direkt zu übernehmen; vgl. P. II, 264).

Aehnliche Bestimmungen finden sich abgesehen vom Nießbrauche (§ 1055) zu Gunsten des mit der Eigenthumsklage belangten Besitzers (§ 998), des Ehemanns (§ 1421), des Vaters (§ 1663 Abs. 2) und des Vorerben (§ 2130 Abs. 1 Satz 2). Aus dem bisherigen Rechte vgl. Stobbe-Lehmann, § 130 S. 595 und die in Anm. 12 citirten Gesetze.

II. Im Einzelnen:

1. § 592 gewährt dem Pächter einen persönlichen Ersatzanspruch gegenüber dem Verpächter hinsichtlich der aufgewendeten Bestellungskosten für den Fall, daß die Pacht eines landwirthschaftlichen Grundstücks (vgl. Bem. I zu § 582) im Laufe eines Pachtjahrs endigt.

Unter Pachtjahr ist auch hier das vom thatsächlichen Beginne der Pacht an laufende Jahr zu verstehen, das mit dem Wirthschaftsjahre nicht identisch zu sein braucht. Vgl. Bem. 2 zu § 584.

Wie weit der Begriff „Bestellungskosten" hier reicht, kann fraglich erscheinen. Da das Gesetz speziell nur von „Kosten" spricht, werden nur sachliche Auslagen darunter zu verstehen sein (der allgemeinere Ausdruck „Aufwand" ist nicht gewählt).

2. Dieser Ersatzanspruch ist jedoch bestimmten Einschränkungen unterworfen:

a) Er bezieht sich nur auf die nach den Regeln einer ordnungsmäßigen Wirthschaft vor dem Ende des Pachtjahrs zu trennenden Früchte.

Würde eine Pacht zwar innerhalb einer Fruchtperiode beginnen, aber dann erst nach Ablauf eines vollen Pachtjahres endigen, so würden dem Pächter keine Ansprüche im Sinne des Paragraphen erwachsen; denn normaler Weise würde der seit der letzten Ernte gemachte Aufwand des Pächters sich mit dem vor der ersten Ernte ersparten gegenseitig aufheben. (Oertmann zu § 592).

Allgemein ausgeschlossen muß ein derartiger Ersatzanspruch bezüglich solcher Früchte sein, welche ihrer Natur nach überhaupt erst nach dem Ende des Pachtjahres zu trennen sind, wie z. B. der Holzbestand eines neuangepflanzten Waldes. (Planck, Bem. zu § 592.)

b) Der Anspruch geht niemals höher, als der Werth der später thatsächlich getrennten Früchte beträgt. Hinsichtlich dieses Ersatzanspruchs trägt also der Pächter noch die Gefahr der Früchteziehung. Besteht für die Früchte eine Versicherung, so wird im Falle einer Beschädigung der Früchte die ausgezahlte Versicherungssumme statt jener in Ansatz kommen dürfen.

3. Dieser Ersatzanspruch wird aber erst nach der Einerntung der Früchte fällig werden; denn erst von diesem Zeitpunkt ab kann der Werth der eingeernteten Früchte festgestellt werden, der auf die Höhe des Anspruchs von prinzipalem Einfluß ist. Vor diesem Zeitpunkte wird die Forderung des Pächters als eine künftige bezw. bedingte aufzufassen sein, was übrigens der Geltendmachung des Pfandrechtes im Sinne des § 590 und auch der Zurückbehaltung des Inventars nicht im Wege stehen kann, s. §§ 1204 Abs. 2 und 1257 und Oertmann, Bem. 2 zu § 592.

4. Bei der sog. Theilpacht wird ein Ersatzanspruch im Sinne des § 592 bezüglich jener Quote der Früchte nicht entstehen können, welche die Stelle des Pachtzinses ausmachen. Vgl. Crome, partiarische Rechtsgeschäfte S. 117.

§ 593.

Der Pächter eines Landguts hat von den bei der Beendigung der Pacht vorhandenen landwirthschaftlichen Erzeugnissen ohne Rücksicht darauf, ob er bei dem Antritte der Pacht solche Erzeugnisse übernommen hat, so viel zurückzulassen, als zur Fortführung der Wirthschaft bis zu der Zeit erforderlich ist, zu welcher gleiche oder ähnliche Erzeugnisse voraussichtlich gewonnen werden.

Soweit der Pächter landwirthschaftliche Erzeugnisse in größerer Menge oder besserer Beschaffenheit zurückzulassen verpflichtet ist, als er bei dem Antritte der Pacht übernommen hat, kann er von dem Verpächter Ersatz des Werthes verlangen.

Den vorhandenen auf dem Gute gewonnenen Dünger hat der Pächter zurückzulassen, ohne daß er Ersatz des Werthes verlangen kann.

E I, 547; II, 533; III, 586.

Pflicht des Pächters zur Zurücklassung von Erzeugnissen, die zur Fortführung der Wirthschaft nothwendig sind, wie Dünger, Stroh ꝛc.?

I. Allgemeines:

E. I hatte in einem besonderen § 546 dem Pächter eines landwirthschaftlichen Grundstücks die allgemeine gesetzliche Pflicht auferlegt, soferne ihm bei Antritt der Pacht verbrauchbare für die Führung der Wirthschaft bestimmte Sachen, insbesondere Stroh, Dünger, Futter, Getreide und Samen überlassen wurden, bei Beendigung der Pacht Vorräthe von gleicher Art, Güte und Menge zurückzugewähren.

E. II hat diesen Paragraphen vollständig gestrichen und zwar aus den Gründen, weil es bei größeren Pachtungen allgemein üblich sei, diese Frage vertragsmäßig zu erledigen, weil ferner bei kleineren Pachtungen in der Regel erhebliche Vorräthe ohnedies nicht überlassen werden und da außerdem auch die Fassung des E. I § 546 (insbesondere „in gleicher Art, Güte und Menge") Bedenken errege, hauptsächlich aber mit Rücksicht darauf, daß dem Pächter in sehr vielen Fällen (z. B. verschiedener Ausfall der Ernte, Aenderung des Betriebs) gar nicht zugemuthet werden dürfe, Sachen von gleicher Art, Güte und Menge zurückzugewähren.

Das Gesetz stellt demgemäß eine allgemeine gesetzliche Verpflichtung des Pächters überhaupt zur Zurücklassung von Erzeugnissen, die für die Fortführung der Wirthschaft nothwendig sind, nicht auf, überläßt vielmehr diese Materie in der Hauptsache der privaten Vereinbarung; § 593 aber (der den § 547 des Entw. I mit wenigen Aenderungen wiedergibt) hat den Charakter einer bloßen Spezialnorm für Landgüter.

II. § 593 beruht auf dem sozialpolitischen Gedanken, daß der Pächter eines Landguts nach Beendigung der Pacht dieses dem Verpächter bezw. dem neuen Uebernehmer nicht vollständig leer übergeben dürfe, vielmehr von den vorhandenen landwirthschaftlichen Erzeugnissen so viel mitzuübergeben habe, daß die Wirthschaft bis zur nächsten Ernte im Sinne des einzelnen Wirthschaftsbetriebes fortgeführt werden kann. Ob der Pächter selbst bei Antritt der Pacht solche Erzeugnisse übernommen hat, ist gleichgültig.

Der Umkreis dieser Vorräthe im Einzelnen ergibt sich einerseits aus dem Begriffe „landwirthschaftlicher" Erzeugnisse, andererseits aus ihrer Bestimmung zur Fortführung der Wirthschaft; es fallen insbesondere darunter Sämereien, Futtergetreide, Dünger (s. Bem. 4 zu Abs. 3), Stroh, auch junge Thiere.

1. Die Vorschrift bezieht sich aber, wie nochmals hervorzuheben ist, nur auf die Pacht eines Landguts (im Gegensatze zu §§ 591 u. 592). Ueber diesen Begriff s. Bem. zu § 98 Ziff. 2, zu § 1515, zu Art. 137 E.G. Im Allgemeinen sei hieher noch hervorgehoben, daß sich eine völlig durchschlagende Definition dieses Begriffes überhaupt nicht geben läßt. Es ist vielmehr die Frage, ob von einem Landgute gesprochen werden könne, in jedem einzelnen Falle thatsächlich zu prüfen und zwar kommt es darauf an, ob ein zu einer wirthschaftlichen (nicht rechtlichen) Einheit von Grundstücken verbundener Komplex vorliegt. Auf den Begriff eines herrschaftlichen Landsitzes ist dieser

Begriff durchaus nicht beschränkt. (E. I hatte dem Begriffe hier gleichgestellt: Mehrere zum Betriebe der Landwirthschaft verbundene Grundstücke. Auf diese paßt die Vorschrift aber nur, wenn sie wie ein Landgut verpachtet sind, und in Folge dessen erwies sich dieser Zusatz als überflüssig.)

2. Diese Zurücklassungspflicht bezieht sich übrigens nur auf die bei Beendigung der Pacht thatsächlich vorhandenen Vorräthe, wie besonders hervorzuheben ist. Ob die Vorräthe von dem Gute selbst stammen, ist gleichgültig (s. aber Bem. 4).

Die Frage, inwieweit der Pächter für das Vorhandensein der zur Fortführung der Wirthschaft bis zur nächsten Ernte erforderlichen Vorräthe Sorge zu tragen hat und inwieweit er durch eine Vernachlässigung dieser Sorge ersatzpflichtig wird, ist aus § 591 zu beurtheilen.

3. Abs. 2 behandelt die Ersatzansprüche des Pächters bezüglich der zurückgelassenen Erzeugnisse:

Die Ueberlassung des Pächters soll hinsichtlich landwirthschaftlicher Erzeugnisse keine unentgeltliche sein, wenn und soweit der Pächter solche in größerer Menge oder besserer Beschaffenheit zurückläßt, als er beim Antritte der Pacht übernommen hat. In dieser Beziehung kommt also der Zustand zu Beginn der Pacht doch in Betracht.

Eine Bestimmung darüber, wie es zu halten sei, wenn die zurückgelassenen Vorräthe geringer sind als die empfangenen, gibt das Gesetz hier nicht. Der Pächter wird in diesem Falle auf Schadensersatz belangt werden können, soweit er dadurch zugleich gegen § 591 verstoßen hat.

4. Abs. 3: Eine besondere Behandlung kommt dem Dünger zu in Folge seiner großen Wichtigkeit für die Wirthschaft, vgl. P. II, 267.

a) Der gesammte vorhandene Dünger ist zurückzulassen, nicht nur der zur Fortführung der Wirthschaft nöthige. Es ist aber hierunter nur der natürliche, auf dem Landgute selbst gewonnene (also nicht der künstliche oder der von anderer Seite erworbene) Dünger zu verstehen.

b) Der Pächter kann für diesen zurückgelassenen Dünger keinen Ersatz beanspruchen. Man ging davon aus, daß der auf dem Gut und in der Wirthschaft gewonnene Dünger, wenn ordnungsmäßig verfahren werde, vollständig für das Gut verwendet werden müsse. (P. a. a. O.)

Das Stroh ist dem Dünger nicht gleichgestellt, obwohl dies von landwirthschaftlicher Seite verlangt wurde. Ueber die Gründe, warum nicht, vgl. P. a. a. O. Die Zurücklassung des Strohes ist deßhalb nach Abs. 1 u. 2 zu beurtheilen.

5. Rechtliche Natur:

Die aus § 593 für den Pächter entstehenden Pflichten sind nur obligatorischer Natur. Eigenthümer der Erzeugnisse ist zunächst der Pächter geworden, einen sofortigen Eigenthumsübergang auf den Verpächter (vgl. § 588 Abs. 2) spricht das Gesetz hier nicht aus. Das ganze Rechtsverhältniß der Ueberlassung wird im Uebrigen als eine Art Expropriation zu beurtheilen sein. Vgl. Oertmann, Ziff. 5 zu § 593.

§ 594.

Uebernimmt der Pächter eines Landguts das Gut auf Grund einer Schätzung des wirthschaftlichen Zustandes mit der Bestimmung, daß nach der Beendigung der Pacht die Rückgewähr gleichfalls auf Grund einer solchen Schätzung zu erfolgen hat, so finden auf die Rückgewähr des Gutes die Vorschriften des § 589 Abs. 2, 3 entsprechende Anwendung.

Das Gleiche gilt, wenn der Pächter Vorräthe auf Grund einer Schätzung mit einer solchen Bestimmung übernimmt, für die Rückgewähr der Vorräthe, die er zurückzulassen verpflichtet ist.

E. I, 548; II, 534; III, 587

I. § 594 Abs. 1 will im Allgemeinen eine analoge Vorschrift zu § 589 Abs. 2 u. 3 sein; sein Anwendungsgebiet ist aber theils enger (1), theils weiter (2).

1. § 594 bezieht sich nämlich nur auf die Pacht eines Landguts, wie § 593; vgl. Bem. II, 1 zu § 593.

2. Andererseits geht § 594 von der Voraussetzung aus, daß nicht bloß das Inventar im pachttechnischen Sinne auf Grund einer Schätzung übernommen wird, sondern daß das

Landgut selbst in seinem ganzen wirthschaftlichen Zustande bei Beginn der Pacht einer Schätzung unterstellt wird, mit der Bestimmung, daß nach Beendigung der Pacht die Rückgewähr gleichfalls auf Grund einer solchen Schätzung zu erfolgen habe.

Die Erhebung des ganzen wirthschaftlichen Zustandes zu Beginn der Pacht setzt also hier auch z. B. Abschätzung der Gebäulichkeiten, des ganzen Mobiliars, der angepflanzten Felder, der Waldungen ꝛc. voraus, wie es bei Pachten auf längere Zeit nach der Verkehrssitte bereits üblich war.

II. Die analoge Anwendung der Abs. 2 u. 3 des § 589 ergibt im Einzelnen Folgendes:

1. Abs. 2: Der Verpächter kann bei der Rückgewähr alles das ablehnen, was für den Rahmen des verpachteten Landguts nach seiner allgemeinen wirthschaftlichen Qualität als überflüssig oder zu werthvoll erscheint, z. B. der Pächter hat eine zu werthvolle Reparatur an einem einzelnen Gebäude vorgenommen oder eine kostbare Stalleinrichtung hergestellt, wie sie für den Rahmen des Landguts nicht paßt oder er hat werthvolle Anpflanzungen vorgenommen, die zu dem Landgut außer Verhältniß stehen.

Der letzte Satz des Abs. 2, daß nämlich mit der Ablehnung das Eigenthum an den abgelehnten Stücken auf den Pächter übergeht, wird hier übrigens vielfach auch nur da anwendbar sein, wo von Einzelsachen gesprochen werden kann. Reparaturen von Gebäudetheilen, Bauten und Anpflanzungen werden vielfach gemäß den §§ 93 u. 94 von Anfang an in das Eigenthum des Verpächters kommen und kann daher insoweit von einer Ablehnung keine Rede sein. Hier wird gütliche Auseinandersetzung der Betheiligten die rechtlichen Schwierigkeiten lösen müssen, andererseits sind ja solche Fragen meistens in den Pachtverträgen besonders behandelt, eventuell wird die Vorschrift des § 547 Abs. 2 hieher anwendbar erscheinen. Vgl. auch Bem. 3 zu § 591. (Wenn Oertmann auch neuen Landerwerb des Pächters hieher beziehen will, so wird es praktisch wohl selten vorkommen, daß ein Pächter für den Verpächter ohne dessen Zustimmung weiteres Land erwirbt und, wenn er es erwirbt, wird er es wohl zunächst auf seinen Namen erwerben.)

2. Ueber das Abschätzungsverfahren s. Bem. 3 zu § 593.

III. Abs. 2 des § 594 behandelt den Fall, wenn der Pächter Vorräthe auf Grund einer Schätzung mit der Bestimmung übernimmt, daß nach Beendigung der Pacht die Rückgewähr gleichfalls auf Grund einer Schätzung zu erfolgen hat.

a) Der Begriff Vorräthe in diesem Sinne wird sich häufig decken mit dem Begriffe der zur Fortführung der Wirthschaft nothwendigen landwirthschaftlichen Erzeugnisse in Gemäßheit des § 593. Er kann aber auch in Folge der besonderen Bedürfnisse des Einzelfalles weiter reichen.

b) Insoweit er sich aber mit jenem Begriffe der Erzeugnisse im Sinne des § 593 deckt, wird freilich hier von einem Ablehnungsrechte des Verpächters analog mit § 589 Abs. 2 nicht die Rede sein können, weil der Verpächter zur Uebernahme nicht verpflichtet, sondern nur berechtigt ist und auch dies nur, soweit es die Fortführung der Wirthschaft erfordert. (Vgl. Oertmann und Planck zu diesem Paragraphen.)

§ 595.

Ist bei der Pacht eines Grundstücks oder eines Rechtes die Pachtzeit nicht bestimmt, so ist die Kündigung nur für den Schluß eines Pachtjahrs zulässig; sie hat spätestens am ersten Werktage des halben Jahres zu erfolgen, mit dessen Ablaufe die Pacht endigen soll.

Diese Vorschriften gelten bei der Pacht eines Grundstücks oder eines Rechtes auch für die Fälle, in denen das Pachtverhältniß unter Einhaltung der gesetzlichen Frist vorzeitig gekündigt werden kann.

E. I, 537; II, 535; III, 588.

1. Hinsichtlich der Beendigung der Pacht durch Kündigung kommen selbstverständlich zunächst die vertragsmäßigen Abmachungen in Betracht, die gerade hier die Regel bilden werden.

Da bei der Pacht im Allgemeinen andere Verhältnisse obwalten, als bei der Miethe, die im Hinblick auf die Interessen des Pächters einen kurzen Abbruch nicht gestatten, so bestimmt § 595 — abweichend von § 565 — als gesetzliche Kündigungsfrist eine halbjährige und zwar nur für den Schluß des Pachtjahrs (s. Bem. 2 unten und vgl. P.L.R. Thl. I Tit. 21 §§ 342, 343).

Diese gesetzliche Kündigungsfrist gilt jedoch nur, wie besonders zu betonen ist:

a) bei der Pacht eines Grundstücks (zwischen landwirthschaftlichen und anderen wird hier nicht unterschieden) oder der Pacht eines Rechtes;

b) bei Pachtverhältnissen von unbestimmter Dauer (vgl. Bem. I § 564) und bei der sog. vorzeitigen Kündigung unter Einhaltung der gesetzlichen Frist (Abs. 2); s. Bem. 3 unten. Bei der Pacht von beweglichen Sachen dagegen gelten die Vorschriften des § 565. Die Verpachtung eines Rechtes an einer beweglichen Sache, z. B. an einer Heerde, muß hier in dieser Beziehung der Verpachtung der beweglichen Sache selbst gleichstehen. (M. II, 428.)

Die außerordentliche Kündigung (vgl. §§ 542, 553 u. 554) ist selbstverständlich auch hier an keine Kündigungsfrist gebunden.

2. Maßgebend für die Kündigung ist hier das Pachtjahr, nicht das Wirthschaftsjahr. Der Begriff des Wirthschaftsjahrs würde zu einer solchen allgemeinen Bestimmung nicht passen, weil er zu schwankend und unbestimmt ist, insbesondere bei der Verschiedenheit der klimatischen und anderen hier maßgebenden Verhältnisse. (M. II, 427.)

Ueber die Berechnung der halbjährigen Frist s. §§ 186 ff., insbesondere § 189.

3. Diese gesetzliche Kündigungsfrist gilt hier auch, wie bereits oben hervorgehoben, für die Fälle der sog. vorzeitigen Kündigung unter Einhaltung der gesetzlichen Frist (vgl. § 565 Abs. 4 mit Bem. IV).

Die Möglichkeit einer solchen vorzeitigen Kündigung ist aber bei der Pacht beschränkter als bei der Miethe. Es kommen nämlich hier nur in Betracht:

a) § 567, Pachtvertrag für eine längere Zeit als 30 Jahre,

b) § 569, Tod des Pächters, jedoch nur hinsichtlich der Erben des Pächters, s. § 596 Abs. 2.

c) Endlich gehören hieher §§ 19, 21 Abs. 3 K.O. für den Fall des Konkurses des Verpächters und § 57 Zw.V.G. bei einer Zwangsversteigerung des verpachteten Grundstücks.

4. Ueber den Fall einer Veräußerung des verpachteten Grundstücks s. §§ 571 ff. mit § 581 Abs. 2.

§ 596.

Dem Pächter steht das im § 549 Abs. 1 bestimmte Kündigungsrecht nicht zu.

Der Verpächter ist nicht berechtigt, das Pachtverhältniß nach § 569 zu kündigen.

Eine Kündigung des Pachtverhältnisses nach § 570 findet nicht statt.

E. I, 533, 538; II, 536; III, 589

I. Abs. 1 bezieht sich auf die Unterpacht:

1. Nach der entsprechenden Geltung des § 549 Abs. 1 Satz 1 auch für die Pacht (§ 581 Abs. 2) ist der Pächter nicht berechtigt, ohne die Erlaubniß des Verpächters, den Gebrauch der Sache einem Dritten zu übertragen, insbesondere die Sache weiter zu verpachten.

Während jedoch bei der Miethe nach Abs. 1 Satz 2 des § 549 der Miether im Falle einer unbegründeten Versagung der Einwilligung Seitens des Vermiethers in die Untermiethe unter Einhaltung der gesetzlichen Fristen kündigen kann, steht dem Pächter ein derartiges Kündigungsrecht nicht zu. Dies ist die Bedeutung des Abs. 1. Damit ist aber auch im praktischen Resultate die Unzulässigkeit der Unterpacht normirt. Selbstverständlich können durch private Vereinbarungen Ausnahmen geschaffen werden.

Der Grund für diese Regelung ruht darin, daß bei der Pacht eben die Persönlichkeit des Pächters als solche, hauptsächlich für die Behandlung des Pachtgegenstandes, von wesentlichem Einfluß ist (P. II, 235, 236; Z.G. VI S. 395).

Durch diese Bestimmung soll übrigens der Pächter nicht gehindert sein, sein Recht für sich durch Dritte (z. B. Gehülfen, Verwalter 2c.) ausüben zu lassen (vgl. hieher Bem. VII, 2 zu § 549). Ebenso kann im Falle einer Entmündigung des Pächters der Vormund für diesen die Pacht ausüben (P. II, 234).

2. Eine Pfändung des Pachtrechtes und die Anordnung einer Verwaltung zur Ausübung des Pfändungspfandrechtes ist für die Regel nicht statthaft. (In P. II, 238

war zwar die Zulässigkeit einer solchen Pfändung beschlossen und auch im Entwurfe der C.P.O in § 749a Abs. 2 der Anlage II zur D. d. B.G.B. eine diesbezügliche Bestimmung vorgesehen. Allein der Reichstag strich bei Berathung des Gesetzes über Abänderung der C.P.O. die betreffende Vorschrift, vgl. Bem. X zu § 549.) Wenn jedoch vertragsmäßig die Ueberlassung des Gebrauchs und des Pachtgenusses an einen Dritten ausdrücklich im Einzelfalle gestattet wurde, wird insoweit auch die Pfändung des Pachtrechtes statthaft erscheinen (Planck zu § 596).

II. Zu Abs. 2:

Gemäß § 569 mit § 581 Abs. 2 steht beim Tode des Pächters den Erben des Pächters ein vorzeitiges Kündigungsrecht unter Einhaltung der gesetzlichen Frist zu (vgl. Bem. zu § 569, sowie Bem. IV zu § 565 und Bem. 3 zu § 595). Dem Verpächter jedoch wird diesen Falles ein derartiges Kündigungsrecht durch Abs. 2 — im Gegensatze zu § 569 — ausdrücklich versagt. Hervorzuheben ist, daß sich die Kündigungsfristen, sowie die Termine, für welche die Kündigung zulässig ist, bei der Zahl eines Grundstücks oder eines Rechtes hier nach § 595 bestimmen.

III. Zu Abs. 3:

Bei einer Versetzung des Pächters im Sinne des § 570 steht diesem ein vorzeitiges Kündigungsrecht nicht zu, im Gegensatze zur Miethe.

§ 597.

Giebt der Pächter den gepachteten Gegenstand nach der Beendigung der Pacht nicht zurück, so kann der Verpächter für die Dauer der Vorenthaltung als Entschädigung den vereinbarten Pachtzins nach dem Verhältnisse verlangen, in welchem die Nutzungen, die der Pächter während dieser Zeit gezogen hat oder hätte ziehen können, zu den Nutzungen des ganzen Pachtjahres stehen. Die Geltendmachung eines weiteren Schadens ist nicht ausgeschlossen.

E. I, 542; II, 537; III, 590

§ 597 bildet das Analogon zu § 557 bei der Miethe (vgl. Bem. zu § 557).

1. Er setzt voraus, daß der Pächter aus irgend einer Veranlassung (z. B. es herrscht Streit über die Dauer der Pachtzeit) dem Verpächter den gepachteten Gegenstand nach Beendigung der Pacht nicht zurückgibt. Im Uebrigen wird an sich nicht verlangt, daß Pächter einen thatsächlichen Nutzen weiter zieht, sondern es genügt für die Anwendung des Paragraphen, wenn der Pächter den Vertragsgegenstand der Verfügung des Verpächters überhaupt entzieht (P. II, 258).

2. Durch § 597 soll der Mindestbetrag der Entschädigung für die Vorenthaltung des Pachtgegenstandes (wie bei § 557) ein- für allemal als Grundnorm gesetzlich festgelegt werden.

a) Während jedoch bei der Miethe (§ 557) diese Entschädigung in der Fortentrichtung des Miethzinses genau für die Zeit der Vorenthaltung in dieser Zeitspanne entsprechenden Zinsraten besteht, ist der Pachtzins nicht lediglich nach der Dauer der Vorenthaltung weiter zu bezahlen, sondern er kann nach dem Verhältnisse verlangt werden, in welchem die Nutzungen, die der Pächter während dieser Zeit gezogen hat oder hätte ziehen können, zu den Nutzungen des ganzen Pachtjahres stehen. Diese Regelung will dem Umstande gebührend Rechnung tragen, daß die im Laufe eines Pachtjahres zu ziehenden Nutzungen sich häufig ungleichmäßig über das Jahr vertheilen und verschieden anfallen. Für den betreffenden Zeitabschnitt kann demgemäß je nach diesen Umständen der Entschädigungsbetrag verhältnißmäßig höher, aber auch niedriger sein, als es der Pachtzins, nach der bloßen Zeitdauer der Vorenthaltung berechnet, wäre. Erstreckt sich freilich die Vorenthaltung auf ein volles oder auf mehrere volle Pachtjahre, so kann natürlich lediglich die Zeitdauer entscheidend sein und es kommt dasselbe Resultat wie bei § 557 zu Tage.

b) Der Maßstab, inwieweit der Pächter während der Vorenthaltung Nutzungen hätte ziehen können, wird aus den Regeln einer ordnungsmäßigen Wirthschaft zu entnehmen sein; vgl. hieher § 591.

3. § 597 bleibt nicht beschränkt auf die Pacht von landwirthschaftlichen Grundstücken (so nach E. I), sondern erstreckt sich im Prinzip auf alle Pachtungen, da auch bei anderen

Pachtverhältnissen als bei Pachtungen landwirthschaftlicher Grundstücke die im Laufe des Pachtjahres zu ziehenden Nutzungen sich ungleichmäßig über das Jahr vertheilen können, wie z. B. bei einer verpachteten Sommerwirthschaft (P. II, 257).

4. Ueber die Geltendmachung weiteren Schadens vgl. hieher Bem. 2 zu § 557.

5. Selbstverständlich bleibt auch hier stets zu prüfen, ob nicht eine stillschweigende Verlängerung des Pachtverhältnisses im Einzelfalle vorliegt, worauf die Grundsätze des § 568 zur Anwendung kommen.

Vierter Titel.

Leihe.

(Erläutert von Dr. J. v. Staudinger.)

Vorbemerkungen.

1. Der Ausdruck „Leihe" steht hier in einem spezifisch technischen Sinne. Er bezeichnet namentlich einen Gegensatz zur „Miethe" und zum „Darlehen".

Die Begriffselemente sind aus § 598 zu entnehmen. Vgl. daher die Bem. zu letzterer Gesetzesstelle.

2. Die Leihe des B.G.B. entspricht im Wesentlichen dem commodatum des gemeinen Rechtes. Wie dort ist es jetzt auch gegenüber dem B.G.B. bereits wieder streitig geworden, ob die „Leihe" als ein sog. Konsensual- oder ein Realkontrakt aufzufassen, d. h. ob es anzunehmen sei, daß das voll bindende Vertragsverhältniß erst durch die Hingabe des Leihgegenstands zur Entstehung komme oder auch schon früher bei eingetretener Einigung der Parteien. Eine ausdrückliche Entscheidung findet sich darüber im Gesetze nicht und wollte auch nach den Vorverhandlungen (M. II, 444, P. II, 279) nicht getroffen werden. Für einen Konsensualkontrakt nach B.G.B. treten namentlich Cosack, Lehrb. I § 141 S. 498 und Windscheid-Kipp, II S. 551 ein. Ersterer zieht dabei eine Parallele mit der Miethe. Dagegen sind für die Annahme eines Realkontrakts Planck, Komm. II S. 335; Fischer-Henle 4. Aufl. zu § 598 S. 279; Oertmann, S. 316; Schollmeyer, Einzelne Schuldverhältnisse S. 60. (So auch bisher schon B.L.R. Thl. IV cap. 2 § 2.) Dem läßt sich ja, hauptsächlich mit Rücksicht auf § 604 Abs. 1, beitreten. Nur muß natürlich der Vertheidiger der Annahme eines Realkontraktes dann nothwendig auch die Möglichkeit und Rechtsverbindlichkeit eines bloßen Vorvertrags auf Leihe (pactum de commodando) anerkennen. Solches geschieht auch z. B. von Oertmann und Planck a. a. O., während Cosack a. a. O., von seinem Standpunkt aus folgerichtig, die Annahme eines solchen Vorvertrags als überflüssig und hinfällig erachtet. Das B.G.B. selbst schweigt von einem solchen Vorvertrage, was aber die Annahme eines solchen nicht ausschließt, nachdem dessen Inhalt sich eigentlich von selbst versteht (Oertmann, S. 516). Ein derartiger Vorvertrag unterliegt eben einfach den allgemeinen Vorschriften über Verträge. (So auch Planck, II S. 335; nähere Erörterungen gibt Oertmann, S. 316.)

3. Neben dem commodatum hatte das römische Recht als eine besondere Form den Begriff des precarium ausgebildet und zwar als eine begünstigungsweise eingeräumte unentgeltliche Gebrauchsüberlassung mit voller willkürlicher Widerrufsmöglichkeit Seitens des Verstattenden. E. I § 558 hatte darüber Bestimmung getroffen und zwar im Sinne einer Behandlung nach den Grundsätzen über Gebrauchsleihe. Vgl. auch M. II, 453. In II. Komm. wurde der ganze Entwurfsvorschlag gestrichen. Man erachtete formell jenen § 558 E. I lediglich als Anknüpfung an eine geschichtliche Reminiscenz, welche nicht verewigungswürdig sei. Sachlich sei der Inhalt der Entwurfsbestimmung selbstverständlich, da in dem früher sog. Precarium eigentlich nur eine Unterart der Leihe vorliege (P. II, 275 fg.).

4. Planck, II S. 330 hat noch die Frage aufgeworfen, wie die Fälle zu beurtheilen seien, in denen Jemand einseitig den unentgeltlichen Gebrauch einer Sache gestattet, ob insbesondere dadurch eine Rechtsverbindlichkeit des Gestattenden erzeugt werde. So beispielsweise bei mittelst Anschlags geschehener Verstattung von Schuttabladen, Wegbeschreitung u. s. w. auf einem Grundstück. Ein solches Angebot benimmt selbstverständlich einem Handeln nach demselben den Charakter der Widerrechtlichkeit auf so lange, aber auch nur insolange, als es nicht zurückgezogen ist. Damit entfällt auch die Möglichkeit eines Einschreitens wegen eines Geschehnisses fraglicher Art, welches vor einer Zurückziehung des Angebots erfolgt ist. Letztere aber muß dem Anbietenden jederzeit freistehen.

§ 598.

Durch den Leihvertrag wird der Verleiher einer Sache verpflichtet, dem Entleiher den Gebrauch der Sache unentgeltlich zu gestatten.

E. I, 549; II, 538; III, 591.

Nach dem Begriffe der Leihe (im E. I und M. II, 443 fg. „Gebrauchsleihe" genannt) charakterisirt sich diese gemäß B.G.B. §§ 598, 604 als „Hingabe einer bestimmten Sache zum unentgeltlichen Gebrauche gegen Rückgabe des nämlichen Gegenstands.

1. Ueber die Bedeutung der Hingabe (mit Rückgabe) für die konstruktionelle Auffassung des Rechtsverhältnisses, in Sonderheit für die Verpflichtung des Verleihers vgl. Vorbem. Ziff. 2 nebst M. II, 444.

2. Als Gegenstände der Leihe bezeichnet § 598 „Sachen", d. h. nach B.G.B. § 90 körperliche Gegenstände. Dies erstreckt sich Mangels eines im Gesetze gemachten Unterschieds sowohl auf bewegliche wie auf unbewegliche Sachen. Die Leihe wird sich praktisch zwar zumeist auf bewegliche Sachen erstrecken. Immerhin ist auch eine Verleihung einer unbeweglichen Sache nicht undenkbar und thatsächlich vorkommend, z. B. in Gestalt einer unentgeltlichen Ueberlassung eines Grundstücks oder Theils eines solchen Seitens des Eigenthümers an den Unternehmer einer Schaustellung, einer Festlichkeit oder dergl. zum vorübergehenden Gebrauche hiefür. (M. II, 443. Aus dem bisherigen Rechte vgl. P.L.R. Thl. I Tit. 21 §§ 229, 233; sächsisches G.B. § 1173.)

Aus der Rückgabepflicht nach § 604 folgt von selbst für die Annahme eines wirklichen und echten Leihverhältnisses eine Beschränkung dahin, daß der Leihbegriff nicht erstreckt werden kann auf die Ueberlassung einer sog. verbrauchbaren Sache zu einem solchen Gebrauche, durch welchen sie wirklich verbraucht, vernichtet oder in der Substanz unverhältnißmäßig entwerthet würde. Eine derartige Gebrauchsverstattung kann ein irgendwie anderes Rechtsverhältniß begründen und darstellen, aber — Leihe liegt gewöhnlich nicht vor. Letztere kann etwa dann angenommen werden, wenn die Art des vereinbarten Gebrauchs von der Art ist, daß eben der wirkliche Verbrauch der Sache ausgeschlossen ist, z. B. bei bloßer Verwendung des verbrauchbaren Gegenstands zu einer Schaustellung oder ähnlichem sie erhaltenden Zwecke. (M. II, 433; Schollmeyer, Einzelne Schuldverhältnisse S. 60 fg.)

Nicht ausgeschlossen ist, daß eine vertretbare Sache unter Umständen und nach Gestalt der Verhältnisse im Einzelfalle Gegenstand einer Leihe sein kann.

3. Ueber eine „Verleihung" von Forderungen und Rechten schweigt das B.G.B. Wie M. II, 443 fg. ersehen lassen, beruht dies auf Absicht. Dem Vorbilde des P.L.R. Thl. I Tit. 21 §§ 229, 233 und sächsischen G.B. § 1186 wollte man nicht folgen. Die M. a. a. O. enthalten deßfalls folgende etwas dunkle Bemerkung:

> „Die Frage, welche Grundsätze anzuwenden sind, wenn ein Recht Gegenstand der Leihe ist, eignet sich nicht zu einer allgemeinen Entscheidung durch das Gesetz, sondern die Verträge, welche hier in Frage kommen, müssen konkret geprüft werden. In vielen Fällen wird sich dabei die Verleihung einer Sache herausstellen, in anderen eine Veräußerung oder auch eine Schenkung anzunehmen sein, wieder in anderen ein Vertrag sich ergeben, der eine Auslegung gestattet, welche zu einer analogen Anwendung der für die Gebrauchsleihe geltenden Rechtsnormen führt."

In letzterem Sinne äußert sich auch Oertmann, S. 315. Die Fälle, in denen eine solche analoge Anwendung der Bestimmung des Titels über die Leihe in Frage kommen kann, dürften übrigens nicht häufig sein.

4. Die leihweise Hingabe einer Sache erfolgt nur zum Gebrauch (Unterscheidung vom Darlehen) der Sache und zwar auch lediglich zu dem vertragsmäßigen Gebrauche. (Vgl. § 663. Die Gestattung einer event. Veräußerung durch den Entleiher Seitens des Verleihers betrachtet Planck, II S. 336 als einen Zusatzvertrag, neben dem möglicher Weise schon ein Leihvertrag bestehen könne.)

Der Gebrauch kann auch darin liegen, daß vom Verleiher dem Entleiher z. B. gestattet wird, einen geliehenen Gegenstand zu einer Pfandbestellung damit (etwa, wie es öfters vorkommt, zur Bedeckung eines Lombardanlehens oder zur Aufrechtmachung einer Kaution) zu verwenden. An und für sich ist dies Leihe, wenn der Leihgegenstand gegen Rückgabe in der Substanz hingegeben wird und solange er noch im Pfandverhältnisse befangen ist. Wird dieses aber realisirt, das Pfand als solches veräußert, so hört freilich auch die Leihe als solche auf. Nachdem sich aber der Verleiher durch die Verstattung der Verpfändung (wenn auch nur stillschweigend) als damit event. einverstanden erklärt hat, so muß angenommen werden, daß von der Realisirung des Pfandverbandes ab der Leihvertrag sich in einen Darlehensvertrag verwandelt und zwar gerichtet auf einen Geldbetrag, welcher dem Werth entspricht, den das Pfand zur Zeit seines Verfalls gehabt hat. Anders dann, wenn der Entleiher den zur Verpfändung bestimmten Leihgegenstand in Wirklichkeit gar nicht verpfändet, sondern ohne Vorwissen und Zustimmung des Verleihers sofort verkauft, um auf diesem kürzeren Wege sich Geld zu schaffen. In solchem Falle kommt strafrechtlich etwa eine Unterschlagung und civilrechtlich die Schadensersatzpflicht nach B.G.B. § 823 in Frage. Denn es fällt in Betracht, daß

5. der Verleiher bei der Leihe sein Eigenthum am Leihgegenstande durchaus behält. Im Besitzstande wird er mittelbarer Besitzer, der Entleiher unmittelbarer Besitzer (natürlich abgesehen von einer stattgehabten und realisirten Verpfändung).

6. Ein Fruchtgenuß an der geliehenen Sache ist an und für sich mit deren Gebrauch auf Seite des Entleihers nicht verbunden. Wollte er angenommen werden, müßte eine eigene darauf gerichtete Nebenverabredung vorhanden sein, deren Inhalt dem Vertrage mindestens einen gemischten Charakter geben würde, wenn nicht gar dadurch die Begriffseigenschaft einer Leihe als ausgeschlossen zu erachten sein sollte. Fehlt eine derartige Verabredung, so bleibt trotz der Leihe der Anspruch auf etwa anfallende Früchte aus dem Leihgegenstande dem Verleiher, soferne und soweit nicht allenfalls die Verleihung selbst eine Fruchtgewinnung überhaupt ausschließen sollte.

7. Ueber die Dauer des Gebrauchs vgl. B.G.B. § 604 Abs. 2 u. 3, § 605 nebst Bem. dazu.

8. Abweichend von dem auf die Miethe bezüglichen § 536 B.G.B. verlangt der obstehende § 598 vom Verleiher nicht die Gewährung, sondern nur die Gestattung des Gebrauchs der Sache (insbesondere so wie sie eben ist). Letzterer Begriff ist enger als Gewährung (vgl. oben S. 287) und schließt insbesondere eine förmliche Verschaffungspflicht des Verleihers nicht in sich. Liegt freilich erst nur ein Vorvertrag auf Abschließung eines Leihvertrags vor, so kann allerdings die Beischaffung der zu leihenden Sache zu den Vertragspflichten des künftigen Verleihers gehören. Ist aber schon eine Leihe selbst durch Hingabe der Leihsache perfekt geworden, so beschränkt sich jene „Gestattung" naturgemäß namentlich darauf, daß Verleiher vor Ablauf der Leihdauer nicht ohne gesetzlichen Grund die verliehene Sache zurückfordert und den Entleiher in deren richtigem Gebrauche nicht stört. (M. II, 445.) Ebendeßhalb gibt der Gebrauch des engeren Wortes „gestattet" im § 508 auch einen Anhaltspunkt für die dogmatische Annahme eines Realkontrakts.

9. Ein ganz besonders typisches Moment im Rechtsbegriffe der „Leihe" ist die für Annahme der letzteren unbedingt nothwendige Unentgeltlichkeit der Hingabe zum Gebrauche. Würde für diese ein Entgelt bedungen, so läge rechtlich eine Miethe und nicht etwa eine Leihe, vor. Der Sprachgebrauch im Volksmunde unterscheidet in Verwendung der Ausdrücke Leihe und Miethe nicht so streng als die Rechtssprache und redet vielfach von Leihe, wo man von Miethe reden sollte. So z. B. wird ersterer Ausdruck fast ständig angewendet bei der entgeltlichen Gebrauchsentnahme gegen Rückgabe von Büchern aus einer sog. Leihbibliothek (s. schon M. II, 443), von Wäsche in einer Badeanstalt, von Schlittschuhen auf einer Eisbahn.

Die Unentgeltlichkeit, welche bei der Leihe gefordert wird, soll und kann übrigens nicht besagen, daß den Entleiher gar keine Kosten treffen dürften. Schon ein Blick auf § 601 Abs. 1 lehrt das Gegentheil. Jenes Begriffserforderniß schließt nur eine Gegenleistung des Entleihers zur Entlohnung des Verleihers aus.

10. Bezüglich der Verleihung einer Sache, welche nicht dem Verleiher selbst, sondern irgend einem Dritten eigenthümlich gehört, oder der Entleihung einer dem Entleiher selbst eigenthümlichen Sache ist das Verhältniß hier ebenso gelagert wie bei der Miethe. Beides ist denkbar und begrifflich nicht ausgeschlossen. Vgl. oben Bem. zu § 535 B, I, 1 und B, II, 3 S. 284, 288.

§ 599.

Der Verleiher hat nur Vorsatz und grobe Fahrlässigkeit zu vertreten.

E. I, 550; II, 539; III, 592.

1. Der Inhalt dieser auf die Leihe bezüglichen Gesetzesstelle, welche eine gewisse Ausnahme von § 276 begründet, steht auf gleichem Standpunkte, wie der analoge § 521 B.G.B. für einen anderen unentgeltlichen Vertrag, nämlich die Schenkung. Vgl. daher die Bem. zu § 521 auch hieher. Aus dem älteren Rechte läßt sich hinweisen auf die

vorbildlichen Bestimmungen in L. 17 § 3, L. 18 § 3, L. 22, D. 13, 6; P.L.R. Thl. I Tit. 21 § 257; sächsisches G.B. § 1177.

2. Der Grundsatz des § 599 gilt auch in Ansehung der Haftung des Verleihers für ein ebenso geartetes Verschulden von Vertretern oder Gehülfen desselben. (Oertmann, S. 317: Planck, II S. 337.)

3. Ein hier in Frage kommendes Verschulden kann schon gegeben sein beim Abschlusse des Leihvertrags, wie im Laufe des Bestehens desselben. In letzterer Hinsicht kann das Verschulden z. B. liegen in Entziehung oder Störung des Leihgebrauchs und zwar ersteres sowohl in Gestalt thatsächlicher Wegnahme der Sache, wie auch in einer Veräußerung des eigenen Rechtes des Verleihers über das Recht des Entleihers hinweg.

3. Darin, daß der Grundsatz des § 599 auch auf einen Leihvorvertrag zu erstrecken ist, wie Oertmann, S. 317 im Anschluß an M. II, 446 annimmt, kann beigestimmt werden.

§ 600.

Verschweigt der Verleiher arglistig einen Mangel im Rechte oder einen Fehler der verliehenen Sache, so ist er verpflichtet, dem Entleiher den daraus entstehenden Schaden zu ersetzen.

E. I, 551; II, 540; III, 599.

1. Obenstehende Bestimmung behandelt die Frage der Haftung des Verleihers für Mängel im Rechte an der geliehenen Sache, sowie für Fehler (§ 459) derselben. Wie bei der inhaltsverwandten Schenkung ist diese Haftung des Verleihers, also unentgeltlich seine Sache in Gebrauch Gebenden, hier sehr eingeschränkt und zwar in Analogie mit den Vorschriften, welche je im ersten Absatze der §§ 523, 524 B.G.B. enthalten sind. Vgl. daher die dortigen Bem. auch hieher. (S. auch M. II, 446 fg.)

2. Der Schadensersatzanspruch kann nicht bloß durch Klage, sondern auch vermittelst des Zurückbehaltungsrechtes nach § 273 geltend gemacht werden (Oertmann, S. 317).

3. Oertmann wie Planck zu § 600 erachten übrigens auf eine Schädigung durch grobfahrlässige Unkenntniß des Mangels unter Umständen auch die Vorschriften des § 823 als anwendbar, da die Bestimmungen über sog. „unerlaubte Handlungen“ und deren Rechtsfolgen durch die Rechtsnormen über Verträge nicht berührt seien.

§ 601.

Der Entleiher hat die gewöhnlichen Kosten der Erhaltung der geliehenen Sache, bei der Leihe eines Thieres insbesondere die Fütterungskosten, zu tragen.

Die Verpflichtung des Verleihers zum Ersatz anderer Verwendungen bestimmt sich nach den Vorschriften über die Geschäftsführung ohne Auftrag. Der Entleiher ist berechtigt, eine Einrichtung, mit der er die Sache versehen hat, wegzunehmen.

E. I, 553; II, 541; III, 594.

1. Dem Verleiher legt § 598 nach abgeschlossenem Leihvertrage nur die Pflicht auf, dem Entleiher den Leihgebrauch zu „gestatten“, nicht auch denselben zu „gewähren“. Vgl. oben S. 392. Mit Recht wird daraus gefolgert, daß darum auch den Verleiher (sofern nichts anderes vereinbart würde, was namentlich für die Haftungsfrage auch hier nach beiden Seiten zulässig ist) nicht die Verbindlichkeit treffen kann, während der Vertragszeit die Sache in gebrauchsfähigem Zustande zu erhalten. Dagegen liegt eine solche Verbindlichkeit dem Entleiher ob, und zwar schon in Konsequenz seiner Pflicht, die Sache in dem nach Gesetz erforderlichen Zustande zurückzugeben (§§ 601, 604; Schollmeyer a. a. O. S. 61).

2. Aus der Erhaltungspflicht des Entleihers folgt dann weiter mit Nothwendigkeit, daß die Kosten für die Erhaltung des Leihgegenstands in rückgabefähigem Zustande nicht dem Verleiher überwiesen werden können, sondern vom Entleiher zu tragen sind. M. II, 447.)

3. Die im Abs. 1 § 601 begründete Verpflichtung beschränkt sich übrigens auf die gewöhnlichen Kosten der Erhaltung, d. h. solche Kosten, wie sie eben unter normalen Verhältnissen im Leben zu erwachsen pflegen. Außergewöhnliche Leistungen werden in diesem Punkte, soweit nicht besondere Vereinbarungen eingreifen, dem Entleiher nicht zugemuthet.

Die hier erwähnten Fütterungskosten für ein verliehenes Thier (namentlich ein Zug- oder Reitthier) sind nur beispielsweise („insbesondere") namhaft gemacht.

4. Noch allgemeiner sprach E. I § 533 von den „Auslagen, welche der Gebrauch selbst verursacht, als einer Last des Entleihers. Die II. Komm. bezeichnete dies als selbstverständlich (P. II, 273) und setzte nur noch die Last der Erhaltungskosten eigens ins Klare. Diese Verbindlichkeit bezieht sich übrigens sowohl auf bewegliche, wie auf unbewegliche Leihgegenstände.

5. Der Entleiher ist nicht verpflichtet, über den Bereich des ersten Absatzes hinaus noch weitere Verwendungen auf die Leihsache zu bethätigen, wenn solches nicht durch Vertrag bestimmt sein sollte. Finden solche weitere Verwendungen Seitens des Entleihers gleichwohl statt, so trifft den Verleiher eine Ersatzpflicht dafür nur in dem durch § 601 Abs. 2 Satz 1 bezeichneten Umfange. (S. §§ 677 fg.; vgl. auch §§ 450, 547 nebst Bem.)

6. Ueber die aus dem Rechtsgebote der Bewahrung von Treu und Glauben für den Entleiher entspringenden Obliegenheiten in Hinsicht auf Anzeigen an den Verleiher über Nothwendiges in Bezug auf die Leihsache vgl. Planck, Bem. 5 zu § 602.

7. Ueber das im letzten Satze des § 601 erwähnte Wegnahmerecht des Entleihers vgl. den auf die Miethe bezüglichen § 547 Abs. 2 und die dortigen Bem.

§ 602.

Veränderungen oder Verschlechterungen der geliehenen Sache, die durch den vertragsmäßigen Gebrauch herbeigeführt werden, hat der Entleiher nicht zu vertreten.

E. I, 554; II, 542; III, 595.

1. Entspricht wörtlich dem von der Miethe handelnden § 598. Vgl. daher die dortigen Bem. auch hieher.

2. § 602 ist namentlich auch wichtig für die Bemessung des Umfangs der Rückgabepflicht nach § 604.

§ 603.

Der Entleiher darf von der geliehenen Sache keinen anderen als den vertragsmäßigen Gebrauch machen. Er ist ohne die Erlaubniß des Verleihers nicht berechtigt, den Gebrauch der Sache einem Dritten zu überlassen.

E. I, 549; II, 543; III, 596.

I. Schon aus dem begrifflichen Wesen des Leihvertrags ergibt sich im Allgemeinen, daß der Entleiher von der Leihsache Gebrauch machen darf. In diesem Rechte ist der Entleiher aber vor Allem schon eingeengt:

1. durch jene der Natur der Sache entspringenden Beschränkungen, welche sich allgemein aus dem Begriffe Gebrauch im Gegensatze zum Verbrauche (vgl. oben S. 391) ergeben.

2. Durch positive Gesetzesbestimmung ist aber nach § 603 dem Entleiher eigens noch untersagt:

a) ein anderer als der vertragsmäßige Gebrauch, sowie

b) die Ueberlassung des Gebrauchs an einen Dritten ohne eigens ertheilte Erlaubniß des Verleihers.

Zu a. Was als vertragsmäßiger Gebrauch anzusehen ist, bestimmt sich nach Lage des Einzelfalles. In erster Reihe kommt es auf die besonderen vertragsmäßigen Abmachungen zwischen den Betheiligten an. Liegen solche weder in ausdrücklicher, noch in stillschweigend zu Tage getretener Form vor, so kann Inhalt und Umfang der Beschränkung sich auch schon ergeben und bestimmen nach der Art und Zweckbestimmung des Gebrauchsgegenstands. Beispielsweise kann und darf ein verliehenes edles, feines Reitpferd nicht verwendet werden als Ackergaul, ein Operirmesser nicht zum Kartoffelschälen, eine Papierscheere nicht zum Heckenstutzen.

Zu b vgl. auch die Bestimmungen in §§ 604, 605 Abs. 1 Ziff. 2.

Die in diesem Punkte vorbehaltene Erlaubniß des Verleihers kann bei oder auch erst nach Abschluß des Leihvertrags ertheilt werden, eigens erfolgen oder auch nur aus den Umständen zu entnehmen sein. (Planck, II S. 338.)

3. Wegen Nichtbeachtung der vorerwähnten Einschränkungen des Gebrauchs gibt vor Allem

a) der § 605 dem Verleiher ein Recht sofortiger Kündigung.

b) Die Frage, ob der Verleiher gegen den Entleiher auch auf Unterlassung des fehlerhaften Gebrauchs klagen könne, wird von Planck, II S. 338 verneint, weil nicht (wie bei der Miethe: § 550) eigens ein solches Klagerecht dem Verleiher im Gesetze beigelegt ist. Versagt ist eine solche Klage ausdrücklich aber auch nicht. Man kann daher theoretisch darüber streiten. Praktisch wird kaum Jemand, der jenes Kündigungsrecht hat, statt dessen besagte Klage anstellen.

c) Jedenfalls steht dem Verleiher der Anspruch auf Schadensersatz gegen den Entleiher zu, wenn durch den unrechten Gebrauch desselben die Leihsache zu Grunde gegangen oder verschlechtert worden ist und zwar auch bei zufälligem Untergang oder zufälliger Verschlechterung, soferne nur der Zufall ohne den vertrags- oder gesetzwidrigen Gebrauch (§ 613 Satz 2) eben nicht eingewirkt hätte (Schollmeyer a. a. O. S. 61. Oertmann, S. 318 schließt übrigens die Schadenshaftung dann gänzlich aus, „wenn in dem vertragswidrigen Gebrauche kein Verschulden lag".)

II. Eine andere Frage geht dahin, ob der Entleiher nicht etwa bloß berechtigt, sondern auch verpflichtet ist, den vertragsmäßigen Gebrauch wirklich zu machen. Der Regel nach wird dies gemäß des Wesens des ganzen Rechtsverhältnisses nicht wohl rechtlich verlangt werden können, zumal wenn, wie gewöhnlich, der Verleiher kein auf den wirklichen Gebrauch abzielendes Interesse hat. Ausnahmsweise mag letzteres immerhin der Fall und eben deßwegen das Verlangen des entsprechenden Gebrauchs gegenüber dem Entleiher gerechtfertigt sein. So z. B. wenn bei der Leihe eines edlen Reitpferdes wirklicher regelmäßiger Beritt nöthig ist, damit das Thier nicht Schaden leidet. Selbstverständlich kann auch der wirkliche Gebrauch eigens auferlegt sein. (Aehnlich auch Planck, II S. 236; Oertmann, S. 319.)

§ 604.

Der Entleiher ist verpflichtet, die geliehene Sache nach dem Ablaufe der für die Leihe bestimmten Zeit zurückzugeben.

Ist eine Zeit nicht bestimmt, so ist die Sache zurückzugeben, nachdem der Entleiher den sich aus dem Zwecke der Leihe ergebenden Gebrauch gemacht hat. Der Verleiher kann die Sache schon vorher zurückfordern, wenn so viel Zeit verstrichen ist, daß der Entleiher den Gebrauch hätte machen können.

Ist die Dauer der Leihe weder bestimmt noch aus dem Zwecke zu entnehmen, so kann der Verleiher die Sache jederzeit zurückfordern.

Ueberläßt der Entleiher den Gebrauch der Sache einem Dritten, so kann der Verleiher sie nach der Beendigung der Leihe auch von dem Dritten zurückfordern.

E. I, 555, II, 544; III, 597.

I. Die hier im ersten Absatz ausgesprochene Rückgabepflicht des Entleihers versteht sich nach dem Wesen der Leihe ebenfalls im Grunde genommen von selbst. Es ergeben sich dabei aber eine Reihe von Einzelfragen:

1. Dem Gegenstande nach ist herauszugeben vor Allem das Nämliche, was als Leihsache dem Entleiher übergeben worden ist. Da letzterem nur ein Gebrauchsrecht zusteht, so sind mit der Hauptsache herauszugeben Zubehör, Zuwachs und

Früchte, soferne nicht etwas anderes zwischen den Parteien verabredet ist (M. II, 448; vgl. auch B.L.R. Thl. II cap. 2 § 5; P.L.R. Thl. I Tit. 21 §§ 238 fg.; sächsisches G.B. § 1183) oder der Bezug von Früchten aus der Leihsache auf Seite des Entleihers „durch den Gebrauch der Sache bedingt ist" (so wörtlich M. II, 449). Ob der Entleiher anderweitigen Gewinn, den er mit der Sache erst gemacht hat, behalten darf oder ebenfalls herauszugeben hat, ist im Gesetze nicht eigens entschieden. Eine allgemein zutreffende Regel wird sich auch kaum aufstellen lassen, vielmehr die Lage des Einzelfalles und die sich derselben anschließende Absicht der Parteien zu entscheiden haben (M. II, 449). Wenn z. B. ein Lohnrößler, dessen Pferde wegen Krankheit nicht gebrauchsfähig sind, für die Fortführung seines Gewerbes von einem freundlichen Nachbarn ein Gespann geliehen bekommt, so wird man ihm gewiß den damit erzielten Fuhrlohn zusprechen dürfen. Wenn aber Jemand ein feines Reitpferd zu einem Spazierritte geliehen bekommt, dasselbe aber in der That nicht selbst ausreitet, sondern an einen Dritten vermiethet, so wird man kaum annehmen können, daß dieses Gebahren im Sinne des Verleihers lag.

2. Die Leihsache ist in dem Zustande herauszugeben, wie ihn der Entleiher sowohl nach den allgemeinen Bestimmungen des B.G.B. über Schuldverhältnisse, als auch nach den besonderen Vorschriften der §§ 600—603 rechtlich zu vertreten hat.

Ueber den Ort der Rückgabe ist für die Leihe ebenfalls nicht eigens etwas bestimmt. Aber schon nach allgemeinen Gesichtspunkten (B.G.B. § 269), wie nach der etwa daselbst in Bezug genommenen Natur des Schuldverhältnisses ist anzunehmen, daß die Rückgabe in der Regel (soferne sich nicht aus besonderen Umständen etwas anderes ergibt) als eine Bringschuld zu betrachten ist und die Rückgabe also da zu geschehen hat, wo zur Zeit ihrer Bethätigung der Verleiher seinen „Wohnsitz" oder vielleicht auch nur seine „Wohnung" hat. (So auch Oertmann, S. 320; Fischer-Henle zu § 604; Planck II, 339; Schollmeyer, S. 62.) Oertmann betont mit Recht, daß man dem Verleiher doch nicht zumuthen dürfe, für seine Gefälligkeit auch noch die Mühe, Gefahr und Kosten der Rückschaffung der Sache zu übernehmen. In Sonderheit hat der Entleiher auch die Kosten zu tragen, welche auf die Erfüllung seiner Rechtspflicht der Rückgabe erwachsen (so schon B.L.R. Thl. IV cap. 2 § 5 Nr. 4). Eine Modifikation dieser Grundanschauung kann sich namentlich insoferne ergeben, als es der Absicht der Parteien entsprechen mag, die Rückgabe der Sache auch wieder da eintreten zu lassen, wo sie bei der Leihe hergegeben worden ist. Bei der Leihe von Immobilien ist dies geradezu selbstverständlich. Gleiches kann aber auch in Bezug auf bewegliche Sachen der Fall sein.

4. Die Zeit der Rückgabe bezeichnet § 604 Abs. 1 nur dahin: „nach dem Ablaufe der für die Leihe bestimmten Zeit". Dieses ist gleichbedeutend mit: „nach Beendigung des Leihvertrags". Darüber nun, wann diese Beendigung eintritt, s. nachher unter Nr. II. Sobald letzteres der Fall ist, hat der Entleiher die Pflicht, die Sache zurückzugeben, da ja auch sein Gebrauchsrecht nun von selbst erloschen ist. Andererseits treffen ihn auch keine Erhaltungskosten mehr, wenigstens nicht mehr aus dem Gesichtspunkte des § 601 Abs. 1. Ob ihn nicht wiederum Kosten aus einem anderen Gesichtspunkte treffen, z. B. wegen Verzugs in der Rückgabe, ist eine Sache für sich. Dafür sind die allgemeinen Bestimmungen maßgebend. In Frage kann es andererseits auch kommen, ob Entleiher als berechtigt anzusehen ist, die entliehene Sache auch schon vor Eintritt der Rückgabepflicht freiwillig zurückzugeben, z. B. weil ihm der Erhaltungsaufwand auf die Sache zu kostspielig wird. Im Allgemeinen wird diese Frage nach dem Wesen des Vertragsverhältnisses, welches zumeist nur im Interesse des Entleihers entsteht, bejaht werden können. Sie muß aber verneint werden, wenn der Leihvertrag schon an sich auch dem Interesse des Verleihers dient oder wenn die Rückgabe unter Umständen (namentlich in zeitlicher Hinsicht) erfolgen will, unter denen sie einem Interesse des Verleihers zuwiderläuft (M. II, 446, 449; Planck, II S. 339).

5. Ergibt sich die Unmöglichkeit der Herausgabe der Leihsache, z. B. wegen Untergangs oder Abhandenkommens derselben, so bemißt sich die Frage, ob, unter welchen Voraussetzungen und in welchem Umfange der Entleiher Ersatz zu leisten habe, Mangels besonderer Gesetzesvorschriften nach allgemeinen Grundsätzen (§§ 276 fg.).

6. Die Pflichten und Haftungen des Entleihers aus seinem obligatorischen Verhältnisse zum Verleiher werden nicht schlechthin dadurch beseitigt, daß sich Entleiher darauf beruft, er sei selbst Eigenthümer der Sache. Die Rechtslage ist hier analog derjenigen bei der Miethe, vgl. Bem. I, 3 c zu § 556 S. 329.

7. Ueber die solidarische Haftung mehrerer Entleiher vgl. § 431 B.G.B.

8. Ansprüche des Verleihers gegen den Entleiher werden von ersterem geltend gemacht durch die Klage aus dem Leihvertrage. Wann diese zulässig ist, bemißt sich nach Art und Inhalt des konkreten Anspruchs (vgl. z. B. die Zeitbestimmungen in § 604 Abs. 1 u. 3).

Gegenansprüche kann der Entleiher erheben sowohl mittelst Widerklage, wie auch im Wege des Zurückbehaltungsrechtes nach B.G.B. § 273.

9. Die Rückforderung der Leihsache ist der Regel nach mit der Kontraktsklage zu verfolgen wider den Gegenkontrahenten. Gegen einen Dritten kann diese Klage ausnahmsweise stattfaben im Falle des § 604 Abs. 4, aber in dieser Richtung erst „nach Beendigung der Leihe". Unabhängig davon ist natürlich die dingliche Eigenthumsklage des Verleihers gegen den Dritten. Davon handelt § 604 überhaupt nicht.

Die durch § 604 Abs. 4 gewährte direkte Klage gegen den Dritten greift Platz, gleichviel ob an diesen der Entleiher den Gebrauch der Sache erlaubter oder unerlaubter Weise, entgeltlich oder unentgeltlich überlassen hat. (Schollmeyer a. a. O. S. 62.) Das Gesetz macht darin keinen Unterschied.

Durch die direkte Klage gegen den Dritten nach § 604 Abs. 4 wird die Erhebung der Kontraktsklage des Verleihers gegen den Entleiher selbst nicht ausgeschlossen. Es entspricht diese Annahme nicht nur der Natur der Verhältnisse, sondern auch der im Gesetze gebrauchten Redewendung: „auch von dem Dritten".

II. Beendigung des Leihvertragsverhältnisses. Diese tritt vor Allem ein:

1. aus den allgemeinen Gründen, aus welchen überhaupt Schuldverhältnisse erlöschen. Zu diesen gesellen sich aber auch noch einige besondere Vorschriften über die

2. Beendigung speziell der Leihe. Eine solche tritt ein in dreifacher Gestalt, nämlich als:

a) Folge bestimmter Zeitmomente (§ 604 Abs. 2);

b) Rückforderung des Verleihers (§ 604 Abs. 2 Satz 2, Abs. 3);

c) außerordentliche Kündigung des Verleihers (§ 605).

Zu a. Ist ein Leihvertrag auf eine bestimmte Zeitdauer geschlossen, so endigt er von selbst mit deren Ablauf. Fehlt eine solche feste Zeitbegrenzung, so legt das Gesetz nach § 604 den Schwerpunkt zunächst darauf, ob der Zweck des konkreten Leihvertrags dadurch erfüllt ist, daß der hiebei beabsichtigte Gebrauch gemacht ist. Ist dieses der Fall, so ist damit auch das Leihverhältniß beendigt.

Zu b. Während in den Fällen nach a bestimmte äußere Thatsachen die Wirkung der Vertragsbeendigung herbeiführen, vollzieht sich letztere in den Fällen nach b durch eine einseitige, empfangsbedürftige Willenserklärung des Verleihers. (M. II, 451.) Diese bildet im Falle des § 604 Abs. 2 Satz 2 in gewisser Hinsicht ihrem Wesen nach ein Analogon der sog. „vorzeitigen Kündigung" bei der Miethe. Ob hiebei allein schon das objektive „Verstreichen einer zum Gebrauche genügenden Zeit" hinreicht, gleichviel ob der Entleiher schuldlos aus persönlichen Gründen am Gebrauche verhindert war oder nicht, erscheint nicht zweifellos. Oertmann, S. 319 fg., läßt nach Wortlaut und Sinn der Gesetzesstelle deren positiven Inhalt auch dann gelten, wenn eine Gebrauchsverhinderung jener Art vorgelegen war. Dies erscheint richtig, insoferne als „die zum Gebrauche genügende Zeit" im Sinne des Verleihers doch wohl nur als genügend in objektiver Hinsicht zu betrachten sein wird.

Der zweite Fall einer Vertragsbeendigung durch Rückforderung des Verleihers ist in Abs. 3 § 604 klar vorgezeichnet. Konstruktionell behandelt übrigens das B.G.B. das Rechtsverhältniß in einem solchen Falle (abweichend von P.L.R. Thl. I Tit. 11 §§ 231 fg.) gleichwohl nicht als bloßes Precarium.

Zu c vgl. Bem. zu § 605.

In keinem der Fälle des § 604 Abs. 2 bedarf es zum Erlöschen des Vertragsverhältnisses einer vorgängigen förmlichen Kündigung. Die Ausübung des Rückforderungsrechtes schließt ohnehin eine Kündigung sachlich in sich (M. II, 452).

§ 605.

Der Verleiher kann die Leihe kündigen:

1. wenn er in Folge eines nicht vorhergesehenen Umstandes der verliehenen Sache bedarf;
2. wenn der Entleiher einen vertragswidrigen Gebrauch von der Sache macht, insbesondere unbefugt den Gebrauch einem Dritten überläßt, oder die

Sache durch Vernachlässigung der ihm obliegenden Sorgfalt erheblich gefährdet;

3. wenn der Entleiher stirbt.

E. I, 557; II, 545; III, 598.

1. Auch unter den vorstehend bezifferten Voraussetzungen kann für die Zukunft eine Beendigung des Leihvertragsverhältnisses eintreten, aber hier nicht kraft des Gesetzes, sondern nur im Wege einer vorausgehenden Kündigung.

2. Die Kündigung ist eine einseitige empfangsbedürftige Willenserklärung im gesetzlichen Sinne einer solchen. Sie steht dem Verleiher zu, selbstverständlich auch dessen Erben. Letzteres gilt namentlich auch im dritten der nachbezeichneten Fälle.

3. Der Entleiher hat (und braucht auch) kein Kündigungsrecht. In Sonderheit steht es auch im Falle der Ziff. 3 seinem Erben nicht zu.

4. Eine Kündigungsfrist ist nicht vorgesehen. Die Rechtswirkung der Kündigung tritt daher auch sofort mit letzterer ein. Die Gewährung einer arbiträren Nachfrist zur Abwicklung des gerade im Zuge begriffenen Leihgebrauches wird, wie Oertmann S. 321 zutreffend unter Rückverweisung auf L. 17 § 3, D. 13, 6 bemerkt, unter Umständen ein Gebot von Treu und Glauben sein.

5. Das Vorhandensein der vom Gesetze für die Kündigung erforderten thatsächlichen Voraussetzungen hat der Kündigende zu beweisen.

Ist die Kündigung rechtsbegründet, so greift auch kein Schadensersatzanspruch auf Seite des Entleihers Platz.

6. Zu den einzelnen Kündigungsfällen ist zu bemerken:

Zum Falle 1. Die Bestimmung schließt sich schon früher geltenden Rechten an. (P.L.R. Thl. I Tit. 21 §§ 235 fg.; sächsisches G.B. § 1174; code civil Art. 1889.) In M. II, 453 ist eigens bemerkt, daß dieser Kündigungsgrund auch schon im Falle eines pactum de commodando gilt.

Zum Falle 2. Entspricht der im § 553 für die Miethe getroffenen Bestimmung. Vgl. die dortigen Bemerkungen daher auch hieher. Einer vorgängigen Abmahnung, wie sie im § 553 bei der Miethe vorgesehen ist, bedarf es jedoch hier bei der Leihe nicht (M. II, 452).

Zum Falle 3. Vgl. M. II, 452 fg. Für den Tod des Verleihers gilt die Vorschrift nicht.

§ 606.

Die Ersatzansprüche des Verleihers wegen Veränderungen oder Verschlechterungen der verliehenen Sache sowie die Ansprüche des Entleihers auf Ersatz von Verwendungen oder auf Gestattung der Wegnahme einer Einrichtung verjähren in sechs Monaten. Die Vorschriften des § 558 Abs. 2, 3 finden entsprechende Anwendung.

E. II, 546; III, 599

Wurde erst von II. Komm. eingestellt (P. II, 273 fg.). Entspricht dem für die Miethe geltenden § 558. Vgl. das dort Erörterte.

Für sonstige, hier nicht bezeichnete Ansprüche aus dem Leihverhältnisse gelten die gewöhnlichen Verjährungsbestimmungen. So für die Klage des Entleihers auf Schadensersatz wegen Arglist oder grober Fahrlässigkeit des Verleihers oder für die Klage des Verleihers auf Rückgabe der Leihsache. (Schollmeyer a. a. O. S. 62.)

Fünfter Titel.

Darlehen.

(Erläutert von Dr. J. v. Staudinger.)

Vorbemerkungen.

1. Begriffsverhältnisse Nächstverwandt ist der Leihe das Darlehen Manche betrachten letzteres überhaupt nur als Unterart der ersteren. Das B G B. stellt aber Leihe

und Darlehen nebeneinander, beide im Begriffe mit ganz charakteristischen Merkmalen wohl unterscheidend. Eine eigentliche Definition des „Darlehens“ stellt das B.G.B nicht auf. Es spricht, wie in M. II, 306 eigens betont ist, in dem Sinne, wie der Ausdruck im Rechtsleben sich eingebürgert hat. Diese landläufige Bedeutung des „Darlehens“ ist aber in der Hauptsache keine andere, als diejenige, welche der Ausdruck: „mutuum“ schon im römischen Rechte (und an dieses sich eng anschließend auch im B.L.R Thl. IV cap. 2 § 3, 4) gehabt hat. Danach findet zwar bei Leihe und Darlehen gleichmäßig die Hingabe einer Sache zum Vortheile des Empfängers statt Es ergeben sich aber beim Darlehen gegenüber dem Kommodat, der Leihe, hauptsächlich drei wesentliche begriffliche Abweichungen:

a) Die Hingabe findet bei der Leihe nur zum Gebrauche, beim Darlehen auch zum Verbrauche statt Ebendeßhalb geht

b) beim Darlehen, nicht aber bei der Leihe, der Vertragsgegenstand in das Eigenthum des Empfängers über und ist an den Geber nicht gerade das Sachindividuum, sondern nur ein Quantum von gleicher Art, Güte und Menge zurückzuerstatten. Aus letzterem Momente folgt dabei von selbst, daß

c) Darlehensgegenstand nur vertretbare Sachen sein können, während Leihe auch an anderen Gegenständen möglich ist.

Wie beim vorigen Titel erwähnt, gehört zum Wesen des Leihvertrags die Unentgeltlichkeit der Hingabe zur Leihe. Beim Darlehen spielt dieses Moment keine entscheidende Rolle Die Gewährung eines Darlehens kann entgeltlich oder unentgeltlich (verzinslich oder unverzinslich) sein.

Dies sind die Grundzüge des Begriffaufbaues. Aus ihnen entwickeln sich von selbst die Lösungen verschiedener Einzelfragen.

2. Der Grundcharakter des Darlehens ist der eines Vertragsverhältnisses zwischen dem Darlehensgeber und Darlehensnehmer und zwar derjenige eines sog Realkontrakts, bei welchem das Schuldverhältniß durch den Akt sachlicher Hingabe begründet wird. In diesem Sinne hat das B.G.B. den Begriff des Realkontrakts im Allgemeinen, wie speziell in Bezug auf das Darlehen beibehalten, wie sich aus M. II, 305 klar ergibt. § 607 knüpft auch die Rechtswirkungen des Darlehens ausdrücklich an den Empfang des Darlehensgegenstands. Diesem Realkontrakte kann (muß aber nicht) ein bloßes persönliches Versprechen, das Darlehen geben zu wollen (pactum de mutuo dando), vorausgegangen sein. Hat dieses Versprechen durch Annahme desselben einen Vertragscharakter gewonnen, so liegt eben (wie analog beim Leihversprechen; vgl. S. 390) ein Vorvertrag vor (Vgl. B.G.B § 610; s. insbesondere auch Oertmann, S. 322; Planck, II S. 342; Farnbacher in Bl. f. R.A. Bd. 63 S. 506 fg.)

Ein solcher Vorvertrag kann übrigens nicht bloß auf die Gewährung eines Darlehens gerichtet sein, sondern auch darauf, Darlehensgelder annehmen zu wollen. Solches wird zumeist im Interesse der Kapitalsverwahrung und Kapitalsverzinsung verabredet.

3. Ueber das dem Darlehen nahe verwandte sog. depositum irregulare vgl. B.G.B. § 700 nebst Bem. Der Begriff desselben ist heutzutage hauptsächlich anwendbar auf die Hinterlegung von Geld bei einem Bankhaus auf Chek oder Girokonto.

4. Ihrem äußeren Umfange nach sind die in diesem Titel stehenden Bestimmungen über das Darlehen ziemlich kurz zusammengefaßt. Sie beschränken sich auf die Fixirung der Begriffsmomente (§ 607), auf die Regelung von Zinsverhältnissen (§ 608), dann von Rückerstattung und Kündigung (§ 609), sowie auf Vorschriften über den Widerruf eines Darlehensversprechens (§ 610) Damit ist aber der Gesammtkreis der Bestimmungen über Darlehensverhältnisse noch nicht abgeschlossen. Einschlägiges findet sich schon im B.G.B. selbst noch, z. B. im Gebiete der Wucherbestimmungen (§ 138!), des Hypothekenrechtes, des Vormundschaftsrechtes (§ 1822 Nr. 8, auch § 1643) und des ehelichen Güterrechtes, in letzterem namentlich, soferne Fragen des Verfügungsrechtes in Betracht kommen. Auch in Spezialreichsgesetzen findet sich Einschlägiges (vgl. Art. 32 E.G. z. B.G.B.). So z. B. im R.G. über die Hypothekenbanken vom 13. Juli 1899, im R.G. über die gemeinsamen Rechte der Besitzer von Schuldverschreibungen vom 4. Dezember 1899, im R.G. über das Reichsschuldbuch vom 31 Mai 1891 (mit Art. 50 E.G. z. B G.B.). Als Korrelat zu letzterem hält E.G. Art. 97 auch die landesrechtlichen Vorschriften über partikuläre Staatsschuldbücher aufrecht (in Bayern z. B. besteht ein Staatsschuldbuch nicht), desgleichen nach E.G. Art. 98 die landesrechtlichen Bestimmungen über Rückzahlung und Umwandlung verzinslicher Staatsschulden. Auch die Art 94, 99 E.G. über das Pfandleih- und Sparkassenwesen sind hieher zu erwähnen.

§ 607.

Wer Geld oder andere vertretbare Sachen als Darlehen empfangen hat, ist verpflichtet, dem Darleiher das Empfangene in Sachen von gleicher Art, Güte und Menge zurückzuerstatten.

Wer Geld oder andere vertretbare Sachen aus einem anderen Grunde schuldet, kann mit dem Gläubiger vereinbaren, daß das Geld oder die Sachen als Darlehen geschuldet werden sollen.

E. I, 453, 454; II, 547; III, 600.

I. Die einzelnen Begriffsmomente bei der regelmäßigen Darlehensart.

1. Ausgangspunkt für das beim Darlehen entstehende und vorhandene Rechtsverhältniß ist die Hingabe eines Werthes aus dem Vermögen des Gebers in das Vermögen des Empfängers, jedoch nicht für die Dauer, sondern gegen Rückerstattung.

2. Die Hingabe muß nach § 607 als Darlehen erfolgen. Diese ausdrückliche Gesetzesvorschrift bedeutet nicht, daß eigens dieser Ausdruck im Worte gebraucht werden müsse. Aber im Sinne muß, wie Oertmann, S. 323, es zutreffend ausdrückt, die Hingabe erfolgen im Interesse des Empfängers und nicht des Gebers. Hierin liegt namentlich ein vom Verwahrungsvertrag unterscheidendes Moment.

Zu welchem Zwecke der Darlehensempfänger das Darlehen verwendet, ist für den Darlehensvertrag an sich belanglos. Nur können die §§ 134, 138 B.G.B. unter Umständen eingreifen. Danach beantwortet sich von selbst die Frage nach der Rechtsbeständigkeit eines zu Spielzwecken gegebenen Darlehens (Farnbacher in Bl. f. R.A. Bd. 63 S. 508, 509).

3. Gegenstand eines Darlehens kann wiederum (vgl. S. 391) nur eine Sache (§ 90) sein — nicht auch ein Recht oder eine Forderung, wenigstens direkt nicht. Aber auch nicht jede Sache, sondern nach klarer Gesetzesvorschrift nur Geld oder eine andere vertretbare Sache. Der Begriff: „vertretbare Sachen" erstreckt sich aber nach § 91 B.G.B. nur auf bewegliche Sachen, die im Verkehre nach Zahl, Maß oder Gewicht bestimmt zu werden pflegen (vgl. Bem. zu § 91). Die vertretbaren Sachen können sowohl unverbrauchbare als verbrauchbare im Sinne des § 92 B.G.B. sein. Beide Sacharten eignen sich zur Hingabe als Darlehen. Denn diese Hingabe erfolgt jedenfalls

4. nicht zu bloßem Gebrauche mit Erhaltung des konkreten Sachindividuums, sondern stellt dem Empfänger auch den Verbrauch des Darlehensgegenstandes anheim, unterwirft diesen seiner Verfügungsgewalt zu seinem Nutzen und nach seinem Bedarfe. Darum ist es, wenn solches auch im § 607 B.G.B. nicht eigens ausgesprochen zu lesen ist, doch ein wesentliches Begleitmoment des Darlehensvertrags, daß dieser, soferne kein bezügliches besonderes Rechtshinderniß dazwischen tritt, auf Seite des Empfängers Eigenthum am Darlehensgegenstande begründet. Die Absicht, diesen Rechtserfolg durch die Hingabe herbeizuführen, ist ein wesentliches Moment beim Darlehen. (M. II, 307.) Ob der Empfänger wirklich Eigenthümer geworden ist, bemißt sich nach den einschlägigen allgemeinen Rechtssätzen (vgl. §§ 929, 932, 933, 935; M. II, 307). Das Gleiche gilt in Ansehung der Frage, welche Rechtsfolge namentlich bezüglich der Rückforderung (Eigenthumsklage, ungerechtfertigte Bereicherung!) dann eintritt, wenn eine Eigenthumsverschaffung rechtlich nicht erfolgt ist. (M. II, 307; s. auch Windscheid-Kipp, II S. 534.) Uebrigens ist es ohne Belang, ob der Eigenthumsübergang unmittelbar durch die Hingabe oder erst mittelbar im Gefolge derselben eingetreten ist. Eine Eigenthumsverschaffung im Sinne der Darlehenserfordernisse liegt auch dann vor, „wenn die Valuta auf Anweisung des Darlehensnehmers sofort einem Dritten ausbezahlt wird (Schollmeyer, Einzelne Schuldverhältnisse S. 63). Jene Eigenthumsverschaffung kann unter Umständen auch dann eintreten, wenn der Darleiher nicht selbst Eigenthümer der konkreten Darlehenssache war.

Die Begründung von Eigenthums- und vollfreien Verfügungsrechten auf Seite des Darlehensempfängers führt dann ganz von selbst

5. zu der Rechtsfolge, daß die im Wesen des Darlehens begründete Rückerstattung des Empfangenen nicht in der Substanz des hingegebenen Sachindividuums zu geschehen braucht, sondern nur in Sachen von gleicher Art, Güte und Menge (tantundem in genere). Letzteres ist sogar der regelmäßige Fall. Denn die Rückgabe in identischer Substanz des Darlehensgegenstands wird doch wohl nur da vorkommen, wo der Darlehensempfänger nicht in die Lage versetzt war, zu einer Verwerthung des Empfangenen zu schreiten.

II. Nebenarten des Darlehens. Solche bilden sich namentlich durch Modifikationen in Ansehung des Begriffserfordernisses, daß „Geld oder andere vertretbare Sachen" als Darlehen gegeben und empfangen werden. So kann an die Stelle der thatsächlichen Hingabe von Geld auch die Umschreibung einer Geldsumme in einem Girokonto treten. (P. II, 42.) Praktisch kommt es weiter vor, daß auch andere Sachen zum Zwecke der Bewirkung eines Darlehens hingegeben werden. Darin liegt an sich und unmittelbar noch kein Darlehen selbst. Jene Hingabe zum Zwecke eines solchen kann aber in ein wirkliches Darlehen umgebildet werden, so zwar, daß von dem Eintritte dieser rechtlichen Thatsache an die Rechtsgrundsätze über das Darlehen maßgebend werden. Einen solchen Fall erwähnt

1 der zweite Absatz des § 607 selbst, welcher schon im geltenden Rechte (s. z. B. sächsisches G.B. § 1071) Vorbilder hat. In diesem Falle liegt nicht die Neubegründung eines eigenen Rechtsverhältnisses vor, sondern nur die Aenderung des Schuldgrundes durch Substituirung eines Darlehens, z. B. an Stelle einer vorherigen Verwahrung. Dies erfordert natürlich der rechtlichen Konsequenzen wegen eine besondere Vereinbarung zwischen den Betheiligten. Als bestimmenden Grund für die Aufnahme einer besonderen Vorschrift hierüber bezeichnen (zu § 54 E. I) M. II, 314, daß der Gläubiger, welcher auf Grund einer Vereinbarung fraglicher Art mit der Darlehensklage auftritt, gegen die Einrede geschützt sein müsse, es liege hier ein begriffsmäßiges Darlehen nicht vor, und sei daher auch die Darlehensklage unrichtig gestellt und abzuweisen.

Soferne und soweit nicht ein völlig neues Schuldverhältniß anzunehmen ist, bleiben auch Pfänder und Bürgschaften in Wirksamkeit (P. II, 42).

Eigens bemerken die Mot. a. a. O. noch, „die Bestimmung setze an sich die einwandfreie Verbindlichkeit der bisherigen Schuld voraus und entscheide keineswegs darüber, ob und inwiefern der Schuldner mit Einwendungen aus dem früheren Schuldverhältnisse sich zu schützen vermöge. Darüber entscheiden andere Vorschriften". Vgl. dazu auch P. II, 42, sowie Planck, Komm. Bd. 2 zu § 607 unter Nr. 5, woselbst namentlich auch die gegenüber von Einreden aus dem früheren Schuldverhältnisse belangreiche Frage erörtert ist, ob und inwieferne angenommen werden könne, daß in der Umwandlung in ein Darlehen ein Anerkenntnißvertrag im Sinne des § 781 mitenthalten sei und daher in dieser Hinsicht die dort aufgestellte Formvorschrift mit in Betracht komme. S. auch P. II, 42 fg.

2. Keine ausdrückliche Bestimmung liegt vor über den im gemeinen Rechte (L. 4 pr. L. 11 D. de reb. cred. 12, 1) sog. contractus mohatrae, d. h. über den Fall, daß demjenigen, welcher ein Darlehen empfangen soll, statt Geld eine andere Sache gegeben wird, mit der Vereinbarung, daß er die Sache verkaufen und den Erlös als Darlehen behalten solle. Nach M. II, 308 ist auch in diesem Falle ein Darlehen als gegeben anzunehmen, aber erst vom Empfange des Erlöses an, welcher letztere den Darlehensgegenstand darstellt. In diesem Sinne äußert sich auch Oertmann, S. 324. Einen anderen Standpunkt nimmt Planck insoferne ein, als er Mangels besonderer Abrede über diesen Punkt im Zweifel annimmt, daß schon der Zeitpunkt des Erwerbs der Forderung auf den Kaufpreis gegen den Käufer entscheidend maßgebend sei. Auch die Frage entsteht, von wann an den Darlehensempfänger als solchen die Gefahrtragung für Untergang oder Verschlechterung der hingegebenen Sache treffe (vgl. nachher Nr. V). M. II, 308 lassen eine solche Gefahrtragung jedenfalls noch nicht vom Zeitpunkte der Uebergabe der Sache an gelten. Im wesentlich gleichen Sinne s. auch Oertmann, S. 324, und Planck, S. 243, da aus der vorerst erhaltenen Verkaufsermächtigung die Pflicht einer solchen Gefahrtragung nicht abgeleitet werden könne. Das trifft auch zu, soferne nicht Besonderes darüber verabredet ist. Die Frage, was die Parteien gewollt haben, entscheidet auch darüber, ob der Empfänger bloß berechtigt, oder auch verpflichtet sein solle, die empfangene Sache wirklich zu verkaufen. In diesem Sinne auch Planck a. a. O. Zur Annahme einer Verpflichtung wird man besonders dann gelangen können, wenn für das aus dem Erlöse sich bildende Darlehen eine Verzinsung der Summe ausbedungen wurde.

3. Als rechtlich zulässig betrachtet, ungeachtet Mangels einer ausdrücklichen Bestimmung darüber im B.G.B., die Doktrin (Oertmann, S. 324; Planck, S. 343) auch einen Vertrag dahin, daß andere Sachen als die gewöhnlichen Darlehensobjekte nach einer Schätzung mit der Bestimmung hingegeben werden, die darauf entfallende Summe solle als Darlehen geschuldet werden. Man erblickt darin zunächst einen Kauf mit nachfolgender Ersetzung der Kaufschuld durch eine Darlehensschuld. Das Darlehen kommt hier selbstverständlich und konsequent in dem Momente zu Stande, in welchem der Empfänger das Eigenthum an den nach Schätzung gekauften Sachen erwirbt und eine Schuld desselben deßwegen entstanden ist.

Eine gesetzliche Vorschrift nach Art des P.L.R. Thl. I Tit. 11 §§ 715 fg. über den Fall, daß statt versprochenen Geldes als Darlehen Waaren hingegeben werden, ist in das B.G.B. nicht übergegangen und zwar nach M. II, 308 fg. absichtlich nicht aufgenommen worden.

Werden vertretbare Sachen anderer Art als Geld zum Darlehen gegeben, so richtet sich die Frage, ob die Rückerstattung in gleicher Art oder in Geld und letzteren Falles in welcher Höhe (nach einem Verkaufserlös oder nach Schätzungswerth?) zu erfolgen habe, nach Absicht und Vereinbarung der Parteien. Besondere gesetzliche Bestimmungen darüber enthält das B.G.B. nicht.

Eine besondere Erörterung widmen M. II, 809 dem im B.G.B. wiederum nicht eigens (wie im sächsischen G.B. § 1067) geregelten nicht seltenen Falle, daß Inhaberpapiere als Darlehen gegeben werden. Darüber ist dort wörtlich Folgendes bemerkt:

„Werden einmal Inhaberpapiere ohne weitere Verabredung zu Darlehen gegeben, so ist dem Wesen des Darlehensvertrags zufolge, wonach die Rückerstattung in Sachen derselben Art, Güte und Menge zu erfolgen hat, anzunehmen, daß Papiere derselben Art den Restitutionsgegenstand bilden sollen. Nur wenn wirklich von Anfang an ein Gelddarlehen beabsichtigt worden, also wenn der Darlehensempfänger die Inhaberpapiere zu einem bestimmten Werth an Zahlungsstatt annimmt oder wenn ihm die Inhaberpapiere zu einem bestimmten Preise, der nach dem Kurswerth, aber auch auf andere Weise bestimmt sein kann, kaufsweise mit der Bestimmung, daß er den Kaufpreis als Darlehen behalten solle, überlassen werden, oder wenn die Hingabe zu dem Zweck erfolgt, daß er die Papiere verkaufe und den Erlös als Darlehen behalte, bildet Geld den Restitutionsgegenstand. Immer hängt es von den Umständen des einzelnen Falles ab, ob die Inhaberpapiere zur Vermittlung eines Gelddarlehens hingegeben werden oder ob sie selbst Gegenstand des Darlehens sein sollen."

Ist letzteres anzunehmen, so entsteht die weitere Frage, wie die Rechtslage zu beurtheilen ist, wenn zum Zwecke der Rückerstattung Papiere gleicher Art 2c. nicht mehr erhältlich sind? Fischer-Henle, 4. Aufl. zu § 607 Bem. 5 nehmen hier an, daß der Darlehensschuldner in solchem Falle, trotz § 279 B.G.B., sein Unvermögen zu vertreten habe. Planck, S. 343 läßt in Gemäßheit des § 275 die Darlehensverbindlichkeit als solche erlöschen, wohl aber den Schuldner aus ungerechtfertigter Bereicherung in Anspruch nehmen. Letztere Auffassung erscheint Angesichts der vorliegenden Gesetzesbestimmungen formell korrekt.

Hat der Schuldner in Geld zu restituiren, so ergibt sich wiederum die Frage, nach welchem Werthe die Papiere anzuschlagen sind. Mangels anderweitiger Verabredungen wird am richtigsten der Kurswerth der letzteren zur Zeit ihrer Hingabe zu Grunde gelegt werden. (S. auch M. II, 310).

Ueber den Fall der Umwandlung einer Leihe von Werthpapieren in ein Darlehen mit solchen vgl. oben S. 391.

Ueber Gewährung von Darlehen in Hypothekenpfandbriefen vgl. das Hypothekenbankgesetz vom 13. Juli 1899 (R.G.Bl. S. 375.)

III. Eine besondere Form ist für die Rechtsgültigkeit des Darlehensvertrags als solchen gesetzlich nicht vorgeschrieben. Dies gilt auch für ein Darlehensversprechen. Etwas anderes ist die schriftliche Fixirung des letzteren oder die Ausstellung eines Darlehensschuldscheins, soferne solches des Beweises wegen erfolgt. Ob etwa besonderer Nebenumstände wegen auch eine besondere Formbeobachtung veranlaßt sein möchte, bemißt sich selbstverständlich nach denjenigen Gesetzesbestimmungen, welche für jene Nebenumstände maßgebend sind.

IV. Die Vertragsparteien.

1. Die Frage, wer rechtlich befähigt ist, ein Darlehen zu gewähren, bemißt sich nach den einschlägigen allgemeinen Rechtsjätzen. Besondere Vorschriften hierüber sind im B.G.B. nicht enthalten. Es gilt dieses namentlich in Ansehung der erforderlichen Geschäftsfähigkeit. Ebenso ist das etwaige Erforderniß der Zustimmung eines Dritten, z. B. eines gesetzlichen Vertreters (Inhabers der elterlichen Gewalt, Vormunds) oder des Vormundschaftsgerichts oder des Ehemannes aus dem Gesichtspunkte des ehelichen Güterstands, nach den hieher einschlägigen gewöhnlichen Rechtsnormen zu beurtheilen.

2. Besonderes gilt auch nach dem B.G.B. nicht mehr hinsichtlich der Befähigung, sich durch und für ein Darlehen zu verpflichten. Der Inhalt des bekannten S.C. Macedonianum des gemeinen Rechtes und B.L.R. (Thl. IV cap. 2 § 4) ist selbstverständlich ins B.G.B. nicht mehr übergegangen. Dazu würde auch schon der im B.G.B. verschwundene Begriff des volljährigen Hauskinds als Unterlage fehlen. Nichts besonderes gilt auch civilrechtlich jetzt mehr von der Wirksamkeit von Darlehensverträgen, welche Vertreter oder Verwalter von Gemeinden, Kirchen, Anstalten 2c. für dieselben abgeschlossen haben (M. II, 311; Windscheid-Kipp, II S. 533). Wenn z. B. in Gemeindeordnungen für Darlehensaufnahmen das Erforderniß höherer Genehmigung aufgestellt ist, so ist das eine

Bestimmung öffentlich-rechtlicher Natur, welche nur die Vertretungsmacht der Gemeindeorgane betrifft und regelt, nicht aber den Darlehensvertrag als solchen behandelt. Weggeblieben sind aus dem B.G.B. auch alle jene Sondernormen älterer Gesetze, welche die Hingabe von Darlehen an die Angehörigen bestimmter Stände, z. B. Militärpersonen, Studenten, Schauspieler ꝛc. (vgl. z. B. P.L.R. Thl. I Tit. 11 §§ 676 fg., 703 fg., 802) beschränkten oder mit Nachtheilen belegten.

Auch die Verstärkung des Rückzahlungsversprechens beim Darlehen durch ehrenwörtliche Versicherungen, sog. Ehrenscheine ꝛc. hat civilrechtlich keine Bedeutung mehr. Solche Vorgänge gehören nur dem Gebiete der allgemeinen moralischen Werthschätzung oder auch der Standesdisziplin an.

V. Ansprüche aus dem Darlehensvertrage.

1. Der durch vollzogene Hingabe der Darlehenssache begründete Darlehensvertrag ist ein einseitiger Vertrag, insoferne er auf der einen Seite beim Darlehensgeber nur Rechte, auf der anderen beim Darlehensnehmer nur Verpflichtungen mit sich bringt. Ein Fall für sich ist es, wenn der Darlehensgeber sich durch eine nicht richtig vollzogene Hingabe (z. B. durch Zahlung mit falschen Münzen ꝛc.) eine Haftbarkeit zuzieht. Abgesehen von solchen irregulären Dingen richten sich Recht und Pflicht auf den nämlichen einzigen Punkt, die Rückerstattung des Darlehens. Zinszahlung ist nicht von begrifflich wesentlicher Natur. Eine solche muß eigens bedungen werden (§ 608).

Anlangend die Rückerstattung des Darlehens, so geht schon nach dem Wortlaute des § 607 die rechtliche Regel dahin, daß solche Sachen, wie sie hingegeben wurden, auch zurückzuerstatten sind — in gleicher Art, Güte und Menge. Also Geld gegen Geld, in der gesetzlichen Währung, nicht gerade in den nämlichen Münzsorten, soferne solches nicht eigens bedungen ist. Weiter auch sind bei anderen Fungibilien wiederum solche nach Maßgabe jener Regel zu restituiren, soferne nicht etwa ausdrücklich oder auf concludente Weise vereinbart ist, daß mit anderen Fungibilien, insbesondere mit Geld das Darlehen abgelöst werden könne oder solle.

Bei den oben unter Nr. II, 1, 2, 3 aufgeführten Nebenarten des Darlehens ist schon nach der inneren Natur der bezüglichen Verhältnisse im Zweifel anzunehmen, daß die Rückerstattung in Geld zu erfolgen habe. Daß gegenüber dem Rückerstattungsanspruche des Darlehensgebers der Darlehensnehmer die sog. Gefahrtragung für die Darlehenssache hat, ergibt sich von selbst daraus, daß er Eigenthum an jener Sache erlangt. Von dem bezüglichen Zeitpunkte an ist die Gefahrtragung des Empfängers rechtlich nothwendige Folge. Aus dem nachher eingetretenen Untergang oder einer Verschlechterung der empfangenen Sache kann daher der Darlehensempfänger gegen den Rückerstattungsanspruch keinen Einwand ableiten.

Darüber, wann die Rückerstattung einzutreten hat, enthält Bestimmungen § 609 B.G.B. Wo die Rückerstattung erfolgen muß, bemißt sich nach den einschlägigen vertragsmäßigen oder allgemeinen gesetzlichen Bestimmungen. (Vgl. §§ 269 fg.) Ueber Anrechnung der Zahlung auf Kapital, Zinsen und Kosten vgl. B.G.B. § 367, über Quittungsleistung und Rückgabe des Schuldscheins s. §§ 368—371.

Zur Verfolgung seiner Ansprüche gegen den Darlehensempfänger steht dem Darlehensgeber die Darlehensklage, früher sog. condictio mutui, zu.

Die besondere sog. exceptio non numeratae pecuniae hat in ihrer spezifisch römischrechtlichen Form Eingang in das B.G.B. nicht mehr gefunden. Vgl. auch schon § 17 E.G. z. C.P.O. (Windscheid-Kipp, II S. 542). Eine Spur hievon findet sich noch in § 1139 B.G.B.

2. Liegt nur ein Vertrag auf nachfolgende Hingabe eines Darlehens vor, so trifft hier den Versprechenden die Verpflichtung, dieses Darlehen, soferne nicht ein besonderer Entlastungsgrund dazwischen tritt, insbesondere nicht der Fall des § 610 vorliegt, in der nach Zeit, Art und Umfang vereinbarten Weise zu geben. Darauf hat der Empfangsberechtigte einen klagbaren Anspruch. Die Rollen des Berechtigten und Verpflichteten liegen also hier umgekehrt.

VI. Die Beweislast bei der Darlehensklage trifft den Darlehensgeber vor Allem darüber, daß das Darlehensverhältniß entstanden, insbesondere der Darlehensgegenstand hingegeben und empfangen (§ 607 Abs. 1) worden ist. Den etwaigen Einwand, daß er nicht Eigenthümer der Darlehenssache geworden sei, hat der Darlehensschuldner zu erbringen. Durch denselben beseitigt er übrigens nur die Darlehensklage als solche, selbstverständlich aber nicht den etwa zu erhebenden Anspruch aus dem Eigenthum oder aus einer ungerechtfertigten Bereicherung.

§ 608.

Sind für ein Darlehen Zinsen bedungen, so sind sie, sofern nicht ein Anderes bestimmt ist, nach dem Ablaufe je eines Jahres und, wenn das Darlehen vor dem Ablauf eines Jahres zurückzuerstatten ist, bei der Rückerstattung zu entrichten.

E. I, 456; II, 548; III, 601.

1. Wie schon an früherer Stelle angedeutet wurde, gehört die Verzinslichkeit oder Unverzinslichkeit des Darlehens nicht zu den Begriffsmomenten in diesem Rechtsverhältnisse. Das Eine wie das Andere kann hiebei der Fall sein; beides hängt von der Bestimmung durch den Parteiwillen ab. (Vgl. M. II, 312; P.L.R. Thl. I Tit. 11 §§ 824, 855; sächsisches G.B. § 1078; code civil Art. 1905.) Daß dieser Parteiwille auch stillschweigend sich geltend machen kann, steht hier wie in anderen Dingen außer Zweifel. (M. II, 312).

Gleiches gilt auch von der Höhe der vertragsmäßigen Zinsen für ein Darlehen. Eine feste Begrenzung dieser Art von Zinsen besteht nicht. Gegen ein Uebermaß darin schützen die Bestimmungen über Wuchergeschäfte im § 138 B.G.B., sowie diejenigen über die Modalitäten der Verzinsung in § 247 fg. B.G.B.

Ist unter den Parteien zwar Verzinslichkeit eines Darlehens ausbedungen, aber die Zinsenhöhe nicht festgestellt, so greift nach § 246 der gesetzliche Zinsfuß Platz. Ueber dessen Höhe s. B.G.B. § 246, H.G.B. § 352; Wechsel-O. Art. 50, 51, 98.

2. Ob Zinsen in Geld zu entrichten sind oder auch in anderen Sachen entrichtet werden können, dann wie in letzteren Fällen die Werthe sich bemessen, ist Sache der Beurtheilung im Einzelfalle nach Maßgabe der Parteiabsichten (M. II, 313; Planck, II S. 344).

3. Eine andere Frage ist, wann, in welchen Zeitabschnitten und Zeitpunkten bei Verzinslichkeit des Darlehens die Zinsen zu bezahlen sind. Auch hierüber entscheidet in erster Linie die Vereinbarung der Parteien. (M. II, 313). Liegt eine solche zwar über die Verzinslichkeit im Allgemeinen vor, fehlen aber Vertragsnormen über die Zeit der Zinszahlung, so greift die Gesetzesbestimmung in § 608 ein. Danach ist zu unterscheiden, ob

a) das Darlehen vor Ablauf eines Jahres d. h. von Hingabe des Darlehens an, zurückzuerstatten oder

b) für längere Dauer gegeben ist.

Im Falle a sind die angelaufenen Zinsen bei Rückgabe der Hauptsache mitzuentrichten.

Im Falle b tritt einjährige Zinszahlungspflicht und zwar mit Nachzahlung nach Ablauf des Jahres ein. Gemeint ist offenbar im Gesetze nicht ein Jahr nach der Kalenderzahl, sondern der Zeitraum von je einem Jahre seit Beginn der Zinspflicht. (Vgl. auch §§ 186 fg.

4. Nicht bezieht sich § 608 auf die Fälle einer gesetzlichen Zinspflicht (Verzugszinsen, Prozeßzinsen: § 288; § 291).

5. Ueber Verjährung schuldiger Zinsen vgl. B.G.B. § 197.

§ 609.

Ist für die Rückerstattung eines Darlehens eine Zeit nicht bestimmt, so hängt die Fälligkeit davon ab, daß der Gläubiger oder der Schuldner kündigt.

Die Kündigungsfrist beträgt bei Darlehen von mehr als dreihundert Mark drei Monate, bei Darlehen von geringerem Betrag einen Monat.

Sind Zinsen nicht bedungen, so ist der Schuldner auch ohne Kündigung zur Rückerstattung berechtigt.

E. I, 457; II, 549, III, 602.

1. Daß ein Darlehen rückerstattet werden muß, folgt aus dem Begriffe. Wann aber diese Rückerstattung zu geschehen habe, hängt in erster Reihe vom Parteiübereinkommen ab. Bietet letzteres keine maßgebende Norm dar, so greift die Gesetzesvorschrift des § 609 ein. (M. II, 313.)

2. Daß ein Darlehen gegeben wird ohne jegliche Vereinbarung über die Zeit der Rückerstattung, kommt im täglichen Leben häufig vor. Eine bezügliche vereinbarte Bestimmung kann in doppelter Gestalt vorliegen, nämlich entweder

a) mittelst Festsetzung eines bestimmten Rückzahlungstermins oder

b) mittelst Vereinbarung einer bestimmten Kündigungsfrist. (Cosack, Lehrb. I S. 553.)

3. § 609 normirt nun aber auch noch eine gesetzliche Kündigungsfrist, nämlich für den Fall, wenn eine vertragsmäßige Rückzahlungszeit nicht festgesetzt ist, sei es weder in der vorerwähnten Gestalt nach a, noch vermittelst der Vereinbarung einer vertragsmäßigen Kündigung nach b. In solchen Fällen erheischt § 609 vor Allem, daß gekündigt wurde. Ehevor dies geschehen, wird das Darlehen überhaupt nicht zur Heimzahlung fällig. Diese Kündigung ist „ein einseitiges, gegenüber dem anderen Theile vorzunehmendes Rechtsgeschäft. Sie verträgt begrifflich keine Bedingung; eine bedingte oder eventuelle Kündigung wäre wirkungslos". (So wörtlich M. II, 314.) Die Kündigung bewirkt übrigens die Fälligkeit des Darlehens erst nach Ablauf der im Abs. 2 § 609 vorgesehenen Frist, welche nach der Werthsumme des Darlehens abgestuft ist, um bei größeren Summen dem Schuldner billiger Weise auch etwas mehr Zeit zur Beschaffung der ihm nöthigen Mittel zu gewähren.

Erfolgen kann diese mit Frist ausgestattete, auf Gesetz beruhende Kündigung sowohl vom Gläubiger wie vom Schuldner. Sie wirkt auch zu Gunsten beider Theile, mag sie von dem Einen oder Anderen ausgegangen sein (Oertmann, S. 326).

Anders liegt die Sache

4. im besonderen Falle des Abs. 3 § 609. Dieser bezieht sich nur auf unverzinsliche Darlehen und gewährt bei solchen, aber auch nur bei solchen das Recht der Umgangnahme von einer Kündigung und der sofortigen Rückerstattung des Darlehens. Dieses Recht ist aber nur dem Schuldner gegeben. Er ist zu sofortiger, jederzeitiger Rückzahlung berechtigt, aber nicht verpflichtet. Der Gläubiger muß hier die Rückerstattung annehmen, kann dagegen auch bei unverzinslichen Darlehen sofortige Rückzahlung ohne Kündigung nach Abs. 1 u. 2 nicht fordern.

5. Auch im Abs. 3 des § 609 ist nach dem Zusammenhange vorausgesetzt, daß von den Parteien nicht etwas anderes vereinbart ist, insbesondere kein Darlehen auf bestimmte Zeit vorliegt. Wäre das unverzinsliche Darlehen auf bestimmte Zeit gegeben, so käme übrigens in Frage, wie es denn mit der Anwendbarkeit des § 271 Abs. 2 steht. Dortselbst ist allerdings keinerlei Ausnahme für das Darlehen beigefügt. Aber § 271 Abs. 2 trägt (nach den Worten: „im Zweifel anzunehmen") nur den Charakter einer Auslegungsregel, welche dann wirkt, wenn nicht ein entgegenstehender Parteiwille anzunehmen ist. (Aehnlich Planck, II S. 345; vgl. auch Oertmann, S. 324.) Warum übrigens der Darlehensgläubiger eine vorzeitig angebotene unverzinsliche Darlehensschuld zur Rückzahlung nicht sollte annehmen wollen, würde auch vielfach nicht erklärlich sein.

6. Wie dann, wenn, wie es bei verzinslichen Darlehen mit Aufnahme im Wege der Ausgabe von Inhaberpapieren gewöhnlich vorkommt, für die Rückzahlung ein bestimmter Tilgungsplan festgelegt ist? In der II. Komm. wurde über die Frage vorzeitiger Rückzahlung solcher Darlehen (welche für die sog. Zinskonvertirungen von Belang ist) verhandelt, aber die Aufnahme besonderer deßfallsiger Auslegungsregeln (P. II, 44 fg.) abgelehnt. Man beschied sich damit, daß bei Darlehen fraglicher Art das Recht vorzeitiger Rückzahlung wenigstens mit Einhaltung einer Kündigung der Auffassung des Verkehrs entspreche. Planck, II S. 345 äußert Zweifel an letzterem. Für Staatsschulden auf Inhaberpapiere vgl. auch Art. 98 E.G. z. B.G.B.

7. Die Frage, ob die Kündbarkeit eines Darlehens überhaupt vertragsmäßig wirksam ausgeschlossen werden könne, wird mit Recht von Planck, II S. 345 und nach ihm auch von Oertmann, S. 326 in Ansehung der Person des Gläubigers bejaht, des Schuldners verneint. Man erachtet durch Entziehung des Kündigungsrechtes für den Schuldner dessen wirthschaftliche Freiheit in einer gegen § 138 verstoßenden Weise beschränkt. Oertmann verweist dabei auch auf die Analogie der §§ 567, 621, 1212 Abs. 2.

8. Ueber die Klage auf künftige Rückzahlung vgl. C.P.O. § 257 n. Nr.

§ 610.

Wer die Hingabe eines Darlehens verspricht, kann im Zweifel das Versprechen widerrufen, wenn in den Vermögensverhältnissen des anderen Theiles eine wesentliche Verschlechterung eintritt, durch die der Anspruch auf die Rückerstattung gefährdet wird.

E. I, 458, II, 550, III, 603

I. Vorstehende Gesetzesstelle betrifft den Vorvertrag über den Abschluß eines Darlehensvertrags. Verschiedenes ist hierüber schon an früherer Stelle S. 399 bemerkt.

Besagter Vorvertrag kann in doppelter, aus den Umständen des Einzelfalles abzunehmender Gestalt vorkommen, nämlich als:

1. Vertrag über nachfolgende Hingabe eines bestimmten Darlehens, sowie auch als

2. Vertrag über die Annahme eines (insbesondere verzinslichen) Darlehens.

Letztere Modalität ist im Verkehrsleben die seltenere. Sie kommt praktisch hauptsächlich vor in Gestalt einer Subskription auf bestimmte, verzinsliche Werthpapiere auf den Inhaber und Zutheilung solcher zur Lieferung.

Bei beiden Arten von Vorverträgen tritt eine Rechtsverbindlichkeit des Versprechenden zur Erfüllung (event. auch zur Leistung des Erfüllungsinteresses) ein mit Klagbarkeit des Versprechens. In diesem Punkte begründet nun § 610 eine gewisse Abmäßigung durch Zulassung eines Widerrufs des Versprechens.

II. Abgesehen von dem selbstverständlichen Falle der Wiederaufhebung des Vertrags im Wege wechselseitigen gütlichen Uebereinkommens der Parteien kommt jener Widerruf nach § 610 auch als einseitige Rechtshandlung vor und zwar mit folgenden Voraussetzungen und Modalitäten:

1. Der Widerruf des Darlehensversprechens kann erfolgen sowohl im Wege einer selbständigen einseitigen, empfangsbedürftigen Willenserklärung gegenüber dem Gegentheile, wie auch als Einrede auf die Erfüllungsklage.

2. Der Widerruf ist aber nach § 610 nur zugelassen für den oben unter Nr. I, 1 aufgeführten Fall des Versprechens der Hingabe des Darlehens und kann nur von der Seite des Darlehensgebers ausgehen.

3. Der Widerruf ist endlich nur statthaft unter einer bestimmten Voraussetzung, welche als einziger Zulässigkeitsfall erscheint und nicht ausdehnungsfähig ist. Diese Voraussetzung besteht in einer Verschlechterung der Vermögenslage des zum Darlehensempfange Berechtigten. Auch diese Voraussetzung ist aber durch § 610 noch enger begrenzt. Denn vor Allem muß

a) jene Verschlechterung eine „wesentliche“, also erhebliche sein. Es wird zwar nicht gerade erfordert, daß schon eine volle Zahlungsunfähigkeit vorliegt. Aber des Darlehensnehmers wirthschaftliche Lage muß sich so ungünstig gestaltet haben, daß der Rückerstattungsanspruch des Darlehensgebers gefährdet sein würde und man ihm also nicht zumuthen kann, sein eigenes Geld durch Hingabe zum Darlehen aufs Spiel zu setzen. Diese Voraussetzung würde z. B. ermangeln, wenn gute Pfänder oder Bürgen vorhanden sind. (So richtig Oertmann, S. 327.) Davon, daß auch schon die Besorgniß, es möchte unregelmäßige Zinsenzahlung sich ergeben, zum Widerrufe des verabredeten Rechtsgeschäfts berechtige, ist im § 610 B.G.B. nichts zu lesen.

b) Die Verschlechterung muß erst nachträglich eingetreten sein, d. h. in dem Zeitraume seit Abschluß des Vorvertrags. War die Verschlechterung oder überhaupt die gefährdende Vermögenslage des Schuldners schon vor jenem Zeitpunkte vorhanden gewesen, und hatte der Gläubiger nur nichts davon gewußt oder war er vom Schuldner eigens deßfalls getäuscht worden, so schlägt § 610 nicht ein. (P. II, 47.) Der Gläubiger muß zum Rechtsbehelf eben auf die einschlägigen allgemeinen Rechtsnormen über Irrthum (§ 119 fg.) oder Betrug (§§ 123, 823) zurückgreifen. Ob und inwieweit dies wirklich dem Gläubiger zu Statten kommen kann, insbesondere ob nicht etwa bloß ein unbeachtlicher Irrthum im Beweggrunde vorliegt, hängt von den Umständen des Einzelfalles ab. (P. II, 47 fg.)

c) Das Vorhandensein dieser Voraussetzungen hat selbstverständlich derjenige zu beweisen, welcher sich darauf beruft

4. Der von gegenseitigen Verträgen handelnde inhaltsverwandte § 321 B.G.B. ist hieher schon deßhalb nicht anwendbar, weil das Darlehensversprechen eben kein gegenseitiger Vertrag ist. (Vgl. S. 399.) Außerdem enthält ja auch § 610 eine vorgehende Spezialbestimmung.

5. Was § 610 bestimmt, gilt nur „im Zweifel“, also nur als Auslegungsregel. Es kommt in Wegfall, wenn sich eine anderweitige Willensübereinstimmung der Parteien ergibt.

6. Hat der Gläubiger in Unkenntniß von dem einschlägigen Wandel der Verhältnisse von einem zulässigen Widerrufe keinen Gebrauch gemacht und das Darlehen gegeben, so kommt § 610 von selbst außer Anwendbarkeit. Denn, wie in P. II, 50 erörtert ist und danach auch Oertmann, S. 328, anerkennt, ist durch die Darlehenshingabe das „Versprechen", von dem allein § 610 handelt, erfüllt und erledigt, kann also auch nicht mehr widerrufen werden.

Sechster Titel.

Dienstvertrag.

(Erläutert von Dr. J. v. Staudinger.)

Vorbemerkungen.

I. Allgemeines. Unter den Vertragserscheinungen, welche im gewöhnlichen täglichen Volksleben sich überall bemerklich machen, hat der Dienstvertrag eines der breitesten Anwendungsgebiete. Dieser Bedeutung entspricht es vollständig, daß dem Rechtsverhältnisse im B.G.B. eine eingehende und selbständige Regelung zu Theil geworden ist. Noch im E. I § 458 fg. waren Dienstvertrag und Werkvertrag in einem Titel, wenn auch unter verschiedenen Ziffern, vereinigt behandelt. Die II. Komm. hat diese Kategorien getrennt, jede eigens behandelt und beide, wenn sie auch in gar mancher Hinsicht sich berühren, auch unter verschiedene Gesichtspunkte gestellt. Zutreffend schreibt Hachenburg (Dienstvertrag und Werkvertrag im B.G.B. 1898 S. 3): „Im Titel vom Werkvertrage weht eine ganz andere Luft, als in dem vom Dienstvertrag. In diesem waltet der Gedanke des Arbeiters vor, in jenem der des Unternehmers." Aus der selbständigen neuen Durchbildung des Dienstvertrags ergibt sich von selbst, daß es nicht schlechthin angängig ist, gesetzliche Vorschriften aus verwandten Gebieten, wie manchen Orts geschehen will, sofort auch auf den Dienstvertrag im Wege der Analogie zu übertragen und umgekehrt. Nur wo ganz homogene Gesichtspunkte maßgebend sind, insbesondere allgemeine soziale Rücksichten gleichartig mitbestimmend erscheinen, oder die Gegensätze bestimmte Aufschlüsse an die Hand geben, mag der Gesetzesausleger von der Rechtslage auf einem Gebiete für das nächstverwandte seine Schlüsse ziehen dürfen.

II. Bereich der Vorschriften dieses Titels. Diesen Vorschriften wohnt eine gewisse universelle Bedeutung bei. Sie sind bestimmt, für Dienstverhältnisse der verschiedensten Art als grundlegende Normen zu dienen, welche überall eingreifen, wo nicht besondere rechtsgültige Normen gegeben sind. Solche daneben gültige Spezialvorschriften finden sich aber sowohl auf reichs- wie auf landesrechtlichem Gebiete. Vor Allem enthält schon

1. das B.G.B. selbst etliche Spezialbestimmungen, welche das hier zu erörternde Gebiet wenigstens einigermaßen berühren. So möge z. B. verwiesen sein auf:

a) § 113 über Dienstverträge Minderjähriger (s. auch § 1822);

b) § 1358 über Dienstverträge einer Ehefrau und deren Kündigung durch den Ehemann;

c) § 1356 über häusliche und geschäftliche Dienstleistungsverpflichtungen einer Ehefrau;

d) § 1617 über Dienstleistungsverpflichtungen von Kindern gegenüber ihren Eltern.

Diese letzteren Verbindlichkeiten von Ehefrauen und Kindern liegen übrigens, nebenbei bemerkt, nicht auf vertrags-, sondern auf rein personen- und familienrechtlichem Gebiete. Sie beruhen auf Gesetz. Daß sie übrigens dabei einen Vermögenswerth darstellen, ist im B.G.B. auch durch § 845 anerkannt. (Hachenburg, Dienstvertrag S. 5.) Bei den anderen obigen Fällen berührt sich das Familienrecht mit dem Vertragsrechte.

2. Auch in Reichsspezialgesetzen finden sich besondere Regelungen für verschiedene Dienstverhältnisse. Die wichtigsten davon sind diejenigen, welche sich

a) im Handelsgesetzbuch über die Verhältnisse der Handlungsgehülfen und Handlungslehrlinge (§§ 59 fg.; s. auch über die Schiffer §§ 511 fg.), dann

b) in der Gewerbeordnung (§§ 105 fg., 154) über die Verhältnisse der gewerblichen Arbeiter (Gesellen, Gehülfen, Lehrlinge, Fabrikarbeiter) vorfinden.

Zu erwähnen sind außerdem auch noch die reichsrechtlichen Spezialbestimmungen, welche enthalten sind in der Seemannsordnung, der Strandungsordnung, dem

Binnenschiffahrtsgesetze, dem Flößereigesetze, dem Auswanderungsgesetz u. s. w.

3. Von großer praktischer Tragweite ist der Art. 95 des E.G. z. B.G.B., welcher innerhalb bestimmter reichsrechtlicher Grenzen für das Gebiet des Gesinderechtes den landesgesetzlichen Vorschriften auch fernerhin Raum gibt. Auf diesem Vorbehalte beruht z. B. die neue bayrische Gesindeordnung, welche dem bayrischen A.G. z. B.G.B. vom 9. Juni 1899 in dessen Art. 15—31 eingefügt ist. Hiedurch sind in Bezug auf die privatrechtliche Seite im Dienstbotenwesen eine ganze Reihe von Sonderbestimmungen geschaffen. Näheres hierüber s. in den Zusatzbemerkungen am Schlusse dieses Titels.

Außer Zweifel steht es, daß landesrechtliche Vorschriften über Dienstverhältnisse auch für das Gebiet des Privatrechtes mit Rechtswirksamkeit fortbestehen wie auch neu getroffen werden können in denjenigen Rechtsgebieten, welche das E.G. z. B.G.B. Art. 55 fg. überhaupt noch dem Landesrechte übrig gelassen hat. Es gilt dies z. B. in Bezug auf die Vorschriften über Dienstverhältnisse beim Bergbau. (Art. 67 E.G. z. B.G.B.; Art. 82 fg. des rev. bayrischen Berggesetzes vom 30. Juni 1900.)

4. Dienstverhältnisse, welche rein im öffentlichen Rechte wurzeln, liegen von selbst außerhalb des Gebietes des B.G.B. Es bleiben deßhalb in letzterem außer Betracht alle Gesetzesvorschriften aus dem Gebiete des Beamtenrechtes, natürlich unbeschadet jener allgemeinen Grundsätze, welche den Beamten namentlich für gewisse Rechtsansprüche Civilklagen gewähren.

Uebrigens gibt es auch Dienstverhältnisse, welche sich dem Publikum gegenüber bilden und in dieser Beziehung privatrechtlicher Natur sind, daher auch insoweit den Bestimmungen des B.G.B. anheimfallen, immerhin aber von öffentlich-rechtlichen Normen mitbeherrscht sind. Man denke hier beispielsweise nur an die verschiedenen Einrichtungen für Dienste im Bereiche des öffentlichen Verkehrs. Die in dieser Hinsicht rechtsgültig bestehenden öffentlich-rechtlichen Normen für Dienstleistende bleiben natürlich neben dem B.G.B. in voller Wirksamkeit, wie z. B. Droschken- und Fiakerordnungen, Packträger- und Dienstmann-, Holzmesser- und Kaminkehrerordnungen u. dgl. mehr, und zwar mitsammt den Strafbestimmungen, welche etwa für Zuwiderhandlungen dagegen bestehen. Es bleiben hier auch jene Vorschriften wirksam, welche auf öffentlich-rechtlicher Grundlage sogar einen Zwang zur Dienstleistung begründen, während in privatrechtlicher Hinsicht ein solcher Zwang weder dem B.G.B. bekannt ist, noch, wenn er nach Landesgesetzen bestehen sollte, jetzt mehr haltbar wäre. In Streitfällen wäre daher immer zu untersuchen und festzustellen, auf welcher Kategorie von Rechtsnormen eine Zwangsvorschrift beruht. (Vgl. Staudinger, Vorträge aus dem Gebiete des B.G.B. für Verwaltungsbeamte S. 493.)

Hieher gehören übrigens auch solche Vorschriften, welche zwar nicht einen vollen, direkten Zwang zu bestimmten Dienstleistungen begründen, wohl aber deren Ablehnung einschränken oder an bestimmte Formen binden. (Vgl. B.G.B. § 663, sowie § 30 der Rechtsanwaltsordnung.)

Spezialgesetzliche Vorschriften der vorgedachten verschiedenen Arten gehen in ihrer Geltung und ihren Wirkungen schon nach allgemeinen Rechtsregeln den generellen Vorschriften des B.G.B. vor. (S. auch in Ansehung der besonderen Reichsgesetze Art. 32 E.G. z. B.G.B.) Soweit aber Vorschriften nicht bestehen oder nicht einschlägig sind, dienen die Bestimmungen des B.G.B. § 611 fg. zur supplementären Anwendbarkeit. Im Art. 95 E.G. ist dies für das Gesinderecht sogar in einzelnen Punkten eigens vorgeschrieben. Im Zweifel bemißt sich jene supplementäre Anwendbarkeit nach dem Inhalt und Charakter des betreffenden Spezialgesetzes. (Planck, II S. 347.)

III. Prinzipielle Gesichtspunkte. Im § 611 enthält das B.G.B. so etwas, was annähernd einer Begriffsbestimmung des Dienstvertrags gleichkommt. Wenigstens sind die begrifflichen Hauptmomente hervorgehoben. Näheres s. zu § 611.

Der Dienstvertrag des B.G.B. ist ein zweiseitiger, für beide Theile Rechte und Verbindlichkeiten begründender, durch bloße Willensübereinstimmung und Willensbindung zu Stande kommender, also sog. Konsensualvertrag.

Für das in diesem Titel behandelte Vertragsverhältniß ist terminologisch die Bezeichnung Dienstvertrag gewählt. Das sonst vielfach übliche, auch der römisch-rechtlichen Bezeichnung mit locatio conductio entsprechende Wort „Dienstmiethe“ ist geflissentlich vermieden. Es beruht dies auf der sozialpolitischen Anschauung, daß nicht die Person des Dienstpflichtigen wie eine gemiethete Sache Vertragsgegenstand sein solle, sondern der Dienstpflichtige, wer immer er auch sei, als an sich freie Person nur zu den durch den zweiseitigen Vertrag bestimmten konkreten Dienstleistungen gehalten sein solle. Auch der Ausdruck „Arbeitsvertrag“, welcher vorgeschlagen war, hat Billigung nicht gefunden (vgl. R.T.K.Ber. S. 44 fg.; Sten.Ber. des R.T. S. 75 fg.)

Innerhalb der durch den § 611 B.G.B. geschaffenen begrifflichen Grenzen und abgesehen von dem durch § 134, 138 B.G.B. vorgezeichneten Grunderfordernisse der Wahrung der guten Sitten und der Nichtübertretung gesetzlicher Verbote bemißt sich der Inhalt des Dienstvertrags in erster Reihe nach dem Willen und den Vereinbarungen der Parteien. Das B.G.B. hat aber in dem vorliegenden Titel auch eine ganze Reihe gesetzlicher Detailbestimmungen niedergelegt, welche theils den Charakter von zwingenden Vorschriften, theils den von nachgiebigen oder auch nur von Auslegungsnormen an sich tragen. Das Nähere ist zu den einzelnen Paragraphen zu erörtern. Diese Detailvorschriften tragen zum Theil einen ausgesprochenen sozialpolitischen Charakter und sind bestimmt zur Besserung der Lage der arbeitenden Klassen, insbesondere der wirthschaftlich Schwächeren, zum Schutze der redlichen Arbeit und des Arbeitsverdienstes, da und dort selbst zum physischen Schutze der Person des Dienstleistenden. Letzteren bezeichnet der Sprachgebrauch des B.G.B. vielfach kurzweg als den Dienstverpflichteten und den ihm gegenüberstehenden Theil, welcher die Dienstleistung in Anspruch nimmt, als Dienstberechtigten.

IV. Abgrenzungen gegenüber verwandten Rechtsverhältnissen.

1. Nächstverwandt mit dem Dienstvertrag ist der Werkvertrag. Beide verhalten sich im Ganzen und Großen zu einander, wie im römischen Rechte die locatio conductio operarum zur locatio conductio operis. Nach M. II, 455 und R.T.K.Ber. S. 45 sowie nach der Doktrin zum B.G.B. pflegt man hier davon zu sprechen, daß Gegenstand des Vertragsverhältnisses beim Dienstvertrage die Arbeit als solche (ein bestimmtes Maß einzelner Dienstleistungen) sei, beim Werkvertrage dagegen der Arbeitserfolg (ein bestimmtes Arbeitserzeugniß als solches ohne Inbetrachtnahme der hiezu erforderlich gewesenen Einzeldienstleistungen). So z. B. Planck, II S. 349; Oertmann, S. 328. Etwas andere Auffassung und Ausführung s. bei Hachenburg, Dienst- und Werkvertrag S. 41 fg. Inwieweit das Eine oder Andere zutrifft, kann nur mit Würdigung aller Verhältnisse des Einzelfalles bestimmt werden. In vielen Fällen tritt ja der Charakter des Verhältnisses klar zu Tage. In anderen Fällen ist die Unterscheidung sehr subtiler Natur. Gerade hier verwischen sich leicht die Grenzen ineinander und zwar nicht allein wegen Unklarheiten in Bezug auf die Parteiabsicht, sondern auch weil nicht selten die gleiche subjektive Thätigkeit sich objektiv sowohl in Gestalt eines Dienst-, wie eines Werkvertrags äußern kann, und dann weil sich beide Vertragsarten häufig in der Anwendung verbinden. Letzteres gilt namentlich bei Bauführungen. Es muß deßfalls hier besonders auf die Ausführungen zum Titel über den Werkvertrag verwiesen werden. Hat man übrigens zu prüfen, ob der eine oder andere Vertrag gegeben sei, so wird es sich zumeist empfehlen, in erster Reihe die schwierigere und mehr komplizirte Frage zu untersuchen, ob und inwieweit etwa ein Werkvertrag vorliege. Wenn und soweit dies zu verneinen ist, bleibt der Dienstvertrag von selbst übrig, es müßte denn ein bloßes Auftragsverhältniß vorliegen. Die Eigenart des letzteren ist aber ebenso klar als einfach gestaltet, denn

2. der dem Dienstverhältniß ebenfalls verwandte Auftrag im gesetzlichen Sinne des B.G.B. hat das feste Thatbestandserforderniß der Unentgeltlichkeit der Auftragserfüllung (§ 662), während beim Dienstvertrage für die geleistete Thätigkeit begriffsmäßig ein Entgelt entrichtet wird. (§ 611; M. II, 459.) Nur ist dabei zu beachten, daß unter den Begriff des „Entgelts" (der Vergütung der Dienste) nicht auch eine Schadloshaltung für Auslagen u. dgl. (sei es auch nur mit einem Pauschquantum: Oertmann, S. 328) gezogen werden kann. (Ueber die Gegensätze von Auftrag und Dienstvertrag s. auch die Erörterungen bei Hachenburg, Dienstvertrag S. 11 fg.)

3. Sehr nahe rückt dem reinen Dienstvertrage der Auftrag, der eine Geschäftsbesorgung gegen Entgelt zum Gegenstande hat. (B.G.B. § 675; über den Begriff „Geschäftsbesorgung" s. Cosack, Lehrb. I S. 504.) Die Normen hiefür setzen sich nach § 675 zusammen aus solchen über den Auftrag und den Dienstvertrag. (Vgl. Hachenburg, Dienstvertrag S. 13.)

4. Der Mäklervertrag, welcher ebenfalls entgeltliche Dienstleistungen in sich schließt, kommt in verschiedener Gestalt vor, so daß er bald dem Dienst-, bald dem Werkvertrage nahe steht. Es ist deßhalb auch in den §§ 652 fg. eine Gruppe besonderer Vorschriften für denselben aufgestellt worden. Letzteres gilt auch

5. für den handelsrechtlichen Agenturvertrag. Vgl. deßfalls H.G.B. n. F. § 84 fg. Endlich verweist z. B. Oertmann, S. 329, an dieser Stelle auch noch

6. auf den Lehrvertrag nach § 126 fg. der Gew.O., welcher, je nachdem Lehrgeld bezahlt wird oder nicht oder je nachdem der Lehrling in dieser oder jener Gestalt eine Vergütung bekommt oder keine, eine innerlich verschiedene Gestalt annehmen kann. Die bezüglichen Vorschriften der Gewerbeordnung sind natürlich dafür in erster Linie maßgebend.

Cosack, Lehrb. I S. 506 erachtet übrigens auf Grund seiner besonderen Auffassung des Dienstvertrags (als eines Arbeitsvertrags vorwiegend im Interesse des Dienstempfängers) die „Verträge der Lehrlinge niemals als Dienstverträge". (Anders Pappenheim in Gruchots Beitr. Bd. 42 S. 324.)

V. In Bezug zu nehmen sind hier auch noch einige in das Gebiet der Dienstverhältnisse da und dort einschlägige Spezialbestimmungen und zwar

1. aus dem Gebiete des B.G.B. z. B. § 339 über Vertragsstrafen, insbesondere § 343 über das richterliche Ermäßigungsrecht;

2. aus dem H.G.B. n. F. die Bestimmung des § 74 über die vielberufene sog. Konkurrenzklausel, wobei übrigens auch § 138 B.G.B. in Betracht kommen kann;

3. aus der Civilprozeßordnung

a) der § 850 Ziff. 1 über die Pfändung des Arbeits- oder Dienstlohns mit den speziellen Reichsgesetzen vom 21. Juni 1869 (B.G.Bl. S. 242; R.G.Bl. 1871 S. 63) und 29. März 1897 (R.G.Bl. S. 159) und Art. III des E.G. zur neuen Fassung der C.P.O. vom 17. Mai 1898 (R.G.Bl. S. 332). Zum älteren Gesetze vom 21. Juli 1869 finden sich eingehende Erläuterungen bei Staudinger, Einführung norddeutscher Justizgesetze in Bayern 1871 Abthl. 2 S. 134 fg.;

b) die §§ 887, 888 über die Zwangsvollstreckung bei Verurtheilung zur Leistung von Diensten.

§ 611.

Durch den Dienstvertrag wird derjenige, welcher Dienste zusagt, zur Leistung der versprochenen Dienste, der andere Theil zur Gewährung der vereinbarten Vergütung verpflichtet.

Gegenstand des Dienstvertrags können Dienste jeder Art sein.

E. I, 559; II, 551; III, 604.

1. Den Begriff des Dienstvertrags im Sinne des B.G.B. hat § 611 in der Gestalt festgelegt, daß er hier die wesentlichen Begriffsmomente wenigstens im Allgemeinen bezeichnet. Danach besteht der Dienstvertrag in der Begründung gegenseitiger Rechte und Pflichten in der Art, daß einerseits der Dienstberechtigte vom Dienstverpflichteten eine Dienstleistung sich versprechen läßt, andererseits vom Dienstverpflichteten die Leistung bestimmter persönlicher Dienste zugesagt und dafür vom Dienstberechtigten eine bestimmte Vergütung gewährt wird. Dies sind die Grundpfeiler des Rechtsverhältnisses. Seine nähere Ausgestaltung erhält das letztere in verschiedenen Richtungen theils durch die näheren Vereinbarungen der Parteien, theils durch die (zwingenden oder nachgiebigen) einzelnen Gesetzesvorschriften in den §§ 612—630 B.G.B.

2. Subjekt des Vertragsverhältnisses nach der einen oder anderen Seite zu sein, setzt im Allgemeinen nur die unbeschränkte Geschäftsfähigkeit voraus. Wer diese nicht besitzt, bedarf zum etwa erforderlichen Abschluß eines Dienstvertrags für sich die Vertretung, beziehungsweise Zustimmung seines gesetzlichen Vertreters (unter Umständen nach § 1822 auch für den Vormund die Genehmigung des Vormundschaftsgerichts). Eine Besonderheit gilt dabei aber nach B.G.B. § 113 für (in der Geschäftsfähigkeit beschränkte, nicht voll geschäftsfähige) Minderjährige, welche nach den näheren Bestimmungen jener Gesetzesstelle von ihrem gesetzlichen Vertreter, unter gewissen Umständen auch vom Vormundschaftsgerichte, mit der Fähigkeit ausgestattet sein können, Rechtsgeschäfte vorzunehmen, welche die Eingehung oder Aufhebung eines Dienst- oder Arbeitsverhältnisses bestimmter Art oder die Erfüllung der sich aus einem Verhältnisse solcher Art ergebenden Verpflichtungen betreffen. Auf den § 113 wurde in R.T.K. nach Ber. S. 46 auch in Ansehung der Frage hingewiesen, wie es mit der Lohnauszahlung an Minderjährige zu halten sei. Ueber sonstige Behandlung solchen Erwerbs eines Minderjährigen vgl. auch § 1651 Nr. 1, nebst § 1638 B.G.B. Ehefrauen erfahren nach dem B.G.B durch die Ehe keine Veränderung (Besserung oder Beschränkung) der persönlichen Geschäftsfähigkeit. Aber eine aus dem Eheverhältniß entspringende Besonderheit liegt darin, daß zur Fernehaltung einer die ehelichen Interessen beeinträchtigenden Thätigkeit der Frau durch B.G.B. § 1358 dem Ehemanne bestimmte Kündigungsrechte eingeräumt sind, wenn die Frau ohne seine Zustimmung sich zu einer von ihr in Person zu bewirkenden Leistung, also insbesondere auch zu einem Dienstvertragsverhältnisse, verpflichtet hat.

3. Nur die Leistung von Diensten und die Belohnung von geleisteten Diensten gehört in den Bereich des Dienstvertrags. Verträge auf Verschaffung einer

Bedienstung gehören dagegen nicht hieher (M. II, 456). Sie werden meist unter den Mäklervertrag (§§ 652 fg.) fallen oder sonst einer Vertragskategorie angehören.

4. Der im § 611 vorfindliche Rechtsbegriff „Dienste" bezieht sich auf eine rechtlich bedeutsame Thätigkeit, welche ein Rechtssubjekt einem anderen Rechtssubjekt als solchem zusagt oder leistet. Daß jene rechtliche Bedeutsamkeit in diesen oder jenen Fällen sich etwa erst ergibt durch die dafür zu leistende Vergütung, begründet keine weitere Unterscheidung. Unter allen Umständen darf jener Rechtsbegriff nicht verwechselt werden mit der Bedeutung des vulgären Ausdrucks „einen Dienst erweisen" im Sinne der bloßen Erzeigung einer „Gefälligkeit".

5. Nach der ausdrücklichen Gesetzesvorschrift im Abs. 2 des § 611 können Dienste jeder Art hieher gehören; also sowohl solche von körperlicher, wie geistiger Art, in sozialer Hinsicht höher wie niedriger stehende Dienste. Die dem römischen Rechte entstammende und auch in neuere Gesetzgebungen übergegangene Unterscheidung zwischen: „Operae liberales" und „Operae illiberales" ist hiemit aufgegeben. Dies ist namentlich von Bedeutung für die Dienstleistungen der Aerzte, welche für sich eine ausnahmsweise andere Stellung agitatorisch in Anspruch nahmen, jedoch damit bei den Gesetzgebungsfaktoren keine Wirkung erzielten. Die Unterstellung der ärztlichen Praxis speziell unter den Mandatsbegriff war, von noch anderen Gründen abgesehen, schon deßhalb nicht angängig, weil nach dem B.G.B. der „Auftrag" als ein nicht entgeltliches Rechtsverhältniß aufgefaßt und behandelt wird. Der ganze Standpunkt des Gesetzgebers läßt sich überhaupt begreifen und billigen. Abgesehen davon, daß zwischen jenen verschiedenen vorerwähnten Unterbegriffen schwer eine Grenze zu ziehen war, sanktionirt das B.G.B. den hochsittlichen, verschiedene Klassenschroffheiten versöhnenden Gesichtspunkt, daß Arbeit, redliche, treue Arbeit in keiner Form zur Schande, sondern jedem Braven gleich sehr zur Ehre gereicht, mag eben der Einzelne mit dem ihm gewordenen Pfunde arbeiten, wie es ihm gegeben und beschieden ist. Es möge daher auch Jeder den gleichen Rechtsschutz genießen. (Vgl. P. II, 276 fg.).

Uebrigens hat das B.G.B. die Gleichbehandlung aller Arten von Dienstleistungen doch nicht auf die Spitze getrieben, sondern nach etlichen Einzelrichtungen auch besondere Vorschriften aufgenommen. So für die mit festen Bezügen zur Leistung von Diensten höherer Art Angestellten (§ 622), dann für diejenigen, welche bei einem dauernden Dienstverhältniß in die häusliche Gemeinschaft aufgenommen sind. (§ 617!)

6. Das B.G.B. faßt das Dienstverhältniß nach §§ 611 fg. im Grundsatz als ein ganz persönliches auf. Daraus entspringt namentlich die Bestimmung des § 613 über die „im Zweifel" (d. h. soferne sich nicht ergibt, daß etwas anderes im Sinne der Parteien gelegen war) bestehende Unübertragbarkeit der Pflicht zur Dienstleistung einerseits und des Anspruchs auf eine solche andererseits. (M. II, 456; P. II, 278.)

7. Die Vertragspflicht des Dienstverpflichteten gipfelt in der Verbindlichkeit, die dem anderen Vertragstheile versprochenen Dienste zu leisten, also so, wie sie nach Art, Beschaffenheit, Umfang, Zeit und Ort zugesagt worden sind. Für die (namentlich im Streitfalle sich etwa ergebende) Frage, ob und inwieweit jener Pflicht entsprechend Genüge geleistet wurde, kommen in erster Linie die getroffenen Vereinbarungen in Betracht. Subsidiär fällt aber auch alles dasjenige ins Gewicht, was zur konkreten Frage die Natur der in Rede stehenden Dienstleistungen und ganz besonders eine etwa einschlägige Verkehrssitte an die Hand geben. Da die Dienstverträge so recht tief ins tägliche Leben, namentlich auch in wirthschaftlicher Hinsicht, eingreifen, so müssen sie auch nach Treu und Glauben, mit Rücksicht auf die Lebensverhältnisse aufgefaßt und gehandhabt werden. Dabei kommt vielfach die soziale Lage des Dienstberechtigten, nicht minder unter Umständen auch die Größe der Vergütung, soweit sie auf die Qualität der begehrten Leistung hindeutet, in Würdigung. Nach alledem müssen auch eine Reihe von Einzelfragen gelöst werden. So kommt es

a) hinsichtlich der Frage, ob auf Seite des Dienstverpflichteten besondere Sachkenntnisse zu erfordern seien, ganz auf die Verhältnisse und namentlich die Qualität der zu leistenden körperlichen oder geistigen Dienste an. Thatsächlich ist die Frage bald zu bejahen, bald zu verneinen, bald nur mit Vorbehalten zu beantworten, und danach muß dann auch rechtlich bemessen werden, was zu einer richtigen Vertragserfüllung auf Seite des Dienstverpflichteten vorhanden oder geschehen sein mußte. Welche Rechtsfolgen aus derartigen Mängeln in der Vertragserfüllung entspringen, bemißt sich dann einfach nach den einschlägigen allgemeinen Rechtsnormen. (Vgl. auch M. II, 458.)

b) Ganz besonders kommen die konkreten Verhältnisse auch in Betracht bezüglich der weiteren Frage, ob und inwieweit die zu einer bestimmten Dienstleistung erforderlichen Räume, Materialien, Geräthschaften u. s. w. vom Dienstberechtigten oder Dienstverpflichteten zu beschaffen oder darzubringen sind? Daß hierüber eigene Nebenverabredungen getroffen werden und diese dann einen bindenden Bestandtheil des Dienstvertrags (ihre inhaltliche Zulässigkeit vorausgesetzt) bilden können, steht außer Zweifel. In vielen Fällen ist das Eine oder Andere als ganz selbstverständlich zu betrachten, schon nach der Natur der Sache. Wer zur Besorgung einer im Hause zu gebenden Festtafel eine Extraköchin sich nimmt, hat dieser natürlich die eingerichtete Küche zu stellen. Läßt man einen Schlosser holen, um ein verdorbenes Schloß zu öffnen, so setzt man mit Recht voraus, daß dieser die erforderlichen Werkzeuge selbst mitbringt. Ueberhaupt ist zu verlangen, daß, wer in einem Handwerke Dienste leistet, welches den Gebrauch bestimmter, ihm eigenthümlicher Werkzeuge voraussetzt, auch diese seine Werkzeuge stellt und verwendet. Dies gilt auch bei höheren Diensten; z. B. eine Operation eines Chirurgen oder Geburtshelfers ist ohne eigene Beistellung der ihm nöthigen Instrumente nicht wohl denkbar. Vielfach erledigt sich jene Beschaffungsfrage auch nach dem Orte der Dienstleistung. Ein Klavierlehrer, welcher einem Kind im Hause dessen Vaters Unterricht zu geben hat, kann und muß voraussetzen, daß dort auch das nöthige Klavier steht. Er selbst muß aber doch letzteres stellen, wenn er in seiner eigenen Behausung den Unterricht gibt.

In verschiedenen Verhältnissen ist es übrigens feststehende Uebung, daß über derartige Punkte eigens paktirt wird, z. B. in Theaterengagementsverträgen über die Garderobeansprüche. Auch der Gesichtspunkt einer stillschweigenden Vereinbarung kann in Frage kommen: wer sich einen Holzhauer bestellt zur Zerkleinerung gekauften Holzes, setzt voraus, daß dieser und nicht er selbst die Werkzeuge stellt. Alles in Allem genommen: eine gemeingültige Norm läßt sich im fraglichen Punkte nicht aufstellen. (M. II, 459.)

c) Vielfach selbstverständlich, nicht aber von allgemeiner Natur ist auch die Bethätigung einer besonderen Ehrerbietung und Anhänglichkeit in einem Dienstverhältnisse. Die Verpflichtung hiezu kann angenommen werden z. B. im Verhältniß eines Familienoberhaupts zu seinen Dienstboten oder sonstigen Dienstverpflichteten, welche zu seinem Hausstand in häuslicher Gemeinschaft gehören. Umgekehrt liegt im Verhältniß eines Lehrers zu einem Schüler, welcher bei ihm Unterrichtsstunden nimmt, die Pflicht eines besonders achtungsvollen Benehmens viel mehr auf Seite des Schülers. An und für sich haben diese Punkte ohnehin für das Rechtsgebiet weniger Bedeutung — gewöhnlich nur als Rechtfertigungsgründe für eine Vertragskündigung. Etwas anders liegt die Sache schon in Hinsicht auf Treue und Verschwiegenheit. Daß Verletzungen in solchen Punkten selbst Schadensersatzansprüche begründen können (§ 823!), bedarf keiner näheren Erörterung. Wo es sich insbesondere um Bewahrung von Geschäftsgeheimnissen (über diesen Begriff s. Entsch. d. R.G. vom 6. Dezember 1899, Bl. f. R.A. Bd. 65 S. 454) u. dgl. handelt, da muß für die in einem zu bezüglichen Kenntnissen 2c. führenden Dienstverhältnisse Stehenden auch eine bezügliche Rechtspflicht als dem persönlichen Charakter des Dienstverhältnisses entsprechend angenommen werden, selbst wenn der Dienstleistende nicht eigens auf besondere Treue und Verschwiegenheit vertragsdeutlich verpflichtet worden ist.

8. Der Schwerpunkt der Verpflichtungen des Dienstberechtigten fällt nach der ausdrücklichen Betonung im § 611 in die Leistung einer Vergütung. Diese ist, wie schon ausgeführt, wesentlicher Natur. Der Gesetzeswortlaut verlangt „vertragsmäßige Vergütung, d. h. eine solche, welche dem konkreten Vertragsverhältniß entspricht. Dabei kann eine ausdrückliche Vertragsfestsetzung von Art und Größe der Vergütung stattfinden, welche dann maßgebend wird. Die Vergütung kann sich aber auch stillschweigend regeln und zwar nach verschiedenartigen Momenten bemessen, worüber namentlich § 612 Näheres ergibt. (Vgl. Bem. dazu.) Außer demjenigen, was aus § 612 zu folgern ist, liegen in den §§ 611 fg. bindende Gesetzesvorschriften, auch besonders über die Art der Vergütung, nicht vor. Letztere braucht namentlich nicht immer gerade in Geld zu bestehen. Sie kann, ganz oder theilweise, namentlich auch in Gewährung von Naturalverpflegung, von Unterkunft, Nutzungen und anderen Vortheilen bestehen. Bei Erziehern und Erzieherinnen, sog. Störarbeitern, Dienstboten u. s. w. ist z. B. die Gewährung von Naturalreichnissen (Kost, Wohnung, selbst Kleidung und Kleiderstoffen, wie letzteres namentlich auf dem Lande oft bedungen wird) bekanntermaßen sogar die Regel. Sehr häufig ist auch die Gewährung einer selbständigen Wohnung für Hausmeister- oder

Pförtnerdienste, oder von Mitnutzungen an einem Garten für dessen Bearbeitung u. dgl. mehr.

Rechtliche Unterschiede für den Begriff des Dienstvertrags werden auch durch den verschiedenen Maßstab nicht begründet, nach welchem die Höhe der Vergütung etwa bemessen wird. Diese kann sowohl in sog. Zeitlohn als in sog. Stücklohn bestehen, ja auch in Ertragsantheilen (sog. partiarischem Lohn) ausgedrückt sein. (Näheres über das letztere, vorzüglich im Gebiete von Handels- und Gewerbsunternehmungen vorkommende Verhältniß s. bei Oertmann, S. 531 und in der dortselbst in Bezug genommenen Schrift von Crome, Partiarische Rechtsgeschäfte 1897 S. 141 fg.)

Ueber den Zeitpunkt der Verabreichung der Vergütung s. § 614.

Ueber rechtlich nebensächliche Reichnisse und andere gebotene Leistungen des Dienstberechtigten vgl. z. B. §§ 617, 618, 619 nebst Bem. dazu.

9. Eine selbständige weitere Frage ist auch die, ob der Dienstberechtigte auch verpflichtet sei, sich der bedungenen und ihm zur Leistung angebotenen Dienste thatsächlich zu bedienen oder seiner Verpflichtung durch die Verabfolgung der Vergütung allein schon genüge. Die Frage ist nicht identisch mit der anderen, ob er sich des (schon oder noch nicht in Vollzug gesetzten) Dienstverhältnisses wieder entledigen dürfe, worüber in B.G.B. §§ 620 fg. sich eingehende Vorschriften finden. Denn durch berechtigte Kündigung beendigt sich das ganze Vertragsverhältniß mitsammt der Vergütungspflicht. Jene Frage bezieht sich aber auf die Annahme der Dienstleistung bei rechtlich noch nicht beseitigtem Vertragsverhältnisse.

Oertmann, S. 532 und Planck, II S. 353 vertreten die Ansicht, daß Mangels besonderer Abrede der Dienstverpflichtete nach dem Gesetze keinen Anspruch darauf habe, die vereinbarten Dienste wirklich ableisten zu dürfen, vielmehr nur einen Anspruch auf die bedungene Vergütung, wenn ihm auch die Dienste selbst nicht gestattet werden. Dem läßt sich in zweifacher Hinsicht nicht voll beistimmen. Schon der Satz, daß die Entlohnung in einem Falle fraglicher Art immer eintreten müsse, ist nicht haltbar dann, wenn die Ablehnung der Dienstableistung Seitens des Berechtigten aus einem Grund erfolgt, den der Dienstverpflichtete, weil selbst im Verschulden, seinerseits rechtlich zu vertreten hat. Außerdem kann dem Dienstverpflichteten ein „direkter Anspruch" auf wirkliche Dienstableistung (unbeschadet zulässiger und berechtigter Kündigung) doch dann nicht abgestritten werden, wenn er ein wirkliches berechtigtes Interesse an der Dienstableistung hat. Ein solches kann besonders dann hervortreten, wenn das Dienstverhältniß bereits in Vollzug gesetzt war. Unter solchen Umständen kann eine freibeliebige Diensteinstellung Seitens des Dienstberechtigten unter Umständen den Dienstverpflichteten in eine unangenehme Lage bringen. Wie wäre es auch zu erklären, daß für den Fall noch nicht begonnener Dienstleistung der § 615 B.G.B. einen Annahmeverzug konstruirt und ihn mit besonderen Folgebestimmungen ausstattet, wenn gar keine Annahmepflicht bestände?

10. Soweit nicht in den §§ 611 fg. besondere Vorschriften enthalten sind, kommen für die Erfüllung der beiderseitigen Leistungen die allgemeinen Gesetzesbestimmungen zur Anwendung.

Von ganz besonderer Bedeutung wird hier vielfach der im § 242 B.G.B. niedergelegte Grundsatz bezüglich der Maßgabe von Treu und Glauben.

11. Daß sich der Dienstverpflichtete bei seinen Dienstleistungen den Anordnungen des Dienstberechtigten anzubequemen habe, kann im Allgemeinen ausbedungen werden, versteht sich übrigens auch bei verschiedenartigen Dienstleistungen nach deren Natur und Beschaffenheit von selbst. Dies gilt namentlich bei niederen Diensten. Daß es aber auch Dienstleistungen gibt, bei denen ein Anordnungsrecht und Abhängigkeitsverhältniß jener Art als ausgeschlossen gelten muß, steht außer Zweifel. Dies gilt z. B. beim Arzte, Lehrer u. dgl., überhaupt zumeist dann, wenn die Prosperität der Dienstleistung von dem eigenen höheren Verständnisse des Dienstleistenden abhängt. (Vgl. auch M. II, 458; Hachenburg, Dienstvertrag S. 21.)

12. Fehlt es auf der einen oder anderen Seite an der Erfüllung der Dienstvertragsverpflichtungen, so greift ein Klagerecht Platz. Die Klage geht zunächst auf Vertragserfüllung. Nach C.P.O. §§ 257, 258, 259 kann auch eine Klage auf künftige Erfüllung vorkommen. Ebenso ist auch, je nach der Sachlage, die Schadensersatzklage unter den hiefür maßgebenden allgemeinen Voraussetzungen nicht ausgeschlossen. (Planck, II S. 354.)

13. Nicht selten kommt es vor, daß Jemand für die gleiche Zeit sich mehreren Dienstberechtigten verpflichtet und daß daraus Kollisionen entstehen. Wie auch Planck, II S. 351 deßfalls betont, hat das Bürgerliche Gesetzbuch selbst einen Rechtssatz, daß hier der zuerst Berechtigtgewordene vorgehe, nicht aufgestellt. In der R.T.K. sind sogar Anträge abgelehnt worden, welche bezielt hatten, ein solches Vorrecht wenigstens für den

Bereich von Diensten im Haushalt oder Wirthschaftsbetrieb zu begründen. (R.T.K.Ber. S. 45.) Danach würde also die Lösung eines Konflikts lediglich der Vigilanz der Betheiligten auf dem Rechtsweg anheimgegeben sein. Dabei ist aber zu bemerken, daß gerade auf dem Gebiet, auf welchem Vorkommnisse jener Art besonders häufig sich ereignen, nämlich auf dem des Gesinderechtes, da und dort spezielle landesrechtliche Vorschriften auf Grund des Art. 95 E.G. z. B.G.B. (wozu R.T.K.Ber. S. 45 fg. zu vergleichen ist) eingreifen. So ist in der neuen bayrischen Gesindeordnung (Art. 17 des bayrischen A.G. vom 9. Juni 1899) bestimmt, daß ein Dienstbote, welcher an mehrere Dienstherrschaften für die nämliche Zeit sich verdingt, bei derjenigen Dienstherrschaft auf Verlangen einzutreten hat, mit welcher er den Dienstvertrag zuerst abschloß, den übrigen Dienstherrschaften aber zum Schadensersatze verpflichtet ist. Ebensolche Vorschriften enthalten auch die Gesindeordnungen für Preußen, Sachsen, Hessen, Weimar, Mecklenburg, zum Theil anders Württemberg (vgl. Henle-Schneider, Handausgabe der bayrischen A.G. S. 44). Unterstützend wirken in diesem Punkte auch öffentlich-rechtliche Vorschriften, wie solche z. B. im Art. 106 des bayrischen P.St.G.B. enthalten sind.

§ 612.

Eine Vergütung gilt als stillschweigend vereinbart, wenn die Dienstleistung den Umständen nach nur gegen eine Vergütung zu erwarten ist.

Ist die Höhe der Vergütung nicht bestimmt, so ist bei dem Bestehen einer Taxe die taxmäßige Vergütung, in Ermangelung einer Taxe die übliche Vergütung als vereinbart anzusehen.

E. I, 559; II, 552; III, 605.

1. Der erste Absatz des § 612, welcher von der Vergütbarkeit der Dienstleistungen handelt, bestätigt die schon oben S. 412 gemachte Bemerkung, daß die begrifflich erforderliche Vergütung der zu leistenden Dienste sowohl ausdrücklich als auch stillschweigend zur „Vereinbarung im Sinne des Gesetzes“ gebracht werden kann. Die Annahme einer stillschweigenden Vereinbarung kann sich auf verschiedenartige Umstände gründen. Einen solchen, aber keineswegs ausschließlichen Umstand behandelt Abs. 1 § 612. Die Gesetzesstelle verordnet, daß eine Vergütung unter gewissen Umständen als stillschweigend vereinbart gilt, d. h. von Gesetzeswegen als bedungen zu betrachten sei, sobald jene Umstände vorliegen. Steht letzteres fest, so begründet diese (nöthigenfalls durch Beweis erhärtete) Thatsache allein schon eine gesetzliche Vermuthung dafür, daß nach dem Parteiwillen für die Dienste auch ein Entgelt zu leisten sei, und zwar so, daß diese gesetzlich verordnete Annahme („gilt als . . .“) nur dann entkräftet würde, wenn nachgewiesen werden sollte, es habe dem wirklichen Parteiwillen beider Theile im gegebenen Falle direkt nur die unentgeltliche Leistung entsprochen. Oertmann, S. 333 nimmt sogar ausdrücklich eine praesumtio juris et de jure an — doch dürfte dies zu weit gehen. Obiger Nachweis wird frei zu lassen sein, schon deßhalb, weil er das Rechtsverhältniß überhaupt dem Bereich eines Dienstvertrags und damit der Sphäre des § 612 entrückt.

Jene Umstände aber, aus welchen das Gesetz eine stillschweigend geschaffene Vergütungsverpflichtung ableitet, liegen darin, daß „die Dienstleistung den Umständen nach nur gegen Vergütung zu erwarten ist“. Nicht zu beanstanden ist die Annahme (Planck, II S. 352; Oertmann, S. 333), daß dieses „zu erwarten“ vor Allem objektiv, nach den äußeren Verhältnissen, zu beurtheilen ist. Ins Auge zu fassen sind in dieser Hinsicht namentlich sowohl die allgemeine Verkehrssitte (R.T.K.Ber. S. 45) als auch die besondere Lebensstellung, sowie die Standes- und Erwerbsverhältnisse des Dienstleistenden. Macht dieser aus den konkreten Dienstleistungen in entgeltlicher Gestalt ein Gewerbe, gründet er darauf seinen Beruf, seinen Nahrungsstand rc., so kann Niemand, es sei denn auf Grund besonderer Zusicherung der Unentgeltlichkeit, berechtigter Weise voraussetzen, die begehrten Dienste würden unentgeltlich geleistet werden. Dies gilt für alle Arten von Diensten, höheren wie niederen.

Aber auch außerhalb eines Gewerbebetriebs kann die Anwendbarkeit des § 612 Abs. 1 im Einzelfalle begründet sein, z. B. wenn man irgendwie einen gewöhnlichen Arbeiter als besonderen Eilboten abschickt (vgl. Schollmeyer, Einzelne Schuldverhältnisse S. 55.)

2. Die Art der Vergütung (vgl. oben S. 412) ist im B.G.B. nicht besonders festgesetzt. In erster Reihe ist dies durch Parteivereinbarung zu regeln. Liegt eine solche nicht vor, so richtet sich jener Punkt auch wieder nach den Umständen, den Lebens-

verhältnissen, der Verkehrssitte. Besteht noch Zweifel, so ist eben auf Geld, als das allgemeine Mittel zum Austausche von Werthen, zu entscheiden. Da und dort können übrigens auch spezialrechtliche Normen eingreifen. Wenn z. B. eine Taxordnung für Dienstmänner, Fiaker rc. besteht, welche Gebührensätze feststellt, so sind diese selbstverständlich in Geld zu entrichten, und nicht etwa in Cigarren oder Wachskerzen. Hieher sind auch z. B. in gewisser Hinsicht die Vorschriften der Gew.O. in § 115 über das Verbot des sog. Trucksystems zu rechnen. Planck, II S. 353 bemerkt übrigens unter Bezugnahme auf R.T.K.Ber. S. 46 mit Recht, daß dieses gewerberechtliche Verbot eben auch nur für das sachliche Gebiet der fraglichen Bestimmungen der Gew.O. gilt, nicht auch für sonstige, rein nach B.G.B. und auf dessen Grundlage nach freiem Parteiwillen zu beurtheilende Verhältnisse. (Vgl. auch Hachenburg, Dienstvertrag S. 9.)

3. Häufig kommt es vor, daß über die Höhe der Vergütung von den Parteien nichts eigens bestimmt wird. Ist solches der Fall, d. h. fehlt sowohl eine ausdrückliche als eine stillschweigende Festsetzung hierüber, so greifen die Gesetzesvorschriften im zweiten Absatze ein. Es kommt z. B. vor, daß Jemand an eine öffentliche Droschke herantritt, einsteigt und dem Kutscher lediglich das Ziel der Fahrt bezeichnet. Für solche Fälle unterscheidet das B.G.B. danach, ob für die Dienstleistung eine bestimmte Taxe besteht oder nicht. Wenn ja, so ist diese maßgebend. Wenn nein, so ist die übliche Vergütung als vereinbart anzusehen. Gewährt auch letzteres Moment keinen Anhaltspunkt, so muß eben nach § 316 entschieden werden, wonach hier die Bestimmung der Vergütung demjenigen zustände, welcher sie zu fordern hat. Unter jener Taxe ist übrigens eine obrigkeitlich festgesetzte zu verstehen, wie solche namentlich die §§ 76—79 der Gew.O. vorsehen. (So auch Oertmann, S. 333; Planck, II S. 352.) Ist in solchen Taxnormen bestimmt, daß die Dienstleistenden die Taxe nicht überschreiten dürfen, so gilt dies nach wie vor, allerdings nicht kraft bürgerlichen, sondern kraft öffentlichen Rechtes. Andere Taxnormen gibt es auch, welche nur den Charakter supplementärer Vorschriften „für strittige Fälle" an sich tragen. So z. B. die Taxen der Aerzte nach § 80 Abs. 2 Gew.O. Für die nach B.G.B. §§ 612, 316 zu beurtheilenden Fälle kommen sie ebenfalls in Betracht.

§ 613.

Der zur Dienstleistung Verpflichtete hat die Dienste im Zweifel in Person zu leisten. Der Anspruch auf die Dienste ist im Zweifel nicht übertragbar.

E. II, 554; III, 606.

1. Ihre Entstehung verdankt die Vorschrift der II. Komm., welche erst dieselbe eingestellt hat (P. II, 278 fg.). Das Prinzip der persönlichen Dienstleistung ist wenigstens im Allgemeinen schon in M. II, 456 fg. anerkannt worden. Danach wurde aber doch die Einstellung einer ausdrücklichen Vorschrift in E. I unterlassen, weil dem Richter freie Hand gelassen werden sollte, „die besonderen Umstände des einzelnen Falles unbeengt durch eine dispositive Rechtsnorm oder durch eine Auslegungsregel der Würdigung zu unterziehen". Die II. Komm. erachtete es aber für nützlich, die in der Mehrzahl der Fälle der Parteiabsicht entsprechende Regel auch im Gesetz auszusprechen. Dabei ist dem in M. a. a. O. ausgedrückten Bedenken wenigstens in der Gestalt Rechnung getragen, daß lediglich eine

2. Auslegungsregel aufgestellt wurde, welche auch einer anderen Auffassung bei nicht bestehenden Zweifeln über die Parteiabsicht Raum gibt. Diese Auslegungsregel gilt dabei gleichmäßig nach zwei Richtungen, nämlich hinsichtlich der Unübertragbarkeit der Dienstleistung auf Seite des Dienstverpflichteten (Satz 1) wie auf Seite des Dienstberechtigten (Satz 2).

Soweit diese Auslegungsregel ihre Tragweite erstreckt, ergibt sich insbesondere eine wichtige Folgerung aus derselben in einem Punkte, über welchen das B.G.B. beim Dienstvertrage keine ausdrückliche Bestimmung hat. Es ist die Frage der Beendigung des Dienstvertrags durch den Tod eines der Vertragstheile. Nach Satz 1 § 613 ist im Zweifel anzunehmen, daß beim Tode des Dienstverpflichteten das Dienstvertragsverhältniß erlischt. Nach Satz 2 § 613 wird gewöhnlich das Gegentheil beim Tode des Dienstberechtigten angenommen (Fischer-Henle 4 Aufl., Windscheid-Kipp, Pand. II S. 714 fg. zu § 620). Der Dienstanspruch ist ja auch in Satz 2 als unübertragbar, nicht als unvererblich erklärt (vgl. auch Hachenburg, Dienstvertrag S. 25 fg.). Mit Recht betont aber Windscheid-Kipp, Pand. II S. 715, daß auch das Erlöschen des Vertragsverhältnisses beim Tode des Dienstherrn sich aus der Natur der Dienstleistungen ergeben kann, beispielsweise wenn zur Pflege eines tödtlich Kranken ein besonderer Wärter eingestellt ist.

3. Für den Dienstverpflichteten ergibt sich wiederum ein Doppelgehalt der Vorschrift. Jener ist im Zweifel nicht berechtigt, zur Dienstleistung für sich einen Anderen vorzuschieben, einen Stellvertreter damit zu betrauen. Er ist aber auch nicht verpflichtet, für sich dem Dienstberechtigten einen Vertreter zu bestellen, wenn eine Nichtleistung in eigener Person gerechtfertigt sein sollte. (Uebereinstimmend Planck, II S. 353; Oertmann, S. 335.)

Die Beiziehung eines Gehülfen ist von einer Stellvertretung zu unterscheiden. Planck wie Oertmann a. a. O. lassen sie ohne Einschränkung zu. Dem kann beigestimmt werden, wenn, aber auch nur wenn die Beschaffenheit der Dienste von der Art ist, daß solche einen Gehülfen erheischen oder doch dessen Beiziehung als angänglich, als dem Prinzipe der persönlichen Dienstleistung nicht widersprechend erscheinen lassen. Denkbar sind ja auch Fälle, in denen ein Verstoß gegen dieses Prinzip schon darin zu finden wäre, daß der Dienstleistende einen Theil der Arbeit, wenn auch unter seiner Aufsicht einem Gehilfen überträgt.

Die Frage der Haftung des Dienstpflichtigen für Gehülfen bemißt sich nach den allgemeinen Normen. Sonderbestimmungen darüber hat das B.G.B. in diesem Titel nicht aufgestellt.

4. Was die Unübertragbarkeit auf Seite des Dienstberechtigten betrifft, so ist die Auslegungungsregel des Satzes 2 die ebenso gerechte als billige Kehrseite des Verhältnisses. (Vgl. schon M. II, 457.)

Da die Sätze des § 513 in dem Titel vom Werkvertrage nicht enthalten sind, so ist bei Anwendung des § 513 genau zuzusehen, ob wirklich ein Dienstvertrag und nicht etwa ein Werkvertrag vorliegt.

§ 614.

Die Vergütung ist nach der Leistung der Dienste zu entrichten. Ist die Vergütung nach Zeitabschnitten bemessen, so ist sie nach dem Ablaufe der einzelnen Zeitabschnitte zu entrichten.

E. I, 560; II, 555; III, 607

1. § 614 bildet eine Analogie zu § 517 über die Miethen (s. auch sächsisches G.B. § 1238). Ersterer enthält den Grundsatz der Vorleistungspflicht des Dienstverpflichteten. Die Vergütung des Dienstberechtigten ist postnumerando zu leisten. Da übrigens die ganze Vorschrift des § 614 offenbar nur einen dispositiven Charakter an sich trägt (anerkannt auch in P. II, 279, dann in R.T.K.Ber. S. 46), so kann auch ausdrücklich oder stillschweigend etwas anderes ausgemacht worden sein. Letzteres kann sich namentlich auch schon aus der allgemeinen Uebung und Verkehrssitte (P. II, 279, sowie aus der Art der Vergütung ergeben, z. B. bei Gewährung von Unterkunft und Naturalverpflegung.

Auch durch eine Polizeivorschrift kann eine Vorleistungspflicht des Dienstberechtigten begründet sein, z. B. die aus verkehrspolizeilichen Gründen vorgeschriebene Vorausbezahlung für eine Droschkenfahrt zu einem Bahnhof, an ein Theater 2c.

2. Soweit die Vorleistungspflicht des Dienstverpflichteten reicht, kann diesem wegen noch nicht bekommener Vergütung die Einrede des noch nicht erfüllten Vertrags (vgl. § 320) nicht zustehen.

Eine Frage wirft dabei aber Oertmann, S. 334, dahin auf, ob bei Vergütung nach Zeitabschnitten (§ 614 Satz 2) diese Einrede nicht wenigstens dann gegeben sei, wenn eine Vergütung für einen vorausgegangenen Termin rückständig geblieben ist. Oertmann verneint jenes nicht ohne Grund, weil es sich ja jetzt bei einer Dienstweigerung auf Grund jener Einrede nicht mehr um die frühere, sondern um die laufende Dienstleistung handle und eine Gegenleistung für diese noch nicht in Frage stehe. Dabei ist aber der vom Zurückbehaltungsrechte handelnde § 273 zu vergleichen. Beides, jene Einrede und dieses Zurückbehaltungsrecht, ist nicht gleichbedeutend.

§ 615.

Kommt der Dienstberechtigte mit der Annahme der Dienste in Verzug, so kann der Verpflichtete für die in Folge des Verzugs nicht geleisteten Dienste die vereinbarte Vergütung verlangen, ohne zur Nachleistung verpflichtet zu sein. Er muß sich jedoch den Werth desjenigen anrechnen lassen, was er in Folge des

Unterbleibens der Dienstleistung erspart oder durch anderweitige Verwendung seiner Dienste erwirbt oder zu erwerben böswillig unterläßt.

E I, 561, II, 557, III, 609.

I. Allgemeine Gesichtspunkte. Die §§ 615, 616 haben zur thatsächlichen Voraussetzung, daß zwar eine Dienstverpflichtung rechtlich zur Begründung kam, die thatsächliche Dienstleistung aber gleichwohl nicht oder nicht mehr eintritt. Der Fall, daß solches die Folge eines gegenseitigen Einverständnisses der Vertragsparteien ist, kommt hier von vorneherein natürlich nicht in Betracht. Wohl aber werden hier von Bedeutung die Rechtsfolgen einer eingetretenen Unmöglichkeit der Vertragserfüllung und des Verzugs auf der einen oder anderen Seite. Diese Rechtsfolgen bemessen sich im Ganzen und Großen nach den allgemeinen Vorschriften, namentlich in den §§ 275, 323, 324, 325, 293 fg. Für den Dienstvertrag bringen dazu aber die §§ 615, 616 für einzelne Punkte Sonderbestimmungen, welche sich in jenen Gesammtrahmen modifizirend einfügen. (Ueber das ältere Recht vgl. l. 19 § 9, 10, l. 38 pr. D. 19, 2; P.L.R. Thl. I Tit. 5 §§ 1408 fg., Tit. 11 § 878; sächsisches G.B. §§ 1235, 870, 1239; M. II, 462.)

II. In Bezug auf Unmöglichkeit der Leistung fällt hier derjenige Fall in Betracht, welcher sich ergibt in Folge eines Umstands, der erst nach Entstehung des Schuldverhältnisses eintritt. Für solchen Fall kommt es auch hier darauf an, ob jenen Zwischenumstand der eine oder andere Theil zu vertreten hat. (§§ 276 fg.) Liegt letzteres keinem der Theile ob, so erlischt Verpflichtung und Gegenverpflichtung. Bei theilweiser Unmöglichkeit s. § 323 mit §§ 472, 473. In dem Bereiche dieser Bestimmungen, über welche auch Bd. 2 S. 36 fg., 73 fg. dieses Komm. zu vergleichen ist, greift nun § 616 mit einer Modifikation ein, betreffs welcher zu § 616 Näheres folgt. Sie berührt Vorkommnisse in der Person des Dienstpflichtigen. Ueber Fälle außerhalb des Gebiets des § 616, namentlich wenn die Unmöglichkeit in der Person des Berechtigten eintritt, ohne daß dieser sie zu vertreten hätte, s. auch Bem. bei Oertmann, S. 335.

Hat der eine oder andere Theil die Leistungsunmöglichkeit zu vertreten, so kommen, je nachdem diese Vertretungspflicht den Leistungsgläubiger oder Leistungsschuldner trifft, die verschieden konstruirten allgemeinen Vorschriften der §§ 324, 325 zur Anwendung. (Vgl. auch oben Bd. 2 S. 74 fg.)

Erwächst nun aber die Dienstleistungsverhinderung dem Dienstverpflichteten durch einen

III. Annahmeverzug des Dienstberechtigten, so greift die Spezialvorschrift des § 615 ein. (Vgl. dazu P. II, 279.)

1. Was als Annahmeverzug zu betrachten ist, bemißt sich nach den einschlägigen allgemeinen Vorschriften, §§ 293 fg. B.G.B. Besondere in der Person des Dienstberechtigten liegende Voraussetzungen, neben den allgemeinen des Verzugs, sind durch § 615 nicht erfordert. Für dessen Anwendbarkeit begründet es auch keinen Unterschied, aus welchen Gründen der Dienstberechtigte in Verzug steht. Insbesondere ist es nach dem Inhalte des § 615, wie er lautet, nicht nothwendig, daß auf Seite des Berechtigten ein Verschulden vorliegt. (Im § 616 anders! S. auch Planck, II S. 354.)

Ein Verzug des Dienstberechtigten kann auch anzunehmen sein, wenn dieser eine Leistung, welche die Dienste erst ermöglicht, zu machen hat, erstere aber verzögert. (Hachenburg, Dienstvertrag S. 37.)

2. Wirkungen. Hat der Dienstverpflichtete seine Dienstleistung angeboten (§ 293 B.G.B.), so kann er, wenn die Nichtleistung seiner Dienste nur eine Folge des Annahmeverzugs ist, die vereinbarte Vergütung nach Umfang und Art (bei Naturalleistungen mag entsprechenden Falles Ersatz in Geld begehrt werden, wenn ohne Dienstannahme die Naturalleistung nicht durchführbar wäre) verlangen, ohne zur Nachleistung derjenigen Dienste verpflichtet zu sein, welche eben in Folge und auf die Dauer des Annahmeverzugs entfallen. (S. auch Oertmann, S. 335.) Eine völlige Aufhebung des Vertrags tritt auf Grund des § 615 nicht ein. (In M. II, 462 ist zu dem im Wesentlichen gleichen Satz in E. I § 561 eigens bemerkt, es sei absichtlich vermieden, auszusprechen, daß bei Annahmeverzug die Dienstleistung erfolgt sei oder als bewirkt gilt.) Wird der Verzug geheilt, so bleibt auch der Dienstleistende für die Zukunft leistungspflichtig. Liegt ein anderer Vertragsaufhebungsgrund vor, so ist derselbe durch § 615 nicht ausgeschlossen. Der Dienstverpflichtete ist übrigens auch nicht gezwungen („kann verlangen"), den Verzug nach § 615 geltend zu machen. Er kann auch bei seinen anderen Rechtsbehelfen stehen bleiben.

3. Durch § 615 erhält die Vorleistungspflicht des § 614 eine selbstverständliche Modifikation. Die Verpflichtung nach § 615 kann der Berechtigte nicht mit Berufung

auf § 614 ablehnen. Einem solchen Begehren oder dem Anfordern einer Nachleistung gegenüber steht dem Dienstverpflichteten eine Einrede aus § 615 zu. Andererseits entfällt im Bereiche des § 615 für den Berechtigten die Einrede des auf Seite des Verpflichteten nicht erfüllten Vertrags. (Oertmann, S. 335; Planck, II S. 354.)

4. Eine Einschränkung erfährt der aus § 615 entspringende Anspruch des Dienstverpflichteten durch den zweiten Satz der Gesetzesstelle. Gegenstand mindernder Anrechnung ist danach der Werth:

a) des durch die Nichtleistung der Dienste Ersparten, z. B. an Bahnfahrten, Kosten für Gehülfen u. dgl.;

b) des Erwerbs, welchen der Dienstpflichtige dadurch gemacht hat, daß er statt der fraglichen Dienste anderweitig Dienste geleistet und dazu Arbeitskraft verwendet hatte. Diesem Surrogaterwerbe steht es gleich, wenn der Dienstpflichtige

c) es böswillig unterläßt, von der Möglichkeit anderweitigen Erwerbs Gebrauch zu machen.

Diese Bestimmung bildet ein Analogon zu § 324 Abs. 1 Satz 2. Vgl. daher die Erörterung zu dieser Gesetzesstelle (Bd. 2 S. 75, 76 dieses Komm.), insbesondere auch bezüglich der Ausdrücke „anrechnen lassen" und „böswillig". (S. dazu auch Oertmann, S. 336.)

Den Beweis für Umfang und Werth der Anrechnungsposten hat der anrechnende Dienstberechtigte zu erbringen.

§ 616.

Der zur Dienstleistung Verpflichtete wird des Anspruchs auf die Vergütung nicht dadurch verlustig, daß er für eine verhältnißmäßig nicht erhebliche Zeit durch einen in seiner Person liegenden Grund ohne sein Verschulden an der Dienstleistung verhindert wird. Er muß sich jedoch den Betrag anrechnen lassen, welcher ihm für die Zeit der Verhinderung aus einer auf Grund gesetzlicher Verpflichtung bestehenden Kranken- oder Unfallversicherung zukommt.

E. I, 562; II, 557; III, 609.

I. Ueber die allgemeinen Grundlagen der hier vorliegenden Spezialbestimmung ist schon zu § 615 S. 417 Unterschiedliches bemerkt worden.

Durch § 616 werden allgemeine Grundnormen des B.G.B., namentlich über die Folgen der Unmöglichkeit einer Leistung in einer Einzelrichtung modifizirt. Die hiefür maßgebend gewesenen Gründe sind sozialpolitischer Natur. Sie entsprechen zu Gunsten des Dienstberechtigten den Rücksichten der Humanität (M. II, 463; s. über den § 616 auch P. II, 280 fg.). Diese Tendenz erscheint von Bedeutung namentlich auch für die Beurtheilung des Vorhandenseins der Voraussetzungen der Anwendbarkeit der Gesetzesstelle im Einzelfalle.

Aehnliches hatte schon Art. 60 des älteren H.G.B. enthalten. Vgl. auch § 133 c Gew.O.

II. Aus der Entstehungsgeschichte des § 616 ist, weil von Bedeutung für die Tragweite der Vorschrift, hervorzuheben, daß der entsprechende § 562 E. I die Bestimmung nur gelten lassen wollte bei einem „dauernden, die Erwerbsthätigkeit des Dienstverpflichteten vollständig oder hauptsächlich in Anspruch nehmenden Dienstverhältnisse". Die II. Komm. hat diese Bestimmung auf Dienstverhältnisse jeder Art ausgedehnt, davon ausgehend, daß „der Dienstgeber bei jedem Dienstverhältnisse mit der Möglichkeit verhältnißmäßig geringfügiger Verhinderungen des Dienstverpflichteten rechnen müsse". (P. II, 280.) Dagegen hatte die II. Komm. eine andere Beschränkung eingestellt, nämlich auf Fälle, in denen die Vergütung nach Zeitabschnitten bestimmt sei. Bei Stücklohn, z. B. in Ansehung des Spielhonorares eines Schauspielers, „solle der Dienstverpflichtete auch die Gefahr verhältnißmäßig geringfügiger Verhinderungen tragen" (P. II, 280). Jener neue Zusatz wurde aber wiederum von der R.T.K. abgelehnt, welche nach Ber. S. 47 sowohl den Fall des Zeit- als des Stücklohns getroffen wissen wollte. Wie Planck, II S. 354 fg. bemerkt, kann bei Stücklohn die Frage entstehen, was denn dann eigentlich dem Dienstverpflichteten, der in Folge der Verhinderung doch keine „Stücke" leisten könne, als Vergütung zu belassen, zu berechnen und zu gewähren sei? Der Anschauung, daß dann eben ausnahmsweise auf einen Durchschnittsbetrag zurückzugehen sei, läßt sich nicht wohl entgegentreten. Abgelehnt wurde endlich schon in II. Komm. der Antrag, statt der Worte: „durch einen in seiner Person liegenden Grund" zu setzen: „außer dem im § 561 (jetzt § 615) bezeichneten Falle". (P. II, 281 fg.; vgl. dazu nachher III, 1 am Schlusse.)

III. Die einzelnen Voraussetzungen des Anspruchs.

1. Die Fortdauer des Vergütungsanspruchs ist hier bedingt durch eine Verhinderung des Dienstverpflichteten an der Dienstleistung, und zwar durch eine solche, welche in seiner Person gelegen ist. Zumeist ist das Krankheit des Dienenden oder ein ihm von außen zugestoßener körperlicher Unfall. Außerdem kommen z. B. in Betracht: außerordentliche Vorkommnisse in der Familie des Dienstleistenden (Begräbnisse, Krankheitsfälle, Geburten), wenn sie dazu angethan sind, die Person des Dienstpflichtigen selbst in Gestalt einer Verhinderung am Dienste bei billiger Rücksichtnahme auf die Verhältnisse in Mitleidenschaft zu ziehen. Weiter können auch z. B. Einberufungen (kurze!) zur Erfüllung der Wehrpflicht (M. II, 463), zu militärischen Kontrolversammlungen, zum Schöffen- und Geschworenendienste, zu gerichtlichen Terminen 2c. genannt werden. Wenn man aber auch den Tod des Dienstpflichtigen selbst hieher rechnet, wie z. B. Oertmann, S. 336, so ist dies insoferne sicherlich unzutreffend, als ja doch der Tod keine bloß auf „unerhebliche Zeit" sich erstreckende Verhinderung schafft!

Verschiedener Ansicht sind Planck, II S. 367 fg. (dieser in längerer Erörterung) und Oertmann, S. 336 darüber, ob § 616 anwendbar sei in Fällen, in welchen nicht eine direkt in der Person des Dienstverpflichteten entstandene nur oder mehr objektive Verhinderung desselben an der Dienstleistung vorliegt, z. B. wenn die Fabrik, in der zu arbeiten ist, abbrennt, oder eine Verkehrsstörung den Dienstverpflichteten am Eintreffen zum Dienste verhindert. In II. Komm. (P. II, 281) ergaben sich darüber verschiedene Anschauungen, weßhalb auch der oben unter Nr. II verzeichnete Antrag abgelehnt wurde. Eine bestimmte Meinung ist darüber indessen anscheinend nicht zum Durchbruche gekommen. Ein kategorisches Ja oder Nein ist auch nicht wohl auszusprechen. Je nach Lage der Verhältnisse kann es gerechtfertigt sein, eine objektive, nachträglich eingetretene, den Dienstvertrag ganz aufhebende Unmöglichkeit der Leistung anzunehmen. In anderen Fällen mag ein Annahmeverzug im Sinne des § 615 vorliegen und nach dieser Stelle zu entscheiden sein. In wieder anderen Fällen kann der objektive Grund die Wirkung haben, daß er eben gerade auf die Person des Dienstleistenden rückwirkt, z. B. diesen hindert, an den Ort der Dienstleistung zu gelangen. Dann mag § 616 einschlagen. (Vgl. namentlich auch Entsch. d. R.G. Bd. 3 S. 179.)

2. Der Verhinderungsgrund muß „ohne Verschulden" des Dienstverpflichteten eingetreten sein. Ueber civilrechtliches Verschulden vgl. auch hieher namentlich § 276 als grundlegende Vorschrift.

Mit Recht betont übrigens Oertmann, S. 337, daß hieher auch ein sittliches Verschulden zu rechnen sein kann. Beispielsweise bei einer diensthindernden Geschlechtserkrankung ansteckender Art oder bei außerehelicher Entbindung oder Frühgeburt einer Arbeiterin.

Thatsächlich kann auch ein wider Treu und Glauben verstoßendes Verschweigen von Umständen, welche schon beim Abschlusse des Dienstvertrags ins Gewicht gefallen wären, in Betracht kommen. Zu bezweifeln kann aber vielfach sein, ob ein solches schon beim Vertragsabschlusse vorkommendes Verschulden als eine Schuld im Sinne der besonderen Vorschrift des § 616 zu betrachten ist.

3. Die Verhinderung darf sich nur auf „eine verhältnißmäßig nicht erhebliche Zeit" erstrecken. Nähere Vorschriften darüber, wie weit das gehe, gibt das B.G.B. selbst nicht. Das Erforderniß unterliegt daher arbiträrer Beurtheilung (M. II, 464) im Einzelfalle. In Betracht zu ziehen ist dabei nicht bloß die absolute Hinderungsdauer an sich, sondern auch deren relatives Verhältniß zum Dienstleistungszweck. Beispielsweise bei Inanspruchnahme geburtshülflicher Dienste einer im Voraus engagirten Hebamme kann schon eine objektiv recht kurze Zeitfrist relativ recht erheblich sein. Planck, II S. 355 ist darum im Rechte, wenn er unter Umständen ein begriffsbegrenzendes Merkmal auch darin finden läßt, ob eine Ersatzleistung eines Anderen nothwendig geworden ist. Im Uebrigen ist auch die Natur der Dienste und deren Gesammtdauer für die Beurtheilung des fraglichen Erfordernisses von Bedeutung.

4. Wer sich auf den Vortheil des § 616 beruft, hat auch dessen Erfordernisse zu beweisen, insbesondere, wie Planck, II S. 355 zutreffend betont, auch die thatsächlichen Verhältnisse, aus denen sich ergibt, daß der Hinderungsgrund außer dem Bereich eines Verschuldens des Verhinderten liegt.

IV. Dem Vergütungsanspruch aus § 616 stellt der zweite Satz der Gesetzesstelle übrigens eine Einschränkung gegenüber. Sie geht dahin, daß sich der Dienstverpflichtete vom Dienstberechtigten auf die von diesem zu gewährende Vergütung denjenigen

Betrag anrechnen lassen muß, welcher ihm für die Zeit der Verhinderung aus einer auf Grund gesetzlicher Verpflichtung bestehenden Kranken- oder Unfallversicherung zukommt. Also eine Anrechnung Seitens des Dienstberechtigten und nicht umgekehrt ein Abzug des fortlaufenden Dienstlohns Seitens der Versicherungskasse! Darauf, wer die Beiträge zur Kasse gezahlt hat, kommt hier gar nichts an. Auf selbst genommene Privatversicherung und die Bezüge daraus erstreckt sich ohnehin die Anrechnungsbefugniß des § 616 nicht. Richtig bemerkt aber Planck, II S. 355, daß zu den unter Satz 2 § 616 fallenden Versicherungen auch solche zu rechnen sind, welche auf Ortsstatut oder Polizeivorschrift beruhen, soferne eine Beitrittspflicht besteht.

Ihrem Charakter nach ist die Vorschrift des § 616 Satz 2 ausschließender und nicht beispielgebender Natur. Auf andere Fälle erstreckt sie sich also nicht, insbesondere z. B. nicht auf eine Alters- oder Invalidenrente, nicht auf Reichnisse aus privaten Unterstützungs- oder Hilfskassen, nicht auf privatrechtliche Entschädigungen (z. B. nach dem Haftpflichtgesetze), nicht auf empfangene Gebühren als Zeuge und auf militärischen Sold oder auf Familienunterstützungen nach R.G. vom 10. Mai 1892 während militärischer Verhinderung. Dem Dienstberechtigten wird auch nicht die Zwangsbefugniß zur Anrechnung solcher Auslagen zugesprochen werden können, welche ihm auf die Inanspruchnahme eines Aushülfeersatzes erwuchsen, soferne trotz der Nothwendigkeit des letzteren (vgl. oben S. 419 unter Nr. III, 3) die Voraussetzungen nach Satz 1 § 616 gegeben erscheinen.

V. Wenn auch § 616 sozialen Rücksichten entsprungen ist, so trägt er doch nur dispositiven Charakter. Es sind in der That Fälle denkbar, wo eine gegentheilige Vereinbarung geradezu in der Natur der Verhältnisse liegt. Man denke z. B. an das Engagement eines Hauslehrers auf einzelne Unterrichtsstunden mit Verabredung der Entlohnung in bestimmtem Betrage für jede gegebene Unterrichtsstunde. Hier kann der Lehrer gewiß nicht Zahlung für einen Unterricht verlangen, den er aus persönlichen Gründen nicht leisten kann. In solchen Fällen erscheint die Sache sogar dazu angethan, eine den § 616 ausschließende stillschweigende Vereinbarung anzunehmen. Planck, II S. 355 nimmt letzteres auch an in Bezug auf Vergütung durch Naturalunterhalt in der Familie, wenn der Dienstpflichtige seinerseits verhindert ist, diesen Unterhalt als solchen zu genießen.

§ 617.

Ist bei einem dauernden Dienstverhältnisse, welches die Erwerbsthätigkeit des Verpflichteten vollständig oder hauptsächlich in Anspruch nimmt, der Verpflichtete in die häusliche Gemeinschaft aufgenommen, so hat der Dienstberechtigte ihm im Falle der Erkrankung die erforderliche Verpflegung und ärztliche Behandlung bis zur Dauer von sechs Wochen, jedoch nicht über die Beendigung des Dienstverhältnisses hinaus, zu gewähren, sofern nicht die Erkrankung von dem Verpflichteten vorsätzlich oder durch grobe Fahrlässigkeit herbeigeführt worden ist. Die Verpflegung und ärztliche Behandlung kann durch Aufnahme des Verpflichteten in eine Krankenanstalt gewährt werden. Die Kosten können auf die für die Zeit der Erkrankung geschuldete Vergütung angerechnet werden. Wird das Dienstverhältniß wegen der Erkrankung von dem Dienstberechtigten nach § 626 gekündigt, so bleibt die dadurch herbeigeführte Beendigung des Dienstverhältnisses außer Betracht.

Die Verpflichtung des Dienstberechtigten tritt nicht ein, wenn für die Verpflegung und ärztliche Behandlung durch eine Versicherung oder durch eine Einrichtung der öffentlichen Krankenpflege Vorsorge getroffen ist.

E. I, —; II, —; III, —.

In den §§ 617 u. 618 bringt das B.G.B. Bestimmungen, welche eine ganz besondere Bedeutung haben, da sie sozialpolitischen Rücksichten auf das Wohl der dienenden Klasse, als der in der Regel wirthschaftlich schwächeren, entsprungen sind. Dieser ihrer Bedeutung entsprechend sind auch beide Bestimmungen mit zwingendem Charakter ausgestattet

(§ 619). Der in § 619 niedergelegte Rechtszwang begründet eine besondere Fürsorgepflicht des Dienstberechtigten für das leibliche und in gewisser Hinsicht auch sittliche und geistige Wohl bestimmter ihm dienender Personen. Was an sich schon den Geboten der Moral und Humanität entspricht, ist hier mit näherer praktischer Ausführung und Umgrenzung auch zu „einer im Wege des Prozesses erzwingbaren Rechtspflicht“ (P. II, 285) erhoben.

I. Entstehung des § 617. In den drei Entwürfen war eine Vorschrift dieser Art noch nicht vorgeschlagen. Angeregt ist eine solche allerdings schon in der II. Komm. worden (P. II, 284 fg.). Sie wurde damals aber abgelehnt, und zwar, von noch anderen Gründen abgesehen, hauptsächlich deßhalb, weil eine derartige dem Gebiete des sog. Arbeiterschutzes zugehörige Bestimmung nicht ins B.G.B. gehöre, ihr Zweck auch schon durch § 616 des letzteren wenigstens theilweise gewahrt werde. Später aber fand die Vorschrift in der R.T.K. An- und Aufnahme. (Komm.Ber. S. 47 fg.; vgl. auch Sten.Ber. S. 87 fg.) Das Bedenken, ob es sich empfehle, diese ganze Frage reichsrechtlich zu regeln, statt sie der Landesgesetzgebung zur Behandlung in den Gesindeordnungen nach Maßgabe der Landes- oder Ortssitte anheimzustellen, fand hiebei in der Art Erledigung, daß im B.G.B. § 617 reichsrechtlich gleichsam die Mindestleistungspflicht des Dienstgebers festgelegt, durch Art. 95 E.G. z. B.G.B. aber etwaige weitere Ansprüche vorbehalten bleiben, welche das Landesrecht dem Gesinde allenfalls gewähren sollte.

II. Im Verhältnisse zum B.G.B. § 616 wird durch § 617 neben dem durch § 616 gewährten Lohnanspruch unter besonderen Voraussetzungen auch noch ein besonderer weiterer Anspruch, nämlich auf ärztliche Behandlung und krankheitsgemäße Verpflegung begründet. (S. übrigens auch nachher Nr. IV, 4.)

III. Voraussetzungen der Fürsorgepflicht. Die Fürsorgepflicht des § 617 ist keine ungemessene und unbegrenzte. Vor Allem ist vorausgesetzt, daß das Dienstverhältniß ein besonders geartetes ist. Dreierlei Erfordernisse müssen vorliegen, nämlich das Dienstverhältniß muß:

1. dauernd sein,

2. die Erwerbsthätigkeit des Verpflichteten vollständig oder doch hauptsächlich in Anspruch nehmen,

3. mit Aufnahme des Dienstverpflichteten in die häusliche Gemeinschaft des Dienstberechtigten verbunden sein.

Liegen diese drei Voraussetzungen verbunden vor, so kommt es weiter nicht darauf an, von welcher sachlichen Beschaffenheit die Dienste sind, ob sie sich als solche von höherer oder niederer Art darstellen. Insbesondere erstreckt sich die Bestimmung in B.G.B. § 617 nicht etwa bloß auf Dienstleute, welche unter den Begriff von „Gesinde“, „Dienstboten“ fallen, sondern z. B. auch auf Hauslehrer, Erzieherinnen u. dgl., wenn nur jene Erfordernisse bei ihnen sämmtlich zutreffen.

Im Einzelnen ist zu den allgemeinen Erfordernissen Folgendes näher zu bemerken.

Zu 1. Für den Begriff: „dauerndes Dienstverhältniß“ hat das Gesetzbuch selbst eine bestimmte Zeitgrenze nicht festgestellt. Es wäre dies auch nicht angängig. Der Begriff unterliegt daher arbiträrer Beurtheilung. Allgemein läßt sich nur negativ sagen, daß nach den obwaltenden Verhältnissen, insbesondere der Natur der Dienstleistung (z. B. nicht ständiger Krankenwärterdienst) oder der Intention der Parteien, das Dienstverhältniß schon seiner Bestimmung nach (Schollmeyer, Einzelne Schuldverhältnisse S. 56 in Anm.) nicht als ein nur vorübergehendes, insbesondere nur auf Tage oder Wochen berechnetes erscheinen, auch nicht bloß in einer Aushülfe für einen anderen ständigen Dienstverpflichteten bestehen darf. Wie lange das Dienstverhältniß thatsächlich schon gedauert hat, ist ohne Belang. Fischer-Henle zu § 617 (4. Aufl.) betrachten es als ein dauerndes Dienstverhältniß, „wenn der Lohn nicht täglich oder wöchentlich, oder sonst kurz gegriffen gezahlt wird“. Solches kommt aber, namentlich in ländlichen Taglohnsverhältnissen, gar nicht selten vor, und die Bedienstung muß gleichwohl als eine ständige gelten. Planck, S. 357 legt ein Schwergewicht auch hieher auf die Aufnahme in die Hausgenossenschaft. Das ist aber ein anderer Punkt. Beide Kriterien können daher auch nicht als gemeinhin entscheidend bezeichnet werden, mögen aber vielfach als Anhaltspunkte für die Beurtheilung dienlich sein. In dieser Auffassung ist Oertmann, S. 338 beizutreten. Vgl. auch Hachenburg, Dienstvertrag S. 50 fg.

Zu 2. Ob diese Voraussetzung, welche an sich klar liegt, im Einzelfalle gegeben erscheint, ist zunächst Thatfrage. Sie wird in der Regel dann gegeben sein, wenn auch das nächstfolgende dritte Moment zutrifft.

Zu 3. Das Erforderniß der Aufnahme in die häusliche Gemeinschaft des Dienstherrn führt zurück auf jenen für die ganze Gesetzesvorschrift bestimmend wirkenden

Gesichtspunkt, daß es ein Zustand der Familienzugehörigkeit (im weiteren landläufigen Sinne) ist, welcher die vorgesehene Fürsorgepflicht überhaupt nahelegt und rechtfertigt (vgl. P. II, 387). Dieser nicht durch die rechtlichen Momente der Verwandtschaft oder Schwägerschaft bedingte, sondern thatsächlich geschaffene Zustand erheischt in der Regel (Ausnahmeverhältnisse sind ja denkbar) das Doppelerforderniß der Theilung der Wohnung und Kost im Hause des Dienstherrn. Es sind dies zugleich Umstände, welche eine gewisse äußere Unselbständigkeit des Dienenden und deßhalb eine Fürsorgepflicht des Dienstgebers begründet erscheinen lassen. Daß auch eine Unterwerfung unter dessen „Zucht" begründet sein müsse (Fischer-Henle, 4. Aufl. zu § 617), läßt sich gewiß nicht fordern. Andererseits wird es allein für fraglichen Begriff auch nicht genügen, daß der Dienstleistende Kost „vom" Dienstherrn bezieht, z. B. wenn er solche in einem eigenen Haushalt verwendet, nach Hause holt 2c. (Letzteres sei gegen Planck, II S. 357 angedeutet.) Ebenso kann die Thatsache für sich allein, daß der Dienstpflichtige im Hause des Dienstherrn lediglich eine Wohnstätte hat, den Begriff der häuslichen Gemeinschaft noch nicht decken (Hachenburg a. a. O. S. 53).

IV. Art und Umfang der Fürsorgepflicht nach § 617. Letztere tritt ein:

1. bei einer Erkrankung des Dienstverpflichteten. Nicht jede Erkrankung kommt aber in Betracht, sondern

a) nur eine solche, welche nach Beginn des Dienstverhältnisses (nach Eintritt in die häusliche Gemeinschaft) eingetreten ist. Dies ergibt sich schon aus dem ganzen Aufbau der Gesetzesstelle, liegt auch in der Natur der Sache. Bestand die Erkrankung thatsächlich nachweisbar schon vorher, so entfällt die fragliche Verpflichtung des Dienstherrn und zwar gleichviel, ob der Dienstverpflichtete selbst es schon gewußt oder empfunden hat. Andererseits ist die Pflicht des Dienstherrn auch nicht dadurch eingeengt, daß die Krankheit gerade durch das Dienstverhältniß oder bei Gelegenheit der Ausführungen desselben entstanden sein müßte. (So auch Oertmann, S. 338.)

Mit dem früheren Bestehen eines thatsächlich vorhandenen Krankheitszustandes darf aber noch nicht identifizirt werden das Bestehen einer bloßen Disposition zu einer Krankheit, sei es einer bestimmten oder im Allgemeinen. Würde schon deßwegen ein Anspruch aus § 617 abgesprochen werden wollen, so könnte der Bereich der vorliegenden Humanitätsvorschriften vielfach sehr zweckwidrig eingeengt werden. Sollte freilich der Dienstverpflichtete dem Dienstherrn einschlägige Verhältnisse wider eigenes besseres Wissen absichtlich verschwiegen haben, so ergeben sich daraus wiederum andere rechtliche Gesichtspunkte, welche unter Umständen selbst zu einem Schadensersatzanspruche des Dienstherrn gegen den Dienstverpflichteten führen können. An dem Kündigungsrechte nach Maßgabe des allgemeinen Satzes des § 626 wird durch § 617 nichts geändert. Nur wird natürlich in dem Eintritt einer vorübergehenden Belastung des Dienstherrn aus § 617 für sich allein nicht schlechthin und immer auch ein „wichtiger Grund" im Sinne des § 626 gefunden werden dürfen. Allerdings dann, wenn auch andere bedeutungsvolle Momente dazu kommen, z. B. entnommen aus Art und Schwere der Erkrankung. Vgl. übrigens dazu die Bem. nachher unter Nr. 3.

b) Ausgeschlossen ist die Anwendung des § 617 weiterhin immer dann, wenn der Dienstleistende sich die Erkrankung vorsätzlich oder grob fahrlässig selbst zugezogen hat. Das Erstere wird wohl selten vorkommen, desto öfter das Letztere. Jedenfalls gehören hieher auch die Fälle einer durch Unsittlichkeit erworbenen Syphilis oder anderer durch außerehelichen Geschlechtsverkehr und vollends durch außereheliche Schwängerung herbeigeführter Leidenszustände.

2. Zu gewähren hat der Dienstberechtigte ärztliche Behandlung und Verpflegung (Speise, Trank, Wart und Pflege, Arzneimittel), d. h. in letzterer Hinsicht so, wie es eben der Art und dem Grade der Krankheit entspricht. Zu gewähren ist beides auch nur, soweit es erforderlich ist. Letzteres richtet sich nach den Umständen, insbesondere nach der Erkrankung selbst, sowie nicht minder nach den Lebensverhältnissen, in welchen sich Dienstherr und Dienstleistender befinden. Stets ist dabei aber von objektiven Gesichtspunkten auszugehen und nicht von rein subjektiven Anschauungen und Lebensgepflogenheiten des Dienstherrn oder des Erkrankten. Ungemessene und mit seinen Verhältnissen nicht in Einklang stehende Ansprüche kann Letzterer auch nicht machen. Insbesondere kann nicht immer auch sogleich die Beiholung eines Arztes bei einer nur leichteren Erkrankung begehrt werden. Für diese Dinge kommen auch örtliche Verhält-

nisse und persönlicher Brauch in Betracht, soferne nicht gerade Letzterer darin besteht, daß man indolent eben nichts thut, wie so oft namentlich auf dem Lande.

Der Dienstherr ist übrigens nicht unbedingt verpflichtet, den Kranken schlechterdings im Hause zu behalten und ihm hier das Nöthige zu gewähren. Er hat das Recht, seine Obliegenheit auch durch Einschaffung in eine Krankenanstalt zu bethätigen. Weigert sich des letzteren die erkrankte Person, wie es bei Dienstmädchen so häufig vorkommt, so muß der Dienstgeber als dadurch entlastet betrachtet werden.

3. Beschränkt ist die Fürsorgepflicht des Dienstgebers in zeitlicher Hinsicht stets auf die Dauer von sechs Wochen. Endigt das Dienstverhältniß ohnehin schon früher (sei es in Folge freiwilligen Uebereinkommens oder durch Zeitablauf ꝛc.), so endigt damit auch jene Verpflichtung. Sie endigt aber nicht vor jenen sechs Wochen, wenn der Dienstgeber die Erkrankung als wichtigen Grund zur Kündigung betrachtet und demgemäß nach § 626 eine außerordentliche Kündigung vornimmt. (§ 617 Abs. 1 Satz 4, s. auch oben IV, 1 a.)

4. Die durch die Erfüllung seiner im § 617 begründeten Pflicht erwachsenden (im Hause oder in einer Krankenanstalt) Kosten treffen den Dienstherrn. (Cosack, Lehrb. I S. 517.) Diese im Gesetze begründete und daher nicht durch eine Vereinbarung bedingte Last mindert sich aber wiederum durch die im § 617 Abs. 1 Satz 3 vorgesehene Befugniß zur Anrechnung (nicht Aufrechnung im gesetzlichen Sinne!) auf die Lohnvergütung, welche für die Zeit der Erkrankung (Cosack, Lehrb. I S. 517 substituirt: „während der Zeit der Behandlung und Verpflegung") der Dienstverpflichtete (insbesondere auch gemäß § 616) zu fordern hätte. Cosack, I S. 518 spricht dieses Anrechnungsrecht auch für den Fall zu, wenn der Dienstverpflichtete während der „Krankenverpflegung" noch Dienste fortleistet. Dies wird aber sehr auf die Umstände ankommen, namentlich auch auf den Umfang der fortgeleisteten Dienste. Richtig ist bei Cosack a. a. O., daß bei schon geschehener Vorauszahlung des Lohns an Stelle des Abzugs eine Rückforderung geltend gemacht werden kann.

5. Die fragliche Verpflichtung des Dienstberechtigten fällt überhaupt dann weg, wenn für die Verpflegung und ärztliche Behandlung durch eine Versicherung oder durch eine Einrichtung der öffentlichen Krankenpflege Vorsorge getroffen ist. Vor „Versicherung" fehlt hier jener Beisatz, der im § 616 steht, und zwar absichtlich. Hier kommt daher auch eine private Versicherung in Betracht. Keinen Unterschied begründet es auch hier, wer die Beiträge zu Versicherungen oder Krankenkassen bezahlt hat. (Vgl. auch R.T.K.Ber. S. 90.)

V. Als Rechtsbehelfe gegenüber einer Verabsäumung der fraglichen Verpflichtungen des Dienstberechtigten stehen dem Dienstverpflichteten — abgesehen von einer demselben etwa zustehenden außerordentlichen Kündigung nach §§ 626 fg. — zu Gebote:

1. die Klage auf Vertragserfüllung, nachdem es sich um eine gesetzlich begründete Vertragspflicht handelt. Praktisch wird diese Klage jedenfalls nicht schnell zum Ziele führen. Mehr Bedeutung hat daher praktisch

2. die Klage auf Schadensersatz (Ersatz der selbst aufgewendeten Kosten u. s. w.). Beruft sich der Dienstgeber im Rechtsstreite auf gesetzliche Gründe zur Befreiung von seiner Pflicht, so hat selbstverständlich er die maßgebenden thatsächlichen Verhältnisse auch zu beweisen.

§ 618.

Der Dienstberechtigte hat Räume, Vorrichtungen oder Geräthschaften, die er zur Verrichtung der Dienste zu beschaffen hat, so einzurichten und zu unterhalten und Dienstleistungen, die unter seiner Anordnung oder seiner Leitung vorzunehmen sind, so zu regeln, daß der Verpflichtete gegen Gefahr für Leben und Gesundheit soweit geschützt ist, als die Natur der Dienstleistung es gestattet.

Ist der Verpflichtete in die häusliche Gemeinschaft aufgenommen, so hat der Dienstberechtigte in Ansehung des Wohn- und Schlafraums, der Verpflegung sowie der Arbeits- und Erholungszeit diejenigen Einrichtungen und Anordnungen zu treffen, welche mit Rücksicht auf die Gesundheit, die Sittlichkeit und die Religion des Verpflichteten erforderlich sind.

Erfüllt der Dienstberechtigte die ihm in Ansehung des Lebens und der Gesundheit des Verpflichteten obliegenden Verpflichtungen nicht, so finden auf seine Verpflichtung zum Schadensersatze die für unerlaubte Handlungen geltenden Vorschriften der §§ 842 bis 846 entsprechende Anwendung.

E. II, 558; III, 610.

I. Allgemeines. Während § 617 B.G.B. sich auf die Verpflegung und Heilung bei bereits entstandenen Krankheitszuständen bezieht, befaßt sich § 618 mit besonderen Pflichten des Dienstberechtigten zum vorsorglichen Schutze des Dienstleistenden gegen etwa durch die Dienstleistungen und die damit verbundenen Zustände, Verhältnisse und Begebenheiten entstehende Schädigungen an Leib und Seele. Schon in der früheren Gesetzgebung bestand hiefür ein Vorbild in den §§ 120a fg. der Gew.O. (jetzt Fassung vom 26. Juli 1900, R.G.Bl. S. 946 fg.). Die hierin enthaltenen Vorschriften bleiben auch jetzt noch in Kraft (Art. 32 E.G. z. B.G.B.) für das spezielle gewerbliche Gebiet, wie es von der Gew.O. umfaßt ist. Darüber hinaus greift dann aber § 618 für alle Arten von Dienstleistungen Platz. Insbesondere ist bemerkenswerth, daß im § 618 eine Beschränkung auf dauernde Dienstverhältnisse (wie im § 617) sich nicht vorfindet. Im Rückblick auf jene speziellen Normen der Gew.O. setzte, während E. I von der hier in Rede stehenden Vorschrift noch nichts enthalten hatte, die II. Komm. mit einer Entwurfsbestimmung ein, wobei sie aber zunächst nur den Schutz gegen Gefährdung von Leib und Leben zur Regelung brachte, dagegen den Schutz gegen Gefährdung der Sittlichkeit bei Seite ließ. In dieser Hinsicht behielt vorerst die Ansicht die Oberhand, daß Schutzvorschriften im Interesse der Sittlichkeit in das Gebiet des öffentlichen Rechtes gehörten (P. II, 291), während es sich für das B.G.B. nur um privatrechtliche Normen handle. Erst in der R.T.K. (Ber. S. 48) wurde der jetzige zweite Absatz eingestellt und damit das Prinzip auch auf das Gebiet von Sittlichkeit und Religion erstreckt. Dabei ist es, wie schon nach P. II, 293 fg., abermals ausdrücklich betont worden, daß auch § 618 zwingenden Charakter haben müsse.

II. Der Umfang der Gesetzesstelle in subjektiver Richtung umfaßt im Allgemeinen die Schutzinteressen von Dienstleistenden jeder Art, insbesondere ohne Unterschied, ob ihre Bedienstung ständig oder vorübergehend ist, ob sie auf feste Zeit oder auf Kündigung steht, ob Zeit- oder Stücklohn stattfindet. Nur im speziellen Bereiche des zweiten Absatzes des § 618 besteht eine nachher noch zu besprechende subjektive Einschränkung.

III. Sachlicher Umfang der Fürsorgepflicht nach § 618. In diesem Punkte ist zu unterscheiden zwischen dem Verhältnisse nach Abs. 1 u. 2.

1. Abs. 1 erfordert vom Dienstherrn

a) die entsprechende Einrichtung und Unterhaltung der Räume, Vorrichtungen oder Geräthschaften zur Verrichtung der Dienste; desgleichen

b) die entsprechende Regelung von Dienstleistungen, die unter seiner Anordnung oder seiner Leitung vorzunehmen sind.

Diese Fürsorgepflicht bezweckt nach beiden Richtungen den Schutz des Dienstleistenden „gegen Gefahr für Leben und Gesundheit". Darin liegt im Allgemeinen die maßgebende Richtschnur. Eine absolute Sicherstellung verlangt dabei das Gesetz freilich nicht (und konnte es billiger und vernünftiger Weise nicht schlechthin verlangen). Die Schutzpflicht ist nur eine relative. Sie geht ausdrücklich nur so weit, „als es die Natur der Dienstleistung gestattet". Man darf nach der Natur der Verhältnisse hinzufügen: „und als erreichbare Schutzmittel geboten sind". Ueber die sich hieraus ergebenden praktischen Fragen liegen bereits eine Reihe von Entscheidungen zu den stammverwandten §§ 120a fg. Gew.O. vor. Sie können auch hieher Näheres an die Hand geben. (Vgl. v. Landmann, Gew.O. 3. Aufl. Bd. 2 S. 167 fg.; Kolisch, Gew.O. Bd. 2 S. 153 fg.) Im Einzelnen sei noch Folgendes bemerkt:

Zu a. Die hier vorgesehene qualifizirte Einrichtungs- und Unterhaltungspflicht ist hypothetischer Natur. Sie bezieht sich nur auf diejenigen Fälle, in denen den Dienstherrn überhaupt eine Beschaffungsverpflichtung trifft. Ob solches der Fall ist, bemißt sich nach anderweitigen Vorschriften (s. besonders § 611 und Bem. dazu S. 411 fg.) und Verhältnissen, insbesondere nach der Natur der Dienste. Fehlt eine solche Verpflichtung, so ist wenigstens § 618 nicht anwendbar. Ob und inwieferne in Fällen, in denen der Dienstherr z. B. freiwillig Räume, Geräthschaften u. dgl. darbietet, eine Haftbarkeit aus anderem Gesichtspunkte eingreift, insbesondere aus dem Gesichtspunkte eines den Thatbestand einer unerlaubten Handlung begründenden Verschuldens, ist eine Frage des Einzelfalles.

Die Allgemeinheit des Ausdrucks: „Räume, Vorrichtungen ꝛc." läßt es als gerechtfertigt erscheinen, auch mittelbar damit in Verbindung kommende Räumlichkeiten, z. B. nothwendige Verbindungsstellen, wie Treppen, Stege u. s. w. entsprechend herzustellen und zu unterhalten (Planck, II S. 359). Deßgleichen sind unter die „zu beschaffenden Vorrichtungen und Geräthe" nicht bloß eigentliche Werkzeuge, sondern auch aufgestellte Maschinen und Maschinenähnliches, deßgleichen daran anzubringende Schutzvorrichtungen, nicht minder sog. „Schutzbrillen" und dergleichen Schutzmittel zu rechnen.

Die schon oben S. 424 besprochenen Schlußworte des § 618 Abs. 1 verhindern, daß in allen diesen Dingen Unmäßiges verlangt wird. Man verweist auch hier mit Recht auf B.G.B. § 242 und danach insbesondere auf die Verkehrssitte (Oertmann, S. 340; Planck, II S. 359). Es ist aber auch zutreffend, daß bestehende Mißstände und Unsitten nicht damit entschuldigt werden können und dürfen, daß es anderswo auch so „üblich" sei. Gegen eine gesetzliche Beschränkung auf das „Uebliche" ist darum auch schon in P. II, 293 Stellung genommen worden.

Andererseits wird man dem Kostenpunkte nicht eine so weitgehende entschuldigende Bedeutung beilegen dürfen, wie es anscheinend im Sinne Oertmanns, S. 340, gelegen ist.

Zu b. Unter den „Anordnungen und der Leitung" des Dienstgebers sind nicht bloß spezielle Vorschriften desselben, sondern auch solche allgemeiner Art zu verstehen. Dies ergibt sich schon aus der Bedeutung des Wortes: „regeln". Solches bezieht sich auf Arbeitsordnungen, Instruktionen und Warnungen für die Dienstleistenden. Warnungen für dritte Personen, von denen Oertmann, S. 340, spricht, gehören jedenfalls nicht hieher zum § 618, der wortdeutlich nur vom Verhältnisse des Dienstberechtigten zum Dienstverpflichteten und von Gefahr für Letzteren spricht. Daß jene „Regelung" sowohl auf schriftliche, wie auf mündliche Weisungen und Verhaltungsmaßregeln je nach Beschaffenheit der Umstände zu beziehen ist, bedarf keiner näheren Begründung.

Die Verantwortlichkeit des Dienstherrn für Anordnungen seiner Vertreter und Gehülfen bemißt sich auch hier nach den einschlägigen allgemeinen Rechtsgrundsätzen (B.G.B. § 278).

2. Abs. 2 des § 618 bezieht sich lediglich auf solche Dienstverpflichtete, welche in ihrem Dienstverhältniß und dessentwegen in die häusliche Gemeinschaft des Dienstberechtigten aufgenommen sind. Letzterer ist hienach verpflichtet, für den Dienstleistenden in Ansehung:

a) des Wohn- und Schlafraumes,

b) der Verpflegung,

c) der Einrichtung von Arbeits- und Erholungszeit

die erforderlichen Einrichtungen und Anordnungen zu treffen.

Was erforderlich ist, bemißt sich nach drei zusammentreffenden Gesichtspunkten, nämlich nach den Anforderungen der Gesundheit, Sittlichkeit, Religion.

Der Dienstgeber ist danach z. B. verpflichtet, die Arbeitszeit entsprechend mäßig zu halten, namentlich anständige und gesunde Schlafräume zu gewähren, dem Dienstleistenden Zeit zum Kirchgange zu lassen, ja selbst einem Katholiken an gebotenen Fasttagen die hiefür entsprechende Kost zu verabreichen. In keiner der gedachten Richtungen kann aber der Dienstleistende Ungewöhnliches verlangen, das seiner Stellung nicht entspricht. Der Regulator liegt auch hier im § 242 B.G.B. und in dessen Satz, daß die Leistung stets so zu bewirken ist, wie Treu und Glauben mit Rücksicht auf die Verkehrssitte es erfordern. Gerade diese sog. „Verkehrssitte" kann hier in der Beurtheilung der Verhältnisse manche Unterscheidungen nahe legen. So z. B. zwischen einer dichtbevölkerten Stadt und dem platten Lande, zwischen den verschiedenartigen Lebensstellungen und Lebensgewohnheiten der Bediensteten, ja selbst nach der Art der Dienstleistung. Eine Pferdewärter z. B. braucht andere Unterkunft wie ein Thorwärter, eine Stallmagd hat geringere Bedürfnisse als eine Gouvernante.

IV. Was im § 618 B.G.B. verordnet wird, ist privatrechtlicher Natur. Die Gesetzesstelle spricht daher auch nur von denjenigen Folgen der Nichterfüllung der bezüglichen Pflichten, welche sich auf dem Privatrechtsgebiet ergeben. Was etwa sonst noch auf Grund öffentlich-rechtlicher Vorschriften geboten ist und allenfalls der Polizeibehörde oder dem Strafrichter zusteht, ist eine Sache für sich.

Auf dem privatrechtlichen Gebiete können Verabsäumungen der dem Dienstherrn durch § 618 auferlegten Verpflichtungen dem Dienstleistenden vor Allem nach §§ 626 fg. ein (selbst außerordentliches) Kündigungsrecht geben. Theoretisch stände demselben auch ein Klagerecht auf Erfüllung jener Pflichten zu. Praktisch wird eine solche Klage mindestens nur selten gestellt werden. Besondere Bedeutung hat aber der durch § 618 Abs. 3 gewährte Anspruch auf Schadensersatz, welcher besonders qualifizirter Natur ist. Selbstverständlich ist auch hier Voraussetzung für einen Ersatzanspruch, daß ein vom Anspruchskläger zu erweisender, für das Privatrechtsgebiet in Betracht kommender Schaden vorliegt. Auf dem vom § 618 Abs. 2 mitbetroffenen sittlichen und religiösen Gebiete wird dies in der Regel auch bei Pflichtversäumnissen des Dienstgebers nicht zutreffen — ein Punkt, auf welchen schon in II. Komm. (P. II, 291) hingewiesen worden ist. Darum spricht auch § 618 Abs. 3 nur von „Leben und Gesundheit".

Besonders gestaltet ist die hier fragliche Ersatzpflicht des Dienstberechtigten insoferne, als sie sich nach § 618 Abs. 3 nach den in dem Titel über unerlaubte Handlungen stehenden Vorschriften der §§ 842—846 in entsprechender Anwendung der letzteren bemißt. Es gilt dies sowohl in Bezug auf Art wie auf Umfang des Schadensersatzes (D. 79). In anderen Punkten, wie z. B. in Ansehung der Verjährung, verbleibt es bei den einschlägigen allgemeinen Normen für das Vertragsverhältniß. Dies ist insbesondere auch anzunehmen hinsichtlich der Frage, ob ein Verschulden des Dienstherrn für dessen Entschädigungspflicht vorauszusetzen sei. Mit Oertmann, S. 340 und Planck, II S. 359, 360 ist diese Frage zu bejahen. Bezüglich des Grades der vom Dienstherrn zu verlangenden Sorgfalt vgl. § 276; siehe auch die Erörterungen bei Planck, S. 359, welcher als bezüglichen Maßstab die normale Verkehrssitte bezeichnet. Ueber konkurrirendes Verschulden des Dienstleistenden selbst vgl. B.G.B. § 254.

Darüber, daß auf den Entschädigungsbetrag gewisse anderweitige Leistungen an den beschädigten Bediensteten anzurechnen seien, fehlt hier eine Bestimmung. Danach braucht also der Dienstverpflichtete eine solche Anrechnung nicht hinzunehmen. Dies gilt insbesondere in Ansehung von Bezügen aus der Invaliditäts- und Krankenversicherung. Besondere hieher einschlägige Vorschriften der Unfallversicherungsgesetze (neueste Gestaltung vom 30. Juni 1900, R.G.Bl. S. 573), insbesondere auch bezüglich etwaigen Uebergangs der aus B.G.B. § 618 entspringenden Ansprüche auf Genossenschaften und Versicherungsanstalten ꝛc., sind neben dem § 618 maßgebend. (Art. 32 E.G.; Planck, II S. 360.)

§ 619.

Die dem Dienstberechtigten nach den §§ 617, 618 obliegenden Verpflichtungen können nicht im voraus durch Vertrag aufgehoben oder beschränkt werden.

E. II, 358; III, 610.

Entspricht der zwingenden Natur der Vorschriften in §§ 617, 618 und bekräftigt diese. Versuchen, deren Inhalt im Vertragswege zu umgehen, wird dadurch jede Wirkung benommen.

Der Ausdruck: „im Voraus" bezieht sich nicht bloß auf die Zeit vor Eintritt in das Dienstverhältniß, sondern auch auf die spätere Zeit während der ganzen Vertragsdauer.

Daß auf einen durch Eintritt des bezüglichen Erkrankungs- oder Entschädigungsfalles schon erworbenen Anspruch nachher verzichtet oder darüber Vergleich abgeschlossen werden kann, ist selbstverständlich. (Hachenburg, Dienstvertrag S. 65.)

Vorbemerkungen zu den §§ 620—628.

1. Diese Paragraphen behandeln die Beendigung des Dienstvertragsverhältnisses.

Eine solche Beendigung kann vor Allem eintreten auf Grund und nach Maßgabe der allgemeinen Bestimmungen über das Erlöschen von Vertragsverhältnissen. In diese Klasse von Beendigungsgründen gehören z. B. gegentheiliges Uebereinkommen der Parteien, Unmöglichkeit der Leistung. Speziell über den Fall des Todes der Vertragstheile s. oben S. 419, sowie M. II, 465.

Besondere Bestimmungen enthalten für den Dienstvertrag die §§ 620 fg. nach zwei Richtungen, nämlich über die Beendigung durch:

a) Zeit- und Geschäftsablauf;

b) Kündigung.

Vorschriften der letzteren Art nehmen den breitesten Raum ein.

Die Kündigung kennzeichnet sich auch hier begrifflich als eine einseitige empfangsbedürftige Willenserklärung (§ 130 fg.) zu dem Zwecke, um ein noch fortlaufendes Dienstvertragsverhältniß sofort oder nach bestimmter späterer Frist zum Abschlusse zu bringen oder doch wenigstens die Annahme einer stillschweigenden Verlängerung eines ablaufenden Vertrags auszuschließen. Die Kündigung enthält demnach die Erklärung des Rücktritts vom Vertrage. (Vgl. oben S. 343, 344.) Wie bei der Miethe bedarf auch hier die Kündigung zwar den Empfang auf Seite des Gegentheils, nicht aber dessen Annahme d. h. billigende Erklärung. Auch hier (S. 344) ist sie einseitig nicht mehr widerruflich, sobald sie zur Kenntniß des anderen Theils gekommen ist.

Eine besondere Form ist für die Kündigung des Dienstvertrags im B.G.B. nicht vorgeschrieben. Es ist nicht einmal der Gebrauch des Ausdrucks: „Kündigung" geboten. Genügend ist, wenn nur der Wille, zu kündigen, deutlich irgendwie zum Ausdrucke kam.

Wie bei der Sachmiethe kennt das B.G.B. auch beim Dienstvertrage drei Kündigungsarten: die ordentliche, vorzeitige und außerordentliche Kündigung. (Vgl. hieher oben S. 343 fg.) Näheres ergeben die §§ 321 fg.

2. Sonderbestimmungen, welche hierher einschlägig sind, enthalten namentlich:

a) das H.G.B. n. F. §§ 66—72 für Handlungsgehülfen (Lehrlinge §§ 77 fg.);

b) die Gew.O. §§ 122 fg. (für gewerbliche Gesellen und Gehülfen (Lehrlinge § 127 b);

c) die verschiedenen Gesindeordnungen, z. B. für Bayern in Art. 22 fg. des A.G. z. B.G.B. vom 9. Juli 1899.

§ 620.

Das Dienstverhältniß endigt mit dem Ablaufe der Zeit, für die es eingegangen ist.

Ist die Dauer des Dienstverhältnisses weder bestimmt noch aus der Beschaffenheit oder dem Zwecke der Dienste zu entnehmen, so kann jeder Theil das Dienstverhältniß nach Maßgabe der §§ 621 bis 623 kündigen.

E. I, 563; II, 559; III, 611.

Auch beim Dienstvertrag unterscheidet (wie bei der Sachmiethe) das B.G.B. zwischen Vertragsverhältnissen auf bestimmte und auf unbestimmte Zeit.

1. Bei bestimmter Vertragsdauer endigt mit deren Ablauf das Dienstverhältniß von selbst. Im Grunde genommen selbstverständlich, ist dies im § 620 Abs. 1 noch ausdrücklich festgelegt. (M. II, 464.) Eine bestimmte Dauer kann vorliegen in der Art, daß das Dienstverhältniß auf eine bestimmte Zahl von Tagen, Monaten oder Jahren, oder auch für einen festbegrenzten Kalenderzeitraum eingegangen wird. Einer derartigen gewissermaßen rechnerischen Umgrenzung steht übrigens nach der Natur der Sache, wie nach ausdrücklicher gesetzlicher Erwähnung im § 620 Abs. 2 (M. II, 464) ganz gleich jene Bestimmung einer Zeitdauer, welche sich aus der Beschaffenheit und dem Zwecke der Dienstleistung ergibt. Wird z. B. ein Dienstmann ausschließlich zu einer bestimmten Besorgung aufgeboten, so endigt das dadurch begründete Dienstverhältniß mit der Vollendung des Geschäfts. Wird für einen Schwerkranken Pflegepersonal engagirt, so endigt dessen Einstellung von selbst mit der Genesung des Kranken.

Als ein Dienstverhältniß auf bestimmte Zeit wurde es in der R.T.K. nach Ber. S. 49 auch betrachtet, wenn eine Dienstleistung zur Herstellung einer bestimmten Zahl von Stücken gegen Stücklohn eingegangen wurde. Man nahm an, daß hier der Vertrag bis zur Vollendung der Arbeit stillschweigend vereinbart sei. In vielen ähnlichen Fällen kann übrigens ein Werkvertrag vorliegen. Für die Grenzscheidung in diesem Punkte mag da und dort von Bedeutung werden, ob bei Stücklohn einerseits die Möglichkeit einer Arbeitsthätigkeit ohne Beschränkung auf ein bestimmtes festes Arbeitsergebniß besteht (Dienstvertrag?) oder andererseits von vorneherein mit einem bestimmten Arbeitserfolg die Thätigkeit sachlich und zeitlich abgeschlossen ist (Werkvertrag?)

2. Ist das Dienstverhältniß nicht auf zeitlich bestimmte oder durch Beschaffenheit und Zweck der Dienste begrenzte Dauer eingegangen, so steht es nach § 620 Abs. 2 auf Kündigung nach Maßgabe der §§ 621—623. Die hierin enthaltenen Vorschriften sind übrigens in der Regel nur dispositiver Natur. Insbesondere können meist auch andere Fristen oder Kündigungstermine vereinbart werden. Selbst eine Einigung auf „ortsübliche" Kündigung ist angängig (Planck, II S. 361). Abgelehnt wurde in R.T.K. nach Ber. S. 49 der Vorschlag, allgemein auch im B.G.B. (so wie nach H.G.B. § 67) nur die Vereinbarung von für beide Theile gleicher Frist zuzulassen, „da ein derartiger Eingriff in die Vertragsfreiheit bisher durch das Bedürfniß in keiner Weise gerechtfertigt erscheine und in vielen Fällen bald dem berechtigten Interesse des Dienstverpflichteten, bald dem des Dienst-

berechtigten zuwiderlaufe". Oertmann, S. 342 betont übrigens dabei, daß man in der Vereinbarung ungleicher Kündigungsfristen unter Umständen einen Verstoß gegen die guten Sitten im Sinne des § 138 B.G.B. finden könne.

Zwingenden Charakters sind jedenfalls die §§ 624 Satz 1 u. 626.

Ueber Kündigung im Konkurse des Dienstberechtigten vgl. § 22 K.O. n. Nr. Kündigung von Bedienstungen einer Ehefrau durch ihren Ehemann: B.G.B. § 1358.

§ 621.

Ist die Vergütung nach Tagen bemessen, so ist die Kündigung an jedem Tage für den folgenden Tag zulässig.

Ist die Vergütung nach Wochen bemessen, so ist die Kündigung nur für den Schluß einer Kalenderwoche zulässig; sie hat spätestens am ersten Werktage der Woche zu erfolgen.

Ist die Vergütung nach Monaten bemessen, so ist die Kündigung nur für den Schluß eines Kalendermonats zulässig; sie hat spätestens am fünfzehnten des Monats zu erfolgen.

Ist die Vergütung nach Vierteljahren oder längeren Zeitabschnitten bemessen, so ist die Kündigung nur für den Schluß eines Kalendervierteljahrs und nur unter Einhaltung einer Kündigungsfrist von sechs Wochen zulässig.

E. I, 563; II, 560; III, 612.

1. Obenstehende Gesetzesstelle behandelt die sog. ordentliche Kündigung mit der gesetzlichen Kündigungsfrist. Wann diese Platz greift, erhellt einerseits aus § 620, andererseits aus der im Einzelfalle sich etwa ergebenden Nichtanwendbarkeit einer der nachfolgenden besonderen Bestimmungen.

2. Im Bereiche der Anwendbarkeit des § 621 bemessen sich die Kündigungsfristen wie die Kündigungszeiten nach den Modalitäten der vom Dienstgeber zu entrichtenden Vergütung. Soweit gültige Spezialgesetze abweichen, die andere Bestimmungen haben (vgl. oben S. 407), gehen letztere vor.

3. Wegen der dispositiven Natur der Bestimmungen des § 621 vgl. Bem. zu § 620 S. 427.

4. Fristenlauf: §§ 186 fg. B.G.B.

§ 622.

Das Dienstverhältniß der mit festen Bezügen zur Leistung von Diensten höherer Art Angestellten, deren Erwerbsthätigkeit durch das Dienstverhältniß vollständig oder hauptsächlich in Anspruch genommen wird, insbesondere der Lehrer, Erzieher, Privatbeamten, Gesellschafterinnen, kann nur für den Schluß eines Kalendervierteljahrs und nur unter Einhaltung einer Kündigungsfrist von sechs Wochen gekündigt werden, auch wenn die Vergütung nach kürzeren Zeitabschnitten als Vierteljahren bemessen ist.

E. II, 561; III, 613.

I. Entstehung der Bestimmung. Dieselbe wurde in ihrer jetzigen Gestalt erst in der II. Komm. eingestellt. (P. II, 296 fg.) Man knüpfte hier an das Vorbild an, welches schon Art. 60 H.G.B. a. F. (jetzt § 66 n. F.) sowie § 133 a Gew.O. dargeboten haben. Das B.G.B. sollte den „weiteren Fortschritt bringen, daß die sämmtlichen zu höheren Dienstleistungen Angestellten, welche an Vorbildung und sozialer Stellung nicht unter den Handlungsgehülfen und den höheren technischen Bediensteten stehen, mit diesen letzteren in ihren Dienstverhältnissen gleichbehandelt werden". Erwogen wurde dabei, daß „gesellschaftliche Rücksichten gegen die Person des Dienstgebers und wirthschaftliche Gründe die Personen fraglicher Art in der Regel verhindern, sich bei Eingehung des

Dienstvertrags besondere Vortheile hinsichtlich der Kündigungsfrist auszubedingen, während ihre Lebensstellung eine längere Kündigungsfrist zum Bedürfniß mache", um sich eine andere Dienstesstellung zu suchen, welche bei Bedienstungen fraglicher Art nicht immer so leicht zu erlangen sei. (P. II, 298, 299; dieselben Gesichtspunkte sind auch in D. 80 betont.)

II. Inhalt des § 622. Die Gesetzesstelle steht im Verhältniß einer Ausnahme von der Regel des § 621. Wo also diese Regel an und für sich nicht Platz greifen würde, mit anderen Worten wo ein Dienstverhältniß nicht auf gesetzliche Kündigung steht (vgl. § 620 Abs. 1 u. 2 nebst Bem. dazu), kommt auch die Wirkung des § 622 außer Betracht. Inhaltlich bezieht sich die Ausnahme des § 622 hauptsächlich auf den Abs. 4 § 621 insoferne, als § 622 unter den dort bezeichneten Voraussetzungen seine Kündigungsnormen unabhängig stellt von der in jenem Abs. 4 bezeichneten Voraussetzung, daß die Vergütung nach Vierteljahren oder längeren Zeitabschnitten bemessen ist. Der § 622 macht für seinen Bereich die Kündigungszeit und die Kündigungsfrist überhaupt unabhängig von der Art der Lohnbemessung, nachdem die Grunderwägungen für die Zulassung der Ausnahme in der Regel bei jeder Modalität der Vergütungsperioden zutreffen.

1. Die Dienstleistungen müssen solche von höherer Art sein. Das Gesetz spricht darum auch „vornehmer" von „Angestellten". Eine nähere gesetzliche Festlegung des Begriffs fehlt. Es greift deßhalb auch arbiträre Beurtheilung Platz. Die sachliche Beschaffenheit der Dienste, das Maß der nöthigen Vorbildung, die gesellschaftliche Stellung, welche die Dienste dem Dienstleistenden geben, unter Umständen auch die Höhe der Entlohnung, bieten hiefür Anhaltspunkte. Das letztere Moment schlägt übrigens manchmal auch gar nicht ein. Denn Oertmann, S. 343, bemerkt mit Recht, daß manchmal die Entlohnung einer Köchin besser ist, als die einer „Gesellschafterin". Und doch erwähnt § 622 eine Stellung letzterer Art ausdrücklich. Diese und die sonstigen Erwähnungen sind übrigens nur beispielsweise und zwar lediglich so, daß bei denselben auch die übrigen Voraussetzungen vorliegen müssen, was nicht immer der Fall ist (s. nachher Nr. 3).

2. Die Vergütung an den Dienstleistenden muß mit festen Bezügen normirt sein. Letztere müssen sich darstellen als nicht wandelbare Entlohnung einer Gesammtdienstleistung, nicht einzelner Dienstleistungsakte. (S. auch Oertmann, S. 346.) Stücklohnverhältnisse, dann sog. partiarische Entlohnungen für sich allein genügen diesem Erfordernisse gemeinhin nicht. (Etwas anders Hachenburg a. a. O. S. 52.) Dagegen wird man z. B. bei einem Hauslehrer, der nach der Zahl der gegebenen Unterrichtsstunden mit einem festgesetzten Honorar entlohnt wird, das Vorhandensein eines „festen Bezugs" annehmen können, wenn unter normalen Verhältnissen die Zusammenberechnung zwar nach jenem Maßstabe, aber doch zu einem gewissen regelmäßigen Gesammteinkommen ins Auge gefaßt ist. Die bloße Garantie eines gewissen Minimaleinkommens begründet für sich allein die Anwendbarkeit des Begriffs „feste Bezüge" noch nicht. (Oertmann, S. 346. So auch Hachenburg, D enstvertrag S. 61.) Nicht erforderlich ist die Aufnahme in die häusliche Gemeinschaft des Dienstgebers. Bei vielen der hier in Frage kommenden Verhältnisse wird diese fehlen.

3. Die fragliche Erwerbsthätigkeit muß so beschaffen sein, daß sie den Dienstleistenden vollständig oder hauptsächlich in Anspruch nimmt. Nach den grundlegenden Erwägungen für die Gesetzesvorschrift kann dies nur dahin verstanden werden, daß jenes Erforderniß bei dem konkreten einzelnen Dienstverhältnisse zutreffen muß. Würde z. B. ein Klavierlehrer seinen Unterhalt dadurch gewinnen, daß er an jedem Tage sechs oder acht Klavierstunden an ebensoviele verschiedene Schüler gibt, so liegt für ein Einzelverhältniß obige Voraussetzung sicher nicht vor, da dieses, allein für sich betrachtet, seine Erwerbsthätigkeit weder vollständig, noch auch nur hauptsächlich in Anspruch nimmt (arg. „durch das Dienstverhältniß"), vielmehr nur als „Einzeltheil" derselben erscheint. (Hachenburg a. a. O. S. 83.)

III. Ob in Gestalt des § 622 eine zwingende oder nachgiebige Gesetzesvorschrift vorliegt, ist bestritten und in der That auch zweifelhaft. Fischer-Henle, 4. Aufl. zu § 622 meinen, „die Vorschrift „„dürfte"" ein Verbotsgesetz enthalten" nach § 134. Dann wären anderweitige Vereinbarungen nichtig. Dagegen behandeln Planck, II S. 363; Oertmann, S. 343; Hachenburg, S. 61; Cosack, Lehrb. I S. 523 auch die Bestimmung des § 622 als dispositiv. Der Gedanke, die Vorschrift werde nicht illusorisch gemacht werden, dürfte den Gesetzgeber davon abgehalten haben, das Vertragsrecht einzuschränken. Die Vorverhandlungen über die Entwürfe geben zur Frage nichts klar Entscheidendes an die Hand. Der in P. II, 298 unten stehende Satz, wörtlich lautend:

> „gäbe aber das Gesetz der Position der zu höheren Dienstleistungen Angestellten eine feste und sichere Grundlage, so brauche andererseits nicht besorgt zu werden, daß der Dienstherr sich veranlaßt sehen werde, die dem Dienstnehmenden vom Gesetze gewährten Vortheile durch Vertrag auszuschließen"

ist unklar und könnte für beide Meinungen verwendet werden, am ehesten für die Annahme einer Dispotivvorschrift. Mehr von Bedeutung ist der auf S. 299 P. II ausgesprochene Grundsatz, daß die hier fraglichen Bediensteten mit den Handlungsgehülfen gleichbehandelt werden sollten. Dies führt auf die Thatsache, daß sowohl Art. 61 H.G.B. a. F. wie § 133a Gew.O. ausgesprochenermaßen nur Dispositivvorschriften enthielten.

Der § 133a Gew.O. besteht noch heute in gleicher Weise. § 66 des neuen H.G.B. enthält allerdings den auf anderweitige Verträge sich beziehenden Beisatz nicht mehr. Gareis, Handausg. des H.G.B., findet daher auch hierin eine „Beschränkung der Vertragsfreiheit für die Kündigungsfristen". Staub, Komm. z. H.G.B. betrachtet dagegen § 66 H.G.B. n. F. wiederum in dem Sinn als dispositiv, „als zunächst der Vertrag über die Zeitdauer und die Kündigungsfrist entscheidet", hält aber die in den folgenden Paragraphen dem Vertrage gesetzten Schranken auch für den Bereich des § 66 als maßgebend.

Was den § 622 B.G.B. anlangt, so hat bereits Oertmann, S. 343 dargethan, daß aus den darin enthaltenen Worten: „kann nur" nichts gegen die dispositive Eigenschaft gefolgert werden könne. Sie stehen ja auch ebenso im § 621, dessen Inhalt überall als dispositiv bezeichnet wird. Schließlich erscheint ausschlaggebend die Erwägung, daß im B.G.B. in Bezug auf Vertragsverhältnisse auch der Grundsatz der Vertragsfreiheit die Regel bildet, welche festzuhalten ist, soweit nicht das Gesetz eine hinreichend deutlich zu Tage tretende Ausnahme macht. Letzteres ist aber in Ansehung des Charakters einer Zwangsvorschrift hier doch wohl nicht der Fall. (A.M. Müller in Bl. f. RA. Bd. 66 S. 24).

§ 623.

Ist die Vergütung nicht nach Zeitabschnitten bemessen, so kann das Dienstverhältniß jederzeit gekündigt werden; bei einem die Erwerbsthätigkeit des Verpflichteten vollständig oder hauptsächlich in Anspruch nehmenden Dienstverhältniß ist jedoch eine Kündigungsfrist von zwei Wochen einzuhalten.

E. I, 563; II, 562; III, 614.

1. Gegenüber den §§ 620, 621, 622 steht § 623 im Verhältniß einer den Inhalt der übrigen Vorschriften ergänzenden Bestimmung. Insonderheit § 621 faßt Verhältnisse ins Auge, bei denen die Vergütung nach Zeitabschnitten bemessen und die Kündigungsfrist danach abstufend geregelt ist. Solche Verhältnisse liegen aber nicht immer vor. Es gibt z. B. auch Stücklohn, Entlohnung mit Provisionszahlung. Für solche Verhältnisse gilt § 623.

2. Der hier in der zweiten Hälfte des Satzes vorausgesetzte Charakter der Erwerbsthätigkeit ist auch schon in § 622 erwähnt. Vgl. daher auch die dortigen Bem. Zwingende Natur des Schlußsatzes 2 bejaht von Müller in Bl. f. R.A. Bd. 66 S. 24.

§ 624.

Ist das Dienstverhältniß für die Lebenszeit einer Person oder für längere Zeit als fünf Jahre eingegangen, so kann es von dem Verpflichteten nach dem Ablaufe von fünf Jahren gekündigt werden. Die Kündigungsfrist beträgt sechs Monate.

E. I, 564; II, 563; III, 615.

I. Grundstandpunkt. Die Erwägungen, aus denen § 624 hervorgegangen ist, sind in M. II, 466 zusammengefaßt in den Satz: „Soziale und volkswirthschaftliche Gründe sind es, welche es verbieten, eine über eine gewisse Zeit hinausgehende Fesselung auszuschließen." Ganz gleiche Erwägungen hatten auch die II. Komm. geleitet. (P. II, 300.) Auf dieser Grundlage knüpft das B.G.B. namentlich an jenen Inhalt an, den schon Art. 1780 code civil gehabt hatte.

II. Inhalt der Vorschrift. In M. II, 466 wurde eigens betont, daß es sich bei dem § 624 nicht um Dienstverträge handle, bei welchen die übermäßige Bindung den Charakter eines Verstoßes gegen die guten Sitten an sich trage. Für solche Verträge bleibt es bei der Vorschrift des § 138 und der dadurch begründeten Nichtigkeit für beide Theile. Hier im § 564 ging man nicht so weit. Die Gesetzesstelle hat an sich gültige Verträge im Auge, welche dann auch trotz des zeitlichen Uebermaßes an sich gültig bleiben. Als Wirkung solchen Uebermaßes begründet § 564 nur ein Kündigungsrecht, und zwar auch nur für die Person des Dienstverpflichteten. Der Dienstberechtigte bleibt seinerseits gebunden und dem Dienstverpflichteten steht es frei, ob er das Dienstverhältniß fortsetzen oder von der ihm verstatteten Kündigung Gebrauch machen will. Letzteres kann er zu jeder Zeit thun, sobald ihm nach § 624 das Kündigungsrecht einmal erwachsen ist. Eine Präklusivfrist dafür besteht nicht.

Jenes Kündigungsrecht fällt unter den Begriff der „vorzeitigen Kündigung."

III. Voraussetzungen für das vorzeitige Kündigungsrecht nach § 624.

1. Vor Allem muß das Dienstverhältniß entweder auf Lebensdauer oder auf bestimmte Zeit von mehr als fünf Jahren eingegangen, also im Voraus auf so lange Zeit berechnet, nicht bloß thatsächlich schon so lange aufrecht gewesen sein. Auch der Fall wird übrigens von Planck, S. II 363 mit Recht hieher gerechnet, wenn vereinbart ist, daß das Dienstverhältniß bis zu dem Eintritt eines bestimmten Ereignisses dauern solle, das Ereigniß aber bei dem Ablaufe von fünf Jahren noch nicht eingetreten ist (so auch Oertmann, S. 343).

a) „Auf die Lebenszeit einer Person". Darin liegen dreierlei Fälle, nämlich auf die Lebenszeit des Dienstverpflichteten oder des Dienstberechtigten oder einer dritten Person — z. B. bei Einstellung eines Pflegebediensteten für einen Kranken — (M. II, 406 fg.).

b) „Auf mehr als fünf Jahre". Dies kann sowohl ziffermäßig bestimmt als auch, wie vorhin schon angedeutet, durch den Eintritt eines gewissen Ereignisses begrenzt sein. Fällt der Endpunkt noch in die Kündigungsfrist, so ist diese gegenstandslos.

2. Die Vorschrift gilt für Dienstverpflichtete aller Art, nicht etwa bloß auf inländische, sondern auch auf ausländische Dienstnehmer. (Letzteres ist mit Rücksicht auf ältere preußische Gesetzesvorschriften zu betonen: P. II, 300.) Der § 624 gilt auch für Dienstverhältnisse jeder Art, nicht etwa bloß für solche von der z. B. im § 622 bezeichneten Beschaffenheit, auch nicht bloß für solche von bestimmter Entlohnungsart. Nach E.G. Art. 95 gilt § 624 auch für das Gesinderecht. In E. I, 564 Abs. 2 war dagegen eine Ausnahme gemacht für den Fall, wenn der Dienstverpflichtete die Dienste durch einen Anderen leisten darf. (M. II, 467.) In der R.T.K. wurde laut Ber. S. 49 dieser Beisatz gestrichen. (Vgl. Oertmann, S. 343 fg.)

IV. Daß das Kündigungsrecht nicht etwa schon sechs Monate vor Ablauf der fünf Jahre, sondern erst nach deren Ablauf erwächst, ist im Gesetze selbst festgestellt. Von da an läuft auch frühestens die Kündigungsfrist.

V. Die Vorschrift des § 624 Satz 1 ist anerkanntermaßen zwingender Natur.

§ 625.

Wird das Dienstverhältniß nach dem Ablaufe der Dienstzeit von dem Verpflichteten mit Wissen des anderen Theiles fortgesetzt, so gilt es als auf unbestimmte Zeit verlängert, sofern nicht der andere Theil unverzüglich widerspricht.

E. I, 565; II, 564; III, 616.

1. § 625 behandelt die in der gemeinrechtlichen Doktrin sog. relocatio tacita. Es werden die hiefür bei der Miethe gemäß § 568 geltenden Grundsätze, nur mit einigen Varianten im Einzelnen, auch auf den Dienstvertrag übertragen (M. II, 468; vgl. deßfalls § 1231 sächsisches G.B.). Es sei deßhalb auch auf die Bem. zu § 568 S. 350 rückverwiesen.

2. In Ansehung der Beschaffenheit des Dienstverhältnisses enthält § 625 keine Einschränkung. Vorausgesetzt ist aber, daß die Dienstzeit bereits abgelaufen ist, sei es durch Ablauf der bestimmten Zeit oder durch Kündigung nach Maßgabe der §§ 620 fg.

Ist das Dienstverhältniß durch Erreichung des Zwecks oder Unmöglichkeit der Leistung beendigt, so kann von selbst von einer stillschweigenden Fortsetzung nicht mehr die Rede sein.

3. Die Fortsetzung des Dienstverhältnisses muß auf Seite des Dienstverpflichteten erfolgt sein. Daß eine bewußte Verlängerung der Dienstleistung vorliegen muß, ist selbstverständlich. Ebenso ist zu erfordern eine Fortsetzung, welche getragen ist von der Absicht des Dienstverpflichteten, die aus dem Dienstvertrage entspringende Rechtsverpflichtung fernerhin auf sich zu nehmen. Wenn und wo die Verhältnisse so gelagert sind, daß der Dienende nach Erklärung oder allen Umständen nur aus Ge-

fälligkeit, etwa bis zu anderweitigem Dienstersatze, noch ausharrt, kann von einer Fortsetzung im Sinne des § 625 keine Rede sein.

4. Während § 568 bei der Miethe noch erfordert, daß nicht von der einen oder anderen Seite binnen einer bestimmten Frist ein Widerspruch gegen die Annahme einer Vertragsfortsetzung erfolgt ist, hat § 625 diesen Punkt absichtlich anders behandelt. M. II, 468 erachteten jene Widerspruchsfrist für die mannigfaltigen Verhältnisse beim Dienstvertrage nicht als passend. In dessen Bereiche genügt es schon, wenn der „andere Theil", d. h. der Berechtigte von der Dienstfortsetzung auch nur Wissen gehabt und er nicht unverzüglich widersprochen hat. „Unverzüglich" heißt aber nach B.G.B. § 121 „ohne schuldhaftes Zögern".

5. Sind die Voraussetzungen des § 625 erfüllt, so bleibt das bis dahin bestandene Vertragsverhältniß in gleicher Art, in Bezug auf die beiderseitigen Rechte und Pflichten, insbesondere in Bezug auf Art und Umfang der Dienstleistung, wie hinsichtlich von Art und Höhe der Vergütung, aufrecht erhalten in fortdauernder Geltung. Das Verhältniß gilt dabei von da ab nach Gesetzesvorschrift als auf unbestimmte Zeit verlängert mit Kündigung nach Maßgabe der §§ 621 fg. Würde in diesem Punkte von den Betheiligten nachgerade etwas anderes vereinbart, so liegt eben ein neuer selbstständiger Vertragsabschluß vor.

6. Die Beweislast liegt hier schon nach allgemeinen Grundsätzen so, daß jeder Theil dasjenige zu beweisen hat, was er zur Stütze seiner Rechte behauptet, insbesondere „der andere Theil" (Dienstherr) den unverzüglich erhobenen Widerspruch.

§ 626.

Das Dienstverhältniß kann von jedem Theile ohne Einhaltung einer Kündigungsfrist gekündigt werden, wenn ein wichtiger Grund vorliegt.

E. I, 566; II, 565; III, 617.

I. Allgemeines. Vorstehende Gesetzesstelle handelt von dem sog. außerordentlichen Kündigungsrechte, welches die Möglichkeit eröffnet, ein Dienstverhältniß, gleichviel ob es auf bestimmte Zeit oder auf Kündigung eingegangen wurde, auch schon vor Eintritt des Endpunkts oder ohne die regelrechte gesetzliche oder vertragsmäßige Kündigungsfrist einseitig zu lösen. Daß es eine derartige Berechtigung geben muß, ist nach Lage der Verhältnisse beim Dienstvertrage, welcher oft die engsten persönlichen Beziehungen im Gefolge hat, nahezu selbstverständlich. Bestimmungen über diesen Punkt finden sich darum auch schon in den älteren Rechten. M. II, 469 nehmen deßfalls eigens Bezug auf L. 22 C. de loc. et cond. 4, 65; P.L.R. Thl. I Tit. 11 § 878, Tit. 5 §§ 377 fg., 400, 410; sächsisches G.B. §§ 1241, 1242; code civil Art. 1184, 1185, sowie Entsch. d. R.G. Bd. 7 S. 26; Seuffert, Archiv Bd. 37 S. 109.

Im Prinzipe liegt also keine Schwierigkeit. Zu tieferen Erwägungen konnte nur die Ausgestaltung im Einzelnen, namentlich die Frage führen, in welcher Weise die Gründe für das außerordentliche Kündigungsrecht festzustellen seien. In dieser Hinsicht konnte man entweder bloß ein allgemeines Prinzip hinstellen oder die berechtigenden Gründe aufzählen, sei es festbegrenzt oder wenigstens beispielsweise. Schon M. II, 469 gaben, namentlich mit Rücksicht auf die Mannigfaltigkeit und Vielgestaltung der Dienstverhältnisse der ersteren Maxime den Vorzug und hielten nähere Einzelbestimmungen nur im Bereiche von Spezialgesetzen (vgl. nachher Nr. III) für angängig. Denselben Standpunkt nahm auch die II. Komm. nach P. II, 302 ein und ebenso die R.T.K. nach Ber. S. 49.

II. Nähere Ausgestaltung. § 626 verlangt für das außerordentliche Kündigungsrecht grundsätzlich nur das Vorhandensein eines „wichtigen Grundes", d. h. selbstverständlich eines solchen Grundes, welcher die nöthige Wichtigkeit gerade in Ansehung der fraglichen Maßregel an sich trägt.

1. Näher definirt ist der Begriff des „wichtigen Grundes" im B.G.B. (s. auch §§ 671, 696, 712, 723, 749, 1889, 2297) nicht. Als leitenden Gesichtspunkt behandelt mit Recht Planck, II S. 365 die Frage, ob ein Umstand vorliegt, mit Rücksicht auf welchen dem einen oder anderen Theile die Fortsetzung des Dienstverhältnisses nicht wohl mehr zugemuthet werden kann. Auf dieser allgemeinen Grundlage unterliegt das außerordentliche Kündigungsrecht einem gewissen freien Ermessen, in erster Linie der Parteien selbst, in weiterer Linie des Richters. Letzteres darf aber, wie in den Vorverhandlungen wiederholt betont wurde (M. II, 469; P. II, 302), nicht dahin verstanden werden, als ob die Annahme eines „wichtigen Grundes" durch eine richterliche Vorentscheidung formell bedingt sei. Das richterliche Ermessen tritt nur dann in Aktion, wenn es überhaupt zum Prozesse kommt.

2. Zulässigkeit der außerordentlichen Kündigung. Je nach den Umständen steht dieselbe dem einen wie dem anderen Vertragstheile zu, soferne er eben den gesetzlich erforderten „wichtigen Grund" geltend zu machen in der Lage ist. Dieser wichtige Grund kann gelegen sein:

a) in der Person des anderen Theiles (dem gekündigt wird);

b) in der Person des Kündigenden selbst;

c) in sonstigen rein objektiven Verhältnissen.

Zu a. Hieher gehören insbesondere auf Seite des Dienstherrn schlechte Behandlung, Nichtbezahlung des Lohnes, unsittliche Zumuthungen — auf Seite des Dienstleistenden Veruntreuungen, unsittlicher Lebenswandel (daß er gerade immer „öffentlich" sein müßte, wie Oertmann, S. 345 sagt, ist doch wohl nicht nöthig), Ungehorsam, Faulheit, grobes Benehmen. In derartigen Verhältnissen wird häufig ein Verschulden desjenigen, welchem gekündigt werden soll, zu finden sein. Das Vorhandensein eines Verschuldens kann auch insoferne ins Gewicht fallen, als gerade dieses zur Annahme eines wichtigen Grundes berechtigen mag. Es braucht aber hier durchaus nicht auch ein Verschulden vorzuliegen. (So auch Planck, II S. 365; Oertmann, S. 345.) Von Erheblichkeit wird die Frage des Verschuldens allgemein nur in der Richtung nach § 628.

Zu b. Eine Kündigung aus solchem Grunde kann z. B. auf Seite des Dienstverpflichteten vorkommen wegen Gelegenheit zu einer günstigen Verheirathung, oder wegen nachhaltender Erkrankung u. s. w. — auf Seite des Dienstberechtigten aber z. B. wegen erheblicher Veränderungen in seinen äußeren Lebensverhältnissen.

Hat der Kündigende den Zustand, auf den er sich stützt, selbst schuldhaft herbeigeführt, so wird er selbst wohl in der Regel ein außerordentliches Kündigungsrecht daraus nicht ableiten können.

Zu c. Solche objektive Gründe können z. B. erwachsen durch Todesfälle von Familienangehörigen des einen oder anderen Theils. (Ob eine Seuche genügenden Grund gibt, sich ohne Kündigung vom Vertrage loszusagen — Oertmann, S. 345 — kann wenigstens für manche Fälle bezweifelt werden. Es kommt eben hier sehr auf die Umstände an!)

3. In zeitlicher Hinsicht wird sich nach Lage des Gesetzes hier nicht annehmen lassen, daß der Kündigungsgrund erst im Laufe des Dienstverhältnisses eingetreten sein müsse. Bestand er schon bei Eingehung des letzteren und war er dem Gegentheil unbekannt geblieben, insbesondere verheimlicht worden, so kann möglicher Weise eine Vertragsanfechtung wegen Irrthums oder Täuschung begründet, etwa auch Kündigung nach § 626 gerechtfertigt sein. (Planck, II S. 365.)

4. Bei dem Mangel einer gesetzlichen Unterscheidung erscheint § 626 auf Dienstverhältnisse jeder Art als anwendbar, insbesondere auch bei Dienstverhältnissen von der im § 622 bezeichneten Beschaffenheit. Da aber diesen letzteren das Gesetz einen besonders ausgiebigen Schutz gewähren will, so erscheint es wenigstens folgerichtig und angemessen, wenn in solchen Fällen mit der Annahme eines wichtigen Grundes für eine außerordentliche Kündigung nicht zu leicht vorgegangen wird.

5. Anerkannt ist, daß die Vorschriften des § 626 zwingenden Charakter haben.

III. Sonderbestimmungen enthalten:

1. das H.G.B. n. F. §§ 71, 72;

2. die Gew.O. §§ 133b fg.;

3. vielfach auch die landesrechtlichen Gesindeordnungen (für Bayern vgl. die nachfolgenden Zusatzbem. zu diesem Titel).

Auf solche berechtigte Spezialbestimmungen ist in den Vorverhandlungen wiederholt eigens hingewiesen worden (M. II, 469; P. II, 302).

§ 627.

Hat der zur Dienstleistung Verpflichtete, ohne in einem dauernden Dienstverhältnisse mit festen Bezügen zu stehen, Dienste höherer Art zu leisten, die auf Grund besonderen Vertrauens übertragen zu werden pflegen, so ist die Kündigung auch ohne die im § 626 bezeichnete Voraussetzung zulässig.

Der Verpflichtete darf nur in der Art kündigen, daß sich der Dienstberechtigte die Dienste anderweit beschaffen kann, es sei denn, daß ein wichtiger Grund für die unzeitige Kündigung vorliegt. Kündigt er ohne solchen Grund zur Unzeit, so hat er dem Dienstberechtigten den daraus entstehenden Schaden zu ersetzen.

E. II, 565; III, 648.

I. Allgemeines. Durch § 627 erfährt der Grundsatz des § 626 für gewisse Fälle noch eine Steigerung, und zwar insoferne, als hier das außerordentliche Kündigungsrecht auch unabhängig gestellt wird von dem Vorhandensein, der Geltendmachung und dem Beweis eines „wichtigen Grundes" im Sinne des § 626. Getragen ist die von der II. Komm. (P. II, 602 fg.) geschaffene Gesetzesstelle von der Anschauung, daß es Dienstleistungsverhältnisse gibt, welche so sehr auf persönlichem Vertrauen zu beruhen pflegen, daß sich ein Zwang zur Verharrung in dem Dienstverhältnisse für keinen der Betheiligten rechtfertigen ließe.

II. Voraussetzungen des gesteigerten Kündigungsrechtes sind:

1. Es müssen „Dienste höherer Art" in Frage stehen. Ueber diesen Begriff s. S. 429.

2. Es muß sich um Dienste handeln, welche aus besonderem Vertrauen übertragen zu werden pflegen, d. h. ihrer Natur nach, wie die in den Vorverhandlungen (P. II, 302 fg.) als Beispiele genannten Dienste eines Arztes, Lehrers, Anwalts. Darauf aber, ob solche Dienste im Einzelfalle wirklich aus besonderem Vertrauen übertragen worden sind, dann in welchem Grade dieses Vertrauen thatsächlich vorhanden war, darauf kommt nichts weiter an.

3. Es darf nicht ein dauerndes Dienstverhältniß mit festen Bezügen vorliegen. („Dauernd", „feste Bezüge", vgl. darüber S. 421 u. 429. Als Beispiele eines dauernden Dienstverhältnisses mit festen Bezügen sind in P. II, 203 genannt: „Leibarzt, Hofmeister, Syndikus".) Mit diesem negativen Erforderniß ist die Bestimmung des § 627 dem Bereiche des § 622 entrückt. Daß die Dienstleistung (wie z. B. nach § 622) die Erwerbsthätigkeit des Dienstleistenden vollständig oder doch hauptsächlich in Anspruch nimmt, wird hier nicht erfordert.

III. Zur Kündigung berechtigt sind nach § 627 beide Theile. Denn auch der Dienstleistende hat ein oft erhebliches Interesse daran, daß ihm das zur Entwicklung gedeihlicher Thätigkeit nothwendige Vertrauen wirklich entgegengebracht wird.

IV. Zur Fernehaltung von mißbräuchlicher Handhabung des gesteigerten Kündigungsrechtes dient der zweite Absatz. Aus diesem entwickelt sich hier der weitere Begriff der „unzeitigen Kündigung", d. h. einer solchen, welche in zeitlicher Hinsicht es ausschließt, daß der Dienstberechtigte sich Dienstersatz beschaffen kann. Ist in solcher Art die Sachlage gestaltet, so greift das Gesetz auf den Standpunkt des § 626 zurück, wonach für die außerordentliche Kündigung ein „wichtiger Grund" gegeben sein muß.

Wegen des Schadensersatzes (d. h. des Ersatzes des Erfüllungsinteresses) vgl. auch § 628.

V. Ueber die Frage, ob § 627 zwingenden oder nachgiebigen Charakter habe, sind die Meinungen getheilt. Oertmann, S. 346 nimmt das erstere, Schollmeyer, Einzelne Schuldverhältnisse S. 40 das letztere an. Eine ausdrückliche gesetzliche Vorschrift fehlt. Die soziale Tendenz der Vorschriften des § 627 spricht aber allerdings für den zwingenden Charakter. Die Vertrauensstimmung kann sich ja auch berechtigtermaßen ändern, so daß ein Vorausverzicht seine mißlichen Seiten haben könnte (s. auch Staudinger, Vortr. S. 504).

§ 628.

Wird nach dem Beginne der Dienstleistung das Dienstverhältniß auf Grund des § 626 oder des § 627 gekündigt, so kann der Verpflichtete einen seinen bisherigen Leistungen entsprechenden Theil der Vergütung verlangen. Kündigt er, ohne durch vertragswidriges Verhalten des anderen Theiles dazu veranlaßt zu sein, oder veranlaßt er durch sein vertragswidriges Verhalten die Kündigung des anderen Theiles, so steht ihm ein Anspruch auf die Vergütung insoweit nicht zu, als seine bisherigen Leistungen in Folge der Kündigung für den anderen Theil kein Interesse haben. Ist die Vergütung für eine spätere Zeit im voraus entrichtet, so hat der Verpflichtete sie nach Maßgabe des § 347 oder, wenn die Kündigung wegen eines Umstandes erfolgt, den er nicht zu vertreten hat, nach den Vorschriften über die Herausgabe einer ungerechtfertigten Bereicherung zurückzuerstatten.

Wird die Kündigung durch vertragswidriges Verhalten des anderen Theiles veranlaßt, so ist dieser zum Ersatze des durch die Aufhebung des Dienstverhältnisses entstehenden Schadens verpflichtet.

E I, 566; II, 566, III, 619

I. Grundsatz. § 628 gibt Zusatzvorschriften zu den Bestimmungen der §§ 626 u. 627. Hat auf Grund der einen oder anderen dieser Gesetzesstellen eine außerordentliche Kündigung stattgefunden (sei es vom Berechtigten oder Verpflichteten), so ergibt sich ganz von selbst die Frage, wie es mit der Vergütung der bereits geleisteten Dienste zu halten sei. Darauf ertheilt § 628 die Antwort.

Hiebei ist vor Allem zu unterscheiden, ob die Entlohnung noch ausständig ist oder bereits stattgefunden hat.

1. Hat nach der Regel des § 614 Vorleistung der Dienste stattgefunden, so tritt der Grundsatz des § 628 Abs. 1 Satz 1 in Wirkung. Danach kann der Verpflichtete einen „entsprechenden Theil der Vergütung" verlangen Entsprechend muß dieser Theil sein gegenüber „den bisherigen Leistungen". Dies kann zeitlich zu verstehen sein, muß und darf aber nicht ausschließlich nach dem Zeitverhältnisse berechnet werden. Es kommen auch qualitative Momente in Betracht, z. B. wenn ein „abgedankter" Arzt im Verlaufe seiner bisherigen Besuche intensivere Leistungen (Nachtbesuche, operative Eingriffe 2c.) gemacht hat. Zu den „Leistungen" sind nicht bloß die eigentlichen Dienste, welche den unmittelbaren Gegenstand des Dienstvertrages bilden, zu rechnen, sondern auch diejenigen dazu nöthigen vorbereitenden Maßregeln, welche bereits als ein Theil der Dienstleistung selbst betrachtet werden können, wie z. B. eine Reise an den Ort der Dienstleistung. (P. II, 305.) Auch schon aufgewendete Baarauslagen kommen bei der Vergütungsberechnung mit in Betracht. Ob und inwieweit die bisherigen Dienstleistungen an sich allein betrachtet für den Dienstberechtigten ein Interesse hatten, begründet für die Anwendung der Regel des § 628 Satz 1 keinen Unterschied. (Oertmann, S. 347.)

2. Einen anderen Fall der Entlohnungsverhältnisse behandelt der dritte Satz des Abs. 1 § 628, nämlich denjenigen, daß eine Vorleistung (ganz oder theilweise) mit der Vergütung stattgefunden hat. Hier hat Seitens des Dienstverpflichteten eine Rückerstattung dessen stattzufinden, was „für die spätere Zeit" bereits geleistet ist. Bezüglich dieser Rückvergütung verweist die Gesetzesstelle (ganz analog mit § 327 und § 543 Abs. 2) mit der im Text ausgesprochenen Unterscheidung auf die Grundsätze nach § 347 oder diejenigen über die Herausgabe einer ungerechtfertigten Bereicherung (§§ 811 fg.)

II. Ausnahmeverhältnisse in Ansehung der Vergütung. Solche behandelt der zweite Satz des Abs. 1 § 628. Er faßt Fälle ins Auge, in denen der Dienstverpflichtete:

a) die außerordentliche Kündigung selbst bethätigt hat, ohne durch vertragswidriges Verhalten des anderen Theils dazu veranlaßt zu sein,

oder b) durch eigenes vertragswidriges Verhalten die außerordentliche Kündigung des anderen Theils veranlaßte.

In diesen beiden Fällen hat der Dienstverpflichtete keinen Anspruch auf Vergütung, wenn und insoweit seine bisherigen Leistungen in Folge der Kündigung für den anderen Theil kein Interesse haben. Auch hier ist offenbar zunächst an den Fall gedacht, daß Nachleistung der Entlohnung stattfindet. Wäre schon eine Vorausleistung zur Vergütung erfolgt, so müßte wieder Satz 3 Abs. 1 § 628 in Anwendung gebracht werden. Ob jener Mangel an Interesse gegeben ist, muß im Einzelfalle thatsächlich beurtheilt werden. Es kommt ja vor, daß bei unvollendeten Leistungen eine Stückleistung werthlos ist, zumal wenn die Vollendung des Fehlenden vom Dienstberechtigten ebenso hoch bezahlt werden muß, wie es für das Ganze der Fall gewesen sein würde.

Anlangend den Begriff des „vertragswidrigen Verhaltens", so kann es keinem Zweifel unterliegen, daß hier eine nur objektiv sich ergebende Vertragswidrigkeit nicht genügen kann, sondern auch eine subjektive Vertragsverletzung zu erfordern ist. Man würde sonst in manchen Fällen (z. B. bei Krankheit) zu nicht annehmbaren Konsequenzen kommen (P. II, 306; Planck, II S. 367; Oertmann, S. 347). Der Ausdruck „Verhalten" trägt ja auch an sich schon einen gewissen subjectiven Charakter an sich.

III. Schadensersatz hat nach Abs. 2 § 628 dem Gegenbetheiligten derjenige Vertragstheil zu leisten, welcher durch vertragswidriges Verhalten (vgl. oben) dem Ersteren Anlaß zu einer Kündigung gegeben hat. Eine solche Ersatzpflicht kann je nach Gestalt der Sachlage den Dienstberechtigten wie den Dienstverpflichteten treffen. Zu ersetzen ist derjenige Schaden, welcher durch die im Wege außerordentlicher Kündigung herbeigeführte Aufhebung des Dienstvertragsverhältnisses dem Ersatzberechtigten entstanden ist. Dadurch kann z. B. der Dienstherr verpflichtet werden, dem Dienstnehmer den Lohn fortzuzahlen, jedoch nicht weiter, als bis zu dem Zeitpunkt, an welchem das Dienstverhältniß durch ordentliche Kündigung hätte aufgelöst werden können. (Vgl. P. II, 306; Planck, II S. 367; Oertmann, S. 348.) Der Dienstverpflichtete andererseits kann z. B. dem Dienstherrn zu vergüten haben die höheren Kosten für eine Ersatzdienstleistung, die Auslagen für deren Beschaffung, die Verluste, welche die Dienstunterbrechung zur Folge hatte.

Für die Schadensbemessung sind übrigens hier keine besonderen Bestimmungen gegeben. Es greifen deßfalls die allgemeinen Grundsätze Platz. Dabei nimmt aber Oertmann mit Grund S. 347 an, daß auch hier die in § 615 vorgesehenen Abrechnungen in Betracht kommen können.

IV. Für andere Fälle der Beendigung der Dienstvertragsverhältnisse, als die in §§ 626, 627 vorgesehenen, sind die besonderen Vorschriften des § 628 nicht berechnet, wie sich aus P. II, 306 ergibt, insbesondere auch nicht für den Fall eintretender Beendigung durch Unmöglichkeit der Leistung. Dafür sind die allgemeinen Vorschriften (§§ 323 fg.) maßgebend.

Planck II, 367, und Oertmann, S. 348 erachten übrigens die Sätze des § 628 Abs. 1 auch anwendbar auf den Fall des § 1358 (Kündigung der Dienstleistungen einer Ehefrau durch den Ehemann). Allerdings hat § 628 an sich nur Fälle im Auge, wo die Kündigung von einem oder dem anderen Vertragstheil und nicht von einem Dritten ausgeht. Immerhin lassen sich aber in jenem Falle Ehemann und Ehefrau identifizieren, zumal in den durch § 1358 getroffenen Beziehungen der Wille der Ehefrau dem des Mannes rechtlich untergeordnet ist.

V. Für Kündigungen durch den Konkursverwalter vgl. K.O. §§ 22, 26.

§ 629.

Nach der Kündigung eines dauernden Dienstverhältnisses hat der Dienstberechtigte dem Verpflichteten auf Verlangen angemessene Zeit zum Aufsuchen eines anderen Dienstverhältnisses zu gewähren.

E. I, —; II, —; III, —.

1. Die Gesetzesstelle wurde erst in der R.T.K. laut Ber. S. 50 eingefügt, weil es sich um eine sehr praktische Frage handele, für welche ausdrückliche Regelung wünschenswerth sei.

2. Ueber den Begriff des auch hier vorausgesetzten dauernden Dienstverhältnisses vgl. oben S. 421.

3. Die dem Dienstberechtigten auferlegte Verpflichtung beginnt erst mit der Kündigung. Dabei begründet es keinen Unterschied, ob die Kündigung von dem einen oder anderen Theil ausging. Die Bestimmung gilt auch für alle Arten und Fälle der Kündigung.

Ob die gleiche Verpflichtung auch Platz greife, wenn das Dienstverhältniß nicht durch Kündigung, sondern aus einem anderen Grunde, namentlich durch Ablauf einer festbestimmten Dienstdauer endigt, behandelt Oertmann, S. 349. Im Gesetze steht ausdrücklich allerdings nichts davon, aber mit Oertmann wird man doch die Frage bejahen können, weil ja die prinzipiellen Gründe eigentlich dieselben sind. Als maßgebender Zeitpunkt, von wo ab sich in solchem Falle die Verpflichtung ergibt, kann dann, mit Oertmann, nur derjenige gelten, welcher bei Kündbarkeit des Vertrags den Beginn der Kündigungsfrist darstellen würde.

4. Was als „angemessene Zeit", d. h. als dem Zwecke entsprechend zu gelten hat, kann nur nach den Umständen des Einzelfalles beurtheilt werden. (Vgl. dazu § 242 B.G.B.) Angemessen muß die Zeit aber sein nach dreierlei Richtungen, nämlich in Bezug auf die Dauer jedes Ausgangs, auf die Zahl der freien Ausgänge und auf den

Zeitpunkt derselben im Verhältnisse zur Arbeitszeit. Daß der Ausgang „in der Regel" gerade in die Geschäftszeit fallen müsse, wie Oertmann, S. 349 behauptet, läßt sich im Allgemeinen gewiß nicht sagen. Der Begriff „angemessen" kann überhaupt nur so aufgefaßt werden, daß die praktische Handhabung den Interessen beider Theile billige Rechnung trägt. Nicht selten mag hier auch wieder die Verkehrssitte ein Korrektiv nach beiden Seiten an die Hand geben.

§ 630.

Bei der Beendigung eines dauernden Dienstverhältnisses kann der Verpflichtete von dem anderen Theile ein schriftliches Zeugniß über das Dienstverhältniß und dessen Dauer fordern. Das Zeugniß ist auf Verlangen auf die Leistungen und die Führung im Dienste zu erstrecken.

E. II, 568; III, 620.

1. Entstehung und Sonderbestimmungen. § 630 ist von der II. Komm. eingestellt (P. II, 307 fg.), und zwar nach dem Vorgange von § 113 Gew.O. Abs. 1 u. 2 letzterer Gesetzesstelle sind hier verallgemeinert. Im Bereiche der Gew.O. bleibt natürlich § 113 derselben nach wie vor in seinem ganzen Umfang in Geltung (Art. 32 E.G. z. B.G.B.).

§ 73 H.G.B. n. F. enthält in Abs. 1 für Handlungsgehülfen eine ganz analoge Bestimmung.

Für das Gebiet des Gesinderechtes behielt Art. 95 E.G. z. B.G.B. landesrechtliche Regelung vor, insbesondere speziell auch hinsichtlich der Schadensersatzpflicht desjenigen, welcher ein unrichtiges Dienstzeugniß ausstellt. Für Bayern gilt auf Grund dieses Vorbehalts in Bezug auf den letztgedachten Punkt eine Sondervorschrift nach Art. 29 A.G. z. B.G.B. vom 9. Juni 1899.

Soweit solche Sonderbestimmungen im Gesinderechte nicht vorliegen, bleibt es bei dem Inhalte des § 630 B.G.B.

2. Diese allgemeine Vorschrift gibt dem Dienstverpflichteten einen Anspruch auf Ausstellung des gesetzlich vorgesehenen Zeugnisses. Dieser Anspruch ist mit Klage verfolgbar. Er ist, wie in P. II, 308 ausdrücklich hervorgehoben wurde, nicht öffentlich-rechtlicher, sondern privatrechtlicher Natur als Ausfluß des Vertragsverhältnisses. Darum gehört auch die Geltendmachung dieses Anspruchs (soweit nicht etwas anderes durch ausdrückliche Gesetzesvorschrift bestimmt sein sollte) auf den Civilrechtsweg. (§ 13 G.V.G. n. F. vom 17. Mai 1898.)

Der Anspruch auf das Zeugniß ist aber mehrfach beschränkt.

a) Derselbe greift erst Platz bei Beendigung des Dienstverhältnisses, nicht schon von der Kündigung ab. (Eigens abgelehnt nach R.T.K.Ber. S. 50, Sten. Ber. S. 97 fg.)

b) Die Zeugnißpflicht besteht nicht bei jedem Dienstverhältnisse, sondern nur bei einem solchen von Dauer. Ueber diesen Begriff vgl. oben S. 421.

3. Der Inhalt des Zeugnisses erstreckt sich nach § 630 zunächst nur auf die Bestätigung der Art und der Dauer des Dienstverhältnisses. Eine Ausdehnung auf Leistungen und Führung im Dienst (qualificirtes Zeugniß) ist bedingt durch ein besonderes Verlangen des Dienstpflichtigen. Ist dieses gestellt, so muß der Dienstberechtigte auch darüber Zeugniß ertheilen. Ist ein qualificirtes Zeugniß nicht verlangt, kann der Dienstnehmer ein solches Zeugniß zurückweisen und ein anderes im gesetzlich beschränkten Umfange verlangen.

4. Für den Aussteller des Zeugnisses besteht die Pflicht voller Wahrhaftigkeit. Wäre das Zeugniß unrichtig, so kann nach sonstigen allgemeinen Gesetzesvorschriften eine Ersatzpflicht für dadurch gestifteten Schaden in Frage kommen. (Vgl. B.G.B. § 823; s. auch Art. 95 E.G., dann Art. 29 bayrisches A.G.)

5. Das Zeugniß ist als privatschriftliche Urkunde ins Auge gefaßt. Oeffentliche Beglaubigung ist im § 630 B.G.B. nicht vorgeschrieben. Wünscht der Bedienstete eine solche, so hat er, wenn sich der Dienstherr darauf einläßt, selbst die hierauf erwachsenden Kosten zu tragen. Eine in II. Komm. nach E. II, 308 anfänglich ins Auge gefaßte gegentheilige Bestimmung ist schließlich aus § 630 B.G.B. weggeblieben. Etwas anders nach H.G.B. § 73 Abs. 2.

6. Der Aufstellung Oertmanns, S. 349, daß § 630 zwingenden Charakters sei, läßt sich insoferne beitreten, als nicht wohl etwas daran im Vertragswege geändert

werden kann. Es steht aber nach § 630 im Belieben des Bediensteten, ob er ein Zeugniß „fordern" oder die Erstreckung auf Leistung und Führung verlangen will.

Zusatzbemerkungen zum sechsten Titel.

Wie schon früher (S. 408) angedeutet wurde, hat Art. 95 E.G z. B.G.B. die Regelung des Gesinderechtes (Rechtsverhältnisse zwischen den sog. Dienstboten und der Dienstherrschaft) dem Landesrechte vorbehalten. Eigens erstreckt ist dieser Vorbehalt auch auf die Schadensersatzpflicht desjenigen, welcher

a) Gesinde zum widerrechtlichen Verlassen des Dienstes verleitet;

b) Gesinde in Kenntniß eines noch bestehenden Gesindeverhältnisses in Dienst nimmt;

c) ein unrichtiges Dienstzeugniß ertheilt.

Vollfreie Hand hat übrigens das Landesrecht bei Verwirklichung jenes Vorbehalts doch nicht. Denn schon in Art. 95 E.G. selbst ist bestimmt, daß jedenfalls aus dem B.G.B die §§ 104—115 (über Geschäftsfähigkeit), § 131 (Mängel bei Willenserklärungen aus dem Gesichtspunkte der Geschäftsfähigkeit), §§ 278, 831, 840 Abs. 2 (Haftung für Hülfspersonen), §§ 617—619, 624 (aus den Bestimmungen über den Dienstvertrag), § 1318 (Stellung einer Ehefrau), Anwendung zu finden haben, dabei aber der § 617 nur insoweit, als nicht die Landesgesetze dem Gesinde noch weitergehende Ansprüche gewähren. Auch ist in jenem Art. 95 selbst reichsrechtlich ganz allgemein vorgeschrieben daß dem Dienstberechtigten gegenüber dem Gesinde ein Züchtigungsrecht nicht zusteht (Vgl. hiezu die näheren Erläuterungen in diesem Komm Bd. 6 S. 133 fg.)

Auf Grund des im Art. 95 E.G. aufgenommenen Vorbehalts und nach Maßgabe seines sachlichen Umfangs hat die bayrische Landesgesetzgebung eine Neuregelung der rechtlichen, insbesondere privatrechtlichen Dienstbotenverhältnisse eintreten lassen und zu diesem Zwecke in das A G. vom 9 Juni 1899 Art. 15—31 eine Reihe von Sonderbestimmungen unter dem Gesammttitel: „Gesinderecht" eingestellt. Für die bezüglichen Verhältnisse gilt der Inhalt dieser Artikel an erster Stelle; daneben und ergänzend greifen die Bestimmungen des B.G.B , speziell diejenigen über Dienstvertrag ein.

Aus dieser neuen bayrischen Gesindeordnung sei (unter Verweisung auf das Nähere bei Böhm-Klein, Komm. zum bayrischen A.G. S. 46 fg. und Henle-Schneider, Handausgabe desselben Gesetzes S. 38 fg.) Folgendes noch in kurzer Skizze hervorgehoben:

1. Umfang des Gesinderechtes in Ansehung der Personen. Darüber, wer zum „Gesinde", zu den „Dienstboten", zu rechnen sei, enthält weder das B.G.B. nebst E.G. noch das bayrische A.G eine reichs- oder landesrechtliche Vorschrift. Hier wie dort wurde die Einstellung einer solchen absichtlich abgelehnt. Man erwog, daß an sich schon die Grenze in allgemein zutreffender Weise schwer festzustellen sei, überdies aber die Volksanschauungen in diesem Punkte verschiedenen Orts auch sehr verschieden seien. So viel aber geht doch aus allen Verhandlungen (vgl. namentlich auch Becher, Mat. Abth. IV/V Bd. 1 S 48) hervor, daß man der Ansicht war, jene Begriffe müßten eben im landläufigen Sinne genommen werden. Ueber Zweifel wird man damit aber doch nicht hinüberkommen. Solche hat es ja auch schon bisher gegeben, namentlich auf dem Gebiete der Jurisdiction der sog. Gewerbegerichte in Ansehung der Abgrenzung des Begriffes „gewerbliche Arbeiter" u. dgl. von dem anderen: „Dienstbote". (Nähere Erörterungen über diesen Punkt s. im Bd. 6 des Komm S. 133 fg.)

2. Eingehung von Dienstverträgen von und mit Dienstboten. Die Frage, von wem solche Verträge geschlossen werden können, bemißt sich in grundsätzlicher Richtung nach den allgemeinen Normen des B.G B Hieher einschlägig sind von denselben namentlich die Vorschriften

a) über Rechtsgeschäfte von in der Geschäftsfähigkeit beschränkten Personen (B.G.B. §§ 104—115); s. auch B.G.B. § 1822 Nr 7;

b) des § 113 B.G.B. über die allgemeine Ermächtigung Minderjähriger zu Dienst- und Arbeitsverhältnissen Seitens ihrer gesetzlichen Vertreter;

c) über eheherrliche Befugnisse gegenüber der sich zu persönlichen Diensten verpflichtenden Ehefrau (B.G.B. § 1358);

d) über die Schlüsselgewalt der Ehefrau und deren daraus entspringende Berechtigungen mit ihren Rechtsfolgen (B.G.B. § 1357).

Zu diesen reichsrechtlichen Normen gesellte der Art. 16 des bayrischen A.G vom 9 Juni 1899 als Bestandtheil der Gesindeordnung noch eine landesrechtliche Zusatzvorschrift, welche nach dem Vorbilde der sächsischen Gesindeordnung vom 2. Mai 1892 der Polizeibehörde bemerkenswerthe Befugnisse gibt. Die Polizeibehörde kann nämlich das Halten von Dienstboten unter achtzehn Jahren solchen Personen untersagen, die nicht im Besitze der bürgerlichen Ehrenrechte sind oder unter Polizeiaufsicht (im Sinne der §§ 38 fg. St.G.B.) stehen — natürlich nur solange das eine oder andere der Fall ist. In diesem Falle liegt kein unbedingtes, schon von Gesetzeswegen eintretendes Verbot vor. Vielmehr muß eigens eine polizeiliche Untersagung ergehen. Diese Maßregel aber steht im Ermessen der Polizeibehörde. Anders übrigens bei solchen Personen, welche wegen gewerbsmäßiger Unzucht einer polizeilichen Aufsicht (im Sinne des § 361 Nr. 6 St.G.B.) unterstellt sind. Denen ist schon kraft Gesetzes (Art. 16 Abs. 2 A.G.) das Halten von Dienstboten unter 21 Jahren verboten.

Zwischen männlichen und weiblichen Dienstboten wird weder im ersten, noch im zweiten Absatze des Art. 16 unterschieden.

Für alle Fälle nach Abs. 1 u. 2 Art. 16 gilt auch die weitere Bestimmung des Abs. 3, daß die Entlassung von Dienstboten, welche jenen Vorschriften zuwider gehalten werden, von der Polizeibehörde erzwungen werden kann Mittel hiezu gewährt Art. 21 des bayrischen P.St.G.B.

3 Hat sich ein Dienstbote für dieselbe Zeit mehrfach verdungen, so hat er bei derjenigen Dienstherrschaft auf deren Verlangen einzutreten, mit welcher er zuerst abgeschlossen hat. Den anderen Dienstherrschaften ist er schadensersatzpflichtig. Art. 17.

4. Nach Art. 18 A.G. verbleibt das beim Vertragsabschlusse gewöhnlich gegebene (aber nicht gerade nothwendige) sog. Draufgeld dem Dienstboten, d. h. wenn nichts anderes verabredet ist. Unter dieser Voraussetzung findet daher ein Abzug desselben vom Lohne nicht statt. Ebenso darf es im Zweifel auch nicht auf einen Schadensersatzbetrag angerechnet werden, welchen etwa die Dienstherrschaft bei Aufhebung des Dienstverhältnisses zu leisten haben sollte.

5. Recht löblich betont sind die im Art. 19 eingestellten allgemeinen Verhaltungspflichten der Dienstboten. Sie stehen nur leider mit den heutzutage tagtäglichen Erscheinungen des praktischen Lebens in schwerem Konflikte und sind insoferne von stark theoretischem Charakter. Einige praktische Bedeutung aber haben die Sätze des Art. 19 immerhin doch insoferne, als sie Anhaltspunkte dafür bieten, was (abgesehen von den besonderen Fällen des Art. 24) als „wichtiger Grund" zu einer außerordentlichen Kündigung im Sinne des Art. 23 betrachtet werden kann. Nicht unzweckmäßig ist auch die im zweiten Satze des Art. 19 enthaltene Festsetzung, daß der Dienstbote nach Maßgabe seiner Kräfte und Stellung in Nothfällen auch in anderen Dingen mit anpacken muß, als denjenigen, für die er gerade gedungen ist.

6. In Bezug auf Lohnverhältnisse bringt die Gesindeordnung nur zwei Sonderbestimmungen, nämlich dahingehend:

a) daß der Dienstbote, wenn dessen Lohn auch nach längeren Zeitabschnitten als Vierteljahren bemessen ist, doch nach Ablauf von je drei Monaten der Dienstzeit die Zahlung der Hälfte des dafür treffenden Lohnes verlangen kann (Art. 20), dann

b) daß die Dienstherrschaft gegen die Lohnforderung unbeschränkt diejenigen Entschädigungsansprüche aufrechnen kann, welche sie gegen den Dienstboten hat wegen einer vorsätzlichen oder grobfahrlässigen Verletzung der ihm obliegenden Verpflichtungen (Art. 21).

Eingehend sind die in der Gesindeordnung enthaltenen besonderen Vorschriften über:

7. Dienstzeit- und Kündigungsverhältnisse. Nach beiden Richtungen erneuert zunächst

a) Art. 22 Abs. 1 eine in Bayern althergebrachte Einrichtung in Gestalt des vollen Dienstjahres für landwirthschaftliche Dienstboten, womit bekanntlich hauptsächlich bezweckt wird, der Dienstherrschaft für die drängende Arbeitszeit von der Saat bis zur Ernte den Bedarf an Arbeitskräften, den „Ehehalten" aber auch für die stillere Winterszeit Nahrung und Nothdurft zu sichern. Früher begann jenes Dienstjahr herkömmlich an Lichtmeß, jetzt beginnt es am 1. Februar. Im Zweifel, also namentlich wenn nichts anderes verabredet ist, gilt das Dienstverhältniß als für ein Jahr, von jenem Tage an gerechnet, eingegangen. Erfolgt der Dienstantritt erst nach jenem Zeitpunkte, so gilt der Dienst im Zweifel für die Zeit bis zum Schlusse des regelmäßigen Dienstjahres. Ist der Dienst auf unbestimmte Zeit eingegangen, so ist auch Kündigung nur zulässig für den Schluß des besagten Dienstjahres und auch dies nur mit Einhaltung einer Frist von sechs Wochen.

b) Für Dienstboten, die nicht zu den landwirthschaftlichen gehören, ist durch Art. 22 Abs. 2 die im § 621 Abs. 4 B.G.B. für die dort bezeichneten Lohnverhältnisse vorgesehene sechswöchentliche Kündigungsfrist hieher auf eine solche von einem Monat ermäßigt. Mehr und mehr greift aber bekanntlich in Städten jetzt die monatliche Lohnvergütung um sich. Für diese Fälle bleibt es bei § 621 Abs. 3 B.G.B.

c) Eine besondere Rolle spielt bekanntermaßen gerade im Dienstbotenwesen die außerordentliche Kündigung. In dieser Hinsicht wiederholt zunächst Art. 23 A.G. den Grundsatz des § 626 B.G.B., nur mit einem kleinen Zusatze. Darnach kann außerordentliche Kündigung von jedem Theil ohne Kündigungsfrist zu jeder Zeit, und zwar auch schon vor dem Antritte des Dienstes erfolgen, wenn ein wichtiger Grund vorliegt. Während aber § 626 B.G.B. die Beurtheilung, was als wichtiger Grund zu erachten sei, ganz dem Ermessen für den einzelnen Fall anheimgibt, zählt die bayrische Gesindeordnung in den Art. 24, 25 A.G. lange Reihen von Vorkommnissen auf, welche beispielsweise als „wichtige Gründe" anzusehen sind, „soferne nicht besondere Gründe eine andere Beurtheilung rechtfertigen". Bezüglich einzelner Verhältnisse gilt dabei übrigens noch die Besonderheit, daß sie nur binnen einer bestimmten Zeit zur außerordentlichen Kündigung berechtigen, nämlich nicht mehr, wenn sie dem anderen (kündigenden) Theile länger als eine Woche bekannt sind.

Eingehende Vorschriften enthält Art. 26 A.G. darüber, wie sich für die Fälle der Kündigung wegen vertragswidrigen Verhaltens des anderen Theils die Lohn- und Schadensersatzansprüche gestalten.

d) Einige besondere Fälle regeln noch die Art. 27, 28 A.G. Der erste derselben betrifft namentlich die Heiraths- und ähnlichen Fälle auf Seite des Dienstboten. Schon nach Art. 24 Nr. 13 gibt der Fall, wenn ein weiblicher Dienstbote sich verheirathet, der Dienstherrschaft das Recht zu sofortiger Auflösung des Dienstverhältnisses.

Dem Dienstboten aber (männlichen wie weiblichen) gibt Art. 27 das Recht zur Kündigung, wenn er durch den Antritt oder die Fortsetzung des Dienstes verhindert würde, von einer gebotenen Gelegenheit zur Verheirathung (ohne Unterschied!) oder der Begründung eines eigenen Hausstands Gebrauch zu machen. In solchem Falle ist jedoch nach Antritt des Dienstes immerhin die Einhaltung einer Kündigungsfrist gesetzlich geboten. Die Kündigung ist nämlich nur für den Schluß eines Kalendermonats zulässig und hat spätestens am fünfzehnten desselben Monats zu geschehen. Ein einfaches Davonlaufen mit dem Vorgeben, „ich heirathe", wie es nicht selten vorkommt, ist ungerechtfertigt.

Eine weitere Regelung der Kündigungsverhältnisse enthält Art. 28 für den Fall einer wesentlichen Veränderung der Umstände, insbesondere wegen

α) Verlegung des Wohnsitzes der Dienstherrschaft,
β) Todes des Dienstherrn,
γ) Veräußerung des Gutes, zu dessen Bewirthschaftung der Dienstbote aufgenommen ist.

8. Im Prinzip von großer Wichtigkeit und wahrlich recht heilsam ist trotz ihrer sachlichen Einschränkung die Bestimmung des Art. 29 A.G., welche eine privatrechtliche Verantwortlichkeit der Dienstherrschaft begründet für den Schaden, welcher der nachfolgenden Dienstherrschaft erwächst aus dem Vertrauen auf die Richtigkeit eines ausgestellten Dienstzeugnisses. Diese Verantwortlichkeit ist übrigens beschränkt auf den Fall der Bezeugung treuen Verhaltens des Dienstboten, obwohl dieser gegen die Herrschaft eine schwere Veruntreuung sich zu Schulden kommen ließ und die Dienstherrschaft diese Thatsache kannte. Die Verantwortlichkeit ist auch zeitlich insoferne begrenzt, als sie mit dem Ablaufe von drei Jahren seit der Ertheilung des Zeugnisses erlischt, soweit jene nicht schon vorher gerichtlich geltend gemacht wird.

9. Eine privatrechtliche Schadensersatzpflicht gegenüber der Dienstherrschaft begründet auch noch Art. 30 A.G. für denjenigen (und zwar als Gesammtschuldner mit dem Dienstboten selbst), welcher einen Dienstboten verleitet,

a) den Dienst ohne rechtlichen Grund nicht anzutreten oder
b) vor der Beendigung des Dienstverhältnisses zu verlassen.

Ebenso trifft denjenigen eine Schadensersatzpflicht, welcher wissentlich einen bereits verdungenen Dienstboten für die nämliche Zeit für sich dingt.

10. Ueber die Beziehungen dieser Vorschriften zum öffentlichen Rechte, sowie insbesondere auch des § 631 B.G.B. über Zeugnißertheilung zum Polizeirechte in Bayern s. Näheres bei Staudinger, Vorträge für Verwaltungsbeamte S. 514.

Siebenter Titel.

Werkvertrag.

(Erläutert von Dr. J. v. Staudinger.)

Einleitung.

I Allgemeines. Gleich dem naheverwandten Dienstvertrage hat auch der Werkvertrag im Verkehr ein breites Gebiet des Vorkommens. Nur ist seine jetzige Bezeichnung noch nicht voll eingebürgert und gar manche Rechtsgeschäfte fallen unter den rechtlichen Gesichtspunkt eines Werkvertrags, bezüglich deren man im gewöhnlichen landläufigen Tagesverkehre gar nicht daran denkt. Gegenstand eines Werkvertrags sind auch gar oft wirthschaftlich sehr werthvolle Unternehmungen, insbesondere kostspielige Bauten. Darum war es auch wohlangezeigt, daß dem Werkvertrage im B.G.B. in den §§ 631—651 ebenfalls eine ganze Reihe von Sonderbestimmungen gewidmet wurde. Daß diese in einen besonderen Titel gestellt und insbesondere von den Vorschriften über den Dienstvertrag losgeschält wurden, entspricht ganz der selbständigen Bedeutung und Eigenart des Werkvertrags. Neben dem B.G.B. greifen übrigens auch hier noch verschiedene anderwärtige reichsgesetzliche Vorschriften in die Gesammtmaterie ein (Art. 32 E.G. z. B.G.B.), wie z. B. die Vorschriften des Handelsrechtes über das Frachtgeschäft, sowie der besonderen Reichsgesetze über Betrieb der Binnenschiffahrt und Flößerei, über die Postbeförderung, über das Auswanderungswesen u. s. w. (Erörterungen über diese zum Theil außerhalb des Bereichs des B.G.B. liegenden Spezialien enthält Riezler, Werkvertrag, 1900 S. 79 fg. Ebendort ist auch das entgeltliche kaufmännische Kommissionsgeschäft als ein besonders gearteter Werkvertrag qualifizirt. Vgl. auch B.G.B. § 675.)

II. Ueber Begriff und Wesen des Werkvertrags sind, insbesondere was den Gegensatz zum Dienstvertrage betrifft, bereits an früheren Stellen (s. insbesondere S. 409) Bemerkungen eingeschaltet. (Vgl. auch M. II, 471, D. 82.) Im Gesetzbuche legt § 631 die Thatbestandselemente des Werkvertrags fest. So einfach auch die dortige Formel, nach welcher der Werkvertrag — konstruktionell der direkte Nachkomme der Römerin locatio conductio operis — theoretisch in die Klasse der gegenseitigen, entgeltlichen Konsensualverträge gehört, sich ansieht, so sehr begegnet doch die praktische Handhabung des Begriffs manchen Schwierigkeiten. Natur und Richtung dieser Schwierigkeiten sind auch schon oben S. 409 angedeutet. Sie beruhen hauptsächlich in zwei Punkten, nämlich:

1. in der theilweise vorhandenen Subtilität der Grenzeziehung gegenüber verwandten Vertragsverhältnissen, dann

2. in dem häufigen Vorkommen von — sei es bloß äußerlicher, formeller, sei es auch innerlicher, materieller — Verbindungen des Werkvertrags mit anderen Vertragsformen. (Ueber die Annahme der Möglichkeit solcher Verbindungen wird man praktisch kaum hinwegkommen, mag sie auch theoretisch beanstandet werden. Vgl. z. B. nachher Nr. III, 3.)

In ersterer Hinsicht nimmt besonders das Verhältniß zum Dienstvertrage die Aufmerksamkeit in Anspruch. Denn gerade dieses Verhältniß ist es auch, welches wesentlich zu einer richtigen Umgrenzung des Begriffes: „Werkvertrag" beiträgt.

III. Abgrenzungen gegenüber verwandten Rechtsverhältnissen.

1. Dienstvertrag. Während der Dienstvertrag durch Gewinnung fremder körperlicher oder geistiger Arbeitskraft (oder beider zugleich) gegen eine Vergütung in Geld oder anderen Vortheilen die Arbeitsthätigkeit selbst in ihrer unmittelbaren Entwicklung zur Verwerthung bringt, erwirbt dagegen im Werkvertrage der Eine das Werk der geistigen oder körperlichen Thätigkeit eines Anderen als etwas Gewordenes, Vollendetes, als schon erzielten Erfolg gegen eine für Letzteren zu leistende Vergütung vereinbarter Art. Dabei darf aber Eines nicht übersehen werden. Die Erscheinungen von Arbeit und Erfolg gehören beiden Vertragsarten an. Auch die den Gegenstand des Dienstvertrags bildende Arbeit führt gemeinhin zu irgend einem Erfolge. Andererseits ist auch beim Werkvertrage der dort angestrebte Erfolg gemeinhin durch irgend eine Art von körperlicher oder geistiger Thätigkeit = Arbeit bedingt. In Arbeit und Erfolg allein kann also das entscheidende Kriterium nicht liegen. Es liegt vielmehr darin, daß nach dem Parteiwillen hier die Arbeitsleistung, dort ein bestimmter Erfolg den unmittelbaren Gegenstand der Leistung und Vergütung bildet. (M. II, 471, woselbst auch die älteren Gesetzesverhältnisse und Doktrinen berührt sind) Diese Richtung der Schwergewichtswirkung führt dann von selbst zu dem rechtlichen Folgezustande, daß — wenigstens der Regel und dem Grundsatze nach — beim Dienstvertrage die vertragsmäßige Arbeitsleistung auch dann die Verpflichtung zur Gegenleistung begründet, wenn die gewünschte Wirkung ausblieb (z. B.

bei der Thätigkeit des Arztes die Genesung des Kranken), während beim Werkvertrage nur der vertragsmäßige Erfolg erst zur Gegenleistung verpflichtend wirkt, gleichviel ob und wie viel Arbeit vor Eintritt des Erfolgs schon aufgewendet worden ist. (In diesem Sinne auch Riezler, Werkvertrag S. 43 fg.)

Wie viel Thätigkeit auf dem hier fraglichen Gebiet entwickelt werden muß, ist für den begrifflichen Unterschied von Dienst- und Werkvertrag gleichgültig. Ebenso die Art der Entlohnung. Ueber den Stücklohn vgl. insbesondere die Bem. auf S. 418, woraus übrigens zu entnehmen ist, daß das Vorhandensein von Stücklohn, wenn es auch für die Begriffsbegrenzung nicht entscheidend ist, unter Umständen doch einen Fingerzeig auf den Weg zum Werkvertrage darbieten kann.

Die Cosacksche Meinung (Lehrb. I S. 524), welche ein Unterscheidungsmerkmal darin findet, daß der Werkvertrag auch für solche Arbeiten gelte, die nicht bloß im Interesse des Bestellers, sondern auch im Interesse des Unternehmers liegen, ist mit Recht schon von Riezler a. a. O. S. 42 beanstandet worden. Letzterer Schriftsteller behandelt auch S. 45 zutreffend das größere Maß von Unterordnung und Treueverpflichtung, welches mit Dienstvertragsverhältnissen im Vergleiche mit Werkvertragsbeziehungen verbunden zu sein pflegt, zwar als ein Anzeichen für das Vorhandensein eines Dienstvertrags, aber nicht als ein sicheres Unterscheidungsmerkmal.

In den Bereich des Werkvertrags allein und nicht auch der Dienstmiethe verweist Oertmann, S. 351 (unter Bezugnahme auf Opet im civil. Archiv Bd. 86 S. 155 fg. und dessen Theaterrecht S. 159) den sog. Bühnenengagementsvertrag, d. h. den Vertrag mit einer Theaterleitung über eine Thätigkeit am Theater. Dem kann so im Allgemeinen nicht beigestimmt werden. Auszuscheiden sind aus dem Gebiete jenes Begriffs vor Allem die vielerlei an einem nur halbwegs großen Theater vorkommenden Bedienstungen von administrativem oder technischem Personal. Diese gehören denn doch von vorneherein nach der regelmäßigen Sach- und Rechtslage in den Bereich des Dienstvertrags. Das Gleiche wird zumeist von ständig engagirten Orchestermitgliedern zu gelten haben. Was aber dann noch das darstellende Personal anlangt (Sänger, Schauspieler und Tänzer), so trifft hier Riezler, Werkvertrag S. 33 das allein Richtige, wenn er bei einem Engagement zur Durchführung einer bestimmten Rolle (wie es zumeist bei sog. Gastspielengagements vorliegt, übrigens auch sonst vorkommen kann) einen Werkvertrag annimmt, dagegen dem Dienstvertrag eine Verpflichtung zuweist, welche dahin geht, im Theaterbetriebe „nach Maßgabe des jeweiligen Bedürfnisses in den jeweils von der Direktion bestimmten Rollen aufzutreten". Dies springt besonders bei lebenslänglichen oder langjährigen „Kontrakten" (sei es mit oder ohne sog. Spielgelder) in die Augen. Es gilt solches übrigens der Natur der Sache nach auch dann, wenn der Darsteller nur in bestimmten „Fächern" thätig ist. Dergleichen kommt in anderen Dienstvertragsverhältnissen (z. B. bei Aerzten, Lehrern 2c.) auch vor. Daß übrigens diese ganze theatralische Spezialfrage durch den üblichen eingehenden Inhalt der schriftlichen Bühnenengagementsverträge sehr an Bedeutung verliert, ist zweifellos. Immerhin ist sie nicht ohne Bedeutung wegen — wie Oertmann, S. 351, treffend schreibt — der Regeln, welche etwa dahinter zur Anwendung kommen.

2. Kauf. Gleichwie mit dem Dienstvertrag ist der Werkvertrag auch verwandt mit dem Kaufe, so zwar, daß beide Vertragsarten nicht selten in einander übergehen oder sich doch äußerst nahe berühren. Die zutreffende Scheidung beider Vertragsformen ist aber oft ganz unerläßlich, da für den einen und anderen Vertrag da oder dort verschiedene Rechtssätze gelten. So namentlich in Ansehung der Frage der sog. Mängelhaftung. (Näheres s. zu § 651, sowie bei Hachenburg, Dienst- und Werkvertrag S. 66 fg.) Planck, Komm. Bd. 2 S. 368 stellt folgende Formel auf: „Vom Kaufvertrag unterscheidet sich der Werkvertrag dadurch, daß Gegenstand des Werkvertrags das Werk als Erzeugniß von Arbeit ist, während es sich bei dem Kaufvertrage nicht um die Arbeit, sondern um die Lieferung einer Sache oder eines Rechtes handelt." Mit dieser theoretischen Formel kommt man aber praktisch oft auch nicht recht weit. Näher tritt dem Kerne der Sache Riezler a. a. O. S. 54. Dort heißt es u. A.: „Der Kaufvertrag wird in der Regel über bereits vorhandene fertige Waaren abgeschlossen, von deren Beschaffenheit sich der Käufer bereits überzeugen kann, der Werkvertrag ist im Gegensatze dazu darauf gerichtet, daß ein noch nicht existirendes Produkt erst geschaffen oder ein bereits existirendes in eine neue Form gebracht werden soll." Anschließend hieran gibt Riezler a. a. O. eine nähere Untersuchung über die Verschiedenheiten von Kauf- und Werkvertrag. Nach dem B.G.B. liegt die hauptsächliche Lösung der Frage in den praktischen Vorschriften des § 651. Dortselbst gelangt das B.G.B. auch noch zur Konstruktion des Nebenbegriffes: „Werklieferungsvertrag". Einen solchen nimmt jene Gesetzesstelle dann an, wenn sich der Unternehmer verpflichtet, das Werk aus einem von ihm zu beschaffenden Stoffe herzustellen. Besteht dabei das herzustellende Werk aus einer vertretbaren Sache, so finden auf das Rechtsgeschäft laut § 651 B.G.B. die Vorschriften über den Kauf Anwendung. Trägt dagegen das zu liefernde Werk nicht die rechtliche Eigenschaft einer vertretbaren Sache an sich, so treten an die Stelle verschiedener, den Kauf betreffender Vorschriften diejenigen über

den Werkvertrag, mit Ausnahme zweier Stellen, welche sich nur auf Bauverhältnisse beziehen. Liefert der Besteller den Stoff zum Werk allein oder wenigstens in der Hauptsache (so daß der Unternehmer nur Nebenzuthaten gibt) so liegt ein reiner Werkvertrag vor.

Wie verschieden sich im Leben die Rechtslage in Einzelfällen der besprochenen Art gestalten kann, lassen folgende einfache Beispiele erkennen:

Jemand erwirbt in einem Laden für fertige Kleider (Konfektionsgeschäft) gegen Baar einen ausgestellten Anzug: = Kauf.

Ein Anderer wählt sich bei seinem Schneider aus dessen Stofflager etwas aus und gibt dem Schneider den Auftrag, daraus ein Kleidungsstück nach Maß herzustellen: = Werklieferungsvertrag.

Eine Dame erwirbt einen Seidenstoff beim Schnittwaarenhändler und bringt ihn zum Damenschneider, um ihr daraus nach Maß eine Robe herzustellen: = reiner Werkvertrag.

Eine andere Dame läßt sich ihre Garderobe bei sich von einer sog. Hausschneiderin (Störarbeiterin) gegen Taglohn und Kost unter eigener Leitung arbeiten und zurichten: = Dienstvertrag.

3. Miethe. In verschiedenen Verhältnissen kann auch die Frage von Belang werden, ob und inwieweit ein Mieth- oder Werkvertrag vorliegt. Riezler behandelt dieselbe S. 47 fg. (zum Theile gegen Planck, II S. 369). Aehnlich Oertmann, S. 351. Unzweifelhaft ist, daß hier viel auf den überwiegenden Parteiwillen ankommt und daß es Fälle gibt, in denen „juristisch das Bestehen zweier Verträge anzunehmen ist, die aber durch die Einheitlichkeit des Geschäftsabschlusses und den thatsächlichen Zusammenhang dergestalt mit einander verbunden sind, daß die Erfüllung beider zeitlich und räumlich zusammenfallen muß" (Riezler, S. 49). Gewöhnlich besprochene praktische Fälle sind z. B. folgende: Wer sich für Eisenbahn, Trambahn oder Schiff eine Karte löst, um darauf durch eine bestimmte Transportstrecke befördert zu werden, geht dadurch einen Werkvertrag ein. Die Benutzung eines Sitz- oder Stehplatzes ist hier lediglich Mittel zum Zwecke. Die Gewährung dieses Mittels im Allgemeinen ist Vertragspflicht des Unternehmers aus dem Werkvertrage. Anders auffaßbar ist die Sache schon beim sog. „D-Zuge", wenn eine eigene Platzkarte ausgegeben wird. Hier kann an einen dazukommenden Miethvertrag gedacht werden ((Oertmann, S. 351). Reine Sachmiethe liegt vor, wenn Jemand gegen Entgelt ein fremdes Transportmittel (Pferd, Gefährte, Nachen) sich dienstbar macht, um es selbst zu verwenden und zu dirigiren. Dieser Vertragscharakter bleibt in solchem Falle auch dann, wenn er nach seinem Gutdünken unter seiner Leitung noch Hülfskräfte verwendet (Riezler, S. 51). Wer — ein weiteres Beispiel — für eine bestimmte Theatervorstellung, Konzertaufführung u. dgl. sich ein Billet erwirbt, tritt hiemit in einen Werkvertrag ein. Gehört zur Entgegennahme des zu Bietenden ein Platz im Raume, so ist das auch wieder Erfüllungsmittel beim Werkvertrage. Soll ein bestimmter bevorzugter Platz gewonnen werden und muß dafür etwas besonderes oder mehreres gezahlt werden, so liegt ebenfalls wieder neben dem allgemeinen Werkvertrag eine besondere Platzmiethe vor. Nimmt sich Jemand vom Unternehmer im Theater oder Konzertsaale für einen von der Einzelvorstellung unabhängigen Zeitraum z. B. eine ständige Loge für alle Vorstellungen oder gewisse Serien derselben ohne Rücksicht auf den betreffenden Gegenstand der Aufführungen, so tritt jener konkurrirende Miethcharakter nur noch kräftiger hervor. Eine reine Platzmiethe ist z. B. gegeben, wenn sich Jemand gegen Entgelt einen Platz an einem Fenster einer fremden Behausung sichert, um einen Festzug anzusehen. Hier kann von einem Werkvertrage gemeinhin schon deßhalb nicht die Rede sein, weil der Fenstervermiether nicht auch Veranstalter der Schaustellung ist.

4. Ueber den Werkvertrag, der eine Geschäftsbesorgung zum Gegenstande hat, vgl. B.G.B. § 675 und Bem. dazu.

5. Ueber das Verhältniß zum Auftrag, Mäklervertrag, Agenturvertrag (vgl. Riezler, Werkvertrag S. 84) gilt auch hieher das oben S. 409 beim Dienstvertrage Bemerkte, deßgleichen

6. in Bezug auf den Lehrvertrag.

7. Ueber die Ertheilung von Rath und Auskunft (gegen Entgelt) als möglichen Gegenstand eines Werkvertrags, namentlich in Ansehung der Haftungsfrage, s. Erörterungen bei Riezler, Werkvertrag S. 87 fg.; vgl. auch B.G.B. § 676.

8. Der sog. Bauvertrag, d. h. der Vertrag auf Herstellung eines Bauwerks, fällt, was das Verhältniß des Unternehmers zum Besteller im Ganzen betrifft, nach der richtigen Ansicht lediglich unter den Begriff des Werkvertrags. Gerade hier komplizirt sich aber das Verhältniß wieder mit anderen Vertragsformen, namentlich was die Beziehungen des Unternehmers zu weiteren Personen: Lieferanten, Gewerbsleuten dieser und jener Art, Bauarbeitern, Taglöhnern ꝛc. betrifft. Hier muß oft genau geprüft werden, ob das eine oder andere Rechtsverhältniß unter diese oder jene Vertragsform (Kauf, Dienstvertrag, Werklieferungsvertrag oder reinen Werkvertrag) fällt, namentlich wenn es sich um Haftungsfragen

handelt. Ueberhaupt erlangen die Rechtsnormen über den Werkvertrag gerade für Bauarbeiten eine besonders weittragende Wichtigkeit. Dabei gestalten sich die Rechtsbeziehungen vielfach anders, je nachdem es sich um einen sog. Regiebau handelt, den der Bauherr selbst ausführt, oder um einen sog. Akkord- oder Entreprisebau, den er als Besteller einem Hauptunternehmer überträgt. Der erstere Weg führt nothwendig zu den verschiedenartigsten Einzelverträgen des Bauherrn selbst, der letztere zu solchen des Unternehmers mit Dritten.

9. Ueber den Verlagsvertrag steht ein eigenes R.G. in Aussicht. Inzwischen vgl. E.G. z. B.G.B. Art. 76.

IV. Die Normen des B.G.B. über den Werkvertrag sind anerkanntermaßen (Hachenburg, S. 66) nicht zwingender Natur. Daß der Rechtsbegriff nicht beliebig umgewandelt werden kann, steht mit jener Annahme nicht in Widerspruch.

§ 631.

Durch den Werkvertrag wird der Unternehmer zur Herstellung des versprochenen Werkes, der Besteller zur Entrichtung der vereinbarten Vergütung verpflichtet.

Gegenstand des Werkvertrags kann sowohl die Herstellung oder Veränderung einer Sache als ein anderer durch Arbeit oder Dienstleistung herbeizuführender Erfolg sein.

E. I, 567, 579; II, 569; III, 621.

A. Begriffsmerkmale im Allgemeinen. Als entgeltlicher zweiseitiger Vertrag begründet der Werkvertrag Rechte und Pflichten für beide Theile. Zweck desselben ist im allgemeinsten Rahmen die Herstellung eines Werkes (s. nachher unter B). Diese Herstellung liegt dem einen Theil ob, welchen das Gesetz als Unternehmer bezeichnet und welcher dafür eine Vergütung zu beziehen hat. Der andere Theil hat das Werk „abzunehmen" und die Vergütung zu leisten. Ihn nennt das Gesetz den Besteller.

B. Begriff des Werkes. Dieser Ausdruck steht im § 631 in einem sehr allgemeinen Sinne. Er bezeichnet das Ergebniß, den Erfolg einer menschlichen Thätigkeit. Das „Werk" in diesem Sinne kann materieller oder immaterieller Art sein. Es kann, wie im § 631 Abs. 2 klar ausgesprochen ist, in einem körperlichen Gegenstand (einer Sache: § 90 B.G.B.) bestehen, sich aber auch als ein Thätigkeitserfolg anderer Art, insbesondere auch als solcher geistiger Art, erweisen.

Die Werkherstellung kann bei körperlichen Gegenständen bestehen sowohl in einer völligen Neugestaltung, wie auch lediglich in einer Umarbeitung oder Verbesserung. Auch eine bloße Ortsveränderung (Transportleistung) für ein physisches Objekt (Mensch oder Sache) kann Aufgabe der „Werkherstellung" sein.

Begrifflich unerläßlich ist die Aufwendung einer menschlichen Thätigkeit für das Werk. Daß diese gerade unmittelbar durch menschliche Kraftentfaltung geschieht, ist nicht schlechthin erforderlich. Auch eine mittelbar z. B. durch Benutzung anderer physischer, insbesondere auch mechanischer Hülfsmittel wirkende Thätigkeit kommt für die Werkherstellung in Betracht. Der römisch-rechtliche Unterschied zwischen operae liberales und illiberales ist auch hier jetzt nicht mehr von Belang. (M. II, 472.)

C. Der Werkvertrag des B. G. B. unterliegt dem Grundsatze der Formfreiheit. (Eine Spezialbestimmung s. in § 93 der Gebührenordnung für Rechtsanwälte.) Nicht ausgeschlossen ist, daß die Parteien eine besondere Form vereinbaren, sei es als Voraussetzung für die Gültigkeit der Vereinbarung, sei es auch nur des Beweises wegen.

D. Grundzüge des Rechtsverhältnisses im Einzelnen.

I. Zur Vertragspflicht des Unternehmers gehört vor Allem:

1. die Herstellung des Werkes. (§ 631 Abs. 1.) Was in Folge dessen zu leisten ist, bestimmt sich des Näheren nach den konkreten Vertragsverhältnissen, welche bei dem weiten Bereiche des Werkvertrags gar mannigfaltig gestaltet sein können.

2. Herzustellen ist „das versprochene Werk", also das Werk nach Maßgabe des Vertrags und zwar in sachlicher und zeitlicher, in qualitativer und quantitativer Hinsicht. Näheres hierüber und über die Folgen von Mängeln ergibt sich aus B.G.B. § 633 nebst Bem.

3. Darüber, wer zur Herstellung eines sachlichen Werkes den Stoff und die nöthigen Hülfsmaterialien zu liefern hat, läßt sich eine allgemeine durchgreifende

Regel nicht aufstellen. Es muß sich dies nach dem konkreten Sach- und Vertragsverhältnisse bemessen. Dem Begriffe des Werkvertrags entspricht die Regel, daß der Besteller auch den Stoff zur Neuherstellung eines Sachwerkes liefert (vgl. M. II, 476 fg; Riezler, S. 103), der Verfertiger aber die ihm erforderlichen Hülfsmaterialien, Werkzeuge, Geräthe 2c. stellt. Die Lieferung gewisser kleiner Zuthaten durch den Unternehmer ist bei manchen Gewerben (z. B. Schneidern) zum mindesten Geschäftspraxis. Bei bloßer Umbildung oder Verbesserung eines Sachwerkes ist die Lieferung des umzubildenden 2c. Werkes durch den Besteller geradezu selbstverständlich. In vielen anderen Fällen ist das Eine oder Andere einfach eine Vertragsfrage. Davon übrigens, wie gegebenen Falles die Stofflieferung 2c. behandelt wird, hängt auch ab, wie des Näheren das Vertragsverhältniß zu beurtheilen ist, ob insbesondere als reiner Werkvertrag oder als Werklieferungsvertrag u. s. w. Hierüber s. die Bestimmungen in § 651 und die Bem. dazu. (Vgl. auch M. II, 474 fg.)

4. Eine dem Grundsatze des § 613 (vom Dienstvertrage handelnd) etwa ähnliche Regel dahin, daß der Unternehmer das Werk in eigener Person herzustellen habe, hat das B.G.B. nicht zum Ausdrucke gebracht. (M. II, 472 fg., abweichend von P.L.R. Thl. I Tit. 11 §§ 928 fg.) Im Allgemeinen muß es daher auch als statthaft betrachtet werden, daß der Unternehmer sich zur Erledigung seiner Herstellungspflicht der Hülfe Dritter in der einen oder anderen Form bei seiner Thätigkeit bedient — vorausgesetzt, daß dies nicht durch eine Vertragsnorm oder auch nur durch die Natur der Sache ausgeschlossen erscheint. In letzterer Hinsicht ist zu beachten, daß es Fälle gibt, in denen

a) die persönliche Werkverrichtung durch den Unternehmer geradezu unerläßlich ist. Dies ist namentlich dann der Fall, wenn der Werkvertrag eigens mit Rücksicht auf eine gewisse rein persönliche Leistungsbefähigung des Unternehmers abgeschlossen worden ist. So insbesondere bei künstlerischen oder wissenschaftlichen Leistungen des Unternehmers.

Andererseits gibt es auch

b) Werkvertragsverhältnisse, bei denen umgekehrt die Ausführung oder Unterstützung durch Gehülfen schlechterdings geboten ist, wie z. B. bei Uebernahme von Akkord- oder Entreprise-Bauten.

Findet eine Verwendung anderer Personen zum Zwecke der Vertragserfüllung statt, so gilt natürlich auch hier der Haftungsgrundsatz des B.G.B. § 278. Vgl. auch § 830. Von den Fällen der Beiziehung von Hülfskräften ist begrifflich zu unterscheiden die Substitution eines anderen Unternehmers d. h. die völlige Uebertragung der Werkherstellung an einen Anderen. Mit gutem Grunde (Mangel einer verbietenden Vorschrift und Inhalt des § 276 B.G.B.) erachtet Riezler, S. 107 fg., im Allgemeinen auch eine solche Substitution beim Werkvertrage als nicht schlechthin ausgeschlossen, soferne nicht der Vertragswille der Parteien oder die Natur der Werkleistung von selbst entgegensteht. Die Verantwortlichkeit des Erstunternehmers für den Ersatzmann besteht hier natürlich ebenso wie in den oben besprochenen anderen Fällen.

5. Die Herstellung des Werks hat für den Besteller zu erfolgen. Darum ist dasselbe auch an diesen abzuliefern (Oertmann, S. 352). Erst hiemit hat der Unternehmer seiner Verpflichtung voll genügt. Die Frage, wo und unter welchen Modalitäten (insbesondere auch auf wessen Kosten) abzuliefern sei, bemißt sich Mangels von besonderen (ausdrücklichen oder sonst erkennbaren) Vereinbarungen darüber nach den allgemeinen Regeln über die Erfüllung von Schuldverbindlichkeiten (§§ 269 fg). Jene Ablieferungspflicht ist übrigens nicht gleichbedeutend mit einer Verpflichtung zur „Verschaffung von Eigenthum" (vgl. § 433!). Erstere Verpflichtung bewegt sich lediglich auf obligationenrechtlichem Gebiete. Die Eigenthumsfrage ist aber auch von sachenrechtlichen Grundsätzen mitbeherrscht. In vielen Fällen, z. B. in solchen einer Verbesserung einer Sache, hat der Besteller das Eigenthum an letzterer an sich schon. In anderen Fällen, insbesondere in solchen von Umarbeitung oder Umbildung, erlangt er das Eigenthum am Werke nach den sachenrechtlichen Normen über Umbildung und Umarbeitung. Dies gilt insbesondere bezüglich der sog. Inaedifikation (M. II, 476). Vgl. deßfalls §§ 946, 947, 950 mit § 934 B.G.B. S. auch § 651.

II. Die Vertragspflicht des Bestellers bewegt sich hauptsächlich nach zwei Richtungen:

1. Nach § 640 B.G.B. und mit der dort vorgesehenen Einschränkung ist der Besteller verpflichtet, „das vertragsmäßig hergestellte Werk abzunehmen".

2. Der Besteller hat weiterhin für das hergestellte Werk die vereinbarte Vergütung zu entrichten. Diese seine Leistung ist für den Werkvertrag schon im Begriffe wesentlich. Ohne Werkvergütung liegt kein Werkvertrag vor. Das Rechtsverhältniß mag dann etwa eine andere Vertragsform darstellen, wie z. B. Auftrag oder Schenkung.

Ueber Art und Umfang der Vergütung bestimmt in erster Linie die Vereinbarung der Parteien. Eine solche kann ausdrücklich oder stillschweigend erfolgen.

In letzterer Richtung gibt § 632 ergänzende Normen, gleichwie auch über die Bemessung der Höhe der Vergütung, wenn solche nicht fest bestimmt ist. Ueber diese Punkte und insbesondere auch über die Art der Vergütung (Geld oder Sonstiges) gilt auch hieher dasjenige, was oben S. 412 zu § 611 beim Dienstvertrag erörtert wurde.

Nach der Natur des Vertragsverhältnisses und ausdrücklicher Gesetzesvorschrift greift auch hier (§§ 641, 646) eine Vorleistungspflicht des Unternehmers Platz (§ 641), soferne nicht eigens Anderes bedungen ist. Insbesondere können auch vorläufige Theilanzahlungen vereinbart werden, wie z. B. bei einem Hausbau nach Vollendung des ersten Stockwerks, Aufsetzung des Dachstuhls u. s. w. Wesentlich und selbstverständlich ist das aber nicht. Vgl. M. II, 471. Hier ist ferner betont, daß begrifflich beim Werkvertrag auch eine Vergütung nach Zeitabschnitten nicht ausgeschlossen, immerhin aber in solchem Falle besonders zu prüfen ist, ob nicht ein Dienstvertrag vorliegt.

III. Beiden Theilen, dem Unternehmer und dem Besteller, können auch unterschiedliche Nebenverpflichtungen erwachsen. Solche können sich vor Allem ergeben durch besondere vertragsmäßige Abmachungen, wie solche Planck, II S. 370 für den einen und anderen Theil skizzirt. Die Nebenverpflichtungen können aber auch beruhen auf positiver Gesetzesvorschrift oder von selbst hervorgehen aus dem die Vertragsverhältnisse nach § 242 beherrschenden Prinzipe der Wahrung von Treu und Glauben. Ein Beispiel ersterer Art bietet B.G.B. § 650 Abs. 2; als ein solches letzterer Art führt Planck, II S. 370 mit Recht die Obliegenheit des Unternehmers auf, den Besteller von der sich etwa ergebenden Unbrauchbarkeit eines von Letzterem gelieferten Stoffes zu verständigen.

Von der Verbindlichkeit bezüglich aller jener Nebenverpflichtungen gilt im Allgemeinen das Gleiche, wie von derjenigen der Hauptverpflichtung (M. II, 476). Ob für erstere, wenn sie dem Unternehmer obliegen, eine besondere Vergütung zu beanspruchen ist, kann nur nach den Umständen des Einzelfalles beurtheilt werden. (M. II, 272.)

Beruhen die Nebenverpflichtungen auf Vertrag, so ist eben auch in diesem Punkte die zu ermittelnde Vertragsabsicht maßgebend. Wo es sich aber um Nebenverpflichtungen handelt, welche aus dem Gesetze selbst abzuleiten sind, liegt es nahe, in der Gesammtvergütung auch diejenige für einzelne Nebenverpflichtungen mit inbegriffen zu betrachten.

Der andere von Oertmann, S. 353 erwähnte Fall, daß besondere Leistungen schon vor Abschluß eines Werkvertrags zur Vorbereitung desselben (wie z. B. Anfertigung von Plänen, Kostenvoranschlägen u. dgl.) gemacht würden, gehört eigentlich nicht hieher, wenn nachgerade der Hauptvertrag nicht zu Stande kam. Dann handelt es sich um selbständige Leistungen, für welche die Vergütungsfrage eben auch selbständig zu erledigen ist. (So auch Oertmann selbst a. a. O.)

§ 632.

Eine Vergütung gilt als stillschweigend vereinbart, wenn die Herstellung des Werkes den Umständen nach nur gegen eine Vergütung zu erwarten ist.

Ist die Höhe der Vergütung nicht bestimmt, so ist bei dem Bestehen einer Taxe die taxmäßige Vergütung, in Ermangelung einer Taxe die übliche Vergütung als vereinbart anzusehen.

E. I, 567; II, 570; III, 622.

1. Der § 633 entspricht wörtlich dem vom Dienstvertrage handelnden § 612. (Vgl. auch §§ 652, 689.) Es sei deßhalb auch auf die Bem. zu letzterem Bezug genommen.

2. Ob in der vereinbarten Vergütung auch Auslagen des Unternehmers auf die Bestellung des Werkes mitinbegriffen oder sonst eigens zu vergüten sind, ist eine thatsächliche Frage des Einzelfalls.

3. Als selbstverständlich ist es in M. II, 493 erklärt, daß der Unternehmer, wenn er die Herstellung des Werkes gegen einen bestimmten Lohn übernommen hat, eine Erhöhung deßhalb, weil eine Steigerung der Löhne oder des Preises der Materialien inzwischen eingetreten sei, nicht verlangen kann. Folgerichtig stellen sich andererseits M. II, 493 auch auf den Standpunkt, daß der Unternehmer den vollen vereinbarten Lohn auch dann verlangen kann, wenn die Fertigstellung des Werkes weniger Arbeit verursacht haben sollte, als vorgesehen war. Was hier von Arbeit gesagt ist, gilt natürlich auch von geringerem Lohnaufwand. Endlich wurde in M. II, 493 auch abgelehnt die Aufnahme einer Bestimmung über ein richterliches Preiserhöhungsrecht, wenn außerordentliche Umstände die Herstellung des Werkes erschwert haben sollten.

4. Erlaubt sich der Unternehmer bei der Werkherstellung willkürliche Aenderungen oder Zusätze, so ist in Hinsicht auf die Vergütungsfrage mit Planck, II, S. 371 zu unterscheiden:

a) Hat der Besteller jene Aenderungen genehmigt, so trifft ihn auch die entsprechende Vergütungspflicht.

b) Liegt eine solche Genehmigung nicht vor, so kann der Unternehmer Vergütung nur nach Maßgabe der Grundsätze über Geschäftsführung ohne Auftrag (§§ 677 fg.) beanspruchen.

5. Unter üblicher Vergütung im Sinne des § 632 Abs. 2 kann man nicht schon diejenige verstehen, welche Geschäftsleute gemeinhin zu begehren pflegen oder unter sich standesgemäß vereinbart haben. Es muß auch üblich sein, das also Begehrte zu gewähren. In dem § 632 liegt also durchaus noch keine unbedingte Sanktion von Tarifen jener Art, wie sie z. B. in Gestalt der sog. Hamburger Normen (für Architekten und Ingenieure) schon so viel Staub aufgewirbelt haben.

§ 633.

Der Unternehmer ist verpflichtet, das Werk so herzustellen, daß es die zugesicherten Eigenschaften hat und nicht mit Fehlern behaftet ist, die den Werth oder die Tauglichkeit zu dem gewöhnlichen oder dem nach dem Vertrage vorausgesetzten Gebrauch aufheben oder mindern.

Ist das Werk nicht von dieser Beschaffenheit, so kann der Besteller die Beseitigung des Mangels verlangen. Der Unternehmer ist berechtigt, die Beseitigung zu verweigern, wenn sie einen unverhältnißmäßigen Aufwand erfordert.

Ist der Unternehmer mit der Beseitigung des Mangels im Verzuge, so kann der Besteller den Mangel selbst beseitigen und Ersatz der erforderlichen Aufwendungen verlangen.

E. I, 569; II, 571; III, 623.

I. Allgemeines. In den §§ 633—637 behandelt das B.G.B. die Gewährleistungspflicht des Unternehmers, dessen Haftung für Mängel am Werke. Nach dem Aufbau des B.G.B. (M. II, 497 fg.) ist in dieser Hinsicht zu unterscheiden zwischen Mängeln im Rechte und Mängeln an der Sache.

1. Von Mängeln im Rechte am Werke ist hier in den §§ 633 fg. nicht eigens die Rede. Man ging sichtlich von der Annahme aus, daß solche der Natur nach beim Werkvertrage nicht leicht in Frage kommen würden. Sollte dies gleichwohl einmal der Fall sein (wie z. B. in Bezug auf vom Unternehmer gegebene Zuthaten oder beim Werklieferungsvertrage: Planck III S. 371) so wird wohl auch hier der § 445 B.G.B. unmittelbar oder doch wenigstens analog in Anwendung gebracht werden können. Vgl. Oertmann, S. 354.

2. Bezüglich sachlicher Mängel am Werke (sei es von körperlicher oder auch von geistiger Natur, wie z. B. bei einem literarischen oder tonkünstlerischen Werke) stehen die §§ 633 fg. in der Hauptsache auf jenem Grundstandpunkt, auf welchem schon die entsprechenden Vorschriften beim Kaufe (§ 459 fg.; s. S. 251 fg.; vgl. auch die allgemeinen Erörterungen bei Riezler, S. 110 fg.) aufgebaut sind. Hier wie dort faßt das Gesetz unter dem allgemeinen Begrifft: „Mängel" zweierlei Defekte ins Auge, nämlich

a) das Vorhandensein positiver Fehler und

b) das Nichtvorhandensein zugesicherter Eigenschaften.

(Vgl. § 459 und Bem.) Da übrigens namentlich beim Werkvertrage zu einer vertragsgemäßen Erfüllung auch die Rechtzeitigkeit der letzteren gehört, so stellt das B.G.B. auch noch

c) für den Fall nicht rechtzeitiger Herstellung des Werkes

im § 636 besondere Bestimmungen auf.

Die in diesen sämmtlichen Richtungen sich bewegenden Vorschriften des B.G.B. sind, wie die Bestimmungen des letzteren über den Werkvertrag überhaupt, von nachgiebiger und nicht zwingender Art. Sie können durch freiwillige Vereinbarung auch modifizirt, d. h. erlassen oder beschränkt werden. So steht geschrieben im § 637, aber mit dem ausdrücklichen Beisatze, daß eine solche Vereinbarung, sei sie vor oder nach der Abnahme getroffen, nichtig ist, wenn der Unternehmer dabei einen bestehenden Mangel arglistig, also mit Wissen und Willen verschweigt und auf diese Weise den anderen Theil hintergeht.

II. Voraussetzungen, Umfang und Wirkungen der Mängelhaftung. An die Spitze der hierauf bezüglichen Bestimmungen stellt das B.G.B. für den Werkvertrag in § 633 den Ausdruck der Verpflichtung des Unternehmers zur mangelfreien Herstellung des Werkes und zwar in jenen beiden vorhin unter 1, 2 a u. b berührten Richtungen. Dabei schließt sich die Gesetzesstelle in ihrer Formulirung

1. in Bezug auf die Voraussetzung und den Umfang der aus der Hauptverpflichtung folgeweise entspringenden Gewährschaftspflicht enge an den zunächst vom Kaufe handelnden (vgl. auch § 493) § 459 an, weßhalb auf die Bem. zu diesem letzteren (S. 202 fg.) verwiesen sei. Nur der im § 459 Abs. 1 enthaltene Beisatz: „Eine unerhebliche Minderung des Werthes oder der Tauglichkeit kommt nicht in Betracht" fehlt in § 633. Vgl. übrigens hiezu auch § 633 Abs. 2 Satz 2, sowie § 634 Abs. 3.

2. In Bezug auf die Wirkungen des Vorhandenseins von Mängeln (im weiteren Sinne) des Werkes entfernen sich die Vorschriften der §§ 633 fg. für den Werkvertrag von denen der §§ 459 fg. und zwar in mehrfacher Richtung durch Gewährung eines eigenartigen besonderen Rechtsbehelfs und im Zusammenhange damit durch eine gewisse Zurückdrängung des Wandelungs- und Minderungsanspruchs.

Die gesetzgeberischen Gründe hiefür liegen in der Bedachtnahme auf eine gewisse Ausgleichung der Interessen beider Theile und Vermeidung unverhältnißmäßiger Härten für den Einen oder Anderen.

Ist ein hergestelltes Werk mit einem der mehrerwähnten Defekte — also entweder mit dem Mangel einer eigens zugesicherten Eigenschaft oder mit einem positiven Fehler — behaftet, so erwächst zunächst, abgesehen von den allgemeinen Rechtsfolgen der Nichtbefolgung eines Schuldverhältnisses (§ 320 fg.) noch insbesondere

a) das Recht der Ablehnung der Abnahme des Werkes nach § 640 (vgl. die dortigen Bem.), dann

b) der Anspruch auf Beseitigung jenes Defekts (§ 633 Abs. 2; M. II, 480 fg.). Dieser Anspruch ist für die Regel doppelseitig, d. h. der Besteller ist berechtigt, die Mängelbeseitigung vom Unternehmer zu verlangen, und Letzterer kann beanspruchen, diese Beseitigung bewerkstelligen und dadurch das Werk fehlerfrei stellen zu dürfen. Nach beiden Richtungen gibt es aber Ausnahmen. Insbesondere kann der Unternehmer nach § 633 Abs. 2 Satz 2 die Verbesserung verweigern, wenn sie einen unverhältnißmäßigen Aufwand erfordern würde, also wenn z. B. ein Bauwerk völlig umgebaut werden müßte. Das heißt aber nicht: „Der Besteller muß sich dann den Defekt gefallen lassen". Vielmehr treten eben die sonstigen Rechtsfolgen des Mangels ein.

c) Dieser Beseitigungsanspruch erweitert sich gemäß § 633 Abs. 3 für den Besteller zu einem ferneren Rechtsbehelfe, wenn der Unternehmer mit der vom Besteller begehrten Beseitigung in Verzug kommt. Wo ein solches Begehren nach § 633 Abs. 2 Satz 2 wegen unverhältnißmäßiger Kostspieligkeit durch Einrede abgelehnt werden kann, beseitigt diese dem Willen des Unternehmers anheimgestellte Einrede, wenn sie geltend gemacht ist (und gegebenen Falles im Prozesse begründet befunden wird) selbstverständlich auch die im § 633 Abs. 3 bezeichneten Folgen des Verzugs (Oertmann, S. 355). Die Voraussetzungen für die Annahme eines Verzugs bemessen sich nach den allgemeinen Vorschriften in §§ 284 fg. Dessen besondere Rechtswirkungen nach § 633 Abs. 3 aber gehen dahin, daß der Besteller den Mangel selbst beseitigen und vom Unternehmer Ersatz seiner Aufwendungen hiefür verlangen kann. Diese Selbstbeseitigung des Mangels kann vom Besteller nicht bloß durch eigene, sondern auch durch fremde Arbeit geschehen (Riezler, S. 113). Einzelheiten bezüglich des Ersatzanspruchs (baare Auslagen, Geldanschlag eigener Arbeit ꝛc.) erörtert ebenfalls Riezler, S. 113 fg. Ersatzpflicht besteht nur für die wirklich gemachten Aufwendungen zur Mangelbeseitigung (Hachenburg, Dienst- und Werkvertrag S. 71). Zu ersetzen ist dabei jedenfalls nach ausdrücklicher, zu betonender Gesetzesvorschrift nur der erforderliche, nicht auch ein unverhältnißmäßiger, unnöthiger Aufwand. Der Ersatz des erforderlichen Aufwandes ist beim Vorliegen jenes Verzugs des Unternehmers nicht bedingt durch die Voraussetzungen einer Vergütung für unbeauftragte Geschäftsführung (§§ 677 fg.), da der hier fragliche Anspruch selbständig aus dem Vertragsverhältniß entspringt. Die obengedachten Voraussetzungen nach §§ 677 fg. müßten aber für einen Ersatzanspruch erfordert werden, wenn der Besteller die Mängelbeseitigung selbst schon bethätigt haben sollte, noch ehe Verzug auf Seite des Unternehmers vorlag. So erörtert zutreffend Oertmann, S. 355. Ebendort ist auch betont, daß an sich durch den Inhalt des § 633 Abs. 3 die allgemeinen Folgen des Verzugs nicht ausgeschlossen werden, immerhin aber das Recht des Rücktritts vom Vertrage gegenüber dem Rechte aus § 633 Abs. 2, 3 in den Hintergrund tritt, und nur „noch Bedeutung bekommt nach der etwa vollendeten kurzen Verjährung gemäß § 638".

3. Ueber den Wandelungs- und Minderungsanspruch beim Werkvertrage vgl. § 634 nebst Bem. Ueber den Schadensersatzanspruch s. § 635 mit Bem.

III. Hinsichtlich des Beweises gelten auch hier die allgemeinen Grundsätze. Eine Verschiebung der Beweislast ergibt sich jedoch zu Ungunsten des Bestellers nach § 640 Abs. 2 und § 363. Die Voraussetzungen für eine Weigerung nach § 633 Abs. 2 hat der Unternehmer, diejenigen für den Ersatzanspruch aus § 633 Abs. 2 der Besteller zu beweisen. (Oertmann, S. 355.)

§ 634.

Zur Beseitigung eines Mangels der im § 633 bezeichneten Art kann der Besteller dem Unternehmer eine angemessene Frist mit der Erklärung bestimmen, daß er die Beseitigung des Mangels nach dem Ablaufe der Frist ablehne. Zeigt sich schon vor der Ablieferung des Werkes ein Mangel, so kann der Besteller die Frist sofort bestimmen; die Frist muß so bemessen werden, daß sie nicht vor der für die Ablieferung bestimmten Frist abläuft. Nach dem Ablaufe der Frist kann der Besteller Rückgängigmachung des Vertrags (Wandelung) oder Herabsetzung der Vergütung (Minderung) verlangen, wenn nicht der Mangel rechtzeitig beseitigt worden ist; der Anspruch auf Beseitigung des Mangels ist ausgeschlossen.

Der Bestimmung einer Frist bedarf es nicht, wenn die Beseitigung des Mangels unmöglich ist oder von dem Unternehmer verweigert wird oder wenn die sofortige Geltendmachung des Anspruchs auf Wandelung oder auf Minderung durch ein besonderes Interesse des Bestellers gerechtfertigt wird.

Die Wandelung ist ausgeschlossen, wenn der Mangel den Werth oder die Tauglichkeit des Werkes nur unerheblich mindert.

Auf die Wandelung und die Minderung finden die für den Kauf geltenden Vorschriften der §§ 465 bis 467, 469 bis 475 entsprechende Anwendung.

E. I, 569; II, 572; III, 634.

§ 634 vereinigt in sich Vorschriften über eine gewisse Befristung des Rechtes des Unternehmers auf Mängelbeseitigung (vgl. § 633 S. 447), dann über die Zulässigkeit des Wandelungs- oder Minderungsanspruchs. Letztere Rechtsnormen stehen in einem gewissen Zusammenhange mit ersteren.

1. Befristung der Mängelbeseitigung. Das Recht des Bestellers, Beseitigung eines Mangels zu verlangen, ist an sich nicht an eine Frist gebunden, wohl aber greift eine kurze Verjährungszeit ein (§ 638). Immerhin soll die Angelegenheit der Beseitigung von Mängeln, namentlich Seitens des Unternehmers, nicht beliebig hingehalten werden dürfen. Darum gibt § 634 dem Besteller das Recht, dem zur Beseitigung eines Mangels Verpflichteten ohne vorherige Anrufung des Richters eine angemessene Frist (Provokationsfrist — M. II, 482) mit der Erklärung zu bestimmen, daß er (der Besteller) nach dem Ablaufe die Beseitigung des Mangels ablehne. Läuft die Frist fruchtlos ab, so ist ein Anspruch auf Beseitigung des Mangels ausgeschlossen und es kommt nur noch der Wandelungs- oder Minderungsanspruch in Frage. In der Regel erwächst das Recht zur Fristsetzung erst mit Ablieferung des Werkes, welches hier offensichtlich als ein körperliches gedacht ist. Zeigt sich der Mangel schon vor der Ablieferung des Werkes, so kann auch sofort die Frist zur Beseitigung vorgesetzt werden, jedoch nicht so, daß sie schon vor der Ablieferungszeit endigen würde. Ist die Beseitigung des Mangels überhaupt unmöglich, so ist es auch nicht nöthig, eine Frist zur Beseitigung vorzusetzen. Das Gleiche gilt,

a) wenn der Unternehmer (aus irgend einem Grunde: P. II, 311) verweigert, in eine Verbesserung einzutreten, oder auch

b) wenn die sofortige Geltendmachung des Anspruchs auf Wandelung oder Minderung durch ein besonderes Interesse des Bestellers gerechtfertigt wird.

Der Besteller ist übrigens nicht gezwungen, mit dem Verlangen der Mängelbeseitigung stets auch eine Fristsetzung zu verbinden. Er „kann" dies nur (P. II, 311).

Die vorzusetzende Frist muß eine „angemessene" sein. (Vgl. deßfalls auch §§ 250, 496, 516.) Dieses Erforderniß erheischt in objektiver Hinsicht, daß die Frist geräumig genug sein muß, um binnen derselben die Beseitigung des Mangels durchführen zu können, denn die Frist dient ja nach klarem Ausdruck im Gesetze zur Mängelbeseitigung selbst, nicht etwa bloß zu einer Erklärung über die Bereitwilligkeit dazu. In subjektiver Richtung aber muß die Dauer der Frist den berechtigten Interessen beider Theile gleichmäßig Rechnung tragen. (Planck, II S. 374.) Eine besondere Formvorschrift für die Fristsetzung besteht nicht. Nur muß dieselbe natürlich den Zweck erkennen lassen und mit der im ersten Satze des § 634 vorgeschriebenen empfangsbedürftigen Erklärung verbunden sein. Auch auf die allenfalls nothwendig werdende Beweismöglichkeit ist Bedacht zu nehmen.

Das hier dem Besteller gegebene Recht der Fristsetzung konkurrirt mit dem aus § 633 entspringenden, sofort mit Klage verfolgbaren Anspruche des Bestellers auf Mängelbeseitigung. Dieser letztere Anspruch, deßgleichen die allgemeinen aus Mängeln entspringenden Vertragsrechte sind durchaus nicht abhängig von vorausgegangener Fristsetzung. Es steht im freien Willen des Bestellers, ob er sich des einen oder anderen Rechtsbehelfs bedienen will. Hat aber eine Fristsetzung stattgefunden und ist sie ohne Erfolg geblieben, so findet mit Rücksicht auf das mit der Fristsetzung verbundene Präjudiz der Ablehnung einer Mängelbeseitigung ein Rückgriff auf die Beseitigungsklage nicht mehr statt. Dagegen ist nach Rechtskraft eines Urtheils auf Mängelbeseitigung eine Fristsetzung nach § 634 immer noch zulässig. (Planck, II S. 373; Oertmann, S. 356.)

2. Sachliche Voraussetzung für die Fristbestimmung ist immer, daß ein Anspruch des Bestellers darauf vorliegt, Mängelbeseitigung überhaupt fordern zu dürfen. Das Fristsetzungsrecht kommt deßhalb auch im Falle des § 633 Abs. 2 Satz 2 außer Anwendbarkeit.

Neben dem Rechte und der Wirkung der Fristsetzung besteht auch das im § 633 Abs. 3 begründete Selbstbeseitigungsrecht des Bestellers noch fort, aber nur so lange, als eine wirklich gesetzte Frist noch nicht abgelaufen ist. Denn im gegentheiligen Falle fruchtlosen Fristablaufes kommt der Schlußsatz des § 634 Abs. 1 in Wirksamkeit. (So auch Planck, II S. 373, 374.) Eine nachträgliche eigene Mängelbeseitigung stände auch mit der vorausgegangenen Erklärung des Bestellers in Widerspruch.

Einschlägig sind in die hier besprochenen Verhältnisse auch §§ 887, 888 C.P.O.

II. Wandelungs- oder Minderungsanspruch.

1. Begriff und Wesen der Wandelung und Minderung sind hier dieselben wie beim Kaufe. (Vgl. § 462 fg. nebst Bem. S. 206 fg.; Erörterungen über die Abweichungen vom Kaufe s. bei Hachenburg, Dienst- und Werkvertrag S. 71 fg.) Beim Werkvertrage treten aber

2. wie schon oben S. 448 angedeutet wurde, diese Rechtsbehelfe in die zweite Reihe. Sie greifen — in alternativer Weise — nur subsidiär, nämlich nur dann Platz, wenn

a) die in gesetzlicher Weise (Riezler, S. 116) wirklich vorgesetzte Mängelbeseitigungsfrist abgelaufen und der Mangel nicht rechtzeitig beseitigt worden ist (§ 634 Abs. 1), gleichviel ob darin ein Verschulden oder Verzug des säumigen Unternehmers vorlag (Oertmann, S. 356, oder wenn es

b) ausnahmsweise einer Fristsetzung nicht bedurfte, weil einer der im § 634 Abs. 2 aufgeführten drei Gründe vorlag, nämlich wegen:

α) objektiver Unmöglichkeit der Mangelbeseitigung, oder

β) einer dem Besteller gegenüber (so Planck, S. 374; and. M. Riezler, S. 115), gleichviel wann oder wie, erklärten ungerechtfertigten Verweigerung der Mängelbeseitigung Seitens des Unternehmers, oder

γ) wegen des im Abs. 3 erwähnten besonderen Interesses des Bestellers, welches die Abwartung einer vorgängigen Mängelbeseitigung nicht verlangen und gewähren läßt. So z. B. wenn der Besteller das Werk sofort bedarf.

3. Die Ausgestaltung des Wandelungs- oder Minderungsanspruchs bemißt sich gemäß § 634 Abs. 4 nach den dort bezeichneten Bestimmungen über den Kauf. Was dort vom Verkäufer gesagt ist, gilt hier vom Unternehmer, was dort den Käufer, trifft hier den Besteller.

Bezüglich entsprechender Anwendung der von der Minderung handelnden §§ 472, 473 auf den Werkvertrag besteht eine Streitfrage. Planck, II S. 374, Fischer-Henle zu § 634, Riezler, S. 117 fg. betrachten für die Minderungsberechnung als maßgebend den Zeitpunkt des Abschlusses des Werkvertrags. Oertmann, S. 357 will den Zeitpunkt der Herstellung des Werkes entscheiden lassen. Einwandfrei sind beide Meinungen nicht. Gegen Oertmann spricht aber ganz besonders, daß die Herstellungszeit vielfach eine ganze Zeitperiode darstellt und selbst der Zeitpunkt der Herstellungsvollendung oft nicht sicher bestimmbar sein mag.

Wegen der Frage des rechtlichen Schicksals der zum Werke verwendeten Stoffe bei sich vollziehender Wandelung vgl. Oertmann, S. 357.

4 Ausgeschlossen ist der Wandelungsanspruch nach § 634 Abs. 3 aus dem dort angeführten Grunde und zwar auch dann, wenn er nach den vorausgehenden Bestimmungen in anderer Hinsicht zulässig wäre. Die vorliegende, übrigens hier auf den Wandelungsanspruch sich beschränkende Ausnahmebestimmung erinnert an den Satz 2 Abs. 1 § 459. Der Gebrauch des Wortes „oder" hindert, wie Planck, II S. 374 zutreffend ausführt, keineswegs daran, die Vorschrift des § 634 Abs. 3 auch dann anzuwenden, wenn eine Minderung sowohl im Werth als in der Tauglichkeit des Werkes vorliegt, soferne nur diese Minderung in beiden Richtungen eine unerhebliche ist.

§ 635.

Beruht der Mangel des Werkes auf einem Umstande, den der Unternehmer zu vertreten hat, so kann der Besteller statt der Wandelung oder der Minderung Schadensersatz wegen Nichterfüllung verlangen.

E. I, 569; II, 573; III, 625.

1. Der Inhalt des § 635 steht in einer gewissen Parallele zu demjenigen des § 463, welcher vom Kaufe handelt (vgl. Bem. hiezu). Zu beachten ist aber, daß von letzterer Gesetzesstelle der Inhalt des § 635 in einigen Punkten abweicht. Während § 463 die Schadensersatzverbindlichkeit unbedingt nur auf den Fall des Fehlens einer zugesicherten Eigenschaft erstreckt, auf den Fall des Vorhandenseins eines positiven Fehlers aber nur in beschränkter Weise, läßt § 635 jene Verbindlichkeit möglicher Weise bei jedem Mangel des Werkes eintreten, aber nur unter einer einschränkenden, immer geltenden Voraussetzung. Diese geht dahin, daß der Mangel auf einem Umstande beruht, den der Unternehmer zu vertreten hat. Es wird also auch ein Kausalitätsverhältniß erfordert.

2. Eine Vertretungspflicht im Sinne des § 635 kann nach ausdrücklicher Ausführung in M. II, 481 begründet sein entweder

a) in einem Verschulden

oder

b) in einem Garantieversprechen des Unternehmers.

Zu a vgl. B.G.B. § 276. Auf Arglist ist hier, abweichend vom § 463 Abs. 2, die Haftung nicht beschränkt.

Zum Falle nach a gehört auch die Haftung für das Verschulden eines Gehülfen. (B.G.B. § 278.)

Zu b vgl. die Bem. zu § 459 S. 203 fg. „Zusicherung einer Eigenschaft und Garantieversprechen" sind übrigens nicht gleichbedeutend. Letzteres ist ein engerer Begriff. Die Garantieversprechen werden übrigens auch meistens auf eine bestimmte Zeit beschränkt. Darin liegt, wie Oertmann, S. 357 richtig betont, oft auch die Zusicherung einer unentgeltlichen Mängelbeseitigung (vgl. auch Planck, II S. 372). In jener Zeitbestimmung kann nach Planck a. a. O. möglicher Weise auch eine Erstreckung der Verjährungsfrist (§ 638) zu finden sein.

Wegen der Beweislast vgl. auch hieher § 2821. Vgl. auch die Erörterungen in Bezug auf Bauwerke in M. II, 488 fg.

3. Bezüglich der im § 635 erwähnten Rechtsbehelfe hat der Besteller ein Wahlrecht. Absichtlich ist dabei, wie sich aus M. II, 481 ergibt, die Möglichkeit, auch bei geringeren Mängeln zum Wandelungsanspruche zu greifen, für den Werkvertrag nicht

ausgeschlossen worden. Da aber der Anspruch auf Schadensersatz „statt" der Wandelung oder Minderung eintritt, so müssen eben auch für ersteren dieselben Vorbedingungen, wie für die beiden anderen Ansprüche vorliegen (Riezler, S. 121).

§ 636.

Wird das Werk ganz oder zum Theil nicht rechtzeitig hergestellt, so finden die für die Wandelung geltenden Vorschriften des § 634 Abs. 1 bis 3 entsprechende Anwendung; an die Stelle des Anspruchs auf Wandelung tritt das Recht des Bestellers, nach § 327 von dem Vertrage zurückzutreten. Die im Falle des Verzugs des Unternehmers dem Besteller zustehenden Rechte bleiben unberührt.

Bestreitet der Unternehmer die Zulässigkeit des erklärten Rücktritts, weil er das Werk rechtzeitig hergestellt habe, so trifft ihn die Beweislast.

E. I, 569; II, 574; III, 626.

I. Charakter der Vorschrift. Eine nicht seltene Beschwerniß für den Besteller ist die, daß das Werk nicht rechtzeitig fertiggestellt wird. Ebenso häufig ist in solchen Fällen, daß von den Unternehmern eingewendet wird, die Fertigstellung sei eben aus diesem oder jenem Grunde nicht möglich gewesen. Wie gestaltet sich nun die Rechtslage nach B.G.B.? (Allgemeine Erörterungen s. in M. II, 483 fg.)

Vor Allem ist zu unterscheiden zwischen den für den Besteller gegebenen allgemeinen Rechtsbehelfen und den für den Werkvertrag getroffenen besonderen Bestimmungen.

1. Daß die allgemeinen Rechtsbehelfe, wie z. B. die Klage auf Vertragserfüllung, eventuell, beim Vorhandensein der allgemeinrechtlichen Voraussetzungen hiefür, auch auf Schadensersatz, dann gegenüber einer etwaigen Klage des Unternehmers die Einrede des nicht rechtzeitig erfüllten Vertrags, für den Besteller auch hier gegeben sind, ist schon Mangels einer gegentheiligen Gesetzesvorschrift an sich selbstverständlich. Ueberdies finden sich aber auch in § 636 die ausdrücklichen Worte:

„Die im Falle des Verzugs des Unternehmers dem Besteller zustehenden Rechte bleiben unberührt."

Zu betonen sind nur dabei die Worte „im Falle des Verzugs"! Die Voraussetzungen für die Annahme eines Verzugs müssen vorliegen, also müssen auch Umstände vorliegen, welche der Säumige zu vertreten hat. Liegen nur kasuelle Verhinderungen vor, für die nach den Grundsätzen über Verzug und Unmöglichkeit der Leistung ein Schuldner überhaupt nicht einzutreten hat, so ist letzteres eben auch hier, soweit die allgemeinen Vorschriften in Frage stehen, der Fall.

2. Diesen allgemeinen Rechtsbehelfen setzt nun aber der § 636 auch noch einen besonderen für das Gebiet des Werkvertrags zur Seite, welcher — und das ist hier zu betonen — von dem Vorhandensein eines Verzugszustandes nicht abhängig ist. Der § 636 knüpft nämlich an die Analogie der Rechtsbehandlung beim Vorhandensein von Mängeln (M. II, 483) in der Art an, daß er ebenfalls dem Besteller das Recht gibt, eine angemessene Frist zur Fertigstellung zu setzen und zwar mit demselben Charakter und derselben Rechtswirkung, wie im Falle der Mängelrüge. Was dort für die Wandelungsklage gilt, gilt auch hieher, nur mit dem Abmaße, daß hier an die Stelle des Anspruchs auf Wandelung das Recht des Bestellers tritt, nach § 327 vom Vertrage zurückzutreten. Da die Wirkungen einer Nichteinhaltung der Frist hier nicht durch die Voraussetzungen eines Verzugs bedingt sind, so können sie auch eintreten, wenn kasuelle Dinge, z. B. Arbeitseinstellungen u. s. w., in Mitte liegen (vgl. auch P. II, 311). Man wird in solchem Falle übrigens annehmen können und müssen, daß die zu setzende Nachholungsfrist sich nur dann als eine angemessene im Sinne des Gesetzes darstellt, wenn sie eine auf die Verhältnisse angepaßt lange ist.

II. In Einzelpunkten ist noch Folgendes anzufügen:

1. Das mit der (auch hier fakultativen) Fristsetzung zu verbindende Präjudiz kann im Falle des § 636 nur dahin gehen, daß Besteller die Nachlieferung nicht mehr annehmen werde.

2. Entsprechend dem § 634 Abs. 1 Satz 2 ist auch hier eine Fristsetzung schon angängig, wenn sich bereits vor dem Lieferungstermine zeigt, daß das Werk nicht rechtzeitig fertig werden würde. (S. auch M. II, 484; Planck, II S. 376.)

3. Wo es nach § 634 für die Gewährung des dort vorgesehenen besonderen Rechtsbehelfs einer Fristsetzung überhaupt nicht bedarf, gilt das Gleiche auch hieher. Selbstverständlich bleiben vom § 636 auch unberührt:

a) die gesetzliche Bestimmung des § 361 B.G.B. über das Rücktrittsrecht beim Fixgeschäfte (M. II, 483; P. II, 311; Riezler, S. 125);

b) die etwaige vertragsmäßige Vereinbarung eines Rücktrittsrechtes.

4. Nur die Vorschriften für die Wandelung, nicht auch diejenigen für Minderung sind im § 636 für anwendbar erklärt. (Planck, II S. 376; Oertmann, S. 358; Riezler, S. 127. Anders, aber unrichtig Hachenburg, Werkvertrag S. 78). Daraus folgt, daß ein Anspruch, gerichtet lediglich auf Abzug an der Vergütung für das Werk, wenigstens aus der Spezialbestimmung des § 636 wegen nicht rechtzeitiger Fertigstellung nicht abgeleitet werden kann. Ob vielleicht ein Schadensersatzanspruch stattfindet, bemißt sich nach den einschlägigen allgemeinen Vorschriften über die Rechtsfolgen der Nichterfüllung von Verträgen. Die Sondervorschrift des § 635 ist im § 636 auch nicht in Bezug genommen. Das schließt aber die Anwendung der allgemeinen Grundsätze über den Verzug nicht aus.

Ueber Rückforderungsansprüche namentlich in Bezug auf gelieferte Materialien und auf gewährte Vorschüsse vgl. die Bem. bei Schollmeyer, Einzelne Schuldverhältnisse S. 59.

5. Im § 636 ist eigens nur auf die Bestimmungen des § 633 Abs. 1—3 verwiesen, nicht aber auf die des vierten Absatzes des § 633. Der dort vorgesehene Rechtsbehelf greift daher hieher nicht Platz (Oertmann, S. 359; Riezler, S. 127).

6. Zu Abs. 2 vgl. P. II, 311.

§ 637.

Eine Vereinbarung, durch welche die Verpflichtung des Unternehmers, einen Mangel des Werkes zu vertreten, erlassen oder beschränkt wird, ist nichtig, wenn der Unternehmer den Mangel arglistig verschweigt.

E. I, 570; II, 575; III, 627.

Entspricht ganz den Bestimmungen für Kauf und Miethe (§§ 443, 476, 540). Vgl. daher die dortigen Bestimmungen auch hieher.

§ 638.

Der Anspruch des Bestellers auf Beseitigung eines Mangels des Werkes sowie die wegen des Mangels dem Besteller zustehenden Ansprüche auf Wandelung, Minderung oder Schadensersatz verjähren, sofern nicht der Unternehmer den Mangel arglistig verschwiegen hat, in sechs Monaten, bei Arbeiten an einem Grundstück in einem Jahre, bei Bauwerken in fünf Jahren. Die Verjährung beginnt mit der Abnahme des Werkes.

Die Verjährungsfrist kann durch Vertrag verlängert werden.

E. I, 571, 579; II, 576; III, 628.

1. Allgemeiner Standpunkt. Die Vorschrift des § 638 steht in Parallele mit dem Inhalte des § 477, welcher vom Kaufe handelt (vgl. auch § 558 über die Sachmiethe). Die gesetzgeberischen Erwägungen für diese Uebertragung (vgl. auch P.L.R. Thl. I Tit. 5 § 318, 345) sind im Wesentlichen gleich denjenigen, welche zu § 477 geführt haben.

Die Uebertragung ist um so angemessener, als zwischen dem Werkvertrag und dem Veräußerungsvertrag eine nahe Verwandtschaft besteht und in manchen Fällen die Entscheidung schwierig sein kann, ob der Vertrag ein Veräußerungsvertrag oder ein Werkvertrag ist. So wörtlich M. II, 486.

Unter diesen Verhältnissen ist im Allgemeinen und soweit nicht § 638 zu besonderen Bemerkungen Anlaß gibt, auf die ausführlichen Erörterungen zu § 477 S. 223 fg. zu verweisen.

2. Gegenstand der kurzen Verjährung nach § 638 ist nicht der allgemeine Leistungsanspruch des Bestellers. Es sind dies vielmehr die besonderen Ansprüche, welche wegen bestehender Mängel nach Maßgabe der §§ 633 fg. dem Besteller gegeben sind. In erster Reihe ist dies

a) der im § 633 begründete primäre Anspruch auf Mangelbeseitigung, dann

b) die subsidiären Ansprüche auf Wandelung, Minderung, Schadensersatz, so wie sich diese eben aus §§ 634, 635 ergeben.

Für die gewöhnliche Leistungsklage, dann für die Ersatzklage aus § 633 Abs. 3, endlich für die den allgemeinen Rechtsnormen über Verzug oder einem vertragsmäßigen Rücktrittsrechte entspringenden Ansprüche verbleibt es bei den generellen Verjährungsbestimmungen. Letzteres gilt auch

3. von den allgemeinen Voraussetzungen, Modalitäten und Wirkungen der Verjährungseinrichtung überhaupt, unbeschadet der in §§ 638, 639 vorfindlichen Sonderbestimmungen. Solche enthält § 638 in Ansehung:

a) des Falles eines arglistigen Verschweigens des Mangels Seitens des Unternehmers;

b) der Verjährungsfrist;

c) des Verjährungsbeginns.

4. Wegen des ebenberührten arglistigen Verschweigens vgl. schon § 477 nebst Bem. auf S. 205, 223. In solchen Fällen verbleibt es bei der gewöhnlichen Verjährungsfrist.

5. Die Verjährungsfristen des § 638 berechnen sich nach § 186 fg. Für Hemmung und Unterbrechung sind im § 638 keine Sonderbestimmungen enthalten, wohl aber im § 639 Abs. 1 u. 2 mit § 477 Abs. 2, 3. Wegen der längeren Frist für Bauwerke (hiefür gilt hier derselbe Begriff, wie in sonstiger Hinsicht auch; Hoch- und Tiefbau — vgl. Bem. zu § 648, 651) s. die gesetzgeberischen Erwägungen in M. II S. 488 fg. Dortselbst (S. 488) ist auch ausgeführt, man habe es als bedenklich und bei dem Grundsatze der freien Beweiswürdigung auch als nicht nothwendig erachtet, „mit der Frist zugleich die Rechtsvermuthung zu verbinden, daß, wenn vor Ablauf der fünfjährigen Frist das Bauwerk ganz oder theilweise einstürzt, der Einsturz durch einen von dem Unternehmer zu vertretenden Umstand herbeigeführt worden sei“. (S. deßfalls auch Planck, II S. 372.) Die Zulässigkeit einer vertragsmäßigen Verlängerung, nicht aber einer völligen Ausschließung der Frist entspricht dem § 477. Vgl. Bem. hiezu S. 324. Die Frage, ob dies auch über die regelmäßige Verjährungszeit hinaus zulässig sei (Oertmann, S. 360), liegt hier ebenso wie zu § 477. Vgl. deßfalls S. 224; auch Riezler, S. 128 fg. Eine Verlängerung der Verjährungsfrist kann unter Umständen in Gestalt eines auf bestimmte Zeit gegebenen Garantieversprechens (vgl. Bem. zu § 635) vorliegen. (Oertmann, S. 360; Riezler, S. 129.)

6. Der Beginn der Verjährung nach § 638 tritt nach ausdrücklicher Gesetzesvorschrift „mit der Abnahme des Werkes“ ein. Ueber diese „Abnahme“ s. § 640 nebst Bem. Wo nach der Beschaffenheit des Werkes eine Abnahme ausgeschlossen ist, tritt nach § 646 an die Stelle der Abnahme die „Vollendung des Werkes“.

Den Fall einer Säumniß des Bestellers in der Abnahme bespricht Oertmann, S. 359. Er kommt hiebei zu dem annehmbaren Ergebnisse, daß auch in solchem Falle die Verjährung in Fluß kommen kann, sei es durch eine der Leistung gleichstehende Hinterlegung des Werkes durch den Unternehmer, sei es durch rechtskräftige Verurtheilung des Bestellers zur Abnahme (C.P.O. § 894).

§ 639.

Auf die Verjährung der im § 638 bezeichneten Ansprüche des Bestellers finden die für die Verjährung der Ansprüche des Käufers geltenden Vorschriften des § 477 Abs. 2, 3 und der §§ 478, 479 entsprechende Anwendung.

Unterzieht sich der Unternehmer im Einverständnisse mit dem Besteller der Prüfung des Vorhandenseins des Mangels oder der Beseitigung des Mangels, so ist die Verjährung so lange gehemmt, bis der Unternehmer das Ergebniß der

Prüfung dem Besteller mittheilt oder ihm gegenüber den Mangel für beseitigt erklärt oder die Fortsetzung der Beseitigung verweigert.

E II, 576, III, 629

1. Die erst von der II. Komm. (P. II, 311 fg.) eingestellten Bestimmungen des § 639 dienen zur Ergänzung des § 638 und beziehen sich auf:

a) Hemmung und Unterbrechung der Verjährung (Abs. 1 u. 2 mit § 477 Abs. 2, 3);

b) Wirkungen der vollendeten Verjährung (Abs. 1 mit §§ 478, 479).

2. Unterbrechung der Verjährung tritt hienach, wie beim Kaufe, auch hier ein dadurch, daß der Besteller (der hier in der Rolle des Käufers steht) gerichtliche Beweisaufnahme zur Sicherung des Beweises (C.P.O. § 485 fg) beantragt.

3. Hemmung der Verjährung ergibt sich neben den Fällen allgemeiner Art auch in dem Spezialfalle des § 639 Abs. 2.

4. Hemmung und Unterbrechung der Verjährung in Ansehung eines der gegebenen besonderen Rechtsbehelfe hat gleiche Wirkung auch in Ansehung der anderen solchen Ansprüche.

5. Die §§ 478, 479 betreffen Fälle und Voraussetzungen einer Konservirung von Einreden und Aufrechnungen bei schon vollendeter Verjährung.

6. Für die nach § 639 Abs. 2 sich ergebenden Mittheilungen und Erklärungen besteht keine besondere Formvorschrift. (Planck, II S. 378.)

§ 640.

Der Besteller ist verpflichtet, das vertragsmäßig hergestellte Werk abzunehmen, sofern nicht nach der Beschaffenheit des Werkes die Abnahme ausgeschlossen ist.

Nimmt der Besteller ein mangelhaftes Werk ab, obschon er den Mangel kennt, so stehen ihm die in den §§ 633, 634 bestimmten Ansprüche nur zu, wenn er sich seine Rechte wegen des Mangels bei der Abnahme vorbehält.

E. I, 572, 573; II, 577; III, 630.

1. Allgemeines. Mit dem § 640 eröffnet das B.G.B. eine Reihe von Vorschriften, welche sich auf die dem Werkvertrag entspringenden Verpflichtungen des Bestellers beziehen. Es sind dies insbesondere die Verbindlichkeiten zur:

a) Abnahme des Werkes (§§ 640, 646);

b) Leistung der Vergütung (§ 641);

c) eigenen Mitwirkung bei Herstellung des Werkes (§§ 642, 643)

d) Tragung der Gefahr (§§ 644, 645) von bestimmter Zeit an.

Den Scheitelpunkt dieser verschiedenen unter sich zusammenhängenden Rechtsbeziehungen bildet die Abnahme. (Bezüglich dieser s. über das frühere Recht und die gesetzgeberischen Erwägungen: M. II, 489 fg.; P. II, 315 fg.)

2. Begriff der Abnahme. Dieser ist gesetzestechnisch. Er ist nicht gleichbedeutend mit Uebergabe und Annahme, sondern trägt bestimmte Momente in sich, welche mit den letzteren Begriffen noch nicht verbunden sind. Er hat auch rechtlich an und für sich nicht die dingliche Bedeutung einer Eigenthumsübertragung oder Eigenthumserwerbung (vgl. auch § 651). Das Schwergewicht des Begriffes: „Abnahme“, welcher früher schon in Norddeutschland geläufiger gewesen war, als in Süddeutschland, liegt vielmehr in anderen Dingen. Ueber die feinere theoretische Umgrenzung bestehen übrigens Meinungsverschiedenheiten (vgl. Oertmann, S. 461; Planck, II S. 379; Riezler, S. 133; Schollmeyer, Einzelne Schuldverhältnisse S. 55; Cosack, Lehrb. I S. 521). Praktisch sind dieselben von minderem Belange, soferne nur einige Hauptpunkte festgehalten werden. Vor Allem erscheint es unbestreitbar, daß „Abnahme“ beim Werkvertrag einen noch etwas tiefer gehenden Sinn hat als nach § 433 beim Kaufe. (Vgl. oben S. 179; P. II, 316.) Der Ausdruck bedeutet nach § 640 nicht bloß die Entgegennahme einer Sache, sondern des Werkes als solchen, wie Oertmann, S. 361, richtig betont. Hieran schließt sich für den Werkvertrag Folgendes an:

Der Gebotssatz des § 640: „Der Besteller ist verpflichtet, das vertragsmäßig hergestellte Werk abzunehmen, soferne rc. rc.", läßt schon erkennen, daß es sich hier um einen gewissen Formalakt handelt, wenn auch keine besonders formalisirten Beurkundungen oder dergleichen Dinge vorgeschrieben sind. Die Abnahme enthält zwei verbundene Momente, die körperliche Hinnahme und die Anerkennung der Leistung als Vertragserfüllung. Diese Anerkennung kann sich auch stillschweigend, durch konkludente Handlungen vollziehen. Die Abnahme des Werkes kann, muß aber, wenigstens von Gesetzeswegen, nicht in allen Fällen mit einer Prüfung desselben verbunden sein. (M. II, 489 fg.; P. II, 515 fg.) Sie hat auch, selbst wenn sie mit einer Prüfung des Werkes verbunden wurde, nicht eine so weitgreifende Bedeutung, daß dadurch die nachträgliche Geltendmachung von Mängeln des Werkes schlechthin ausgeschlossen wäre. Das ist nicht der Fall. Zeigen sich bei der Abnahme Mängel, so kann ja der Besteller die Abnahme vorerst ablehnen oder Vorbehalt (§ 640 Abs. 2) einlegen. Er kann umgekehrt auch gehalten sein, ein vorbehaltlos abgenommenes Werk selbst bei erst späterer Offenbarung von Mängeln sich gefallen zu lassen, wenn er nämlich durch besondere Vereinbarung verpflichtet ist, sofort bei der Abnahme in eine abschließende Prüfung einzutreten. (Solches kommt im Geschäftsleben vielfach vor. (Vgl. Planck, II S. 380.) Ist aber dergleichen nicht der Fall, so können Mängel, insbesondere die nicht sofort erkennbaren, unter Umständen auch noch später geltend gemacht werden. Aber die Beweislast kann sich dabei zu Ungunsten des Bestellers verschieben. Im § 640 ist auch eigens gesagt, daß dem Besteller die beim Werkvertrage gesetzlich normirten (§§ 633, 634) besonderen Rechtsansprüche wegen Mängel des Werkes nicht zustehen, wenn er ein mangelhaftes Werk abnahm, obschon er den Mangel kannte, soferne er sich nicht seine Rechte wegen des Mangels eigens vorbehielt. (M. II, 490.) Fahrlässiges Nichtkennen ist dabei nicht gleichgestellt (M. II, 490; P. II, 318; vgl. auch oben S. 210.)

3. Abnahmepflicht. Da die Abnahme mit bestimmten rechtlichen Wirkungen (s. nachher Nr. 5) ausgestattet ist, insbesondere in Bezug auf Entrichtung der Vergütung, Tragung der Gefahr, Beginn der Verjährung, so begründet das B.G.B. auch für den Besteller eine Abnahmepflicht. Diese ist durch § 640 Abs. 1 ausdrücklich gesetzlich festgelegt.

Die Abnahmepflicht erstreckt sich aber nur auf ein vertragsmäßig hergestelltes Werk. Daß es diese Eigenschaft habe, hat erforderlichenfalls der Unternehmer zu beweisen, welcher Abnahme verlangt. Liegt ein vertragsmäßiges Werk nicht oder noch nicht vor, so kann der Besteller die Abnahme verweigern d. h. die reale Abnahme ablehnen, und zwar gleichviel, ob der Mangel erheblich ist oder nicht. (P. II, 315; vgl. mit E. I § 572.) Eine Erklärung muß er aber immer geben, wenn ihm die Abnahme Seitens des Unternehmers angesonnen wird. Erfolgt Ablehnung, weil ein Mangel (im weiteren Sinne des § 459 B.G.B.) vorliege, so geht die Sache in dieser Hinsicht weiter auf dem gesetzlichen Wege der Mängelrüge. Erfolgt Abnahme, so ist, wie oben unter Nr. 2 näher erörtert, eine spätere Mängelbeanstandung durch die Thatsache der Abnahme in der Regel nicht ausgeschlossen. In Bezug auf die Beweislast gilt dann aber auch hieher § 363 B.G.B. Ausnahmsweise, im Falle des § 640 Abs. 2 (Abweichung von P.L.R. Thl. I Tit. 5, 530), ist aber einem mangelhaften Werke gegenüber ein ausdrücklicher Rechtsvorbehalt behufs Wahrung der Mängelrüge nothwendig. Daß sich dies auf den Ersatzanspruch nach § 635 nicht bezieht, betont mit Recht Oertmann, S. 363. Zu beachten ist auch hieher, daß, wie schon S. 205 dargelegt wurde, die Begriffe „nicht gekannt" und „verborgen", dann „gekannt" und „offensichtlich" keineswegs gleichbedeutend sind. Die „Kenntniß" des Bestellers hat nöthigenfalls der Unternehmer, den eventuell nöthigen Vorbehalt der Besteller zu beweisen.

Daß zu vertragsmäßiger Hingabe des Werkes unter Umständen auch nothwendige Anweisungen und Aufklärungen des Unternehmers (z. B. bei einer Maschine) gehören können, betont mit Recht Planck, S. 380.

4. Gegenstand der Abnahmepflicht kann nach der Natur der Sache nur dasjenige Werk sein, welches überhaupt abnahmefähig ist. Nach dem Abnahmebegriffe gehört dazu eine gewisse Körperlichkeit, eine materielle Beschaffenheit des Werkes. Fehlt diese Abnahmefähigkeit, so greift in Bezug auf bestimmte Wirkungen die Ersatzbestimmung des § 646 Platz. Uebrigens kann auch beim materiellen Werke die Abnahmefähigkeit fehlen, die Abnahme ausgeschlossen sein, wenn z. B. die physische Uebernahme von selbst dadurch entfällt, daß der Besteller den Gegenstand, an welchem ein Werk verrichtet werden soll, schon bei sich hat, so daß das Werk etwa in seinem Hause hergestellt wird (Oertmann, S. 362). In einem solchen Falle fehlt wenigstens die eine Seite des Abnahmemomentes, die körperliche Hinnahme; die andere Seite, die Anerkennung als Werkerfüllung fällt dann wohl meistens von selbst zusammen mit der im § 646 erwähnten „Vollendung des Werkes". Als nicht abnahmefähig bezeichnet Oertmann (S. 362) auch solche körperliche

Werke, welche bestimmungsgemäß nicht dem Besteller, sondern einem Dritten abzuliefern sind. Die Kosten der Abnahme werden, soweit sie auf die Erfüllung der Abnahmepflicht erwachsen, auch den pflichtigen Besteller treffen müssen.

5. Wirkungen der vollzogenen Abnahme als Rechtsakts sind in verschiedenen Richtungen schon obenstehend erwähnt.

Als Wirkung der verweigerten Annahme kann sich mit seinen Rechtsfolgen ergeben der Zustand des Verzugs auf Seite des Bestellers. Dem Unternehmer kann daraus die Klage auf Vertragserfüllung, insbesondere auch auf Leistung der Vergütung, erwachsen. Der Anspruch auf Abnahme ist auch selbständig klagbar. (So auch Planck, II S. 380.)

6. Ob in einer stillschweigenden Hinnahme, insbesondere auch vorbehaltslosen Ingebrauchnahme oder Weiterveräußerung eines abgenommenen Werkes etwa geradezu ein Verzicht auf Beanstandung zu finden sei, gehört in das Gebiet der Thatfragen des Einzelfalles. (M. II, 491.)

7. Eine Verpflichtung des Bestellers, wahrgenommene Mängel binnen bestimmter Zeit dem Unternehmer anzuzeigen, ist beim Werkvertrag im Gesetze nicht begründet. Sie kann aber vertragsmäßig auferlegt sein.

§ 641.

Die Vergütung ist bei der Abnahme des Werkes zu entrichten. Ist das Werk in Theilen abzunehmen und die Vergütung für die einzelnen Theile bestimmt, so ist die Vergütung für jeden Theil bei dessen Abnahme zu entrichten.

Eine in Geld festgesetzte Vergütung hat der Besteller von der Abnahme des Werkes an zu verzinsen, sofern nicht die Vergütung gestundet ist.

E. I, 573; II, 578; III, 631.

1. Während die grundsätzliche Entgeltlichkeit des Werkvertrags und die Höhe der Vergütung in den §§ 631, 632 behandelt sind, bezieht sich § 641 auf den Zeitpunkt der Fälligkeit der Vergütung. Das Gesetz knüpft hiebei nach § 641 an den Zeitpunkt der Abnahme des Werkes, wo aber eine solche ausgeschlossen ist, nach § 646 an den Zeitpunkt der Vollendung an.

2. Wie schon S. 446 dargelegt wurde, besteht auch beim Werkvertrag eine Vorleistungspflicht des Unternehmers. Das will besagen, daß der Unternehmer die ihm gebührende Vergütung nicht eher verlangen kann, als bis er das Werk vertragsmäßig hergestellt hat. Ist dies der Fall, dann kann der Unternehmer die Leistung der Vergütung sofort bei der Abnahme (§ 641), bei der Vollendung (§ 646) fordern. Er ist nicht gehalten, das Werk thatsächlich schon vor Entrichtung der Vergütung hinzugeben. Leistung und Gegenleistung haben vielmehr nach Herstellung des Werkes nur Zug um Zug zu geschehen.

3. Eine Sondervorschrift enthält § 641 Abs. 1 in seinem zweiten Satze in Bezug auf Theilzahlungen (Ratenzahlungen). Gefordert können solche in den an dieser Stelle erwähnten Fällen nur dann werden, wenn die beiden im Satze aufgestellten Voraussetzungen zusammentreffen.

4. Modifikationen dieser sämmtlichen Grundregeln können sich ergeben vor Allem durch Vereinbarungen, welche von den Dispositivvorschriften der §§ 641, 646 Abweichungen festsetzen. Daß solche Vereinbarungen auch stillschweigend getroffen werden und sich in manchen Fällen sogar aus der Lage der Verhältnisse ganz von selbst ergeben können, ist anzuerkennen. Die Doktrin (Oertmann, S. 363, Planck, II S. 381) spricht hier auch dem Ortsgebrauch und der Verkehrssitte eine gewisse Rolle zu.

5. Die Zinsvorschrift des zweiten Absatzes entspricht der Vorschrift des vom Kaufe handelnden § 452. Vgl. daher die dortigen Bem. auch hieher. S. auch H.G.B. § 352. Ueber die Modalitäten der Verzinsung s. B.G.B. § 246 fg. Letztere hat einzutreten unabhängig davon, ob auf Seite des Bestellers Verzug vorliegt oder nicht.

§ 642.

Ist bei der Herstellung des Werkes eine Handlung des Bestellers erforderlich, so kann der Unternehmer, wenn der Besteller durch das Unterlassen der

Handlung in Verzug der Annahme kommt, eine angemessene Entschädigung verlangen.

Die Höhe der Entschädigung bestimmt sich einerseits nach der Dauer des Verzugs und der Höhe der vereinbarten Vergütung, andererseits nach demjenigen, was der Unternehmer in Folge des Verzugs an Aufwendungen erspart oder durch anderweitige Verwendung seiner Arbeitskraft erwerben kann.

E. I, 575; II, 579, III, 632.

Das B.G.B. gibt in den §§ 642 u. 643 Bestimmungen, von denen gewiß durchaus nicht behauptet werden kann, daß sie in der Auffassung und in der Darstellung des gesetzgeberischen Gedankens Musterstücke seien. Dies gilt namentlich vom § 642. Dieser formelle Mangel in der Gesetzesnorm hat auch z. B. in den Kommentaren von Planck und Oertmann einen vollen Ausgleich durch Klarheit der erläuternden Darstellung nicht gefunden. Mehr gefördert wird das Verständniß z. B. durch die Darstellungen bei Cosack, Lehrb. I § 158 S. 529, und Riezler, Werkvertrag S. 138 fg. Unter Bezugnahme hierauf sei kurz und einfach Folgendes bemerkt.

I. Grundlage der Vorschriften der §§ 642, 643 im Allgemeinen. Beide handeln von dem Falle eines Annahmeverzugs des Bestellers, aber nicht von jedem Annahmeverzuge, sondern nur von einem besonders gearteten.

Ein Annahmeverzug (ein weiterer Begriff als „Abnahmeverzug") kann, wie Cosack und Riezler a. a. O. einleitend richtig ausführen, auf Seite des Bestellers sowohl nach Herstellung des Werkes durch Verweigerung der Abnahme vorkommen, als auch vor Vollendung des Werkes, „bei dessen Herstellung" (§ 642) d. h. beim Beginn und während derselben (M. II, 495) und zwar dadurch, daß der Besteller angebotene Herstellungsarbeit nicht annimmt oder auch seinerseits eine Handlung nicht vornimmt, welche nothwendig wäre, um dem Unternehmer die ihm obliegende Werkleistung zu ermöglichen. Daß eine solche Nothwendigkeit praktisch nicht selten vorkommt, ist gewiß. Eine grundsätzliche, allgemeine Mitwirkungspflicht besteht natürlich nicht. Typische — aber nicht ausschließliche — derartige Fälle solcher Mitwirkung sind, daß der Besteller

a) einen Stoff zur Herstellung des Werkes seinerseits zu liefern,

oder

b) einen Raum zur Verrichtung des Werkes (z. B. ein Zimmer zum Tapezieren desselben) zur Verfügung zu stellen,

oder

c) seine Person (z. B. zur Anfertigung eines bestellten Porträts oder einer Photographie) darzubieten

hat.

Versäumt der Besteller die eine oder andere solcher Obliegenheiten, und verhindert oder verzögert er dadurch das Werk des Unternehmers unter Umständen, welche seine Unterlassung als einen Annahmeverzug, als einen Verzug in der Erfüllung seiner Bestellerpflichten erscheinen lassen, so entsteht die Frage, welche Rechtsbehelfe in solchem Falle dem Unternehmer zu Gebote stehen.

Auf diese Frage beziehen sich die §§ 642, 643. Sie erledigen aber die Frage nicht in vollem Umfange, sondern nur in einer Theilrichtung. Bei deren Inbetrachtnahme ist davon auszugehen, daß die §§ 642, 643 Sonderbestimmungen darstellen, welche die einschlägigen Vorschriften über die Rechtsfolgen einer Nichterfüllung vertragsmäßiger Verbindlichkeiten keineswegs ausschließen oder beschränken, sondern neben ihnen stehen, sie erweitern. Der Unternehmer kann und möge daher, wenn es ihm beliebt, seinerseits die Leistungsklage anstrengen, insbesondere auf die ihm gebührende Vergütung klagen, er kann und möge mit den allgemeinen Rechtsbehelfen nach Maßgabe der Vorschriften über den Verzug oder ein kontraktliches Verschulden gegen den Besteller vorgehen oder auf dessen etwaige Klage sich der Einrede des nicht oder nicht rechtzeitig erfüllten Vertrags bedienen. Es bleiben auch die Rechtsgrundsätze über die Folgen einer eingetretenen Unmöglichkeit der Leistung unberührt. Alles nach Lage der Verhältnisse und nach dem Inhalte der einschlägigen allgemeinen Vorschriften des B.G.B. (Vgl. insbesondere §§ 293—304, 322, 323 fg.) Der Unternehmer kann aber auch von den §§ 642, 643 Gebrauch machen, welche ergänzend eingreifen, nachdem gesetzgeberisch befunden wurde, daß der Unternehmer für die oben erwähnten Spezialfälle eines Annahmeverzugs des Bestellers noch besonderen Rechtsschutzes bedarf (M. II, 494 fg.; P. II, 328). Letzterer bewegt sich nach zwei Richtungen:

1 § 642 gewährt dem Unternehmer unter Fortbestehenlassen des Vertragsverhältnisses einen exzeptionellen Entschädigungsanspruch.

2. § 643 läßt eine Kündigung des Vertragsverhältnisses eintreten nach fruchtlosem Ablauf einer bestimmten Provokationsfrist.

II Der Entschädigungsanspruch des § 643 ist

1 nicht der gewöhnliche Schadensersatzanspruch auf das Erfüllungsinteresse. Diesen mag der Unternehmer aus anderen Rechtsgründen geltend machen, wenn und wo die allgemeingesetzlichen Voraussetzungen dazu gegeben sind, insbesondere wenn den Besteller bei seinem Verhalten ein vertragswidriges Verschulden trifft. Von einem solchen ist in § 642. keine Rede. Es bildet für den dortigen Entschädigungsanspruch keine Voraussetzung Dieser ist nur abhängig davon, daß ein Annahmeverzug vorliegt.

2. Der leitende Grundgedanke geht, wie in der Doktrin anerkannt ist (vgl. z. B. Planck, II S. 382; Oertmann, S. 364), sich übrigens auch aus P. II, 328 fg. ergibt, dahin, daß man dem Unternehmer nicht zumuthen könne, seine Zeit, seine Arbeitskraft, seine Einrichtungen dem Besteller auf ungemessene Dauer zur Verfügung zu halten und daß man daher auch dem Unternehmer eine gewisse Schadloshaltung zubilligen müsse, wenn ihm durch einen Abnahmeverzug jener Art auf Seite des Bestellers in besagten Richtungen Beschwernisse erwachsen. Dieser Grundgedanke spiegelt sich auch in einigen Folgesätzen:

a) Der Rechtsgrund der im § 642 gemeinten besonderen Entschädigung ruht im Gesetze. Der Anspruch hierauf ist schon dann gegeben, sobald allein die im § 642 Abs. 1 bezeichneten objektiven und subjektiven Voraussetzungen begründet sind. Anderweitige Thatsachen braucht der Unternehmer nicht zu behaupten und zu beweisen. Nicht erforderlich ist insbesondere ein besonderer Nachweis des Unternehmers, daß und inwiefern ihm ein spezieller Schaden erwachsen sei. Mit anderen Worten: die sog. Entschädigung hat den Charakter einer Aversalabfindung. Erlitt der Unternehmer durch den Annahmeverzug des Bestellers noch einen weiteren besonderen Schaden, hatte er deßwegen insbesondere z. B. ungedeckte erhöhte Aufwendungen zu machen, so sind diesbezügliche Ansprüche gegen den Besteller nicht ausgeschlossen, können aber nicht auf § 642 sich stützen, sondern nur auf die allgemeinen Rechtsgrundsätze, bedürfen also auch der durch letztere vorgezeichneten Voraussetzungen.

b) Ausfluß obiger Grundanschauung sind auch die Bestimmungen des zweiten Absatzes über den Umfang der Entschädigung. Die Feststellung der letzteren unterliegt im Streitfalle dem richterlichen Ermessen. Eine feste Norm oder auch nur eine feste Begrenzung nach oben oder unten ist im Gesetze nicht aufgestellt. Insoferne hat auch die von Oertmann, S. 364 aufgestellte mathematische Berechnungsformel keinen Boden (Riezler, S. 140).

§ 642 Abs. 2 auferlegt aber dabei dem Richter zweierlei. Die Entschädigung muß „angemessen", d. h. den Verhältnissen des gegebenen Falles angemessen sein. Hiefür aber sind zwei Grundfaktoren als maßgebend vorgezeichnet, je einer auf aktiver und auf passiver Seite. Auf der aktiven Seite ist vorgeschrieben die Inbetrachtnahme sowohl der Dauer des Verzugs als auch („und") der Höhe der Vergütung.

Auf der passiven Seite kommen die in § 643 Abs. 2 bezeichneten Abrechnungsposten in Anschlag. In letzterer Hinsicht liegt ein Analogon dessen vor, was in §§ 324, 615 nach anderen Richtungen auch schon bestimmt ist. Immerhin besteht hier eine bemerkenswerthe Abweichung insoferne, als nach § 643 Abs. 2 nicht bloß das in Abrechnung kommt, was der Unternehmer anderweitig wirklich erworben hat (oder zu erwerben böswillig unterließ), sondern auch das schon, was er überhaupt erwerben konnte.

§ 643.

Der Unternehmer ist im Falle des § 642 berechtigt, dem Besteller zur Nachholung der Handlung eine angemessene Frist mit der Erklärung zu bestimmen, daß er den Vertrag kündige, wenn die Handlung nicht bis zum Ablaufe der Frist vorgenommen werde. Der Vertrag gilt als aufgehoben, wenn nicht die Nachholung bis zum Ablaufe der Frist erfolgt.

E. II, 579, III, 633.

1. Das B.G.B. hat für den Unternehmer lediglich zu dem Zweck, um den Besteller zur Vornahme der ihm obliegenden Handlungen (§ 642) zu zwingen, ein eigenes direktes Mittel (Klage) nicht vorgesehen. Indirekt gewährt zu jenem Zweck einen Behelf die Fristsetzung nach § 643 mit eventueller Kündigung.

2. § 643 ist erst durch die II. Komm. eingestellt worden (P. II, 328). Aehnliche Bestimmungen enthalten auch schon die §§ 466, 634. (Vgl. die Bem. zu diesen Paragraphen.)

3. In Gestalt des § 643 liegt eine Zusatzbestimmung zu § 642 vor, mit welchem ersterer in engstem Zusammenhange steht. Deßhalb sind die bei § 642 eingestellten Erörterungen über die Grundlagen der Vorschrift auch hieher zu vergleichen.

4. Als Hauptpunkt des Inhalts des § 643 bezeichnen es P. II, 329, daß „dem Unternehmer die Möglichkeit gegeben werden müsse, nach Ablauf einer angemessenen Frist zur Nachholung der vom Besteller vorzunehmenden Handlung seine weitere Bereitschaft zur Ausführung des Werks abzulehnen. Diesem Zwecke dient die dem Unternehmer fakultativ gewährte Berechtigung (nicht aber auch Verpflichtung) zur Vorsetzung der Provokationsfrist, womit, wenn sie wirksam sein soll, die im § 643 bezeichnete Erklärung verbunden werden muß. Mit Recht betont auch Planck, II S. 383, daß, wenn auch nicht gerade das Wort: „Kündigung" unerläßlich sei, doch aus der Erklärung sicher hervorgehen müsse, daß hiemit eine bedingte Kündigung und nicht etwa bloß eine Mahnung beabsichtigt sei.

5. Die Wirkung dessen, daß Besteller auch die ihm gesetzte angemessene Frist fruchtlos verstreichen läßt, geht dahin, daß mit dem fruchtlosen Fristablaufe das ganze Vertragsverhältniß für die Zukunft als aufgehoben gilt. Für die Vergangenheit verbleiben dem Unternehmer die im § 645 Abs. 1 Satz 2 erwähnten Ansprüche. Jene Wirkung äußert sich für beide Theile. Die konstruktive Frage, ob die Wirkung theoretisch auf eine „fiktive Unmöglichkeit der Leistung" oder auf die „bedingte Kündigung" zurückzuführen sei, ist praktisch nicht von Bedeutung.

6. Planck, II S. 383 spricht dem Unternehmer die Ansprüche aus § 642 und § 643 neben einander zu, da kein alternatives Schuldverhältniß vorliege. Oertmann, S. 366 modifizirt dies dahin, daß zwar die aus § 642 bereits erwachsenen Ansprüche auch bei Eintritt der Kündigung nach § 643 davon unberührt bleiben, dagegen von da ab neue solche Ansprüche nicht mehr geltend gemacht werden können, da ja nun das ganze Vertragsverhältniß erloschen sei. (So auch Riezler, S. 141.) Diese letztere Auffassung ist auch entschieden die richtigere.

§ 644.

Der Unternehmer trägt die Gefahr bis zur Abnahme des Werkes. Kommt der Besteller in Verzug der Annahme, so geht die Gefahr auf ihn über. Für den zufälligen Untergang und eine zufällige Verschlechterung des von dem Besteller gelieferten Stoffes ist der Unternehmer nicht verantwortlich.

Versendet der Unternehmer das Werk auf Verlangen des Bestellers nach einem anderen Orte als dem Erfüllungsorte, so finden die für den Kauf geltenden Vorschriften des § 447 entsprechende Anwendung.

E. I, 576; II, 580; III, 634.

Die §§ 644, 645 B.G.B. (auch mit § 646) behandeln eine unter Umständen sich sehr belangreich gestaltende Frage, nämlich die der sog. Gefahrtragung. Was darunter zu verstehen ist und welche Tragweite dieser Frage zukommt, wird sich aus dem nachher unter Nr. II zu Erörternden ergeben.

I. Die Rechtslage nach den bisherigen Rechten ist vor Allem besprochen in M. II, 497, ferner von Oertmann in einem Aufsatze: „Der Zufall bei der Werkverdingung" in Grünhuts Zeitschrift Bd. 24 S. 1 fg., theilweise auch bei Riezler, S. 112 fg. Vgl. weiter P.L.R. Thl. I Tit. 11 § 960 fg.; code civil Art. 1790; sächsisches G.B. §§ 1248 fg. Das B.G.B. kommt seinerseits am nächsten auch hier dem P.L.R.

II. Gegenstand, Umfang und Einzelmomente der Gefahrtragung.

1. In M. II, 197 wird als Kern der zu gebenden Gesetzesvorschrift in ihrem allgemeinsten Sinne die Frage bezeichnet: „ob der Unternehmer oder der Besteller die Gefahr zu tragen hat, wenn das Werk vor dessen Vollendung, oder zwar nach der Vollendung, aber vor erfolgter Abnahme zufällig (d. h. ohne daß einer der Ver-

tragstheile selbst das Ereigniß nach allgemeinen Grundsätzen zu vertreten hätte) untergegangen oder verschlechtert worden ist."

Für die Rechtslage nach dem B.G.B. erachtet die Doktrin (Oertmann, Komm. S. 316; Riezler, S. 142 fg.) es mit Recht als von vorneherein erforderlich, von dem Herrschaftsgebiete der §§ 644, 645 den Fall abzuscheiden, wenn sich nach dem Vertragsabschluß, aber vor der Werkherstellung die Unmöglichkeit der Vornahme jener Handlungen ergibt, welche zur Werkleistung nothwendig wären, also z. B. wenn eine schwere Erkrankung des zu jenen persönlichen Handlungen verpflichteten Werkunternehmers eintritt: Diese Fälle von sog. Gefahr sind lediglich nach den einschlägigen allgemeinen Rechtsnormen (vgl. namentlich §§ 323 fg.) zu beurtheilen. Den §§ 664 fg. folgen dagegen jene anderen Fälle der Gefahrtragung, welche sich an das Werk selbst knüpfen, ehe dessen Abnahme erfolgt ist. Dahin gehört vor Allem:

a) die Gefahr in Bezug auf Untergang oder Verschlechterung des bereits vollendeten, aber noch nicht abgenommenen Werkes.

b) Es muß aber auch der Fall einbezogen werden, daß die „Gefahr" eintritt an einem noch nicht vollendeten, aber schon theilweise hergestellten Werke. Im § 644 B.G.B. findet sich zwar keine Hindeutung auf einen solchen Fall. Diese ergibt sich aber aus der Verweisung auf §§ 644, 645, welche sich im § 646 findet. Denn diese Verweisung hätte sonst keinen Sinn, wenn nicht auch Fälle unvollendeter Werkleistung mit einzubeziehen wären. Die Vorschrift des § 646 aber hat in ihrer Beziehung zu § 644 hauptsächlich auch Bedeutung für begonnene, aber noch unvollendete unkörperliche Werkleistungen, z. B. (nach Riezler, S. 147) eine durch Zufall unterbrochene Theatervorstellung!

2. Die objektive Bedeutung der Gefahrtragung geht dahin, daß in einem Falle der Gefahr der davon Betroffene die materiellen Nachtheile des Ereignisses in ihrem Einfluß auf die Gestaltung des Vertragsverhältnisses speziell nach dem Wesen des Werkvertrags auf sich zu nehmen hat. Näheres s. nachher unter Nr. 4.

3. Subjektive Verhältnisse. Ausgehend von der den Bestimmungen des B.G.B. über den Werkvertrag überhaupt unterstellten Grundanschauung, daß den Gegenstand der Verpflichtung des Unternehmers ein vollendetes, abgeschlossenes Werk bildet und nur durch ein solches der Letztere seine Verbindlichkeit erledigt, gelangt das B.G.B. im ersten Satze des § 644 zu dem Prinzipe, daß der Unternehmer die Gefahr für das Werk trägt. Dieses dem Unternehmer wenig günstige Prinzip verliert übrigens seine volle Schärfe durch bestimmte (nebenbei bemerkt nicht ausdehnbare) Begrenzungen. Solche treten in dreifacher Hinsicht hervor, in persönlicher, sachlicher und zeitlicher Beziehung.

a) In persönlicher Hinsicht verordnet § 644 ausdrücklich, daß die Gefahr auf den Besteller übergeht, wenn derselbe in Annahmeverzug kommt. Hat derselbe ein Ereigniß, welches dem Werke Gefahr gebracht hat, aus anderen Gründen, insbesondere wegen eigenen Verschuldens, zu vertreten, so trifft selbstverständlich schon aus allgemeinen Rechtsgründen den Besteller die Haftung. Ein dem § 644 zu unterstellender Fall liegt dann eigentlich von vorneherein nicht vor. (Vgl. oben Nr. II, 1.) Einen weiteren Fall, bei dem aber vorausgesetzt ist, daß der Besteller den kritischen Umstand nicht zu vertreten hat, regelt § 645.

Hat umgekehrt der Unternehmer den kritischen Umstand zu vertreten, so verfällt er der allgemeinen Vorschrift des § 325 (Planck, II S. 384).

b) In sachlicher Hinsicht enthalten Abs. 2 §§ 644 u. 645 erhebliche Beschränkungen der Gefahrhaftung des Unternehmers.

c) In zeitlicher Hinsicht gilt die Regel, daß mit der Abnahme des Werkes die Gefahr vom Unternehmer auf den Besteller übergeht. Ist das Werk nach seiner Beschaffenheit nicht abnahmefähig, gleichwohl aber eine Gefahrhaftung im Sinne des § 644 noch denkbar, so kommt als maßgebender Zeitpunkt für den Uebergang der Gefahr auf den Besteller nach ausdrücklicher Bestimmung des § 646 die Zeit der Vollendung des Werkes in Betracht. Andere Verschiebungen des Zeitpunkts des Gefahrübergangs ergeben sich

α) beim Annahmeverzug des Bestellers,

β) im Falle einer vom Besteller verlangten Versendung des Werkes an einen anderen Ort als den Erfüllungsort.

Im Falle α tritt der Gefahrübergang sohin mit Beginn des Annahmeverzugs ein. Im Falle β sollen nach § 644 Abs. 2, welcher von der II. Komm. aus den in P. II, 329 fg.

erörterten Erwägungen eingestellt wurde, die im § 447 für den analogen Fall beim Kaufe vorgezeichneten Normen (vgl. Bem. zu § 447) Platz greifen. Der Besteller steht hiebei dem Käufer gleich.

Soferne nun nach Obigem den Unternehmer die Gefahrtragung trifft, erwächst ihm dadurch, auf Grund des § 644, nur die Rechtsfolge, daß er seine Gegenansprüche an den Besteller auf Vergütung nicht mehr geltend machen kann (Oertmann, S. 366, Planck, II S. 384, Riezler, S. 145). Eine einschränkende Ausnahme hievon greift nur nach Maßgabe des § 645 Platz. Einen Anspruch auf Interesseentschädigung kann Besteller jedenfalls auf den § 644 nicht gründen. Dafür würde er einen anderen Rechtsgrund (etwa Verschulden des anderen Theils, Garantieübernahme ꝛc.) bedürfen. (Oertmann, S. 367.)

5. Ansprüche auf Grund einer Haftbarkeit für Mängel bleiben durch § 644 unberührt.

III. Ist das Werk von einer „Gefahr" wirklich betroffen worden, so kann auch die Frage entstehen, ob und inwieweit den Unternehmer eine Verpflichtung zur Wiederherstellung des Vernichteten oder Beschädigten trifft. Diese Frage ist selbständiger Natur. Sie wird weder durch §§ 664, 665, noch durch eine sonstige, direkt darauf bezügliche Vorschrift des B.G.B. entschieden. M. II, 498 haben angenommen, daß eine für alle Fälle passende Entscheidung bei der Verschiedenheit derselben überhaupt gar nicht getroffen werden könnte. Jedenfalls liegt jetzt eine solche nicht vor. Beizustimmen ist Oertmann, S. 366, wenn er annimmt, daß jedenfalls eine unbedingte Wiederherstellungspflicht allgemein nicht behauptet werden kann. Die Frage ist nach den obwaltenden Umständen (insbesondere mit Rücksicht auf die Frage der Möglichkeitsverhältnisse), sowie nach dem konkreten Vertragsinhalte mit Rücksicht auf den Grundsatz der Wahrung von Treu und Glauben zu bemessen. (Vgl. auch Planck, 1 S. 384.)

§ 645.

Ist das Werk vor der Abnahme in Folge eines Mangels des von dem Besteller gelieferten Stoffes oder in Folge einer von dem Besteller für die Ausführung ertheilten Anweisung untergegangen, verschlechtert oder unausführbar geworden, ohne daß ein Umstand mitgewirkt hat, den der Unternehmer zu vertreten hat, so kann der Unternehmer einen der geleisteten Arbeit entsprechenden Theil der Vergütung und Ersatz der in der Vergütung nicht inbegriffenen Auslagen verlangen. Das Gleiche gilt, wenn der Vertrag in Gemäßheit des § 643 aufgehoben wird.

Eine weitergehende Haftung des Bestellers wegen Verschuldens bleibt unberührt.

E. I, 577; II, 581; III, 635.

I. Die Sonderbestimmung dieses Paragraphen enthält etliche Ausnahmen von dem Grundsatze der Gefahrtragung des Unternehmers und dem daraus entspringenden Verluste seiner Gegenansprüche auf Vergütung. Diese Ausnahmen bewegen sich nach drei Richtungen.

1. Zunächst kommt in Betracht der Fall, wenn das Werk vor der Abnahme — also in der Periode der Gefahrtragung des Unternehmers — untergegangen, verschlechtert oder unausführbar geworden ist in Folge eines Mangels des vom Besteller gelieferten Stoffes (sohin hier im Gebiete des reinen Werkvertrags: vgl. § 651, dann Hachenburg, Dienst- und Werkvertrag S. 82). Vorausgesetzt ist also, daß am Stoff ein Mangel in jenem weiteren Sinne vorliegt, wie er zu § 459 S. 202 dargelegt ist. Dieser Mangel muß auch die Ursache bilden für die dem Werke zugegangene Gefährde. Der Ausdruck „Stoff" steht hier in einem ganz weiten Sinne. Er umfaßt bewegliche, wie unbewegliche Sachen, sei es, daß aus ihnen selbst das Werk geschaffen werden soll (z. B. Tuch zu einem Rocke) oder daß sie als Hülfsmaterialien zur Werkherstellung dienen, wie z. B. bei einem Baue die Gerüste ꝛc. Bei Bauten ist insbesondere auch der Baugrund des Bestellers in Bezug auf demselben anhaftende Mängel (nicht aber noch weiter: P, II, 334) als Stoff im Sinne des § 645 anzusehen. (Oertmann, S. 368; Planck, II S. 385; Riezler, S. 146.) Immer ist dabei aber vorausgesetzt, daß der Besteller und nicht der Unternehmer den mangelhaften Stoff

geliefert hat, sei es direkt oder indirekt, sei es in Folge seiner Vertragspflicht oder auch freiwillig.

Vorgesehen ist ausdrücklich die Eventualität, daß das Werk untergegangen, verschlechtert oder auch unausführbar geworden sein könnte. Nach M. II, 501 zu E. I § 577 zielt letzterer Ausdruck hauptsächlich auch auf den Fall ab, wenn das Material untergegangen ist, bevor auch nur ein Theilwerk vorliegt.

2. Ein analoger zweiter Fall, der übrigens auch beim sog. Werklieferungsvertrage nach Maßgabe des § 651 vorkommen kann (Hachenburg, Dienst- und Werkvertrag S. 82) ist der, daß die Gefährde entstanden ist in Folge einer von dem Besteller für die Ausführung ertheilten Anweisung. Für eigene Verkehrtheiten muß der Besteller auch selbst einstehen. Ob ihn dabei ein Verschulden im Rechtssinne trifft, ist für die Anwendung des § 645 Abs. 1 ohne Belang. Dies folgt schon aus Abs. 2.

3. Der dritte in den Bereich des § 645 gehörige Fall ist derjenige eingetretener Vertragsaufhebung nach § 643. Mit den ersteren beiden Fällen steht er eigentlich nur in losem äußeren Zusammenhange durch dessen ausdrückliche Erwähnung im Texte des § 645.

Anträge, welche darauf abgezielt hatten, in erheblicher Verallgemeinerung der Gesetzesstelle dem Besteller insbesondere auch die Gefahr des „Zufalls" oder „höherer Gewalt" allgemein oder wenigstens bei Bauten zu überbürden, sind nach P. II, 333 fg. abgelehnt worden.

Liegt nun einer der im Gesetz eigens aufgeführten Fälle vor, so treffen den Besteller die im § 645 vorgesehenen Verbindlichkeiten, aber auch diese nur dann, wenn nicht ein Umstand mitgewirkt hat, den wiederum der Unternehmer zu vertreten hat, mag er in seiner eigenen Person sich ereignet haben oder in der Person Dritter, für welche er einzustehen hat. Bei einer derartigen Konkurrenz schädigender Ursachen bleibt es eben einfach bei dem Grundsatze der Gefahrhaftung des Unternehmers. Läge freilich ein wirkliches Verschulden des Bestellers vor, so kann diesen nach dem klaren Beisatz in § 645 Abs. 2 auch diejenige verstärkte Haftung treffen, welche sich aus allgemeinen Rechtsnormen ergibt.

Dadurch kann er insbesondere auch schadensersatzpflichtig werden.

An jene Einschränkung des Anspruchs des Unternehmers knüpft sich von selbst die Frage, ob der Unternehmer auch gehalten ist, seinerseits den Stoff oder die „Anweisung" des Unternehmers sachgemäß zu prüfen und dem Besteller die etwa veranlaßten Beanstandungen zugehen zu lassen. Absichtlich ist darüber nichts bestimmt worden (M. II, 501 fg.). Eine spezielle derartige Prüfungs- und Anzeigepflicht kann daher auch nicht behauptet werden. Aber es ist denkbar, daß eine bezügliche Unterlassung schon nach allgemeinen Grundsätzen zu einem Verschulden, das der Unternehmer zu vertreten hat, zuzurechnen ist (M. II, 501).

II. Gestaltung der Unternehmeransprüche nach § 645 Abs. 1. Beim Vorhandensein eines den Unternehmer gemäß § 645 entlastenden Falles behält der Unternehmer (aus Billigkeitsrücksichten nach M. II, 500; s. aber auch P. II, 333) den Anspruch auf einen entsprechenden Theil der vertragsgemäßen Vergütung. Die Meinungsverschiedenheit, ob dieser Anspruch als ein Entschädigungsanspruch (Riezler, S. 147) oder gleichsam als Restbestandtheil des Vertragsanspruchs (Oertmann, S. 369) aufzufassen sei, ist praktisch ziemlich bedeutungslos. Das Maß des zu Beanspruchenden ist ja hinlänglich im Gesetze fixirt. Uebrigens spricht die Analogie des § 642 nur scheinbar für die erstere Meinung. Denn die Gesichtspunkte im § 645 einer- und im § 642 andererseits sind doch nicht die gleichen. Mehr läßt sich daher auch für die Oertmannsche Meinung sagen.

Ohne Zweifel kommt der Anspruch aus § 645 in Betracht sowohl dann, wenn das Werk:

a) bereits vollendet (aber noch nicht abgenommen) ist, soferne nicht etwa § 646 einschlägt, als auch, wenn es
b) erst in der Herstellung begriffen war.

Einige Schwierigkeiten kann nur im Einzelfalle die Frage bieten, was als „entsprechender Theil" der Vergütung zu betrachten ist? Im obigen Falle a ist zweifellos nur die volle vertragsmäßige Vergütung entsprechend. Im Falle b aber kommt nach Gesetzesvorschrift das Maß der schon geleisteten Arbeit als Berechnungsfaktor in Betracht (Oertmann gründet darauf wieder S. 368 eine Formel). Daneben kommen dann auch noch zu Gunsten des Unternehmers dessen etwaige Auslagen in Betracht, aber nur insoweit, als diese nicht schon nach Lage der Verhältnisse, insbesondere des Vertrags, in der Vergütung mit inbegriffen sind.

Die Bemessung komplizirt sich übrigens dann, wenn die Gefährde nicht das ganze Werk, sondern nur einen Theil betroffen hat, und die Leistung des Unternehmers dabei überhaupt theilbar ist. Hier kann eine weitere verhältnißmäßige Abgrenzung des Unternehmeranspruchs nothwendig werden.

Ist beim Eintritte der Schädigung die Vergütung schon ganz oder theilweise bezahlt, so greift eben die Rückerstattungsforderung nach den Grundsätzen über ungerechtfertigte Bereicherung insoweit Platz, als die schon bezahlte Vergütung den Anspruch aus § 645 übersteigt. So mit Recht Riezler, S. 147, welcher zutreffend hinweist auf den Fall einer unterbrochenen Theatervorstellung, woraus den Zuschauern ein Anspruch auf Rückgabe des Eintrittsgeldes erwachsen kann. Man muß übrigens sagen: „kann“. Denn es sind Fälle denkbar, wo eine solche Rückforderung gegen Treu und Glauben verstoßen würde. So z. B. wenn ein Unfall sich im Theater erst in der letzten Scene ereignen sollte.

III. Ob und was dem Unternehmer neuerdings zu vergüten ist, wenn er (vgl. Bem. III zu § 644) an die Wiederherstellung des Werkes geht, ist ebenfalls im Gesetze nicht förmlich entschieden. Eine feste allgemeine Regel wird sich auch hierüber nicht aufstellen, vielmehr nur sagen lassen, daß, wenn überhaupt der Unternehmer noch einen im § 645 begründeten Anspruch auf Entlohnung seiner aufgewendeten Zeit, Mühe und Arbeit hat, ein solcher Anspruch ihm zumeist auch in Bezug auf spätere weitere Arbeit &c. im Allgemeinen nicht wird abgesprochen werden können.

IV. Da es sich im § 645 um Ausnahmsfälle handelt, so hat der auf eine solche Ausnahme sich berufende Unternehmer auch deren Voraussetzungen zu beweisen. Dies gilt auch von denjenigen Thatsachen, auf welche er seine Schuldlosigkeit stützt. (So auch Oertmann, S. 369.)

§ 646.

Ist nach der Beschaffenheit des Werkes die Abnahme ausgeschlossen, so tritt in den Fällen der §§ 638, 641, 644, 645 an die Stelle der Abnahme die Vollendung des Werkes.

E. I, 579; II, 582; III, 636.

1. Zusatzbestimmung zu § 640. Sie ist insbesondere von Belang für die Verjährung nach § 638, für den Zeitpunkt der Fälligkeit der Vergütung nach § 641 und für denjenigen des Gefahrübergangs nach § 644.

2. Wegen der Grundlagen und des Anwendungsgebiets dieser Zusatzbestimmung vgl. die Erläuterungen bei § 640.

§ 647.

Der Unternehmer hat für seine Forderungen aus dem Vertrag ein Pfandrecht an den von ihm hergestellten oder ausgebesserten beweglichen Sachen des Bestellers, wenn sie bei der Herstellung oder zum Zwecke der Ausbesserung in seinen Besitz gelangt sind.

E. I, 547; II, 583; III, 637

Im Anschluß an gewisse Vorläufer in der älteren K.O. (§ 41 Nr. 6 — jetzt § 49 Nr. 2) sowie auch in den Landesgesetzgebungen (s. z. B. P.L.R. Thl. I Tit. 11 § 974) gibt § 649 dem Unternehmer (soll nach M. II, 494 gleichbedeutend sein mit „Künstler, Werkmeister, Handwerker, Arbeiter“) ein gesetzliches Pfandrecht an bestimmten Gegenständen des Werkvertrags.

Im Einzelnen gestaltet sich dieser Rechtsbehelf wie folgt:

1. Pfandberechtigter ist der Unternehmer eines Werkvertrags, d. h. derjenige, welcher selbst mit dem Besteller in einem als Werkvertrag sich darstellenden Vertragsverhältnisse steht — nicht also derjenige, welcher

a) nur in einem Untervertrage mit einem Werkunternehmer

oder

b) in einem Dienstvertrags- oder Lieferungsverhältnisse

sich befindet.

2. Objektiv macht sich das Pfandrecht geltend vor Allem nur an beweglichen Sachen (wegen gewisser unbeweglicher Sachen vgl. § 648). Es besteht aber auch nur an solchen beweglichen Sachen, welche in Folge des Werkvertrags von dem Unternehmer „hergestellt oder ausgebessert“ wurden. Auch „veränderte“ Sachen sind natürlich hieher zu rechnen; nicht aber Hülfsmaterialien, welche dem Unternehmer zur Verfügung gestellt worden sind. Weiter müssen die Sachen, welche dem Pfandrechte unterworfen

sein sollen, zu dem Werkzwecke, also nicht zufällig oder aus anderem Rechtsgrund in den Besitz des Unternehmers gelangt sein. Besitz steht hier im gesetzlichen Sinne. Ein bloßer Besitzdiener (§ 855) hat solchen nicht (z. B. ein sog. Störarbeiter), daher auch nicht das Pfandrecht des § 647. Dieses erstreckt sich endlich auch nur auf Sachen des Bestellers selbst, nicht aber auf solche, welche einem Dritten gehören und nur durch den Besteller, etwa in Folge einer Verwaltungsberechtigung, an den Unternehmer gelangt sind. (Vgl. zu diesem Punkte auch Bem. II, 6 zu § 651.)

3. Subjektiv erwirbt und hat derjenige das Pfandrecht, welchem eine aus dem Werkvertrag entstandene und in diesem dem Rechtsgrunde nach wurzelnde Forderung an den Besteller zusteht. Es gilt natürlich auch nur für diese Ansprüche, für sie aber in ihrem vollen Umfange, sei es für Arbeit, Auslagen oder sonst dergleichen. Mit Planck, II S. 386 sind auch Ansprüche aus § 642 hieher zu rechnen; ebenso auch solche aus § 645. Dagegen gehören namentlich Ansprüche gegen den Besteller aus einer gelegentlich konkurrirenden unerlaubten Handlung desselben nicht hieher (Oertmann, S. 370).

4. Der Rechtsbehelf des § 647 ist ein wirkliches gesetzliches Pfandrecht, welches nach B.G.B. § 1257 den Regeln über ein durch Rechtsgeschäft bestelltes Pfandrecht unterliegt. Es gilt dies insbesondere auch von dem Satze des B.G.B. § 1204 Abs. 2 über bedingte oder betagte Ansprüche.

5. Die Rechtsnormen über das Zurückbehaltungsrecht werden durch § 647 nicht ausgeschlossen.

6. Ueber konkursrechtliche Beziehungen s. K.O. n. F. § 49 Nr. 2, 3.

§ 648.

Der Unternehmer eines Bauwerkes oder eines einzelnen Theiles eines Bauwerkes kann für seine Forderungen aus dem Vertrage die Einräumung einer Sicherungshypothek an dem Baugrundstücke des Bestellers verlangen. Ist das Werk noch nicht vollendet, so kann er die Einräumung der Sicherungshypothek für einen der geleisteten Arbeit entsprechenden Theil der Vergütung und für die in der Vergütung nicht inbegriffenen Auslagen verlangen.

E. II, 583, III, 638.

I. Entstehung der Gesetzesstelle. Schon seit Jahren bildet einen Gegenstand lebhafter Bestrebungen, ja selbst Agitationen Seitens der Architekten, Bauunternehmer, Baulieferanten und Bauhandwerker die Sicherstellung ihrer Geldansprüche gegenüber den Baubestellern und namentlich auch im Verhältnisse zu den sog. Baukapitalisten, welche so oft im Hintergrunde stehen. Die diesbezüglichen Anforderungen an die Gesetzgebung sind bekanntlich in letzterer Zeit recht weit gegangen, nicht selten weiter, als man ihnen Berechtigung zugestehen kann, selbst wenn man anerkennen muß, daß gar manche Klagen begründet sind.

Im Ganzen und Großen bewegen sich jene Forderungen nach drei Richtungen. Sie begehren für die in den Bau verwendeten Werthe an Arbeit, Material, sonstigen Auslagen, Unternehmergewinn u. s. w.: Realsicherheit, dann gewisse Vorzugsrechte und zwar für eine sehr ausgedehnte Reihe von Personen. (P. II, 322 fg.)

Schon in älteren Landesgesetzen (s. z. B. § 12 Ziff. 9 des bayrischen Hyp.Ges. von 1822; P.L.R. Thl. I Tit. 11 § 971 fg.; code civil Art. 2103) war den Ansprüchen vorgedachter Art in der einen oder anderen Weise und Beschränkung eine sichernde Berücksichtigung zugewendet. Der E. I B.G.B. verhielt sich einfach stillschweigend ablehnend. Die II. Komm. griff die Frage auf und schuf den jetzigen § 648 (P. II, 321 fg.). Den Interessenten war dies nicht genug. Noch im Reichstage kam die Angelegenheit wiederum eingehend zur Sprache (R.T.K.Ber. S. 51 fg.; Sten.Ber. S. 98), ohne daß übrigens den weitergehenden Ansprüchen Rechnung getragen worden wäre.

II. Inhalt des § 648.

1. Dieser Paragraph steht im Titel über den Werkvertrag. Er bezieht sich also nur auf dessen Gebiet, schützt nur Ansprüche aus dem Werkvertrage, nicht aber andere Forderungen, mögen sie auch mit einem Werke, speziell einem Baue sonstwie im Zusammenhange stehen. Er bezieht sich also z. B. nicht auf einfache Lieferungskäufe. (Vgl. P. II, 327, wo auch bemerkt ist, daß es gleich sei, ob es sich um die Lieferung fertiger oder erst herzustellender Gegenstände handle. S. auch R.T.K.Ber. S. 52.)

Ueber die Nichtanwendbarkeit beim sog. Werklieferungsvertrage s. § 651 nebst Bem. II, 6.

2. Der Sicherungsanspruch steht nur dem Unternehmer zu, d. h. nur einem solchen, welcher zu dem Besteller (Bauherrn) selbst in Vertragsbeziehung steht, nicht also z. B. einem Unterakkordanten, der nur im Vertragsverhältnisse zum Hauptunternehmer sich befindet. (Vgl. R.T.K.Ber. S. 51 fg.)

Ob der Unternehmer ein solcher für das ganze Bauwerk ist, oder nur für einzelne Theile oder Arbeitsgebiete, z. B. nur für Dachbedeckung u. s. w., ob er ein Unternehmer größeren oder kleineren Stils ist (R.T.B. Sten.Ber. S. 100), begründet keinen Unterschied, wenn nur die direkte Beziehung zum Bauherrn gegeben ist, da es sich um eine Sicherungshypothek am Baugrundstücke handelt und nur an diesem handeln kann.

Es springt in die Augen, daß hier die schon auf S. 444 berührte äußere und innere Verschiedenheit der Verhältnisse beim Regie- und beim Akkord- oder Entreprisebau für die Ausdehnung des Vortheils nach § 648 von wesentlichem Belang ist.

3. Nur dem Unternehmer eines „Bauwerks" (oder eines größeren oder kleineren Theils desselben) steht der Sicherungsanspruch nach § 648 zu. Eine gesetzliche Feststellung dieses Begriffs liegt nicht vor. Er ist daher im landläufigen Sinne aufzufassen. Zu beachten ist aber, daß die Begriffe: „Bauwerk" und „Gebäude" nicht identisch sind. Unter Gebäuden pflegt man speziell solche Bauwerke zu verstehen, welche in Gestalt einer den Zutritt von Menschen gestattenden räumlichen Umfriedung zur Unterkunft bezw. Verwahrung von Menschen, Thieren und Sachen bestimmt sind. Typen sind: Wohngebäude, Stallgebäude, Speichergebäude. (Nähere Ausführung s. bei Wolff, Grenzüberbau S. 87 fg.) Der Begriff „Bauwerk" an sich und im Sinne von § 648 ist allgemeiner und beschränkt sich keineswegs bloß auf Gebäude. Er erstreckt sich z. B. auch auf Brücken, Bassins, Kanäle, Dämme, überhaupt sowohl auf Hoch- wie auf Tiefbauten.

Nicht erforderlich ist, daß gerade ein Neubau vorliegt. Auch Ausbesserungen und Umbauten (insbesondere auch sog. Auswechselungen) werden vom § 648 erfaßt. Ebenso ist es ohne Belang, ob die Konstruktion in Stein, Eisen, Holz oder sonstwie stattfindet.

Immer erforderlich ist dagegen, daß es sich um ein Bauwerk handelt, welches im Wege einer sog. Inaedifikation (B.G.B. § 946) mit einem Grundstücke verbunden wird oder ist. Denn § 648 bezeichnet ja ausdrücklich als Pfandobjekt das Baugrundstück. Man kann allerdings auch von beweglichen Bauwerken sprechen, wie z. B. in Ansehung von transportablen Holzhäusern, aufgestellten Buden u. dgl. Auf solche Werke findet aber nicht § 648, sondern unter Umständen § 647 Anwendung.

4. Als Pfandgegenstand kommt nach Gesetzesvorschrift nur dasjenige Baugrundstück in Betracht, welches dem Besteller selbst gehört, also nicht einem Dritten. Beispielsweise entfällt der Anspruch, wenn (nach Riezler, S. 156) der Miether am Hause des Vermiethers eine Reparatur vornehmen läßt. Auch folgt aus jener Wendung des Gesetzes, daß die Geltendmachung des Sicherungsanspruchs hinfällig ist, wenn sie erfolgt, nachdem der Besteller sein Grundstück schon veräußert hat. (Oertmann, S. 373. A. M. Riezler, S. 156.)

5. Eingeräumt wird kein gesetzliches Pfandrecht (wie nach § 647), auch kein gesetzlicher Hypothektitel in der Art, daß auf dessen Grund der Sicherungsberechtigte sich sofort eine Hypothek eintragen lassen könnte. Die Hypothek kann vielmehr nur eingetragen werden auf Grund der Bewilligung des Bestellers (Bauherrn) als Eigenthümers des Baugrundstücks, oder auf Grund eines ihn dazu verurtheilenden Urtheils. Weigert sich also der Bauherr dessen, so muß ihn eben der Sicherungsberechtigte erst darauf verklagen. Auf Grund einstweiliger Verfügung kann aber nach B.G.B. § 883 fg. und C.P.O. § 936 vorher auch schon eine Hypothekvormerkung eingeschrieben werden.

6. Eingeräumt wird vom B.G.B. auch nicht der Anspruch auf eine jetzt sog. Verkehrshypothek, sondern auf eine Sicherungshypothek im Sinne der §§ 1184 fg. B.G.B., deren Umfang sich also nach dem Maße der wirklich bestehenden Forderung bemißt. (In P. II, 328 ist ausdrücklich bemerkt, daß die Eintragung dieser Sicherungshypothek von dem Nachweis einer Gefährdung nicht abhängig sein solle. So auch Riezler, S. 155.)

7. Die Frage, für welche Art von Forderungen der Sicherungsanspruch geltend gemacht werden kann, liegt hier gerade so, wie bei dem desselben Ausdruckes sich bedienenden vorigen § 647. Vgl. die dortige Bem. 3.

8. Der Rang des eingetragenen Anspruchs richtet sich einfach nach der Zeit des Eintrags oder der Vormerkung.

9. Daß das Werk schon vollendet ist, wird für den Sicherungseintrag nicht verlangt. Der Sicherungszweck gebietet gar oft schon einen früheren Eintrag. Dieser ist verstattet, aber natürlich vorerst nur für einen der geleisteten Arbeit entsprechenden Theil der Vergütung und für die in der Vergütung nicht inbegriffenen Auslagen. Für

die auf § 648 sich gründende Eintragung ist aber jedenfalls so viel zu verlangen, daß die Werkleistung schon begonnen hat. Dies folgt von selbst aus Satz 2 § 648 (Hachenburg, Dienst- und Werkvertrag S. 85).

10. Weitergehende Sicherungsansprüche können ja selbstverständlich im Wege freiwilliger Einräumung zwischen den Betheiligten geschaffen werden. Sie können aber niemals den im Grundbuche schon eingetragenen Rechten Dritter präjudiziren, also insbesondere nicht zu deren Nachtheile Vorrechte schaffen, welche an sich nicht begründet sind.

11. Bei der dispositiven Natur des § 648 können die durch denselben gewährten Sicherungsansprüche natürlich auch durch Vertrag ausgeschlossen werden.

III. Für die Uebergangszeit, ehevor das Grundbuch als angelegt erklärt ist, entsteht die Frage, wie es in dieser Zwischenperiode mit dem § 648, welcher sichtlich auf die Einrichtung der Sicherheitshypothek im Sinne des B.G.B. zugeschnitten ist, zu halten sei. Hiefür wird auch der Inhalt der Landesgesetzgebung von Belang und zwar sowohl der älteren Gesetze, wie der sog. Uebergangsbestimmungen.

Speziell in Bayern ist die Frage geregelt durch Art. 50 des Uebergangsgesetzes vom 9. Juli 1899. Darnach bemessen sich bis zur Erklärung der Anlage des Grundbuchs Voraussetzungen und Umfang des Sicherungsanspruchs nach B.G.B. § 648. Dieser Anspruch gilt und wirkt aber als gesetzlicher Hypothektitel im Sinne des § 12 des alten bayrischen Hyp. Ges. von 1822. (Vgl. auch Henle-Schneider, Bayrisches A.G. S. 490.)

§ 649.

Der Besteller kann bis zur Vollendung des Werkes jederzeit den Vertrag kündigen. Kündigt der Besteller, so ist der Unternehmer berechtigt, die vereinbarte Vergütung zu verlangen; er muß sich jedoch dasjenige anrechnen lassen, was er in Folge der Aufhebung des Vertrags an Aufwendungen erspart oder durch anderweitige Verwendung seiner Arbeitskraft erwirbt oder zu erwerben böswillig unterläßt.

E. I, 578; II, 584; III, 639.

In den §§ 649, 650 behandelt das B.G.B. Fälle der Beendigung des Werkvertrags. Selbstverständlich kommen auch bei diesem

I. die allgemeinen Endigungsgründe für Schuldverhältnisse in Betracht. Dazu gehört (abgesehen von derjenigen Beendigung des Vertragsverhältnisses, welche durch beiderseitige volle Vertragserfüllung sich ergibt) vor Allem die Vertragsaufhebung durch gegenseitiges Uebereinkommen. Weiter ist beispielsweise zu erwähnen die Einwirkung eintretender Unmöglichkeit der Leistung (§ 323 fg.). Eine solche kann sich namentlich auch ergeben durch Tod des Unternehmers. Dieses Ereigniß hebt zwar den Werkvertrag nicht schlechthin in allen Fällen auf, aber es führt zur Unmöglichkeit der Leistung dann, wenn diese bei einem Werkvertrag unübertragbar an die Person des Unternehmers gebunden war. (M. II, 304 fg.) Dem Tode des Unternehmers steht es auch gleich, wenn dieser dauernd unfähig zum Werke wird (M. II, 305; vgl. auch oben S. 461).

Ueber die Frage für den Fall, daß der Werkvertrag eine Geschäftsbesorgung zum Gegenstande hat, vgl. B.G.B. § 675. Dort ist insbesondere auch auf den § 673 rückverwiesen, welcher die Auslegungsregel aufstellt, daß im Zweifel mit dem Tode des Beauftragten (hier Unternehmers) das Vertragsverhältniß erlischt, dabei aber doch dessen Erben bestimmte Pflichten auferlegt. Der Tod (oder die eintretende Geschäftsunfähigkeit) des Bestellers endigt den Werkvertrag in der Regel nicht, soweit nicht eine anderweitige Vereinbarung besteht. Riezler, S. 158, nimmt aber Beendigung durch den Tod des Bestellers an, „wenn das Werk gerade nur zum ausschließlichen persönlichen Gebrauche des Bestellers bestimmt war, ferner auch dann, wenn zur Herstellung des Werkes mit eine persönliche Handlung des Bestellers erforderlich war und noch ausstand“. Zweifelfrei sind diese Aufstellungen aber nicht.

Den allgemeinen Vertragsaufhebungsgründen stellt nun § 649 für den Werkvertrag noch

II. einen besonderen Aufhebungsgrund zur Seite, womit dem Besteller eine unter Umständen etwas weitgehende Befugniß eingeräumt ist.

1. Der Besteller kann nämlich bis zur Vollendung des Werkes, aber nicht bis zur Abnahme, zu welcher er mit der Vollendung verpflichtet wird, jederzeit den Vertrag kündigen. Die Gewährung eines solchen freien Rücktrittsrechtes beruht nach M. II, 302 fg. auf der Erwägung, daß der Unternehmer an sich kein Recht auf die im Interesse des Bestellers liegende Ausführung selbst habe, und auch den Rücksichten auf etwaige Veränderungen der Verhältnisse in der Person des Bestellers Rechnung getragen werden müsse. Natürlich bezieht sich jenes Kündigungsrecht nur auf Werkverträge, nicht auch auf Lieferungskäufe. Auch gilt der § 649 wortdeutlich nur für den Besteller. Mit dessen Kündigung erlischt der Vertrag für die Zukunft, für die Vergangenheit aber behält er seine Geltung. Es beendigt sich daher des Unternehmers Verpflichtung, das Werk fernerhin zu bearbeiten und fertigzustellen. Pfandrechte und Bürgschaften für diese vorherige Verpflichtung erlöschen. (Planck, II S. 388; Hypotheken s. § 1163.) Dagegen hat der Besteller dem Unternehmer die ihm zugesicherte Vergütung zu bezahlen, selbst wenn Letzterer noch nichts geleistet oder nur eine Theilleistung gemacht hat. Nur muß sich der Unternehmer dasjenige anrechnen lassen, was er in Folge Aufhebung des Vertrags an Aufwendungen erspart oder durch anderweitige Verwendung seiner Arbeitskraft erwirbt, also thatsächlich erwirbt, oder zu erwerben böswillig unterläßt. Diese Klausel entspricht der analogen in § 615 (Dienstvertrag). Vgl. daher auch die dortigen Bem.

2. Der Begriff der Kündigung ist hier der gleiche, wie an den anderen denselben enthaltenden Stellen des Gesetzbuchs. In ihr liegt eine einseitige, empfangsbedürftige Willenserklärung im Sinne der §§ 130 fg. B.G.B. Eine besondere Formvorschrift besteht dafür nicht.

3. Auch die Vorschriften des § 649 sind dispositiver Natur.

4. Ueber den Fall der Kündigung des Werkvertrags durch einen Dritten, nämlich den Ehemann einer Frau, vgl. B.G.B. § 1358.

§ 650.

Ist dem Vertrag ein Kostenanschlag zu Grunde gelegt worden, ohne daß der Unternehmer die Gewähr für die Richtigkeit des Anschlags übernommen hat, und ergiebt sich, daß das Werk nicht ohne eine wesentliche Ueberschreitung des Anschlags ausführbar ist, so steht dem Unternehmer, wenn der Besteller den Vertrag aus diesem Grunde kündigt, nur der im § 645 Abs. 1 bestimmte Anspruch zu.

Ist eine solche Ueberschreitung des Anschlags zu erwarten, so hat der Unternehmer dem Besteller unverzüglich Anzeige zu machen.

E. II, 585; P. II, 640.

1. Allgemeines. Eine Besonderheit sieht noch der § 650 vor für den Fall einer Kündigung (vgl. § 649) Seitens des Bestellers wegen Ueberschreitung eines Kostenvoranschlags. Diese Kostenvoranschläge sind, namentlich bei Bauten, eine vielfach bedenkliche Sache, weil sie gemeinhin mehr oder minder überschritten werden. Juristisch betrachtet sind sie doppelter Natur, was als wesentlich von vorneherein beachtet werden muß. Sie können lediglich ein Gutachten darstellen, welches der Unternehmer über den Kostenpunkt dem Besteller (Bauherrn rc.) vorlegt. In diesem Falle kann, wenn nicht eigens etwas anderes beim Geschäftsabschlusse vereinbart wurde, der Unternehmer den wirklichen Kostenbetrag fordern, wenn er auch den Voranschlag übersteigt, aber auch nur den wirklichen Kostenbetrag, wenn er unter dem Anschlage bleibt. Ein anderer Fall ist der, daß der Kostenvoranschlag eine fixe unüberschreitbare Grundlage des Vertragsverhältnisses bildet, wobei der Unternehmer die Gewähr für die Richtigkeit des Anschlags übernimmt. Wird hiebei — ohne daß die Schuld am Besteller liegt — der Anschlag überschritten, so kann gleichwohl der Unternehmer nur die Anschlagssumme fordern. Darum handelt auch obiger § 650 von diesem Falle nicht, nimmt ihn sogar eigens aus und beschränkt seine Satzung auf den Fall, daß eine Gewähr vorgedachter Art nicht vorliegt. Ergibt sich in diesem Fall eine wesentliche Ueberschreitung des Anschlags, so kann der Besteller kündigen. Das ist an sich nichts Besonderes, entspricht vielmehr schon der Regel des § 649. Die Besonderheit liegt aber darin, daß bei Kündigung aus diesem Grunde dem Unternehmer nur ein beschränkter Anspruch gegen den Besteller zusteht, nämlich nicht auf die ganze vertragsmäßige Vergütung, sondern nur auf einen der geleisteten Arbeit entsprechen-

den Theil derselben nebst Ersatz der in der Vergütung nicht inbegriffenen Auslagen. Das Gesetz legt dabei auch dem Unternehmer die Rechtspflicht auf, dem Besteller unverzüglich (das heißt ohne schuldhaftes Zögern, § 121) Anzeige zu erstatten, wenn eine solche Ueberschreitung des Anschlags zu erwarten ist.

2. Im Einzelnen sei noch Folgendes bemerkt:

a) Ohne Belang für die Handhabung der Vorschrift ist es, wer den Kostenvoranschlag gefertigt hat und ob er bei dem Vertragsabschluß eigens vorgelegt war (Planck, II S. 389).

b) Was als „wesentliche Ueberschreitung" zu betrachten ist, bemißt sich nach den thatsächlichen Verhältnissen. Eine feste Gesetzesvorschrift besteht dafür nicht.

c) Daß die Kündigung gerade aus dem Grunde der Kostenüberschreitung erfolgt ist, hat der Besteller, wenn er den § 650 (und nicht bloß die allgemeine Vorschrift des § 649) anruft, auch zu beweisen.

d) Für die Anwendbarkeit des § 650 wird nicht erfordert, daß bereits eine Ueberschreitung des Kostenvoranschlags eingetreten ist. Es genügt, wenn ihre Nothwendigkeit zur Ausführung des Werkes, wie es vorgesehen ist, schon feststeht.

e) Aus welchem Anlasse die Ueberschreitung sich ergibt, ist gleichgültig. § 650 setzt kein Verschulden des Unternehmers voraus. Die Gesetzesstelle kann auch bei durch zufällige Verhältnisse sich ergebender Ueberschreitung (z. B. in Folge von Steigen der Materialpreise oder der Arbeitslöhne) angewendet werden. Trifft den Unternehmer aber ein Verschulden, so wird er nach Maßgabe der allgemeinen Vorschriften (§§ 276 fg.) schadensersatzpflichtig.

f) Die Unterlassung der im Abs. 2 vorgeschriebenen unverzüglichen (§ 121) Anzeige macht den Unternehmer ersatzpflichtig für denjenigen Schaden, der dem Besteller durch die Unterlassung oder Verzögerung insoferne zugeht, als er dadurch nicht in die Lage kam, seine Interessen durch Kündigung zu wahren (Planck, II S. 389).

§ 651.

Verpflichtet sich der Unternehmer, das Werk aus einem von ihm zu beschaffenden Stoffe herzustellen, so hat er dem Besteller die hergestellte Sache zu übergeben und das Eigenthum an der Sache zu verschaffen. Auf einen solchen Vertrag finden die Vorschriften über den Kauf Anwendung; ist eine nicht vertretbare Sache herzustellen, so treten an die Stelle des § 433, des § 446 Abs. 1 Satz 1 und der §§ 447, 459, 460, 462 bis 464, 477 bis 479 die Vorschriften über den Werkvertrag mit Ausnahme der §§ 647, 648.

Verpflichtet sich der Unternehmer nur zur Beschaffung von Zuthaten oder sonstigen Nebensachen, so finden ausschließlich die Vorschriften über den Werkvertrag Anwendung.

E. I, 568; II, 586; III, 641.

§ 651 behandelt den sog. Werklieferungsvertrag, bei welchem es sich um die Herstellung eines Werkes aus einem Stoffe handelt, den in der Hauptsache der Unternehmer selbst hergibt oder selbst beschafft. Die rechtliche Konstruktion dieses Rechtsverhältnisses ist von bestimmender Wichtigkeit für das Gesammtgebiet der in Betracht kommenden verschiedenen Beziehungen und insbesondere auch für die begriffliche Abgrenzung gegenüber dem Kaufvertrage.

I. Rückblicke. Nach herrschender Meinung hat schon das römische Recht Vertragsverhältnisse der hier in Frage stehenden Art nicht unter dem Gesichtspunkt einer locatio conductio operis, sondern unter dem eines Kaufs behandelt (Oertmann, S. 374; eingehend Riezler, S. 55 fg.; auch Emmerich, Kauf- und Werklieferungsvertrag nach dem B.G.B. S. 13 fg.). Diesem Standpunkte war auch das sächsische G.B. § 1244 gefolgt. Das P.L.R. Thl. I Tit. 11 §§ 925 fg., 956 fg., 973 fg. schließt dagegen den Begriff des Werkvertrags nicht deßwegen aus, weil der Unternehmer den Stoff selbst zu beschaffen habe. Die Stellung des code civil Art. 1711 u. 1787 ist unklar und war bisher bestritten. Näheres s. über das ältere Recht in M. II S. 474 fg.

E. I § 568 hatte sich ohne weitere Unterscheidungen — soferne nur nichts anderes zwischen den Parteien vereinbart war — für die Anwendung der für den Kaufvertrag geltenden Vorschriften entschieden. (M. II, 475 fg.) In der II. Komm. wurde diese allgemeine Uebertragung der Kaufsregeln beanstandet und in Anknüpfung an Art. 338 H.G.B. ä. F. jene Unterscheidung beschlossen, welche der jetzige aus diesen Berathungen hervorgegangene § 651 erkennen läßt (P. II, 337 fg.).

II. Die Vorschrift des B.G.B.

1. Der § 651 läßt von vorneherein außer Betracht sowohl den reinen Kaufvertrag (vgl. S. 442), als auch den reinen Werkvertrag, also in letzterer Hinsicht den Grundfall, daß der Besteller denjenigen Stoff beschafft, aus welchem das Werk hergestellt werden soll. (M. II, 476 fg.)

Wohl aber faßt er ins Auge den anderen Fall, daß der Unternehmer den Stoff, woraus das Werk hergestellt werden soll, selbst zu liefern hat. Dieser Fall wird im § 651 mit besonderen positiven Gesetzesbestimmungen bedacht. Gegenüber diesen letzteren, welche für die Gesetzesanwendung genau genug die Wege vorzeichnen, ist es eben deßhalb von minderer Bedeutung, zu ergründen und zu erörtern, wie die in jenem Gebiete praktisch zu Tage tretenden Lebenserscheinungen theoretisch zu „konstruiren" oder, richtiger bezeichnet, nach Schulbegriffen zu klassifiziren seien. Wichtiger ist, daß die neuere Rechtslehre diese ganze (Oertmann, S. 375) Gruppe von Vertragsverhältnissen unter dem einheitlichen Begriff und Namen des „Werklieferungsvertrags" zusammenfaßt (Emmerich a. a. O. S. 8).

Ueber den Fall, daß zwar dem Unternehmer der Stoff geliefert, jedoch ihm gestattet wird, denselben durch einen anderen zu ersetzen, s. M. II, 477, sowie Planck, II S. 390. Solche Fälle kommen namentlich bei industriellen sog. Heimarbeitern vor.

Die Frage endlich, wer den Stoff zu liefern habe, wenn nichts darüber vereinbart oder als vereinbart anzusehen ist (M. II, 478), kann nur nach den Umständen des Einzelfalles beurtheilt werden.

2. Auch die hieher gehörigen Vertragserscheinungen stehen nach dem B.G.B. unter dem Hauptbegriffe Werkvertrag in dem diesen letzteren behandelnden Gesetzestitel. Im § 651 sind nur unter bestimmten Voraussetzungen verschiedene andere Normen, nämlich solche vom Kaufe für anwendbar erklärt und zwar in Würdigung des Umstandes, daß jene Rechtsverhältnisse das Begriffsgebiet des Kaufes mindestens nahe berühren. Gleichwohl deutet das Gesetz auf den Charakter als einer Nebenart vom Werkvertrage verständlich auch schon dadurch hin, daß § 651 für das ganze Gebiet desselben im Einklange mit § 631 auf Seite des Unternehmers die Vertragspflicht annimmt, das Werk herzustellen, also — was charakteristisch beim Werkvertrag ist — einen gewissen Erfolg durch eine bestimmte Arbeits- und Schaffensthätigkeit zu erzielen.

Ist eine solche Herstellung nicht oder nicht mehr Vertragsgegenstand, so wird bei Verträgen auf entgeltliche Beschaffung bestimmter Sachen in der Regel von vorneherein ein reiner Kaufvertrag anzunehmen sein, welcher für den § 651 überhaupt nicht in Frage kommt. Als Beispiel diene der Fall, wenn sich Jemand aus einem Vorrathslager einer Fabrik einen Posten bereits hergestellter Waare bestellt. Hier ist die Arbeit schon geleistet oder sie wird wenigstens nicht geleistet in Rücksicht auf den einzelnen Bestellfall, sondern zur Assortirung eines stets verfügbaren Lagers, welches hienach aber als ein gewöhnliches Verkaufslager sich darstellt.

Gehört zur „Herstellung" des Werks auch eine Mitwirkung des Bestellers selbst, so sind folgerichtig auch in den Fällen des § 651 die auf jenes Verhältniß bezüglichen Normen der §§ 642, 643, 645 B.G.B. anwendbar. (So auch Planck, II S. 391; Oertmann, S. 376.)

3. Auf die nahe Verwandtschaft mit dem Kaufe deutet für den Gesammtbereich des § 651 schon im Eingange desselben hin die dem Unternehmer auferlegte Verpflichtung, dem Besteller das Eigenthum an der herzustellenden Sache zu verschaffen. Dies erinnert an die analoge Bestimmung, welche § 433 für den Kauf enthält. Ueber deren Tragweite vgl. die dortigen Bem.

4. Das Gesammtgebiet des § 651 Abs. 1 (vorerst ohne die noch zu berührende Unterscheidung) erfährt in Ansehung der Frage, was als zu liefernder Stoff anzusehen sei, eine für manche Fälle recht erhebliche Begrenzung durch den zweiten Absatz des Paragraphen. (M. II, 476.) Danach kommen bei Beurtheilung jenes Verhältnisses „bloße Zuthaten und sonstige Nebensachen" außer Betracht. Es ändert deren Beschaffung und Beigabe durch den Unternehmer nichts an der sonst veranlaßten Behandlung des Rechtsverhältnisses. Was als bloße „Zuthat" oder „Nebensache" zu betrachten ist, muß nach den Umständen des Einzelfalles bemessen werden. Gemeinhin wird es sich dabei

sehr um das sachliche Verhältniß der einzelnen Stoffe zu einander (Riezler, S. 63) handeln. Auch das Werthsverhältniß derselben kann in Betracht kommen. Der Inhalt der §§ 93 fg., 97 fg. B.G.B. mag auch hieher Anhaltspunkte bieten. Rechtlich unbedingt maßgebend ist er aber für den § 651 nicht. Zutreffend bemerkt Oertmann, S. 375, daß es sich bei bloßen Reparaturen in der Regel auch nur um „Zuthaten" handeln kann. Bei „Bauwerken" (vgl. Bem. bei § 648) ist als „Hauptstoff" im Rechtssinne schon vom Standpunkte des § 946 B.G.B. aus gewöhnlich das Baugrundstück zu betrachten, welches dem Besteller gehört. Letzteres vorausgesetzt, ist daher stets Werkvertrag anzunehmen (M. II, 476; P. II, 342). Ein Werklieferungsvertrag könnte aber in dem seltenen Fall in Frage kommen, wenn Jemand einen Bau in Auftrag gibt, welchen der Unternehmer auf einem ihm selbst gehörigen Grundstücke herzustellen und sammt letzterem dem Besteller zu Eigenthum zu liefern hätte. Fehlt letzteres Erforderniß, so kann Werkvertrag oder auch (z. B. bei Herstellung einer vorübergehend benützten Schaubude) bloße Sachmiethe vorliegen (Planck, II S. 391).

Ebenfalls zutreffend führt Oertmann, S. 375 aus, daß das Verhältniß von „Zuthat" und „Nebensache" nicht bloß bei Verträgen auf ein materielles Werk, sondern auch bei solchen auf ein immaterielles in Frage kommen kann. Beispiele gibt Oertmann a. a. O. Darunter sind aber auch solche, welche gar nicht dem Gebiete des Werkvertrags, sondern dem des Dienstvertrags zugehören.

Hat — im umgekehrten Verhältnisse von § 561 Abs. 2 — der Besteller nur Zuthaten oder Nebensachen zu liefern, so ändert dies folgerichtig auch nichts an der Anwendbarkeit des § 561 Abs. 1. Findet auf beiden Seiten Lieferung von Stoff statt, ohne daß die eine oder andere nur nebensächlich wäre, so ist anzunehmen, daß es bei der als Regel sich darstellenden Annahme eines Werkvertrags verbleibt (Planck, II S. 390).

5. Für den Werklieferungsvertrag im vorstehend bezeichneten, durch § 651 umgrenzten Sinne legt letzterer den Grundsatz fest, daß hierauf die Vorschriften über den Kauf (d. h. meist über den sog. Gattungskauf) in Anwendung zu bringen seien.

Dieser Grundsatz gilt jedoch nicht in allen Fällen uneingeschränkt. Die Gesetzesstelle unterscheidet, je nachdem:

a) eine vertretbare Sache

oder

b) eine unvertretbare Sache

herzustellen ist, also den Gegenstand des Werklieferungsvertrags bildet.

Im Falle a bleibt jener Grundsatz ohne Modifikation verwendbar.

Im Falle b dagegen kommen an Stelle verschiedener im § 651 genau bezeichneter, vom Kaufe handelnder Gesetzesstellen wiederum die Normen über den Werkvertrag mit einer eigens beigefügten Ausnahme zur Anwendung. Hiedurch wird das eigentliche Verbindungsglied, die dogmatische Uebergangsnorm zwischen den Kaufsnormen und den Bestimmungen für den eigentlichen Werkvertrag geschaffen. Zu beachten ist dabei, daß die Anführung bestimmter Paragraphen über den Kauf hier nicht etwa bloß beispielgebender, sondern abschließender Natur ist.

6. Unter den für die fraglichen Fälle des Werklieferungsvertrags nicht anwendbaren Kaufsparagraphen ist vor Allem der § 433 erwähnt. An seine Stelle tritt namentlich der erste Satz des § 651 selbst, sowie der § 631, dann die §§ 640, 641; auch der § 642 gehört hieher. Von den übrigen bezeichneten Kaufsnormen, an deren Stelle die korrespondirenden Vorschriften über den Werkvertrag treten, behandeln:

a) § 446 Abs. 1 Satz 1, dann § 447 den sog. Gefahrübergang;

b) §§ 459, 460 die Grundsätze über Mängelhaftung;

c) §§ 462—464 einige Grundbestimmungen über Wandelung und Minderung;

d) §§ 477—479 die beim Kaufe speziell geltenden Verjährungsnormen für die Mängelhaftung.

§ 461 ist hieher ohnehin gegenstandslos. Wenn in den Schlußworten des § 651 Abs. 1 von den Werkvertragsnormen wiederum ausgenommen sind die §§ 647, 648 über Pfandrecht und Sicherungshypothek, so liegt der Grund hiefür klar zu Tage. Sie passen eben nicht auf den im § 651 unterstellten und allein geregelten Fall, daß der Unternehmer den Hauptstoff (s. oben Nr. II, 4) liefert und dieser natürlich auch bis zur Uebergabe ihm gehört, während die §§ 647, 648 doch nur auf Gegenstände von Wirkung sein können, welche eben nicht dem Unternehmer (in der Regel dem Besteller) gehören.

7. Daß die Bestimmungen des § 651 dispositiver Natur sind, ist zweifellos. Daß der oben S. 470 erwähnte Vorbehalt in E. I, 568 schließlich wegblieb, hat keine dem entgegenstehende Bedeutung. (Planck, II S. 390.)

Ueber einen besonderen Fall, in welchem statt der Kaufsnormen nothwendig von selbst die Werkvertragsnormen treten müssen, s. Oertmann, S. 376 (nach M. II, 476 und Entsch. d. R.G. Bd. 13 Nr. 49).

Achter Titel.

Mäklervertrag.

(Erläutert von Dr. J. v. Staudinger.)

Einleitung.

1. Im bisherigen Rechte war der jetzt sog. Mäklervertrag nur in verkümmerter Gestalt und Ausdehnung behandelt. Schon im römischen Rechte spielte der proxeneta und das proxeneticum nur eine nichts weniger als begünstigte Rolle. Verschiedene neuere Partikularrechte, wie z. B. das P.L.R. und der code civil, hatten, von den Handelsmäklern abgesehen, dem Mäklerwesen überhaupt keine besonderen Bestimmungen gewidmet. Auch das B.L.R. (Thl. IV cap. IX § 16 Nr. 2) begnügte sich mit der Bezeichnung des entlohnten „Unterhändlers" als „locator operarum". Einen festen Ansatz zu näherer Regelung der bezüglichen Rechtsverhältnisse lieferte erst das ältere sog. allgemeine deutsche H.G.B. in seinen, von den amtlich bestellten Handelsmäklern handelnden Art. 66 fg., welche sich aber nur auf das Gebiet der Handelsgeschäfte bezogen. Immerhin haben dieselben vielfach auch für andere Mäklerverhältnisse als Anhaltspunkte bei Beurtheilung der Rechtsverhältnisse gedient. (Vgl. M. II, 509 fg.)

2. Im B.G.B. ist dem Mäklervertrag ein eigener Titel gewidmet und damit dieser Vertrag als ein eigenes Rechtsverhältniß charakterisirt. Er ist insbesondere sowohl vom Dienst-, wie vom Werkvertrage losgeschält. Von der besonderen Vertragsform des B.G.B., welche unter der Marke: „Auftrag" steht, weicht der Mäklervertrag, von anderen Punkten abgesehen, schon durch seine Entgeltlichkeit ab.

3. Im allgemeinsten Sinne bezieht sich der gesetzliche Begriff: „Mäkler" (im Volksmunde vielfach als Unterhändler, Schmuser u. dgl. bezeichnet) auf die Vermittlung von Rechtsgeschäften. Eine solche Thätigkeit kann gewerbsmäßig sein oder auch in nicht gewerbsmäßiger Gestaltung vorkommen. Im ersteren Falle kommen vor Allem die auf dem Gebiete des öffentlichen Rechtes liegenden Bestimmungen der Gew.O. in Betracht, welche in diesem Punkte durch das B.G.B. und das E.G. dazu nicht berührt sind. Zu vgl. sind deßfalls namentlich die Vorschriften der §§ 35, 72 Gew.O. (s. Landmann, Komm. z. Gew.O. 3. Aufl. Bd. 1 S. 122, 611). Dieselben beziehen sich besonders auf gewerbsmäßige Vermittlung von Immobiliarverträgen, Darlehen, Dienstverträgen, Heirathen. Auch auf landesrechtlicher Grundlage können für gewerbsmäßige Geschäftsvermittler polizeiliche Reglementirungen einschlägig werden, wie sich z. B. aus Art. 146 Abs. 4 bayrischen P.St.G.B. (nach Gesetz vom 12. Mai 1898) bezüglich der jetzt sog. Viehschaffner (in München früher Kälberpraxer geheißen) ergibt.

Ueber civilrechtliche Verhältnisse enthält das B.G.B. in den §§ 652—656 einige (s. nachher Nr. 4 fg.) Bestimmungen. Hinsichtlich derselben ist von vorneherein zu betonen, daß sie sich sowohl auf gewerbsmäßige, wie auf nicht gewerbsmäßige Verrichtung von Mäklerdiensten beziehen. Sie kommen aber außer Betracht, soweit das bezügliche Rechtsgebiet von den einschlägigen Normen des neuen H.G.B. beherrscht wird. Dieses letztere Gesetzbuch enthält nämlich in den §§ 93 fg. wiederum eigene Vorschriften über die Handelsmäkler, d. h. für Solche, welche gewerbsmäßig für andere Personen, ohne von ihnen auf Grund eines Vertragsverhältnisses ständig damit betraut zu sein, die Vermittlung von Verträgen über Anschaffung oder Veräußerung von Waaren oder Werthpapieren oder Versicherungen, Güterbeförderung, Bodmerei, Schiffsmiethe oder sonstige Gegenstände des Handelsverkehrs übernehmen.

Wiederum verschieden davon sind nach neuem Handelsrechte die sog. Handelsagenten, deren Rechtsverhältnisse nunmehr in den §§ 84 fg. H.G.B. geregelt sind. Handelsagent ist nach § 84 H.G.B. derjenige, welcher, ohne als Handlungsgehülfe angestellt zu sein, ständig damit betraut ist, für das Handelsgewerbe eines Anderen Geschäfte zu vermitteln oder im Namen des Anderen abzuschließen. In der ständigen Betrauung gegenüber einer bestimmten Firma liegt das unterscheidende Kriterium vom Mäklerverhältnisse. Der Mäkler erhält einzelne Aufträge dieser oder jener Art von Fall zu Fall von der einen oder anderen Firma (Gareis, H.G.B. S. 10, 97).

Die nach dem älteren H.G.B. vorgesehene amtliche Bestellung von Handelsmäklern (Wechsel- und Waarensensalen) ist nach dem neuen H.G.B. in Wegfall gekommen (Gareis, H.G.B. S. 10, 97). Nur nach dem Börsengesetze vom 22. Juni 1896 haben noch die sog.

Kursmäkler bestimmte amtliche Funktionen. Im Uebrigen sind auch diese sog. Kursmäkler Privatvermittler (Gareis, H.G.B. S. 97). Eine gewisse öffentliche (generelle) Autorisation kommt endlich noch vor für die Fälle bestimmter öffentlicher Versteigerungen. Vgl. z. B. §§ 383, 489 B.G.B. Diese Autorisation liegt durchaus nicht schon im Betriebe einer Mäklerthätigkeit im Allgemeinen und wird im Besonderen auch nicht ersetzt durch die Thatsache, daß Jemand früherhin einmal Sensal oder ein sonstiger amtlich bestellter Mäkler war. Bringt man nun alle diejenigen Personen und Funktionen in Abrechnung, welche nach Obigem gemäß der gesetzlichen Bestimmungen dem Gebiete des Handelsrechtes anheimfallen, so bleiben für den Bereich der §§ 652 fg. außer denjenigen, welche zwar eine Unterhändlerthätigkeit übernehmen, aber nicht eigentlich gewerbsmäßig derartige Geschäfte betreiben, von gewerbsmäßigen Betrieben insbesondere noch beispielsweise übrig die Mäkler für Veräußerung von Grundstücken, für hypothekarische Belehnungen und Aehnliches, für Dienstverträge, für Eheschließungen. In verschiedenen dieser Geschäftsbereiche spielt die Unterhändlerthätigkeit eine große und nicht immer gleichgültige Rolle. Es gibt Orte und Rechtsgeschäfte, wo und wofür die Interessenten ohne Unterhändler (Mäkler) kaum durchkommen. So z. B. bei Kauf und Tausch von Grundstücken. In gewerbepolizeilicher Hinsicht bestehen darum auch gewisse Beschränkungsmöglichkeiten nach § 35 der Gew.O.

Sog. Unterhändlerprozesse waren seither schon ziemlich häufig. Gestritten wurde dabei bisher meist über die Höhe des Mäklerlohnes, aber auch darüber, unter welchen Voraussetzungen überhaupt ein Mäklerlohn gefordert werden kann, wie zur Begründung eines bezüglichen Anspruchs die Mäklerthätigkeit überhaupt beschaffen gewesen, wie weit sie gegangen sein muß. Es ist zu begrüßen, daß durch das B.G.B. hiefür nun wenigstens einige feste Normen geschaffen wurden.

4. Diese Normen sind freilich nicht vollerschöpfend (M. II, 510) sondern behandeln nur die begrifflichen Grundlagen und einige Sondervorschriften. Andere Fragen, wie z. B. vom Einflusse des Todes eines der Vertragstheile, von der Wirkung einer eingetretenen Unmöglichkeit der Leistung u. dgl., sind für den Mäklervertrag nicht eigens geregelt. Die Beurtheilung derselben muß daher, soferne auch keine Vertragsbestimmungen dabei eingreifen, auf die allgemeinen Vorschriften des Gesetzbuchs über Verträge (und zwar zweiseitige: s. Nr. 6) zurückgehen. Auch reichsrechtliche Spezialgesetze (wie z. B. Börsengesetz vom 22. Juni 1896 §§ 29 fg.; Gew.O. § 35), dann theilweise (wie z. B. hinsichtlich der Gesindemäkler gemäß E.G. z. B.G.B. Art. 95) landesrechtliche Vorschriften können in Betracht kommen.

Wird es nothwendig, prinzipielle Gesichtspunkte aus verwandten Vertragsgebieten herzuholen, so ist das Nächstliegende, auf welches das Auge sich zu richten hat, der Werkvertrag. So z. B. in Ansehung der Frage der Kündigungsbefugniß, welche gewiß beiden Theilen zugesprochen werden muß, und zwar dem Mäkler, weil er ohnehin (von einer besonderen Vereinbarung abgesehen) der Regel nach zu einer Thätigkeit nicht verpflichtet ist (vgl. nachher Bem. 6 und Bem. 1 zu § 652), dem Geschäftsherrn aber ganz nach der Art des § 649, wobei dann nur die Vergütungspflicht gemäß § 652 in Wegfall kommt. (Oertmann, S. 378; Planck, II S. 394.) Tod des Mäklers wird in der Regel (Oertmann, S. 378, betont die Möglichkeit auch anderer Fälle, z. B. bei Verträgen mit einem Mäklergeschäftshaus) den Mäklervertrag bei dessen persönlicher Natur zur Aufhebung bringen. Ob auch Tod des Auftraggebers, wird nach den konkreten Verhältnissen sich bemessen.

5. Die Begriffselemente des Vertragsverhältnisses ergeben sich aus § 652. S. daher die dortigen Bem.

6. Verschiedene Meinungen bestehen zur Frage, ob der Mäklervertrag als ein sog. einseitiges oder zweiseitiges Vertragsverhältniß aufzufassen sei? Die Frage ist stark theoretischer Natur, hat aber ihre praktische Seite doch auch insoferne, als das B.G.B. bekanntlich besondere Vorschriften lediglich für gegenseitige Verträge aufstellt. Besprochen ist die Frage in M. II, 511, dann insbesondere bei Oertmann, S. 377 fg., woselbst auch die einschlägige spezielle Literatur (insbesondere Crome, Riesenfeld, Burchard, Reuling) näher aufgeführt ist. Für die gegenseitige Natur des Vertrags wird die Entscheidung hauptsächlich aus jenen Gesichtspunkten über Treuverpflichtung und sonstige Vertragspflichten des Mäklers herzuholen sein, welche auch zum Inhalte des § 654 geführt haben. Sie erscheinen von maßgebender Bedeutung auch dann, wenn man eine positive Verpflichtung zur wirklichen Ausübung einer Vermittlerthätigkeit und damit die eigentliche Leistungsklage als in der Regel ausgeschlossen sich denkt. Eine Schadensersatzklage gegen den Mäkler kann ja gleichwohl unter Umständen, z. B. bei Zuwiderhandlungen gegen jene Treuverpflichtung, gegeben sein. (S. auch Planck, II, 394.)

7. Im Anschluß an ihre Ausführungen über den Mäklervertrag erörtern M. II, 516 fg., daß und warum in das B.G.B. besondere Vorschriften über den sog. Trödelvertrag (contractus aestimatorius) nicht aufzunehmen seien. Dabei blieb es dann auch. Man befand daß diese dem römischen Rechte entstammenden (Windscheid-Kipp, 574), aber auch in neueren Gesetzgebungen (s. P.L.R. Thl. I Tit. 11 §§ 511 fg.; sächsisches G.B. §§ 1291 fg.; ohne Vor-

schriften code civil und badisches L.R.) behandelte Vertragsform so vielgestaltig sich äußern könne, daß eine allseits zutreffende generelle Regelung schwer durchzuführen sei. Darunter könnten auch Vertragsverhältnisse gezogen werden wollen, auf welche solche generelle Normen schlechthin nicht passen würden und welche auch das Verkehrsleben unter selbständigen Gesichtspunkten auffasse, wie z. B. gewisse Vertragsbeziehungen zwischen Verlags- und Sortimentsbuchhändler (sog. Konditionslieferungen), dann im Handel mit Uhren, Gold- und Silberwaaren u. dgl. Es sei auch möglich, im Einzelfalle je nach Gestalt des konkreten Vertragsverhältnisses die Entscheidung aus den Rechtsnormen über Auftrag, Kauf, Verkaufskommission, Dienst-, Werk-, Gesellschaftsvertrag herzuholen.

§ 652.

Wer für den Nachweis der Gelegenheit zum Abschluß eines Vertrags oder für die Vermittelung eines Vertrags einen Mäklerlohn verspricht, ist zur Entrichtung des Lohnes nur verpflichtet, wenn der Vertrag in Folge des Nachweises oder in Folge der Vermittelung des Mäklers zu Stande kommt. Wird der Vertrag unter einer aufschiebenden Bedingung geschlossen, so kann der Mäklerlohn erst verlangt werden, wenn die Bedingung eintritt.

Aufwendungen sind dem Mäkler nur zu ersetzen, wenn es vereinbart ist. Dies gilt auch dann, wenn ein Vertrag nicht zu Stande kommt.

E. I, 580; II, 587; III, 642.

I. Zum Begriffe der Mäklerthätigkeit gehört vor Allem eine gewisse Bemühung um den Abschluß eines Vertrags. Diese Bemühung kann beschränkt sein auf den bloßen Nachweis der Gelegenheit zum Vertragsabschlusse. Sie kann sich aber auch ausdehnen auf die förmliche Vermittlung eines Vertrags. Ob das Eine oder Andere der Fall ist, und ob das Eine oder Andere für die Ausfüllung der in Anspruch genommenen Mäklerthätigkeit genügend, beziehungsweise erforderlich war, gehört in das Gebiet thatsächlicher Fragen. Gleiches gilt für den zweiten Fall bezüglich des Punktes, wie weit die Vermittlerthätigkeit zu gehen, in welcher Gestalt sie sich zu äußern habe.

In allen Fällen aber kann ein Anspruch auf Mäklerlohn nur dann erwachsen, wenn der in Rede stehende Vertrag zu Stande gekommen und wenn der Vertragsabschluß erfolgt ist in Folge des vom Mäkler gelieferten Nachweises oder im Falle jener zweiten Alternative in Folge seiner Vermittlungsthätigkeit. Insoferne danach der Mäklervertrag als solcher einen bestimmten Erfolg voraussetzt, nähert er sich sehr dem Werkvertrage, von dem er sich aber auch wieder dadurch unterscheidet, daß für die Regel der „Mäkler zur Herbeiführung des Erfolges nur berechtigt, nicht verpflichtet ist". (Planck, II S. 393.) Allerdings kann für Vermittlerdienste schon als solche auch ohne Rücksicht auf Erfolg eine bestimmte Entlohnung versprochen und deßhalb zu entrichten sein. In einer solchen Verabredung liegt aber dann eben kein Mäkler-, sondern ein Dienstvertrag.

II. Rechtliche Stellung der Vertragstheile.

1. In einem besonderen Grade tritt beim Mäklervertrage das Prinzip der Wahrung von Treu und Glauben hervor. Auf Seite des Mäklers besteht nach der Natur des Verhältnisses eine eigenartig ausgeprägte Treuverpflichtung, deren Verletzung ihn nach Maßgabe der allgemeinen Gesetzesvorschriften schadensersatzpflichtig macht. Im Allgemeinen ist es Aufgabe des Mäklers, die Vertragsbeflissenen zu einer Einigung (unter einen Hut, wie Frhr. v. Kreittmayr in seinen Anm. z. B.L.R. Thl. IV cap. 9 § 16 schreibt) zu bringen. Dabei hat er aber in erster Reihe das Interesse seines Auftraggebers bestmöglichst nach konkreter Sachlage zu wahren. Kann der Mäkler eine noch bessere Vertragsgestaltung erzielen, als diejenige ist, auf welche ihm abzuhandeln verstattet wurde, so ist er auch dazu verpflichtet (Oertmann, S. 379). Zu jener Treuverpflichtung gehört auch die Beobachtung derjenigen geschäftlichen Verschwiegenheit, welche durch das Interesse des Geschäftsherrn bedingt ist. Vgl. auch § 354.

Nicht verpflichtet ist, soferne nicht besondere Abmachungen eingreifen, der Mäkler dazu, daß jedenfalls der gewünschte Erfolg von ihm herbeigeführt werden müßte. Eben darum geht seine Verpflichtung nicht darauf, ein bestimmtes Maß von Thätigkeit im Sinne des Auftrags zu entwickeln. Der maßschaffende Regulator liegt hier in dem eigenen Geldinteresse des Mäklers. Denn der Brennpunkt seines Verhältnisses zum Geschäftsherrn liegt für ihn im

2. Mäklerlohn. (Proxenetikum, Courtage, Schmusgeld.) Diesen ist der Auftraggeber für die wirklich stattgehabte Thätigkeit des Mäklers zu zahlen gesetzlich

verpflichtet, jedoch nicht unter allen Umständen, sondern nur unter einer doppelt aufschiebenden Bedingung, welche schon oben unter Nr. I angedeutet wurde, nämlich dahingehend, daß

a) der angestrebte Vertrag, dem des Mäklers Thätigkeit gewidmet sein soll, wirklich zu Stande kam, und daß dies eintrat

b) in Folge jener Thätigkeit des Mäklers.

Zu a ist von vorneherein zu beachten, daß (wie auch bisher schon in der Praxis Anerkennung gefunden hat) der Auftraggeber keineswegs gebunden ist, in diejenigen Vertragsbeziehungen auch wirklich einzutreten, welche ihm der Mäkler ermöglicht. Er behält seinen freien Willen, kann von dem fraglichen Vertrage ganz absehen, oder den ihm angetragenen Gegenkontrahenten, wie auch die vorgeschlagenen Vertragsmodalitäten als ihm nicht passend ablehnen. In solchem Falle erwächst kein Anspruch auf Mäklerlohn. (Radlkofer in Bl. f. R.A. Bd. 56 S. 374.) Dieser ist vielmehr nach positiver Gesetzesvorschrift des § 652 in allen Fällen (Mangels anderer Abrede), sohin auch dann, wenn bloß der „Nachweis einer Gelegenheit" gefordert ist, abhängig von dem Zustandekommen des Hauptvertrags. Diese Voraussetzung ist erst dann erschöpft, wenn dieser Vertrag perfekt und zwar auch formell rechtsvollendet, sowie rechtswirksam ist. Ehevor besteht noch kein zahlbarer Lohnanspruch. Bezüglich der Entlohnung bei einem aufschiebend bedingten Vertrag enthält § 652 Abs. 1 Satz 2 ausdrücklich die diesem Standpunkt entsprechende Bestimmung. Unter das Schicksal des Lohnanspruchs bei einer beigefügten auflösenden Bedingung oder bei späterer Wiederbeseitigung des Vertrags durch Anfechtung s. M. II, 513 und Oertmann, S. 380. Dessen Entscheidung in letzterem Falle trifft freilich nur zu, wenn der Wegfall des Vertrags seinen Rechtsgrund in Verhältnissen hat, welche schon auf die Zeit des Abschlusses zurückreichen und nicht etwa erst später zum Dasein kommen, wie z. B. eine spätere Vereinbarung über freiwillige Wiederaufhebung eines rechtsbeständig gewesenen Vertrags. Handelt es sich um die Entlohnung für eine geforderte Vertragsvermittlung, so muß der Mäkler auch wirklich eine vermittelnde und nicht bloß eine ermittelnde Thätigkeit entwickeln, darf sich nicht bloß auf den anderen Grundfall des bloßen Nachweises einer Thätigkeit beschränkt haben. (S. auch über diese Punkte Planck, II S. 395 fg.)

Der nach obiger Bem. b nothwendige Kausalzusammenhang (M. II, 512) erfordert keineswegs, daß der Mäkler gerade auch beim formellen Vertragsabschlusse zugegen war und eine Thätigkeit entwickelte. Dies gilt auch dann, wenn eine vermittelnde Thätigkeit zu leisten war. War bloß ein „Nachweis der Gelegenheit" begehrt, so ist jenes ohnehin selbstverständlich. Auch in Hinsicht des Erfordernisses des Kausalzusammenhangs ist angesichts der im § 652 in die Augen springenden exakten gesetzlichen Unterscheidung zwischen Nachweis und Vermittlung zu beachten, daß ein bloßes „Zubringen" eines Kontrahenten noch keine Vermittlung ist. (Vgl. Samml. von Entsch. d. bayrischen obersten G.H. Bd. 4 S. 634.)

Nicht gerade nothwendig ist, daß der Mäkler die Ermittler- und Vermittlerthätigkeit in Person geleistet habe. Die Verwendung von Hülfs- oder Zwischenpersonal als Organe des Mäklers ist nicht ausgeschlossen. Daß ferner der Geschäftsherr, wenn er zu einer Entlohnung gehalten sein soll, auch die vorausgegangene Mäklerthätigkeit veranlaßt haben muß, ist sicherlich anzunehmen. Sonst wäre dem in manchen Geschäftskreisen sich vorfindenden üblen Eindrängen von Unterhändlern Thür und Thor geöffnet. (S. auch Entsch. d. R.G. Bd. 31 S. 291; Planck, II S. 396; etwas abweichend Oertmann, S. 381.)

Häufig kommt es vor, daß der Vertragsreflektant zunächst an einen Mäkler sich wendet, dann aber, wenn ihm dieser die einen oder anderen Aufschlüsse 2c. verschafft hat, mit arglistiger (oder auch schon gleichgültiger?) Umgehung desselben den Vertrag weiterhin selbst zum Abschlusse bringt. Daraus entstehen nicht selten Rechtsstreite, indem der Mäkler gleichwohl eine Vergütung beansprucht, der Geschäftsherr aber solche ablehnt, weil nicht das Geschäft in Folge der Mäklerthätigkeit zum Abschlusse gekommen sei. (Nach Bl. f. R.A. Bd. 44 S. 208 ist in einer oberstrichterlichen Entscheidung vom 28. April 1879 dem Mäkler doch ein Lohnanspruch zugesprochen. Dies beruhte aber auf der dem B.L.R. entsprechenden Anschauung, daß ein Dienstvertragsverhältniß vorliege.) In M. II, 512 fg. ist die Frage näher besprochen. Darnach trug man Bedenken, eine allgemeine Entscheidung durch das Gesetz zu geben. Es heißt weiter wörtlich:

> „Es wird in einem solchen Falle unter Berücksichtigung der Gesammtheit der Umstände zu prüfen sein, ob nicht ein ursächlicher Zusammenhang zwischen der Thätigkeit des Mäklers und dem Abschlusse des Vertrags dennoch besteht, beziehungsweise mit Rücksicht auf Treu und Glauben die Verpflichtung zur Zahlung der Mäklergebühr als im Sinne des Vertrags liegend anzusehen ist."

Die Frage liegt übrigens glatt zu Gunsten des Mäklers, wenn nur „Nachweis der Gelegenheit" verlangt, dieser auch geliefert und benützt worden ist, dagegen zu Gunsten des Geschäftsherrn, wenn anzunehmen ist, daß eine rechtswirksame Kündigung der Beauftragung zur Vermittlung thatsächlich dazwischen liegt. Einen Zweifel kann man endlich auch nicht haben, wenn für einen derartigen Fall eigens eine Mäklergebühr zugesichert worden ist oder wenn die Voraussetzungen einer unerlaubten Handlung des Auftraggebers nach §§ 823 fg. B.G.B. (z. B. eines Betrugs) vorliegen. (Vgl. auch Planck, II, 397; Oertmann, S. 381.)

3. Die Frage, wie weit neben dem Mäklerlohn oder auch bei Wegfall desselben dem Mäkler dessen besondere Auslagen (z. B. für Fahrten u. dgl.) zu vergüten sind, ist durch § 652 ins Klare gestellt. (S. auch M. II, 514.)

4. Zu dem Gegenkontrahenten seines Auftraggebers steht der Mäkler regelmäßig in keinem Rechtsverhältniß. Ueber Doppeldienste vgl. § 654. Einen anderen Standpunkt nehmen für Handelsmäkler die §§ 98 fg. H.G.B. n. F. ein.

§ 653.

Ein Mäklerlohn gilt als stillschweigend vereinbart, wenn die dem Mäkler übertragene Leistung den Umständen nach nur gegen eine Vergütung zu erwarten ist.

Ist die Höhe der Vergütung nicht bestimmt, so ist bei dem Bestehen einer Taxe der taxmäßige Lohn, in Ermangelung einer Taxe der übliche Lohn als vereinbart anzusehen.

E. II, 588; III, 643.

1. Die Vereinbarung eines Mäklerlohnes ist wesentlich für das Zustandekommen des Mäklervertrags. Diese Vereinbarung kann ausdrücklich oder auch stillschweigend erfolgen. In letzterer Hinsicht setzt § 653 mit einer Bestimmung ein, welche ganz dem Inhalte der auf den Dienst- und Werkvertrag bezüglichen §§ 612, 632 entspricht. Vgl. daher die dortigen Bem. auch hieher.

2. § 653 gilt sowohl für die Fälle eines bloßen „Nachweises der Gelegenheit", wie auch für diejenigen einer „Vermittlung" (P. II, 346).

3. Durch die Vereinbarung kann die Mäklergebühr sowohl in fester Summe als auch nach Prozenten der Geschäftssumme festgesetzt werden.

4. § 653 Abs. 1 wird regelmäßig dann zutreffen, wenn der angegangene Mäkler seine Mäklergeschäfte gewerbsmäßig betreibt. Seine Thätigkeit muß aber als vom anderen Theil am Mäklervertrage bindend angenommen betrachtet werden können. Bloße nicht acceptirte Zudringlichkeiten eines Unterhändlers, wie solche gar nicht so selten vorkommen, können an und für sich noch keine Rechtsverbindlichkeit begründen. Darauf deuten auch die Worte: „übertragene Leistung" in § 653 Abs. 1 hin. Diese Worte haben übrigens nach P. II, 645 fg. auch noch eine anderweitige Bedeutung, nämlich dahin, daß der Mäkler an und für sich Mäklerlohn nur von seinem Auftraggeber, nicht aber auch vom Gegenkontrahenten am Hauptvertrag in Anspruch nehmen kann.

5. Die Höhe des Mäklerlohnes richtet sich zunächst nach der Vereinbarung. Supplementär greift § 633 Abs. 2 ein.

Als „üblicher Lohn" wird vielenorts in Nord- wie Süddeutschland namentlich bei Grundstücksverkäufen 1 Prozent der Geschäftssumme betrachtet.

§ 654.

Der Anspruch auf den Mäklerlohn und den Ersatz von Aufwendungen ist ausgeschlossen, wenn der Mäkler dem Inhalte des Vertrags zuwider auch für den anderen Theil thätig gewesen ist.

E. I, - , II, –; III, –

1. Die im § 654 behandelte Frage war in der Doktrin und Praxis des älteren Rechtes sehr bestritten. Nach preußischem Rechte ließ man im Anhalt an Thl. I Tit. 13 § 22 P.L.R. Doppeldienste fraglicher Art, mindestens bei Kollision der Interessen, nicht gelten (M. II, 514 fg.). Andere Anschauungen griffen nach älterem Handelsrechte

wenigstens für die damals bestehenden öffentlich aufgestellten Mäkler ein, welche jetzt weggefallen sind. Der E. I nahm davon Abstand, eine allgemeine Rechtsnorm in diesem Punkt aufzustellen. Vgl. M. II, 515.

Eine Vorschrift obenstehender Art war dagegen in der II. Komm. beantragt. Damals ist sie aber auch durch Mehrheitsbeschluß abgelehnt worden. Man anerkannte zwar, daß trotz des Zustandekommens des angestrebten Hauptvertrags der Mäkler gleichwohl seine Verpflichtung nicht erfüllt habe, wenn er die ihm gestellte Aufgabe unter Umständen angenommen habe, aus denen die Absicht des Beauftragenden erhelle, der Mäkler solle ausschließlich in dessen Interesse thätig werden, und wenn er gleichwohl für den anderen Theil auch thätig geworden sei. Aber man befand andererseits, daß es auch Fälle geben könne, in denen nach der Auffassung des Verkehrs eine solche Doppelthätigkeit sich nicht als Verletzung der Vertragstreue betrachten lasse und daß hier insbesondere auch der Unterschied zwischen einer bloß ermittelnden und einer vermittelnden Thätigkeit im gegebenen Falle von Belang werden könne.

In der R.T.K. (Ber. S. 52) wurde die Frage wieder aufgegriffen und diejenige Vorschrift beschlossen, welche jetzt der § 654 enthält.

2. Der Standpunkt des Gesetzes im Allgemeinen ist hienach der, daß es für die Beurtheilung der Frage in erster Linie auf Gestalt und Beschaffenheit des Einzelfalles ankommt. Es ist vor Allem der Vertragsinhalt, d. h. derjenige des Mäklervertrags zu prüfen. Planck, II S. 298, betont, daß die Stellung eines beigezogenen Mäklers von doppelter Art sein kann: „die eines völlig unparteiischen Vermittlers oder die eines Vertrauensmannes" eines der Interessenten am beabsichtigten Rechtsgeschäft. Im ersten Fall erachtet Planck die fragliche Doppelthätigkeit als zulässig, im zweiten Fall als ausgeschlossen. Welches Vertragsverhältniß nun vorliegt, ist dann Thatfrage des Einzelfalles.

Rein theoretisch betrachtet läßt sich jene Unterscheidung recht gut hören und es wird auch Fälle geben, wo sie thatsächlich zutrifft. Ganz gewiß liegen aber praktisch die Verhältnisse so, daß es häufig recht schwierig sein wird, in deren Beurtheilung mit fraglicher Unterscheidung zu operiren. Man begreift daher die negative Formulirung in § 654 B.G.B. Dort ist lediglich verordnet, daß der Anspruch auf den Mäklerlohn und auf den Ersatz von Aufwendungen ausgeschlossen ist, wenn der Mäkler dem Inhalte des Vertrags zuwider auch für den anderen Theil thätig gewesen ist. Also die Doppeldienstleistung ist nicht schlechthin verboten, darf aber den Vertragspflichten nicht zuwiderlaufen. Ein derartiges Zuwiderhandeln liegt aber nicht bloß vor, wenn ausdrücklich durch gegenseitige Abrede ein Doppeldienst ausgeschlossen wurde, sondern auch dann, wenn sich dies auch nur aus den Umständen ergibt oder wenn Kollisionen der Vertragspflichten hervortreten. Ob eine solche Interessenkollision besteht, ist natürlich Thatfrage. In Betracht kommen kann sie sowohl für das Stadium des Abschlusses des Hauptvertrags, wie auch schon für dasjenige der Vorverhandlungen.

Liegt einer jener widrigen Fälle vor, so ist jeder Anspruch auf Lohn und Aufwendungsersatz ausgeschlossen. Kann die Doppeldienstleistung als zulässig erachtet werden, so hat aber auch der Mäkler vollen Anspruch auf den vereinbarten Lohn und Ersatz nach beiden Seiten, nicht etwa nur nach jeder Seite auf die Hälfte. (In letzterem Punkt aber anders nach H.G.B. n. F. § 99.)

Daß der Mäkler wegen Treueverletzung ersatzpflichtig werden kann, ergibt sich aus allgemeinen Rechtsregeln.

§ 655.

Ist für den Nachweis der Gelegenheit zum Abschluß eines Dienstvertrags oder für die Vermittelung eines solchen Vertrags ein unverhältnißmäßig hoher Mäklerlohn vereinbart worden, so kann er auf Antrag des Schuldners durch Urtheil auf den angemessenen Betrag herabgesetzt werden. Nach der Entrichtung des Lohnes ist die Herabsetzung ausgeschlossen.

E. I, —; II, —; III, —.

1. Entstehung. Vorstehender Paragraph kam wiederum durch den Reichstag in das Gesetzbuch. In dessen Komm. (Ber. S. 52) wurde zunächst die Festsetzung eines allgemeinen richterlichen Ermäßigungsrechtes gegenüber dem Mäklerlohn überhaupt beschlossen, später aber dasselbe auf den Fall einer Mäklerthätigkeit zum Zwecke des Abschlusses eines Dienstvertrags beschränkt, da hauptsächlich nur im Bereiche solcher Verhältnisse zu beklagende Mißstände im Mäklerwesen bisher vorgekommen seien. (S. auch Sten.Ber. S. 68 fg.)

2. Sachliches Anwendungsgebiet. In dieses fällt sowohl die Mäklerthätigkeit zur Ermittlung, wie auch zur Vermittlung eines Dienstvertrags, aber nach Wortlaut und Entstehungsgeschichte der Vorschrift eben auch nur eines Dienstvertrags d. h. eines solchen im Sinne des B.G.B. In Betracht kommen dabei alle Arten von Dienstverträgen, also insbesondere die Mäklerthätigkeit für eigentliches Gesinde, wie auch für höhere Dienstleistungen. Die Vorschrift trifft daher namentlich auch die sog. Placirungsbureaus, wie auch die vielbesprochenen (auch im Reichstag!) Theater- und Artistenagenten, soweit eben auch bei ihnen eine Thätigkeit in Bezug auf „Dienstverträge" in Frage steht.

Ob die Mäklerthätigkeit auf diesem Gebiete gewerbsmäßig oder nicht gewerbsmäßig auftritt, begründet keinen Unterschied.

3. Voraussetzung für die Handhabung des richterlichen Ermächtigungsrechtes ist ein Antrag des Betroffenen. Offizialthätigkeit des Richters findet nicht statt.

4. Eine Beanstandung der Höhe des Mäklerlohnes kann sich insbesondere auch daraus ergeben, daß der Mäkler sich von beiden Seiten, wenn auch befugt, hat bezahlen lassen.

5. An und für sich ist der Mäklervertrag in den Fällen des § 655 gültig, und zwar auch im Lohnpunkte. Dieser wird erst alterirt durch ein förmliches Urtheil auf Ermäßigung. Liegt bereits ein rechtskräftiges Urtheil auf Bezahlung des beanspruchten vollen Mäklerlohnes vor, so ergibt sich schon aus § 767 Abs. 2 C.P.O., daß ein nachträglicher Ermäßigungsantrag im Stadium der Zwangsvollstreckung nicht mehr zulässig wäre — geradeso, wie in dem vom § 655 erwähnten anderen Falle bereits geschehener Entrichtung des Lohnes.

6. An den Bestimmungen des § 138 B.G.B. über die Nichtigkeit unsittlicher, insbesondere auch wucherischer Geschäfte, wird durch § 655 nichts geändert.

7. Das durch § 655 begründete richterliche Ermäßigungsrecht geht analog mit demjenigen nach § 343. Vgl. daher auch die dortigen Bem.

§ 656.

Durch das Versprechen eines Lohnes für den Nachweis der Gelegenheit zur Eingehung einer Ehe oder für die Vermittelung des Zustandekommens einer Ehe wird eine Verbindlichkeit nicht begründet. Das auf Grund des Versprechens Geleistete kann nicht deßhalb zurückgefordert werden, weil eine Verbindlichkeit nicht bestanden hat.

Diese Vorschriften gelten auch für eine Vereinbarung, durch die der andere Theil zum Zwecke der Erfüllung des Versprechens dem Mäkler gegenüber eine Verbindlichkeit eingeht, insbesondere für ein Schuldanerkenntniß.

E. I, —; II, —; III, —.

1. Entstehung. In § 656 ist eine dritte Bestimmung enthalten, welche erst im Reichstag eingefügt wurde. R.T.K.Ber. S. 53.

Im älteren Rechte waren die Anschauungen und Bestimmungen darüber, ob die Mäklerthätigkeit in Bezug auf Ehen als zulässig und anspruchbegründend zu betrachten und behandeln sei, verschiedenartig. Während das B.L.R. nach Thl. I Tit. 6 § 33 eine solche Thätigkeit geradezu als erlaubt behandelte und dessen Verfasser Frhr. v. Kreittmayr in seinen Anm. zu Thl. IV cap. 9 § 16 von „Schuldigkeit des Kuppelpelzes" spricht, hat umgekehrt z. B. das sächsische G.B. § 1259 das Versprechen einer Ehemäklergebühr als nichtig erklärt. Die Praxis des gemeinen und französischen Rechtes hat die Anerkennung und Klagbarkeit zumeist davon abhängig gemacht, ob im einzelnen Fall ein unsittliches Geschäft anzunehmen sei oder nicht. (M. II, 511; Seuffert, Archiv XIII, 14; XIV, 121; XXXIII, 125.)

E. I hatte gar keine Bestimmung aufgenommen. Nach M. II, 511 stellte man sich anfänglich auf den Standpunkt der gemeinrechtlichen Praxis. Auch in der II. Komm. blieb es dabei. In der R.T.K. (Ber. S. 53) wurde aber die Frage aufgegriffen und die jetzt im § 656 enthaltene Bestimmung „um den unsittlichen entgeltlichen Heirathsvermittlungen entgegenzutreten", beantragt und beschlossen, obgleich die Vertreter der verbündeten Regierungen jenen Standpunkt der Mot. zu E. I sich neuerdings angeeignet hatten.

2. Inhalt des § 656 im Allgemeinen. Auch diese Vorschrift bezieht sich auf den Doppelfall des bloßen Nachweises der Ehegelegenheit, wie der Vermittlung des Zustandekommens einer Ehe. Keiner dieser Fälle begründet eine rechtliche Verbindlichkeit zur Entrichtung des versprochenen Mäklerlohnes.

In der Doktrin (vgl. Planck, II S. 399 fg.; Oertmann, S. 384) wird hin und her erörtert, ob das B.G.B. mit dieser die entlohnbare Heirathsvermittlung offensichtlich reprobirenden Vorschrift im Grundsatz eine volle Nichtigkeit des Lohnversprechens im Sinne des von Verfehlungen gegen die guten Sitten handelnden § 138 Abs. 1 B.G.B. habe schaffen, oder solche Versprechen nur als „anstößig" habe behandeln wollen. Praktisch genommen ist diese Frage ziemlich werthlos, nachdem das Gesetz alle Rechtsfragen deutlich genug festgestellt hat. Zu den letzteren gehört auch noch die Vorschrift des § 656 Abs. 2, daß die grundlegenden Bestimmungen des ersten Absatzes über den Ausschluß einer Rechtsverbindlichkeit ebenfalls gelten sollen für eine Vereinbarung, durch die der andere Theil zum Zwecke der Erfüllung des Versprechens dem Mäkler gegenüber — mit oder ohne Ausstellung einer Urkunde — eine noch andere Verbindlichkeit eingeht, insbesondere ein abstraktes Schuldversprechen oder ein Schuldanerkenntniß (vgl. §§ 780, 781). Dadurch soll einer Umgehung der beschränkenden Bestimmung des ersten Absatzes vorgebeugt werden. Allen diesen Beschränkungen aber wird man die Zustimmung aus ethischen Gründen nicht versagen können, und zwar selbst dann nicht, wenn man bisher einem mit anderen gesetzlichen Anschauungen ausgestatteten Rechtsgebiete angehört hat oder die bisher in gar manchen Ständen (namentlich in bäuerlichen Kreisen) und selbst Religionsgemeinschaften („Schadchen" der Israeliten!) herrschend gewesenen und manchenorts bis zur Volkssitte gesteigerten Anschauungen in Betracht zieht. Ob freilich der § 656 allein den Heirathsbureaux, oder wie sie sonst heißen mögen, ein Ende bereiten werde, steht dahin. Unterstützt wird übrigens der Standpunkt des B.G.B. auch durch die gewerbepolizeiliche Bestimmung des § 35 der Gew.O.

3. Im Einzelnen sei noch Folgendes bemerkt:

a) Nachdem das Gesetz jede Verbindlichkeit zur Entrichtung eines Mäklerlohnes für Fälle fraglicher Art ausschließt, ist damit von selbst auch die Klagbarkeit schon kraft Gesetzes versagt, und eine erhobene Klage von Amtswegen abzuweisen, wenn auch parteiseits ein ausdrücklicher bezüglicher Einwand nicht erhoben worden sein sollte. (So auch Oertmann, S. 284.)

b) Dem Anspruch auf Lohn ist in Ansehung des § 656 auch gleichzuachten derjenige auf Ersatz von Aufwendungen, soweit er nach § 652 überhaupt in Frage kommen kann. Denn die gesetzgeberische Grunderwägung beim § 656 trifft auch hier zu. Außerdem wäre bei anderer Auffassung zur Umgehung des § 656 der Weg geebnet.

c) Wenn im Abs. 1 Satz 2 § 656 auch die Rückforderung des auf Grund des Versprechens schon Geleisteten ausgeschlossen wird, so hat dies nach R.T.K.Ber. S. 53 seinen Grund in der Tendenz, überhaupt die anstößigen Rechtsstreite über Heirathsmäklerlöhne abzuschneiden.

d) Darin, daß es bei der letztgedachten Bestimmung sich, systematisch betrachtet, um die Ausschließung der condictio indebiti und nicht um etwas anderes handelt, ist den Ausführungen bei Oertmann, S. 384 beizupflichten. Nur eine Rückforderung aus diesem Rechtsgrund ist ausgeschlossen, nicht auch eine solche wegen eines anderen Defekts, z. B. wegen beschränkter Geschäftsfähigkeit des Leistenden.

e) Als „bereits geleistet" ist nicht bloß eine geschehene Zahlung zu erachten, sondern auch was an Zahlungsstatt gegeben ist. Dazu ist aber nicht zu rechnen ein bloßes Versprechen, welches unter Abs. 2 § 656 fällt, eine Surrogatverbindlichkeit im Sinne dieser Gesetzesstellen. (So auch Oertmann, S. 384; Planck, II S. 400.) Eine von Abs. 2 getroffene Schuldurkunde kann deshalb schon zurückgefordert werden.

Neunter Titel.

Auslobung.

(Erläutert von Dr. J. v. Staudinger.)

Einleitung.

1. Allgemeines. Ein Rechtsgeschäft, welches im Wege einer einseitigen Erklärung ein vollgültiges Rechtsverhältniß begründen kann, ist die sog. Auslobung.

Schon im bisherigen Rechte war dieselbe bekannt, in der Theorie und Praxis des gemeinen Rechtes, in der Praxis des französischen Rechtes (der code civil enthielt keine ausdrückliche Bestimmung), im B.L.R. Thl. IV cap. 1 § 2, im P.L.R. Thl. 1 Tit. 11 § 988, im sächsischen G.B. § 771. Ueber Einzelheiten war aber seither viel Streit. S. außer der bei Windscheid-Kipp § 308 aufgeführten umfassenden Literatur auch noch v. Voelderndorff in Bl. f. R.A. Bd. 25 S. 177.

Die „Auslobung" ist zwar unter diesem Namen nicht überall rechtlich bekannt. Nach ihrem Wesen hat sie aber ein ziemlich breites Anwendungsgebiet und kommt im modernen Rechtsleben nichts weniger als selten vor (s. nachher Nr. 3). Im B.G.B. ist der Gegenstand in den §§ 652—661 behandelt. Daselbst sind aber neben dem grundlegenden § 652 in den nachfolgenden Paragraphen nur einige ganz besonders regelungsbedürftige Punkte geordnet. Andere Fragen sind eben mit Heranziehung insbesondere der allgemeinen Vorschriften des Gesetzbuchs über die Schuldverhältnisse zu beantworten.

2. Zur Charakteristik des Rechtsverhältnisses. Was das B.G.B. im Begriffe unter Auslobung versteht, ergibt sich aus § 652. (S. die dortigen Bem.) Bei Aufstellung seiner einschlägigen Bestimmungen stand der Gesetzgeber einer doppelten Theorie gegenüber, der sog. Vertrags- und der sog. Pollicitationstheorie. Deren Grundunterschiede sind in M. II, 518 fg. dargestellt mit folgenden Sätzen: „Die Vertragstheorie erblickt in der Auslobung einen Vertragsantrag in incertam personam, welcher durch einen Akt der Annahme Seitens einer bestimmten Person zu einem Vertrage mit dieser führe, aus welchem dann die Verbindlichkeit des Auslobenden zur Erfüllung des in dem Antrag enthaltenen Versprechens entspringe u. s. w."

„Nach der Pollicitationstheorie liegt der Grund der Verpflichtung des Auslobenden dagegen einzig und allein in der verbindlichen Kraft eines einseitigen öffentlichen Versprechens; der Auslobende ist schon auf Grund dieses Versprechens zu dessen Erfüllung an denjenigen verpflichtet, welcher die von dem Auslobenden bestimmte Leistung vollbracht hat, ohne daß es einer Annahme dieses Versprechens bedürfte oder eine solche überhaupt in Betracht käme."

Als Hauptvertreter der ersteren Theorie ist Windscheid, Pand. § 308 aufgetreten, als Anhänger der letzteren Dernburg Pand. II § 12.

In M. II, 519 ist wortdeutlich erklärt, daß der dem jetzigen § 652 wesentlich gleiche § 581 E. I sich auf den Standpunkt der Pollicitationstheorie stelle, womit eine Ausnahme von dem Grundsatze des jetzigen § 305 geschaffen werde. An diesem Standpunkte haben die späteren Verhandlungen nichts geändert. Er ist auch unverkennbar und bezeichnend in den Schlußworten des § 652 B.G.B. ausgeprägt. Dies wird auch anerkannt von Planck, II S. 401; Oertmann, S. 385; Cosack, Lehrb. I S. 549. Mit Recht bemerkt übrigens Planck a. a. O., daß der Schwerpunkt dieser ganzen Frage wohl mehr auf theoretischem Gebiete liege. Immerhin macht derselbe doch auch auf einige Punkte aufmerksam, für welche sich auf dem einen oder anderen Standpunkte praktisch verschiedene Folgesätze ergeben können.

3. Praktisches Anwendungsgebiet für Auslobungen. Nach den Aufstellungen des B.G.B. (§ 652) können Auslobungen für ganz verschiedenartige Zwecke vorkommen. Das Gesetzbuch setzt darin keine speziellen Grenzen. Selbstverständlich ist aber nach den auch hieher maßgebenden allgemeinen Gesetzesvorschriften, daß der Auslobungszweck ein erlaubter sein muß und insbesondere nicht gegen die guten Sitten verstoßen darf (§§ 134, 138 B.G.B.). Häufig vorkommende Anwendungsfälle sind besonders folgende Aussetzungen von Belohnungen, Prämien u. dgl. für:

a) Auffindung und Wiederbringung verlorener Sachen;

b) Ermittlung strafbarer Handlungen oder schädigender Gerüchte und Aufbringung der Thäter;

c) Entdeckungen oder Erfindungen wissenschaftlicher oder kommerzieller Art;

d) Konkurrenzen für die Lösung oder beste Lösung von Aufgaben wissenschaftlicher, künstlerischer, gewerblicher Art, auch für bestimmte Erfolge bei Ausstellungen oder auch auf den verschiedenartigen Gebieten des Sports (Preisausschreiben).

Für Preisbewerbungen hat dabei das B.G.B., neben den allgemeinen Vorschriften für alle Auslobungen, auch noch besondere Bestimmungen in § 661.

Besondere Erwähnung ist noch zu machen von jener Sorte von Auslobungen, welche eine Belohnung aussetzen für den Fall, daß Jemand etwas dem Auslobenden Nachtheiliges zu erbringen, z. B. an dessen zum Verkauf ausgesetzten und angepriesenen Waaren bestimmte Mängel nachzuweisen vermag. Hier liegt es im Interesse des Auslobenden, daß der fragliche Erfolg nicht herbeigeführt werden kann. Eben deßhalb ist angesichts des § 118 B.G.B. in jedem solchen Fall eigens zu prüfen, ob thatsächlich ein ernstlicher Verpflichtungswille vorlag oder ob es sich nur etwa um eine marktschreierische Reklame, um unlauteren

Wettbewerb u. dgl. handelt. Würde es an jener „Ernstlichkeit" fehlen, so käme Nichtigkeit der Erklärung in Frage, wenn sie in der Erwartung abgegeben wird, der Mangel der Ernstlichkeit werde nicht verkannt werden (§ 118). **Geheime Vorbehalte** sind auch hier nach Maßgabe des § 116 zu beurtheilen. (Vgl. M. II, 920.)

4. Darüber, von welcher Art im Allgemeinen die Verpflichtung der Auslobenden ist, wie weit der Gesichtspunkt eingetretener Unmöglichkeit der Leistung in Frage kommen kann, wie weit Haftungspflichten eingreifen u. dgl., enthalten z. B. schon die Kommentare von Planck, II S. 402 fg., Oertmann, S. 386 Erörterungen. Mangels von Spezialbestimmungen für das Rechtsgeschäft der Auslobung ist für solche Fragen eben auf die allgemeinen Grundsätze des B.G.B. zurückzugehen. (M. II, 520.) Nach den Umständen des Einzelfalles ist insbesondere auch zu beurtheilen, ob und inwieweit in der Auslobung oder wenigstens in ihrer Erfüllung Seitens des Auslobenden eine Schenkung desselben liege oder ob und inwieweit mit Rücksicht auf ein obwaltendes Interesse des Auslobenden an der geforderten Handlung auch Momente aus dem Bereich entgeltlicher Verträge hereinspielen.

Mit Recht bemerkt Planck, II S. 403, daß eine Haftung (des Auslobenden) wegen Mängel im Rechte oder in der Sache wohl nur selten in Frage kommen kann, da es sich hier zumeist um Geld handeln wird. Aber wenn auch um eine andere Sache, so muß man doch mit M. II, 520 annehmen, daß hier ein Wandelungs- oder Minderungsanspruch wohl in der Regel schon begrifflich ausgeschlossen sein wird. So auch Planck und Oertmann a. a. O.

§ 657.

Wer durch öffentliche Bekanntmachung eine Belohnung für die Vornahme einer Handlung, insbesondere für die Herbeiführung eines Erfolges, aussetzt, ist verpflichtet, die Belohnung demjenigen zu entrichten, welcher die Handlung vorgenommen hat, auch wenn dieser nicht mit Rücksicht auf die Auslobung gehandelt hat.

E. I, 581; II, 589; III, 641.

1. Eine **rechtsbegründete Auslobung** kann ausgehen von jedem Rechtssubjekte, welches sich gültig durch Rechtsgeschäfte verpflichten kann, gleichviel ob dieses Rechtssubjekt eine physische oder Juristische Person ist. Sehr häufig sogar gehen Auslobungen von solchen letzteren Personen: dem Staat oder einer Gemeinde, aus.

2. Ein **besonderes persönliches Interesse** des Auslobenden an dem Gegenstande der Auslobung wird zu deren Rechtsbeständigkeit nicht erfordert. „Es ist irrelevant, ob der Auslobende ein persönliches Interesse verfolgt oder ob er z. B. durch Patriotismus oder durch Interesse für Wissenschaft, Kunst oder Industrie zu der Auslobung bestimmt wird" (M. II, 518).

3. Daß im B.G.B. (abgesehen von den allgemeinen Vorschriften über Rechtsgeschäfte) auch keine Einschränkungen in Ansehung **des Zweckes** einer Auslobung vorgesehen sind, ergibt sich schon aus dem oben in der Einleitung unter Nr. 3 Bemerkten. Insbesondere fehlen im B.G.B. jene Schranken, welche früher gezogen waren im B.L.R. Thl. IV cap. 1 § 2 Nr. 1 durch das Erforderniß, daß das „Versprechen dem Publikum oder der Gemeinde zum Nutzen geschehe", dann im P.L.R. Thl. I Tit. 11 § 988 durch die Anforderung „für nützliche Geistesarbeiten oder gemeinnützige körperliche Fertigkeiten oder Unternehmungen". Insbesondere ist im B.G.B. auch **nicht** verlangt, daß die Auslobung gerade für öffentliche Zwecke erfolge. Wer z. B. eine Belohnung aussetzt für den Fund einer verlorenen Sache, verfolgt dabei in der Regel nur einen privaten Zweck. (Nebenbei bemerkt, können derartige Fundauslobungen an dem gesetzlichen Anspruch auf den Finderlohn nach B.G.B. § 971 nichts abmindern.)

4. **Publizität** wird dagegen nach B.G.B. erfordert in anderer Richtung, nämlich in Bezug auf die äußere **Art der Auslobung**. Die Auslobung muß, wenn sie rechtsverbindend sein soll, erfolgen **mittelst öffentlicher Bekanntmachung**. M. II, 519 schreiben: „Ohne Publizität keine Auslobung. Die **Art** der öffentlichen Bekanntmachung ist gleichgültig." Es begründet also keinen Unterschied, ob sie schriftlich oder mündlich geschah, ob sie durch Zeitungsnachricht (Inserat oder Korrespondenzartikel), Anschlag oder Ausruf geschah. Dagegen erheischt das Erforderniß der **Oeffentlichkeit** der Bekanntmachung, daß ein individuell nicht abgegrenzter Personenkreis davon Kenntniß zu nehmen, Gelegenheit bekommen hatte. Ob und in welchem Umfange diese Gelegenheit thatsächlich benutzt wurde, ist wiederum ohne Belang. Man kann auch die Thatsache einer „öffentlichen Bekanntmachung" nicht dadurch als ausgeschlossen erachten, daß der Auslobende, der Aufgabe angemessen, zwar in der Oeffentlichkeit, aber doch nur an bestimmte Kategorieen von Per-

sonen (z. B. Künstler, Techniker, Angehörige einer einzelnen Gemeinde, Abonnenten einer Zeitung) seine Aufgabe stellt. Hienach wird sich auch die Streitfrage zwischen Planck, II S. 403 und Oertmann, S. 386 wegen der Prämienaussetzung in einem Verein im gegebenen Falle so oder so entscheiden lassen. Darin hat übrigens Planck a. a. O. jedenfalls recht, daß wenn ein solcher Akt auch nicht „Auslobung" im gesetzlichen Sinne sein sollte, er doch möglicher Weise in anderer Weise als Vertrag wird bestehen können.

5. Eine Belohnung muß ausgesetzt sein, d. h. ein wirthschaftlicher oder auch nur sozialer Vortheil. Dieser wird thatsächlich zumeist in Geld bestehen. Es ist dies aber nicht rechtlich nothwendig. Auch andere Vortheile können als „Belohnung" gelten, selbst solche, welche zum Theil auf idealem Gebiete liegen, z. B. bei Preisaufgaben wissenschaftlicher Art ein kostenloser Doktortitel oder ein sonstiges Diplom.

6. Gefordert muß werden die Vornahme einer bestimmten Handlung oder die Herbeiführung eines bestimmten Erfolgs und zwar Beides in Gestalt einer darauf gerichteten menschlichen Thätigkeit. Zufällig sich ergebende Thatsachen eignen sich nicht als Gegenstände des Rechtsgeschäfts der Auslobung, wenn auch für den Fall ihres Eintritts von Irgendwem zu irgendwelchem Zweck etwas öffentlich versprochen worden und dieses Versprechen bindend erscheinen mag. (Vgl. Beispiele bei Oertmann, S. 387.)

Als Handlungen jener Art können auch bloße Mittheilungen, z. B. über den Aufenthalt eines Uebelthäters, über den Verbleib eines entlaufenen Thieres u. dgl. sich darstellen. Das Gleiche gilt z. B. vom begehrten Nachweise von Fehlern an einem Werke.

7. Die Vorsetzung einer bestimmten Frist für die Vornahme der Handlung oder Erzielung des Erfolgs ist (abweichend vom P.L.R. Thl. I Tit. 11 §§ 988 fg.) allgemein nicht vorgeschrieben, ist aber zugelassen (vgl. B.G.B. § 658). Eine positive Vorschrift der Fristsetzung enthält nur § 661 B.G.B.

8. Berechtigt aus der Auslobung wird derjenige, welcher die geforderte Handlung vorgenommen, den geforderten Erfolg herbeigeführt hat. Der sich etwa ergebende Fall der Konkurrenz Mehrerer an der Handlung oder am Erfolge, sowie der Konkurrenz in zeitlicher Hinsicht ist in den §§ 659, 660 geregelt. Als charakteristisch für die Auffassung des sich ergebenden Rechtsverhältnisses im B.G.B. sind die Schlußworte des § 657. Abgesehen von ihrer schon oben S. 480 betonten Bedeutung für die sog. Pollicitationstheorie können sie sogar den Fall ergeben, daß Jemand aus einer Auslobung berechtigt wird, welcher diese gar nicht dabei beachtet, vielleicht selbst nicht einmal gekannt hat.

9. Die Entscheidung darüber, ob die ausgesetzte Belohnung verdient sei und von wem? steht nicht dem Auslobenden selbst zu, sondern im Streitfalle dem Richter, soferne nicht etwas anderes entweder

a) bei der Auslobung selbst rechtswirksam (also auch öffentlich) bestimmt wurde

oder

b) im Gesetze vorgesehen ist, wie nach § 661 für Preisbewerbungen. Vgl. auch § 660.

(So auch Planck, II S. 403.)

§ 658.

Die Auslobung kann bis zur Vornahme der Handlung widerrufen werden. Der Widerruf ist nur wirksam, wenn er in derselben Weise wie die Auslobung bekannt gemacht wird oder wenn er durch besondere Mittheilung erfolgt.

Auf die Widerruflichkeit kann in der Auslobung verzichtet werden; ein Verzicht liegt im Zweifel in der Bestimmung einer Frist für die Vornahme der Handlung.

E. I, 582; II, 590; III, 645.

I. Aelteres Recht. Die Frage, ob, wie lange, unter welchen Formen und mit welchen Wirkungen der Auslobende einen Widerruf der Auslobung bethätigen könne, war in der Theorie des gemeinen Rechtes sehr streitig. Die Beantwortung jener Frage fiel verschieden aus und war meist beeinflußt durch die Stellungnahme zu der Vertrags- oder Pollicitationstheorie (M. II, 521). Auch die ältere Gesetzgebung bewegte sich in dieser Hinsicht in verschiedener Richtung. So schränkte das P.L.R. Thl. I Tit. 1 § 988 fg.

den Widerruf wesentlich ein, während das sächsische G.B. (§ 771) denselben ausgedehnt zugelassen hatte.

II. Das B.G.B. folgt den Spuren des sächsischen Rechtes. Gemäß B.G.B. § 658 ist der Widerruf der Auslobung im Grundsatze rechtlich zulässig. Jedoch ist diese rechtliche Möglichkeit begrenzt:

a) in zeitlicher Hinsicht durch eine bestimmte Befristung:

b) in formeller Hinsicht durch die Vorschrift der Einhaltung bestimmter Formen des Widerrufs, dann

c) durch den Vorbehalt eines Verzichts auf den Widerruf mit einer bestimmten Auslegungsregel über die Annahme eines solchen Verzichts.

Dabei ist in M. II, 522 eigens betont, daß mit dieser Zulassung des Widerrufs der Boden der sog. Pollicitationstheorie nicht verlassen, sondern nur dem muthmaßlichen Willen des Auslobenden, wenn er bei der Auslobung in dem fraglichen Punkte nichts eigens bestimmt habe, Rechnung getragen sein solle.

1. Der Widerruf ist nur zulässig bis zur Vornahme der Handlung, welche den Gegenstand der Auslobung bildet. Diese Handlung, beziehungsweise der bezielte Erfolg muß, wenn der Widerruf nicht mehr zulässig sein soll, von irgend Jemandem bereits vollendet sein. Liegen nur erst Vorbereitungshandlungen oder ein Anfang in der Ausführung vor, so hindert dieses den Widerruf nicht. Der Handelnde hat auch für das in dieser beschränkten Ausdehnung vor dem Widerrufe schon Geschehene keinen Entschädigungsanspruch gegen den Auslobenden, selbst wenn dieser von dem, was schon geschehen ist, Kenntniß gehabt haben sollte (Planck, II S. 404). Denn bis zur Vollendung der in Frage stehenden Handlung geht dasjenige, was geschieht, gleichsam auf Wag und Gefahr des Handelnden. Eine begründete Ausnahme macht Oertmann, S. 388, nur für den Fall, daß ein arglistiges Verhalten des Auslobenden im Sinne der §§ 226 oder 826 B.G.B. vorliegen sollte.

2. In der Form muß der Widerruf, welcher eine einseitige, aber nicht schlechthin empfangsbedürftige Willenserklärung darstellt, in der gleichen Weise erfolgen, wie die Auslobung geschah, also zunächst ebenfalls mittelst öffentlicher Bekanntmachung und zwar in der nämlichen Art derselben, wie die Auslobung selbst. Dieser Form des Widerrufs hat die II. Kamm. nach P. II, 347 noch eine andere beigefügt in Gestalt der Alternative: „oder wenn er (der Widerruf) durch besondere Mittheilung erfolgt". Diese Zulassung bezieht sich auf die zwei Fälle, daß entweder schon die Auslobung neben der öffentlichen Bekanntmachung auch an eine bestimmte Person speziell gerichtet wurde (wie es nicht selten bei Konkurrenzausschreibungen vorkommt) oder auch, daß dem Widerrufenden bekannt geworden war, eine bestimmte Person schreite zur Ausführung der Handlung. In jedem dieser Fälle ersetzt die geschehene besondere Mittheilung der damit bedachten Person gegenüber, aber nicht in weiterem Umfange, die öffentliche Bekanntmachung des Widerrufs. Nicht anzunehmen ist dagegen, daß neben der öffentlichen Widerrufserklärung im einen oder anderen jener Fälle stets auch eine besondere Mittheilung an die betreffende Person ergehen müßte, um den Widerruf rechtswirksam zu machen. (S. auch Oertmann, S. 388.) Daß die „besondere Mittheilung" sich als empfangsbedürftige Erklärung (§ 130 fg.) darstellt, ist nicht zu bezweifeln.

3. Die Widerruflichkeit fällt weg, wenn in der Auslobung selbst, sohin auch in der Form derselben, vom Auslobenden auf den Widerruf verzichtet wurde. Was Abs. 2 Satz 2 dabei noch bestimmt, gilt als Auslegungsregel, fällt also weg, wenn eine gegentheilige Absicht des Auslobenden sicher anzunehmen ist.

4. Durch einen rechtswirksamen Widerruf wird der Auslobende von seinen Verpflichtungen im Sinne der Auslobung weiterhin befreit. Für etwa von Jemandem bereits aus Anlaß der Auslobung bestrittene Auslagen und Aufwendungen braucht er keinen Ersatz zu leisten. (Vgl. schon oben Nr. 1.)

5. Abgesehen vom Widerrufe kann die Auslobung auch hinfällig werden aus einem der allgemeinen Rechtsgründe für das Erlöschen einer obligatorischen Verbindlichkeit, wie z. B. durch eingetretene Unmöglichkeit der Handlung rc., so wie sie gefordert ist. Zur Annahme von Surrogatleistungen besteht für den Auslobenden keine Verpflichtung. Nicht ausgeschlossen ist auch die Anfechtung der Auslobung aus einem allgemeinen Rechtsgrunde, wie z. B. Irrthum, Zwang, Betrug. Es kann dies von Bedeutung werden, wenn und wo das Widerrufsrecht nicht besteht oder schon weggefallen ist. Bei der Seltenheit des Bestehens solcher Anfechtungsgründe sei des Näheren nur verwiesen auf Planck, II S. 401.

Daß Tod oder eintretende Geschäftsunfähigkeit des Auslobenden die geschehene Auslobung nicht hinfällig macht, ist anerkannt (Planck, II S. 404; Oertmann,

(S. 388), übrigens auch schon in M. II, 522 fg. erwähnt und begründet. Man wird aber in solchen Fällen dem Erben oder gesetzlichen Vertreter des Auslobenden das gleiche Widerrufsrecht einzuräumen haben, wie Letzterem selbst.

§ 659.

Ist die Handlung, für welche die Belohnung ausgesetzt ist, mehrmals vorgenommen worden, so gebührt die Belohnung demjenigen, welcher die Handlung zuerst vorgenommen hat.

Ist die Handlung von Mehreren gleichzeitig vorgenommen worden, so gebührt jedem ein gleicher Theil der Belohnung. Läßt sich die Belohnung wegen ihrer Beschaffenheit nicht theilen oder soll nach dem Inhalte der Auslobung nur Einer die Belohnung erhalten, so entscheidet das Loos.

E. I, 583; II, 591; III, 648.

1. Allgemeines. In Folge der gesetzlich gebotenen Oeffentlichkeit der Auslobung kann und wird es sogar häufig vorkommen, daß mehrere Personen selbständig und unabhängig von einander (über den davon verschiedenen Fall des Zusammenwirkens Mehrerer s. § 660) sich daran machen, durch Vornahme der geforderten Handlung die nur einmal ausgesetzte Belohnung zu erhalten. Es entsteht dann die Frage, wer von jenen Mehreren die Belohnung zu beanspruchen und zu bekommen hat. Auszuscheiden ist hiebei von vorneherein der Fall einer Preisbewerbung, für welchen die Sonderbestimmungen des § 661 B.G.B. bestehen. Gegenstandslos ist weiterhin jene Frage dann, wenn die Natur der geforderten Handlung die Vornahme durch Mehrere ausschließt. Ob dies so ist, erscheint als eine im gegebenen Falle bei einem Streite darüber richterlich zu entscheidende Thatfrage. Für andere Fälle trifft der § 659 die gesetzliche Vorschrift, welche nach M. II, 525 darauf berechnet ist, dem muthmaßlichen Willen des Auslobenden Genüge zu leisten. Eben darum stellt § 659 auch nur eine Dispositivvorschrift dar.

Hat der Auslobende bei der Auslobung selbst über die Konkurrenzfrage Bestimmung getroffen, so kommt letztere in erster Linie zur Anwendung.

2. Grundsätze des Gesetzes. § 659 unterscheidet zunächst, je nachdem die Handlung der Mehreren

a) in zeitlich getrennten Akten

oder

b) gleichzeitig

vorgenommen worden ist.

Im Falle a soll nach § 659 Abs. 1 die Priorität der Vornahme der Handlung für den Anspruch auf die Belohnung entscheidend sein. Das Gesetz spricht von demjenigen, welcher die Handlung zuerst vorgenommen hat. In M. II, 523 ist statt „vorgenommen" gesprochen von „vollbracht". Eine verschiedene Absicht ist mit dem Wechsel der Ausdrücke offenbar nicht verbunden. Jener Grundsatz der Priorität gilt, gleichviel, ob für die Handlung eine Frist vorgesetzt war oder nicht. Bestand aber eine Fristbestimmung, so fallen die erst nach deren Ablauf vorgenommenen Handlungen ohnehin außer Konkurrenz.

Im obigen Falle b, nämlich dem der gleichzeitigen Vornahme der Handlung durch die Mehreren, unterscheidet das Gesetz weiter noch, ob die ausgesetzte Belohnung nach allgemeinen Rechtsgrundsätzen theilbar ist oder nicht.

Bei Theilbarkeit der Belohnung findet auch deren gleichheitliche Vertheilung unter die Mehreren statt.

Bei Untheilbarkeit der Belohnung entscheidet das Loos. Dessen Vornahme muß dem Auslobenden zugesprochen werden, wenn nicht etwas Anderes schon in der Auslobung darüber bestimmt ist oder zwischen den Betheiligten nachher noch vereinbart wird.

3. Ist nur von Einem der Mehreren auf die eine oder andere Art der Anspruch auf die Belohnung rechtsbegründet erworben, so ist derselbe hiemit für die Anderen erloschen. Ein Anspruch der Letzteren lebt auch nicht wieder auf, wenn etwa jener Eine den von ihm erworbenen Anspruch nicht geltend macht, darauf verzichtet, ihn dem Auslobenden erläßt. Denn dieses sind nur Akte, welche lediglich das Rechtsverhältniß zu dem Auslobenden berühren — es müßte denn sein, daß der Anspruchsberechtigte seinen

erworbenen Anspruch zur Geltendmachung als solchen einem der Mitbewerber abgetreten hätte. (Vgl. Planck, II S. 404; Oertmann, S. 389.)

4. So einfach diese Regelung auch erscheint, so kann sich doch dabei wenigstens eine Weiterung ergeben. Es kann sich nämlich ereignen, daß z. B. A die Handlung, wenn sie nicht gerade dem Auslobenden selbst gegenüber vorgenommen werden mußte, zwar zuerst — vor B — ohne Vorwissen des Auslobenden vorgenommen hat, seinen Anspruch aber nicht sofort geltend macht, während ihm B gegenüber dem Auslobenden mit einer Anspruchserhebung zuvorkommt und die Belohnung auch erhält. Wie nun dann, wenn A später seinen rechtsbegründeten Anspruch erhebt und Beweis dafür erbringt? Hat der Auslobende in gutem Glauben und auch nicht fahrlässig die Belohnung verabfolgt, so kann ihm nicht Doppelleistung obliegen. Offenbar besteht aber auf Seite des B eine ungerechtfertigte Bereicherung, deren Herausgabe von ihm gefordert werden kann, und zwar durch den Auslobenden sowohl wie durch den Anderen, auf dessen Kosten Jener bereichert ist (B.G.B. § 812).

§ 660.

Haben Mehrere zu dem Erfolge mitgewirkt, für den die Belohnung ausgesetzt ist, so hat der Auslobende die Belohnung unter Berücksichtigung des Antheils eines jeden an dem Erfolge nach billigem Ermessen unter sie zu vertheilen. Die Vertheilung ist nicht verbindlich, wenn sie offenbar unbillig ist; sie erfolgt in einem solchen Falle durch Urtheil.

Wird die Vertheilung des Auslobenden von einem der Betheiligten nicht als verbindlich anerkannt, so ist der Auslobende berechtigt, die Erfüllung zu verweigern, bis die Betheiligten den Streit über ihre Berechtigung unter sich ausgetragen haben; jeder von ihnen kann verlangen, daß die Belohnung für alle hinterlegt wird.

Die Vorschrift des § 659 Abs. 2 Satz 2 findet Anwendung.

E. II, 591; III, 647.

1. Entstanden ist diese Vorschrift erst in der II. Komm. (P. II, 348 fg.). Man wollte auch dem Falle eine gesetzliche Regelung angedeihen lassen, wenn zur Erzielung des durch die Auslobung angestrebten Erfolgs Mehrere — und zwar berechtigtermaßen — zusammengewirkt haben. Selbstverständlich kommen übrigens auch die Vorschriften des § 660 über die Antheile der mehreren Zusammenwirkenden und über die Befugniß zu deren Zuerkennung nur dann und insoweit zur Anwendung, als nicht über diese Punkte durch die Auslobung selbst rechtswirksam etwas anderes bestimmt ist.

2. Maßgebend für die Zuerkennung der Belohnung an die Mehreren ist das Theilungsprinzip. Ist der Belohnungsgegenstand nicht theilbar oder soll nach dem Inhalte der Auslobung nur Einer die Belohnung erhalten, so entscheidet das Loos (§ 660 Abs. 3 mit § 659 Abs. 2 Satz 2).

3. Die Art der Vertheilung erfolgt nicht nach dem Grundsatze der Kopftheilung, sondern richtet sich nach dem Maße des Antheils eines Jeden der Mehreren an dem Erfolge. Von diesen kann daher der Eine mehr, der Andere weniger von der ausgesetzten einen Gesammtbelohnung bekommen.

4. Berufen zur Entscheidung ist, Mangels anderweitiger Bestimmung in der Auslobung selbst, der Auslobende. Für ihn ist dies ein Recht, aber auch eine Pflicht (arg. „hat"). Ausdrücklich betont ist in P. II, 349, daß jene Funktion vom Auslobenden nicht als Schuldner, sondern als Preisrichter ausgeübt werde. Nicht das Maß der ihm obliegenden Leistung, welches schon feststehe, habe er zu bestimmen, sondern es handle sich nur darum, daß er den Antheil eines jeden der Betheiligten an dem Gegenstande der Belohnung festsetze. Die Stellung des Auslobenden ist hier ähnlich wie die des Dritten im § 319, mit dem der § 660 theilweise sogar den Wortlaut gemein hat.

5. Sachlich unterliegt der Spruch dem „Ermessen" des Entscheidenden. Dieses Ermessen muß sich aber innerhalb der Grenzen der Billigkeit bewegen, darf nicht als reine Willkür sich darstellen. Ist dieses Erforderniß gegeben, so ist die Entscheidung für die Betheiligten verbindlich. Nicht verbindlich für diese ist sie aber, wenn „offenbare Unbilligkeit" vorliegt. Darin entspricht der Inhalt des § 660 dem des § 319 Abs. 1. Es sind deßhalb die Bem. zu § 319 auch hieher zu vergleichen.

6. Sind mehrere Auslobende (oder Erben eines solchen) an der nämlichen Auslobung betheiligt, so liegt ihnen auch, wenn nicht eigens etwas anderes rechtswirksam bestimmt ist, die gemeinsame Entscheidung ob. Ist nicht Mehrheitsbeschluß vorgesehen, so müssen sich eben die mehreren Auslobenden zu einem Gesammtspruche vereinigen. Abgelehnt kann der Spruch nicht werden, auch nicht wegen Meinungsverschiedenheit. Denn die Belohnungsprätendenten haben ein klagbares Recht auf Entscheidung.

7. Die Entscheidung erfolgt formell durch eine einseitige empfangsbedürftige Erklärung. Planck, II S. 406 und Oertmann, S. 390 nehmen an, daß die Eröffnung auch nur an einen der Betheiligten genügt.

8. Die im Verfahren nach § 660 ergangene Entscheidung ist auf Seite der Belohnungsberechtigten nur aus einem einzigen Grund anfechtbar, nämlich wegen „offenbarer Unbilligkeit". (Vgl. oben S. 69.) Erfolgt eine solche Anfechtung, so muß durch richterliches Urtheil entschieden werden, welches im ordentlichen Prozeßverfahren herbeizuführen ist. Als Gegner des Anfechtenden kann hiebei der Auslobende selbst nicht wohl gedacht und behandelt werden, und zwar schon nicht des Inhalts des Abs. 2 § 660 wegen. Vielmehr hat der Anfechtende die Klage gegen die übrigen Mitinteressenten zu richten und damit das Theilungsurtheil herbeizuführen. Nach P. II, 350 ist es geradezu als unangemessen befunden worden, den Auslobenden in den Streit der Bewerber um die Belohnung mit zu verwickeln. Er brauche sich nicht, heißt es dort, in diesen Streit einzulassen.

9. An und für sich hindert die Thatsache, daß einer der Prätendenten der Entscheidung wegen offenbarer Unbilligkeit mit Anfechtung widerstreitet, den Auslobenden keineswegs daran, einem Anderen den ihm zuerkannten Antheil an der Belohnung zu verabfolgen. Aber er thut dies insoferne auf eigene Gefahr, als er bei später ergehendem Urtheil in die Lage kommen könnte, eine Doppelzahlung an einen wiederum Anderen zu machen und das an den ersten Empfänger zu viel Geleistete erst wieder von diesem als ungerechtfertigte Bereicherung zurückzuverlangen. Um den Auslobenden einer solchen unerquicklichen Lage zu entheben, ist ihm, wenn auch nur Einer der Betheiligten die Vertheilung als unverbindlich anficht, gegen alle Betheiligten die im Abs. 2 § 660 vorgesehene Einrede gegeben. Diese Einrede hat der Auslobende so lange, als nicht die streitlose Anerkennung der Entscheidung Seitens aller Betheiligten vorliegt oder bei entstandenem Rechtsstreite zwischen dem daran Betheiligten rechtskräftiges Urtheil ergangen ist.

Der Einrede steht dann wiederum andererseits der im Abs. 2 § 660 vorgesehene Hinterlegungsanspruch gegenüber, und zwar für Jeden, der das Seinige noch nicht bekommt, namens Aller und mit Wirkung für Alle.

10. Ausdrücklich bemerkt Oertmann, S. 390, daß es dem Auslobenden nicht wohl versagt sein könne, seine Entscheidung aus einem der allgemeinen Rechtsgründe, insbesondere wegen Zwang, Irrthum oder Betrug, selbst anzufechten. Theoretisch ist dies ja wohl richtig. Praktisch wird es nur selten vorkommen.

11. Bei Tod oder eintretender Geschäftsunfähigkeit des Auslobenden tritt folgerichtig auch in dessen Entscheidungsrecht nach § 660 der Erbe oder gesetzliche Vertreter ein (Planck, II, 405; Oertmann, S. 390).

§ 661.

Eine Auslobung, die eine Preisbewerbung zum Gegenstande hat, ist nur gültig, wenn in der Bekanntmachung eine Frist für die Bewerbung bestimmt wird.

Die Entscheidung darüber, ob eine innerhalb der Frist erfolgte Bewerbung der Auslobung entspricht oder welche von mehreren Bewerbungen den Vorzug verdient, ist durch die in der Auslobung bezeichnete Person, in Ermangelung einer solchen durch den Auslobenden zu treffen. Die Entscheidung ist für die Betheiligten verbindlich.

Bei Bewerbungen von gleicher Würdigkeit finden auf die Zuertheilung des Preises die Vorschriften des § 659 Abs. 2 Anwendung.

Die Uebertragung des Eigenthums an dem Werke kann der Auslobende nur verlangen, wenn er in der Auslobung bestimmt hat, daß die Uebertragung erfolgen soll.

E. I, 584; II, 592; III, 648.

I. Allgemeines. Im § 661 gibt das B.G.B. schließlich noch einige Sonderbestimmungen für eine besondere Unterart (M. II, 523) der Auslobung, nämlich für die „Auslobung, welche eine Preisbewerbung zum Gegenstande hat". Soweit diese Sonderbestimmungen direkt oder indirekt eingreifen, treten die allgemeinen Vorschriften über Auslobungen in den Hintergrund. Im Uebrigen sind sie auch für die im § 661 begriffenen Fälle maßgebend. Bei diesen letzteren ist vorausgesetzt, daß in der Auslobung öffentlich zu einer Preisbewerbung, nicht etwa bloß zu einer konkreten einzelpersönlichen Handlung, einem Einzelwerk aufgefordert wird, daß also der zufolge der Auslobung Handelnde mit anderen etwa dem gleichen Ziele zustrebenden Personen in Konkurrenz tritt im Wege einer förmlichen Bewerbung um die ausgesetzte Belohnung, den Preis. Diese Preisaussetzung kann geschehen entweder für die alleinige beste Leistung oder aber auch in der Art, daß die bestimmte Gesammtbelohnung je nach dem Verhältnisse der Einzelleistungen zu einander in mehrere Preise abgestuft wird oder wenigstens abgestuft werden kann. Das Eine oder Andere ist natürlich bei der Auslobung zum wenigsten im Allgemeinen schon zu bestimmen. Nicht ausgeschlossen ist auch, vorzusehen, daß überhaupt kein Preis ertheilt wird, wenn ein bestimmter Würdigkeitsgrad nicht erreicht ist. Gegenstand einer Preisbewerbung im Sinne des § 661 kann die Lösung von Aufgaben der verschiedensten Art sein. Das Gesetz enthält in diesem Punkte keine Unterscheidung. In M. II, 523 sind eigens erwähnt Aufgaben aus den Gebieten der Wissenschaft, Kunst, Technik. Dies steht aber dort nur beispielsweise, wie sich klar ergibt aus der Beifügung des Wortes „namentlich" und dem Zeichen „rc.". So auch korrekt bei Planck, II, 523. Oertmanns Bem. S. 523 gewährt den Anschein, als ob seine Aufzählung abschließender Natur sein sollte. Es können aber noch andere Preisbewerbungen hieher in Betracht kommen, namentlich auch aus dem Gebiete des Sports (Wettrennen, Regatten und Aehnliches). Zutreffend findet Planck das Charakteristische der Preisbewerbung allgemein darin, daß die gestellte Aufgabe eben verschiedene Lösungen zuläßt und daß ein Wettbewerb möglich ist. „Verschiedene Lösungen": d. h. in der Art, in der Ausdehnung, in der Zeit.

II. Sonderbestimmungen des § 661.

1. Vor Allem schreibt die Gesetzesstelle vor, daß die Auslobung zur Preisbewerbung in der Bekanntmachung eine Frist (M. II, S. 523 sagen: eine Zeit) für die (förmliche) Bewerbung bestimmt haben muß. Sonst ist die Auslobung nicht gültig. Als Grund hiefür ist in M. II, 523 angeführt, „daß in Ermangelung einer solchen Bekanntmachung bei diesen auf Konkurrenz gestellten Auslobungen der Auslobende stets noch auf ein besseres Werk warten und nicht genöthigt werden könnte, unter den zur Bewerbung gestellten Leistungen die übliche Wahl zu treffen".

Der im § 661 gestellten Fristsetzung muß auch gleichgestellt werden die Bestimmung eines festen Termins zur Konkurrenzleistung (Tag, Stunde), wie solche namentlich bei Sportkämpfen üblich ist.

Wird die Frist (oder der Termin) vom Preisbewerber mit seiner Bewerbung versäumt, so verliert dieser jeden Anspruch und zwar, wie Oertmann, S. 371 richtig bemerkt, auch dann, wenn die Lösung der Aufgabe selbst rechtzeitig erfolgt sein sollte. Umgekehrt ist bei Fristsetzung nach § 658 Abs. 2 die geschehene Auslobung „im Zweifel" unwiderruflich.

In welcher Art die Bewerbung erfolgen müsse, ist im Gesetze nicht näher bestimmt. Maßgebend ist dafür in dieser Hinsicht zunächst das in der Auslobung Bestimmte, dann auch das in der Natur der Aufgabe Gelegene oder der Sitte Entsprechende (z. B. bei Wettrennen: sog. Nennungen, Erscheinen am Start u. dgl.).

Daß eine erklärte Bewerbung auch wieder zurückgezogen werden könne, erscheint nicht zweifelhaft. Nur können damit nach Maßgabe der Auslobung auch bestimmte Nachtheile verbunden sein, wie z. B. Verlust von sog. Einsätzen, Verfall von Reugeldern rc.

2. Entscheidung über die Preiszuerkennung. Diese kann sich erstrecken sowohl auf die Preiswürdigkeit und Formgerechtigkeit der Leistung überhaupt, wie auch auf den Vorzug zwischen mehreren Bewerbungen. Positive Gesetzesvorschrift ist es nun nach § 661, daß bei den hierunter fallenden Preisbewerbungen keine gerichtliche Entscheidung stattfindet. § 661 weist dieselbe in erster Reihe der in der Auslobung hiezu bestimmten Person (Preisrichter) zu, subsidiär dem Auslobenden selbst. Auch mehrere Personen können als gemeinsame Preisrichter (Preisgericht) bestimmt werden. Der Auslobende selbst ist zur subsidiären Entscheidung nicht bloß berechtigt, sondern auch verpflichtet (arg. „ist zu treffen"). Dritte Personen kann eine Entscheidungspflicht möglicher Weise nur gegenüber dem sie bestellenden Auslobenden, nicht aber gegenüber den Bewerbern treffen. (So zutreffend Oertmann, S. 392.)

Die subsidiäre Entscheidung kann dem Auslobenden erwachsen sowohl dann, wenn zur Entscheidung keine dritte Person berufen ist, als auch dann, wenn der Dritte sich der

Entscheidung weigert oder wenn die mehreren Preisrichter zu einem Spruche nicht gelangen können.

Dem Auslobenden, wie einem anderen Preisrichter ist es natürlich unverwehrt, sich des Beiraths und der Unterstützung Anderer zu bedienen. Sie können solche Dritte aber nicht nachträglich als selbsteigene Preisrichter substituiren.

Die Entscheidung des hiezu Berufenen ist nicht anfechtbar. Sie ist und bleibt vielmehr „für die Betheiligten", d. h. für den Auslobenden wie für die Bewerber, verbindlich. Formell erfolgt sie mittelst einer einseitigen Erklärung. Daß diese „empfangsbedürftig" im Sinne der §§ 130 fg. sei, läßt sich gewiß nicht behaupten. Darum ist Oertmann, S. 392 gegen Planck, II S. 408 beizupflichten.

3. Nicht zu bezweifeln ist, daß die Schlußworte des § 657 auch hieher gelten. Ausdrücklich ist das Gleiche durch § 661 Abs. 2 auch bezüglich des § 659 Abs. 2 über Theilung oder Loos bei gleicher Würdigkeit von Bewerbungen bestimmt.

4. Nach dem durch § 661 Abs. 4 angenommenen Prinzipe geht das Eigenthum (Sacheigenthum oder sog. geistiges Eigenthum, Urheberrecht, Erfinderrecht) an und für sich weder durch die letzte Bewerbung, noch auch durch die Preiszuerkennung auf den Auslobenden über. Einen solchen Rechtsübergang kann Letzterer nur dann beanspruchen, wenn dies eigens zur Auslobungsbedingung gemacht ist und durch die Preisbewerbung vom Bewerber angenommen erscheint.

Zehnter Titel.

Auftrag.

(Erläutert von Dr. Th. Engelmann.)

Einleitung.

1. Uebersicht. Die §§ 662—676 regeln den Auftrag. § 662 bestimmt Begriff und Inhalt dieses Vertrags, § 663 legt gewissen Personen die Verpflichtung auf, die Ablehnung eines Auftrags dem Auftraggeber anzuzeigen, § 664 behandelt die Substitutionsbefugniß und die Haftung für beigezogene Gehülfen, § 665 das Recht zur Abweichung von den Weisungen des Auftraggebers, die §§ 666—668 die Pflicht des Beauftragten zur Benachrichtigung des Auftraggebers, Auskunftsertheilung, Rechenschaftsablegung, Herausgabe des zur Ausführung des Auftrags oder aus der Geschäftsbesorgung Erhaltenen und Verzinsung des herauszugebenden oder zu verwendenden Geldes. Die §§ 669 u. 670 regeln die Vorschuß- und Ersatzpflicht des Auftraggebers, die §§ 671—674 die Beendigung des Auftrags durch Widerruf, Kündigung, Tod, Geschäftsunfähigkeit und die sich hieran knüpfenden Rechtsfolgen. § 675 erklärt die wesentlichsten Vorschriften über den Auftrag für anwendbar auf gewisse Dienst- und Werkverträge, § 676 endlich beschäftigt sich mit der rechtlichen Bedeutung von „Rath" und „Empfehlung".

2. Begriff und rechtliche Natur des Auftrags. Das B.G.B. bedient sich des Ausdrucks „Auftrag" in doppeltem Sinne. Zunächst bedeutet „Auftrag" die einseitige Willenserklärung, durch welche Jemand einen Anderen auffordert, für ihn unentgeltlich ein Geschäft zu besorgen. Der Auftrag in diesem Sinne hat regelmäßig keine den Beauftragten verpflichtende Wirkung; eine Ausnahme hievon enthält § 663, vgl. Anm. 1 zu § 663. Auftrag im technischen Sinne dagegen (richtiger „Auftragsvertrag") ist der Vertrag, welcher dadurch zu Stande kommt, daß Jemand (der „Beauftragte") sich verpflichtet, ein ihm von einem Anderen (dem „Auftraggeber") übertragenes Geschäft für diesen unentgeltlich zu besorgen (d. h. daß er den Auftrag „annimmt"). Im ersteren Sinne wird „Auftrag" z. B. in den §§ 662, 663, im letzteren Sinne in den §§ 671—674 gebraucht. Daneben bedient sich aber der gewöhnliche Sprachgebrauch des Ausdrucks „Auftrag" vielfach auch da, wo Leistungen gegen Entgelt in Frage stehen, wie beim Dienstvertrag, Werkvertrag, Mäklervertrag ꝛc. (vgl. Krückmann, Institutionen des B.G.B. 2. Aufl. S. 108 ff., Weyl, Vortr. über das B.G.B. I, 464). In diesem Sinne wird „Auftrag" auch von der Rechtsanwaltsordnung für das Verhältniß zwischen Partei und Anwalt, von der C.P.O. für das Verhältniß zwischen Gläubiger und Gerichtsvollzieher gebraucht (s. Anm. 2 b zu § 662; vgl. auch Anm. 2 c, a zu § 677). Der Auftrag im technischen Sinne verpflichtet den Beauftragten zur Besorgung des übertragenen Geschäfts, gibt ihm aber kein Recht hierauf. Berechtigt ist also zunächst nur der Auftraggeber, wenn auch die Entstehung verschiedener Ansprüche in der Person des Beauftragten möglich ist (§§ 669, 670). Der Auftrag ist daher kein gegenseitiger Vertrag im Sinne der §§ 320—327, sondern ein sog. unvollkommen zweiseitiger Vertrag (s. oben S. 70 Anm. 1 zu § 320, Oertmann, Vorbem. vor diesem Titel Ziff. 2).

3. Verhältniß des Auftrags zu verwandten Rechtsbegriffen.

a) Auftrag und Vollmacht wird vom B.G.B. scharf unterschieden. Der Auftrag kann dahin gehen, daß der Beauftragte im Namen des Auftraggebers handle. Ist dies der Fall, so liegt eine durch Rechtsgeschäft ertheilte Vertretungsmacht, also Vollmacht (s. § 166 Abs. 2) vor und es kommen die Vorschriften der §§ 164 ff. zur Anwendung. Der Auftrag kann aber auch dahin lauten, daß der Beauftragte in eigenem Namen handle. Umgekehrt kann eine Vollmacht ertheilt sein, ohne daß ein Auftrag vorliegt, was insbesondere bei sog. Generalvollmachten häufig vorkommt (M. II, 525; Z.G. II, 328; Endemann, Bd. 1 S. 346 Note 2; Oertmann, Vorbem. Ziff. 1); bezüglich des gemeinen Rechtes s. Dernburg, Pand. Bd. 2 S. 318 ff.; Windscheid-Kipp, Pand. Bd. 2 S. 745, 746; das P.L.R. (Thl. I Tit. 13 §§ 5 ff.: „von Vollmachtsaufträgen" und das B.L.R. (Thl. IV cap. 9: „von der Vollmacht [mandato] und anderen ähnlichen Handlungen") vermischen beide Begriffe vollständig; über andere Rechte s. M. II, 525 Note 2.

b) Der Unterschied zwischen Auftrag einerseits, Dienst- und Werkvertrag andererseits (vgl. Z.G. II, 329 ff., VI, 439 ff.) besteht hauptsächlich darin, daß ein wesentliches Begriffsmerkmal des ersteren die Unentgeltlichkeit bildet (Anm. 2 b zu § 662). Daneben bestehen wichtige Verschiedenheiten hinsichtlich des Kündigungsrechts (vgl. Samml. v. Entsch. d. obersten L.G. München IV, 587 ff.). Ueber Dienst- und Werkverträge, die eine Geschäftsbesorgung zum Gegenstande haben, s. § 675.

c) Von der Verwahrung (§ 688) unterscheidet sich der Auftrag dadurch, daß sich die Pflicht des Verwahrers in der Aufbewahrungspflicht erschöpft, während den Gegenstand des Auftrags eine weitergehende Thätigkeit des Beauftragten bildet (Oertmann, Vorbem. Ziff. 4 b, Vorbem. vor § 688 Ziff. 6 b; vgl. Samml. v. Entsch. d. obersten L.G. München XIII, 548 ff. [Bl. f. R.A. Bd. 57 S. 149 ff.]).

4. Bei einer Mehrheit von Auftraggebern oder Beauftragten trat nach gemeinem Rechte Solidarhaftung ein (Dernburg, Pand. Bd. 2 S. 324, Windscheid-Kipp, Bd. 2 S. 750). Nach B.G.B. greifen für diese Fälle die allgemeinen Bestimmungen der §§ 420 ff. Platz (M. II, 536, 543). Ueber Widerruf und Kündigung eines von Mehreren oder an Mehrere ertheilten Auftrags s. Anm. 5 zu § 671.

5. Hinsichtlich der Haftung beider Vertragstheile gelten beim Auftrage die allgemeinen Grundsätze. Es hat also sowohl der Auftraggeber als der Beauftragte Vorsatz und Fahrlässigkeit zu vertreten (§ 276; M. II, 530 ff.). Besondere Bestimmungen über die Haftung des Beauftragten enthält § 664 Abs. 1 Satz 2 u. 3. Ueber die Haftung des Auftraggebers für den Schaden, welchen der Beauftragte bei Ausführung des Auftrags durch Zufall erleidet, s. Anm. 6 zu § 670. (Auch nach gemeinem Rechte haften Mandant und Mandatar für culpa levis, s. Dernburg, Pand. Bd. 2 S. 321 b, 323 b; Windscheid-Kipp, Bd. 2 S. 747 Note 4; nach B.L.R. [Thl. IV cap. 9 § 5 Ziff. 7, § 6 Ziff. 4] haften beide Theile für culpa levissima [s. Samml. v. Entsch. d. obersten L.G. München VII, 469]; über andere Rechte s. M. II, 531 Note 1.) Ueber die Haftung des Auftraggebers für den durch eine unerlaubte Handlung des Beauftragten einem Dritten zugefügten Schaden s. §§ 831, 278 und Anm. 7 zu § 831.

6. Die Ansprüche aus dem Auftrage verjähren gemäß § 195 in dreißig Jahren; s. aber auch § 196 Abs. 1 Nr. 1, 7, 15 und Abs. 2.

7. Von den Vorschriften über den Auftrag finden Anwendung (bezw. entsprechende Anwendung):

a) die §§ 663, 665—670, 672—674 und unter Umständen auch § 671 Abs. 2 auf einen Dienstvertrag oder einen Werkvertrag, der eine Geschäftsbesorgung zum Gegenstande hat (§ 675);

b) die §§ 664—670 auf die Geschäftsführung des Vorstandes eines Vereins (§ 27 Abs. 3; vgl. P. IV, 377 ff.), sowie auf die Rechte und Verpflichtungen der geschäftsführenden Gesellschafter (§ 713);

c) die §§ 666—668 auf die Verpflichtungen des Geschäftsführers bei der Geschäftsführung ohne Auftrag (§ 681 Satz 2);

d) § 671 Abs. 2, 3 auf das Recht eines Gesellschafters zur Kündigung der Geschäftsführung (§ 712 Abs. 2);

e) die §§ 669, 670 auf den Vorschuß- und Ersatzanspruch des Vormunds, Gegenvormunds, Beistands und Pflegers (§§ 1835 Abs. 1, 1694 Abs. 1, 1915 Abs. 1);

f) die §§ 664, 666—668, 670, 673 Satz 2 und 674 auf das Rechtsverhältniß zwischen dem Testamentsvollstrecker und dem Erben (§ 2218 Abs. 1);

g) vgl. auch §§ 450 Abs. 1, 1978 Abs. 1 Satz 1, Abs. 3.

8. Ueber den **Kreditauftrag** (mandatum qualificatum) s. § 778, über die **Anweisung** s. §§ 783 ff., über die **Geschäftsführung ohne Auftrag** s. §§ 677 ff.; über das **Kommissionsgeschäft** s. H.G.B. §§ 383 ff.

9. In **strafrechtlicher** Beziehung kommt insbesondere St.G.B. § 266 Abs. 1 Nr. 2 und Abs. 2 in Betracht, wonach Bevollmächtigte, welche über Forderungen oder andere Vermögensstücke des Auftraggebers absichtlich zum Nachtheile desselben verfügen, mit Gefängniß, Verlust der bürgerlichen Ehrenrechte und unter Umständen auch mit Geldstrafe bis zu 3000 Mk. bestraft werden („Untreue"), s. auch Anm. 2 a. E. zu § 667.

§ 662.

Durch die Annahme eines Auftrags verpflichtet sich der Beauftragte, ein ihm von dem Auftraggeber übertragenes Geschäft für diesen unentgeltlich zu besorgen.

E. I, 585; II, 593; III, 649.

1. Ueber **Begriff** und rechtliche Natur des Auftrags s. Vorbem. Ziff. 2.

2. **Voraussetzungen** des Auftrags sind:

a) **negotium alienum**, d. h. der Auftrag kann nicht lediglich im Interesse des Beauftragten ertheilt werden. Diesen im gemeinen Rechte anerkannten Satz (s. Dernburg, Pand. Bd. 2 S. 319) spricht das Gesetz nicht ausdrücklich aus, derselbe ergibt sich aber aus dem Inhalte der §§ 676 u. 778 (M. II, 527; vgl. Anm. 2 b zu § 677);

b) **Unentgeltlichkeit**. Das gemeine Recht geht von der Unentgeltlichkeit des Mandats aus (l. 1 § 4 D. 17, 1: „mandatum nisi gratuitum nullum est"). Die auch beim Mandate zulässige Gewährung eines Honorars bildete keine Gegenleistung, war also nicht Bezahlung, sondern Zeichen der Anerkennung, Entschädigung für Auslagen, Sustentation für die Dauer der Geschäftsbesorgung (Dernburg, Pand. Bd. 2 S. 320 und insbesondere Löwenfeld in den Gutachten aus dem Anwaltstande S. 885 ff.). Aehnlich das B.L.R., welches gerade in der Unentgeltlichkeit das Unterscheidungsmerkmal des Mandats gegenüber der locatio conductio erblickt, trotzdem aber die Gewährung eines Rekompenses oder Honorars für statthaft erklärt (Thl. IV cap. 9 § 1, § 3 Ziff. 2, § 6 Ziff. 1). Ueber andere Rechte s. M. II, 528 Note 1. Nach E. I § 586 sollte die Vereinbarung einer Vergütung zulässig sein und eine Vergütung als stillschweigend vereinbart gelten, wenn die Ausführung des Auftrags nach den Umständen nur gegen eine Vergütung zu erwarten war (M. II, 527 ff.). Dagegen hat die II. Komm. die **Unentgeltlichkeit als Begriffsmerkmal des Auftrags erklärt**, da die entgeltliche Uebertragung der Besorgung fremder Geschäfte in den zum Dienst- und Werkvertrage gefaßten Beschlüssen ihre erschöpfende Regelung gefunden habe. Hiebei wurde auf das analoge Verhältniß der (entgeltlichen) Miethe zur (unentgeltlichen) Leihe (§§ 535, 598) hingewiesen und bemerkt, daß durch nachträgliche Vergütung der Dienste des Beauftragten die rechtliche Natur des Auftragsverhältnisses nicht geändert werde (P. II, 352). Eine solche nachträgliche Vergütung wird daher regelmäßig als (remuneratorische) Schenkung (s. oben S. 260 ff. Vorbem. vor § 516 Ziff. IV, 6) zu betrachten sein (Ebenso Matthiaß, Lehrb. des bürgerl. Rechts I, 537; Weyl, Vortr. I, 465; Planck, Komm. Vorbem. zu diesem Tit. I, 1 Abs. 2. Scherer, Komm. Note 1 zu § 662. Dagegen soll nach Oertmann, Vorbem. Ziff. 2 ein nachträglich gewährtes Honorar keine Schenkung oder höchstens eine solche im Sinne des § 534 bilden.) Aus dem Grundsatze der Unentgeltlichkeit des Auftrags ergibt sich, daß die gegen Entgelt geübte Thätigkeit des **Arztes, Rechtsanwalts** und **ähnlicher Kategorieen** nicht unter den Auftrag, sondern unter den Dienst- oder Werkvertrag fällt (vgl. bezüglich des B.L.R. Samml. von Entsch. d. obersten L.G. München XIII, 90; s. aber § 675). Daß die Rechtsanwaltsordnung vom 1. Juli 1878 das Verhältniß zwischen Anwalt und Partei mehrfach als Auftragsverhältniß bezeichnet (§§ 32 Abs. 2, 49 Abs. 1 Nr. 3), kommt hiegegen nicht in Betracht. Der in der II. Komm. gestellte Antrag, die fraglichen Bestimmungen der Rechtsanwaltsordnung entsprechend abzuändern, wurde bis zur Berathung des E.G. zurückgestellt, später jedoch nicht mehr aufgegriffen

(P. II, 379). Ueber die rechtliche Stellung des Gerichtsvollziehers s. Entsch. d. R.G. in Civils. Bd. 16 S. 396 ff.: C.P.O. § 753 (674) und die Komm. hiezu.

3. Die Beobachtung einer besonderen Form ist zum Zustandekommen eines rechtswirksamen Auftrags nicht erforderlich. Sowohl die Ertheilung als die Annahme des Auftrags kann demgemäß auch stillschweigend erfolgen (M. II, 528). Ob in dem widerspruchslosen Dulden der Führung eigener Geschäfte durch einen Anderen eine stillschweigende Auftragsertheilung liegt, ist Sache der Auslegung (vgl. P.L.R. Thl. IV cap. 9 § 2; Samml. von Entsch. d. obersten L.G. München III, 38 ff., VII, 62, XIII, 90). Ein mandatum praesumtum ist dem B.G.B. im Gegensatze zum P.L.R. fremd (M. II, 529). Selbstverständlich kann der Auftrag auch dadurch zu Stande kommen, daß Jemand sich zur unentgeltlichen Geschäftsbesorgung für einen Anderen erbietet und der Andere dieses Erbieten annimmt.

4. Gegenstand des Auftrags ist die Besorgung eines „Geschäfts", nicht bloß eines Rechtsgeschäfts. Es kann sich also sowohl um eine rein faktische als um eine juristische Thätigkeit handeln (Besorgung eines Briefes — Abschluß eines Kaufvertrags). Im letzteren Falle geht der Auftrag entweder dahin, daß der Beauftragte das Rechtsgeschäft in eigenem Namen, oder dahin, daß er es im Namen des Auftraggebers (als dessen Bevollmächtigter) vornehmen soll (s. Vorbem. Ziff. 3 a). Ueber den Begriff der „Geschäftsbesorgung" s. Anm. 2 zu § 675. Gegenstand des Auftrags kann auch die Verwaltung eines ganzen Vermögens sein. Das P.L.R. (Thl. I Tit. 14 §§ 109 ff. kennt einen besonderen Verwaltungsvertrag. Nach dem B.G.B. gilt hiefür nichts Besonderes (M. II, 529). Ob ein zur Vornahme eines verbotenen oder aus anderen Gründen nichtigen Rechtsgeschäfts ertheilter Auftrag der Rechtswirksamkeit entbehrt, ist im Gesetze nicht ausdrücklich bestimmt (M. II, 529; vgl. Windscheid-Kipp, Bd. 2 S. 745, Samml. v. Entsch. d. obersten L.G. München VIII, 598, XI, 293 ff.). Nach den §§ 134, 138 Abs. 1 wird ein solcher Auftrag regelmäßig nichtig sein; vgl. Entsch. d. R.G. in Civils. Bd. 42 S. 134: „Gegenstand des Auftrags kann selbstverständlich immer nur ein rechtlich zulässiger Akt sein" (s. auch Anm. 5 zu § 762 und Anm. 5 zu § 764).

5. Für den Umfang des Auftrags ist der Wille der Parteien entscheidend, bei dessen Ermittlung die Vorschriften der §§ 133, 157 zu beachten sind. Ueber das in dieser Beziehung bisher geltende Recht s. M. II, 530 Note 1.

§ 663.

Wer zur Besorgung gewisser Geschäfte öffentlich bestellt ist oder sich öffentlich erboten hat, ist, wenn er einen auf solche Geschäfte gerichteten Auftrag nicht annimmt, verpflichtet, die Ablehnung dem Auftraggeber unverzüglich anzuzeigen. Das Gleiche gilt, wenn sich Jemand dem Auftraggeber gegenüber zur Besorgung gewisser Geschäfte erboten hat.

E. I, 587; II, 594; III, 650.

1. Durch die Ertheilung des Auftrags wird der Beauftragte, von besonderen Vertragsverhältnissen abgesehen, weder zur Annahme des Auftrags, noch zur Mittheilung der erfolgten Ablehnung verpflichtet (vgl. Vorbem. Ziff. 2). Hievon macht jedoch das Gesetz im Anschluß an § 30 der Rechtsanwaltsordnung vom 1. Juli 1878 („Der Rechtsanwalt, dessen Berufsthätigkeit in Anspruch genommen wird, ist verpflichtet, wenn er den Antrag nicht annimmt, die Ablehnung ohne Verzug zu erklären, widrigenfalls er den durch die Verzögerung erwachsenen Schaden zu ersetzen hat") und H.G.B. § 362 Abs. 1 („Geht einem Kaufmanne, dessen Gewerbebetrieb die Besorgung von Geschäften für Andere mit sich bringt, ein Antrag über die Besorgung solcher Geschäfte von Jemand zu, mit dem er in Geschäftsverbindung steht, so ist er verpflichtet, unverzüglich zu antworten; sein Schweigen gilt als Annahme des Antrags. Das Gleiche gilt, wenn einem Kaufmann ein Antrag über die Besorgung von Geschäften von Jemand zugeht, dem gegenüber er sich zur Besorgung solcher Geschäfte erboten hat") eine Ausnahme, indem es gewissen Personen die Verpflichtung auferlegt, falls sie einen ihnen ertheilten Auftrag nicht annehmen wollen, dies dem Auftraggeber mitzutheilen. Zu diesen Personen gehört:

a) Wer zur (unentgeltlichen) Besorgung gewisser Geschäfte öffentlich bestellt ist (vgl. § 196 Abs. 1 Nr. 15; C.P.O. §§ 404 Abs. 2, 407 Abs. 1). Die praktische Bedeutung dieser Vorschrift ist gering, da es sich hiebei meistens um Beamte handeln wird, mit denen ein privater Vertrag nicht geschlossen wird. In der II. Komm. wurde auf die Möglichkeit hingewiesen, daß ein Anwalt oder Gerichtsvollzieher zur unentgeltlichen Besorgung von Aufträgen öffentlich bestellt werden sollte (P. II, 353; andere Beispiele bei Oertmann, Note 4). Hervorzuheben ist aber, daß § 663 nach § 675 auf Dienst- und Werkverträge, welche eine Geschäftsbesorgung zum Gegenstande haben, entsprechende Anwendung findet. (Vgl. Endemann, I, 802 Nr. 6.) Unter „öffentlicher“ Bestellung wird nicht nur eine behördliche zu verstehen sein (Oertmann, Note 2).

b) Wer sich zur (unentgeltlichen) Besorgung gewisser Geschäfte öffentlich erboten hat. Hieher gehört z. B. der Fall, daß ein Bankier sich öffentlich zum unentgeltlichen Austausche verlooster Werthpapiere oder zur unentgeltlichen Einlösung von Zinsscheinen bereit erklärt hat.

c) Wer sich dem Auftraggeber gegenüber zur (unentgeltlichen) Besorgung gewisser Geschäfte erboten hat (in E. I war diese Bestimmung nicht enthalten; vgl. Z.G. II, 332; P. II, 353).

2. Die Anzeige der Ablehnung muß „unverzüglich“, d. h. ohne schuldhaftes Zögern (§ 121 Abs. 1 Satz 1) erfolgen. Eine Formvorschrift besteht für die Anzeige nicht.

3. Zuwiderhandlung gegen die Vorschrift des § 663 verpflichtet (wie nach Art. 30 der Rechtsanwaltsordnung, s. oben Anm. 1) zum Schadensersatze (§§ 249 ff.). Es gilt also nicht, wie nach manchen bisherigen Rechten (z. B. sächsisches G.B. § 1298) und nach H.G.B. § 362 (s. oben Anm. 1) Schweigen als Annahme (M. II, 530; Z.G. II, 331, VI, 468). Die Verpflichtung zum Schadensersatze kann aber nicht aus § 276 abgeleitet werden (so Weyl, Vortr. I, 466 Note 2), da ja ein Schuldverhältniß in diesem Falle nicht vorliegt, sie folgt vielmehr aus § 823 Abs. 2 (richtig Matthiaß, I, 558; unklar Scherer, Komm. Note zu § 663: „im Falle der Unterlassung wird zwar die Annahme vermuthet, aber dieselbe tritt nicht in bindender Weise ein“).

4. Verhältniß des § 663 zu § 151. Der § 151 setzt voraus, daß eine (stillschweigende) Annahme erfolgt ist; nur braucht dieselbe in gewissen Fällen nicht dem Antragenden gegenüber erklärt zu werden. Es besteht also zwischen § 151 und § 663 kein Widerspruch (vgl. Z.G. II, 331 ff.).

5. Ist der zur Anzeige Verpflichtete geschäftsunfähig geworden, so obliegt die Anzeigepflicht seinem gesetzlichen Vertreter. Für die Erben des verstorbenen Anzeigepflichtigen besteht die gleiche Verpflichtung nicht (vgl. § 673 Satz 2); die bereits erwachsene Verpflichtung zum Schadensersatze dagegen geht natürlich auf die Erben über (vgl. Z.G. II, 332).

§ 664.

Der Beauftragte darf im Zweifel die Ausführung des Auftrags nicht einem Dritten übertragen. Ist die Uebertragung gestattet, so hat er nur ein ihm bei der Uebertragung zur Last fallendes Verschulden zu vertreten. Für das Verschulden eines Gehülfen ist er nach § 278 verantwortlich.

Der Anspruch auf Ausführung des Auftrags ist im Zweifel nicht übertragbar.

E. I, 588, 589; II, 595; III, 651.

1. § 664 enthält im Abs. 1 Satz 1 und im Abs. 2 zwei Auslegungsvorschriften:

a) Nach Abs. 1 Satz 1 ist der Beauftragte im Zweifel zur Substitution nicht befugt, sondern verpflichtet, den Auftrag in Person auszuführen (vgl. §§ 613 Satz 1, 691 Satz 1 und andererseits C.P.O. § 81; s. auch oben S. 27 ff. Anm. 2 zu § 267). Diese Bestimmung rechtfertigt sich durch die Erwägung, daß die meisten Aufträge nicht ohne Rücksicht auf das persönliche Vertrauen ertheilt werden, welches der Auftraggeber in den Beauftragten setzt (M. II, 531; Z.G. II, 332). Eine Verpflichtung des Beauftragten, falls ihm selbst die Ausführung des Auftrags unmöglich ist, ohne Weiteres einen Anderen damit zu betrauen, besteht nicht (M. II, 532). Ob nach gemeinem Rechte der Mandatar Substitutionsbefugniß besitze, war bestritten (Dernburg, Bd. 2 S. 321 Note 3, Windscheid-Kipp, Bd. 2 S. 747 Note 5). Nach P.L.R. Thl. IV cap. 9 § 5 Ziff. 2 war Substitution erlaubt, falls das Geschäft nicht „von gar großer Wichtigkeit ist oder sonst persönliche Geschicklichkeit erfordert“. Ueber andere Rechte s. M. II, 531 Note 2.

b) Nach Abs. 2, der von der II. Komm. beigefügt wurde, ist im Zweifel der Anspruch des Auftraggebers auf Ausführung des Auftrags nicht übertragbar (P. VI, 190, vgl. § 613 Satz 2). Trifft diese Auslegungsregel zu, so kann an diesem Anspruche weder Nießbrauch noch Pfandrecht bestellt werden (§§ 1069 Abs. 2, 1274 Abs. 2), der Anspruch kann ferner nicht gepfändet werden (C.P.O. § 851 Abs. 1), er gehört nicht zur Konkursmasse (K.O. § 1) und es findet ihm gegenüber keine Aufrechnung statt (§ 394 Satz 1). Ueber Vererblichkeit des Anspruchs auf Ausführung des Auftrags s. § 672. Die übrigen dem Auftraggeber aus dem Auftrag erwachsenen Ansprüche (s. insbesondere § 667) sind dagegen nach Maßgabe der allgemeinen Grundsätze (§§ 398 ff.) übertragbar.

2. Trifft die Auslegungsregel des Abs. 1 Satz 1 zu, so handelt der Beauftragte, welcher die Ausführung des Auftrags einem Dritten überträgt, vertragswidrig und haftet daher dem Auftraggeber für jeden Schaden, der ohne die Substitution nicht eingetreten wäre, also nicht nur für den durch ein Verschulden des Dritten erwachsenen Schaden (M. II, 534; vgl. Vorbem. Ziff. 5, s. auch oben S. 40 letzter Absatz). Ist dagegen die Uebertragung gestattet, so haftet er gemäß Abs. 1 Satz 2 nur für ein ihm bei der Uebertragung zur Last fallendes Verschulden, d. h. für den Schaden, welcher dem Auftraggeber dadurch erwächst, daß der Beauftragte vorsätzlich oder fahrlässig (§ 276) einem ungeeigneten Dritten die Ausführung überträgt (culpa in eligendo) oder bei der Instruktion des Dritten etwas versäumt (M. II, 532; Z.G. II, 332 ff., P. II, 355; vgl. oben S. 41 Anm. IV zu § 278, § 691 Satz 2; s. auch Entsch. d. R.G. in Civils. Bd. 38 S. 303 ff.; zu eng Weyl, Vortr. I, 466 ff. und Schollmeyer, Einzelne Schuldverhältnisse S. 68, welche lediglich Haftung für culpa in eligendo annehmen).

3. Weder durch befugte noch durch unbefugte Substitution entsteht ein Vertragsverhältniß zwischen dem Substituten und dem Auftraggeber. Selbstverständlich kann aber in der Ertheilung der Substitutionsbefugniß die Ermächtigung für den Beauftragten liegen, im Namen und in Vertretung des Auftraggebers mit dem Substituten einen neuen Auftragsvertrag in der Weise zu schließen, daß zwischen dem Auftraggeber und dem Substituten unmittelbare Rechtsbeziehungen erwachsen (M. II, 533; P. II, 355 ff.). Ueber die Wirkung von Willenserklärungen, die Jemand innerhalb der ihm zustehenden Vertretungsmacht im Namen des Vertretenen abgibt, für und gegen den Vertretenen s. §§ 164 ff. Daß im Falle der befugten Substitution der Beauftragte verpflichtet ist, seine etwaigen Ersatzansprüche gegen den Substituten dem Auftraggeber abzutreten, ergibt sich aus § 667 (P. IV, 356; vgl. Anm. 2 zu § 667). Bei unbefugter Substitution besteht eine solche Verpflichtung nicht (Jakubezky, Bem. S. 142; vgl. M. II, 534).

4. Welchen Einfluß das Erlöschen des Auftrags (§§ 671—673) auf eine vom Beauftragten vorgenommene Substitution ausübt, muß nach den Umständen des einzelnen Falles beurtheilt werden. In der Regel wird das zwischen dem Beauftragten und dem Substituten begründete Rechtsverhältniß durch das Erlöschen des Auftrags nicht berührt (M. II, 552 ff.; vgl. Kuhlenbeck, Komm. Note 3 zu § 673).

5. Ob der Beauftragte, dem die Uebertragung der Ausführung des Auftrags an einen Dritten nicht gestattet ist, befugt ist, sich bei der Ausführung eines Gehülfen zu bedienen, ist Frage der Auslegung. In der Regel wird die Frage zu bejahen sein, doch können die Umstände des einzelnen Falles auch zu einem gegentheiligen Ergebnisse führen (M. II, 532; P. II, 354; Oertmann, Note 1). Ist dem Beauftragten die Zuziehung eines Gehülfen nicht gestattet, so haftet er, falls er trotzdem sich eines Gehülfen bedient, für jeden Schaden, der dem Auftraggeber aus der Zuziehung des Gehülfen erwachsen ist, auch wenn ein Verschulden des Gehülfen nicht vorliegt; denn die Zuziehung des Gehülfen selbst erscheint in solchem Falle als ein den Beauftragten gemäß § 276 haftbar machendes Verschulden (s. oben S. 40 letzter Absatz). Ist ihm dagegen die Zuziehung eines Gehülfen gestattet, so haftet er nach §§ 664 Abs. 1 Satz 3, 278 für das Verschulden des Gehülfen in gleichem Umfange wie für eigenes Verschulden, also für den durch Vorsatz oder Fahrlässigkeit des Gehülfen, nicht aber für den ohne Verschulden des Gehülfen erwachsenen Schaden (M. II, 533, 534; Z.G. II, 333; s. oben S. 40 ff. Anm. zu § 278; vgl. § 691 Satz 3; Oertmann, Note 3b). Die in der II. Komm. geäußerte Ansicht (P. II, 355), daß „genau dasselbe bei der befugten, wie bei der unbefugten Verwendung eines Gehülfen gelte", ist daher unzutreffend.

§ 665.

Der Beauftragte ist berechtigt, von den Weisungen des Auftraggebers abzuweichen, wenn er den Umständen nach annehmen darf, daß der Auftraggeber bei Kenntniß der Sachlage die Abweichung billigen würde. Der Beauftragte hat vor der Abweichung dem Auftraggeber Anzeige zu machen und dessen Entschließung abzuwarten, wenn nicht mit dem Aufschube Gefahr verbunden ist.

E. I, 590; II, 596; III, 652.

1. Aus dem Wesen des Auftrags ergibt sich, daß der Beauftragte an die Weisungen des Auftraggebers gebunden ist (P. II, 352; vgl. H.G.B. § 384 Abs. 1: „Der Kommissionär ist verpflichtet, das übernommene Geschäft mit der Sorgfalt eines ordentlichen Kaufmanns auszuführen; er hat hiebei das Interesse des Kommittenten wahrzunehmen, wie dessen Weisungen zu befolgen.") Dies gilt auch für nachträglich ertheilte Weisungen, soweit dieselben in den Rahmen des ertheilten Auftrags fallen (M. II, 535; Dernburg, Pand. Bd. 3 S. 321, Oertmann, Note 1).

2. Eigenmächtig von den Weisungen des Auftraggebers abzuweichen, ist der Beauftragte nur unter der doppelten Voraussetzung befugt, daß er:

a) den Umständen nach annehmen darf, der Auftraggeber würde bei Kenntniß der Sachlage die Abweichung billigen, und daß

b) Gefahr im Verzuge besteht.

Liegt nur die unter a, nicht aber die unter b erwähnte Voraussetzung vor, so hat der Beauftragte dem Auftraggeber Anzeige zu machen und dessen Entschließung abzuwarten. Weicht der Beauftragte von den Weisungen des Auftraggebers eigenmächtig ab, ohne daß die beiden erwähnten Voraussetzungen vorliegen, so ist er für den hieraus dem Auftraggeber erwachsenden Schaden nach Maßgabe der §§ 249 ff. ersatzpflichtig. (Vgl. H.G.B. § 385: „Handelt der Kommissionär nicht gemäß den Weisungen des Kommittenten, so ist er diesem zum Ersatze des Schadens verpflichtet. Der Kommittent braucht das Geschäft nicht für seine Rechnung gelten zu lassen. Die Vorschriften des § 665 B.G.B. bleiben unberührt.") Das Vorhandensein der beiden Voraussetzungen hat der Beauftragte zu beweisen.

3. Die Verpflichtung des Beauftragten zur sachgemäßen Ausführung des Auftrags und seine Haftung für Anwendung der im Verkehr erforderlichen Sorgfalt (s. Vorbem. Ziff. 5) kann unter Umständen dazu führen, auch eine Verpflichtung des Beauftragten zur Abweichung von den Weisungen des Auftraggebers anzunehmen. Ob eine solche Verpflichtung gegeben ist, kann nur unter Berücksichtigung aller einschlägigen Verhältnisse nach Lage des einzelnen Falles entschieden werden (M. II, 535; Fischer-Henle, Note 1; Schollmeyer, S. 68; Oertmann, Note 3).

4. Ueberschreitung der Grenzen des Auftrags ist dem Beauftragten grundsätzlich nicht gestattet (s. oben Anm. 1). Darüber, was Rechtens ist, wenn der Beauftragte das ihm übertragene Geschäft unter günstigeren oder ungünstigeren Bedingungen ausführt, als ihm vorgeschrieben waren, enthält das B.G.B. keine Bestimmungen. Im ersteren Falle wird in der Regel eine Abweichung von den Weisungen des Auftraggebers nicht vorliegen (vgl. B.L.R. Thl. IV cap. 9 § 9 Ziff. 2). Doch kann unter Umständen auch das Gegentheil anzunehmen sein. Im letzteren Falle werden regelmäßig die Grundsätze des § 386 Abs. 2 H.G.B. („Erbietet sich der Kommissionär zugleich mit der Anzeige von der Ausführung des Geschäfts zur Deckung des Preisunterschieds, so ist der Kommittent zur Zurückweisung nicht berechtigt. Der Anspruch des Kommittenten auf den Ersatz eines den Preisunterschied übersteigenden Schadens bleibt unberührt") entsprechende Anwendung finden müssen (M. II, 535 ff.), Dernburg, Pand. Bd. 2 S. 321; Schollmeyer, S. 68 ff.; Oertmann, Note 5b).

5. Eine verwandte Vorschrift für den Verwahrer enthält § 692, s. auch § 681 Satz 1.

§ 666.

Der Beauftragte ist verpflichtet, dem Auftraggeber die erforderlichen Nachrichten zu geben, auf Verlangen über den Stand des Geschäfts Auskunft zu ertheilen und nach der Ausführung des Auftrags Rechenschaft abzulegen.

E. I, 591 Satz 1; II, 597; II, 653.

1. § 666 legt dem Beauftragten eine dreifache Verpflichtung auf:

a) Er hat dem Auftraggeber (auch unaufgefordert) die erforderlichen Nachrichten zu geben (vgl. H.G.B. § 384 Abs. 2: „Er [der Kommissionär] hat dem Kommittenten die erforderlichen Nachrichten zu geben, insbesondere von der Ausführung der Kommission unverzüglich Anzeige zu machen; er ist verpflichtet, dem Kommittenten über das Geschäft Rechenschaft abzulegen und ihm dasjenige herauszugeben, was er aus der Geschäftsbesorgung erlangt hat."). Im E. I war diese Pflicht des Beauftragten, weil sie sich aus dem Wesen des Auftrags ergebe, nicht besonders zum Ausdrucke gebracht (M. II, 537, P. II, 357 ff.). Wann und wie oft Nachricht zu geben ist, hängt von den Umständen des einzelnen Falles ab. Die Ausführung des Auftrags ist dem Auftraggeber unter allen Umständen anzuzeigen. Ueber die Anzeigepflicht des Beauftragten, der von den Weisungen des Auftraggebers abweichen will, s. § 665 Satz 2; über die Verpflichtung gewisser Personen zur Anzeige der Ablehnung eines Auftrags s. § 663; über die Verpflichtung der Erben des Beauftragten, dessen Tod dem Auftraggeber anzuzeigen, s. § 673 Satz 2.

b) Er hat dem Auftraggeber auf dessen Verlangen jederzeit über den Stand des Geschäfts Auskunft zu ertheilen (vgl. Dernburg, Pand. Bd. 2 S. 322; P.L.R. Thl. I Tit. 13 § 60). Auch diese Verpflichtung des Beauftragten war in E. I nicht besonders erwähnt (M. II, 537; P. II, 357 ff.).

c) Er hat nach der Ausführung des Auftrags Rechenschaft abzulegen (M. II, 537; Z.G. VI, 468; Dernburg, Pand. Bd. 2 S. 322; Entsch. d. R.O.H.G. Bd. 6 S. 218; vgl. H.G.B. § 384 Abs. 2 [s. oben unter a]). In E. I war auch die Bestimmung enthalten, daß bei einer Vermögensverwaltung der Auftraggeber eine die geordnete Zusammenstellung der Einnahmen und Ausgaben enthaltende und mit Belegen versehene Rechnung zu legen habe (M. II, 537). Diese Pflicht des Beauftragten folgt nunmehr aus der allgemeinen Vorschrift des § 259 Abs. 1. Nach § 259 Abs. 2 hat in einem solchen Falle der Beauftragte, wenn Grund zu der Annahme besteht, daß die in der Rechnung enthaltenen Angaben über die Einnahmen nicht mit der erforderlichen Sorgfalt gemacht worden sind, den Offenbarungseid dahin zu leisten, daß er nach bestem Wissen die Einnahmen so vollständig angegeben habe, als er dazu im Stande sei. In Angelegenheiten von geringer Bedeutung kommt die Verpflichtung zur Leistung des Offenbarungseides in Wegfall (§ 259 Abs. 3, s. auch § 261 und C.P.O. § 254; vgl. M. II, 538; Z.G. II, 444 ff.; P. II, 357 ff.; bezüglich des gemeinen Rechtes s. Dernburg, Pand. Bd. 2 S. 322 Note 10; Seuffert, Archiv Bd. 29 Nr. 129). Die Frage, ob die Belege dem Auftraggeber zu behändigen sind (P. II, 359 ff.), wird gemäß § 667 zu bejahen sein.

2. Durch Vereinbarung der Parteien können die Bestimmungen des § 666 eingeschränkt oder völlig ausgeschlossen werden. Die Behauptung Oertmanns (Note 2), § 666 enthalte zwingendes Recht, weil Abweichungen hievon dem Wesen des Auftrags widersprächen, entbehrt der Begründung (vgl. Ehrlich, Das zwingende und nichtzwingende Recht im B.G.B. S. 57).

§ 667.

Der Beauftragte ist verpflichtet, dem Auftraggeber Alles, was er zur Ausführung des Auftrags erhält und was er aus der Geschäftsbesorgung erlangt, herauszugeben.

E. I, 592; II, 598; III, 654.

1. Herausgabepflicht des Beauftragten. Im Anschluß an das bisher geltende Recht (bezüglich des gemeinen Rechtes s. Dernburg, Pand. Bd. 2 S. 321 ff., Windscheid-Kipp, Bd. 2 S. 747 ff., vgl. P.L.R. Thl. IV cap. 9 § 5 Ziff. 4; über andere Rechte s. M. II, 539 Note 1, vgl. auch H.G.B. § 384 Abs. 2 [Anm. 1a zu § 666]) verpflichtet das B.G.B. den Beauftragten, nach Beendigung des Auftrags, gleichviel, ob eine Rechenschaftsablegung gemäß § 666 stattgefunden hat oder nicht, an den Auftraggeber Alles herauszugeben,

a) was er zur Ausführung des Auftrags erhalten hat, insbesondere auch die zu diesem Zwecke ihm eingehändigten Urkunden (über die Verpflichtung des Bevollmächtigten zur Zurückgabe der Vollmachtsurkunde s. § 175; vgl. auch Entsch. d. R.G. in Civils. Bd. 3 S. 187 ff.);

b) was er aus der Geschäftsbesorgung erlangt hat. Mit Unrecht wurde in der II. Komm. behauptet, daß hiezu auch Geschenke und Extra=

provisionen gehören, die der Beauftragte von einem Dritten erhalten habe (P. II, 360). Die gleiche Ansicht vertreten Jacubezky, Bem. S. 141, Cosack, I, 514, Weyl, I, 467, Kuhlenbeck, Note 1 zu § 667, Matthiaß, I, 540, Fischer-Henle, Note 1 zu § 667, Dernburg, Pand. Bd. 2 S. 322 Note 7, der Letztere mit der Begründung, „das Recht erfülle seine hohe und sittenreinigende Aufgabe, wenn es im Gegensatze zu der Neigung des Verkehrs, die Dinge lax und bequem zu behandeln, den Standpunkt skrupuloser Redlichkeit und vollkommener Anständigkeit festhalte". Hiegegen dürfte aber in Betracht kommen, daß der Dritte, welcher dem Beauftragten ein Geschenk gemacht oder eine Extraprovision gewährt hat, dies gewiß nicht im Interesse des Auftraggebers gethan hat, und daß die Rücksicht auf die Verkehrssitte dem Richter durch § 157 zur Pflicht gemacht wird. Planck (Erl. 2 zu § 667) will unterscheiden zwischen den Zuwendungen, die der Beauftragte wegen des Abschlusses aufgetragener Geschäfte von dem Dritten erhalten hat, und demjenigen, was ihm anläßlich der Geschäftsbesorgung als persönliches (?) Geschenk zugewendet ist oder ihm aus selbständigen, mit der Ausführung des Auftrags nur äußerlich im Zusammenhange stehenden Geschäften zufließt. Die praktische Verwerthbarkeit dieser Unterscheidung dürfte zweifelhaft sein. Richtig Oertmann, Note 1c zu § 667, welcher der gegentheiligen Anschauung vorwirft, daß sie auf allzu engherziger, dem Geiste des Gesetzes und den Intentionen der Betheiligten nicht entsprechender buchstäblicher Auslegung beruhe.

2. Die Herausgabepflicht umfaßt auch die Verpflichtung, die aus der Geschäftsbesorgung erworbenen Forderungen an den Auftraggeber zu übertragen (vgl. §§ 398 ff.). Eine gesetzliche Cession (cessio ficta) greift nicht Platz (M. II, 539; vgl. dagegen H.G.B. § 392 Abs. 2, wonach die Forderungen aus einem vom Kommissionär abgeschlossenen Geschäfte, auch wenn sie nicht abgetreten sind, im Verhältnisse zwischen dem Kommittenten und dem Kommissionär oder dessen Gläubigern als Forderungen des Kommittenten gelten). Der in der II. Komm. gestellte Antrag, wonach Forderungen, welche der Beauftragte aus der Geschäftsbesorgung erworben hat, im Verhältnisse zwischen dem Auftraggeber und dem Beauftragten oder dessen Gläubigern als Forderungen des Auftraggebers gelten sollten, sowie andere auf dem gleichen Gesichtspunkte beruhende Anträge wurden abgelehnt, wobei insbesondere folgende Erwägungen maßgebend waren: Wer sich fremder Hülfe bei der Besorgung seiner Geschäfte bedienen wolle, könne entweder Vollmacht ertheilen; dann werde er direkt durch die Geschäfte des Beauftragten, welche dieser in seinem Namen schließe, berechtigt. Falls ihm aber dieser Weg wegen der damit verbundenen Gefahr einer weitgehenden Verpflichtung durch den Beauftragten zu bedenklich erscheine, könne er die mittelbare Stellvertretung wählen; dann müsse er allerdings auch die Gefahr tragen, daß der Beauftragte insolent werde und andere Gläubiger desselben ihm zuvorkommen. Wollte man hievon abweichen und eine Vermischung der beiden Institute eintreten lassen, so würde das zu großer Unklarheit führen. Der Kredit könnte erheblich gestört werden, wenn die Gläubiger einer Person nicht mehr sicher wären, daß das Vermögen, welches sich äußerlich als ihr gehörig darstelle, auch rechtlich entsprechend behandelt würde (P. II, 360 ff., 363 ff.). Die Konsequenzen dieses Standpunkts sind namentlich für die Anwendbarkeit des § 266 Abs. 1 Nr. 2 St.G.B. (s. Vorbem. Ziff. 8) von Bedeutung.

3. Im E. I war ausdrücklich hervorgehoben, daß der Beauftragte auch die von ihm gezogenen Nutzungen (s. § 100) herauszugeben hat. Diese Bestimmung wurde von der II. Komm. beseitigt (P. VI, 187), ergibt sich aber aus dem Begriffe der Nutzung von selbst, (vgl. Dernburg, Bd. 2 Nr. 322, Windscheid-Kipp, Bd. 2 S. 748 Note 8, 9, 749 Ziff. 4, Fischer-Henle, Note 1 zu § 667). Das Gleiche gilt vom Zuwachs und Zubehör (§ 97, s. M. II, 539). Ueber die Verpflichtung des Beauftragten, für sich verwendetes Geld zu verzinsen, s. § 668.

4. Ist gemäß § 667 ein Inbegriff von Gegenständen herauszugeben, so hat der Beauftragte dem Auftraggeber ein Verzeichniß des Bestandes vorzulegen und, falls Grund zu der Annahme besteht, daß das Verzeichniß nicht mit der erforderlichen Sorgfalt aufgestellt worden ist, den Offenbarungseid dahin zu leisten, daß er nach bestem Wissen den Bestand so vollständig angegeben habe, als er dazu im Stande sei. Bei Angelegenheiten von geringer Bedeutung kommt die Verpflichtung zur Leistung des Offenbarungseides in Wegfall (§ 260, s. auch § 261 und C.P.O. § 254).

5. Unmöglichkeit der Herausgabe. Ist dem Beauftragten die Herausgabe einer zur Ausführung des Auftrags erhaltenen oder aus der Geschäftsbesorgung erlangten Sache unmöglich, so ist er von der Herausgabepflicht frei, wenn die Unmöglichkeit auf einem von ihm nicht zu vertretenden Umstande beruht; daß dies der Fall ist, hat er zu beweisen (§§ 275, 276, 282; vgl. M. II, 539 Note 3 und die dort erwähnten Entsch.

d. R.O.H.G.). Hat er dagegen eine herauszugebende Sache dem Auftraggeber durch eine unerlaubte Handlung entzogen, so ist er auch für den zufälligen Untergang, eine aus einem anderen Grunde eintretende zufällige Unmöglichkeit der Herausgabe oder eine zufällige Verschlechterung der Sache verantwortlich, es sei denn, daß diese Thatsachen auch ohne die Entziehung eingetreten sein würden (§ 848).

6. Hat der Beauftragte aus dem Auftrag einen fälligen Anspruch gegen den Auftraggeber (s. insbesondere § 670), so steht ihm gegenüber dem Herausgabeanspruche des Auftraggebers das Zurückbehaltungsrecht nach Maßgabe der §§ 273, 274 zu (s. auch § 175).

§ 668.

Verwendet der Beauftragte Geld für sich, das er dem Auftraggeber herauszugeben oder für ihn zu verwenden hat, so ist er verpflichtet, es von der Zeit der Verwendung an zu verzinsen.

E. I, 593; II, 599; III, 655.

1. Wie die meisten bisherigen Rechte (bezüglich des gemeinen Rechtes s. Dernburg, Pand. Bd. 2 S. 322 Note 8, Windscheid-Kipp, Bd. 2 S. 748 Note 10; vgl. P.L.R. Thl. IV cap. 9 § 5 Ziff. 5; über andere Rechte s. M. II, 539 Note 4) verpflichtet auch das B.G.B. den Beauftragten, Geld, das er für sich verwendet hat, während er verpflichtet war es dem Auftraggeber herauszugeben (§ 667) oder für ihn zu verwenden, von der Zeit der Verwendung ab zu verzinsen. Ueber den Begriff des „Geldes" s. Bd. 3 S. 89 Anm. II, 1 zu § 935. Die Höhe des Zinssatzes beträgt 4%, bei beiderseitigen Handelsgeschäften 5% (§ 246, H.G.B. § 352 Abs. 1 Satz 1). Daß der Beauftragte unredlich gehandelt habe, ist zur Anwendbarkeit des § 668 nicht erforderlich (M. II, 539). Das Recht des Auftraggebers, den Beauftragten wegen eines durch die Verwendung des Geldes erwachsenen höheren Schadens in Anspruch zu nehmen, wird durch § 668 natürlich nicht berührt (M. II, 540).

2. Beweislast. Dem Auftraggeber, welcher Ansprüche auf Grund des § 668 erheben will, obliegt der Beweis, daß der Beauftragte das herauszugebende oder für den Auftraggeber zu verwendende Geld für sich verwendet hat. Dagegen braucht er nicht zu beweisen, daß er selbst aus dem Gelde Nutzen gezogen hätte. Will er dagegen Ersatz eines den gesetzlichen Zinssatz übersteigenden Schadens beanspruchen (s. Anm. 1 a. E.), so hat er zu beweisen, daß ihm ein solcher entstanden ist (M. II, 540).

3. Für Verzögerung der Ablieferung vereinnahmten Geldes, für die Unterlassung der Einziehung von Ausständen und für die Unterlassung der verzinslichen Anlegung von Geld haftet der Beauftragte nach Maßgabe der allgemeinen Grundsätze (§§ 276, 249 ff., 284 ff., M. II, 540; vgl. Einleitung Ziff. 5 und Bd. 4 S. 636 Anm. 1 zu § 1834).

4. Auf andere Gegenstände als Geld findet § 668 keine Anwendung; es gelten in dieser Beziehung für die Ersatzpflicht des Beauftragten die allgemeinen Bestimmungen (§§ 276, 249 ff.: vgl. Bd. 4 S. 636 ff. Anm. 2 zu § 1834).

5. Ueber das Zurückbehaltungsrecht des Beauftragten wegen fälliger Ansprüche aus dem Auftrage s. Anm. 6 zu § 667.

6. Ueber die Verpflichtung des Auftraggebers zur Verzinsung des vom Beauftragten aufgewendeten Geldes s. Anm. 3 zu § 670.

7. Verwandte Bestimmungen für den Verwahrer und für den Vormund enthalten die §§ 698, 1834.

§ 669.

Für die zur Ausführung des Auftrags erforderlichen Aufwendungen hat der Auftraggeber dem Beauftragten auf Verlangen Vorschuß zu leisten.

E. I, 594; II, 600; III, 656.

1. Die Verpflichtung des Auftraggebers, für die zur Ausführung des Auftrags erforderlichen Aufwendungen dem Beauftragten auf dessen Verlangen Vorschuß zu leisten, ergibt sich aus dem Wesen des Auftragsverhältnisses (M. II, 540; vgl. Dernburg, Pand. Bd. 2 S. 323 Note 13, Windscheid-Kipp, Bd. 2 S. 750 Note 13). Die Frage, ob § 669 dem Beauftragten einen klagbaren Anspruch auf Vorschußleistung gewährt oder ihn

nur berechtigt, die Ausführung des Auftrags von vorheriger Vorschußleistung abhängig zu machen (für die erstere Ansicht Plank, Erl. 1 zu § 669, Fischer-Henle, Note 1 zu § 669, Kuhlenbeck, Note 1 zu § 669, Matthiaß, I, 541, Weyl, I, 468 Nr. 6, Oertmann, Note 5a zu § 669, für die letztere M. II, 540, Windscheid-Kipp, Bd. 2 S. 751 und anscheinend Endemann, I, 803), ist mit Rücksicht auf das unbeschränkte Widerrufsrecht des Auftraggebers (§ 671 Abs. 1) von geringer praktischer Tragweite, dürfte aber in letzterem Sinne zu entscheiden sein, da dem Beauftragten ein Recht auf Ausführung des Auftrags überhaupt nicht zusteht (Vorbem. Ziff. 2). Dagegen muß bei Dienst- und Werkverträgen, welche eine Geschäftsbesorgung zum Gegenstande haben, dem zur Dienstleistung Verpflichteten und dem Unternehmer ein klagbarer Anspruch auf Vorschußleistung eingeräumt werden; denn in diesen Fällen besteht ein Recht auf Besorgung des Geschäftes und durch § 675 wird auf solche Verträge § 669 nur für „entsprechend" anwendbar erklärt (vgl. aber Anm. 4b zu § 675).

2. Daß der Beauftragte verpflichtet ist, von dem Erforderniß eines Vorschusses den Auftraggeber rechtzeitig zu verständigen, ergibt sich aus § 666 (M. II, 540).

3. Ueber den Anspruch des Vormunds und Gegenvormunds auf Vorschußleistung s. § 1835 Abs. 1.

§ 670.

Macht der Beauftragte zum Zwecke der Ausführung des Auftrags Aufwendungen, die er den Umständen nach für erforderlich halten darf, so ist der Auftraggeber zum Ersatze verpflichtet.

E. I, 595 Abs. 1; II, 601 Abs. 1 Satz 1; III, 657 Satz 1.

1. In Uebereinstimmung mit dem gemeinen Rechte (vgl. Dernburg, Pand. Bd. 2 S. 322, Windscheid-Kipp, Bd. 2 S. 750) und dem P.L.R. (Thl. IV cap. 9 § 6 Ziff. 2, 3; über andere Rechte s. M. II, 541 Note 1) gewährt das B.G.B. dem Beauftragten Anspruch auf Ersatz der von ihm zum Zwecke der Ausführung des Auftrags gemachten Aufwendungen, ohne Rücksicht darauf, ob die Thätigkeit des Beauftragten den durch den Auftrag bezweckten Erfolg hatte oder nicht (M. II, 541). Unter „Aufwendungen" sind nicht nur Geldaufwendungen zu verstehen. Sind andere Gegenstände als Geld aufgewendet worden, so richtet sich der Anspruch auf Ersatz des Werthes der aufgewendeten Gegenstände (s. unten Anm. 3).

2. Hinsichtlich des Umfangs dieses Ersatzanspruchs ist nicht der objektive, sondern der subjektive Maßstab aufgestellt. Entscheidend ist also nicht, ob die Aufwendungen wirklich erforderlich waren, sondern ob der Beauftragte bei Anwendung der ihm obliegenden Sorgfalt (s. Vorbem. Ziff. 5) dieselben den Umständen nach für erforderlich halten durfte (M. II, 541; vgl. E. I, 595 Abs. 1 Satz 2: „Als erforderlich geworden gelten die Aufwendungen, welche der Beauftragte bei Anwendung der Sorgfalt eines ordentlichen Hausvaters zum Zwecke der Ausführung des Auftrages für erforderlich anzusehen hatte." S. auch Dernburg, Pand. Bd. 2 S. 922 Note 11, Windscheid-Kipp, Bd. 2 S. 750 Note 16; H.G.B. § 110 Abs. 1). Selbstverständlich muß der Beauftragte auch in dieser Beziehung in erster Linie den Weisungen des Auftraggebers Rechnung tragen (§ 665 und Anm. 1 hiezu).

3. Nach §§ 670 u. 256 Satz 1 hat der Auftraggeber den vom Beauftragten aufgewendeten Betrag oder, wenn andere Gegenstände als Geld aufgewendet worden sind (s. oben Anm. 1), den als Ersatz ihres Werthes zu zahlenden Betrag von der Zeit der Aufwendung an zu verzinsen. (E. I, 595 Abs. 2; E. II, 601 Abs. 1 Satz 2; E. III, 657 Satz 2; M. II, 541 ff.; R.T.K. 53, 36; vgl. H.G.B. §§ 110 Abs. 2, 354 Abs. 2). Ueber die Verpflichtung des Beauftragten zur Verzinsung des für sich verwendeten Geldes s. § 668.

4. Nach §§ 670 u. 257 kann der Beauftragte, welcher zum Zwecke der Ausführung des Auftrags eine Verbindlichkeit eingegangen ist, Befreiung von der Verbindlichkeit verlangen. Ist die Verbindlichkeit noch nicht fällig, so kann der Auftraggeber, statt den Beauftragten zu befreien, ihm Sicherheit leisten (E. I, 595 Abs. 3; E. II, 601, Abs. 2; M. II, 542; P. II, 365 ff.; s. oben S. 20 Anm. 1 zu § 257; vgl. Samml. von Entsch. d. obersten L.G. München VII S. 458 ff.).

5. Nach H.G.B. § 396 Abs. 2 gehört zu dem von dem Kommittenten für Aufwendungen des Kommissionärs nach B.G.B. §§ 670, 675 zu leistenden Ersatz auch die Vergütung für die Benutzung der Lagerräume und der Beförderungsmittel des Kommissionärs.

6. Ueber die Frage, inwieweit der Auftraggeber den Schaden zu tragen hat, welchen der Beauftragte bei Ausführung des Auftrags durch Zufall erleidet, enthält das Gesetz „wegen der Verschiedenheit der in Betracht kommenden Fälle" (M. II, 541) keine Bestimmung (bezüglich des gemeinen Rechtes s. Dernburg, Pand. Bd. 2 S. 323 Note 15, 16, Windscheid-Kipp, Bd. 2 S. 750 Note 18; über andere Rechte s. M. II, 541 Note 2; vgl. auch H.G.B. § 110 Abs. 1: „erleidet er [der Gesellschafter] unmittelbar durch seine Geschäftsführung oder aus Gefahren, die mit ihr untrennbar verbunden sind, Verluste, so ist ihm die Gesellschaft zum Ersatze verpflichtet"). In der II. Komm. wurde vorgeschlagen, dem Beauftragten Anspruch auf Ersatz derjenigen Verluste zu gewähren, welche er unmittelbar durch die Geschäftsbesorgung oder aus Gefahren erleide, welche von derselben unzertrennlich sind. Der Antrag wurde aber abgelehnt. Handle es sich um einen Schaden, an den beide Theile oder der Beauftragte allein gedacht haben, so entspreche es der Verkehrsauffassung, dem Beauftragten, weil er trotz Kenntniß der ihm möglicherweise drohenden Gefahr den Auftrag übernommen habe, auch das Risiko des übernommenen Auftrags aufzuerlegen. Hat dagegen nur der Auftraggeber gewußt, daß der Beauftragte sich bei Ausführung des Auftrags möglicherweise gewissen Gefahren aussetze, und habe er es unterlassen, den Beauftragten hierauf aufmerksam zu machen, so verletze er eine Pflicht, welche ihm der nach Treu und Glauben mit Rücksicht auf die Verkehrssitte auszulegende Auftragsvertrag auferlege, und die Rechtsprechung werde nicht anstehen, den Auftraggeber zum Ersatze des durch diese Gefahren verursachten Schadens für verpflichtet zu erklären (P. II, 366 ff., 369, 401; VI, 190). Dieser Auffassung ist beizutreten. Eine Ersatzpflicht des Auftraggebers für derartige Verluste des Beauftragten greift demnach nur Platz, insoweit ihm ein Verschulden (Vorsatz oder Fahrlässigkeit) zur Last fällt (s. Vorbem. Ziff. 5). Liegt auch ein Verschulden des Beauftragten vor, so sind die Bestimmungen des § 254 maßgebend (vgl. Jacubezky, Bem. S. 142; Matthiaß, I, 541 und insbesondere Oertmann, Note 3 zu § 670, der aber eine erheblich weitergehende Haftung des Auftraggebers annimmt). Selbstverständlich kann eine weitergehende Haftung des Auftraggebers vereinbart werden.

7. Hat der Auftraggeber aus dem Auftrag einen fälligen Anspruch gegen den Beauftragten (s. insbesondere §§ 667, 668), so steht ihm gegenüber dem Ersatzanspruche des Beauftragten das Zurückbehaltungsrecht nach Maßgabe der §§ 273, 274 zu.

8. Inwieweit dem Beauftragten ein Anspruch auf Ersatz solcher Aufwendungen zusteht, auf welche die Voraussetzungen des § 670 nicht zutreffen, bemißt sich nach den Vorschriften der §§ 683, 684, 812 ff.

9. Eine verwandte Bestimmung zu Gunsten des Verwahrers enthält § 693.

§ 671.

Der Auftrag kann von dem Auftraggeber jederzeit widerrufen, von dem Beauftragten jederzeit gekündigt werden.

Der Beauftragte darf nur in der Art kündigen, daß der Auftraggeber für die Besorgung des Geschäfts anderweit Fürsorge treffen kann, es sei denn, daß ein wichtiger Grund für die unzeitige Kündigung vorliegt. Kündigt er ohne solchen Grund zur Unzeit, so hat er dem Auftraggeber den daraus entstehenden Schaden zu ersetzen.

Liegt ein wichtiger Grund vor, so ist der Beauftragte zur Kündigung auch dann berechtigt, wenn er auf das Kündigungsrecht verzichtet hat.

E. I, 597, 598; II, 602; III, 658.

1. § 671 regelt die Beendigung des Auftrags durch Widerruf und Kündigung. Weitere Beendigungsgründe (Tod und Geschäftsunfähigkeit) enthalten die §§ 672, 673. Ueber die Beendigung des Auftrags durch Konkurs s. Anm. 5 zu § 672, Anm. 5 zu § 673. Daß der Auftrag auch durch Vereinbarung der Parteien, Erledigung des den Gegenstand des Auftrags bildenden Geschäfts, Ablauf der Zeit, für welche, und Eintritt der auflösenden Bedingung, unter welcher der Auftrag gegeben worden ist, erlischt, hat das Gesetz als selbstverständlich nicht besonders erwähnt (M. II, 543; vgl. Dernburg, Pand. Bd. 2 S. 324, Windscheid-Kipp, Bd. 2 S. 751).

2. Gemäß § 671 kann das durch den Auftragsvertrag begründete Rechtsverhältniß grundsätzlich von Jedem der Vertragschließenden jederzeit einseitig gelöst

werden (M. II, 543 ff.). Abgesehen von der Unentgeltlichkeit besteht gerade hierin der wesentlichste Unterschied des Auftrags vom Dienst- und Werkvertrage (s. Einleit. Ziff. 3b). Die auf Beendigung des Auftrags gerichtete Erklärung des Auftraggebers nennt das Gesetz „Widerruf“, die den gleichen Zweck verfolgende Erklärung des Beauftragten dagegen „Kündigung“ (M. II, 544). Das Widerrufsrecht des Auftraggebers ist unbeschränkt und unverzichtbar, das Kündigungsrecht des Beauftragten ist beschränkt und verzichtbar (s. unten Anm. 4 u. 5). Die gleichen Grundsätze galten nach gemeinem Rechte (Dernburg, Pand. Bd. 2 S. 324, Windscheid-Kipp, Bd. 2 S. 751) und P.L.R. (Thl. IV cap. 9 §§ 11, 12); über andere Rechte s. M. II, 543 Note 3, 545 Note 2.

3. Widerruf und Kündigung sind einseitige empfangsbedürftige Willenserklärungen (M. II, 544, 547; P. II, 371) und bedürfen zu ihrer Wirksamkeit nicht der Beobachtung irgendwelcher Form, insbesondere können beide auch stillschweigend erfolgen (M. II, 544; vgl. Windscheid-Kipp, Bd. 2 S. 751 Note 1; P.L.R. Thl. IV cap. 9 § 11 Ziff. 4). Widerruf unter einer (aufschiebenden) Bedingung ist zulässig (M. II, 544; vgl. Anm. 4 zu § 674). Dagegen verträgt die Kündigung, weil sie dem Auftraggeber Gewißheit über die Aufhebung des Auftrags geben soll, nicht die Beifügung einer Bedingung; eine bedingte Kündigung ist daher nichtig, es sei denn, daß der Auftraggeber dieselbe (ausdrücklich oder stillschweigend) angenommen hat. (M. II, 547; Z.G. II, 334; s. oben S. 344 Anm. II, 2b zu § 564; and. Ans. Schollmeyer, S. 70; Oertmann, Note 2 b zu § 671). Hinsichtlich der Nichtigkeit und Anfechtbarkeit des Widerrufs und der Kündigung sind die allgemeinen Grundsätze (§§ 104 ff., 116 ff.) maßgebend.

4. Das Widerrufsrecht des Auftraggebers ist unbeschränkt, das Kündigungsrecht des Beauftragten dagegen ist im Interesse des Auftraggebers in der Weise eingeschränkt, daß die Kündigung nicht zur Unzeit („intempestive“) erfolgen darf. Der Beauftragte darf nämlich von seinem Kündigungsrechte nicht derart Gebrauch machen, daß es dem Auftraggeber unmöglich ist, für die Besorgung des Geschäfts anderweit Fürsorge zu treffen. Handelt der Beauftragte dieser Vorschrift zuwider, so bleibt zwar die Kündigung wirksam, der Beauftragte ist aber zum Ersatze des Schadens verpflichtet, der dem Auftraggeber daraus erwächst, daß zur Unzeit gekündigt worden ist (§§ 249 ff.). Diese Beschränkung des Kündigungsrechtes kommt aber in Wegfall, wenn ein „wichtiger Grund“ für die unzeitige Kündigung vorliegt. Ob ein solcher gegeben ist, entscheidet der Richter nach freiem Ermessen. Der Beweis für das Vorliegen eines die unzeitige Kündigung rechtfertigenden Grundes obliegt dem Beauftragten (M. II. 545 ff.).

5. Ist der Auftrag von Mehreren ertheilt, so kann der Auftraggeber den Auftrag widerrufen; ob durch den Widerruf eines einzelnen Auftraggebers der Beauftragte von der Verpflichtung zur Ausführung des Auftrags ganz oder theilweise befreit wird, hängt von den Umständen des einzelnen Falles ab (M. II, 544; s. § 432). Das Gleiche gilt für die Beendigung des Auftrags durch Kündigung Seitens eines von mehreren Beauftragten (vgl. Oertmann, Note 2c zu § 671).

6. Verzicht auf Widerruf und Kündigung.

a) Verzicht des Auftraggebers auf sein Widerrufsrecht widerspricht dem Begriffe des Auftrags und ist daher nichtig (vgl. Dernburg, Pand. Bd. 2 S. 324 Note 2; Entsch. d. R.O.H.G. Bd. 23 S. 324 ff., Entsch. d. R.G. in Civils. Bd. 3 S. 186 ff.). Im E. I (§ 597 Abs. 2) war dies ausdrücklich ausgesprochen (M. II, 544 ff.; Z.G. VI, 468 ff.). Von der II. Komm. wurde diese Bestimmung gestrichen. Für den Auftrag im eigentlichen Sinne, bei dem es sich darum handle, ein Geschäft des Auftraggebers in dessen Sinne zu besorgen, sei die Vorschrift zweifellos richtig; einer ausdrücklichen Vorschrift bedürfe es deßwegen in diesem Sinne nicht. Auf der anderen Seite könne die Vorschrift zu dem Mißverständnisse führen, als könne auf den Widerruf einer einem Anderen ertheilten Ermächtigung, ein Geschäft des Ermächtigenden nicht bloß im Interesse des Letzteren, sondern auch und vielleicht vorzugsweise im eigenen Interesse des Ermächtigten zu besorgen, nicht verzichtet werden. Der vorgeschlagene Zusatz, wonach das Widerrufsrecht dem Auftraggeber zustehen sollte, soferne der Auftrag lediglich seinem Vortheile dient, unterliege jedoch Bedenken; die Beweislast müsse den Beauftragten treffen, weil es sich um Ausschließung des Widerrufsrechtes handle. Durch den Zusatz solle ferner der Fall getroffen werden, daß der Auftrag im Interesse eines Dritten ertheilt sei. Dem Beauftragten gegenüber komme aber der Dritte nur in Betracht, wenn das Geschäft auch Geschäft des Dritten und als solches erkennbar sei. (P. II, 370 ff.) Aus diesen nicht sonderlich klaren Bemerkungen darf nicht geschlossen werden, daß Verzicht des Auftraggebers auf sein Widerrufsrecht zulässig sei, sondern nur, daß beim

Vorliegen eines solchen Verzichts ein Auftragsvertrag im Sinne des § 662 nicht gegeben ist (Oertmann, Note 1a zu § 671; für Unzulässigkeit des Verzichts auf das Widerrufsrecht auch Buchka, Vergleichende Darstellungen des B.G.B. und des gemeinen Rechtes 2. Aufl. S. 135, Windscheid-Kipp, Bd. 2 S. 753; and. Ans. Schollmeyer, S. 70, Matthiaß, I, 542, Weyl, I, 468 ff.). Das Gleiche gilt für vertragsmäßige Beschränkungen des Widerrufsrechtes des Auftraggebers.

b) Verzicht des Beauftragten auf sein Kündigungsrecht ist zulässig. Der Verzicht kann natürlich auch stillschweigend erklärt werden. Ob in der Annahme eines Auftrags auf eine bestimmte Zeit ein Verzicht auf das Kündigungsrecht liegt, ist Frage der Auslegung. Trotz des Verzichts auf Kündigung steht aber dem Beauftragten das Kündigungsrecht zu, wenn ein „wichtiger Grund" zur Kündigung vorliegt (M. II, 545 ff.: vgl. oben Anm. 4 a. E.). Das Gleiche gilt für vertragsmäßige Beschränkungen des Kündigungsrechtes des Beauftragten.

7. Die Bestimmungen, daß der Beauftragte beim Vorliegen eines wichtigen Grundes trotz Verzichts auf das Kündigungsrecht und auch zur Unzeit kündigen kann (Abs. 3, Abs. 2 Satz 1), sind zwingender Natur, können also durch Vereinbarung der Parteien weder ausgeschlossen noch beschränkt werden. Eine Erweiterung des Kündigungsrechtes des Beauftragten ist dagegen zulässig.

8. Ein abwesender Volljähriger, dessen Aufenthalt unbekannt ist, erhält einen Abwesenheitspfleger, wenn er durch Ertheilung eines Auftrags für seine Vermögensangelegenheiten Fürsorge getroffen hat, aber Umstände eingetreten sind, die zum Widerrufe des Auftrags Anlaß geben (§ 1911 Abs. 1).

9. Ueber Widerruf der Vollmacht s. § 168 Satz 2, über Widerruf der Anweisung s. § 790. Ueber Kündigung der Miethe, des Dienstvertrags, des Werkvertrags, der Gesellschaft s. §§ 553 ff., 565 ff., 621 ff., 643, 649, 723 ff. Ueber Widerruflichkeit der Prokura s. H.G.B. § 52.

§ 672.

Der Auftrag erlischt im Zweifel nicht durch den Tod oder den Eintritt der Geschäftsunfähigkeit des Auftraggebers. Erlischt der Auftrag, so hat der Beauftragte, wenn mit dem Aufschube Gefahr verbunden ist, die Besorgung des übertragenen Geschäfts fortzusetzen, bis der Erbe oder der gesetzliche Vertreter des Auftraggebers anderweit Fürsorge treffen kann; der Auftrag gilt insoweit als fortbestehend.

E. I, 599, 600; II, 603; III, 659.

1. Beendigung des Auftrags durch Tod des Auftraggebers. Nach gemeinem Rechte endigt der Auftrag durch den Tod des Auftraggebers, falls nicht das Gegentheil vereinbart ist (Dernburg, Pand. Bd. 2 S. 324 ff.; Windscheid-Kipp, Bd. 2 S. 752; Seuffert, Archiv Bd. 33 Nr. 299; Entsch. d. R.G. in Civils. Bd. 42 S. 134). Das P.L.R. unterscheidet zwischen res integra und non integra und läßt im ersteren Falle das Mandat regelmäßig durch den Tod des Mandanten erlöschen (Thl. IV cap. 9 § 13). Ueber andere Rechte s. M. II, 547 Note 1. Abweichend von den meisten bisherigen Rechten stellt das B.G.B. die Auslegungsregel auf, daß der Auftrag durch den Tod des Auftraggebers nicht erlischt, wenn nicht aus den Umständen ein abweichender Wille der Parteien zu entnehmen ist. Bestimmend für diese Vorschrift war inhaltlich der Mot. (II, 547 ff.) die Rücksicht auf die Erben des Auftraggebers, auf die Sicherheit des Verkehrs und auf die entsprechenden Bestimmungen der C.P.O. (§ 82 ä. F., nunmehr § 86) und des Handelsrechtes (vgl. H.G.B. § 52 Abs. 3 [früher Art. 54 Abs. 2]: „Die Prokura erlischt nicht durch den Tod des Inhabers des Handelsgeschäfts" und den mit Rücksicht auf § 672 B.G.B. beseitigten Art. 297 des alten H.G.B. [D. zum H.G.B. S. 192]). Der in der II. Komm. gestellte Antrag, die gegentheilige Auslegungsregel aufzustellen, wurde aus den gleichen Erwägungen abgelehnt (P. II, 371 ff.). Für den Fall des Erlöschens einer juristischen Person wird § 672 entsprechend anzuwenden sein (Planck, Erl. 3 zu § 672).

2. Die gleichen Grundsätze gelten, falls der Auftraggeber (gleichviel aus welchem Grunde, s. § 104 Nr. 2, 3) geschäftsunfähig wird (M. II, 548 ff.; Z.G. II, 334 ff.; der in der II. Komm. gestellte Antrag, diese Bestimmung zu streichen, wurde abgelehnt, P. II, 373, 516; über das bisherige Recht s. M. II, 540 Note 4; vgl. auch C.P.O. §§ 86,

241, 246). Selbstverständlich erlischt der Auftrag im Zweifel auch nicht dadurch, daß der Auftraggeber in der Geschäftsfähigkeit beschränkt wird (§ 114; im E. I war dieser Fall neben dem Eintritte der Geschäftsunfähigkeit ausdrücklich erwähnt).

3. Rechtsfolge des Todes, des Eintritts der Geschäftsunfähigkeit oder des Eintritts der beschränkten Geschäftsfähigkeit des Auftraggebers.

a) Wenn der Auftrag durch den Tod, den Eintritt der Geschäftsunfähigkeit oder beschränkten Geschäftsfähigkeit des Auftraggebers nicht erlischt (was nach § 672 Satz 1 die Regel bildet), so besteht das durch den Auftrag begründete Rechtsverhältniß zwischen dem Erben des Auftraggebers bezw. dem nunmehr durch seinen gesetzlichen Vertreter vertretenen Auftraggeber einerseits und dem Beauftragten andererseits unverändert fort (M. II, 548).

b) Trifft aber die Auslegungsregel des § 672 Satz 1 nicht zu, ist also Beendigung des Auftrags durch Tod, Eintritt der Geschäftsunfähigkeit oder beschränkten Geschäftsfähigkeit des Auftraggebers vereinbart oder als Wille der Parteien aus den Umständen zu entnehmen, so erwächst für den Beauftragten, falls mit dem Aufschube Gefahr verbunden ist, trotz der Beendigung des Vertragsverhältnisses die Verpflichtung, die Besorgung des übertragenen Geschäfts insolange fortzusetzen, bis es den Erben (des verstorbenen) bezw. dem gesetzlichen Vertreter (des geschäftsunfähig oder in der Geschäftsfähigkeit beschränkt gewordenen Auftraggebers) möglich ist, anderweit Fürsorge zu treffen (vgl. §§ 673 Satz 2, 727 Abs. 2, 1424 Abs. 2 [s. auch 1472 Abs. 1 Satz 2, 1497 Abs. 2, 1546 Abs. 1, 3, 1549], 1683 u. 1893 Abs. 1). „Insoweit", d. h. hinsichtlich dieser Fürsorgepflicht gilt der Auftrag mit allen seinen rechtlichen Wirkungen als fortbestehend. Der Beauftragte ist also insbesondere schadensersatzpflichtig, wenn er die Fortsetzung der Besorgung des übertragenen Geschäfts schuldhafter Weise (s. Vorbem. Ziff. 5) unterläßt. Im Gegensatze zum gemeinen Rechte (Dernburg, Pand. Bd. 2 S. 325) und P.L.R. (Thl. IV cap. 9 § 13) ist diese Pflicht des Beauftragten nicht von der Voraussetzung abhängig, daß er mit der Ausführung des Auftrags schon begonnen hatte (M. II, 548).

4. Die durch den Auftrag für den Auftraggeber bereits erwachsenen Ansprüche und Verbindlichkeiten gehen allgemeinen Grundsätzen zufolge auf dessen Erben über, gleichviel, ob der Auftrag durch den Tod des Auftraggebers erloschen ist oder nicht. Der Beauftragte ist also insbesondere den Erben des Auftraggebers gegenüber zur Rechenschaftsablegung (§ 666) verpflichtet (M. II, 548; vgl. Anm. 4 zu § 673).

5. Konkurs des Auftraggebers. Welchen Einfluß der Konkurs des Auftraggebers auf das durch den Auftrag begründete Rechtsverhältniß ausübe, war in den bisherigen Rechten verschieden geregelt. Für das P.L.R. war die Meinung vertreten, daß das Mandat durch den Konkurs des Mandanten erlösche (M. II, 551 Note 2). Die gleiche Bestimmung enthält der code civil (Art. 2003). Das B.L.R. schweigt über diese Frage; bezüglich des gemeinen Rechtes s. Seuffert, Archiv Bd. 3 Nr. 321. E. I (§ 602) enthielt die Vorschrift, daß der Auftrag erlösche, wenn über das Vermögen des Auftraggebers der Konkurs eröffnet werde, es sei denn, daß der Auftrag auf dieses Vermögen keinen Bezug habe; für den Fall des Erlöschens sollte § 599 Abs. 2 (jetzt § 672 Satz 2) entsprechende Anwendung finden (M. II, 551 ff.). Von der II. Komm. wurde die Verweisung dieser Vorschrift in die K.O. beschlossen (P. II. 374, 375), s. nunmehr K.O. § 23 Abs. 1 („Ein von dem Gemeinschuldner ertheilter Auftrag erlischt durch die Eröffnung des Verfahrens, es sei denn, daß der Auftrag sich nicht auf das zur Konkursmasse gehörige Vermögen bezieht. Erlischt der Auftrag, so finden die Vorschriften des § 672 Satz 2 und des § 674 B.G.B. entsprechende Anwendung") und § 27 („Erlischt ein von dem Gemeinschuldner ertheilter Auftrag . . . in Folge der Eröffnung des Verfahrens, so ist der andere Theil in Ansehung der nach der Eröffnung des Verfahrens entstandenen Ersatzansprüche im Falle des § 672 Satz 2 B.G.B. Massegläubiger, im Falle des § 674 B.G.B. Konkursgläubiger"); vgl. hiezu D. z. K.O. S. 17 ff., 19; P. II, 375 ff.; Jäger, Komm. z. K.O. Anm. zu § 23 A.

6. Ueber den Einfluß des Todes, des Eintritts der Geschäftsunfähigkeit oder beschränkten Geschäftsfähigkeit, sowie des Konkurses des Beauftragten auf das durch den Auftrag begründete Rechtsverhältniß s. § 673 und Anm. hiezu.

§ 673.

Der Auftrag erlischt im Zweifel durch den Tod des Beauftragten. Erlischt der Auftrag, so hat der Erbe des Beauftragten den Tod dem Auftraggeber unverzüglich anzuzeigen und, wenn mit dem Aufschube Gefahr verbunden ist, die Besorgung des übertragenen Geschäfts fortzusetzen, bis der Auftraggeber anderweit Fürsorge treffen kann; der Auftrag gilt insoweit als fortbestehend.

E. I, 601; II, 604; III, 660.

1. Beendigung des Auftrags durch Tod des Beauftragten. Nach gemeinem Rechte endigt der Auftrag durch den Tod des Beauftragten (Dernburg, Pand. Bd. 2 S. 325; Windscheid-Kipp, Bd. 2 S. 752; über die Frage, ob das Gegentheil vereinbart werden konnte, s. Windscheid-Kipp, a. a. O. Note 5). Das P.L.R. (Thl. IV cap. 9 § 14) unterschied auch hier (s. Anm. 1 zu § 672), ob res adhuc integra war oder nicht. Ueber andere Rechte s. M. II, 549 Note 1. Das B.G.B. stellt die Auslegungsregel auf, daß der Auftrag durch den Tod des Beauftragten erlischt, wenn nicht aus den Umständen ein abweichender Wille der Parteien zu entnehmen ist. Diese Vorschrift beruht auf der Erwägung, daß der Auftrag in der Regel eine Sache persönlichen Vertrauens ist, und steht im Einklange mit der Bestimmung des § 664 Abs. 1 Satz 1 (M. II, 549).

2. Der Umstand, daß der Beauftragte geschäftsunfähig (§ 104 Nr. 2, 3) oder in der Geschäftsfähigkeit beschränkt wird (§ 114), führt an sich eine Beendigung des Auftrags nicht herbei; doch kann diese Thatsache die Unmöglichkeit der Leistung (§ 275) zur Folge haben (vgl. Oertmann, Note 4 zu § 673, Schollmeyer, S. 71, Windscheid-Kipp, Bd. 2 S. 753). In der II. Komm. wurde beantragt, die Vorschriften des § 601 (E. I) auf den Fall der Geschäftsunfähigkeit des Beauftragten mit der Maßgabe für entsprechend anwendbar zu erklären, daß an Stelle des Erben des Beauftragten dessen gesetzlicher Vertreter trete. Dieser und ein ähnlicher Antrag wurde aber abgelehnt, weil man mit der Anwendung der allgemeinen Grundsätze zu einem richtigen Ergebnisse gelange (P. II, 516 ff.).

3. Rechtsfolge des Todes des Beauftragten.

a) Wenn der Auftrag durch den Tod des Beauftragten nicht erlischt (was gemäß Anm. 1 die Ausnahme bildet), so besteht das durch den Auftrag begründete Rechtsverhältniß zwischen dem Auftraggeber einerseits und dem Erben des Beauftragten andererseits unverändert fort, soweit nicht etwa die Grundsätze des § 275 eine Aenderung des Vertragsinhalts herbeiführen. Eine Verpflichtung des Erben des Beauftragten, dessen Tod dem Auftraggeber anzuzeigen, hat das Gesetz nicht statuirt, doch wird diese Verpflichtung regelmäßig aus § 666 zu folgern sein (M. II, 550).

b) Trifft aber die Auslegungsregel des § 673 zu, so obliegen dem Erben des Beauftragten zweierlei Pflichten:

α) Er hat den Tod des Beauftragten dem Auftraggeber unverzüglich (d. h. ohne schuldhaftes Zögern, s. § 121 Abs. 1 Satz 1) anzuzeigen (vgl. § 1894 Abs. 1). Diese Verpflichtung ist nicht davon abhängig, daß mit dem Aufschube Gefahr verbunden ist (M. II, 549). Die Beobachtung irgendwelcher Form ist für die Anzeige nicht vorgeschrieben.

β) Ist mit dem Aufschube Gefahr verbunden, so hat er die Besorgung des übertragenen Geschäfts insolange fortzusetzen, bis es dem Auftraggeber möglich ist, anderweit Fürsorge zu treffen (vgl. § 672 Satz 2 und Anm. 3 b zu § 672).

„Insoweit" d. h. sowohl hinsichtlich der Anzeigepflicht (α) als hinsichtlich der Fürsorgepflicht (β) gilt der Auftrag mit allen seinen rechtlichen Wirkungen als fortbestehend. Der Erbe des verstorbenen Beauftragten ist also insbesondere verpflichtet, dem Auftraggeber den aus der Unterlassung der Anzeige oder aus der Unterlassung der Fortsetzung der Besorgung des übertragenen Geschäfts erwachsenen Schaden zu ersetzen, soweit ihn in dieser Beziehung ein Verschulden trifft (s. Vorbem. Ziff. 5). Im Gegensatze zum gemeinen Rechte (Dernburg, Pand. Bd. 2 S. 325) und zum P.L.R. (Thl. IV cap. 9 § 14) greifen diese Verpflichtungen auch dann Platz, wenn der Beauftragte selbst mit der Ausführung des Auftrags noch nicht begonnen hatte. In der II. Komm. wurde beantragt, die Anzeige- und Fürsorgepflicht an die Voraussetzung zu knüpfen, daß die Erfüllung derselben thunlich und nicht mit unverhältnißmäßigen Opfern verbunden sei. Dieser Antrag wurde aber abgelehnt, da es selbstverständlich sei, daß der Inhalt dieser Verpflichtungen nur nach der eigenen geschäftlichen und sozialen Lage des Erben zu bemessen sei und überdies nur verschuldete Nichterfüllung haftbar mache (P. II, 374).

4. Die durch den Auftrag für den Beauftragten bereits erwachsenen Ansprüche und Verbindlichkeiten gehen allgemeinen Grundsätzen zufolge auf dessen Erben über, gleichviel, ob der Auftrag durch den Tod des Beauftragten erloschen ist oder

nicht. Dies gilt insbesondere für die Verpflichtung des Erben des Beauftragten, dem Auftraggeber Rechenschaft abzulegen (§ 666; M. II, 550; vgl. Anm. 4 zu § 672).

5. Konkurs des Beauftragten. Welchen Einfluß der Konkurs des Beauftragten auf das durch den Auftrag begründete Rechtsverhältniß ausübe, war im P.L.R. bestritten (M. II, 550 Note 1). Nach Art. 2003 des code civil erlischt in diesem Falle der Auftrag; das P.L.R. enthält hierüber keine Bestimmung. Das B.G.B. räumt dem Konkurs des Beauftragten keinen Einfluß auf den Fortbestand des Auftrags ein (insbesondere mit Rücksicht auf das unbeschränkte Widerrufsrecht des Auftraggebers, M. II, 551); vgl. Jäger, Komm. z. K.O. Anm. zu § 23, B.

6. Ueber den Einfluß des Todes, des Eintritts der Geschäftsunfähigkeit oder beschränkten Geschäftsfähigkeit, sowie des Konkurses des Auftraggebers auf das durch den Auftrag begründete Rechtsverhältniß s. § 672 und Anm. hiezu.

§ 674.

Erlischt der Auftrag in anderer Weise als durch Widerruf, so gilt er zu Gunsten des Beauftragten gleichwohl als fortbestehend, bis der Beauftragte von dem Erlöschen Kenntniß erlangt oder das Erlöschen kennen muß.

E. I, 603; II, 605; III, 661.

1. Grundsatz. Während nach den §§ 672 Satz 2, 673 Satz 2 bei Beendigung des Auftrags durch Tod oder Geschäftsunfähigkeit der Auftrag insoweit als fortbestehend gilt, als trotz Beendigung des Vertragsverhältnisses dem Beauftragten bezw. seinem Erben gewisse Pflichten auferlegt sind, stellt § 674 für alle Beendigungsfälle (s. Anm. 1 zu § 671) außer der Beendigung durch Widerruf (s. unten Anm. 4) den Grundsatz auf, daß der Auftrag trotz seiner Beendigung zu Gunsten des Beauftragten als fortbestehend gilt, bis diesem das Erlöschen des Auftrags bekannt geworden ist. Diese Bestimmung beruht auf der Erwägung, daß der Beauftragte nicht Schaden leiden soll, wenn er nach Erlöschen des Auftrags in gutem Glauben an dessen Fortbestehen (s. unten Anm. 2) für den Auftraggeber thätig geworden ist. Dem Beauftragten bleibt also insbesondere insoweit der Anspruch auf Ersatz seiner Aufwendungen (§ 670) gewahrt (M. II, 553 ff.). Aehnliche Bestimmungen enthielt auch das gemeine Recht (Dernburg, Pand. Bd. 2 S. 325 Note 4, Windscheid-Kipp, Bd. 2 S. 752 Note 7), das P.L.R. (Thl. IV cap. 9 § 13 Ziff. 3) und das sächsische G.B. (§ 1324); über andere Rechte s. M. II, 553 Note 2.

2. Die Vorschrift des § 674 greift nur Platz, wenn der Beauftragte vom Erlöschen des Auftrags keine Kenntniß hatte. Die auf Fahrlässigkeit (§ 276 Abs. 1 Satz 2) beruhende Unkenntniß steht der Kenntniß gleich (§ 122 Abs. 2). Setzt der Beauftragte in Kenntniß (oder auf Fahrlässigkeit beruhender Unkenntniß) der Beendigung des Auftrags seine Thätigkeit fort, so bestimmen sich seine Rechte und Pflichten nach den Vorschriften über die Geschäftsführung ohne Auftrag (§§ 677 ff.). Daß der Beauftragte vom Erlöschen des Geschäfts Kenntniß hatte bezw. nur in Folge von Fahrlässigkeit keine Kenntniß hatte, hat der Auftraggeber bezw. dessen Erbe oder gesetzlicher Vertreter zu beweisen (M. II, 553).

3. § 674 spricht nur von der Fortdauer der Rechte des Beauftragten („zu Gunsten des Beauftragten"). Daß der Beauftragte, der in gutem Glauben an die Fortdauer des bereits erloschenen Auftrags dessen Ausführung vornimmt oder fortsetzt, hiebei die Pflichten eines Beauftragten (s. insbesondere §§ 666—668) zu erfüllen hat, wurde um deßwillen nicht ausdrücklich bestimmt, weil, wenn man dies auch nicht als selbstverständlich betrachten dürfte, doch jedenfalls die gleiche Verpflichtung sich schon aus den Grundsätzen über die Geschäftsführung ohne Auftrag (§§ 677 ff.) ergäbe (M. II, 554; Z.G. VI, 469; vgl. auch §§ 672 u. 673).

4. Der Widerruf des Auftrags durch den Auftraggeber (§ 671 Abs. 1) ist eine einseitige empfangsbedürftige Willenserklärung (Anm. 3 zu § 671) und wird daher gegenüber dem abwesenden Beauftragten erst in dem Zeitpunkte wirksam, in welchem er demselben zugeht (§ 130 Abs. 1 Satz 1). Eine Vorschrift, wie sie § 674 zum Schutze des gutgläubigen Beauftragten enthält, ist daher beim Erlöschen des Auftrags durch Widerruf nicht erforderlich. Für die seltenen Fälle, in welchen der Beauftragte, trotzdem ihm der Widerruf zugegangen ist, von demselben keine Kenntniß erlangt hat, gewähren die Bestimmungen über die Geschäftsführung ohne Auftrag (§§ 683, 684) genügende Abhülfe (vgl. Windscheid-Kipp, Bd. 2 S. 753). Nach E. I sollte eine Ausnahme von dem Grundsatze des § 603 (jetzt § 674) nur für den Fall des unbedingten Widerrufs Platz greifen (M. II, 554). Von der II. Komm. wurde diese Einschränkung beseitigt, weil ein bedingter Widerruf kein

Widerruf im eigentlichen Sinne sei. Habe der Auftraggeber an den Eintritt einer Bedingung den Widerruf des Auftrags geknüpft, so handle es sich nur um eine besonders geartete Beschränkung der Ertheilung des Auftrags. Aus dieser Auffassung ergebe sich ein der Absicht des Entwurfs entsprechendes Resultat von selbst, ohne daß es einer besonderen Bestimmung bedürfe (P. II, 375).

5. Soweit nach § 674 die erloschene Vollmacht des Beauftragten als fortbestehend gilt, wirkt sie nicht zu Gunsten eines Dritten, der bei der Vornahme eines Rechtsgeschäfts das Erlöschen kennt oder kennen muß (§ 169).

6. Ist der Auftrag durch Eröffnung des Konkurses über das Vermögen des Auftraggebers erloschen (Anm. 5 zu § 672), so finden die Vorschriften des § 674 entsprechende Anwendung (K.O. § 23 Abs. 1 Satz 2). Der Beauftragte ist in Ansehung der nach der Eröffnung des Verfahrens entstandenen Ersatzansprüche Konkursgläubiger (K.O. § 27, vgl. M. II, 553 ff., P. II, 374 ff.).

7. Verwandte Bestimmungen gelten für den Gesellschafter (§ 729), den Ehemann (§ 1424 Abs. 1, s. auch §§ 1472 Abs. 1 Satz 2, 1497 Abs. 2, 1546 Abs. 1, 3, 1549), den Gewalthaber (§ 1682), den Vormund (§ 1893 Abs. 1) und den Vorerben (§ 2140).

§ 675.

Auf einen Dienstvertrag oder einen Werkvertrag, der eine Geschäftsbesorgung zum Gegenstande hat, finden die Vorschriften der §§ 663, 665 bis 670, 672 bis 674 und, wenn dem Verpflichteten das Recht zusteht, ohne Einhaltung einer Kündigungsfrist zu kündigen, auch die Vorschriften des § 671 Abs. 2 entsprechende Anwendung.

E. II, 567 Abs. 1, 606; III, 662.

1. Grundgedanke. Die Bestimmung des § 675 beruht auf Beschluß der II. Komm. Nachdem man die Unentgeltlichkeit zum Begriffsmerkmale des Auftrags erhoben hatte (s. Anm. 2b zu § 662), erschien es als zweckmäßig, einige der für den Auftrag geltenden Rechtssätze, welche wegen ihres allgemeinen Inhalts überall da passen, wo es sich um eine Geschäftsbesorgung für einen Dienstberechtigten oder einen Besteller handle, auf Dienst- und Werkverträge für anwendbar zu erklären (P. II, 376 ff.). In systematischer Beziehung würde daher diese Bestimmung in den 6. u. 7. Titel dieses Abschnitts gehören.

2. Die Entscheidung darüber, was unter „Geschäftsbesorgung" zu verstehen sei, glaubte die II. Komm. der Wissenschaft überlassen zu sollen. Jedenfalls sei aber davon auszugehen, daß nicht ohne Weiteres in jeder Thätigkeit des Dienstverpflichteten oder des Uebernehmers eine Geschäftsbesorgung zu finden sei. In der Regel werde es sich bei der Geschäftsbesorgung um die Entfaltung einer solchen Thätigkeit handeln, die innerhalb des Rechtsbereichs des Geschäftsherrn vorzunehmen sei (P. II, 377). Da aber das Gesetz von der Besorgung eines „Geschäfts", nicht eines „Rechtsgeschäfts" spricht, dürfte unter Geschäftsbesorgung die Erledigung jeder Angelegenheit zu verstehen sein, die der wirthschaftlichen Interessensphäre eines Anderen (des Geschäftsherrn) angehört (vgl. M. II, 855: „Bei dem Ausdruck „ein Geschäft besorgen" ist schon nach dem allgemeinen Sprachgebrauche das Mißverständniß ausgeschlossen, als ob darunter nur Rechtshandlungen oder Rechtsgeschäfte, nicht auch thatsächliche Dienstleistungen zu verstehen wären."). Zu eng erscheint daher die Auffassung von Matthiaß (I, 544), es handle sich hiebei „um eine solche Thätigkeit, welche die rechtlichen Verhältnisse des anderen Theils berührt, um eigentliche Rechtsgeschäfte und Rechtshandlungen". Daß der Geschäftsherr an der Vornahme des Geschäfts thatsächlich oder rechtlich behindert sei (Planck, Erl. 2 zu § 675), ist zum Begriffe der Geschäftsbesorgung nicht erforderlich. Jaeger (Komm. z. K.O. Anm. 10 zu § 22) will im Anschluß an Hellwig (Verträge auf Leistung an Dritte) unter Geschäftsbesorgung die Entfaltung der Thätigkeit zur Erledigung einer bestimmten Angelegenheit oder einer Mehrheit bestimmter Angelegenheiten verstehen. Hienach würde jeder Werkvertrag unter § 675 fallen, was mit der Ausdrucksweise des § 675 unvereinbar ist (vgl. auch Cosack, Lehrb. I, 508; Oertmann, Note 1 zu § 675; Hachenburg, Dienstvertrag und Werkvertrag im B.G.B., Separatabdruck aus den Ann. d. Großh. Bad. Ger. S. 14 ff.).

3. Als entsprechend anwendbar bezeichnet § 675 die für den Auftrag geltenden Vorschriften über

a) die Verpflichtung gewisser Personen, die Ablehnung eines Auftrags dem Auftraggeber unverzüglich anzuzeigen (§ 663);

b) die Befugniß des Beauftragten, von den Weisungen des Auftraggebers abzuweichen (§ 665);

c) die Verpflichtung des Beauftragten, dem Auftraggeber Nachricht zu geben, Auskunft zu ertheilen, Rechenschaft abzulegen, das zur Ausführung des Auftrags Erhaltene oder aus der Geschäftsbesorgung Erlangte herauszugeben und das für sich verwendete Geld zu verzinsen (§§ 666—668);

d) den Anspruch des Beauftragten auf Vorschußleistung und Ersatz seiner Aufwendungen (§§ 669, 670);

e) die Beendigung des Auftrags durch Tod und Geschäftsunfähigkeit (§§ 672, 673);

f) das Fortbestehen des erloschenen Auftrags zu Gunsten des gutgläubigen Beauftragten (§ 674);

g) das Verbot der unzeitigen Kündigung Seitens des Beauftragten (§ 671 Abs. 2), falls dem zur Dienstleistung Verpflichteten oder Unternehmer das Recht zusteht, ohne Einhaltung einer Kündigungsfrist zu kündigen (§§ 623, 626, 627, 649), vgl. P. VI, 189.

An Stelle der Bestimmungen der §§ 664 u. 671 gelten beim Dienstvertrage die Vorschriften der §§ 613, 620 ff., beim Werkvertrage die Vorschriften der §§ 267, 643, 649.

4. Die in Anm. 3a—g erwähnten Bestimmungen finden auf die eine Geschäftsbesorgung zum Gegenstande habenden Dienst- und Werkverträge „entsprechende“ Anwendung. Damit ist zum Ausdrucke gebracht, daß die Anwendung nur stattfinden darf, wenn die rechtliche Natur des Dienst- oder Werkvertrags derselben nicht entgegensteht. Inwieweit dies der Fall ist, läßt sich im Allgemeinen kaum bestimmen. Als Beispiel für die aus diesem Gesichtspunkte sich ergebende Unanwendbarkeit einzelner Sätze wurde in der II. Komm. erwähnt,

a) daß, wenn der Dienst- oder Werkvertrag, mit welchem die Verpflichtung zur Geschäftsbesorgung verbunden sei, erlösche, daneben nicht noch die Grundsätze über die Erlöschung des Mandats (§§ 672, 673) anwendbar seien (vgl. auch C.P.O. §§ 239, 244, 246);

b) daß die §§ 669, 670 nicht anwendbar seien, wenn die vereinbarte Vergütung nach dem Dienst- oder Werkvertrage zugleich als Entgelt für die Aufwendungen anzusehen sei (P. II, 377; vgl. Hachenburg a. a. O. S. 22 ff.).

c) Ueber eine weitere Verschiedenheit hinsichtlich der Klagbarkeit des Anspruchs auf Vorschußleistung s. Anm. 1 zu § 669.

5. Die Bestimmungen des § 13 Abs. 1 der K.O. (s. Anm. 5 zu § 672) gelten nach § 23 Abs. 2 K.O. auch dann, wenn sich Jemand durch einen Dienstvertrag oder Werkvertrag verpflichtet hat, ein ihm von dem Gemeinschuldner übertragenes Geschäft für diesen zu besorgen. Erlischt ein solcher Dienst- oder Werkvertrag in Folge der Eröffnung des Verfahrens, so ist der andere Theil in Ansehung der nach der Eröffnung des Verfahrens entstandenen Ersatzansprüche im Falle des § 672 Satz 2 B.G.B. Massegläubiger, im Falle des § 674 B.G.B. Konkursgläubiger (K.O. § 27); vgl. P. II, 517, 374 ff., Denkschrift zur K.O. S. 18, 19.

§ 676.

Wer einem Anderen einen Rath oder eine Empfehlung ertheilt, ist, unbeschadet der sich aus einem Vertragsverhältniß oder einer unerlaubten Handlung ergebenden Verantwortlichkeit, zum Ersatze des aus der Befolgung des Rathes oder der Empfehlung entstehenden Schadens nicht verpflichtet.

E. I, 604; II, 607; III, 663.

1. § 676 regelt die rechtliche Bedeutung von Rath und Empfehlung (die II. Komm. versetzte diese Vorschrift zuerst in den Titel über die unerlaubten Handlungen, später aber in den Titel über den Auftrag zurück; P. II, 380, 664 ff.). Nach gemeinem Rechte kann Jemand aus der Ertheilung eines Rathes in Anspruch genommen werden, wenn er dolos handelte oder besondere Umstände ihn zur Anwendung von Sorgfalt verpflichteten, wobei insbesondere das Bestehen einer Geschäftsverbindung von wesentlicher Bedeutung sein kann (Dernburg, Pand. Bd. 2 S. 319 Note 8, 9; Windscheid-Kipp, Bd. 2 S. 764 Note 21; Zeitschrift des Anw.-Ver. für Bayern Bd. 10 S. 219 ff.; Tewes im Arch. f. civ. Praxis Bd. 51 S. 35 ff.; Entsch. d. R.O.H.G. Bd. 19 S. 196 ff.; Entsch. d. R.G. in Civils. Bd. 27 S. 118 ff., Bd. 42 S. 129 ff.). Nach B.L.R. (Thl. IV cap. 9 § 3 Ziff. 1) unter-

scheidet sich das Mandat von bloßen Rathschlägen oder Rekommandationen dadurch, daß diese beiden regelmäßig keine Verbindlichkeit nach sich ziehen, soferne sie ohne Betrug und Hinterlist geschehen (s. auch Thl. IV cap. 10 § 3 Ziff. 4). Ueber andere Rechte s. M. II, 554 Note 1.

Auch nach B.G.B. kann Rath und Empfehlung eine Haftung nur in zweierlei Fällen begründen:

a) wenn zwischen den betheiligten Personen ein Vertragsverhältniß (Dienst- oder Werkvertrag, Mäklervertrag Garantievertrag rc.) bestand, nach welchem in gegebenen Falle eine Verantwortlichkeit anzunehmen ist. Hieher gehört insbesondere der Fall, daß der Rath oder die Empfehlung kraft Gewerbes oder Berufs gegen Entgelt ertheilt wird (Rathschläge des Arztes, des Rechtsanwalts, Empfehlungen eines Auskunftsbureaus);

b) wenn der Rathende oder Empfehlende sich hiedurch einer unerlaubten Handlung schuldig gemacht hat (§§ 823, 826).

Liegt eine dieser Voraussetzungen vor, so ist derjenige, welcher den Rath oder die Empfehlung ertheilt hat, zum Ersatze des aus der Befolgung des Rathes oder der Empfehlung erwachsenen Schadens nach Maßgabe der §§ 249 ff. verpflichtet. Dagegen wird beim Fehlen beider Voraussetzungen eine Haftung auch durch grobe Fahrlässigkeit bei Ertheilung des Rathes oder der Empfehlung nicht begründet (M. II, 555; B. II, 380, 664; unrichtig Scherer, Note 1 zu § 676).

2. Inwieweit ein Beamter für einen Rath oder eine Empfehlung haftet, die er kraft seiner Amtspflicht ertheilt hat, bestimmt sich nach den §§ 839, 1674, 1848, Gr.B.O. § 12 (vgl. Seuffert, Archiv Bd. 12 Nr. 26).

3. § 79 Abs. 1 Nr. 1 des Börsengesetzes vom 22. Juni 1896 bedroht mit Gefängniß, Geldstrafe und Verlust der bürgerlichen Ehrenrechte einen Kommissionär, der, um sich oder einem Dritten einen Vermögensvortheil zu verschaffen, das Vermögen des Kommittenten dadurch beschädigt, daß er hinsichtlich eines abzuschließenden Geschäfts wider besseres Wissen unrichtigen Rath oder unrichtige Auskunft ertheilt.

4. Nach Art. 29 des bayrischen A.G. z. B.G.B. ist eine Dienstherrschaft, die einem Dienstboten das Zeugniß treuen Verhaltens ertheilt hat, obwohl derselbe gegen sie eine schwere Veruntreuung begangen hat und dies der Dienstherrschaft bekannt war, für den Schaden verantwortlich, welcher der nachfolgenden Dienstherrschaft aus dem Vertrauen auf die Richtigkeit des Zeugnisses entsteht. Die Verantwortlichkeit erlischt mit dem Ablaufe von drei Jahren seit der Ertheilung des Zeugnisses, soweit sie nicht vorher gerichtlich geltend gemacht wird.

Elfter Titel.

Geschäftsführung ohne Auftrag.

(Erläutert von Dr. Th. Engelmann.)

Einleitung.

1. Uebersicht. Die §§ 677—687 regeln die Geschäftsführung ohne Auftrag. Im § 677 wird der Begriff der Geschäftsführung ohne Auftrag und die Grundpflicht des Geschäftsführers festgestellt, während die §§ 678—680, 682 die Haftung desselben im Einzelnen näher begrenzen. § 681 verpflichtet den Geschäftsführer zur Anzeige an den Geschäftsherrn und stellt ihn hinsichtlich seiner übrigen Verpflichtungen einem Beauftragten gleich. In den §§ 683—685 sind die Ansprüche des Geschäftsführers geregelt, § 686 behandelt den Irrthum über die Person des Geschäftsherrn, § 687 die sog. „unechte“ Geschäftsführung ohne Auftrag.

2. Begriff und rechtliche Natur der „Geschäftsführung ohne Auftrag“. Geschäftsführung ohne Auftrag ist die Besorgung eines Geschäfts für einen Anderen ohne dessen Auftrag und ohne sonstige ihm gegenüber vorliegende Berechtigung hiezu (§ 677). Ueber die einzelnen Begriffsmerkmale s. Anm. 2 zu § 677. Die Geschäftsführung ohne Auftrag ist kein Rechtsgeschäft, erzeugt aber rechtliche Wirkungen (M. II, 860; Cosack, Lehrb. I, 558; and. Ans. Endemann I, 804 Nr. 1; vgl. Bd. 4 S. 153 Anm. 4g zu § 1411). Aus diesem Grunde stellte E. I die Geschäftsführung ohne Auftrag neben der Bereicherung, der Gemeinschaft, der Vorlegung und der Offenbarung unter die „einzelnen Schuldverhältnisse aus anderen Gründen“ (als Rechtsgeschäft und unerlaubte Handlung). Die nunmehrige Anordnung entspricht der nahen Verwandtschaft zwischen Auftrag und Geschäftsführung ohne Auftrag. Die gemeinrechtliche Lehre behandelte die negotiorum

gestio bald unter den Forderungsrechten aus vertragsähnlichen Gründen (Windscheid-Kipp, Bd. 2 S. 851 ff.), bald im Anschluß an das Mandat (Dernburg, Pand. Bd. 2 S. 331 ff.). Das P.L.R. (Thl. IV cap. 13 § 2) betrachtete die negotiorum gestio als Quasikontrakt. Ueber andere Rechte s. M. II, 854 Note 2.

3. Bei einer Mehrheit von Geschäftsherren oder Geschäftsführern finden die allgemeinen Vorschriften (§§ 420 ff.) Anwendung (M. II, 858; vgl. sächsisches G.B. § 1350).

4. Die Haftung des Geschäftsführers bemißt sich im Allgemeinen nach § 276; er haftet also für Vorsatz und Fahrlässigkeit (E. I, 749 Abs. 1; M. II, 857; P. II, 726, 727; vgl. Dernburg, Pand. Bd. 2 S 337 Note 24; Windscheid-Kipp, Bd. 2 S. 855 Note 5; P.L.R. Thl. IV cap. 13 § 2 Ziff. 2; über andere Rechte s. M. II, 857 Note 3). Eine Erweiterung der Haftung tritt ein, wenn die Uebernahme der Geschäftsführung mit dem Willen des Geschäftsherrn im Widerspruche steht und der Geschäftsführer dies erkennen mußte (§ 678, s. auch § 679), eine Beschränkung der Haftung dagegen, wenn die Geschäftsführung die Abwendung einer dem Geschäftsherrn drohenden dringenden Gefahr bezweckt oder der Geschäftsführer geschäftsunfähig oder in der Geschäftsfähigkeit beschränkt ist (§§ 680, 682).

5. Die aus der Geschäftsführung ohne Auftrag bereits entstandenen Ansprüche gehen beiderseits nach Maßgabe der allgemeinen Grundsätze auf die Erben über (M. II, 859). Zur Fortsetzung eines von dem Geschäftsführer angefangenen Geschäfts dagegen ist dessen Erbe nur insoweit verpflichtet, als der Geschäftsführer selbst zur Fortsetzung verpflichtet wäre (Anm. 3 zu § 677). Ebensowenig besteht für den Erben des Geschäftsführers die Verpflichtung, den Tod desselben dem Geschäftsherrn anzuzeigen (vgl. § 673 Satz 2; and. Ans. Planck, Erl. 2 zu § 681 und anscheinend auch Oertmann, Note 2 zu § 681 a. E.).

6. Die Ansprüche aus der Geschäftsführung verjähren in der regelmäßigen Frist von 30 Jahren (§ 195). Dies gilt auch dann, wenn der Geschäftsführer einen Gläubiger des Geschäftsherrn befriedigt hat, dessen Anspruch einer kürzeren Verjährung unterlag. Ob in solchen Fällen die Geschäftsführung dem Interesse des Geschäftsherrn entsprach (§ 677), ist nach Lage des einzelnen Falles zu beurtheilen (M. II, 864).

7. Nimmt Jemand eine prozeßrechtliche Handlung für eine Partei als Geschäftsführer ohne Auftrag vor, so kann er gegen oder ohne Sicherheitsleistung für Kosten und Schäden zur Prozeßführung einstweilen zugelassen werden. Das Endurtheil darf erst erlassen werden, nachdem die für die Beibringung der Genehmigung zu bestimmende Frist abgelaufen ist. Ist zu der Zeit, zu welcher das Endurtheil erlassen wird, die Genehmigung nicht beigebracht, so ist der einstweilen zur Prozeßführung Zugelassene zum Ersatze der dem Gegner in Folge der Zulassung erwachsenen Kosten zu verurtheilen; auch hat er dem Gegner die in Folge der Zulassung entstandenen Schäden zu ersetzen. Die Partei muß die Prozeßführung gegen sich gelten lassen, wenn sie dieselbe ausdrücklich oder stillschweigend genehmigt hat (C.P.O. § 89 Abs. 2).

8. Die Vorschriften über die Geschäftsführung ohne Auftrag finden entsprechende Anwendung:

a) auf die Verpflichtung des Käufers, des Vermiethers, des Verpächters, des Verleihers, des Eigenthümers (gegenüber dem Besitzer und dem Nießbraucher), des Verpfänders und des Nacherben zum Ersatze gewisser Verwendungen (§§ 450 Abs. 2, 547 Abs. 2 Satz 1, 581 Abs. 2, 601 Abs. 2 Satz 1, 994 Abs. 2, 1049 Abs. 1, 1216 Satz 1, 2125 Abs. 1);

b) auf die Rechte und Pflichten des die Erbschaft ausschlagenden Erben gegenüber demjenigen, der Erbe wird (§ 1959 Abs. 1);

c) auf die vor der Annahme der Erbschaft von dem Erben besorgten erbschaftlichen Geschäfte (§ 1978 Abs. 1 Satz 2, s. auch § 1991 Abs. 1);

d) auf den Anspruch des Erben auf Ersatz von Aufwendungen aus dem Nachlasse bei Anordnung der Nachlaßverwaltung oder Eröffnung des Nachlaßkonkurses (§ 1978 Abs. 3, s. auch § 1991 Abs. 1).

9. Bildet die eigenmächtige Besorgung eines fremden Geschäfts eine unerlaubte Handlung im Sinne der §§ 823 ff., so stehen dem Geschäftsherrn auch die hieraus sich ergebenden Ansprüche zu (M. II, 854; vgl. § 687 Abs. 2 und Anm. 3 zu § 687).

10. Ueber die Geschäftsführung auf Grund Auftrags s. §§ 662 ff., über die rechtliche Wirkung eines ohne Vertretungsmacht im Namen eines Anderen vorgenommenen Rechtsgeschäfts für und gegen den Vertretenen (Vertretung ohne Vertretungsmacht) s. §§ 177 ff.

11. Eine selbständige Versionsklage (actio de in rem verso; vgl. Dernburg Pand. Bd. 2 S. 39 ff., Windscheid-Kipp, Bd. 2 S. 1044 ff., Kreittmayr, Annot. z. B.L.R. Thl. IV cap. 13 § 2 Ziff. 8, P.L.R. Thl. I Tit. 13 §§ 262 ff., sächsisches G.B. § 1357) ist dem B.G.B. unbekannt (M. II, 871 ff., Jacubezky, Bem. S. 180 ff.; vgl. § 822).

12. Die landesgesetzlichen Vorschriften, nach welchen der Staat sowie gewisse Verbände und Anstalten Ersatz der für gewährten Unterhalt gemachten Aufwendungen von den Unterstützten sowie von den nach B.G.B. unterhaltspflichtigen Personen verlangen können, bleiben nach E.G. Art. 103 unberührt (vgl. Bd. 6 S. 142 ff., Anm. zu E.G. Art. 103, ferner Bd. 4 S. 382 Vorbem. vor § 1601 Ziff. 13, S. 374 Anm. 4 zu § 1602, S. 389 Anm. 5 zu § 1607; Oertmann, Vorbem. Ziff. 5c; s. auch Entsch. d. R.G. in Civils. Bd. 14 S. 197 ff., Dernburg, Pand. Bd. 2 S. 333 Note 3).

§ 677.

Wer ein Geschäft für einen Anderen besorgt, ohne von ihm beauftragt oder ihm gegenüber sonst dazu berechtigt zu sein, hat das Geschäft so zu führen, wie das Interesse des Geschäftsherrn mit Rücksicht auf dessen wirklichen oder muthmaßlichen Willen es erfordert.

E. I, 749 Abs. 1; II, 608; III, 664.

1. § 677 hat einen doppelten Inhalt:
   a) er umgrenzt den Begriff der Geschäftsführung ohne Auftrag durch Aufstellung der wesentlichen Voraussetzungen;
   b) er legt dem Geschäftsführer als Grundpflicht die Rücksichtnahme auf das Interesse und den Willen des Geschäftsherrn auf.
2. Voraussetzung für das Vorliegen einer Geschäftsführung ohne Auftrag ist:
   a) Besorgung eines Geschäfts. Ueber den Begriff der „Geschäftsbesorgung" s. Anm. 2 zu § 675. Die Geschäftsbesorgung kann sich auf ein einzelnes Geschäft oder auf eine Reihe von solchen oder auf alle Geschäfte einer Person beziehen (M. II, 855).
   b) Das Geschäft muß „für einen Anderen" besorgt werden (vgl. Anm. 2a zu § 662). Durch diese Fassung sollte der (insbesondere im sächsischen G.B. § 1358 anerkannte) Unterschied zwischen objektiv fremdem Geschäft (welches an sich als Geschäft eines Anderen erscheint, z. B. Reparatur eines fremden Hauses) und subjektiv fremdem Geschäft (welches erst durch die Willensrichtung des Geschäftsführers zu einem fremden Geschäfte wird, z. B. Bestellung von Waaren für einen Anderen) abgelehnt werden (M. II, 855 ff.; vgl. Endemann, I, 805 Note 3; Windscheid-Kipp, Bd. 2 S. 853 ff.). Daß der Geschäftsführer ausschließlich oder überhaupt im Interesse des Geschäftsherrn gehandelt habe, ist zum Begriffe der Geschäftsführung ohne Auftrag nicht erforderlich (vgl. E. I, 759: „Die Anwendung der Vorschriften der §§ 749—758 wird dadurch nicht ausgeschlossen, daß der Geschäftsführer zu der Geschäftsbesorgung durch ein eigenes Interesse oder durch das Interesse eines Dritten bestimmt worden ist", welche Vorschrift von der II. Komm. als entbehrlich gestrichen wurde, M. II, 856, 868 ff.; P. II, 741). Das Motiv, aus welchem der Geschäftsführer thätig geworden ist, kann aber für den Umfang seiner Haftung in Betracht kommen (§ 680). Der Geschäftsführer braucht nicht für einen der Person nach bestimmten Geschäftsherrn gehandelt zu haben, es genügt vielmehr ein Handeln für denjenigen, den es angeht (M. II, 856). Dagegen dürfte eine Geschäftsführung ohne Auftrag Mangels des erforderlichen „Anderen" nicht anzunehmen sein, wenn für eine noch nicht existirende Person, z. B. einen nasciturus (s. Bd. 1 S. 11 Anm. II zu § 1) oder eine erst zu gründende Aktiengesellschaft gehandelt wird (and. Ans. Kuhlenbeck, Note 1 zu § 686; Planck, Erl. 1b zu § 677; nach Oertmann, Note 2 zu § 677 sollen in solchen Fällen die Rechtsverhältnisse durch das Existentwerden der betreffenden Persönlichkeit aufschiebend bedingt sein; vgl. auch Seuffert, Archiv Bd. 42 Nr. 112). Bei Irrthum des Geschäftsführers über die Person des Geschäftsherrn wird der wirkliche, nicht der vermeintliche Geschäftsherr berechtigt und verpflichtet (§ 686). Durch die Worte „für einen Anderen" ist weiter zum Ausdrucke gebracht, daß der Geschäftsführer mit dem Bewußtsein und dem Willen gehandelt haben muß, das fremde Geschäft als fremdes zu besorgen (vgl. P. II, 726). Es genügt also nicht, daß objektiv ein fremdes Geschäft besorgt werde (M. II, 856). Behandelt Jemand ein fremdes Geschäft als sein eigenes („unechte" negotiorum gestio), so finden die Bestimmungen des § 687 Abs. 1 u. 2 Anwendung. Besteht zwischen dem Geschäftsherrn und

dem Geschäftsführer ein Gesellschafts- oder Gemeinschaftsverhältniß, so greifen insoweit die Vorschriften der §§ 705 ff., 741 ff. Platz (M. II, 868).

c) Die Geschäftsbesorgung darf nicht im Auftrage des Geschäftsherrn oder auf Grund einer sonstigen Berechtigung hiezu gegenüber dem Geschäftsherrn erfolgen. Ueber den Fall der irrthümlichen Annahme eines Auftrags oder einer sonstigen Berechtigung Seitens des Geschäftsführers s. Anm. 2 zu § 686.

α) „Auftrag" ist hier nicht im technischen Sinne gebraucht, sondern im Sinne des gewöhnlichen Sprachgebrauchs zu verstehen, umfaßt also auch den entgeltlichen Auftrag (P. II, 726: vgl. Vorbem. vor § 662 Ziff. 2). Hat Jemand ein fremdes Geschäft im Auftrag eines Dritten besorgt, so entstehen rechtliche Beziehungen nur zwischen ihm und seinem Auftraggeber, es sei denn, daß er zugleich in der Absicht gehandelt hat, als Geschäftsführer für den Geschäftsherrn thätig zu werden. Dies war im E. I (§ 760) ausdrücklich ausgesprochen. Von der II. Komm. wurde diese Bestimmung gestrichen, weil die Klarstellung dieses Verhältnisses bei der geringen praktischen Bedeutung des Falles der Wissenschaft überlassen werden könne (M. II, 869, 856; P. II, 741; vgl. Dernburg, Pand. Bd. 2 S. 334; Windscheid-Kipp, Bd. 2 S. 865 ff.).

β) Nach E. I sollte maßgebend sein, ob Jemand ohne Auftrag und ohne Amtspflicht ein Geschäft besorge. Damit sollten insbesondere die Fälle der gesetzlichen Vertretung sowie die Fälle ausgeschlossen sein, in welchen ein Beamter kraft seiner Amtspflicht die Geschäfte eines Anderen besorgt (z. B. Nachlaßregulirung durch einen Konsul). Von der II. Komm. wurde die nunmehrige Fassung gewählt, weil die Erwähnung der Amtspflicht, soweit es sich um Fälle des öffentlichen Rechtes handle, außerhalb des Bereichs des B.G.B. liege, andererseits aber auch insofern ungenau sei, als sie die hieher gehörige elterliche Gewalt nicht mitumfasse (M. II, 856 ff.; P. II, 726 ff.). War der Geschäftsführer zur Geschäftsbesorgung dem Geschäftsherrn gegenüber verpflichtet, so finden die §§ 677 ff. keine Anwendung, da der Geschäftsführer insoweit dem Geschäftsherrn gegenüber zu seinem Vorgehen auch berechtigt war. Eine anderweitige, insbesondere öffentlich-rechtliche Verpflichtung zur Geschäftsbesorgung dagegen schließt das Vorliegen einer Geschäftsführung ohne Auftrag nicht aus (vgl. Anm. 1 a zu § 679).

3. Die Grundpflicht des Geschäftsführers besteht darin, daß er das Interesse des Geschäftsherrn und dessen wirklichen oder muthmaßlichen (d. h. vernünftiger Weise anzunehmenden) Willen zu berücksichtigen hat. Diesen Gesichtspunkt hat er nicht nur bei der Führung des Geschäfts, sondern auch bei Prüfung der Frage zu Grunde zu legen, ob er überhaupt der Besorgung des fremden Geschäfts sich unterziehen dürfe (M. II, 857). Hat er vorsätzlich dem Willen des Geschäftsherrn zuwidergehandelt oder aus Fahrlässigkeit nicht erkannt, daß die Uebernahme der Geschäftsführung dem Willen des Geschäftsherrn widerstreitet, so haftet er auch ohne weiteres Verschulden für den dem Geschäftsherrn aus der Geschäftsführung erwachsenen Schaden (§ 678). Unter gewissen Voraussetzungen kommt ein der Geschäftsführung entgegenstehender Wille des Geschäftsherrn nicht in Betracht (§ 679). Die Frage, ob die Uebernahme der Geschäftsführung dem Interesse und dem Willen des Geschäftsherrn entspricht, ist auch für den Ersatzanspruch des Geschäftsführers von Bedeutung (§§ 683, 684). Zur Fortsetzung der begonnenen Geschäftsführung ist der Geschäftsführer nicht verpflichtet, doch kann nach allgemeinen Grundsätzen (s. Vorbem. Ziff. 4) seine Verpflichtung zum Ersatze des aus seinem Zurücktreten dem Geschäftsherrn erwachsenen Schadens Platz greifen (M. II, 858 ff.; vgl. Dernburg, Pand. Bd. 2 S. 337 Note 25; Windscheid-Kipp, Bd. 2 S. 856 Note 8; Fischer-Henle, Note 2 zu § 681. Matthiaß, I, 609; Weyl, I, 473). Ueber die Verpflichtung des Erben des Geschäftsführers zur Fortsetzung der von diesem angefangenen Geschäfte s. Vorbem. Ziff. 5.

§ 678.

Steht die Uebernahme der Geschäftsführung mit dem wirklichen oder dem muthmaßlichen Willen des Geschäftsherrn in Widerspruch und mußte der Geschäftsführer dies erkennen, so ist er dem Geschäftsherrn zum Ersatze des aus der Geschäftsführung entstehenden Schadens auch dann verpflichtet, wenn ihm ein sonstiges Verschulden nicht zur Last fällt.

E. I, 749 Abs. 2; II, 609; III, 665.

1. Grundgedanke. § 677 verpflichtet den Geschäftsführer zur Rücksichtnahme auf den wirklichen oder muthmaßlichen Willen des Geschäftsherrn (Anm. 3 zu § 677). Steht die Uebernahme der Geschäftsbesorgung mit dem wirklichen oder muthmaßlichen Willen des Geschäftsherrn im Einklange, so haftet der Geschäftsführer nur für Vorsatz und Fahrlässigkeit (Vorbem. Ziff. 4). Dagegen ist er gemäß § 678 auch ohne weiteres Verschulden verpflichtet, dem Geschäftsherrn den aus der Geschäftsführung entstandenen Schaden nach Maßgabe der §§ 249 ff. zu ersetzen,

a) wenn er in bewußtem Widerspruche mit dem Willen des Geschäftsherrn die Geschäftsführung übernommen hat;

b) wenn er bei Anwendung der im Verkehr erforderlichen Sorgfalt hätte erkennen müssen, daß die Uebernahme der Geschäftsführung dem Willen des Geschäftsherrn widerstreite.

(Vgl. M. II, 857 ff.; P. II, 727; B.L.R. Thl. IV cap. 13 § 2 Ziff. 2; über andere Rechte s. M. II, 857 Note 4.) Von einer Haftung des Geschäftsführers für Zufall kann allerdings auch in diesem Falle nicht gesprochen werden, da das Gesetz in dem vorsätzlichen oder fahrlässigen Zuwiderhandeln gegen den Willen des Geschäftsherrn ein Verschulden des Geschäftsführers erblickt (unrichtig Endemann, I, 809 Note 20 und Schollmeyer, S. 100; vgl. Kuhlenbeck, Note 1 zu § 678; Planck, Erl. 3 zu § 678; Cosack, I, 559; Oertmann, Note 2 zu § 678).

2. Die gleichen Grundsätze gelten, wenn die Art der Geschäftsführung mit dem wirklichen oder muthmaßlichen Willen des Geschäftsherrn im Widerspruche stand und der Geschäftsführer dies wußte oder erkennen mußte (M. II, 857 ff.).

3. Beweislast. Daß die Uebernahme oder die Art der Geschäftsführung mit dem wirklichen oder muthmaßlichen Willen des Geschäftsherrn in Widerspruche stand und daß dem Geschäftsführer dies bekannt oder nur in Folge von Fahrlässigkeit unbekannt war, hat allgemeinen Grundsätzen zufolge der Geschäftsherr zu beweisen.

4. Eine Ausnahme von dem Grundsatze des § 678 gilt gemäß § 679 insofern, als unter gewissen Voraussetzungen ein der Geschäftsführung entgegenstehender Wille des Geschäftsherrn nicht in Betracht kommt (s. auch §§ 683 Satz 2 und 684). Eine weitere Ausnahme enthält § 680 (s. auch § 682).

§ 679.

Ein der Geschäftsführung entgegenstehender Wille des Geschäftsherrn kommt nicht in Betracht, wenn ohne die Geschäftsführung eine Pflicht des Geschäftsherrn, deren Erfüllung im öffentlichen Interesse liegt, oder eine gesetzliche Unterhaltspflicht des Geschäftsherrn nicht rechtzeitig erfüllt werden würde.

E. I, 749 Abs. 2, 755; II, 610; III, 666.

1. § 679 enthält eine Ausnahme von dem Grundsatze des § 678. Gemäß § 677 hat der Geschäftsführer auf den Willen des Geschäftsherrn Rücksicht zu nehmen. Hat er vorsätzlich oder fahrlässig dem Willen des Geschäftsherrn zuwidergehandelt, so haftet er ohne weiteres Verschulden für jeden dem Geschäftsherrn aus der Geschäftsführung erwachsenen Schaden (§ 678). Trotz des Vorliegens dieser Voraussetzung beschränkt sich aber die Haftung des Geschäftsführers wieder auf das im Allgemeinen geltende Maß, nämlich auf Haftung für Vorsatz und Fahrlässigkeit (s. Vorbem. Ziff. 4), wenn durch die Geschäftsführung verhütet wird, daß eine Pflicht des Geschäftsherrn, deren Erfüllung im öffentlichen Interesse liegt, oder eine gesetzliche Unterhaltspflicht desselben nicht rechtzeitig (E. I: „nicht ordnungsmäßig", vgl. P. II, 737) erfüllt werde (M. II, 858; Z.G. II, 433 ff.; P. II, 727; vgl. Seuffert, Archiv Bd. 21 Nr. 52). Das Gleiche gilt natürlich, wenn ohne das Dazwischentreten des Geschäftsführers die Pflicht des Geschäftsherrn überhaupt nicht erfüllt werden würde (M. II, 865).

a) Die erste der im § 679 erwähnten Voraussetzungen ist nur dann gegeben, wenn die Erfüllung der Pflicht des Geschäftsherrn im öffentlichen Interesse liegt; ob die Verpflichtung selbst öffentlich-rechtlicher oder privatrechtlicher Natur ist, kommt nicht in Betracht (P. II, 737 ff.; unrichtig

Weyl, I, 472). Unter § 679 fällt z. B. die Bestreitung von Beerdigungskosten an Stelle des hiezu Verpflichteten (P. II, 738; s. § 1968 und Bd. 5 S. 120 Anm. 1 zu § 1968; über die actio funeraria des römischen Rechtes s. Dernburg, Pand. Bd. 2 S. 336, Windscheid-Kipp, Bd. 2 S. 861 Note 20), ferner die Erfüllung der einem Anderen obliegenden öffentlich-rechtlichen Pflicht auf Grund vorläufiger behördlicher Anordnung (M. II, 865; P. II, 737 ff.; vgl. Art. 6 des bayerischen Armengesetzes vom 29. April 1869 in der durch A.G. Art. 160 und Bekanntmachung vom 30. Juli 1899 festgesetzten Fassung, Bd. 4 S. 389 Anm. 5 zu § 1607).

b) Ueber gesetzliche Unterhaltspflichten s. die §§ 1345, 1351, 1360, 1361, 1578 ff., 1601 ff., 1703, 1708, 1715, 1719, 1736, 1739, 1766. Die Verpflichtung zur Gewährung einer Geldrente auf Grund der §§ 843, 844 oder auf Grund der Bestimmungen des Haftpflichtgesetzes vom 7. Juni 1871 (vgl. E.G. Art. 42) fällt nicht unter § 679 (vgl. Anm. 6 zu § 843 und Anm. V, 5 zu § 844). Dagegen verliert eine gesetzliche Unterhaltspflicht diesen Charakter nicht dadurch, daß sie im Wege Vertrags oder Vergleichs näher geregelt wird.

c) In der II. Komm. wurde beantragt, die Bestimmung des § 679 auch auf die Erfüllung sittlicher Pflichten auszudehnen. Der Antrag wurde aber abgelehnt, weil durch dessen Annahme alle sittlichen Pflichten indirekt zu Rechtspflichten erhoben würden. Erfülle Jemand an Stelle eines Anderen eine diesem obliegende sittliche Pflicht, so werde er hiezu in der Regel durch sein eigenes Sittlichkeitsgefühl veranlaßt; er müsse dann aber dieses Gefühl auf seine eigenen Kosten befriedigen (P. II, 738 ff.; vgl. Seuffert, Arch. Bd. 36 Nr. 33; Entsch. d. R.G. in Civils. Bd. 27 S. 332; Windscheid-Kipp, Bd. 2 S. 857).

2. Der Beweis, daß die Voraussetzungen des § 679 gegeben sind, obliegt allgemeinen Grundsätzen zufolge dem Geschäftsführer (M. II, 858).

3. Liegen die Voraussetzungen des § 679 vor, so steht dem Geschäftsführer Anspruch auf Ersatz seiner Aufwendungen auch dann zu, wenn die Uebernahme der Geschäftsführung mit dem Willen des Geschäftsherrn in Widerspruch steht (§ 683 Satz 2).

§ 680.

Bezweckt die Geschäftsführung die Abwendung einer dem Geschäftsherrn drohenden dringenden Gefahr, so hat der Geschäftsführer nur Vorsatz und grobe Fahrlässigkeit zu vertreten.

E. I, 750; II, 611; III 667.

1. Während im Allgemeinen das Motiv, aus welchem der Geschäftsführer gehandelt hat, nicht in Betracht kommt (Anm. 2b zu § 677), beschränkt sich nach § 680 seine Haftung von dem im Allgemeinen geltenden Maße (Haftung für Vorsatz und Fahrlässigkeit, s. Vorbem. Ziff. 4) auf bloße Haftung für Vorsatz und grobe Fahrlässigkeit, wenn der Geschäftsführer thätig geworden ist, um eine dem Geschäftsführer drohende dringende Gefahr abzuwenden. Diese Vorschrift steht im Einklange mit dem bisherigen Rechte (vgl. Dernburg, Pand. Bd. 2 S. 337, Windscheid-Kipp, Bd. 2 S. 855 Note 6; B.L.R. Thl. IV cap. 13 § 2 Ziff. 3; über andere Rechte s. M. II, 858 Note 1; vgl. auch Seuffert, Archiv Bd. 47 Nr. 269) und entspricht dem öffentlichen Interesse (M. II, 858).

2. Grobe Fahrlässigkeit liegt vor, wenn die im Verkehr erforderliche Sorgfalt in besonders schwerer Weise verletzt wird (s. oben S. 38 ff. Anm. 2b zu § 276).

3. Die Gefahr, zu deren Abwendung der Geschäftsführer gehandelt haben muß, kann sowohl der Person als dem Vermögen des Geschäftsherrn gedroht haben. Eine Gefahr, welche Person oder Vermögen der Angehörigen des Geschäftsherrn bedroht, kommt nicht in Betracht (vgl. E. I, 750; P. II, 727 ff.; and. Ans. ohne überzeugende Begründung Planck, Erl. zu § 680; Cosack, I, 560). Dadurch, daß der Geschäftsführer nicht vermocht hat, die dem Geschäftsherrn drohende Gefahr wirklich abzuwenden, wird die Anwendbarkeit des § 680 nicht ausgeschlossen.

4. Der Beweis, daß die Voraussetzungen des § 680 gegeben sind, obliegt allgemeinen Grundsätzen zufolge dem Geschäftsführer.

§ 681.

Der Geschäftsführer hat die Uebernahme der Geschäftsführung, sobald es thunlich ist, dem Geschäftsherrn anzuzeigen und, wenn nicht mit dem Aufschube Gefahr verbunden ist, dessen Entschließung abzuwarten. Im Uebrigen finden auf die Verpflichtungen des Geschäftsführers die für einen Beauftragten geltenden Vorschriften der §§ 666 bis 668 entsprechende Anwendung.

E. I, 751; II, 612; III, 668.

1. Nach § 681 obliegen dem Geschäftsführer folgende Verpflichtungen:

a) Er hat die Uebernahme der Geschäftsführung, sobald es thunlich ist, dem Geschäftsherrn anzuzeigen und, wenn nicht Gefahr im Verzug ist, dessen Entschließung abzuwarten. Diese im E. I nicht enthaltene Vorschrift wurde von der II. Komm. aufgenommen, um dem Geschäftsführer behufs Erforschung des Willens des Geschäftsherrn einen objektiven Anhalt zu gewähren, auf den sowohl die Analogie des § 665 als ein im Verkehre häufig hervorgetretener Mißbrauch, insbesondere bei Abweichung von Bauplänen, hinweisen (P. II, 727; vgl. Anm. 2 zu § 665).

b) Er hat dem Geschäftsherrn die erforderlichen Nachrichten zu geben, auf Verlangen über den Stand des Geschäfts Auskunft zu ertheilen und nach der Ausführung des Geschäfts Rechenschaft abzulegen (§§ 681 Satz 2, 666; vgl. M. II, 859 und die Anm. zu § 666; Dernburg, Pand. Bd. 2 S. 337 Note 23; Windscheid-Kipp, Bd. 2 S. 856 Note 9, Seuffert, Archiv Bd. 37 Nr. 205; B.L.R. Thl. IV cap. 13 § 2 Ziff. 1). Ueber die Verpflichtung des Geschäftsführers zur Leistung des Offenbarungseides s. §§ 259, 261, C.P.O. § 254. Der in der II. Komm. geäußerten Meinung, daß der Geschäftsherr, welcher die Genehmigung versage, nicht Rechenschaft, sondern nur Schadensersatz verlangen könne, wurde mit Recht entgegengehalten, daß der Geschäftsherr die Entscheidung über Ertheilung oder Versagung der Genehmigung häufig erst auf Grund der erfolgten Rechenschaftsablage treffen könne (P. II, 728).

c) Er hat dem Geschäftsherrn Alles, was er aus der Geschäftsbesorgung erlangt, herauszugeben (§§ 681 Satz 2, 667; vgl. M. II, 859 und die Anm. zu § 667; Dernburg, Pand. Bd. 2 S. 338 Note 28; Windscheid-Kipp, Bd. 2 S. 856 Note 9; B.L.R. Thl. IV cap. 13 § 2 Ziff. 1). Ueber die Verpflichtung des Geschäftsführers zur Leistung des Offenbarungseides s. §§ 260, 261, C.P.O. § 254. Selbstverständlich kann der Geschäftsherr, der die Genehmigung der Geschäftsführung verweigert, die Herausgabe dessen, was der Geschäftsführer aus der Geschäftsbesorgung erlangt hat, nicht beanspruchen (M. II, 859; P. II, 728; vgl. Windscheid-Kipp, Bd. 2 S. 856 Note 10). Ueber die Herausgabepflicht eines geschäftsunfähigen oder in der Geschäftsfähigkeit beschränkten Geschäftsführers s. § 682 und Anm. 1 b hiezu.

d) Endlich hat der Geschäftsführer Geld, das er für sich verwendet hat, während er es dem Geschäftsherrn herauszugeben oder für denselben zu verwenden hatte, von der Zeit der Verwendung an zu verzinsen (§§ 681 Satz 2, 668; vgl. M. II, 859 und die Anm. zu § 668; Entsch. d. R.G. in Civils. Bd. 18 S. 196 ff.).

2. Hat der Geschäftsführer aus der Geschäftsführung einen fälligen Anspruch gegen den Geschäftsherrn (s. insbesondere § 683), so steht ihm gegenüber dem Herausgabeanspruche des Geschäftsherrn das Zurückbehaltungsrecht nach Maßgabe der §§ 273, 274 zu.

3. Ueber die Verpflichtung des Geschäftsführers zur Rücksichtnahme auf den Willen und das Interesse des Geschäftsherrn s. § 677 und Anm. hiezu; über die dem Geschäftsführer zustehenden Ansprüche s. §§ 683—685.

§ 682.

Ist der Geschäftsführer geschäftsunfähig oder in der Geschäftsfähigkeit beschränkt, so ist er nur nach den Vorschriften über den Schadensersatz wegen unerlaubter Handlungen und über die Herausgabe einer ungerechtfertigten Bereicherung verantwortlich.

E. I, 752; II, 613; III, 669.

1. Geschäftsunfähigkeit und beschränkte Geschäftsfähigkeit des Geschäftsführers. Die Geschäftsführung ohne Auftrag ist kein Rechtsgeschäft, sondern eine Handlung, die unmittelbar kraft Gesetzes rechtliche Wirkungen erzeugt (Vorbem. Ziff. 2). Auf solche Handlungen finden im Allgemeinen die für Rechtsgeschäfte geltenden Vorschriften Anwendung. Daher beantwortet sich die Frage, inwieweit für einen geschäftsunfähigen (§ 104) oder in der Geschäftsfähigkeit beschränkten (§§ 106, 114) Geschäftsführer Rechte und Pflichten aus der Geschäftsführung erwachsen, grundsätzlich nach den allgemeinen Bestimmungen der §§ 105, 107—113. § 682 enthält aber eine Sondervorschrift in doppelter Richtung (vgl. M. II, 860; Z.G. VI, 528; P. II, 729):

a) Für Schadensersatz (§§ 249 ff.) haftet ein geschäftsunfähiger oder in der Geschäftsfähigkeit beschränkter Geschäftsführer nur dann, wenn sich die Uebernahme der Geschäftsführung oder die Art derselben als eine unerlaubte Handlung im Sinne der §§ 823 ff. darstellt (vgl. B.L.R. Thl. IV cap. 13 § 2 Ziff. 10). Selbstverständlich finden in diesem Falle auch die Vorschriften der §§ 827—829 Anwendung (vgl. Liszt, Die Deliktsobligationen im System des B.G.B. Berlin 1898 S. 18 ff.).

b) Zur Herausgabe des aus der Geschäftsbesorgung Erlangten (§ 681 Satz 2 § 667) ist ein solcher Geschäftsführer nur nach Maßgabe der Vorschriften über die Herausgabe einer ungerechtfertigten Bereicherung (§§ 812 ff.) verpflichtet (vgl. P.L.R. Thl. I Tit. 13 § 274; B.L.R. Thl. IV cap. 13 § 2 Ziff. 10; sächsisches G.B. § 1349).

2. Daß Geschäftsunfähigkeit und beschränkte Geschäftsfähigkeit des Geschäftsherrn auf dessen Rechte und Pflichten ohne Einfluß ist, hatte E. I (§ 756) hinsichtlich der Ersatzpflicht desselben ausdrücklich hervorgehoben. Von der II. Komm. wurde diese Bestimmung als selbstverständlich gestrichen (M. II, 865; P. II, 739); nach gemeinem Rechte haftete der handlungsunfähige Geschäftsherr nur bis zum Betrage der noch vorhandenen Bereicherung (Dernburg, Pand. Bd. 2 S. 339 Note 35; Windscheid-Kipp, Bd. 2 S. 863 Note 24; vgl. B.L.R. Thl. IV cap. 13 § 2 Ziff. 9, sächsisches G.B. § 1351). An Stelle des Willens des Geschäftsherrn (§§ 677—679, 683) kommt in solchen Fällen natürlich der Wille seines gesetzlichen Vertreters in Betracht (M. II, 865).

§ 683.

Entspricht die Uebernahme der Geschäftsführung dem Interesse und dem wirklichen oder dem muthmaßlichen Willen des Geschäftsherrn, so kann der Geschäftsführer wie ein Beauftragter Ersatz seiner Aufwendungen verlangen. In den Fällen des § 679 steht dieser Anspruch dem Geschäftsführer zu, auch wenn die Uebernahme der Geschäftsführung mit dem Willen des Geschäftsherrn in Widerspruch steht.

E. I, 753, 755; II, 614; III, 670.

1. § 683 regelt Voraussetzungen und Umfang des Anspruchs des Geschäftsführers auf Ersatz seiner Aufwendungen.

a) Voraussetzung des Ersatzanspruchs ist ein objektives und ein subjektives Moment.

α) Die Uebernahme der Geschäftsführung muß (objektiv) dem Interesse des Geschäftsherrn entsprechen (vgl. Windscheid-Kipp, Bd. 2 S. 859 ff.). Die irrige Annahme, daß die Geschäftsführung im Interesse des Geschäftsherrn liege, kommt nicht in Betracht, auch wenn der Irrthum entschuldbar war (Entsch. d. R.O.H.G. Bd. 24 S. 129). Andererseits ist es für den Ersatzanspruch des Geschäftsführers ohne Belang, ob der durch die Uebernahme der Geschäftsführung beabsichtigte Erfolg eingetreten ist oder nicht (E. I, 753 Abs. 1 hatte dies ausdrücklich ausgesprochen; M. II, 863; Kuhlenbeck, Note 3 zu § 683; Cosack, I, 561; vgl. Dernburg, Pand. Bd. 2 S. 339 Note 33; Windscheid-Kipp, Bd. 2 S. 862 Note 22; P.L.R. Thl. I Tit. 13 § 236; B.L.R. Thl. IV cap. 13 § 2 Ziff. 6). Wie die Uebernahme, muß natürlich auch die Art der Geschäftsführung dem Interesse des Geschäftsherrn entsprechen.

β) Die Uebernahme und die Art der Geschäftsführung muß dem wirklichen oder muthmaßlichen Willen des Geschäftsherrn entsprechen (vgl. §§ 677, 678). Nach E. I sollte das streng subjektive Prinzip maßgebend und der Ersatzanspruch des Geschäftsführers daher nur gegeben sein, wenn anzunehmen ist, es würde sein Verhalten von dem Geschäftsherrn bei Kenntniß der wirklichen Sachlage gebilligt worden sein. Zugleich stellte der Entwurf eine gesetzliche Vermuthung dafür auf, daß der Geschäftsherr gebilligt haben würde, was ein ordentlicher Hausvater hätte für angemessen erachten müssen. In der II. Komm. wurde diese Regelung als dem öffentlichen Interesse widersprechend bekämpft und schließlich im Anschluß an Art. 472 des schweizerischen Bundesgesetzes ein vermittelnder Standpunkt eingenommen (M. II, 860 ff.; Z.G. II, 433 ff.; VI, 528; P. II, 729 ff.; vgl. Windscheid-Kipp, Bd. 2 S. 859 ff.). Ist der Geschäftsherr geschäftsunfähig oder in der Geschäftsfähigkeit beschränkt, so kommt nur der Wille seines gesetzlichen Vertreters in Betracht (Anm. 2 zu § 682). Das Erforderniß der Uebereinstimmung mit dem Willen des Geschäftsherrn kommt in Wegfall, wenn ohne die Geschäftsführung eine Pflicht des Geschäftsherrn, deren Erfüllung im öffentlichen Interesse liegt, oder eine gesetzliche Unterhaltspflicht desselben nicht rechtzeitig erfüllt werden würde (vgl. § 679 und Anm. hiezu). In solchen Fällen kann also selbst ein Verbot des Geschäftsherrn den Ersatzanspruch des Geschäftsführers nicht beseitigen (M. II, 864 ff.; Z.G. II, 433 ff.; P. II, 735 ff.; vgl. Entsch. d. R.G. in Civils. Bd. 27 S. 331 ff.).

b) Der Umfang des Ersatzanspruchs des Geschäftsführers bemißt sich nach dem Ersatzanspruch eines Beauftragten. Der Geschäftsführer kann demgemäß Ersatz der Aufwendungen beanspruchen, die er den Umständen nach für erforderlich halten durfte, nicht nur für diejenigen Aufwendungen, die wirklich erforderlich waren (s. § 670 und die Anm. hiezu; s. auch § 775; vgl. Dernburg, Pand. Bd. 2 S. 338 Note 30; Windscheid-Kipp, Bd. 2 S. 858 Note 12; B.L.R. Thl. IV cap. 13 § 2 Ziff. 4). Unter die zu ersetzenden Aufwendungen fällt natürlich auch die Vermögenseinbuße, die der Geschäftsführer dadurch erleidet, daß er in Folge der Geschäftsführung anderweitigen Erwerb versäumte. Auf eine Vergütung für seine Dienstleistungen dagegen hat der Geschäftsführer ebensowenig Anspruch wie der Beauftragte (s. Anm. 2b zu § 662; anders nach E. I, s. M. II, 863; vgl. auch Seuffert, Archiv Bd. 46 Nr. 186 und Entsch. d. R.G. in Civils. Bd. 41 S. 60; and. Ans. Planck, Erl. 1 Abs. 2 zu § 683 hinsichtlich solcher Leistungen, welche üblicher Weise vergütet werden, ferner Endemann, I, 809 Note 21, Cosack, I, 562). Ueber den Anspruch auf Lohn für Bergung und Hülfeleistung in Seenoth s. H.G.B. §§ 740 ff.

2. Genehmigung. Der Ersatzanspruch nach Maßgabe des § 683 steht dem Geschäftsführer auch ohne das Vorhandensein der in Anm. 1a erwähnten Voraussetzungen zu, wenn der Geschäftsherr die Geschäftsführung genehmigt (§ 684 Satz 2).

3. Der Ersatzanspruch gemäß § 683 steht dem Geschäftsführer nicht zu, wenn er nicht die Absicht hatte, von dem Geschäftsherrn Ersatz zu verlangen (§ 685 Abs. 1).

4. Der Beweis, daß die Voraussetzungen des § 683 bezw. des § 679 vorliegen, obliegt allgemeinen Grundsätzen zufolge dem Geschäftsführer (vgl. Oertmann, Note 5 zu § 683).

5. Hat der Geschäftsherr aus der Geschäftsführung einen fälligen Anspruch gegen den Geschäftsführer (s. insbesondere §§ 681 Satz 2, 667, 668), so steht ihm gegenüber dem Ersatzanspruche des Geschäftsführers das Zurückbehaltungsrecht gemäß §§ 283, 284 zu (M. II, 863).

§ 684.

Liegen die Voraussetzungen des § 683 nicht vor, so ist der Geschäftsherr verpflichtet, dem Geschäftsführer Alles, was er durch die Geschäftsführung erlangt, nach den Vorschriften über die Herausgabe einer ungerechtfertigten Bereicherung herauszugeben. Genehmigt der Geschäftsherr die Geschäftsführung, so steht dem Geschäftsführer der im § 683 bestimmte Anspruch zu.

E. I, 758; II, 615; III, 671.

1. Genehmigung der Geschäftsführung. Gemäß § 683 kann der Geschäftsführer Ersatz seiner Aufwendungen nur beanspruchen, wenn die Uebernahme der Geschäftsführung dem Interesse und dem Willen des Geschäftsherrn entspricht oder einer der im § 679 erwähnten Fälle vorliegt. Dem Vorhandensein dieser Voraussetzungen wird im § 684 Satz 2 der Umstand gleichgestellt, daß der Geschäftsherr die Geschäftsführung genehmigt (M. II, 867 ff.; s. § 184; bezüglich des gemeinen Rechtes vgl. Dernburg, Pand. Bd. 2 S. 337; Windscheid-Kipp, Bd. 2 S. 861 Note 18; über andere Rechte s. M. II, 867 Note 2). Die Genehmigung kann ausdrücklich oder stillschweigend erfolgen. Eine stillschweigende Genehmigung wird in der Regel anzunehmen sein, insoweit der Geschäftsherr Herausgabe des aus der Geschäftsbesorgung Erlangten beansprucht (M. II, 859) oder ohne Widerspruch die Besorgung seiner Geschäfte durch einen Anderen geschehen läßt (M. II, 867 ff.; vgl. P.L.R. Thl. I Tit. 13 § 247). Nach E. I sollte der Geschäftsführer durch die Genehmigung der Geschäftsführung Seitens des Geschäftsherrn auch Befreiung von dessen Ansprüchen auf Schadensersatz wegen mangelhafter Geschäftsführung erlangen (M. II, 867; Z.G. II, 434). Von der II. Komm. wurde diese Bestimmung beseitigt, weil die befreiende Wirkung der Genehmigung nur eintrete, wenn die Genehmigung in dem Sinne erfolge, daß auch das Verhalten des Geschäftsführers im Einzelnen gebilligt werde, insoweit aber diese Vorschrift einer besonderen Hervorhebung nicht bedürfe (P. II, 741). Die Genehmigung kann sich auf die Uebernahme und die Art der Geschäftsführung oder nur auf erstere oder auf einen Theil der Geschäftsführung beziehen. Nur so weit die Genehmigung reicht, ist der Geschäftsführer berechtigt, Ersatz seiner Aufwendungen zu beanspruchen, und von der Schadensersatzpflicht befreit. Soweit dies nicht der Fall ist, bleibt die Schadensersatzpflicht des Geschäftsführers bestehen und ist derselbe (Mangels der Voraussetzungen der §§ 683, 679) auf den Herausgabeanspruch nach § 684 Satz 2 (s. unten Anm. 2) beschränkt. Daß die Geschäftsführung vom Geschäftsherrn genehmigt worden ist, hat allgemeinen Grundsätzen zufolge der Geschäftsführer zu beweisen. Ueber die rechtliche Bedeutung der Genehmigung bei der Vertretung ohne Vertretungsmacht s. §§ 177 ff.

2. Liegen weder die Voraussetzungen der §§ 683, 679 noch Genehmigung der Geschäftsführung vor, so hat der Geschäftsführer nur Anspruch auf Herausgabe dessen, was der Geschäftsherr durch die Geschäftsführung erlangt hat, nach Maßgabe der Vorschriften über die Herausgabe einer ungerechtfertigten Bereicherung (§§ 812 ff.; M. II, 866 ff.; vgl. bezüglich des gemeinen Rechtes Dernburg, Bd. 2 S. 339 Note 34; Windscheid-Kipp, Bd. 2 S. 863 Nr. 23; über andere Rechte s. M. II, 867 Note 1). In der II. Komm. wurde beantragt, dem Geschäftsführer auch das Recht einzuräumen, eine mit einer Sache des Geschäftsherrn verbundene Sache wegzunehmen, falls ihm nicht deren Werth ersetzt würde. Der Antrag wurde aber abgelehnt, weil das Wegnahmerecht des Geschäftsführers aus allgemeinen Grundsätzen sich ergebe und kein Anlaß bestehe, dem Geschäftsherrn die Abwendung der Wegnahme durch Ersatz des Werthes der Sache zu gestatten (M. II, 867; P. II, 740 ff.; vgl. § 258 und oben S. 20 Anm. 1 zu § 258). Ueber den Herausgabeanspruch des Geschäftsherrn s. §§ 681 Satz 2, 667, 682.

3. Auch der Herausgabeanspruch nach § 684 Satz 1 steht dem Geschäftsführer nicht zu, wenn er nicht die Absicht hatte, von dem Geschäftsherrn Ersatz zu verlangen (§ 685 Abs. 1).

4. Ueber das dem Geschäftsherrn gegenüber den Ansprüchen des Geschäftsführers zustehende Zurückbehaltungsrecht s. Anm. 5 zu § 683.

§ 685.

Dem Geschäftsführer steht ein Anspruch nicht zu, wenn er nicht die Absicht hatte, von dem Geschäftsherrn Ersatz zu verlangen.

Gewähren Eltern oder Voreltern ihren Abkömmlingen oder diese jenen Unterhalt, so ist im Zweifel anzunehmen, daß die Absicht fehlt, von dem Empfänger Ersatz zu verlangen.

E. I, 754; II, 616; III, 672.

1. Die dem Geschäftsführer nach §§ 683, 684 zustehenden Ansprüche kommen in Wegfall, wenn er nicht in der Absicht thätig geworden ist, von dem Geschäftsherrn Ersatz zu verlangen. (M. II, 863; P. II, 734; bezüglich des gemeinen Rechtes s. Dernburg, Pand. Bd. 2 S. 338 Note 32; Windscheid-Kipp, Bd. 2 S. 858; vgl. P.L.R. Thl. IV cap. 13 § 2 Ziff. 5 und über andere Rechte M. II, 863 Note 2). In der II. Komm

wurde beantragt, trotz des Fehlens dieser Absicht dem Geschäftsführer Anspruch auf Ersatz seiner Aufwendungen zu gewähren, falls eine Thatsache eintritt, welche ihn zum Widerruf einer Schenkung wegen Undanks (§§ 530 ff.) berechtigen würde. Der Antrag wurde abgelehnt, da in solchen Fällen ein fremdes Geschäft überhaupt nicht vorliege (P. II, 734 ff.).

2. Der Beweis, daß der Geschäftsführer nicht die Absicht hatte, Ersatz zu verlangen, obliegt, wie sich aus der Fassung des § 685 Abs. 1 ergibt, dem Geschäftsherrn (M. II, 863; vgl. Dernburg, Pand. Bd. 2 S. 338 Note 32; Samml. v. Entsch. d. obersten L.G. München XII, 384). Hievon macht jedoch § 685 Abs. 2 im Anschluß an das sächsische G.B. (§ 1354; vgl. Dernburg, Pand. Bd. 2 S. 338 Note 32; Windscheid-Kipp, Bd. 2 S. 858 Note 15; B.L.R. Thl. I cap. 4 § 7 Ziff. 13; Entsch. d. R.G. in Civils. Bd. 10 S. 117 ff.) eine Ausnahme durch Aufstellung einer Auslegungsregel für den Fall, daß Eltern oder Voreltern ihren Abkömmlingen oder diese jenen Unterhalt gewährt haben. In einem solchen Falle soll, wenn nicht das Gegentheil vereinbart oder aus den Umständen zu entnehmen ist, angenommen werden, daß der den Unterhalt Gewährende nicht in der Absicht gehandelt habe, von dem Empfänger Ersatz zu verlangen (vgl. §§ 1429, 1618). Selbstverständlich handelt es sich hiebei nur um die Fälle, in welchen ohne Rechtspflicht oder über die bestehende Verpflichtung hinaus (s. §§ 1601 ff.) Unterhalt gewährt worden ist (M. II, 864; Bd. 4 S. 384 Anm. 4 zu § 1602). Der Ersatzanspruch des den Unterhalt gewährenden Ascendenten oder Descendenten gegenüber dem zur Gewährung des Unterhalts Verpflichteten wird durch die Bestimmung des § 685 Abs. 2 nicht berührt (M. II, 864; s. § 1607 Abs. 2 Satz 2; Bd. 4 S. 389 Anm. 4 u. 5 zu § 1607). Unter „Abkömmlingen“ sind die durch uneheliche Zeugung verbundenen Personen insoferne nicht inbegriffen, als das uneheliche Kind und dessen Vater nicht als verwandt gelten (§ 1589 Abs. 2, ebenso Oertmann, Note 3 zu § 685; vgl. Bd. 5 S. 19 Vorbem. vor § 1924 Ziff. V Abs. 1). Dagegen findet die Auslegungsregel des § 685 Abs. 2 auf Kinder aus nichtigen oder anfechtbaren Ehen, auf legitimirte und an Kindesstatt angenommene Kinder insoweit Anwendung, als solche Kinder als ehelich gelten oder die rechtliche Stellung von ehelichen Kindern haben (s. Bd. 4 S. 496 Anm. 3 zu § 1699, S. 526 Anm. 7 zu § 1719, S. 537 Anm. 2 zu § 1736, S. 556, 557 Anm. 1 u. 3 zu § 1757). In der II. Komm. wurde beantragt, die Auslegungsregel des § 685 Abs. 2 für den Fall, daß vor dem den Unterhalt Gewährenden ein Anderer unterhaltspflichtig sei, insoweit auszuschließen, als der Ersatz aus der dem Anderen für die Zeit der Gewährung des Unterhalts obliegenden Leistung erlangt werden könne (vgl. §§ 1613, 1711), eventuell den Abs. 2 überhaupt zu streichen. Zur Begründung dieses Antrags wurde geltend gemacht, daß außerdem die Mutter, welche ihr uneheliches Kind alimentirt und hiebei als Geschäftsführerin desselben gehandelt habe, von dem Kinde auch dann nicht Ersatz verlangen könne, wenn später der uneheliche Vater zur Nachzahlung von Alimenten angehalten werde. Der Antrag wurde aber mit Rücksicht darauf abgelehnt, daß es sich bei der fraglichen Bestimmung nur um eine Auslegungsregel handle, die namentlich für den Fall der Alimentation großjähriger ehelicher Kinder Bedeutung habe, während sie bei unehelichen Kindern in der Regel nicht zutreffen werde. Ob die Mutter, welche ihr uneheliches Kind alimentire, als Geschäftsführerin des Kindes oder des unehelichen Vaters anzusehen sei, lasse sich nicht allgemein, sondern nur nach Lage des einzelnen Falles entscheiden (P. VI, 190 ff.).

3. Ob in einer Geschäftsführung, welche ohne die Absicht, Ersatz zu verlangen, bethätigt wird, eine Schenkung zu erblicken ist, bemißt sich nach § 516 (s. oben S. 261 ff. Anm. zu § 516). Insoweit die Voraussetzungen einer Schenkung vorliegen, finden natürlich die Bestimmungen der §§ 516—534 Anwendung (vgl. Planck, Erl. 2 zu § 685; and. Ans. anscheinend Cosack, I, 562; vgl. auch Oertmann, Note 2 zu § 685).

4. Die dem Geschäftsherrn nach §§ 681 Satz 2, 666—668, 682 zustehenden Ansprüche werden dadurch, daß dem Geschäftsführer nach § 685 kein Anspruch zusteht, nicht berührt (M. II, 864).

§ 686.

Ist der Geschäftsführer über die Person des Geschäftsherrn im Irrthume, so wird der wirkliche Geschäftsherr aus der Geschäftsführung berechtigt und verpflichtet.

E. I, 757; II, 617; III, 673.

1. Irrthum des Geschäftsführers über die Person des Geschäftsherrn schließt die Anwendbarkeit der §§ 677—685 nicht aus (Anm. 2b zu § 677). Als

Geschäftsherr wird in solchem Falle nicht derjenige betrachtet, den der Geschäftsführer irrthümlich für den Geschäftsherrn gehalten hat, sondern derjenige, der es wirklich ist (M. II, 865 ff.; P. II, 739; vgl. Dernburg, Pand. Bd. 2 S. 335 Note 11, 12: Windscheid-Kipp, Bd. 2 S. 866 Note 9; ebenso P.L.R. Thl. I Tit. 13 § 261; sächsisches G.B. § 1343).

2. Die Bestimmungen über die Geschäftsführung finden auch dann Anwendung, wenn der Geschäftsführer sich nicht bewußt war, als Geschäftsführer zu handeln, sondern irrthümlich annahm, daß er mit der Besorgung des Geschäfts beauftragt oder aus anderen Gründen hiezu berechtigt sei. Daher bemißt sich auch der Grad seiner Haftung in solchen Fällen nach den für die Geschäftsführung ohne Auftrag geltenden Grundsätzen (s. Vorbem. Ziff. 4), nicht nach dem Rechtsgeschäfte, das der Geschäftsführer irrthümlich als vorliegend angenommen hat (M. II, 866: ebenso Planck, Erl. 1 c zu § 677; vgl. auch Windscheid-Kipp, Bd. 2 S. 864 Note 2).

3. Dagegen finden die Vorschriften über die Geschäftsführung ohne Auftrag keine Anwendung, wenn der Geschäftsführer das von ihm besorgte, in Wahrheit fremde Geschäft irrthümlich für sein eigenes gehalten hat (§ 687 Abs. 1).

§ 687.

Die Vorschriften der §§ 677 bis 686 finden keine Anwendung, wenn Jemand ein fremdes Geschäft in der Meinung besorgt, daß es sein eigenes sei.

Behandelt Jemand ein fremdes Geschäft als sein eigenes, obwohl er weiß, daß er nicht dazu berechtigt ist, so kann der Geschäftsherr die sich aus den §§ 677, 678, 681, 682 ergebenden Ansprüche geltend machen. Macht er sie geltend, so ist er dem Geschäftsführer nach § 684 Satz 1 verpflichtet.

E. I, 761; II, 618; III, 674.

1. § 687 behandelt die Fälle der sog. „unechten negotiorum gestio" (Dernburg, Pand. Bd. 2 S. 332 Note 7, Endemann, I, 806 Note 6). Zum Begriffe der Geschäftsführung ohne Auftrag gehört Bewußtsein und Wille des Geschäftsführers, das objektiv fremde Geschäft auch als fremdes zu besorgen (s. Anm. 2 b zu § 677). Demgemäß finden die Vorschriften über die Geschäftsführung ohne Auftrag keine Anwendung, wenn Jemand ein objektiv fremdes Geschäft in der Meinung besorgt, es sei sein eigenes, und ebensowenig, wenn Jemand ein fremdes Geschäft in Kenntniß dieses Umstandes als sein eigenes behandelt. E. I hatte dies bezüglich beider Fälle ausdrücklich ausgesprochen; die II. Komm. hielt die Unanwendbarkeit der Vorschriften über die Geschäftsführung ohne Auftrag auf diese Fälle für selbstverständlich, jedoch die Hervorhebung dieses Satzes hinsichtlich der ersteren Art von Fällen für zweckmäßig (P. II, 742).

2. Wer ein fremdes Geschäft in der irrigen Meinung besorgt, es sei sein eigenes, kann demzufolge die einem Geschäftsführer nach §§ 683, 684 zustehenden Ansprüche nicht geltend machen, während andererseits dem Geschäftsherrn gegen ihn nicht die Ansprüche aus §§ 681 Satz 2, 666—668 zustehen. Auch Genehmigung der Geschäftsführung Seitens des Geschäftsherrn vermag die Anwendbarkeit dieser Vorschriften nicht zu begründen (M. II, 870). Dagegen sind beide Theile verpflichtet, das aus der Geschäftsbesorgung Erlangte einander nach den Vorschriften über die Herausgabe einer ungerechtfertigten Bereicherung (§§ 812 ff.) herauszugeben (Anm. I, B, 2 zu § 812), und außerdem haftet der Geschäftsführer nach Maßgabe der §§ 823 ff., wenn er sich einer unerlaubten Handlung schuldig gemacht hat (M. II, 869; P. II, 742. vgl. bezüglich des gemeinen Rechtes Dernburg, Pand. Bd. 2 S. 340 ff.; Windscheid-Kipp, Bd. 2 S. 869 Note 18; Seuffert, Archiv Bd. 42 Nr. 205; Entsch. d. R.G. in Civils. Bd. 13 S. 184 ff. s. auch Kreittmayr, Annot. z. B.L.R. Thl. IV cap. 13 § 2 Ziff. 7 c; Samml. v. Entsch des obersten L.G. München VII, 904 ff.; über andere Rechte s. M. II, 869 Note 1).

3. Wer ein fremdes Geschäft in Kenntniß des Mangels seiner Berechtigung hiezu als sein eigenes behandelt, sollte gemäß E. I lediglich nach den für die Haftung aus unerlaubten Handlungen geltenden Vorschriften verantwortlich sein. Von der II. Komm. wurde (im Anschluß an Art. 473 des schweizerischen Bundesgesetzes) dem Geschäftsherrn das Recht eingeräumt, auch die aus den §§ 677, 678, 681, 682 sich ergebenden Ansprüche geltend zu machen, was insbesondere insoferne von Bedeutung ist, als diese Ansprüche nicht der kurzen Verjährung des § 852 unterliegen (s. Vorbem. Ziff. 6). Macht der Geschäftsherr von dieser Befugniß Gebrauch, so obliegt ihm auch die Verpflichtung, das, was er durch die Geschäftsführung erlangt, nach den Vorschriften über

die Herausgabe einer ungerechtfertigten Bereicherung (§§ 812 ff.) herauszugeben. Bildet die Behandlung des fremden Geschäfts als eines eigenen eine unerlaubte Handlung, so steht dem Geschäftsherrn das Recht zu, statt der aus den §§ 677, 678, 681, 682 sich ergebenden Ansprüche Schadensersatz nach Maßgabe der §§ 823 ff. zu verlangen (M. II, 870 ff.; Jacubezky, Bem. S. 180; P. II, 742 ff.; vgl. Dernburg, Pand. Bd. 2 S. 339 ff.; Windscheid-Kipp, Bd. 2 S. 869; Seuffert, Archiv Bd. 40 Nr. 103; Kreittmayr, Annot. z. B.L.R. Thl. IV cap. 13 § 2 Ziff. 7c; über andere Rechte s. M. II, 870 Note 2). Ob in eigenem Namen oder im Namen des Geschäftsherrn gehandelt worden ist, kommt für die Anwendbarkeit des § 687 Abs. 2 nicht in Betracht. Hat also Jemand wissentlich eine fremde Sache verkauft, so ist er zur Herausgabe des erhaltenen Kaufpreises an den Eigenthümer der Sache auch dann verpflichtet, wenn er den Verkauf in eigenem Namen vorgenommen hat (P. II, 743).

Zwölfter Titel.

Verwahrung.

(Erläutert von Dr. Th. Engelmann.)

Einleitung.

1. Uebersicht. Die §§ 688—700 regeln den Verwahrungsvertrag. § 688 enthält die Begriffsbestimmung dieses Vertrags und die Grundpflicht des Verwahrers, § 689 eine Auslegungsregel hinsichtlich der Entgeltlichkeit; § 690 beschränkt die Haftung des Verwahrers für den Fall unentgeltlicher Uebernahme der Aufbewahrung, die §§ 691, 692 behandeln die Befugniß des Verwahrers zur Substitution und zur Aenderung der Art der Aufbewahrung. In den §§ 693, 694 ist der Anspruch des Verwahrers auf Ersatz seiner Aufwendungen und auf Ersatz des durch die Beschaffenheit der hinterlegten Sache entstehenden Schadens, in den §§ 695—697 Zeit und Ort der Rückgabe der hinterlegten Sache geregelt. § 698 verpflichtet den Verwahrer zur Verzinsung des für sich verwendeten Geldes, § 699 enthält Bestimmungen über Fälligkeit und Umfang des Anspruchs auf Vergütung, § 700 unterwirft das sog. depositum irregulare in der Hauptsache den für das Darlehen geltenden Vorschriften.

2. Begriff und rechtliche Natur des Verwahrungsvertrags, Sprachgebrauch. Verwahrungsvertrag ist der Vertrag, welcher dadurch zu Stande kommt, daß Jemand (der „Verwahrer") sich verpflichtet, eine ihm von einem Anderen (dem „Hinterleger") übergebene bewegliche Sache aufzubewahren (§ 688 und Anm. 2 hiezu). Durch den Verwahrungsvertrag wird grundsätzlich zunächst nur der Verwahrer verpflichtet, wenn auch die Entstehung verschiedener Verpflichtungen in der Person des Hinterlegers möglich ist (§§ 693, 694, 699). Der Verwahrungsvertrag ist daher begriffsmäßig kein gegenseitiger Vertrag im Sinne der §§ 320—327, sondern ein sog. unvollkommen zweiseitiger Vertrag (s. oben S. 70 Anm. 1 zu § 320). Ist allerdings eine Vergütung für die Verwahrung vereinbart (s. Anm. 2e zu § 688), so kann ein gegenseitiger Vertrag von den Parteien gewollt sein, doch ist dies nicht unbedingt erforderlich und insbesondere dann nicht anzunehmen, wenn die Vergütung nur eine Entschädigung für die Aufwendungen des Verwahrers bildet (M. II, 582; P. II, 393; vgl. Planck, Vorbem. I; Endemann, I, 838; Kuhlenbeck, Note 1 zu § 689; Cosack, I, 552; Oertmann, Vorbem. Ziff. 4). Ueber die Frage, ob der Verwahrungsvertrag Real- oder Konsensualkontrakt ist, s. Anm. 2d zu § 688. An Stelle des in den Entwürfen I—III gebrauchten Ausdruckes „Hinterlegungsvertrag" wurde von der Reichstagskomm. der Ausdruck „Verwahrung" gewählt, weil dieser Ausdruck dem Sprachgebrauche des Lebens besser gerecht werde und eher als „Hinterlegungsvertrag" auf allgemeines Verständniß rechnen dürfe. (R.T.K. 53; vgl. P.L.R. Thl. I Tit. 14 Abschn. 1: „vom Verwahrungsvertrage"; B.L.R. Thl. IV cap. 2 § 7 spricht wie das gemeine Recht von „depositum". Ueber andere Rechte s. M. II, 569 Note 1.)

3. Bei einer Mehrheit von Hinterlegern oder Verwahrern finden die allgemeinen Bestimmungen der §§ 420 ff. Anwendung (M. II, 580; vgl. Windscheid-Kipp, Bd. 2 S. 203 Note 15b, S. 209 Note 4; P.L.R. Thl. I Tit. 14 §§ 59 ff.; Kreittmayr, Anm. z. B.L.R. Thl. IV cap. 2 § 7 Ziff. 8, 10).

4. Die Haftung des Verwahrers bemißt sich im Allgemeinen nach § 276. Er hat also, soferne nicht ein Anderes bestimmt ist, Vorsatz und Fahrlässigkeit zu vertreten (M. II, 571 ff.). Eine Beschränkung seiner Haftung auf die sog. diligentia quam in suis tritt bei unentgeltlicher Uebernahme der Aufbewahrung ein (§ 690). Sondervorschriften über die Haftung des Verwahrers bei Substitution und Beiziehung eines Gehülfen enthält § 691

Satz 2 u. 3. Ueber die Haftung des Hinterlegers s. § 694 und Anm. hiezu. (Nach gemeinem Rechte haftet der Depositar nur für dolus und culpa lata, hat er sich aber zur Uebernahme des Depositums erboten, so haftet er für jedes Verschulden, bei Unterschlagung und Verzug sogar für Zufall, s. Dernburg, Pand. Bd 2 S. 250 Note 15—17, S. 104 Note 11, 12; Windscheid-Kipp, Bd. 2 S. 562 ff., vgl. P.L.R. Thl. I Tit. 14 §§ 11, 12, 17—19; B.L.R. Thl. IV cap. 2 § 7 Ziff. 6—8. Ueber andere Rechte s. M. II, 572 Note 1.) Bestimmungen darüber, ob der Verwahrer bei einer seiner eigenen und der hinterlegten Sache drohenden Gefahr seine eigene Sache retten dürfe (vgl. P.L.R. Thl. I Tit. 14 §§ 20—23; B.L.R. Thl. IV cap. 2 § 7 Ziff. 9), enthält das B.G.B. nicht. Es muß also bei Verlust oder Beschädigung der hinterlegten Sache nach den Umständen des einzelnen Falles entschieden werden, ob ein den Verwahrer haftbar machendes Verschulden vorliegt. (M. II, 574; vgl. Endemann, I, 491 Note 4; Matthiaß, I, 546; Oertmann, Note 4 zu § 688. Scherer, II, 968 stellt ohne jede Begründung die seltsame Behauptung auf, es sei das Prinzip der lex Rhodia de jactu maßgebend, der Verlust werde also verhältnißmäßig vertheilt!)

5. Die aus dem Verwahrungsvertrag entstehenden Rechte und Pflichten gehen allgemeinen Grundsätzen zufolge auf die Erben über (M. II, 573; nach gemeinem Rechte haften die Erben des Depositars aus dem Verschulden des Erblassers zu ihrem Erbtheil, aus eigenem Verschulden in solidum, Dernburg, Pand. Bd. 2 S. 250 Note 15; vgl. P.L.R. Thl. I Tit. 14 §§ 60—63; Kreittmayr, Anm. z. B.L.R. Thl. IV cap. 2 § 7 Ziff. 9, 10).

6. Die Ansprüche aus dem Verwahrungsvertrage verjähren in der regelmäßigen Verjährungsfrist von 30 Jahren (§ 195; M. II, 583 Note 3; vgl. sächsisches G.B. § 1261).

7. Hinsichtlich des Besitzes ist § 868 maßgebend. Hienach ist der Hinterleger mittelbarer Besitzer, der Verwahrer unmittelbarer Besitzer („Besitzmittler"; s. Bd. 3 S. 23 ff. Anm. zu § 868; bezüglich des gemeinen Rechtes s. Dernburg, Pand. Bd. 2 S. 250 Note 9, und über den juristischen Besitz des Sequesters Bd. 2 S. 254, Bd. 1 § 173 Anm. 5; vgl. B.L.R. Thl. IV cap. 2 § 7 Ziff. 10).

8. Besondere Arten der Verwahrung.

a) Das sog. depositum irregulare ist im § 700, die Einbringung von Sachen bei Gastwirthen in den §§ 701—704 behandelt.

b) Nach römischem Rechte ging die Klage auf Rückgabe des in besonderer Gefahr gegebenen Depositums auf das Doppelte: sog. „depositum miserabile" (Dernburg, Pand. Bd. 2 S. 7 Note 6, S. 251 Note 21; Windscheid-Kipp, Bd. 2 S. 79 Note 9, S. 563 Note 12, 13; vgl. P.L.R. Thl. I Tit. 14 §§ 43, 58: B.L.R. Thl. IV cap. 2 § 7 Ziff. 14). Das B.G.B. hat diese Sondervorschrift beseitigt (M. II, 572 Note 1).

c) Ebensowenig erwähnt das B.G.B. als besondere Art der Verwahrung die Sequestration, d. h. die Hinterlegung einer Sache durch Mehrere mit der Vereinbarung, daß dieselbe einstweilen der Verfügung Aller entzogen und später an den Einen oder Anderen herausgegeben werde (M. II, 580; vgl. Dernburg, Pand. Bd. 2 S. 253 ff.; Windscheid-Kipp, Bd. 2 S. 568 ff.; P.L.R. Thl. I Tit. 14 §§ 103—108; B.L.R. Thl. IV cap. 2 § 9). Verwandte Vorschriften enthalten aber die §§ 432 Satz 2, 1217 Abs. 1, 1281 Satz 2, 2039 Satz 2, in welchen die Ablieferung einer Sache an einen gerichtlich zu bestellenden Verwahrer vorgeschrieben wird. Nach F.G. § 165 ist zur Bestellung eines solchen Verwahrers das Amtsgericht zuständig, in dessen Bezirke sich die Sache befindet. Ueber eine von dem Verwahrer beanspruchte Vergütung entscheidet das Amtsgericht. Vor der Bestellung des Verwahrers und vor der Entscheidung über die Vergütung sind die Betheiligten soweit thunlich zu hören. Ueber die Ablieferung der nicht im Alleinbesitz des Pfandgläubigers befindlichen Pfandsache an einen gemeinschaftlichen Verwahrer s. § 1231. Ueber amtliche Verwahrung von Testamenten und Erbverträgen s. §§ 2246, 2273, 2277, 2300

9. Ueber Hinterlegung von Geld, Urkunden und Kostbarkeiten durch den Schuldner bei Annahmeverzug des Gläubigers s. §§ 372 ff., über Sicherheitsleistung durch Hinterlegung von Geld und Werthpapieren s. §§ 232 ff., über Hinterlegung des dem unehelichen Kind und seiner Mutter zu zahlenden Betrags vor der Geburt des Kindes s. § 1716.

10. Besondere Bestimmungen gelten für das kaufmännische Lagergeschäft (H.G.B. §§ 416—424). Das Lagergeschäft ist ein Grundhandelsgeschäft (H.G.B. § 1 Abs. 2 Nr. 6). Von besonderer Bedeutung sind die Bestimmungen der §§ 421 (gesetzliches Pfandrecht des Lagerhalters) nnd 424 (Lagerschein; vgl. § 363 Abs. 2 und E.G. z. H.G.B. Art. 16). Ueber die Rechte und Pflichten des Kommissionärs, Spediteurs und Lagerhalters hinsichtlich

der Aufbewahrung des in seinen Händen befindlichen Gutes s. H.G.B. §§ 388—390, 407 Abs. 2, 417.

11. Die Pflichten der Kaufleute bei Aufbewahrung fremder Werthpapiere sind durch das sog. Depotgesetz vom 5. Juli 1896 (R.G.Bl. S. 183 ff.) geregelt.

12. In strafrechtlicher Beziehung sind für den Verwahrungsvertrag von besonderer Bedeutung die Bestimmungen des St.G.B. § 246 (Unterschlagung), § 266 Abs. 1 Nr. 2, Abs. 2 (Untreue), sowie die §§ 9—12 des Depotgesetzes vom 5. Juli 1896.

§ 688.

Durch den Verwahrungsvertrag wird der Verwahrer verpflichtet, eine ihm von dem Hinterleger übergebene bewegliche Sache aufzubewahren.

E. I, 614; II, 628; III, 675.

1. Ueber Begriff und rechtliche Natur des Verwahrungsvertrags s. Einleit. Ziff. 2.

2. Voraussetzungen des Verwahrungsvertrags.

a) Uebernahme der Verwahrungspflicht. Ein Verwahrungsvertrag liegt nur vor, wenn die Pflicht zur Aufbewahrung einer hinterlegten Sache den ausschließlichen oder hauptsächlichen Inhalt des Vertrags bildet, nicht dagegen, wenn die Verwahrungspflicht lediglich die Folge einer anderen Rechtspflicht ist (M. II, 570; vgl. Entsch. d. R.G. in Civils. Bd. 12 S. 87; sächsisches G.B. § 1262), s. z. B. §§ 966 Abs. 1, 1215 (vgl. auch Anm. 2 zu § 690).

b) Gegenstand der Hinterlegung muß eine bewegliche Sache (Gegensatz: „Grundstück") sein (M. II, 570 ff.). Wird ein Grundstück einem Hüter anvertraut, so liegt Dienst- oder Werkvertrag oder Auftrag vor. (Ob das Gleiche nach gemeinem Rechte galt, war bestritten, vgl. einerseits Dernburg, Pand. Bd. 2 S. 249, andererseits Windscheid-Kipp, Bd. 2 S. 561. Nach P.L.R. Thl. I Tit. 14 §§ 90, 91 und B.L.R. Thl. IV cap. 2 § 7 Ziff. 2 konnten auch unbewegliche Sachen Gegenstand der Deponirung sein. Ueber andere Rechte s. M. II, 570 Note 4.)

c) Daß der Hinterleger Eigenthümer der hinterlegten Sache ist, wird zum Begriffe der Verwahrung nicht erfordert. Ebensowenig wird die Zulässigkeit eines Verwahrungsvertrags dadurch ausgeschlossen, daß die hinterlegte Sache dem Verwahrer gehört (M. II, 571, 579; Z.G. II, 340; ebenso Matthiaß, I, 545; and. Ans. Kuhlenbeck, Note 2 zu § 695; vgl. auch Oertmann, Note 2b zu § 695; bezüglich des gemeinen Rechtes s. Dernburg, Pand. Bd. 2 S. 250 Note 8, S. 251 Note 23; Windscheid-Kipp, Bd. 2 S. 562 Note 3, S. 551 Note 5; Entsch. d. R.G. in Civils. Bd. 15 S. 210; vgl. B.L.R. Thl. IV cap. 2 § 7 Ziff. 2, 3).

d) Die den Gegenstand der Hinterlegung bildende Sache muß dem Verwahrer bereits übergeben sein. Verpflichtet sich Jemand, eine ihm erst zu übergebende Sache aufzubewahren, so liegt kein Verwahrungsvertrag, sondern ein unbenannter Vertrag (pactum de deponendo) vor, welcher nach den für Verträge im Allgemeinen geltenden Grundsätzen (§§ 145 ff.) zu beurtheilen ist. Der Verwahrungsvertrag ist also nach B.G.B. wie nach den meisten bisherigen Rechten (bezüglich des gemeinen Rechtes s. Dernburg, Pand. Bd. 2 S. 249; Windscheid-Kipp, Bd. 2 S. 561 Note 3; vgl. P.L.R. Thl. I Tit. 14 § 9; B.L.R. Thl. IV cap. 2 § 2; über andere Rechte s. M. II, 569 Note 2) Realkontrakt, nicht Konsensualkontrakt (M. II, 569 ff.; Z.G. II, 339; P. II, 392 ff.; ebenso Jacubezky, Bem. S. 144; Planck, Vorbem. I vor § 598; Oertmann, Vorbem. Ziff. 1; Buchka, S. 138 Note 5; Endemann, I, 829 Note 1, 838 Note 2; and. Ans. Cosack, I, 552).

e) Die Verwahrung kann sowohl entgeltlich als unentgeltlich übernommen werden (M. II, 571). Im ersteren Falle berührt sich der Verwahrungsvertrag mit dem Dienst- und Werkvertrag, im letzteren Falle mit dem Auftrag (M. II, 569; vgl. Vorbem. vor § 662 Ziff. 3c; Schollmeyer, S. 37). In gewissen Fällen gilt eine Vergütung als stillschweigend vereinbart (§ 689; nach gemeinem Rechte ist das depositum grundsätzlich unentgeltlich, aber mit Versprechen oder Annahme eines Honorars vereinbarlich; s. Dernburg, Pand. Bd. 2 S. 249; Windscheid-Kipp, Bd. 2 S. 560 ff.; ebenso B.L.R. Thl. IV cap. 2 § 7 Ziff. 4; über andere Rechte s. M. II, 571 Nr. 3).

3. Die Grundpflicht des Verwahrers ist seine Verpflichtung, die übergebene Sache aufzubewahren. Hiezu gehört begriffsmäßig auch die zur Bewahrung der Sache vor Schaden erforderliche Obhut (custodia; M. II, 571; bezüglich des gemeinen Rechtes s. Dernburg, Pand. Bd. 2 S. 249 Note 3; and. Ans. Windscheid-Kipp, Bd. 2 S. 560 Note 1). Welche Maßregeln zur Erfüllung dieser Verpflichtung erforderlich sind, läßt sich nur nach Lage des einzelnen Falles bestimmen. Ist die Art der Aufbewahrung vereinbart, so ist der Verwahrer zu einer Aenderung derselben nur nach Maßgabe des § 692 berechtigt. Daß der Verwahrer auch zur Rückgabe der übergebenen Sache verpflichtet ist, war im E. I (§ 614) ausdrücklich hervorgehoben (vgl. B.L.R. Thl. IV cap. 2 § 7 Ziff. 5). Von der II. Komm. wurde diese Bestimmung als selbstverständlich beseitigt. Mit der hinterlegten Sache müssen natürlich auch die Nutzungen derselben, sowie Zuwachs und Zubehör zurückgegeben werden (E. I, 619; E. II, 637 Abs. 2; M. II, 579; P. II, 399, VI, 187; vgl. Dernburg, Pand. Bd. 2 S. 250; Windscheid-Kipp, Bd. 2 S. 563 Note 9, 10; P.L.R. Thl. I Tit. 14 § 41; B.L.R. Thl. IV cap. 2 § 7 Ziff. 12). Ueber Zeit und Ort der Rückgabe s. §§ 695—697. Nach gemeinem Rechte war gegenüber dem Anspruche des Deponenten jede Kompensation und Retention ausgeschlossen (Dernburg, Pand. Bd. 2 S. 251 Note 22, 23; Windscheid-Kipp, Bd. 2 S. 565 Note 17, 18; Entsch. d. R.G. in Civils. Bd. 12 S. 89 ff.; vgl. P.L.R. Thl. I Tit. 14 §§ 77, 78; B.L.R. Thl. IV cap. 2 § 7 Ziff. 18). Das B.G.B. hat diese Beschränkungen beseitigt (M. II, 579; Z.G. II, 340; s. oben S. 131 Anm. 2 zu § 393; vgl. Anm. 4 zu § 695, Anm. 5 zu § 700).

§ 689.

Eine Vergütung für die Aufbewahrung gilt als stillschweigend vereinbart, wenn die Aufbewahrung den Umständen nach nur gegen eine Vergütung zu erwarten ist.

E. I, 615 Satz 2; II, 629 Satz 2; III, 676.

1. Im Gegensatze zum gemeinen Rechte und zum B.L.R. ist nach B.G.B. Unentgeltlichkeit der Aufbewahrung kein Begriffsmerkmal des Verwahrungsvertrags (Anm. 2e zu § 688). Ob eine Vergütung für die Aufbewahrung zu entrichten ist, bestimmt sich in erster Linie nach der Vereinbarung der Parteien. Auch ohne ausdrückliche Vereinbarung soll aber nach der Auslegungsregel des § 689 eine Vergütung als stillschweigend vereinbart gelten, wenn die Aufbewahrung den Umständen nach nur gegen eine Vergütung zu erwarten ist (vgl. §§ 612 Abs. 1, 632 Abs. 1, 653 Abs. 1). Ob dies der Fall ist, hat der Richter unter Berücksichtigung der Umstände des einzelnen Falles nach freiem Ermessen zu entscheiden.

2. Hinsichtlich der Höhe der Vergütung sind in Ermangelung einer Vereinbarung der Parteien die Vorschriften der §§ 315, 316 maßgebend. Die Zugrundelegung einer etwa bestehenden Taxe ist zwar nicht ausdrücklich vorgeschrieben (vgl. §§ 612 Abs. 2, 632 Abs. 2, 653 Abs. 2), jedoch selbstverständlich nicht ausgeschlossen (s. oben S. 67 Anm. 2 zu § 316). Bei vorzeitiger Beendigung der Aufbewahrung bemißt sich die Höhe der Vergütung Mangels anderweitiger Vereinbarung nach den bisherigen Leistungen des Verwahrers (§ 699 Abs. 2).

3. Ueber die dem gerichtlich bestellten Verwahrer zu gewährende Vergütung s. F.G. § 165 (Vorbem. Ziff. 8 c); über den Anspruch des Lagerhalters auf das bedungene oder ortsübliche Lagergeld s. H.G.B. § 420.

§ 690.

Wird die Aufbewahrung unentgeltlich übernommen, so hat der Verwahrer nur für diejenige Sorgfalt einzustehen, welche er in eigenen Angelegenheiten anzuwenden pflegt.

E. II, 630; III, 677.

1. Beschränkung der Haftung des Verwahrers. Im Gegensatze zum gemeinen Rechte und den meisten neueren Rechten sollte nach E. I der Verwahrer, gleichviel, ob er eine Vergütung erhält oder nicht, für jede Fahrlässigkeit haften. Abweichend hievon hat die II. Komm. aus Erwägungen der Billigkeit die Haftung des Verwahrers für den Fall, daß die Aufbewahrung unentgeltlich übernommen wird, auf bloße Haftung für diligentia quam in suis („culpa in concreto") ermäßigt (M. II, 571 ff.;

Z.G. II, 339; P. II, 393; vgl. Vorbem. Ziff. 4). Ueber die Haftung für diligentia quam in suis s. § 277 und Anm. hiezu (oben S. 40); vgl. §§ 708, 1359, 1664, 2131.

2. Selbstverständlich gilt der Grundsatz des § 690 nur, wenn ein eigentlicher Verwahrungsvertrag vorliegt. Wird in Erfüllung eines anderen Vertrags, z. B. eines Auftrags, die Aufbewahrung einer beweglichen Sache unentgeltlich übernommen, so finden auch hinsichtlich der Haftung die für jenen Vertrag geltenden Vorschriften Anwendung (P. II, 393; vgl. Anm. 2a zu § 688).

§ 691.

Der Verwahrer ist im Zweifel nicht berechtigt, die hinterlegte Sache bei einem Dritten zu hinterlegen. Ist die Hinterlegung bei einem Dritten gestattet, so hat der Verwahrer nur ein ihm bei dieser Hinterlegung zur Last fallendes Verschulden zu vertreten. Für das Verschulden eines Gehülfen ist er nach § 278 verantwortlich.

E. I, 616; II, 631; III, 678.

1. Mit Rücksicht darauf, daß der Verwahrungsvertrag in der Regel auf persönlichem Vertrauen beruht, stellt § 691 Satz 1 die Auslegungsregel auf, daß der Verwahrer im Zweifel zur Substitution nicht befugt ist (M. II, 574 ff.; P. II, 394 ff.; vgl. §§ 613 Satz 1, 664 Abs. 1 Satz 1 und oben S. 27 ff. Anm. 2 zu § 267; bezüglich des gemeinen Rechts s. Dernburg, Pand. Bd. 2 S. 250 Note 10). Nach den Umständen des einzelnen Falles ist daher die Frage zu beantworten, ob der Verwahrer, wenn er außer Stande ist, die hinterlegte Sache in seiner Verwahrung zu behalten, einen Substituten bestellen darf oder ob er dem Hinterleger Anzeige erstatten und dessen Entschließung abwarten muß (M. II, 575; vgl. § 692 Satz 2).

2. Trifft die Auslegungsregel des § 691 Satz 1 zu, so handelt der Verwahrer, welcher die hinterlegte Sache bei einem Dritten hinterlegt, vertragswidrig und haftet daher dem Hinterleger für allen Schaden, der ohne die Substitution nicht eingetreten wäre, also nicht nur für den durch Verschulden des Substituten veranlaßten Schaden (s. oben S. 40 letzter Absatz). Ist dagegen die Hinterlegung bei einem Dritten gestattet, so haftet der Verwahrer nach § 691 Satz 2 nur für ein ihm bei dieser Hinterlegung zur Last fallendes Verschulden, d. h. für den Schaden, welcher dem Hinterleger dadurch erwächst, daß der Verwahrer vorsätzlich oder fahrlässig (§§ 276, 690, 277) die Sache bei einem ungeeigneten Dritten hinterlegt (culpa in eligendo) oder bei Informirung oder Ueberwachung des Dritten etwas versäumt (M. II, 575; vgl. Anm. 2 zu § 664). Zwischen dem Hinterleger und dem Dritten entsteht durch die Substitution, gleichviel, ob dieselbe gestattet war oder nicht, kein Vertragsverhältniß, insbesondere hat das Gesetz ebensowenig wie beim Auftrage bestimmt, daß die Ansprüche des Verwahrers gegen den Substituten kraft Gesetzes auf den Hinterleger übergehen (M. II, 575; vgl. Anm. 3 zu § 664; s. auch Planck, Erl. 1c zu § 691).

3. Ob der Verwahrer befugt ist, sich bei Erfüllung der ihm obliegenden Verpflichtungen eines Gehülfen zu bedienen, hängt von den Umständen des einzelnen Falles ab. In der Regel wird die Frage wie beim Auftrage zu verneinen sein (vgl. Anm. 5 zu § 664). Ist dem Verwahrer die Zuziehung eines Gehülfen nicht gestattet, so haftet er, wenn er sich trotzdem eines Gehülfen bedient, für jeden Schaden, der dem Verwahrer aus der Zuziehung des Gehülfen entsteht, auch wenn dem Gehülfen ein Verschulden nicht zur Last fällt; denn die Zuziehung des Gehülfen bildet in diesem Falle ein den Verwahrer haftbar machendes Verschulden (M. II, 575). Ist ihm dagegen die Zuziehung eines Gehülfen gestattet, so haftet er nach §§ 691 Satz 3, 278 für das Verschulden des Gehülfen in gleichem Umfange wie für eigenes Verschulden, also für den durch Vorsatz oder Fahrlässigkeit des Gehülfen, nicht aber für den ohne Verschulden des Gehülfen erwachsenen Schaden (M. II, 575; vgl. Anm. 5 zu § 664). Haftet der Verwahrer gemäß § 690 nur für culpa in concreto, so ist, wenn er sich befugter Weise eines Gehülfen bedient, der Grad von Sorgfalt maßgebend, welchen der Verwahrer, nicht derjenige, welchen der Gehülfe in eigenen Angelegenheiten anzuwenden pflegt (Kuhlenbeck, Note 3 zu § 691; Oertmann, Note zu § 691; s. oben S. 41 Anm. II zu § 278). Daß der dritte Satz des § 691 nur gilt, wenn die Zuziehung des Gehülfen gestattet war, ergibt sich aus E. I § 616 Satz 3 („hat er befugter Weise eines Gehülfen sich bedient, so findet die Vorschrift des § 224 Abs. 2 Anwendung"), welche Bestimmung von der II. Komm. sachlich nicht geändert werden wollte (P. II, 394 ff.).

§ 692.

Der Verwahrer ist berechtigt, die vereinbarte Art der Aufbewahrung zu ändern, wenn er den Umständen nach annehmen darf, daß der Hinterleger bei Kenntniß der Sachlage die Aenderung billigen würde. Der Verwahrer hat vor der Aenderung dem Hinterleger Anzeige zu machen und dessen Entschließung abzuwarten, wenn nicht mit dem Aufschube Gefahr verbunden ist.

E. I, 617; II, 632; III, 679.

1. Für die Art der Aufbewahrung der hinterlegten Sache ist die Vereinbarung der Parteien maßgebend. Nachträglich ertheilte Weisungen des Hinterlegers sind für den Verwahrer nicht bindend (M. II, 575 ff.; anders beim Auftrage, s. Anm. 1 zu § 665).

2. Eigenmächtig die vereinbarte Art der Aufbewahrung zu ändern, ist der Verwahrer nur unter der doppelten Voraussetzung befugt, daß er

a) den Umständen nach annehmen darf, der Hinterleger würde bei Kenntniß der Sachlage die Aenderung billigen, und daß

b) Gefahr im Verzuge besteht.

Liegt nur die unter a, nicht aber die unter b erwähnte Voraussetzung vor, so hat der Verwahrer dem Hinterleger Anzeige zu machen und dessen Entschließung abzuwarten. Aendert der Verwahrer die vereinbarte Art der Aufbewahrung eigenmächtig, ohne daß die beiden erwähnten Voraussetzungen vorliegen, so ist er für den dem Hinterleger hieraus entstehenden Schaden nach Maßgabe der §§ 249 ff. ersatzpflichtig (M. II, 576; P. II, 395; vgl. P.L.R. Thl. I Tit. 14 §§ 14, 16). Das Vorhandensein der beiden Voraussetzungen hat der Verwahrer zu beweisen (vgl. Anm. 2 zu § 665).

3. Die dem Verwahrer obliegende Verpflichtung zur Obhut (s. Anm. 3 zu § 688) kann unter Umständen auch eine Verpflichtung desselben zur Aenderung der vereinbarten Art der Aufbewahrung begründen. Ob dies der Fall ist, kann nur unter Berücksichtigung aller einschlägigen Umstände nach Lage des einzelnen Falles entschieden werden (Z.G. II, 339; P.L.R. Thl. I Tit. 14 § 15; vgl. Anm. 3 zu § 665; ebenso Matthiaß, I, 547; and. Ans. Schollmeyer, S. 65 ff.).

4. Daß dem Verwahrer der Gebrauch der hinterlegten Sache mangels besonderer Vereinbarung nicht gestattet ist, hat das Gesetz als selbstverständlich nicht besonders erwähnt. Nimmt der Verwahrer die hinterlegte Sache unbefugt in Gebrauch, so haftet er für den dem Hinterleger hieraus erwachsenden Schaden nach allgemeinen Grundsätzen (M. II, 576; vgl. P.L.R. Thl. I Tit. 14 §§ 80 ff., B.L.R. Thl. IV cap. 2 § 7 Ziff. 11; über andere Rechte s. M. II, 576 Note 2). Nach den Mot. (II, 576) soll hievon eine Ausnahme bestehen, soweit der Gebrauch der Sache zur Erholtung derselben nöthig ist (z. B. Ausreiten eines Pferdes, damit es nicht steif wird). Hiezu ist jedoch zu bemerken, daß eine Pflicht zur Erhaltung der hinterlegten Sache dem Verwahrer mangels besonderer Vereinbarung nur insoweit obliegt, als sie aus der Verpflichtung zur Obhut (s. Anm. 3 zu § 688) sich ergibt (M. II, 571). Ueber die Verpflichtung des Verwahrers zur Verzinsung des für sich verwendeten Geldes s. § 698.

§ 693.

Macht der Verwahrer zum Zwecke der Aufbewahrung Aufwendungen, die er den Umständen nach für erforderlich halten darf, so ist der Hinterleger zum Ersatze verpflichtet.

E. I, 621; II, 633; III, 680.

1. Ohne Rücksicht darauf, ob eine Vergütung vereinbart ist oder nicht, hat der Verwahrer Anspruch auf Ersatz der von ihm zum Zwecke der Aufbewahrung gemachten Aufwendungen (M. II, 581; vgl. §§ 670, 683). Ueber den Begriff der Aufwendungen s. Anm. 1 zu § 670, Anm. 1 b zu § 683. Selbstverständlich fällt die Ersatzpflicht des Hinterlegers insoweit weg, als der Verwahrer vertragsgemäß verpflichtet ist, die zur Aufbewahrung erforderlichen Einrichtungen auf eigene Kosten zu treffen (z. B. einen feuersicheren Kassenschrank zur Aufbewahrung von Werthpapieren anzuschaffen). Eine solche Verpflichtung kann natürlich auch stillschweigend übernommen werden. Ob diese

Voraussetzung gegeben ist, kann nur nach Lage des einzelnen Falles entschieden werden, wobei die Frage, ob der Verwahrer eine Vergütung erhält oder nicht, für die Auslegung des Vertrags von Bedeutung sein kann (§ 157; vgl. P. II, 309 ff.).

2. Hinsichtlich des Umfangs dieses Ersatzanspruchs ist (wie beim Auftrage, vgl. Anm. 2 zu § 670) nicht der objektive, sondern der subjektive Maßstab aufgestellt (vgl. E. I, 621 Abs. 1 Satz 2: „als erforderlich geworden gelten die Aufwendungen, welche der Verwahrer bei Anwendung der Sorgfalt eines ordentlichen Hausvaters zum Zwecke der Aufbewahrung für erforderlich anzusehen hatte"). Im Gegensatze zu verschiedenen bisherigen Rechten (P.L.R. Thl. I Tit. 14 § 42; B.L.R. Thl. IV cap. 2 § 7 Ziff. 18; vgl. M. II, 581 Note 1) ist der Anspruch des Verwahrers nicht auf Ersatz derjenigen Verwendungen beschränkt, welche auf die hinterlegte Sache selbst gemacht werden, so daß z. B. auch Ersatz der zur Rettung der hinterlegten Sache aus Feuersgefahr erforderlich gewordenen Kosten, Ersatz von Versicherungskosten, von Steuern &c. verlangt werden kann (M. II, 581). Für die Frage, ob der Verwahrer bestimmte Aufwendungen für erforderlich halten durfte, ist natürlich die vereinbarte Art der Aufbewahrung (§ 692) von Bedeutung.

3. Nach §§ 693, 256 Satz 1 hat der Hinterleger den vom Verwahrer aufgewendeten Betrag oder, wenn andere Gegenstände als Geld aufgewendet worden sind, den als Ersatz ihres Werthes zu zahlenden Betrag von der Zeit der Aufwendung an zu verzinsen (E. I, 621 Abs. 2, 595 Abs. 2; E. II, 633, 601 Abs. 1 Satz 2; E. III, 680 Satz 2; M. II, 581; R.T.K. 53). Ueber die Verpflichtung des Verwahrers zur Verzinsung des für sich verwendeten Geldes s. § 698.

4. Nach §§ 693, 257 kann der Verwahrer, der zum Zwecke der Aufbewahrung eine Verbindlichkeit eingegangen ist, Befreiung von der Verbindlichkeit verlangen. Ist die Verbindlichkeit noch nicht fällig, so kann der Hinterleger, statt den Verwahrer zu befreien, ihm Sicherheit leisten (E. I, 621 Abs. 2, 595 Abs. 3; E. II, 633, 601 Abs. 2; M. II, 581; s. oben S. 20 Anm. 1 zu § 257).

5. Ueber die Frage, inwieweit der Hinterleger den Schaden zu ersetzen hat, welchen der Verwahrer durch die Beschaffenheit der hinterlegten Sache erleidet, s. § 694 und Anm. hiezu.

6. Hat der Hinterleger aus dem Verwahrungsvertrag einen fälligen Anspruch gegen den Verwahrer (s. insbesondere §§ 695, 698), so steht ihm gegenüber dem Ersatzanspruche des Verwahrers das Zurückbehaltungsrecht nach Maßgabe der §§ 273, 274 zu.

7. Inwieweit der Verwahrer Anspruch auf Ersatz solcher Aufwendungen hat, auf welche die Voraussetzungen des § 693 nicht zutreffen, bemißt sich nach §§ 683, 684, 812 ff. (M. II, 581; vgl. Dernburg, Pand. Bd. 2 S. 252 Note 25, P.L.R. Thl. I Tit. 14 § 45).

8. Nach § 420 Abs. 1 H.G.B. hat der Lagerhalter Anspruch auf Erstattung der Auslagen für Fracht und Zölle und der sonst für das Gut gemachten Aufwendungen, soweit er sie den Umständen nach für erforderlich halten durfte.

§ 694.

Der Hinterleger hat den durch die Beschaffenheit der hinterlegten Sache dem Verwahrer entstehenden Schaden zu ersetzen, es sei denn, daß er die gefahrdrohende Beschaffenheit der Sache bei der Hinterlegung weder kennt noch kennen muß oder daß er sie dem Verwahrer angezeigt oder dieser sie ohne Anzeige gekannt hat.

E. I, 622; II, 634; III, 681.

1. § 694 regelt die Ersatzpflicht des Hinterlegers für den durch die Beschaffenheit der hinterlegten Sache dem Verwahrer entstandenen Schaden. Nach der herrschenden Lehre des gemeinen Rechts haftet der Deponent nur für den durch sein Verschulden dem Depositar erwachsenen Schaden (Dernburg, Pand. Bd. 2 S. 251 Nr. 24; Windscheid-Kipp, Bd. 2 S. 565 Nr. 16; Seuffert, Archiv Bd. 50 Nr. 242). Auf dem gleichen Standpunkte steht das P.L.R. (Thl. I Tit. 14 § 42) und das B.L.R. (Thl. IV cap. 2 § 7 Ziff. 19), während andere Rechte den Deponenten in weiterem Umfange für haftbar erklärten (M. II, 582 Note 1). Nach E. I sollte der Hinterleger zum Ersatze des durch die Beschaffenheit der hinterlegten Sache dem Verwahrer erwachsenen Schadens nur dann verpflichtet sein, wenn er die schadendrohende Beschaffenheit der Sache

gekannt hat oder kennen mußte und dem Verwahrer diese Beschaffenheit nicht angezeigt hat (M. II, 582). Von der II. Komm. wurde der Antrag, dem Hinterleger eine von seinem Verschulden unabhängige Ersatzpflicht aufzuerlegen, als zu weitgehend abgelehnt, dagegen zu Gunsten des Verwahrers die Beweislast gegenüber der in E. I enthaltenen Regelung umgekehrt (P. II, 400 ff.). Demnach haftet grundsätzlich der Hinterleger nach Maßgabe der §§ 249 ff., falls durch die Beschaffenheit der hinterlegten Sache dem Verwahrer ein Schaden entstanden ist. Daß dies der Fall ist, hat der Verwahrer zu beweisen. Von dieser Ersatzpflicht ist aber der Hinterleger befreit:

a) wenn ihm selbst die gefahrdrohende Beschaffenheit der Sache bei der Hinterlegung (s. unten Anm. 2) unbekannt war und diese seine Unkenntniß auch nicht auf Fahrlässigkeit beruht (§ 122 Abs. 2);

b) wenn er die gefahrdrohende Beschaffenheit der Sache dem Verwahrer angezeigt hat, gleichviel, ob die Anzeige zur Kenntniß des Verwahrers gelangt ist oder nicht (vgl. § 130 und P. II, 400 ff.);

c) wenn dem Verwahrer die gefahrdrohende Beschaffenheit der Sache (auf andere Weise als durch Anzeige des Hinterlegers) bekannt geworden ist (P. II, 400). Das Kennenmüssen steht hier dem Kennen nicht gleich.

Daß eine dieser Voraussetzungen gegeben ist, hat, wie sich aus der nunmehrigen Fassung des Gesetzes ergibt, der Hinterleger zu beweisen.

2. Hat der Hinterleger die gefahrdrohende Beschaffenheit der Sache nach der Hinterlegung in Erfahrung gebracht, so ist er gemäß § 276 verpflichtet, hievon dem Verwahrer unverzüglich Anzeige zu machen. Unterläßt er dies, so wird er von seiner Ersatzpflicht durch den Nachweis, daß er die Beschaffenheit der Sache bei der Hinterlegung nicht gekannt habe noch habe kennen müssen (s. oben Anm. 1a), nicht frei, vorausgesetzt, daß durch die Anzeige an den Verwahrer der Schaden noch hätte vermieden werden können. Das Gleiche gilt, falls der Hinterleger nach der Hinterlegung die gefahrdrohende Beschaffenheit der Sache bei Anwendung der im Verkehr erforderlichen Sorgfalt hätte erkennen müssen.

3. Der Anspruch aus § 694 hat nicht die rechtliche Natur eines Deliktsanspruchs, gründet sich vielmehr auf die Verletzung rechtsgeschäftlicher Pflichten (s. Vorbem. XI, 1 vor § 823).

4. Ueber das Zurückbehaltungsrecht des Hinterlegers gegenüber dem Ersatzanspruche des Verwahrers s. Anm. 6 zu § 693.

§ 695.

Der Hinterleger kann die hinterlegte Sache jederzeit zurückfordern, auch wenn für die Aufbewahrung eine Zeit bestimmt ist.

E. I, 624; II, 635; III, 682.

1. Ist über die Zeit der Rückgabe der hinterlegten Sache nichts vereinbart worden, so kann der Hinterleger die Sache jederzeit zurückfordern (vgl. § 271 Abs. 1). Mit Rücksicht auf das Wesen des Verwahrungsvertrags (vgl. Entsch. d. R.G. in Civils. Bd. 12 S. 87 ff.) und das bisher geltende Recht (bezüglich des gemeinen Rechts s. Dernburg, Pand. Bd. 2 S. 98 Note 12, Windscheid-Kipp, Bd. 2 S. 563 Note 11; vgl. P.L.R. Thl. I Tit. 14 §§ 54, 55, B.L.R. Thl. IV cap. 2 § 7 Ziff. 13; über andere Rechte s. M. II, 583 Note 1) bestimmt aber § 695 in Abweichung von dem Grundsatze des § 271 Abs. 2 (s. oben S. 33 Anm. 5 zu § 271), daß, auch wenn für die Aufbewahrung eine Zeit bestimmt ist, die hinterlegte Sache von dem Hinterleger jederzeit zurückgefordert werden kann (M. II, 582 ff.; Z.G. II, 341; P. II, 402).

2. Das Gesetz spricht hier von „Zurückforderung", nicht (wie beim Auftrage, s. § 671 Abs. 1) von „Widerruf", um zum Ausdrucke zu bringen, daß das durch den Verwahrungsvertrag begründete Rechtsverhältniß nicht schon mit der auf Lösung des Vertrags gerichteten Erklärung des Hinterlegers, sondern erst mit der Rückgabe der Sache endigt. Die Bestimmungen über den Verzug (§§ 284 ff.) werden durch § 695 natürlich nicht berührt (M. II, 583).

3. Ob der Verwahrer Ersatz der Aufwendungen beanspruchen kann, die er mit Rücksicht auf die vereinbarte Zeit der Aufbewahrung gemacht hat, falls der Hinterleger die Sache vor Ablauf dieser Zeit zurückfordert, bestimmt sich nach § 693 (M. II, 583; vgl. sächsisches G.B. § 1267). Ueber den Anspruch des Verwahrers auf Vergütung bei vorzeitiger Endigung der Aufbewahrung s. § 699 Abs. 2.

4. Hat der Verwahrer aus dem Verwahrungsvertrag einen fälligen Anspruch gegen den Hinterleger (s. insbesondere §§ 693, 694, 699), so steht ihm gegenüber dem Herausgabeanspruche des Hinterlegers das Zurückbehaltungsrecht nach Maßgabe der §§ 273, 274 zu (vgl. Anm. 3 zu § 688).

5. Eine Vereinbarung der Parteien, wonach das dem Hinterleger gemäß § 695 zustehende Recht ausgeschlossen oder beschränkt wird, ist mit dem Wesen des Verwahrungsvertrags unvereinbar (s. oben Anm. 1) und bewirkt daher, daß ein Verwahrungsvertrag im Sinne der §§ 688 ff. nicht zu Stande kommt. Ob in dem Uebereinkommen ein anderweitiger gültiger Vertrag zu erblicken ist, bestimmt sich nach allgemeinen Grundsätzen.

6. Die Vorschrift des § 695 gilt im Zweifel auch für das sog. depositum irregulare (§ 700 Abs. 1 Satz 3).

7. Ueber das Recht des Verwahrers, die Rücknahme der Sache zu verlangen, s. § 696.

§ 696.

Der Verwahrer kann, wenn eine Zeit für die Aufbewahrung nicht bestimmt ist, jederzeit die Rücknahme der hinterlegten Sache verlangen. Ist eine Zeit bestimmt, so kann er die vorzeitige Rücknahme nur verlangen, wenn ein wichtiger Grund vorliegt.

E. I, 625; II, 636; III, 683.

1. Ist über die Zeit der Rückgabe der hinterlegten Sache nichts vereinbart worden, so kann der Verwahrer jederzeit die Rückgabe der hinterlegten Sache verlangen (vgl. § 271 Abs. 1). Ist dagegen eine Zeit für die Aufbewahrung vereinbart, so ist der Verwahrer gemäß § 688 verpflichtet, die Sache bis zum Ablaufe dieser Zeit aufzubewahren (vgl. § 271 Abs. 2 und oben S. 33 Anm. 5 zu § 271). Ausnahmsweise kann er jedoch die vorzeitige Rücknahme der Sache verlangen, wenn ein wichtiger Grund (E. I: „ein wichtiger, nach den Umständen des Falles das Verlangen rechtfertigender Grund") vorliegt (M. II, 583; Z.G. II, 341; bezüglich des gemeinen Rechts s. Dernburg, Pand. Bd. 2 S. 98; vgl. P.L.R. Thl. I Tit. 14 §§ 46, 47; über andere Rechte s. M. II, 583 Note 2). Ob dies der Fall ist, hat der Richter nach freiem Ermessen zu beurtheilen. Der Beweis, daß ein wichtiger Grund für die vorzeitige Rücknahme gegeben ist, obliegt dem Verwahrer. Selbstverständlich muß der Verwahrer dem Hinterleger auch beim Vorliegen eines wichtigen Grundes eine angemessene Frist zur Rückgabe der Sache gewähren (M. II, 583).

2. Das Gesetz spricht hier vom „Verlangen der Rücknahme", nicht (wie z. B. beim Auftrage, s. § 671 Abs. 1) von „Kündigung", um auch hier zum Ausdrucke zu bringen, daß das durch den Verwahrungsvertrag begründete Rechtsverhältniß nicht schon mit der auf Lösung des Vertrags gerichteten Erklärung des Verwahrers, sondern erst mit der Rücknahme der Sache endigt. Die Bestimmungen über den Verzug werden durch § 696 natürlich nicht berührt (M. II, 583; P. II, 402). Nimmt der Hinterleger trotz des Verlangens des Verwahrers die Sache nicht zurück, so kommt er nicht nur in Verzug der Annahme (§§ 293 ff.), sondern auch in Verzug der Leistung (§§ 284 ff.; s. Cosack, I, 554 Ziff. 3d, Oertmann, Note 3 zu § 696).

3. Ob der Verwahrer, der gemäß § 696 Satz 2 vorzeitige Rücknahme der hinterlegten Sache verlangt, Ersatz der Aufwendungen beanspruchen kann, die er mit Rücksicht auf die vereinbarte Zeit der Aufbewahrung gemacht hat, bestimmt sich nach § 693. Ueber den Anspruch des Verwahrers auf Vergütung bei vorzeitiger Endigung der Aufbewahrung s. § 699 Abs. 2.

4. Eine Vereinbarung der Parteien, wodurch das dem Verwahrer nach § 696 Satz 2 zustehende Recht ausgeschlossen oder beschränkt wird, ist nichtig (§ 138 Abs. 1; vgl. M. II, 583).

5. Die Vorschrift des § 696 gilt im Zweifel auch für das sog. depositum irregulare (§ 700 Abs. 1 Satz 3).

6. Ueber das Recht des Hinterlegers auf Zurückforderung der hinterlegten Sache s. § 695.

7. Nach H.G.B. § 422 kann der Lagerhalter nicht verlangen, daß der Einlagerer das Gut vor dem Ablaufe der bedungenen Lagerzeit und, falls eine solche nicht bedungen ist, daß er es vor dem Ablaufe von drei Monaten nach der Einlieferung zurücknehme.

Ist eine Lagerzeit nicht bedungen oder behält der Lagerhalter nach dem Ablaufe der bedungenen Lagerzeit das Gut auf dem Lager, so kann er die Rücknahme nur nach vorgängiger Kündigung unter Einhaltung einer Kündigungsfrist von einem Monate verlangen. Der Lagerhalter ist aber berechtigt, die Rücknahme des Gutes vor dem Ablaufe der Lagerzeit und ohne Einhaltung einer Kündigungsfrist zu verlangen, wenn ein wichtiger Grund vorliegt.

§ 697.

Die Rückgabe der hinterlegten Sache hat an dem Orte zu erfolgen, an welchem die Sache aufzubewahren war; der Verwahrer ist nicht verpflichtet, die Sache dem Hinterleger zu bringen.

E. I, 620; II, 637 Abs. 1; III, 684.

1. Der Ort, an welchem die Rückgabe der hinterlegten Sache zu erfolgen hat, bestimmt sich zunächst nach der Vereinbarung der Parteien. In Ermangelung einer Vereinbarung hat die Rückgabe an dem Orte zu erfolgen, an welchem die Sache aufzubewahren ist (M. II, 580; Z.G. II, 341; P. II, 399; bezüglich des gemeinen Rechts s. Dernburg, Pand. Bd. 2 S. 250 Nr. 13, 14; vgl. P.L.R. Thl. I Tit. 14 §§ 73—75; B.L.R. Thl. IV cap. 2 § 7 Ziff. 12; über andere Rechte s. M. II, 580 Nr. 3; vgl. auch §§ 269, 270 und oben S. 30 Anm. I, 1 zu § 269). Ist befugter Weise die Sache bei einem Dritten hinterlegt oder die vereinbarte Art der Aufbewahrung geändert worden (§§ 691, 692), so hat die Rückgabe natürlich an dem Orte zu erfolgen, an welchem sich die Sache zur Zeit der Rückgabe befindet (vgl. Z.G. II, 339).

2. Gemäß § 697 Halbsatz 2 ist die Rückgabepflicht des Verwahrers eine Holschuld, keine Bringschuld. Kosten und Gefahr der Rückgabe hat also der Hinterleger zu tragen (M. II, 580 ff.).

3. Durch Vereinbarung der Parteien kann nicht nur die Bestimmung des § 697 Halbsatz 1, sondern auch die des Halbsatzes 2 abgeändert werden (vgl. dagegen Anm. 5 zu § 695, Anm. 4 zu § 696).

4. Die Vorschriften des § 697 gelten im Zweifel auch für das sog. depositum irregulare (§ 700 Abs. 1 Satz 3).

§ 698.

Verwendet der Verwahrer hinterlegtes Geld für sich, so ist er verpflichtet, es von der Zeit der Verwendung an zu verzinsen.

E. I, 619 Satz 2; II, 638; III, 685

1. In Ermangelung anderweitiger Vereinbarung steht dem Verwahrer der Gebrauch der hinterlegten Sache nicht zu (Anm. 4 zu § 692). Dies gilt auch dann, wenn Geld zur Aufbewahrung übergeben worden ist. Verwendet der Verwahrer hinterlegtes Geld für sich, so hat er dasselbe von der Zeit der Verwendung ab zu verzinsen (M. II, 579; P. II, 399; bezüglich des gemeinen Rechtes s. Dernburg, Pand. Bd. 2 S. 251 Note 18; Windscheid-Kipp, Bd. 2 S. 563 Note 10; vgl. P.L.R. Thl. I Tit. 14 § 87. Ueber andere Rechte s. M. II, 579 Note 2). Ueber den Begriff „Geld" s. Bd. 3 S. 89 Anm. II, 1 zu § 935. Die Höhe des Zinssatzes beträgt 4%, bei beiderseitigen Handelsgeschäften 5% (§ 246, H.G.B. § 352 Abs. 1 Satz 1). Das Recht des Hinterlegers, wegen eines durch die Verwendung des Geldes ihm erwachsenen höheren Schadens Ersatz zu beanspruchen, wird durch § 698 nicht berührt. Ist dem Verwahrer gestattet, das hinterlegte Geld zu verbrauchen, so findet § 700 Abs. 1 Satz 2 Anwendung.

2. Beweislast. Dem Hinterleger, welcher Ansprüche auf Grund des § 698 erheben will, obliegt der Beweis, daß der Verwahrer das hinterlegte Geld für sich verwendet hat. Dagegen braucht er nicht zu beweisen, daß er selbst aus dem Gelde Nutzen gezogen hätte. Will er dagegen Ersatz eines den Betrag der gesetzlichen Zinsen übersteigenden Schadens beanspruchen (Anm. 1 a. E.), so hat er zu beweisen, daß ihm ein solcher entstanden ist.

3. Für Verzögerung der Rückgabe des hinterlegten Geldes (s. § 695) haftet der Verwahrer nach den Grundsätzen über den Verzug (§§ 284 ff.).

4. Auf andere Gegenstände als Geld findet § 698 keine Anwendung. Nimmt der Verwahrer solche Gegenstände vertragswidrig in Gebrauch, so ist er nach Maßgabe

der allgemeinen Grundsätze zum Ersatze des hiedurch entstehenden Schadens verpflichtet (Anm. 4 zu § 692).

5. Ueber das Zurückbehaltungsrecht des Verwahrers wegen fälliger Ansprüche aus dem Verwahrungsvertrage s. Anm. 4 zu § 695.

6. Ueber die Verpflichtung des Hinterlegers zur Verzinsung des von dem Verwahrer aufgewendeten Geldes s. Anm. 3 zu § 693.

7. Verwandte Bestimmungen für den Beauftragten und den Vormund enthalten die §§ 668, 1834.

§ 699.

Der Hinterleger hat die vereinbarte Vergütung bei der Beendigung der Aufbewahrung zu entrichten. Ist die Vergütung nach Zeitabschnitten bemessen, so ist sie nach dem Ablaufe der einzelnen Zeitabschnitte zu entrichten.

Endigt die Aufbewahrung vor dem Ablaufe der für sie bestimmten Zeit, so kann der Verwahrer einen seinen bisherigen Leistungen entsprechenden Theil der Vergütung verlangen, sofern nicht aus der Vereinbarung über die Vergütung sich ein Anderes ergiebt.

E. I, 623; II, 639; III, 686.

1. Die Dispositivvorschriften des § 699 regeln die Fälligkeit des Anspruchs des Verwahrers auf die vereinbarte (oder gemäß § 689 als stillschweigend vereinbart geltende) Vergütung. Die Bestimmung des § 699 Abs. 1 Satz 2 beruht auf Beschluß der II. Komm. (P. II, 401 ff.).

2. Nach M. II, 582 soll aus § 699 Abs. 2 hervorgehen, daß die Vereinbarung einer Vergütung den Vertrag noch nicht zu einem gegenseitigen macht. In der II. Komm. wurde dieser Ansicht widersprochen (P. II, 393); vgl. hierüber Vorbem. Ziff. 2.

Ueber das Zurückbehaltungsrecht des Verwahrers s. Anm. 4 zu § 695 (M. II, 582).

3. Verwandte Bestimmungen enthalten die §§ 551 Abs. 1, 614, 641 Abs. 1, s. auch § 628.

4. Von den dem Lagerhalter zukommenden Beträgen (Lagergeld und Erstattung der für das Gut gemachten Aufwendungen) sind die baaren Auslagen sofort zu erstatten; die sonstigen Lagerkosten sind nach dem Ablaufe von je drei Monaten seit der Einlieferung oder, wenn das Gut in der Zwischenzeit zurückgenommen wird, bei der Rücknahme zu erstatten; wird das Gut theilweise zurückgenommen, so ist nur ein entsprechender Theil zu berichtigen, es sei denn, daß das auf dem Lager verbleibende Gut zur Sicherung des Lagerhalters nicht ausreicht (H.G.B. § 420 Abs. 2).

§ 700.

Werden vertretbare Sachen in der Art hinterlegt, daß das Eigenthum auf den Verwahrer übergehen und dieser verpflichtet sein soll, Sachen von gleicher Art, Güte und Menge zurückzugewähren, so finden die Vorschriften über das Darlehen Anwendung. Gestattet der Hinterleger dem Verwahrer, hinterlegte vertretbare Sachen zu verbrauchen, so finden die Vorschriften über das Darlehen von dem Zeitpunkt an Anwendung, in welchem der Verwahrer sich die Sachen aneignet. In beiden Fällen bestimmen sich jedoch Zeit und Ort der Rückgabe im Zweifel nach den Vorschriften über den Verwahrungsvertrag.

Bei der Hinterlegung von Werthpapieren ist eine Vereinbarung der im Abs. 1 bezeichneten Art nur gültig, wenn sie ausdrücklich getroffen wird.

E. I, 618; II, 640; III, 687.

1. Grundsätzliche Regelung des sog. „depositum irregulare". Das gemeine Recht gestattete die Hinterlegung von vertretbaren Sachen mit der Be-

stimmung, daß nicht dieselben Sachen, sondern die gleiche Quantität gleicher Sachen zurückerstattet werde. Trotz seiner Aehnlichkeit mit einem Darlehen wurde ein solches Rechtsgeschäft nicht als Darlehen, sondern als depositum (irregulare) betrachtet, was in mehrfacher Beziehung nicht ohne rechtliche Bedeutung war (Dernburg, Pand. Bd. 2 S. 252 ff., insbesondere S. 253 Note 3; Windscheid-Kipp, Bd. 2 S. 565 ff., insbesondere S. 567 Note 5; Entsch. d. R.G. in Civils. Bd. 12 S. 85 ff.). Die neueren Rechte stellen ein solches Rechtsgeschäft fast durchweg dem Darlehen gleich (vgl. P.L.R. Thl. I Tit. 14 §§ 83, 84; B.L.R. Thl. IV cap. 2 § 8 Ziff. 2 — über andere Rechte s. M. II, 576 Note 3). Das B.G.B. schließt sich der modernen Auffassung an. Nach E. I sollte, wenn bei der Hinterlegung vertretbarer Sachen vereinbart sei, daß nicht dieselben Sachen, sondern Sachen von gleicher Art, Güte und Menge zurückzugewähren seien, der Vertrag „als ein Darlehensvertrag anzusehen sein". In der II. Komm. wurde die nunmehrige Fassung beschlossen, weil sich aus derselben ergebe, daß das depositum irregulare und das Darlehen ihrer wirthschaftlichen Natur nach wesentlich verschiedene Geschäfte seien. Die Veranlassung zu einem Darlehen liege stets in dem Bedürfnisse des Empfängers, die Veranlassung zu einem depositum irregulare dagegen in dem Bedürfnisse des Hinterlegers, der Sorge für die Verwahrung überhoben zu sein, ohne doch die Verfügung über das Kapital auf längere Zeit zu verlieren. Werde vom Verwahrer Zins gewährt, so bilde dieser nicht den Ersatz für die entzogene Kapitalsnutzung, sondern eine Betheiligung des Hinterlegers an dem Vortheile, welchen der Verwahrer durch die Nutzung des Kapitals ziehe (M. II, 577 ff.; Z.G. II, 340; P. II, 397, VI, 193).

2. Voraussetzungen des depositum irregulare.

a) Es muß eine vertretbare Sache hinterlegt sein; über den Begriff der vertretbaren Sache s. § 91. Der wichtigste Fall ist die Hinterlegung von Geld und Werthpapieren; bezüglich der letzteren vgl. Abs. 2.

b) Es muß vereinbart sein, daß der Verwahrer Eigenthümer der hinterlegten Sachen werden und verpflichtet sein soll, Sachen von gleicher Art, Güte und Menge zurückzugewähren. Sind vertretbare Sachen ohne solche Vereinbarung, aber in der Weise hinterlegt worden, daß dem Verwahrer der Verbrauch derselben gestattet ist, so gilt das Rechtsgeschäft erst von dem Zeitpunkt ab, in welchem der Verwahrer sich die Sachen aneignet, als depositum irregulare (M. II, 577 ff.; vgl. Dernburg, Pand. Bd. 2 S. 253 Note 5, Windscheid-Kipp, Bd. 2 S. 567 Note 6, 7 und andererseits B.L.R. Thl. IV cap. 2 § 8 Ziff. 2).

3. Form. Die zum Begriffe des depositum irregulare erforderliche Vereinbarung (s. oben Anm. 2 b) bedarf keiner Form und kann sowohl ausdrücklich als stillschweigend getroffen werden. Eine Ausnahme hievon besteht aber nach § 700 Abs. 2 hinsichtlich der Hinterlegung von Werthpapieren. In diesem Falle muß die Vereinbarung, um wirksam zu sein, ausdrücklich getroffen werden. Diese Vorschrift wurde von der II. Komm. mit Rücksicht auf die im Depotgeschäft der Bankiers hervorgetretenen Mißbräuche beigefügt, um dem Verwahrer die Berufung auf stillschweigende Gestattung der Aneignung der hinterlegten Papiere abzuschneiden (P. II, 396 ff.).

Ueber den Begriff „Werthpapiere" s. Vorbem. vor § 793. Eine weitergehende Formvorschrift enthält § 2 des sog. Depotgesetzes vom 5. Juli 1896. Hienach ist eine Erklärung des Hinterlegers, durch welche der Verwahrer ermächtigt wird, an Stelle hinterlegter Werthpapiere der in § 1 dieses Gesetzes bezeichneten Art gleichartige Werthpapiere zurückzugewähren oder über die Papiere zu seinem Nutzen zu verfügen, falls der Hinterleger nicht gewerbsmäßig Bank- oder Geldwechslergeschäfte betreibt, nur gültig, soweit sie für das einzelne Geschäft ausdrücklich und schriftlich abgegeben wird.

4. Auf ein Rechtsgeschäft der im § 700 Abs. 1 Satz 1, 2 bezeichneten Art finden nicht die für den Verwahrungsvertrag, sondern die für das Darlehen geltenden Bestimmungen (§§ 607—609) Anwendung. Es trägt also insbesondere der Verwahrer von Anfang an, bezw. (im Falle des Abs. 1 Satz 2) von dem Zeitpunkt an, in welchem er sich die hinterlegte Sache aneignet, die Gefahr. Es kann ferner vereinbart werden, daß ein Geldbetrag, den der Verwahrer dem Hinterleger schuldet, als hinterlegt gelten soll. Ein dahingehender Antrag wurde in der II. Komm. abgelehnt, weil sich die Zulässigkeit einer solchen Vereinbarung aus der entsprechend anwendbaren Vorschrift des § 607 Abs. 2 ergebe (P. II, 397). Eine Ausnahme von diesem Grundsatze gilt aber nach der Auslegungsregel des § 700 Abs. 1 Satz 3 insofern, als Zeit und Ort der Rückgabe im Zweifel sich nicht nach den Vorschriften der §§ 609, 269, 270, sondern nach den §§ 695—697 bestimmen sollen (M. II, 579; vgl. oben S. 30 Anm. I, 1 zu § 269).

5. Die Einrede der Kompensation war nach gemeinem Rechte gegenüber den Deponenten ausgeschlossen (Anm. 3 zu § 688). Dies galt auch für das depositum irregulare (Entsch. d. R.G. in Civils. Bd. 12 S. 90; vgl. dagegen Kreittmayr, Annot. z. B.L.R. Thl. IV

cap. 2 § 8 Note c, Samml. von Entsch. d. obersten L.G. München XIII, 551). Das B.G.B. hat diese Beschränkung beseitigt, so daß in dieser Beziehung die allgemeinen Grundsätze (§§ 387 ff.) maßgebend sind (Anm. 3 zu § 688). In der II. Komm. wurde beantragt, bei dem depositum irregulare die Aufrechnung gegenüber den Forderungen des Hinterlegers nur mit Forderungen aus demselben Rechtsverhältnisse zuzulassen. Der Antrag wurde aber abgelehnt, weil die thatsächlichen Umstände und die Parteiabsicht in den einzelnen Fällen zu mannigfaltig seien, um die Aufstellung einer für die Mehrzahl der Fälle zutreffenden Auslegungsregel zu ermöglichen: so widerspreche z. B. die Zulässigkeit der Aufrechnung beim Giroverkehr, nicht aber beim Depositenverkehr der Banken der regelmäßigen Absicht der Parteien. Die Entscheidung darüber, was die Parteien gewollt haben, werde am sichersten aus der Würdigung des einzelnen Falles entnommen (M. II, 577; P. II, 397 ff.).

6. Wird bei der Hinterlegung nicht vertretbarer Sachen dem Verwahrer der Gebrauch derselben gestattet, so entscheiden die Umstände des einzelnen Falles darüber, ob Miethe (§§ 535 ff.) oder Leihe (§§ 598 ff.) oder ein anderer Vertrag vorliegt (M. II, 578).

7. Der Lagerhalter ist bei Lagerung vertretbarer Sachen zur Vermischung derselben mit anderen Sachen gleicher Art und Güte nur befugt, wenn ihm dies ausdrücklich gestattet ist. Er wird auch in diesem Falle nicht Eigenthümer des Gutes, kann aber aus dem Gesammtvorrathe jedem Einlagerer ohne Genehmigung der übrigen Betheiligten den ihm gebührenden Antheil ausliefern. Ist das Gut in der Weise hinterlegt, daß der Lagerhalter Eigenthümer werden und zur Zurückgewährung von Sachen gleicher Art, Güte und Menge verpflichtet sein soll, so finden nicht die Vorschriften über das Lagergeschäft (H.G.B. §§ 416 ff.), sondern die des § 700 B.G.B. Anwendung (H.G.B. § 419; D. z. H.G.B. S. 253.)

Dreizehnter Titel.

Einbringung von Sachen bei Gastwirthen.*)

(Erläutert von Dr. Th. Engelmann.)

Vorbemerkungen.

1. Der zwischen Gastwirth und Gast über die Beherbergung abgeschlossene Vertrag ist im Wesentlichen Miethvertrag im Sinne der §§ 535 ff., häufig aber mit verschiedenen anderen Verträgen, insbesondere Dienst- und Werkverträgen (§§ 611 ff., 631 ff.), Verwahrungsverträgen (§§ 688 ff.) 2c. verbunden. Die §§ 701—704 unterwerfen den zwischen Gastwirth und Gast abgeschlossenen Vertrag hinsichtlich der vom Gaste eingebrachten Sachen einer Sondervorschrift in doppelter Richtung:

a) Nach den §§ 701—703 haftet der Gastwirth für Verlust oder Beschädigung eingebrachter Sachen in weiterem Umfang als der Vermiether;

b) Nach § 704 hat der Gastwirth an den eingebrachten Sachen des Gastes ein weitergehendes Pfandrecht als der Vermiether.

2. Ueber die Haftung der Eisenbahnen für Verlust und Beschädigung des ihnen zur Beförderung übergebenen Gutes s. H.G.B. §§ 429, 456 ff.; über die Haftung des Schiffers für Verlust oder Beschädigung des von ihm oder einem dazu bestellten Dritten übernommenen Reiseguts s. H.G.B. §§ 673 Abs. 2, 606—610; vgl. auch §§ 58, 77 des Gesetzes vom 15. Juni 1895 betr. die privatrechtl. Verhältnisse der Binnenschifffahrt in der durch Art. 12 des E.G. z. H.G.B. festgesetzten Fassung und § 6 des Reichspostgesetzes vom 28. Oktober 1871.

3. Verjährung. Die Ansprüche der Gastwirthe für Gewährung von Wohnung und Beköstigung, sowie für andere den Gästen zur Befriedigung ihrer Bedürfnisse gewährte Leistungen mit Einschluß der Auslagen verjähren nach § 196 Abs. 1 Nr. 4 in zwei Jahren. Dagegen fand der in der II. Komm. eventuell gestellte Antrag, die dem Gaste nach §§ 701, 702 zustehenden Ansprüche einer kurzen (einwöchentlichen) Verjährungsfrist zu unterwerfen, keine Annahme (P. II, 410 ff.); es gelten daher in dieser Beziehung die allgemeinen Grundsätze (§§ 195, 852).

4. Zuständigkeit. Für Streitigkeiten zwischen Reisenden und Wirthen über Verlust und Beschädigung der Habe der Reisenden ist ohne Rücksicht auf den Werth des Streitgegenstandes das Amtsgericht zuständig (G.V.G. § 23 Nr. 2).

---

*) Vgl. Fuld, Das Miethrecht nach dem B.G.B. für das Deutsche Reich, Leipzig 1898, S. 258 ff.: Staudinger, Vorträge über das B.G.B. für Verwaltungsbeamte S. 540 ff.

§ 701.

Ein Gastwirth, der gewerbsmäßig Fremde zur Beherbergung aufnimmt, hat einem im Betriebe dieses Gewerbes aufgenommenen Gaste den Schaden zu ersetzen, den der Gast durch den Verlust oder die Beschädigung eingebrachter Sachen erleidet. Die Ersatzpflicht tritt nicht ein, wenn der Schaden von dem Gaste, einem Begleiter des Gastes oder einer Person, die er bei sich aufgenommen hat, verursacht wird oder durch die Beschaffenheit der Sachen oder durch höhere Gewalt entsteht.

Als eingebracht gelten die Sachen, welche der Gast dem Gastwirth oder Leuten des Gastwirths, die zur Entgegennahme der Sachen bestellt oder nach den Umständen als dazu bestellt anzusehen waren, übergeben oder an einen ihm von diesen angewiesenen Ort oder in Ermangelung einer Anweisung an den hierzu bestimmten Ort gebracht hat.

Ein Anschlag, durch den der Gastwirth die Haftung ablehnt, ist ohne Wirkung.

E. I, 626; II, 641. III, 688.

I. Grundsätzliche Regelung. Nach gemeinem Rechte hafteten Schiffer, Gast- und Stallwirthe für unversehrte Rückgabe der von ihnen im Betrieb ihres Gewerbes aufgenommenen Gegenstände. Eine Ausnahme bestand nur hinsichtlich solcher Schäden, die durch höhere Gewalt oder durch eigene Schuld der Reisenden eingetreten sind (sogen. „receptum nautarum, cauponum, stabulariorum"; vgl. Dernburg, Pand. Bd. 2 S. 108; Windscheid-Kipp, Bd. 2 S. 577 ff.). Aehnliche Bestimmungen enthielten die neueren Gesetzgebungen, insbesondere das P.L.R. (Thl. II Tit. 8 §§ 444—454) und das B.L.R. (Thl. IV cap. 13 § 10). Ueber andere Rechte s. M. II, 584 Note 1. Auch das B.G.B. stellt hinsichtlich der Haftung des Gastwirths für die von den Gästen eingebrachten Sachen strenge Normen auf. Bestimmend hiefür war nicht (wie für die einschlägigen Vorschriften des römischen Rechtes, s. l. 1 § 1, l. 3 § 1 D. IV, 9) Mangel an Vertrauen gegenüber dem Stande der Gastwirthe, sondern die Erwägung, daß ohne solche Normen die Fremden bei Verlust oder Beschädigung der von ihnen eingebrachten Sachen regelmäßig den Beweis einer Verletzung der Vertragspflicht Seitens des Gastwirths zu führen hätten, welcher Beweis nach der Natur der Dinge nur selten gelingen könnte (M. II, 584; D. 85). Die auf Beseitigung dieser Ausnahmebestimmungen gerichteten Anträge blieben erfolglos (Z.G. II, 341 ff., VI, 475 ff.; P. II, 403).

II. Kreis der haftpflichtigen Personen. Die strenge Haftung nach § 701 ist nur Gastwirthen auferlegt, welche gewerbsmäßig (d. h. um des Erwerbs willen) Fremde zur Beherbergung aufnehmen. Ausgeschlossen sind also Schankwirthe (vgl. § 33 der Reichsgewerbeordnung und die Komm. hiezu), Restaurateure und Stallwirthe (M. II, 584; Z.G. VI, 477 ff.; vgl. dagegen sächsisches G.B. § 1290). Der in der II. Komm. gestellte Antrag, die Vorschrift auf Stallwirthe in Ansehung der bei ihnen eingebrachten Thiere, der eingebrachten Fahrzeuge und ihres Inhalts, sowie der Geschirre auszudehnen, wurde abgelehnt, weil in dieser Richtung die allgemeinen Bestimmungen genügenden Schutz gewährten. Sei mit der Stallwirthschaft eine Gastwirthschaft verbunden und steige der Besitzer der eingestellten Wagen und Pferde in der gleichen Wirthschaft als Gast ab, so erstrecke sich die Haftung des Wirthes natürlich auch auf die eingebrachten Wagen und Pferde; dies ergebe sich aber bereits aus § 626 (jetzt 701; P. II, 412; vgl. Bl. f. R.A. Bd. 38 S. 46). Nimmt ein Gastwirth, der regelmäßig Fremde nicht beherbergt, aus besonderen Gründen einen Gast bei sich auf, so haftet er nur nach Maßgabe der allgemeinen Grundsätze. Mangels des Erfordernisses der Gewerbsmäßigkeit können auch die Unterkunftshäuser der alpinen Vereine nicht zu den Gastwirthschaften im Sinne der §§ 701 ff. gezählt werden (ebenso Fuld, S. 261; and. Ans. hinsichtlich der bewirthschafteten Häuser Oertmann, Note 1a zu § 701). Andererseits ist unerheblich, ob der Gastwirth den Fremden auch Speisen und Getränke verabreicht; daher wird auch der Inhaber eines sog. Hotel garni oder einer Familienpension (nicht aber der Vermiether eines möblirten Zimmers) als Gastwirth im Sinne der §§ 701 ff. zu erachten sein (vgl. Fuld, S. 262; Oertmann, Note 1c zu § 701). Auch Schlafwagengesellschaften sind hieher zu rechnen (ebenso Jacubezky, Bem. S. 144; Planck, Vorbem.

Ziff. III; Oertmann, Note 1b zu § 701; Fuld in der Deutsch. Jur.-Ztg. 1900 S. 227 ff.; and. Ans. der französische Kassationshof, vgl. Fuld, Miethrecht S. 262 ff.). Ist die Gastwirthschaft verpachtet, so haftet dem Gaste, von besonderen Vereinbarungen abgesehen, nicht der Eigenthümer, sondern der Pächter.

III. Voraussetzungen der Haftung.

1. Der Gast muß bereits aufgenommen sein. Für vorausgesendetes und einstweilen in Verwahrung genommenes Gepäck haftet daher der Gastwirth nur nach Maßgabe der allgemeinen Grundsätze. Ob die Aufnahme als bereits erfolgt anzusehen ist, hängt von den Umständen des einzelnen Falles ab. Die Mot. (II, 585 ff.) erwähnen ausdrücklich, daß die Aufnahme schon dann als erfolgt angesehen werden kann, wenn der Fremde am Bahnhofe mit dem Führer des Hotelwagens sich verständigt hat (vgl. Entsch. d. R.G. in Civils. Bd. 1 S. 83 ff.). Zu weit aber geht Scherer (Note 12 zu § 701), der auch den erst avisirten Gast als bereits aufgenommen betrachtet wissen will.

2. Der Gast muß im Betriebe des Gewerbes des Gastwirths aufgenommen worden sein. Hiezu gehören Personen nicht, die der Gastwirth aus persönlichen Gründen beherbergt, z. B. Verwandte, die als Besuch bei ihm wohnten.

3. Die Haftung des Gastwirths erstreckt sich nur auf die vom Gast eingebrachten Sachen. Unerheblich ist, ob die Sachen Eigenthum des Gastes sind oder nicht (vgl. dagegen Anm. 3 zu § 704), ob der Gastwirth von der Einbringung Kenntniß hat oder nicht (M. II, 586), ob der Gast die Sachen bei seinem Kommen oder später mitgebracht hat (vgl. sächsisches G.B. § 1282). Dagegen haftet der Gastwirth nicht für Sachen, die der Gast nach (definitivem) Verlassen der Gastwirthschaft absichtlich oder aus Versehen dort zurückgelassen hat, es sei denn, daß seine Haftung aus anderem Rechtsgrunde (Auftrag, Verwahrungsvertrag, Geschäftsführung ohne Auftrag) als gegeben erscheint. (M. II, 586; vgl. sächsisches G.B. § 1286; s. auch Anm. 6 zu § 704; ebenso Fuld, S. 264; Fischer-Henle, Note 3 zu § 701; Oertmann, Note 3 zu § 701; Matthiaß, I, 550 Ziff. 2; Kuhlenbeck, Note 3 zu § 701; vgl. ferner Staudinger, Vortr. S. 548, woselbst auch der Fall des Versterbens des Gastes im Gasthause berührt ist. And. Ans. Planck, Erl. 5 zu § 701, nach welchem hinsichtlich der mit Einwilligung des Wirthes zurückgelassenen Sachen im Zweifel Haftung nach § 701 als vereinbart gelten soll. Scherer, Note 13 zu § 701 will bezüglich der vom Gaste vergessenen Sachen die strenge Haftung Platz greifen lassen, während bezüglich der freiwillig zurückgelassenen Sachen eine gewöhnliche Verwahrung vorliege; anders allerdings Scherer selbst in Note 11 zu § 701; vgl. auch Windscheid-Kipp, Bd. 2 S. 582.)

Als „eingebracht" gelten gemäß § 701 Abs. 2 diejenigen Sachen, welche der Gast

a) dem Gastwirthe persönlich übergeben hat

oder

b) Leuten des Gastwirths, die zur Entgegennahme der Sachen bestellt waren

oder

c) Leuten des Gastwirths, die zwar nicht zur Entgegennahme der Sachen bestellt waren, aber nach den Umständen als dazu bestellt anzusehen waren. Hiezu werden insbesondere Familienangehörige des Wirthes, sowie diejenigen Hotelbediensteten zu rechnen sein, welche dem Gaste gegenüber sich zur Entgegennahme der Sachen bereit erklärt haben. Auch Art und Umfang des Wirthschaftsbetriebs kann in dieser Beziehung von Bedeutung sein (vgl. Fuld, S. 264). Zu den „Leuten" des Gastwirths gehören nicht nur die dauernd, sondern auch die vorübergehend im Betriebe der Gastwirthschaft beschäftigten Personen (z. B. Aushülfskellner; vgl. H.G.B. § 431 und Entsch. d. R.G. in Civils. Bd. 7 S. 126 ff.).

d) Als eingebracht gelten ferner diejenigen Sachen, welche der Gast selbst an den ihm vom Gastwirth oder dessen Leuten angewiesenen Ort

oder

e) an einen Ort gebracht hat, der ihm zwar nicht angewiesen worden ist, aber zur Unterbringung der von den Gästen eingebrachten Sachen bestimmt ist (z. B. eine Remise mit der Aufschrift „Aufbewahrungsort für Fahrräder").

f) Als eingebracht gelten endlich auch die Sachen, welche der Gast mit sich führt (Uhr, Geldbörse ꝛc.; vgl. Windscheid-Kipp, Bd. 2 S. 582). Ein in der II. Komm. gestellter Antrag, dies ausdrücklich auszusprechen, wurde zurückgezogen, nachdem die Komm. sich damit einverstanden erklärt hatte, daß das Einbringen in dem weiteren Sinne des Antrags zu verstehen sei (P. VI, 193 ff.).

IV. Umfang der Haftung. Der Gastwirth ist grundsätzlich zum Ersatze des gesammten dem Gaste durch Verlust oder Beschädigung der eingebrachten Sachen zugehenden Schadens nach Maßgabe der §§ 249 ff. verpflichtet, gleichviel, ob der Schaden durch den Gastwirth selbst, seine Leute (s. oben III, 3c). andere Gäste oder dritte Personen vorsätzlich oder fahrlässig oder ohne Verschulden verursacht worden ist (M. II, 586; vgl. dagegen § 831 und Anm. hiezu). Der in der II. Komm. gestellte Antrag, der Berechnung des Schadens regelmäßig nur den Werth der Sachen zu Grunde zu legen, wurde abgelehnt (P. II, 413 ff.). Eine Beschränkung der Haftung hinsichtlich gewisser besonders werthvoller Gegenstände bestimmt § 702.

V. Rechtsgrund der Haftung des Gastwirths ist nicht. wie nach römischem Rechte, ein Quasidelikt (vgl. § 3 Inst. IV, 5), sondern der zwischen Gastwirth und Gast ausdrücklich oder stillschweigend abgeschlossene Aufnahmevertrag in Verbindung mit der Thatsache der Einbringung; einen besonderen Verwahrungsvertrag hinsichtlich der eingebrachten Sachen anzunehmen (Endemann, I, 842 Note 4), erscheint nicht erforderlich (vgl. Planck, Vorbem. Ziff. I; Oertmann, Vorbem. Ziff. 3).

VI. Ausschluß der Haftung. Die Haftung des Gastwirths kommt in Wegfall,

1. wenn und soweit dies zwischen Gastwirth und Gast vereinbart worden ist (M. II, 587; D. 86; s. aber § 276 Abs. 2). Zur Vermeidung von Streitigkeiten erklärt jedoch § 701 Abs. 3 einen Anschlag, durch welchen der Gastwirth seine Haftung ausschließt oder weiter als nach Maßgabe des § 701 Abs. 1, 2 beschränkt, für wirkungslos (vgl. bezüglich des bisherigen Rechtes Bl. f. R.A. Bd. 17 S. 193 ff., Bd. 29 S. 458).

2. Die Ersatzpflicht des Gastwirths tritt ferner kraft Gesetzes nicht ein,

a) wenn der Schaden von dem Gaste selbst oder einem seiner Begleiter oder einer vom Gaste bei sich aufgenommenen Person verursacht wird. Ob diese Personen hiebei ein Verschulden trifft oder nicht, kommt nicht in Betracht (M. II, 586 ff.). Hat bei der Entstehung des Schadens ein Verschulden dieser Personen mitgewirkt, so finden die Bestimmungen des § 254 Anwendung (vgl. E. I, 626 Abs. 2, 3; M. II, 587, Z.G. VI, 265, 478; P. II, 403 ff.; R.T.K. 53 ff.);

b) wenn der Schaden durch die Beschaffenheit der zu Verlust gegangenen oder beschädigten Sache oder einer anderen von dem Gaste eingebrachten Sache entsteht (M. II, 587);

c) wenn der Schaden durch höhere Gewalt entsteht. Ueber den Begriff der höheren Gewalt s. Anm. zu § 203; vgl. auch Z.G. VI, 477; Entsch. d. R.G. in Civils. Bd. 19 S. 38 ff.; Bl. f. R.A. Bd. 26 S. 267 ff., Bd. 29 S. 457 ff.; Oertmann, Note 5 zu § 701.

3. Ueber das Erlöschen des Ersatzanspruchs des Gastes durch Unterlassung der Anzeigeerstattung s. § 703.

VII. Beweispflicht Der Ersatz beanspruchende Gast hat zu beweisen, daß die von ihm eingebrachte Sache beschädigt worden oder zu Verlust gegangen ist. Dagegen obliegt dem Gastwirthe der Nachweis, daß ein seine Haftung ausschließender Umstand (s. oben Anm. VI) gegeben ist (M. II, 586).

VIII. Ist der Schaden durch eine unerlaubte Handlung verursacht worden, so steht dem Gaste neben dem Anspruch aus § 701 auch Anspruch auf Schadensersatz gegen den Urheber des Schadens nach Maßgabe der §§ 823 ff. zu.

§ 702.

Für Geld, Werthpapiere und Kostbarkeiten haftet der Gastwirth nach § 701 nur bis zu dem Betrage von eintausend Mark, es sei denn, daß er diese Gegenstände in Kenntniß ihrer Eigenschaft als Werthsachen zur Aufbewahrung übernimmt oder die Aufbewahrung ablehnt oder daß der Schaden von ihm oder von seinen Leuten verschuldet wird.

E. I, 627; II, 642; III, 689.

1. Im Anschluß an verwandte Bestimmungen des H.G.B. (§§ 429 Abs. 2, 607; s. auch sächsisches G.B. § 1288) und eines französischen Gesetzes vom 18. April 1889 beschränkt § 702 aus Billigkeitsgründen die Haftung des Gastwirths hinsichtlich sog. Werthsachen. Für Geld, Werthpapiere und Kostbarkeiten haftet nämlich der Gastwirth nach Maßgabe des § 701 regelmäßig nur bis zum Betrage von 1000 Mark. Nach E. I sollte der Gastwirth nur für solche Gelder, Werthpapiere und Kostbarkeiten haften, welche „zu den laufenden Bedürfnissen des Gastes dienen“; die nunmehrige Fassung

beruht auf Beschluß der II. Komm. (M. II, 588 ff.; Z.G. IV, 342, VI, 476 ff.: Jacubezky, Bem. S. 144; P. II, 404 ff., s. auch P. II, 394).

Ueber die Begriffe „Geld", „Werthpapiere" und „Kostbarkeiten" s. Bd. 3 S. 89 Anm. II, 1 zu § 935, Vorbem. vor § 793, Entsch. d. R.G. in Civils. Bd. 13 S. 38 (vgl. auch Z.G. VI, 18, 290, 478).

2. Ausnahmsweise haftet jedoch der Gastwirth auch für eingebrachte Gelder, Werthpapiere und Kostbarkeiten in vollem Umfang,

a) wenn er diese Gegenstände in Kenntniß ihrer Eigenschaft als Werthsachen zur Aufbewahrung übernimmt, gleichviel, ob er sich im Besitz eines geeigneten Aufbewahrungsortes befindet oder nicht (M. II, 589; P. II, 407 ff.; vgl. auch § 703 Satz 2). Daß der Gastwirth den Werth der Sachen genau kenne, ist nicht erforderlich, ebensowenig, daß seine Kenntniß ihrer Eigenschaft als Werthsachen auf Mittheilung des Gastes beruhe. Uebernahme durch die Leute des Gastwirths steht der Uebernahme durch diesen selbst nicht gleich. Die Frage, ob ein Gastwirth, der Werthpapiere eines Gastes zur Aufbewahrung übernimmt, den Vorschriften des sog. Depotgesetzes vom 5. Juli 1896 (vgl. Vorbem. vor § 688, Ziff. 11, 12) unterliegt (s. Hohenemser in der Deutsch. Jur.-Ztg. 1897 S. 38), wird von Planck (Erl. 3 a zu § 702) um deßwillen verneint, weil die Aufbewahrung nicht als im Betriebe des Handelsgewerbes erfolgt anzusehen sei. Dieser Ansicht dürfte beizutreten sein;

b) wenn der Gastwirth die Aufbewahrung ablehnt, ohne Rücksicht darauf, ob die Ablehnung begründet war oder nicht (P. II, 408 ff.);

c) wenn der Gastwirth oder seine Leute (Anm. III, 3 c zu § 701) den Schaden schuldhaft (vorsätzlich oder fahrlässig) verursacht haben (M. II, 589; P. II, 409). Der in der II. Komm. gestellte Antrag, nach welchem lediglich das Verschulden des Gastwirths selbst in Betracht kommen sollte, wurde abgelehnt (P. VI, 194). Durch die Fassung des § 702 wird auch die schuldhafte Verletzung der vom Gastwirthe vertragsmäßig übernommenen Verpflichtungen gedeckt, mag die Verletzung vom Gastwirthe selbst oder von seinen Leuten (§ 278) ausgegangen sein (M. II, 589). Inwieweit der Gastwirth durch den Aufnahmevertrag verpflichtet wird, für die Sicherheit der eingebrachten Sachen Sorge zu tragen, hängt von den Umständen des einzelnen Falles ab (M. II, 589). Hat bei der Entstehung des Schadens ein Verschulden des Gastes mitgewirkt, so findet § 254 Anwendung (vgl. Anm. VI, 2 a zu § 701).

Daß einer der unter a—c erwähnten Fälle vorliegt, hat allgemeinen Grundsätzen zufolge der Gast zu beweisen, welcher die weitergehende Haftung des Gastwirths in Anspruch nimmt.

3. Ob der Gastwirth, der eine aus mehreren Personen bestehende Familie aufgenommen hat, für die von sämmtlichen Familienmitgliedern eingebrachten Werthsachen im Ganzen nur bis zum Betrage von 1000 Mk. oder jedem einzelnen Familienmitgliede bis zu diesem Betrage hafte, erscheint zweifelhaft. In der II. Komm. wurde die erstere Ansicht vertreten, ohne Widerspruch zu finden (P. II, 410). Dennoch dürfte die gegentheilige Anschauung für richtig zu erachten sein, da der Wortlaut des Gesetzes für eine einschränkende Auslegung keinerlei Anhaltspunkte bietet (ebenso Planck, Erl. 2 zu § 702; and. Ans. Fuld, S. 268 ff.; Oertmann, Note 1 zu § 702; vgl. auch Windscheid-Kipp, Bd. 2 S. 583; Staudinger, Vortr. S. 547, woselbst ein vermittelnder Standpunkt eingenommen ist).

4. Ausschluß der Haftung. Selbstverständlich kann auch die beschränkte Haftung nach § 702 durch Vereinbarung zwischen Gastwirth und Gast ausgeschlossen oder noch weiter beschränkt werden. Dagegen muß ein Anschlag, durch welchen der Gastwirth die Haftung für Gelder, Werthpapiere oder Kostbarkeiten ablehnt oder weiter als nach Maßgabe des § 702 beschränkt, in entsprechender Anwendung des § 701 Abs. 3 für unwirksam erachtet werden (vgl. Anm. VI, 1 zu § 701). Die Befreiungsgründe der §§ 701 Abs. 1 Satz 2 und § 703 greifen auch Platz, wenn es sich um eingebrachte Gelder, Werthpapiere oder Kostbarkeiten handelt (vgl. Anm. VI, 2 zu § 701 und Anm. zu § 703).

§ 703.

Der dem Gaste auf Grund der §§ 701, 702 zustehende Anspruch erlischt, wenn nicht der Gast unverzüglich, nachdem er von dem Verlust oder der Beschädigung Kenntniß erlangt hat, dem Gastwirth Anzeige macht. Der Anspruch erlischt nicht, wenn die Sachen dem Gastwirthe zur Aufbewahrung übergeben waren.

E. II, 643; III 690.

1. Grundgedanke. § 703, welcher von der II. Komm. beigefügt wurde, beruht auf der Erwägung, daß der Gastwirth vor der Gefahr geschützt werden müsse, wegen Verlustes oder Beschädigung der von dem Gaste eingebrachten Sachen noch in Anspruch genommen zu werden, wenn seit Entstehung des Schadens schon eine geraume Zeit verstrichen sei. Der Gastwirth müsse in der Lage sein, die Behauptungen des Gastes auf ihre Richtigkeit zu prüfen und die Gründe des Schadens zu ermitteln, um, falls ein Verschulden seiner Leute vorliege, gegen dieselben mit Entlassung oder Kündigung vorgehen oder Regreßansprüche erheben zu können (P. II, 410 ff.). Dem Gaste ist daher bei Gefahr des Verlustes der ihm nach den §§ 701, 702 zustehenden Ansprüche die Verpflichtung auferlegt, unverzüglich (d. h. ohne schuldhaftes Zögern, s. § 121 Abs. 1 Satz 1) nach erlangter Kenntniß von dem Verlust oder der Beschädigung dem Gastwirth Anzeige zu machen. Die Anzeige ist ein einseitiges empfangsbedürftiges Rechtsgeschäft (§ 130) und bedarf keiner Form; es genügt daher sowohl mündliche oder briefliche als telegraphische oder telephonische Mittheilung.

2. Ausnahmsweise bedarf es nach § 703 Satz 2 der Benachrichtigung des Gastwirths nicht, wenn die Sachen demselben zur Aufbewahrung übergeben waren, weil der Wirth, der die Sachen aufbewahrt hat, in der Lage ist, auch nach Ablauf geraumer Zeit die Angaben des Gastes auf ihre Richtigkeit zu prüfen (P. II, 411). Uebergabe der Sachen zur Aufbewahrung an Leute des Gastwirths dagegen entbindet den Gast nicht von der Anzeigepflicht. Nach dem ursprünglichen Beschlusse der II. Komm. sollte eine Anzeige auch dann nicht erforderlich sein, wenn der Schaden durch Verschulden des Gastwirths oder seiner Leute veranlaßt sei. Diese Bestimmung wurde bei der Revision gestrichen, weil es der Billigkeit entspreche, die Anzeigepflicht dem Gaste auch in diesem Falle aufzuerlegen (P. VI, 194).

3. Beweispflicht. Daß die im § 703 Satz 1 vorgeschriebene Anzeige nicht oder nicht unverzüglich erstattet worden sei, hat der gemäß §§ 701, 702 in Anspruch genommene Gastwirth zu beweisen (P. II, 411). Der Beweis, daß die Anzeige nach § 703 Satz 2 nicht erforderlich war, obliegt dem Gast.

4. Ueber die Verjährung der dem Gaste nach den §§ 701, 702 zustehenden Ansprüche s. Vorbem. Ziff. 3.

§ 704.

Der Gastwirth hat für seine Forderungen für Wohnung und andere dem Gaste zur Befriedigung seiner Bedürfnisse gewährte Leistungen, mit Einschluß der Auslagen, ein Pfandrecht an den eingebrachten Sachen des Gastes. Die für das Pfandrecht des Vermiethers geltenden Vorschriften des § 559 Satz 3 und der §§ 560 bis 563 finden entsprechende Anwendung.

E. I, 628; II, 644; III, 691.

1. Grundgedanke. Nach § 41 Nr. 5 der alten K.O. waren Gastwirthe hinsichtlich ihrer Forderungen für Wohnung und Bewirthung des Gastes in Ansehung der von demselben eingebrachten, von ihnen zurückbehaltenen Sachen den Faustpfandgläubigern gleichgestellt (s. unten Anm. 7). Außerdem hatten die meisten Landesgesetze den Gastwirthen auch außerhalb des Konkurses gewisse Sicherungsrechte für die bezeichneten Forderungen gewährt; vgl. z. B. Art. 140, 199 des bayrischen Gesetzes z. Ausf. der R.C.P.O. und K.O. vom 23. Februar 1879 (aufgehoben durch Art. 166, XVI des bayrischen A.G. z. B.G.B. vom 9. Juni 1899), P.L.R. Thl. II Tit. 8 § 455; über andere Rechte s. M. II, 590 Note 1. Im Anschluß an diesen Rechtszustand gewährt § 704 dem Gastwirthe für gewisse Forderungen ein Pfandrecht an den eingebrachten Sachen des Gastes (M. II, 590).

2. Die Person des Pfandgläubigers. Nach den Mot. (II, 591) soll das Pfandrecht des § 628 (jetzt § 704) nur Gastwirthen zustehen, welche Fremde beherbergen. Noch weiter geht Fuld, welcher (S. 261) das Pfandrecht lediglich den im § 701 Abs. 1 Satz 1 bezeichneten Personen, also denjenigen Gastwirthen, welche gewerbsmäßig Fremde zur Beherbergung aufnehmen (s. Anm. II zu § 701), einräumen will (ebenso Planck, Erl. 2 zu § 704). Obwohl der Wortlaut des Gesetzes für diese einschränkende Auslegung keine genügende Stütze bietet, dürfte dieselbe doch im Hinblick auf das Verhältniß des § 704

zu den vorhergehenden Paragraphen für richtig zu erachten sein. Den Leuten des Gastwirths steht für ihre Forderungen gegen den Gast ein Pfandrecht auf Grund des § 704 nicht zu. Ueber die Frage, ob bei Cession der durch Pfandrecht gesicherten Forderung das Pfandrecht auf den Erwerber der Forderung übergeht, s. Anm. III, c zu § 559.

3. Gegenstand des Pfandrechtes sind die eingebrachten Sachen „des Gastes". Durch diese Ausdrucksweise ist außer Zweifel gestellt, daß Sachen, welche nicht im Eigenthume des Gastes stehen, dem Pfandrechte des Gastwirths nicht unterliegen (vgl. Anm. IV, 2 zu § 559; ebenso Fuld, S. 259, Fischer-Henle, Note 3 zu § 704, Oertmann, Note 2 zu § 704; and. Ans. ohne genügende Begründung Scherer, Komm. Note 2 zu § 704 und in der Deutsch. Jur.-Ztg. 1900 S. 203 Note 1). Ueber den Begriff der „eingebrachten Sachen" s. Anm III, 3 zu § 701, vgl. auch Anm. IV, 1 zu § 559. Ausgeschlossen vom Pfandrechte des Gastwirths sind die der Pfändung nicht unterliegenden Sachen (s. unten Anm. 5 a).

4. Die durch das Pfandrecht gesicherten Forderungen. Das Pfandrecht des Gastwirths besteht nicht nur zu Gunsten seiner Forderungen für Wohnung (insoweit würde ihm schon § 559 ausreichenden Schutz gewähren), sondern auch zu Gunsten seiner Forderungen für andere dem Gaste zur Befriedigung seiner Bedürfnisse gewährte Leistungen (insbesondere für verabreichte Speisen und Getränke), sowie zu Gunsten seiner Ersatzansprüche für die von ihm an Stelle des Gastes bestrittenen Auslagen (vgl. § 194 Abs. 1 Nr. 4 und andererseits hinsichtlich des Vermiethers Anm. VI, 2 zu § 559). Daß die gewährten Leistungen ein wirkliches Bedürfniß des Gastes befriedigt haben, ist natürlich nicht erforderlich. Darlehen, die der Gastwirth dem Gaste gewährt hat, können nicht als „Auslagen" erachtet werden.

5. Rechtliche Natur und Inhalt des Pfandrechts. Das nach § 704 dem Gastwirthe zustehende Pfandrecht ist (wie das des Vermiethers nach § 559) ein gesetzliches Pfandrecht (E. I, 628; M. II, 590; Z.G. IV, 276, 342). Auf dasselbe finden daher gemäß § 1257 im Allgemeinen die Vorschriften über das durch Rechtsgeschäft bestellte Pfandrecht (§§ 1204 ff.) entsprechende Anwendung (vgl. Anm. II zu § 559). Abweichungen von diesem Grundsatz ergeben sich aber dadurch, daß gemäß § 704 Satz 2 einzelne der für das Pfandrecht des Vermiethers geltenden Vorschriften entsprechende Anwendung finden (vgl. M. II, 590 ff.).

a) Das Pfandrecht des Gastwirths erstreckt sich nicht auf die der Pfändung nicht unterworfenen Sachen (§ 559 Satz 3; vgl. Anm. V zu § 559, s. auch Jacubezky, Bem. S. 144 ff.)

b) Das Pfandrecht des Gastwirths erlischt mit der Entfernung der Sachen aus der Gastwirthschaft, es sei denn, daß die Entfernung ohne Wissen oder unter Widerspruch des Gastwirths erfolgt. Derselbe kann der Entfernung nicht widersprechen, wenn sie im regelmäßigen Geschäftsbetriebe des Gastes oder den gewöhnlichen Lebensverhältnissen entsprechend erfolgt, oder wenn die zurückbleibenden Sachen zur Sicherung des Gastwirths offenbar ausreichen (§ 560 und Anm. hiezu; vgl. auch Oertmann, Note 1 zu § 704).

c) Der Gastwirth darf die Entfernung der seinem Pfandrecht unterliegenden Sachen, soweit er ihr zu widersprechen berechtigt ist (s. oben unter b) auch ohne Anrufen des Gerichts verhindern und, wenn der Gast auszieht, die Sachen in seinen Besitz nehmen. Sind die Sachen ohne Wissen oder unter Widerspruch des Gastwirths entfernt worden, so kann er die Herausgabe zum Zwecke der Zurückschaffung in die Gastwirthschaft und, wenn der Gast ausgezogen ist, die Ueberlassung des Besitzes verlangen. Das Pfandrecht erlischt mit dem Ablauf eines Monats, nachdem der Gastwirth von der Entfernung der Sachen Kenntniß erlangt hat, wenn nicht der Gastwirth diesen Anspruch vorher gerichtlich geltend gemacht hat (§ 561 und Anm. hiezu).

d) Der Gast kann die Geltendmachung des Pfandrechtes des Gastwirths durch Sicherheitsleistung abwenden; er kann jede einzelne Sache dadurch von dem Pfandrechte befreien, daß er in Höhe ihres Werthes Sicherheit leistet (§ 562 und Anm. hiezu).

e) Wird eine dem Pfandrechte des Gastwirths unterliegende Sache für einen anderen Gläubiger gepfändet, so kann diesem gegenüber das Pfandrecht nicht wegen der Forderungen des Gastwirths für eine frühere Zeit als das letzte Jahr vor der Pfändung geltend gemacht werden (§ 563 und Anm. hiezu).

6. Für die von ihm auf Grund seines Pfandrechtes zurückbehaltenen Sachen haftet der Gastwirth nur wie ein Pfandgläubiger (§§ 1215, 276, 278), nicht nach den strengen Normen der §§ 701—703 (ebenso Scherer, Note 14 zu § 701; vgl. Anm. III, 3 zu § 701).

7. Absonderungsrecht im Konkurs. Nach § 49 Abs. 1 Nr. 2 der neuen K.O. (vgl. oben Anm. 1) kann der Gastwirth im Konkurse des Gastes aus den seinem Pfand-

rechte unterliegenden Gegenständen abgesonderte Befriedigung wegen seiner durch Pfandrecht gesicherten Forderungen verlangen, zunächst wegen der Kosten, dann wegen der Zinsen, zuletzt wegen des Kapitals (s. auch K.O. § 127).

8. In strafrechtlicher Beziehung vgl. St.G.B. § 289 (s. auch Anm. VIII zu § 559).

Vierzehnter Titel.

Gesellschaft.

(Erläutert von Karl Kober.)

Einleitung.

I. Geltungsgebiet des nachstehenden Gesellschaftsrechtes:

Das Anwendungsgebiet des nachfolgenden Titels ist verhältnißmäßig kein großes. Es scheiden nämlich aus:

a) Die Handelsgesellschaften nach den Normen des Handelsrechtes, II. Buch des H.G.B. (Handelsgesellschaften und stille Gesellschaft).

Für diese kann aber das Recht des B.G.B. über die Gesellschaft subsidiär in Betracht kommen (s. Art. 2 E.G. z. H.G.B.). In Folge dieser subsidiären Geltung gewinnen die Vorschriften des B.G.B. wieder an Bedeutung, insbesondere bei der offenen Handelsgesellschaft durch die besondere Vorschrift des § 105 Abs. 2 H.G.B. Vgl. hieher Staub, Komm. hiezu und namentlich die Exkurse darin zu §§ 122 u 141 H.G.B.

b) Die besonderen handelsrechtlichen Gesellschaften auf Grund besonderer Reichsgesetze, wie das Gesetz, betreffend die Erwerbs- und Wirthschaftsgenossenschaften, vom 1. Mai 1889 und das Gesetz über die Gesellschaften mit beschränkter Haftung vom 20. April 1892.

c) Nicht hieher werden für die Regel zählen die Versicherungsgesellschaften (D. 6). Sind diese sog einseitige Versicherungsgesellschaften, so sind sie ohnehin meist Aktiengesellschaften, aber auch für jene, welche dies nicht sind, soll noch eine besondere reichsrechtliche Regelung eintreten.

d) Ebenso fallen nicht hierunter alle jene Vereinigungen, welche, wie M. II, 592 besagen, in unmittelbarem Zusammenhange stehen mit Materien, die der landesrechtlichen Regelung überlassen bleiben, also insbesondere mit dem Agrarrechte, dem Wasserrechte, einschließlich des Siel- und Deichrechtes, mit dem Forstrechte, Bergrechte, Jagd- und Fischereirechte. Vgl. hieher die Art. 65, 66, 67, 69, 83 u. 164 E.G. Diese unterstehen der landesrechtlichen Normirung. Es ist aber nicht ausgeschlossen, eine entsprechende Anwendung der allgemeinen Normen des Gesellschaftsrechtes in subsidiärer Weise bei diesen zuzulassen.

e) Nicht hieher gehören ferner die eingetragenen Vereine des B.G.B.: denn diese gelten als Juristische Personen und bilden demgemäß einen besonderen sozialen Organismus.

f) Ebensowenig zählt hieher die Gemeinschaft der Konkursgläubiger und der Miterben, da diese auf gesetzlicher, nicht auf vertragsmäßiger Grundlage beruhen.

Es verbleiben demnach hauptsächlich für die Anwendung die nicht rechtsfähigen Vereine (solche, welche um Eintragung in das Vereinsregister nicht nachgesucht oder diese nicht erlangt haben), denn auf sie sollen nach der ausdrücklichen Vorschrift des § 54 B.G.B. die Vorschriften über die Gesellschaft Anwendung finden (soweit nicht Besonderheiten aus der immerhin gebliebenen Vereinsgrundlage entspringen, vgl. hieher die Bem. zu § 54 und Gierke, Vereine ohne Rechtsfähigkeit nach dem neuen Rechte, dann v. Staudinger in der Deutsch. Jur.-Ztg. 1900 S. 375.) Ferner kaufmännische Gesellschaften, die auf den Abschluß von Einzelgeschäften gerichtet sind, gewerbliche Verbände, Unterhaltungsgesellschaften 2c. 2c., s. Bem. II, 2 zu § 705.

II. E. I hatte das Gesellschaftsrecht nach den Grundsätzen der römischen Societät ausgestaltet. Es war damit der Gesellschaft nur eine obligatorische Grundlage gegeben und das Gesellschaftsvermögen nichts anderes als zusammengefaßte Bestandtheile des Vermögens der einzelnen Gesellschafter. Nur insoferne war hierin eine engere Bindung versucht, als nach § 644 E. I die aus dem Gesellschaftsvertrag einem Gesellschafter gegen die übrigen Gesellschafter zustehenden Forderungen nicht übertragbar sein sollten.

E. II hat dagegen, wenn auch im Allgemeinen der Societätsbegriff erhalten blieb, die deutschrechtlichen Prinzipien der Gesammten Hand für die Gesellschaft eingeführt, wodurch letztere nicht mehr ein rein obligationenrechtliches Verhältniß blieb, sondern zugleich ein personenrechtliches wurde, dabei mit unmittelbar sachenrechtlicher Wirksamkeit ausgestattet. Diese Entwicklung war übrigens schon durch das Handelsrecht angebahnt, woselbst u. A. angenommen wurde, daß ein Eigenthum des Gesellschafters an den körperlichen Sachen der Gesellschaft weder in der Form eines nach Quoten getheilten Miteigenthums an den einzelnen Sachen noch auch in der Form eines nach Quoten getheilten Antheilsrechtes am Inbegriffe des Gesellschaftsvermögens bestehe. Entsch. d. R.G. Bd. 25 S. 257, Bd. 30 S. 152.

Die Eigenthümlichkeiten des Gesammthandverhältnisses liegen hauptsächlich in nachstehenden Grundnormen (vgl. auch Bl. f. R.A. Bd. 63 S. 405 ff):

1. Die Beiträge der Gesellschafter und die durch die Geschäftsführung für die Gesellschaft erworbenen Gegenstände werden gemeinschaftliches Vermögen der Gesellschafter (= Gesellschaftsvermögen). Zu dem Gesellschaftsvermögen gehört auch, was auf Grund eines zu dem Gesellschaftsvermögen gehörenden Rechtes oder als Ersatz für die Zerstörung, Beschädigung oder Entziehung eines zu dem Gesellschaftsvermögen gehörenden Gegenstandes erworben wird. § 718.

Dieses Gesellschaftsvermögen ist ein Sondervermögen, das den Zwecken der Gesellschaft zu dienen hat und dem damit der Bestand als selbständiges Zweckvermögen gesichert ist; s. Bem. zu § 718.

a) Jedem Gesellschafter steht zwar an sich ein Antheil an dem Gesellschaftsvermögen im Ganzen zu. Allein dieser Antheil unterliegt nicht der Verfügung des einzelnen Gesellschafters. (§ 719 Abs. 1.) Zu einer solchen Verfügung ist vielmehr eine Mitwirkung der sämmtlichen Gesellschafter erforderlich. Eine gegen dieses Prinzip der Unveräußerlichkeit des Gesellschaftsantheils verstoßende Handlung muß nichtig sein.

b) Der einzelne Gesellschafter ist nicht berechtigt, Theilung des gemeinschaftlichen Vermögens zu verlangen (§ 719 Abs. 1).

2. Der Schuldner einer zum Gesellschaftsvermögen gehörenden Forderung kann mit seiner Forderung gegen einen einzelnen Gesellschafter nicht aufrechnen (§ 719 Abs. 2).

3. Im Zusammenhange mit dem Prinzipe steht auch die Bestimmung des § 736 C.P.O., wonach zur Zwangsvollstreckung in das Gesellschaftsvermögen ein gegen alle Gesellschafter vollstreckbarer Titel erforderlich ist.

4. Die Ansprüche, welche den Gesellschaftern aus dem Gesellschaftsverhältnisse untereinander zustehen, wie z. B. der Anspruch auf Leistung der Beiträge zum Gesellschaftsvermögen, sind nicht übertragbar (§ 717). Auch die Einräumung von dinglichen Rechten an diesen Ansprüchen ist ausgeschlossen.

Als übertragbar gelten nur die einem Gesellschafter aus seiner Geschäftsführung zustehenden Ansprüche, soweit deren Befriedigung vor der Auseinandersetzung erlangt werden kann, sowie die Ansprüche auf einen Gewinnantheil oder auf dasjenige, was dem Gesellschafter bei der Auseinandersetzung zukommt (§ 717 Satz 2).

5. Dem Gläubiger eines einzelnen Gesellschafters ist nicht gestattet, aus dem Gesellschaftsvermögen oder dessen Bestandtheilen unmittelbar Befriedigung zu verlangen (§ 859 C.P.O.). Für ihn ist zunächst nur das erreichbar, was der Verfügung seines Schuldners unterliegt, d. h. die übertragbaren Ansprüche des Gesellschafters, von denen er aber, solange die Gesellschaft besteht, nur den Anspruch auf einen Gewinnantheil geltend machen kann (§ 725 Abs. 2). Er kann aber auch den Antheil seines Schuldners an dem Gesellschaftsvermögen als Ganzem pfänden (§ 859 C.P.O.). Dadurch erlangt er jedoch nicht, solange die Gesellschaft besteht, die Befugniß zur Geltendmachung der Gesellschaftsrechte seines Schuldners, sondern er kann nur die Gesellschaft kündigen, soferne sein Schuldtitel nicht bloß vorläufig vollstreckbar ist (§ 725 Abs. 1 B.G.B.), wodurch er dann das Guthaben des Gesellschafters aus der Auseinandersetzung als Befriedigungsobjekt erhält.

6. Der Antheil eines ausgeschiedenen Gesellschafters am Gesellschaftsvermögen wächst den übrigen Gesellschaftern ohne Weiteres zu (sog. Accrescenzprinzip). § 738.

Durch diese Ausgestaltung ist die Gesellschaft nunmehr ein Mittelglied geworden zwischen mehreren Personen als Einzelpersonen und einer Juristischen Person. Vgl. Bem. III zu § 705 und die Bem. zu § 718.

III. Hinsichtlich der Frage, ob der Gesellschaftsvertrag ein zweiseitiger Vertrag ist und ob und inwieweit die Normen über gegenseitige Verträge hieher Anwendung finden können, s. Bem. IV zu § 705.

IV. Ueber die Unterscheidung der Gesellschaft von anderen ähnlichen Verträgen und Rechtsverhältnissen s. Bem. III zu § 705.

V. Ueber die sog. Untergesellschaft s. Bem. 1b zu § 717.

VI. Der Einzelinhalt der nachstehenden Paragraphen ist folgender:

§ 705 enthält die grundlegenden Bestimmungen über den Gesellschaftsvertrag, wozu die §§ 706, 707 ergänzend die Vorschriften über die Beiträge der Gesellschafter enthalten; § 708 regelt die Haftung der Gesellschafter bei Erfüllung ihrer Verpflichtungen; die §§ 709—713 normiren die Geschäftsführung in dem Verhältnisse nach innen, während die §§ 714, 715 von der Vertretung der Gesellschaft nach außen handeln. § 716 enthält eine Einzelbestimmung über das Informations- und Kontrolrecht des Einzelgesellschafters. § 717 betrifft die Uebertragung der Ansprüche aus dem Gesellschaftsvertrage, die §§ 718—720 behandeln das Gesellschaftsvermögen mit den Hauptsätzen des Gesammthandprinzips In den §§ 721, 722 sind die Vorschriften über den Rechnungsabschluß und die Vertheilung von Gewinn und Verlust enthalten. Die §§ 723—729 betreffen die der Gesellschaft eigenthümlichen Endigungsgründe und zwar die §§ 723—725 die Kündigung, §§ 726—728 andere Endigungsgründe und § 729 das Fortbestehen der Befugniß zur Geschäftsführung bei Auflösung der Gesellschaft. Im Falle der Auflösung der Gesellschaft ist hinsichtlich des Gesellschaftsvermögens ein Auseinandersetzungsverfahren zwischen den Gesellschaftern durchzuführen, worüber die §§ 730 bis 735 des Näheren handeln Die §§ 736—740 endlich geben Vorschriften über das Ausscheiden und den Ausschluß eines einzelnen Gesellschafters unter Fortbestehen der Gesellschaft.

Eine weitere Ergänzung erhalten die Vorschriften durch die C.P.O. (s. insbesondere §§ 736 u 859), sowie für den Fall des Konkurses über das Vermögen eines Gesellschafters durch die §§ 16, 28, 51 K.O.

VII. Die nachstehenden Vorschriften sind im Allgemeinen (von einzelnen zwingenden Vorschriften abgesehen) dispositiver Natur. Die Betheiligten können sowohl vor Beginn der Gesellschaft, wie während der Dauer derselben besondere Bestimmungen treffen. Hiedurch wird auch beispielsweise ermöglicht, daß sich im Einzelfalle eine rein obligationenrechtliche Vereinigung bildet im Sinne der römischrechtlichen Societät. Wenn sich aber die Gesellschaft den gesetzlichen Normen des Gesellschaftsrechtes unterwerfen will und sohin das Gesammthandprinzip ausdrücklich oder stillschweigend angenommen hat, so werden wohl wesentliche Momente dieses Prinzips nicht etwa im Einzelnen ausgenommen werden können.

VIII. Uebergangsbestimmungen.

Die bereits bestehenden Gesellschaften unterliegen dem bisherigen Rechte. Dies gilt insbesondere auch von den Rechten der Mitglieder am Vereinsvermögen, gleichviel, ob es sich um bereits vorhandene oder um erst nach dem 1. Januar 1900 erworbene Vermögensstücke handelt; eine gegentheilige Meinung würde eine zu große Verwirrung mit sich bringen (Cosack, S. 401 und Habicht, S. 234). Die Haftung der Gesellschafter aber aus einem Schuldverhältnisse, das zwischen ihnen und einem Dritten nach dem 1. Januar 1900 begründet wird, wird sich nach dem neuen Rechte zu bemessen haben (Habicht, S. 237).

§ 705.

Durch den Gesellschaftsvertrag verpflichten sich die Gesellschafter gegenseitig, die Erreichung eines gemeinsamen Zweckes in der durch den Vertrag bestimmten Weise zu fördern, insbesondere die vereinbarten Beiträge zu leisten.

E. I, 629. 632; II, 645. III, 692.

I. § 705 normirt den Begriff der Gesellschaft.

Eine solche liegt vor, wenn sich mehrere Personen vertragsmäßig gegenseitig verpflichten, die Erreichung eines gemeinsamen Zwecks in der durch den Vertrag bestimmten Weise zu fördern.

Begrifflich deckt sich also im Allgemeinen die Gesellschaft des B.G.B. mit der Societät des gemeinen Rechtes (vgl. Windscheid, § 405). Sie hat jedoch durch die Aufnahme deutschrechtlicher Modalitäten, insbesondere hinsichtlich des Gesellschaftsvermögens (deutschrechtliche Gemeinschaft zur Gesammten Hand) eine wesentlich andere innere Ausgestaltung erfahren, wodurch sie nicht mehr ein bloß obligationenrechtliches, sondern zugleich ein personenrechtliches und dadurch auch mit unmittelbar sachenrechtlicher Wirksamkeit ausgestattetes Rechtsverhältniß geworden ist. Vgl. Einl. II und insbesondere die Bem. zu den §§ 717—719.

II. Ueber das Geltungsgebiet der nachstehenden Normen über die Gesellschaft s. die nähere Darlegung in Einl. I.

III. Abgrenzung der Gesellschaft von anderen Rechtsgebilden bezw. ähnlichen Rechtsverhältnissen.

A. Allgemeines: Die Gesellschaft bildet ein Mittelglied zwischen mehreren Personen als Einzelpersonen und einer Juristischen Person. Sie ist nicht bloß die Summe der Gesellschafter, da ja die einzelnen Gesellschafter immerhin, insbesondere was das Gesellschaftsvermögen anbelangt, als eine Einheit erscheinen. Andererseits aber tritt bei der Gesellschaft eine so strenge Abscheidung des Einheitsbegriffes als eines völlig selbstständigen Organismus neben den einzelnen Mitgliedern, wie es bei der Juristischen Person der Fall ist, nicht ein, vielmehr steht hier doch wieder auch die einzelne Person des Gesellschafters zugleich im Vordergrunde. Dieser Unterschied zeigt sich auch mit darin, daß die Korporation fortbesteht trotz Wechsel der Mitglieder, während bei der Gesellschaft die einzelne Person des Gesellschafters sozusagen wesentlich ist und z. B. der gesetzlichen Regel nach die Gesellschaft durch den Tod eines der Gesellschafter aufgelöst wird. Vgl. § 727.

B. Im Einzelnen:

1. Die Gesellschaft unterscheidet sich in Folge dessen von den eingetragenen Vereinen des § 21 und den wirthschaftlichen Vereinen des § 22, welch letztere auf Grund besonderer reichsgesetzlicher Vorschriften oder durch staatliche Verleihung Rechtsfähigkeit besitzen; denn beide Kategorien gelten als Juristische Personen.

Selbstverständlich steht es den Gesellschaftern frei, soweit sie die hiezu nöthigen Voraussetzungen erfüllen können (§§ 21 ff.), die Rechtsgestaltung einer Juristischen Person hienach sich zu verschaffen, jedoch nicht im Sinne einer bloßen Ueberleitung, sondern in Form einer vollen Neubegründung.

Die Gesellschaft unterscheidet sich an sich auch von den sog. nichtrechtsfähigen Vereinen (s. Vorbem. vor § 21 und Bem. zu § 54): das Gesetz läßt aber gleichwohl auf diese Vereine die Vorschriften über die Gesellschaft Anwendung finden. Vgl. hieher die Bem. zu § 54 und Gierke, Vereine ohne Rechtsfähigkeit nach dem neuen Rechte und v. Staudinger in der Deutsch. Jur.-Ztg. Jahrg. 1900 S. 375 ff.

2. Ferner ist von der Gesellschaft zu unterscheiden die Gemeinschaft im Sinne der §§ 741 ff. Sie liegt vor, wenn Mehreren ein Recht gemeinschaftlich zusteht (z. B. durch gemeinsamen Kauf), ohne daß diese sich dabei zur Förderung eines besonderen gemeinschaftlichen Zweckes verbunden haben. Es bestehen freilich auch hier verschiedene gegenseitige Verpflichtungen im Interesse der Gemeinschaft (vgl. z. B. § 748). Allein diese haben ihre Grundlage nicht in einem gemeinsamen, gerade hierauf abzielenden Vertrage, sondern beruhen auf gesetzlicher Vorschrift, s. Cosack, S. 401. Vgl. hieher auch unten Bem. IV, 3 d.

3. Nicht unter die Gesellschaft fällt außerdem die sog. Theilpacht (vgl. Bem. zu § 581), da auch hier die Verbindung zu einem gemeinsamen Zwecke fehlt. Denn die Interessen des Pächters und Verpächters sind hinsichtlich der Gewinnziehung keine direkt übereinstimmenden.

4. Ebensowenig gehört hieher das Verhältniß eines Gewerbetreibenden zu seinen Gewerbsgehülfen, denen dieser ein Antheilsrecht am Betriebsgewinn eingeräumt hat (vgl. Cosack a. a. O., Crome, Partiarische Rechtsgeschäfte S. 156). Die Stellung des Arbeitgebers bleibt hier immerhin eine uneingeschränkte (z. B. Bestimmung der Preise, Einschränkung des Betriebs ꝛc.), ohne daß die Arbeiter ein Widerspruchsrecht haben.

IV. Im Einzelnen: Die Grundlage der Rechte und Verpflichtungen aus dem Gesellschaftsverhältnisse bildet der Gesellschaftsvertrag.

1. Der Inhalt des Gesellschaftsvertrags.

Ueber den zulässigen Inhalt an sich gibt das Gesetz (im Gegensatz zu anderen Gesetzgebungen) keine speziellen Vorschriften. Allgemeine Schranken ergeben sich aus den allgemeinen gesetzlichen Regeln, wonach Verträge über etwas gesetzlich Verbotenes, auf Unmögliches oder Unsittliches ungültig sind (vgl. z. B. über eine Gesellschaft zum Zwecke des Spielens in auswärtigen Lotterien aus dem bisherigen Rechte S. A. Bd. 33 Nr. 24, Bd. 37 Nr. 210, Bd. 43 Nr. 110). Gesetzlich verboten ist auch gemäß § 310 die Gesellschaft des ganzen gegenwärtigen und künftigen Vermögens. Ein Gesellschaftsvertrag, der nur das gegenwärtige Vermögen oder einen Bruchtheil desselben betrifft, ist dagegen gültig, wenn er der Form des § 311 entspricht, vgl. M. II, 595. Auch während des Bestehens einer Gesellschaft kann im Hinblick auf die allgemeinen Schranken eine Rechtsänderung eintreten. Für den Fall, daß der Zweck der Gesellschaft nachträglich unmöglich geworden ist, tritt gemäß § 726 ohne Weiteres die Auflösung der Gesellschaft ein.

In innigem Zusammenhange mit dem Inhalte des Gesellschaftsvertrags steht aber ferner als wesentliches Moment desselben

2. die Richtung auf einen gemeinsamen Zweck.

a) Abgesehen von den allgemeinen, oben bereits angeführten Schranken ist der Satz aufzustellen, daß jeder erlaubte Zweck schlechthin den näheren Inhalt eines Gesellschaftsvertrags bilden kann (wie im gemeinen Rechte).

Darunter fallen also sowohl Vereinigungen zum Zwecke des Erwerbs, wie solche zur Pflege idealer, gemeinnütziger, geselliger, künstlerischer Zwecke, z. B. gemeinschaftliche Haltung von landwirthschaftlichen Maschinen, Syndikate zum gemeinschaftlichen Vertriebe von Waaren, kaufmännische Gesellschaften zum Zwecke von Einzelgeschäften, gemeinschaftliche Ausnützung eines Patents, Vergnügungsgesellschaften aller Art, welche nicht im Vereinsregister eingetragen sind, Lesevereine, Vereinigung zur Erbauung eines Gesellschaftshauses ꝛc.

b) Bestritten ist, ob auch eine Gesellschaft ohne jeden vermögensrechtlichen Charakter unter den Begriff der Gesellschaft nach B.G.B. fällt. M. II, 594, 595 wollen diese Frage bejahen, insbesondere im Hinblick auf § 241, wonach der Bestand eines Schuldverhältnisses nicht davon abhängt, ob dieses einen vermögensrechtlichen Charakter in sich trägt oder nicht. Es werden aber gleichwohl die Begriffsbestimmungen des § 705, sowie die sonstigen Normen über die Gesellschaft (insbesondere hinsichtlich des Gesellschaftsvermögens) schlechterdings nicht auf Vereinigungen passen, welche in keiner Hinsicht gemeinschaftliche Mittel irgend welcher Art aufweisen, z. B. eine Vereinigung mehrerer Personen lediglich zu dem Zwecke, um in der Wohnung von Mitgliedern gemeinschaftlich Dramen zu lesen. Anders ist die Sachlage, wenn hier z. B. die Bücher ganz oder theilweise auf gemeinsame Unkosten angeschafft werden. Vgl. Endemann, § 180 Anm. 14, und Oertmann, Vorbem. S. 441.

c) Der Zweck muß aber stets ein gemeinsamer der Gesellschafter sein, nicht ein bloß egoistischer eines der Gesellschafter. Die Absicht muß darauf gerichtet sein, die Ergebnisse der Thätigkeit allen Gesellschaftern zukommen zu lassen und zwar unmittelbar als Geschäftsergebnisse, als Resultate der wechselnden Schicksale der Gesellschaft. Daß hiebei alle in gleicher Weise partizipiren, ist nicht unbedingt nothwendig. Vgl. Staub, Komm. zum H.G.B. (neu) S. 347. Aus diesem Grunde ist z. B. die sog. societas leonina, bei der nur einer den Gewinn ziehen soll, als Gesellschaft nicht gültig. (Die betreffende Vereinigung kann freilich als Schenkung oder Garantievertrag Rechtswirksamkeit haben, vgl. hieher S. A. Bd. 32 Nr. 134). Dieser gemeinsame Zweck fehlt auch bei den sog. partiarischen Geschäften (z. B. der Theilpacht, vgl. oben III, 3) und bei einer Gewinnbetheiligung der Arbeiter im Sinne der Bem. III, 4 oben.

Wenn Jemand lediglich eine fixe Summe als Entschädigung zugesichert erhält, sei es für seine Einlage oder für seine Schuldenhaftung oder für seine Thätigkeit, so liegt gleichfalls — Mangels eines gemeinsamen Zweckes im obigen Sinne — keine Gesellschaft vor, denn jener soll die ihm zugesicherte Summe erhalten, gleichviel, ob die Gesellschaft Gewinn oder Verlust hat. Ein garantirtes Minimum dagegen wird dem Begriffe der Gesellschaft regelmäßig nicht im Wege stehen; denn hier hängt wenigstens der Ueberschuß über das Minimum von den Schicksalen der Gesellschaft ab; vgl. Staub a. a. O.

d) Daß der Gesellschaftszweck in der Förderung von Interessen besteht, welche nicht den Gesellschaftern selbst, sondern Dritten (z. B. Armen) zu Gute kommt, schadet natürlich nicht.

3. Form und Abschluß des Gesellschaftsvertrags:

a) Der Gesellschaftsvertrag bedarf an sich (wie im gemeinen Rechte, jedoch im Gegensatze zum P.L.R. Thl. I Tit. 17 § 170) keiner bestimmten Form. Soweit jedoch einzelne Abreden im Vertrage nach Maßgabe der ihnen zugedachten Rechtswirkungen auch sonst formbedürftig sind, gilt dies natürlich auch für den Gesellschaftsvertrag, z. B. ein Gesellschafter hat sich verpflichtet, ein Grundstück der Gesellschaft zu übereignen, vgl. hieher § 706 mit Bem.

b) Der Vertrag gilt als geschlossen, sobald man sich über die wesentlichen Punkte des Vertrags geeinigt hat (M. II, 595). Daß die zur Erreichung des Gesellschaftszweckes diensame Leistung Seitens des einzelnen Gesellschafters bereits gemacht ist, ist für den Abschluß des Vertrags (da er ja kein Realvertrag ist) nicht nothwendig. (Windscheid, Pand. Bd. 2 § 405 a. E. und S. A. Bd. 46 Nr. 187).

c) Die Frage, ob auch ein Vorvertrag über demnächstige Eingehung eines Gesellschaftsvertrags gültig ist, war schon bisher bestritten (vgl. Entsch. d. R.O.H.G. Bd. 9 Nr. 14 S. 38, dagegen Staub zu Art. 90 H.G.B. ä. F. (§ 1 b).

Die Rechtswirksamkeit derartiger Vereinbarungen wird stets davon abhängig sein, ob die Kontrahenten über den wesentlichen Inhalt des ihren Gegenstand bildenden, später zwischen ihnen abzuschließenden Vertrags übereingekommen sind (Seuffert, Archiv Bd. 46 Nr. 187).

d) Von verschiedenen Seiten (M. II, 595; Oertmann, § 705) wird auch die Möglichkeit des stillschweigenden Abschlusses eines Gesellschaftsvertrags (in Uebereinstimmung mit einer bisherigen Praxis) schlechthin eingeräumt. Dies dürfte mit großer Vorsicht aufzunehmen sein: Die Herausbildung eines konkreten Gesellschaftszweckes wird für die Regel nicht stillschweigend obenhin geschehen können. Würde man sich auf ersteren Standpunkt stellen, so würde die Folge die sein, daß man z. B. bei allen gemeinsamen Erwerbsgeschäften einen stillschweigenden Gesellschaftsvertrag unter den Erwerbern annehmen müßte. Dies entspricht aber sicherlich nicht dem Willen des Gesetzgebers, hier liegt vielmehr regelmäßig Mangels näherer Verabredungen nur eine Gemeinschaft im Sinne der §§ 741 ff. vor (Cosack, Lehrb. § 265 Ziff. 3).

V. Hieher schlägt auch die Frage ein, ob der Gesellschaftsvertrag ein gegenseitiger Vertrag ist, wie meistentheils angenommen wird, oder nicht.

Die Leistungen einer jeden der vertragschließenden Parteien sollen nicht dem Einen oder dem Anderen ausschließlich zu Gute kommen, sondern es soll durch die Zusammenwirkung der Leistung Aller ein Erfolg erzielt werden, der Allen zu Gute kommt, vgl. Windscheid a. a. O. Noch zutreffender drückt dies Steinbach aus in seinem Werke: „Rechtsgeschäfte der wirthschaftlichen Organisation" (S. 3 ff.), wenn er darthut, daß der Zweck des Gesellschaftsvertrags überhaupt nicht Austausch von Güteräquivalenten ist, sondern Organisation der Wirthschaft selbst, des wirthschaftenden Subjektes. Es kann also insoferne hier im Grunde nicht von einem zweiseitigen Vertrag im engeren Sinne des Civilrechtes gesprochen werden. Gleichwohl sind in einzelnen Beziehungen die Verhältnisse derart gelagert, daß die Normen über gegenseitige Verträge (§§ 320 ff.) wenigstens entsprechende Anwendung finden können und müssen.

Im Einzelnen sei hier Folgendes herausgehoben:

a) M. II, 598 werfen die Frage auf, ohne sie indessen selbst zu beantworten, ob und inwieweit die Einrede des nicht erfüllten Vertrags beim Gesellschaftsvertrage statthaft sei. Hierin werden folgende Unterscheidungen zu treffen sein (vgl. Oertmann zu § 705):

α) Statthaft wird diese Einrede sein, wenn es sich um wirkliche Leistungen der Gesellschafter für die Gesellschaft handelt und vertragsmäßig die Gesellschafter gleichzeitig zu leisten haben, vorausgesetzt, daß nicht auch der Kläger selbst als Gesellschafter säumig ist (vgl. §§ 320 ff.). Freilich kann sich auch hier aus der Art des Einzelbeitrags oder zufolge besonderer Bestimmungen im Gesellschaftsvertrag eine Verschiedenheit ergeben.

β) Anders aber liegt die Sache, wenn es sich um die Erfüllung besonderer Pflichten (also nicht um grundlegende Leistungen) handelt, welche sich auf der Basis der Gesellschaft erst im Laufe derselben herausgebildet haben, z. B. die Pflicht auf Rechnungslegung. Wie schon die bisherige Praxis annahm (vgl. S. A. Bd. 25 Nr. 105, 237, Bd. 29 Nr. 235, Bd. 36 Nr. 34), kann regelmäßig der Klage eines der Gesellschafter gegen den anderen auf Leistung einer derartigen Pflicht (z. B. Rechnungslegung) nicht die Einrede einer gleichen oder sonstigen Verpflichtung des Klägers entgegengehalten werden, außer es wird nachgewiesen, daß nach Lage des konkreten Falles die vorgängige Erfüllung des Klägers wirklich eine nothwendige Vorbedingung für die Erfüllung des Beklagten (z. B. für die Aufstellung seiner Rechnung) ist.

b) Die Leistung des einzelnen Gesellschafters hat zufolge des Gesellschaftszweckes an alle Gesellschafter zu erfolgen, so daß § 432 (Mehrheit der Gläubiger bei untheilbarer Leistung) hieher zutrifft. Es kann also kein Gesellschafter den anderen auf Leistung eines verhältnißmäßigen Theils des diesem obliegenden Beitrags für sich in Anspruch nehmen: M. II, 598. Dadurch wird auch eine Aufrechnung bezüglich der Leistungspflicht von Gesellschafter zu Gesellschafter unmöglich (M. a. a. O.; vgl. ferner hieher §§ 717 u. 719).

c) Kommt ein Gesellschafter mit seiner Leistung in Verzug, so können die anderen Gesellschafter nachträglich Erfüllung und Schadensersatz wegen Verzögerung oder bloß Schadensersatz wegen Nichterfüllung verlangen oder vom Vertrage zurücktreten (vgl. §§ 286, 287). Doch wird das Verlangen von Schadensersatz, sowie der Rücktritt entsprechend dem nahen Verhältnisse der Gesellschafter zu einander wohl nur einstimmig geltend gemacht werden können (§ 432). Bei einem groblichen Verzuge wird außerdem für den einzelnen Gesellschafter ein Kündigungsrecht erwachsen (§ 723).

d) Bei Unmöglichkeit der Leistung auf Seite eines der Gesellschafter sind die §§ 323, 324 zu beachten, bei theilweiser Unmöglichkeit wird im Allgemeinen nur eine verhältnißmäßige Minderung der Pflichten der anderen Gesellschafter einzutreten haben, vgl. hieher auch Bem. II, d zu § 706. Bezüglich eines Kündigungsrechtes in diesem Falle s. § 723.

VI. Die Pflichten der Gesellschafter.

Als allgemeine Pflicht jedes Gesellschafters ergibt sich aus dem Wesen des Gesellschaftsvertrags die Verpflichtung, den Gesellschaftszweck zu fördern [E. I hatte dies im § 632 noch besonders ausgesprochen (M. II, 601), E. II aber als selbstverständlichen Inhalt des Paragraphen betrachtet (P. II, 416)]. Hieher zählt das Gesetz insbesondere die Leistung von Beiträgen, welche theils in Kapitalsbeiträgen, theils in der Leistung von Diensten bestehen können. (Näheres § 706).

Jene allgemeine Pflicht wird aber keineswegs durch die Beitragspflicht allein erschöpft, umfaßt vielmehr auch Verpflichtungen anderer Art. In den meisten Fällen ist es Sache aller Gesellschafter, durch Entfaltung einer Thätigkeit für den Gesellschaftszweck positiv zu wirken. Daneben aber besteht die negative Verpflichtung, sich in den eigenen Angelegenheiten solcher Handlungen zu enthalten, welche die Erreichung des Zweckes der Gesellschaft hindern oder vereiteln können (P. II, 416). Eine besondere Einzelnormirung trifft das Gesetz aber in letzterer Hinsicht nicht (vgl. hieher die wichtigen §§ 112, 113 H.G.B.) wegen der Verschiedenartigkeit der Fälle. Es soll aber das ganze Verhältniß nach dem Willen des Gesetzgebers (§ 242) allgemein von Treu und Glauben getragen sein. Der einzelne Gesellschafter darf also z. B. allgemein der Gesellschaft keine Konkurrenz machen, die Geheimnisse der Gesellschaft nicht verrathen ꝛc. Eine Verfehlung gegen diese Pflicht wird Schadensersatz begründen und kann eventuell die Ausschließung von der Gesellschaft nach sich ziehen, vgl. §§ 723 Abs. 1, 737.

Andererseits wird man sich davor zu hüten haben, diese allgemeine Pflicht im Einzelfalle zu überspannen, denn der Gesellschafter braucht die Gesellschaftszwecke immer nur im Rahmen des Vertrags, den er geschlossen hat, zu fördern (P. a. a. O.).

In vielen Fällen wird diese allgemeine Pflicht überdies durch den Gesellschaftsvertrag selbst näher spezialisirt und im Einzelnen festgelegt, z. B. vertragsmäßige Konkurrenzklauseln (auch für die Zeit nach Beendigung der Gesellschaft bezw. nach Ausscheiden aus dieser) und Vereinbarung von Vertragsstrafen für Zuwiderhandlungen ꝛc. Der Gedanke, daß der Gesellschafter keinen eigenen Vortheil zum Schaden der Gesellschaft verfolgen dürfe, äußert sich auch darin, daß der Gesellschafter nach Maßgabe des § 713 mit § 667 herausgeben muß, was er für die Gesellschaft oder aus Gesellschaftsvermögen erworben hat.

VII. Hinsichtlich des Gesellschaftsvermögens und der sich hieran knüpfenden Fragen s. §§ 717—719.

VIII. Ueber die Stellung der Gesellschafter im Prozeß und im Konkurs eines Gesellschafters s. Bem. 4 zu § 714 und § 728 mit Bem.

IX. Daß die Gesellschaft im Sinne des B.G.B. einen besonderen Namen im Verkehre führt, ist nicht ausgeschlossen, z. B. Vereinigung von Minderkaufleuten zum Gewerbebetriebe unter gemeinsamem Namen, vgl. Gierke a. a. O. S. 8 und Cosack, H.R. § 127, I. Besondere Rechtssätze sind hierüber aber nicht aufgestellt und verbleibt es bei den sonstigen Normen. Es kann also z. B. die Gesellschaft nicht unter diesem Namen etwa klagen (vgl. Bem. 4 zu § 714).

§ 706.

Die Gesellschafter haben in Ermangelung einer anderen Vereinbarung gleiche Beiträge zu leisten.

Sind vertretbare oder verbrauchbare Sachen beizutragen, so ist im Zweifel anzunehmen, daß sie gemeinschaftliches Eigenthum der Gesellschafter werden sollen. Das Gleiche gilt von nicht vertretbaren und nicht verbrauchbaren Sachen, wenn sie nach einer Schätzung beizutragen sind, die nicht blos für die Gewinnvertheilung bestimmt ist.

Der Beitrag eines Gesellschafters kann auch in der Leistung von Diensten bestehen.

E. I, 630 Abs. 1, 2, 631; II, 693; III, 693.

I. Die Beitragspflicht der Gesellschafter im Allgemeinen ergibt sich bereits aus § 705.

Die Beiträge können verschiedener Art sein: Sachleistungen (z. B. Grundstücke, Waaren), Rechte (z. B. Forderungen), Handlungen, Dienste und Arbeitsleistungen (in letzterer Hinsicht s. im Besonderen Abs. 3 und Bem. III) und zwar einmalige Beiträge oder wiederholte oder fortlaufende (M. II, 596).

Als Beitrag dürfte es auch genügen, wenn ein Gesellschafter sich nur zur sog. moralischen Förderung der Gesellschaftszwecke hergibt, z. B. den Gebrauch seines angesehenen Namens zur Empfehlung gestattet; vgl. Entsch. d. R.G. Bd. 37 S. 61 (and. Ans. anscheinend P. II, 417).

Abs. 1 will in Uebereinstimmung mit dem bisherigen Rechte (vgl. Windscheid, § 405; P.L.R. Thl. I Tit. 17 §§ 175, 189, 259) lediglich eine Auslegungsregel dahin schaffen, daß in Ermangelung einer anderen Vereinbarung gleiche Beiträge zu leisten sind. Maßgebend bleibt aber bei dieser Frage immer in erster Reihe der Gesellschaftsvertrag, wonach die Beiträge der verschiedenen Gesellschafter nach Art und Größe ungleich sein können. Nicht selten wird die Ungleichheit der Beiträge, obschon nicht ausdrücklich bestimmt, doch aus dem übrigen Inhalte des Vertrags als gewollt zu betrachten und im Wege der Auslegung festzustellen sein (M. II, 596). Läßt sich aus dem Gesellschaftsvertrag Art und Höhe der Beiträge auch nicht durch Auslegung erkennen, so liegt eben noch kein gültiger Gesellschaftsvertrag vor. Ueber Geltendmachung des Anspruchs auf die Beiträge s. Bem. IV unten.

II. Die Beitragsleistung im Einzelnen.

1. Welche Gegenstände oder Leistungen im Einzelnen beizutragen sind, das entscheidet der Vertrag. Hienach ist z. B. auch auszulegen, inwieweit Erfindungen, die ein Gesellschafter macht, der Gesellschaft zuzuführen sind. Macht er sie auf Kosten der Gesellschaft und unter Verwendung derjenigen Thätigkeit, die er dem Geschäfte zu widmen hat, so wird anzunehmen sein, daß er sie der Gesellschaft zuzuführen habe, vgl. Staub, H.G.B. 6. u. 7. Aufl. S. 384.

2. Die beizubringenden Sachen können entweder zum Eigenthum der Gesellschaft oder nur zur Nutzung bezw. Gebrauch (quoad sortem oder quoad usum) geleistet werden. (Windscheid, § 405 Nr. 13 und H.G.B. Art. 91 ä. F.) Ob das Eine oder das Andere gewollt ist, ist Thatfrage, je nach Maßgabe bezw. Auslegung des Gesellschaftsvertrages.

3. Das Gesetz stellt jedoch zur Erleichterung für die Auslegung zwei Vermuthungen auf:

a) Wenn vertretbare oder verbrauchbare Sachen (s. §§ 91, 92; hierunter fallen insbesondere Geldleistungen) beizutragen sind, so ist im Zweifel anzunehmen, daß sie gemeinschaftliches Eigenthum der Gesellschafter werden sollen.

b) Bei der Einbringung von nicht vertretbaren und nicht verbrauchbaren Sachen ist gleichfalls im Zweifel anzunehmen, daß sie gemeinschaftliches Eigenthum der Gesellschafter werden sollen. Vorausgesetzt wird hier aber weiter, daß sie nicht nach einer Schätzung beizutragen sind, welche lediglich für die Gewinnvertheilung bestimmt ist (entsprechend dem Art. 91 Abs. 1 H.G.B. ä. F.); mit anderen Worten: wenn überhaupt eine Schätzung ohne weitere Einschränkung vereinbart wurde, so wird vermuthet, daß diese venditionis causa und nicht taxationis causa gemeint ist. Dabei muß gleichgültig sein, ob die Schätzung bereits aufgestellt ist oder erst bei oder nach der Einbringung zu geschehen hat. Wurde eine Schätzung überhaupt nicht vereinbart, so ist im Zweifel natürlich die Eigenthumsübertragung an die Gesellschaft als gewollt anzunehmen.

III. Rechtliche Natur der Einbringung, Form, Mängel und Gefahrübergang.

a) Jeder Gesellschafter, der einen Gegenstand einzubringen hat, gilt gerade durch den Gesellschaftsvertrag als verpflichtet, alle Voraussetzungen zu erfüllen, welche nach der Natur des Gegenstandes und den maßgebenden Rechtsgrundsätzen zum Einbringen erforderlich sind, also insbesondere, wenn die Gegenstände gemeinschaftlich werden sollen, die entsprechende Rechtsübertragung vorzunehmen. Das „Einbringen" in die Gesellschaft im Sinne eines Illationsversprechens bewirkt demnach für sich allein noch nicht die Rechtsübertragung, sondern es muß erst derjenige Akt hinzutreten, durch welchen die nach Inhalt des Illationsversprechens einzubringenden Gegenstände der Gesellschaft wirklich zu Eigenthum übertragen werden; vgl. Staub a. a. O. S. 385.

Abgelehnt ist damit das dem Art. 91 H.G.B. ä. F. zu Grunde liegende Prinzip, daß durch ein gewisses Einbringen von Gegenständen in die Gesellschaft der Uebertragungswille und die Annahme gleichsam ersetzt werden, deßgleichen auch der Standpunkt des gemeinen Rechtes, daß bei einer allgemeinen Vermögensgesellschaft der unmittelbare Vermögensübergang durch den Gesellschaftsvertrag selbst stattfinden soll (M. II, 599).

b) Im Einzelnen: Bei beweglichen Sachen ist also nothwendig die Uebergabe (§§ 930 ff.), bei Forderungen die Uebertragung, soferne nicht schon die Illationsvereinbarung selbst die Cession enthält, was allerdings häufig der Fall ist (Entsch. d. R.G. Bd. 31 S. 29), bei Orderpapieren das Indossament bezw. Blankoübergabe oder auch Cession. Die Uebereignung von Grundstücken bedarf der Auflassung und Eintragung im Grundbuche (vgl. hieher § 48 Gr.B.O.)

Selbstverständlich ist, daß der einbringende Gesellschafter zur entsprechenden Mitwirkung bei diesen Rechtshandlungen aus dem Gesellschaftsvertrage selbst verpflichtet ist. Dies wird auch dann gelten müssen, wenn der betreffende Gegenstand bisher im gewöhnlichen Miteigenthume der Gesellschafter stand, denn seine Einbringung in das gesammthändische Gesellschaftseigenthum bedeutet eine wesentliche Veränderung des bisherigen Rechtszustandes. Vgl. Oertmann in Bem. 3 zu § 706 und Staub a. a. O. S. 385.

c) Der rechtliche Charakter der Einbringung zu Eigenthum ist eine Veräußerung und zwar im Grunde eine besonders geartete (also kein Kauf und keine datio in solutum), vgl. Staub a. a. O. S. 385. Dies ist selbstredend auch dann anzunehmen, wenn der einzubringende Gegenstand bisher im Miteigenthum aller Gesellschafter stand (vgl. vorher).

Da eine Veräußerung vorliegt, so kommen hieher auch die Vorschriften des B.G.B. über die Folgen eines Mangels im Rechte oder eines Mangels der Sache zur Anwendung (§§ 445, 493). Insbesondere haftet der Einbringer einer Forderung für den Rechtsbestand derselben, nicht für die Zahlungsfähigkeit des Schuldners (§ 437), aber für Fehler ist Gewähr zu leisten. Auch die §§ 932 ff. B.G.B. und § 366 H.G.B. haben hieher Geltung und gehen daher durch gutgläubigen Erwerb früheres Eigenthum und frühere dingliche Rechte an dem eingebrachten Gegenstand unter. Hier hindert aber schon der böse Glaube des Einbringenden den gutgläubigen Rechtserwerb; vgl. Entsch. d. R.G. Bd. 9 S. 143.

Bei der Einbringung zur bloßen Nutzung kommen die Normen über Sachmiethe i. A. zur Anwendung (hinsichtlich Mängel vgl. § 536); bei Leistung von Diensten s. Abs. 3 mit Bem. III).

d) Nach gleichen Gesichtspunkten bemißt sich auch der Gefahrübergang. Bei der Einbringung zu Eigenthum geht demnach die Gefahr erst mit der Uebergabe der Sache über (der § 447, Uebergang der Transportgefahr mit der Absendung, wird unter keinen Umständen anzuwenden sein, da er den Intentionen des Gesellschaftsvertrags direkt zuwiderläuft; vgl. Cosack a. a. O. S. 374). Bei der Einbringung zur bloßen Nutzung bleibt die Gefahr beim Einbringenden, vgl. hieher § 732 Satz 2.

Eine Verpflichtung zur Lieferung von Ersatzstücken besteht an sich nicht. Der betreffende Gesellschafter verliert aber, wenn er nicht leisten kann, den Anspruch auf die Gegenleistung (vgl. Windscheid, § 406 Nr. 4). Auch erhalten die anderen Gesellschafter für diesen Fall ein Kündigungsrecht; s. § 723.

IV. Zur Einforderung der Beiträge ist regelmäßig jeder einzelne Gesellschafter befugt. Es kann jedoch die Leistung nur an sämmtliche Gesellschafter zusammen gefordert werden. Näheres hierüber, sowie über die Einrede des nicht erfüllten Vertrags, Verzug, Unmöglichkeit der Leistung s. § 705 Bem. IV.

V. Die Beiträge des einzelnen Gesellschafters sind seine Einlage. Diese Beiträge werden, soweit sie zu Eigenthum erfolgen, gemeinschaftliches Eigenthum der Gesellschafter (Gesellschaftsvermögen), s. § 718. Im Falle des Ausscheidens des einzelnen Gesellschafters aus der Gesellschaft oder bei Auflösung der letzteren sind jene zurückzuerstatten. Vgl. hieher die §§ 707, 732 u. 733.

Eine Verzinsung der Einlagen ist im Gesetze selbst nicht angeordnet, sie kann aber vertragsmäßig vereinbart werden.

VI. Zu Abs. 3:

1. Daß der Beitrag eines Gesellschafters auch nur in der Leistung von Diensten bestehen kann (vgl. oben Bem. I), wird deßhalb besonders hervorgehoben, um an dieser Stelle klarzustellen, daß die beigetragenen Gegenstände allen Gesellschaftern auch dann gemeinschaftlich werden, wenn ein Gesellschafter nur persönliche Dienste beiträgt; M. II, 596.

2. Daß die zu leistende Arbeit einen Geldwerth repräsentirt, ist nicht unbedingt erforderlich. Vgl. § 241 und Windscheid, § 405 mit Anm. 14.

3. In Einzelfragen werden die Normen des Dienst- oder Werkvertrags entsprechende Anwendung finden können.

4. Ueber Antheilnahme eines derartigen Gesellschafters an Gewinn und Verlust s. § 722 mit Bem. 1 a. Ueber Ersatzansprüche desselben bei Auseinandersetzung s. § 733 Abs. 2 Satz 3.

5. Staub a. a. O. S. 383 macht geltend, daß der Beitrag eines Gesellschafters, der nur in der Leistung von Diensten besteht, streng genommen nicht als Einlage im Sinne des Gesellschaftsrechtes erscheinen könne und man es hier mit einer ungenauen Ausdrucksweise des Gesetzes zu thun habe. Allein das Gesetz wollte absichtlich (s. oben 1) wenigstens im Prinzip die persönliche Dienstleistung der Kapitalseinlage gleichstellen (auch ein sozialer Faktor!) und kommt dieser Grundsatz insbesondere in §§ 722 u. 734 wieder zum Durchbruche hinsichtlich des Antheilsrechtes am Gewinn und Ueberschusse; auch benennt das Gesetz in § 733 derartige Dienstleistungen ausdrücklich als Einlage, so daß man diese prinzipielle Gleichstellung des Gesetzes wird beibehalten müssen. In der Praxis werden freilich meistens durch den Gesellschaftsvertrag in dieser Hinsicht Besonderheiten bestimmt werden. Vgl. auch § 735 Bem. II, a.

§ 707.

Zur Erhöhung des vereinbarten Beitrags oder zur Ergänzung der durch Verlust verminderten Einlage ist ein Gesellschafter nicht verpflichtet.

E. I, 630 Abs. 3; II, 647; III, 694.

I. Die im § 707 liegende Regel ist folgende: Kein Gesellschafter ist verpflichtet:

a) den vereinbarten Beitrag zu erhöhen,

b) eine Einlage, die nach ihrer Einbringung durch Verlust vermindert wurde, zu ergänzen.

Diese Normen gelten selbst dann, falls der Zweck der Gesellschaft veränderter Umstände halber oder in Folge der Verminderung des Kapitals durch Verluste nicht erreicht werden konnte (M. II, 597). (Die Regelung entspricht den Art. 92 u. 252 Abs. 2 H.G.B. ä. F. und steht in theilweisem Gegensatze zum P.L.R. a. a. O. §§ 190—197.)

II. Es ergeben sich aber folgende Einschränkungen dieser grundlegenden Sätze:

a) § 707 setzt voraus, daß die verlorene Einlage bereits wirklich in das Gesellschaftsvermögen eingebracht war. Für den Fall, daß es sich um den Verlust einer bloß versprochenen, aber noch nicht thatsächlich geleisteten Einlage handelt, vgl. Bem. III, d zu § 706. Ob es sich um eine Einlage zu Eigenthum oder nur zur Benutzung für die Gesellschaft handelt, ist im Uebrigen hier gleichgültig.

b) Die Bestimmung des Paragraphen trifft nur das Verhältniß unter den Gesellschaftern, nicht das zu den Gläubigern der Gesellschaft.

c) Sie ist nur dispositiver Natur, greift also nicht Platz, wenn und soweit in dem Gesellschaftsvertrag etwas anderes bestimmt wurde oder wenn alle Gesellschafter nachträglich über die Erhöhung des Beitrags oder den Nachschuß einverstanden sind.

d) Zu unterscheiden vom Falle des § 707 ist die eventuelle Verpflichtung der Gesellschafter zu einem Nachschuß im Auseinandersetzungsverfahren zum Zwecke der Schuldentilgung im Sinne des § 735.

III. Die Mot. a. a. O. führen hiezu noch als allgemeinen Grundsatz auf, daß sich ein Gesellschafter die freiwillig erhöhte Beitragspflicht Seitens eines anderen Gesellschafters nicht gefallen zu lassen brauche und daß er sich in diesem Falle, unbeschadet seines Rechtes zu kündigen, der Einbringung weiterer Beiträge überhaupt widersetzen könne (ähnlich auch Cosack, S. 375 Ziff. 4 und Staub a. a. O. S. 385). Es liegt aber wohl kein genügender Grund vor, warum einer freiwilligen Erhöhung Seitens eines Gesellschafters regelmäßig gerade in dieser Weise begegnet werden müßte, zumal wenn man erwägt, daß ja unter diesen Titel Gesellschaften mit verschiedenster Tendenz (z. B. für Wohlthätigkeitszwecke) fallen und ein derartiges strenges Verbot oft dem wirklichen Nutzen und Gedeihen einer Gesellschaft direkt im Wege stünde. Es wird sich also ein derartiges Verbot in solcher Allgemeinheit nicht rechtfertigen lassen, sondern nur so viel richtig sein, daß sich der einzelne Gesellschafter dann widersetzen darf, wenn eine derartige freiwillige Erhöhung der Beiträge zugleich eine Ausdehnung der Gesellschaft in sich schlösse, wie sie von Anfang an nicht in der Intention der Betheiligten lag. Denn eine derartige Erhöhung des Risikos braucht sich der Einzelne nicht gegen seinen Willen aufdrängen zu lassen.

§ 708.

Ein Gesellschafter hat bei der Erfüllung der ihm obliegenden Verpflichtungen nur für diejenige Sorgfalt einzustehen, welche er in eigenen Angelegenheiten anzuwenden pflegt.

E. I, 633; II, 648; III, 695.

1. § 708 enthält eine der seltenen Ausnahmen von der regelmäßigen Haftpflicht aus § 276, daß nämlich ein Gesellschafter regelmäßig nur für die sog. individuelle Fahrlässigkeit (culpa in concreto) einzustehen hat; s. § 277 mit Bem. Das Gesetz hat es bei dieser Regelung (vgl. E. I § 633) belassen trotz vielfacher Anfechtung aus juristisch-logischen Gründen (vgl. insbesondere P. II, 418 ff.) und zwar einerseits mit Rücksicht auf das bisherige Recht (vgl. l. 72 D. h. t., P.L.R. a. a. O. §§ 211—214 und insbesondere Art. 94 H.G.B. ä. F.), andererseits auch im Hinblick auf das psychische Moment, daß sich nämlich bei einer Gesellschaft die Mitglieder für die Regel gegenseitig so nehmen, wie sie nun einmal sind.

a) Diese beschränkte Haftung bezieht sich aber nur auf jene Fälle, in welchen die Erfüllung einer gesellschaftlichen Verpflichtung in Frage steht, der Gesellschafter mithin als solcher zu handeln hat, und nicht auf solche Fälle, in welchen der einzelne Gesellschafter in Folge eines besonderen Rechtsverhältnisses eine aus dem Gesellschaftsvertrag nicht entspringende Verpflichtung zu erfüllen hat (M. II, 602). Letzteren Falles entscheiden die allgemeinen Haftungsgrundsätze.

b) Daß aber der betreffende Gesellschafter gerade als geschäftsführender (vgl. § 712) handelt, ist für die Anwendung des § 708 keine nothwendige Voraussetzung. Er gilt z. B. auch dann, wenn ein Gesellschafter einen einzelnen besonderen Auftrag für die Gesellschaft ausführt.

c) Für grobes Versehen bei Erfüllung seiner Verpflichtungen haftet der einzelne Gesellschafter trotz des § 708, wie sich aus dem allgemeinen § 277 ergibt. Liegt ein solches vor, so kann er sich also nicht zu seiner Entschuldigung auf § 708 berufen; vgl. Bem. zu § 277.

d) Durch eine Genehmigung der Handlung Seitens der anderen Gesellschafter (was zunächst Sache der geschäftsführenden ist) muß diese natürlich ihren pflichtwidrigen und schadensersatzpflichtigen Charakter abstreifen; vgl. Staub a. a. O. S. 387.

e) Was die Beweislast anbelangt, so hat jener Gesellschafter, dem ein nachlässiges Verhalten nachgewiesen wird, darzuthun, daß dieses dem von ihm sonst in seinen eigenen Angelegenheiten beobachteten Verhalten entspricht. Vgl. Bem. zu § 277.

f) § 708 enthält keinen zwingenden Rechtssatz. Es kann also jederzeit durch besondere Abrede eine strengere oder noch mildere Haftung eingeführt werden.

2. Daß der Gesellschafter für die Folgen vorsätzlicher Pflichtverletzungen einzustehen hat, gilt als selbstverständlich. Beispiele hiezu (vgl. Staub a. a. O. S. 386): wenn der geschäftsführende Gesellschafter einen Geschäftsführungsakt vornimmt gegen den

Widerspruch eines anderen geschäftsführenden Gesellschafters (vgl. § 711) oder wenn ein von der Geschäftsführung Ausgeschlossener einen Geschäftsführungsakt vornimmt oder wenn ein Gesellschafter eine Handlung vornimmt, die ihm im Gesellschaftsvertrag untersagt ist.

3. Die Folgen der Verletzung der vorgeschriebenen Sorgfalt werden vom Gesetze hier nicht näher erwähnt. Sie bestehen hauptsächlich in der Haftung auf Schadensersatz, außerdem kann auch Kündigung der anderen Gesellschafter oder Ausschließung des betreffenden Gesellschafters die Folge sein (§§ 723, 737). Ob ein Schaden wirklich entstanden ist, richtet sich nach dem Gesammtergebnisse des Geschäfts. Der zu leistende Ersatz fließt in die Gesellschaftskasse und ist von dem betreffenden Gesellschafter ohne Abzug der eigenen Rate zu zahlen, kommt ihm aber indirekt wieder zu Gute. (In Art. 94 H.G.B. ä. F. wurde noch eigens hervorgehoben, daß der betreffende Gesellschafter gegen diesen Schaden nicht die Vortheile aufrechnen könne, welche er in anderen Fällen der Gesellschaft durch seinen Fleiß verschafft habe; diese Vorschrift wurde als selbstverständlich gestrichen.) Vgl. Staub a. a. O. S. 387 und ferner Bem. I, 5 zu § 713.

§ 709.

Die Führung der Geschäfte der Gesellschaft steht den Gesellschaftern gemeinschaftlich zu; für jedes Geschäft ist die Zustimmung aller Gesellschafter erforderlich.

Hat nach dem Gesellschaftsvertrage die Mehrheit der Stimmen zu entscheiden, so ist die Mehrheit im Zweifel nach der Zahl der Gesellschafter zu berechnen.

E. I, 633; II, 648; III, 695.

I. Allgemeines:

Die §§ 709—713 behandeln die Führung der Gesellschaftsgeschäfte und zwar in dem Verhältnisse nach innen zwischen den Gesellschaftern unter einander, die §§ 714, 715 dagegen die Vertretungsbefugniß der Gesellschafter Dritten gegenüber.

1. In ersterer Beziehung führt das Gesetz vier Typen auf:

a) Es kann die Geschäftsführung sämmtlichen Gesellschaftern gemeinschaftlich zustehen: § 709 Abs. 1. Dies ist zugleich Mangels einer besonderen Abrede die gesetzliche Regel. Näheres hierüber Bem. II.

b) Die Geschäftsführung kann nach Vertrag sämmtlichen Gesellschaftern in der Weise übertragen sein, daß die Entscheidung jeweils bei der Mehrheit der Gesellschafter liegt: § 709 Abs. 2.

c) Der Gesellschaftsvertrag kann einem oder mehreren Gesellschaftern die Geschäftsführung in der Weise übertragen, daß dieser oder diese die Geschäftsführung ausschließlich, d. h. unter Ausschluß der übrigen Gesellschafter, zu besorgen haben: § 710.

d) Bei der letzteren Art ist auch die Schattirung vertragsmäßig möglich, daß jeder einzelne von den geschäftsführenden Gesellschaftern für sich allein zur Geschäftsführung befugt ist: § 711.

Es ist jedoch keineswegs ausgeschlossen, daß durch Gesellschaftsvertrag andere Variationen eingeführt werden, z. B. verschiedene Behandlung von laufenden und außergewöhnlichen Geschäften.

2. In welchem Umfange der oder die Gesellschafter jeweils zur Geschäftsführung berufen sind, ist im Allgemeinen zunächst aus dem Gesellschaftsvertrage zu entnehmen. Eine Ausscheidung bestimmter wichtiger Geschäfte (wie z. B. in den Art. 99 u. 103 des H.G.B. ä. F.) kennt das Gesetz hier nicht. Selbstverständlich aber ist, daß auch ein ganz unbeschränkt zur Geschäftsführung berufener Gesellschafter zu Geschäften, welche dem Zwecke der Gesellschaft fremd sind (vergl. H.G.B. Art. 103 ä. F.) trotz seiner unbeschränkten Berufung nicht berechtigt wird. Um durch derartige Geschäfte die übrigen Gesellschafter zu verpflichten, bedürfte es geradezu des Abschlusses eines neuen Gesellschaftsvertrags (M. II, 600).

Im Uebrigen umfaßt der Begriff der Geschäftsführung im Sinne der nachfolgenden Paragraphen alle Geschäfte der Gesellschaft, wie solche in der konkreten Gesellschaft vorkommen und nöthig werden können. Dagegen werden alle jene Geschäfte, welche die Grundlagen der Gesellschaft und die Voraussetzungen der Geschäftsführung betreffen, nicht hieher zu rechnen sein und daher nicht den Vorschriften der §§ 709—713 unterliegen (Planck zu § 709 a. E.).

3. Ueber die Entziehung der Geschäftsführung handelt § 712, während die Rechte und Pflichten des geschäftsführenden Gesellschafters im Einzelnen § 713 enthält.

II. § 709 Abs. 1 im Einzelnen:

1. Hierin wird das Prinzip, daß die Führung der Gesellschaftsgeschäfte den Gesellschaftern gemeinschaftlich zusteht und deßhalb auch bei der Führung der Gesellschaftsgeschäfte Einstimmigkeit aller Gesellschafter erforderlich ist, als gesetzliche Regel Mangels einer besonderen Verabredung hinsichtlich der Geschäftsführung festgelegt. Diese Norm weicht absichtlich ab von der Bestimmung des Art. 102 des H.G.B. ä. F., wonach in Ermangelung anderer Vereinbarung jeder Gesellschafter zur Führung der Geschäfte gleichmäßig berechtigt und verpflichtet ist und nur im Falle des Widerspruchs eines Gesellschafters die einzelnen widersprochenen Handlungen unterbleiben müssen. Man fand nämlich (M. II, 602), daß jenes handelsrechtliche Prinzip für die gewöhnliche Gesellschaft nicht gut passe, ja für eine große Zahl der hier gemeinten Gesellschaften geradezu unanwendbar sei.

a) Die hier aufgestellte Regel gilt für alle Geschäfte der Gesellschaft, umfaßt also sowohl den Abschluß von Rechtsgeschäften, wie thatsächliche Leistungen, Arbeiten, Verrichtungen, wie solche in der konkreten Gesellschaft vorkommen und nöthig werden können.

b) Aus der Allgemeinheit der Regel folgt ferner, daß selbstverständlich auch für Gesellschaftsbeschlüsse Stimmeneinhelligkeit erforderlich ist.

c) Zu den Gesellschaftern im Sinne dieses Paragraphen gehören an sich auch jene, welche sich lediglich zu einem Geldbeitrage verpflichtet haben. Eine gegentheilige, gesetzliche Bestimmung dahin, daß solche Gesellschafter von der Mitwirkung bei der Führung der Geschäfte ausgeschlossen seien (vergl. P.L.R. a. a. O. § 208), wurde nicht aufgenommen (M. a. a. O.).

2. Verweigert ein Gesellschafter die Zustimmung zu einem Geschäfte, so kann nach dem klaren Wortlaute des Gesetzes hier ein gültiges Geschäft der Gesellschaft überhaupt nicht zu Stande kommen (etwas irreführend M. a. a. O.).

Bezüglich der Frage, ob nicht der Gesellschaft Mittel gegenüber dem sich Weigernden zur Seite stehen, kommt Folgendes in Betracht:

a) Es ist möglich, daß ein Gesellschafter in dem Gesellschaftsvertrage selbst oder später (z. B. durch Zustimmung zu einem Beschlusse der übrigen Gesellschafter) sich diesen gegenüber zu einer Rechtshandlung oder zu einem gewissen thatsächlichen Verhalten bereits verpflichtet hat. Dann kann er mit Klage (früher actio pro socio) gezwungen werden, diese Verpflichtung auch zu erfüllen (M. a. a. O.).

Die stillschweigende Verpflichtung zu einem bestimmten Verhalten kann aber insbesondere auch in dem Gesellschaftszwecke und in der allgemeinen Pflicht des Gesellschafters, diesen Zweck zu unterstützen, liegen (vgl. § 705 Bem. VI).

b) Soweit diese Voraussetzungen nicht zutreffen, wird ein Zwang nicht geübt werden können; bei einem fortgesetzten böswillig renitenten Benehmen eines Gesellschafters kann jedoch den anderen Gesellschaftern ein Kündigungsrecht auf Grund des § 723 erwachsen.

III. Absatz 2 betrifft den oben I, b berührten Fall. Hier obliegt zwar auch die Geschäftsführung sämmtlichen Gesellschaftern, es ist aber durch den Gesellschaftsvertrag die Mehrheit der Gesellschafter als entscheidender Faktor für die Geschäftsführung eingesetzt worden:

a) Es ist Sache des Gesellschaftsvertrags, zu bestimmen, ob die Stimmenmehrheit für alle oder nur für gewisse Angelegenheiten der Gesellschaft entscheiden soll. Das Gesetz stellt im Uebrigen die Auslegungsregel auf, daß die Mehrheit im Zweifel nach der Zahl der Gesellschafter, also nach der absoluten Mehrheit zu berechnen sei, demnach nicht nach den Antheilen der einzelnen (in Uebereinstimmung mit dem geltenden Rechte; s. Sintenis, Civilrecht § 121 Nr. 18 und P.L.R. a. a. O. § 209).

b) Ob der übereinstimmende Wille der Mehrheit die Anhörung der Minderheit entbehrlich mache, darüber gibt das Gesetz selbst keine Auskunft. Es wird zunächst auf die Auslegung des Vertrags anzukommen haben; im Zweifelsfalle aber wird sich stets die Auslegung rechtfertigen, daß der Minderheit das vorherige Gehör nicht versagt werden dürfe (M. a. a. O.).

c) Die Frage, ob bei Berufung von Generalversammlungen der Verhandlungsgegenstand nothwendig angegeben werden müsse, wird in

S. A. Bd. 41 Nr. 13 dahin entschieden, daß sich ein allgemeiner Rechtssatz in bejahendem Sinne nicht begründen lasse, daß vielmehr die Natur der Sache bloß die entsprechende Ladung aller Mitglieder erfordere, damit jedem die Wahrnehmung seiner Rechte ermöglicht werde.

d) Ueber die Möglichkeit der Anfechtung von Mehrheitsbeschlüssen wegen offenbarer Unbilligkeit (Iniquität; vgl. S. A. Bd. 48 Nr. 4. Eine ungleichmäßige Behandlung wird vorliegen, wenn entweder eine dem einzelnen Gesellschafter innerhalb der Gesellschaft eingeräumte Sonderstellung nicht berücksichtigt wird, oder wenn bei gleicher Rechtsstellung innerhalb der Gesellschaft eine ungleiche, den Einzelnen (wesentlich) benachtheiligende Behandlung durch den Beschluß herbeigeführt wird.

§ 710.

Ist in dem Gesellschaftsvertrage die Führung der Geschäfte einem Gesellschafter oder mehreren Gesellschaftern übertragen, so sind die übrigen Gesellschafter von der Geschäftsführung ausgeschlossen. Ist die Geschäftsführung mehreren Gesellschaftern übertragen, so finden die Vorschriften des § 709 entsprechende Anwendung.

E. I, 636; II, 650; III, 697.

§ 710 geht von dem Falle aus (vgl. Bem. I zu § 709), daß nach dem Gesellschaftsvertrage die Führung der Geschäfte einem Gesellschafter oder mehreren ausschließlich übertragen ist, d. h. daß die übrigen Gesellschafter nach der Absicht des Vertrages von der Geschäftsführung direkt ausgeschlossen sein sollen.

a) In diesem Falle haben die berufenen Gesellschafter als solche aus dem Gesellschaftsvertrag ein ausschließliches Recht auf die Geschäftsführung. Diese Ausschließlichkeit besteht aber wieder nur im Rahmen der Berufung.

b) Wenn die Geschäftsführung mehreren Gesellschaftern in obiger Weise übertragen ist, so sollen hiebei die Vorschriften des § 709 entsprechende Anwendung finden, d. h. wenn im Vertrage nichts Anderes bestimmt ist, wird Kollektiv-Geschäftsführung der berufenen Gesellschafter als gewollt angenommen. Es steht also die Geschäftsführung den mehreren Gesellschaftern nur gemeinschaftlich zu und ist für jedes Geschäft Einstimmigkeit der Geschäftsführenden erforderlich (§ 709 Abs. 1 und vgl. Bem. II zu § 709) — im Gegensatze zu Art. 100 H.G.B. ä. F.

Es kann aber letzteren Falls durch Vertrag für die mehreren berufenen Gesellschafter auch das Majoritätsprinzip als maßgebend eingeführt werden; dann ist Abs. 2 des § 709 entsprechend anzuwenden. Vgl. Bem. III zu § 709.

c) Ueber Rechte und Verpflichtungen der geschäftsführenden Gesellschafter s. § 713, über Kündigungsrecht des geschäftsführenden Theils s. im Besonderen § 712 Abs. 2.

d) Die Rechtsstellung der nicht geschäftsführenden Gesellschafter wird durch die §§ 712 Abs. 1 (Recht, die Geschäftsführung aus bestimmten Gründen wieder zu entziehen) und § 716 (Recht stetiger Einsicht in die Geschäftsführung) entsprechend gewahrt.

§ 711.

Steht nach dem Gesellschaftsvertrage die Führung der Geschäfte allen oder mehreren Gesellschaftern in der Art zu, daß jeder allein zu handeln berechtigt ist, so kann jeder der Vornahme eines Geschäfts durch den anderen widersprechen. Im Falle des Widerspruchs muß das Geschäft unterbleiben.

E. I, 637; II, 651; III, 698.

In dem Gesellschaftsvertrage kann nicht nur bestimmt werden, daß jeder Gesellschafter zur Geschäftsführung berechtigt sein soll, sondern auch daß von mehreren zur Geschäftsführung berufenen Gesellschaftern jedem für sich allein das Recht zur Geschäftsführung zustehen soll (vgl. Bem. I, d zu § 709).

1. Im Falle einer derartigen Regelung der Geschäftsführung muß die Vornahme einer Handlung, zu welcher der Gesellschafter an sich berechtigt ist, — gleichviel ob eine Rechts- oder thatsächliche Handlung in Frage steht — unterbleiben, wenn auch nur einer der zur Geschäftsführung berechtigten Gesellschafter Widerspruch erhebt (im Anschluß an die Art. 99, 100 u. 102 des H.G.B. ä. F.).

Der Widerspruch muß sich aber stets gegen die Vornahme einer bestimmten Handlung oder gegen eine Reihe bestimmter Handlungen richten, während ein generelles Veto gegen die Geschäftsführung eines Gesellschafters unbeachtlich ist. Vgl. Staub a. a. O. S. 367. Er hat den Charakter einer einseitigen empfangsbedürftigen Willenserklärung (§§ 130 ff.) und ist demjenigen gegenüber auszusprechen, der das Geschäft vornehmen will.

2. Die Wirkung des Widerspruchs (Satz 2) liegt darin, daß die betreffende Handlung unterbleiben muß (auch wenn sie sehr wichtig und dringend wäre). Unsachgemäßer Widerspruch kann zu Schadensersatz verpflichten, auch zur Auflösung und Ausschließung führen, wenn er wiederholt oder chikanös erfolgt. Der Widerspruch wird sich aber regelmäßig nur auf das innere Verhältniß der Gesellschafter unter einander beziehen können. Nach außen wird die mit Widerspruch belegte Handlung an sich gültig sein, soferne nur der Gesellschafter innerhalb seiner Vertretungsbefugniß gehandelt hat. Sie geht aber auf Gefahr des Geschäftsführers und stellt sich als eine vorsätzlich begangene Pflichtverletzung dar, für deren Folgen er ohne Weiteres haftet. Vgl. Bem. 2 zu § 708 und Staub a. a. O. S. 367. Daß er die Handlung den Umständen nach als im Interesse der Gesellschaft gelegen halten durfte, entschuldigt ihn nicht; durch den Nachweis aber, daß sie in der That dem Interesse der Gesellschaft gedient hat, wird insoweit die Verpflichtung zum Schadensersatze wieder aufgehoben, der Charakter der Rechtswidrigkeit aber verbleibt der Handlung. (Staub a. a. O.).

3. Ist das Geschäft bereits geschlossen, so kann der nachträgliche Widerspruch keine Rechtswirkung mehr äußern, auch nicht etwa eine Rückgängigmachung des Geschäfts ermöglichen.

4. In Anbetracht des entschiedenen Wortlautes des Paragraphen und auch aus inneren Gründen, die aus dem Wesen der Gesellschaft sich ergeben, wird anzunehmen sein, daß bei einer Regelung der Geschäftsführung im Sinne des § 711 dieses Widerspruchsrecht eine zwingende Rechtsnorm darstellt. Vgl. Kuhlenbeck zu § 711 und Oertmann, Bem. 3 zu diesem Paragraphen.

§ 712.

Die einem Gesellschafter durch den Gesellschaftsvertrag übertragene Befugniß zur Geschäftsführung kann ihm durch einstimmigen Beschluß oder, falls nach dem Gesellschaftsvertrage die Mehrheit der Stimmen entscheidet, durch Mehrheitsbeschluß der übrigen Gesellschafter entzogen werden, wenn ein wichtiger Grund vorliegt; ein solcher Grund ist insbesondere grobe Pflichtverletzung oder Unfähigkeit zur ordnungsmäßigen Geschäftsführung.

Der Gesellschafter kann auch seinerseits die Geschäftsführung kündigen, wenn ein wichtiger Grund vorliegt; die für den Auftrag geltenden Vorschriften des § 671 Abs. 2, 3 finden entsprechende Anwendung.

E. I, 638; II, 652; III, 699.

I. Rechtsstellung des geschäftsführenden Gesellschafters im Allgemeinen:

1. Die kraft des Gesellschaftsvertrags einem oder mehreren Gesellschaftern eingeräumte Befugniß zur Geschäftsführung bedeutet eine unmittelbar im Wesen der Gesellschaft wurzelnde Vertrauensstellung besonderer Art:

Der hiemit betraute Gesellschafter ist als solcher zur Führung der Geschäfte verpflichtet, er kann sich einerseits derselben nicht willkürlich wieder entziehen (actio pro socio), andererseits darf ihm aber auch diese Befugniß Seitens der andern Gesellschafter nicht willkürlich wieder entzogen werden.

Die Berufung zur Geschäftsführung kraft des Gesellschaftsvertrags ist also im Prinzipe kein Auftrag im Sinne der §§ 662 ff., wenngleich auf die hieraus entspringender

Verpflichtungen im Einzelnen Grundsätze aus dem Auftrage (vgl. z. B. § 713) angewendet werden. Diese Auffassung des Gesetzes (vgl. M. II, 605) steht im Einklange mit dem geltenden Rechte (s. insbesondere Art. 101 H.G.B. ä. F., theilweise abweichend P.L.R.).

2. Es ist jedoch keineswegs ausgeschlossen, daß einem Gesellschafter die Führung eines oder mehrerer Geschäfte nicht direkt in seiner Eigenschaft als Gesellschafter, sondern lediglich kraft eines gewöhnlichen Auftrags übertragen wird. In diesem Falle entscheiden dann auch rücksichtlich des Widerrufs und der Kündigung die allgemeinen Grundsätze aus dem Auftrage. Das entscheidende Kriterium zwischen a und b liegt darin, ob die Uebertragung der Geschäftsführung einen Theil des Gesellschaftsvertrags, sei es kraft ursprünglicher oder zufolge späterer Festsetzung, bildet oder nicht.

II. Entziehung der Geschäftsführung.

Trotzdem, wie in Bem. I betont wurde, der geschäftsführende Gesellschafter eine besondere Vertrauensstellung einnimmt, besteht auch hier ein absolutes Bedürfniß, den anderen Gesellschaftern aus besonderen Gründen ein Widerrufsrecht bezüglich der Geschäftsführung einzuräumen (in Uebereinstimmung mit dem geltenden Rechte, vgl. insbesondere Art. 101 H.G.B. ä. F.).

1. Ein solcher Widerruf ist jedoch nur zulässig, wenn ein wichtiger Grund vorliegt. Das Gesetz führt in dieser Richtung zwei Beispiele an, ohne damit die Materie erschöpfen zu wollen (es werden sich z. B. die in Art. 101 in Verbindung mit Art. 125 Nr. 2—5 H.G.B. ä. F. aufgeführten Gründe unter Umständen verwerthen lassen), nämlich:

a) wenn sich der Gesellschafter einer groben Pflichtverletzung schuldig gemacht hat, also bei objektiver Pflichtverletzung schuldhaft handelte;

b) wenn er unfähig ist oder wurde zur ordnungsmäßigen Geschäftsführung (übereinstimmend § 117 H.G.B. n. F.).

Das Vorliegen eines dieser beiden Gründe bildet aber in jedem Falle schlechthin einen gerechtfertigten Entziehungsgrund (vgl. M. II, 606; im Gegensatze zu Art. 101 Abs. 3 H.G.B. ä. F.), während es in anderen Fällen auf Würdigung des vorliegenden Grundes noch besonders anzukommen hat.

Eine grundlose Entziehung muß der Rechtswirkung entbehren.

2. Die Entziehung kann sich selbstredend nur auf die besondere Befugniß zur Geschäftsführung erstrecken. Darüber, welch weitere Folgen sich an die berechtigte Entziehung dieser Befugniß in Ansehung der ferneren Führung der Geschäfte knüpfen, ist nichts bestimmt: hierüber entscheidet zunächst der Gesellschaftsvertrag. Wenn aber dieser nichts enthält, so wird in zweiter Reihe § 709 Platz zu greifen haben (M. a. a. O.).

3. Der Akt der Entziehung kann nicht durch einen einzelnen Gesellschafter erfolgen, sondern nur durch ein Zusammenwirken aller Gesellschafter (selbstverständlich mit Ausschluß des Gesellschafters, um dessen Abberufung es sich handelt, daher „übrige" Gesellschafter). Die vertragsmäßige Ausschließung einzelner Mitglieder von der Geschäftsführung kommt dabei nicht in Betracht, da ja ein solcher Akt an sich nicht zu den Geschäften der Gesellschaft gehört (M. a. a. O.). Es kann indessen im Gesellschaftsvertrage bestimmt sein, daß auch in dieser Hinsicht die Mehrheit der Stimmen (vgl. § 709 Abs. 2) entscheiden soll.

4. Wenn sich der betreffende Geschäftsführer dem Beschlusse nicht fügt, so kann gegen ihn Klage erhoben werden, allenfalls in Verbindung mit einem Antrag auf eine einstweilige Verfügung, vgl. hiezu Entsch. d. R.G. Bd. 22 S. 170.

5. Die Wirkung der Entziehung ist die, daß das Geschäftsführungsrecht des betreffenden Gesellschafters erlischt. Es wird aber auch anzunehmen sein, daß die Entziehung der Geschäftsführungsbefugniß des einen Gesellschafters die statutarische Anordnung der Geschäftsführung überhaupt umstößt, vgl. Fischer-Henle, Anm. 1, und Staub a. a. O. S. 371; das Gegentheil würde unter Umständen zu den größten Schwierigkeiten führen.

6. Die Frage, ob im Gesellschaftsvertrag auf das Entziehungsrecht von vorneherein gültig verzichtet werden kann, dürfte zu verneinen sein (entgegen Staub zu Art. 101 H.G.B. ä. F., § 5 und § 117 H.G.B. n. F.), da sich dies unmöglich mit dem Wesen der Gesellschaft, einer auf gegenseitigem Vertrauen aufgebauten Vereinigung, verträgt und wohl auch gegen die guten Sitten (§ 138) verstößt (Oertmann zu § 712).

7. Außerdem wird durch einstweilige Verfügung das Recht der Geschäftsführung auch in denjenigen Fällen entzogen werden können, wo eine derartige provisorische Regelung beantragt wird und sich als erforderlich erweist zur Vorbereitung und Sicherung des Rechtes auf Auflösung oder Ausschließung, also als Vorläufer oder Begleiter einer darauf gerichteten Klage (Staub a. a. S. 372).

III. Kündigungsrecht des geschäftsführenden Gesellschafters (Abs. 2).

1. Abs. 2 enthält eine Neuerung gegenüber dem geltenden Rechte (vgl. P. II, 421; E. I kannte diese Vorschrift nicht), daß nämlich dem geschäftsführenden Theile — gleich-

sam als Gegenstück zu Abs. 1 und in Uebereinstimmung mit den §§ 628 u. 671 — ein Kündigungsrecht eingeräumt ist. Dies entspricht der Auffassung des Verkehrs, sowie der Erwägung, daß man einen Gesellschafter, der die Geschäftsführung nicht weiter übernehmen wolle, im Interesse der Gesellschaft selbst nicht zur Fortführung der Geschäfte zwingen solle.

Der Schutz der Gesellschaft liegt:

a) in dem Umstande, daß die Kündigung schon im Allgemeinen nur vorgenommen werden darf, wenn ein wichtiger Grund vorliegt, z. B. Krankheit, (die Prot. geben als solchen Grund auch schon an, wenn sich der Betreffende seiner Aufgabe nicht gewachsen fühlt);

b) in der Heranziehung des § 671 Abs. 2 aus dem Auftrage. Hienach darf der Gesellschafter regelmäßig nur in der Art kündigen, daß rechtzeitig Ersatz geschafft werden kann, und ist er bei einer Kündigung zur Unzeit in dieser Richtung ersatzpflichtig; eine unzeitige Kündigung kann nur durch einen wichtigen Grund ihrerseits gerechtfertigt werden. Vgl. Bem. zu § 671.

Im Interesse des bisher Geschäftsführenden dagegen liegt die analoge Anwendung des Abs. 3 des § 671. Hienach ist dieser bei Vorliegen eines wichtigen Grundes selbst dann zur Kündigung berechtigt, wenn er auf das Kündigungsrecht verzichtet hat.

2. Bezüglich der Wirkung einer derartigen Kündigung auf das Gesellschaftsverhältniß gilt das oben unter II, 2 u. 5 Gesagte analog.

§ 713.

Die Rechte und Verpflichtungen der geschäftsführenden Gesellschafter bestimmen sich nach den für den Auftrag geltenden Vorschriften der §§ 664 bis 670, soweit sich nicht aus dem Gesellschaftsverhältniß ein Anderes ergiebt.

E. I, 639; II, 653; III, 700.

I. Die Berufung zur Geschäftsführung stellt sich, wie zu § 712 Bem. I bereits betont wurde, als ein Vertrauensakt besonderer Art dar, der seine Wurzel in dem Gesellschaftsverhältnisse hat. Es müssen deßhalb in Ansehung der Rechte und Pflichten des Berufenen in erster Reihe die für das Gesellschaftsverhältniß maßgebenden Normen entscheidend sein, erst in zweiter Linie kommen — nicht prinzipiell, sondern nur im Wege der Analogie — gewisse Rechtssätze aus dem Auftrage zur entsprechenden Anwendung (vgl. aber Bem. III):

1. Diese Vorschriften sind:

a) § 664: der zur Geschäftsführung Berufene hat in Anbetracht seiner Vertrauensstellung die Geschäfte im Zweifel in Person zu erfüllen. Die Zuziehung eines Substituten ist also im Zweifel nicht zulässig, wohl aber die eines Gehülfen.

b) § 665: bezieht sich auf die Umstände, unter welchen der Geschäftsführende von einer Anweisung der Gesellschafter abweichen darf.

c) § 666: hinsichtlich der Auskunftsertheilung; bezüglich der Rechnungslegung ist hier zunächst § 721 maßgebend.

d) § 667: Herausgabepflicht bezüglich des durch die Geschäftsführung Erlangten; auch hier schlägt aber § 721 mit ein.

e) § 668: Verzinsungspflicht bezüglich des im eigenen Interesse verwendeten Geldes.

f) § 669: Anspruch auf Vorschuß hinsichtlich der nothwendigen Aufwendungen.

g) § 670: Anspruch auf Ersatz der zum Zwecke der Geschäftsführung nothwendigen Auslagen (über die Pflicht zur vorgängigen Rechnungsstellung vgl. S. A. Bd. 36 Nr. 122).

2. In allen diesen Beziehungen kommt jedoch allgemein in Betracht, daß derartige Ansprüche zunächst nur dem Gesellschaftsvermögen gegenüber bestehen, nicht aber dem Privatvermögen der anderen Gesellschafter gegenüber; denn kein Gesellschafter ist verpflichtet, während des Bestehens der Gesellschaft über die vereinbarten Beiträge hinaus zu den Kosten der Geschäftsführung beizutragen. Wenn das Gesellschaftsvermögen also nicht ausreicht, so bleibt der betreffende Gesellschafter zunächst unbefriedigt; erst bei end=

gültiger Auseinandersetzung (Auflösung der Gesellschaft oder Ausscheiden des Gesellschafters) kann volle Befriedigung begehrt werden (vgl. §§ 733, 735). Dies ergibt sich aus dem Wesen des Gesellschaftsverhältnisses. (Vgl. hiezu M. II, 607 u. 608, S. A. Bd. 30 Nr. 208 und Entsch. d. R.O.H.G. Bd. 13 Nr. 51 S. 145.)

3. Die Frage, ob der Gesellschafter einen ihm bei der Geschäftsführung zustoßenden Schaden von der Gesellschaft ersetzt verlangen kann, ist nach Maßgabe der zu § 670 entwickelten Grundsätze zu entscheiden. (Vgl. Bem. zu § 670.) Die Ausführungen der Mot. zu dieser Frage (M. II, 609) sind nicht völlig verlässig. Eine besondere Vorschrift (§ 110) enthält nunmehr das H.G.B. für die offene Handelsgesellschaft.

4. Einen Anspruch auf besondere Vergütung für seine Bemühungen (Honorar) hat der Geschäftsführende im Allgemeinen nur dann und insoweit, als ihm solche im Gesellschaftsvertrage zugesichert worden ist. Eine solche Zusicherung kann natürlich unter Umständen auch als stillschweigend ertheilt anzunehmen sein, z. B. wenn der Gesellschafter nicht vorherzusehende Dienste geleistet hat, welche zu seinem Berufe gehören. Vgl. M. a. a. O., P.L.R. a. a. O. §§ 228, 229 u. 212, Art. 93 Abs. 3 H.G.B. ä. F., Entsch. d. R.O.H.G. Bd. 3 S. 230, 232, Bd. 4 S. 379. Bezüglich der Geltendmachung solcher Ansprüche gilt das in Bem. 2 oben Gesagte.

5. Für die Folgen eines Verschuldens bei der Geschäftsführung (über den Haftungsmaßstab s. § 708) kommen die allgemeinen Rechtsgrundsätze über Schadensersatz innerhalb eines Vertragsverhältnisses in Betracht.

Eine besondere Aufstellung über eine Ausgleichung zwischen dem Schaden, den der Gesellschafter durch sein Verschulden verursacht hat, und den Vortheilen, welche er der Gesellschaft errang (compensatio lucri et damni) macht das Gesetz nicht (vgl. dagegen P.L.R. a. a. O. § 215 und Art. 94 H.G.B. ä. F.). M. II, 608 weisen einen derartigen allgemeinen Grundsatz zurück unter dem Hervorheben, daß ja der geschäftsführende Theil mit seinen Erfolgen regelmäßig nur seine Gesellschaftspflicht erfüllt hat. Selbstredend aber ist, daß ein aus der Pflichtverletzung gleichwohl entsprungener Vortheil auf die Ersatzsumme anzurechnen ist. Vgl. Bem. 3 zu § 708.

II. § 713 betrifft nur die Rechtsverhältnisse aus der Geschäftsführung im inneren Kreise der Gesellschaft selbst. Vgl. dagegen die §§ 714 u. 715 hinsichtlich der Rechtsverhältnisse nach außen. Subjekte der Rechte und Pflichten dem Geschäftsführer gegenüber sind die übrigen Gesellschafter, aber nicht als Einzelpersonen, sondern als Gesammtheit gedacht, die ihren besonderen Ausdruck in einer gewissen Selbständigkeit des Gesellschaftsvermögens findet. Vgl. hieher oben Bem. I, 2, sowie § 718 mit Bem. und § 719 mit Bem.

III. Ist ein Gesellschafter nicht als solcher, sondern kraft eines gewöhnlichen Auftrags mit einer Geschäftsführung betraut worden, so kommen die Vorschriften über Auftrag von vorneherein und allgemein zur Anwendung. Ebenso untersteht ein Gesellschafter, der ohne Berufung durch den Gesellschaftsvertrag oder ohne Auftrag Geschäfte für die Gesellschaft führt, den allgemeinen Vorschriften über Geschäftsführung ohne Auftrag, was insbesondere im Falle eines Eingreifens bei Gefahr im Verzuge von Wichtigkeit ist (M. a. a. O.). Es wird aber wohl in allen diesen Fällen der beschränkte Haftungsmaßstab aus § 708 maßgebend sein dürfen, da ja doch das Gesellschaftsverhältniß in gewissem Sinne die innere und hauptsächliche Veranlassung bildet. Vgl. Oertmann zu § 713.

IV. Ein Erlöschen der Befugniß zur Geschäftsführung tritt ein mit der Auflösung der Gesellschaft (§ 730 Abs. 2), ferner durch Entziehung oder Kündigung (s. § 712), sowie selbstverständlich, wenn jene zeitlich beschränkt oder nur für bestimmte Geschäfte ertheilt war, mit dem Ablaufe der Zeit oder der Vollendung der Geschäfte.

§ 714.

Soweit einem Gesellschafter nach dem Gesellschaftsvertrage die Befugniß zur Geschäftsführung zusteht, ist er im Zweifel auch ermächtigt, die anderen Gesellschafter Dritten gegenüber zu vertreten.

E. I, 640 Abs. 1; II, 654; III, 701.

1. Vertretung der Gesellschaft nach außen. In dieser Hinsicht stellt § 714 eine wichtige Auslegungsregel (vgl. P.L.R. Thl. I Tit. 17 §§ 210, 231) dahin auf, daß, soweit einem Gesellschafter nach dem Gesellschaftsvertrage die Befugniß zur Geschäftsführung nach innen zusteht (vgl. §§ 710, 711), er im Zweifel auch als ermächtigt gilt, die anderen Gesellschafter Dritten gegenüber zu vertreten. Eine weitergehende Befugniß, wie in Art. 114 ff. H.G.B. ä. F., daß nämlich jeder von der

Vertretung nicht besonders ausgeschlossene Gesellschafter die Gesellschaft nach außen wirksam vertreten könne und eine Beschränkung dieser Vertretungsmacht unzulässig sei, hat das Gesetz nicht aufgenommen. Vgl. hieher §§ 125 ff. H.G.B. n. F.

a) Die Vertretungsmacht des geschäftsführenden Gesellschafters ist in ihrem Wesen als eine stillschweigende Vollmacht zur Vertretung der anderen Gesellschafter aufzufassen. Gesetzliche Vertreter mit der objektiven Machtbefugniß, im Namen der Gesellschaft allein Rechtsgeschäfte abzuschließen, kennt das Gesellschaftsrecht nicht.

b) Die Vollmacht im Sinne dieser Auslegungsregel hat ihre Schranken darin, daß sie nur so weit reicht, als die nach dem Gesellschaftsvertrage dem einzelnen Gesellschafter zustehende Befugniß zur Geschäftsführung sich erstreckt.

c) Selbstverständlich kann auch ein nicht geschäftsführender Gesellschafter oder ein geschäftsführender über den Rahmen seiner regelmäßigen Geschäftsführung hinaus eine besondere Bevollmächtigung im Sinne der allgemeinen §§ 164 ff. zu bestimmten Rechtshandlungen erhalten und dann die Gesellschaft in dieser Richtung direkt vertreten. Es besteht aber umgekehrt keine gesetzliche Vermuthung dahin, daß aus einer Befugniß zur Vertretung der Gesellschaft nach außen auch auf eine Berechtigung zur Führung der Gesellschaftsgeschäfte nach innen zu schließen sei.

2. Umfang der Haftung durch Rechtsgeschäfte der Gesellschaftsbevollmächtigten. Verpflichtungen, welche aus Rechtsgeschäften der Gesellschaftsbevollmächtigten im Rahmen ihrer Vertretungsbefugniß entspringen, verhaften zunächst das Gesellschaftsvermögen (vgl. hieher Bem. III, 2 zu § 718). Zugleich sind sie aber auch, wenigstens nach der Regel, Privatschulden der einzelnen Gesellschafter, so daß also auch die einzelnen Gesellschafter mit ihrem Privatvermögen für sie haften. Dies ergibt sich aus dem rechtlichen Aufbau der Gesellschaft.

Soweit es sich hiebei um eine vertragsmäßige Schuld oder um eine untheilbare Leistung handelt, besteht im Zweifel Gesammtschuldhaftung der einzelnen Gesellschafter, sonst aber Theilhaftung.

Es sind jedoch Ausnahmen von dieser Regel nach zwei Richtungen möglich:

a) Es kann bei der Begründung einer Verpflichtung für die Gesellschaft ausdrücklich bedungen werden, daß hiefür das Gesellschaftsvermögen allein haften, der Zugriff auf das Privatvermögen der Gesellschafter also ausgeschlossen sein soll. Dies wird aber eine unzweideutige ausdrückliche oder stillschweigende Abmachung mit dem betreffenden Gläubiger voraussetzen, z. B. wenn ein Ausstellungskomitee Geschäfte unter Hinweis auf einen Garantiefonds abgeschlossen hat (Entsch. d. R.G. Bd. 12 S. 229).

Hieher schlägt auch die Frage ein, ob die Gesellschafter die Vertretungsbefugniß des Geschäftsführenden allgemein darauf beschränken können, daß er durch seine Handlungen lediglich das Gesellschaftsvermögen und die Antheile der Gesellschafter an diesem, nicht aber die einzelnen Gesellschafter persönlich haftbar mache und welche Wirkung eine derartige Beschränkung gegenüber Dritten habe (vgl. hieher Gierke a. a. O. S. 29 u. 30). Von verschiedenen Seiten (Hachenburg, Matthiaß, Eck, Rehbein) wird dies verneint, insbesondere mit dem Hinweise darauf, daß sich bejahenden Falles ja jede Gesellschaft im Wesentlichen die Stellung einer Gesellschaft mit beschränkter Haftung verschaffen könnte, was doch schwerlich der Gesetzesabsicht entspreche. Allein hiebei ist übersehen, daß ein tiefgreifender Unterschied insoferne besteht, als ja der Handelnde selbst hier auf alle Fälle unbeschränkt haftet. Vor Allem aber ergibt sich die Zulässigkeit einer derartigen beschränkenden Abrede aus dem rechtlichen Charakter der Vertretungsbefugniß des geschäftsführenden Gesellschafters, die ja nichts anderes als eine stillschweigende Vollmacht ist (vgl. oben 1 a), so daß Einschränkungen einer derartigen Vollmacht, wie im Allgemeinen, so auch in dieser besonderen Richtung zulässig sein müssen Mangels eines speziellen gesetzlichen Verbots. Man kann auch nicht einwenden, es werde dadurch dem kontrahirenden Gläubiger eine besondere Prüfung zugemuthet, denn der Gläubiger, der sicher gehen will, muß ja von vorneherein prüfen, ob der Handelnde überhaupt Vertretungsmacht hat.

Liegt also eine derartige Einschränkung der Vertretungsmacht vor, so kann sich von obigem Standpunkte aus betrachtet, der Gläubiger nur an die Antheile der Mitglieder, d. h. an das Gesellschaftsvermögen halten, da eine Ueberschreitung der Vertretungsmacht dem Vertretenen unschädlich sein muß.

(Vgl. zu der übrigens nicht zweifelfreien Frage auch Staudinger in der Deutsch. Jur.-Ztg., 1900 Nr. 17, 18.)

b) Ebensowenig ist ausgeschlossen, daß ein Gesellschafter, sowohl bei Rechtsgeschäften im Rahmen seiner Befugniß zur Geschäftsführung, als auch sonst im eigenen Namen handelt und so zunächst nur sich und sein Vermögen belastet. Seine Rechte und Pflichten der Gesellschaft gegenüber ergeben sich dann aus § 713.

Dies wird auch dann gelten, wenn ein Gesellschafter bei Abschluß eines zunächst außerhalb seiner Vertretungsbefugniß liegenden Rechtsgeschäfts dem anderen Theile dafür garantirt, daß die Gesellschaft die Genehmigung hiezu geben wird.

3. Haftung für Delikte der Gesellschaft: Eine allgemeine Haftung der Gesellschaft für Schadenszufügung ihrer Vertreter, wie nach § 31 für Juristische Personen, besteht hier nicht. Voraussetzung der Haftung der Gesellschafter ist vielmehr entweder, daß die Gesellschafter sämmtlich an dem Delikte direkt betheiligt sind oder daß ein geschäftsführender Gesellschafter oder sonst Bevollmächtigter in Ausführung einer gesellschaftlichen Verrichtung ein Delikt begangen hat, ohne daß sich die oder einer der Gesellschafter auf einen Entschuldigungsgrund im Sinne des § 831 berufen können. (Cosack a. a. O.)

4. Gesellschaftsprozesse werden von sämmtlichen Gesellschaftern als solchen zu führen sein. Hiebei ist freilich nicht ausgeschlossen, daß ein oder mehrere Gesellschafter zur alleinigen Prozeßführung ermächtigt werden, diese haben aber dann nur die Stellung eines gewöhnlichen Prozeßbevollmächtigten. Es sind daher z. B. Eide von allen Gesellschaftern zu leisten. (Cosack a. a. O.)

§ 715.

Ist im Gesellschaftsvertrag ein Gesellschafter ermächtigt, die anderen Gesellschafter Dritten gegenüber zu vertreten, so kann die Vertretungsmacht nur nach Maßgabe des § 712 Abs. 1 und, wenn sie in Verbindung mit der Befugniß zur Geschäftsführung ertheilt worden ist, nur mit dieser entzogen werden.

E. I, 640 Abs. 2; II, 655; III, 702.

1. Entziehung der Vollmacht nach außen. In dieser Hinsicht sind drei Fälle auseinander zu halten:

a) Die an einen Gesellschafter oder an einen Dritten ertheilte gewöhnliche Vollmacht kann nach allgemeinen Grundsätzen widerrufen werden (vgl. §§ 168 ff.).

Gründet sich aber die Vertretungsmacht auf den Gesellschaftsvertrag als solchen (vgl. Bem. I zu § 712), so ist zu unterscheiden, ob diese Vertretung zugleich in Verbindung steht mit der Befugniß zur Geschäftsführung nach innen (vgl. § 714) oder nicht.

b) Die Entziehung einer gesellschaftlichen Vertretungsmacht überhaupt ist nur nach Maßgabe des § 712 Abs. 1, also nur aus wichtigen Gründen zulässig. Vgl. Bem. II zu § 712. Bei Zulässigkeit des freien Widerrufs würde die Rechtsstellung des betreffenden Gesellschafters zu sehr geschmälert werden, da ja die im Gesellschaftsvertrage wurzelnde Vertretungsbefugniß ein Gesellschaftsrecht für den betreffenden Gesellschafter bedeutet.

c) Wenn aber die Vertretungsmacht nach außen in Verbindung mit der Befugniß zur Geschäftsführung ertheilt ist, so sollen wegen des innigen Zusammenhanges, der hier besteht, nur beide Befugnisse zugleich entzogen werden können, was selbstverständlich auch nur aus wichtigen Gründen (§ 712) zulässig ist.

2. Ueber die Frage, ob der Gesellschafter seinerseits die Vollmacht nach außen kündigen könne, gibt das Gesetz keinen direkten Aufschluß (im Gegensatze zu E. I, 640). Da einerseits gemäß § 712 Abs. 2 der Gesellschafter die Geschäftsführung kündigen kann, andererseits das Gesetz, wie aus § 715 zu entnehmen ist, ein Auseinanderreißen von Vertretungsmacht und Geschäftsführung mißbilligt, so wird anzunehmen sein, daß eine Kündigung nach beiden Richtungen — aber auch nur in dieser Weise — aus einem wichtigen Grunde zulässig ist. Hinsichtlich der Kündigung einer gewöhnlichen Vollmacht, die nicht im Gesellschaftsvertrage ruht, gelten die allgemeinen Regeln.

§ 716.

Ein Gesellschafter kann, auch wenn er von der Geschäftsführung ausgeschlossen ist, sich von den Angelegenheiten der Gesellschaft persönlich unterrichten, die Geschäftsbücher und die Papiere der Gesellschaft einsehen und sich aus ihnen eine Uebersicht über den Stand des Gesellschaftsvermögens anfertigen.

Eine dieses Recht ausschließende oder beschränkende Vereinbarung steht der Geltendmachung des Rechtes nicht entgegen, wenn Grund zu der Annahme unredlicher Geschäftsführung besteht.

E. I, 643; II, 656; III, 703.

1. § 716 gewährt jedem Gesellschafter — auch wenn er von der Geschäftsführung selbst ausgeschlossen ist — ein Informations- und Kontrolrecht gegenüber der Geschäftsführung, wobei als Vorbild Art. 105 H.G.B. ä. F. diente. Vgl. hiezu auch P.L.R. a. a. O. §§ 222, 223, ferner aus dem neuen H.G.B. § 118 und dazu Staub, S. 373.

a) Dieses Recht erstreckt sich auf Einsichtnahme und Information, nicht jedoch auf Herausgabe. Letztere könnte nur im Wege des Prozesses verlangt werden. Jenes Recht schließt aber als selbstverständlich das Recht des Eintritts in das Geschäftslokal in sich (Art. 105 H.G.B. ä. F. hatte dies ausdrücklich hervorgehoben). Auch darf der einzelne Gesellschafter sich über den Stand des Gesellschaftsvermögens eine Uebersicht anfertigen.

Eine positive Verpflichtung, dem einzelnen Gesellschafter Auskunft zu ertheilen und ihm Rechenschaft abzulegen, will damit den geschäftsführenden Gesellschaftern nicht auferlegt sein. Eine derartige Pflicht haben letztere nur der Gesammtheit der Gesellschafter gegenüber. Sie haben lediglich zu gestatten, daß der Gesellschafter sich selbst unterrichte (Planck, Bem. 2 zu § 716).

b) Es erstreckt sich auf alle Bücher, in denen die Verhältnisse der Gesellschaft aufgezeichnet sind, selbst wenn der buchführende Gesellschafter unzulässiger Weise die Gesellschaftsgeschäfte zum Theil in seine Privatbücher eingetragen hätte (Entsch. d. R.O.H.G. Bd. 6 S. 296 und Staub a. a. O.).

c) Aus dem Worte „persönlich" wird von verschiedenen Seiten gefolgert, daß damit das höchst Persönliche dieses Rechtes zum Ausdrucke gebracht sei, wonach also unter allen Umständen nur der Gesellschafter in eigener Person dieses Recht üben dürfe. Diese Schärfe wird aber dem Worte, zumal in dem allgemeinen Gesellschaftsrechte, nicht beizumessen sein. Sie würde im Einzelfalle zu Härten führen, die eines inneren Grundes entbehren. Dieses Recht zur Kenntnißnahme dient einerseits nur der Sicherung der aus dem Gesellschaftsvertrag entspringenden Rechte, andererseits liegt seine Schranke in dem Rechte der anderen Gesellschafter, vgl. Planck, Bem. 1. Soweit also nicht Hinderungsgründe aus dem Zwecke der Gesellschaft und dem Gesellschaftsvertrag oder dem allgemeinen § 157 (wie z. B. Konkurrenz- oder Vertrauensunwürdigkeit des Dritten) abzunehmen sind, wird der einzelne Gesellschafter jenes Recht z. B. auch durch Bevollmächtigte üben können. So auch der Ehemann für seine Frau, welche Gesellschafterin ist, auf Grund seines Verwaltungsrechtes 2c. Wie ferner bereits unter a betont, will das Wort „persönlich" überhaupt mehr den Gedanken zum Ausdrucke bringen, daß sich der Gesellschafter von seiner Seite aus jene Information zu beschaffen habe, ohne einen derartigen Rechtsanspruch gegenüber dem Geschäftsführenden zu haben, nicht aber unbedingt den Gedanken, daß jene Information und Kontrole immer nur durch den Gesellschafter höchst persönlich bethätigt werden dürfe. (And. Ans. Staub a. a. O.)

2. Zu Abs. 2 (in Anlehnung an Abs. 2 des Art. 105 H.G.B. ä. F. und vgl. § 118 H.G.B. ä. F.):

Vertragsmäßige Verzichte oder Beschränkungen bezüglich dieses Rechtes sind an sich gültig. Sie sollen aber nicht im Wege stehen, wenn Grund zu der Annahme unredlicher Geschäftsführung besteht. Diese Fassung geht weiter als Art. 105 H.G.B. ä. F. und § 643 E. I, welche den „Nachweis einer Unredlichkeit in der Geschäftsführung" verlangten. Nach § 716 soll nämlich, wohl mit Recht, schon der Verdacht einer Unredlichkeit bezw. Grund zu einem solchen Verdachte genügen (P. II, 425).

Zu einer „Unredlichkeit“ in diesem Sinne wird übrigens Täuschung und Vorspiegelung nicht nothwendig vorausgesetzt, sondern es wird hierunter jede Benachtheiligung der Gesellschaftsinteressen zu eigenem oder fremdem Vortheile zu verstehen sein (vgl. Staub zu § 118 H.G.B. ä. F.).

§ 717.

Die Ansprüche, die den Gesellschaftern aus dem Gesellschaftsverhältnisse gegen einander zustehen, sind nicht übertragbar. Ausgenommen sind die einem Gesellschafter aus seiner Geschäftsführung zustehenden Ansprüche, soweit deren Befriedigung vor der Auseinandersetzung verlangt werden kann, sowie die Ansprüche auf einen Gewinnantheil oder auf dasjenige, was dem Gesellschafter bei der Auseinandersetzung zukommt.

E. I, 644; II, 657; III, 704.

§ 717 handelt von der Uebertragbarkeit der Ansprüche, die den Gesellschaftern unter einander zustehen. Ueber die Rechte der Gesellschafter hinsichtlich des Gesellschaftsvermögens s. §§ 718 u. 719.

Das Gesetz unterscheidet in ersterer Hinsicht zwischen unveräußerlichen (Satz 1) und veräußerlichen (Satz 2) Ansprüchen der Gesellschafter unter einander:

1. Die Ansprüche, welche den Gesellschaftern aus dem Gesellschaftsverhältnisse gegen einander zustehen, sind unveräußerlich. Das dadurch zum Ausdrucke gebrachte Prinzip lautet: Das Gesellschaftsverhältniß, als Ganzes gedacht, kann nicht übertragen werden. (Vgl. hieher auch § 719 mit Bem.) Damit dies klar zum Ausdrucke gelange, spricht das Gesetz absichtlich allgemein von „Ansprüchen“ im Gegensatze zu E. I: „Forderungen“. Maßgebend ist hiefür der Umstand, daß der Gesellschaftsvertrag auf gegenseitigem Vertrauen beruht und das Gesellschaftsverhältniß nach aktiver Seite an die Person des Gesellschafters gebunden ist (M. II, 614).

a) Im Einzelnen fällt unter jenen Begriff hauptsächlich: der Anspruch auf Leistung der versprochenen Beiträge, auf Theilnahme an der Geschäftsführung, auf Einsicht der Geschäftsbücher, Ansprüche gegen den Geschäftsführenden aus der Geschäftsführung. Vgl. hieher auch § 719.

b) Es kann demgemäß kein Gesellschafter für sich allein einen neuen Gesellschafter in die bestehende Gesellschaft aufnehmen; der Beitritt oder die Aufnahme eines neuen Gesellschafters in eine bestehende Gesellschaft kann nur erfolgen mit ausdrücklicher Einwilligung der sämmtlichen Gesellschafter und bedeutet dies regelmäßig den Abschluß eines neuen Gesellschaftsvertrags. Zulässig ist aber, daß der einzelne Gesellschafter mit einem Dritten eine besondere Gesellschaft schließt, von der jedoch die ursprüngliche nicht berührt werden kann (wie bisher. Vgl. hieher P.L.R. a. a. O. §§ 216—218, Entsch. d. R.O.H.G. Bd. 13 S. 64 und Bd. 18 S. 398, sowie M. II, 613). Ein derartiges Rechtsverhältniß wird mit dem technischen Ausdruck Unterbetheiligung bezeichnet, die von der Abtretung von Gesellschaftsrechten wesentlich verschieden ist (Staub a. a. O. S. 389). Sie bedeutet des Näheren, daß ein Gesellschafter sich einem Dritten vertragsmäßig verpflichtet, demselben von den Früchten seiner Betheiligung (Zinsen und Gewinn) einen Theil abzutreten, wobei das Gegenäquivalent verschiedener Art sein kann. Der Unterbetheiligte hat aber keine Rechte gegen die Gesellschaft (vgl. l. 47, de R. J.: socius mei socii socius meus non est), auch nicht nach eingetretener Liquidation. Er kann für sich auch keine Rechnungslegung verlangen. Seine Rechte gegenüber dem betreffenden Gesellschafter richten sich nach dem besonderen internen Vertragsverhältnisse mit diesem.

c) Jede gegen dieses Prinzip erfolgte Uebertragung muß nichtig sein. Vgl. § 399. In Folge dessen können auch an derartigen Ansprüchen keine beschränkten Rechte, wie z. B. Nießbrauch oder Pfandrecht, bestellt werden. Hinsichtlich einer Pfändung solcher Ansprüche s. § 851 C.P.O.

Mit Einwilligung sämmtlicher Gesellschafter muß freilich auch eine Uebertragung derartiger Ansprüche als zulässig erscheinen, soweit diese nicht mit den allgemeinen Prinzipien des Gesellschaftsrechtes in Widerstreit kommt. Vgl. §§ 705, 719 u. 727.

2. Veräußerlich sind dagegen — als Ausnahme von dem Prinzip unter 1 — allgemein ausgedrückt alle jene Ansprüche, welche bereits aus dem Gesellschaftsverhältnisse losgelöst sind, wenn sie auch ursprünglich ihre Wurzel darin hatten, und sohin als davon unabhängig und selbständig erscheinen (M. a. a. O.)

a) Darunter fallen:

α) die einem Gesellschafter aus seiner Geschäftsführung zustehenden Ansprüche, soweit deren Befriedigung vor der Auseinandersetzung verlangt werden kann. Dies trifft regelmäßig zu — abgesehen von besonderen Vereinbarungen — hinsichtlich der Ansprüche auf Vorschuß (§ 669) und der Ersatzansprüche wegen Auslagen und Schäden (§ 670); ferner kann der Anspruch auf einen besonderen Lohn für die Geschäftsführung hierunter fallen. Die Bedeutung der Worte, daß der Anspruch nur übertragbar ist, soweit die Befriedigung vor der Auseinandersetzung verlangt werden kann, liegt darin, daß die Uebertragung mit Wirkung gegen die bestehende oder in der Auflösung befindliche Gesellschaft nur erfolgen kann, soweit die Befriedigung vor der Auseinandersetzung, also von der lebenden oder in der Auflösung befindlichen Gesellschaft verlangt werden kann. Selbstverständlich sind die Ansprüche, soweit sie nach der Auseinandersetzung verlangt werden können, ebenfalls übertragbar, aber nur mit der Wirkung der Geltendmachung bei der Auseinandersetzung (s. unten; vgl. Staub a. a. O. S. 388);

β) die Ansprüche auf einen Gewinnantheil nach Maßgabe der §§ 721, 722, d. h. soweit solche nach Gesetz oder Vertrag bereits fällig sind;

γ) die Ansprüche auf Dasjenige, was dem Gesellschafter bei der Auseinandersetzung zukommt, also auf den dereinstigen Auseinandersetzungsantheil; vgl. hieher die §§ 733—739 und 738—740. Diese Ansprüche werden freilich regelmäßig für den dritten Erwerber sehr prekärer Natur sein, da ja der Dritte kein Recht auf Antheilnahme an der Geschäftsführung erlangen kann und sohin nicht den geringsten Einfluß darauf hat.

b) Soweit die Ansprüche eines Gesellschafters nach Obigem veräußerlich sind, können sie auch von den Gläubigern der Gesellschafter gepfändet werden und sind ferner rechtsgeschäftlich verpfändbar.

c) Die Wirkung einer Uebertragung der übertragbaren Rechte ist regelmäßig jene einer Cession. Die Gesellschaft hat insoweit nunmehr einen neuen Gläubiger, § 398 (vgl. Staub a. a. O. S. 388).

d) Es kann selbstredend vereinbart werden, daß der Gesellschafter auch seine an sich übertragbaren Rechte nicht solle abtreten dürfen. Ein derartiges Verbot hat auch Gültigkeit gegen den Cessionar, auch wenn dieser hievon nichts wußte (§ 399). Trotz dieses Verbots werden derartige Ansprüche aber pfändbar sein müssen, soweit der geschuldete Gegenstand der Pfändung unterworfen ist (§ 851 C.P.O.), besonders also, soweit es sich um Geldansprüche handelt (Staub a. a. O. S. 389).

§ 718.

Die Beiträge der Gesellschafter und die durch die Geschäftsführung für die Gesellschaft erworbenen Gegenstände werden gemeinschaftliches Vermögen der Gesellschafter (Gesellschaftsvermögen).

Zu dem Gesellschaftsvermögen gehört auch, was auf Grund eines zu dem Gesellschaftsvermögen gehörenden Rechtes oder als Ersatz für die Zerstörung, Beschädigung oder Entziehung eines zu dem Gesellschaftsvermögen gehörenden Gegenstandes erworben wird.

E. I, 631 Abs. 4; II, 658 Abs. 1 Satz 2; III, 705.

I. Das Gesellschaftsvermögen im Allgemeinen. Das gemeine Recht kannte zwar ein gemeinschaftliches Vermögen der Gesellschafter, nicht aber ein Gesellschaftsvermögen im Sinne eines Sonderguts. Vielmehr standen die Vermögensgegen=

stände, die in Folge des Gesellschaftsvertrags, sowie durch gemeinsamen Erwerb den Gesellschaftern gemeinschaftlich geworden waren, den Einzelnen zu bestimmten Antheilen zu.

Diesen Grundsätzen folgte auch E. I. Nach diesem war die Gesellschaft ein rein obligatorisches Verhältniß, auf Grund dessen die Gesellschafter lediglich zu gewissen Leistungen im Interesse der Gesellschaftszwecke verpflichtet wurden. Dieses rein obligatorische Verhältniß war nur insoferne etwas verstärkt, als nach E. I § 644 die aus dem Gesellschaftsvertrag einem Gesellschafter gegen die übrigen Gesellschafter zustehenden Forderungen nicht übertragbar sein sollten.

E. II führte dagegen das Prinzip der „Gesammten Hand" für die Gesellschaft ein unter Zurückgehen auf deutschrechtliche Auffassungen, die bereits theilweise im P.L.R. (vgl. insbesondere Thl. I Tit. 17 §§ 198, 263—268, 63, 67—74), im Handelsrechte (Art. 119—122 H.G.B. ä. F.), sowie im Genossenschaftsgesetze vom 1. Mai 1889 § 64 zum Durchbruche gekommen waren. Vgl. hiezu im Ganzen P. II, 425—434; D., 87; ferner die Einleitung zu diesem Titel.

II. Wesen des Prinzips.

1. Das charakteristische Merkmal der Gesammten Hand ruht zunächst in der Beschränkung der Verfügungsfreiheit des einzelnen Gesellschafters. Jede Verfügung und Veräußerung eines Antheils ist während des Bestehens der Gesellschaft ausgeschlossen, so wie auch der einzelne Gesellschafter nicht berechtigt ist, Theilung zu verlangen. (Näheres § 719 mit Bem.) Zu derartigen Verfügungen ist eine Mitwirkung der sämmtlichen Gesellschafter erforderlich.

Den Gegensatz hiezu bildet die Gemeinschaft, bei welcher feste Regeln über die Vertheilung der Früchte und des etwaigen Erlöses der einzelnen Sachen aufgestellt sind und wobei der ideelle Antheil des einzelnen Theilhabers jederzeit frei verfügbar ist. Vgl. hiezu P. II, 430.

2. Das Gesellschaftsvermögen als solches ist nicht bloß die Summe der Antheile der einzelnen Gesellschafter, sondern es bildet in gewissem Sinne ein Sondergut, ein Zweckvermögen, das jedoch zwei charakteristische Seiten aufweist. Einerseits ist es nämlich insoferne gebunden, als es in erster Reihe dem Gesellschaftszwecke zu dienen hat. Andererseits ist es aber doch wieder kein selbständiges Rechtssubjekt im Sinne einer Juristischen Person, da es ja der Gesammtheit der Gesellschafter gehört. Es bildet also gewissermaßen eine Mittelstufe zwischen einer Juristischen Person (z. B. Stiftung), die für sich allein besteht, und der vereinigten Vermögensmasse mehrerer Einzelsubjekte. Vgl. hiezu auch Bem. III zu § 705.

3. Daraus, daß das Gesellschaftsvermögen, wenn es auch in gewissem Grade selbstständiger Natur ist, doch den Gesellschaftern als solchen gehört, folgt anderntheils wieder, daß jeder Gesellschafter an dem Gesellschaftsvermögen und dessen einzelnen Bestandtheilen allgemein mitberechtigt ist, ohne daß hiefür während des Bestehens der Gesellschaft ein bestimmter Antheil angegeben werden kann, noch darf. Der einzelne Gesellschafter ist also z. B. Mitbesitzer, Miteigenthümer an den Sachen der Gesellschaft, sowie Mitgläubiger an den Forderungen dieser. Vgl. hiezu § 719 mit Bem.

III. Bestandtheile des Gesellschaftsvermögens.

1. Das Gesellschaftsvermögen setzt sich zusammen:

a) aus den Beiträgen der Gesellschafter;

b) aus den durch die Geschäftsführung für die Gesellschaft erworbenen Gegenständen;

c) aus dem Zuwachs und den Surrogaten des Gesellschaftsvermögens.

Zu a: Hinsichtlich der Beiträge ist das Nähere in den Bem. zu § 706 enthalten. Bei der späteren Auseinandersetzung der Gesellschaft gelten die Beiträge als Schulden der Gesellschaft (§§ 733 Abs. 2, 735).

Zu b: Der Erwerb von Sachen und Rechten durch und für die Gesellschaft unterliegt an sich den allgemeinen Vorschriften. Damit jedoch der Erwerb für die Gesellschaft eintrete, muß der Geschäftsabschluß im Namen der Gesellschaft erfolgen, d. h. die Gesellschafter müssen beim Geschäftsabschluß als solche auftreten und der etwa speziell Bevollmächtigte muß Namens der Gesellschaft abschließen. Hat ein geschäftsführender Gesellschafter zwar innerlich für die Gesellschaft, nach außen aber im eigenen Namen gehandelt, so ist er nach Maßgabe des § 713 im Zusammenhalte mit § 667 verbunden, das Erlangte der Gesellschaft zu übertragen. (Vgl. hieher überhaupt die Bem. zu § 713.)

Soll ein Immobiliarrecht für die Gesellschaft erworben werden, so soll nach der Gr.B.O. § 48 die Eintragung in der Weise erfolgen, daß nicht bloß die Gesellschafter als Berechtigte, sondern zugleich auch das Gesellschaftsverhältniß im Grundbuch eingetragen wird.

Zu c: Unter das Gesellschaftsvermögen fällt auch Alles, was auf Grund eines zum Gesellschaftsvermögen gehörenden Rechtes erworben wird (z. B. Früchte, Zinsen, Erlöse bei Verkäufen rc.), sowie auch die Surrogate, d. h. was als Ersatz für die Zerstörung, Beschädigung oder Entziehung eines zu dem Gesellschaftsvermögen gehörenden Gegenstandes erworben wird, wie z. B. Schadensersatzansprüche, Versicherungsgelder, Vertragsstrafen rc. Vgl. hieher auch § 1370. Diese Gegenstände werden vorbehaltlich der Bestimmungen des Grundbuchrechtes mit dem Erwerbe kraft Gesetzes Theil des Gesellschaftsvermögens (Planck zu § 718).

d) Hieher schlägt auch die Frage ein, ob Bestandtheil des Gesellschaftsvermögens auch unentgeltliche Zuwendungen Dritter, sei es von Lebenden oder namentlich durch letztwillige Verfügungen, werden können. Diese Frage wird von Einzelnen bejaht; solches ist aber nur etwa haltbar in der Konstruktion, daß zwar zugewendet wird den einzelnen Gesellschaftern (da ja das Gesellschaftsvermögen ein völlig selbständiges Rechtssubjekt nicht darstellt), aber die Zuwendung nur für den Gesellschaftszweck erfolgt, so daß das zugewendete eben auch gebunden ist für jenen Zweck. So Gierke a. a. O. S. 15 und Eck, Vortr. S. 80; and. M. z. B. Matthiaß, S. 114. Vgl. auch Staudinger in der Deutsch. Jur.-Ztg. 1900 Nr. 17.

2. Zum Gesellschaftsvermögen gehören auch die Gesellschaftsschulden. Dies folgt aus der allgemeinen Natur eines Vermögensinbegriffs, sowie indirekt aus § 719 Abs. 2. (And. Ans. Schollmeyer, S. 72; dafür Cosack, S. 337 und Oertmann zu § 718.) Als solche Gesellschaftsschulden erweisen sich z. B. bei der Auseinandersetzung die Beiträge der einzelnen Gesellschafter (vgl. oben III, a), wie auch alle jene Verbindlichkeiten hieher zählen, welche direkt als Gesellschaftsschulden eingegangen wurden.

Im Einzelnen lassen sich hier bei der Gesellschaft unterscheiden:

Reine Gesellschaftsschulden, reine Privatschulden der Gesellschafter und solche Schulden, welche zugleich Gesellschafts- und Privatschulden sind (Cosack, Lehrb. S. 367, 368).

a) Reine Gesellschaftsschulden sind solche, für welche das Gesellschaftsvermögen ausschließlich haftet. Als Beispiel hiefür lassen sich anführen: Verbindlichkeiten, bei deren Begründung die ausschließliche Haftung des Gesellschaftsvermögens allein ausdrücklich bedungen wurde. Vgl. hiezu Bem. 2 a zu § 714. Die Haftung der Gesellschafter ist hier eine gesammthänderische. Sie können also beispielsweise nur zusammen verklagt werden und zwar ist das Befriedigungsobjekt nur das Gesellschaftsvermögen, s. unten V.

b) Reine Privatschulden sind solche, für welche die Gesellschafter ausschließlich mit ihrem Privatvermögen haften. Dies tritt hauptsächlich ein, wenn die Verbindlichkeit einzelner oder aller Gesellschafter ohne Rücksicht auf das gesellschaftliche Band entstanden ist oder auch wenn der einzelne Gesellschafter außerhalb des Rahmens seiner Vertretungsbefugniß handelt. Vgl. hiezu Bem. 2 b zu § 714. Die rein persönlichen Gläubiger des Gesellschafters können als solche das Gesellschaftsvermögen selbst nicht in Anspruch nehmen, sondern nur eine Pfändung des Antheils des Gesellschafters an jenem Vermögen erwirken, s. unten V. Diese Gläubiger können aber auch möglicher Weise die Einbringung von Gegenständen in das Gesellschaftsvermögen nach den Grundsätzen des Anfechtungsgesetzes anfechten.

c) Die Mischung von Gesellschafts- und Privatschuld schließlich wird bei der Gesellschaft sogar die Regel bilden. Denn im Zweifel — Mangels besonderer Vereinbarung — haftet für alle Verbindlichkeiten der Gesellschaft nicht bloß das Gesellschaftsvermögen, sondern zugleich auch das Privatvermögen der einzelnen Gesellschafter. Vgl. Bem. 2 zu § 714. Die Gesellschafter können hier nicht verlangen, daß die Gläubiger sich zuerst an das Gesellschaftsvermögen halten. Bezüglich der Vollstreckung in letzteres s. unten V.

3. Ein dingliches Recht an dem Gesellschaftsvermögen haben die Gesellschaftsgläubiger ohne Weiteres nicht (vgl. Cosack, S. 369). Sie können jedoch derartige Rechte am Gesellschaftsvermögen erwerben, z. B. Pfandrechte rc.

4. Nicht zu dem Gesellschaftsvermögen gehören die Ansprüche gegen die einzelnen Gesellschafter auf Leistung von Beiträgen, sowie die Ersatzansprüche wegen Nichtleistung der Beiträge. Diese stehen vielmehr den einzelnen Gesellschaftern gegen einander zu. (Planck zu § 718.)

IV. Aus dem Begriffe des Gesellschaftsvermögens als eines Sondergutes wird auch zu folgern sein, daß die einzelnen Gesellschafter besondere Rechte an dem

Gesellschaftsvermögen für sich allein erwerben können, z. B. eine Hypothek auf einem Gesellschaftsgrundstücke (letztere wird dann weder ganz noch theilweise als Eigenthümerhypothek gelten können; vgl. Cosack, S. 366).

Die Frage, ob über das Gesellschaftsvermögen allein ein eigener Konkurs eröffnet werden könne, ist sehr bestritten. Vgl. dafür: L. Seuffert, Konkursprozeßrecht § 14 Ziff. 11; Cosack a. a. O. S. 366; dagegen Jaeger, Komm. z. K.O. S. 30 Anm.; Endemann, § 181 Anm. 20 und Planck zu § 728. Letztere Meinung wird den Vorzug verdienen, zumal ja die Gesellschaft als solche keine Rechtsfähigkeit besitzt und die Zulässigkeit eines besonderen Gesellschaftskonkurses ausdrücklich hätte bestimmt werden müssen. Vgl. Gierke a. a. O. S. 27.

V. Zur Zwangsvollstreckung in das Gesellschaftsvermögen ist gemäß § 736 C.P.O. ein gegen alle Gesellschafter ergangenes Urtheil erforderlich (die Tragweite dieses Paragraphen ist im Uebrigen bestritten. Vgl. hiezu P. II, 435 und Cosack, S. 372, sowie die Kommentare zur C.P.O.

Ueber die Pfändung von Ansprüchen und Antheilen der Gesellschafter s. einerseits § 717 mit Bem., andererseits § 719 Bem. 3 und § 725.

§ 719.

Ein Gesellschafter kann nicht über seinen Antheil an dem Gesellschaftsvermögen und an den einzelnen dazu gehörenden Gegenständen verfügen; er ist nicht berechtigt, Theilung zu verlangen.

Gegen eine Forderung, die zum Gesellschaftsvermögen gehört, kann der Schuldner nicht eine ihm gegen einen einzelnen Gesellschafter zustehende Forderung aufrechnen.

E. I, 645; II, 658 Abs. 1; III, 706.

I. Dieser Paragraph zieht in Abs. 1 die Hauptfolgerungen aus dem Gesammthandprinzip:

a) Ein Gesellschafter kann über seinen Antheil am Gesellschaftsvermögen und an den einzelnen dazu gehörenden Gegenständen nicht verfügen;

b) Er ist nicht berechtigt, Theilung zu verlangen.

Diesen Kardinalsätzen ist zugleich dingliche Wirksamkeit verliehen (E. I hatte die Gesellschafter nur obligatorisch verpflichtet, sich derartiger Verfügungen zu enthalten.)

II. Aus diesen Folgerungen erhellt das zu Grunde liegende Prinzip, nämlich: Die gesammte Mitberechtigung des Gesellschafters an dem Gesellschaftsvermögen (vgl. hieher Bem. II, 3 zu § 718) ist keine selbständige; das Gesellschaftsrecht des Einzelnen in diesem Sinne kann während des Bestehens der Gesellschaft niemals für sich allein geltend gemacht werden. Es stellt nur einen Theil des allen Gesellschaftern gemeinschaftlich zustehenden Rechtes dar.

1. Der einzelne Gesellschafter kann daher beispielsweise seinen Antheil an einer zum Gesellschaftsvermögen gehörenden Forderung weder einklagen, noch stunden, noch einen Vergleich hierüber schließen oder einen Erlaß gewähren ꝛc. Er kann ebensowenig wegen seines Miteigenthums an Sachen der Gesellschaft für sich allein klagen oder sonstige Rechtshandlungen vornehmen. Es steht vielmehr die Verfügung über das Gesellschaftsvermögen und die einzelnen Gegenstände der Gesellschaft, d. h. den sämmtlichen Gesellschaftern zusammen zu. Im Verhältnisse nach innen sind die Normen über die Führung der Geschäfte der Gesellschaft (§§ 709 ff.), nach außen jene über Stellvertretung und Vollmacht (§§ 714, 715) von Belang.

Im Uebrigen muß es freilich den Gesellschaftern unbenommen bleiben, durch gemeinschaftlichen Beschluß auch unabhängig von dem Gesellschaftszwecke Verfügungen über das Gesellschaftsvermögen zu treffen, da es sich ja im Grunde nur um ihr Privatvermögen handelt. (Planck zu § 719.)

Zu Gunsten des Schuldners ist die Bestimmung des § 720 getroffen. Ueber Aufrechnung s. Abs. 2 mit Bem. 2.

Ueber Besitzschutz der einzelnen Gesellschafter vgl. § 866 mit Bem.

2. Ein gegen diese Sätze verstoßender Vertrag eines einzelnen Gesellschafters mit einem Dritten kann der Gesellschaft und den anderen Gesellschaftern gegenüber keine

rechtliche Wirksamkeit haben. Zwischen den beiden Vertragstheilen ist er freilich an sich wirksam und verpflichtet den betreffenden Gesellschafter allenfalls zum Schadensersatz. Eine gegentheilige Auffassung wird aus § 719 nicht entnommen werden können. Die allgemeinen zum Schutze gutgläubiger Dritter bestehenden Rechtssätze haben selbstverständlich auch hieher Bezug.

Eine Zusatzfrage ist hier aber die, ob nicht einem derartigen Abtretungsakte wenigstens die beschränkte Bedeutung zukomme, daß als abgetreten das gelten könne, was abtretungsfähig ist, nämlich der Anspruch auf vermögensrechtliche Bezüge (vgl. § 717 mit Bem.). Es wird dies Sache der Auslegung im konkreten Falle sein und erscheint eine Auslegung im obigen Sinne, wenn durch die Sachlage geboten, an sich als zulässig. Vgl. Staub a. a. O. S. 389. Es haben dann hieher die Regeln von der Abtretung und Ueberweisung obligatorischer Ansprüche Bezug.

3. Hinsichtlich der Frage, inwieweit eine Zwangsvollstreckung in den Antheil eines Gesellschafters zulässig ist, ist nunmehr § 859 C.P.O. maßgebend. Hienach ist der Antheil eines Gesellschafters an den einzelnen zu dem Gesellschaftsvermögen gehörenden Gegenständen der Pfändung nicht unterworfen. Dagegen ist die Zwangsvollstreckung in den Antheil eines Gesellschafters an dem Gesellschaftsvermögen als Ganzem (in Ausnahme zu § 851 der C.P.O.) für statthaft erklärt. Die Folgen einer Pfändung im letzteren Sinne ergeben sich aus § 725 B.G.B.

4. Eine Theilung findet regelmäßig nur bei Auflösung der Gesellschaft im Wege des Auseinandersetzungsverfahrens statt. Vgl. hiezu §§ 730 ff.

III. Zu Abs. 2: Dieser enthält gleichfalls eine Folgerung aus dem Gesammthandprinzipe. Der Schuldner, welcher eine Forderung zum Gesellschaftsvermögen schuldet, kann gegen diese nicht eine Forderung aufrechnen, welche ihm gegen einen einzelnen Gesellschafter zusteht, weil eben der einzelne Gesellschafter während des Bestehens der Gesellschaft keinen in Bruchtheilen bezifferbaren Antheil am Gesellschaftsvermögen hat. (Das Vorbild für diese Vorschrift war Art. 121 H.G.B. ä. F.) Zum Schutze des Schuldners dient § 720.

Umgekehrt kann aber ein Gläubiger der Gesellschaft aufrechnen mit einer Forderung eines Gesellschafters gegen ihn, soweit wenigstens der betreffende Gesellschafter für die Gesellschaftsschuld auch persönlich haftet. Vgl. hiezu Bem. III, 2 zu § 718.

§ 720.

Die Zugehörigkeit einer nach § 718 Abs. 1 erworbenen Forderung zum Gesellschaftsvermögen hat der Schuldner erst dann gegen sich gelten zu lassen, wenn er von der Zugehörigkeit Kenntniß erlangt; die Vorschriften der §§ 406 bis 408 finden entsprechende Anwendung.

E. II, 658 Abs. 2; III, 707.

Dem § 720 liegt folgendes Prinzip zu Grunde: Bei Forderungen, welche zum Gesellschaftsvermögen gehören — sei es, daß sie von einem Gesellschafter als Beitrag eingeschossen wurden oder sei es, daß sie von vorneherein als den Gesellschaftern gemeinschaftlich begründet wurden —, soll dem Schuldner daraus, daß der einzelne Gesellschafter über seinen Antheil an der Forderung verfügen kann, kein Nachtheil entstehen, ausgenommen, wenn er die Zugehörigkeit der Forderung zum Gesellschaftsvermögen gekannt hat.

1. Bis zu dem Zeitpunkt, in welchem der Schuldner von der Zugehörigkeit der Forderung zum Gesellschaftsvermögen Kenntniß erlangt, ist demgemäß der Schuldner zu der Annahme berechtigt, daß nach der Regel des § 420 — Theilbarkeit der Leistung vorausgesetzt — jeder Gläubiger über einen gleichen Antheil der Forderung verfügen könne.

2. Bis zu jenem Zeitpunkte sollen auch die Vorschriften der §§ 406—408 entsprechende Anwendung finden:

Hienach kann der Schuldner unter der Voraussetzung des § 406 der Gesellschaft gegenüber mit Ansprüchen gegen den betreffenden Gesellschafter aufrechnen. Die Gesellschaft muß ferner Zahlungen des Schuldners an den Einzelgesellschafter oder sonstige Rechtsakte zwischen beiden auch gegen sich gelten lassen (§ 407) und es sind schließlich Rechtsgeschäfte zwischen dem Schuldner und dem Cessionar des Einzelgesellschafters in gleicher Weise der Gesellschaft gegenüber wirksam (§ 408).

3. Bei hypothekarisch gesicherten Forderungen ist außerdem § 1156 zu beachten.

§ 721.

Ein Gesellschafter kann den Rechnungsabschluß und die Vertheilung des Gewinns und Verlustes erst nach der Auflösung der Gesellschaft verlangen.

Ist die Gesellschaft von längerer Dauer, so hat der Rechnungsabschluß und die Gewinnvertheilung im Zweifel am Schlusse jedes Geschäftsjahrs zu erfolgen.

E. I, 646; II, 659; III, 708.

§ 721 betrifft den Zeitpunkt des Rechnungsabschlusses und der Gewinnvertheilung.

1. Die Bestimmung des Gesetzes in Abs. 1 ist lediglich dispositiver Natur. Darüber, wann und wie oft ein Rechnungsabschluß, sowie eine Vertheilung des Gewinnes oder Verlustes stattzufinden hat, soll in erster Reihe der Gesellschaftsvertrag entscheiden. Ist jedoch hierin nichts bestimmt, so kann ein Gesellschafter den Rechnungsabschluß und die Vertheilung des Gewinnes und Verlustes erst nach der Auflösung der Gesellschaft verlangen (bei Gesellschaften von längerer Dauer s. Abs. 2).

2. Abs. 2 enthält eine Auslegungsregel dahin, daß bei Gesellschaften von längerer Dauer der Rechnungsabschluß und die Gewinnvertheilung im Zweifel am Schlusse jedes Geschäftsjahrs zu erfolgen habe (kaufmännisch wäre es vielleicht richtiger zu sagen: bei Beginn des neuen Geschäftsjahrs: Cosack a. a. O. S. 379). Der Begriff „längere Dauer" wird vom Gesetze selbst nicht weiter fixirt; jedenfalls wird es sich um ein paar Geschäftsjahre handeln müssen, da ja sonst die Vorschrift keinen Sinn hätte.

Zu beachten ist, daß in dieser Auslegungsregel nur die Gewinnvertheilung, nicht jene des Verlustes inbegriffen ist.

3. Vereinbarungen über periodisch wiederkehrende, lediglich rechnungsmäßig zur Information und Kontrole des Standes der Gesellschaftsangelegenheiten stattfindende Rechnungsabschlüsse (Gewinn- und Verlust-Berechnungen) werden von diesem Paragraphen nicht betroffen (M. II, 616).

4. Die Bestimmungen des H.G.B (Art. 106—108 ä. F., §§ 120—122 n. F.) weichen in dieser Materie wesentlich ab.

5. Bei einer Gesellschaft, deren Zweck unsittlich ist oder gegen ein gesetzliches Verbot verstößt (z. B. verbotenes Spielen in auswärtigen Lotterieen) wurde von der neueren Praxis schon bisher die gerichtliche Klage auf Theilung des Gewinnes versagt. Vgl. S. A. Bd. 33 Nr. 24, Bd. 37 Nr. 210, Bd. 43 Nr. 110.

6. Ueber die Substantiirung der gegen einen Gesellschafter gerichteten Klage auf Rechnungstellung, sowie darüber, daß diese Klage auch gegen die Erben des Gesellschafters zusteht, vgl. aus der bisherigen Praxis S. A. Bd. 37 Nr. 206. Ueber die Einrede des nichterfüllten Vertrags bei der Klage auf Rechnungstellung vgl. Bem. V, a zu § 705.

§ 722.

Sind die Antheile der Gesellschafter am Gewinn und Verluste nicht bestimmt, so hat jeder Gesellschafter ohne Rücksicht auf die Art und die Größe seines Beitrags einen gleichen Antheil am Gewinn und Verluste.

Ist nur der Antheil am Gewinn oder am Verluste bestimmt, so gilt die Bestimmung im Zweifel für Gewinn und Verlust.

E. I, 647; II, 660; III, 709.

§ 722 handelt von Antheilsberechnung an Gewinn und Verlust:

1. Zu Abs. 1: Die Bestimmung der Antheile der Gesellschafter am Gewinn und Verlust ist zunächst Sache des Gesellschaftsvertrags. Unter Umständen ist sie auch erst durch nähere Auslegung des Vertrags selbst zu ergründen. Kann eine derartige Bestimmung aus dem Vertrage nicht entnommen werden, so soll nach der gesetzlichen Regel jeder Gesellschafter gleichen Antheil am Gewinn und Verluste haben (in Uebereinstimmung mit Art. 109 u. 268 H.G.B. ä. F.).

a) Gleichgültig ist für diesen Berechnungsmodus die Art oder Größe der Einlage. Es hat also z. B. auch der nur persönliche Dienste beitragende Gesellschafter gleichen Antheil.

b) Nicht ausgeschlossen ist, daß im Gesellschaftsvertrage die Vertheilungsart dem Ermessen (arbitrium) eines Dritten oder eines Gesellschafters anvertraut werde, vgl. Entsch. d. R.O.H.G.'s Bd. 16 S. 427; in diesem Falle greifen die §§ 315 ff. Platz.

2. Abs. 2 gibt eine Auslegungsregel dahin, daß, wenn im Gesellschaftsvertrage nur die Gewinnvertheilung geordnet ist, der hiebei festgesetzte Maßstab auch für die Vertheilung des Verlustes gelten soll und umgekehrt. Dies entspricht der bereits geltenden Praxis; vgl. Windscheid, § 405 Nr. 17, Staub zu Art. 109 H.G.B. ä. F.

3. Daß ein Vertrag, nach welchem ein Gesellschafter nur am Verluste theilnehmen soll, nicht als Gesellschaftsvertrag gelten könne, ist bereits in Bem. II, c. zu § 705 erwähnt (vgl. M. II, 617). Nicht unstatthaft dagegen erscheint es, einzelne Gesellschafter von Verlustbetheiligung zu befreien (Staub a. a. O.).

§ 723.

Ist die Gesellschaft nicht für eine bestimmte Zeit eingegangen, so kann jeder Gesellschafter sie jederzeit kündigen. Ist eine Zeitdauer bestimmt, so ist die Kündigung vor dem Ablaufe der Zeit zulässig, wenn ein wichtiger Grund vorliegt; ein solcher Grund ist insbesondere vorhanden, wenn ein anderer Gesellschafter eine ihm nach dem Gesellschaftsvertrag obliegende wesentliche Verpflichtung vorsätzlich oder aus grober Fahrlässigkeit verletzt oder wenn die Erfüllung einer solchen Verpflichtung unmöglich wird. Unter der gleichen Voraussetzung ist, wenn eine Kündigungsfrist bestimmt ist, die Kündigung ohne Einhaltung der Frist zulässig.

Die Kündigung darf nicht zur Unzeit geschehen, es sei denn, daß ein wichtiger Grund für die unzeitige Kündigung vorliegt. Kündigt ein Gesellschafter ohne solchen Grund zur Unzeit, so hat er den übrigen Gesellschaftern den daraus entstehenden Schaden zu ersetzen.

Eine Vereinbarung, durch welche das Kündigungsrecht ausgeschlossen oder diesen Vorschriften zuwider beschränkt wird, ist nichtig.

E. I, 648, 649; II, 661; III, 710.

A. Allgemeine Bemerkung zu den §§ 723—729:

1. Die §§ 723—729 handeln von der Auflösung der Gesellschaft und stellen für diese Folge fünf Gründe auf:

a) die Kündigung Seitens eines Gesellschafters — §§ 723 u. 724;
b) die Kündigung Seitens eines Gläubigers eines Gesellschafters — § 725;
c) die Erreichung oder das Unmöglichwerden des Zweckes der Gesellschaft — § 726;
d) der Tod eines Gesellschafters — § 727;
e) die Eröffnung des Konkurses über das Vermögen eines Gesellschafters — § 728.

2. Außerdem können aber auch noch folgende Auflösungsgründe in Betracht kommen, wenngleich sie das Gesetz hier nicht ausdrücklich erwähnt (M. II, 617):

a) Ablauf der Zeit, für welche die Gesellschaft eingegangen wurde (vgl. insbesondere Art. 123 Ziff. 5 H.G.B. ä. F.);
b) Eintritt einer auflösenden Bedingung, unter welcher die Gesellschaft geschlossen wurde;
c) die übereinstimmende Vereinbarung der Gesellschafter, die Gesellschaft aufzuheben (vgl. hieher Art. 123 Ziff. 4 H.G.B. ä. F.);

Diese drei Gründe brauchten im Gesetze nicht ausdrücklich aufgeführt zu werden, weil sich ihre Zulässigkeit und Bedeutung aus allgemeinen Rechtsgrundsätzen ergibt.

d) Die Ausschließung eines Gesellschafters (vgl. hieher P.L.R. Thl. I Tit. 17 §§ 191, 273—276, sowie Art. 128 H.G.B. ä. F.) hat das B.G.B. absichtlich nicht als gesetzlichen Auflösungsgrund aufgenommen in Uebereinstimmung mit dem gemeinen Rechte, da dieser Grund regelmäßig für die nach dem bürgerlichen Rechte zu beurtheilenden Gesellschaften nicht passe (M. II, 617).

Selbstverständlich ist es aber einerseits zulässig, im Gesellschaftsvertrage die Ausschließung eines Gesellschafters aus bestimmten Gründen zu vereinbaren, andererseits enthält nunmehr § 737 (im Gegensatze zu E. I) hierüber eine besondere Vorschrift. Vgl. § 737 mit Bem.

e) Der Verlust der Geschäftsfähigkeit eines Gesellschafters ist an sich kein Grund zur Auflösung der Gesellschaft. Unter Umständen kann er sich aber als ein wichtiger Grund zur Kündigung im Sinne des § 723 darstellen.

B. Die Kündigung eines Gesellschafters im Einzelnen. Aus dem bisherigen Rechte vgl. hieher Windscheid, Pand. § 408 Nr. 1; H.G.B. ä. F. Art. 123 Ziff. 5, 6 Abs. 2, 124, 125, 261 Ziff. 6, 262; P.L.R. a. a. O. §§ 270—272, 191, 192, 290, 291 ff.

I. Im Allgemeinen werden hinsichtlich der Kündigung die Bem. zu § 565 bei der Miethe hieher entsprechend verwerthbar sein. Häufig wird der Gesellschaftsvertrag Näheres über die Art und Weise der Kündigung enthalten. Ob die Kündigung allen anderen Gesellschaftern zugehen muß oder nicht, wird im Gesetze nicht ausdrücklich bestimmt. Es wird hier zu erwägen sein, daß offenbar auch die Empfangnahme der Kündigung ein zur Geschäftsführung gehörender Akt ist. Die Kündigung wird daher wohl regelmäßig an diejenigen Gesellschafter zu richten sein, welchen die Geschäftsführung zur Zeit der Kündigung zusteht. Vgl. § 709, ferner Oertmann zu § 723 und M. II, 620.

II. Das Gesetz unterscheidet hinsichtlich der Kündigung zwei verschiedene Fälle, nämlich:

1. wenn eine auf unbestimmte Zeit eingegangene Gesellschaft vorliegt (Abs. 1 Satz 1);

2. wenn die Gesellschaft auf bestimmte Dauer geschlossen wurde (Abs. 1 Satz 2). Es kann aber auch selbstverständlich

3. eine bestimmte Kündigungsfrist vertragsmäßig festgelegt sein (Abs. 1 Satz 3).

Zu 1: Bei einer auf unbestimmte Zeit eingegangenen Gesellschaft besteht ein freies Kündigungsrecht für den einzelnen Gesellschafter, wie dies auch für die Handelsgesellschaften anerkannt ist. Das entspricht nicht allein dem Wesen des Gesellschaftsvertrags, sondern empfiehlt sich auch aus Zweckmäßigkeitsgründen (M. II, 618).

a) Eine Gesellschaft gilt als auf unbestimmte Zeit eingegangen, wenn die Dauer weder durch Festsetzung einer bestimmten Zeit noch in anderer Art (z. B. durch Abschluß zum Zwecke der Vornahme bestimmter Einzelgeschäfte) festgelegt worden ist. Im Uebrigen wird die Feststellung, ob eine Gesellschaft auf bestimmte oder unbestimmte Zeit abgeschlossen wurde, öfters Thatfrage des Einzelfalles sein. Vgl. Staub, § 9 zu Art. 123 H.G.B. ä. F. Eine für die Lebenszeit eines Gesellschafters eingegangene, sowie eine nach dem Ablaufe der bestimmten Zeit stillschweigend fortgesetzte Gesellschaft gilt in dieser Richtung als eine solche auf unbestimmte Zeit, § 724.

b) Die Kündigung bewirkt hier grundsätzlich die Auflösung des bisherigen Gesellschaftsverhältnisses — unbeschadet der durch die Auflösung nothwendig werdenden und auf Grund des Gesellschaftsvertrags zu bewirkenden Auseinandersetzung (s. §§ 730 ff).

Dies ist jedoch nur dispositiv gemeint:

Im Gesellschaftsvertrage kann nämlich bestimmt werden, daß solchen Falles die Gesellschaft fortbestehen soll und daher nur der kündigende Gesellschafter ausscheidet. S. § 736; vgl. hieher auch § 737.

Zu 2. Ist die Dauer der Gesellschaft durch Festsetzung einer gewissen Zeitspanne oder in anderer Weise festgelegt, so gilt als Regel (in Uebereinstimmung mit dem bisher geltenden Rechte, vgl. Windscheid, § 408 Nr. 1 und Art. 125 H.G.B. ä. F.), daß das freie Kündigungsrecht während der bestimmten Dauer im Prinzip ausgeschlossen und nur ausnahmsweise unter besonderer Voraussetzung zulässig ist.

a) Eine solche Ausnahme ist nach B.G.B. (in Anlehnung an Art. 125 H.G.B. ä. F.) nur dann gegeben, wenn ein wichtiger, die Kündigung nach den Umständen des Falles rechtfertigender Grund vorliegt.

Das Gesetz führt hiefür beispielsweise zwei besondere Umstände an:

α) Wenn ein Gesellschafter eine ihm nach dem Gesellschaftsvertrag obliegende wesentliche Verpflichtung vorsätzlich oder aus grober Fahrlässigkeit verletzt.

In dieser Richtung wird (Staub, § 7 zu Art. 125 H.G.B. ä. F.) nach der bisherigen Praxis z. B. in Betracht kommen: Nichteinlegung versprochener Einlagen, eigenmächtige Abschließung von Geschäften, die den Rahmen der Gesellschaft übersteigen, Unfleiß, verbotene Separatgeschäfte. Grobe Fehler und Unregelmäßigkeiten in der Buchführung sind nicht immer hinreichend, da ja die anderen Gesellschafter ein Kontrolrecht haben; § 716.

Maßgebend kann hier aber auch ein allgemein pflichtwidriges Handeln entgegen dem gemeinsamen Zwecke der Gesellschaft werden. Vgl. Bem. VI zu § 705.

β) Wenn die Erfüllung einer solchen Verpflichtung unmöglich wird, d. h. wenn die Erfüllung einer wesentlichen Gesellschaftspflicht unmöglich geworden ist.

Hierunter fällt auch das subjektive Unvermögen des einzelnen Gesellschafters, soferne die persönliche Erfüllung geboten ist (M. II, 619), also z. B. anhaltende Krankheit oder andere physische Unfähigkeitsgründe (auch wenn diese z. B. schon bei Eingehung des Gesellschaftsvertrags vorhanden waren), Mangel der erforderlichen Fähigkeiten ꝛc.

Beim Vorliegen eines dieser zwei Umstände (α oder β) muß der Grund als ein die Kündigung rechtfertigender angesehen werden (im Gegensatze zum bisherigen Handelsrechte).

Diese beiden Umstände werden aber, wie bereits hervorgehoben, nur beispielsweise angeführt; es werden sich auch aus anderen Umständen wichtige Gründe für eine Kündigung ableiten lassen und werden hiebei insbesondere die sonstigen Gründe des Art. 125 H.G.B. ä. F. noch entsprechend verwerthbar sein, z. B. Unredlichkeit eines Gesellschafters, Mißbrauch des Gesellschaftsvermögens zu Privatzwecken ꝛc. Vgl. hieher Staub zu jenem Art.

b) Auch hier bewirkt die gerechtfertigte Kündigung von Gesetzeswegen die Auflösung der Gesellschaft ohne Weiteres. Wurde im Prozeßwege über die Rechtfertigung gestritten, so hat das richterliche Urtheil lediglich deklaratorische Bedeutung (M. a. a. O.). Eine nicht gerechtfertigte Kündigung dagegen ist wirkungslos. Der Kündigende bleibt Gesellschafter.

Selbstverständlich kann auch bei der Gesellschaft auf bestimmte Dauer im Gesellschaftsvertrage bestimmt sein, daß im Falle der Kündigung eines Gesellschafters die Gesellschaft unter den übrigen Gesellschaftern fortbestehen soll. Vgl. § 736.

Zu 3. Ist im Gesellschaftsvertrag eine Kündigungsfrist bestimmt, so soll, wenn ein wichtiger Grund im Sinne des Satz 2 vorliegt, die Kündigung ohne Einhaltung jener vertragsmäßigen Frist (also nach Maßgabe einer außerordentlichen Kündigung) zulässig sein — Satz 3.

III. Die unzeitige Kündigung (Abs. 2):

a) Eine Kündigung — gleichviel, ob die Zeitdauer der Gesellschaft bestimmt oder unbestimmt ist — soll niemals zur Unzeit erfolgen. Als unzeitig wird jene Kündigung erscheinen, welche der Gesellschaft gerade für den betreffenden Zeitpunkt erhebliche Ungelegenheiten oder Schäden bereitet und wodurch zugleich gegen die allgemeinen Pflichten eines Gesellschafters gegenüber der Gesellschaft (vgl. Bem. VI zu § 705) verstoßen wird. Arglistig braucht sie gerade nicht zu sein (Windscheid, § 408 Nr. 5; M. II, 620).

Eine Ausnahme besteht nur dann, wenn ein wichtiger Grund für die Kündigung vorliegt und zwar gerade für diese unzeitige Kündigung. Es ist also das oben über wichtige Gründe Gesagte (Bem. II, 2) hieher zu beziehen. Dabei bleibt aber stets auch noch zu prüfen, ob diese Gründe oder ein solcher Grund im Einzelfalle triftig genug sind, um auch gerade die unzeitige Kündigung gebührend zu rechtfertigen.

b) Die unzeitige Kündigung ist jedoch nach der Auffassung des B.G.B. (M. a. a. O.) aus praktischen Gründen nicht ungültig, sondern an sich rechtswirksam. Sie legt aber dem Kündigenden die Verpflichtung auf, den aus der unzeitigen Kündigung den übrigen Gesellschaftern erwachsenen Schaden zu ersetzen (vgl. §§ 249 ff.). Der römischrechtliche Satz: „socius a se socium, sed non se a socio liberat" ist also in seiner weittragenden Bedeutung nicht aufgenommen. Die Haftung für Schadensersatz auf Grund unzeitiger Kündigung ist jedoch ausgeschlossen, wenn ein wichtiger, nach den Umständen des Falls die sofortige Auflösung rechtfertigender Grund vorlag (M. a. a. O.).

IV. Ausschluß des Kündigungsrechtes durch Vertrag? (Abs. 3.)

Eine weitere Beschränkung des Kündigungsrechtes, als wie sie sich aus den Abs. 1 u. 2 ergibt, erklärt das Gesetz für nichtig (zwingender Rechtssatz — im Einklange mit dem bisher geltenden Rechte).

Eine vertragsmäßige Erleichterung der Kündigung dagegen muß selbstverständlich als statthaft erscheinen.

§ 724.

Ist eine Gesellschaft für die Lebenszeit eines Gesellschafters eingegangen, so kann sie in gleicher Weise gekündigt werden wie eine für unbestimmte Zeit eingegangene Gesellschaft. Dasselbe gilt, wenn eine Gesellschaft nach dem Ablaufe der bestimmten Zeit stillschweigend fortgesetzt wird.

E. I, 650; II, 662; III, 711.

1. Satz 1 lehnt sich einerseits an Art. 123 Abs. 2 H.G.B. ä. F. an (im gemeinen Rechte war die Frage bestritten; vgl. Windscheid, § 408 Nr. 7), andererseits war für die Aufnahme dieser Vorschrift der Erfahrungssatz maßgebend, daß ein für die Lebenszeit eingegangener Gesellschaftsvertrag meist auf Uebereilung, Selbsttäuschung und Illusionen beruht. Vgl. § 134 H.G.B. ä. F.

2. Satz 2 entspricht dem Art. 123 Abs. 1 Nr. 5 H.G.B. ä. F. und harmonirt auch mit dem gemeinen Rechte. Vgl. auch § 134 H.G.B. n. F.

Zur stillschweigenden Fortsetzung gehört ein Verhalten aller Gesellschafter, aus welchem ersichtlich ist, daß die Gesellschaft trotz des Zeitablaufs fortgesetzt werden soll. Es müssen mit anderen Worten die Erfordernisse einer stillschweigenden Vereinbarung vorliegen. Bei einer ausdrücklichen Vereinbarung einer derartigen Fortsetzung wird übrigens das Gleiche gelten müssen (Staub zu § 134 H.G.B.).

Die Würdigung der im Einzelfalle bestehenden und erkennbaren Absicht der Gesellschafter, die Gesellschaft nur auf eine bestimmte Zeit fortzusetzen, ist natürlich nicht ausgeschlossen (M. II, 621).

Außerdem werden hieher auch die Bem. zu § 568 entsprechend anwendbar sein.

§ 725.

Hat ein Gläubiger eines Gesellschafters die Pfändung des Antheils des Gesellschafters an dem Gesellschaftsvermögen erwirkt, so kann er die Gesellschaft ohne Einhaltung einer Kündigungsfrist kündigen, sofern der Schuldtitel nicht blos vorläufig vollstreckbar ist.

Solange die Gesellschaft besteht, kann der Gläubiger die sich aus dem Gesellschaftsverhältniß ergebenden Rechte des Gesellschafters, mit Ausnahme des Anspruchs auf einen Gewinnantheil, nicht geltend machen.

E. II, 663; III, 712

Dem Gläubiger eines Gesellschafters ist während des Bestehens der Gesellschaft der Zugriff auf die einzelnen Bestandtheile des Gesellschaftsvermögens versagt (§ 859 Abs. 1 Satz 2 C.P.O.). Es ist ihm aber die Pfändung des seinem Schuldner zustehenden Antheils an dem Gesellschaftsvermögen als Ganzem gestattet (§ 859 Abs. 1 Satz 2 C.P.O.). Der § 725 zeigt den Weg, den der Gläubiger zur Realisirung in letzterer Beziehung einzuschlagen hat, nämlich Kündigung und damit Auflösung der Gesellschaft (s. unten Bem. 3). (Die Bestimmung lehnt sich im Allgemeinen an Art. 126 H.G.B. ä. F. und § 135 H.G.B. n. F. an.)

1. Das hier bezeichnete Recht steht jedem Privatgläubiger des Gesellschafters zu. Privatgläubiger in diesem Sinne ist aber auch der Gesellschaftsgläubiger, insoweit er den einzelnen Gesellschafter auf Grund dessen persönlicher Haftung in Anspruch nimmt. Vgl. Bem. 2 zu § 714 und Bem. III, 2 zu § 718. Dieses Kündigungsrecht des Gläubigers ist kein abgeleitetes, sondern ein selbständiges, vom Rechte des Schuldners unabhängiges Recht, wie sich schon daraus ergibt, daß es den sich aus § 723 ergebenden Beschränkungen nicht unterworfen ist.

2. Die Voraussetzung dieses Rechtes ist lediglich die, daß der Gläubiger die Pfändung des Antheils seines Schuldners an dem Gesellschaftsvermögen (im Sinne des § 859 Abs. 1 Satz 2 C.P.O.) erwirkt hat, sowie daß ein nicht bloß vorläufig vollstreckbarer Schuldtitel vorliegt (in Anlehnung an § 66 des Genossenschaftsgesetzes, da die Kündigung einen nicht wieder rückgängig zu machenden Eingriff in die Rechtslage der Gesellschafter enthält). Ein Auszug aus der Konkurstabelle genügt, ebenso ein gerichtlicher Vergleich oder eine notarielle Schuldurkunde (Staub zu § 135).

Keine nothwendige Voraussetzung ist (im Gegensatze zum Handelsrechte, s. oben) dagegen:

a) daß eine besondere Kündigungsfrist vom Gläubiger eingehalten wird, vielmehr wird hier die Kündigung sofort wirksam;

b) daß eine vorherige fruchtlose Vollstreckung in das Privatvermögen des Gesellschafters bereits stattgefunden hat.

3. Folgen der Kündigung:

a) In Ansehung der Gesellschaft bewirkt sie die Auflösung der Gesellschaft im Wege der Auseinandersetzung nach Maßgabe der §§ 730 ff.

Die Gesellschafter haben es aber in der Hand, diese Folge abzuwenden. Zunächst dadurch, daß sie im Gesellschaftsvertrage (vor der fraglichen Pfändung) vereinbaren, daß im Falle der Pfändung der Gesellschafter ausscheiden solle (s. § 736 Bem. I, d). Eine weitere Bestimmung, wie § 141 H.G.B. n. F., ist aber hieher nicht getroffen. Selbstverständlich wird auch dann die Auflösung verhindert werden, wenn die Gesellschafter den Gläubiger befriedigen; ob dies vor oder nach der ausgesprochenen Kündigung geschieht, wird sich gleich bleiben, da ja die Vorschrift des § 725 lediglich den dritten Gläubiger schützen soll und deßhalb cessiren muß, sobald dessen Interesse wegfällt (Staub zu § 135 H.G.B. Anm. 5. And. Ans. Planck zu § 725). Das Gleiche muß gelten, wenn der betreffende Gesellschafter seinen Gläubiger, sei es vor oder nach der Kündigung, befriedigt.

b) Der Gläubiger hat, wenn seine Befriedigung nicht etwa noch erfolgt (s. a), ein absolutes Recht auf Einleitung und Durchführung der gesetzmäßigen Auseinandersetzung, das er allenfalls auch durch Klage geltend machen kann. Er ist also z. B. nicht an Bestimmungen des Gesellschaftsvertrags gebunden, durch welche im Falle der Auflösung eine andere Art der Auseinandersetzung, etwa Naturaltheilung, angeordnet ist, noch weniger aber an nachträgliche Vereinbarungen der Gesellschafter nach dieser Richtung (Staub a. a. O.). Ebenso müßten Vereinbarungen, welche dieses Kündigungsrecht der Privatgläubiger etwa aufheben oder beschränken wollten (abgesehen von oben a), als hinfällig erscheinen.

Auf das Rechtsverhältniß zwischen dem Gläubiger und den übrigen Gesellschaftern wird nach der Kündigung auch § 1275 Anwendung finden können (vgl. Planck a. a. O.). Die Pfändung des Antheils des Gesellschafters an dem Gesellschaftsvermögen umfaßt die Pfändung des Anspruchs des Gesellschafters auf den bei der Auseinandersetzung diesem zukommenden Antheil an dem Gesellschaftsvermögen. Die Befriedigung aus diesem Anspruche geschieht nach § 857 C.P.O.

4. Abs. 2: Macht der Gläubiger von diesem Kündigungsrechte keinen Gebrauch, so kann er die sich aus dem Gesellschaftsverhältniß ergebenden Rechte seines Schuldners nicht geltend machen, da er ja durch die Pfändung nicht Mitgesellschafter wurde und die Rechte und Pflichten des Gesellschafters, dessen Antheil gepfändet wurde, unverändert fortbestehen. Auch die Gesellschafter sind dann an sich an weiteren Verfügungen über das Gesellschaftsvermögen nicht behindert (soweit nicht etwa das Anfechtungsgesetz einschlägt). Dem Gläubiger steht in diesem Stadium lediglich der Anspruch seines Schuldners auf einen etwaigen Gewinnantheil als Befriedigungsobjekt zu.

5. Ansprüche, welche einem Gesellschafter aus seiner Geschäftsführung zustehen, werden der Pfändung unterliegen, soweit deren Befriedigung vor der Auseinandersetzung

verlangt werden kann (Planck a. a. O.). Das Nämliche gilt von Ansprüchen auf Grund einer sog. Untergesellschaft; s. Bem. 1 b zu § 717.

§ 726.

Die Gesellschaft endigt, wenn der vereinbarte Zweck erreicht oder dessen Erreichung unmöglich geworden ist.

E. I, 651; II, 664; III, 713.

Die Vorschrift, daß die Gesellschaft endigen soll, wenn der vereinbarte Zweck erreicht oder dessen Erfüllung unmöglich geworden ist, entspricht dem geltenden Rechte (Windscheid, § 408 Anm. 2 u. 3; P.L.R. a. a. O. § 277).

1. Die Auflösung der Gesellschaft tritt hier von Rechtswegen ohne Weiteres ein, also ohne daß es noch einer Kündigung der Gesellschafter bedürfte (theilweise abweichend Art. 125 H.G.B. ä. F., der hierin nur einen Kündigungsgrund erblickte; wegen des neuen H.G.B. s. D. z. H.G.B. S. 104).

2. Ueber Unmöglichkeit der Erfüllung des Gesellschaftszweckes vgl. §§ 275, 279, 306; ferner die Bem. in Staub, Komm. zu Art. 125 H.G.B. ä. F. § 5 und aus der bisherigen Praxis S. A. Bd. 44 Nr. 101. Eine Unmöglichkeit liegt nicht nur dann vor, wenn die Erreichung des Zweckes absolut unmöglich geworden ist, sondern auch, wenn sich so große Schwierigkeiten ergeben, daß die Erreichung in der vereinbarten Weise nicht mehr möglich ist.

§ 727.

Die Gesellschaft wird durch den Tod eines der Gesellschafter aufgelöst, sofern nicht aus dem Gesellschaftsvertrage sich ein Anderes ergiebt.

Im Falle der Auflösung hat der Erbe des verstorbenen Gesellschafters den übrigen Gesellschaftern den Tod unverzüglich anzuzeigen und, wenn mit dem Aufschube Gefahr verbunden ist, die seinem Erblasser durch den Gesellschaftsvertrag übertragenen Geschäfte fortzuführen, bis die übrigen Gesellschafter in Gemeinschaft mit ihm anderweit Fürsorge treffen können. Die übrigen Gesellschafter sind in gleicher Weise zur einstweiligen Fortführung der ihnen übertragenen Geschäfte verpflichtet. Die Gesellschaft gilt insoweit als fortbestehend.

E. I, 652; II, 665; III, 714.

I. 1. Da die Gesellschaft ein an die Person der Gesellschafter gebundenes Verhältniß ist, so soll nach der gesetzlichen Regel der Tod eines Gesellschafters die Auflösung der Gesellschaft nach sich ziehen (übereinstimmend mit gemeinem Rechte, vgl. Windscheid, § 408 Nr. 2; Entsch. d. R.G. Bd. 16, Bd. 45 ff. und H.G.B. Art. 123 Ziff. 2, 127, 261 ä. F.).

Die Beendigung tritt mit dem Zeitpunkt ein, in welchem ein Gesellschafter stirbt. Auf das Erfahren der anderen Gesellschafter kommt es in dieser Hinsicht nicht an. (M. II, 623.) Unzuträglichkeiten, welche etwa durch diese Regelung entstehen könnten, beugt Abs. 2 vor, s. Bem. II.

2. Diese gesetzliche Bestimmung ist aber nur dispositiver Natur. In dem Gesellschaftsvertrage, sowohl dem ursprünglichen, wie in einem Nachtrage hiezu, kann über den Einfluß des Todes eines Gesellschafters auf den Bestand der Gesellschaft etwas anderes bestimmt werden, und zwar ist hierin zweierlei möglich:

a) Es kann vereinbart werden, daß die Gesellschaft mit den Erben des verstorbenen Gesellschafters fortbestehen soll. In diesem Falle treten dann diese Erben von Rechtswegen, ohne daß eine neue Vereinbarung nöthig oder ein neuer Gesellschaftsvertrag zu unterstellen wäre, bezüglich der Rechte und Verpflichtungen in Bezug auf das Gesellschaftsverhältniß vollständig an die Stelle ihres Erblassers.

b) Es kann aber auch vereinbart werden, daß die Gesellschaft im Falle des Todes eines Gesellschafters unter den übrigen Gesellschaftern fortbestehen soll. Für diesen Fall ist § 736 einschlägig.

II. Abs. 2 will den Unzuträglichkeiten steuern, welche sich aus der mit dem Zeitpunkte des Todes unmittelbar eintretenden Auflösung der Gesellschaft im Sinne der gesetzlichen Regel des Abs. 1 ergeben. Eine analoge Vorschrift enthält § 672 beim Auftrag. Vgl. Bem. hiezu.

a) Die Haftung der Erben ist die gleiche, wie die ihres Erblassers war. Eine Beschränkung ihrer Haftung auf dolus und culpa lata, wie im gemeinen Rechte (vgl. Windscheid, § 408 Anm. 12) ist nicht aufgenommen.

b) Als selbstverständlich gilt, daß die Erben des Gesellschafters in diesem Falle sowohl für die von ihrem Erblasser, wie für die von ihnen selbst noch besorgten Geschäfte Rechenschaft abzulegen haben. M. II, 623.

c) Deßgleichen obliegt den Erben, falls sie in die Gesellschaft eintreten, ohne daß die dem Erblasser hinsichtlich der Geschäftsführung zustehenden Befugnisse auf sie übergehen, aus der Anwendung des Abs. 2 die Verpflichtung, den zur Geschäftsführung berufenen Gesellschaftern den Tod des Erblassers anzuzeigen und bei Gefahr im Verzuge das Erforderliche zu veranlassen, bis die zur Geschäftsführung berufenen Gesellschafter anderweitige Fürsorge treffen können. P. II, 439.

§ 728.

Die Gesellschaft wird durch die Eröffnung des Konkurses über das Vermögen eines Gesellschafters aufgelöst. Die Vorschriften des § 727 Abs. 2 Satz 2, 3 finden Anwendung.

E. I, 658; II, 675; III, 715.

1. Satz 1: Die Bestimmung, daß die Gesellschaft durch die Eröffnung des Konkurses über das Vermögen eines Gesellschafters aufgelöst werde, entspricht der Auffassung im gemeinen Rechte (Windscheid, § 408 Nr. 3), sowie dem H.G.B. Art. 123 Ziff. 3 ä. F. und § 131 Ziff. 5 n. F., während nach P.L.R. der Konkurs über das Vermögen eines Gesellschafters den anderen Gesellschaftern nur ein Rücktrittsrecht gab.

a) Die Auflösung tritt auch hier (vgl. § 727) von Rechtswegen ein, ohne daß es einer Kündigung bedarf; vgl. aber § 729.

b) Die sich an die Auflösung anschließende Auseinandersetzung erfolgt außerhalb des Konkursverfahrens (§ 16 Abs. 1 K.O.). Die Gesellschafter können aber wegen der auf das Gesellschaftsverhältniß sich gründenden Forderungen abgesonderte Befriedigung aus dem bei der Auseinandersetzung ermittelten Antheile des Gemeinschuldners verlangen (§ 51 K.O.). Der geschäftsführende Gesellschafter ist in Ansehung der Ansprüche, welche ihm aus der einstweiligen Fortführung der Geschäfte nach § 728 Satz 2 zustehen, Massegläubiger, in Ansehung der ihm nach § 729 zustehenden Ansprüche, unbeschadet der Bestimmung des § 51, Konkursgläubiger (§ 28 K.O.).

c) Eine frühere Vereinbarung unter den Gesellschaftern, daß für den Konkursfall in Ansehung eines Gesellschafters die Gesellschaft unter den übrigen Gesellschaftern fortbestehen solle, ist gültig (M. II, 624). Ist der Konkurs aber bereits eröffnet, so kann eine derartige Vereinbarung nicht mehr getroffen werden. Zulässig erscheint aber, daß durch eine Vereinbarung zwischen den übrigen Gesellschaftern und dem Konkursverwalter Letzterer mit dem nach Maßgabe des § 738 zu ermittelnden Werthe des Antheils des in Konkurs gerathenen Gesellschafters abgefunden wird und daß die übrigen Gesellschafter das Gesellschaftsvermögen ohne eine weitere Auseinandersetzung erhalten: Letztere können dann auf der Grundlage der bisherigen Verhältnisse eine neue Gesellschaft gründen (vgl. Planck zu § 728).

2. Zu Satz 2 vgl. Bem. zu § 727.

3. Ueber die Frage der Zulässigkeit eines gesonderten Konkurses über das Gesellschaftsvermögen allein s. Bem. IV zu § 718.

4. Ueber die Frage, welchen Einfluß der Verlust der Geschäftsfähigkeit eines Gesellschafters übt, vgl. Bem. A, 2e zu § 723.

§ 729.

Wird die Gesellschaft in anderer Weise als durch Kündigung aufgelöst, so gilt die einem Gesellschafter durch den Gesellschaftsvertrag übertragene Befugniß zur Geschäftsführung zu seinen Gunsten gleichwohl als fortbestehend, bis er von der Auflösung Kenntniß erlangt oder die Auflösung kennen muß.

E. I, 654; II, 666; III, 716.

Dieser Paragraph entspricht dem § 674 beim Auftrage. Vgl. daher zunächst die Bem. zu § 674.

a) Die Vorschrift gilt im Uebrigen nicht nur für die vom Gesetze besonders behandelten Auflösungsgründe, sondern allgemein, also z. B. auch beim Eintritt einer auflösenden Bedingung, unter welcher der Gesellschaftsvertrag geschlossen wurde (M. II, 624: vgl. Windscheid, § 408 Nr. 13). Nur wenn die Auflösung der Gesellschaft durch Kündigung herbeigeführt ist, gilt die Befugniß zur Geschäftsführung nicht als fortbestehend, da in diesem Falle die Kenntnißnahme ohnedies zur Wirksamkeit der Kündigung gehört.

b) Die Handlungen des Geschäftsführenden bis zu jenem Zeitpunkte, den § 729 bezeichnet, verpflichten nach wie vor die übrigen Gesellschafter, gleichviel ob der Auflösungsgrund in der Person des Geschäftsführenden selbst oder aus anderen Ursachen entstanden ist.

c) Analoge Vorschriften finden sich in den §§ 1682 u. 1893. Außerdem ist hieher § 28 K.O. zu vergleichen.

d) Der Beweis, daß der Gesellschafter von der Auflösung Kenntniß hatte oder haben mußte, obliegt demjenigen, der das Erlöschen der Befugniß zur Geschäftsführung behauptet.

e) Hinsichtlich der Geltung des § 729 für Dritte s. § 169.

§ 730.

Nach der Auflösung der Gesellschaft findet in Ansehung des Gesellschaftsvermögens die Auseinandersetzung unter den Gesellschaftern statt.

Für die Beendigung der schwebenden Geschäfte, für die dazu erforderliche Eingehung neuer Geschäfte sowie für die Erhaltung und Verwaltung des Gesellschaftsvermögens gilt die Gesellschaft als fortbestehend, soweit der Zweck der Auseinandersetzung es erfordert. Die einem Gesellschafter nach dem Gesellschaftsvertrage zustehende Befugniß zur Geschäftsführung erlischt jedoch, wenn nicht aus dem Vertrage sich ein Anderes ergiebt, mit der Auflösung der Gesellschaft; die Geschäftsführung steht von der Auflösung an allen Gesellschaftern gemeinschaftlich zu.

E. I, 655; II, 667 Abs. 1, 2; III, 717.

Die §§ 730—735 behandeln die endgültige Auseinandersetzung nach Auflösung der Gesellschaft (auch Liquidation der Gesellschaft oder des Gesellschaftsvermögens benannt), während die §§ 736 ff. das Ausscheiden bezw. den Ausschluß eines einzelnen Gesellschafters, sowie die an ein solches Ereigniß sich anschließende Auseinandersetzung unter Fortbestehen der Gesellschaft betreffen.

1. Mit der Auflösung der Gesellschaft tritt der Zustand der Auseinandersetzung ein, welcher zu dem schließlichen Endzwecke der Theilung die Verwendung der gemeinschaftlichen Gegenstände zur Erfüllung der Schuldverpflichtungen, sowie die Realisirung des gemeinsamen Vermögens zu verfolgen hat.

Dabei ist aber das Verhältniß nicht etwa so gedacht, daß nur die entstandenen Schuldverhältnisse im Einzelnen nach den allgemeinen Grundsätzen über Schuldverhältnisse während des Stadiums der Auseinandersetzung fortbestehen, sondern es soll nach der Auffassung des Gesetzes das Gesellschaftsverhältniß selbst trotz der Auflösung der Gesellschaft wenigstens in beschränkter Weise noch fortdauern, nämlich soweit es eben der Zweck der Auseinandersetzung verlangt (vgl. hieher auch Art. 144 H.G.B. ä. F.).

2. Das vom H.G.B. angenommene Institut der Liquidatoren hat das Gesetz hier nicht adoptirt, als für die gewöhnliche Gesellschaft nicht passend.

a) Die Auseinandersetzung erfolgt daher durch alle Gesellschafter.

b) Die einem Gesellschafter im Gesellschaftsvertrag ertheilte Befugniß zur Geschäftsführung erlischt mit dem Zeitpunkte der Auflösung der Gesellschaft und es wird von diesem Zeitpunkt ab für jedes Geschäft die Zustimmung aller Gesellschafter erforderlich (M. II, 626).

3. Die Vorschriften des § 730 sind sämmtlich nur dispositiver Natur, wenn dies auch nur in einer Richtung speziell zum Ausdrucke gebracht wird (M. a. a. O.).

§ 731.

Die Auseinandersetzung erfolgt in Ermangelung einer anderen Vereinbarung in Gemäßheit der §§ 732 bis 735. Im Uebrigen gelten für die Theilung die Vorschriften über die Gemeinschaft.

E. I, 656 Abs. 5, 773; II, 667 Abs. 3; III, 718.

1. Hinsichtlich der näheren Art und Weise der Auseinandersetzung gelten:

a) zunächst die besonderen Vereinbarungen im Gesellschaftsvertrage. Soferne und soweit hierin nichts über diese Materie enthalten ist, kommen:

b) die gesetzlichen Bestimmungen der §§ 732—735 in Betracht.

c) Soweit auch diese gesetzlichen Vorschriften im Einzelfalle nicht ausreichen, sollen die Vorschriften über die Gemeinschaft (§§ 741 ff.) als subsidiäres Recht zur Anwendung kommen. Besonders wichtig sind in dieser Beziehung die §§ 752, 753, 754. Regelmäßig wird indessen eine Vertheilung der Früchte oder Nutzungen, sowie des Gewinns während der Auseinandersetzung nicht stattfinden; diese Nutzungen und Erübrigungen werden in diesem Stadium einstweilen zum Gesellschaftsvermögen gezogen und bei der Schlußvertheilung des Ueberschusses (§ 734) mit vertheilt. (Planck zu § 731). Es steht jedoch nichts im Wege, daß die Gesellschafter vereinbaren, jene Nutzungen ꝛc. auch während der Auseinandersetzung zu vertheilen.

2. In die Rechte der Gesellschaftsgläubiger greift das Auseinandersetzungsverfahren an sich nicht ein. Es bleibt diesen also unbenommen, auch in diesem Stadium Zwangsvollstreckungen zu betreiben. Hinsichtlich der Privatgläubiger vgl. § 725. Eine Verkürzung der Gesellschaftsgläubiger kann nicht rechtsgültig vereinbart werden; vgl. Bem. 3 b zu § 725. Hinsichtlich der Verjährung der Ansprüche gegen die Gesellschafter sind hier keine Sonderbestimmungen getroffen.

§ 732.

Gegenstände, die ein Gesellschafter der Gesellschaft zur Benutzung überlassen hat, sind ihm zurückzugeben. Für einen durch Zufall in Abgang gekommenen oder verschlechterten Gegenstand kann er nicht Ersatz verlangen.

E. I, 656 Abs. 1; II, 668; III, 719.

Bei der Auflösung der Gesellschaft sind vor Allem solche Einlagen (Gegenstände) zurückzugeben, welche ein Gesellschafter der Gesellschaft lediglich zur Benutzung (quoad usum) überlassen hat. Vgl. hieher Bem. II zu § 706. Bezüglich der Einlagen zum Eigenthume der Gesellschaft s. § 733.

1. Der Gesellschafter, welcher der Gesellschaft Gegenstände zur Benutzung überlassen hat, trägt hier den jene treffenden Zufall im Rechtssinne, ohne daß ihm Ersatzansprüche bezüglich eines durch Zufall in Abgang gekommenen oder verschlechterten Gegenstandes gegenüber den anderen Gesellschaftern zustehen.

2. Ist der Untergang oder die Verschlechterung nicht durch Zufall, sondern durch ein Verschulden der übrigen Gesellschafter oder eines einzelnen Gesellschafters entstanden, so kann der betroffene Gesellschafter den Ersatz des Schadens nach allgemeinen Grundsätzen von den übrigen Gesellschaftern bezw. von dem allein schuldigen Gesellschafter verlangen (vgl. Windscheid, § 406 Nr. 4). Soweit hiebei der Untergang oder die Beschädigung durch schuldhafte Verletzung der Vertragspflichten Seitens der geschäftsführenden Gesellschafter verursacht wurde, wird der diesbezügliche Ersatzanspruch zum Gesellschaftsvermögen gehören; vgl. Planck zu § 732.

3. Für den Vortheil, den die Gesellschaft durch die Benutzung des Gegenstandes gehabt hat, wird eine Vergütung überhaupt nicht geleistet; vgl. hieher § 733 Abs. 2 Satz 3.

4. Von selbst versteht sich, daß unter den Gesellschaftern die Gewährung eines Ersatzes für Abnutzung solcher Gegenstände besonders vereinbart werden kann, M. II 629.

§ 733.

Aus dem Gesellschaftsvermögen sind zunächst die gemeinschaftlichen Schulden mit Einschluß derjenigen zu berichtigen, welche den Gläubigern gegenüber unter den Gesellschaftern getheilt sind oder für welche einem Gesellschafter die übrigen Gesellschafter als Schuldner haften. Ist eine Schuld noch nicht fällig oder ist sie streitig, so ist das zur Berichtigung Erforderliche zurückzubehalten.

Aus dem nach der Berichtigung der Schulden übrig bleibenden Gesellschaftsvermögen sind die Einlagen zurückzuerstatten. Für Einlagen, die nicht in Geld bestanden haben, ist der Werth zu ersetzen, den sie zur Zeit der Einbringung gehabt haben. Für Einlagen, die in der Leistung von Diensten oder in der Ueberlassung der Benutzung eines Gegenstandes bestanden haben, kann nicht Ersatz verlangt werden.

Zur Berichtigung der Schulden und zur Rückerstattung der Einlagen ist das Gesellschaftsvermögen, soweit erforderlich, in Geld umzusetzen.

E. I, 656 Abs. 2 Satz 1, Abs. 3 Satz 1–3, Abs. 4; II, 669; III, 720.

§ 733 behandelt die Schuldenberichtigung und Erstattung der Einlagen. Ueber Vertheilung des Gewinnes s. § 734 und über Vertheilung des Verlustes s. § 735.

I. Die erste Aufgabe der Auseinandersetzung ist, wie dies in der Natur der Sache liegt, das reine Vermögen der Gesellschaft festzustellen und zwar zunächst durch Schuldentilgung (Abs. 1).

1. Das Gesetz beschränkt hier die nothwendige Berichtigung nicht auf die Gesellschaftsschulden im engeren Sinne (d. h. diejenigen, welche anläßlich des Betriebs der Gesellschaft für alle Gesellschafter als solche entstanden durch Rechtsgeschäft oder sonstige Handlungen), sondern faßt diesen Begriff weiter, indem es zwei weitere Kategorieen hereinbezieht:

a) Solche Verpflichtungen, welche den Gläubigern gegenüber unter den Gesellschaftern getheilt sind.

Nach den M. II, 628 sind darunter solche Schulden zu verstehen, welche zwar vom Standpunkte des Gläubigers aus nicht als reine Gesellschaftsschulden erscheinen, die aber doch im Verhältnisse der Gesellschafter zu einander vermöge ihrer Entstehung und nach dem Gesellschaftsprinzip als gemeinschaftlich erscheinen.

Hierunter dürfen aber nicht bloße Privatschulden der Gesellschafter verstanden werden, sondern solche Verpflichtungen, welche gerade den Gesellschaftern als solchen obliegen, ohne daß sie sich als eine untheilbare Schuld der Gesellschaft selbst darstellen.

b) Die Verpflichtungen der Gesellschafter den übrigen Gesellschaftern gegenüber auf Grund des Gesellschaftsverhältnisses.

Da das Gesetz die Rückerstattung der Einlagen (s. Bem. II) und die Vertheilung des schließlichen Ueberschusses (s. § 734) besonders behandelt, so werden hierunter die sonstigen in dem Gesellschaftsverhältnisse wurzelnden Ansprüche der Einzelgesellschafter zu verstehen sein, wohin insbesondere die Ansprüche für Aufwendungen bei der Geschäftsführung oder auf Auszahlung rückständiger Gewinnantheile gehören. Die Hereinziehung derartiger Ansprüche als gemeinschaftlicher Schulden erscheint nicht nur als billig, sondern auch als praktisch zur Vereinfachung der Auseinandersetzung. Vgl. M. a. a. O.

Schulden, welche unabhängig von dem Gesellschaftszweck erwuchsen, zählen hieher überhaupt nicht.

c) Hinsichtlich noch nicht fälliger oder strittiger Forderungen sind die zur Deckung dieser erforderlichen Beträge zurückzuhalten (vgl. Art. 141 H.G.B. ä. F. und § 155 n. F.).

Daraus folgt zugleich, daß die Schulden durch die Auflösung der Gesellschaft an sich nicht fällig werden (Staub, § 4 zu Art. 141 H.G.B. ä. F.) Ueber die Art und Weise der Zurückhaltung sagt das Gesetz nichts, es werden daher regelmäßig die allgemeinen Grundsätze der §§ 372 ff. zur Anwendung zu kommen haben.

d) Eine öffentliche Aufforderung an die Gesellschaftsgläubiger (wie bei der Liquidation der eingetragenen Vereine, vgl. § 50) ist nicht vorgeschrieben, ebensowenig ein sog. Sperrjahr.

II. Die zweite Aufgabe der Auseinandersetzung liegt in der Rückerstattung der Gesellschafter-Einlagen (Abs. 2):

Das Gesetz unterscheidet in dieser Beziehung:

1. Die Einlagen im engeren Sinne, d. h. die seinerzeitigen Beiträge der Gesellschafter in das Eigenthum der Gesellschaft (Gegenstände quoad sortem, vgl. insbesondere § 706 Abs. 1 und § 718);

2. Einlagen in der Leistung von Diensten;

3. Einlagen, die lediglich in der Ueberlassung eines Gegenstandes zur Benutzung bestanden.

Zu 1: Gesetzliche Regel ist, daß die Rückerstattung der Einlagen quoad sortem — auch solcher, die zunächst nicht in Geld bestanden haben — im Geldwerthe zu erfolgen hat. Maßgebend ist dabei jener Werth, den sie zur Zeit der Einbringung gehabt haben (vgl. hiezu Art. 143 H.G.B. ä. F.). Im Uebrigen ist hervorzuheben, daß die Rückerstattung der Einlagen erst nach der Berichtigung der Gesellschaftsschulden erfolgen darf.

a) Aus dem Gesagten ergibt sich, daß einerseits der Gesellschafter keinen Anspruch auf Rückerstattung in natura hat, andererseits, daß ihm aber auch nicht die Ausfolgung des von ihm seinerzeit Eingebrachten in natura gegen seinen Willen aufgezwungen werden kann (M. II, 628).

b) Unter Werth ist hier selbstverständlich der objektive Einbringungswerth zu verstehen.

c) Für den Fall, daß das Gesellschaftsvermögen zur Deckung der Einlagen nicht ausreicht, s. § 735.

Zu 2: Bestand die Einlage in Dienstleistungen, so unterbleibt die Rückerstattung der Einlage vollständig. Eine gewisse Ausgleichung findet durch § 734 statt, wonach auch derartige Einleger, wenigstens nach der gesetzlichen Regel, an dem Gewinne theilnehmen dürfen. (Vgl. hieher § 706 Abs. 3 mit Bem. VI.)

Zu 3: S. § 732 mit Bem.

III. Zu Abs. 3. Hierin wird zum Ausdrucke gebracht, daß die Versilberung des gemeinschaftlichen Vermögens nur insoweit für die Zwecke der Auseinandersetzung geschehen soll, als die Mittel zur Deckung der gemeinschaftlichen Schulden und zur Erstattung der Einlagen (Abs. 1 u. 2) beschafft werden müssen; darüber hinaus greifen dann die allgemeinen Grundsätze über die Gemeinschaft Platz s. § 731 oben und §§ 749 ff.; vgl. ferner hieher M. II, 629 und P.L.R. a. a. O. § 206; s. dagegen Art. 137 H.G.B. ä. F. und § 149 n. F.

§ 734.

Verbleibt nach der Berichtigung der gemeinschaftlichen Schulden und der Rückerstattung der Einlagen ein Ueberschuß, so gebührt er den Gesellschaftern nach dem Verhältniß ihrer Antheile am Gewinne.

E. I, 656 Abs. 3 Satz 5; II, 670 Abs. 1; III, 721.

§ 734 handelt von Vertheilung des Ueberschusses unter die Gesellschafter.

1. Unter Ueberschuß ist jener Rest des Gesellschaftsvermögens zu verstehen, welcher nach Berichtigung der gemeinschaftlichen Schulden und nach Rückerstattung der Einlagen im Sinne des § 733 noch verblieben ist.

2. Der Ueberschuß ist unter die Gesellschafter nach Verhältniß ihrer Gewinnantheile zu vertheilen. Ist in letzterer Beziehung im Gesellschaftsvertrage nichts Be-

sonderes bestimmt, so stehen allen Gesellschaftern gleiche Antheile zu, also auch jenem, dessen Einlage lediglich in der Leistung von Diensten bestanden hat.

3. Die Art und Weise der Vertheilung richtet sich nach den Grundsätzen über die Gemeinschaft, s. § 731 Satz 2. Soweit sich also das restirende Vermögen in gleichartige, den Antheilen der Gesellschafter entsprechende Theile zerlegen läßt, kann Theilung in Natur erfolgen, außerdem aber werden dessen Bestandtheile verkauft und der Erlös vertheilt. Ueber Gewährschaftspflicht in diesem Falle vgl. § 757.

§ 735.

Reicht das Gesellschaftsvermögen zur Berichtigung der gemeinschaftlichen Schulden und zur Rückerstattung der Einlagen nicht aus, so haben die Gesellschafter für den Fehlbetrag nach dem Verhältniß aufzukommen, nach welchem sie den Verlust zu tragen haben. Kann von einem Gesellschafter der auf ihn entfallende Beitrag nicht erlangt werden, so haben die übrigen Gesellschafter den Ausfall nach dem gleichen Verhältnisse zu tragen.

E. I, 656 Abs. 2 Satz 2, 3; II, 670 Abs. 2; III, 722.

Bestimmungen über die Theilung des Fehlbetrags:

I. Allgemeines: Wenn das Gesellschaftsvermögen zur Berichtigung der gemeinschaftlichen Schulden und zur Rückerstattung der Einlagen (vgl. § 733) nicht ausreicht, so liegt ein Gesellschaftsdefizit vor. Gleich hier ist als wesentlicher Standpunkt des B.G.B. (im Gegensatze zu E. I und M. II, 629) hervorzuheben, daß die Einlagen der Gesellschafter in dieser Hinsicht den Schulden der Gesellschaft gleichgestellt werden, sodaß man also — entsprechend der im Leben herrschenden Anschauung — von einem Verluste der Gesellschaft nicht nur dann spricht, wenn das Gesellschaftsvermögen zur Berichtigung der gemeinschaftlichen Schulden nicht hinreicht, sondern auch dann, wenn die Einlagen nicht voll gedeckt werden. (Dem entspricht auch die thatsächliche Uebung, die Einlagen regelmäßig als Schulden zu buchen.) Vgl. hieher P. II, 442 u. 443.

Selbstverständlich ist auch § 735 nur dispositiver Natur, wie sich schon aus § 731 ergibt.

II. Im Einzelnen:

1. Satz 1: Der Fehlbetrag wird unter die Gesellschafter nach Verhältniß ihrer Verlustantheile (§ 722) vertheilt. Demgemäß haben also im Zweifel auch hier alle Gesellschafter gleiche Antheile zu tragen.

a) Wenn ein Gesellschafter nur persönliche Leistungen beiträgt, kann eine Betheiligung am Verluste für ihn natürlich vertragsmäßig ausgeschlossen werden. Ist dies aber nicht geschehen, so trifft auch ihn ein gleicher Antheil am Verluste. Ist in einem Gesellschaftsvertrage zwar eine besondere Gewinnbetheiligung für einen nur persönliche Dienste beitragenden Gesellschafter vereinbart, über Verlusttragung aber nichts gesagt, so ist es zunächst Auslegungsfrage des einzelnen Vertrages, ob auch eine entsprechende Betheiligung am Verluste überhaupt in der Absicht des Vertrages lag. Erst subsidiär greift § 735 Platz.

b) Diese Antheile der Gesellschafter am Verluste werden bei der praktischen Durchführung der Deckung von ihren bei der Auseinandersetzung zu berücksichtigenden Erstattungsansprüchen abzuziehen sein. Der Rest ist dann unmittelbar von Gesellschafter zu Gesellschafter in Geld zu berichtigen. Dies wird besonders wichtig bei Einlagen zu verschiedenen Beträgen (vgl. hieher Cosack a. a. O. S. 384).

2. Satz 2: Kann von einem Gesellschafter der auf ihn entfallende Betrag zur Deckung des Verlustes nicht erlangt werden, so haben die übrigen Gesellschafter den Ausfall nach dem nämlichen Verhältnisse zu tragen, also auch hier im Zweifelsfalle zu gleichen Antheilen. Diese Haftung der übrigen Gesellschafter ist aber nur eine subsidiäre; es wird nämlich vorausgesetzt, daß jener Fehlbetragsantheil thatsächlich nicht beigetrieben werden kann, z. B. wegen Konkurses des betreffenden Gesellschafters, fruchtloser Vollstreckung überhaupt, auch wohl Unerreichbarkeit, Verschollenheit 2c. (Vgl. Oertmann zu § 735.)

3. Ueber Haftung eines ausgeschiedenen Gesellschafters für Fehlbeträge s. § 739.

§ 736.

Ist im Gesellschaftsvertrage bestimmt, daß, wenn ein Gesellschafter kündigt oder stirbt oder wenn der Konkurs über sein Vermögen eröffnet wird, die Gesellschaft unter den übrigen Gesellschaftern fortbestehen soll, so scheidet bei dem Eintritt eines solchen Ereignisses der Gesellschafter, in dessen Person es eintritt, aus der Gesellschaft aus.

E. I, 657; II, 671; III, 723.

I. Der gesetzlichen Regel nach sind die Kündigung, der Tod eines Gesellschafters, sowie die Eröffnung des Konkurses über das Vermögen eines Gesellschafters Gründe für die Auflösung der Gesellschaft, s. §§ 723, 727, 728.

Es kann jedoch durch Vertrag (sei es bei Begründung der Gesellschaft oder während der Dauer der Gesellschaft) bestimmt werden, daß für diese Fälle statt einer Auflösung der Gesellschaft diese unter den übrigen Gesellschaftern fortbestehen soll.

Dies liegt zwar an sich nicht in dem Wesen der Gesellschaft, entspricht aber, wie M. II, 630 besagen, einem unverkennbaren praktischen Bedürfnisse. Außerdem stimmt dieser gesetzgeberische Gedanke auch mit Art. 127 H.G.B. ä. F. und § 138 n. F. überein (im Gegensatze zum gemeinen Rechte, vgl. Windscheid, § 408).

a) Im Falle einer derartigen Abmachung wird trotz des Ausscheidens eines Gesellschafters die alte Gesellschaft als fortbestehend angenommen, also nicht eine Neubegründung der Gesellschaft subsumirt. (Dies will § 736 klarstellen im Gegensatze zu der Fassung in E. I.) Der Unterschied von einer Juristischen Person bleibt aber auch in diesem Falle strikte aufrecht, da ja dieses Fortbestehen bei der Gesellschaft nur auf Grund obligatorischer Verpflichtung eintritt.

b) Der Zeitpunkt des Ausscheidens soll — Mangels einer anderweitigen Abmachung — genau derjenige sein, in welchem ohne eine derartige Uebereinkunft die Gesellschaft durch das betreffende Ereigniß aufgelöst würde; s. §§ 723, 727, 728.

c) Eine diesbezügliche Vereinbarung der „übrigen Gesellschafter" nach Auflösung der Gesellschaft kann nicht hierunter fallen, da ja solchen Falls die alte Gesellschaft durch das betreffende Ereigniß von Rechtswegen aufgelöst ist. In einem solchen Falle liegt dann in Wahrheit ein neuer Gesellschaftsvertrag vor (im Gegensatze zu Art. 128 H.G.B. ä. F. und § 140 H.G.B. n. F.).

d) Das Gesetz will offensichtlich die Rechtsregel des § 736 auf die ausgesprochenen drei Fälle beschränken, sonst hätte es nicht diese im Detail ohne weiteren Beisatz aufgeführt. Es wird aber im Uebrigen dem Ausscheiden eines einzelnen Gesellschafters aus der Gesellschaft im Allgemeinen durch eine freie Vereinbarung zwischen ihm und den andern Gesellschaftern, also unter völliger Uebereinstimmung aller Gesellschafter nichts im Wege stehen können (Cosack, S. 386). Das Gegentheil wäre von zu schroffen Konsequenzen begleitet.

Der Fall, daß ein Gläubiger, der den Antheil eines Gesellschafters gepfändet hat, auf Grund des § 725 kündigt, wird ohne Weiteres unter § 736 zu subsumiren sein, da ja dieser Gläubiger im Grunde doch nur das Kündigungsrecht des gepfändeten Gesellschafters ausübt. (Ebenso Planck zu § 736 und vgl. auch Staub zu § 138 H.G.B. n. F.)

e) Ueber die Abfindung des ausgeschiedenen Gesellschafters und dessen noch fortlaufende Ansprüche bezw. Verpflichtungen bestimmen die §§ 738—740.

II. Auffallenderweise läßt das B.G.B. über den Eintritt neuer Gesellschafter nichts Näheres verlauten. Die einzige singuläre Bestimmung enthält § 727, wonach die Erben eines Gesellschafters — wenn der Gesellschaftsvertrag dies für statthaft erklärt — als neue Mitglieder in die Gesellschaft auch von Gesetzeswegen eintreten dürfen. Da es an einer weiteren allgemeineren Vorschrift aber gebricht, wird meistens angenommen (vgl. hieher Planck zu § 736, Cosack, S. 389, Oertmann, Anm. 3 zu § 736), daß es eine Fortsetzung der alten Gesellschaft mit einem hinzutretenden Gesellschafter nicht gebe, daß vielmehr ein derartiger Vorgang im Rechtssinne stets Auflösung der alten und Bildung einer neuen Gesellschaft sei. Dies erfordere aber eine „Uebertragung des Antheils". Letztere könne hinsichtlich der durch bloßen Abtretungsvertrag übertragbaren Rechte durch den mit dem neueintretenden Mitgliede geschlossenen Gesellschaftsvertrag erfolgen und hinsichtlich beweglicher Sachen mit Hülfe eines constitutum possessorium im Zusammenhalte mit demselben Vertrage; hinsichtlich der Rechte aber, deren Erwerb Eintragung ins Grundbuch fordere, sei ein besonderer Uebertragungsakt und Eintragung ins Grundbuch erforderlich.

Gegen diese Ansicht hat sich mit Recht Gierke a. a. O. S. 18 ff. gewendet, da sie theoretisch unrichtig sei und praktisch zu ungeheuerlichen Konsequenzen führe.

Es kann sich hier um eine Uebertragung von Antheilen durchaus nicht handeln, da ja nach dem Prinzipe der Gesammten Hand übertragbare Antheile im Einzelnen überhaupt nicht vorhanden sind. Es wird vielmehr ein neuer Antheil an dem als Ganzes zu denkenden Gesellschaftsvermögen geschaffen, der zugleich ohne Weiteres von sich aus ein entsprechendes Abwachsen auf Seite der Rechte der anderen bisherigen Gesellschafter bedeutet; die Beschaffenheit der einzelnen Vermögensgegenstände ist hiefür einerseits unerheblich und es reicht zu dieser Rechtsfolge andererseits ein einfacher Vertrag (§ 413) aus.

Durch den Vertrag mit dem Eintretenden wollen die Gesellschafter das bisherige Band nicht lösen und die Vermögensverhältnisse nicht völlig neu aufbauen, sondern in ihrer bisherigen gesellschaftlichen Verbundenheit mit dem neuen Gesellschafter einen Gesellschaftsvertrag schließen; das Gesellschaftsvermögen soll keinen Augenblick aufhören, ein geschlossenes Sondervermögen zu sein, sondern nur einen neuen Theilhaber empfangen. Diese Konstruktion entspricht allein dem Prinzipe der Gesammten Hand, aus dessen Wesen die hier bestehende gesetzgeberische Lücke zu ergänzen ist und nicht im Sinne des römischen Societätsrechtes.

Die gegentheilige Ansicht dagegen führt zu Ergebnissen, welche die größten Schwierigkeiten in sich schließen, z. B. wenn hinsichtlich einzelner Gegenstände die geforderte Antheilsübertragung unterbliebe oder gar bei nicht rechtsfähigen Vereinen, auf die das Gesellschaftsrecht Anwendung zu finden hat (§ 54): hier wäre bei jeder Aufnahme eines Mitglieds Auflösung des alten und Errichtung eines neuen Vereins nothwendig!

Nur das Eine ist hinsichtlich der Immobiliarrechte im Gesellschaftsvermögen erforderlich, daß nämlich das Grundbuch durch Eintragung des neuen Gesellschafters berichtigt wird, wozu indessen keine andere Thatsache nachgewiesen zu werden braucht als der Eintritt des neuen Gesellschafters. Bis dahin aber ist in Ansehung des eingetragenen Rechtes die Mitträgerschaft des neueingetragenen Gesellschafters für den gutgläubigen Dritten nicht vorhanden. Demgemäß kann auch insolange der uneingeweihte Gläubiger auf Grund eines Urtheils, das nur gegen die eingetragenen Gesellschafter ergangen ist, Zwangsvollstreckung in das Grundstück fordern (Gierke a. a. O.).

Hieher gehört auch die Frage der Schuldenhaftung des neueintretenden Gesellschafters. Eine gesetzliche Regel, wie sie das H.G.B. n. F. in § 130 für die offene Handelsgesellschaft aufstellt, kennt das Gesetz hier nicht. § 419 wird nicht hieher bezogen werden können, da unter dem Begriffe „ganzes Vermögen" im Sinne jenes Paragraphen das Gesellschaftsvermögen, ein bloßes Sondergut, wohl nicht verstanden werden kann (and. Ans. Cosack, S. 390). In den meisten Fällen wird aber die übereinstimmende Absicht der bisherigen und des neuen Gesellschafters bei einem derartigen Neueintritte dahin gehen, daß der Neueintretende auch die bereits bestehenden Schulden der Gesellschaft mit übernimmt, sodaß in diesem Sinne ein Vertrag zu Gunsten Dritter (der Gläubiger) angenommen werden kann. Dies hat selbstverständlich nur Bedeutung hinsichtlich der persönlichen Haftung des neuen Gesellschafters für solche Schulden. Daß das Gesellschaftsvermögen unverändert Befriedigungsobjekt für bereits bestehende Schulden bleibt, sowie die Antheile der bisherigen Gesellschafter hieran, ist klar; eventuell können die Gläubiger den Vertrag mit dem neuen Gesellschafter auch anfechten (Planck zu § 736).

§ 737.

Ist im Gesellschaftsvertrage bestimmt, daß, wenn ein Gesellschafter kündigt, die Gesellschaft unter den übrigen Gesellschaftern fortbestehen soll, so kann ein Gesellschafter, in dessen Person ein die übrigen Gesellschafter nach § 723 Abs. 1 Satz 2 zur Kündigung berechtigender Umstand eintritt, aus der Gesellschaft ausgeschlossen werden. Das Ausschließungsrecht steht den übrigen Gesellschaftern gemeinschaftlich zu. Die Ausschließung erfolgt durch Erklärung gegenüber dem auszuschließenden Gesellschafter.

E. II, 672; III, 724.

§ 737 handelt vom Ausschluß eines Gesellschafters.

1. E. I hatte eine gesetzliche Regelung des Ausschlusses eines Gesellschafters prinzipiell abgelehnt und in dieser Richtung lediglich auf diesbezügliche vertragsmäßige Abmachungen verwiesen (M. II, 617). Da aber derartige Vereinbarungen selten getroffen werden, so hielt E. II (P. II, 444) eine gesetzliche Ausgleichungsvorschrift für geboten (analog dem Art. 128 H.G.B. ä. F.) und zwar unter folgendem leitenden Gedanken: Wenn für den Fall der Kündigung eines Gesellschafters das Fortbestehen der Gesellschaft unter den übrigen Gesellschaftern vereinbart ist, so entspricht es dem Sinne einer derartigen Vereinbarung, daß beim Vorhandensein eines Grundes, der nach § 723 Abs. 1 Satz 2 an sich die Kündigung der übrigen Gesellschafter dem anderen Gesellschafter gegenüber rechtfertigen würde, an die Stelle der die Auflösung der Gesellschaft herbeiführenden Kündigung die Ausschließung des einzelnen Gesellschafters trete. Mit anderen Worten: Wenn nach dem Gesellschaftsvertrage die Kündigung des einzelnen Gesellschafters nicht die Auflösung der Gesellschaft herbeiführen, sondern die Gesellschaft trotz der Kündigung fortbestehen soll, so soll das dem einzelnen Gesellschafter gegenüber den anderen Gesellschaftern zustehende Kündigungsrecht umgekehrt auch den anderen Gesellschaftern in der Richtung gegen den einzelnen Gesellschafter zustehen; seinem praktischen Erfolge nach aber bedeutet dieses Kündigungsrecht der anderen Gesellschafter eben nichts anderes als ein Ausschließungsrecht gegenüber dem einzelnen Gesellschafter.

2. Diesem Ausschlußrechte sind aber bestimmte Schranken gezogen:

a) Es kann den anderen Gesellschaftern nur zustehen, wenn in der Richtung gegen den auszuschließenden Gesellschafter ein gesetzlicher Kündigungsgrund im Sinne des § 723 Abs. 1 Satz 2 zusteht.

b) Es kann nur gemeinschaftlich, also nur unter Uebereinstimmung aller übrigen Gesellschafter geübt werden. Werden die anderen Gesellschafter in dieser Hinsicht nicht einig, so bleibt nur der Ausweg, daß ein oder mehrere Gesellschafter aus dem vorliegenden Grunde kündigen und dadurch die Auflösung der bisherigen Gesellschaft herbeiführen, worauf die harmonirenden wieder eine neue Gesellschaft schließen können.

3. Der Ausschluß selbst erfolgt durch eine empfangsbedürftige Erklärung der übrigen Gesellschafter, welche die Wirkung des Ausschlusses ipso jure in sich schließt. Würde daher die Rechtsgültigkeit eines solchen Ausschlusses im Rechtswege angestritten, so kommt dem den Ausschluß bestätigenden Urtheile lediglich deklaratorische Bedeutung zu (im Gegensatze zu § 140 H.G.B. für die offene Handelsgesellschaft, wonach die Ausschließung erst durch gerichtliches Urtheil wirksam wird).

§ 738.

Scheidet ein Gesellschafter aus der Gesellschaft aus, so wächst sein Antheil am Gesellschaftsvermögen den übrigen Gesellschaftern zu. Diese sind verpflichtet, dem Ausscheidenden die Gegenstände, die er der Gesellschaft zur Benutzung überlassen hat, nach Maßgabe des § 732 zurückzugeben, ihn von den gemeinschaftlichen Schulden zu befreien und ihm dasjenige zu zahlen, was er bei der Auseinandersetzung erhalten würde, wenn die Gesellschaft zur Zeit seines Ausscheidens aufgelöst worden wäre. Sind gemeinschaftliche Schulden noch nicht fällig, so können die übrigen Gesellschafter dem Ausscheidenden, statt ihn zu befreien, Sicherheit leisten.

Der Werth des Gesellschaftsvermögens ist, soweit erforderlich, im Wege der Schätzung zu ermitteln.

E. II, 672; III, 724.

Die §§ 738—740 regeln die Auseinandersetzung beim Ausscheiden eines Gesellschafters, § 738 im Besonderen die Abfindung des ausgeschiedenen Gesellschafters.

I. Während E. I die durch das Ausscheiden des einzelnen Gesellschafters veranlaßte Vermögensänderung dahin geregelt hatte, daß der ausscheidende Gesellschafter verpflichtet sein sollte, seinen Antheil an dem Gesellschaftsvermögen einschließlich der Forderungen nach allgemeinen Rechtsgrundsätzen auf die bleibenden Gesellschafter zu übertragen, hat E. II (vgl. P. II, 445—447) in dieser Materie die sog. Accrescenztheorie gewählt als weiteren Ausfluß des Prinzips der Gesammten Hand (in Anlehnung an Art. 131 H.G.B. ä. F.):

Demgemäß wächst beim Ausscheiden des Gesellschafters sein Antheil am Gesellschaftsvermögen den übrigen Gesellschaftern zu und zwar als unmittelbare gesetzliche Folge des Ausscheidens, ohne daß es also einer besonderen Uebertragung bedürfte. (Ein Analogon hiezu bildet die Vereinigung des Vermögens der Eheleute zu dem Gesammtgute bei der ehelichen Gütergemeinschaft). Dem ausscheidenden Gesellschafter gebührt aber als Entschädigung hiefür eine Abfindung (Näheres Bem. II).

Als Folgerungen aus dieser allgemeinen Regelung ergeben sich:

a) Hinsichtlich der Immobiliarrechte der Gesellschaft (z. B. Grundstücke, Hypotheken) tritt demgemäß an sich keine Rechtsänderung ein, welche besondere grundbuchmäßige Rechtsakte mit dem Ausgeschiedenen bedingen würde. Die verbleibenden Gesellschafter können freilich den Inhalt des Grundbuchs bezüglich der auf den Namen aller Gesellschafter lautenden Grundstücke im Sinne der Ausscheidung berichtigen lassen, im Uebrigen besteht aber keine Gefahr, daß etwa der ausgeschiedene Gesellschafter kraft seiner noch fortbestehenden Eintragung zum Nachtheile der Gesellschaft über seinen Antheil verfüge, da dies ja nach der nunmehrigen materiellen Gestaltung des Gesellschaftsrechtes ausgeschlossen ist (P. II, 447).

b) Es findet keine Liquidation des Gesellschaftsvermögens statt. Vgl. Abs. 2 mit Bem. III.

c) Die übrigbleibenden Gesellschafter können über das Gesellschaftsvermögen dem Gesellschaftszweck entsprechend weiter verfügen, ohne durch ein etwaiges Einspruchsrecht des ausgeschiedenen Gesellschafters behindert zu werden. Vgl. hieher P. II a. a. O. und ferner § 740.

II. Die Abfindung des ausscheidenden Gesellschafters im Einzelnen:

Allgemein ist hervorzuheben, daß die maßgebende Vermögenslage jene zur Zeit des Ausscheidens ist; im Uebrigen weist der Abfindungsanspruch folgende Seiten auf:

1. Gegenstände, welche der Ausscheidende der Gesellschaft zur Benutzung überlassen hat, sind ihm nach Maßgabe des § 732 zurückzugeben; vgl. hieher Bem. zu § 732.

2. Alle seine sonstigen Ansprüche sind ihm in Geld zu vergüten und dabei genau ebenso anzusetzen, wie sie sich darstellen würden, wenn zur Zeit seines Ausscheidens die Gesellschaft aufgelöst worden wäre:

a) Er kann also die in die Gesellschaft zu Eigenthum eingebrachten Gegenstände (quoad sortem) nicht, auch nicht theilweise, in natura zurückverlangen, jene verbleiben vielmehr der Gesellschaft, wie die übrigen in Folge des Gesellschaftsverhältnisses gemeinschaftlich gewordenen Gegenstände (übereinstimmend mit dem P.L.R. a. a. O. §§ 293, 295).

b) Das Gesellschaftsvermögen ist zu diesem Behufe nicht in Geld umzusetzen, sondern nur dessen Werth im Wege der Schätzung zu ermitteln. Gemeint ist hiemit nicht der Werth, der sich bei einer allgemeinen Versilberung der einzelnen Vermögensgegenstände ergibt, sondern jener Erlös, der sich ergeben würde bei einer der Sachlage entsprechenden, möglichst vortheilhaften Verwerthung des Gesellschaftsvermögens, also durch Veräußerung im Ganzen (der Werth der sog. lebenden Gesellschaft). Vgl. Staub zu § 141 H.G.B. n. F. S. 460. Die Zuziehung eines Sachverständigen wird dem ausscheidenden Gesellschafter zu gewähren sein (vgl. hieher Entsch. d. R.G. Bd. 15 S. 80 und Bd. 13 S. 155.). Die Schätzung durch bestimmte Sachverständige kann übrigens gültig auch schon im Gesellschaftsvertrage vereinbart sein (vgl. Entsch. d. R.O.H.G. Bd. 16 S. 427, dann § 317 B.G.B.). Auch Gesellschafter können hiezu berufen werden (§ 315 B.G.B.). Den Verkauf gemeinschaftlicher Gegenstände zum Zwecke der Werthsermittlung kann der Ausscheidende nicht fordern (M. II, 632).

c) Es ist im Uebrigen Sache der Gesellschaft allein, wie sie sich die nöthigen Mittel zur Befriedigung des Ausscheidenden verschafft; dies kann z. B. auch durch freihändigen Verkauf von Gesellschaftsgegenständen erfolgen.

d) Seinem rechtlichen Charakter nach stellt sich der Abfindungsanspruch des Ausscheidenden als ein reines Forderungsrecht auf Auszahlung der festgestellten Summe dar. Dieser Anspruch kann auch abgetreten werden und zwar im Wege der Cession, vgl. Entsch. d. R.G. Bd. 18 S. 43.

e) Die Zeit der Auszahlung wird im Gesetze nicht bestimmt. Es ist daher § 271 maßgebend.

3. Der ausscheidende Gesellschafter ist ferner von den gemeinschaftlichen Schulden zu befreien:

a) Er hat demgemäß einen besonderen Anspruch gegen die übrigen Gesellschafter auf Bewirkung seiner Befreiung von solchen Verbindlichkeiten (vgl. P.L.R. a. a. O. § 300). Im Uebrigen aber wird an den aus dem Gesellschaftsverhältnisse herausgewachsenen Verbindlichkeiten des Ausscheidenden gegenüber Dritten nichts geändert: Er bleibt also insoweit den Gläubigern in der gleichen Weise wie bisher verhaftet, vgl. M. II, 632: er kann nicht verlangen, daß die Gläubiger ihre Befriedigung zunächst im Gesellschaftsvermögen suchen. Ein bereits anhängiger Rechtsstreit läuft in der bisherigen Art weiter, nur daß die Vollmacht der geschäftsführenden Gesellschafter zur Führung des Rechtsstreits bezüglich des ausgeschiedenen Gesellschafters erloschen ist (Planck zu § 738). Hinsichtlich sog. reiner Gesellschaftsschulden dagegen (vgl. Bem. III, 2 a zu § 718) wird der Natur der Sache nach eine persönliche Forthaftung nicht weiter anzunehmen sein (Cosack, S. 389).

b) Daß die fälligen Gesellschaftsschulden sofort berichtigt werden, kann der ausscheidende Gesellschafter nicht verlangen. Bezüglich noch nicht fälliger Forderungen aber kann er Sicherheitsleistung Seitens der übrigen Gesellschafter beanspruchen, soferne diese nicht vorziehen, ihn auch in dieser Beziehung abzufinden. Planck zu § 738 will ihm diesen Anspruch auf Sicherheitsleistung auch hinsichtlich strittiger Forderungen zugestehen, hiezu dürfte es aber an einer genügenden Grundlage im Gesetze selbst mangeln.

c) Die Verpflichtung zur Befreiung und eventuellen Sicherheitsleistung wird auch dann bestehen, wenn sich zu Lasten des ausscheidenden Gesellschafters ein Passivsaldo ergibt. Er hat zwar letzteren an die Gesellschaft zu berichtigen, die Gesellschafter werden aber dadurch ihrer Befreiungsverpflichtung nicht frei (Staub a. a. O. S. 461).

d) Sind die Gesellschafter dieser ihrer Verpflichtung nicht nachgekommen und der Ausgeschiedene in Folge dessen genöthigt worden, einen Gläubiger zu bezahlen, so kann er gegen die Gesellschaft und die übrigen Gesellschafter Regreß nehmen (vgl. hieher Entsch. d. R.G. Bd. 11 S. 130). Scheidet der Gesellschafter mit einem Passivsaldo aus, so können in diesem Falle die Regreßansprüche aufgerechnet werden. Ueber das rechtliche Schicksal solcher Regreßansprüche im Falle eines Konkurses der verbleibenden Gesellschafter bezw. eines Zwangsvergleichs s. Entsch. d. R.G. Bd. 14 S. 178 und Bd. 29 S. 39, sowie Staub a. a. O. S. 462.

4. Ueber die Haftung des Ausgeschiedenen für Fehlbeträge s. § 739 und bezüglich seiner Ansprüche an den noch schwebenden Geschäften s. § 740.

III. Die Bestimmungen des § 738 sind dispositiver Natur, sodaß andere Abmachungen vor oder nach dem Ausscheiden getroffen werden können, z. B. daß hinsichtlich der Grundlage der Berechnung der Abfindungssumme die Buchwerte entscheiden sollen oder daß von vorneherein die Abfindungen den Gegenständen oder dem Geldbetrage nach bestimmt fixirt werden ꝛc. Dagegen wird die grundsätzliche Regel, daß der Antheil des Ausscheidenden den anderen Gesellschaftern anwachsen soll, in Folge ihres innigen Zusammenhangs mit den Grundlagen der Gesellschaft insbesondere der Gesammten Hand als eine zwingende Norm aufzufassen sein. Außerdem kann unter Umständen auch § 343 Platz greifen, soferne der den Ausscheidenden treffende Rechtssatz sich etwa als eine übermäßige Vertragsstrafe darstellt; vgl. Oertmann zu § 738.

§ 739.

Reicht der Werth des Gesellschaftsvermögens zur Deckung der gemeinschaftlichen Schulden und der Einlagen nicht aus, so hat der Ausscheidende den übrigen Gesellschaftern für den Fehlbetrag nach dem Verhältnisse seines Antheils am Verlust aufzukommen.

E. I, 658 Abs. 6; II, 673 Abs. 2; III, 726.

1. Ergibt sich bei der Auseinandersetzung auf Grund der Vermögenslage zur Zeit des Ausscheidens eines Gesellschafters (des hier maßgebenden Zeitpunktes) ein Verlust,

so hat der Ausscheidende den übrigen Gesellschaftern für den Fehlbetrag in demselben Verhältniß aufzukommen, nach welchem er bisher Verluste zu tragen hatte, s. § 722. Es entspricht dies der Billigkeit, da er ja auch umgekehrt an einem etwaigen Ueberschuß einen entsprechenden Antheil zieht.

Scheiden mehrere Gesellschafter zugleich aus, so wird bei einer derartigen Vermögenslage der Gesellschaft jeder einzelne nur für den ihm selbst zur Last fallenden Antheil am Fehlbetrag aufzukommen haben und nicht auch dafür, wenn etwa der auf den anderen mit ausgeschiedenen Gesellschafter entfallende Antheil nicht beizuschaffen ist. vgl. Cosack, S. 389.

2. Ueber die Haftung den Gläubigern gegenüber s. Bem. 3 zu § 738.

3. Dieser Passivsaldo des Ausgeschiedenen stellt sich als eine reine Geldschuld desselben an die Gesellschaft dar. Sein Recht auf Befreiung von Verbindlichkeiten der Gesellschaft bleibt aber gleichwohl unberührt; s. Bem. 3c zu § 738.

4. Abgesehen von diesem Passivsaldo hat der Ausgeschiedene Alles zu zahlen, was er sonst der Gesellschaft schuldet, z. B. er hat unbefugt Geld der Gesellschaftskasse entnommen (vgl. Staub a. a. O. S. 462). Auch hiefür haftet er persönlich und kann nicht etwa verlangen, daß diese von seinem Aktivsaldo abgezogen werden, sondern hat diese Schulden ohne Weiteres an die Gesellschaftskasse zu zahlen, auch wenn sein Gesellschaftsguthaben noch nicht fällig ist (Entsch. d. R.O.H.G. Bd. 24 S. 48).

§ 740.

Der Ausgeschiedene nimmt an dem Gewinn und dem Verluste Theil, welcher sich aus den zur Zeit seines Ausscheidens schwebenden Geschäften ergiebt. Die übrigen Gesellschafter sind berechtigt, diese Geschäfte so zu beendigen, wie es ihnen am vortheilhaftesten erscheint.

Der Ausgeschiedene kann am Schlusse jedes Geschäftsjahrs Rechenschaft über die inzwischen beendigten Geschäfte, Auszahlung des ihm gebührenden Betrags und Auskunft über den Stand der noch schwebenden Geschäfte verlangen.

E. I, 658 Abs. 2, 3; II, 674; III, 727.

Ansprüche des ausgeschiedenen Gesellschafters hinsichtlich der noch schwebenden Geschäfte gestalten sich wie folgt:

Bei dem Ausscheiden eines Gesellschafters werden sehr häufig eine Reihe von Geschäften der Gesellschaft noch schweben, die noch abzuwickeln sind (sog. Abwicklungsgeschäfte) und bezüglich deren daher eine ziffermäßige Abfindung des ausgeschiedenen Gesellschafters (vgl. § 738) noch gar nicht gegeben werden kann.

§ 740 will die rechtliche Betheiligung des Ausgeschiedenen an derartigen noch schwebenden Geschäften näher feststellen (vgl. hiezu auch Staub, Bem. §§ 6 ff. zu Art. 130 H.G.B. ä. F. und zu § 141 n. F. S. 462). Selbstverständlich steht nichts im Wege, daß der Ausgeschiedene freiwillig mit oder ohne Abfindung auf seine Antheilsrechte an den noch schwebenden Geschäften bei Austritt verzichtet.

1. Zunächst ist festzustellen, was schwebende Geschäfte hier überhaupt bedeuten. Als solche werden nur diejenigen gelten können, welche eine unmittelbare Folge dessen darstellen, was schon geschehen ist, d. h. es muß sich das, was nunmehr noch geschieht, als Abwicklung eines zur Zeit des Ausscheidens bereits schwebenden Geschäftes darstellen; vgl. Entsch. d. R.O.H.G. Bd. 15 S. 204 und Staub, § 8 zu Art. 130 H.G.B. ä. F. Auch können hierunter nur nothwendige Abwicklungsgeschäfte in diesem Sinne verstanden werden, nicht etwa sonstige spätere Geschäfte (Staub a. a. O.).

2. Als Grundprinzip (Abs. 1 Satz 2) ist aber hier festzuhalten, daß die Geschäftsführung bezüglich derartiger Geschäfte ausschließlich bei den übrigen Gesellschaftern liegt, da ja der Ausgeschiedene aufgehört hat, Gesellschafter zu sein (vgl. M. II, 631; Entsch. d. R.O.H.G. Bd. 15 Nr. 60 S. 207; S. A. Bd. 31 Nr. 158 und Entsch. d. R.G. Bd. 15 S. 81).

Daraus ergaben sich nachstehende Folgerungen:

a) Der ausgeschiedene Gesellschafter hat keinerlei Einspruchsrecht bezüglich derartiger Geschäfte. Es bleibt ausschließliche Sache der übrigen Gesellschafter, solche Geschäfte abzuwickeln.

b) Fraglich erscheint nur, ob sich jene dem Ausgeschiedenen gegenüber bezüglich der von ihnen aufzuwendenden Sorgfalt auf die Beschränkung des § 708 (Sorgfalt wie in eigener Angelegenheit) berufen können. Man könnte dies unter der Motivirung verneinen, daß ja der Ausgeschiedene nicht mehr als Gesellschafter gelten darf; allein die Thätigkeit der verbleibenden Gesellschafter ist in dieser Hinsicht doch noch ein gesetzliches Residuum ihrer Gesellschaftereigenschaft, wie Staub a. a. O. zu § 141 S. 463 bemerkt, und muß daher noch vom Standpunkte des Gesellschaftsrechtes aus beurtheilt werden, sodaß also auch § 708 hiefür noch zu gelten hat.

c) Ebensowenig steht ihm das fortdauernde Kontrolrecht im Sinne des § 716 mehr zu. Er hat daher auch keinen Anspruch auf fortwährende Einsicht der Geschäftsbücher oder Einziehung sonstiger Informationen. Seine eingeschränkten Rechte in dieser Hinsicht werden in Abs. 2 näher präzisirt, vgl. Bem. 3.

d) Daß er für solche schwebende Verbindlichkeiten Sicherheit zu leisten habe, ist aus dem Gesetze nicht zu entnehmen.

3. Der ausgeschiedene Gesellschafter nimmt aber an dem Ergebnisse der Geschäfte in gleicher Weise theil, als ob er noch Gesellschafter wäre: Er hat daher Antheil an dem Gewinn und Verlust, welche sich aus derartigen Geschäften ergeben, und zwar nach den Normen und Verhältnissen, wie sie zur Zeit seines Austritts für ihn als Gesellschafter bestanden (Abs. 1 Satz 1).

Sein Kontrol- und Informationsrecht ist dagegen (s. oben Bem. 2) darauf zusammengeschmolzen, daß er am Schlusse jedes Geschäftsjahres Rechenschaft über die inzwischen beendigten Geschäfte und Auskunft über den Stand der noch schwebenden Geschäfte verlangen kann. Diese Rechenschaftsablegung wird nach § 259 B.G.B. zu bemessen sein, die Auskunftsertheilung nach § 242; ein unbedingtes Recht auf Vorlegung der ordnungsmäßig geführten Bücher und Skripturen hat er nicht (vgl. Entsch. d. R.G. Bd. 15 S. 80), andererseits wird aber durch eine derartige Vorlegung jenem Erfordernisse regelmäßig voll genügt sein; vgl. Entsch. d. R.O.H.G. Bd. 25 S. 344.

4. Aus dem bestimmten Wortlaute des Gesetzes geht auch hervor, daß er die Auszahlung des Gewinnes nicht etwa sogleich nach Beendigung des betreffenden Abwicklungsgeschäftes verlangen kann (so im Handelsrechte; vgl. Staub, § 12 a. a. O.), sondern allgemein bezüglich sämmtlicher Abwicklungsgeschäfte erst am Ende des jeweiligen Geschäftsjahres.

5. Cedirt der Ausgeschiedene seinen Anspruch aus einem Abwicklungsgeschäfte, so hat der Cessionar nur Rechte auf Bezahlung, nicht aber auch auf Rechnungslegung im Sinne des § 740. Ersterem jedoch wird sein Anspruch auf Rechnungslegung trotz der Cession verbleiben, zumal er ja seinem Cessionar gegenüber die Verpflichtung hat, diesem die nothwendigen Nachweise zu verschaffen (Staub, § 13 zu Art. 130 H.G.B. ä. F.).

6. Da die nothwendigen Abwicklungsgeschäfte zwar mit auf Rechnung des ausgeschiedenen, aber nicht mehr mit auf seinen Namen gemacht werden, so folgt, daß er selbst aus ihnen dem Dritten nicht haftet, zumal ja § 740 nur das Verhältniß nach innen betrifft.

Fünfzehnter Titel.

Gemeinschaft.

(Erläutert von Karl Kober.)

Einleitung.

I. Der nachfolgende Titel will die obligatorischen Beziehungen zwischen den Theilhabern an einer Rechtsgemeinschaft allgemein regeln, gleichviel ob diese Gemeinschaft durch Rechtsgeschäft oder durch rechtsverbindliche Thatsachen (z. B. Verbindung, Vermischung ꝛc.) entstanden ist. Es genügt also in dieser Hinsicht die Thatsache, daß ein Recht mehreren Personen gemeinschaftlich zusteht. Unter diese allgemeinen Regeln fällt auch beispielsweise das Miteigenthum, das im Uebrigen nur einen Anwendungsfall der Gemeinschaft bildet; in sachenrechtlicher Hinsicht gelten hiefür die besonderen Vorschriften der §§ 1008—1011. Für eine große Anzahl von Gemeinschaften bestehen aber besondere Vorschriften. Vgl. hieher Bem. II zu § 741.

II. Bei der Gemeinschaft hat das Gesetz die römischrechtliche Auffassung von der Gemeinschaft festgehalten. Jedem Theilhaber steht ein ziffermäßig bestimmter Antheil an dem gemeinschaftlichen Gegenstande zu, der für sich ein besonderes, selbstständiges Vermögensobjekt bildet (im Gegensatze zu der Regelung bei der Gesellschaft); jeder Theilhaber hat daher auch einen unverjährbaren Anspruch auf Aufhebung der Gemeinschaft.

Dieses Prinzip wird nur in einzelnen Richtungen (§§ 746, 751 Satz 1) aus praktischen Gründen insoweit durchbrochen, als hienach bestimmte Abmachungen zwischen den Theilhabern (z. B. über Ausschluß des Rechtes auf Aufhebung der Gemeinschaft) auch für oder gegen die Sondernachfolger wirken sollen; deßgleichen hinsichtlich der Berichtigung gemeinschaftlicher Schulden (§§ 755, 756).

Bezüglich der Art der Aufhebung der Gemeinschaft weicht das Gesetz dagegen vom römischrechtlichen Standpunkte wesentlich ab (vgl. Bem. zu § 752). Zunächst entscheiden hierüber die näheren Vereinbarungen der Theilhaber. In Ermangelung einer Einigung wird der Aufhebungsmodus vom Gesetz in folgender Weise bestimmt: Wenn der gemeinschaftliche Gegenstand sich ohne Verminderung des Werthes in gleichartige, den Antheilen der Gesellschafter entsprechende Theile zerlegen läßt, so hat Theilung in Natur einzutreten. Ist letzteres ausgeschlossen, so erfolgt die Aufhebung der Gemeinschaft durch Verkauf des gemeinschaftlichen Gegenstandes nach den Vorschriften über den Pfandverkauf, bei Grundstücken durch Zwangsversteigerung und durch Theilung des Erlöses. Während hiebei das römische Recht dem Richter eine besondere Machtbefugniß eingeräumt hatte, verweist das B.G.B. den diesbezüglichen Anspruch des Theilhabers auf Aufhebung der Gemeinschaft in den gewöhnlichen civilprozessualen Rahmen. Der Kläger hat einen bestimmten Klageantrag im Sinne der §§ 752, 753 zu stellen, wie sonst bei einer Klage. Das im Theilungsprozeß ergehende Urtheil hat deklaratorische Bedeutung, nicht konstitutive. Vgl. die Bem. zu §§ 752 u. 753.

III. Das in der Gemeinschaft ruhende Grundprinzip, nämlich das der Antheilsberechtigung nach bestimmten Bruchtheilen, ist absoluter Natur. Es liegt also hierin die Grundregel für alle Gemeinschaften, soferne nicht das Gesetz selbst eine Ausnahme zuläßt. Als eine solche erweist sich z. B. das Rechtsverhältniß der Gesammten Hand. Die Parteien sind also nicht befugt, bei irgend einer Gemeinschaft durch Vertrag dieses Rechtsverhältniß einzuführen, vgl. Bem. II zu § 741.

IV. Der Einzelinhalt der Vorschriften ist folgender: § 741 enthält die vorstehend aufgeführte Grundregel; § 742 enthält die Auslegungsregel, daß den Theilhabern im Zweifel gleiche Antheile zustehen. Die §§ 743—748 normiren die Rechtsverhältnisse während des Bestehens der Gemeinschaft und zwar § 743 die Vertheilung der Früchte, sowie den Gebrauch des gemeinschaftlichen Gegenstandes, die §§ 744—746 die Verwaltung und Benutzung, § 747 die Verfügung über die Antheile und den gemeinschaftlichen Gegenstand im Ganzen, § 748 die Tragung der Kosten und Lasten. Die §§ 749—758 enthalten die maßgebenden Grundsätze für die Aufhebung der Gemeinschaft: Die §§ 749—751 betreffen die Voraussetzungen hiezu, sowie die Wirkung besonderer Abmachungen zwischen den Theilhabern in diesem Punkte, die §§ 752—754 die Durchführung der Gemeinschaftsaufhebung, die §§ 755—757 die Berichtigung der Schulden und die Gewährleistung; § 758 erklärt den Anspruch auf Aufhebung der Gemeinschaft für unverjährbar.

V. Uebergangsbestimmungen: Gemäß Art. 173 E.G. sollen auf eine zur Zeit des Inkrafttretens des B.G.B. bestehende Gemeinschaft nach Bruchtheilen von dieser Zeit an die Vorschriften des B.G.B. Anwendung finden. Hinsichtlich des sog. Stockwerkeigenthums s. Bem. 3 zu § 1010 und Art. 182 E.G. Vgl. hieher auch die Art. 113—115 des bayerischen Uebergangsgesetzes vom 9. Juli 1899. (Staudinger, Vorträge für Verwaltungsbeamte S. 391 fg.)

§ 741.

Steht ein Recht Mehreren gemeinschaftlich zu, so finden, sofern sich nicht aus dem Gesetz ein Anderes ergiebt, die Vorschriften der §§ 742 bis 758 Anwendung (Gemeinschaft nach Bruchtheilen).

E. I, 762; II, 677; III, 728.

I. § 741 stellt als allgemeine Regel auf, daß, wenn ein Recht Mehreren gemeinschaftlich zusteht, Gemeinschaft nach Bruchtheilen anzunehmen ist, d. h. nach ideellen, ziffermäßig bestimmten und im Verhältnisse zum Ganzen gedachten Antheilen (in Uebereinstimmung mit dem gemeinen Rechte). Als getheilt ist dabei das jeweilige Recht zu denken. Im Einzelnen finden hierauf die Vorschriften der §§ 742—758 Anwendung.

1. Die Normen über Gemeinschaft sollen sich allgemein auf alle Rechte beziehen, welche in dieser Weise mehreren Personen zustehen können, also nicht bloß auf das Miteigenthum, das allerdings den wichtigsten Anwendungsfall bildet (vgl. hierüber die besonderen Vorschriften in §§ 1008 ff.) Eine Beschränkung auf Vermögensrechte im engeren Sinne findet nicht statt, z. B. gemeinsamer Besitz, Individualrechte auf ein gemeinsames Schriftwerk ꝛc. (M. II, 874).

2. Das aus den §§ 741 ff. für die Theilhaber sich ergebende Verpflichtungsverhältniß unter einander trägt den rechtlichen Charakter eines Schuldverhältnisses, woraus sich seine Stellung an diesem Orte des B.G.B. erklärt. Dieses Schuldverhältniß tritt ohne Weiteres von Gesetzeswegen, ipso jure, ein, wobei es gleichgültig ist, ob die Gemeinschaft auf einem Rechtsgeschäfte beruht (z. B. gemeinsamer Kauf Mehrerer, Schenkung an Mehrere zusammen ꝛc.) oder ob sie keine rechtsgeschäftliche Grundlage hat (früher vielfach communio incidens genannt), z. B. durch Verbindung, Vermischung, Vermengung (vgl. §§ 946 ff.), durch Aneignung (vgl. insbesondere § 963: Vereinigung von Bienenschwärmen) oder beim Fund eines Schatzes (§ 984) oder durch Vermächtniß (§ 2157). Im Uebrigen unterstehen die Schuldverhältnisse hier den allgemeinen Regeln. Die einzelnen Theilhaber haften bei Erfüllung ihrer Verbindlichkeiten nach dem allgemeinen Maßstabe: eine Beschränkung auf eine Sorgfalt, wie in eigenen Angelegenheiten, besteht hier nicht (im Gegensatze zur Gesellschaft, § 708).

3. Die Vorschriften beziehen sich im Uebrigen nur auf das Recht an dem gemeinsamen Vermögensgute, nicht aber weiter auf rein persönliche Verhältnisse aus der Gemeinschaft (Endemann, § 182 Anm. 2).

4. Soll ein Recht für Mehrere gemeinschaftlich im Grundbuch eingetragen werden, so soll die Eintragung in der Weise erfolgen, daß entweder die Antheile der Berechtigten in Bruchtheilen angegeben werden oder das für die Gemeinschaft maßgebende Rechtsverhältniß bezeichnet wird (§ 48 Gr.B.O.).

II. Die in § 741 aufgestellte Grundregel will eine absolute sein, welche willkürlich durch Privat-Autonomie weder allgemein noch für gewisse Rechte außer Anwendung oder durch ein anders gestaltetes Gemeinschaftsverhältniß ersetzt werden darf (M. II, 873). Die Parteien sind also z. B. nicht befugt, bei irgend einer Gemeinschaft durch Vertrag die Rechtsverhältnisse der Gesammten Hand einzuführen (da eine solche Regelung auch Wirkung gegen Dritte, namentlich die Gläubiger, haben würde: vgl. P. II, 744).

Ausnahmen sind nur da zulässig, wo das Gesetz diese ausdrücklich bestimmt oder zuläßt.

Als solche kommen hauptsächlich in Betracht:

1. Das deutschrechtliche System der Gesammten Hand, welches das B.G.B. anwendet auf das allgemeine Gesellschaftsrecht (§§ 705 ff., insbesondere §§ 718, 719), auf das Rechtsverhältniß der allgemeinen Gütergemeinschaft (§§ 1437 ff., insbesondere §§ 1438, 1442), der fortgesetzten Gütergemeinschaft (s. §§ 1483 ff.) und der Errungenschaftsgemeinschaft (§§ 1519 ff.), sowie beim Rechtsverhältnisse der Miterben vor der Auseinandersetzung (§§ 2032 ff.). Es kommen aber auch hiebei in gewissen Fällen und insbesondere subsidiär die Normen der Gemeinschaft theilweise zur Anwendung, so z. B. in dem Gesellschaftsrechte bei der Auseinandersetzung, vgl. § 731 Satz 2.

2. Eine besondere Regelung für sich bildet ferner bei Forderungen der zweite Abschnitt: „Mehrheit von Schuldnern und Gläubigern". Auch hier bleibt ein allerdings beschränktes Gebiet für die Vorschriften über Gemeinschaft.

3. Besondere Normen bestehen außerdem hinsichtlich gemeinschaftlicher Grenzeinrichtungen, Grenzmauern (Kommunmauern) ꝛc., s. §§ 921, 922, sowie bei einem Grenzbaume, § 923, dann über das Miteigenthum an einer gemeinschaftlichen Sache (§§ 1008—1011).

4. Die Rechtsverhältnisse der Gläubiger im Konkurse des Gemeinschuldners finden ihre besondere Normirung in der Konkursordnung, ebenso enthält die C.P.O. eine Reihe besonderer Vorschriften über Gemeinschaftsverhältnisse (insbesondere bei der Zwangsvollstreckung).

5. Ein besonderer Einfluß kommt hier auch noch dem Landesrechte zu: vgl. über das sog. Stockwerkseigenthum Bem. 3 zu § 1010, über Waldgenossenschaften Art. 83 E.G., über landesrechtliche Realverbände, z. B. Kommunbrauereien gemeinschaftliche Mühlen ꝛc. Art. 184 E.G. Unberührt bleiben ferner die landesgesetzlichen Vorschriften über die Gemeinheitstheilung (Art. 113 E.G.) und über die Regelung der Reallasten bei der Theilung eines mit einer Reallast belasteten Grundstücks (Art. 120 Abs. 2 Ziff. 1, Art. 121 E.G.), sowie die landesgesetzlichen Vorschriften, welche die Theilung der Grundstücke untersagen oder beschränken (Art. 119 E.G.). Auch kann die Landesgesetz-

gebung solche Gemeinschaftsverhältnisse selbständig regeln, welche zu einer ihr allgemein vorbehaltenen Materie gehören, z. B. die Gewerkschaften im Bergrechte (Art. 67 E.G.).

III. Von der Gemeinschaft ist zu unterscheiden die Gesellschaft. Letztere setzt in ihrem Wesen voraus die Verbindung mehrerer Personen zur Förderung eines besonderen gemeinschaftlichen Zweckes. Solches fehlt im Prinzipe bei der Gemeinschaft. Sie erzeugt zwar auch verschiedene gegenseitige Verpflichtungen im gemeinschaftlichen Interesse, allein jene beruhen hier nicht auf einem besonderen gerade hierauf abzielenden Vertrage, sondern auf gesetzlicher Vorschrift. Vgl. Bem. III, B, 2 zu § 705. Freilich kann im konkreten Falle die Grenzlinie eine flüssige werden.

IV. Eine analoge Anwendung der Normen über die Gemeinschaft auf andere Gemeinschaftsverhältnisse, soweit eventuell besondere Vorschriften im Einzelfalle fehlen, ist nicht ausgeschlossen und bleibt der Wissenschaft und Praxis überlassen (M. II, 874). Hieher gehören z. B. Fälle, in welchen nicht sowohl das Recht, sondern nur der Gegenstand als gemeinschaftlich anzusehen ist, wie z. B. wenn Eigenthum und Nießbrauch an einer Sache in der Weise zusammentreffen, daß dem Nießbrauche nur ein Bruchtheil der Sache unterworfen ist. Vgl. P. II, 744.

§ 742.

Im Zweifel ist anzunehmen, daß den Theilhabern gleiche Antheile zustehen.

E. I, 764; II, 678; III, 729.

§ 742 stellt aus Zweckmäßigkeitsgründen eine Auslegungsregel dahin auf, es sei im Zweifelsfalle anzunehmen, daß den Theilhabern gleiche Antheile zustehen. Dies stimmt überein mit dem bisher geltenden Rechte.

Eine Besonderheit ist im § 1109 enthalten für den Fall der Theilung eines Grundstücks mit Reallastberechtigung.

Hinsichtlich der Eintragung im Grundbuche vgl. § 48 der Gr.B.O.

§ 743.

Jedem Theilhaber gebührt ein seinem Antheil entsprechender Bruchtheil der Früchte.

Jeder Theilhaber ist zum Gebrauche des gemeinschaftlichen Gegenstandes insoweit befugt, als nicht der Mitgebrauch der übrigen Theilhaber beeinträchtigt wird.

E. I, 765 Abs. 2; II, 679; III, 730.

I. Allgemeine Bem. zu den §§ 743—746:

Diese Paragraphen behandeln den Antheil des einzelnen Theilhabers an den Früchten, sowie den Gebrauch (Benutzung) und die Verwaltung des gemeinschaftlichen Gegenstandes.

Hinsichtlich der Benutzungsarten können im Einzelfalle die verschiedensten Verhältnisse zu Tage treten. Als Hauptfälle lassen sich herauskehren (die Systematik des Gesetzes ist hier ziemlich unklar):

a) Die sämmtlichen Theilhaber können durch einstimmigen Beschluß eine besondere Benutzungsart nach freiem Belieben bestimmen (über Wirkung auf Sondernachfolger s. § 746).

b) Im Falle eine derartige Einigung nicht zu Tage tritt, kann ein Mehrheitsbeschluß Seitens der Theilhaber über Verwaltung und Benutzung gefaßt werden, dies jedoch nur innerhalb bestimmter Schranken, s. § 745.

c) Sind die Voraussetzungen zu a oder b nicht gegeben, so kann jeder Theilhaber eine entsprechende Verwaltung und Benutzung verlangen; s. § 745 Abs. 2.

d) Tritt auch letzteres nicht ein, so kommen die §§ 743 u. 744 zur Anwendung; letztere haben also, richtig verstanden, mehr subsidiäre Geltung.

Als allgemeiner Gesichtspunkt ist hier auch hervorzuheben, daß bei der Gemeinschaft ein mehr egoistischer Zug obwaltet, im Gegensatze zur Gesellschaft; denn jeder Theilhaber nimmt ja an der Verwaltung und Benutzung zunächst um seiner selbst willen theil, der gemeinsame Zweck im engeren Sinne des Gesellschaftsrechtes fehlt hier.

II. § 743 im Einzelnen.

1. Zu Abs. 1:

a) Das Recht des einzelnen Theilhabers auf die Früchte hat sich nach seinem Antheil an dem Rechte überhaupt zu richten, soferne keine andere Abrede besteht. Ueber den Begriff Früchte vgl. § 99. Sehr häufig wird es sich hiebei um den Antheil am reinen Einkommen aus dem gemeinschaftlichen Rechte handeln, das gemeinsam oder für gemeinschaftliche Rechnung verwaltet wird.

b) Dieser Antheil am Fruchtertrage ist ein selbständiges Recht (wie im gemeinen Rechte, vgl. Dernburg, Pand. § 196). Dies kommt im Gesetz insbesondere auch dadurch zum Ausdruck, daß gemäß § 745 Abs. 3 Satz 2 das Recht des einzelnen Theilhabers auf einen seinem Antheil entsprechenden Bruchtheil der Nutzungen nicht ohne seine Zustimmung — auch nicht durch Mehrheitsbeschluß — beeinträchtigt werden kann.

2. Zu Abs. 2:

Inwieweit die Theilhaber zum Gebrauche des gemeinschaftlichen Gegenstandes befugt sind, war in der Theorie bisher eine bestrittene Frage. Im Gegensatze zum Prinzipe des römischen Rechtes (l. 28 D. 10, 3), das hier ein Handeln gegen den Willen des anderen Theilhabers überhaupt nicht gestattete, vielmehr Letzterem allgemein ein jus prohibendi gab, verleiht das B.G.B. dem einzelnen Theilhaber eine direkte Befugniß zum Gebrauche der Sache, soweit nicht dadurch der Mitgebrauch der übrigen Theilhaber beeinträchtigt wird. Dies schließt sich an die neuere gemeinrechtliche Praxis an, welche hierin mit dem starren Wesen des römischen Rechtes bereits gebrochen hatte (vgl. hieher insbesondere S. A. Bd. 34 Nr. 99 S. 151 und Bd. 38 Nr. 214).

Der einzelne Theilhaber darf also grundsätzlich — soferne nicht die besondereren §§ 745 u. 746 im Einzelfalle zur Anwendung kommen — das gemeinschaftliche Recht auch gegen den Willen des anderen Theilhabers insoweit gebrauchen, als dieser Gebrauch der Bestimmung der Sache gemäß und dem anderen Theilhaber nicht schädlich ist, ohne daß er dies erst im Klageweg auszutragen braucht. Dies wird selbst dann gelten dürfen, wenn es sich um Verfügungen handelt, welche die Substanz einer gemeinschaftlichen Sache berühren: z. B. hat der einzelne Miteigenthümer die von dem anderen einseitig vorgenommene Pflasterung der Ausfahrt in dem gemeinschaftlichen Hofraum unter der Voraussetzung zu dulden, daß sie für ihn unschädlich und an der Entfernung der Pflasterung für ihn ein Interesse nicht vorhanden ist; vgl. die letztangeführte Entscheidung. (Ueber die Rechtsverhältnisse an gemeinschaftlichen Brunnen vgl. Sprenger im Arch. f. civ. Praxis Bd. 77 S. 28 ff.). Bei der Frage, wie weit der einzelne Theilhaber in dieser Richtung gehen dürfe, werden insbesondere die Grundsätze von Treu und Glauben (§ 242) maßgebend erscheinen, auch kann das Chikaneverbot des § 226 hier von besonderem Einflusse werden.

Eine Streitfrage liegt hier weiter darin, ob der einzelne Theilhaber bei seinem Vorgehen mit der Gebrauchsmöglichkeit des anderen Theilhabers im abstrakten Sinne zu rechnen hat oder nur mit dem thatsächlichen Mitgebrauche des anderen Theilhabers, soweit ihn dieser im gegebenen Falle für sich in Anspruch nimmt. Nach dem Wortlaute des Gesetzes und mit Rücksicht auf das allgemeine Prinzip bei der Gemeinschaft, daß nämlich hier ein nicht unbilliger Egoismus des Einzelnen in den Vordergrund treten darf (vgl. oben 1 a. E.), wird man sich wohl für die letztere Alternative entscheiden müssen. Vgl. Oertmann, Bem. 1 zu § 743.

§ 744.

Die Verwaltung des gemeinschaftlichen Gegenstandes steht den Theilhabern gemeinschaftlich zu.

Jeder Theilhaber ist berechtigt, die zur Erhaltung des Gegenstandes nothwendigen Maßregeln ohne Zustimmung der anderen Theilhaber zu treffen; er kann verlangen, daß diese ihre Einwilligung zu einer solchen Maßregel im voraus ertheilen.

E. I, 765 Abs. 1; 766 Satz 3; II, 680; III, 731.

I. Zu Abs. 1: Hinsichtlich der Verwaltung des gemeinschaftlichen Gegenstandes hält das Gesetz an dem Prinzipe fest, daß diese den Theilhabern gemeinschaftlich zustehe.

Eine Abgrenzung dahin, was unter Verwaltung im Gegensatze zum Gebrauch oder der Benutzung des gemeinschaftlichen Gegenstandes zu verstehen sei, gibt das Gesetz selbst nicht. Es werden hierunter alle jene Maßregeln fallen, welche irgendwie — sei es in thatsächlicher oder rechtlicher Beziehung — eine Aenderung der bisherigen Sachlage in sich schließen, z. B. einerseits Umbau und Reparatur eines Hauses, eingreifende Aenderungen in der Wirthschaftsführung ꝛc., andererseits z. B. Vermiethung, Verpachtung eines Gegenstandes ꝛc. In manchen Fällen wird freilich die Grenzlinie zwischen Benutzung und Verwaltung schwer zu finden sein oder überhaupt zusammenfließen, so insbesondere bei der Gemeinschaft eines Rechtes.

II. Das Gesetz kennt aber zwei Ausnahmen von dem Prinzip unter I:

A. In Ansehung der zur Erhaltung des gemeinschaftlichen Gegenstandes nothwendigen Maßregeln (Abs. 2).

B. In gewissem Umfange wird hier auch das Majoritätsprinzip zugelassen. Hierüber Näheres in § 745 mit Bem.

Zu A: Die zur Erhaltung des Gegenstandes nothwendigen Maßregeln kann jeder Theilhaber ohne Zustimmung der anderen Theilhaber treffen.

1. Dieser Satz gilt aber nur für nothwendige Maßregeln. Hierunter werden im engeren Sinne nur jene zu verstehen sein, welche in der That zur Erhaltung des Gegenstandes nothwendig sind (vgl. analog § 547 u. 994), z. B. dringende Reparatur eines Hauses, nothwendige Bestellung eines Feldes, auch Bezahlung fälliger Gelder, z. B. von Hypothekzinsen, soferne eine Säumniß von ungünstigen Folgen begleitet wäre, z. B. drohende Zwangsvollstreckung.

2. Der einzelne Theilhaber handelt hiebei zugleich für seine Genossen. Er wird diesen daher seine nothwendigen Auslagen sammt Zinsen zu ihrem Antheil in Rechnung stellen können (wie im gemeinen Rechte, vgl. Dernburg, Pand. § 196). Die entsprechenden Ersatzansprüche werden sowohl vor der Aufhebung der Gemeinschaft, als nach dieser, wenn ihre Berichtigung nicht erfolgte, geltend gemacht werden können; in Ansehung des Verzugs gelten die allgemeinen Rechtssätze.

Bestimmungen dahin, daß der in dieser Hinsicht säumige Theilhaber dadurch seine Antheilsrechte verwirke (wie im gemeinen Rechte z. B. bei der Reparatur gemeinsamer Häuser; vgl. Dernburg a. a. O.) hat das B.G.B. absichtlich nicht aufgenommen (M. II, 878 Anm. 3 und Bem. 3 zu § 748).

3. Neben dem Rechte des einzelnen Theilhabers auf Vornahme der in diesem Sinne nothwendigen Maßregeln wird zugleich den anderen Theilhabern die Verpflichtung auferlegt, zu einer behufs Erhaltung des Gegenstandes nothwendigen und von einem der Theilhaber in Aussicht genommenen Maßregel im Voraus ihre Einwilligung zu ertheilen. Nöthigenfalls kann der betreffende Theilhaber auch auf Einwilligung klagen. Die Einwilligung gilt dann mit der Rechtskraft des Urtheils als ertheilt nach § 894 C.P.O.

Dies hat für Jenen doppelten Vortheil:

a) Es verschafft ihm die nöthige Vertretungsvollmacht, wenn die nothwendige Maßregel den Abschluß von Rechtsgeschäften bedingt.

b) Er wird dagegen sichergestellt, daß die Anderen später die Nothwendigkeit der Maßregel etwa anstreiten (M. a. a. O.).

4. Die im § 744 enthaltenen Befugnisse stellen sich als ein Individualrecht des einzelnen Theilhabers dar. Es gilt daher das Majoritätsprinzip in dieser Richtung nicht (M. a. a. O.).

5. Selbstverständlich kann auch ein einzelner Theilhaber mit der Verwaltung des Gegenstandes beauftragt werden; dann liegt ein gewöhnliches Auftragsverhältniß nach Maßgabe der §§ 662 ff. für die Regel vor. Eine derartige Auftragsertheilung ist nicht nach Art der Geschäftsführung bei der Gesellschaft zu beurtheilen (M. II, 876).

6. Der Haftungsmaßstab des einzelnen Theilhabers ist hier, wie auch sonst bei der Gemeinschaft, der allgemeine nach Maßgabe der §§ 276 ff. Eine Beschränkung auf die Sorgfalt in eigenen Angelegenheiten, wie bei der Gesellschaft, tritt hier nicht ein,

da das Gemeinschaftsverhältniß keine zureichenden Gründe zu einer derartigen Abweichung abgibt, insbesondere fehlt das bei der Gesellschaft so wichtige besondere Vertrauensverhältniß (M. a. a. O. und P. II, 768; abweichend vom gemeinen Rechte). Die Prot. heben an dieser Stelle auch hervor, daß den Theilhabern als solchen — ohne Dazwischenliegen eines besonderen Vertrages (Auftrag, Gesellschaft) — gegen einander eine Verpflichtung zur Aufwendung von Sorgfalt behufs der Abwendung von Verlusten an den gemeinschaftlichen Gegenständen nicht obliegt.

III. Wird eine Einigung über die Art und Weise der Verwaltung überhaupt nicht erzielt, so kann zunächst der Weg des § 745 Abs. 2 von Bedeutung sein und als letztes Mittel zur Zerschneidung der Uneinigkeit dient die Aufhebung der Gemeinschaft (§ 749).

§ 745.

Durch Stimmenmehrheit kann eine der Beschaffenheit des gemeinschaftlichen Gegenstandes entsprechende ordnungsmäßige Verwaltung und Benutzung beschlossen werden. Die Stimmenmehrheit ist nach der Größe der Antheile zu berechnen.

Jeder Theilhaber kann, sofern nicht die Verwaltung und Benutzung durch Vereinbarung oder durch Mehrheitsbeschluß geregelt ist, eine dem Interesse aller Theilhaber nach billigem Ermessen entsprechende Verwaltung und Benutzung verlangen.

Eine wesentliche Veränderung des Gegenstandes kann nicht beschlossen oder verlangt werden. Das Recht des einzelnen Theilhabers auf einen seinem Antheil entsprechenden Bruchtheil der Nutzungen kann nicht ohne seine Zustimmung beeinträchtigt werden.

E. I, 763 Satz 3, 765 Abs. 3, 772 Satz 1; II, 681; III, 732.

I. Der Grundsatz der gemeinschaftlichen Verwaltung des gemeinsamen Gegenstandes im Sinne des § 744 wird wesentlich modifizirt durch das Majoritätsprinzip, das § 745 im Anschluß an das neuere Recht (vgl. P.L.R. Thl. I Tit. 17 § 12) in Ansehung der Art der Verwaltung und Benutzung zuläßt. Hiedurch soll der Majorität die Möglichkeit gewährt werden, eine als sachgemäß zu erachtende Maßregel auch gegen den Willen der Minderheit durchzuführen, freilich mit gewissen Schranken; s. Bem. 2.

1. Die Stimmenmehrheit bestimmt sich nicht nach der Kopfzahl, sondern nach der Größe der Antheile (Abs. 1 Satz 2). Es ist absolute Majorität erforderlich (in Uebereinstimmung mit dem geltenden Rechte; vgl. P.L.R. a. a. O. § 21). Im Falle der Stimmengleichheit gilt zunächst der Grundsatz potior est conditio prohibentis; s. aber Bem. II a. E.

2. Der Mehrheitsbeschluß darf nicht nach Willkür gefaßt werden, er kann vielmehr nur in bestimmten Schranken erfolgen:

a) Er muß der Beschaffenheit des gemeinschaftlichen Gegenstandes, sowie den Regeln ordnungsmäßiger Wirthschaft entsprechen (Abs. 1 Satz 1).

b) Eine wesentliche Veränderung des Gegenstandes kann nicht beschlossen oder verlangt werden (Abs. 3 Satz 1). Hierunter wird eine solche Veränderung zu verstehen sein, welche die Gestalt oder wirthschaftliche Art des Gegenstandes in einschneidender Weise ändern würde; auf Verschlechterungen ist dies durchaus nicht beschränkt; auch relativ zu theuere Anlagen werden hierunter fallen können (Oertmann, Bem. 2 zu § 745).

c) Ein Majoritätsbeschluß darf unter keinen Umständen das Recht des einzelnen Theilhabers auf einen seinem Antheile entsprechenden Bruchtheil der Nutzungen (s. § 100 — weitergehend als der engere Begriff Früchte) beeinträchtigen; der Theilhaber kann aber selbstverständlich aus freien Stücken in eine derartige Verkürzung einwilligen (Abs. 3 Satz 2).

Die Nutzungsart und die Form, in der der Einzelne seinen Nutzungsantheil bezieht, kann aber durch Mehrheitsbeschluß geändert werden, soferne nur darin keine wesentliche Veränderung liegt und die Nutzungsquote des Einzelnen nicht beeinträchtigt wird (Oertmann a. a. O.).

3. Ist die Minorität der Ansicht, daß der Mehrheitsbeschluß diese Schranken verletzt, so kann sie die Entscheidung des Richters hierüber anrufen (M. II, 876). Aus Gründen bloßer Unzweckmäßigkeit aber kann Mangels eines Verfehlens gegen obige Schranken ein Mehrheitsbeschluß nicht angegriffen werden.

II. Bedeutung und Tragweite des Abs. 2: Die Bestimmung, daß die Mehrheit der Theilhaber eine Ordnung der Verwaltung und Benutzung herbeiführen könne, ist nicht immer genügend, da sich oft eine Mehrheit nicht erzielen läßt, z. B. der betreffende Gegenstand gehört zwei Personen zu gleichen Antheilen oder ein bezw. mehrere Theilhaber wollen aus Eigensinn, aus Böswilligkeit oder um eine Verschleuderung der gemeinschaftlichen Sache zu erzwingen, eine vernünftige Verwaltung oder Benutzung des gemeinsamen Gegenstandes verhindern.

Für alle diese Fälle will Abs. 2 ganz allgemein jedem Theilhaber das Recht eingeräumt wissen, von sich aus eine Verwaltung und Benutzung zu verlangen, welche nach billigem Ermessen den gemeinsamen Interessen aller Betheiligten am besten entspricht (E. I wollte dem einzelnen Theilhaber diesen Anspruch nur unter der Voraussetzung gewähren, daß die Aufhebung der Gemeinschaft noch nicht verlangt oder wegen Unzulässigkeit der Theilung in Natur und Unmöglichkeit des Verkaufs nicht herbeigeführt werden kann; diese Beschränkung ist nunmehr gefallen).

Der Theilhaber muß aber natürlich eine bestimmte Art der Benutzung und Verwaltung verlangen. Gehen die übrigen Theilhaber nicht darauf ein, so kann er den Prozeßweg beschreiten. Die Schranken für Majoritätsbeschlüsse (Bem. I, 2) werden jedoch auch für dieses Recht des Einzeltheilhabers entsprechend gelten müssen. Selbstverständlich steht es außerdem dem einzelnen Theilhaber für die Regel frei, wenn eine friedliche Verständigung nicht herbeigeführt werden kann, die Auflösung der Gemeinschaft zu verlangen, was auch für die unzufriedene Minorität gilt (s. §§ 749 ff.).

Da die Verhältnisse sich ändern können, muß hier aber auch jedem Betheiligten das Recht zustehen, bei geänderter Sachlage neue Ansprüche dieser Art trotz eines etwa früher ergangenen Urtheils geltend zu machen.

III. Ueber die Wirkung von Majoritätsbeschlüssen gegenüber Sondernachfolgern s. § 746.

§ 746.

Haben die Theilhaber die Verwaltung und Benutzung des gemeinschaftlichen Gegenstandes geregelt, so wirkt die getroffene Bestimmung auch für und gegen die Sondernachfolger.

E. II, 682; III, 733.

1. In den M. II, 877 war ausgesprochen, daß Vereinbarungen der Theilhaber, namentlich über Art der Benutzung und Verwaltung des gemeinschaftlichen Gegenstandes, nur obligatorische Rechtsbeziehungen unter den Vertragschließenden hervorrufen und daher auch die Sondernachfolger nicht binden können (vgl. hiezu Windscheid, § 169 Nr. 4, § 449 Nr. 1, P.L.R. a. a. O. §§ 2, 44).

E. II und damit das Gesetzbuch legt dagegen unter Annahme eines neuen Prinzips derartigen Vereinbarungen Wirkung auch gegen die Sondernachfolger bei und zwar aus einem unmittelbar praktischen Bedürfnisse, da nämlich sonst jeder Theilhaber derartige Abmachungen durch Veräußerung seines Antheils jederzeit illusorisch machen könnte. (P. II, 753; D. 89.)

a) Das Gesetz spricht hier von „Regelungen“, worunter die durch einstimmigen (§ 744), wie die durch Mehrheitsbeschluß (§ 745 Abs. 1) erfolgten Vereinbarungen über Verwaltung und Benutzung des gemeinschaftlichen Gegenstandes zu verstehen sind. Fraglich erscheint, ob auch Verfügungen im Sinne des § 745 Abs. 2 hieher gehören. Der Wortlaut des Gesetzes steht hier allerdings entgegen, aber dem obigen Prinzipe nach wird auch eine Festsetzung auf Grund jener Vorschrift darunter einzuschließen sein. (Ebenso Planck zu § 746.)

b) Daß derartige Regelungen für den Gesammtnachfolger verbindlich sind, ist selbstverständlich (arg. a majori ad minus).

c) Die rechtliche Konstruktion erscheint zweifelhaft: Man hat es im Grunde wohl mit einer dinglich wirkenden Beschränkung und Besonderheit des Gemeinschaftsverhältnisses, im Ganzen gedacht, zu thun. Vgl. Oertmann zu diesem Paragraphen.

2. Bei Grundstücken besteht zu Gunsten des dritten Erwerbers eine besondere Einschränkung dahin, daß eine derartige Vereinbarung nur dann gegen den Dritten wirken soll, wenn sie aus dem Grundbuch ersichtlich ist.

3. Ueber die Regelung des sog. Stockwerkeigenthums s. Bem. 3 zu § 1010.

§ 747.

Jeder Theilhaber kann über seinen Antheil verfügen. Ueber den gemeinschaftlichen Gegenstand im Ganzen können die Theilhaber nur gemeinschaftlich verfügen.

E. I, 763 Satz 1, 2; II, 683; III, 734.

I. Dem Wesen der Gemeinschaft nach Bruchtheilen entspricht es, daß der einzelne Theilhaber in der rechtlichen Verfügung über seinen Antheil nicht beschränkt ist (in Uebereinstimmung mit dem geltenden Rechte; vgl. Windscheid, § 169 a; P.L.R. Thl. I. Tit. 17 §§ 4, 5, 10 ff.). Der Antheil des Theilhabers ist daher — im Gegensatze zu dem Antheile des Gesellschafters, vgl. §§ 719 mit 717, 718 — ein selbstständiges freies Vermögensobjekt desselben.

1. Aus dieser selbständigen Verfügungsberechtigung des einzelnen Theilhabers folgt insbesondere, daß dieser seinen Antheil nach Belieben an einen Dritten veräußern kann, welcher dadurch unmittelbar an seine Stelle tritt.

a) Ein Widerspruchsrecht steht den anderen Theilhabern nach dem Gesetze nicht zu, wenngleich sie aus irgend einem Grunde durch die Veräußerung ihr Interesse für bedroht halten sollten (M. II, 874).

b) Ebensowenig ist den anderen Theilhabern ein Vorkaufs- oder Retraktsrecht eingeräumt — im Gegensatze zum P.L.R. Thl. I Tit. 17 §§ 61, 65 und dem bayrischen Rechte (vgl. bayrischen Landtagsabschied vom 10. November 1861, III § 28 Nr. 2, Roth, bayrisches Civilrecht II § 142). Der Grund für diese Ablehnung wurde hauptsächlich darin gefunden, daß ein allgemeines Vorkaufsrecht als gesetzliche Norm eine zu große Beschränkung in sich schließe, zumal die neuere Zeit diesem Institute schon im Allgemeinen wegen seiner Einschränkung und mit Rücksicht auf die damit verbundenen Kontroversen und Streitigkeiten abhold sei (P. 746).

Es bleibt selbstverständlich den Betheiligten unbenommen, vertragsmäßig ein Vorkaufsrecht im Einzelfalle unter sich festzusetzen und die Einhaltung desselben durch eine Vertragsstrafe zu sichern (P. a. a. O.). Bei gemeinschaftlichen Grundstücken kann eine derartige Vereinbarung auch verdinglicht werden (§ 1094 ff.).

2. Der Theilhaber kann seinen Antheil auch mit beschränkten Rechten belasten, wie z. B. mit einem Nießbrauch, einem Pfandrechte, einer Reallast und einem Vorkaufsrechte, vgl. §§ 1066, 1095, 1106, 1114, 1258 (nicht aber mit einem Erbbaurechte und einer Grund- oder beschränkten persönlichen Dienstbarkeit, vgl. Bem. 2 c zu § 1008). Ueber Belastung einer gemeinschaftlichen Sache zu Gunsten eines Miteigenthümers s. § 1009 mit Bem.

3. Aus dieser freien Verfügungsmöglichkeit des Einzeltheilhabers ergibt sich auch als nothwendige Folge, daß der ihm zustehende Antheil von seinen Gläubigern gepfändet und zwangsweise versteigert werden kann. Vgl. § 864 Abs. 2 C.P.O. und § 751 Satz 2 B.G.B. mit Bem., sowie §§ 181 ff. Zw.V.G.

4. Ueber Verzicht auf einen Antheil und dessen Wirkungen s. Bem. 3 zu § 748; vgl. §§ 755, 756.

5. Eine rechtsgeschäftliche Verfügungsbeschränkung, z. B. eine Vereinbarung, daß keiner der Theilhaber seinen Antheil ohne die Zustimmung der anderen veräußern oder belasten dürfe, kann im Hinblick auf § 137 nur obligatorisch zwischen den Parteien wirken, nicht aber gegen Dritte (M. II, 875). Auch durch Eintragung im Grundbuche kann nach richtiger Ansicht eine derartige Verfügungsbeschränkung nicht verdinglicht werden, da dies in direktem Widerspruche mit dem Prinzipe des § 137 stünde. Einem derartigen Bedürfnisse kann nachgeholfen werden durch Bestellung eines dinglichen Vorkaufsrechtes oder durch Vereinbarungen im Sinne der §§ 749, 751 u. 1010.

6. Ueber prozessuale Geltendmachung des Theilhaberrechtes vgl. insbesondere den wichtigen § 1011 für das Miteigenthum.

II. In Uebereinstimmung mit dem geltenden Rechte hebt das Gesetz (Satz 2) besonders hervor, daß über den gemeinschaftlichen Gegenstand im Ganzen die Theilhaber nur gemeinschaftlich rechtlich verfügen können. Zu derartigen Verfügungen bedarf es daher der Mitwirkung sämmtlicher Theilhaber. Bloße Mehrheitsbeschlüsse können nicht genügen. Einseitige Verfügungen eines Theilhabers über das Ganze stehen, wie derartige Verfügungen über den Antheil eines Anderen, rechtlich der Verfügung über fremdes Vermögen gleich.

§ 748.

Jeder Theilhaber ist den anderen Theilhabern gegenüber verpflichtet, die Lasten des gemeinschaftlichen Gegenstandes sowie die Kosten der Erhaltung, der Verwaltung und einer gemeinschaftlichen Benutzung nach dem Verhältnisse seines Antheils zu tragen.

E I, 766 Satz 1, 2; II, 684; III, 735

§ 748 regelt die Pflichten der Theilhaber hinsichtlich der Tragung von Lasten und Kosten in Bezug auf den gemeinschaftlichen Gegenstand.

1. Die jedem Theilhaber gegenüber den anderen Theilhabern obliegende Verpflichtung, nach Verhältniß seines Antheils die auf dem gemeinschaftlichen Gegenstande ruhenden Lasten, sowie die Kosten der Erhaltung zu tragen, entspringt aus dem Wesen der Gemeinschaft und war auch im bisherigen Rechte allenthalben anerkannt (vgl. Windscheid, § 449 Nr. 2c, P.L.R. Thl. 1 Tit. 17 § 45).

a) Das Gesetz geht aber einen Schritt weiter und will den Theilhabern als solchen gegen einander auch die weitere Verpflichtung auferlegt haben, die Kosten der Verwaltung und Benutzung nach Verhältniß ihrer Antheile zu tragen (M. II, 877). Für die Bemessung der Kosten der Benutzung wird regelmäßig der Umstand maßgebend sein, inwieweit der betreffende Theilhaber nach der Vorschrift der §§ 743, 744, 745 solche zu dulden hat. (Die regelmäßige thatsächliche Benutzung soll also nicht entscheiden.) Das Gleiche gilt hinsichtlich der Verwaltungskosten. Trifft die Voraussetzung der Duldungspflicht nicht zu, so entscheidet der Grundsatz: potior est conditio prohibentis (M. II, 877). Ueber den Begriff der Lasten vgl. im Allgemeinen § 103 mit Bem.

b) Aus § 744 Abs. 2 (s. Bem. II, A hiezu) ist zu wiederholen, daß die zur Erhaltung des Gegenstandes nothwendigen Maßregeln jeder Theilhaber auch ohne Zustimmung der anderen treffen kann, was insbesondere für die Fälle dringender Gefahr von Wichtigkeit ist, in denen die Einwilligung eines Theilhabers nicht rechtzeitig erlangt werden kann (P. II, 748). Zu derartigen Maßregeln kann auch die Einwilligung der anderen Theilhaber im Voraus verlangt werden. Da das Gesetz übrigens allgemein vom „Tragen" der Lasten spricht, werden es die Grundsätze der Billigkeit, sowie auch Treu und Glauben erfordern, daß der einzelne Theilhaber auch in solche Handlungen von vorneherein einwilligt, die zur ordnungsgemäßen Verwaltung und gemeinsamen Benutzung erforderlich sind, und sich auch gleich an den Kosten betheiligt. Das Gegentheil würde eine Pflichtverletzung in sich schließen, die unter Umständen auch einen Schadensersatz der anderen Theilhaber begründen würde (Oertmann zu § 748).

2. Die Vorschrift des Paragraphen will ferner außer Zweifel stellen, daß der aufwendende Theilhaber den Ersatz des Aufgewendeten unmittelbar und lediglich auf Grund der Thatsache, daß er die nach dem bestehenden Verhältniß an sich dem anderen zur Last fallenden Kosten rc. berichtigt hat, fordern kann, ohne auf die Grundsätze über Geschäftsführung ohne Auftrag oder über ungerechtfertigte Bereicherung angewiesen zu sein (in Uebereinstimmung mit der gemeinrechtlichen Ausdehnung der actio communi dividundo; vgl. Windscheid, § 431 Nr. 4a, § 449 Nr. 11).

Auslagen, die ein Theilhaber nicht für die Gemeinschaft, sondern nur für einen einzelnen anderen Theilhaber persönlich machte, kann er von den anderen nicht ersetzt verlangen, soweit sie keine Beziehung auf die Gemeinschaft selbst haben. Für Auslagen, die ein einzelner Theilhaber etwa durch seinen alleinigen Gebrauch im Rahmen des § 743 Abs. 2 hatte, kann gleichfalls kein Ersatz beansprucht werden.

3. Eine Vorschrift dahin, daß sich der einzelne Theilhaber durch Verzicht auf seinen Antheil der Beitragspflicht entziehen könne (wie im französischen Rechte: Code civil Art. 656) wurde absichtlich nicht aufgenommen (vgl. P. II, 748—750); eine derartige Vorschrift besteht im bayrischen Berggesetz ä. F. Art. 219, 226), ebensowenig die Sondervorschrift des gemeinen Rechtes für den Fall der Säumniß in der Erstattung der Kosten für die Erhaltung eines gemeinsamen Hauses (Dernburg, Pand. I § 196 Nr. 10).

4. Ueber den Haftungsmaßstab der Theilhaber vgl. Bem. II, 6 zu § 744.

5. § 748 bezieht sich auf das interne Verhältniß der Theilhaber unter einander, also nicht auf die Haftung nach außen. Diese kann je nach den näheren Umständen des Einzelfalles verschiedener Art sein: Es kann auch hier von vorneherein eine antheilsmäßige Haftung entstehen oder es kann zunächst ein Theilhaber allein dem Gläubiger verpflichtet werden (vgl. hiezu § 756) oder es kann von Anfang an eine Gesammtverbindlichkeit der Theilhaber vorliegen, was insbesondere gemäß § 427 im Zweifel dann anzunehmen ist, wenn die Theilhaber gemeinschaftlich durch Vertrag die betreffende Verbindlichkeit übernommen haben; in letzterer Beziehung vgl. auch § 755 mit Bem.

§ 749.

Jeder Theilhaber kann jederzeit die Aufhebung der Gemeinschaft verlangen.

Wird das Recht, die Aufhebung zu verlangen, durch Vereinbarung für immer oder auf Zeit ausgeschlossen, so kann die Aufhebung gleichwohl verlangt werden, wenn ein wichtiger Grund vorliegt. Unter der gleichen Voraussetzung kann, wenn eine Kündigungsfrist bestimmt wird, die Aufhebung ohne Einhaltung der Frist verlangt werden.

Eine Vereinbarung, durch welche das Recht, die Aufhebung zu verlangen, diesen Vorschriften zuwider ausgeschlossen oder beschränkt wird, ist nichtig.

E. I, 767 Abs. 1, 2 Satz 1; II, 685; II, 736.

I. Zu Abs. 1: Das Recht des Theilhabers auf Aufhebung der Gemeinschaft.

Es liegt im Wesen der Gemeinschaft, die regelmäßig nicht für die Dauer bestimmt ist, daß kein Theilhaber an diese gebunden sein soll. Es kann daher jeder Theilhaber jederzeit die Aufhebung der Gemeinschaft verlangen (in Uebereinstimmung mit dem bisher geltenden Rechte; vgl. Windscheid, § 449 Nr. 3; P.L.R. a. a. O. §§ 45 ff.)

a) Von Aufhebung der Gemeinschaft, nicht von Theilung spricht hier das Gesetz im Allgemeinen, weil die Theilung im engeren Sinne häufig ausgeschlossen ist; vgl. § 753.

b) Dieses Recht des Theilhabers geht aber seinem näheren Inhalte nach nur auf Aufhebung der Gemeinschaft im engeren Sinne, d. h. eine Auseinandersetzung, welche eine völlige Berichtigung und Ausgleichung von Schulden erheischt, kann nur im beschränkteren Umfange des § 755 verlangt werden (im Gegensatze zu der vollständigen Auseinandersetzung bei der Gesellschaft; vgl. §§ 730 ff.); zur besonderen Sicherung eines Theilhabers wegen seiner in der Gemeinschaft sich gründenden Forderungen gegen einen anderen Theilhaber wird durch § 756 vorgesorgt.

c) Die Aufhebung kann jederzeit verlangt werden. Eine Bestimmung, analog wie bei der Gesellschaft, daß die Aufhebung nicht zur Unzeit verlangt werden dürfe, wurde absichtlich nicht getroffen (P. II, 750—751). Freilich mag hierin oft eine Härte für die Betheiligten liegen. Indessen können diese, wenn sie ein besonderes Interesse daran haben, sich gegen einen Mißbrauch des Rechtes auf Aufhebung zu schützen, durch Begründung einer Gesellschaft oder durch besondere Vereinbarungen (vgl. § 751) Vorsorge treffen. Außerdem handelt es sich bei manchen Gemeinschaften, wie z. B. bei gemeinschaftlichen Brunnen, gemeinschaftlichen Durchfahrten ꝛc. häufig um Belastungen und Berechtigungen, die mit den Grundstücken zusammenhängen und dann ohnedies regelmäßig dinglicher Natur sind.

d) Der Anspruch des einzelnen Theilhabers ist darauf gerichtet, daß die anderen Theilhaber ihre Zustimmung zur Aufhebung der Gemeinschaft ertheilen; willigen diese nicht ein, so kann darauf geklagt werden (§ 894 C.P.O.). Der

Anspruch kann selbständig gegen jeden einzelnen Theilhaber geltend gemacht werden (Entsch. d. R.G. Bd. 1 S. 319, Bd. 12 S. 198); die Aufhebung der Gemeinschaft selbst ist aber nur möglich, wenn die Zustimmung Aller gegeben ist (Planck zu § 749).

e) Die Aufhebung der Gemeinschaft kann sich entweder auf alle gemeinschaftlichen Gegenstände oder auch nur auf einzelne derselben beziehen. Die Theilhaber brauchen aber auf eine bloß theilweise Aufhebung der Gemeinschaft nicht einzugehen, wenn sie nicht wollen, ausgenommen, wenn es sich um mehrere nur äußerlich zusammenhängende Gemeinschaften handelt. Ist bei der Aufhebung einer Gemeinschaft ein derselben unterliegender Gegenstand ungetheilt geblieben z. B. aus Versehen, so kann nicht etwa deßhalb allein die vorausgegangene Theilung angefochten, sondern nur die nachträgliche Theilung dieses Gegenstandes verlangt werden (M. II, 881). Anders aber liegt die Sache, wenn etwa bei der Aufhebung der Gemeinschaft einer der Theilhaber unberücksichtigt geblieben wäre. Hier kann dieser eine neue Theilung bezw. die Aufhebung der Gemeinschaft unter Berücksichtigung seiner Person verlangen, soferne nicht sein Antheilsrecht durch den Rechtserwerb eines Anderen untergegangen ist (M. a. a. O.; vgl hieher auch Windscheid, § 608 Nr. 30).

f) Der Anspruch auf Aufhebung der Gemeinschaft unterliegt nicht der Verjährung (§ 758).

II. Zu Abs. 2: Ausschluß des Rechtes auf Aufhebung der Gemeinschaft.

Ein derartiger Ausschluß ist möglich sowohl nach gesetzlichen Sonderbestimmungen wie auch durch Rechtsgeschäft. In ersterer Beziehung mag es genügen, auf einige Beispiele hinzuweisen, wie §§ 922, 1066 Abs. 2, 1258 Abs. 2, 2042—2045, Bem. 3 zu § 1010 hinsichtlich des sog. Stockwerkeigenthums, vgl. hieher auch die Art. 119 u. 131 E.G. An dieser Stelle aber interessirt vor Allem die rechtsgeschäftliche Ausschließung:

1. Allgemeines:

Derartige rechtsgeschäftliche Abreden waren schon nach bisherigem Rechte zulässig (vgl. Windscheid, § 449; P.L.R. a. a. O. §§ 48 ff.). Sie können sich auf alle gemeinschaftlichen Gegenstände oder nur auf einen oder einzelne beziehen und zwischen allen Theilhabern oder nur zwischen einzelnen derselben vereinbart werden. Auch der Erblasser kann derartige Bestimmungen für die Gemeinschaft seiner Erben treffen.

2. Zeitliche Beschränkung dieses Ausschlusses:

Im gemeinen Rechte wurde in dieser Hinsicht auf das konkrete Bedürfniß und Interesse verwiesen (Windscheid, § 449 Note 14). Verschiedene neuere Gesetzgebungen haben hiefür eine bestimmte Zeitgrenze abgesteckt. Diesen schloß sich E. I § 767 an, der allgemein für jede Gemeinschaft den Zeitraum der Wirksamkeit einer derartigen Verabredung auf 30 Jahre festsetzte. Letztere Grenze erschien jedoch als willkürlich und für manche Fälle zu weit, für andere wieder zu eng, weßhalb E. II (vgl. P. II, 754) eine andere, dem praktischen Bedürfnisse sich mehr anpassende Regelung schuf:

a) Im Prinzipe besteht eine zeitliche Einschränkung für derartige Abreden überhaupt nicht. Die Vereinbarung kann für immer oder auf eine bestimmte Zeitspanne irgend welcher Dauer geschlossen werden.

b) Trotz eines solchen Ausschlusses soll jedoch bei jeder derartigen Vereinbarung die Aufhebung gleichwohl verlangt werden können, wenn ein wichtiger Grund vorliegt.

α) Was unter einem wichtigen Grunde zu verstehen sei, ist Thatfrage (P. II, 753). Die Gründe in § 723 bei der Gesellschaft (vgl. Bem. hiezu) sind nicht in gleicher Weise hier anzuwenden, da ja das Wesen der beiden Rechtsinstitute ein verschiedenes ist. Als Beispiele werden sich hier anführen lassen: Eigensinniges Widerstreben der anderen Theilhaber gegenüber nothwendigen Verwaltungsmaßregeln, chikanöses Verhalten derselben, dringendes Bedürfniß des Einzelnen nach Abtheilung aus triftigen persönlichen Gründen ꝛc.

β) Als selbstverständlich erachtet das Gesetz, daß eine derartige Kündigung nicht nur durch einen gewichtigen Kündigungsgrund gerechtfertigt sein müsse, sondern auch nicht zur Unzeit erfolgen dürfe. Vgl. hieher Bem. zu § 723. Eine unzeitige Kündigung ist nicht bloß direkt unwirksam, sondern verpflichtet auch den Kündigenden zum Schadensersatze (P. a. a. O.).

c) Wenn eine Kündigungsfrist hinsichtlich der Aufhebung der Gemeinschaft vertragsmäßig vereinbart ist, so kann auch hier die sofortige Aufhebung, also ohne Einhaltung dieser vertragsmäßigen Kündigungsfrist verlangt werden, wenn ein wichtiger Grund im vorigen Sinne (α) vorliegt (Abs. 2 Satz 2).

3. Über die Wirkung derartiger Abreden gegenüber Sondernachfolgern s. im Besonderen § 751.

III. Zu Abs. 3: Weitergehende vertragsmäßige Beschränkungen der Aufhebung der Gemeinschaft sind nichtig, um eine wirthschaftlich unzweckmäßige Bindung des Volksvermögens zu verhindern, z. B. ein Verzicht auf die Kündigung, auch wenn ein wichtiger Grund sich hiefür ergeben sollte. Aus § 139 ist zu entnehmen, ob dadurch die ganze Vereinbarung oder nur der unstatthafte Teil zu Falle kommt.

IV. Über den Einfluß des Konkurses auf eine Gemeinschaft s. §§ 16 u. 51 K.O.

§ 750.

Haben die Theilhaber das Recht, die Aufhebung der Gemeinschaft zu verlangen, auf Zeit ausgeschlossen, so tritt die Vereinbarung im Zweifel mit dem Tode eines Theilhabers außer Kraft.

E. I, 767 Abs. 2 Satz 2; II, 686; III, 737.

Da erfahrungsgemäß bei dem Tode eines Theilhabers der Ausschluß der Theilung besonders drückend wirkt, so bestimmt § 750 als eine dem Parteiwillen entsprechende Auslegungsregel, daß durch den Tod eines Theilhabers eine Vereinbarung, durch welche das Recht auf Aufhebung der Gemeinschaft zeitlich aufgehoben wurde, ohne Weiteres außer Wirksamkeit trete.

Diese Regel ist aber nicht absoluter Natur. Es kann daher die Fortwirkung einer derartigen Vereinbarung auch über den Tod eines Theilhabers hinaus unter den Betheiligten ausgemacht werden. Solchen Falles kann aber auch unter Umständen der Tod eines Theilhabers einen wichtigen Grund zu einer Kündigung im Sinne des § 749 Abs. 2 abgeben.

§ 751.

Haben die Theilhaber das Recht, die Aufhebung der Gemeinschaft zu verlangen, für immer oder auf Zeit ausgeschlossen oder eine Kündigungsfrist bestimmt, so wirkt die Vereinbarung auch für und gegen die Sondernachfolger. Hat ein Gläubiger die Pfändung des Antheils eines Theilhabers erwirkt, so kann er ohne Rücksicht auf die Vereinbarung die Aufhebung der Gemeinschaft verlangen, sofern der Schuldtitel nicht blos vorläufig vollstreckbar ist.

E. II, 687; III, 738.

§ 751 handelt von der Wirkung einer Ausschließung des Rechtes auf Aufhebung der Gemeinschaft gegenüber Sondernachfolgern.

I. Im gemeinen Rechte (Dernburg, Pand. I § 197 Note 16) wurde der Vereinbarung eines zeitweiligen Ausschlusses in obigem Sinne dann Wirkung gegen die Sondernachfolger beigelegt, wenn dieser Ausschluß durch ein in der Beschaffenheit des Gemeinschaftsverhältnisses begründetes Interesse gerechtfertigt wurde.

E. I sprach den Vereinbarungen über den Ausschluß der Theilung lediglich obligatorische Wirkung zu (M. II, 880; III, 490).

a) E. II (P. II, 752 ff.) und damit das Gesetz selbst läßt dagegen Vereinbarungen, wonach die Theilhaber das Recht, die Aufhebung der Gemeinschaft zu erlangen, für immer oder auf Zeit ausgeschlossen oder eine Kündigungsfrist bestimmt haben, auch für und gegen die Sondernachfolger wirken. Maßgebend war für diese Regelung die Erwägung, daß ohne eine derartige Wirkung die diesbezügliche Vereinbarung ihren Zweck verfehlen und von jedem Theilhaber durch Veräußerung seines Antheils leicht illusorisch gemacht werden könnte. (Vgl. hieher den analogen § 746 bezüglich der Wirkung von Vereinbarungen hinsichtlich Verwaltung und Benutzung des gemeinschaftlichen Gegenstandes).

b) Die Vorschriften zum Schutze des redlichen Erwerbes sind hieher nicht erstreckt, da man annahm, daß im Allgemeinen der Antheil eines Theilhabers an dem gemeinschaftlichen Gegenstande seiner Natur nach nicht ein Verkehrsgegenstand sei, sondern ein illiquides Vermögensstück, das stets eine Auseinandersetzung erforderlich mache; es sei Sache des Erwerbers eines derartigen Antheils, sich nach der für die Gemeinschaft maßgebenden Ordnung im Einzelfalle zu erkundigen (P. a. a. O.).

II. Das Gesetz kennt aber Ausnahmen, wonach derartige Vereinbarungen keine oder nur beschränkte Wirkung gegenüber Dritten haben sollen:

1. Zu Gunsten eines Gläubigers, der die Pfändung des Antheils eines Theilhabers erwirkt hat (Satz 2).

Dieser kann ohne Rücksicht auf eine derartige Vereinbarung die Aufhebung der Gemeinschaft (§§ 752 ff.) verlangen, soferne nicht sein Schuldtitel ein bloß vorläufig vollstreckbarer ist. Dies ist dem § 725 bei der Gesellschaft nachgebildet.

Zu den Gläubigern, die in dieser Weise vorgehen können, gehören natürlich auch die, welchen der Antheil eines Theilhabers verpfändet ist. Diese brauchen für diesen Endzweck den Antheil nicht erst pfänden zu lassen; bei beweglichen Sachen kann hier die Aufhebung von dem Pfandgläubiger nach Maßgabe des § 1258 verlangt werden, ohne daß es eines vollstreckbaren Titels bedarf.

2. Eine Ausnahme und besondere Regelung besteht ferner durch § 1110 für das Miteigenthum an Grundstücken. Haben nämlich die Miteigenthümer eines Grundstücks das Recht, die Aufhebung der Gemeinschaft zu verlangen, für immer oder auf Zeit ausgeschlossen oder eine Kündigungsfrist bestimmt, so wirkt die getroffene Bestimmung gegen den Sondernachfolger eines Miteigenthümers nur, wenn sie als Belastung des Antheils im Grundbuch eingetragen ist. Vgl. Bem. zu § 1110.

3. Hinsichtlich des Stockwerkeigenthums s. Bem. 3 zu § 1110.

III. Für den Fall des Konkurses ist bestimmt, daß eine Vereinbarung, durch welche das Recht, die Aufhebung der Gemeinschaft zu verlangen, für immer oder auf Zeit ausgeschlossen oder eine Kündigungsfrist bestimmt worden ist, nicht gegen die Konkursmasse wirkt, § 16 Abs. 2 K.O.

§ 752.

Die Aufhebung der Gemeinschaft erfolgt durch Theilung in Natur, wenn der gemeinschaftliche Gegenstand oder, falls mehrere Gegenstände gemeinschaftlich sind, diese sich ohne Verminderung des Werthes in gleichartige, den Antheilen der Theilhaber entsprechende Theile zerlegen lassen. Die Vertheilung gleicher Theile unter die Theilhaber geschieht durch das Loos.

E. I, 769 Abs. 1; II, 688; III, 739.

Zum Zwecke der Aufhebung der Gemeinschaft sind im Allgemeinen zwei Wege möglich:

A. Die sämmtlichen Theilhaber einigen sich gütlich über die Art der Theilung. In diesem Falle erfolgt die Aufhebung der Gemeinschaft durch entsprechenden Theilungsvertrag.

a) Bei derartigen Verträgen sind zum Vollzuge, soweit es sich um bewegliche oder unbewegliche Sachen handelt, selbstverständlich die einschlägigen allgemeinen Vorschriften über rechtsgeschäftliche Uebertragung zu beachten (s. insbesondere §§ 925 ff. und 929 ff.). Zunächst schafft der obligatorische Theilungsvertrag für sich allein lediglich persönliche Rechte und Pflichten der Theilhaber auf Erfüllung.

b) Auch wenn bei einem derartigen Vertrag eine Behörde mitwirkt, bildet die behördliche Thätigkeit einen Akt der freiwilligen Gerichtsbarkeit (M. II, 880). Ueber Erbauseinandersetzungen vgl. im Besonderen §§ 86—98 mit § 193 F.G.

c) Die Anfechtbarkeit solcher Verträge richtet sich nach den allgemeinen Rechtsgrundsätzen für Verträge überhaupt.

B. In Ermangelung einer Einigung der Betheiligten — auch wenn hiebei nur einer den bei den Vertragsverhandlungen gemachten Vorschlägen widerspricht — muß die Entscheidung des Gerichts angerufen werden. Die Majorität kann hier für sich allein keine Entscheidung herbeiführen.

1. Bisheriges Recht: Im römischen Rechte war hier dem Richter eine besonders freie autoritative Thätigkeit zugewiesen, die durch die actio communi dividundo angerufen wurde. Das Verfahren war ein eigenartiges: es war einerseits nichtstreitig und konnten die Betheiligten in dem Verfahren alle Ansprüche aus dem Gemeinschaftsverhältnisse geltend machen, andererseits hatte der Richter freieste Machtbefugniß zur Vornahme einer angemessenen Theilung. Die Theilung erfolgte durch konstitutives Theilungsurtheil. Die Klage war zudem eine actio duplex. Vgl. hieher Windscheid, § 449 Nr. 3; Dernburg, Pand. I § 197 und M. II, 882.

Das P.L.R. hatte einen anderen Theilungsmodus: ein konstitutives Theilungsurtheil gab es hier nicht, aber auch keinen erzwingbaren Anspruch auf Naturaltheilung, vielmehr war, wenn über die Bestimmung der Theile kein Uebereinkommen zu Stande kam, jeder Betheiligte berechtigt, auf öffentlichen Verkauf anzutragen. Es gab also nur eine erzwingbare Theilungsart, nämlich den öffentlichen Verkauf des gemeinschaftlichen Gegenstandes und Theilung des Erlöses. Vgl. P.L.R. Thl. I Tit. 17 §§ 87—90 und M. a. a. O.

2. Standpunkt des B.G.B.: Im Prinzipe geht das Gesetz von der Auffassung aus, daß regelmäßig die Aufhebung der Gemeinschaft durch Verkauf und Theilung des Erlöses das allein Richtige und Zweckmäßige sei (also im Gegensatze zu einer grundsätzlichen Annahme des gemeinrechtlichen Adjudikationsverfahrens, da dieses zu viele Mängel und Schwierigkeiten in sich schließe; vgl. hierüber die näheren Ausführungen in M. II, 893). Das Gesetz will aber (mit Rücksicht auf das mögliche Interesse der Theilhaber auf diese Art der Lösung im Einzelfalle) den Anspruch auf Theilung in Natur nicht vollständig ausschließen, läßt ihn vielmehr unter bestimmten Voraussetzungen zu, aber lediglich im Rahmen einer gewöhnlichen prozessualen Klage. (Ueber das Grenzscheidungsverfahren s. im Besonderen § 920, über Grenzeinrichtungen s. §§ 921, 922, über Grenzbäume § 923.)

§ 752 behandelt nun die ausnahmsweise Theilung in Natur, während § 753 von dem regelmäßigen Fall ausgeht, daß eine Theilung in Natur nicht durchzuführen ist.

I. Voraussetzungen des Anspruchs auf Theilung in Natur:

1. Der Anspruch auf Theilung in Natur ist nur dann zulässig, wenn der gemeinschaftliche Gegenstand oder, falls mehrere Gegenstände gemeinschaftlich sind, diese sich ohne Verminderung des Werthes in gleichartige, den Antheilen der Theilhaber entsprechende Theile zerlegen lassen. Hierin liegt Zweierlei:

a) Es muß eine Zerlegung des gemeinschaftlichen Gegenstandes in gleichartige, den Antheilen der Theilhaber entsprechende Theile möglich sein. Die einzelnen Theile müssen also von gleicher Art sein: daß sie unter sich gleichen Werth haben, ist keine Voraussetzung, da ja der einzelne Theil den möglicherweise unter sich verschiedenen Antheilen entsprechen muß.

b) Es darf sich aber dadurch der Werth nicht vermindern, d. h. die einzelnen Theile müssen, nach ihrem Werthe zusammengerechnet, den bisherigen Gesammtwerth des Gegenstandes ausmachen.

2. Wann diese Voraussetzungen vorliegen, ist Thatfrage des einzelnen Falles. Groß ist das Anwendungsgebiet der Naturaltheilung in Folge dieser strikten Voraussetzungen freilich nicht. (M. II, 884; ein Antrag, diese strengen Voraussetzungen wenigstens dahin zu erweitern, daß eine Theilung in Natur auch dann noch zulässig sei, wenn zur Ausgleichung der Theile dem einen oder anderen der Theilhaber nur geringe Geldleistungen auferlegt werden müssen, wurde abgelehnt, vgl. P. II, 757 ff.) Die bisherige gemeinrechtliche Doktrin und Praxis über relative Theilbarkeit der Sachen (vgl. insbesondere Dernburg, I § 76) wird sich hieher noch entsprechend verwerthen lassen.

a) So sind z. B. nicht theilbar lebende Thiere, Kunstwerke, Spiegelscheiben.

b) Grundstücke sind im Prinzip an sich theilbar, soferne obige Voraussetzungen (s. insbesondere 1 b) zutreffen, was freilich nicht häufig vorkommt, am ehesten noch bei Bauplätzen, aber auch da nur in beschränktem Maße.

Ein Verbotsgesetz gegen die Parzellirung von Grundstücken aus volkswirthschaftlichen Gründen enthält das B.G.B. selbst nicht: vgl. aber hieher unten Bem. 3.

Bei Häusern ist normaler Weise eine Theilung nicht möglich (vgl. Bl. f. R.A. Bd. 53 S. 159), zumal das B.G.B. das Stockwerkseigenthum im eigentlichen Sinne nicht zuläßt und nur das landesrechtlich bereits entstandene fortbestehen läßt. Vgl. Bem. 3 zu § 1010.

c) Eine Untheilbarkeit wird im Anschluß an die gemeinrechtliche Doktrin und Praxis auch dann anzunehmen sein, wenn die Mehreren gemeinschaftliche Sache keine selbständige Sache, sondern einen Bestandtheil einer im Uebrigen real abgetheilten Sache bildet und die Fortdauer der Gemeinschaft in Ansehung dieses Bestandtheiles für die Eigenthümer der übrigen Theile nothwendig ist bezw. ohne unverhältnißmäßige Kosten nicht ersetzbar wäre.

Dies trifft zu auf gemeinschaftliche Eingänge, Einfahrten, Zufahrten und Hausgänge eines unter Mehreren real abgetheilten Hauses, auf gemeinschaftliche Scheunentennen, Schwellen, gemeinschaftliche Hofräume, wenn diese von der Art sind, daß sie bei einer Theilung nicht mehr als Höfe zum Einfahren, Eingehen &c. benutzt werden könnten, ohne daß zugleich eine Dienstbarkeit für den anderen Theil bestellt würde. Vgl. hieher Bl. f. R.A. Bd. 41 S. 328, Bd. 43 S. 286; Entsch. d. bayrischen obersten G.H. Bd. 7 S. 401; Dernburg, Pand. a. a. O.; Zimmermann, Arch. f. civ. Praxis Bd. 54 Nr. 20.

d) Die Voraussetzungen der Theilbarkeit treffen auch dann zu, wenn mehrere selbständige Sachen unter sich gleichartig sind, was insbesondere z. B. bei gleichartigen Werthpapieren zutrifft. Daß diese mehreren Gegenstände zugleich gleichwerthig unter sich sind (wie dies in E. I ausgesprochen war), ist nicht nothwendig, z. B. zwei Theilhaber besitzen zu gleichen Antheilen ein Werthpapier zum Nominalwerth von 1000 Mk. und zwei gleichwerthige Werthpapiere zum Nominalbetrage von je 500 Mk. Hier kann — den gleichen Kourswerth der Papiere vorausgesetzt — zum Zwecke der Theilung der eine das Papier über 1000, der andere die zwei Papiere über je 500 Mk. erhalten (P. II, 759).

3. Die strikte Untheilbarkeit eines Gegenstandes kann auch vom Gesetzgeber jederzeit ausdrücklich bestimmt werden. Dies trifft z. B. zu hinsichtlich der sog. Familienpapiere im Sinne des § 2047 Abs. 2, sowie bezüglich der Aktien, § 179 H.G.B. (Art. 207 Abs. 3 ä. F.).

In dieser Richtung kommen ferner hauptsächlich noch landesrechtliche Vorschriften in Betracht: so läßt Art. 119 E.G. jene landesrechtlichen Vorschriften unberührt, welche die Theilung eines Grundstücks oder die getrennte Veräußerung von Grundstücken, die bisher zusammen bewirthschaftet worden sind, untersagen oder beschränken. Vgl. Bem. zu jenem Art.; für Bayern gehören hieher auch Art. 20 des Forstgesetzes und Art. 43 des Flurbereinigungsgesetzes vom 29. Mai 1886.

II. Die Verfolgung dieses Anspruchs geschieht, wie oben bereits betont, im ordentlichen prozessualen Verfahren nach der C.P.O., wie eine sonstige Klageerhebung.

a) Der Klageantrag muß bereits auf eine bestimmte Art der Naturaltheilung gerichtet sein, wie bei einer sonstigen Klage, sodaß also der Richter nicht mehr mit seinem Ermessen ergänzend einzutreten braucht.

Freilich ist dadurch nicht ausgeschlossen, daß das Gericht (vergleichsweise) einen zweckmäßigen Theilungsvorschlag macht. Es darf aber den Theilhabern das, was es für zweckmäßig hält, nicht aufdrängen, muß vielmehr nach Vorschrift des § 752 wie bei einer anderen Klagsache erkennen, wenn eine Einigung nicht erzielt wird (Jacubezky, Bem. S. 182).

b) Das ergangene Theilungsurtheil ist nicht mehr konstitutiv im gemeinrechtlichen Sinne (das dort neues Eigenthum und neue Rechte an den dem Einzelnen zugewiesenen Gütern und Rechten schuf), der Vollzug des Urtheils erfolgt vielmehr erst in der Zwangsvollstreckung nach den gewöhnlichen Normen.

Eine besondere Bestimmung enthält hiezu Satz 2, wonach die Vertheilung gleicher Theile unter die Theilhaber durch das Loos erfolgen soll. Zu beachten ist hiebei, daß eine Verloosung demnach nur bei gleichen Antheilen stattfinden kann.

c) Geräth einer der Theilhaber in Konkurs, so erfolgt die Theilung außerhalb des Konkursverfahrens (§ 16 Abs. 1 K.O.). Der auf den Gemeinschuldner treffende Theil gehört dann zur Konkursmasse.

§ 753.

Ist die Theilung in Natur ausgeschlossen, so erfolgt die Aufhebung der Gemeinschaft durch Verkauf des gemeinschaftlichen Gegenstandes nach den Vorschriften über den Pfandverkauf, bei Grundstücken durch Zwangsversteigerung, und durch Theilung des Erlöses. Ist die Veräußerung an einen Dritten unstatthaft, so ist der Gegenstand unter den Theilhabern zu versteigern.

Hat der Versuch, den Gegenstand zu verkaufen, keinen Erfolg, so kann jeder Theilhaber die Wiederholung verlangen; er hat jedoch die Kosten zu tragen, wenn der wiederholte Versuch mißlingt.

E. I, 769 Abs. 2, 4, 772; II, 689; III, 740.

I. Wenn eine Theilung des gemeinschaftlichen Gegenstandes in Natur (sog. Realtheilung) ausgeschlossen ist (s. hierüber § 752 mit Bem.), so erfolgt die Aufhebung der Gemeinschaft durch Verkauf des gemeinschaftlichen Gegenstandes und Theilung des Erlöses.

Im Hinblick auf die im Allgemeinen seltene Möglichkeit einer Theilung in Natur (Bem. I zu § 752) bildet dieser Weg sogar die Regel einer Aufhebung der Gemeinschaft.

1. Im Falle sich die Theilhaber über den gemeinschaftlichen Verkauf und dessen nähere Art und Weise nicht selbst einigen, hat der die Theilung Verlangende einen durch Klage verfolgbaren Anspruch auf Aufhebung der Gemeinschaft und zwar gerade im Wege eines Verkaufs nach Maßgabe des § 753.

In prozessualer Hinsicht gilt das zu § 752 Bem. II Gesagte analog auch hieher.

Der Vollzug des Verkaufes wird übrigens nach dem Sinne des Gesetzes auch dann im Rahmen des § 753 zu erfolgen haben, wenn ein Urtheil auf richterliche Anerkennung jenes Anspruchs, nämlich auf Aufhebung der Gemeinschaft durch Verkauf vorliegt. Bei beweglichen Sachen kann in diesem Falle aber auch § 1233 Abs. 2 in Frage kommen.

2. Der Verkauf des gemeinschaftlichen Gegenstandes — mit Ausnahme der Grundstücke (s. Bem. 3) — erfolgt nach den Vorschriften über Pfandverkauf, also nach Maßgabe der §§ 1235 ff. (nach E. I und E. II waren hieher die Vorschriften über Zwangsvollstreckung nach der C.P.O. maßgebend; die jetzige Fassung beruht auf einem Beschlusse der Reichstagskomm.). An sich haben alle Paragraphen aus dem Pfandverkaufe hieher Bezug, also auch z. B. die Bestimmung des § 1238, daß der Käufer den Kaufpreis sofort baar zu entrichten hat, sowie jene des § 1239, daß das Gebot des Eigenthümers zurückgewiesen werden darf, wenn der Betrag nicht baar erlegt wird. Diese Bestimmungen haben eine gewisse Härte für den Fall, daß einer der bisherigen Theilhaber die Sache einsteigert, bezw. einsteigern will. Es ist aber zu beachten, daß § 753 dispositiver Natur ist, sodaß sich die Betheiligten hier z. B. darüber einigen können, daß der einsteigernde Theilhaber z. B. nicht baar zu bezahlen brauche. Vgl. hieher R.T.K.Ber. S. 54.

3. Bei Grundstücken erfolgt der Verkauf durch Zwangsversteigerung. Für diese Art der Zwangsversteigerung (der Name entspricht hier nicht ganz der Sache) gelten die besonderen Vorschriften in §§ 180—184 Zw.V.G. Aus diesen Normen ist besonders § 182 von Wichtigkeit hinsichtlich der Aufstellung des geringsten Gebotes, in das hier u. A., abgesehen von den gemeinsamen Lasten, auch die Sonderlasten, welche auf dem einzelnen Antheile des Antragstellers ruhen, miteinzubeziehen sind. Hinsichtlich der Zuständigkeit vgl. für Bayern Art. 2 Ziff. 3 Not.Ges., ferner für die Pfalz die Uebergangsvorschriften in Art. 113—115 bayrisches Uebergangsgesetz vom 9. Juli 1899.

4. Für beide Arten des Verkaufs gelten übrigens die Schutzvorschriften der §§ 456—458.

5. Wie bereits oben angedeutet, ist hier nochmals im Allgemeinen hervorzuheben, daß die Vorschriften des § 753 dispositiver Natur sind. Die Theilhaber können daher nicht nur einzelne der für den Pfandverkauf maßgebenden Vorschriften ausschließen oder abändern, sondern auch überhaupt eine andere Art des Verkaufs vereinbaren.

6. Abs. 1 Satz 2: Ist die Veräußerung an einen Dritten unstatthaft, so ist der Gegenstand unter den Theilhabern zu versteigern, sodaß also der Zuschlag nur an einen von diesen erfolgen kann (übereinstimmend mit dem P.L.R. a. a. O. § 94). Hieher sind insbesondere die gesetzlichen und vor Allem die letztwilligen Veräußerungsverbote von Wichtigkeit. Vgl. § 135, 136, sowie Bem. I, 3 zu § 752. Hinsichtlich der vertragsmäßigen Veräußerungsverbote und ihrer Wirkungen s. einerseits Bem. I, 5 zu § 747, andererseits §§ 749 Abs. 2 und § 751.

Wenn wenigstens die Ausübung des Rechtes veräußert werden kann, wie z. B. bei einem Nießbrauche (§ 1059), so kann einer Veräußerung insoweit diese Gesetzesbestimmung nicht hinderlich sein.

Eine gleiche Vorschrift für die Voraussetzung, daß der gemeinschaftliche Gegenstand nur für die Theilhaber einen Werth habe, wurde absichtlich vermieden, da sich schwer bestimmen läßt, ob ein Gegenstand nur für die Theilhaber und nicht auch für einen Dritten Werth hat (M. II, 885).

Die Bestimmung bezieht sich übrigens nur auf die rechtliche Unveräußerlichkeit, bezüglich thatsächlicher Unveräußerlichkeit s. Bem. II u. III.

II. Zu Abs. 2: Für den Fall, daß ein versuchter Verkauf erfolglos geblieben ist, hat jeder Theilhaber das Recht, die Wiederholung des Versuches zu verlangen. Es entspricht dabei der Billigkeit, daß die Kosten dieses wiederholten Versuches im Falle der Erfolglosigkeit von ihm zu tragen sind.

III. Ueber die Frage, was zu thun ist, wenn der Verkauf unmöglich oder ein solcher vergeblich versucht wurde, gibt § 745 Abs. 2 Aufschluß. Vgl. Bem. 2 zu § 745 (E. I hatte für solche Fälle einen besonderen § 772 normirt; M. II, 772).

§ 754.

Der Verkauf einer gemeinschaftlichen Forderung ist nur zulässig, wenn sie noch nicht eingezogen werden kann. Ist die Einziehung möglich, so kann jeder Theilhaber gemeinschaftliche Einziehung verlangen.

E. I, 769 Abs. 3; II, 690; III, 741.

Hinsichtlich einer gemeinschaftlichen Forderung bestimmt § 754, daß deren Verkauf zum Zwecke der Aufhebung der Gemeinschaft nur dann gefordert werden dürfe, wenn sie noch nicht eingezogen werden kann. Ist letzteres aber möglich, so kann jeder Theilhaber gemeinschaftliche Einziehung verlangen.

1. § 754 bezieht sich zunächst auf ungetheilte Forderungen; die Vorschrift des Paragraphen erstreckt sich aber auch auf untheilbare Forderungen, bei welchen freilich im Sinne des § 432 jeder Theilhaber für sich allein den Schuldner auf Leistung an alle Theilhaber in Anspruch nehmen kann. Von um so größerer Bedeutung aber ist das Recht, die Mitwirkung zur gemeinschaftlichen Einziehung der Forderung zu verlangen, für die selteneren Fälle, in welchen eine an sich theilbare und der Regel nach ipso jure getheilte Forderung aus einem besonderen Rechtsgrunde von den Gläubigern nur gemeinschaftlich eingezogen werden kann (M. II, 885).

2. Der eingezogene Gegenstand der Leistung wird zunächst in derselben Weise gemeinschaftlich, wie es die eingezogene Forderung war; behufs Aufhebung dieser Gemeinschaft kommen dann selbst wieder die §§ 752 u. 753 in Betracht.

§ 755.

Haften die Theilhaber als Gesammtschuldner für eine Verbindlichkeit, die sie in Gemäßheit des § 748 nach dem Verhältniß ihrer Antheile zu erfüllen haben oder die sie zum Zwecke der Erfüllung einer solchen Verbindlichkeit eingegangen sind, so kann jeder Theilhaber bei der Aufhebung der Gemeinschaft verlangen, daß die Schuld aus dem gemeinschaftlichen Gegenstande berichtigt wird.

Der Anspruch kann auch gegen die Sondernachfolger geltend gemacht werden.

Soweit zur Berichtigung der Schuld der Verkauf des gemeinschaftlichen Gegenstandes erforderlich ist, hat der Verkauf nach § 753 zu erfolgen.

E. II, 691; III, 742.

I. Die §§ 755 u. 756 beziehen sich auf eine Auseinandersetzung von Gemeinschaftsschulden bei Aufhebung der Gemeinschaft.

Es handelt sich dabei aber nicht um eine vollständige Vermögensauseinandersetzung im Sinne des Gesellschaftsrechtes (vgl. §§ 730 ff.) sondern diese Paragraphen, welche mehr den Charakter von Sonderbestimmungen haben wollen, stellen nur gewisse Berichtigungs- und Ausgleichungsansprüche der einzelnen Theilhaber fest.

II. Dem § 755 liegt der allgemeine Gedanke zu Grunde, daß es unter Umständen mit Rücksicht auf den Zusammenhang zwischen einer im Laufe der Gemeinschaft entstandenen Gesammtschuld der Theilhaber und der Gemeinschaft als solcher geboten sei, jeden Theilhaber zu dem Verlangen zu berechtigen, daß die betreffende Gesammtschuld vorerst aus dem gemeinschaftlichen Gegenstande getilgt werde. (P. II, 763.) Das Wesen dieser Vorschrift liegt also darin, daß der einzelne Theilhaber auf sein Verlangen mit der Aufhebung der Gemeinschaft zugleich von derartigen Gemeinschaftsschulden zu befreien ist.

1. Dieses Prinzip ist aber eingeschränkt auf eine bestimmte Art von Gemeinschaftsverbindlichkeiten. Es muß sich nämlich handeln:

a) um eine Verbindlichkeit im Sinne des § 748, d. h. um Lasten des gemeinschaftlichen Gegenstandes oder um Kosten der Erhaltung, der Verwaltung oder der gemeinschaftlichen Benutzung des gemeinsamen Gegenstandes. Weitere Voraussetzung ist,

b) daß die betreffende Verbindlichkeit im Einzelfalle als Gesammtschuld der Theilhaber entstanden oder dies wenigstens nachträglich geworden ist, nach Maßgabe der allgemeinen Normen über Gesammtverbindlichkeiten. Vgl. §§ 420 ff. und außerdem Bem. 5 zu § 748.

Es werden übrigens hieher nicht bloß solche Verbindlichkeiten zu rechnen sein, welche direkt eine Verbindlichkeit im Sinne des Paragraphen in sich schließen, sondern z. B. auch ein gemeinschaftlich aufgenommenes Darlehen zum Zwecke der Erhaltung des gemeinschaftlichen Gegenstandes.

Auf sonstige Gesammtschulden außerhalb des Rahmens des § 748 bezieht sich aber § 755 nicht. (P. a. a. O.) Dies wird von vielen Seiten übersehen.

2. Die Art der Berichtigung wird sich verschieden gestalten nach der Natur des gemeinschaftlichen Gegenstandes:

a) Bei Geld- und Werthpapieren ist der für die Berichtigung nothwendige Betrag von diesen abzunehmen.

b) In anderen Fällen müssen der oder die gemeinschaftlichen Gegenstände zu diesem Zwecke, soweit nöthig, dem Verkauf unterstellt werden und zwar gemäß Abs. 3 nach den Normen des § 753.

3. Wenn die betreffenden Verbindlichkeiten noch nicht fällig sind, so wird es eine sinngemäße Anwendung des Paragraphen mit sich bringen, daß hier der Berichtigungsanspruch sich einstweilen bis zur Fälligkeit in einem Anspruch auf Hinterlegung des zur Deckung Nothwendigen äußert.

4. Hat der einzelne Theilhaber die auf dem Antheil eines anderen Theilhabers ruhenden Kosten und Lasten bereits berichtigt, so kommt für ihn § 756 in Betracht.

III. Zu Abs. 2: Der Anspruch aus § 755 erstreckt sich auch auf die Sondernachfolger des einzelnen Theilhabers (im Gegensatze zu den Grundsätzen des E. I; vgl. hiezu Bem. 2 zu § 756).

Eine Besonderheit besteht jedoch bei gemeinschaftlichen Grundstücken. Hier können Ansprüche aus § 755 gegen den Sondernachfolger eines Miteigenthümers nur geltend gemacht werden, wenn sie im Grundbuch eingetragen sind.

IV. Reichen die gemeinschaftlichen Gegenstände bezw. deren Erlös zur Berichtigung nicht aus, so verbleibt es insoweit bei den Normen des § 748, d. h. es ist jeder Theilhaber dem anderen gegenüber schuldig, die betreffende Restschuld nach Verhältniß seines Antheils zu tragen.

V. Vgl. hieher auch § 51 K.O.

§ 756.

Hat ein Theilhaber gegen einen anderen Theilhaber eine Forderung, die sich auf die Gemeinschaft gründet, so kann er bei der Aufhebung der Gemeinschaft die Berichtigung seiner Forderung aus dem auf den Schuldner entfallenden Theile des gemeinschaftlichen Gegenstandes verlangen. Die Vorschriften des § 755 Abs. 2, 3 finden Anwendung.

E. I, 770; II, 692; III, 743.

I. Allgemeines: Im römischen Rechte konnte der Richter sog. praestationes personales bei der Theilung berücksichtigen und für Ausgleichung sorgen. Auch nach P.L.R. Thl. I Tit. 17 §§ 46, 47, 51 mußte sich jeder Theilhaber auf den seinem Antheil entsprechenden Theil der Sache oder des Werthes das anrechnen lassen, was er aus der Gemeinschaft dem Anderen zu leisten hat.

In analoger Weise verleiht das B.G.B. dem einzelnen Theilhaber, welchem in der Richtung gegen den anderen Theilhaber eine sich auf die Gemeinschaft gründende Forderung zusteht, einen Anspruch darauf, daß die Forderung bei Aufhebung der Gemeinschaft aus dem Antheile jenes anderen Theilhabers an dem gemeinschaftlichen Gegenstande (bezw. an dessen Erlöse s. unten Bem. 3) berichtigt werde.

Dies ist zur Sicherung des Theilhabers nothwendig, da er ohne eine derartige Bestimmung nicht in der Lage wäre, die Befriedigung aus dem gemeinschaftlichen Gegenstande zu verlangen oder auf irgend einem Wege durchzusetzen (das Zurückbehaltungsrecht allein könnte diese Lösung nicht herbeiführen, auch eine Aufrechnung wäre nur beschränkt möglich; vgl. M. II, 886).

II. 1. Ein solcher Anspruch auf Berichtigung besteht wegen aller Ansprüche gegen den anderen Theilhaber, die in der Gemeinschaft ihre Grundlage haben; es besteht also keine Beschränkung wie bei § 755 auf den Rahmen des § 748.

Dadurch sollen die gesammten obligatorischen Beziehungen, welche in der Gemeinschaft ihren Grund haben, bei der Aufhebung der Gemeinschaft in der Art mitberücksichtigt werden, daß ein jeder Theilhaber nicht mehr erhält, als ihm unter Mitberücksichtigung dieser Ansprüche thatsächlich gebührt, M. a. a. O. Der Anspruch ist wie ein anderer Rechtsanspruch geltend zu machen, ohne daß hierüber besondere Vorschriften bestehen (vgl. Bem. II zu § 752).

2. Der Anspruch besteht auch gegenüber den Sondernachfolgern des einzelnen Theilhabers (Satz 2 mit § 755 Abs. 2).

a) E. I hatte diese Wirkung versagt (M. II, 886): E. II dagegen konnte sich der entgegengesetzten, durch die neuere Rechtsentwicklung gebotenen Auffassung nicht weiter verschließen (P. II, 764 ff.). Die Bestimmung des Gesetzes entspricht auch der Billigkeit, da ja auch dem Sondernachfolger der durch die Auslagen des Theilhabers erzielte Nutzen zu statten kommt, andererseits könnte ohne eine derartige Bestimmung der einzelne Theilhaber-Schuldner sich der Ersatzpflicht jederzeit durch die Weiterveräußerung seines Antheils entziehen, was im höchsten Grade ungerecht wäre.

Des Näheren liegt hierin eine weitere Ausgestaltung des im § 44 K.O. ä. F. (= § 51 n. F.) enthaltenen Prinzips, wonach im Konkurs eines Theilhabers dem anderen wegen seiner Forderung gegen diesen als Gemeinschuldner eine abgesonderte Befriedigung gegeben ist (P. a. a. O.).

Schon im gemeinen Rechte konnten übrigens Auslagen für die gemeinschaftliche Sache dem Sondernachfolger des Theilhabers in Rechnung gestellt werden. (Dernburg, Pand. I § 197 Note 14.) Auch war dieses Prinzip landesrechtlich in einzelnen Richtungen anerkannt. (Vgl. z. B. für Bayern Art. 92 Abs. 2, 99 Abs. 2 des Berggesetzes und Art. 179 Abs. 3 der Subhastationsordnung mit Art. 39 Abs. 1 der Novelle zur Subhastationsordnung; Jacubezky, Bem. 183.)

b) Eine Beschränkung besteht nur bei dem Miteigenthum an Grundstücken zufolge des § 1010 im Hinblick auf das Grundbuch: hier können Ansprüche aus § 756 gegen den Sondernachfolger eines Miteigenthümers nur geltend gemacht werden, wenn sie im Grundbuch eingetragen sind.

3. Hinsichtlich der Realisirung des Anspruchs wird in Satz 2 durch Hinweis auf Abs. 3 des § 755 bestimmt, daß, soweit zur Berichtigung der Schuld der Verkauf des gemeinschaftlichen Gegenstandes erforderlich ist, ein Verkauf desselben im Sinne des § 753 stattzufinden habe.

§ 757.

Wird bei der Aufhebung der Gemeinschaft ein gemeinschaftlicher Gegenstand einem der Theilhaber zugetheilt, so hat wegen eines Mangels im Rechte oder wegen eines Mangels der Sache jeder der übrigen Theilhaber zu seinem Antheil in gleicher Weise wie ein Verkäufer Gewähr zu leisten.

E. I, 771; II, 693; III, 744.

Die Gewährleistungspflicht der Theilhaber unter sich gestaltet sich wie folgt:

1. Schon im bisherigen Rechte war eine derartige Gewährleistungspflicht im Allgemeinen anerkannt. (Vgl. Windscheid, § 449 Note 24 und P.L.R. Thl. I Tit. 17 §§ 97, 98.)

Das B.G.B. will auf sämmtliche Fälle, in welchen bei Aufhebung der Gemeinschaft ein gemeinschaftlicher Gegenstand einem der Theilhaber zugetheilt wird, die Grundsätze aus dem Kauf über Gewährleistung sowohl wegen eines Mangels im Rechte (§§ 434 ff.) als auch wegen eines Mangels der Sache (§§ 459 ff.) angewendet wissen, so daß also hier durchweg ein Veräußerungsgeschäft anzunehmen ist, auch wenn ein Zwang hiezu geübt wird. (M. II, 887.)

Dies trifft zu im Falle

a) des § 752, wenn der oder die gemeinschaftlichen Gegenstände unter die Theilhaber getheilt werden,

b) des § 753, wenn ein Theilhaber den gemeinschaftlichen, dem Verkauf unterstellten Gegenstand erwirbt.

2. Wenn die einzelnen, den Theilhabern zugekommenen Theile durchweg den gleichen Mangel aufweisen, so wird eine gegenseitige Aufhebung der Haftung als selbstverständlich anzunehmen sein (vgl. Oertmann, Bem. zu § 757). Anders ist natürlich die Sachlage, wenn der betreffende Mangel nur bei einem Theile besteht.

3. Der Einfluß von Willensmängeln bei der Aufhebung der Gemeinschaft ist nach allgemeinen Rechtsgrundsätzen zu beurtheilen. Die im geltenden Rechte zum Theil anerkannte und für den Fall der Theilung besonders normirte Anfechtung wegen enormer Verletzung kennt das Gesetzbuch nicht (M. II, 888).

§ 758.

Der Anspruch auf Aufhebung der Gemeinschaft unterliegt nicht der Verjährung.

E. I, 768; II, 694; III, 745.

1. Der Grundsatz der Unverjährbarkeit des Anspruchs auf Aufhebung der Gemeinschaft entspricht dem geltenden Rechte (vgl. Windscheid, § 106 Nr. 4; P.L.R. a. a. O. §§ 76 ff.) und beruht auf der Erwägung, daß sich dieser Anspruch fortgesetzt erneuert und daher eine Zeitgrenze für ihn nicht gesteckt werden darf. Analoge Bestimmungen finden sich in den §§ 924 u. 2042.

2. § 758 trifft aber nur den Anspruch auf Aufhebung der Gemeinschaft, die anderen in der Gemeinschaft sich gründenden Ansprüche (vgl. hieher insbesondere §§ 744 u. 748) unterliegen dagegen den allgemeinen Verjährungsgrundsätzen (M. II, 881).

Sechzehnter Titel.

Leibrente.

(Erläutert von Dr. Th. Engelmann.)

Einleitung*).

1. Begriff. Das B.G.B. überläßt die Definition des Leibrentenvertrags der Wissenschaft und Praxis (M. II, 637 ff.; vgl. dagegen P.L.R. Thl. I Tit. 11 § 606, sächsisches G.B. § 1150). Als zweifellos erachten die Mot., daß unter Leibrente periodisch wiederkehrende Leistungen zu verstehen sind (M. II, 638). Gegenstand der Leibrente können nicht nur Geld oder andere vertretbare Sachen, sondern auch Leistungen anderer Art (geldwerthe fungible Handlungen, die Gewährung fungibler Rechte zum Unterhalt 2c.) sein (vgl. Eccius a. a. O. S. 16, and. Ans. Hachenburg, das B.G.B. 2. Aufl. S. 88, Oertmann, Vorbem 3, Scherer, Note 2 zu § 759). Auch die Gegenleistung braucht nicht nothwendig in Geld zu bestehen (M. II, 637; vgl. sächsisches G.B. § 1151). Der Leibrentenvertrag wird somit als derjenige Vertrag zu bezeichnen sein, durch welchen sich Jemand einem Anderen gegenüber für dessen Person oder einen Dritten zu periodisch wiederkehrenden Leistungen auf einen bestimmten Zeitraum verpflichtet. Ob ein einheitliches Forderungsrecht auf die Rente im Ganzen mit Endtermin oder eine Mehrheit von bedingten Forderungsrechten anzunehmen sei, lassen die Mot. (II, 640) dahingestellt. Die letztere Ansicht dürfte den Vorzug verdienen (vgl. Planck, Vorbem. II, 1; Endemann, I, 858 Note 7; s. auch Entsch. d. R.G. in Civils. Bd. 6 S. 210).

2. Anwendungsgebiet des 16. Titels. Im E. I (§ 663) war ausdrücklich ausgesprochen, daß die für den Leibrentenvertrag getroffenen Bestimmungen (E. I §§ 660—662) entsprechende Anwendung finden sollen, wenn die Verpflichtung zur Entrichtung einer Leibrente auf Verfügung von Todeswegen, Urtheil oder Gesetz beruhe (M. II, 642). In der II. Komm. wurde dies beanstandet, weil die Vorschrift, soweit sie erbrechtlicher Natur sei, in das 5. Buch gehöre, durch Urtheil eine Verpflichtung nicht begründet, sondern nur festgestellt

*) Vgl. Eccius, der Leibrentenvertrag des B.G.B., in Gruchot, Beitr. 1901 S. 11 ff.

werde, und für die auf Gesetz beruhende Rentenpflicht besondere Bestimmungen nicht erforderlich seien. Daraufhin wurde beschlossen, den Fall der auf Urtheil beruhenden Verpflichtung unerwähnt zu lassen (P. II, 486 ff.; E. II, 703). Bei der Berathung des fünften Buches wurde beschlossen, im § 703 (E. II) die Worte „auf Verfügung von Todeswegen" zu streichen und in das fünfte Buch eine Vorschrift aufzunehmen, wonach die §§ 701, 702 (E. II) auch Anwendung finden sollten, wenn eine Leibrente vermacht sei. Die Redaktionskomm. hat dann diesen Beschluß durch den Vorschlag ersetzt, unter Streichung des § 703 (E. II) den Eingang des § 701 (E. II) so zu fassen, wie § 759 B.G.B. nunmehr lautet (P. V, 201 und Note 1). Bei der Revision wurde darauf hingewiesen, daß die beiden Auslegungsregeln des § 701 (nun 759) ihrer Fassung nach nicht für gesetzliche Vorschriften paßten. Die Entscheidung wurde der Redaktionskomm. überlassen, welche es jedoch bei ihrem früheren Beschlusse beließ (P. VI, 195). Die Bestimmungen des 16. Titels finden demgemäß Anwendung:

a) wenn die Verpflichtung zur Gewährung einer Leibrente auf Rechtsgeschäft beruht, ohne Unterschied, ob es sich um Rechtsgeschäft unter Lebenden ein (einseitiges Rechtsgeschäft, z. B. Auslobung, oder Vertrag) oder um eine Verfügung von Todeswegen handelt;

b) wenn die Verpflichtung zur Gewährung einer Leibrente auf Gesetz beruht. Fälle dieser Art enthält sowohl das B.G.B. (§§ 528, 843—845, 1351, 1361, 1580, 1612, 1710) als auch andere Gesetze (vgl. insbesondere § 7 des Haftpflichtgesetzes vom 7. Juni 1871 in der durch E.G. Art. 42, III festgesetzten Fassung). Die auf Grund der Arbeiterversicherungsgesetze zu gewährenden Renten bestimmen sich nach den Vorschriften dieser Gesetze. Als anwendbar erscheint bei einer auf Gesetz beruhenden Verpflichtung zur Gewährung einer Leibrente allerdings nur die Vorschrift des § 760, und auch diese nur insoweit, als die in Frage stehende gesetzliche Bestimmung nicht etwas Abweichendes vorschreibt (vgl. Anm. 1a zu § 759, Anm. 3 zu § 760).

3. Die Ansprüche auf rückständige Leibrenten verjähren in vier Jahren (§§ 197, 201); s. auch § 224 und Eccius a. a. O. S. 24 ff.)

4. Ueber den Leibrentenvertrag zu Gunsten eines Dritten s. § 330 (M. II, 638), über den Nießbrauch an einer Leibrente s. § 1073. Ueber Geldrenten als Reallasten s. Bd. 3 S. 199 Anm. I, 4 b zu § 1105; über Rentenschulden s. §§ 1199 ff.

5. Nach E.G. Art. 96 bleiben die landesgesetzlichen Vorschriften über einen mit der Ueberlassung eines Grundstücks in Verbindung stehenden Leibgedings-, Leibzuchts-, Altentheils- oder Auszugsvertrag unberührt, soweit sie das sich aus dem Vertrag ergebende Schuldverhältniß für den Fall regeln, daß nicht besondere Vereinbarungen getroffen werden (vgl. Bd. 6 S. 135 und für Bayern insbesondere A.G. z. B.G.B. Art. 32—48; s. auch Josef, Die Rechtsverhältnisse bezüglich des Altentheils nach dem B.G.B. in Gruchot, Beitr. 1897 S. 302 ff.).

6. Insoweit die Verpflichtung zur Gewährung einer Leibrente auf einem Versicherungsvertrage beruht, ist nach E.G. Art. 75 (bis zur Erlassung eines Reichsversicherungsgesetzes) das Landesrecht maßgebend. Ueber den begrifflichen Unterschied zwischen Versicherungsvertrag und Leibrentenvertrag s. Entsch. d. R.G. in Civils. Bd. 9 S. 263 ff., Bd. 28 S. 316 ff.

7. Nach C.P.O. § 258 kann bei wiederkehrenden Leistungen (wie Leibrenten) auch wegen der erst nach Erlassung des Urtheils fällig werdenden Leistungen Klage auf künftige Entrichtung erhoben werden (D. z. C.P.O. S. 42), vgl. Eccius a. a. O. S. 22 ff.).

§ 759.

Wer zur Gewährung einer Leibrente verpflichtet ist, hat die Rente im Zweifel für die Lebensdauer des Gläubigers zu entrichten.

Der für die Rente bestimmte Betrag ist im Zweifel der Jahresbetrag der Rente.

E. I, 660, 662, 663; II, 701, 703; III, 746.

1. § 759 stellt zwei Auslegungsregeln auf.

a) Nach Abs. 1 soll im Zweifel anzunehmen sein, daß die Verpflichtung zur Gewährung einer Leibrente mit dem Tode des Gläubigers (Rentenempfängers) endige. Demzufolge endigt die Verpflichtung im Zweifel auch dann, wenn vereinbart ist, daß die Rente auf die Dauer des Lebens des Schuldners oder eines Dritten zu entrichten ist, und der Gläubiger vor dem

Schuldner oder dem Dritten stirbt. Selbstverständlich kann auch vereinbart werden, daß die Rente vor dem Tode des Gläubigers erlöschen oder auf seine Erben übergehen soll (M. II, 638 ff.). Für das Erlöschen der auf Gesetz beruhenden Verpflichtung zur Entrichtung einer Leibrente sind natürlich die einschlägigen gesetzlichen Vorschriften maßgebend (s. z. B. §§ 844, 1581, 1708; vgl. Einl. Ziff. 2 b).

b) Ist nur der Betrag der Leibrente, nicht aber die Zeitperiode bestimmt, für welche der Betrag zu entrichten ist, so ist nach der Auslegungsregel des Abs. 2 im Zweifel anzunehmen, daß der festgesetzte Betrag alljährlich zu entrichten ist (M. II, 640; vgl. sächsisches G.B. § 1154 Satz 1).

2. Die Frage, ob mit dem Ableben eines von mehreren Rentenberechtigten dessen Rate in Wegfall kommt oder den Anderen anwächst, so daß die Rente voll bis zum Tode aller Berechtigten zu entrichten ist, kann nur nach dem Inhalte des einzelnen Vertrags beantwortet werden (M. II, 639; vgl. P.L.R. Thl. I Tit. 11 §§ 616, 617). In der Reichstagskomm. wurde beantragt, dem Abs. 1 die Worte beizufügen: „Wird die Leibrente Ehegatten geschuldet, so hat der Ueberlebende im Zweifel nur den Anspruch auf die Hälfte der theilbaren Leistungen". Der Antrag wurde aber abgelehnt, weil die Frage, ob nach dem Tode des einen Ehegatten die Leibrente desselben dem anderen zufalle oder nicht, nach der Absicht des Vertrags zu entscheiden sei. Sei diese nicht mit Bestimmtheit zu erkennen, so komme § 414 (nun § 420) zur Anwendung, wonach der Leibrentenantheil des Verstorbenen zu Gunsten des Schuldners erlösche (R.T.K. 54).

3. Das B.G.B. enthält keine besonderen Bestimmungen für den Fall, daß der Rentenschuldner die Zeit der Entrichtung der Leibrente dadurch abkürzt, daß er denjenigen, auf dessen Lebensdauer die Rente gestellt ist, tödtet oder, falls die Rente auf sein eigenes Leben gestellt ist, durch Selbstmord endigt oder die Todesstrafe erleidet (M. II, 640 ff.; Jacubezky, Bem. S. 148; vgl. P.L.R. Thl. I Tit. 11 §§ 621 ff.; sächsisches G.B. § 1155 Satz 3). Für die Beantwortung der Frage, ob in einem solchen Falle die Rente fortzuentrichten ist, obwohl die Bedingung ihres Erlöschens eingetreten ist, sind die Bestimmungen der §§ 162, 823 ff. entscheidend (vgl. Planck, Erl. 1 c zu § 759, Endemann, I, 857 Note 5, Matthiaß, I, 566, Kuhlenbeck, Note 1 zu § 759, Oertmann, Note 1 zu § 759 Josef in Gruchot, Beitr. 1897 S. 306 ff., Eccius a. a. O. S. 23 ff.). Wird durch eine unerlaubte Handlung derjenige getödtet, auf dessen Lebensdauer die Rente gestellt ist, so hat der Rentengläubiger gegen den Thäter keinen Anspruch auf Schadensersatz (Anm. III, A, 4 zu § 823).

§ 760.

Die Leibrente ist im voraus zu entrichten.

Eine Geldrente ist für drei Monate vorauszuzahlen; bei einer anderen Rente bestimmt sich der Zeitabschnitt, für den sie im voraus zu entrichten ist, nach der Beschaffenheit und dem Zwecke der Rente.

Hat der Gläubiger den Beginn des Zeitabschnitts erlebt, für den die Rente im voraus zu entrichten ist, so gebührt ihm der volle auf den Zeitabschnitt entfallende Betrag.

E. I, 661; II, 702; III, 747.

1. Die Bestimmung, daß die Leibrente im voraus zu entrichten ist, entspricht dem regelmäßigen Zwecke derselben, zum Unterhalte des Berechtigten zu dienen (M. II, 639). Hinsichtlich der Zeit, auf welche die Rente im voraus zu entrichten ist, soll (im Anschluß an § 1154 Satz 2, 3 des sächsischen G.B.) der Gegenstand der Leibrente maßgebend sein. Ist Geld Gegenstand der Rente, so ist dieselbe auf drei Monate vorauszuzahlen, während in allen anderen Fällen Beschaffenheit und Zweck der Rente entscheidet. Die Bestimmungen des § 760 Abs. 1 u. 2 sind dispositiver Natur, können also durch Vertrag abgeändert werden.

2. Die Vorschrift des § 760 Abs. 3 greift sowohl in den Fällen des Abs. 2, als auch dann Platz, wenn der Zeitabschnitt, für welchen die Rente im voraus zu entrichten ist, durch Vertrag anderweitig geregelt ist. Aus dieser Vorschrift ergibt sich, daß die Erben des Rentengläubigers, der den Beginn des fraglichen Zeitabschnitts erlebt hat, auf die Leistung des vorauszuentrichtenden Betrags der Rente Anspruch haben, dagegen zur Herausgabe der vom Erblasser bereits bezogenen Rente nicht verpflichtet sind (M. II, 639 ff; P. II, 486).

3. Die Bestimmungen des § 760 finden auf die gemäß §§ 528, 843—845, 1351, 1361, 1580 zu entrichtenden Geldrenten inhaltlich dieser Vorschriften Anwendung. Hinsichtlich der Unterhaltspflicht der Verwandten und des unehelichen Vaters s. §§ 1612, 1710 (vgl. Einl. Ziff. 2 b).

§ 761.

Zur Gültigkeit eines Vertrags, durch den eine Leibrente versprochen wird, ist, soweit nicht eine andere Form vorgeschrieben ist, schriftliche Ertheilung des Versprechens erforderlich.

E. I, —; II, —; III, —.

1. Form. Der E. I ging von der Anschauung aus, daß kein Grund vorliege, hinsichtlich des Leibrentenvertrags von dem Grundsatze der Formfreiheit der Verträge abzuweichen (M. II, 638). Dagegen hat die Reichstagskomm. im Hinblick auf die Wichtigkeit solcher Verträge und die unter Umständen lange Dauer ihrer Wirksamkeit das Erforderniß der schriftlichen Form für die Ertheilung des Versprechens (nicht auch für die Annahme desselben) aufgestellt (R.T.K. 54; vgl. Z.G. VI, 485; bezüglich des in dieser Beziehung bisher geltenden Rechtes s. M. II, 638 Note 2). Ueber die Bedeutung des Erfordernisses der schriftlichen Form s. § 126 und Anm. hiezu. Verstoß gegen die Vorschrift des § 761 bewirkt Nichtigkeit des Vertrags (§ 125; vgl. Eccius a. a. O. S. 12).

2. § 761 spricht nur von dem Vertrage, durch den eine Leibrente versprochen wird. Durch einseitiges Rechtsgeschäft (z. B. Auslobung, s. Einl. Ziff. 2 a) kann also auch mündlich eine Leibrente mit Rechtswirksamkeit versprochen werden (ebenso Eccius a. a. O. S. 11 Note 1).

3. Die Vorschrift des § 761 greift nur Platz, soweit nicht eine andere Form vorgeschrieben ist. Hienach ist z. B., wenn das Versprechen einer Leibrente sich als Schenkung darstellt, gerichtliche oder notarielle Beurkundung des Versprechens erforderlich (§ 518; M. II, 638; s. auch §§ 311, 313 und oben S. 63 Anm. 3 zu § 310). Erfolgt das Versprechen einer Leibrente durch Verfügung von Todeswegen, so sind natürlich die erbrechtlichen Formvorschriften maßgebend.

Siebzehnter Titel.

Spiel. Wette.

(Erläutert von Dr. Th. Engelmann).

§ 762.

Durch Spiel oder durch Wette wird eine Verbindlichkeit nicht begründet. Das auf Grund des Spieles oder der Wette Geleistete kann nicht deshalb zurückgefordert werden, weil eine Verbindlichkeit nicht bestanden hat.

Diese Vorschriften gelten auch für eine Vereinbarung, durch die der verlierende Theil zum Zwecke der Erfüllung einer Spiel- oder einer Wettschuld dem gewinnenden Theile gegenüber eine Verbindlichkeit eingeht, insbesondere für ein Schuldanerkenntniß.

E. I, 664, II, 704; III, 748.

1. Grundsätzliche Regelung. Nach älterem römischen Rechte waren Spielgeschäfte um Geld oder Geldeswerth nichtig. Sie begründeten keine Klage, das auf Grund derselben Gezahlte konnte zurückgefordert werden und der Rückforderungsanspruch verjährte erst in fünfzig Jahren. Eine Ausnahme hievon bestand zu Gunsten gewisser Kampfspiele. Das gemeine Recht hat die Unklagbarkeit auf alle Spielschulden ausgedehnt, das Rückforderungsrecht jedoch ausgeschlossen. Wetten sind nach römischem und gemeinem Rechte erlaubt und klagbar (Dernburg, Pand. Bd. 2 §§ 104, 105; theilweise and. Ans. Windscheid-Kipp, Bd. 2 §§ 419, 420).

Nach B.L.R. sind Spielschulden unklagbar, die Zurückforderung des im erlaubten Spiele Verlorenen und Gezahlten ist jedoch ausgeschlossen. Wetten sind nur klagbar, wenn der Einsatz baar erlegt und entweder bei Gericht oder bei einem Dritten niedergelegt wird (B.L.R. Thl. I Tit. 11 §§ 577—579).

Das B.L.R. (Thl. IV cap. 12 §§ 5, 6) unterschied Glücksspiele, Kunstspiele und vermischte Spiele. Die beiden letzteren Arten erzeugen klagbare Verbindlichkeiten und die Rückforderung des Gezahlten ist ausgeschlossen, falls der Einsatz nicht übermäßig hoch ist. Dagegen sind reine Glücksspiele unklagbar und das Gezahlte kann zurückgefordert werden. Wetten sind klagbar, doch steht dem Richter ein Ermäßigungsrecht zu.

Ueber andere Rechte s. M. II, 643 Note 2.

Das B.G.B. stellt Spiel und Wette vollständig gleich, läßt aus beiden eine Verbindlichkeit nicht entstehen, schließt aber die Zurückforderung des auf Grund des Spiels oder der Wette Geleisteten aus.

Die Mot. begründen diese Regelung damit, daß dieselbe der in der Gegenwart herrschenden, auch in den modernen Kodifikationen im Wesentlichen zur Anerkennung gelangten Rechtsauffassung entspreche (M. II, 643; vgl. Z.G. II, 356, VI, 485). In der II. Komm. wurde die Unklagbarkeit der Spielschulden von einer Seite auf den rechtspolizeilichen Gedanken zurückgeführt, daß das Gesetz das Spiel wegen der damit möglicher Weise verbundenen wirthschaftlichen und sittlichen Gefahren nicht durch Gewährung gerichtlicher Hülfe zur Erzwingung der von den Spielern gegen einander übernommenen Verbindlichkeiten fördern dürfe. Von anderer Seite wurde dieser Anschauung entgegengetreten und bemerkt, die Unklagbarkeit der Spielschulden beruhe auf der Auffassung, daß das Spiel und die aus ihm sich ergebenden Beziehungen der Spieler dem Gebiete der Sitte, nicht dem des Rechtes angehören und der Spielvertrag nicht ein der rechtlichen Regelung zu unterwerfendes Rechtsgeschäft sei (P. II, 796 ff.). Welche Ansicht den Normen des B.G.B. zu Grunde liegt, kann dahingestellt bleiben. Jedenfalls ergibt sich aus § 762 und insbesondere aus dem zweiten Satze des Abs. 1, daß Spiel und Wette an sich nicht als Rechtsgeschäfte, die gegen die guten Sitten verstoßen (§ 138 Abs. 1), betrachtet werden können (M. II, 644; ebenso Entsch. d. R.G. in Civils. Bd. 43 S. 152; vgl. Hachenburg, Das B.G.B. 2. Aufl. S. 52 ff.). Ueber das verbotene Spiel s. unten Anm. 4.

2. Der Begriff des Spiels und der Wette und insbesondere die Abgrenzung beider Begriffe war bisher außerordentlich bestritten (vgl. Dernburg, Pand. und Windscheid-Kipp a. a. O. und die dort angeführte Literatur, ferner Entsch. d. R.G. in Strafs. Bd. 6 S. 175 ff., 423 ff., Bd. 7 S. 24 ff.). Die praktische Bedeutung dieser Kontroverse ist durch die im § 762 erfolgte Gleichstellung von Spiel und Wette fast vollständig beseitigt. Das B.G.B. überläßt die Definition von Spiel und Wette der Wissenschaft (M. II, 643; Z.G. II, 356).

a) Spiel ist die Vereinbarung, nach welcher vom Eintritt entgegengesetzter Bedingungen abhängig gemacht wird, ob und in welcher Höhe ein Gewinn dem einen oder anderen Theile zufallen soll. Die Entfaltung irgend welcher Thätigkeit Seitens der Theilnehmer oder auch nur eines derselben wird zum Begriffe des Spiels nicht erfordert. Daher ist insbesondere auch das Setzen am Totalisator und beim Buchmacher als Spiel zu betrachten (vgl. Dernburg, Pand. Bd. 2 S. 287 Note 8; Windscheid-Kipp, Bd. 2 S. 800 Note 3; Entsch. d. R.G. in Strafs. Bd. 6 S. 174 ff., 424 ff., Bd. 7 S. 24 ff., Entsch. d. R.G. in Civils. Bd. 40 S. 259). Unerheblich ist, aus welchem Motive gehandelt wird. Daher wird der Begriff des Spiels nicht dadurch ausgeschlossen, daß die Theilnehmer oder einer derselben aus Gewinnsucht handeln (Windscheid-Kipp, Bd. 2 S. 801 ff.; Entsch. d. R.G. in Strafs. Bd. 7 S. 26; vgl. Cosack, Bd. 1 S. 564 ff.).

b) Wette ist die Vereinbarung eines Gewinns zu Gunsten desjenigen, dessen Behauptung sich gegenüber der gegentheiligen Behauptung des anderen Theils als richtig erweist. Daß von beiden Seiten ein Einsatz erfolgt, ist zum Begriffe der Wette nicht erforderlich (and. Ans. Windscheid-Kipp, Bd. 2 S. 805 Note 5).

3. Rechtliche Natur und Regelung im Einzelnen. Spiel und Wette sind Verträge und zwar gegenseitige Verträge im Sinne der §§ 320 ff. (vgl. Windscheid-Kipp, Bd. 2 S. 799 Note 2). Dieselben sind nicht nichtig, begründen vielmehr ein „unvollkommenes Rechtsverhältniß“ nach Art der naturalis obligatio des gemeinen Rechtes, indem das Gesetz „einem nach allgemeinen Grundsätzen an sich gültigen Schuldverhältnisse aus besonderen Gründen die Anerkennung bis auf ein gewisses residuum versagt“ (M. II, 644). Die auf dieser Auffassung beruhenden Sätze des § 762 Abs. 1 Satz 1 u. 2 begründen nicht nur eine Einrede, sondern sind von Amtswegen zu berücksichtigen.

a) Durch Spiel oder Wette wird eine Verbindlichkeit nicht begründet und zwar weder eine Verbindlichkeit zur Bezahlung des im Spiel oder der Wette verlorenen Betrags, noch eine Verbindlichkeit zur Entfaltung irgend welcher zum Spiel oder der Wette erforderlichen Thätigkeit. Forderungen aus Spiel und Wette können daher nicht zur Aufrechnung verwendet werden (s. oben S. 126 Anm. 3 zu § 387; M. II, 644; vgl. Entsch. d. R.G. in Civils. Bd. 1 S. 130, Bd. 38 S. 238), Bürgschaft und Pfandrecht zur Sicherung einer Spiel- oder Wettschuld sind ungültig (§§ 765, 1204; s. unten Anm. 5a zu § 765, Bd. 3 S. 291 Anm. 1b zu § 1204; vgl. Samml. v. Entsch. d. Obersten L.G. München V, 207 ff., Entsch. d. R.G. in Civils. Bd. 35 S. 289, Bd. 38 S. 251 ff.). Eine für eine solche Schuld bestellte Hypothek steht dem Eigenthümer zu (§ 1163 Abs. 1 Satz 1). Ein Vergleich über eine Spiel- oder Wettschuld ist nur insoferne rechtswirksam, als der Streit darüber, ob es sich um eine derartige Schuld handelt, beseitigt wird. Ist in einem Spiel- oder Wettvertrage vereinbart, daß über Streitigkeiten der Betheiligten ein Schiedsgericht entscheiden soll, so ist auch diese Vereinbarung unverbindlich und nach C.P.O. § 1041 Abs. 1 Nr. 1 kann von jedem Theile Aufhebung des Schiedsspruchs beantragt werden, es sei denn, daß auf den Einwand der Unzulässigkeit des Verfahrens (insbesondere durch Verhandlung zur Sache vor dem Schiedsgerichte) verzichtet worden ist. Dagegen ist die Vereinbarung verbindlich, daß dem Schiedsgerichte die Entscheidung darüber zustehen soll, ob ein Spiel- oder Wettvertrag vorliege oder nicht (vgl. Entsch. d. R.G. in Civils. Bd. 27 S. 378 ff., Bd. 31 S. 397 ff., Bd. 36 S. 248 ff., Bd. 43 S. 407 ff.).

b) Andererseits ist aber die Rückforderung des auf Grund des Spieles oder der Wette Geleisteten ausgeschlossen, gleichviel, ob vor oder nach der Entscheidung geleistet worden ist. Die Rückforderung ist auch dem Erben versagt, der in Unkenntniß des Entstehungsgrundes die Schuld geleistet hat (M. II, 644 ff.: and. Ans. Hachenburg, S. 55, weil in diesem Falle nicht „auf Grund" des Spieles oder der Wette geleistet worden sei). Ob in der Hinterlegung des Einsatzes bereits eine Leistung zu erblicken ist, hängt von den Umständen des einzelnen Falles ab (M. II, 645; vgl. Oertmann, Note 1a zu § 762).

Die Rückforderung des Geleisteten ist jedoch nur insoweit ausgeschlossen, als sie auf die Unklagbarkeit von Spiel und Wette gestützt werden will. Nicht ausgeschlossen ist daher die Rückforderung wegen Nichtigkeit des Rechtsgeschäfts (z. B. in Folge Geschäftsunfähigkeit eines Theilnehmers), Betrugs, Verletzung der Spielregeln &c. (§§ 105, 134, 138, 812 ff.). Wenn die Unredlichkeit, z. B. das Spielen mit gezeichneten Karten, bei einem fortgesetzten Spiel alle einzelnen Spiele betrifft, kann Zurückerstattung aller Leistungen ohne den Nachweis des Zusammenhangs zwischen der Unredlichkeit und dem Verluste beim einzelnen Spiele beansprucht werden, weil eine Spielschuld in einem solchen Falle nicht begründet worden ist (§ 812; M. II, 645 ff.). Ueber Zurückforderung des auf Grund verbotenen Spiels Geleisteten s. unten Anm. 4. Die Frage, ob, wenn bei einem die Thätigkeit beider Spieler erheischenden Spielvertrag unter aufschiebender Bedingung geleistet worden ist, demjenigen, welcher geleistet hat, das Rückforderungsrecht um deßwillen zustehe, weil er zu jener Thätigkeit nicht verpflichtet, die Bedingung also fehlgeschlagen sei, wird zu bejahen sein (vgl. M. II, 645; vgl. Planck, Erl. 2b zu § 762 und andererseits Oertmann, Note 1 b zu § 762). Bei der Wette kann eine den Anspruch auf Zurückforderung des Geleisteten begründende Unredlichkeit darin liegen, daß einer der Wettenden seine Kenntniß der wahren Sachlage dem anderen Theile verschweigt. Ob in einem solchen Verschweigen eine Unredlichkeit zu erblicken ist, hängt von den Umständen des einzelnen Falles ab (M. II, 646; vgl. Dernburg, Pand. Bd. 2 S. 289 Note 5; Windscheid-Kipp, Bd. 2 S. 805 Note 3; P.L.R. Thl. I Tit. 11 § 580; B.L.R. Thl. IV cap. 12 § 6 Ziff. 4; Samml. v. Entsch. d. obersten L.G. München IV, 636).

4. Verbotenes Spiel. Nach St.G.B. § 284 wird mit Gefängniß bis zu zwei Jahren, eventuell auch Geldstrafe von 300—6000 Mk. und Verlust der bürgerlichen Ehrenrechte bestraft, wer aus dem Glücksspiel ein Gewerbe macht; Ausländer können aus dem Reichsgebiete verwiesen werden. Nach St.G.B. § 360 Abs. 1 Nr. 14 und Abs. 2 wird mit Geldstrafe bis zu 150 Mk. oder mit Haft bestraft, wer unbefugt auf einem öffentlichen Wege, einer Straße, einem öffentlichen Platze oder in einem öffentlichen Versammlungsorte Glücksspiele hält; auch kann auf Einziehung der auf dem Spieltisch oder in der Bank befindlichen Gelder erkannt werden, ohne Unterschied, ob sie dem Verurtheilten gehören oder nicht. Daß bei einem gewerbsmäßig betriebenen Glücksspiele

jeder einzelne Spielvertrag, weil gegen ein gesetzliches Verbot verstoßend, nichtig ist (§ 134), dürfte außer Zweifel stehen. Daher kann das auf Grund eines solchen Spieles Geleistete unbeschränkt und zwar auch Seitens desjenigen, der sich der strafbaren Handlung schuldig gemacht hat, zurückgefordert werden (s. oben Anm. 3 b). Zweifelhaft dagegen erscheint, ob das Gleiche für den Fall des § 360 Abs. 1 Nr. 14 St.G.B. anzunehmen ist, da nach § 134 die Nichtigkeit des gegen ein gesetzliches Verbot verstoßenden Rechtsgeschäfts nur eintritt, wenn sich nicht aus dem Verbotsgesetze selbst ein Anderes ergibt. Mit Rücksicht auf den rein polizeilichen Charakter der fraglichen Strafbestimmung muß angenommen werden, daß bei Zuwiderhandlung gegen dieselbe Nichtigkeit der einzelnen Spielverträge nicht eintritt, vielmehr die Bestimmungen des § 762 B.G.B. maßgebend bleiben (vgl. M. II, 644; Planck, Vorbem. II; Cosack, I, 567; s. auch Anm. 6 zu § 763).

5. Verbindlichkeiten zum Zwecke der Erfüllung von Spiel- oder Wettschulden. Zur Verhütung einer Umgehung der Vorschriften des § 762 Abs. 1 soll nach Abs. 2 das Gleiche wie für Spiel und Wette auch für diejenigen Vereinbarungen gelten, durch die der Verlierende dem Gewinner gegenüber zum Zwecke der Erfüllung einer Spiel- oder Wettschuld eine Verbindlichkeit eingeht, insbesondere für ein Schuldanerkenntniß (§ 781). Demnach erzeugt eine solche Vereinbarung keine Verbindlichkeit, doch kann das auf Grund derselben Geleistete nicht wegen Unverbindlichkeit der Vereinbarung zurückgefordert werden (s. oben Anm. 3. Nach E. I sollte der Schuldner, der über eine Spiel- oder Wettschuld ein Schuldversprechen oder ein Schuldanerkenntniß ertheilt hat, die Erfüllung der hieraus sich ergebenden Verpflichtung verweigern oder Befreiung von der letzteren verlangen können. Vgl. M. II, 645; P. II, 799 ff.). Ob eine Verbindlichkeit zum Zwecke der Erfüllung einer Spiel- oder Wettschuld eingegangen ist, muß unter Berücksichtigung aller einschlägigen Verhältnisse nach Lage des einzelnen Falles entschieden werden.

Darlehen zu Spiel- und Wettzwecken konnten nach manchen bisherigen Rechten nicht zurückgefordert werden (Dernburg, Pand. Bd. 2 S. 288 Note 10; Windscheid-Kipp, Bd. 2 S. 805 ff.; P.L.R. Thl. I Tit. 11 § 581; über andere Rechte s. M. II, 646 Note 2). Der E. I glaubte von einer derartigen Vorschrift wegen der möglicher Weise hiemit verbundenen Härte Umgang nehmen zu sollen (M. II, 646; Z.G. II, 357). In der II. Komm. wurde eine Reihe von Anträgen gestellt, wonach gewisse mit dem Spiele zusammenhängende Darlehen für unklagbar erklärt werden, bei freiwilliger Rückzahlung aber die Rückforderung des Gezahlten ausgeschlossen sein sollte (P. II, 794 ff.; s. auch R.T.K. 54 ff.). Alle diese Anträge wurden abgelehnt wegen der Unmöglichkeit, diejenigen Fälle von Darlehen, für welche das Gleiche wie für Spielschulden gelten solle, durch eine gesetzliche Vorschrift einwand- und zweifelfrei abzugrenzen. Hiebei wurde jedoch ausdrücklich die Befugniß der Rechtsprechung betont, die Vorschriften des § 762 gegebenenfalls im Wege der Auslegung auf derartige Darlehen anzuwenden (P. II, 799). Hienach wird insbesondere, wenn ein Spieler einem Mitspieler ein Darlehen zum Spiel oder Weiterspiel gegeben und ihm diese Summe wieder abgewonnen hat, eine kreditirte Spielschuld anzunehmen sein, auf welche § 762 Anwendung findet (vgl. M. II, 646; P. II, 795, 799; Endemann, I, 847 Note 7); s. auch oben S. 400 Anm. I, 2 zu § 607). Die Bestimmung des § 762 Abs. 2 gilt auch für den Fall, daß zum Zwecke der Erfüllung einer Spiel- oder Wettschuld eine Wechselverbindlichkeit eingegangen wird. Begibt der Gewinner den Wechsel weiter, so kann allerdings gemäß Wechselordnung Art. 82 dem Nachmanne der Einwand, daß es sich um eine Spielschuld handle, nicht entgegengesetzt werden (P. II, 800 ff.).

Nach denselben Gesichtspunkten ist die Frage zu entscheiden, inwieweit durch Aufträge und Vereinigungen zu Spielzwecken klagbare Verbindlichkeiten begründet werden (R.T.K. 55; M. II, 643: „Soweit andere Verträge die Verschleierung eines Spiel- oder Wettvertrags ergeben, wird in der Praxis nicht verkannt werden, daß sie trotz der Verschleierung den gleichen Grundsätzen unterliegen"; s. auch Entsch. d. R.G. in Civils. Bd. 40 S. 259, Bd. 43 S. 149 ff. und die in Anm. 5 zu § 764 citirten §§ 66 u. 69 des Börsengesetzes vom 22. Juni 1896; vgl. Cosack, I, 566 Ziff. 3; Hachenburg, S. 53 ff.; Oertmann, Note 4 zu § 763). Vgl. oben S. 541 Anm. IV, 1 zu § 705.

In der II. Komm. wurden beschränkende Bestimmungen auch für den Fall beantragt, daß der Verlierende gegenüber einem Dritten auf Grund eines Spiels oder einer Wette eine Verbindlichkeit übernommen hat. Diese Anträge fanden aber keine Annahme. Man erkannte zwar an, daß mittels der Uebernahme einer Verbindlichkeit gegenüber einem Dritten die Vorschrift des § 762 Abs. 1 Satz 1 umgangen werden könne, erachtete aber für entscheidend, daß der Grundsatz des § 762 Abs. 1 Satz 2 auch Anwendung finden müsse, wenn der Verlierende sich verpflichte, für Rechnung des Gewinners an einen Dritten zu leisten. Uebernehme der Verlierer in dieser Weise eine Wechselverpflichtung, indem er z. B. einen vom Gewinner auf den Dritten indossirten Wechsel annehme, so liege hierin nach der Auffassung des Verkehrs eine Leistung an Erfüllungsstatt. Ebenso sei es zu beurtheilen, wenn der Verlierer den Dritten anweise, an den Gewinner zu leisten, oder wenn er eine von dem Gewinner ausgestellte Anweisung dem Anweisungsempfänger gegenüber annehme oder wenn er eine Schuld des Gewinners übernehme (P. II, 802 ff.).

6. In strafrechtlicher Beziehung ist abgesehen von den in Anm. 4 erwähnten Bestimmungen noch zu verweisen auf St.G.B. § 285, wonach der Inhaber eines öffentlichen Versammlungsorts, welcher Glücksspiele daselbst gestattet oder zur Verheimlichung solcher Spiele mitwirkt, mit Geldstrafe bis zu 1500 Mk. bestraft wird. Vgl. auch Anm. 6 zu § 763, insbesondere unter d.

§ 763.

Ein Lotterievertrag oder ein Ausspielvertrag ist verbindlich, wenn die Lotterie oder die Ausspielung staatlich genehmigt ist. Anderenfalls finden die Vorschriften des § 762 Anwendung.

E. I, 665; II, 705; III, 749.

1. Grundsätzliche Regelung. Das B.G.B. stellt Lotterie- und Ausspielvertrag völlig gleich und unterscheidet hinsichtlich der Rechtswirkung solcher Verträge, ob das fragliche Unternehmen staatlich genehmigt ist oder nicht. Im ersteren Falle ist der Vertrag in vollem Umfange für alle Theile verbindlich, im letzteren tritt die gleiche Behandlung wie bei Spiel und Wette (§ 762) ein, d. h. der Vertrag erzeugt keine privatrechtliche Verbindlichkeit, das auf Grund desselben Geleistete kann aber nicht wegen Unverbindlichkeit des Vertrags zurückgefordert werden (Anm. 3 zu § 762; M. II, 648 ff.; Z.G. II, 357; bezüglich des gemeinen Rechts vgl. Windscheid-Kipp, Bd. 2 S. 806; s. ferner P.L.R. Thl. I Tit. 11 §§ 547 ff.; Kreittmayr, Anm. z. B.L.R. Thl. IV cap. 12 § 6 Ziff. 2 b, sächsisches G.B. § 1481). Der in der II. Komm. gestellte Antrag, wonach auch bei einer staatlich genehmigten Lotterie kein Anspruch gegen den Käufer eines Looses auf Entrichtung eines gestundeten Einsatzes bestehen sollte, wurde abgelehnt, weil es ein Widerspruch sei, eine Lotterie zu genehmigen und doch die Wirksamkeit derselben zu beschränken (P. II, 805). Zuständig zur Ertheilung der Genehmigung ist der Bundesstaat, in welchem das Unternehmen seinen Sitz hat. Darüber, von wem und in welcher Weise die erforderliche staatliche Genehmigung zuertheilen ist, entscheidet das Landesrecht (M. II, 649; bezüglich Bayerns vgl. Verordnung vom 10. Juli 1867 (Reg.Bl. S. 809 ff.; Krais, Handb. d. inn. Verwaltung 4. Aufl. Bd. 2 S. 340 ff.). Ist die staatliche Genehmigung Seitens des zuständigen Bundesstaats entsprechend den Vorschriften dieses Bundesstaats ertheilt worden, so sind die auf Grund der genehmigten Lotterie oder Ausspielung abgeschlossenen Verträge für das ganze Reichsgebiet verbindlich. Es bestehen übrigens verschiedene Meinungen darüber, ob als das hiefür in Betracht kommende Rechtsgebiet dasjenige des B.G.B., oder aus öffentlichrechtlichen Gründen nur dasjenige des genehmigenden Einzelstaats zu betrachten sei. Die erstere Ansicht vertritt Planck, Komm. II S. 505 ff., die engere Meinung Staudinger, Vortr. S. 555. Jedenfalls ist so viel sicher, daß sich die weitertragende Wirkung nach B.G.B. höchstens auf die civilrechtliche Seite des Verhältnisses erstrecken kann und die unberührt bleibenden landesrechtlichen Verbote des Spielens in auswärtigen Lotterieen mit in Betracht kommen (s. hierüber unten Anm. 6). Als genehmigt muß eine Lotterie oder Ausspielung auch dann angesehen werden, wenn sie nach dem Rechte des in Frage kommenden Bundesstaats einer staatlichen Genehmigung nicht bedarf. Ist der Staat selbst der Unternehmer, so ist eine besondere staatliche Genehmigung natürlich nicht erforderlich (Staudinger, Vortr. S. 554 Note *). Ob die Lotterie oder Ausspielung ein öffentliches oder privates Unternehmen ist, kommt für die Anwendbarkeit des § 762 nicht in Betracht.

2. Eine Begriffsbestimmung von Lotterie und Ausspielung enthält das Gesetz nicht (M. II, 648). Lotterie ist ein Unternehmen, bei welchem einer Mehrheit von Personen gegen Erlegung eines Einsatzes die Möglichkeit eröffnet wird, nach Maßgabe eines bestimmten Spielplans im Wege der Verloosung oder einer ähnlichen Veranstaltung bestimmte Geldbeträge zu gewinnen. Die Ausspielung unterscheidet sich von der Lotterie nur dadurch, daß bei ihr die Gewinne nicht in Geld, sondern in (beweglichen oder unbeweglichen) Sachen bestehen (vgl. Endemann, I, 849 ff., Staudinger, Vortr. S. 552, Olshausen, Komm. z. St.G.B. Note 2 u. 3 zu § 286, Entsch. d. R.G. in Strafs. Bd. 28 S. 238, Bd. 29 S. 66). Ueber das sog. Heuer- oder Promessengeschäft s. Olshausen, Note 6 zu § 286 St.B.G. und die dortigen Citate.

3. Die Rechte und Pflichten aus einem nach § 763 verbindlichen Lotterie- oder Ausspielvertrage regeln sich nach dem Inhalte des Vertrags, insbesondere nach dem

Spielplane, falls derselbe (ausdrücklich oder stillschweigend) zum Bestandtheil des Vertrags gemacht worden ist. Demgemäß hat jeder Theilnehmer einen klagbaren Anspruch gegen den Unternehmer auf Vornahme der Loosziehung (oder der anderweitigen über den Gewinn entscheidenden Veranstaltung) zu der im Spielplane bestimmten Zeit (M. II, 649). Ein in der II. Komm. gestellter Antrag, bei staatlich genehmigten Lotterieen zu gemeinnützigen, wohlthätigen oder ähnlichen Zwecken dem Unternehmer das Recht einzuräumen, unter gewissen Voraussetzungen die Ziehung zu verschieben und vom Vertrage zurückzutreten, wurde abgelehnt, da sich der Unternehmer dieses Recht in den Lotteriebedingungen vorbehalten könne. Thue er dies nicht, so bestehe kein Grund, ihm durch eine gesetzliche Vorschrift zu Hülfe zu kommen (P. II, 805 ff.: vgl. Jacubezky, Bem. S. 148 ff.). Andererseits ist selbstverständlich, daß dem Unternehmer das Recht zusteht, unverkaufte Loose auf eigene Rechnung mitzuspielen (M. II, 649; vgl. P.L.R. Thl. I Tit. 11 § 553).

4. Die Vorschriften des § 763 finden nur auf den eigentlichen Lotterie- und Ausspielvertrag, also auf den zwischen dem Unternehmer einerseits und dem Spieler andererseits abgeschlossenen Vertrag Anwendung. Andere Rechtsgeschäfte, z. B. Kauf eines Looses von einem Anderen als dem Unternehmer oder dessen Vertreter, Verpfändung eines Looses, Gesellschaftsverträge zum Zwecke gemeinschaftlichen Spielens eines Looses, sind keine Lotterie- und Ausspielverträge und unterliegen daher nicht den Sonderbestimmungen des § 763.

5. Insoweit sich ein Lotterieloos als Inhaberpapier darstellt, finden die Vorschriften über Schuldverschreibungen auf den Inhaber (§§ 793 ff., 807) Anwendung (M. II, 649).

6. Strafrechtliche Bestimmungen und ihr Verhältniß zu § 763.

a) Nach St.G.B. § 286 wird mit Gefängniß bis zu zwei Jahren oder Geldstrafe bis zu 3000 Mk. bestraft, wer ohne obrigkeitliche Erlaubniß öffentliche Lotterien oder öffentliche Ausspielungen beweglicher oder unbeweglicher Sachen veranstaltet.

b) Nach § 6 des Gesetzes betreffend die Inhaberpapiere mit Prämien vom 8. Juni 1871 wird mit Geldstrafe von mindestens 300 Mk. bestraft, wer den Bestimmungen der §§ 1—3 dieses Gesetzes zuwiderhandelt, ferner mit Geldstrafe bis zu 300 Mk. oder Gefängniß bis zu drei Monaten, wer ein im § 2 oder § 3 dieses Gesetzes bezeichnetes Inhaberpapier mit Prämie öffentlich ankündigt, ausbietet oder empfiehlt oder zur Feststellung eines Kurswerthes notirt.

c) Nach § 7 des Gesetzes betreffend die Abzahlungsgeschäfte vom 16. Mai 1894 wird mit Geldstrafe bis zu 500 Mk. bestraft, wer Lotterieloose, Inhaberpapiere mit Prämien oder Bezugs- oder Antheilscheine auf solche Loose oder Inhaberpapiere gegen Theilzahlungen verkauft oder durch sonstige, auf die gleichen Zwecke abzielende Verträge veräußert.

d) Nach §§ 148 Abs. 1 Nr. 7 a, 7 b, 56 Abs. 2 Nr. 5, 56 a Nr. 2, 56 c Gew.O. wird mit Geldstrafe bis zu 150 Mk. oder Haft bis zu vier Wochen bestraft, wer Lotterieloose oder Bezugs- und Antheilscheine auf Lotterieloose im Umherziehen ankauft oder feilbietet oder Bestellungen auf solche Papiere im Umherziehen aufsucht oder Waaren im Umherziehen in der Art feilbietet, daß dieselben im Wege des Glücksspiels oder der Ausspielung (Lotterie) abgesetzt werden.

e) In verschiedenen Bundesstaaten ist das Spielen in auswärtigen Lotterien mit Strafe bedroht, so in Preußen nach Gesetz vom 29. Juli 1885. Bezüglich Bayerns s. P.St.G.B. Art. 57: „Mit Geldstrafe bis zu 150 Mk. wird bestraft, wer in einer in Bayern nicht zugelassenen Lotterie spielt“ und Art. 57 a: „An Geld bis zu 150 Mk. oder mit Haft wird gestraft, wer für eine in Bayern nicht zugelassene Lotterie oder Ausspielung Loose verkauft oder Theilnehmer sammelt, ferner wer eine in Bayern nicht zugelassene Lotterie oder Ausspielung öffentlich ankündigt, Loose oder Promessen hiezu oder Promessen auf Prämien eines in- oder ausländischen Lotterieanlehens ausbietet, oder zur Theilnahme an einer solchen Unternehmung einladet“ (vgl. hiezu Krais, Handb. d. inn. Verwaltung Bd. 2 S. 342 ff.). Die Ansicht, daß diese Vorschriften durch E.G. z. St.G.B. § 2 Abs. 2 aufgehoben seien, wird von der herrschenden Lehre, insbesondere auch vom Reichsgerichte, nicht getheilt (vgl. Olshausen, Komm. z. St.G.B. Note 6 zu § 284).

In all diesen Fällen ist die Frage, ob der einzelne Lotterie- oder Ausspielvertrag gemäß B.G.B. § 134 nichtig ist, nach dem Inhalte der fraglichen Strafvorschrift zu entscheiden (M. II, 649; Entsch. d. R.G. in Civils. Bd. 14 S. 85 ff., vgl. Anm. 4 zu § 762). Besondere Schwierigkeiten entstehen, wenn eine Lotterie in einem Bundesstaate veranstaltet und genehmigt, in einem anderen Bundesstaat aber das Spielen in derselben mit Strafe bedroht ist (s. oben unter e). Gleichviel nun, ob man die in Anm. 1 berührte Frage über den territorialen Umfang der Wirkungen einer staatlichen Genehmigung in der einen oder anderen Weise beurtheilt (vgl. oben S. 611), müssen jedenfalls die landesrechtlichen Normen, welche das Spielen in auswärtigen Lotterieen mit Strafe bedrohen, als durch das B.G.B. nicht berührt betrachtet und behandelt werden. Uebrigens gehen die Meinungen auch über diese Frage sehr auseinander (vgl. Entsch. d. R.G. in Civils. Bd. 5 S. 124 ff., Bd. 17 S. 299 ff., Bd. 18 S. 243 ff.: Planck, Erl. 2 b zu § 763; Achilles, Note 2 zu § 763; Fischer-Henle, Note 3 zu § 763: Rehbein, Bd. 1 S. 165: Endemann, I, 40 Note 6, 855 ff. Note 18, 21, sowie in der Deutsch. Jur.-Ztg. 1898 S. 51 ff.; Staudinger, Vortr. S. 555 ff.; Kuhlenbeck, Note 4 zu § 763; Cosack, I, 568; Oertmann, Note 1 zu § 763; Scherer, Bd. 1 Note 12 zu § 134). Die neueste obergerichtliche Rechtsprechung hat den Fortbestand der fraglichen landesrechtlichen Spielverbote anerkannt (vgl. Deutsch. Jur.-Ztg. 1900 S. 209, das Recht 1900 S. 175).

Nach den gleichen Grundsätzen bemißt sich die civilrechtliche Gültigkeit der mit der Lotterie oder dem Ausspielvertrage zusammenhängenden Geschäfte (s. oben Anm. 4; vgl. Entsch. d. R.G. in Civils. Bd. 18 S. 243 ff.).

7. Die Ansprüche derjenigen, welche Lotterieloose vertreiben, aus dem Vertriebe der Loose verjähren in zwei Jahren und, wenn die Loose zum Weitervertriebe geliefert werden, in vier Jahren (§ 196 Abs. 1 Nr. 5, Abs. 2).

§ 764.

Wird ein auf Lieferung von Waaren oder Werthpapieren lautender Vertrag in der Absicht geschlossen, daß der Unterschied zwischen dem vereinbarten Preise und dem Börsen- oder Marktpreise der Lieferungszeit von dem verlierenden Theile an den gewinnenden gezahlt werden soll, so ist der Vertrag als Spiel anzusehen. Dies gilt auch dann, wenn nur die Absicht des einen Theiles auf die Zahlung des Unterschieds gerichtet ist, der andere Theil aber diese Absicht kennt oder kennen muß.

E. I, –; II, –; III, –.

1. Entstehungsgeschichte. E. I enthielt keine Bestimmung über die sog. Differenzgeschäfte. Ein wahres Differenzgeschäft liegt nach den Mot. vor, „wenn bei einem Lieferungsgeschäft auf Zeit die Bestimmung des Kaufpreises nur die Bedeutung hat, den Ausschlag zu geben für die Entscheidung, ob eine und welche Partei den Unterschied zwischen dem bedungenen Preise und dem Markt- oder Börsenpreise des Stichtages zu zahlen habe, so daß das Geschäft sich als wirkungslos ergibt, soferne der Markt- oder Börsenpreis und der bedungene Preis nicht von einander abweichen, während anderenfalls der eine oder andere Theil die Differenz zu entrichten hat, oder wenn bedungen ist, daß kein Theil die Lieferung oder Abnahme zu verlangen berechtigt, bezw. zu bewirken verpflichtet, vielmehr nur die Differenz zwischen dem Börsen- oder Marktpreise des Stichtages und dem bedungenen Preise gefordert werden könne und geleistet zu werden brauche". Mit Rücksicht auf die Seltenheit derartiger Verträge wurde eine gesetzliche Bestimmung nicht für erforderlich erachtet, während die Frage, ob die diesen Geschäften im praktischen Erfolge nahestehenden Zeitgeschäfte gewissen Beschränkungen zu unterwerfen seien, der Revision des H.G.B. vorbehalten bleiben sollte (M. II, 647 ff., Z.G. II, 357, VI, 485 ff., Jacubezky, Bem. S. 148; über das bisherige Recht s. Dernburg, Pand. Bd. 2 S. 288 Note 9, Windscheid-Kipp, Bd. 2 S. 801 Note 3, Staub, Komm. z. H.G.B. 5. Aufl. Anm. zu Art. 357 §§ 21 ff., Samml. v. Entsch. d. obersten L.G. München XII, 44 ff., 297 ff., XIII, 410 ff., Entsch. d. R.G. in Civils. Bd. 14 S. 17, Bd. 23 S. 138 ff., Bd. 34 S. 83 ff., Bd. 39 S. 164 ff., Bd. 43 S. 149 ff.). In der II. Komm. wurde ein auf das Differenzgeschäft bezüglicher Antrag mit Rücksicht auf die damals noch nicht abgeschlossenen Berathungen der Börsenenquetekomm. zurückgezogen (P. II, 804). Aus dem gleichen Grunde widersprachen die Vertreter der verbündeten Regierungen dem in der Reichstagskomm. gestellten Antrage, das Differenzgeschäft ausdrücklich für nichtig zu erklären. Die Mehrheit der Komm. beschloß jedoch die Aufnahme des nunmehrigen § 764 (R.T.K. 55).

2. § 764 stellt gewisse auf Lieferung von Waaren oder Werthpapieren lautende Verträge dem Spiele gleich, sodaß also durch ein solches Rechtsgeschäft

eine Verbindlichkeit nicht begründet, das auf Grund eines solchen Rechtsgeschäfts Geleistete aber nicht wegen Unverbindlichkeit der Vereinbarung zurückgefordert werden kann (§ 762 und Anm. 3 hiezu). Als entscheidend erklärt das Gesetz, ob beim Vertragsschlusse die Absicht bestand, daß nicht effektiv geliefert, sondern der Unterschied zwischen dem vereinbarten Preis und dem Börsen- oder Marktpreise (s. oben S. 124 Anm. 2 zu § 385) der Lieferungszeit (des Stichtages) von dem verlierenden Theil an den gewinnenden gezahlt werden soll. Es genügt aber, daß diese Absicht bei einem der Vertragschließenden bestand, vorausgesetzt, daß der andere Theil diese Absicht kannte oder kennen mußte, d. h. nur infolge Fahrlässigkeit nicht kannte (§ 122 Abs. 2). Daß die effektive Lieferung ausdrücklich ausgeschlossen sei, ist zur Anwendbarkeit des § 764 nicht erforderlich. Ueber den Begriff der Werthpapiere s. Vorbem. vor § 793.

3. Die hinsichtlich der Nichtigkeit und Anfechtbarkeit von Willenserklärungen und des Zustandekommens eines Vertrags geltenden allgemeinen Bestimmungen (§§ 116 ff., 145 ff.) werden durch § 764 natürlich nicht berührt (vgl. Windscheid-Kipp, Bd. 2 S. 807 ff.).

4. Steht das Vorhandensein der Voraussetzungen des § 764 fest, so müssen die hieraus sich ergebenden rechtlichen Konsequenzen von Amtswegen berücksichtigt werden (vgl. Anm. 3 zu § 762). Ob die im § 764 bezeichnete Absicht vorhanden war, hat der Richter unter Würdigung aller einschlägigen Verhältnisse nach freiem Ermessen zu entscheiden. Anhaltspunkte für das Vorliegen dieser Absicht bietet z. B. die Geringfügigkeit des als Sicherheit dienenden Depots, der Umstand, daß effektive Abnahme nach den Vermögensverhältnissen des Käufers ausgeschlossen war, oder daß das fragliche Geschäft völlig außerhalb der gewöhnlichen Berufsgeschäfte des Käufers lag rc. (vgl. Staub, Komm. z. H.G.B. a. a. O. § 38; Entsch. d. R.G. in Civils. Bd. 30 S. 218 ff., Bd. 34. S. 268).

5. Der Börsenterminhandel ist in den §§ 48—69 des Börsengesetzes vom 22. Juni 1896 geregelt. Nach § 48 gelten als Börsentermingeschäfte in Waaren oder Werthpapieren Kauf oder sonstige Anschaffungsgeschäfte auf eine festbestimmte Lieferungszeit oder mit einer festbestimmten Lieferungsfrist, wenn sie nach Geschäftsbedingungen geschlossen werden, die von dem Börsenvorstande für den Terminhandel festgesetzt sind, und wenn für die an der betreffenden Börse geschlossenen Geschäfte solcher Art eine amtliche Feststellung von Terminpreisen erfolgt. Gemäß § 66 wird durch ein Börsentermingeschäft in einem Geschäftszweige, für welchen nicht beide Parteien zur Zeit des Geschäftsabschlusses in einem Börsenregister eingetragen sind, ein Schuldverhältniß nicht begründet. Das Gleiche gilt von der Ertheilung und Uebernahme von Aufträgen, sowie von der Vereinigung zum Abschlusse von Börsentermingeschäften. Die Unwirksamkeit erstreckt sich auf die bestellten Sicherheiten und die abgegebenen Schuldanerkenntnisse. Eine Rückforderung dessen, was bei oder nach völliger Abwickelung des Geschäfts zu seiner Erfüllung geleistet worden ist, findet nicht statt. Diese Vorschriften finden nach § 68 auch dann Anwendung, wenn das Geschäft im Auslande geschlossen oder zu erfüllen ist. In Ansehung von Personen, welche im Inlande weder einen Wohnsitz noch eine gewerbliche Niederlassung haben, ist die Eintragung in das Börsenregister zur Wirksamkeit des Geschäfts nicht erforderlich. Nach § 69 Abs. 1 endlich kann gegen Ansprüche aus Börsentermingeschäften, sowie aus der Ertheilung und Uebernahme von Aufträgen und aus der Vereinigung zum Abschlusse von Börsentermingeschäften von demjenigen, welcher zur Zeit der Eingehung des Geschäfts in dem Börsenregister für den betreffenden Geschäftszweig eingetragen war, sowie von demjenigen, dessen Eintragung nach § 68 nicht erforderlich war, ein Einwand nicht darauf gegründet werden, daß die Erfüllung durch Lieferung der Waaren oder Werthpapiere vertragsmäßig ausgeschlossen war. Durch Art. 14, V E.G. z. H.G.B. vom 10. Mai 1897 ist dem § 69 des Börsengesetzes als Abs. 2 die Bestimmung beigefügt worden, daß diese Vorschrift durch § 764 B.G.B. nicht berührt werde (vgl. Oertmann in der Deutsch. Jur.-Ztg. 1897 S. 129 ff.).

Achtzehnter Titel.

Bürgschaft.

(Erläutert von Dr. Th. Engelmann.)

Einleitung.

1. Uebersicht. Die §§ 765—778 regeln den Bürgschaftsvertrag. § 765 enthält die grundlegenden Bestimmungen, § 766 stellt eine Formvorschrift auf, § 767 begrenzt den Umfang der Haftung des Bürgen. Die §§ 768, 770—773 handeln von den dem Bürgen

zustehenden Einreden, § 769 von der Verbürgung mehrerer Personen für dieselbe Verbindlichkeit. Die §§ 774, 775 regeln die Ansprüche des Bürgen gegen den Hauptschuldner, die §§ 776, 777 die Befreiung des Bürgen durch Verfügungen des Gläubigers und Zeitablauf, § 778 den sog. Kreditauftrag.

2. Begriff und rechtliche Natur. Bürgschaftsvertrag ist der Vertrag, durch welchen Jemand (der Bürge) gegenüber dem Gläubiger eines Dritten (des Hauptschuldners) sich verpflichtet, für die Erfüllung der Verbindlichkeit des Dritten einzustehen (§ 765 und Anm. hiezu). Der Vertrag, wodurch sich Jemand dem Schuldner gegenüber verpflichtet, für die Erfüllung einer Verbindlichkeit desselben einstehen zu wollen, ist kein Bürgschaftsvertrag im technischen Sinne. Unentgeltlichkeit ist dem Begriffe des Bürgschaftsvertrags nicht wesentlich (unrichtig Fischer-Henle, Note 1 zu § 765). Der Bürgschaftsvertrag begründet begriffsmäßig eine Verbindlichkeit nur auf Seite des Bürgen (M. II, 678), ist also ein unvollkommen zweiseitiger Vertrag (s. oben S. 70 Anm. 1 zu § 320; vgl. Cosack, I, 570; Entsch. d. R.G. in Civils. Bd. 18 S. 238). Doch kann er auch als gegenseitiger Vertrag im Sinne der §§ 320 ff. abgeschlossen werden. Ueber die accessorische Natur der Bürgschaft s. Anm. 5 zu § 765.

3. Verwandte Verträge.

a) Ueber die Intercession (Uebernahme einer fremden Schuld) enthält das B.G.B. (abgesehen von den §§ 414—419) keine besonderen Bestimmungen (M. II, 657; vgl. Dernburg, Pand. Bd. 2 S. 226 ff.; Windscheid-Kipp, Bd. 2 S. 1055 Note 2; B.L.R. Thl. IV cap. 10 § 24). Die für Intercessionen von Frauen nach bisherigem Rechte noch bestehenden Beschränkungen hat das B.G.B. beseitigt (vgl. Bd. 4 S. 71 Vorbem. vor § 1353 Ziff. 5, S. 92 Einl. Ziff. 9 d).

b) Auch der Garantievertrag (Uebernahme der Verpflichtung, für einen bestimmten Erfolg einzustehen) ist vom B.G.B. wegen der Verschiedenheit der Verträge, welche eine Garantieleistung zum Zweck und Inhalte haben, nicht zum Gegenstand allgemeiner Vorschriften gemacht worden (M. II, 658; s. oben S. 5 Vorbem. V, S. 60 Anm. 4 zu § 306; vgl. Dernburg, Pand. Bd. 2 S. 325 ff., Windscheid-Kipp, Bd. 2 S. 763; Cosack, I, 585 ff., Oertmann, Anm. 2 d zu § 676);

c) Die Versicherung einer Forderung durch Assekuranzvertrag bemißt sich vorerst noch nach Landesrecht (E.G. Art. 75; M. II, 658).

d) Nach römischem Rechte war Verbürgung auch durch constitutum (debiti alieni) möglich. Die Besonderheit dieses Vertrags bestand hauptsächlich darin, daß der Konstituent zur Zahlung auch dann verpflichtet war, wenn die Hauptschuld zur Zeit der Klage nicht mehr bestand. Schon die herrschende Lehre des gemeinen Rechtes erklärte aber diese Art des Konstitutum als besonderen Vertrag für antiquirt (Dernburg, Pand. Bd. 2 S. 209 ff., Windscheid-Kipp, Bd. 2 S. 1012; s. auch Entsch. d. R.G. in Civils. Bd. 10 S. 186 ff.; vgl. B.L.R. Thl. IV cap. 10 § 22). Dem B.G.B. ist das Konstitutum als besonderer Vertrag unbekannt (M. II, 658).

e) Der Delkrederevertrag ist im § 394 H.G.B. geregelt. Hienach hat der Kommissionär für die Erfüllung der Verbindlichkeit des Dritten, mit dem er das Geschäft für Rechnung des Kommittenten abschließt, einzustehen, wenn dies von ihm übernommen oder am Orte seiner Niederlassung Handelsgebrauch ist. Hat der Kommissionär für den Dritten einzustehen, so ist er dem Kommittenten für die Erfüllung im Zeitpunkte des Verfalls unmittelbar insoweit verhaftet, als die Erfüllung aus dem Vertragsverhältnisse gefordert werden kann. Er kann eine besondere Vergütung (Delkredereprovision) beanspruchen.

f) Die wechselmäßige Verpflichtung trifft nach Art. 81 der Wechselordnung Jeden, der den Wechsel, die Wechselkopie, das Accept oder das Indossament mitunterzeichnet hat, selbst dann, wenn er sich dabei nur als Bürge (per aval) benannt hat. Ueber das Verhältniß der wechselmäßigen zur civilrechtlichen Verpflichtung des Bürgen s. Entsch. d. R.G. in Civils. Bd. 4 S. 11 ff., Bd. 40 S. 60, Dernburg, Pand. Bd. 2 S. 209 Anm. 1.

4. In gewissen Fällen haftet Jemand kraft Gesetzes für die Schuld eines Anderen wie ein Bürge, der auf die Einrede der Vorausklage verzichtet hat (§§ 571 Abs. 2 Satz 1, 1251 Abs. 2 Satz 2).

5. Ueber Sicherheitsleistung durch Stellung eines tauglichen Bürgen s. §§ 232 Abs. 2, 239. In einzelnen Fällen ist Sicherheitsleistung durch Bürgen ausgeschlossen (§§ 273 Abs. 3 Satz 2, 1218 Abs. 1.)

§ 765.

Durch den Bürgschaftsvertrag verpflichtet sich der Bürge gegenüber dem Gläubiger eines Dritten, für die Erfüllung der Verbindlichkeit des Dritten einzustehen.

Die Bürgschaft kann auch für eine künftige oder eine bedingte Verbindlichkeit übernommen werden.

E. I, 668, 669; II, 706; III, 750

1. Ueber Begriff und rechtliche Natur des Bürgschaftsvertrags s. Einl. Ziff. 2.

2. Die betheiligten Personen. Der Bürgschaftsvertrag wird abgeschlossen zwischen dem Bürgen und dem Gläubiger eines Dritten (des Hauptschuldners). Die Mitwirkung dieses Dritten ist nicht erforderlich und im Allgemeinen ohne Einfluß auf das Rechtsverhältniß zwischen dem Bürgen und dem Gläubiger (M. II, 658 ff.). Die rechtlichen Beziehungen zwischen dem Bürgen und dem Dritten bemessen sich nach dem zwischen ihnen bestehenden Rechtsverhältniß, also nach den §§ 662 ff., wenn sich der Bürge im Auftrage des Hauptschuldners verbürgt hat, nach den §§ 677 ff., wenn sich die Uebernahme der Bürgschaft als Geschäftsführung ohne Auftrag darstellt, ꝛc. Besondere Bestimmungen über das Verhältniß des Bürgen zum Hauptschuldner enthalten die §§ 774, 775.

3. Zweck der Bürgschaft wie der Verpfändung ist die Sicherung einer Forderung. Während aber bei der Verpfändung eine bewegliche Sache in der Weise belastet wird, daß der Gläubiger berechtigt ist, Befriedigung aus der Sache zu suchen (§ 1204), erhält der Gläubiger durch die Bürgschaft einen zweiten Schuldner, an welchen er sich halten kann, wenn er vom Hauptschuldner nicht befriedigt wird (vgl. Windscheid-Kipp, Bd. 2 S. 1010; Endemann. I, 859 Note 1).

4. Gegenstand des Bürgschaftsvertrags ist die Uebernahme der Verpflichtung Seitens des Bürgen, für die Erfüllung der Verbindlichkeit des Dritten einzustehen. Der Bürge haftet also nicht für den Ersatz des Schadens, welcher dem Gläubiger aus der Nichterfüllung der Verbindlichkeit des Hauptschuldners erwächst (P. II, 461; Windscheid-Kipp, Bd. 2 S. 1012 Note 4). Die Forderung, zu deren Sicherung die Bürgschaft dienen soll, braucht keine Geldforderung zu sein (M. II, 659; s. aber § 772 Abs. 1).

5. Die Bürgschaft ist accessorischer Natur (M. II, 659; vgl. Dernburg, Pand. Bd. 2 S. 212 ff.; Windscheid-Kipp, Bd. 2 S. 1013 ff.; P.L.R. Thl. IV cap. 10 § 2; Entsch. d. R.G. in Civils. Bd. 8 S. 367, Bd. 34 S. 156).

a) Sie setzt das Bestehen einer Hauptverbindlichkeit voraus. Für die Erfüllung eines nichtigen Vertrags oder eines Vertrags, durch welchen eine Verbindlichkeit nicht begründet wird, kann eine gültige Bürgschaft nicht übernommen werden (Anm. 3a zu § 762; vgl. Dernburg, Pand. Bd. 2 S. 213 Note 4; Windscheid-Kipp, Bd. 2 S. 1018 Ziff. 2; P.L.R. Thl. I Tit. 14 §§ 249, 251; B.L.R. Thl. IV cap. 10 § 8 Nr. 1). Die Uebernahme der Bürgschaft für eine künftige oder eine bedingte Verbindlichkeit ist nach § 765 Abs. 2 zulässig. Hieher gehört insbesondere der Fall der Kreditbürgschaft und Personalkaution (vgl. Dernburg, Pand. Bd. 2 S. 213 Note 6; B.L.R. Thl. IV cap. 10 § 8 Ziff. 2, 4; Bl. f. R.A. Bd. 57 S. 319 ff.). Die weitere Bestimmung des E. I, daß die Bürgschaft auch für eine unbestimmte Verbindlichkeit übernommen werden könne, wurde von der II. Komm. gestrichen, weil es selbstverständlich sei, daß der Umfang der Verbindlichkeit nicht von vornherein zahlenmäßig bestimmt zu sein brauche (Z.G. II, 364; P. II, 463 ff.).

b) Mit dem Erlöschen der Hauptverbindlichkeit endigt auch die Bürgschaft, gleichviel, ob die Hauptverbindlichkeit durch den Hauptschuldner oder einen Dritten getilgt und ob das Erlöschen derselben durch Erfüllung oder auf anderem Wege (Hinterlegung, Aufrechnung, Erlaß ꝛc.) herbeigeführt worden ist (M. II, 659; P. II, 461; s. oben S. 119 Anm. 1a zu § 378; vgl. Dernburg, Pand. Bd. 2 S. 224; Windscheid-Kipp, Bd. 2 S. 1015 ff.; P.L.R. Thl. I Tit. 14 § 385; B.L.R. Thl. IV cap. 10 § 16 Ziff. 1; vgl. auch B.G.B. §§ 1163 Abs. 1 Satz 2, 1252). Dies gilt auch dann, wenn die Hauptverbindlichkeit durch Unmöglichkeit der Leistung endigt (§ 275). Hat der Bürge die Unmöglichkeit durch eine unerlaubte Handlung herbeigeführt, so ist er dem Gläubiger nach Maßgabe der §§ 823 ff. schadensersatzpflichtig. Liegt der Thatbestand einer unerlaubten Handlung nicht vor, so bestimmt sich die Haftung des Bürgen nach § 276 (M. II, 666; Jacubezky, Bem. S. 150; Planck, Erl. 4 b zu § 765; Oertmann, Note 2a zu § 767; abweichend Schollmeyer, S. 88; vgl. Dernburg, Pand. Bd. 2 S. 224 Note 4; Windscheid-Kipp, Bd. 2 S. 1017 Note 19, 20, S. 1019 Ziff. 6).

c) Für die Verpflichtung des Bürgen ist der jeweilige Bestand der Hauptverbindlichkeit maßgebend. Durch ein vom Hauptschuldner nach der Bürgschaftsübernahme vorgenommenes Rechtsgeschäft wird die Verpflichtung des Bürgen nicht erweitert (§ 767 Abs. 1 Satz 1 u. 3). E. I (§ 670) enthielt die weitere Vorschrift, daß, wenn der Bürge sich zu einer größeren oder beschwerlicheren Leistung verpflichtet habe, als zu welcher der Hauptschuldner verpflichtet ist, oder eine Leistung, zu welcher der Hauptschuldner nur bedingt verpflichtet ist, unbedingt versprochen habe, der Bürge als solcher nicht weiter hafte, als der Hauptschuldner verpflichtet ist. Die II. Komm. hat diese Bestimmung als entbehrlich gestrichen. (M. II, 660 ff.; Z.G. II, 364; Jacubezky, Bem. S. 150; P. II, 464 ff.; vgl. Dernburg, Pand. Bd. 2 S. 213 ff.; Windscheid-Kipp, Bd. 2 S. 1019 ff.; P.L.R. Thl. I Tit. 14 §§ 277 ff.; B.L.R. Thl. IV cap. 10 § 9 Ziff. 4, 5; über andere Rechte s. M. II, 660 Note 4). Hat sich der Bürge zu einer Leistung anderer Art als die Hauptverbindlichkeit verpflichtet, so ist im Wege der Auslegung zu ermitteln, ob die Leistung des Bürgen als Leistung an Erfüllungsstatt (§ 364) für die Hauptschuld wirken oder ob der Bürge als gewöhnlicher Bürge haften, jedoch berechtigt sein soll, mit der anderen Leistung die Verpflichtung des Hauptschuldners erfüllen zu dürfen (M. II, 661; vgl. sächsisches G.B. § 1455 Satz 2).

d) Der Bürge kann die dem Hauptschuldner zustehenden Einreden geltend machen (§ 768 Abs. 1 Satz 1); über Ausnahmen von diesem Grundsatze s. Anm. 3 zu § 768.

e) Durch die Bürgschaftsübernahme wird der Hauptschuldner nicht befreit (vgl. dagegen § 414).

f) Mit der Abtretung einer Forderung gehen die Rechte aus einer für sie bestellten Bürgschaft auf den neuen Gläubiger über. Mit der Uebernahme einer Schuld erlöschen die für die Forderung bestellten Bürgschaften, es sei denn, daß der Bürge in die Schuldübernahme einwilligt (§§ 401 Abs. 1, 418 Abs. 1 Satz 1, 3). Ueber Abtretung der Bürgschaftsforderung ohne gleichzeitige Abtretung der Hauptforderung s. Entsch. d. R.G. in Civils. Bd. 15 S. 278 ff.; Bd. 33 S. 270; S. A. Bd. 53 Nr. 149.

g) Im E. I (§ 678) war ausdrücklich ausgesprochen, daß die Bürgschaft, wenn der Hauptschuldner von dem Bürgen oder der Bürge von dem Hauptschuldner beerbt wird, insoweit fortbestehe, als ihr Fortbestehen für den Gläubiger ein Interesse habe (M. II, 678; vgl. Dernburg, Pand. Bd. 2 S. 224 ff.; P.L.R. Thl. I Tit. 16 § 495; sächsisches G.B. § 1465). Von der II. Komm. wurde diese Bestimmung als entbehrlich gestrichen (P. II, 480). Die praktische Bedeutung dieses Fortbestehens liegt für den Gläubiger hauptsächlich darin, daß ihm die für die Bürgschaft bestehenden Sicherungsrechte (Pfandrechte, Nachbürgschaften, s. unten Anm. 9 a) erhalten bleiben (vgl. Windscheid-Kipp, Bd. 2 S. 1032 ff.; Schollmeyer, S. 88 Ziff. 2).

6. Ueber die Form des Bürgschaftsvertrags s. § 766 und Anm. hiezu.

7. Beweislast. In E. I (§ 668 Abs. 2) war ausdrücklich ausgesprochen, daß der Beweis der Erfüllung der Hauptverbindlichkeit dem Bürgen obliege (M. II, 659; Z.G. II, 36, 363, IV, 492). Von der II. Komm. wurde diese Bestimmung als entbehrlich gestrichen (P. II, 461).

8. Irrthum des Bürgen. Nach gemeinem Rechte schadet Irrthum des Bürgen über die Person des Gläubigers nicht, wohl aber Irrthum über die Person des Schuldners (Windscheid-Kipp, Bd. 2 S. 1013 Note 2). Das sächsische G.B. (§ 1453) erklärte die Bürgschaft für nichtig, wenn sich der Bürge über die Person des Schuldners geirrt hat, während Irrthum des Bürgen über die Person des Gläubigers ohne Einfluß war, ausgenommen, wenn sich der Bürge nur zu Gunsten eines bestimmten Gläubigers verbürgen wollte. Nach B.G.B. entscheiden über den Einfluß eines Irrthums des Bürgen auf den Rechtsbestand der Bürgschaft die allgemeinen Grundsätze (§ 119; M. II, 660).

9. Besondere Arten der Bürgschaft.

a) Nachbürgschaft (Afterbürgschaft, Ueberbürgschaft) ist die Uebernahme der Bürgschaft dafür, daß der Bürge die ihm nach dem Bürgschaftsvertrag obliegenden Verpflichtungen erfüllen werde (M. II, 672; vgl. Dernburg, Pand. Bd. 2 S. 218 Ziff. 3; Windscheid-Kipp, Bd. 2 S. 1032; sächsisches G.B. § 1450).

b) Rückbürgschaft ist die Uebernahme der Bürgschaft dafür, daß der Regreßanspruch des Bürgen gegen den Hauptschuldner erfüllt werde (vgl. Dernburg, Pand. Bd. 2 S. 219 Ziff. 1 b; Windscheid-Kipp, Bd. 2 S. 1034 Note 6; P.L.R. Thl. I Tit. 14 §§ 201, 380 ff.; B.L.R. Thl. IV cap. 10 § 19; sächsisches G.B. § 1451; M. II, 676 Note 2; Entsch. d. R.G. in Civils. Bd. 18 S. 237).

c) Schadlosbürgschaft (Ausfallbürgschaft, fidejussio indemnitatis) ist die Uebernahme der Verpflichtung, dem Gläubiger den etwaigen Ausfall zu ersetzen, den er an seiner Forderung gegen den Dritten erleidet (M. II, 672; vgl. Dernburg, Pand. Bd. 2 S. 216 Note 8, 218; Windscheid-Kipp, Bd. 2 S. 1022 Note 1; B.L.R. Thl. IV cap. 10 § 20; sächsisches G.B. § 1452, S. A. Bd. 51 Nr. 178).

Ueber diese Arten der Bürgschaft enthält das B.G.B. keine besonderen Bestimmungen. Dieselben unterliegen daher, soweit nicht Abweichungen vereinbart sind, den Grundsätzen der §§ 765 ff. (M. II, 672, 676). Hinsichtlich der Einrede der Vorausklage s. Anm. 6 zu § 771. Für die Schadlosbürgschaft wird die Anwendbarkeit des § 766 ohne genügenden Grund bestritten von Cosack (I, 578).

§ 766.

Zur Gültigkeit des Bürgschaftsvertrags ist schriftliche Ertheilung der Bürgschaftserklärung erforderlich. Soweit der Bürge die Hauptverbindlichkeit erfüllt, wird der Mangel der Form geheilt.

E. I, —; II, —; III, —.

1. Form des Bürgschaftsvertrags. Nach E. I sollte der Bürgschaftsvertrag formfrei sein (M. II, 659 ff.; bezüglich des bisherigen Rechtes s. P.L.R. Thl. I Tit. 14 §§ 202, 203; B.L.R. Thl. IV cap. 10 § 4 und Art. 3 des bayrischen Gesetzes vom 14. Januar 1871, die Intercessionen betreffend; Bl. f. R.A. Bd. 46 S. 241 ff.). Trotz der von der Kritik hiegegen erhobenen Einwendungen (vgl. insbesondere Z.G. II, 363 ff., VI, 490 ff.; Jacubezky, Bem. S. 150) wurde von der II. Komm. der Antrag, für die Bürgschaftserklärung schriftliche Form vorzuschreiben, und zwar bei der 2. Lesung mit 8 gegen 8 Stimmen, abgelehnt (P. II, 461 ff., VI, 196). In der Reichstagskomm. dagegen wurde die Aufnahme des nunmehrigen § 766 beschlossen, um durch eine Formvorschrift den sich Verpflichtenden zu größerer Vorsicht anzuspornen (R.T.K. 55). Ueber das Erforderniß der Schriftlichkeit s. § 126 und Anm. hiezu. Verstoß gegen die Formvorschrift des § 766 bewirkt Nichtigkeit des Bürgschaftsvertrags (§ 125). Ist für eine gemäß § 766 nichtige Bürgschaft eine Nachbürgschaft übernommen worden, so ist auch diese nichtig, selbst wenn sie der Formvorschrift des § 766 entspricht (Anm. 5 a und 9 a zu § 765). Nach § 766 Satz 2 tritt aber Heilung der Nichtigkeit ein, soweit der Bürge die Hauptverbindlichkeit erfüllt. Dies beruht auf der Erwägung, daß der Grund für das Erforderniß der Schriftlichkeit, den Bürgen vor der Inanspruchnahme unüberlegter Bürgschaften zu sichern, nach freiwilliger Erfüllung Seitens des Bürgen nicht mehr besteht (R.T.K. 55).

2. Nur die Ertheilung der Bürgschaftserklärung, nicht die Annahme derselben bedarf der schriftlichen Form (vgl. § 761).

3. Nach § 350 H.G.B. findet die Formvorschrift des § 766 Satz 1 B.G.B. auf eine Bürgschaft, welche auf Seiten des Bürgen ein Handelsgeschäft ist, keine Anwendung. Nach §§ 351, 4 H.G.B. gilt aber diese Vorschrift nicht für Handwerker und Personen, deren Gewerbebetrieb nicht über den Umfang des Kleingewerbes hinausgeht.

4. Für den Kreditauftrag (§ 778) gilt die Formvorschrift des § 766 Satz 1 nicht (Anm. 2 zu § 778).

§ 767.

Für die Verpflichtung des Bürgen ist der jeweilige Bestand der Hauptverbindlichkeit maßgebend. Dies gilt insbesondere auch, wenn die Hauptverbindlichkeit durch Verschulden oder Verzug des Hauptschuldners geändert wird. Durch ein Rechtsgeschäft, das der Hauptschuldner nach der Uebernahme der Bürgschaft vornimmt, wird die Verpflichtung des Bürgen nicht erweitert.

Der Bürge haftet für die dem Gläubiger von dem Hauptschuldner zu ersetzenden Kosten der Kündigung und der Rechtsverfolgung.

E. I, 672; II, 708; III, 751.

1. Der accessorischen Natur der Bürgschaft entsprechend (Anm. 5c zu § 765) stellt § 767 Abs. 1 Satz 1 den Grundsatz auf, daß für die Verpflichtung des Bürgen der jeweilige Bestand der Hauptverbindlichkeit maßgebend ist) (M. II, 664; vgl. Dernburg, Pand. Bd. 2 S. 214 ff.; Windscheid-Kipp, Bd. 2 S. 1021 Note 26; P.L.R. Thl. I Tit. 14 §§ 258 ff.; B.L.R. Thl. IV cap. 10 § 9 Ziff. 3; über andere Rechte s. M. II, 664 und Note 2, 3). Hieraus ergibt sich insbesondere, daß, wenn der Hauptschuldner die Gefahr trägt und ohne sein Verschulden die Leistung ganz oder theilweise unmöglich geworden ist, der Bürge für die sich hieraus ergebenden Aenderungen der Hauptverbindlichkeit einzustehen hat (M. II, 664). Ob sich die Haftung des Bürgen auf die durch besonderes Versprechen des Hauptschuldners begründeten Nebenansprüche des Gläubigers (Vertragszinsen, Vertragsstrafen ꝛc.) erstreckt, hängt von der Auslegung des Bürgschaftsvertrags ab. Der in der II. Komm. gestellte Antrag, eine Auslegungsregel aufzunehmen, wonach sich die Haftung des Bürgen im Zweifel auch auf die vertragsmäßigen Zinsen erstrecken sollte, wurde abgelehnt, weil sich diese Frage nur nach den Umständen des einzelnen Falles entscheiden lasse (M. II, 666; Z.G. II, 365; P. II, 467; vgl. § 1210 Abs. 1 Satz 1; s. ferner Dernburg, Pand. Bd. 2 S. 215 Note 4; Windscheid-Kipp, Bd. 2 S. 1021 Note 27—29; Danz, Die Auslegung der Rechtsgeschäfte S. 168 ff.; S. A. Bd. 51 Nr. 177). Ueber die Beendigung der Haftung des Bürgen durch Erlöschen der Hauptverbindlichkeit s. Anm. 5 b zu § 765.

2. Im Einklange mit dem Grundsatze des § 767 Abs. 1 Satz 1 bestimmt Satz 2, daß durch Aenderungen, welche die Hauptverbindlichkeit in Folge Verschuldens oder Verzugs des Hauptschuldners (§§ 276 ff., 284 ff.) erleidet, auch die Verpflichtung des Bürgen entsprechend geändert werde (M. II, 664; vgl. Dernburg, Pand. Bd. 2 S. 215; Windscheid-Kipp, Bd. 2 S. 1021 Note 26; sächsisches G.B. § 1456 Satz 2; vgl. auch S. A. Bd. 48 Nr. 180).

3. Gemäß § 767 Abs. 2 (vgl. §§ 1118, 1210 Abs. 2) haftet der Bürge insbesondere auch für gewisse vom Hauptschuldner dem Gläubiger zu ersetzende Kosten, nämlich

a) für die Kosten der Kündigung (abweichend vom E. I, s. M. II, 665; P. II, 467, 518);

b) für die Kosten der Rechtsverfolgung (gleichviel, ob dieselben durch Prozeßführung des Hauptschuldners entstanden sind oder nicht, M. II, 665).

Der in der II. Komm. gestellte Antrag, die Haftung des Bürgen nur für den Fall eintreten zu lassen, daß er von dem Gläubiger vor diesen Schritten gegen den Hauptschuldner vergeblich zur kostenlosen Befriedigung aufgefordert worden war, wurde abgelehnt. Als selbstverständlich wurde hiebei bezeichnet, daß der Bürge zur Kostentragung nicht verpflichtet sei, wenn er sich vor Anstellung der Klage gegen den Hauptschuldner zur Zahlung erbiete (P. IV, 196 ff.).

4. Eine Einschränkung erleidet der Grundsatz des § 767 Abs. 1 Satz 1 insofern, als nach Satz 3 durch ein vom Hauptschuldner nach der Uebernahme der Bürgschaft vorgenommenes Rechtsgeschäft die Verpflichtung des Bürgen nicht erweitert wird (vgl. § 1210 Abs. 1 Satz 2). Hieher gehören insbesondere die Fälle, daß der Hauptschuldner nach Uebernahme der Bürgschaft die Schuld anerkennt, auf Einreden verzichtet (vgl. § 768 Abs. 2), vergleichsweise eine andere als die ursprünglich geschuldete Leistung verspricht ꝛc. Daß sich der Bürge auf eine durch Rechtsgeschäft des Hauptschuldners herbeigeführte Minderung der Hauptschuld berufen kann, ergibt sich aus dem Grundsatze des § 767 Abs. 1 Satz 1. Selbstverständlich kann durch Vertrag die Haftung des Bürgen gegenüber den Bestimmungen des § 767 sowohl erweitert als eingeschränkt werden (M. II, 664 ff.; Windscheid-Kipp, Bd. 2 S. 1021 Note 25, S. 1022 Ziff. 3).

5. Inwieweit ein im Prozesse des Hauptschuldners mit dem Gläubiger ergangenes Urtheil auf das Verhältniß des Letzteren zum Bürgen von Einfluß ist, bemißt sich nach den Grundsätzen über die subjektive Rechtskraft des Urtheils (C.P.O. § 325; M. II, 665 ff.; vgl. Petersen-Anger, Komm. z. C.P.O. Bd. 1 S. 679; S. A. Bd. 39 Nr. 209; M. I, 381: „Selbstverständlich wirkt auch das gegen den Hauptschuldner erstrittene Urtheil nicht gegen den Bürgen").

6. Durch den rechtskräftig bestätigten Zwangsvergleich wird das Recht des Gläubigers gegen den Bürgen des Gemeinschuldners nicht berührt (K.O. § 193 Satz 2).

§ 768.

Der Bürge kann die dem Hauptschuldner zustehenden Einreden geltend machen. Stirbt der Hauptschuldner, so kann sich der Bürge nicht darauf berufen, daß der Erbe für die Verbindlichkeit nur beschränkt haftet.

Der Bürge verliert eine Einrede nicht dadurch, daß der Hauptschuldner auf sie verzichtet.

E. I, 671, 672 Abs. 2 Satz 2; II, 707; III, 752.

1. Die Bestimmung, daß der Bürge alle dem Hauptschuldner zustehenden Einreden geltend machen kann, entspricht der accessorischen Natur der Bürgschaft (M. II, 661 ff.; Anm. 5 d zu § 765; vgl. Dernburg, Pand. Bd. 2 S. 215 ff.; Windscheid-Kipp, Bd. 2 S. 1014 ff.; Entsch. d. R.G. in Civils. Bd. 34 S. 156; P.L.R. Thl. I Tit. 14 § 310; B.L.R. Thl. IV cap. 10 § 10 Ziff. 1; über andere Rechte s. M. II, 662 Note 1; vgl. auch §§ 1137 Abs. 1 Satz 1, 1211 Abs. 1 Satz 1; bezüglich der Einrede der Hinterlegung s. oben S. 120 Anm. 1 a zu § 379).

Der Grundsatz des § 768 Abs. 1 Satz 1 gilt auch hinsichtlich derjenigen Einreden, die dem Hauptschuldner nur für seine Person zustehen (s. z. B. § 519; M. II, 662; vgl. dagegen Dernburg, Pand. Bd. 2 S. 216; B.L.R. Th. IV cap. 10 § 10 Ziff. 4), und insbesondere auch insoweit, als die Hauptverbindlichkeit wegen Geschäftsunfähigkeit oder beschränkter Geschäftsfähigkeit des Hauptschuldners in ihrer Wirksamkeit beeinträchtigt ist (M. II, 662 ff.). Verzichtet der Bürge auf die Geltendmachung einer dem Hauptschuldner zustehenden Einrede, so liegt insoweit, als der Hauptschuldner durch die Einrede geschützt ist, kein Bürgschaftsvertrag, sondern ein nach allgemeinen Grundsätzen zu beurtheilendes Schuldversprechen (§ 780) vor (M. II, 662; Z.G. II, 365; ebenso Planck, Erl. 1 c zu § 768; and. Ans. Schollmeyer, S. 84; vgl. auch Windscheid-Kipp, Bd. 2 S. 1015 Note 10, S. 1019 Ziff. 5). Auf die Verjährung der Hauptverbindlichkeit kann sich gemäß §§ 768 Abs. 1 Satz 1, 222 der Bürge auch dann berufen, wenn in der Richtung gegen ihn die Verjährung unterbrochen ist (§§ 208 ff.). Andererseits wirkt die Unterbrechung der Verjährung der Hauptverbindlichkeit nicht gegen den Bürgen und die Unterbrechung der Verjährung der Bürgschaftsschuld nicht gegen den Hauptschuldner. (M. II, 663; vgl. Windscheid-Kipp, Bd. 2 S. 1016 Note 14; Entsch. d. R.G. in Civils. Bd. 34 S. 158 ff.)

2. Die Bestimmung, daß Verzicht des Hauptschuldners auf eine Einrede dem Bürgen die Geltendmachung dieser Einrede nicht entzieht (§ 768 Abs. 2), steht im Einklange mit dem Grundsatze des § 767 Abs. 1 Satz 3 (D. 92; Anm. 4 zu § 767; vgl. §§ 1137 Abs. 2, 1211 Abs. 2).

3. Der Grundsatz des § 768 Abs. 1 Satz 1 erleidet eine Ausnahme durch die Bestimmung des zweiten Satzes, wonach die beschränkte Haftung des Erben des Hauptschuldners (§§ 1975 ff., 1993 ff.) nicht zu Gunsten des Bürgen wirkt. Dies beruht auf der Erwägung, daß die Einrede der beschränkten Haftung sich auf die Unzulänglichkeit des Vermögens des Hauptschuldners gründet, gegen welche der Gläubiger gerade durch die Bürgschaft gesichert werden soll (D. 92; vgl. §§ 1137 Abs. 1 Satz 2, 1211 Abs. 1 Satz 2). Ein in der II. Komm. gestellter Antrag, welcher Verallgemeinerung dieser Bestimmung bezweckte, wurde abgelehnt (P. II, 466). Eine weitere Ausnahme vom Grundsatze des § 768 Abs. 1 Satz 1 enthält K.O. § 193 Satz 2 (s. Anm. 6 zu § 767).

4. Ueber den Einfluß der dem Hauptschuldner zustehenden Anfechtungs- und Aufrechnungsbefugniß auf die Verpflichtung des Bürgen s. § 770; über die Einrede der Vorausklage s. §§ 771—773.

§ 769.

Verbürgen sich Mehrere für dieselbe Verbindlichkeit, so haften sie als Gesammtschuldner, auch wenn sie die Bürgschaft nicht gemeinschaftlich übernehmen.

E. I, 673; II, 709; III, 753.

1. Während nach gemeinem Rechte mehreren Mitbürgen, von gewissen Ausnahmsfällen abgesehen, das beneficium divisionis zustand (Dernburg, Pand. Bd. 2 S. 221 ff.; Windscheid-Kipp, Bd. 2 S. 1028 ff.; ebenso B.L.R. Thl. IV cap. 10 § 12), haften nach B.G.B. (wie nach den meisten neueren Rechten, s. M. II, 667 Note 2) mehrere Bürgen, die sich für dieselbe Verbindlichkeit verbürgt haben, als Gesammtschuldner, also nach Maßgabe der §§ 421 ff., gleichviel, ob sie die Bürgschaft gemeinschaftlich oder gesondert,

zu derselben oder zu verschiedener Zeit (s. E. I § 673, P. II, 467 ff.) übernommen haben (M. II, 666 ff.; Z.G. II, 365; vgl. § 427).

2. Für den Regreßanspruch eines von mehreren Mitbürgen, der den Gläubiger befriedigt hat, gegen die anderen Bürgen sind die Bestimmungen des § 426 maßgebend (§ 774 Abs. 2; s. Anm. 5 zu § 774).

3. Daß in Abweichung von dem Grundsatze des § 769 getheilte Haftung mehrerer Mitbürgen vereinbart werden kann, steht außer Zweifel (Windscheid-Kipp, Bd. 2 S. 1031).

§ 770.

Der Bürge kann die Befriedigung des Gläubigers verweigern, solange dem Hauptschuldner das Recht zusteht, das seiner Verbindlichkeit zu Grunde liegende Rechtsgeschäft anzufechten.

Die gleiche Befugniß hat der Bürge, solange sich der Gläubiger durch Aufrechnung gegen eine fällige Forderung des Hauptschuldners befriedigen kann.

E. II, 710; III, 754.

1. Nach E. I sollte der Bürge weder berechtigt sein, Anfechtung und Aufrechnung an Stelle des Hauptschuldners zu erklären, noch sich auf die Anfechtbarkeit oder Aufrechnungsmöglichkeit vor Abgabe der entscheidenden Erklärung Seitens des Schuldners zu berufen (M. II, 663, 106 ff.; Z.G. II, 364 ff., VI, 492, 294; Jacubezky, Bem. S. 150). Von der II. Komm. wurde der nunmehrige § 770 beigefügt. Der Bürge kann hienach, gleichviel, ob ihm die Einrede der Voraussetzungsklage zusteht oder nicht (§§ 771—773), die Befriedigung des Gläubigers verweigern,

a) wenn und insolange der Hauptschuldner berechtigt ist, das seiner Verbindlichkeit zu Grunde liegende Rechtsgeschäft anzufechten (§§ 119 ff.; P. II, 465 ff.). Weiß der Bürge bei Uebernahme der Bürgschaft, daß die Hauptverbindlichkeit anfechtbar ist, so wird in der Regel Verzicht des Bürgen auf Geltendmachung der Anfechtbarkeit anzunehmen sein (P. II, 466).

b) Das gleiche Recht steht dem Bürgen zu, wenn und insolange der Gläubiger durch Aufrechnung (§§ 387 ff.) gegen eine fällige Forderung des Hauptschuldners sich befriedigen kann (P. II, 470 ff.; s. oben S. 126 Anm. II, 1 Abs. 5 zu § 387; vgl. Dernburg, Pand. Bd. 2 S. 215 Note 5; Windscheid-Kipp, Bd. 2 S. 440 ff. Ziff. 1 f, S. 1018 ff., B.L.R. Thl. IV cap. 10 § 10 Ziff. 4). Ist nur der Hauptschuldner aufrechnungsberechtigt (§ 393), so steht dem Bürgen das im § 770 erwähnte Recht nicht zu (Planck, Erl. 2 zu § 770; Cosack, I, 572 Ziff. 2 c, and. Ans. Oertmann, Note 3 zu § 770).

2. § 770 gewährt dem Bürgen eine aufschiebende Einrede. Leistet der Bürge in Unkenntniß der ihm zustehenden Einrede vor erfolgter Anfechtung oder Aufrechnung, so kann er das Geleistete nicht zurückfordern, da dem Anspruch des Gläubigers gegen ihn keine Einrede entgegenstand, durch welche die Geltendmachung des Anspruchs dauernd ausgeschlossen war (§ 813 Abs. 1; Oertmann, Note 2 zu § 770). Nach erfolgter Anfechtung oder Aufrechnung dagegen steht dem Bürgen natürlich das Rückforderungsrecht zu (D. 92; Planck, Erl. 1 zu § 770).

3. Dispositionen über den Inhalt der Schuld, welche von einer einseitigen Erklärung des Schuldners abhängen, wie Wahl (§§ 262 ff.), Rücktritt (§§ 346 ff., s. auch P. II, 466), Wandelung und Minderung (§§ 462 ff.; 634 ff.), kann der Bürge an Stelle des Hauptschuldners nicht vornehmen (M. II, 663).

4. Die Verjährung des Anspruchs gegen den Bürgen wird dadurch, daß diesem Anspruch die Einrede des § 770 entgegensteht, nicht gehemmt (§ 202 Abs. 2).

5. Nach §§ 1137 Abs. 1 Satz 1 und 1211 Abs. 1 Satz 1 kann der Eigenthümer gegen die Hypothek und der Verpfänder gegenüber dem Pfandgläubiger die nach § 770 einem Bürgen zustehenden Einreden geltend machen.

§ 771.

Der Bürge kann die Befriedigung des Gläubigers verweigern, solange nicht der Gläubiger eine Zwangsvollstreckung gegen den Hauptschuldner ohne Erfolg versucht hat (Einrede der Vorausklage).

E. I, 674 Abs. 1, Abs. 2 Satz 1; II, 711 Abs. 1; III, 755.

1. Die Haftung des Bürgen ist grundsätzlich eine subsidiäre. Der Bürge erklärt durch die Uebernahme der Bürgschaft nicht nur den Willen, erst nach dem Hauptschuldner zu haften, sondern auch den Willen, nur zu haften, wenn und soweit der Rechtsweg gegen den Hauptschuldner fruchtlos betreten worden ist. Das B.G.B. gewährt daher im Einklange mit dem gemeinen Rechte (Dernburg, Pand. Bd. 2 S. 216 ff.; Windscheid-Kipp, Bd. 2 S. 1022 ff.) und den meisten neueren Rechten (P.L.R. Thl. I Tit. 14 §§ 283 ff.; B.L.R. Thl. IV cap. 10 § 11; sächsisches G.B. § 1461; M. II, 668 Note 1) dem Bürgen die Einrede der Vorausklage (beneficium excussionis oder ordinis), auf Grund deren der Bürge die Befriedigung des Gläubigers insolange verweigern kann, als der Gläubiger nicht eine Zwangsvollstreckung gegen den Hauptschuldner erfolglos versucht hat (M. II, 667 ff.; Z.G. II, 365 ff.; VI, 492 ff.; D. 92; der in der II. Komm. gestellte Antrag auf Beseitigung dieser Einrede wurde abgelehnt; P. II, 468 ff.). Die Einrede der Vorausklage gelangt nicht erst durch die Inanspruchnahme des Bürgen Seitens des Gläubigers zur Entstehung, steht vielmehr dem Bürgen als solchen zu. Der Gläubiger braucht aber zur Begründung der Klage gegen den Bürgen nicht zu behaupten, er habe die Zwangsvollstreckung gegen den Hauptschuldner bereits ohne Erfolg versucht oder sei hiezu nicht verpflichtet (§ 773), die Einrede der Vorausklage muß vielmehr, um Berücksichtigung zu finden, vom Bürgen geltend gemacht werden (M. II, 669; über das in dieser Beziehung bisher geltende Recht s. M. II, 669 Note 1).

2. Die „Vorausklage" ist nicht schon dann bethätigt, wenn eine Verurtheilung des Hauptschuldners erwirkt worden ist (was ja beim Vorliegen eines anderweitigen vollstreckbaren Titels gar nicht erforderlich ist), sondern erst, wenn eine Zwangsvollstreckung gegen den Hauptschuldner ohne Erfolg versucht worden ist. Besteht die Bürgschaft für eine Geldforderung, so muß die Zwangsvollstreckung in die beweglichen Sachen des Hauptschuldners an seinem Wohnsitz oder dem Orte seiner gewerblichen Niederlassung oder an seinem Aufenthaltsorte versucht werden (§ 772 Abs. 1). Besteht die Bürgschaft für einen anderen Anspruch, so genügt es, daß irgend eine nach den Bestimmungen der C.P.O. zulässige, auf Erfüllung der Verpflichtung des Hauptschuldners gerichtete Zwangsvollstreckung erfolglos stattgefunden hat oder wenigstens versucht worden ist (M. II, 669). Für den Fall, daß dem Gläubiger ein Pfand- oder Zurückbehaltungsrecht an einer beweglichen Sache des Hauptschuldners zusteht, muß er auch aus dieser Sache Befriedigung suchen (§ 772 Abs. 2 Satz 1, s. auch Satz 2). Es genügt aber, daß der Gläubiger einmal die Zwangsvollstreckung gegen den Hauptschuldner ohne Erfolg versucht hat. Der Bürge kann sich also nicht darauf berufen, daß der Schuldner nachträglich zu besseren Vermögensverhältnissen gelangt sei oder daß eine wiederholte Zwangsvollstreckung zum Ziele führen werde (M. II, 670, 672; Planck, Erl. 3 zu § 771; vgl. P.L.R. Thl. I Tit. 14 § 306).

3. Der Beweis, daß eine Zwangsvollstreckung gegen den Hauptschuldner erfolglos versucht worden ist, trifft, wenn der Bürge die Einrede der Vorausklage geltend macht, den Gläubiger (M. II, 669; Planck, Erl. 2 zu § 771; Weyl, I, 497; Kuhlenbeck, Note 1 zu § 771; Oertmann, Note 1 zu § 771; and. Ans. Schollmeyer, S. 86 Note 2).

4. Die Einrede der Vorausklage ist ausgeschlossen:

a) In den Fällen des § 773.

b) Sie steht dem Bürgen ferner nicht zu, wenn die Bürgschaft für ihn ein Handelsgeschäft ist, es sei denn, daß der Bürge zu den Handwerkern oder den Personen gehört, deren Gewerbebetrieb nicht über den Umfang des Kleingewerbes hinausgeht (H.G.B. §§ 349 Satz 1, 351, 4).

c) Selbstverständlich kann die Einrede der Vorausklage auch nicht in Frage kommen, wenn zwar der Bürge, nicht aber der Hauptschuldner haftet (Anm. 3 zu § 768; Windscheid-Kipp, Bd. 2 S. 1027).

5. Die Verjährung des dem Gläubiger gegen den Bürgen zustehenden Anspruchs wird nicht dadurch gehemmt, daß der Bürge auf Grund der Einrede der Vorausklage zur Verweigerung der Leistung berechtigt ist (§ 202 Abs. 2).

6. Auch der Nachbürge (Anm. 9a zu § 765) kann in Beziehung auf die Bürgschaftsverpflichtung des Hauptbürgen die Einrede der Vorausklage geltend machen (vgl. Dernburg, Pand. Bd. 2 S. 218). Steht aber dem Hauptbürgen die Einrede der Vorausklage nicht zu, so kann auch der Nachbürge nicht vorherige Zwangsvollstreckung gegen den Hauptschuldner verlangen. Ob bei der Schadlosbürgschaft (Anm. 9c zu § 765) die Verpflichtung des Bürgen weiter als nach Maßgabe der §§ 771—773 beschränkt ist, muß im einzelnen Falle im Wege der Auslegung ermittelt werden (M. II, 672).

§ 772.

Besteht die Bürgschaft für eine Geldforderung, so muß die Zwangsvollstreckung in die beweglichen Sachen des Hauptschuldners an seinem Wohnsitz und, wenn der Hauptschuldner an einem anderen Orte eine gewerbliche Niederlassung hat, auch an diesem Orte, in Ermangelung eines Wohnsitzes und einer gewerblichen Niederlassung an seinem Aufenthaltsorte versucht werden.

Steht dem Gläubiger ein Pfandrecht oder ein Zurückbehaltungsrecht an einer beweglichen Sache des Hauptschuldners zu, so muß er auch aus dieser Sache Befriedigung suchen. Steht dem Gläubiger ein solches Recht an der Sache auch für eine andere Forderung zu, so gilt dies nur, wenn beide Forderungen durch den Werth der Sache gedeckt werden.

E. I, 674 Abs. 2 Satz 2, 3; II, 711 Abs. 2; III, 756

1. § 772 Abs. 1 begrenzt das Erforderniß der vorherigen erfolglosen Zwangsvollstreckung gegen den Hauptschuldner (§ 771) für den Fall, daß die Bürgschaft für eine Geldforderung übernommen worden ist (vgl. Anm. 4 zu § 765). In diesem Falle ist zur Beseitigung der Einrede der Vorausklage erforderlich und genügend, daß die Zwangsvollstreckung in die beweglichen Sachen (Gegensatz: Grundstücke) des Hauptschuldners

a) an seinem Wohnsitze (s. §§ 7—11 und Anm. hiezu),

b) falls der Hauptschuldner an einem anderen Ort eine gewerbliche Niederlassung hat (vgl. Gew.O. § 42 Abs. 2 und Bd. 1 S. 37 Vorbem. II, 2 vor § 7, S. 38 Anm. 5 zu § 7), auch an diesem Orte,

c) falls der Hauptschuldner weder einen Wohnsitz noch eine gewerbliche Niederlassung hat, an seinem Aufenthaltsorte (vgl. Bd. 1 S. 36 Vorbem. I, 1 vor § 7)

versucht worden ist (M. II, 669 ff.; Z.G. II, 366 ff.; P. VI, 197; C.P.O. §§ 803 ff.; s. auch §§ 773 Abs. 1 Nr. 2, 775 Abs. 1 Nr. 2).

Hat der Hauptschuldner an mehreren Orten seinen Wohnsitz (§ 7 Abs. 2), so muß die Zwangsvollstreckung in seine beweglichen Sachen an sämmtlichen Orten versucht werden.

Ueber den Fall, daß die Bürgschaft für einen anderen Anspruch als eine Geldforderung besteht, s. Anm. 2 zu § 771.

2. Gleichviel, ob die Bürgschaft für eine Geldforderung oder einen anderen Anspruch besteht, ist nach § 771 Abs. 2 zur Beseitigung der Einrede der Vorausklage für den Fall, daß dem Gläubiger ein Pfandrecht oder ein Zurückbehaltungsrecht an einer beweglichen Sache (Gegensatz: Grundstück) des Hauptschuldners zusteht (§§ 1204 ff., 273; H.G.B. §§ 369 ff.; C.P.O. § 804), auch der vorherige Versuch des Gläubigers erforderlich, aus dieser Sache Befriedigung zu erlangen (§§ 1228 ff.; H.G.B. § 371; C.P.O. §§ 814 ff.; M. II, 670; P. VI, 197 ff.). Besteht jedoch das Pfand- oder Zurückbehaltungsrecht auch zu Gunsten einer anderen als der durch Bürgschaft gesicherten Forderung, so gilt dies nur, wenn beide Forderungen durch den Werth der Sache gedeckt werden. Ist diese Voraussetzung nicht gegeben, so kann der Gläubiger von dem Bürgen auf die vorherige Realisirung seines Pfand- oder Zurückbehaltungsrechtes nicht verwiesen werden (P. VI, 197; s. auch § 773 Abs. 2; vgl. C.P.O. § 777 Satz 2). Der Beweis, daß durch den Werth der Sache beide Forderungen gedeckt werden, obliegt dem Bürgen.

§ 773.

Die Einrede der Vorausklage ist ausgeschlossen:

1. wenn der Bürge auf die Einrede verzichtet, insbesondere wenn er sich als Selbstschuldner verbürgt hat;
2. wenn die Rechtsverfolgung gegen den Hauptschuldner in Folge einer nach der Uebernahme der Bürgschaft eingetretenen Aenderung des Wohnsitzes, der gewerblichen Niederlassung oder des Aufenthaltsorts des Hauptschuldners wesentlich erschwert ist;
3. wenn über das Vermögen des Hauptschuldners der Konkurs eröffnet ist;
4. wenn anzunehmen ist, daß die Zwangsvollstreckung in das Vermögen des Hauptschuldners nicht zur Befriedigung des Gläubigers führen wird.

In den Fällen der Nr. 3, 4 ist die Einrede insoweit zulässig, als sich der Gläubiger aus einer beweglichen Sache des Hauptschuldners befriedigen kann, an der er ein Pfandrecht oder ein Zurückbehaltungsrecht hat; die Vorschrift des § 772 Abs. 2 Satz 2 findet Anwendung.

E. I, 675; II, 712; III, 757.

1. Die Einrede der Vorausklage steht dem Bürgen nach § 773 nicht zu,
   a) wenn er auf dieselbe verzichtet hat. Der Verzicht kann allgemeinen Grundsätzen zufolge auch stillschweigend erklärt werden und ist insbesondere anzunehmen, wenn der Bürge sich als „Selbstschuldner" oder in einer ähnlichen Form (z. B. als „Selbstzahler", „sammtverbindlich", „solidarisch", vgl. E. I § 675 Nr. 1; P. II, 477) verbürgt hat (M. II, 670; vgl. Dernburg, Pand. Bd. 2 S. 217 Note 15; Windscheid-Kipp, Bd. 2 S. 1025 Note 7; P.L.R. Thl. I Tit. 14 §§ 297, 307; B.L.R. Thl. IV cap. 10 § 11 Ziff. 2, 3; Entsch. d. R.G. in Civils. Bd. 34 S. 157; M. II, 670 Note 1). Die Behauptung, daß der Verzicht auf die Einrede der Vorausklage als eine Verstärkung der Bürgschaftsverpflichtung der schriftlichen Form bedürfe (Windscheid-Kipp, Bd. 2 S. 1027), ist mit dem Wortlaute des § 766 unvereinbar. Durch den Verzicht auf die Einrede der Vorausklage wird der Bürge nicht Gesammtschuldner und die accessorische Natur der Bürgschaft nicht beseitigt, insbesondere die Anwendbarkeit der §§ 767, 768, 770 nicht ausgeschlossen (M. II, 670 ff.; bezüglich des bisherigen Rechtes vgl. M. II, 671 Note 1; Entsch. d. R.O.H.G. Bd. 20 S. 47 ff., Entsch. d. R.G. in Civils. Bd. 34 S. 156 ff.; Samml. von Entsch. d. obersten L.G. München III, 16). Die zum Zwecke der Sicherheitsleistung erfolgende Bürgschaftserklärung muß den Verzicht auf die Einrede der Vorausklage enthalten (§ 239 Abs. 2; s. auch §§ 571 Abs. 2 Satz 1, 1251 Abs. 2 Satz 2; K.O. § 194);
   b) wenn die Rechtsverfolgung gegen den Hauptschuldner (§ 772) dadurch eine wesentliche Erschwerung erfahren hat, daß derselbe nach der Uebernahme der Bürgschaft seinen Wohnsitz, seine gewerbliche Niederlassung oder seinen Aufenthaltsort (s. Anm. 1 a—c zu § 772) verändert hat. Ob die Erschwerung schon im Wechsel oder in der Unbekanntheit des gegenwärtigen Wohnsitzes, Niederlassungs- oder Aufenthaltsortes begründet ist, kommt nicht in Betracht. Eine auf anderem Grunde beruhende Erschwerung der Rechtsverfolgung gegen den Hauptschuldner hat den Verlust der Einrede nicht zur Folge (M. II, 671; Z.G. II, 367; Jacubezky, Bem. S. 150; vgl. Dernburg, Pand. Bd. 2 S. 217 Note 11; Windscheid-Kipp, Bd. 2 S. 1023 Note 2, 1024 Note 4; Entsch. d. R.G. in Civils. Bd. 6 S. 154 ff.; P.L.R. Thl. I Tit. 14 § 298; B.L.R. Thl. IV cap. 10 § 11 Ziff. 6; Bl. f. R.A. Bd. 46 S. 172 ff.; M. II, 671 Note 2). Zur „Rechtsverfolgung" im Sinne dieser Vorschrift gehört auch die Befriedigung des Gläubigers aus einem ihm zustehenden Pfand- oder Zurückbehaltungsrecht an einer beweglichen Sache des Hauptschuldners. Die Einrede der Vorausklage ist daher nicht ausgeschlossen, wenn dem Gläubiger ein derartiges Recht zusteht und die Realisirung desselben durch die Veränderung des Wohnsitzes, der gewerblichen Niederlassung oder des Aufenthaltsorts des Hauptschuldners nicht oder nicht wesentlich erschwert wird (P. II, 476 ff.; Windscheid-Kipp, Bd. 2 S. 1027; vgl. §§ 772 Abs. 2, 773 Abs. 2);
   c) wenn der Hauptschuldner in Konkurs gerathen ist (M. II, 671; vgl. Dernburg, Pand. Bd. 2 S. 217 Note 13; Windscheid-Kipp, Bd. 2 S. 1024 Note 4; Entsch. d. R.G. in Civils. Bd. 4 S. 123 ff.; P.L.R. Thl. I Tit. 14 § 300; B.L.R. Thl. IV cap. 10 § 11 Ziff. 6; M. II, 671 Note 4). Trotz des Vorhandenseins dieser Voraussetzung bleibt aber nach Abs. 2 die Einrede der Vorausklage dem Bürgen insoweit erhalten, als sich der Gläubiger aus einer beweglichen Sache des Hauptschuldners, an der er ein Pfand- oder Zurückbehaltungsrecht hat, befriedigen kann. Dies gilt jedoch, falls dem Gläubiger ein solches Recht auch für eine andere als die durch Bürgschaft gesicherte Forderung zusteht, nur dann, wenn beide Forderungen durch den Werth der Sache gedeckt werden (P. II, 469, 476; Anm. 2 zu §§ 772; K.O. §§ 48, 49, 127; Windscheid-Kipp, Bd. 2 S. 1027);
   d) wenn die Zwangsvollstreckung in das Vermögen des Hauptschuldners voraussichtlich nicht zur (vollständigen oder theilweisen) Befriedigung des Gläubigers führen würde, also insbesondere bei notorischer Insolvenz

des Hauptschuldners. Der vorherige Versuch einer Zwangsvollstreckung würde in diesem Falle sich als zwecklose Formalität darstellen (M. II, 671 ff.; vgl. Dernburg, Pand. Bd. 2 S. 217 Note 14; Windscheid-Kipp, Bd. 2 S. 1024 Note 5; P.L.R. Thl. I Tit. 14 §§ 284 ff.; B.L.R. Thl. IV cap. 10 § 11 Ziff. 5; M. II, 671 Note 5; vgl. auch § 2 des Anfechtungsgesetzes vom 21. Juli 1879). Die einschränkende Vorschrift des Abs. 2 (s. oben unter c) gilt auch in diesem Falle (P. II, 469, 476; Windscheid-Kipp, Bd. 2 S. 1027).

2. Ueber weitere Fälle, in welchen die Einrede der Vorausklage nicht Platz greift, s. Anm. 4 b, c zu § 771.

§ 774.

Soweit der Bürge den Gläubiger befriedigt, geht die Forderung des Gläubigers gegen den Hauptschuldner auf ihn über. Der Uebergang kann nicht zum Nachtheile des Gläubigers geltend gemacht werden. Einwendungen des Hauptschuldners aus einem zwischen ihm und dem Bürgen bestehenden Rechtsverhältnisse bleiben unberührt.

Mitbürgen haften einander nur nach § 426.

E. I, 676; II, 713; III, 758.

1. Die rechtlichen Beziehungen zwischen dem Bürgen und dem Hauptschuldner bestimmen sich im Allgemeinen nach dem zwischen ihnen bestehenden Rechtsverhältniß (Anm. 2 zu § 765). Hienach ist insbesondere die Frage zu entscheiden, ob und in welchem Umfange der Bürge, welcher den Gläubiger befriedigt hat, gegen den Hauptschuldner Regreß zu nehmen berechtigt ist. Daneben bestimmt aber § 774 allgemein, daß, soweit der Bürge den Gläubiger befriedigt, dessen Forderung gegen den Hauptschuldner auf den Bürgen übergeht. Das Gesetz statuirt also hier einen Fall der „Uebertragung einer Forderung kraft Gesetzes“ (§ 412, cessio ficta, subrogatio), während das gemeine Recht dem Bürgen lediglich das sog. beneficium cedendarum actionum in der Form der exceptio doli gewährte (M. II, 672 ff.; P.G. II, 367; vgl. Dernburg, Pand. Bd. 2 S. 218 ff.; Windscheid-Kipp, Bd. 2 S. 1033 ff.; P.L.R. Thl. I Tit. 14 §§ 338 ff.; B.L.R. Thl. IV cap. 10 §§ 14, 15; Entsch. d. R.G. in Civils. Bd. 1 S. 345, Bd. 18 S. 236 ff.; M. II, 673 Note 1, 2). Der Uebergang tritt ein, gleichviel, in welcher Weise die Befriedigung des Gläubigers durch den Bürgen erfolgte, also auch bei Leistung an Erfüllungsstatt (§ 364), Hinterlegung (§§ 372 ff.), Aufrechnung (§§ 387 ff.) u. s. w. (M. II, 673). Unerheblich ist ferner, ob dem Bürgen die Einrede der Vorausklage zusteht oder nicht (§§ 771—773; vgl. B.L.R. Thl. IV cap. 10 § 14 Ziff. 2), ob er die Bürgschaft im Einverständnisse mit dem Hauptschuldner ohne Wissen und Willen desselben übernommen hat (M. II, 673 ff., s. aber Abs. 1 Satz 3 und unten Anm. 2). Da die Forderung des Gläubigers durch den kraft Gesetzes eintretenden Uebergang inhaltlich nicht verändert wird, besteht für dieselbe nach dem Uebergang die gleiche Verjährungsfrist wie vorher (Mantey in Gruchots Beitr. Bd. 42 S. 553 ff.; Planck, Erl. 2 c zu § 774; and. Ans. Joseph in Gruchots Beitr. Bd. 42 S. 7). Befriedigt der Bürge den Gläubiger nur theilweise, so erwirbt er auch nur einen entsprechenden Theil des Gläubigerrechtes (vgl. Endemann, I, 867 Note 2).

2. Dem in Anm. 2 zu § 765 erwähnten Grundsatz entsprechend bestimmt § 774 Abs. 1 Satz 3, daß Einwendungen des Hauptschuldners aus einem zwischen ihm und dem Bürgen bestehenden Rechtsverhältnisse durch den Uebergang der Forderung auf den Bürgen nicht berührt werden. Ist also z. B. die Uebernahme der Bürgschaft und die Befriedigung des Gläubigers in Erfüllung eines vom Bürgen dem Hauptschuldner gemachten Schenkungsversprechens (§ 518) erfolgt, so kann der Hauptschuldner dem Regresse des Bürgen mit diesem Einwande begegnen. Andererseits bleiben aber auch die dem Bürgen aus einem besonderen Rechtsverhältniß (Auftrag, Geschäftsführung ohne Auftrag rc.) zustehenden Ansprüche gegen den Hauptschuldner unberührt. Im E. I war dies ausdrücklich ausgesprochen, die II. Komm. hat diese Bestimmung als selbstverständlich gestrichen (M. II, 674 ff.; P. II, 479).

3. Gemäß §§ 412, 401 gehen mit der Forderung gegen den Hauptschuldner auch die für dieselbe bestehenden Nebenrechte (insbesondere auch die Rechte gegen Mitbürgen) auf den Bürgen über, auch wenn sie erst nach der Uebernahme der Bürgschaft hinzugetreten sind (M. II, 674).

4. Eine Einschränkung erleidet der Grundsatz des § 774 Abs. 1 Satz 1 nach Satz 2 insoferne als der Uebergang der Forderung auf den Bürgen nicht zum Nachtheile des Gläubigers geltend gemacht werden kann (vgl. §§ 268 Abs. 3 Satz 2, 426 Abs. 2 Satz 2, 1607 Abs. 2 Satz 3, 1709 Abs. 2 Satz 2; s. auch §§ 1164 Abs. 1 Satz 2, 1176). Ueber die Bedeutung dieses Satzes s. oben S. 29 Anm. 4 zu § 268. Hinsichtlich des in dieser Beziehung bisher geltenden Rechtes s. M. II, 674 Note 2; Dernburg, Pand. Bd. 2 S. 220 Note 8; Entsch. d. R.G. in Civils. Bd. 3 S. 184 ff., Bd. 8 S. 293.

5. Hat einer von mehreren Mitbürgen den Gläubiger befriedigt, so würde nach dem in Anm. 3 erwähnten Grundsatze mit der Forderung gegen den Hauptschuldner auch das Recht des Gläubigers gegen sämmtliche übrigen Mitbürgen in vollem Umfang auf ihn übergehen. Nach § 774 Abs. 2 haften aber Mitbürgen einander nur nach § 426, also Mangels anderer Vereinbarung nach Kopftheilen (M. II, 674; P. II, 478; vgl. Dernburg, Pand. Bd. 2 S. 223; Windscheid-Kipp, Bd. 2 S. 1035 ff.; Entsch. d. R.G. in Civils. Bd. 18 S. 236 ff.; Samml. von Entsch. d. obersten L.G. München I, 80 ff.).

6. Nach §§ 412, 402, 403 ist der Gläubiger verpflichtet, dem Bürgen, der ihn befriedigt hat, die zur Geltendmachung der Forderung gegen den Hauptschuldner nöthige Auskunft zu ertheilen, die zum Beweise der Forderung dienenden in seinem Besitze befindlichen Urkunden auszuliefern und ihm auf Verlangen eine öffentlich beglaubigte Urkunde über die Anerkennung des Forderungsübergangs auszustellen, deren Kosten der Bürge zu tragen und vorzuschießen hat (M. II, 674; s. oben S. 91 Anm. 3 zu § 403; vgl. P.L.R. Thl. I Tit. 14 § 339; M. II, 674 Note 3).

7. Befriedigt der Bürge den Gläubiger, ohne eine ihm bekannte, der Forderung entgegenstehende Einrede des Hauptschuldners geltend zu machen, so verliert er den Regreß gegen den Hauptschuldner insoweit, als die Einrede der Forderung entgegengestanden wäre, da die Einrede nunmehr auch ihm als Rechtsnachfolger des Gläubigers entgegensteht (§§ 412, 404; vgl. P.L.R. Th. IV cap. 10 § 15 Ziff. 6; sächsisches G.B. § 1471 Satz 2). Aus einem etwa vorliegenden Auftragsverhältniß oder aus der Geschäftsführung ohne Auftrag aber wird er regelmäßig um deßwillen keine Rechte ableiten können, weil er in solchem Falle nicht auftragsgemäß bezw. nicht im Interesse des Hauptschuldners gehandelt hat (M. II, 676). Inwieweit der Bürge vom Gläubiger das Geleistete zurückfordern kann, bestimmt sich nach §§ 812 ff. Ob der Bürge verpflichtet ist, vor Befriedigung des Gläubigers hiezu die Genehmigung des Hauptschuldners zu erholen oder nach Befriedigung des Gläubigers dem Hauptschuldner hievon Mittheilung zu machen, kann nur nach den Umständen des einzelnen Falles entschieden werden (M. II, 675 ff.; Z.G. II, 468 ff.; vgl. P.L.R. Thl. I Tit. 14 §§ 342 ff.; B.L.R. Thl. IV cap. 10 § 14 Ziff. 3—5; sächsisches G.B. § 1473; Endemann, I, 868; Matthiaß, I, 574; Oertmann, Note 5 zu § 774).

8. Für die Rückbürgschaft (s. Anm. 9 b zu § 765) sind besondere Bestimmungen nicht getroffen.

9. Die Bestimmungen des § 774 finden entsprechende Anwendung auf den Eigenthümer, der, ohne persönlicher Schuldner zu sein, den Hypothekgläubiger befriedigt (§ 1143 Abs. 1), und auf den Verpfänder, der, ohne persönlicher Schuldner zu sein, den Pfandgläubiger befriedigt (§ 1225 Satz 2).

§ 775.

Hat sich der Bürge im Auftrage des Hauptschuldners verbürgt oder stehen ihm nach den Vorschriften über die Geschäftsführung ohne Auftrag wegen der Uebernahme der Bürgschaft die Rechte eines Beauftragten gegen den Hauptschuldner zu, so kann er von diesem Befreiung von der Bürgschaft verlangen:

1. wenn sich die Vermögensverhältnisse des Hauptschuldners wesentlich verschlechtert haben;
2. wenn die Rechtsverfolgung gegen den Hauptschuldner in Folge einer nach der Uebernahme der Bürgschaft eingetretenen Aenderung des Wohnsitzes, der gewerblichen Niederlassung oder des Aufenthaltsorts des Hauptschuldners wesentlich erschwert ist;
3. wenn der Hauptschuldner mit der Erfüllung seiner Verbindlichkeit im Verzug ist;

4. wenn der Gläubiger gegen den Bürgen ein vollstreckbares Urtheil auf Erfüllung erwirkt hat.

Ist die Hauptverbindlichkeit noch nicht fällig, so kann der Hauptschuldner dem Bürgen, statt ihn zu befreien, Sicherheit leisten.

E. I, 677; II, 714; III, 759.

1. § 775 gewährt dem Bürgen, dessen Rechtslage sich seit Eingehung der Bürgschaft ohne sein Zuthun in Folge besonderer Umstände (s. unten Anm. 2) ungünstiger gestaltet hat, Anspruch auf Befreiung von der Bürgschaft gegenüber dem Hauptschuldner. Da aber durch den Bürgschaftsvertrag an sich rechtliche Beziehungen zwischen dem Bürgen und dem Hauptschuldner nicht entstehen (Anm. 2 zu § 765), knüpft das Gesetz diesen Anspruch des Bürgen an die Voraussetzung, daß er entweder im Auftrage des Hauptschuldners sich verbürgt hat (§§ 662 ff.), oder daß ihm als Geschäftsführer ohne Auftrag nach Maßgabe der §§ 679, 683, 684 die Rechte eines Beauftragten gegen den Hauptschuldner zustehen (M. II, 676 ff.; Z.G. II, 368; vgl. Dernburg, Pand. Bd. 2 S. 219; Windscheid-Kipp, Bd. 2 S. 1033, 1034 Note 5; P.L.R. Thl. I Tit. 14 §§ 356 ff.; P.L.R. Thl. IV cap. 10 § 17; M. II, 677 Note 1). Der Anspruch auf Befreiung steht beim Vorhandensein der im § 775 erwähnten Voraussetzungen auch dem Bürgen zu, der auf die Einrede der Vorausklage verzichtet hat (M. II, 677; vgl. Entsch. d. R.G. in Civils. Bd. 8 S. 262 ff.). Die Vollstreckung des auf Befreiung lautenden Urtheils erfolgt nach Maßgabe des § 887 C.P.O. (Entsch. d. R.G. in Civils. Bd. 18 S. 435 ff.). Der Verpflichtung, den Bürgen zu befreien, kann sich der Hauptschuldner, wenn die Hauptverbindlichkeit noch nicht fällig ist, dadurch entledigen, daß er dem Bürgen Sicherheit leistet (§§ 232 ff.; P. II, 479 ff.; vgl. § 257 Satz 2). Die Sicherheit ist dafür zu leisten, daß bei Fälligkeit der Hauptverbindlichkeit die Befreiung des Bürgen bewirkt werde, nicht für die Ersatzansprüche, welche sich für den Bürgen aus der Erfüllung der Bürgschaftsverpflichtung ergeben (P. II, 480).

2. Die Umstände, welche den Bürgen nach § 775 berechtigen, Befreiung von der Bürgschaft zu verlangen, sind:
a) wesentliche Verschlechterung der Vermögensverhältnisse des Hauptschuldners;
b) wesentliche Erschwerung der Rechtsverfolgung gegen den Hauptschuldner in Folge einer nach Uebernahme der Bürgschaft eingetretenen Aenderung seines Wohnsitzes, seiner gewerblichen Niederlassung oder seines Aufenthaltsorts (M. II, 677; vgl. Anm. 1 a—c zu § 772, Anm. 1 b zu § 773);
c) Verzug des Hauptschuldners (§§ 284 ff.);
d) Erwirkung eines vollstreckbaren Urtheils auf Erfüllung gegen den Bürgen Seitens des Gläubigers (P. VI, 385). „Vollstreckbar" ist auch das für vorläufig vollstreckbar erklärte Urtheil (C.P.O. § 704).

3. Selbstverständlich kann der Anspruch auf Befreiung von der Bürgschaft dem Bürgen durch Vereinbarung mit dem Hauptschuldner auch für den Fall gewährt werden, daß die Voraussetzungen des § 775 nicht gegeben sind (M. II, 677 ff.).

4. Ob der Bürge, der sich im Auftrage des Hauptschuldners verbürgt hat, gemäß § 669 Vorschuß für die zur Erfüllung der Bürgschaftsverbindlichkeit erforderlichen Aufwendungen verlangen kann, hängt von der Auslegung des Auftragsvertrags ab. In der Regel wird allerdings diese Frage zu verneinen sein (vgl. P. VI, 385; Planck, Erl. 1 zu § 775).

5. Ueber den dem Beauftragten als solchen zustehenden Anspruch auf Befreiung von übernommenen Verbindlichkeiten s. Anm. 4 zu § 670.

6. Ueber die kraft Gesetzes eintretende Befreiung des Bürgen s. §§ 776, 777.

§ 776.

Giebt der Gläubiger ein mit der Forderung verbundenes Vorzugsrecht, eine für sie bestehende Hypothek, ein für sie bestehendes Pfandrecht oder das Recht gegen einen Mitbürgen auf, so wird der Bürge insoweit frei, als er aus dem aufgegebenen Rechte nach § 774 hätte Ersatz erlangen können. Dies gilt auch dann, wenn das aufgegebene Recht erst nach der Uebernahme der Bürgschaft entstanden ist.

E. I, 679; II, 715; III, 760.

1. Treu und Glauben erfordern, daß der Gläubiger die Rechtsstellung des Bürgen nicht willkürlich verschlechtere. Nach § 776 darf daher der Gläubiger ein mit seiner Forderung verbundenes Nebenrecht (Vorzugsrecht, Hypothek, Pfandrecht, Recht gegen einen Mitbürgen), auch wenn dieses Recht erst nach der Uebernahme der Bürgschaft entstanden ist, nicht ohne Zustimmung des Bürgen aufgeben, widrigenfalls der Bürge insoweit frei wird, als er bei Befriedigung des Gläubigers und Uebergang des aufgegebenen Rechtes auf ihn (Anm. 3 zu § 774) aus diesem Rechte hätte Ersatz erlangen können (M. II, 679 ff.; P. II, 480 ff.; vgl. P.L.R. Thl. I Tit. 14 §§ 331—333). Dies gilt auch dann, wenn dem Bürgen die Einrede der Vorausklage nicht zusteht (§§ 771—773; P. II, 480 ff.; vgl. S. A. Bd. 52 Nr. 154). Daß der Bürge aus dem vom Gläubiger aufgegebenen Rechte hätte Ersatz erlangen können, hat er zu beweisen.

2. Abgesehen von der Vorschrift des § 776 und dem allgemeinen Grundsatze der §§ 157, 242 (s. P. II, 481, woselbst statt „des Bürgen" zu lesen ist: „des Gläubigers"; s. auch S. A. Bd. 52 Nr. 154) ist dem Gläubiger eine Diligenzpflicht gegenüber dem Bürgen nicht auferlegt, er haftet also nicht für die sog. „culpa in exigendo" (M. II, 678 ff.; Z.G. II, 369; Jacubezky, Bem. S. 150 ff.; P. II, 481; vgl. Dernburg, Pand. Bd. 2 S. 225 Note 7; Windscheid-Kipp, Bd. 2 S. 1026 Note 10, 10a; P.L.R. Thl. I Tit. 14 § 328; B.L.R. Thl. IV cap. 10 § 16 Ziff. 4; sächsisches G.B. § 1466; M. II, 678 Note 4; vgl. auch Entsch. d. R.G. in Civils. Bd. 18 S. 237 ff.). Der Bürge ist insbesondere nicht berechtigt, von dem Gläubiger die Belangung des Hauptschuldners bei Vermeidung gewisser Nachtheile zu verlangen, oder dem Gläubiger die Gewährung einer Zahlungsfrist gegenüber dem Hauptschuldner zu verbieten. In der II. Komm. wurde die Beifügung einer Bestimmung des Inhalts beantragt, daß der Gläubiger, welcher dem Hauptschuldner nach geleisteter Bürgschaft eine der Geltendmachung der auf den Bürgen übergegangenen Ansprüche entgegenstehende Nachfrist gewährt, dem Bürgen für den hieraus erwachsenden Schaden haften solle. Der Antrag wurde aber abgelehnt, weil hiedurch in übermäßiger Rücksicht auf den Bürgen das Recht des Gläubigers zum Schaden des Hauptschuldners in einer mit dem Zwecke der Bürgschaft unvereinbaren Weise geschwächt würde (P. II, 478 ff.). Der Bürge hat auch keinen Anspruch darauf, daß der Gläubiger die Forderung im Konkurse des Hauptschuldners anmelde (vgl. S. A. Bd. 50 Nr. 165; Jacubezky, Bem. S. 151) und wird dadurch, daß der Gläubiger dem Hauptschuldner gegenüber in Annahmeverzug geräth, nicht befreit (P. II, 482 ff.).

3. Die Ansprüche des Bürgen aus (ausdrücklicher oder stillschweigender) Zusicherung des Gläubigers hinsichtlich seines Vorgehens gegen den Hauptschuldner sowie aus dolosem Verhalten des Gläubigers werden durch § 776 natürlich nicht berührt (M. II, 679 ff.).

4. Schutzmittel des Bürgen. Wird durch passives Verhalten des Gläubigers die Lage des Bürgen gefährdet, so kann er

a) beim Vorhandensein der Voraussetzungen des § 775 Befreiung von der Bürgschaft verlangen;
b) den Gläubiger befriedigen und sodann nach Maßgabe des § 774 gegen den Hauptschuldner vorgehen.

5. Ueber Befreiung des Bürgen bei zeitlich beschränkter Bürgschaft s. § 777.

§ 777.

Hat sich der Bürge für eine bestehende Verbindlichkeit auf bestimmte Zeit verbürgt, so wird er nach dem Ablaufe der bestimmten Zeit frei, wenn nicht der Gläubiger die Einziehung der Forderung unverzüglich nach Maßgabe des § 772 betreibt, das Verfahren ohne wesentliche Verzögerung fortsetzt und unverzüglich nach der Beendigung des Verfahrens dem Bürgen anzeigt, daß er ihn in Anspruch nehme. Steht dem Bürgen die Einrede der Vorausklage nicht zu, so wird er nach dem Ablaufe der bestimmten Zeit frei, wenn nicht der Gläubiger ihm unverzüglich diese Anzeige macht.

Erfolgt die Anzeige rechtzeitig, so beschränkt sich die Haftung des Bürgen im Falle des Abs. 1 Satz 1 auf den Umfang, den die Hauptverbindlichkeit zur Zeit der Beendigung des Verfahrens hat, im Falle des Abs. 1 Satz 2 auf den Umfang, den die Hauptverbindlichkeit bei dem Ablaufe der bestimmten Zeit hat.

E. II, 716; III, 761.

1. Ueber das Erlöschen der Bürgschaft bei zeitlicher Beschränkung derselben enthielt E. I mit Rücksicht auf die Schwierigkeit einer angemessenen Regelung dieser Frage keine Bestimmung (M. II, 681 ff.; Z.G. II, 369 ff.; Jacubezky, Bem. S. 151; vgl. P.L.R. Thl. I Tit. 14 §§ 320 ff.; B.L.R. Thl. IV cap. 10 § 16 Ziff. 4; sächsisches G.B. § 1467; M. II, 681 Note 2). Die Bestimmung des § 777 beruht auf Beschluß der II. Komm. Hiebei wurde davon ausgegangen, daß die zeitlich beschränkte Bürgschaft dem Gläubiger ermöglichen solle, dem Hauptschuldner während der bestimmten Zeit Kredit zu gewähren (P. II, 483 ff., VI, 198). Daher erlischt die Haftung des Bürgen nicht unmittelbar mit dem Ablaufe der Zeit, vielmehr ist der Gläubiger lediglich verpflichtet, nach Ablauf der Zeit unverzüglich (d. h. ohne schuldhaftes Zögern, s. § 121 Abs. 1 Satz 1) den Hauptschuldner gemäß § 772 in Anspruch zu nehmen, das Verfahren ohne wesentliche Verzögerung fortzusetzen und nach dessen Beendigung ohne schuldhaftes Zögern dem Bürgen anzuzeigen, daß seine Haftung in Anspruch genommen werde. Verstößt der Gläubiger gegen diese Vorschrift, so ist der Bürge frei. Steht dem Bürgen, was der Gläubiger auf eigene Gefahr prüfen muß (Windscheid-Kipp, Bd. 2 S. 1033), die Einrede der Vorausklage nicht zu (§§ 771—773), so muß der Gläubiger ohne vorherige Inanspruchnahme des Hauptschuldners dem Bürgen nach Ablauf der bestimmten Zeit ohne schuldhaftes Zögern anzeigen, daß er ihn in Anspruch nehme, widrigenfalls der Bürge frei wird. Bei rechtzeitiger Erstattung der Anzeige dauert die Haftung des Bürgen fort, dieselbe beschränkt sich aber auf den Umfang, den die Hauptverbindlichkeit bei Beendigung des Verfahrens gegen den Hauptschuldner, bezw., falls dem Bürgen die Einrede der Vorausklage nicht zusteht, beim Ablaufe der bestimmten Zeit hat. Erweiterungen, welche die Hauptverbindlichkeit nach diesem Zeitpunkt erfährt, berühren also den Bürgen nicht.

2. Die Bestimmungen des § 777 gelten nur für den Fall, daß sich der Bürge für eine bestehende Verbindlichkeit auf bestimmte Zeit verbürgt hat. Ueber die Bürgschaftsübernahme auf Zeit für eine künftige Verbindlichkeit enthält das Gesetz keine Vorschriften. In der Regel wird in solchen Fällen anzunehmen sein, daß eine Verbürgung für die innerhalb der bestimmten Zeit entstehenden Verbindlichkeiten gemeint ist (M. II, 681; P. II, 485; Windscheid-Kipp, Bd. 2 S. 1033).

3. § 777 enthält nur dispositives Recht. Die Parteien können also (ausdrücklich oder stillschweigend) abweichende Vereinbarungen treffen.

4. Ob und unter welchen Voraussetzungen der Bürge berechtigt ist, eine für künftige Verbindlichkeiten übernommene Bürgschaft zu kündigen, kann nur nach Lage des einzelnen Falles entschieden werden (M. II, 682; vgl. Dernburg, Pand. Bd. 2 S. 213 Note 6; Entsch. d. R.O.H.G. Bd. 19 S. 111).

§ 778.

Wer einen Anderen beauftragt, im eigenen Namen und auf eigene Rechnung einem Dritten Kredit zu geben, haftet dem Beauftragten für die aus der Kreditgewährung entstehende Verbindlichkeit des Dritten als Bürge.

E. I, 680; II, 717; III, 762.

1. § 778 regelt den sog. Kreditauftrag (Kreditmandat, mandatum qualificatum, vgl. Dernburg, Pand. Bd. 2 S. 211 ff.; Windscheid-Kipp, Bd. 2 S. 1011 Note 3, 763 Note 20; P.L.R. Thl. I Tit. 14 §§ 213 ff.; B.L.R. Thl. IV cap. 10 § 21, Bl. f. R.A. Bd. 58 S. 144; M. II, 683 Note 1). Dem regelmäßigen Willen der Parteien entsprechend soll, wer einen Anderen beauftragt, in eigenem Namen und auf eigene Rechnung einem Dritten zu kreditiren, dem Beauftragten für die aus der erfolgten Kreditgewährung entstehende Verbindlichkeit des Dritten nicht nach § 670, sondern wie ein Bürge, also nach Maßgabe der §§ 765 ff. haften (M. II, 683 ff.; Z.G. VI, 493; P. II, 485 ff.; nach E. I sollte das gesammte Rechtsverhältniß nach den Vorschriften über die Bürgschaft zu beurtheilen sein).

2. Auf das vor der erfolgten Kreditgewährung bestehende Rechtsverhältniß finden, falls ein wirklicher Auftragsvertrag vorliegt, die Bestimmungen der §§ 662 ff. Anwendung. Dies gilt insbesondere hinsichtlich des Mangels eines Formerfordernisses (Anm. 4 zu § 662; vgl. dagegen § 766; unrichtig Scherer, Note 2 zu § 778; Hachenburg, Das B.G.B. 2. Aufl. S. 90 ff.), der Verpflichtungen des Beauftragten, der Zulässigkeit des Widerrufs und der Kündigung (§ 671). Liegt ein Auftragsvertrag im Sinne des § 662 (s. auch § 675) nicht vor, so bestimmt sich das Rechtsverhältniß zwischen den Betheiligten vor der erfolgten Kreditgewährung nach dem im Wege der Auslegung zu ermittelnden Willen der Parteien (vgl. Planck, Erl. zu § 778; Windscheid-Kipp, Bd. 2 S. 764; Endemann, I, 860 ff.).

3. Die Vorschrift des § 778 ist dispositiver Natur; es kann daher durch (ausdrückliche oder stillschweigende) Vereinbarung der Parteien eine abweichende Regelung getroffen werden.

4. Ist der Kreditauftrag für den Auftraggeber ein Handelsgeschäft, so steht diesem die Einrede der Vorausklage nicht zu, es sei denn, daß er Handwerker ist oder zu den Personen gehört, deren Gewerbebetrieb nicht über den Umfang des Kleingewerbes hinausgeht (H.G.B. §§ 349 Satz 2, 351, 4).

Neunzehnter Titel.

Vergleich.

(Erläutert von Karl Kober).

Vorbemerkungen.

I Die Stellung des Vergleichs im Systeme war bisher eine bestrittene; vgl. hierüber M. II, 650 Anm. 1 und Windscheid, II § 413 N. 13). Das Gesetzbuch geht davon aus, daß jedem Vergleich ein obligatorischer Charakter innewohne und daher der Vergleich als solcher in den Rahmen des speziellen Obligationenrechtes gehöre; vgl. M. a. a. O. Im Uebrigen ist das Gesetz hier von lakonischer Kürze. Es gibt eine kurze Definition des Vergleichs und statuirt zugleich einen besonderen Fall der Unwirksamkeit des Vergleichs — Alles in einem Paragraphen.

II. Man wird davon auszugehen haben, daß der im § 779 festgelegte Begriff des Vergleichs nunmehr den allgemein civilrechtlichen Begriff auch außerhalb des speziellen Rahmens des B.G.B. abzugeben hat, was insbesondere für die C.P.O. und sonstige Reichsgesetze von Wichtigkeit ist (freilich neuerdings bestritten). Nur insoferne wird eine Ausnahme zu machen sein, als etwa in einem früher bereits erlassenen Reichsgesetze nachweisbar ein anderer besonderer Begriff zur Grundlage gemacht wurde, der dann aufrecht zu erhalten wäre.

III. Das B.G.B. gibt keine Vorschrift über den Schiedsvertrag (Kompromiß). Die Bestimmungen hierüber finden sich in der C.P.O. §§ 1025—1048; auch über den Vertrag, der unmittelbar auf Uebernahme der schiedsrichterlichen Verpflichtung geht, ist im B.G.B. keine Bestimmung enthalten. Es werden hier die allgemeinen Grundsätze Platz zu greifen haben. Beide Verträge sind nach dem Prinzipe des Gesetzbuchs formfrei; vgl. hieher Windscheid, §§ 415—417; Entsch. d. R.G. Bd. 8 Nr. 97, 118, Bd. 10 Nr. 13, Bd. 16 Nr. 77 u. 92.

IV. Der Schiedseidvertrag d. h. ein Vertrag, durch welchen die Entscheidung über ein Rechtsverhältniß von der Ableistung eines außergerichtlichen Eides abhängig gemacht wird) wird im B.G.B. nicht erwähnt. Er erscheint heutzutage ohne praktische Bedeutung. Im Uebrigen ist ein solcher an sich gültig, denn das B.G.B. enthält kein Verbot, wonach etwa im Hinblick auf die Heiligkeit des Eides ein derartiges Abkommen nichtig wäre (M. II, 657).

V. Die Normen über den Zwangsvergleich als ein spezifisch konkursrechtliches Institut finden sich in den §§ 173, 175, 210, 230, 185 ff und 195, 196 K.O.

§ 779.

Ein Vertrag, durch den der Streit oder die Ungewißheit der Parteien über ein Rechtsverhältniß im Wege gegenseitigen Nachgebens beseitigt wird (Vergleich), ist unwirksam, wenn der nach dem Inhalte des Vertrags als feststehend zu Grunde gelegte Sachverhalt der Wirklichkeit nicht entspricht und der Streit oder die Ungewißheit bei Kenntniß der Sachlage nicht entstanden sein würde.

Der Ungewißheit über ein Rechtsverhältniß steht es gleich, wenn die Verwirklichung eines Anspruchs unsicher ist.

E. I, 666, 667; II, 718; III, 763.

§ 779 behandelt im Grunde nur einen besonderen Fall der Unwirksamkeit eines Vergleichs, das Gesetz kann aber an dieser Stelle nicht umhin, zugleich eine Definition des Vergleichs zu geben in Folge der Wichtigkeit einer allgemeinen Fest=

legung dieses Begriffes, insbesondere auch für die übrigen Reichsgesetze (z. B. C.P.O. 2c.), vgl. Vorbem. II.

A. Begriff des Vergleichs:

Der Vergleich ist nach dem B.G.B. ein Vertrag, durch welchen der Streit oder die Ungewißheit der Parteien über ein Rechtsverhältniß im Wege gegenseitigen Nachgebens beseitigt wird. (In Uebereinstimmung mit dem gemeinen Rechte, vgl. Windscheid, II § 413; Dernburg, Pand. Bd. 2, § 109.)

I. Nothwendige Grundelemente: Die allgemeine Grundlage für das Aufbauen eines Vergleichs bildet das Vorhandensein eines Streites oder einer Ungewißheit der Parteien über ein Rechtsverhältniß.

Durch diese Fassung wird von vorneherein klargestellt (gegenüber den in der Theorie bestehenden Meinungsverschiedenheiten), daß die Basis zu einem Vergleich auch dann vorliegt, wenn nur eine Ungewißheit über ein Rechtsverhältniß besteht. (In Uebereinstimmung mit der gemeinrechtlichen Praxis und der Auffassung der neueren Gesetzgebungen.)

1. Von welcher Art das strittige oder ungewisse Rechtsverhältniß ist, erscheint gleichgültig. Es braucht sich nicht auf Schuldverhältnisse zu beschränken. Ein Vergleich kann vielmehr auch über andere Rechtsverhältnisse abgeschlossen werden, wie dingliche, familienrechtliche (z. B. Anerkennung einer Vaterschaft), erbrechtliche (Auslegung eines Testamentes).

2. Hinsichtlich der Strittigkeit ist es nicht nothwendig, daß der Streit bereits in einen Prozeß übergegangen ist.

3. Die Ungewißheit des Rechtsverhältnisses kann nach den verschiedensten Seiten bestehen. Es kann z. B. zweifelhaft sein die künftige Existenz des Rechtes (dieses ist z. B. bedingt) oder der Umfang (z. B. ein Rechtsverhältniß auf Lebensdauer eines Theiles) oder auch die Realisirbarkeit (der Schuldner ist z. B. in schlechter Vermögenslage).

In letzterer Hinsicht spricht Abs. 2 ausdrücklich und allgemein aus, daß es der Ungewißheit über ein Rechtsverhältniß gleichstehen soll, wenn die Verwirklichung des Anspruches unsicher ist.

Eine hier einschlägige Streitfrage geht dahin, ob eine subjektive oder eine objektive Ungewißheit verlangt werde. Da das Gesetz in seinen eigenen Worten von einer Ungewißheit „der Parteien" spricht, wird man die Frage, wenigstens allgemein, in ersterem Sinne beantworten müssen. Vgl. hieher Windscheid, § 414 Anm. 6. Ueber den Einfluß eines bereits vorliegenden rechtskräftigen Urtheils s. unten Bem. IV, c und B, II, 2.

4. Die Beilegung muß im Wege gegenseitigen Nachgebens erfolgen.

Dieser Ausdruck soll nicht im juristisch-technischen Sinne, sondern nach dem Sprachgebrauche des Lebens aufgefaßt werden. Vgl. hieher P. II, 525.

a) Das gegenseitige Zugeständniß kann also nicht bloß darin bestehen, daß der Anspruch theilweise befriedigt bezw. aufgegeben oder theilweise als bestehend bezw. nicht bestehend anerkannt wird, sondern auch darin, daß er ganz befriedigt bezw. aufgegeben oder durchaus als bestehend bezw. nicht bestehend anerkannt wird und von der anderen Partei eine Gegenleistung anderer Art gemacht oder versprochen wird. Vgl. Windscheid a. a. O., S. A. Bd. 36 Nr. 38. Diese Gegenleistung kann einen so verschiedenen Inhalt haben, wie jede andere Vermögensleistung. So kann z. B. im Sinne dieser Erledigung auch eine ganz andere Sache, als jene, um welche sich der Streit dreht, dem Anderen eigenthümlich überlassen werden, (vgl. S. A. Bd. 35 Nr. 119; Bl. f. R.A. Bd. 44 S. 182) oder es kann ein ganz anderes Forderungsrecht begründet werden.

b) Wird dagegen nur von dem einen und nicht auch von dem anderen Theil ein Zugeständniß gemacht, so liegt kein Vergleich vor, sondern entweder ein einfaches Anerkenntniß oder ein Verzicht (z. B. Erlaß einer Forderung) oder es kann auch eine versteckte Schenkung gegeben sein.

II. Wesen des Vergleichs:

1. Im Grunde läßt sich der Vergleich in zwei Theile zerlegen (vgl. P. a. a. O.):

a) der obligatorische Bestandtheil — dieser ist in allen Fällen gegeben;

b) das objektiv wirkende Geschäft. Dieses ist nichts Einheitliches, sondern nach den Umständen verschieden (Anerkennung, Verzicht, Stundung 2c.).

Regelmäßig fließen beide Theile in derselben Rechtshandlung zusammen, z. B. Abtretung einer Forderung in dem Vertrag über den Kauf der Forderung, die Uebertragung des Eigenthums an einer beweglichen Sache beim Handkaufe. Hier dagegen ist der obligatorische Bestandtheil des Vergleichs nur Kausalgeschäft für die gegenwärtige Leistung, nicht Begründung eines wirklichen, auf eine künftige Leistung gerichteten Schuldverhältnisses. Kann jedoch der Zweck durch den Vertrag selbst nicht erreicht werden, z. B. der eine Theil verpflichtet sich, eine Grunddienstbarkeit im Grundbuche löschen zu lassen, so begründet der Vergleich nur die Verpflichtung, die Löschung herbeizuführen.

Der Verkehr bezeichnet beide Theile schlechthin als Vergleich, und diesem schließt sich das Gesetz an (hinsichtlich der Form s. aber unten Bem. V).

2. Der Vergleich ist nach dem Gesetz ein gegenseitiger Vertrag.

a) Es sind daher die allgemeinen Rechtsgrundsätze über gegenseitige Verträge (s. §§ 320 ff.) auch für den Vergleich maßgebend, also insbesondere hinsichtlich der Unmöglichkeit der einen Leistung, der Nichterfüllung von einer Seite 2c.

b) Wegen rechtlicher oder thatsächlicher Mängel der Abfindungsleistung werden die Grundsätze des Kaufes entsprechende Anwendung finden können (§§ 445, 493 und M. II, 656).

Wegen einer Entwährung oder eines rechtlichen oder thatsächlichen Mangels der Sache, auf die sein Gegner vergleichsweise Verzicht geleistet hat, wird dagegen im Allgemeinen dem einen Theile kein Anspruch zustehen. Vgl. M. a. a. O. und Oertmann zu § 779.

III. Die Voraussetzungen für die Legitimation zu einem Vergleiche sind die gleichen, wie sonst für eine Rechtshandlung. Eine Besonderheit besteht nur für den Vergleich des Vormunds (§§ 1714, 1822 Ziff. 12; aus der C.P.O. vgl. hieher § 81).

IV. Beschränkungen des Vergleichs:

a) Nach der ausdrücklichen Vorschrift des römischen Rechtes durfte man sich über Alimente, die von Todeswegen hinterlassen sind, gegen eine Abfindungssumme nur mit gerichtlicher Bestätigung vergleichen; ohne diese war der Vergleich für den Alimentenberechtigten unverbindlich. Diese Formvorschrift ist beseitigt. Dagegen beschränkt das B.G.B. allgemein Abmachungen, demnach auch Vergleiche über Unterhaltsansprüche zwischen Verwandten und Ehegatten. Vgl. hieher die §§ 1360 (Unterhaltspflicht der Ehegatten), 1614 (Verzichte auf Unterhaltsansprüche überhaupt), 1714 (Abfindungssumme gegenüber dem unehelichen Kinde; hier ist zudem die Genehmigung des Vormundschaftsgerichtes nothwendig).

b) Die im gemeinen Rechte gelehrte Vorschrift des römischen Rechtes, daß Vergleiche vor Eröffnung des Testaments untersagt sind, besteht für das B.G.B. nicht. Es erschien nicht gerechtfertigt, die Privatautonomie ohne einen wesentlichen Grund durch eine Positivsatzung zu beschränken (M. II, 653). Jedoch ist hieher § 312 zu vergleichen.

c) Die herrschende Meinung im gemeinen Rechte behauptete die Ungültigkeit eines Vergleichs gegenüber einem rechtskräftigen Urtheile. Das B.G.B. stellt eine derartige Beschränkung für sich nicht auf. Es will jedoch von verschiedenen Seiten aus einer absoluten Rechtskraft des Urtheils im Sinne der C.P.O. ein derartiger Satz abgeleitet werden. (Endemann, S. 870 Anm. 4; Bülow, Arch. f. civ. Praxis Bd. 83 S. 118 ff.) Diese Folgerung geht aber wohl zu weit. Richtiger scheint, was Dernburg, Pand. II § 109 Nr. 7 über diese Frage sagt: „Das Urtheil ist den Parteien entweder bekannt, dann muß ihnen etwas zweifelhaft gewesen sein, wenn sie sich vergleichen, wäre es auch nur die Erfüllung; oder es war ihnen unbekannt, dann war die subjektive Ungewißheit vorhanden, auf die es beim Vergleich allein ankommen kann." Hiezu kommt, daß nicht einmal das Gericht die Rechtskraft einer über das Streitverhältniß ergangenen Entscheidung von Amtswegen beachten darf und kann, sondern nur auf Anruf der Parteien. Es muß sohin auch gegenüber einem rechtskräftigen Urtheile ein Vergleich, wenn anders seine allgemeinen Voraussetzungen vorliegen, als zulässig erscheinen. Vgl. hiezu auch unten Bem. B, II, 2.

d) Als selbstverständlich gilt, daß Vergleiche über Ansprüche aus unerlaubten Handlungen allgemein zulässig sind (M. II, 652). Ebenso müssen Verträge, welche zur Abwendung eines Strafantrages im Sinne des St.G.B. geschlossen wurden, im Allgemeinen als statthaft erscheinen, soweit nicht etwa hierin ein unsittliches oder gesetzlich verbotenes Rechtsgeschäft (B.G.B. §§ 134, 138, 309) liegt. Wird der Strafantrag trotzdem gestellt, so kann im Rahmen des Strafverfahrens ein derartiger Vergleich freilich nicht zur Strafausschließung entgegengehalten werden. Anders aber liegt die Sache, wenn der Verzicht auf den Antrag oder dessen Zurücknahme vor der zuständigen Behörde erfolgte. Vgl. hieher Entsch. d. bayrischen O.G.H. Bd. 4 S. 161 ff.; Entsch. d. R.G. Bd. 42 S. 60 und S. A. Bd. 55 Nr. 9 (die Mot. sind über diese Frage nicht klar gefaßt).

e) Die Parteien können aber im Allgemeinen sich nur über solche Rechtsverhältnisse vergleichen, welche auch thatsächlich ihrer Verfügungsgewalt unterliegen. Hier können insbesondere Hinderungsgründe aus dem öffentlichen Rechte einschlagen. Hinzuweisen ist ferner darauf, daß auch bestimmte familienrechtliche Verhältnisse der Privatdisposition als entzogen gelten müssen, wie sich aus den Vorschriften des IV. Buches im Einzelnen ergibt. Ebensowenig kann ein unsittlicher Vertrag durch einen Vergleich rechtsgültig gemacht werden. Bezüglich des Vergleichs über Spiel- und Wettschulden s. Bem. 3 a zu § 762.

V. Form des Vergleichs. Im bisherigen Rechte war der Vergleich meistens an eine bestimmte Form, insbesondere die Schriftform, gebunden. So stand nach P.L.R. der Vergleich in Ansehung der Form unter der allgemeinen Regel des P.L.R. a. a. O. § 407. Ebenso war im code civil die Schriftform allgemein festgesetzt. Nach bayrischem Rechte (vgl. bayrische Ger.O. XVII § 1 Nr. 4—8, 11—14 und A.G. z. C.P.O. und K.O. Art. 86) war entweder Schriftlichkeit oder sofortige, wenigstens theilweise Erfüllung nothwendig.

Nach dem B.G.B. geschieht der Abschluß des Vergleichs an sich regelmäßig formlos. Selbst wenn ein (abstraktes) Schuldversprechen oder ein Schuldanerkenntniß im Wege des Vergleichs erzielt wird, bedarf es hier der sonst nothwendigen Schriftform nicht (§ 782). Soweit jedoch sonst hinsichtlich der einzelnen Leistungen eine bestimmte Formvorschrift besteht, gilt sie auch hier. Soll z. B. eine Dienstbarkeit im Wege eines Vergleichs gelöscht werden, so sind auch hier die grundbuchrechtlichen Voraussetzungen, wie sonst, zu erfüllen.

Ueber den Vergleich im Rahmen eines Rechtsstreites s. § 160 Ziff. 1 C.P.O. und die Komm. hiezu; vgl. auch Eccius in der Deutsch. Jur.-Ztg. 1898 S. 25. Ueber die Formen eines Vergleichs bei Mitwirkung des Gerichts außerhalb eines Prozesses s. §§ 167 ff. F.G.

Ueber die Nothwendigkeit einer gerichtlichen Genehmigung im Vormundschaftsrechte vgl. die §§ 1714, 1822 Ziff. 12, 1829 u. 1830.

VI. Wirkung des Vergleichs. Die allgemeine Wirkung des Vergleichs liegt darin, daß das strittige oder ungewisse Rechtsverhältniß eben außer Streit und Ungewißheit gesetzt wird.

a) Diese neue Festsetzung der Verhältnisse ist ein freier Willensakt der Parteien, weßhalb der Vergleich auch nicht nachträglich aus dem Gesichtspunkt angegriffen werden kann, weil etwa dieser die strittigen Verhältnisse unrichtig geordnet habe; vgl. Cosack, Lehrb. S. 576.

b) Ein Vergleich darf selbstverständlich nicht über den Gegenstand, auf den er sich bezieht, hinausbezogen werden auf andere zwischen den Vertragstheilen etwa bestehende Rechtsverhältnisse.

Eine besondere Auslegungsregel dahin, daß, wenn die Parteien sich über ihre gegenseitigen Ansprüche verglichen haben, der Vergleich nicht auf die Ansprüche, welche erst nach dessen Abschluß entstanden oder dem einen Theile bekannt geworden sind, zu beziehen sei (vgl. L. 12 D. 2, 15; P.L.R. a. a. O. §§ 427 ff.) wurde — theils als entbehrlich, theils als nicht unbedenklich — absichtlich abgelehnt. (M. II, 653.) Der Vergleich unterliegt im Uebrigen denselben Auslegungsregeln, wie sonst ein Vertrag. Vgl. besonders die §§ 133, 157, 242. Vor Allem wird der Zweck des Vergleichs eine gewichtige Rolle bei der Auslegung seines Inhaltes bilden.

c) Ein Zurückgreifen auf frühere Rechtsverhältnisse ist aber beim Vergleiche nicht unbedingt ausgeschlossen (er wirkt nicht durchweg novatorisch), insbesondere soweit etwa Lücken vorhanden sind, z. B. für die im Vergleiche herabgesetzte Forderung besteht ein Pfandrecht oder eine Bürgschaft, deren beim Vergleichsabschlusse keine Erwähnung geschah; hier werden Pfand und Bürgen regelmäßig forthaften (M. II, 656).

d) Hinsichtlich der Wirkung des Vergleichs gegenüber Dritten bestehen keine besonderen Vorschriften. Die Rechtsregeln sind die gleichen wie sonst bei einem Vertrage. Hinsichtlich der Gesammtschuldner vgl. §§ 423 u. 425, bezüglich des Bürgen s. § 767. Beim Zwangsvergleiche besteht die besondere Vorschrift des § 193 K.O.

e) Wird ein strittiger Lohnanspruch in eine Vergleichssumme übersetzt, so sind die besonderen Vorschriften über Arbeits- und Dienstlohn nicht mehr anwendbar; vgl. S. A. Bd. 42 Nr. 173.

f) Aus einem nach Erhebung der Klage vor einem Gericht abgeschlossenen Vergleiche findet unmittelbar die Zwangsvollstreckung statt (§ 702 Ziff. 1 u. 2 C.P.O.

B. Anfechtbarkeit bezw. Unwirksamkeit des Vergleichs.

I. Im Allgemeinen kann der Vergleich nach denselben Normen, wie ein anderer Vertrag, wegen Irrthums, Zwangs, arglistiger Täuschung ꝛc. angefochten werden. Hieher gehört insbesondere ein einseitiger sog. Geschäftsirrthum (z. B. über den Inhalt der Erklärung, die Person des anderen Vertragstheiles ꝛc.), ebenso ein einseitiger Irrthum über den Umstand, der nach dem Inhalte des Vergleichs strittig oder ungewiß war.

Deßgleichen ist ein Vergleich im Allgemeinen aus denselben Gründen nichtig, wie sonst ein Vertrag.

II. Das Gesetz stellt aber in § 779 — und dies ist der Hauptzweck dieser Vorschrift — einen besonderen Fall der Unwirksamkeit, also Nichtigkeit, auf:

Es soll nämlich jeder Vergleich unwirksam sein, wenn der nach dem Inhalte des Vertrags (Vergleichs) als feststehend zu Grunde gelegte Sachverhalt der Wirklichkeit nicht entspricht und der Streit oder die Ungewißheit bei Kenntniß der Sachlage nicht entstanden sein würde. (Die Bestimmung des E. I § 667 mit M. II, 654 ff. ging nicht so weit und gewährte überdies nur einen Anspruch auf Rückgängigmachung.) Z. B. (vgl. S. A. Bd. 3 Nr. 323): der gesetzliche Erbe, der das Testament des Erblassers wegen eines Formfehlers angefochten hat, vergleicht sich mit den Testamentserben über die Erbschaft; hinterher stellt sich heraus, daß das Testament gefälscht war.

1. Rechtliche Natur dieser Unwirksamkeit: Nach den Prot. (vgl. P. II, 526 ff.) ging man bei Annahme der jetzigen Fassung des Gesetzes von folgender Erwägung aus:

Ob die Parteien ihrer Vereinbarung einen bestimmten Umstand von der Tragweite zu Grunde gelegt haben, daß bei dessen Nichtbestehen der Vertrag unwirksam oder bloß durch Rücktritt aufhebbar sein solle, sei eine allgemeine Auslegungsfrage; für den Vergleich soll dies aber in § 779 durch gesetzliche Festlegung in ersterem Sinne entschieden werden. Daß Unwirksamkeit eintrete, ergebe sich gerade aus der Natur und dem Zwecke des Vergleichs. Damit ist freilich für diese Frage nicht viel gewonnen.

Von anderer Seite wird hierin eine ausnahmsweise Anerkennung des Irrthums im Motiv oder der Voraussetzung im Sinne Windscheids gefunden (vgl. Endemann, § 193 Anm. 8).

Das Richtige wird sein, was Lenel im Arch. f. civ. Praxis Bd. 79 S. 80 ff. annimmt, nämlich, daß die Unwirksamkeit hier ihren Grund darin habe, daß mit dem Fehlen des beiderseitig angenommenen und daher zu Grunde gelegten Sachverhaltes der ganze objektive Zweck der Abrede hinfällig geworden ist. Ebenso Oertmann zu § 779.

2. Voraussetzungen dieser Bestimmung im Einzelnen:

a) Maßgebend ist die thatsächliche Grundlage des Vergleichs, wie sie zur Zeit des Abschlusses des Vergleichs beide Parteien als feststehend — also weder als strittig noch als ungewiß — angenommen haben. Die Punkte, über welche die Parteien von Anfang an oder noch beim Vergleiche verschiedener Meinung waren, zählen daher überhaupt nicht hieher, ebensowenig bloße nebenherlaufende Motive oder vage Voraussetzungen der Vergleichstheile (vgl. Endemann, § 193).

b) Der hier fragliche Thatbestand muß aus dem konkreten Gesammtinhalte des Vergleichs — wenn auch durch Auslegung — mit Sicherheit entnommen werden können.

c) Der zwischen den Parteien vermeinte Sachverhalt muß, wie sich nachträglich herausstellt, dem wirklichen Sachverhalte nicht entsprechen. Es müssen beide Parteien in dieser Richtung geirrt haben.

d) Dies Alles aber genügt für sich allein noch nicht. Dieser, von beiden Parteien fälschlich angenommene Punkt muß zugleich an sich von so wesentlicher Natur sein, daß anzunehmen ist, es würde bei Kenntniß der wahren Sachlage hinsichtlich dieses Punktes der Streit oder die Ungewißheit überhaupt nicht entstanden sein; dieser beiderseitige Irrthum muß also zudem kausal sein.

Da das Gesetz von „Sachverhalt“ spricht und eine enge Auslegung hier entschieden am Platze erscheint, damit nicht eine allgemein gefährliche Unsicherheit bei

Vergleichen entstehe, so werden im Allgemeinen unter diesem Thatbestand auch nur thatsächliche Verhältnisse mit dem dadurch bedingten Rechtsverhältnisse zu begreifen sein, nicht aber Rechtsfragen im engeren Sinne (and. Ans. Cosack, S. 557).

Als Spezialfragen erscheinen hier das spätere Auffinden neuer wesentlicher Beweismittel, sowie das nachträgliche Bekanntwerden eines bereits früher ergangenen rechtskräftigen Urtheils (im Anschluß an das römische Recht wurde letzteren Falles im gemeinen Rechte der Vergleich für nichtig bezw. anfechtbar erklärt; vgl. Windscheid, § 414 Nr. 5 u. 6).

Es wird sich auch hier empfehlen, die für die Aufrechterhaltung des Vergleichs günstigere Anschauung (vgl. P. II, 523) anzunehmen, zumal ja das Gesetz eine subjektive Ungewißheit im Auge hatte (vgl. oben I, 3). Die Parteien haben das Rechtsverhältniß regelmäßig nicht deßhalb als ungewiß angesehen, weil wesentliche Beweismittel objektiv nicht vorhanden waren, sondern lediglich deßhalb, weil ihnen für ihre Person solche Behelfe zur Zeit des Vergleichs eben nicht zu Gebote standen; durch das spätere Auffinden wird also diese Sachlage zur Zeit des Vergleichs nicht verändert. Aehnlich liegen regelmäßig die Verhältnisse bei Auffinden eines früheren Urtheils. Das durch den Vergleich geordnete Rechtsverhältniß war für beide Parteien trotz des rechtskräftigen Urtheils in der Zeit des Vergleichs ungewiß bezw. bestritten, und diesem damaligen Zustande wollte ein Ende durch den Vergleich gemacht werden. (Vergleichen sich die Parteien in der Meinung, daß das Urtheil noch nicht rechtskräftig sei, so geben sie deutlich zu erkennen, daß sie unbedingt eine Erledigung durch Vergleich wollen.) Anders liegt die Sache, wenn die Urkunden, auf welchen der Vergleich beruht, gefälscht waren, denn hier hat das Rechts- und Sachverhältniß, in welches die durch den Vergleich getroffene Feststellung eingefügt werden wollte, überhaupt nicht bestanden. Die Ansichten über diesen Punkt sind übrigens hier sehr getheilt. Ebenso ist die Sachlage natürlich eine andere, wenn von einer Seite etwa arglistige Täuschung vorliegt.

3. Wenn die Voraussetzungen des § 779 vorliegen, gilt der Vergleich als nicht geschlossen. Von besonderer Wichtigkeit werden dann die Rechtssätze über ungerechtfertigte Bereicherung, s. §§ 812 ff.

Zwanzigster Titel.

Schuldversprechen. Schuldanerkenntniß.

(Erläutert von Karl Kober.)

Vorbemerkungen.

I. Die Bindung an das einfache Gelöbniß entspricht dem alten, deutschen Rechtsbewußtsein. Die entgegenstehende Vorschrift des römischen Rechtes wurde trotz der Reception in der weiteren Rechtsentwicklung wieder überwunden und kamen die abstrakten, der Angabe einer causa ermangelnden Schuldverträge wieder zur Geltung.

Im gemeinen Rechte selbst war bahnbrechend speziell für die Auffassung von der Anerkennung als einem selbständigen Verpflichtungsgrunde die Schrift von Bähr „Die Anerkennung als Verpflichtungsgrund". Im Einzelnen waren aber die Meinungen noch sehr getheilt und knüpften sich eine Menge von Streitfragen an das Gebiet des abstrakten Schuldversprechens und Schuldanerkenntnisses. Vgl. hieher Windscheid, § 412 b und M. II, 689 Anm. 1.

Auch im Geltungsgebiete des P.L.R. rang sich schließlich die Anerkennung des abstrakten Vertrags durch. Vgl. hiezu insbesondere Entsch. d. R.G. Bd. 26 S. 77.

Im Gebiete des Handelsrechtes hatten die Art. 301 u. 300 H.G.B. ä. F. diesen Grundsatz anerkannt.

Das B.G.B. schließt sich dem Entwicklungsgange, den die Anerkennung abstrakter Verbindlichkeiten in der modernen Theorie und Praxis genommen hat, vollständig an, von der Erkenntniß geleitet, daß ein dringendes Bedürfniß bestehe, das Prinzip auch über den Handelsverkehr hinaus in dem Gesetzbuch anzuerkennen. Die Befürchtung, daß damit dem Wucher Vorschub geleistet werde, wurde zurückgewiesen (P. II, 504), als nach den bisherigen Erfahrungen unbegründet. Jedenfalls können derartige Bedenken, die hauptsächlich aus landwirthschaftlichen Kreisen vorgebracht wurden, nicht das dringende Bedürfniß in dieser Richtung überwiegen. Mit Recht bemerkt Jacubezky in seinen „Bem." S. 152, daß die Rücksicht auf die Gefahren, welche unüberlegtes Eingehen abstrakter Schuldverbindlichkeiten mit sich bringt, für eine Gesetzgebung nicht entscheidend sein könne, welche die allgemeine Wechselfähigkeit anerkennt und jedem Grundeigenthümer gestattet, Grundschulden zu bestellen. Das B.G.B. will überdies der Uebereilung und der Ausbeutung dadurch vorbeugen, daß es zwar nicht für den ganzen Vertrag, wohl aber für Ertheilung des abstrakten Versprechens bezw. Anerkenntnisses die Schriftform allgemein vorschreibt. Erleichterung schafft § 782 für den Fall des Vergleichs und der Abrechnung.

II. Das B.G.B. scheidet den abstrakten Vertrag in zwei Unterarten, nämlich in das Schuldversprechen (§ 780) und das Schuldanerkenntniß (§ 781). Diese Unterscheidung ist freilich mehr theoretischer Natur, denn im Verkehrsleben fließen beide Arten häufig wieder zusammen. Vgl. Bem. I, 4 zu § 781.

III. Die Abstraktheit bedingt übrigens keine vollständige Ausschließung des ursprünglichen Schuldgrundes (causa); diese kann in verschiedener Beziehung wieder ihre Wirksamkeit äußern, wenn auch prinzipiell nur im Wege der Einrede, vgl. hieher Bem. IV zu § 780 und Bem. IV zu § 781.

§ 780.

Zur Gültigkeit eines Vertrags, durch den eine Leistung in der Weise versprochen wird, daß das Versprechen die Verpflichtung selbständig begründen soll (Schuldversprechen), ist, soweit nicht eine andere Form vorgeschrieben ist, schriftliche Ertheilung des Versprechens erforderlich.

E. I, 638; II, 719; III, 764.

Der § 780 behandelt das sog. abstrakte Schuldversprechen, § 781 dagegen das abstrakt gedachte Schuldanerkenntniß.

Ueber die Rechtsentwicklung s. Vorbem. I.

I. Begriff und Wesen des sog. reinen oder abstrakten Schuldversprechens, von dem § 780 ausgeht:

Anstatt im Wege einer später geschehenden Anerkennung (§ 781) können die Betheiligten von vorneherein ein von dem Verpflichtungsgrund unabhängiges Schuldverhältniß zur Entstehung bringen.

1. Ein solches Schuldversprechen ist abgelöst von einem besonderen Verpflichtungsgrunde (causa). Der Zweck ist allerdings auch hier, wie sonst bei Schuldverhältnissen, die Leistungspflicht des Schuldners. Dies soll aber hier für sich allein zum Gegenstande des Vertrags gemacht werden, ohne daß ein spezielles Forderungsrecht als Grundlage hervorgehoben wird. Letzteres soll juristisch überhaupt nicht weiter in Betracht kommen.

a) Ein wirthschaftliches Bedürfniß zur Begründung einer solchen abstrakten Verbindlichkeit tritt mannigfach hervor. Besonders lebhaft ist dies dann wenn Jemand einem Dritten vermittelst seines eigenen Schuldners eine Leistung verschaffen will; für den Dritten ist ein solches Forderungsrecht um so annehmbarer, wenn dieser sich mit dem Schuldner in keine Erörterungen über die rechtliche causa der Verbindlichkeit des Letzteren mehr einlassen muß, vielmehr dieser glattweg zu leisten hat. Ein besonderer Fall ist hier die Annahme einer Anweisung (s. §§ 784).

Häufig wird auch trotz des Bestehens eines Schuldgrundes unter den Nächstbetheiligten selbst ein abstraktes Schuldverhältniß vereinbart. Es dient insbesondere zur Sicherung des Gläubigers und zur leichteren und schnelleren Rechtsverfolgung (s. b) für diesen (ähnlich wie bei einem Wechsel). Andererseits ist hier aber der Schuldner noch nicht den Gefahren wie beim Wechsel ausgesetzt, bei welchem Einreden aus der Person eines Vormannes ausgeschlossen sind. (P. II, 502.)

b) Die abstrakte Natur gibt dem Gläubiger eine begünstigte Angriffsstellung gegenüber dem Schuldner. Bei jedem konkreten Schuldverhältnisse (z. B. Kauf) muß der Gläubiger den besonderen Verpflichtungsgrund geltend machen und auch beweisen. Hier beim abstrakten Schuldversprechen dagegen fällt dies weg.

Bezüglich der Einwendungen des Schuldners s. unten.

2. Wesentlich ist aber für ein derartiges Schuldversprechen, daß diese Loslösung des reinen Schuldversprechens von dem Schuldgrund als solche in der wahren Intention der Betheiligten gelegen ist. In vielen Fällen will nämlich lediglich eine Beweisurkunde hergestellt werden.

a) Eine gesetzliche Vermuthung für das Vorliegen eines solchen einseitigen Schuldversprechens (E. I und Mot. erblickten sie schlechthin in der Schriftlichkeit und in dem Umstande, daß ein Verpflichtungsgrund nicht angegeben ist) stellt das Gesetz absichtlich nicht auf. Es soll nämlich im Prinzipe dem Richter die freie Beurtheilung der Frage, ob der Schuldner in Wirklichkeit eine abstrakte Verpflichtung habe übernehmen wollen, unbedingt gelassen werden. Eine Belästigung für den Gläubiger wird dadurch regelmäßig in Wirklichkeit nicht eintreten, weil der Richter in den meisten Fällen ohnedies keine Veranlassung haben wird, einen besonderen Beweis für den abstrakten Verpflichtungswillen zu fordern, wenn die Schuldurkunde in der Weise abgefaßt ist (vgl. P. II, 507), sofern sich nicht der Schuldner ausdrücklich auf das Gegentheil beruft.

b) Die Angabe der causa soll im Allgemeinen nicht schaden und das Verhältniß nicht verändern, soferne nur das klar ist, daß trotzdem die Leistungspflicht von dem Verpflichtungsgrund unabhängig gemacht werden wollte. Deßhalb wurden auch besondere Vorschriften hierüber unterlassen, vgl. P. II. 506, aber auch Bem. IV.

II. Die Form. Das Gesetz stellt für die Gültigkeit des einseitigen Schuldversprechens das Erforderniß der Schriftform — vgl. § 126 — auf.

1. Diese Vorschrift war dem bisherigen Rechte nicht bekannt. Sie rechtfertigt sich aber damit, daß die Zulassung bloßer Mündlichkeit hier die Rechtssicherheit zu sehr gefährden würde, da eine beliebige Aeußerung des Schuldners unter Umständen schon in diesem Sinne gedeutet werden könnte. Andererseits soll durch die Schriftform gerade der Schuldner vor einer Uebereilung bewahrt werden. Die Aushändigung einer schriftlichen Erklärung bildet einen wichtigen Behelf für die Annahme, daß in der That eine bindende Festlegung gewollt war.

a) Das Erforderniß der Schriftform ist aber nur für das vom Schuldner abzugebende Leistungsversprechen aufgestellt. Die zur Vollendung des Vertrags erforderliche Annahme des Versprechens Seitens des Gläubigers ist dagegen formfrei und kann auch stillschweigend erfolgen.

b) Der Gläubiger, welcher im Besitze der von dem Schuldner ausgestellten Urkunde über das Schuldversprechen sich befindet, hat aber, wie sich aus allgemeinen Grundsätzen bereits ergibt, nicht erst noch den Abschluß des Vertrags, d. h. die Thatsache zu beweisen, daß der Schuldner ihm die Urkunde ausgeliefert und er die Erklärung des Schuldners auch angenommen habe (M. II, 692).

2. Diese Formvorschrift hat aber nur subsidiären Charakter, d. h. soweit das Gesetz eine andere Form vorschreibt, bleiben diese Vorschriften voll in Kraft. Vgl. z. B. §§ 311, 313; für das Schenkungsverfahren wird dies in § 518 besonders hervorgehoben.

3. Es gibt schließlich bestimmte Ausnahmen von diesem Formzwange:

a) Nach § 782 ist Schriftform nicht erforderlich, wenn das Schuldversprechen auf Grund einer Abrechnung oder im Wege des Vergleichs ertheilt wird.

b) Für das handelsrechtliche Schuldversprechen ergibt sich aus den §§ 350, 351 H.G.B. die Formfreiheit.

III. Das reine Schuldversprechen stellt sich als ein einseitiger Vertrag dar.

a) Gegenstand des Vertrags kann jede beliebige Leistung sein. Am häufigsten wird freilich ein solcher Vertrag auf Zahlung einer bestimmten Geldsumme lauten. Der Inhalt der Leistung muß hier durch das Versprechen selbst genau fixirt werden. Im Uebrigen ist der Vertrag, wie jeder andere, nach Treu und Glauben mit Rücksicht auf die Verkehrssitte auszulegen (and. Ans. Endemann, § 194).

b) Ein Recht auf unmittelbar zusammenhängende Gegenleistungen kann in dem Schuldversprechen selbst nicht ausbedungen werden (Cosack, Lehrb. S. 282).

c) Der Zweck, warum gerade das abstrakte Schuldversprechen vereinbart und abgegeben wird, kann ein verschiedener sein: Tilgung einer Schuld, Vergleich (vgl. § 782), Schenkung (s. aber § 518) 2c. Dieser Zweck ist aber etwas anderes, als die obligatorische causa, von der das Versprechen abgelöst ist.

IV. Subsidiäre Bedeutung der causa.

1. Wenngleich im Prinzipe beim einseitigen Schuldversprechen die abstrakte Verbindlichkeit von der causa losgelöst ist, so kommt gleichwohl der causa doch noch eine

Bedeutung zu, nämlich insoferne als ein Mangel des Rechtsgrundes nicht als rechtlich belanglos erscheint (P. II, 403). Dabei ist Folgendes festzuhalten:

a) Es ist Sache des Schuldners — zufolge der bevorzugten Stellung des Gläubigers; vgl. oben — Derartiges geltend zu machen, also im Wege von Einwendungen, womit zugleich die Frage zusammenhängt, welche Einwendungen der Schuldner hier vorbringen darf.

b) Ein solches Zurückgehen des Schuldners auf die causa ist aber nur insoweit zulässig, als eben der Mangel eines gültigen Rechtsgrundes mit der Einrede einer ungerechtfertigten Bereicherung vom Schuldner nachgewiesen wird. Mit anderen Worten: Die Parteien können nicht zwingende Rechtssätze dadurch umgehen, daß sie ein einseitiges Schuldversprechen ausstellen. Es kann sich also beispielsweise der Schuldner darauf berufen, daß der Schuldvertrag auf einem unsittlichen oder verbotenen Grunde beruht. Für Spiel- und Wettschulden s. § 762 Abs. 2.

2. Im Uebrigen können aber auch im Einzelfalle besondere Parteivereinbarungen über diesen Punkt vorliegen (Cosack, S. 583), z. B. es können bestimmte Einreden durch besondere Abmachungen ausgeschlossen werden.

V. Die Anfechtbarkeit des Anspruches in Folge Irrthums, Zwangs &c. unterliegt den allgemeinen Normen.

§ 781.

Zur Gültigkeit eines Vertrags, durch den das Bestehen eines Schuldverhältnisses anerkannt wird (Schuldanerkenntniß), ist schriftliche Ertheilung der Anerkennungserklärung erforderlich. Ist für die Begründung des Schuldverhältnisses, dessen Bestehen anerkannt wird, eine andere Form vorgeschrieben, so bedarf der Anerkennungsvertrag dieser Form.

E. I, 683; II, 720; III, 765.

Als besondere Art des abstrakten Vertrags hebt das Gesetz außer dem Schuldversprechen (§ 780) das Schuldanerkenntniß (auch Anerkenntnißvertrag genannt) hervor.

I. Begriff und Wesen des Schuldanerkenntnisses.

1. Aus dem Verpflichtungsgrunde, der rechtlichen Unterlage des Schuldverhältnisses, können sich im Laufe der Zeit einerseits Beschränkungen der Verpflichtung aus inneren Gründen ergeben (z. B. Gewährleistungspflicht des Gläubigers &c.), andererseits kann aber auch eine Aenderung des Inhaltes eintreten durch eine Wirkung von Umständen, die an sich außerhalb der Schuldverpflichtung liegen (z. B. Verwendungen des Schuldners &c.). Es besteht im Verkehre das dringende Bedürfniß, das endgültige Ergebniß aus allen solchen Umständen zu ziehen und zu vereinbaren, daß das gemeinschaftlich Ermittelte nunmehr als der eigentliche Inhalt der Obligation dienen soll. Dabei können auch Wirkungen, die sich etwa noch für die Zukunft ergeben möchten, ausgeschlossen und kann bestimmt werden, daß andere als die bereits bekannten Wirkungen nicht eingetreten seien.

Durch eine Vereinbarung in diesem Sinne wird aber im Grunde das Schuldverhältniß von dem bisherigen Verpflichtungsgrund abgelöst und erhält die Anerkennung als solche den rechtlichen Charakter eines neuen Verpflichtungsgrundes in der Art, daß der Inhalt des Schuldverhältnisses nun nicht mehr durch ein Zurückgeben auf den früheren Verpflichtungsgrund, sondern eben durch den Anerkennungsvertrag bestimmt wird (P. II, 502).

2. Auch hier ist, wie beim Schuldversprechen (§ 780), wesentlich, daß die Parteien diese abstrakte Loslösung im vorigen Sinne auch wirklich gewollt haben. Mit anderen Worten (vgl. Windscheid, § 412a Nr. 1): In der Anerkennung kann ein derartiger Vertrag liegen, aber er muß nicht nothwendig in der Anerkennung liegen (insbesondere regelmäßig dann nicht, wenn die Anerkennung einem Dritten gegenüber abgegeben wird).

Ob der ursprüngliche Verpflichtungsgrund (z. B. Darlehen) in dem Anerkenntnißvertrage selbst noch genannt wird oder nicht, bildet in dieser Hinsicht kein maßgebendes Kriterium, denn dies kommt auch bei einem auf eine abstrakte Anerkennung gerichteten Vertrage vor.

3. Daß in der Zahlung von Zinsen für eine Schuld oder in dem bloßen Nachsuchen einer Stundung für die Erfüllung der letzteren eine vertragsmäßige Anerkennung in diesem Sinne nicht liegt, ist selbstverständlich und folgt überdies für die Regel auch aus dem Mangel der Schriftform (s. unten; M. II, 692).

4. Der Unterschied von einem Schuldversprechen (§ 780) liegt darin, daß beim Anerkenntnisse der Schuldner anerkennt oder bekennt, eine bestimmte Leistung machen zu müssen, während beim Schuldversprechen der Schuldner verspricht, die Leistung zu machen.

Dieser feinfühlige Unterschied wird freilich im Verkehre wenig beachtet. Es fließen vielmehr häufig Schuldversprechen und Schuldanerkenntniß ineinander. Für das praktische Endresultat wird eine solche Vermischung regelmäßig nicht von wesentlichem Einflusse sein, da ja beide auf derselben Grundlage, nämlich dem abstrakten Vertrag überhaupt beruhen und die Unterscheidung in vielen Fällen ohnedies nur eine mehr formelle ist.

5. Von dem Vergleiche (§ 779) unterscheidet sich das Anerkenntniß darin, daß es einerseits die Tendenz hat, bestehende Rechtsverhältnisse zu bestätigen, nicht inhaltlich zu ändern, andererseits sind hier Bestrittenheit und Ungewißheit, sowie gegenseitiges Nachgeben keine unbedingten Erfordernisse. Sehr oft freilich trägt das Anerkenntniß auch einen vergleichsweisen Charakter insoferne, als bestehende Rechtsverhältnisse nach dem Belieben der Parteien geändert oder neue mit hereingezogen werden, vgl. ferner § 782.

6. Prinzipiell verschieden von dem Anerkenntnißvertrag ist das Geständniß. Dieses betrifft, richtig verstanden, nur Thatsachen, nicht Rechtsverhältnisse, und kann höchstens ein Beweismittel abgeben. Es ist daher prozessual von besonderer Bedeutung. Vgl. hieher die Vorschriften der C.P.O. §§ 85, 138, 288—290, 298, 617, 670, 641, 509, 532).

Es bleibt aber im Einzelfalle noch zu prüfen, ob nicht in dem vertragsmäßigen Geständnisse, daß eine Thatsache sich zugetragen oder nicht zugetragen habe, in positiver oder negativer Weise doch ein Anerkennungsvertrag enthalten ist, z. B. ein Anerkenntniß, daß eine gewisse Summe als Darlehen gezahlt oder eine als Darlehen empfangene Summe zurückbezahlt worden ist. Vgl. hieher §§ 415 u. 416 C.P.O. und M. II, 692.

II. Die Form (vgl. Bem. II zu § 780). Das Gesetz verlangt auch hier (s. § 780) die schriftliche Form (§ 126) und zwar aus den gleichen Gründen, die bei § 780 maßgebend sind.

Auch hier ist diese Formvorschrift nur eine subsidiäre, d. h. soweit nicht das Gesetz im Einzelfalle für die Begründung des Schuldverhältnisses, dessen Bestehen anerkannt wird, eine andere Form bestimmt, bedarf der Anerkennungsvertrag dieser Form; Satz 2; vgl. z. B. §§ 311, 313, 518.

Die Ausnahmen sind hier die gleichen, nämlich:

a) Wird ein Schuldanerkenntniß auf Grund einer Abrechnung oder im Wege des Vergleichs ertheilt, so ist die Beobachtung der in § 781 vorgeschriebenen Form nicht erforderlich (§ 782).

b) Für das handelsrechtliche Anerkenntniß gilt Formfreiheit, s. §§ 350, 351 H.G.B.

Analog wie im Falle des § 780 bedarf übrigens nur die einseitige Anerkennungserklärung des Schuldners als solche der schriftlichen Form; nicht dagegen die (ausdrückliche oder stillschweigende) Annahme des anderen Theiles.

III. Das Schuldanerkenntniß ist, wie das Schuldversprechen (s. Bem. III zu § 780) ein einseitiger Vertrag.

1. Das Anerkenntniß kann sich im Grundsatz auf alle Schuldverhältnisse beziehen und auch auf andere als obligatorische Verhältnisse (aus der bisherigen Praxis vgl. z. B. S. A. Bd. 47 Nr. 27, Feststellung deutschrechtlicher Reallasten durch Anerkennungsverträge). Allein einem Anerkenntniß über ein Rechtsverhältniß nicht obligatorischer Natur kann nicht allgemein die Wirkung beigelegt werden, daß es das fragliche Rechtsverhältniß selbst zur Entstehung bringe. Es bleibt vielmehr aus den einzelnen Theilen des B.G.B. zu entnehmen, welche Wirkung einem derartigen Anerkenntnisse zukommt, und insbesondere, welche Rechtsverhältnisse in ihrem Bestand oder Nichtbestande der Privatdisposition der Parteien, also auch einem Anerkennungsvertrag entzogen sind, sowie ob und welche formalen Erfordernisse neben der Willenserklärung der Parteien zum Zwecke der Entstehung bestimmter Rechtsverhältnisse zu erfüllen sind (M. II, 687). So kann z. B. eine Grunddienstbarkeit nicht entstehen durch bloßes Anerkenntniß im Sinne des § 781, s. § 873; ebenso ist ferner beispielsweise die Anerkennung des nicht eingetragenen Eigenthümers von Seite des Bucheigenthümers ohne entsprechende Berichtigung des Grundbuchs ohne rechtlichen Belang.

2. Von mancher Seite (vgl. z. B. Oertmann zu § 781) wird auch eine Anerkennung, die sich nur auf gewisse Mängel erstreckt (z. B. der Form, der Beweisbarkeit) hieher bezogen. Man wird hier aber nicht von einem Schuldanerkenntniß in dem allgemeinen Sinne des § 781 sprechen können, sondern höchstens von einem Verzicht auf Einreden rc. Vgl. hieher Bem. IV, 2 zu § 780.

So viel ist aber richtig, daß ein Schuldanerkenntniß nicht weiter bezogen werden darf, als es sich nach der Willensrichtung der Parteien beziehen sollte.

3. Die Einrede des nicht erfüllten Vertrags wird einem Schuldanerkenntnisse gegenüber nicht statthaft erscheinen, da ja das Anerkenntniß für die Regel einen Verzicht auf Einreden in sich schließt. Hat sich also z. B. der Anerkennende vorbehalten, daß der andere Theil gleichsam als Entgelt für das Anerkenntniß noch gewisse kontraktliche Leistungen liefere, so kann Beklagter dies einredeweise nicht geltend machen, ist vielmehr auf den Weg besonderer Klage verwiesen, vgl. S. A. Bd. 45 Nr. 89.

IV. Einfluß der ursprünglichen causa?

1. Als Regel gilt bei der Anerkennung, daß diese die rechtlichen Beziehungen der Betheiligten so gestaltet, wie sie anerkannt werden. Das anerkannte Recht besteht jetzt, auch wenn es bisher nicht vorhanden war (s. aber unten Bem. 2) und das anerkannte Recht hat nunmehr den durch die Anerkennung bestimmten Inhalt, auch wenn derselbe ein anderer als der bisherige ist.

Es kann also beispielsweise nicht schaden, wenn die ursprüngliche, aber später anerkannte Forderung zur Zeit des Anerkenntnisses schon verjährt war (vgl. S. A. Bd. 36 Nr. 269) oder wenn der früher angenommene Rechtsgrund überhaupt keinen rechtlichen Bestand hatte (vgl. S. A. Bd. 45 Nr. 250). Ebenso sind Einwendungen dahin, daß der Inhalt des Anerkenntnisses der objektiven Sachlage nicht entsprochen habe, unzulässig und unbehelflich; z. B. A hat anerkannt, ein Darlehen schuldig zu sein, während, wie er selbst wußte, die Forderung aus einem Kaufe stammte. (Eine Entkräftung wäre nur möglich z. B. durch den Nachweis eines Irrthums, in dem sich der Versprechende befand s. unten Bem. VI; vgl. S. A. Bd. 49 Nr. 93). Das Gesetz weist übrigens, nebenbei bemerkt (s. § 607 Abs. 2), beim Darlehen selbst auf eine derartige Vereinfachung durch Verwandlung einer verwickelten Forderung in eine Darlehensschuld hin. Ebensowenig können Gründe der Unbilligkeit oder sonstige persönliche Motive bei Abschluß des Anerkenntnißvertrags die Grundlage einer Anfechtung bilden.

2. Wenn und soweit jedoch der ursprünglichen causa ein gültiger Rechtsgrund überhaupt mangelte, insbesondere bei verbotenem und unsittlichem Vertragsgrunde, wird auch hier der Schuldner — analog wie bei § 780, s. Bem. IV, 1 b hiezu — auf diesen Makel des ursprünglichen Rechtsverhältnisses einredeweise zurückgreifen dürfen mit der Begründung, daß eine ungerechtfertigte Bereicherung des Gläubigers vorliege (§ 812 Abs. 2 sagt ausdrücklich, daß als Leistung auch die durch Vertrag erfolgte Anerkennung des Bestehens oder Nichtbestehens eines Schuldverhältnisses gelten solle).

Hinsichtlich des Ehemaklerlohnes und der Spielschulden hebt das Gesetz in den §§ 656 Abs. 2 und 762 Abs. 2 die Unverbindlichkeit eines diesbezüglichen Schuldanerkenntnisses ausdrücklich hervor; aber auch sonst wird, wie gesagt, ein rechtlich verpönter Schuldgrund der Gültigkeit des Anerkennungsvertrags auf diese Weise entgegenstehen. Vgl. jedoch auch § 656 Abs. 1 Satz 2 und § 762 Abs. 1 Satz 2.

V. Die Wirkungen der Anerkennung beschränken sich nicht auf die Betheiligten. Sie wirkt für die Zukunft gegen Dritte in gleicher Weise, wie ein unmittelbar auf Herstellung des anerkannten Zustandes gerichtetes Rechtsverhältniß. Bestehende (auch bedingte) Rechte Dritter bleiben unberührt, aber, soweit die rechtlichen Beziehungen der Betheiligten zu einander für künftige Rechtsverhältnisse Dritter von Bedeutung sind, müssen die Dritten sie so hinnehmen, wie sie sich durch die Anerkennung gestaltet haben; (Jacubezky, Bem. S. 154).

Ist jedoch für die rechtlichen Beziehungen der bei der Anerkennung Betheiligten zu einander das betreffende, mitanerkannte Rechtsverhältniß nur mittelbar von Einfluß (z. B. das gesetzliche Erbrecht eines vermeintlichen Verwandten des Erblassers wird von einem Nachlaßschuldner anerkannt), so wird die Anerkennung über den Rahmen der bestehenden rechtlichen Beziehungen der Betheiligten nicht hinauswirken und geht auch regelmäßig die Absicht der Betheiligten nicht weiter.

Soll aber absichtlich eine über die gegenwärtigen Beziehungen der Betheiligten hinauswirkende Feststellung getroffen werden, so wird dem Vertrage, soweit er sich in dieser Beziehung hinauserstreckt, Mangels einer besonderen Vorschrift nur obligatorische Wirkung zukommen. Es besteht auch kein zureichender Grund, der Vertragsfreiheit eine weitere Gestaltungskraft für die Zukunft einzuräumen (Jacubezky a. a. O.).

Ueber die Wirkung eines Anerkenntnisses für den **Bürgen** vgl. § 767 mit Bem.

VI. Die Anfechtung des Anerkenntnißvertrags ist nach den gleichen Normen zulässig, wie gegenüber einem sonstigen Vertrage, also z. B. wegen Irrthums, arglistiger Täuschung ꝛc.

VII. Eine Unterart des Anerkenntnißvertrags bildet der sog. Abrechnungs- oder Berechnungsvertrag, d. h. ein Vertrag, in welchem der eine Theil anerkennt oder bekennt, dem anderen Theile nach gepflogener Abrechnung oder Berechnung noch einen Saldo zu schulden, während die einzelnen Rechnungsposten und der jedem einzelnen Posten zu Grunde liegende Sach- oder Thatbestand in dem Vertrag unerwähnt bleibt (M. II, 691). In der Anerkennung des Resultates einer Abrechnung wurde am frühesten ein selbständiger Schuldgrund gefunden (Windscheid, § 412 b N. 2 a. E.). Aber auch hier ist maßgebend der Wille auf Loslösung von den vorausgegangenen Berechnungen und auf Festlegung des Endergebnisses.

a) Bei Prüfung eines sog. Beibuches, wie es bei fortlaufenden Einkäufen in demselben Geschäfte häufig geführt wird, werden Rechnungsabschlüsse in der Regel diesen Charakter tragen (S. A. Bd. 31 Nr. 258). Ueber kaufmännischen Kontokorrentverkehr vgl. § 355 H.G.B.
b) Im Zweifel wird bei einer definitiven Abrechnung anzunehmen sein, daß sie alle gegenseitigen Forderungen habe umfassen wollen (S. A. Bd. 33 Nr. 114).
c) Auch hieher ist übrigens nochmals hervorzuheben, daß das Erforderniß der Schriftform für Schuldanerkenntnisse auf Grund einer Abrechnung in Wegfall kommt (§ 782).

§ 782.

Wird ein Schuldversprechen oder ein Schuldanerkenntniß auf Grund einer Abrechnung oder im Wege des Vergleichs ertheilt, so ist die Beobachtung der in den §§ 780, 781 vorgeschriebenen schriftlichen Form nicht erforderlich.

E. II, 721; III, 766.

I. Sowohl das Schuldversprechen nach § 780, als auch das Schuldanerkenntniß nach § 781 sind frei von der in jenen Paragraphen verlangten Schriftform, wenn sie auf Grund einer Abrechnung oder im Wege eines Vergleichs erfolgen.

Man erwog, die Schriftform erscheine hier entbehrlich, weil Abrechnung und Vergleich mit voller Sicherheit ersehen lassen, daß eine bindende Festlegung gewollt sei und die Schriftlichkeit in diesen Fällen den Gewohnheiten des Verkehrs ferne liege. Beim Vergleich ist ohnedies nach § 779 der prinzipielle Standpunkt des Gesetzes, mündlich abgeschlossene Vergleiche anzuerkennen, und besteht daher kein Anlaß, für Anerkenntnisse etwa eine Ausnahme einzuführen. Ueber eine erfolgte Abrechnung pflegt zwar im Verkehr ein schriftlicher Vermerk gemacht zu werden, jedoch entspricht ein solcher nicht einer schriftlichen Form im Sinne der §§ 780 u. 781 und es schien nicht veranlaßt, hier eine Erschwerung des Verkehrs herbeizuführen. Ohnehin fließen im Leben Vergleich und Abrechnung häufig in einander. (Vgl. hiezu P. II, 509; E. I enthielt diese Ausnahmevorschrift noch nicht.)

1. Ueber den Begriff des Vergleichs und die weiteren Einzelfragen vgl. die Bem. zu § 779.

2. Ueber den Begriff der Abrechnung s. des Näheren Bem. VII zu § 781.

Hervorzuheben ist hieher aus der bisherigen Praxis, daß die stillschweigende Annahme eines Rechnungsauszuges regelmäßig noch keine Anerkennung des Passivsaldos enthält (S. A. Bd. 35 Nr. 313, Bd. 42 Nr. 95).

II. Erlassen wird jedoch nur die in §§ 780, 781 vorgeschriebene Schriftform. Die Formvorschriften nach anderen Gesetzesstellen werden daher durch diese Erlaßvorschrift nicht berührt.

Einundzwanzigster Titel.

Anweisung.

(Erläutert von Karl Kober.)

Einleitung.

Das Anweisungsrecht des B.G.B. kommt den Bedürfnissen des modernen Verkehrslebens entgegen — auch über den Rahmen des rein handelsrechtlichen Verkehrs hinaus —, schließt sich aber in der Hauptsache den bisherigen handelsrechtlichen Normen an.

I. Die ältere Theorie (vgl. insbesondere Thöl, Handelsrecht I § 325) faßte die Anweisung als eine Verbindung zweier Aufträge (Doppelmandat) auf, nämlich eines Einkassirungs- und eines Zahlungsmandates.

Die neuere Doktrin drang zu der Erkenntniß vor, daß weder ein Einkassirungsmandat für den Anweisungsempfänger noch auch ein Zahlungsmandat für den Angewiesenen nothwendig mit dem Begriffe der Anweisung verbunden sei, daß vielmehr die Anweisung ein selbständiges Rechtsinstitut sei, das den verschiedensten ökonomischen Zwecken dienen könne

Letzterer Auffassung schließt sich das B.G.B. an und betrachtet die Anweisung als die von dem Anweisenden dem Anweisungsempfänger ertheilte Ermächtigung, unabhängig von dem ihr zur Grunde liegenden Rechtsverhältniß eine Leistung bei dem Angewiesenen in eigenem Namen zu erheben, verbunden mit der Ermächtigung des Angewiesenen, für Rechnung des Anweisenden an den Anweisungsempfänger zu leisten (s. § 783 mit Bem.).

II. Zufolge dieser ihrer selbständigen Natur ist es bei der Anweisung nunmehr gleichgültig, welche Umstände den Zweck und Grund der Anweisung bilden, ob sie z. B. zur Tilgung einer Schuld des Anweisenden an den Anweisungsempfänger dient oder ob sie erst das Mittel zur Begründung einer Schuld des Anweisungsempfängers an den Anweisenden sein soll oder ob sie aus bloßer Liberalität des Anweisenden erfolgt rc Diese Loslösung ist die gleiche wie bei dem Schuldversprechen (§ 780) und dem Schuldanerkenntnisse (§ 781).

Ebenso ist hinsichtlich der Person des Angewiesenen einerlei, ob dieser bereits Schuldner des Anweisenden war oder nicht. Vgl. hieher § 783 mit Bem., sowie § 787 mit Bem.

III. Das Gesetzbuch enthält aber nur die schriftliche Anweisung, welche die Leistung von Geld, Werthpapieren oder anderen vertretbaren Sachen zum Gegenstande hat. Ueber andere Formen s. Bem. II zu § 783 und vgl. hieher auch Bem. III zu § 783.

IV. Die Anweisung ist zu unterscheiden:

a) von der Delegation im Sinne des römischen Rechtes; denn diese besaß insbesondere novirende Wirkung, während der modernen Anweisung für sich allein noch keine liberirende Wirkung innewohnt — „Anweisung ist keine Zahlung" (§ 788);

b) von der Cession, denn diese stellt eine völlige Uebereignung der Forderung des Cedenten dar und ist daher auch unwiderruflich, die Anweisung dagegen ist bloß Ueberweisung einer Geldzahlung und aus diesem Grunde auch widerruflich. Vgl. § 790.

c) Von dem Auftrag unterscheidet sich die Anweisung hauptsächlich darin, daß der Angewiesene nicht im Namen des Anweisenden leistet, sondern in eigenem Namen, und daß die Anweisung zu Gunsten des Anweisungsempfängers erfolgt, während der Auftrag zum Vortheile des Auftraggebers geschieht.

Freilich wird sich im Verkehre häufig mit der Anweisung ein Auftrag zur Zahlung verbinden. Allein dadurch wird dann ein weiteres besonderes Rechtsverhältniß begründet, das der prinzipiellen Selbständigkeit der Anweisung keinen wesentlichen Abbruch machen kann.

V. Der Inhalt der nachfolgenden Paragraphen ist im Einzelnen folgender:

§ 783 stellt das Wesen der Anweisung auf; § 784 behandelt die Annahme der Anweisung; § 785 spricht aus, daß die Leistung nur gegen Aushändigung der Anweisung zu geschehen brauche; § 786 bezieht sich auf die Verjährung der Ansprüche aus der Annahme; § 787 behandelt im Besonderen die Anweisung auf Schuld; § 788 enthält die nähere Darlegung des Satzes: Anweisung ist keine Zahlung; § 789 regelt die Anzeigepflicht des Anweisenden; § 790 den Widerruf der Anweisung; § 791 den Einfluß des Todes oder des Eintritts der Geschäftsunfähigkeit eines der Betheiligten, während § 792 die Uebertragung der Anweisung normirt.

VI. Ein Institut für sich bildet die Postanweisung, das nicht unter die Anweisung im Sinne der nachstehenden Paragraphen gebracht werden kann. Ueber die verschiedenen Ansichten hierüber vgl. Bl. f. R.A. Bd. 54 S. 209, 225; über Pfändung und Arrestirung von Postanweisungen ebenda Bd. 60 S. 33 ff.; aus S. A. Bd. 34 Nr. 116, Bd 44 Nr. 257; ferner Mittelstein, Beiträge zum Postrechte, insbesondere Nr. VII. Die Ansicht dieses Autors dürfte die richtige sein, wonach nämlich der Postanweisungsvertrag ein eigenartiger Realvertrag ist, der nicht bloß Ausstellung und Annahme der Postanweisung, sondern auch thatsächlich die Einzahlung des Geldes voraussetzt, wobei also der Postanweisung als Urkunde nur formale Bedeutung zukommt.

Die posttechnischen Bestimmungen finden sich nunmehr in der Postordnung für das Deutsche Reich vom 20. März 1900 §§ 20 ff., sowie für Bayern in der bayrischen Postordnung vom 27. März 1900 §§ 17 ff. u. 42, G.V.Bl. S. 227 ff.

VII. Ueber kaufmännische Anweisungen s. §§ 363—365 H.G.B. Eine besondere Rolle kommt der Anweisung im Handelsrechte als Check, Kreditbrief und gezogener Wechsel zu. Ein allgemeines Check-Gesetz steht noch aus, über Postchecks stehen eigene Normen in Erwägung; s. R.G.Bl. 1900 S. 141 Ziff. 7.

§ 783.

Händigt Jemand eine Urkunde, in der er einen Anderen anweist, Geld, Werthpapiere oder andere vertretbare Sachen an einen Dritten zu leisten, dem Dritten aus, so ist dieser ermächtigt, die Leistung bei dem Angewiesenen im eigenen Namen zu erheben; der Angewiesene ist ermächtigt, für Rechnung des Anweisenden an den Anweisungsempfänger zu leisten.

E. I, 605; II, 619; III, 767.

I. Wesen der Anweisung.

1. Die herrschende Meinung im gemeinen Rechte erblickte das Wesen der Anweisung (Assignation) in einem Doppelmandate, nämlich einerseits in dem von dem Anweisenden dem Anweisungsempfänger ertheilten Einkassirungsmandat und in dem Zahlungsauftrage des Anweisenden an den Angewiesenen, wobei strittig war, ob begrifflich der Anweisungsempfänger den Gegenstand der Anweisung für sich, also in eigenem Namen, einzuziehen habe. Vgl. hieher Windscheid, § 412.

Die neuere Gesetzgebung normirt den Begriff der Anweisung ohne Bezug auf den besonderen Zweck derselben als Schuldtilgungsmittel im Anschluß an die Auffassung als Doppelmandat.

Auch das P.L.R. hatte als Normalfall denjenigen vorangestellt, wenn bei der Assignation die Absicht zu Grunde liegt, eine Schuld des Anweisenden an den Anweisungsempfänger zu tilgen, und zwar durch Auftrag an den Gläubiger, eine Forderung des Anweisenden bei einem Dritten für die eigene Rechnung zu erheben (Thl. I Tit. 16 §§ 251, 252). Es hatte aber auch weiter den Fall vorgesehen, wenn die Anweisung nicht zur Tilgung einer Forderung des Anweisungsempfängers an den Assignanten geschieht (§§ 298, 299) und wenn ein Schuldverhältniß zwischen dem Anweisenden und dem Angewiesenen nicht besteht (§ 259).

2. Der Standpunkt des B.G.B. ist ein hievon wesentlich verschiedener (M. II, 555 ff.).

a) Das B.G.B. behandelt die Anweisung im Sinne der §§ 783 ff. als ein selbstständiges Rechtsinstitut, d. h. der Begriff der Anweisung ist völlig unabhängig von demjenigen Rechtsverhältnisse, welches die engere Veranlassung für die Anweisung selbst bildet (im Anschluß an Art. 300 H.G.B. a. F.). Man ging dabei von der Erwägung aus, daß die Anweisung den verschiedensten ökonomischen Zwecken dienen könne, ohne daß dies auf ihr Grundwesen einen Einfluß ausüben solle. Die Anweisung bildet nur ein allgemeines Mittel, um eine Leistung aus einem Grunde und zu einem Zwecke, welche außerhalb der Anweisung selbst liegen, herbeizuführen. So kann z. B. die Anweisung den Zweck haben, eine Forderung des Anweisenden an den Angewiesenen zur Einziehung zu bringen (Anweisung auf die Schuld; vgl. § 787), aber sie kann auch ergehen, ohne daß der Angewiesene Schuldner des Anweisenden ist (Anweisung auf Kredit; vgl. § 788), wobei also erst durch die Honorirung ein Schuldverhältniß zwischen dem Anweisenden und dem Angewiesenen begründet wird. Auch eine Anweisung zur Schenkung ist möglich rc. — Die rechtliche Natur soll dabei stets die gleiche bleiben. Das nähere Verhältniß zwischen dem Anweisenden und dem Anweisungsempfänger, das man als die innere Seite des Anweisungsverhältnisses bezeichnen kann, bildet demgemäß eine Sache für sich.

b) Das B.G.B. bricht ferner im Anschluß an die neuere Doktrin mit der Auffassung der Anweisung als ein Doppelmandat und erblickt das Grundwesen der Anweisung in einer doppelten Ermächtigung:

α) einer Ermächtigung des Anweisungsempfängers, eine Leistung beim Angewiesenen im eigenen Namen zu erheben, verbunden mit β) einer Ermächtigung des Angewiesenen, für Rechnung des Anweisenden an den Anweisungsempfänger zu leisten.

Für den Anweisungsempfänger enthält nämlich die Anweisung zunächst nicht den Auftrag zur Einziehung, sondern, abgesehen von dem unterliegenden Rechtsverhältnisse, die Befugniß, die Leistung in eigenem Namen zu erheben, ohne daß irgend ein Zwang für ihn hiezu besteht. Gerade darin tritt aber die selbständige Bedeutung des Institutes wesentlich mit zu Tage. Soll nicht jene Befugniß, sondern bloß ein Auftrag zur Einziehung ertheilt werden, so dient solchem Zwecke das Inkassomandat.

Andererseits ist wesentlich, daß der Angewiesene für Rechnung des Anweisenden leisten soll und die bewirkte Leistung nur mit diesem zu verrechnen hat. Aber auch für den Angewiesenen besteht kein Auftrag, zu leisten. Er darf leisten, aber er muß nicht.

(Freilich kann mit der Anweisungsermächtigung auch ein wirklicher Auftrag im Einzelfalle verbunden werden, sowohl an den Angewiesenen, als auch an den Empfänger; aber dies gehört nicht zum Wesen der Anweisung.)

c) Die Terminologie des B.G.B. ist hinsichtlich der drei hier auftretenden Personen die folgende:

α) der Anweisende (Assignant), von dem die Anweisung ausgeht,

β) der Anweisungsempfänger (Assignatar), dem die Anweisung ausgehändigt wird und den das Gesetz auch den „Dritten" benennt;

γ) der Angewiesene (Assignat), der die Leistung zu bewirken hat.

3. Ueber die Unterscheidung der Anweisung von Delegation, Cession und Auftrag vgl. auch Einl. IV zu diesem Titel.

II. Form der Anweisung.

Das B.G.B. befaßt sich nur mit der schriftlichen Anweisung — (Urkunde) —, da nur diese von praktischer Bedeutung ist.

Als Beispiel kann folgendes Schreiben dienen:

Datum.

Nach 3 Monaten zahlen Sie gegen diese meine Anweisung an B 2000 Mk. A.

An C. in H.

Eine andere Form als die schriftliche, z. B. die mündliche, etwa bei gleichzeitiger Anwesenheit des Empfängers und des Angewiesenen, ist im Prinzipe nicht ausgeschlossen. Hier kommt es zunächst auf Ermittelung des Willens der Betheiligten und auf die Anwendung allgemeiner Grundsätze an. Es werden aber die Vorschriften über die schriftliche Anweisung mit Ausnahme des § 784 und theilweise des § 790 entsprechende Anwendung finden können (M. II, 557 u. 558).

III. Gegenstand der Anweisung. Im Gegensatze zu E. I, der hier eine Beschränkung ausschloß (M. II, 558), kann sich nunmehr der Inhalt der Anweisung nur auf Geld, Werthpapiere oder andere vertretbare Sachen erstrecken. Man ging hiebei von dem Gedanken aus, daß bei den Gefahren, welche für die geschäftsungewandten Volkskreise notorisch mit der Anerkennung der Formalobligationen verbunden seien, derartige Schuldverhältnisse nur insoweit durch das Gesetz sanktionirt werden dürften, als es durch ein dringendes Bedürfniß geboten sei. Vgl. P. II, 381 u. 382.

Praktisch am häufigsten ist die Anweisung auf eine Geldleistung.

Die Leistung kann sofort bei Vorzeigung der Anweisung („auf Sicht") zu bewirken sein, aber auch erst nach Ablauf einer Frist.

IV. Der Abschluß des Anweisungsgeschäftes. Das Anweisungsgeschäft setzt sich im Einzelnen aus zwei Rechtsakten zusammen:

1. Zunächst hat ein Formalvertrag zwischen dem Anweisenden und dem Anweisungsempfänger zu Stande zu kommen. Dieser besteht darin, daß der Anweisende einseitig die Anweisungsurkunde (s. oben II) ausstellt und diese Urkunde dem Anweisungsempfänger (dem „Dritten") aushändigt.

Die Urkunde hat also, wie hervorzuheben ist, stets in die Hände des Anweisungsempfängers zu gelangen, auch z. B. dann, wenn der Angewiesene von der Anweisung benachrichtigt wird (in Uebereinstimmung mit der Gewohnheit des Geschäftslebens). Der Angewiesene selbst bleibt gegenüber diesem Rechtsakte zunächst für seine Person passiv. Vgl. Bem. I zu § 784.

2. Als zweiter Rechtsakt kommt hiezu die Annahme Seitens des Angewiesenen. Hierüber Näheres in § 784 mit Bem.

V. Ueber kaufmännische Anweisungen s. Einl. VII, über Postanweisungen daselbst VI.

§ 784.

Nimmt der Angewiesene die Anweisung an, so ist er dem Anweisungsempfänger gegenüber zur Leistung verpflichtet; er kann ihm nur solche Einwendungen entgegensetzen, welche die Gültigkeit der Annahme betreffen oder sich aus dem Inhalte der Anweisung oder dem Inhalte der Annahme ergeben oder dem Angewiesenen unmittelbar gegen den Anweisungsempfänger zustehen.

Die Annahme erfolgt durch einen schriftlichen Vermerk auf der Anweisung. Ist der Vermerk auf die Anweisung vor der Aushändigung an den Anweisungsempfänger gesetzt worden, so wird die Annahme diesem gegenüber erst mit der Aushändigung wirksam.

E. I, 607; II, 620; III, 768.

Die Annahme der Anweisung Seitens des Angewiesenen:

I. Aus dem Rechtsakte der Anweisung allein (vgl. Bem. IV zu § 783) kann der Anweisungsempfänger noch keine Rechte gegen den Angewiesenen erlangen, solange nicht eine Annahme Seitens des Angewiesenen erfolgt ist. Dies gilt auch dann, wenn Letzterer Schuldner des Anweisenden ist und das von ihm Geschuldete den Gegenstand der Anweisung bildet. (Anders P.L.R. Thl. I Tit. 16 § 256.) Das zwischen dem Anweisenden und Angewiesenen bestehende Schuldverhältniß bleibt hier überhaupt außer Betracht und es ist eine Frage für sich, ob aus demselben eine Verpflichtung des Angewiesenen zur Annahme abgeleitet werden kann oder nicht (M. II, 559). Nur die eine Folge läßt sich aus § 783 — auch ohne Annahme — ableiten, daß nämlich der Angewiesene an sich schon ermächtigt ist, für Rechnung des Anweisenden an den Anweisungsempfänger zu leisten. Der Anweisungsempfänger andererseits kann aber selbst nicht auf Zahlung klagen, wenn der Angewiesene nicht zahlen will.

Das schwerwiegende Moment liegt bei der Anweisung erst in der Annahme.

II. Die Annahme im Einzelnen.

1. Im Allgemeinen ist hervorzuheben:

a) daß ein Zwang zur Annahme nicht besteht, ohne eine besonders hierauf gerichtete Verbindlichkeit, s. § 787 Abs. 2;

b) daß durch bloße Annahme der Anweisung an dem zwischen dem Angewiesenen und dem Anweisenden etwa bestehenden Schuldverhältnisse nichts geändert wird. (Eine allgemeine Bestimmung, wie das P.L.R. a. a. O. § 292, daß die Annahme der Anweisung auf Schuld Seitens des Schuldners als erneuertes Schuldbekenntniß zum Besten des Anweisenden wirke, enthält das B.G.B. nicht. (M. a. a. O.)

2. Wesen und rechtliche Natur der Annahme.

Die Frage, ob und wie der Angewiesene aus dem Accepte der Anweisung dem Anweisungsempfänger verpflichtet wird, war gemeinrechtlich kontrovers. Vgl. hiezu Windscheid, § 412 N. 16. Nach dem P.L.R. wird durch die wenn auch nur dem Anweisenden gegenüber erfolgte Annahme der Anweisung durch den Angewiesenen die Verpflichtung des Letzteren gegen den Empfänger zur Leistung begründet, selbst wenn der Angewiesene Letzterem zu Nichts verpflichtet wäre. Nach dem H.G.B. Art. 300 ä. F. wurde der Angewiesene dem Anweisungsempfänger aus der Annahme der Anweisung nur dann zur Leistung verpflichtet, wenn er die Annahme diesem selbst gegenüber erklärt bezw. ihm die Zahlung versprochen hat und es wurde dadurch ein selbständiges Schuldverhältniß zwischen dem Anweisungsempfänger und dem Angewiesenen begründet („die auf schriftliche Anweisung geschriebene und unterschriebene Annahmeerklärung gilt als ein dem Assignatar geleistetes Zahlungsversprechen"). Diesem handelsrechtlichen Standpunkte folgte das B.G.B.

Durch die Annahme erhält nämlich der Anweisungsempfänger ein unmittelbares selbständiges Forderungsrecht in der Richtung gegen den Angewiesenen, völlig unabhängig von den Rechtsbeziehungen zwischen dem Angewiesenen und dem Anweisenden (Abs. 1). Mit anderen Worten: Durch die Annahme wird ein abstraktes Schuldverhältniß zwischen dem Angewiesenen und dem Anweisungsempfänger begründet. Dies ist auch sachentsprechend, denn der die Anweisung Annehmende betrachtet dem Anweisungsempfänger gegenüber das zwischen diesem und dem Anweisenden bestehende Valutaverhältniß als geordnet, dasselbe geht deßhalb den Angewiesenen ebensowenig an, wie z. B. den Gläubiger das innere Verhältniß zwischen Schuldner und Bürgen (Jacubezky, Bem. S. 152).

3. Die Form der Annahme.

a) Diese hat, wenn sie die obige Wirkung haben soll, schriftlich zu erfolgen, und zwar muß sie auf der Anweisungsurkunde selbst, nicht etwa auf einem eigenen Schriftstück erklärt werden (Abs. 2 S. 1). Durch diese verschärfte Schriftform wird der Angewiesene auf die abstrakte Bedeutung der Annahme unmittelbar hingewiesen (M. II, 560).

b) Eine bloß mündliche Annahme kann unter keinen Umständen die Wirkung einer abstrakten Verpflichtung im Sinne des § 784 haben, sondern nur im Rahmen des bisherigen bestimmten Schuldverhältnisses wirken; unter Umständen kann sie auch den Angewiesenen verpflichten, ein formentsprechendes Accept abzugeben.

c) Eine zwar schriftliche, aber nicht in der Form des Abs. 2 erklärte Annahme (z. B. auf einem besonderen Schriftstücke) kann nach den Normen des § 780 als abstraktes Schuldversprechen gültig sein.

4. Zeitpunkt. Die Annahme kann sowohl vor als nach der Aushändigung der Urkunde an den Anweisungsempfänger erfolgen. Ersteren Falles, wenn also der Vermerk auf die Anweisung vor der Aushändigung an den Anweisungsempfänger gesetzt worden ist, wird die Annahme diesem gegenüber erst mit der Aushändigung wirksam. (Abs. 2 Satz 2.)

5. Einwendungen des Angewiesenen nach der Annahme.

a) Die Besonderheit des in dem Anweisungsaccept enthaltenen abstrakten Schuldverhältnisses ergibt, daß auch die Einwendungen des Angewiesenen sehr beschränkt sind. Er kann sich nämlich nur solcher Einwendungen bedienen, welche

α) die Gültigkeit der Annahme betreffen (z. B. Geschäftsunfähigkeit zur Zeit der Annahme), oder

β) sich aus dem Inhalte der Anweisung ergeben. Soweit also aus dem Inhalte der Anweisung selbst eine bestimmte Beziehung auf die inneren Rechtsverhältnisse unter den einzelnen Parteien zu entnehmen ist, können sich auch Einwendungen des Angewiesenen darauf stützen; denn die Annahme nimmt inhaltlich auf, was die Anweisung kundgibt (vgl. Endemann, S. 879 Anm. 14).

γ) Weiter sind zulässig Einwendungen, die sich aus dem Inhalte der Annahme ergeben, z. B. der Angewiesene hat gelegentlich seiner Annahme dem Anweisungsempfänger gegenüber einen ausdrücklichen Vorbehalt gemacht oder es geht aus der Urkunde selbst hervor, daß die Annahme dem nunmehr als berechtigt auftretenden Empfänger gegenüber nicht abgegeben werden wollte, oder daß mit dem Empfänger verabredet worden sei, daß sie ihm gegenüber nicht erfolgen solle.

δ) Ferner können selbstredend Einwendungen aus den unmittelbaren Rechtsbeziehungen zwischen Angewiesenem und Anweisungsempfänger unbeschränkt geltend gemacht werden, z. B. Erlaß, Zwang, arglistige Täuschung, wohl auch die exceptio doli dahin, daß mit dem Anweisenden vereinbart worden sei, daß die Annahme nicht dem Empfänger gegenüber abgegeben werden sollte und dies der Empfänger bei Uebergabe der Anweisung gewußt habe (vgl. Staub, § 7 zu Art. 300 H.G.B. ä. F.).

b) Einwendungen aus dem Verhältnisse des Angewiesenen zu dem Anweisenden oder aus dem Verhältnisse zwischen dem Letzteren und dem Anweisungsempfänger kann der Angewiesene dem Empfänger gegenüber nur geltend machen, wenn und soweit sie aus dem Inhalte der Anweisung oder der Annahme (s. oben) hervorgehen (M. II, 561).

6. Das durch die Annahme im Sinne des § 784 zwischen dem Angewiesenen und dem Empfänger begründete Schuldverhältniß steht im Uebrigen in Ansehung der Er-

füllung unter den allgemeinen Grundsätzen. Es kann daher z. B. der Angewiesene dem Empfänger gegenüber auch eine ihm gegen diesen zustehende Forderung zur Aufrechnung bringen (M. a. a. O.).

§ 785.

Der Angewiesene ist nur gegen Aushändigung der Anweisung zur Leistung verpflichtet.

E. II, 620; III, 769.

1. § 785 wurde erst vom E. II eingefügt (P. II, 584). Man ging hiebei von der Erwägung aus, daß der Angewiesene nicht nur unter der Voraussetzung des § 371 an dem Besitze der Anweisungsurkunde ein erhebliches Interesse habe, sondern auch in den Fällen, in welchen er die Anweisung honoriren wolle, ohne vorher dem Anweisungsempfänger eine schriftliche Annahmeerklärung abgegeben zu haben.

Der Besitz dieser Urkunde verschafft dem Angewiesenen ferner dem Anweisenden gegenüber den urkundlichen Nachweis, daß er ermächtigt gewesen sei, an den Anweisungsempfänger zu leisten und daß, was er geleistet habe, auf Rechnung des Anweisenden geleistet sei. Dies gewinnt noch eine besondere Bedeutung im Falle der Uebertragung der noch nicht angenommenen Anweisung, da hier der Besitz der Urkunde dem Angewiesenen eine Erleichterung des Beweises dafür gewährt, daß er die Legitimation seines Gläubigers gehörig geprüft habe.

2. Bei sog. Cirkularkreditbriefen wird sich aus der Natur der Sache eine Ausnahme vom Satze des § 785 ergeben, da ja hier jeder der in dem Kreditbrief Angewiesenen nur eine Theilleistung bewirkt (P. II, 385).

§ 786.

Der Anspruch des Anweisungsempfängers gegen den Angewiesenen aus der Annahme verjährt in drei Jahren.

E. II, 620; III, 770.

§ 786 ist dem Art. 77 Wechselordnung nachgebildet. Er wurde gleichfalls erst in E. II eingefügt (P. II, 385).

Es liegt schon im Wesen und Zwecke der Anweisung, daß die hier schwebenden Schuldverhältnisse zu einer schleunigen Abwickelung gelangen. Es kann insbesondere dem Angewiesenen nicht zugemuthet werden, die auf ihn angewiesene Summe bis zum Ablaufe der ordentlichen Verjährung immer für den Anweisungsempfänger bereit zu halten.

Von einer Nachbildung des Art. 83 Wechselordnung hieher wurde Abstand genommen. (P. II, 386.)

Ueber den Beginn und Ablauf der Verjährung s. §§ 194 ff., 186 ff.

§ 787.

Im Falle einer Anweisung auf Schuld wird der Angewiesene durch die Leistung in deren Höhe von der Schuld befreit.

Zur Annahme der Anweisung oder zur Leistung an den Anweisungsempfänger ist der Angewiesene dem Anweisenden gegenüber nicht schon deshalb verpflichtet, weil er Schuldner des Anweisenden ist.

E. I, 606, 608; II, 623; III, 771.

I. Zu Abs. 1.

1. Das Gesetz geht hier von einer Anweisung auf Schuld aus, d. h. es muß ein Schuldverhältniß zwischen dem Anweisenden und dem Angewiesenen vorliegen. Dieser Umstand genügt für sich allein jedoch noch nicht (M. II, 562), sondern es ist ferner ein besonderer Hinweis gerade auf diese Schuld gelegentlich der Anweisung (wenn auch nicht unmittelbar in der Anweisungsurkunde) nothwendig; denn nur in einer derartigen Anweisung auf die Schuld liegt — auch unausgesprochen — die Nebenabrede, daß der Angewiesene durch die Befolgung des Ansinnens unmittelbar von der Schuld befreit werden soll, wie der Schuldner immer befreit wird, wenn er zum Zwecke der Erfüllung mit Einwilligung des Gläubigers an einen Anderen leistet. (§ 362.)

2. Liegt eine derartige Anweisung vor, so tritt unmittelbar Befreiung des Angewiesenen in seinem Schuldverhältnisse zum Anweisenden ein, soweit der Angewiesene an den Anweisungsempfänger geleistet hat. Es wird also in dieser Hinsicht die Sache rechtlich genau so angesehen, als ob der Angewiesene an seinen ursprünglichen Gläubiger, nämlich den Anweisenden selbst geleistet hätte.

3. Durch die Annahme der Anweisung Seitens des Angewiesenen erhält der Angewiesene im Grunde zwei Gläubiger; denn der Anweisende gibt als Gläubiger seine Forderung an sich nicht auf. (Es gilt auch hier der Satz: Anweisung ist keine Zahlung; vgl. § 788.)

Diese Gläubigerschaft wird aber für die Regel Seitens des Anweisenden in der Zwischenzeit bis zur wirklichen Leistung Seitens des Angewiesenen nicht weiter ausgeübt werden können, d. h. er wird in diesem Zeitpunkte sein Forderungsrecht dem Angewiesenen gegenüber nicht geltend machen können; denn dies wäre dem praktischen Resultate nach nichts anderes als ein Widerruf der Anweisung, ein solcher ist aber gemäß § 790 nach der Annahme Seitens des Angewiesenen nicht mehr zulässig.

II. Zu Abs. 2. Da die Annahme für den Angewiesenen eine eigenartige strenge Haftung schafft (vgl. § 784), so ist nach allgemeinen Regeln nicht jeder Schuldner auf Grund seines Schuldverhältnisses allein schon verpflichtet, die Anweisung anzunehmen, bezw. an den Empfänger zu leisten. Es besteht also in dieser Hinsicht kein gesetzlicher Zwang.

Eine direkte Verpflichtung hiezu kann aber durch besonderen Vertrag entstehen, z. B. aus einem besonderen diesbezüglichen Auftrage des Anweisenden an den Angewiesenen, den dieser annahm.

(E. I und E. II enthielten (606 bezw. 623) weitere Vorschriften dahin, daß sich das Verhältniß des Angewiesenen zum Anweisenden allgemein im Zweifel nach den Normen über den Auftrag richten soll. Dies wurde gestrichen, da sich eine allgemeine Regel in dieser Hinsicht nicht aufstellen läßt.)

§ 788.

Ertheilt der Anweisende die Anweisung zu dem Zwecke, um seinerseits eine Leistung an den Anweisungsempfänger zu bewirken, so wird die Leistung, auch wenn der Angewiesene die Anweisung annimmt, erst mit der Leistung des Angewiesenen an den Anweisungsempfänger bewirkt.

E. I, 609; II, 622; III, 772.

I. Aus § 788 ist zunächst das Prinzip abzuleiten: „Anweisung ist keine Zahlung", das insbesondere für das interne Rechtsverhältniß zwischen Anweisendem und Anweisungsempfänger von Wichtigkeit ist.

Schon im bisherigen Rechte (vgl. für die gemeinrechtliche Doktrin und Praxis Windscheid, § 412 N. 17 und S. A. Bd. 36 Nr. 32; ähnlich P.L.R. a. a. O. §§ 282, 283) war dieser Satz anerkannt. Ihn hat nunmehr auch das B.G.B. übernommen. Er ergibt sich aus dem Wesen der modernen Anweisung, die ja keine effektive Leistung ist, sondern, richtig betrachtet, nur ein Mittel, zur Erreichung eines außerhalb der Anweisung liegenden Zweckes eine Leistung herbeizuführen.

1. Wenn also der Anweisungsempfänger Gläubiger des Anweisenden ist, so vertritt auch die angenommene Anweisung für den Empfänger noch nicht die Stelle der Zahlung, sondern erst durch reale Leistung (oder ihre Surrogate; vgl. Bem. III) Seitens des Angewiesenen an den Empfänger gilt auch die von dem Anweisenden seinerseits an den Empfänger geschuldete Leistung als bewirkt.

2. Die Anweisung unterscheidet sich hiedurch von der Hingabe an Zahlungsstatt (§ 364), dann — soweit Anweisung behufs Tilgung einer Verbindlichkeit des Anweisenden gegen den Anweisungsempfänger in Frage steht — von der Schuldübernahme (§§ 414 ff.).

3. Durch Beifügung des Satzes: „auch wenn der Angewiesene die Anweisung gegenüber dem Anweisungsempfänger angenommen hat", erhält die Vorschrift die erwünschte weitere Präzisirung.

II. Die Bedeutung des § 788 reicht aber insoferne weiter, als dieser nicht bloß Geltung hat, wenn es sich um Tilgung einer Schuld Seitens des Anweisenden an den Anweisungsempfänger handelt, sondern auch dann, wenn die Anweisung den Zweck verfolgt, eine andere Leistung des Anweisenden an den Anweisungsempfänger zu bewirken, z. B. der Anweisende will dem Empfänger ein Darlehen geben und bedient sich, um den Gegenstand des Darlehens dem Empfänger zu beschaffen, der Anweisung, oder die Anweisung dient zu den Zwecken einer Schenkung ꝛc. Auch in allen diesen Fällen wird erst durch das Bewirken der realen Leistung (oder der Surrogate, Bem. III) dem verfolgten Zwecke genügt und der Kausalakt verwirklicht.

III. Was als Empfang der Leistung zu gelten habe, darüber entscheiden die allgemeinen Grundsätze. Hienach ist z. B., wenn der Anweisungsempfänger und der Angewiesene einen Vertrag schließen, durch welchen bestimmt wird, der Angewiesene solle statt der durch die Annahmeerklärung versprochenen Leistung eine andere bewirken und die Uebernahme der neuen Verbindlichkeit an Erfüllungsstatt dienen, oder, wenn der Anweisungsempfänger mit dem Angewiesenen die Forderung aus der Annahme der Anweisung gegen eine Forderung des Angewiesenen an ihn aufrechnet, die in der Annahmeerklärung versprochene Leistung trotzdem bewirkt und damit „empfangen". Viel zu weit ginge es aber, jeden Vertrag, welcher zwischen dem Anweisungsempfänger und dem Angewiesenen abgeschlossen wird und durch welchen die in der Annahmeerklärung sich gründende Verpflichtung irgend eine Aenderung erfährt, z. B. einen Stundungsvertrag (vgl. P.L.R. a. a. O. §§ 289, 290), in gleicher Weise zu beurtheilen (M. II, 563).

IV. Ueber den sonstigen Einfluß des Kausalverhältnisses zwischen dem Anweisenden und Anweisungsempfänger stellt das B.G.B., abgesehen vom § 789, keine Bestimmung auf. Ueber die Frage des Regresses im Falle der Nichthonorirung s. Bem. III zu § 789.

§ 789.

Verweigert der Angewiesene vor dem Eintritte der Leistungszeit die Annahme der Anweisung oder verweigert er die Leistung, so hat der Anweisungsempfänger dem Anweisenden unverzüglich Anzeige zu machen. Das Gleiche gilt, wenn der Anweisungsempfänger die Anweisung nicht geltend machen kann oder will.

E. I, 610, 611; II, 624; III, 773.

I. § 789 stellt eine zweifache Anzeigepflicht des Anweisungsempfängers gegenüber dem Anweisenden auf.

1. Zu Satz 1. Der Anweisende ist schon aus Grundsätzen der bona fides zu der Erwartung berechtigt, daß ihn der Anweisungsempfänger im Falle der Nichthonorirung benachrichtigen wird, um ihn zur rechtzeitigen Wahrnehmung seiner Rechte in Stand zu setzen. Das Gesetz spricht aber ausdrücklich eine unverzügliche (§ 121) Anzeigepflicht des Anweisungsempfängers aus:

a) wenn der Angewiesene vor dem Eintritte der Leistungszeit die Annahme verweigert (obgleich der Anweisungsempfänger nicht verpflichtet ist, die Annahmeerklärung zu fordern und andererseits der Angewiesene nicht verpflichtet ist, diese Erklärung abzugeben);

b) wenn er sich später weigert, überhaupt zu leisten (M. II, 565).

2. Zu Satz 2. Die gleiche Anzeigepflicht besteht, wenn der Anweisungsempfänger die Anweisung nicht geltend machen kann oder nicht geltend machen will (z. B. bei Ertheilung eines Kreditbriefes).

3. Eine Versäumniß dieser Pflicht begründet nach allgemeinen Grundsätzen eine Ersatzpflicht bezüglich des dem Anweisenden durch die Nichtanzeige entstandenen Schadens (E. I hatte dies hier speziell ausgesprochen).

II. Eine allgemeine Verpflichtung des Anweisungsempfängers, den Angewiesenen zur Leistung aufzufordern, besteht nach dem Gesetze nicht (E. I § 610 und E. II § 624 Abs. 1 hatten dies ausgesprochen). Eine allgemeine Regel läßt sich in dieser Hinsicht um deßwillen nicht aufstellen, weil es sich nicht immer rechtfertigt (z. B. nicht bei Kreditbriefen oder bei schenkungshalber erfolgter Anweisung), von dem Anweisungsempfänger zu verlangen, daß er aktiv gegen den Angewiesenen vorgehe. Es kommt hier auf den Einzelfall und die näheren internen Verhältnisse an.

III. Hieher schlägt auch die Frage ein, ob der Anweisungsempfänger im Falle der Nichthonorirung der Anweisung einen Regreß gegen den Anweisenden habe.

In der bisherigen Doktrin und Praxis wurde angenommen, daß im Allgemeinen ein derartiger Regreßanspruch zu verneinen sei (vgl. hieher Entsch. d. R.O.H.G. Bd. 13 S. 313; S. A. Bd. 29 Nr. 26, Bd. 37 Nr. 135, Bd. 47 Nr. 215; Staub zu Art. 301 H.G.B. ä. F. § 13).

Der Anweisende kann jedoch eine Garantie der Honorirung ausdrücklich übernehmen. Andererseits kann auch aus Gründen einer Verkehrsgewohnheit die stillschweigende Uebernahme einer derartigen Garantiepflicht im Einzelfall anzunehmen sein; letzteres wird hauptsächlich dann der Fall sein, wenn die Anweisung gegen Entgelt ertheilt wurde (Dernburg, Pand. II § 119 mit N. 6).

§ 790.

Der Anweisende kann die Anweisung dem Angewiesenen gegenüber widerrufen, solange nicht der Angewiesene sie dem Anweisungsempfänger gegenüber angenommen oder die Leistung bewirkt hat. Dies gilt auch dann, wenn der Anweisende durch den Widerruf einer ihm gegen den Anweisungsempfänger obliegenden Verpflichtung zuwiderhandelt.

E. I, 612; II, 625; III, 774.

I. Widerruf der Anweisung.

1. Die Grundlage bildet nach dem Gesetze die Widerruflichkeit der Anweisung (in Uebereinstimmung mit dem bisherigen Rechte).

Die Unwiderruflichkeit soll jedoch mit dem Augenblick eintreten, in welchem:

a) der Angewiesene die Anweisung dem Anweisungsempfänger gegenüber angenommen hat. Dies rechtfertigt sich damit, daß durch die Annahme ein selbständiges Schuldverhältniß zwischen dem Anweisungsempfänger und dem Angewiesenen begründet wird (vgl. § 784), welches durch den Widerruf nicht mehr alterirt werden kann. Dieses selbständige Verhältniß muß dann auch der Anweisende gegen sich gelten lassen (M. II, 566);

b) sobald die Leistung bewirkt ist. Daß ein nach erfolgter Leistung des Anweisenden an den Anweisungsempfänger erfolgender Widerruf wirkungslos sein muß, ist natürlich; denn der Anweisende muß eine Leistung gegen sich gelten lassen, die er selbst gewollt hat. (Das bisherige Recht stimmt hiemit überein: Windscheid, § 412 N. 16; P.L.R. a. a. O. § 275.)

2. Form des Widerrufs. Aus den Worten des Gesetzes ist zu entnehmen, daß der Widerruf durch einseitige, empfangsbedürftige (§§ 130 ff.) Erklärung des Anweisenden gegenüber dem Angewiesenen zu erfolgen hat. Denn es handelt sich hiebei um Aufhebung der Ermächtigung nach außen hin. Deßhalb wird auch ein bloß dem Empfänger gegenüber ertheilter Widerruf wenigstens nach außen hin wirkungslos sein; inwiefern der Empfänger dadurch gebunden wird, hängt von seinem näheren internen Verhältnisse zum Anweisenden ab. (Oertmann zu § 799.)

3. Der dem Angewiesenen gegenüber in dieser Weise erklärte Widerruf ist selbst dann an sich wirksam, wenn nach dem näheren Verhältnisse zwischen dem Anweisungsempfänger und Anweisenden Letzterer zu dem Widerrufe nicht berechtigt ist. (Satz 2.) Dies ist im Interesse des Angewiesenen, dem eine Nachprüfung erspart bleiben soll, wenn der Anweisende, als die ihm zunächst maßgebende Persönlichkeit, widerrufen hat. Würde der Angewiesene den Widerruf nicht beachten, so würde er auf seine Gefahr leisten. (M. II, 566.)

Hiebei ist aber zugleich zu beachten:

a) Satz 2 gilt nur, solange der Angewiesene die Annahme noch nicht erklärt oder noch nicht geleistet hat.

b) Ein gegen das innere Verhältniß zu dem Anweisungsempfänger verstoßender Widerruf des Anweisenden macht den Letzteren schadensersatzpflichtig, wenn der Widerruf auch dem Angewiesenen gegenüber gültig wirkt.

4. Aus den Grundlagen der Anweisung, insbesondere aus dem Umstande, daß das Gesetz allenthalben eine unbedingte Annahmeermächtigung unterstellt, wird zu folgern sein, daß auch eine Annahme vor Verfall den Widerruf ausschließt, wenigstens als Regel, abgesehen von besonderen obwaltenden Verhältnissen (Jacubezky, Bem. S. 143; Oertmann zu § 790; dagegen Dernburg, Pand. II § 119 Nr. 11, der indessen selbst zugibt, daß es in den bezüglichen Verkehrskreisen Uebung sei, daß derartige Anweisungen auch vor dem Verfalle bindend acceptirt werden dürfen).

II. Ueber die Frage, ob der Anweisungsempfänger berechtigt sei, die ihm ausgehändigte Anweisung dem Anweisenden zurückzugeben, gibt das Gesetz keinen Aufschluß. Im Allgemeinen wird man dieses Recht, solange die Anweisung noch nicht vollzogen ist, dem Empfänger wohl zusprechen dürfen. Es wird aber stets auch auf die Umstände des konkreten Falles ankommen. (M. II, 565.)

§ 791.

Die Anweisung erlischt nicht durch den Tod oder den Eintritt der Geschäftsunfähigkeit eines der Betheiligten.

E. I, 613; II, 626; III, 775.

Ueber den Einfluß des Todes oder der Geschäftsunfähigkeit eines der Betheiligten ist zu bemerken:

1. Im Hinblick auf Art. 297 H.G.B. ä. F. war bereits für die kaufmännische Anweisung der Tod ohne Einfluß. Dagegen ging im Gebiete des gemeinen Rechtes die herrschende Meinung dahin, daß die Anweisung durch den Tod eines der Betheiligten erlösche.

Das B.G.B., das den Boden eines Doppelmandates bei der Anweisung verlassen hat (vgl. § 783), adoptirte auch hier den handelsrechtlichen Standpunkt in Konsequenz des allgemeinen Prinzips in § 153 B.G.B. und in der Erwägung, daß es sich bei der Anweisung regelmäßig nicht um eine Sache des persönlichen Vertrauens, sondern um rein vermögensrechtliche Leistungen handelt. (M. II, 566, 567.) Es erlischt demnach die Anweisung nicht durch den Tod oder den Eintritt der Geschäftsunfähigkeit.

a) Gleichgültig ist, ob es sich um die Person des Anweisenden, des Anweisungsempfängers oder des Angewiesenen handelt.

b) Das Prinzip gilt auch für die noch nicht angenommene Anweisung. (M. a. a. O.)

c) Die Erben können selbstverständlich auch im Rahmen des § 790 widerrufen.

2. Die Vorschrift des § 791 ist aber nur als dispositive aufzufassen. Es kann also eine entgegengesetzte Willensmeinung (z. B. daß mit dem Tode das Rechtsverhältniß erlöschen soll) aus der Anweisungsurkunde oder auch aus den Umständen hervorgehen. (Vgl. Art. 297 H.G.B. ä. F.)

3. Für den Fall des Konkurses eines der Betheiligten bestehen keine Sondervorschriften, vgl. M. a. a. O. (hinsichtlich des bloßen Auftrags s. dagegen §§ 23, 27 K.O.).

§ 792.

Der Anweisungsempfänger kann die Anweisung durch Vertrag mit einem Dritten auf diesen übertragen, auch wenn sie noch nicht angenommen worden ist. Die Uebertragungserklärung bedarf der schriftlichen Form. Zur Uebertragung ist die Aushändigung der Anweisung an den Dritten erforderlich.

Der Anweisende kann die Uebertragung ausschließen. Die Ausschließung ist dem Angewiesenen gegenüber nur wirksam, wenn sie aus der Anweisung zu entnehmen ist oder wenn sie von dem Anweisenden dem Angewiesenen mitgetheilt wird, bevor dieser die Anweisung annimmt oder die Leistung bewirkt.

Nimmt der Angewiesene die Anweisung dem Erwerber gegenüber an, so kann er aus einem zwischen ihm und dem Anweisungsempfänger bestehenden Rechtsverhältniß Einwendungen nicht herleiten. Im Uebrigen finden auf die Uebertragung der Anweisung die für die Abtretung einer Forderung geltenden Vorschriften entsprechende Anwendung.

E. II, 627; III, 776.

I. Uebertragung der Anweisung. E. I hatte keine Vorschrift über eine Uebertragung der Anweisung aufgestellt, von der Annahme ausgehend, daß die verschiedenen möglichen konkreten Verhältnisse hier maßgebend sein würden. Die Vorschrift des § 792 wurde erst im E. II aufgestellt. Vgl. P. II, 389 ff.; Jacubezky, Bem. S. 143.

Im bisherigen Rechte war bestritten, ob die Anweisung im Allgemeinen frei übertragbar sei; nur im Handelsrechte konnte nach Art. 301 H.G.B. ä. F. die Anweisung sogar an Order gestellt werden.

1. Nach dem Gesetz ist nunmehr die Uebertragung der Anweisung auf einen Dritten allgemein zulässig. Dies gilt auch dann, wenn die Anweisung noch nicht angenommen ist (Abs. 1 Satz 1).

2. Die Uebertragung ist aber an zwei formale Voraussetzungen geknüpft:

a) Die Uebertragungserklärung bedarf der schriftlichen Form (Satz 2). Daß der diesbezügliche Vermerk gerade auf der Anweisungsurkunde selbst geschehe, wird aber nicht verlangt. Man wollte es vermeiden, der Anweisung im bürgerlichen Verkehre den Charakter eines Verkehrspapiers zu geben (P. a. a. O.).

b) Es muß außerdem zur Wirksamkeit der Uebertragung die Anweisungsurkunde dem Dritten ausgehändigt werden. Dies entspricht der Regel des Lebens und ist zugleich zweckmäßig (P. a. a. O.).

II. Zu Abs. 2: Die Befugniß zur Uebertragung der Anweisung kann durch den Anweisenden ausgeschlossen werden. Diese Ausschließung ist aber in der Richtung gegen den Angewiesenen nur dann wirksam, wenn sie entweder aus der Anweisungsurkunde zu entnehmen ist, oder wenn sie von dem Anweisenden dem Angewiesenen vor der Annahme der Anweisung oder vor der Leistung mitgetheilt wurde.

Der Nachdruck liegt in letzterer Beziehung darauf, daß die Mittheilung (als einseitige, empfangsbedürftige Erklärung; § 130 ff.) von dem Anweisenden an den Angewiesenen gemacht werden muß. Eine anderswoher erlangte Kenntniß des Angewiesenen ist also in dieser Beziehung rechtlich wirkungslos.

III. Ueber die rechtliche Natur der Uebertragung geben das Gesetz und die Mat. keinen Aufschluß.

Eine Cession kann in der Uebertragung nicht liegen, denn der Erwerber erhält nur die Ermächtigung nach Maßgabe des § 783 ff., wie sie auch dem Anweisungsempfänger zunächst zustand. Dies wird vor Allem dann klar, wenn es sich um eine Uebertragung der Anweisung vor der Annahme handelt, in welchem Zeitpunkt am wenigsten von der Uebertragung eines Rechtes im Sinne der Cession gesprochen werden kann. Andererseits wird angenommen werden müssen, daß das Gesetz die rechtliche Natur der Uebertragung unter gleichem Gesichtspunkt angesehen haben will, ob nun die Annahme bereits vollzogen ist oder nicht. Das Gesetz wendet auch die Vorschriften über die Abtretung einer Forderung nicht direkt an, sondern spricht nur von entsprechender Anwendung (Abs. 3 Satz 2). Vgl. hieher Oertmann zu § 792.

IV. Einwendungen des Angewiesenen gegenüber dem weiteren Erwerber der Anweisung: Selbstverständlich ist, daß dem Angewiesenen auch dem Erwerber gegenüber die Einwendungen aus § 784 zustehen; im Uebrigen wird zu unterscheiden sein, ob die Annahme der Anweisung zur Zeit der Uebertragung bereits vollzogen war oder nicht.

1. War die Anweisung dem Empfänger gegenüber noch nicht angenommen und nimmt sie der Angewiesene nunmehr dem weiteren Erwerber gegenüber an, so scheidet die Person des Anweisungsempfängers in dieser Richtung überhaupt aus. Der Angewiesene kann also keinerlei Einwendungen aus einem zwischen ihm und dem ersten Empfänger bestehenden Rechtsverhältnisse herleiten.

2. War die Annahme aber bereits dem Empfänger gegenüber vollzogen, so sollen die allgemeinen Vorschriften für Abtretung einer Forderung hieher entsprechend zur Anwendung gelangen, nämlich die §§ 398 ff. Hier sind besonders wichtig die §§ 401, 402, 405, 406; als unanwendbar dagegen erscheinen die §§ 399, 400, 411. Die §§ 403, 407—410 werden durch Sonderbestimmungen im Anweisungsrechte selbst ersetzt.

V. Unter keinen Umständen liegt in dieser Uebertragung eine Abtretung der dem Anweisungsempfänger gegenüber dem Anweisenden zustehenden Rechte; es findet also hier kein sog. springender Regreß statt. Vgl. M. II, 569.

VI. Hinsichtlich der Uebertragung kaufmännischer Anweisungen s. die §§ 363—365 H.G.B.

Zweiundzwanzigster Titel.

Schuldverschreibung auf den Inhaber.

(Erläutert von Karl Kober.)

Einleitung.

I. Das B.G.B. behandelt das Recht der Werthpapiere nicht zusammenfassend und einheitlich unter einem besonderen Titel, sondern es sind die hierauf bezüglichen Normen theils in den einzelnen Partieen des Gesetzbuchs zerstreut, theils auch in anderen fortgeltenden Reichsgesetzen enthalten. Zugleich kommt hier auch in manchen Einzelbeziehungen noch dem Landesrechte eine namhafte Bedeutung zu

II. Die gebräuchlichste Eintheilung der Werthpapiere ist jene nach der Person des Berechtigten, nämlich in Rektapapiere, Orderpapiere und Inhaberpapiere.

1. Bezüglich der Rektapapiere stellt das Gesetz nur wenige Normen allgemeiner Art auf.

Hieher zählen § 808 (bezüglich sog. qualifizirter Legitimationspapiere), ferner § 810 (Recht auf Einsichtnahme einer im fremden Besitze befindlichen Urkunde) und § 952 (die Urkunde hat dem Rechte zu folgen). Letztere beiden Bestimmungen haben übrigens auch auf einfache Beweisurkunden Bezug.

2. Hinsichtlich der Orderpapiere greift das B.G.B. in das bisherige Recht nur ganz beschränkt ein, nämlich mit ein paar Bestimmungen über Nießbrauch und Pfandrecht an Orderpapieren, vgl. hieher die §§ 1081, 1084, 1292, 1294, 1295.

Ueber Orderpapiere im Handelsrechte s. insbesondere § 363 H.G.B. und vgl. hieher Bem. zu § 1292.

3. Eingehender dagegen befaßt sich das B.G.B. mit den Inhaberpapieren.

Die bisherige Gesetzgebung war in dieser Materie sehr mangelhaft und lückenhaft; zudem knüpfte sich eine Reihe von Kontroversen an dieses Gebiet.

Das frühere H.G.B. enthielt gleichfalls nur wenige sachenrechtliche Vorschriften über diese Papiere und das sonstige Reichsrecht hatte sich lediglich damit begnügt, die Ausgabe gewisser Inhaberpapiere zu beschränken und zu verbieten. Vgl. hieher Art. 4 Ziff. 3, Art. 96 Ziff. 3 Wechselordnung und das Gesetz vom 8. Juni 1871 über die Inhaberpapiere mit Prämien, sowie das Reichsbankgesetz vom 14. März 1875.

Das B.G.B. ist dagegen im Hinblick auf die Wichtigkeit gerade der Inhaberpapiere für den Verkehr bestrebt, die bisherige Rechtszersplitterung zu beseitigen, frühere Kontroversen endgültig zu entscheiden und die Lücken der älteren Gesetzgebung möglichst auszufüllen.

III. Die Inhaberpapiere selbst lassen sich des Näheren in zwei Kategorieen abscheiden.

1. Inhaberpapiere, in denen ein Forderungsrecht verbrieft ist, d. h. solche Schuldverschreibungen, in denen der Aussteller dem jeweiligen Inhaber eine Leistung im Sinne des Obligationenrechtes verspricht.

2. Inhaberpapiere, in welchen ein anderes Recht inbegriffen ist. Hieher zählen insbesondere die Papiere über die Mitgliedschaft in einer Korporation, z. B. Aktien auf den Inhaber, Kuxe im Bergrechte 2c.

Im nachfolgenden Titel XXII hat das Gesetz nur Inhaberpapiere ersterer Gattung im Auge, was von vorneherein festzuhalten ist.

Außerdem soll dieser Titel aber auch nicht die Rechtsmaterie dieser Papiere hier zusammenfassend regeln, sondern greift nur eine Seite heraus, welche speziell im Rahmen des Rechtes der Schuldverhältnisse interessirt. Wie nämlich ausdrücklich zu betonen ist, regelt der nachfolgende Titel nur die aus diesen Schuldverschreibungen entspringenden (obligatorischen) Verpflichtungen des Ausstellers gegen den Inhaber derartiger Papiere.

Die sonstigen Rechtssätze finden sich in anderen Theilen des Gesetzbuchs, insbesondere ist hier der sachenrechtliche Theil von Wichtigkeit, da den Inhaberpapieren dort Sacheigenschaft verliehen wird und zugleich verschiedene Besonderheiten über sie aufgestellt werden; so beim Eigenthumserwerb an Inhaberpapieren, s. §§ 935 mit 932 B.G.B., wozu auch die §§ 366 u. 367 H.G.B. zu vergleichen sind; s. ferner bezüglich des Nießbrauchs an Inhaberpapieren §§ 1081—1084, hinsichtlich des Pfandrechtes §§ 1293—1296.

Die Frage, inwieweit der Verkäufer eines Werthpapiers dem Käufer haftet ist in § 437 geregelt.

IV. Aus der Reihe der Vorschriften des nachfolgenden Titels sind im Allgemeinen bezüglich des Wesens des Inhaberpapiers zwei Hauptsätze hervorzukehren:

1. Das Gesetzbuch hat zu der bisherigen Streitfrage, ob die Entstehung der Verbindlichkeit hier auf einen Vertrag zurückzuführen sei (sog. Vertragstheorie) oder ob auf eine einseitige Erklärung des Schuldners (sog. Kreationstheorie), eine feste Stellung genommen und die letztere Auffassung adoptirt. Die verbindende Kraft ruht also bereits in der einseitigen Ausstellung der Urkunde Seitens des Schuldners. Vgl. hieher Bem. II zu § 793. Aus diesem Grunde wird der Aussteller auch selbst dann aus seiner Schuldverschreibung verpflichtet, wenn sie ihm gestohlen worden oder verloren gegangen oder sonst ohne seinen Willen in Verkehr gelangt ist; auch ist es für ihre Wirksamkeit ohne Einfluß, wenn die Urkunde ausgegeben wird, nachdem der Aussteller gestorben oder geschäftsunfähig geworden ist (§ 794).

2. Das Recht aus der Schuldverschreibung ist im Prinzipe nicht an die Innehabung des Papiers als solche geknüpft, sondern wurzelt im Eigenthum an der Urkunde. Daneben aber besteht die gesetzliche Vermuthung, daß der Inhaber als Gläubiger des Rechtes aus der Urkunde zu gelten hat, wodurch jenes Grundprinzip weniger in die Erscheinung tritt. (Vgl. Bem. III zu § 793.)

Im Einzelnen ist der Inhalt der nachfolgenden Paragraphen in Kürze folgender:

§§ 793 u. 794 enthalten die prinzipiellen Grundnormen; § 795 handelt von der Nothwendigkeit staatlicher Genehmigung zum Inverkehrbringen; § 796 bezieht sich auf die zulässigen Einwendungen des Ausstellers; § 797 spricht aus, daß der Aussteller nur gegen Aushändigung des Papiers zu leisten brauche; § 798 regelt die Ertheilung einer neuen Schuldverschreibung bei Beschädigung oder Verunstaltung der bisherigen; § 799 bezieht sich auf die Kraftloserklärung einer abhanden gekommenen oder vernichteten Schuldverschreibung im Wege des Aufgebotsverfahrens und § 800 auf die Rechte auf Grund der Kraftloserklärung; § 801 handelt von den sog. Vorlegungsfristen und der Verjährung, § 802 von der Hemmung der Vorlegungsfrist bezw. der Verjährung; § 803 bezieht sich auf Zinsscheine, § 804 auf den Verlust und die Vernichtung von Zinsscheinen, § 805 auf den Verlust eines Erneuerungsscheines; § 806 normirt die Festmachung von Inhaberpapieren durch Umschreibung auf den Namen. Im § 807 werden die Inhaberpapiere kleineren Stils, wie Karten, Marken ꝛc. behandelt, während sich § 808 auf die sog. qualifizirten Legitimationspapiere bezieht.

Ueber Legitimationspapiere im Allgemeinen s. Bem. I zu § 808, hinsichtlich der rechtlichen Natur der Zinsscheine (Koupons) s. Bem. I und II zu § 803, der Erneuerungsscheine Bem. IVb zu § 803.

V. Die pfandrechtlichen Werthpapiere finden ihre Erledigung gleichfalls im Rahmen des Sachenrechtes. Hier sind von besonderer Wichtigkeit der Hypothekenbrief (s. insbesondere § 1116 mit Bem.), der jedoch selbst nicht auf den Inhaber oder an Order lauten darf, ferner der Grundschuldbrief, der stets auf den bloßen Inhaber ausgestellt werden darf. (§ 1195.)

Für Forderungen aus einer Schuldverschreibung auf den Inhaber, aus einem Wechsel oder aus einem anderen, durch Indossament übertragbaren Papiere kann zur Sicherheit auch eine Hypothek bestellt werden, jedoch nach der ausdrücklichen Vorschrift des § 1187 nur in der Form einer Sicherungshypothek. Vgl. hiezu die weiteren Sonderbestimmungen in den §§ 1188, 1189.

VI. Die Fragen aus dem Gebiete des öffentlichen Rechtes wollte das B.G.B. mit Nachstehendem nicht regeln. Es gelten daher in dieser Beziehung die Vorschriften des Reichs- bezw. des Partikularrechtes fort. Hier kommen hauptsächlich die besonderen gesetzlichen Bestimmungen polizeilichen, verwaltungsrechtlichen oder finanzpolitischen Charakters in Betracht. (M. II, 695 und Bem. I, 1c zu § 795.)

Hinsichtlich der fortgeltenden landesrechtlichen Bestimmungen s. die Art. 97, 98, 99, 100, 101 102 E.G. mit Bem.; außerdem finden sich entsprechende Verweisungen im Einzelnen bei den nachfolgenden Paragraphen.

VII. Aus der neueren Reichsgesetzgebung sind hieher insbesondere zu vergleichen:

a) das Hypothekenbankgesetz vom 13. Juli 1899, R.G.Bl. S. 375 ff.;

b) das Reichsgesetz, betreffend die gemeinsamen Rechte der Besitzer von Schuldverschreibungen, vom 4. Dezember 1899.

VIII. Als Uebergangsvorschriften kommen in Betracht die Art. 174—178 E.G., s. Bem. hiezu; ferner für Bayern Art. 8 bayrisches Uebergangsgesetz.

IX. Das nunmehr aufgehobene bayrische Gesetz über Inhaberpapiere vom 18. März 1896 schloß sich an die Normen des B.G.B. sehr enge an. Es ist daher der vorzügliche Komm. von Ministerialrath v. Henle hiezu noch vielfach verwerthbar.

§ 793.

Hat Jemand eine Urkunde ausgestellt, in der er dem Inhaber der Urkunde eine Leistung verspricht (Schuldverschreibung auf den Inhaber), so kann der Inhaber von ihm die Leistung nach Maßgabe des Versprechens verlangen, es sei denn, daß er zur Verfügung über die Urkunde nicht berechtigt ist. Der Aussteller wird jedoch auch durch die Leistung an einen nicht zur Verfügung berechtigten Inhaber befreit.

Die Gültigkeit der Unterzeichnung kann durch eine in die Urkunde aufgenommene Bestimmung von der Beobachtung einer besonderen Form abhängig gemacht werden. Zur Unterzeichnung genügt eine im Wege der mechanischen Vervielfältigung hergestellte Namensunterschrift.

E. I, 685, 687, II, 722; III, 777

I. Begriff der Schuldverschreibung auf den Inhaber.

1. Das Gesetz definirt sie als diejenigen Schuldverschreibungen, in welchen der Aussteller dem jeweiligen Inhaber der die Schuldverschreibung enthaltenden Urkunde eine Leistung verspricht, mit anderen Worten also: in welchen ein Forderungsrecht verbrieft ist.

Die Vorschriften des § 793 befassen sich demgemäß nicht mit Inhaberpapieren, in welchen andere Rechte als Forderungsrechte enthalten sind, z. B. nicht mit solchen, in denen Mitgliedschaftsrechte (z. B. Aktien 2c.) oder Pfandrechte (z. B. Grundschuldbriefe 2c.) inbegriffen sind. (Vgl. Einl. III u. V.)

Im Uebrigen ist es aber gleichgültig, von welcher Art die in dem Inhaberpapiere versprochene Leistung ist. Sie braucht nicht nothwendig in einer Geldforderung zu bestehen; z. B. Theaterbillete, Eisenbahnfahrkarten, Lotterieloose auf andere Sachen als Geld 2c.

Das Gesetz unterscheidet aber in diesem Rahmen zwischen den Inhaberpapieren größeren Stiles, für welche die sämmtlichen nachstehenden Vorschriften gelten, und den sog. kleinen Inhaberpapieren (Karten, Marken oder ähnliche Urkunden im Sinne des § 807), auf welche sich nur ein Theil der nachstehenden Vorschriften erstreckt, vgl. Bem. zu § 807.

Als Hauptbeispiele der Schuldverschreibung auf den Inhaber lassen sich aufführen: Schuldverschreibungen des Staates und der Gemeinden, die sog. Prioritäten der Aktiengesellschaften, insbesondere der Eisenbahn- und Industrie-Aktiengesellschaften, Inhaberpapiere mit Prämien, Lotterieloose, die Noten der Zettelbanken, die Rentenbriefe, ferner die sog. Nebenpapiere der Haupt- oder Stammpapiere, nämlich die Zinsscheine oder Koupons bei verzinslichen Inhaberpapieren, Gewinnantheil- oder Dividendenscheine 2c.

Ueber den Begriff der sog. Legitimationspapiere s. Näheres in Bem. I zu § 808.

2. Inhaberklausel? Das Versprechen in einer Schuldverschreibung auf den Inhaber braucht nicht in dem Sinne formalisirt zu sein, daß die wörtliche Aufnahme der Inhaberklausel wesentliches Erforderniß wäre. Es genügt, wenn aus dem Inhalte der Urkunde überhaupt mit genügender Deutlichkeit hervorgeht, daß der Aussteller an jeden Inhaber die in der Urkunde versprochene Leistung bewirken will (M. II, 697). Bei vielen Schuldverschreibungen gilt zudem diese Qualität nach der Verkehrsanschauung als etwas selbstverständliches, so z. B. bei den Zinsscheinen der Staatspapiere.

Die Benennung eines Gläubigers auf dem Inhaberpapier ist an sich zulässig, z. B. in der Formel: Zahlbar an A oder den Ueberbringer; kommt jedoch im Verkehre selten vor.

3. Die Schuldverschreibung auf den Inhaber setzt ein in schriftlicher Form ertheiltes Versprechen voraus. Hieraus folgt in Anwendung des § 126, daß die eigenhändige Unterschrift des Ausstellers ein wesentliches Erforderniß der schriftlichen Form ist.

a) Zur Erleichterung des Verkehrs werden aber hier Ausnahmen zugelassen:

α) Abs. 2 Satz 2: Es soll zur Unterzeichnung eine im Wege der mechanischen Vervielfältigung hergestellte Namensunterschrift genügen (sog. Faksimile), was insbesondere bei der sog. Massenemission von Inhaberpapieren von Wichtigkeit ist.

β) Jenes Erforderniß fällt vollständig weg bei den kleinen Inhaberpapieren im Sinne des § 807.

b) Abs. 2 Satz 1: Bei der sog. Massenemission werden ferner regelmäßig zwei besondere Momente hervortreten, nämlich die Herstellung der Effektenformulare und die Ausfertigung dieser Formulare. Erstere umfaßt gewöhnlich schon das Datum der Ausstellung, die Bezeichnung der betreffenden Behörde 2c., die faksimilirten Unterschriften ihrer Mitglieder. Hier besteht aber die Gefahr für den Aussteller, daß er auf Grund eines solchen, noch nicht ausgefertigten Formulars, das durch irgend eine Manipulation in den Verkehr gebracht wird, haftbar gemacht werden kann (vgl. den Fall Grünthal). Zur Vermeidung einer derartigen Gefahr sieht das Gesetz die Bestimmung vor, daß die Gültigkeit der Vollziehung noch von der Beobachtung einer weiteren besonderen Form abhängig gemacht werden kann, z. B. Mitunterschrift des Kontrolleurs oder Beifügung eines bestimmten Siegels 2c. Dies setzt aber voraus, daß auf diese weitere Formvorschrift in jeder Urkunde ausdrücklich hingewiesen wird (eine Veröffentlichung der betreffenden Bestimmung des Ausstellers in öffentlichen Blättern genügt also nicht).

Hinsichtlich besonderer landesrechtlicher Normen in dieser Beziehung vgl. Art. 100 Ziff. 1 E.G. mit Bem.

4. Freiheit der Ausstellung? Das Gesetz stellt im Prinzipe die Ausstellung und Ausgabe von Schuldverschreibungen auf den Inhaber frei.

Es ergeben sich aber gewichtige Ausnahmen:

a) Zu der inländischen Emission einer Mehrheit von Schuldverschreibungen, in welchen dem Inhaber die Zahlung einer bestimmten Geldsumme vom Aussteller versprochen wird, ist staatliche Genehmigung im Rahmen des § 795 nothwendig, soferne jene nicht vom Reich oder von einem Bundesstaate ausgestellt werden (Näheres § 795 mit Bem.).

b) Aufrecht bleiben alle reichsgesetzlichen Vorschriften, welche die Ausgabe von Inhaberpapieren mit Prämien nur auf Grund eines Reichsgesetzes zum Zweck einer Staatsanleihe gestatten, sowie jene, welche die Ausgabe von Banknoten, Kassenscheinen oder sonstigen auf den Inhaber gestellten unverzinslichen Schuldverschreibungen als Privilegium der Reichsbank, unter gewissen Bedingungen auch anderen Banken vorbehalten oder von einer reichsgesetzlich zu ertheilenden Konzession abhängig machen (M. II, 695). Vgl. hieher insbesondere R.G. vom 8. Juni 1871, betr. die Inhaberpapiere mit Prämien, § 1, Reichsbankgesetz vom 14. März 1875 (§§ 1, 16 ff., 42 ff., 54, 55). Ferner schlagen hier ein: Art. 4 Ziff. 3, Art. 96 Ziff. 3 der Wechselordnung, sowie §§ 179 Abs. 3, 180 H.G.B. über Nichtigkeit der Inhaberwechsel und der auf den Inhaber gestellten Interimsscheine und Inhaberaktien.

c) Ebenso bleiben unberührt jene Beschränkungen, welche kraft besonderer gesetzlicher Bestimmungen polizeilichen, verwaltungsrechtlichen oder finanzpolitischen Charakters für bestimmte Unternehmungen (z. B. Lotterien) oder allgemein für gewisse Korporationen 2c. gesetzt sind (M. II, 695).

II. Das Schuldverhältniß aus dem Inhaberpapier.

In der gemeinrechtlichen Wissenschaft und Praxis war, wie schon eingangs zu diesem Titel angedeutet ist, die Frage bestritten, ob als Entstehungsgrund für das Schuldverhältniß aus dem Inhaberpapier ein Vertrag anzunehmen sei, der sich zusammensetzt aus der Emission Seitens des Schuldners und der Begebung des Papiers vom Schuldner zum Gläubiger (sog. Vertragstheorie, insbesondere vertreten von Thöl, Unger und Brunner) oder aber, ob die einseitige Erklärung des Schuldners zur Entstehung genügend sei (sog. Kreationstheorie, hauptsächlich vertreten von Kuntze).

Das B.G.B. hat letztere Auffassung, welche in der neueren Doktrin und Praxis (vgl. die Citate in M. II, S. 695 Nr. 2) an Boden schon gewonnen hatte, endgültig adoptirt: Die rechtliche Verpflichtung zu der in der Urkunde bezeichneten Leistung ruht schon in der verbindlichen Kraft des in der Urkunde erklärten einseitigen Verpflichtungswillens Seitens des Ausstellers; mit anderen Worten: das grundlegende Moment liegt in dem einseitigen, an sich nicht empfangsbedürftigen Akte der „Ausstellung" oder der „Kreation" des Papieres.

Allerdings müssen, damit zugleich ein Gläubigerrecht aus dem Papier erwächst, noch andere Rechtsvorgänge hinzutreten. Allein letztere liegen sozusagen außerhalb des Bereiches des Schuldners.

a) Gewöhnlich wird die materielle causa in der Schuldverschreibung nicht erwähnt, vielmehr ein abstraktes Schuldversprechen (vgl. § 780) abgegeben. Es ist jedoch die Angabe des Schuldgrundes in der Schuldverschreibung in dem Sinne statthaft und kann vorkommen, daß sich der Aussteller damit die aus dem Schuldgrund entspringenden Einwendungen gegen seine Verpflichtung vorbehalten will (vgl. übrigens hieher Bem. 2 § 796; M. II, 696).

b) Da im Uebrigen die Ausstellung des Papieres ein Rechtsgeschäft ist, wird sie den gleichen allgemeinen Regeln hinsichtlich Rechtsgültigkeit, Anfechtbarkeit ꝛc. unterliegen, wie sonstige, nicht empfangsbedürftige Rechtsgeschäfte überhaupt. Ein Rechtsmangel der Ausstellung in dieser Hinsicht wird jedem künftigen Erwerber des Papieres entgegengehalten werden können. (Vgl. hieher Bem. 1a zu § 796 und Cosack, Lehrb. II S. 336.)

III. Das Forderungsrecht aus dem Inhaberpapier. E. I hatte dem jeweiligen Inhaber der Urkunde schlechthin und ausnahmslos das Gläubigerrecht zugesprochen, also das Recht aus der Schuldverschreibung lediglich an die Thatsache der Innehabung des Papieres geknüpft. Hienach hätte also z. B. auch der Dieb durch den Diebstahl das Forderungsrecht aus dem Papier erwerben können.

Dieser Standpunkt wurde aber, als über die Verkehrsbedürfnisse hinausgehend und dem gesunden Rechtsgefühle widersprechend, lebhaft bekämpft (vgl. Z.G. II S. 374 ff., VI S. 499 ff.).

In Folge dessen haben E. II und das Gesetzbuch selbst diesen Standpunkt verlassen (vgl. hiezu P. II, 529 ff.) und folgendes andere Grundprinzip an die Stelle gesetzt:

1. Das Forderungsrecht soll nicht an den bloßen Besitz des Papieres geknüpft sein, sondern an das Recht an der Urkunde. Das Recht an der Urkunde als einer Sache kann aber andererseits im Prinzipe nur dem Eigenthümer zustehen.

a) Der Eigenthumserwerb an den Inhaberpapieren steht also unter den gleichen Normen, wie der Erwerb des Eigenthums an einer beweglichen Sache überhaupt. Er kann durch vertragsmäßige Uebereignung (Uebergabe, constitutum possessorium ꝛc., vgl. §§ 929 ff.), durch Aneignung, durch Fund, Ersitzung, durch Familien- oder erbrechtlichen Erwerb geschehen. Bei redlichem Erwerbe wird hier auch durch die Uebertragung Seitens des Nichteigenthümers Eigenthum an dem Papier erworben und zwar hier selbst dann, wenn das Papier dem bisherigen Eigenthümer gestohlen worden, verloren gegangen oder sonst abhanden gekommen ist (vgl. hieher § 935 mit Bem.).

b) Der Erwerb des Eigenthums am Papiere kann sich im Verkehre so und so oft wiederholen, wobei hervorzuheben ist, daß hier jeweils immer wieder ein neues Gläubigerrecht entsteht (nur beim Erbgang erwirbt der Erbe das gleiche Recht, das der Erblasser besaß).

2. Dieses Grundprinzip, wonach das Gläubigerrecht grundsätzlich nur dem Eigenthümer zustehen soll, wird aber gleichsam überdeckt und in seiner praktischen Bedeutung erheblichst eingeschränkt durch die weiter vom Gesetz aufgestellte Rechtsvermuthung, daß der Inhaber der Urkunde schlechthin als Eigenthümer und damit auch als Gläubiger der verbrieften Forderung gelten soll — ausgenommen, es wird nachgewiesen, daß er zur Verfügung über diese Urkunde nicht berechtigt ist. (Näheres hierüber s. unter Bem. V, Beanstandungsrecht des Ausstellers).

a) Diese Vermuthung erstreckt sich in ihren Wirkungen zugleich auf Schuldner und Gläubiger (vgl. P. II, 529—530).

α) Der Schuldner, nämlich der Aussteller, darf den Inhaber (wie beim einfachen Legitimationspapier) als verfügungsberechtigt ansehen und deßhalb insbesondere an ihn leisten.

β) Der Inhaber kann, ohne sein Eigenthums- oder sonstiges Verfügungsrecht darzulegen, die Leistung erheben und überhaupt das Gläubigerrecht ausüben. Es bleibt lediglich Sache des Ausstellers, den Mangel eines Verfügungsrechtes im Einzelfalle darzuthun (vgl. unten Bem. V). Die Tragweite dieses Satzes geht hier sogar über den Rahmen einer bloßen Vermuthung hinaus. Das Gesetz will nämlich durch seine Fassung (vgl. P. II, 532) zugleich zum Ausdrucke bringen, daß der Inhaber geradezu einen materiell-rechtlichen Anspruch darauf habe, als Gläubiger zu gelten; mit anderen Worten: er wird, selbst wenn ihm das Gläubigerrecht im konkreten Falle fehlt, als Gläubiger geradezu fingirt.

Im Sinne dieser beiderseitigen Wirkungen kann man daher auch sagen: Das Inhaberpapier erweist sich dem praktischen Resultate nach als ein doppelseitiges Legitimationspapier, nämlich sowohl für den Schuldner als auch für den Gläubiger.

b) Für den Fall, daß dem Inhaber ein Verfügungsrecht über die Urkunde zur Zeit nicht zukommt, besteht nicht etwa eine Lücke des Gesetzes in dem Sinne, daß dann auch kein Gläubiger vorhanden sei und mithin das Schuldverhältniß des Ausstellers nicht länger fortbestehen könne, sondern es wird sich hier die Auffassung vertreten lassen, daß eben unterdessen das Gläubigerrecht einstweilen ruht (P. II, 531).

IV. Die Legitimation des Inhabers. Die Legitimation des Inhabers besteht in der Verfügungsmacht über die Urkunde, mit anderen Worten: die faktische Ausübung des in dem Papiere verbrieften Rechtes ist von der Innehabung des Papieres abhängig, nicht aber das Recht selbst (s. oben III, 1).

a) Als Inhaber erscheint hier also, wer das Papier derart in seiner thatsächlichen Gewalt hat, daß er es jederzeit vorlegen kann (vgl. hiezu Cosack, II S. 329).

Der Begriff des Inhabers deckt sich hier mit dem des Besitzers nicht durchweg. Er ist zum Theile weiter — denn es kann z. B. auch ein bloßer Besitzdiener (§ 855) im einzelnen Fall als Inhaber erscheinen —, zum Theil enger, denn der Inhaber muß die unmittelbare gegenwärtige Gewalt über das Papier haben, während dem Besitzer solche zeitweise mangeln kann, z. B. der Besitzer hat das Papier verlegt. Er bleibt zwar noch Besitzer, kann aber in diesem Stadium nicht mehr als Inhaber gelten.

Der Inhaber kann seine Gewalt auch durch einen Stellvertreter geltend machen. Insolange und insoweit kann er aber dann auch das Recht aus dem Papiere nur durch eben diesen Stellvertreter geltend machen, was sich wieder aus dem Begriffe des Inhabers ergibt. (Cosack a. a. O.)

b) Die Legitimation des Inhabers in diesem Sinne beschränkt sich im Uebrigen nicht auf das Recht, die Leistung zu erheben. Der Inhaber ist auch legitimirt, mit dem Aussteller Vergleiche und ähnliche Rechtsgeschäfte abzuschließen, insbesondere dem Aussteller bei der Einlösung durch Aushändigung der Schuldverschreibung das Eigenthum an derselben zu verschaffen. Ob sein Verfügungsrecht auf dem Eigenthum oder einem anderen Rechtsgrunde beruht (Nießbrauch, Pfandrecht oder Ermächtigung des Eigenthümers 2c.) kommt hiebei nicht weiter in Betracht (P. II, 532).

c) Ueber das Recht des Ausstellers, die Aushändigung der Schuldverschreibung gegen Leistung zu verlangen, s. § 797.

V. Das Beanstandungsrecht des Ausstellers. E. II und damit das Gesetzbuch selbst haben den Standpunkt des E. I, daß der Aussteller dem Inhaber unter allen Umständen und daher sogar dem unredlichen Erwerber gegenüber leisten müsse, aufgegeben (vgl. hiezu oben Bem. III). Die Rücksicht auf Treu und Glauben verlangt eine Einschränkung des unbedingten Schutzes des Inhabers. Man verlieh deßhalb dem Aussteller ein Beanstandungsrecht (vgl. hieher P. II, 532—537) mit dem rechtlichen Inhalte, die Leistung verweigern zu dürfen, falls Inhaber zur Verfügung über die Urkunde nicht berechtigt ist.

1. Dieses Recht des Ausstellers ist seinem Wesen nach nicht etwa ein allgemeines Prüfungsrecht hinsichtlich der Rechte und Befugnisse des Inhabers im Einzelnen, sondern es darf sich bloß auf Mängel im Verfügungsrechte des Inhabers erstrecken, mit anderen Worten: bloß auf die Legitimation des Inhabers (vgl. oben Bem. IV). Ueber sonstige Einreden des Ausstellers vgl. § 796 mit Bem.

a) Jeder Mangel im Verfügungsrechte des Inhabers berechtigt aber den Aussteller, die Leistung zu verweigern, also nicht nur dann, wenn der Mangel in einer Ungültigkeit des Erwerbsaktes besteht, sondern auch, wenn er z. B. nur darin seinen Grund hat, daß die Vollmacht des mit der Einziehung eines Inhaberpapieres Beauftragten vor der Vorlegung der Urkunde durch eine nur an den Aussteller gerichtete Mittheilung widerrufen würde (P. II, 533).

b) Hat sich der Inhaber die Schuldverschreibung in anfechtbarer Weise im Wege des Betrugs oder der Drohung verschafft, so liegt zwar dem Wortlaute nach eine Unredlichkeit des Erwerbers vor, der Aussteller kann sich aber gleichwohl auf eine Anfechtbarkeit ebensowenig berufen, wie sich der Schuldner dem Cessionar gegenüber auf die Anfechtbarkeit berufen kann (P. a. a. O.).

2. Die Beweislast in dieser Beziehung trifft aber ausschließlich den Aussteller. Gerade aus diesem Grunde ist auch die in diesem Beanstandungsrechte des Ausstellers liegende Einschränkung des Inhabers ihrer praktischen Bedeutung nach keine so erhebliche, als man von vorneherein annehmen möchte.

3. Eine Verpflichtung des Ausstellers zur Prüfung der Legitimation des Inhabers in diesem Sinne besteht aber nach dem Gesetze nicht. Sie wäre in ihrer Allgemeinheit eine zu große Last für den Aussteller, die auch im Widerspruche stünde mit der ganzen rechtlichen Natur des Inhaberpapiers. Andererseits kann es nicht Sache des Ausstellers sein, die Interessen des Eigenthümers wahrzunehmen und seinerseits etwa einen Rechtsstreit mit dem Inhaber im Interesse des Eigenthümers zu führen. Der Schutz des Eigenthümers ruht insbesondere in dem Institute der Zahlungssperre (vgl. hieher Bem. III zu § 799), andererseits auch indirekt in der strafrechtlichen Ahndung der Begünstigung und Hehlerei (§§ 257 ff. St.G.B.).

Der Aussteller darf also auch wissentlich an den nicht berechtigten Inhaber leisten, ohne daß er deßwegen civilrechtlich als dolos erscheint, und die Wirkung der Befreiung seinerseits durch die Leistung tritt auch in diesem Falle ein: er übt ja durch die Leistung an den Inhaber immerhin sein Recht aus (P. II, 536). Dies ist die Bedeutung von Satz 2 des Abs. 1.

VI. Hinsichtlich der gemeinsamen Rechte der Besitzer von Schuldverschreibungen ist hier auf das einschlägige Reichsgesetz vom 4. Dezember 1899 kurz zu verweisen. Hienach haben Beschlüsse, welche von einer Versammlung der Gläubiger zur Wahrung ihrer gemeinsamen Interessen gefaßt werden, unter bestimmten Voraussetzungen Kraft für alle Gläubiger; auch kann die Versammlung insbesondere zur Wahrnehmung der Rechte der Gläubiger einen gemeinsamen Vertreter für diese bestellen.

§ 794.

Der Aussteller wird aus einer Schuldverschreibung auf den Inhaber auch dann verpflichtet, wenn sie ihm gestohlen worden oder verloren gegangen oder wenn sie sonst ohne seinen Willen in den Verkehr gelangt ist.

Auf die Wirksamkeit einer Schuldverschreibung auf den Inhaber ist es ohne Einfluß, wenn die Urkunde ausgegeben wird, nachdem der Aussteller gestorben oder geschäftsunfähig geworden ist.

E. I, 686; II, 823, III, 778.

1. Zu Abs. 1. Die Haftung des Ausstellers einer Schuldverschreibung auf den Inhaber ist von der Ausgabe, d. h. davon, daß er das Papier selbst in Umlauf setzt (begibt), unabhängig. Seine Haftung tritt in Folge dessen auch dann ein, wenn die (vollzogene) Schuldverschreibung dem Aussteller gestohlen, von ihm verloren, oder in anderer Weise ohne seinen Willen in den Verkehr gelangt ist, z. B. durch ein Versehen eines Angestellten.

a) Dieser Grundsatz ist mit eine Folge des Prinzips, daß schon die Ausstellung des Papieres als solche ein Rechtsgeschäft für sich darstellt, das vollendet ist, sobald das fertige Papier von dem Schuldner unterschrieben oder mit seinem Faksimile versehen ist. Näheres in Bem. II zu § 793.

b) Hauptsächlich entspringt dieser Satz — gleichviel, ob er sich vom theoretischen Standpunkt aus genügend rechtfertigen läßt — einem unabweisbaren Bedürfnisse des Verkehrs. Man kann nämlich dem Erwerber nicht zumuthen, daß er die Schuldverschreibung daraufhin prüft, ob sie von dem Aussteller auch wirklich selbst ausgegeben wurde, oder ohne seinen Willen in den Verkehr gelangt ist (M. II, 697; P. II, 539).

2. Zu Abs. 2: Die Verpflichtung des Ausstellers soll auch dadurch nicht ausgeschlossen werden, daß die Schuldverschreibung erst in Verkehr gelangte, nachdem der Aussteller gestorben oder geschäftsunfähig geworden ist. Auch diese Vorschrift ist durch ein dringendes Verkehrsbedürfniß bedingt. (M. a. a. O.)

3. Ueber die Folgen eines Abhandenkommens vor der in § 795 gebotenen staatlichen Genehmigung s. Bem. III, 1b zu § 795.

§ 795.

Im Inland ausgestellte Schuldverschreibungen auf den Inhaber, in denen die Zahlung einer bestimmten Geldsumme versprochen wird, dürfen nur mit staatlicher Genehmigung in den Verkehr gebracht werden.

Die Genehmigung wird durch die Zentralbehörde des Bundesstaats ertheilt, in dessen Gebiete der Aussteller seinen Wohnsitz oder seine gewerbliche Niederlassung hat. Die Ertheilung der Genehmigung und die Bestimmungen, unter denen sie erfolgt, sollen durch den Deutschen Reichsanzeiger bekannt gemacht werden.

Eine ohne staatliche Genehmigung in den Verkehr gelangte Schuldverschreibung ist nichtig; der Aussteller hat dem Inhaber den durch die Ausgabe verursachten Schaden zu ersetzen.

Diese Vorschriften finden keine Anwendung auf Schuldverschreibungen, die von dem Reiche oder einem Bundesstaat ausgegeben werden.

E. I, 701 Abs. 1—3; II, 724; III, 779.

Im Grundsatze besteht hinsichtlich der Ausgabe von Schuldverschreibungen auf den Inhaber Emissionsfreiheit. Eine der Ausnahmen hievon bildet § 795 (vgl. Bem. I, 4 zu § 793), der für Schuldverschreibungen auf den Inhaber, in welchen die Zahlung einer bestimmten Geldsumme versprochen wird, hinsichtlich Ausstellung und Emission staatliche Genehmigung verlangt.

Der Grund für diese Anordnung liegt hauptsächlich in dem Schutze des Publikums gegen Ausbeutung durch unsolide Unternehmungen, sowie auch in dem Schutze des Staates vor den Gefahren, die ihm aus einer Ueberfluthung des Geldmarktes mit geldähnlichen Zahlungsmitteln erwachsen können (M. II, 718; P. II, 557). Eine besondere Belastung des Verkehrs ist damit nicht gegeben. Es kommt in Betracht, daß z. B. für den kaufmännischen Verkehr insoferne Emissionsfreiheit besteht, als durch Ausstellung von Orderpapieren und durch die Begebung derselben mittelst Blankoindossament der gleiche Zweck wie mit Inhaberpapieren der in § 795 bezeichneten Art erreicht wird. Gemeinden, kommunale und kirchliche Behörden bedürfen ohnedies zur Aufnahme von Darlehen an und für sich in der Regel der Genehmigung der Aufsichtsbehörde, sodaß auch für diese eine besondere Beschränkung durch die Vorschrift nicht entsteht. Es kommen also in der Hauptsache Emissionen von Privatpersonen in Betracht (P. II, 557). (In Bayern bestand bereits in Gemäßheit des Gesetzes vom 18. März 1896, das sich in dieser Materie (Art. 16 ff.) schon im Voraus an die Bestimmungen des in Sicht stehenden B.G.B. eng anschloß, das Erforderniß staatlicher Genehmigung. Dieses Gesetz ist nunmehr durch Art. 175 Ziff. 35 bayrisches A.G. z. B.G.B. aufgehoben.)

I. Geltungsgebiet dieser Vorschrift.

1. Die Vorschrift des § 795 bezieht sich nur auf die Ausgabe von Schuldverschreibungen (Plural!) auf den Inhaber, in welcher die Zahlung einer bestimmten Geldsumme versprochen wird.

a) Keiner staatlichen Genehmigung bedarf also die Ausstellung von Papieren, welche auf Zahlung einer unbestimmten Geldsumme lauten, oder auf andere Leistungen als Geld gerichtet sind, z. B. Gewinnantheilscheine, Aktien auf den Inhaber. Ebensowenig gehören hieher Orderpapiere, in denen eine bestimmte Geldsumme versprochen wird, auch wenn sie in Blanko indossirt werden (vgl. oben Einl.), auch nicht Legitimationspapiere (vgl. Bem. zu § 808). Auch die Ausstellung sog. Bons fällt nicht hierunter, so wenig wie die Ausstellung von Checks (diese ist ein Zahlungsgeschäft, kein Kreditgeschäft).

Bezüglich der Lagerscheine s. jedoch § 363 Abs. 2 H.G.B. (für Bayern in Verbindung mit § 27 der K. Verordnung vom 25. Dezember 1899).

Die Ausgabe neuer Kouponsbögen für bereits ausgegebene Papiere bedarf der Genehmigung nicht, wohl aber wird dieses Erforderniß anzunehmen sein, wenn es sich um die Ausgabe neuer, auf den Inhaber gestellter Zinsschiene für auf Namen lautende Geldschuldverschreibungen handelt (ausgenommen, es sind diese Zinsscheine lediglich als Legitimationspapiere zu erachten), vgl. Henle, Komm. zum bayrischen Gesetz über Inhaberpapiere S. 130.

b) Ausgenommen sind ferner durch ausdrückliche Vorschrift des § 795 in Abs. 4 Schuldverschreibungen, die von dem Reich oder einem Bundesstaate selbst ausgegeben werden.

c) Die Beschränkungen, welche kraft besonderer gesetzlicher Bestimmungen verwaltungsrechtlichen, polizeilichen oder finanzpolitischen Charakters allgemein oder für bestimmte Unternehmungen gelten, wie z. B. die Vorschrift einer Staatskuratelgenehmigung für die Aufnahme von gemeindlichen oder Stiftungsanlehen, für Lotterieen ꝛc. bleiben natürlich gesondert aufrecht.

Dies gilt auch von den reichsgesetzlichen Vorschriften, welche die Ausgabe von Inhaberpapieren mit Prämien betreffen. Vgl. hieher Bem. I, 4 zu § 793.

d) Besondere Beschränkungen und Bestimmungen bestehen ferner hinsichtlich der Ausgabe von Pfandbriefen Seitens der Hypothekenbanken. Vgl. hieher das R.G. vom 13. Juli 1899.

e) Bestritten ist die Frage, ob § 795 auch Anwendung zu finden hat auf die Ausgabe von Grundschuldbriefen auf den Inhaber. Da die gleichen Gründe, die zur Beschränkung in § 795 überhaupt führten (s. oben i. E.), auf hieher Bezug haben, andererseits eine bestimmte Ausnahme aus dem Gesetze nicht abzuleiten ist, wird die Frage zu bejahen sein. Vgl. Entsch. zusammengestellt im Reichsjustizamte, Bd. I S. 37; and. Ans. Dernburg, Sachenrecht S. 664.

2. Die Vorschriften beziehen sich nur auf derartige Schuldverschreibungen, welche im Inland ausgestellt wurden und daselbst in den Verkehr gebracht werden.

a) Es soll demgemäß die Ausstellung das wesentliche Moment in dieser Richtung sein, d. h. es entscheidet das dem Papier aufgedruckte Ortsdatum. Dies hat den Vortheil, daß das entscheidende Merkmal aus dem Papiere selbst entnommen werden kann.

Ein Zuwiderhandeln durch willkürliche Verlegung der Ausstellung in das Ausland, ohne daß eine Beziehung zu dem betreffenden fremden Lande besteht, würde als Handeln in fraudem legis zu behandeln sein; auch könnten derartige Papiere von der Notirung auf der Börse und vom Börsenverkehr ausgeschlossen werden; s. ferner unten b, β.

b) Ausgenommen sind daher von diesem Erfordernisse (vgl. Henle a. a. O.):

α) derartige Papiere, welche zwar im Inland ausgestellt sind, aber nur außerhalb Deutschlands ausgegeben werden;

β) derartige ausländische Papiere, welche zwar im Inland in Umlauf gesetzt, aber außerhalb Deutschlands ausgestellt wurden und zwar von Personen, welche in Deutschland weder einen Wohnsitz noch eine gewerbliche Niederlassung haben. Hat der Aussteller dagegen in Dentschland seinen Wohnsitz oder eine gewerbliche Niederlassung (vgl. § 269 mit Bem.), so ist staatliche Genehmigung nothwendig, auch wenn das Papier im Ausland ausgestellt ist. Letzteres muß indirekt aus Abs. 2 Satz 1 entnommen werden.

II. Die staatliche Genehmigung im Einzelnen. Im Allgemeinen ist hervorzuheben, daß die staatliche Genehmigung ein formales Erforderniß ist und nicht etwa eine staatliche Garantie für das betreffende Unternehmen. Immerhin aber sind die berufenen staatlichen Organe in der Lage, aus dem Gesichtspunkte des nöthigen Schutzes des Publikums wie des Staatskredits nicht nur die Emission zu versagen, sondern auch vor Allem auf die Gestaltung der Emissionsbedingungen einzuwirken und hievon die Ertheilung der staatlichen Genehmigung abhängig zu machen (insbesondere durch Aufstellung sog. Normativbestimmungen; vgl. für Bayern hieher § 4 der K. Verordnung vom 18. März 1896).

Eine Anweisung, auf welche einzelnen Punkte bei der Prüfung Rücksicht zu nehmen ist, wird im B.G.B. nicht gegeben, da dies nicht der Ort hiezu ist (M. II, 721).

1. Zuständigkeit. Nach E. I, 701 war die Staatsgenehmigung den Centralbehörden der Bundesstaaten zugewiesen, ohne daß jedoch eine nähere Bestimmung über die örtliche Zuständigkeit verbunden war (M. II, 719). E. II wollte den Bundesrath als allein maßgebende Behörde für Ertheilung dieser Genehmigung aufstellen (vgl. hiezu P. II, 557). E. III und damit das B.G.B. ist zur Anordnung des E. I zurückgekehrt und regelt nunmehr zugleich die örtliche Zuständigkeit genauer.

Zuständig ist die Centralbehörde des Bundesstaates, in dessen Gebiete der Aussteller seinen Wohnsitz (vgl. § 7) oder seine gewerbliche Niederlassung (vgl. § 269) hat, und zwar zur Zeit der Ausstellung. Die Worte: seine gewerbliche Niederlassung sind jedoch nicht so zu verstehen, als müßte der Aussteller in dem betreffenden Bundesstaate seine einzige Niederlassung haben, es genügt vielmehr, wenn er dort eine seiner Niederlassungen hat, vgl. Henle a. a. O. S. 129.

Im Uebrigen obliegt die nähere Bestimmung dem einzelnen Staate. Das Staatsrecht der einzelnen Bundesstaaten hat ferner darüber zu entscheiden, ob die Centralbehörde vor Ertheilung der Genehmigung auch noch die landesherrliche Zustimmung einzuholen hat.

In Bayern ist maßgebend § 9 der Verordnung vom 25. Dezember 1899 (sog. Zuständigkeitsverordnung, G.V.Bl. S. 122): Hienach wird allgemein die erforderliche Genehmigung durch das Staatsministerium des Innern im Benehmen mit den Staatsministerien der Justiz und der Finanzen ertheilt.

Für Schuldverschreibungen, die von Verkehrsunternehmungen ausgestellt werden, erfolgt die Genehmigung durch das Staatsministerium des K. Hauses und des Außeren und das Staatsministerium des Innern im Benehmen mit dem Staatsministerium der Justiz und der Finanzen.

Für Schuldverschreibungen der pfälzischen Eisenbahnen wird die Genehmigung auf Grund landesherrlicher Ermächtigung durch das Staatsministerium des K. Hauses und des Aeußern und das Staatsministerium der Finanzen ertheilt.

2. Veröffentlichung.

a) Die Ertheilung der Genehmigung, sowie die Bestimmungen, unter denen sie erfolgt, sollen durch den Deutschen Reichsanzeiger bekannt gemacht werden. Diese Vorschrift trägt den Charakter einer Ordnungsvorschrift (M. a. a. O.). Ein nothwendiges Erforderniß für die Wirksamkeit der staatlichen Genehmigung ist diese Veröffentlichung also nicht (M. a a. O.). Durch sie wird das Publikum in den Stand gesetzt, sich darüber zu vergewissern, ob die Genehmigung ertheilt worden ist oder nicht, und ersteren Falles, unter welchen Bedingungen die Genehmigung ertheilt wurde.

b) Selbstverständlich ist, daß die Centralbehörden daneben auch die Publikation in amtlichen Blättern der einzelnen Staaten anordnen können. (In Bayern hat die Veröffentlichung auch im Gesetz- und Verordnungsblatte zu erfolgen; vgl. § 3 der K. Verordnung vom 18. März 1896).

c) Die Publikation hat ferner nicht die Bedeutung, daß die Verpflichtung des Ausstellers nicht allein nach dem Inhalte des Papieres, sondern auch nach den veröffentlichten Bedingungen bestimmt ist, unter welchen die Genehmigung ertheilt worden, vielmehr können die Bedingungen der Staatsgenehmigung nur insoferne zur Ergänzung des Papieres dienen, als letzteres mindestens auf dieselben Bezug nimmt.

Es bleibt Sache der maßgebenden Centralbehörde, soweit die Bedingungen wesentlich sind, auf die Uebereinstimmung des Papiers mit den Bedingungen bezw. darauf zu dringen, daß das Papier auf dieselben deutlich Bezug nimmt.

3. Die in einem Bundesstaat ertheilte Genehmigung hat selbstverständlich Wirkung für das ganze Reichsgebiet.

III. Folgen der Zuwiderhandlung gegen dieses gesetzliche Gebot.

1. Die ohne diese staatliche Genehmigung in den Verkehr gebrachten Schuldverschreibungen sind civilrechtlich nichtig (landesrechtlich waren zum Theil andere Folgen normirt; vgl. M. II, 720 Anm. 1).

a) Aus derartigen Papieren entsteht also einerseits kein Forderungsrecht gegen den Aussteller, andererseits kann derjenige, der ein solches Papier im Verkehr erwirbt, nach allgemeinen Rechtsgrundsätzen aus dem Uebertragungsgeschäfte sich regreßweise an seinen Vormann halten, da ihm dieser statt eines Werthpapiers ein werthloses Stück Papier übergeben bezw. verschafft hat. (Henle a. a. O. S. 135.)

b) Gleichgültig ist für diese Folge, ob der Aussteller selbst oder ein Dritter die Papiere vor der ertheilten Genehmigung in Verkehr bringt. Dies gilt also auch für den Dieb, worin zugleich indirekt ein gewisser Schutz für den Aussteller gegen Mißbrauch liegt.

c) Die vor erfolgter Genehmigung ausgegebene Schuldverschreibung wird zwar nicht etwa ohne Weiteres gültig, wenn die Genehmigung zur Ausgabe nachträglich ertheilt wird. Sie wird aber gültig, wenn sie von der Genehmigung ausdrücklich umfaßt wird oder wenn der Aussteller die noch in der Hand des ersten Erwerbers oder eines sich legitimirenden späteren Erwerbers befindlichen Papiere ausdrücklich als von ihm ausgegeben und zu der nun genehmigten Emission gehörig anerkennt. Vgl. Staub, Komm. z. H.G.B. (ä. F.) zu Art. 215 c § 7.

2. Der Aussteller hat ferner dem Inhaber den durch die Ausgabe verursachten Schaden zu ersetzen.

Diese Folge ergibt sich in der vollen Tragweite nicht etwa als selbstverständlich nach allgemeinen Rechtsgrundsätzen. Darum ist sie auch ausdrücklich aufgenommen worden. Sie soll nämlich auch für solche Fälle gelten, in welchen der Inhaber nicht der erste Nehmer des Papiers ist, oder in denen der Inhaber hätte wissen können, daß das Papier ohne staatliche Genehmigung ausgestellt worden ist. Auch für letzteren Fall und abgesehen von dem Fall eines Betrugs rechtfertigt sich die Verpflichtung des Ausstellers zum Schadensersatze, weil ohne eine solche durchgreifende Bestimmung der Zweck des Verbotsgesetzes gänzlich verfehlt würde (M. a. a. O.; P. II, 558).

Der Umstand, daß der Inhaber bei dem Erwerbe des Papiers den Mangel der staatlichen Genehmigung direkt gekannt hat, schließt die Schadensersatzpflicht im Prinzipe gleichfalls nicht aus. Es kann aber hier im einzelnen Falle der Schadensersatzanspruch im Hinblick auf § 254 gemindert oder ausgeschlossen werden. Vgl. Oertmann, Bem. 3 a zu § 795 und Cosack II, S. 335.

a) Die erste Voraussetzung der Schadensersatzpflicht ist, daß der Aussteller selbst oder ein Dritter in seinem Auftrage das Papier ausgegeben hat.

Die Thatsache, daß das Papier überhaupt in den Verkehr gelangt ist, genügt für sich allein also noch nicht (M. a. a. O.). Ebensowenig ist die Schadensersatzpflicht an die bloße Thatsache der Ausstellung des Papieres geknüpft. Es muß vielmehr der Aussteller selbst oder ein Dritter in seinem Auftrage das Papier in den Verkehr gebracht haben.

b) Weitere Voraussetzung ist, daß die Schuldverschreibung vor der Ertheilung der staatlichen Genehmigung ausgegeben wurde. Wenn aber die Genehmigung erfolgt ist, so kommt es, ebenso wie in Ansehung der Nichtigkeit (s. 1), nicht darauf an, ob sie öffentlich bekannt gemacht oder in Schuldverschreibungen erwähnt ist (M. a. a. O.).

Sind die beiden Voraussetzungen (a und b) gegeben, so tritt im Uebrigen die Schadensersatzpflicht ein ohne Rücksicht darauf, ob die Entstehung des Schadens von dem Aussteller vorausgesehen wurde oder vorausgesehen werden mußte.

c) Die Schadensersatzpflicht besteht aber immer nur dem letzten derzeitigen Inhaber, nicht also allen Zwischeninhabern gegenüber; P. II, 558 (E. I hatte im Texte den Plural „Inhabern"; im Handelsrechte bestand hierüber zu Art. 215 c H.G.B. eine Kontroverse). Solange das Papier in der Hand eines späteren Erwerbers ist, kann also der frühere Inhaber keinen Schadensersatzanspruch erheben. Er kann aber den derzeitigen Inhaber schadlos halten und so in den Besitz des Papieres zurückgelangen. Dann steht ihm selbstverständlich der Schadensersatzanspruch zu. Vgl. Henle a. a. O. S. 137.

d) Der Ersatz des Schadens besteht in der Leistung Alles dessen, was der Inhaber des ungültigen Papieres verloren hat, einschließlich des Entganges am Gewinne; vgl. §§ 249 ff., 252.

3. Ferner ist auf ein derartiges Zuwiderhandeln auch eine Strafe gesetzt (s. E.G. z. B.G.B. Art. 34 Abs. 4 = § 145 a St.G.B.), nämlich eine Geldstrafe, welche dem fünften Theile des Nennwerthes gleichkommen kann, mindestens aber 300 Mk. beträgt. Vgl. Bem. zu Art. 34 E.G.

4. Einen Einlösungszwang hinsichtlich der verbotswidrig in Umlauf gesetzten Papiere legt das Gesetz dem Aussteller nicht auf, da dies im Widerspruche mit der Nichtigkeit der Papiere stehen würde. Selbstverständlich kann die Regierung durch Ausschreiben vor dem Erwerbe der Papiere warnen und dadurch die Papiere aus dem Verkehre bringen (Henle a. a. O.).

§ 796.

Der Aussteller kann dem Inhaber der Schuldverschreibung nur solche Einwendungen entgegensetzen, welche die Gültigkeit der Ausstellung betreffen oder sich aus der Unkunde ergeben oder dem Aussteller unmittelbar gegen den Inhaber zustehen.

E. I, 689; II, 725; III, 780.

Zulässige Einwendungen des Ausstellers (über das besondere Recht des Ausstellers, die Legitimation des Inhabers zu beanstanden, s. Bem. V zu § 793). Das Gesetz scheidet selbst die Vertheidigungsmittel (Einwendungen im weiteren Sinne) des Ausstellers bei einer Schuldverschreibung auf den Inhaber in drei Gruppen (vgl. hiezu M. II, 699—701):

1. Einwendungen gegen die Gültigkeit der Ausstellung:

a) Derartige Einwendungen, welche auf die Nichtigkeit oder Anfechtbarkeit der Ausstellung abzielen, sind nach allgemeinen Grundsätzen begründet; z. B. die Unterschrift des Ausstellers ist gefälscht oder ein sonstiger Inhalt der Urkunde; der Aussteller war zur Zeit der Ausstellung bereits geschäftsunfähig (hinsichtlich eines späteren Zeitpunktes s. § 794); sie war nicht ernstlich gemeint und geschah in der Erwartung, daß der Mangel der Ernstlichkeit nicht werde verkannt werden; es lag ein wesentlicher Willensmangel auf Seite des Ausstellers zur Zeit der Ausstellung vor oder sie wurde dem Schuldner widerrechtlich durch Drohung abgezwungen 2c. Durchweg ist aber hinsichtlich dieser Einwendungen davon auszugehen, daß die Ausstellung des Papieres ein einseitiges, nicht empfangsbedürftiges Rechtsgeschäft ist. Es können daher alle jene Vorschriften über Willensmängel nicht zur Anwendung kommen, welche ein empfangsbedürftiges Rechtsgeschäft voraussetzen.

Strittig ist die Frage, inwieweit die Einrede des Betruges (arglistige Täuschung) statthaft ist:

Nach dem Wortlaute des Gesetzes, das bei nicht empfangsbedürftigen Rechtsgeschäften die Anfechtung allgemein zuläßt, muß dies auch hieher zutreffen. Da das Resultat für den Verkehr kein befriedigendes ist, will Cosack (II, 336) hier im Allgemeinen die Anfechtbarkeit ausschließen und sie nur jenem Gläubiger gegenüber zulassen, der von dem Papiere wider Treu und Glauben Gebrauch macht (?).

b) Einwendungen, welche sich gegen die Gültigkeit der Ausstellung richten, müssen gegen jeden Inhaber zulässig sein. Solche, welche sich lediglich gegen die Gültigkeit der ersten Begebung richten, sind dagegen unzulässig (vgl. hieher § 794) soferne sie nicht unter eine andere der nachfolgenden Kategorieen fallen.

2. Einwendungen, welche sich aus dem besonderen Inhalte der Urkunde ergeben.

a) Im Allgemeinen muß der Aussteller zweifellos für befähigt gelten, gegen jeden Inhaber, alle Einwendungen geltend zu machen, deren Erhebung er sich in der Urkunde vorbehalten hat.

Hieher schlägt auch die Frage ein, ob die an sich zulässige, wenn auch nicht häufige Angabe eines bestimmten Schuldgrundes (vgl. Bem. IIa zu § 793) zugleich die Erklärung des Ausstellers in sich schließt, daß und bezw. welche Einreden er aus dem Schuldgrunde gegen jeden Inhaber sich vorbehalte. Diese Frage läßt sich aber (M. a. a. O.) nicht allgemein beantworten. Es wird vielmehr in jedem einzelnen Falle zu prüfen sein, welcher Sinn einer solchen Angabe beizulegen ist, wobei unter Umständen besonders die Verkehrssitte für die Auslegung wichtig wird (vgl. hieher Entsch. d. R.G. Bd. 5 Nr. 69 S. 255 ff.). In vielen Fällen trägt die Angabe des Schuldgrundes nur einen aufklärenden Charakter und wohnt ihr daher hier keine rechtliche Bedeutung im vorliegenden Sinne inne.

b) Aus § 796 ergibt sich aber mittelbar, daß im Allgemeinen Beschränkungen der Verpflichtung durch den Inhalt der Urkunde statthaft sind. Es können in solcher Weise der Verpflichtung z. B. Zeitbestimmungen, Bedingungen oder sonstige Modalitäten beigefügt werden.

Sind die beigefügten Beschränkungen mit der Natur der Schuldverschreibung auf den Inhaber unverträglich, so wird dadurch das Schuldverhältniß nicht etwa ohne Weiteres hinfällig, sondern die Urkunde wird regelmäßig, zwar nicht als Inhaberpapier, wohl aber in anderer rechtlicher Auffassung gültig sein. (M. a. a. O.)

3. Einwendungen, welche dem Aussteller unmittelbar gegen den Inhaber zustehen.

Hierunter sind jene Einwendungen zu verstehen, welche in einem zwischen dem Aussteller und dem Inhaber bestehenden persönlichen Rechtsverhältnisse begründet sind.

a) Die Zulässigkeit derartiger Einwendungen aus den persönlichen Rechtsbeziehungen zwischen dem Aussteller und derzeitigen Inhaber steht im Einklange mit der bisherigen deutschen Gesetzgebung (vgl. hierher insbesondere Art. 82 Wechselordnung und Art. 303 H.G.B. ä. F.) und entspricht auch der allgemeinen Verkehrsanschauung. Das gleiche Prinzip kommt auch in anderen Theilen des Gesetzbuchs zum Durchbruche. Vgl. z. B. § 784 (bei der Anweisung), ferner § 1137.

E. I, 689 hatte hier die weitere Wortfassung: „Einwendungen, welche in dem zwischen dem Aussteller und dem Inhaber bestehenden persönlichen Rechtsverhältnisse sich gründen" rc., da er die Fassung der Wechselordnung bedenklich kurz fand. (M. II, 701.)

E. II ist aber absichtlich zu der im Verkehre bereits eingebürgerten Wortfassung der Wechselordnung und des H.G.B. zurückgekehrt (P. II, 541).

b) Im Einzelnen sind hier insbesondere zu nennen: Der Gläubiger hat z. B. die Forderung gestundet oder das Forderungsrecht des Gläubigers ist durch Zahlung, Erlaß rc. erloschen; auch eine Aufrechnung zwischen Aussteller und Inhaber muß zulässig erscheinen, ferner eine Berufung auf § 816.

Ebenso wird eine exceptio doli generalis hier zuzulassen sein. Vgl. M. II, 700 und die Literatur zu Art. 82 Wechselordnung.

c) Eine Einrede aus dem persönlichen Rechtsverhältnisse steht dem Gläubiger auch dann zu, wenn der Inhaber, der das Gläubigerrecht geltend macht, nach den zwischen ihm und dem Aussteller obwaltenden Rechtsbeziehungen dem Letzteren die Papiere herauszugeben verpflichtet ist, z. B. im Eigenthumsprozeß ihm weichen müßte (M. II, 700).

4. Weitere Einreden stehen im Allgemeinen dem Aussteller nicht zu, insbesondere sind Einreden aus den rechtlichen Beziehungen zwischen dem Aussteller und einem früheren Inhaber versagt, da eine Zulässigkeit solcher mit der Selbständigkeit der Rechte des gegenwärtigen Inhabers im Widerspruche stünde (M. II, 701).

Als Einwendungen besonderer Art bei dem Inhaberpapiere sind aber hieher noch zu erwähnen:

a) über das Papier ist Zahlungssperre verhängt (vgl. Bem. III zu § 799);

b) das Papier ist durch gerichtliches Ausschlußurtheil für kraftlos erklärt (s. § 799);

c) die Vorlegungsfrist oder die zweijährige Verjährungsfrist ist abgelaufen (§ 801);

d) das Forderungsrecht ist durch Ablauf der dreißigjährigen Verjährungsfrist erloschen.

5. Der Inhaber, dessen Recht vom Aussteller bestritten wird, ist selbstverständlich auf den Weg der Klage verwiesen. Ein Antrag, daß der Inhaber hier sofort die Hinterlegung des fälligen Schuldbetrages solle verlangen dürfen, wurde abgelehnt (P. II, 540), wobei zugleich darauf hingewiesen wurde, daß der Inhaber, im Urkundenprozesse klagend, regelmäßig in Bälde ein vorläufig vollstreckbares Urtheil erhalten wird.

§ 797.

Der Aussteller ist nur gegen Aushändigung der Schuldverschreibung zur Leistung verpflichtet. Mit der Aushändigung erwirbt er das Eigenthum an der Urkunde, auch wenn der Inhaber zur Verfügung über sie nicht berechtigt ist.

E. I, 688; II, 726; III, 781.

I. Schon durch die Verbriefung des Versprechens in der Urkunde an sich gibt der Aussteller einer Schuldverschreibung auf den Inhaber zu erkennen, daß er seine Verpflichtung zur Leistung davon abhängig mache, daß ihm das Papier vorgezeigt und zurückgegeben werde; denn nur durch die Aushändigung der Urkunde wird auch der Möglichkeit der Weiterübertragung der letzteren und der Schaffung weiterer Gläubiger vorgebeugt (M. II, 698).

1. Die allgemeine Regel (Satz 1) geht daher dahin, daß der Aussteller nur gegen Aushändigung der Schuldverschreibung zur Leistung verpflichtet ist. Seine Leistung erscheint zugleich als Einlösung des Papieres. Man kann deßhalb insoweit auch von einem „Präsentationspapiere" sprechen.

a) Im Sinne dieser Regel erscheint die Verpflichtung aus dem Papier als eine „Holschuld". Der Schuldner braucht im Allgemeinen nur an dem Orte zu leisten, wo er zur Zeit der Ausstellung des Papieres seinen Wohnsitz oder seine gewerbliche Niederlassung hatte (vgl. § 795 Abs. 2 Satz 1). Die sonstige Regel bei Geldschulden, daß der Schuldner das Geld dem Gläubiger zu übersenden habe (§ 270), ist hier nicht anwendbar.

Es kann sich aber aus der Natur der Leistung ein Anderes ergeben, z. B. bei einem Eisenbahnbillet.

b) Ueber den Zeitpunkt der Leistung des Schuldners s. Bem. I zu § 801. Die Verpflichtung des Inhabers, dem Aussteller überdies eine Quittung zu ertheilen, wird durch Satz 1 nicht berührt (§§ 368, 379; vgl. hieher H.G.B. Art. 303 ä. F. und § 364 Abs. 3 n. F., Wechselordnung Art. 39).

II. Zu Satz 2: Hienach soll der Aussteller — bei Leistung seiner Verpflichtung und Aushändigung der Urkunde Seitens des Inhabers — in allgemeiner Regel das Eigenthum an der Urkunde erwerben. Dies gilt selbst dann, wenn der Inhaber zur Verfügung über die Urkunde nicht berechtigt ist. Vgl. hiezu P. II, 540. (E. I, 688 und M. II, 698 haben diese weitere Folge nicht gezogen, sondern den Aussteller diesen Falles nur ermächtigt, auf der ausgehändigten Schuldurkunde zu vermerken, daß die Leistung erfolgt und die Schuldverschreibung kraftlos geworden ist, sowie auch letztere zu vernichten.)

a) Dieser Satz ist eine weitere Folge aus dem Prinzipe (vgl. Bem. III, 2 a, β zu § 793), daß der Inhaber beim Inhaberpapier als Gläubiger geradezu fingirt wird, selbst wenn ihm das Gläubigerrecht in Wahrheit fehlt. Da durch die Leistung das Gläubigerrecht erlischt (§ 793 Abs. 1 Satz 2), so soll auch die Hauptwurzel dieses Gläubigerrechtes, nämlich das Eigenthum an der Urkunde, dem Schuldner gegenüber nicht mehr in Geltung kommen können, vielmehr erwirbt Letzterer unbedingt das Eigenthum an der eingelösten Urkunde. Dadurch soll zugleich ausgeschlossen werden, daß ein Dritter (z. B. der wirkliche Eigenthümer) das Papier nachträglich vindiziren könne.

b) Man wird aber nicht so weit gehen können, in diesem Satze zugleich eine Ausnahme von dem allgemeinen Prinzipe der §§ 932 u. 935 erblicken zu wollen und dem unredlichen Aussteller, d. h. wenn er das Nichteigenthum des derzeitigen Inhabers direkt kannte oder in Folge grober Fahrlässigkeit nur nicht kannte, auch in diesem Falle den Eigenthumsübergang ohne Weiteres zuzusprechen. Es liegt zu wenig Anlaß vor, dessenwegen das Gesetz eine Ausnahme von dem sachenrechtlichen Prinzipe jener Paragraphen hätte machen wollen. (And. Ans. Strohal, Der Sachbesitz des B.G.B. S. 125.)

III. Bei vorkommenden Theilzahlungen wird man dem Aussteller das Recht zusprechen müssen, um sich gegen die spätere Geltendmachung der ganzen Forderung durch einen anderen Inhaber, als den Empfänger der Theilzahlung, zu sichern, einen entsprechenden Vermerk auf der Urkunde zu machen; vgl. hieher Wechselordnung Art 39 Abs. 2.

§ 798.

Ist eine Schuldverschreibung auf den Inhaber in Folge einer Beschädigung oder einer Verunstaltung zum Umlaufe nicht mehr geeignet, so kann der Inhaber, sofern ihr wesentlicher Inhalt und ihre Unterscheidungsmerkmale noch mit Sicherheit erkennbar sind, von dem Aussteller die Ertheilung einer neuen Schuldverschreibung auf den Inhaber gegen Aushändigung der beschädigten oder verunstalteten verlangen. Die Kosten hat er zu tragen und vorzuschießen.

E. I, 699; II, 782, III, 782.

Umtausch beschädigter Urkunden. Es entspricht der Billigkeit (und ist bereits in vielen anderen Gesetzen als Vorschrift enthalten (vgl. M. II, 713 Anm. 1 und insbesondere Reichsbankgesetz § 4), daß der Inhaber anstatt eines beschädigten oder verunstalteten Stückes die Ertheilung einer neuen Schuldverschreibung gegen Aushändigung der ersteren verlangen kann, zumal ja der Aussteller eines Inhaberschuldscheines jedem Inhaber auch den Vortheil der Verkehrsfähigkeit des betreffenden Papieres zuwenden will.

a) Voraussetzung ist aber, daß der wesentliche Inhalt des Papieres und seine Unterscheidungsmerkmale noch mit Sicherheit aus dem noch vorhandenen Stück erkennbar sind, also, daß mit anderen Worten das Papier in seiner Individualität trotz der Beschädigung oder Verunstaltung noch erkannt werden kann (M. a. a. O.). Nähere Mindesterfordernisse bezüglich des noch vorhandenen Stückes in äußerlicher Hinsicht (wie z. B. § 4 des Bankgesetzes bezüglich beschädigter Noten) stellt das Gesetz nicht auf.

Wird jene Voraussetzung mit dem vorhandenen Stücke nicht mehr erfüllt, so ist der Inhaber auf den Weg des Aufgebotsverfahrens (§ 799) verwiesen, beziehungsweise in Ansehung von Zins-, Renten- und Gewinnantheilscheinen auf den Weg des § 804.

b) Ein besonderes Ediktalverfahren findet im Rahmen des § 798 nicht statt.

c) Durch die neue Ausstellung werden die etwaigen Ansprüche eines Dritten aus dem Papiere selbstverständlich nicht berührt.

§ 799.

Eine abhanden gekommene oder vernichtete Schuldverschreibung auf den Inhaber kann, wenn nicht in der Urkunde das Gegentheil bestimmt ist, im Wege des Aufgebotsverfahrens für kraftlos erklärt werden. Ausgenommen sind Zins-, Renten- und Gewinnantheilscheine, sowie die auf Sicht zahlbaren unverzinslichen Schuldverschreibungen.

Der Aussteller ist verpflichtet, dem bisherigen Inhaber auf Verlangen die zur Erwirkung des Aufgebots oder der Zahlungssperre erforderliche Auskunft zu ertheilen und die erforderlichen Zeugnisse auszustellen. Die Kosten der Zeugnisse hat der bisherige Inhaber zu tragen und vorzuschießen.

E. I, 692; II, 728, III, 783.

Abhandenkommen und Vernichtung einer Schuldverschreibung auf den Inhaber.

I. Allgemeines:

1. Ist ein Papier dem bisherigen Inhaber weggekommen und ist ihm der derzeitige Besitzer bekannt, so stehen dem bisherigen Inhaber der petitorische Besitzanspruch aus § 1007 und die Vindikation im Sinne des § 985 zu, soferne nicht jener sich auf redlichen Erwerb, insbesondere im Sinne der §§ 932 u. 935 berufen kann.

Diesen Falles wird er auch ein Veräußerungsverbot im Wege einer einstweiligen Verfügung (vgl. insbesondere § 938 C.P.O.) beantragen können (M. II, 707 wollen dies allgemein verneinen, weil er nicht mehr Inhaber ist). Gegenüber dem gutgläubigen Erwerb ist selbstverständlich auch dieses Verbot ohne Wirkung.

2. Weiß der bisherige Inhaber aber nicht, in wessen Besitze die Schuldverschreibung sich derzeit befindet — und dies ist der technische Sinn von Abhandenkommen —, so stehen ihm drei Hülfsmittel zur Verfügung:

a) Er kann seinen Verlust durch die Polizei im Reichsanzeiger bekannt machen lassen (in Bayern haben gemäß Art. 90 des bayrischen A.G. die Distriktspolizeibehörden diese Anträge — auf Kosten des Antragstellers — zu übernehmen).

Dadurch wird erreicht, daß Bankiers, welche das Papier nach der Bekanntmachung an sich bringen, für die Regel ohne Weiteres als schlechtgläubig gelten (Näheres hierüber § 367 H.G.B. und Bem. II zu § 935).

Beim Verluste von Banknoten und anderen auf Sicht zahlbaren unverzinslichen Inhaberpapieren kann nach Art. 90 des bayrischen A.G. die Bekanntmachung nicht verlangt werden. Für abhanden gekommene Zins-, Renten- oder Gewinnantheilscheine kann sie nur verlangt werden, wenn der Schein später als in dem nächsten auf die Bekanntmachung folgenden Einlösungstermine fällig wird.

b) Er kann die Kraftloserklärung des Papieres beantragen (Näheres Bem. II). Dies gilt ebenso im Falle einer Vernichtung (z. B. durch Brand) des Papieres. Ueber den Fall einer nur theilweisen Verunstaltung oder Beschädigung s. § 798.

c) Hiemit, zum Theile schon vorher, kann das wirksame Mittel der Zahlungssperre verbunden werden (Näheres Bem. III).

II. Die Kraftloserklärung (Amortisation) im Einzelnen:

Wenn auch die Zulässigkeit einer Kraftloserklärung aus der rechtlichen Natur der Inhaberpapiere und der an sie geknüpften Verbindlichkeiten theoretisch nicht gefolgert werden kann, so wird jene doch durch ein überwiegend praktisches Bedürfniß gefordert zur Abhülfe gegen die Gefahren, welche aus dem Wesen der Inhaberpapiere und des Verkehres mit denselben dem in Verlust gekommenen Inhaber drohen. Deßhalb war dieses Institut schon in den meisten deutschen Staaten, sowie in der Reichsgesetzgebung bisher heimisch (für Bayern vgl. hieher die Art. 1 ff. des Gesetzes vom 18. März 1896).

1. Die Amortisirbarkeit ist nicht beschränkt auf die eine Geldzahlung verheißenden Papiere, sondern auch bei Schuldverschreibungen auf andere Leistungen gegeben. Gleichgültig ist ferner, ob die Verfallzeit zum Voraus bestimmt ist oder erst nach der Ausgabe durch Kündigung, Verloosung oder sonstwie bestimmt werden soll, oder ob die Entstehung der Forderung oder der Betrag nach den Ausgabebedingungen noch von besonderen Umständen abhängig ist (vgl. Henle a. a. O. S. 81). Hinsichtlich der sog. kleinen Inhaberpapiere (Karten, Marken rc.) s. Bem. II, 3 zu § 807.

2. Die nähere Regelung des allerdings weitläufigen und kostspieligen Verfahrens ist nunmehr (im Gegensatze zu E. I, vgl. insbesondere §§ 693 ff. und M. II, 707 ff.) fast ausschließlich in die Civilprozeßordnung verwiesen (§§ 946 ff. und im Besonderen die §§ 1004 ff. C.P.O.).

Das Gesetz enthält nur die Bestimmung (Abs. 2), daß der Aussteller dem bisherigen Inhaber auf Verlangen die zur Erwirkung des Aufgebots und der Zahlungssperre (s. unter III) erforderliche Auskunft zu ertheilen und die erforderlichen Zeugnisse (vgl. §§ 1010 ff. C.P.O.) auszustellen habe, daß jedoch die Kosten der Zeugnisse der bisherige Inhaber zu tragen und vorzuschießen habe.

Aus den Vorschriften der C.P.O. seien hier nur einige Grundzüge hervorgehoben:

a) Das Verfahren wird nur auf Antrag eröffnet. Antragsberechtigt ist der bisherige Inhaber (§ 1004). Das Papier ist in dem Antrage genau zu bezeichnen und der Verlust sowie die näheren Berechtigungsthatsachen zu dem Antrage sind glaubhaft zu machen (§ 1007). Ueber Zuständigkeit vgl. für Bayern auch Art. 166 Ziff. XIV des bayrischen A.G.

b) Es erfolgt sodann ein Aufgebot des abhanden gekommenen Papieres, worin der gegenwärtige Inhaber des Papieres aufgefordert wird, spätestens bis zu einem bestimmten Termine das Papier unter Anmeldung seiner Rechte vorzulegen, widrigenfalls die Kraftloserklärung der Urkunde erfolgen wird (§§ 1008—1015 C.P.O.).

c) Bleibt das Aufgebot erfolglos, so wird die Kraftloserklärung des Papieres ausgesprochen durch gerichtliches Ausschlußurtheil (§ 1017 C.P.O.).

3. Wirkung der Kraftloserklärung:

a) Der Inhaber kann den in dem abhanden gekommenen Papiere verbrieften Anspruch nunmehr ohne das Papier gegen den Aussteller geltend machen (§ 1018 C.P.O.) oder sich auch ein neues Inhaberpapier gleichen Inhalts von diesem ausstellen lassen; s. unten § 800.

b) Der derzeitige Besitzer sowie der spätere Erwerber des abhanden gekommenen Papieres verlieren alle ihre Rechte aus dem Papiere, auch wenn sie von dem Aufgebotsverfahren nichts erfuhren.

4. Unzulässigkeit einer Kraftloserklärung.

a) Nach ausdrücklicher gesetzlicher Vorschrift sind von der Kraftloserklärung ausgeschlossen (Abs. 1 Satz 2):

α) Zins-, Renten- und Gewinnantheilscheine (Dividendenscheine). (Uebereinstimmend mit den bisherigen Rechten, vgl. für Bayern Art. 1 Abs. 1 des früheren bayrischen Gesetzes.)

Die besondere Natur dieser meist über kleine Beträge lautenden Papiere und die in Folge dessen aus der Amortisirbarkeit derselben drohenden Gefahren erfordern hier den grundsätzlichen Ausschluß der Amortisation (M. II, 706). Die Amortisation dieser Papiere ist auch nicht bei Verlust durch Elementarereignisse zugelassen. Der nöthige Ersatz für diesen Ausschluß wird in § 804 gewährt; s. Bem. hiezu.

Erneuerungsscheine (Talons) sind gleichfalls nicht amortisationsfähig, da sie keine selbständige Schuldverschreibung auf den Inhaber, sondern vom Hauptpapier abhängige Legitimationspapiere sind. Vgl. hieher § 805 mit Bem.

β) Alle auf Sicht zahlbaren unverzinslichen Schuldverschreibungen:

Diese Ausnahme entspricht dem reichsgesetzlichen Ausschlusse der Amortisation der Banknoten (der in § 4 des Reichsbankgesetzes vom 14. März 1875 ausdrücklich ausgesprochen ist) und beruht auf der gelddähnlichen Natur und Funktion solcher Papiere (M. a. a. O.). Unverzinsliche Schuldverschreibungen mit anders bestimmter Verfallzeit sind dagegen (z. B. sog. Spitzscheine) amortisirbar. Vgl. Henle a. a. O. S. 25 Anm. 22.

Mit Untergang derartiger Papiere verliert also der bisherige Gläubiger seine Forderung endgültig.

b) Es ist ferner im Grundsatze möglich, daß der Aussteller der Urkunde (Staat, Korporation oder Private) die Zulässigkeit der Amortisation der Hauptschuldverschreibungen in diesen selbst ausdrücklich ausschließt. (Insoferne ist also § 799 nur dispositiver Natur.) M. a. a. O.

Bei den in § 795 genannten Schuldverschreibungen wird jedoch anläßlich der staatlichen Genehmigung zu prüfen sein, ob der Ausschluß der Kraftloserklärung ohne Schädigung der Inhaber zugelassen werden kann und es wird für die Regel die Genehmigung zur Ausgabe von Inhaberpapieren versagt werden, wenn der Ausschluß der Amortisation bedungen sein soll; vgl. Henle a. a. O. S. 84.

c) Hinsichtlich der sog. kleinen Inhaberpapiere, wie Karten, Marken ꝛc., s. Bem. II, 3 zu § 807.

III. Von besonderer Wichtigkeit für den Gläubiger, dessen Papier zu Verlust gekommen ist, ist das von dem B.G.B. bezw. der C.P.O. nunmehr allgemein eingeführte Institut der Zahlungssperre (das landesrechtlich bisher schon vielfach bestand; vgl. M. II, 707 Anm. und bayrisches Gesetz Art. 3). Die näheren Bestimmungen sind in §§ 1019 ff. C.P.O. enthalten.

a) Die Zahlungssperre ist in ihrem Wesen ein richterliches Verbot an den Aussteller, dem Inhaber des Papieres zu leisten, insbesondere neue Zins-, Renten- oder Gewinnantheilscheine oder einen Erneuerungsschein auszugeben.

b) Sie wird nur auf Antrag erlassen und ist regelmäßig nur in Verbindung mit dem gleichzeitigen Amortisationsverfahren statthaft. Ausnahmsweise kann sie auch vor der Einleitung des Amortisationsverfahrens beantragt werden, wenn nämlich zwar die allgemeinen Voraussetzungen des Aufgebots vorhanden sind, gleichwohl aber kraft einer für die betreffende Schuldverschreibung maßgebenden besonderen Anordnung das Aufgebot selbst erst nach Ablauf einer besonderen Frist erlassen werden kann. (§§ 1020 mit 1015 C.P.O. und M. II, 707.)

c) Die Wirkung des Zahlungsverbotes liegt darin, daß Leistungen, die dem Verbote zuwider an einen Dritten gemacht werden, dem Antragsteller gegenüber unwirksam sind; nur die vor dem Verbote bereits ausgegebenen Zins-, Renten- oder Gewinnantheilscheine werden von dem Verbote nicht betroffen. (§ 1019 Abs. 3 C.P.O.) Sie können daher ungeachtet der für die Hauptschuldverschreibung später ergangenen Zahlungssperre ausbezahlt werden. (M. a. a. O.) Eine weitere Wirkung liegt in der Hemmung der Vorlegungsfrist und der Verjährung gemäß § 802.

d) Die Zahlungssperre ist von Amtswegen wieder aufzuheben, sobald das aufgebotene Papier dem Gerichte vorgelegt wird und dem Antragsteller Gelegenheit gegeben ist, das Papier zu besichtigen (§ 1022 C.P.O.).

IV. Hinsichtlich des Aufgebotsverfahrens bei den auf Namen umgeschriebenen Papieren s. Bem. II, 2 u. 3 zu § 806.

§ 800.

Ist eine Schuldverschreibung auf den Inhaber für kraftlos erklärt, so kann derjenige, welcher das Ausschlußurtheil erwirkt hat, von dem Aussteller, unbeschadet der Befugniß, den Anspruch aus der Urkunde geltend zu machen, die Ertheilung einer neuen Schuldverschreibung auf den Inhaber an Stelle der für kraftlos erklärten verlangen. Die Kosten hat er zu tragen und vorzuschießen.

E. I, 695; II, 728, III, 784.

Ansprüche aus dem Ausschlußurtheile.

1. Der Hauptanspruch aus dem Ausschlußurtheile, nämlich der Anspruch aus der Urkunde, d. h. die in der Schuldverschreibung versprochene Leistung — nach Eintritt der Fälligkeit — von dem Aussteller zu fordern, wird vom Gesetze hier nur verweisend erwähnt, da sein eigentlicher Stützpunkt in § 1018 C.P.O. ruht.

Ueber die Folgen einer Anfechtung des Ausschlußurtheils s. Abs. 2 des § 1018 a. a. O.

2. Ferner wird dem Verlustträger (entsprechend ähnlichen Bestimmungen vieler Landesgesetze, vgl. M. II, 708 und Art. 1 Abs. 3 des bayrischen Gesetzes) ausdrücklich das Recht gewahrt, von dem Aussteller an Stelle der für kraftlos erklärten Schuldverschreibung eine neue zu verlangen.

a) Die Kosten hiefür hat der Gläubiger zu tragen, bezw. auch auf Verlangen des Ausstellers vorzuschießen.

b) Die Verpflichtung ist nicht davon abhängig gemacht, daß die Schuldverschreibung noch nicht fällig ist; denn der Antragsteller kann unter Umständen ein besonderes Interesse haben, trotz der Fälligkeit in den Besitz einer Verschreibung zu gelangen (M. II, 708). Selbstverständlich aber kann auf der Ertheilung einer neuen Schuldverschreibung nicht bestanden werden, wenn Schuldverschreibungen von der Art der verlorenen nicht mehr ausgestellt werden, sondern zur Zahlung eingerufen sind, oder wenn die aufgebotene Schuldverschreibung ausgeloost ist (Henle a. a. O. S. 86).

c) Über die Form der neuen Schuldverschreibung bestimmt das Gesetz nichts, insbesondere nicht, daß sie dieselbe Form wie die frühere haben müsse. Dies wäre zu beengend. Auch muß z. B. der Aussteller im Falle einer noch nicht beendigten Massenemission befugt sein, an Stelle der amortisirten Verschreibung eine neue aus der Zahl der noch nicht emittirten Verschreibungen zu geben. Mit anderen Worten: Die Form der neuen Urkunde kann nicht absolut bestimmt werden, sie soll den wesentlichen Inhalt der für kraftlos erklärten Urkunde enthalten, sodaß sie im Verkehre lieferbar ist. Wird ein Duplikat ausgestellt, so muß es, mit Rücksicht auf seinen Uebergang in die Hand Dritter, mit einer dasselbe von der amortisirten Urkunde unterscheidenden Bemerkung versehen sein, um im Falle der Kollision bemessen zu können, welche der Urkunden die dem Aussteller gegenüber gültige ist (M. a. a. O. und Henle a. a. O).

d) Die Geltendmachung des Anspruchs auf Ausstellung einer neuen Urkunde ist an keine besondere Frist gebunden, so wenig wie der Anspruch auf Zahlung im Gegensatze zu verschiedenen bisherigen Rechten.

3. Eine allgemeine Bestimmung (wie in Art. 4 des bayrischen Gesetzes vom 29. September 1861), wonach der Verlustträger berechtigt wäre, eine auf die aufgebotene Urkunde während des Aufgebotsverfahrens fällig werdende Leistung gegen Sicherheitsleistung zu fordern oder deren Hinterlegung zu verlangen oder an Stelle der Urkunde während des Verfahrens eine andere gegen Sicherheitsleistung zu begehren, enthält das B.G.B. nicht; vgl. M. a. a. O.

4. Ueber den Anspruch auf Ertheilung einer neuen Schuldverschreibung im Falle einer Beschädigung oder einer Verunstaltung der alten Urkunde s. § 798.

§ 801.

Der Anspruch aus einer Schuldverschreibung auf den Inhaber erlischt mit dem Ablaufe von dreißig Jahren nach dem Eintritte der für die Leistung bestimmten Zeit, wenn nicht die Urkunde vor dem Ablaufe der dreißig Jahre dem Aussteller zur Einlösung vorgelegt wird. Erfolgt die Vorlegung, so verjährt der

Anspruch in zwei Jahren von dem Ende der Vorlegungsfrist an. Der Vorlegung steht die gerichtliche Geltendmachung des Anspruchs aus der Urkunde gleich.

Bei Zins-, Renten- und Gewinnantheilscheinen beträgt die Vorlegungsfrist vier Jahre. Die Frist beginnt mit dem Schlusse des Jahres, in welchem die für die Leistung bestimmte Zeit eintritt.

Die Dauer und der Beginn der Vorlegungsfrist können von dem Aussteller in der Urkunde anders bestimmt werden.

E. I, 691; II, 729; III, 785.

Erlöschen des Anspruchs aus einer Schuldverschreibung auf den Inhaber.

I. Allgemeines.

1. Im Allgemeinen ist hier zunächst zu unterscheiden, ob in dem Papier ein Leistungstermin ausdrücklich bestimmt ist oder nicht.

Die §§ 801 u. 802 gehen davon aus, daß eine für die Leistung bestimmte Zeit festgesetzt ist. Daß diese Bestimmung der Leistungszeit in der Schuldverschreibung selbst getroffen ist, ist nicht unbedingt nothwendig, sie kann sich auch aus den Verloosungs- und Kündigungsbedingungen, soweit solche in Gemäßheit der Schuldverschreibung getroffen werden, ergeben. (P. II, 544.)

Für die Fälle, daß eine solche Terminsbestimmung mangelt, s. Näheres unter Bem. III.

2. Der bisherige Zustand in Ansehung der Frage der Verjährung oder der Erlöschung des Anspruchs aus Schuldverschreibungen auf den Inhaber durch Zeitablauf war ein äußerst mannigfaltiger (vgl. M. II, 703 und Anm. 2; für Bayern vgl. Gesetz vom 29. September 1861 Art. 1, 2, 6, 7). Theils waren die allgemeinen Verjährungsgrundsätze geltend, theils spezielle Vorschriften, theils Präklusivfristen oder auch eine Art Amortisationsverfahren eingeführt.

3. Das B.G.B. stellt im Prinzipe bestimmte Ausschlußfristen (im Gegensatze zu der Verjährung und den Verjährungsfristen; über den Unterschied vgl. Bem. zu § 124) fest, innerhalb deren die Schuldverschreibung dem Aussteller zur Einlösung vorgelegt werden muß, widrigenfalls der Anspruch aus der Urkunde erlischt. Man ging davon aus, daß die allgemeine Verwendung des Institutes der Verjährung im Hinblick auf die besondere Natur dieser Papiere, namentlich in Ansehung des Beginnes, der Hemmung und der Unterbrechung der Verjährung, zu große Schwierigkeiten und Zweifel bereite (vgl. M. a. a. O. und D., 91, 92). Die Ausschlußfrist für Vorlegung der Urkunde zur Einlösung trägt hier den typischen Namen „Vorlegungsfrist".

Das Institut der Verjährung kann indessen nicht ganz entbehrt werden, da sich in einer Reihe von Fällen das Schuldverhältniß nicht mit Ablauf der Ausschlußfrist erledigt, z. B. wenn die Urkunde vor Ablauf der Frist vorgelegt, aber nicht eingelöst wird und dann ausgeklagt werden muß, oder wenn eine Abschlagszahlung geleistet ist. Auch ist es nicht angängig, daß ein einmal zur Einlösung vorgelegtes, aber nicht eingelöstes Inhaberpapier unverjährbar sei.

Deßhalb läßt das Gesetz neben der Ausschluß- oder Vorlegungsfrist noch die allgemeine Verjährung zu (im Gegensatze zu E. I und Mot., vgl. P. II, 545), jedoch nur in beschränkter Tragweite:

Die Verjährung kommt nämlich nur dann in Frage, wenn die Urkunde innerhalb der Ausschlußfrist vorgelegt worden ist. Eine Hemmung oder Unterbrechung, welche vor diesen Zeitpunkt fällt, kommt nicht in Betracht.

II. Im Einzelnen:

1. Die gesetzliche Vorlegungsfrist (s. aber Bem. 3 unten) beträgt allgemein für die Schuldverschreibung auf den Inhaber selbst dreißig Jahre von dem Eintritte der für die Leistung bestimmten Zeit an (vgl. oben I, 1), für Zins-, Renten- und Gewinnantheilscheine aber vier Jahre von dem Schlusse des Jahres ab, in welchem die für die Leistung bestimmte Zeit eintritt (Abs. 2). Hinsichtlich der Erneuerungsscheine (Talons) enthält das Gesetz keine besondere Bestimmung. Vgl. Bem. IV, b zu § 803 und ferner § 805.

Die Vorlegung selbst hat durch Präsentation dem Aussteller gegenüber zu erfolgen.

Dieser thatsächlichen Vorlegung steht in ihrer Wirkung gleich die gerichtliche Geltendmachung des Anspruchs aus der Urkunde (vgl. Abs. 1 Satz 3).

a) Wird die Urkunde innerhalb der Vorlegungsfrist nicht vorgelegt (oder der Anspruch gerichtlich geltend gemacht), so sind die Ansprüche des Gläubigers verwirkt.

b) Erfolgt die Vorlegung innerhalb der Frist, so ist das Recht des Gläubigers einstweilen gesichert. Erst von dem Ende der Vorlegungsfrist an beginnt eine zweijährige Verjährungsfrist hinsichtlich seines Anspruchs zu laufen.

c) Der Beginn und der Lauf der Vorlegungsfrist, sowie der Verjährung wird durch die Zahlungssperre zu Gunsten des Antragstellers gehemmt. (Näheres § 802.)

Die sonstigen Gründe der Hemmung und Unterbrechung der Verjährung finden auf die Vorlegungsfrist keine Anwendung, wohl aber steht die sich etwa weiter anschließende zweijährige Verjährungsfrist (s. vorher b) unter den allgemeinen Normen der Verjährung.

2. Die Beweislast ist, wie aus der Fassung des Gesetzes zu entnehmen ist (vgl. auch P. II, 544), in der Weise getheilt, daß der Aussteller, der sich auf den Ablauf der Vorlegungsfrist beruft, dies beweisen muß, während dagegen der Gläubiger eventuell seinerseits die Vorlegung der Urkunde innerhalb der gesetzlichen Frist darthun muß.

3. Dem Aussteller bleibt vorbehalten, die Dauer und den Beginn der Vorlegungsfrist in einer von den gesetzlichen Vorschriften abweichenden Art zu bestimmen, also z. B. die Frist abzukürzen oder zu verlängern. Dabei sind jedoch folgende Schranken aufgestellt.

a) Entsprechend dem Prinzipe des § 796 muß eine derartige abweichende Bestimmung in der Urkunde enthalten sein (M. II, 704).

b) Der Aussteller ist nicht berechtigt, die Vorlegungsfrist gänzlich auszuschließen und damit jede zeitliche Schranke für den Anspruch aus der Urkunde zu beseitigen (D., 91, 92): ebensowenig kann er auch auf die Vorlegung der Urkunde verzichten (P. a. a. O.).

III. Ist in dem Papier ein Termin für die Leistung nicht enthalten, so besteht auch keine Vorlegungsfrist. Der Gläubiger kann die Leistung zu jeder Zeit fordern (vgl. § 271). Für den Anspruch des Gläubigers läuft die allgemeine Verjährungsfrist von dreißig Jahren (§ 195) und zwar von dem Tage an, an welchem der Gläubiger das Papier erworben hat (§ 198).

IV. Uebergangsbestimmungen s. in Art. 174 u. 175 E.G. und vgl. außerdem für Bayern Art. 8 des bayrischen Uebergangsgesetzes.

§ 802.

Der Beginn und der Lauf der Vorlegungsfrist sowie der Verjährung werden durch die Zahlungssperre zu Gunsten des Antragstellers gehemmt. Die Hemmung beginnt mit der Stellung des Antrags auf Zahlungssperre; sie endigt mit der Erledigung des Aufgebotsverfahrens und, falls die Zahlungssperre vor der Einleitung des Verfahrens verfügt worden ist, auch dann, wenn seit der Beseitigung des der Einleitung entgegenstehenden Hindernisses sechs Monate verstrichen sind und nicht vorher die Einleitung beantragt worden ist. Auf diese Frist finden die Vorschriften der §§ 203, 206, 207 entsprechende Anwendung.

E. I, 694; II, 730; III, 786.

Die Vorschrift des § 802 entspringt einer billigen Rücksichtnahme auf den bisherigen Inhaber, dem die Urkunde zu Verlust gegangen ist und der deßhalb Rechte aus ihr geltend machen kann. Vor Allem ist hier die Erwägung maßgebend, daß das Aufgebotsverfahren an sich (Mangels einer Betheiligung des Ausstellers an dem Verfahren) kein Hemmungsgrund allgemeiner Art ist und es im Hinblick auf die nothwendig längere Dauer des Aufgebotsverfahrens vorkommen könnte, daß während der Dauer desselben die Vorlegungsfrist oder die Verjährungsfrist ablaufe. Das wirksame Mittel für den Verlustträger, die Hemmung der Vorlegungsfrist oder der Verjährung herbeizuführen, bildet die Zahlungssperre (vgl. hieher im Allgemeinen Bem. III zu § 799). (§ 802 stimmt überein mit Art. 11 des bayrischen Gesetzes.)

1. Zu Satz 1: Die Zahlungssperre hemmt sowohl den Beginn, wie den Lauf der Vorlegungsfrist, also auch die sich an das Ende der Vorlegungsfrist anschließende Verjährung (vgl. hierüber § 801 mit Bem.).

a) Diese Hemmung erfolgt aber nur zu Gunsten des Antragstellers.

b) Es tritt lediglich eine Hemmung ein und keine Unterbrechung. Mit der Beseitigung des Zahlungsverbots läuft die früher bereits begonnene Frist (unter Einrechnung der Zeit bis zum Zahlungsverbote) weiter.

Die Erhebung der Anfechtungsklage im Sinne des § 957 C.P.O. bewirkt keine Hemmung zu Gunsten des Anfechtungsklägers.

2. Zu Satz 2:

a) Der Beginn dieser Hemmung würde nach Satz 1 erst mit der Erlassung der Zahlungssperre durch das Gericht eintreten. Zu Gunsten des Antragstellers soll jedoch nach Satz 2 die Hemmung, die mit der Zahlungssperre eintritt, rückwärts auf den Zeitpunkt, in welchem die Zahlungssperre beantragt ist, bezogen werden. Es würde daher auch dem Antragsteller nicht schaden können, wenn etwa im Zeitpunkte der Erlassung der Zahlungssperre die Frist bereits abgelaufen ist, wenn sie nur noch zur Zeit der Antragstellung im Laufe war (Henle a. a. O. S. 106).

b) Die durch die Zahlungssperre bewirkte Hemmung endigt:

α) mit der Erledigung des Aufgebotsverfahrens;

β) falls die Zahlungssperre vor der Einleitung des Aufgebotsverfahrens verfügt worden ist (vgl. §§ 1020 mit 1015 C.P.O. und Bem. III, b zu § 799) auch dann, wenn seit der Beseitigung des der Einleitung entgegenstehenden Hindernisses sechs Monate verstrichen sind und nicht vorher die Einleitung beantragt worden ist.

Diese Bestimmung soll die Verzögerung des Antrages auf Einleitung des Aufgebotsverfahrens und eine ungemessene Dauer der Zahlungssperre verhüten. (M. II, 708.)

Auf die letztere Frist von sechs Monaten sollen die Vorschriften der §§ 203, 206, 207 entsprechende Anwendung finden.

§ 803.

Werden für eine Schuldverschreibung auf den Inhaber Zinsscheine ausgegeben, so bleiben die Scheine, sofern sie nicht eine gegentheilige Bestimmung enthalten, in Kraft, auch wenn die Hauptforderung erlischt oder die Verpflichtung zur Verzinsung aufgehoben oder geändert wird.

Werden solche Zinsscheine bei der Einlösung der Hauptschuldverschreibung nicht zurückgegeben, so ist der Aussteller berechtigt, den Betrag zurückzubehalten, den er nach Abs. 1 für die Scheine zu zahlen verpflichtet ist.

E. I, 690, II, 731; III, 787.

I. Rechtliche Natur der Zinsscheine auf den Inhaber im Allgemeinen.

Die rechtliche Natur der in selbständiger Gestalt, getrennt von der Hauptschuldverschreibung (Mantel, Titel, Hauptobligation) ausgegebenen, auf den Inhaber lautenden Zinsscheine (Koupons, Zinsabschnitte) war bisher bestritten.

Nach der einen Meinung (insbesondere von Kuntze vertreten) ist der Zinsschein ein durchaus selbständiges Inhaberpapier, völlig losgelöst von dem Hauptpapier, also eine selbständige, abstrakte Obligation. Nach der anderen Anschauung ist der Zinsschein zwar ein zum selbständigen Umlaufe bestimmtes und fähiges Papier, gleichwohl bleibt er ein Papier über eine Zinsobligation und hat insoweit im Verhältnisse zum Anspruch aus der Hauptobligation accessorische Natur.

Letztere Auffassung war in jüngerer Zeit die überwiegende in Doktrin und auch in der Praxis der Gerichte (vgl. S. A. Bd. 20 Nr. 59, Bd. 28 Nr. 162, Bd. 32 Nr. 179; Entsch. d. R.O.H.G. Bd. 10 S. 213), und ihr schließt sich auch das B.G.B. an.

II. Im Allgemeinen ergeben sich aus diesem Prinzipe nachstehende Folgerungen:

1. Insoweit die Zinsscheine im Verkehr als Träger der Zinsforderung cirkuliren und daher auch im Verkehr als Werthpapiere sowie als Tausch- und Zahlungsmittel be-

nutzt werden, sind sie vom Hauptpapier unabhängig und gelten als selbständiges Inhaberpapier.

a) Sie können daher, jeder einzeln und ohne die Haupturkunde, wie ein Inhaberpapier überhaupt erworben werden und unterliegen auch im Verhältnisse zwischen den sich folgenden Inhabern den besonderen Grundsätzen über Eigenthumserwerb und -Verlust. Kapitalgläubiger und Zinsgläubiger sind insoweit verschiedene Personen.

b) Dementsprechend ist zur Einziehung einer Zinsrate auch die Vorlegung und die Rückgabe des betreffenden Zinsscheines erforderlich. Der Schuldner muß die Zinsen auf den Zinsschein ohne die Haupturkunde zahlen.

c) Aus dieser Selbständigkeit des Zinsscheines zieht das Gesetz im Besonderen in Satz 1 die weitere Folge, daß derartige Zinsscheine — soferne nicht etwa eine besondere Gegenbestimmung getroffen ist; vgl. unten Bem. d — auch dann in Kraft bleiben, wenn die Hauptforderung erlischt, z. B. infolge einer Auslosung, oder die Verpflichtung zur Verzinsung aufgehoben oder beendet wird, z. B. im Falle einer Zinsreduktion muß der Koupon zu dem nominellen Betrag ausbezahlt werden, auch wenn die Hauptforderung nicht mehr zu dem in dem Zinsscheine bezeichneten Betrage zu verzinsen ist (M. II, 702). Die sonstige allgemeine Regel im Rechte der Schuldverhältnisse, daß mit Erfüllung oder sonstiger Aufhebung der Kapitalschuld auch die betreffende Zinsschuld als aufgehoben zu gelten hat, gilt hier also nicht. Im Gegentheile muß der Schuldner die einzelnen Zinsscheine selbst dann einlösen, wenn er z. B. die Kapitalschuld längst bezahlt hat.

d) Diese gesetzliche Regel soll aber, wie das Gesetz selbst ausspricht, nur dispositiver Natur sein. Der Schuldner kann sie ausschließen, indem er bestimmt, daß er sich zur Einlösung der ausgestellten Zinsscheine nur auf so lange verpflichtet, als die Hauptschuldverschreibung selbst zu verzinsen sei. Eine derartige Bestimmung muß aber entsprechend dem § 796 in der Zinsschuldverschreibung selbst enthalten sein, sonst kann sich der Aussteller mit Erfolg nicht darauf berufen (M. II, 701).

2. Aus der gleichzeitigen accessorischen Natur der Zinsscheine ergibt sich andererseits:

a) daß der Zinsschein trotz seiner Selbständigkeit im Verkehre materiellrechtlich doch eine Verschreibung über eine Zinsschuld bleibt und demgemäß allgemein hienach zu beurtheilen ist. Dies ist von Wichtigkeit z. B. bei der Entscheidung, ob Zinsen von Zinsen zu zahlen sind und bei ähnlichen Fragen (vgl. § 289).

b) Eine besondere Folgerung hieraus bildet ferner das Recht des Ausstellers auf Kürzung um den Betrag der noch nicht zurückgegebenen Zinsscheine dem Gläubiger der Haupturkunde gegenüber, wie dies Abs. 2 aufstellt:

α) Der Aussteller ist hienach berechtigt, wenn ihm bei der Einlösung der Haupturkunde nicht zugleich sämmtliche bereits ausgegebenen Zinsscheine zurückgegeben werden (oder zurückgegeben sind), den zur Deckung der noch nicht zurückgegebenen Zinsscheine nöthigen Betrag zurückzubehalten, oder mit anderen Worten: den durch die nicht zurückgegebenen Zinsscheine repräsentirten Zinsenbetrag an der Hauptforderung abzuziehen.

β) Wird der Zinsschein nachgeliefert, so wird die Auszahlung des gekürzten Betrages auch vor der Fälligkeit der Zinsscheine nicht versagt werden können. Im Uebrigen wird der Inhaber des Hauptpapieres die Erstattung des zurückbehaltenen Betrages verlangen können, wenn und soweit er nicht in der Folge zur Einlösung der Zinsscheine verwendet werden muß. Dies entscheidet sich je mit dem Ablaufe der Vorlegungs- bezw. Verjährungsfrist für jeden einzelnen Koupon (s. §§ 801, 802 und vgl. auch § 804).

c) Es ist selbstverständlich nicht ausgeschlossen, daß im Einzelfalle die accessorische Natur ausnahmsweise gänzlich fehlt, wenn etwa die Scheine ohne Angabe des Grundes (Zinsen) abstrakt lediglich auf einen bestimmten Betrag ausgestellt sind. Dies wird aber praktisch höchst selten vorkommen. (Henle a. a. O. S. 26 Anm. 23).

III. In diesem Zusammenhang ist wiederholt darauf hinzuweisen, daß hinsichtlich zu Verlust gegangener oder vernichteter Zinsscheine ein Amortisationsverfahren nicht stattfinden kann (vgl. § 799 mit Bem. II, 4 a). Ein Schutz des bisherigen Inhabers liegt in § 804, s. Bem. hiezu.

Infolgedessen ist auch eine Zahlungssperre bei Zinsscheinen unzulässig. Wird über die Haupturkunde die Zahlungssperre verhängt, so darf der Schuldner gleichwohl alle vorher ausgegebenen Zinsscheine einlösen, nur neue Zinsscheine darf er von nun an nicht mehr ausgeben. Vgl. § 1019 C.P.O. und Bem. III, c zu § 799.

IV. Die Bestimmungen des § 803 beziehen sich im Uebrigen nur auf Zinsscheine, nicht dagegen auf Dividendenscheine noch auf Erneuerungsscheine.

a) Die Dividendenscheine und ähnliche, auf den Inhaber lautende Urkunden über Ansprüche von ungewissem Werth und ungewisser Fälligkeit (z. B. Gewinnantheilscheine) sind regelmäßig unvollkommene Inhaberpapiere, insoferne ja der Aussteller in Gemäßheit des unzweideutigen Inhalts der Verbriefung nur dann zu einer Zahlung verpflichtet ist, wenn wirklich eine Dividende erlangt wird. In Folge dessen ist selbstverständlich, daß derlei Scheine mit dem Erlöschen des Rechtes aus der Haupturkunde ihre Bedeutung verlieren (M. II, 702).

b) Die Erneuerungsscheine (Talons, Zins- und Dividendenleisten), welche regelmäßig mit verzinslichen Inhaberpapieren und mit Aktien neben den Koupons und Dividendenscheinen ausgegeben zu werden pflegen, gelten nach der überwiegenden Auffassung im heutigen Verkehre nicht als selbständige Inhaberpapiere, sondern als Legitimationspapiere, und zwar nur als unvollkommene.

Der Besitzer der Haupturkunde behauptet hier den Vorzug, und dieser Schein wird mit der Hinfälligkeit der Haupturkunde gleichfalls bedeutungslos. Auf ihn finden auch die Grundsätze, welchen die Inhaberpapiere in Bezug auf den Erwerb und den Verlust des Eigenthums unterliegen, keine Anwendung (M. a. a. O.).

(Eine andere Auffassung ging dahin, daß der Talon gleichfalls ein Inhaberpapier sei. Sie wird auch jetzt noch theilweise vertreten, z. B. von Cosack a. a. O. S. 350).

Vgl. hieher außerdem § 804 mit Bem.

V. Uebergangsbestimmungen vgl. für Bayern in Art. 8 des bayrischen Uebergangsgesetzes.

§ 804.

Ist ein Zins-, Renten- oder Gewinnantheilschein abhanden gekommen oder vernichtet und hat der bisherige Inhaber den Verlust dem Aussteller vor dem Ablaufe der Vorlegungsfrist angezeigt, so kann der bisherige Inhaber nach dem Ablaufe der Frist die Leistung von dem Aussteller verlangen. Der Anspruch ist ausgeschlossen, wenn der abhanden gekommene Schein dem Aussteller zur Einlösung vorgelegt oder der Anspruch aus dem Scheine gerichtlich geltend gemacht worden ist, es sei denn, daß die Vorlegung oder die gerichtliche Geltendmachung nach dem Ablaufe der Frist erfolgt ist. Der Anspruch verjährt in vier Jahren.

In dem Zins-, Renten- oder Gewinnantheilscheine kann der im Abs. 1 bestimmte Anspruch ausgeschlossen werden.

E. I, 697, II, 732; III, 788.

I. Allgemeines. § 804 soll demjenigen, dem ein Zins-, Renten- oder Gewinnantheilschein zu Verlust gegangen ist, ein Mittel an die Hand geben, um sich sein Gläubigerrecht möglichst zu wahren.

1. In der bisherigen Gesetzgebung wurden verschiedene Wege in dieser Hinsicht eingeschlagen (M. II, 709). Theils wurde ein Amortisationsverfahren gewährt, theils wurde eine entsprechende Anzeige an den Aussteller, mit oder ohne Glaubhaftmachung des Verlustes, vorausgesetzt, um nach eingetretener Verjährung Zahlung verlangen zu können (so im bayrischen Gesetze vom 29. September 1861 Art. 4). Anderwärts wieder wurde

überhaupt nur dem Inhaber der Haupturkunde im Falle rechtzeitiger Anzeige ein derartiger Anspruch eingeräumt. Vielfach wurde auch der Verlustträger auf den Weg der Erwirkung gerichtlicher Zahlungssperre verwiesen.

2. Der Standpunkt des B.G.B. ist im Allgemeinen folgender:

a) Amortisation und Zahlungssperre sind bei diesen Papieren als unpassend und unpraktisch (M. a. a. O.) grundsätzlich ausgeschlossen.

b) Der Verlustträger kann sich aber sein Gläubigerrecht dadurch wahren, daß er dem Aussteller den Verlust vor dem Ablaufe der Vorlegungsfrist anzeigt. Diese Verlustanzeige hemmt gewissermaßen die ursprüngliche Vorlegungsfrist zu Gunsten des sich meldenden Verlierers. Dem Verlustträger erwächst gegenüber dem Aussteller ein Anspruch auf Zahlung nach Ablauf dieser Frist, soferne dieser nicht durch bestimmte Gründe (s. unten Bem. 2) wieder ausgeschlossen wird. (In fast völliger Uebereinstimmung hiemit steht Art. 12 des bayrischen Gesetzes vom 18. März 1896; vgl. hiezu Henle a. a. O. S. 107 ff.)

II. Im Einzelnen.

1. Voraussetzung des Anspruchs.

a) Die wesentliche Voraussetzung für den Anspruch bildet die Anzeige an den Aussteller. Eine bestimmte Form ist dafür nicht vorgeschrieben. Der Verlustträger hat sich aber den Beweis für die spätere Geltendmachung seines Anspruchs zu sichern. Zu diesem Behufe kann er sich auch der Vermittelung eines Gerichtsvollziehers (vgl. § 132) bedienen.

b) Ein weiteres Erforderniß als diese Verlustanzeige ist vorläufig nicht zu erfüllen. Die Voraussetzung des E. I, daß nämlich dem Aussteller auch der Beweis des Verlustes zu erbringen sei, wurde wieder gestrichen. Vgl. hiezu P. II, 549. Für den Aussteller besteht um deßwillen keine Gefahr, weil er nach Ablauf der Vorlegungsfrist zur Einlösung des Scheines einem Dritten gegenüber nicht mehr verpflichtet ist.

c) Die Frage, ob der Aussteller dem Inhaber gegenüber, der den Schein verloren hat, in Verzug kommen kann, soferne ihm dieser nicht auch den Verlust nachweist, ist nach den allgemeinen Grundsätzen über den Verzug zu entscheiden. Ein Verzug ist im Allgemeinen jedenfalls dann nicht anzunehmen wenn der Aussteller sich in einem entschuldbaren Irrthum über den Anspruch befindet, wenn er also nicht genügenden Grund hat, die Anzeige des Verlustes, der die Voraussetzung des Anspruchs bildet, zu bezweifeln. Ebenso wird er im Falle eines Prozesses die Kosten desselben nicht zu tragen haben, wenn nach den Umständen anzunehmen ist, daß es nur deßhalb zum Prozesse gekommen ist, weil der Kläger dem Aussteller nicht vor Anstellung der Klage die zur Begründung des Anspruchs erforderlichen Thatsachen in glaubwürdiger Weise mitgetheilt hat. Die Sachlage ist also genau so wie bei anderen Ansprüchen, deren thatsächliche Voraussetzung ihrer Natur nach dem Schuldner aus eigener Wissenschaft nicht bekannt zu sein braucht. (P. II, 550). Mit anderen Worten: Der Beweis des Verlustes ist kein Erforderniß des Anspruchs aus § 804, sondern wird für die Regel nur nöthig sein, um den Aussteller hinsichtlich des Anspruchs in Verzug zu setzen. In der Regel wird der Verlustträger ohnedies schon im eigenen Interesse, um sich Weiterungen zu ersparen, bei der wirklichen Geltendmachung des Anspruchs den Nachweis führen, daß ihm der Schein zu Verlust kam. Direkt wird dieser Beweis freilich nur selten geführt werden können, sondern aus anderen Umständen, z. B. wenn der Verlustträger zugleich das Hauptpapier besitzt, aus der Vorlage der Urkunde und aus dem Umstande, daß der Schein innerhalb der Frist nicht vorgelegt wurde (Henle a. a. O.).

d) § 804 gilt sowohl dann, wenn ein einzelner Schein, als auch, wenn mehrere solche oder eine ganze Serie zu Verlust gegangen ist. Gleichgültig ist ferner, ob der Verlustträger Besitzer der Haupturkunde ist oder nicht. Die Zeit des Verlustes ist gleichfalls ohne Belang. Der Paragraph gilt also auch für die erst nach der Einlösung des Hauptpapieres fällig werdenden Scheine.

2. Ausschließung des Anspruchs (Satz 2). Der eigentliche Zweck des Verfahrens nach § 804, das gewissermaßen einen Ersatz für das Aufgebotsverfahren bildet, liegt darin, zu ermitteln, ob das vermißte Papier überhaupt noch vorhanden ist. Dieser Nachweis ist aber geliefert, wenn das Papier dem Aussteller zur Einlösung vorgelegt wird.

a) Es ist daher auch der Anspruch des Verlustträgers aus § 804 ausgeschlossen, wenn der abhanden gekommene Schein dem Aussteller zur Einlösung vorgelegt oder der Anspruch aus dem Scheine gerichtlich geltend gemacht worden ist.

b) Diese Vorlegung oder gerichtliche Geltendmachung muß aber vor dem Ablaufe der Vorlegungsfrist (s. § 801) erfolgt sein, sonst bewirkt sie den Ausschluß des Anspruchs Seitens des Verlustträgers nicht.

c) Der Beweis der Vorlegung (oder gerichtlichen Geltendmachung) trifft den Aussteller. Dagegen hat den Nachweis, daß die Vorlegung oder gerichtliche Geltendmachung erst nach dem Ablaufe der Vorlegungsfrist erfolgte, derjenige zu führen, der den Verlust angezeigt hat. Letzteres rechtfertigt sich daraus, daß dem Aussteller nicht zugemuthet werden kann, bei der Einlösung jedes Scheines Vorkehrungen für den etwaigen späteren Beweis des Zeitpunktes der Einlösung zu treffen (vgl. P. II, 550). (Nach E. I war die Beweislast gerade umgekehrt.)

d) Der Aussteller ist trotz der Verlustanzeige nicht gehindert, den Schein wirksam einzulösen, wenn ihm dieser vor Ablauf der Vorlegungsfrist vorgelegt wird; es besteht also keine gesetzliche Pflicht für ihn, mit der Einlösung zuzuwarten. Der Aussteller wird aber wohl für die Regel dem Verlustträger Mittheilung von der Vorlegung machen, und es ist dann Sache des Verlierers, die Anerkennung seines besseren Rechtes auf den Besitz des Papieres gegenüber dem Vorlegenden zu bestreiten und sich allenfalls durch Erwirkung einer einstweiligen Verfügung zu sichern (Henle a. a. O).

3. Zu Satz 3: Der dem Verlustträger gegen den Aussteller zustehende Anspruch auf Zahlung verjährt in vier Jahren (nach den früheren bayerischen Gesetzen in fünf Jahren). Die Verjährung beginnt mit dem Zeitpunkt, in welchem der Verlustträger seinen Anspruch geltend machen kann, also mit dem Zeitpunkt, in welchem die Vorlegungsfrist abgelaufen ist.

4. Zu Abs. 2: Es ist zulässig, daß der Aussteller den Anspruch aus § 804 von vorneherein ausschließt.

Eine solche Ausschließung muß aber (gemäß dem Prinzipe des § 796) in dem Scheine bestimmt sein. Da ein solcher Ausschluß aber eine unbillige Bereicherung des Ausstellers auf Kosten des Inhabers bewirkt, so wird er wohl bei den Papieren, deren Ausgabe der staatlichen Genehmigung untersteht (s. § 795), für die Regel nicht zugelassen werden. (Vgl. hieher Henle, S. 110.)

Gemäß Art. 100 Ziff. 2 E.G. können ferner bei Schuldverschreibungen eines Bundesstaates, einer ihm angehörenden Korporation, Stiftung oder Anstalt des öffentlichen Rechtes jene landesgesetzlichen Vorschriften in Kraft bleiben, welche den Anspruch des § 804 auch dann ausschließen, wenn die Ausschließung in dem Zins- oder Rentenscheine nicht bestimmt ist. Vgl. Bem. zu diesem Art.

§ 805.

Neue Zins- oder Rentenscheine für eine Schuldverschreibung auf den Inhaber dürfen an den Inhaber der zum Empfange der Scheine ermächtigenden Urkunde (Erneuerungsschein) nicht ausgegeben werden, wenn der Inhaber der Schuldverschreibung der Ausgabe widersprochen hat. Die Scheine sind in diesem Falle dem Inhaber der Schuldverschreibung auszuhändigen, wenn er die Schuldverschreibung vorlegt.

E. I, 698, II, 733, III, 789.

Die Vorschrift des § 805 entspricht im Allgemeinen dem bisherigen gesetzlichen Zustand in dem überwiegenden Theile Deutschlands (vgl. M. II, 712 Anm. 1 und Art. 13 bayrischen Gesetzes vom 18. März 1896) sowie der Reichsgesetzgebung. Vgl. die verschiedenen Reichsanleihegesetze, welche in dieser Beziehung auf den übereinstimmenden § 2 Satz 2 des Bundesgesetzes vom 9. November 1867 (B.G.Bl. S. 157) Bezug nehmen.

Es soll hiedurch der Inhaber der Schuldverschreibung zunächst für den Fall des Verlustes eines Erneuerungsscheines geschützt werden. Es gilt aber ferner § 804 ganz allgemein auch dann, wenn Schuldverschreibung und Erneuerungsschein sich in verschiedenen Händen befinden und der Inhaber der ersteren gegen die Ausgabe der neuen Scheine an den Inhaber des Erneuerungsscheines Widerspruch erhebt, so daß also nach dieser weiteren Bedeutung des Paragraphen gleichgültig ist, ob der Verlust des Erneuerungsscheines oder ein anderer Umstand den Anlaß zum Widerspruche gegeben hat. Diese Tragweite erhielt § 805 erst in E. II. Vgl. hiezu P. II, 551 ff. E. I hatte die Vorschrift auf den Fall des Verlustes beschränkt.

Die Vorschrift des Paragraphen bezieht sich im Uebrigen nur auf Erneuerungsscheine hinsichtlich Zins- und Rentenscheinen. Gewinnantheilscheine sind hier nicht hereinbezogen (im Gegensatze zu Art. 13 des bayrischen Gesetzes vom 18. März 1896).

1. Ueber die rechtliche Natur des Erneuerungsscheines (Talons) vgl. zunächst Bem. IV, b zu § 803. Auch aus den Bestimmungen des § 805 geht hervor, daß der Erneuerungsschein regelmäßig nicht eine Schuldverschreibung auf den Inhaber, sondern ein Legitimationspapier ist, das den Inhaber desselben zur Erhebung der neuen Scheine legitimirt (s. aber Bem. 2).

Für die Regel gilt daher auch der Inhaber des Erneuerungsscheines als berechtigt zur Erhebung der neuen Scheine gegen Rücklieferung des Erneuerungsscheines, und gilt dies zugleich als Auslieferung an den Inhaber der Hauptschuldverschreibung. Diese Legitimation des Inhabers des Erneuerungsscheines gilt jedoch nur so lange, als sie nicht durch den Widerspruch des Inhabers der Hauptschuldverschreibung aufgehoben ist.

a) Ein derartiger Widerspruch hat die Wirkung, daß der Aussteller neue Zins- und Rentenscheine dem Präsentanten des Erneuerungsscheines nicht behändigen darf; die neuen Scheine müssen vielmehr an den Inhaber der Schuldverschreibung selbst auf die Vorlage letzterer hin ausgefolgt werden (Satz 2). Würde der Aussteller gleichwohl an den Inhaber des Erneuerungsscheines leisten, so würde er sich der Gefahr einer Doppelzahlung aussetzen. Durch diese Regelung bedarf es keiner Amortisation von Erneuerungsscheinen und wird zugleich dem Verkaufe der Zinsscheine auf Jahre hinaus, der meist wucherischer Natur ist, vorgebeugt. Vgl. Henle a. a. O. S. 112.

Wenn die neuen Scheine in der Weise, also ohne Rückgabe des Erneuerungsscheines, an den Inhaber der Hauptschuldverschreibung ausgefolgt sind, kann selbstverständlich der Aussteller verlangen, daß die erfolgte Auslieferung auf der Schuldverschreibung selbst ersichtlich gemacht werde, damit er von einem späteren Erwerber der Haupschuldurkunde nicht noch einmal in Anspruch genommen werden könne.

b) Für diese Wirkung des Widerspruchs ist aber erforderlich, daß er von dem Inhaber der Hauptschuldverschreibung ausgeht. Dabei wird verlangt, daß bei der Widerspruchserhebung die Schuldverschreibung selbst (Mantel, Titel) vorgelegt wird. An eine bestimmte Form ist der Widerspruch nicht gebunden (ähnlich wie die Verlustanzeige im Falle des § 804); der Widersprechende kann sich aber auch der Vermittelung eines Gerichtsvollziehers bedienen, um sich den Beweis des Widerspruchs zu sichern. Vgl. § 132 und M. II, 712.

2. Es steht selbstverständlich nichts im Wege, da ja § 805 keine zwingende Norm ist, dem Erneuerungsscheine schon von vorneherein die Eigenschaft eines Inhaberpapieres durch besondere Bestimmung beizulegen, indem der Aussteller dem Inhaber der Haupturkunde das Recht auf Empfangnahme der neuen Zinsscheine entzieht. (M. a. a. O.) Solchenfalls kommen dann die Bestimmungen des § 805 nicht zur Geltung, dem Berechtigten verbleibt nur die Vindikation des Scheins und der Zinsscheine gegenüber dem unberechtigten Inhaber, soweit solche überhaupt noch möglich ist (vgl. z. B. §§ 932 u. 935), oder etwaige Ersatzansprüche.

3. Soweit der Erneuerungsschein nach der Regel Legitimationspapier ist, finden auf ihn, wie bereits zu § 803 Bem. IV, b betont wurde, die Grundsätze, welchen die Inhaberpapiere hinsichtlich Erwerb und Verlust des Eigenthums unterliegen, keine Anwendung. Er richtet sich nach der Haupturkunde und wird auch mit der Hinfälligkeit dieser kraftlos. Der Aussteller kann freilich auch im Interesse der Ordnung seiner Geschäfte den Erneuerungsschein selbst insoferne einer Vorlegungsfrist unterwerfen, als er bestimmt, daß neue Zinsscheine einzig und allein an den Präsentanten der Hauptschuldverschreibung ausgegeben werden, soferne der Talon nicht innerhalb bestimmter Zeit ihm vorgelegt wird.

§ 806.

Die Umschreibung einer auf den Inhaber lautenden Schuldverschreibung auf den Namen eines bestimmten Berechtigten kann nur durch den Aussteller erfolgen. Der Aussteller ist zur Umschreibung nicht verpflichtet.

E. I, 700; II, 734; III, 790.

Festmachung der Schuldverschreibung auf den Inhaber:
Durch Verknüpfung des Gläubigerrechtes mit dem Eigenthume bezw. Besitze des Papieres und durch die Beschränkung der Eigenthumsverfolgung in Ansehung dieser Papiere andererseits ist an sich eine nicht geringe Gefahr für den jeweiligen Inhaber verbunden. Häufig wollen auch die Inhaber solcher Schuldverschreibungen dieselben nicht weiter in Verkehr bringen, sondern als Kapitalsanlage auf lange Zeit behalten. Dies gilt hauptsächlich bei der Anlegung von Mündelgeldern, sowie des Vermögens von Gemeinden, Stiftungen 2c. Auch die Depositalbehörden haben ein Interesse, durch Abschneidung jener Gefahren eine Minderung ihrer Verantwortlichkeit herbeizuführen 2c. Diesen Verhältnissen trägt eine Festmachung des Inhaberpapieres Rechnung.

I. Im bisherigen Rechte traten hier drei verschiedene Institute hervor (M. II, 714 ff.):

a) die sog. Außerkurssetzung des Papieres durch einseitigen Vermerk der Außerkurssetzung Seitens des Inhabers selbst. Dieses System wurde wegen seiner hohen Gefährlichkeit und der erheblichen mit ihm verbundenen Belästigungen im inländischen wie ausländischen Verkehre schon bisher heftig bekämpft (M. II, 716 und Verhandlungen des VII. deutschen Juristentages I S. 123 ff., 168 ff., II S. 48 ff. und 271 ff.);

b) die Umschreibung auf den Namen eines bestimmten Berechtigten durch den Aussteller selbst oder unter dessen Mitwirkung, wodurch den Papieren der Charakter von Inhaberpapieren abgestreift und sie zu Namenpapieren werden;

c) die sog. Vinkulirung (die hauptsächlich in Bayern bestand; vgl. bayrische Verordnung vom 17. August 1813; Hock, Finanzverwaltung III S. 279—283).
Diese ist, soweit sie durch den Aussteller oder die maßgebende Behörde der betr. Schuldverwaltung erfolgt, im Grunde nichts anderes als die Umschreibung auf Namen im Sinne des unter b erwähnten Instituts. Sie ist nur insoferne ein eigenthümliches Institut, daß sie auch in anderer Weise als durch bloße Umschreibung Seitens des Ausstellers bewirkt wird, nämlich hauptsächlich, wie z. B. bei Dienstkautionen, durch Abgabe der Vinkulationsvermerkung auf dem Papiere Seitens des die Kaution leistenden Beamten selbst und die Uebergabe des mit dieser Erklärung versehenen Papieres an die Behörde, bei welcher die Kaution zu leisten ist. Eine derartige Vinkulirung bezweckt den Verzicht des Kaventen auf die Verfügung über das Papier, sowie das Verhältniß, in Beziehung auf welches die Disposition entzogen und die Kaution geleistet ist, zum formellen Ausdrucke zu bringen, und ist daher ihrem Wesen nach als Pfandbestellung in erweiterter Form aufzufassen.

II. Das B.G.B. hat als gesetzliche Regel das Institut der Umschreibung auf den Namen des Berechtigten (s. vorher b) angenommen.

Die Form der Außerkurssetzung (a) läßt das Gesetz von nun ab überhaupt nicht mehr zu. Eine bereits erfolgte Außerkurssetzung verliert mit dem Inkrafttreten des B.G.B. ihre Wirkung (s. Art. 176 E.G.).

1. Eine derartige Umschreibung ist aber nur dann zulässig und wirksam, wenn sie durch den Aussteller, also den Schuldner, erfolgt. Dies ist eine juristische Nothwendigkeit. Denn ohne den Willen des Ausstellers können die Verhältnisse einer Forderung nicht in so einschneidender Weise geändert werden. Dem Aussteller bleibt auch anheimgestellt, die Förmlichkeiten der Umschreibung auf den Namen von sich aus (autonomisch) festzustellen.

2. Durch eine derartige Umschreibung wird das seitherige Inhaberpapier seiner Eigenschaft als solches entkleidet. Es wird Namenpapier. Von der Umschreibung an finden die Vorschriften dieses Titels keine Anwendung mehr auf das vorgeschriebene Papier. Der bloße Inhaber kann also die Zahlung nicht mehr fordern, der Aussteller ist nicht mehr berechtigt, an den Inhaber zu leisten, die besondere Vorschrift über den Erwerb des Eigenthums an gestohlenen oder sonst abhanden gekommenen Inhaberpapieren (vgl. § 935 Abs. 2) findet keine Anwendung. Andererseits wird die Schuldverschreibung durch die Umschreibung nicht zu einer bloßen Urkunde, sondern sie bleibt immer noch Werthpapier. Der Aussteller ist also nur gegen Aushändigung der Schuldverschreibung zur Zahlung verpflichtet, und der Besitz des Papieres ist zur Legitimation des Gläubigers nothwendig. Auch ist Kraftloserklärung möglich; s. §§ 1003 ff. C.P.O. und für Bayern im Besonderen hinsichtlich auf Namen umgeschriebener Staatspapiere 2c. Art. 54 u. 166 Ziff. XIV des bayrischen A.G.

3. Zu Satz 2: Dem Aussteller ist aber keine gesetzliche Verpflichtung auferlegt, dem Verlangen des Inhabers auf Umwandlung durch Umschreibung zu entsprechen. Es bleibt ihm anheimgestellt, die Umwandlung in der Urkunde zu versprechen:

dann ist er selbstverständlich daran gebunden. Ebenso ist der Aussteller darin selbstständig, ob er die Umwandlung auf die Hauptschuldverschreibung beschränken oder aber auch für Zinsscheine, Talons rc. gewähren will.

Landesgesetzlich kann aber bestimmt werden, daß hinsichtlich der Schuldverschreibungen des Staates oder sonstiger Anstalten des öffentlichen Rechtes eine Verpflichtung zur Umschreibung auf den Namen eines bestimmten Gläubigers, wenn sie verlangt wird, bestehen soll, und es können überhaupt die sich aus der Umschreibung einer solchen Schuldverschreibung ergebenden Rechtsverhältnisse, einschließlich der Kraftloserklärung, landesrechtlich besonders geregelt werden; s. Art. 101 E.G.; für Bayern vgl. hieher Art. 49—57 des bayrischen A.G. und die Vollzugsbekanntmachung der Staatsschuldentilgungskommission vom 23. November 1899 (J.M.Bl. 1899 S. 455 ff.). Die diesbezügliche Bekanntmachung vom 1. September 1860 ist außer Kraft getreten.

4. Das in dieser Weise umgeschriebene Papier bleibt Namenpapier bis zu seiner Rückverwandlung in ein Inhaberpapier. Auch deren Förmlichkeiten sind, wie jene der Umwandlung, vom Aussteller zu bestimmen. (Für Bayern vgl. hieher Art. 50 ff. des bayrischen A.G.)

III. Ein besonderes Institut an Stelle der Umschreibung auf den Namen besteht im Reiche, sowie in Preußen, durch die Eintragung des Gläubigers in das sog. Reichs- oder Staatsschuldbuch. Vgl. hiezu R.G. vom 31. Mai 1891 und die preußischen Gesetze vom 20. März 1893, 12. April 1886, 8. Juni 1891, sowie die Art. 50, 97 u. 98 E.G.

§ 807.

Werden Karten, Marken oder ähnliche Urkunden, in denen ein Gläubiger nicht bezeichnet ist, von dem Aussteller unter Umständen ausgegeben, aus welchen sich ergiebt, daß er dem Inhaber zu einer Leistung verpflichtet sein will, so finden die Vorschriften des § 793 Abs. 1 und der §§ 794, 796, 797 entsprechende Anwendung.

E. I, 702; II, 735; III, 791.

I. Das Gesetz spricht in § 807 von Karten, Marken oder ähnlichen Urkunden. Gemeint sind hierunter Urkunden kleineren Stiles („kleine Inhaberpapiere" könnte man sie nennen), welche sich von den eigentlichen Schuldverschreibungen auf den Inhaber dadurch unterscheiden, daß sie regelmäßig den Gegenstand der Leistung (der hier für die Regel nicht auf eine Geldbezahlung geht) nur sehr unvollkommen angeben, öfters nicht einmal den Aussteller nennen, auch fast durchgehends der Unterzeichnung entbehren. Beispiele sind: Fahrkarten aller Art, Theaterbillets, Speisemarken u. s. w.

Ihrer rechtlichen Qualifikation nach scheiden sich diese Papiere in zwei verschiedene Gruppen:

1. Sehr häufig wohnt diesen Papieren nur der Charakter eines Legitimationspapieres inne, sodaß der Aussteller dem Inhaber zwar ohne Prüfung der Legitimation zu leisten berechtigt, aber dem Inhaber als solchem zu leisten nicht verpflichtet ist. Näheres über Legitimationspapiere s. in Bem. I zu § 808.

2. Auch bei diesen Papieren ist aber möglich, daß sie, gerade wie die Schuldverschreibungen auf den Inhaber, dem Inhaber als solchem ein selbständiges, nicht abgeleitetes Gläubigerrecht verschaffen sollen.

Eine gesetzliche Vermuthung dahin, welcher Wille des Ausstellers (ob nach 1 oder 2) im Allgemeinen zu vermuthen ist, stellt das Gesetz nicht auf. Es ist vielmehr als Vorfrage in jedem Falle, erforderlichenfalls an der Hand der Verkehrssitte, der diesbezügliche Wille des Ausstellers zu ermitteln.

Ergibt sich aber durch diese nähere Erforschung, daß nicht eine bloße Legitimationsurkunde vorliegt, sondern das Leistungsversprechen des Ausstellers dem Inhaber als solchem gewährt werden soll, so soll für derartige Urkunden § 807 maßgebend werden, d. h. auch diese Papiere gelten im Allgemeinen als Schuldverschreibungen auf den Inhaber im Sinne dieses Titels und es finden auf sie die grundlegenden Paragraphen desselben Anwendung.

a) Die Rechte, welche durch diese Urkunden begründet werden, entstehen durch einseitigen Kreationsakt des Ausstellers; § 793 Abs. 1.

b) Auch § 794 findet auf sie Anwendung. Der Aussteller wird auch aus gestohlenen oder sonst abhanden gekommenen Urkunden verpflichtet (vgl. aber unten Bem. II, 1) und sie können andererseits auch von dem gesetzlichen Vertreter oder den Erben des Ausstellers in den Verkehr gebracht werden.

c) Der Aussteller ist dem Inhaber gegenüber auf die Einreden beschränkt, welche gegen den Inhaber einer Schuldverschreibung geltend gemacht werden dürfen; § 796.

d) Der Aussteller wird durch die Leistung an jeden Inhaber befreit und ist nur gegen Aushändigung der Urkunde zur Leistung verpflichtet; § 797.

II. Die sonstigen Bestimmungen aber sind im Hinblick auf die hier obwaltenden besonderen Verhältnisse der gesetzlichen Regel nach nicht anwendbar. In dieser Hinsicht ist hervorzuheben:

1. Sie bedürfen der Unterschrift oder des Faksimile des Ausstellers nicht. Aus dieser Unvollständigkeit dieser Papiere ihrem Inhalte nach ergibt sich aber auch andererseits, daß sie die hier nothwendige Ergänzung erst durch die Ausgabe im Sinne des jeweiligen Geschäftsbetriebes erhalten, d. h. daß der Aussteller, welcher derartige Urkunden zum Zwecke einer späteren Verwendung hat anfertigen lassen, dem Inhaber noch nicht haftbar werden kann, wenn er mit der Ausgabe des Papieres in diesem Sinne noch nicht begonnen hat (P. II, 562).

2. Die für andere Inhaberpapiere bestehenden besonderen Vorlegungs- und Verjährungsfristen gelten für sie nicht.

3. Nach der allgemeinen gesetzlichen Regel können sie nicht für kraftlos erklärt werden oder mit einer Zahlungssperre belegt werden. (Der Hauptgrund hiefür liegt darin, daß sie regelmäßig ausreichender Kennzeichen, um sie von anderen Urkunden derselben Art zu unterscheiden, entbehren und daher den Erfordernissen des § 1007 Ziff. 1 C.P.O. nicht genügt werden kann.)

Gemäß Art. 102 Abs. 1 E.G. (vgl. Bem. hiezu) kann jedoch landesgesetzlich auch für solche Urkunden die Kraftloserklärung und die Zahlungssperre eingeführt werden bezw. bleiben.

4. Im Falle einer Beschädigung kann der Berechtigte nicht die Ausstellung eines neuen Exemplars beanspruchen.

§ 808.

Wird eine Urkunde, in welcher der Gläubiger benannt ist, mit der Bestimmung ausgegeben, daß die in der Urkunde versprochene Leistung an jeden Inhaber bewirkt werden kann, so wird der Schuldner durch die Leistung an den Inhaber der Urkunde befreit. Der Inhaber ist nicht berechtigt, die Leistung zu verlangen.

Der Schuldner ist nur gegen Aushändigung der Urkunde zur Leistung verpflichtet. Ist die Urkunde abhanden gekommen oder vernichtet, so kann sie, wenn nicht ein Anderes bestimmt ist, im Wege des Aufgebotsverfahrens für kraftlos erklärt werden. Die im § 802 für die Verjährung gegebenen Vorschriften finden Anwendung.

E. I, 703; II, 736; III, 792.

§ 808 handelt von den sog. qualifizirten Legitimationspapieren. Diese stellen eine besondere Art der Legitimationspapiere dar.

I. Ueber die Legitimationspapiere im Allgemeinen (vgl. hieher Cosack a. a. O. S. 331, 332):

Das Legitimationspapier steht in direkter Beziehung zu einem bestimmten Forderungsrechte. Sein innerer Zweck ist, dem Schuldner eine Erleichterung zu verschaffen, nämlich dahin, daß der Schuldner die ihm obliegende Leistung auch an den Inhaber des Papieres bewirken dürfe, ohne prüfen zu müssen, wie der Inhaber das Papier an sich gebracht hat.

Begrifflich ist das Legitimationspapier an sich verschieden von einem Werthpapiere, speziell von einem Inhaberpapiere.

1. Bei einer Reihe von Legitimationspapieren tritt dieser Unterschied ganz besonders hervor; z. B. bei Garderobemarken, Kontrollmarken in Geschäften ꝛc. Der Berechtigte kann hier sein Forderungsrecht auch dann geltend machen, wenn er das Papier selbst nicht mehr hat. Er muß sich nur dem Gläubiger gegenüber anderweitig und entsprechend legitimiren. Freilich muß er riskiren, daß inzwischen ein Dritter das Papier vorgezeigt und der Schuldner an diesen geleistet hat.

2. Es kann aber auch ein und dieselbe Urkunde zugleich sowohl Werthpapier, als auch Legitimationspapier sein. In zwei Fällen bestimmt dies das Gesetz sogar selbst:

a) Gemäß § 793 Abs. 1 ist jede Schuldverschreibung auf den Inhaber zugleich auch Legitimationspapier (vgl. Bem. III u. IV zu § 793).

b) Gehört § 808 Abs. 2 Satz 1 hieher; s. unten Bem. II, 3.

Im Uebrigen ist die Grenzlinie zwischen Legitimationspapier und Inhaberpapier oft eine sehr flüssige.

3. Das sog. qualifizirte Legitimationspapier — wovon § 808 im Besonderen handelt — ist seinem Wesen nach gleichfalls kein Werthpapier und damit auch kein Inhaberpapier. Es erscheint jedoch im Verkehr einem Inhaberpapier ähnlich, so daß es auch hinkendes Inhaberpapier genannt wird. (Näheres Bem. II.)

II. Die Grundidee bei den qualifizirten Legitimationspapieren liegt darin, daß der Aussteller zwar nur eine bestimmte Person bezw. deren wirklichen Rechtsnachfolger als Gläubiger und damit als Forderungsberechtigten anerkennt, daß aber dem Aussteller die Bewirkung der versprochenen Leistung an jeden Inhaber (Präsentanten) der Urkunde ohne Prüfung seiner Legitimation gestattet sein soll mit der Wirkung, daß er unter allen Umständen von seiner Schuld befreit wird. In diesem Sinne werden beispielsweise für die Regel ausgestellt: Leihhausscheine, Sparkassebücher (für Bayern vgl. hieher Art. 110 A.G.), Versicherungspolicen, Depotscheine ꝛc. (Selbstverständlich können solche Urkunden auch als Inhaberpapiere von vorneherein ausgestellt werden.) Das Interesse des Ausstellers daran, daß er ohne weitere Legitimationsprüfung dem Inhaber, gerade wie wenn dieser der wirkliche Gläubiger wäre, leisten kann, hat diese Papiere hervorgerufen. Ein derartiger Wille des Ausstellers ist aus der Urkunde bezw. der Verkehrssitte zu entnehmen.

1. Zu Abs. 1 Satz 1: Die Leistung an den bloßen Inhaber mit der gleichwohl befreienden Wirkung ist hier das gute Recht des Ausstellers und Schuldners.

Es ist seine Sache, ob er von dem Inhaber die Legitimation im Einzelfalle verlangen will oder nicht. Er wird sie aber regelmäßig nicht verlangen, weil er von seiner Schuld doch befreit wird.

Die Frage, ob der Aussteller bei einer Leistung an den Inhaber hier auch dann befreit wird, wenn er weiß, daß dieser nicht verfügungsberechtigt ist, ist an der Hand der Prot. (s. P. II, 563, 564) zu bejahen. Man wollte absichtlich den Aussteller nicht der Gefahr aussetzen, im Falle einer Verweigerung der Leistung an den Inhaber in einen Rechtsstreit mit diesem oder allenfalls in einen weiteren mit dem wirklichen Gläubiger verwickelt zu werden, zumal ja auch hier meistens Aufgebotsverfahren und Zahlungssperre zu Gunsten des Verlustträgers wirken (vgl. unten Bem. 4). Der Aussteller kann ja auch annehmen, daß der betreffende Inhaber an den wahren Berechtigten abliefern werde ꝛc. Würde aber der Schuldner im Einzelfall im wahren Sinne „arglistig“ (vgl. § 123) handeln, so könnte der Berechtigte ihm gegenüber Schadensersatz verlangen (Cosack a. a. O. S. 331).

2. Zu Abs. 1 Satz 2: Diese Leistungsbefugniß an den Inhaber ohne Legitimationsprüfung ist aber andererseits keine Verpflichtung des Schuldners. Dies bringt Abs. 1 Satz 2 noch besonders zum Ausdruck.

Der Inhaber als solcher kann den Schuldner (Aussteller) hier nicht zwingen, ihm die Leistung zu gewähren, sondern der Schuldner darf verlangen, daß sich der Inhaber über sein Recht auf die Leistung näher legitimire.

3. Zu Abs. 2 Satz 1: Die Vorschrift, daß hier der Schuldner nur gegen Aushändigung der Urkunde zu leisten verpflichtet ist (analog wie beim Inhaberpapiere; vgl. § 797 Satz 1), beruht auf der Erwägung, daß sich hier der Aussteller zwar einer eingehenden Untersuchung der Berechtigung des Inhabers entschlagen, keineswegs aber für die Regel auf die Prüfung der an die Vorlegung der Urkunde sich knüpfenden formellen Legitimation verzichten will. Dies war schon bisher durch Parteivereinbarung im Verkehre (z. B. bei Sparkassen, Banken und ähnlichen Instituten) üblich; das Gesetz hat diese bestehende Verkehrsübung nunmehr durch Aufstellung einer dispositiven Gesetzesvorschrift sanktionirt (P. II, 564; E. I hatte diese Vorschrift nicht).

4. Zu Abs. 2 Satz 2 und Satz 3: Hiedurch wird das Amortisationsverfahren und die Zahlungssperre im Wege einer dispositiven Vorschrift auch auf die Legitimationspapiere im Sinne des § 808 ausgedehnt. (E. I hatte eine derartige Ausdehnung für überflüssig gehalten und der Landesgesetzgebung die Aufstellung derartiger Normen im Einzelfall überlassen, E. II ging dagegen von dem Gedanken aus, daß ein dringendes Bedürfniß vorliege, derartige Legitimationspapiere, insbesondere z. B. Sparkassenbücher, Leihhausscheine, Versicherungspolicen, Depotscheine und ähnliche Urkunden allgemein der Kraftloserklärung zu unterwerfen, zumal ja auch die Grenze zwischen den Inhaberpapieren im engeren Sinne und den Legitimationspapieren oft eine flüssige sei; P. II, 564, 565.)

a) Das formelle Verfahren hinsichtlich der Kraftloserklärung, die hier einfacher gestaltet ist, wird durch § 1023 C.P.O. geregelt. Die Landesgesetze können jedoch über die Veröffentlichung des Aufgebots und der hier vorgeschriebenen Bekanntmachung, sowie über die Aufgebotsfrist abweichende Vorschriften erlassen. (§ 1023 C.P.O.) Für Bayern vgl. hiezu Art. 166 Ziff. XIV des bayrischen A.G. (Art. 69a u. b des bayrischen A.G. z. C.P.O. und K.O. n. F.).

Unberührt bleiben ferner gemäß Art. 102 Abs. 2 E.G. diejenigen landesgesetzlichen Vorschriften, welche für die Kraftloserklärung solcher Urkunden ein anderes Verfahren als gerichtliches Aufgebotsverfahren bestimmen; vgl. z. B. für Bayern hinsichtlich der Sparurkunden öffentlicher Sparkassen Art. 111 ff. des bayrischen A.G.

b) Die Bestimmung der Zahlungssperre (vgl. Bem. II zu § 799) soll auch hier verhüten, daß der Gläubiger während und trotz der Durchführung des Amortisationsverfahrens in Gefahr komme, seines Rechtes inzwischen verlustig zu gehen.

c) Zu beachten ist aber, daß das Ausschlußurtheil hier nur die Bedeutung hat, die Vorlegung der Urkunde zu ersetzen, und daß deßhalb der Aussteller von dem Gläubiger, auch wenn dieser das Ausschlußurtheil erwirkt hat, noch einen weiteren Nachweis seines Gläubigerrechtes verlangen kann (P. II, 565).

d) Die in § 802 für Verjährung gegebenen Vorschriften finden gleichfalls hieher Anwendung. Die Zahlungssperre hemmt also auch hier den Beginn und Lauf der Verjährung.

e) Die Vorschriften über Amortisation und Zahlungssperre sind aber nur dispositiver Natur, d. h. der Aussteller kann im Einzelfalle die Anwenbarkeit dieser Institute durch vorherige ausdrückliche Bestimmung ausschließen.

III. Uebergangsbestimmungen s. in Art. 177 u. 178 E.G.

Dreiundzwanzigster Titel.

Vorlegung von Sachen.

(Erläutert von Karl Kober.)

Vorbemerkungen.

I. Im Allgemeinen hat das Recht das Bestreben, den Einzelnen nicht nur gegen direkte körperliche Eingriffe Dritter zu schützen, sondern die Privatinteressensphäre des Einzelnen überhaupt abzugrenzen gegen unbefugte Einblicke der Außenwelt (vgl. hieher Endemann, S. 892).

So wird z. B. durch § 299 St.G.B. das Briefgeheimniß gehütet (vgl. hieher auch § 823) und in § 300 die unbefugte Offenbarung von Privatgeheimnissen durch Rechtsanwälte, Aerzte 2c. mit Strafe bedroht. Vgl. hieher auch §§ 82 f. des Unfallversicherungsgesetzes vom 6. Juli 1884 (Verrath von Betriebsgeheimnissen) und § 9 des R.G. gegen den unlauteren Wettbewerb vom 27. Mai 1896 (Verrath von Geschäftsgeheimnissen).

Hievon bedingen die nachfolgenden Paragraphen in gewissem Sinne eine, wenn freilich beschränkte Ausnahme. Ueber das bisherige Recht vgl. die Bem. I zu §§ 809 u. 810.

II. Im Einzelnen betrifft § 809 den allgemeinen Anspruch auf Vorlegung einer Sache, § 810 auf Vorlegung einer Urkunde, während § 811 über Ort, Gefahr und Kosten der Vorlegung handelt.

§ 809.

Wer gegen den Besitzer einer Sache einen Anspruch in Ansehung der Sache hat oder sich Gewißheit verschaffen will, ob ihm ein solcher Anspruch zusteht, kann, wenn die Besichtigung der Sache aus diesem Grunde für ihn von Interesse ist, verlangen, daß der Besitzer ihm die Sache zur Besichtigung vorlegt oder die Besichtigung gestattet.

E. I, 774; II, 695; III, 793.

§ 809 normirt den allgemeinen Anspruch auf Vorlegung von Sachen.

I. Im Allgemeinen. Im gemeinen und römischen Rechte war hinsichtlich der Vorlegung von Sachen die actio ad exhibendum von Bedeutung (vgl. hiezu Windscheid, § 474). Diese war indessen nur von leichteren Voraussetzungen abhängig. Es bedurfte lediglich des Nachweises oder auch nur der bloßen Bescheinigung eines dinglichen und persönlichen Rechtes, sowie eines an dieses Recht sich knüpfenden Interesses an der Vorzeigung der Sache, und ging diese Klage unter dieser Voraussetzung gegen jeden Inhaber der Sache.

Das B.G.B. hat die Zulässigkeit eines derartigen Anspruchs in § 809 eingeschränkt, da eine zu weite Ausdehnung zu Mißlichkeiten führt, in den allgemeinen Rechtsgrundsätzen keine Stütze findet, gegen das Prinzip verstößt, daß Niemand einen Eingriff in den durch die Rechtsordnung abgeschlossenen Kreis seiner Privatrechte (vgl. Vorbem. I) zu dulden hat und auch mit den diesbezüglichen Grundsätzen der C.P.O. nicht im Einklange steht (M. II, 890).

Unter dem Schutze des heutigen Rechtes benöthigt man auch eine derartige Klage nicht mehr in dem Umfange, wie insbesondere im römischen Rechte, weil vielfach schon die Auslegung des einschlägigen Rechtsverhältnisses, sowie eine Reihe anderweitiger spezieller gesetzlicher Bestimmungen (vgl. unten Bem. VIII und Bem. VI u. VII zu § 810) zu dem gleichen Resultate führen, und weil ferner auch eine Vindikation von verbundenen Sachen ohne vorherige Trennung nach B.G.B. zulässig ist. (Vgl. unten III, c.)

II. Voraussetzungen dieses Anspruchs.

1. Der Anspruch aus § 809 bezieht sich im Allgemeinen nur auf Sachen; hinsichtlich Urkunden s. § 809; vgl. hieher auch in sonstiger Beziehung Vorbem. I. Ob es sich um bewegliche oder unbewegliche Sachen handelt, ist gleichgültig. (Im gemeinen Rechte war die actio ad exhibendum nach einer verbreiteten Ansicht auf bewegliche Sachen beschränkt.) Es wird also z. B. der Eigenthümer eines Hauses die Besichtigung des benachbarten Hauses verlangen können, wenn festgestellt werden soll, ob die Feuchtigkeit, wie zu vermuthen sei, von dort aus eindringt. Vgl. Endemann, § 197 Anm. 6. Der menschliche lebende Körper gehört nicht hieher, es können daher auch Untersuchungen am Körper des Gegners nicht verlangt werden. S. A. Bd. 49 Nr. 162.

2. Auf Seite des die Vorlegung Verlangenden muß ein Anspruch in Ansehung der Sache und zwar gerade in der Richtung gegen den dermaligen Besitzer gegeben sein.

a) Welch näherer Art dieser Anspruch ist, macht keinen Unterschied. Es kann ein dinglicher sein (der Hauptfall ist hier das Eigenthum, aber auch andere dingliche Ansprüche, z. B. derjenige, welchem eine Holzgerechtigkeit zusteht, verlangt die Zulassung zur Besichtigung des belasteten Waldes behufs Ermittelung, ob ein zur Ausübung der Servitut erforderlicher Holzbestand vorhanden ist ꝛc.) oder ein persönlicher Anspruch, auch ein alternativer (z. B. des wahlberechtigten Gläubigers).

b) Der zu Grunde liegende Anspruch, den der Editionssucher geltend machen will, muß aber in „Ansehung der Sache selbst" gegeben sein oder wenigstens geltend gemacht werden wollen, d. h. sich rechtlich unmittelbar auf die vorzulegende Sache beziehen (ohne daß er natürlich gerade auf eine Herausgabe der Sache abzuzielen braucht).

Daß diese Beziehung zur Sache schon ganz sicher feststeht, verlangt aber das Gesetz nicht, sondern gewährt den Vorlegungsanspruch auch jenem, welcher sich erst Gewißheit verschaffen will, ob ihm ein solcher Anspruch zusteht, d. h. ob die Sache, welche er bei dem anderen vermuthet, wirklich diejenige ist, bezüglich deren er den geltend zu machenden Anspruch sich beilegt, z. B. dem Kläger sind Bücher gestohlen worden, die sich in der Bibliothek des B befinden sollen. Diese Ausdehnung ist aus Billigkeitsrücksichten geboten; ein Mißbrauch wird nicht zu besorgen sein; eventuell könnte hiegegen auch § 226 verwendet werden.

c) Der Anspruch, der geltend gemacht werden will, muß sich ferner direkt gegen den Besitzer der Sache richten.

§ 809 trifft also z. B. dann nicht zu, wenn durch die Vorlegung Seitens des A erst ein Anspruch gegen den B gestützt oder vermittelt werden soll. Eine Vorlegungsklage, die lediglich den Zweck hat, Information oder Beweise in Beziehung auf Dritte zu erlangen, kennt das B.G.B. nicht (so wenig wie das gemeine Recht; vgl. S. A. Bd. 46 Nr. 193).

Der Begriff „Besitzer" wird hier im Sinne der §§ 854 ff. zu verstehen sein. Es fällt also sowohl der mittelbare, wie der unmittelbare Besitzer darunter.

d) Die Besichtigung der Sache muß dem Gläubiger von Interesse sein und zwar gerade aus diesem Grunde, d. h. zur Vorbereitung seines Hauptanspruchs (b), z. B. zur Feststellung der Identität.

III. Das Endziel des Anspruchs ist die Besichtigung der betreffenden Sache.

a) Letztere kann entweder dadurch erfolgen, daß die Sache vorgelegt wird, (häufig bei beweglichen Sachen) oder daß die Besichtigung der Sache gestattet wird (wie regelmäßig bei Grundstücken, Bauten 2c.). Darin liegt von selbst, daß dem Berechtigten der Eintritt und eine nähere Untersuchung zu gewähren ist.

b) Ueber Ort, Gefahr und Kosten der Vorlegung bestimmt Näheres § 811.

c) Regelmäßig wird es sich im Einzelnen um Feststellung der Identität oder um Prüfung des Zustandes handeln, in welchem sich die Sache befindet. Eine Lostrennung der Sache aus ihrem bisherigen Zusammenhange (wie dies der Hauptzweck bei der actio ad exhibendum im römischen Rechte war) kann nicht verlangt werden. Dies bildet auch nunmehr keine Voraussetzung für die Eigenthumsklage mehr.

IV. Wesen des Anspruchs. Der Anspruch ist lediglich ein obligatorischer, der aber unmittelbar aus der bloßen Thatsache des Besitzes auf gegnerischer Seite entspringt. Seinem näheren Charakter nach ist er ferner lediglich vorbereitender Natur im Verhältniß zu dem im Hintergrunde stehenden Hauptanspruche, dem er den Weg ebnen soll.

V. Beweisfragen. Anspruch und Interesse sind in der Regel zu beweisen. Die Mot. a. a. O. S. 891 fordern strikten Beweis und wollen eine bloße Glaubhaftmachung als nicht genügend schlechthin ausschließen. Dies geht entschieden zu weit. Man kann jedenfalls vom Kläger nicht durchweg verlangen, daß er schon jetzt einen strikten Beweis über seinen Anspruch bis ins Einzelne führt, da ja sonst der spätere Hauptprozeß schon in diesem Stadium geführt werden müßte, was auch dem Charakter des Anspruchs aus § 809 (s. IV) widersprechen würde. Für den Richter wird daher öfters eine mehr „summarische Kognition" (wie im gemeinen Rechte) genügen dürfen. And. Ans. Kuhlenbeck zu diesem Paragraphen.

VI. Nichterfüllung des Anspruchs. Die Folgen der Nichterfüllung der Vorlegungsfrist richten sich nach allgemeinen Grundsätzen. Es wird jedoch stets eine präzise Aufforderung der Vorlegung vorangehen müssen; es tritt dann auch hier eine Haftung bei Verzug und schuldhafter Unmöglichmachung der Erfüllung ein (M. II, 892). Bei einem geflissentlichen Zuwiderhandeln gegen diesen Anspruch, z. B. absichtliches Weggeben der vorzuzeigenden Sache (qui dolo desiit possidere) wird auch § 826 herangezogen werden können.

VII. Hinsichtlich der Frage, ob im Civilprozesse der Prozeßrichter kraft seines Richteramtes in weiteren Fällen die Vorzeigung und Gestattung der Besichtigung anordnen bezw. erzwingen darf, verweisen die M. a. a. O. indirekt auf die C.P.O. Da jedoch unsere C.P.O. eine allgemeine Editionspflicht im Sinne einer öffentlichrechtlichen Verpflichtung (wie beim Zeugenbeweise) nicht kennt, und auch sonstige Bestimmungen dieser Art in der C.P.O. nicht enthalten sind, bildet jedenfalls § 809 auch im Prozeß eine wichtige materiellrechtliche Grundlage dahin, wie weit eine Verpflichtung des Gegners zur Vorlegung oder Gestattung der Besichtigung besteht. Denn in dieser Hinsicht ist das bürgerliche Recht auch für das Prozeßverfahren maßgebend, s. Petersen, Komm. S. 758, Struckmann, § 371 Anm. 2, S. A. Bd. 53 Nr. 357, Bl. f. R.A. Bd. 63 S. 384.

Im Strafprozesse wird dem Richter in dieser Hinsicht freilich eine weitergehende Machtbefugniß gewährt; s. §§ 94 ff. St.P.O.

VIII. Besondere Bestimmungen ähnlicher Art.

1. In dieser Hinsicht sind zu vergleichen: § 867 (Aufsuchung und Wegschaffung von Sachen, welche aus der Gewalt des gegenwärtigen Besitzers auf ein im Besitz eines Anderen befindliches Grundstück gelangten); § 1005 (gleicher Anspruch des Eigenthümers), ferner § 96 H.G.B. (Waarenprobe des Handelsmäklers).

Ueber besondere Ansprüche auf Vorlegung von Urkunden, Einsichtnahme von Büchern, Registern ꝛc. s. die Bem. III u. IV zu § 810.

Ueber die Verpflichtung des Miethers, die Besichtigung der gekündigten Wohnung durch Dritte zu gestatten, s. Bem. V, 1 zu § 536.

2. Von der Vorlegung ist zu unterscheiden die Herausgabepflicht.

Die Herausgabeansprüche bei der Eigenthumsklage sind durch § 985 ff. geregelt, vgl. ferner hieher den allgemeinen Herausgabeanspruch des § 1007 auf Grund früheren Besitzes; s. auch § 1362, Anspruch des Vaters auf Herausgabe seines Kindes.

Das B.G.B. kennt außerdem ein besonderes Recht auf Wegnahme (abgesehen von den bereits oben erwähnten §§ 867 u. 1005), nämlich im Rahmen der Selbsthülfe, §§ 229 ff., sowie die Wegnahme einer Einrichtung (allgemein § 258 und im Besonderen §§ 500, 547, 558, 601, 606, 1049).

§ 810.

Wer ein rechtliches Interesse daran hat, eine in fremdem Besitze befindliche Urkunde einzusehen, kann von dem Besitzer die Gestattung der Einsicht verlangen, wenn die Urkunde in seinem Interesse errichtet oder in der Urkunde ein zwischen ihm und einem Anderen bestehendes Rechtsverhältniß beurkundet ist oder wenn die Urkunde Verhandlungen über ein Rechtsgeschäft enthält, die zwischen ihm und einem Anderen oder zwischen einem von beiden und einem gemeinschaftlichen Vermittler gepflogen worden sind.

E. I, 775; II, 696; III, 794

I. Anspruch auf Einsichtnahme einer Urkunde:

Im gemeinen Rechte war die Grundlage für eine materiellrechtliche Vorweisungspflicht von Urkunden bestritten. Vgl. hieher Windscheid, § 474 Ziff. 6, Entsch. d. R.G. Bd. 32 Nr. 43 S. 166.

Die civilprozeßrechtliche Norm bildete zuletzt § 387 C.P.O. ä. F. und zwar insbesondere Abs. 2, welcher den Prozeßgegner dann zur Vorlegung verpflichtete, wenn die Urkunde ihrem Inhalte nach eine für den Beweisführer und den Gegner gemeinschaftliche war. Als gemeinschaftlich gilt eine Urkunde insbesondere für die Personen, in deren Interesse sie errichtet ist, oder deren gegenseitige Rechtsverhältnisse darin beurkundet sind. Als gemeinschaftlich gelten auch die über ein Rechtsgeschäft zwischen den Betheiligten oder zwischen einem derselben und dem gemeinsamen Vermittler des Geschäftes gepflogenen schriftlichen Verhandlungen. Für den Dritten war (und ist) die gleiche Pflicht in § 394 (nunmehr § 429) C.P.O. bestimmt.

Das B.G.G. hat den rechtlichen Inhalt dieser Paragraphen, die an sich (wenn auch bestritten) nur im Rahmen des Rechtsstreites zur Geltung kommen könnten, abstrahirt und daraus in § 810 eine allgemeine materiellrechtliche Norm dahin gebildet, unter welchen Voraussetzungen Jemand (auch ohne Vorliegen eines Rechtsstreites) berechtigt sein soll, von einer in fremdem Besitze befindlichen Urkunde Einsicht zu nehmen (P. II, 772). Die C.P.O. verweist nunmehr in dem neuen § 422 lediglich auf diese materiellrechtliche Norm; § 394 (= § 429 n. F.) C.P.O. blieb bestehen.

II. Voraussetzungen des Anspruchs.

1. Der die Einsicht Verlangende muß ein „rechtliches Interesse“ an der Einsichtnahme haben. Darunter ist jedes von der Rechtsordnung als schutzwürdig anerkanntes Interesse zu verstehen, ohne nothwendig auf ein direkt vermögensrechtliches beschränkt zu sein (z. B. ein familienrechtliches ꝛc.). Vgl. Oertmann zu § 810 Bem. 2.

2. Es muß sich um Urkunden jener Art handeln, welche das Gesetz in § 810 genau begrenzt. Die aufgeführten Modifikationen sind an sich nicht beispielsweise gewählt, sondern wollen prinzipiell aufgefaßt werden (P. II, 774, 775). Die Praxis soll

jedoch nicht behindert sein, das in der Vorschrift erkennbare Prinzip, wenn nöthig, analog anzuwenden (P. a. a. O.).

Im Einzelnen sind diese alternativ gestellten Besonderheiten (vgl. hieher die Komm. zu § 387 C.P.O. ä. F.):

a) Die Urkunde muß im eigenen Interesse des Antragenden errichtet worden sein. Nicht nothwendig ist also, daß die Urkunde im Interesse beider Theile errichtet wurde, sondern es genügt, wenn sie im einseitigen Interesse des Antragenden oder in seinem und eines Dritten Interesse errichtet ist. Bei der Errichtung der Urkunden muß beabsichtigt worden sein, auf rechtliche Beziehungen des Antragenden einzuwirken oder solche zu sichern (vgl. Seufferts Komm. z. C.P.O. a. a. O.).

b) Oder es muß in der Urkunde „ein zwischen ihm und einem Anderen bestehendes Rechtsverhältniß" beurkundet worden sein, also gegenseitige Rechtsverhältnisse. Daß dies gerade Rechtsverhältnisse des Antragenden und des Besitzers der Urkunde sind, ist nicht verlangt. Hieher gehören alle Arten von Vertragsurkunden, z. B. Mieth- und Kaufverträge (bei Ausfertigung in duplo wird jeder Vertragstheil auch die Vorlegung des anderen Exemplars verlangen können), Schuldscheine, Quittungen, die von einem Rechnungspflichtigen gestellten Rechnungen, die im Geschäftsverkehre zwischen Gewerbetreibenden oder Kaufleuten und ihren Kunden üblichen Kontobücher 2c., Geschäftsbücher einer Sparkasse (vgl. hiezu S. A. Bd. 37 Nr. 348). Aufzeichnungen in Haus-, Rechnungs-, Haushaltungsbüchern werden nicht unter diesen Begriff fallen.

Wegen der Handelsbücher der Kaufleute s. Bem. III.

c) Oder wenn die Urkunde Verhandlungen über ein Rechtsgeschäft enthält, die zwischen ihm und einem anderen oder zwischen einem von Beiden und einem gemeinschaftlichen Vermittler gepflogen worden sind. Also z. B. die vor oder nach dem Geschäftsabschlusse geführte Korrespondenz zwischen Beiden und ihren Stellvertretern, sowie die Korrespondenz eines der Vertragstheile mit dem gemeinsamen Vermittler, gleichviel, ob die Briefe von dem oder an den Vermittler geschrieben sind. Nicht gemeinschaftlich in diesem Sinne ist dagegen die Korrespendenz zwischen dem anderen Vertragstheil und dem von diesem einseitig für sich aufgestellten Vermittler.

3. Auf das Eigenthum an den Urkunden wird es im Rahmen dieser Vorschrift überhaupt nicht ankommen. Vgl. hieher S. A. Bd. 49 Nr. 252, Entsch. d. R.G. Bd. 32 S. 116. Steht das Eigenthum dem Kläger zu, so kann er die Urkunden selbstverständlich auch vindiciren. Wichtig ist in dieser Hinsicht vor Allem § 952, welcher allgemein über das dingliche Recht an einer Urkunde bestimmt.

III. Ueber die Vorlegung von Handelsbüchern s. im Besonderen §§ 45 ff. H.G.B., bezüglich des Mäkler-Tagebuches s. § 102 H.G.B.

IV. Der Anspruch geht auf Gestattung der Einsicht. Eine Beschränkung auf bestimmte Theile der Urkunde stellt das Gesetz im Prinzipe nicht auf (P. II, 778). Es kann jedoch in einzelnen Fällen das rechtliche Interesse des Editionssuchers sich nur auf einen bestimmten Theil erstrecken und dadurch eine Beschränkung in dieser Hinsicht von selbst sich ergeben. Mit einer bloßen Abschrift der Urkunde braucht sich der Editionssucher nicht abfinden zu lassen. (P. a. a. O.; vgl. aber hieher § 435 C.P.O.) Ueber die Frage, ob der Berechtigte eine Abschrift der Urkunde für sich nehmen oder entsprechende Notizen für sich machen darf, enthält das Gesetz keine allgemeine Vorschrift; es soll dies von den Umständen des konkreten Falles abhängen (M. II, 892). Ueber Art, Gefahr und Kosten der Vorlegung s. § 811.

V. Ueber die Folgen der Nichterfüllung der Vorzeigung s. Bem. VI zu § 809.

VI. Neben dem allgemeinen § 810 enthält das B.G.B. noch eine Reihe von Einzelbestimmungen über das Recht auf Einsichtnahme von Urkunden.

Hieher sind zu vergleichen: § 716 (Recht des Gesellschafters, auch wenn er nicht Geschäftsführender ist, auf die Einsichtnahme der Geschäftsbücher und Papiere der Gesellschaft); § 1342 (Einsicht in die Erklärung betreffend die Anfechtung einer Ehe nach dem Tode eines Ehegatten); § 1597 (der Erklärung betreffend die Anfechtung der Ehelichkeit eines verstorbenen Kindes); § 1799 (bei der Gegenvormundschaft); § 2081 (der Erklärung betreffend die Anfechtung einer letztwilligen Verfügung); § 1953 (Einsicht der Erklärung betreffend Ausschlagung einer Erbschaft); § 2010 (Einsicht des Nachlaßinventars); § 2146 (der Anzeige betreffend den Eintritt der

Nacherbfolge); § 2228 (der maßgebenden Erklärungen hinsichtlich des Testamentsvollstreckers); § 2264 (Einsichtnahme in ein eröffnetes Testament); § 2384 (der Anzeige betreffend Erbschaftskauf). Ueber die Vorlegungspflicht bezüglich eines nicht in amtlicher Verwahrung befindlichen Testamentes s. § 2259.

Ueber das Recht auf Einsichtnahme der verschiedenen Register vgl. § 79 (Vereinsregister), § 1563 (Güterrechtsregister); ferner Handelsregister § 9 H.G.B. Ueber Einsichtnahme des Grundbuchs s. § 11 Gr.B.O.

VII. E. I (§ 777 und M. II, 893) hatte in diesen Zusammenhang auch einen allgemeinen Paragraphen gestellt über Vorlegung eines Verzeichnisses bei der Herausgabe eines Inbegriffs von Vermögensgegenständen. Dieser wurde später zu dem allgemeinen Theile des Obligationenrechtes gezogen, s. § 260 mit Bem.

Letzterer Paragraph spricht auch von einer Auskunftspflicht; vgl. hiezu Jacubezky, Bem. S. 184 und Bem. zu § 260.

Ueber Rechenschaftsablegung s. § 259 mit Bem.

§ 811.

Die Vorlegung hat in den Fällen der §§ 809, 810 an dem Orte zu erfolgen, an welchem sich die vorzulegende Sache befindet. Jeder Theil kann die Vorlegung an einem anderen Orte verlangen, wenn ein wichtiger Grund vorliegt.

Die Gefahr und die Kosten hat derjenige zu tragen, welcher die Vorlegung verlangt. Der Besitzer kann die Vorlegung verweigern, bis ihm der andere Theil die Kosten vorschießt und wegen der Gefahr Sicherheit leistet.

E. I, 776; II, 697; III, 795.

§ 811 behandelt Ort, Gefahr und Kosten der Vorlegung im Sinne der §§ 809, 810.

1. Regelmäßig hat die Vorlegung (in Uebereinstimmung mit dem bisherigen Rechte) an dem Orte zu erfolgen, wo sich die Sache oder Urkunde zur Zeit befindet.

a) Unter dem Begriff des Ortes ist aber nicht die engere räumliche Begrenzung des Gegenstandes nach den P. II, 777 zu verstehen, der Ausdruck ist vielmehr in dem weiteren geographischen Sinne aufzufassen, der auch dem Ausdruck „Erfüllungsort" zu Grunde liegt. An welcher besonderen Stelle des geographischen Ortes die Vorlegung zu erfolgen habe, ist nach den Grundsätzen von Treu und Glauben und mit Rücksicht auf die Verkehrssitte zu bestimmen; die Vorlegung braucht nicht nothwendiger Weise gerade in den Wohn- oder Geschäftsräumen des Verpflichteten zu erfolgen.

b) Es soll aber jeder Theil auch die Vorlegung an einem anderen Orte verlangen können, wenn ein wichtiger Grund vorliegt (Abs. 1 Satz 2), z. B. Krankheit.

c) Selbstverständlich erscheint, daß durch § 811 die Bestimmungen der C.P.O. nicht geändert werden sollen, soweit sie für den Fall einer im Prozesse verlangten Vorlegung davon ausgehen, daß die Vorlegung am Gerichtsorte zu erfolgen habe (P. II, 778).

2. Gefahr und Kosten der Vorlegung treffen denjenigen, welcher die Vorlegung verlangt. Dies entspricht der Billigkeit, da hier das einseitige Interesse des Editionssuchers obwaltet. Bezüglich der Kosten trifft ihn zugleich eine Vorleistungspflicht und hinsichtlich der Gefahr eine besondere Sicherungspflicht (§§ 232 ff.). In beiden Richtungen kann der Besitzer bis zur Erfüllung dieser Pflichten die Vorlegung verweigern.

Die Tragung der Gefahr im Allgemeinen wird dahin aufzufassen sein, daß der Antragsteller für die Folgen eines Verlustes oder einer Beschädigung auch ohne besonderes Verschulden aufzukommen hat; der Ersatz wird sich nach §§ 249 ff. zu richten haben, da eine Beschränkung auf den reinen Sachenwerth das Gesetz offenbar nicht im Sinne hat. Vgl. Oertmann zu § 811.

Vierundzwanzigster Titel.

Ungerechtfertigte Bereicherung.

(Erläutert von Dr. Th. Engelmann.)

Einleitung.

1. Uebersicht. Die §§ 812—822 handeln von der ungerechtfertigten Bereicherung. Die §§ 812, 816, 817 regeln die Voraussetzungen des Herausgabeanspruchs, § 813 erläutert den Begriff der Leistung einer Nichtschuld, die §§ 814, 815 schließen die Zurückforderung für gewisse Fälle aus. In den §§ 818—820 wird Inhalt und Umfang des Herausgabeanspruchs näher begrenzt. § 821 enthält eine besondere Bestimmung für den Fall, daß eine Verbindlichkeit ohne rechtlichen Grund eingegangen, der Anspruch auf Befreiung von dieser Verbindlichkeit aber verjährt ist. § 822 endlich regelt die Herausgabepflicht dritter Personen, denen der Empfänger das Erlangte unentgeltlich zugewendet hat.

2. Verhältniß der Ansprüche aus ungerechtfertigter Bereicherung zu den Kondiktionen des bisherigen Rechts; Grundprinzip. Die Ansprüche aus ungerechtfertigter Bereicherung entsprechen im Allgemeinen den Kondiktionen des bisherigen Rechts. Nach römischem Rechte erzeugte Erwerb aus fremdem Vermögen ohne rechtfertigenden Grund eine persönliche Klage auf Rückerstattung („condictio"). Von besonderer Bedeutung waren die Kondiktionen zur Rückforderung dessen, was außerkontraktlich ungerechtfertigter Weise erworben war. Man unterschied Kondiktionen wegen subjektiv widerrechtlichen Erwerbs (condictio furtiva, condictio ob turpem causam, condictio ob injustam causam) und solche wegen objektiv ungerechtfertigten Vermögensübergangs (condictio indebiti, condictio ob causam datorum oder causa data causa non secuta und condictio sine causa). Die neuere gemeinrechtliche Lehre bezeichnete die Kondiktionen vielfach als Bereicherungsklagen, obwohl ein Theil derselben nicht bloß auf Rückerstattung bis zum Betrage der Bereicherung ging, sondern Leistung des vollen Interesses bezweckte (Dernburg, Pand. Bd. 2 S. 373 ff.; Windscheid-Kipp, Bd. 2 S 808 ff.).

Dem P.L.R. liegt das Prinzip zu Grunde, daß Niemand sich mit dem Schaden eines Anderen bereichern dürfe (Thl. I Tit 13 §§ 230, 232, 262 ff., Tit. 16 §§ 166 ff.; Förster-Eccius, P.Pr.R 2. Bd. 7. Aufl. §§ 147, 148, 150).

Das B.L.R. stellte ausdrücklich den Grundsatz auf, daß „Keiner mit des Anderen Schaden bereichert werden soll" (Thl. IV cap. 13 § 1 Ziff. 2) und regelte die einzelnen Kondiktionsfälle im Wesentlichen entsprechend den Vorschriften des gemeinen Rechts, s. Thl. IV cap 13 §§ 5, 6 (condictio indebiti), § 7 (condictio causa data causa non secuta), § 8 (condictio ob turpem causam), § 9 (condictio sine causa).

Ueber andere Rechte s. M. II, 829 Note 2.

E. I behandelte die hieher gehörigen Fälle unter dem Titel „Bereicherung" mit folgenden Unterabtheilungen: „I. Leistung einer Nichtschuld, II. Nichteintritt des bei einer Leistung vorausgesetzten künftigen Ereignisses oder rechtlichen Erfolges, III. Wegfall des Rechtsgrundes einer Leistung, IV. Verwerflicher Empfang, V. Sonstiges grundloses Haben." Die II. Komm. beschloß, im Interesse der Uebersichtlichkeit und Klarheit das die ganze Lehre beherrschende Prinzip an die Spitze zu stellen (P. II, 684; vgl. Z.G. II, 420 ff.; Jacubezky, Bem. S. 177).

Die Normen des B.G.B. über die ungerechtfertigte Bereicherung beruhen auf dem Grundgedanken, daß ein persönlicher Anspruch auf Rückgängigmachung desjenigen an sich nach den maßgebenden Vorschriften eingetretenen Rechts- und Vermögenserwerbes zu gewähren ist, welcher eines Rechtsgrundes entbehrt (M II, 829). Die Fälle des § 812 entsprechen im Allgemeinen der gemeinrechtlichen condictio indebiti, condictio sine causa, condictio ob causam finitam und condictio causa data causa non secuta, die des § 817 der condictio ob turpem causam und ob injustam causam. Ein besonderer Fall ist im § 816 behandelt. Der Thatbestand der gemeinrechtlichen condictio furtiva fällt unter § 823 (s. aber auch § 819 Abs. 1 und Anm. 1a zu § 819).

3. Von besonderer Bedeutung für die Lehre von der ungerechtfertigten Bereicherung ist der Gegensatz zwischen abstrakten und kausalen Rechtsgeschäften, zu welchen letzteren insbesondere die dinglichen Verträge gehören. Die Wirksamkeit des kausalen Rechtsgeschäfts ist abhängig von der Erreichung des einen wesentlichen Bestandtheil des Rechtsgeschäfts bildenden Zweckes. Das abstrakte Rechtsgeschäft ist wirksam, auch wenn der von den Vertragschließenden vorausgesetzte Rechtsgrund nicht vorhanden oder ungültig war oder wenn die Vertragschließenden verschiedene Rechtsgründe vorausgesetzt haben. Die rechtliche Wirkung des abstrakten Rechtsgeschäfts kann aber im Falle eines Mangels im Rechtsgrunde nach § 812 rückgängig gemacht werden (M. II, 830, Anm. I, B, 2, 3 zu § 812; vgl. oben

S. 4 ff. Vorbem. Ziff. IV, ferner Bd. 3 S. 32 Vorbem. vor § 874 Ziff. II, A, 6 b, S. 81 Anm. 3 zu § 929).

4. Die Ansprüche aus ungerechtfertigter Bereicherung sind grundsätzlich persönliche Ansprüche, stehen also nur dem Benachtheiligten gegenüber dem Bereicherten zu. Der Vertreter und der Vertretene gelten hiebei nach dem Prinzipe der freien Stellvertretung (§§ 164 ff.) nicht als Dritte im Rechtssinne (M. II, 830; vgl. Windscheid-Kipp, Bd. 2 S. 833). Eine Ausnahme von diesem Grundsatze macht § 816 Abs. 1 Satz 2 für den Fall, daß ein Nichtberechtigter mit Wirksamkeit gegenüber dem Berechtigten eine unentgeltliche Verfügung über einen Gegenstand trifft, und § 822 für den Fall, daß der Empfänger das Erlangte unentgeltlich einem Dritten zuwendet.

5. Gegenstand*) des Anspruchs auf Herausgabe kann Alles sein, durch dessen Uebergang aus dem Vermögen des Einen in das eines Anderen der Letztere bereichert wird (M. II, 830; § 812 Abs. 1 Satz 1: „etwas"; vgl. Dernburg, Pand. Bd. 2 S. 374 Note 6—9; Windscheid-Kipp, Bd. 2 S. 810 ff. Note 4—14). Hiezu gehört insbesondere auch der Besitz, da derselbe, wenn er auch nicht als dingliches Recht betrachtet werden kann, doch eine ökonomisch werthvolle Rechtsposition begründet („condictio possessionis"; vgl E. I, 737 Abs. 3: „Die Rückforderung findet auch dann statt, wenn die Leistung nur in der Einräumung des Besitzes oder der Inhabung bestanden hat"; M. II, 830 ff.; Z.G. II, 426; P. II, 694; Bd. 3 S. 6 Vorbem. IV, B und VII vor § 854; Dernburg, Pand. Bd. 2 S 374 Note 12; Windscheid-Kipp, Bd. 2 S. 810 Note 7). Ist die Rückübertragung des Besitzes nicht möglich, so ist der Werth desselben nach freiem Ermessen festzusetzen (§ 818 Abs. 2). Die Geltendmachung petitorischer Einreden gegenüber der condictio possessionis ist zulässig, da dieser Anspruch kein possessorisches Rechtsmittel ist (M. II, 831). Ueber Inhalt und Umfang des Herausgabeanspruchs s. §§ 818—820 und Anm. hiezu.

6. Die Ansprüche aus ungerechtfertigter Bereicherung sind nicht subsidiärer Natur, können also auch geltend gemacht werden, wenn dem Geschädigten andere Rechtsbehelfe (Eigenthumsanspruch, Anspruch auf Schadensersatz wegen unerlaubter Handlung) zur Seite stehen (ebenso Planck, Vorbem. V; Cosack, I, 621; and. Ans. Endemann, I, 896 Note 4).

7 Hinsichtlich der Verjährung der Ansprüche aus ungerechtfertigter Bereicherung gelten die allgemeinen Grundsätze der §§ 194 ff., insoweit nicht für einzelne Fälle eine gegentheilige Bestimmung getroffen ist (vgl. z. B. §§ 977, 1301, 1302, 2287). Die durch ungerechtfertigte Bereicherung begründete Einrede verjährt mit dem Anspruche selbst (M. II, 831). Nach § 821 kann aber, wer ohne rechtlichen Grund eine Verbindlichkeit eingeht, die Erfüllung auch dann verweigern, wenn der Anspruch auf Befreiung von der Verbindlichkeit verjährt ist.

8. Für den Fall des Konkurses über das Vermögen des Bereicherten sollte nach einem in der II. Komm. gestellten Antrage dem Rückforderungsberechtigten durch Gewährung eines Aussonderungsrechtes gegenüber den Konkursgläubigern zu Hülfe gekommen werden. Zu diesem Zwecke wurde beantragt, nach § 36 K.O. ä. F. folgende Vorschrift aufzunehmen: „Ist der Gemeinschuldner verpflichtet, einen ohne rechtlichen Grund erlangten Gegenstand herauszugeben, so kann der zur Rückforderung Berechtigte die Herausgabe verlangen, soweit der Gegenstand sich zur Zeit der Eröffnung des Verfahrens in der Konkursmasse befindet." Der Antrag wurde aber Mangels eines ausreichenden Bedürfnisses für eine derartige Sonderbestimmung abgelehnt (P. II, 721 ff.; vgl. Jacubezky, Bem. S. 177 ff.).

9. In zahlreichen Fällen finden die Vorschriften über die Herausgabe einer ungerechtfertigten Bereicherung entsprechende Anwendung.

a) Aus dem B.G.B. selbst sind zu erwähnen die §§ 323 Abs. 3, 327 Satz 2, 516 Abs. 2 Satz 3, 527 Abs. 1, 528 Abs. 1 Satz 1, 531 Abs. 2, 543 Abs. 2, 628 Abs. 1 Satz 3, 682, 684 Satz 1, 852 Abs. 2, 951 Abs. 1 Satz 1, 977 Satz 1, 988, 993 Abs. 1, 1301 Satz 1, 1399 Abs. 2, 1455, 1487, 1519, 1549, 1584 Abs. 1 Satz 2, 1973 Abs. 2 Satz 1, 1989, 2021, 2196, 2287 Abs. 1, 2329 Abs. 1 Satz 1.

b) Wird in der Berufungsinstanz unter Zurückweisung verschleppter Vertheidigungsmittel mit Vorbehalt derselben geurtheilt, so ist, wenn sich im weiteren Verfahren ergibt, daß der klagend geltend gemachte Anspruch unbegründet war, das frühere Urtheil aufzuheben, der Kläger mit dem Anspruch abzuweisen und auf Antrag zur Erstattung des von dem Beklagten auf Grund des Urtheils Gezahlten oder Geleisteten zu verurtheilen, sowie über die Kosten anderweit zu entscheiden. Die Erstattungspflicht des Klägers bestimmt sich nach den Vorschriften über die Herausgabe einer ungerechtfer-

---

*) Vgl. A. Stieve, Der Gegenstand des Bereicherungsanspruchs nach dem B G.B., Straßburg 1899.

tigten Bereicherung. Wird der Antrag gestellt, so ist der Anspruch auf Erstattung als zur Zeit der Zahlung oder der Leistung rechtshängig geworden anzusehen; die mit der Rechtshängigkeit nach den Vorschriften des bürgerlichen Rechts verbundeneu Wirkungen treten mit der Zahlung oder Leistung auch dann ein, wenn der Antrag nicht gestellt wird (C.P.O. §§ 540, 541, vgl. § 529 Abs. 4; D. z. C.P.O. S. 65 ff.; E. I, 746 Abs. 2; M. II, 847 ff.; Z.G. II, 430 ff.; P. II, 683, 717 ff.). Der von der II. Komm. beschlossene § 689 a der C.P.O („Soweit sich ergibt, daß die in den §§ 686, 687 bezeichneten Einwendungen begründet sind, ist der Gläubiger verpflichtet, dasjenige, was er durch die Zwangsvollstreckung erlangt hat oder was ihm zur Abwendung der Zwangsvollstreckung geleistet worden ist, nach den Vorschriften über die Herausgabe einer ungerechtfertigten Bereicherung zurückzuerstatten; die Erstattungspflicht bestimmt sich so, wie wenn der Anspruch auf die Erstattung zur Zeit des Empfanges rechtshängig geworden wäre") ist nicht Gesetz geworden (P. II, 720 ff.; s. auch Anm. I, B, 3 zu § 812).

c) Nach Art. 83 der Wechselordnung bleiben Aussteller und Acceptant eines Wechsels, wenn ihre wechselmäßige Verbindlichkeit durch Verjährung oder Verabsäumung der zur Erhaltung des Wechselrechtes gesetzlich vorgeschriebenen Handlungen erloschen ist, dem Inhaber des Wechsels so weit verpflichtet, als sie sich mit dessen Schaden bereichern würden. Gegen die Indossanten, deren wechselmäßige Verbindlichkeit erloschen ist, findet ein solcher Anspruch nicht statt.

d) Nach § 59 Nr. 3 K.O. sind Masseschulden u. A. die Ansprüche aus einer „rechtlosen Bereicherung der Masse".

10. Unberührt bleiben gemäß E.G. Art. 104 die landesgesetzlichen Vorschriften über den Anspruch auf Rückerstattung mit Unrecht erhobener öffentlicher Abgaben oder Kosten eines Verfahrens (vgl. Bd 6 S. 143 ff.; bayerisches A.G. z. B.G.B. Art. 125 Abs. 3, 126 Abs. 2). Soweit eine landesgesetzliche Regelung nicht erfolgt, ist der fragliche Anspruch nach den §§ 812 ff. zu beurtheilen (vgl. Bd. 6 S. 144 Anm. 2 d zu E.G. Art. 104). Nach E.G. Art. 103 bleiben ferner unberührt die landesgesetzlichen Vorschriften, nach welchen der Staat, sowie gewisse Verbände und Anstalten Ersatz der für gewährten Unterhalt gemachten Aufwendungen von dem Unterstützten, sowie von den unterhaltspflichtigen Personen verlangen können (vgl. oben Vorbem. vor § 677 Ziff. 12 und die dort citirten Stellen, ferner Z.G. II, 422 ff., VI, 518 ff.).

§ 812.

Wer durch die Leistung eines Anderen oder in sonstiger Weise auf dessen Kosten etwas ohne rechtlichen Grund erlangt, ist ihm zur Herausgabe verpflichtet. Diese Verpflichtung besteht auch dann, wenn der rechtliche Grund später wegfällt oder der mit einer Leistung nach dem Inhalte des Rechtsgeschäfts bezweckte Erfolg nicht eintritt.

Als Leistung gilt auch die durch Vertrag erfolgte Anerkennung des Bestehens oder des Nichtbestehens eines Schuldverhältnisses.

E. I, 737 Abs. 1, 3, 742, 745 Abs. 1, 748, 290 Abs. 4, 684 Abs. 1, 2; II, 737; III, 796.

I. § 812 bestimmt (neben den §§ 816 u. 817) die Voraussetzungen, unter welchen der Anspruch auf Herausgabe einer ungerechtfertigten Bereicherung begründet ist.

A. Der zu Belangende muß „etwas" (s. Einl. Ziff. 5) entweder durch die Leistung eines Anderen oder in sonstiger Weise auf dessen Kosten erlangt haben.

1. Ueber den Begriff der „Leistung" s. § 241 und Anm. hiezu (oben S. 5 ff.). Der Leistung steht die Hingabe an Erfüllungsstatt (§ 364) gleich (s. oben S. 108 Anm. 2 Abs. 2 zu § 364). Ob die Leistung durch den Schuldner selbst oder für ihn durch einen Dritten erfolgt, kommt nicht in Betracht (M. II, 831). Als Leistung gilt gemäß § 812 Abs. 2 auch die vertragsmäßige Anerkennung des Bestehens oder Nichtbestehens eines Schuldverhältnisses (§§ 397 Abs. 2, 781; vgl. E. I, 290 Abs. 4, 684 Abs. 1, 2; M. II, 115 ff., 693; Z.G. II, 62 ff., 374, VI, 304, 498; P. I, 376, II,

510 ff.; 697 ff., 708; s. oben S. 134 Anm. 6 zu § 397). In der Reichstagskomm. wurde beantragt, zu bestimmen, daß als Leistung auch die auf Grund eines Vertrags mit einem Anderen erfolgte Verwendung der Arbeitskraft in den Nutzen des Bereicherten gelten solle. Der Antrag wurde aber abgelehnt. Man wolle hiemit den Fall treffen, daß ein Arbeiter in Folge eines mit dem Unternehmer geschlossenen Vertragsverhältnisses einem Dritten Arbeit geleistet und nun vom Unternehmer den bedungenen Lohn nicht erhalten habe. In diesem Falle sei aber der Dritte keineswegs bereichert, da er dem Unternehmer die Vergütung gezahlt habe oder schulde. Selbst wenn der Werth der Leistung die Vergütung übersteigen sollte, erscheine diese Bereicherung nicht als eine grundlose, werde vielmehr durch das Vertragsverhältniß des Dritten mit dem Unternehmer begründet (R.T.K. 56).

2. Nach E. I sollte der Herausgabeanspruch demjenigen zustehen, „aus dessen Vermögen" ein Anderer bereichert ist. In der II. Komm. wurde diese Fassung als zu eng beanstandet. Was man lediglich in seiner Inhabung habe, z. B. als Verwahrer, als Verwalter fremden Vermögens, könne nicht wohl zum Vermögen des Inhabers gerechnet werden. Habe Jemand eine ihm angefallene Erbschaft ausgeschlagen, so habe diese niemals zu seinem Vermögen gehört, der nächstberufene Erbe erlange sie nicht aus dem Vermögen des Ausschlagenden. Ebenso verhalte es sich, wenn von zwei mit Anwachsungsrecht eingesetzten Nacherben der eine die Nacherbschaft ausschlage, so daß diese ganz dem anderen Nacherben gebühre. Um auch diese Fälle zu treffen, in denen das Objekt der Bereicherung, ohne bereits in das Vermögen des Kondiktionsberechtigten übergegangen zu sein, doch den Vermögensstand desselben berühre, wurde die Fassung „auf dessen Kosten" gewählt. Die ebenfalls vorgeschlagene Fassung: „von Seite eines Anderen" wurde abgelehnt, weil sie unter Umständen zu unbilligen Ergebnissen führe. Habe z. B. der debitor cessus in Unkenntniß der Cession an den Cedenten gezahlt, so müsse die Kondiktion dem Cessionar zustehen, während sie nach diesem Antrage dem debitor cessus zustehen würde (P. II, 684 ff.).

B. Der Vermögensübergang muß, um als ungerechtfertigte Bereicherung zu erscheinen, ohne rechtlichen Grund erfolgt sein. Dem Mangel eines rechtlichen Grundes steht der spätere Wegfall desselben sowie der Nichteintritt des mit einer Leistung nach dem Inhalte des Rechtsgeschäfts bezweckten Erfolgs gleich.

1. Ein besonders wichtiger Fall einer Leistung ohne rechtlichen Grund ist der, daß zum Zwecke der Erfüllung einer Verbindlichkeit geleistet worden ist, während die Verbindlichkeit in Wirklichkeit nicht besteht (E. I, 737 Abs. 1: „Wer zum Zwecke der Erfüllung einer Verbindlichkeit eine Leistung bewirkt hat, kann, wenn die Verbindlichkeit nicht bestanden hat, von dem Empfänger das Geleistete zurückfordern"; M. II, 831 ff.; Z.G. II, 425 ff., VI, 522 ff.; P. II, 690; über die condictio indebiti des gemeinen Rechts s. Dernburg, Pand. Bd. 2 S. 378 ff.; Windscheid-Kipp, Bd. 2, S. 834 ff.; vgl. P.L.R. Thl. I Tit. 16 §§ 166 ff.; B.L.R. Thl. IV cap. 13 §§ 5, 6). Unerheblich ist, ob die Verbindlichkeit überhaupt nicht bestanden hat oder zur Zeit der Leistung bereits erloschen war (E. I, 737 Abs. 2). Dem Nichtbestehen der Verbindlichkeit stellt § 813 Abs. 1 Satz 1 den Fall gleich, daß dem Anspruch eine seine Geltendmachung dauernd ausschließende Einrede entgegenstand. Leistung einer Nichtschuld liegt vor, wenn eine aufschiebend bedingte Verbindlichkeit (§ 158 Abs. 1) vor Eintritt der Bedingung erfüllt wird (vgl. Dernburg, Pand. Bd. 2 S. 379 Note 13; Windscheid-Kipp, Bd. 2 S. 836 Note 8), nicht aber bei vorzeitiger Erfüllung einer betagten Verbindlichkeit (§ 813 Abs. 2, vgl. Anm. 3 u. 4 zu § 813). Der Anspruch auf Herausgabe steht ferner dem Schuldner zu, der an einen Anderen als den wirklichen Gläubiger geleistet hat, es sei denn, daß der Schuldner kraft besonderer Bestimmung (vgl. Anm. 2b zu § 816) hiedurch befreit worden ist (vgl. Dernburg, Pand. Bd. 2 S. 380; über den Anspruch des wirklichen Gläubigers gegen den Empfänger s. § 816 Abs. 2 und Anm. 2b zu § 816). Dagegen kann eine Leistung nicht um deßwillen zurückgefordert werden, weil der Leistende von der ihm zustehenden Aufrechnungsbefugniß (§ 387) keinen Gebrauch gemacht oder das ihm zustehende Anfechtungsrecht (§§ 119 ff.) nicht ausgeübt habe (M. II, 832; s. oben S. 128 Anm. 1 Abs. 2 zu § 389; über den Herausgabeanspruch bei nachträglich erfolgter Anfechtung s. unten Ziff. 3). Trotz Nichtbestehens einer Verbindlichkeit kann das Geleistete kraft besonderer gesetzlicher Bestimmung nicht zurückgefordert werden in den Fällen der §§ 656, 762—764 (s. auch §§ 813 Abs. 1 Satz 2, 222 Abs. 2). Nach § 814 ist ferner die Zurückforderung ausgeschlossen, wenn der Leistende gewußt hat, daß er zur Leistung nicht verpflichtet war, oder wenn die Leistung einer sittlichen Pflicht oder einer auf den Anstand zu nehmenden Rücksicht entsprach. Wer die Herausgabe des zum Zwecke der Erfüllung einer Verbindlichkeit Geleisteten wegen Nichtbestehens der Verbindlichkeit verlangt, hat nicht nur die Leistung, und zwar die Leistung zum Zwecke der Erfüllung einer Verbindlichkeit (P. II, 697), sondern auch das

Nichtbestehen der Verbindlichkeit zu beweisen (vgl. Dernburg, Pand. Bd. 2 S. 382 ff.; Windscheid-Kipp, Bd. 2 S. 840 ff., 843; Entsch. d. R.G. in Civils. Bd. 1 S. 95; B.L.R. Thl. IV cap. 13 § 6; s. auch Anm. 1a zu § 814).

2. Auch abgesehen von den in Ziff. 1 erwähnten Fällen kann ein Vermögensübergang des rechtlichen Grundes entbehren (E. I, 748: „Derjenige, aus dessen Vermögen nicht kraft seines Willens oder nicht kraft seines rechtsgültigen Willens ein Anderer bereichert worden ist, kann, wenn hiezu ein rechtlicher Grund gefehlt hat, von dem Anderen die Herausgabe der Bereicherung fordern"; M. II, 851 ff.; Z.G. II, 432, VI, 528; über die condictio sine causa des gemeinen Rechts s. Dernburg, Pand. Bd. 2 S. 386 ff.; vgl. P.L.R. Thl. I Tit. 13 §§ 262 ff.; B.L.R. Thl. IV cap. 13 § 9; Samml. v. Entsch. d. obersten L.G. München I, 259, 476 ff, III, 182, 476). Ein Beispiel bietet das Verzehren einer fremden Sache in der Meinung, es sei die eigene, ferner die Hingabe einer Draufgabe bei Nichtigkeit des Hauptvertrags (s. oben S. 87 Anm. 3 zu § 337). Aus dem gleichen Gesichtspunkte sind, wenn Jemand ein fremdes Geschäft in der Meinung besorgt, es sei sein eigenes, beide Theile einander zur Herausgabe des aus der Geschäftsführung Erlangten verpflichtet (Anm. 2 zu § 687). Hieher gehören ferner die Fälle, in welchen das Leistungsgeschäft selbst (z. B. wegen Geschäftsunfähigkeit des Leistenden oder wegen Zuwiderhandlung gegen ein gesetzliches Verbot) nichtig ist. Das Geleistete kann in diesem Falle vom Eigenthümer vindizirt werden (§ 985). Daneben aber hat der Leistende den Herausgabeanspruch nach § 812, was insbesondere dann von Bedeutung ist, wenn die Vindikation (wegen inzwischen erfolgten Untergangs der Sache oder weil es sich um geleistete Dienste handelt rc.) nicht zum Ziele führt (M. II, 853). Ist das Leistungsgeschäft selbst gültig, so kann bei Nichtigkeit der unterliegenden causa im Falle eines kausalen Rechtsgeschäfts das Geleistete vindizirt und kondizirt, im Falle eines abstrakten Rechtsgeschäfts nur kondizirt werden (vgl. Einl. Ziff. 3; s. auch Anm. 3 zu § 817). Ueber Zurückforderung des Geleisteten bei Anfechtbarkeit des Leistungsgeschäfts oder der unterliegenden causa s. unten Ziff. 3. Kein Herausgabeanspruch besteht im Falle des § 964, da die hienach sich ergebende Vermögensverschiebung gerade wegen der Vorschrift des § 964 des rechtlichen Grundes nicht entbehrt (M. III, 374; s. Bd. 3 S. 110 Anm. zu § 964; and. Ans. ohne genügende Begründung Schollmeyer, S. 107; Matthiaß, I, 627). Der Beweis, daß eine Vermögensverschiebung des rechtlichen Grundes entbehrt, obliegt dem Kläger.

3. Dem Mangel eines rechtlichen Grundes steht der spätere Wegfall des vorhandenen rechtlichen Grundes gleich (E. I, 745: „Wer eine Leistung aus einem Rechtsgrunde bewirkt hat, welcher später weggefallen ist, kann von dem Empfänger das Geleistete zurückfordern"; M. II, 846 ff.; Z.G. II, 429 ff., VI, 527; P. II, 685 ff., 692; über die condictio ob causam finitam des gemeinen Rechts s. Dernburg, Pand. Bd. 2 S. 386 ff.; Windscheid-Kipp, Bd. 2 S. 825 Note 12, 13). Hienach kann insbesondere eine auf Grund auflösend bedingter oder mit Endtermin versehener causa erfolgte Leistung zurückgefordert werden, wenn die Bedingung oder der Termin eintritt (§ 158 Abs. 2, 163). Aus dem gleichen Grunde kann eine Leistung zurückgefordert werden, wenn das Leistungsgeschäft selbst anfechtbar ist und nachträglich die Anfechtung erfolgt. Das Gleiche gilt, falls das Leistungsgeschäft gültig ist, aber das zu Grunde liegende Rechtsgeschäft anfechtbar ist und nachträglich angefochten wird (§ 142 Abs. 1; vgl. Schollmeyer, S. 107). Gleichgültig ist hiebei, ob die Anfechtung Seitens des Leistenden oder des Empfängers bethätigt wird. Hat der Leistende in Kenntniß der Anfechtbarkeit geleistet, so wird in der Regel Bestätigung (§ 144) anzunehmen und demgemäß die nachträgliche Anfechtung ausgeschlossen sein (M. II, 846 ff.). Hinsichtlich des dem Leistenden zustehenden Vindikationsanspruchs und des in dieser Richtung bedeutsamen Unterschieds zwischen abstrakten und kausalen Rechtsgeschäften gilt das oben unter Ziff. 2 Bemerkte. Hieher gehört auch der Anspruch auf Rückgabe dessen, was auf Grund eines rechtskräftigen, später nach Wiederaufnahme des Verfahrens (C.P.O. §§ 578 ff.) aufgehobenen Urtheils oder auf Grund einer durch späteres Urtheil für ungerechtfertigt erklärten vorläufigen Administrativentscheidung geleistet worden ist (M. II, 848 ff.). Nach E. I, 746 sollte auch in den Fällen der §§ 274, 563 Abs. 2 und 655 Abs. 2 C.P.O. (ä. F.) der Anspruch auf Herausgabe des Geleisteten begründet und mit dem Zeitpunkte der Leistung als rechtshängig geworden anzusehen sein (M. II, 847 ff.; Z.G. II, 430 ff.; P. II, 717 ff.). Abweichend hievon gewähren die nunmehr an die Stelle dieser Bestimmungen getretenen §§ 302 Abs. 4, 600 Abs. 2 und 717 Abs. 2 C.P.O. (n. F.) Anspruch auf Schadensersatz (vgl. Einl. Ziff. XI, 2 vor § 823). Ueber den Fall des § 541 Abs. 2 C.P.O. s. Einl. Ziff. 9 b; über einen weiteren hierher gehörigen Fall s. oben S. 19 Anm. 4 Abs. 2 zu § 255. Uebrigens kommt der Wegfall des beim Empfange vorhanden gewesenen Rechtsgrundes, wie in der II. Komm. bemerkt wurde, nicht bloß bei Leistungen vor. So wird z. B. eine Verfügung, welche der

Vorerbe trifft, nachdem der Nacherbe die Nacherbschaft ausgeschlagen hat, in Folge der Anfechtung der Ausschlagung nach Maßgabe der §§ 2113 ff. unwirksam (P. II, 685 ff., 692). Ueber Zurückforderung des aus einem gegenseitigen Vertrage Geleisteten im Falle des § 821 s. Anm. 2 zu § 821. Der Beweis, daß der rechtliche Grund später weggefallen ist, obliegt dem Kläger.

4. Die Herausgabepflicht ist endlich auch dann begründet, wenn der mit einer Leistung nach dem Inhalte des Rechtsgeschäfts bezweckte (rechtliche oder thatsächliche) Erfolg nicht eintritt (E. I, 742: „Wer unter der ausdrücklich oder stillschweigend erklärten Voraussetzung des Eintrittes oder Nichteintrittes eines künftigen Ereignisses oder eines rechtlichen Erfolges eine Leistung bewirkt hat, kann, wenn die Voraussetzung sich nicht erfüllt, von dem Empfänger das Geleistete zurückfordern"; M. II, 842 ff.; Z.G. II, 427 ff., VI, 523 ff.; P. II, 692 ff.; über die gemeinrechtliche condictio causa data causa non secuta [condictio ob rem datorum, condictio ob causam datorum] s. Dernburg, Pand. Bd. 2 S. 383 ff.; Windscheid-Kipp, Bd. 2 S. 843 ff.; vgl. P.L.R. Thl. I Tit. 16 §§ 199 ff.; B.L.R. Thl. IV cap. 13 § 7; über andere Rechte s. M. II, 842 Note 2). Als Beispiele wurden in der II. Komm. erwähnt die Hingabe einer Summe mit der Auflage an den Empfänger, sie ganz oder theilweise zu einer bestimmten Mitgift zu verwenden, während die Ehe später nicht zu Stande kommt, die im Voraus erfolgte Ausstellung eines Schuldscheins oder Wechsels, auf welchen Zahlung Seitens des in Aussicht genommenen Gläubigers nicht gewährt werde ꝛc. (P. II, 693). Ueber einen weiteren hieher gehörigen Fall s. oben S. 119 Anm. 3b, β zu § 378. Daß ein bestimmter Erfolg den Zweck der Leistung bilde, braucht nicht ausdrücklich ausgesprochen zu werden, kann vielmehr auch stillschweigend vereinbart sein. Voraussetzung des Rückforderungsanspruchs ist aber, daß die Zweckbestimmung zum Inhalte des Rechtsgeschäfts gemacht ist. Das bloße Motiv einer Leistung kommt also nicht in Betracht, so daß der Rückforderungsanspruch nicht gegeben ist, wenn lediglich Erwartungen, von welchen der Leistende ausging, sich nicht verwirklichen. Ob das Eine oder Andere der Fall ist, kann allerdings im einzelnen Falle schwer zu entscheiden sein. Die dem E. I zu Grunde liegende Windscheidsche Lehre von der Voraussetzung (Windscheid-Kipp, Bd. 1 S. 435 ff., Bd. 2 S. 824 ff.) wurde wegen der mit ihr verbundenen Gefährdung der Sicherheit des Verkehrs von der II. Komm. abgelehnt (P. II, 690 ff.; vgl. Z.G. II, 421, 427 ff.; s. auch Entsch. d. R.G. in Civils. Bd. 24 S. 169 ff., Bd. 28 S. 30). Bei gegenseitigen Verträgen (§§ 320 ff.) gibt der Umstand, daß der eine Theil seine Verbindlichkeit nicht erfüllt, dem anderen an sich nicht das Recht, das zur Erfüllung seiner Verbindlichkeit bereits Geleistete zurückzufordern. Das Rückforderungsrecht ist vielmehr nur begründet, wenn die Voraussetzungen des § 812 Abs. 1 Satz 2 vorliegen, wenn also mit der Leistung nach dem Inhalte des Rechtsgeschäfts bezweckt war, den anderen Theil zur Erfüllung seiner Verbindlichkeit zu veranlassen (M. II, 842; E. I, 360; Z.G. VI, 525; P. I, 625, II, 692; vgl. §§ 323 Abs. 3, 327; Entsch. d. R.G. in Civils. Bd. 3 S. 87 ff.; Jacubezky, Bem. S. 178 ff.; s. auch Anm. 1 a zu § 815). Welche Bedeutung einer Leistung unter Vorbehalt zukommt, kann nicht allgemein, sondern nur nach den Umständen des einzelnen Falles beurtheilt werden (Planck, Erl. 1 e zu § 812). Die Rückforderung wegen Nichteintritts des mit einer Leistung bezweckten Erfolges ist ausgeschlossen, wenn der Eintritt des Erfolges von Anfang an unmöglich war und der Leistende dies gewußt hat, oder wenn der Leistende den Eintritt des Erfolges wider Treu und Glauben verhindert hat (§ 815). Der Beweis, daß ein bestimmter Erfolg nach dem Inhalte des Rechtsgeschäfts den Zweck der Leistung bildete, obliegt dem Kläger. Hinsichtlich der Frage, wem der Beweis obliege, daß der Erfolg nicht eingetreten sei, wurde von der II. Komm. eine Bestimmung um deßwillen nicht getroffen, weil diese Frage durch einen allgemeinen, überall passenden Rechtssatz nicht beantwortet werden könne, sondern von dem Inhalte der vorläufigen causa, d. h. davon abhänge, in welchem Sinne die Leistung vor der Entscheidung über die Erreichung des Zweckes gemacht worden sei und was die Parteien für die Zeit des Schwebezustandes beabsichtigt haben (P. II, 693; vgl. M. II, 843; Z.G. II, 429; VI, 525; Dernburg, Pand. Bd. 2 S. 385 Note 17; Windscheid-Kipp, Bd. 2 S. 850; Entsch. d. R.G. in Civils. Bd. 14 S. 225 ff.; Planck, Erl. 1d zu § 812; Fischer-Henle, Note 12 zu § 812; Endemann, I, 899; Matthiaß, I, 625 Note 1; Kuhlenbeck, Note 8 zu § 812).

II. Ueber Inhalt und Umfang des Herausgabeanspruchs s. §§ 818—820 und Anm. hiezu.

§ 813.

Das zum Zwecke der Erfüllung einer Verbindlichkeit Geleistete kann auch dann zurückgefordert werden, wenn dem Anspruch eine Einrede entgegenstand, durch welche die Geltendmachung des Anspruchs dauernd ausgeschlossen wurde. Die Vorschrift des § 222 Abs. 2 bleibt unberührt.

Wird eine betagte Verbindlichkeit vorzeitig erfüllt, so ist die Rückforderung ausgeschlossen; die Erstattung von Zwischenzinsen kann nicht verlangt werden.

E. I, 737 Abs. 2, 738; II, 738; III, 797.

1. Der Anspruch auf Herausgabe des zur Erfüllung einer Verbindlichkeit Geleisteten ist nicht nur dann begründet, wenn die Verbindlichkeit überhaupt nicht bestanden hat, sondern auch dann, wenn dieselbe zur Zeit der Leistung bereits erloschen war (Anm. I, B, 1 zu § 812). Nach § 813 Abs. 1 Satz 1 kann aber die Herausgabe auch dann verlangt werden, wenn die Verbindlichkeit zur Zeit der Leistung zwar bestanden hat, dem Anspruch aber eine die Geltendmachung desselben dauernd ausschließende Einrede entgegenstand (M. II, 832; Z.G. II, 426; P. II, 694; s. auch §§ 886, 1169, 1254; vgl. Dernburg, Pand. Bd. 2 S. 379 Note 8, Windscheid-Kipp, Bd. 2 S. 835 Note 5; Entsch. d. R.G. in Civils. Bd. 21 S. 198).

2. Das B.G.B. unterscheidet Einreden, welche den Verpflichteten vorübergehend zur Verweigerung der Leistung berechtigen (dilatorische, aufschiebende Einreden) und solche, durch welche die Geltendmachung des Anspruchs dauernd ausgeschlossen wird (peremtorische, zerstörliche Einreden). Beispiele für Einreden der ersteren Art enthält § 202 Abs. 2; die wichtigste Einrede der letzteren Art ist die Einrede der beschränkten Haftung des Erben (§§ 1975 ff.; 1993 ff.; M. II, 832 Note 2; Z.G. II, 426; s. ferner §§ 821, 853, 1166, 1973, 2187. Für die Anwendbarkeit des § 813 kommen nur die Einreden der letzteren Art in Betracht (vgl. oben S. 130 Anm. 2 Abs. 2 zu § 390; s. auch Bd. 5 S. 194 Anm. VI zu §§ 1990—1992). Eine peremtorische Einrede ist auch die Einrede der Verjährung (§ 222 Abs. 1). Gemäß § 222 Abs. 2 kann aber das zur Erfüllung einer verjährten Verbindlichkeit Geleistete nicht zurückgefordert werden, auch wenn die Leistung in Unkenntniß der Verjährung bewirkt worden ist. Der ausdrückliche Hinweis auf diese Bestimmung im § 813 wurde durch die Reichstagskomm. beigefügt (R.T.K. 56). Ist die Leistung in Kenntniß der Verjährung des Anspruchs erfolgt, so ist die Rückforderung nach § 814 ausgeschlossen. Der Umstand, daß der Leistende von der ihm zustehenden Befugniß zur Aufrechnung keinen Gebrauch gemacht oder ein ihm zustehendes Anfechtungsrecht nicht ausgeübt hat, gewährt keinen Anspruch auf Herausgabe des Geleisteten (s. Anm. I, B, 1 zu § 812). Ueber die Einrede des Zurückbehaltungsrechtes s. oben S. 34 Anm. I, 1 zu § 273.

3. Ist eine betagte Verbindlichkeit in Unkenntniß dieses Umstandes vor ihrer Fälligkeit erfüllt worden, so kann das Geleistete nicht um deßwillen zurückgefordert werden, weil eine Verbindlichkeit zur Leistung nicht bestanden habe (M. II, 835; vgl. Dernburg, Pand. Bd. 2 S. 379 Note 11; Windscheid-Kipp, Bd. 2 S. 836 Note 8; Samml. v. Entsch. d. obersten L.G. München XII, 443 ff.; P.L.R. Thl. I Tit. 16 §§ 168 ff.; über andere Rechte s. M. II, 835 Note 2). Dem in der II. Komm. gemachten Vorschlage, hiebei zu unterscheiden zwischen Forderungen, bei welchen die Entstehung der Verbindlichkeit erst in Zukunft eintrete, und solchen, bei denen nur die Geltendmachung hinausgeschoben sei, und in den Fällen der ersteren Art die Zurückforderung des vor Entstehung der Verbindlichkeit Geleisteten zuzulassen, wurde keine Folge gegeben, weil diese Unterscheidung lediglich theoretischer Natur sei (P. II, 694). Wegen der Schwierigkeit der Feststellung des Vortheils, den der Gläubiger durch die Leistung vor der Fälligkeit erlangt, spricht das Gesetz dem Leistenden auch das Recht ab, bei vorzeitiger Erfüllung von dem Gläubiger die Erstattung von Zwischenzinsen zu verlangen (M. II, 835; P. II, 694; vgl. § 272 und Anm. hiezu [oben S. 33]; bezüglich des gemeinen Rechts s. Dernburg, Pand. Bd. 2 S. 379 Note 12 und andererseits Windscheid-Kipp, Bd. 2 S. 836 Note 8; s. auch P.L.R. Thl. I Tit. 16 § 168). Ueber den Anspruch auf Herausgabe bei Erfüllung einer aufschiebend bedingten Verbindlichkeit vor Eintritt der Bedingung s. Anm. I, B, 1 zu § 812.

4. Der Satz: „dolo facit, qui petit, quod redditurus est", gilt auch nach dem B.G.B. Daher kann, wer eine aufschiebend bedingte Verbindlichkeit vor Eintritt der Bedingung erfüllt hat, nach Eintritt der Bedingung nicht die Leistung selbst, sondern nur das zurückfordern, um was der Empfänger durch die vorzeitige Leistung bereichert ist (M. II, 835; Oertmann, Vorbem. Ziff. 2 e, η; vgl. sächsisches G.B. § 1520 Satz 2).

§ 814.

Das zum Zwecke der Erfüllung einer Verbindlichkeit Geleistete kann nicht zurückgefordert werden, wenn der Leistende gewußt hat, daß er zur Leistung nicht verpflichtet war, oder wenn die Leistung einer sittlichen Pflicht oder einer auf den Anstand zu nehmenden Rücksicht entsprach.

E. I, 737 Abs. 4; II, 739; III, 798.

1. Von dem Grundsatze, daß das zum Zwecke der Erfüllung einer Verbindlichkeit Geleistete zurückgefordert werden kann, wenn die Verbindlichkeit nicht bestanden hat (Anm. I, B, 1 zu § 812), gelten nach § 814 zwei Ausnahmen:

a) Die Rückforderung ist ausgeschlossen, wenn der Leistende gewußt hat, daß er zur Leistung nicht verpflichtet war. Voraussetzung des Rückforderungsanspruchs ist also (wie für die condicto indebiti des gemeinen Rechts), daß die Leistung in der irrthümlichen Annahme der Verpflichtung hiezu erfolgt ist. Ob der Irrthum entschuldbar oder unentschuldbar, Rechtsirrthum oder Irrthum über Thatsachen war, kommt nicht in Betracht. Der bloße Zweifel am Bestehen der Verbindlichkeit steht der Kenntniß des Nichtbestehens derselben nicht gleich, schließt also das Rückforderungsrecht nicht aus. Der Irrthum des Leistenden ist aber nicht in dem Sinne Voraussetzung des Rückforderungsrechts, daß er vom Kläger behauptet und bewiesen werden müßte, vielmehr obliegt dem Empfänger der Leistung der Beweis, daß dem Leistenden das Nichtbestehen der Verbindlichkeit bekannt war (M. II, 833 ff.; Z.G. II, 425 ff., VI, 523; P. II, 694 ff.; Schollmeyer, S. 104 Note 4; Matthiaß, I, 624 Note 2; Planck, Erl. 2 d zu § 813; Cosack, I, 620, s. auch Anm. I, B, 1 zu § 812; vgl. Dernburg, Pand. Bd. 2 S. 380 Note 17, 18, 20, S. 383 Note 35; Windscheid-Kipp, Bd. 2 S. 837 ff. Note 13—15, S. 840 ff.; P.L.R. Thl. I Tit. 16 §§ 166, 178, 181 ff.; B.L.R. Thl. IV cap. 13 § 5 Ziff. 1, 2, § 6; Entsch. d. R.G. in Civils. Bd. 21 S. 198 ff.; Bd. 44 S. 141 ff.; Samml. v. Entsch. d. obersten L.G. München I, 69, II, 307 ff., V, 834, VII, 734 ff.; VIII, 166; Bl. f. R.A. Bd. 37 S. 300 ff.).

b) Die Rückforderung ist ferner ausgeschlossen, wenn die (in der irrthümlichen Annahme einer rechtlichen Verpflichtung erfolgte) Leistung einer sittlichen Pflicht oder einer auf den Anstand zu nehmenden Rücksicht entsprach (vgl. §§ 534, 1446 Abs. 2, 1641 Satz 2, 1804 Satz 2, 2113 Abs. 2 Satz 2, 2205 Satz 3, 2207 Satz 2, 2330; Stammler, Das Recht der Schuldverhältnisse in seinen allgemeinen Lehren S. 30 ff.; Jacobi in Iherings Jahrb. f. Dogm. Bd. 41 S. 90 Note 42). Der E. I hatte eine derartige Bestimmung abgelehnt. Von der II. Komm. wurde die Vorschrift aufgenommen, weil das Recht nicht seine Hand dazu bieten dürfe, das sittliche Bewußtsein des Volkes zu verletzen. Sei von dem Leistenden selbst ein der Sittlichkeit entsprechender Zustand hergestellt, so gehe es nicht an, diesen mit rechtlichen Mitteln wieder rückgängig zu machen. Insoweit müsse das Recht mit der Moral in Einklang gebracht werden (P. II, 695; vgl. M. II, 832 ff.; Z.G. II, 426; Jacubezky, Bem. S. 177). Ob eine Leistung einer sittlichen Pflicht oder einer auf den Anstand zu nehmenden Rücksicht entspricht, hat der Richter unter Berücksichtigung aller Umstände des einzelnen Falles nach freiem Ermessen zu entscheiden (s. oben S. 281 Anm. 2 zu § 534). Die Rückforderung wird z. B. regelmäßig ausgeschlossen sein, wenn Jemand seinen bedürftigen Geschwistern Unterhalt gewährt hat in der irrthümlichen Annahme, hiezu verpflichtet zu sein. Hinsichtlich der Bedeutung der gesetzlichen Formvorschriften wurde in der II. Komm. die Erwartung ausgesprochen, es werde nicht verkannt werden, daß, wenn das Gesetz die Beobachtung einer Form bei Vermeidung der Nichtigkeit vorschreibe, derjenige, der das Geleistete unter Berufung auf die Nichtigkeit zurückfordere, nicht deßhalb zurückgewiesen werden dürfe, weil Sitte und Anstand erfordere, auch eine formell nichtige Zusage zu erfüllen, oder weil es unanständig sei, sich auf den Formmangel zu berufen (P. II, 696). Freilich kann auch in dieser Beziehung der Richter mit Rücksicht auf die Umstände des einzelnen Falles zu einer gegentheiligen Ansicht gelangen. Das Gleiche gilt hinsichtlich des Falles, daß nicht geschuldete Zinsen entrichtet worden sind oder daß der Gemeinschuldner nach Beendigung des Konkurses durch Zwangsvergleich seinen Gläubigern mehr gezahlt hat, als er nach dem Inhalte des Zwangsvergleichs zu zahlen hatte (M. II, 833; Z.G. II, 426; Weyl, Vortr. I, 519; Kuhlenbeck, Note 1 zu § 814; Oertmann, Note 4 zu § 814; Hachenburg, S. 66; Planck, Erl. 2 b zu § 813; vgl. Dernburg, Pand. Bd. 2 S. 379 Note 10; P.L.R. Thl. I Tit. 16 §§ 178, 179; code civil Art. 1906; Entsch.

d. R.G. in Civils. Bd. 6 S. 228 ff. Bd. 35 S. 218 ff., Bd. 37 S. 326, Bd. 42 S. 118 ff.).

2. Weitere Fälle, in welchen das zum Zwecke der Erfüllung einer Verbindlichkeit Geleistete nicht zurückgefordert werden kann, obwohl eine Verbindlichkeit in Wirklichkeit nicht bestanden hat, enthalten die §§ 656, 762—764, (s. auch §§ 813 Abs. 1 Satz 2, 222 Abs. 2).

§ 815.

Die Rückforderung wegen Nichteintritts des mit einer Leistung bezweckten Erfolges ist ausgeschlossen, wenn der Eintritt des Erfolges von Anfang an unmöglich war und der Leistende dies gewußt hat oder wenn der Leistende den Eintritt des Erfolges wider Treu und Glauben verhindert hat.

E. I, 743 Nr. 2, 3; II, 740; III, 799.

1. Nach § 812 Abs. 1 Satz 2 kann Rückforderung des Geleisteten verlangt werden, wenn der mit der Leistung nach dem Inhalte des Rechtsgeschäftes bezweckte Erfolg nicht eintritt (Anm. I, B, 4 zu § 812). Von diesem Grundsatze macht § 815 zwei Ausnahmen.

a) Die Rückforderung ist ausgeschlossen, wenn der Eintritt des Erfolges von Anfang an (aus thatsächlichen oder rechtlichen Gründen) unmöglich war und der Leistende dies gewußt hat (M. II, 844; der in der II. Komm. gestellte Antrag auf Streichung dieser Bestimmung wurde abgelehnt, P. II, 700 ff.). Erfolgte die Leistung in der Annahme, daß die zur Zeit der Leistung bestehende Unmöglichkeit später gehoben werden könne, so liegt eine Unmöglichkeit im Sinne des § 815 nicht vor. Besteht der mit der Leistung bezweckte Erfolg in einer dem Empfänger auferlegten Leistung und wird diese ohne sein Verschulden unmöglich, so verbleibt es bei dem Grundsatze des § 812 (M. II, 844; s. auch § 323 und Anm. I, B, 4 zu § 812; vgl. Windscheid-Kipp, Bd. 1 S. 444 ff., Bd. 2 S. 849; P.L.R. Thl. I Tit. 16 § 202; B.L.R. Thl. IV cap. 13 § 7 Ziff. 3; sächsisches G.B. § 1536 Satz 3). Ueber den Umfang des Herausgabeanspruchs für den Fall, daß mit der Leistung ein Erfolg bezweckt war, dessen Eintritt nach dem Inhalte des Rechtsgeschäfts als ungewiß angesehen wurde, s. § 820 Abs. 1 Satz 1, Abs. 2.

b) Die Rückforderung ist ferner ausgeschlossen, wenn der Leistende den Eintritt des mit der Leistung nach dem Inhalte des Rechtsgeschäfts bezweckten Erfolges wider Treu und Glauben (s. §§ 157, 242 und Anm. hiezu) verhindert hat (M. II, 844; vgl. sächsisches G.B. § 1537). Die Aufnahme dieser dem Grundsatze des § 162 entsprechenden Bestimmung erfolgte zu dem Zwecke, um eine Inkongruenz zwischen den sich vielfach berührenden Bedingungen und Zweckbestimmungen zu vermeiden (P. II, 702).

2. Der Beweis, daß die Voraussetzungen des § 815 gegeben sind, obliegt dem Empfänger der Leistung (ebenso Schollmeyer, S. 105 Note 3; Planck, Erl. 1 zu § 815).

§ 816.

Trifft ein Nichtberechtigter über einen Gegenstand eine Verfügung, die dem Berechtigten gegenüber wirksam ist, so ist er dem Berechtigten zur Herausgabe des durch die Verfügung Erlangten verpflichtet. Erfolgt die Verfügung unentgeltlich, so trifft die gleiche Verpflichtung denjenigen, welcher auf Grund der Verfügung unmittelbar einen rechtlichen Vortheil erlangt.

Wird an einen Nichtberechtigten eine Leistung bewirkt, die dem Berechtigten gegenüber wirksam ist, so ist der Nichtberechtigte dem Berechtigten zur Herausgabe des Geleisteten verpflichtet.

E. I, 839, 880; II, 812, 850, 2232; III, 800.

1. Entstehungsgeschichte. E. I enthielt in den §§ 839 u. 880 Bestimmungen zum Schutze desjenigen, der nach den Vorschriften über den öffentlichen Glauben des Grundbuchs oder nach dem Grundsatze „Hand wahre Hand" einen Rechtsverlust erleidet. Eine weitere derartige Bestimmung enthielt E. II § 2232 zu Gunsten des Erben, der auf Grund der Vorschriften über den öffentlichen Glauben des Erbscheins durch eine unentgeltliche Verfügung zu Schaden kommt (M. III, 224 ff., 350; Z.G. III, 101, 168 ff.; P. III, 87 ff., 215 ff., V, 677, 685 ff.; vgl. M. II, 853, V, 572). Zum Ersatze dieser Bestimmungen und zur Ergänzung der Vorschriften über die ungerechtfertigte Bereicherung wurde von der II. Komm. die Aufnahme des nunmehrigen § 816 beschlossen, weil es richtiger sei, anstatt mehrerer gleichartiger, unter die verschiedensten Materien zerstreuter Bestimmungen eine allgemeine Vorschrift da einzustellen, wo die ungerechtfertigte Bereicherung im Zusammenhange behandelt werde (P. VI, 199 ff.).

2. § 816 enthält einen doppelten Rechtssatz:

a) Ein Nichtberechtigter, der mit Wirksamkeit gegenüber dem Berechtigten über einen Gegenstand verfügt, ist dem Berechtigten zur Herausgabe des durch die Verfügung Erlangten verpflichtet. Hieher gehören die Fälle, in welchen nach den Vorschriften über den öffentlichen Glauben des Grundbuchs und des Erbscheins (§§ 892 ff., 2366 ff., s. auch 1507 Satz 2), sowie nach dem Grundsatze „Hand wahre Hand" (s. insbesondere §§ 932 ff.; H.G.B. §§ 363 ff.; Wechselordnung Art. 36) Rechte erlöschen, obwohl der Verfügende zu der von ihm vorgenommenen Verfügung nicht berechtigt war (vgl. Hachenburg, S. 174 ff.). War die Verfügung eine unentgeltliche, so ist nach § 816 Abs. 1 Satz 2 (vgl. § 822) zur Herausgabe auch der Dritte verpflichtet, der auf Grund der Verfügung unmittelbar einen rechtlichen Vortheil erlangt. (Vgl. Bd. 3 S. 50 Anm. IV zu § 892, S. 87 Anm. III zu § 932, S. 92 Anm. V zu § 936; s. auch Windscheid-Kipp, Bd. 2 S. 820 Ziff. 2 Abs. 2). Auch das Betreiben der Zwangsvollstreckung wird als Verfügung über die den Gegenstand der Zwangsvollstreckung bildenden Vermögensstücke zu erachten sein. Werden daher im Wege der Zwangsvollstreckung Vermögensstücke, welche dem Schuldner nicht gehören, veräußert und der Erlös dem Gläubiger behändigt, so ist derselbe dem früheren Eigenthümer dieser Vermögensstücke gegenüber zur Herausgabe des Erlöses nach Maßgabe der §§ 818, 819 verpflichtet (vgl. Fischer-Henle, Note 2 zu § 816; Oertmann, Note 1 a zu § 816; Kuhlenbeck, Note 4 zu § 816; Struckmann-Koch, Komm. z. C.P.O. 7. Aufl. Note 3 Abs. 5 zu § 771; Neumann in der Deutsch. Jur.-Ztg. 1901 S. 17; über die bisherige schwankende Praxis des Reichsgerichts s. Entsch. d. R.G. in Civils. Bd. 13 S. 180 ff., Bd. 40 S. 288 ff., Bd. 43 S. 179 ff.; s. auch Samml. v. Entsch. d. obersten L.G. München, II 196 ff., 199 ff.).

b) Ein Nichtberechtigter, an welchen eine Leistung mit Wirksamkeit gegenüber dem Berechtigten bewirkt wird, ist dem Berechtigten zur Herausgabe des Geleisteten verpflichtet. Hieher gehören insbesondere die Fälle der §§ 407 ff., 574 ff., 793 Abs. 1 Satz 2, 807, 808 Abs. 1 Satz 1, 851, 893, 2367; s. auch C.P.O. §§ 836 Abs. 2, 1018 Abs. 2 (vgl. M. II, 852 ff.; P. VI, 199 ff., II, 608 ff.; Hachenburg, S. 253 ff.). Hat der Schuldner an einen Anderen als den wirklichen Gläubiger geleistet, ohne hiedurch befreit worden zu sein, so hat er selbst gemäß § 812 gegenüber dem Empfänger der Leistung den Anspruch auf Herausgabe (Anm. I, B, 1 zu § 812; vgl. Windscheid-Kipp, Bd. 2 S. 820 Ziff. 2 Abs. 3).

3. Bildet die Verfügung des Nichtberechtigten oder die Annahme der Leistung Seitens desselben den Thatbestand einer unerlaubten Handlung, so hat der Geschädigte neben dem Anspruch aus § 816 auch Anspruch auf Schadensersatz nach Maßgabe der §§ 823 ff. Hat der Verfügende oder Annehmende ein fremdes Geschäft als sein eigenes behandelt, obwohl er wußte, daß er nicht dazu berechtigt ist, so stehen dem Geschädigten auch die im § 687 Abs. 2 erwähnten Ansprüche zu.

§ 817.

War der Zweck einer Leistung in der Art bestimmt, daß der Empfänger durch die Annahme gegen ein gesetzliches Verbot oder gegen die guten Sitten verstoßen hat, so ist der Empfänger zur Herausgabe verpflichtet. Die Rückforderung ist ausgeschlossen, wenn dem Leistenden gleichfalls ein solcher Verstoß zur Last fällt, es sei denn, daß die Leistung in der Eingehung einer Verbindlichkeit bestand; das zur Erfüllung einer solchen Verbindlichkeit Geleistete kann nicht zurückgefordert werden.

E. I, 747 Abs. 1, 3, 684 Abs. 3; II, 741; III, 801.

1. Neben den in den §§ 812 u. 816 erwähnten Fällen gewährt das B.G.B. einen Anspruch auf Herausgabe wegen ungerechtfertigter Bereicherung auch dann, wenn durch die Annahme einer Leistung nach deren Zweckbestimmung der Empfänger gegen ein gesetzliches Verbot (s. § 134 und Anm. hiezu) oder gegen die guten Sitten (s. § 138 und Anm. hiezu) verstoßen hat (E. I, 747 Abs. 1: „Ist von dem Empfänger einer Leistung durch deren Annahme nach dem Inhalte des Rechtsgeschäftes gegen die guten Sitten oder die öffentliche Ordnung verstoßen worden, so kann der Geber das Geleistete zurückfordern"; M. II, 849 ff.; Z.G. II, 431, VI, 522, 527; P. II, 689, 702; R.T.K. 56; über die condictio ob turpem causam des gemeinen Rechtes s. Dernburg, Pand. Bd. 2 S. 377; Windscheid-Kipp, Bd. 2 S. 823 Note 5; Entsch. d. R.G. in Civils. Bd. 10 S. 191 ff.; vgl. P.L.R. Thl. I Tit. 16 §§ 205 ff.; B.L.R. Thl. IV cap. 13 § 8; über andere Rechte s. M. II, 849 Note 1). Das Gesetz bezweckt durch die Zulassung der Rückforderung nicht, für die Zukunft ein verwerfliches Verhalten zu verhindern, vielmehr soll die in der Annahme der Leistung sich kundgebende verwerfliche Gesinnung des Empfängers getroffen werden, um im Volksleben den Sinn für gute Sitten und für das Interesse der öffentlichen Ordnung zu stärken (M. II, 849).

Zur Anwendbarkeit des § 817 ist erforderlich, daß der Empfänger den Zweck der Leistung gekannt hat, nicht aber, daß dem Empfänger auch der ihm zur Last fallende Verstoß gegen Gesetz oder gute Sitte zum Bewußtsein gekommen ist (Matthiaß, I, 625 ff.; and. Ans. sind in letzterer Beziehung anscheinend die M. II, 849). Der Anspruch auf Herausgabe ist nicht nur dann gegeben, wenn die Leistung im Hinblick auf einen künftigen Erfolg oder ein späteres Verhalten des Empfängers angenommen wurde, sondern auch dann, wenn der Grund der Leistung der Vergangenheit angehört, z. B. bei Bezahlung geleisteter Dienste, für welche Bezahlung zu nehmen dem Gesetz (s. St.G.B. § 331) oder den guten Sitten widerstreitet. Von der Aufstellung eines besonderen, der gemeinrechtlichen condictio ex injusta causa entsprechenden Anspruchs hat das Gesetz Mangels eines Bedürfnisses hiefür Umgang genommen (M. II, 851; s. §§ 823 ff. und insbesondere § 852 Abs. 2; vgl. Dernburg, Pand. Bd. 2 S. 378; Windscheid-Kipp, Bd. 2 S. 816 Note 5; Entsch. d. R.G. in Civils. Bd. 36 S. 202 ff.; Bd. 45 S. 33 ff., S. 173 ff.).

2. Voraussetzung des Herausgabeanspruchs ist, daß der Verstoß gegen ein gesetzliches Verbot oder gegen die guten Sitten ausschließlich dem Empfänger der Leistung zur Last fällt. Liegt ein solcher Verstoß auch auf Seite des Leistenden vor, so ist die Rückforderung ausgeschlossen (M. II, 850; vgl. Dernburg, Pand. Bd. 2 S. 377 Note 4; Windscheid-Kipp, Bd. 2 S. 849 Note 11; P.L.R. Thl. I Tit. 16 § 206; B.L.R. Thl. IV cap. 13 § 8 Ziff. 1; S. A. Bd. 51 Nr. 183; Samml. v. Entsch. d. obersten L.G. München V, 462, VI, 188 ff.). Es kann daher z. B. die Draufgabe nicht zurückverlangt werden, wenn der Vertrag wegen eines auch dem Geber der Draufgabe zur Last fallenden Verstoßes gegen ein gesetzliches Verbot oder gegen die guten Sitten nichtig ist (s. oben S. 87 Anm. 3 zu § 337). Besteht aber die Leistung in der Eingehung einer Verbindlichkeit, so greift der Herausgabeanspruch wiederum Platz. Der Leistende kann also sowohl Klage auf Befreiung von der Verbindlichkeit erheben, als die Erfüllung derselben verweigern; nur die Zurückforderung des zur Erfüllung einer solchen Verbindlichkeit Geleisteten ist auch in diesem Falle ausgeschlossen (vgl. E. I, 684 Abs. 3, M. II, 850 ff.; 693 ff.; Z.G. VI, 498, 522; P. II, 702). Fällt der Verstoß gegen ein gesetzliches Verbot oder gegen die guten Sitten lediglich dem Leistenden zur Last, so besteht ein Rückforderungsanspruch nach § 817 überhaupt nicht (vgl. E. I, 743 Nr. 1; M. II, 844; Z.G. II, 429, VI, 526; Hachenburg, S. 60).

3. Die selbständige Bedeutung des § 817 neben den Vorschriften der §§ 134 u. 138 liegt insbesondere darin, daß Nichtigkeit des Rechtsgeschäfts gemäß §§ 134, 138 nur eintritt, wenn das Rechtsgeschäft als solches gegen ein gesetzliches Verbot oder gegen die guten Sitten verstößt, während § 817 lediglich voraussetzt, daß dem Empfänger einer Leistung ein solcher Verstoß zur Last fällt. Ist ein Rechtsgeschäft nach § 134 oder § 138 nichtig, so ist der Anspruch auf Herausgabe des Geleisteten nach § 812 begründet und wird in diesem Falle auch dadurch, daß beiden Vertragschließenden oder einem derselben ein Verstoß gegen ein gesetzliches Verbot oder gegen die guten Sitten zur Last fällt, nicht ausgeschlossen (and. Ans. Planck, Erl. 2 zu § 817). Hinsichtlich des dem

Leistenden in diesem Falle zustehenden Vindikationsanspruchs und des in dieser Richtung bedeutsamen Unterschieds zwischen abstrakten und kausalen Rechtsgeschäften s. Anm. I, B, 2 zu § 812 (vgl. Oertmann, Note 3 zu § 817; Jacobi in Jherings Jahrb. f. Dogm. Bd. 41 S. 93 Note 46).

4. Ueber den **Umfang** des Herausgabeanspruchs in den Fällen des § 817 s. § 819 Abs. 2.

5. § 3 des **Wuchergesetzes** vom $\frac{\text{24. Mai 1880}}{\text{19. Juni 1893}}$ ist durch E.G. Art. 47 aufgehoben worden (vgl. Bd. 6 S. 79 Anm. zu E.G. Art. 47).

6. Erfüllt die Annahme einer Leistung den Thatbestand einer **unerlaubten Handlung**, so ist der Empfänger nach Maßgabe der §§ 823 ff. schadensersatzpflichtig.

§ 818.

Die Verpflichtung zur Herausgabe erstreckt sich auf die gezogenen Nutzungen sowie auf dasjenige, was der Empfänger auf Grund eines erlangten Rechtes oder als Ersatz für die Zerstörung, Beschädigung oder Entziehung des erlangten Gegenstandes erwirbt.

Ist die Herausgabe wegen der Beschaffenheit des Erlangten nicht möglich oder ist der Empfänger aus einem anderen Grunde zur Herausgabe außer Stande, so hat er den Werth zu ersetzen.

Die Verpflichtung zur Herausgabe oder zum Ersatze des Werthes ist ausgeschlossen, soweit der Empfänger nicht mehr bereichert ist.

Von dem Eintritte der Rechtshängigkeit an haftet der Empfänger nach den allgemeinen Vorschriften.

E. I, 739, 740, 744, 745 Abs. 2, 748 Abs. 3; II, 742; III, 802.

1. **Inhalt des Bereicherungsanspruchs.** Der wegen ungerechtfertigter Bereicherung gewährte Anspruch geht auf **Herausgabe** (§§ 812 Abs. 1 Satz 1, 816 Abs. 1 Satz 1, Abs. 2, 817 Satz 1). Nach dem, was der Bereicherte erlangt hat, bestimmt sich also, in welcher Weise er dem Rückforderungsanspruche zu genügen hat. Sind Sachen zu Eigenthum übertragen worden, so kann Rückübertragung des Eigenthums (§§ 873, 929) gefordert werden; ist der Besitz übertragen worden (s. Einl. Ziff. 5), so ist der Besitz wieder einzuräumen. Sind Rechte an einer Sache bestellt oder aufgehoben worden, so hat der Empfänger die zur Wiederaufhebung bezw. Wiederherstellung dieser Rechte erforderlichen Handlungen vorzunehmen (vgl. Z.G. VI, 523). Ist eine Verbindlichkeit eingegangen worden, so hat der Empfänger den Schuldner zu befreien (vgl. Anm. 1 zu § 821). Eine erlassene Verbindlichkeit ist wiederherzustellen, eine cedirte Forderung ist zurückzucediren (M. II, 834).

2. **Mit dem erlangten Gegenstande bezw. an Stelle desselben** hat der Empfänger herauszugeben:

a) die aus dem erlangten Gegenstande gezogenen **Nutzungen** (§ 100; P. II, 709 ff.; anders E. I, 740 Abs. 2; s. M. II, 839; vgl. Dernburg, Pand. Bd. 2 S. 382 Note 29, 30; Windscheid-Kipp, Bd. 2 S. 829 Note 2; S. A. Bd. 47 Nr. 111; Entsch. d. R.G. in Civils. Bd. 9 S. 174 ff.);

b) was der Empfänger **auf Grund eines erlangten Rechtes erwirbt**;

c) was der Empfänger als **Ersatz für die Zerstörung, Beschädigung oder Entziehung** des erlangten Gegenstandes erwirbt („Surrogationsgrundsatz"; vgl. § 281).

Hat der Empfänger durch Verfügung über den erlangten Gegenstand einen anderen Gegenstand erworben (z. B. mit dem erhaltenen Gelde ein Haus gekauft), so ist nicht der durch die Verfügung erworbene, sondern der ursprünglich erlangte Gegenstand bezw. (s. unten Anm. 3) der Werth desselben herauszugeben (P. II, 709; vgl. M. II, 838 ff.; Z.G. II, 427; Samml. v. Entsch. d. obersten L.G. München VIII, 119 ff.; ebenso Planck, Erl. 2b zu § 818; Matthiaß I, 629; and. Ans. Oertmann, Note 2c, α zu § 818, Schollmeyer, S. 108).

3. Ist der Empfänger wegen der Beschaffenheit des Erlangten oder aus anderem Grunde zur Herausgabe nicht im Stande, so hat er den Werth des Erlangten zu ersetzen (§ 818 Abs. 2). Hienach bemißt sich insbesondere die Verpflichtung des Empfängers, wenn die Bereicherung in der Leistung von Diensten oder in der Ueberlassung einer Sache zum Gebrauch oder Fruchtgenusse bestanden hat, wenn der erlangte Gegenstand (mit oder ohne Verschulden des Empfängers) zu Verlust gegangen ist oder wenn der Gläubiger für einen nur theilweise zu Recht bestehenden Anspruch durch Leistung an Erfüllungsstatt (§ 364) befriedigt worden ist (M. II, 834 ff., 837; Stieve a. a. O. S. 52 ff.; vgl. P.L.R. Thl. I Tit. 16 § 191). Der Grundsatz des § 818 Abs. 2 gilt auch für den Fall, daß Gegenstand der Leistung eine Quantität vertretbarer Sachen (§ 91) war (M. II, 837; Stieve, S. 31 ff.). Hinsichtlich des Zeitpunktes, nach welchem der Werth der Leistung zu bestimmen ist, schweigt das Gesetz (M. II, 837). Als entscheidend dürfte der Zeitpunkt zu betrachten sein, in welchem die Herausgabe zu erfolgen hätte, falls sie möglich wäre.

4. Die Verpflichtung zur Herausgabe des Erlangten oder zum Ersatze des Werthes ist ausgeschlossen, wenn und insoweit der Empfänger nicht mehr bereichert ist (§ 818 Abs. 3). Der Empfänger ist hienach grundsätzlich haftfrei, soweit er das Empfangene bezw. den Werth desselben nicht mehr hat oder die durch den Empfang eingetretene Bereicherung, gleichviel aus welchem Grunde, wieder weggefallen ist. Seine Verpflichtung beschränkt sich in diesem Falle auf die Herausgabe dessen, was er von dem Geleisteten oder dem Werthe des Geleisteten noch hat, und dessen, um was er hiedurch (z. B. durch Ersparung anderweitiger Ausgaben) bereichert ist, wobei die gesammte Vermögenslage des Empfängers zu berücksichtigen ist (M II, 836 ff.; Z.G. II, 426 ff.; P. II, 702 ff.; Stieve, S. 58 ff.; vgl. Entsch. d. R.G. in Civils. Bd. 29 S. 2, Bd. 44 S. 144). Aus dem Begriffe der Bereicherung ergibt sich ferner, daß der Empfänger den Werth aller von ihm auf die herauszugebende Sache gemachten Verwendungen (vgl. E. I, 740 Abs. 3; M. II, 839 ff.; Z.G. II, 437, VI, 523; P. II, 710 ff. Jacubezky, Bem. S. 178), sowie eine durch den erlangten Gegenstand herbeigeführte Beschädigung seines Vermögens in Abzug bringen darf (M. II, 837; and. Ans. in letzterer Beziehung Oertmann, Note 3 a zu § 818). Deßgleichen wird die Bereicherung beseitigt bezw. gemindert durch diejenigen Ausgaben, welche der Empfänger vermieden haben würde, falls er die Leistung nicht erlangt hätte (M. II, 838; P. II, 706 ff.; vgl. Dernburg, Pand. Bd. 2 S. 382 Note 28). Inwieweit der Empfänger hienach zur Zurückbehaltung des Erlangten berechtigt ist, bemißt sich nach den §§ 273, 274 (M. II, 837 ff.; Stieve, S. 30 ff.), während die Frage, inwieweit der Empfänger selbst rückforderungsberechtigt ist, wenn er mehr herausgegeben hat, als wozu er gemäß § 818 verpflichtet war, nach den Grundsätzen der §§ 812 Abs. 1 Satz 1, 813 Abs. 1 Satz 1, 814 zu beantworten ist (M. II, 840). Der Beweis, daß die durch die Leistung herbeigeführte Bereicherung nicht mehr bezw. nicht mehr vollständig vorhanden ist, obliegt dem Empfänger (M. II, 837). Behauptet dieser, im Hinblick auf das Erlangte andere Ausgaben gemacht zu haben, so muß er nicht nur diese Ausgaben, sondern auch den Kausalzusammenhang beweisen (P. II, 707; Stieve, S. 99 ff.; vgl. auch Entsch. d. R.G. in Civils. Bd. 44 S. 144).

5. Die in Anm. 1—4 dargestellten Grundsätze gelten nur bis zu dem Zeitpunkt, in welchem der Anspruch auf Herausgabe rechtshängig geworden ist (C.P.O. §§ 263 Abs. 1, 267, 281). Von diesem Zeitpunkt ab haftet der Empfänger gemäß § 818 Abs. 4 nach den allgemeinen Vorschriften (M. II, 838, 841), also nach Maßgabe der §§ 291, 292, 987, 989, 994 ff. Weitere Abweichungen von den Grundsätzen des § 818 Abs. 1—3 enthalten die §§ 819, 820 (s. auch C.P.O. § 541 Abs. 2 Satz 3, Einl.. Ziff. 9 b). Die Bestimmungen über den Verzug (§§ 284 ff.) werden durch § 818 nicht berührt (vgl. M. II, 841).

§ 819.

Kennt der Empfänger den Mangel des rechtlichen Grundes bei dem Empfang oder erfährt er ihn später, so ist er von dem Empfang oder der Erlangung der Kenntniß an zur Herausgabe verpflichtet, wie wenn der Anspruch auf Herausgabe zu dieser Zeit rechtshängig geworden wäre.

Verstößt der Empfänger durch die Annahme der Leistung gegen ein gesetzliches Verbot oder gegen die guten Sitten, so ist er von dem Empfange der Leistung an in der gleichen Weise verpflichtet.

E. I, 741, 744, 745 Abs. 2, 747 Abs. 2, 748 Abs. 3; II, 743, III, 803.

1. Nach § 819 unterliegt in gewissen Fällen die Herausgabepflicht des Empfängers schon vor dem Eintritte der Rechtshängigkeit den an sich erst von diesem Zeitpunkt ab geltenden Grundsätzen (§ 818 Abs. 4 und Anm. 5 zu § 818). Dies ist der Fall:

a) wenn der Empfänger nach § 812 Abs. 1 Satz 1 zur Herausgabe des ohne rechtlichen Grund Erlangten verpflichtet ist und den Mangel des rechtlichen Grundes beim Empfange kennt oder später in Erfahrung bringt (mala fides superveniens). Das Kennenmüssen steht hier dem Kennen nicht gleich (vgl. § 122 Abs. 2). Die nach § 818 Abs. 4 mit der Rechtshängigkeit des Herausgabeanspruchs verbundenen Folgen treten in diesem Falle schon im Zeitpunkte des Empfangs bezw. in dem Zeitpunkt ein; in welchem der Empfänger den Mangel des rechtlichen Grundes erfährt (M. II, 840 ff., 845 ff., 847, 853 ff.; Z.G. II, 426 ff., VI, 526 ff.; P. II, 711). Der wichtigste hieher gehörige Fall ist die Annahme des zur Erfüllung einer Verbindlichkeit Geleisteten in Kenntniß des Nichtbestehens der Verbindlichkeit (nach gemeinem Rechte war in diesem Falle die condictio furtiva begründet; vgl. Dernburg, Pand. Bd. 2 S. 356 Note 11, S. 380 Note 19, S. 356 Note 11; Windscheid-Kipp, Bd. 2 S. 539 Note 16). Der Beweis, daß der Empfänger den Mangel des rechtlichen Grundes beim Empfange gekannt oder später erfahren habe, obliegt dem Kläger (M. II, 842).

b) Ist der Empfänger nach § 817 zur Herausgabe verpflichtet, so treten die nach § 818 Abs. 4 mit der Rechtshängigkeit des Herausgabeanspruchs verbundenen Folgen schon mit dem Empfange der Leistung ein (M. II, 850; Z.G. II, 431; P. II, 712). Mala fides superveniens ist hier ausgeschlossen. Kommen erst nach der Annahme Umstände zur Kenntniß des Empfängers, welche denselben von der Annahme hätten abhalten müssen, so verbleibt es bei den Grundsätzen des § 818 Abs. 1—3 (M. II, 850; and. Ans. Planck, Erl. 2 zu § 819).

2. Die Grundsätze über die weitergehende Haftung nach Maßgabe der Vorschriften über unerlaubte Handlungen (§§ 823 ff., s. insbesondere §§ 848 ff.) werden durch § 819 nicht berührt (M. II, 847, 854; P. II, 712).

§ 820.

War mit der Leistung ein Erfolg bezweckt, dessen Eintritt nach dem Inhalte des Rechtsgeschäfts als ungewiß angesehen wurde, so ist der Empfänger, falls der Erfolg nicht eintritt, zur Herausgabe so verpflichtet, wie wenn der Anspruch auf Herausgabe zur Zeit des Empfanges rechtshängig geworden wäre. Das Gleiche gilt, wenn die Leistung aus einem Rechtsgrunde, dessen Wegfall nach dem Inhalte des Rechtsgeschäfts als möglich angesehen wurde, erfolgt ist und der Rechtsgrund wegfällt.

Zinsen hat der Empfänger erst von dem Zeitpunkt an zu entrichten, in welchem er erfährt, daß der Erfolg nicht eingetreten oder daß der Rechtsgrund weggefallen ist; zur Herausgabe von Nutzungen ist er insoweit nicht verpflichtet, als er zu dieser Zeit nicht mehr bereichert ist.

E. II, 744; III, 804.

1. Wie § 819, so bestimmt auch § 820, daß in gewissen Fällen die Herausgabepflicht des Empfängers schon vor dem Eintritte der Rechtshängigkeit den an sich erst von diesem Zeitpunkt ab geltenden Grundsätzen (§ 818 Abs. 4 und Anm. 5 zu § 818) unterliegt, und zwar

a) wenn der Empfänger einer Leistung zur Herausgabe verpflichtet ist, weil der mit der Leistung nach dem Inhalte des Rechtsgeschäfts bezweckte Erfolg nicht eingetreten ist (§ 812 Abs. 1 Satz 2), und der Eintritt des Erfolges nach dem Inhalte des Rechtsgeschäfts als ungewiß angesehen wurde;

b) wenn der Empfänger einer Leistung wegen späteren Wegfalls des rechtlichen Grundes zur Herausgabe verpflichtet ist (§ 812 Abs. 1 Satz 2) und der Wegfall des Rechtsgrundes nach dem Inhalte des Rechtsgeschäfts als möglich angesehen wurde.

In beiden Fällen treten die nach § 818 Abs. 4 an die Rechtshängigkeit des Herausgabeanspruchs geknüpften Rechtsfolgen schon im Zeitpunkte des Empfangs der Leistung ein. Bei der von der II. Komm. beschlossenen Beifügung dieser Bestimmung ging man von der Erwägung aus, daß in diesen Fällen der Empfänger während der Schwebezeit auf die Verpflichtung zur Herausgabe des Empfangenen gefaßt und deßhalb zur Anwendung ordnungsmäßiger Sorgfalt bei Erhaltung des Empfangenen verpflichtet sein müsse (P. II, 712 ff.; vgl. M. II, 845 ff.; Z.G. VI, 526 ff.). Der Beweis, daß nach dem Inhalte des Rechtsgeschäfts der Eintritt des Erfolges als ungewiß bezw. der Wegfall des Rechtsgrundes als möglich angesehen wurde, obliegt dem die strengere Haftung des Empfängers in Anspruch nehmenden Kläger.

2. Die im § 820 Abs. 1 bestimmte Erweiterung der Haftung greift jedoch nur in Ansehung des empfangenen Gegenstandes selbst Platz. Zur Entrichtung von Zinsen ist der Empfänger erst von dem Zeitpunkt ab verpflichtet, in welchem er Kenntniß davon erhalten hat, daß der Erfolg nicht eingetreten oder der Rechtsgrund weggefallen ist (über die Höhe der zu entrichtenden Zinsen s. § 246). Gezogene Nutzungen braucht er nur insoweit herauszugeben, als er in diesem Zeitpunkte noch bereichert ist (P. II, 712; vgl. Anm. 2 a und 4 zu § 818). Der Beweis, daß der Empfänger vom Nichteintritte des Erfolgs bezw. vom Wegfalle des Rechtsgrundes Kenntniß erhalten habe, obliegt dem Kläger, wogegen der die Herausgabe von Nutzungen ablehnende Empfänger darzuthun hat, daß er im entscheidenden Zeitpunkte nicht mehr bereichert war (vgl. Anm. 4 zu § 818).

§ 821.

Wer ohne rechtlichen Grund eine Verbindlichkeit eingeht, kann die Erfüllung auch dann verweigern, wenn der Anspruch auf Befreiung von der Verbindlichkeit verjährt ist.

E. I, 684 Abs 1; II, 745, III, 805.

1. Grundgedanke. Als Leistung im Sinne des § 812 Abs. 1 Satz 1 ist auch die Eingehung einer Verbindlichkeit anzusehen (vgl. § 817 Satz 2). Daher kann, wer ohne rechtlichen Grund eine Verbindlichkeit eingegangen ist, gemäß § 812 Herausgabe verlangen. Der Anspruch auf Herausgabe nimmt in diesem Falle die Gestalt eines Anspruchs auf Befreiung von der eingegangenen Verbindlichkeit an (s. Anm. 1 zu § 818). Daneben steht dem Herausgabeberechtigten gegenüber dem Anspruch aus der von ihm ohne rechtlichen Grund eingegangenen Verbindlichkeit eine Einrede zu. Nach E. I sollte nur für den Fall, daß die Leistung in der Ertheilung eines abstrakten Schuldversprechens oder Schuldanerkenntnisses bestand, diese Einrede eine selbständige, d. h. unverjährbare sein (M. II, 693; Z.G. VI, 498). Der nunmehrige § 821 beruht auf Beschluß der II. Komm. (P. I, 121 ff., 236 ff., II, 510 ff., 713 ff., VI, 200; vgl. Jacubezky, Bem. S. 39 ff.; Strohal in Iherings Jahrb. f. Dogm. Bd. 34 S. 366 ff.). Durch die gewählte Fassung sollte zum Ausdrucke gebracht werden, daß demjenigen, gegen welchen Jemand ohne rechtlichen Grund eine Forderung erlangt habe, neben dem aus den Kondiktionsgrundsätzen folgenden Anspruch auf Wiederaufhebung der Forderung und neben der aus diesem Anspruche sich ergebenden unselbständigen Einrede eine von der Verjährung des Anspruchs unabhängige Einrede gegen die Forderung zustehen solle (P. II, 715; vgl. Oertmann, Note 1 Abs. 2 zu § 821; Planck, Komm. Bd. 1 Erl. 3 c zu § 222). Die Verjährung des Anspruchs auf Befreiung unterliegt den allgemeinen Vorschriften (§§ 195 ff.).

2. Macht bei einem gegenseitigen Vertrage (§§ 320 ff.) der eine Theil von dem Rechte Gebrauch, die Erfüllung zu verweigern, so kann auch der andere Theil das seinerseits schon Geleistete zurückfordern. Der in der II. Komm. gestellte Antrag, dies ausdrücklich auszusprechen, wurde wegen der Entbehrlichkeit einer derartigen Vorschrift abgelehnt. Wenn bei einem gegenseitigen Vertrage der eine Theil berechtigt sei, die ihm obliegende Leistung zu verweigern, und von diesem Rechte Gebrauch mache, so werde vermöge des im Wesen des gegenseitigen Vertrags begründeten Abhängigkeitsverhältnisses zwischen der Verpflichtung und Berechtigung eines jeden Vertragstheils auch sein Recht auf die Gegenleistung hinfällig; soweit er die Gegenleistung schon ganz oder theilweise empfangen habe, falle mit der Erklärung, daß er von der ihm zustehenden Einrede Gebrauch mache, der Rechtsgrund für den Empfang der Gegenleistung fort, sodaß der andere Theil diese mit der condictio ob causam finitam zurückfordern könne (P. II, 717; Anm. I, B, 3 zu § 812; vgl. Entsch. d. R.G. in Civils. Bd. 26 S. 187).

3. Eine dem § 821 analoge Vorschrift für den Fall, daß eine Forderung durch eine unerlaubte Handlung erlangt ist, enthält § 853 (s. auch §§ 478, 490, 2083).

§ 822.

Wendet der Empfänger das Erlangte unentgeltlich einem Dritten zu, so ist, soweit in Folge dessen die Verpflichtung des Empfängers zur Herausgabe der Bereicherung ausgeschlossen ist, der Dritte zur Herausgabe verpflichtet, wie wenn er die Zuwendung von dem Gläubiger ohne rechtlichen Grund erhalten hätte.

E. III, 806.

1 Die Ansprüche auf Herausgabe einer ungerechtfertigten Bereicherung sind persönliche Ansprüche, also grundsätzlich nur gegenüber dem Bereicherten selbst begründet (s. Einl. Ziff. 4). Eine wichtige Ausnahme hievon macht der von der II. Komm. bei der zweiten Lesung beschlossene § 822, indem er unter bestimmten Voraussetzungen auch dritte Personen zur Herausgabe verpflichtet (P. VI, 211 ff.; vgl. Jacubezky, Bem. S. 178). Der Kondiktionsanspruch erhält hiedurch in gewissem Umfange dinglichen Charakter (vgl. Endemann, Bd. 1 S. 896 Note 5, S. 900 Nr. 23; nach Hachenburg [S. 177] soll die Klage in die Kategorie der Anfechtungsklagen gehören).

2. Die Herausgabepflicht dritter Personen greift nur unter einer doppelten Voraussetzung Platz.

a) Der Dritte muß das vom ursprünglichen Empfänger Erlangte von diesem unentgeltlich zugewendet (vgl. § 516) erhalten haben. Was der ursprüngliche Empfänger durch Verfügung über den erlangten Gegenstand erworben und sodann dem Dritten unentgeltlich zugewendet hat (z. B. eine mit dem erlangten Gelde gekaufte Sache) braucht der Dritte nicht herauszugeben (and. Ans. Oertmann, Note 3 zu § 822; Planck, Erl. 3 zu § 822; Stieve, S. 46). Liegt eine Zuwendung Seitens des ursprünglichen Empfängers nicht vor (z. B. wenn der Dritte den Gegenstand dem Empfänger gestohlen hat), so kann der Dritte auf Grund des § 822 nicht in Anspruch genommen werden (ebenso Planck, Erl. 2 b zu § 822; Oertmann, Note 2 a zu § 822; and. Ans. ohne genügende Begründung Cosack, I, 621).

b) In Folge dieser Zuwendung muß die Herausgabepflicht des ursprünglichen Empfängers ausgeschlossen sein. Dies ist nach § 818 Abs. 3 regelmäßig der Fall, insoweit derselbe durch die Zuwendung an den Dritten nicht mehr bereichert ist (vgl. Anm. 4 zu § 818). Wenn und soweit aber der Empfänger nach §§ 818 Abs. 4, 819, 820 (s. auch C.P.O. § 541 Abs. 2) trotz der Zuwendung des Erlangten an den Dritten zur Herausgabe der Bereicherung (§ 818 Abs. 2) verpflichtet bleibt, ist der Dritte zur Herausgabe des ihm Zugewendeten nicht verpflichtet.

3. Beim Vorhandensein der in Anm. 2 erwähnten Voraussetzungen ist der Dritte zur Herausgabe verpflichtet, wie wenn er die Zuwendung vom Gläubiger selbst ohne rechtlichen Grund erhalten hätte. Der Umfang seiner Herausgabepflicht bemißt sich also nach §§ 818—820.

4. Der Beweis, daß die Voraussetzungen des § 822 gegeben sind, obliegt dem gegen den Dritten vorgehenden Gläubiger.

5. Für die Verjährung des dem Gläubiger nach § 822 gegen den Dritten zustehenden Anspruchs sind die allgemeinen Vorschriften (§§ 195 ff.) maßgebend. Die Verjährung beginnt also erst mit der Zuwendung an den Dritten (§ 198; vgl. P. VI, 212).

6. Ueber die Herausgabepflicht des Dritten, der durch unentgeltliche Verfügung eines Nichtberechtigten unmittelbar einen rechtlichen Vortheil erlangt hat, s. § 816 Abs. 1 Satz 2.

Fünfundzwanzigster Titel.
Unerlaubte Handlungen.*)

(Erläutert von Dr. Th. Engelmann.)

Einleitung.

I. Uebersicht. Die §§ 823—853 handeln von den unerlaubten Handlungen. § 823 regelt die Ersatzpflicht für Rechtsverletzungen und Verstoß gegen Schutzgesetze, § 824 die Ersatzpflicht für gewisse Arten von Ehrverletzungen, § 825 die Ersatzpflicht für Angriffe auf die weibliche Geschlechtsehre, § 826 die Ersatzpflicht für sog. illoyale Handlungen. In den §§ 827—829 wird die Deliktsfähigkeit, in den §§ 830, 840 u. 841 die Haftung mehrerer an einer unerlaubten Handlung betheiligten Personen im Verhältnisse zum Geschädigten und zu einander, in den §§ 831 u. 832 die Haftung des Geschäftsherrn und der aufsichtspflichtigen Personen normirt. Die §§ 833 u. 834 behandeln die Schadensstiftung durch Thiere, § 835 den Wildschaden, die §§ 836—838 den durch Einsturz eines Gebäudes und ähnliche Ereignisse eintretenden Schaden, § 839 die Haftung der Beamten für Verletzung von Amtspflichten. Inhalt und Umfang des Schadensersatzanspruchs wird in den §§ 842—850 näher begrenzt. § 851 statuirt eine Sonderbestimmung zu Gunsten desjenigen, der Ersatz an eine nicht ersatzberechtigte Person leistet, § 852 regelt die Verjährung des Ersatzanspruchs, § 853 endlich gewährt dem in Folge einer unerlaubten Handlung Verpflichteten eine selbständige Einrede.

II. Grundsätzliche Regelung nach bisherigem Rechte und nach B.G.B.

1. Bisheriges Recht. Die Deliktsklagen des römischen Rechtes verfolgten zum Theile strafrechtliche Zwecke, zum Theile waren sie zugleich auf Entschädigung des Verletzten gerichtet. Im gemeinen Rechte wurde der Gesichtspunkt der Entschädigung ausschließlich maßgebend (Dernburg, Pand. Bd. 2 S. 352 ff.). Die wichtigsten Deliktsklagen waren die actio furti (Dernburg, Pand. Bd. 2 S. 355 ff.; Windscheid-Kipp, Bd. 2 S. 899 ff.), die actio vi bonorum raptorum (Dernburg, Pand. Bd. 2 S. 352 Note 2; Windscheid-Kipp, Bd. 2 S. 905 ff.), die actio legis Aquiliae (Dernburg, Pand. Bd. 2 S. 358 ff.; Windscheid-Kipp, Bd. 2 S. 909 ff.), die actio de pauperie (Dernburg, Pand Bd. 2 S. 364 ff; Windscheid-Kipp, Bd. 2 S. 921 ff.), die actio de dejectis et effusis (Dernburg, Pand. Bd. 2 S. 366 ff.; Windscheid-Kipp, Bd. 2 S. 920), die actio doli (Dernburg, Pand. Bd. 2 S. 369 ff.; Windscheid-Kipp, Bd. 2 S. 896 ff., 987) und die actio injuriarum (Dernburg, Pand. Bd. 2 S. 370 ff.; Windscheid-Kipp, Bd. 2 S. 987 ff.). Hinsichtlich eines Theils dieser Klagen war übrigens die fortdauernde Geltung bestritten. Ueber die sog. Quasideliktsobligationen s. Dernburg, Pand. Bd. 2 S. 16 Note 6; Windscheid-Kipp, Bd. 2 S. 218 Note 1.

Das P.L.R. bestimmt allgemein, daß, wer einen Anderen aus Vorsatz oder grobem Versehen beleidigt (d. h. ihm ohne Recht Schaden zufügt, Thl. I Tit. 6 § 8), demselben vollständige Genugthuung leisten (d. h. ihm den gesammten Schaden und den entgangenen Gewinn ersetzen) muß (§§ 10, 7). Die gleiche Haftung wird dem auferlegt, der eine dem Anderen schuldige Pflicht aus Vorsatz oder grobem Versehen unterläßt und dadurch demselben Schaden verursacht (§ 11). Wer dagegen nur aus mäßigem Versehen einen Anderen durch eine Handlung oder Unterlassung beleidigt, haftet nur für den daraus entstandenen wirklichen Schaden (§ 12, s. auch §§ 13—15). Der aus einer Handlung entstehende zufällige Schaden muß nur dann vergütet werden, wenn die Handlung selbst einem Verbotsgesetze zuwiderläuft, oder wenn der Handelnde durch ein solches gesetzwidriges Verhalten in die Umstände, wodurch er zu der Handlung veranlaßt worden, sich selbst versetzt hat (§ 16). Auch bei den Vorschriften über einzelne zum Schadensersatze verpflichtende Handlungen (Thl. I Tit. 12 §§ 82 ff.) ist der Grad des Verschuldens des Thäters von maßgebender Bedeutung (vgl. Förster-Eccius, P.Pr.R. 7. Aufl. Bd. 1 §§ 89, 90, Bd. 2 §§ 151, 152).

Das B.L.R. handelt im 16. Kapitel des 4. Theils „von Verbrechen und der daraus entspringenden Verbindlichkeit" und erklärt als Verbrechen „Alles, was man gegen Gesetz und Verbot aus freiem Willen thut oder unterläßt" (§ 1). Wer ein Verbrechen begeht, verbindet sich gemäß § 2 stillschweigend gegenüber dem Beschädigten zum Schadensersatz. Besonders erwähnt werden die actio legis Aquiliae (§ 6), die actio de pauperie (§ 7) und die actio de effuso vel dejecto, posito vel suspenso (§ 8). Deliktsartigen Charakter haben auch die im Anschluß an das römische Recht geregelten Fälle der operis novi nuntiatio, cautio damni infecti und actio aquae pluviae arcendae (§§ 9—11).

Das sächsische G.B stellt den Grundsatz auf, daß, wer widerrechtlich das Recht eines Anderen verletzt, im Falle des Verschuldens schadensersatzpflichtig ist (§§ 116 ff., 773 ff.), enthält aber daneben (§§ 1483 ff.) eingehende Vorschriften über einzelne Delikte (widerrechtliche

*) v. Liszt, Die Deliktsobligationen im System des B.G.B., Berlin 1898.

Schadenszufügung, Beraubung der persönlichen Freiheit, Entwendung, verletzende Nachrede, Gewalt und Drohung, Betrug und Arglist, Verletzung besonderer Berufspflichten, Veräußerungen zur Benachtheiligung der Gläubiger).

Ueber andere Rechte s. M. II, 725.

2. E. I gab im 1. Titel des Abschnitts über Schuldverhältnisse aus unerlaubten Handlungen zunächst „allgemeine Vorschriften", während der 2. Titel besondere Bestimmungen für einzelne unerlaubte Handlungen (Tödtung, Körperverletzung, Freiheitsberaubung, Verbrechen wider die Sittlichkeit, Beschädigung durch Ausgießen, Auswerfen, Herabfallen von Gegenständen, durch Thiere und durch Einsturz, Pflichtverletzung von Beamten) enthielt. Die grundlegenden Bestimmungen enthielt § 704, wonach schadensersatzpflichtig sein sollte,

a) wer durch eine aus Vorsatz oder Fahrlässigkeit begangene widerrechtliche Handlung einem Anderen einen Schaden zugefügt hat, dessen Entstehung er vorausgesehen hat oder voraussehen mußte;

b) wer aus Vorsatz oder Fahrlässigkeit durch eine widerrechtliche Handlung das Recht eines Anderen verletzt hat, auch wenn die Entstehung eines Schadens nicht vorauszusehen war.

c) Als widerrechtlich sollte nach § 705 auch die kraft der allgemeinen Freiheit an sich erlaubte Handlung gelten, wenn sie einem Anderen zum Schaden gereicht und ihre Vornahme gegen die guten Sitten verstößt.

Die Schadensersatzpflicht wurde hienach nicht an einzelne bestimmte Thatbestände geknüpft, sondern allgemein als die mögliche Folge einer jeden unerlaubten Handlung hingestellt. „Unerlaubt" sollte eine Handlung sein, wenn sie widerrechtlich ist, d. h. wenn sie einem absoluten Gebots- oder Verbotsgesetz, insbesondere einem Strafgesetze, zuwiderläuft (§ 704 Abs. 1) oder die Verletzung des einem Anderen zustehenden absoluten Rechtes enthält (§ 704 Abs. 2) oder, ohne durch ein subjektives Recht gestattet zu sein, gegen die guten Sitten verstößt (§ 705; M. II, 725 ff; Z.G. II, 394 ff.; VI, 510 ff.).

In der II. Komm. wurde gegenüber dem § 704 Abs. 1 des E. I eingewendet, es gehe zu weit, jedem Beschädigten ein Recht auf Entschädigung zu gewähren ohne Rücksicht darauf, ob das verletzte Gesetz zum Schutze der geschädigten Interessen bestimmt sei. Andererseits verkümmere der Entwurf das Recht des unmittelbar Betroffenen, indem er dessen Anspruch davon abhängig mache, daß der Urheber des Schadens dessen Entstehung habe voraussehen können (P. II, 571 ff.; vgl. Jacubezky, Bem. S. 161 ff.). Demgemäß bestimmte E. II § 746 Abs. 1 Satz 1:

> „Wer vorsätzlich oder fahrlässig ein Recht eines Anderen widerrechtlich verletzt oder wer gegen ein den Schutz eines Anderen bezweckendes Gesetz verstößt, ist dem Anderen zum Ersatze des dadurch verursachten Schadens verpflichtet."

Von der Reichstagskomm. wurde die Schadensersatzpflicht wegen sog. illoyaler Handlungen auf solche Handlungen ausgedehnt, welche in Ausübung eines subjektiven Rechtes vorgenommen werden (R.T.K. 58).

3. In seiner nunmehrigen Gestalt knüpft das Gesetz die Schadensersatzpflicht im Allgemeinen an die Voraussetzung, daß Jemand

a) vorsätzlich oder fahrlässig das Recht eines Anderen widerrechtlich verletzt (§ 823 Abs. 1) oder

b) schuldhaft gegen ein den Schutz eines Anderen bezweckendes Gesetz verstoßen (§ 823 Abs. 2) oder

c) in einer gegen die guten Sitten verstoßenden Weise einem Anderen vorsätzlich Schaden zugefügt hat (§ 826).

Daneben enthalten die §§ 824, 825, 834, 836—839 den Thatbestand einiger besonders geregelter unerlaubter Handlungen. Auch sie setzen ein Verschulden des Ersatzpflichtigen voraus, doch ist die Beweislast in einzelnen Fällen (§§ 834, 836—838) zu Gunsten des Verletzten geregelt. Unter gewissen Voraussetzungen endlich tritt die Ersatzpflicht unabhängig von jedem Verschulden des Ersatzpflichtigen ein (§§ 829, 833, 835; dem E. I waren solche „Quasidelikte" unbekannt, s. M. II, 744 ff).

Ueber die Gründe, aus welchen das Gesetz eine Reihe von Spezialdelikten des bisherigen Rechtes nicht besonders geregelt hat, s. M. II, 746 ff. Die der gemeinrechtlichen actio de dejectis et effusis und actio de posito vel suspenso nachgebildeten Bestimmungen der §§ 729—733 des E. I hat die II. Komm. als entbehrlich beseitigt (M II, 803 ff.; Z G II, 414 ff., VI, 517; P. II, 641 ff.). In der Reichstagskomm. wurde die Wiederherstellung dieser Vorschriften vergeblich beantragt (R.T.K. 62).

III. Die Verletzung einer Vertragspflicht bildet als solche keine unerlaubte Handlung im Sinne des 25. Titels (M. II, 727, III, 392; Z.G. II, 396; P. II, 572; s. auch

Anm. 2 zu § 826). Erfüllt aber die Verletzung einer Vertragspflicht zugleich den Thatbestand einer unerlaubten Handlung, so kann der Gläubiger nach seiner Wahl entweder den Anspruch aus dem Vertragsverhältniß oder den Anspruch auf Schadensersatz nach Maßgabe der §§ 823 ff. geltend machen (vgl. Dernburg, Pand. Bd. 2 S. 362 Note 22; Windscheid-Kipp, Bd. 2 S. 888; Liszt, Deliktsobligationen S. 11 ff Oertmann, Vorbem. 5; Müller in den Bl. f. R.A. Bd. 65 S. 374 ff.; and. Ans. ohne überzeugende Begründung Endemann, Bd 1 S. 907 Note 4; s. auch Cosack, I, 597 ff., 599 ff.). Von diesem Grundsatze soll nach Liszt (a. a. O. S. 13 ff.) eine doppelte Ausnahme gelten:

1. Soweit durch besondere gesetzliche Bestimmung die vertragsmäßige Haftung auf schwerere Schuldarten beschränkt ist, ergreife diese Einschränkung auch den Deliktsanspruch. Habe also der Schenker (der nach § 521 für gewöhnliche Fahrlässigkeit nicht haftet) durch die von ihm einem Anderen geschenkte Sache diesem fahrlässig Schaden zugefügt, so könne er auch nicht aus § 823 Abs. 1 in Anspruch genommen werden (vgl. Dernburg, Pand. Bd. 2 S. 362 Note 22 b; Windscheid-Kipp, S. 888).

2. Wenn der Gläubiger dem Schuldner die Haftung für Fahrlässigkeit erlassen habe (§ 276), könne der Gläubiger nicht nach § 823 Abs. 1 wegen fahrlässiger Verletzung seines Rechtes Schadensersatz beanspruchen.

Allein wirkliche Ausnahmen von dem erwähnten Grundsatze dürften hierin nicht gelegen sein, weil die Handlungsweise des Schuldners mit Rücksicht auf den ihm nach Gesetz oder Vertrag obliegenden Grad der Sorgfalt in beiden Fällen nicht als „widerrechtlich" im Sinne des § 823 erscheint (vgl. Anm. II, B, 1 zu § 823; s. auch Oertmann, Note 3 zu § 276; Planck, Vorbem. II).

Durch einen Dritten kann das Vertragsverhältniß selbst (das vinculum obligationis) nicht verletzt werden (Oertmann, Note 3 c zu § 823), wohl aber kann die Verletzung eines Forderungsrechtes durch einen Dritten sich als Beschädigung eines Vermögensstücks darstellen und daher, wenn die verletzende Handlung gegen ein den Schutz des Interesses des Beschädigten an diesem Vermögensstücke bezweckendes Gesetz verstößt, unter § 823 Abs. 2 fallen (P II, 572; s. auch M. II, 727; Jacubezky, Bem. S. 161; Planck, Erl. 2a zu § 823 a. E.; Windscheid-Kipp, Bd. 2 S. 887; Schollmeyer, S. 109 ff.).

IV. Juristische Personen sind insoweit nicht deliktsfähig, als die unerlaubte Handlung ein Verschulden voraussetzt (s. oben Ziff. II, 3). Nach § 31 ist aber ein Verein für den Schaden verantwortlich, den der Vorstand, ein Mitglied des Vorstandes oder ein anderer verfassungsmäßig berufener Vertreter durch eine in Ausführung der ihm zustehenden Verrichtungen begangene, zum Schadensersatze verpflichtende Handlung einem Dritten zufügt (vgl. Bd. 1 S. 123 ff. Anm. zu § 31; s. auch Bd. 1 S. 89 Vorbem. VI). Nach § 86 findet diese Bestimmung auf Stiftungen, nach § 89 Abs. 1 auf den Fiskus, sowie auf die Körperschaften, Stiftungen und Anstalten des öffentlichen Rechtes entsprechende Anwendung. Im Uebrigen ist dem Gesetz eine Haftung des Vertretenen für Delikte des gesetzlichen Vertreters unbekannt (M. II, 737, 31 Note 1; vgl. auch § 278 und Anm. I, 1 hiezu, s. oben S. 40).

V. Ersatzberechtigt ist (im Gegensatze zum E. I) nur, wer durch die unerlaubte Handlung unmittelbar beschädigt worden ist. Eine Ausnahme von diesem Grundsatz enthalten die §§ 844, 845 zu Gunsten dritter Personen, welchen gegenüber der Verletzte zur Gewährung von Unterhalt oder Leistung von Diensten verpflichtet war (vgl. Anm. IV zu § 823, Anm. 4 zu § 826, Anm. II zu § 844, Anm. 1 zu § 845).

VI. Inhalt und Umfang des Anspruchs auf Ersatz des durch eine unerlaubte Handlung erwachsenen Schadens bemißt sich im Allgemeinen nach den Grundsätzen der §§ 249 ff., gleichviel, ob eine vorsätzlich oder fahrlässig begangene Handlung oder ein ohne Rücksicht auf Verschulden zum Ersatze verpflichtender Thatbestand in Frage steht (M. II, 729 ff., 738 ff.). Dies gilt insbesondere auch hinsichtlich der Anwendbarkeit des § 254 (vgl. § 846 und Anm. hiezu). Besondere Bestimmungen enthalten:

1. § 842 hinsichtlich aller gegen die Person gerichteten unerlaubten Handlungen;

2. die §§ 843—847 hinsichtlich gewisser gegen die Person gerichteter unerlaubter Handlungen (Verletzung des Körpers oder der Gesundheit, Tödtung, Freiheitsentziehung);

3. die §§ 848—851 hinsichtlich der durch eine unerlaubte Handlung erfolgten Entziehung oder Beschädigung einer Sache.

VII. Der Anspruch auf Ersatz des durch eine unerlaubte Handlung erwachsenen Schadens ist aktiv und passiv vererblich. Eine Ausnahme hievon enthält § 847 Abs. 1 Satz 2 (M. II, 730).

VIII. Güterrechtliche Besonderheiten.

1. Beim ordentlichen gesetzlichen Güterstande fallen im Verhältnisse der Ehegatten zu einander die Verbindlichkeiten der Frau aus einer von ihr während der Ehe be-

gangenen unerlaubten Handlung oder aus einem wegen einer solchen Handlung gegen sie gerichteten Strafverfahren, sowie die Kosten eines von der Frau über eine solche Verbindlichkeit geführten Rechtsstreites dem Vorbehaltsgute zur Last (§ 1415 Nr. 1, 3. Das Gleiche gilt nach § 1660 im Verhältnisse zwischen Gewalthaber und Kind für die Ausgleichung zwischen freiem und nicht freiem Vermögen).

2. Bei allgemeiner Gütergemeinschaft fallen im Verhältnisse der Ehegatten zu einander die Verbindlichkeiten aus einer unerlaubten Handlung, die ein Ehegatte nach dem Eintritte der Gütergemeinschaft begeht, oder aus einem wegen einer solchen Handlung gegen ihn gerichteten Strafverfahren, sowie die Kosten eines Rechtsstreites über eine solche Verbindlichkeit dem Ehegatten zur Last, in dessen Person sie entstehen (§ 1463 Nr. 1, 3). Hinsichtlich der fortgesetzten Gütergemeinschaft s. § 1499 Nr. 2 und Anm. 2b zu § 1499 (Bd. 4 S. 270).

3. Bei der Errungenschaftsgemeinschaft fallen im Verhältnisse der Ehegatten zu einander die Verbindlichkeiten des Mannes aus einer von ihm nach dem Eintritte der Errungenschaftsgemeinschaft begangenen unerlaubten Handlung oder aus einem wegen einer unerlaubten Handlung gegen ihn gerichteten Strafverfahren, sowie die Kosten eines vom Manne über eine solche Verbindlichkeit geführten Rechtsstreites dem Manne zur Last (§ 1536 Nr. 3, 4; vgl. Anm. 4 zu § 1535 Bd. 4 S. 310).

4. Bezüglich der Fahrnißgemeinschaft s. § 1549 und Anm. 2g hiezu (Bd. 4 S. 320).

IX. Für vorsätzlich begangene unerlaubte Handlungen gelten einzelne besondere Vorschriften:

1. Dem zur Herausgabe eines Gegenstandes Verpflichteten steht kein Zurückbehaltungsrecht zu, wenn er den Gegenstand durch eine vorsätzlich begangene unerlaubte Handlung erlangt hat (§ 273 Abs. 2).

2. Gegen eine Forderung aus einer vorsätzlich begangenen unerlaubten Handlung ist die Aufrechnung nicht zulässig (§ 393).

3. Das Zurückbehaltungsrecht des Besitzers wegen der ihm zu ersetzenden Verwendungen greift nicht Platz, wenn er die Sache durch eine vorsätzlich begangene unerlaubte Handlung erlangt hat (§ 1000, s. auch § 1007 Abs. 3 Satz 2).

X. Die Vorschriften über den Ersatz des durch eine unerlaubte Handlung erwachsenen Schadens finden Anwendung:

1. auf die Haftung des geschäftsunfähigen oder in der Geschäftsfähigkeit beschränkten Geschäftsführers (§ 682);

2. auf die Haftung des Besitzers, der sich durch verbotene Eigenmacht oder durch eine strafbare Handlung den Besitz verschafft hat (§ 992, s. auch § 1065);

3. auf die Haftung des Erbschaftsbesitzers, der einen Erbschaftsgegenstand durch eine strafbare Handlung oder eine zur Erbschaft gehörende Sache durch verbotene Eigenmacht erlangt hat (§ 2025 Satz 1).

4. Die Vorschriften der §§ 827, 828 finden nach § 276 Abs. 1 Satz 2 auf die Haftung des Schuldners in Ansehung seiner Verpflichtung zur Leistung Anwendung (s. oben S. 39 Anm. III zu § 276).

5. Die Vorschriften der §§ 842—846 finden entsprechende Anwendung auf die Schadensersatzpflicht des Dienstberechtigten, der die ihm in Ansehung des Lebens und der Gesundheit des Verpflichteten obliegenden Verpflichtungen nicht erfüllt (§ 618 Abs. 3).

XI. Nicht deliktischer Natur ist

1. die Schadensersatzpflicht in den Fällen der §§ 42 Abs. 2 Satz 2 (53), 122, 160 (163), 179, 228 Satz 2, 231, 307 (309; vgl. oben S. 61 Anm. 7 zu § 307 und Hellmann in der Krit. Vierteljahresschr. Bd. 42 [1900] S. 64), 463, 523, 524, 694 (s. oben Anm. 3 zu § 694), 795 Abs. 3, 867 (1005), 962 Satz 3, 1664, 1787 Abs. 1, 1833 (vgl. M II, 745). Ueber den Charakter der Ansprüche aus §§ 861, 862 s. Bd. 3 S. 17 Anm. II, 4 zu diesen Paragraphen.

2. Auch die gemäß C.P.O. §§ 89 Abs 1 Satz 3, 302 Abs. 4 Satz 3, 600 Abs. 2, 717 Abs. 2 und 945 eintretende Ersatzpflicht hat keinen deliktsartigen Charakter, weil sie ohne Rücksicht auf das Vorhandensein eines Verschuldens lediglich an die Voraussetzung geknüpft ist, daß sich das formell zulässige Vorgehen einer Partei späterhin als materiell ungerechtfertigt erweist (M. II, 757; Z.G. II, 402, 430 ff., VI, 24; P. II, 671 ff., 724 ff.; D z. C.P.O. S. 20, 46, 72, 101 ff., 165 ff.; s. auch Anm. I, B, 3 zu § 812).

XII. Nach § 32 C.P.O. ist für Klagen aus unerlaubten Handlungen das Gericht zuständig, in dessen Bezirke die Handlung begangen ist (s. auch Anm. 15 zu § 839).

XIII. Internationales Privatrecht. Gemäß Art. 12 E.G. können aus einer im Auslande begangenen unerlaubten Handlung gegen einen Deutschen nicht weitergehende Ansprüche geltend gemacht werden, als nach den deutschen Gesetzen begründet sind (vgl. Anm. hiezu Bd. 6 S. 25; s. auch E. II § 2243). Ueber die Deliktsfähigkeit der Ausländer s. Bd. 6 S. 25 Anm. 1 zu E.G. Art. 12 (vgl. auch Liszt, S. 112 ff.; Kuhlenbeck, Note 7 zu § 828).

XIV. Hinsichtlich der Uebergangszeit ist für Schadensersatzansprüche aus unerlaubten Handlungen E.G. Art. 170 maßgebend, wonach ein vor dem 1. Januar 1900 entstandenes Schuldverhältniß nach den bisherigen Gesetzen zu beurtheilen ist (vgl. Bd. 6 S. 216 Anm. II, B zu E.G. Art. 170).

XV. Unberührt durch die Bestimmungen des 25. Titels bleiben

1. gemäß E.G. Art. 32 die in anderen Reichsgesetzen enthaltenen Vorschriften über unerlaubte Handlungen (M. II, 746; Liszt, S. 44 ff.). Hieher gehören insbesondere

a) die Bestimmungen über die Buße (vgl. St.G.B. §§ 188, 231, St.P.O. §§ 443 ff., 495 und die bei Staudinger, Strafgesetzbuch 7. Aufl. S. 18 ff. citirten weiteren reichsgesetzlichen Vorschriften). § 721 E. I, welcher ausdrücklich aussprach, daß die Vorschriften der Reichsgesetze über die Buße unberührt bleiben, wurde von der II. Komm. als entbehrlich gestrichen (M. II, 744; Z.G. II, 410, 22 P. II, 612 ff., VI, 579);

b) §§ 18 ff. des Gesetzes betreffend das Urheberrecht an Schriftwerken, Abbildungen, musikalischen Kompositionen und dramatischen Werken vom 11. Juni 1870;

c) § 16 des Gesetzes betreffend das Urheberrecht an Werken der bildenden Künste vom 9. Januar 1876;

d) § 9 des Gesetzes betreffend den Schutz der Photographieen gegen unbefugte Nachbildung vom 10. Januar 1876;

e) § 14 des Gesetzes betreffend das Urheberrecht an Mustern und Modellen vom 11. Januar 1876;

f) §§ 35 ff. des Patentgesetzes vom 7. April 1891;

g) §§ 14 ff. des Gesetzes zum Schutze der Waarenbezeichnungen vom 12. Mai 1894;

h) §§ 6, 8, 9 Abs. 3, 11, 14 des Gesetzes zur Bekämpfung des unlauteren Wettbewerbes vom 27. Mai 1896;

i) §§ 3 ff. des Haftpflichtgesetzes vom 7. Juni 1871 in der durch E.G. Art. 42 festgesetzten Fassung;

k) §§ 135 ff. des Gewerbeunfallversicherungsgesetzes, §§ 146 ff. des Unfallversicherungsgesetzes für Land- und Forstwirthschaft, § 45 des Bauunfallversicherungsgesetzes, §§ 133 ff. des Seeunfallversicherungsgesetzes (sämmtliche Gesetze vom 30. Juni 1900 in der Fassung der Bekanntmachung vom 5. Juli 1900);

l) §§ 29 ff. der K.O. und §§ 3 ff. des Gesetzes betreffend die Anfechtung von Rechtshandlungen eines Schuldners außerhalb des Konkurses (vgl. R.T.K. 67).

2. Hinsichtlich der Vorbehalte für die Landesgesetzgebung s. E.G. Art. 70—72, 77—79, 95, 105—108.

§ 823.

Wer vorsätzlich oder fahrlässig das Leben, den Körper, die Gesundheit, die Freiheit, das Eigenthum oder ein sonstiges Recht eines Anderen widerrechtlich verletzt, ist dem Anderen zum Ersatze des daraus entstehenden Schadens verpflichtet.

Die gleiche Verpflichtung trifft denjenigen, welcher gegen ein den Schutz eines Anderen bezweckendes Gesetz verstößt. Ist nach dem Inhalte des Gesetzes ein Verstoß gegen dieses auch ohne Verschulden möglich, so tritt die Ersatzpflicht nur im Falle des Verschuldens ein.

E. I, 704; II, 746 Abs. 1, 747; III, 807.

I. Grundsätzliche Regelung. § 823 Abs. 1 knüpft die Verpflichtung zum Schadensersatz an die schuldhafte widerrechtliche Verletzung des Rechtes eines Anderen, § 823 Abs. 2 an den schuldhaften Verstoß gegen ein den

Schutz eines Anderen bezweckendes Gesetz. § 823 Abs. 1 entspricht im Wesentlichen dem zweiten, § 823 Abs. 2 dem ersten Absatze des § 704 E. I (vgl. Einl. Ziff. II, 2).

II. Voraussetzung der Schadensersatzpflicht nach § 823 Abs. 1 ist:

A. Verletzung des Rechtes eines Anderen.

1. Die Verletzung kann nicht nur durch positives Handeln, sondern auch durch Unterlassung begangen werden, was insbesondere für die Fälle der fahrlässigen Rechtsverletzung von Bedeutung ist (M. II, 727).

2. Gegenstand der Verletzung ist „das Recht eines Anderen". E. I enthielt im § 704 Abs. 2 Satz 2 die Bestimmung: „Als Verletzung eines Rechtes im Sinne der vorstehenden Vorschrift ist auch die Verletzung des Lebens, des Körpers, der Gesundheit, der Freiheit und der Ehre anzusehen." Von den Mot. wird als zweifellos bezeichnet, daß zu den absoluten Rechten im Sinne des § 704 Abs. 2 (E. I) das Eigenthum und die anderen Rechte an Sachen gehören. Dagegen sei die besondere Erwähnung des Lebens, des Körpers, der Gesundheit, der Freiheit und der Ehre nothwendig, weil mit Grund bezweifelt werden könne, ob diese höheren Güter als Rechte bezeichnet werden könnten, aber gerade sie auch des Schutzes bedürften, der ihnen bei einer engeren Auffassung der Schadenszufügung oft gefehlt habe (M. II, 728). Von der II. Komm. wurde der Antrag, auch den Besitz als ein Recht im Sinne dieser Vorschrift zu erklären, abgelehnt, weil der Besitz durch das Verbotsgesetz des § 814 (E. I, nun § 858), welches die Anwendung des § 704 Abs. 1 (E. I, nun § 823 Abs. 2) ermögliche, genügend geschützt sei und die wissenschaftliche Frage über das Wesen des Besitzes nicht entschieden werden solle (vgl. hiezu Bd. 3 S. 6 Vorbem. IV, B und VII vor § 854; Jacubezky, Bem. S. 161: Liszt, Deliktsobligationen S. 21; Oertmann, Anm. 3 d zu § 823; Planck, Erl. 2 a zu § 823). Sodann wurde der ganze Satz gestrichen, weil die besondere Erwähnung des Lebens, des Körpers und der Gesundheit als unnöthig erscheine, während es bedenklich sei, die fahrlässige Verletzung von Freiheit und Ehre unter besonderen privatrechtlichen Schutz zu stellen (P. II, 572 ff.). Im Gegensatze hiezu wurde bei der Berathung des § 727 E. I der Ansicht Ausdruck gegeben, daß die Freiheit ein Recht absoluter Natur im Sinne des § 704 E. I sei, dessen Verletzung zum Schadensersatze verpflichte, gleichviel ob die Verletzung auf Vorsatz oder Fahrlässigkeit beruhe (P. II, 630 ff.). Die Redaktionskomm. trug dieser Auffassung Rechnung durch Beifügung des § 747 E. II: „Wer widerrechtlich einem Anderen die Freiheit entzieht, hat demselben den dadurch verursachten Schaden auch dann zu ersetzen, wenn ihm nur Fahrlässigkeit zur Last fällt." Bei der zweiten Lesung wurde von der II. Komm. die nunmehrige Fassung des § 823 Abs. 1 beschlossen. Der Antragsteller führte aus, daß sein Vorschlag in der Hauptsache redaktioneller Natur sei. Bei der früheren Berathung habe man den Schluß des § 704 E. I mit Recht gestrichen, da die heutige Wissenschaft ein persönliches Recht im weiteren Sinne annehme. Darnach aber finde sich im E. II nirgends unmittelbar ausgesprochen, daß die Verletzung dieser Güter sich civilrechtlich als Delikt darstelle. Dem Antrage wurde entgegengehalten, daß es nach seiner Fassung fraglich erscheine, ob alle Rechtsgüter gedeckt seien; die Schlußklausel „oder ein sonstiges Recht" schließe sich an „Eigenthum" an und könne daher enger verstanden werden (P. VI, 200 ff.) Ob Seitens des Antragstellers oder von anderer Seite dieser Auffassung entgegengetreten wurde, ist aus den Prot. nicht ersichtlich. Jedenfalls aber wurde sie von der Mehrheit der Komm. nicht getheilt. Aus dieser Entstehungsgeschichte des § 823 Abs. 2 dürfte sich ergeben, daß die Worte „oder ein sonstiges Recht" sich nicht auf das unmittelbar vorhergehende „Eigenthum" beziehen, daß also auch die Rechtsgüter des Lebens, der körperlichen Integrität, der Gesundheit und der Freiheit (wenigstens für den Geltungsbereich des § 823 Abs. 1) vom Gesetzgeber als „Rechte" (Persönlichkeitsrechte) anerkannt sind. Inwieweit noch andere als die erwähnten Rechtsgüter als Rechte im Sinne des § 823 Abs. 1 zu gelten haben, hängt von der weiteren Entwicklung der Theorie der Persönlichkeitsrechte ab (vgl. Bd. 1 S. 6 ff. und die dort Citirten, ferner Hachenburg, Das B.G.B. 2. Aufl. S. 424 ff.; Staudinger, Vortr. S. 60 ff.; Cosack, I, 596 ff.; Mathiaß, I, 632; Planck, Erl. 2a zu § 823; Kober in den Bl. f. R.A. Bd. 64 S. 221; Müller in den Bl. f. R.A. Bd. 65 S. 378). Zu weit geht jedenfalls die Behauptung von Liszt (Deliktsobl. S. 26, ebenso Kuhlenbeck, Note 8 zu § 823), daß jedes rechtlich geschützte Interesse unter § 823 Abs. 1 falle, weil hienach (wie Liszt allerdings selbst annimmt) der Thatbestand des § 823 Abs. 2 in objektiver Beziehung mit dem des Abs. 1 vollständig zusammenfallen würde, was der Gesetzgeber unmöglich gewollt haben kann.

Ueber die Begriffe der Verletzung des Lebens, des Körpers und der Gesundheit s. Olshausen, Komm. z. St.G.B. Anm. zu den §§ 211, 223. Als Verletzung der Freiheit im Sinne des § 823 Abs. 1 erscheinen nicht bloß die Verbrechen und Vergehen wider die persönliche Freiheit (St.G.B. §§ 234—241), sondern alle Eingriffe in die ungestörte Willensbethätigung (Liszt, S. 24 ff.; Fischer-Henle, Note 6 zu § 823; Kuhlenbeck, Note 6 zu § 823; Oertmann, Anm. 2 d zu § 823; Planck, Erl. 2 a zu § 823; Kober in den Bl. f. R.A.

Bd. 64 S. 220; s. auch Bd. 1 S. 99 dieses Komm. Vorbem. V, 2). Verletzung des Eigenthums ist jede Beeinträchtigung des Eigenthümers in seinem Rechte (also auch Beschädigung einer Sache). Das Vermögen ist nicht als solches, sondern nur in seinen einzelnen Bestandtheilen durch § 823 Abs. 1 geschützt. Ueber die Verletzung von Forderungsrechten s. Einl. Ziff. III a. E. Der in der Reichstagskomm. gestellte Antrag, auch die Arbeitskraft unter die besonders erwähnten Rechtsgüter aufzunehmen, wurde zurückgezogen, nachdem klargestellt war, daß die Verletzung der Arbeitskraft stets eine Verletzung der Gesundheit voraussetze (R.T.K. 57; vgl. Z.G. II, 400, VI, 511). Die Ehre und die Geschlechtsehre im Besonderen fallen nicht unter § 823 Abs. 1 (Anm. 2 zu § 824, Anm. 2 zu § 825).

3. Verstößt die Verletzung des Rechtes eines Anderen zugleich gegen ein den Schutz des Anderen bezweckendes Gesetz, so ist die Ersatzpflicht sowohl nach § 823 Abs. 1 als nach 823 Abs. 2 begründet.

B. Die Verletzung des Rechtes eines Anderen muß, um die Verpflichtung zum Schadensersatze zu begründen, widerrechtlich erfolgt sein. Es liegt im Begriffe des subjektiven Rechtes, daß jeder Dritte dasselbe achten muß und nicht verletzen darf, daß daher die Verletzung eines solchen Rechtes widerrechtlich ist (M. II, 726). Von diesem Grundsatze bestehen jedoch wichtige Ausnahmen:

1. Durch ein dem Handelnden zustehendes eigenes Recht, die Handlung oder Unterlassung vorzunehmen, wird die Widerrechtlichkeit ausgeschlossen, weil das Recht eines Anderen stets als Beschränkung des eigenen Rechtes zu verstehen ist (M. II, 726). Die Befugniß zur Verletzung fremder Rechte kann sowohl auf privatrechtlicher als auf öffentlichrechtlicher Grundlage beruhen.

2. Nach § 227 ist eine durch Nothwehr, d. h. durch die zur Abwendung eines gegenwärtigen rechtswidrigen Angriffs von sich oder einem Anderen erforderliche Vertheidigung gebotene Handlung nicht widerrechtlich (vgl. St.G.B. § 53). Hat der Thäter den Stand der Nothwehr irrthümlich angenommen oder die Nothwehr überschritten (St.G.B. § 53 Abs. 3), so ist er jedenfalls dann nicht ersatzpflichtig, wenn er in entschuldbarem Irrthume gehandelt hat (s. unten C, 4). Unter Umständen können in solchem Falle auch die Voraussetzungen des § 254 vorliegen (M. II, 728 ff., 769 ff., I, 349; Windscheid-Kipp, Bd. 2 S. 911 Note 11; Jacubezky, Bem. S. 165; Entsch. d. R.G. in Civils. Bd. 21 S. 295 ff.).

3. Nothstand. Nach § 228 handelt nicht widerrechtlich, wer eine fremde Sache beschädigt oder zerstört, um eine durch sie drohende Gefahr von sich oder einem Anderen abzuwenden, wenn die Beschädigung oder die Zerstörung zur Abwendung der Gefahr erforderlich ist und der Schaden nicht außer Verhältniß zu der Gefahr steht. Hat aber der Handelnde die Gefahr selbst verschuldet, so ist er zum Schadensersatze verpflichtet. Liegen die Voraussetzungen des § 228 nicht vor, so fällt die Schadensersatzpflicht nicht um deßwillen weg, weil die Handlung nach den strafrechtlichen Bestimmungen über den Nothstand (St.G.B. § 54) straflos ist (M. II, 729, 770; Dernburg, Pand. Bd. 2 S. 360 Note 9; Windscheid-Kipp, Bd. 2 S. 911 Note 11; Entsch. d. R.G. in Civils. Bd. 5 S. 860 ff.). Von der II. Komm. wurde daher als § 746 Abs. 2 die Vorschrift beigefügt, daß die Schadensersatzpflicht nicht dadurch ausgeschlossen werde, daß die schädigende Handlung im Nothstande begangen worden ist (P. II, 578). Bei der zweiten Lesung wurde jedoch diese Bestimmung mit Rücksicht auf den neugeschaffenen § 818 a (nun § 904) wieder gestrichen (P. VI, 212 ff.).

4. Nicht widerrechtlich ist ferner die nach Maßgabe der §§ 229, 230 bethätigte Selbsthülfe (vgl. § 859). Wer aber eine der im § 229 bezeichneten Handlungen in der irrigen Annahme vornimmt, daß die für den Ausschluß der Widerrechtlichkeit erforderlichen Voraussetzungen vorhanden seien, ist dem anderen Theile zum Schadensersatze verpflichtet, auch wenn der Irrthum nicht auf Fahrlässigkeit beruht (§ 231).

5. E. I § 706 enthielt die Bestimmung, daß dem Beschädigten, der in die beschädigende Handlung eingewilligt hat, ein Anspruch auf Schadensersatz nicht zustehe (M. II, 730; Z.G. II, 402 ff., VI, 514; Jacubezky, Bem. S. 195 ff.). Von der II. Komm. wurde diese Vorschrift aus folgenden Erwägungen gestrichen: Es sei selbstverständlich, daß die Einwilligung des Verletzten in die verletzende Handlung den Schadensersatzanspruch des Verletzten ausschließe, wenn und soweit die Handlung durch die Einwilligung die Eigenschaft der Widerrechtlichkeit verliere. Ob dies im einzelnen Falle anzunehmen sei, müsse nach den allgemeinen Grundsätzen entschieden werden. Die Bestimmung des § 706 sei aber in ihrer allgemeinen Fassung nicht richtig. Denn in verschiedenen Fällen bezwecke der Gesetzgeber, den Beschädigten gerade gegen dessen Einwilligung zu schützen. Die Einwilligung stehe daher dem Schadensersatzanspruche nicht entgegen. Jedenfalls treffe es nicht zu, wenn der Entwurf (M. II, 730) davon ausgehe, daß die Einwilligung immer

den Charakter eines Rechtsgeschäfts habe; sie könne ganz verschieden zu charakterisiren sein. Daß Schwierigkeiten in dieser Richtung entstehen können, sei nicht zu leugnen, durch einen so allgemeinen Satz aber, wie ihn der § 706 aufstelle, nicht zu ändern (P. II, 578 ff.). Demnach ist im Gegensatze zu den Mot. (II, 730) davon auszugehen, daß der Schadensersatzanspruch durch die Einwilligung des Verletzten jedenfalls insoweit nicht ausgeschlossen wird, als die Handlung trotz der Einwilligung widerrechtlich, insbesondere strafbar bleibt (vgl. St.G.B. §§ 142, 216, 237). Ob in der Einwilligung ein im Voraus erklärter Verzicht auf Ersatz des durch die verletzende Handlung entstehenden Schadens zu erblicken und ob ein solcher Verzicht etwa nach § 138 als nichtig zu erachten ist, kann nur nach Lage des einzelnen Falles entschieden werden. Ein im Reichstage gestellter Antrag, wonach Verträge nichtig sein sollten, durch welche die Ersatzpflicht für Verletzung gewisser Rechtsgüter aufgehoben oder eingeschränkt werde, fand keine Annahme (Sten.Ber. S. 69 ff.; vgl. Z.G. II, 403).

Daß die Einwilligung des Verletzten selbständige Schadensersatzansprüche dritter Personen nicht auszuschließen vermag, steht außer Zweifel (vgl. Anm. VI zu § 844, Anm. 5 zu § 845). Für die Wirksamkeit der Einwilligung einer geschäftsunfähigen oder in der Geschäftsfähigkeit beschränkten Person sind im Allgemeinen die Grundsätze der §§ 104 ff. maßgebend (M. II, 730, 753, 799; Jacubezky, Bem. S. 165 ff.). Uebrigens kann auch in den Fällen, in welchen die Widerrechtlichkeit der Handlung durch die Einwilligung des Verletzten nicht beseitigt wird, die Schadensersatzpflicht um deßwillen ausgeschlossen sein, weil der Thäter in Folge der Einwilligung die Handlung aus entschuldbarem Irrthume für erlaubt gehalten hat (s. unten C, 4). Möglicher Weise sind in solchem Falle auch die Voraussetzungen des § 254 gegeben. Nach diesen Grundsätzen ist insbesondere auch die Frage zu entscheiden, ob bei Tödtung oder Verletzung im Zweikampfe dem Verletzten oder dritten Personen Ersatzansprüche zustehen (M. II, 770 ff., 795, 799; Z.G. II, 402; P. II, 633 ff.; Liszt, Deliktsobligationen S. 95 ff.).

6. Bindender Befehl und Nöthigung. Daß die Widerrechtlichkeit ausgeschlossen ist, wenn die verletzende Handlung in Folge eines Befehls vorgenommen worden ist, dem der Handelnde kraft Gesetzes zu gehorchen verpflichtet war, hat das Gesetz als selbstverständlich nicht ausdrücklich ausgesprochen (M. II, 730; vgl. P.L.R. Thl. I Tit. 6 §§ 45 ff.; s. auch bayrisches P.St.G.B. Art. 122 Abs. 1). Das Gleiche gilt für den Fall der Nöthigung (vgl. St.G.B. § 52; nach Liszt, Deliktsobligationen S. 94 ff. soll in diesen Fällen ein Nothstand im Sinne des § 904 B.G.B. vorliegen).

C. Die Verletzung muß ferner, um die Verpflichtung zum Schadensersatze zu begründen, schuldhaft erfolgt sein, d. h. auf Vorsatz oder Fahrlässigkeit des Thäters beruhen (M. II, 727): Die mehrfach unternommenen Versuche, das Verschuldungsprinzip (s. Einl. Ziff. II, 3) durch das angeblich deutschrechtliche Veranlassungsprinzip zu ersetzen, hatten keinen Erfolg (vgl. Z.G. II, 396 ff., VI, 511 ff.; P. II, 568 ff.; R.T.K. 57). Ueber die Begriffe Vorsatz und Fahrlässigkeit s. oben S. 38 ff. Anm. I zu § 276; Liszt, S. 54 ff.

1. Vorsatz und Fahrlässigkeit braucht nur hinsichtlich der verletzenden Handlung, nicht hinsichtlich des entstandenen Schadens gegeben zu sein. Es genügt also für die Schadensersatzpflicht, daß der Handelnde wissentlich und willentlich oder unter Außerachtlassung der im Verkehr erforderlichen Sorgfalt das Recht eines Anderen verletzt hat, mag auf die hiedurch bewirkte Schädigung des Berechtigten von ihm nicht beabsichtigt bezw. für ihn nicht voraussehbar gewesen sein (vgl. E. I, 704 Abs. 2 Satz 1: „auch wenn die Entstehung eines Schadens nicht vorauszusehen war," M. II, 728; Z.G. II, 400 ff.; ebenso Windscheid-Kipp, Bd. 2 S. 887; Cosack, I, 598; and. Ans. Lenel in der Deutsch. Jur.-Ztg. Bd. 2 S. 412). Nach Liszt (S. 28, 25; vgl. auch Oertmann, Note 4 c zu § 823; Matthiaß, I, 632; Planck, Erl. 3 a zu § 823), soll sich Vorsatz und Fahrlässigkeit hier (im Gegensatze zu § 823 Abs 2) auf den Erfolg der Handlung beziehen. Für diese Ansicht dürfte aber weder der Wortlaut noch die Entstehungsgeschichte des Gesetzes genügende Anhaltspunkte bieten.

2. Der Beweis, daß der Thäter vorsätzlich oder fahrlässig gehandelt hat, obliegt dem Kläger (M. II, 729; vgl. Windscheid-Kipp, Bd. 2 S. 912 Note 12; Liszt, S. 111; Entsch. d. R.G. in Civils. Bd. 10 S. 140 ff.).

3. Ueber den Ausschluß des Verschuldens wegen Mangels der Deliktsfähigkeit s. §§ 827, 828 und Anm. hiezu.

4. Irrthum. § 707 des E. I enthielt die Bestimmung, daß nicht schadensersatzpflichtig sei, wer die beschädigende Handlung aus entschuldbarem Irrthume für erlaubt gehalten hat (M. II, 731; Z.G. II, 403; Jacubezky, Bem. S. 166). Von der II. Komm. wurde diese Vorschrift gestrichen, weil sie nur eine selbstverständliche Folgerung aus dem Verschuldungsprinzip ausspreche (P. II, 584). Die Schadensersatzpflicht ist also Mangels

Verschuldens ausgeschlossen, wenn der Thäter seine Handlung aus entschuldbarem Irrthume für erlaubt hielt (Windscheid-Kipp, Bd. 2 S. 888; nach Liszt, S. 56 ff. soll der Irrthum, soweit er sich auf den zu vertretenden Umstand bezieht, den Vorsatz unbedingt, die Fahrlässigkeit dann ausschließen, wenn er entschuldbar ist, während Irrthum über die Normwidrigkeit einflußlos bleiben soll; vgl. auch Henrici in Gruchots Beitr. Bd. 42 S. 633 ff.). Ob der Irrthum entschuldbar ist oder nicht, muß nach Lage des einzelnen Falles entschieden werden. Hienach kann unter Umständen auch Rechtsirrthum die Ersatzpflicht ausschließen. Ist aber der Irthum unentschuldbar (insbesondere durch Fahrlässigkeit des Irrenden veranlaßt), so ist er ohne Einfluß auf die Verpflichtung zum Ersatze des durch die verletzende Handlung verursachten Schadens (vgl. auch § 231 und hiezu Liszt, S. 59 ff.).

5. Für Existenz und Umfang des Schadensersatzanspruchs kann nach § 254 auch das konkurrirende Verschulden des Verletzten von Bedeutung sein (s. oben S. 17 Anm. 1 Abs. 2 zu § 254; s. auch § 846 und Anm. hiezu).

D. Voraussetzung der Schadensersatzpflicht ist endlich, daß der eingetretene Schaden durch die verletzende Handlung verursacht worden ist (Erforderniß des Kausalzusammenhangs; vgl. P. II, 575). Ueber den Begriff des Kausalzusammenhangs s. oben. S. 12 Anm. 2 zu § 249, vgl. Liszt, S. 68 ff. Ist der Kausalzusammenhang zwischen der verletzenden Handlung und dem eingetretenen Schaden gegeben, so wird die Ersatzpflicht dadurch, daß der Handelnde den Umfang des eingetretenen Schadens nicht vorhersehen konnte, weder ausgeschlossen noch eingeschränkt (M. II, 727 ff.).

III. Voraussetzung der Schadensersatzpflicht nach § 823 Abs. 2 ist:

A. Verstoß gegen ein den Schutz eines Anderen bezweckendes Gesetz. Nach E. I sollte die Zuwiderhandlung gegen jedes absolute Verbotsgesetz zum Schadensersatze verpflichten (M. II, 726). Hienach sollte Jeder verlangen dürfen, daß das Gesetz nicht zu seinem Schaden verletzt werde, gleichviel, ob dasselbe zu seinem Schutze oder zum Schutze anderer Interessen bestimmt ist. Von der II. Komm. wurde diese Regelung als zu weitgehend durch die Bestimmung des nunmehrigen § 823 Abs. 2 ersetzt (s. Einl. Ziff. II, 2).

1. Ob ein Gesetz den Schutz eines Anderen bezweckt, muß aus dem Inhalte des verletzten Gesetzes selbst entnommen werden (P. II, 571; Jacubezky, Bem. S. 162; vgl. Samml. v. Entsch. d. obersten L.G. München VI, 196). Als Beispiel für ein den Schutz eines Anderen bezweckendes Gesetz wurde in der II. Komm. § 299 St.G.B. (Verbot der Verletzung des Briefgeheimnisses) angeführt, weil diese Vorschrift nur zum Schutze des Empfängers und des Absenders bestimmt sei, während z. B. die Strafbestimmungen der §§ 360 Nr. 6 (Verbot der Herstellung von papiergeldähnlichen Drucksachen) und 368 Nr. 2 (Gebot des Raupens) im allgemeinen Interesse aufgestellt seien (P. II, 568).

Die Feststellung, ob ein Gesetz der einen oder anderen Kategorie zuzuzählen sei, kann im einzelnen Falle erhebliche Schwierigkeiten bereiten, da zahlreiche Gesetze zugleich den Schutz allgemeiner und privater Interessen bezwecken. Entscheidend ist in solchen Fällen, welchem Interesse das Gesetz vorwiegend zu dienen bezweckt. Viel zu weit geht jedenfalls die in der Reichstagskomm. von Seite eines Vertreters der Regierung geäußerte Bemerkung, es sei selbstverständlich, daß ein Gesetz, welches die Gesammtheit schützen solle, auch den Einzelnen schütze, und daß also die Verletzung eines solchen Gesetzes nach § 823 Abs. 2 ersatzpflichtig mache (R.T.K. 59); denn maßgebend ist nicht, ob das Gesetz den Einzelnen schützt, sondern ob es den Schutz des Einzelnen bezweckt (vgl. auch Lenel in der Deutsch. Jur.-Ztg. Bd. 2 S. 409 ff.; Liszt, S. 33 ff.; Cosack, I, 599; Endemann, I, 909 ff.; Weyl, I, 525 ff.; Oertmann, Note 4 zu § 823; Planck, Erl. 3 b zu § 823; Kuhlenbeck, Note 11 zu § 823).

2. Der Antrag, die Vorschrift lediglich auf Verstöße gegen ein Strafgesetz zu beschränken, wurde von der II. Komm. abgelehnt, weil, wenn auch die Hauptanwendungsfälle auf strafrechtlichem Gebiete lägen, doch auch solche Gebote und Verbote in Betracht kämen, auf deren Beobachtung bezw. Verletzung keine Strafe angedroht sei (P. II, 572; vgl. auch oben S. 201 Anm. 5 zu § 458). Hieher gehört insbesondere die Bestimmung des § 858 über die verbotene Eigenmacht.

3. Der Verstoß gegen ein den Schutz eines Anderen bezweckendes Gesetz kann nicht nur durch positives Handeln, sondern, wenn das Schutzgesetz ein Gebot enthält, auch durch Unterlassung begangen werden (E. I: „Thun oder Unterlassen").

4. Der Verstoß gegen ein nicht den Schutz eines Anderen bezweckendes Gesetz begründet an sich keine Verpflichtung zum Ersatze des hiedurch verursachten Schadens. Doch kann selbstverständlich in einem solchen Falle der Thatbestand des § 823 Abs. 1 (insbesondere fahrlässige Rechtsverletzung) oder des § 826 gegeben sein (ebenso Lenel in der Deutsch. Jur.-Ztg. Bd. 2 S. 412; s. auch Liszt, S. 31).

B. Auch die Schadensersatzpflicht auf Grund des § 823 Abs. 2 setzt Widerrechtlichkeit der Handlung voraus (vgl. oben II, B).

C. Deßgleichen ist die Schadensersatzpflicht auf Grund des § 823 Abs. 2 an die Voraussetzung geknüpft, daß dem Handelnden ein Verschulden zur Last fällt (vgl. oben II, C). Ein in der II. Komm. gestellter Antrag, wonach bei Verstoß gegen ein Strafgesetz die Ersatzpflicht unabhängig vom Verschulden des Thäters eintreten sollte, wurde abgelehnt (P. II, 572). Nach dem Inhalte des verletzten Gesetzes bestimmt sich, ob nur ein vorsätzliches oder auch ein fahrlässiges Handeln die Ersatzpflicht begründet (D. 100). Ist aber nach dem Inhalte des Gesetzes ein Verstoß gegen dasselbe auch ohne Verschulden möglich, so tritt die Ersatzpflicht nur im Falle des Verschuldens ein (P. II, 593). In Betracht kommt hiebei hauptsächlich die Uebertretung gewerbe- und steuerpolizeilicher Vorschriften. Nach E. I sollte die Schadensersatzpflicht nur eintreten, wenn der Handelnde die Entstehung des Schadens vorausgesehen hat oder voraussehen mußte (M. II, 727). Nach der nunmehrigen von der II. Komm. beschlossenen Fassung (s. Einl. Ziff. II, 2) ist dagegen auch hier nur erforderlich, daß die gegen das Schutzgesetz verstoßende Handlung selbst auf Vorsatz oder Fahrlässigkeit beruht (s. oben II, C, 1; vgl. Liszt, S. 34 ff.; Cosack, I, 600; Planck, Erl. 4 a zu § 823).

D. Hinsichtlich des Erfordernisses des Kausalzusammenhangs gilt das oben unter II, D Bemerkte auch hier.

IV. Ersatzberechtigt ist in den Fällen des § 823 Abs. 1 derjenige, dessen Leben, Körper, Gesundheit, Freiheit, Eigenthum oder sonstiges Recht verletzt worden ist, in den Fällen des § 823 Abs. 2 derjenige, dessen Schutz durch das verletzte Gesetz bezweckt wird (nicht, wie nach E. I, auch der durch eine solche Handlung nur mittelbar Beschädigte, P. II, 569 ff.). Eine Ausnahme von diesem Grundsatze gilt nur in den Fällen der §§ 844, 845 (vgl. Einl. Ziff. V; Endemann, I, 910 Note 13; Matthiaß I, 637; Oertmann, Note 5 zu § 823; Planck, Note 5 a zu § 823; and. Ans. Cosack, I, 604). Verletzt eine Handlung gleichzeitig die Rechte mehrerer Personen, so können sämmtliche Berechtigte Ersatz beanspruchen.

V. Ueber Inhalt und Umfang des Schadensersatzanspruchs s. Einl. Ziff. VI.

§ 824.

Wer der Wahrheit zuwider eine Thatsache behauptet oder verbreitet, die geeignet ist, den Kredit eines Anderen zu gefährden oder sonstige Nachtheile für dessen Erwerb oder Fortkommen herbeizuführen, hat dem Anderen den daraus entstehenden Schaden auch dann zu ersetzen, wenn er die Unwahrheit zwar nicht kennt, aber kennen muß.

Durch eine Mittheilung, deren Unwahrheit dem Mittheilenden unbekannt ist, wird dieser nicht zum Schadensersatze verpflichtet, wenn er oder der Empfänger der Mittheilung an ihr ein berechtigtes Interesse hat.

E. I, 704 Abs. 2 Satz 2; II, 748; III, 808.

1. Entstehungsgeschichte. Im § 704 Abs. 2 Satz 2 des E. I war ausdrücklich ausgesprochen, daß als Rechtsverletzung auch die Verletzung der Ehre anzusehen sei (M. II, 728, 750 ff.). Von der II. Komm. wurde zunächst die Aufzählung der einzelnen Rechtsgüter gestrichen, später jedoch wiederhergestellt (s. Anm. II, A, 2 zu § 823). Hinsichtlich des Rechtsguts der Ehre wurde die Beifügung einer selbständigen Vorschrift in der Gestalt des nunmehrigen § 824 beschlossen. Maßgebend hiefür war die Erwägung, daß, nachdem die Komm. die Hervorhebung der Ehre als eines besonderen Rechtsguts beseitigt habe, es sich immerhin bezweifeln lasse, ob auch eine außerhalb der Fälle des St.G.B. vorkommende Ehrverletzung zum Schadensersatze verpflichte (P. II, 637 ff., VI, 201).

2. Grundgedanke. Strafbar ist

a) nach § 185 St.G.B. die einfache durch Worte oder mittels einer Thätlichkeit begangene Beleidigung;

b) nach § 186 St.G.B. die in Beziehung auf einen Anderen erfolgte Behauptung oder Verbreitung einer Thatsache, welche denselben verächtlich zu machen oder in der öffentlichen Meinung herabzuwürdigen geeignet ist, wenn nicht diese Thatsache erweislich wahr ist;

c) nach § 187 St.G.B. die wider besseres Wissen in Beziehung auf einen Anderen erfolgte Behauptung oder Verbreitung einer unwahren Thatsache, welche denselben verächtlich zu machen oder in der öffentlichen Meinung herabzuwürdigen oder dessen Kredit zu gefährden geeignet ist (verleumderische Beleidigung).

Soweit eine Ehrverletzung nach diesen Bestimmungen strafbar ist, ergibt sich die Schadensersatzpflicht des Beleidigers aus § 823 Abs. 2, da diese Strafvorschriften zweifellos den Schutz eines Anderen bezwecken. Hienach kann insbesondere auch die einfache Beleidigung des § 185 St.G.B. die Verpflichtung zum Schadensersatze herbeiführen (ebenso Windscheid-Kipp, Bd. 2 S. 889; Cosack, I, 609; and. Ans. Liszt, S. 38). Durch § 824 wird aber unter gewissen Voraussetzungen eine Schadensersatzpflicht auch für diejenigen Fälle festgesetzt, in welchen eine strafrechtlich verfolgbare Verletzung der Ehre nicht vorliegt. Die Subsumtion der Ehre unter die durch § 823 geschützten Rechtsgüter ist durch die Entstehungsgeschichte des § 824 (s. oben Anm. 1) ausgeschlossen. Zweifellos kann aber durch eine Ehrverletzung auch der Thatbestand des § 826 verwirklicht werden.

3. Voraussetzung der Schadensersatzpflicht ist

a) Behauptung und Verbreitung einer Thatsache, welche geeignet ist, den Kredit eines Anderen zu gefährden oder sonstige Nachtheile für dessen Erwerb oder Fortkommen herbeizuführen. Die Gleichstellung dieses letzteren (im § 187 St.G.B. nicht erwähnten) Umstandes mit der Kreditgefährdung beruht auf der Erwägung, daß die Verschaffung von Kredit nur eines von den vielen Mitteln sei, deren sich Jemand zum Zwecke des Erwerbs oder des besseren Fortkommens bedienen könne. Der in der II. Komm. gestellte Antrag, nach welchem die Ehre gegen jeden fahrlässigen Angriff geschützt werden sollte, wurde als zu weitgehend abgelehnt, da es nur darauf ankomme, gewisse persönliche Interessen vor Verletzungen zu bewahren (P. II, 638);

b) objektive Unwahrheit der behaupteten oder verbreiteten Thatsache:

c) auf Fahrlässigkeit beruhende Unkenntniß des Thäters von der Unwahrheit der behaupteten oder verbreiteten Thatsache (§ 122 Abs. 2). Daß bei Kenntniß der Unwahrheit der behaupteten oder verbreiteten Thatsache die Verpflichtung zum Schadensersatz eintritt, ergibt sich schon aus § 823 Abs. 2 in Verbindung mit St.G.B. § 187 (s. oben Anm. 2). Wer eine Thatsache der im § 824 bezeichneten Art in Unkenntniß ihrer Unwahrheit behauptet oder verbreitet, ohne daß sich diese Unkenntniß als Fahrlässigkeit darstellt, ist nicht auf Grund des § 824 schadensersatzpflichtig, kann aber nach St.G.B. § 185 oder 186 strafbar und daher nach § 823 Abs. 2 zum Schadensersatze verpflichtet sein.

4. Die Schadensersatzpflicht ist ausgeschlossen, wenn die Mittheilung in Unkenntniß ihrer Unwahrheit erfolgt und der Mittheilende oder der Empfänger der Mittheilung an ihr (objektiv, nicht bloß nach Ansicht des Mittheilenden) ein berechtigtes Interesse hat. Diese dem § 193 St.G.B. („Aeußerungen zur Wahrnehmung berechtigter Interessen") nachgebildete Vorschrift wurde für erforderlich erachtet, weil außerdem der Verkehr allzusehr beengt, insbesondere die Thätigkeit der Auskunftsbureaus unterbunden werden würde (P. II, 638; vgl. § 6 Abs. 2 des Gesetzes zur Bekämpfung des unlauteren Wettbewerbes vom 27. Mai 1896). Ueber den Begriff des „berechtigten Interesses" s. Olshausen, Komm. z. St.G.B. Note 6 zu § 193. Behauptet der Verletzte, daß die Unwahrheit der Mittheilung dem Mittheilenden bekannt war, so hat er dies zu beweisen (vgl. Beckh, Die Beweislast nach dem B.G.B. 1899 S. 214).

5. Buße. Nach § 188 St.G.B. kann in den Fällen der §§ 186 u. 187 St.G.B. auf Verlangen des Beleidigten, wenn die Beleidigung nachtheilige Folgen für die Vermögensverhältnisse, den Erwerb oder das Fortkommen des Beleidigten mit sich bringt, neben der Strafe auf eine an den Beleidigten zu erlegende Buße bis zum Betrage von 6000 Mk. erkannt werden. Eine erkannte Buße schließt die Geltendmachung eines weiteren Entschädigungsanspruchs aus. Diese Bestimmungen werden durch § 824 B.G.B. nicht berührt (Einl. Ziff. XV, 1 a).

6. Ueber den Schutz der weiblichen Geschlechtsehre s. § 825.

§ 825.

Wer eine Frauensperson durch Hinterlist, durch Drohung oder unter Mißbrauch eines Abhängigkeitsverhältnisses zur Gestattung der außerehelichen Beiwohnung bestimmt, ist ihr zum Ersatze des daraus entstehenden Schadens verpflichtet.

E. II, 748 a; III, 809.

1. Entstehungsgeschichte. Während der E. I in Konsequenz des Grundsatzes, daß Niemand aus seiner eigenen unsittlichen Handlung Ansprüche ableiten dürfe, einer außerehelich geschwächten oder geschwängerten Frauensperson auf Grund des Beischlafs als solchen keinerlei Entschädigungsansprüche einräumen wollte (M II, 752 ff.), wurde von der II. Komm. anerkannt, daß für gewisse Fälle dieser Art aus Billigkeitsgründen ein Anspruch auf Schadensersatz gewährt werden müsse. Es wurde daher beschlossen, als § 748 a die Vorschrift einzustellen, daß, wer eine Frauensperson durch Anwendung hinterlistiger Kunstgriffe zur Gestattung des außerehelichen Beischlafs verleite, ihr zum Ersatze des daraus entstehenden Schadens verpflichtet sei (P. IV, 694 ff.). In der Reichstagskomm. wurde die nunmehrige Fassung beschlossen. Der Anspruch, die Ersatzpflicht schon an die Verführung als solche zu knüpfen, wurde abgelehnt (R.T.K. 57 ff.).

2. Grundgedanke. Wer sich eines Verbrechens oder Vergehens wider die Sittlichkeit (St.G.B. §§ 171—184 b) schuldig macht, ist für den hieraus erwachsenden Schaden dem Verletzten gemäß § 823 Abs. 2 ersatzpflichtig, wenn die fragliche Strafbestimmung sich als ein den Schutz eines Anderen bezweckendes Gesetz darstellt. Solche Gesetze sind zweifellos die §§ 172. 174, 176—179, 181, 182, 184 Abs. 1 Nr. 2, 184 a St.G.B., nicht dagegen die §§ 175, 180, 183, während hinsichtlich der übrigen Strafbestimmungen die Entscheidung zweifelhaft ist. Nach § 825 verpflichten gewisse Verletzungen der weiblichen Geschlechtsehre auch dann zum Schadensersatze, wenn eine strafbare Handlung nicht vorliegt. Die Subsumtion der weiblichen Geschlechtsehre unter die durch § 823 Abs. 1 geschützten Rechtsgüter ist nach der Entstehungsgeschichte des § 825 (s. oben Anm. 1) ausgeschlossen, wohl aber kann durch eine Verletzung der weiblichen Geschlechtsehre der Thatbestand des § 826 erfüllt werden (vgl. Windscheid-Kipp, Bd. 2 S. 889).

3. Voraussetzung der Schadensersatzpflicht ist:

a) Bestimmung einer Frauensperson zur Gestattung der außerehelichen Beiwohnung. Ob die Frauensperson ledig, verheirathet oder verwittwet, bescholten oder unbescholten ist, kommt nicht in Betracht. Ueber den Begriff der Beiwohnung s. Bd. 4 S. 7 Anm. 1 b zu § 1300. Personen männlichen Geschlechts steht ein Anspruch aus § 825 nicht zu.

b) Die Bestimmung zur Beiwohnung muß erfolgt sein durch Hinterlist, durch Drohung oder unter Mißbrauch eines Abhängigkeitsverhältnisses. Zum Begriffe der Hinterlist gehört, daß der Thäter mit Vorbedacht und unter Verdeckung seiner wahren Absicht verfährt, um den unvorbereiteten Zustand eines Anderen zur Verwirklichung seines Planes zu benutzen (Entsch. d. R.G. in Strafs. Bd. 22 S. 312; vgl. St.G.B. § 181 Abs. 1 Nr. 1 und § 223 a; Olshausen, Komm. Note 2 zu § 181, Note 7 zu § 223 a; Entsch. d. R.G. in Strafs. Bd. 2 S. 75; Liszt, S. 39). Als Beispiele wurden in der Reichstagskomm. genannt: Vorspiegelungen unwahrer Thatsachen, einer Scheintrauung, Verabreichung berauschender Getränke (R.T.K. 58). Der Umstand allein, daß die Initiative vom Manne ausgegangen ist, genügt natürlich nicht, um „Hinterlist" als vorliegend anzunehmen (P. IV, 696). Ueber den Begriff der Drohung s. Bd. 4 S. 53 Anm. 2 zu § 1335. Mißbrauch eines Abhängigkeitsverhältnisses liegt vor, wenn die Gestattung der Beiwohnung erreicht wird durch Ausnutzung der auf wirthschaftlichen oder anderen Gründen beruhenden Machtstellung des Mannes (vgl. Samml. von Entsch. d. obersten L.G. München Bd. 12 S. 309 ff.). Auch das Verhältniß der Schuldnerin zu dem mit gerichtlichem Vorgehen drohenden Gläubiger kann unter Umständen als ein Abhängigkeitsverhältniß im Sinne des § 825 zu erachten sein (Liszt, S. 40; zweifelnd Hachenburg, S. 122).

4. Nach § 847 Abs. 2 kann in den Fällen des § 825 die verletzte Frauensperson auch wegen des ihr erwachsenen immateriellen Schadens eine billige Entschädigung in Geld verlangen (vgl. auch Anm. 2 zu § 842).

5. Für Klagen aus § 825 ist ohne Rücksicht auf den Werth des Streitgegenstandes die Zuständigkeit des Amtsgerichts begründet (G.V.G. § 23).

6. Ueber den Entschädigungsanspruch einer unbescholtenen Verlobten, die ihrem Verlobten die Beiwohnung gestattet hat, s. § 1300, über die Ansprüche der unehelichen Mutter gegen den Vater ihres Kindes s. §§ 1715, 1716. Die gemeinrechtliche Deflorationsklage hat das B.G.B. beseitigt (s. Bd. 4 S. 517 Anm. 1 zu § 1715).

7. Nach gemeinem Rechte stand dem Vater wegen moralischer Schädigung seines Hauskindes eine Entschädigungsklage gegen den Verführer zu (actio de servo corrupto utilis), welche von der Praxis bisweilen auch dem Ehemann wegen Verführung der Frau, der Herrschaft wegen Verführung des Gesindes ꝛc. eingeräumt wurde (Dernburg, Pand. Bd. 2 S. 353 Note 4; Windscheid-Kipp, Bd. 2 S. 919 Ziff. 9 Anm. 18; s. auch B.L.R. Thl. I cap. 4 § 3 Ziff. 1; Samml. v. Entsch. d. obersten L.G. München XII, 110 ff.). Das B.G.B. hat eine derartige Bestimmung nicht aufgenommen. Unter Umständen kann in einem solchen Falle die Ersatzpflicht des Verführers nach § 823 Abs. 1 oder § 826 begründet sein (M. II, 753 ff.).

§ 826.

Wer in einer gegen die guten Sitten verstoßenden Weise einem Anderen vorsätzlich Schaden zufügt, ist dem Anderen zum Ersatze des Schadens verpflichtet.

E. I, 705; II, 749; III, 810.

1. Entstehungsgeschichte. Nach E. I sollte eine aus Vorsatz oder Fahrlässigkeit begangene widerrechtliche Handlung oder Rechtsverletzung zum Schadensersatze verpflichten und als widerrechtlich auch die kraft der allgemeinen Freiheit an sich erlaubte Handlung gelten, wenn sie einem Anderen zum Schaden gereicht und ihre Vornahme gegen die guten Sitten verstößt (E. I, 704, 705). Es sei eine alte und zum Theile nicht unberechtigte Klage, so führen die Mot. aus, daß das geltende materielle Recht, von dem französischen Rechte abgesehen, zum Schutze der Beschädigten unzureichend sei. Die durch § 705 bezweckte Erweiterung dieses Schutzes beruhe auf dem Gedanken, daß zwar derjenige, der ein besonderes Recht ausübe, immer haftfrei sein müsse, auch wenn er aus Chikane handle. Wer dagegen nur kraft seiner natürlichen Freiheit handle, dürfe diese nicht zum Schaden Anderer mißbrauchen. Ein Mißbrauch sei es aber, wenn seine Handlungsweise den in den guten Sitten sich ausprägenden Auffassungen und dem Anstandsgefühl aller billig und gerecht Denkenden widerspreche. Die Handhabung dieses Prinzips erfordere allerdings Umsicht und Behutsamkeit, indessen dürfe darauf vertraut werden, daß die Gerichte die Aufgabe zu lösen wissen werden (M. II, 726 ff.).

Von einem Theile der Kritik wurde diese Vorschrift als „quecksilberartiger Rechtssatz“ entschieden bekämpft, von einem anderen Theile als „höchst werthvoll“ begrüßt (Z.G. II, 401 ff., VI, 514).

Durch die Beschlüsse der II. Komm. wurde die Schadensersatzpflicht auf vorsätzliche Handlungen beschränkt, weil in der fahrlässigen Verletzung einer fremden Interessensphäre kein so schwerer Verstoß gegen die Sittlichkeit zu finden sei, daß der Gesetzgeber einzuschreiten veranlaßt sei (vgl. Jacubezky, Bem. S. 165). Des Weiteren wurde der Ersatzanspruch lediglich demjenigen zugestanden, gegen welchen die illoyale Handlung sich richtet. Der Antrag, die Vorschrift auch auf solche Handlungen auszudehnen, zu deren Vornahme ein besonderes Recht bestand, wurde abgelehnt. Es sei zwar nicht zu verkennen, daß auch bei der Ausübung von Rechten in erheblichem Maße gegen die guten Sitten verstoßen werden könne. Allein grundsätzlich müsse man fordern, daß das Gesetz, wenn es die Entstehung von Rechten ermögliche, auch deren Ausübung gestatte. Soweit Jemand auf Grund der allgemeinen Freiheit handle, habe er die Interessen Anderer zu berücksichtigen, eben weil seine Befugnisse nicht größer seien als die aller Anderen. Soweit ihm aber das Gesetz ein besonderes Recht gewähre, habe er auch eine besondere Verfügungsmacht, und wenn er sein Recht ausübe, könne er kein Unrecht thun. Die Forderungen der Ethik hätten durch die Vorschriften der (nunmehrigen) §§ 138, 157, 242 in gewissem Umfange rechtliche Anerkennung gefunden. Weiter zu gehen und ganz allgemein die Ausübung der Rechte durch die Rücksicht auf die guten Sitten zu beschränken, sei bedenklich (P. II, 575 ff., s. auch VI, 201 ff.).

Von der Reichstagskomm. dagegen wurde die Beschränkung auf Handlungen, die nicht in Ausübung eines subjektiven Rechtes vorgenommen werden, beseitigt, da es nicht gebilligt werden könne, wenn Jemand, selbst in Ausübung eines formellen Rechtes, einem Anderen vorsätzlich in einer gegen die guten Sitten verstoßenden Weise Schaden zufüge (R.T.K. 58).

2. Voraussetzung der Schadensersatzpflicht ist:

a) Zufügung eines Schadens, sei es durch positives Thun oder durch Unterlassung (vgl. Liszt, S. 73).

b) Vorsätzlichkeit der Handlung (P. II, 576). Ueber den Begriff des Vorsatzes s. oben S. 38 Anm. I, 1 zu § 276). In der II. Komm. wurde anerkannt, daß das Wort „vorsätzlich“ in Uebereinstimmung mit dem in der neueren Rechtswissenschaft feststehenden Sprachgebrauche dahin zu verstehen sei, daß

Vorsatz bei der Handlung mit dem Bewußtsein der Schädigung genüge (P. VI, 202; vgl. Anm. II, C, 1 zu § 823; Liszt, S. 43; Schollmeyer, S. 113; and. Ans. Kuhlenbeck, Note 3 zu § 826).

c) Die schädigende Handlung muß sich als Verstoß gegen die guten Sitten darstellen. Ob diese Voraussetzung gegeben ist, hat der Richter unter Würdigung aller einschlägigen Verhältnisse nach freiem Ermessen zu entscheiden. Ueber den Begriff der „guten Sitten" s. Anm. zu § 138. Nach den Mot. (II, 755) fällt insbesondere unter § 826 die Veräußerung einer Forderung, welche mit einer gegen den dritten Erwerber nicht zulässigen Einrede behaftet ist, wenn die Veräußerung zu dem Zwecke erfolgt ist, um dem Schuldner die Einrede abzuschneiden (vgl. Entsch. d. R.G. in Civils. Bd. 11 S. 9). Auch die vorsätzliche Schädigung eines Anderen durch Nichterfüllung einer vertragsmäßigen Verpflichtung kann unter Umständen als gegen die guten Sitten verstoßend den Thatbestand des § 826 erfüllen (and. Ans. Liszt, S. 43; Hachenburg, S. 62). Daß sich der Thäter des ihm zur Last fallenden Verstoßes gegen die guten Sitten bewußt gewesen sei, ist zur Anwendbarkeit des § 826 nicht erforderlich (Windscheid-Kipp, Bd. 2 S. 888; Liszt, S. 43).

3. Verhältniß des § 826 zum § 226. Widerrechtlichkeit der Handlung ist zum Thatbestande des § 826 (im Gegensatze zu § 823 Abs. 1 u. 2) nicht erforderlich (anders E. I—III, s. oben Anm. 1). Die Schadensersatzpflicht tritt also beim Vorhandensein der übrigen Voraussetzungen nicht nur dann ein, wenn auf Grund der allgemeinen Freiheit, sondern auch, wenn in Ausübung eines subjektiven Rechtes gehandelt worden ist (P. II, 576 ff.; R.T.K. 58). Als gegen die guten Sitten verstoßend kann aber eine in Ausübung eines subjektiven Rechtes vorgenommene Handlung nur dann angesehen werden, wenn die Ausübung des Rechtes unzulässig ist, wenn dieselbe also nur den Zweck haben kann, einem Anderen Schaden zuzufügen (§ 226). Denn außerdem würde die gleiche Handlung einerseits als erlaubt (weil in den Rahmen der nach § 226 zulässigen Rechtsausübung fallend), andererseits als unerlaubt (weil den Thatbestand des § 826 erfüllend) erscheinen, was unmöglich vom Gesetzgeber gewollt sein kann.

Demgemäß verpflichtet eine in Ausübung eines Rechtes vorgenommene Handlung nur dann zum Schadensersatze, wenn sich die Ausübung des Rechtes nach § 226 als unzulässig darstellt. Allerdings muß hienach der Richter unter Umständen Handlungen vom Anwendungsgebiete des § 826 ausschließen, die nach der herrschenden Anschauung zweifellos gegen die guten Sitten verstoßen (Planck, Erl. zu § 226; and. Ans. Oertmann, Note 3 zu § 826; s. auch Endemann, I, 360; Rehbein, I, 339; Hölder, Note 6 zu § 226; Windscheid-Kipp, Bd. 2 S. 888).

4. Schadensersatzberechtigt ist nach § 826 (im Gegensatze zum E. I, s. oben Anm 1) nicht Jeder, der durch die Handlung unmittelbar oder mittelbar geschädigt worden ist, sondern lediglich derjenige, gegen den die Handlung gerichtet war (P. II, 576; and. Ans. Liszt, S. 99).

5. Ueber Inhalt und Umfang des Schadensersatzanspruchs s. Einl. Ziff. VI.

6. Eine Ergänzung erfährt § 826 durch das Gesetz zur Bekämpfung des unlauteren Wettbewerbes vom 27. Mai 1896 (s. insbesondere §§ 1 Abs. 2, 6, 8, 9 Abs. 3 dieses Gesetzes).

Vorbemerkungen zu den §§ 827—829.

1. Der allgemeine Begriff der Handlungsfähigkeit umfaßt einerseits die Geschäftsfähigkeit, d. h. die Fähigkeit, rechtsgeschäftliche Willenserklärungen mit Wirksamkeit abzugeben, andererseits die Deliktsfähigkeit, d h. die civilrechtliche Verantwortlichkeit für unerlaubte Handlungen (Z.G. II, 404, VI, 515). Die Geschäftsfähigkeit ist in den §§ 104—115, die Deliktsfähigkeit in den §§ 827—829 geregelt (vgl. Bd. 1 S. 13 Anm. III zu § 2). Nach den §§ 827, 828 bestimmt sich auch die Verantwortlichkeit wegen Verletzung obligatorischer Verpflichtungen (§ 276 Abs. 1 Satz 3).

2. Die Deliktsfähigkeit wird ausgeschlossen bezw. beschränkt:

a) durch Unzurechnungsfähigkeit (§ 827);

b) durch jugendliches Alter (§ 828 Abs. 1, Abs. 2 Satz 1);

c) durch Taubstummheit (§ 828 Abs. 2 Satz 2).

Aus Billigkeitserwägungen wird jedoch, auch wenn nach den §§ 827, 828 die Deliktsfähigkeit des Thäters ausgeschlossen ist, unter bestimmten Voraussetzungen und in gewissem Umfange dem Verletzten Anspruch auf Schadensersatz gewährt (§ 829).

3. Geltungsgebiet der §§ 827—829. Trotz der Stellung der §§ 827, 828 ist zweifellos, daß dieselben nicht nur für die Fälle der §§ 823—826, sondern auch für die Frage der Beamtenhaftung (§ 839) maßgebend sind (vgl. bayrisches A.G. z. B.G.B. Art. 61). Unanwendbar sind sie nach der Natur der Sache in den Fällen, in welchen die Ersatzpflicht unabhängig von jedem Verschulden des Ersatzpflichtigen eintritt (§§ 833, 835). Soweit die Ersatzpflicht durch den Beweis der Anwendung der erforderlichen Sorgfalt ausgeschlossen wird (§§ 831, 832, 834, 836—838) dürften die Grundsätze der §§ 827, 828 bei Prüfung der Frage, ob die erforderliche Sorgfalt angewendet worden ist, von Bedeutung sein (ebenso Windscheid-Kipp, Bd. 2 S. 890 ff.; Oertmann, Note 2 c zu § 833; vgl. Liszt, S. 103, 106 ff; Cosack, I, 614 Note 7, 616; s. auch Planck, Erl. 1 zu § 827). Dagegen greift die Ausnahmebestimmung des § 829 dem klaren Wortlaute des Gesetzes zufolge nur in den Fällen der §§ 823 bis 826 Platz (Anm. 3 a zu § 829; ebenso Fischer-Henle, Note 1 zu § 829; and. Ans. Windscheid-Kipp, Bd. 2 S. 891; Liszt a. a. O.; Cosack, I, 612; Kuhlenbeck, Note 4 zu § 833, Note 1 zu § 835).

4. Ueber die Deliktsfähigkeit juristischer Personen und die Haftung des Vertretenen für den durch eine unerlaubte Handlung des Vertreters verursachten Schaden s. Einl. Ziff. IV.

5. Ueber die Deliktsfähigkeit der Ausländer s. Einl. Ziff. XIII.

§ 827.

Wer im Zustande der Bewußtlosigkeit oder in einem die freie Willensbestimmung ausschließenden Zustande krankhafter Störung der Geistesthätigkeit einem Anderen Schaden zufügt, ist für den Schaden nicht verantwortlich. Hat er sich durch geistige Getränke oder ähnliche Mittel in einen vorübergehenden Zustand dieser Art versetzt, so ist er für einen Schaden, den er in diesem Zustande widerrechtlich verursacht, in gleicher Weise verantwortlich, wie wenn ihm Fahrlässigkeit zur Last fiele; die Verantwortlichkeit tritt nicht ein, wenn er ohne Verschulden in den Zustand gerathen ist.

E. I, 708; II, 750; III, 811.

1. § 807 behandelt den Ausschluß der civilrechtlichen Deliktsfähigkeit in Folge von Unzurechnungsfähigkeit. Nach dem Vorbilde des § 51 St.G.B. verneint das Gesetz die Verpflichtung zum Ersatze des durch eine unerlaubte Handlung verursachten Schadens, wenn sich der Thäter zur Zeit der Begehung der unerlaubten Handlung

a) im Zustande der Bewußtlosigkeit (vgl. § 105 Abs. 2; Liszt, S. 48 ff.; Kuhlenbeck, Note 1 zu § 827; Oertmann, Note 1 a zu § 827) oder

b) in einem die freie Willensbestimmung ausschließenden Zustande krankhafter Störung der Geistesthätigkeit (vgl. § 104 Nr. 2; Liszt, S. 49; Kuhlenbeck, Note 2 zu § 827)

befunden hat (M. II, 731 ff.; Windscheid-Kipp, Bd. 1 S. 454 Note 11; P.L.R. Thl. I Tit. 6 §§ 39 ff.; B.L.R. Thl. IV cap. 16 § 6 Ziff. 8; sächsisches G.B. §§ 119, 81; über andere Rechte s. M. II, 731 Note 2). Die Entmündigung (§ 6) als solche übt keinen Einfluß auf die Deliktsfähigkeit. Daher ist ein Geisteskranker, selbst wenn er entmündigt ist, für die von ihm während eines sog. lichten Zwischenraums begangenen unerlaubten Handlungen verantwortlich (Staudinger, Vortr. S. 566). Das Gleiche gilt für den Fall der Genesung, auch wenn dieselbe vor der Aufhebung der Entmündigung eingetreten ist (M. II, 732; vgl. dagegen hinsichtlich der Geschäftsfähigkeit Bd. 1 S. 34 Anm. B, V, 3 zu § 6).

2. Eine Ausnahme von dem Grundsatze des § 827 Satz 1 besteht nach Satz 2 für den Fall, daß die Bewußtlosigkeit oder der die freie Willensbestimmung ausschließende Zustand krankhafter Störung der Geistesthätigkeit nur vorübergehend ist und von dem Thäter selbst durch geistige Getränke oder ähnliche Mittel (z. B. Morphium, Kokain, Haschisch, s. P. II, 590) herbeigeführt worden ist (sog. „actio libera in causa"). Liegen diese Voraussetzungen vor, so ist zu unterscheiden, ob der Thäter in diesen Zustand ohne Verschulden gerathen ist oder nicht. Im ersteren Falle verbleibt es bei dem Grundsatze des § 827 Satz 1, im letzteren Falle dagegen wird es so angesehen, als ob dem Thäter hinsichtlich der unerlaubten Handlung selbst Fahrlässigkeit zur Last fiele. Er haftet also, insoweit die von ihm begangene unerlaubte Handlung auch im Falle

fahrlässiger Begehung zum Schadensersatze verpflichtet (vgl. z. B. § 823), während seine Haftung ausgeschlossen ist, wenn die unerlaubte Handlung selbst nur bei vorsätzlicher Begehung schadensersatzpflichtig macht (vgl. § 826; M. II, 732; Z.G. II, 405 ff.; P. II, 590; Windscheid-Kipp, Bd. 1 S. 454 Note 13; P.L.R. Thl. I Tit. 6 § 40; sächsisches G.B. § 120). Hat ein Dritter (z. B. durch Hypnose) den Thäter in einen Zustand der im § 827 erwähnten Art versetzt, so haftet für den durch die unerlaubte Handlung erwachsenen Schaden der Dritte nach Maßgabe der allgemeinen Grundsätze.

3. Der Beweis der Unzurechnungsfähigkeit obliegt dem Beklagten bezw. seinem gesetzlichen Vertreter (ebenso Endemann, I, 162; Beckh, Die Beweislast nach dem B.G.B. S. 209 ff.; Oertmann, Note 3 zu § 827; and. Ans. Liszt, S. 111 ff.). Daß der Thäter sich selbst in einen vorübergehenden Zustand dieser Art gebracht habe, hat der Kläger zu beweisen, während der Nachweis, daß er ohne sein Verschulden in den Zustand gerathen sei, wiederum dem Beklagten obliegt (P. II, 590; D., 101; Beckh, S. 211; Planck, Erl. 3 c zu § 827).

4. Auch wenn die Verantwortlichkeit des Thäters nach § 827 ausgeschlossen ist, kann derselbe nach Maßgabe des § 829 zum Ersatz angehalten werden.

5. Ueber die Haftung aufsichtspflichtiger Personen s. § 832.

§ 828.

Wer nicht das siebente Lebensjahr vollendet hat, ist für einen Schaden, den er einem Anderen zufügt, nicht verantwortlich.

Wer das siebente, aber nicht das achtzehnte Lebensjahr vollendet hat, ist für einen Schaden, den er einem Anderen zufügt, nicht verantwortlich, wenn er bei der Begehung der schädigenden Handlung nicht die zur Erkenntniß der Verantwortlichkeit erforderliche Einsicht hat. Das Gleiche gilt von einem Taubstummen.

E. I, 709; II, 751; III, 812.

1. § 828 regelt die civilrechtliche Deliktsfähigkeit jugendlicher und taubstummer Personen.

2. Hinsichtlich der Deliktsfähigkeit jugendlicher Personen unterscheidet das Gesetz drei Altersstufen (M. II, 732 ff.; Z.G. II, 404 ff.; P. II, 584; vgl. Windscheid-Kipp, Bd. 1 S. 454 Note 12; P.L.R. Thl. I Tit. 6 § 41; B.L.R. Thl. IV cap. 16 § 6 Ziff. 8; sächsisches G.B. §§ 47, 81, 119; über andere Rechte s. M. II, 732 Note 2; s. auch Entsch. d. R.G. in Civils. Bd. 37, S. 155 ff; Samml. von Entsch. d. obersten L.G. München VIII, 532 ff., XVII, 277 ff.; Bl. f. R.A. Bd. 15 S. 187 ff., Bd. 30 S. 29 ff.).

a) Wer zur Zeit der Begehung einer unerlaubten Handlung das siebente Lebensjahr nicht vollendet hat, ist für den durch die unerlaubte Handlung einem Anderen zugefügten Schaden überhaupt nicht verantwortlich (vgl. § 104 Nr. 1, wonach Personen unter sieben Jahren geschäftsunfähig sind, und St.G.B. § 55, wonach Personen, welche bei Begehung einer strafbaren Handlung das zwölfte Lebensjahr nicht vollendet haben, wegen derselben nicht strafrechtlich verfolgt werden können). Eine Untersuchung darüber, ob ein Kind im konkreten Falle die zur Erkenntniß der Verantwortlichkeit erforderliche Einsicht besessen habe, ist also unbedingt ausgeschlossen (M. II, 733).

b) Wer zur Zeit der Begehung einer unerlaubten Handlung das siebente, aber nicht das achtzehnte Lebensjahr vollendet hat, ist für den durch die unerlaubte Handlung einem Anderen zugefügten Schaden dann nicht verantwortlich, wenn er bei Begehung der Handlung nicht die zur Erkenntniß der Verantwortlichkeit erforderliche Einsicht hatte (vgl. § 106, wonach Minderjährige, die das siebente Lebensjahr vollendet haben, in der Geschäftsfähigkeit beschränkt sind, und St.G.B. § 56, wonach eine Person, welche bei Begehung einer strafbaren Handlung das zwölfte, aber nicht das achtzehnte Lebensjahr vollendet hat, freizusprechen ist, wenn sie bei Begehung derselben die zur Erkenntniß ihrer Strafbarkeit erforderliche Einsicht nicht besaß, während im gegentheiligen Falle Bestrafung nach Maßgabe des § 57 eintritt). Der in der II. Komm. gestellte Antrag, nicht die zur Erkenntniß der Verantwortlichkeit, sondern die zur Erkenntniß der Gefährlichkeit der Handlung erforderliche Einsicht als maßgebend zu erklären, wurde abgelehnt. Der Erkenntniß der Strafbarkeit im Sinne des § 56 St.G.B. entspreche die Erkenntniß der Verantwortlichkeit, d. h. die Erkenntniß der Pflichten, welche das Zusammenleben der Menschen im Staate dem Einzelnen auferlege. Es komme auch nicht darauf an, ob der Thäter den angerichteten Schaden vorausgesehen habe, sondern darauf, ob er sich bewußt gewesen sei, daß er widerrechtlich in eine fremde Interessensphäre eingreife (P. II, 582 ff.; vgl. auch M. II, 733. Z.G. II, 406, and. Ans. Liszt, S. 52 ff., welcher für die Ersatzpflicht des jugendlichen im Gegensatze zum erwachsenen Th"ter die Voraussehbarkeit des Schadens fordert).

c) Wer das achtzehnte Lebensjahr vollendet hat, ist (soweit sich nicht aus § 828 Abs. 2 Satz 2 und § 827 Abweichungen ergeben) für den Schaden, den er durch eine unerlaubte Handlung einem Anderen zugefügt hat, in vollem Umfange verantwortlich, auch wenn er das einundzwanzigste Lebensjahr noch nicht vollendet hat und daher nach § 106 in der Geschäftsfähigkeit beschränkt ist. Dies ist insbesondere für den Fall von Bedeutung, daß eine deliktsfähige, aber in der Geschäftsfähigkeit beschränkte Person sich betrügerischer Weise für geschäftsfähig ausgibt (M. II, 733; vgl. M. I, 140 ff.; Hachenburg, S. 458 ff.).

Ueber die Berechnung des Lebensalters s. § 187 Abs. 2 Satz 2.

3. Taubstumme stehen nach § 828 Abs. 2 Satz 2 Personen gleich, welche das siebente, aber nicht das achtzehnte Lebensjahr vollendet haben, sind also für den durch eine unerlaubte Handlung einem Anderen zugefügten Schaden nicht verantwortlich, wenn sie bei Begehung der Handlung die zur Erkenntniß der Verantwortlichkeit erforderliche Einsicht nicht hatten (P. II, 584 ff.; Jacubezky, Bem. S. 166; vgl. St.G.B. § 58, wonach ein Taubstummer freizusprechen ist, welcher die zur Erkenntniß der Strafbarkeit einer von ihm begangenen Handlung erforderliche Einsicht nicht besaß). Personen, welche nur taub oder nur stumm sind, können nach § 1910 Abs. 1 einen Pfleger erhalten, sind aber, auch wenn sie unter Pflegschaft stehen, in vollem Umfange deliktsfähig (vgl. Bd. 4 S. 693 Anm. 6 zu § 1910).

4. Der Beweis, daß der mehr als sieben, aber weniger als achtzehn Jahre alte oder taubstumme Thäter bei Begehung der unerlaubten Handlung die zur Erkenntniß der Verantwortlichkeit erforderliche Einsicht nicht hatte, obliegt dem Beklagten (ebenso Beck, Beweislast S. 209 ff.; Oertmann, Note 2 zu § 828; Endemann, I, 168; Achilles [2. Aufl.], Note 1 zu § 828; Planck, Erl. 2a zu § 828; inkonsequent Liszt, der eine Vermuthung der Deliktsfähigkeit für den taubstummen, nicht aber für den jugendlichen Thäter annimmt [S. 53, 111 ff.]).

5. Auch wenn die Verantwortlichkeit des Thäters nach § 828 ausgeschlossen ist, kann derselbe nach Maßgabe des § 829 zum Ersatz angehalten werden.

6. Ueber die Haftung aufsichtspflichtiger Personen s. § 832.

§ 829.

Wer in einem der in den §§ 823 bis 826 bezeichneten Fälle für einen von ihm verursachten Schaden auf Grund der §§ 827, 828 nicht verantwortlich ist, hat gleichwohl, sofern der Ersatz des Schadens nicht von einem aufsichtspflichtigen Dritten erlangt werden kann, den Schaden insoweit zu ersetzen, als die Billigkeit nach den Umständen, insbesondere nach den Verhältnissen der Betheiligten, eine Schadloshaltung erfordert und ihm nicht die Mittel entzogen werden, deren er zum standesmäßigen Unterhalte sowie zur Erfüllung seiner gesetzlichen Unterhaltspflichten bedarf.

E. II, 752; III, 813.

1. Entstehungsgeschichte. Im Gegensatze zu einzelnen neueren Rechten, welche dem durch eine civilrechtlich nicht verantwortliche Person Geschädigten in gewissem Umfang Anspruch auf Schadensersatz gewährten (s. insbesondere P.L.R. Thl. I Tit. 6 §§ 41 ff.), hatte der E. I jede derartige auf Billigkeitserwägungen beruhende Vorschrift als mit dem Verschuldungsprinzip unvereinbar abgelehnt (M. II, 734; Z.G. II, 404; Jacubezky, Bem. S. 166 ff.). Der nunmehrige § 829 ist von der II. Komm. beigefügt worden (P. II,

581 ff., s. insbesondere S. 589 ff.). Hiebei wurde anerkannt, daß hiedurch allerdings dem Richter eine schwierige Aufgabe zugewiesen werde; es sei jedoch darauf zu vertrauen, daß die Rechtsprechung im einzelnen Falle unter Würdigung aller in Betracht kommenden Verhältnisse zu einer dem gesunden Rechtsgefühl entsprechenden Entscheidung gelangen werde. Nach E. II, 752 sollten den Fällen, in welchen der Thäter wegen Unzurechnungsfähigkeit, jugendlichen Alters oder Taubstummheit nicht verantwortlich ist, die Fälle gleichstehen, in welchen ein Verschulden des Thäters um deßwillen ausgeschlossen ist, weil ihm Vorsatz oder Fahrlässigkeit nicht zur Last fällt. Durch E. III, 813 wurde diese Erweiterung wieder beseitigt. Der in der Reichstagskomm. gestellte Antrag, die Bestimmung auf alle Fälle schuldlosen Unrechts oder wenigstens auf diejenigen Fälle für anwendbar zu erklären, in welchen die Verantwortlichkeit des Thäters in Folge eines entschuldbaren Irrthums ausgeschlossen ist, fand keine Annahme (R.T.K. 58 ff.).

2. § 829 enthält (wie die §§ 833 u. 835) eine Ausnahme von dem das Obligationenrecht des B.G.B. im Allgemeinen beherrschenden Verschuldungsprinzip.

3. Voraussetzungen des Schadensersatzanspruchs.

a) Es muß eine unerlaubte Handlung der in den §§ 823, 824, 825 oder 826 bezeichneten Art vorliegen. Der bei der zweiten Lesung in der II. Komm. gestellte Antrag, die Ersatzpflicht auch bei anderen unerlaubten Handlungen eintreten zu lassen, wurde abgelehnt (P. VI, 219). § 829 ist also insbesondere auch in den Fällen des Beamtendelikts (§ 839) unanwendbar (vgl. Vorbem. vor § 827 Ziff. 3).

b) Die Verantwortlichkeit des Thäters muß auf Grund der §§ 827, 828, also wegen Unzurechnungsfähigkeit, jugendlichen Alters oder Taubstummheit ausgeschlossen sein. Würde dagegen auch abgesehen von den Befreiungsgründen der §§ 827, 828 eine Haftung des Thäters nicht begründet sein, z. B. weil derselbe im Falle des § 823 in entschuldbarem Irrthume seine Handlung für erlaubt gehalten hat (s. Anm. II, C, 4 zu § 823), oder weil ihm bei einem Verstoße gegen die guten Sitten nur Fahrlässigkeit zur Last fällt (§ 826), so kann von ihm auch auf Grund des § 829 Ersatz nicht beansprucht werden (P. II, 593). Die Ansicht von Henrici (Gruchots Beitr. Bd. 42 S. 633), daß § 829 analoge Anwendung finden müsse, falls die Verantwortlichkeit durch entschuldbaren Irrthum ausgeschlossen sei, steht mit Wortlaut und Entstehungsgeschichte des Gesetzes (s. oben Anm. 1) in unlösbarem Widerspruch.

c) Die Ersatzpflicht des Thäters auf Grund des § 829 ist eine subsidiäre insofern, als sie voraussetzt, daß der Ersatz des Schadens nicht von einem aufsichtspflichtigen Dritten erlangt werden kann, sei es, daß die Voraussetzungen des § 832 nicht vorliegen, oder daß der nach § 832 begründete Anspruch wegen Vermögenslosigkeit des Aufsichtspflichtigen nicht zum Ziele führt (P. II, 606; vgl. P.L.R. Thl. I Tit. 6 § 42). Ist in dem letzteren Falle sowohl der Thäter als der Aufsichtspflichtige verantwortlich, so haften sie dem Verletzten als Gesammtschuldner, während in ihrem Verhältnisse zu einander der Aufsichtspflichtige allein verpflichtet ist (§ 840 Abs. 1, 2).

d) Die Ersatzpflicht tritt nur insoweit ein, als die Billigkeit nach den Umständen, insbesondere nach den Verhältnissen der Betheiligten, eine Schadloshaltung erfordert. Dies gilt nicht nur hinsichtlich der Frage, ob überhaupt ein Ersatzanspruch zu gewähren ist, sondern auch hinsichtlich des Umfangs desselben. Ob die Billigkeit nach den Umständen eine Schadloshaltung erfordert, hat der Richter nach freiem Ermessen zu entscheiden. In Betracht kommen hiebei alle Verhältnisse der Betheiligten, in erster Linie natürlich deren Vermögensverhältnisse. Allein auch andere Umstände können von Bedeutung sein, z. B. die Erwägung, ob nicht trotz des Mangels der zur Erkenntniß der Verantwortlichkeit erforderlichen Einsicht angenommen werden muß, daß der geistige Zustand des Thäters der ihrer Natur nach schwankenden Grenze zwischen Erkenntniß und Nichterkenntniß der Verantwortlichkeit sehr nahe liege (P. II, 589).

e) Endlich darf der Thäter durch die Anerkennung seiner Schadensersatzpflicht nicht der Mittel beraubt werden, welche

α) zu seinem eigenen standesmäßigen Unterhalte (§ 1610; vgl. Bd. 4 S. 392 Anm. 3 zu § 1610) und

β) zur Erfüllung seiner gesetzlichen Unterhaltspflichten (§§ 1351, 1360, 1361, 1578 ff., 1601 ff., 1703, 1708 ff., 1715)

erforderlich sind (vgl. P.L.R. Thl. I Tit. 6 § 43).

4. Beweislast. Daß eine unerlaubte Handlung im Sinne der §§ 823—826 vorliegt, daß der Ersatz von einem aufsichtspflichtigen Dritten nicht erlangt werden kann und daß die Billigkeit nach den Umständen eine Schadloshaltung erfordert (s. oben Anm. 3 a, c, d) hat der Kläger zu beweisen. Dagegen obliegt dem Beklagten der Nachweis, daß seine Verantwortlichkeit auch abgesehen von den §§ 827, 828 nicht gegeben wäre und daß durch die Anerkennung seiner Ersatzpflicht ihm die zum standesmäßigen Unterhalt oder zur Erfüllung seiner gesetzlichen Unterhaltspflichten erforderlichen Mittel entzogen werden (s. oben Anm. 3 b, c; ebenso Oertmann, Note 3 zu § 829; Planck, Erl. 2 f zu § 829).

5. Während die Bestimmungen der §§ 827, 828 auf die Verantwortlichkeit wegen Verletzung obligatorischer Verpflichtungen Anwendung finden, ist dies hinsichtlich der Vorschrift des § 829 nicht der Fall (§ 276 Abs. 1 Satz 3; P. II, 590 ff.).

§ 830.

Haben Mehrere durch eine gemeinschaftlich begangene unerlaubte Handlung einen Schaden verursacht, so ist jeder für den Schaden verantwortlich. Das Gleiche gilt, wenn sich nicht ermitteln läßt, wer von mehreren Betheiligten den Schaden durch seine Handlung verursacht hat.

Anstifter und Gehülfen stehen Mitthätern gleich.

E I, 714, II, 753; III, 814

1. Die Betheiligung mehrerer Personen an der Begehung einer unerlaubten Handlung kann eine verschiedenartige sein, nämlich entweder eine solche, welche den Thatbestand der Theilnahme (Mitthäterschaft, Anstiftung, Beihülfe) erfüllt, oder eine solche, bei der dies nicht der Fall ist. Von der ersteren handelt § 830 Abs. 1 Satz 1 und Abs. 2, von der letzteren § 830 Abs. 1 Satz 2.

2. Für den Schaden, welcher durch eine von mehreren Theilnehmern begangene unerlaubte Handlung entstanden ist, haftet jeder Theilnehmer, gleichviel, ob er Mitthäter, Anstifter oder Gehülfe ist. Mitthäterschaft liegt vor, wenn Mehrere eine unerlaubte Handlung gemeinschaftlich ausführen; Anstifter ist, wer einen Anderen zu der von demselben begangenen unerlaubten Handlung durch Geschenke oder Versprechen, durch Drohung, durch Mißbrauch des Ansehens oder der Gewalt, durch absichtliche Herbeiführung oder Beförderung eines Irrthums oder durch andere Mittel vorsätzlich bestimmt hat; Gehülfe ist, wer dem Thäter zur Begehung der unerlaubten Handlung durch Rath oder That wissentlich Hülfe geleistet hat (vgl. St.G.B. §§ 47, 48, 49 und Olshausen, Komm. hiezu). Gemäß § 840 Abs. 1 haften mehrere Theilnehmer (vorbehaltlich der Vorschrift des § 835 Abs. 3) als Gesammtschuldner (M. II, 738; Z.G. II, 408 ff.; vgl. Dernburg, Pand. Bd. 2 S. 362 Note 16, 17; Windscheid-Kipp, Bd. 2 S. 915 Note 26, S. 203 Note 15; P.L.R. Thl. I Tit. 6 §§ 29 ff.; B.L.R. Thl. IV cap. 16 § 4 Ziff. 5; sächsisches G.B. §§ 777, 778, 1495; über andere Rechte s. M. II, 738 Note 2; vgl. Entsch. d. R.G. in Civils. Bd. 10 S. 132 ff., Bd. 23 S. 160 ff., Bd. 28 S. 166 ff.; Samml. v. Entsch. d. obersten L.G. München IV, 668, XI, 49 ff.; Bl. f. R.A. Bd. 35 S. 395 ff.).

3. Sind mehrere Personen an einer unerlaubten Handlung betheiligt, aber nicht als Mitthäter, Anstifter oder Gehülfen (s. oben Anm. 2), und ist nicht durch das Zusammenwirken der mehreren Betheiligten, sondern durch die Handlung eines von ihnen ein Schaden entstanden, ohne daß festgestellt werden kann, wer von den Betheiligten den Schaden durch seine Handlung verursacht hat, so haften nach § 830 Abs. 1 Satz 2 sämmtliche Betheiligte, und zwar gemäß § 840 Abs. 1 als Gesammtschuldner (M. II, 738; Liszt, S. 76 ff.; Schollmeyer, S. 116; Oertmann, Note 3 zu § 830; vgl. Dernburg, Pand. Bd. 2 S. 362 Note 18; sächsisches G.B. § 1495 Satz 2; Entsch. d. R.G. in Civils. Bd. 1 S. 91 ff.; S. A. Bd. 51 Nr. 263). Voraussetzung der Haftung ist also, daß von mehreren an einer gemeinsamen Handlung Betheiligten Einer den Schaden verursacht hat, daß der Schaden möglicherweise von einem Jeden der Betheiligten verursacht ist und daß in der Person jedes Betheiligten, wenn er der Schädigende ist, auch Verschuldung vorliegt (P. II, 606; s. auch M. II, 738). Dies trifft z. B. zu, wenn bei einem Raufhandel Mehrere auf einen Anderen losschlagen und von den Schlägen einer den Tod herbeiführt, ohne daß sich nachweisen läßt, von wem gerade der tödtliche Schlag ausgegangen ist (P. II, 606; vgl. auch St.G.B. § 227).

4. Die Bestimmungen des § 830 gelten für alle unerlaubten Handlungen im Sinne des 25. Titels (ebenso Windscheid-Kipp, Bd. 2 S. 891; and. Ans. Fischer-Henle, Note 3 zu § 830). Ob die Normen des § 830 Abs. 1 Satz 1 und Abs. 2 auch für fahrlässige Delikte gelten, hängt von der Beantwortung der Frage ab, ob auch bei diesen Delikten Mitthäterschaft, Anstiftung und Beihülfe möglich ist, was die herrschende strafrechtliche Lehre verneint. Jedenfalls müssen aber in solchen Fällen die fraglichen Bestimmungen entsprechende Anwendung finden (Liszt, S. 77 ff.). Daß § 830 auch anwendbar ist, wenn die unerlaubte Handlung in einer Unterlassung besteht, wird mit Unrecht bestritten von Endemann (I, 592 Note 9d; vgl. dagegen Liszt, S. 76 ff.).

5. Eine besondere Bestimmung über die Haftung des Begünstigers und des Hehlers (vgl. St.G.B. §§ 257 ff.) hat das Gesetz nicht für erforderlich erachtet (M. II, 738; vgl. sächsisches G.B. §§ 778 Satz 2, 3, 1500). Soweit der Begünstiger oder Hehler durch seine eigene Handlung einen Anderen schädigt, ist er natürlich nach Maßgabe der §§ 823, 826 ersatzpflichtig (M. II, 749). Ob ein Dritter, welchen der Thäter an dem durch die unerlaubte Handlung erlangten Vortheile Theil nehmen läßt, auf Herausgabe der Bereicherung belangt werden kann, bestimmt sich nach den §§ 812 ff.

6. Das Verhältniß mehrerer aus einer unerlaubten Handlung schadensersatzpflichtiger Personen zu einander ist in den §§ 840 Abs. 2, 3, 841 geregelt.

§ 831.*)

Wer einen Anderen zu einer Verrichtung bestellt, ist zum Ersatze des Schadens verpflichtet, den der Andere in Ausführung der Verrichtung einem Dritten widerrechtlich zufügt. Die Ersatzpflicht tritt nicht ein, wenn der Geschäftsherr bei der Auswahl der bestellten Person und, sofern er Vorrichtungen oder Geräthschaften zu beschaffen oder die Ausführung der Verrichtung zu leiten hat, bei der Beschaffung oder der Leitung die im Verkehr erforderliche Sorgfalt beobachtet oder wenn der Schaden auch bei Anwendung dieser Sorgfalt entstanden sein würde.

Die gleiche Verantwortlichkeit trifft denjenigen, welcher für den Geschäftsherrn die Besorgung eines der im Abs. 1 Satz 2 bezeichneten Geschäfte durch Vertrag übernimmt.

E. I, 711, 712; II, 754; III, 815.

1. Grundsätzliche Regelung. Im Gegensatze zum französischen Rechte, jedoch im Anschluß an die herrschende Lehre des gemeinen Rechtes erkannte E. I eine Ersatzpflicht des Geschäftsherrn für den durch Delikte seiner Angestellten oder Arbeiter in Ausübung ihrer geschäftlichen Verrichtungen verursachten Schaden nur insoweit an, als den Geschäftsherrn selbst ein Verschulden trifft. Der Geschäftsherr sollte hienach verpflichtet sein, die zur Verrichtung einer Handlung bestellte Person sorgfältig auszuwählen und zu beaufsichtigen und nur bei Verletzung dieser Pflicht für den Schaden haften, welchen die bestellte Person durch eine in Ausführung ihrer Verrichtungen begangene unerlaubte Handlung einem Dritten zugefügt hat, vorausgesetzt, daß der Schaden ohne die Pflichtverletzung nicht entstanden sein würde. Trotz der gegen diese Regelung erhobenen Einwendungen hat die II. Komm. an diesem Grundsatze festgehalten und lediglich die Umkehrung der Beweislast für geboten erachtet. Die in der Reichstagskomm. gestellten Abänderungsanträge blieben ohne Erfolg (M. II, 736 ff.; Z.G. II, 406 ff.; VI, 515; P. II, 596 ff., insbesondere S. 603; D. 101 ff.; R.T.K. 59 ff.; vgl. Windscheid-Kipp, Bd. 2 S. 912 Note 12, S. 915 Note 27; P.L.R. Thl. I Tit. 6 §§ 53, 60 ff., 65, Tit. 13 § 36; sächsisches G.B. § 779; code civil Art. 1384; Entsch. d. R.G. in Civils. Bd. 8 S. 53, Bd. 14 S. 283 ff.; Samml. v. Entsch. d. obersten L.G. München IX, 689 ff., XII, 212 ff., XVI, 143 ff.). § 831 enthält also keine Ausnahme vom Verschuldungsprinzip (vgl. Anm. 1 zu § 832).

2. Ersatzpflichtig ist nach § 831:

a) wer einen Anderen zu einer Verrichtung bestellt (der „Geschäftsherr"). Ob die Verrichtung eine oder mehrere Handlungen umfaßt (vgl.

---

*) Nöldeke, Die außerkontraktliche Haftung für fremdes Verschulden nach den §§ 831, 832 B.G.B. in Gruchots Beitr. Bd. 41 S. 766 ff.

(E. I, 711, 712), ob sie thatsächlicher oder rechtsgeschäftlicher Natur ist, kommt nicht in Betracht. Als Geschäftsherr im Sinne des § 831 erscheint insbesondere der Auftraggeber (§§ 662 ff.), der Dienstberechtigte (§§ 611 ff.), der Besteller eines Werkes gegenüber dem Unternehmer und dieser gegenüber seinen Angestellten (§§ 631 ff.), der Gesellschafter gegenüber dem zur Geschäftsführung oder Vertretung bestellten Gesellschafter (§§ 710, 714);

b) wer durch Vertrag mit dem Geschäftsherrn es übernommen hat, eine zu einer Verrichtung zu bestellende Person auszuwählen, die erforderlichen Vorrichtungen und Geräthschaften zu beschaffen oder die Ausführung der Verrichtung zu leiten (vgl. §§ 832 Abs. 2, 834 Satz 1, 838). Hieher gehören insbesondere die Kategorieen der Unterakkordanten, Paliere, Werkführer rc. Auf Personen, welche nicht auf Grund Vertrags, sondern nur thatsächlich sich Geschäften dieser Art unterzogen haben, findet § 831 keine Anwendung (R.T.K. 60, s. auch Nöldeke a. a. O. S. 774 ff.).

3. Voraussetzung der Ersatzpflicht ist:

a) daß die zur Verrichtung bestellte Person einem Dritten widerrechtlich (s. Anm. II, B zu § 823) Schaden zufügt. Daß der Bestellte schuldhaft gehandelt hat, ist nicht Voraussetzung der Haftung des Geschäftsherrn, dieselbe wird also insbesondere durch Deliktsunfähigkeit (§§ 827, 828) des Bestellten nicht ausgeschlossen (Windscheid-Kipp, Bd. 2 S. 923 ff.; Liszt, S. 102).

b) Die Zufügung des Schadens muß in Ausführung der Verrichtung erfolgt sein. Für den Schaden, welcher nur bei oder bei Gelegenheit der Verrichtung verursacht worden ist, haftet lediglich der Thäter selbst (M. II, 736). Die schädigende Handlung muß also in den Kreis derjenigen Maßnahmen fallen, welche die Ausführung der Verrichtung darstellen. Demgemäß haftet z. B. der Malermeister, wenn seine Leute bei Ausführung einer Malerarbeit in einem fremden Hause Möbel beschmutzen, nicht aber, wenn sie bei dieser Gelegenheit einen Diebstahl begehen (Planck, Erl. 2 a zu § 831; Liszt, S. 103 Note 6; Nöldeke, a. a. O. S. 778 ff.).

4. Gemäß § 831 Abs. 1 Satz 2 (vgl. §§ 832 Abs. 1 Satz 2, 834 Satz 2, 836 Abs. 1 Satz 2, Abs. 2) tritt die Ersatzpflicht nicht ein:

a) wenn bei der Auswahl der zur Verrichtung bestellten Person oder, falls Vorrichtungen oder Geräthschaften zu beschaffen oder die Ausführung der Verrichtung zu leiten war, bei dieser Beschaffung oder Leitung die im Verkehr erforderliche Sorgfalt beobachtet worden ist (P. II, 604). Ueber den Begriff der im Verkehr erforderlichen Sorgfalt s. oben S. 38 Anm. I, 2 a zu § 276);

b) wenn der Schaden auch durch die Anwendung der unter a näher bezeichneten Sorgfalt nicht abgewendet worden wäre (Mangel des erforderlichen Kausalzusammenhangs).

5. Die Beweislast ist durch § 831 dahin geregelt, daß der Geschädigte lediglich darzuthun hat, daß die zur Verrichtung bestellte Person in Ausführung der Verrichtung widerrechtlich den Schaden verursacht hat. Dem Beklagten obliegt der Nachweis, daß er die im Verkehr erforderliche Sorgfalt beobachtet hat oder daß der Schaden auch bei Anwendung dieser Sorgfalt entstanden sein würde (P. II, 598).

6. Durch die nach § 831 eintretende Schadensersatzpflicht des Geschäftsherrn und der ihm gleichgestellten Personen wird die Schadensersatzpflicht des Thäters selbst nicht berührt. Sind beide Theile verantwortlich, so haften sie als Gesammtschuldner, während in ihrem Verhältnisse zu einander der Thäter allein verpflichtet ist (§ 840 Abs. 1, 2). Ist neben dem Geschäftsherrn (§ 831 Abs. 1) eine andere Person nach § 831 Abs. 2 verantwortlich, so haften auch hier beide Theile als Gesammtschuldner (§ 840 Abs. 1). Für ihr Verhältniß zu einander aber ist, falls sich nicht aus dem Vertrag etwas anderes ergibt, § 426 maßgebend, da § 840 Abs. 2 keine Anwendung finden kann (vgl. Windscheid-Kipp, Bd. 2 S. 925).

7. Verhältniß des § 831 zu § 278. Nach § 278 hat in Ansehung der Erfüllung einer Verbindlichkeit der Schuldner ein Verschulden der Personen, deren er sich zur Erfüllung seiner Verbindlichkeit bedient, in gleichem Umfange zu vertreten wie eigenes Verschulden. Im Gegensatze hiezu finden die Bestimmungen des § 831 außerhalb der Vertragsverhältnisse Anwendung. § 831 enthält also keine Ausnahme von dem Grundsatze des § 278, enthält vielmehr eine besondere Rechtsregel für die durch § 278 nicht gedeckten Fälle (so Liszt, S. 104 ff.; Kuhlenbeck, Note 1 zu § 831; and. Ans. Endemannn, I, 501 ff.; Oertmann, Note 5 zu § 831; vgl. auch oben S. 40 Anm. I, 1 Abs. 2 zu § 278).

8. Eine weitergehende Haftung ist durch die §§ 701 ff. Gastwirthen auferlegt, die gewerbsmäßig Fremde zur Beherbergung aufnehmen (vgl. Anm. IV zu § 701, Anm. 2 c zu § 702). Ueber die Haftung der Beamten für die von ihnen zur Geschäftsführung für einen Dritten bestellten Personen, sowie für die von ihnen angenommenen Stellvertreter und Gehülfen s. §§ 839, 841 und E.G. Art. 78. Die Haftung aufsichtspflichtiger Personen ist im § 832 geregelt. Ueber die Haftung für Delikte des gesetzlichen Vertreters s. Einl. Ziff. IV.

9. Nach Art. 95 Abs. 1 Satz 1 E.G. bleiben die dem Gesinderecht angehörenden landesgesetzlichen Vorschriften unberührt. Eine Abweichung von den Bestimmungen des § 831 kann aber durch die Landesgesetzgebung nicht eingeführt werden (Art. 95 Abs. 2).

10. Nach § 431 H.G.B. hat der Frachtführer ein Verschulden seiner Leute und ein Verschulden anderer Personen, deren er sich bei der Ausführung der Beförderung bedient, in gleichem Umfange zu vertreten wie eigenes Verschulden. Nach § 485 H.G.B. ist der Rheder für den Schaden verantwortlich, den eine Person der Schiffsbesatzung einem Dritten durch ihr Verschulden in Ausführung ihrer Dienstverrichtungen zufügt.

§ 832.*)

Wer kraft Gesetzes zur Führung der Aufsicht über eine Person verpflichtet ist, die wegen Minderjährigkeit oder wegen ihres geistigen oder körperlichen Zustandes der Beaufsichtigung bedarf, ist zum Ersatze des Schadens verpflichtet, den diese Person einem Dritten widerrechtlich zufügt. Die Ersatzpflicht tritt nicht ein, wenn er seiner Aufsichtspflicht genügt oder wenn der Schaden auch bei gehöriger Aufsichtsführung entstanden sein würde.

Die gleiche Verantwortlichkeit trifft denjenigen, welcher die Führung der Aufsicht durch Vertrag übernimmt.

E. I, 710; II, 755; III, 816.

1. Grundsätzliche Regelung. Nach § 832 bildet die Verletzung der Aufsichtspflicht, abgesehen von der hierin liegenden Versäumung der obligatorischen Verbindlichkeit gegenüber dem zu Beaufsichtigenden, unter gewissen Voraussetzungen auch eine zum Schadensersatze gegenüber dritten Personen verpflichtende unerlaubte Handlung (M. II, 734). Wie § 831 (vgl. auch §§ 834 Satz 2, 836 Abs. 1 Satz 2, Abs. 2) enthält auch § 832 keine Ausnahme von dem Verschuldungsprinzipe, regelt vielmehr nur die Beweislast zu Gunsten des Beschädigten (M. II, 734 ff.; Z.G. II, 406 ff., VI, 515; Jacubezky, Bem. S. 167; P. II, 593 ff.; D., 102; vgl. Windscheid-Kipp, Bd. 2 S. 912 Note 12; P.L.R. Thl. I Tit. 6 § 57; sächsisches G.B. § 779; code civil Art. 1384; über andere Rechte s. M. II, 735 Note 1; s. auch S. A. Bd. 35 Nr. 204, Bd. 47 Nr. 196, Bd. 53 Nr. 226).

2. Ersatzpflichtig ist nach § 832:

a) wer kraft Gesetzes zur Führung der Aufsicht über eine wegen Minderjährigkeit oder wegen ihres geistigen oder körperlichen Zustandes aufsichtsbedürftige Person verpflichtet ist. Nach E. I sollte jede Verletzung einer gesetzlichen Aufsichtspflicht ersatzpflichtig machen, so daß auch die aus dem Gewerberechte, Schulrechte, Gesinderechte ꝛc. sich ergebenden Fälle gesetzlicher Aufsichtspflicht mitumfaßt waren (M. II, 735; Z.G. II, 406 ff.). Von der II. Komm. wurde dies als zu weitgehend erachtet und die nunmehrige Fassung beschlossen. Die minderjährigen und die ihnen wegen geistiger oder körperlicher Mängel gleichgestellten Personen seien wegen ihres Zustandes, der in ihrem eigenen Interesse die Aufsicht über sie nothwendig mache, gefährlich; die Aufsichtsführung müsse sich deßhalb auch darauf erstrecken, daß den Gefahren vorgebeugt werde, welche von dem zu Beaufsichtigenden Anderen drohen, die sich nicht um ihn zu bekümmern haben. Die Aufsicht über Volljährige dagegen, wie sie im Heeresdienst, im Staate und in der Kirche im Verhältnisse des Vorgesetzten zu den Untergebenen, im Hauswesen im Verhältnisse des Dienstherrn zu dem Gesinde stattfinde, habe nicht den Zweck, Dritte vor Beschädigungen zu schützen, sondern diene anderen Interessen.

*) S. Note * zu § 831.

Der zur Führung der Aufsicht Berufene begehe demgemäß durch Vernachlässigung der Aufsichtspflicht kein Unrecht gegen denjenigen, welchem der zu Beaufsichtigende einen Schaden zufüge, und dürfe daher auch nicht für den Schaden haften, wenngleich der letztere bei ordnungsmäßiger Führung der Aufsicht nicht angerichtet worden wäre. Ein Volljähriger, der in ein Gesindeverhältniß trete, werde hiedurch dritten Personen nicht gefährlicher, als er es vorher gewesen sei (P. II, 594 ff.; D. 102). Die Aufsichtspflicht ist ein Bestandtheil der Sorge für die Person (§§ 1631 Abs. 1, 1800). Daher ist kraft Gesetzes aufsichtspflichtig

α) gegenüber Minderjährigen der Inhaber der elterlichen Gewalt (§§ 1627, 1686), bezw. derjenige Elterntheil, dem die Sorge für die Person des Kindes zusteht (Bd. 4 S. 418 Vorbem. vor § 1631 Ziff. III), der Ehemann einer verheiratheten minderjährigen Frau (§§ 1633 und Anm. 1 b hiezu Bd. 4 S. 421), der Vormund oder der Pfleger (§§ 1800, 1909, 1915 und Anm. hiezu), nicht aber der Beistand (Bd. 4 S. 487 Anm. 1 zu § 1689);

β) gegenüber Volljährigen der Vormund oder Pfleger (§§ 1897, 1901, 1906, 1909, 1910, 1915 und Anm. hiezu). Steht ein Volljähriger weder unter Vormundschaft noch unter Pflegschaft, so ist, auch wenn er wegen seines geistigen oder körperlichen Zustandes der Beaufsichtigung bedarf, eine kraft Gesetzes aufsichtspflichtige Person nicht vorhanden.

b) Die gleiche Verantwortlichkeit trifft denjenigen, welcher die Führung der Aufsicht über eine wegen Minderjährigkeit oder wegen ihres geistigen oder körperlichen Zustandes aufsichtsbedürftige Person durch Vertrag übernommen hat. Nach E. I sollte außer den kraft Gesetzes aufsichtspflichtigen Personen ersatzpflichtig nur sein, wer die Aufsichtsführung für den durch das Gesetz Verpflichteten übernommen hat. Der in der II. Komm. gestellte Antrag auf Beseitigung dieser Einschränkung wurde abgelehnt. Durch die nunmehrige, auf Beschluß der Reichstagskomm. beruhende Fassung soll klargestellt werden, daß einerseits Personen, welche nur thatsächlich sich der Beaufsichtigung unterzogen haben, nicht haften, daß aber andererseits der vertragsmäßig zur Aufsichtsführung Verpflichtete auch dann hafte, wenn es an einem kraft Gesetzes Verpflichteten fehlt (M. II, 735 ff.; Z.G. II, 406 ff.; P. II, 596; R.T.K. 60; vgl. §§ 831 Abs. 2, 834 Satz 1, 838; s. auch Nöldeke a. a. O. S. 774 ff.). Ob der Vertrag mit der kraft Gesetzes aufsichtspflichtigen Person oder mit der der Aufsicht bedürftigen Person bezw. deren gesetzlichem Vertreter abgeschlossen worden ist, kommt für die Anwendbarkeit des § 832 Abs. 2 nicht in Betracht.

3. Voraussetzung der Ersatzpflicht ist, daß die zu beaufsichtigende Person einem Dritten widerrechtlich (s. Anm. II, B zu § 823) Schaden zufügt. Daß der Thäter schuldhaft gehandelt hat, ist nicht Voraussetzung der Haftung des Aufsichtspflichtigen, dieselbe wird also insbesondere durch die (gerade in diesen Fällen häufig vorhandene) Deliktsunfähigkeit (§§ 827, 828) des Thäters nicht ausgeschlossen (Windscheid-Kipp, Bd. 2 S. 925; Liszt, S. 106). Für den Schaden, den eine aufsichtsbedürftige Person sich selbst zufügt, haftet der Aufsichtspflichtige nicht nach § 832, sondern lediglich nach Maßgabe der ihm obliegenden Aufsichtspflicht (vgl. insbesondere §§ 1664, 1833; ebenso Planck, Erl. 1 zu § 832; and. Ans. anscheinend Liszt, S. 107, s. aber auch S. 15).

4. Nach § 832 Abs. 1 Satz 2 (vgl. §§ 831 Abs. 1 Satz 2, 834 Satz 1, 836 Abs. 1 Satz 2, Abs. 2) tritt die Ersatzpflicht nicht ein:

a) wenn der Aufsichtspflichtige seiner Aufsichtspflicht genügt hat. Ob dies der Fall war, ist nach dem Inhalte des die Aufsichtspflicht begründenden Gesetzes (s. oben Anm. 2 a; vgl. §§ 1664, 1686, 1833, 1897, 1915) oder Vertrags (s. oben Anm. 2 b) zu entscheiden.

b) Die Ersatzpflicht kommt ferner in Wegfall, wenn der Schaden auch durch gehörige Aufsichtsführung nicht abgewendet worden wäre (Mangel des erforderlichen Kausalzusammenhangs).

5. Beweislast. Dem Kläger obliegt der Beweis, daß der Schaden durch die widerrechtliche Handlung einer wegen Minderjährigkeit oder wegen ihres geistigen oder körperlichen Zustandes der Beaufsichtigung bedürftige Person verursacht worden ist. Der Beklagte dagegen hat darzuthun, daß er seiner Aufsichtspflicht genügt hat oder daß der Schaden auch bei gehöriger Aufsichtsführung entstanden sein würde. Nach E. I sollte auch hinsichtlich dieser beiden Thatsachen der Kläger beweispflichtig sein. Die II. Komm. erachtete es jedoch für zweckmäßiger, von dem Aufsichtspflichtigen, der leicht im Stande

sei, die Gründe seines Verhaltens darzulegen, die Erbringung des Entlastungsbeweises zu fordern, als von dem Beschädigten die Herbeischaffung der belastenden Momente (M. II, 735; P. II, 595 ff.; vgl. code civil Art. 1384).

6. Ob der Thäter selbst für den von ihm verursachten Schaden verantwortlich ist, bemißt sich nach den §§ 827, 828. Ist hienach die Haftung des Thäters gegeben, so wird seine Ersatzpflicht durch die gemäß § 832 begründete Ersatzpflicht des Aufsichtspflichtigen nicht berührt. Sind beide Theile verantwortlich, so haften sie als Gesammtschuldner, während in ihrem Verhältnisse zu einander der Thäter allein verpflichtet ist (§ 840 Abs. 1, 2; vgl. M. II, 735). Ist von dem Aufsichtspflichtigen Ersatz nicht zu erlangen, so kann der nach den §§ 827, 828 nicht verantwortliche Thäter nach Maßgabe des § 829 zum Schadensersatz angehalten werden. In ihrem Verhältnisse zu einander ist in diesem Falle der Aufsichtspflichtige allein verpflichtet (§ 840 Abs. 2). Ist neben dem nach § 832 Abs. 1 Ersatzpflichtigen eine andere Person gemäß § 832 Abs. 2 ersatzpflichtig, so haften Beide als Gesammtschuldner (§ 840 Abs. 1). Für ihr Verhältniß zu einander aber ist, falls sich nicht aus dem Vertrag etwas anderes ergibt, § 426 maßgebend, da § 840 Abs. 2 nicht anwendbar ist (vgl. Windscheid-Kipp, Bd. 2 S. 925).

7. Ueber die Haftung des Gewalthabers, Vormunds und Pflegers gegenüber der zu beaufsichtigenden Person s. §§ 1664, 1686, 1833, 1897, 1915.

8. Die Haftung des Geschäftsherrn für die Verletzung seiner Aufsichtspflicht ist im § 831 geregelt. Ueber die Haftung der Gastwirthe s. §§ 701 ff., über die Haftung für den durch Unterlassung der Aufsicht über Thiere entstehenden Schaden s. §§ 833, 834; über die Aufsichtspflicht der Beamten s. §§ 839, 841, E.G. Art. 78.

§ 833.

Wird durch ein Thier ein Mensch getödtet oder der Körper oder die Gesundheit eines Menschen verletzt oder eine Sache beschädigt, so ist derjenige, welcher das Thier hält, verpflichtet, dem Verletzten den daraus entstehenden Schaden zu ersetzen.

E. I, 734 Abs. 1; II, 756; III, 817

1. Entstehungsgeschichte. Das gemeine Recht gewährte eine actio noxalis (actio de pauperie und actio de pastu) gegenüber dem Eigenthümer eines Thieres, welches entgegen dem gewöhnlichen Laufe der Dinge ohne Verschulden eines Menschen Schaden gestiftet oder ein fremdes Gelände abgeweidet hat (Dernburg, Pand. Bd. 2 S. 365 ff.: Windscheid-Kipp, Bd. 2 S. 921 ff.). Die neueren Gesetze nehmen einen verschiedenen Standpunkt ein, vgl. P.L.R. Thl. I Tit. 6 § 70 ff.; B.L.R. Thl. IV cap. 16 § 7; sächsisches G.B. §§ 1560—1564; code civil Art. 1385; über andere Rechte s. M. II, 810 ff. (s. auch Entsch. d. R.G. in Civils. Bd. 14 S. 316 ff., Bd. 20 S. 199 ff.; Samml. v. Entsch. d. obersten L.G. München V, 433 ff., VI, 872 ff., IX, 330 ff.; Bl. f. R.A. Bd. 47 S. 119 ff., 8. Erg.-Bd. S. 15 ff.: S.A. Bd. 39 Nr. 214, Bd. 48 Nr. 33).

E. I erklärte den Halter eines Thieres für verpflichtet, unter Anwendung der Sorgfalt eines ordentlichen Hausvaters diejenigen Vorsichtsmaßregeln zu treffen, welche erforderlich sind, um das Thier an der Zufügung von Beschädigungen zu hindern. Nur für den aus einer Verletzung dieser Pflicht einem Dritten entstandenen Schaden sollte der Halter des Thieres ersatzpflichtig sein (M. II, 811 ff.; Z.G. II, 415 ff., VI, 517; Jacubezky, Bem. S. 174 ff.).

Abweichend hievon beschloß die II. Komm. in Ansehung der Hausthiere die Beweislast umzukehren, während für den durch andere Thiere entstandenen Schaden unbedingt gehaftet werden sollte. Mit dem Halten wilder oder gefährlicher Thiere seien außergewöhnliche Gefahren verbunden und die daraus entstehenden Schäden seien aus dem Unternehmen zu decken ohne Unterschied, ob dem Unternehmer bezüglich der von ihm zur Abwehr der Gefahren getroffenen Vorkehrungen ein Verschulden zur Last falle oder nicht. Dagegen rechtfertige es sich nicht, auch bei dem Halten von Hausthieren die weitergehende Haftung eintreten zu lassen, weil das Halten von Hausthieren durch die moderne Kulturentwicklung bedingt sei, der Allgemeinheit zum Nutzen gereiche und der Verkehr sich auf das Halten von Hausthieren eingerichtet habe (P. II, 647, VI, 202; D. 102 ff.). Die Reichstagskomm. beschloß dagegen mit Rücksicht auf die öffentliche Sicherheit, auch denjenigen, der ein Hausthier hält, für den durch das Thier verursachten Schaden unbedingt haften zu lassen (R.T.K. 60).

Bei der dritten Lesung des Gesetzes im Reichstagsplenum wurde zunächst die Regierungsvorlage mit einer unwesentlichen Modifikation wiederhergestellt, gelegentlich der definitiven Abstimmung aber die von der Reichstagskomm. beschlossene Fassung angenommen (Sten.Ber. 344 ff., 372).

2. In seiner nunmehrigen Gestalt enthält § 833 (wie die §§ 829 u. 835) eine Ausnahme von dem das Obligationenrecht im Allgemeinen beherrschenden Verschuldungsprinzip.

3. Ersatzpflichtig ist nach § 833 derjenige, der das Thier „hält". Als solcher ist derjenige zu erachten, welcher in der Lage ist, das Thier an der Schadensstiftung zu verhindern, also der Besitzer (§ 854), nicht aber der Besitzdiener (§ 855). Im Falle mittelbaren Besitzes (§ 868) ist nur der unmittelbare Besitzer als derjenige anzusehen, der das Thier hält (ebenso Cosack, I, 614; ähnlich Kuhlenbeck, Note 2 zu § 833; Oertmann, Note 3 a zu § 833; s. auch Planck, Erl. 2 c zu § 833; and. Ans. Windscheid-Kipp, Bd. 2 S. 926, nach welchem lediglich der Eigenbesitzer [§ 872] das Thier halte). Besitzen Mehrere ein Thier gemeinschaftlich (§ 866), so haften sie sämmtlich nach Maßgabe des § 833 und zwar nach § 840 Abs. 1 als Gesammtschuldner (M. II, 814; vgl. sächsisches G.B. § 1564). Kein „Halten" im Sinne des § 833 ist natürlich das Behaftetsein mit Thieren (z. B. Ungeziefer); s. Kuhlenbeck, Note 3 zu § 833; Oertmann, Note 3 a zu § 833.

4. Voraussetzung der Ersatzpflicht ist lediglich, daß durch ein Thier ein Mensch getödtet, der Körper oder die Gesundheit eines Menschen verletzt oder eine Sache beschädigt worden ist. Ob das Thier wild oder zahm ist, kommt nicht in Betracht. § 833 gilt insbesondere auch für den durch Bienen zugefügten Schaden (vgl. Z.G. II, 416; P. II, 648). Mehrfach wird auch angenommen, das Züchten von Bazillen sei als Halten von Thieren zu erachten (Kuhlenbeck, Note 3 zu § 833; Oertmann, Note 2 a zu § 833; Planck, Erl. 2 zu § 833). Allein da nach dem heutigen Stande der Bakteriologie Bazillen nicht als Thiere, sondern als Pflanzen zu erachten sind, so dürfte diese Ansicht schon deshalb nicht haltbar sein. Ueber den durch Wild in Gehegen entstehenden Schaden s. Anm. 7 zu § 835.

5. Hat bei der Entstehung des Schadens ein Verschulden des Beschädigten mitgewirkt, so finden die Grundsätze des § 254 Anwendung (M. II, 813; P. II, 647 ff.). Bei der dritten Lesung des Gesetzes im Reichstagsplenum wurde diese Bestimmung insbesondere für den Fall als anwendbar bezeichnet, daß Jemand beim unbefugten Betreten eines fremden Grundstücks von einem als Wache gehaltenen Hunde gebissen werde, falls er wußte oder den Umständen nach wissen mußte, daß er dieses Grundstück nicht betreten dürfe (Sten.Ber. 344 ff.).

6. Selbstverständlich kann die Verpflichtung zum Ersatze des durch ein Thier verursachten Schadens auch auf Grund anderer Bestimmungen, insbesondere auf Grund des § 823, gegeben sein. Als „Gesetze, welche den Schutz eines Anderen bezwecken" (§ 823 Abs. 2), kommen hier insbesondere in Betracht die Vorschriften des St.G.B. §§ 366 Nr. 5, 6, 367 Nr. 11, sowie die landesgesetzlichen Bestimmungen über Hundepolizei ꝛc. (vgl. bayrisches P.St.G.B. Art. 83—85). Ist neben demjenigen, der das Thier hält, auch ein Dritter ersatzpflichtig, so haften Beide als Gesammtschuldner, in ihrem Verhältnisse zu einander ist aber der Dritte allein verpflichtet (§ 840 Abs. 1, 3; P. II, 648).

7. Ueber die Haftung desjenigen, der die Führung der Aufsicht über ein Thier durch Vertrag übernimmt, s. § 834; über den Ersatz des Wildschadens s. § 835.

§ 834.

Wer für denjenigen, welcher ein Thier hält, die Führung der Aufsicht über das Thier durch Vertrag übernimmt, ist für den Schaden verantwortlich, den das Thier einem Dritten in der im § 833 bezeichneten Weise zufügt. Die Verantwortlichkeit tritt nicht ein, wenn er bei der Führung der Aufsicht die im Verkehr erforderliche Sorgfalt beobachtet oder wenn der Schaden auch bei Anwendung dieser Sorgfalt entstanden sein würde.

E. I, 734 Abs. 2; II, 757; III, 818.

1. Grundsätzliche Regelung. Während nach § 833 derjenige, der ein Thier hält, für den durch das Thier verursachten Schaden ohne Rücksicht auf eigenes Verschulden verantwortlich ist, haftet gemäß § 834 derjenige, der für den Halter des Thieres (s. Anm. 3 zu § 833) die Führung der Aufsicht über das Thier durch Vertrag übernimmt, nur in beschränktem Umfange. Seine Verantwortlichkeit ist nämlich ausgeschlossen:

a) wenn er bei Führung der Aufsicht die im Verkehr erforderliche Sorgfalt beobachtet hat (über den Begriff der im Verkehr erforderlichen Sorgfalt s. oben S. 38 Anm. I, 2a zu § 276);

b) wenn der Schaden auch bei Anwendung dieser Sorgfalt entstanden sein würde (Mangel des erforderlichen Kausalzusammenhangs; M. II, 812 ff.; P. II, 648; vgl. §§ 831 Abs. 1 Satz 2, 832 Abs. 1 Satz 2, 836 Abs. 1 Satz 2, Abs. 2). Durch die Beschränkung der Ersatzpflicht auf denjenigen, welcher die Aufsichtsführung durch Vertrag übernommen hat, sollte zum Ausdrucke gebracht werden, daß die Haftung solche Personen nicht trifft, welche nur thatsächlich sich der Beaufsichtigung unterzogen haben (R.T.K. 60).

2. Beweislast. Dem Kläger obliegt der Nachweis, daß durch das Thier ein Schaden der im § 833 bezeichneten Art verursacht worden ist, während der Beklagte darzuthun hat, daß er die im Verkehr erforderliche Sorgfalt beobachtet hat oder daß der Schaden auch bei Anwendung dieser Sorgfalt entstanden sein würde.

3. Ist neben dem nach § 834 Ersatzpflichtigen ein Dritter auf Grund anderer Bestimmungen (s. Anm. 6 zu § 833) ersatzpflichtig, so haften beide als Gesammtschuldner, während in ihrem Verhältnisse zu einander der Dritte allein verpflichtet ist (§ 840 Abs. 1, 3). Auch die den Halter des Thieres nach § 833 treffende Ersatzpflicht wird durch § 834 nicht berührt (ebenso Kuhlenbeck, Note 1 zu § 834). Sind beide Theile neben einander verantwortlich, so haften sie als Gesammtschuldner (§ 840 Abs. 1; vgl. M. II, 813). Für ihr Verhältniß zu einander aber ist, falls sich nicht aus dem Vertrag etwas anderes ergibt, § 426 maßgebend, da § 840 Abs. 3 keine Anwendung finden kann (vgl. dagegen M. II, 813).

§ 835.

Wird durch Schwarz-, Roth-, Elch-, Dam- oder Rehwild oder durch Fasanen ein Grundstück beschädigt, an welchem dem Eigenthümer das Jagdrecht nicht zusteht, so ist der Jagdberechtigte verpflichtet, dem Verletzten den Schaden zu ersetzen. Die Ersatzpflicht erstreckt sich auf den Schaden, den die Thiere an den getrennten, aber noch nicht eingeernteten Erzeugnissen des Grundstücks anrichten.

Ist dem Eigenthümer die Ausübung des ihm zustehenden Jagdrechts durch das Gesetz entzogen, so hat derjenige den Schaden zu ersetzen, welcher zur Ausübung des Jagdrechts nach dem Gesetze berechtigt ist. Hat der Eigenthümer eines Grundstücks, auf dem das Jagdrecht wegen der Lage des Grundstücks nur gemeinschaftlich mit dem Jagdrecht auf einem anderen Grundstück ausgeübt werden darf, das Jagdrecht dem Eigenthümer dieses Grundstücks verpachtet, so ist der letztere für den Schaden verantwortlich.

Sind die Eigenthümer der Grundstücke eines Bezirkes zum Zwecke der gemeinschaftlichen Ausübung des Jagdrechts durch das Gesetz zu einem Verbande vereinigt, der nicht als solcher haftet, so sind sie nach dem Verhältnisse der Größe ihrer Grundstücke ersatzpflichtig.

E. II, 758; III, 819.

1. § 835 regelt die vielumstrittene Materie des Wildschadensersatzes. Ueber den bisherigen Rechtszustand in Deutschland s. die eingehende Darstellung in der Anlage zum 173. Prot. in der II. Komm. (P. II, 820 ff.).

2. Entstehungsgeschichte. Nach E. I sollte die Regelung des Ersatzes von Wildschäden in vollem Umfange der Landesgesetzgebung überlassen bleiben (M. II, 814; E. I E.G. Art. 43; M.E.G. 164; Z.G. VII, 60 ff.). Den vielfach geäußerten Wünschen nach reichsrechtlicher Regelung der Materie Rechnung tragend, beschloß die II. Komm., wenigstens die grundlegenden Bestimmungen im B.G.B. zu treffen, während eine Reihe von Einzelfragen der Landesgesetzgebung vorbehalten bleiben sollte (P. II, 811 ff.). Im Einzelnen entsprechen die Beschlüsse der II. Komm. mit unwesentlichen Abweichungen dem nunmehrigen § 835 sowie den Art. 70—72 E.G. (P. II, 827—842). Von der Reichs-

tagskomm. wurde die Ausdehnung der Ersatzpflicht auf den durch Hasen und durch Fasanen angerichteten Schaden sowie die Aufnahme einer Bestimmung über den Regreß bei Schwarz- und Rothwildschaden beschlossen (R.T.K. 60 ff.). Bei der zweiten Lesung des Gesetzes im Reichstagsplenum wurde nach langwieriger Debatte der Ersatzanspruch für den durch Hasen angerichteten Schaden wieder beseitigt und die Regelung des Regreßrechts der Landesgesetzgebung überlassen (Sten.Ber. 104 ff.). Der bei der dritten Lesung gestellte Antrag auf Wiedereinfügung der Worte „durch Hasen" wurde mit 168 gegen 85 Stimmen abgelehnt (Sten.Ber. 348 ff.).

3. Grundsätzliche Regelung. Der Grundgedanke des § 835 ist, daß, wer die Vortheile und Annehmlichkeiten der Jagd genießt, auch die mit derselben nothwendig verbundenen wirthschaftlichen Nachtheile zu ersetzen habe, ohne Rücksicht darauf, ob der Schaden auf ein Verschulden des Jagdberechtigten zurückzuführen ist oder nicht (vgl. P. II, 818 ff.). § 835 enthält also (wie die §§ 829 u. 833) eine weitere Ausnahme von dem das Obligationenrecht des B.G.B. beherrschenden Verschuldungsprinzip.

4. Hinsichtlich der Frage, wer ersatzpflichtig ist, sind verschiedene Fälle zu unterscheiden:

a) Wird ein Grundstück beschädigt, an welchem dem Eigenthümer selbst das Jagdrecht zusteht, so ist ein Ersatzanspruch überhaupt nicht gegeben, da der Eigenthümer in diesem Falle in der Lage ist, sich gegen die von dem Wilde drohende Gefahr mit allen Mitteln, namentlich auch durch die Ausübung der Jagd, zu schützen.

b) Steht das Jagdrecht auf einem Grundstücke nicht dem Eigenthümer des Grundstücks, sondern einem Anderen zu, so ist dieser ersatzpflichtig (§ 835 Abs. 1 Satz 1). In Frage kommen hiebei die insbesondere in Mecklenburg noch bestehenden Jagdgerechtigkeiten auf fremdem Grund und Boden (P. II, 812).

c) Vielfach steht dem Eigenthümer eines Grundstücks das Jagdrecht an sich zu, während ihm die Ausübung desselben zu Gunsten des Eigenthümers eines anliegenden größeren Grundstücks entzogen ist, sei es daß dieser gesetzlich zur Ausübung der Jagd auf dem kleineren Grundstücke berechtigt oder daß der Eigenthümer des kleineren Grundstücks verpflichtet ist, dem Eigenthümer des größeren Grundstücks die Ausübung pachtweise zu überlassen, oder daß der Eigenthümer des kleineren Grundstücks die Wahl hat, ob er die Jagd ruhen lassen oder ihre Ausübung dem benachbarten Grundeigenthümer überlassen will (sog. „Jagdenklaven", „Jagdeinschlüsse", „Jagdanschlüsse"). Gemäß § 835 Abs. 2 ist in diesen Fällen ersatzpflichtig, wer zur Ausübung des Jagdrechts auf dem beschädigten Grundstücke gesetzlich berechtigt ist oder das Jagdrecht vom Eigenthümer dieses Grundstücks gepachtet hat. Läßt der Eigenthümer des beschädigten Grundstücks die Jagd ruhen, ohne ihre Ausübung dem benachbarten Eigenthümer zu überlassen, so hat er keinen Ersatzanspruch (P. II, 833 ff.; vgl. auch E.G. Art. 71 Nr. 3).

d) Endlich ist den Grundeigenthümern vielfach die Ausübung des ihnen an sich zustehenden Jagdrechts im öffentlichen Interesse zu Gunsten größerer Verbände entzogen, entweder in der Weise, daß die zu einem solchen Verbande gehörigen Grundeigenthümer eine Jagdgemeinschaft bilden, oder daß sie bei der Verpachtung der Jagd durch die Gemeinde vertreten sind, oder daß die Gemeinde selbst zur Ausübung der Jagd berechtigt ist. Nach § 835 Abs. 2 Satz 1 ist in diesen Fällen an sich der Jagdverband als solcher ersatzpflichtig (P. II, 834ff.; vgl. E.G. Art. 17 Nr. 6 und Art. 3 des bayrischen Gesetzes vom 15. Juni 1850, den Ersatz des Wildschadens betreffend, in der durch A.G. z. B.G.B. Art. 144, III festgesetzten Fassung). Die Organisation des Jagdverbandes und die Vertheilung des Schadensersatzes unter die Mitglieder ist aber dem Landesrecht überlassen. Es könnte daher ein solcher Verband landesrechtlich als bloße Gesellschaft gestaltet werden mit der Folge, daß die einzelnen Mitglieder für den Wildschaden nach den Regeln des Gesellschaftsrechts haften würden. Zur Vermeidung dieses unangemessenen Ergebnisses bestimmt § 835 Abs. 3, daß in solchen Fällen die Verbandsmitglieder nach dem Verhältnisse der Größe ihrer Grundstücke ersatzpflichtig sein sollen (P. II, 835; s. auch § 840 Abs. 1 und E.G. Art. 71 Nr. 5).

5. Ersatzberechtigt ist „der Verletzte", also in erster Linie der Eigenthümer des beschädigten Grundstücks (s. auch E.G. Art. 72). Ist das Grundstück verpachtet, so steht der Ersatzanspruch dem Pächter zu (P. II, 832; D. 103). Dies gilt jedoch nur, wenn der Grundeigenthümer nicht selbst jagdberechtigt ist (s. oben Anm. 4 a). Hat der jagdberech-

tigte Eigenthümer das Grundstück verpachtet und sich hiebei das Jagdrecht vorbehalten, so ist aus dem Inhalte des Pachtvertrags zu entscheiden, ob der Pächter Anspruch auf Ersatz des Wildschadens hat oder nicht. Unter Umständen können sich Anhaltspunkte hiefür aus der Höhe des Pachtschillings ergeben. Mangels einer ausdrücklichen oder stillschweigenden Vereinbarung steht dem Pächter ein Ersatzanspruch nicht zu (P. II, 831 ff.). Hiedurch ist jedoch nicht ausgeschlossen, daß auf Grund des Pachtvertrags der Pächter Nachlaß am Pachtzins oder Entschädigung von dem Verpächter verlangen kann, wenn dieser gegen den Sinn des nach Treu und Glauben auszulegenden Vertrags in übermäßiger Weise Wild hegt und dadurch den Fruchtgenuß des Pächters beeinträchtigt (Sten.Ber. 127).

6. Ersetzt wird nur der durch bestimmte Arten von Wild, sog. „Schadenwild", verursachte Schaden. Als Schadenwild erklärt das B.G.B. selbst Schwarz-, Roth-, Elch-, Dam-, Rehwild und Fasanen. Die letzteren wurden von der Reichstagskomm. beigefügt; die ebenfalls von der Reichstagskomm. beigefügten Hasen wurden vom Reichstage wieder aus der Kategorie des Schadenwildes gestrichen (s. oben Anm. 1). Nach E.G. Art. 71 Nr. 1 bleiben aber die landesgesetzlichen Vorschriften unberührt, nach welchen die Verpflichtung zum Ersatze des Wildschadens auch dann eintritt, wenn der Schaden durch jagdbare Thiere anderer als der im § 835 B.G.B. bezeichneten Gattungen angerichtet wird (vgl. bez. Bayerns Art. 2 des Wildschadengesetzes vom 15. Juni 1850 in der durch A.G. z. B.G.B. Art. 144, II festgesetzten Fassung, Art. 1 a des Jagdgesetzes vom 30. März 1850 in der durch A.G. z. B.G.B. Art. 143 Abs. 1, I festgesetzten Fassung und Verordnung vom 11. Juli 1900, die jagdbaren Thiere betreffend, G. u. V.Bl. S. 693 ff.).

7. § 835 findet auch auf den Schaden Anwendung, der durch das aus einem Gehege ausgetretene Wild angerichtet worden ist. In der II. Komm. wurde insbesondere hervorgehoben, daß in solchen Fällen, solange sich das Wild auf freier Wildbahn bewege, von einem „Halten" desselben im Sinne des § 833 nicht gesprochen werden könne (P. II, 840 ff.). Nach E.G. Art. 71 Nr. 2 kann aber durch Landesgesetz bestimmt werden, daß für den Wildschaden, der durch ein aus einem Gehege ausgetretenes jagdbares Thier angerichtet wird, der Eigenthümer oder der Besitzer des Geheges verantwortlich ist.

8. Gegenstand des Ersatzes ist der Schaden, welcher angerichtet worden ist:

a) an einem Grundstücke, gleichviel, ob es sich um land- und forstwirthschaftliche Grundstücke oder um ein Grundstück anderer Art handelt (P. II, 829);

b) an den noch nicht getrennten Erzeugnissen eines Grundstücks (vgl. §§ 93, 94);

c) an den Erzeugnissen eines Grundstücks, welche zwar schon getrennt, aber noch nicht eingeerntet sind. Der in der Reichstagskomm. gestellte Antrag, ausdrücklich auszusprechen, daß als eingeerntet die Erzeugnisse auch dann gelten, wenn sie in Diemen, Mieten, Beimen und dergl. zusammengebracht sind, wurde zurückgezogen, nachdem von Seite der Regierungsvertreter erklärt und von verschiedenen Seiten bestätigt worden war, daß dies nach den Bestimmungen des Gesetzes über die Früchte ohnehin unzweifelhaft sei (R.T.K. 60; vgl. P. II, 829).

9. Liegt ein Verschulden des Verletzten vor, so finden die Bestimmungen des § 254 Anwendung (P. II, 837). Ein solches Verschulden kann insbesondere darin gefunden werden, daß der Grundeigenthümer die Anbringung von Schutzvorrichtungen unterlassen hat, deren Herstellung die im Verkehr erforderliche Sorgfalt erheischt (Einzäunen werthvoller Baumschulen ꝛc.; vgl. E.G. Art. 71 Nr. 4 und Art. 5 des bayrischen Wildschadengesetzes vom 15. Juni 1850 in der durch A.G. z. B.G.B. Art. 144, IV festgesetzten Fassung).

Auf Grund des § 254 kann ein Ersatzanspruch auch dann versagt werden, wenn Bodenerzeugnisse in der Absicht, Schadensersatz zu erzielen, gezogen oder über die gewöhnliche Erntezeit hinaus auf dem Felde belassen werden (D. 104).

10. Sind mehrere Jagdberechtigte vorhanden, so haften sie vorbehaltlich der Vorschrift des § 835 Abs. 3 (s. oben Anm. 4 d) als Gesammtschuldner (§ 840 Abs. 1; P. II, 833, 835 ff.). Das Gleiche gilt, wenn für den Schaden neben dem nach § 835 Ersatzpflichtigen noch ein Dritter auf Grund einer unerlaubten Handlung verantwortlich ist (z. B. der Wilderer, der das Wild in ein Kornfeld getrieben hat), während in ihrem Verhältnisse zu einander der Dritte allein verpflichtet ist (§ 840 Abs. 1, 3). Ist nach Landesrecht der Jagdpächter neben dem Jagdberechtigten ersatzpflichtig, so kann der Letztere nicht als Dritter im Sinne des § 840 Abs. 3 angesehen werden (P. II, 836).

11. Selbstverständlich kann im Wege des Vertrags die Frage des Wildschadenersatzes abweichend von den Vorschriften des § 835 geregelt werden. Ein in der II. Komm. gestellter Antrag, solche Verträge für nichtig zu erklären, wurde zurückgezogen (P. II, 839).

12. Die Verjährung des Anspruchs auf Ersatz von Wildschaden bestimmt sich nach § 852 (vgl. P. II, 839). Nach E.G. Art. 70 bleiben aber die landesgesetzlichen Vorschriften unberührt, nach welchen solche Ansprüche innerhalb einer Präklusivfrist bei der zuständigen Behörde geltend zu machen sind (vgl. Art. 8a des bayrischen Wildschadengesetzes vom 18. Juni 1850 in der durch A.G. z. B.G.B. Art. 144, V festgesetzten Fassung).

13. Ueber die der landesrechtlichen Regelung vorbehaltenen Punkte s. E.G. Art. 70, 71, 72 und Anm. hiezu (Bd. 6 S. 106 ff.).

14. Zuständigkeit. Nach G.V.G. § 23 ist für Streitigkeiten wegen Wildschadens, soferne sie auf dem Rechtsweg auszutragen sind, ohne Rücksicht auf den Werth des Streitgegenstands das Amtsgericht zuständig.

§ 836.

Wird durch den Einsturz eines Gebäudes oder eines anderen mit einem Grundstücke verbundenen Werkes oder durch die Ablösung von Theilen des Gebäudes oder des Werkes ein Mensch getödtet, der Körper oder die Gesundheit eines Menschen verletzt oder eine Sache beschädigt, so ist der Besitzer des Grundstücks, sofern der Einsturz oder die Ablösung die Folge fehlerhafter Errichtung oder mangelhafter Unterhaltung ist, verpflichtet, dem Verletzten den daraus entstehenden Schaden zu ersetzen. Die Ersatzpflicht tritt nicht ein, wenn der Besitzer zum Zwecke der Abwendung der Gefahr die im Verkehr erforderliche Sorgfalt beobachtet hat.

Ein früherer Besitzer des Grundstücks ist für den Schaden verantwortlich, wenn der Einsturz oder die Ablösung innerhalb eines Jahres nach der Beendigung seines Besitzes eintritt, es sei denn, daß er während seines Besitzes die im Verkehr erforderliche Sorgfalt beobachtet hat oder ein späterer Besitzer durch Beobachtung dieser Sorgfalt die Gefahr hätte abwenden können.

Besitzer im Sinne dieser Vorschriften ist der Eigenbesitzer.

E. I, 735 Abs. 1; II, 759; III, 820.

1. Bisheriges Recht. Nach gemeinem Rechte besteht eine Verpflichtung zum Ersatze des durch leblose Sachen angerichteten Schadens nur im Falle positiver schuldhafter Thätigkeit (actio legis Aquiliae). Dies gilt auch für den Schaden, der durch fehlerhafte Beschaffenheit eines Grundstücks oder der darauf befindlichen Anlagen, insbesondere durch Einsturz eines Gebäudes, verursacht worden ist. Einen gewissen Ersatz gewährte die sog. cautio damni infecti, mit welcher das Versprechen des Ersatzes für etwaigen Schaden, welcher einem Grundstücke durch die Beschaffenheit eines anderen Grundstücks drohte, eventuell Besitzeinweisung, erlangt werden konnte (Windscheid-Kipp, Bd. 2 S. 926 ff.). Weitergehende Bestimmungen enthalten die meisten neueren Rechte, s. P.L.R. Thl. I Tit. 8 §§ 37 ff.; B.L.R. Thl. IV cap. 16 § 10; code civil Art. 1386; sächsisches G.B. § 351; über andere Rechte s. M. II, 815 ff.; vgl. auch Samml. v. Entsch. d. obersten L.G. München III, 183 ff., IV, 722 ff., IX, 185 ff.; Bl. f. R.A. Bd. 39 S. 409 ff.

2. Grundsätzliche Regelung. Nach E. I sollte der Besitzer verpflichtet sein, unter Anwendung der Sorgfalt eines ordentlichen Hausvaters dafür zu sorgen, daß ein auf dem Grundstücke befindliches Gebäude oder sonstiges Werk nicht in Folge fehlerhafter Errichtung oder in Folge mangelhafter Unterhaltung einstürzt, und nur bei Verletzung dieser Pflicht für den Schaden haften, welcher einem Dritten aus dem dadurch verursachten Einsturz entstanden ist (M. II, 817 ff.; Z.G. II, 416 ff.; Jacubezky, Bem. S. 175). Den gegen diese Regelung erhobenen Einwendungen hat die II. Komm. nur insoferne Rechnung getragen, als sie die Beweislast zu Gunsten des Beschädigten umkehrte (P. II, 653). Ein in der Reichstagskomm. gestellter Antrag, wonach der Besitzer des Grundstücks ersatzpflichtig sein sollte, auch wenn er zum Zwecke der Abwendung der Gefahr die im Verkehr erforderliche Sorgfalt beobachtet habe, fand keine Annahme (R.T.K. 62). § 836 enthält also (wie die §§ 831, 832, 834) keine Ausnahme vom Verschuldungsprinzip.

3. Ersatzpflichtig ist:

a) der Besitzer des Grundstücks, und zwar nach § 836 Abs. 3 der Eigenbesitzer, d. h. derjenige, der das Grundstück als ihm gehörend besitzt (§ 872 und Anm. hiezu Bd. 3 S. 27; vgl. M. II, 818 ff.; Z.G. II, 417 ff.; P. II, 653, 655 ff.; D. 105). Die Ersatzpflicht trifft also den Eigenthümer des Grundstücks nur dann, wenn er zugleich Besitzer ist, also beispielsweise dann nicht, wenn er als Erbe von dem ihm angefallenen Eigenthume gar keine Kenntniß hat oder wenn ihm der Besitz widerrechtlich vorenthalten wird. Besitzen Mehrere das Grundstück gemeinschaftlich (§ 866), so haften sie als Gesammtschuldner (§ 840 Abs. 1).

b) Um zu verhüten, daß sich der Besitzer durch Aufgabe des Besitzes der Verantwortlichkeit entziehen könne, erklärt § 836 Abs. 2 auch den früheren Besitzer für haftbar, jedoch nur unter der Voraussetzung, daß das schädigende Ereigniß innerhalb eines Jahres nach der Beendigung seines Besitzes eintritt (P. II, 656). Gemäß § 836 Abs. 3 ist auch der frühere Besitzer nur haftbar, wenn er Eigenbesitzer war (s. oben unter a). Ueber die Beendigung des Besitzes und des Eigenbesitzes im Besonderen s. § 856 und Anm. hiezu (Bd. 3 S. 11 ff.), ferner Anm. 3 zu § 872 (Bd. 3 S. 27).

4. Voraussetzung der Ersatzpflicht ist:

a) daß durch den Einsturz eines Gebäudes oder eines anderen mit einem Grundstücke verbundenen Werkes oder durch Ablösung von Theilen des Gebäudes oder des Werkes (P. II, 653) eine Tödtung, Körperverletzung oder Sachbeschädigung herbeigeführt worden ist. Ueber den Begriff des Gebäudes s. Anm. II, 3 zu § 648 (s. oben S. 465), Anm. 1a zu § 912 (Bd. 3 S. 65); über den Begriff des Werkes s. Anm. B zu § 631 (s. oben S. 444).

b) Der Einsturz oder die Ablösung der Theile muß durch die fehlerhafte Errichtung oder mangelhafte Unterhaltung des Gebäudes oder Werkes verursacht worden sein.

c) Die Haftung des früheren Besitzers ist noch an die weitere Voraussetzung geknüpft, daß der Einsturz oder die Ablösung innerhalb eines Jahres nach der Beendigung seines Besitzes eintritt (s. oben Anm. 3 b).

5. Die Ersatzpflicht kommt in Wegfall:

a) für den gegenwärtigen Besitzer, wenn er zum Zwecke der Abwendung der Gefahr die im Verkehr erforderliche Sorgfalt (s. oben S. 38 Anm. 1, 2 a zu § 276) beobachtet hat. Daß die Ersatzpflicht nicht eintritt, wenn der Schaden auch bei Anwendung dieser Sorgfalt entstanden sein würde, hebt das Gesetz hier nicht ausdrücklich hervor (vgl. dagegen §§ 831 Abs. 1 Satz 2, 832 Abs. 1 Satz 2, 834 Satz 2). Da aber die Ersatzpflicht voraussetzt, daß der Einsturz oder die Ablösung die Folge fehlerhafter Errichtung oder mangelhafter Unterhaltung ist (s. oben Anm. 4 b), ist in diesen Fällen Mangels des erforderlichen Kausalzusammenhanges der Besitzer nicht ersatzpflichtig.

b) Die Ersatzpflicht des früheren Besitzers kommt in Wegfall:

α) wenn er während seines Besitzes die im Verkehr erforderliche Sorgfalt beobachtet hat (s. oben unter a);

β) wenn ein späterer Besitzer durch Beobachtung dieser Sorgfalt die Gefahr hätte abwenden können (P. II, 656).

6. Beweislast. Der Verletzte hat zu beweisen, daß der Schaden durch Einsturz eines Gebäudes oder eines anderen mit einem Grundstücke verbundenen Werkes oder durch Ablösung von Theilen des Gebäudes oder des Werkes entstanden ist und daß der Einsturz bezw. die Ablösung die Folge fehlerhafter Errichtung oder mangelhafter Unterhaltung ist. Gegenüber dem früheren Besitzer hat er weiter zu beweisen, daß von der Beendigung des Besitzes desselben ab bis zum Einsturz oder der Ablösung noch kein Jahr verflossen ist. Dem beklagten gegenwärtigen Besitzer obliegt der Nachweis, daß er zum Zwecke der Abwendung der Gefahr die im Verkehr erforderliche Sorgfalt beobachtet hat, während der beklagte frühere Besitzer darzuthun hat, daß er während seines Besitzes die im Verkehr erforderliche Sorgfalt beobachtet hat oder daß ein späterer Besitzer durch Beobachtung dieser Sorgfalt die Gefahr hätte abwenden können (P. II, 655).

7. Ist durch den auf fehlerhafter Errichtung beruhenden Einsturz eines Gebäudes oder Werkes oder durch die auf fehlerhafter Errichtung beruhende Ablösung von Theilen eines Gebäudes oder Werkes Leben, Körper, Gesundheit, Freiheit, Eigenthum oder ein sonstiges Recht eines Anderen widerrechtlich verletzt worden, so haftet der Erbauer, wenn er vorsätzlich oder fahrlässig gehandelt hat, nach § 823 Abs. 1 (M. II, 818). Für die Anwendbarkeit des § 823 Abs. 2 kommen insbesondere die Normen

des St.G.B. §§ 330, 367 Abs. 1 Nr. 13, 14, 15, die landesgesetzlichen Vorschriften baupolizeilicher Natur (vgl. bayrisches P.St.G.B. Art. 101 ff.; s. auch Entsch. d. R.G. in Civils. Bd. 6 S. 260 ff., Bd. 8 S. 236 ff.), sowie die nachbarrechtlichen Bestimmungen des B.G.B. (s. §§ 907 ff.) in Betracht. Ist hienach neben dem nach § 836 Ersatzpflichtigen ein Dritter für den Schaden verantwortlich, so haften Beide als Gesammtschuldner, während in ihrem Verhältnisse zu einander der Dritte allein verpflichtet ist (§ 840 Abs. 1, 3; P. II, 651, 652, 657; vgl. Samml. von Entsch. d. obersten L.G. München XII, 124 ff.). Ist nach § 836 Abs. 1, 2 sowohl der gegenwärtige als der frühere Besitzer verantwortlich, so haften sie als Gesammtschuldner (§ 840 Abs. 1). Für ihr Verhältniß zu einander aber ist § 426 maßgebend, da § 840 Abs. 3 auf diesen Fall nicht anwendbar ist.

8. Ueber die Haftung des Besitzers des Gebäudes oder Werkes sowie des zur Unterhaltung Verpflichteten s. §§ 837, 838.

9. Droht einem Grundstück eine Gefahr der im § 836 bezeichneten Art von dem mit einem Nachbargrundstücke verbundenen Gebäude oder anderen Werke, so kann der Eigenthümer des gefährdeten Grundstücks von demjenigen, welcher nach den §§ 836 Abs. 1, 837, 838 für den eintretenden Schaden verantwortlich sein würde, verlangen, daß er die zur Abwendung der Gefahr erforderliche Vorkehrung trifft (§ 908 und Anm. hiezu, Bd. 3 S. 63). Ein in der II. Komm. gestellter Antrag, wonach dieser Anspruch Jedem zustehen sollte, der von einem Gebäude oder sonstigen Werke wegen Gefahr des Einsturzes mit Schaden bedroht ist, wurde als zu weitgehend abgelehnt (P. II, 657).

10. Nach E.G. Art. 106 bleiben die landesgesetzlichen Vorschriften unberührt, nach welchen, wenn ein dem öffentlichen Gebrauche dienendes Grundstück zu einer Anlage oder zu einem Betriebe benutzt werden darf, der Unternehmer der Anlage oder des Betriebs für den Schaden verantwortlich ist, der bei dem öffentlichen Gebrauche des Grundstücks durch die Anlage oder den Betrieb verursacht wird (vgl. Bd. 6 S. 145; bayrisches A.G. z. B.G.B. Art. 59).

§ 837.

Besitzt Jemand auf einem fremden Grundstück in Ausübung eines Rechtes ein Gebäude oder ein anderes Werk, so trifft ihn an Stelle des Besitzers des Grundstücks die im § 836 bestimmte Verantwortlichkeit.

E. I, 735 Abs. 2; II, 760; III, 821.

1. § 837 enthält eine Ausnahme von dem Grundsatze des § 836 für den Fall, daß Jemand auf einem fremden Grundstück in Ausübung eines (dinglichen oder persönlichen) Rechtes (z. B. als Erbbauberechtigter oder Pächter) ein Gebäude oder ein anderes Werk besitzt (vgl. § 95 Abs. 1 Satz 2). In diesem Falle trifft die im § 836 näher bestimmte Verantwortlichkeit nicht den Besitzer des Grundstücks, sondern den Besitzer des Gebäudes oder Werkes, da nur er in der Lage ist, die zur Vermeidung von Gefahren erforderlichen Vorkehrungen zu treffen (M. II, 819; P. II, 657).

2. Hinsichtlich der Voraussetzungen der Ersatzpflicht, des Ausschlusses derselben, der Beweislast und der Pflicht zur Abwendung drohender Gefahr s. Anm. 4—6 u. 9 zu § 836.

3. Ist neben dem nach § 837 Ersatzpflichtigen ein Dritter auf Grund einer unerlaubten Handlung verantwortlich, so haften Beide als Gesammtschuldner, während in ihrem Verhältnisse zu einander der Dritte allein verpflichtet ist (§ 840 Abs. 1, 3; P. II, 657; vgl. Anm. 7 zu § 836). Die nach § 836 Abs. 2 den früheren Besitzer des Grundstücks treffende Verantwortlichkeit wird durch § 837 nicht berührt. Ist hienach sowohl der frühere Besitzer des Grundstücks als der gegenwärtige Besitzer des Gebäudes oder Werkes verantwortlich, so haften Beide als Gesammtschuldner (§ 840 Abs. 1). Für ihr Verhältniß zu einander ist § 426 maßgebend, da § 840 Abs. 3 auf diesen Fall nicht anwendbar ist.

§ 838.

Wer die Unterhaltung eines Gebäudes oder eines mit einem Grundstücke verbundenen Werkes für den Besitzer übernimmt oder das Gebäude oder das Werk vermöge eines ihm zustehenden Nutzungsrechts zu unterhalten hat, ist für den durch den Einsturz oder die Ablösung von Theilen verursachten Schaden in gleicher Weise verantwortlich wie der Besitzer.

E. I, 735 Abs. 3; II, 761; III, 822.

1. Gemäß § 838 haftet in gleicher Weise wie die nach § 836 oder § 837 ersatzpflichtigen Personen:

a) wer die Unterhaltung eines Gebäudes oder eines mit einem Grundstücke verbundenen Werkes für den Besitzer des Grundstücks, Gebäudes oder Werkes übernimmt (M. II, 819; vgl. §§ 831 Abs. 2, 832 Abs. 2, 834 Satz 1);

b) wer das Gebäude oder das Werk vermöge eines ihm zustehenden Nutzungsrechtes zu unterhalten hat. Durch diesen von der II. Komm. beschlossenen Zusatz sollte verdeutlicht werden, daß auch derjenige, welcher kraft eines Nießbrauchs, Wohnungsrechtes 2c. das Gebäude benutzt, nicht nur gegenüber dem Eigenthümer, sondern auch gegenüber Dritten zur Instandhaltung des Gebäudes verpflichtet sei (P. II, 657; vgl. §§ 1020, 1021, 1041, 1090, 1093 und Anm. hiezu).

2. Hinsichtlich der Voraussetzungen der Ersatzpflicht, des Ausschlusses derselben, der Beweislast und der Pflicht zur Abwendung drohender Gefahr s. Anm. 4—6 und 9 zu § 836.

3. Ist neben dem nach § 838 Ersatzpflichtigen ein Dritter auf Grund einer unerlaubten Handlung verantwortlich, so haften Beide als Gesammtschuldner, während in ihrem Verhältnisse zu einander der Dritte allein verpflichtet ist (§ 840 Abs. 1, 3; P. II, 657; vgl. Anm. 7 zu § 836). Die nach den §§ 836, 837 den Besitzer oder früheren Besitzer des Grundstücks, den Besitzer des Gebäudes oder Werkes treffende Verantwortlichkeit wird durch § 838 nicht berührt. Sind hienach mehrere Personen ersatzpflichtig, so haften sie als Gesammtschuldner (§ 840 Abs. 1). Für ihr Verhältniß zu einander aber ist, falls nicht vertragsmäßig etwas anderes bestimmt ist, § 426 maßgebend, da § 840 Abs. 3 auf diesen Fall nicht zutrifft (vgl. Windscheid-Kipp, Bd. 2 S. 933).

§ 839.*)

Verletzt ein Beamter vorsätzlich oder fahrlässig die ihm einem Dritten gegenüber obliegende Amtspflicht, so hat er dem Dritten den daraus entstehenden Schaden zu ersetzen. Fällt dem Beamten nur Fahrlässigkeit zur Last, so kann er nur dann in Anspruch genommen werden, wenn der Verletzte nicht auf andere Weise Ersatz zu erlangen vermag.

Verletzt ein Beamter bei dem Urtheil in einer Rechtssache seine Amtspflicht, so ist er für den daraus entstehenden Schaden nur dann verantwortlich, wenn die Pflichtverletzung mit einer im Wege des gerichtlichen Strafverfahrens zu verhängenden öffentlichen Strafe bedroht ist. Auf eine pflichtwidrige Verweigerung oder Verzögerung der Ausübung des Amtes findet diese Vorschrift keine Anwendung.

Die Ersatzpflicht tritt nicht ein, wenn der Verletzte vorsätzlich oder fahrlässig unterlassen hat, den Schaden durch Gebrauch eines Rechtsmittels abzuwenden.

E. I, 736 Abs. 1, 3; II, 762; III, 823.

1. Bisheriges Recht. Im gemeinen Rechte war die Lehre von der Haftung aus Verletzungen der Amtspflicht (Syndikatsklage) außerordentlich bestritten. Streitig war insbesondere, ob der Beamte nur für dolus und culpa lata oder auch für culpa levis hafte (vgl. Dernburg, Pand. Bd. 2 S. 368 Note 6, 7; Windscheid-Kipp, Bd. 2 S. 981 Note 1; Entsch. d. R.G. in Civils. Bd. 40 S. 202 ff.), ob die Haftung des Beamten eine subsidiäre sei oder nicht (Dernburg, Pand. a. a. O.; Windscheid-Kipp a. a. O.; Bl. f. R.A. Bd. 34

*) Nöldeke, die civilrechtliche Haftung des Richters nach dem B.G.B. in Gruchots Beitr. Bd. 42 (1898) S. 795 ff.; Delius, die Haftpflicht der Beamten, Berlin 1901.

S. 202 ff.; S. A. Bd. 50 Nr. 18, Bd. 51 Nr. 91), und ob neben dem Beamten auch der Staat hafte, der ihn angestellt hat (s. Windscheid-Kipp, Bd. 2 S. 984 Note 3 a, 4 und die dort erwähnten Entscheidungen).

Nach der Praxis des P.L.R. (Thl. II Tit. 10 §§ 88 ff., 127 ff.) haften Beamte im Allgemeinen auch für geringes Versehen, der Spruchrichter dagegen nur für dolus (Förster-Eccius, P.Pr.R. Bd. 2 § 154; Entsch. d. R.G. in Civils. Bd. 38 S. 339 ff.).

Das B.L.R. enthält keine allgemeine Vorschrift über die Haftung der Beamten; s. aber Thl. I cap. 7 § 29, Thl. IV cap. 16 § 10 Ziff. 7; Kreittmayr, Anm. Thl. V cap. 24 §§ 8, 9; Gerichtsordnung von 1753 cap. 16 § 3 Ziff. 1; vgl. auch bayrisches Hyp.Ges. §§ 96, 98—100 und Art. 46 des früheren Not.Ges. Ueber die bayrische Praxis s. die in Danzers Ausgabe des B.L.R. zu der erwähnten Stelle der Gerichtsordnung citirten Entscheidungen, ferner Samml. v. Entsch. d. obersten L.G. München XV, 171, 836, XVII, 11 ff.

Nach § 1506 des sächsischen G.B. hat Anspruch auf Ersatz, wer durch absichtliche Verschuldung oder grobe Fahrlässigkeit eines richterlichen Beamten bei Verhandlung oder Entscheidung eines Rechtsstreits oder in Geschäften der freiwilligen Gerichtsbarkeit Schaden erleidet. Dieser Anspruch fällt weg, wenn der Verletzte Rechtsmittel nicht gebraucht hat, durch welche er die ihm Schaden bringende richterliche Handlung hätte abwenden können. Die gleiche Haftung obliegt nach § 1507 den vom Staate oder von Gemeinden angestellten Verwaltungsbeamten.

Ueber andere Rechte s. M. II, 820 ff., über § 13 des Reichsbeamtengesetzes s. unten Anm. 13.

2. Entstehungsgeschichte. Nach E. I sollten Beamte im Allgemeinen für den aus vorsätzlicher oder fahrlässiger Verletzung der gegenüber Dritten ihnen gesetzlich obliegenden Amtspflicht erwachsenen Schaden haften, während die Verletzung der Amtspflicht bei der Leitung oder Entscheidung einer Rechtssache nur dann verantwortlich machen sollte, wenn die Pflichtverletzung mit einer im Wege des gerichtlichen Strafverfahrens zu verhängenden öffentlichen Strafe bedroht ist (M. II, 822 ff.; Z.G. II, 417 ff.). Gemäß Art. 55 des E. I des E.G. sollten aber die Vorschriften der Landesgesetze unberührt bleiben, nach welchen ein Beamter wegen des aus fahrlässiger Amtspflichtverletzung entstandenen Schadens nur haften soll, wenn der Beschädigte auf andere Weise nicht Ersatz zu erlangen vermag (M. II, 824 ff.; M.E.G. 184; Z.G. II, 418, VII, 67). Die II. Komm. lehnte den Antrag ab, Beamte überhaupt nur für Vorsatz und grobe Fahrlässigkeit haften zu lassen, und nahm einen dem nunmehrigen § 839 Abs. 2 Satz 2 entsprechenden Beisatz auf, weil bei pflichtwidriger Verweigerung oder Verzögerung der Amtsausübung kein Grund bestehe, die mit der Leitung und Entscheidung von Rechtssachen betrauten Beamten in geringerem Umfang als andere Beamte haften zu lassen. Sie beschloß ferner, im B.G.B. selbst auszusprechen, daß die Haftung des Beamten bei fahrlässiger Pflichtverletzung nur eine subsidiäre sei, und in das E.G. Vorschriften einzustellen, welche den nunmehrigen Art. 77—79 entsprechen (P. II, 658 ff., 670 ff.). Der bei der zweiten Lesung in der II. Komm. gestellte Antrag, die Haftung des Beamten für Fahrlässigkeit auszuschließen, wenn der Beschädigte durch Gebrauch der zulässigen Rechtsmittel den Schaden hätte abwenden können, fand keine Annahme (P. VI, 202 ff.; vgl. II, 662 ff.).

Dagegen enthielt E. III § 823 Abs. 3 die Vorschrift, daß die Ersatzpflicht überhaupt wegfalle, wenn der Beschädigte unterlassen hat, den Schaden durch den Gebrauch eines Rechtsmittels abzuwenden. In der Reichstagskomm. wurde der Antrag, die Haftung des Beamten ohne Rücksicht auf Verschulden desselben eintreten zu lassen, abgelehnt und der Ausschluß des Ersatzanspruchs auf den Fall schuldhafter Unterlassung der Einlegung eines Rechtsmittels beschränkt. Die bei der ersten Lesung beschlossenen Vorschriften über die subsidiäre Haftung des Staates wurden bei der zweiten Lesung gestrichen und durch eine Resolution ähnlichen Inhalts ersetzt (R.T.K. 63 ff.).

Im Reichstagsplenum endlich wurden gelegentlich der zweiten Lesung die Worte „bei der Leitung oder Entscheidung einer Rechtssache" ersetzt durch die Worte „bei der Entscheidung einer Rechtssache", während bei der dritten Lesung die nunmehrige Fassung („bei dem Urtheil in einer Rechtssache") gewählt wurde. Die weiteren Anträge, die Haftung aller Beamten ohne Rücksicht auf Verschulden, eventuell die Haftung des Richters bei grober Fahrlässigkeit eintreten zu lassen, sowie die Haftung des Staates für seine Beamten im B.G.B. grundsätzlich zu regeln, wurden abgelehnt (Sten.Ber. 137 ff., 351 ff.).

3. Verhältniß des § 839 zum § 823. Nach § 823 ist ein Beamter, der durch eine Amtshandlung vorsätzlich oder fahrlässig Leben, Körper, Gesundheit, Freiheit, Eigenthum oder ein sonstiges Recht eines Anderen widerrechtlich verletzt oder gegen ein den Schutz eines Anderen bezweckendes Gesetz verstößt, dem Anderen zum Ersatze des daraus entstehenden Schadens verpflichtet. Ist aber das Gesetz, gegen welches der Beamte verstoßen hat, eine Dienstvorschrift, so soll nach § 839 der Beamte nur dann haften,

wenn durch den Verstoß eine Amtspflicht verletzt worden ist, die nach dem Inhalte der Dienstvorschrift dem Beamten nicht nur gegenüber seinem Dienstherrn (Staat, Gemeinde rc.), sondern auch gegenüber dem Geschädigten obliegt. Entscheidend ist also nicht, ob die Dienstvorschrift, welcher der Beamte zuwidergehandelt hat, ein den Schutz eines Anderen bezweckendes Gesetz ist, sondern, ob die durch sie begründete Amtspflicht dem Beamten auch im Verhältnisse zu dem Geschädigten auferlegt ist. Nach § 839 ist demzufolge die Haftung des Beamten in Fällen gegeben, in welchen sie auf Grund des § 823 Abs. 2 nicht eintreten würde, während in anderen Fällen, welche den Thatbestand des § 823 Abs. 2 erschöpfen, gemäß § 839 die Haftung des Beamten ausgeschlossen ist. § 839 enthält also eine Modifikation, nicht aber eine Erweiterung des § 823 (vgl. M. II, 822 ff., D. 105; Nöldeke a. a. O. S. 809 ff.; Windscheid-Kipp, Bd. 2 S. 889 ff.; Hachenburg, S. 429 ff.; Liszt, S. 44; Müller in den Bl. f. R.A. Bd. 65 S. 382; Delius a. a. O. S. 27 ff.).

4. Die Sondervorschriften des § 839 gelten nur für Beamte. Reichsbeamter ist nach § 1 des Gesetzes, betreffend die Rechtsverhältnisse der Reichsbeamten, vom 31. März 1873 „jeder Beamte, welcher entweder vom Kaiser angestellt oder nach Vorschrift der Reichsverfassung den Anordnungen des Kaisers Folge zu leisten verpflichtet ist". Wer als Landesbeamter anzusehen ist, entscheidet das Landesstaatsrecht. Mangels einschlägiger Bestimmungen sind unter Landesbeamten auch hier (vgl. Bd. 4 S. 28 Anm. 4 zu § 1315) alle Personen zu verstehen, die in einem deutschen Bundesstaate (wozu nach E.G. Art. 5 auch Elsaß-Lothringen gehört) im öffentlichen Dienste des Staates, der Gemeinde oder der Kirche angestellt sind, gleichviel, ob sie besoldet oder unbesoldet, mit einem Amte betraut oder nur zu Dienstleistungen berufen sind. Die sog. „Privatbeamten" (z. B. Versicherungsbeamte, Bankbeamte) fallen nicht unter § 839. Auch Sachverständige, insbesondere Schätzmänner, haften nach Maßgabe des § 839 nur, wenn sie Beamte sind, während sich außerdem ihre Verantwortlichkeit nach den allgemeinen Grundsätzen bestimmt (M. II, 827 ff.; Z.G. II, 419 ff., VI, 517 ff.; Jacubezky, Bem. S. 176 ff.; s. auch Samml. v. Entsch. d. obersten L.G. München XV, 368 ff.). Nach E.G. Art. 79 bleiben aber die landesgesetzlichen Vorschriften unberührt, nach welchen die zur amtlichen Feststellung des Werthes von Grundstücken bestellten Sachverständigen für den aus einer Verletzung ihrer Berufspflicht entstandenen Schaden in weiterem Umfange als nach dem B.G.B. haften (vgl. Bd. 6 S. 115; bayrisches A.G. z. B.G.B. Art. 88).

5. Voraussetzung der Haftung des Beamten ist:

a) Verletzung einer Amtspflicht, die dem Beamten (nicht nur gegenüber seinem Dienstherrn, sondern auch) gegenüber dem Geschädigten obliegt. Ob diese Voraussetzung gegeben ist, muß nach dem Inhalte der Dienstvorschrift entschieden werden, welcher der Beamte zuwidergehandelt hat. Nicht unter § 839 fällt die große Zahl der Dienstvorschriften, welchen lediglich der Charakter von Ordnungsvorschriften beiwohnt (M. II, 823), z. B. das Verbot, ohne richterliche Erlaubniß an Sonn- und Feiertagen Zustellungs- und Vollstreckungshandlungen vorzunehmen (C.P.O. §§ 188, 761), die Vorschriften über Beginn und Ende der Bureauzeit rc. Dagegen sind zweifellos Verpflichtungen, die dem Beamten gegenüber Dritten obliegen, die Pflicht des Richters, binnen 24 Stunden Termin anzuberaumen (C.P.O. § 216 Abs. 2; vgl. Z.G. II, 418; Entsch. d. R.G. in Civils. Bd. 33 S. 246), vor gewissen Entscheidungen den Gegner des Antragstellers zu hören (C.P.O. §§ 99 Abs. 3 Satz 2, 891 Satz 2), den zu Entmündigenden persönlich unter Zuziehung von Sachverständigen zu vernehmen (C.P.O. § 654), den Verhafteten spätestens am Tage nach seiner Einlieferung zu verhören (St.P.O. § 115), den Haftbefehl nach Wegfall des Haftgrundes aufzuheben (St.P.O. § 123), Beschwerden spätestens vor Ablauf von drei Tagen bezw. einer Woche dem Beschwerdegerichte vorzulegen (C.P.O. § 571; St.P.O. § 348 Abs. 2) rc. Die Entscheidung, ob eine Dienstvorschrift der einen oder anderen Kategorie angehört, kann im einzelnen Falle ebenso zweifelhaft sein, als die, ob ein Gesetz den Schutz eines Anderen bezweckt (vgl. Anm. III, A, 1 zu § 823; s. auch Nöldeke, a a. O. S. 812 ff.).

b) Die Verletzung muß schuldhaft, d. h. vorsätzlich oder fahrlässig, erfolgt sein. Ueber Vorsatz und Fahrlässigkeit s. § 276 und Anm. hiezu (s. oben S. 38 ff.; vgl. auch Anm. II, C zu § 823; Liszt, S. 44). Von diesem Grundsatze macht aber § 839 Abs. 2 Satz 1 im Interesse der Unabhängigkeit der Gerichte und mit Rücksicht auf die Grundsätze über die Rechtskraft der Urtheile eine Ausnahme für den Fall, daß die Pflichtverletzung bei dem Urtheil in einer Rechtssache erfolgt ist. Die Haftung des Beamten tritt in diesem Falle nur ein, wenn die Pflichtverletzung mit einer im Wege des gerichtlichen Strafverfahrens zu verhängenden öffentlichen Strafe (also nicht nur mit disziplinärer Ahndung) bedroht ist (M. II, 824; Z.G. II, 48; P. II, 663; D. 106; vgl. C.P.O. § 580 Abs. 1 Nr. 5; St.P.O. §§ 399 Nr. 3, 402 Nr. 3). In Betracht kommt wohl nur die Strafbestimmung des § 336 St.G.B. (Rechtsbeugung). Die von dieser Ausnahme gemäß § 839 Abs. 2 Satz 2 bestehende Unterausnahme (P. II, 663; D. 106) ist praktisch bedeutungslos, weil durch ein Urtheil unmöglich der Thatbestand der Verweigerung oder Verzögerung der Amtsausübung hergestellt werden kann (Nöldeke a. a. O. S. 822 ff.). Im Einzelnen ist noch Folgendes hervorzuheben:

α) Die Einschränkung der Haftung greift nach dem klaren Wortlaute des Gesetzes nur Platz für die bei einem Urtheile begangenen Pflichtverletzungen. Als „Urtheil" bezeichnete der Antragsteller im Reichstage „diejenigen Entscheidungen, durch welche das Prozeßrechtsverhältniß für die Instanz beendigt wird, also bei Strafsachen die Endurtheile, bei Civilsachen auch noch die Zwischenurtheile und die Theilurtheile" (Sten.Ber. 351). Eine ausdehnende Interpretation dieses Begriffs ist nach der Entstehungsgeschichte der Vorschrift ausgeschlossen (ebenso Nöldeke, a. a. O. S. 820 ff.; and. Ans. ohne überzeugende Begründung Delius, a. a. O. S. 74 ff.; Hachenburg, S. 433 ff.; ferner Fischer-Henle, Note 7 zu § 839). Das Privileg des § 839 Abs. 2 findet also zwar Anwendung auf Ausschlußurtheile (C.P.O. § 952), nicht aber auf richterliche Entscheidungen, welche keine „Urtheile" sind (vgl. C.P.O. § 160 Abs. 2 Nr. 5; St.P.O. § 273 Abs. 1), z. B. Beweisbeschlüsse, Entmündigungsbeschlüsse, Haftbefehle, Beschlagnahmebeschlüsse, Beschlüsse über Eröffnung des Konkurses, über Ertheilung des Zuschlags ꝛc. Der Richter, der über einen Arrestantrag zu entscheiden hat, haftet daher nach § 839 Abs. 1, wenn er durch Beschluß, dagegen nach § 839 Abs. 2, wenn er auf Grund mündlicher Verhandlung durch Urtheil entscheidet (vgl. C.P.O. §§ 921, 922). Den eigentlichen Urtheilen werden übrigens diejenigen Entscheidungen gleichzustellen sein, welche zwar nicht „Urtheil" heißen, ihrem Wesen nach aber Urtheile sind, wie die „Entscheidungen" der Schiedsgerichte gemäß §§ 112 ff. des Invalidenversicherungsgesetzes vom 13. Juli 1899 (in der Fassung der Bekanntmachung vom 19. Juli 1899). Zum „Urtheil" im Sinne des § 839 Abs. 2 gehört auch der „Thatbestand" (C.P.O. § 313 Abs. 1 Nr. 3). Eine Pflichtverletzung „bei einem Urtheile" liegt auch vor, wenn das Urtheil auf ungenügender Prüfung seiner gesetzlichen Voraussetzungen beruht, wenn also z. B. ein Versäumnißurtheil ohne genügende Prüfung der Klagszustellung erlassen wird (ebenso Nöldeke a. a. O. S. 821; Delius, a. a. O. S. 73 ff.; and. Ans. Hachenburg, S. 434; vgl. Sten.Ber. 143, 151).

β) Auch die Ausnahmevorschrift des § 839 Abs. 2 gilt nur für „Beamte" (s. oben Anm. 4), findet also zwar Anwendung auf Beamte, welche, ohne Richter im engeren Sinne zu sein, Rechtssachen zu entscheiden haben (M. II, 824; R.T.K. 63), nicht aber auf Richter, welche nicht Beamte sind, wie Schöffen, Geschworene, Gewerbegerichtsbeisitzer ꝛc. (and. Ans. bezüglich der Schöffen und Geschworenen Delius, a. a. O. S. 72 ff.; Fischer-Henle, Note 7 zu § 839). Hieraus ergibt sich die seltsame Konsequenz, daß wegen der gleichen auf Fahrlässigkeit beruhenden Pflichtverletzung unter Umständen der rechtsunkundige Beisitzer, nicht aber der rechtsgelehrte Vorsitzende haftbar gemacht werden kann. Freilich wird aber gegenüber dem Ersteren Vieles nicht als Fahrlässigkeit erscheinen, was gegenüber dem Berufsrichter zweifellos als solche zu erachten sein würde. Als Beamte im Sinne des § 839 Abs. 2 sind gemäß G.V.G. § 116 auch die Handelsrichter zu erachten. Auch für den Schiedsrichter (C.P.O. §§ 1025 ff.) gilt das Privileg des § 839 Abs. 2 nur, wenn er Beamter ist (vgl. Entsch. d. R.G. in Civils. Bd. 41 S. 251 ff.).

6. Die Ersatzpflicht des Beamten kommt in Wegfall:

a) wenn der Verletzte vorsätzlich oder fahrlässig (§ 276 und Anm. hiezu, s. oben S. 38 ff.) unterlassen hat, den Schaden durch den Gebrauch eines Rechtsmittels abzuwenden (P. II, 662 ff.; D. 106; R.T.K. 63 ff.). Zum Ausschlusse der Haftung des Beamten ist es also nicht genügend, daß der Verletzte überhaupt von Einlegung eines Rechtsmittels Umgang genommen hat, es muß vielmehr diese Unterlassung sich als ein Verschulden des Verletzten darstellen. Ob diese Voraussetzung gegeben ist, kann nur nach Lage des einzelnen Falles entschieden werden. Ein Verschulden des Verletzten wird z. B. zu verneinen sein, wenn ein in Untersuchungshaft befindlicher Angeklagter gegen das eine Haftstrafe von wenigen Tagen aussprechende Urtheil Berufung nicht einlegt, um eine mehrwöchentliche Untersuchungshaft zu vermeiden (vgl. auch Endemann, I, 917 Note 5). Ob der Beamte selbst vorsätzlich oder fahrlässig gehandelt hat, kommt in dieser Beziehung nicht in Betracht (s. dagegen unten bei b). Der Begriff des „Rechtsmittels" ist nicht im streng technischen Sinne der §§ 511 ff. C.P.O., 338 ff. St.P.O. zu verstehen, umfaßt vielmehr alle Rechtsbehelfe, welche auf dem Wege des behördlichen Instanzenzugs eine Beseitigung der verletzenden Verfügung ermöglichen. Hiezu gehört z. B. der Einspruch gegen das Versäumnißurtheil und den Vollstreckungsbefehl (C.P.O. §§ 338, 700), die Anfechtungsklage der §§ 664, 957 C.P.O., die Wiedereinsetzung in den vorigen Stand (C.P.O. §§ 230 ff., St.P.O. §§ 44 ff.), die Nichtigkeits- und Restitutionsklage (C.P.O. §§ 578 ff.), der Widerspruch gegen einen Zahlungsbefehl (C.P.O. § 694), die Wiederaufnahme eines durch rechtskräftiges Urtheil geschlossenen Verfahrens (St.P.O. §§ 399 ff.), der Einspruch gegen einen Strafbefehl (St.P.O. §§ 449 ff.), der Antrag auf gerichtliche Entscheidung (St.P.O. §§ 454, 460), die Beschwerde im Verwaltungsverfahren rc. Selbstverständlich greift der Grundsatz des § 839 Abs. 3 nur Platz, wenn der Gebrauch eines Rechtsmittels nicht mehr möglich ist, da vorher von einer definitiven Schadenszufügung noch nicht gesprochen werden kann (vgl. P. VI, 205). Hat bei der Entstehung des Schadens ein anderweitiges Verschulden des Verletzten mitgewirkt, so sind die Grundsätze des § 254 maßgebend (M. II, 825).

b) Für fahrlässige Pflichtverletzungen haftet der Beamte überhaupt nur subsidiär, nämlich nur dann, wenn der Verletzte nicht auf andere Weise, insbesondere durch Inanspruchnahme eines anderen Ersatzpflichtigen oder des durch die Verfügung des Beamten ungerechtfertigt Bereicherten, Ersatz zu erlangen vermag (P. II, 662; vgl. P.L.R. Thl. II Tit. 10 § 91). Dem Nichtvorhandensein eines anderweitigen Ersatzpflichtigen steht der Umstand gleich, daß der Ersatzanspruch gegen eine andere Person wegen deren Vermögenslosigkeit nicht zum Ziele führt.

7. Ersatzberechtigt ist (im Gegensatze zu E. I) nicht Jeder, der durch die Pflichtverletzung unmittelbar oder mittelbar geschädigt worden ist, sondern nur derjenige Dritte, welchem gegenüber der Beamte seine Amtspflicht verletzt hat (P. II, 660).

8. Beweislast. Dem Kläger obliegt der Beweis, daß der Beamte vorsätzlich oder fahrlässig eine demselben ihm gegenüber obliegende Amtspflicht verletzt hat. Handelt es sich um eine fahrlässige Pflichtverletzung, so hat der Kläger weiter zu beweisen, daß er auf andere Weise Ersatz nicht zu erlangen vermag. In den Fällen des § 839 Abs. 2 obliegt dem Kläger der Nachweis, daß dem Beamten eine Pflichtverletzung zur Last fällt, welche mit einer im Wege des gerichtlichen Strafverfahrens zu verhängenden öffentlichen Strafe bedroht ist. Der Beklagte dagegen hat den Nachweis zu führen, daß der Verletzte schuldhafter Weise die Abwendung des Schadens durch den Gebrauch eines Rechtsmittels unterlassen habe.

9. Ist neben dem nach § 839 ersatzpflichtigen Beamten ein Anderer (gemäß § 839 oder auf Grund einer anderen unerlaubten Handlung) für den Schaden ersatzpflichtig, so haften Beide nach § 840 Abs. 1 als Gesammtschuldner (vgl. P. II, 663). Hinsichtlich der Haftung von Mitgliedern eines Kollegiums gelten keinerlei Sondervorschriften, es haftet also jedes einzelne Mitglied nur dann, wenn ihm gegenüber die Voraussetzungen des § 839 vorliegen. Eine Haftung des Kollegiums als solchen ist dem B.G.B. unbekannt (M. II, 826; Z.G. II, 418; D. 106; Windscheid-Kipp, Bd. 2 S. 983 Nr. 1 a. E.; P.L.R. Thl. II Tit. 10 §§ 127 ff.; Entsch. d. R.G. in Civils. Bd. 29 S. 250; S. A. Bd. 54 Nr. 224). Hieraus ergibt sich, daß dasjenige Mitglied eines Kollegiums, welches gegen die die Pflichtverletzung enthaltende Entscheidung gestimmt hat, für dieselbe nicht haftbar gemacht werden kann. Der Beweis, daß das in Anspruch genommene Kollegialmitglied der Entscheidung zugestimmt habe, obliegt dem Kläger (ebenso Nöldeke, a. a. O. S. 826; and. Ans. Delius, a. a. O. S. 41 ff.; Scherer, Note 7 zu § 839). Ueber das Verhältniß des nach § 839 ersatzpflichtigen Beamten zu einem neben ihm ersatzpflichtigen Dritten s. § 841 und Anm. hiezu.

10. Besondere Bestimmungen gelten für die Haftung des Vormundschaftsrichters gemäß §§ 1674 u. 1848 (s. Bd. 4 S. 469 ff., 647 ff.), sowie für den Grundbuchbeamten gemäß § 12 Gr.B.O.

11. Weitere Vorschriften hinsichtlich der Beamten enthalten die §§ 411, 570, 1315, 1784, 1888.

12. Nach E.G. Art. 77 bleiben unberührt die landesgesetzlichen Vorschriften über die Haftung des Staates, der Gemeinden und anderer Kommunalverbände für den von ihren Beamten in Ausübung der diesen anvertrauten öffentlichen Gewalt zugefügten Schaden, sowie die landesgesetzlichen Vorschriften, welche das Recht des Beschädigten, von dem Beamten den Ersatz eines solchen Schadens zu verlangen, insoweit ausschließen, als der Staat oder der Kommunalverband haftet. Auf Grund dieses Vorbehalts bestimmt Art. 60 des bayrischen A.G. z. B.G.B., daß, wenn ein Beamter des Staates, einer Gemeinde oder eines anderen Kommunalverbandes in Ausübung der ihm anvertrauten öffentlichen Gewalt vorsätzlich oder fahrlässig die ihm einem Dritten gegenüber obliegende Amtspflicht verletzt, dem Dritten gegenüber die im § 839 B.G.B. bestimmte Verantwortlichkeit an Stelle des Beamten den Staat oder den Verband trifft, in dessen Dienste der Beamte steht, wogegen der Beamte seinem Dienstherrn den demselben aus der Verletzung der Amtspflicht entstehenden Schaden zu ersetzen hat. Nach Art. 60 Abs. 1 Satz 2 gilt dies bei den Amtsgeschäften der Gerichtsvollzieher auch für die Verletzung der Pflichten gegenüber dem Auftraggeber. (Da in dieser Richtung der Gerichtsvollzieher nicht in Ausübung der ihm anvertrauten öffentlichen Gewalt handelt, wird die Rechtsgültigkeit dieser Bestimmung mit Recht bezweifelt in den Litterarischen Mittheilungen der Annalen des Deutschen Reichs 1901 S. 5 ff.) Ueber die Haftung des Staates für Pflichtverletzungen der Notare und Notariatsverweser s. bayrisches Not.Ges. Art. 126. Ueber die Haftung des Staates für den von seinen Beamten in Ausübung ihrer privatrechtlichen Vertretungsmacht verursachten Schaden s. B.G.B. §§ 31, 89 (vgl. Sten.Ber. 141). Weitere Vorbehalte zu Gunsten der Landesgesetzgebung enthalten die Art. 78—81 des E.G. (s. Bd. 6 S. 114 ff.).

13. Nach § 13 des Reichsbeamtengesetzes vom 31. März 1873 ist jeder Reichsbeamte für die Gesetzmäßigkeit seiner amtlichen Handlungen verantwortlich. Die Auslegung dieser Vorschrift ist streitig. Während nach Laband (Reichsstaatsrecht 3. Aufl. Bd. 1 S. 433 ff.) hierin ausgesprochen liegen soll, daß der Reichsbeamte für jedes gesetzwidrige Verhalten ohne Rücksicht auf Verschulden verantwortlich ist, erblickt die herrschende Meinung in dieser Bestimmung nur den Ausdruck dafür, daß die nach den allgemeinen Grundsätzen begründete Haftung des Beamten in Ansehung der gerichtlichen Verfolgbarkeit besonderen reichsrechtlichen Beschränkungen nicht unterliege (vgl. P. II, 662; R.T.K. 63; Sten.Ber. 146, 151). Jedenfalls sind nunmehr auch für die Haftung von Reichsbeamten die Bestimmungen des § 839 B.G.B. maßgebend (ebenso Nöldeke, a. a. O. S. 813 Note 30; Delius, a. a. O. S. 8 Note 1).

14. Nach E.G. z. G.V.G. § 11 Abs. 2 bleiben die landesgesetzlichen Vorschriften unberührt, durch welche die Verfolgung der Beamten an die Vorentscheidung einer besonderen Behörde gebunden ist (vgl. bezüglich Bayerns Art. 7 des Gesetzes vom 8. August 1878, betreffend die Errichtung eines Verwaltungsgerichtshofes und das Verfahren in Verwaltungsrechtssachen, in der Fassung des Art. 165, I des A.G. z. B.G.B.). Daß diese Bestimmung und die auf Grund derselben erlassenen landesgesetzlichen Vorschriften durch das B.G.B. nicht berührt werden, steht außer Zweifel und wurde in der II. Komm. ausdrücklich anerkannt (P. II, 671; vgl. M. II, 826; Jacubezky, Bem. S. 176).

15. Bezüglich der Zuständigkeit s. G.V.G. § 70; Reichsbeamtengesetz § 154. Ueber die Haftung des Gerichtsschreibers für die durch grobes Verschulden veranlaßten Kosten s. C.P.O. § 102.

§ 840.

Sind für den aus einer unerlaubten Handlung entstehenden Schaden Mehrere neben einander verantwortlich, so haften sie, vorbehaltlich der Vorschrift des § 835 Abs. 3, als Gesammtschuldner.

Ist neben demjenigen, welcher nach den §§ 831, 832 zum Ersatze des von einem Anderen verursachten Schadens verpflichtet ist, auch der Andere für den Schaden verantwortlich, so ist in ihrem Verhältnisse zu einander der Andere allein, im Falle des § 829 der Aufsichtspflichtige allein verpflichtet.

Ist neben demjenigen, welcher nach den §§ 833 bis 838 zum Ersatze des Schadens verpflichtet ist, ein Dritter für den Schaden verantwortlich, so ist in ihrem Verhältnisse zu einander der Dritte allein verpflichtet.

E. I, 713, 714, 736 Abs. 2; II, 764; III, 825.

1. Verhältniß nach außen. Sind an einer unerlaubten Handlung Mehrere betheiligt, so haften für den aus dieser Handlung entstehenden Schaden alle Betheiligten, und zwar nicht nur dann, wenn sie als Theilnehmer (Mitthäter, Anstifter, Gehülfen) gehandelt haben, sondern auch, wenn dies nicht der Fall ist und sich nicht ermitteln läßt, wer von den mehreren Betheiligten den Schaden verursacht hat (§ 830 und Anm. hiezu). Gemäß § 840 Abs. 1 haften aber nicht nur in den Fällen des § 830, sondern überall da, wo für den aus einer unerlaubten Handlung erwachsenen Schaden Mehrere neben einander verantwortlich sind, die sämmtlichen verantwortlichen Personen als Gesammtschuldner, also nach Maßgabe der §§ 421 ff. (M. II, 737, 738; Dernburg, Pand. Bd. 2 S. 194 Nr. 12, S. 362; Windscheid-Kipp, Bd. 2 S. 203 Nr. 15, S. 915 Nr. 26; P.L.R. Thl. I Tit. 6 § 29 ff.; B.L.R. Thl. IV cap. 16 § 4 Ziff. 5; bayrisches A.G. z. St.P.O. Art. 30 [aufgehoben durch A.G. z. B.G.B. Art. 168]; über andere Rechte s. M. II, 738 Note 2; s. auch Samml. v. Entsch. d. obersten L.G. München XVI, 35 ff.; S. A. Bd. 50 Nr. 249; vgl. Anm. 3 c zu § 829, Anm. 6 zu § 831, Anm. 6 zu § 832, Anm. 5 zu § 833, Anm. 3 zu § 834, Anm. 10 zu § 835, Anm. 7 zu § 836, Anm. 3 zu § 837, Anm. 3 zu 838, Anm. 9 zu 839). Eine Ausnahme von diesem Grundsatze gilt jedoch gemäß § 835 Abs. 3, wonach in dem dort bezeichneten Falle die mehreren Grundstückseigenthümer für den Wildschaden nicht als Gesammtschuldner, sondern nach dem Verhältnisse der Größe ihrer Grundstücke ersatzpflichtig sind (Anm. 4 d zu § 835).

2. Verhältniß nach innen. Gemäß § 426 Abs. 1 Satz 1 sind Gesammtschuldner im Verhältnisse zu einander zu gleichen Antheilen verpflichtet, falls nicht ein Anderes bestimmt ist. Ausnahmen von diesem Grundsatz enthalten die Bestimmungen des § 840 Abs. 2 u. 3.

a) Gemäß §§ 831, 832 haften unter gewissen Voraussetzungen neben dem Thäter der Geschäftsherr, die ihm nach § 831 Abs. 2 gleichgestellten Personen und der kraft Gesetzes oder auf Grund Vertrags Aufsichtspflichtige. Im Verhältnisse dieser Personen zu dem Thäter ist der Letztere allein verpflichtet (M. II, 737 ff.; vgl. Anm. 6 zu § 831, Anm. 6 zu § 832). Hievon gilt jedoch wiederum eine Ausnahme für den Fall des § 829. Nach dieser Vorschrift kann der wegen Unzurechnungsfähigkeit oder jugendlichen Alters nicht verantwortliche Thäter zum Schadensersatz angehalten werden, wenn von dem nach § 832 verantwortlichen Aufsichtspflichtigen Ersatz nicht zu erlangen ist. Im Verhältnisse des Thäters zu dem Aufsichtspflichtigen ist in diesem Falle der Letztere allein verpflichtet (P. II, 606; Anm. 3 c zu § 829).

b) Neben den nach den §§ 833—838 ersatzpflichtigen Personen kann auf Grund der anderweitigen Bestimmungen über unerlaubte Handlungen ein Dritter verantwortlich sein. Ist dies der Fall, so ist im Verhältnisse dieser Personen zu dem Dritten der Letztere allein verpflichtet (vgl. Anm. 5 zu § 833, Anm. 3 zu § 834, Anm. 10 zu § 835, Anm. 7 zu § 836, Anm. 3 zu § 837, Anm. 3 zu § 838).

c) Eine weitere Ausnahme von dem Grundsatze des § 426 enthält § 841 (s. auch § 1833 Abs. 2 Satz 2).

Soweit hienach im Verhältnisse mehrerer Ersatzpflichtiger zu einander Einer allein verpflichtet ist, kann der Andere, wenn er Schadensersatz geleistet hat, gegen den allein Verpflichteten Regreß nehmen, wenn er Schadensersatz noch nicht geleistet hat, von dem allein Verpflichteten verlangen, daß derselbe ihn von der Verbindlichkeit zum Schadensersatze befreie (§ 257; M. II, 737 ff.).

3. Nach E.G. Art. 95 bleiben die dem Gesinderecht angehörenden landesgesetzlichen Vorschriften unberührt. Eine Abweichung von den Bestimmungen des § 840 Abs. 2 B.G.B. kann aber durch solche Vorschriften nicht festgesetzt werden (E.G. Art. 95 Abs. 2).

§ 841.

Ist ein Beamter, der vermöge seiner Amtspflicht einen Anderen zur Geschäftsführung für einen Dritten zu bestellen oder eine solche Geschäftsführung zu beaufsichtigen oder durch Genehmigung von Rechtsgeschäften bei ihr mitzuwirken hat, wegen Verletzung dieser Pflichten neben dem Anderen für den von diesem verursachten Schaden verantwortlich, so ist in ihrem Verhältnisse zu einander der Andere allein verpflichtet.

E. I, 736 Abs. 2; II, 764 Abs. 3; III, 825 Abs. 3.

1. Entstehungsgeschichte. Einem von der II. Komm. gefaßten Beschlusse zufolge sollte ein Beamter, welcher vermöge seiner Amtspflicht einen Anderen zur Geschäftsführung für einen Dritten zu bestellen oder eine solche Geschäftsführung zu beaufsichtigen oder durch Genehmigung von Rechtsgeschäften bei ihr mitzuwirken hat, nicht ersatzpflichtig sein hinsichtlich des Schadens, dessen Entstehung außerhalb des Bereichs der Wahrscheinlichkeit lag oder nach den Umständen, die der Beamte kannte oder kennen mußte, als außerhalb dieses Bereichs liegend angesehen werden durfte (P. II, 669 ff., 842 ff.; E. II, 763, E. III, 824). Im § 825 Abs. 3 des E. III (nun § 840 Abs. 3) war dieser Fall, entsprechend dem § 736 Abs. 2 des E. I, neben den Fällen der §§ 817—822 (jetzt §§ 833—838) erwähnt. Da nun von der Reichstagskomm. der § 824 des E. III in Konsequenz des zu § 248 Abs. 2 des E. III (nun § 254) gefaßten Beschlusses gestrichen wurde, erschien die Neueinstellung des § 825 a (nun § 841) erforderlich (R.T.K. 66, 67).

2. § 841 enthält gleich § 840 Abs. 2 u. 3 eine Ausnahme von dem Grundsatze des § 426. Ist gemäß § 839 ein Beamter, der vermöge seiner Amtspflicht einen Anderen zur Geschäftsführung für einen Dritten zu bestellen oder eine solche Geschäftsführung zu beaufsichtigen oder durch Genehmigung von Rechtsgeschäften bei ihr mitzuwirken hat, neben dem Geschäftsführer ersatzpflichtig, so haften beide nach außen als Gesammtschuldner (§ 840 Abs. 1). In ihrem Verhältnisse zu einander aber ist der Geschäftsführer allein verpflichtet (M. II, 825 ff.; P. II, 663, 842 ff.). Der Beamte kann also, wenn er bereits Ersatz geleistet hat, gegen den Geschäftsführer Regreß nehmen, im gegentheiligen Falle Befreiung von seiner Schadensersatzpflicht verlangen (vgl. Anm. 2 zu § 840). In Betracht kommt hiebei hauptsächlich der Vormundschaftsrichter im Verhältnisse zum Gewalthaber, Vormund, Gegenvormund und Pfleger (vgl. Bd. 4 S. 470 Anm. 3 zu § 1614, S. 648 Anm. 3 zu § 1848), sowie der Konkursrichter im Verhältnisse zum Konkursverwalter. Fällt dem Beamten nur Fahrlässigkeit zur Last, so haftet er nach § 839 Abs. 1 Satz 2 nur, wenn der Verletzte nicht auf andere Weise Ersatz zu verlangen vermag. Diese Voraussetzung ist auch gegeben, wenn der Geschäftsführer ersatzpflichtig, aber zahlungsunfähig ist. Es haften also in diesem Falle der Beamte und der Geschäftsführer als Gesammtschuldner, während für ihr Verhältniß zu einander § 841 maßgebend ist (and. Ans. Nöldeke in Gruchots Beitr. Bd. 42 S. 827 und Hachenburg, S. 435 auf Grund der unrichtigen Gegenüberstellung von „subsidiär" und „sammtverbindlich").

3. Abgesehen von den im § 841 erwähnten Fällen bemißt sich das Verhältniß mehrerer nach § 839 ersatzpflichtiger Personen zu einander, sowie das Verhältniß einer nach § 839 ersatzpflichtigen Person zu einem auf Grund einer anderen unerlaubten Handlung ersatzpflichtigen Dritten nach § 426 (§ 840 Abs. 1; M. II, 825 ff.; D. 106).

4. Eine analoge Bestimmung über das Verhältniß des Vormunds zum Mitvormund und Gegenvormund enthält § 1833 Abs. 2 Satz 2.

§ 842.

Die Verpflichtung zum Schadensersatze wegen einer gegen die Person gerichteten unerlaubten Handlung erstreckt sich auf die Nachtheile, welche die Handlung für den Erwerb oder das Fortkommen des Verletzten herbeiführt.

E. II, 765; III, 826.

1. Grundgedanke. Das Gesetz betrachtet als zu ersetzenden Schaden, von den in den §§ 847 u. 1300 erwähnten Ausnahmsfällen abgesehen, nur einen Vermögensschaden (§ 253). Um nun den Zweifel zu beseitigen, ob die Nachtheile, welche eine unerlaubte Handlung für den Erwerb und das Fortkommen des Verletzten herbeiführt, als Vermögensschaden anzusehen sind oder nicht, bestimmt der auf Beschluß der II. Komm. beruhende § 842 (analog dem § 53 Abs. 2 des schweizerischen Obligationenrechts), daß die Verpflichtung zum Schadensersatze wegen einer gegen die Person gerichteten unerlaubten Handlung sich auch auf solche Nachtheile erstreckt (P. II, 635 ff.; Jacubezky, Bem. S. 165; vgl. M. II, 751, ferner § 824 Abs. 1 und St.G.B. § 188). Der Antrag, die Vorschrift des § 842 auch auf die Verletzung vertragsmäßig übernommener Verpflichtungen auszudehnen, wurde als zu weitgehend abgelehnt (P. II, 637).

2. Als unerlaubte Handlungen, welche gegen die Person gerichtet sind, erscheinen insbesondere die Verletzung des Körpers, der Gesundheit und der Freiheit (§ 823 Abs. 1), ferner der Thatbestand der §§ 824, 825. § 842 gewährt aber weiblichen Personen einen Anspruch auf Schadensersatz auch für den durch § 825 nicht gedeckten Fall, daß es zum Vollzuge der Beiwohnung nicht gekommen ist, die durch die unerlaubte Handlung (§§ 823 Abs. 2, 826; s. Anm. 2 zu § 825) Verletzte aber einen Nachtheil für ihren Erwerb oder ihr Fortkommen, wenn auch nicht gerade einen abschätzbaren Ver-

mögensschaden erlitten hat (P. II, 636 ff.; vgl. Liszt, S. 64). § 842 muß übrigens auch Anwendung finden, wenn in den Fällen der §§ 833, 834, 836—838 eine Person verletzt wird, obwohl von einer gegen die Person „gerichteten" Handlung im eigentlichen Sinne hier nicht gesprochen werden kann.

3. Zu den Nachtheilen, welche eine unerlaubte Handlung für den Erwerb oder das Fortkommen des Verletzten herbeiführt, muß nach der Ausdrucksweise des § 824 auch die Kreditgefährdung gerechnet werden (Liszt, S. 63).

§ 843.

Wird in Folge einer Verletzung des Körpers oder der Gesundheit die Erwerbsfähigkeit des Verletzten aufgehoben oder gemindert oder tritt eine Vermehrung seiner Bedürfnisse ein, so ist dem Verletzten durch Entrichtung einer Geldrente Schadensersatz zu leisten.

Auf die Rente finden die Vorschriften des § 760 Anwendung. Ob, in welcher Art und für welchen Betrag der Ersatzpflichtige Sicherheit zu leisten hat, bestimmt sich nach den Umständen.

Statt der Rente kann der Verletzte eine Abfindung in Kapital verlangen, wenn ein wichtiger Grund vorliegt.

Der Anspruch wird nicht dadurch ausgeschlossen, daß ein Anderer dem Verletzten Unterhalt zu gewähren hat.

E. I, 726, 724 Abs. 5, 7, 8; II, 766; III, 827.

1. Grundsätzliche Regelung. § 843 enthält (wie die §§ 844—851) eine Ausnahme von dem Grundsatze, daß für Inhalt und Umfang der Schadensersatzansprüche aus unerlaubten Handlungen die allgemeinen Vorschriften der §§ 249 ff. maßgebend sind (vgl. Einl. Ziff. VI). Während nämlich nach den §§ 249, 251 der Ersatzberechtigte im Allgemeinen Herstellung oder den zur Herstellung erforderlichen Geldbetrag, oder, soweit die Herstellung nicht möglich oder zur Entschädigung nicht genügend ist, Geld, also ein Kapital verlangen kann, ist gemäß § 843 Abs. 1 der Schadensersatz durch Entrichtung einer Geldrente zu leisten, vorausgesetzt

a) daß die unerlaubte Handlung eine Verletzung des Körpers oder der Gesundheit zur Folge hat, und

b) daß durch diese Verletzung die Erwerbsfähigkeit des Verletzten aufgehoben oder gemindert, oder seine Bedürfnisse vermehrt worden sind.

(M. II, 793; vgl. §§ 3a u. 7 des Haftpflichtgesetzes vom 7. Juni 1871 in der durch E.G. Art. 42, III festgesetzten Fassung; Eger, Komm. z. Haftpflichtgesetz 5. Aufl. S. 398 ff., 304 ff.; § 9 Abs. 1 Nr. 2 des Gewerbe-Unfall-Versicherungs-Gesetzes; § 8 Abs. 1 Nr. 2 des Unfall-Versicherungs-Gesetzes für Land- und Forstwirthschaft, § 9 des Bau-Unfall-Versicherungs-Gesetzes; § 9 Abs. 1 Nr. 2 des See-Unfall-Versicherungs-Gesetzes).

Beim Vorhandensein der Voraussetzungen des § 843 Abs. 1 ist Naturalherstellung ausgeschlossen, auch wenn ein „wichtiger Grund" dafür sprechen würde. Es ist also nicht zulässig, daß der wegen Ueberfahrens eines Menschen ersatzpflichtige Arzt zur Herabminderung der Rente sich zur freien ärztlichen Behandlung des Verletzten erbietet (Hachenburg, S. 43).

Ausnahmsweise kann jedoch auch beim Vorhandensein der Voraussetzungen des § 843 Abs. 1 der Verletzte eine Abfindung in Kapital verlangen, wenn ein „wichtiger Grund" vorliegt. Ob dies der Fall ist, hat der Richter unter Würdigung der Umstände des einzelnen Falles nach freiem Ermessen zu entscheiden (§ 843 Abs. 3; E. I, 726 Abs. 1 Satz 5, 724 Abs. 8; M. II, 793, 785; vgl. § 1712 Abs. 2 und § 7 Abs. 2 Satz 1 des Haftpflichtgesetzes in der Fassung des E.G. Art. 42, III). Ein wichtiger Grund dürfte z. B. anzunehmen sein, wenn der Ersatzpflichtige mit Hinterlassung zahlreicher Erben verstorben ist (M. II, 785) oder wenn der Verletzte seinen Wohnsitz verlegt und die Erhebung der Rente in Folge dieses Umstandes für ihn mit erheblichen Mehrkosten verbunden sein würde (Eger, S. 526 ff.). Ein Recht des Ersatzpflichtigen, den Verletzten durch eine Abfindung in Kapital zu entschädigen, besteht nicht.

2. Auf die zu entrichtende Geldrente finden die nach § 760 für die Leibrente geltenden Vorschriften Anwendung (E. I, 726 Abs. 1 Satz 5, 724 Abs. 7; M. II,

794, 788 ff.). Die Rente ist demgemäß im voraus zu entrichten und für drei Monate vorauszuzahlen. Hat der Verletzte den Beginn des Vierteljahrs erlebt, so gebührt ihm der volle auf diesen Zeitabschnitt entfallende Betrag (s. oben S. 606 Anm. 2 zu § 760; vgl. auch § 7 Abs. 2 Satz 1 des Haftpflichtgesetzes in der Fassung des E.G. Art. 42, III; Eger, S. 522).

3. Für die Bemessung der Rente oder des als Abfindung zu leistenden Kapitals ist maßgebend, inwieweit durch die unerlaubte Handlung die Erwerbsfähigkeit des Verletzten aufgehoben oder gemindert oder seine Bedürfnisse vermehrt worden sind. Hiebei kann z. B. in Betracht kommen, daß der Verletzte auch ohne die Verletzung wegen seines Alters von einem bestimmten Zeitpunkt ab erwerbsunfähig oder erwerbsbeschränkt geworden wäre, während andererseits Alterszulagen, die er bei Fortdauer seiner Beschäftigung erhalten hätte, zu berücksichtigen sind (vgl. Entsch. d. R.G. in Civils. Bd. 16 S. 82 ff.). Ob und in welchem Umfange Vortheile, die der Verletzte in Folge der Verletzung erlangt (z. B. Empfang einer Versicherungssumme oder einer Pension), in Anrechnung zu bringen sind („compensatio lucri et damni"; vgl. Dernburg, Pand. Bd. 2 S. 127), hat das Gesetz wegen der Schwierigkeit einer alle Möglichkeiten deckenden Regelung nicht ausdrücklich bestimmt. Die Entscheidung ist aus dem Begriffe des „Schadens" zu entnehmen (M. II, 794; vgl. Entsch. d. R.G. in Civils. Bd. 17 S. 47 ff.; Oertmann, Note 5 zu § 843).

4. Ein Anspruch des Verletzten auf Sicherheitsleistung besteht grundsätzlich nicht, doch gewährt das Gesetz dem Verletzten diesen Anspruch, wenn die Umstände des Falles es rechtfertigen. Diese Voraussetzung wird insbesondere dann als gegeben anzusehen sein, wenn die Vermögensverhältnisse des Ersatzpflichtigen eine Gefährdung des Ersatzanspruchs befürchten lassen. Hat der Verletzte Anspruch auf Sicherheitsleistung, so entscheidet das richterliche Ermessen auch darüber, in welcher Art und für welchen Betrag Sicherheit zu leisten ist. Der Richter ist also bei Festsetzung der zu leistenden Sicherheit an die Vorschriften der §§ 234 ff. nicht gebunden (E. I, 726 Abs. 1 Satz 5, 724 Abs. 5; M. II, 794, 789). Nach § 324 C.P.O. kann der Berechtigte, auch wenn bei der Verurtheilung zur Entrichtung einer Geldrente nicht auf Sicherheitsleistung erkannt ist, gleichwohl Sicherheitsleistung verlangen, wenn sich die Vermögensverhältnisse des Verpflichteten erheblich verschlechtert haben; unter der gleichen Voraussetzung kann er eine Erhöhung der in dem Urtheile bestimmten Sicherheit verlangen (E. I, 726 Abs. 1 Satz 5, 724 Abs. 6 Satz 3; M. II, 794, 791).

5. Das Recht des Verletzten auf eine Geldrente bezw. eine Abfindung in Kapital wird nach § 843 Abs. 4 nicht dadurch ausgeschlossen oder gemindert, daß ein Anderer als der Unterhaltspflichtige dem Verletzten gegenüber (auf Grund Gesetzes oder Vertrags) unterhaltspflichtig ist (M. II, 794, 782; P. II, 628; Entsch. d. R.G. in Civils. Bd. 25 S. 52; S. A. Bd. 37 Nr. 116; vgl. § 7 Abs. 2 Satz 1 des Haftpflichtgesetzes in der Fassung des E.G. Art. 42, III; Eger, S. 527). Andererseits kann selbstverständlich für die Frage, ob die Unterhaltspflicht eines Anderen gegeben ist, der Umstand, daß der Verletzte Anspruch auf Schadensersatz nach § 843 hat, insoferne von Bedeutung sein, als hiedurch die Bedürftigkeit des Verletzten beseitigt oder gemindert wird (vgl. §§ 1602, 1360 Abs. 2, 1361 Abs. 2, 1578, 1579, 1351, 1345; Windscheid-Kipp, Bd. 2 S. 892).

6. Rechtliche Natur der Rente. Der dem Verletzten gemäß § 843 zustehende Anspruch auf Entrichtung einer Geldrente ist nicht Unterhaltsanspruch, sondern Schadensersatzanspruch. Auf denselben finden daher die für Unterhaltsansprüche geltenden Sondervorschriften (s. Bd. 4 S. 378 ff., Vorbem. Ziff. 3 ff.) keine Anwendung. Der Anspruch aus § 843 ist jedoch in gewissen Beziehungen einem gesetzlichen Unterhaltsanspruche gleichgestellt.

a) Nach C.P.O. § 708 Nr. 6 sind auch ohne Antrag Urtheile für vorläufig vollstreckbar zu erklären, welche die Verpflichtung zur Entrichtung einer nach den §§ 843, 844 B.G.B. geschuldeten Geldrente aussprechen, soweit die Entrichtung für die Zeit nach der Erhebung der Klage und für das der Erhebung der Klage vorausgehende letzte Vierteljahr zu erfolgen hat (M. II, 794; Z.G. II, 412 ff.; Jacubezky, Bem. S. 173; P. II, 629; vgl. Bd. 4 S. 380 Ziff. 9, § 7 Abs. 2 Satz 1 des Haftpflichtgesetzes in der Fassung des E.G. Art. 42, III).

b) Gemäß C.P.O. § 850 Abs. 3 ist die nach § 843 B.G.B. zu entrichtende Geldrente (von den Ausnahmsfällen des Abs. 4 abgesehen) nur soweit der Pfändung unterworfen, als der Gesammtbetrag die Summe von 1500 Mk. für jedes Jahr übersteigt. In dem gleichen Umfange kann der Anspruch auf die Rente nicht abgetreten und nicht zum Gegenstand eines Nießbrauchs oder Pfandrechts gemacht werden, auch findet in gleichem Umfang ihm gegenüber Aufrechnung nicht statt und ist seine Zugehörigkeit zur Konkursmasse ausgeschlossen (§§ 400, 1069 Abs. 2, 1274 Abs. 2, 394 Satz 1, s. auch § 393; K.O. § 1 Abs. 1; M. II, 794; Z.G. II, 412 ff.; P. II, 629; vgl. Bd. 4 S. 380 Ziff. 10, § 7 Abs. 2 Satz 2 des Haftpflichtgesetzes in der Fassung des E.G. Art. 42, III; bezüglich des bisherigen Rechtes s. Samml. v. Entsch. d. obersten L.G. München XI, 272 ff.).

c) Nach § 9a Abs. 2 des Reichsgerichtskostengesetzes wird bei Ansprüchen auf Entrichtung einer Geldrente gemäß §§ 843, 844 B.G.B. wie bei Unterhaltsansprüchen, welche auf gesetzlicher Vorschrift beruhen, der Werth des Rechts auf die wiederkehrenden Leistungen, falls nicht der Gesammtbetrag der geforderten Leistungen geringer ist, auf den fünffachen Betrag des einjährigen Bezugs berechnet.

7. Der Anspruch auf Gewährung einer Geldrente gemäß § 843 endigt mit dem Tode des Verletzten. Nach §§ 843 Abs. 2, 760 Abs. 3 haben aber die Erben des Verletzten, der den Beginn des Vierteljahres erlebt hat, auf welches die Rente im voraus zu entrichten ist, Anspruch auf Leistung des auf dieses Vierteljahr entfallenden Betrags (s. oben Anm. 2 und Anm. 2 zu § 760). Ob durch den Tod des Verletzten dritten Personen Ersatzansprüche erwachsen, bemißt sich nach den §§ 844—846.

8. Die Vorschriften des § 843 finden auf alle unerlaubten Handlungen im Sinne des 25. Titels, also auch auf die Fälle Anwendung, in welchen die Ersatzpflicht ohne Rücksicht auf Verschulden eintritt (§§ 829, 833; nach E. I sollte die Verpflichtung zur Entrichtung einer Geldrente nur bei vorsätzlicher oder fahrlässiger Körper- oder Gesundheitsverletzung eintreten; vgl. M. II, 792; P. II, 629).

9. Daß auch wegen der erst nach Erlassung des Urtheils fällig werdenden Geldrenten Klage auf künftige Entrichtung erhoben werden kann, ergibt sich aus C.P.O. § 258 (vgl. M. II, 794; E. I, 190 Abs. 2).

10. Nach C.P.O. § 323 kann, wenn im Falle der Verurtheilung zu künftig fällig werdenden wiederkehrenden Leistungen eine wesentliche Veränderung derjenigen Verhältnisse eintritt, welche für die Verurtheilung zur Entrichtung der Leistungen, für die Bestimmung der Höhe der Leistungen oder der Dauer ihrer Entrichtung maßgebend waren, jeder Theil im Wege der Klage eine entsprechende Abänderung des Urtheils verlangen. Die Klage ist nur insoweit zulässig, als die Gründe, auf welche sie gestützt wird, erst nach dem Schlusse der mündlichen Verhandlung, in der eine Erweiterung des Klagantrags oder die Geltendmachung von Einwendungen spätestens hätte erfolgen müssen, entstanden sind und durch Einspruch nicht mehr geltend gemacht werden können. Auch darf die Abänderung des Urtheils nur für die Zeit nach der Erhebung der Klage erfolgen (E. I, 726 Abs. 1 Satz 5, 724 Abs. 6 Satz 1, 2; M. II, 794, 789 ff.; P. II, 629; vgl. auch § 88 ff. des Gewerbe-Unfall-Versicherungs-Gesetzes, §§ 94 ff. des Unfall-Versicherungs-Gesetzes für Land- und Forstwirthschaft, § 37 des Bau-Unfall-Versicherungs-Gesetzes, § 92 ff. des See-Unfall-Versicherungs-Gesetzes). Hiedurch ist übrigens nicht ausgeschlossen, daß der Richter schon bei der erstmaligen Feststellung der Rente auf eine mit Gewißheit oder Wahrscheinlichkeit vorauszusehende künftige Aenderung der Verhältnisse (z. B. auf die wachsenden Bedürfnisse eines Kindes bei zunehmendem Alter) Rücksicht nehmen darf (M. II, 789). Ist auf Grund des § 843 Abs. 3 eine Abfindung in Kapital gezahlt worden, so kann, wie sich aus dem Begriffe der Abfindung ergibt, wegen nachträglicher Veränderung der Verhältnisse weder eine Rückzahlung noch eine weitere Zahlung verlangt werden, falls nicht das Gegentheil ausdrücklich oder stillschweigend vereinbart ist.

11. Die dem Verletzten auf Grund der §§ 249 ff. zustehenden weitergehenden Ansprüche werden durch § 843 nicht berührt (vgl. E. I, 726 Abs. 2; M. II, 794 ff.; P. II, 629). Dies gilt insbesondere von den Kosten der Heilung, hinsichtlich deren E. I ausdrücklich hervorhob, daß sie dem Verletzten nicht allein zu ersetzen, sondern auch vorzuschießen seien (M. II, 793; vgl. P.L.R. Thl. I Tit. 6 §§ 111, 118; B.L.R. Thl. IV cap. 16 § 6 Ziff. 4; s. auch § 3a des Haftpflichtgesetzes in der Fassung des E.G. Art. 42, I, § 9 Abs. 1 Nr. 1 des Gewerbe-Unfall-Versicherungs-Gesetzes, § 8 Abs. 1 Nr. 1 des Unfall-Versicherungs-Gesetzes für Land- und Forstwirthschaft, § 9 des Bau-Unfall-Versicherungs-Gesetzes, § 9 Abs. 1 Nr. 1 des See-Unfall-Versicherungs-Gesetzes). Durch die von der II. Komm. beschlossene Streichung dieser Vorschrift sollte das Mißverständniß vermieden werden, als ob nur die Heilungskosten, nicht aber die Kosten der Schmerzenslinderung, sowie die Kosten solcher Hülfsmittel ersetzt werden müßten, welche zur thunlichsten Ausgleichung eines körperlichen Gebrechens in Folge der Verletzung nothwendig werden, wie z. B. Krücken, künstliche Glieder, Bruchbänder ꝛc. (vgl. Entsch. d. R.G. in Civils. Bd. 25 S. 50). Daß der Verletzte den Anspruch auf die Heilungskosten nicht erst dann erheben kann, wenn er die Kosten bezahlt hat oder wenigstens schuldig geworden ist, ergibt sich aus § 249 Satz 2 (P. II, 628 ff.).

12. Ueber den Anspruch des Verletzten auf Schmerzensgeld s. § 847 und Anm. hiezu; über die aus einer Körper- oder Gesundheitsverletzung dritten Personen erwachsenden Ersatzansprüche s. § 845 und Anm. hiezu.

§ 844.

Im Falle der Tödtung hat der Ersatzpflichtige die Kosten der Beerdigung demjenigen zu ersetzen, welchem die Verpflichtung obliegt, diese Kosten zu tragen.

Stand der Getödtete zur Zeit der Verletzung zu einem Dritten in einem Verhältnisse, vermöge dessen er diesem gegenüber kraft Gesetzes unterhaltspflichtig war oder unterhaltspflichtig werden konnte, und ist dem Dritten in Folge der Tödtung das Recht auf den Unterhalt entzogen, so hat der Ersatzpflichtige dem Dritten durch Entrichtung einer Geldrente insoweit Schadensersatz zu leisten, als der Getödtete während der muthmaßlichen Dauer seines Lebens zur Gewährung des Unterhalts verpflichtet gewesen sein würde; die Vorschriften des § 843 Abs. 2 bis 4 finden entsprechende Anwendung. Die Ersatzpflicht tritt auch dann ein, wenn der Dritte zur Zeit der Verletzung erzeugt, aber noch nicht geboren war.

E. I, 722—725; II, 767; III, 828.

I. Entstehungsgeschichte. E. I ging von dem Grundsatz aus, daß, wenn durch eine unerlaubte Handlung der Tod eines Menschen verursacht worden ist, der Getödtete bezw. dessen Erben als solche nach § 704 Abs. 2 (E. I, jetzt § 823 Abs. 1), dritte Personen nach § 704 Abs. 1 (E. I, jetzt § 823 Abs. 2) vollen Ersatz des ihnen durch die Tödtung erwachsenen Schadens verlangen können. Eine Ausnahme sollte nur insoferne bestehen, als das Erforderniß der Voraussehbarkeit des Schadens in gewissem Umfang in Wegfall kommen sollte (E. I, 722—725; M. II, 768, 791 ff.; Z.G. II, 410 ff.). Demgemäß sollte der durch eine unerlaubte Handlung herbeigeführte Tod eines Menschen folgende Verbindlichkeiten begründen:

1. die Verpflichtung zum Ersatze der Kosten der versuchten Heilung (§ 722 Abs. 1);

2. die Verpflichtung zum Ersatze der Beerdigungskosten (§ 722 Abs. 1).

3. Für den Fall, daß durch den Tod ein an die Person des Getödteten geknüpftes Vermögensrecht (z. B. ein Nießbrauchsrecht) erloschen ist oder der Erwerb eines Vermögensrechts verhindert wurde, welches der Getödtete erworben haben würde, wenn seine muthmaßliche Lebensdauer nicht verkürzt worden wäre (z. B. der Erwerb einer Erbschaft), sollte insoweit, als sein Nachlaß durch den vorzeitigen Tod eine Verminderung erfahren hat, er selbst als beschädigt anzusehen und der Schuldige ersatzpflichtig sein (§ 722 Abs. 2).

4. Für den Fall des nicht sofort erfolgten Todes sollte der von dem Verletzten erworbene Anspruch aus § 726 (jetzt § 843) und § 728 (jetzt § 847) unberührt bleiben (§ 722 Abs. 3).

5. Wenn durch die Tödtung das Recht eines Dritten auf Unterhalt erloschen ist, sollte der Schuldige dem Dritten insoweit ersatzpflichtig sein (§§ 723, 724).

6. Endlich sollte das Recht eines Dritten unberührt bleiben, nach Maßgabe des § 704 Abs. 1 (jetzt § 823 Abs. 2) wegen eines sonstigen durch die Tödtung entstandenen Schadens Ersatz zu fordern (§ 725).

Auf Grund der Beschlüsse der II. Komm. wurden diese sämmtlichen Bestimmungen ersetzt durch den nunmehrigen § 844.

II. Wie § 845 bildet auch § 844 eine Ausnahme von dem Grundsatze, daß Ersatz für den aus einer unerlaubten Handlung entstehenden Schaden nur der unmittelbar Verletzte verlangen kann (s. Einl. Ziff. V).

III. Der Kreis der ersatzpflichtigen Personen ist ein verschiedener, je nachdem die Verletzung den sofortigen Tod des Verletzten herbeigeführt hat oder nicht.

A. Ist der Tod des Verletzten sofort eingetreten, so sind in seiner Person Ersatzansprüche überhaupt nicht zur Existenz gelangt, da die Rechtsfähigkeit mit dem Tode erlischt (P. II, 614, 618; s. Bd. 1 S. 63 Vorbem. I vor § 13). Ersatzansprüche dritter Personen erkennt das Gesetz in folgendem Umfang an:

1. Der zur Tragung der Kosten der Beerdigung Verpflichtete kann von dem Thäter Ersatz dieser Kosten beanspruchen (M. II, 775 ff.; P. II, 616; vgl. Dernburg, Pand. Bd. 2

S. 364 Note 11: P.L.R. Thl. I Tit. 6 §§ 98, 110, § 3 Abs. 1 Satz 2 des Haftpflichtgesetzes in der Fassung des E.G. Art. 42, I; Eger, S. 348 ff., § 15 Abs. 1 Nr. 1 des Gewerbeunfallversicherungsgesetzes, § 16 Abs. 1 Nr. 1 des Unfall-Versicherungs-Gesetzes für Land- und Forstwirthschaft, § 9 des Bau-Unfall-Versicherungs-Gesetzes, § 21 Abs. 1 Nr. 1 des See-Unfall-Versicherungs-Gesetzes. s. auch Sammlung von Entsch. d. obersten L.G. München VI, 880 ff.). Nach § 1968 hat der Erbe die Kosten der standesmäßigen Beerdigung des Erblassers zu tragen, nach § 1615 Abs. 2 obliegt die Tragung dieser Kosten dem Unterhaltspflichtigen, soweit ihre Bezahlung nicht von dem Erben zu erlangen ist (s. auch §§ 528 Abs. 1 Satz 3, 1580 Abs. 3, 1713 Abs. 2). Selbstverständlich besteht die Ersatzpflicht nur in dem gleichen Umfang, in welchem die Pflicht zur Tragung der Beerdigungskosten dem Erben bezw. dem Unterhaltspflichtigen obliegt (s. Bd 5 S. 120 ff. Anm. 3, 4 zu § 1968).

2. Anspruch auf **Ersatz** hat ferner, wer gegenüber dem Getödteten zur Zeit der Verletzung kraft Gesetzes unterhaltsberechtigt war oder unterhaltsberechtigt werden konnte, soweit ihm in Folge der Tödtung das Recht auf den Unterhalt entzogen worden ist (M. II, 778 ff.; Z.G. II, 411 ff.; vgl. Dernburg, Band. Bd. 2 S. 364 Note 8; Windscheid-Kipp, Bd. 2 S. 914 Note 19; P.L.R. Thl. I Tit. 6 §§ 99 ff.; **B.L.R. Thl. IV cap. 16 § 6 Ziff. 5**; § 3 Abs. 2 des Haftpflichtgesetzes in der Fassung des E.G. Art. 42, I; Eger, S. 350 ff.; § 15 Abs. 1 Nr. 2 des Gewerbe-Unfall-Versicherungs-Gesetzes, § 16 Abs. 1 Nr. 2 des Unfall-Versicherungs-Gesetzes für Land- und Forstwirthschaft, § 9 des Bau-Unfall-Versicherungs-Gesetzes; § 21 Abs. 1 Nr. 2 des See-Unfall-Versicherungs-Gesetzes). Ueber Inhalt und Umfang dieses Anspruchs s. unten Anm. V. Voraussetzung dieses Anspruchs ist:

a) daß der Dritte zur Zeit der Verletzung bereits lebte oder wenigstens erzeugt war (M. II, 780; P. II, 624; vgl. § 3 Abs. 2 Satz 2 des Haftpflichtgesetzes in der Fassung des E.G. Art. 42, I). Ist streitig, ob der Dritte zur Zeit der Verletzung bereits erzeugt war oder nicht, so hat der Richter hierüber nach dem Grundsatze der freien Beweiswürdigung (C.P.O. § 286) zu entscheiden, ohne durch die Bestimmungen des B.G.B. über die Empfängnißzeit (§§ 1592, 1717 Abs. 2) gebunden zu sein (vgl. Bd. 5 S. 16 Note 6 zu § 1923; ebenso Eger, S. 394). Ein in der II. Komm. gestellter Antrag, nach welchem der Ersatzanspruch dem Dritten auch dann zustehen sollte, wenn er zwar zur Zeit der Verletzung noch nicht erzeugt war, die Ehe aber, aus welcher er abstammt, bereits bestanden hat, wurde als zu weitgehend abgelehnt (P. II, 622 ff.; Jacubezky, Bem. S. 172).

b) Der Dritte ist nur dann ersatzberechtigt, wenn der Getödtete ihm gegenüber zur Zeit der Verletzung kraft Gesetzes unterhaltspflichtig war oder unterhaltspflichtig werden konnte.

α) Wer kraft Gesetzes unterhaltspflichtig ist, bestimmen die §§ 1345, 1351, 1360, 1361, 1578 ff., 1601 ff., 1708, 1715 (M. II, 779). Nicht hieher gehört der Anspruch des Beschenkten auf Grund des § 528 Abs. 1 Satz 2 (and. Ans. Eger, S. 357 Ziff. VII). In der Reichstagskomm. wurde beantragt, den Ersatzanspruch auch den Personen einzuräumen, welchen der Getödtete nur thatsächlich Unterhalt gewährt hatte oder vertragsmäßig Unterhalt zu gewähren verpflichtet war. Der Antrag wurde jedoch abgelehnt, weil hinsichtlich eines nur thatsächlich Unterstützten nicht nachzuweisen sei, daß derselbe den Unterhalt weiter bezogen hätte, wenn die Tödtung nicht erfolgt wäre, während der auf Grund Vertrags Unterhaltsberechtigte nicht anders wie jeder andere Gläubiger des Verletzten zu behandeln sei (R.T.K. 67; s. auch M. II, 778; P. II, 620). Selbstverständlich verliert ein gesetzlicher Unterhaltsanspruch diesen seinen Charakter nicht dadurch, daß er im Wege des Vertrags präzisirt oder modifizirt wird (vgl. Eger, S. 353 ff.).

β) Ersatzberechtigt sind ferner diejenigen, welche im Zeitpunkte der Verletzung zu den kraft Gesetzes unterhaltsberechtigten Personen gehören, Anspruch auf Gewährung des Unterhalts aber Mangels eines gesetzlichen Erfordernisses (z. B. weil ein zum Unterhalt ausreichendes Vermögen oder ein näherer Verwandter vorhanden ist) noch nicht zu erheben vermögen, sofern nachträglich dieses Erforderniß eintritt (M. II, 779; vgl. Entsch. d. R.G. in Civils. Bd. 4 S. 105, Bd. 33 S. 279; Eger, S. 354 ff.).

γ) Als entscheidenden Zeitpunkt für die Bestimmung des Kreises der unterhaltsberechtigten Personen bezeichnet das Gesetz nicht die Zeit des Todes des Verletzten, weil der Tod nicht einen Bestandtheil der von dem Thäter zu vertretenden Handlung bildet, sondern die Zeit der Verletzung. Hat also der Verletzte nach diesem Zeitpunkt eine Ehe geschlossen, so steht der Wittwe und den aus dieser Ehe stammenden Kindern ein Ersatzanspruch nicht zu (M. II, 779 ff.; P. II, 623; vgl. Entsch. d. R.G. in Civils. Bd. 1 S. 49 ff.; Eger, S. 352; § 16 Abs. 3 des Gewerbe-Unfall-Versicherungs-Gesetzes; § 17 Abs. 3 des Unfall-Versicherungs-Gesetzes für Land- und Forstwirthschaft; § 9 des Bau-Unfall-Versicherungs-Gesetzes; § 22 Abs. 3 des See-Unfall-Versicherungs-Gesetzes). Die Zeit der Verletzung ist auch dann maßgebend, wenn sie mit der Zeit der Begehung der unerlaubten Handlung nicht zusammenfällt, z. B. wenn ein fehlerhafter Bau, für dessen Fehler der Baumeister verantwortlich ist, erst längere Zeit nach der Vollendung einstürzt (M. II, 780).

c) Endlich ist Voraussetzung des Ersatzanspruchs, daß dem Dritten in Folge der Tödtung das Recht auf den Unterhalt entzogen ist. Diese Voraussetzung ist, wenn die Unterhaltspflicht des Getödteten auf dessen Erben übergeht (§§ 1582, 1712), nur insoweit gegeben, als die Rechtsstellung des Unterhaltsberechtigten durch die den Erben des Verpflichteten zustehende Befugniß zur Herabsetzung der Rente bezw. Abfindung (§§ 1582 Abs. 2, 3, 1712 Abs. 2) sich verschlechtert (Windscheid-Kipp, Bd. 2 S. 893). Erlischt dagegen die Unterhaltspflicht des Verletzten mit seinem Tode, so ist dem Unterhaltsberechtigten in Folge der Tödtung das Recht auf den Unterhalt entzogen, mag auch eine andere, bis dahin subsidiär ersatzpflichtige Person nunmehr zur Gewährung des Unterhalts verpflichtet sein. Da aber in diesem Falle, wenigstens bei Solvenz des subsidiär Unterhaltspflichtigen, bezweifelt werden könnte, ob dem Unterhaltsberechtigten überhaupt ein Schaden erwachsen ist, bestimmt das Gesetz ausdrücklich (§§ 844 Abs. 2 Satz 1, 843 Abs. 4), daß der Ersatzanspruch dadurch nicht ausgeschlossen wird, daß an Stelle des Getödteten ein Anderer den Unterhalt zu gewähren hat (M. II, 782; P. II, 624; Samml. v. Entsch. d. obersten L.G. München XVI, 37; Anm. 5 zu § 843).

3. Ueber die Ersatzansprüche derjenigen Personen, welchen der Getödtete zur Dienstleistung im Hauswesen oder Gewerbe verpflichtet war, s. § 845 und Anm. hiezu.

4. Die Bestimmungen der §§ 722 Abs. 2 und 725 des E. I (s. oben Anm. I Ziff. 3 u. 6; M. II, 776 ff., 791 ff.; Z.G. II, 411, 412, VI, 516; Jacubezky, Bem. S. 171 ff.) wurden von der II. Komm. gestrichen, und zwar die erstere Vorschrift Mangels eines Bedürfnisses hiefür (P. II, 616 ff.), die letztere, weil sie auf dem Grundsatze beruhe, den der E. I im § 704 Abs. 1 für die Schadensersatzansprüche der mittelbar Beschädigten aufstelle und daher mit der Ablehnung dieses Grundsatzes wegfalle (P. II, 627; vgl. Einl. Ziff. V). Nicht ersatzberechtigt ist daher, wer durch die Tödtung nur mittelbar geschädigt worden ist, z. B. der Versicherer, bei welchem das Leben des Getödteten versichert war, der Rentengläubiger, dessen Rente auf die Lebensdauer des Getödteten gestellt war, der Ehemann, dem durch die Tödtung der Frau die Nutznießung an deren Vermögen entzogen ist (M. II, 791, s. auch 728), der Angestellte, der durch die Tödtung seines Dienstherrn brodlos geworden ist ꝛc.

B. Ist der Tod des Verletzten nicht sofort eingetreten, so können außer den unter A erwähnten Ansprüchen dritter Personen auch solche Ersatzansprüche in Frage kommen, welche bereits in der Person des Verletzten zur Entstehung gelangt sind.

1. Sind dem Verletzten für den Versuch einer Heilung Kosten erwachsen, so ist der Thäter gemäß § 843 hiefür ersatzpflichtig geworden (vgl. Anm. 11 zu § 843). Dieser dem Verletzten erwachsene Anspruch geht allgemeinen Grundsätzen zufolge auf seine Erben über (vgl. E. I, 722 Abs. I; M. II, 774; P. II, 615; vgl. P.L.R. Thl. I Tit. 6 §§ 98, 110; B.L.R. Thl. IV cap. 16 § 6 Ziff. 4; § 3 Abs. 1 Satz 1 des Haftpflichtgesetzes in der Fassung des E.G. Art. 42, I: Eger, S. 297 ff.). Das Gleiche gilt hinsichtlich anderer dem Verletzten etwa erwachsener Schadensersatzansprüche (Anm. 11 zu § 843).

2. Der Verletzte kann ferner Anspruch auf Entschädigung nach Maßgabe des § 847 erworben haben (vgl. E. I, 722 Abs. 3, 728; M. II, 776; P. II, 620). Ueber die Vererblichkeit dieses Anspruchs s. § 847 Abs. 1 Satz 2.

3. Der Anspruch des Verletzten auf Entrichtung einer Rente gemäß § 843 endigt mit dem Tode des Verletzten (vgl. E. I, 722 Abs. 3, 726; M. II, 776; Anm. 7 zu § 843; vgl. auch § 3 Abs. 1 Satz 1 des Haftpflichtgesetzes in der Fassung des E.G.

Art. 42, I). Ueber den Ausschluß der Rückforderung eines als Abfindung gezahlten Kapitals s. Anm. 10 zu § 843.

IV. Voraussetzung für die Anwendbarkeit des § 844 ist, daß durch eine unerlaubte Handlung im Sinne des 25. Titels ein Mensch getödtet worden ist. Während also nach E. I, 722 Abs. 1 nur eine auf Vorsatz oder Fahrlässigkeit beruhende widerrechtliche Handlung in Betracht kommen sollte, greifen die Bestimmungen des § 844 auch in den Fällen Platz, in welchen das Gesetz die Ersatzpflicht unabhängig von jedem Verschulden eintreten läßt (§§ 829, 833; vgl. M. II, 768, 771 ff.; P. II, 613 ff.; Anm. 8 zu § 843; and. Ans. Liszt, S. 108). Tödtung im Sinne des § 844 liegt auch vor, wenn der Tod des Verletzten nicht sofort, sondern erst nach einiger Zeit eingetreten ist, vorausgesetzt natürlich, daß der nach allgemeinen Grundsätzen erforderliche Kausalzusammenhang vorliegt (M. II, 768 ff.; vgl. Anm. II, D zu § 823). Diese Voraussetzung fehlt z. B., wenn der Verletzte Selbstmord begeht (vgl. Scherer, Anm. 3 zu § 823). Soweit aber die in Frage stehende unerlaubte Handlung Vorsatz oder Fahrlässigkeit des Thäters voraussetzt (also insbesondere in den Fällen des § 823 Abs. 1), ist zur Anwendbarkeit des § 844 erforderlich, daß der Tod des Verletzten dem Thäter zugerechnet werden kann, während außerdem der Thäter nur nach den für Körper- und Gesundheitsverletzung geltenden Vorschriften ersatzpflichtig ist (M. II, 771). Fällt also dem Thäter eine vorsätzliche Körperverletzung zur Last, durch die der Tod des Verletzten verursacht worden ist (St.G.B. § 226), so ist zu prüfen, ob die Herbeiführung des Todes dem Thäter als Fahrlässigkeit zugerechnet werden kann. Ist dies nicht der Fall, so bemißt sich die Ersatzpflicht des Thäters nicht nach § 844, sondern nach § 843 (P. II, 614 ff.; Endemann, I, 913 Note 5; Planck, Erl. 2 a zu § 844; nach Liszt, S. 29 soll eine „Tödtung" in diesem Falle überhaupt nicht vorliegen). Das Gleiche gilt für die Delikte der §§ 178, 229 Abs. 2, 239 Abs. 3, 307 Nr. 1, 312, 314, 315 Abs. 2, 321 Abs. 2, 322 Abs. 2, 323, 324 St.G.B. Ueber Tödtung im Raufhandel s. Anm. 3 zu § 830 (vgl. M. II, 769).

V. Inhalt und Umfang der Ersatzpflicht desjenigen, der durch eine unerlaubte Handlung einen Menschen getödtet hat, bemißt sich im Allgemeinen nach den §§ 249 ff. (Einl. Ziff. VI). Abweichend von dem Grundsatze der §§ 249, 251 bestimmt jedoch § 844 Abs. 2, daß der dem Dritten wegen Entziehung seines Unterhaltsanspruchs zu leistende Ersatz (s. oben Anm. III, A, 2) in Form einer Geldrente zu gewähren ist (M. II, 785; vgl. Anm. 1 zu § 843; § 7 Abs. 1 des Haftpflichtgesetzes in der Fassung des E.G. Art. 42, III). Im Einzelnen ist in dieser Beziehung Folgendes hervorzuheben.

1. Ausnahmsweise kann der Dritte eine Abfindung in Kapital verlangen, wenn ein wichtiger Grund vorliegt (§§ 844 Abs. 2 Satz 1, 843 Abs. 3; M. II, 785; vgl. § 7 Abs. 2 Satz 1 des Haftpflichtgesetzes in der Fassung des E.G. Art. 42, III; Samml. v. Entsch. d. obersten L.G. München XVI, 37). Dem Ersatzpflichtigen ist das Recht, den Dritten durch eine Abfindung in Kapital zu entschädigen, nicht eingeräumt (anders E. I; vgl. P. II, 625; Anm. 1 zu § 843).

2. Auf die zu entrichtende Geldrente finden die nach § 760 für die Leibrente geltenden Vorschriften Anwendung. Die Rente ist demgemäß im voraus zu entrichten und für drei Monate vorauszubezahlen. Hat der Dritte den Beginn des Vierteljahres erlebt, so gebührt ihm der volle auf diesen Zeitraum entfallende Betrag (§§ 844 Abs. 2 Satz 1, 843 Abs. 2 Satz 1; M. II, 788 ff.; vgl. § 7 Abs. 2 Satz 1 des Haftpflichtgesetzes in der Fassung des E.G. Art. 42, III; Anm. 2 zu § 843). Nach E. I sollten auch die Bestimmungen der §§ 660 u. 662 (jetzt § 759 Abs. 1 u. 2) entsprechend anwendbar sein. Die II. Komm. dagegen hielt lediglich die Verweisung auf § 661 (jetzt § 760) für angezeigt, weil die fragliche Rentenpflicht nicht nur beim Mangel einer gegentheiligen Vereinbarung, sondern schlechthin nur für die Lebensdauer des Ersatzberechtigten besteht (vgl. Anm. 7 zu § 843) und eine die Auslegungsregel des § 662 (jetzt § 759 Abs. 2) erforderlich machende Ungenauigkeit der Fassung des richterlichen Urtheils nicht wohl vorauszusetzen sei (P. II, 625).

3. Für die Bemessung der zu entrichtenden Rente ist maßgebend, inwieweit der Getödtete während der muthmaßlichen Dauer seines Lebens gegenüber dem Dritten zur Gewährung des Unterhalts verpflichtet gewesen wäre und inwieweit in Folge der Tödtung dem Dritten das Recht auf den Unterhalt entzogen worden ist (M. II, 782 ff.; vgl. § 3 Abs. 2 Satz 1 des Haftpflichtgesetzes in der Fassung des E.G. Art. 42, I; Eger, S. 370 ff.). Dies gilt sowohl hinsichtlich der Dauer als hinsichtlich der Höhe der zu entrichtenden Rente.

a) Zur Feststellung der Zeit, auf welche die Rente zuzubilligen ist, muß nach den Grundsätzen der Wahrscheinlichkeitsrechnung unter Berücksichtigung der Umstände des einzelnen Falles (Gesundheitszustand, Alter, Beruf, Lebensgewohnheiten des Verletzten) ermittelt werden, wann voraussichtlich der Tod des Verletzten eingetreten wäre, wenn die seinen Tod verursachende unerlaubte Handlung nicht begangen worden wäre. An bestimmte Mortalitätstabellen (vgl. z. B. § 14 des bayrischen Erbschaftssteuergesetzes vom 11. November 1899; sächsisches G.B. § 35; s. auch l. 68 Dig. 35, 2; Kreittmayr, Anm. z. B.L.R. Thl. III cap. 6 § 14 Ziff. 12; bayrisches J.M.Bl. 1886 S. 279 ff.) ist der Richter hiebei nicht gebunden. Bis zu dem sich hienach ergebenden Zeitpunkt ist der Thäter zur Gewährung der Rente verpflichtet (M. II, 786 ff.; P. II, 624; vgl. Entsch. d. R.G. in Civils. Bd. 5 S. 108 ff., Bd. 7 S. 50 ff., Bd. 23 S. 217 ff.; Eger, S. 386 ff.). Aus dem gleichen Grundsatze ergibt sich, daß der Anspruch auf Rente in dem Zeitpunkt endigt, in welchem der Dritte gegenüber dem Verletzten, falls dieser am Leben geblieben wäre, nicht mehr unterhaltsberechtigt sein würde. Hienach kann z. B. das uneheliche Kind des Getödteten (von den Ausnahmsfällen des § 1708 Abs. 2 abgesehen) die Gewährung der Geldrente nur bis zur Vollendung seines sechzehnten Lebensjahres beanspruchen. Andererseits ist, wenn der Unterhaltsanspruch des Dritten zur Zeit des Todes des Verletzten Mangels einer gesetzlichen Voraussetzung noch nicht zur Entstehung gelangt war (s. oben III, A, 2 b, β), die Rente erst von dem Zeitpunkt an zu entrichten, in welchem der Verletzte, falls er nicht getödtet worden wäre, zum Unterhalte verpflichtet gewesen wäre (M. II, 781 ff.). Eine Bestimmung des Inhalts, daß der Ersatzanspruch der Wittwe mit ihrer Wiederverheirathung endigt, hat das Gesetz nicht aufgenommen (M. II, 785 ff.; Fischer-Henle, Note 11 zu § 844; Matthiaß, I, 633; vgl. dagegen P.L.R. Thl. I Tit. 6 § 107; Gewerbe-Unfall-Versicherungs-Gesetz § 16 Abs. 2; Unfall-Versicherungs-Gesetz für Land- und Forstwirthschaft § 17 Abs. 2; Bau-Unfall-Versicherungs-Gesetz § 9; See-Unfall-Versicherungs-Gesetz § 22 Abs. 2; s. auch Eger, S. 366 ff.). Die Zeitdauer, auf welche die Rente zu entrichten wäre, muß natürlich, soweit thunlich, auch berücksichtigt werden, wenn statt der Rente eine Abfindung in Kapital zugesprochen wird (M. II, 788).

b) Die Höhe der zu entrichtenden Rente bemißt sich nach dem Betrage, für welchen der Getödtete dem Dritten gegenüber unterhaltspflichtig gewesen sein würde, wenn er am Leben geblieben wäre. Dies gilt insbesondere auch für den Fall, daß neben dem Getödteten andere unterhaltspflichtige Personen gleichen Grades vorhanden waren (M. II, 782; s. § 1606; vgl. S. A. Bd. 37 Nr. 222). Ob die Vermögens- und Erwerbsverhältnisse des Dritten in Betracht zu ziehen sind, hängt davon ab, ob sein Unterhaltsanspruch gegen den Getödteten durch seine Bedürftigkeit bedingt war oder nicht. Die Vermögens- und Erwerbsverhältnisse des Ersatzpflichtigen können keinerlei Berücksichtigung finden, da es sich um eine Ersatzpflicht, nicht um eine Unterhaltspflicht desselben handelt (M. II, 783; s. unten Ziff. 5). Die Entscheidung der Frage, ob und inwieweit bei Bemessung der Geldrente Vermögensvortheile anzurechnen sind, die dem Dritten in Folge der Tödtung zukommen („compensatio lucri et damni") kann nur unter Berücksichtigung der Umstände des einzelnen Falles getroffen werden. In der II. Komm. wurde vorgeschlagen, das dem Unterhaltsberechtigten in Folge der Tödtung zugekommene Vermögen auf den zu leistenden Ersatz insoweit anzurechnen, als der Verletzte es, wenn er am Leben geblieben wäre, zur Erfüllung seiner Unterhaltspflicht verwendet haben würde (vgl. Jacubezky, Bem. S. 173). Der Antrag wurde aber abgelehnt, weil die in Betracht kommenden Fälle zu verschiedenartig gestaltet seien, als daß sie gleichmäßig entschieden werden könnten. Die vorgeschlagene Bestimmung sei nur für die Fälle richtig, in welchen der Unterhaltsanspruch von der Bedürftigkeit des Berechtigten nicht abhängig sei. Für diese Fälle werde aber die Rechtsprechung schon an der Hand der allgemeinen Grundsätze zu dem gleichen Ergebnisse gelangen. Sei dagegen der Unterhaltsanspruch von der Bedürftigkeit des Berechtigten abhängig, so müsse Alles berücksichtigt werden, was der Berechtigte in Folge der Tödtung aus dem Vermögen des Getödteten erlange. Denn die Unterhaltsberechtigten seien durch die Tödtung nicht geschädigt, wenn sie zur Zeit derselben einen Unterhaltsanspruch deßhalb nicht gehabt haben, weil der Fall der Bedürftigkeit bei ihnen nicht vorhanden gewesen sei, und das Gleiche müsse gelten, wenn die Berechtigten unmittelbar aus dem Vermögen des Getödteten so viel erlangen, daß sie als bedürftig nicht mehr angesehen werden können (M. II, 783 ff.; Z.G. II, 411; P. II, 625 ff.; vgl. Anm. 3 zu § 743; s. auch Entsch. d. R.G. in Civils. Bd. 10 S. 51 ff.,

Bd. 15 S. 114 ff.). Nach den gleichen Grundsätzen ist, soweit thunlich, zu verfahren, wenn statt der Rente eine Abfindung in Kapital zugesprochen wird.

4. Ob, in welcher Art und für welchen Betrag der Ersatzpflichtige dem Dritten Sicherheit zu leisten hat, bestimmt sich nach den Umständen (§§ 844 Abs. 2 Satz 1, 843 Abs. 2 Satz 2; M. II, 789; P. II, 624; s. auch § 7 Abs. 2 Satz 1 des Haftpflichtgesetzes in der Fassung des E.G. Art. 42, III; vgl. Anm. 4 zu § 843). Ist bei einer nach § 844 erfolgten Verurtheilung zur Entrichtung einer Geldrente nicht auf Sicherheitsleistung erkannt, so kann der Berechtigte gleichwohl Sicherheitsleistung verlangen, wenn sich die Vermögensverhältnisse des Verpflichteten erheblich verschlechtert haben; unter der gleichen Voraussetzung kann er eine Erhöhung der in dem Urtheile bestimmten Sicherheit verlangen (C.P.O. § 324, vgl. M. II, 791; P. II, 625).

5. Rechtliche Natur der Rente. Gleich dem Anspruch aus § 843 ist auch der durch § 844 gewährte Anspruch auf Entrichtung einer Geldrente nicht Unterhaltsanspruch, sondern Schadensersatzanspruch (M. II, 780 ff.; Z.G. II, 411 ff.; vgl. Entsch. d. R.G. in Civils. Bd. 1 S. 231 ff.; Samml. von Entsch. d. obersten L.G. München XVI, 37, XVII, III; Eger, S. 366 ff.). Auf denselben finden daher die für Unterhaltsansprüche geltenden Sondervorschriften (s. Bd. 4 S. 378 ff. Vorbem. Ziff. 3 ff.) keine Anwendung. In gewissen Beziehungen ist jedoch der Rentenanspruch des § 844 Abs. 2 einem gesetzlichen Unterhaltsanspruche gleichgestellt.

a) Nach C.P.O. § 708 Nr. 6 sind Urtheile auch ohne Antrag für vorläufig vollstreckbar zu erklären, welche die Verpflichtung zur Entrichtung einer nach § 844 B.G.B. geschuldeten Geldrente aussprechen, soweit die Entrichtung für die Zeit nach der Erhebung der Klage und für das der Erhebung der Klage vorausgehende letzte Vierteljahr zu erfolgen hat (M. II, 788; Z.G. II, 412; P. II, 624; vgl. Bd. 4 S. 380 Ziff. 9; § 7 Abs. 2 Satz 1 des Haftpflichtgesetzes in der Fassung des E.G. Art. 42, III; Entsch. d. R.G. in Civils. Bd. 1 S. 231 ff.).

b) Gemäß C.P.O. § 850 Abs. 1 Nr. 2 ist die nach § 844 B.G.B. zu entrichtende Geldrente der Pfändung nicht unterworfen. Der Anspruch auf diese Rente kann daher nicht abgetreten und nicht zum Gegenstand eines Nießbrauchs oder Pfandrechts gemacht werden, es findet ihm gegenüber Aufrechnung nicht statt und der Anspruch gehört nicht zur Konkursmasse (B.G.B. §§ 400, 1069 Abs. 2, 1274 Abs. 2, 394 Satz 1, s. auch § 393; K.O. § 1 Abs. 1; M. II, 788; P. II, 624; vgl. Bd. 4 S. 380 Ziff. 10; § 7 Abs. 2 Satz 2 des Haftpflichtgesetzes in der Fassung des E.G. Art. 42, III).

c) Ueber § 9a Abs. 2 des Reichsgerichtskostengesetzes s. Anm. 6c zu § 743.

6. Ueber die Zulässigkeit der Klage auf künftige Entrichtung der erst nach Erlassung des Urtheils fällig werdenden Geldrenten (C.P.O. § 258), sowie der Klage auf Abänderung des Urtheils wegen Veränderung der Verhältnisse (C.P.O. § 323) s. Anm. 9 u. 10 zu § 743 (M. II, 788, 789 ff.; P. II, 625).

VI. Die durch § 844 dritten Personen eingeräumten Ersatzansprüche sind, weil sie diesen Personen kraft eigenen Rechtes zustehen, der Verfügung des Verletzten entzogen, werden also dadurch nicht berührt, daß der Verletzte in die verletzende Handlung eingewilligt hat oder seine Ersatzansprüche durch Verjährung, Verzicht oder Vergleich erloschen sind (M. II, 730, 773; P. II, 633 ff., 638 ff.; vgl. Entsch. d. R.G. in Civils. Bd. 1 S. 52 und Anm. II, B, 5 zu § 823). Eine Modifikation dieses Grundsatzes enthält § 846.

VII. Nach E. I, 727 sollten auch im Falle der Entziehung der persönlichen Freiheit den hiedurch in ihrem gesetzlichen Unterhaltsanspruche geschädigten dritten Personen Ersatzansprüche zustehen, weil dieser Fall unter Umständen ähnlich wie der Fall der Tödtung zu beurtheilen sei (M. II, 795 ff.; Z.G. II, 413). Die II. Komm. hat diese Bestimmung als entbehrlich gestrichen. Handle es sich um eine nur vorübergehende Freiheitsentziehung, so könnten sich die Unterhaltsberechtigten durch Pfändung des dem Verletzten gegen den Thäter zustehenden Ersatzanspruchs wegen ihrer Unterhaltsansprüche befriedigen. Sei die Freiheit anhaltend oder dauernd entzogen, so biete die Bestellung eines Pflegers für den der Freiheit Beraubten das geeignete Mittel, um den Unterhaltsberechtigten zur Erfüllung ihrer Ansprüche zu verhelfen (P. II, 630 ff.). Der in der Reichstagskomm. gestellte Antrag, die Vorschriften des zweiten Absatzes auf den Fall der Freiheitsentziehung entsprechend anzuwenden, wurde abgelehnt, da die Freiheitsentziehung dem Dritten das Recht auf den Unterhalt zu entziehen keineswegs geeignet sei (R.T.K. 67).

§ 845.

Im Falle der Tödtung, der Verletzung des Körpers oder der Gesundheit sowie im Falle der Freiheitsentziehung hat der Ersatzpflichtige, wenn der Verletzte kraft Gesetzes einem Dritten zur Leistung von Diensten in dessen Hauswesen oder Gewerbe verpflichtet war, dem Dritten für die entgehenden Dienste durch Entrichtung einer Geldrente Ersatz zu leisten. Die Vorschriften des § 843 Abs. 2 bis 4 finden entsprechende Anwendung.

E. II, 768; III, 829.

1. Grundsätzliche Regelung. Der auf Beschluß der II. Komm. beruhende § 845 enthält (wie § 844) eine Ausnahme von dem Grundsatze, daß aus einer unerlaubten Handlung nur der durch dieselbe unmittelbar Beschädigte Ersatzansprüche ableiten kann (vgl. Einl. Ziff. V, Anm. II zu § 844). Maßgebend für die Aufnahme dieser Bestimmung war die Erwägung, daß durch die Entziehung von Diensten in die Familie eine ähnliche Lücke gerissen werde, wie durch die Entziehung der Thätigkeit des zur Unterhaltsleistung verpflichteten Familiengliedes. Der Wegfall solcher Dienste könne unter Umständen, z. B. bei der Tödtung des einzigen Sohnes einer Bauerswittwe, die in Folge der Tödtung zur Bewirthschaftung des Gutes einen Knecht annehmen müsse, von schweren Folgen sein. Die Billigkeit verlange, daß auch dieser Schaden ausgeglichen werde (P. II, 631; vgl. M. II, 791 ff., 795; Jacubezky, Bem. S. 173; bezüglich des gemeinen Rechts s. Dernburg, Pand. Bd. 2 S. 364 Note 9, 10 und andererseits Entsch. d. R.G. in Civils. Bd. 35 S. 142).

2. Der Ersatzanspruch gemäß § 844 steht denjenigen Personen zu, welchen der Verletzte kraft Gesetzes zur Leistung von Diensten im Hauswesen oder Gewerbe verpflichtet war. Eine solche gesetzliche Verpflichtung ist anerkannt hinsichtlich der Ehefrau durch § 1356 Abs. 2 und hinsichtlich der ehelichen Kinder durch § 1617 (vgl. Bd. 4 S. 75 ff., 399 ff.). Bezüglich der unehelichen Kinder s. Anm. 1 zu § 1705 (Bd. 4 S. 504). War der Verletzte auf Grund Vertrags zur Leistung von Diensten verpflichtet, so findet § 845 keine Anwendung. Der Geschäftsinhaber, dessen Handlungsgehülfe unbegründeter Weise eingesperrt war, kann daher für den ihm hiedurch entstehenden Schaden Ersatz nicht beanspruchen (unrichtig Hachenburg, S. 437).

3. Voraussetzung des Ersatzanspruchs ist,

a) daß durch die unerlaubte Handlung eine Tödtung, Körper- oder Gesundheitsverletzung oder Freiheitsentziehung herbeigeführt worden ist. Ob dem Thäter Vorsatz oder Fahrlässigkeit zur Last fällt oder ob seine Ersatzpflicht ohne Rücksicht auf jedes Verschulden eintritt (§§ 829, 833) kommt nicht in Betracht.

b) Weitere Voraussetzung ist, daß durch die Tödtung, Körper- oder Gesundheitsverletzung oder Freiheitsentziehung dem Dienstberechtigten die ihm von dem Verletzten kraft Gesetzes geschuldeten Dienste ganz oder theilweise entzogen werden. Dadurch, daß ein Anderer dem Dienstberechtigten Unterhalt zu gewähren hat, wird dessen Ersatzanspruch nicht ausgeschlossen (§§ 845 Satz 2, 843 Abs. 4).

4. Für Inhalt und Umfang des dem Dienstberechtigten gegen den Thäter zustehenden Ersatzanspruchs sind im Allgemeinen die Vorschriften der §§ 249 ff. maßgebend (Einl. Ziff. VI). Abweichend von dem Grundsatze der §§ 249, 251 ist aber auch hier (vgl. §§ 843, 844 Abs. 2) der Schadensersatz in der Form einer Geldrente zu leisten. Im Einzelnen ist Folgendes zu bemerken:

a) Ausnahmsweise kann der Dienstberechtigte eine Abfindung in Kapital verlangen, wenn ein wichtiger Grund vorliegt (§§ 845 Satz 2, 843 Abs. 3). Dem Ersatzpflichtigen ist das Recht, den Dritten durch eine Abfindung in Kapital zu entschädigen, nicht eingeräumt (vgl. Anm. 1 zu § 843, Anm. V, 1 zu § 844).

b) Auf die zu entrichtende Geldrente finden die nach § 760 für die Leibrente geltenden Vorschriften Anwendung. Die Rente ist daher im voraus zu entrichten und für drei Monate vorauszuzahlen. Hat der Dritte den Beginn des Vierteljahres erlebt, so gebührt ihm der volle auf diesen Zeitraum entfallende Betrag (§§ 845 Satz 2, 843 Abs. 2 Satz 1; vgl. Anm. 2 zu § 843, Anm. V, 2 zu § 844).

c) Für die Bemessung der Rente ist maßgebend, inwieweit dem Dritten durch die Tödtung, Körper- oder Gesundheitsverletzung oder Freiheitsentziehung Dienste entgehen, zu deren Leistung der Verletzte ihm gegenüber kraft Gesetzes verpflichtet war. Dies gilt sowohl hinsichtlich der Dauer als hinsichtlich der Höhe der zuzubilligenden Rente. Die als Ersatz für Dienste der im § 1617 bezeichneten Art zu entrichtende Rente ist daher nur auf den Zeitraum zuzusprechen, innerhalb dessen das verletzte Kind voraussichtlich dem elterlichen Hausstand angehört hätte und von den Eltern erzogen oder unterhalten worden wäre. Für die Ermittelung der Höhe der Rente gibt der Lohn, der einem an Stelle des Verletzten anzunehmenden Dienstboten unter Berücksichtigung der ortsüblichen Lohnverhältnisse gezahlt werden muß, einen gewissen Anhaltspunkt. Andererseits sind aber auch die Gegenleistungen in Betracht zu ziehen, welche dem Dritten für den Empfang der Dienste oblagen (P. II, 632; vgl. auch Anm. 3 zu § 843 und Anm. V, 3 zu § 844).

d) Ob, in welcher Art und für welchen Betrag der Ersatzpflichtige Sicherheit zu leisten hat, bestimmt sich nach den Umständen (§§ 845 Satz 2, 843 Abs. 2 Satz 2; vgl. Anm. 4 zu § 843, Anm. V, 4 zu § 844). Ist bei einer nach § 845 erfolgten Verurtheilung zur Entrichtung einer Geldrente nicht auf Sicherheitsleistung erkannt, so kann der Berechtigte gleichwohl Sicherheitsleistung verlangen, wenn sich die Vermögensverhältnisse des Verpflichteten erheblich verschlechtert haben. Unter der gleichen Voraussetzung kann er eine Erhöhung der in dem Urtheile bestimmten Sicherheit verlangen (C.P.O. § 324).

e) Ueber die Zulässigkeit der Klage auf künftige Entrichtung der erst nach Erlassung des Urtheils fällig werdenden Geldrenten (C.P.O. § 258), sowie der Klage auf Abänderung des Urtheils wegen Veränderung der Verhältnisse (C.P.O. § 323) s. Anm. 9 u. 10 zu § 743 (P. II, 632).

5. Der in § 845 erwähnte Anspruch steht dem Dienstberechtigten kraft eigenen Rechtes zu, ist also der Verfügung des Verletzten entzogen und wird dadurch nicht berührt, daß der Verletzte in die verletzende Handlung eingewilligt hat oder die ihm selbst zustehenden Ersatzansprüche durch Verjährung, Verzicht oder Vergleich erloschen sind. Eine Modifikation dieses Grundsatzes enthält § 846 (vgl. M. II, 795, Anm. VI zu § 844).

§ 846.

Hat in den Fällen der §§ 844, 845 bei der Entstehung des Schadens, den der Dritte erleidet, ein Verschulden des Verletzten mitgewirkt, so finden auf den Anspruch des Dritten die Vorschriften des § 254 Anwendung.

E. II, 769; III, 830.

Auf die Schadensersatzansprüche aus unerlaubten Handlungen finden grundsätzlich die Bestimmungen der §§ 249 ff. Anwendung. Dies gilt insbesondere auch hinsichtlich des § 254 (Einl. Ziff. VI). Hieraus folgt, daß die gemäß §§ 844, 845 dritten Personen zustehenden Ersatzansprüche sich mindern oder vollständig in Wegfall kommen, wenn bei der Entstehung des Schadens ein Verschulden des ersatzberechtigten Dritten (z. B. mangelhafte Pflege des verletzten Unterhalts- oder Dienstpflichtigen) mitgewirkt hat (unrichtig Fischer-Henle, Note 3 zu § 846). Dagegen würden diese Ansprüche, weil sie dem Dritten kraft eigenen Rechtes zustehen (Anm. VI zu § 844, Anm. 5 zu § 845), durch ein Verschulden des Verletzten an sich nicht berührt werden (M. II, 772; s. auch Entsch. d. R.G. in Civils. Bd. 11 S. 254 ff.). Hierin erblickte aber die II. Komm. eine „Uebertreibung der logischen Konsequenzen". Der Anspruch der Hinterbliebenen eines Getödteten habe seinen Grund in der Tödtung; es liege in der Natur der Sache, daß diese Personen mit Rücksicht auf ihre Beziehungen zu dem Verletzten auch die Folgen aus dessen fahrlässigem Verhalten, insofern dieses den tödtlichen Ausgang herbeigeführt oder beschleunigt habe, auf sich nehmen müssen (P. II, 639). Demgemäß bestimmt sich auch dann, wenn bei der Entstehung des dem Unterhalts- oder Dienstberechtigten erwachsenen Schadens ein Verschulden des verletzten Unterhalts- oder Dienstpflichtigen mitgewirkt hat, die Ersatzpflicht des Thäters sowie der Umfang des zu leistenden Ersatzes nach den Umständen, insbesondere danach, inwieweit der Schaden vorwiegend von dem Thäter oder von dem Verletzten verursacht worden ist. Als Verschulden des Verletzten gilt hiebei auch die Unterlassung der Abwendung oder Minderung des Schadens, sowie das Verschulden seines gesetzlichen Vertreters und der Personen, deren er sich zur Erfüllung seiner Verbindlichkeit bedient (s. oben S. 17 ff., Anm. zu § 254).

§ 847.

Im Falle der Verletzung des Körpers oder der Gesundheit sowie im Falle der Freiheitsentziehung kann der Verletzte auch wegen des Schadens, der nicht Vermögensschaden ist, eine billige Entschädigung in Geld verlangen. Der Anspruch ist nicht übertragbar und geht nicht auf die Erben über, es sei denn, daß er durch Vertrag anerkannt oder daß er rechtshängig geworden ist.

Ein gleicher Anspruch steht einer Frauensperson zu, gegen die ein Verbrechen oder Vergehen wider die Sittlichkeit begangen oder die durch Hinterlist, durch Drohung oder unter Mißbrauch eines Abhängigkeitsverhältnisses zur Gestattung der außerehelichen Beiwohnung bestimmt wird.

E. I, 728; II, 770; III, 831.

1. Bisheriges Recht. Nach römischem Rechte war bei Verletzung einer Person nur Entschädigung wegen der Kurkosten, wegen versäumten Erwerbs und wegen Minderung der Erwerbsfähigkeit zu leisten. Die gemeinrechtliche Praxis billigte aber dem Verletzten auch einen Entschädigungsanspruch wegen der erlittenen Schmerzen (sog. „Schmerzensgeld") zu (Dernburg, Pand. Bd. 2 S. 363 ff.; Windscheid-Kipp, Bd. 2 S. 916 Note 29 ff.; Entsch. d. R.G. in Civils. Bd. 8 S. 117 ff.; Samml. von Entsch. d. obersten L.G. München XIII, 299 ff., XVII, 279 ff.; Bl. f. R.A. Bd. 59 S. 161 ff.).

Das P.L.R. (Thl. I Tit. 6 §§ 112 ff., 123 ff.) gewährte unter gewissen Voraussetzungen dem Verletzten Anspruch auf Entschädigung wegen erlittener Schmerzen und wegen einer durch die körperliche Verletzung verursachten Verunstaltung.

Bezüglich des B.L.R. s. Kreittmayr, Anm. zu Thl. IV cap. 16 § 6 Ziff. 7 c; Samml. von Entsch. d. obersten L.G. München III, 425 ff., IV, 666 ff.

Nach sächsischem G.B. ist bei Verunstaltung oder Verstümmelung durch eine Körperverletzung Schadensersatz nach richterlichem Ermessen zu leisten. Im Falle der Freiheitsberaubung ist ferner der Anspruch auf die sog. „Sachsenbuße" begründet (§§ 1490, 1497).

Ueber den sog. „dommage moral" des französischen Rechtes s. Entsch. d. R.G. in Civils. Bd. 7 S. 295 ff.; über andere Rechte s. M. II, 799 ff.

2. Nach B.G.B. kann grundsätzlich nur wegen Vermögensschadens, nicht auch wegen des sog. „immateriellen Schadens" Ersatz gefordert werden (§ 253 und Anm. hiezu, s. oben S. 17). Als Vermögensschaden gelten nach § 842 auch die Nachtheile, welche eine unerlaubte Handlung für den Erwerb oder das Fortkommen des Verletzten herbeiführt. Ausnahmen von dem Grundsatze des § 253 enthalten die §§ 847 u. 1300. Die Vorschrift des § 847 beruht auf der Erwägung, daß nach § 231 St.G.B. auch der Strafrichter befugt ist, im Falle der Körperverletzung dem Verletzten auf dessen Verlangen wegen eines anderen als eines Vermögensschadens eine Buße zuzuerkennen (M. II, 800; Z.G. II, 414; vgl. Entsch. d. R.G. in Straff. Bd. 15 S. 352 ff.). Als nicht vermögensrechtlicher Schaden erscheint insbesondere der in Folge der unerlaubten Handlung erduldete physische und psychische Schmerz, ferner eine durch die unerlaubte Handlung herbeigeführte Verunstaltung, auch wenn dieselbe vermögensrechtliche Nachtheile für den Verletzten nicht herbeiführt (M. II, 801). Nach Liszt (S. 65 ff.) soll unter § 847 nur der Schaden an den Rechtsgütern fallen, deren Verletzung § 847 voraussetzt (ebenso Oertmann, Note 3 zu § 847). Für diese einschränkende Auslegung dürfte aber das Gesetz keine genügenden Anhaltspunkte bieten (wie hier Planck, Erl. 2 b zu § 847).

3. Nach § 847 ist der immaterielle Schaden in folgenden Fällen zu ersetzen:

a) wenn durch eine unerlaubte Handlung eine Körper- oder Gesundheitsverletzung oder Freiheitsentziehung herbeigeführt worden ist. Ob dem Thäter Vorsatz oder Fahrlässigkeit zur Last fällt oder seine Ersatzpflicht unabhängig von jedem Verschulden eintritt (§§ 829, 833), kommt nicht in Betracht;

b) wenn gegen eine Frauensperson ein Verbrechen oder Vergehen wider die Sittlichkeit (St.G.B. §§ 176, 177, 179, 182) begangen worden ist (R.T.K. 67; nach E I sollten nur die Fälle in Betracht kommen, in welchen durch den Vollzug der Beiwohnung eine strafbare Handlung dieser Art begangen worden ist). Den Fall des § 182 St.G.B. (Verführung eines unbescholtenen Mädchens unter sechszehn Jahren zum Beischlafe) will Liszt (S. 41 ff.) vom Anwendungsgebiete des § 847 ausschließen, falls nicht zugleich der Thatbestand des § 825 gegeben ist, eine Ansicht, die mit dem Wortlaute des Gesetzes unvereinbar ist;

c) wenn eine Frauensperson durch Hinterlist, durch Drohung oder unter Mißbrauch eines Abhängigkeitsverhältnisses zur Gestattung der außerehelichen Beiwohnung bestimmt worden ist (vgl. § 825 und Anm. hiezu; Z.G. II, 447; Jacubezky, Bem. S. 174; P. IV, 694 ff.; R.T.K. 67).

d) In der II. Komm. und in der Reichstagskomm. wurde beantragt, den unter a—c erwähnten Fällen auch den Fall der Ehrverletzung gleichzustellen. Der Antrag wurde aber abgelehnt, weil eine solche Bestimmung die Rückkehr zu dem längst überwundenen Rechte der actio injuriarum bedeute und es nach der allgemeinen Volksansicht nicht ehrenvoll sei, sich Beleidigungen durch Geld abkaufen zu lassen (P. II, 640 ff.; R.T.K. 67, 57; vgl. M. II, 751 ff.).

e) Ueber den Fall der Tödtung s. Anm. III, B, 2 zu § 844 (vgl. Z.G. II, 414).

4. Für den Umfang der auf Grund des § 847 zuzusprechenden Entschädigung ist das richterliche Ermessen maßgebend (vgl. C.P.O. § 287). Daß der Ausdruck „billig" nicht dazu führen darf, die Entschädigung allzu niedrig zu bemessen, bedarf kaum der Erwähnung (s. aber Z.G. VI, 516 ff.).

5. Der dem Verletzten nach § 847 zustehende Anspruch auf Ersatz des nicht vermögensrechtlichen Schadens ist, weil höchstpersönlicher Natur, nicht vererblich und nicht übertragbar (vgl. Windscheid-Kipp, Bd. 2 S. 917 Note 33). Es kann daher an demselben weder Nießbrauch noch Pfandrecht bestellt werden (§§ 1069 Abs. 2, 1274 Abs. 2). Der Anspruch kann nicht gepfändet werden (C.P.O § 851 Abs. 1), gehört nicht zur Konkursmasse (K.O. § 1 Abs. 1) und es findet ihm gegenüber keine Aufrechnung statt (§ 394 Satz 1, s. auch § 393). In allen diesen Beziehungen gilt aber das Gegentheil, wenn der Anspruch durch Vertrag anerkannt (vgl. § 222 Abs. 2 Satz 2) oder rechtshängig (C.P.O. § 263) geworden ist (M. II, 802 ff., s. auch § 1300 Abs. 2; vgl. Dernburg, Pand. Bd. 2 S. 364; sächsisches G.B. § 1490 Satz 2; Bl. f. R.A. 10. Erg.Bd. S. 68 ff.).

6. Der auf Grund strafrechtlicher Vorschriften etwa begründete Anspruch auf Buße wird durch § 847 nicht berührt (s. Einl. Ziff. XV, 1 a; Liszt, S. 66 ff.).

§ 848.

Wer zur Rückgabe einer Sache verpflichtet ist, die er einem Anderen durch eine unerlaubte Handlung entzogen hat, ist auch für den zufälligen Untergang, eine aus einem anderen Grunde eintretende zufällige Unmöglichkeit der Herausgabe oder eine zufällige Verschlechterung der Sache verantwortlich, es sei denn, daß der Untergang, die anderweitige Unmöglichkeit der Herausgabe oder die Verschlechterung auch ohne die Entziehung eingetreten sein würde.

E I, 716; II, 771; III, 832.

1. Grundsätzliche Regelung. Wer einem Anderen den durch die Entziehung einer Sache entstehenden Schaden zu ersetzen hat, ist nach §§ 249 ff. verpflichtet, die entzogene Sache herauszugeben und, soweit die Herausgabe nicht möglich oder zur Entschädigung des Ersatzberechtigten nicht genügend ist, denselben in Geld zu entschädigen. Ist durch Vorsatz oder Fahrlässigkeit des Schuldners die Herausgabe unmöglich geworden, so wird seine Ersatzpflicht hiedurch nicht beseitigt (§ 276). Dies gilt auch dann, wenn die Ersatzpflicht durch eine unerlaubte Handlung (z. B. Diebstahl, Unterschlagung, Betrug, Sachbeschädigung) begründet ist (vgl. Einl. Ziff. VI). Gemäß § 848 wird aber die Ersatzpflicht desjenigen, der einem Anderen eine Sache durch eine unerlaubte Handlung entzogen hat, auch dadurch nicht ausgeschlossen, daß ohne sein Verschulden, also durch Zufall, die herauszugebende Sache untergegangen oder aus einem anderen Grunde ihre Herausgabe unmöglich geworden oder die Sache verschlechtert worden ist. Seine Ersatzpflicht kommt nur dann in Wegfall, wenn auch ohne die Entziehung die Sache untergegangen oder die anderweitige Unmöglichkeit ihrer Herausgabe oder die Verschlechterung derselben eingetreten wäre. Es greift also die gleiche Haftung Platz, wie gemäß § 287 Satz 2 im Falle des Verzugs (M. II, 740, 64 ff.; vgl. oben S. 46 Anm. 2g zu § 284). Der Verschlechterung einer Sache ist auch hier die Entwerthung

derselben durch eine nach der Entziehung eingetretene Preisminderung gleichzustellen (s. oben S. 49 Anm. 2d zu § 287).

2. Nach E. I sollte der Ersatzpflichtige nur dann befreit sein, wenn derselbe Zufall, der die Sache nach der Entziehung getroffen hat, sie auch bei dem Beschädigten getroffen haben würde. Durch die nunmehrige, auf Beschluß der II. Komm. beruhende Fassung ist zum Ausdrucke gebracht, daß es hierauf nicht ankommt, die Befreiung des Ersatzpflichtigen vielmehr auch dann eintritt, wenn überhaupt irgend ein Zufall bei dem Beschädigten den gleichen Schaden herbeigeführt haben würde, wie er nach der Entziehung entstanden ist (P. II, 607; s. oben S. 48 Anm. 2a zu § 287).

3. Der Beweis, daß der Untergang oder die anderweitige Unmöglichkeit der Herausgabe oder die Verschlechterung der Sache auch ohne die Entziehung eingetreten wäre, obliegt, wie sich aus der Fassung des § 848 ergibt, dem Beklagten. Behauptet der Kläger, daß er, falls die Entziehung der Sache nicht erfolgt wäre, über dieselbe in einer Weise verfügt hätte, welche die Einwirkung des Zufalls auf die Sache ausgeschlossen hätte, so muß der Beklagte, um der Haftung zu entgehen, den Nachweis des Gegentheils liefern (M. II, 740, 64 ff.; s. oben S. 48 ff. Anm. 2b zu § 287; and. Ans. Windscheid-Kipp, Bd. 2 S. 894).

4. Ist gemäß § 250 in Folge Fristablaufs an die Stelle des Herausgabeanspruchs der Anspruch auf Gelderfatz getreten, so sind Zufälle, welche die Sache nach diesem Zeitpunkte treffen, auf die Haftung des Ersatzpflichtigen ohne Einfluß (P. II, 607; vgl. oben S. 49 Anm. 2c zu § 287).

5. Ueber die Haftung des Besitzers, der sich durch verbotene Eigenmacht oder durch eine strafbare Handlung den Besitz einer Sache verschafft hat, s. § 992 und Anm. hiezu (Bd. 3 S. 128).

§ 849.

Ist wegen der Entziehung einer Sache der Werth oder wegen der Beschädigung einer Sache die Werthminderung zu ersetzen, so kann der Verletzte Zinsen des zu ersetzenden Betrags von dem Zeitpunkt an verlangen, welcher der Bestimmung des Werthes zu Grunde gelegt wird.

E. I, 717; II, 772; III, 833.

1. Zweck der Vorschrift. Ist durch eine unerlaubte Handlung eine Sache Jemandem entzogen oder beschädigt worden, so kann der Verletzte nach Maßgabe der §§ 249 ff., 848 Ersatz des Werthes bezw. der Werthminderung verlangen. Will er auch Ersatz für die ihm durch die unerlaubte Handlung entzogenen Nutzungen der Sache beanspruchen, so müßte er nachweisen, welchen Schaden er durch die Entziehung dieser Nutzungen erlitten hat. Aus Billigkeitsgründen befreit aber § 848 den Verletzten (wie § 290 den Gläubiger bei Verzug des Schuldners, s. oben S. 46 Anm. 2g zu § 284) von diesem Nachweis und gewährt ihm ohne Weiteres Anspruch auf die Zinsen des ihm wegen der Entziehung oder Beschädigung der Sache zu ersetzenden Betrags (M. II, 741). Der Zinsfuß beträgt 4% (§ 246). Die dem Verletzten auf Grund der §§ 249 ff. etwa zustehenden weitergehenden Ersatzansprüche werden hiedurch nicht berührt.

2. Für die Frage, von wann ab der Ersatzpflichtige Zinsen des zu ersetzenden Betrags zu entrichten hat, ist der Zeitpunkt maßgebend, welcher der Bestimmung des Werthes der entzogenen oder beschädigten Sache zu Grunde gelegt wird. Nach E. I, 715 sollte für die Bestimmung des Werthes der Zeitpunkt der Entziehung oder Verschlechterung der Sache, unter besonderen Umständen aber auch ein späterer Zeitpunkt maßgebend sein (M. II, 741, 740; Z.G. II, 409; Jacubezky, Bem. S. 168). Von der II. Komm. wurde diese Bestimmung gestrichen und ausdrücklich ausgesprochen, daß der zu ersetzende Betrag von der Zeit der Entziehung oder Beschädigung an zu verzinsen ist (P. II, 606, 607). Die nunmehrige Fassung beruht auf Beschluß der Reichstagskomm. (R.T.K. 67, 36 ff.). Welcher Zeitpunkt der Bestimmung des Werthes zu Grunde zu legen ist, hat der Richter gemäß § 287 C.P.O. nach freiem Ermessen zu entscheiden. In der Regel wird die Zeit der Urtheilsfällung in Betracht kommen (s. oben S. 50 Anm. 2 zu § 290). Mit dem gleichen Zeitpunkte beginnt gemäß § 849 die Verzinsungspflicht (vgl. P.L.R. Thl. I Tit. 16 § 66; Entsch. d. R.G. in Civils. Bd. 8 S. 237).

3. Die Entw. I—III enthielten auch die Bestimmung, daß der Gläubiger, welcher Zinsen des zu ersetzenden Betrags fordert, nicht außerdem auf dieselbe Zeit Ersatz für die entzogenen Nutzungen verlangen kann (M. II, 66). Die Reichstagskomm. hat diese Bestimmung gestrichen, weil man die Entscheidung der Rechtsprechung überlassen wollte (R.T.K. 67, 37). In der Regel wird davon auszugehen sein, daß durch den

Anspruch des Verletzten auf Verzinsung des ihm zu ersetzenden Betrags sein volles Interesse gedeckt ist. Erbringt er aber den Nachweis, daß der durch den Entgang der Nutzungen ihm erwachsene Schaden sich höher beläuft, so muß ihm auch die hienach sich ergebende Differenz ersetzt werden (s. oben Anm. 1 a. E.).

4. Die Bestimmungen des § 848 finden auch Anwendung, wenn dem Verletzten Geld entzogen worden ist (vgl. E. I, 717 Abs. 1, 248 Abs. 3; M. II, 740 ff., 62; Z.G. II, 409; P. II, 607, I, 326 ff.).

§ 850.

Macht der zur Herausgabe einer entzogenen Sache Verpflichtete Verwendungen auf die Sache, so stehen ihm dem Verletzten gegenüber die Rechte zu, die der Besitzer dem Eigenthümer gegenüber wegen Verwendungen hat.

E. I, 718, II, 773, III, 834.

1. Nach § 850 steht der zur Herausgabe einer durch eine unerlaubte Handlung erlangten Sache Verpflichtete hinsichtlich seines Anspruchs auf Ersatz der auf die herauszugebende Sache gemachten Verwendungen dem Besitzer gleich, welcher eine Sache dem Eigenthümer herauszugeben hat (M. II, 741; Z.G. II, 409; P. II, 607; vgl. dagegen sächsisches G.B. § 1499 Satz 2). Es finden also insoweit die Grundsätze der §§ 994—1003 Anwendung (vgl. Bd. 3 S. 128 ff.).

2. Ein Zurückbehaltungsrecht steht dem Herausgabepflichtigen wegen seines Anspruchs auf Ersatz für die gemachten Verwendungen nicht zu, falls er die Sache durch eine vorsätzlich begangene unerlaubte Handlung erlangt hat (vgl. §§ 273 Abs. 2 und 1000 Satz 2).

§ 851.

Leistet der wegen der Entziehung oder Beschädigung einer beweglichen Sache zum Schadensersatze Verpflichtete den Ersatz an denjenigen, in dessen Besitze sich die Sache zur Zeit der Entziehung oder der Beschädigung befunden hat, so wird er durch die Leistung auch dann befreit, wenn ein Dritter Eigenthümer der Sache war oder ein sonstiges Recht an der Sache hatte, es sei denn, daß ihm das Recht des Dritten bekannt oder in Folge grober Fahrlässigkeit unbekannt ist.

E. II, 774; III, 835.

1. Zweck der Vorschrift. Die durch die II. Komm. beigefügte Vorschrift des § 851 enthält einen Anwendungsfall des in den §§ 932, 1248 anerkannten Gedankens, daß der Besitzer einer beweglichen Sache zu Gunsten eines gutgläubigen Dritten als Eigenthümer legitimirt erscheint. Man ging hiebei von der Erwägung aus, daß der Ersatzpflichtige das größte Interesse daran habe, zu wissen, an wen er leisten könne. Zwinge man ihn, auf den Nachweis des Eigenthums zu halten, so könne der Beschädigte in eine üble Lage kommen, während andererseits der Ersatzpflichtige Gefahr laufe, doppelt zahlen zu müssen, da im Falle eines Rechtsstreits zwischen ihm und dem Besitzer das Urtheil zwar zu Gunsten des Besitzers, aber nicht zu Ungunsten des wirklichen Eigenthümers Recht schaffe Demgemäß soll, wer wegen Entziehung oder Beschädigung einer beweglichen Sache dem Eigenthümer derselben Ersatz zu leisten hat, wenn er in gutem Glauben ist, den Besitzer der Sache als Eigenthümer ansehen dürfen und sich durch die Leistung an denjenigen, der im Augenblicke der Entziehung oder Beschädigung Besitzer gewesen ist, befreien können, ohne daß es dabei auf das Eigenthum oder sonstige dingliche Recht eines Dritten ankommt (P. II, 607 ff.; vgl. Jacubezky, Bem. S. 168).

2. Voraussetzung für die Anwendbarkeit des § 851 ist:

a) daß durch eine unerlaubte Handlung eine bewegliche Sache (Gegensatz: Grundstück) Jemandem entzogen oder beschädigt worden ist;

b) daß der hiewegen Ersatzpflichtige demjenigen Ersatz geleistet hat, in dessen (unmittelbarem oder mittelbarem) Besitze (s. §§ 854 ff.) die Sache zur Zeit der Entziehung oder Beschädigung sich befunden hat.

3. Die Befreiung des Ersatzpflichtigen durch Leistung an den Besitzer tritt nicht ein, wenn er nicht in gutem Glauben war. War ihm also bekannt, daß ein Dritter Eigenthum oder ein sonstiges Recht an der entzogenen oder beschädigten Sache habe, so bleibt er trotz seiner Ersatzleistung an den Besitzer der Sache dem wirklich Berechtigten gegenüber ersatzpflichtig. Der Kenntniß des Rechtes eines Dritten steht die auf grober Fahrlässigkeit (s. oben S. 38 ff. Anm. I, 2 b zu § 276) beruhende Unkenntniß dieses

Rechtes gleich. Der Beweis, daß dem Ersatzpflichtigen das Recht des Dritten bekannt oder in Folge grober Fahrlässigkeit unbekannt war, obliegt dem Verletzten, der den Ersatzpflichtigen trotz des von demselben dem Besitzer der Sache geleisteten Ersatzes in Anspruch nimmt.

4. Daß der Besitzer dem wirklich Berechtigten gegenüber zur Herausgabe des Empfangenen verpflichtet ist, falls der Ersatzpflichtige gemäß § 851 durch die Leistung befreit ist, ergibt sich aus § 816 Abs. 2 (P. II, 608 ff.; Anm. 2b zu § 816).

5. Bei Berathung der Bestimmungen über die ungerechtfertigte Bereicherung in der II. Komm. wurde die Aufnahme einer dem § 851 entsprechenden Vorschrift zu Gunsten desjenigen beantragt, der zur Vergütung des Werthes einer ohne rechtlichen Grund erlangten Sache verpflichtet ist. Die Mehrheit der Komm. vermochte indessen ein Bedürfniß hiefür nicht anzuerkennen, da nach den Normen des Sachenrechtes die Vorschrift nur selten zur Anwendung kommen werde, für diese Fälle aber die zutreffende Entscheidung sich durch analoge Anwendung des § 718a (nun § 851) ergebe (P. II, 713). Indessen dürfte eine ausdehnende Auslegung des § 851 mit Rücksicht auf den Ausnahmecharakter dieser Bestimmung kaum zulässig sein.

§ 852.

Der Anspruch auf Ersatz des aus einer unerlaubten Handlung entstandenen Schadens verjährt in drei Jahren von dem Zeitpunkt an, in welchem der Verletzte von dem Schaden und der Person des Ersatzpflichtigen Kenntniß erlangt, ohne Rücksicht auf diese Kenntniß in dreißig Jahren von der Begehung der Handlung an.

Hat der Ersatzpflichtige durch die unerlaubte Handlung auf Kosten des Verletzten etwas erlangt, so ist er auch nach der Vollendung der Verjährung zur Herausgabe nach den Vorschriften über die Herausgabe einer ungerechtfertigten Bereicherung verpflichtet.

E. I, 719, 720; II, 775; III, 836.

1. Im Anschluß an das P.L.R. (Thl. I Tit. 6 §§ 54, 55; über andere Rechte s. M. II, 742 Note 1) unterwirft § 852 Abs. 1 den Anspruch auf Ersatz des aus einer unerlaubten Handlung entstandenen Schadens einer doppelten Verjährung:

a) der ordentlichen dreißigjährigen (vgl. § 195), beginnend mit dem Zeitpunkte der Begehung der unerlaubten Handlung;

b) einer besonderen dreijährigen, beginnend mit dem Zeitpunkt, in welchem der Verletzte von dem Schaden und der Person des Ersatzpflichtigen Kenntniß erlangt.

(M. II, 742 ff.; Z.G. II, 409 ff.; P. II, 609 ff.; vgl. §§ 198—201, s. auch §§ 124, 1571 Abs. 1, 2082, 2332 Abs. 1). Der in der Reichstagskomm. gestellte Antrag, die Verjährungsfrist auf vier Jahre auszudehnen, wurde abgelehnt (R.T.K. 67).

2. Zum Beginne des Laufs der dreijährigen Verjährung ist erforderlich, daß der Verletzte nicht nur von dem Schaden, sondern auch von der Person des Ersatzpflichtigen Kenntniß erlangt. Bloße Vermuthungen sind in dieser Beziehung nicht genügend. Unbegründet ist die in der II. Komm. geäußerte Ansicht, daß der Thäter, wenn er im Strafverfahren die That abgeleugnet habe, sich nicht im Civilverfahren auf eine angebliche Kenntniß des Geschädigten berufen könne (P. II, 611). Für den Beginn des Laufs der dreißigjährigen Verjährung ist die Zeit der Begehung der unerlaubten Handlung auch dann maßgebend, wenn der Schaden erst später eingetreten ist. Dies gilt auch für die nach den §§ 844, 845 dritten Personen zustehenden Ersatzansprüche (M. II, 773). Die Feststellung des Zeitpunkts, in welchem eine unerlaubte Handlung begangen worden ist, kann unter Umständen mit Schwierigkeiten verbunden sein. In den Fällen der §§ 836 Abs. 1, 837, 838 ist als Begehungszeit der Zeitpunkt anzusehen, in welchem das Gebäude oder Werk errichtet bezw. die Pflicht der Unterhaltung zum letzten Mal versäumt worden ist, in den Fällen des § 836 Abs. 2 entscheidet der Zeitpunkt der Beendigung des Besitzes des früheren Besitzers.

3. Ist die unerlaubte Handlung zugleich mit Strafe bedroht, so tritt die Verjährung des Schadensersatzanspruchs ohne Rücksicht darauf ein, ob auch die Strafverfolgung verjährt ist oder nicht (M. II, 742; vgl. St.G.B. §§ 66 ff.). Die in der II. Komm. gestellten Anträge, welche in dieser Beziehung Uebereinstimmung zwischen Privatrecht und Strafrecht herbeizuführen suchten, wurden abgelehnt (P. II, 609 ff.).

4. Soweit § 852 nicht besondere Bestimmungen enthält, unterliegt auch die Verjährung des Anspruchs auf Ersatz des aus einer unerlaubten Handlung entstandenen

Schadens den allgemeinen Vorschriften der §§ 194 ff. (vgl. P. II, 611). Dies gilt insbesondere:

a) hinsichtlich der rechtlichen Wirkung der Verjährung (§ 222);
b) hinsichtlich der Hemmung und Unterbrechung der Verjährung (§§ 202 ff., 208 ff.);
c) hinsichtlich der Verjährung rechtskräftig festgestellter und diesen gleichstehender Ansprüche (§§ 218 ff.);
d) hinsichtlich der Unzulässigkeit rechtsgeschäftlicher Ausschließung oder Erschwerung der Verjährung (§ 225).

5. Die Vorschrift des § 197, wonach Ansprüche auf Rückstände von Renten der in den §§ 843—845 bezeichneten Art in vier Jahren verjähren, wird durch § 852 Abs. 1 nicht berührt (s. auch § 218 Abs. 2).

6. Auch nach der Verjährung des Schadensersatzanspruchs ist der Ersatzpflichtige zur Herausgabe dessen verpflichtet, was er durch die unerlaubte Handlung auf Kosten (s. Anm. I, A, 2 zu § 812) des Verletzten erlangt hat. Für die Herausgabepflicht sind die Vorschriften über die ungerechtfertigte Bereicherung (§§ 812 ff.) maßgebend. Dies gilt insbesondere hinsichtlich des Inhalts und Umfangs dieser Verpflichtung (M. II, 743 ff.; P. II, 611; vgl. §§ 818, 819 und Anm. hiezu). Die Verjährung des Bereicherungsanspruchs bemißt sich nach den allgemeinen Grundsätzen der §§ 194 ff. (vgl. Einl. vor § 812 Ziff. 7). Der dem Verletzten nach § 852 Abs. 2 zustehende Anspruch verjährt also in dreißig Jahren, die Verjährung desselben beginnt aber nicht etwa erst mit dem Zeitpunkt, in welchem der Schadensersatzanspruch nach § 852 Abs. 1 verjährt ist (so Strohal in Iherings Jahrb. f. Dogm. Bd. 34 S. 363 ff.), sondern mit dem Zeitpunkt, in welchem der Verletzte nach den §§ 812 ff. zur Erhebung des Herausgabeanspruchs berechtigt war (§ 198 Satz 1; vgl. P. VI, 205).

7. Die Bestimmungen des § 852 gelten für alle unerlaubten Handlungen im Sinne dieses Titels, also insbesondere auch für die Fälle, in welchen ein Verschulden des Ersatzpflichtigen nicht vorliegt (§§ 829, 833, 835; R.T.K. 67). Andererseits werden durch § 852 natürlich diejenigen Ansprüche nicht berührt, welche dem Verletzten etwa auf Grund anderweitiger Bestimmungen (z. B. nach den §§ 985 ff.) zustehen (M. II, 743).

8. Ueber die dem Verletzten zustehende selbständige Einrede gegenüber einer durch eine unerlaubte Handlung erlangten Forderung s. § 853 und Anm. hiezu.

9. Soweit landesgesetzliche Vorschriften aufrecht erhalten sind (vgl. Einl. Ziff. XV, 2), kann auch die Verjährung der Ansprüche auf Ersatz des aus einer unerlaubten Handlung entstandenen Schadens abweichend von den Grundsätzen des § 852 geregelt werden (vgl. z. B. bayrisches A.G. z. B.G.B. Art. 58 Abs. 2, Art. 59 Abs. 4, Art. 60 Abs. 4 Satz 2).

§ 853.

Erlangt Jemand durch eine von ihm begangene unerlaubte Handlung eine Forderung gegen den Verletzten, so kann der Verletzte die Erfüllung auch dann verweigern, wenn der Anspruch auf Aufhebung der Forderung verjährt ist.

E. II, 776; III, 837.

1. Grundgedanke. Hat Jemand durch eine unerlaubte Handlung (z. B. Erpressung, Betrug) eine Forderung gegen den Verletzten erlangt, so steht diesem neben dem Anspruch auf Aufhebung der Forderung auch eine Einrede gegen die Forderung zu (§ 249). Für die Verjährung des Anspruchs auf Aufhebung der Forderung und der ihm entsprechenden Einrede sind die Grundsätze des § 852 maßgebend. Der auf Beschluß der II. Komm. beruhende § 853 gewährt aber dem Verletzten gegenüber einer durch eine unerlaubte Handlung erlangten Forderung eine selbständige, von der Verjährung des Anspruchs auf Aufhebung der Forderung unabhängige Einrede (P. I, 121 ff., 236 ff., II, 612, 713 ff., VI, 200; vgl. M. II, 755 ff., 759; Z.G. I, 259, II, 410; Entsch. d. R.G. in Civils. Bd. 2 S. 159; vgl. § 821 und Anm. 1 hiezu; s. auch §§ 478, 490, 2083). Die Ansicht Oertmanns (Note zu § 853), daß § 853 auf alle gelegentlich einer unerlaubten Handlung erwachsenen Ansprüche anwendbar sei, erscheint dem Wortlaute des Gesetzes gegenüber nicht haltbar.

2. Macht bei einem gegenseitigen Vertrage (§§ 320 ff.) der Verletzte von dem Rechte, die Erfüllung zu verweigern, Gebrauch, so kann auch der Ersatzpflichtige das seinerseits schon Geleistete zurückfordern (Anm. 2 zu § 821).

3. Das dem Verletzten nach den §§ 123, 124 etwa zustehende Anfechtungsrecht wird durch § 853 natürlich nicht berührt (vgl. M. II, 756 ff., 758 ff.).

FSC
www.fsc.org
MIX
Papier | Fördert gute Waldnutzung
FSC® C083411

Kolibri 360 GmbH
Ferdinand-Jühlke-Straße 7
99095 Erfurt, Deutschland
produktsicherheit@kolibri360.de